ECONOMIA INTERNACIONAL

A652e   Appleyard, Dennis R.
        Economia internacional / Dennis R. Appleyard, Alfred J. Field, Jr., Steven L. Cobb ; tradução técnica: André Fernandes Lima ... [et al.]. – 6. ed. – Porto Alegre : AMGH, 2010.
        xxix, 799 p. : il. color. ; 28 cm.

        ISBN 978-85-63308-15-3

        1. Economia internacional. I. Field, Jr., Alfred. II. Cobb, Steven L. III. Título.

                                                             CDU 339.9

Catalogação na publicação: Renata de Souza Borges CRB-10/1922

Dennis R. Appleyard
Davidson College

Alfred J. Field, Jr.
Universidade da Carolina do Norte,
Chapel Hill

Steven L. Cobb
Universidade do Norte do Texas

sexta edição

ECONOMIA INTERNACIONAL

Tradução Técnica

André Fernandes Lima
Economista, mestre e doutor em finanças. Professor do Departamento de Economia da
Universidade Presbiteriana Mackenzie

Joaquim Carlos Racy
Economista, mestre e doutor em história. Professor do Departamento de Economia da
Universidade Presbiteriana Mackenzie e da Pontifícia Universidade Católica de São Paulo

Marcel Guedes Leite
Economista, mestre e doutor em economia. Professor do Departamento de Economia da
Pontifícia Universidade Católica de São Paulo e da Universidade Presbiteriana Mackenzie

Márcia Flaire Pedroza
Economista, mestre em economia e doutora em ciências sociais. Professora do
Departamento de Economia da Pontifícia Universidade Católica de São Paulo

AMGH Editora Ltda.
2010

Obra originalmente publicada sob o título
International Economics, 6th Edition
ISBN 0073375675/9780073375670

©2008, The McGraw-Hill Companies, Inc., New York, NY 10020.

Coordenadora Editorial: *Guacira Simonelli*
Editora de Desenvolvimento: *Marileide Gomes*
Produção Editorial: *Nilcéia Esposito e Gisele Moreira – ERJ Composição Editorial*
Supervisora de Pré-impressão: *Natália Toshiyuki*
Preparação de Texto: *Mônica Aguiar e Salete Del Guerra*
Leitura Final: *Théo Amon*
Design de Capa: *Cara David*
Diagramação: *ERJ Composição Editorial*

Reservados todos os direitos de publicação, em língua portuguesa, à
AMGH Editora Ltda (AMGH Editora é uma parceria entre Artmed® Editora S.A. e McGraw-Hill Education)
Av. Jerônimo de Ornelas, 670 – Santana
90040-340 – Porto Alegre – RS
Fone: (51) 3027-7000   Fax: (51) 3027-7070

É proibida a duplicação ou reprodução deste volume, no todo ou em parte, sob quaisquer
formas ou por quaisquer meios (eletrônico, mecânico, gravação, fotocópia, distribuição na Web
e outros), sem permissão expressa da Editora.

Unidade São Paulo
Av. Embaixador Macedo Soares, 10.735 – Pavilhão 5 – Cond. Espace Center
Vila Anastácio – 05095-035 – São Paulo – SP
Fone: (11) 3665-1100   Fax: (11) 3667-1333

SAC 0800 703-3444

IMPRESSO NO BRASIL
PRINTED IN BRAZIL

Os autores dedicam este livro aos pais, família e amigos cujo amor e apoio os mantiveram no processo de escrita ao longo dos últimos 20 anos.

OS AUTORES

Dennis R. Appleyard

Dennis R. Appleyard ocupa a cadeira James B. Duke de Estudos Internacionais e é professor de Economia na cátedra James B. Duke do Davidson College, na Carolina do Norte, e professor Emérito de Economia da University of North Carolina em Chapel Hill. Atuou na Ohio Wesleyan University para seu trabalho de graduação e na University of Michigan para seu trabalho de mestrado e de Ph.D. Juntou-se à faculdade de economia da University of North Carolina em Chapel Hill em 1966 e recebeu o Prêmio Tanner por "Excelência em Ensino Inspirado para Estudantes Universitários" em 1983. Assumiu sua posição no Davidson College em 1990. Em Davidson, é chefe do Departamento de Economia e foi diretor do Programa Semestre na Índia do Davidson College, no outono de 1996, e do Programa Semestre na Índia e Nepal, no outono de 2000. Em 2004, recebeu o Prêmio Thomas Jefferson da Davidson por ensino e serviço.

O professor Appleyard leciona introdução à economia, microeconomia intermediária, macroeconomia intermediária, moeda e bancos, economia internacional e desenvolvimento econômico. Sua área de interesse de pesquisa relaciona-se à teoria de comércio internacional e à economia da Índia. Os trabalhos publicados, muitos dos quais feitos em conjunto com o professor Field, podem ser encontrados em *American Economic Review, Economic Development and Cultural Change, History of Political Economy, Indian Economic Journal, International Economic Review, Journal of Economic Education* e *Journal of International Economics,* entre outros. Ele também desenvolveu trabalho de consultoria para o Banco Mundial, para o Departamento do Tesouro dos Estados Unidos e para a Food and Agriculture Organization (FAO) das Nações Unidas (em Islamabad, Paquistão). Appleyard aprecia muito trabalhar com estudantes, fato que o mantém jovem de espírito, uma vez que seus alunos têm sempre a mesma idade! Também está firmemente convencido de que ter a oportunidade de ensinar economia internacional nestes tempos de globalização é um privilégio raro e um desafio invejável.

Alfred J. Field, Jr.

Alfred J. Field é professor de Economia na University of North Carolina, em Chapel Hill. Recebeu seu treinamento universitário na Iowa State University e se juntou à faculdade na Carolina em 1967. Field leciona disciplinas de economia internacional e desenvolvimento econômico na graduação e na pós-graduação, orientou numerosas teses Senior Honor e dissertações de mestrado e atuou como membro principal ou orientador de aproximadamente cem teses de Ph.D. Além disso, exerceu a função de diretor de estudos de pós-graduação, chefe/diretor associado de Programas de Pós-Graduação em Economia e chefe de departamento. Em 1966, recebeu o Prêmio Jae Yeong Song and Chunuk Park do Departamento de Excelência no Ensino Universitário e em 2006 recebeu o Prêmio John L. Sanders da University of North Carolina–Chapel Hill por Excelência em Ensino e Serviço Universitário. Atualmente, tem atuado no Conselho Consultivo de várias organizações universitárias, incluindo o Instituto para Estudos Latino-Americanos.

O professor Field realiza pesquisas nas áreas de comércio internacional e desenvolvimento econômico. Trabalhou na América Latina e na China, assim como em inúmeras agências internacionais nos Estados Unidos e na Europa, principalmente com comércio e questões de política de desenvolvimento. Seus interesses de pesquisa abrangem áreas de política comercial e políticas de ajustamento e desenvolvimento, especificamente na maneira como se relacionam ao comércio, agricultura e tomadas de decisões domiciliares em países em desenvolvimento. Outra linha de pesquisa de Field, iniciada nos anos de 1980, direciona-se a questões de comércio e de ajustamentos estruturais nos Estados Unidos, focada na indústria têxtil e de vestuário e na experiência de desemprego dos trabalhadores destas indústrias na Carolina do Norte. O estudioso mantém ainda um ativo interesse em questões de teoria de comércio e de integração econômica, assim como no uso de econometria e modelos computacionais de equilíbrio geral, na análise dos efeitos de política comercial, especialmente em países em desenvolvimento.

Steven L. Cobb

Steven L. Cobb é Professor Associado do Departamento de Economia da University of North Texas. Atualmente, exerce o cargo de Diretor do Centro para Educação em Economia e é o chefe do Departamento de Economia. Atuou na Southwestern University para desenvolver seu trabalho de graduação em Economia e Ciência Política. Cobb foi aluno de Appleyard e de Field e recebeu seu Ph.D. em Economia na University of North Carolina em Chapel Hill. Juntou-se à faculdade da University of North Texas em 1986 e leciona princípios de microeconomia e de macroeconomia na graduação e cursos de economia internacional, sistemas econômicos comparados, desenvolvimento econômico e história do pensamento econômico na graduação e na pós-graduação. Cobb recebeu por três vezes o Prêmio Mortar Board Top Prof e, em 2005, o Prêmio Southern Economic Association's Kenneth G. Elzinga Distinguished Teaching. Seu Centro para Educação em Economia foi agraciado, em 2005, com o Prêmio Albert Beekhuis para Centros de Excelência em Educação em Economia do Conselho Nacional para Educação em Economia, e Cobb foi laureado, em 2006, com o Prêmio Bessie B. Moore Service pela Associação Nacional de Educadores em Economia.

As pesquisas de Cobb estão voltadas para as áreas de educação de economia, comércio internacional e desenvolvimento econômico. Seus interesses de pesquisa concentram-se nos setores de internacionalização do currículo universitário, o impacto de atitudes sobre o desempenho de estudantes de economia, treinamento intercultural e transferência de tecnologia e comércio e imigração entre Estados Unidos e México. O professor Cobb também é consultor e instrutor para o programa de Treinamento de Treinadores do Conselho Nacional para Educação em Economia nos Estados recentemente independentes da antiga União Soviética. O programa é consolidado pelo Departamento de Educação dos Estados Unidos e projetado para fornecer materiais e treinamento que permitam que economistas nessas nações ensinem economia sob uma perspectiva de mercado. Cobb conduziu programas de treinamento na Rússia, Estônia, Letônia, Lituânia, Polônia, Bielo-Rússia, Ucrânia, Romênia, Bulgária, Cazaquistão, Uzbequistão, Armênia, México e África do Sul. Ele aprecia o aspecto internacional do seu trabalho e tenta integrar esta experiência ao ensino.

PREFÁCIO

À medida que o novo milênio avança, e, com ele, a globalização, todos devem ter consciência dos "fatos internacionais". Se alguém estiver estudando, por exemplo, ciência política, sociologia, química, arte, história ou economia, os acontecimentos mundiais influenciam o conteúdo do assunto da disciplina escolhida. Tais mudanças podem se referir à descoberta de um novo composto na Alemanha, a um resultado eleitoral inesperado na Índia, a uma descoberta arqueológica em Chipre, a um novo foco de Aids em Serra Leoa, ou a um novo acontecimento político/terrorista/militar alarmante no Afeganistão, Iraque ou Israel. E, visto que a informação agora pode ser transmitida instantaneamente através dos continentes e oceanos, cientistas, governos, empresas e indivíduos todos reagem rapidamente às novas informações alterando o comportamento em laboratórios, clínicas, processos legislativos, estratégias de produção e marketing, decisões de consumo e viagem e projetos de pesquisa. Sem se manter informado sobre os desenvolvimentos internacionais, o estudante de hoje será incapaz de entender a natureza das mudanças do mundo, bem como o assunto que está estudando.

Além de perceber a necessidade de informações internacionais por parte dos estudantes em geral, acreditamos ser absolutamente obrigatório que aqueles interessados em Economia reconheçam que os eventos econômicos internacionais e as dimensões internacionais da matéria nos rodeiam todos os dias. Enquanto nos preparávamos para lançar esta sexta edição de *Economia Internacional*, não pudemos evitar o quanto o mundo havia mudado desde que escrevemos a primeira edição. O mundo internacionalizou-se economicamente ainda mais rápido do que o previsto por nós cerca de 20 anos atrás, e a percepção do papel das questões internacionais em nossas vidas aumentou substancialmente. Quase diariamente, as manchetes concentram-se em evoluções como a da União Europeia e os esforços ampliados de integração econômica que criaram a união monetária e o euro; questões de política relacionadas à redução de barreiras ao comércio e os efeitos de ameaças de ações de retaliação, como as experimentadas pelos Estados Unidos com as suas recentes tarifas sobre o aço; esforços ampliados de integração, como as negociações contínuas do Acordo de Livre-Comércio das Américas e as tensões que acompanham o crescimento e a modificação estrutural; e a globalização que emergiu em reuniões de organizações econômicas internacionais como o Banco Mundial e a Organização Mundial de Comércio. Além dessas questões amplas, as manchetes também proclamam notícias do déficit comercial dos Estados Unidos, aumento (ou queda) dos preços da gasolina, o valor do renminbi yuan chinês e terceirização de *call centers* na Índia.

A percepção crescente da importância das questões internacionais está também em evidência no aumento do interesse dos estudantes por esses assuntos, particularmente aqueles relacionados a emprego, condições internacionais de trabalho e equidade. Assim, cada vez mais é importante que todos tenham um conhecimento prático dos fundamentos econômicos sob as ações internacionais para conseguir enxergar através da miríade de argumentos, emoções e estatísticas que os bombardeiam diariamente. Os economistas principiantes precisam ter a estrutura, as ferramentas e o conhecimento institucional básico que lhes permitirá entender a crescente interdependência no ambiente econômico. Além disso, existirão poucos empregos em que não estará presente uma dimensão internacional, seja encomendando componentes de uma empresa brasileira, viajando a uma exposição na Malásia, fazendo um empréstimo para transportar petróleo do mar Cáspio, seja trabalhando em uma embaixada em Quito ou mesmo em uma missão médica no Burundi.

O motivo para escrever esta edição é quase o mesmo das anteriores: fornecer um texto claro e abrangente que ajudará os estudantes a ir além do mero reconhecimento e interesse em questões internacionais para um nível de compreensão das mudanças internacionais atuais e futuras que os auxiliarão na análise do problema presente e na escolha de uma posição política. Em outras palavras, procuramos ajudar esses estudantes a adquirir o capital humano necessário para lidar com questões importantes, tanto para satisfazer sua curiosidade intelectual como para proporcionar os fundamentos para decisões futuras a respeito de trabalho.

Ficamos muito lisonjeados pelo retorno favorável às cinco primeiras edições do nosso livro. Nesta sexta edição, continuamos a elaborar as características bem-recebidas para desenvolver um texto que seja ainda mais afinado com nossos objetivos. Tentamos igualmente simplificar a apresentação de alguns conceitos e modelos mais difíceis fornecendo vários exemplos para torná-los mais acessíveis aos estudantes.

MELHORIAS

Nesta edição, tentamos fornecer informações atuais e oportunas da variedade de fenômenos econômicos internacionais. Além disso, novos quadros foram adicionados para cobrir questões emergentes da economia mundial. O texto foi atualizado para incluir a evolução recente da política comercial dos Estados Unidos, as principais mudanças na União Europeia, o progresso na transição das economias centralizadas para economias de mercado e questões específicas relacionadas às nações em desenvolvimento. Devemos observar que, em relação às questões monetárias, continuamos mantendo nossa confiança no esquema *IS/LM/BP* para analisar a política macroeconômica, pois acreditamos que essa estrutura é eficaz para facilitar a compreensão do estudante e porque essa abordagem foi recebida favoravelmente pelos usuários das edições anteriores. Continuamos, também, a incorporar aspectos-chave da abordagem de ativos no modelo *IS/LM/BP*.

Menção especial deve ser feita ao fato de que, nesta edição, introduzimos uma seção denominada "Objetivos de aprendizado" no início de cada capítulo, para orientar o leitor quanto às questões centrais. Este texto é abrangente na sua cobertura de conceitos internacionais, e os "Objetivos de aprendizado" destinam-se a auxiliar o professor na escolha dos capítulos que permitem cobrir o conteúdo pretendido da disciplina e ajudar os estudantes a concentrarem-se nos conceitos fundamentais logo no início de cada capítulo. Diante da resposta positiva à adição das vinhetas de abertura da quinta edição, elas foram mantidas e atualizadas para se focarem no conteúdo do mundo real.

Outra melhoria introduzida no texto é a nova organização dos quadros pedagógicos. Os quadros "No mundo real" são projetados para fornecer exemplos de questões internacionais atuais tiradas das notícias, ilustrando os conceitos desenvolvidos no capítulo. Em situações em que os conceitos especialmente críticos se beneficiariam de nova elaboração ou representação gráfica, usamos o "Quadro conceitual". Por fim, há numerosos casos em que são traçados os perfis biográficos de figuras proeminentes da economia internacional. Essa informação biográfica é apresentada nos quadros "Titãs da economia internacional".

Desejamos que essas mudanças na sexta edição se mostrem benéficas para os estudantes, assim como para os professores. As melhorias foram projetadas para ajudar os leitores tanto a entender como a apreciar, de forma mais completa, a importância crescente da economia global em suas vidas.

Descrição do texto

Nosso livro segue a divisão tradicional da economia internacional nos dois lados do assunto: comercial e monetário. Embora a obra se destine principalmente a alunos de cursos de nível superior de Economia, acreditamos que o conteúdo possa efetivamente alcançar um grupo mais amplo e diversificado de estudantes — incluindo aqueles de ciências políticas, estudos internacionais, história e administração que talvez tenham menos disciplinas de economia em sua formação. Pelo fato de termos ensinado economia internacional em setores específicos de outras ênfases e em cursos de MBA, assim como nas disciplinas regulares do departamento de economia, estamos confiantes de que o material oferecido aqui é acessível tanto para os estudantes de economia como para os de outras áreas. Este público amplo será assistido na sua aprendizagem porque incluímos, de forma separada, capítulos com revisão extensa das ferramentas microeconômicas (Capítulo 5) e de ferramentas macroeconômicas (Capítulo 24).

O livro *Economia internacional* apresenta inicialmente teoria e política de comércio internacional. Material e dados introdutórios encontram-se no Capítulo 1, e nos Capítulos 2, 3 e 4 apresenta-se o modelo clássico de comércio, incluindo uma abordagem do mercantilismo pré-clássico. Uma característica única é *destinar um capítulo inteiro às extensões do modelo clássico* para incluir mais de dois países, mais de dois bens, salários e preços, taxas de câmbio e custos de transporte. A análise é apresentada pelo modelo de Dornbusch-Fischer-Samuelson, incluindo um estudo sobre o impacto de melhorias de produtividade que um país exerce sobre seu parceiro comercial. O Capítulo 5 fornece uma *longa revisão do ferramental microeconômico* aplicado em comércio internacional e pode ser visto como um "minicurso" de microeconomia intermediária. Nos Capítulos 6 ao 9 são apresentadas as teoria neoclássica de comércio e a de Heckscher-Ohlin, incluindo um exame dos pressupostos do modelo. O Capítulo 6 centra-se na exposição tradicional da curva de possibilidade de produção. Somos fãs declarados da curva da oferta em virtude de suas belas propriedades gerais de equilíbrio e por sua utilidade na análise de política comercial e na interpretação de eventos econômicos, conceitos desenvolvidos exaustivamente no Capítulo 7. O Capítulo 8 explora o contexto teórico referente ao modelo Heckscher-Ohlin, e o Capítulo 9 é *especial por se concentrar unicamente em testar a abordagem de dotações de fatores*, incluindo trabalho empírico sobre o debate das desigualdades comércio-renda no contexto do modelo Heckscher-Ohlin.

Ainda na parte teórica, os Capítulos 10, 11 e 12 tratam de extensões do conteúdo tradicional. No Capítulo 10 *discutem-se várias teorias de comércio pós-Heckscher-Ohlin* que contemporizam suposições básicas como a não mobilidade internacional de fator, produtos homogêneos, retornos constantes de escala e concorrência perfeita. Aqui, o foco recai sobre concorrência imperfeita e sobre o comércio intraindustrial. O Capítulo 11 explora estatísticas comparativas entre o crescimento econômico e a importância relativa do comércio, e inclui conteúdo sobre modelos de crescimento endógeno e sobre os efeitos do crescimento sobre a curva de oferta. O Capítulo 12 examina as causas e consequências de movimentos internacionais de fatores, incluindo movimentos de capital e trabalho.

Os Capítulos 13 a 17 são destinados a políticas de comércio. O Capítulo 13 é *totalmente dedicado à apresentação de diversos instrumentos de política comercial*. Já o Capítulo 14 explora os efeitos da teoria de bem-estar sobre esses instrumentos, incluindo discussão sobre tais efeitos em cenário de "país pequeno", assim como de "país grande". O Capítulo 15 examina vários argumentos para proteção, incluindo abordagens de políticas estratégicas comerciais. O Capítulo 16 começa com uma discussão sobre economia política de plano de comércio, seguida por uma revisão de várias ações de política comercial envolvendo os Estados Unidos, assim como questões hoje enfrentadas pela OMC. O Capítulo 17 é um texto à parte sobre *integração econômica*. Atualizamos as discussões sobre economias em transição, a União Europeia e o Acordo Norte-Americano de Livre Comércio (NAFTA). A parte sobre comércio é finalizada com o Capítulo 18, o qual fornece uma visão geral de como o comércio internacional influencia o crescimento e as mudanças em países em desenvolvimento e um exame do problema da dívida externa.

O conteúdo sobre o sistema monetário internacional tem início com o Capítulo 19, o qual introduz a contabilidade do balanço de pagamentos. Ao contrário da abordagem de alguns textos, a *contabilidade do balanço de pagamentos é discutida antes do mercado de câmbio externo*, o qual é examinado no Capítulo 20. Achamos que essa sequência faz mais sentido, pois as curvas de demanda e de oferta de moeda estrangeira refletem itens de débito e crédito, respectivamente, no balanço de pagamentos. Uma particularidade nesta apresentação do mercado de câmbio externo é o *desenvolvimento abrangente de vários tipos de taxa de câmbio*, por exemplo, taxas de câmbio nominal, real e efetiva. O Capítulo 21 descreve, detalhadamente, características de mercados financeiros internacionais reais e examina uma grande variedade de instrumentos financeiros derivativos internacionais (esperamos que de forma não muito confusa). O Capítulo 22 apresenta, com considerável detalhamento, a *abordagem monetária e de equilíbrio de portfólio (ou mercado de ativos) ao balanço de pagamentos e à determinação da taxa de câmbio*. A difícil verificação de provas empíricas dessas abordagens encontra-se em um apêndice. O capítulo termina com o exame do fenômeno do *overshooting da taxa de câmbio*. Nos Capítulos 23 e 24, nossa atenção volta-se para os mecanismos de ajustamento de preço e renda mais tradicionais. O Capítulo 24 é, na verdade, uma *revisão da análise macroeconômica keynesiana básica*.

Os Capítulos 25 a 27 estão relacionados a políticas macroeconômicas sob diferentes regimes de taxa de câmbio. Como foi assinalado anteriormente, continuamos a usar a abordagem *IS/LM/BP* de Mundell-Fleming em vez de empregar exclusivamente a abordagem do mercado de ativos. O mérito do modelo *IS/LM/BP* é que pode englobar tanto a balança de conta corrente como a de capital, em uma estrutura compreensível e talvez familiar para muitos estudantes de graduação. Esse modelo é apresentado no Capítulo 25 sem que haja necessidade de conhecimento prévio do leitor, mas constitui material de revisão para a maioria dos estudantes que já fez uma disciplina intermediária de teoria macroeconômica. O capítulo termina com uma análise das políticas monetária e fiscal em um contexto de taxa de câmbio fixa. Elas são examinadas em um contexto de taxa de câmbio flexível no Capítulo 26, e a análise é expandida para a estrutura *demanda agregada-oferta agregada* no Capítulo 27. Os capítulos finais, 28 e 29, concentram-se em tópicos específicos de interesse global. O Capítulo 28 trata de várias questões relacionadas à escolha entre as taxas de câmbio fixas e flexíveis, incluindo material sobre *currency boards*. O Capítulo 29, por sua vez, traça o desenvolvimento histórico do sistema monetário internacional a partir de Bretton Woods e examina propostas de reformas, como as zonas-alvo.

Em virtude da extensão e da abrangência do texto de *Economia internacional*, não é aconselhável estudar todo o seu conteúdo em uma disciplina de um único semestre. Para tal disciplina, recomendamos que o conteúdo seja selecionado dos Capítulos 1 ao 3, do 5 ao 8, do 10, do 13 ao 15, do 19 e do 20, do 22 ao 26 e do 29. Se maior ênfase em comércio internacional for desejada, sugere-se incluir as informações adicionais dos Capítulos 17 e 18. Já para maior destaque à economia monetária internacional, sugerimos o acréscimo de material selecionado dos Capítulos 21, 27 e 28. Para uma disciplina de dois semestres, pode-se usar todo o livro. Qualquer que seja a disciplina, acrescentar leituras de periódicos acadêmicos, revistas, livros e fontes da Internet pode ajudar a uma conexão com o mundo real. Espera-se que a seção "Referências para leitura", organizada por capítulos ao final do livro, dê alguma orientação. Se os recursos disponíveis em biblioteca forem limitados, o texto contém, tanto nos quadros como no corpo do texto, resumos de algumas importantes contribuições.

Recursos pedagógicos

Para ajudarmos o estudante a aprender a matéria, incluímos uma variedade de recursos pedagógicos. Naturalmente, gostamos de pensar que o principal artifício desta edição é, novamente, a exposição clara. Embora todos os autores enfatizem a clareza do texto como um ponto forte, ainda assim continuamos satisfeitos por muitos resenhadores elogiarem esta característica em nosso texto. Além dessa característica geral, outras mais específicas estão aqui descritas.

Objetivos de aprendizado

Todo capítulo começa explicitamente com uma relação de objetivos de aprendizado para ajudar os estudantes a se concentrarem em conceitos-chave. Eles também podem ser úteis para professores na seleção de conteúdo a ser abordado em suas aulas.

Vinhetas de abertura

Essas vinhetas ou casos foram mencionadas anteriormente. A intenção de cada caso é motivar o estudante a buscar o conteúdo no capítulo a seguir, assim como ajudá-lo a ver como os tópicos dos capítulos se encaixam em situações reais aplicadas da economia mundial.

Quadros

Neste livro, existem três tipos de matérias que aparecem nos quadros (são mais de cem). Alguns são de natureza analítica (*Quadro conceitual*), que explicam um pouco mais determinado conceito ou relação difícil. Incluímos também vários quadros biográficos (*Titãs da economia internacional*). Essas curtas descrições de economistas conhecidos adicionam uma dimensão pessoal ao trabalho em estudo, e tratam não apenas dos interesses e preocupações profissionais individuais, mas também de algumas de suas características "humanas" não tão conhecidas. Por fim, a maioria dos quadros são estudos de caso (*No mundo real*), incluídos em toda parte dos capítulos e suplementares às vinhetas da abertura. Esses quadros servem para esclarecer conceitos e análises em discussão e, como nas vinhetas de abertura, mostram ao estudante a relevância do conteúdo para os eventos atuais. Eles também fornecem uma pausa para as pesadas doses de teoria que permeiam textos de economia internacional.

Revisão de conceito

Estes são pequenos "pontos de parada" em vários intervalos entre os capítulos (cerca de dois por capítulo). A revisão de conceitos apresenta questões com o objetivo de verificar se os conceitos básicos, apresentados no texto, foram compreendidos pelo estudante.

Questões e problemas

Padrão em todo final de capítulo, as questões e problemas são mais abrangentes e mais gerais do que as contidas na revisão de conceitos.

Termos-chave

Os termos principais dos textos estão destacados nos próprios capítulos e são listados ao final de cada um deles. A leitura dessas listas pode servir como uma rápida revisão do capítulo.

Referências para leitura

Estas referências aparecem no final do livro, organizadas por capítulo. Fornecemos fontes bibliográficas que consideramos úteis no nosso próprio trabalho, assim como entradas relativamente acessíveis e que oferecem maiores oportunidades de exploração empírica e teórica para estudantes interessados.

Online Learning Center

Este livro possui um site em www.mhhe.com/appleyard6e, com recursos para o professor e para o estudante. Para o professor, estão disponíveis o Manual do Professor e o Banco de Teste. Esse material auxilia os professores na preparação das aulas, com sugestões para apresentação da matéria, assim como respostas às questões e problemas no final de capítulo. Além disso, é fornecida uma amostra de questões para verificação, incluindo algumas centenas de questões de múltipla escolha e problemas usados para exames pelos próprios alunos. Os estudantes terão acesso a recursos como exercícios gráficos e questões de múltipla escolha (*quizzes*). Todos esses materiais estão disponíveis em inglês; para ter acesso, visite o site e consulte os links *Instructor Edition* e *Student Edition*. O material para o professor é protegido por senha; os professores brasileiros poderão cadastrar-se na área do professor da Bookman Editora para ter acesso ao material.

AGRADECIMENTOS

Nossas maiores dívidas intelectuais são com os muitos professores que nos ensinaram economia, mas particularmente para com Robert Stern da University of Michigan e para com Erik Thorbecke da Cornell University. Ao longo dos anos, também mantivemos conversas e seminários com colegas de faculdade na University of North Carolina, em Chapel Hill, que se mostraram extremamente úteis. Particularmente, desejamos agradecer a Stanley Black, Patrick Conway, William A. Darity, Jr., Richard Froyen e James Ingram. Agradecemos também aos colegas da Davidson College, especialmente Peter Hess, Vikram Kumar, David Martin, Lou Ortmayer e Clark Ross; a colegas da University of North Texas, especialmente Michael McPherson, David Molina e Margie Tieslau; e a muitos estudantes em Chapel Hill e Davidson, que foram cobaias para o material deste livro. Queremos expressar nosso apreço a Barbara Carmack por sua ajuda carinhosa e muito extensa na preparação do manuscrito. Pronta assistência também nos foi proporcionada por Christoph Pross.

Também estamos em dívida com toda a equipe da McGraw-Hill/Irwin, especialmente com Dana Pauley, Gina Hangos, Cara David, Lori Kramer, Susan Lombardi, Douglas Reiner, Elizabeth Clevenger e Kelly Odom. Agradecemos a eles por sua cooperação, paciência, incentivo e orientação no desenvolvimento desta sexta edição.

Além de tudo, somos gratos aos revisores a seguir; os seus comentários precisos ajudaram a guiar o desenvolvimento das seis edições:

Mohsen Bahmani-Oskooee	University of Wisconsin–Milwaukee
Michael Barry	Mount St. Mary's University
Scott Baier	Clemson University
Bruce Blonigen	University of Oregon
Eric Bond	Pennsylvania State University
Harry Bowen	University of California–Irvine
Victor Brajer	California State University–Fullerton
Drusilla Brown	Tufts University
Geoffrey Carliner	Babson College
Roman Cech	Longwood University
Winston Chang	State University of New York at Buffalo
Charles Chittle	Bowling Green State University
Bienvenido Cortes	Pittsburg State University
Kamran Dadkhah	Northeastern University
Joseph Daniels	Marquette University
William Davis	University of Tennessee at Martin
Alan Deardorff	University of Michigan
Khosrow Doroodian	Ohio University–Athens
Mary Epps	University of Virginia
Jim Gerber	San Diego State University
Norman Gharrity	Ohio Wesleyan University
Animesh Ghoshal	DePaul Univesity
James Hartigan	University of Oklahoma
Stephen Haynes	University of Oregon

Pershing Hill	University of Alaska
William Hutchinson	Vanderbilt University
William Kaempfer	University of Colorado
Mitsuhiro Kaneda	Georgetown University
Patrick Kehoe	University of Pennsylvania
Frank Kelly	Indiana University–Purdue University Indianapolis
David Kemme	Wichita State University
Madhu Khanna	University of Illinois–Champaign
Yih-Wu Liu	Youngstown State University
Thomas Love	North Central College
Judith McDonald	Lehigh University
Thomas McGahagan	University of Pittsburgh at Johnstown
Joseph McKinney	Baylor University
Thomas McKinnon	University of Arkansas
Michael McPherson	University of North Texas
William G. Mertens	University of Colorado at Boulder
Thomas Mondschean	DePaul University
Michael Moore	The George Washington University
Sudesh Mujumdar	University of Southern Indiana
John Pomery	Purdue University
Michael Quinn	Bentley College
James Rakowski	University of Notre Dame
James Rauch	University of California–San Diego
Simran Sahi	University of Minnesota
Jeff Sarbaum	University of North Carolina–Chapel Hill
W. Charles Sawyer	University of Southern Mississippi
Don Schilling	University of Missouri
Modiful Shumon Islam	Columbia Southern University
John N. Smithin	York University
Richard G. Stahl	Louisiana State University
Jeffrey Steagall	University of North Florida
Edward Tower	Duke University
John Wilson	Michigan State University

Desejamos também agradecer a David Ball (North Carolina State University), David Collie (Cardiff University), David Cushman (University of Saskatchewan), Guzin Erlat (Middle East Technical University–Ankara), J. Michael Finger (World Bank, aposentado), Dan Friel (Bank of America), Art Goldsmith (Washington and Lee University), Monty Graham (The Peterson Institute of International Economics), Michael Jones (Bowdoin College), Joseph Joyce (Wellesley College) e a Joe Ross (Goldman Sachs) pelos comentários úteis nesta e nas edições anteriores. O apreço também é estendido a muitas outras pessoas que nos contactaram, ao longo dos anos, a respeito de nosso livro. Naturalmente, todas as falhas ou erros restantes são de responsabilidade dos autores (cada qual culpa os outros dois). Uma nota especial de agradecimento vai para nossas famílias por sua compreensão, apoio e paciência com todo o tempo requerido para completar todas as seis edições.

Por fim, todas as sugestões ou comentários que você puder ter a respeito deste texto são bem-vindas. Por favor, sinta-se livre para nos contatar por meio de e-mails. E obrigado por dar atenção ao nosso livro!

Dennis R. Appleyard
deappleyard@davidson.edu

Alfred J. Field, Jr.
afield@email.unc.edu

Steven L. Cobb
scobb@unt.edu

Sumário Resumido

Capítulo 1
O mundo da economia internacional, 1

Parte 1

A teoria clássica do comércio 15

Capítulo 2
Teorias iniciais do comércio: O mercantilismo e a transição para o mundo clássico de David Ricardo, 17

Capítulo 3
O mundo clássico de David Ricardo e a vantagem comparativa, 28

Capítulo 4
Extensões e testes do modelo clássico de comércio, 42

Parte 2

Teoria neoclássica do comércio 63

Capítulo 5
Introdução à teoria neoclássica do comércio: Ferramentas a serem empregadas, 65

Capítulo 6
Ganhos provenientes do comércio na teoria neoclássica, 87

Capítulo 7
Curvas de oferta e os termos de troca, 103

Capítulo 8
As bases para o comércio: Dotações de fatores e o modelo de Heckscher-Ohlin, 125

Capítulo 9
Testes empíricos da abordagem de dotações de fatores, 151

Parte 3

Teorias adicionais e extensões 171

Capítulo 10
Teorias de comércio pós-Heckscher-Ohlin de comércio intraindustrial, 173

Capítulo 11
Crescimento econômico e comércio internacional, 202

Capítulo 12
Movimentos internacionais de fator, 224

Parte 4

Política de comércio 255

Capítulo 13
Os instrumentos da política comercial, 257

Capítulo 14
O impacto das políticas comerciais, 278

Capítulo 15
Justificativas para políticas comerciais intervencionistas, 316

Capítulo 16
Economia política e política comercial dos Estados Unidos, 354

Capítulo 17
Integração econômica, 385

Capítulo 18
O comércio internacional e os países em desenvolvimento, 419

Parte 5

Fundamentos de economia monetária internacional 453

Capítulo 19
As contas do balanço de pagamentos, 455

Capítulo 20
O mercado de câmbio externo, 478

Capítulo 21
Introdução a mercados financeiros internacionais e instrumentos, 509

Capítulo 22
As abordagens de balanço monetário e de portfólio ao balanço externo, 543

Capítulo 23
Ajustamentos de preços e desequilíbrio do balanço de pagamentos, 573

Capítulo 24
Renda nacional e conta corrente, 600

Parte 6

Política macroeconômica em economia aberta 627

Capítulo 25
Política econômica na economia aberta sob taxas fixas de câmbio, 629

Capítulo 26
Política econômica em economia aberta sob taxas de câmbio flexíveis, 658

Capítulo 27
Preços e produção em economia aberta: Oferta e demanda agregadas, 677

Parte 7

Questões em arranjos monetários mundiais 705

Capítulo 28
Taxas de câmbio fixas ou variáveis?, 707

Capítulo 29
O sistema monetário internacional: Passado, presente e futuro 733

Leituras recomendadas, 769

Créditos das fotos, 785

Índice, 786

SUMÁRIO

CAPÍTULO 1
O mundo da economia internacional, 1
INTRODUÇÃO, 1
A NATUREZA DO COMÉRCIO DE MERCADORIAS, 2
   A composição geográfica do comércio, 3
   A composição das mercadorias do comércio, 4
   Comércio internacional norte-americano, 6
O COMÉRCIO MUNDIAL DE SERVIÇOS, 9
A MUDANÇA DO GRAU DE INTERDEPENDÊNCIA ECONÔMICA, 11
RESUMO, 12
APÊNDICE: LISTA GERAL DE REFERÊNCIAS EM ECONOMIA INTERNACIONAL, 12

PARTE 1

A TEORIA CLÁSSICA DO COMÉRCIO 15

CAPÍTULO 2
Teorias iniciais do comércio: O mercantilismo e a transição para o mundo clássico de David Ricardo, 17
INTRODUÇÃO, 18
   O oráculo no século 21, 18
MERCANTILISMO, 18
   O sistema econômico mercantilista, 18
   O papel do governo, 19
   Mercantilismo e política de economia doméstica, 20
NO MUNDO REAL: O MERCANTILISMO AINDA VIVE, 21
O DESAFIO AO MERCANTILISMO PELOS PRIMEIROS ESCRITORES CLÁSSICOS, 22
   David Hume – o mecanismo de fluxo-preço-espécie, 22
QUADRO CONCEITUAL 1: PEQUENO RESUMO SOBRE O MECANISMO DE FLUXO-PREÇO-ESPÉCIE, 22
QUADRO CONCEITUAL 2: REVISÃO DE CONCEITO – ELASTICIDADE – PREÇO E DESPESAS TOTAIS, 23
   Adam Smith e a mão invisível, 24
TITÃS DA ECONOMIA INTERNACIONAL: ADAM SMITH (1723-1790), 25
RESUMO, 26

CAPÍTULO 3
O mundo clássico de David Ricardo e a vantagem comparativa, 28
INTRODUÇÃO, 29
   Alguns mitos comuns, 29
SUPOSIÇÕES DO MODELO RICARDIANO BÁSICO, 29
TITÃS DA ECONOMIA INTERNACIONAL: DAVID RICARDO (1772–1823), 30
VANTAGEM COMPARATIVA RICARDIANA, 30
NO MUNDO REAL: CONCENTRAÇÃO DE EXPORTAÇÃO NOS PAÍSES SELECIONADOS, 33
VANTAGEM COMPARATIVA E OS GANHOS TOTAIS DO COMÉRCIO, 34
   Limitação de recursos, 34
   Especialização completa, 35
REPRESENTANDO O MODELO RICARDIANO COM FRONTEIRAS DE POSSIBILIDADES DE PRODUÇÃO, 36
   Possibilidades de produção – um exemplo, 36
   Ganhos máximos do comércio, 38
VANTAGEM COMPARATIVA – ALGUMAS OBSERVAÇÕES CONCLUSIVAS, 39
RESUMO, 40

CAPÍTULO 4
Extensões e testes do modelo clássico de comércio, 42
INTRODUÇÃO, 43
   Complexidades comerciais no mundo real, 43
O MODELO CLÁSSICO EM TERMOS DE MOEDA, 43
LIMITES DA TAXA DE REMUNERAÇÃO (WAGE RATE) E LIMITES DA TAXA DE CÂMBIO, 44
QUADRO CONCEITUAL 1 LIMITES DA TAXA DE REMUNERAÇÃO (W) E LIMITES DA TAXA DE CÂMBIO NO MODELO RICARDIANO MONETIZADO, 46
MERCADORIAS MÚLTIPLAS, 47
   O efeito das mudanças da taxa de remuneração, 48
   O efeito da mudança da taxa de câmbio, 49
CUSTOS DE TRANSPORTE, 50
NO MUNDO REAL: O TAMANHO DOS CUSTOS DE TRANSPORTE, 51
MÚLTIPLOS PAÍSES, 52
AVALIANDO O MODELO CLÁSSICO, 53

No mundo real: Produtividade laboral e penetração de importação na indústria do aço dos Estados Unidos, 55
Resumo, 57
Apêndice: O modelo de Dornbusch, Fischer e Samuelson, 59

PARTE 2

TEORIA NEOCLÁSSICA DO COMÉRCIO 63

Capítulo 5
Introdução à teoria neoclássica do comércio: Ferramentas a serem empregadas, 65
Introdução, 66
A teoria do comportamento do consumidor, 66
  Curvas de indiferença do consumidor, 66
Titãs da economia internacional: Francis Ysidro Edgeworth (1845-1926), 67
  A restrição orçamentária, 71
  Equilíbrio do consumidor, 72
Teoria da produção, 73
  Isoquantas, 73
No mundo real: Padrões de gastos do consumidor nos Estados Unidos, 74
  Linhas de isocusto, 76
  Equilíbrio do produtor, 78
O diagrama da caixa de Edgeworth e a fronteira de possibilidades de produção, 78
  O diagrama da caixa de Edgeworth, 78
  A fronteira de possibilidade de produção, 81
Resumo, 85

Capítulo 6
Ganhos provenientes do comércio na teoria neoclássica, 87
Introdução, 88
  Os efeitos de restrições sobre o comércio dos Estados Unidos, 88
Equilíbrio em autarquia, 88
Introdução ao comércio internacional, 90
  Os ganhos de consumo e de produção do comércio, 92
  O comércio no país parceiro, 94
Condições mínimas para o comércio, 95
O comércio entre países com FPPs idênticas, 95
Comércio entre países com condições de demanda idênticas, 97
Conclusões, 98
Algumas suposições importantes na análise, 98
  Mobilidade de fator sem custo, 98
  Emprego pleno dos fatores de produção, 99
  O mapa de curvas de indiferença pode mostrar mudanças do bem-estar, 99
No mundo real: Mudanças na distribuição de renda com a ampliação do comércio nos Estados Unidos, 100
Resumo, 101
Apêndice: ganhos "reais" versus "potenciais" do comércio, 102

Capítulo 7
Curvas de oferta e os termos de troca, 103
Introdução, 104
  Choques de termos de troca, 104
Curva de oferta de um país, 104
Quadro conceitual 1: Abordagem tabular para derivar uma curva de oferta, 107
Equilíbrio internacional, 108
Deslocamentos das curvas de oferta, 110
Quadro conceitual 2: Mensuração dos termos de troca, 113
Elasticidade e a curva de oferta, 114
No mundo real: Termos de troca dos principais grupos de países, 1972-2005, 115
Outros conceitos de termos de troca, 119
  Termos de troca de rendimentos, 119
  Termos de troca com fator único, 119
No mundo real: Termos de troca de rendimentos dos principais grupos de países, 1972-2005, 120
  Termos de troca com dois fatores, 120
Resumo, 121
Apêndice A: derivação da elasticidade da demanda de importações de uma curva de oferta, 122
Apêndice B: elasticidade e equilíbrio instantâneo da curva de oferta, 123

Capítulo 8
As bases para o comércio: Dotações de fatores e o modelo de Heckscher-Ohlin, 125
Introdução, 126
  Padrões de trabalho afetam a vantagem comparativa?, 126

OFERTA, DEMANDA E PREÇOS EM AUTARQUIA, 127
DOTAÇÕES DE FATORES E O MODELO DE
 HECKSCHER-OHLIN, 127
 Abundância de fator e o modelo de
  Heckscher-Ohlin, 128
NO MUNDO REAL: DOTAÇÕES RELATIVAS DE FATORES EM PAÍSES SELECIONADOS, 1992, 129
 A intensidade do fator da mercadoria e o modelo de
  Heckscher-Ohlin, 130
 O modelo de Heckscher-Ohlin, 130
NO MUNDO REAL: INTENSIDADE RELATIVA DE FATORES PARA PRODUTOS SELECIONADOS, 1992, 131
TITÃS DA ECONOMIA INTERNACIONAL: PAUL ANTHONY SAMUELSON (1915-2009), 134
 O teorema de equalização do preço dos fatores, 135
 O teorema de stolper-samuelson e os efeitos do
  comércio sobre a distribuição de renda no modelo de
  Heckscher-Ohlin, 138
 Conclusões, 139
LIMITAÇÕES TEÓRICAS DO MODELO DE
 HECKSCHER-OHLIN, 139
 Reversão de demanda, 139
 Reversão da intensidade de fator, 140
 Custos de transporte, 142
 Concorrência imperfeita, 143
 Produto com fatores específicos ou não móveis, 145
NO MUNDO REAL: OS EFEITOS DOS CARTÉIS INTERNACIONAIS, 146
 Outras considerações, 149
RESUMO, 149

CAPÍTULO 9
Testes empíricos da abordagem de dotações de fatores, 151
 INTRODUÇÃO, 152
  Teorias, suposições e o papel do trabalho empírico, 152
 O PARADOXO DE LEONTIEF, 152
 EXPLICAÇÕES SUGERIDAS PARA O PARADOXO DE
  LEONTIEF, 153
  Reversão da demanda, 153
  Reversão da intensidade de fator, 154
NO MUNDO REAL: RAZÕES CAPITAL/TRABALHO NAS PRINCIPAIS INDÚSTRIAS DE EXPORTAÇÃO E DE IMPORTAÇÃO — TESTE DE LEONTIEF, 155
  Estrutura tarifária dos Estados Unidos, 156
  Diferentes níveis de habilidade do trabalho, 157
  O papel dos recursos naturais, 157
 OUTROS TESTES DO MODELO DE HECKSCHER-OHLIN, 158

 A abordagem de conteúdo de fator, com muitos
  fatores, 159
 Comparações entre abundâncias calculada e real, 160
 Diferenças de produtividade e "viés doméstico", 161
NO MUNDO REAL: O CASO DO COMÉRCIO DESAPARECIDO E OUTROS MISTÉRIOS, 163
DESIGUALDADE DA RENDA E HECKSCHER-OHLIN, 163
NO MUNDO REAL: TERCEIRIZAÇÃO E DESIGUALDADE DO SALÁRIO NOS ESTADOS UNIDOS, 167
RESUMO, 168

PARTE 3

TEORIAS ADICIONAIS E EXTENSÕES 171

CAPÍTULO 10
Teorias de comércio pós-Heckscher-Ohlin de comércio intraindustrial, 173
 INTRODUÇÃO, 174
  Um mito do comércio, 174
 TEORIAS PÓS-HECKSCHER-OHLIN, 174
  A hipótese do atraso da imitação, 174
  A teoria do ciclo do produto, 175
  A teoria de Linder, 179
NO MUNDO REAL: UM NOVO EXAME DA HIPÓTESE DE LINDER, 181
  Economias de escala, 182
NO MUNDO REAL: A DIFERENCIAÇÃO DE PRODUTO NOS AUTOMÓVEIS, 183
  O modelo de Krugman, 185
  Outras teorias pós-Heckscher-Ohlin, 188
  Comentários conclusivos sobre as teorias de comércio
   pós-Heckscher-Ohlin, 190
NO MUNDO REAL: GEOGRAFIA E COMÉRCIO, 191
 COMÉRCIO INTRAINDUSTRIAL, 191
  Razões para o comércio intraindustrial de uma
   categoria de produto, 192
  O tamanho do comércio intraindustrial de um país, 194
 RESUMO, 195
 APÊNDICE A: ECONOMIAS DE ESCALA, 196
 APÊNDICE B: CONCORRÊNCIA MONOPOLÍSTICA E
  ELASTICIDADE-PREÇO DA DEMANDA DE KRUGMAN, 198
 APÊNDICE C: DIFERENÇAS ENTRE AS TEORIAS
  ALTERNATIVAS DE COMÉRCIO USANDO A EQUAÇÃO DE
  GRAVIDADE, 200
 APÊNDICE D: MENSURAÇÃO DO COMÉRCIO
  INTRAINDUSTRIAL, 200

Capítulo 11
Crescimento econômico e comércio internacional, 202
- Introdução, 203
  - China – um polo de crescimento regional, 203
- Classificação dos efeitos do crescimento econômico sobre o comércio, 203
  - Efeitos do crescimento da produção sobre o comércio, 204
  - Efeitos do crescimento do consumo sobre o comércio, 205
- Fontes de crescimento e a fronteira de possibilidades de produção, 207
  - Os efeitos de mudança tecnológica, 207
- *No Mundo Real:* Trabalho e capital necessários por unidade de produto, 208
  - Os efeitos do crescimento de fator, 211
- Crescimento do fator, comércio e bem-estar no caso de país pequeno, 213
- *Quadro Conceitual 1:* Crescimento da força de trabalho e a renda per capita, 215
- Crescimento, comércio e bem-estar: o caso de um país grande, 216
- *Quadro Conceitual 2:* Crescimento econômico e a curva da oferta, 217
- Crescimento e os termos de troca: A perspectiva dos países em desenvolvimento, 220
- *No Mundo Real:* Termos de troca do Brasil, Jordânia, Quênia e Tailândia, 1980-2005, 221
- Resumo, 222

Capítulo 12
Movimentos internacionais de fator, 224
- Introdução, 225
- Movimentos internacionais de capitais por meio de investimento estrangeiro e das corporações multinacionais, 225
  - Investidores estrangeiros na China: "bom" ou "mau" na perspectiva chinesa?, 225
  - Definições, 227
  - Alguns dados sobre investimento estrangeiro direto e corporações multinacionais, 227
  - Razões para o movimento internacional de capital, 230
- *No Mundo Real:* Determinantes do investimento estrangeiro direto, 232
  - Efeitos analíticos dos movimentos internacionais capitais, 232
- *No Mundo Real:* Determinantes dos fluxos de entrada de investimento estrangeiro direto, 235
  - Benefícios e custos potenciais do investimento estrangeiro direto para um país receptor, 237
- Movimentos de trabalho entre países, 240
  - Trabalhadores sazonais na Alemanha, 240
  - Migração permanente: um grego na Alemanha, 240
  - Efeitos econômicos dos movimentos do trabalho, 241
  - Considerações adicionais relativas à migração internacional, 245
- *No Mundo Real:* Remessas de imigrantes, 246
- *No Mundo Real:* Imigração nos Estados Unidos e no Canadá, 248
- *No Mundo Real:* Há um viés contrário à revalidação de diploma de médicos formados no exterior?, 250
  - Imigração e os Estados Unidos – perspectivas recentes, 250
- *No Mundo Real:* A imigração nos Estados Unidos e o dreno de cérebros de países em desenvolvimento, 251
- Resumo, 253

PARTE 4

POLÍTICA DE COMÉRCIO 255

Capítulo 13
Os instrumentos da política comercial, 257
- Introdução, 258
  - De que maneira posso interferir no comércio?, 258
- Tarifas de importação, 258
  - Tarifas específicas, 258
  - Tarifas *ad valorem*, 259
  - Outros aspectos de planos tarifários, 259
- *No Mundo Real:* Tarifas de importação para itens selecionados praticados pelos Estados Unidos em 2007, 261
- *No Mundo Real:* O sistema geral de preferências dos Estados Unidos, 263
  - Medição de tarifas, 264
- *No Mundo Real:* Tarifas nominal e efetiva nos Estados Unidos e no Japão, 267
- *No Mundo Real:* Tarifas efetivas em Bangladesh, 268
- Taxas de exportação e subsídios, 269
- Barreiras não tarifárias ao livre-comércio, 269
  - Cotas de importação, 270
  - Restrições de exportação "voluntárias" (VERs), 270
  - Provisões de procurações governamentais, 270
  - Provisões de conteúdo doméstico, 271
  - Taxas europeias de fronteira, 271
  - Classificação administrativa, 272
  - Restrições sobre serviços comerciais, 272
  - Medidas de investimento relativas ao comércio, 272
  - Restrições adicionais, 272

Políticas domésticas adicionais que afetam o comércio, 273
NO MUNDO REAL: É UM CARRO? É UM CAMINHÃO?, 273
NO MUNDO REAL: EXEMPLOS DE CONTROLE SOBRE O COMÉRCIO, 274
NO MUNDO REAL: O EFEITO DOS INSTRUMENTOS DE PROTEÇÃO SOBRE PREÇOS DOMÉSTICOS, 275
RESUMO, 276

CAPÍTULO 14
O impacto das políticas comerciais, 278

INTRODUÇÃO, 279
Ganhadores e perdedores com tarifas sobre o aço, 279
RESTRIÇÕES COMERCIAIS EM UM CENÁRIO DE EQUILÍBRIO PARCIAL: O CASO DOS PAÍSES PEQUENOS, 280
O impacto de uma tarifa de importação, 280
O impacto de uma cota de importação e de um subsídio para a produção de competição com a importação, 283
O impacto de políticas de exportação, 286
RESTRIÇÕES COMERCIAIS EM UM CONTEXTO DE EQUILÍBRIO PARCIAL: O CASO DO PAÍS GRANDE, 289
Estrutura de análise, 289
O impacto de uma tarifa de importação, 290
O impacto de uma cota de importação, 295
O impacto de uma taxa de exportação, 297
NO MUNDO REAL: CUSTOS DE BEM-ESTAR DAS VERs E COTAS DE IMPORTAÇÃO DOS ESTADOS UNIDOS, 298
O impacto de um subsídio de exportação, 299
RESTRIÇÕES COMERCIAIS EM UM CONTEXTO DE EQUILÍBRIO GERAL, 300
Proteção no caso de um país pequeno, 300
NO MUNDO REAL: O PROGRAMA DE INCREMENTO DE EXPORTAÇÃO DOS ESTADOS UNIDOS PARA O TRIGO, 301
A proteção no caso de um país grande, 303
OUTROS EFEITOS DA PROTEÇÃO, 306
NO MUNDO REAL: EFEITOS DOMÉSTICOS DO SISTEMA DE COTA DO AÇÚCAR, 307
RESUMO, 308
APÊNDICE A: O IMPACTO DA PROTEÇÃO EM UM MERCADO COM BENS NÃO HOMOGÊNEOS, 309
APÊNDICE B: O IMPACTO DE UMA POLÍTICA COMERCIAL NO CONTEXTO DE UM PAÍS GRANDE USANDO CURVAS DE OFERTA DE EXPORTAÇÃO E DEMANDA DE IMPORTAÇÃO, 311

CAPÍTULO 15
Justificativas para políticas comerciais intervencionistas, 316

INTRODUÇÃO, 317
POLÍTICA COMERCIAL COMO PARTE DE OBJETIVOS MAIS AMPLOS DE POLÍTICA SOCIAL DE UMA NAÇÃO, 317
Impostos comerciais como fonte de receita governamental, 318
Justificativa de defesa nacional para uma tarifa, 318
NO MUNDO REAL: A IMPORTÂNCIA RELATIVA DOS IMPOSTOS COMERCIAIS COMO FONTE DE RECEITA DO GOVERNO, 319
Tarifa melhora a balança comercial, 320
A justificativa de termos comerciais para proteção, 321
Tarifa reduz o desemprego agregado, 323
Tarifa aumenta o emprego em um setor específico, 324
Tarifa beneficia um fator de produção escasso, 324
NO MUNDO REAL: CUSTOS DE PROTEÇÃO AO EMPREGO NO SETOR, 325
Fortalecendo o "orgulho nacional" em setores-chave, 325
Proteção diferencial como componente de política estrangeira/pacote de auxílio, 326
PROTEÇÃO JUSTIFICA AS IMPERFEIÇÕES DO MERCADO, 326
A presença de externalidades como uma justificativa para proteção, 326
Tarifa extrai lucro do monopólio estrangeiro, 328
O uso de uma taxa de exportação para redistribuir o lucro de um monopolista local, 330
PROTEÇÃO COMO RESPOSTA A DISTORÇÕES NA POLÍTICA INTERNACIONAL, 330
Tarifa compensa o *dumping* estrangeiro, 331
NO MUNDO REAL: AÇÕES ANTIDUMPING NOS ESTADOS UNIDOS, 332
Tarifa compensa um subsídio estrangeiro, 333
NO MUNDO REAL: IMPOSTOS COMPENSATÓRIOS NOS ESTADOS UNIDOS, 334
DIVERSAS JUSTIFICATIVAS INVÁLIDAS, 336
POLÍTICA COMERCIAL ESTRATÉGICA: PROMOVENDO A VANTAGEM COMPARATIVA, 336
A justificativa para proteção do setor nascente, 337
NO MUNDO REAL: MOTOS DOS ESTADOS UNIDOS – UM SETOR NASCENTE BEM-SUCEDIDO?, 338
Economias de escala numa estrutura de duopólio, 339
Pesquisa e desenvolvimento de vendas de uma empresa local, 342
Subsídio à exportação no duopólio, 344
Interação governamental estratégica do governo e bem-estar mundial, 347
NO MUNDO REAL: AIRBUS INDUSTRIE, 348
Observações finais sobre política comercial estratégica, 350
RESUMO, 351

Capítulo 16
Economia política e política comercial dos Estados Unidos, 354
- Introdução, 355
  - Comentários contrastantes sobre política comercial, 355
- A economia política da política comercial, 355
  - A abordagem de interesse próprio à política comercial, 356
- *No mundo real: Política espreme as importações de tomates, 358*
  - A abordagem dos objetivos sociais, 359
  - Um panorama da ciência política sobre a política comercial, 360
  - Estrutura integrada de Baldwin para analisar a política comercial, 360
- Uma revisão da política comercial dos Estados Unidos, 361
  - Acordos comerciais recíprocos e rodadas GATT iniciais, 361
  - A Rodada Kennedy de negociações comerciais, 362
  - A Rodada Tóquio de negociações comerciais, 363
- *No mundo real: Os determinantes da assistência ao ajuste comercial, 364*
  - A Rodada Uruguai de negociações comerciais, 365
- *No mundo real: Efeitos de bem-estar das distorções de preços em países selecionados, 367*
  - Aspectos da política comercial após a Rodada Uruguai, 368
- *No mundo real: Reduções de tarifas resultantes da Rodada Uruguai, 369*
  - A Agenda de desenvolvimento de Doha, 371
- *No mundo real: Soberania nacional e a organização mundial do comércio, 372*
  - Ações recentes dos Estados Unidos, 375
- *No mundo real: Restrições sobre as importações de aço dos Estados Unidos, 377*
- Observações finais sobre a política comercial, 380
  - A conduta da política comercial, 380
  - Trabalho empírico sobre a economia política, 381
- Resumo, 383

Capítulo 17
Integração econômica, 385
- Introdução, 386
  - União Europeia: dois novos membros, mais crescimento econômico?, 386
- Tipos de integração econômica, 386
  - Área de livre-comércio, 386
  - União aduaneira, 387
  - Mercado comum, 387
  - União econômica, 387
- Os efeitos estáticos e dinâmicos da integração econômica, 387
  - Efeitos estáticos da integração econômica, 387
- *No mundo real: Unidades de integração econômica, 389*
- *No mundo real: Criação de comércio e desvio de comércio nas primeiras etapas da integração econômica europeia, 390*
  - Conclusões gerais sobre criação/desvio de comércio, 393
- *Quadro conceitual 1: Desvio de comércio no equilíbrio geral, 394*
  - Efeitos dinâmicos da integração econômica, 395
  - Resumo da integração econômica, 395
- União Europeia, 396
  - História e estrutura, 396
- *No mundo real: A comunidade africana oriental, 397*
  - Crescimento e desapontamentos, 398
  - Completando o mercado interno, 399
  - Perspectivas, 399
- Desintegração econômica e transição na Europa Central e Oriental e na antiga União Soviética, 401
  - Conselho para Assistência Econômica Mútua, 401
  - Movendo-se em direção a uma economia de mercado, 401
- *No mundo real: Impactos sobre o comércio da cooperação econômica regional do Mar Negro, 403*
- Integração econômica norte-americana, 407
  - Maior integração, 407
- *No mundo real: Polônia e Rússia em transição: um estudo em contrastes, 408*
  - Preocupações em relação ao NAFTA, 409
- *No mundo real: As maquiladoras mexicanas, 410*
- *No mundo real: Os efeitos do NAFTA no comércio norte-americano, 412*
- Outros esforços importantes de integração econômica, 414
  - MERCOSUL, 414
  - CAFTA-DR, 414
  - FTAA, 414
  - Acordos Comerciais do Chile, 415
  - APEC, 415
- *No mundo real: Integração econômica na África – demais?, 416*
- Resumo, 416

Capítulo 18
O comércio internacional e os países em desenvolvimento, 419
- Introdução, 420
- Um panorama dos países em desenvolvimento, 420
  - Uma visão mais aprofundada dos países menos desenvolvidos, 421

A razão do comércio e o PIB, 422
Exportações de mercadorias primárias, 422
Marginalização dos fluxos de comércio global, 423
Regimes de comércio fechados, 423
Liberalização do comércio, crescimento e pobreza, 424
O PAPEL DO COMÉRCIO NA ESTIMULAÇÃO DO DESENVOLVIMENTO ECONÔMICO, 424
Os efeitos estáticos do comércio sobre o desenvolvimento econômico, 424
Os efeitos dinâmicos do comércio sobre o desenvolvimento, 426
Instabilidade de exportação, 427
Causas potenciais da instabilidade da exportação, 427
Deterioração a longo prazo dos termos de troca, 429
TITÃS DA ECONOMIA INTERNACIONAL: RAUL PREBISCH (1901-1986) E HANS WOLFGANG SINGER (1910-2006), 430
COMÉRCIO, CRESCIMENTO ECONÔMICO E DESENVOLVIMENTO: AS EVIDÊNCIAS EMPÍRICAS, 432
POLÍTICA DE COMÉRCIO E PAÍSES EM DESENVOLVIMENTO, 433
Políticas de estabilização de preços ou rendimentos de exportação, 433
Problemas com os acordos de commodity internacional, 434
Políticas sugeridas para combater a deterioração de longo prazo nos termos de troca, 435
NO MUNDO REAL: A EXTENSÃO DOS CHOQUES DE PREÇOS DA MERCADORIA, 435
NO MUNDO REAL: ESTRATÉGIA DE PREÇOS NO COMÉRCIO EXTERNO DO COMECON, 438
Visão interna versus visão externa das estratégias de comércio, 439
NO MUNDO REAL: O TERRORISMO E SEUS EFEITOS SOBRE OS PAÍSES EM DESENVOLVIMENTO, 442
O problema da dívida externa dos países em desenvolvimento, 443
Causas do problema da dívida dos países em desenvolvimento, 444
Possíveis soluções para o problema da dívida, 445
RESUMO, 451

PARTE 5

FUNDAMENTOS DE ECONOMIA MONETÁRIA INTERNACIONAL 453

CAPÍTULO 19
As contas do balanço de pagamentos, 455
INTRODUÇÃO, 456
Superávits e déficits do comércio da China, 456

CRESCIMENTO RECENTE DO COMÉRCIO E MOVIMENTOS DE CAPITAL, 457
CRÉDITOS E DÉBITOS NA CONTA DO BALANÇO DE PAGAMENTOS, 459
EXEMPLOS DE ENTRADAS NA CONTA DO BALANÇO DE PAGAMENTOS, 460
MONTANDO UMA DECLARAÇÃO SUMÁRIA DO BALANÇO DE PAGAMENTOS, 462
NO MUNDO REAL: DÉFICIT DA CONTA CORRENTE, 466
DECLARAÇÃO SUMÁRIA DO BALANÇO DE PAGAMENTOS DOS ESTADOS UNIDOS, 468
NO MUNDO REAL: DÉFICITS DE COMÉRCIO DOS ESTADOS UNIDOS COM O JAPÃO, CHINA, OPEC E CANADÁ, 469
POSIÇÃO DO INVESTIMENTO INTERNACIONAL DOS ESTADOS UNIDOS, 473
NO MUNDO REAL: TENDÊNCIAS NA POSIÇÃO DE INVESTIMENTO INTERNACIONAL NOS EUA, 475
RESUMO, 477

CAPÍTULO 20
O mercado de câmbio externo, 478
INTRODUÇÃO, 479
O caso do caprichoso dólar norte-americano, 479
A TAXA DE CÂMBIO EXTERNA E O MERCADO DE CÂMBIO EXTERNO, 479
O lado da demanda, 480
O lado da oferta, 480
O mercado, 481
O MERCADO SPOT, 483
Atores principais, 483
O papel da arbitragem, 483
Diferentes medidas da taxa spot, 484
NO MUNDO REAL: TAXAS DE CÂMBIO REAL E NOMINAL DO DÓLAR NORTE-AMERICANO, 488
O MERCADO FUTURO, 490
NO MUNDO REAL: O ÍNDICE BIG MAC, 491
NO MUNDO REAL: TAXAS DE CÂMBIO SPOT E PPP, 1973-2005/2006, 492
QUADRO CONCEITUAL 1: COTAÇÕES DE MOEDAS FUTURAS, 497
A LIGAÇÃO ENTRE OS MERCADOS DE CÂMBIO EXTERNO E OS MERCADOS FINANCEIROS, 498
A base dos fluxos financeiros internacionais, 498
QUADRO CONCEITUAL 2: COTAÇÕES DE OPÇÕES DE MOEDAS FUTURAS, 499
Paridade de juros coberta e equilíbrio do mercado financeiro, 501
Ajustamentos simultâneos dos mercados de câmbio externos e os mercados financeiros, 505
RESUMO, 507

Capítulo 21
Introdução a mercados financeiros internacionais e instrumentos, 509

INTRODUÇÃO, 510
  Globalização financeira: um fenômeno recente?, 510
EMPRÉSTIMO BANCÁRIO INTERNACIONAL, 510
O MERCADO INTERNACIONAL DE TÍTULOS (TÍTULOS DE DÍVIDA), 516
NO MUNDO REAL: TAXAS DE JUROS ENTRE PAÍSES, 519
MERCADOS INTERNACIONAIS DE AÇÕES, 521
NO MUNDO REAL: PERFORMANCE DO MERCADO DE AÇÕES EM PAÍSES EM TRANSIÇÃO/DESENVOLVIMENTO, 522
LIGAÇÕES FINANCEIRAS E DERIVATIVOS DE EUROMOEDAS, 524
  Ligações financeiras internacionais básicas: uma revisão, 524
  As ligações financeiras internacionais e o mercado de eurodólar, 525
NO MUNDO REAL: TAXAS DE DEPÓSITO E EMPRÉSTIMO DOMÉSTICAS E EM EURODÓLAR DOS ESTADOS UNIDOS, 1989-2005, 527
  O *hedge* do risco da taxa de juros do eurodólar, 530
QUADRO CONCEITUAL 1: COTAÇÕES DO MERCADO DE FUTUROS DE TAXAS DE JUROS DE EURODÓLAR, 534
QUADRO CONCEITUAL 2: COTAÇÕES DE OPÇÕES DE JUROS EM EURODÓLAR, 536
O MERCADO ATUAL DE DERIVATIVOS GLOBAIS, 539
RESUMO, 541

Capítulo 22
As abordagens de balanço monetário e de portfólio ao balanço externo, 543

INTRODUÇÃO, 544
  O novo capital globalizado, 544
A ABORDAGEM MONETÁRIO AO BALANÇO DE PAGAMENTO, 544
  A oferta de moeda, 545
  A demanda por moeda, 546
NO MUNDO REAL: RELAÇÕES ENTRE CONCEITOS MONETÁRIOS NOS ESTADOS UNIDOS, 547
  O equilíbrio monetário e o balanço de pagamentos, 549
A ABORDAGEM MONETÁRIA À TAXA DE CÂMBIO, 551
  Uma estrutura de dois países, 552
NO MUNDO REAL: CRESCIMENTO DA MOEDA E TAXAS DE CÂMBIO NA TRANSIÇÃO RUSSA, 553
A ABORDAGEM DO BALANÇO DE PORTFÓLIO AO BALANÇO DE PAGAMENTOS E À TAXA CÂMBIO, 554
  Demandas de ativo, 555
  Balanço de portfólio, 557
  Ajustes de portfólio, 557
OVERSHOOTING DA TAXA DE CÂMBIO, 561
TITÃS DA ECONOMIA INTERNACIONAL: RUDIGER DORNBUSCH (1942-2002), 562
RESUMO, 567
APÊNDICE: UMA RÁPIDA VISÃO DO TRABALHO EMPÍRICO SOBRE AS ABORDAGENS DE BALANÇOS MONETÁRIOS E DE PORTFÓLIO, 568

Capítulo 23
Ajustamentos de preços e desequilíbrio do balanço de pagamentos, 573

INTRODUÇÃO, 574
  Ajustamento de preço: a questão da taxa de câmbio, 574
O PROCESSO DE AJUSTAMENTO DE PREÇO E A CONTA CORRENTE SOB UM SISTEMA DE TAXA FLEXÍVEL, 574
  A demanda por bens e serviços e o mercado de câmbio externo, 575
  Estabilidade de mercado e mecanismo de ajuste de preço, 578
QUADRO CONCEITUAL 1: ELASTICIDADE DA DEMANDA DE IMPORTAÇÕES E A CURVA DE OFERTA DE CÂMBIO EXTERNO QUANDO A DEMANDA É LINEAR, 582
  O processo de ajustamento de preço: curto prazo *versus* longo prazo, 585
NO MUNDO REAL: ESTIMATIVAS DAS ELASTICIDADES DE DEMANDA DE IMPORTAÇÃO E EXPORTAÇÃO, 586
NO MUNDO REAL: A PASSAGEM DA TAXA DE CÂMBIO DAS EXPORTAÇÕES PELOS ESTADOS UNIDOS, 587
NO MUNDO REAL: PREÇO DE EXPORTAÇÃO JAPONÊS E PASSAGEM NOS ANOS DE 1990, 588
O MECANISMO DE AJUSTE DE PREÇO NUM SISTEMA DE TAXA DE CÂMBIO FIXA, 591
  Padrão ouro, 591
NO MUNDO REAL: A RESPOSTA ATRASADA DE EXPORTAÇÕES LÍQUIDAS A UMA MUDANÇA DA TAXA DE CÂMBIO, 592
  O mecanismo de ajustamento de preço e o sistema de taxa fixa, 595
NO MUNDO REAL: REGIMES DE TAXA DE CÂMBIO EM ECONOMIAS EM TRANSIÇÃO, 595
RESUMO, 597
APÊNDICE: DERIVAÇÃO DA CONDIÇÃO MARSHALL-LERNER, 598

Capítulo 24
Renda nacional e conta corrente, 600
- Introdução, 601
  - Como o crescimento do PIB gera déficits de comércio?, 601
- A CONTA CORRENTE E A RENDA NACIONAL, 601
  - O modelo keynesiano de renda, 601
- TITÃS DA ECONOMIA INTERNACIONAL: JOHN MAYNARD KEYNES (1883-1946), 602
  - Determinando o nível de equilíbrio da renda nacional, 607
- NO MUNDO REAL: PROPENSÕES MÉDIAS A IMPORTAR, PAÍSES SELECIONADOS, 608
  - O multiplicador de gastos autônomos, 613
- NO MUNDO REAL: ESTIMATIVAS DE MULTIPLICADOR PARA A ÍNDIA, 615
  - A conta corrente e o multiplicador, 616
  - Repercussões estrangeiras e processo multiplicador, 617
- UMA VISÃO GERAL DOS AJUSTES DE PREÇO E RENDA E BALANÇO EXTERNO E INTERNO SIMULTÂNEA, 618
- NO MUNDO REAL: CORRELAÇÕES DE VARIÁVEIS MACROECONÔMICAS ATRAVÉS DOS PAÍSES, 619
- Resumo, 621
- APÊNDICE A: O MULTIPLICADOR QUANDO OS IMPOSTOS DEPENDEM DA RENDA, 622
- APÊNDICE B: DERIVAÇÃO DO MULTIPLICADOR COM REPERCUSSÕES ESTRANGEIRAS, 624

PARTE 6

POLÍTICA MACROECONÔMICA EM ECONOMIA ABERTA 627

Capítulo 25
Política econômica na economia aberta sob taxas fixas de câmbio, 629
- Introdução, 630
  - O caso do renminbi yuan chinês, 630
- OBJETIVOS, INSTRUMENTOS E POLÍTICA ECONÔMICA EM UM MODELO COM DOIS INSTRUMENTOS E DOIS OBJETIVOS, 630
- NO MUNDO REAL: REGIMES DE TAXA DE CÂMBIO, 631
- TITÃS DA ECONOMIA INTERNACIONAL: ROBERT A. MUNDELL (1932), 632
- EQUILÍBRIO GERAL EM ECONOMIA ABERTA: O MODELO IS/LM/BP, 635
  - Equilíbrio geral no mercado de moeda: a curva LM, 635
  - Equilíbrio geral no setor real: a curva IS, 638
  - Equilíbrio simultâneo nos setores monetário e real, 640
  - Equilíbrio do balanço de pagamentos: a curva BP, 640
- NO MUNDO REAL: A PRESENÇA DE CONTROLES DE CÂMBIO NO SISTEMA FINANCEIRO ATUAL, 645
  - Equilíbrio em economia aberta: o uso simultâneo das curvas LM, IS e BP, 647
- OS EFEITOS DA POLÍTICA FISCAL SOB TAXAS DE CÂMBIO FIXAS, 649
- OS EFEITOS DA POLÍTICA MONETÁRIA SOB TAXAS FIXAS DE CÂMBIO, 652
- OS EFEITOS DE MUDANÇAS OFICIAIS NA TAXA DE CÂMBIO, 653
- NO MUNDO REAL: ASCENSÃO E QUEDA DE UM CURRENCY BOARD – O CASO DA ARGENTINA, 655
- Resumo, 657

Capítulo 26
Política econômica em economia aberta sob taxas de câmbio flexíveis, 658
- Introdução, 659
  - Há vantagem nas taxas flexíveis?, 659
- OS EFEITOS DA POLÍTICA FISCAL E MONETÁRIA SOB TAXAS DE CÂMBIO FLEXÍVEIS COM DIFERENTES SUPOSIÇÕES DE MOBILIDADE DO CAPITAL, 659
  - Os efeitos da política fiscal sob diferentes suposições de mobilidade do capital, 660
- QUADRO CONCEITUAL 1: FATORES REAIS E FINANCEIROS QUE INFLUENCIAM A CURVA BP, 661
  - Os efeitos da política monetária sob diferentes suposições de mobilidade do capital, 664
  - Coordenação de política sob taxas de câmbio flexível, 666
- OS EFEITOS DOS CHOQUES EXÓGENOS NO MODELO IS/LM/BP COM MOBILIDADE IMPERFEITA DO CAPITAL, 668
- NO MUNDO REAL: PREÇOS DE MERCADORIAS E O PIB REAL DOS ESTADOS UNIDOS, 1972-2006, 669
- NO MUNDO REAL: ATRITOS POLÍTICOS EM UM MUNDO INTERDEPENDENTE, 673

No MUNDO REAL: COORDENAÇÃO DA POLÍTICA MACROECONÔMICA, O FMI E O G-7, 674
RESUMO, 675

CAPÍTULO 27
Preços e produção em economia aberta: Oferta e demanda agregadas, 677
- INTRODUÇÃO, 678
  - Crise na Argentina, 678
- DEMANDA E OFERTA AGREGADAS EM ECONOMIA FECHADA, 678
  - Demanda agregada em economia fechada, 678
  - Oferta agregada em economia fechada, 680
  - Equilíbrio na economia fechada, 684
- *No MUNDO REAL: RENDA E DESEMPREGO REAIS E NATURAIS DOS ESTADOS UNIDOS*, 685
- DEMANDA E OFERTA AGREGADAS NA ECONOMIA ABERTA, 686
  - A demanda agregada na economia aberta sob taxas fixas, 686
  - A demanda agregada na economia aberta sob taxas flexíveis, 688
- A NATUREZA DO AJUSTE ECONÔMICO E DA POLÍTICA MACROECONÔMICA NA ESTRUTURA DE OFERTA E DEMANDA AGREGADA NA ECONOMIA ABERTA, 688
  - O efeito dos choques exógenos na curva de demanda agregada sob taxas fixas e flexíveis, 688
  - O efeito da política monetária e fiscal na curva de demanda agregada sob taxas fixas e flexíveis, 690
- RESUMO, 691
- POLÍTICA MONETÁRIA E FISCAL NA ECONOMIA ABERTA COM PREÇOS FLEXÍVEIS, 691
  - Política monetária, 691
  - Ajustes da moeda sob taxas fixas, 695
  - Política fiscal, 695
  - Considerações sobre política econômica e oferta, 696
- CHOQUES EXTERNOS E A ECONOMIA ABERTA, 697
- *No MUNDO REAL: PROGRESSO ECONÔMICO NA ÁFRICA SUBSAARIANA*, 698
- *No MUNDO REAL: INFLAÇÃO E DESEMPREGO NOS ESTADOS UNIDOS, 1970-2005*, 700
- RESUMO, 703

PARTE 7

QUESTÕES EM ARRANJOS MONETÁRIOS MUNDIAIS 705

CAPÍTULO 28
Taxas de câmbio fixas ou variáveis?, 707
- INTRODUÇÃO, 708
  - A adesão da Eslovênia ao euro – um claro sucesso, 708
- QUESTÕES CENTRAIS NO DEBATE DE TAXAS DE CÂMBIO FIXAS/VARIÁVEIS, 708
  - Taxas de câmbio fixas ou variáveis oferecem maior "disciplina" por parte dos formuladores de políticas públicas?, 708
  - Taxas de câmbio fixas ou flexíveis podem proporcionar maior crescimento no comércio e investimento internacionais?, 710
- *No MUNDO REAL: RISCO CAMBIAL E COMÉRCIO INTERNACIONAL*, 711
  - Taxas de câmbio fixas ou flexíveis podem proporcionar maior eficiência na alocação de recursos?, 712
  - A política macroeconômica é mais eficiente em influenciar a renda nacional sob taxas de câmbio fixas ou flexíveis?, 714
  - A especulação desestabilizadora nos mercados de câmbio será maior sob taxas de câmbio fixas ou flexíveis?, 715
- *No MUNDO REAL: MANUTENÇÃO DE RESERVAS SOB TAXAS DE CÂMBIO FIXAS E FLEXÍVEIS*, 715
- *TITÃS DA ECONOMIA INTERNACIONAL: MILTON FRIEDMAN (1912-2006)*, 719
  - Os países estarão mais bem protegidos contra choques externos sob um sistema de taxa de câmbio fixa ou flexível?, 720
- *No MUNDO REAL: "ISOLAMENTO" COM TAXAS FLEXÍVEIS – O CASO DO JAPÃO*, 721
- CURRENCY BOARDS, 722
  - Vantagens de um *currency boards*, 722

NO MUNDO REAL: CURRENCY BOARDS NA ESTÔNIA E LITUÂNIA, 723
    Desvantagens de um *currency boards*, 724
ÁREAS MONETÁRIAS ÓTIMAS, 725
SISTEMAS HÍBRIDOS COMBINANDO TAXAS DE CÂMBIO FIXAS E FLEXÍVEIS, 727
    Bandas horizontais, 727
    Paridade deslizante, 728
    Flutuação administrada, 729
NO MUNDO REAL: PARIDADE DESLIZANTE NA COLÔMBIA, 730
RESUMO, 731

CAPÍTULO 29
O sistema monetário internacional: Passado, presente e futuro, 733

INTRODUÇÃO, 734
    O FMI busca estabilidade, 734
NO MUNDO REAL: TAXAS DE CÂMBIO FLEXÍVEIS NA EUROPA PÓS-PRIMEIRA GUERRA MUNDIAL: REINO UNIDO, FRANÇA E NORUEGA, 735
O SISTEMA DE BRETTON WOODS, 737
    Os objetivos do FMI, 737
    O sistema de Bretton Woods em retrospectiva, 740
EVOLUÇÃO GRADUAL DE UM NOVO SISTEMA MONETÁRIO INTERNACIONAL, 741
    Primeiras rupturas, 741
    Direitos especiais de saque (DES), 742
    A quebra da ligação ouro-dólar e o acordo Smithsoniano, 743
    O acordo da Jamaica, 744
    O sistema monetário europeu, 744
    Variações na taxa de câmbio, 748
    Flutuações de curto prazo na década de 1990, 748
NO MUNDO REAL: ADOTANDO O EURO EM NOVOS ESTADOS-MEMBROS, 749
ARRANJOS ATUAIS DE TAXA DE CÂMBIO, 751
EXPERIÊNCIA SOB O SISTEMA MONETÁRIO INTERNACIONAL CORRENTE, 753
    A crise da Ásia: o milagre revelado, 756
SUGESTÕES PARA REFORMA DO SISTEMA MONETÁRIO INTERNACIONAL, 758
    Um retorno ao padrão ouro, 758
    Um banco central mundial, 759
QUADRO CONCEITUAL 1: UM BANCO CENTRAL MUNDIAL DENTRO DE UMA UNIÃO MONETÁRIA COM TRÊS MOEDAS, 760
    A proposta de uma zona-alvo, 761
    Controles sobre fluxos de capital, 762
    Maior estabilidade e coordenação de políticas macroeconômicas entre países, 765
O SISTEMA MONETÁRIO INTERNACIONAL E OS PAÍSES EM DESENVOLVIMENTO, 766
RESUMO, 768

Leituras recomendadas, 769

Créditos das fotos, 785

Índice, 787

CAPÍTULO

O MUNDO DA ECONOMIA INTERNACIONAL

1

INTRODUÇÃO

Bem-vindo ao estudo de Economia Internacional. Não há dúvida de que você sabe cada vez mais da importância das transações internacionais no universo econômico. Quando as pessoas dizem que "o mundo está se tornando menor a cada dia", referem-se não apenas ao incremento nos transportes e comunicações, mas também ao crescimento do uso dos mercados internacionais para a compra de bens e serviços e de ativos financeiros. É claro que esse não é um fenômeno recente. Nos tempos antigos, o comércio era importante para os egípcios, os gregos, os romanos e os fenícios e, mais tarde, para a Espanha, Portugal, Holanda e Inglaterra. Podemos afirmar que todas as grandes nações influentes do passado eram também grandes comerciantes mundiais. Entretanto, a importância do comércio e das finanças internacionais para a saúde econômica e para o padrão geral de vida dos países nunca foi tão clara como hoje.

Os sinais dessas transações internacionais estão ao nosso redor. As roupas que usamos originam-se de recursos de toda a parte do mundo: dos Estados Unidos, dos países do Pacífico, da Europa, da América Central e do Sul. Os

1

automóveis que dirigimos não são produzidos somente nos Estados Unidos, mas também no Canadá, México, Japão, Alemanha, França, Itália, Inglaterra, Suécia e outros países. O mesmo pode-se dizer da comida que comemos, das ferramentas que usamos, dos sapatos que calçamos e de muitos serviços que consumimos. Nos Estados Unidos, ao ligarmos para um 0800 para falar sobre um produto ou serviço, podemos estar, sem perceber, conversando com alguém na Índia. Além disso, produtos manufaturados nos Estados Unidos em geral usam importantes partes produzidas em outros países. Ao mesmo tempo, muitas das importações americanas são manufaturadas com componentes feitos nos Estados Unidos.

O incremento da internacionalização da vida econômica é tornada ainda mais complexa pela propriedade de ativos estrangeiros. Mais e mais companhias em muitos países são propriedades parciais ou totais de estrangeiros. Além disso, na década de 1990, compradores estrangeiros de títulos americanos e de ações coorporativas bateram recordes, em parte influenciados pelo *boom* do mercado daqueles anos. O aumento da presença geral de bens e recursos estrangeiros assim como de acionistas levantam questões sobre os impactos e a necessidade das transações internacionais. É a nossa esperança que, depois de ler este texto, você possa estar melhor preparado para entender como as transações internacionais afetam um país e conhecer as implicações das políticas governamentais criadas para influenciar o volume e a direção das transações internacionais.

Você irá estudar uma das mais antigas ramificações da economia. Os povos têm demonstrado interesse pelos bens e serviços que cruzam as suas fronteiras desde que Estados-nação ou cidades-estado existem. Alguns dos mais antigos dados econômicos referem-se ao comércio internacional, e o início do pensamento econômico em geral centrava-se nas implicações do comércio internacional para as políticas de bem-estar de uma área politicamente definida. Embora em muitos aspectos seja semelhante à economia regional, a economia internacional tradicionalmente é tratada como um ramo da disciplina. Isto não é uma grande surpresa quando consideramos que transações econômicas entre áreas politicamente distintas (cidades, estados, países) estão frequentemente associadas a muitas diferenças que influenciam a natureza das trocas entre elas, mais do que as transações que acontecem dentro delas. Por exemplo, o grau do fator de mobilidade entre países geralmente difere de como isso ocorre dentro de cada país. Países podem ter diferentes formas de governo, diferentes moedas, diferentes tipos de sistemas econômicos, diferentes recursos naturais, diferentes culturas, diferentes instituições e diferentes produtos.

O estudo da economia internacional, como de todas as áreas da economia, concentra-se na decisão de como fazer com que recursos escassos satisfaçam às necessidades de uma economia. Ele examina como as transações internacionais influenciam os bens e o bem-estar da sociedade, a distribuição de renda, o emprego, o crescimento e a estabilidade de preços e como a política pública pode afetar o resultado. No estudo do comércio internacional, podemos questionar, por exemplo: o que determina o comércio? O que afeta o comércio? O que determina o valor e o volume do comércio? Que fatores impedem o fluxo de comércio? Qual é o impacto das políticas públicas no comércio? No estudo da economia monetária internacional, levantamos questões como: qual é a importância do balanço de pagamentos de um país? Como a taxa de câmbio é determinada? Como o comércio afeta a economia em nível macro? Por que o fluxo de capital financeiro atravessa rapidamente e em grande volume as fronteiras? Podem vários países adotar uma moeda comum? Como o comércio internacional afeta a política monetária e fiscal de um país? Este capítulo proporciona uma visão dos tópicos e das questões da economia internacional que serão discutidos em todo este texto.

A natureza do comércio de mercadorias

Antes de examinarmos outros assuntos importantes da economia internacional, vamos fazer uma breve análise das características do comércio mundial atual. O valor das exportações mundiais era de $10,2 trilhões* em 2005, uma soma relevante quando pensamos que o valor dos bens

---

*N. de T.: Quando outra moeda não for especificada, os valores são em dólares norte-americanos.

CAPÍTULO 1   O MUNDO DA ECONOMIA INTERNACIONAL

TABELA 1   Crescimento do volume mundial de produção e comércio de bens, 1963-2005 (percentual da média anual)

	1963-1973	*1970-1979*	*1980-1985*	*1985-1990*	*1990-1998*	*1995-2000*	*2000-2005*	*2004*	*2005*
Produção									
Todas as mercadorias	6,0%	4,0%	1,7%	3,0%	2,0%	4,0%	2,0%	4,0%	2,5%
Agricultura	2,5	2,0	2,9	1,9	2,0	2,5	2,0	4,0	0,5
Mineração	5,5	2,5	−2,7	3,0	2,0	2,0	2,0	4,0	1,0
Manufaturados	7,5	4,5	2,3	3,2	2,0	4,0	2,5	4,0	3,5
Exportações									
Todas as mercadorias	9,0%	5,0%	2,1%	5,8%	6,5%	7,0%	4,5%	9,5%	6,0%
Agricultura	14,0	4,5	1,0	2,2	4,0	3,5	3,5	3,5	5,5
Mineração	7,5	1,5	−2,7	4,8	5,5	4,0	2,5	5,5	2,5
Manufaturados	11,5	7,0	4,5	7,0	7,0	8,0	5,0	11,0	7,0

Fontes: General Agreement on Tariffs and Trade, *International Trade 1985-86*, Genebra: GATT, 1986, p. 13; GATT, *International Trade 1988-89*, I, Genebra: GATT, 1989, p. 8; GATT, *International Trade 1993: Statistics*, Genebra: GATT, 1993, p. 2; GATT, *International Trade 1994: Trends and Statistics*, Genebra: GATT, 1994, p. 2; World Trade Organization, *Annual Report 1999: International Trade Statistics*, Genebra: WTO, 1999, p. 1; WTO, *International Trade Statistics 2003*, Genebra: WTO, 2003, p. 19; e WTO, *International Trade Statistics 2006*, Genebra: WTO, 2006, p. 15, disponíveis em: www.wto.org.

TABELA 2   Exportação e importação por região, 2005 (bilhões de dólares e percentual do total mundial)

	Exportações		*Importações*	
	Valor ($, bilhões fob*)	*Participação (%)*	*Valor ($, bilhões cif*)*	*Participação (%)*
América do Norte[†]	$1.478	14,5%	$2.285	21,7%
América do Sul e Central	355	3,5	298	2,8
Europa	4.372	43,0	4.543	43,2
(União Europeia[‡])	(4.001)	(39,4)	(4.135)	(39,3)
União dos Estados Independentes (UEI)[§]	340	3,3	216	2,1
África	298	2,9	249	2,4
Oriente Médio	538	5,3	322	3,1
Ásia	2.779	27,4	2.599	24,7
Total	$10.159	100,0%	$10.511	100,0%

Nota: A soma dos componentes pode não coincidir com o total devido a arredondamentos.
*Exportações são registradas como fob (*free on board*) e importações são registradas como cif (*cost, insurance and freight*).
[†]Inclui México.
[‡]Áustria, Bélgica, Chipre, República Tcheca, Dinamarca, Estônia, Finlândia, França, Alemanha, Grécia, Hungria, Irlanda, Itália, Letônia, Lituânia, Luxemburgo, Malta, Holanda, Polônia, Portugal, República Eslovaca, Eslovênia, Suécia e Reino Unido.
[§]Armênia, Azerbaijão, Bielo-Rússia, Geórgia, Cazaquistão, República do Quirguistão, Moldávia, Federação Russa, Tajiquistão, Turquistão, Turcomenistão, Ucrânia e Uzbequistão.
Fonte: World Trade Organization, *International Trade Statistics 2006*, Genebra: WTO, 2006, p. 16, Tabela I.3, disponível em: www.wto.org.

exportados no mundo todo era menos de $2 trilhões em 1985. No decorrer das últimas quatro décadas, o volume do comércio internacional tem, na média, superado a produção (veja a Tabela 1), ilustrando como os países estão se tornando mais interdependentes.

A composição geográfica do comércio

Nas principais áreas econômicas, os países industrializados dominam o comércio mundial. Detalhes do comércio regional são apresentados na Tabela 2. A relativa importância da Europa, da América do Norte e da Ásia é evidente, pois esses países compõem mais de 85% do comércio. A Ásia tem se tornado incrivelmente importante nas importações e exportações dos países em desenvolvimento.

TABELA 3 Estrutura regional do mercado exportador mundial, 2005 (percentual de cada área de origem para cada área de destino)

Origem	Destino							
	América do Norte	América do Sul e Central	Europa	UEI	África	Oriente Médio	Ásia	Mundo
América do Norte	55,8%	5,9%	16,1%	0,5%	1,2%	2,3%	18,3%	100,0%
América do Sul e Central	33,2	24,3	19,1	1,6	2,7	1,8	13,4	100,0
Europa	9,1	1,3	73,2	2,5	2,6	2,8	7,6	100,0
UEI	5,7	2,0	52,3	18,1	1,4	3,1	11,8	100,0
África	20,2	2,8	42,9	0,3	8,9	1,7	16,3	100,0
Oriente Médio	12,3	0,6	16,1	0,6	2,9	10,1	52,2	100,0
Ásia	21,9	1,9	17,9	1,3	1,9	3,2	51,2	100,0
Mundo	20,6	3,0	43,3	2,2	2,4	3,2	24,0	100,0

Nota: Os porcentuais das áreas de destino e de origem não somam 100,0% por conta de arredondamento e/ou especificação incompleta.
Fonte: Dados do World Trade Organization, *International Trade Statistics 2006*, Genebra: WTO, 2006, p. 37, Tabela III.3, disponível em: www.wto.org.

Para uma ideia da estrutura geográfica do comércio, veja a Tabela 3, que fornece informações do destino das mercadorias exportadas de várias regiões em 2005. A primeira coluna, por exemplo, indica que 55,8% das exportações de países da América do Norte vão para outros países norte-americanos; 5,9% das exportações norte-americanas destinam-se à América do Sul e Central, e assim por diante. Pela tabela, fica claro que os maiores mercados exportadores são a América do Norte, Europa e Ásia. Essa é uma afirmação que vale para as áreas em si, especialmente para a Europa, a qual remete 73,2% das exportações para o próprio continente. Além disso, a tabela torna evidente que a África e o Oriente Médio negociam muito pouco entre eles.

Em termos dos países (veja a Tabela 4), a importância relativa da Europa, América do Norte e Ásia em 2005 novamente torna-se evidente. O maior país exportador é a Alemanha (que desbancou os Estados Unidos em 2003). Os seis maiores mercados (exportação mais importação) são os Estados Unidos, Alemanha, China, Japão, França e Reino Unido, que somam mais de 40% do comércio mundial. Também vale notar que tem sido espetacular o crescimento do comércio de Hong Kong, da República da Coreia (Coreia do Sul), Taiwan, China (principalmente) e Cingapura. Por fim, os dez maiores países no comércio internacional somam quase 55% do comércio mundial. O comércio mundial desta forma tende a concentrar-se em uns poucos países, sendo que os demais, quase 200, representam 45%.

A composição das mercadorias do comércio

Voltando para a composição das mercadorias do comércio mundial (Tabela 5), as manufaturas totalizam 72%, com o restante consistindo em produtos primários. Entre os produtos primários, a maior parte comercializada é de combustíveis (13,8%), seguida de produtos alimentícios (6,7%). O comércio de matéria-prima, metais e outros minérios, e metais não ferrosos representam 5,2%. Na categoria dos manufaturados, máquinas e equipamento de transporte somam 37,9% do comércio mundial. Equipamentos de escritório e telecomunicações e produtos automotivos são a maior das subcategorias, somando 12,6% e 9,0% das exportações, respectivamente. Outras importantes categorias dos manufaturados incluem o comércio de produtos químicos (10,9%) e o de têxteis (4,7%).

TABELA 4   Principais mercados exportadores e importadores, 2005 (bilhões de dólares e percentual de participação)

	Exportação			Importação	
País	Valor	Participação	País	Valor	Participação
1. Alemanha	$969,9	9,3%	Estados Unidos	$1.732,4	16,1%
2. Estados Unidos	904,4	8,7	Alemanha	773,8	7,2
3. China	762,0	7,3	China	660,0	6,1
4. Japão	594,9	5,7	Japão	514,9	4,8
5. França	460,2	4,4	Reino Unido	510,2	4,7
6. Holanda	402,4	3,9	França	497,9	4,6
7. Reino Unido	382,8	3,7	Itália	379,8	3,5
8. Itália	367,2	3,5	Holanda	359,1	3,3
9. Canadá	359,4	3,4	Canadá	319,7	3,0
10. Bélgica	334,3	3,2	Bélgica	318,7	3,0
11. Hong Kong (China)	292,1	2,8	Hong Kong (China)	300,2	2,8
12. Coreia, República da	284,4	2,7	Espanha	278,8	2,6
13. Rússia	243,6	2,3	Coreia, República da	261,2	2,4
14. Cingapura	229,6	2,2	México	231,7	2,1
15. México	213,7	2,0	Cingapura	200,0	1,9
16. Taiwan	197,8	1,9	Taiwan	182,6	1,7
17. Espanha	187,2	1,8	Índia	134,8	1,3
18. Arábia Saudita	181,4	1,7	Suíça	126,5	1,2
19. Malásia	140,9	1,4	Áustria	126,2	1,2
20. Suíça	130,9	1,3	Rússia*	125,3	1,2
21. Suécia	130,1	1,2	Austrália*	125,3	1,2
22. Áustria	124,0	1,2	Tailândia	118,2	1,1
23. Brasil	118,3	1,1	Turquia	116,6	1,1
24. Emirados Árabes	115,5	1,1	Malásia	114,6	1,1
25. Tailândia	110,1	1,1	Suécia	111,2	1,0
26. Irlanda	109,9	1,1	Polônia	101,0	0,9
27. Austrália	105,8	1,0	Emirados Árabes	80,7	0,7
28. Noruega	103,8	1,0	Brasil	77,6	0,7
29. Índia	95,1	0,9	República Theca*	76,7	0,7
30. Polônia	89,3	0,9	Dinamarca	76,0	0,7
Total†	$8.741,0	83,8%		$9.031,7	83,8%
Mundo†	$10.431,0	100,0%		$10.783,0	100,0%

Nota: As somas das partes não coincidem com o total devido a arredondamentos.
*Importações em valores fob.
†Inclui significantes reexportações e importações para reexportações. O total do "Mundo", portanto, difere do total da Tabela 2.
Fonte: World Trade Organization, *International Trade Statistics 2006*, Genebra: WTO, 2006, p. 17, Tabela I.5, disponível em: www.wto.org.

O que é importante notar é o aumento do comércio de manufaturados e o declínio da importância dos produtos primários. Comparando a última coluna da Tabela 5 com a penúltima, os dados ilustram o parco crescimento do comércio dos produtos primários em relação ao crescimento dos bens manufaturados. Por exemplo, produtos alimentares perfazem 11,0% das expor-

TABELA 5   Composição das mercadorias mundiais exportadas, 2005 e 1980

Categoria de produtos	Valores de 2005 ($, bilhões)	Participação em 2005	Participação em 1980
Produtos agrícolas	$ 852	8,4%	14,7%
Alimentos	683	6,7	11,0
Matéria-prima	169	1,7	3,7
Produtos minerais	**1.748**	**17,2**	**27,7**
Metais e outros minérios	149	1,5	2,1
Combustíveis	1.401	13,8	23,0
Metais não ferrosos	199	2,0	2,5
Manufaturados	**7.311**	**72,0**	**53,9**
Ferro e aço	318	3,1	3,8
Químicos	1.104	10,9	7,0
Outros semimanufaturados	711	7,0	6,7
Maquinário e equipamento de transporte	3.851	37,9	25,8
Equipamento de escritório e telecomunicações	1.275	(12,6)	(4,2)
Produtos automotivos	914	(9,0)	(6,5)
Outros maquinários e equipamentos de transportes	1.663	(16,4)	(15,2)
Têxteis	203	2,0	2,7
Vestuário	276	2,7	2,0
Outros bens de consumo	848	8,3	5,8
Total	$10.159	100,0%	100,0%

Nota: A soma das partes não coincide com o total devido a arredondamentos. As três categorias agregadas não somam $10.159 e 100,0% devido a especificação incompleta dos produtos.
Fonte: World Trade Organization, *International Trade 1995: Trends and Statistics,* Genebra: WTO, 1995, p. 77; WTO, *International Trade Statistics 2006,* Genebra: WTO, 2006, p. 210 e 215 da Tabela A10, disponível em: www.wto.org.

tações no mundo em 1980, mas somente 6,7% em 2005; combustíveis, que constituem 23% em 1980, passam a 13,8% em 2005; e a participação do total de produtos primários cai de 42,4% em 1980 para 25,6% em 2005. Esse crescimento é de particular importância para muitos dos países em desenvolvimento, que têm o seu comércio tradicionalmente concentrado nos produtos primários. A especialização em grupos de mercadorias que estão crescendo mais lentamente dificulta a esses países a obtenção de ganhos com o crescimento do comércio mundial, resultado das exportações de bens manufaturados. A demanda por produtos primários não somente diminui sua participação no crescimento da renda, mas é também um bom demonstrativo de grandes flutuações de preços.

Comércio internacional norte-americano

Para completarmos nossa discussão sobre a natureza do comércio atual de mercadorias, examinemos as características geográficas e das mercadorias do comércio internacional norte-americano em 2005 (veja as Tabelas 6 e 7). Geograficamente, o Canadá é o mais importante parceiro comercial dos Estados Unidos, tanto na exportação como na importação. Os parceiros do Acordo Norte-Americano de Livre-Comércio (NAFTA), Canadá e México, representam a maior unidade multinacional, seguido da União Europeia. O terceiro maior parceiro comercial individual dos Estados Unidos, posicionado no ranking entre o Canadá e o México, é a China, seguida pelo Japão, Alemanha, Reino Unido, Coreia do Sul, Taiwan e França. Note que a maior porção (47,0%) do déficit comercial norte-americano em 2005 pode ser atribuída à China, Japão e Canadá.

TABELA 6 Comércio norte-americano de mercadoria por área e país, 2005 (milhões de dólares)

	Exportação	*Importação*	*Balança*
Total	$894.631	$1.677.371	$−782.740
Europa	207.891	354.269	−146.378
União Europeia	183.466	307.909	−124.443
Bélgica	18.563	13.018	5.545
França	22.255	33.767	−11.512
Alemanha	33.584	84.588	−51.004
Irlanda	9.323	28.744	−19.421
Itália	11.245	30.966	−19.721
Holanda	26.288	14.802	11.486
Reino Unido	37.570	50.536	−12.966
Não União Européia	24.425	46.360	−21.935
Canadá	212.192	293.314	−81.122
América Latina e Caribe	192.387	294.993	−102.606
Brasil	15.174	24.434	−9.260
México	120.264	172.110	−51.846
Venezuela	6.410	33.978	−27.568
Ásia e Pacífico	237.515	607.148	−369.633
China	41.799	243.472	−201.673
Hong Kong (China)	16.319	8.925	7.394
Japão	53.264	138.008	−84.744
Coreia, República da	27.135	43.781	−16.646
Malásia	10.386	33.686	−23.300
Cingapura	20.259	15.091	5.168
Taiwan	21.453	34.827	−13.374
Tailândia	7.192	19.889	−12.697
Oriente Médio	29.760	62.437	−32.677
Arábia Saudita	6.526	27.192	−20.666
África	14.886	65.210	−50.324
Nigéria	1.625	24.239	−22.614
(Membros da OPEC)	(31.308)	(124.939)	(−93.631)

Nota: O grupo composto de porcentagens não totaliza 100,0% devido a arredondamentos.
Fonte: Renee M. Sauers e Matthew J. Argersinger, "U.S. international transactions: first quarter of 2006", *Survey of Current Business*, p. 73-75, jul. 2006, disponível em: www.bea.gov.

Examinando-se a composição das mercadorias do comércio norte-americano (Tabela 7), percebe-se que os produtos agrícolas (alimentos, rações e bebidas) são uma importante fonte de exportações. A categoria de bens de capital é a maior delas e é dominada por máquinas não elétricas. Suprimentos industriais, consistindo principalmente em químicos e produtos metálicos e não metálicos, são também uma importante categoria de exportação dos Estados Unidos, embora as importações sejam maiores que as exportações na categoria completa (mesmo excluídos produtos de energia). A maior parte das importações líquidas ocorre em bens de consumo, automóveis e produtos elétricos. A mais importante categoria é a de equipamentos e materiais industriais, seguida de bens de consumo. Atualmente, produtos elétricos somam 17,6% do total de importações. Não é surpresa que os Estados Unidos sejam o maior importador de vários produtos primários, como petróleo, e também produtos que tradicionalmente necessitam de muito trabalho, como tecidos e roupas.

TABELA 7 Composição do comércio norte-americano, 2005 (bilhões de dólares e participação percentual)

	Valor das exportações	Participação (%)	Valor das importações	Participação (%)
Total	$894,6	100,0%	$1.677,4	100,0%
Alimentos, rações e bebidas	**59,0**	**6,6**	**68,1**	**4,1**
Peixe e frutos do mar	4,2	0,5	11,9	0,7
Grãos e preparados	15,6	1,7	—	—
Produtos de carne e aves	7,2	0,8	7,5	0,4
Soja	6,6	0,7	—	—
Vegetais, frutas, nozes e derivados	11,6	1,3	13,9	0,8
Vinho, cerveja e produtos relacionados	—	—	6,9	0,4
Suprimentos industriais e materiais	**233,1**	**26,1**	**524,6**	**31,3**
Materiais de construção, exceto metais	9,6	1,1	34,4	2,1
Químicos, exceto remédios	76,0	8,5	51.0	3,0
Produtos de energia	32,2	3,6	295,8	17,6
Metais e não metais	53,7	6,0	83,8	5,0
Produto de ferro e aço	11,3	1,3	30,8	1,8
Metais não ferrosos	20,8	2,3	31,8	1,9
Papel e celulose	15,1	1,7	13,6	0,8
Artigos têxteis e derivados	12,9	1,4	12,8	0,8
Bens de capital, exceto automotivos	**362,7**	**40,5**	**379,2**	**22,6**
Aviões civis, motores e peças	60,8	6,8	25,8	1,5
Geradores de energia, aparatos elétricos e peças	33,4	3,7	43,1	2,6
Máquinas não elétricas, incluindo peças e acessórios	264,9	29,6	308,0	18,4
Computadores, periféricos e peças	45,5	5,1	93,3	5,6
Máquinas industriais, bombas e compressores	14,9	1,7	12,7	0,8
Ferramentas e maquinário siderúrgico	7,7	0,9	8,3	0,5
Instrumentos de medição e de precisão	16,7	1,9	12,2	0,7
Extração de óleo, minérios e maquinário	19,0	2,1	15,6	0,9
Equipamento científico, médico e peças	27,0	3,0	24,4	1,5
Semicondutores	47,2	5,3	25,8	1,5
Equipamento de telecomunicações	25,7	2,9	37,0	2,2
Veículos automotivos, peças e motores	**98,6**	**11,0**	**239,5**	**14,3**
(para/do Canadá)	(53,6)	(6,0)	(70,8)	(4,2)
Carros de passageiros, novos e usados	30,5	3,4	123,4	7,4
Tratores, ônibus e veículos especiais	13,5	1,5	22,7	1,4
Motores e peças de motor	11,3	1,3	19,8	1,2
Outras peças e acessórios	43,3	4,8	73,7	4,4
Bens de consumo (não comestíveis), exceto automóveis	**115,7**	**12,9**	**407,3**	**24,3**
Bens de consumo duráveis manufaturados	53,6	6,0	201,2	12,0
Utensílios domésticos e de cozinha e bens domésticos	23,4	2,6	97,1	5,8
Equipamentos de rádio e de som incluindo gravações, fitas e discos	—	—	12,2	0,7
Aparelhos de televisão e vídeo	—	—	35,1	2,1
Brinquedos, bens de caça e esportivos, incluindo bicicletas	—	—	27,1	1,6
Bens de consumo não duráveis, manufaturados	52,8	5,9	186,1	11,1
Calçados de couro, borracha e outros materiais	—	—	13,7	0,8
Preparados médicos, odontológicos e farmacêuticos, incluindo vitaminas	27,6	3,1	—	—

TABELA 7 Composição do comércio norte-americano, 2005 (bilhões de dólares e participação percentual)

Bens têxteis e bens domésticos, exceto tapetes	—	—	79,7	4,8
Bens de consumo não manufaturados (pedras em gema, mudas de árvore)	9,2	1,0	20,0	1,2
Bens sem classificação (incluindo bens norte-americanos importados devolvidos)	**25,6**	**2,9**	**58,6**	**3,5**

Notas: (a) A maioria dos valores das categorias não coincide com o total devido a arredondamentos; (b) — = não disponível ou insignificante.
Fonte: Renee M. Sauers e Matthew J. Argersinger, "U.S. international transactions: first quarter of 2006", *Survey of Current Business*, p. 76-77, jul. 2006, disponível em: www.bea.gov.

O COMÉRCIO MUNDIAL DE SERVIÇOS

A discussão sobre o comércio mundial até este ponto concentrou-se no mercado de bens e ignorou o rápido crescimento do comércio no setor de serviços, estimado em mais de $2 trilhões em 2005 (um sexto do total do comércio de bens e serviços). A importância crescente dos serviços no comércio não deveria ser inesperada, uma vez que a categoria responde hoje por uma grande participação na renda e no nível de emprego em muitos países industrializados, incluindo os Estados Unidos. Mais especificamente, serviços somam 77% do produto interno bruto (PIB) na França, 69% na Alemanha, 77% nos Estados Unidos, 73% no Reino Unido e 68% no Japão.[1] Neste contexto, os serviços seguem as categorias do sistema da Standard Industrial Classification (ISIC): comércio atacadista e varejista, restaurantes e hotéis, transportes, armazenagem, comunicações, serviços financeiros, seguros, construção civil, negócios, serviços pessoais, serviços comunitários, serviços sociais e serviços governamentais.

O comércio internacional de serviços consiste de maneira geral no comércio de serviços, rendas de investimento e serviços governamentais, com as duas primeiras categorias representando a maior parte dele. Discussões sobre o comércio em serviços geralmente referem-se ao comércio de serviços comerciais. Durante a década de 1970, esta categoria cresceu mais lentamente em valores do que em número de mercadorias. Porém, desde aquele tempo, a exportação de serviços comerciais cresceu no comércio de mercadorias, e a importância relativa dos serviços comerciais é praticamente a mesma hoje do que em 1970. Entretanto, a natureza do comércio dos serviços é muito complicada para a obtenção de dados apurados sobre o valor das transações. Isso decorre do fato da não concordância quanto à definição do que constitui o comércio de serviços, e da forma pela qual essas transações podem ser mensuradas. Estimativas são obtidas pela análise do registro de trocas internacionais e/ou por meio de relatórios das empresas. Porque muitas das transações de serviços não são observáveis (portanto, algumas vezes são chamadas de as "invisíveis" no mercado internacional), os registros e dados de alfândega não são úteis para avaliar as transações. É provável que o valor dos serviços no comércio internacional seja subestimado. Entretanto, pode haver muitos casos em que empresas superestimam o valor dos serviços e apresentam resultados que devem ser vistos com cautela.

Em termos da natureza geográfica do comércio em serviços, este é também concentrado entre os países industrializados (veja a Tabela 8). Os principais comerciantes de mercadorias são também os principais comerciantes de serviços. É perceptível que tanto a exportação como a importação de serviços são importantes para economias emergentes como Tailândia, Taiwan, Cingapura, Índia e Coreia do Sul.

A natureza do comércio de serviços é tal que até os anos de 1980 ele era praticamente ignorado nas negociações e acordos de comércio. Contudo, devido a sua crescente importância, aumentou

---

[1] World Bank, *World Development Indicators 2007*, Washington, DC: World Bank, 2007, p. 194-196.

TABELA 8 Principais exportadores e importadores de serviços, 2005 (bilhões de dólares e participação percentual do total mundial)

	Exportação			Importação	
País	Valor	Participação	País	Valor	Participação
1. Estados Unidos	$354,0	14,7%	Estados unidos	$281,2	12,0%
2. Reino Unido	188,7	7,8	Alemanha	201,4	8,6
3. Alemanha	148,5	6,2	Reino Unido	154,1	6,6
4. França	115,0	4,8	Japão	132,6	5,6
5. Japão	107,9	4,5	França	104,9	4,5
6. Itália	93,5	3,9	Itália	92,4	3,9
7. Espanha	92,7	3,8	China	83,2	3,5
8. Holanda	76,7	3,2	Holanda	70,9	3,0
9. China	73,9	3,1	Irlanda	66,1	2,8
10. Hong Kong (China)	62,2	2,6	Espanha	65,2	2,8
11. Índia	56,1	2,3	Canadá	64,2	2,7
12. Irlanda	53,3	2,2	Coreia, República da	57,7	2,5
13. Bélgica	53,3	2,2	Índia	52,2	2,2
14. Áustria	52,6	2,2	Bélgica	50,3	2,1
15. Canadá	52,2	2,2	Áustria	48,5	2,1
16. Cingapura	45,1	1,9	Cingapura	44,0	1,9
17. Suíça	44,0	1,8	Rússia	38,5	1,6
18. Coreia, República da	43,9	1,8	Dinamarca	36,0	1,5
19. Suécia	42,8	1,8	Suécia	35,0	1,5
20. Dinamarca	41,2	1,7	Hong Kong (China)	32,4	1,4
21. Luxemburgo	40,0	1,7	Taiwan	31,4	1,3
22. Grécia	34,1	1,4	Austrália	28,9	1,2
23. Noruega	28,5	1,2	Tailândia	27,5	1,2
24. Austrália	27,7	1,1	Noruega	27,2	1,2
25. Taiwan	25,6	1,1	Suécia	25,2	1,1
26. Turquia	25,6	1,1	Luxemburgo	24,8	1,1
27. Rússia	24,3	1,0	Indonésia	23,2	1,0
28. Tailândia	20,5	0,8	Brasil	22,3	0,9
29. Malásia	19,0	0,8	Malásia	21,6	0,9
30. Israel	16,8	0,7	México	20,9	0,9
Total	$2.059,7	85,3%		$1.963,8	83,7%
Mundo	$2.415,0	100,0%		$2.345,0	100,0%

Nota: A soma das partes pode não coincidir com o total devido a arredondamentos.
Fonte: World Trade Organization, *International Trade Statistics 2006*, Genebra: WTO, 2006, p. 19, Tabela I.7, disponível em: www.wto.org.

a necessidade de se estabelecer normas gerais para as transações de serviços internacionais. Consequentemente, discussões acerca da natureza do comércio de serviços e as várias restrições dos países podem influenciar os acertos finais para se completarem as rodadas de negociações (Rodada Uruguai) conduzidas sob os auspícios do Acordo Geral de Tarifas e Comércio (Gatt), que se tornou a Organização Mundial do Comércio (WTO) em 1995. Claramente, com o rápido avanço que se tem obtido nas comunicações, é evidente que o comércio de serviços continuará a crescer. É importante que as linhas de ação para o comércio de serviços sejam estabelecidas para que as restrições dos países e o fluxo de informações não impeçam o movimento e os benefícios que podem advir deles.

A MUDANÇA DO GRAU DE INTERDEPENDÊNCIA ECONÔMICA

É importante reconhecer não somente o nível absoluto do comércio internacional, mas também o fato de que sua relativa importância tem crescido para cada país e para todos os países como um todo. O tamanho relativo do comércio internacional é em geral mensurado comparando-se o tamanho das exportações de um país com o seu produto interno bruto (PIB). Acréscimos na razão exportação/PIB indicam que um maior percentual de bens e serviços finais produzidos no país está sendo destinado ao exterior. Tal crescimento indica uma maior interdependência internacional e uma rede de comércio mais complexa, composta não apenas de bens finais, mas de bens de capital, bens intermediários, bens primários e serviços comerciais. Um recente incremento na interdependência internacional é evidente em várias taxas de exportação/PIB para países selecionados comparando-se 1970 e 2005, como mostra a Tabela 9.

TABELA 9 Interdependência internacional em países selecionados e grupos de países, 1970 e 2005 (exportações de bens e serviços não fatores como percentual do produto interno bruto)

	1970	2005
Países industrializados:		
Austrália	14%	18%
Bélgica	52	87
Canadá	23	39
França	16	26
Alemanha	ND	40
Itália	16	26
Japão	11	13
Holanda	42	71
Reino Unido	23	26
Estados Unidos	6	10
Países em desenvolvimento:		
Argentina	9	25
Chile	15	42
China	3	38
República Tcheca	ND	72
Índia	4	21
Irã	24	39
Quênia	30	27
Coreia, República da	14	43
México	6	30
Nigéria	8	53
Federação Russa	ND	35
Cingapura	102	243
Países de baixa e média renda:		
África Subsaariana	21	33
Leste Asiático e Pacífico	7	46
Sul da Ásia	5	20
Europa e Ásia Central	ND	41
Oriente Médio e Norte da África	29	37
América Latina e Caribe	13	26

ND = não disponível.

Fonte: World Bank, *World Development Report 1993*, Oxford: Oxford University Press, 1993, p. 254-255; World Bank, *World Development Indicators 2007*, Washington, DC: World Bank, 2007, p. 218-220.

Ainda que o grau de dependência sobre as exportações varie consideravelmente entre países, a importância relativa das exportações tem aumentado em quase todos os casos individuais e para todo grupo de países cujos dados estão disponíveis. Isso significa que não só os países individualmente estão experimentando os benefícios que acompanham as trocas internacionais de bens e serviços, mas sua própria prosperidade econômica é dependente da prosperidade econômica como um todo. Isso indica ainda que a competição por mercados é maior e que os países devem ser capazes de mudar facilmente suas estruturas de produção consistentes com a mudança relativa dos custos de produção pelo mundo. Assim, mesmo que o aumento da interdependência tenha muitos benefícios inerentes, é bom ressaltar que ela requer grandes ajustes e intensa coordenação entre os parceiros comerciais. Esses dois casos geralmente são mais difíceis de alcançar na prática, porque mesmo que um país inteiro possa se beneficiar com o crescimento relativo no comércio internacional, alguns grupos ou setores podem terminar tendo um significativo ajuste de custos.

Mesmo que os Estados Unidos sejam menos dependente das exportações do que a maioria dos países industrializados, a relativa importância das exportações vem crescendo desde 1960, quando a taxa de exportações/PIB era cerca de 4%. Assim, os Estados Unidos, como a maioria dos países, estão crescente e inexoravelmente ligados à economia mundial. Essa ligação irá com toda a probabilidade tornar-se mais forte entre os países que buscam os benefícios econômicos que acompanham a maior integração econômica e política. Esse movimento se tornou evidente nos últimos anos quando, a Europa procurou maior crescimento econômico e união monetária e o Acordo Norte-Americano de Livre-Comércio (NAFTA) implementado pelo Canadá, México e Estados Unidos.

Resumo

O comércio internacional exerceu um papel fundamental na habilidade dos países crescerem, desenvolverem-se e serem economicamente poderosos através da história. As transações internacionais têm se tornado incrivelmente importantes nos últimos anos para países que almejam os muitos benefícios que acompanham o crescimento das trocas de bens, serviços e fatores. O relativo crescimento da importância do comércio internacional torna imperativo que todos entendam os fatores básicos que permeiam a troca de mercadorias e serviços e o impacto na economia de várias medidas políticas que podem influenciar a natureza do comércio internacional. Isso é verdade para o nível micro de comércio de bens e serviços individual e para o nível macro do orçamento do governo, moeda, taxas de câmbio, taxas de juros e possíveis controles de investimentos. Esperamos que você ache proveitosa a análise das transações internacionais para aperfeiçoar seu entendimento deste tipo de atividade econômica cada vez mais importante.

Apêndice — Lista geral de referências em economia internacional

Os vários livros, artigos e fontes de dados citados no decorrer deste texto poderão ser úteis para aqueles que desejam examinar resultados específicos mais profundamente. Contudo, estudantes interessados em se investigar sozinhos os problemas econômicos internacionais devem consultar as seguintes referências:

Periódicos especializados

European Economic Review

Finance and Development (World Bank/IMF)

Foreign Policy

International Economic Journal

The International Economic Review

The International Economy
International Monetary Fund Staff Papers
The International Trade Journal
Journal of Common Market Studies
Journal of Economic Integration
The Journal of International Economics
Journal of International Money and Finance
Review of International Economics
The World Economy

Revistas especializadas
American Economic Review
American Journal of Agricultural Economics
Brookings Papers on Economic Activity
Canadian Journal of Economics
Challenge: The Magazine of Economic Affairs
The Economic Journal
Economic Letters
Economic Policy Review (Federal Reserve Bank of New York)
Journal of Economic Literature
Journal of Economic Perspectives
Journal of Finance
Journal of Political Economy
Kyklos
Quarterly Journal of Economics
Review of Economics and Statistics

Fontes de dados internacionais
Balance of Payments Statistics Yearbook (IMF)
Bank for International Settlements Annual Report
Direction of Trade Statistics (IMF, publicação trimestral e anual)
Federal Reserve Bulletin
International Financial Statistics (IMF, publicação mensal e anual)
OECD Main Economic Indicators
Survey of Current Business (Bureau of Economic Analysis, U.S. Department of Commerce)
UN International Trade Statistics Yearbook
UN Monthly Bulletin of Statistics
US Economic Report of the President
World Development Report and World Development Indicators (World Bank)
World Economic Outlook (IMF)

Informação geral atual

The Economist
Financial Times
IMF Survey
The International Herald Tribune
The Los Angeles Times
The New York Times
The Wall Street Journal
The Washington Post

Fonte da internet

www.bea.gov (Bureau of Economic Analysis, U.S. Department of Commerce)
www.bis.org (Bank for International Settlements)
www.imf.org (International Monetary Fund)
www.cia.gov/cia/publications/factbook (Central Intelligence Agency's *World Factbook*)
www.unctad.org (United Nations Conference on Trade and Development)
www.usitc.gov (U.S. International Trade Commission)
www.ustr.gov (U.S. Trade Representative)
www.worldbank.org (World Bank)
www.wto.org (World Trade Organization)
www.intracen.org (International Trade Centre)

parte 1

A teoria clássica do comércio

> O meio mais comum significa, por essa razão, de aumentar nossa riqueza e tesouro é o comércio exterior, no qual devemos sempre observar esta regra: vender mais a estrangeiros anualmente do que o que deles consumimos em valor.
>
> Thomas Mun, 1664

A expansão continuada do comércio mundial, somada a eventos políticos na Europa e América do Norte relacionados à liberação de relações econômicas internacionais, indica que estamos entrando em um período único da longa história do comércio e troca internacionais. Nunca foi tão importante entender as linhas básicas de comércio, as políticas propostas pelos governos para influenciá-lo, e como ideias atuais evoluíram e se desenvolveram durante séculos.

Tendo em vista que uma série de visões antigas acerca do comércio internacional, desde seu início até as análises atuais, e outras visões menos viáveis continuam a influenciar a política comercial de tempos em tempos, é importante traçar brevemente suas origens para avaliar sua conveniência no mundo atual.

A Parte 1 revê as contribuições iniciais do mercantilismo e das escolas clássicas do pensamento. O Capítulo 2, "Teorias iniciais do comércio", proporciona uma breve descrição das visões mercantilistas sobre o comércio internacional e a resposta clássica inicial de David Hume e Adam Smith. O Capítulo 3, "O mundo clássico de David Ricardo e a vantagem comparativa", proporciona uma discussão mais extensa da ideia de Ricardo de vantagem comparativa, e é seguido por uma discussão de uma série de extensões do modelo básico ricardiano no Capítulo 4, "Extensões e testes do modelo clássico de comércio". Juntos, esses três capítulos proporcionam uma introdução às linhas básicas do comércio internacional e a fundação sobre a qual será construída a teoria contemporânea. ●

> Dois homens podem, fazer sapatos e chapéus, e um ser superior ao outro em ambos os serviços, mas fazendo chapéus ele pode apenas exceder seu concorrente em um quinto ou 20%, e fazendo sapatos ele pode superá-lo em um terço ou 33%. Não seria interessante para ambos que o homem superior se ocupasse exclusivamente em fazer sapatos, e o homem inferior em fazer chapéus?
>
> David Ricardo, 1817

CAPÍTULO 2

TEORIAS INICIAIS DO COMÉRCIO

O mercantilismo e a transição para o mundo clássico de David Ricardo

OBJETIVOS DE APRENDIZADO

- Aprender os conceitos básicos e as políticas associadas ao mercantilismo.

- Entender o mecanismo de fluxo-preço-espécie de Hume e o desafio que isto apresentou ao mercantilismo.

- Entender os conceitos de riqueza e vantagem absoluta de Adam Smith como fundamentos do comércio internacional.

Introdução

O oráculo no século 21

Quando os anciãos gregos enfrentavam um dilema, eles consultavam o Oráculo de Delfos. Se tivéssemos de perguntar ao Oráculo o segredo da riqueza, o que ele diria? Trabalhe duro? Instrua-se? Provavelmente não. Diligência e inteligência são estratégias para melhorar tudo na vida de alguém, mas muitas pessoas muito espertas e trabalhadoras permanecem pobres.

Não, o conselho do Oráculo consistiria em umas poucas palavras: *Faça o que você faz melhor. Troque pelo resto.* Em outras palavras, especialize-se e então troque.[1]

Quando surgiu a ideia de ganhos com troca? Como as concepções sobre o comércio mudaram no século XVIII? Percebeu-se há tempos que as nações se beneficiam de certa forma do comércio com outras nações. Apesar de as linhas básicas desta percepção terem mudado consideravelmente ao longo do tempo, é surpreendente a frequência com que encontramos ideias sobre os ganhos com o comércio e o papel da política comercial que se origina das posições iniciais sobre o papel do comércio internacional na busca de metas econômicas domésticas. Algumas dessas ideias iniciais são encontradas na escola de pensamento mercantilista. Mais tarde, essas ideias foram desafiadas simultaneamente pelo tempo e por escritores que, subsequentemente, foram identificados como os primeiros pensadores econômicos clássicos. Esse desafio ao mercantilismo culminou no trabalho de David Ricardo, que até hoje permanece no cerne da teoria internacional do comércio. Para apresentar uma compreensão do desenvolvimento histórico da teoria internacional do comércio e fornecer uma base para avaliar os argumentos atuais de política comercial que são claramente mercantilistas na essência, este capítulo examina brevemente uma série das mais importantes ideias desses escritores mercantilistas, os problemas associados ao pensamento mercantilista e o aparecimento de uma teoria diferente sobre o comércio oferecida por Adam Smith. Ao término deste capítulo, você poderá reconhecer que as noções mercantilistas ainda existem, mesmo que seus defeitos tenham sido averiguados há muito tempo.

Mercantilismo

O **Mercantilismo** se refere ao conjunto do pensamento econômico que surgiu na Europa durante o período de 1500 a 1750. Não pode ser classificado como uma escola formal de pensamento, mas sim como um conjunto de atitudes similares voltadas à atividade econômica doméstica e ao papel do comércio internacional que tenderam a dominar o pensamento e a política econômica durante esse período. Muitas dessas ideias não só foram geradas por eventos da época, como também influenciaram a História por seu impacto nas políticas governamentais. Explorações geográficas que proporcionaram novas oportunidades de comércio e alargaram o escopo das relações internacionais, o crescimento populacional, o impacto do Renascentismo na cultura, a ascensão da classe mercantil, a descoberta de metais preciosos no Novo Mundo, mudanças nas posições religiosas sobre lucros e acumulação e a ascensão de Estados-nação contribuíram para o desenvolvimento do pensamento mercantilista. Na verdade, o Mercantilismo é frequentemente mencionado como a *política econômica do Estado em construção*.

O sistema econômico mercantilista

A visão de que a riqueza nacional era refletida pela concentração de metais preciosos por um país foi fundamental para o Mercantilismo. Somando-se a isso, um dos pilares mais importantes do pensamento mercantilista foi a visão estática dos recursos mundiais. A atividade econômica nesse cenário pode ser vista como um **jogo de soma zero**, no qual o ganho econômico de um país ocorria às custas de outro. (Um jogo de soma zero é um jogo como o pôquer, em que as vitórias de

---

[1]"The Fruits of Free Trade", *2002 Annual Report*, reedição, Federal Reserve Bank of Dallas, p. 6.

uma pessoa são calculadas pelas perdas dos outros jogadores.) A aquisição de metais preciosos deste modo tornou-se o meio para aumentar a riqueza e o bem-estar e o foco das nações emergentes europeias. Em um mundo hostil, o aperfeiçoamento do poder estatal foi crucial para o processo de crescimento, e esta foi outra importante doutrina mercantilista. Um exército forte, uma marinha naval e mercante fortes, e uma economia produtiva foram decisivos para manter e aumentar o poder dos Estados-nação.

Os mercantilistas viam o sistema econômico constituído de três componentes: um setor manufatureiro, um setor rural (interior doméstico) e as colônias no exterior (interior estrangeiro). Eles consideravam a classe mercante como o grupo mais essencial ao funcionamento bem-sucedido do sistema econômico, e o trabalho como o mais essencial entre os fatores básicos de produção. Os mercantilistas, assim como os escritores clássicos que os seguiram, empregaram uma **teoria do valor-trabalho**, isto é, mercadorias eram avaliadas quanto ao conteúdo do trabalho empregado para sua produção. Não surpreendentemente, a maioria dos escritores e políticos durante esse período contribuiu para a doutrina de que a atividade econômica deveria ser regulada e não deixada à prerrogativa individual. A tomada de decisão individual descontrolada foi vista como inconsistente com as metas do Estado-nação, em particular, a aquisição de metais preciosos. Em último lugar, os mercantilistas pressionaram pela necessidade de se manter um excesso de exportações sobre importações, isto é, uma **balança de comércio favorável** ou uma **balança de comércio positiva**. Esta doutrina resultou da visão de riqueza como sinônimo de acumulação de metais preciosos (espécie) e da necessidade de se manter um fundo de guerra razoável para financiar a presença militar requerida por um país rico. O influxo de espécie vinha de estrangeiros que pagavam pelo excesso de compras de seu país natal com ouro e prata. Esse influxo era uma fonte de dinheiro muito importante para países limitados por falta de moeda. A crença mercantilista implícita de que a economia estava operando com menos que emprego total foi crucial para essa posição; desta forma, o aumento no suprimento de moeda estimulava a economia, resultando no crescimento da produtividade e de empregos e não apenas da inflação. Consequentemente, a obtenção de uma balança de comércio positiva poderia ser economicamente benéfica ao país. Obviamente, o excesso de importações sobre exportações – uma **balança de comércio desfavorável** ou uma **balança de comércio negativa** – teria as implicações opostas.

O papel do governo

As políticas econômicas adotadas pelos mercantilistas seguiam essas doutrinas básicas. Os governos controlavam o uso e a troca de metais preciosos, ao que usualmente se refere como **metalismo** (ou **bulionismo**). Em particular, os países tenderam a proibir a exportação de ouro, prata e outros metais preciosos individualmente, e deixavam a espécie sair do país apenas em caso de necessidade. Indivíduos carregando espécie contrabandeada eram rapidamente sujeitos a punições, geralmente de morte. Os governos também deram a companhias específicas direitos exclusivos de comércio a certas rotas ou áreas. Monopólios de troca sustentaram a geração de lucros maiores pelo exercício do poder de mercado tanto de monopólio quanto de monopsônio. Os lucros contribuíram direta e indiretamente para uma balança comercial positiva e para a riqueza dos soberanos que dividiam os lucros dessa atividade. A Hudson Bay Company e a Companhia das Índias Orientais Holandesa são exemplos familiares de monopólios comerciais, alguns dos quais se mantiveram século XIX.

Os governos tentavam controlar o comércio internacional com políticas específicas para maximizar a probabilidade de uma balança comercial positiva e o resultante influxo de espécie. Exportações eram subsidiadas, e cotas e tarifas altas eram aplicadas às importações de produtos de consumo. Tarifas de importação de matérias-primas que poderiam ser transformadas em exportações por trabalho doméstico eram, no entanto, baixas ou inexistentes, pois as matérias-primas importadas podiam ser "trabalhadas" domesticamente e exportadas como bens manufaturados mais caros. O comércio era fomentado pelas colônias, que eram vistas como fontes de baixo custo de matérias-primas e produtos agrícolas, e como mercados em potencial de produtos manufaturados do país metrópole. Políticas de navegação buscavam o controle internacional do comércio e maximizar o influxo (minimizar a saída) de espécie para serviços de carregamento. Os Atos de Navegação Britânicos, por exemplo, proibiram frotas estrangeiras de participarem do comércio costeiro e de carregar mercadorias ao Reino Unido ou suas colônias. A política comercial era consistentemente direcionada com o fim de controlar o fluxo de produtos entre países e maximizar o influxo de espécie que resultava do comércio internacional.

Mercantilismo e política de economia doméstica

A regulação da atividade econômica também foi adotada dentro dos países com o controle da indústria e do trabalho. Sistemas abrangentes de regulamentações foram efetivados usando licenças exclusivas de produtos, tais como aquelas concedidas aos manufatureiros reais na França e na Inglaterra, isenções de taxas, subsídios e a concessão de privilégios especiais. Somado à regulamentação fechada da produção, o trabalho se sujeitava a vários controles por meio das corporações de ofício. Os mercantilistas argumentavam que essas regulamentações contribuíam para a qualidade tanto da mão de obra qualificada quanto das manufaturas produzidas por ela – qualidade que aperfeiçoava a habilidade de exportar e de aumentar a riqueza do país.

Finalmente, os mercantilistas buscavam políticas que mantivessem os salários baixos. Como o trabalho era o fator crítico de produção, salários baixos significavam que os custos de produção seriam baixos e os produtos de um país seriam mais competitivos nos mercados mundiais. Foi amplamente sustentado que as classes baixas deveriam continuar pobres para ser laboriosas, e que o aumento de salários levaria à redução da produtividade. Observe que, neste período, os salários não eram determinados pelo mercado, mas estabelecidos institucionalmente para prover os trabalhadores com rendas compatíveis com suas posições tradicionais na ordem social. Contudo, como o trabalho era visto como vital ao Estado, o crescimento populacional era crucial para o crescimento da produção. Assim, os governos estimularam o crescimento populacional encorajando as famílias grandes, dando subsídios aos filhos e proporcionando incentivos financeiros ao casamento.

As políticas econômicas mercantilistas resultaram da visão de mundo proeminente à época. A identificação da riqueza com o acúmulo de metais preciosos em vez de com a capacidade produtiva da nação e a visão estática dos recursos mundiais foram cruciais às políticas adotadas. Embora essas doutrinas pareçam ingênuas atualmente, elas indubitavelmente pareciam lógicas no período de 1500 a 1750. Guerras frequentes emprestaram credibilidade à manutenção de um exército e uma marinha mercante fortes. A legitimação e a crescente importância de se economizar pela classe mercantil puderam ser facilmente estendidas ao Estado, fazendo o acúmulo de metais preciosos parecer igualmente razoável. No entanto, a busca de poder pelo Estado à custa de outras metas e a importância suprema atribuída à acumulação de metais preciosos levaram a um paradoxo óbvio: na noção mercantilista, as nações ricas englobariam grande número de pessoas muito pobres. O dinheiro era acumulado às custas de consumo corrente. Ao mesmo tempo, as nações ricas encontraram-se gastando grandes quantias de seus metais preciosos acumulados para se protegerem de outras nações que tentavam adquirir riqueza pela força.

REVISÃO DE CONCEITO

1. Por que os pensadores mercantilistas se preocupavam com a aquisição de espécie em oposição a outras capacidades produtivas?
2. Por que a regulamentação da atividade econômica foi fundamental a esta linha de pensamento?
3. Se alguém é considerado um mercantilista, quais tipos de políticas são praticadas por esta pessoa? Por quê?

No mundo real:
O mercantilismo ainda vive

Em 30 de abril de 1987, o Congresso norte-americano aprovou a lei de Reforma do Comércio e da Política Econômica Internacional, que se tornou conhecida como Omnibus Trade Bill. Antes de sua aprovação, o representante Richard A. Gephardt (D-MO) propôs uma emenda "para solicitar aos representantes comerciais norte-americanos que negociassem com países que estivessem obtendo lucros comerciais excessivos ilegais com os Estados Unidos e usassem de retaliação contra esses, caso as negociações falhassem".

De acordo com a emenda proposta, países com superávits "excessivos" no comércio com os Estados Unidos seriam colocados em uma lista, e as práticas comerciais de cada país seriam escrutinadas por um representante comercial americano, um membro de gabinete do Departamento Executivo. Um período de seis meses de negociação começaria com aqueles países. Negociações bem-sucedidas levariam os Estados Unidos a não tomar nenhuma ação, mas as práticas comerciais do país em questão deveriam ser revistas em intervalos anuais. No caso de negociações infrutíferas, os Estados Unidos retaliariam em uma base de dólar por dólar contra o valor das práticas comerciais injustas que o país em questão mantivesse. Se o país não eliminasse suas práticas comerciais injustas e mantivesse um comércio muito excedente com os Estados Unidos, teria de enfrentar uma exigência bilateral de redução de excedente de 10% a cada quatro anos. O presidente poderia reduzir ou eliminar a exigência de redução de excedentes sob circunstâncias especiais, por exemplo, se o país estivesse tendo um problema de dívidas ou se não fosse de interesse dos Estados Unidos requerer a redução. Um defensor da emenda, o republicano Bill Richardson (D-NM), agora governador do Novo México, apontou que a "nossa segurança nacional está em jogo, e o padrão de vida para as futuras gerações. A hora de agir passou há muito". A emenda foi aprovada por 218 a 214 votos, e depois publicada como lei de modo ligeiramente relaxado (como a provisão "Super 301") no Omnibus Trade and Competitiveness Act de 1988. Felizmente (para os economistas), o Super 301 já não é mais parte da política comercial norte-americana.

Outros comentários e exemplos são abundantes a respeito de medidas políticas que restringem o comércio aparentemente em benefício dessas nações. Por exemplo, Canadá e Estados Unidos possuem leis de "cabotagem". A lei canadense estabelece que embarcações carregando mercadorias entre os portos canadenses deverão pertencer e ser tripuladas por canadenses; a lei norte-americana adiciona a isso a previsão de que a embarcação deverá ter sido construída nos Estados Unidos. Tais leis são "justificadas" por proporcionarem defesa nacional, pois produzem uma marinha mercante forte. É claro, elas também ajudam a exportar receitas, por causa da legislação para uso de serviços de embarcações domésticas.

Noções mercantilistas concernentes ao comércio ecoaram por meio das campanhas presidenciais de Patrick J. Buchanan de 1996 e 2000. Por exemplo, durante um discurso em agosto de 1996, referindo-se aos déficits comerciais dos Estados Unidos que atribuiu ao Tratado Norte-Americano de Livre-Comércio de 1993 (NAFTA) e ao pacto mundial de liberação do comércio de 1994, assinado pelos membros do Acordo Geral de Tarifas e Comércio (GATT), apontou "...que isto significa 4 milhões de empregos perdidos para trabalhadores e trabalhadoras da América".

Finalmente, o balanço de comércio da doutrina mercantilista foi belamente verbalizado pelo chefe local de uma seção da organização United We Stand do candidato presidencial Ross Perot em 1993, quando, referindo-se ao déficit comercial dos Estados Unidos na época, disse: "Se parássemos de comercializar com o resto do mundo, estaríamos $100 bilhões à frente". *The Economist* resumiu a situação quando afirmou, em 2004, que "o mercantilismo é uma teoria econômica defunta há, pelo menos, duzentos anos, mas muitos homens práticos com autoridade mantêm-se escravos da noção de que as exportações devem ser promovidas e as importações desencorajadas".

Fontes: *Congressional Digest*, jun./jul. 1987, p. 169, 184, 186, 192; Bob Davis, "In Debate over NAFTA, Many See Global Trade as Symbol of Hardship", *The Wall Street Journal*, 20 out. 1993, p. A9; "Jones Act", disponível em www.mctf.com/jones_act.shtml; "The Jones Act", disponível em www.geocities.com/The Tropics/1965/jones.htm; "Liberating Trade", *The Economist*, 13 mai. 2004, disponível em www.Economist.com; "'No Triumph without Tears' in the Buchanan Party", *Congressional Quarterly Weekly Report*, 17 ago. 1996, p. 2338; United States Trade Representative, *1999 Trade Policy Agenda and 1998 Annual Report of the President of the United States on the Trade Agreements Program*, p. 254, disponível em www.ustr.gov/reports/tpa/1999/viii.pdf.

O DESAFIO AO MERCANTILISMO PELOS PRIMEIROS ESCRITORES CLÁSSICOS

No início do século XVIII, as ideias concernentes à natureza da atividade econômica começaram a mudar. Tanto o metalismo como os metalistas começaram a ser considerados ingênuos. Unidades políticas nacionais já haviam surgido sob a pressão de guerras campesianas e conquistas régias, e o feudalismo começou a dar espaço a monarquias centralizadas. O desenvolvimento tecnológico unido ao fortalecimento vindo do lucro serviu de base para o desenvolvimento de sistemas de mercado, e os monopólios estatais começaram a desaparecer. Novas ideias e filosofias (particularmente a investigação cética do ponto de vista humanista), sustentadas em parte pelo Renascentismo italiano, contribuíram para a continuação do espírito de mudança. No final do século XVIII, ideias acerca do comércio internacional começaram a mudar quando os primeiros escritores clássicos, como David Hume e Adam Smith, mudaram os princípios básicos do mercantilismo.

David Hume – o mecanismo de fluxo-preço-espécie

Um dos primeiros ataques ao pensamento mercantilista foi promovido por David Hume (em seus *Discursos políticos*, 1752), com o desenvolvimento do seu **mecanismo de fluxo-preço-espécie**. Hume desafiou a visão mercantilista de que uma nação poderia continuar acumulando espécie sem causar repercussões em sua posição competitiva internacional. Ele argumentou que a acumulação de ouro por meio de superávit comercial levaria a um aumento na oferta de dinheiro e, desta forma, a um aumento de preços e remunerações. Os aumentos reduziriam a competitividade de um país com superávit. Note que Hume está assumindo que mudanças na oferta de dinheiro teriam um impacto nos preços em vez de na produção e nos empregos. Ao mesmo tempo, a perda de ouro em um país com déficit reduziria sua oferta de dinheiro, preços e remunerações, e aumentaria sua competitividade (veja o Quadro Conceitual 1). Desta forma, não é possível para uma nação continuar a manter uma balança comercial positiva indefinidamente. Um superávit (ou déficit) comercial produz automaticamente repercussões internas que agem para remover esse superávit (ou déficit). A movimentação de espécie entre países serve como um mecanismo de ajuste automático que sempre procura equalizar o valor das exportações e importações (isto é, produzir uma balança de comércio zero).

Hoje o mecanismo clássico de fluxo-preço-espécie apoia-se em vários pressupostos.

QUADRO CONCEITUAL 1
PEQUENO RESUMO SOBRE O MECANISMO DE FLUXO-PREÇO-ESPÉCIE

Dado um tempo suficiente, um ajuste automático da balança comercial teria lugar entre um país com superávit comercial e um país com déficit comercial de acordo com os seguintes passos:

	Itália (superávit comercial)	*em comparação a Espanha (déficit comercial)*
	Exportações > Importações	Exportações < Importações
Passo 1	Entrada líquida de espécie	Saída líquida de espécie
Passo 2	Aumento da oferta de dinheiro	Diminuição da oferta de dinheiro
Passo 3	Aumento nos preços e remunerações	Diminuição de preços e remunerações
Passo 4	Aumento das importações e diminuição das exportações	Diminuição de importações e aumento das exportações
	ATÉ	ATÉ
	Exportações = Importações	Exportações = Importações

Quadro Conceitual 2
Revisão de conceito – elasticidade – preço e despesas totais

Você aprendeu em disciplinas de economia anteriores que *a elasticidade-preço da demanda* se refere à proporção entre a mudança percentual na quantidade de demanda de um dado produto e a mudança percentual em seu preço, isto é, $\eta = (\Delta Q/Q)/(\Delta P/P)$. (Como a quantidade demandada varia inversamente ao preço, a elasticidade-preço da demanda terá sinal negativo. Por convenção econômica, geralmente se ignora o sinal negativo, mas é entendido que o valor de η será menor que 0, isto é, negativo.) Quando esta proporção (ignorando-se o sinal negativo) é maior que 1,0, indicando que a mudança do percentual na quantidade de demanda para um dado preço é maior que a mudança do percentual do preço, a demanda é considerada *elástica*. Quando ela tem o valor de 1,0, a demanda é considerada *de elasticidade unitária*, e quando é menor do que 1,0, a demanda é *inelástica*. Como a mudança relativa na quantidade é maior que a mudança relativa do preço quando a demanda é elástica, as despesas totais do produto aumentarão quando o preço cair (a quantidade demandada aumenta) e cairão quando o preço aumentar (a quantidade demandada cai). Quando a demanda é inelástica, o oposto exato acontece: as despesas totais crescem com o aumento de preço e caem com a sua diminuição. No caso da demanda de elasticidade unitária, as despesas totais são invariáveis em relação às mudanças no preço. Assim, para balanças comerciais mudarem de maneira apropriada no mecanismo de fluxo-espécie-preço, basta admitir que a demanda para produtos comerciais deve ter preço elástico.

1. Deve haver uma ligação formal entre dinheiro e preços, tal como estabelecido pela **teoria da quantidade de dinheiro** quando o emprego total é pressuposto:

$$M_s V = PY$$

em que: M_s = a oferta de dinheiro
V = a velocidade do dinheiro, ou a razão pela qual cada dinheiro muda de mãos
P = o nível de preço
Y = o nível da produtividade real

Se alguém admite que a velocidade do dinheiro é fixada por tradição e acordos institucionais e que Y é fixado no nível de emprego total, então qualquer mudança na oferta de dinheiro é acompanhada por uma mudança proporcional no nível dos preços.

2. A demanda por produtos comerciais tem preço elástico (veja o Quadro Conceitual 2). Isto é necessário para garantir que um aumento no preço levará a uma diminuição nas despesas totais para os produtos comerciais em questão, e que uma diminuição de preço terá o efeito oposto. Se a demanda tem preço inelástico, o mecanismo de fluxo-preço-espécie tenderá a piorar o desequilíbrio na balança comercial. No entanto, demandas elásticas tendem a ser maiores em um longo período do que em um período curto, conforme os consumidores gradualmente ajustam seu comportamento em resposta às mudanças de preço. Consequentemente, mesmo pensando que o mecanismo de fluxo-preço-espécie possa ser "perverso" em um curto período, o resultado de Hume é igualmente possível de ocorrer à medida que passa o tempo.

3. Competição perfeita tanto no mercado de produtos quanto no de manufaturas é considerada a fim de estabelecer a ligação necessária entre comportamento de preço e comportamento de remuneração, assim como para garantir que os preços e remunerações sejam flexíveis em ambas as direções, ascendente e descendente.

4. Finalmente, é pressuposto que existe um **padrão ouro**. Em tal sistema, todas as moedas são fixadas em ouro e, consequentemente, todas são livremente convertidas em ouro, que pode ser comprado e vendido à vontade, e os governos não compensam o impacto do fluxo de ouro por

outras atividades para influenciar a oferta de dinheiro. Isto é suficiente para estabelecer a ligação entre movimentações de espécie e mudanças na oferta de dinheiro de uma nação.

Se todas essas pressuposições forem satisfeitas, o mecanismo de ajuste automático, dando-se tempo para que respostas ocorram, restabelecerá o equilíbrio comercial em qualquer tempo que seja interrompido. Os ajustes dos mecanismos da balança de pagamentos e o padrão ouro ainda são proeminentes em discussões econômicas monetárias internacionais.

Adam Smith e a mão invisível

O segundo ataque às ideias mercantilistas veio na obra de Adam Smith, que percebeu que a riqueza de uma nação estava refletida em sua capacidade produtiva (isto é, sua habilidade de produzir produtos e serviços finais), não em sua manutenção de metais preciosos. Desta forma, a atenção centrou-se na aquisição de espécie para aumentar a produção de produtos e serviços. Smith acreditava que o aumento da capacidade produtiva era mais bem sustentado em um ambiente em que as pessoas fossem livres para buscar seus próprios interesses. O interesse próprio levaria os indivíduos a se especializarem em produtos e serviços e a trocá-los de acordo com suas habilidades especiais. A tendência natural de "transportar, comercializar e trocar" produtos e serviços geraria ganhos de produtividade com o aumento da divisão e especialização do trabalho. O interesse próprio era o catalisador, e a competição era o mecanismo de regulação automática. Smith via pouca necessidade de controle governamental da economia. Ele acentuou que uma política governamental do *laissez-faire* (permitindo aos indivíduos buscarem suas próprias atividades dentro dos limites da lei e da ordem, assim como do respeito aos direitos de propriedade) proporcionaria um ambiente melhor para o aumento da riqueza da nação. O papel adequado do governo era proporcionar que o mercado estivesse livre para funcionar de uma maneira incontida, removendo as barreiras para a efetiva operação da "mão invisível" do mercado. Em *A riqueza das nações*, Smith explicou não apenas o papel crítico do mercado na acumulação da riqueza de uma nação, mas também a natureza da ordem social que foi atingida e que se espera manter.

Smith aplicou suas ideias sobre a atividade econômica em um país à especialização e à troca entre países. Ele concluiu que os *países* deveriam se especializar em mercadorias nas quais tinham **vantagem absoluta** para exportá-las, e deveriam importar aquelas nas quais o parceiro comercial tinha absoluta vantagem. Cada país deveria exportar essas mercadorias que produziam mais eficientemente porque o trabalho absoluto requerido por unidade era menor do que o do possível parceiro comercial. Considere a estrutura dois-países, duas-mercadorias demonstrada na Tabela 1. Suponha que a teoria do valor-trabalho seja empregada (significando que a troca de produtos internamente se dá em proporção ao tempo de trabalho relativo incluído neles).

Nessa situação, pela teoria do valor-trabalho, um barril de vinho seria trocado por quatro jardas de tecido na Inglaterra (ou 1T para ¼ V); por outro lado, um barril de vinho seria trocado por 1,5 jarda de tecido em Portugal (ou 1T para ⅔V). Essas razões de troca refletem as quantidades relativas de trabalho requerido para produzir as mercadorias nos países, e podem ser vistas como custos de oportunidades, que geralmente são referidos como a *razão de preços em autarquia*. A Inglaterra tem absoluta vantagem na produção de tecidos e Portugal tem absoluta vantagem na

TABELA 1   Trabalho requerido e vantagem absoluta

	Tecido (T)	*Vinho (V)*	*Razão de preços em autarquia*
Inglaterra	1 h/jarda	4 h/barril	1V:4T
Portugal	2 h/jarda	3 h/barril	1V:1,5T

Titãs da economia internacional:

Adam Smith (1723-1790)

Passaram-se mais de duzentos anos desde a morte desse filósofo social escocês, mas suas ideias sobre organização econômica e sistemas econômicos ainda continuam modernas em todo o mundo, especialmente com a recente propagação do sistema de mercado na Europa Central e no Leste Europeu e na antiga União Soviética. Smith nasceu em 1723, em Kirkcaldy, Condado de Fife, Escócia, uma cidade de 1,5 mil habitantes, onde pregos ainda eram usados como dinheiro por alguns residentes. Smith demonstrou habilidade intelectual cedo na vida, e recebeu uma boa educação escocesa. Aos 17 anos, foi para a Universidade de Oxford, onde estudou por seis anos. Ele retornou a Edimburgo e deu aulas sobre política econômica que continham muitos dos princípios que desenvolveu mais tarde em *A riqueza das nações*. (O verdadeiro título completo é *Uma investigação sobre a natureza e causas da riqueza das nações*, o que é comumente abreviado para *A riqueza das nações*.) Em 1751, aceitou a cátedra de Lógica na Universidade de Glasgow e, dois anos depois, a cátedra de Filosofia Moral, que manteve até 1764. Durante esses anos, escreveu seu primeiro livro, *A teoria dos sentimentos morais* (1759), uma investigação sobre a origem da aprovação e desaprovação moral, que atraiu imediatamente a atenção da Inglaterra e do continente.

O trabalho em *A riqueza das nações* começou no final de 1760, na França, onde ele estava servindo como tutor do jovem duque de Buccleuch. Apesar de uma versão inicial da obra-prima ter sido aparentemente completada em 1770, ele continuou trabalhando nela por mais seis anos, publicando-a finalmente em 1776. Pouco ele sabia do impacto que seu trabalho, geralmente referido como o livro mais influente de economia já escrito, teria nos anos que viriam.

É impressionante que esse escritor de filosofia moral tenha sido capaz de prever algum tipo de ordem e finalidade no mundo de contrastes com que se defrontava diariamente. Dificilmente parecia haver um propósito moral no contraste entre a opulência das classes ociosas e a pobreza, crueldade e perigo que existiam entre as massas e que Smith deplorava. A produção ocorria em situações tão diversas quanto a fábrica têxtil Lombe (que consistia em 26.586 rodas de água e 97.746 movimentos produzindo 221.178 jardas de fios de seda a cada minuto – e era composta de crianças trabalhando de 12 a 14 horas por dia), minas com condições humanas degradantes, indústrias caseiras simples e bandos de trabalhadores agrícolas errantes das montanhas de Welsh. O homem brilhante que viu algum objetivo central neste mundo hostil foi a síntese do professor da "torre de marfim". Ele não apenas era notadamente distraído, mas também sofreu de desordens nervosas ao longo da vida, que frequentemente lhe causaram tremores de cabeça e contribuíram para sua maneira estranha de discursar e seu jeito de andar. Um verdadeiro intelectual, sua vida foi sua escrita e comunicações com estudantes e pensadores como David Hume, Benjamin Franklin, François Quesnay e dr. Samuel Johnson. Solteiro convicto, Smith viveu o resto de sua vida em Edimburgo, onde serviu como comissário de costumes e tomou conta de sua mãe. Ele morreu com 67 anos, em 17 de julho de 1790.

Fontes: HEILBRONER, Robert L. *The Worldly Philosophers: The Lives, Times, and Ideas of the Great Economic Thinkers*, ed. rev. Nova York: Simon and Schuster, 1961, cap. 3; "The Modern Adam Smith", *The Economist*, 14 jul. 1990, p. 11-12.

---

produção de vinho, por causa do menor tempo de trabalho requerido na produção de tecido na Inglaterra e de vinho em Portugal. De acordo com Smith, há uma base de comércio porque ambas as nações são claramente melhores especializando-se em suas mercadorias de baixo custo e importando a mercadoria que pode ser produzida de modo mais barato em outro lugar.

Para fins de ilustração dos ganhos do comércio, pressuponha que os dois países, em vez de produzir cada produto para si mesmos, troquem esses produtos à razão de um barril de vinho para três jardas de tecido. Para a Inglaterra, isso significa obter um barril de vinho de Portugal por apenas três jardas de tecido em vez de quatro jardas em casa. Similarmente, Portugal beneficia-se com a aquisição de tecido pelo custo de apenas ⅓ barril de vinho em vez de ⅔ de barril de vinho em casa. É importante notar (como será discutido no Capítulo 3) que ganhos com a troca podem ocorrer sobre uma gama extensa de preços de permuta. O argumento de Smith foi especialmente importante na época, porque indicava que ambos os países poderiam se beneficiar do comércio e que esta troca não era um jogo de soma zero como acreditavam os mercantilistas. O fato de que o comércio era mutuamente benéfico e era um **jogo de soma positiva** (isto é, todos os jogadores podem receber um pagamento positivo no jogo) foi um argumento poderoso para a expansão do comércio e redução de muitos controles comerciais que caracterizaram o período mercantilista. Smith via a fonte dessas vantagens absolutas como o conjunto único de recursos naturais (incluindo o clima) e habilidades que caracterizavam uma nação em particular. Ele também reconheceu que certas vantagens poderiam ser adquiridas pela acumulação, transferência e adaptação de habilidades e tecnologia.

As ideias de Smith foram cruciais para o início do desenvolvimento do pensamento clássico e para a alteração da visão dos ganhos potenciais do comércio internacional. David Ricardo expandiu os conceitos de Smith e demonstrou que os ganhos potenciais do comércio eram bem maiores do que Adam Smith tinha previsto em seu conceito de vantagem absoluta.

Revisão de conceito

1. Há uma base para comércio no caso seguinte, de acordo com a visão de Smith? Por que, ou por que não? Se há, que país deveria exportar qual mercadoria?

	Cutelaria	*Trigo*
Alemanha	50 h/unidade	30 h/bu*
Suécia	40 h/unidade	35 h/bu

2. Suponha que a Alemanha tenha superávit de comércio com a Suécia. Explique como o mecanismo de fluxo-preço-espécie funcionaria para equilibrar a balança comercial entre os dois países, dando-se o devido tempo de ajustamento.

Resumo

Antes de Adam Smith, as visões mercantilistas sobre o papel e a importância do comércio internacional eram dominantes. Elas enfatizavam a atratividade de um superávit de exportação no comércio internacional como modo de aquisição de espécie para se somar à riqueza de um país. Com o passar do tempo, esse conceito de riqueza, o papel do comércio e todo o sistema mercantilista de economia pensado foram desafiados por escritores como David Hume e Adam Smith. O conceito de Smith de vantagem absoluta foi fundamental na alteração de posições na natureza e nos ganhos potenciais do comércio. A compreensão de que todos os países poderiam beneficiar-se simultaneamente do comércio teve grande influência no pensamento clássico posterior e na política comercial.

Termos-chave

balança de comércio desfavorável (ou balança de comércio negativa)
balança de comércio favorável (ou balança de comércio positiva)
jogo de soma positiva
jogo de soma zero
laissez-faire
mecanismo de fluxo-preço-espécie
mercantilismo
metalismo (ou bulionismo)
padrão ouro
teoria da quantidade de dinheiro
teoria do valor-trabalho
vantagem absoluta

Questões e problemas

1. Por que os mercantilistas consideravam a posse de metais preciosos tão importante para a construção de um Estado-nação?
2. Quais eram os pilares do pensamento mercantilista? Por que a regulação da economia era tão importante?
3. O que se pretende dizer com "paradoxo do mercantilismo"? Como isto se refletia na remuneração mercantilista e nas políticas populacionais?
4. Quais eram os pressupostos críticos do mecanismo de fluxo-espécie-preço? O que acontece com a balança comercial em um país com superávit se a demanda para produtos comerciais tem preço inelástico? Por quê?
5. Explique brevemente por que as ideias de Smith e de Hume foram tão devastadoras para o pensamento e política mercantilistas.
6. A tabela a seguir mostra as horas de trabalho necessárias para produzir uma unidade de cada mercadoria em cada país:

	Trigo	*Tecidos*
Estados Unidos	3 h	9 h
Reino Unido	4 h	4 h

---

*N. de R. T.: bu se refere a *buschel*, medida não usual no Brasil, mas usada nos Estados Unidos e Inglaterra para medir cereais.

Qual país tem uma vantagem absoluta em trigo? E em tecidos? Por quê? Se o comércio é realizado entre os Estados Unidos e o Reino Unido ao preço de permuta de 1 tecido para 2 trigos (ou 1 trigo para ½ tecido), por que cada país ganha com a troca? Explique.

7. (a) Suponha que, na situação da Questão 6, o Reino Unido tenha 500 horas de trabalho disponíveis para tanto. Antes da troca, o país está usando 300 dessas horas de trabalho para produzir tecidos e as 200 horas remanescentes para produzir trigo. Quanto trigo e quanto tecido o Reino Unido produz nesta situação antes da troca? (Como não há comércio, suas respostas deverão indicar também as quantias de trigo e tecido *consumidas* no Reino Unido antes da troca.)

(b) Agora suponha que o Reino Unido entre em uma troca com os Estados Unidos com o preço de permuta previamente indicado de 1 tecido (T) para 2 trigos (t) (ou 1 trigo para ½ tecido). O Reino Unido agora dedica todas as suas horas de trabalho à produção de tecidos e, consequentemente, produz 125 unidades de tecidos e 0 unidade de trigo. Por que isto acontece? Suponha que o país exporte 40T (e, desta forma, receba 80t em troca) e mantenha os 85T remanescentes para consumo próprio. Qual será o seu *consumo* de trigo e tecido na situação comercial? Quanto o Reino Unido, por causa da troca, será capaz de aumentar em seu consumo de trigo e de tecido?

8. (a) Continuando com o exemplo numérico da Questão 6, agora pressuponha que os Estados Unidos tenha 600 horas de trabalho disponíveis e que, antes da troca, estejam usando 330 dessas horas para produzir trigo e as 270 horas remanescentes para produzir tecidos. Quanto trigo e quanto tecido os Estados Unidos produzem (e, desta forma, consomem) nesta situação antes da troca?

(b) Suponha que o comércio entre o Reino Unido e os Estados Unidos ocorra como na Questão 7(b). Com a troca, os Estados Unidos dedicam todas as suas horas de trabalho disponíveis para a produção de trigo (t) e obtêm 200 unidades de trigo. De acordo com o comércio com o Reino Unido na Questão 7(b), os Estados Unidos exportam 80t e importam 40T. Qual será o consumo dos Estados Unidos de trigo e tecidos na situação de troca? Os Estados Unidos serão capazes de aumentar em quanto seu consumo de trigo e de tecidos? Vendo suas respostas a esta questão e à Questão 7(b), você pode concluir que o comércio é, de fato, um jogo de soma positiva? Por que, ou por que não?

9. A China teve um superávit comercial muito grande nos últimos anos. Economistas sugerem que este é um fenômeno contínuo devido a vários fatores, incluindo uma taxa de câmbio inapropriada. Como a posição mercantilista veria esse superávit? Por que David Hume poderia argumentar que o superávit desaparecerá sozinho?

10. Suponha que, no contexto do mecanismo de fluxo-preço-espécie, a Suíça exporte atualmente 5 mil unidades de produtos para a Espanha, cuja unidade tem preço de 100 francos suíços. Sendo assim, o valor total de exportações da Suíça para a Espanha é de 500 mil francos suíços. Ao mesmo tempo, a Suíça importa produtos no valor de 410 mil francos da Espanha, e por isso tem um superávit com a Espanha de 90 mil francos suíços (= 500 mil francos − 410 mil francos). Por causa desse superávit comercial, suponha que todos os preços na Suíça subam uniformemente 10%, e que esse aumento de preço de produtos suíços faça as importações da Espanha aumentarem do seu nível inicial de 410 mil francos para 440 mil francos. (Com o objetivo de simplificar, imagine que o preço na Espanha não mude.)

Suponha agora que a elasticidade da demanda dos consumidores na Espanha por produtos exportados da Suíça seja igual a 2,0 (ignorando-se o sinal negativo). Com o aumento de 10% do preço na Suíça, o preço de exportação de cada unidade exportada sobe, portanto, para 110 francos. Com esta informação, calcule a mudança resultante na quantidade e o novo valor total das exportações suíças. O aumento do preço na Suíça é suficiente para eliminar seu superávit comercial com a Espanha? Por que, ou por que não?

CAPÍTULO

3

O MUNDO CLÁSSICO DE DAVID RICARDO E A VANTAGEM COMPARATIVA

OBJETIVOS DE APRENDIZADO

- Compreender a vantagem comparativa como a base para o comércio entre nações.
- Identificar a diferença entre vantagem comparativa e vantagem absoluta.
- Quantificar os ganhos do comércio em um modelo dois-países, duas-mercadorias.
- Reconhecer a vantagem comparativa e os ganhos potenciais do comércio usando as fronteiras de possibilidades de produção.

CAPÍTULO 3   O MUNDO CLÁSSICO DE DAVID RICARDO E A VANTAGEM COMPARATIVA

INTRODUÇÃO

Alguns mitos comuns

Ouvimos que trocas nos fazem mais pobres. Não é verdade. O comércio é o grande gerador de bem-estar econômico. Enriquece nações porque permite às empresas e aos trabalhadores se especializarem naquilo que fazem melhor. A competição os força a serem mais produtivos. No final, os consumidores têm como recompensa produtos e serviços mais baratos e melhores...

Ouvimos que exportações são boas porque sustentam a indústria dos Estados Unidos, mas importações são ruins porque roubam negócios dos produtores domésticos. Atualmente, importações são os frutos reais do comércio, porque a meta final da atividade econômica é o consumo. Exportações representam recursos que não consumimos em casa. Elas são o modo como pagamos pelo que compramos fora, e estamos melhores quando pagamos o mínimo possível. O mercantilismo, com sua ênfase na exportação, perdeu popularidade por uma boa razão...

Precisamos entender o que está em risco. Ser equivocado quanto ao comércio aumenta os riscos de fazermos escolhas erradas que minarão nossa economia e azedarão nossas relações com outras nações.[1]

A base fundamental dessas palavras é a vantagem comparativa. Infelizmente, este permanece um conceito muito mal-entendido, mesmo hoje – mais de 190 anos desde que foi introduzido pelo economista clássico David Ricardo em *The principles of political economy and taxation* (1817), que afirmou que os ganhos potenciais do comércio internacional não estavam confinados à vantagem absoluta de Adam Smith. Começamos este capítulo focando as presunções básicas que guiam as exposições modernas do modelo ricardiano. Várias dessas presunções são muito restritivas e irreais, mas serão abandonadas posteriormente e não invalidam as conclusões básicas da análise. Este capítulo proporciona uma demonstração rigorosa dos ganhos do comércio de acordo com o modelo clássico. O objetivo maior é mostrar que, ao contrário do pensamento mercantilista, o comércio é um jogo de soma positiva (isto é, todos os parceiros comerciais se beneficiam dele).

SUPOSIÇÕES DO MODELO RICARDIANO BÁSICO

1. Cada país tem um talento de recursos fixo, e todas as unidades de cada recurso particular são idênticas.

2. Os fatores de produção são completamente móveis entre usos alternativos dentro de um país. Essa suposição implica que os preços dos fatores de produção também são os mesmos entre essas alternativas de usos.

3. Os fatores de produção são completamente imóveis externamente; isto é, eles não se movem entre países. Desta forma, os preços dos fatores podem ser diferentes entre países antes do comércio.

4. A teoria do valor-trabalho é empregada no modelo. Consequentemente, o valor relativo de uma mercadoria baseia-se somente em seu conteúdo de trabalho relativo. De um ponto de vista de produção, isso significa que (a) nenhuma outra entrada é usada no processo produtivo, ou (b) quaisquer outras entradas são medidas em termos do trabalho representado em sua produção, ou (c) as outras entradas/médias de trabalho são as mesmas em todas as indústrias. Em termos simples, essa suposição significa que um produto que representa duas horas de trabalho é duas vezes mais caro do que um produto que utiliza apenas uma hora.

5. O nível de tecnologia é fixo para ambos os países, apesar da tecnologia poder diferir entre eles.

---

[1] Federal Reserve Bank of Dallas. "The Fruits of Free Trade", *2002 Annual Report*, reed., p. 5. (Grifo nosso.)

Titãs da economia internacional:
David Ricardo (1772–1823)

David Ricardo nasceu em Londres, em 18 de abril de 1772, filho de ricos imigrantes judeus. Ele recebeu instrução particular quando criança e foi excepcionalmente brilhante. Aos 14 anos, começou a trabalhar no escritório de corretagem de ações de seu pai, mas essa associação com sua família terminou sete anos depois, quando ele se tornou unitarista e casou-se com uma quacre. Ricardo então começou sua própria carreira de imenso sucesso com seguros e propriedades. O fator mais importante em seu sucesso financeiro foi sua compra dos seguros do governo britânico, apenas quatro dias antes de o duque de Wellington vencer Napoleão em Waterloo, em 1815. O estouro subsequente dos seguros britânicos tornou-o um homem rico.

Durante as férias em 1799, Ricardo leu *A riqueza das nações*, de Adam Smith. (Nós também lemos livros de economia enquanto estamos de férias, não?) Fascinado, ele gradualmente fez da economia seu passatempo e escreveu panfletos e artigos de jornais sobre o assunto. A oposição de Ricardo às políticas governamentais do ouro e às Leis dos Cereais (leis restritivas sobre importação do grão para a Inglaterra) atraiu atenção inesperada, e ele rapidamente trouxe suas indagações para questões de lucros e distribuição de salário. Em 1817, o marcante livro de Ricardo, *The principles of political economy and taxation*, foi publicado, trazendo-lhe fama, mesmo tendo ele pensado que poucas pessoas o entenderiam. Ele tornou-se membro do Parlamento em 1819. Um excelente debatedor, apesar de uma voz uma vez descrita como "áspera e esganiçada", ele foi influente no ensino de questões econômicas à Câmara dos Comuns, embora as Leis dos Cereais só terem sido revogadas muito após sua morte.

Usualmente é atribuída a Ricardo a origem do conceito de vantagem comparativa. Somando-se a isso, ele construiu um modelo inteiro do sistema econômico, no qual o crescimento baseia-se na acumulação de capital e lucros, e a lei de diminuição de retornos acaba levando a um estado estacionário, com lucro zero e ricos proprietários de imóveis. Ricardo era um paradoxo na sua condenação da classe dos proprietários de imóveis, mesmo sendo ele próprio um membro dessa classe. Depois de uma carreira notável como homem de negócios, estudioso e político, morreu inesperadamente aos 51 anos, em 11 de setembro de 1823. Deixou esposa e sete filhos.

Fontes: EKELUND, Jr., Robert B.; HEBERT, Robert F. *A History of Economic Theory and Method*. 3. ed. Nova York: McGraw-Hill, 1990, cap. 7; HEILBRONER, Robert L. *The Wordly Philosophers:The Lives, Times, and Ideas of The Great Economic Thinkers*. 3. ed. Nova York: Simon and Schuster, 1967, cap. 4; DE VIVO, G. "David Ricardo" em EATWELL, John; MILGATE, Murray e NEWMAN, Peter eds., *The New Palgrave: A Dictionary of Economics*, v. 4, Londres: Macmillan, 1987, p. 183-86.

---

6. Os custos unitários de produção são constantes. Desta forma, as horas de trabalho por unidade de produção de um produto não mudam, independentemente da quantidade produzida. Isto significa que a curva de fornecimento de qualquer produto é horizontal.

7. Há emprego total.

8. A economia é caracterizada pela competição perfeita. Nenhum consumidor sozinho ou produtor é grande o suficiente para influenciar o mercado; desta maneira, todos são tomadores de preços. Todos os participantes têm acesso total à informação do mercado, há livre entrada e saída de uma indústria, e todos os preços são iguais aos custos marginais de produção.

9. Não há obstáculos impostos pelo governo para a atividade econômica.

10. Os custos de transporte interno e externo são zero.

11. A análise se restringe a um "mundo" de dois-países, duas-mercadorias para simplificar a apresentação. Essa simplificação será derrubada mais tarde para deixar o modelo mais realista.

Vantagem comparativa ricardiana

Ricardo começou observando que a ideia de Smith de vantagem absoluta determinava o padrão de produção e comércio interno para um país quando os fatores eram perfeitamente móveis. Usando o exemplo de Yorkshire e Londres, ele percebeu que a indústria se localiza onde existe

TABELA 1   Condições de produção ricardianas na Inglaterra e em Portugal

	Vinho (V)	*Tecido (T)*	*Razão de preços em autarquia*
Portugal	80 h/barril	90 h/ jarda	$1V: {}^8/_9 T$ (ou $1T: {}^9/_8 V$)
Inglaterra	120 h/barril	100 h/jarda	$1V: {}^6/_5 T$ (ou $1T: {}^5/_6 V$)

a maior vantagem absoluta, e que o trabalho e o capital movem-se para a área onde a produtividade e os retornos são maiores. Esse movimento continuaria até que o fator retorno fosse equalizado. Internacionalmente, contudo, a história é diferente. Enquanto que o comércio internacional pode ser realizado nas bases de vantagem absoluta (por exemplo, troca entre zonas tropicais e temperadas), devido à imobilidade internacional dos fatores de produção, ganhos do comércio nas bases da **vantagem comparativa** também podem ocorrer. Para afirmar este ponto, Ricardo apresentou um caso que descreve a produção de duas mercadorias, vinho (V) e tecido (T), na Inglaterra e em Portugal. O trabalho requerido por unidade de produção, de acordo com a Tabela 1, reflete as tecnologias em cada país e implica o valor relativo de cada mercadoria.

Nesse exemplo, Portugal tem vantagem absoluta na produção de ambas as mercadorias. Da perspectiva de Adam Smith, não há base de troca entre esses países porque Portugal é mais eficiente na produção de ambos os produtos. Já a Inglaterra tem desvantagem absoluta em ambos os produtos. Ricardo, no entanto, indicou que Portugal é relativamente mais eficiente na produção de vinho do que de tecido e a desvantagem relativa da Inglaterra é menor em tecido. Os números mostram que o número relativo de horas necessárias para produzir vinho (80 em Portugal, 120 na Inglaterra) é menor que o número relativo de horas necessárias para produzir tecido (90 em Portugal, 100 na Inglaterra). Por causa dessas diferenças relativas de custos, ambos os países têm um incentivo para trocar. Para ver isso, considere as **razão de preços em autarquia (antes da troca)** (isto é, a média de preços quando o país não tem comércio internacional). Na Inglaterra, 1 barril de vinho valeria $^6/_5$ jardas de tecido (porque o mesmo tempo de trabalho é aplicado em cada quantidade), enquanto em Portugal 1 barril valeria apenas $^8/_9$ jardas de tecido. Desta forma, Portugal ganha se se especializar em vinho e adquirir tecido da Inglaterra, na razão de 1 barril: $^6/_5$ jardas, ou 1V: $^6/_5$T. De maneira similar, a Inglaterra se beneficiaria especializando-se na produção de tecido e exportando-o para Portugal, podendo receber $^9/_8$ de barril de vinho por jarda de tecido em vez de $^5/_6$ de barril por jarda em casa. Apesar de a troca ser irrealisticamente restrita a dois produtos nessa análise básica, ganhos potenciais semelhantes também ocorrem em análises mais abrangentes (como as desenvolvidas no Capítulo 4, "Extensões e testes do modelo clássico de comércio"). O ponto principal é que tanto a base para a troca como os ganhos dela provenientes mantêm-se na vantagem comparativa, não absoluta.

Para examinar os ganhos da troca, vamos explorar as médias de preço adiante. Com a Inglaterra em autarquia, 1 barril de vinho vale, pela teoria do valor-trabalho, 1,2 ($^6/_5$) jarda de tecido, então qualquer média de preço em que *menos* do que 1,2T deve ser dado por 1V é desejável para a Inglaterra. Similarmente, a razão de preços em autarquia em Portugal é 1V: $^8/_9$T, ou 0,89T. Desta forma, Portugal ganhará se seu vinho puder exigir na troca *mais* que 0,89 unidade de tecido. Com uma média de preço internacional entre essas duas razões de preços em autarquia, ambos os países ganharão.

Ricardo não examinou a determinação precisa da média de preço internacional ou os **termos de troca**. Mas o ponto importante é que, depois da troca, haverá um preço *comum* do vinho em termos de tecido nos dois países. Para ver esse ponto, considere o que está acontecendo com a troca nos dois países. Porque o vinho está indo para a Inglaterra (novo fornecimento de Portugal) e Portugal está agora demandando tecido inglês (nova demanda), o preço relativo do tecido inglês em termos de vinho subirá. Isto significa que *menos* tecido equivalerá à unidade de vinho do que o 1,2T anterior. Em Portugal, o preço relativo do vinho subirá porque o tecido está chegando da Inglaterra e os ingleses estão demandando vinho português. Deste modo, o preço ultrapassará 1V:0,89T em direção a *mais* tecido para obter uma unidade de vinho. As médias anteriores à troca de 1V:1,2T na Inglaterra e 1V:0,89T em Portugal convergem uma em direção à outra pela troca. Isto é simplesmente o fenômeno econômico de dois mercados separados (autarquia) unificando-se em um mercado único (comércio). Um preço único então prevalecerá preferivelmente a dois preços diferentes. Com a troca, os preços não serão mais determinados somente pela teoria do valor-trabalho, mas também pelas demandas relativas nos dois países comerciantes.

Para ilustrar os ganhos da troca, Ricardo arbitrariamente assumiu que a média dos termos de troca era de 1V:1T. Nesses termos, considere o ganho para a Inglaterra. Com a troca, a Inglaterra poderia dedicar cem horas de trabalho para produzir tecido, sua mercadoria em vantagem comparativa, e ter 1T. Esta 1T poderia então ser trocada com Portugal por 1V. Desta forma, cem horas de trabalho na Inglaterra produziram *indiretamente* uma unidade de vinho. Se a Inglaterra tivesse escolhido produzir 1V em casa *diretamente*, o custo envolvido teria sido de 120 horas de trabalho. No entanto, a troca economiza 20 horas de trabalho para a Inglaterra (120 − 100) para cada unidade de seu produto importado. Ricardo expressou os ganhos em termos de tempo de trabalho economizado, porque ele via a troca como um mecanismo essencial para reduzir a despesa com trabalho necessária para a obtenção de produtos, pois tal mão de obra implica esforço de trabalho e "custos reais". Outro meio de verificar o mesmo resultado é que por meio da troca mais produtos podem ser obtidos pela mesma quantia de tempo de trabalho do que o que é possível autarquicamente.

Também há obviamente um ganho para Portugal em termos de tempo de trabalho economizado, pois pode tomar 80 horas de trabalho e produzir uma unidade de vinho. Com este 1V, Portugal pode obter 1 unidade de tecido pela troca. A produção direta de 1T em Portugal requereria 90 horas de trabalho; a troca permite ao país ganhar ou economizar dez horas de trabalho por unidade de seus produtos importados. Desta forma, não do modo do jogo de soma zero dos mercantilistas, o comércio internacional é um *jogo de soma positiva*.

Os termos precisos da troca refletem demanda relativa e serão considerados nos próximos capítulos. Contudo, os termos de troca são importantes para a distribuição dos ganhos entre os dois países. Suponha que especifiquemos os termos de troca em 1V:1,1T em vez de 1V:1T. Intuitivamente, esperamos que Portugal ganhe mais neste caso porque sua exportação de produto está agora exigindo um volume maior de produto inglês. Neste caso, o país poderia tomar 80 horas de trabalho, ter 1V, e trocar este 1V por 1,1T; efetivamente, Portugal está obtendo 1,1T para 80 horas de trabalho. Para produzir 1,1T em casa, precisaria de 99 horas (90 horas × 1,1), então ganharia 19 horas (99 − 80) por 1,1T, ou 17,3 horas por 1T (19/1,1 = 17,3).

A Inglaterra aufere ganhos menores no segundo caso. Se ela dedicar dez horas à produção de tecido, terá 1,1T, que pode ser trocado por 1V. Já que 1V produzido diretamente em casa requereria 120 horas de trabalho, a Inglaterra pouparia dez horas em vez de 20 horas por unidade de vinho. *Claramente, quanto mais próximo os termos de troca estiverem da média de preço autárquica internacional do país, menor será o ganho para este país com a troca internacional.* No limite (1V:1,2T para Inglaterra e 1V:0,89T para Portugal), o país cujos preços em autarquia equivalham aos termos de troca não teria ganho e seria indiferente quanto à troca. O outro país obteria todos os ganhos com a troca.

O equilíbrio dos termos de troca se dá quando há um comércio balanceado (exportações = importações em valor total) para cada país. Se a média ricardiana 1V:1T deixa Portugal com superávit na balança comercial, os termos de troca mudariam para um vinho relativamente mais caro, digamos, 1V:1,1T. A mudança ocorreria porque o mecanismo de fluxo-preço-espécie aumenta preços e remunerações no país com superávit, Portugal, e os comprimem no país com déficit, a Inglaterra.

No mundo real:
Concentração de exportação nos países selecionados

No modelo clássico apresentado neste capítulo, um país exporta apenas um produto. Esta é uma situação irreal, por isso exportações múltiplas são incorporadas ao modelo no Capítulo 4. Não obstante, alguns países geralmente se assemelham à situação de exportação singular, e não há dúvida de que o comércio leva a produção em todos os países em direção a uma produção-padrão mais especializada do que seria no caso de autarquia. A Tabela 2 apresenta dados sobre o grau de concentração de exportação de mercadoria para uma série de países com base nas categorias mais agregadas no sistema da Classificação-Padrão do Comércio Internacional (SITC) das Nações Unidas. Os tipos de produtos exportados diferem, refletindo a vantagem comparativa principal para cada país.

Os graus de concentração de exportação na amostra indicam que países em desenvolvimento tendem a ter vantagem comparativa em produtos alimentícios (por exemplo, Comoros e El Salvador), materiais naturais e matérias-primas para produtos manufaturados, ou produtos de recursos naturais (por exemplo, Brunei, Jamaica e Zâmbia). Países desenvolvidos (por exemplo, Japão e Estados Unidos) especializam-se em maquinário e equipamento de transporte (bens de capital). No entanto, há exceções; note que a República da Coreia (Coreia do Sul) e o México exportam maquinários e equipamento de transporte.

TABELA 2 Extensão da concentração de exportação, países selecionados

País	Categorias de exportação (nº SITC)	Porcentagem de valor total de exportação
Brunei (2003)	Combustíveis minerais etc. (3)	87,7%
	Artigos manufaturados em geral (8)	5,4
Comoros (2000)	Comida e animais vivos (0)	88,4
	Produtos químicos e relacionados (5)	5,8
El Salvador (2003)	Comida e animais vivos (0)	30,5
	Produtos manufaturados classificados principalmente como material (6)	25,3
Gabão (2004)	Combustíveis minerais etc. (3)	76,2
	Produtos manufaturados classificados principalmente como material (6)	4,5
Irlanda (2004)	Produtos químicos e relacionados (5)	44,6
	Maquinário e equipamento de transporte (7)	27,0
Jamaica (2002)	Materiais naturais, não comestíveis, exceto combustíveis (2)	64,8
	Comida e animais vivos (0)	17,6
Japão (2004)	Maquinário e equipamento de transporte (7)	65,6
	Produtos manufaturados classificados principalmente como materiais (6)	10,6
República da Coreia (2004)	Maquinário e equipamento de transporte (7)	63,0
	Produtos manufaturados classificados principalmente como materiais (6)	14,6
Maláui (2004)	Bebidas e tabaco (1)	45,8
	Comida e animais vivos (0)	30,1
México (2004)	Maquinário e equipamento de transporte (7)	55,6
	Artigos manufaturados variados (8)	13,3
Estados Unidos (2004)	Maquinário e equipamento de transporte (7)	48,1
	Produtos químicos e relacionados (5)	13,8
Zâmbia (2004)	Produtos manufaturados classificados principalmente como materiais (6)	63,8
	Materiais naturais, não comestíveis, exceto combustíveis (2)	15,6

Nota: "Produtos manufaturados classificados principalmente como materiais" se referem a produtos tais como borracha, madeira e fio têxtil e tecidos; "Artigos manufaturados variados" se refere a uma variedade grande de produtos de consumo.

Fonte: Nações Unidas, 2004 *Internacional Trade Statistics Yearbook*, v. I (Nova York: Nações Unidas, 2006), várias páginas.

Vantagem comparativa e os ganhos totais do comércio

A essência do argumento ricardiano é que o comércio internacional não requer vantagens absolutas diferentes e que é possível e desejável trocar quando a vantagem comparativa existe. Uma vantagem comparativa existe sempre que os requisitos de trabalho relativo diferirem entre duas mercadorias. Isto significa simplesmente que, quando os requisitos do trabalho relativo são diferentes, a oportunidade de custo interno das duas mercadorias será diferente nos dois países; isto é, as médias de preços internos são diferentes entre dois países antes da troca. O ganho de preços relativos diferentes foi demonstrado para Inglaterra e Portugal em termos de tempo de trabalho economizado por unidade de produto importado adquirido.

Agora mudamos do ganho por unidade de produto importado para o total de ganhos com a troca para o país. A Tabela 3 proporciona informação que pode ser usada para aumentar a familiaridade com os exemplos numéricos usados na análise ricardiana.

O país A tem vantagem comparativa na produção de tecido, e o país B tem vantagem comparativa na produção de vinho. A vantagem comparativa do país A permanece claramente em tecido, na medida em que o seu custo de trabalho relativo ($\frac{1}{2}$) é menor do que o do vinho ($\frac{3}{4}$). A base para troca também é evidente no fato de que a razão de preços em autarquia em cada país é diferente.

Quando a troca é iniciada ente os dois países, ela se fará em termos internacionais de comércio que se mantenham dentro de limites dispostos pelas médias de preço para cada país autarquicamente. Se a troca ocorre de acordo com a limitação das razões de preços em autarquia, um país tomará todos os benefícios. Por exemplo, se a troca começa em termos internacionais de 1V:3T, então o país B ganha 1 jarda de tecido para cada barril de vinho trocado, enquanto o país A não ganha nada porque paga o mesmo preço relativo que encontra em autarquia. Assim, para ambos os países ganharem, os termos internacionais de comércio devem ficar em algum lugar entre as razões de preços em autarquia. *A localização atual de equilíbrio de troca entre os dois países é determinada pela força e elasticidade comparativa da demanda de cada país para o produto do outro.* Isto é regularmente referido como *demanda recíproca*, um conceito desenvolvido por John Stuart Mill em 1848 (veja o Capítulo 7, "Curvas de oferta e os termos de troca").

Limitação de recursos

Para demonstrar os ganhos totais do comércio entre esses dois países, é necessário primeiramente estabelecer a quantia de limites de recursos – trabalho – disponível em cada país. Suponha que o país A tenha 9 mil horas de trabalho disponíveis e o país B, 16 mil horas de trabalho disponíveis. Essas limitações, somadas à informação de produção da Tabela 3, permitem-nos estabelecer as possibilidades de produção abertas a esses dois países autarquicamente. O país A pode produzir 9 mil jardas de tecidos e nenhum vinho, ou 3 mil barris de vinho e nenhum tecido, ou qualquer combinação desses dois produtos que absorva 9 mil horas de trabalho. O país B, por sua vez, pode produzir 8 mil jardas de tecidos e nenhum vinho, 4 mil barris de vinho e nenhum tecido, ou qualquer combinação desses dois produtos que absorva exatamente 16 mil horas de trabalho. Imagine que o país A produza 6 mil jardas de tecidos e mil barris de vinho antes da troca, e que o país B produza 3 mil jardas de tecidos e 2,5 mil barris de vinho. Suponha que os dois países troquem mercadorias em termos de comércio de 1V:2,5T. Suponha também que o

TABELA 3   Características da produção ricardiana

	Tecido (T)	*Vinho (V)*	*Razão de preços em autarquia*
País A	1 h/jarda	3 h/barril	1V:3T
País B	2 h/jarda	4 h/barril	1V:2T

país A troque 2,5 mil jardas de tecidos por mil barris de vinho do país B, mas os dois países não alterem sua produção. Como serão comparados os cenários posterior e anterior à troca?

Mantendo a ênfase ricardiana sobre o tempo de trabalho, examinamos a quantidade de serviços domésticos equivalentes consumidos antes e depois da troca para cada país. Usaremos o termo de comparação comum de horas de trabalho porque vinho e tecido não podem ser somados razoavelmente sem o peso de importância relativa (o antigo problema das "maçãs e laranjas"). Antes da troca, o país A produzia e consumia 6 mil T e mil V, refletindo 9 mil horas de trabalho disponíveis para tanto. Depois da troca, o país A consome 3,5 mil T (6 mil jardas produzidas − 2,5 mil jardas exportadas para o país B) e 2 mil V (mil barris produzidos em casa + mil importados do país B), uma combinação que teria requerido 9,5 mil horas de trabalho se produzida em casa (3,5 mil horas para tecido, porque cada unidade de tecido requereria 1 hora, e 6 mil horas de vinho, porque cada uma das 2 mil unidades de vinho requereria 3 horas). O país A ganhou, desta forma, o equivalente a 500 horas de trabalho (9,5 mil − 9 mil) pelo comércio. E quanto ao país B? Antes da troca, ele produzia e consumia 3 mil jardas de tecido e 2,5 mil barris de vinho, refletindo 16 mil horas de trabalho disponíveis para tanto. Depois da troca, o país B consome 5,5 mil jardas de tecido (3 mil jardas de produção doméstica + 2,5 mil jardas importadas) e 1,5 mil barris de vinho (2,5 mil barris de produção doméstica − 1 mil barris de exportação para o país A), uma combinação que teria requerido 17 mil horas de trabalho se produzida em casa (11 mil horas para tecido, porque cada uma das 5,5 mil unidades requereria duas horas, e 6 mil horas para vinho, porque cada uma das 1,5 mil unidades requereria quatro horas). O país B ganhou o equivalente a mil horas de trabalho (17 mil − 16 mil) pelo comércio.

Especialização completa

No exemplo anterior, ambos os países ganharam com o comércio, mesmo *não tendo nenhum dos dois alterado sua produção* de tecido ou vinho. Mas esta é uma descrição incompleta. Com os novos preços determinados pela troca, os produtores necessariamente aumentarão a produção da mercadoria que tem vantagem comparativa porque esta mercadoria tem preço relativamente maior no mercado mundial do que autarquicamente. **Especialização completa** significa que todos os recursos são dedicados à produção de uma mercadoria, sem a produção de nenhuma outra. Ambos os países agora alteram seus padrões de produção e se empenham na especialização completa das mercadorias nas quais possuem vantagem comparativa. Cada um aumenta cada vez mais seus ganhos com o comércio.

Presuma que com o país A produzindo apenas tecido e o país B produzindo apenas vinho, eles trocam 2 mil barris de vinho por 5 mil jardas de tecido. Neste caso, o país A consumiria 4 mil T (9 mil jardas produzidas − 5 mil jardas exportadas) e 2 mil V (todos importados). Essa combinação tem um valor-trabalho para o país A de 10 mil horas (4 mil horas para tecido, porque cada unidade de tecido requereria 1 hora, e 6 mil horas para vinho, porque cada uma das 2 mil unidades de vinho requereria três horas), o que é maior que o valor-trabalho de remuneração em qualquer autarquia ou no caso de comércio sem modificação de produção. O país B também está melhor porque agora consome 5 mil jardas de tecido (todas importadas) e 2 mil barris de vinho (4 mil barris produzidos − 2 mil barris exportados), com um valor-trabalho de 18 mil horas (10 mil horas para tecido, porque cada uma das 5 mil unidades requereria duas horas, e 8 mil horas para vinho, porque cada uma das 2 mil unidades de vinho requereria quatro horas). Isso contrasta com um valor-trabalho de 16 mil em autarquia e 17 mil em comércio com especialização incompleta de produção. Os escritores clássicos concluíram que, se há uma base para a troca, ela automaticamente leva um país à completa especialização na mercadoria na qual tem vantagem comparativa. O consumo mantém-se diversificado nos produtos conforme é ditado pelas preferências dos consumidores.

Revisão de Conceito	1. Em um modelo ricardiano, suponha que os Estados Unidos possam produzir uma unidade de trigo em três dias de trabalho e uma unidade de tecido em quatro dias de trabalho. Qual é a razão de preços em autarquia nos Estados Unidos? Se a média mundial de preços (termos de troca) é 1 trigo:1 tecido, qual produto eles exportarão e qual importarão? Por quê? Suponha que a média mundial de preço é 1 trigo: 0,5 tecido. Qual produto os Estados Unidos exportarão e qual produto importarão? Por quê? 2. Quando um país tem vantagem comparativa em um produto, deve ter também vantagem absoluta nesse produto? Por que, ou por que não? 3. Se um país tem vantagem absoluta em um produto, deve ter também vantagem comparativa nesse produto? Por que, ou por que não?

Representando o modelo ricardiano com fronteiras de possibilidades de produção

As bases para troca e ganhos de comércio também podem ser demonstradas com o conceito de **fronteira de possibilidades de produção (FPP)**, a qual reflete todas as combinações de dois produtos que um país pode produzir em um dado ponto no tempo, dadas sua base de recursos, nível de tecnologia, total utilização de recursos e produção economicamente eficiente. Como todas essas condições são encontradas na lista de pressupostos apresentada anteriormente neste capítulo, o modelo clássico presume que os países participantes estão produzindo e consumindo em suas fronteiras de possibilidades de produção autarquicamente. Além disso, a presunção de custo constante implica que a oportunidade de custo de produção é a mesma em vários níveis de produção. A fronteira de possibilidades de produção é, desta forma, uma linha reta cuja inclinação representa a oportunidade de custo de uma produção em uma economia.

A mudança para este modelo apresenta não apenas uma imagem gráfica do modelo ricardiano, mas proporciona uma forma de escape das limitações da teoria do valor-trabalho ao mesmo em que se retêm as conclusões da vantagem comparativa sobre as bases de troca. Como a curva da fronteira de possibilidades de produção (ignorando-se o sinal negativo) indica a quantia de produção de uma mercadoria que deve ser deixada de lado para se obter uma unidade adicional de outra mercadoria, os valores que permanecem nas bases deste cálculo refletem o custo de todas as entradas, e não somente o trabalho, empregadas na produção de mercadorias. Esta realização não apenas faz o conceito de vantagem comparativa mais realista e interessante, como também implica que a ideia básica é geral o suficiente para cobrir um largo campo de cenários de produção, entre os quais a teoria do valor-trabalho é somente uma possibilidade.

Possibilidades de produção – um exemplo

Os números para horas de trabalho e produção para os países A e B (veja a Tabela 3) tornam possível expor as fronteiras de possibilidades de produção para cada país. Um cronograma de possibilidades de produção pode ser calculado e as respectivas curvas de possibilidades de produção são inferidas desses cronogramas (veja a Figura 1). Como custos constantes são presumidos, precisamos meramente localizar o eixo dos interceptores de cada produto e conectar esses pontos com uma linha reta. O resultado é uma fronteira constante de possibilidades de produção cuja inclinação reflete a oportunidade de custos em autarquia – o que temos chamado de razão de preços em autarquia. O país A tem uma combinação pré-troca de 6 mil jardas de tecido e mil barris de vinho. Com o início do comércio, o país A foi capaz de obter um barril de vinho por apenas 2,5 jardas de tecido comparadas com as três jardas em casa. Isso rende ao país A uma nova e menos íngreme **fronteira de possibilidades de consumo (FPC)** com o comércio, que começa no ponto de produção inicial e termina além da fronteira de possibilidades de produção.

FIGURA 1 Cronogramas e fronteiras de possibilidades de produção ricardianos

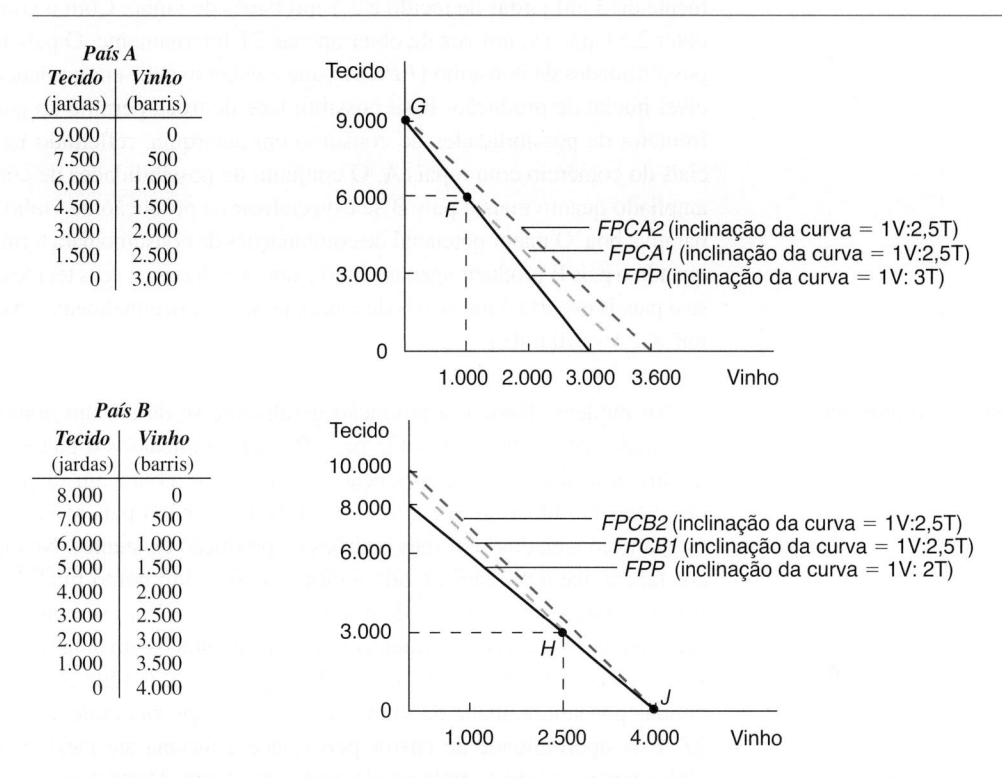

País A

Tecido (jardas)	Vinho (barris)
9.000	0
7.500	500
6.000	1.000
4.500	1.500
3.000	2.000
1.500	2.500
0	3.000

FPCA2 (inclinação da curva = 1V:2,5T)
FPCA1 (inclinação da curva = 1V:2,5T)
FPP (inclinação da curva = 1V: 3T)

País B

Tecido (jardas)	Vinho (barris)
8.000	0
7.000	500
6.000	1.000
5.000	1.500
4.000	2.000
3.000	2.500
2.000	3.000
1.000	3.500
0	4.000

FPCB2 (inclinação da curva = 1V:2,5T)
FPCB1 (inclinação da curva = 1V:2,5T)
FPP (inclinação da curva = 1V: 2T)

O país A produz e consome 6 mil jardas de tecido e mil barris de vinho em autarquia (ponto *F*) à média de custo de oportunidade de 1V:3T. Quando exposto aos termos internacionais de troca de 1V:2,5T, o país A, mesmo sem mudar sua produção, pode consumir ao longo da fronteira de possibilidades de consumo *FPCA1*, que lhe permite consumir combinações impossíveis autarquicamente. Se o país A se especializar completamente em tecido (sua vantagem comparativa é boa), produzirá no ponto *G* e consumirá quantidades ainda maiores dos dois produtos (em *FPCA2*). Para o país B, a produção inicial no ponto *H* pode render combinações de consumo ao longo de *FPCB1*, e a especialização completa (com a produção no ponto *J*) permite que o consumo com troca esteja em *FPCB2*.

Essa nova fronteira de possibilidades de consumo é indicada por *FPCA1*. (Observe que a fronteira de possibilidades de consumo sob autarquia é a mesma que a fronteira de possibilidades de produção.) Participando do comércio com o país B, o país A pode escolher consumir uma combinação de produtos que claramente permaneça fora de suas próprias possibilidades de produção em autarquia, demonstrando desta forma os ganhos potenciais do comércio. Em outras palavras, o comércio permite combinações de consumo que são inatingíveis sem ele. Quanto mais a curva de possibilidades de consumo permanece além da FPP, maiores os ganhos potenciais. A FPC muda quando o país A começa a se especializar na produção de tecido – na qual tem uma vantagem comparativa – e reduz sua produção de vinho. O maior conjunto de possibilidades de consumo em termos fixados de troca ocorre quando o país A produz somente tecido e nenhum vinho. Consumir nesta fronteira de possibilidades de consumo (*FPCA2*) significa que o país A *deve* exportar tecido para o país B em troca de vinho se desejar consumir algum vinho. [Por exemplo, no máximo, se o país A exporta todas as suas 9 mil jardas de tecido, poderia obter 3,6 mil barris de vinho (9 mil/2,5 = 3,6 mil).] Termos mais favoráveis de troca para o país A renderiam uma fronteira de possibilidades de consumo menos íngreme, aumentando ainda mais os ganhos potenciais de troca.

Essa situação é semelhante para o país B. A produção e o consumo em autarquia eram inicialmente de 3 mil jardas de tecido e 2,5 mil barris de vinho. Com o comércio, o país B pode agora obter 2,5T por 1V, em vez de obter apenas 2T internamente. O país B enfrenta uma fronteira de possibilidades de consumo (*FPCB1*) que é excessiva e, sem mudanças de produção, começa no nível inicial de produção. Essa possibilidade de troca permite ao país B consumir além de sua fronteira de possibilidades de consumo em autarquia, refletindo novamente os ganhos potenciais do comércio com o país A. O conjunto de possibilidades de consumo pode ser ainda mais ampliado quanto mais o país B se especializar na produção de vinho, sendo sua vantagem comparativa boa. O maior potencial de combinações de consumo para termos fixados de troca ocorrerá quando o país B produzir apenas vinho e importar todas os seus tecidos. [Por exemplo, no máximo, se o país B exporta 4 mil barris de vinho, poderia conceitualmente obter 10 mil jardas de tecido (4 mil $\times$ 2,5 = 10 mil).]

Ganhos máximos do comércio

No modelo clássico, a produção geralmente se dá em um *ponto final* da fronteira de possibilidades de produção de cada país. Primeiro indicamos o ganho potencial do comércio sem modificação do ponto de produção simplesmente como um dispositivo de exposição. Nosso procedimento mostrou que a troca pode beneficiar um país mesmo que todos os seus recursos estejam "congelados" em seus padrões de produção existentes. No entanto, incentivos econômicos fazem que a produção tenda a mover-se para um ponto final da fronteira, no qual o ganho máximo para termos fixados de troca será realizado. Por exemplo, a nova média de preço internacional de 1V:2,5T, comparada com a razão de preços em autarquia de 1V:2T, indica que o país B tem incentivo para expandir a produção de vinho, porque 2,5 unidades de tecido podem ser obtidas por uma unidade de vinho, *ainda que a oportunidade de custos de 1V seja de somente 2T*. Esta oportunidade de custos permanece a mesma até mesmo com produção adicional de vinho por causa da tecnologia de custo constante. Desta forma, não há razão para parar em qualquer ponto da fronteira de possibilidades de produção até que a quantia máxima de 4 mil barris seja alcançada. Em termos simples, o "custo" de produção de um barril de vinho é de duas jardas de tecido, mas o "retorno" da produção de um barril de vinho são 2,5 jardas de tecidos. Uma conclusão semelhante se aplica a *qualquer* média de preço em que mais de 2T são obtidas no mercado mundial para 1V. No país A, o incentivo é para expandir a produção de tecido exatamente pelo mesmo custo *versus* o raciocínio de benefício.

Uma exceção a essa especialização completa pode ocorrer. Suponha que no exemplo anterior (veja a Figura 1) a demanda total de ambos os países A e B por tecido é maior do que o máximo de 9 mil jardas de fornecimento disponível do país A. Neste caso, o país B continuará a produzir tanto tecido quanto vinho em sua FPP ao custo de oportunidade de 1V:2T, em algum lugar entre o ponto *H* e o ponto *J*. A troca ocorrerá à razão de preços em autarquia de B e, portanto, o país A atingirá ganhos máximos pela troca. O país B, contudo, continuará a consumir no ponto de consumo autárquico *H* em sua própria FPP, porque os preços são os mesmos tanto no comércio internacional quanto autarquicamente. Todos os benefícios da troca reverterão para o país A quando trocar ao custo de oportunidade vigente no país B. No mundo clássico, um país cuja capacidade de produção de seu bem de vantagem comparativa seja incapaz de satisfazer a demanda total mundial para aquele produto auferirá ganhos substanciais na troca. O preço de cobertores de lã exportados do Nepal para os Estados Unidos, por exemplo, é mais fácil de ser dominado pelos Estados Unidos do que pelas condições de mercado do Nepal.

> **REVISÃO DE CONCEITO**
>
> 1. Na análise ricardiana, por que cada parceiro comercial tem um incentivo para produzir em um ponto final de sua fronteira de possibilidades de produção?
> 2. Use um diagrama para defender esta afirmação: quanto maior a diferença entre os termos de troca e os preços sob autarquia, maiores os ganhos da troca.
> 3. Quando a fronteira de possibilidades de consumo com troca *não* pode ir além da fronteira de possibilidades de consumo sob autarquia? Por quê?

Vantagem comparativa – algumas observações conclusivas

Até este ponto, nada foi dito a respeito das bases para as vantagens comparativas que um país possa ter no comércio. De fato, a teoria clássica não oferece uma explicação satisfatória do porquê das condições de produção diferirem entre os países. Isto talvez não seja surpreendente devido à natureza de produção da época. Diferenças de custo e de recursos eram dadas não só como resultantes do ambiente no qual o sistema econômico funcionava, mas também como parte deste. As diferenças de custos subjacentes eram vistas como sendo a maior parte determinada fora do sistema econômico, governadas pela dotação natural de recursos do país. Para Smith e seus sucessores, esta dotação incluía a quantidade útil de terra, a qualidade do solo, a presença de recursos naturais e o clima, assim como características culturais que influenciavam fatores como empreendedorismo, capacitação da mão de obra e capacidade organizacional. Desta maneira, por qualquer uma ou por todas essas razões, as condições de produção eram presumidas como sendo variáveis entre os países. A teoria deixa claro, no entanto, que mesmo que um país seja mais ou menos eficiente na produção de todas as mercadorias, uma base de troca ainda existe se há uma diferença no grau da eficiência relativa das mercadorias.

Os economistas clássicos pensavam que a participação no comércio exterior poderia ser uma forte força positiva para o desenvolvimento. Adam Smith argumentou que os mercados de exportação poderiam permitir a um país usar recursos que, de outro modo, permaneceriam inativos. O movimento resultante rumo ao emprego total aumentaria os níveis da atividade econômica e permitiria ao país adquirir produtos estrangeiros para aumentar o consumo e/ou investimento e crescimento. Ricardo e os economistas clássicos subsequentes argumentaram que os benefícios do comércio resultavam não do emprego de recursos que não estavam sendo utilizados, mas do uso mais eficiente de recursos domésticos resultante da especialização da produção de acordo com a vantagem comparativa. Além dos ganhos estatísticos resultantes da recolocação de recursos, economistas como John Stuart Mill apontaram os efeitos dinâmicos da troca de importância crítica para o desenvolvimento econômico dos países. Isto incluía a habilidade de adquirir capital e tecnologia estrangeiros e o impacto da recolocação comercial e de recursos na acumulação de economias. Além do mais, os benefícios associados ao aumento de contato com outros países e culturas poderiam ajudar a quebrar as correntes da tradição, alterar necessidades e estimular o espírito empresarial, invenções e inovações.

O crescimento econômico e o desenvolvimento propagados pelo comércio, contudo, podem gerar algumas consequências indesejáveis. A especialização na produção de mercadorias que tenham poucas ligações com o resto da economia pode levar a um padrão assimétrico de crescimento e fazer pouco mais do que produzir um enclave de exportação, um resultado que geralmente negativa os efeitos do comércio. Esses assuntos comerciais mais complexos serão examinados no Capítulo 18, "O comércio internacional e os países em desenvolvimento".

Desta forma, os escritores clássicos alertaram-nos de que o comércio não apenas produz ganhos estáticos como também pode ser um veículo positivo para o crescimento e desenvolvimento econômicos, e deveria ser encorajado. Qualquer país pode se beneficiar do comércio no qual alguns produtos estrangeiros são comprados a preços que são *relativamente* mais baixos do que os internos, mesmo que seja absolutamente menos eficiente na produção de todos os produtos se comparado a um parceiro comercial mais desenvolvido.

Resumo

Este capítulo desenvolveu o modelo básico ricardiano de vantagem comparativa. Esse modelo demonstra que os ganhos do comércio ocorrem mesmo se um país é absolutamente mais ou absolutamente menos eficiente na produção de todos os seus produtos do que outros países. A fonte desses ganhos permanece no fato de que preços relativos com a troca diferem de preços relativos em autarquia. Os ganhos foram mostrados por exemplos numéricos e pelo uso das fronteiras de possibilidades de produção. Embora o princípio da vantagem comparativa que se aplica aos países seja o foco do comércio internacional, o princípio básico também se aplica a indivíduos e regiões dentro de um país. A especialização de acordo com a vantagem comparativa aumenta a eficiência da utilização dos recursos e o bem-estar de todos.

No próximo capítulo, algumas das suposições do modelo ricardiano são relaxadas, e a análise levará em conta características de um mundo mais real, incluindo a introdução de mais do que dois países, mais do que dois produtos, custos de transporte, preços em termos monetários e taxas de câmbio.

Termos-chave

equilíbrio dos termos de troca
especialização completa
fronteira de possibilidades de consumo (FPC)
fronteira de possibilidades de produção (FPP)
razões de preços em autarquia (antes da troca)
termos de troca
vantagem comparativa

Questões e problemas

1. A tabela a seguir mostra o número de dias de trabalho necessários para produzir uma unidade de computadores e trigo na França e na Alemanha:

	Computadores	*Trigo*
França	100 dias	4 dias
Alemanha	60 dias	3 dias

   (a) Calcule as razões de preços em autarquia.
   (b) Qual país tem vantagem comparativa em computadores? Explique por quê. Qual tem vantagem comparativa em trigo? Explique por quê. Calcule as razões de preços em autarquia.
   (c) Se os termos de troca forem um computador: 22 trigos, quantos dias de trabalho a França economiza por unidade de seus produtos importados ao fazer uma troca? Quantos dias a Alemanha economiza por unidade de seus produtos importados?
   (d) Se os termos de troca forem um computador: 24 trigos, quantos dias de trabalho a França e a Alemanha economizam cada uma por unidade de seus respectivos produtos importados?
   (e) O que pode ser dito sobre a distribuição comparativa de ganhos do comércio entre França e Alemanha na parte (d) e na parte (c)? Por quê?

2. A tabela a seguir mostra o número de dias de trabalho necessários para produzir uma unidade têxtil e de automóveis no Reino Unido e nos Estados Unidos:

	Têxtil	*Automóveis*
Reino Unido	3 dias	6 dias
Estados Unidos	2 dias	5 dias

   (a) Calcule o número de unidades têxteis e de automóveis que podem ser produzidas em *um dia* de trabalho em cada país.
   (b) Suponha que os Estados Unidos tenham mil dias de trabalho disponíveis. Construa a fronteira de possibilidades de produção para os Estados Unidos.
   (c) Construa a fronteira de possibilidades de consumo com comércio nos termos de troca de um automóvel: duas unidades têxteis.
   (d) Selecione um ponto de consumo antes da troca para os Estados Unidos, e indique como o comércio pode render um ponto de consumo que dê aos Estados Unidos maior consumo de ambos os produtos.

3. No exemplo da Questão 2, suponha que os Estados Unidos sempre desejem consumir automóveis e têxteis na média de um automóvel para dez têxteis. Quanto de cada produto os Estados Unidos consumiriam em autarquia? Qual combinação os Estados Unidos consumiriam com o comércio e a especialização completa? Quais seriam os ganhos da troca?

4. À luz do modelo ricardiano, como você poderia avaliar a afirmação de países em desenvolvimento de que eles estão em desvantagem comercial com relação a países poderosamente industrializados?

5. Suponha que Portugal precise de quatro dias de trabalho para produzir uma unidade de vinho e seis dias de trabalho para produzir uma unidade de tecido, enquanto a Inglaterra precisa de oito dias de trabalho para produzir uma unidade de vinho e 12 dias de trabalho para produzir uma unidade de tecido. Qual país tem vantagens absolutas, e por quê? Qual é a situação quanto às vantagens comparativas?

6. Como pode um país ganhar no comércio se é incapaz de mudar seu padrão de produção?

7. Durante o debate anterior à aprovação do Tratado Norte-Americano de Livre-Comércio (NAFTA), oponentes argu-

mentaram que em razão do tamanho relativo das duas economias, ganhos de renda resultantes do acordo provavelmente seriam menores para os Estados Unidos do que para o México. Comente essa posição tendo em vista o que você aprendeu sobre distribuição dos benefícios de troca no modelo clássico.

8. "Se o crescimento de produtividade dos Estados Unidos não acompanhar o dos seus parceiros comerciais, eles perderão rapidamente sua competitividade internacional, não serão capazes de exportar nenhum produto e seu padrão de vida cairá."
Analise criticamente essa afirmação à luz do que você aprendeu neste capítulo.

9. Suponha que os países A e B tenham a mesma quantia de recursos, e que o país A tenha vantagem absoluta tanto em aço como em trigo, e vantagem comparativa na produção de aço. Desenhe as fronteiras de possibilidades de produção para os países A e B (no mesmo gráfico) que reflitam essas características, e explique por que você as desenhou dessa maneira.

CAPÍTULO

4

EXTENSÕES E TESTES DO MODELO CLÁSSICO DE COMÉRCIO

OBJETIVOS DE APRENDIZADO

- Compreender como as remunerações, a produtividade e as taxas de câmbio afetam a vantagem comparativa e os padrões de troca internacionais.

- Entender as implicações da extensão do modelo básico de vantagem comparativa a mais de dois países e/ou mercadorias.

- Alertar o leitor de que os padrões comerciais do mundo real são consistentes com as vantagens comparativas subjacentes.

CAPÍTULO 4   EXTENSÕES E TESTES DO MODELO CLÁSSICO DE COMÉRCIO

Introdução

Complexidades comerciais no mundo real

Os produtores têxteis da Carolina do Norte reclamam da "subvalorização" do yuan chinês e do impacto "injusto" que ela tem sobre a sua indústria. Ao mesmo tempo, os analistas ponderam se a desvalorização atual do dólar levará a uma redução do atual déficit comercial dos Estados Unidos, e os produtores norte-americanos continuam preocupados com o impacto da mão de obra barata no exterior sobre a sua competitividade e habilidade de se manter nos negócios. Somando-se a isso, a recente reviravolta nos custos de transporte está aumentando as preocupações sobre uma possível diminuição do crescimento no comércio mundial. Em razão das mudanças estruturais que estão acontecendo no aumento da integração mundial e na demanda por certo tipos de trabalho, a competitividade internacional de certas indústrias-chave regionais tomou o palco central na arena política atual, e o efeito da redução de barreiras comerciais é usualmente citada como a causa desses problemas industriais.

Nossa discussão sobre a vantagem comparativa clássica e as bases para ganhos com o comércio apresentadas no capítulo anterior não incorporam informação sobre variáveis tais como aquelas mencionadas na vinheta acima e o efeito possível que elas podem ter nas bases de trocas e na composição de mercadorias entre países. É importante notar que a utilidade do modelo básico ricardiano de trabalho não está restrita à moldura básica de troca que estava em foco no Capítulo 3. De fato, incorporar uma série dessas importantes considerações de moeda/custo/preço à análise pode proporcionar *insights* úteis quanto às bases do comércio de uma gama de produtos. Neste capítulo mostramos como o modelo básico ricardiano pode se tornar mais realista por meio da incorporação de taxas de remuneração (*wage rates* = w) e de câmbio. Este exercício nos permite analisar o comércio em termos de dinheiro e preços e examinar rigorosamente o papel das remunerações, da produtividade e da taxa de câmbio influenciando os padrões comerciais. O realismo do modelo é posteriormente estendido por meio da inclusão de um grande número de mercadorias, custos de transporte e mais de dois países. O abrandamento das suposições restritivas usadas na discussão do modelo clássico permite *insights* úteis quanto às forças que influenciam o comércio internacional.

O modelo clássico em termos de moeda

A primeira extensão do modelo clássico muda o exemplo de trabalho necessário por mercadoria para o valor monetário da mercadoria. Esta é uma extensão lógica porque a maior parte dos transações econômicas, mesmo na época de Ricardo, era baseada em preços monetários e não em permuta. Essa monetarização será realizada atribuindo-se uma taxa de remuneração para cada país. O valor doméstico de cada produto é então encontrado multiplicando-se o trabalho necessário por unidade pela taxa de remuneração apropriada. Esse procedimento de valoração não muda os preços internos sob autarquia, porque o conteúdo do valor relativo – as bases subjacentes para o valor relativo – continua o mesmo. No entanto, ele proporciona a cada país um conjunto de preços em dinheiro que pode ser usado para determinar a atratividade de comprar e vender no estrangeiro. Como o preço de cada país está agora fixado em sua própria moeda, contudo, os preços em dinheiro não podem ser usados até que uma ligação entre as duas moedas correntes seja estabelecida. A ligação é proporcionada especificando-se a **taxa de câmbio**, que é o número de unidades de uma moeda que pode ser trocado por uma unidade de uma segunda moeda. Uma vez que a taxa de câmbio seja estabelecida, o valor de todos os produtos pode ser firmado nos termos de uma moeda.

Para demonstrar a vantagem comparativa em um modelo ricardiano monetizado, vamos examinar a produção de vinho e tecido no exemplo original de Ricardo para os países Inglaterra e Portugal. Nesse exemplo, a Inglaterra tem vantagem absoluta em ambos os produtos. A Tabela 1 contém dados sobre remunerações por hora e o preço em dinheiro para cada mercadoria baseado no trabalho necessário para produzir uma unidade de cada produto em cada país. Presuma que a taxa de câmbio *fixada* é de 1 escudo (esc) = £1. O padrão de troca agora corresponde a diferenças

TABELA 1   Requisitos de trabalho e preços em dinheiro no modelo ricardiano

	Remuneração/Hora	Tecido (T)		Vinho (V)	
		Trabalho/Unidade	Preço	Trabalho/Unidade	Preço
(1) Inglaterra	£1/h	1 h/jarda	£1	3 h/barril	£3
(2) Portugal	0,6 esc/h	2 h/jarda	1,2 esc	4 h/barril	2,4 esc

de preço em dinheiro. O tecido será comprado na Inglaterra porque o seu preço, em qualquer moeda, é menor na Inglaterra do que em Portugal. O vinho, no entanto, é mais barato em Portugal, então os consumidores comprarão vinho português. Esse resultado é o mesmo alcançado no exame da eficiência relativa de trabalho entre os dois países (isto é, a Inglaterra deveria exportar tecido e importar vinho, porque ½ < ¾).

A monetarização do modelo produz uma informação adicional: uma vez que os preços e uma taxa de câmbio são especificados, os termos de comércio internacional são exclusivamente especificados. A Tabela 1 mostra que o preço baixo de tecido (na Inglaterra) é de £1/jarda ou de 1 esc/jarda, enquanto o preço baixo do vinho (em Portugal) é de £2,4/barril ou 2,4 esc/barril. Conforme a troca ocorra, a Inglaterra exportará tecido e importará vinho à taxa de 2,4 jardas de tecido por barril de vinho. A média de preço, P_{vinho}/P_{tecido} (2,4/1), retém a quantidade de tecido que equivale a um barril de vinho. Esses são termos internacionais claramente viáveis porque permanecem dentro dos limites impostos pelos preços sob autarquia nos dois países. Como sob permuta, ambos os países se beneficiarão da troca nesses termos. Se por alguma razão os termos de troca não produzirem uma troca balanceada, então o ouro se moverá para o país com superávit de exportação, para longe do país com déficit comercial. Quando isso ocorrer, o mecanismo de fluxo-preço-espécie causará aumento de preços (e remunerações) no país com superávit e queda de preços (e remunerações) no país com déficit (veja o Capítulo 2). Esses ajustes ocorrerão até que os termos do comércio internacional produzam um comércio balanceado.

Limites da taxa de remuneração (WAGE RATE) e limites da taxa de câmbio

Na versão monetizada do modelo clássico, um país exporta um produto quando pode produzi-lo o menos dispendiosamente possível, dadas as taxas de remuneração e as taxas de câmbio. A **condição de exportação** – condições de custos necessários para um país exportar um produto – pode ser verificada da seguinte maneira para qualquer país 1 (Inglaterra, no nosso exemplo):

$$a_{1j}W_1 e < a_{2j}W_2$$

em que: a_{1j} = trabalho necessário/unidade no país 1 para a mercadoria j
W_1 = taxa de remuneração no país 1 na moeda corrente do país 1
e = moeda corrente do país 2/taxa de câmbio da moeda do país 1, ou o número de unidades de moeda corrente do país 2 requeridas para comprar 1 unidade da moeda corrente do país 1
a_{2j} = trabalho necessário/unidade no país 2 para mercadoria j
W_2 = taxa de remuneração no país 2 na moeda corrente do país 2

É claro que a Inglaterra (país 1) deveria exportar tecido desde que (1 h) × (£1/h) × (1 esc/ £1) < (2 h) × (0,6 esc/h). Esta condição, contudo, não se mantém para o vinho, pois (3 h) × (£1/h) × (1 esc/£1) > (4 h) × (0,6 esc/h). Desta forma, a Inglaterra deverá exportar tecido e importar vinho. Em uma estrutura dois-países, duas-mercadorias, uma vez que os produtos importados e exportados sejam conhecidos para um país, a importação e exportação para o parceiro comercial também é determinada: as exportações da Inglaterra são as importações de Portugal (país 2), e as importações da Inglaterra são as exportações de Portugal.

A condição de exportação é um meio útil de examinar fluxos potenciais de comércio; ela deixa claro que, em um mundo monetizado, a habilidade de exportar depende não apenas da eficiência relativa do trabalho, mas também das taxas relativas de remuneração e da taxa de câmbio. Mudanças nas taxas de remuneração e/ou na taxa de câmbio podem afetar o comércio. Essa possibilidade é aparente se alguém reescreve as condições de exportação da seguinte maneira:

$$a_{1j}/a_{2j} < W_2/(W_1 \times e)$$

Uma queda em W_2 reduz a competitividade relativa de custo do país 1, enquanto que uma queda em W_1 melhora sua competitividade de custo. De maneira similar, se a libra subir em valor relativamente ao escudo (um aumento em e), os produtos ingleses custarão mais em Portugal, contrabalançando desta forma a eficiência laboral relativa inicial da Inglaterra. Se o escudo subir em valor relativo à libra (uma queda em e), a vantagem de custo da Inglaterra em tecido aumentará ou sua desvantagem de custo em vinho diminuirá.

Como as mudanças na taxa de remuneração podem alterar o grau de vantagem de custo para um país, mudanças que sejam muito drásticas podem eliminar a capacidade de um país de exportar ou seu desejo de importar um produto. Um país perderia a capacidade de exportar se o aumento de suas remunerações fosse suficiente para fazer que o preço doméstico excedesse o preço estrangeiro. O mesmo país não desejaria importar um produto se sua taxa de remuneração caísse ao ponto de o preço do produto importado ser mais barato em casa do que fora. Dessa maneira, dadas uma taxa de câmbio e uma remuneração fixas no segundo país, a taxa de remuneração deve ficar dentro de um certo campo se a troca ocorrer por vantagem comparativa. Se adotarmos a taxa de remuneração portuguesa e a taxa de câmbio do exemplo, e se as remunerações inglesas subirem para £1,2/h, então os preços para tecido estarão equalizados entre Inglaterra e Portugal, e a Inglaterra perderá seu mercado de exportação garantido. Se as remunerações na Inglaterra caírem para £0,8/h, então o custo do vinho estará equalizado entre ambos os países, e a Inglaterra não terá incentivo para importar vinho de Portugal. Dadas a remuneração e a taxa de câmbio da Inglaterra, os **limites da taxa de remuneração** – os limites do campo dentro do qual a remuneração pode variar sem eliminar as bases de troca – para Portugal são de 0,5 esc/h e 0,75 esc/h. Em 0,5 esc/h, os preços de tecido são iguais, e à taxa de remuneração de 0,75 esc/h os preços do vinho são iguais.

Da mesma forma, existem **limites da taxa de câmbio**. Usando os níveis de remuneração no exemplo Inglaterra-Portugal (veja a Tabela 1), é óbvio que uma taxa de câmbio de 1,2 esc/£1 levará o preço do tecido a ser o mesmo em ambos os países. Por sua vez, uma taxa de câmbio de 0,8 esc/£1 fará os preços do vinho serem os mesmos em ambos os países. Para que a troca ocorra, a taxa de câmbio deverá ficar dentro desses limites. Quanto mais próxima ficar de 1,2 esc/£1, mais os termos de comércio beneficiarão a Inglaterra. Quanto mais perto a taxa de câmbio ficar de 0,8 esc/£1, mais os termos de comércio beneficiarão Portugal. Para um resumo, veja a Revisão de Conceito 1.

Os limites para remuneração e taxa de câmbio também podem ser determinados usando-se a condição de exportação explicada anteriormente. Como a condição de exportação indica quando um país tem vantagem de custo em um produto particular, ela pode ser usada para determinar a remuneração que fará com que os preços sejam os mesmos nos dois países. Troque o sinal $<$ pelo sinal $=$; depois encontre a solução para a remuneração desconhecida, dadas a taxa de remuneração no outro país, requisitos de trabalho e a taxa de câmbio. Por exemplo, suponha que você queira saber com qual remuneração Portugal perderia sua vantagem de preço sobre a Inglaterra para vinho. Você localizaria a média dos requisitos de trabalho para o vinho igual à média da remuneração, ou

$$a_{1j}/a_{2j} = W_2/(W_1 \times e)$$

$$3/4 = W_2/(1 \times 1/1)$$

$$W_2 = 3/4 = 0,75 \text{ esc/hr}$$

Quadro Conceitual 1

Limites da taxa de remuneração (W) e limites da taxa de câmbio no modelo ricardiano monetizado

Os limites da taxa de remuneração e da taxa de câmbio relacionados à Tabela 1 podem ser resumidos da seguinte maneira.

Na Inglaterra, com a taxa de remuneração portuguesa de 0,6 esc/h e a taxa de câmbio de 1 esc/£1, mantém-se a seguinte taxa de remuneração:

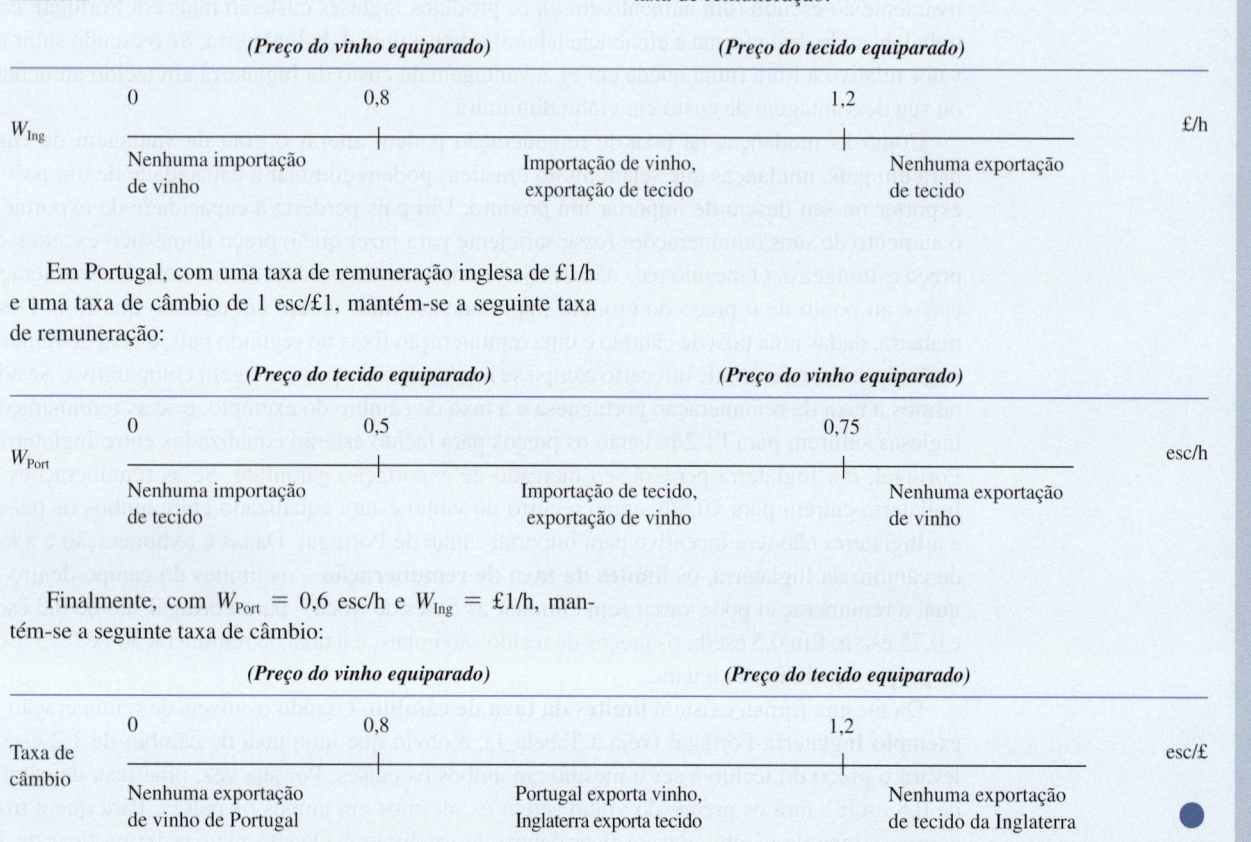

W_{Ing}	*(Preço do vinho equiparado)*		*(Preço do tecido equiparado)*		£/h
	0 — 0,8		1,2		
	Nenhuma importação de vinho	Importação de vinho, exportação de tecido	Nenhuma exportação de tecido		

Em Portugal, com uma taxa de remuneração inglesa de £1/h e uma taxa de câmbio de 1 esc/£1, mantém-se a seguinte taxa de remuneração:

W_{Port}	*(Preço do tecido equiparado)*		*(Preço do vinho equiparado)*		esc/h
	0 — 0,5		0,75		
	Nenhuma importação de tecido	Importação de tecido, exportação de vinho	Nenhuma exportação de vinho		

Finalmente, com $W_{Port} = 0,6$ esc/h e $W_{Ing} = £1/h$, mantém-se a seguinte taxa de câmbio:

Taxa de câmbio	*(Preço do vinho equiparado)*		*(Preço do tecido equiparado)*		esc/£
	0 — 0,8		1,2		
	Nenhuma exportação de vinho de Portugal	Portugal exporta vinho, Inglaterra exporta tecido	Nenhuma exportação de tecido da Inglaterra		

Para encontrar o outro limite de remuneração (W), você procede da mesma forma, exceto pela utilização do trabalho requerido para tecido em vez de vinho:

$$1/2 = W_2/(1 \times 1)$$
$$W_2 = 1/Z = 0,5 \text{ esc/h}$$

Para localizar os limites para as remunerações (W) na Inglaterra, você resolve para W_1, dadas as remunerações em Portugal e a taxa de câmbio. Por exemplo, para o limite máximo de remunerações na Inglaterra,

$$1/2 = 0,6/W_1 (1)$$
$$W_1 = £1,2/h$$

e para o limite mínimo,

$$3/4 = 0,6/W_1 (1)$$
$$W_1 = £0,8/h$$

Os limites da taxa de câmbio são encontrados estabelecendo-se as mesmas relações e, depois, resolvendo-se e, dados os níveis de remuneração nesses dois países. Calcule isso para demonstrar que os limites são de fato de 0,8 esc/£1 e 1,2 esc/£1.

Você pode ter notado que o espectro de remunerações da Inglaterra está acima do espectro das remunerações portuguesas. Isto não é uma casualidade: quanto maior a produtividade do país, mais trabalhadores pagos com remunerações altas. Se os trabalhadores portugueses procurassem remunerações iguais às da Inglaterra, Portugal não seria capaz de exportar seu produto e importaria ambos. O mecanismo de fluxo-preço-espécie então operaria para reduzir as remunerações portuguesas até que estivessem dentro do campo especificado.

REVISÃO DE CONCEITO

1. Uma vez que os preços sejam trazidos para o modelo ricardiano, qual é a condição de exportação que determina a base para troca?
2. Suponha que a taxa de câmbio no exemplo da Tabela 1 fosse de 0,9 esc/£1. Quais seriam os limites de remunerações inglesas?
3. Há uma base para a troca no caso de a taxa de câmbio (usando as moedas históricas) ser de 1 franco/1,25 marco? Se sim, qual mercadoria cada país exportará? Quais são os termos de comércio? Quais são os limites de remunerações em cada país? Quais são os limites para a taxa de câmbio?

	Taxas de remuneração	*Cutelaria*	*Trigo*
Alemanha	2 marcos/h	60 h/unidade	30 h/bu
França	3 francos/h	30 h/unidade	20 h/bu

MERCADORIAS MÚLTIPLAS

Até esse ponto, foi presumido que a troca estaria ocorrendo dentro de um mundo dois-países, duas-mercadorias, mas no mundo real os países produzem e comercializam mais do que dois produtos. O que, a vantagem comparativa ricardiana pode dizer sobre a natureza do comércio em um mundo de múltiplas mercadorias, se é que pode dizer alguma coisa? Conforme se revela, o conceito de vantagem comparativa pode ser estendido a um grupo maior de produtos usando-se a condição de exportação discutida na seção anterior. Suponha que esses dois países tenham os requisitos de trabalho por unidade de produção e remunerações descritos na Tabela 2, e que a taxa de câmbio seja de 0,8 libra/1 euro, ou £0,8/€1. Nessa situação, os requisitos relativos de trabalho, a_{1j}/a_{2j}, devem ser menores que $W_2/(W_1e)$ a fim de que a Espanha (país 1) exporte a mercadoria. Se os requisitos relativos de trabalho da Espanha são maiores que o custo relativo de remuneração (expresso em uma moeda comum), então a Espanha deveria importar o produto do Reino Unido. Com apenas dois países, uma vez que as exportações e importações sejam determinadas para um país, elas são automaticamente determinadas para o outro. O meio para resolver este problema é colocar as mercadorias em ordem ascendente de acordo com seus requisitos de trabalho relativos (a_{1j}/a_{2j}) e,

TABELA 2 Condições de unidade de produção em uma estrutura ricardiana de dois-países, com mercadorias múltiplas

	Taxa de remuneração	*Vinho*	*Cutelaria*	*Tecido*	*Hardware*	*Trigo*	*Queijo*
Espanha	€2/h	4 h	12 h	6 h	15 h	5 h	7 h
Reino Unido	£3,2/h	3 h	4 h	5 h	6 h	2,8 h	3 h

depois, posicionar o custo relativo da remuneração no lugar apropriado do espectro de produtos. A seguinte ordem de produtos aparecerá:

Tecido	Vinho	Trigo	$W_2/(W_1 \times e)$	Queijo	Hardware	Cutelaria
6/5 <	4/3 <	5/2,8 <	3,2/[(2)(0,8/1)] <	7/3 <	15/6 <	12/4
{_____exportações da Espanha_____}			= 2,0	{_____exportações da Espanha_____}		
{_____importações do Reino Unido_____}				{_____importações do Reino Unido_____}		

O padrão de troca está, portanto, claro: a Espanha deveria se especializar em exportar tecido, vinho e trigo, enquanto importa queijo, *hardware* e cutelaria do Reino Unido. (Neste exemplo, cada país exporta três produtos, mas não há uma razão *a priori* para dois parceiros comerciais importarem e exportarem o mesmo *número* de produtos, como veremos posteriormente.)

Para verificar que de fato a exportação de cada país é realmente dos produtos de preços mais baixos, a ordem dos preços dos produtos é como se segue:

	Vinho	*Cutelaria*	*Tecido*	*Hardware*	*Trigo*	*Queijo*
Espanha	€8	€24	€12	€30	€10	€14
Reino Unido	£9,6	£12,8	£16	£19,2	£8,96	£9,6
Espanha	£6,4	£19,2	£9,6	£24	£8	£11,2

Quando os preços estão todos fixados em uma moeda (por exemplo, libras), usando-se a taxa de câmbio, a ordem de exportações (importações) baseada somente em preço é a mesma previamente demonstrada, isto é, a Espanha exporta tecido, vinho e trigo, e o Reino Unido exporta cutelaria, *hardware* e queijo.

Uma observação final é importante: se a média relativa de trabalho requerido for exatamente igual à média relativa de remunerações, o produto em questão custará o mesmo em ambos os países. Sendo assim, poderá ser ou não ser comercializado, porque os consumidores serão indiferentes à fonte do produto: de casa ou do estrangeiro (e nenhum custo de transporte está presumido).

O efeito das mudanças da taxa de remuneração

Expandir o número de mercadorias é uma extensão útil do modelo clássico básico, porque permite uma análise dos efeitos de mudanças exógenas nos salários relativos ou da taxa de câmbio sobre o padrão de comércio. (No modelo dois-países, duas-mercadorias, movimentos de salário e de taxa de câmbio suficientemente grandes podem eliminar as bases de troca, mas se a troca ocorrer, será sempre no mesmo padrão de comércio.) Para compreender este ponto, suponha que um aumento de preferência por horas vagas faça com que a taxa de salário do Reino Unido aumente de £3,2/h para £4,2/h. Com a nova e mais alta taxa de remuneração, a média relativa de trabalho exigida é agora de 2,6 − 4,2/[(2)(0,8/1)] = 2,6 – em vez de 2,0. Isto significa que o ponto divisório entre exportações e importações agora deslocou-se para a direita e fica à direita tanto do queijo quanto do *hardware*, conforme está mostrado a seguir:

Tecido	Vinho	Trigo	Queijo	Hardware	$W_2/(W_1 \times e)$	Cutelaria
6/5 <	4/3 <	5/2,8 <	7/3 <	15/6 <	4,2/[(2)(0,8/1)] <	12/4
{_____exportações da Espanha_____}					{importações da Espanha}	
{_____importações do Reino Unido_____}					{importações do Reino Unido}	

CAPÍTULO 4   EXTENSÕES E TESTES DO MODELO CLÁSSICO DE COMÉRCIO

Essa mudança nas remunerações relativas significa que a Espanha agora exportará queijo e *hardware*, em vez de importá-los do Reino Unido. O padrão de troca mudou acentuadamente porque a vantagem de custo do Reino Unido desgastou-se por causa do aumento de sua taxa de remuneração, que eliminou sua capacidade de exportar dois produtos. Se a troca ocorrer, no entanto, o tecido será sempre exportado pela Espanha e a cutelaria pelo Reino Unido.

O efeito da mudança da taxa de câmbio

Mudanças na taxa de câmbio também podem alterar o padrão de troca de um país. Uma mudança nos gostos e preferências para produtos estrangeiros, o que leva a um aumento do preço doméstico da moeda estrangeira, deixará os produtos domésticos mais baratos quando medidos naquela moeda estrangeira, aumentando, por causa disso, a competitividade de um país em termos de exportação. Uma diminuição do custo doméstico da moeda estrangeira fará com que os produtos estrangeiros fiquem mais baratos e agirá como estímulo à importação. No modelo clássico, isso significa que mudanças na taxa de câmbio podem levar os produtos não aos limites do espectro, mas a mudarem de exportação para importação. No exemplo com as taxas de remuneração originais, um aumento na taxa de câmbio libra/euro de £0,8/€1 para £1/€1 fará com que a média relativa de remuneração se torne 1,6[= 3,2(2 × 1/1)]. O trigo torna-se importação em vez de exportação para a Espanha. Uma diminuição na taxa libra/euro terá o efeito oposto, aumentando potencialmente as exportações espanholas e reduzindo suas importações.

O que determina o equilíbrio da média relativa de remuneração nessa análise de dois-países, com mercadorias múltiplas? Nessa abordagem de fator único, o tamanho relativo da força de trabalho será claramente crítico da perspectiva da oferta. Mantendo outras considerações estáveis, quanto maior a força de trabalho em um país, menor sua taxa de remuneração relativa e, as outras coisas sendo iguais, maior o número de produtos que exportará. A demanda recíproca também atuará na determinação da taxa de remuneração relativa definitiva em equilíbrio. Como John Stuart Mill (1848) apontou, o equilíbrio dos termos de troca refletirá o tamanho e a elasticidade da demanda de cada país para seus produtos, dadas as condições iniciais de produção determinadas pelas dotações de recursos e tecnologia. O ajuste apropriado para as condições de demanda é proporcionado no modelo clássico pelo mecanismo de fluxo-preço-espécie se a troca não for balanceada entre os dois parceiros comerciais. O equilíbrio dos termos de troca é, desta forma, realizado por ajustes nas taxas de remuneração relativas por causa do movimento do ouro entre os dois países. Um país com superávit de troca terá ouro entrando, o que resulta em um aumento nos preços e nas remunerações. Isto continuará até que as remunerações aumentem suficientemente para reduzir suas exportações e aumentar as importações, e o comércio esteja balanceado entre os dois países. O reverso ocorrerá com o país em déficit. O mecanismo assegura que cada país exporte pelo menos uma mercadoria.

A natureza de equilíbrio geral da abordagem clássica é formalmente apresentada em um modelo bem-conhecido por Rudiger Dornbusch, Stanley Fischer e Paul Samuelson (1977). Eles construíram um modelo de múltiplas mercadorias entre dois países que captura as condições de oferta relativas entre os dois países e incorpora a demanda total (de ambos os países) para as mercadorias consideradas. Isto lhes permite demonstrar as ligações simultaneamente determinadas entre taxas de remuneração relativas, preços e taxas de câmbio, e mostrar claramente que remunerações e preços são determinados conjuntamente com a troca quando um comércio balanceado entre dois países é atingido. O modelo original também incorporou custos de transporte, tarifas e produtos não comerciados.[1] Usando esse modelo, Dornbusch, Fischer e

---

[1] Appleyard, Conway e Field (1989) estenderem esse modelo a uma estrutura de três-países.

Samuelson explicam como as mudanças exógenas na produtividade e na demanda relativa podem afetar a estrutura de troca, remunerações e preços dos parceiros comerciais. Para uma descrição mais completa desse modelo, veja o apêndice no fim deste capítulo.

Custos de transporte

Nossa discussão da explanação clássica do comércio internacional não presumiu até agora nenhum custo de transporte. A incorporação dos custos de transporte altera os resultados cobertos até este ponto, porque o custo de movimentação de um produto de um país para outro afeta os preços relativos. Para examinar o efeito dos custos de transporte, presume-se que (1) todos os custos de transporte sejam pagos pelo importador e (2) eles sejam medidos em termos de seu conteúdo de trabalho, mantida a teoria do valor-trabalho. Os custos de transporte são percebidos como aumento da quantia de trabalho relativo requerido por unidade de saída *no país exportador*. O custo de trabalho de transporte é somado ao trabalho de produção requerido naquele país. No primeiro exemplo de Espanha–Reino Unido com mercadorias múltiplas, os custos de transporte para exportar tecido, vinho e trigo seriam somados ao trabalho requerido na produção na Espanha, enquanto os custos de transporte de queijo, hardware e cutelaria seriam somados àquele do Reino Unido. Com os custos de transporte, a condição de exportação da Espanha (primeiro país) torna-se $(a_{1j} + tr_j)/a_{2j} < W_2/(W_1 \times e)$, e a condição de importação, $W_2/(W_1 \times e) < a_{1j}/(a_{2j} + tr_j)$. O símbolo tr_j reflete o custo de transporte por unidade para a mercadoria j medido em horas de trabalho. Levar em conta os custos de transporte desta maneira permite a possibilidade de certas mercadorias não serem importadas por nenhum dos países, porque o custo de transporte as faz mais caras do que as alternativas produzidas internamente. Isso será verdade a qualquer tempo em que $(a_{1j} + tr_j)/a_{2j} > W_2/(W_1 \times e)$ e $W_2/(W_1 \times e) > a_{1j}/(a_{2j} + tr_j)$.

Para ilustrar este ponto numericamente, considere novamente o exemplo Espanha–Reino Unido (página 47). Somando-se a isso, presuma que o custo de transporte por unidade de cada um dos produtos seja de uma hora de trabalho. O custo relativo de trabalho para cada produto entregue no país importador agora é de:

Tecido	*Vinho*	*Trigo*	$W_2/(W_1 \times e)$	*Queijo*	*Hardware*	*Cutelaria*
(6 + 1)/5	(4 + 1)/3	(5 + 1)/2,8	3,2/[(2)(0,8)]	7/(3 + 1)	15/(6 + 1)	12/(4 + 1)

Quando esses custos adicionais são levados em consideração, o trigo se torna um produto não comerciável para a Espanha já que $(5 + 1)/2,8 = 2,1 > 3,2/(2)(0,8) = 2$, enquanto o Reino Unido não será mais competitivo em queijo uma vez que $7/(3 + 1) = 1,75 < 2$. Cada uma dessas mercadorias é produzida para uso doméstico em ambos os países. Os produtos são comerciáveis, mas não são trocados porque a vantagem comparativa em cada caso é superada pelo custo de transporte. A incorporação dos custos de transporte é importante porque introduz uma terceira categoria de produtos, os **produtos não comercializáveis**, que não entrarão no comércio internacional, mesmo que um dos países possa ter vantagem comparativa na produção. Dados os requisitos de trabalho relativo, produtos que permanecem perto da média de remuneração são, dessa forma, mais facilmente não comercializáveis. A consideração de custos de transporte também ilustra que mercadorias sujeitas a custos de transporte mais altos devem ter uma vantagem de custo de produção relativamente maior se um país os venderá a outro. Não é surpreendente que muitos produtos volumosos, pesados, não são comercializáveis.

No mundo real:
O tamanho dos custos de transporte

O custo de remessa de um produto de um ponto a outro é determinado por diversos fatores, incluindo distância, tamanho, peso, valor e volume total de troca entre os dois pontos em questão. Para se ter uma ideia da média de impacto dos custos de remessa no comércio em geral, um *fator de frete e seguro (FFS)* é estimado pelo Fundo Monetário Internacional. Esse fator é calculado dividindo-se o valor das importações de um país, incluindo os custos de frete e seguro (o valor c.i.f.) pelo valor de suas importações, excluindo as despesas de remessa, o valor f.o.b. (*free-on-board*) (isto é, FFS = importações$_{CIF}$/importações$_{FOB}$). Se, por exemplo, o FFS tem um valor de 1,08, ele indica que os custos adicionais de remessa e seguro foram um adicional de 8% ao custo de importações. O valor desta média reflete não apenas a composição das importações de um país, mas também as distâncias de remessa envolvidas, assim como outros fatores. Alguns exemplos dessa medida são dados na parte (a) da Tabela 3 para uma série de países, para os anos de 1975, 1985, 1995 e 2005. (Os fatores de 2005, assim como os para desenvolvimento individual dos países, foram calculados pelos autores.)

Para se ter uma ideia da importância relativa dos custos de transporte para produtos específicos, algumas taxas de frete, como porcentagem de preço para mercadorias e rotas de remessas selecionadas, são dadas na Tabela 3 (b). A Conferência das Nações Unidas sobre Comércio e Desenvolvimento estimou que os custos de frete, como porcentagem da importação mundial, caíram de 6,64% em 1980 para 5,25% em 1995/1996. Contudo, recentemente, taxas de remessas por oceano dispararam quando a demanda por serviços de remessa foi às alturas. Como resultado, o preço de remessa de mercadorias como carvão, ferro e soja praticamente triplicou, gerando preocupação sobre o efeito nos preços das mercadorias e na inflação. (Veja Robert Guy Matthews, "A Surge in Ocean-Shipping Rates Could Increase Consumer Prices", *The Wall Street Journal*, 4 nov. 2003, p. A1, A13.) (Para uma útil discussão sobre custos a longo prazo, veja "Schools Brief: Delivering the Goods", 1997.)

TABELA 3 (a) Fatores de frete e seguro em 1975, 1985, 1995, 2005

	1975	1985	1995	2005
Países industrializados	**1,065**	**1,048**	**1,044**	**ND**
Estados Unidos	1,066	1,047	1,037	1,037
Canadá	1,027	1,025	1,027	1,036
Austrália	1,070	1,118	1,067	1,038
Japão	1,132	1,082	1,090	1,087
França	1,049	1,039	1,034	1,025
Alemanha	1,041	1,028	1,028	1,017
Reino Unido	1,072	1,045	1,025	ND
Suíça	1,026	1,010	1,010	ND
Países em desenvolvimento	**1,128**	**1,118**	**1,114**	**ND**
China	ND	1,105	1,173	1,050
República da Coreia	1,044*	1,168	1,047	1,022
Argentina	ND	1,084	1,070	1,062
Colômbia	1,111	1,110	1,072	1,055
Quênia	1,116	1,131	1,119	1,070**
Arábia Saudita	ND	1,160	1,095	1,091

*fator de 1976.
**fator de 2004.

TABELA 3 (b) Taxas de frete como porcentagem do preço de mercadoria

Mercadoria: Rota	1970	1980	1990	2000	2005
Borracha: Cingapura/Malásia para Europa	10,5%	15,5%	13,9%	15,0%	8,0%
Juta: Bangladesh para Europa	12,1	21,2	15,5	37,0	30,5
Sementes de cacau: Gana para Europa	2,4	6,7	4,1	4,8	4,0
Óleo de coco: Sri Lanka para Europa	8,9	ND	15,5	25,9	12,7
Chá: Sri Lanka para Europa	9,5	10,0	5,3	5,9	9,2
Café: Brasil para Europa	5,2	10,0	6,9	4,4	5,7

ND = não disponível

Fontes: Fundo Monetário Internacional (FMI), *1996 International Financial Statistics Yearbook* (Washington, DC: FMI, 1996), p. 122-25; FMI, *International Financial Statistics Yearbook 2006* (Washington, DC: FMI, 2006), p. 83-84; FMI, *International Financial Statistics*, dez. 2006, várias páginas; Conferência das Nações Unidas sobre Comércio e Desenvolvimento (Unctad), *Review of Maritime Transport 1998* (Nova York: Unctad, 1999), p. 7; Unctad, *Review of Maritime Transport 2001* (Nova York: Unctad, 2002), p. 61; Unctad, *Review of Maritime Transport 2006* (Nova York: Unctad, 2006), p. 72.

Múltiplos países

Em uma estrutura de dois-países, o padrão de troca sempre foi não ambíguo. Com duas mercadorias, o padrão de troca era determinado pela vantagem comparativa baseada nos requisitos de trabalho por unidade. No modelo monetarizado de múltiplas mercadorias, o padrão de troca era determinado unicamente pelos custos relativos de trabalho e remunerações relativas. Quando vários países são levados em conta, no entanto, a especificação do padrão de troca é menos simples.

Retornando ao nosso mundo de dois-produtos para simplificar a análise, vamos examinar o caso do comércio entre três países, de modo a fazer generalizações sobre o padrão de troca. A Tabela 4 mostra uma clara base para a troca porque os preços em autarquia são diferentes entre os parceiros comerciais em potencial. O incentivo para o comércio será maior entre os dois países com a maior diferença em preços em autarquia. Os ganhos potenciais da troca inicialmente são maiores entre Suécia e França; isto é, as razões de preços em autarquia são as mais diferentes. Os termos de equilíbrio de troca se estabelecerão em algum lugar entre 1C:2,5P e 1C:4P. A Suécia tem a vantagem comparativa na produção de cutelaria $10/20 < 4/5$, a França tem vantagem comparativa em peixe, e o padrão de troca entre os dois países é determinado no modelo dois-países. Mas e a Alemanha? Haverá uma razão para a Alemanha trocar? Se sim, em qual mercadoria terá vantagem comparativa?

Como "produtos intermediários" no exemplo de mercadorias múltiplas, não há uma resposta única sobre o papel comercial dos países intermediários (Alemanha). A participação da Alemanha dependerá dos termos internacionais de troca. Existem três possibilidades dentro do campo 1C:2,5P − 1C:4P. Os termos de troca poderão ser 1C:3P, 1C: > 3P ou 1C: < 3P. No primeiro caso (1C:3P), em que os termos de troca são exatamente iguais à própria média doméstica de preços em autarquia do país, a Alemanha não teria ganhos potenciais no comércio. No segundo caso, 1C:3,5P, a Alemanha ganharia com a troca porque os termos comerciais são diferentes dos seus próprios preços em autarquia. Esse ganho ocorrerá se a Alemanha exportar cutelaria e importar peixe, recebendo 3,5 libras por unidade de cutelaria em vez de apenas 3 libras em casa. O padrão mundial de comércio nesse caso consistiria em Alemanha e Suécia exportando cutelaria e importando peixe da França. Se, por sua vez, os termos comerciais se estabelecessem no terceiro caso, por exemplo, 1C:2,8P, a Alemanha novamente julgaria lucrativo negociar desde que os termos de troca de novo diferissem da sua própria razão de preços em autarquia. O padrão comercial não seria, contudo, o mesmo no segundo caso. Nesses termos comerciais, a Alemanha entenderia ser vantajoso produzir e exportar peixe e importar cutelaria, desde que uma unidade de cutelaria pudesse ser obtida por apenas 2,8 libras de peixe com a troca em oposição a 3 libras de peixe em casa. O padrão mundial consistiria em França e Alemanha exportando peixe e importando cutelaria da Suécia.

Introduzir múltiplos países na análise resulta em uma ambiguidade no padrão de troca para todos, menos para os países de fim de espectro, até que os termos definitivos de troca de equilíbrio sejam especificados. Uma vez que a relação de termos internacionais de troca esteja especificada,

TABELA 4 Trabalho requerido em um modelo ricardiano de dois-produtos, três-países

País	Peixe	Cutelaria	Razão de preços em autarquia
Suécia	4 h/libra	10 h/unid	1 cutelaria:2,5 libras peixe
Alemanha	5 h/libra	15 h/unid	1 cutelaria:3 libras peixe
França	5 h/libra	20 h/unid	1 cutelaria:4 libras peixe

o estado de troca dos países "intermediários" pode ser determinado. Pouco pode ser dito sobre o padrão de troca de um país intermediário além de se observar os termos internacionais de troca, nos quais ele não lucraria com o comércio, e o padrão de troca que emergeria se a média do preço mundial fosse menor ou maior do que a média dos seus próprios preços em autarquia. Uma análise mais avançada que explore muitos países e muitos produtos está além do escopo deste texto.

REVISÃO DE CONCEITO	1. O que determina as bases de troca em uma estrutura ricardiana de dois-países, com múltiplas mercadorias? 2. O que acontece com o padrão comercial se os níveis de remuneração de um país aumentam, mantendo-se os outros fatores iguais? E se o preço de uma moeda estrangeira aumentar para	o mesmo país (isto é, a moeda nacional perde valor)? 3. Explique brevemente em quais condições os "países intermediários" negociarão em uma estrutura ricardiana de dois-produtos, com múltiplos países. Por que você não pode dizer, a princípio, qual mercadoria esses países exportarão?

Avaliando o modelo clássico

Apesar de o modelo clássico parecer limitado no atual mundo complexo de produção, os economistas têm se interessado por ele na medida em que suas conclusões gerais são efetivadas no comércio internacional. Em particular, os economistas têm focalizado a ligação entre produtividade relativa de trabalho, remunerações relativas e estrutura de exportações. Um dos primeiros estudos empíricos foi conduzido por G. D. A. MacDougall, em 1951. Neste estudo clássico, a performance relativa de exportação dos Estados Unidos e do Reino Unido foi examinada usando a condição de exportação utilizada ao longo deste capítulo. MacDougall queria ver se a performance de exportação era compatível com as produtividades de trabalho relativo e taxas de remuneração nos dois países. Ele argumentou que, com relação ao Reino Unido, os Estados Unidos deveriam ser mais competitivos no mercado mundial sempre que seu trabalho fosse mais produtivo do que o do Reino Unido, depois de levadas em conta as diferenças de taxa de remuneração. Outro jeito de afirmar isso é que o valor das exportações de mercadoria dos Estados Unidos deveria ser maior do que o das exportações do Reino Unido, sempre que a média de produtividade de trabalho nos Estados Unidos em relação à do Reino Unido naquela indústria fosse maior do que a média de remunerações entre Estados Unidos e Reino Unido (isto é, a média de trabalho aplicado/unidade nos Estados Unidos para aquela no Reino Unido fosse menor do que W_{RU}/W_{EUA}). Sempre que a média da produtividade dos Estados Unidos em relação ao Reino Unido em uma dada indústria for menor do que a média de remunerações dos Estados Unidos em relação ao Reino Unido, este último deverá dominar em exportações do produto.

Os resultados iniciais dos estudos de MacDougall, e posteriormente de Stern (1962) e Balassa (1963), confirmaram a hipótese inicial. Algumas descobertas iniciais de MacDougall foram conceitualmente representadas na Figura 1. A produtividade relativa de mais de 20 indústrias exportadoras em cada um dos dois países é dividida em um eixo vertical; o volume relativo das exportações industriais individuais é dividido no eixo horizontal. Em 1937, as remunerações norte-americanas eram, em média, duas vezes o valor das do Reino Unido. Uma linha horizontal está desenhada na intersecção com o eixo vertical no valor de 2. Se uma linha vertical for agora desenhada cruzando o eixo horizontal no valor de 1 (como uma linha divisória entre o domínio das exportações dos Estados Unidos e o domínio de exportações do Reino Unido), quatro quadrantes serão formados. Se o impulso básico do modelo clássico manter-se, as exportações dominantes do Reino Unido devem ficar no quadrante esquerdo inferior e as exportações dominantes dos Estados Unidos devem ficar no quadrante direito superior. Você pode ver que resultados empíricos tendem a confirmar a previsão clássica.

A estrutura geral de MacDougall foi aplicada aos dados de 1990 em um trabalho de Stephen S. Golub (1996; veja também "Not So Absolutely Fabulous", 1995). Ele focou o comércio dos Estados Unidos com vários países, principalmente na região do Pacífico Asiático, e construiu

FIGURA 1   Produtividade laboral, remunerações relativas e padrões comerciais no estudo de MacDougall

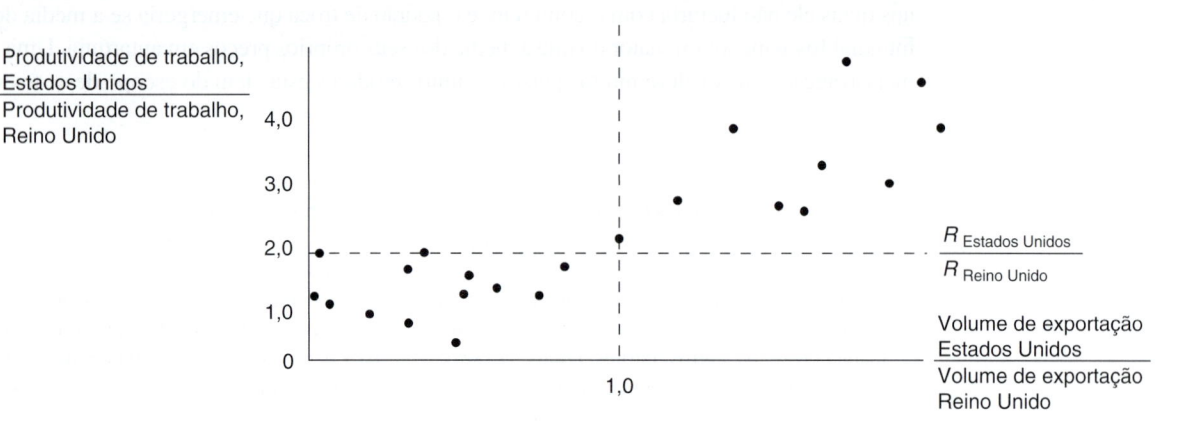

Produtividade de trabalho, Estados Unidos / Produtividade de trabalho, Reino Unido

$R_{\text{Estados Unidos}} / R_{\text{Reino Unido}}$

Volume de exportação Estados Unidos / Volume de exportação Reino Unido

Alguns exemplos de mercadoria representados no gráfico

	(Antes da II Guerra Mundial) Produção Estados Unidos/Operário Produção Reino Unido/Operário	*(1938)* Remunerações semanais ($) Estados Unidos Remunerações semanais ($) Reino Unido	*(1937)* Quantidade de exportação Estados Unidos Quantidade de exportação Reino Unido
Ferro-gusa	3,6	1,5	5,1
Automóveis	3,1	2,0	4,3
Maquinários	2,7	1,9	1,5
Contêineres de vidro	2,4	2,0	3,5
Papel	2,2	2,0	1,0
Cerveja	2,0	2,6	0,056
Meias	1,8	1,9	0,30
Cigarros	1,7	1,5	0,47
Fios de lã	1,35	2,0	0,004

Fonte: MACDOUGALL, G. D. A. "British and American Exports: A Study Suggested by the Theory of Comparative Costs, Parte I", *The Economic Journal* 61, n. 244 (dez. 1951), p. 703, 707.

medidas úteis de **custos de unidade laboral** na manufatura de vários países. Em geral, o custo de unidade laboral para uma indústria é definido como o custo de trabalho por unidade de produção, e é calculado dividindo-se a conta total de remuneração (incluindo os benefícios adicionais) pela produção da indústria. Observando que as remunerações de manufatura na Malásia, por exemplo, equivaliam a 10% das remunerações nos Estados Unidos em 1990, um observador não familiarizado com o modelo clássico poderia se perguntar como as indústrias norte-americanas poderiam competir com as indústrias da Malásia. No entanto, Golub calculou que a produtividade da Malásia em manufatura também era 10% do nível de produção dos Estados Unidos. Sendo assim, os custos de unidade laboral seriam semelhantes, em geral, nos dois países. Esta descoberta nos lembra exemplos numéricos anteriores, em que o país com maior remuneração também era o país com maior produtividade. Golub também examinou uma série de outros países e descobriu que os custos de unidade laboral nos setores de manufatura da Índia, Japão e Filipinas eram ligeiramente maiores do que nos Estados Unidos, e eram um pouco mais baixos no México e na Coreia do Sul. O ponto principal, contudo, é que os custos de unidade laboral são muito mais agrupados ao redor dos custos de unidade laboral dos Estados Unidos do que os níveis de remuneração desses países são em relação ao nível de remuneração norte-americano.

Trabalhando nessa estrutura de custo-unidade-trabalho, Golub examinou a possível associação dos custos comparativos de unidade laboral das *indústrias* individualmente (não para a manufatura como um todo) com a performance de troca. Apesar de os custos de unidade laboral poderem ser aproximadamente semelhantes nos países para o setor manufatureiro no agregado, eles diferem em indústrias específicas nos países, refletindo vantagens comparativas na produção. Por exemplo, Golub descobriu que a produtividade laboral no Japão estava 60% abaixo do nível dos Estados Unidos na indústria alimentícia, mas cerca de 20% acima do nível norte-americano na indústria de automóveis e 70% acima em aço. E, de fato, os Estados Unidos tinham superávit de troca com o Japão em produtos alimentícios e déficits com o Japão em automóveis e aço. Em comparações similares, em indústrias individuais em outros países, a produtividade relativa, os custos de unidade laboral e os padrões bilaterais de troca pareciam ser consistentes com a teoria clássica. Sendo assim, os resultados ricardianos/MacDougall tenderam a ser confirmados para 1990.

Um trabalho recente, mais ambicioso, proporcionou fundamento empírico para o modelo clássico. Carlin, Glyn e Van Reenen (2001) utilizaram dados pertencentes aos padrões de exportação em 12 categorias manufatureiras acumuladas de 14 países desenvolvidos de 1970 até o início dos anos 1990. Eles calcularam os custos de unidade laboral à Golub, e depois calcularam os

No mundo real:

Produtividade laboral e penetração de importação na indústria do aço dos Estados Unidos

Apesar de o modelo clássico ser deficiente em muitos aspectos, há uma clara relação na prática entre melhorias relativas na produtividade laboral e competitividade de importação. Isto é demonstrado na experiência da indústria do aço dos Estados Unidos nas décadas recentes. Como as alterações de produtividade e de remuneração nos Estados Unidos levaram a um aumento relativo no custo unitário do aço comparado com outros produtores mundiais da década de 1970 e início da de 1980 (veja a Tabela 5), a penetração de importações no mercado norte-americano em geral aumentou. As partes (a) e (b) da Figura 2 mostram a produtividade absoluta e a média de penetração de importação (isto é, a participação de importações no consumo dos Estados Unidos), respectivamente, para o período de 1973-2005. A produtividade laboral cresceu no final da década de 1980 e continuou a fazê-lo na década de 1990. A média de penetração de importação declinou no final da década de 1980 e depois equilibrou-se, mas elevou-se novamente do meio para o final dos anos de 1990, declinando levemente nos últimos anos mostrados no segundo gráfico.

TABELA 5   Índices de custos de unidade laboral em ferro e aço (1964 = 100)

	Estados Unidos	*Japão*	*França*	*Alemanha*	*Reino Unido*
Produção/hora:					
1972	116,1	219,8	157,1	157,7	130,0
1977	116,0	290,7	172,4	178,6	117,5
1982	107,0	315,7	222,2	212,0	156,9
Custo por hora de trabalho:					
1972	160,7	277,4	214,8	210,9	206,1
1977	277,0	645,1	529,1	362,3	507,6
1982	496,3	887,0	1.076,2	495,7	1.035,0
Custo de unidade laboral (dólares norte-americanos):					
1972	138,4	150,8	132,7	166,6	142,5
1977	238,7	300,3	305,8	347,2	271,0
1982	463,7	408,7	360,5	382,6	414,6

(*continua*)

No MUNDO REAL: *(continuação)*

PRODUTIVIDADE LABORAL E PENETRAÇÃO DE IMPORTAÇÃO NA INDÚSTRIA DO AÇO DOS ESTADOS UNIDOS

FIGURA 2   Tendências da produtividade laboral nas indústrias dos Estados Unidos – a indústria do aço (1987 = 100)

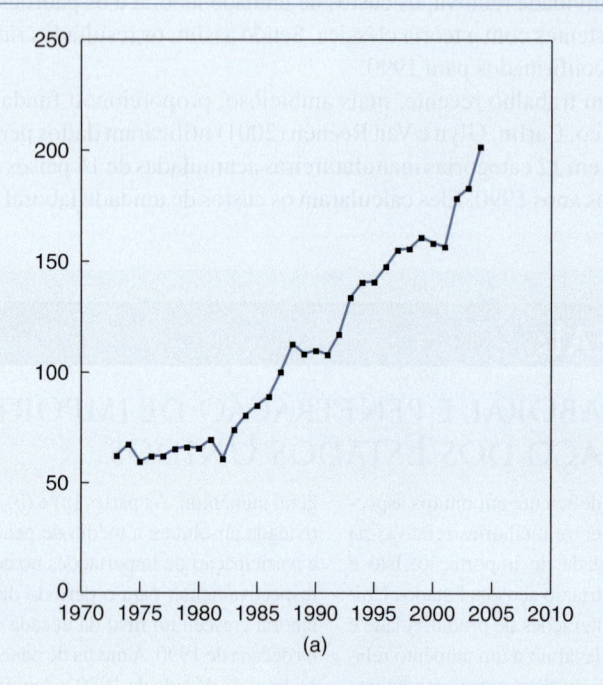

(a)

Proporções da penetração de importação na indústria do aço dos Estados Unidos, 1973-2005 (importações como porcentagem do mercado norte-americano)

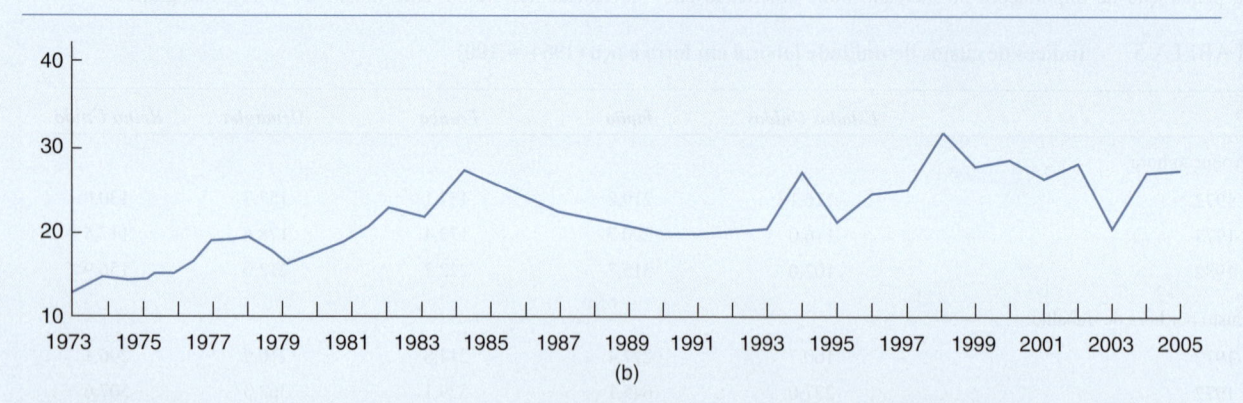

(b)

Fontes: EICHENGREEN, B."International Competition in the Products of U. S. Basic Industries", in FELDSTEIN, M., ed., *The United States in the World Economy*. Chicago: University of Chicago Press for the National Bureau of Economic Research, 1998, p. 311; EICHENGREEN, B.; GOULDER, L. H. "The U.S. Basic Industries in the 1980s: Can Fiscal Policies Explain Their Changing Competitive Position?" in BLACK, S. W., ed., *Productivity Growth and the Competitiveness of the American Economy*. Boston: Kluwer Academic Publishers, 1989, p. 15, 17; MOORE, Michael O. "The Rise and Fall of Big Steel's Influence on U. S. Trade Policy", in KRUEGER, Anne O., ed., *The Political Economy of Trade Protection*. Chicago: University of Chicago Press for the National Bureau of Economic Research, 1996, p. 19; AMERICAN METAL MARKET., *Metal Statistics 1995*. Nova York: Chilton Publications, 1995, p. 39; AMERICAN METAL MARKET, *Metal Statistics 1999*. Nova York: Cathers Business Information, 1999, p. 267; HUFBAUER, Gary Clyde; GOODRICH, Ben. "Time for a Grand Bargain in Steel?" Policy Brief 02-1, obtido no site do Institute for International Economics, www.usii.net/iie; INTERNATIONAL IRON AND STEEL INSTITUTE, *Steel Statistical Yearbook 2006*, p. 75, 84, obtido em www.worldsteel.org. O índice da produtividade laboral para todos esses anos foi obtido em www.bls.gov.

custos *relativos* de unidade laboral dos 14 países em qualquer categoria industrial dada. Assim, por exemplo, em "equipamento de transporte", eles classificaram os países em custos de unidade laboral para cada um dos vários anos. Cada custo unitário de trabalho industrial foi dividido por uma média industrial de 14 países e, então, classificado do menor para o maior. Esse conjunto de dados foi emparelhado com os dados de participação do mercado de exportação – isto é, a porcentagem que a indústria de cada país, de um total dos 14 países, teve na exportação do produto na categoria (novamente, da mais baixa para a mais alta) em cada um dos anos dados.

Com essas séries em mãos, testes estatísticos foram feitos para ver se as participações do mercado de exportação eram correlacionadas com os custos unitários laborais relativos à indústria nos países através dos anos. Se os custos laborais fossem importantes na determinação das ações do mercado, uma relação negativa seria esperada – custos de unidade laboral relativos maiores seriam associados a participações mais baixas de exportação do total dos 14 países. Carlin, Glyn e Van Reenen então estimaram determinantes das ações do mercado e realmente encontraram uma relação estatística negativa significante. Quando eles desagregaram as 12 indústrias em 26 categorias, obtiveram um resultado quase idêntico. Desta forma, a teoria da vantagem comparativa clássica parece ser apoiada por esse recente estudo abrangente.

Apesar dessas várias descobertas sugerirem que o modelo clássico possa ser geralmente consistente com os padrões comerciais observados, elas de nenhuma forma sugerem que esse modelo é suficiente para a compreensão das bases de troca. No complexo mundo de troca atual, o modelo clássico tem uma série de graves limitações que restringem sua utilidade. Entre as hipóteses mais limitadoras estão a teoria do valor-trabalho e os custos constantes, que estão em desacordo com o que pode ser observado no mundo de hoje. Somando-se a isso, conforme os países crescem e se desenvolvem, as dotações relativas de recursos, incluindo trabalho, mudam. Consequentemente, um paradigma mais rico é necessário para melhor captar as bases principais do comércio internacional. Este paradigma mais rico é apresentado na Parte 2, "Teoria neoclássica do comércio".

O modelo clássico examinado nesta parte, no entanto, dá algumas sugestões para a direção das políticas. O livre-comércio é o meio de um país e o mundo melhorarem o bem-estar. Além disso, a fim de realizar os benefícios totais de especialização e troca com o aumento da eficiência de trabalho, recursos precisam ser móveis dentro dos países. Finalmente, as restrições governamentais e taxas na indústria reduzem a competitividade econômica e os ganhos do comércio.

Resumo

Este capítulo focou uma série das extensões mais comuns do modelo clássico ricardiano de comércio que contribuem para um entendimento mais completo das forças influenciadoras do padrão comercial no mundo. Monetarizando-se o modelo, os papéis críticos de remunerações relativas e da taxa de câmbio foram observados. A inclusão dessas variáveis não apenas levou a uma estimativa específica dos termos de troca da mercadoria internacional, mas também proporcionou um veículo pelo qual o ajuste do mecanismo de fluxo-preço-espécie funcionaria se o comércio não fosse balanceado. Esta análise também indicou que remunerações e/ou a taxa de câmbio poderiam mudar apenas dentro de certos limites sem a remoção das bases de troca e a colocação do mecanismo de ajuste em operação. Estender a análise para incluir mercadorias múltiplas e custos de transporte não apenas fez o modelo mais realista, mas também proporcionou uma explicação para a presença de produtos não negociáveis. A estrutura de mercadorias múltiplas permitiu-nos ver que mudanças nas remunerações relativas ou na taxa de câmbio podem fazer que um país mude de exportador para importador (ou vice-versa) de algumas, mas não de *todas* as mercadorias. Essas extensões também permitiram o exame da ligação entre remunerações relativas e a troca de produtos e serviços. O exame de múltiplos países indicou que, enquanto que a vantagem comparativa permitia a determinação do padrão de troca para os países no fim do espectro, o padrão comercial dos "países intermediários" era dependente dos termos mundiais de troca que surgiram. Finalmente, testes empíricos deram suporte às relações entre produtividades relativas, custos de unidade laboral e padrões comerciais sugeridos pelos economistas clássicos.

Termos-chave

condição de exportação
custos de unidade laboral

limites da taxa de câmbio
limites da taxa de remuneração

produtos não comercializáveis
taxa de câmbio

Questões e problemas

1. Suponha que a França tenha superávit com o Reino Unido. O que você esperaria que acontecesse com os preços, remunerações e preços de mercadorias na França? O que aconteceria com os termos de troca entre os dois países?

2. Considere os seguintes requisitos clássicos de trabalho:

	Sapatos	Vinho
Itália	6 h/produto	4 h/galão
Suíça	8 h/produto	4 h/galão

    (a) Por que há uma base de troca?
    (b) Com a troca, a Itália deverá exportar _____ e a Suíça deverá exportar _____, porque _____.
    (c) Os termos internacionais de troca deverão ficar entre _____ e _____.
    (d) Se a taxa de remuneração é de €4/h na Itália, a taxa de remuneração na Suíça é de 3,5 francos/h e a taxa de câmbio é de 1 franco/€1, quais são os termos de troca das mercadorias?

3. No exemplo da Questão 2, quais são os limites à taxa de remuneração em cada país, sendo os outros fatores iguais? Quais são os limites da taxa de câmbio?

4. Se as três mercadorias seguintes estão incluídas no exemplo da Questão 2, qual será o padrão de exportação e importação? Você mudaria sua resposta se a carga de transporte de 1 hora/mercadoria fosse levada em conta? Por que, ou por que não?

	Tecido	Peixe	Cutelaria
Itália	9 h/unidade	3 h/unidade	16 h/unidade
Suíça	10 h/unidade	2,5 h/unidade	15 h/unidade

5. Neste exemplo de requisitos de trabalho para dois-produtos, com múltiplos países, todos os países ganham com o comércio se os termos internacionais de troca forem de 1 libra peixe: 0,5 bu de batatas? Aqui, cada país exportará e importará quais mercadorias? Se essas mercadorias não forem exportadas ou importadas, qual seria o motivo?

	Peixe	Batatas
Polônia	3 h/1 libra	5 h/bu
Dinamarca	1 h/1 libra	4 h/bu
Suécia	2 h/1 libra	2 h/bu

6. Durante o debate sobre o Tratado Norte-Americano de Livre-Comércio (NAFTA), *The Economist* (11 set. 1993, p. 22) observou que as remunerações médias e os benefícios adicionais nas indústrias manufatureiras do México eram cerca de um quinto dos existentes na manufatura dos Estados Unidos, e que o custo por operário nos Estados Unidos era cinco vezes o da manufatura mexicana. Com base no seu entendimento deste capítulo e do modelo clássico, há alguma relação causal entre esses dois fatos? Explique.

7. Foi dada a você a seguinte tabela clássica típica que mostra o número de dias de trabalho necessário para se obter uma unidade de produção para cada uma das cinco mercadorias nos seguintes países:

	Pão	Videocassetes	Luminárias	Tapetes	Livros
Reino Unido	2 dias	8 dias	4 dias	3 dias	2 dias
Estados Unidos	2 dias	6 dias	2 dias	2 dias	3 dias

    (a) Presuma que a taxa de remuneração no Reino Unido (W_{RU}) seja de £8/dia, a taxa de remuneração dos Estados Unidos (W_{EUA}) seja de \$20/dia e a taxa de câmbio (e) seja de \$2/£1. Com essa informação, determine os produtos que o Reino Unido exportará e os produtos que os EUA exportarão.
    (b) Mantendo a W_{EUA} em \$20/dia e mantendo a taxa de câmbio em \$2/£1, calcule os limites máximo e mínimo (em libras por dia) para a taxa de remuneração do Reino Unido que sejam consistentes com uma troca recíproca entre os dois países.
    (c) Com a W_{RU} de £8/dia e a W_{EUA} de \$20/dia, calcule os limites máximo e mínimo (em \$/£) da taxa de câmbio que sejam consistentes com uma troca recíproca entre os dois países.

8. Suponha que, começando das suas W_{RU}, W_{EUA}, e iniciais, e com o padrão de troca resultante da parte (a) da Questão 7, haja agora um aumento uniforme de 20% na produtividade em todas as indústrias do Reino Unido (isto é, os coeficientes de trabalho para as cinco indústrias no Reino Unido cairão em 20%).

    (a) Nesta nova situação, determine os produtos que o Reino Unido exportará e os produtos que os Estados Unidos exportarão.
    (b) Nesta nova situação, mantendo a W_{EUA} em \$20/dia e e em \$2/£1, calcule os limites mínimo e máximo (em libras por dia) para a taxa de câmbio do Reino Unido.

9. Quais você considera que sejam as principais fraquezas do modelo clássico/ricardiano como explicação dos padrões de troca? Por que você as considera fraquezas?

10. (Requer o material do apêndice) Explique o que aconteceria no modelo DFS às remunerações relativas e ao padrão de troca se houvesse um aumento uniforme na produtividade em todas as indústrias do país *estrangeiro*. O que aconteceria com a renda real em cada um dos dois países? Por quê?

APÊNDICE
O MODELO DE DORNBUSCH, FISCHER E SAMUELSON

A interação de oferta e demanda no modelo clássico e a determinação de remunerações (W) relativas e do padrão de troca entre dois países, dadas suas dotações iniciais de trabalho, foram demonstradas por Rudiger Dornbusch, Stanley Fischer e Paul Samuelson (1977), doravante chamadas de *modelo DFS*. Presumindo um grande número de produtos, eles classificaram os produtos daquele com o menor requisito de trabalho relativo até aquele com o maior, da perspectiva do país natal (país 1). Todas as mercadorias estão indexadas por $A = a_2/a_1$, em que a_2 é o requisito de trabalho por uma unidade de produção no país 2 e a_1, a unidade de trabalho requerida no país 1 para qualquer produto particular na série. O produto com menor requisito de trabalho relativo para o país 1 (mais baixo a_1/a_2 ou mais alto a_2/a_1) é classificado primeiro, e o produto com maior requisito de trabalho relativo para o país 1 (mais alto a_1/a_2 ou mais baixo a_2/a_1) é classificado por último. Isto equivale a classificar os produtos começando com aqueles nos quais a produtividade relativa do país 1 é a maior (isto é, o tempo de trabalho relativo é o menor). A questão de quais produtos serão produzidos em qual país é abordada usando-se a condição geral de exportação neste capítulo. A localização da produção (país 1 ou país 2) para qualquer produto dependerá das remunerações relativas e da taxa de câmbio. O país natal exportará as mercadorias em que $\dfrac{a_1}{a_2} < \dfrac{W_2}{W_1 e}$, ou $a_2/a_1 > W_1 e/W_2$, e importará aqueles produtos em que $\dfrac{a_1}{a_2} > \dfrac{W_2}{W_1 e}$, ou $a_2/a_1 > W_1 e/W_2$.

Com essa estrutura em mente, pode-se fazer um gráfico da produção doméstica e exportação de produtos em várias taxas de remuneração relativa e uma taxa de câmbio fixa. Se a exposição de mercadorias estiver aglutinada no eixo horizontal e as remunerações relativas no eixo vertical, as duas terão uma relação de declive porque o número de produtos exportados do país 1 aumentará conforme $W_1 e/W_2$ caia. Para um grande número de mercadorias, essa relação de declive pode ser desenhada como uma curva contínua na Figura 3. As mercadorias fornecidas pelo país natal refletem aqueles produtos cujo tempo relativo de trabalho (a_2/a_1) é maior do que a média de remunerações relativas, $W_1 e/W_2$ [ou $a_1/a_2 < W_2/W_1 e$]. A condição $a_2/a_1 = W_1 e/W_2$ separa os produtos produzidos e exportados pelo país natal daqueles importados, dadas as remunerações relativas.

A curva reflete a condição de oferta. No lado da demanda, a renda nacional (que é igual à taxa de salário multiplicada pela quantia de trabalho) e a taxa de remuneração no país natal dependerão, mantendo-se os demais fatores iguais, do número de mercadorias que se produz baseado na demanda mundial. Quanto maior o número de produtos requisitados do país natal (isto é, movendo-se para a direita no eixo horizontal), maior será sua taxa de remuneração em relação ao outro país, desde que a maior demanda pelos produtos do país 1 levem a uma demanda maior pelo seu trabalho e, desta forma, elevem a sua remuneração. Essa relação é mostrada na Figura 3 como a curva ascendente C, que representa as remunerações relativas em oposição à ordem de produtos.

Uma explicação mais exaustiva da curva ascendente C envolve a interpretação da curva como um reflexo das posições balanceadas de troca alternativas entre os dois países. Para qualquer produto no eixo horizontal, nomeie a fração *cumulativa* de rendas gastas com os produtos do país 1 por um produto em particular (pelo mundo, assim como por qualquer país, já que os gostos sejam presumidos como idênticos em todo lugar) como θ_1. Além disso, represente a fração *cumulativa* de rendas gastas com os produtos do país 2 por esse produto em particular (que são todos os outros produtos que não os produtos do país 1) por θ_2. Como a fração de renda gasta com os produtos do país 1 mais a fração de renda gasta com os produtos do país 2 devem somar 100% de renda (ou 1), o termo θ_2 é, portanto, igual a $(1 - \theta_1)$.

Considere uma situação de troca balanceada entre os dois países. A renda gasta pelo país 1 em *importações* do país 2 é igual à renda do país 1 multiplicada pela fração de renda gasta com os produtos do país 2; isto é (quando expresso em termos da moeda do país 2),

$$\theta_2 \times W_1 L_1 \times e$$

em que W_1 = taxa de remuneração no país 1 e L_1 = força de trabalho no país 1. Da mesma forma, a renda gasta pelo país 2 em importações do país 1 é a renda do país 2 multiplicada pela fração de renda gasta nos produtos do país 1; isto é,

$$\theta_1 \times W_2 L_2$$

FIGURA 3 Determinação do equilíbrio no modelo de Dornbusch-Fischer-Samuelson

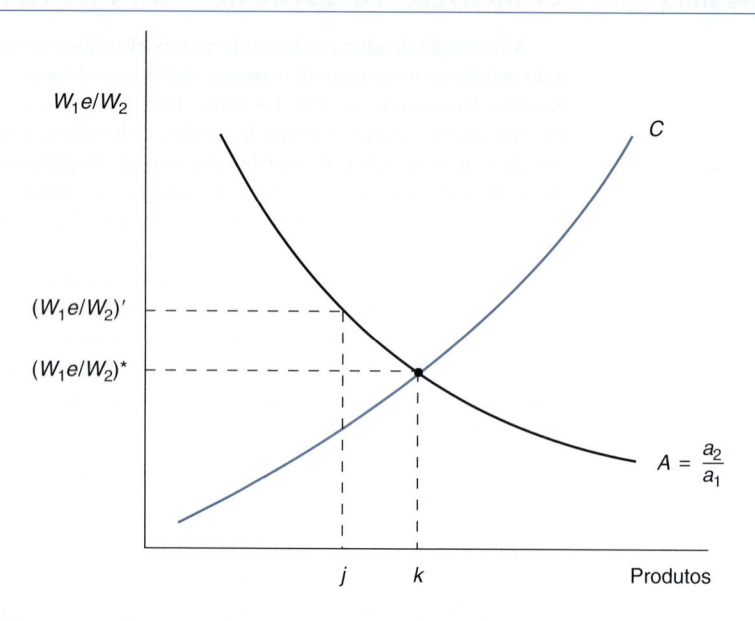

A curva A descreve o padrão de troca entre o país 1 e o país 2 que existe para diferentes cenários de remunerações relativas, dada a taxa de câmbio e. Por exemplo, se as remunerações relativas forem iguais a $(W_1e/W_2)'$, o país 1 exportaria todas as mercadorias cujos requisitos de trabalho relativo, a_2/a_1, fossem maiores do que $(W_1e/W_2)'$ (isto é, produtos à esquerda do produto j) e importaria todas as mercadorias à direita de j.

O lado da demanda do modelo DFS, representado pela curva ascendente C, demonstra que quando mais produtos do país natal (país 1) são demandados e produzidos (isto é, um movimento para a direita no eixo horizontal), a taxa de remuneração do país natal será oferecida acima da taxa de remuneração relativa do país estrangeiro (isto é, um movimento para cima no eixo vertical). A intersecção da curva C com a curva A mantém o equilíbrio das remunerações relativas e acompanha o padrão verdadeiro de comércio.

em que W_2 = taxa de remuneração no país 2 e L_2 = força de trabalho no país 2.

Com a troca balanceada, a quantia gasta em importações pelo país 1 equivale à quantia gasta em suas exportações pelo país 2 (isto é, a quantia gasta em importações pelo país 2). Sendo assim, em uma situação de comércio balanceado,

$$\theta_2 W_1 L_1 e = \theta_1 W_2 L_2$$

ou

$$(1 - \theta_1)W_1 L_1 e = \theta_1 W_2 L_2$$

ou

$$\frac{W_1 e}{W_2} = \frac{\theta_1 L_2}{(1 - \theta_1)L_1}$$

Dessa expressão observe que, conforme nos movemos para a direita no eixo horizontal na Figura 3, mais produtos estão sendo exportados do país 1 e, dessa forma, a fração cumulativa de renda gasta nos produtos do país 1 aumenta. Com esse aumento, e outros fatores permanecendo iguais, a fração $\theta_1 L_2/(1 - \theta_1)L_1$ aumenta, uma vez que o numerador fica maior e o denominador menor. Com o comércio balanceado, isso significa que W_1e/W_2 aumenta e, portanto, um movimento para a direita no eixo horizontal é associado a um movimento para cima no eixo vertical na Figura 3. Desta maneira, a curva C é ascendente.

Quando a curva A e a curva C estão no lugar, observe na Figura 3 como os padrões de troca e remunerações relativas são determinados simultaneamente, em razão do tamanho da força laboral em cada país,

FIGURA 4 — Mudanças de demanda e produtividade no modelo DFS

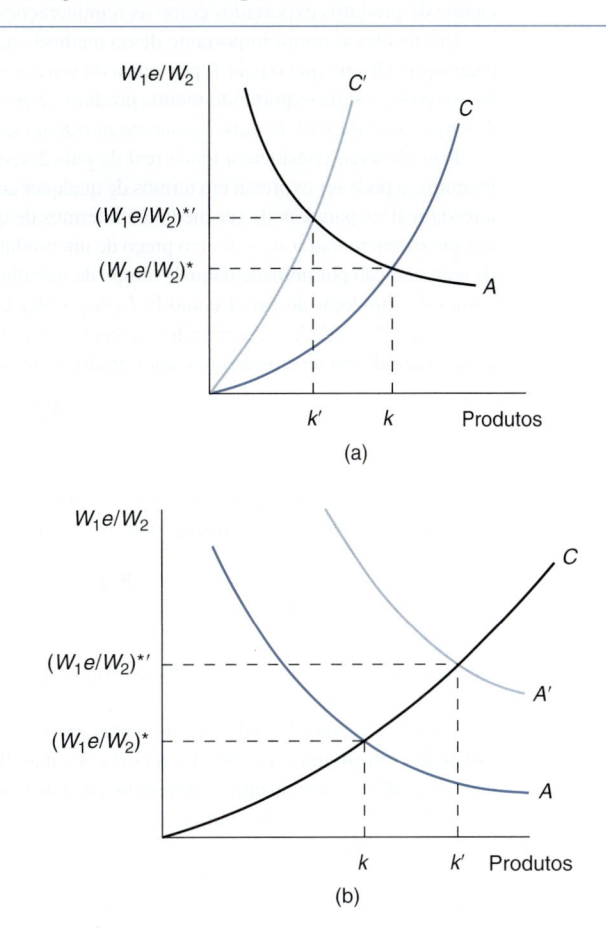

das preferências por mercadorias, da taxa de câmbio e do nível de tecnologia. O equilíbrio da remuneração relativa e do padrão comercial é indicado pela intersecção das duas curvas na remuneração relativa do país $(W_1e/W_2)^*$ e no produto k. Todos os produtos à esquerda do produto k são produzidos e exportados pelo país natal, porque o tempo de trabalho relativamente baixo do país 1 em comparação com o do país 2 mais que compensa a taxa de remuneração no país 1 relativa à taxa de remuneração do país 2, isto é, o país 1 tem custos de unidade laboral mais baixos em todos os produtos à esquerda do produto k. Todos os produtos à direita são produzidos e exportados pelo país estrangeiro, porque os custos de unidade laboral do país 1 são maiores do que os do país 2 em todos os produtos à direita do produto k.

Essa estrutura clássica também pode ser usada para demonstrar os efeitos das mudanças na tecnologia, no tamanho relativo das forças de trabalho e nas mudanças das preferências. Por exemplo, suponha que as preferências em ambos os países mudem para produtos locais. Como esses são exportados pelo país natal, essa mudança nas preferências levará a um aumento na demanda de produtos do país 1, causando um aumento nas suas remunerações relativas. Cada um dos produtos está, dessa forma, associado a um maior W_1e/W_2, significando que a curva C mudou para a curva C' da Figura 4(a). Consequentemente, o campo de produtos produzidos e exportados pelo país 1 é reduzido, porque o trabalho foi deslocado para a produção desses produtos cuja demanda está crescendo. Um aumento no tamanho do país estrangeiro com relação ao país natal teria um efeito similar sobre o equilíbrio por causa do impacto na demanda dos produtos do país 1.

Por outro lado, suponha que haja uma melhora na tecnologia do país 1 que reduza uniformemente os requisitos de trabalho (a_1) para a produção de qualquer produto. Isso significa que a_2/a_1 aumenta para cada produto, de modo que a curva A muda para a curva A' mostrada na Figura 4(b). Comparado com o nível de equilíbrio inicial, haverá um aumento nas exportações de produtos do país 1. O resultado é que tanto o campo de produtos exportados como as remunerações relativas no país natal aumentarão.

Um resultado muito importante dessa melhoria tecnológica, frequentemente omitido, precisa ser colocado aqui. Mesmo que o país 1, por causa do seu aumento na produtividade, esteja exportando mais produtos e o país 2 esteja exportando menos produtos, *o país 2 ainda se beneficia do avanço tecnológico do país 1 porque a renda real do país 2 aumenta devido a esse avanço.*

Para elaborar, considere a renda real do país 2. Esta é a renda nominal (W_2L_2) dividida pelos preços dos produtos, e pode ser expressa em termos de qualquer conjunto particular de produtos escolhido. Por exemplo, a renda real no país 2 pode ser medida em termos de qualquer um dos seus produtos como $W_2L_2/(a_2 \times W_2)$, em que o denominador $a_2 \times W_2$ é o preço de um produto (já que é o tempo de trabalho multiplicado pela taxa de remuneração por unidade daquele tempo de trabalho). A renda real do país 2 também pode ser medida em termos dos produtos do país 1 como $W_2L_2/(a_1 \times W_1e)$.

Se a produtividade crescer uniformemente nas indústrias do país 1 (isto é, a_1 cair), então a renda real do país 2, medida em termos de quaisquer produtos do país 2, não muda. Isso acontece porque

$$\frac{W_2L_2}{a_2W_2} = \frac{L_2}{a_2}$$

e L_2 e a_2 não são afetados pelo aumento da produtividade do país 1. Contudo, quando a renda real do país 2 é medida em termos de quaisquer produtos do país 1, isto é,

$$\frac{W_2L_2}{a_1eW_1} = \frac{L_2}{a_1 \times (W_1e \ / \ W_2)}$$

há um aumento da renda real do país 2. Como sabemos disso? L_2 é constante, então o numerador à direita não muda. No denominador, a_1 diminui por causa do aumento da produtividade no país 1, mas W_1e/W_2 aumenta. No entanto, W_1e/W_2 não aumenta tanto quanto a_1 diminui uma vez que, na Figura 4(b), a_1 cai pela distância vertical entre a curva A e a curva A', mas W_1e/W_2 aumenta pela distância vertical de $(W_1e/W_2)^*$ para $(W_1e/W_2)^{*\prime}$, cuja quantia é menor do que a distância vertical entre A e A'. Desta forma, o denominador de $L_2/[a_1 \times (W_1e/W_2)]$ diminui, e toda a expressão aumenta. Isso indica que, já que uma parte do pacote de consumo do país 2 consiste em bens importados do país 1, há um aumento na renda real do país 2. Em outras palavras, os benefícios do progresso tecnológico são transmitidos através das fronteiras dos países, e a renda real do país 2 aumenta como resultado de um aumento na produtividade das indústrias do país 1.

Usando a mesma técnica geral, você deve ser capaz de demonstrar que a renda real do país 1 aumenta a partir do aumento de sua própria produtividade. Esse resultado ocorre tanto quando a renda real é medida em termos dos próprios produtos do país 1 como quando a renda real do país 1 é medida em termos dos produtos do país 2.

parte 2

Teoria neoclássica do comércio

> Os desenvolvimentos recentes da análise do comércio internacional dificultaram o tratamento de vários casos teóricos pelos meios tradicionais de exemplos numéricos. Mas a aplicação gráfica de curvas de indiferença pode proporcionar uma ferramenta comparativamente simples e prática de representação e análise do problema envolvido.
>
> Wassily W. Leontief, 1933

Embora as proposições básicas quanto à natureza e ao impacto do comércio internacional tenham sido desenvolvidas por economistas da escola clássica no final dos séculos XVIII e XIX, a análise dos economistas clássicos era consideravelmente limitada pela teoria do valor-trabalho e por se assumirem custos constantes. O desenvolvimento da teoria econômica neoclássica no final do século XIX e início do século XX proporcionou ferramentas para a análise do impacto do comércio internacional de modo mais rigoroso e menos restritivo. A aplicação da teoria neoclássica a questões relativas ao comércio internacional e os aperfeiçoamentos posteriores dessas ideias constituem os fundamentos da atual teoria de comércio.

A Parte 2 se concentrará nos elementos centrais da teoria de comércio neoclássica. O Capítulo 5, "Introdução à teoria neoclássica do comércio: ferramentas a serem empregadas", proporciona uma revisão dos conceitos microeconômicos críticos para as ideias desenvolvidas nos capítulos subsequentes. O Capítulo 6, "Ganhos provenientes do comércio na teoria neoclássica", apresenta a análise dos ganhos provenientes do comércio, enquanto o Capítulo 7, "Curvas de oferta e os termos de troca", se concentra na determinação dos termos de troca internacionais. No Capítulo 8, "As bases para o comércio: dotações de fatores e o modelo de Heckscher-Ohlin", apresenta-se a base referencial que justifica as diferenças existentes entre os preços relativos internacionais, desenvolvida por Heckscher e Ohlin, e no Capítulo 9, "Testes empíricos da abordagem de dotações de fatores", é feito um resumo de trabalhos empíricos com base no modelo de Heckscher-Ohlin.

> A Austrália tem oferta abundante de terras cultiváveis, mas uma população escassa. A terra é barata e os salários são altos em comparação com a maioria dos outros países; assim, a produção de bens que requeiram grandes extensões de terra, mas pouco trabalho, é barata.
>
> Bertil Ohlin, 1933

CAPÍTULO 5

Introdução à teoria neoclássica do comércio

Ferramentas a serem empregadas

Objetivos de aprendizado

- Rever os princípios microeconômicos do comportamento do consumidor e do produtor.

- Entender o conceito e as limitações de uma curva de indiferença da comunidade.

- Reconhecer a base referencial da fronteira de possibilidades de produção com custos de oportunidade crescentes.

Introdução

Desde a época de Ricardo, as principais mudanças na teoria do comércio centraram-se num desenvolvimento mais completo da análise do lado da demanda e no desenvolvimento do lado da produção da economia de forma não relacionada à teoria do valor-trabalho. Para estabelecer o estágio em que se encontra essa análise, este capítulo apresenta os conceitos microeconômicos básicos e as relações empregadas na análise dos padrões de comércio e dos ganhos provenientes do comércio. Embora essas ferramentas sejam familiares aos leitores que estudaram microeconomia intermediária, este capítulo deve preparar o leitor para o modo em que elas são empregadas na teoria do comércio. Em primeiro lugar, apresentamos a análise teórica da tomada de decisão pelos consumidores em sua busca para maximizar sua satisfação com alocação adequada de seus gastos com bens e serviços finais. A seguir, descrevemos um tipo de processo similar que ocorre quando os produtores alocam gastos entre os fatores de produção para maximizar a eficiência. Finalmente, desenvolve-se o significado da produção eficiente na economia como um todo. A aplicação sistemática dos conceitos e das relações no contexto do comércio internacional tem início com o Capítulo 6, "Ganhos provenientes do comércio na teoria neoclássica".

A teoria do comportamento do consumidor

Curvas de indiferença do consumidor

A teoria microeconômica tradicional começa a análise das decisões do consumidor individual por meio das **curvas de indiferença do consumidor**. Seu criador foi F. Y. Edgeworth. Essa curva mostra, em um mundo de apenas dois bens, as várias combinações de consumo que proporcionam o mesmo nível de satisfação ao consumidor. A representação gráfica de uma curva de indiferença típica é apresentada na Figura 1.

Adotando-se o postulado básico de que mais de qualquer bem é preferível a menos, as curvas S_1, S_2 e S_3 ilustram diferentes níveis de satisfação, com o nível S_3 sendo maior que o nível S_2, o qual, por sua vez, é maior que o nível S_1. Os economistas reconhecem que é impossível medir precisamente os níveis de satisfação de um indivíduo; por exemplo, não se pode dizer que S_1 representa 20 unidades de bem-estar enquanto S_2 representa 35 unidades de bem-estar. Tal numeração das curvas da indiferença indicaria a **utilidade cardinal**; isto é, os valores numéricos reais podem ser associados a níveis e mudanças de bem-estar. Em vez disso, a teoria

FIGURA 1 Curvas de indiferença do consumidor

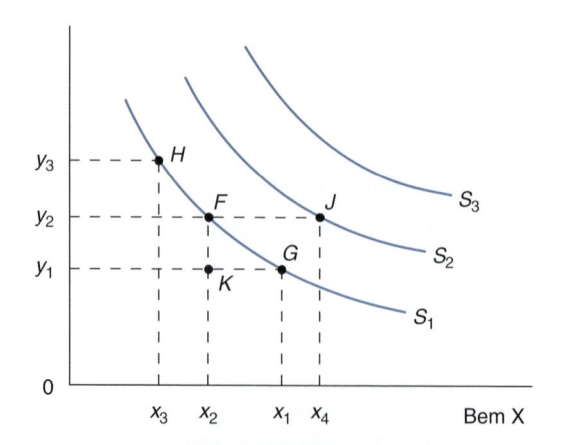

A curva de indiferença S_1 mostra as várias combinações do bem X e do bem Y que proporcionam bem-estar equivalente ao consumidor. As curvas S_2 e S_3 representam níveis sucessivamente mais elevados de bem-estar. Se, partindo do ponto F, o consumidor abrir mão da quantidade FK do bem Y, ele deverá receber a quantia KG do bem X de modo a preservar o nível S_1 de bem-estar. A área negativa da inclinação em qualquer ponto de uma curva de indiferença é denominada taxa marginal de substituição (TMS).

> ## TITÃS DA ECONOMIA INTERNACIONAL:
> ### FRANCIS YSIDRO EDGEWORTH (1845-1926)
>
> F. Y. Edgeworth nasceu em Edgeworthstown, no Condado de Longford, Irlanda, em 8 de fevereiro de 1845. Foi educado em casa por tutores e depois ingressou no Trinity College, em Dublin, em 1862, onde se especializou nos clássicos. Seguiu para a Universidade de Oxford, onde recebeu a mais alta distinção em seu campo. Possuidor de uma memória prodigiosa, ele seria capaz de recitar livros inteiros de Homero, Milton e Virgílio. Em seu exame oral final, em Oxford, diz-se que ele respondeu a uma pergunta especialmente difícil perguntando: "Devo responder resumidamente, ou detalhadamente?". Posteriormente, Edgeworth estudou Matemática e Direito, e foi admitido à advocacia.
>
> Durante muitos anos, ele deu aulas de língua e literatura inglesas no Bedford College de Londres. O erudito Edgeworth usava vocabulário raramente ouvido no inglês corrente. O poeta Robert Graves (citado em Creedy, 1986, p. 11) conta a história de que quando Edgeworth encontrou T. E. Lawrence (Lawrence da Arábia) após o retorno de Lawrence de uma visita a Londres, ele perguntou: "Estava muito caliginoso na metrópole?". Lawrence respondeu: "Um tanto caliginoso, mas não completamente inspissado". (Para salvá-lo de uma viagem ao dicionário, *caliginoso* significa "nebuloso ou enevoado; escuro", e *inspissado* significa "tornado espesso; denso".) Em 1891, Edgeworth tornou-se professor de Economia Política na Universidade de Oxford, onde permaneceu até o fim de sua carreira. Também atuou como editor do prestigioso *Economic Journal* de 1890 até 1911, quando foi sucedido por John Maynard Keynes. Morreu com 81 anos de idade, em 13 de fevereiro de 1926.
>
> Atualmente os estudantes estão familiarizados com Edgeworth pela sua "caixa" (veja as páginas 78 a 81), às vezes chamada de diagrama da "caixa de Edgeworth-Bowley", em reconhecimento à contribuição posterior do professor A. L. Bowley. Edgeworth foi o primeiro a formular o conceito de curva de indiferença do consumidor, em *Mathematical Psychic* (1881). Seu trabalho em teoria microeconômica e economia matemática é largamente reconhecido, particularmente sua demonstração vigorosa da aplicação da matemática à economia. Ele argumentava que a matemática pode a uma razão "independente", como aparece na seguinte citação (*Mathematical Psychics*, p. 3):
>
>> Aquele que não verificar suas conclusões tanto quanto for possível pela matemática, como se trazendo os lingotes do senso comum para serem examinados e cunhados na casa da moeda da ciência soberana, dificilmente perceberá o valor pleno daquilo que detém, desejará saber o que vale em circunstâncias ligeiramente diferentes, um meio de transportá-lo e atualizá-lo.
>
> Fontes: CREEDY, John. *Edgeworth and the Development of Neoclassical Economics*. Oxford: Basil Blackwell, 1986, cap. 1; EDGEWORTH, F. Y. *Mathematical Psychics*. Londres: C. Kegan Paul, 1881; KEYNES, John Maynard. *Essays in Biography*. Londres: Macmillan, 1933, parte II, cap. 3; NEWMAN, Peter. "Francis Ysidro Edgeworth" in: EATWELL, John; MILGATE, Murray; NEWMAN, Peter, (eds.). *The New Palgrave: A Dictionary of Economics*, v. 2, Londres: Macmillan, 1987, p. 84-98.

micro usa o conceito de **utilidade ordinal**, o que significa que o bem-estar ou a utilidade na curva S_2 é *maior* do que o bem-estar na curva S_1. O *quão* maior não pode ser determinado, mas o conceito de utilidade ordinal reflete a suposição de que o consumidor pode ordenar diferentes níveis de bem-estar, mesmo se ele não puder especificar precisamente o grau em que o bem-estar é diferente. Também é importante notar que os consumidores possuem **transitividade** em suas preferências. Transitividade significa que se uma cesta de bens B_2 é preferível (ou igual) a uma cesta de bens B_1 e se uma cesta de bens B_3 é preferível (ou igual) a B_2, então, a cesta B_3 deve ser preferível (ou igual) à cesta B_1.

Diante desse mapa de curvas de indiferença, é instrutivo examinar a curva dada S_1 (veja a Figura 1). A definição da curva indica que esse consumidor é indiferente entre todos os pontos da curva. Assim, a posse da quantidade $0x_1$ do bem X e da quantidade $0y_1$ do bem Y (no ponto G) fornece o mesmo nível de satisfação que o oferecido pela posse da quantidade $0x_2$ do bem X e da quantidade $0y_2$ do bem Y (no ponto F). Note que o ponto J (na curva S_2) é preferível ao ponto F, porque o consumidor tem a mesma quantia do bem Y nos dois pontos, porém mais do bem X ($0x_4 > 0x_2$). O consumidor está melhor no ponto J que no ponto F, em termos de bem-estar. Aplicando-se o conceito de transitividade, também fica claro que J é preferível a G e H, porque os dois últimos pontos proporcionam o mesmo bem-estar que F.

Uma outra característica da curva de indiferença é seu formato. Em primeiro lugar, sabemos que a curva deve ter inclinação negativa, porque, uma vez que os bens são substitutos, menos de um bem deve ser compensado por mais de outro bem para se manter o mesmo nível de satisfação. Mas podemos fazer uma afirmação ainda mais forte. A curva de indiferença não somente tem inclinação negativa, como também é *convexa em relação à origem do gráfico*, como são as curvas da Figura 1. A razão para essa convexidade baseia-se no princípio econômico da **taxa marginal de substituição decrescente**, refletindo a lei da utilidade marginal decrescente. A taxa marginal de substituição (TMS) é o nome dado para refletir a inclinação da curva de indiferença. (Na verdade, ela é a inclinação, que é negativa, multiplicada por um sinal de menos, o que dá um número positivo.) Na teoria econômica, a TMS é definida como a quantidade do bem Y que deve ser subtraída do consumidor para mantê-lo no mesmo nível de satisfação quando uma quantia adicional específica do bem X é fornecida ao consumidor. Ao longo de qualquer curva de indiferença da Figura 1, unidades adicionais sucessivas do bem X estão associadas a reduções sucessivamente menores de Y. Isto ocorre porque cada unidade adicional de X fornece menos utilidade que a unidade anterior; do mesmo modo, uma redução no número de unidades de Y gera uma utilidade mais alta para a última unidade consumida. Portanto, a TMS diminui conforme se desloca para consumo de um número maior de unidades do bem X, ao longo de qualquer curva de indiferença dada.

A TMS pode ser expressa em termos econômicos úteis. Se reduzirmos a quantia consumida do bem Y, a variação da *utilidade* (ΔU, em que Δ indica uma pequena variação) é igual à variação em Y (ΔY) multiplicada pela utilidade marginal associada à quantia perdida de Y (MU_Y), ou $\Delta U = (\Delta Y) \times (MU_Y)$. Se contrabalançarmos essa perda dando unidades adicionais de X ao consumidor, a variação da utilidade originária desses X adicionais será igual à quantia de novos X (ΔX) multiplicada pela utilidade marginal associada a X (MU_X). Portanto,

$$(\Delta Y) \times (MU_Y) + (\Delta X) \times (MU_X) = 0$$
$$(\Delta Y) \times (MU_Y) = -(\Delta X) \times (MU_X)$$
$$\Delta Y/\Delta X = -MU_X/MU_Y$$
$$-\Delta Y/\Delta X = MU_X/MU_Y$$

Essa expressão indica que a inclinação (negativa) da curva de indiferença é igual à razão entre as utilidades marginais dos dois bens. Note que não necessitamos da utilidade marginal real – por exemplo, cinco unidades de satisfação para MU_Y e quatro unidades de satisfação para MU_X – para medir a TMS. Tudo o que é requerido é o conhecimento da razão – por exemplo, ⁵⁄₄ – das utilidades marginais.

Uma última propriedade associada às curvas de indiferença é que elas não podem se cruzar para um consumidor individual. Se isso ocorresse, uma combinação de X e Y (na intersecção) proporcionaria dois diferentes níveis de satisfação, e isso não faz nenhum sentido econômico.

Visto que as curvas de indiferença que não se cruzam são importantes para o estudo de economia internacional, no Capítulo 6, "Ganhos provenientes do comércio na teoria neoclássica", elas serão usadas para representar o bem-estar não apenas para um consumidor, mas para um *país*. A **curva de indiferença da comunidade** (ou **curva de indiferença do país**) desenhada na Figura 2 mostra as combinações dos bens X e Y que proporcionam o mesmo nível de bem-estar para o conjunto da comunidade (ou do país). Para obter essa curva, *não* podemos simplesmente adicionar as curvas de indiferença individuais, pois os economistas não acreditam que as utilidades para diferentes consumidores possam ser comparadas. Particularmente, a questão a seguir é respondida assim que traçamos a curva de indiferença da comunidade. Se uma quantidade de bem Y é subtraída da comunidade – de modo que o consumo do bem Y de cada pessoa é reduzido proporcionalmente à participação desta pessoa no consumo total do bem Y do país –, quanto do

FIGURA 2 Curva de indiferença da comunidade

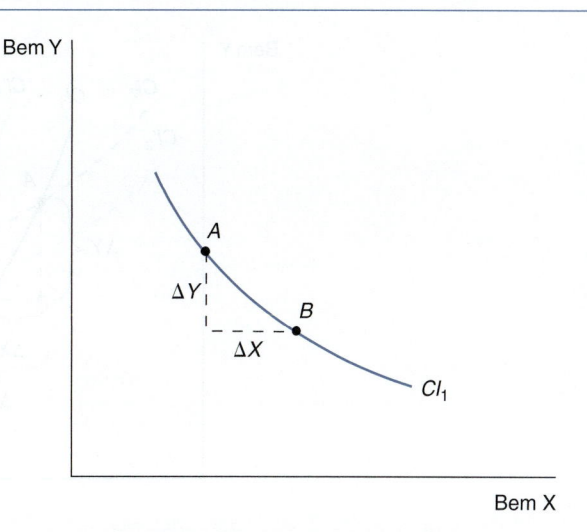

Uma curva de indiferença da comunidade mostra as várias combinações do bem X e do bem Y que proporcionam satisfação equivalente para a "comunidade" ou país. A subtração da quantia ΔY do bem Y exige que a quantia ΔX do bem X seja disponibilizada à comunidade de modo a se alcançar o bem-estar original de cada pessoa da comunidade (ponto B igual ao do ponto A inicial).

bem X deve ser dado aos consumidores para que cada um seja conduzido de volta ao seu nível original de utilidade? Quando a quantia total do bem Y extraída de todos os consumidores (ΔY imediatamente abaixo do ponto A) é substituída pelo total de bem X necessário para reconduzir ao nível de utilidade original de cada consumidor (ΔX), traçamos o movimento do ponto A para o ponto B. A curva CI_1 pode ser traçada quando esse exercício for feito para cada ponto da curva.

Visto que os consumidores se diferenciam em seus gostos, a curva de indiferença da comunidade para uma certa distribuição de renda no país, portanto, *pode* cruzar uma curva de indiferença da comunidade para outra possível distribuição de renda do país. Na Figura 3, a curva CI_1 representa a curva de indiferença da comunidade para uma dada distribuição de renda, e a curva CI'_1 é preferível para a mesma distribuição de renda. A curva de indiferença da comunidade CI_2 representa uma outra distribuição de renda, na qual os consumidores com menor preferência relativa pelo bem X têm um maior peso na distribuição de renda. (A curva CI'_2 é menos desejada para essa segunda distribuição de renda.) Para a primeira distribuição de renda, se partirmos de um ponto A, a redução de ΔY exigiria que ΔX fosse dado aos consumidores (deslocando-se para A' na curva CI_1) para manter o bem-estar da comunidade no mesmo nível do ponto A. Entretanto, com a segunda distribuição de renda, *mais* do bem X (quantia $\Delta X'$) deve ser dado aos consumidores para compensá-los pela perda de ΔY (deslocando os consumidores para o ponto A''). Mais do bem X deve ser proporcionado porque agora ΔX não fornece tanta utilidade marginal como na primeira distribuição de renda; logo, mais unidades de X são necessárias para recuperar a perda de Y. Em outras palavras, uma vez que os consumidores que têm, na margem, maior preferência pelo bem Y e menor preferência pelo bem X representam a maior proporção da renda nesta segunda distribuição, eles exigem mais X para serem compensados por uma perda do bem Y.

Qual é o foco dessa discussão? Muito simples: suponha que algum evento econômico desloque o país do ponto A para o ponto B. Esse evento pode mudar a distribuição de renda de forma que a curva CI_1 é relevante antes do evento, mas a curva CI'_2 torna-se a relevante *após*

FIGURA 3 Cruzamento das curvas de indiferença da comunidade

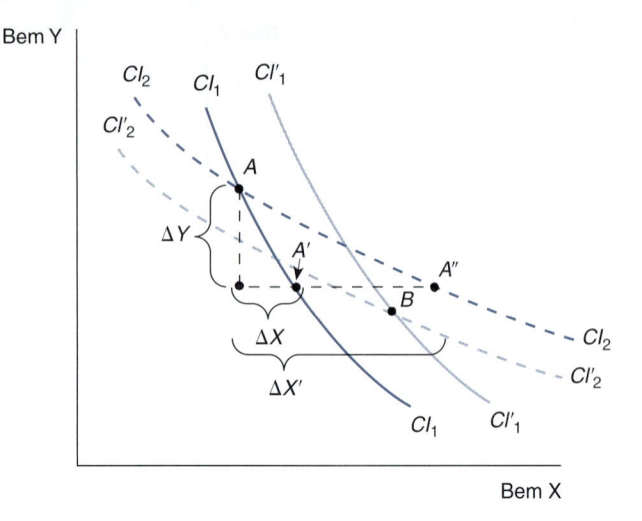

As curvas CI_1 e CI'_1 são curvas de indiferença da comunidade para uma distribuição de renda no país. Se ΔY for removido do total de todas as cestas de consumo, então a quantia ΔX deve ser fornecida para manter cada consumidor em seu nível original de bem-estar. As curvas CI_2 e CI'_2 representam uma segunda distribuição de renda, na qual a renda é distribuída, com maior peso, em direção a consumidores que têm, na margem, uma maior preferência pelo bem Y e uma menor preferência pelo bem X do que na primeira distribuição de renda. Portanto, quando a quantia agregada ΔY é proporcionalmente removida do consumo total, a quantia agregada $\Delta X'$ deve ser fornecida para manter todos os consumidores em seus níveis iniciais de bem-estar. Como está desenhado no gráfico, o ponto B é preferível ao ponto A, com base na primeira distribuição de renda, mas, com base na segunda distribuição de renda, o ponto A é preferível ao ponto B.

o evento. O que pode ser dito sobre as mudanças de bem-estar da comunidade? Com base na primeira distribuição de renda, a comunidade estará em melhor situação, uma vez que o ponto B na curva CI'_1 é preferível ao ponto A na curva CI_1. No entanto, com base na segunda distribuição de renda, a comunidade estará em *pior* situação, pois B na curva CI'_2 é inferior a A na curva CI_2. Assim, quando se emprega esse conceito, deve-se ter sempre em mente a possibilidade de que mudanças na distribuição de renda podem alterar o mapa de indiferença da comunidade. Embora isto apresente um problema potencial quando o mapa é empregado na análise do comércio internacional, as curvas de indiferença da comunidade serão utilizadas nos capítulos subsequentes assumindo-se que este mapa, assim como os dos indivíduos, não se altera dentro do período da análise. Discussões posteriores sobre problemas de curvas de indiferença que se cruzam serão apresentadas nos capítulos subsequentes, mas um ponto deve ficar claro: o uso de curvas de indiferença para representar o bem-estar da *comunidade* é um fenômeno mais complexo que o uso de curvas de indiferença para representar o bem-estar de um consumidor individual.

REVISÃO DE CONCEITO

1. Qual é a diferença entre *utilidade cardinal* e *utilidade ordinal*?
2. Por que a taxa marginal de substituição, ao longo de uma curva de indiferença, é "decrescente" quando mais do bem no eixo horizontal é consumido e menos do bem no eixo vertical é consumido?
3. Se os consumidores diferem em seus gostos, por que uma mudança na distribuição de renda em um país pode potencialmente levar a uma forma diferente da curva de indiferença da comunidade, que possa cruzar com uma curva de indiferença da comunidade que reflita a "antiga" distribuição de renda?

FIGURA 4   Restrições orçamentárias do consumidor

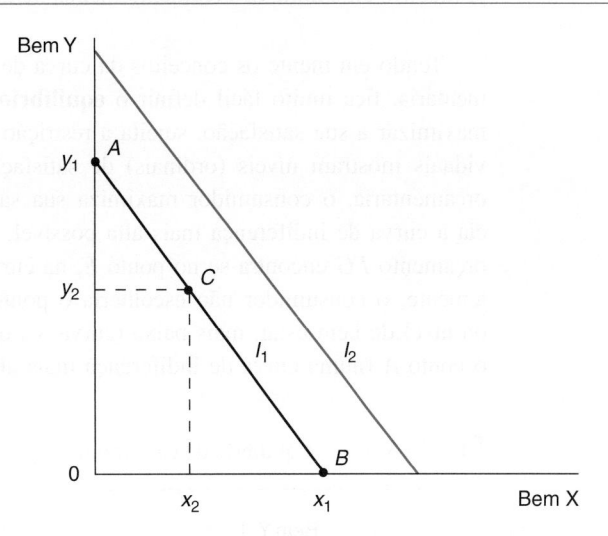

Com a renda no nível I_1 e preços de mercadorias fixos, o consumidor pode gastar toda sua renda com o bem X (ponto B) ou com o bem Y (ponto A) ou uma parte com Y e outra com X (como no ponto C). Um nível de renda mais elevado I_2 permite níveis de consumo mais altos. A área negativa da inclinação da linha de orçamento é P_X/P_Y.

A restrição orçamentária

Para determinar o consumo real numa curva de indiferença do consumidor individual, é necessário examinar o nível de renda do consumidor. O nível de renda é representado pela **restrição orçamentária** (ou **linha de orçamento**) como ilustra a Figura 4. Essa linha mostra as várias combinações dos bens X e Y que podem ser adquiridas com um dado nível de renda, para preços de mercadorias fixos. O nível I_1 fornece esta restrição para um nível de renda (digamos, $500 por semana), e o nível I_2 (digamos, $600 por semana) mostra a restrição para um nível mais elevado de renda. Considere o nível de renda I_1. Se toda a renda for gasta com o bem X, então a quantidade $0x_1$ (ponto B) poderá ser comprada, mas nada do bem Y. Alternativamente, a quantidade $0y_1$ (ponto A) pode ser adquirida, mas não resta nenhuma renda com a qual se possa comprar qualquer X. Assume-se que um número infinito dessas combinações poderia ser selecionado e, assim, uma linha reta pode ser desenhada conectando todas essas possíveis combinações de consumo, dado o nível de renda I_1. Sendo assim, uma posição intermediária, como o ponto C, também pode ser realizada.

A inclinação da curva de orçamento pode ser determinada da seguinte forma: se toda a renda foi gasta com o bem X (ponto B), então a quantidade comprada de X é simplesmente a renda I_1 dividida pelo preço do bem X, isto é, $0x_1 = I_1/P_X$. Da mesma forma, se toda a renda foi gasta com o bem Y (ponto A), a quantidade comprada é a renda dividida pelo preço de Y, isto é, $0y_1 = I_1/P_Y$. A inclinação da curva com o deslocamento do ponto B para o ponto A é a variação de Y dividida pela variação de X, ou:

$$\text{Inclinação (ou } \Delta Y/\Delta X) = (0y_1)/(-0x_1)$$
$$= (I_1/P_Y)/(-I_1/P_X)$$
$$= -P_X/P_Y$$

A inclinação (negativa) da linha de orçamento é simplesmente o preço de X dividido pelo preço de Y. Um aumento no preço de X (ou uma redução no preço de Y) produziria uma

Equilíbrio do consumidor

linha de orçamento mais inclinada, e uma redução no preço de X (ou um aumento no preço de Y) produziria uma linha de orçamento menos inclinada.[1]

Tendo em mente os conceitos da curva de indiferença do consumidor e da restrição orçamentária, fica muito fácil definir o **equilíbrio do consumidor**. O objetivo do consumidor é maximizar a sua satisfação, sujeita à restrição da renda. Como as curvas de indiferença individuais mostram níveis (ordinais) de satisfação, e a linha de orçamento indica a restrição orçamentária, o consumidor maximiza sua satisfação quando a linha de orçamento tangencia a curva de indiferença mais alta possível. O ponto de satisfação máxima com a linha de orçamento FG encontra-se no ponto E, na curva de indiferença S_2 – veja a Figura 5. Evidentemente, o consumidor não escolheria o ponto B porque B está numa curva de indiferença, ou nível de bem-estar, mais baixa (curva S_1) que o ponto E. Embora o consumidor preferisse o ponto A (numa curva de indiferença mais alta, S_3), este ponto não é possível, por causa do

FIGURA 5   Equilíbrio do consumidor

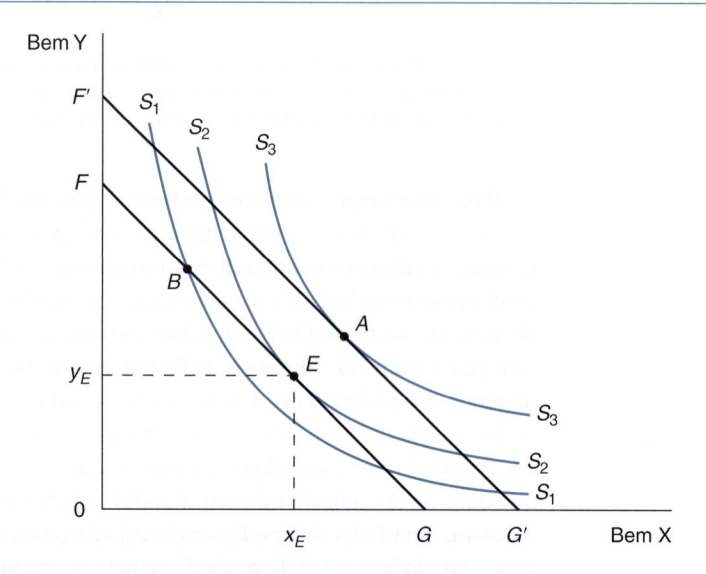

O consumidor maximiza sua satisfação para a restrição orçamentária FG escolhendo o ponto E, no qual consome a quantidade $0x_E$ do bem X e a quantidade $0y_E$ do bem Y. O ponto A na curva de indiferença S_3 é inatingível, a menos que uma renda mais elevada, representada pela restrição orçamentária $F'G'$, torne-se possível. O ponto B não seria escolhido com a restrição orçamentária FG, porque MU_X/MU_Y é maior que P_X/P_Y neste ponto e o nível de bem-estar S_1 é inferior ao nível de bem-estar S_2, o qual pode ser alcançado consumindo-se menos do bem Y e mais do bem X.

---

[1] A inclinação da curva de orçamento também pode ser determinada pelo exame algébrico da restrição orçamentária do consumidor. Se o consumidor gasta toda a sua renda com os dois bens (sem qualquer poupança), os gastos com o bem X (o preço de X multiplicado pela a quantidade de X comprada) mais os gastos com o bem Y (o preço de Y multiplicado pela quantidade de Y comprada) deve ser igual ao total da renda do consumidor. Assim,

$$(P_X)(X) + (P_Y)(Y) = I_1$$
$$Y = (I_1)/(P_Y) - (P_X/P_Y)(X)$$

Essa expressão fornece a equação da linha de orçamento, tendo I_1/P_Y como o intercepto (ponto A na Figura 4) e $-(P_X/P_Y)$ como a inclinação.

seu nível de renda. Se a renda aumentasse, o consumidor passaria para a restrição orçamentária $F'G'$, o ponto A poderia ser atingido e mais de ambos os bens poderiam ser consumidos. (Para ver a alocação de gastos do consumidor entre as várias categorias de bens nos Estados Unidos, veja a página 74.)

É importante captar o significado econômico do equilíbrio do consumidor no ponto E na Figura 5. Como em equilíbrio a linha de orçamento FG é tangente à curva de indiferença S_2, a inclinação de S_2 no ponto E é, portanto, igual à inclinação da linha de orçamento FG no ponto E. Assim, no equilíbrio do consumidor, ou

$$MU_X/MU_Y = P_X/P_Y$$

ou

$$MU_X/P_X = MU_Y/P_Y$$

Essa última expressão indica que, *na margem*, a utilidade obtida com o gasto de \$1 com o bem X é igual à utilidade que seria obtida gastando-se \$1 com o bem Y. Se não fosse assim, o consumidor poderia aumentar o bem-estar realocando gastos na compra de um bem para o outro.

Por exemplo, considere uma posição como o ponto B. O consumidor não desejará permanecer em B, pois

$$MU_X/MU_Y > P_X/P_Y$$

ou

$$MU_X/P_X > MU_Y/P_Y$$

Nesse caso, a utilidade marginal obtida com o gasto do último dólar com o bem X excede a utilidade marginal obtida com o gasto do ultimo dólar com o bem Y. O consumidor poderá aumentar a utilidade total desviando o dólar gasto com o bem Y para o bem X. O consumidor continuará a realocar gastos até que essa diferença da utilidade marginal por dólar com os dois bens desapareça no ponto E.

REVISÃO DE CONCEITO

1. Suponha que, na Figura 5, o consumidor esteja situado no ponto onde a curva de indiferença S_1 cruza com a restrição orçamentária FG, exatamente acima do ponto BG. Use argumentos econômicos para explicar por que o consumidor se moveria desse ponto para o ponto E.

2. Os alunos frequentemente perguntam por que a inclinação (negativa) da linha de orçamento é P_X/P_Y e não P_Y/P_X. Como podemos responder a esses alunos?

Teoria da produção

Tendo examinado o comportamento do consumidor, agora nos concentraremos nos produtores. Nosso foco não está em cada aspecto da produção – por exemplo, não examinamos a decisão do produtor de que preço cobrar por um produto –, mas sim na escolha de insumo e na eficiência da produção no âmbito da empresa.

Isoquantas

Ao considerar a escolha de insumos pelo produtor, assuma que haja apenas dois fatores de produção empregados na geração de produtos, capital (K) e trabalho (L). **Isoquanta** é o conceito que relaciona a produção aos fatores utilizados. Uma isoquanta mostra as diversas combinações dos dois insumos que produzem o mesmo nível de produção; a Figura 6 ilustra

No mundo real:

Padrões de gastos do consumidor nos Estados Unidos

As tangências das curvas de indiferença do consumidor (que refletem preferências) com as linhas de orçamento (que refletem a relação entre renda e os preços relativos) determinam os padrões de gastos domiciliares. A Tabela 1 indica as porcentagens das despesas pessoais de consumo nos Estados Unidos com muitas mercadorias e serviços em 1960, 1970, 1980, 1990, 2000 e 2005.

Esses dados mostram que, à medida que a renda cresceu ao longo do tempo, as famílias americanas dedicaram aproximadamente a mesma porcentagem de seus gastos com consumo de bens duráveis e uma porcentagem muito menor com bens não duráveis. Observam-se reduções particularmente importantes na proporção de gastos com alimentos, vestuário e calçados. No período, ocorreu um aumento expressivo na proporção dos gastos com serviços, tendo 59,1% dos gastos do consumidor sido dedicados a essa categoria em 2005. Entre os serviços, o maior aumento ocorreu nas aquisições de cuidados médicos, nos quais a proporção cresceu de 5,3% em 1960 para 17,1% em 2005.

TABELA 1 Padrões de gastos do consumidor americano, 1960-2005

Item	1960	1970	1980	1990	2000	2005
Bens duráveis	13,1%	13,1%	12,2%	12,3%	12,8%	11,8%
Veículos motorizados e peças	5,9	5,5	5,0	5,5	5,7	5,1
Mobília e aparelhos domésticos	5,4	5,5	4,9	4,5	4,6	4,3
Bens não duráveis	46,1	41,9	39,6	32,6	28,9	29,0
Alimentos	24,8	22,2	20,3	16,6	13,7	13,7
Vestuário e calçados	8,1	7,4	6,1	5,3	4,4	3,9
Gasolina, óleo combustível e outros bens energéticos	4,8	4,1	5,8	3,2	2,8	3,5
Serviços	40,9	44,9	48,2	55,1	58,3	59,1
Habitação (inclusive aluguéis atribuídos a moradias ocupadas pelo proprietário)	14,5	14,5	14,6	15,6	14,9	14,9
Serviços domésticos (inclusive eletricidade e gás)	6,1	5,8	6,5	5,9	5,8	5,5
Transporte	3,4	3,7	3,7	3,8	4,3	3,7
Cuidados médicos	5,3	8,0	10,5	14,5	15,2	17,1

Nota: O total da categoria principal pode não somar 100% por conta de arredondamentos.
Fontes: *Relatório Econômico do Presidente,* fev. 2006 (Washington, DC: Escritório de Impressão do Governo dos Estados Unidos, 2006), p. 302; Departamento de Comércio dos Estados Unidos, Agência de Análise Econômica, *Resumo de Negócios Correntes,* jan. 2007, p. D-11 (obtido de www.bea.gov.).

uma típica isoquanta de produção. Por exemplo, a produção Q_0 (digamos, 75 unidades) pode ser realizada com a quantidade $0k_1$ de capital e a quantidade $0l_1$ de trabalho (ponto A). De maneira alternativa, aquele nível de produção poderia ser obtido usando-se $0k_2$ de capital e $0l_2$ de trabalho (ponto B).

A forma exata de uma isoquanta reflete as possibilidades de substituição entre capital e trabalho no processo de produção. As curvas Q_0, Q_1 e Q_2 da Figura 6 ilustram como capital e trabalho podem ser substituídos de modo relativamente fácil um pelo outro. Se a substituição fosse difícil, a curva seria desenhada como um ângulo reto. Se a substituição fosse mais fácil, a isoquanta teria menos curvatura. Uma medida precisa da curvatura, e consequentemente das possibilidades de substituição, é a elasticidade de substituição (veja o Capítulo 8, "As bases para o comércio: dotações de fatores e o modelo de Heckscher-Ohlin").

A principal característica das isoquantas é que elas, diferentemente das curvas de indiferença do consumidor, têm propriedades cardinais e não simplesmente propriedades ordinais.

FIGURA 6   Isoquantas de produção

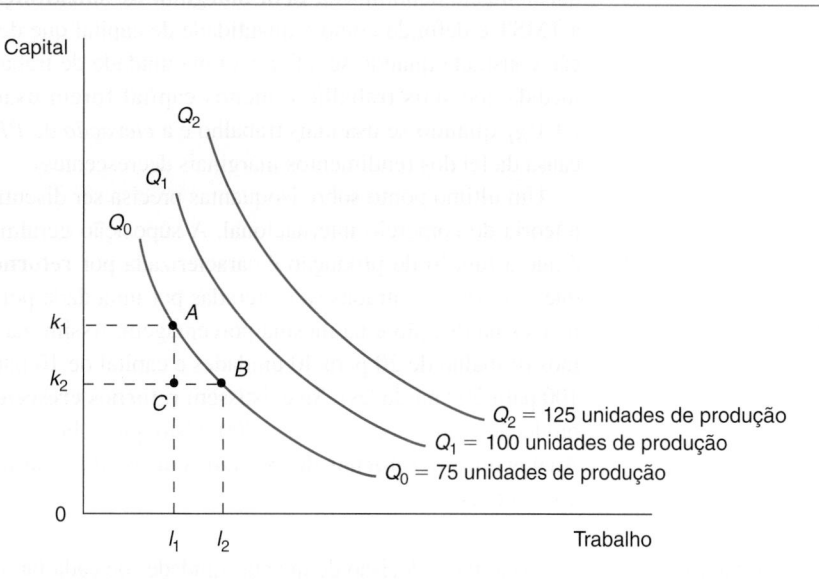

Uma isoquanta mostra as diversas combinações de uso de dois fatores que produzem a mesma produção. A isoquanta Q_1 representa uma quantidade maior de saída do que a isoquanta Q_0 quando, para uma quantidade de insumo, uma quantidade maior do outro insumo estiver sendo usada. Assim, as isoquantas que estão "mais distantes" da origem representam maiores quantidades de produção. Por definição, isoquantas não podem se cruzar, uma vez que o ponto de intersecção implicaria que uma combinação de insumos estivesse gerando dois níveis diferentes de produção. Além disso, partindo-se do ponto A na isoquanta Q_0 e movendo-se para o ponto C, a retirada de k_2k_1 de capital reduzirá a produção pelo montante de capital retirado ($\Delta K = k_1k_2$) multiplicado pela produtividade física marginal do capital ($PFMg_K$). A adição subsequente de l_1l_2 de trabalho para mover-se para o ponto B aumentará a produção pelo montante de trabalho adicionado ($\Delta L = l_1l_2$) multiplicado pela produtividade física marginal do trabalho ($PFMg_L$). Como o nível de produção em B é o mesmo que em A, a inclinação (negativa) de uma isoquanta ($\Delta K/\Delta L$) pode ser expressa como $PFMg_L/PFMg_K$.

Assim, as três isoquantas da Figura 6 representam níveis absolutos de produção diferentes, com as isoquantas mais distantes da origem representando níveis mais elevados de produção. Evidentemente, as isoquantas têm inclinação negativa (mas não vertical ou horizontal, ou mesmo inclinação para cima), pois a redução do uso de um insumo exige o uso maior do outro para manter o mesmo nível de produção. Além disso, as isoquantas não podem se cruzar. Se elas pudessem se cruzar, isso significaria que, no ponto de intersecção, a mesma quantidade de capital e trabalho estaria produzindo dois níveis diferentes de produção. Como por trás das isoquantas há a suposição de que a máxima eficiência técnica ou de engenharia é alcançada ao longo de cada curva, uma intersecção não faz sentido.

Finalmente, considere a inclinação da isoquanta. Suponha que o produtor reduza a quantidade de capital usado na produção e equilibre o efeito sobre a produção adicionando trabalho. A perda de produção resultante da retirada de capital é dada pela mudança na quantidade de capital usado (ΔK) multiplicada pela produtividade física marginal do capital ($PFMg_K$), ou $\Delta Q = (\Delta K) \times (PFMg_K)$. A adição de produção ($\Delta Q$) obtida do trabalho extra é igual à quantidade deste trabalho adicional (ΔL) multiplicada pela produtividade física marginal deste trabalho ($PFMg_L$), ou $\Delta Q = (\Delta L) \times (PFMg_L)$. Portanto, uma vez que a produção permanece inalterada após a substituição de capital por trabalho:

$$(\Delta K) \times (PFMg_k) + (\Delta L) \times (PFMg_L) = 0$$

$$(\Delta K) \times (PFMg_k) = -(\Delta L) \times (PFMg_L)$$

$$-\Delta K/\Delta L = PFMg_L/PFMg_K$$

Como a inclinação em qualquer ponto da isoquanta é $\Delta K/\Delta L$, a última expressão determina que a inclinação (negativa) da isoquanta em qualquer ponto é igual à razão das produtividades marginais dos fatores de produção (MPP_L/MPP_K). A razão de produtividades marginais é frequentemente denominada **taxa marginal de substituição técnica** (TMST). Economicamente, a TMST é definida como a quantidade de capital que deve ser retirada para se manter a produção constante quando se adiciona uma unidade de trabalho. Naturalmente, a TMST se reduz à medida que mais trabalho e menos capital forem usados. Essa redução reflete a queda da $PFMg_L$ quando se usa mais trabalho e a *elevação* da $PFMg_K$ quando se usa *menos* capital (por causa da lei dos rendimentos marginais decrescentes).

Um último ponto sobre isoquantas precisa ser discutido sobre como elas se relacionam com a teoria de comércio internacional. A suposição geralmente empregada na teoria de comércio é que a função de produção é caracterizada por **retornos constantes de escala**. Isto significa que se *todas* as entradas são alteradas por uma dada porcentagem, então a produção se alterará na mesma direção e na mesma porcentagem. Assim, na Figura 7, a duplicação no uso de insumos (trabalho de 20 para 40 unidades e capital de 10 para 20 unidades) dobrará a produção (de 100 para 200 unidades). Se existissem **retornos crescentes de escala**, a isoquanta Q_2 teria uma produção com valor *maior* que 200, visto que dobrar os insumos mais que dobraria a produção. Analogamente, **retornos decrescentes de escala** significam que a produção Q_2 seria menor que 200 unidades.

Linhas de isocusto

Ao tomar a decisão de quantas unidades de cada fator de produção empregar, a empresa deve saber não somente a relação técnica entre insumos e produção, mas também o *custo* relativo desses insumos. Os custos dos fatores de produção são representados por linhas de isocusto. Dados os preços dos insumos, uma **linha de isocusto** mostra as diversas combinações dos fatores de produção que podem ser adquiridas pela empresa por um mesmo custo total. Assim, se a taxa de salário for fixada em $10 por hora, e a taxa de aluguel de máquina for fixada em $50 por hora, um "gasto" ou "custo" de $500 por hora significa que a empresa poderia contratar os serviços de 25 trabalhadores e de cinco máquinas. (Se possuir as máquinas em vez de alugá-las, ainda existirá um "custo de oportunidade" igual à taxa de aluguel de máquinas.) Como alternativa, a companhia poderia usar oito máquinas e dez trabalhadores. Certamente, existem muitas dessas possibilidades; elas se refletem em uma linha de isocusto ou de orçamento, como a linha B_1 na Figura 8.

FIGURA 7   Isoquantas com retornos constantes de escala

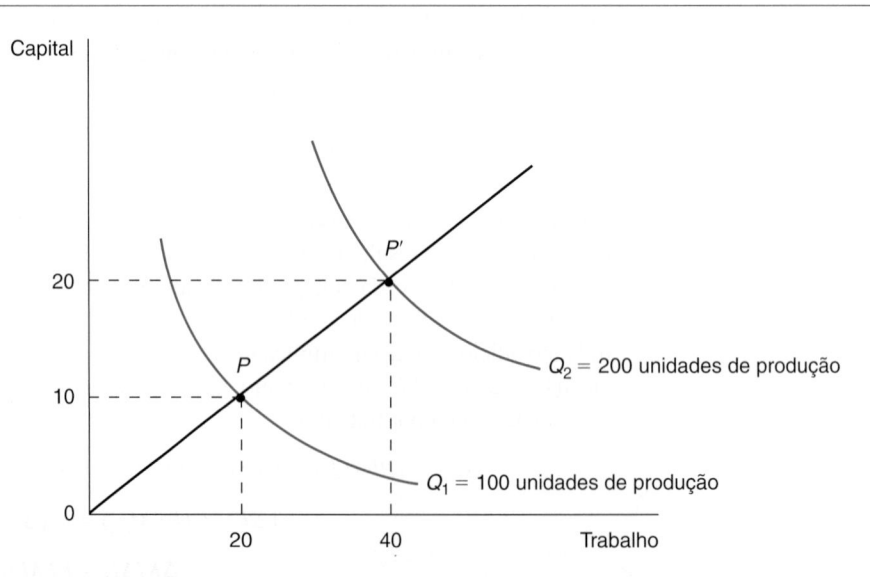

O termo *retorno constante de escala* significa que um dado aumento percentual em todos os insumos levará ao mesmo aumento percentual da produção. Assim, dobrar a quantidade de insumos usados no ponto P (de 10 para 20 unidades de capital e de 20 para 40 unidades de trabalho) significará que, no ponto P', a produção (200 unidades) será duas vezes maior que a gerada no ponto P (100 unidades).

FIGURA 8 Equilíbrio do produtor

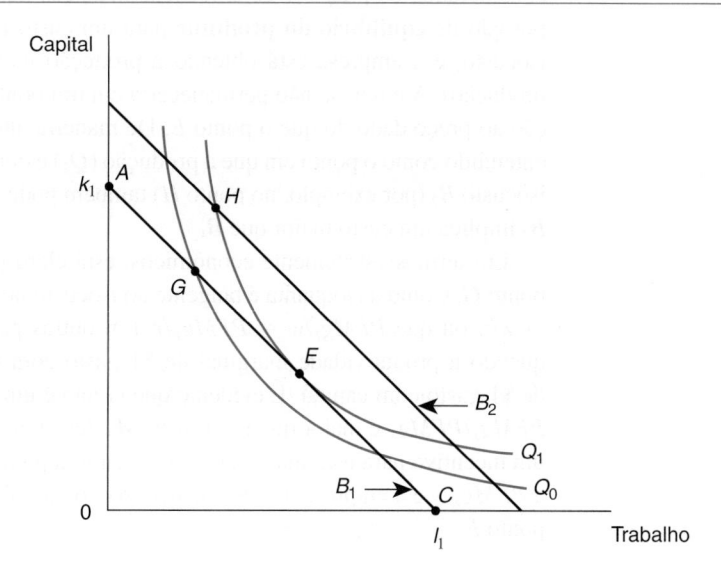

Uma linha de isocusto como a B_1 mostra as combinações de dois insumos que podem ser adquiridas pela empresa por um mesmo custo. No ponto C, a quantidade $0l_1$ de trabalho pode ser contratada, mas nenhum capital pode ser empregado; no ponto A, $0k_1$ de capital pode ser usado, mas nenhum trabalho pode ser empregado. Para o gasto B_1, a empresa obtém a maior parte de produção (Q_1) produzindo no ponto E, onde a inclinação (negativa) da isoquanta ($PFMg_L/PFMg_K$) é igual à inclinação (negativa) da linha de isocusto (w/r). Produzir no ponto G gera menos produção (Q_0) com o gasto B_1 que produzir no ponto E. Produzir no ponto H proporciona a mesma produção que produzir no ponto E, mas a um custo mais alto.

Antes de indicar a escolha ótima de quanto empregar de cada fator, deve-se levar em consideração a inclinação de uma linha de isocusto. Na Figura 8, se toda a disponibilidade orçamentária B_1 for gasta com capital, então $0k_1$ unidades podem ser compradas, mas nenhum trabalho pode ser empregado (ponto A). Ou $0l_1$ de trabalho poderia ser contratado, mas nenhum capital poderia ser usado (ponto C). Se imaginarmos um deslocamento do ponto C para o ponto A, a inclinação será simplesmente $\Delta K/\Delta L$ ou $(0k_1)/(-0l_1)$. A distância $0k_1$ pode ser redefinida como o tamanho do orçamento (B_1) dividido pela taxa de aluguel do capital ou preço do capital (r); similarmente, a distância $0l_1$ pode ser redefinida como o tamanho do orçamento dividido pela taxa de remuneração (w):

$$(\Delta K)/(\Delta L) = (0k_1)/(-0l_1)$$
$$= -(0k_1)/(0l_1)$$
$$= -(B_1/r)/(B_1/w)$$
$$-(\Delta K)/(\Delta L) = w/r$$

Assim, a inclinação (negativa) da isocusto é igual à razão entre a taxa de remuneração e a taxa de aluguel do capital; por esta razão, a linha de isocusto é frequentemente denominada *linha de preço de fator*. Uma linha de isocusto mais inclinada reflete uma elevação da taxa de remuneração relativamente à taxa de aluguel do capital, enquanto uma linha de preço de fator menos inclinada indica o oposto.[2]

---

[2] Um outro modo de enxergar a linha de isocusto é obter a equação da linha. O orçamento do produtor, ou a quantia gasta com os fatores de produção, é simplesmente a taxa de aluguel do capital multiplicada pela quantidade de capital usada mais a taxa de remuneração multiplicada pela quantidade de trabalho usada:

$$B = rK + wL$$
$$rK = B - wL$$
$$K = (B/r) - (w/r)L$$

Esta equação indica que a linha de isocusto tem um intercepto em B/r e uma inclinação de $-(w/r)$.

Equilíbrio do produtor

A escolha da combinação de fatores da produção a serem empregados implica que sejam considerados os preços e as exigências técnicas dos fatores. O ponto E na Figura 8 indica a posição de **equilíbrio do produtor** para um custo B_1. Neste ponto, a isoquanta é tangente ao isocusto, e a empresa está obtendo a produção máxima ao preço dado (isto é, eficiência de produção). A empresa não permaneceria em um ponto como G, porque este gera menos produção ao preço dado do que o ponto E. De maneira alternativa, o equilíbrio do produtor pode ser entendido como o ponto em que a produção (Q_1) é obtida com o menor custo possível. A linha de isocusto B_2 (por exemplo, no ponto H) também pode ser usada para se obter a produção Q_1, mas B_2 implica um custo maior que B_1.

Em termos estritamente econômicos, está claro por que o ponto E seria escolhido e não o ponto G. Como a isoquanta é tangente ao isocusto no ponto E, isto significa que $PFMg_L/PFMg_K = w/r$, ou que $PFMg_L/w = PFMg_K/r$. Em outras palavras, obtém-se o equilíbrio do produtor quando a produtividade marginal de \$1 gasto com trabalho é igual à produtividade marginal de \$1 gasto com capital. É evidente que G não é um ponto de produção eficiente, uma vez que $PFMg_L/PFMg_K$ é maior que w/r (ou $PFMg_L/w$ é maior que $PFMg_K/r$). Assim, o empresário tem um incentivo para usar mais trabalho e menos capital – o que faz decrescer a $PFMg_L$ e aumentar a $PFMg_K$ – e a empresa desloca-se para baixo na linha de isocusto, passando do ponto G para o ponto E.

REVISÃO DE CONCEITO

1. Por que as isoquantas são desenhadas convexas em relação à origem?
2. Explique resumidamente o que ocorre com os interceptos e com a inclinação de uma linha de isocusto para um dado orçamento se a taxa de aluguel do capital (r) cai ao mesmo tempo que a taxa de salário (w) aumenta.
3. Se $PFMg_L/PFMg_K$ na produção de um bem é menor que w/r, por que a empresa não está em equilíbrio do produtor? Explique como, com um dado orçamento, a produção pode ser ampliada mudando-se as combinações dos fatores.

O DIAGRAMA DA CAIXA DE EDGEWORTH E A FRONTEIRA DE POSSIBILIDADES DE PRODUÇÃO

Do ponto de vista de entendimento da teoria de comércio internacional, dois outros conceitos precisam ser introduzidos neste capítulo. Ambos veem a economia como um todo, e não simplesmente consumidores e produtores individuais.

O diagrama da caixa de Edgeworth

Esse diagrama é útil para a discussão de diversas relações e conceitos econômicos. Neste livro, ele será usado para estudar o lado econômico da eficiência da produção. (Também pode ser usado para discutir o aspecto econômico do consumo.) A construção de um típico **diagrama da caixa de Edgeworth** considera as empresas em duas indústrias separadas, indústria X e indústria Y (veja a Figura 9). A parte (a) mostra as isoquantas das empresas na indústria X, e a parte (b) mostra as isoquantas das empresas na indústria Y. Como a linha 0_xA é menos inclinada que a linha 0_yB, a indústria X é a indústria mais trabalho-intensiva e a indústria Y é a indústria mais capital-intensiva.[3] Deve-se lembrar que, em uma economia competitiva com mobilidade de fator entre indústrias, os preços relativos dos fatores $(w/r)_1$ defrontados pelas duas indústrias serão idênticos.

---

[3] A inclinação de uma linha que parte da origem para o ponto de produção para qualquer indústria fornece a razão de capital por trabalho (K/L) usada na indústria. Uma linha mais inclinada representa uma relação K/L maior, e, portanto, maior intensidade de capital. Uma discussão mais completa sobre a intensidade relativa de fator é fornecida no Capítulo 8, "As bases para o comércio: dotações de fatores e o modelo de Heckscher-Ohlin".

FIGURA 9 Isoquantas para duas indústrias com diferentes intensidades de fatores

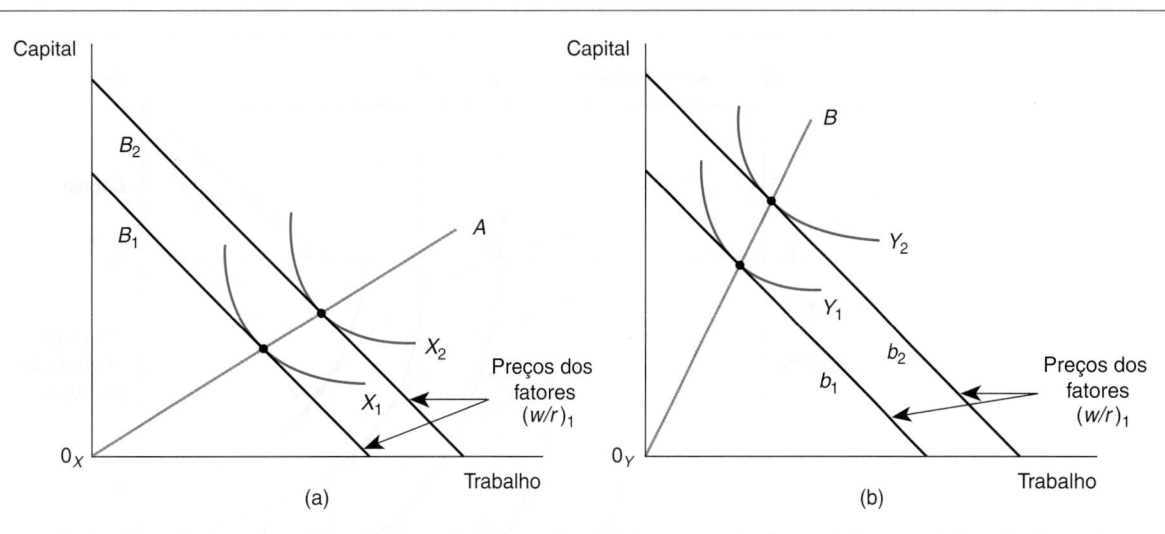

Tanto a indústria X no painel (a) como a indústria Y no painel (b) têm diante de si os preços dos fatores $(w/r)_1$, como indica a inclinação (negativa) das linhas de isocusto. Em equilíbrio de produtor, a indústria X emprega, para os preços de fatores dados, a razão entre capital e trabalho (dada pela inclinação da linha $0_X A$) que é menor que a razão entre capital e trabalho empregada na indústria Y (dada pela inclinação da linha $0_Y B$). A indústria X é denominada *trabalho-intensiva* e a indústria Y é denominada *capital-intensiva*.

O diagrama da caixa de Edgeworth toma as isoquantas dessas duas indústrias (pressupondo-se serem as duas únicas indústrias na economia) e as coloca num diagrama, como na Figura 10. As isoquantas da indústria X são posicionadas como na parte (a) da Figura 9. Entretanto, as isoquantas de Y da parte (b) da Figura 9 são posicionadas diferentemente na Figura 10. A origem para a indústria Y, 0_Y, é posicionada para que o aumento no uso de capital seja indicado por movimentos *descendentes* partindo de 0_Y e o aumento do uso de trabalho seja indicado por movimentos *para a esquerda* partindo de 0_Y. Assim, partindo de 0_Y, aumentos da produção da indústria Y são indicados movendo-se para isoquantas que estão mais abaixo e para a esquerda de 0_Y. Uma característica importante do diagrama da caixa de Edgeworth é que as suas dimensões medem a disponibilidade total de trabalho e de capital na *economia como um todo*. Assim, a dimensão horizontal $0_X F$ e a dimensão horizontal $0_Y G$ indicam cada uma a disponibilidade *total* de trabalho, enquanto a dimensão vertical $0_X G$ e a dimensão vertical $0_Y F$ medem cada uma o capital *total* disponível. O total de trabalho e de capital na economia será dividido entre as duas indústrias.

A economia pode produzir em qualquer ponto dentro dos limites da caixa de Edgeworth. Entretanto, alguns pontos de produção são melhores (isto é, proporcionam mais produção total) que outros. Os pontos de "melhor" produção são aqueles em que as isoquantas das duas indústrias são tangentes, tal como o ponto Q (isoquantas x_1 e y_5) ou o ponto R (isoquantas x_2 e y_4). A linha que conecta esses pontos de tangência é chamada de **lócus de eficiência de produção**, ou "curva de contrato". É evidente que este lócus de eficiência vai de 0_X, passando por Q, R, S, T, W, até 0_Y. Em qualquer ponto dado deste lócus, a $PFMg_L/PFMg_K$ será a mesma em ambas as indústrias (e igual a w/r se a economia escolher produzir neste ponto particular).

Por que os pontos da curva de contrato representam os pontos de melhor produção? Para ilustrar, considere o ponto V fora da curva de contrato. Em V, a indústria X produzirá a quantidade x_3 e usará a quantidade $0_X l_1$ de trabalho e $0_X k_1$ de capital. A indústria Y produzirá y_1 e usará $0_Y l_2 (= l_1 F)$ de trabalho e $0_Y k_2 (= k_1 G)$ de capital. Observe também que o trabalho utilizado nas duas indústrias esgota o total de trabalho disponível na economia, pois $0_X l_1 + 0_Y l_2 = 0_X l_1 + l_1 F = 0_X F$ (ou $= l_2 G + 0_Y l_2 = 0_Y G$). Da mesma forma, a soma do capital utilizado nas duas indústrias é o total de capital disponível na economia.

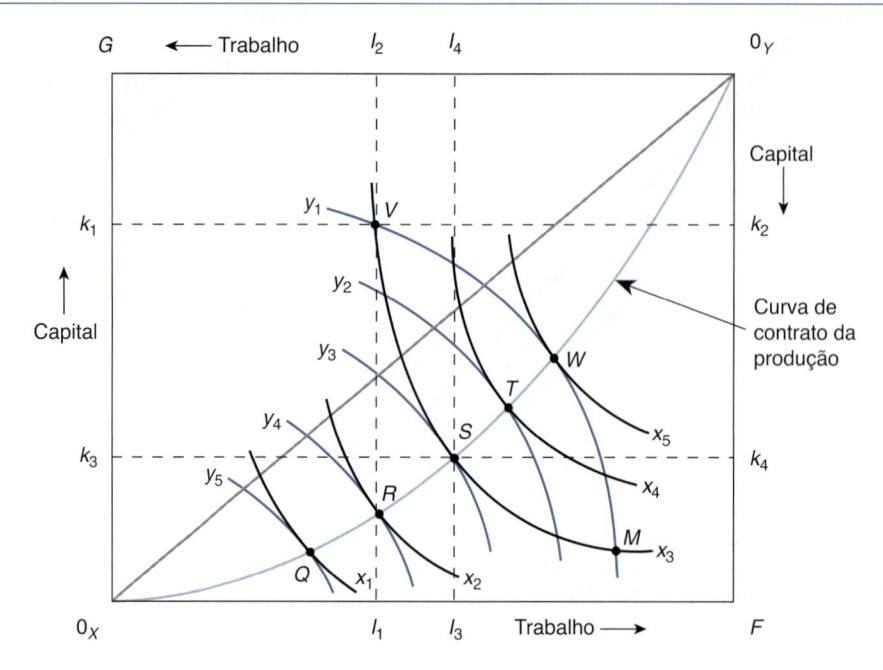

FIGURA 10   O diagrama da caixa de Edgeworth e o aspecto econômico da eficiência da produção

A curva de contrato da produção – $0_X QRSTW\,0_Y$ – mostra pontos nos quais produzir mais de um bem só é possível produzindo-se menos de outro bem. Se a economia estiver operando fora da curva de contrato (tal como no ponto V), pode-se obter maior produção de, pelo menos, um bem sem reduzir a produção do outro bem movendo-se para a curva de contrato (por exemplo, para o ponto S). De maneira alternativa, uma maior produção de bens pode ser obtida (movendo-se do ponto V para o ponto T) produzindo-se em qualquer ponto da curva de contrato.

Mas considere o ponto S, que está *na* curva de contrato. Este ponto de produção gera x_3 do produto X, o mesmo que o ponto V, pois os dois pontos estão na mesma isoquanta. Entretanto, o ponto S gera y_3 do produto Y, que é *maior* que a produção de Y no ponto V, pois S está numa isoquanta de Y com maior produção. Portanto, o ponto S é superior a V porque S envolve a mesma quantidade do produto X, mas uma quantidade maior do produto Y. Partindo-se do ponto V, o ponto S poderia ser alcançado deslocando-se $l_4 l_2 (= l_1 l_3)$ de trabalho da produção de Y para a produção de X e transferindo-se $k_3 k_1 (= k_2 k_4)$ de capital da produção de X para a produção de Y. Essas transferências movem trabalho da indústria de capital-intensiva para a indústria trabalho--intensiva, e elas deslocam capital da indústria trabalho-intensiva para a indústria capital-intensiva. Usando um argumento semelhante, o ponto W é superior ao ponto M, pois W possui a mesma produção de Y que M, porém maior produção de X. Finalmente, um ponto como T representa maior produção de *X e* maior produção de *Y* que os pontos V ou M. Uma conclusão importante é que, para qualquer ponto *fora* da curva de contrato, existe um ponto *sobre* ela que possibilita maior produção de pelo menos um bem sem reduzir a produção do outro bem.

Que comparações podem ser feitas entre os pontos ao longo da curva de contrato de produção? Do ponto de vista de produção somente, nenhum julgamento pode ser feito sobre a preferência relativa desses pontos, porque o movimento de um ponto ao outro leva a maior produção de um bem e a *menor* produção do outro. Assim, por exemplo, o ponto S tem mais produto Y, mas menos produto X que o ponto W. Somente quando a demanda da economia é trazida para a análise (veja o Capítulo 6, "Ganhos provenientes do comércio na teoria neoclássica") é que se torna possível definir a preferência relativa dos pontos ao longo da curva de contrato e a combinação de produção que será efetivamente escolhida. Todavia, pode-se concluir que pontos

FIGURA 11 Aumento do custo de oportunidade na FPP

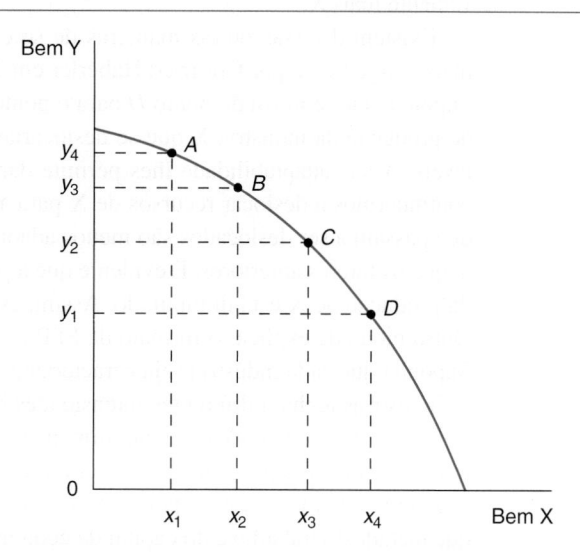

Visto que a produção se desloca do ponto A para o ponto B, a produção adicional x_1x_2 do bem X exige que a produção do bem Y seja reduzida no montante y_3y_4. Para uma mudança subsequente do ponto B para o ponto C, a produção adicional x_2x_3 (que é igual a x_1x_2) do bem X exige que se desista da quantidade y_2y_3 do bem Y, a qual é maior que y_3y_4. Assim, o custo de oportunidade de se obter mais X cresce quanto mais X for produzido. Esta conclusão vale para qualquer movimento *ao longo* da FPP. Da mesma forma, mover-se em direção à maior produção do bem Y requer que se desista de montantes crescentes do bem X *para cada unidade adicional* de produção de Y.

fora da curva de contrato são ineficientes para a economia como um todo, pois qualquer um desses pode ser melhorado indo-se para a curva de contrato da produção. Pontos sobre a curva são eficientes, porque mover-se ao longo dela *requer* que se desista da produção de um bem para se obter mais produção do outro bem. **Eficiência de Pareto** é o termo usado pelos economistas para esta troca que caracteriza a curva de contrato, em homenagem a Vilfredo Pareto (1848-1923).

A fronteira de possibilidade de produção

Uma fronteira de possibilidade de produção típica (FPP) está desenhada na Figura 11. Diferentemente da FPP usada pelos economistas clássicos, esta apresenta **custos crescentes de oportunidade**. Se a economia estiver no ponto A, estará produzindo $0x_1$ do bem X e $0y_4$ do bem Y. Se houver deslocamento para o ponto B, então x_1x_2 do bem X é adicionado, mas y_3y_4 de Y é descartado. Se acrescentarmos um montante x_2x_3 de X, que é igual a x_1x_2, deve-se renunciar ao montante y_2y_3 do bem Y. Deve-se abrir mão de montantes *crescentes* de Y para se obter sempre a mesma quantia adicional de X, pois $y_1y_2 > y_2y_3 > y_3y_4$ e assim por diante. Da mesma forma, se a economia se move na outra direção (digamos, do ponto D), ocorrem custos de oportunidade crescentes, porque abrir mão de montantes iguais do bem X (por exemplo, x_3x_4, depois x_2x_3 e depois x_1x_2) gera incrementos menores do bem Y (y_1y_2, depois y_2y_3 e depois y_3y_4). Com custos de oportunidade crescentes, a forma da FPP é côncava em relação à origem ou curvada para fora, como na Figura 11.

O termo formal para a inclinação (negativa) da FPP é **taxa marginal de transformação** (TMT), a qual reflete a mudança em Y (ΔY) associada à mudança em X (ΔX). Como a inclinação ($\Delta Y/\Delta X$) é negativa, o negativo da inclinação ou $-\Delta Y/\Delta X$ é um número positivo (a TMT). Pode ser mostrado matematicamente que TMT = CMg_X/CMg_Y, ou a razão entre os custos marginais nas duas indústrias. Como as companhias incorrem em custos marginais crescentes quando expandem a produção, o movimento em direção a mais produção de X significa que CMg_X aumentará; do mesmo modo, quando *menos* produção de Y for empreendida, CMg_Y cairá. À medida que é gerada maior produção de X e menor de Y, a proporção

CMg_X/CMg_Y aumentará. Em outras palavras, a FPP fica mais inclinada quando se produz relativamente mais X.

Existem diversas outras maneiras de se explicar o formato côncavo da FPP. A explicação mais antiga (dada por Gottfried Haberler em 1936) envolvia "fatores específicos" de produção. Suponha que se mova do ponto D para o ponto C na Figura 11. Na visão de Haberler, os fatores de produção da indústria X que se deslocariam para a produção de Y são mais móveis e adaptáveis. A sua adaptabilidade lhes permite dar uma boa contribuição para a produção de Y. Se continuarmos a deslocar recursos de X para Y (por exemplo, de C para B), contudo, os fatores que passam a ser deslocados são menos adaptáveis. Eles contribuem menos para a produção de Y que os fatores anteriores. É evidente que a produção adicional de Y obtida para reduções fixas da produção de X está diminuindo. Assim, estão ocorrendo custos de oportunidade crescentes. Outro modo de explicar o formato da FPP foi oferecido por Paul Samuelson (1949, p. 183-87). Suponha que cada indústria seja caracterizada por retornos constantes de escala e, também, que as indústrias tenham diferentes intensidades de fatores: a indústria X é relativamente trabalho-intensiva e a indústria Y é a capital-intensiva. Por conseguinte, na Figura 12, assumindo-se que todos os fatores (aqui somente capital e trabalho) estão empregados na produção de Y, então a economia está localizada no ponto R e produzindo $0y_1$ do bem Y e nada do bem X. Admita agora que metade do trabalho e do capital da economia é retirada da produção de Y e deslocada para a produção de X. Onde a economia se situará? Com retornos constantes de escala, a produção de Y será cortada pela metade, pois a metade dos fatores foi removida, e a produção de X alcançará metade de sua quantia máxima. Assim, a economia estará localizada no ponto M, em que $0x_1/2$ e $0y_1/2$ estão sendo produzidos. Se várias proporções dos fatores fossem trocadas deste modo, poderia ser traçada a linha reta RMQ.

Contudo, como mostrou Samuelson, esta comutação de fatores de modo proporcional de uma indústria para outra não faz sentido econômico (o termo técnico para isto é "burrice"). Como X é a indústria trabalho-intensiva e Y é a indústria capital-intensiva,

FIGURA 12   Uma FPP com custo de oportunidade crescente e retornos constantes de escala

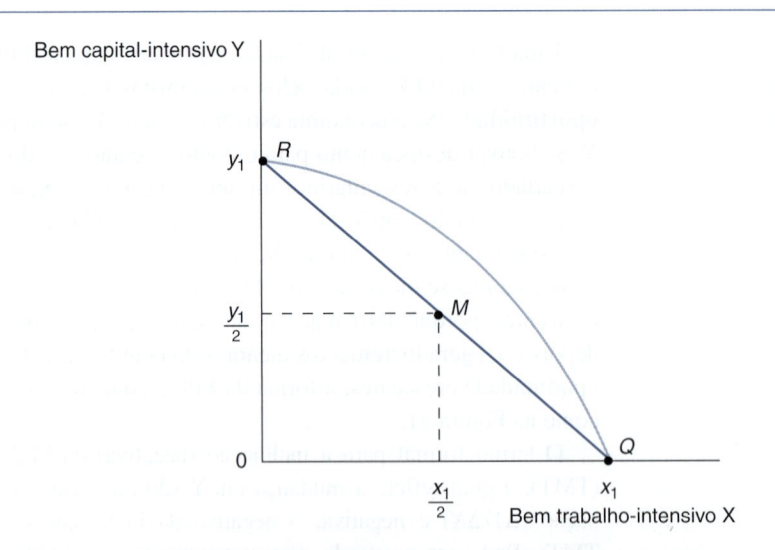

Se todo o capital e todo o trabalho forem direcionados para a produção do bem capital-intensivo Y, a produção da economia ocorrerá no ponto R. Com retornos constantes de escala, a alocação da metade de cada fator para a produção de X e da outra metade para a produção de Y gera produção no ponto M, onde metade da produção máxima de cada bem é produzida. Outras alocações proporcionais dos fatores traçariam a linha direta RMQ. Contudo, se relativamente mais da oferta de trabalho é alocada à produção do bem trabalho-intensivo X e relativamente mais do estoque de capital é alocado ao bem capital-intensivo Y, a economia pode produzir na linha côncava que une R e Q, isto é, podem ser produzidas combinações de produção superiores àquelas da linha reta RMQ.

faz mais sentido trocar *relativamente mais trabalho* de Y para X e *relativamente menos capital*. As indústrias estarão então usando fatores em maior correspondência com as suas exigências ótimas do que na estratégia de troca de mesma proporção, e a economia pode atuar numa situação melhor do que a linha RMQ. Assim, a FPP estará *fora* da RMQ, exceto nos pontos-limite R e Q, e a linha côncava que une R e Q é a FPP, a qual perceptivelmente possui custos de oportunidade crescentes.

Finalmente, um modo útil de ver a FPP e a sua inclinação é examinar a relação entre a FPP e o diagrama da caixa de Edgeworth, uma vez que o diagrama da caixa de Edgeworth é a fonte analítica da FPP. Para demonstrar este ponto, considere a Figura 13. A caixa de Edgeworth

FIGURA 13 A caixa de Edgeworth e a fronteira de possibilidade de produção

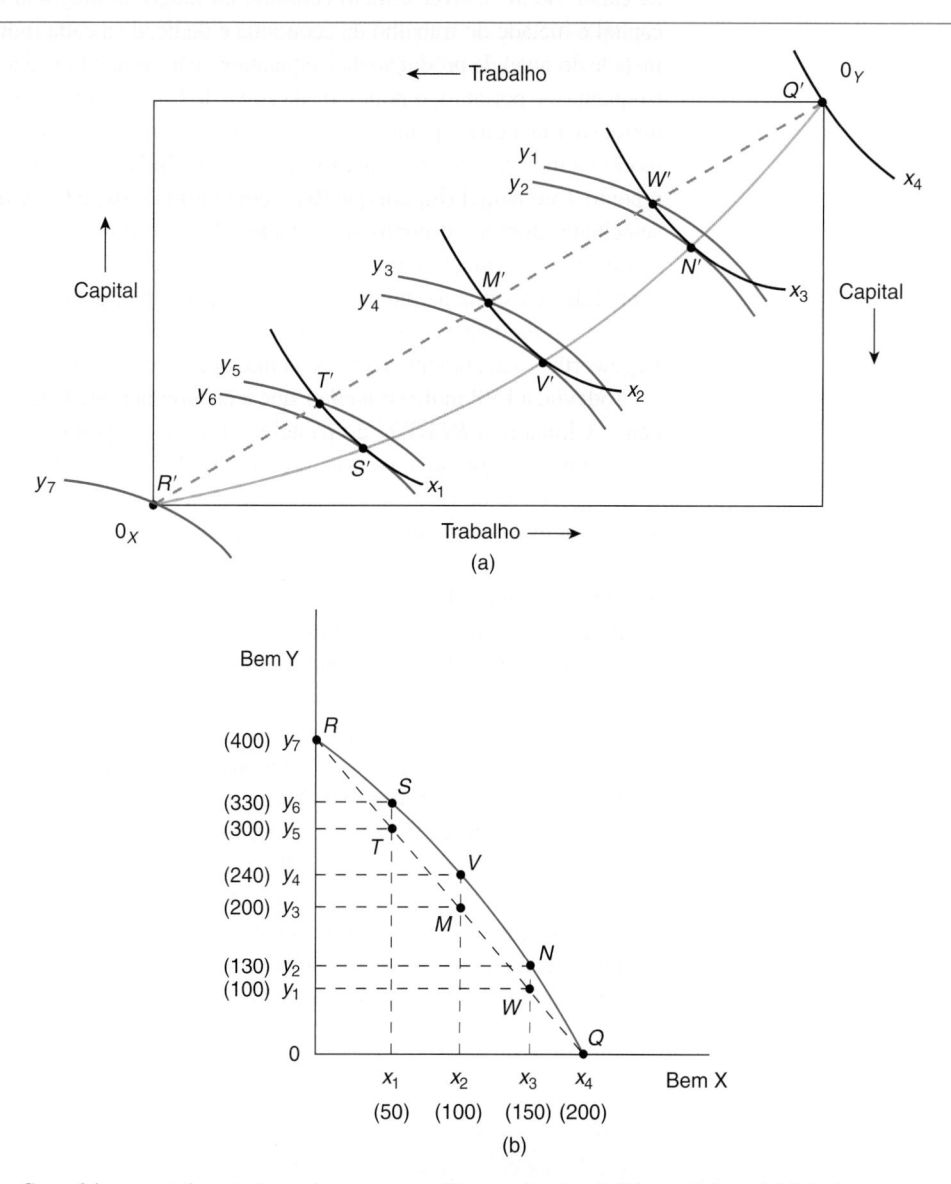

Como foi apresentado no texto, qualquer ponto no diagrama da caixa de Edgeworth [painel (a)] traduz-se em um ponto particular no diagrama de possibilidades de produção [painel (b)]. Se a produção se move ao longo da diagonal $R'T'M'W'Q'$ do painel (a), essas combinações de produtos seguem a linha direta $RTMWQ$ do painel (b). Os pontos no lócus de eficiência de produção $R'S'V'N'Q'$ do painel (a) configuram a fronteira de possibilidades de produção $RSVNQ$ do painel (b).

no painel (a) tem as propriedades discutidas anteriormente, enquanto o painel (b) mostra uma FPP com custos crescentes.

Ainda em relação à caixa de Edgeworth, suponha que a produção esteja na origem da indústria X, também representada pelo ponto R'. Neste ponto, estão ocorrendo o máximo da produção de Y e *zero* de produção de X. Pode-se, assim, transferir este ponto R' para a Figura 13(b) como ponto R, com $0y_7$ do bem Y e nada do bem X sendo produzido. De maneira similar, o ponto Q' na caixa (com máxima produção de X e produção zero de Y) traduz-se na Figura 13(b) como o ponto Q, com produção de $0x_4$ do bem X e nada do bem Y. Para facilitar o entendimento, colocamos números ilustrativos de produção nos eixos do diagrama da FPP na Figura 13(b).

O que dizer sobre os pontos onde ocorre um pouco de produção de ambas as mercadorias? Tendo em mente a suposição de retornos constantes de escala, desloque-se ao longo da diagonal da caixa. Se M' estiver a meio caminho ao longo da diagonal entre R' e Q', então metade do capital e metade do trabalho da economia é dedicada a cada indústria. Assim, a isoquanta x_2 é a metade do nível de produção da isoquanta x_4, e a isoquanta y_3 é a metade do nível de produção da isoquanta y_7; portanto, o ponto M' na caixa de Edgeworth será o ponto M na Figura 13(b). Além disso, suponha que o ponto T' na caixa envolve um quarto do trabalho e do capital da economia usado na indústria X e três quartos do usado na indústria Y. O ponto T' será então plotado como o ponto T no painel (b), em que $0x_1$ é um quarto de $0x_4$ e $0y_5$ é três quartos de $0y_7$. Uma análise semelhante fornece o ponto W no painel (b) se o ponto W' no painel (a) representa o uso de três quartos do trabalho e do capital da economia na indústria X e um quarto do trabalho e do capital da economia na indústria Y. Portanto, a linha tracejada $RTMWQ$ no painel (b) representa a plotagem da diagonal $R'T'M'W'Q'$ do painel (a). Naturalmente, *qualquer* ponto na caixa de Edgeworth – não somente aqueles na diagonal – tem um ponto correspondente no painel (b).

Todavia, a FPP indica o *melhor* que a economia pode fazer em termos de produção dos dois bens. A linha reta $RTMWQ$ do painel (b) representa pontos de produção *máxima*? Certamente não. Como você recorda, os pontos de produção máxima na caixa de Edgeworth estavam localizados no lócus de eficiência de produção (na curva de contrato). Portanto, plotar esses *pontos de eficiência de produção* no painel (b) gerará a FPP; qualquer ponto da curva de contrato estará na FPP, e qualquer ponto da FPP necessariamente deve ter sido derivado de um ponto do lócus de eficiência de produção.

Para demonstrar que os pontos da curva de contrato são de produção máxima, considere os pontos T', M' e W' na diagonal de Edgeworth na Figura 13(a) e seus análogos T, M, e W na Figura 13(b). O ponto T' está associado a $0x_1$ do bem X (50X) e $0y_5$ do bem Y (300Y). Entretanto, as isoquantas indicam que se pode ter *mais* produto Y movendo-se para a isoquanta y_6 e ainda *manter-se a mesma quantia do produto X*. Assim, pode-se mover para o ponto S' na caixa para se obter a maior produção de Y compatível com $0x_1$ do produto X. O ponto S' traduz-se no ponto S na FPP (50X, 330Y). Um procedimento idêntico pode ser feito com os pontos M' e V' na caixa, e também com os pontos W' e N'. Logo, os pontos de produção máxima da curva de contrato na Figura 13(a) estão todos representados na Figura 13(b) como pontos da FPP, a qual mostra as combinações de produção máxima para a economia.[4]

Finalmente, lembre-se de que, sobre o lócus de eficiência de produção, aumentos de produção de um bem requerem que a produção do outro bem decresça. Esta mesma propriedade também é

---

[4] Note que se o lócus de eficiência de produção é a diagonal, então a fronteira de possibilidades de produção apresentarão a mesma razão capital/trabalho em todas as alternativas de produção, significando que as duas indústrias não podem ser distinguidas pela intensidade relativa de fator.

aplicável à FPP devido à sua construção da curva de contrato. Na FPP, acréscimos na produção de um bem *devem* envolver decréscimos na produção do outro. Entretanto, isto não é verdade para pontos dentro da FPP (isto é, fora do lócus de eficiência de produção). *Sobre* a FPP, todos os recursos estão plenamente empregados e são utilizados do modo mais eficiente possível, em razão da tecnologia refletida nas isoquantas. Além disso, o formato e a posição da FPP também refletirão as dotações de trabalho e capital da economia.

REVISÃO DE CONCEITO

1. Por que os pontos sobre a curva de contrato de produção no diagrama da caixa de Edgeworth mostram "eficiência de produção" na economia?
2. Se uma combinação de produção em um diagrama de possibilidades de produção de um país estiver *dentro* da fronteira de possibilidades de produção, o país está produzindo em sua curva de contrato de produção no diagrama da caixa de Edgeworth? Explique.

RESUMO

Este capítulo reviu e desenvolveu ferramentas básicas da análise microeconômica que serão usadas na teoria de comércio internacional nos capítulos posteriores. Na teoria micro, os consumidores individuais estão interessados em maximizar satisfação sujeitos às suas restrições orçamentárias, e a análise da relação entre curvas de indiferença e linhas de orçamento fornece os princípios implicados nesta maximização. As empresas individuais estão interessadas no uso mais eficiente dos insumos de produção (isto é, na obtenção da produção máxima para um determinado custo), e a análise isoquanta-isocusto fornece os princípios básicos para obter esta produção eficiente. Finalmente, o exame da eficiência econômica do ponto de vista da economia como um todo foi empreendido pelo desenvolvimento do diagrama da caixa de Edgeworth e da fronteira de possibilidades de produção. Todo o material analítico deste capítulo será utilizado na nossa apresentação da teoria de comércio internacional. A aplicação dessas ferramentas tem início no próximo capítulo.

TERMOS-CHAVE

curva de indiferença da comunidade (ou curva de indiferença do país)
curva de indiferença do consumidor
custos crescentes de oportunidade
diagrama da caixa de Edgeworth
eficiência de Pareto
equilíbrio do consumidor
equilíbrio do produtor
isoquanta
linha de isocusto
lócus de eficiência de produção (ou curva de contrato)
restrição orçamentária (ou linha de orçamento)
retornos constantes de escala
retornos crescentes de escala
retornos decrescentes de escala
taxa marginal de substituição decrescente
taxa marginal de substituição técnica
taxa marginal de transformação
transitividade
utilidade cardinal
utilidade ordinal

QUESTÕES E PROBLEMAS

1. Suponha que, partindo de uma posição inicial de equilíbrio do consumidor, o preço de um bem caia enquanto o preço do outro bem permanece o mesmo. Usando a análise de curvas de indiferença, explique como e por que o consumidor alterará o consumo *relativo* dos dois bens.
2. Explique por que uma mudança na distribuição de renda em um país pode alterar os formatos das curvas de indiferença desse país.
3. Se a $PFMg_L/PFMg_K$ na produção de um bem é menor que w/r, por que o produtor não está em equilíbrio? Explique como a produção da empresa pode crescer se não houver mudança no tamanho do orçamento e for dada a razão de preços dos fatores.
4. Suponha que, partindo de uma posição inicial de equilíbrio do produtor, a taxa de aluguel do capital aumente e a taxa de remuneração do trabalho (salário) caia. Pode ser determinado, sem ambiguidade, se o volume de produção da empresa aumentará ou cairá como resultado desta mudança nos preços relativos dos fatores? Explique.
5. Suponha que a empresa tenha um orçamento de $30 mil, que o salário seja de $10 por hora, e que a taxa de aluguel do capital seja de $100 por hora. Se o salário aumentar para $15 por hora e a taxa de aluguel do capital, para $120 por hora, o que ocorrerá com o orçamento do produtor ou com a linha de isocusto? O que acontecerá com o nível de equilíbrio da produção em virtude dessa mudança nos preços dos fatores? O que ocorrerá com o uso *relativo* dos fatores trabalho e capital em face da mudança nos preços dos fatores? Explique.

6. Se o lócus de eficiência da produção no diagrama da caixa de Edgeworth fosse a diagonal da caixa, como seria o formato da fronteira de possibilidades de produção, assumindo retornos constantes de escala nas duas indústrias?
7. Comente a afirmação: se a fronteira de possibilidades de produção de um país apresenta custos de oportunidade crescentes, isto significa que cada uma das indústrias do país deve operar em um contexto de retornos decrescentes de escala.
8. Na Figura 13, conforme se move de S' para V', o país estará produzindo mais (ou menos) do bem capital-intensivo e menos (ou mais) do bem trabalho-intensivo? O que deveria acontecer com a demanda de trabalho e de capital quando esse movimento ocorre? O que acontecerá com os preços relativos dos fatores? A inclinação das isoquantas no ponto de tangência com a curva de contrato em V' será a mesma que era em S'? Explique.
9. Suponha que o país experimente um crescimento em seu estoque de capital. Como isso mudaria a caixa de Edgeworth? Como isso modificaria a fronteira de possibilidades de produção? Agora o país poderia obter mais de ambas as mercadorias do que antes do aumento no estoque de capital, ou mais só do bem capital-intensivo? Explique.
10. Suponha que o preço ou a taxa de aluguel do capital aumente. Explique como os produtores responderiam usando o esquema isocusto/isoquanta. O que aconteceria com a razão capital/trabalho na produção?

CAPÍTULO 6

GANHOS PROVENIENTES DO COMÉRCIO NA TEORIA NEOCLÁSSICA

OBJETIVOS DE APRENDIZADO

- Entender o equilíbrio econômico em um país que não faz nenhum comércio.

- Entender o impacto no aumento do bem-estar de um país a partir da sua abertura para o comércio internacional.

- Compreender que tanto diferenças de oferta quanto de demanda entre países são suficientes na geração de uma base para o comércio.

- Avaliar as implicações de suposições-chave sobre o modelo neoclássico de comércio.

Introdução

Os efeitos de restrições sobre o comércio dos Estados Unidos

Em 1999, o economista Howard J. Wall, do Federal Reserve Bank de St. Louis, investigou a extensão em que barreiras ao comércio restringiram o comércio dos Estados Unidos e o tamanho dos custos ao bem-estar gerados por essas obstruções ao livre-comércio.[1] Ele concentrou sua atenção no comércio dos Estados Unidos com países que não México e Canadá a partir do momento em que barreiras ao comércio com aqueles países foram removidas, com o início do Tratado Norte-Americano de Livre-Comércio (NAFTA), em 1994. Wall ressaltou que, em 1996, os Estados Unidos importaram $723,2 bilhões em produtos de países não pertencentes ao NAFTA, mas tiveram de importar $111,6 bilhões a mais porque criaram restrições às importações. Portanto, as importações americanas foram 15,4% maiores ($111,6 bilhões ÷ $723,2 bilhões = 15,4%) por causa das restrições. Ele também calculou que as exportações americanas para os países não pertencentes ao NAFTA, que atingiram $498,8 bilhões em 1996, foram de $130,4 bilhões, ou mais de 26% maiores ($130,4 bilhões ÷ $498,8 bilhões = 26,1%) por causa das barreiras encontradas pelos países estrangeiros às exportações dos Estados Unidos. Logo, obstruções ao livre-comércio reduzem substancialmente o tamanho do comércio. Wall calculou que a redução das importações americanas impôs um custo ao bem-estar dos Estados Unidos de $97,3 bilhões em 1996, equivalente a 1,4% do produto interno bruto daquele ano. Embora ele não tenha sido capaz de estimar o custo ao bem-estar decorrente das restrições sobre as exportações dos EUA, sem dúvida é óbvio que geralmente ocorrem perdas substanciais de bem-estar por causa das obstruções ao livre-comércio.

Neste capítulo usamos as ferramentas microeconômicas desenvolvidas no Capítulo 5 para apresentar o argumento básico em favor de participar do comércio e, assim, evitar esses custos ao bem-estar gerados por restrições ao comércio. Este argumento é essencialmente uma atualização da análise ricardiana para incluir custos crescentes de oportunidade, outros fatores de produção além de trabalho, e considerações explícitas de demanda. Primeiro descreveremos a posição em autarquia de um país no arcabouço teórico neoclássico, para depois explicar por que é vantajoso passar da autarquia para o comércio e, finalmente, discutir as restrições que podem ser feitas à análise. Compreender a natureza dos ganhos do comércio neste esquema geral não somente facilitará a compreensão do material nos próximos capítulos, como também proporcionará um entendimento intuitivo dos custos ao bem-estar resultantes da imposição de restrições ao comércio.

Equilíbrio em Autarquia

Para o economista, *autarquia* significa a ausência total de participação no comércio internacional. Nesta situação – assim como no comércio – assume-se que a economia busca maximizar seu bem-estar pelo comportamento de seus agentes econômicos. As seguintes suposições cruciais são feitas ao longo deste capítulo: (1) os consumidores buscam maximizar sua satisfação, (2) os ofertantes de serviços de fatores e as empresas procuram maximizar seus retornos da atividade produtiva, (3) há mobilidade de fatores dentro do país, mas não internacionalmente, (4) não existem custos de transporte ou política de barreiras ao comércio e (5) existe concorrência perfeita.

Tanto em autarquia como no comércio, a produção ocorre na fronteira de possibilidades de produção (FPP). O ponto exato da FPP em que os produtores operam é escolhido levando-se em consideração seus custos de insumos em relação aos preços dos bens que eles podem produzir. O equilíbrio do produtor na FPP encontra-se ilustrado na Figura 1 e ocorre no ponto E, onde a FPP é tangente à linha de preços para os dois bens.

---

[1] Howard J. Wall. "Using the Gravity Model to Estimate the Costs of Protection", *Federal Reserve Bank of St. Louis Review*, jan./fev., 1999, p. 33-40.

FIGURA 1   Equilíbrio do produtor em autarquia

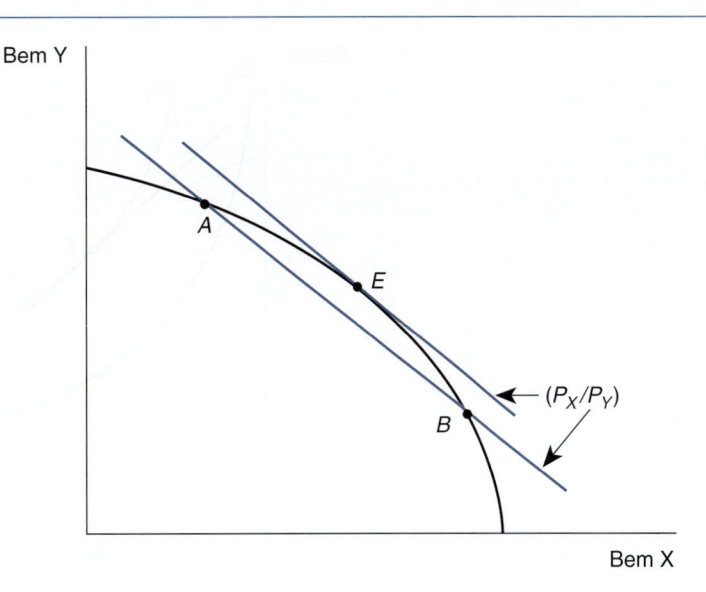

Em autarquia, o ponto E representa a produção de equilíbrio, em que a linha de preço doméstico é tangente à FPP. No ponto E, $P_X/P_Y = CMg_X/CMg_Y$, assim, não há incentivo aos produtores para alterar a produção. No ponto A, entretanto, $P_X/P_Y < CMg_X/CMg_Y$, e no ponto B, $P_X/P_Y < CMg_X/CMg_Y$, indicando que grandes lucros podem ser obtidos nos dois casos movendo-se para o ponto E.

Por que E é um ponto de equilíbrio? Você deve se lembrar do Capítulo 5 que a inclinação (negativa) da linha de orçamento ou da linha de preço relativo entre os bens X e Y é P_X/P_Y. Também foi assinalado que a inclinação (negativa) da FPP representa a taxa marginal de transformação (TMT) dos bens, a qual, por seu turno, é igual à razão entre os custos marginais de produção nas duas indústrias, CMg_X/CMg_Y. Assim, na FPP a produção de equilíbrio reflete que $P_X/P_Y = $ TMT $= CMg_X/CMg_Y$. Alternativamente, $(P_X/CMg_X) = (P_Y/CMg_Y)$, o que indica que, no ponto E, os produtores não têm incentivo para mudar a produção, pois o preço recebido no mercado por bem em relação ao custo marginal de produção do bem é o mesmo. Só haveria incentivo para alterar a produção se a razão preço/custo fosse diferente. (Lembre-se também de que em concorrência perfeita, no equilíbrio, o preço é igual ao custo marginal.)

Suponha que a economia não esteja no ponto E, mas no ponto A (veja novamente a Figura 1). Este poderia ser um ponto de equilíbrio para a economia? Obviamente não. No ponto A, como a linha de preço é mais inclinada que a FPP, $(P_X/P_Y) > (CMg_X/CMg_Y)$ ou, reenunciando, $(P_X/CMg_X) > (P_Y/CMg_Y)$. Portanto, o ponto A não pode ser uma posição de equilíbrio para a economia, pois a relação entre o preço do bem X e seu custo marginal excede a relação entre o preço do bem Y e seu custo marginal. Os produtores têm um incentivo para produzir *mais X* e *menos Y*, pois a produção de X, na margem, é relativamente mais lucrativa que a produção de Y. À medida que os recursos se movem de Y para X, a economia se desloca ao longo da FPP em direção ao ponto E, e continuará se movendo para produzir mais X e menos Y até o ponto E ser atingido. Conforme ocorre o movimento de A para E, a produção maior de X aumenta o CMg_X e a menor produção de Y diminui o CMg_Y. Assim, a razão (P_X/CMg_X) cairá e a razão (P_Y/CMg_Y) subirá. Como originalmente (P_X/CMg_X) era maior que (P_Y/CMg_Y) – no ponto A –, isto significa que as duas razões são convergentes entre si. Elas continuarão a convergir até que o ponto E seja alcançado, onde $(P_X/CMg_X) = (P_Y/CMg_Y)$. Também ocorrerá movimento para o ponto E se partirmos do ponto B, onde $P_X/P_Y < CMg_X/CMg_Y$.

FIGURA 2 Equilíbrio geral em autarquia

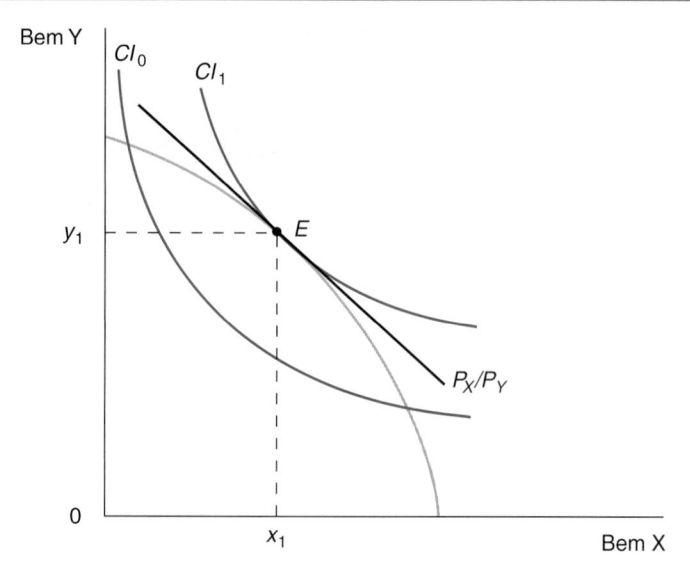

Para um país, o equilíbrio em autarquia, levando-se em conta tanto a oferta como a demanda, está no ponto E. Neste ponto, o país estará em sua curva de indiferença da comunidade mais elevada possível, em virtude das restrições à produção descritas pela FPP. Nem produtores, nem consumidores podem melhorar sua situação, pois, no ponto E, $UMg_X/UMg_Y = P_X/P_Y = CMg_X/CMg_Y$.

Em seguida, na Figura 2, os consumidores são incluídos e a economia, em autarquia, encontra-se em equilíbrio no ponto E. Este ponto é alcançado quando o país consegue o seu nível mais alto possível de bem-estar, considerando a limitação da produção dada pela FPP. Observe que a linha de preço resultante é tangente não só à FPP, mas também à curva de indiferença da comunidade, CI_1. A tangência entre uma curva de indiferença e a linha de preços reflete o fato de que a razão de preços relativos (P_X/P_Y) é igual à razão de utilidades marginais (UMg_X/UMg_Y), a qual é definida como a taxa marginal de substituição (TMS). Consequentemente, em *autarquia no equilíbrio* para a economia como um todo,

$$\text{TMT} = CMg_X/CMg_Y = P_X/P_Y = UMg_X/UMg_Y = \text{TMS}$$

Com equilíbrio no ponto E e dados os preços relativos (P_X/P_Y), a produção do bem X é $0x_1$ e a produção do bem Y é $0y_1$. Note que o consumo de equilíbrio em autarquia *também* é $0x_1$ do bem X e $0y_1$ do bem Y. Em um país sem comércio, a produção de cada bem deve ser igual ao consumo deste bem, pois nenhum dos bens é exportado ou importado. Se o bem fosse exportado, a sua produção doméstica excederia o consumo interno, pois uma parte da produção seria mandada para fora do país. Se o bem fosse importado, o consumo doméstico excederia a produção interna, pois uma parte da demanda seria atendida pela produção de outros países.

Introdução ao comércio internacional

Suponha que nessa situação de autarquia sejam introduzidas oportunidades de comércio. A característica mais importante para se ter em mente é que a abertura de um país ao comércio internacional significa *expor esse país a uma nova estrutura de preços relativos*. Quando esses preços diferentes estão disponíveis, os produtores do país e os consumidores se ajustarão a eles realocando seus padrões de produção e consumo. Esta realocação leva a ganhos com o comércio.

FIGURA 3   Ganhos de comércio para um único país (nosso)

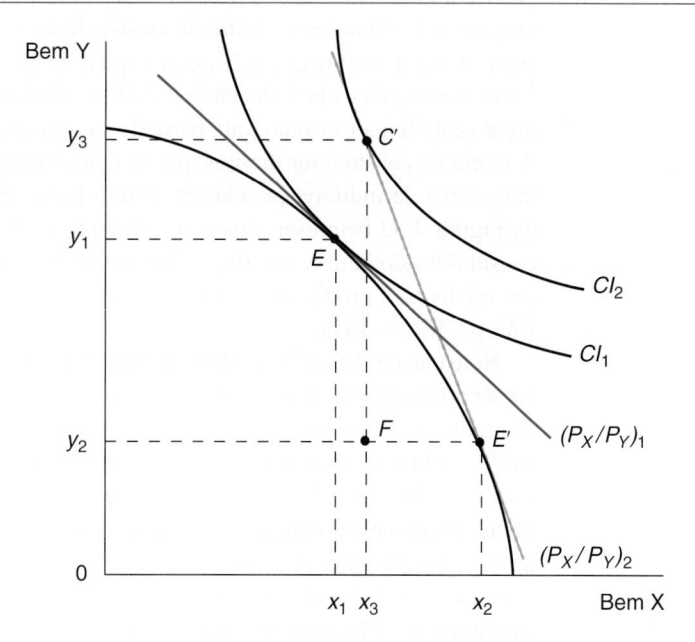

Em autarquia, nosso país está em equilíbrio no ponto E. Com a abertura ao comércio, o país dispõe dos termos de troca internacionais, $(P_X/P_Y)_2$. Se o preço do bem X for relativamente mais alto, a produção se moverá para E', o ponto de tangência entre os termos de troca internacionais e a FPP. Ao mesmo tempo, aos preços internacionais, o bem Y é relativamente menos dispendioso, logo os consumidores aumentam relativamente o consumo de Y, situando-se no ponto C', onde os termos de troca são tangentes à mais alta curva de indiferença da comunidade possível. C' situa-se fora da FPP e é obtido exportando-se a quantia x_3x_2 do bem X e trocando-a pela importação y_2y_3 do bem Y. O país está claramente em melhor situação, pois o comércio permite consumir na curva de indiferença mais elevada CI_2.

A principal fonte de ganhos com o comércio internacional é a diferença de preços relativos em autarquia entre países.

A realocação da produção e do consumo e os ganhos do comércio são ilustrados na Figura 3. (Esta figura será usada frequentemente neste livro, portanto é importante entendê-la agora.) Sob autarquia, o ponto ótimo da economia está em E, produzindo e consumindo $0x_1$ do bem X e $0y_1$ do bem Y. O nível de bem-estar é indicado pela curva de indiferença CI_1, e os preços em autarquia são $(P_X/P_Y)_1$. Agora suponha que nosso país se defronte com os preços internacionais $(P_X/P_Y)_2$. Esta nova relação de preços é mais inclinada do que os preços em autarquia, refletindo a suposição de que os preços relativos do mercado doméstico são mais baixos para X e mais altos para Y do que no mercado internacional. Assim, nosso país tem *vantagem comparativa no bem X* e *desvantagem comparativa no bem Y*. A diferença entre os preços relativos neste país e os preços relativos internacionais indica que nosso país é relativamente mais eficiente na produção de X e relativamente menos eficiente na produção de Y.

Pelo fato de os produtores terem agora, no mercado mundial, um preço relativamente mais alto de X do que na autarquia, eles desejarão ampliar a produção de X e reduzir a de Y, porque antecipam maior rentabilidade na produção de X. Assim, a produção se moverá do ponto E para o ponto E'. O estímulo para aumentar a produção de X e reduzir a produção de Y é dado pelo fato de que a nova razão de preços relativos $(P_X/P_Y)_2$ excede a razão CMg_X/CMg_Y em E, e continuará excedendo CMg_X/CMg_Y até que a igualdade entre preços relativos e os custos marginais relativos seja restaurada no ponto E'. Em E', a produção do bem X aumentou de $0x_1$ para $0x_2$, e a produção do bem Y caiu de $0y_1$ para $0y_2$.

Assim, a produção do país se moverá para o ponto E'. O que acontece com o consumo do país? Na construção geométrica do consumo, o ponto-chave é que a linha de preço relativo tangente a E' é também a **linha de comércio** do país, ou a fronteira de possibilidades de consumo. Com a produção em E', o país pode trocar unidades do bem X por unidades do bem Y aos novos preços prevalecentes, $(P_X/P_Y)_2$. Desta forma, o país pode se instalar em qualquer lugar nesta linha trocando uma parte de sua produção de X pelo bem Y no mercado mundial. A teoria de consumidor diz-nos que os consumidores escolherão um ponto de consumo onde uma curva de indiferença seja tangente à linha de preço. *Com comércio*, este é o ponto C' da Figura 3. O bem-estar dos consumidores do país é maximizado em C', e as quantidades consumidas do bem X são $0x_3$, e do bem Y, $0y_3$. Desse modo, com comércio e os novos preços relativos, a produção e o consumo se ajustam até que TMT = $CMg_X/CMg_Y = (P_X/P_Y)_2 = UMg_X/UMg_Y$ = TMS.

Note que o ponto C' está além da FPP. Como no modelo clássico, discutido no Capítulo 3, o comércio internacional permite aos consumidores uma combinação que fica além da capacidade de produção de seu próprio país. Sem comércio, as possibilidades de consumo ficam confinadas à FPP, e a FPP é também a FPC (fronteira de possibilidades de consumo). Com comércio, a FPC difere da FPP e possibilita combinações de consumo que simplesmente não poderiam ser alcançadas apenas pela produção doméstica. A FPC é simbolizada pela linha de preço internacional dada, visto que o país poderia escolher se fixar em qualquer ponto ao longo desta linha. O acesso à nova FPC pode beneficiar o país, pois agora podem ser alcançadas alternativas de consumo que anteriormente não eram possíveis. Na Figura 3, os ganhos do comércio podem ser percebidos pelo fato de que a nova FPC permite ao país alcançar uma curva de indiferença da comunidade mais elevada, CI_2.

Desta forma, o comércio possibilitou ao país alcançar um nível de bem-estar mais alto do que era possível sob autarquia. O próprio comércio também é observável na Figura 3. Visto que a produção do bem X é $0x_2$ e o consumo do bem X é $0x_3$, a diferença entre essas duas quantidades – x_3x_2 – representa as *exportações* do bem X deste país. Semelhantemente, como $0y_2$ é a produção do bem Y e $0y_3$ é o consumo do bem Y, a diferença entre essas duas quantidades – y_2y_3 – mede as *importações* do bem Y pelo país. Além disso, o padrão de comércio é convenientemente resumido no **triângulo de comércio** $FC'E'$. Para o país, este triângulo tem a seguinte interpretação econômica: (a) a base deste triângulo retângulo (distância FE') representa as exportações, uma vez que $FE' = x_3x_2$; (b) a altura ou o lado vertical do triângulo (distância FC') representa as importações, pois $FC' = y_2y_3$; e (c) a hipotenusa $C'E'$ representa a linha de comércio, e a sua inclinação (negativa) indica a razão de preço mundial ou termos de troca.

Os ganhos de consumo e de produção do comércio

Como já foi discutido, o país ganhou com o comércio. Às vezes, os economistas dividem o ganho total do comércio em duas partes conceitualmente distintas – o **ganho de consumo** (ou **ganhos da troca**) e o **ganho de produção** (ou **ganhos da especialização**).

O ganho de consumo obtido com o comércio refere-se ao fato de que a exposição a novos preços relativos, *mesmo sem mudanças na produção*, melhora o bem-estar do país. Este ganho pode ser visto na Figura 4, onde os pontos E, E' e C' são análogos a E, E' e C' na Figura 3, assim como são os preços de autarquia $(P_X/P_Y)_1$ e os preços de comércio $(P_X/P_Y)_2$. Quando o país não participa do comércio internacional, ele se localiza no ponto E. Suponha agora que os preços de comércio $(P_X/P_Y)_2$ estejam disponíveis ao país, mas, por enquanto, a produção não se modifica em relação ao ponto E. Uma linha que representa a nova razão de preços é então desenhada passando por esse ponto; a produção se mantém em E, e a nova linha de preço, com inclinação $(P_X/P_Y)_2$, é a linha de comércio. Com esta linha, os consumidores podem estar em melhor posição do que no ponto E, portanto eles se movem para o ponto em que os novos preços tangenciam uma curva de indiferença. Se os consumidores permanecessem em E, o preço do bem X dividido pelo preço do bem Y seria maior do que a utilidade marginal do bem X dividida pela utilidade

FIGURA 4 Ganhos da troca e da especialização com o comércio

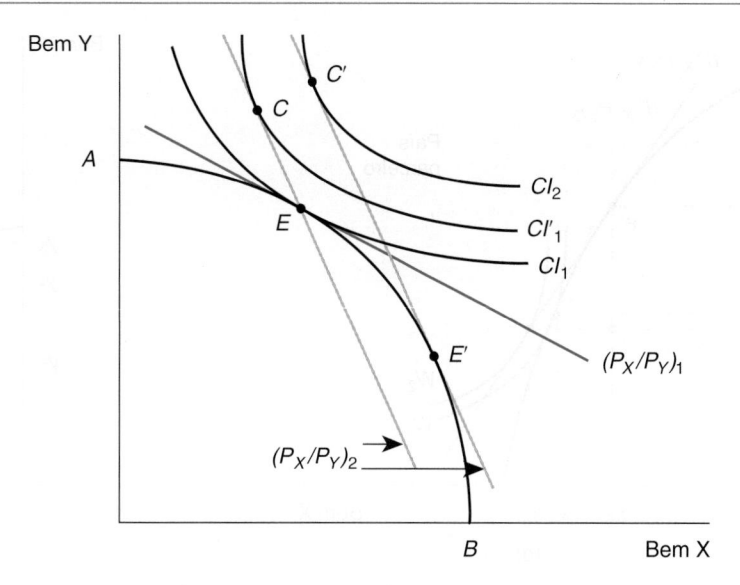

Em autarquia, o consumo e a produção doméstica se localizam no ponto E. Com a abertura do comércio, mas sem qualquer mudança na produção doméstica, os consumidores consomem ao longo da linha de termos de troca internacional, $(P_X/P_Y)_2$, passando pelo ponto E. Como o preço relativo do bem Y é internacionalmente mais baixo, os consumidores começarão a consumir mais Y e menos X, escolhendo o ponto C. O aumento no bem-estar, representado pela diferença entre CI_1 e CI'_1, é denominado ganho de consumo ou "ganhos da troca". Dado tempo suficiente para ajustar a produção, os produtores domésticos começarão a produzir mais do bem X, relativamente mais valioso, e menos do bem Y, maximizando lucros no ponto E'. O aumento no bem-estar trazido pela especialização do bem X permite aos consumidores alcançarem CI_2 e C'. O aumento no bem-estar representado pelo movimento de C para C' (CI'_1 para CI_2) é denominado ganho de produção ou "ganhos da especialização".

marginal do bem Y. Em outras palavras, a utilidade marginal do bem Y por dólar gasto com Y excederia a utilidade marginal do bem X por dólar gasto com X. Os consumidores então mudariam sua combinação de consumo, consumindo mais Y e menos X. Assim, a maximização do bem-estar com esta restrição à produção leva o consumidor ao ponto C. Visto que o ponto C está sobre uma curva de indiferença da comunidade (CI'_1) que é mais alta que a curva de indiferença da comunidade (CI_1) em autarquia, o país ganharia com o comércio mesmo se não alterasse a produção. O ganho reflete o fato de que, com os novos preços, os consumidores trocariam a combinação de consumo, aumentando o consumo do bem importado Y, agora com preço mais baixo, e reduzindo o do bem exportável X, agora com preço mais alto. Desse modo, mesmo se um país tiver uma estrutura absolutamente rígida de produção, em que nenhum fator de produção pode se deslocar entre as indústrias, ainda existirá ganho com o comércio.

Um novo ganho de bem-estar ocorre porque a produção muda e não permanece fixa em E (Figura 4). Com os novos preços relativos, há um incentivo para produzir mais do bem X e menos do bem Y, uma vez que agora produzir X é relativamente mais lucrativo que produzir Y, e a produção trocar de E para E' está de acordo com a vantagem comparativa. Mudar a produção em direção ao bem com vantagem comparativa aumenta o bem-estar, permitindo aos consumidores mover-se do ponto C para o ponto C'. Em resumo, o **ganho total do comércio** obtido mover-se do ponto E para o ponto C' (e, correspondentemente, de CI_1 para CI_2) pode ser dividido conceitualmente em duas partes: (1) o ganho de consumo, que envolve o movimento do ponto E para o ponto C (e, correspondentemente, de CI_1 para CI'_1); e (2) o ganho de produção, que envolve o movimento do ponto C para o ponto C' (e, correspondentemente, de CI'_1 para CI_2).

FIGURA 5 Ganhos do comércio do país parceiro

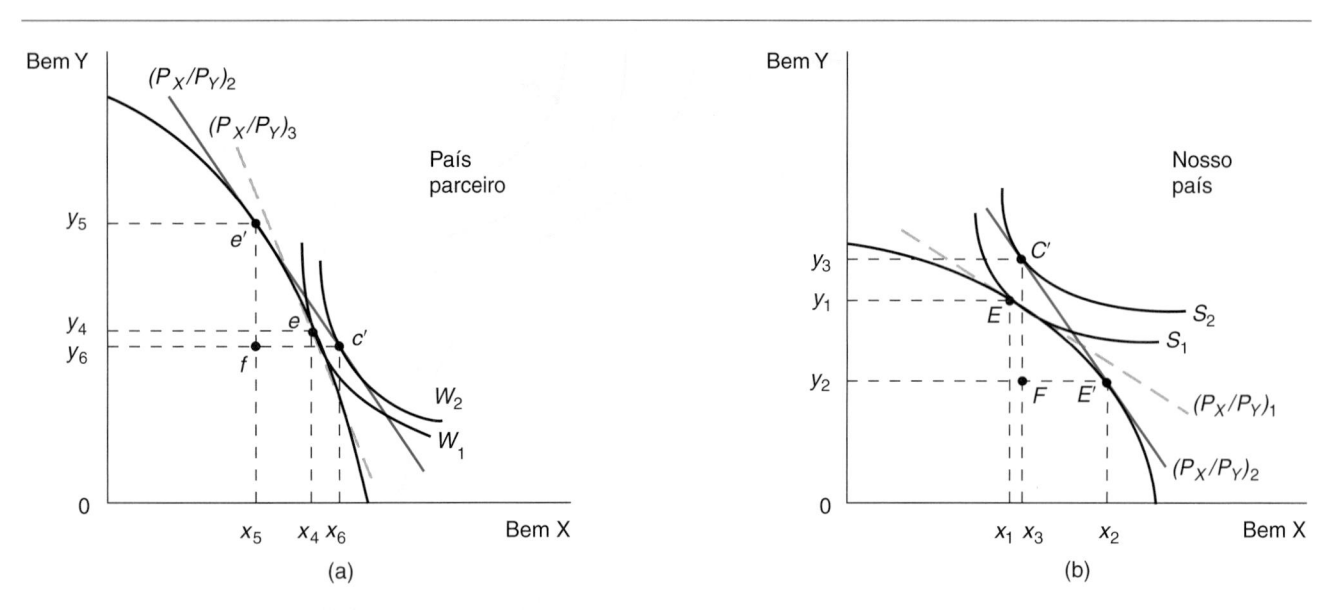

Como indicado no painel (a), em autarquia o país parceiro produz e consome no ponto e. Com o comércio, ele agora enfrenta a razão de preço internacional $(P_X/P_Y)_2$, a qual é menos inclinada que os preços relativos internos em autarquia. Consequentemente, a produção do bem Y, relativamente mais caro, expande-se e a produção do bem X se contrai, até que futuros ajustes façam o ponto e' não ser mais lucrativo. Agora os consumidores acham o bem X relativamente menos caro e ajustam seus gastos de consumo movendo-se do ponto e para o ponto c'. A abertura ao comércio permite ao país consumir fora de sua FPP, numa curva de indiferença W_2 mais alta, demonstrando assim os ganhos do comércio (a diferença entre W_1 e W_2). Note que, com o comércio, os dois países têm o mesmo conjunto de preços relativos dos produtos, $(P_X/P_Y)_2$.

O comércio no país parceiro

Se assumirmos um mundo de dois países, a análise para o parceiro de comércio é análoga à empregada para o nosso país, embora o padrão de comércio seja invertido. A Figura 5(a) é o gráfico referencial. A discussão dele pode ser breve, porque não implica nenhum novo princípio. Como contraste, o painel (b) ilustra a situação do país discutida anteriormente.

Na Figura 5(a), o equilíbrio do parceiro comercial (em autarquia) ocorre no ponto e, onde o país se defronta com preços de autarquia $(P_X/P_Y)_3$. O parceiro produz a quantidade $0x_4$ do bem X e a quantidade $0y_4$ do bem Y, e o nível de bem-estar do país é indicado pela curva de indiferença W_1. Com o comércio internacional, os preços relativos internacionais $(P_X/P_Y)_2$ serão *menores* que os preços em autarquia $(P_X/P_Y)_3$. (A determinação exata dos preços de comércio será explorada com muito mais detalhe no Capítulo 7.) Assim, o país parceiro tem uma vantagem comparativa no bem Y e uma desvantagem comparativa no bem X.

Em face dos novos preços possíveis com o comércio internacional, os produtores no país parceiro recebem um incentivo para produzir mais do bem Y e menos do bem X. O ponto de produção move-se de e para e', onde há uma tangência da FPP com $(P_X/P_Y)_2$ e onde a produção do bem X é $0x_5$ e a do bem Y é $0y_5$. A partir do ponto e', o país pode se mover ao longo da linha de comércio até que os consumidores estejam em equilíbrio, representado pelo ponto de tangência entre a linha de preço $(P_X/P_Y)_2$ e uma curva de indiferença. Com o comércio, o equilíbrio do consumo ocorre no ponto c' com comércio, e o consumo do bem X é $0x_6$ e do bem Y é $0y_6$.

Assim como no caso do nosso país, a diferença entre a produção e o consumo de qualquer bem reflete o volume e o padrão de comércio. Visto que a produção do bem X é $0x_5$ e o consumo é $0x_6$, as *importações* do bem X pelo país são x_5x_6; também, a produção do bem Y é $0y_5$ e o consumo é $0y_6$, então o país *exporta* y_6y_5 do bem Y. O triângulo de comércio $fe'\ c'$ representa o mesmo fenômeno anterior, mas, neste caso, o lado horizontal fc' representa as importações, e o lado vertical fe' representa as exportações. Note que, em um mundo de dois países, o triângulo de comércio $fe'\ c'$ do país parceiro é congruente com o triângulo de comércio $FC'\ E'$ do nosso país. Isto ocorre porque, por definição, as exportações do nosso país são importações do país parceiro, e as importações do nosso país são exportações do país parceiro. Além disso, os preços de comércio $(P_X/P_Y)_2$ são os mesmos para cada país.

É óbvio que o país parceiro também obtém ganhos do comércio. Com o comércio, os consumidores do país serão capazes de alcançar a curva de indiferença W_2, enquanto em autarquia os consumidores somente podiam alcançar a curva de indiferença W_1 mais baixa. Os "ganhos do comércio" para este país também poderiam ser divididos entre o "ganho de produção" e o "ganho de consumo", tal como foi feito com o nosso país, mas este é um exercício deixado para o leitor.

REVISÃO DE CONCEITO

1. Na teoria neoclássica, o que é necessário para que um país tenha ganho de comércio? Como se pode saber se um país tem ganho de comércio?
2. Explique a diferença entre "ganhos da troca" (ganho de consumo), "ganhos da especialização" (ganho de produção) e "ganho total do comércio".
3. O que significa triângulo de comércio? Por que os triângulos de comércio do parceiro e do nosso país devem ser congruentes em uma análise de mundo com dois países?
4. Dentro de que limites devem estar os termos de troca internacional?

CONDIÇÕES MÍNIMAS PARA O COMÉRCIO

A discussão na seção anterior demonstrou que há uma base para comércio sempre que os preços relativos dos bens, de dois parceiros comerciais potenciais, em autarquia, sejam diferentes. É importante explicar resumidamente as condições nas quais isto pode suceder. Se por um lado, em autarquia a geração de preços relativos diferentes for altamente improvável, os lucros potenciais totais do comércio serão limitados e a teoria de comércio será basicamente irrelevante. Por outro lado, se houver um conjunto consideravelmente amplo de circunstâncias que podem gerar diferenças de preços relativos, haverá uma forte base de sustentação para acreditar que os lucros potenciais do comércio estão presentes.

Teoricamente, existem duas fontes principais de variação de preços relativos entre dois países: diferenças de condições de oferta e diferenças de condições de demanda. Para estabelecer as condições *mínimas* para a geração de preços relativos diferentes em autarquia, olhamos primeiro para o papel da demanda, assumindo condições de produção idênticas. Em segundo lugar, investigamos o papel da oferta em condições de demanda idênticas.

O comércio entre países com FPPs idênticas

Esse caso possivelmente não foi tratado na análise clássica. Na análise ricardiana, se as condições de produção fossem as mesmas para os parceiros comerciais em todas as mercadorias (isto é, FPPs idênticas), as razões de preço pré-comerciais nos dois países seriam as mesmas; não haveria nenhum estímulo ao comércio e naturalmente nenhum ganho de comércio.

De acordo com a teoria neoclássica, dois países com condições de produção idênticas *podem* se beneficiar do comércio desde que haja as duas principais condições: diferentes condições de demanda nos dois países e a existência de custos de oportunidade crescentes. A última condição – custos de oportunidade crescentes – exerce o papel mais importante, mas também é necessário reconhecer como diferentes condições de demanda influenciam o comércio para atualizar a análise clássica.

FIGURA 6   As bases para o comércio entre dois países com FPPs idênticas e condições de demanda diferentes

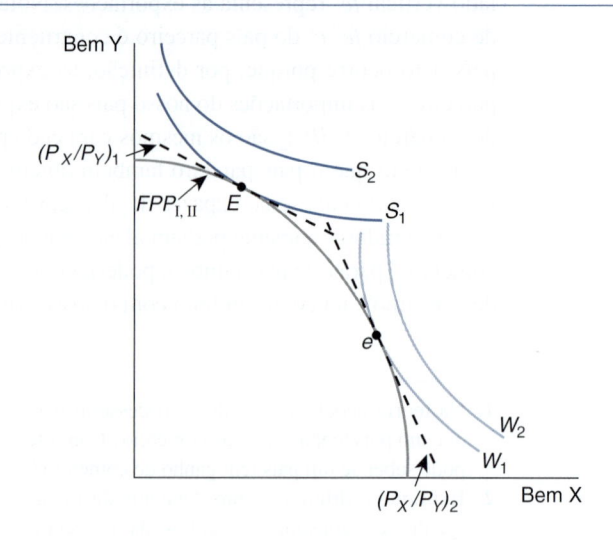

Com condições de produção idênticas tanto no país I como no país II, a FPP ($FPP_{I,II}$) é a mesma para ambos. Se as condições de demanda forem diferentes entre os dois países, seus respectivos mapas de indiferença da comunidade serão diferentes. Se este for o caso, os pontos de tangência entre as duas diferentes curvas de indiferença da comunidade e a FPP comum ocorrerão em pontos diferentes da FPP (isto é, E e e) e, portanto, refletirão diferentes conjuntos de preços relativos em autarquia. Haverá, assim, uma base para o comércio.

A Figura 6 ilustra esse caso especial. Como os dois países têm condições de produção idênticas, precisamos desenhar apenas uma FPP, pois ela representa os dois países. Os diversos gostos nos dois países são mostrados por mapas de indiferença diferentes. Suponha que o país I tenha uma preferência relativamente forte pelo bem Y, a qual é indicada pelas curvas S_1 e S_2, posicionadas próximas do eixo Y. Por sua vez, o país II tem uma preferência relativa pelo bem X, assim suas curvas W_1 e W_2 estão posicionadas próximas do eixo X. Os pontos de equilíbrio em autarquia são E para o país I e e para o país II. Dadas essas posições em autarquia, é evidente que a razão de preços em autarquia no país I é $(P_X/P_Y)_1$ e que a do país II é $(P_X/P_Y)_2$.

Como $(P_X/P_Y)_1$ é menor que $(P_X/P_Y)_2$, o país I tem a vantagem comparativa no bem X e o país II, no bem Y. As razões de preços mostram que a preferência pelo bem Y no país I fez o P_Y ficar mais elevado em relação ao P_X e que a preferência pelo bem X no país II levou o P_X a ser relativamente mais elevado que o P_Y. Com a abertura do comércio entre os dois países, o país I exportará X e, para tanto, expandirá a produção de X e reduzirá a produção de Y, pois agora Y será importado. Da mesma forma, o país II terá um incentivo para expandir a produção do bem Y e exportá-lo, e um incentivo para contrair a produção do bem X e importá-lo. Os países comercializarão a uma razão de preços (não mostrada) intermediária entre as razões de preços em autarquia, tangente às FPPs idênticas num ponto entre E e e. Os dois países poderão atingir curvas de indiferença mais altas. O senso comum do ganho mútuo do comércio consiste em que cada país é capaz agora de consumir mais dos bens para os quais tem maior preferência relativa. Assim, o comércio entre economias idênticas com padrões de demanda diferentes pode ser uma fonte de ganho e ser interpretado facilmente pela teoria neoclássica de comércio, enquanto o modelo clássico não pode explicar por que o comércio se realizaria,

FIGURA 7 As bases para o comércio entre dois países com demandas idênticas e estruturas de produção diferentes

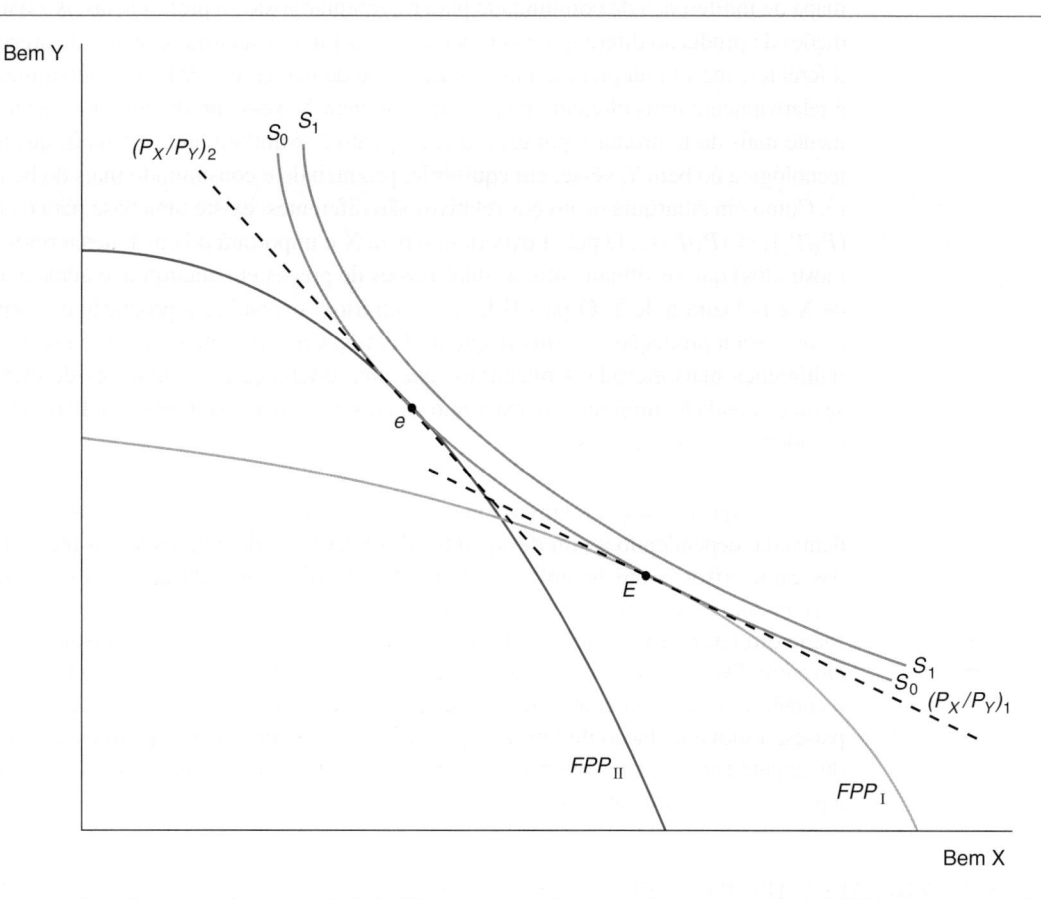

Diferentes estruturas de produção baseadas na existência de diferentes tecnologias entre países (mas com disponibilidade de recursos similar) estão demonstradas nos dois diferentes formatos das FPPs. O país I apresenta uma vantagem técnica na produção do bem X, e o país II tem vantagem técnica na produção do bem Y. Dadas as estruturas de demanda idênticas (isto é, um mapa de indiferença da comunidade comum), as tangências entre as FPPs e a mais alta curva de indiferença ocorrerão nos diferentes pontos E e e. Como as inclinações nesses pontos são diferentes, os preços relativos em autarquia são diferentes. Com termos de troca internacional situados em algum lugar entre os dois conjuntos de preços em autarquia, ambos os países podem ganhar comercializando.

uma vez que, com FPPs idênticas, com custo de oportunidade constante, os preços relativos dos dois países não se diferenciariam.

Comércio entre países com condições de demanda idênticas

Voltamos agora à situação na qual os dois países têm a mesma condição de demanda, mas condições de produção diferentes. As condições de produção podem diferir porque, mesmo usando a mesma quantia relativa dos dois fatores, capital e trabalho, diferentes tecnologias podem ser utilizadas em cada país; mesmo estando disponíveis tecnologias semelhantes nos dois países, a disponibilidade relativa dos fatores pode ser diferente; ou porque os dois países usam uma combinação de tecnologias diferentes e têm diversas disponibilidades relativas de fatores.

Na presente discussão, vamos assumir que as condições de produção diferem entre os dois países porque as tecnologias são diversas. Cada país utiliza uma tecnologia diferente, logo haverá diferentes possibilidades de produção e diferentes FPPs (veja a Figura 7). Assumindo que a disponibilidade relativa dos fatores é semelhante nos dois países, FPP_I demonstra uma tecnologia que é relativamente mais eficiente na produção de X, e FPP_{II}, uma tecnologia relativamente mais eficiente na produção do bem Y.

Assumindo que as condições de demanda são iguais nos dois países, pode-se usar o mesmo mapa de indiferença da comunidade para representar gostos e preferências. A existência de condições de produção diferentes é suficiente para gerar, em autarquia, razões de preços domésticos diferentes, mesmo na presença de condições de demanda idênticas. Em autarquia, o país I, que é relativamente mais eficiente na produção do bem X, vê-se produzindo e consumindo relativamente mais deste produto, por exemplo, no ponto E. Similarmente, o país II, que tem vantagem tecnológica no bem Y, vê-se, em equilíbrio, produzindo e consumindo mais do bem Y (no ponto e). Como em autarquia os preços relativos são diferentes, existe uma base para o comércio, pois $(P_X/P_Y)_I < (P_X/P_Y)_{II}$. O país I exportará o bem X e importará o bem Y nos termos de troca (não mostrados) que se situam entre as duas razões de preços em autarquia, e aumentará a produção de X e reduzirá a de Y. O país II fará o contrário – expandirá a produção e a exportação de Y e contrairá a produção e a importação do bem X. Cada país pode, assim, atingir uma curva de indiferença mais elevada. Concluímos que uma diferença nas condições de oferta constitui a segunda condição mínima para existirem ganhos de comércio internacional, mesmo com demandas idênticas nos dois países.

Conclusões

Vimos que os preços relativos em autarquia refletem as condições subjacentes de oferta e de demanda, dependendo assim das quantidades relativas e da qualidade dos recursos disponíveis, das características das tecnologias de produção utilizadas e da natureza da demanda em um país. Podem existir preços relativos diferentes entre países enquanto *um ou vários* desses fatores forem diferentes. Esta condição mínima sugere que a probabilidade de existir base para o comércio entre diversos países do mundo é grande. Também fica bem claro que a base subjacente para o comércio pode se alterar com as mudanças tecnológicas, o crescimento dos fatores dentro dos países, a movimentação de fatores entre países e as mudanças nos padrões de demanda, individualmente em cada país, em resposta ao desenvolvimento econômico e/ou à crescente exposição a produtos e culturas diferentes.

Algumas suposições importantes na análise

Esta seção discute brevemente três importantes suposições usadas na análise anterior que precisam ser levadas em consideração quando se examina o "mundo real". A intenção é introduzir um elemento de prudência, e não dúvida, acerca da teoria neoclássica. De fato, poucos princípios são tão universalmente aceitos por economistas como a vantagem comparativa e os ganhos do comércio internacional.

Mobilidade de fator sem custo

Uma suposição importante é que os fatores de produção possam se deslocar prontamente e sem custo ao longo da FPP, assim que ocorra modificação de preços relativos e oportunidades de comércio se apresentem. Na prática, contudo, pode não ser possível ajustar-se imediatamente às mudanças de preços relativos. O movimento do ponto de produção em autarquia para o ponto de produção com comércio pode implicar primeiro um movimento *dentro* da FPP, com os funcionários e o equipamento não sendo mais usados na indústria que compete com a importação, mas ainda devendo ser totalmente absorvidos na indústria de exportação. Possivelmente a mão de obra tenha de ser treinada novamente, os fatores devam ser transferidos de uma parte do país para outra ou as quotas de depreciação de fábrica e equipamento devam se acumular antes que o capital possa ser reinvestido em outro lugar. Só com o passar do tempo a indústria de exportação será capaz de empregar os fatores não usados e mover a economia à FPP. Esses tipos de problemas de mobilidade não são considerados na teoria apresentada anteriormente.

Quando o movimento de fator ocorre lentamente ou gera um custo de ajustamento tal que o ponto de produção não desliza facilmente ao longo da FPP, mas se move dentro dela, muitos economistas argumentam que algum tipo da ajuda do governo é necessário. Vários países criaram tais programas de ajuda. Por exemplo, começando em 1962 e continuando até o presente, os Estados Unidos têm posto em prática um programa de **assistência de ajuste ao comércio** (embora a natureza e os fundamentos do programa tenham variado durante os anos) para ajudar na transição depois de reduções tarifárias por negociações comerciais. (O programa de tal assistência nos Estados Unidos é discutido adiante no Capítulo 16, "Economia política e política comercial dos Estados Unidos".)

Emprego pleno dos fatores de produção

Esta suposição está relacionada ao problema do ajustamento, mas merece um tratamento separado por causa de sua aplicação a um contexto mais geral. A suposição de que todos os fatores de produção do país estão plenamente empregados (ou que existe um certo nível de desemprego devido a características institucionais, isto é, um "nível natural de desemprego"), combinada com o uso eficiente deles em um mercado concorrente, significa que o país está operando na FPP. Assim, graças a essa suposição, não analisamos anteriormente situações em que o comércio tenha movido o país de algum lugar dentro da FPP para um ponto na FPP.

O pressuposto do "pleno emprego" é normal na teoria microeconômica, assim como na teoria do comércio. Na microeconomia, assume-se que a questão *macroeconômica* do desemprego tenha sido resolvida. A solução para o problema do desemprego poderia se dar, por exemplo, com políticas monetárias e fiscais efetivas. Considerando esta solução, este tema da microeconomia volta-se para questões de eficiência e bem-estar.

Naturalmente, no mundo real nem sempre se alcança o pleno emprego. O pressuposto do pleno emprego não foi assumido para ignorar problemas do mundo real, mas para separar conceitualmente problemas de eficiência e prosperidade da questão de capacidade ociosa. O problema do desemprego interno não pode se apresentar de forma diferente quando o país está em autarquia ou em uma situação de comércio; políticas que não têm necessariamente dimensão "internacional" podem ser usadas em qualquer caso. Existem ganhos de comércio quando se move para uma curva de indiferença mais elevada, mesmo que o país tenha desemprego; a abertura do país ao comércio conduzirá consumidores e produtores a se depararem com preços diferentes daqueles em autarquia. Os ganhos da troca e da especialização ainda ocorrerão.

O mapa de curvas de indiferença pode mostrar mudanças do bem-estar

No Capítulo 5, a possibilidade de que as curvas de indiferença de *comunidade* poderiam se cruzar foi destacada. Se ocorressem intersecções, poderia haver um problema na interpretação de modificações do bem-estar quando um país se move da autarquia para o comércio. Neste capítulo, contudo, por enquanto nenhuma intersecção da curva de indiferença da comunidade foi desenhada. É útil tecer comentários sobre esta disparidade.

Diversas suposições, um tanto restritivas, podem ser usadas para construir curvas de indiferença da comunidade que não se interceptam. Essas suposições podem garantir que as modificações do bem-estar podem ser interpretadas como foram neste capítulo (veja Tower, 1979). A explicação das condições necessárias para concluir que o bem-estar melhora quando a autarquia dá lugar ao comércio é clara. Duas condições gerais são pertinentes: (1) que os indivíduos dentro da economia têm gostos razoavelmente semelhantes e (2) que a abertura da economia para o comércio não altera radicalmente a distribuição de renda. A base lógica subjacente dessas condições é que, sem elas, nossa análise anterior sugeriria que as curvas de indiferença da comunidade poderiam se cruzar. Assumindo que a redistribuição não é grande e que as pessoas têm gostos semelhantes, minimizamos a possibilidade de não sermos capazes de dizer se o bem--estar real mudou.

Contudo, mesmo com essas condições gerais, não podemos estar seguros de que a direção da modificação real do bem-estar possa ser significativamente apurada, pois as frases "têm gostos razoavelmente semelhantes" e "altera radicalmente a distribuição de renda" não se prestam a interpretação exata. Por causa desta incerteza, uma teoria avançada de comércio foi desenvolvida, substituindo-se o uso de curvas de indiferença por outros modos de demonstrar

No mundo real:

Mudanças na distribuição de renda com a ampliação do comércio nos Estados Unidos

O comércio pode influir na distribuição de renda por meio de modificações tanto nas condições de consumo como de produção. Com a abertura ao comércio, o preço relativo das mercadorias para exportação aumenta e o preço relativo das mercadorias substituídas por importações diminui. Do lado da oferta, isto levará a uma expansão da produção de bens exportáveis e a uma contração da produção dos bens substituídos por importações. Consequentemente, haverá um aumento na demanda de insumos usados na produção de exportáveis e uma redução na demanda de insumos usados na produção doméstica de bens que também são importados. No processo de ajustamento, o preço de alguns fatores ou insumos provavelmente aumentará e o preço dos outros provavelmente diminuirá, levando a uma mudança na distribuição de renda. Estimativas de tais impactos do lado da oferta serão discutidas nos Capítulos 8 e 9, que tratam da produção e da distribuição de renda no contexto da teoria da oferta da determinação das vantagens comparativas, conhecida como modelo de Heckscher-Ohlin. Entretanto, um estudo de Spilimbergo, Londoño e Székely (1999) examinou 34 países de 1965 até 1992, e sugeriu que, apesar da dotação relativa de fatores explicar bastante a distribuição pessoal da renda, a distribuição também é influenciada pelo grau de abertura geral de um país para o comércio internacional. O estudo concluiu que reduções de barreiras ao comércio (tornando-o mais "aberto") reduziram a renda de forma desigual em países capital-abundantes, mas aumentaram a renda desigualmente em países trabalho-abundantes. Esta conclusão provocativa reforça a noção de que o comércio pode influenciar a distribuição de renda, embora os mecanismos sejam provavelmente muito mais complicados que o sugerido pela estrutura simples de Heckscher-Ohlin.

Além disso, efeitos da distribuição ocorrem no consumo. Como o preço das mercadorias de exportação está aumentando com o comércio e o preço dos bens de importação está caindo, e tudo o mais ficando constante, os indivíduos que gastam relativamente mais de sua renda com bens de exportação vão achar sua renda real relativamente menor quando comparada com a das pessoas que gastam relativamente mais com mercadorias importadas. Para dar um exemplo da amplitude dos eventuais efeitos da distribuição de renda relacionados ao consumo, considere as estimativas de Susan Hickok (1985, p. 11) sobre o impacto de preços domésticos mais altos causados por restrições dos EUA à importação de automóveis, açúcar e vestuário em 1984. Os aumentos induzidos por proteção nos gastos com esses produtos foi equivalente a uma sobretaxa de imposto sobre a renda de 66% para as pessoas de baixa renda ($7 mil–$9,35 mil por ano), 33% para aqueles com renda entre $14,05 mil–$16,4 mil, 20% para aqueles que ganham entre $23,4 mil e $28,05 mil e de apenas 5% para as pessoas que ganham $58,5 mil ou mais. Como esses produtos absorvem uma porcentagem mais elevada dos gastos individuais de pessoas de baixa renda do que das pessoas de alta renda, aumentar o comércio internacional removendo aquelas barreiras tarifárias e de cotas certamente poderia ter o efeito de beneficiar relativamente mais os grupos de baixa renda que os de alta renda.

os ganhos do comércio. O **princípio da compensação** resume a conclusão geral dessas extensões. A literatura avançada demonstra que ganhos *potenciais* do comércio existem no sentido de que, dentro do país, as pessoas que ganham com o comércio podem compensar os perdedores e ainda estar em melhor situação (ou, pelo menos, não pior). Isto deve significar, portanto, que há uma "pizza" maior – ou, pelo menos, uma pizza do mesmo tamanho – para ser repartida depois que o comércio for introduzido. Se a compensação for paga, a sociedade estará em melhor situação porque os ganhadores se beneficiaram mesmo depois de compensar os perdedores. Todo mundo está numa situação pelo menos tão boa quanto em autarquia, e algumas pessoas estão numa situação melhor. No caso-limite de nenhuma modificação no bem-estar, o comércio ainda seria preferível à autarquia, pois ele envolve a possibilidade de bem-estar mais elevado do que na autarquia, mas o inverso nunca é verdadeiro. Se a compensação não for de fato paga, a sociedade será descrita como estando só "potencialmente" em situação melhor. É potencial porque algumas pessoas podem estar em situação melhor e todas as outras em situação não pior, mas isto não aconteceria sem a transferência. Uma consideração posterior deste princípio que usa as nossas familiares curvas de indiferença de comunidade é dada no apêndice deste capítulo.

REVISÃO DE CONCEITO

1. Descreva sucintamente as condições mínimas para que ocorra comércio entre dois países, isto é, para que haja uma diferença em suas respectivas razões de preços em autarquia.
2. Por que diferentes condições de demanda influenciam a base para o comércio na teoria neoclássica, mas não na teoria clássica?
3. Como a abertura de um país ao comércio pode influenciar a distribuição de renda? Como isso afeta nossa capacidade de demonstrar os ganhos do comércio?

RESUMO

A demonstração dos ganhos do comércio internacional pela teoria neoclássica de comércio usa as ferramentas analíticas da fronteira de possibilidades de produção e a curva de indiferença da comunidade. Em autarquia, um país alcança sua mais alta curva de indiferença quando a taxa marginal de transformação (TMT) na produção é igual à razão de preços dos bens, a qual é igual à taxa marginal de substituição (TMS) no consumo. Quando o país abre-se para o comércio internacional, ele se defronta com um novo conjunto de preços relativos. Os ajustamentos dos produtores e dos consumidores a esse novo conjunto de preços e o comércio resultante permitem ao país atingir uma curva de indiferença mais elevada. Uma investigação preliminar das condições mínimas necessárias para produzir diferentes preços em autarquia mostrou que as razões de preços podem diferir desde que haja uma diferença qualquer nas condições de demanda ou oferta. Por exemplo, dois países com FPPs (com custos de oportunidade crescentes) idênticas podem ganhar com o comércio se os gostos forem diferentes entre os países. Ou pode existir uma base para o comércio se tecnologias diferentes forem utilizadas pelos países que, fora isso, são idênticos. O papel importante desempenhado pela disponibilidade relativa de fatores sobre os preços relativos em autarquia será discutido no Capítulo 8, "As bases para o comércio: dotações de fatores e o modelo de Heckscher-Ohlin".

A teoria neoclássica do comércio faz uso de algumas suposições especiais que envolvem ajustamentos a mudança, pleno emprego e curvas de indiferença. Essas hipóteses foram rapidamente discutidas neste capítulo e serão usadas novamente. Além disso, frequentemente utilizamos o pressuposto de que, quando um país se abre ao comércio, ele toma o novo conjunto de preços mundiais como *dado*. Forças que influenciam a determinação da nova razão de preços serão discutidas com mais detalhes no próximo capítulo.

TERMOS-CHAVE

assistência de ajuste ao comércio
ganho de consumo (ou ganhos da troca)
ganho de produção (ou ganhos da especialização)
ganho total do comércio
linha de comércio
princípio da compensação
triângulo de comércio

QUESTÕES E PROBLEMAS

1. Indique o ponto de equilíbrio da produção e do consumo em autarquia usando uma FPP e uma curva de indiferença da comunidade sob condições de custo de oportunidade crescente. Por que este é um ponto de equilíbrio? O que precisa ocorrer para este país ganhar com o comércio?
2. Assuma que um país produza e consuma dois bens, vestuário e máquinas, e que esteja em equilíbrio em autarquia. Considere que ele pode negociar com os preços internacionais, em que ($P_{vestuário}/P_{máquinas}$) no mercado mundial é maior que ($P_{vestuário}/P_{máquinas}$) no mercado doméstico. Ele deve comercializar? Em caso afirmativo, que mercadoria ele deve exportar? Por quê? Será que ele vai ganhar com o comércio? Como você sabe?
3. Explique a diferença entre "ganhos da troca" (ganhos de consumo) e "ganhos da especialização" (ganhos de produção).
4. Suponha que um país que esteja produzindo dentro de sua fronteira de possibilidades de produção em autarquia tenha uma taxa de desemprego de 8%. É possível para ele ganhar com o comércio se a taxa de desemprego permanecer aproximadamente a mesma?
5. "A incapacidade de um fator de se mover de um uso para outro na produção eliminará completamente qualquer possibilidade de ganho de comércio." Concorda? Discorda? Explique.
6. Que condições gerais devem ser asseguradas para que seja possível usar as curvas de indiferença da comunidade para representar o bem-estar do consumidor em um país e demonstrar os ganhos do comércio internacional?
7. Os Estados Unidos vêm adotando um embargo ao comércio com Cuba por quase 50 anos, mas a pressão para relaxá-lo é crescente. Opositores ao fim do embargo argumentam que a abertura do comércio entre os Estados Unidos e Cuba beneficiaria Cuba e traria danos aos Estados Unidos, por prejudicar os produtores norte-americanos de bens que competem com exportações cubanas potenciais. Avalie esta posição usando o que você aprendeu neste capítulo.

8. Se as condições de produção nos Estados Unidos e no Japão se tornassem essencialmente as mesmas, o modelo neoclássico sugeriria que o comércio entre os dois países cessaria? Explique.
9. A sra. Jones, uma de suas vizinhas, gasta a maior parte de sua renda com comida. Ela se queixa que, depois que o país se tornou mais aberto ao comércio e começou a exportar diversos produtos alimentícios, sua renda real reduziu. Com isso, ela sustenta que o país foi obviamente prejudicado com esse comércio e que deveriam ser impostas restrições a ele. Como você responderia para a sra. Jones?
10. (Requer referências do apêndice) Discuta: "Como o comércio pode provocar mudança na distribuição de renda de tal ordem que haveria uma modificação no mapa de indiferença, é impossível chegar a uma conclusão sobre quaisquer possíveis ganhos do comércio internacional".

APÊNDICE

GANHOS "REAIS" VERSUS "POTENCIAIS" DO COMÉRCIO

No Capítulo 5, você viu uma ilustração na qual uma mudança na distribuição de renda gerou novas curvas de indiferença da comunidade, as quais cruzavam com as curvas de indiferenças da comunidade anteriores. A Figura 8 mostra esta situação no contexto de comércio (veja Samuelson, 1962, p. 826-27). Em autarquia, o país está no ponto E, na curva de indiferença CI_1. Suponha que a introdução do comércio mova a produção para o ponto P e o consumo para o ponto C, um ponto de tangência com a curva de indiferença da comunidade CI_2 associada à *nova* distribuição de renda resultante do comércio. Obviamente, com base na nova distribuição de renda, o ponto C é preferível ao ponto E (CI_2 representa um nível de bem-estar mais alto que CI'_2), mas, com base na distribuição de renda em autarquia, C é inferior a E (CI'_1 representa um nível de bem-estar menor que CI_1).

Podemos concluir que o comércio não melhorou o bem-estar do país? Não! Com a linha de comércio $(P_X/P_Y)_T$, o volume de comércio poderia permitir um consumo no ponto F, o qual possui maiores quantidades dos dois bens X e Y que o ponto E. Esta é a essência do princípio de compensação: o comércio proporciona os meios para que pelo menos algumas pessoas fiquem em melhores condições e ninguém esteja pior, permitindo à sociedade ganhar. Com o consumo no ponto F, as quantidades de X e de Y são suficientes para compensar totalmente qualquer um que perca (isto é, para reproduzir a composição do consumo em autarquia da posição E) e ainda haver alguma sobra dos dois bens. Se o país permanecer no ponto C e nenhuma compensação for paga, ainda haverá ganho de bem-estar no sentido "potencial" de que o comércio tornou possível haver ganhadores e não perdedores. Além disso, mesmo em C, o país estará consumindo em um ponto que era impossível sob autarquia, assim, o comércio abriu possibilidades que antes eram inatingíveis.

FIGURA 8 Ganhos do comércio com curvas de indiferença da comunidade que se cruzam

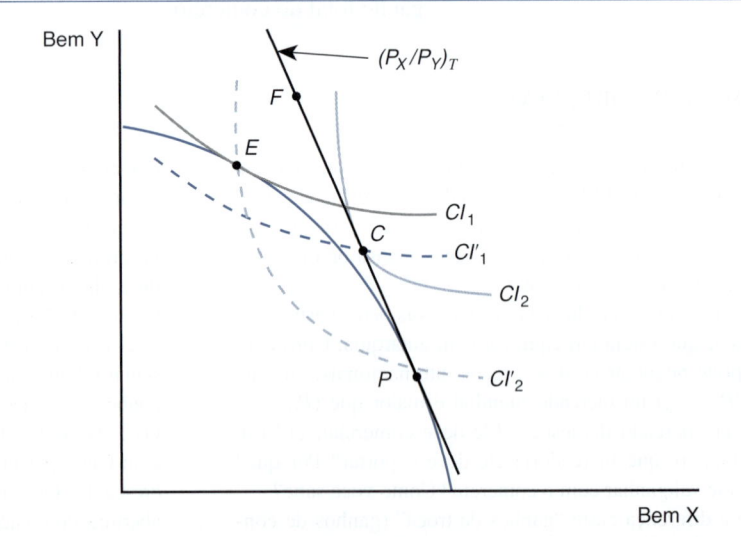

O comércio move o país da produção (e consumo) do ponto E para a produção do ponto P e para o consumo do ponto C. Com base na distribuição de renda sob autarquia, C é "pior" que E (CI'_1 representa um nível mais baixo de bem-estar que CI_1); com base na distribuição de renda com comércio, C é "melhor" que E (CI_2 representa um nível mais alto de bem-estar que CI'_2). No entanto, o comércio possibilita um movimento para um ponto tal como F, onde a cesta de consumo em autarquia no ponto E pode ser reproduzida (ou seja, não haveria perdedores com o comércio) e algumas quantidades adicionais dos bens X e Y ainda permaneceriam disponíveis para consumo pelos "ganhadores" do comércio.

CAPÍTULO 7

CURVAS DE OFERTA E OS TERMOS DE TROCA

OBJETIVOS DE APRENDIZADO

- Entender a curva de oferta de um país e como ela é obtida.

- Aprender como os termos de troca internacional de equilíbrio são atingidos.

- Identificar e determinar como mudanças nas condições tanto de oferta quanto de demanda influenciam os termos de troca internacional de um país e o volume de comércio.

- Avaliar a utilidade dos diferentes conceitos dos termos de troca.

Introdução

Choques de termos de troca

As mudanças nos termos de troca de um país – o preço das exportações dividido pelo preço de suas importações – podem ser relativamente grandes e gerar efeitos econômicos importantes. Por exemplo, os economistas Paul Cashion e Catherine Pattillo[1] do Fundo Monetário Internacional (FMI) calcularam que a queda no preço do café, em 1986-1987, a principal exportação da Etiópia, causou uma queda de 40% nos termos de troca e uma redução em torno de 6% na renda real do país. Tais choques podem durar algum tempo: em seu estudo dos países subsaarianos, Cashion e Pattillo estimaram uma duração média entre seis meses e três anos para Moçambique, enquanto para Gâmbia a duração média do choque poderia chegar a 12,2 anos. As estimativas também foram feitas para o tamanho dos choques. Por exemplo, na Costa do Marfim, para qualquer ano, há uma possibilidade em três de que os termos de troca alterem-se mais que 9%; já para a Nigéria, há uma possibilidade em três de que a mudança nos seus termos de troca em qualquer ano seja maior que 20%.

Um segundo estudo do Fundo Monetário Internacional[2] observou movimentos dos termos de troca em 1998, 1999 e de janeiro a junho de 2000 em países que exportam principalmente produtos primários. Esses movimentos foram comparados com o nível médio dos termos de troca para o período-base de 1995-1997. Para quase 30 países, seus termos de troca caíram, no período de janeiro de 1998 a junho de 2000, mais de 10% em comparação com o período-base, e em 11 países a queda excedeu 20%. Para três países (Burundi, Etiópia e Uganda), o declínio foi superior a 30%. As perdas em virtude de mudanças dos termos de troca foram estimadas, para alguns países, em mais de 8% dos gastos domésticos totais e, em média para os países examinados no estudo, em torno de 4% da despesa doméstica total.

Claramente, mudanças dos termos de troca podem ocorrer, durar por muito tempo e ter efeitos econômicos importantes. Este capítulo apresenta e explica os fatores que determinam os termos de troca ou preços pós-comércio. Na discussão dos capítulos anteriores realizou-se uma importante simplificação: pressupôs-se que os preços mundiais com comércio estivessem em determinado nível específico. Assim, por exemplo, no modelo de Ricardo consideramos que um barril de vinho seria trocado por uma jarda de vestuário no comércio internacional, e não investigamos os fatores que determinaram esta razão de preços relativos. De maneira similar, no Capítulo 6, um preço relativo foi desenhado no gráfico FPP-curva de indiferença, e não se deu nenhuma atenção para a razão desta relação de preços. Um importante conceito analítico empregado para explicar a determinação dos termos de troca é conhecido como a curva de oferta. Primeiro apresentamos esta ferramenta analítica básica para depois usá-la a fim de demonstrar como os preços de equilíbrio são atingidos no comércio internacional. Então utiliza-se o esquema da curva de oferta para explicar os efeitos de fenômenos como crescimento econômico e mudanças nos gostos do consumidor sobre os preços e sobre o volume de comércio. Esse conceito é útil para a interpretação e compreensão de eventos econômicos correntes e complexos na arena internacional.

Curva de oferta de um país

A **curva de oferta** (ou a **curva de demanda recíproca**) de um país indica a quantidade de importações e exportações que o país está disposto a comprar e vender no mercado mundial para todos os preços relativos possíveis. Em resumo, a curva mostra a disposição do país a comerciar nos diversos termos de troca possíveis. A curva de oferta é a combinação de uma

---

[1] As informações deste parágrafo baseiam-se no artigo de Paul Cashion e Catherine Pattillo, "The Duration of Terms of Trade Shocks in Sub-Saharan Africa", *Finance and Development*, v. 37, n. 2, jun. 2000, p. 26-29.

[2] International Monetary Fund, *World Economic Outlook*, out. 2000, Washington, DC: International Monetary Fund, p. 78-79.

curva de demanda (a demanda por importações) e uma curva de oferta (oferta de exportações). A natureza bifurcada da curva a distingue da maior parte dos dispositivos gráficos em economia. Uma curva de oferta é fácil de entender, e somos grandes fãs do conceito porque ela retrata de modo muito útil o resultado líquido de uma extensa variedade de ações e reações dos consumidores e produtores.

Existem diversos métodos para derivar uma curva de oferta, mas nos concentraremos naquele que elabora diretamente sobre o gráfico FPP – curva de indiferença. Esse método é chamado de *abordagem do triângulo de comércio*. Considere a Figura 1(a), que mostra a posição de equilíbrio de comércio para um país em relação aos preços mundiais $(P_X/P_Y)_1$. Ocorre livre-comércio e o país está produzindo $0x_2$ do bem X e $0y_2$ do bem Y (no ponto P). O consumo do bem X é $0x_1$ e do bem Y é $0y_1$ (no ponto C). Com esses volumes de produção e consumo, x_1x_2 do bem X é exportado e y_2y_1 do bem Y é importado. Tal padrão de comércio é representado pelo triângulo RCP, com a linha RP representando as exportações e a linha RC representando as importações que o país está disposto a realizar nos termos de troca $(P_X/P_Y)_1$.

Considere a Figura 1(b). O país agora enfrenta uma linha de preço mundial mais inclinada do que a do painel (a), e sua produção e consumo tiveram ajuste correspondente. Como $(P_X/P_Y)_2$ no painel (b) é maior do que $(P_X/P_Y)_1$ no painel (a), os produtores responderam ao preço de X relativamente mais alto (e ao preço de Y relativamente mais baixo) aumentando sua produção de X e reduzindo sua produção de Y. A produção agora se realiza em P', com produção de $0x_4$ do bem X e $0y_4$ do bem Y. Aos preços $(P_X/P_Y)_2$ o consumo se realiza no ponto C' com consumo de $0x_3$ do bem X e $0y_3$ do bem Y. As exportações desse país são agora x_3x_4 do bem X, e as importações são y_4y_3 do bem Y. Tal volume de comércio é representado pelo triângulo de comércio $R'C'P'$.

Na Figura 1 fica claro que existem diferentes volumes de comércio para os dois diferentes conjuntos de preços relativos. Com base nas informações do painel (a) e (b) da Figura 1, traça-se

FIGURA 1 Triângulos de comércio para dois possíveis termos de troca

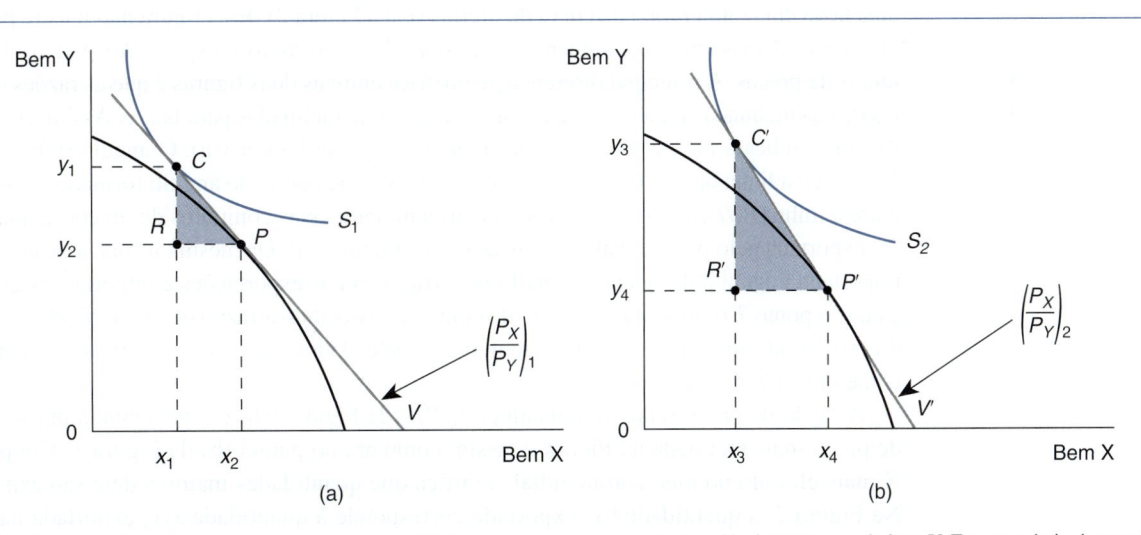

No painel (a), com livre-comércio e os termos de troca $(P_X/P_Y)_1$, o país exporta x_1x_2 do bem X e importa y_2y_1 do bem Y. Este comércio é resumido pelo triângulo de comércio RCP, com o segmento RP representando as exportações do bem X e o segmento RC representando as importações do bem Y. No painel (b), um preço relativo mais alto para o bem X (portanto, um preço relativo mais baixo para o bem Y) é representado pela linha dos termos de troca $(P_X/P_Y)_2$, que é mais inclinada que $(P_X/P_Y)_1$ no painel (a). Com os termos de troca do painel (b), o país exporta x_3x_4 do bem X e importa y_4y_3 do bem Y. Este padrão de comércio é resumido pelo triângulo de comércio $R'C'P'$, com exportações iguais ao segmento $R'P'$ e importações iguais ao segmento $R'C'$.

FIGURA 2 — Termos de troca alternativos e combinações exportação-importação na curva de oferta

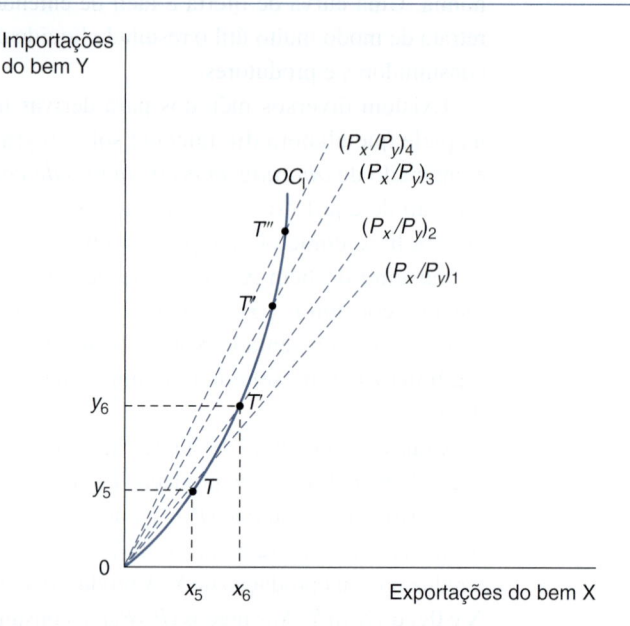

Os preços relativos $(P_X/P_Y)_1$ são os mesmos da Figura 1(a). Para estes termos de troca, o país exporta a quantidade $0x_5$ do bem X [igual a x_1x_2 na Figura 1(a)] e importa a quantidade $0y_5$ do bem Y [igual a y_2y_1 na Figura 1(a)], gerando o ponto T. Para uma razão de preço relativo mais alta $(P_X/P_Y)_2$, igual a $(P_X/P_Y)_2$ na Figura 1(b), o país exporta $0x_6$ do bem X e importa $0y_6$ do bem Y [igual a x_3x_4 e y_4y_3 na Figura 1(b), respectivamente], gerando o ponto T'. Possíveis pontos de comércio adicionais (como T'' e T''') são então combinados com T e T' para formar a curva de oferta do país I, OC_1. Aos preços em autarquia, antes do comércio (não mostrados), o país I estaria situado na origem, com zero de exportação e zero de importação.

uma nova curva no gráfico da curva de oferta (veja a Figura 2). Essa figura não mostra produção ou consumo, mas apresenta somente as *quantidades exportadas e importadas* para os dois conjuntos de preços. A principal diferença geométrica entre as duas figuras é que as razões de preço P_X/P_Y são inclinadas para cima na Figura 2, em vez de inclinadas para baixo. Assim, $(P_X/P_Y)_1$ na Figura 2 indica a mesma razão de preço que $(P_X/P_Y)_1$ da Figura 1(a). O ângulo $0VC$ na Figura 1(a), onde a linha de preço toca o eixo X, é do mesmo tamanho do ângulo formado, na Figura 2, entre a linha $(P_X/P_Y)_1$ e o eixo X, visto na origem. Para esses conjuntos de preços, a quantidade $0x_5$ exportada pelo país é igual à distância x_1x_2 na Figura 1(a). Da mesma forma, a quantidade $0y_5$ importada é igual à distância y_2y_1 na Figura 1(a). Com as exportações e importações assim traçadas, o ponto T representa o volume de comércio associado à razão de preço $(P_X/P_Y)_1$. O ponto T corresponde ao volume de comércio indicado pelos lados horizontal e vertical do triângulo de comércio RCP na Figura 1(a).

A razão de preço relativo mais alta $(P_X/P_Y)_2$ da Figura 1(b) é representada por uma linha de preço mais inclinada na Figura 2, assim como era no painel (b) da Figura 1. Um preço de X mais elevado no mercado mundial significa que quantidades maiores dele são exportadas. Na Figura 2, a quantidade $0x_6$ exportada corresponde à quantidade x_3x_4 exportada na Figura 1(b). A esse novo e mais alto preço relativo do bem X, o bem Y está relativamente barato. Então, a quantidade $0y_6$ importada na Figura 2, igual à quantidade y_4y_3 na Figura 1(b), é maior que a quantidade importada $0y_5$. O volume de comércio aos preços $(P_X/P_Y)_2$ está assim representado pelo ponto T'.

Obtivemos agora dois pontos na curva de oferta do país. Você pode obter o restante da curva construindo mentalmente triângulos de comércio na Figura 1 para cada conjunto de preços possíveis. Os lados dos triângulos de comércio seriam traçados na Figura 2 como está indicado pelos pontos T' e T'''. A construção da curva de oferta será completada conectando-se todos os possíveis pontos para os quais um país está disposto a comercializar, com a curva resultante nomeada OC_I, designando nosso país de país 1. O formato exato dessa curva de oferta será discutido posteriormente. O *Quadro conceitual 1* fornece outro método para derivar a curva de oferta.

A característica mais útil do gráfico da curva de oferta é que ele pode conciliar, em um único gráfico, dois países que fazem comércio. Para tanto, a curva de oferta do parceiro comercial do país I, o país II, tem também de ser desenvolvida. Analiticamente, não há nada de novo na curva de oferta do país II. Os triângulos de comércio daquele país são traçados de maneira semelhante aos do país I. A única diferença é que o país II exporta o bem Y e importa o bem X. Assim, a curva de oferta do país II aparece como curva OC_{II} na Figura 4. Ela reflete a disposição do país II de comercializar para diversos preços relativos. Naturalmente, um P_X/P_Y *mais baixo* significa que o país II tem uma disposição *maior* para comercializar, porque um preço relativo mais baixo do bem X significa um maior estímulo aos consumidores do país II para importá-lo. Do mesmo modo, um P_X/P_Y mais baixo significa um preço relativamente mais alto do bem Y, levando a um maior desejo do país II de exportá-lo.

QUADRO CONCEITUAL 1
ABORDAGEM TABULAR PARA DERIVAR UMA CURVA DE OFERTA

Uma abordagem alternativa usando o triângulo de comércio para derivar a curva de oferta é a *abordagem tabular*, que simplesmente utiliza um exemplo numérico. Esta abordagem (veja Haberler 1936, p. 145-148) é demonstrada pelo desenvolvimento da curva de oferta de um país hipotético A, com base em informações contidas na Tabela 1. A coluna (1) apresenta as possibilidades de termos de troca no mercado mundial. A coluna (2) ilustra o lado da demanda de uma curva de oferta, listando as quantidades demandadas de importações do bem Y aos vários preços indicados pelos termos de troca da coluna (1), considerados para o país A. Conforme se desce na coluna (1), o bem Y fica mais barato, porque mais unidades dele são trocadas por uma unidade do bem X. De acordo com a lei da demanda, maiores quantidades do bem Y são demandadas conforme se desce na coluna (2).

A coluna (3) indica o lado da oferta da curva de oferta e ilustra a relação entre exportações e importações. As exportações são fornecidas ao mercado mundial para que o país possa adquirir importações. Na primeira linha da tabela, dez unidades de Y estão sendo demandadas no mercado mundial, e o preço de 1Y é 1X; então, dez unidades de X podem ser oferecidas ao mercado mundial. De maneira similar, na linha 2, 44Y são demandadas a um preço que requer que se troque uma unidade de X para cada duas unidades de Y, e, portanto, 22X podem ser "trocadas" ou exportadas. Os dados da coluna (3) são obtidos dividindo-se os números da coluna (2) pelos preços relativos da coluna (1).

Com base nas informações desta tabela, a curva de oferta pode ser obtida traçando-se as quantidades exportadas e importadas a cada preço relativo, em um gráfico como na Figura 3. Se imaginarmos um número infinito dessas combinações, vamos obter a curva de oferta do país A.

TABELA 1   Exportações e importações do país A para vários termos de troca

(1) Termos de troca (suposição)	(2) Quantidade demandada de importações de Y (suposição)	(3) Quantidade ofertada de exportações de X = (2) [P_X/P_Y em (1)]
1X:1Y ou $P_X/P_Y = 1$	10 unidades	10 unidades
1X:2Y ou $P_X/P_Y = 2$	44 unidades	22 unidades
1X:3Y ou $P_X/P_Y = 3$	81 unidades	27 unidades
1X:4Y ou $P_X/P_Y = 4$	120 unidades	30 unidades

Quadro conceitual 1
Abordagem tabular para derivar uma curva de oferta

FIGURA 3 A curva de oferta do país A

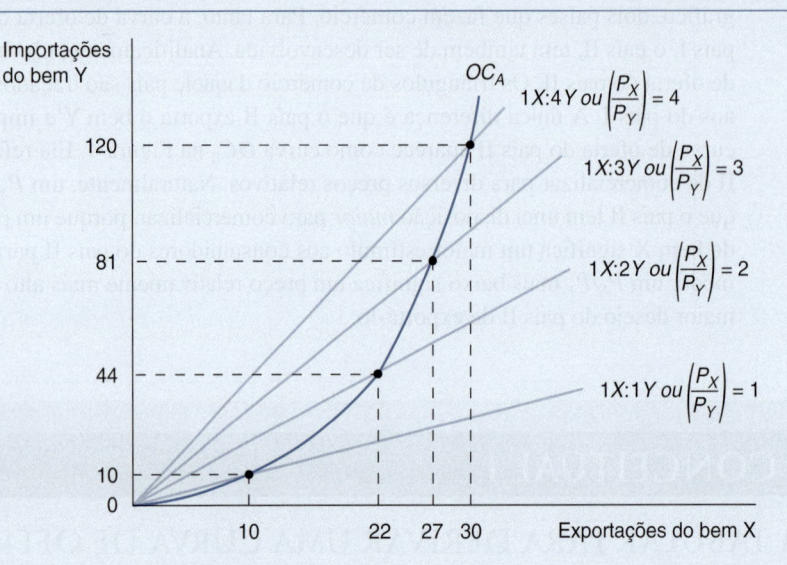

[Gráfico: Importações do bem Y no eixo vertical; Exportações do bem X no eixo horizontal. Curva OC_A passando pelos pontos (10, 10), (22, 44), (27, 81), (30, 120), com raios indicando $1X:1Y$ ou $P_X/P_Y = 1$; $1X:2Y$ ou $P_X/P_Y = 2$; $1X:3Y$ ou $P_X/P_Y = 3$; $1X:4Y$ ou $P_X/P_Y = 4$.]

A linha 1 da Tabela 1 indica que, a uma razão $P_X/P_Y = 1$, o país A deseja importar 10 unidades do bem Y. Portanto, 10 unidades do bem X seriam exportadas para obter aquela quantidade de importações. Para $P_X/P_Y = 2$, o país deseja 44 unidades de importações do bem Y, portanto, exportaria 22 unidades do bem X para obtê-las. O traçado das outras duas combinações de importação-exportação, mais uma busca de outras combinações possíveis de importações, exportações e termos de troca, gera a curva de oferta OC_A.

Equilíbrio internacional

Com as curvas de oferta dos dois países representadas em uma única figura (veja a Figura 4), podemos indicar o equilíbrio internacional e mostrar os **termos de troca de equilíbrio**. O eixo horizontal indica exportações do bem X do país I e importações do bem X do país II. Semelhantemente, o eixo vertical indica as importações do bem Y do país I e as exportações do bem Y do país II. O equilíbrio internacional ocorre no ponto E, e os *termos de troca de equilíbrio*, TT_E, *são indicados pela inclinação do segmento que sai da origem e passa por* E.

Por que o ponto E representa equilíbrio internacional? No ponto E, o volume de exportações que o país I deseja vender ($0x_E$, na curva OC_I) é exatamente igual ao volume de importações que o país II deseja comprar (também $0x_E$, na curva OC_{II}). Além disso, o volume de importações que o país I deseja comprar ($0y_E$, na curva OC_I) é exatamente igual ao volume de exportações que o país II deseja vender (também $0y_E$, na curva OC_{II}). Assim, os preços relativos $(P_X/P_Y)_E$ são preços de compensação de mercado, pois a demanda e a oferta do bem X no mercado mundial são iguais, assim como a demanda e a oferta do bem Y.

Vamos explorar economicamente por que TT_E é a razão de preço de compensação do mercado (equilíbrio). Suponha, na Figura 4, que os preços mundiais não estejam em TT_E, mas em algum preço relativo do bem X mais baixo que TT_1. Para esse conjunto de preços, o país I gostaria de comercializar no ponto A; isto é, ele gostaria de vender $0x_1$ do bem X e comprar $0y_1$ do bem Y. Contudo, nesse preço relativo mais baixo do bem X, o país II gostaria de comercializar no ponto B.

FIGURA 4   Equilíbrio internacional

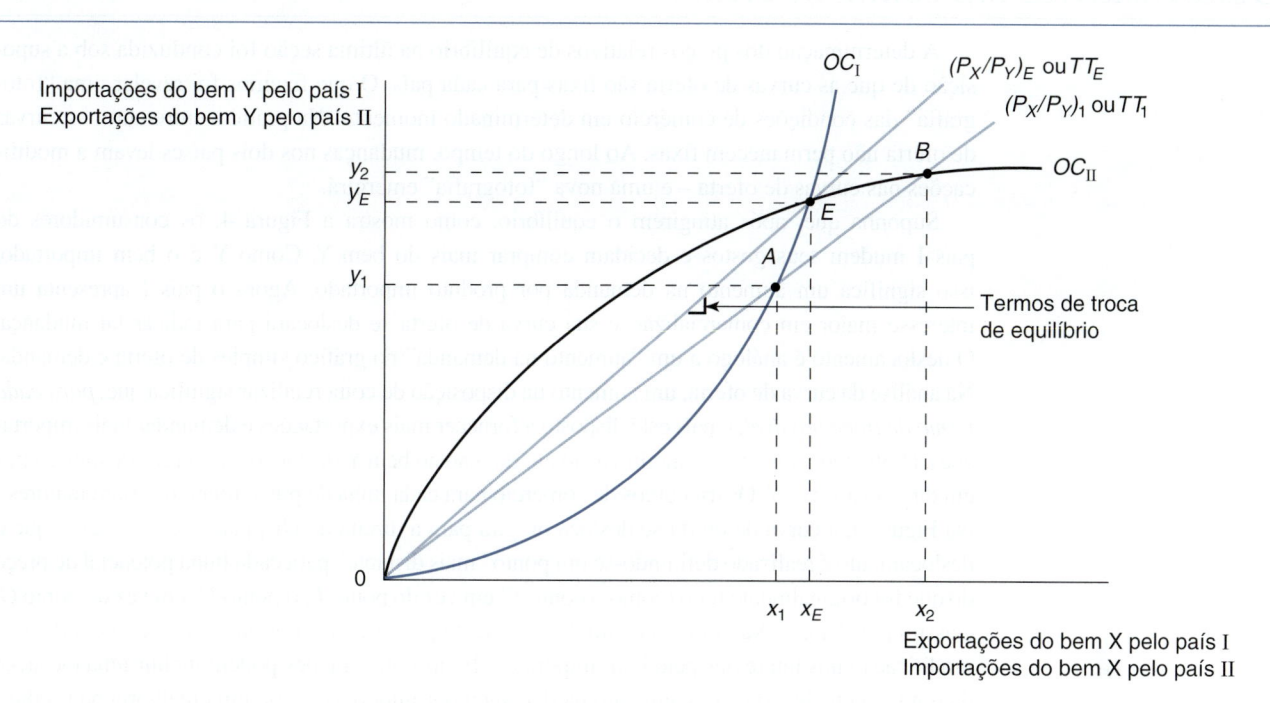

Os preços relativos $(P_X/P_Y)_E$ (ou termos de troca TT_E) são preços de compensação de mercado, uma vez que a quantidade do bem X ($0x_E$) que o país I deseja exportar é igual à quantidade do bem X que o país II deseja importar, e a quantidade do bem Y que o país I deseja importar ($0y_E$) é igual à quantidade do bem Y que o país II deseja exportar. Assim, o ponto E é a posição de equilíbrio internacional, e os termos de troca de equilíbrio são iguais à inclinação do segmento que sai da origem e passa pelo ponto E. Se os preços relativos $(P_X/P_Y)_1$ ou TT_1 prevalecessem no mercado, em vez de $(P_X/P_Y)_E$ ou TT_E, haveria excesso de demanda pelo bem X no montante x_1x_2, e excesso de oferta do bem Y no montante y_1y_2. Portanto, $(P_X/P_Y)_1$ ou TT_1 aumentaria até que o excesso de demanda e o excesso de oferta fossem eliminados em $(P_X/P_Y)_E$ ou TT_E.

Ele gostaria de comprar $0x_2$ do bem X e vender $0y_2$ do bem Y. Por isso, em TT_1, há excesso de demanda do bem X, no montante x_1x_2, e excesso de oferta do bem Y, no montante y_1y_2. O excesso de demanda do bem X levará a um aumento do seu preço do mercado mundial, enquanto o excesso de oferta do bem Y reduzirá o seu preço. Com essas modificações de preços, a razão de preços relativos $(P_X/P_Y)_1$ *aumentará*, significando que a linha de preço torna-se mais inclinada. Com essa razão, tanto o excesso de demanda do bem X como o excesso de oferta do bem Y serão reduzidos. A linha de preço continuará a subir até que o excesso de demanda e o excesso de oferta sejam eliminados, no ponto de equilíbrio E. Deve ser observado que, no modelo de duas mercadorias, o excesso de demanda de um bem indica que deve haver excesso de oferta de outro; o equilíbrio no mercado de um bem indica que o equilíbrio ocorre no mercado do outro bem também.

REVISÃO DE CONCEITO

1. Por que um ponto em uma curva de oferta de um país representa sua disposição em comercializar naqueles termos de troca específicos? Em outras palavras, o que motiva o país exportar e importar quantidades específicas naquela razão de preços relativos? (Sugestão: Lembre-se do que um "triângulo de comércio" diz a respeito do nível de bem-estar do país.)

2. Por que um país que exporta o bem X estaria desejando importar maiores quantidades do bem Y quando P_X/P_Y aumenta?

3. Suponha que na Figura 4 uma linha de termos de troca TT_2 seja *mais inclinada* que TT_E. Em termos de excesso de oferta e excesso de demanda, explique por que os termos de troca cairão de TT_2 para TT_E.

Deslocamentos das curvas de oferta

A determinação dos preços relativos de equilíbrio na última seção foi conduzida sob a suposição de que as curvas de oferta são fixas para cada país. O que fizemos foi revelar uma "fotografia" das condições de comércio em determinado momento. Na prática, entretanto, as curvas de oferta não permanecem fixas. Ao longo do tempo, mudanças nos dois países levam a modificações nas curvas de oferta – e uma nova "fotografia" emergirá.

Suponha que, após atingirem o equilíbrio, como mostra a Figura 4, os consumidores do país I mudem seus gostos e decidam comprar mais do bem Y. Como Y é o bem importado, isso significa um aumento na demanda por produto importado. Agora o país I apresenta um interesse maior em comercializar, e sua curva de oferta se deslocará para indicar tal mudança. O deslocamento é análogo a um "aumento na demanda" no gráfico simples de oferta e demanda. Na análise da curva de oferta, um aumento na disposição de comercializar significa que, *para cada termo de troca possível*, o país está disposto a fornecer mais exportações e demandar mais importações. (Voltando à Figura 1, a modificação em direção ao bem Y deslocaria as curvas de indiferença em direção ao eixo Y. Os triângulos de comércio para cada linha de preço relativo seriam maiores.) Na Figura 5, a curva de oferta se desloca ou gira para a direita de OC_I para OC'_I. Observe que o deslocamento é realizado definindo-se um ponto "mais distante" para cada linha potencial de preço do que foi originalmente feito (como o ponto F' em vez do ponto F, o ponto G' em vez do ponto G, e assim por diante). Naturalmente, um deslocamento pode ocorrer por outras razões além de uma modificação nos interesses pelo bem importado. Essas outras razões podem incluir uma elevação da renda, o que levaria a um aumento na demanda por importações, ou uma melhoria na produtividade na indústria de exportação do país I, o que causaria um aumento na oferta de exportações. Da mesma forma, um decréscimo na disposição de comercializar ou uma redução na demanda

FIGURA 5 Deslocamentos da curva de oferta do país I

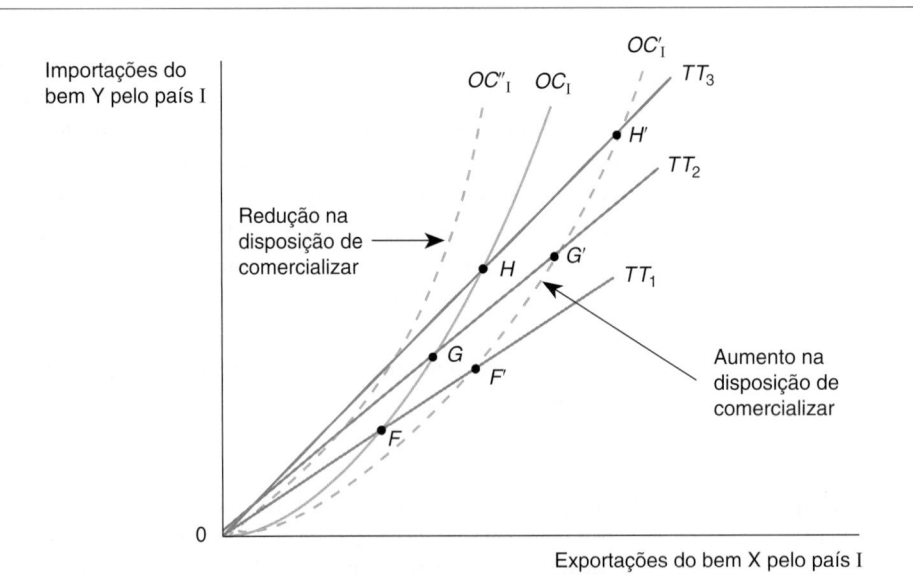

Se o país I muda seus gostos para uma preferência relativamente maior pelo bem Y (importado), ou por qualquer razão quer aumentar seu comércio internacional, a curva de oferta OC_I desloca-se ou gira diagonalmente para a direita transformando-se na curva de oferta OC'_I. Essa nova curva indica maior disposição de comercializar para todos os possíveis termos de troca. Uma redução na disposição de comercializar (tal como resultaria, por exemplo, de uma imposição de uma tarifa pelo país I) deslocaria OC_I diagonalmente para a esquerda, para OC''_I.

FIGURA 6 Deslocamentos da curva de oferta do país II

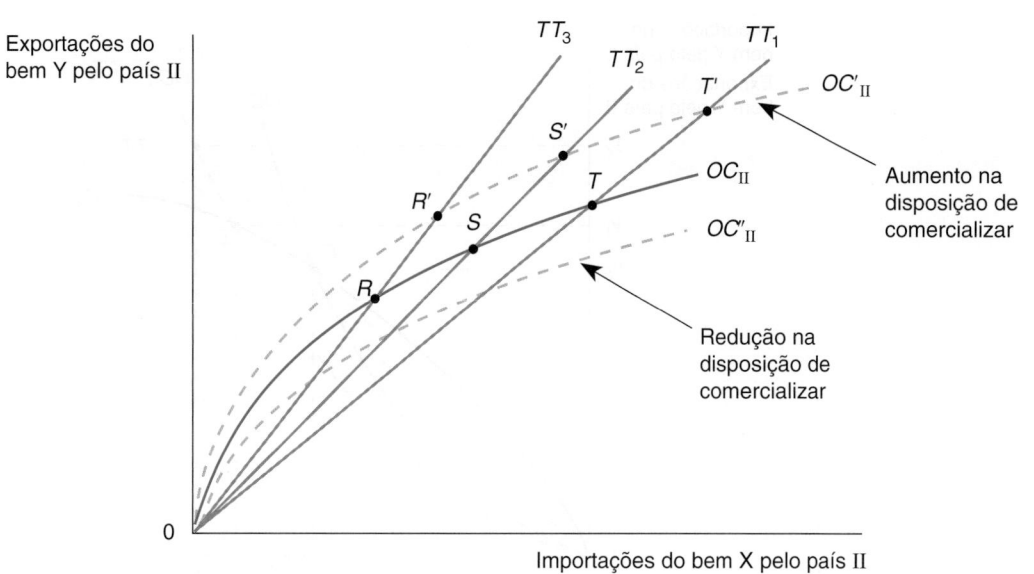

Se o país II aumenta sua disposição de comercializar, sua curva de oferta OC_{II} se deslocará diagonalmente para OC'_{II}, indicando uma disposição maior de comercializar para cada possível termo de troca. Por exemplo, o ponto R com TT_3 torna-se o ponto R', o ponto S com TT_2 torna-se o ponto S' etc. Similarmente, uma redução na disposição de comercializar da parte do país II desloca OC_{II} diagonalmente em direção a OC''_{II}.

recíproca é representado pela curva de oferta OC''_I, onde a curva se deslocou ou girou para a esquerda. Esse decréscimo poderia refletir uma redução no interesse pelo bem importado, um declínio da renda nacional ou, de particular importância, a imposição de uma tarifa pelo país I.

Um procedimento semelhante se aplica ao país II. Como o aumento na disposição de comercializar representa um interesse de exportar e importar maiores quantidades para todos os termos de troca, a curva original OC_{II} na Figura 6 desloca-se *para cima*, para OC'_{II}. Observe novamente que, em cada linha de preço, os pontos de disposição de comercializar situam-se mais distantes do que originalmente. A redução da disposição do país II de comercializar é representada pela curva de oferta OC''_{II}.

Quando a curva de oferta se desloca, os termos de troca de equilíbrio e o volume de comércio mudam. Essas modificações refletem a alteração de condições subjacentes do mercado. Suponha, na Figura 7, que o país I e o país II estejam em equilíbrio em TT_E e negociando os volumes $0x_E$ do bem X e $0y_E$ do bem Y. Suponha agora que haja um deslocamento no interesse do país I em direção à sua importação do bem Y. Como foi observado, essa mudança causará um deslocamento da curva de oferta de OC_I para OC'_I. Com o acréscimo na disposição do país I de comercializar, os termos de troca anteriores, TT_E, não são mais sustentáveis. TT_E gera um excesso de demanda do bem Y e, de modo correspondente, excesso de oferta do bem X. O país I deseja comprar $0y_2$ do bem Y e oferecer em troca $0x_2$ do bem X. Contudo, o país II não teve mudança em sua curva de oferta, e para TT_E ainda deseja oferecer apenas $0y_E$ do bem Y e demandar $0x_E$ do bem X. Com o excesso de $y_E y_2$ de demanda do bem Y e o excesso de $x_E x_2$ de oferta do bem X, o preço de Y aumentará no mercado mundial e o preço de X cairá. A mudança nos preços relativos continuará até que o excesso de demanda de Y e de oferta de X seja eliminado no novo ponto de equilíbrio E', com os termos de troca TT_1.

A mudança nos termos de troca significa que o preço do bem vendido pelo país I (bem X) caiu em relação ao preço do bem que ele compra (bem Y); como alternativa, o preço do bem que o país I compra aumentou relativamente ao preço do bem que ele vende. (Veja Quadro conceitual 2 para mensuração de modificações nos termos de troca de um país na prática.) A explicação econômica para esse aumento no preço relativo do bem importado é que o incremento da demanda

FIGURA 7   Aumento da demanda por importações pelo país I

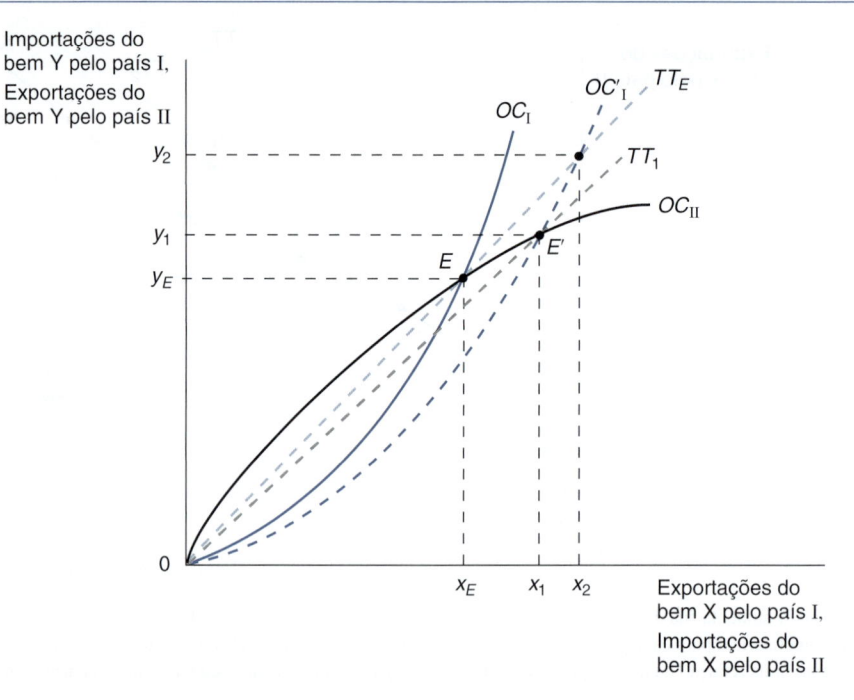

Se o interesse do país I se deslocar em direção ao bem importado Y, a OC_I se deslocará para OC'_I. No ponto de equilíbrio original E, com TT_E, há agora um excesso de $y_E y_2$ de demanda pelo bem Y e um excesso de $x_E x_2$ de oferta do bem X. O movimento resultante dos termos de troca, de TT_E para TT_1, elimina o excesso de demanda e de oferta. A nova posição de equilíbrio é representada pelo ponto E', com as quantidades $0x_1$ do bem X e $0y_1$ do bem Y sendo comercializadas.

do bem pelos consumidores do país I indica que agora eles valorizam mais o bem Y do que anteriormente e estão dispostos a abrir mão de uma quantidade maior do bem X para obter cada unidade do bem Y. Sem alteração na estrutura de oferta de exportações por parte do país II, o bem será oferecido a um preço maior. O aumento do interesse por importações elevou o volume das importações do valor original $0y_E$ para $0y_1$, e a quantidade de exportações trocadas pela nova quantidade importada é $0x_1$, uma quantia maior que a original $0x_E$.

Explicamos o efeito de um aumento da disposição do país I de comercializar. Obviamente, outras modificações podem ocorrer. Por exemplo, uma redução na disposição do país I de comercializar deslocaria a curva de oferta para a esquerda e levaria a um preço relativo P_X/P_Y mais alto e a um menor volume de comércio. Além do mais, um aumento da disposição do país II de comercializar deslocaria sua curva de oferta para cima e, sem alteração na curva de oferta do país I, também levaria a um preço relativo de equilíbrio P_X/P_Y mais alto, mas com um volume de comércio maior do que o realizado antes do deslocamento. Uma redução na disposição do país II de comercializar deslocaria sua curva de oferta para baixo e produziria uma queda no preço relativo P_X/P_Y e a uma redução do volume de comércio. (Uma discussão sobre movimentos recentes nos termos de troca das maiores áreas de comércio – movimentos que refletem contínuos deslocamentos da curva de oferta no mundo real – pode ser vista nas páginas 115-116.)

A conclusão de que os deslocamentos da curva de oferta de um país podem afetar seus termos de troca encontra uma exceção importante no caso de um **país pequeno**. Este é definido em economia internacional como *incapaz de influenciar seus termos de troca* por suas próprias ações. Por sua vez, um **país grande** *pode* influenciar seus termos de troca por suas próprias ações, e a maioria dos gráficos de curva de oferta neste livro retrata tal situação. A incapacidade de um país pequeno de influenciar seus termos de troca significa que, independentemente de quantas unidades do bem importado o país compre ou quantas unidades do bem exportado ele venda no mercado mundial, esse fato não terá nenhum efeito sobre os preços mundiais. O país pequeno é

Quadro conceitual 2
Mensuração dos termos de troca

A razão de preço relativo P_X/P_Y no gráfico da curva de oferta é denominada **termos de troca de mercadorias** ou simplesmente **termos de troca** (*TT*). (Outros conceitos de termos de troca serão discutidos ainda neste capítulo.) Os termos de troca de mercadorias para qualquer *país* específico são definidos como o preço das exportações do país dividido pelo preço de suas importações. Em nossos exemplos anteriores, os *TT* do país I seriam P_X/P_Y, enquanto os *TT* do país II seriam P_Y/P_X. A interpretação econômica dos termos de troca é que, conforme o preço das exportações sobe em relação ao preço das importações, cada unidade das exportações de um país é capaz de comprar uma quantidade maior de importações. Portanto, mais importações, que, como qualquer outra mercadoria têm utilidade para os consumidores, podem ser obtidas com determinado volume de exportações, e o bem-estar do país melhorou com base somente nesses preços relativos.

No cálculo dos termos de troca de um país, pois um país comercializa muitos bens, um **índice de preço** pode ser calculada para as exportações e para as importações. O índice de preço é uma média ponderada dos preços de muitos bens, calculado para efeitos de comparação com um ano-base. Deve-se escolher um ano-base para os índices de preço de exportação (P_X) e de preço de importação (P_M). Os índices de preço do ano-base recebem o valor 100, e os outros anos podem ser comparados com eles. Por exemplo, o Fundo Monetário Internacional (FMI), em sua edição de *Estatísticas Financeiras Internacionais* de janeiro de 2007, usou 2000 como seu ano-base no cálculo dos termos de troca dos Estados Unidos (e outros países), assim $P_{XEUA}^{2000} = 100$ e $P_{MEUA}^{2000} = 100$. Consideremos o ano de 2005. De acordo com o FMI (p. 68-69), o índice de preço das exportações dos Estados Unidos em 2005 foi de 106,9 (isto é, os preços de exportação foram 6,9% maiores que os preços do ano-base 2000), e o índice de preço das importações dos Estados Unidos foi de 110,0 (ou seja, os preços das importações estiveram 10% acima dos valores do ano-base 2000). O índice de termos de troca dos Estados Unidos em 2005 seria calculado da seguinte maneira:

$$TT_{EUA}^{2005} = \frac{P_{XEUA}^{2005}}{P_{MEUA}^{2005}} \times 100$$
$$= (106,9/110,0) \times 100$$
$$= 97,2$$

A multiplicação por 100 permite que o resultado seja expresso da forma usual para números-índices. O dado 97,2 significa que, em 2005, cada unidade de exportação norte-americana foi trocada por 2,8% (2,8 = 100 − 97,2) unidades a menos de importações que em relação ao ano-base.

O cálculo dos termos de troca de mercadorias tem sido executado com grande frequência em trabalhos empíricos em economia. De fato, existe uma controvérsia em relação à afirmação por parte de porta-vozes dos países em desenvolvimento de que, ao longo do tempo, eles têm sido prejudicados por um declínio nos seus termos de troca de mercadorias. Se o mundo for dividido somente em dois grupos – países em desenvolvimento e países desenvolvidos –, um declínio dos termos de troca dos países em desenvolvimento deve estar associado a uma *elevação* dos termos de troca dos países desenvolvidos. (Essa elevação ocorreria porque, com apenas dois grupos comerciais, as exportações de um grupo devem ser importações de outro grupo e vice-versa.) Tal comportamento dos termos de troca implicaria que a renda real estaria sendo transferida *de* países em desenvolvimento *para* os países desenvolvidos! Esta controvérsia é coberta de forma mais completa no Capítulo 18.

"um tomador de preço" no mesmo sentido do consumidor individual sendo um comprador e da empresa individual sendo um vendedor em concorrência perfeita na teoria microeconômica. No contexto de curva de oferta, a curva de oferta *enfrentada* pelo país pequeno é uma linha reta que sai da origem. Voltando à Figura 7, se a curva de oferta do país I – *pequeno* – (OC_I) se deslocasse para OC'_I, os termos de troca permaneceriam em TT_E. (Com efeito, a linha TT_E seria a curva de oferta do resto do mundo que se apresentaria ao país I.) O país I, se pequeno, seria incapaz de influenciar os termos de troca, não importando onde sua curva de oferta estivesse localizada (no entanto, a localização da curva de oferta afetaria o volume de comércio).

O fato de o país ser grande ou pequeno é uma questão empírica. O aumento da demanda do Chad e por importação de maquinaria ou o aumento da oferta de exportação de têxteis por Granada é insuficiente para afetar os preços internacionais ou os termos de troca daqueles países. Entretanto, alguns países cuja área territorial ou o PIB sejam pequenos podem ser grandes no sentido econômico, porque exportam grandes quantidades de mercadorias que apresentam demanda forte e, por isso, têm impacto significativo sobre os preços internacionais (por exemplo, Gana com cacau, Tailândia com arroz e Colômbia com café).

ELASTICIDADE E A CURVA DE OFERTA

Uma característica negligenciada até agora neste capítulo é a forma exata da curva de oferta; ela é importante porque influi nos impactos dos deslocamentos das curvas de oferta. A forma pode ser discutida em termos do conceito geral de elasticidade. A elasticidade de uma curva de oferta em seus vários pontos pode ser definida de diversos modos, mas vamos apresentar a definição mais comum. Relaciona-se com a **elasticidade da demanda de importações** ao longo da curva, que é a variação percentual da quantidade de importações demandadas dividida pela variação percentual do preço relativo das importações. Tal definição é semelhante à de elasticidade-preço da demanda, exceto por se referir ao preço *relativo* do bem em vez de um preço absoluto.[3]

Geometricamente, a elasticidade da demanda de importações pode ser medida como se segue. (A demonstração envolve manipulação matemática mostrada no Apêndice A, no final deste capítulo.) Nas curvas de oferta OC_I da Figura 8, considere qualquer ponto P. Deste ponto, trace uma linha perpendicular ao eixo horizontal e desenhe uma tangente em P que também toque o eixo horizontal. A elasticidade é medida como a distância horizontal da origem 0 até a intersecção com a linha perpendicular, dividida pela distância horizontal da origem até a intersecção com a linha tangente. Assim, na Figura 8, a elasticidade da demanda de importações é $0R/0S$. (Tecnicamente, há um sinal negativo na frente desta medida, o que vamos desconsiderar na nossa discussão.) As três partes da Figura 8 ilustram as três classificações associadas à elasticidade.

FIGURA 8 A elasticidade da demanda de importações ao longo da curva de oferta

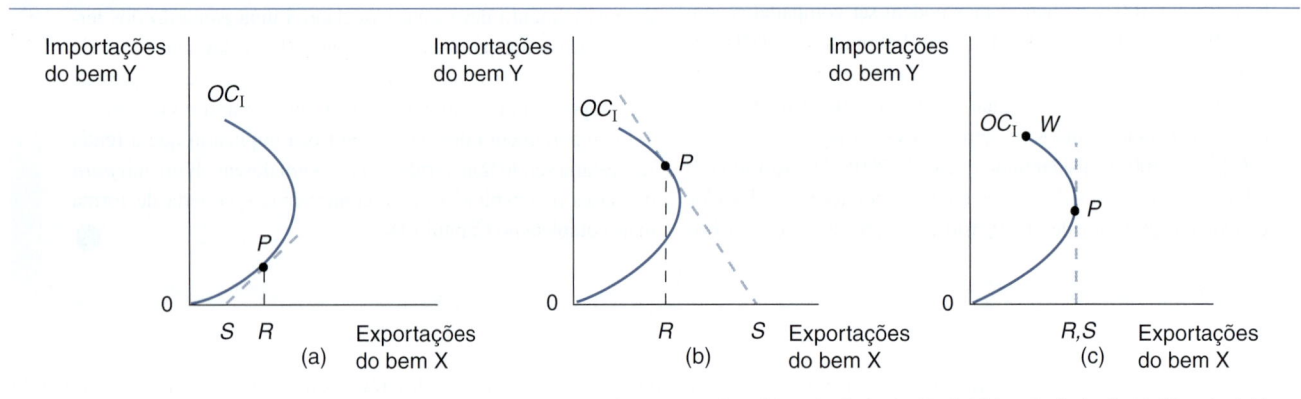

A elasticidade da demanda de importações da curva de oferta em qualquer ponto é medida pela distância $0R$ dividida pela distância $0S$. No painel (a), a curva é "elástica" no ponto P porque $0R > 0S$, portanto, $0R/0S > 1$. No painel (b), a curva de oferta é "inelástica" no ponto P porque $0R < 0S$, portanto, $0R/0S < 1$. No painel (c), a curva de oferta tem "elasticidade unitária" no ponto P, pois $0R = 0S$, portanto, $0R/0S = 1$.

---

[3]Outras duas definições de elasticidade usadas na análise da curva de oferta são (*a*) a *elasticidade da oferta de exportações*, que é a variação percentual da quantidade ofertada de exportação dividida pela variação percentual no preço relativo das exportações (o que reconhece a natureza "dual" de uma curva de oferta mostrando uma oferta de exportações e uma demanda por importações), e (*b*) a *elasticidade da curva de oferta* em si mesma, que é a variação percentual das importações dividida pela variação percentual das exportações à medida que o movimento ocorre ao longo da curva de oferta. Para evitar a confusão gerada por múltiplas definições e para seguir a prática-padrão, neste texto vamos empregar apenas a elasticidade da demanda de importações. Também vamos nos referir à elasticidade da demanda de importações ao longo da curva de oferta como "elasticidade da curva de oferta", embora este uso não seja estritamente correto.

No painel (a), 0R/0S > 1 porque 0R cobre uma distância maior que 0S e a curva de oferta é denominada "elástica" em pontos com inclinação maior que 1. No painel (b), a distância 0R é mais curta que a distância 0S; assim, a fração 0R/0S < 1. A curva de oferta nesta porção negativamente inclinada é "inelástica". No painel (c), 0R = 0S (a perpendicular e a tangente são a mesma linha), logo a curva de oferta tem "elasticidade unitária" no ponto P.

Toda a curva de oferta, como normalmente desenhada, tem três intervalos como aqueles dos painéis (a), (b) e (c) da Figura 8. No painel (c), a curva de oferta é elástica em todos os pontos da origem até o ponto P. Esse é o modo como a curva de oferta tem sido desenhada até agora neste capítulo. Do ponto P até o ponto W (no caso limite, W estaria no eixo vertical), a curva de oferta é "inelástica". A curva de oferta no ponto P tem "elasticidade unitária". O uso dos termos elástico, inelástico e elasticidade unitária no contexto da curva de oferta é semelhante ao seu uso na análise simples da curva de demanda. Quando um país está localizado no segmento "elástico" de sua curva de oferta, uma variação percentual no preço relativo do seu bem importado induzirá uma variação percentual maior na quantidade importada. Quando um país está localizado no segmento "inelástico", uma variação percentual

No mundo real:

Termos de troca dos principais grupos de países, 1972-2005

Os movimentos dos termos de troca de um país ao longo do tempo refletem deslocamentos das condições básicas de demanda e da oferta ("disposição de comercializar" no contexto da curva de oferta). Na Tabela 2, dados de preço de exportação e de importação publicados pelo FMI foram usados para construir índices de termos de troca para grupos específicos de países no período 1972-2005. Os índices foram construídos tendo como ano-base 1995 = 100.

Os países industriais apresentaram um declínio de 19% dos termos de troca (de um índice com valor 105 para 85) durante o período 1972-1980 – quando os preços do petróleo importado cresceram rapidamente – e uma elevação de 18% de 1980 a 1995, quando os preços do petróleo e de outros produtos primários importados tiveram queda generalizada. Os países em desenvolvimento não exportadores de petróleo apresentaram uma deterioração de 20% em seus termos de troca (de um índice de 116 para 93) de 1972 a 1980 e tiveram TT variável, mas sem tendência real de 1980 a 2005. Não estão disponíveis dados suficientes de países exportadores de petróleo para calcular seus termos de troca no período 1972-1990, mas ocorreu uma aguda queda de 1990 a 1995 e uma enorme elevação após 1995. De qualquer modo, os termos de troca do Oriente Médio podem ser usados como uma aproximação grosseira para os termos de troca dos países exportadores de petróleo nos primeiros anos do período, em que os termos de troca do Oriente Médio *subiram 389%* (de um índice de 37 para um índice de 181) entre 1972 e 1980. Em 1995 ocorreu um declínio substancial em que o índice caiu para 100. A alta drástica refletiu o embargo do petróleo de 1973-1974, quando a Organização dos Países Exportadores de Petróleo (OPEC) restringiu suas exportações, e um segundo choque do petróleo em 1979-1980, quando as ofertas foram interrompidas pela revolução iraniana e os preços foram forçados a subir ainda mais pela OPEC. Esses desenvolvimentos podem ser vistos como um grande deslocamento para a esquerda da curva de oferta da OPEC no gráfico da curva de oferta, quando as exportações da OPEC são colocadas no eixo horizontal. O declínio subsequente dos termos de troca, de 1980 a 1995, pode ser interpretado como reflexo de um deslocamento para baixo da curva de oferta coletiva dos parceiros de comércio da OPEC à medida que a demanda de petróleo da OPEC foi reduzida por eventos como a busca de aumentar a conservação de energia, o surgimento de fontes alternativas de energia (por exemplo, a energia solar) e o aumento de outras fontes de petróleo (a Encosta Norte no Alasca e o Mar do Norte).

Os índices para os países em desenvolvimento como um todo, reunindo na tabela países exportadores e não exportadores de petróleo, são menos significativos que vistos separadamente. Contudo, mostram uma forte elevação, de 60 para 105, no período 1972-1980, e um ligeiro declínio para 101 em 2005. Observe que o desempenho é diferente entre os grupos geográficos – os países asiáticos demonstraram notável estabilidade na maior parte do período 1972-2000, enquanto os países latino-americanos (Hemisfério Ocidental) apresentaram pequena variação nos anos de 1970, aumento nos anos de 1980, e um grande declínio de 1990 a 1995. Em virtude do comportamento dos preços dos produtos energéticos nos anos recentes, houve uma duplicação dos termos de troca dos países exportadores de petróleo no período 1995-2005.

(continua)

No MUNDO REAL: *(continuação)*
TERMOS DE TROCA DOS PRINCIPAIS GRUPOS DE PAÍSES, 1972-2005

TABELA 2   Índices de termos de troca, anos selecionados, 1972-2005 (1995 = 100)

Grupo de países	1972	1973	1974	1979	1980
Países industriais	105	104	93	93	85
Países em desenvolvimento	60	63	85	95	105
África	ND	ND	ND	ND	ND
Ásia	97	99	98	100	98
Europa	106	103	96	68	65
Oriente Médio	37	41	103	138	181
Hemisfério Ocidental	137	134	109	138	131
Países exportadores de petróleo	ND	ND	ND	ND	ND
Países em desenvolvimento não exportadores de petróleo	116	115	105	98	93

Grupo de países	1985	1990	1995	2000	2005
Países industriais	84	95	100	97	98
Países em desenvolvimento	99	101	100	102	101
África	ND	98	100	95	104
Ásia	95	100	100	94	86
Europa	60	65	100	103	106
Oriente Médio	177	121	100	156	218
Hemisfério Ocidental	117	159	100	99	103
Países exportadores de petróleo	ND	137	100	139	201
Países em desenvolvimento não exportadores de petróleo	88	100	100	95	87

ND = não disponível.
Fontes: Fundo Monetário Internacional (FMI), *Estatísticas Financeiras Internacionais,* Anuário 2002. Washington, DC: FMI, 2002, p. 138-141; FMI, *Estatísticas Financeiras Internacionais,* Anuário 2003, Washington, DC: FMI, 2003, p. 87-88; FMI, *Estatísticas Financeiras Internacionais,* Anuário 2006, Washington, DC: FMI, 2006, p. 86-87; FMI, *Estatísticas Financeiras Internacionais,* jan. 2007, p. 68-69. Um procedimento de associação foi usado para converter dados com 2000 = 100 em 1995 = 100.

no preço relativo das importações induzirá a uma variação percentual menor na quantidade importada. Por fim, no segmento de "elasticidade unitária", uma variação percentual no preço relativo das importações induzirá a uma variação percentual igual na quantidade importada.

Esses segmentos de elasticidade dão uma pista sobre o formato da curva de oferta. Lembre-se de que uma demanda "elástica" significa que se o preço de um bem cai, o gasto total (ou receita total, preço vezes quantidade) aumentará, porque o aumento percentual da quantidade é maior que a redução percentual do preço. No caso de demanda "inelástica", uma queda no preço está associada a uma queda no gasto total com o bem (receita total), pois o aumento percentual da quantidade é menor que a redução percentual do preço. Por fim, se a demanda tem "elasticidade unitária", uma queda no preço não produzirá nenhuma variação na receita total, pois o aumento percentual da quantidade é igual à redução percentual do preço.

A relação entre o dispêndio total ou variação da receita com a elasticidade é relevante para o formato da curva de oferta. O ponto importante é que *um país desiste do bem exportado para*

FIGURA 9 Segmento de elasticidade e quantidades de exportação fornecidas para adquirir importações

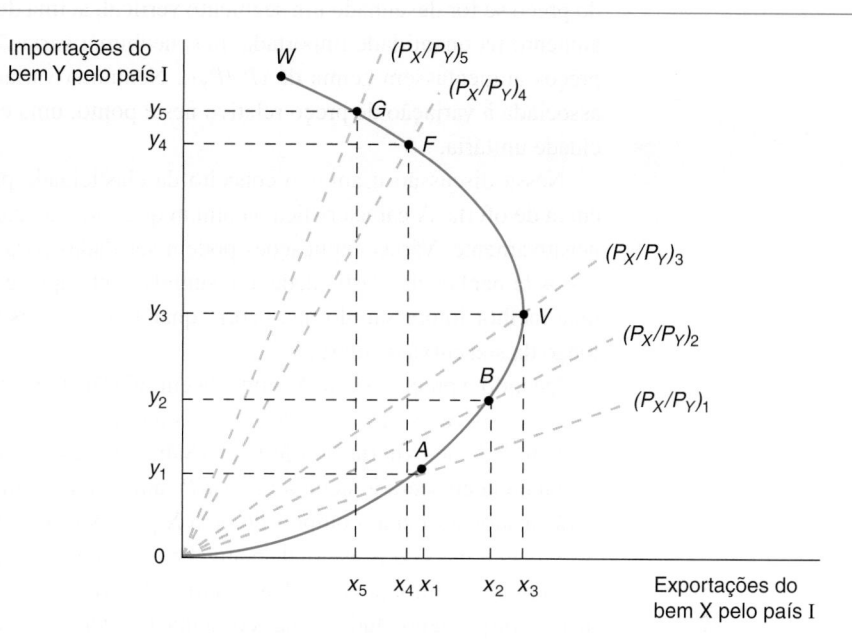

No segmento elástico da curva de oferta, quando o preço relativo da exportação aumenta (o preço relativo da importação cai) de $(P_X/P_Y)_1$ para $(P_X/P_Y)_2$, a quantidade exportada aumenta de $0x_1$ para $0x_2$ à medida que mais importações (y_1y_2) são demandadas; no segmento inelástico da curva de oferta, quando o preço relativo da exportação aumenta (o preço relativo da importação cai) de $(P_X/P_Y)_4$ para $(P_X/P_Y)_5$, a quantidade exportada cai de $0x_4$ para $0x_5$ à medida que mais importações (y_4y_5) são demandadas; e no ponto unitário V da curva de oferta, um aumento infinitesimal no preço relativo da exportação (queda no preço relativo da importação) de $(P_X/P_Y)_3$ não geraria nenhuma variação na quantidade exportada ofertada pelo país. Essas variações da quantidade exportada são semelhantes às variações dos gastos totais (receita) dos consumidores provenientes de uma queda no preço de um bem quando a demanda é elástica, não elástica e de elasticidade unitária.

ser capaz de adquirir o bem importado. No gráfico da curva de oferta, a quantidade exportada é semelhante ao gasto total ou receita total da análise corriqueira da curva de demanda. A quantidade exportada desempenha esse papel porque mostra de quanto um país está disposto a abrir mão para obter importações, tal como na análise da demanda a quantia total gasta com o bem representa de quanto os consumidores estão dispostos a abrir mão para obter o bem.

Visto que as exportações são semelhantes ao dispêndio total, o formato da curva pode estar relacionado à elasticidade de um modo direto. Considere a Figura 9. No segmento $0V$, uma variação nos termos de troca de $(P_X/P_Y)_1$ para $(P_X/P_Y)_2$ indica uma redução relativa no preço do bem Y. Consequentemente, o país I está disposto a gastar mais com o bem Y, porque a demanda de Y é elástica, assim, a disposição de o país exportar aumenta de $0x_1$ para $0x_2$. A porção com inclinação positiva da curva de oferta é a porção elástica, pois declínios de preço do bem importado estão associados a abrir mão de mais exportações ($0x_2$ em vez de $0x_1$) para comprar mais importações; isto é, o país move-se de um ponto como A para um ponto como B.

É evidente por que a porção inelástica da curva de oferta está na inclinação negativa. Suponha que os preços sejam $(P_X/P_Y)_4$ no ponto F, mas aumentem para $(P_X/P_Y)_5$. A disposição do país I em comercializar – como mostra sua curva de oferta – indica que, como o preço relativo da importação caiu, o país I está disposto a adquirir mais importações do bem Y (um aumento da quantidade $0y_4$ para a quantidade $0y_5$). Entretanto, como a demanda é inelástica, o país I está disposto a gastar menos em Y ou, no contexto da curva de oferta, a *desistir de menos exportações*. Desse modo, as exportações caem de $0x_4$ para $0x_5$.

Finalmente, o caso da elasticidade unitária no ponto V é a situação-limite entre os casos elástico e inelástico. Para uma variação infinitesimal do preço, em V, ou uma variação maior do preço se for desenhado um segmento vertical, acima de V, da curva de oferta, haveria algum aumento na quantidade importada, mas nenhuma variação na quantidade exportada $0x_3$ se os preços aumentassem acima de $(P_X/P_Y)_3$. Nenhuma variação nos gastos com importação está associada à variação de preço relativo neste ponto, uma característica da demanda com elasticidade unitária.

Nessa discussão usamos o conceito da elasticidade para identificar e explicar a forma da curva de oferta. A característica incomum que surge na curva de oferta é a sua porção inclinada negativamente. Várias explicações podem ser dadas para o comportamento econômico desses vários tamanhos da elasticidade, e resumidamente apresentamos uma explicação para fornecer uma melhor impressão do que ocorre quando os termos de troca variam e o país se move ao longo da sua curva de oferta.

Quando o preço do bem X aumenta em relação ao preço do bem Y – isto é, P_X/P_Y aumenta e a linha dos termos de troca torna-se mais inclinada –, vamos considerar o que aconteceria com a quantidade de exportação ofertada. (Sabemos pela Figura 9 que a quantidade de importação demandada crescerá à medida que P_X/P_Y aumentar.) Primeiro, os consumidores do país I tenderão a substituir suas compras do bem X pelo bem Y. Para qualquer nível de produção do bem X do país I, mais de X estará disponível para *exportação*, pois os consumidores domésticos não desejam consumir tanto dele. Este **efeito substituição** faz a curva de oferta inclinar-se positivamente porque, tendo tudo o mais constante (*caeteris paribus*), o preço mais alto de X resulta em um aumento da quantidade de exportação de X desejada.

Quando o preço do bem X aumenta em relação ao preço do bem Y, os produtores do país I também terão um incentivo para produzir mais X e menos Y, pois o preço do bem X mais elevado indica potencialmente uma lucratividade maior na produção de X em relação à produção de Y. Este **efeito produção** reforçará o efeito substituição porque uma maior produção de X significa que uma maior quantidade de X está disponível para exportação. Assim, o efeito produção, *caeteris paribus*, tende a gerar uma curva de oferta com inclinação positiva, uma vez que o preço relativamente mais elevado de X induz a maior quantidade de exportações de X.

Por fim, quando o preço do bem X aumenta em relação ao preço do bem Y, a renda real do país I aumenta porque o bem X, que está sendo enviado para o exterior, exige um preço relativamente mais elevado, enquanto o bem Y que está sendo comprado do exterior é agora relativamente mais barato. Com o aumento da renda real causado por variação do preço relativo, o país I compra mais tanto de X quanto de Y.[4] *Caeteris paribus*, compras domésticas maiores do bem X em face de uma renda real mais elevada reduzem a quantia do bem X disponível para exportação. Este **efeito renda** ou **efeito termos de troca** sobre as exportações funciona na direção oposta dos efeitos substituição e produção.

Quando os efeitos substituição e produção combinados sobre as exportações são mais fortes que o efeito renda sobre as exportações, a curva de oferta terá inclinação positiva ou forma "normal", tal como no segmento OV da Figura 9. No entanto, se o renda dominar os outros dois efeitos, a curva de oferta terá inclinação negativa, como o segmento VW. Obviamente, se o efeito renda fosse exatamente igual aos outros dois efeitos, a curva de oferta seria vertical e teria elasticidade unitária. Por último, a forma da curva de oferta é uma questão empírica. Para uma discussão sobre como as elasticidades da curva de oferta podem influenciar a estabilidade de um ponto de equilíbrio, veja o Apêndice B no final deste capítulo.

---

[4]Estamos considerando a ausência de bens inferiores. Um "bem inferior" é aquele cuja quantidade comprada diminui conforme a renda real aumenta. Por exemplo, de acordo com sua renda real, você pode comprar menos hambúrgueres porque estará substituindo-os por carnes de melhor qualidade. A suposição de "nenhum bem inferior" parece razoável se imaginarmos o bem X como o total dos bens exportados pelo país I, e o bem Y como o total de bens importados por esse país.

REVISÃO DE CONCEITO	1. Com base em uma posição inicial de equilíbrio no gráfico da curva de oferta, suponha que os consumidores de um país mudem seus gostos de tal modo que tenham uma preferência relativamente mais forte pelo bem *exportado* por esse país. O que acontecerá com a disposição para comercializar e com os termos de troca deste país? Ilustre e explique. 2. Considere que uma única curva de oferta represente a disposição para comercializar de um grupo de países exportadores de petróleo (como a OPEC). Que efeito o acordo de conluio para exigir preços mais elevados do petróleo exportado tem nesta curva de oferta coletiva e nos termos de troca dos países exportadores de petróleo, *caeteris paribus*? Explique. 3. De que modo o formato da curva de oferta de um país é semelhante à relação entre variações de preço e variações de receita total ao longo de uma curva de demanda reta comum para uma mercadoria?

Outros conceitos de termos de troca

Concluímos este capítulo com uma breve discussão sobre outros três significados de *termos de troca* existentes na literatura. Eles diferem dos conceitos de preço das exportações/preço das importações (P_X/P_M) ou termos de troca de mercadorias (o P_X/P_Y do país I) mais frequentemente usados neste capítulo. É importante conhecê-los porque eles não são intercambiáveis em suas implicações.

Termos de troca de rendimentos

Os **termos de troca de rendimentos** de um país (TT_Y) – às vezes considerado mais útil, sob a perspectiva de desenvolvimento econômico, que os termos de troca de mercadorias – são os termos de troca de mercadorias multiplicados por um índice de quantidade de exportações, isto é, $TT_Y = (P_X/P_M) \times Q_X$ ou $(P_X \times Q_X)/P_M$. É, desse modo, um índice de ganhos ou valor da exportação total ($P_X \times Q_X$) dividido pelo índice de preço das importações (P_M). Esta medida busca quantificar a tendência da capacidade de um país de importar bens com base na exportação, em vez de somente medir as relações de preço entre exportação e importação. Uma alta nos TT_Y indica que os ganhos de exportação do país permitem-lhe adquirir uma quantidade maior de importações. Para países em desenvolvimento, importações intensivas em capital e tecnologia geram um fluxo de produção no futuro e podem ser essenciais para o esforço de desenvolvimento. Uma alta dos TT_Y pode ser muito benéfica.

Os termos de troca de mercadorias e os termos de troca de rendimentos não precisam se mover na mesma direção ao longo do tempo, pois uma redução no P_X/P_M, por exemplo, pode ser mais do que compensada por uma subida na quantidade de exportações (Q_X). Também é verdade que, para um país, um declínio nos termos de troca de mercadorias pode ser reforçado por um declínio na quantidade exportada, tanto que os termos de troca de rendimentos caem mais que os termos de troca de mercadorias.

Termos de troca com fator único

Os **termos de troca com fator único** (TT_{SF}) relacionam tendências de preço de importação com crescimento da produtividade dos fatores de produção. O conceito dos TT_{SF} é representado pelos termos de troca de mercadorias multiplicados por um índice de produtividade das indústrias de exportação, isto é, $TT_{SF} = (P_X/P_M) \times O_X$, onde O_X é o índice de produtividade. Se os termos de troca com fator único aumentam, a interpretação econômica é de que uma quantidade maior de importações pode ser obtida para *determinada unidade de esforço de trabalho* na produção de exportações. Em outras palavras, um aumento indica que mais importações podem ser adquiridas para uma dada quantidade de tempo de trabalho dos fatores de produção nas indústrias de exportação. Existem alguns cálculos de TT_{SF}, mas a principal dificuldade envolve a geração de índices precisos de produtividade. Normalmente os TT_{SF} mostrarão uma tendência mais favorável (ou menos desfavorável) para qualquer país do que os termos de troca de mercadorias, porque a produtividade em geral aumenta ao longo do tempo.

No mundo real:

Termos de troca de rendimentos dos principais grupos de países, 1972-2005

A Tabela 3 retrata índices de termos de troca de rendimentos para 1972-2005, calculados dividindo-se o índice do valor de exportação de cada ano ($P_X \times Q_X$, com 1995 = 100) pelo índice de preços de importação. Compare esta tabela com as relações de troca de mercadorias da Tabela 2, observando que os movimentos nos termos de troca de rendimentos não necessariamente refletem movimentos dos termos de troca de mercadorias. Além disso, *todos* os grupos de países mostraram melhora nos seus termos de troca de rendimentos ao longo do tempo (embora o Oriente Médio tenha marcado deterioração no início dos anos 1980), um resultado que é conceitualmente impossível com os termos de troca de mercadorias, porque uma melhora nos termos de troca de mercadorias de alguns grupos *deve* significar deterioração de pelo menos um outro grupo. A melhora mais significativa nos termos de troca de rendimentos em todo o período ocorreu para as economias em desenvolvimento da Ásia, o que de forma importante reflete a forte demanda existente no mercado internacional por produtos da China, Hong Kong, Coreia do Sul, Cingapura e Taiwan.

TABELA 3 Índices de termos de troca de rendimentos, anos selecionados, 1972-2005 (1995 = 100)

Grupos de países	1972	1973	1974	1979	1980
Países industriais	34	38	36	47	45
Países em desenvolvimento	18	22	28	39	39
África	ND	ND	ND	ND	ND
Ásia	10	11	11	18	19
Europa	ND	ND	ND	ND	ND
Oriente Médio	44	55	125	163	147
Hemisfério Ocidental	28	32	36	53	56
Países exportadores de petróleo	ND	ND	ND	ND	ND
Países em desenvolvimento não exportadores de petróleo	16	19	18	25	26

Grupos de países	1985	1990	1995	2000	2005
Países industriais	50	75	100	143	170
Países em desenvolvimento	38	57	100	167	269
África	ND	96	100	154	225
Ásia	27	53	100	156	253
Europa	ND	ND	100	213	389
Oriente Médio	78	104	100	203	357
Hemisfério Ocidental	60	79	100	163	209
Países exportadores de petróleo	ND	120	100	181	315
Países em desenvolvimento não exportadores de petróleo	32	52	100	162	260

ND = não disponível.
Fontes: Fundo Monetário Internacional (FMI), *Estatísticas Financeiras Internacionais,* Anuário 2002, Washington, DC: FMI, 2002, p. 126-131, 140-141; FMI, *Estatísticas Financeiras Internacionais,* Anuário 2003, Washington, DC: FMI, 2003, p. 81-83, 88; FMI, *Estatísticas Financeiras Internacionais,* Anuário 2006, Washington, DC: FMI, 2006, p. 80-82, 87; FMI, *Estatísticas Financeiras Internacionais,* jan. 2007, p. 62-64, 69. Um procedimento de associação foi usado para converter dados com 2000 = 100 em 1995 = 100.

Termos de troca com dois fatores

O último conceito de termos de troca concilia os termos de troca com fator único com as tendências de produtividade nos parceiros comerciais de um país. A razão de **termos de troca com dois fatores** (TT_{DF}) são os termos de troca com fator único divididos pelo índice de produtividade das indústrias de exportação dos parceiros comerciais, isto é, $TT_{DF} = (P_X/P_M) \times (O_X/O_M)$, onde O_M

representa o índice de produtividade estrangeira para as importações de um país. Uma elevação dos TT_{DF} indica que determinadas quantidades de serviços dos fatores de produção do nosso país em suas indústrias de exportação estão sendo trocadas por uma maior quantidade dos serviços dos fatores da produção em indústrias de exportação nos países parceiros comerciais. Nesse sentido, "a troca de fatores" entre os parceiros foi mais favorável para nosso país. Os TT_{DF} já foram ocasionalmente calculados na prática, mas a dificuldade empírica de se obterem dados da produtividade dos fatores estrangeiros da produção deve ser acrescentada à dificuldade na obtenção de dados de nossa produtividade sobre os fatores de produção.

Em resumo, a seleção do conceito apropriado de termos de troca a ser enfatizado depende do objetivo que o analista tem em mente. Cada conceito se destina a interpretar um aspecto diferente das modificações de preços relativos. No restante deste texto, os *termos de troca* vão se referir aos termos de troca de mercadorias, a menos que seja indicado de outra maneira. Contudo, tenha em mente que este conceito não é necessariamente apropriado para o exame de muitas questões de comércio.

REVISÃO DE CONCEITO	1. Se a demanda pela exportação do bem do país A aumenta, como a elasticidade da curva de oferta deste país influencia a melhoria dos termos de troca?	2. Se a demanda pelo bem de exportação aumenta, tudo o mais constante (*caeteris paribus*), tanto os termos de troca de mercadorias como os termos de troca de rendimentos vão melhorar? Explique.

Resumo

Neste capítulo desenvolveu-se o conceito da curva de oferta, a qual demonstra a disposição do país em participar do comércio internacional em vários termos de troca e fornece um veículo para ilustrar a determinação dos termos de troca de equilíbrio no mercado internacional. Crescimento econômico, mudanças de gostos e efeitos de políticas comerciais estão entre os fatores que deslocarão a curva de oferta de um país e que podem influenciar o volume e os termos de troca. Por fim, discutiu-se a elasticidade da curva de oferta e diversos conceitos de termos de troca.

Termos-chave

curva de oferta (ou curva de demanda recíproca)
efeito produção
efeito renda (ou efeito termos de troca)
efeito substituição
elasticidade da demanda de importações
índice de preço
país grande
país pequeno
termos de troca com dois fatores (TT_{DF})
termos de troca com fator único (TT_{SF})
termos de troca de equilíbrio
termos de troca de mercadorias
termos de troca de rendimentos (TT)

Questões e problemas

1. Discuta vários eventos econômicos que aumentariam a disposição de um país em comercializar.
2. Considere que a demanda pelo bem exportado de um país aumente. Haverá um efeito qualitativo diferente sobre os termos de troca se o país for "grande" em vez de "pequeno"? Explique.
3. Suponha que o país I aumente sua disposição para comercializar ao mesmo tempo que o país II, parceiro comercial, *reduza* sua disposição para comercializar. O que pode ser dito sobre o impacto resultante sobre os termos de troca e sobre o volume de comércio? (Nota: Você não será capaz de dizer nada de concreto sobre um desses dois impactos. Por que não?)
4. Suponha que o país I e seu parceiro comercial, país II, reduzam ao mesmo tempo sua disposição para fazer comércio. Qual será o impacto sobre os termos de troca e sobre o volume de comércio? (Nota: Você não será capaz de dizer nada de concreto sobre um desses dois impactos. Por que não?)
5. Na análise da curva de oferta, por que o excesso de oferta de um bem deve estar associado a um excesso de demanda pelo outro bem?

6. Em agosto de 1990, muitos países decidiram retaliar o Iraque por sua invasão do Kuwait, recusando a comercializar com ele (exceto alimentos e bens humanitários). Com esse embargo, o que aconteceria conceitualmente com os termos de troca do Iraque e seu volume de comércio? Ilustre e explique sua resposta usando curvas de oferta.
7. Suponha que o gráfico de uma curva de oferta tenha em um eixo as exportações dos países desenvolvidos e no outro as dos países em desenvolvimento. Explique o impacto previsto, *caeteris paribus*, nos termos de troca dos países em desenvolvimento de um crescimento relativamente lento da demanda por mercadorias dos países em desenvolvimento, por parte dos países desenvolvidos, combinado com o crescimento relativamente rápido da demanda por bens dos países desenvolvidos, por parte dos países em desenvolvimento.
8. No passado, os membros da OPEC foram capazes de elevar bastante o preço relativo do petróleo com uma redução pequena no volume de exportação, aumentando, em consequência, substancialmente as receitas recebidas dos compradores das suas exportações de petróleo. Descreva as formas prováveis das curvas de oferta dos países importadores – formatos que permitiram aos países da OPEC levar adiante com sucesso sua estratégia comercial.
9. "Se os países estiverem se comportando racionalmente, eles sempre devem estar dispostos a exportar mais por um preço de exportação mais alto. Assim, não se esperaria ver curvas de oferta 'negativamente inclinadas'." Discuta.
10. Você tem a seguinte informação para um país, para 2005, com todos os índices de preço utilizando 1995 como ano-base: o índice de preço de exportação é 120, o índice de preço de importação é 130, o índice de quantidade de exportações é 115 e o índice de quantidade de importações é 100. Calcule os termos de troca de mercadorias e os termos de troca de rendimentos deste país para 2005. Interprete seus resultados.

Apêndice A — Derivação da elasticidade da demanda de importações de uma curva de oferta

Para derivar de modo comum a elasticidade da demanda de importações em uma curva de oferta no ponto P, considere a Figura 8(a) da página 114. A elasticidade da demanda de importações (ε) é a variação percentual na quantidade demandada do bem importado Y dividida pela variação percentual no preço relativo de Y. O preço relativo de Y é a quantidade de que se abre mão do bem exportado X para se obter uma unidade do bem Y. Usando o cálculo,

$$\varepsilon = \frac{dY/Y}{\dfrac{d(X/Y)}{X/Y}} = \frac{(dY/Y)(X/Y)}{d(X/Y)}$$

Portanto,

$$\varepsilon = \frac{(XdY/Y^2)}{d(X/Y)} = \frac{(XdY)/Y^2}{\dfrac{YdX - XdY}{Y^2}}$$

$$\varepsilon = \frac{XdY}{YdX - XdY} = \frac{1}{\dfrac{YdX}{XdY} - 1}$$

Geometricamente, na Figura 8(a), $Y/X = RP/0R$ e $dX/dY = SR/RP$. Então,

$$\varepsilon = \frac{1}{\dfrac{RP}{0R} \times \dfrac{SR}{RP} - 1} = \frac{1}{\dfrac{SR}{0R} - 1}$$

$$= \frac{1}{\dfrac{SR - 0R}{0R}} = \frac{1}{-\dfrac{0S}{0R}} = -\frac{0R}{0S}$$

Ignorando o sinal negativo, a elasticidade da demanda de importações ε é portanto $0R/0S$, ou a distância entre a origem e o ponto onde a perpendicular em P toca o eixo x dividida pela distância da origem ao ponto onde a linha tangente a P toca o eixo x.

APÊNDICE B — ELASTICIDADE E EQUILÍBRIO INSTANTÂNEO DA CURVA DE OFERTA

Neste capítulo e no restante do livro, a menos que seja observado de outro modo, consideramos que as posições de equilíbrio são estáveis. Isso significa que um desvio de equilíbrio colocará em movimento forças que conduzem ao equilíbrio. Essa espécie de equilíbrio é do tipo familiar observado, por exemplo, nos gráficos de oferta e demanda. O preço de um bem acima (abaixo) do preço de equilíbrio está associado a um excesso de oferta (demanda), e o preço, por isso, cai (aumenta) para o preço de equilíbrio. Contudo, no gráfico da curva de oferta, é possível que uma posição de equilíbrio seja instável. Isso significa que um desvio do equilíbrio empurrará o preço relativo P_X/P_Y para mais longe do preço relativo de equilíbrio original e não em direção àquele preço.

Lembre-se de que a curva de oferta pode ser desenhada com um segmento elástico, um ponto de virada de elasticidade unitária, e um segmento não elástico. Teoricamente é possível relacionar as curvas de dois países para produzir múltiplas posições de equilíbrio (veja a Figura 10). Neste gráfico incomum, que se parece com uma gravata borboleta mal-atada, há três posições de equilíbrio – E_1, E_2, e E_3 – com curvas de oferta OC_I e OC_{II}. A existência de múltiplos equilíbrios torna pouco claro onde a economia mundial se assentará, uma vez que o ponto de repouso pode ser decorrente de um acidente histórico em vez de uma força econômica específica.

Os pontos E_1 e E_3 são posições de equilíbrio estável, porque pequenos desvios desses pontos põem em movimento forças para retornar a eles. Por exemplo, no ponto E_1 e com TT_1, os termos de troca TT_2 estão associados a um excesso de oferta do bem X e excesso de demanda do bem Y. Então, TT_2 não são susten-

FIGURA 10 Equilíbrio múltiplo no comércio internacional

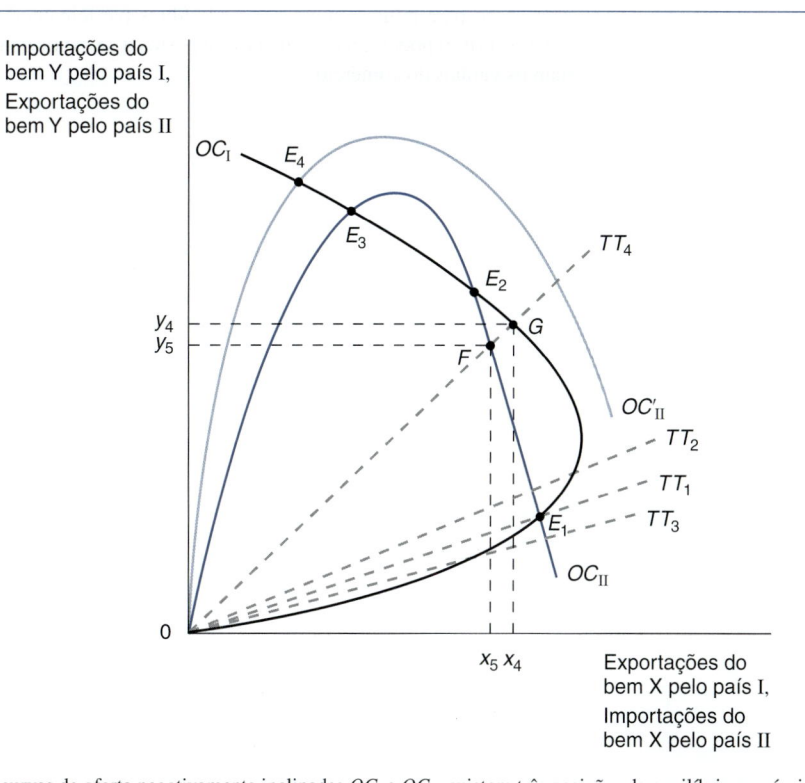

Com as curvas de oferta negativamente inclinadas OC_I e OC_{II}, existem três posições de equilíbrio possíveis. O ponto E_1 é um equilíbrio estável, uma vez que os termos de troca TT_2 e TT_3 estarão associados a excesso de demandas e de ofertas de bens que moverão os termos de troca para TT_1. Contudo, os termos de troca em TT_4 não irão para a posição de equilíbrio E_2 porque, para TT_4, há excesso de oferta do bem X (no montante x_5x_4) e excesso de demanda do bem Y (no montante y_5y_4). Os termos de troca assim irão de TT_4 para baixo em direção a TT_1. De modo análogo, uma linha de termos de troca ligeiramente acima de E_2 iria para cima em direção à posição de equilíbrio estável E_3. Além disso, se a posição de equilíbrio inicial é E_1, um deslocamento de OC_{II} para OC'_{II} levaria o equilíbrio a ir para a posição E_4.

táveis, e os preços relativos caem para TT_1. De modo similar, os preços relativos TT_3 estão associados a excesso de demanda do bem X e a excesso de oferta do bem Y, logo os termos de troca vão para TT_1. Uma análise idêntica para o ponto E_3 mostraria que E_3 também é uma posição de equilíbrio estável.

Contudo, na Figura 10, o ponto E_2 é uma posição de equilíbrio instável. Considere os termos de troca TT_4. Com os parceiros comerciais em desequilíbrio para TT_4, o comércio irá para E_2? Obviamente *não!* Para TT_4, o país I deseja comercializar no ponto G, onde ele fornecerá a quantidade $0x_4$ de exportações e vai demandar a quantidade $0y_4$ de importações. Entretanto, o país II, no ponto F da sua curva de oferta, deseja fornecer a quantidade $0y_5$ de exportações e demandar $0x_5$ de importações. Em TT_4, há excesso de oferta do bem X (de x_5x_4) e excesso de demanda do bem Y (de y_5y_4). Essa situação fará a razão P_X/P_Y *cair* e TT_4 dará lugar a uma linha de preço menos inclinada. Os parceiros comerciais sob as forças do mercado não irão para E_2, mas para E_1, onde o excesso de oferta do bem X e o excesso de demanda do bem Y são eliminados. Uma análise semelhante pode mostrar por que uma linha de termos de troca ligeiramente acima de E_2 colocará em movimento forças para levar o equilíbrio comercial para o ponto E_3. Incidentemente, a condição matemática de existência de um equilíbrio instável, como E_2, consiste em que a *soma* dos valores absolutos da elasticidade da demanda de importação dos dois países naquele ponto seja menor que 1,0. A pergunta empírica relevante a ser investigada é se a soma dos valores absolutos da elasticidade é alta o bastante (tal como 0,4 + 1,5 = 1,9) para gerar um equilíbrio estável, ou se é tão baixa (0,5 + 0,3 = 0,8) que uma posição de equilíbrio é instável.

Um ponto importante a ressaltar é que se as elasticidades no comércio internacional forem tais que os países estejam atuando no segmento não elástico das suas curvas de oferta, é possível que os países possam ter grandes movimentos de preços de uma direção (tal como de imediatamente abaixo de E_2 para E_1). Além disso, suponha que os dois países estejam inicialmente em E_1, mas a curva de oferta do país II (OC_{II}) agora se desloque para cima, para OC'_{II}. A nova posição de equilíbrio será E_4, com um conjunto consideravelmente diferente de preços e volume de comércio do existente em E_1. Essas grandes modificações podem gerar risco para muitas empresas e indivíduos participantes no comércio internacional. Os participantes avessos a risco poderiam estar menos dispostos a se expor completamente à economia mundial e sacrificariam os ganhos do comércio.

CAPÍTULO 8

As bases para o comércio

Dotações de fatores e o modelo de Heckscher-Ohlin

Objetivos de aprendizado

- Entender como as dotações relativas de fatores afetam os preços relativos de fatores.
- Reconhecer como diferentes preços relativos de fatores geram uma base para o comércio.
- Aprender como o comércio afeta os preços relativos de fatores e a distribuição de renda.
- Compreender como fenômenos do mundo real podem modificar as conclusões de Heckscher-Ohlin.

Introdução

Padrões de trabalho afetam a vantagem comparativa?

O papel dos padrões de trabalho no estímulo ao comércio internacional esteve na vanguarda da pauta da política comercial nos últimos anos. Atraiu o interesse de organizações humanitárias, governos e organizações internacionais à medida que, com o aumento da globalização, a produção de bens de trabalho intensivo continuou a ir para os países em desenvolvimento. Em um artigo recente, Matthias Busse analisa econometricamente se as diferentes categorias de padrões de trabalho têm, de fato, efeito sobre a vantagem comparativa dos países em desenvolvimento[1]. Ele pergunta se um país em desenvolvimento pode obter vantagem comparativa em mercadorias de trabalho intensivo não especializado empregando baixos padrões de trabalho e aumentando assim as suas exportações para o mundo. Muitos grupos diferentes acreditam que isso esteja acontecendo e, portanto, estão exigindo a implantação de barreiras à importação contra países com padrões notavelmente baixos, tanto por razões humanitárias como para assegurar um "melhor nível de negociação".

Busse fez uma distinção entre as condições "básicas" de trabalho (por exemplo, direitos sindicais, inexistência de trabalho forçado, abolição de trabalho infantil, igualdade de oportunidades) e padrões de trabalho frequentemente referidos como "condições aceitáveis de trabalho" (por exemplo, salários mínimos, padrões de segurança e de saúde). Ele se concentrou no efeito das questões centrais sobre as vantagens comparativas e sobre as exportações utilizando a estrutura teórica de Heckscher-Ohlin, desenvolvida neste capítulo, visando a fornecer as bases para seu trabalho empírico. Como a vantagem comparativa é determinada por dotações relativas de fatores, ele supôs que condições fundamentais de trabalho inferiores levariam a um aumento relativo de trabalho não qualificado e a um aumento relativo de exportação de bens de trabalho intensivo não qualificado. Cinco indicadores de condições básicas de trabalho [discriminação da mulher, presença de trabalho infantil, uso de trabalho forçado, direitos sindicais básicos, e número de ratificações das oito convenções de padrões fundamentais de trabalho da Organização Internacional do Trabalho (OIT)] foram as variáveis-chave usadas para explicar a participação de bens de trabalho intensivo não qualificado no total das exportações em uma análise de regressão, em *cross-section*, de 83 países. Dentre tantas conclusões interessantes, destacou-se o fato de maior discriminação feminina ter enfraquecido a vantagem comparativa, enquanto direitos sindicais mais frágeis, maior uso de trabalho infantil e maior uso de trabalho forçado aumentaram a participação da exportação. É interessante assinalar que o número de ratificações das convenções da OIT pareceu não ter nenhum efeito significativo. Contudo, é importante observar que, em todos os casos, educação e dotação relativa de trabalho tiveram influências relativamente mais fortes nos padrões de comércio do que as variáveis de padrão de trabalho.

Análises políticas interessantes e úteis, tal como a contida no artigo de Busse, exigem o uso de uma estrutura mais formal, na qual as complexidades da vantagem comparativa internacional possam ser classificadas de um modo consistente. No capítulo anterior, demonstramos que um país terá ganhos com o comércio sempre que os termos de troca se diferenciarem dos seus próprios preços relativos em autarquia. O país ganha expandindo a produção e exportando a mercadoria relativamente mais valorizada no mercado internacional, e reduzindo a produção e importando o bem relativamente menos caro no mercado internacional. Esses ajustes permitem o consumo de uma série de bens que está além da fronteira de possibilidades de produção. Além disso, foi demonstrado que as diferenças de preços relativos que levam ao comércio internacional poderiam ter origem nas condições de oferta ou de demanda nos dois países. Este capítulo examinará, com maior detalhe, os fatores que influenciam os preços relativos antes do comércio internacional, concentrando-se em diferenças nas condições de oferta. Primeiro examinamos como as diferentes quantidades relativas de fatores da produção podem influenciar os preços de produto e produzir uma base para o comércio. Depois discutimos como o comércio resultante afetará os preços dos fatores e a distribuição de renda dos países comerciais. Por fim, serão apresentadas as implicações de várias suposições empregadas na análise. O objetivo deste capítulo é proporcionar uma compreensão

---

[1] Matthias Busse. "Do Labor Standards Affect Comparative Advantage In Developing Countries?", *World Development*, v. 30, n. 11, nov. 2002, p. 1921-1932.

mais profunda dos fatores críticos que são a base de diferenças de custos relativos e, por isso, trazem vantagem comparativa.

Oferta, demanda e preços em autarquia

Você vai se lembrar de que a origem das diferenças nas relações de preço pré-comerciais entre os países está na interação da oferta e da demanda agregadas conforme representadas pelas suas respectivas fronteiras de possibilidades de produção e curvas de indiferença da comunidade. Há uma base para o comércio sempre que as condições de oferta ou as condições de demanda variarem entre os países. Por exemplo, quando dois países são idênticos em todos os aspectos da oferta, mas tiverem gostos e preferências diferentes (veja a Figura 6 do Capítulo 6, página 96), os preços relativos dos produtos se diferenciarão na autarquia. Um resultado semelhante ocorre se as demandas nos dois países forem idênticas, mas as condições de oferta variarem, como foi refletido nas fronteiras de possibilidades de produção com diferentes formatos (veja a Figura 7 do Capítulo 6, página 97). Nesse caso, diferentes razões de preço de autarquia podem ser resultado de tecnologias diferentes nos dois países, disponibilidades relativas de fatores diferente, ou uma combinação dos dois. Qualquer que seja a razão, preços diferentes em autarquia novamente indicam que há uma base para comércio vantajoso entre esses dois países.

É seguro concluir que diferenças nas condições tanto de oferta quanto de demanda são suficientes para proporcionar uma base para o comércio entre os dois países. Isso, naturalmente, implica que não haja intervenção nos mercados que altere os preços em relação àqueles que resultam em equilíbrio geral. Claramente, impostos e subsídios podem fazer os preços de autarquia mais os menos diferentes daqueles antes do comércio. As implicações políticas de medidas de distorção de preço serão abordadas no Capítulo 14, "O impacto das políticas comerciais". Agora vamos a um exame mais rigoroso do papel das disponibilidades de fator no comércio internacional.

Dotações de fatores e o modelo de Heckscher-Ohlin

Os efeitos da dotação de fatores sobre o comércio internacional foram analisados no início do século XX por dois economistas suecos, Eli Heckscher (em 1919) e Bertil Ohlin (em 1933). Como empregada atualmente por economistas, essa análise faz uma série de suposições simplificadoras, especialmente que:

1. Existem dois países, dois bens homogêneos e dois fatores de produção homogêneos cujas dotações iniciais são fixas e relativamente diferentes para cada país.
2. A tecnologia é a mesma para os dois países; isto é, as funções de produção são as mesmas em ambos os países.
3. A produção é caracterizada por retornos constantes de escala para as duas mercadorias nos dois países.
4. As duas mercadorias têm **diferentes intensidades relativas de fatores**, e as respectivas intensidades de fator da mercadoria são as mesmas para todas as razões de preços de fatores.
5. Gostos e preferências são os mesmos nos dois países. Além disso, para qualquer conjunto de preços dos produtos, os dois bens são consumidos nas mesmas quantidades relativas para todos os níveis de renda; isto é, existem gostos e preferências homotéticos.[2]

---

[2]Em uma discussão mais avançada, pode ser mostrado que, com gostos e preferências idênticos e homotéticos, mudanças na distribuição de renda não provocarão mudanças no mapa de indiferença. Assim, existe a possibilidade de que as curvas de indiferença da comunidade pré-comércio e pós-comércio se cruzem, uma vez que não são admitidas mudanças na distribuição de renda induzidas pelo comércio.

6. Existe concorrência perfeita nos dois países.
7. Os fatores têm mobilidade perfeita dentro de cada país, mas não entre os países.
8. Não existem custos de transporte.
9. Não existem políticas de restrição ao movimento de bens entre os países ou interferência na determinação de preços e de produção pelo mercado.

A maioria dessas suposições já é familiar, mas duas delas são especialmente fundamentais para a explicação de Heckscher-Ohlin (H-O) para o surgimento e a estrutura do comércio: (suposição 1) as dotações de fatores são diferentes em cada país e (suposição 4) as mercadorias são sempre intensivas em um dado fator, independentemente dos preços relativos dos fatores. As duas suposições precisam ser examinadas com mais detalhes antes de discutirmos o modelo de H-O.

Abundância de fator e o modelo de Heckscher-Ohlin

É importante compreender que a expressão *diferentes dotações de fatores* se refere a **dotações relativas de fatores diferentes**, e não a diferentes quantias absolutas. É crucial para o modelo de H-O que as proporções de fatores sejam diferentes entre os dois países. Pode-se definir abundância relativa de fator de duas formas: a **definição física** e a **definição de preço**. A definição física explica a abundância do fator em termos de unidades físicas dos dois fatores, por exemplo, trabalho e capital disponível em cada um dos dois países. O país I seria o país abundante em capital se sua razão capital por trabalho fosse maior que a razão de capital por trabalho no país II [$(K/L)_I > (K/L)_{II}$]. Deve-se enfatizar que a quantidade relativa de fatores é fundamental, e não o tamanho do país. Um país com menos unidades absolutas de capital físico do que um país com grande quantidade ainda pode ser o país abundante em capital, desde que o montante de capital em relação ao trabalho seja maior do que a mesma proporção no país maior. Por fim, no caso dois países, dois fatores, se o país I for o país abundante em capital, o país II deve ser por definição o país abundante em trabalho.

A definição de preço assenta-se sobre os preços relativos de capital e trabalho para determinar o tipo de abundância que caracteriza os dois países. De acordo com essa definição, o país I seria o país abundante em capital na medida em que $(r/w)_I < (r/w)_{II}$; isto é, a razão entre o preço ou taxa de aluguel do capital (r) e o preço ou salário do trabalho (w) no país I é menor do que no país II. Tal definição interpreta a abundância relativa em termos dos preços dados pela escassez relativa dos fatores. Quanto maior a abundância relativa de um fator, menor seu preço relativo.

Uma definição concentra-se na disponibilidade física (oferta), e a outra no preço do fator. Qual é a ligação, se é que existe, entre as duas? À primeira vista, isso não parece ser um problema, porque quanto maior ou menor oferta de um fator, menor ou mais alto seu preço tende a ser. Nos países com grande população, como a Índia e a China, o preço do trabalho é relativamente baixo, enquanto o do capital é relativamente alto. O contrário tende a ser verdadeiro em países como a Alemanha ou os Estados Unidos. No entanto, o problema é que o preço do fator reflete não apenas a oferta dos fatores disponíveis, mas também a demanda. Como os fatores de produção não são consumidos diretamente, mas usados para produzir bens e serviços finais que são consumidos, a demanda dos fatores resulta da estrutura da demanda por bens e serviços finais. A demanda de um fator de produção é assim frequentemente referida como uma demanda derivada resultante das necessidades de consumo final satisfeitas pelos produtores. Os preços dos fatores refletem não somente a disponibilidade física dos fatores em questão, mas também a estrutura de demanda final e a tecnologia de produção empregada. Felizmente, como o modelo de H-O supõe que a tecnologia e os gostos e preferências são os mesmos nos dois países, as duas definições produzirão resultado semelhante. Com as influências da tecnologia e da demanda neutralizadas entre os dois países, aquele com a razão *K/L* relativamente maior também terá uma razão *r/w* relativamente menor. A conexão entre as duas definições é inequívoca, a menos que a

No mundo real:
Dotações relativas de fatores em países selecionados, 1992

As dotações relativas de fatores diferem consideravelmente entre os países. São dadas a seguir três razões de fatores para diversos países selecionados com o objetivo de fornecer alguma indicação do grau de diferença nas dotações em 1992. A grande variedade de dotações de fatores confirma a ideia de que as condições subjacentes da oferta de fatores continuam a variar de país para país, como Heckscher e Ohlin afirmaram há muitos anos.

País	Capital/Trabalho ($/trabalhador)	Capital/Terra ($/ km²)	Trabalho/Terra (trabalhador/ km²)
Alemanha	$41.115	$4.491.403	109,24
Austrália	38.729	40.162	1,08
Áustria	36.641	1.744.478	47,61
Bolívia	5.355	24.274	4,55
Canadá	44.970	62.958	1,40
Chile	11.306	74.733	6,61
Dinamarca	33.814	2.359.203	69,77
Espanha	30.888	917.682	29,71
Estados Unidos	35.993	476.187	13,23
Filipinas	3.598	287.840	80,00
Finlândia	47.498	421.782	8,88
França	37.460	1.764.366	47,10
Grécia	23.738	719.261	30,30
Hong Kong	14.039	42.117.000	3.000,00
Índia	1.997	204.073	102,19
Irlanda	22.171	633.425	28,57
Itália	33.775	2.580.748	76,41
Japão	41.286	6.881.138	166,67
Madagáscar	1.750	14.910	8,52
México	13.967	223.809	16,34
Noruega	47.118	290.718	6,17
Reino Unido	22.509	2.572.554	114,29
Suécia	41.017	364.641	8,89
Suíça	76.733	5.614.554	73,17
Turquia	7.626	244.718	32,09
Venezuela	18.296	140.513	7,68

Observação: O capital foi avaliado aos preços de 1985.
Fontes: Capital/trabalho: Penn World Tables, disponível em datacentre.chass.utoronto.ca; capital/terra: (capital/trabalho) (trabalho/terra); trabalho/terra: Banco Mundial, *Relatório de Desenvolvimento Mundial, 1994*, Nova York: Oxford University Press, 1994, p. 162-163, 210-211.

tecnologia ou as demandas sejam diferentes entre os dois países. Quando isso ocorre, a definição de preço pode divergir da definição física; por exemplo, capital fisicamente abundante pode estar com preço relativamente elevado. Tal possibilidade será discutida mais adiante neste capítulo.

A intensidade do fator da mercadoria e o modelo de Heckscher-Ohlin

Uma mercadoria é considerada fator-x-intensiva sempre que a razão entre o fator x e um segundo fator y for maior quando comparada a uma razão similar de uso de fator de uma segunda mercadoria. Por exemplo, aço é considerado capital-intensivo comparado a tecido, se a razão K/L na produção de aço é maior do que a razão K/L na produção de tecido. O modelo de H-O supõe não apenas que as duas mercadorias tenham diferentes intensidades de fatores com preços de fatores comuns, mas também que a diferença permaneça para todas as razões de preços de fatores possíveis em ambos os países. Isso significa que, para todos os preços de fatores possíveis, as isoquantas que refletem a tecnologia usada na produção de aço pendem mais para o eixo do capital em comparação com as isoquantas que representam a produção de tecido, de modo que a razão capital/trabalho para aço será sempre maior do que a razão para tecido (veja a Figura 1). É importante observar que tal suposição não exclui substituir capital por trabalho se o capital se tornar relativamente mais caro, ou substituir trabalho por capital se o preço relativo do trabalho aumentar. Apesar de mudanças de preço certamente alterarem as razões capital/trabalho de ambas as mercadorias, elas nunca fariam que o tecido usasse mais capital em relação a trabalho quando comparado com o aço. Essa é uma suposição forte e fundamental para a modelo de H-O. Examinaremos mais adiante algumas circunstâncias em que isso não é garantido e as implicações resultantes para o comércio internacional.

O modelo de Heckscher-Ohlin

O conjunto de suposições sobre a produção conduz à conclusão de que a fronteira de possibilidades de produção diferirá entre dois países unicamente em consequência da diferença de dotação de fatores. Com tecnologia idêntica em ambos os países, retornos constantes de escala e uma relação entre intensidade de fator e produtos finais, o país com abundância de capital será capaz de produzir relativamente mais do bem capital-intensivo, enquanto o país abundante em

FIGURA 1   Relacionamentos de intensidade de fator

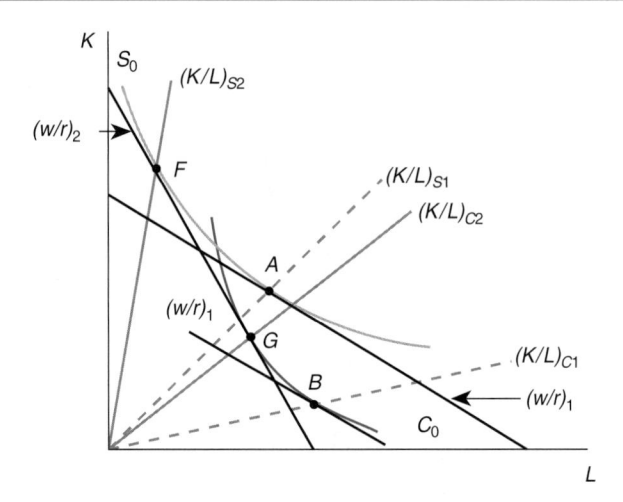

Uma suposição fundamental do modelo de H-O é que os produtos são intensivos em um dado fator independentemente os preços relativos do fator. Encontramos tal suposição no caso anterior para aço (isoquanta S_0) e tecido (isoquanta C_0). Dada a natureza do mapa isoquanta para cada produto, o aço terá sempre uma razão K/L mais elevada do que o tecido, quaisquer que sejam os preços relativos dos fatores; ele é o produto capital-intensivo. Se o aço é relativamente capital-intensivo, o tecido deve ser necessariamente trabalho-intensivo, isto é, terá sempre uma razão K/L relativamente menor comparada com o aço. Tal fato evidencia-se se compararmos as razões K/L dos dois bens quando o trabalho é relativamente barato $[(w/r)_1]$ com as razões quando o trabalho é relativamente caro $[(w/r)_2]$. A razão K/L usada na produção em qualquer ponto de uma isoquanta é dada pela inclinação de uma reta que sai da origem até esse ponto de produção. Assim, para $(w/r)_1$ a produção de aço (em A) é mais K-intensiva do que a produção de tecido (em B); para $(w/r)_2$, a produção de aço (em F) é novamente mais K-intensiva do que a produção de tecido (em G).

No mundo real:

Intensidade relativa de fatores para produtos selecionados, 1992

Heckscher-Ohlin supuseram que as intensidades relativas de fatores eram diferentes entre os produtos e que as diferenças eram consistentes entre os países. Para fornecermos uma indicação do grau de variação em um país, calculamos as seguintes razões capital-trabalho para um grupo selecionado de produtos PCI (Padrão de Classificação Industrial)* para os Estados Unidos em 1992. Como pode ser observado, há variações enormes nas razões K/L; a escala é de $468.000 por trabalhador (petróleo e carvão) a aproximadamente $8.000 por trabalhador (tecido e outros produtos de têxteis).

Mercadoria	PCI	K/L ($/trabalhador)
Alimento e produtos semelhantes	20	$74.875,76
Produtos de tabaco	21	167.636,84
Produtos têxteis fabricados	22	44.051,59
Roupas e outros produtos têxteis	23	8.274,03
Produtos de madeira e madeira de construção	24	39.134,64
Mobiliário e ornamentos	25	21.735,51
Papel e produtos derivados	26	171.729,68
Impressão e publicação	27	37.691,24
Produtos químicos e derivados	28	192.593,45
Produtos de petróleo e de carvão	29	468.085,66
Borracha e produtos plásticos variados	30	52.122,09
Couro e produtos de couro	31	12.465,88
Pedra, argila e produtos de vidro	32	84.056,74
Aplicações primárias de metal	33	123.594,93
Produtos fabricados em metal	34	43.408,40
Maquinaria e equipamentos industriais	35	49.949,85
Eletrônicos e outros equipamentos elétricos	36	54.582,36
Equipamentos de transporte	37	67.846,68
Instrumentos e produtos relacionados	38	47.725,27
Manufaturas variadas	39	22.638,58

*SIC – Standard Industrial Classification.
Fonte: Dados do Departamento de Comércio dos Estados Unidos, Agência do Censo, *Censo de Manufaturados de 1992: Resumo Geral*, tabelas 1-3b e 1-4, disponível em www.census.gov/prod/1/manmin/92sub/mc92-s-1.pdf.

trabalho estará apto a produzir relativamente mais do bem enquanto trabalho-intensivo. A forma e a posição da fronteira de possibilidades de produção são determinadas pelas intensidades de fator dos dois bens e pela quantidade de cada fator disponível. Isso é óbvio se compararmos as caixas de Edgeworth para dois países com diferentes dotações de fatores (veja a Figura 2). As duas caixas mostram que o país I é o país abundante em capital, enquanto que a altura da caixa (quantidade de capital) é maior para o país I, enquanto o comprimento da caixa (quantidade física de trabalho) é maior para o país II. Em termos mais gerais, a inclinação da diagonal reflete a razão K/L e consequentemente a dotação relativa do país. A inclinação é maior no país I, tornando-o claramente o país abundante em capital. A análise no Capítulo 5, que discutiu como a FPP foi obtida por meio da caixa de Edgeworth, leva-nos a concluir que a fronteira

FIGURA 2   Diferentes dotações relativas de fatores e a natureza da caixa de Edgeworth

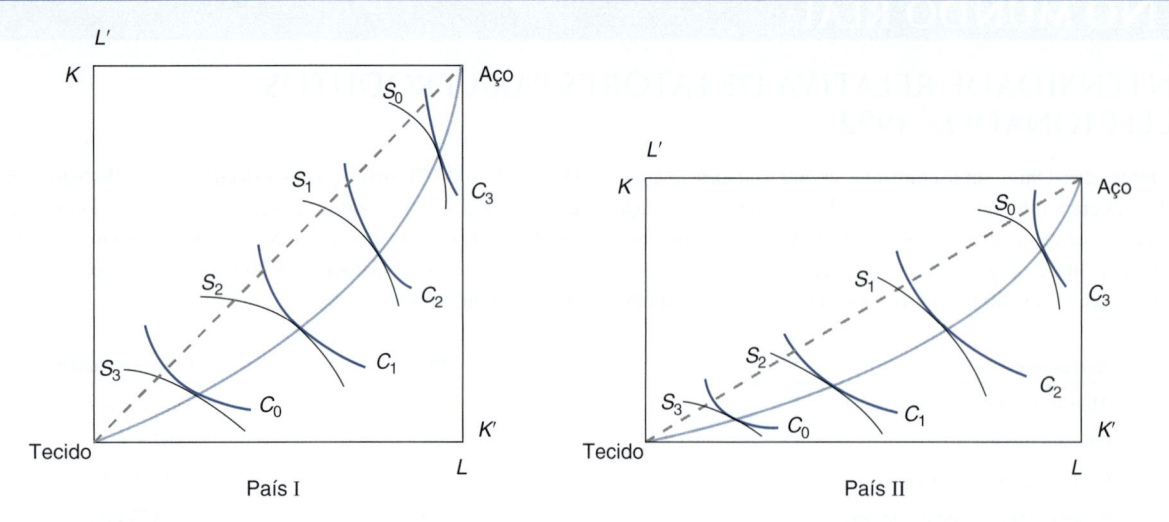

As formas diferentes das caixas de Edgeworth refletem as dotações relativas de fatores nos dois países. A caixa relativamente mais alta para o país I – a diagonal mais inclinada reflete uma razão *K/L* mais elevada – indica que ele é o país abundante em capital, enquanto que a caixa relativamente mais comprida para o país II (diagonal menos inclinada) indica que ele é o país abundante em trabalho. Se a tecnologia for a mesma em ambos os países, as diferentes dotações relativas de fatores levarão a FPPs de diferentes formatos. Como o país I tem relativamente mais capital que o país II, será capaz de produzir relativamente mais do bem capital-intensivo. Consequentemente, sua FPP refletirá uma habilidade relativa maior para produzir aço, enquanto que a FPP do país II refletirá uma habilidade relativa maior em produzir tecido.

de possibilidades de produção para cada país será diferente. A FPP do país I inclina-se mais para o aço, e a FPP do país II mais para o tecido.

Se essas duas fronteiras de possibilidade de produção com diferentes formatos forem combinadas com a mesma estrutura de gostos e de preferências, dois conjuntos diferentes de preços relativos emergirão em autarquia, como mostra a Figura 3(a). O preço relativo do aço será mais baixo no país I (o país abundante em capital), como refletido em uma linha de preço em autarquia mais inclinada, enquanto o preço relativo do tecido será mais baixo no país II (o país abundante em trabalho), como está evidenciado por uma linha de preço em autarquia menos inclinada. Visto que os preços relativos de autarquia são diferentes entre os dois países, uma base clara para o comércio resulta da diferença da dotação de fatores.

As implicações dessa situação para o comércio podem ser vistas na Figura 3(b). Os termos de troca internacionais devem se situar necessariamente entre as duas razões de preço internas, sendo menos inclinados do que a linha de preço, em autarquia, do país I e mais inclinados do que a linha de preço, em autarquia, do país II. O país I exportará aço e importará tecido do país II, alcançando no processo uma curva de indiferença da comunidade mais elevada. O país II também estará em melhor condição exportando tecido e importando aço.

Os termos de troca internacionais comuns, de equilíbrio, que produzem este resultado encontram-se entre os preços de autarquia de ambos os países. Uma única linha de termos de troca internacionais (TT), $(P_T/P_A)_{interno}$, tangente a ambas as FPPs, encontra-se por conveniência no painel (b), embora tudo que se exija seja uma linha igualmente inclinada de TT, e não necessariamente uma linha comum. Para o equilíbrio ocorrer, as exportações de aço (S_1S_0) e as importações de tecido (C_2C_1) desejadas pelo país I devem ser exatamente iguais às exportações de tecido (C_1C_0) e às importações de aço (S_2S_1) desejadas pelo país II, nos termos de troca internacionais prevalecentes. Quando isso ocorre, ambos os países se encontram na curva de indiferença mais elevada, IC_1, indicando o ganho mútuo do comércio.

A discussão precedente usou a definição física de abundância de fator. Um resultado similar ocorreria se usássemos a definição de preço. Como o país I é o país abundante em capital, $(r/w)_I < (r/w)$

CAPÍTULO 8   AS BASES PARA O COMÉRCIO   133

FIGURA 3   Ganhos do comércio para dois países com tecnologia e demandas idênticas, mas diferentes dotações relativas de fatores

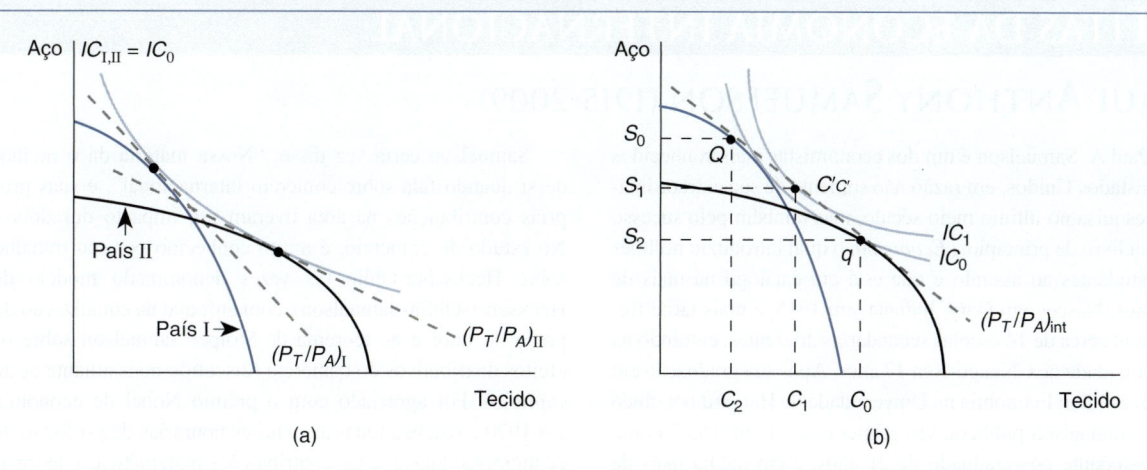

(a)

(b)

Os dois gráficos demonstram a base para o comércio quando as condições de demanda e a tecnologia são idênticas, mas as dotações relativas de fatores são diferentes para países I e II. Supõe-se que o país I seja abundante em capital e tenha uma FPP enviesada para a produção do bem capital-intensivo, aço. A FPP para o país II, país abundante em trabalho, é enviesada para o bem trabalho-intensivo, tecido. Com estruturas de demanda idênticas, indicadas pela curva de indiferença da comunidade comum, $IC_{I,II}$, vemos que o preço relativo do tecido $(P_T/P_A)_{II}$ do país II tende a ser menor (uma linha de preço relativo menos inclinada) do que aquele do país I, $(P_T/P_A)_I$. Há assim uma base para o comércio entre os dois países. Para ambos se beneficiarem do comércio, no painel (b) os termos de troca internacionais devem ser estabelecidos em valores intermediários entre as duas relações de preços domésticos, em autarquia, $(P_T/P_A)_{interno}$. Os dois países desejarão agora consumir o nível $C'c'$, que se encontra fora de suas respectivas FPPs. Ao mesmo tempo, a produção irá para Q no país I e para q no país II. Consequentemente, o país II exportará C_1C_0 de tecido e importará S_2S_1 de aço. O país I exportará S_1S_0 de aço e importará C_2C_1 de tecido. Em equilíbrio, C_1C_0 das exportações do país II é o mesmo que as importações C_2C_1 do país I, e as exportações S_1S_0 do país I são as mesmas que as importações S_2S_1 do país II.

$_{II}$ [ou $(w/r)_I > (w/r)_{II}$]. Com tecnologia idêntica e retornos constantes de escala, o país I produz aço relativamente mais barato que o país II, e o país II pode produzir tecido relativamente mais barato que o país I.

O relacionamento entre preços relativos de fatores e preços relativos dos produtos pode ser desenvolvido mais formalmente com a análise da isoquanta-isocusto. Considere a Figura 4(a). Dada a linha de isocusto MN do país I, cuja inclinação reflete $(w/r)_I$, o aço seria produzido no ponto X e o tecido, no ponto Y. O mesmo custo de fator nas duas indústrias permitiria produzir S_1 unidades de aço e C_1 unidades de tecido. Por outro lado, $(w/r)_{II} < (w/r)_I$, logo, o país II apresenta uma linha mais plana de isocusto ($M'N'$). Dada essa linha de isocusto, os produtores do país II selecionariam os pontos Q e T. Portanto, no país II, C_2 unidades têm o mesmo custo que S_1, enquanto no país I somente C_1 unidades (uma quantidade menor do que C_2) poderiam ser produzidas para o mesmo custo S_1. Assim, o tecido é relativamente mais barato no país II e o aço é relativamente mais barato no país I [$(P_{tecido}/P_{aço})_{II} < (P_{tecido}/P_{aço})_I$]. A conclusão é que uma relação w/r mais elevada leva a um preço relativo mais elevado de tecido. As relações de H-O são ilustradas na Figura 4(b). Observe que se o aço fosse o bem relativamente trabalho-intensivo em vez do tecido, a relação estaria refletida em uma linha negativamente inclinada.

Agora está claro que, em autarquia, diferentes preços relativos de fatores gerarão diferentes preços relativos de produto. Consequentemente, há uma base para o comércio, e cada país exportará o produto que pode produzir de forma mais barata: aço no país I e tecido no país II. Essa mesma conclusão foi alcançada na análise gráfica da FPP que utilizou a definição física da abundância do fator. Em ambos os casos, cada país expandiu a produção e exportou o bem que fez uso mais intensivo de seu fator de produção relativamente abundante.

Com esse modelo de H-O em mente, uma de suas principais conclusões, em geral denominada **modelo de Heckscher-Ohlin**, pode ser enunciada: *um país exportará o produto que*

TITÃS DA ECONOMIA INTERNACIONAL:
PAUL ANTHONY SAMUELSON (1915-2009)

Paul A. Samuelson é um dos economistas mais conhecidos nos Estados Unidos, em razão não somente de sua extraordinária pesquisa no último meio século, mas também pelo sucesso de seu livro de princípios, *Economia*, o qual introduziu milhões de estudantes ao assunto e que está em catálogo há mais de 50 anos. Nasceu em Gary, Indiana, em 1915, e mais tarde frequentou cerca de 14 escolas secundárias diferentes, entrando na Universidade de Chicago com 17 anos. Após sua graduação em 1935, estudou Economia na Universidade de Harvard por cinco anos. Samuelson publicou seu primeiro artigo em 1937, como um estudante pós-graduado de 21 anos, e em média mais de cinco artigos por ano durante sua carreira. Sua dissertação de doutorado de 1941 é ainda considerada um trabalho seminal na fundamentação matemática da economia teórica. Aceitou uma posição na Faculdade de Economia no Instituto de Tecnologia de Massachusetts (MIT), em 1940, e permaneceu lá. Escreveu sobre teoria microeconômica, teoria do consumidor, economia do bem-estar, teoria do capital, dinâmica e equilíbrio geral, finanças públicas, macroeconomia e comércio internacional.

Samuelson certa vez disse: "Nossa matéria dá o melhor de si quando fala sobre comércio internacional", e suas próprias contribuições na área tiveram um impacto duradouro. No estudo do comércio, é muito conhecido por seu trabalho sobre Heckscher-Ohlin (às vezes denominado modelo de Heckscher-Ohlin-Samuelson), com enfoque na equalização do preço do fator e no teorema de Stolper-Samuelson sobre os efeitos distributivos do comércio (discutido mais adiante neste capítulo). Foi agraciado com o prêmio Nobel de economia em 1970 e recebeu todas as maiores honrarias da profissão de economista. Suas muitas contribuições matemáticas e teóricas tiveram efeito profundo na disciplina e na profissão.

Fontes: Stanley Fischer, "Paul Anthony Samuelson", em John Eatwell, Murray Milgate e Peter Newman (eds.), *The New Palgrave: A Dictionary of Economics*, v. 4, Londres: Macmillan, 1987, p. 234-241; Adrian Kendry, "Paul Samuelson and the scientific awakening of economics", em J. R. Shackleton e Gareth Locksley (eds.), *Twelve Contemporary Economists*, Londres: Macmillan, 1981, cap. 12.

FIGURA 4   Preços relativos de fatores e preços relativos de produtos

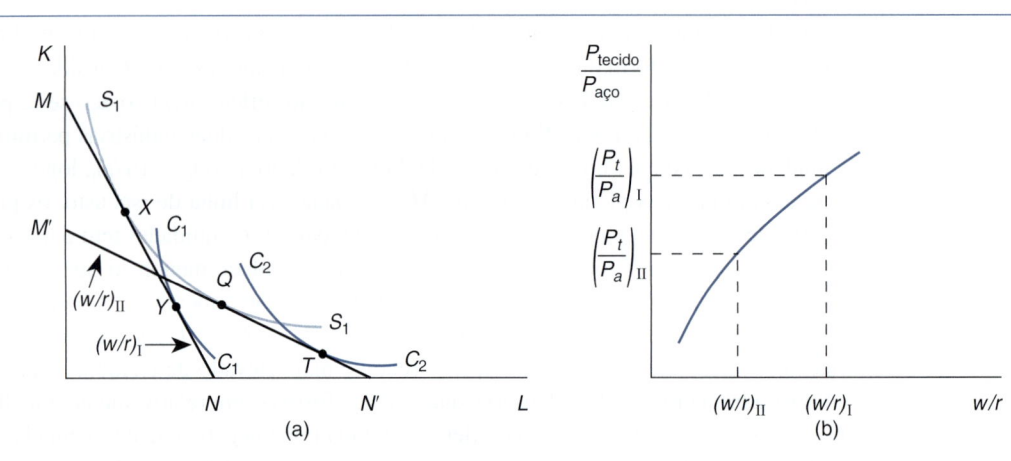

Os preços relativos de fatores $(w/r)_I$ são representados no painel (a) pela linha de isocusto MN. O país I produzirá S_1 unidades de aço no ponto X e C_1 unidades de tecido no ponto Y. Como o trabalho é relativamente mais abundante no país II, seus preços relativos de fatores $(w/r)_{II} < (w/r)_I$, isto é, sua linha de isocusto $M'N'$ é mais plana do que a do país I. Consequentemente, produzirá no ponto Q e no ponto T. Como C_2 representa uma quantidade maior de tecido para o mesmo custo de oportunidade do aço, S_1, o preço relativo de tecido deve ser mais barato no país II do que no país I. A conexão entre preços relativos de fatores e preços relativos de produtos é apresentada mais diretamente no painel (b). Um aumento na taxa de salário em relação ao preço do capital levará a um aumento no preço do bem trabalho-intensivo, tecido, relativamente ao preço do bem capital-intensivo, aço. Se os preços relativos dos fatores são colocados no eixo horizontal e os preços relativos dos produtos no eixo vertical, esta relação assume a forma de uma linha com inclinação positiva.

usa intensivamente seu fator de produção relativamente abundante, e importará o bem que usa intensivamente seu fator de produção relativamente escasso. Essa conclusão é consequência lógica das suposições iniciais. Apesar de que, de modo geral, o modelo de Heckscher-Ohlin parece ser coerente com o que se observa no mundo real, violações das suposições de H-O podem levar uma nação a um comportamento diferente em termos da pauta de produto de seu comércio. No próximo capítulo será discutido até que ponto o modelo de H-O é confirmado por testes empíricos.

O teorema de equalização do preço dos fatores

A existência, em autarquia, de diferentes preços relativos é suficiente para gerar uma base para o comércio na teoria de comércio. Além disso, à medida que ocorre o comércio entre dois países, os preços começam a se ajustar até que ambos os países apresentem o mesmo conjunto de preços relativos. Nossa discussão da abordagem H-O demonstrou que a convergência de preços do produto ocorre à medida que o preço que usa o fator relativamente abundante aumenta com o comércio e o preço do produto que usa o fator relativamente escasso cai. A mudança nos preços dos produtos finais tem implicações para os preços dos fatores em ambos os países participantes, como foi rigorosamente apontado por Paul A. Samuelson em 1949.

Vamos considerar novamente dois países produzindo tecido e aço, sendo tecido o bem trabalho-intensivo e aço o bem capital-intensivo. O país I é abundante em capital e o país II é abundante em trabalho. Com a abertura do comércio, o preço do tecido sobe e o preço do aço cai no país II, levando os produtores a desejar produzir mais tecido e menos aço. Supondo concorrência perfeita, a produção se deslocará ao longo da FPP em direção à produção de mais tecido e menos aço. Para que isso ocorra, os recursos devem ser deslocados da produção do aço ao tecido. Entretanto, a combinação dos recursos liberados da produção de aço é diferente da combinação desejada para a produção aumentada de tecido, porque as intensidades relativas do fator dos dois bens diferem. Sendo bem capital-intensivo, aço usa uma combinação de recursos que contém relativamente mais capital do que a combinação dos recursos desejados pelos produtores de tecido aos preços iniciais dos fatores. Como alternativa, a combinação liberada da produção de aço não contém a quantidade desejada de capital em relação à de trabalho para satisfazer à expansão da produção de tecido. Há assim um aumento na demanda de trabalho e uma diminuição na demanda de capital quando ocorre esse ajuste. Pressupondo oferta fixa de fatores (veja a Figura 5), as mudanças do mercado levarão a um aumento no preço do trabalho e a uma diminuição no

FIGURA 5 Ajustes dos preços dos fatores com o comércio

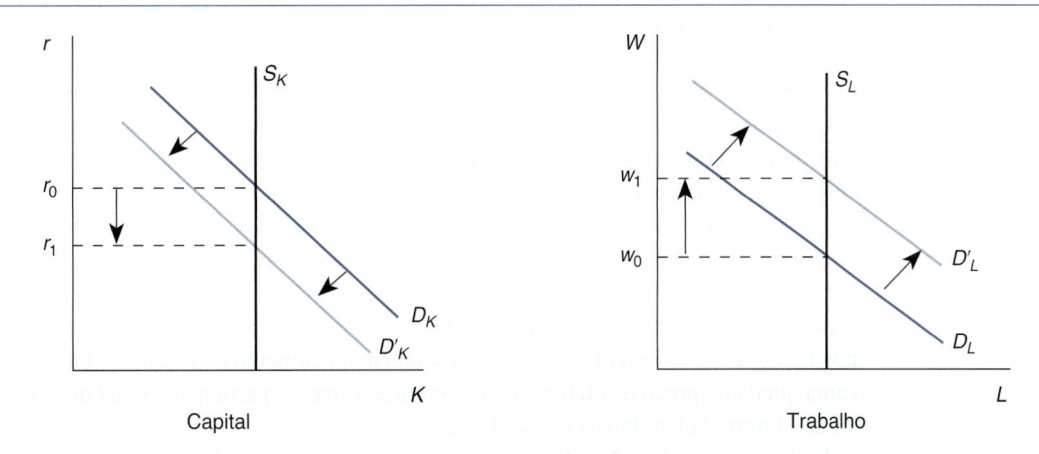

No país II, com o deslocamento da produção do bem capital-intensivo, aço, para o bem trabalho-intensivo, tecido, ocorre uma mudança na demanda tanto do capital como do trabalho. A expansão da produção de tecido levará a um aumento na demanda total de trabalho, porque o tecido é trabalho-intensivo em relação ao aço. Ao mesmo tempo, a redução da produção de aço leva a um declínio na demanda total de capital. Os deslocamentos na demanda resultam em uma queda no preço do capital e em uma elevação do preço do trabalho.

FIGURA 6 Ajuste do produtor às mudanças dos preços relativos dos fatores decorrentes do comércio internacional

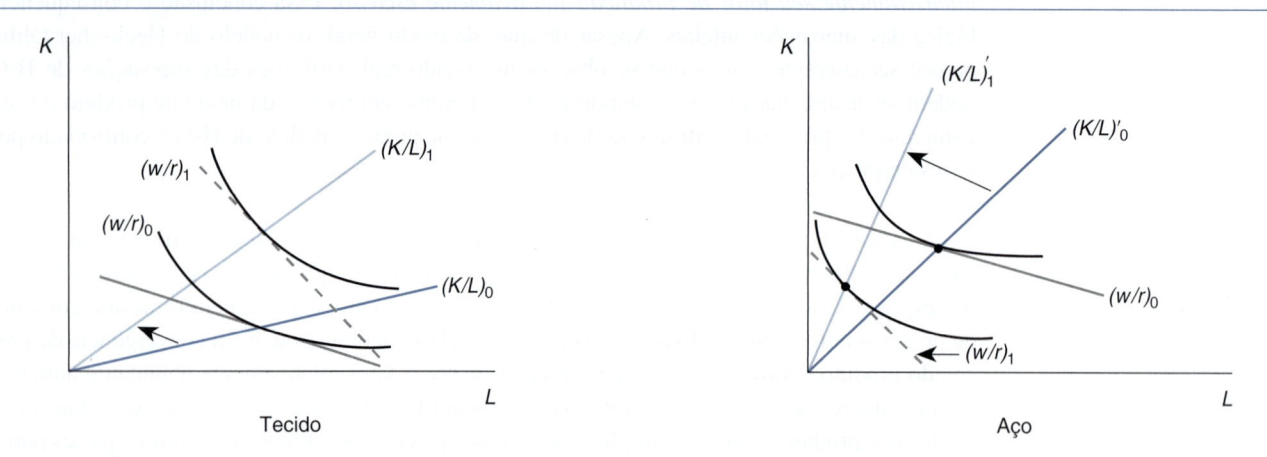

Tecido

Aço

Enquanto a produção de tecido (o bem trabalho-intensivo) se expande e a produção do aço (o bem capital-intensivo) cai no país II, o preço do trabalho aumenta e o preço do capital cai. A mudança dos preços relativos é retratada aqui como a mudança de $(w/r)_0$ para $(w/r)_1$. O aumento relativo no custo do trabalho leva os produtores a substituirem um pouco de trabalho por capital, isto é, a moverem-se ao longo da isoquanta de produção relevante em ambas as indústrias. A substituição de fator resulta em uma elevação na relação K/L de $(K/L)_0$ para $(K/L)_1$ na produção de tecido, e de $(K/L)'_0$ para $(K/L)'_1$ na produção de aço. Em virtude do aumento da produção de tecido, o ajuste no uso do fator ocorre ao longo de uma isoquanta mais elevada, enquanto a redução na produção de aço faz com que o ajuste ocorra ao longo de uma isoquanta mais baixa.

preço do capital. A mudança nos preços dos fatores causará a elevação da razão do preço dos fatores $(w/r)_{II}$ e induzirá os produtores a se moverem para um ponto diferente de equilíbrio em cada respectiva isoquanta (veja a Figura 6). Observe que os ajustes de preço e de produção levam a uma razão K/L mais elevada em *ambas* as indústrias neste país abundante em trabalho.

No país I, um ajuste similar ocorre. Com a abertura ao comércio, o preço relativo do aço sobe, dando sinais aos produtores para fabricar mais aço e menos tecido. A expansão da produção de aço e a contração da produção de tecido levam a um aumento na demanda total de capital e a uma diminuição na demanda total de trabalho. Com as ofertas dos fatores fixas, ocorrerá aumento do preço do capital e diminuição do preço do trabalho. O declínio resultante do preço relativo dos fatores, $(w/r)_I$, significa que os produtores substituirão o capital pelo trabalho em ambas as indústrias até que o preço relativo dos fatores seja outra vez igual à inclinação das isoquantas de produção. Como resultado dessa mudança, os preços relativos K/L no país I cairão nas duas indústrias.

A combinação dos resultados do equilíbrio geral do país I e do país II revela um fenômeno interessante. Antes do comércio, $(w/r)_I > (w/r)_{II}$; entretanto, com o comércio, a razão de preços dos fatores no país I cai enquanto aumenta no país II. O comércio expandirá até que os dois países se deparem com a mesma razão de preços dos fatores. Esse resultado é o que se denomina **teorema da equalização dos preço dos fatores**, referido frequentemente como a segunda contribuição importante do modelo de H-O (sendo a primeira o próprio modelo de H-O): *no equilíbrio, com os dois países se deparando com os mesmos preços relativos (e absolutos) dos produtos, com ambos empregando a mesma tecnologia, e com retornos constantes de escala, os preços relativos (e os absolutos) serão igualados. A única maneira disso ocorrer é se, de fato, os preços dos fatores forem igualados.* O comércio dos bens finais essencialmente substitui o movimento dos fatores entre os países, levando a um aumento no preço dos fatores abundantes e a uma queda no preço dos fatores escassos entre os países participantes, até que os preços relativos dos fatores sejam iguais (veja a Figura 7).

Embora as implicações do comércio para com os preços dos fatores pareçam logicamente corretas, não observamos, na prática, a equalização completa dos preços dos fatores sugerida por

FIGURA 7   Equalização dos preços dos fatores com o comércio

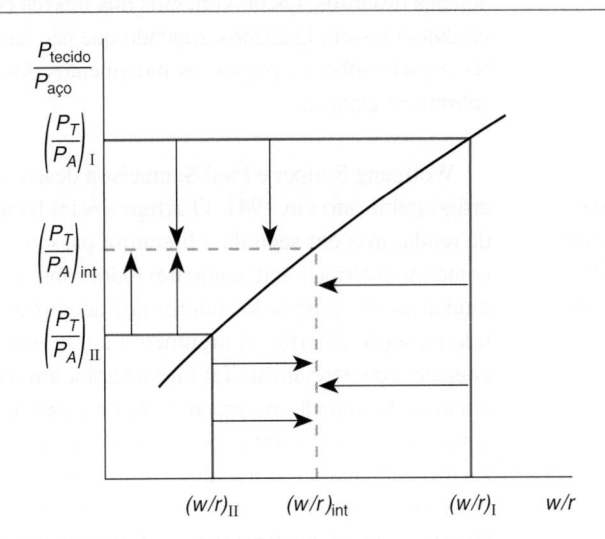

Supõe-se que o país II é abundante em trabalho e o país I, abundante em capital. Antes do comércio $(P_T/P_A)_{II} < (P_T/P_A)_I$, e $(w/r)_{II} < (w/r)_I$. Com a abertura ao comércio, $(w/r)_I$ começa a cair e $(w/r)_{II}$ começa a aumentar. Esses movimentos continuarão até que os preços dos fatores de cada país estejam iguais aos novos termos de troca internacionais, $(P_T/P_A)_{int}$. Isso ocorrerá somente quando $(w/r)_{II} = (w/r)_I = (w/r)_{int}$, isto é, quando os preços relativos dos fatores forem iguais nos dois países. Dadas as suposições do modelo de H-O, os preços absolutos dos fatores também são igualados.

H-O. Isso não é surpreendente porque diversas das suposições de H-O não são reais, ou não tão inteiramente reais quanto determinadas pelo modelo. Os custos de transporte, as tarifas, os subsídios ou outras políticas econômicas contribuem para existirem preços diferentes dos produtos entre os países. Se os preços dos produtos não forem os mesmos, certamente não se pode esperar que os preços relativos dos fatores sejam os mesmos, embora a *tendência* à equalização ainda possa estar presente.

Além da não equalização nos preços dos produtos, a existência de concorrência imperfeita, de bens não comercializados internacionalmente e do desemprego de recursos também é responsável para que não ocorra a equalização plena dos preços dos fatores. Os fatores de produção não são homogêneos. Caso seja reconhecido que a estrutura relativa e qualitativa dos fatores pode variar entre os países, é muito menos provável que venha a ocorrer a equalização dos preços dos fatores – no sentido aqui discutido. De maneira complementar, a tecnologia não é idêntica em todos os lugares, de modo que as remunerações dos fatores de produção podem variar muito de um país para outro e inibir a equalização de preços dos fatores.

Apesar das limitações, o modelo de H-O fornece algumas ideias úteis sobre o impacto provável do comércio nos preços relativos dos fatores. O comércio baseado nas vantagens comparativas deve tender a aumentar a demanda do fator abundante e a exercer alguma pressão ascendente em seu preço, supondo que a presença de recursos não empregados não absorva inteiramente a pressão sobre o preço. Para o país abundante em trabalho, o comércio pode se constituir em uma maneira de empregar mais integralmente o fator abundante e/ou de aumentar os salários e, ao mesmo tempo, ganhar as divisas estrangeiras escassas necessárias para importar os bens de capital necessários. As experiências de economias como a de Taiwan sustentam essa visão e demonstram que, de um modo geral, de fato ocorrem os movimentos de preços dos fatores descritos. Como observou o economista Robert Mundell (1957), o mesmo resultado seria obtido em relação aos preços dos produtos e os preços dos fatores se os fatores fossem móveis entre países e os produtos finais não fossem movimentados internacionalmente. Nesse exemplo, os fatores relativamente abundantes se moveriam dos países com preços relativamente baixos para os países com preços elevados, causando movimentos de preços dos fatores similares àqueles descritos. Os movimentos dos fatores continuariam até que os preços dos fatores (e dos produtos) fossem igualados, supondo que não haja custo em tal movimento dos fatores. Em relação ao impacto sobre os preços, os movimentos dos bens e os movimentos dos fatores certamente se substituem entre si.

O teorema de Stolper-Samuelson e os efeitos do comércio sobre a distribuição de renda no modelo de Heckscher-Ohlin

Wolfgang Stolper e Paul Samuelson desenvolveram o teorema de Stolper-Samuelson em um artigo publicado em 1941. O artigo inicial focalizava os efeitos das tarifas sobre a distribuição de renda, mas em seguida a literatura passou a empregar o teorema para explicar os efeitos do comércio internacional, como um todo, sobre a distribuição de renda. O argumento baseia-se nas mudanças dos preços dos fatores que acompanham a abertura do comércio, conforme foi discutido na seção anterior. O argumento é o seguinte: suponha que um país abundante em trabalho comece a comercializar. Tal fato levará a um aumento no preço do fator abundante, o trabalho, e a uma diminuição no preço do fator escasso, capital. Supondo que haja pleno emprego tanto antes como após o comércio, é óbvio que a renda nominal total do trabalho aumentará, pois o salário aumentará e o trabalho empregado permanecerá o mesmo. De maneira similar, a participação do capital na renda nominal terá caído, uma vez que o preço do capital caiu e o capital investido, em pleno emprego, continuará o mesmo.

Até aqui o argumento parece muito simples. Entretanto, é importante recordar que a habilidade de obter bens e serviços, isto é, renda real, depende não somente de mudanças na renda, mas também de mudanças nos preços dos produtos. Assim, os trabalhadores que consomem somente os bens de capital intensivo importados, mais baratos, estão claramente em melhor situação, pois sua renda nominal aumentou e o preço do bem de capital intensivo caiu. Sua capacidade absoluta e relativa de adquirir esse produto aumentou. Mas e quanto a aqueles trabalhadores que consomem somente bens de trabalho intensivo de exportação? Este caso não é tão claro, pois tanto a renda nominal quanto o preço do bem que eles consomem aumentaram. Se a renda aumentou relativamente mais (menos) do que o preço do bem de trabalho intensivo, a renda real terá aumentado (diminuído). É possível, com o comércio, chegar a uma conclusão definitiva sobre a renda real desse grupo?

Por meio da condição de equilíbrio que surge em mercados competitivos de fatores, podemos demonstrar que a taxa de salário no país abundante em trabalho crescerá relativamente mais do que o preço do bem de exportação. Lembre-se de que, em equilíbrio, a remuneração do trabalho se iguala ao produto físico marginal do trabalho ($PFMg_L$) vezes o preço do bem de exportação. Visto que tanto o salário quanto o preço do bem de exportação aumentaram, a resposta à pergunta "Qual está subindo relativamente mais?" depende da natureza das mudanças no $PFMg_L$. Se o trabalho estiver se tornando mais produtivo, os salários subirão mais do que o preço do bem de exportação, e a renda real crescerá. Se o trabalho ficar menos produtivo, os aumentos de salário serão ultrapassados pela elevação do preço do bem de exportação.

Com comércio, o país abundante em trabalho verá o preço do capital cair e a taxa de salário aumentar (como foi observado anteriormente), e seus produtores responderão usando relativamente mais capital e relativamente menos trabalho na produção; isto é, a razão capital/trabalho na produção aumentará. Aumentará na margem a produtividade do trabalho (isto é, a $PFMg_L$ aumenta), resultando em um inequívoco aumento da renda real do trabalho. Podemos ainda concluir que a participação dos proprietários dos fatores abundantes na renda real aumenta com o comércio. Como um argumento similar pode ser usado para demonstrar que o preço do capital *cai* relativamente mais do que o preço da importação de capital intensivo (porque, com um aumento da razão capital/trabalho, o produto marginal do capital estará *caindo,* uma vez que cada unidade do capital dispõe de menos trabalho para trabalhar), fica claro que a renda real dos proprietários dos fatores escassos diminui com o comércio. Esse resultado – o preço do fator muda relativamente mais do que o preço do bem intensivo neste fator – é frequentemente denominado *efeito de ampliação.*

O terceiro aspecto do modelo de Heckscher-Ohlin a respeito dos efeitos do comércio sobre a distribuição de renda é explicado de modo mais formal pelo **teorema de Stolper-Samuelson**: *com pleno emprego tanto antes como após o comércio, o aumento no preço do fator abundante e a queda no preço do fator escasso decorrente do comércio implicam que os proprietários do fator abundante verão suas rendas reais aumentar e os proprietários do fator escasso verão suas rendas reais diminuir.* Dadas essas conclusões, não surpreende que os proprietários dos recursos relativamente abundantes tendam a ser adeptos do "livre-comércio", enquanto os proprietários de recursos relativamente escassos tendam a ser favoráveis a restrições ao comércio. Por exemplo, nos Estados Unidos, os produtores e proprietários de tecnologias destinadas à agricultura e às indústrias de capital intensivo tendem a apoiar a expansão de comércio e/ou a reivindicar o fim das limitações ao comércio, enquanto o trabalho organizado tende a se opor à expansão do comércio.

Por fim, podemos não ver os efeitos bem-delineados do comércio sobre a distribuição de renda porque no mundo real os preços relativos dos fatores frequentemente não parecem ser tão afetados pelo comércio como foi demonstrado no modelo de H-O. Além disso, a distribuição pessoal ou familiar da renda reflete não apenas a distribuição de renda entre os fatores da produção, mas também a posse dos fatores da produção. Visto que os indivíduos ou famílias em geral possuem diversos fatores da produção, o impacto final do comércio sobre a distribuição de renda pessoal está longe de ser claro.

Conclusões

O trabalho inicial desenvolvido por Heckscher e Ohlin teve um efeito profundo na teoria do comércio internacional. Conduziu não somente ao famoso modelo de H-O, mas a três proposições adicionais. Dois destes, o teorema da equalização do preço dos fatores e o teorema de Stolper-Samuelson, já foram discutidos. O teorema final, o teorema de Rybczynski, que se concentra nas mudanças das dotações dos fatores e nas consequentes mudanças na produção dos produtos finais, será desenvolvido no Capítulo 11, "Crescimento econômico internacional".

REVISÃO DE CONCEITO

1. Qual é a base para o comércio de acordo com Heckscher-Ohlin? Que produtos um país deve exportar? Por quê?
2. Explique por que a razão *K/L* em cada indústria aumentará com a abertura do comércio em um país abundante em trabalho e cairá em um país abundante em capital.
3. O que acontece com a distribuição funcional da renda (baseada no fator) com o comércio?

LIMITAÇÕES TEÓRICAS DO MODELO DE HECKSCHER-OHLIN

Diversas das suposições do modelo de H-O não são sempre aplicáveis ao mundo real. Por essa razão, é importante examinar as suposições mais críticas para os resultados do modelo e determinar o impacto de sua ausência nos resultados do H-O.

Reversão de demanda

Uma suposição forte no modelo de H-O é que os gostos e as preferências são idênticos nos países participantes do comércio. Se isso não for verdadeiro, já não será possível predizer os preços de autarquia anteriores ao comércio e, em decorrência, a estrutura do comércio. A razão é que os gostos e as preferências de cada país permitem que os produtos sejam avaliados de diferentes maneiras. Um exemplo extremo é chamado de **reversão de demanda**. Na Figura 8, as demandas nos dois países são tão diferentes que no país I o preço do bem (aço) que usa intensivamente o fator relativamente abundante é mais elevado do que seu preço no seu parceiro comercial, o país II. Com a abertura do comércio, o país I exportaria tecido e importaria aço do país II, porque o aço é relativamente mais barato nos preços internacionais. Isso é ilustrado na Figura 8 pela linha de termos de troca internacional, $(P_T/P_A)_{int}$, que é mais inclinada do que os preços

FIGURA 8 Reversão de demanda

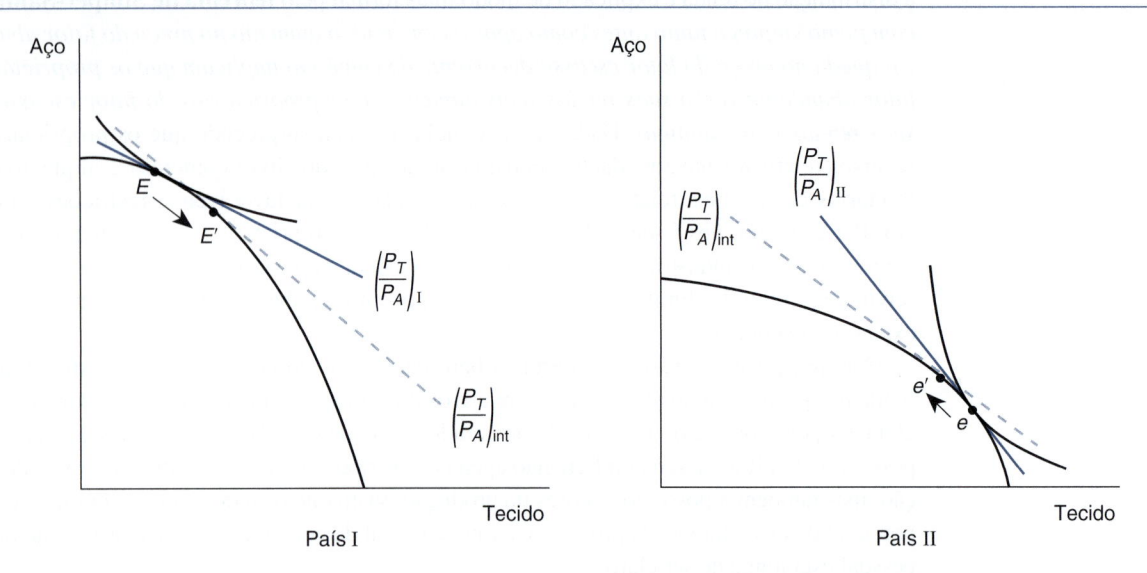

País I — eixos: Aço (vertical), Tecido (horizontal). Pontos E e E' na fronteira de possibilidades de produção, com as retas de preço $\left(\frac{P_T}{P_A}\right)_I$ e $\left(\frac{P_T}{P_A}\right)_{int}$.

País II — eixos: Aço (vertical), Tecido (horizontal). Pontos e e e' na fronteira de possibilidades de produção, com as retas de preço $\left(\frac{P_T}{P_A}\right)_{int}$ e $\left(\frac{P_T}{P_A}\right)_{II}$.

A demanda no país I é tão enviesada em direção ao aço, o produto que usa de forma relativamente intensa seu fator relativamente abundante, que o preço relativo do aço antes do comércio é maior do que o do país II; por conseguinte, $(P_T/P_A)_I < (P_T/P_A)_{II}$. Com o comércio, o país I expande a produção de tecido, contrai a produção de aço, exporta tecido e importa aço. O país II faz o oposto, e surge um padrão de comércio oposto àquele predito por H-O. Por ser o resultado de um conjunto particular de condições de demanda, esse padrão é chamado de *reversão de demanda*.

em autarquia, no país I, e mais plana do que os preços em autarquia, no país II. Tal padrão de comércio é o oposto daquele predito por H-O. Ele fará com que o preço relativo do capital caia no país I e o do trabalho caia no país II. A diferença na natureza da demanda entre os dois países, em que cada um tende a preferir o bem intensivo em seu fator fisicamente abundante, levou-os a comercializar de maneira oposta àquela prevista pelo modelo de H-O.

Enquanto os padrões de demanda parecem ser similares em todo o mundo, especialmente entre classes socioeconômicas semelhantes, certamente existem diferenças de gostos e de preferências. Se as diferenças forem suficientemente fortes, elas podem reduzir a capacidade do modelo de H-O de predizer o comércio e o movimento dos preços dos fatores. Note, entretanto, que o modelo de H-O ainda valeria mesmo neste exemplo se a análise fosse restrita à definição do preço do fator relativamente abundante. A demanda interna do produto que usa o fator abundante conduz a um preço bastante elevado desse produto e do fator que é usado intensivamente em sua produção, até que o fator fisicamente abundante seja o fator escasso do ponto de vista da definição do preço.

Reversão da intensidade de fator

Uma segunda suposição crucial para as conclusões de H-O é que um produto é sempre relativamente intensivo em um dado fator, independentemente dos preços relativos dos fatores (pressuposto da intensidade do fator forte). É importante para este exercício traçar as isoquantas com curvaturas tais que cada possível par se cruze uma única vez (veja a Figura 1, página 130). Sem essa suposição, o modelo de H-O não pode predizer a estrutura do comércio, mesmo se a tecnologia for a mesma nos países.

A Figura 9 mostra uma violação do pressuposto. O grau de substituição entre os dois fatores é suficientemente diferente entre as indústrias (o trabalho e o capital podem ser substituídos entre

CAPÍTULO 8   AS BASES PARA O COMÉRCIO   **141**

FIGURA 9   Reversão da intensidade de fator

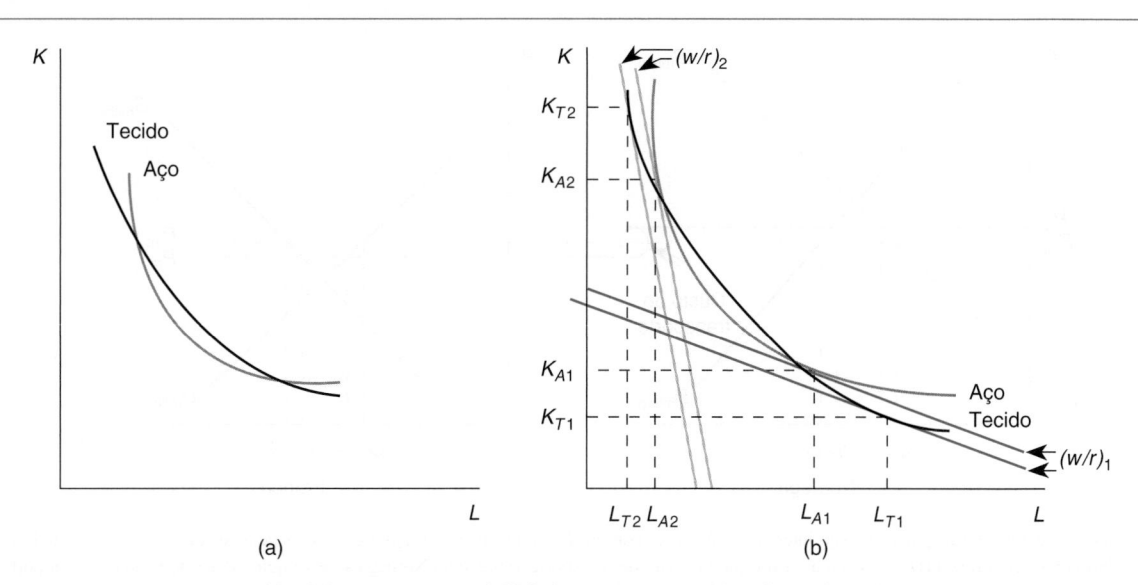

(a)

(b)

As isoquantas para o aço e para o tecido violam o pressuposto de H-O de que o aço e o tecido seriam cada um intensivo em um fator particular, independentemente dos preços relativos dos fatores. O fato de o par de isoquantas se cruzar duas vezes denota que a natureza da substituição dos fatores para cada produto é suficientemente diferente de forma que as intensidades relativas dos fatores podem mudar quando os preços dos fatores mudam. Isso é demonstrado no painel (b), onde vemos que quando o trabalho é relativamente barato [linhas de isocusto menos inclinadas, com inclinação $(w/r)_1$], o tecido é o bem de trabalho intensivo (razão K/L mais baixa). Mas quando o trabalho é relativamente caro [linhas de isocusto mais inclinadas, com inclinação $(w/r)_2$], o tecido é o bem de capital intensivo (razão K/L mais alta). Se a intensidade relativa dos fatores for diferente para diferentes preços relativos dos fatores, torna-se impossível predizer a natureza do comércio com base na proposição de H-O sem mais informações.

si mais facilmente na produção de tecido do que na produção de aço), de modo que não podemos garantir que um dado produto será sempre relativamente intensivo no mesmo fator. Para entender o porquê, observe o painel (b). Em $(w/r)_1$, o capital é relativamente caro; isto é, o preço do capital é elevado e o preço do trabalho é baixo. Com linhas relativamente planas de isocusto, os produtores minimizarão custos usando K_{A1} unidades de capital e L_{A1} unidades de trabalho na produção de aço, e K_{T1} de capital e L_{T1} de trabalho na produção de tecido. A razão K/L na produção de aço é maior do que na produção de tecido, sugerindo que o aço é o produto de capital intensivo.

Em seguida, suponha que o trabalho seja relativamente mais caro. Isso implica uma razão w/r mais elevada, $(w/r)_2$, e uma linha de isocusto mais inclinada. Os produtores que tentam minimizar o custo empregarão K_{A2} unidades de capital e L_{A2} unidades de trabalho na produção de aço, e K_{T2} de capital e L_{T2} de trabalho na produção de tecido. Com esse conjunto de preços relativos, a razão K/L para o tecido é agora maior do que a razão K/L para o aço. A comparação da intensidade de fator entre o aço e o tecido inverteu com a grande mudança nos preços relativos dos fatores. Assim, esses produtos não são sempre relativamente intensivos no mesmo fator. O modelo de H-O já não pode predizer o bem de exportação com base na abundância relativa dos fatores.

Suponha que $(w/r)_1$ aplica-se ao país I e $(w/r)_2$, ao país II. Com base no modelo de H-O esperamos que o país I (o país abundante em trabalho neste exemplo) exporte tecido (o bem de trabalho intensivo) e que o país II (o país abundante em capital) exporte aço (o bem de capital intensivo). Entretanto, quando o capital é abundante (país II), o tecido é o bem de capital intensivo; esperamos, com isso, que o país II também exporte tecido. Como existe **reversão da intensidade de fator**, torna-se problemático predizer os fluxos de comércio neste exemplo de dois países. A reversão da intensidade de fator ocorre quando um produto tem uma diferente intensidade relativa dos fatores para diferentes preços relativos dos fatores. No comércio real, com um país exportando tecido e o outro aço, um deles agirá conforme a predição de H-O, mas o outro não.

FIGURA 10   O impacto dos custos de transporte sobre o comércio

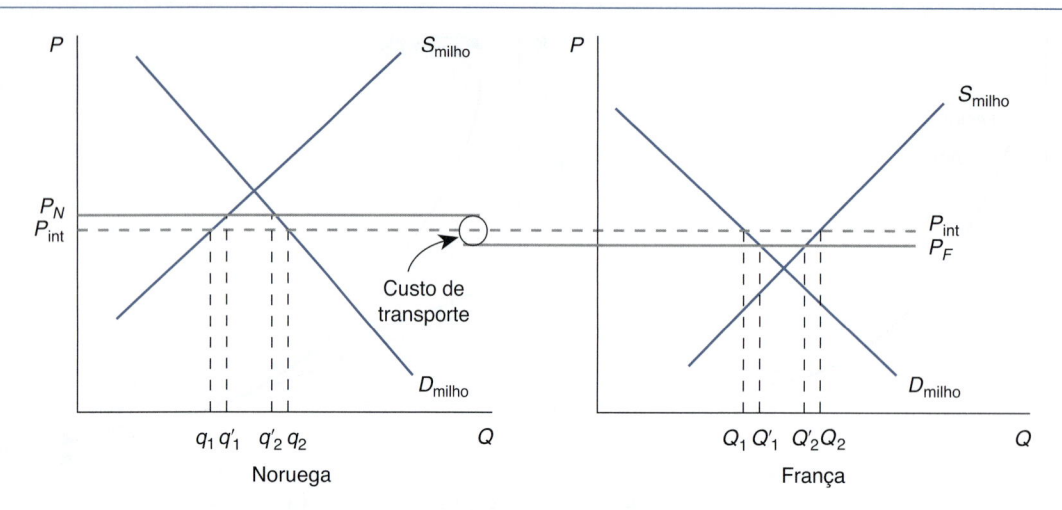

Noruega | França

Na ausência de custos de transporte, o preço internacional vai se fixar em P_{int}, onde as importações desejadas pela Noruega ($q_1 q_2$) são iguais às exportações desejadas pela França ($Q_1 Q_2$). Com a introdução do custo de transporte, o preço na Noruega sobe (a quantidade demandada de importações cai) e o preço na França diminui (a quantidade de exportações cai) até que a diferença entre os dois preços seja exatamente igual ao valor do custo de transporte. No novo equilíbrio, as exportações desejadas pela França ($Q'_1 Q'_2$) são exatamente iguais às importações desejadas pela Noruega ($q'_1 q'_2$).

A reversão da intensidade de fator poderia também interferir na equalização dos preços dos fatores, porque um dos dois países pode acabar exportando o bem que usa intensivamente seu fator relativamente escasso. Por exemplo, na Figura 9, o país I pode acabar exportando aço e importando tecido. Isso produzirá uma pressão por alta do preço do capital e por baixa dos salários no país I, parecido com o que ocorre no país II. Se isto acontecer, os preços relativos dos fatores em ambos os países (w/r) vão se mover na mesma direção (ambos cairão) em vez de convergir em um valor intermediário entre eles. Num contexto mais amplo, a reversão da intensidade de fator nos ajuda a compreender por que pôde ser possível para um país abundante em trabalho, tal como a Índia, e para um país abundante em capital, tal como os Estados Unidos, exportarem o mesmo produto, aço, por exemplo. Permance em aberto a questão de se as reversões da intensidade de fator existem com algum grau de importância, mas a maioria dos economistas duvida que as reversões sejam capazes de explicar sozinhas os padrões de comércio que parecem ser inconsistentes com o modelo de H-O.

Custos de transporte

Uma terceira suposição não válida no mundo real é a de que não há nenhum custo de transporte. Os preços do produto vão diferir entre duas localidades pelo custo do transporte. Isso é apresentado nos gráficos do mercado de dois países para o milho na Figura 10. Em autarquia, o preço de mercado do milho é mais baixo na França do que na Noruega. Consequentemente, a Noruega tem incentivo para comprar milho da França. Ignorando custos do transporte, os dois países devem negociar a um preço (internacional) comum para o milho, que será mais baixo do que o preço da Noruega e mais alto do que o preço em autarquia na França. Isso fará com que o excesso de oferta disponível para exportação na França ($Q_1 Q_2$) seja igual ao excesso de demanda de importações ($q_1 q_2$) na Noruega.

Suponha que agora sejam incluídos os custos de transporte. Se a França tentar repassar o custo do transporte inteiro para a Noruega, o preço do milho na Noruega subirá e o excesso de demanda na Noruega (e a importação) cairá. Isso deixa a França com um estoque não desejado de milho. A França baixará o preço e, com isso, também o preço que inclui os custos do transporte na Noruega. Ela achará que tem uma quantidade menor de milho disponível para exportação, um volume mais compatível com a nova quantidade demandada pela Noruega ao preço, com custo do transporte incluído, mais elevado. Por fim, o preço na Noruega subirá acima do preço internacional de equilíbrio anterior, e o preço na França cairá abaixo desse preço até que o volume de exportações desejado pela França seja exatamente igual ao volume de importações desejado pela Noruega. A diferença de preço do milho entre os dois países será igual aos custos do transporte envolvidos.

Um outro ponto a destacar é que os países não necessariamente dividirão os custos de transporte igualmente. A incidência do custo de transporte dependerá das elasticidades da oferta e da demanda em cada país. Quanto mais inelásticas forem a oferta e a demanda do país importador e mais elásticas forem a demanda e a oferta do país exportador, maior será a proporção relativa de custos de transporte a ser paga pelo país importador. De maneira similar, quanto mais inelásticas forem as condições de mercado do país exportador e quanto mais elásticas elas forem no país importador, maior a proporção de custos do transporte arcada pelo país exportador.

Os custos associados aos movimentos dos bens entre os países têm passado por mudanças nos anos recentes em virtude das novas tecnologias de transporte e das empresas de comercialização emergentes. Até há pouco tempo, os custos de transporte apresentavam tendência descendente devido ao uso de embarcações maiores, de novas técnicas de manipulação de carga e de um maior uso do transporte aéreo. Entretanto, no mundo globalizado, onde "resposta rápida" está substituindo a manutenção de grandes estoques, vem sendo dada cada vez mais atenção tanto para o tempo de transporte como para a distância. David Hummels estimou que, a cada dia, o aumento de trânsito no oceano entre dois países reduz a probabilidade do comércio em 1,5% para os fabricantes.[3] Os exportadores parecem estar dispostos a pagar por economias de tempo em torno de 0,8% ao dia. Isso implica que o custo de oportunidade de uma viagem marítima de 20 dias comparada a um transporte aéreo de um dia é equivalente a uma tarifa *ad valorem* de 16%. Seus resultados empíricos sugeriram que o advento do transporte aéreo rápido e de embarcações mais rápidas acarretou uma poupança média de 29,5 dias de transporte entre 1950 e 1998, o equivalente a reduzir as tarifas sobre bens manufaturados de 32% para 9%. Em relação à Figura 10, o "círculo" de custo de transporte vem reduzindo seu tamanho, contribuindo para o crescimento do comércio mundial.

As implicações dos custos de transporte não alteram as conclusões de H-O sobre a composição do comércio, embora o volume de comércio e a especialização da produção sejam reduzidos. Entretanto, como os preços relativos dos produtos não se igualam entre os países, os preços relativos dos fatores não se igualarão e a equalização dos preços dos fatores não poderá ser alcançada. Se os custos de transporte forem suficientemente grandes, podem impedir que o comércio ocorra, mesmo que os preços de autarquia dos produtos sejam claramente diferentes entre os países; isto é, os custos de transporte podem levar à presença de bens não comercializáveis.

Concorrência imperfeita

Uma quarta suposição importante para o modelo de H-O é a existência de concorrência perfeita. Essa suposição é necessária para garantir que os preços dos produtos e os preços dos fatores se igualem com o comércio. Mais uma vez, sabemos que no mundo real a informação imperfeita, as barreiras à entrada (natural e planejada), e assim por diante, levam à concorrência *imperfeita* de muitas diferentes formas. Vamos examinar resumidamente como a concorrência imperfeita, tal como o monopólio, pode alterar as conclusões de H-O sobre diversos efeitos do comércio.

Um primeiro caso é a variação do modelo tradicional de monopólio doméstico. O monopolista mantém a posição de monopólio em casa, mas em algum momento escolhe exportar a preços mundiais, ou seja, o monopolista continua a agir como um definidor do preço doméstico, mas torna-se um tomador de preço no mercado internacional. Isso pode ocorrer apenas se houver

---

[3]David Hummels, "Time as a Trade Barrier", manuscrito não publicado, Purdue University, jul. 2001.

FIGURA 11 Monopólio doméstico e exportações

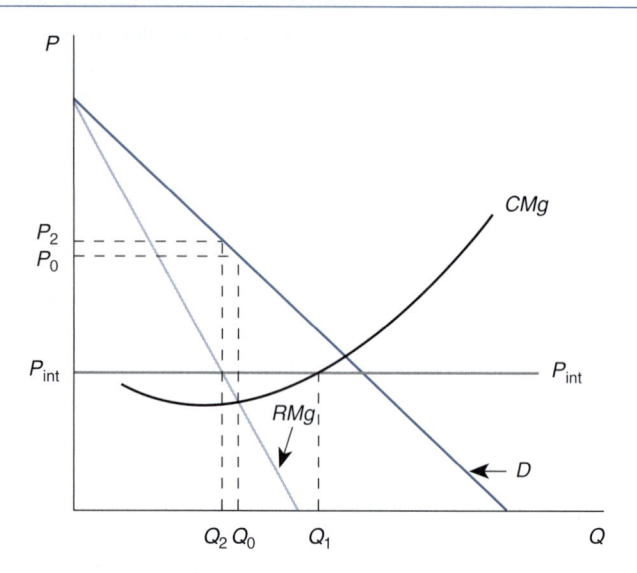

O monopolista doméstico maximiza lucro produzindo onde $CMg = RMg$, (Q_0), e cobrando P_0 no mercado interno. Entretanto, com exportação, além de Q_2, a RMg do monopolista se iguala ao P_{int} e os lucros são maximizados produzindo-se onde $CMg = P_{int}$, isto é, em Q_1. Como o monopolista exige uma RMg não inferior a P_{int}, a quantidade vendida no mercado doméstico é reduzida para Q_2 e o preço doméstico é aumentado para P_2. Participar no comércio internacional leva a um distanciamento dos preços entre os mercados doméstico e estrangeiro, e não a uma aproximação sob concorrência perfeita.

impedimento à entrada de importações no país. Suponha que o monopolista esteja maximizando lucro na quantidade de produto em que o custo marginal (CMg) se iguala à receita marginal (RMg), isto é, em P_0 e Q_0 na Figura 11. Se agora é possível exportar tanto quanto desejado ao preço internacional, P_{int}, o que o monopolista deve fazer para maximizar o lucro? O lucro ainda é maximizado igualando-se o CMg à RMg. Entretanto, agora a curva de RMg consiste na curva de RMg doméstica abaixo da curva do P_{int}, e na curva de P_{int} após esse ponto. Como a empresa monopolista pode vender tudo que desejar a preço internacional, não há nenhuma razão para vender a uma RMg mais baixa. Consequentemente, a produção será Q_1, onde $CMg = P_{int}$. A quantidade Q_2 será vendida no mercado doméstico ao preço P_2, e $Q_1 - Q_2$ será exportada. Como o preço internacional fixa um piso para a receita marginal para todas as quantidades à direita de Q_2, o monopolista realmente reduz a quantidade vendida no mercado local e pratica um preço mais elevado. Nesse caso, o comércio internacional leva a uma ampliação da diferença entre o preço doméstico e o preço internacional, e não a uma convergência em um único preço de produto. Os efeitos do preço do produto e dos fatores tendem ao resultado da abordagem H-O quando o monopolista age como um tomador de preço no mercado mundial. Entretanto, a distorção do mercado doméstico que permite ao monopolista vender internamente a um preço mais elevado do que se estivesse em autarquia inibe a equalização do preço do produto e, portanto, a do preço dos fatores.

Um segundo caso é a aplicação da discriminação monopolista de preço no comércio internacional. Nessa situação, temos um único ofertante no mundo que deve decidir como distribuir a produção entre os diversos países e que preço praticar em cada um. Supõe-se que o monopolista é um maximizador de lucro, que os mercados nos vários países podem ser mantidos separados (isto é, a arbitragem não pode ocorrer entre os mercados), e que as elasticidades da demanda diferem entre os vários mercados.

FIGURA 12   Discriminação de preço de mercado no comércio internacional

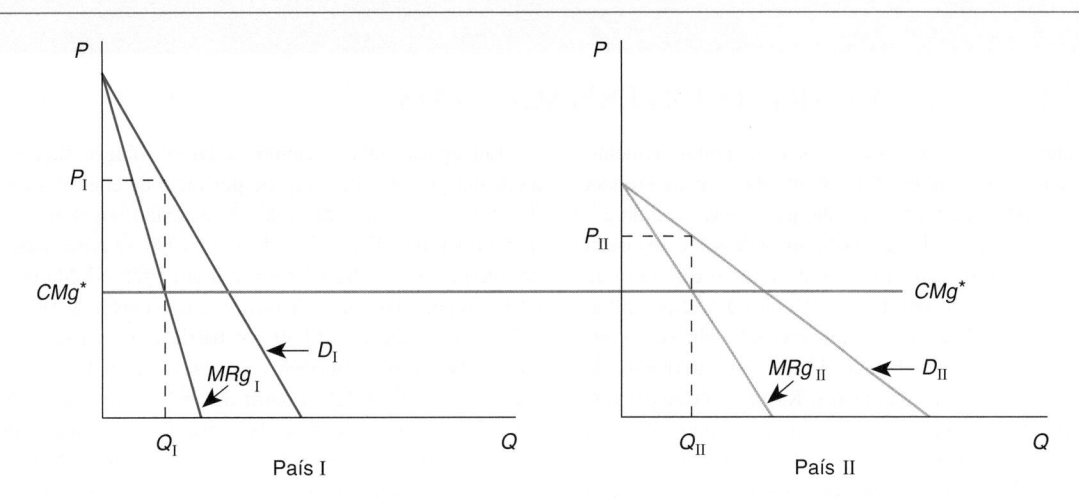

A discriminação de preço monopolista é deparada com a questão de que quantidade vender em cada um dos mercados acima e que preço cobrar em cada um. O monopolista determinará a quantidade a ser vendida em cada mercado igualando o CMg à RMg em cada um deles. Para maximizar o lucro, o monopolista venderá Q_I no país I e cobrará P_I, enquanto venderá Q_{II} no país II ao preço P_{II}. Enquanto os mercados forem mantidos separados e a elasticidade da demanda for diferente em cada um, os preços do produto nos dois países não tenderão a se igualar. Qualquer movimento em direção à concorrência perfeita levaria a uma expansão da produção e a um mesmo preço em ambos os mercados.

Suponha que o monopolista se defronte com dois mercados (ver Figura 12). Suponha também que o custo marginal do monopolista seja constante. Qual é a quantidade ótima a ser vendida em cada mercado? O nível da produção total é igual à soma da quantidade ótima de vendas em cada mercado. Para maximizar o lucro, o monopolista aloca em cada mercado a quantidade em que $CMg = RMg$. O critério de maximização do lucro indica que a um custo marginal CMg^*, a quantidade Q_I deve ser vendida no país I ao preço P_I, e Q_{II} no país II ao preço P_{II}. Um preço mais elevado será cobrado no mercado onde a demanda é menos elástica.

A discriminação pura de preço conduz à cobrança de preços diferentes em mercados diferentes e tende a reduzir o grau de equalização de preço dos fatores que ocorre. (Lembre-se de que esse tipo de discriminação existe contanto que não haja nenhuma arbitragem entre os mercados.) Embora a presença, no mundo, de um único fornecedor de um produto seja muito rara, não é incomum que diversos grandes ofertantes se juntem e formem um cartel. O arranjo permite que eles se comportem economicamente como um único fornecedor no mundo e discriminem preços entre os mercados.

Produto com fatores específicos ou não móveis

Até este ponto, supôs-se que os fatores são completamente móveis entre usos diferentes na produção em um país. Tal suposição permite ajustes da produção para se deslocar ao longo da FPP como resposta às mudanças nos preços relativos do produto. Com frequência, entretanto, não é fácil ou mesmo possível para fatores serem deslocados da produção de um produto para outro (por exemplo, da produção de trigo para a de automóvel). Com algum grau de imobilidade dos fatores, ao menos no curto prazo, a natureza do ajuste para o comércio internacional é diferente daquela sugerida no modelo de H-O. O ajuste ao comércio tem sido analisado neste contexto com o uso do modelo de fatores específicos.

O **modelo de fatores específicos** (modelo FE) é uma tentativa de explorar as implicações da imobilidade de curto prazo dos fatores entre setores em um contexto de H-O. No curto prazo, o modelo supõe que haja *três* fatores da produção, não dois. Os três fatores nas indústrias X e Y são: (*a*) trabalho, que é móvel e pode ser usado para produzir o bem X ou o bem Y; (*b*) capital da

No mundo real:
Os efeitos dos cartéis internacionais

Por meio da compreensão teórica do comportamento dos mercados, os economistas sabem que a concorrência imperfeita conduz a uma redução na quantidade vendida e a um aumento no preço. Essa conclusão pode ser assegurada por exemplos. Em meados dos anos de 1920, o carbureto de tungstênio era vendido nos Estados Unidos a $50 por libra. Entretanto, em 1927, a General Electric (GE) obteve o controle sobre o mercado dos Estados Unidos por intermédio de um acordo com a companhia alemã, Krupp, o principal fornecedor mundial. O preço do tungstênio nos Estados Unidos aumentou imediatamente para $453 a libra, e permaneceu no intervalo de $255-$453 durante todos os anos de 1930. Em 1942, o monopólio da GE foi quebrado por ação antitruste e no preço caiu para um intervalo de $27 a $45.

Além disso, a adoção de práticas de discriminação de preço por um cartel foi documentada historicamente pela Comissão de Tarifas dos Estados Unidos em 1939 em um estudo sobre o cartel da lâmpada elétrica incandescente. A tabela a seguir mostra os diferentes preços cobrados pelas lâmpadas nos Países Baixos, na Alemanha, no Japão e nos Estados Unidos. O cartel claramente buscou evitar igualar os preços entre os países, inibindo a equalização do preço dos fatores que normalmente acompanharia o comércio.

Em épocas mais recentes, a OPEC obteve sucesso em aumentar preços drasticamente por meio de controles de produção e do exercício de poder de mercado nos dois choques do petróleo de 1973-1974 e de 1979-1980. O preço médio do petróleo cru era de $2,89 por barril em 1972, $3,24 em 1973, e $11,60 em 1974 (mais de quatro vezes o nível de 1972). Em 1978 o preço era de $13,39 por barril, e elevou-se a $30,21 em 1979 e a $36,68 em 1980 (2,7 vezes o nível de 1978 e 12,7 vezes o nível de 1972). A partir de então, os preços do petróleo caíram devido à redução da demanda pelos consumidores, as novas fontes de oferta do México, do Mar do Norte e do Alasca, e a substituições por combustíveis alternativos. Em 1986 os preços do petróleo haviam caído para $14,17; então eles voltaram a cair, após algum aumento no início dos anos de 1990, para $13,07 em 1998. A OPEC tentou então restringir a produção, e o preço ficou na média de $28,23 por barril em 2000. Em 2001 e 2002 os preços foram um pouco mais baixos, mas no fim de 2003 ele era de aproximadamente $30,00. A decisão da OPEC de cortar a produção em 10% no início de 2004, bem como o crescimento na demanda, levou a um preço médio de $53,35 em 2005. No começo de 2007, o preço médio era de aproximadamente $60,00 por barril.

País	25 watts	45 watts	60 watts
Países Baixos	$0,32	$0,59	$0,70
Alemanha	0,30	0,36	0,48
Estados Unidos	0,15	0,15	0,15
Japão	—	—	0,07

Fontes: Franklin R. Root, Roland L. Kramer e Maurice Y. d'Arlin, *International Trade and Finance*, 2. ed. Chicago: Southwestern Publishing, 1966, p. 319; Comissão Tarifária dos EUA, "Incandescent Electric Lamps", Relatório n. 133, Série 2, Washington, DC: U.S. Government Printing Office, 1939, p. 49; Fundo Monetário Internacional (FMI), *Anuário de Estatísticas Financeiras Internacionais – 2002*, Washington, DC: FMI, 2002, p. 184-185; FMI, *Anuário de Estatísticas Financeiras Internacionais – 2003*, Washington, DC; FMI, 2003, p. 121; FMI, *Estatísticas Financeiras Internacionais*, dez. 2006, p. 70.

indústria X, K_X, que pode ser empregado nessa indústria, mas *não* na indústria Y; e (*c*) capital da indústria Y, K_Y, que não pode ser usado na indústria X. O modelo FE reconhece que, na prática, demora para o capital ser depreciado em uma indústria e reempregado em outra.

O contraste entre as suposições do modelo FE e aquelas do modelo de H-O pode ser mostrado em um diagrama da caixa de Edgeworth (veja a Figura 13). No painel (a) os fatores são livremente móveis entre os setores, e a curva de contrato de produção tem curvatura suave e conecta as origens inferior esquerda e superior direita da caixa. Esta é a típica caixa de Edgeworth. O painel (b) ilustra a caixa de Edgeworth no contexto do modelo FE. Como o capital é fixo na indústria X, a quantidade de capital fixo é mostrada pela distância vertical $0_x\overline{K}_x$. Não importa que quantidade do bem X seja produzida, a quantidade $0_x\overline{K}_x$ de capital é usada na indústria X. Similarmente, o capital fixo usado na indústria Y é mostrado pela distância vertical $0_y\overline{K}_y$. Logo, no modelo FE, a curva de contrato é a linha horizontal $\overline{K}_x A \overline{K}_y$. A curva de contrato coincide com a curva "normal" de contrato apenas no ponto A.

FIGURA 13   A imobilidade do capital no diagrama da caixa de Edgeworth

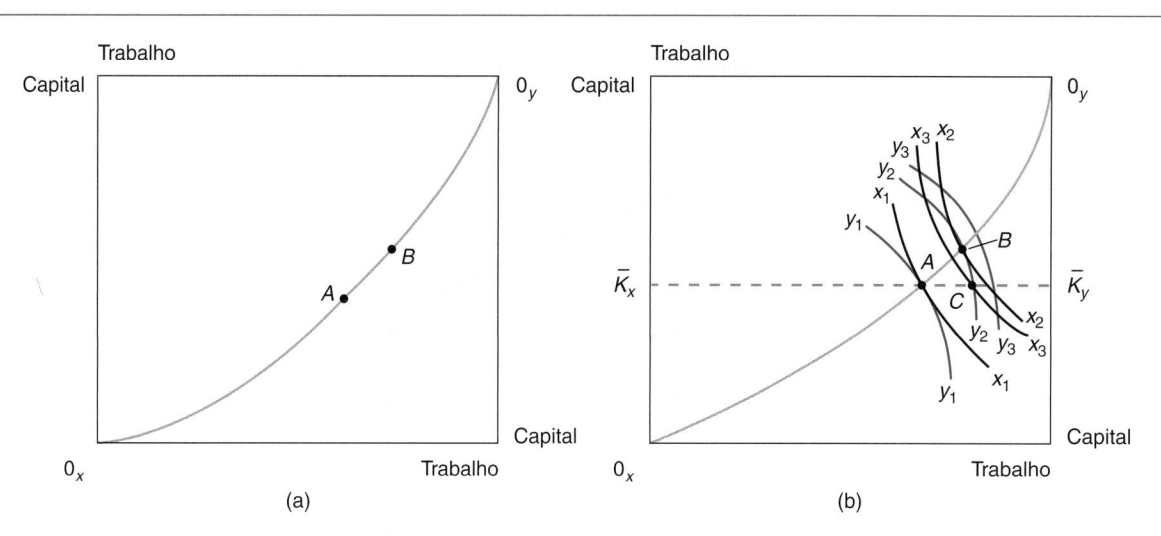

No painel (a), a baixa excentricidade da curva de contrato reflete o fato de que os dois fatores são perfeitamente móveis entre a produção dos bens X e Y, sendo A e B possíveis pontos eficientes de produção. No painel (b), supõe-se que no curto prazo o capital não pode ser alterado das quantidades $0_x \overline{K}_x$ e $0_y \overline{K}_y$ usadas para produzir os dois produtos em A. Qualquer tentativa de produzir mais do bem X pode ser realizada apenas adquirindo-se trabalho usado previamente na produção de Y. Isso levará a um movimento ao longo da linha $\overline{K}_x A \overline{K}_y$ para, por exemplo, o ponto C. Esse ponto de produção está fora da curva de contrato com perfeita mobilidade, e representa uma quantidade menor de produção do bem X do que a obtida na curva de contrato com perfeita mobilidade para a nova quantidade de Y (representada por y_2) que está sendo obtida. Ele representa assim um ponto de produção dentro da FPP construída quando os fatores são completamente móveis.

As diferentes curvas de contrato nas duas situações serão associadas a diferentes fronteiras de possibilidades de produção (FPPs), porque as FPPs são derivadas das curvas de contrato (veja o Capítulo 5). Na Figura 14, a FPP denominada $RA'S$ é a FPP associada à curva normal de contrato dos dois painéis da Figura 13. A FPP denominada $TA'V$ representa a FPP associada à curva de contrato de fatores específicos $\overline{K}_x A \overline{K}_y$. A "nova" FPP é coincidente com a FPP "normal" somente no ponto A'. Um movimento do ponto A para o ponto B na curva normal de contrato, na Figura 13 (b), gera um movimento do ponto A' para o ponto B' na FPP normal da Figura 14, enquanto um movimento de A para C na curva de contrato de fatores específicos resulta em um movimento do ponto A' para o ponto C'. Mas a produção do bem Y em B ou B' (quantidade y_2) em situação normal estará associada a menor produção do bem X sob condição de fatores específicos do que sob uma situação normal ou de fatores móveis. A diferença na produção de X reflete o fato de que a isoquanta y_2 na Figura 13(b) está associada à isoquanta x_2 na curva normal de contrato, mas somente com menor quantidade de X da isoquanta x_3 (no ponto C) na curva de contrato de fatores específicos. Como contrastes semelhantes podem ser feitos com todos os outros pontos nas duas diferentes curvas de contrato na Figura 13(b), segue que a FPP de fatores específicos na Figura 14 se encontrará na FPP normal exceto no ponto A.

A implicação da não mobilidade do capital em um contexto de H-O pode ser vista comparando-se o impacto nas taxas de retorno dos fatores da produção quando um país se abre para o comércio. Suponha que tenhamos a situação normal de um país com perfeita mobilidade de todos os fatores de produção. Se em autarquia o país se situar no ponto A da Figura 13(b), uma abertura do país para o comércio envolvendo especialização no bem X de trabalho intensivo resultará, por exemplo, em um movimento de A para B na Figura 13(b) ou de A' para B' na Figura 14. Tal movimento elevará o preço do trabalho e reduzirá o preço do capital à medida que a expansão da indústria X buscar adquirir relativamente mais trabalho e a contração da indústria Y estiver liberando relativamente mais capital. Após o ajuste, no ponto B da Figura

FIGURA 14   Ajuste da produção quando o capital não é móvel

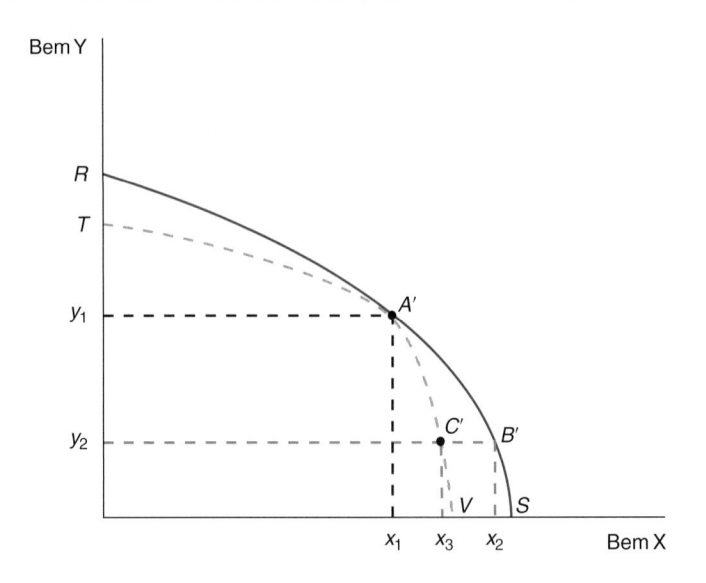

A FPP, representada pela linha $RA'S$, é obtida sob a suposição de que os fatores são completamente móveis. Os pontos A' e B' correspondem aos pontos A e B, respectivamente, na Figura 13(b). Se os dois fatores fossem completamente imóveis, a fronteira de possibilidades de produção seria representada por $y_1A'x_1$. Se somente o capital não é móvel, as possibilidades de produção irão se encontrar em algum lugar entre estes dois extremos. Tal possibilidade é representada pela FPP $TA'V$. Supondo que somente o trabalho seja móvel, a tentativa de produzir mais do bem X forçará a economia a usar recursos menos eficientemente, movendo-se assim para um novo ponto $TA'V$ dentro da FPP normal. O ponto C' representa um possível novo ponto de produção consistente com o ponto C na Figura 13(b).

13(b), a razão capital-trabalho em cada indústria terá se elevado. Com a elevação da razão K/L na indústria, cada trabalhador em cada setor tem relativamente mais capital para trabalhar, logo ele é mais produtivo; assim, a produtividade e os salários sobem. A contrapartida do aumento dos salários é a queda no retorno real do capital.

A implicação política importante no modelo de Heckscher-Ohlin tradicional da condição de plena mobilidade de fator é que o setor ligado ao fator abundante no país prefere o livre-comércio à autarquia, e que o setor ligado ao fator escasso no país prefere a autarquia ao livre-comércio. Muito embora o país como um todo ganhe com o comércio, alguma parte da economia (do fator escasso) sentirá necessidade de reivindicar proteção.

Qual é a consequência do comércio para as remunerações dos fatores no modelo de fatores específicos? Admitindo-se que em autarquia o país esteja no ponto A na Figura 13(b), e com a abertura do país ao comércio, a indústria de trabalho intensivo do bem X se expande por causa do preço mais elevado de X, e a indústria de capital intensivo do bem Y se contrai devido ao preço mais baixo de Y. A produção tende a ir para a direita do ponto A em direção a um ponto tal como o ponto C na curva do contrato do modelo FE. A maior demanda por trabalho possibilitará uma remuneração nominal mais alta para esse fator. Entretanto, a direção do movimento da remuneração do capital depende de qual indústria esteja sendo considerada. A indústria X aumentou sua demanda por capital, mas a oferta de capital é fixa em $0_x\overline{K}_x$. Logo, a remuneração do capital em X eleva-se com a abertura do país ao comércio. Todavia, a demanda por capital na indústria Y cai porque parte do bem Y agora é importada em vez de produzida domesticamente. A demanda por capital na indústria Y diminui, enquanto sua oferta de capital é fixa. Em consequência, a remuneração do capital em Y cai. Esses efeitos do comércio sobre a distribuição de renda obviamente são diferentes daqueles obtidos no modelo de H-O tradicional. Lá, o capital como um todo sofreu um declínio em sua remuneração, mas, no modelo FE, em X o capital ganha e em Y o capital perde. O fator de produção escasso não será unanimemente contrário a se mover da autarquia para o comércio. Os proprietários do capital na indústria Y serão contrários ao livre-comércio, enquanto os da indústria X serão favoráveis. Sem dúvida, essa pode ser uma situação mais realista do que um tipo de modelo como o H-O tradicional, especialmente no curto prazo, em que todos os proprietários de um fator eram contrários ao comércio e todos os do outro fator eram favoráveis a ele.

Uma nota final é necessária sobre a remuneração do trabalho. Dizer que o *salário nominal* do trabalho aumentou não significa que o *salário real* do trabalho tenha aumentado. Considere que, com a concorrência, o salário nominal na indústria X se iguala ao salário nominal na indústria Y. Lembre-se de que o salário nominal é igual ao preço do produto multiplicado pela produtividade física marginal do trabalho, assim, $w = (P_X)(PFMg_{LX})$. Com o comércio, a $PFMg_{LX}$ cai, pois mais trabalho está sendo usado com a quantidade fixa do capital $0_x \ ^- K_x$, ou seja, cada trabalhador tem menos capital para trabalhar. Como $w = (P_X)(PFMg_{LX})$, isso significa que w/P_X caiu porque $(w/P_X) = PFMg_{LX}$. A queda de w/P_X indica que os salários nominais não se elevaram tanto quanto o preço do bem X. Os trabalhadores que consomem somente o bem X estão em pior situação, pois seus salários reais diminuíram. Analogamente, w/P_Y aumenta; se os trabalhadores consumirem somente o bem Y, seus salários reais se elevarão. Consequentemente, a direção da remuneração real para um trabalhador depende da combinação dos bens que estão sendo consumidos. O modelo de FE gera conclusões tanto sobre os vencedores quanto sobre os perdedores com o livre-comércio que podem ser mais coerentes com o que se observa no mundo real do que de acordo com a teoria tradicional de comércio de H-O.

Outras considerações

É evidente que diversas outras suposições, como retornos constantes de escala, utilização de mesma tecnologia e ausência de políticas de obstáculos aos negócios, também nem sempre são aplicáveis ao mundo real. Na medida em que não se apliquem, as conclusões do modelo de H-O não são asseguradas. Diversas dessas circunstâncias serão examinadas mais adiante no Capítulo 10, "Teorias de comércio pós-Heckscher-Ohlin de comércio intraindustrial", e em capítulos posteriores sobre política comercial.

REVISÃO DE CONCEITO

1. Explique a diferença entre a reversão da intensidade de fator e a reversão da demanda. Elas têm efeitos similares sobre a validade do modelo de H-O?
2. A reversão da intensidade de fator pode ocorrer se as isoquantas das duas indústrias não se cruzarem, mas forem tangentes uma à outra? Explique.
3. Quais são as circunstâncias necessárias para a concorrência imperfeita tornar os preços mais diferentes após o comércio do que antes do comércio?
4. Explique como a abertura ao comércio pode levar a um aumento em salários nominais em um país *abundante em capital* se não houver mobilidade de capital entre os setores. Isso significa que necessariamente o trabalho está em melhores condições com o comércio?

RESUMO

Este capítulo examinou em primeiro lugar as bases para existir diferenças nos preços relativos em autarquia. Diferenças na demanda, na tecnologia e na abundância dos fatores em cada país contribuem para as possíveis diferenças nos preços relativos em autarquia. Então concentrou-se atenção na explicação de Heckscher-Ohlin sobre o comércio, na equalização dos preços dos fatores e nos efeitos do comércio sobre a distribuição de renda.

Construindo um rigoroso conjunto de pressupostos, Heckscher-Ohlin demonstraram que as diferenças nas dotações relativas de fatores são suficientes para gerar uma base para o comércio, mesmo se não houver diferenças de tecnologia ou de demanda entre os países. O modelo permitiu a eles não apenas predizer o padrão do comércio com base na dotação inicial de fatores, mas também demonstrar que o comércio levaria a uma equalização de preços dos fatores entre os países. Stolper-Samuelson indicaram que os mesmos movimentos de preços relativos dos fatores levariam a uma melhoria na renda real dos proprietários dos fatores abundantes e a uma deterioração da posição dos proprietários dos fatores escassos.

Diversas qualificações teóricas sobre o papel dos gostos e das preferências, da intensidade dos fatores dos produtos, dos custos de transporte, da concorrência imperfeita e da imobilidade dos fatores foram discutidas resumidamente. A reflexão sobre as limitações impostas por essas suposições ajuda a compreender por que o padrão e os efeitos do comércio internacional não são sempre o que se pode esperar da teoria de H-O. Tais limitações não destroem a ligação básica entre a abundância relativa dos fatores e o padrão do comércio, entretanto influenciam o grau em que as ligações são observadas. O Capítulo 9 examina a validade da abordagem das dotações dos fatores no mundo real.

Termos-chave

definição do preço de fatores abundantes
definição física da abundância dos fatores
dotações relativas de fatores diferentes
diferentes intensidades relativas de fatores
modelo de fator específico
reversão da demanda
reversão da intensidade de fator
teorema da equalização dos preços dos fatores
modelo de Heckscher-Ohlin
teorema de Stolper-Samuelson

Questões e problemas

1. Explique a diferença entre o preço e a definição física da abundância dos fatores. Quando poderiam ser geradas respostas conflitantes sobre qual é o fator abundante?
2. Se a razão K/L para a Bélgica é mais elevada do que para a França, que tipo de produtos a Bélgica poderia exportar para a França? Por quê?
3. Suponha que a razão K/L seja mais elevada na França do que na Espanha. O que você espera acontecer aos salários na França à medida que o comércio ocorra entre os dois países? Por quê?
4. Você lê num jornal que os proprietários do capital em um país estão incitando seu governo a restringir o comércio por meio de quotas de importação. O que você pode inferir sobre a abundância relativa dos fatores nesse país? Por quê?
5. Discutiu-se que abrir um país ao comércio internacional é uma política fortemente antitruste. Que impacto a ameaça das importações teria sobre um monopolista que nunca tenha sido confrontado com a concorrência estrangeira? Como o monopolista responderia em relação à quantidade produzida e ao preço cobrado no mercado doméstico?
6. Como a existência da reversão da demanda complica as predições de Heckscher-Ohlin?
7. Usando o modelo de fatores específicos, explique por que você poderia esperar ver determinados proprietários de capital e grupos de trabalhadores argumentarem contra a expansão do comércio em um país abundante em capital.
8. Dado seu conhecimento sobre a base para o comércio, você ficaria surpreso ao descobrir que a composição das exportações e das importações de um país do antigo "bloco soviético", tal como Hungria ou Polônia, mudou com a dissolução da União Soviética e a abertura do comércio com o Ocidente? Explique sua resposta.
9. Na Figura 14, suponha que o país esteja produzindo em equilíbrio em A'. Se P_x aumentar, levando a produção para B' na FPP "normal", a mesma mudança em preços relativos levaria à produção precisamente em C', no caso de fatores específicos? Justifique?
10. "Na estrutura de Heckscher-Ohlin, a equalização completa dos preços dos fatores não pode ser alcançada na presença de custos de transporte." Você concorda? Discorda? Explique.
11. Mesmo com abundância relativa de fatores muito diferente, a Índia e os Estados Unidos exportam produtos agrícolas semelhantes como o arroz. O que poderia explicar essa aparente contradição do modelo de Heckscher-Ohlin?
12. "Aumentar a mobilidade de trabalho e/ou do capital dentro de um país não somente reduzirá a oposição interna à expansão do comércio internacional do país, mas também levará a ganhos maiores na renda real do país." Comente a afirmação.

CAPÍTULO 9

TESTES EMPÍRICOS DA ABORDAGEM DE DOTAÇÕES DE FATORES

OBJETIVOS DE APRENDIZADO

- Aprender por que os padrões de comércio dos Estados Unidos não se adaptam às previsões do modelo de Heckscher-Ohlin.

- Compreender as possíveis explicações para os paradoxos comerciais dos Estados Unidos.

- Inteirar-se das questões originadas de testes do modelo de Heckscher-Ohlin para diversos países.

- Entender o papel do comércio na geração de desigualdade crescente da distribuição de renda nos países desenvolvidos.

Introdução

Teorias, suposições e o papel do trabalho empírico

É comum ouvir críticas às teorias de comércio por não serem "relevantes no mundo real" ou por assumirem "suposições irreais". Isso levou pesquisadores como Leamer e Levinson (1995) a afirmar que o trabalho empírico no comércio teve muito pouca influência nas teorias de comércio e a incentivar seus colegas a "estimar, não testar". Eles propõem que os pesquisadores tentem aprender com os dados do mundo real em vez de apenas aceitar ou rejeitar uma hipótese abstrata.

Em vez de usar a falta de conexão com o mundo real como uma razão para se ignorar a teoria de comércio, isso deve servir como motivação para se fazer testes empíricos. Davis e Weinstein (1996) oferecem uma visão mais encorajadora do trabalho empírico.

. . . uma segunda abordagem ao teste é procurar maneiras de enfraquecer as suposições estritas da teoria em relação a aspectos concretos a fim de encontrar uma versão que de fato funcione. Pela aproximação sucessiva, devemos aprender quais das suposições do modelo são as mais importantes, e a que tipos das séries de dados se pode concretamente aplicar as várias versões da teoria.[1]

Este capítulo seguirá a segunda abordagem ao examinar os testes empíricos das predições de Heckscher-Ohlin em uma tentativa de descobrir quais das suposições são cruciais. Você verá que não há um consenso entre economistas quanto ao grau em que as dotações relativas de fatores explicam os fluxos de comércio internacionais e suas consequências.

A teoria de Heckscher-Ohlin indica que um país exportará os bens cuja produção usa intensivamente o fator relativamente abundante no país e importará os bens cuja produção usa intensivamente o fator relativamente escasso no país. Neste capítulo, revemos alguns testes empíricos dessa hipótese aparentemente simples e óbvia. A literatura produziu alguns resultados conflitantes sobre a validade do modelo de H-O no quadro do mundo real. O resultado mais surpreendente de um recente teste foi que o maior comerciante do mundo, os Estados Unidos, não negocia de acordo com os padrões de Heckscher-Ohlin. São dadas explicações a respeito desse resultado tão surpreendente. Examinamos os testes para outros países e o trabalho mais recente acerca dos padrões de comércio. Além disso, analisamos a controvérsia atual a respeito de quanto o tipo de comércio proposto por H-O contribuiu para a desigualdade crescente da renda em países desenvolvidos em anos recentes, especialmente nos Estados Unidos.

O paradoxo de Leontief

O primeiro teste importante do modelo de H-O foi conduzido por Wassily W. Leontief e publicado em 1953. Este teste detalhado tem influenciado a pesquisa empírica na área desde então. Leontief empregou sua própria invenção – uma **tabela de insumo-produto** – para testar a proposição de H-O. Uma tabela de insumo-produto fornece detalhes dos fluxos de produção de cada indústria para todas as outras indústrias, das aquisições de insumos de todas as indústrias, e das compras de serviços de fator. Além disso, pode ser usada para indicar não apenas "as necessidades diretas de fator" de uma dada indústria – o capital e o trabalho usados com os bens intermediários no específico estágio de produção –, mas também **necessidades totais de fatores**. As necessidades totais incluem as necessidades diretas tanto do capital como do trabalho usados

---

[1] Para uma revisão mais extensiva da literatura, veja Edward E. Leamer e James Levinsohn, "International Trade Theory: The Evidence", em *Handbook of International Economics*, v. III, Gene M. Grossman e Kenneth Rogoff (ed.), Amsterdã: Elsevier, 1995, p. 1339-1394; Donald R. Davis e David E. Weinstein, "Empirical Tests of the Factor Abundance Theory: What Do They Tell Us?", *Eastern Economic Journal*, v. 22, n. 4, 1996, p. 433-440.

nas indústrias fornecedoras de todos os insumos industriais ("as necessidades indiretas de fator"). A tabela é muito útil para calcular as necessidades agregadas de capital e trabalho do *país* para produzir um pacote de bens como exportações e substitutos de importações.

Para avaliar as previsões de H-O para os Estados Unidos, Leontief, com base nos dados de 1947, imaginou uma situação em que os Estados Unidos reduzissem simultaneamente suas exportações e importações proporcionalmente em um total de $1 milhão cada. A tabela de insumo-produto tornou possível determinar quanto capital (K) e trabalho (L) seria liberado da produção de exportações e quanto capital e trabalho seria requerido para produzir domesticamente $1 milhão de bens que já não estariam sendo importados. (Leontief restringiu sua análise a "importações competitivas", ou seja, não incluiu os bens que os Estados Unidos não produziam domesticamente, como bananas.)

Dadas as estimativas de K e L liberados pela redução das exportações e requeridos para reproduzir importações, uma comparação poderia ser feita entre elas. Como os Estados Unidos eram considerados um país relativamente abundante em capital, a expectativa da análise estatística era de que a relação K/L dos fatores liberados pela redução da exportação seria maior do que a razão K/L dos fatores requeridos para produzir as importações renunciadas. Tal expectativa podia ser avaliada quanto à sua validade pelo conceito de **estatística de Leontief**, definida como

$$\frac{(K/L)_M}{(K/L)_X}$$

onde $(K/L)_M$ se refere à razão capital/trabalho usada em um país para produzir bens de importação competitivos e $(K/L)_X$ se refere à razão capital/trabalho usada para produzir exportações. De acordo com o modelo de H-O, um país abundante em capital teria uma estatística de Leontief com um valor menor que 1,0 (uma vez que o denominador seria maior do que o numerador) e um país abundante em trabalho teria uma estatística de Leontief maior que 1,0.

Os resultados de Leontief foram impressionantes. Ele calculou que a redução hipotética das exportações norte-americanas liberaria $2,55 milhões de capital e 182,3 anos de trabalho, para uma razão $(K/L)_X$ de aproximadamente $14 mil por trabalho-ano. Do lado das importações, produzir as importações renunciadas requereria o valor de $3,09 milhões de capital e 170,0 anos de trabalho, gerando uma razão $(K/L)_M$ de aproximadamente $18.200 por trabalho-ano. Assim, a estatística de Leontief para os Estados Unidos foi de 1,3 ($= \frac{\$18.200}{\$14.000}$), totalmente inesperado para um país abundante em capital. Uma análise desagregada de seus resultados também confirmou as conclusões. As mais importantes indústrias de exportação tenderam a ter razões K/L mais baixas com maiores necessidades de trabalho e menores de capital por dólar de produto do que as das mais importantes indústrias que concorrem com as importações. O senso comum de que um país abundante em capital exportaria bens de capital intensivo e importaria bens de trabalho intensivo foi seriamente questionado. A dúvida estabelecida por este estudo sobre o modelo de Heckscher-Ohlin ficou conhecida como **paradoxo de Leontief**.

Explicações sugeridas para o paradoxo de Leontief

Os resultados de Leontief produziram muitos estudos que procuram explicar o porquê de achados tão surpreendentes. Nesta seção, discutimos brevemente as "explicações" mais conhecidas.

Reversão da demanda

Na reversão da demanda, conceito introduzido no Capítulo 8, os padrões da demanda entre parceiros de comércio diferem a tal ponto que o comércio não segue o padrão de H-O, quando se usa a definição física de abundância relativa do fator. A preferência relativa de um país pelos bens fabricados com seu fator fisicamente abundante (chamada de "preferência de intensidade própria") oferece uma explicação para o paradoxo de Leontief se partirmos da hipótese de que os Estados Unidos têm preferência relativa por bens de capital intensivo e que seus parceiros comerciais têm preferência relativa por bens de trabalho intensivo. A demanda norte-americana por bens de capital intensivo faz os preços desses bens subirem até que a vantagem comparativa dos Estados Unidos repouse sobre os bens de trabalho intensivo. Um processo similar ocorre com os parceiros comerciais, dando-lhes uma vantagem comparativa em bens de capital intensivo.

A validade da reversão da demanda como uma explicação do paradoxo de Leontief é uma questão empírica. Entretanto, é necessária uma desigualdade considerável (que parece improvável na prática) para que a explicação da reversão da demanda sirva para compreender o paradoxo. Além do mais, a presença da reversão da demanda implicaria que a demanda dentro dos Estados Unidos por bens de trabalho intensivo seria relativamente baixa e consequentemente *os salários nos Estados Unidos também seriam relativamente baixos* – dificilmente consistente com as taxas de salário observadas entre os países! Assim, outras razões para o resultado de Leontief precisam ser exploradas.

Reversão da intensidade de fator

Como foi observado no Capítulo 8, a reversão da intensidade de fator (RIF) ocorre quando um bem é produzido em um país por métodos relativamente capital-intensivos, mas produzido em um outro país por métodos relativamente trabalho-intensivos. Não é possível especificar inequivocamente qual bem é de capital intensivo e qual é de trabalho intensivo, e o modelo de Heckscher-Ohlin não pode ser válido para ambos os países. No contexto do paradoxo de Leontief, a reversão sugere que, embora a importação de bens pelos Estados Unidos possa ter sido produzida com uso intensivo de trabalho em outro país, o processo de produção destes bens nos Estados Unidos era capital-intensivo. Os parceiros comerciais (sendo abundantes em trabalho) atuavam em conformidade com H-O quando exportavam os bens, mas os Estados Unidos não.

A validade dessa explicação para a ocorrência do paradoxo de Leontief é também uma questão empírica. A literatura é um tanto dividida na questão de se as reversões da intensidade de fator ocorrem com alguma frequência, e não podemos excluir sua possibilidade completamente.

O teste mais famoso foi desenvolvido por B. S. Minhas (1962) para os Estados Unidos e para o Japão, usando dados de 1947 e 1951 para 20 indústrias. Suponha que consideremos as mesmas 20 indústrias, que conheçamos a razão K/L empregada em cada uma delas nos países, e que as relacionemos em ordem descendente, de acordo com as razões K/L (como Minhas fez). Por exemplo, nos Estados Unidos, os produtos derivados de petróleo (usando as necessidades totais de capital e trabalho) constituem a principal indústria capital-intensiva (ela tem a razão K/L mais elevada), a indústria de produtos de carvão é a segunda no ranking, a de ferro e aço é a oitava, a de têxteis é a décima primeira, a de construção naval é a décima quinta, a de couro é a décima nona, e assim por diante. *Se não houver nenhuma reversão da intensidade de fator,* os rankings para o Japão seriam os mesmos que os dos Estados Unidos. Estatisticamente, isso significa que o coeficiente de correlação entre o ranking dos Estados Unidos e o japonês seria de 1,0. (Nota: Se dois rankings forem idênticos, o coeficiente de correlação entre eles é de 1,0; se forem perfeitamente opostos, o coeficiente é de $-1,0$; e se não houver nenhuma associação entre eles, o coeficiente de correlação é 0.)

Quando Minhas calculou o coeficiente de correlação usando as necessidades totais dos fatores, obteve um coeficiente de somente 0,328. (Isso reflete o fato de que, no Japão, o ferro e o aço tinham o número 3 como coeficiente em vez de 8, a construção naval tinha o número 7 em vez de 15 etc.) Para as necessidades "diretas" somente, o coeficiente era mais elevado, mas ainda de apenas 0,730. Pode-se questionar a suposição de Heckscher-Ohlin de "não reversão da intensidade de fator". Mais tarde, economistas como G. C. Hufbauer (1966) e D. S. Ball (1966) indicaram que se forem permitidas diferenças de disponibilidade de terra e agricultura nos dois países e a influência destas diferenças no emprego relativo de K e L, os coeficientes de correlação serão muito mais próximos de 1,0. Enquanto houver alguma sugestão de reversões da intensidade de fator no mundo real, as RIFs podem não ser tão importantes como Minhas sugeriu.

No mundo real:

Razões capital/trabalho nas principais indústrias de exportação e de importação – teste de Leontief

O teste de Leontief produziu o resultado surpreendente de que o capital por trabalhador incorporado nas exportações norte-americanas era menor do que o capital por trabalhador incorporado nas importações. Esse resultado reflete as intensidades relativas do fator das indústrias individuais. A Tabela 1 lista, com base em 167 categorias industriais, as dez categorias com as maiores exportações e importações líquidas (onde as exportações excederam as importações e as importações excederam as exportações, respectivamente, pelos maiores volumes em dólares) por $1 milhão de exportações totais e importações competitivas, respectivamente, com os dados do teste de Leontief para o ano de 1947. São relacionadas também as razões capital/trabalho para cada uma das indústrias em dólares de capital requeridos por pessoa-ano de trabalho. Estas razões K/L são necessidades totais (diretas mais indiretas) dos fatores.

Ao se examinar a tabela, fica evidente que sete das dez indústrias com importação líquida têm uma razão K/L maior que as indústrias com exportações líquidas. Também, a razão K/L média dos dez importadores líquidos é de $18.287 por trabalhador, enquanto a razão K/L média dos exportadores líquidos é de $14.788 por trabalhador.

A Figura 1 apresenta os dados da Tabela 1 de uma outra maneira. O eixo horizontal mede as necessidades de trabalho por $1 milhão do produto final das principais indústrias de exportação líquida e de importação líquida, enquanto a linha vertical mede as necessidades de capital por $1 milhão do produto final dessas mesmas indústrias. Os pontos no gráfico mostram as necessidades de capital e de trabalho para cada uma das 20 indústrias. As linhas que saem da origem indicam as razões capital/trabalho. Aquelas marcadas com X são as dez maiores indústrias de exportação líquida; aquelas marcadas com M são as dez maiores indústrias de importação líquida. O modelo de Heckscher-Ohlin nos levaria a esperar que as indústrias de exportação estariam situadas mais na parte superior esquerda do gráfico (para razões K/L mais elevadas), enquanto as de importação estariam na parte inferior direita do diagrama (para razões K/L mais baixas). Entretanto, os resultados não parecem ocorrer. Parece haver uma leve tendência para que as indústrias de importação líquida, e não as de exportação líquida, se situem na parte superior esquerda do diagrama.

Uma outra informação interessante é que muitos dos principais exportadores líquidos em 1947 (veículos a motor; produtos ligados a fábricas têxteis: fiação, tecelagem e tingimento; produtos siderúrgicos e laminados; e produtos de petróleo) são categorias de *importação* líquida nos Estados Unidos. Além disso, a agricultura, a pesca e o papel geralmente são exportadores líquidos. As vantagens comparativas mudam ao longo do tempo; entretanto, não parecem ter influenciado a tendência geral de que os paradoxos de Leontief ocorram, porque testes posteriores (sem considerar recursos naturais, capital humano ou habilidades) raramente mostraram uma reversão do paradoxo. Mais adiante neste capítulo, discutimos as habilidades do trabalho e os recursos naturais quando pertencentes ao paradoxo de Leontief.

TABELA 1 Principais indústrias de exportação e de importação líquida e razão capital/trabalho, 1947

Exportadores líquidos	K/L	Importadores líquidos	K/L
1. Comércio por atacado	$7.638	Agricultura e pesca	$29.689
2. Veículos a motor	10.447	Fabricação de papel e papelão	11.123
3. Produtos fabricados de grão	20.752	Borracha	17.848
4. Produtos para fábricas têxteis: fiação, tecelagem e tingimento	10.738	Fabricação de polpas	12.180
		Produtos alimentícios: enlatados, conservas e congelados	15.635
5. Transporte ferroviário	21.022	Outros minerais não ferrosos (isto é, não cobre, chumbo, zinco, bauxita)	16.205
6. Transporte marítimo	15.945	Petróleo cru e gás natural	29.508
7. Produtos siderúrgicos e laminados	15.273	Peles (caça e caça com armadilhas)	14.259
8. Mineração de carvão	8.491	Extração de cobre	20.080
9. Maquinaria industrial especial	10.439	Outros metais brutos (isto é, não chumbo, zinco, cobre, alumínio)	16.344
10. Produtos de petróleo	27.139		

Fonte: W. W. Leontief, "Domestic Production and Foreign Trade: The American Capital Position Re-examined", em Jagdish Bhagwati (ed.), *International Trade: Selected Readings*, Middlesex, Inglaterra: Penguin, 1969, tabela 2, p. 102-121.

(*continua*)

> ## NO MUNDO REAL: *(continuação)*
> ### RAZÕES CAPITAL/TRABALHO NAS PRINCIPAIS INDÚSTRIAS DE EXPORTAÇÃO E DE IMPORTAÇÃO – TESTE DE LEONTIEF
>
> FIGURA 1 Necessidades de capital e de trabalho nas principais indústrias de exportação líquida e de importação líquida – teste de Leontief
>
> Os pontos marcados com *X* indicam as combinações capital-trabalho usadas na produção das dez maiores indústrias norte-americanas de exportação líquida, e os pontos marcados com *M* indicam as combinações capital-trabalho usadas na produção das dez maiores indústrias norte-americanas de importação líquida. O modelo de Heckscher-Ohlin sugeriria que os pontos *X* deveriam se situar no canto superior esquerdo e aqueles com *M*, no inferior direito. O gráfico indica uma leve tendência a resultados opostos.

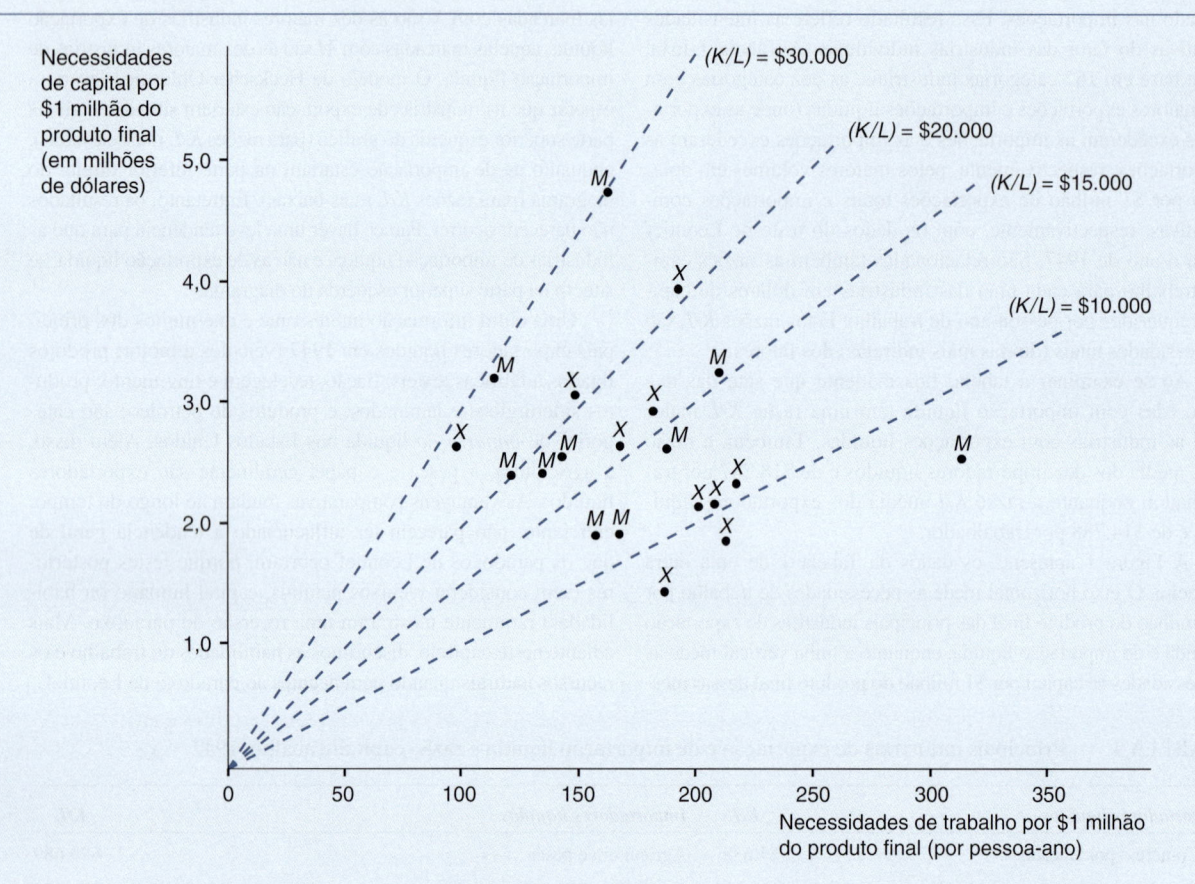

Estrutura tarifária dos Estados Unidos

Esta explicação para o paradoxo de Leontief concentra-se na intensidade de fator dos bens que recebem proteção tarifária (e outras barreiras comerciais) nos Estados Unidos. Com base em Heckscher-Ohlin e no teorema de Stolper-Samuelson, aprendemos que a abertura de um país para o comércio aumenta o retorno real do fator abundante e diminui o retorno real do fator escasso. Isso sugere que, nos Estados Unidos, a força de trabalho será mais protecionista do que os proprietários do capital (o que é o caso). Consequentemente, as barreiras norte-americanas ao comércio tendem a afetar mais as importações de bens de trabalho intensivo. Com a restrição a esses bens, a hipótese é que a composição da cesta de importações dos Estados Unidos seja relativamente mais de capital intensivo do que seria de outra forma, pois os bens de trabalho intensivo são afastados pela proteção. O resultado de Leontief poderia ser em parte um reflexo da estrutura tarifária dos Estados Unidos, e não de uma indicação do padrão de livre-comércio, conforme Heckscher-Ohlin.

Este argumento pode esclarecer a ocorrência do paradoxo de Leontief? Em um estudo de 1971, Robert Baldwin reconheceu o possível papel das tarifas e estimou que a razão K/L das importações norte-americanas seriam aproximadamente 5% mais baixas se este efeito fosse incorporado. Apesar da adoção de uma estrutura tarifária funcionar para reduzir a extensão do paradoxo, parece ser incapaz de removê-lo inteiramente.

Diferentes níveis de habilidade do trabalho

Nesta explicação do paradoxo de Leontief, o ponto básico é que o uso do "trabalho" como um fator de produção pode envolver uma categoria que é agregada demais, pois há muitos tipos e qualidades diferentes de trabalho. Um teste que envolve esta abordagem foi feito por Donald Keesing (1966), que dividiu o trabalho em oito categorias diferentes. A categoria I (cientistas e engenheiros) foi considerada o trabalho mais hábil (procuramos em vão por uma lista de economistas nesta categoria!), enquanto a categoria II (técnicos e desenhistas) foi considerada a segunda mais hábil. A lista ia até a categoria VIII (trabalhadores desqualificados e semiqualificados). Keesing então comparou as necessidades de trabalho das indústrias de exportação e de importação competitiva dos Estados Unidos com as de outros 13 países em 1962. Encontrou que as exportações norte-americanas incorporaram uma proporção mais elevada de trabalhadores da categoria I e uma proporção mais baixa de trabalhadores da categoria VIII do que as exportações de outros países. De maneira similar, do lado da importação, os Estados Unidos usaram uma menor fração de trabalhadores da categoria I e uma maior de trabalhadores da categoria VIII.

Esse tipo de teste sugere que o paradoxo de Leontief pode ter ocorrido porque foi empregado um teste de dois fatores em vez de um com maior número de fatores (em que cada categoria de habilidade do trabalho é considerada um fator de produção distinto). Talvez, em suas dotações de fatores, os Estados Unidos sejam abundantes em trabalho qualificado (assim como abundantes em capital) e escassos trabalho não qualificado. Se for assim, o padrão de comércio norte-americano obedeceu a Heckscher-Ohlin porque os Estados Unidos exportavam os bens que eram relativamente intensivos em trabalho qualificado e importavam os bens relativamente intensivos em trabalho desqualificado.

Outros testes confirmaram as impressões gerais da análise de Keesing. Por exemplo, o estudo de Robert Baldwin (1971) constatou que, comparadas com as indústrias que concorrem com as importações, as indústrias de exportação tiveram uma proporção mais elevada de trabalhadores com 13 ou mais anos de escolaridade. Por sua vez, comparadas com as indústrias de exportação, as indústrias que concorrem com as importações tiveram uma proporção mais elevada de trabalhadores com oito anos ou menos de escolaridade. Usando dados dos anos de 1970 e do início dos anos 1980, Staiger, Deardorff e Stern (1988) estimaram que um movimento para o livre-comércio por parte dos Estados Unidos levaria a uma redução na demanda por operários e a uma expansão da demanda por cientistas, engenheiros e capital físico. Os resultados da eliminação das limitações ao comércio também são consistentes com uma explicação do modelo H-O com muitos fatores para o comércio que não tenha o paradoxo de Leontief. Certamente, muitos testes desse tipo sugeriram ser necessário ir além de um modelo de dois fatores para testar se o padrão de comércio dos Estados Unidos segue Heckscher-Ohlin.

O papel dos recursos naturais

Esta explicação também se baseia na noção de que um teste de dois fatores é demasiado restritivo para a avaliação apropriada da validade empírica do modelo de Heckscher-Ohlin. Nesse caso, o fator adicional são os "recursos naturais". No contexto do paradoxo de Leontief, muitos dos bens que competem com as importações caracterizadas como "capital-intensivas" eram realmente "de recurso natural-intensivo". Leontief avaliava as necessidades do fator para produzir domesticamente as importações e acreditava que isso exigia o uso de processos capital-intensivos; mas nas indústrias de produtos de petróleo, carvão, ferro e aço, a produção doméstica dos bens envolve muitos recursos naturais, bem como capital. Para Leontief, a produção desses bens que competem com as importações envolvia uma produção capital-intensiva [elevada $(K/L)_M$ no cálculo da estatística de Leontief], pois tratava-se de um teste de dois fatores. Entretanto, a "verdadeira" intensidade desses bens produzidos não era em capital, mas em recursos naturais. Se pudéssemos identificar a verdadeira intensidade do fator, poderíamos concluir que os Estados Unidos importavam produtos de recurso natural intensivos. Se os Estados Unidos forem relativamente escassos em suas dotações de recursos naturais, não há paradoxo com Heckscher-Ohlin.

A importância dos recursos naturais foi confirmada em alguns testes empíricos. Por exemplo, James Hartigan (1981) executou testes do tipo Leontief para o comércio norte-americano entre 1947 e 1951. Em geral existia um paradoxo, mas *não* quando as indústrias de recurso natural intensivo foram suprimidas dos testes. Sem indústrias de recurso natural intensivo, o comércio dos Estados Unidos gerou uma estatística de Leontief de 0,917 para 1947 e 0,881 para 1951. Esses resultados não são "paradoxais". O próprio Leontief (1956) também descobriu que o ajuste para recursos naturais poderia inverter o paradoxo. Por sua vez, Robert Baldwin (1971) entendeu que considerar os recursos naturais reduzia o paradoxo, mas não o eliminava. Há uma incerteza sobre a importância relativa dos "recursos naturais como um terceiro fator" na explicação do paradoxo de Leontief.

Outros testes do modelo de Heckscher-Ohlin

O paradoxo encontrado por Leontief gerou muitas investigações sobre a questão da validade do modelo de Heckscher-Ohlin em prever padrões de comércio. Mencionaremos aqui somente alguns dos estudos, mas mesmo nossa discussão limitada deve bastar para indicar que a pergunta da validade empírica de H-O continua não respondida. Essa ambiguidade foi estabelecida cedo, quando alguns testes utilizando a abordagem de Leontief – Tatemoto e Ichimura (1959) para o Japão, Stolper e Roskamp (1961) para a Alemanha Oriental, e Rosefielde (1974) para a União Soviética – encontraram sustentação para o teorema, pois as intensidades de fator dos fluxos de comércio coincidiam com as expectativas das dotações de fatores, enquanto outros estudos – Wahl (1961) para o Canadá e Bharadwaj (1962) para a Índia – geraram resultados "surpreendentemente" inesperados. (Por exemplo, as exportações da Índia para os Estados Unidos mostraram ser capital-intensivas, e as importações dos Estados Unidos pela Índia mostraram ser trabalho-intensivas!)

Com respeito aos Estados Unidos, Robert Baldwin (1971, p. 134) encontrou, para o comércio de 1962, uma estatística de Leontief de 1,27; quando a agricultura foi excluída, o dado elevou-se para 1,41, e quando as indústrias de recursos naturais foram excluídas, a estatística de Leontief caiu para 1,04. Em todos os casos (embora não tão fortemente quando as indústrias de recursos naturais foram excluídas), o paradoxo ainda existiu. Entretanto, utilizando uma aproximação diferente, Harkness e Kyle (1975) observaram que, se as indústrias de recursos naturais fossem excluídas, a indústria norte-americana teria uma maior probabilidade de ser exportadora líquida (onde exportações líquidas = exportações menos importações do produto da indústria) se, entre outras características, utilizasse uma relação de capital por trabalho *mais alta* na produção. Isso *não* sugere um paradoxo, pois se imagina que os Estados Unidos sejam relativamente abundantes em capital e relativamente escassos em trabalho. Além disso, uma indústria teria uma probabilidade mais elevada de ser exportadora líquida se tivesse uma proporção mais elevada de cientistas e de engenheiros em sua força trabalho, o que fornece sustentação para uma explicação de "trabalho qualificado" ou de "capital humano" para o padrão de comércio norte-americano. Um papel importante para o capital humano foi descoberto também por Stern e Maskus (1981). Eles buscaram explicar a posição de exportação líquida das indústrias norte-americanas nos anos 1958-1976, e descobriram que o tamanho das exportações líquidas de uma indústria está correlacionado positivamente com a quantidade de capital humano usada na indústria. Descobriram também que o tamanho das exportações líquidas é correlacionado negativamente com a quantidade de trabalho na indústria e, às vezes, embora não sempre, correlacionado negativamente com a quantidade de capital físico usada na indústria. (Em conformidade com as previsões tradicionais de H-O, as exportações líquidas positivas estavam de fato associadas positivamente ao capital físico em certos anos.)

A abordagem de conteúdo de fator, com muitos fatores

Outros estudos foram além do cálculo das estatísticas de Leontief e frequentemente também examinaram além dos Estados Unidos. Muitos fatores de produção em diversos países foram incluídos. Os cálculos são feitos primeiro usando-se tabelas de insumo-produto da quantidade de qualquer fator necessário para produzir os bens contidos no pacote da produção agregada de qualquer país (isto é, a oferta dos serviços do fator incorporado na produção). Essa necessidade é comparada com a demanda do fator incorporado no pacote agregado do consumo do país. Se a necessidade de qualquer fator para o total da produção exceder a necessidade de consumo total, então (supondo-se pleno emprego do fator) o país deve, para contrabalançar, exportar os serviços desse fator. Se a necessidade do consumo total exceder a necessidade total da produção, o país deve, para contrabalançar, importar os serviços desse fator. De fato, um país com exportações líquidas positivas de serviços de um dado fator deve ser relativamente abundante neste fator, e um país com exportações líquidas negativas (isto é, importações líquidas positivas) dos serviços de um dado fator deve ter escassez relativa deste fator.[2]

Como exemplo de estudo de "conteúdo de fator", Keith Maskus (1985) buscou verificar as dotações implícitas de fatores nos Estados Unidos examinando as exportações líquidas e as importações líquidas dos serviços de cinco grandes categorias de fatores de produção. Para o ano de 1958, ele decidiu que o ranking da abundância de fator seria: (1) cientistas e engenheiros (os mais abundantes pela grande exportação líquida), (2) trabalhadores não ligados diretamente à produção exceto cientistas e engenheiros, (3) capital humano (que reflete principalmente a instrução), (4) trabalho ligado diretamente à produção, e (5) capital físico (menos abundante devido à maior importação líquida). Para 1972, os rankings para os primeiros três fatores eram os mesmos, mas o capital físico e o trabalho direto na produção trocaram de posições.

Adotando a mesma linha, um estudo muito ambicioso da abundância de fator e exportação líquida de serviços do fator foi realizado em 1987 por Harry Bowen, Edward Leamer e Leo Sveikauskas. Esse trabalho examinou 12 diferentes fatores de produção em 27 países para prever a abundância implícita de fator (e, portanto, os fluxos de comércio implícitos de Heckscher-Ohlin). Seus resultados qualitativos gerais para seis países são dados na Tabela 2. O sinal positivo indica que, por meio do comércio, o país era um exportador líquido dos serviços desse fator e, assim, "revelou-se" ser abundante nesse fator (porque mais dos serviços do fator eram fornecidos na produção do que eram demandados pelo país por meio de seu padrão de consumo). O sinal negativo indica que o país era um importador líquido de um serviço e relativamente escasso nesse fator (uma vez que os serviços do fator eram demandados mais pelo padrão de consumo do país do que eram fornecidos pela produção doméstica).

Para os Estados Unidos, em 1967 (o ano do teste), o paradoxo de Leontief não parecia existir quando se incluíram outros fatores além de capital e de trabalho. Eles exportaram os serviços de capital (como se esperaria pela intuição geral), assim como os serviços de trabalhadores profissionais/técnicos, de trabalhadores agrícolas e de terra cultivável. Outros oito serviços foram importados e, portanto, foram considerados escassos no país. Com respeito aos outros países, a Tabela 2 indica que o Canadá exportou os serviços de capital, de trabalhadores agrícolas e de

---

[2]Tecnicamente, esta relação é conhecida como *modelo de Heckscher-Ohlin-Vanek*, em reconhecimento ao trabalho de Jaroslav Vanek nos anos de 1960. O modelo indica basicamente que as abundâncias relativas de fator de um país se refletem nos fluxos de comércio do país.

TABELA 2 Exportação líquida (+) e importação líquida (−) de serviços do fator com o comércio, países selecionados, 1967

Fator da produção	EUA	Canadá	Alemanha Oc.	Japão	México	Filipinas
Estoque de capital	+	+	−	−	−	−
Força de trabalho total	−	−	−	+	+	−
Trabalhadores profissionais/técnicos	+	−	+	+	+	−
Trabalhadores administrativos	−	−	+	+	+	−
Trabalhadores de escritório	−	−	+	+	+	−
Trabalhadores de vendas	−	−	−	−	+	+
Trabalhadores de serviços	−	−	−	−	+	+
Trabalhadores agrícolas	+	+	−	−	+	+
Trabalhadores de produção	−	−	+	+	−	−
Terra cultivável	+	+	−	−	+	+
Terra florestal	−	+	−	−	+	−
Terra de pastagem	−	+	−	−	+	−

Fonte: Harry P. Bowen, Edward E. Leamer e Leo Sveikauskas. "Multicountry, Multifactor Tests of the Factor Abundance Theory", *American Economic Review*, v. 77, n. 5, dez. 1987, p. 795.

vários tipos de fator terra, enquanto importou tipos diferentes de serviços de trabalho. A Alemanha e o Japão importaram serviços de capital e de fator terra enquanto exportaram os serviços de trabalhadores profissionais/técnicos e de trabalhadores administrativos. (Conforme os dados da Tabela 2, a Alemanha e o Japão apresentaram as maiores exportações líquidas para essas duas últimas categorias de trabalhador.) Segundo a tabela, em relação aos países em desenvolvimento, o México era um exportador líquido de serviços baseados no fator terra e de vários serviços do fator trabalho, enquanto era um importador líquido dos serviços de capital (esses resultados não são surpreendentes nem paradoxais), enquanto as Filipinas importaram serviços do fator capital e serviços de trabalho qualificado e exportaram alguns serviços de trabalho de "baixa qualificação" (outra vez, resultados que não surpreendem).

Uma adição recente à lista dos fatores que podem servir como fonte de vantagem comparativa é o setor financeiro. Svaleryd e Vlachos (2005) propõem que as diferenças tecnológicas e organizacionais existentes entre as indústrias fazem com que elas difiram em sua necessidade de financiamento externo. Dado que os serviços fornecidos pelo setor financeiro são relativamente imóveis fora dos limites nacionais, os padrões de especialização industrial devem ser influenciados pelas dotações relativas de desenvolvimento financeiro. Usando um grande grupo de países desenvolvidos para sua análise empírica, Svaleryd e Vlachos concluem que os países com sistemas financeiros bem-desenvolvidos tendem a se especializar em indústrias altamente dependentes de financiamento externo. De fato, seus resultados mostram que as diferenças nos sistemas financeiros são mais importantes do que as diferenças em relação ao capital humano, e sustentam o modelo de Heckscher-Ohlin-Vanek.

Comparações entre abundâncias calculada e real

Entretanto, mesmo os resultados aparentemente mais favoráveis ao modelo de Heckscher-Ohlin (como os obtidos por Bowen-Leamer-Sveikauskas) foram colocados em questão. Lembre-se da natureza dos testes de conteúdo de fator – eles calculam se os serviços de um fator, em termos líquidos, estão sendo exportados ou importados por um país, e, se exportado (importado), conclui-se que o país é abundante (escasso) nesse fator. Faz-se uma avaliação a respeito da adequação dessa abundância ou escassez e, de modo geral, H-O parece se confirmar. Mas um problema em relação a esses estudos mais recentes é que a abundância (escassez) relativa *calculada* de um fator pode não coincidir com a abundância (escassez) relativa *real*, o que pode ser verificado pelo uso de dados independentes diferentes. Em outras palavras, um fator poderia ser calculado como "relativamente abundante" em um país porque há uma exportação líquida positiva dos serviços do fator, mas dados independentes de dotações reais do fator naquele e em outros países mostrariam exatamente o contrário, ou seja, que o fator é relativamente escasso nesse país. Tais dados nessas comparações consistiriam em medidas como a participação de um país nas dotações reais mundiais de capital e de trabalho. De fato, Maskus (1985) verificou que, nos testes que comparam os Estados Unidos com outros países, as abundâncias e escassezes relativas reais norte-americanas conferiam com as abundâncias e as escassezes esperadas em dois terços das vezes em um teste, em um terço em um outro teste, e somente em um sexto em um terceiro teste. Esses resultados dificilmente são tranquilizadores. Bowen, Leamer e Sveikauskas examinaram também seus 12 fatores em 27 países, para ver se a abundância e a escassez relativas esperadas conferiam com dados reais. Somente em 4 dos 12 fatores havia uma taxa de sucesso de 70% ou mais em relação ao previsto entre os países, e somente 7 dos 12 fatores foram preditos com sucesso para os Estados Unidos.

Diferenças de produtividade e "viés doméstico"

Em um trabalho mais recente, Daniel Trefler (1995) examinou, para o ano de 1983, dados de 33 países que representavam, naquele momento, 76% da exportação mundial e 79% do PNB do mundo. Nove fatores da produção foram considerados: (1) capital; (2) terras cultiváveis; (3) terra de pastagem; (4) trabalhadores profissionais e técnicos; (5) trabalhadores de escritório; (6) trabalhadores de vendas; (7) trabalhadores de serviços; (8) trabalhadores agrícolas; e (9) trabalhadores de indústria, de transporte e não qualificados. Seu primeiro teste com os dados, em relação se o fluxo líquido do fator no comércio confirma a expectativa de dotações reais, produziu resultados decepcionantes. Entretanto, o autor constatou que, apesar de o modelo de Heckscher-Ohlin e os testes usuais de H-O considerarem que a tecnologia/produtividade de qualquer indústria é idêntica entre os países, tal suposição é muito irreal. Na verdade, ele observou que havia uma tendência a diferenças sistemáticas do nível de produtividade. Por exemplo, as indústrias do Panamá apresentaram um tendência de cerca de 28% da produtividade das indústrias norte-americanas, e as da Finlândia, de aproximadamente 65%. Assim, os Estados Unidos tinham uma "eficácia" do trabalho aproximadamente quatro vezes maior ($1/0,28 = 3,6$) em comparação com o Panamá conforme as medidas-padrão da força de trabalho indicariam [ou, alternativamente, o Panamá tinha apenas cerca de um quarto (0,28) da "eficácia" do trabalho em relação aos Estados Unidos conforme as medidas-padrão da força trabalho indicariam]. Logo, Trefler ajustou seus dados para refletir as diferenças. As dotações do fator no Panamá, quando comparadas àquelas dos Estados Unidos, eram de somente 28% do nível real, eram de somente 65% do nível real as da Finlândia, e assim por diante. As dotações ajustadas do fator foram usadas na comparação das dotações do fator com os fluxos de serviços do fator no comércio. Esse tipo de ajuste foi acompanhado também por um outro ajuste. Trefler sentiu que, por alguma razão, os consumidores em qualquer país tinham uma preferência por bens domésticos em detrimento dos bens estrangeiros, e tal preferência precisou ser incorporada ao exame dos fluxos de comércio. (O ajuste foi necessário na visão de Trefler porque os testes de Heckscher-Ohlin pareciam prever um volume de comércio muito maior do que o que realmente ocorria. O "viés doméstico" de Trefler foi projetado para levar em consideração tal diferença.)

Considerando os dois ajustes, Trefler "explicou" os padrões de comércio existentes de maneira mais satisfatória do que havia feito sem os ajustes e do que havia sido feito no que diz respeito a explicar o comércio nos vários estudos precedentes. A força de seu trabalho está no fato de que o comércio real difere do comércio previsto por Heckscher-Ohlin, pois os níveis de tecnologia/produtividade diferem entre os países e porque os consumidores têm uma preferência geral pelos bens domésticos. Esses dois fatores devem ser levados em conta nos estudos de determinação dos fluxos de comércio, pois o modelo de H-O, por si só, não esclarece bem os fluxos. Em 2002, Conway confirmou a conclusão de Trefler a respeito de tais mistérios, mas sugeriu explicações alternativas. Feenstra e Hanson (2003) indicam que é comum nos modelos de Heckscher-Ohlin supor que as exportações são produzidas combinando-se fatores domésticos de produção com insumos intermediários domesticamente produzidos. Eles sugerem que a suposição é errada e que levar em conta os insumos intermediários pode resolver o mistério do comércio desaparecido.

Em um exame da literatura, Helpman (1999) questionou fortemente a suposição do viés doméstico de Trefler. Entretanto, Helpman e outros exploraram bastante o conceito de diferenças de produtividade/tecnologia entre os países, tornando cada vez mais aceita a visão de que as diferenças são importantes. Segundo Helpman (1999, p. 133), o trabalho recente sugere que "adotar diferenças de técnicas de produção pode melhorar sensivelmente o ajuste das equações de conteúdo de fator. Os economistas precisam agora identificar as forças que induzem os países a escolher técnicas diferentes de produção". Além disso, Reeve (1998, citado em Helpman 1999) e Davis, Weinstein, Bradford e Shimpo (1997) observaram, em diferentes combinações, que as dotações de fator fazem um bom trabalho ao prever a posição de tipos particulares de indústrias ou mesmo o próprio comércio. Isto é, enquanto um país relativamente abundante em um fator particular não pode ser identificado pelas técnicas existentes de estimação como exportador dos serviços desse fator, a estrutura de produção do país enfatiza bens relativamente intensivos nesse fator. Essa descoberta seria consistente com a noção geral de Heckscher-Ohlin de que um país se especializará na produção dos bens que utilizam os fatores abundantes do país, mesmo se a etapa de relacionar a produção com o comércio não for estabelecida empiricamente.

Em um olhar mais recente sobre a introdução de diferenças de produtividade/tecnologia entre os países, Schott (2003) vai além dos dados baseados nas indústrias tradicionais para examinar os subconjuntos reais dos bens produzidos em um país. Sua alegação é de que tentativas ortodoxas de encontrar sustentação empírica para a ideia de Heckscher-Ohlin – de que as dotações de um país determinam a produção e o comércio – usaram a suposição excessivamente restritiva de que todos os países que produzem uma categoria de bens usam a mesma tecnologia. Schott argumenta que na categoria de eletrônicos, por exemplo, as Filipinas, classificada como mais abundante em trabalho, podem produzir rádios portáteis enquanto o Japão, mais abundante em capital, fabrica semicondutores e satélites. Segundo a abordagem de Schott, a produção de um setor varia com as dotações de um país, permitindo aos países moverem-se para dentro e para fora de setores à medida que se desenvolvem. A estimação se concentra em encontrar os intervalos de capital por trabalho nos quais ocorrem mudanças no subconjunto da produção gerada e usar tal recurso para agrupar países de acordo com o subconjunto dos bens que eles produzem.

A técnica de Schott destaca as diferenças potenciais nas escolhas de produção das indústrias entre os países e sugere que, indo-se além do padrão, dados do nível da indústria são necessários para testar as hipóteses de Heckscher-Ohlin. Designando produtos na categoria dos manufaturados pela intensidade relativa de capital em sua produção, Schott encontra forte sustentação para a ideia de que a composição de produto do país varia com as dotações relativas. Além de indicar a necessidade de se ir além dos dados do nível da indústria para testar a especialização internacional, a análise sugere que a técnica pode ser usada para explorar violações das suposições de Heckscher-Ohlin atribuídas ao viés doméstico no comércio (por exemplo, Trefler 1995).

De modo geral, embora o modelo de Heckscher-Ohlin seja lógico, direto e aparentemente uma hipótese de senso comum, têm ocorrido dificuldades para demonstrá-lo na prática. De qualquer forma, já que os trabalhos empíricos continuam, começamos a obter um retrato melhor do que a análise parece ou não explicar. Forças suplementares além das dotações de fator e das intensidades de fator necessitam ser cada vez mais consideradas, e algumas dessas forças serão tratadas no capítulo seguinte.

Este capítulo começou com a observação de Leamer e Levinsohn quanto à necessidade de uma reorientação do trabalho empírico sobre o comércio internacional. Isso se resumiu na instrução "Estime, não teste". Em outras palavras, se utilizar de evidência empírica relevante para melhorar a compreensão de um fenômeno, em vez de tentar desenvolver um "teste de sim ou não" de um teorema que explique o fenômeno. Uma revisão do trabalho empírico do modelo

> ## No mundo real:
> ### O caso do comércio desaparecido e outros mistérios
>
> Daniel Trefler (1995) fornece um excelente exame dos volumes e padrões observados de comércio. Ele identifica as previsões teóricas do modelo de Heckscher-Ohlin-Vanek (H-O-V) e sugere que quatro "mistérios" surgem de um teste empírico. Trefler relata as divergências entre a teoria e os registros empíricos usando dados de 33 países para nove fatores da produção no ano de 1983. Os dois primeiros mistérios identificados por Trefler são referidos como "o comércio desaparecido" e "o erro de previsão". A designação de comércio desaparecido vem do fato de o volume de comércio previsto ser maior do que o volume real observado na amostra. O erro de previsão é resultado da pequena correlação entre os volumes de comércio e as dotações de fatores.
>
> Os mistérios restantes são chamados de "sinal H-O-V" e "paradoxo das dotações". Na análise empírica de Trefler, as estimações do modelo resultaram em que os sinais dos parâmetros que ligam o volume de comércio e as dotações relativas de fator são os mesmos em menos de 50% das 297 observações (sinal H-O-V). Um outro enigma era que havia uma forte correlação negativa entre o número de fatores nos quais um país é abundante e o produto nacional bruto per capita (PIB), ou seja, parece para Trefler, com suas medidas da abundância de fator, que "os países ricos tendem a ser escassos na maioria dos fatores e os países pobres tendem a ser abundantes em todos os fatores" (!) (Trefler, p. 1032). Ele chama isso de paradoxo das dotações. Depois de ter considerado uma variedade de alternativas, ele conclui que há duas causas para os mistérios. A primeira envolve as diferenças de produtividade específica do país. Fazer um ajuste da produtividade específica do país explica os mistérios tanto do padrão de comércio como do volume de comércio. Uma preferência por consumir bens de produção doméstica é a segunda razão citada para o comércio desaparecido. Os resultados de Trefler sugerem que a correção pelas diferenças de produtividade específica dos países e a preferência pelo consumo de bens domésticos melhora o desempenho do modelo H-O-V em prever o padrão e o volume de comércio.
>
> Conway (2002) confirma a percepção de Trefler de que o tamanho relativo das dotações e da despesa é o centro dos problemas de previsão de H-O-V. Ele descobriu que os mistérios do comércio desaparecido e do erro de previsão estão relacionados com o fraco poder preditivo da teoria de H-O-V sobre o volume de comércio. O sinal H-O-V e o paradoxo das dotações são evidências do fraco poder preditivo da teoria de H-O-V sobre o padrão de comércio. Separar os mistérios em dois grupos distintos é a primeira contribuição de Conway. Embora concorde que há problemas com o modelo clássico de H-O-V, Conway oferece também explicações alternativas aos mistérios que Trefler identificou. No caso de mistérios relacionados ao padrão de comércio, ele achou melhor resolvê-los por meio de um ajuste que poderia ser tanto uma redefinição do poder relativo de compra quanto uma redefinição da produtividade relativa. Em termos de previsões do volume de comércio, ele descobriu que uma lentidão na realocação dos fatores produtivos em cada país é uma hipótese alternativa para explicar o volume de comércio abaixo do previsto. Enquanto as correções de Trefler melhoram o desempenho da especificação de H-O-V, os resultados de Conway mostram um ganho até mesmo maior em poder de explicação quando comparado com o modelo usual de H-O-V.
>
> Fontes: Daniel Trefler, "The Case of the Missing Trade and Other Mysteries", *American Economic Review*, v. 85, n. 5, dez. 1995, p. 1029-1046; Patrick Conway, "The Case of the Missing Trade and Other Mysteries", *American Economic Review*, v. 92, n. 1, mar. 2002, p. 394-404.

H-O-V por Davis e Weinstein (1996) sugeriu que o acúmulo de resultados é mais importante que qualquer estudo individual. Cada estudo verte nova luz sobre as circunstâncias em que uma teoria particular é útil. Davis e Weinstein sugeriram que os investigadores deveriam tanto estimar como testar. O critério por eles sugerido: o teste estreita o intervalo de aplicação concreta da teoria? Uma resposta afirmativa indica que o teste é útil.

Desigualdade da renda e Heckscher-Ohlin

Em anos recentes, vem ocorrendo um debate nos Estados Unidos e na Europa Ocidental sobre um fenômeno associado ao modelo de Heckscher-Ohlin. Embora o debate nem sempre seja formulado em termos de H-O (uma pessoa qualquer na rua, ao contrário de você, não é perita em Heckscher-Ohlin!), ele envolve um importante desdobramento para essa análise e também tem sido alvo de testes empíricos. O fenômeno é a desigualdade crescente de renda que tem ocorrido nos países desenvolvidos.[3]

Que a desigualdade da renda nos Estados Unidos tem aumentado é evidente. Por exemplo, a participação da renda domiciliar recebida pelos 20% dos domicílios mais pobres caiu de 4,3% em 1975 para somente 3,4% em 2005, enquanto os 20% dos domicílios mais ricos tiveram um aumento em sua fatia da renda de 43,6% em 1975 para 50,4% em 2005. Durante o mesmo período, os 20% medianos apresentaram uma queda de 17,3% da renda para 14,6%. Embora as rendas reais tenham crescido em todo o período de 30 anos, as taxas de crescimento variaram substancialmente. Entre 1975 e 2005, os 20% de domicílios mais pobres tiveram um aumento na renda domiciliar média (em dólares de 2005) de $9.304 para $10.655 (crescimento de 14,5%), os 20% medianos de $37.494 para $46.301 (aumento de 23,5%), e os 20% dos domicílios mais ricos tiveram um aumento de $96.188 para $159.583 (crescimento de 66%). Além da disparidade do crescimento da renda, a renda real média para os 20% mais pobres chegou ao máximo de $11.614 em 1999, caindo sistematicamente até que alcançou $10.587 em 2004 (Departamento de Recenseamento dos Estados Unidos, *Income, Poverty, and Health Insurance Coverage in the United States, 2005*).

Examinando outros dados, em 1963 o salário semanal de um homem no 90º percentil da distribuição de ganhos dos Estados Unidos era 2,91 vezes o salário de um homem no 10º percentil; essa razão elevou-se para 3,00 em 1969, para 3,47 em 1979, e para 4,42 em 1989 (Burtless 1995, p. 802). Um outro estudo indicava que, para todos os trabalhadores, a razão de salário real do trabalhador do 90º percentil para o trabalhador do 10º percentil se elevou de 3,48 em 1979 para 4,42 em 1995, recuando ligeiramente para 4,32 em 2000 e elevando-se para 4,51 em 2005 (Mishel, Bernstein e Allegretto 2007, p. 121). Ao mesmo tempo, na Europa Ocidental, onde os salários são menos flexíveis do que nos Estados Unidos, em virtude de fatores institucionais como a forte legislação trabalhista e os proeminentes sindicatos, o aumento da desigualdade pode ser percebido não tanto pelo aumento de diferenciais de salário como pelo aumento das taxas de desemprego (com perda consequente de renda). Em 1973, a taxa de desemprego nos países desenvolvidos da Europa era de 2,9%, mas o desemprego atingiu a média de 9,3% de 1983 a 1991 (Freeman 1995, p. 18) e, em meados de 1999, era de dois dígitos na Bélgica (12,7%), França (14,2%), Alemanha (10,5%), Itália (12,0%) e Espanha (16,1%) (*The Economist,* 11 set. 1999, p. 114). Para os mesmos cinco países, os dados de janeiro de 2007 eram 11,7%, 8,6%, 9,5%, 6,8% e 8,5%, respectivamente (*The Economist,* 17 fev. 2007, p. 101).

Para muitos observadores, é perturbador que a ascensão da desigualdade esteja ocorrendo ao mesmo tempo que os Estados Unidos e o mundo como um todo vêm se tornando mais abertos ao comércio internacional. Em 1970, a proporção das exportações norte-americanas sobre o PNB era de 5,5%, enquanto a das importações era de 5,4%; em 1980 as relações tinham alcançado 10,0% para as exportações e 10,6% para as importações; e em 2006 os dados eram de 10,85% e 16,6%, respectivamente (*Economic Report of the President*, fev. 1999, p. 326-327; U.S. Department of Commerce, Bureau of Economic Analisys, *Survey of Current Business,* fev. 2007, p. D-6, D-58). E, em especial, vem ocorrendo um rápido crescimento das importações dos Estados Unidos e da Europa Ocidental originárias dos países em desenvolvimento. As dos Estados Unidos eram 14% de todas as importações de 1970, mas elevaram-se para 35% em 1990 e para 55% em 2005.

---

[3]Também tem crescido a desigualdade neste mesmo sentido nos países em desenvolvimento. Deve-se notar que Slaughter (1999, p. 612) afirma que, entre os países desenvolvidos, a crescente desigualdade ocorreu só nos Estados Unidos e no Reino Unido.

Para os países da União Europeia, os dados eram de 5% do total das importações em 1970, 12% em 1990, e 30% em 2002.[4] Os aumentos do comércio em geral e especialmente das importações dos países em desenvolvimento sugerem que pode haver uma ligação entre eles e o aumento da desigualdade.

Evidentemente, os modelos de Heckscher-Ohlin e de Stolper-Samuelson podem fornecer tal ligação. Como você recorda do Capítulo 8, o modelo de H-O postula que um país exportará os bens intensivos no fator de produção relativamente abundante do país e importará os bens intensivos no fator de produção relativamente escasso do país. Estendendo este padrão de comércio à questão da distribuição de renda, o teorema de Stolper-Samuelson indica que, com o comércio, o retorno real do fator abundante aumenta e o retorno real do fator escasso do país cai. No contexto de uma estrutura expandida do modelo H-O para os Estados Unidos na qual o trabalho seja dividido em qualificado e não qualificado, tal como a estrutura utilizada em testes empíricos discutidos anteriormente neste capítulo, a consequência é que as rendas reais dos trabalhadores altamente qualificados (que tendem a estar nas parcelas superiores da distribuição de renda) aumentarão com a expansão do comércio e as rendas reais dos trabalhadores menos qualificados (que tendem a estar nas parcelas mais baixas) diminuirão. Certamente, investigando mais os dados da renda do fator para os Estados Unidos, evidências que sustentam isso podem ser facilmente encontradas. Por exemplo, em 1979, os trabalhadores masculinos de turno integral com 25 anos ou mais, com grau superior, tinham um salário 49% mais elevado do que os trabalhadores similares que tinham apenas diploma de ensino médio; em 1993 esse "prêmio" havia aumentado para 89% (*Economic Report of the President*, fev. 1996, p. 191). Com categorias um pouco diferentes, os dados do Departamento de Recenseamento dos Estados Unidos indicavam que, em 2001, o salário anual das pessoas com formação superior era 89% acima do salário daquelas com formação escolar de nível médio; entretanto, em 2004, a cifra havia caído para 80%.[5]

A questão fundamental para os economistas que estudam o comércio diz respeito ao aumento das importações como sendo *causa* do aumento da desigualdade do salário.[6] A maioria dos estudos tem confirmado o comércio como um dos fatores responsáveis pelo aumento da desigualdade, mas não como o fator principal. Por exemplo, Borjas, Freeman e Katz (1992, discutido em Burtless 1995, p. 808) calcularam que de 8% a 15% do aumento no diferencial de salário entre os graduados no nível superior e aqueles no ensino médio nos Estados Unidos, observado no período 1980-1988, eram atribuídos aos efeitos combinados do comércio e da imigração nos Estados Unidos, com a maioria destes 8% a 15% atribuídos ao componente de comércio. Outros estudos também encontraram efeitos modestos, e Richard Freeman (1995, p. 25) resume indicando que "estudos de análise do conteúdo de fator indicam que o comércio pode responder por 10% a 20% da queda total na demanda por trabalho não qualificado necessária para explicar o aumento dos diferenciais de salário nos Estados Unidos ou a elevação do desemprego na Europa".

---

[4]Os dados de 1970 e 1990 são de Freeman (1995, p. 16, 19). As informações referentes a 2005 foram obtidas em: FMI, *Direction of Trade Statistics Quarterly,* mar. 2007, p. 26, 379.

[5]U.S. Census Bureau, *Statistical Abstract of the United States: 2003*, 123 ed., Washington, DC, 2003, p. 154; U.S. Census Bureau, *Statistical Abstract of the United States: 2007*, 126 ed., Washington, DC, 2006, p. 144.

[6]Deve-se reiterar que o aumento da desigualdade do salário ocorreu somente a partir do final dos anos de 1970. Em um importante artigo, Robert E. Baldwin e Glen G. Cain observam que, nos Estados Unidos, o período de 1968 a 1996 pode ser dividido em quatro subperíodos com diferentes características a respeito dos salários e da igualdade de salário: (1) 1968-1973, quando o salário real médio aumentou e havia também um movimento para uma igualdade maior de salário; (2) 1973-1979, quando o salário real médio diminuiu ligeiramente e continuou a ocorrer um movimento para uma igualdade maior de salário; (3) 1979-1987, quando o salário real médio aumentou ligeiramente e houve um aumento do tamanho da desigualdade de salário; e (4) 1987-1996, quando o salário real médio caiu um pouco e a tendência para uma desigualdade maior geralmente continuou. Veja Robert E. Baldwin e Glen G. Cain, "Shifts in Relative U.S. Wages: the Role of Trade, Technology, and Factor Endowments", *Review of Economics and Statistics*, v. 82, n. 4, nov. 2000, p. 580-595.

As descobertas sobre este papel relativamente menor do comércio foram investigadas por outros economistas.[7] O maior defensor da visão de que o aumento do comércio com os países em desenvolvimento levou ao aumento da desigualdade da renda em países desenvolvidos foi Adrian Wood da Universidade de Sussex (veja Wood 1991, 1994), ao afirmar que as estimativas usuais de redução da demanda por trabalho não qualificado, nos países desenvolvidos, são significativamente subestimadas. Em essência, ele defende que a substituição de importações de trabalho intensivo dos países em desenvolvimento pela produção desses bens dos países desenvolvidos requereria consideravelmente mais trabalho de baixa qualificação do que geralmente se pensa.

Como resposta a esses argumentos, os economistas em geral relacionam diversos pontos importantes, os quais resumimos a seguir:

1. Uma importante consideração evidenciada na discussão é que se o comércio estiver operando de acordo com o teorema de Stolper-Samuelson para gerar o aumento da desigualdade, o preço dos *bens* intensivos em trabalho pouco qualificado também estaria caindo. Isso acontece porque os preços dos fatores no modelo de Heckscher-Ohlin se movem no mesmo sentido que os preços dos bens em cuja produção esses fatores são usados. Entretanto, os estudos de movimentos dos preços relativos dos bens em anos recentes não encontram um declínio pronunciado nos preços dos bens intensivos em trabalho pouco qualificado em relação aos bens intensivos em trabalho qualificado. Assim, falta um mecanismo que seja consistente com a teoria de comércio para explicar o aumento da desigualdade com base no comércio.

2. A elevação da demanda de trabalho qualificado em relação à de trabalho não qualificado nos países desenvolvidos não tem sido restrita à indústria de bens *comercializáveis*. Sem dúvida, isso ocorreu entre quase todas as indústrias. Se o aumento da desigualdade fosse puramente um fenômeno do *comércio*, a queda no preço relativo de trabalho não qualificado levaria as indústrias de bens não comercializáveis a usar mais trabalho não qualificado, que foi o oposto do que aconteceu. Em vez disso, o uso de trabalho não qualificado em relação ao de trabalho qualificado elevou-se entre as indústrias, independentemente de serem produtoras de bens comercializáveis ou não comercializáveis. Consequentemente, o aumento geral na demanda por trabalho qualificado em todas as indústrias deve ter ocorrido em razão da natureza da *mudança tecnológica* observada em um momento de aumento do uso de computadores, robôs e assim por diante.

3. Há outras razões para o declínio do salário relativo de trabalho não qualificado além do comércio e da mudança tecnológica mencionada. Com respeito aos Estados Unidos, tais razões são: o aumento da imigração de trabalho pouco qualificado, o declínio da importância e da influência do trabalho organizado, e a queda do salário mínimo real (uma vez que o salário mínimo nominal não acompanhou o nível de preço). Certamente, em um levantamento informal dos economistas participantes de uma conferência no Banco Central de Nova York (Federal Reserve), metade atribuiu à mudança tecnológica 45% do aumento da desigualdade do salário nos Estados Unidos, 11% ao comércio, e menos de 10% a cada um dos seguintes fatores: declínio do salário mínimo real, declínio da sindicalização e aumento da imigração de trabalho não qualificado (com o restante atribuído a várias outras razões). (Veja Burtless 1995, p. 815, e *Economic Report of the President*, fev. 1997, p. 175.)

Entretanto, apesar desses pontos fortes, o assunto sobre as causas da desigualdade ainda não está encerrado. Por exemplo, Wood se opôs ao argumento da mudança tecnológica sugerindo que a adoção da nova tecnologia poupadora de trabalho não qualificado está ocorrendo como uma

---

[7]Veja, por exemplo, Mishel, Bernstein e Allegretto (2007, p. 171-177). Além disso, toda a edição de janeiro de 1995 da *Economic Policy Review* (Revista de Política Econômica) do Federal Reserve Bank Federal de Nova York foi destinada à elevação da desigualdade de salário nos Estados Unidos. Também, quatro artigos (Peter Gottschalk; George E. Johnson; Robert H. Topel; e Nicole M. Fortin e Thomas Lemieux) da edição da primavera de 1997 do *Journal of Economic Perspectives* voltam-se para o aumento da desigualdade de salário.

resposta à ameaça das importações e, assim, a redução na demanda por trabalho não qualificado deve também ser atribuída ao comércio.[8] De mais a mais, poder-se-ia dizer que o enfraquecimento dos sindicatos também é resultado de novas pressões do comércio. Além disso, outras causas potenciais do aumento da desigualdade foram sugeridas. Por exemplo, Robert Feenstra e Gordon Hanson (1996) sugerem que um importante fator para reduzir a demanda de trabalho não qualificado é a elevação da "terceirização" pelas empresas norte-americanas. A questão aqui é que as empresas estão enviando cada vez mais para o exterior sua produção de componentes e de insumos intermediários, que são relativamente intensivos em trabalho não qualificado, e isto também pode reduzir a pressão sobre os salários dos trabalhadores norte-americanos pouco qualificados. Logo, uma outra via pela qual o comércio pode aumentar a desigualdade foi incorporada ao debate. Na visão de Feenstra (1998, p. 41), terceirização e deslocamento das atividades para o exterior conduzem ao resultado de que "toda a distinção entre 'comércio' *versus* 'tecnologia' se torna suspeita". A confusão entre comércio e tecnologia ocorre porque a terceirização pode ser uma resposta importante à mudança tecnológica (por exemplo, melhorias nas comunicações, aumento no uso de computadores para fins de inventariação e monitoramento), e então o comércio responde à terceirização. Sob essa visão, a causa mais importante do aumento da desigualdade não deve ser atribuída ao comércio *ou* à tecnologia – em vez disso tanto o comércio quanto a tecnologia estão envolvidos no processo do aumento da desigualdade do salário.

Para concluir a discussão, é difícil na análise empírica evidenciar o impacto específico do comércio por si só sobre a desigualdade em uma economia complexa e dinâmica submetida a contínua mudança estrutural. Os economistas em geral tendem a duvidar de que o comércio seja o fator dominante no aumento da desigualdade do salário, mas esse importante assunto continua exigindo mais trabalho.

---

[8] As respostas a este argumento seriam que as indústrias de bens não comercializáveis também adotaram mudanças para tecnologias intensivas em trabalho qualificado e que essas empresas adotarão a nova tecnologia a fim de visar a maximização de lucro, independentemente de a ameaça vir das importações ou dos concorrentes domésticos.

No mundo real:

Terceirização e desigualdade do salário nos Estados Unidos

Robert Feenstra e Gordon Hanson (1996) sustentam que a terceirização assumiu um papel causal importante no crescimento da desigualdade de salário que ocorreu nos Estados Unidos nas décadas recentes. Para testar a hipótese, eles construíram uma medida de terceirização e uma medida da tendência da desigualdade do salário para os anos 1972 a 1990 para 435 indústrias norte-americanas, e fizeram testes estatísticos para ver se houve uma associação significativa entre os dados das duas séries construídas.

Feenstra e Hanson mediram a terceirização de uma indústria como a parcela dos insumos intermediários importados nas compras totais de materiais não energéticos pela indústria. Portanto, se $30 representassem o valor dos insumos importados e as compras totais de insumos não energéticos da indústria fossem $1.000, a terceirização calculada para esta indústria seria de 0,03 (=$30/$1.000). Os insumos de energia em geral não podem ser terceirizados, uma vez que a localização geográfica de tais fontes não pode ser deslocada, mas a medida coloca todos os insumos importados restantes dentro da categoria "terceirizados". Essa é uma medida muito ampla de terceirização. Para alguns observadores, *terceirização* implica intuitivamente algo mais estrito, como em Hummels, Rapoport e Yi (1998, p. 82), que definem como "a realocação de um ou mais estágios da produção de um bem do país"; ou, como em discussões atuais nos Estados Unidos, o envio de tarefas particulares para o exterior, tais como recrutar *call centers* na Índia em vez de nos Estados Unidos (veja o Capítulo 16). Em contrapartida, a medida de Feenstra-Hanson contabiliza bens que não têm nada a ver com a realocação da produção de uma empresa doméstica. Não obstante, usando essa medida (que chamaram S_O), Feenstra e Hanson perceberam crescente interdependência entre os Estados Unidos e outros países, uma vez que S_O para as 435 indústrias como um todo dobrou de 1972

(continua)

NO MUNDO REAL: *(continuação)*

TERCEIRIZAÇÃO E DESIGUALDADE DO SALÁRIO NOS ESTADOS UNIDOS

(5,34%) para 1990 (11,61%). Feenstra e Hanson examinaram também uma outra medida de interdependência (que chamaram de S_M), dada pela parcela das importações no consumo final norte-americano dos produtos de várias indústrias. Esse dado para as 435 indústrias como um todo também dobrou de 1972 (5,02%) para 1990 (10,65%). Feenstra e Hanson (1996, p. 242) encararam o fato de S_O e de S_M terem evoluído da mesma maneira ao longo do período como "consistente com a ideia de que a terceirização é uma resposta à concorrência imposta pela importação". Em outras palavras, quando as importações finais dos bens como porcentagem do consumo norte-americano aumentaram, as empresas dos Estados Unidos responderam procurando custos mais baixos com a obtenção de insumos intermediários de outros países.

Como uma medida da tendência do salário, Feenstra e Hanson calcularam, para cada uma das 435 indústrias, a parcela da folha de pagamento da indústria que é paga aos trabalhadores não ligados diretamente à produção. Isso é usado como um representante da demanda relativa de trabalho qualificado. Visto que o pagamento aos trabalhadores não ligados diretamente à produção (por exemplo, executivos, cientistas, técnicos de computação) cresceu em relação aos pagamentos aos trabalhadores da produção, essa medida (que chamaram de S_N) subirá. A elevação é interpretada por Feenstra e Hanson como um aumento relativo da demanda por trabalho qualificado, assim, um indício de uma desigualdade maior do salário. Novamente, a medida é claramente ampla e ignora diferentes qualificações e tendências de salário da categoria dos trabalhadores não ligados diretamente à produção, assim como da categoria dos trabalhadores da produção.

Com os dados de S_O, S_M e S_N à disposição para as 435 indústrias, Feenstra e Hanson fizeram testes estatísticos para os anos de 1972-1990. Dividiram o período em duas partes (1972-1979 e 1979-1990), em reconhecimento ao fato de que o fenômeno do aumento da desigualdade havia basicamente começado somente no fim dos anos de 1970. Para o período 1972-1979, o resultado encontrado foi que as mudanças anuais de S_N não estiveram relacionadas às mudanças anuais de S_O (depois de considerar outras influências sobre o salário além das variações anuais de S_O); para 1979-1990, entretanto, houve uma associação positiva altamente significativa entre S_N e S_O. As mudanças de S_N também estiveram relacionadas positivamente com as mudanças de S_M de maneira altamente significativa no período mais recente, enquanto este não foi o caso no período anterior. Em vista dessas associações estatísticas e dos diferentes resultados observados para o período posterior em comparação com os do período anterior, Feenstra e Hanson concluíram (1996, p. 243) que sua pesquisa sugere, para o período 1979-1990, que "essa terceirização contribuiu substancialmente para o aumento da demanda relativa por trabalho do setor não produtivo". De fato, eles estimaram que a terceirização poderia ser responsável por 30,9% a 51,3% do aumento ocorrido na parcela da conta-salário destinada aos trabalhadores do setor não produtivo.

Feenstra e Hanson (2003) apresentaram, em um artigo, a evidência de uma ligação direta entre o comércio e a desigualdade do salário. Usando dados de mudanças no comportamento da indústria ao longo do tempo, mostraram que a terceirização estrangeira está associada a aumentos na parcela dos salários pagos aos trabalhadores qualificados nos Estados Unidos, no Japão, em Hong Kong e no México. Em diversos casos, a terceirização responde pela metade ou mais do aumento da qualificação observado. No caso dos Estados Unidos, Feenstra e Hanson apresentaram evidências de que durante os anos de 1980 e 1990 a terceirização contribuiu para mudanças na produtividade industrial e nos preços dos produtos, as quais exigiram aumentos no salário relativo do trabalho qualificado.

Em vista desse estudo (e de outros), a terceirização é claramente um fenômeno ao qual é preciso prestar muita atenção quando se estuda a crescente desigualdade que vem ocorrendo nos Estados Unidos. Tal atenção precisa ser dirigida para questões de como medir melhor a terceirização e a demanda relativa de trabalho, assim como se essas relações observadas nos Estados Unidos também existem ou não em outros países.

RESUMO

As conclusões aparentemente claras e intuitivas do modelo de Heckscher-Ohlin foram submetidas a um grande número de testes empíricos. Entretanto, o modelo não teve uma taxa particularmente elevada de sucesso. Um antigo e extenso teste para os Estados Unidos resultou no famoso paradoxo de Leontief. As várias explicações para a ocorrência desse paradoxo foram oferecidas, mas nenhuma delas conseguiu convencer inteiramente. As vias mais promissoras para maiores testes do modelo de Heckscher-Ohlin parecem estar na incorporação de um número maior de fatores de produção pela desagregação do trabalho em diferentes categorias de qualificação e pela adição dos recursos naturais. Às vezes, entretanto, os testes para outros países além dos Estados Unidos têm mostrado sucesso ao usar a estrutura padrão de dois fatores. Além disso, testes de um desdobramento significativo do modelo de Heckscher-Ohlin – que o fator escasso de um país perde com o comércio – foram desenvolvidos para examinar a importância do comércio como uma causa da crescente desigualdade da renda (especialmente nos Estados Unidos); esses testes também geraram resultados não consistentes.

Em virtude particularmente das frustrações que emergiram quanto à verificação do sucesso das previsões de Heckscher-Ohlin sobre os padrões de comércio, os economistas apresentaram duas questões: (1) devemos procurar melhores formas de testar Heckscher-Ohlin?, ou (2) devemos buscar outras explicações teóricas dos padrões de comércio e da composição do comércio, pois H-O não foi particularmente bem-sucedido? Em resposta a essas questões, a literatura se movimentou em ambas as direções. A melhor abordagem de teste se concentrou em estender a análise a um número maior de fatores do que os dois originais, capital e trabalho. Essa abordagem corre o risco de que, ao desagregarmos em mais fatores, percamos compreensão da generalidade e do sentido das forças que influenciam o padrão de comércio de um país. Como Paul Samuelson sugeriu, podemos acabar concluindo que a Suíça exporta relógios suíços porque é bem-dotada de relojoeiros suíços! A segunda abordagem de buscar teorias de comércio alternativas a Heckscher-Ohlin gerou uma grande atividade nos anos recentes. Tais teorias são o tema do próximo capítulo.

Termos-chave

estatística de Leontief paradoxo de Leontief tabela de insumo-produto
necessidades totais de fator

Questões e problemas

1. O que é o "paradoxo de Leontief" e por que ele é um paradoxo?
2. Qual é a principal deficiência do teste de Leontief que pode ter levado à ocorrência do paradoxo? Por quê?
3. Se você estivesse em um país estrangeiro, suas observações confirmariam a visão de que os padrões de demanda refletem as preferências do consumidor deste país por bens produzidos com o fator de produção relativamente abundante no país?
4. Se as tarifas e outras barreiras ao comércio são colocadas mais fortemente pelos Estados Unidos sobre bens de trabalho intensivo do que sobre bens de capital intensivo, em virtude da sugestão de H-O de que o fator de produção escasso ganha com a proteção, como você explica por que muitos países em desenvolvimento também impõem barreiras relativamente elevadas à importação de bens de trabalho intensivo?
5. Os economistas devem rejeitar o modelo de Heckscher-Ohlin como uma explicação empírica dos padrões de comércio e procurar outras teorias de comércio? Ou devem procurar melhores maneiras de testar o modelo de Heckscher-Ohlin? Explique.
6. Elabore um argumento favorável à abordagem de que a crescente abertura da economia norte-americana tem sido o principal fator a causar o aumento da desigualdade de renda nas décadas recentes.
7. Elabore um argumento desfavorável à abordagem de que a crescente abertura da economia dos Estados Unidos foi o principal fator que causou o aumento da desigualdade de renda nas últimas décadas.

parte 3

Teorias adicionais e extensões

> A teoria clássica supõe fixas, para propósitos de raciocínio, exatamente as coisas que, em minha visão, deveriam ser os principais objetos de estudo, se o que desejarmos saber forem os efeitos e as causas do comércio internacional, considerado de modo tão amplo que nenhum fato importante deixará de ter seu lugar na análise.
>
> John H. Williams, 1929

Embora se tivesse há muito reconhecido que diversos fatores importantes que influenciam a natureza e o sentido do comércio internacional foram ignorados pelos teóricos clássicos e neoclássicos do comércio, o paradoxo de Leontief mostrou ser um catalisador que estimulou novas pesquisas das bases dos fluxos de comércio internacionais. Enquanto alguns desses esforços tentaram relaxar determinadas suposições restritivas empregadas normalmente na análise teórica geral, outros concentraram-se mais atentamente nas variáveis econômicas que poderiam claramente mudar ao longo do tempo e o fizeram com frequência em virtude dos fluxos de comércio internacionais.

A Parte 3 fornece uma visão geral do trabalho que expandiu a teoria do comércio internacional para considerar o impacto de outras influências nos fluxos de comércio que tinham sido ignoradas antes. No Capítulo 10 introduzimos primeiro as teorias que vão além da modelo de Heckscher-Ohlin ao explicar a base para o comércio. Em seguida, no Capítulo 11, examinamos o impacto do crescimento econômico no comércio e nas implicações para o bem-estar social na economia aberta. Por fim, o Capítulo 12 verifica resumidamente a importância dos movimentos do fator no mundo atual e discute as implicações da mobilidade do capital e do trabalho para o comércio internacional e para o bem-estar social geral. Na Parte 3 vamos direto a algumas das considerações dinâmicas a respeito da base subjacente para o comércio, fundamentais quando se leva em consideração os possíveis custos e benefícios de políticas econômicas alternativas.

> A maioria dos estudantes do comércio internacional teve por muito tempo pelo menos uma leve suspeita de que os modelos convencionais de vantagem comparativa não consideram adequadamente o comércio do mundo... É difícil conciliar o que vemos no comércio de manufaturados com as suposições da teoria do comércio padrão.
>
> Paul Krugman, 1983

CAPÍTULO 10

Teorias de comércio pós-Heckscher-Ohlin de comércio intraindustrial

Objetivos de aprendizado

- Compreender as explicações das bases do comércio de manufaturados além do modelo Heckscher-Ohlin.

- Avaliar os papéis da disseminação de tecnologia, dos padrões de demanda e do tempo afetando o comércio.

- Entender de que maneira a presença da concorrência imperfeita pode afetar o comércio.

- Compreender o fenômeno do comércio intraindustrial.

Introdução

Um mito do comércio

Roy J. Ruffin da Universidade de Houston e do Federal Reserve de Dallas indica que, contrariamente à opinião popular, os principais produtos importados pelos Estados Unidos do México não são vestuário, frutas e vegetais. Estes representam somente 10% das importações. Maquinaria elétrica e equipamentos (e as peças relacionadas) vêm em primeiro lugar, representando 27% das importações norte-americanas provenientes do México. Os veículos vêm em segundo, e os reatores nucleares, as caldeiras e os artigos relacionados estão em terceiro. É interessante notar que os três principais produtos exportados pelos Estados Unidos para o México estão nessas mesmas três categorias. Não somente as exportações do México para os Estados Unidos são exatamente as mesmas de suas importações, mas as do México estão mais concentradas naqueles grandes itens.[1]

Esses desafios empíricos aos padrões de comércio preditos pelos modelos tradicionais de comércio internacional serão o foco deste capítulo. Vamos rever diversas das teorias mais recentes sobre as causas e as consequências do comércio. As abordagens mais atuais se desviam da teoria de comércio como apresentada anteriormente ao abrandarem diversas suposições empregadas no modelo de comércio básico. Algumas das implicações de tal abordagem serão apresentadas em teorias que incorporam diferenças de tecnologia entre os países, um papel ativo das condições de demanda, economias de escala, concorrência imperfeita e uma dimensão de tempo na vantagem comparativa. Por fim, o comércio intraindustrial – um elemento comum em diversas teorias – será discutido em detalhe, porque ele é uma característica proeminente no comércio internacional de bens manufaturados. É importante reconhecer que as causas do comércio são mais complexas do que aquelas retratadas no modelo básico de Heckscher-Ohlin.

Teorias pós-Heckscher-Ohlin

A hipótese do atraso da imitação

A **hipótese do atraso da imitação** na teoria do comércio internacional foi introduzida formalmente em 1961 por Michael V. Posner. Aqui a discutiremos porque ela prepara o terreno para um melhor entendimento da teoria do ciclo do produto.

A teoria da imitação atrasada abranda a suposição de Heckscher-Ohlin de que a mesma tecnologia está disponível em toda parte. Supõe que a mesma tecnologia *não* está sempre disponível em todos os países e que há um atraso na transmissão ou na difusão da tecnologia de um país para outro. Considere os países I e II. Suponha que um produto novo apareça no país I devido aos esforços bem-sucedidos de equipes de pesquisa e desenvolvimento. De acordo com a teoria da imitação atrasada, o produto novo não será produzido imediatamente por empresas no país II. Incorporando uma dimensão do tempo, **atraso da imitação** é definido como a extensão de tempo (por exemplo, 15 meses) decorrente entre a introdução do produto no país I e o surgimento da versão produzida por empresas no país II. A imitação atrasada inclui um período de aprendizagem durante o qual as empresas do país II devem adquirir a tecnologia e o know-how para produzir o produto. Além disso, demanda tempo a compra de insumos, a instalação de equipamentos, o processamento de entradas, a inclusão do produto acabado no mercado e assim por diante.

Nessa abordagem, um segundo ajuste de atraso é o **atraso da demanda**, dado pela extensão de tempo entre o surgimento do produto no país I e sua aceitação pelos consumidores do país II como um bom substituto para os produtos que estão em consumo atualmente. O atraso pode surgir da fidelidade a uma cesta existente de consumo, por inércia e por atrasos nos fluxos de informação. O atraso da demanda também pode ser expresso em um número de meses, por exemplo, quatro meses.

Uma característica importante na teoria de Posner é a comparação da extensão do atraso na imitação com a extensão do atraso da demanda. Por exemplo, se o atraso da imitação for de 15

---

[1] Roy J. Ruffin, "The Nature and Significance of Intra-Industry Trade", *Economic and Financial Review*, 1999, Federal Reserve Bank of Dallas.

meses, o **atraso líquido** será de 11 meses, isto é, 15 meses menos 4 meses (atraso da demanda). Durante o período de 11 meses, o país I exportará o produto para o país II. Antes disso, o país II não apresentou nenhuma demanda real do produto; após o período, as empresas do país II também estarão produzindo e fornecendo o produto assim que a demanda pelo produto do país I diminuir. O ponto central de importância na hipótese da imitação atrasada é que o comércio concentra-se nos novos produtos manufaturados.[2] Como pode um país se tornar um exportador bem-sucedido? Inovando continuamente! Essa teoria tem considerável relevância para os interesses atuais sobre a competitividade global das empresas norte-americanas. Além disso, parece ser mais capaz de assegurar a vantagem comparativa "dinâmica" do que os modelos de Heckscher-Ohlin e de Ricardo.

A teoria do ciclo do produto

A **teoria do ciclo do produto (TCP)** do comércio baseia-se na hipótese do atraso da imitação em seu tratamento da demora na difusão da tecnologia. Entretanto, a TCP também atenua diversas outras suposições da teoria de comércio tradicional e é mais completa em seu tratamento dos padrões de comércio. Ela foi desenvolvida em 1966 por Raymond Vernon.

A TCP relaciona-se com o ciclo de vida "de um produto novo típico" e seu impacto no comércio internacional. Vernon a desenvolveu em resposta ao fracasso dos Estados Unidos – o principal país a fazê-lo – em ajustar-se empiricamente ao modelo Heckscher-Ohlin. Vernon enfatiza os bens manufaturados, e a teoria começa com o desenvolvimento de um novo produto nos Estados Unidos. O novo produto terá duas características principais: (1) aplica-se também a demandas de alta renda porque os Estados Unidos é um país da renda elevada; e (2) prevê, em seu processo de produção, ser poupador de trabalho e usuário de capital. (É também possível que o produto em si – por exemplo, um bem de consumo durável como um forno de micro-ondas – seja poupador de trabalho para o consumidor.) A razão para incluir a natureza poupadora de trabalho potencial do processo de produção é que os Estados Unidos são largamente considerados um país escasso em trabalho. Assim, a mudança tecnológica enfatizará processos de produção com potencial para conservar o fator escasso de produção.

A TCP divide o ciclo de vida do novo produto em três estágios. No primeiro, o **estágio de produto novo**, o bem é produzido e consumido apenas nos Estados Unidos. As empresas produzem nos Estados Unidos porque é o lugar onde existe a demanda; elas desejam permanecer perto do mercado para detectar a resposta do consumidor ao produto. As características do produto e do processo de produção encontram-se em estado de mudança durante esse estágio, enquanto as empresas procuram se familiarizar com o produto e o mercado. Nenhum comércio internacional ocorre.

O segundo estágio do ciclo de vida é chamado de **estágio de amadurecimento do produto**. Neste estágio, alguns padrões gerais do produto e suas características começam a emergir, e as técnicas da produção em massa começam a ser adotadas. Com mais padronização no processo de produção, surgem economias de escala. Tal característica contrasta com Heckscher-Ohlin e Ricardo, cujas teorias supunham retornos constantes de escala. Além disso, a demanda estrangeira pelo produto cresce, mas está associada particularmente a outros países *desenvolvidos*, porque o produto se liga a demandas de renda elevada. A ascensão da demanda estrangeira (ajudada por economias de escala) leva a um padrão de comércio por meio do qual os Estados Unidos exportam o produto para outros países de renda elevada.

Outros desenvolvimentos também ocorrem no estágio de amadurecimento do produto. Uma vez que as empresas norte-americanas estão vendendo para outros países de renda elevada, podem começar a avaliar as possibilidades de produzir no exterior. Se o custo for favorável (significando que a produção no exterior custa menos do que a doméstica mais custos de transporte),

---

[2] A hipótese do atraso da imitação também pode ser aplicada no caso de um novo processo de produção de baixo custo de um produto já existente. No entanto, o atraso da demanda nessa situação é menos significativo do que no caso de um novo produto.

as empresas norte-americanas tenderão a investir na produção em outros países desenvolvidos. Se isso for feito, ocorrerá um deslocamento da exportação dos produtos produzidos pelos Estados Unidos. Com uma planta na França, por exemplo, não somente a França mas outros países europeus podem ser mais bem supridos pelas instalações francesas do que pela planta americana. A exportação originada inicialmente pelos Estados Unidos é seguida por uma queda nas exportações norte-americanas e por uma provável queda na produção norte-americana do bem. O aspecto de realocação da produção da TCP é uma etapa útil porque reconhece – em contraste com H-O e Ricardo – que o capital e o gerenciamento não são imóveis internacionalmente. Também é consistente com a quantidade muito grande de investimento direto de empresas norte-americanas na Europa Ocidental durante os anos de 1960 e 1970 e, em um contexto mais recente, por empresas japonesas em países de crescimento rápido da Ásia (como China, Coreia do Sul e Taiwan).

Vernon sugeriu também que, nesse estágio de amadurecimento, o produto pode começar a fluir da Europa Ocidental para os Estados Unidos porque, com o capital internacionalmente mais móvel que o trabalho, seria improvável que o preço do capital entre os países divergisse tanto quanto o preço do trabalho. Com os preços relativos dos produtos fortemente influenciados pelos custos do trabalho, e com custos de trabalho mais baixos na Europa do que nos Estados Unidos, a Europa pode ser capaz de vender o produto mais barato que os Estados Unidos. (Lembre-se de que Vernon estava escrevendo em 1966; é menos verdadeiro hoje que os custos do trabalho na Europa sejam mais baixos do que nos Estados Unidos.) A dotação relativa de fator e os preços dos fatores, que têm papel importante no modelo Heckscher-Ohlin, não foram completamente ignorados na TCP.

O estágio final é o **estágio de padronização do produto**. Neste momento do ciclo de vida do produto, suas características e as do processo de produção são bem-conhecidas; o produto é familiar aos consumidores e o processo de produção, aos produtores. Vernon pressupôs que a produção pode se deslocar para os países em desenvolvimento.[3] Os custos do trabalho têm novamente um papel importante, e os países desenvolvidos estão ocupados introduzindo outros produtos. O padrão de comércio é aquele em que os Estados Unidos e outros países desenvolvidos podem importar produtos dos países em desenvolvimento. A Figura 1 resume a produção, o consumo e o padrão de comércio para o país originário, os Estados Unidos.

Em resumo, a TCP postula a **vantagem comparativa dinâmica** porque o país fonte das exportações é trocado durante todo o ciclo de vida do produto. No início, o país inovador exporta o bem, mas depois é substituído por outros países desenvolvidos – que, por sua vez, são substituídos pelos países em desenvolvimento. De maneira geral, um rápido exame da história do produto permite ver esse tipo de padrão. Por exemplo, os produtos eletrônicos, como televisores, foram por muitos anos uma exportação proeminente dos Estados Unidos, mas a Europa e especialmente o Japão emergiram como concorrentes, levando a uma redução drástica da participação norte-americana neste mercado. Mais recentemente, o Japão foi ameaçado pela Coreia do Sul e por outros produtores asiáticos. A indústria têxtil e de confecção é outro exemplo em que os países em desenvolvimento (especialmente China, Taiwan, Malásia e Cingapura) tornaram-se os principais ofertantes do mercado mundial, substituindo especialmente os Estados Unidos e o Japão. O posicionamento relativo à produção e exportação de automóvel também mudou dos Estados Unidos e da Europa para o Japão, e mais tarde para países como Coreia do Sul e Malásia. A vantagem comparativa dinâmica, junto com a mobilidade do fator e as economias de escala, torna a teoria do ciclo do produto uma alternativa atraente ao modelo Heckscher-Ohlin.

Não há nenhum único teste totalmente abrangente (como o teste de Leontief do modelo Heckscher-Ohlin) para verificar empiricamente a teoria do ciclo do produto. Em vez disso, os investigadores examinaram características particulares da TCP para ver se elas eram consistentes

---

[3]Modelos teóricos que investigam a relação comercial entre países desenvolvidos e países em desenvolvimento, em um contexto TCP, foram apresentados por Dollar (1986), Krugman (abr. 1979), e Flam e Helpman (1987).

CAPÍTULO 10 TEORIAS DE COMÉRCIO PÓS-HECKSCHER-OHLIN DE COMÉRCIO INTRAINDUSTRIAL **177**

FIGURA 1   O padrão de comércio dos Estados Unidos na teoria do ciclo do produto

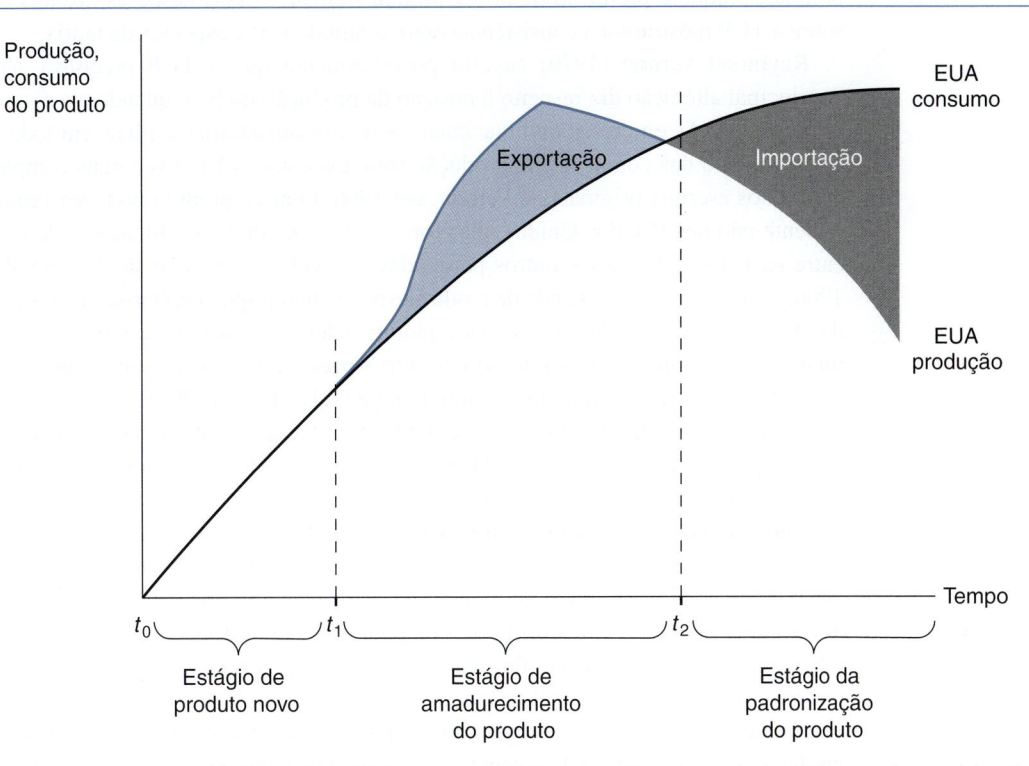

Do tempo t_0 até o tempo t_1, os Estados Unidos estão produzindo o produto novo apenas para o mercado doméstico e, assim, não há nenhum comércio. Do tempo t_1 até o tempo t_2, os Estados Unidos exportam o bem para outros países desenvolvidos (exportações = produção menos o consumo) e podem mesmo começar a importar o bem daqueles países (importações = consumo menos a produção). Do tempo t_2 em diante, as importações chegam nos Estados Unidos de outros países desenvolvidos e, cada vez mais, dos países em desenvolvimento.

com a experiência do mundo real. Por exemplo, o desenvolvimento de um novo produto é fundamental para a TCP, e com frequência é o resultado de gastos com pesquisa e desenvolvimento (P&D). Consequentemente, os economistas supõem que no setor manufatureiro norte-americano deve haver uma correlação positiva entre gastos com P&D e o bom desempenho da exportação pela indústria. Muitos testes iniciais indicaram esse resultado, incluindo os de Donald Keesing (1967) e William Gruber, Dileep Mehta e Vernon (1967). Kravis e Lipsey (1992) concluíram que a elevada intensidade de P&D esteve associada positivamente às grandes participações nas exportações pelas empresas multinacionais (EMs) norte-americanas. Além disso, nos últimos 25 anos, proporções cada vez maiores das exportações das EMs provêm de produção de outros países, o que é consistente com as características de investimentos diretos e de deslocamento da exportação da TCP. Além disso, em 1969, Louis Wells testou a elasticidade-renda da demanda das exportações norte-americanas que mais cresciam e encontrou que o comércio de produtos do tipo "alta renda" de fato cresceu mais rapidamente do que outros produtos – novamente, uma ocorrência consistente com a TCP.

Entre os muitos outros trabalhos empíricos encontra-se o estudo de Gary Hufbauer (1966) do comércio de materiais sintéticos. Hufbauer verificou que os Estados Unidos e outros países desenvolvidos tendiam a exportar produtos novos, enquanto os países em desenvolvimento tendiam a exportar produtos mais velhos. Gruber, Mehta e Vernon (1967) também descobriram que indústrias norte-americanas de pesquisa intensiva tinham elevada propensão a investir no exterior. Isso é consistente com o estágio de amadurecimento do produto da teoria. Em 1972, John Morrall verificou que as indústrias norte-americanas exportadoras bem-sucedidas também tendiam a ter gastos relativamente elevados em itens que não folha de pagamento, como propaganda, promoção de vendas e assim por diante. Tal descoberta é consistente com a teoria do ciclo do produto, porque a produção de novos produtos envolve essas despesas. Muitos outros estudos sobre a TCP mostraram a consistência entre o mundo real e aspectos da teoria.

Raymond Vernon (1979) sugeriu posteriormente que a TCP precisava ser modificada. A principal alteração diz respeito à posição da produção do bem quando ele é apresentado pela primeira vez. As empresas multinacionais têm hoje subsidiárias e filiais em todo o mundo, e o conhecimento das condições de produção fora dos Estados Unidos é mais completo do que no tempo dos escritos originais de Vernon, em 1966. O novo produto pode ser produzido primeiramente não nos Estados Unidos, mas fora do país. Além disso, diferenças de renda per capita entre os Estados Unidos e outros países desenvolvidos agora não são tão grandes quanto em 1966; voltar-se para a demanda de renda elevada já não implica voltar-se apenas para a demanda dos Estados Unidos. Mesmo com essa modificação, as características proeminentes de economias de escala, investimento direto em outros países e vantagem comparativa dinâmica ainda distinguem a teoria do ciclo do produto do modelo Heckscher-Ohlin.

Entretanto, hesita-se em estabelecer uma clara distinção entre a teoria do ciclo do produto e o modelo Heckscher-Ohlin. Elias Dinopoulos, James Oehmke e Paul Segerstrom (1993) construíram um modelo teórico que considera o comércio do tipo TCP surgindo como *resultado* de diferentes dotações de fatores entre os países. O modelo utiliza três setores de produção em cada país: um setor de inovação de alta tecnologia, um setor de "bens fora de série" associado a nenhuma inovação de produto, e um setor que fornece serviços de P&D ao setor de alta tecnologia. Tal como H-O, há somente dois fatores (capital e trabalho), funções de produção idênticas entre os países, e retornos constantes de escala. Supondo que o setor do P&D é o mais capital-intensivo, um país abundante em capital produz uma grande quantidade de P&D. Isso permite que uma empresa do setor de alta tecnologia naquele país obtenha um monopólio provisório em um novo produto – com a proteção da patente – e exporte o produto. Depois que a patente expira, ocorre produção no exterior com alguma exportação desses locais. Embora uma explicação completa esteja além dos objetivos deste livro, o modelo de Dinopoulos, Oehmke e Segerstrom gera um comércio do tipo TCP, assim como comércio intraindustrial (um conceito a ser discutido posteriormente) e um papel para as EMs. Heckscher-Ohlin e a teoria do ciclo do produto podem ser complementares, e não antagônicas.

De modo similar, James Markusen, James Melvin, William Kaempfer e Keith Maskus (1995, p. 209) introduziram a ideia de um ciclo de vida para as tecnologias novas que contêm elementos tanto do modelo de Dinopoulos, Oehmke e Segerstrom como do modelo do ciclo do produto. Percebendo a importância crescente da tecnologia no comércio dos países industrializados, Markusen et al. sugerem que, em virtude de existir um ciclo de produto para bens de consumo, parece cada vez mais haver um ciclo para técnicas de produção e de maquinaria, na medida em que as técnicas e as máquinas desenvolvidas em países industrializados acabam se direcionando para países em desenvolvimento abundantes em trabalho.

Este **ciclo de tecnologia** é impulsionado por países abundantes em capital, países com salários elevados onde há um incentivo de custo e uma demanda de mercado suficiente para garantir o desenvolvimento de novas tecnologias poupadoras de trabalho e de novos produtos. Países abundantes em capital produzem um fluxo de produtos novos e de inovações, com empresas frequentemente protegidas por um monopólio provisório, via patentes, tendo o mercado doméstico como alvo. Como as novas tecnologias poupadoras de mão de obra não são consistentes com as abundâncias relativas de fatores nos países em desenvolvimento abundantes em trabalho, estes têm inicialmente pouco incentivo econômico para adquirir as inovações. Desse modo, os países abundantes em capital exportam os produtos novos que utilizam a nova tecnologia. Por fim, assim que a renda começa a se elevar nos países em desenvolvimento, e com tecnologias ainda mais novas sendo produzidas nos países desenvolvidos, as máquinas que incorporam a tecnologia "nova" original são exportadas por países abundantes em capital e os produtos finais começam a ser produzidos nos países abundantes em trabalho. Posteriormente, como na teoria do ciclo do produto, as próprias máquinas podem ser produzidas nos países em desenvolvimento e exportadas por eles.

A teoria de Linder

Esta teoria que explica a composição do comércio de um país foi proposta pelo economista sueco Staffan Burenstam Linder em 1961. A **teoria de Linder** é um afastamento muito grande do modelo de Heckscher-Ohlin, pois é quase exclusivamente orientada pela demanda. A abordagem de H-O era orientada principalmente pela oferta por se concentrar nas dotações de fatores e nas intensidades de fator. A teoria de Linder postula que o gosto dos consumidores está fortemente condicionado por seus níveis de renda; o nível de renda per capita de um país gerará um padrão particular de gosto. (Note que Linder se limita apenas a bens manufaturados; ele considera Heckscher-Ohlin inteiramente capaz de explicar o comércio de produtos primários.) Os gostos de "consumidores representativos" do país irão proporcionar, por sua vez, demandas por produtos, e estas gerarão respostas de produção por empresa desse país. Logo, os tipos de bens produzidos em um país refletem seu nível de renda per capita. O conjunto particular de bens forma a base da qual as exportações emergem.

Para ilustrar a teoria, suponha que o país I tenha um nível de renda per capita que proporcione demandas para os bens A, B, C, D e E. Os bens estão postos em ordem ascendente por "qualidade" ou sofisticação do produto: os bens A e B, por exemplo, são roupas ou chinelos de baixa qualidade, enquanto os bens C, D e E estão mais acima na escala de qualidade. Suponha agora que o país II tenha uma renda per capita ligeiramente mais elevada. Em virtude disso, pode demandar e consequentemente produzir os bens C, D, E, F e G. Os bens F e G devem ser produtos de qualidade (como sedas ou sapatos da moda) que não são comprados pelos consumidores de renda mais baixa do país I. Por conseguinte, cada país está produzindo bens compatíveis com as demandas e com o gosto de seus próprios cidadãos.

Dados os padrões de produção, o que acontece se os dois países negociarem um com o outro? Que bens serão negociados entre eles? O comércio ocorrerá com os bens que têm **demanda sobreposta**, indicando que os consumidores nos dois países estão demandando estes itens específicos. Em nosso exemplo, os bens C, D e E serão negociados entre os países I e II.

A determinação do padrão de comércio pela observação das demandas sobrepostas tem uma implicação importante para os tipos de países que negociarão entre si. Suponha que seja introduzido o país III, com uma renda per capita ainda mais elevada que a do país II. A demanda dos consumidores do país III pode ser para os bens E, F, G, H e J. Que bens o país III comercializará com os outros dois países? Comercializará os bens E, F e G com o país II, mas negociará apenas o bem E com o país I. Para todos os três países I, II e III, a Figura 2 retrata as relações renda-comércio, reconhecendo que há um intervalo representativo de rendas individuais em torno do nível de renda per capita de cada país.

Examinando o modelo de Linder como um todo, a implicação fundamental é que *o comércio internacional de bens manufaturados será mais intenso entre países com níveis de renda per capita similares aos dos países com níveis de renda per capita diferentes*. A conclusão de Linder é consistente com aspectos da teoria do ciclo do produto e se ajusta à observação de que o crescimento mais rápido no comércio internacional de bens manufaturados no período pós-2ª Guerra Mundial se deu entre países desenvolvidos.

A teoria de Linder foi submetida a muitos testes empíricos. Um tipo comum de teste é formulado como se segue: suponha que tenhamos dados do *valor absoluto* das diferenças de renda per capita entre um dado país I e seus parceiros comerciais. Obtemos informação sobre a intensidade de comércio entre o país I e cada um de seus parceiros comerciais. A teoria de Linder sugeriria que o relacionamento entre as duas séries é negativo, pois, quanto maior a diferença entre

FIGURA 2 Demandas sobrepostas no modelo de Linder

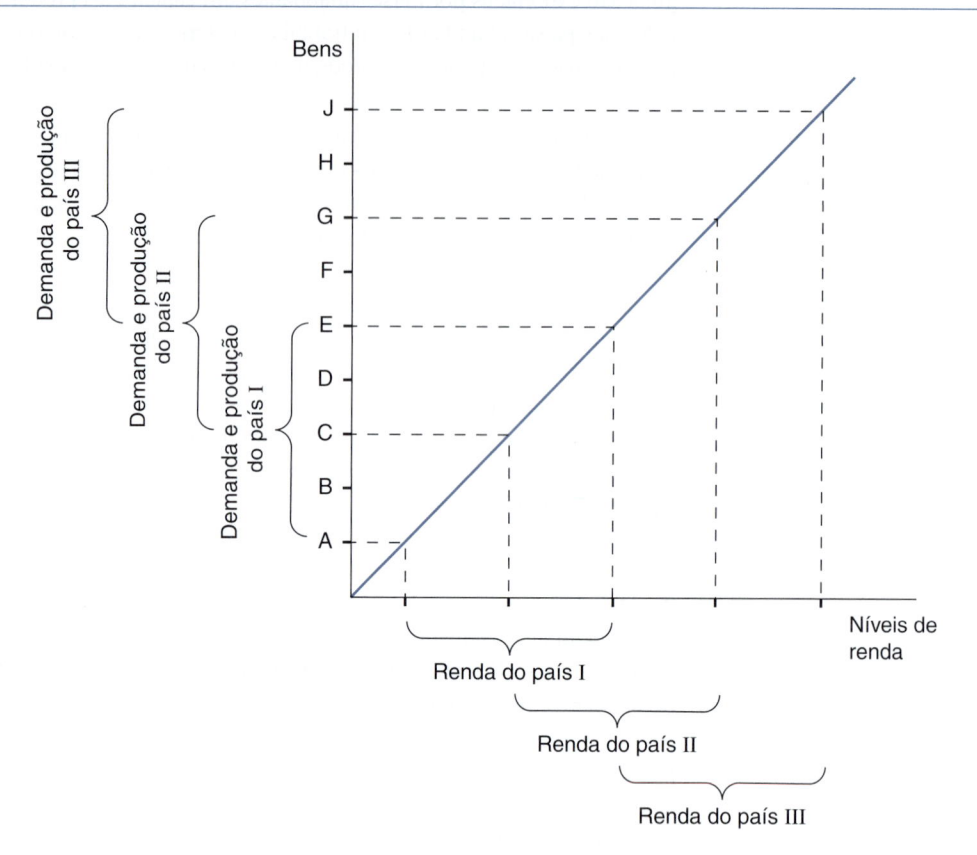

Neste exemplo, o nível de renda per capita do país I gera uma demanda para os bens A, B, C, D e E. A renda per capita mais elevada do país II proporciona uma demanda para os bens C, D, E, F e G, e a renda per capita ainda mais elevada do país III está associada a demandas para os bens E, F, G, H e J. De acordo com a hipótese de Linder, somente haverá interesse em comércio onde as demandas por produtos induzidas por condições socioeconômicas forem similares ou "sobrepostas". Assim, esperaríamos ver os países I e II comercializando os bens C, D e E e os países II e III trocando os bens E, F e G. Como seus respectivos níveis de renda não geram demandas comuns para nenhum bem exceto o bem E, os países I e III negociarão um com o outro somente aquele bem.

as rendas per capita do país I e de um parceiro comercial, menos intensamente os dois países negociarão entre si. Estudos, como o de Joel Sailors, Usman Qureshi e Edward Cruz (1973), encontraram inequivocamente uma correlação negativa. Entretanto, um fator de complicação é que os países com rendas per capita similares quase sempre tendem a estar geograficamente perto um do outro, de modo que o intenso comércio entre eles também pode refletir baixos custos de transporte e similaridade cultural. Após fazer a correção da proximidade geográfica e de outras possíveis deficiências, os estudos de Hoftyzer (1975), Greytak e McHugh (1977), Qureshi et al. (1980), e Kennedy e McHugh (1980) não encontraram quase nenhuma evidência que sustente a teoria de Linder. Nessa questão, a ferramenta básica empregada nos estudos foi a análise de correlação simples.

Mais recentemente, modelos de gravidade em um contexto de regressão múltipla foram usados para testar a teoria de Linder. (A estrutura do modelo de gravidade é discutida mais adiante neste capítulo.) Os modelos de gravidade concentram-se na interação entre resistência (distância geográfica) e atração (padrões similares da demanda). A expectativa é de que, controlando-se fatores geográficos, países com padrões similares de demanda negociarão mais intensivamente um com o outro. Dois testes que usam modelos de gravidade encontraram pouca ou nenhuma evidência para dar suporte à teoria de Linder [Hoftyzer (1984), Kennedy e McHugh (1983)]. Entretanto, por meio de um modelo de gravidade que controla a distância entre países e outros determinantes do comércio, Jerry e Marie Thursby (1987, p. 493) encontraram que sustentação para a hipótese de Linder era maciça em seu estudo sobre o comércio de bens manufaturados de 13 países desenvolvidos europeus, Canadá, Japão, Estados Unidos e África do Sul. Apenas Canadá e África do Sul não tiveram coeficiente de regressão negativo significativo para diferenças de renda per capita com parceiros comerciais em relação ao volume de comércio com esse dado parceiro. Estudos adicionais de Hanink (1988, 1990), Greytak e Tuchinda (1990), Bergstrand (1990) e McPherson et al. (2000) encontraram evidências que confirmam a hipótese de Linder usando modelos de gravidade. Diversos estudos indicaram também que um problema decorrente da omissão de países pode ter criado um viés, rejeitando a hipótese de Linder.

Por fim, precisamos fazer uma referência muito importante a respeito da teoria de Linder. Em nosso exemplo dos países I, II e III, a teoria identificou os bens que seriam negociados entre qualquer par de países; entretanto, ela *não* identifica o sentido no qual o referido bem fluiria. Quando dissemos que os países I e II negociariam os bens C, D e E, não afirmamos qual bem ou bens seriam exportados por qual país. Isso não era uma falha do modelo; Linder deixou claro que um bem poderia ser transacionado em *ambas* as direções – exportado e importado pelo mesmo país! Tal fenômeno não era possível em nossos modelos anteriores de comércio, pois como poderia um país ter uma vantagem comparativa *e* uma desvantagem comparativa no mesmo bem?

A resposta a essa pergunta será investigada mais adiante (veja a seção final deste capítulo), mas esse tipo de comércio poderia claramente ocorrer, por exemplo, em virtude da **diferenciação de produto**.

No mundo real:

Um novo exame da hipótese de Linder

Uma prática comum nas tentativas de testar empiricamente a hipótese de Linder foi excluir dados de países que recebem o equivalente a zero dólar em bens e serviços provenientes do país sob investigação. Em consequência, omitiu-se informação extremamente importante sobre potenciais parceiros comerciais, e essa omissão pode afetar os resultados. Especificamente, os dados excluídos podem criar um viés para *aceitação* ou *rejeição* da hipótese. Se os países excluídos tiverem rendas per capita *similares* à do país sob investigação, o viés resultante aumentará a possibilidade de *aceitação* da hipótese. Se os países omitidos tiverem rendas per capita *diferentes* daquela do país sob investigação, haverá um viés para *rejeitar* a hipótese. Análise recente de McPherson, Redfearn e Tieslau (2000) utilizou uma técnica que evita o viés.

McPherson et al. (2000) testou a validade da hipótese de Linder para cada um dos 19 países da Organização para a Cooperação e o Desenvolvimento Econômico (OCDE). Por meio de uma técnica de estimação de efeitos aleatórios, conhecida como Tobit, eles foram capazes de incluir os dados de parceiros potenciais que não negociaram com um dado país no ano analisado. Em sua amostra, as rendas (per capita) dos países potencialmente "excluídos" corresponderam a cerca de 30% na média daquela dos países potencialmente incluídos. Neste caso, a exclusão dos dados lançaria incorretamente uma luz pessimista à hipótese de Linder.

Usando o modelo Tobit de efeitos aleatórios, McPherson et al. puderam usar os dados de 161 parceiros comerciais potenciais para as 19 nações do OCDE. Evitando a exclusão desnecessária de países, encontraram sustentação empírica para a hipótese de Linder em 18 dos 19 países. Os resultados indicam que os países tendem a negociar mais intensamente com as economias similares às suas próprias. Além disso, os resultados permitem concluir que a incapacidade dos estudos anteriores em encontrar sustentação para a hipótese de Linder pode ter sido decorrente da exclusão de parceiros comerciais potenciais.

Esse termo se refere a produtos aparentemente iguais, mas percebidos pelo consumidor como possuidores de diferenças reais ou imaginárias. Claramente, dois tipos diferentes de automóveis não são os mesmos na mente do consumidor. Nem os consumidores veem como equivalentes dois tipos diferentes de cerveja, de raquetes de tênis ou de programas de processamento de texto. A teoria de Linder pode incorporar a noção de diferenciação de produto, pois o país II poderia exportar Hyundais para o país III e o país III poderia exportar Ford Fusions para o país II.

Uma outra causa provável do fluxo de um bem em dois sentidos é que os produtores em todo o país estão produzindo para os consumidores de seu país. Os consumidores com gostos especiais ou com níveis de renda bem acima ou abaixo do nível de renda per capita do país podem não ter seus desejos satisfeitos pelos produtores domésticos e importarão suas variedades desejadas do bem. Os consumidores de baixa renda no país II de renda mais elevada podem comprar o bem do país I, que tem uma renda per capita mais baixa, e os consumidores de renda elevada do país I podem comprar o bem do país II.

Os países que exportam e importam itens de mesma classificação de produto se envolvem no **comércio intraindustrial**. O tópico do comércio intraindustrial, abordado mais adiante neste capítulo, é um aspecto da teoria de Linder que gerou considerável trabalho teórico e empírico.

REVISÃO DE CONCEITO

1. Se o atraso da imitação para um produto novo for de nove meses e o atraso da demanda for de dois meses, por que não haverá nenhum comércio do produto no primeiro mês depois que o país inovador o introduzir?
2. Se as empresas inovadoras do país A construírem novas plantas em um país B, também de alta renda como A, durante o estágio de amadurecimento do produto da teoria do ciclo de vida do produto, por que as exportações de A para outro país de alta renda, C, deveriam declinar juntamente com as exportações de A para o país B?
3. Suponha que o país F tenha uma renda per capita de $3 mil. Usando a teoria de Linder, o que indica a sua intensidade relativa de comércio com o país G (com renda per capita de $1.000) comparada com o país H (com renda per capita de $6 mil)? Explique.

Economias de escala

Algumas teorias alternativas de comércio baseiam-se na existência de economias de escala. Em diversos desses modelos, as economias de escala são economias externas que pertencem mais à indústria que à empresa. Em tais indústrias, conforme a produção aumenta, as empresas obtêm reduções de custo por unidade de produto porque, por exemplo, o crescimento da indústria deve estar atraindo um grupo de trabalho qualificado.

Em um mundo de dois países, em que os países têm FPPs e condições de demanda idênticas, normalmente não há nenhum incentivo ao comércio. Se as duas indústrias experimentarem economias de escala, o modelo gerará uma nova razão potencial para o comércio. Apesar do fato de que ambos os países começam com posições de autarquia idênticas, um choque que leve cada país a se especializar em bens diferentes levaria ambos a obter ganhos com o comércio. Veja o Apêndice A no fim do capítulo para o desenvolvimento completo deste modelo.

Apesar dos ganhos do comércio serem claramente um resultado das reduções de custo que surgem da especialização que explora as economias da escala, há inúmeras incertezas nesse modelo. Primeiro, não há nenhuma maneira de saber que país se especializará em qual bem. Em segundo, algo incomum é necessário para levar a produção para longe do ponto de autarquia, mas não há nenhuma maneira de prever a causa do choque. Apesar dessas incertezas, a análise abre novas possibilidades para ganhos que não existem nos modelos tradicionais. Se a introdução de retornos crescentes é mais realista que a suposição de retornos constantes, é uma questão controversa, mas, cada vez mais, os economistas acreditam que as economias de escala podem ser importantes.

No mundo real:

A diferenciação de produto nos automóveis

Um exemplo óbvio de indústria com diferenciação substancial de produto é a automobilística. Na Tabela 1 estão listados os 308 diferentes modelos de carro disponíveis aos consumidores norte-americanos em 2007. A lista inclui minivans, veículos utilitários esporte e caminhonetes porque eles basicamente são substitutos para automóveis de passageiros. (Nota: Essa lista de 308 modelos está menor do que a lista real, porque há alguns modelos diferentes dentro das categorias, como o Honda Accord EX e o Honda Accord LX.)

TABELA 1   Modelos de carros nos Estados Unidos em 2007

Acura MDX	Cadillac CTS-V	Dodge Durango	GMC Savana
Acura RDX	Cadillac DTS	Dodge Grand Caravan	GMC Sierra
Acura RL	Cadillac Escalade	Dodge Magnum	GMC Yukon
Acura TL	Cadillac Escalade EXT	Dodge Nitro	GMC Yukon XL 1500
Acura TSX	Cadillac SRX	Dodge Ram 1500	GMC Yukon XL 2500
Aston Martin DB9	Cadillac STS	Dodge Ram 2500	Honda Accord
Aston Martin Vantage	Cadillac STS-V	Dodge Ram 3500	Honda Civic
Audi A3	Cadillac XLR	Dodge Sprinter 2500	Honda CR-V
Audi A4	Cadillac XLR-V	Dodge Sprinter 3500	Honda Element
Audi A6	Chevrolet Avalanche	Dodge Viper	Honda Fit
Audi A8	Chevrolet Aveo	Ford Crown Victoria	Honda Odyssey
Audi Q7	Chevrolet Cobalt	Ford E-150	Honda Pilot
Audi RS4	Chevrolet Colorado	Ford E-250	Honda Ridgeline
Audi S4	Chevrolet Corvette	Ford E-350	Honda S2000
Audi S6	Chevrolet Equinox	Ford Edge	Hummer H2
Audi S8	Chevrolet Express	Ford Escape	Hummer H3
Audi TT	Chevrolet HHR	Ford Expedition	Hyundai Accent
Bentley Arnage	Chevrolet Impala	Ford Explorer	Hyundai Azera
Bentley Continental	Chevrolet Monte Carlo	Ford Explorer Sport Trac	Hyundai Elantra
BMW série 3	Chevrolet Silverado	Ford F-150	Hyundai Entourage
BMW série 5	Chevrolet Suburban	Ford F-250	Hyundai Sante Fe
BMW série 6	Chevrolet Tahoe	Ford F-350	Hyundai Sonata
BMW série 7	Chevrolet Trailblazer	Ford Five Hundred	Hyundai Tiburon
BMW M5	Chevrolet Uplander	Ford Focus	Hyundai Tucson
BMW M6	Chrysler 300	Ford Freestar	Infiniti FX35
BMW X3	Chrysler Aspen	Ford Freestyle	Infiniti FX45
BMW X5	Chrysler Pacifica	Ford Fusion	Infiniti G35
BMW Z4	Chrysler PT Cruiser	Ford GT	Infiniti QX56
Buick Enclave	Chrysler Sebring	Ford GT500	Infiniti M35
Buick LaCrosse	Chrysler Town & Country	Ford Mustang	Infiniti M45
Buick Lucerne	Dodge Avenger	Ford Ranger	Isuzu Ascender
Buick Rainier	Dodge Caliper	GMC Acadia	Isuzu I-280
Buick Rendezvous	Dodge Caravan	GMC Canyon	Isuzu I-290
Buick Terraza	Dodge Charger	GMC Envoy	Isuzu I-350
Cadillac CTS	Dodge Dakota	GMC Envoy XL	Isuzu I-370

No mundo real:

Jaguar S-Type	Maserati Quattroporte	Nissan 350Z	Subaru Legacy
Jaguar X-Type	Maybach 57	Nissan Altima	Subaru Outback
Jaguar XJ-Series	Maybach 62	Nissan Armada	Suzuki Aerio
Jaguar XK-Series	Mazda B-2300	Nissan Frontier	Suzuki Forenza
Jeep Commander	Mazda B-3000	Nissan Maxima	Suzuki Forenza Wagon
Jeep Compass	Mazda B-4000	Nissan Murano	Suzuki Grand Vitara
Jeep Grand Cherokee	Mazda CX-7	Nissan Pathfinder	Suzuki Reno
Jeep Liberty	Mazda CX-9	Nissan Quest	Suzuki SX4
Jeep Patriot	Mazda MAZDA3	Nissan Sentra	Suzuki XL-7
Jeep Wrangler	Mazda MAZDA5	Nissan Titan	Toyota 4Runner
Kia Amanti	Mazda MAZDA6	Nissan Versa	Toyota Avalon
Kia Optima	Mazda MAZDASPEED3	Nissan Xterra	Toyota Camry
Kia Rio	Mazda MAZDASPEED6	Pontiac G5	Toyota Camry Solara
Kia Rio5	Mazda Miata	Pontiac G6	Toyota Corolla
Kia Rondo	Mazda RX-8	Pontiac Grand Prix	Toyota FJ Cruiser
Kia Sedona	Mazda Tribute	Pontiac GTO	Toyota Highlander
Kia Sorento	Mercedes-Benz C-Class	Pontiac Montana	Toyota Highlander Hybrid
Kia Spectra	Mercedes-Benz CL-Class	Pontiac Solstice	Toyota Land Cruiser
Kia Spectra5	Mercedes-Benz CLK-Class	Pontiac Torrent	Toyota Matrix
Kia Sportage	Mercedes-Benz CLS-Class	Pontiac Vibe	Toyota Prius
Land Rover LR2	Mercedes-Benz E-Class	Porsche 911	Toyota RAV4
Land Rover LR3	Mercedes-Benz G-Class	Porsche Boxster	Toyota Sequoia
Land Rover Range Rover	Mercedes-Benz GL-Class	Porsche Cayenne	Toyota Sienna
Land Rover Range Rover Sport	Mercedes-Benz M-Class	Porsche Cayman	Toyota Tacoma
Lexus ES350	Mercedes-Benz R-Class	Rolls Royce Phantom	Toyota Tundra
Lexus GS350	Mercedes-Benz S-Class	Saab 9-2X	Toyota Yaris
Lexus GS430	Mercedes-Benz SL-Class	Saab 9-3	Volkswagen Beetle
Lexus GS450H	Mercedes-Benz SLK-Class	Saab 9-5	Volkswagen Eos
Lexus GX470	Mercury Grand Marquis	Saab 9-7X	Volkswagen Golf
Lexus IS250	Mercury Mariner	Saturn Aura	Volkswagen GTI
Lexus LS460	Mercury Milan	Saturn ION	Volkswagen Jetta
Lexus LX470	Mercury Montego	Saturn ION Quad Coupe	Volkswagen Passat
Lexus RX350	Mercury Monterey	Saturn Outlook	Volkswagen Rabbit
Lexus RX400H	Mercury Mountaineer	Saturn Relay	Volkswagen Touareg
Lexus SC430	MINI Cooper	Saturn Sky	Volvo C70
Lincoln Mark LT	Mitsubishi Eclipse	Saturn VUE	Volvo S40
Lincoln MKX	Mitsubishi Eclipse Spider	Scion TC	Volvo S60
Lincoln MKZ	Mitsubishi Endeavor	Scion Xa	Volvo S80
Lincoln Navigator	Mitsubishi Galant	Scion Xb	Volvo V50
Lincoln Town Car	Mitsubishi Lancer Evolution	Subaru B9 Tribeca	Volvo V70
Lotus Elise	Mitsubishi Outlander	Subaru Forester	Volvo XC70
Lotus Exige	Mitsubishi Raider	Subaru Impreza	Volvo XC90

Fonte: Autoweb.com.

CAPÍTULO 10   TEORIAS DE COMÉRCIO PÓS-HECKSCHER-OHLIN DE COMÉRCIO INTRAINDUSTRIAL   **185**

O modelo de Krugman

Esta teoria representa uma família de modelos de comércio mais novos que surgiram após Heckscher-Ohlin. Embora Paul Krugman tenha desenvolvido outros modelos, nos referimos a este (de novembro de 1979) como **modelo de Krugman**. Ele se baseia em duas características bastante distintas daquelas dos modelos tradicionais: economias de escala e concorrência monopolística.

No modelo de Krugman, considera-se que o trabalho é o único fator da produção. As economias de escala (que são *internas* à empresa) são incorporadas à equação para determinar a quantidade de trabalho requerida para produzir dados níveis de produção para uma organização, como é mostrado aqui:

$$L = a + bQ \qquad [1]$$

L refere-se à quantidade de trabalho requerida pela empresa, *a* é uma constante (tecnologicamente determinada), *Q* representa o nível de produção da empresa, e *b* especifica a relação marginal entre o nível de produção e a quantidade de trabalho necessária. A equação funciona como se segue: se $a = 10$ e $b = 2$, isso significa que quando o nível da produção da empresa é de 20 unidades, o trabalho requerido para produzi-lo é $L = 10 + (2)(20)$, ou 50 unidades de trabalho. Entretanto, suponha que a produção dobre para 40 unidades. O trabalho requerido para produzir 40 unidades será de $L = 10 + (2)(40)$, ou 90 unidades. O que essa equação implica? Significa que dobrar a produção requer menos do que dobrar o insumo; isto é, existem economias de escala na produção. Supõe-se que todas as empresas da economia tenham esse tipo de equação de trabalho requerido. Deve ser evidente que tal equação não é aplicável a um modelo ricardiano, porque os custos constantes de produção tornariam a equação de trabalho requerido dada $L = bQ$; isto é, o insumo trabalho tem uma relação constante com a quantidade de produção.

A segunda característica importante do modelo de Krugman é a existência da estrutura de mercado de **concorrência monopolística**, em que há muitas empresas na indústria e livre entrada e saída. Além disso, para cada empresa não há lucro no longo prazo. Entretanto, ao contrário da concorrência perfeita da teoria de comércio tradicional, a produção das empresas na indústria não é um produto homogêneo. Os produtos diferem entre si, e o produto de cada empresa possui determinada fidelidade de uma parcela dos consumidores. A diferenciação de produto leva à propaganda e à promoção de vendas, na medida em que as empresas tentam diferenciar seus produtos nas mentes dos consumidores. (Para uma revisão da concorrência monopolística e o efeito das mudanças na elasticidade-preço da demanda, veja o Apêndice B no fim deste capítulo).

O modelo de Krugman é mais facilmente retratado pelo gráfico básico de Krugman (veja a Figura 3). No eixo horizontal, é colocado o consumo de um bem típico para qualquer consumidor representativo na economia, isto é, o consumo per capita, *c*. O eixo vertical indica a razão entre o preço do bem e a taxa de salário, *P/W*. Os conceitos básicos do modelo são ilustrados nessa figura e por meio da explicação das curvas *PP* e *ZZ*.

A inclinação positiva da curva *PP* reflete a relação entre o preço do bem e o custo marginal. Conforme o consumo aumenta, a demanda torna-se menos elástica. Tal como a curva de demanda linear estudada na disciplina de economia introdutória – para preços mais baixos e quantidades maiores, a demanda é mais elástica que para preços mais elevados e quantidades menores. Assim, a expressão $[e_D/(e_D + 1)]$, desenvolvida no Apêndice B, aumenta, e a maximização de lucros, com custo marginal constante, determina um preço mais elevado. Assim, *P/W* cresce com aumentos de *c*, e a curva *PP* tem inclinação ascendente.

A curva *ZZ*, na Figura 3, reflete o fenômeno da concorrência monopolística de que o lucro econômico para a empresa é zero no equilíbrio de longo prazo. (Ignore a curva *Z'Z'* por enquanto.) Para chegar à inclinação descendente, lembre-se de que lucro zero significa que o preço é igual ao custo médio em todos os pontos da curva *ZZ*. De qualquer ponto da curva, se o consumo per capita (*c*) aumentar (um movimento horizontal para a direita), o custo médio será reduzido em virtude do fenômeno das economias de escala especificado neste modelo. Logo,

FIGURA 3 Diagrama básico de Krugman

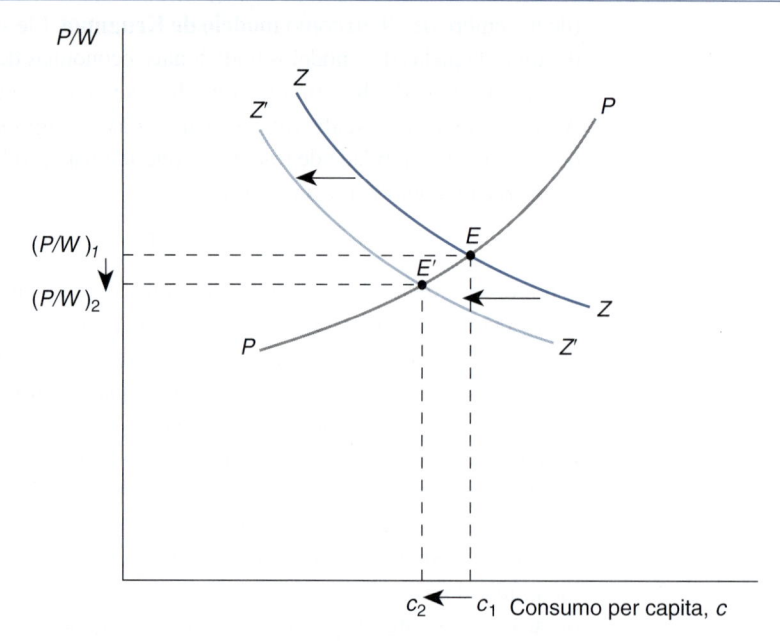

A inclinação positiva da curva PP indica que em virtude de o consumo per capita (c) do bem aumentar, o preço do bem aumentará. A razão é que se considera que a demanda torna-se menos elástica, pois o consumo aumenta, e assim o preço de maximização do lucro, $P = MC[e_D/(e_D + 1)]$, aumenta. A inclinação negativa da curva ZZ reflete o fato de que o lucro no longo prazo é zero. Uma quantidade consumida maior permite a ocorrência de economias de escala, o que por sua vez leva a reduções de preço e finalmente a lucro econômico zero. O equilíbrio ocorre no ponto de intersecção E.

Com a introdução do comércio internacional, o tamanho do mercado que a empresa enfrenta é aumentado; isto é representado por um deslocamento da curva ZZ para a esquerda ou para baixo, para Z'Z'. A consequência é que o consumo per capita do bem cai, mas o consumo total de cada bem aumenta. Além disso, a queda de P/W indica que o salário real (W/P) aumentou.

---

para manter o lucro zero e voltar, para a curva ZZ, o preço deve ser reduzido (um movimento vertical para baixo); isso gera uma inclinação descendente para a curva.

Claramente, quando a curva ZZ, com inclinação negativa, é colocada com a curva PP, de inclinação positiva, na Figura 3, há uma posição de equilíbrio. (Supomos que você seja capaz de saber onde isso ocorre!) No ponto E, a empresa representativa da concorrência monopolística está em equilíbrio porque está cobrando seu preço de maximização de lucro (por isso está na curva PP), e essa é uma posição de equilíbrio de longo prazo porque o lucro econômico é zero (pois a empresa está na curva ZZ). Na Figura 3, a empresa se fixa em $(P/W)_1$, e o nível de consumo per capita do produto é c_1.

Para introduzirmos o comércio internacional, suponhamos que designemos o país-sede dessa empresa representativa como o país I. O outro país, o país II, é idêntico ao país I em gostos, tecnologia e nas características dos fatores da produção. (O país II poderia também ser idêntico no tamanho, embora isso não seja necessário.) A teoria de comércio tradicional concluiria que, com as mesmas condições gerais de oferta e de demanda (e, portanto, preços relativos), os dois países não teriam nenhum incentivo em comercializar um com o outro; entretanto, Krugman (e Linder) discordariam.

Quando os dois países são abertos ao comércio, o ponto importante a ser observado é que *o tamanho do mercado está sendo ampliado* para cada empresa representativa em cada país, porque há agora mais compradores potenciais de qualquer bem da empresa. E quando o tamanho do mercado é ampliado, as economias de escala podem entrar em cena e os custos de produção podem ser reduzidos para todos os bens. Na Figura 3, se a empresa estiver no país I, a abertura do país ao comércio com o país II indica que os consumidores de *ambos* os países estão agora consumindo este produto (assim como todos os demais produtos) – os consumidores do país II agora adicionam os produtos do país I à sua cesta de consumo, da mesma forma que os consumidores do país I adicionam os produtos do país II à sua cesta de consumo. Se a produção total da empresa permanecer momentaneamente constante, haverá assim – com a maior população consumidora, mas com expansão do consumo para outros produtos recentemente disponíveis – menos consumo per capita do produto desta empresa para cada P/W do que anteriormente. Isso é equivalente a um deslocamento da curva ZZ para a esquerda, representado pela curva $Z'Z'$ na Figura 3. [Por exemplo, se a população do país II for do mesmo tamanho da população do país I, o tamanho da população consumidora terá dobrado – isso levaria a um deslocamento para a esquerda de ZZ em 50% (o consumo per capita seria metade do seu valor precedente); se a população do país II for 25% daquela do país I, a curva ZZ se deslocará para a esquerda em 20%, pois o consumo per capita será agora de 80% ($=1/1,25$) de seu valor precedente.]

Dado o deslocamento de ZZ para $Z'Z'$, há um desequilíbrio no antigo ponto de equilíbrio E, e um movimento para a nova posição de equilíbrio E'. À medida que ocorre o movimento de E para E', P/W cai de $(P/W)_1$ para $(P/W)_2$ e o consumo per capita do bem da empresa cai de c_1 para c_2. Observe que, embora o consumo per capita no equilíbrio novo tenha declinado em comparação ao consumo per capita do equilíbrio anterior, não declinou na mesma proporção em que o tamanho da população consumidora aumentou. [Se tivesse, o consumo per capita estaria no mesmo nível na curva $Z'Z'$ associado a $(P/W)_1$.] Visto que o consumo per capita não diminuiu proporcionalmente ao aumento no tamanho da população consumidora, isso significa que o consumo *total* do produto da empresa aumentou; com maior produção da empresa, as economias de escala entram em cena reduzindo os custos unitários (e assim o preço de produção da empresa).

Como ja foi apontado, a abertura do comércio reduziu o P/W nesse país (e fez o mesmo no outro país), pois ocorreram economias de escala. Entretanto, se P/W tivesse diminuído, obviamente seu recíproco W/P teria aumentado. O significado de um aumento em W/P é que *a renda real elevou-se*, pois W/P é o salário real dos trabalhadores. O comércio provoca uma melhoria da renda real e um aumento correspondente na produção de todos os bens. Também, há um benefício menos tangível, mas bastante real, proveniente do comércio – os consumidores têm agora produtos estrangeiros disponíveis para si tanto quanto produtos de produção doméstica. Esse aumento da variedade de produtos e da escolha do consumidor também deve ser considerado como ganho do comércio. De mais a mais, o comércio entre os países neste modelo é o de produtos parecidos, mas diferenciados. Como na teoria de Linder, uma troca de bens similares aparece, isto é, o comércio intraindustrial, um resultado mais parecido com a natureza do comércio internacional no mundo atual. Consequentemente, este modelo pode explicar o comércio entre países semelhantes. Krugman apontou (1983) que as dotações de fatores podem determinar a grande variedade dos tipos de bens que um país exportará e importará; dentro dessa grande variedade, entretanto, a diferenciação de produto e as economias de escala têm um papel muito importante para gerar comércio e os ganhos do comércio.

Por fim, há um outro resultado potencial do modelo de comércio de Krugman também importante: o aumento do bem-estar proveniente do comércio está disponível a *todos* os consumidores. Mesmo uma pessoa sendo "fator escasso de produção" em um contexto de Heckscher-Ohlin e tendendo a perder com o comércio, os ganhos para ela no modelo de Krugman, tanto por causa de um salário real mais elevado, devido às economias da escala, como pelo aumento da variedade de bens, em virtude da diferenciação de produto, podem mais do que compensar a perda por ser um fator escasso. Portanto, os aspectos do comércio referentes a "ganho e perda" da distribuição de renda não ocorrem necessariamente se o comércio consistir em uma troca de bens manufaturados diferenciados, produzidos sob condições de economias de escala.

Outras teorias pós-Heckscher-Ohlin

Concluímos o exame das teorias de comércio pós-Heckscher-Ohlin resumindo duas outras abordagens – um modelo conhecido como "*dumping* recíproco" de comércio e outro como "gravidade" do comércio. Assim como nas teorias precedentes, estamos simplificando as abordagens para as finalidades deste livro, mas, ao mesmo tempo, tentando transmitir os elementos essenciais.

O **modelo de *dumping* recíproco** foi desenvolvido por James Brander (1981) e expandido por Brander e Paul Krugman (1983). (Veja também Krugman 1995, p. 1268-71.) Para começar a compreendê-lo, recorde-se do Capítulo 8, quando se discute que uma empresa monopolista pode cobrar um preço (mais baixo) de exportação diferente do cobrado no mercado interno. O fenômeno da discriminação de preço, no contexto do comércio internacional, é chamado de ***dumping***, e geralmente surge porque a demanda é mais elástica no mercado de exportação do que no mercado doméstico. (Lembre-se de que, com discriminação de preço, os mercados estão separados e o mesmo bem é vendido nos mercados por diferentes preços, com o preço mais baixo cobrado no mercado onde a demanda é mais elástica.)

No modelo de Brander-Krugman, há dois países (um país-sede e um país estrangeiro) e duas empresas (uma empresa doméstica e uma empresa estrangeira) que produzem um bem (padronizado) homogêneo. Uma característica importante é que há custo de transporte de movimentação do bem (em um ou outro sentido) entre o país-sede e o país estrangeiro; isso se constitui em uma barreira que permite manter os mercados separados. Suponha primeiro que o custo de transporte do bem entre os países seja muito elevado – cada empresa então pode muito bem produzir apenas para o seu próprio mercado, e cada uma terá uma posição de monopólio nesse mercado. Em tal situação, cada empresa seguirá o critério usual de produzir no nível de produção no qual a receita marginal se iguala ao custo marginal, e de fixar o preço acima do custo marginal de acordo com a fórmula de *markup* $P = CM\,[e_D/(e_D + 1)]$ desenvolvida no Apêndice B. Cada uma das duas empresas maximiza o lucro e vende apenas em um mercado (a empresa doméstica no país-sede e a empresa estrangeira no país estrangeiro).

Suponha, entretanto, que o custo de transporte não seja tão elevado, e que a empresa doméstica perceba que o preço cobrado pela empresa estrangeira no mercado estrangeiro excede o custo marginal da empresa doméstica para produzir uma unidade de produção mais o custo de transporte dessa unidade de produção doméstica para o mercado estrangeiro. Se for assim, a empresa doméstica desejará vender no mercado externo tanto quanto no mercado interno, visto que haverá algum lucro adicional que pode ser obtido. Da mesma forma, se a empresa estrangeira observar que o preço no mercado doméstico excede o custo marginal da empresa estrangeira mais o custo de transporte do bem do mercado estrangeiro para o mercado doméstico, ela desejará vender no mercado do país-sede também. Há claramente possibilidades para que o comércio internacional surja neste modelo.

Uma vez que as duas empresas começam a vender no país uma da outra, assim como em seus próprios países, incorporamos uma estrutura de mercado de **duopólio** (dois vendedores em um mercado), e o preço em cada país mudará da situação de monopólio anterior em virtude da nova concorrência. A estrutura de duopólio provoca uma situação em que cada empresa deve levar em consideração o comportamento do cliente da outra empresa ao escolher seu próprio preço e produção. A reconhecida interdependência entre as empresas e as maneiras pelas quais as decisões de preço e de produção são feitas neste contexto são mais bem explicadas pela **teoria dos jogos**, assunto complicado sobre o qual teremos mais a dizer no Capítulo 15. Em geral, cada empresa determina um arranjo de várias posições de maximização de lucro, uma para cada nível de produção da outra empresa. As duas empresas interagem de acordo com essas disposições; para as finalidades deste capítulo, é suficiente dizer que um nível de preço e de produção de equilíbrio será determinado em cada mercado, para cada empresa. Haverá um resultado satisfatório para ambas, e, nessa posição do equilíbrio, cada uma maximiza seu lucro para o nível de produção da outra.

Um aspecto adicional desta situação também deve ser mencionado. Cada empresa maximiza o lucro em cada mercado ($RMg = CMg$ em cada mercado), mas observe a natureza do custo marginal de vender no mercado de país estrangeiro (país-sede) para a empresa doméstica (estrangeira). O custo incluirá não somente gastos de fabricação, mas também o de transporte. Se as estruturas de demanda forem similares nos dois países, usando a empresa doméstica como exemplo, é provável que o preço *líquido* recebido no mercado estrangeiro (preço no mercado estrangeiro menos o custo de transporte) seja mais baixo do que o preço recebido no mercado doméstico (onde não há nenhum custo de transporte). Nesse sentido específico, o "*dumping*" ocorre no modelo – o preço recebido no mercado estrangeiro é menor que o preço recebido no mercado doméstico.

Note, entretanto, qual é o principal ponto do modelo do ponto de vista da teoria de comércio. *O comércio internacional de um produto homogêneo ocorre, com cada país tanto exportando como importando o produto.* Este resultado é importante por causa da estrutura de concorrência imperfeita do mercado, e nunca poderia surgir com concorrência perfeita. Temos claramente o comércio intraindustrial aqui, e o modelo pode nos ajudar a compreender os fluxos de comércio do mundo real que consistem no movimento de produtos similares entre países.

Por fim, Brander e Krugman discutem as implicações de bem-estar do modelo. De um lado, o bem-estar tende a aumentar para cada país e para o mundo, porque os vendedores antes monopolistas em cada país agora enfrentam um concorrente, e o efeito pró-competição exercerá uma pressão para a queda do preço. De outro lado, existe um aspecto negativo sobre o bem-estar no qual há claramente uma perda em enviar produtos idênticos nos dois sentidos das rotas de transporte! (Sob a perspectiva do custo de transporte, seria melhor que cada país abastecesse exclusivamente o mercado interno.) Em geral, não se pode dizer se o comércio de duas mãos de um produto homogêneo permite melhorar o bem-estar ou reduzi-lo – o resultado dependerá das particularidades da situação em consideração.

Outro modelo que tem atraído a atenção dos pesquisadores é conhecicdo como **modelo de gravidade** de comércio. Ele tem uma história relativamente longa. (Para as primeiras formulações, veja Tinbergen 1962, Pöyhönen 1963, e Linnemann 1966; para uma discussão mais recente, consulte Deardorff 1984, Leamer e Levinsohn 1995, e Helpman 1999.) Esse tipo difere da maioria das outras teorias (incluindo a tradicional) por tentar explicar o *volume* de comércio e não se concentrar na sua composição.

O modelo usa a estrutura de uma equação para prever o volume de comércio em uma base *bilateral* entre quaisquer dois países. (A forma particular da equação não vem ao caso aqui – tem alguma similaridade com a lei da gravidade na Física, cujo termo *modelo de gravidade* acabou sendo aplicado.) Ele se ocupa em selecionar as variáveis econômicas que produzirão "um bom ajuste", isto é, que explicarão pelo menos em um sentido estatístico uma parcela substancial do tamanho do comércio que ocorre. As variáveis que quase sempre são usadas na equação como causas, por exemplo, do fluxo das exportações de um país I para um país II são:

1. Uma variável de renda nacional para o país II (PNB ou PIB), que se espera ter um relacionamento positivo com o volume de exportações de I para II, porque uma renda mais elevada em II faria os consumidores de II comprarem mais de todos os bens, incluindo bens do país I.

2. Uma variável de renda nacional para o país I (PNB ou PIB), indicando que renda maior em I significa maior capacidade de produção e, portanto, de ofertar exportações de I para II.

3. Alguma medida da distância entre o país I e o país II (como uma *proxy* para custos de transporte), esperando-se que uma distância maior (custos de transporte maiores) reduziria o volume de exportações do país I para o país II.

Algumas vezes, outras variáveis são introduzidas, como o tamanho da população do país exportador e/ou importador (para se chegar ao mercado de grande dimensão e assim, talvez, a economias de escala) ou uma variável para refletir um acordo de integração econômica (como uma área de livre-comércio) entre os dois países.

Os testes empíricos que usam o modelo de gravidade em geral foram bem-sucedidos, significando que o volume de comércio entre pares de países foi melhor "explicado". Além disso, selecionando-se diferentes pares de países, outras perguntas interessantes podem ser feitas. Por exemplo, o trabalho de Helpman (1999, p. 138) procurou indiretamente estabelecer uma distinção entre dotação de fatores e diferenciação de produto como causas subjacentes do comércio. A equação de gravidade funcionou melhor para países semelhantes que tiveram considerável comércio intraindustrial um com o outro do que para países com dotações diferentes de fator e com predominância de comércio tradicional em vez de comércio intraindustrial. No mínimo, esses achados sugerem que a diferenciação de produto é certamente um fenômeno a ser considerado além das dotações de fatores.

Os modelos de gravidade são úteis, pois nos ajudam a compreender influências sobre o volume de comércio e podem também lançar alguma luz sobre as causas subjacentes do comércio. Eles têm um papel útil por se concentrarem no volume de comércio e por relacionar esse volume a importantes variáveis econômicas. É fundamental proceder assim se desejamos fazer progresso na compreensão do mundo econômico, mesmo porque o volume de comércio não é considerado por muitas teorias de comércio. Uma discussão adicional do modelo de gravidade, seu teste e fundamentação teórica é feita no Apêndice C, no fim deste capítulo.

Por fim, um outro caminho de pesquisa diz respeito ao **comércio baseado na especialização vertical** (veja Hummels, Rapaport e Yi, 1998). Nessa pesquisa reconhece-se que, cada vez mais, os vários estágios do processo de produção de um bem ocorrem em diferentes países. Assim, alguns componentes de um motor de automóvel podem ser feitos na Alemanha e depois enviados ao Reino Unido, onde o motor é montado, e o próprio motor é então enviado para os Estados Unidos para a instalação no automóvel. Tais *terceirizações* ou *transferências* de parte da produção para o exterior, por parte de empresas automobilísticas norte-americanas, em vez de fazer ou ter os componentes domesticamente, têm crescido visivelmente nos últimos anos. Não há nenhuma nova "teoria" de comércio aqui, mas há um reconhecimento de que a vantagem comparativa pode pertencer a uma parcela do processo de produção de um bem em vez de a todo o bem (como na teoria tradicional).

Comentários conclusivos sobre as teorias de comércio pós-Heckscher-Ohlin

Da discussão anterior, fica claro que a teoria de comércio está se desenvolvendo em direções negligenciadas pela teoria tradicional de comércio. As abordagens mais recentes ampliam nossa compreensão das causas e das consequências do comércio além daquelas proporcionadas inicialmente pelo modelo Heckscher-Ohlin. Concentramo-nos principalmente nas teorias que admitem atrasos na difusão de tecnologia, considerações sobre a demanda, economias de escala, mobilidade internacional do capital, vantagem comparativa dinâmica, e concorrência imperfeita. Há considerável análise teórica nessa área, muito da qual não discutimos. Por exemplo, há uma crescente literatura sobre política governamental e como se pode gerar vantagem comparativa e alterar a distribuição dos ganhos do comércio entre países. Exemplos serão dados no Capítulo 15. Além disso, uma outra abordagem (de Paul Krugman) explora o papel da localização da produção na determinação da vantagem comparativa e dos consequentes padrões de comércio.

Quais são as implicações das teorias mais recentes para os países em desenvolvimento? A hipótese da imitação atrasada e a teoria do ciclo do produto não levam a conclusões particularmente otimistas sobre o futuro desempenho da exportação dos países em desenvolvimento, pois sugerem que esses podem se limitar a exportar produtos mais antigos em vez de bens de alta tecnologia. Por outro lado, essas teorias sugerem que existe potencial para se distanciar da exportação especialmente de produtos primários para exportar mais bens manufaturados, como Taiwan, Coreia do Sul e outros países em desenvolvimento têm feito. Entretanto, teorias como as de Linder e de Krugman concluem que o comércio ocorrerá cada vez mais entre países de níveis de renda similares. Tal previsão pode não ser tão boa para os países em desenvolvimento que desejam atuar nos mercados dos países desenvolvidos, embora as análises sugiram que eles possam comercializar mais entre si vantajosamente no futuro. Por fim, os modelos de economias de escala indicam a dificuldade de prever futuros padrões de comércio, mas sugerem ganhos potencialmente grandes provenientes do comércio.

No mundo real:
Geografia e comércio

Em uma série de conferências na Universidade Católica de Leuven, Bélgica, em 1990, publicada mais tarde sob o título *Geografia e Comércio* (1991), Paul Krugman examinou várias questões econômicas que surgem quando as empresas tomam decisões espaciais interdependentes em relação à localização da produção. Ele apelidou esse exercício de "geografia econômica", porque o conceito de "localização" pareceu estreito e restritivo demais. Supondo a presença de economias de escala, de custos de transporte e de concorrência imperfeita, Krugman examinou possíveis razões para a concentração da produção de manufaturados e a localização da produção para um largo espectro de bens nos Estados Unidos, e o papel desempenhado pelas nações no comércio inter-regional e internacional.

Nas conferências, o autor introduziu uma perspectiva nova (embora os geógrafos pudessem dizer que "reintroduziu uma perspectiva velha") sobre a base para o comércio de bens manufaturados, que se fundamenta na observação de que o comércio frequentemente ocorre como resultado de uma "especialização arbitrária com base em retornos crescentes, em vez de um esforço para se obter vantagem das diferenças exógenas de recursos ou de produtividade" (p. 7). Esse componente fortemente acidental ou fortuito da especialização internacional estabelece processos cumulativos que durante toda a História tenderam a se preservar. Assim, se observa o interesse de Catherine Evans nos adornos das colchas de cama em 1895 e a maneira pela qual gerou uma indústria local de artesanato que evoluiu para o centro da indústria do tapete norte-americana em Dalton, Geórgia, ou os exemplos clássicos de Eastman Kodak em Rochester, Nova York, da gigante Boeing Corporation em Seattle, ou do Vale do Silício na Califórnia: a vantagem comparativa dinâmica das manufaturas parece frequentemente ter suas raízes em uma peculiaridade do destino que estabelece processos cumulativos importantes. As críticas a esses desenvolvimentos são, naturalmente, as economias de escala e as considerações de custo de transporte. Além disso, Krugman (p. 62) também chama a atenção para a crença de Alfred Marshall de que a agregação de trabalho e a oferta prontamente disponível de insumos especializados também desempenham um papel fundamental na viabilização da produção local especializada e da vantagem comparativa regional e internacional.

A existência de economias de escala potenciais é um elemento crucial nesta abordagem na qual as empresas têm razão para concentrar suas atividades de produção contanto que as vantagens de custo relacionadas a tamanho maior não sejam neutralizadas pelos custos de transporte associados tanto aos insumos como aos produtos finais. A produção localiza ambos no que diz respeito ao tamanho do mercado e à disponibilidade dos insumos, com o objetivo de concentrar a produção. Uma vez estabelecida, a produção gera uma dinâmica de si mesma e tende a ser autossustentada. Sob essa perspectiva, as nações são importantes primeiro porque adotam políticas que influenciam a tomada de decisão econômica e a evolução dos processos cumulativos fundamentais. Apesar de políticas serem em geral decretadas para inibir o fluxo de bens e/ou de fatores, as políticas governamentais podem também estimular estes processos críticos, como foi o caso da decisão do governo de estado para proporcionar suporte financeiro ao Research Triangle Park, na Carolina do Norte. No contexto de políticas de comércio internacionais, Krugman e Livas Elizondo (1996) supuseram que as políticas protecionistas dos países em desenvolvimento possam conduzir a uma pesada concentração da produção e a ligações em uma região geográfica particular do país protecionista.

Revisão de conceito

1. Se dois países tiverem FPPs e condições de demanda idênticas, como as economias de escala externas geram ganhos potenciais com o comércio para ambos os países?
2. No modelo de Krugman, por que a abertura de um país para um mercado maior (mercado mundial em vez de somente o mercado doméstico) leva a preços de produto mais baixos?
3. Qual é o significado de "*dumping* recíproco", e por que ele pode ocorrer?

Comércio intraindustrial

Uma característica do comércio de um país que apareceu em muitas teorias novas e é reconhecida cada vez mais como importante no mundo real é o comércio intraindustrial (CII). O CII ocorre quando um país é tanto exportador como importador de artigos da mesma categoria de classificação do produto. Este comércio difere do **comércio interindustrial**, no qual as exportações e as importações de um país são de *diferentes* categorias da classificação de produto. A teoria de comércio tradicional trata somente do comércio interindustrial, mas o comércio intraindustrial claramente constitui um importante segmento do comércio internacional. A Tabela 2 indica valores e tendências do comércio intraindustrial de bens manufaturados para países selecionados. (O CII é mais importante para bens manufaturados do que para não manufaturados.) Também pode ser notado que outros dados (não exibidos na Tabela 2) indicam que o CII é tipicamente mais elevado para bens manufaturados mais sofisticados, como produtos químicos, maquinaria, equipamento de transporte e eletrônica, em que as economias de escala e a diferenciação de produto podem ser importantes (*OCDE Economic Outlook,* n. 71, p. 160-161.)

Razões para o comércio intraindustrial de uma categoria de produto

Infelizmente, a vantagem comparativa com base em dotação de fatores é de quase nenhuma utilidade na previsão do comércio intraindustrial. Na verdade, este tipo de comércio será relativamente maior (comparado ao interindustrial) quanto mais semelhante for a dotação de capital e de trabalho dos países que estão sendo examinados. Em vista dessa deficiência do modelo Heckscher-Ohlin, nos concentraremos agora nas diversas explicações possíveis para a ocorrência do comércio intraindustrial. (Para uma discussão extensiva das razões para o comércio intraindustrial, veja Herbert Grubel e P. J. Lloyd 1975.)

TABELA 2 Comércio intraindustrial de manufaturados como porcentagem do total do comércio de manufaturados

	1992-1995	*1996-2000*
Comércio intraindustrial elevado e crescente		
República Tcheca	66,3	77,4
Eslováquia	69,8	76,0
México	74,4	73,4
Hungria	64,3	72,1
Alemanha	72,0	72,0
Estados Unidos	65,3	68,5
Comércio intraindustrial elevado e estável		
França	77,6	77,5
Canadá	74,7	76,2
Reino Unido	73,1	73,7
Suíça	71,8	72,0
Espanha	72,1	71,2
Irlanda	57,2	54,6
Comércio intraindustrial baixo e crescente		
Coreia do Sul	50,6	57,5
Japão	40,8	47,6
Comércio intraindustrial baixo e estável		
Nova Zelândia	38,4	40,6
Turquia	36,2	40,0
Noruega	37,5	37,1
Grécia	39,5	36,9
Austrália	29,8	29,8
Islândia	19,1	20,1

Nota: Os países são classificados como detentores de "elevado" ou "baixo" nível de comércio intraindustrial conforme o comércio interindustrial esteja, na média, acima ou abaixo de 50% do comércio total de manufaturados em todos os períodos mostrados, e "crescente" ou "estável" dependendo se o comércio intraindustrial aumentou acima de cinco pontos porcentuais no período de tempo especificado.

Fonte: Os cálculos da OCDE baseiam-se nas International Trade Statistics da OCDE, adaptadas de *OCDE Economic Outlook,* n. 71.

CAPÍTULO 10 TEORIAS DE COMÉRCIO PÓS-HECKSCHER-OHLIN DE COMÉRCIO INTRAINDUSTRIAL

Diferenciação de produto

Esta explicação para o CII foi delineada mais cedo. Existem muitas variedades de determinado produto, pois os fabricantes tentam criar essa diferenciação nas mentes dos consumidores para obter lealdade à marca ou porque os próprios consumidores desejam uma ampla variedade de características para escolher. As empresas norte-americanas podem produzir automóveis grandes e os fabricantes não americanos podem produzir automóveis menores. A consequência é que alguns compradores estrangeiros que preferem um carro grande podem comprar produtos norte-americanos, enquanto os consumidores norte-americanos podem comprar um carro importado menor. Como o gosto do consumidor difere de inúmeras formas, mais do que as variedades dos produtos manufaturados de todo um país, algum comércio intraindustrial surge em virtude da diferenciação de produto.

Custos de transporte

Em um país fisicamente grande como os Estados Unidos, os custos de transporte podem provocar o comércio intraindustrial, especialmente se o produto tiver um volume grande em relação ao seu valor. Se um dado produto for manufaturado na parte oriental do Canadá e na Califórnia, um comprador no Maine pode comprá-lo em melhores condições no Canadá do que na Califórnia porque os custos de transporte são mais baixos. Ao mesmo tempo, um comprador no México pode comprar o produto da Califórnia. Os Estados Unidos serão tanto exportadores como importadores do produto. Outro mecanismo pelo qual os custos de transporte podem levar ao comércio intraindustrial é especificado no modelo de *dumping* recíproco, discutido anteriormente neste capítulo.

Economias dinâmicas de escala

Esta explicação se relaciona à razão de diferenciação de produto. Se o CII for estabelecido para duas versões de um produto, cada empresa produtora (uma no país-sede, outra no país estrangeiro) pode "aprender fazendo" ou ter o que foi chamado de **economias dinâmicas de escala**. Isso significa que as reduções de custo unitário ocorrem por causa da experiência de produzir um bem específico. Devido às reduções de custo, as vendas de cada versão do produto podem aumentar com o tempo. Como uma versão representava exportação e a outra, importação para cada país, o comércio intraindustrial é alavancado ao longo do tempo por causa desta experiência de produção.

Grau de agregação do produto

Esta explicação se baseia na observação de que o CII pode ocorrer meramente pela maneira como os dados do comércio são registrados e analisados. Se a categoria for ampla (como bebidas e tabaco), haverá um comércio intraindustrial maior do que se uma categoria mais estreita for examinada (como apenas bebidas ou, mais estreita ainda, vinho de uvas frescas). Suponha que um país esteja exportando bebidas e importando tabaco. A categoria ampla de "bebidas e de tabaco" [uma categoria no sistema extensamente usado da classificação padrão de comércio internacional (CPCI) das Nações Unidas] mostraria o CII, mas as categorias mais restritas como "bebidas" e "tabaco" não. Alguns economistas pensam que encontrar o CII no mundo real pode ser principalmente um artefato estatístico em virtude do grau de agregação usado, mesmo que os cálculos reais utilizem categorias menos restritas do que "bebidas" e "tabaco". Não obstante, a maioria dos analistas de comércio julga que o CII existe como uma característica econômica do comércio e não como consequência de se usarem categorias agregativas de classificação.

Distribuições de renda diferentes entre países

Esta explicação para o comércio intraindustrial foi fornecida por Herbert Grubel (1970). Mesmo se dois países tiverem rendas per capita similares, as diferentes distribuições de renda nos dois países podem levar ao comércio intraindustrial. Considere as distribuições de renda hipotéticas traçadas na Figura 4. O país I tem uma forte concentração de famílias com rendas mais baixas, enquanto o país II tem uma distribuição mais "normal" ou menos enviesada. Os produtores do país I estarão em primeiro lugar preocupados em satisfazer ao grosso da população do país I, assim eles produzirão uma variedade do produto que se ajusta aos consumidores com rendas, por exemplo, entre y_1 e y_2. Os produtores do país II se adaptarão ao grosso das famílias do país II, ou seja, aquelas entre y_3 e y_4. Consequentemente, as empresas do país II produzem uma variedade do bem com características

FIGURA 4   O comércio intraindustrial de diferentes distribuições de renda

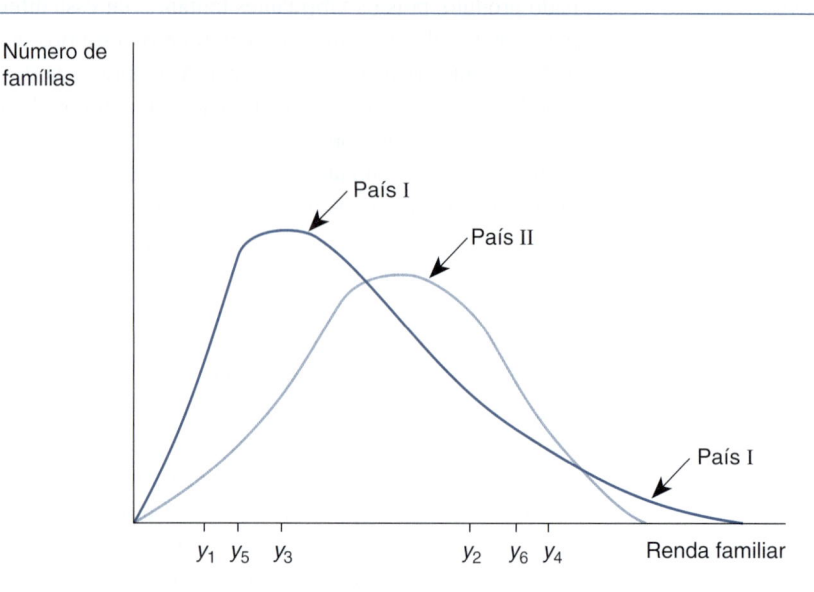

[Figura: Curvas de distribuição do número de famílias por renda familiar para País I e País II, com marcações no eixo horizontal em y_1, y_5, y_3, y_2, y_6, y_4.]

Os produtores do país I fornecem variedades do produto adaptadas às famílias com renda entre y_1 e y_2, enquanto as empresas do país II produzem variedades para satisfazer às famílias com níveis de renda entre y_3 e y_4. Uma família no país I com renda y_6 e uma família no país II com renda y_5 consequentemente vão consumir uma variedade importada do bem. Desse modo, em geral, existe o comércio intraindustrial deste produto.

que satisfazem a esse grupo. E em relação às famílias do país I, com renda tão elevada quanto y_6? E em relação a uma família do país II, com renda tão baixa quanto y_5? Esses consumidores comprarão o bem dos produtores do *outro* país, porque suas próprias empresas domésticas não estão produzindo uma variedade do bem que satisfaça a esses consumidores. Portanto, ambos os países têm comércio intraindustrial do produto. Esta explicação pode ser aplicada no contexto do modelo de Linder para ajudar a prever o padrão de comércio intraindustrial.

Diferentes dotações de fatores e variedade de produto

Em um trabalho que tenta casar o comércio intraindustrial com a abordagem de Heckscher-Ohlin, Falvey (1981) e Falvey e Kierzkowski (1987) desenvolveram um modelo no qual diferentes variedades de um bem são exportadas por países com diversas dotações relativas de fatores. Supondo que as variedades de qualidade mais elevada de um bem requeiram técnicas mais de capital intensivo, deduz-se deste modelo que as variedades de qualidade mais elevada são exportadas por países abundantes em capital e as variedades de qualidade mais baixa são exportadas por países abundantes em trabalho. Assim, Heckscher-Ohlin pode, nesta estrutura, gerar comércio intraindustrial. Em um trabalho relacionado, assumindo o pressuposto de que as variedades de qualidade superior requerem uma intensidade de capital maior na produção, Jones, Beladi e Marjit (1999) supuseram que um país abundante em trabalho (como a Índia) pode exportar variedades de capital intensivo de um bem para países de renda elevada (como Reino Unido ou Estados Unidos) e manter as variedades de qualidade inferior, de trabalho intensivo, para o mercado doméstico. Mais complicação para a teoria de comércio!

O tamanho do comércio intraindustrial de um país

Os trabalhos sobre o comércio intraindustrial foram além de examinar as razões de existência do CII com qualquer produto. Foram feitas tentativas para determinar se os níveis de comércio intraindustrial diferiam sistematicamente por *país,* como é sugerido na Tabela 2. O estudo de Bela Balassa (1986) é um exemplo desta pesquisa.

Por meio de uma medida-padrão de comércio intraindustrial (veja o Apêndice D deste capítulo), Balassa examinou uma amostra de 38 países (18 desenvolvidos e 20 em desenvolvimento) para testar várias hipóteses sobre fatores associados ao CII. Ele supôs que um nível mais elevado de renda per capita de um país está associado a uma quantidade maior de comércio intraindustrial. O raciocínio de Balassa seguiu a sugestão de Linder de que, para níveis mais elevados de desenvolvimento, o comércio consiste cada vez mais em produtos diferenciados. Além disso, uma associação positiva entre o CII e a renda *total* de um país foi postulada, pois uma renda nacional maior permite maior ocorrência de economias de escala. Em suas equações de regressão, Balassa também usou variáveis independentes que representam itens como a distância dos parceiros comerciais, a existência de fronteira comum entre os principais parceiros comerciais, e o grau de "abertura" ou de ausência de restrições comerciais dos países.

Em geral, as várias hipóteses foram em essência confirmadas. Maior renda per capita, maior renda nacional, maior abertura e a existência de uma fronteira comum com os principais parceiros comerciais foram correlacionadas positivamente com o tamanho do comércio intraindustrial. A distância dos parceiros comerciais (uma *proxy* para custos de transporte) foi associada negativamente ao CII. Assim, as intuições do senso comum sobre CII parecem ter suporte estatístico. Outra constatação foi que os países em desenvolvimento tiveram seus comércios intraindustriais "melhor explicados" pela análise do que os países desenvolvidos.

Um comentário final é necessário. O comércio intraindustrial é um fenômeno econômico que reflete a complexidade da produção e os padrões de comércio do mundo moderno. Tal complexidade não é capturada inteiramente pelos modelos de comércio internacional anteriores. O comércio intraindustrial pode trazer consigo ganhos maiores do que se poderia supor da literatura tradicional; em particular, a diferenciação de produto, tão importante para o crescimento do comércio intraindustrial, fornece aos consumidores uma variedade mais ampla de bens. A maior disponibilidade de escolha para os consumidores também deve ser considerada um ganho proporcionado pelo comércio internacional.

Resumo

Este capítulo examinou teorias que introduzem considerações novas além da dotação de fatores e intensidade do fator na verificação das causas subjacentes do comércio internacional. As teorias abrandam as suposições contidas nas abordagens tradicionais, e podem ser pensadas como complementares a Heckscher-Ohlin, e não necessariamente como "concorrentes". A hipótese da imitação atrasada examina as implicações de se admitir o atraso na difusão da tecnologia através das fronteiras do país. A teoria do ciclo do produto suaviza diversas suposições tradicionais e emerge com uma imagem da vantagem comparativa dinâmica. A teoria de Linder se concentra nas demandas sobrepostas e no comércio entre países com níveis de renda per capita semelhantes. Ela também levou a uma substancial investigação do comércio intraindustrial na literatura.

A presença de economias de escala pode criar uma base para o comércio, mesmo quando os países têm possibilidades de produção e gostos idênticos. O foco no comércio entre países similares foi mais bem desenvolvido por Krugman, que incorporou economias de escala, mas introduziu também a concorrência imperfeita e a diferenciação de produto. A concorrência imperfeita conjuntamente aos custos de transporte pode resultar em *dumping* recíproco, sendo uma causa do comércio intraindustrial. Como muitas teorias mais recentes incorporam o comércio intraindustrial, o capítulo examinou também outras causas possíveis de tal comércio. Numa linha diferente e ignorando considerações intraindustriais, o modelo de gravidade foi usado por economistas para analisar os determinantes do volume de comércio entre os países.

Termos-chave

atraso da demanda
atraso da imitação
atraso líquido
ciclo de tecnologia
comércio baseado na especialização vertical
comércio interindustrial
comércio intraindustrial
concorrência monopolística

demanda sobreposta
diferenciação de produto
dumping
duopólio
economias dinâmicas de escala
estágio de amadurecimento do produto
estágio de padronização do produto
estágio de produto novo
hipótese da imitação atrasada

modelo de *dumping* recíproco
modelo de gravidade
modelo de Krugman
teoria do ciclo do produto (TCP)
teoria de Linder
teoria dos jogos
vantagem comparativa dinâmica

QUESTÕES E PROBLEMAS

1. Que fatores são importantes para determinar a extensão do atraso da imitação e a extensão do atraso da demanda? Explique.
2. Que produtos poderiam ser exemplos de bens que atualmente estão passando ou passaram pelos vários estágios esboçados pela teoria do ciclo do produto?
3. O que a teoria de Linder sugeriria sobre as previsões de exportação de bens dos países em desenvolvimento para os países desenvolvidos? Você acredita que seria uma sugestão realista? Explique por que, ou por que não.
4. Além do reconhecimento das economias de escala poder tornar a teoria de comércio mais "realista", como este reconhecimento amplia a capacidade da teoria de comércio de predizer os padrões de comércio dos produtos dos países? Explique.
5. Ignorando a matemática, explique o funcionamento do modelo de Krugman em termos econômicos e indique os principais aprendizados obtidos com ele.
6. Por que um aumento no número das variedades de um bem é considerado um ganho do comércio? Você pode citar as desvantagens econômicas associadas à maior variedade do produto? Explique.
7. A existência de diferenciação de produto é uma condição necessária para a existência de comércio intraindustrial? Explique por que, ou por que não.
8. A distinção entre o "comércio intraindustrial" e o "comércio interindustrial" é útil? Explique por que, ou por que não.
9. Em anos recentes, as empresas norte-americanas tornaram-se muito interessadas na crescente produção de bens "pirateados" e "falsificados" no exterior, especialmente na Ásia. Os produtos de exportação de sucesso dos Estados Unidos são copiados por produtores estrangeiros, sem pagamento dos royalties e/ou cumprimento de proteção de patentes ou direitos sobre cópias. Como esse fenômeno poderia afetar o ciclo do produto e a pesquisa e o desenvolvimento de novos produtos nos Estados Unidos?
10. Como é possível que o *dumping* recíproco possa ser benéfico para o bem-estar agregado se houver movimento de produtos idênticos entre os países e ocorrerem custos de transporte?
11. No final dos anos de 1970, uma grande parte da produção de tênis se deslocou das fábricas nos Estados Unidos para as fábricas na Coreia do Sul. No final de 1993, relatou-se que as empresas sul-coreanas de calçados tinham sofrido uma grande redução da produção e das vendas porque, devido aos salários crescentes, a produção de calçado havia se deslocado para a Indonésia e China. (Veja Steve Glain, "Korea Is Overthrown as Sneaker Champ", *Wall Street Journal*, p. A14, 7 out. 1993). Como a mudança do local de produção poderia se adaptar à teoria de ciclo do produto? Heckscher-Ohlin também poderia ser usado para explicar esses desenvolvimentos? Explique por que, ou por que não.
12. (Conteúdo do Apêndice D) As exportações e as importações do país A no ano 1 estão listadas a seguir. Estes são os únicos bens negociados pelo país A.

Bem	Valor das exportações	Valor das importações
T	$100	$20
X	300	80
Y	100	300
Total	$500	$400

Calcule o índice de comércio intraindustrial do país A para o ano 1.

APÊNDICE A — ECONOMIAS DE ESCALA

Apresentamos neste apêndice um modelo representativo de economia de escala desenvolvido com base em um antigo trabalho de Murray C. Kemp (1964). Tais modelos são discutidos mais detalhadamente por Bhagwati e Srinivasan (1983, Cap. 26) e Bhagwati, Panagariya e Srinivasan (1998, Cap. 11).

Suponha um mundo de dois produtos onde as duas indústrias obtêm economias de escala. Além disso, as economias de escala são tais que as FPPs são desenhadas *convexas* em relação à origem, como na Figura 5. (Deve-se notar que a presença de economias de escala em ambas as indústrias não gera necessariamente uma FPP convexa; a forma depende do grau relativo das economias de escala nas duas indústrias.) Suponha que a economia se situe inicialmente no ponto E, onde a FPP é tangente à linha de preço, refletindo preços de autarquia (P_X/P_Y). Uma diferença imediata entre este equilíbrio em autarquia e o equilíbrio tradicional de autarquia com FPP côncava está no fato de o equilíbrio de autarquia ser um equilíbrio *instável*. Assim, deslizamentos de E não produzirão um retorno a E. Considere um ponto à direita e abaixo de E, como o ponto G, o qual tem os mesmos preços dos bens (P_X/P_Y) que E. Como a inclinação (negativa) da FPP é (CMg_X/CMg_Y), é evidente que no ponto G (P_X/P_Y) > (CMg_X/CMg_Y) ou, alternativamente, que (P_X/CMg_X) > (P_Y/CMg_Y).[4] Há assim um incentivo para produzir mais do bem X e menos do bem Y, e a economia se

---

[4] Baseamo-nos em Kemp ao assumirmos que a extensão da economia de escala externa é idêntica nas duas indústrias. Essa suposição permite igualar a razão dos custos marginais privados à razão dos custos marginais sociais, e o termo *custo marginal* pode ser usado sem qualquer qualificação adicional.

FIGURA 5   Uma fronteira de possibilidade de produção (FPP) convexa em relação à origem

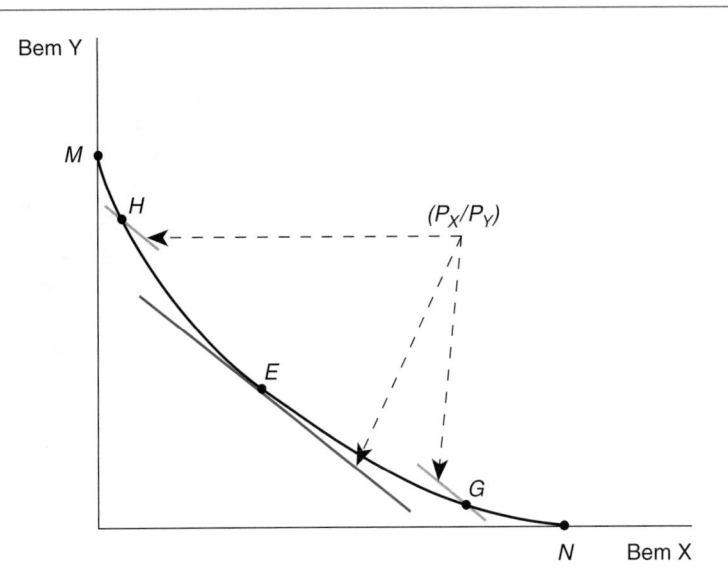

A existência de economias de escala na produção do bem X e do bem Y pode gerar uma FPP convexa em relação à origem. Nessa situação, o ponto E é um equilíbrio instável, dado que a posição da produção no ponto $G(H)$ gerará incentivos para deslocar a produção para o ponto $N(M)$ em vez do ponto E.

moverá do ponto G para o ponto N (com especialização completa no bem X), e não para o ponto E. Se a economia se situasse de outra forma no ponto H, com os preços P_X/P_Y, a produção se moveria do ponto H para o M (com especialização completa no bem Y) em vez de ir para o E.

Supondo que este país, chamado de país I, alcançou de algum modo o ponto E, de equilíbrio de autarquia, quais são as implicações de se introduzir o comércio internacional? Assim como em muitos modelos de retornos crescentes de escala, há algumas incertezas e, também, alguns resultados novos. Na Figura 6, considere novamente este país, que está em equilíbrio de autarquia no ponto E com a razão interna de preços $(P_X/P_Y)_I$. Com a abertura do país ao comércio, suponha que os termos de troca TT_W [mais elevado do que $(P_X/P_Y)_I$] representem preços internacionais. O país pode se especializar na produção do bem X e, como já vimos, o movimento consequente para baixo e para a direita do ponto E levará (pois E era um equilíbrio "instável") a produção para o ponto de completa especialização N. Obviamente, ganhos do comércio ocorrem porque o país I pode exportar o bem X ao longo de uma linha de comércio associada a TT_W e alcançar uma curva mais elevada de indiferença do que foi alcançado em autarquia. (As curvas de indiferença não foram desenhadas na Figura 6, mas você deve ser capaz de traçá-las em sua mente!) E, como o país I foi para um ponto final da FPP, a curva de indiferença alcançada estará "mais à direita" do que seria o caso sem especialização completa, tudo o mais constante.

Mas considere agora um outro país, o país II, que tem uma FPP *idêntica* do país I. Além disso, suponha que as condições de demanda no país II *sejam também idênticas* às do país I. Certamente, no modelo clássico dos Capítulos 3 e 4, não havia nenhum incentivo para o comércio e nenhum ganho do comércio na situação de possibilidades idênticas da produção; mesmo no modelo neoclássico Heckscher-Ohlin dos Capítulos 6 a 8 não havia nenhum incentivo para o comércio e nenhum ganho do comércio quando as possibilidades de produção *e* as condições da demanda eram idênticas. (Em ambos os modelos, os preços relativos em autarquia seriam idênticos.) Mas, na estrutura de economia de escala, ambos os países *poderiam* obter ganho de comércio um com o outro. Note que, na Figura 6, termos de comércio TT_W poderiam também ser associados à produção no ponto final M da FPP, onde a especialização completa está no bem Y, e não no bem X. Mesmo que os países tenham as mesmas FPPs e demandas, o país I pode se especializar no bem X, produzindo no ponto N, e o país II pode se especializar no bem Y, produzindo no ponto M, e

FIGURA 6   A FPP convexa e os ganhos de comércio

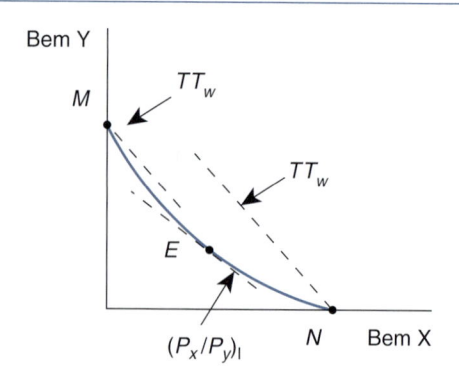

Com uma FPP convexa em relação à origem, um país poderia se mover do ponto de equilíbrio de autarquia E [com preços relativos $(P_X/P_Y)_1$] para o ponto de completa especialização N. Poderia então exportar o bem X e importar o bem Y ao longo de uma linha de comércio associada a TT_W, e obteria ganhos com o comércio. Um outro país com possibilidades de produção idênticas e gosto idêntico (o gosto não é mostrado no gráfico) poderia mover-se do ponto E para o ponto M de completa especialização. Esse segundo país poderia então exportar o bem Y e importar o bem X ao longo de uma linha de comércio associada a TT_W, e também obter ganhos com o comércio. Portanto, ao contrário do que ocorre nos modelos tradicionais, dois países podem estabelecer um comércio mutuamente benéfico mesmo que suas condições de oferta e de demanda sejam semelhantes.

pode haver um comércio mutuamente benéfico uma vez que ambos os países podem alcançar curvas de indiferença mais elevadas do que era o caso sob autarquia.

APÊNDICE B   Concorrência monopolística e elasticidade-preço da demanda de Krugman

Duas características do modelo de Krugman são explicadas brevemente neste apêndice: (1) o curto prazo e o longo prazo na concorrência monopolística e (2) a relação entre elasticidade-preço, a demanda enfrentada por uma empresa e o preço do produto da empresa.

Com respeito a (1), analiticamente, a curva de demanda com que se defronta a empresa em concorrência monopolística não é a curva horizontal da demanda da concorrência perfeita. Em vez disso, a curva da demanda tem inclinação negativa, e a receita marginal (RMg) é menor que o preço. A empresa produz onde a RMg se iguala ao custo marginal (CMg), e não onde o preço é igual ao CMg. Na Figura 7, o nível de produção de maximização de lucro é Q_1 e o preço cobrado é P_1. Desenhamos a curva de custo marginal CMg horizontal, refletindo a suposição de Krugman de que o custo marginal é constante. (O CMg no modelo de Krugman é igual ao coeficiente b da equação [1] vezes a taxa de salário.) Nessa posição de produção, com o preço P_1 e custo médio CMe_1, o lucro total da empresa é a área do retângulo sombreado $(CMe_1)(P_1)FB$.

A Figura 7 se refere a uma situação de curto prazo, pois há lucro positivo para esta empresa e, com livre entrada na indústria, novas empresas começarão a produzir esse tipo de produto. A curva de demanda existente enfrentada pela empresa se deslocará para baixo e vai tornar-se mais elástica, em virtude da presença de mais substitutos. O preço e o lucro para as empresas existentes serão reduzidos e, no longo prazo, haverá lucro econômico zero, como na concorrência perfeita. Em um gráfico de equilíbrio de longo prazo (não mostrado) para a empresa em concorrência monopolística, a curva de demanda é tangente à porção decrescente da curva CMe imediatamente acima da intersecção RMg/CMg, significando nenhum lucro econômico.

Considerando (2), a relação entre a elasticidade da demanda e o preço, a elasticidade-preço de demanda de um bem (e_D) é a variação percentual na quantidade demandada dividida pela variação percentual no preço. Assim, se Δ representa "variação de",

$$e_D = \frac{\Delta Q/Q}{\Delta P/P} = \frac{P \Delta Q}{Q \Delta P}$$

FIGURA 7 Maximização de lucro de curto prazo da empresa em concorrência monopolística

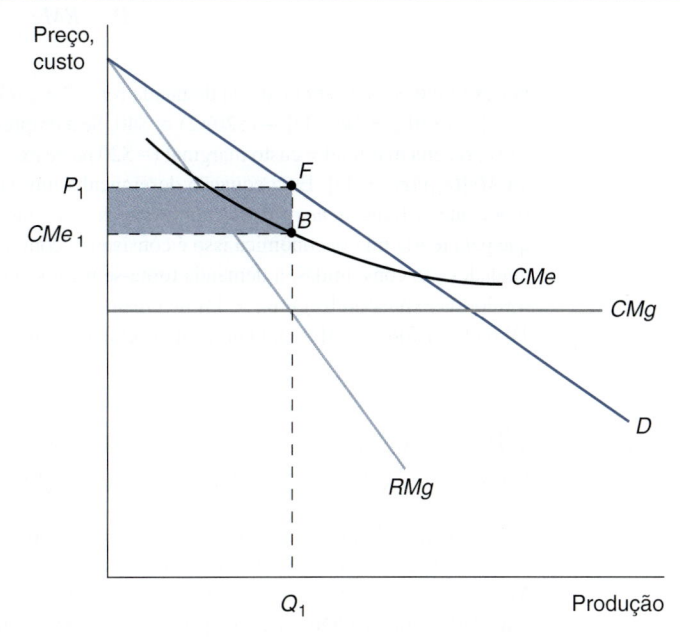

A empresa em concorrência monopolística maximiza o lucro no nível de produção Q_1, onde $RMg = CMg$. O preço cobrado é P_1, e o lucro econômico da empresa no curto prazo é indicado pelo retângulo sombreado. No longo prazo, D se deslocará para baixo, assim como a RMg, até que D esteja tangente a CMe imediatamente acima da intersecção RMg/CMg e a empresa tenha um lucro normal (econômico zero).

A receita total (RT) é igual a $P \times Q$. Se o preço variar em ΔP, ocorrerá uma variação na quantidade demandada em ΔQ, de modo que a receita total após uma variação do preço (e a subsequente variação da quantidade) será $(P + \Delta P) \times (Q + \Delta Q)$. Consequentemente, a variação da receita total que ocorre em virtude de uma variação do preço (e da variação subsequente da quantidade) será

$$\Delta TR = (P + \Delta P) \times (Q + \Delta Q) - P \times Q$$
$$= PQ + P\Delta Q + Q\Delta P + \Delta P\Delta Q - PQ$$
$$= P\Delta Q + Q\Delta P + \Delta P\Delta Q$$

Para uma variação pequena do preço e da quantidade, o termo $\Delta P\Delta Q$ é muito pequeno e pode ser negligenciado. Assim, a variação na receita total é $P\Delta Q + Q\Delta P$.

A receita marginal (RMg) é a variação na receita total dividida pela variação na quantidade; isto é,

$$RMg = \frac{P\Delta Q + Q\Delta P}{\Delta Q}$$
$$= P + Q\Delta P/\Delta Q$$
$$RMg/P = 1 + Q\Delta P/P\Delta Q$$

Entretanto, $Q\Delta P/P\Delta Q$ na última equação é simplesmente a recíproca de $P\Delta Q/Q\Delta P$; ou seja, é a recíproca da elasticidade da demanda. Assim,

$$RMg/P = 1 + 1/e_D = (e_D + 1)/e_D$$

Desse modo,

$$RMg = P[(e_D + 1)/e_D]$$

ou

$$P = RMg \frac{e_D}{e_D + 1} \quad [2]$$

Por exemplo, se a elasticidade da demanda for -2 e a *RMg* for $20, o preço será igual a ($20) [(-2)/(-2 + 1)] = ($20)[(-2)/(-1)] = ($20)(2) = $40. Se a empresa estiver em equilíbrio de maximização de lucro, isto é, receita marginal = custo marginal (=$20 neste exemplo), o preço de maximização de lucro será igual a $CMg[(e_D)/(e_D + 1)]$. Essa equação desempenha um papel importante no modelo de Krugman. O autor supõe que e_D fique *menos elástica* conforme os indivíduos comprem mais unidades do bem. (Lembre-se de que pela teoria microeconômica isso é consistente com uma curva de demanda linear – à medida que mais unidades são consumidas, a demanda torna-se menos elástica.) Assim, à medida que o consumo aumenta, o valor da expressão $[(e_D)/(e_D + 1)]$ fica maior. Por exemplo, se $e_D = -1,5$, o valor será $[(-1,5)/(-1,5 + 1)]$ ou $[(-1,5)/(-0,5)] = 3$. O preço no exemplo acima seria $60.

APÊNDICE C — DIFERENÇAS ENTRE AS TEORIAS ALTERNATIVAS DE COMÉRCIO USANDO A EQUAÇÃO DE GRAVIDADE

A equação de gravidade foi usada com sucesso por muitos pesquisadores para explicar os fluxos de comércio bilateral, mas seus fundamentos teóricos são muito menos claramente compreendidos. Feenstra, Markusen e Rose (2001) ficaram especialmente intrigados com o grande sucesso empírico da equação de gravidade para a OCDE e para os países em desenvolvimento. A equação surge de um modelo em que os países são inteiramente especializados em bens diferenciados. Embora tal conceito se ajuste melhor aos bens manufaturados, não se considera que ele se ajuste particularmente bem a bens homogêneos primários. Presumindo-se que os países em desenvolvimento em geral vendam bens mais homogêneos, o sucesso do modelo para esses países merece um exame mais detalhado.

Em uma tentativa de conciliar a natureza especializada da teoria com o sucesso geral das aplicações empíricas, Feenstra, Markusen e Rose argumentam que uma grande variedade de teorias é consistente com a equação de gravidade. As teorias alternativas podem ser distinguidas por diferenças sutis nos valores dos parâmetros estimados. Eles começam com a diferenciação de produto (e, assim, completa especialização). No trabalho empírico, a distinção é vista no tamanho relativo das elasticidades das exportações. No caso de existir livre entrada, a elasticidade da exportação em relação à renda do exportador é maior do que aquela relativa à renda do importador. O contrário é verdadeiro se houver restrição à entrada. O trabalho empírico para bens diferenciados produziu resultados consistentes com as previsões teóricas do modelo de concorrência monopolística com livre entrada.

O segundo foco do trabalho empírico de Feenstra, Markusen e Rose foi sobre bens homogêneos. Quando a análise muda de bens diferenciados para bens homogêneos, a elasticidade das exportações relativamente à renda do exportador cai. Sua descoberta é consistente com as previsões teóricas do modelo de *dumping* recíproco com restrição à entrada ou mesmo com um modelo com diferenciação de produto nacional. Feenstra, Markusen e Rose argumentaram que uma equação de gravidade pode surgir de uma grande variedade de modelos teóricos, e este parece ser o caso. Os modelos se diferenciam em suas implicações do efeito "mercado doméstico" (a importância da renda do exportador sobre as exportações), dependendo se os bens são homogêneos ou diferenciados e se há ou não barreiras à entrada. Feenstra, Markusen e Rose começaram com um enigma relacionado ao sucesso empírico de muitos modelos de gravidade em contraste com a base teórica aparentemente restritiva. O trabalho deles sugere que os fundamentos teóricos da equação de gravidade são na verdade bastante gerais.

APÊNDICE D — MENSURAÇÃO DO COMÉRCIO INTRAINDUSTRIAL

Dado que o comércio intraindustrial ocorre em uma categoria de produto, como pode ser medido para um país como um todo? Tal medida é útil porque permite traçar o desenvolvimento do CII para um país ao longo do tempo ou possibilita a comparação de países diferentes em um ponto específico do tempo.

Se designarmos categorias de produto por *i*, representarmos as exportações e as importações em cada categoria por X_i e M_i, respectivamente, as exportações totais e as importações por X e M, respectivamente, e chamarmos nosso índice de comércio intraindustrial de I_I, a fórmula para cálculo do grau de comércio intraindustrial do país será

$$I_I = 1 - \frac{\Sigma |(X_i/X) - (M_i/M)|}{\Sigma [(X_i/X) + (M_i/M)]} \qquad [3]$$

Nessa fórmula, X_i/X (ou M_i/M) é a porcentagem das exportações totais do país (ou de importações) na categoria *i* e $|(X_i/X) - (M_i/M)|$ indica o valor absoluto da diferença entre a parcela das exportações e importações na categoria. O $[(X_i/X) + (M_i/M)]$ indica a soma das parcelas de exportação e de importação na categoria. O sinal Σ informa que estamos somando todas as categorias do produto, e o denominador deve ter o valor 2, pois 100% das exportações estão sendo adicionados a 100% das importações.

Essa medida do CII é melhor ilustrada com um exemplo. Suponha que o país A tenha apenas três categorias de bens comercializáveis e que as exportações e as importações em cada categoria sejam como a seguir:

Bem	Valor das exportações	Valor das importações
W	$500	$200
X	200	400
Y	100	400
Total	$800	$1.000

O índice de comércio intraindustrial desse país será

$$I_I = 1 - \frac{|500/800 - 200/1.000| + |200/800 - 400/1.000| + |100/800 - 400/1.000|}{(500/800 + 200/1.000) + (200/800 + 400/1.000) + (100/800 + 400/1.000)}$$

$$I_I = 1 - \frac{|0,625 - 0,200| + |0,250 - 0,400| + |0,125 - 0,400|}{(0,625 + 0,200) + (0,250 + 0,400) + (0,125 + 0,400)}$$

$$= 0,575$$

Esse país tem uma quantidade moderada de comércio intraindustrial. O índice seria igual a 1,0 (comércio intraindustrial "total") se as exportações fossem iguais às importações em cada categoria. O índice seria zero se, em cada categoria, houvesse exportações ou importações, mas não ambas.

CAPÍTULO

11

CRESCIMENTO ECONÔMICO E COMÉRCIO INTERNACIONAL

OBJETIVOS DE APRENDIZADO

- Entender como as diferentes formas de crescimento podem afetar o comércio.
- Compreender como a origem do crescimento afeta a natureza da produção e do comércio.
- Examinar como o crescimento e o comércio afetam o bem-estar nos países pequenos.
- Entender como o crescimento pode ter efeitos mais diversos sobre o bem-estar em um país grande do que em um país pequeno.

Introdução

China – Um polo de crescimento regional

Há um frequente equívoco de que o crescimento da China ocorre às custas de seus muitos parceiros comerciais. Isso vem incitando retaliações de políticas comerciais por parte de muitos dos parceiros comerciais, entre os quais os Estados Unidos. Uma visão geral útil do papel chinês no crescimento e desenvolvimento regional é proporcionada por Phillip Day.[1] Ele corretamente indica que mesmo que as exportações de outros países asiáticos para os Estados Unidos tenham caído, enquanto as da China cresceram, as exportações totais de todos aqueles outros países estão crescendo de um modo complementar por meio do aumento do comércio entre eles. A razão é que a China já é o maior importador dos produtos da Coreia do Sul e de Taiwan, assim como um importante importador do Japão (se as exportações de Hong Kong forem consideradas). Interessante que, à medida que a China cresce, ela se coloca em um ponto intermediário da cadeia de oferta, na qual importa componentes de alta tecnologia do Leste Asiático, transforma-os em mercadorias finais e os exporta para os mercados de bens finais pelo mundo. Em vez de prejudicar os outros países da região, o rápido crescimento da China e o fato de ela emergir como um poderoso centro de exportação da economia mundial teve um impacto positivo sobre os países do Leste Asiático. Infelizmente, os políticos, os grupos comerciais e as empresas que ocupam o papel de críticos do sucesso das exportações chinesas também ignoram o fato de que frequentemente são os investimentos estrangeiros e as empresas estrangeiras que dão o suporte para a locomotiva exportadora chinesa. Por exemplo, o maior exportador de televisões coloridas da China – de propriedade do Grupo LG da Coreia do Sul e da empresa Lite-On Technology de Taiwan – emprega 300 mil pessoas em 18 fábricas na China. O imenso tamanho do investimento estrangeiro (mais de $50 bilhões de investimento estrangeiro direto) que flui anualmente para a China é cada vez mais responsável como propulsor da máquina produtiva e da alta taxa de crescimento.

A notável taxa de crescimento da China nos anos recentes e o impacto de seu crescimento sobre o comércio mundial e sobre a globalização refletem o fato de que as possibilidades de produção de um país não permanecem fixas e são estimuladas pelas políticas econômicas dos outros países. O crescimento do produto potencial é representado pelos deslocamentos para fora da FPP, o que permite ao país alcançar um maior nível de renda real (uma fronteira de possibilidade de consumo mais à direita) e presumivelmente um maior nível de bem-estar. O crescimento ocorre por meio de mudanças na tecnologia ou pela aquisição de recursos adicionais, como trabalho, capital físico ou capital humano. Visto que o comércio internacional afeta e é afetado pelo crescimento econômico, é importante examinar várias das implicações econômicas mais importantes do crescimento. Este capítulo começa por assinalar como o crescimento influencia o comércio por meio de mudanças tanto na produção como no consumo. A isso se segue uma discussão das fontes de crescimento e a maneira pela qual elas influenciam mudanças na economia. O capítulo é concluído com um breve exame do efeito do crescimento sobre o bem-estar econômico do país quando este participa do comércio internacional.

Classificação dos efeitos do crescimento econômico sobre o comércio

Conforme a renda real cresce, ela afeta tanto os produtores como os consumidores. Os produtores precisam decidir como alterar a produção, de acordo com o aumento dos recursos ou a mudança da tecnologia. Os consumidores, por sua vez, devem decidir como gastar a renda real adicional. Essas duas decisões têm implicações na participação do país no comércio internacional e, portanto, na determinação de os países se tornarem mais ou menos abertos ao comércio à medida que o crescimento econômico ocorre. Começamos esta análise classificando as respostas alternativas de produção e de consumo que acompanham o crescimento econômico em termos de suas respectivas implicações para o comércio internacional.

---

[1] Phillip Day, "China's Trade Lifts Neighbors", *The Wall Street Journal*, 8 ago. 2003, p. A9.

FIGURA 1 Efeitos do crescimento sobre a produção

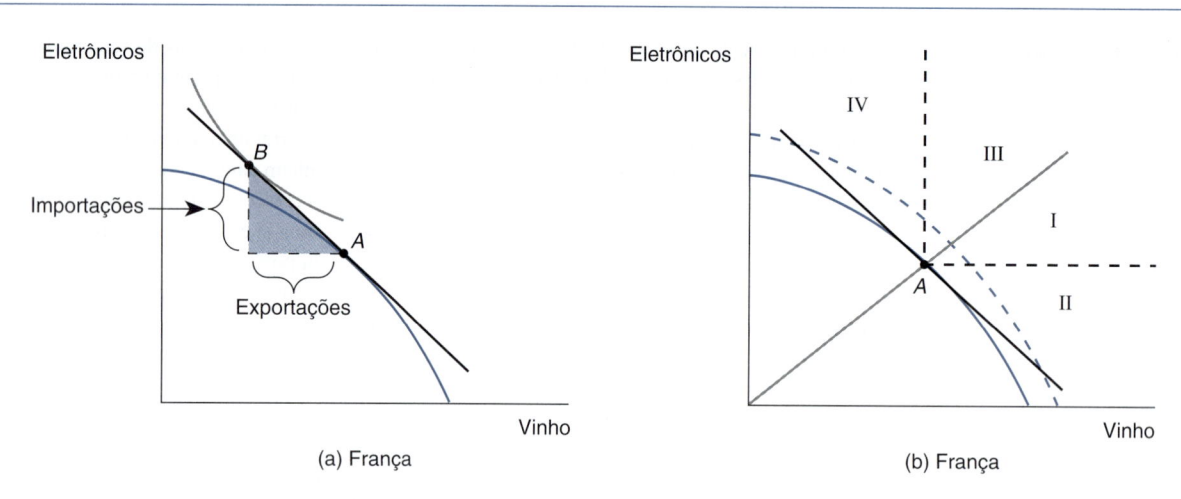

(a) França

(b) França

Suponha que a França seja um (pequeno) país e que esteja em equilíbrio conforme mostra o painel (a), produzindo no ponto A, consumindo no ponto B, exportando vinho e importando eletrônicos. Com o crescimento, a FPP será deslocada para fora, permitindo ao país escolher diferentes combinações de produção dos dois bens em questão [painel (b)]. As diversas novas possibilidades de produção estão localizadas nas regiões fixadas pelos minieixos desenhados do ponto original de produção A e a linha reta desenhada da origem até o ponto A. Se o novo ponto de produção se situar sobre a linha que passa pelo ponto A, o crescimento será produto neutro. Se o novo ponto se situar na região I, terá viés a favor do comércio (pró-comércio); na região II ele terá viés ultrapró-comércio; na região III ele terá viés anticomércio; e na região IV terá viés ultra-anticomércio.

Efeitos do crescimento da produção sobre o comércio

Suponhamos que um pequeno país seja caracterizado por custos de oportunidade crescentes e que esteja em equilíbrio para um dado conjunto de preços internacionais (veja a Figura 1), lembrando que um pequeno país não pode influenciar os preços mundiais.[2] No painel (a), a França está produzindo no ponto A e consumindo no ponto B. Para tanto, a França exporta vinho e importa eletrônicos. À medida que o crescimento ocorre, a fronteira de possibilidades de produção é deslocada para fora, e os produtores franceses têm a oportunidade de selecionar um ponto sobre a nova FPP que maximizará seus lucros. Em termos gerais, eles têm a possibilidade de produzir (1) mais das duas mercadorias na mesma proporção do ponto A, (2) mais das duas mercadorias, mas *relativamente* mais de uma que da outra, ou (3) bem mais de uma mercadoria e menos da outra. Essas possibilidades podem ser demonstradas na nossa figura e formarão as bases para classificar os vários efeitos da produção sobre o comércio que podem acompanhar o crescimento.

Para estabelecermos a classificação dos efeitos do crescimento sobre o comércio, voltamos ao ponto A. Este se tornou a origem de novos minieixos, mostrados como linhas tracejadas no painel (b). Os pontos que ficam à esquerda da linha tracejada vertical refletem os casos em que a nova produção de vinho é menor que a do ponto A. Os pontos à direita dessa linha vertical indicam os casos em que a nova produção de vinho é maior que a do ponto A. De maneira similar, os pontos acima do minieixo horizontal tracejado refletem maior produção de eletrônicos, ao passo que os pontos abaixo dessa linha indicam menos produção de eletrônicos. Assim, os pontos acima e à direita do ponto A representam maiores produções dos dois bens. Os pontos de produção sobre a linha reta que passa da origem até o ponto A refletem produções de eletrônicos e de vinho com as mesmas proporções do ponto A; isto é, a razão de produção de eletrônicos por vinho é uma constante. Os pontos além do ponto A que caem sobre essa linha demonstram um **efeito de produção neutro**, pois a produção de bens de exportação e de bens que competem com as importações cresceram à mesma taxa.

---

[2]Uma suposição alternativa para um país pequeno é que os preços sejam tidos como constantes para se concentrar exclusivamente sobre os efeitos da renda real (desconsiderando-se o tamanho do país).

As possibilidades de produção restantes com o crescimento caem convenientemente em quatro regiões, separadas pela linha neutra que sai da origem e passa pelos minieixos no ponto *A*. A região I representa os novos pontos possíveis de produção que refletem uma maior produção das duas mercadorias, mas onde a variação da produção de vinho é relativamente maior do que a de eletrônicos. Como o vinho é o bem de exportação, esse tipo de crescimento tem um **efeito de produção pró-comércio,** refletindo a disponibilidade relativamente maior de bens de exportação. A região II contém os pontos de possibilidades de produção que demonstram maior produção de vinho, mas uma diminuição na produção de eletrônicos. Os novos pontos de produção que se encontram nessa região em virtude do crescimento caem na categoria **efeito de produção ultrapró-comércio,** sugerindo um efeito potencial ainda maior sobre o desejo de comercializar. Os novos pontos de produção que se encontram na região III refletem níveis mais elevados de produção de ambas as mercadorias, mas aumentos relativamente maiores de eletrônicos do que de vinho. Como os eletrônicos são bens que competem com as importações, o crescimento que reflete essa mudança da produção tem **efeito de produção anticomércio**. Por fim, os novos pontos de produção que se encontram na região IV, com mais produção de eletrônicos e menos de vinho, são colocados na categoria **efeito de produção ultra-anticomércio**. O ponto de produção observado após o crescimento será aquele em que a nova FPP é tangente à linha de preço internacional. Este cairá necessariamente em uma das regiões acima mencionadas.[3]

Efeitos do crescimento do consumo sobre o comércio

Uma técnica similar pode ser usada para descrever os vários efeitos do crescimento sobre o consumo. Nesse caso, analisamos a natureza da resposta do consumidor ao crescimento relativamente ao equilíbrio original no ponto *B* [Figura 1, painel (a)]. A Figura 2 concentra-se nesse ponto de equilíbrio inicial, o qual serve como a origem para novos minieixos.

FIGURA 2   Efeitos do crescimento sobre o consumo

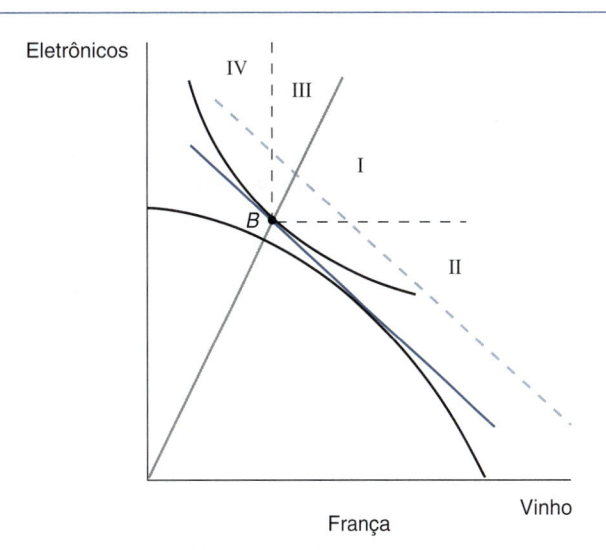

Com o crescimento, há um aumento da renda real indicado pelo deslocamento à direita da linha das possibilidades de consumo (linha dos termos de troca internacionais). Isso permite que os consumidores escolham combinações de eletrônicos e de vinho não possíveis anteriormente. Os efeitos do crescimento do consumo sobre o comércio podem ser isolados pelos minieixos, cuja origem está no ponto de consumo pré-crescimento, *B*. Se o novo ponto de consumo estiver sobre a linha reta que sai da origem até o ponto *B*, o consumo de ambos os bens aumentará proporcionalmente e o efeito consumo sobre o comércio será neutro. Se o novo ponto de consumo cair na região I, tem-se o efeito de consumo anticomércio; se cair na região II, tem-se o efeito de consumo ulta-anticomércio; se cair na região III, tem-se o efeito de consumo pró-comércio; e se cair na região IV, o efeito de consumo ultrapró-comércio.

---

[3] Negligenciamos os dois exemplos-limite em que a produção se estabelece ou na linha tracejada vertical ou na horizontal.

FIGURA 3   O efeito do crescimento no tamanho do comércio

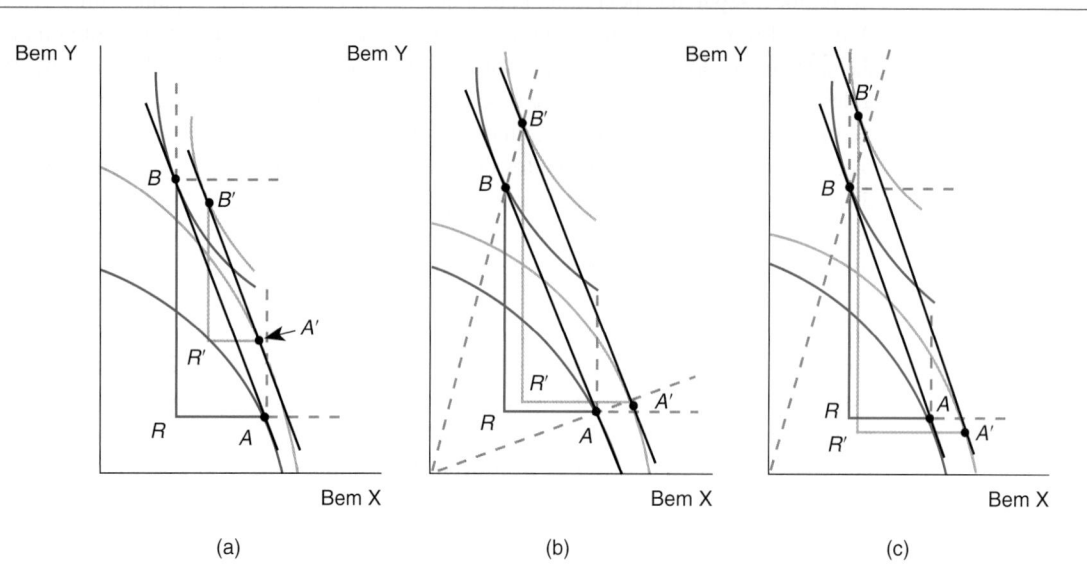

| (a) | (b) | (c) |

Os efeitos do crescimento sobre o comércio refletem tanto os efeitos de consumo como os de produção. No painel (a) um efeito de produção ultra-anticomércio acoplado a um de consumo ultra-anticomércio leva a uma redução no comércio, isto é, a um triângulo de comércio menor após o crescimento comparado com o anterior ao crescimento. No painel (b), um efeito de produção pró-comércio combinado com um de consumo neutro leva a uma pequena expansão relativa do comércio quando comparado com o crescimento da renda. No painel (c) um efeito de produção ultrapró-comércio combinado com um de consumo pró-comércio produz uma expansão relativa ainda maior do comércio comparado com o crescimento da renda.

Os pontos que se encontram à esquerda da linha central vertical tracejada refletem menos consumo de vinho, enquanto os pontos à direita indicam um consumo maior. Os pontos que se encontram abaixo da linha central horizontal tracejada refletem menos consumo de eletrônicos, enquanto os pontos acima dessa linha indicam mais. Pontos que se encontram além de B na linha reta que passa pelo ponto B e a origem dos eixos originais indicam os casos em que os bens são consumidos na mesma proporção que no ponto B. Os pontos assim situados refletem um **efeito de consumo neutro**, visto que os consumidores não mudaram seu padrão relativo de consumo com o crescimento.

Os efeitos restantes serão separados de modo similar àquele usado na análise da produção. O novo ponto de consumo encontra-se na região I em virtude de o crescimento da renda real refletir um aumento relativamente maior do consumo de vinho do que de eletrônicos. Como o vinho é um bem de exportação, a mudança no consumo reduz a disposição relativa do país em exportar. Esse efeito é chamado de **efeito de consumo anticomércio**. Um exemplo ainda mais extremo desse tipo de comportamento é encontrado na região II, onde o consumo de vinho aumenta e o de eletrônicos cai. Esse resultado é chamado de **efeito de consumo ultra-anticomércio**. Se o crescimento fizer com que o consumo se mova para a região III, onde o consumo dos dois bens aumenta, mas o consumo de eletrônicos (o bem de importação) aumenta relativamente mais do que o de vinho, ocorre um **efeito de consumo pró-comércio**. Por fim, se o consumo de eletrônicos aumentar e o consumo de vinho cair com o crescimento (região IV), existirá um **efeito de consumo ultrapró-comércio**.[4]

O impacto final do crescimento econômico sobre o comércio depende dos efeitos produção e consumo. O impacto expansionista do crescimento sobre o comércio é maior sempre que os efeitos de produção e consumo estiverem "nas regiões pró" ou "ultrapró". O efeito total sobre o crescimento do comércio é demonstrado com três casos diferentes na Figura 3. No painel (a), os

---

[4]Novamente, o consumo poderia estabelecer-se nos próprios eixos tracejados, mas ignoramos esses casos.

efeitos de produção e consumo estão na categoria ultra-anticomércio. Com o crescimento, a produção se move do ponto A para o ponto A', e o consumo se move do ponto de consumo B para o ponto B'. Perceba que os preços dos produtos são fixos, porque esse é um país pequeno. O resultado do crescimento é uma redução do comércio, refletida pelo novo triângulo de comércio, $A'R'B'$, menor do que o triângulo original, ARB.

No painel (b), o efeito produção é um efeito pró-comércio e o efeito consumo é neutro. Estes efeitos podem ser observados na posição do ponto A' e do ponto B' relativamente aos pontos A e B. O resultado é uma relativa expansão do comércio (triângulo de comércio $A'R'B'$). No painel (c) um efeito de produção ultrapró-comércio é acoplado a um efeito de consumo pró-comércio. Outra vez, o comércio expande-se relativamente (de ARB para $A'R'B'$). À medida que nos movemos do painel (a) para o painel (c) na Figura 3, o novo triângulo de comércio torna-se sucessivamente maior. Embora o volume de comércio em geral aumente com o crescimento, isso nem sempre é verdadeiro. Por exemplo, o crescimento que conduz ao efeito de consumo e produção ultra-anticomércio na verdade causa declínio do comércio.

Uma maneira útil de resumir o resultado líquido dos efeitos de produção e consumo sobre o crescimento do comércio do país se dá pelo conceito de **elasticidade-renda da demanda de importações** (*YEM*). Essa medida é a variação percentual das importações dividida pela variação percentual na renda nacional. Se $YEM = 1,0$, o comércio cresce à mesma taxa que a renda nacional, e o efeito líquido é neutro. Se $0 < YEM < 1$, o comércio cresce em termos absolutos, mas a uma taxa menor que a da renda; o efeito líquido é anticomércio. Se $YEM < 0$, o comércio na verdade cai à medida que a renda cresce (efeito ultra-anticomércio). Por fim, se $YEM > 1,0$ (importações ou comércio crescem mais rapidamente do que a renda nacional), há um efeito líquido pró-comércio ou ultrapró-comércio. (A distinção algébrica entre o pró-comércio e o ultrapró-comércio é mais complexa e não nos interessa.) Como regra geral, se o efeito produção e o efeito consumo forem do mesmo tipo (por exemplo, ambos "pró-comércio"), o efeito líquido ou total será do mesmo tipo que os dois efeitos individuais. Se um efeito for pró-comércio (anticomércio) e o outro neutro, o efeito líquido será pró-comércio (anticomércio). Há obviamente várias outras combinações, e algumas delas requerem mais informação sobre o tamanho preciso de cada um dos dois efeitos antes que o resultado líquido possa ser determinado, como um efeito de produção pró-comércio acoplado a um efeito de consumo anticomércio.

Fontes de crescimento e a fronteira de possibilidades de produção

Na introdução a este capítulo, mencionamos que o crescimento pode resultar de mudanças na tecnologia ou da acumulação de fatores como capital e trabalho. Examinaremos os dois tipos de mudanças individualmente, pois eles afetam a fronteira de possibilidades de produção de maneiras diferentes.

Os efeitos de mudança tecnológica

A mudança tecnológica altera a maneira em que os insumos são usados para gerar uma produção, e resulta em uma quantidade maior de produto do que a que está sendo gerada por uma quantidade fixa de insumos. Vamos supor que estejamos tratando de dois insumos, capital e trabalho. A nova tecnologia pode ser **fator neutra**; isto é, resulta das mesmas quantidades relativas de capital e de trabalho que estavam em uso antes da mudança tecnológica (com preços constantes do fator). Contudo, quantias cada vez menores de insumos são utilizadas por unidade de produção. Por sua vez, a nova tecnologia poderia ser de natureza **poupadora de trabalho**. Neste exemplo, menos insumos são necessários por unidade de produção, mas o montante relativo de capital usado aumenta para preços de fator constantes (isto é, a razão K/L aumenta). Por fim, a mudança tecnológica pode levar a uma redução na razão K/L para preços de fator constantes. Neste exemplo, dizemos que a mudança tecnológica é **poupadora de capital**. De fato, uma mudança tecnológica poupadora de trabalho (capital) tem um efeito equivalente ao aumento do montante relativo do trabalho (capital) disponível para a economia. É fácil entender por que uma mudança tecnológica que reduz a necessidade relativa de trabalho por unidade de produto (mudança tecnológica poupadora de trabalho) não é necessariamente desejável em um país em desenvolvimento relativamente abundante de trabalho. Limitamos nossa análise da mudança tecnológica ao tipo fator neutra.

Na fronteira de possibilidades de produção, uma mudança tecnológica fator neutra que afeta uma mercadoria indica que o país é capaz de produzir mais daquela mercadoria para todos os níveis possíveis de produção da segunda mercadoria. Essa mudança na tecnologia específica da mercadoria faz com que a FPP se mova para fora, exceto no intercepto, para a mercadoria não afetada pela mudança tecnológica (veja a Figura 5). No painel (a) da Figura 5, quando a mudança na tecnologia ocorre para automóveis, isto é mostrado pela FPP mais para fora ao

No mundo real:

Trabalho e capital necessários por unidade de produto

A Figura 4 indica as mudanças no uso relativo de capital e trabalho que ocorreram em seis países, de meados dos anos de 1960 a meados dos anos de 1980. As mudanças são medidas por unidade de produção. Os três pontos em cada gráfico mostram o nível real de capital e trabalho usado, e as isoquantas demonstram a natureza da substituição entre capital e trabalho no país durante cada ano. Embora a natureza do ajuste tenha sido diferente nos seis países, o uso de capital em relação ao trabalho aumentou claramente em todos eles. O Japão e a Alemanha experimentaram o maior aumento da razão K/L, e a razão nos Estados Unidos parece ter tido o menor aumento.

FIGURA 4   Capital e trabalho necessário por unidade de produto – isoquanta capital-trabalho

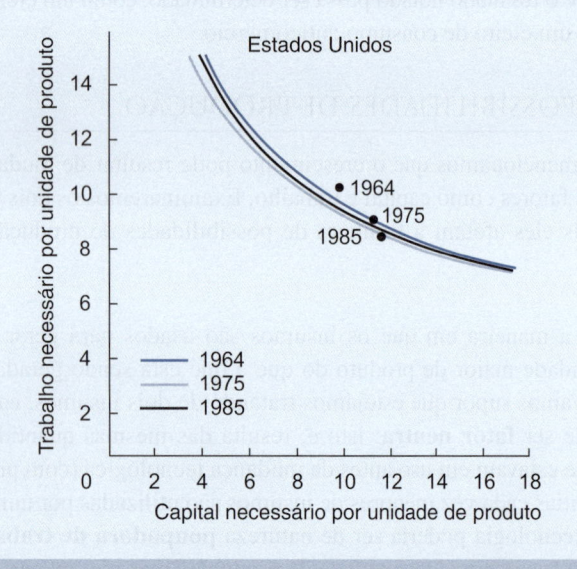

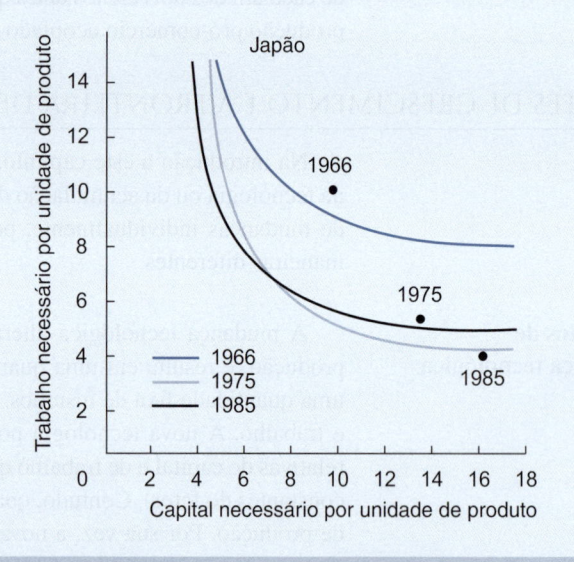

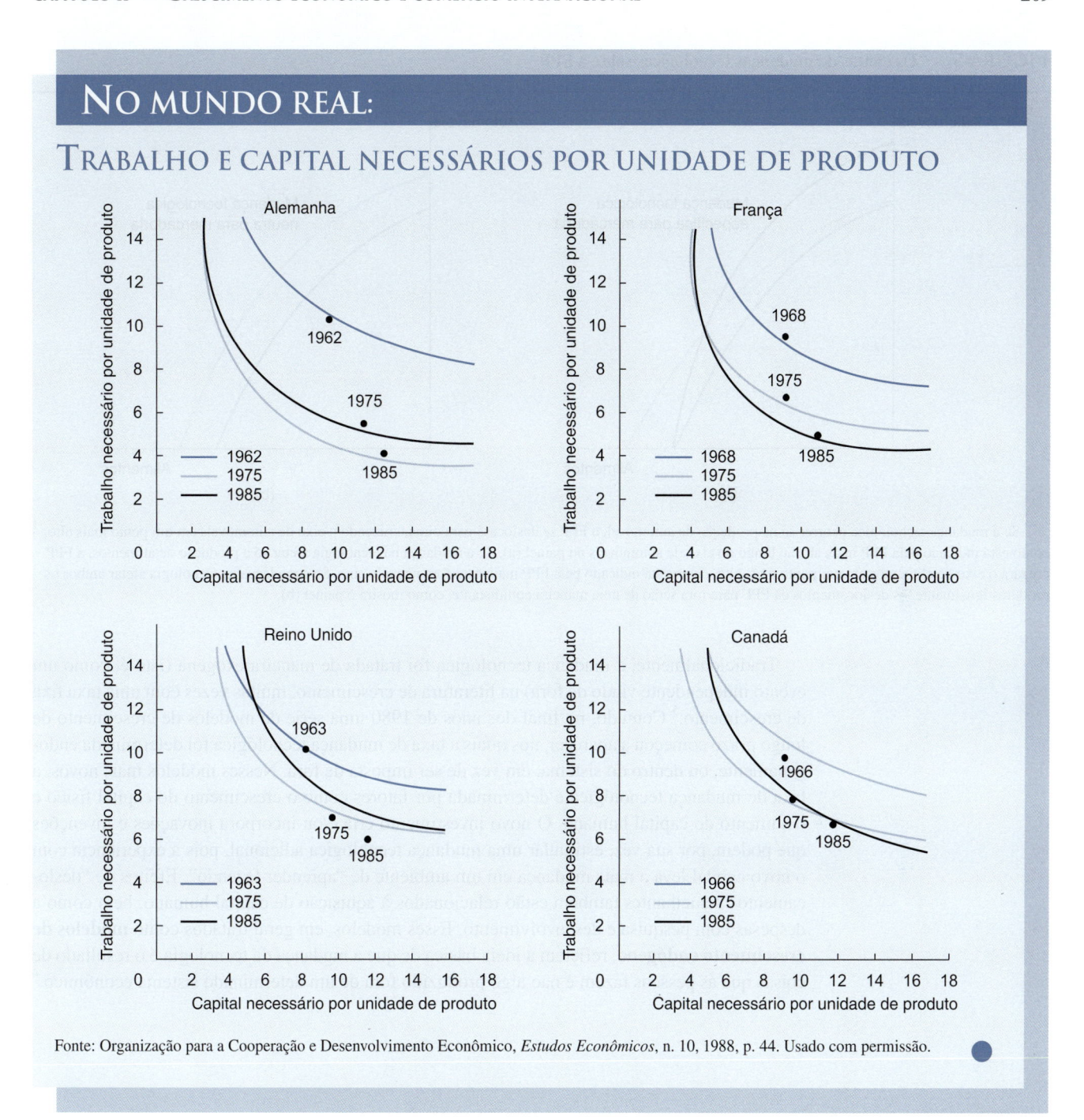

No mundo real:
Trabalho e capital necessários por unidade de produto

Alemanha — curvas para 1962, 1975, 1985; pontos marcados em 1962, 1975, 1985.

França — curvas para 1968, 1975, 1985; pontos marcados em 1968, 1975, 1985.

Reino Unido — curvas para 1963, 1975, 1985; pontos marcados em 1963, 1975, 1985.

Canadá — curvas para 1966, 1975, 1985; pontos marcados em 1966, 1975, 1985.

Fonte: Organização para a Cooperação e Desenvolvimento Econômico, *Estudos Econômicos*, n. 10, 1988, p. 44. Usado com permissão.

longo do eixo de automóveis. Por sua vez, a FPP mais para fora ao longo do eixo de alimentos indica o que acontece se a mudança tecnológica ocorre só na produção de alimentos. Por fim, se a mudança da tecnologia afetar ambas as mercadorias da mesma maneira relativa, os deslocamentos da FPP para fora serão de modo proporcional, como demonstra o painel (b) da Figura 5. Isso é uma **mudança tecnológica neutra para mercadorias**.

FIGURA 5 — Os efeitos de mudanças tecnológicas sobre a FPP

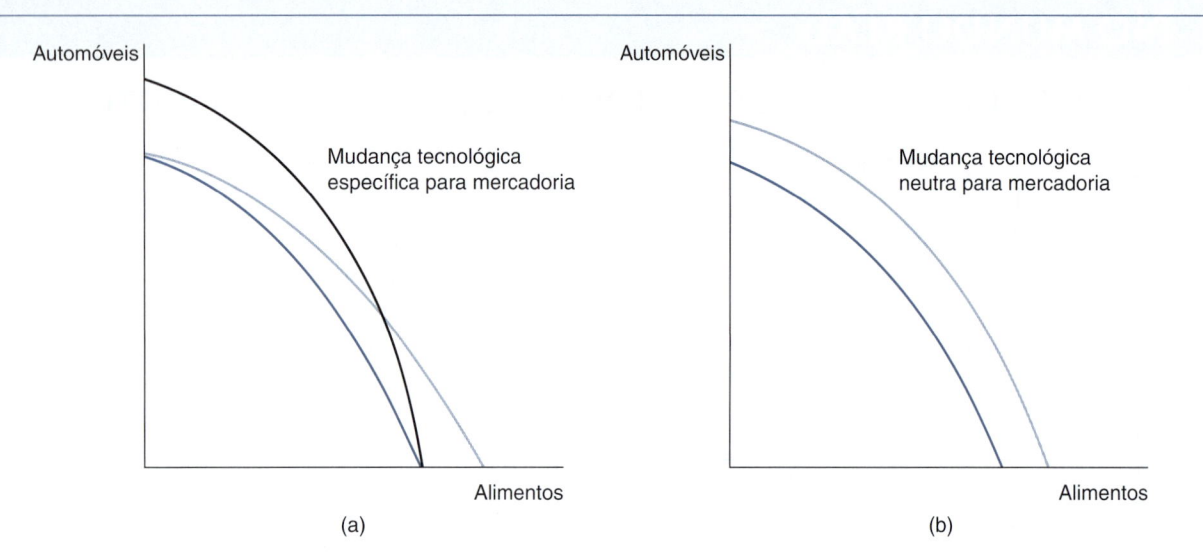

(a) Mudança tecnológica específica para mercadoria

(b) Mudança tecnológica neutra para mercadoria

Se a mudança tecnológica ocorrer só na produção de automóvel, a FPP se deslocará para cima, cruzando o eixo de automóveis em um ponto mais alto, como está indicado pela FPP mais alta ao longo do eixo de automóveis no painel (a). Se a mudança na tecnologia afetar só a produção de alimentos, a FPP cruzará o eixo de alimentos em um ponto mais alto, como está indicado pela FPP mais para fora naquele eixo. Se a mudança na tecnologia afetar ambos os produtos igualmente, os deslocamentos da PPF para fora serão de uma maneira equidistante, como mostra o painel (b).

Tradicionalmente, a mudança tecnológica foi tratada de maneira exógena (isto é, como um evento independente vindo de fora) na literatura de crescimento, muitas vezes com uma taxa fixa de crescimento.[5] Contudo, no final dos anos de 1980 uma série de modelos de crescimento de longo prazo começou a aparecer, nos quais a taxa de mudança tecnológica foi determinada endogenamente, ou dentro do sistema, em vez de ser imposta de fora. Nesses modelos mais novos, a taxa de mudança tecnológica é determinada por fatores como o crescimento do capital físico e o aumento do capital humano. O novo investimento cria e/ou incorpora inovações e invenções que podem, por sua vez, estimular uma mudança tecnológica adicional, pois a experiência com o novo capital leva a mais mudança em um ambiente de "aprender fazendo". Efeitos de "deslocamento" semelhantes também estão relacionados à aquisição de capital humano, bem como a despesas com pesquisa e desenvolvimento. Esses modelos, em geral tratados como **modelos de crescimento endógeno**, refletem a ideia básica de que a mudança da tecnologia é o resultado de coisas que as pessoas fazem e não algo produzido fora de um determinado sistema econômico.[6]

---

[5] Uma forma típica de incorporar a mudança técnica é demonstrada na seguinte função de produção tradicional de Cobb-Douglas da teoria microeconômica:

$$Y = Ae^{gt}K_t^{\alpha}L_t^{\beta}$$

onde Y se refere ao PIB, A é um nível inicial de tecnologia, e é a base dos logaritmos naturais, g representa a taxa exógena de crescimento da tecnologia, K_t é o nível de estoque de capital no tempo t, e L_t se refere à força de trabalho no tempo t. Os expoentes α e β são as respectivas elasticidades da produção com respeito ao capital e ao trabalho.

[6] Nesta estrutura, segundo Paul Romer (1989), a função de produção toma a forma geral de $Y = f(K_t, L_t, A_t)$, onde A_t se refere ao nível da tecnologia da economia no tempo t e aparece agora na função de produção como insumo endógeno. A_t é influenciado, por exemplo, por pesquisa e desenvolvimento, crescimento do capital, aquisição de habilidades, e vários efeitos de deslocamento associados ao aumento do capital e do trabalho.

Assim, eles forneceram uma explicação de como o rápido crescimento sustentado pode se realizar, evitando a conclusão neoclássica tradicional de que o crescimento econômico convergiria para a taxa natural de crescimento demográfico devido à produtividade decrescente do capital. O trabalho de Grossman e Helpman (1991) não só acrescentou à literatura sobre crescimento endógeno, mas também examinou as implicações da mudança tecnológica endógena sobre questões internacionais, inclusive vantagem comparativa dinâmica, comércio e crescimento, ciclos de produto e a transmissão internacional de políticas.[7] De qualquer modo, não examinamos esses desenvolvimentos neste livro. Para os nossos objetivos, sendo a mudança tecnológica exógena ou endógena, o desenvolvimento ainda gera um deslocamento para fora da fronteira de possibilidades de produção.

Os efeitos do crescimento de fator

A segunda fonte de crescimento econômico é o aumento da disponibilidade de fatores de produção. Analisamos o impacto do crescimento de fator em termos de dois insumos homogêneos, capital e trabalho. No mundo real, existem outros insumos primários como recursos naturais, terra e capital humano, e os fatores não tendem a ser homogêneos. O trabalho e o capital permanecem, contudo, os dois insumos mais importantes, e os aprendizados obtidos ao examinar K e L podem ser estendidos a casos mais gerais. As estimativas de crescimento do capital e do trabalho para 1966-2004 em determinados países são apresentadas na Tabela 1.

Um aumento na abundância do fator pode ocorrer por aumentos no estoque de capital, aumentos na força de trabalho, ou ambos. O estoque de capital de um país cresce à medida que ocorre investimento doméstico e estrangeiro no país. A força de trabalho se expande por aumentos da população (inclusive imigração), aumentos na taxa de participação da força de trabalho, ou ambos. Se tanto o trabalho como o capital crescerem à mesma taxa, a FPP se deslocará para fora na mesma proporção, como no caso da mudança tecnológica neutra de mercadorias. Esse **efeito de crescimento fator neutro** é demonstrado no painel (a) da Figura 6 com a nova FPP, mais para fora do que a antiga.

O assunto se complica se um dos fatores crescer e o outro não. Suponha que o estoque de capital aumente, mas o tamanho da força de trabalho permaneça constante. Como a fronteira de possibilidades de produção se modificará? Para responder a essa pergunta, lembre-se dos pressupostos sobre produção da teoria neoclássica e do modelo de Heckscher-Ohlin. Considere que cutelaria seja de capital intensivo e queijo seja de trabalho intensivo. Se o estoque de capital crescer, ele terá um impacto relativo maior sobre o produto intensivo de capital. Pense nisso como uma expansão da caixa de Edgeworth (veja o Capítulo 5) pelo lado do capital, com o lado do trabalho permanecendo do mesmo tamanho. Se os recursos de todo o país forem dedicados à produção de cutelaria, a expansão do estoque de capital permitirá ao país conseguir um nível mais elevado de produção (isoquanta mais elevada) do que era obtido antes do crescimento do capital. O crescimento do capital também permite produzir uma quantidade de queijo maior para qualquer nível de cutelaria porque o capital pode ser substituído em algum grau pelo trabalho. Contudo, como queijo é o bem de trabalho intensivo, o impacto potencial na produção será menor do que para o bem de capital intensivo. Consequentemente, a FPP se deslocará assimetricamente para fora na direção do bem de capital intensivo. Esse deslocamento é demonstrado no painel (b) da Figura 6. Um argumento análogo pode ser desenvolvido para o crescimento do trabalho quando o estoque de capital é mantido constante. A fronteira de possibilidades de produção se deslocará para fora

---

[7] Para uma excelente análise geral da literatura sobre mudança tecnológica endógena, veja o simpósio sobre "New Growth Theory" (com artigos de Paul M. Romer, Gene M. Grossman e Elhanan Helpman, Robert M. Solow e Howard Pack), no *Journal of Economic Perspectives*, v. 8, n. 1, 1994, p. 3-72.

TABELA 1   Dotação de fatores em países selecionados, 1966, 1985 e 2004

País	1966	1985	2004	Taxa de crescimento médio anual, 1966-2004
Estados Unidos:				
Capital	$785.933	$1.020.600	$4.053.237	4,32%
Trabalho	76.595	107.150	153.700	1,83
Terra	–742.400–			
Japão:				
Capital	$165.976	$438.631	$2.774.907	7,42
Trabalho	49.419	58.070	67.000	0,80
Terra	–31.396–			
Canadá:				
Capital	$76.537	$150.587	$341.990	3,94
Trabalho	7.232	11.311	17.400	2,31
Terra	–386.632–			
Austrália:				
Capital	$35.053	$47.761	$241.424	5,08
Trabalho	4.727	6.646	10.200	2,82
Terra	–521.973–			
França:				
Capital	$146.052	$233.089	$717.488	4,19
Trabalho	21.233	21.193	26.900	0,62
Terra	–46.560–			
México:				
Capital	$21.639	$72.753	$242.546	6,36
Trabalho	12.844	22.066	42.400	3,20
Terra	–176.100–			

Nota: As estimativas do estoque de capital real estão em milhões de dólares americanos de 1966, trabalho está em milhares de indivíduos economicamente ativos, e terra, em milhares de hectares.

Fontes: Os dados de 1966 são de Harry P. Bowen, Edward E. Leamer e Leo Sveikauskas, "Multicountry, multifactor tests of the factor abundance theory", *American Economic Review*, v.77, n. 5, dez. 1987, p. 806-807. Os dados de capital de 1985 a 1994 foram estimados somando-se os fluxos de investimento doméstico bruto real anual (das fontes anuais da *World Tables* do Banco Mundial), a partir de 1975, com uma taxa de depreciação anual de 10%. Para 1995-2004, as taxas de câmbio estrangeiras e os dados brutos reais de investimento foram obtidos do *International Financial Statistics Yearbook 2000* e do *International Financial Statistics* de dezembro de 2006, ambos do FMI. Utilizaram-se os índices de preço para o investimento fixo bruto de *Economic Report of the President*, de fevereiro de 1999 e de fevereiro de 2006. As dotações de trabalho para 1985 são originárias do *Yearbook of Labor Statistics* da Organização Internacional do Trabalho, e as dotações de terra provêm do *Production Yearbook*, da FAO. Os dados sobre trabalho de 2004 são provenientes do *Word Development Indicators* de 2006, do Banco Mundial.

de uma maneira assimétrica, com o produto de trabalho intensivo mostrando uma maior resposta relativa. O efeito do crescimento da força de trabalho é apresentado na Figura 6 (c).

REVISÃO DE CONCEITO

1. Qual é a diferença entre efeito de produção pró-comércio e efeito de consumo pró-comércio? O que é efeito líquido sobre o comércio?
2. Qual é a diferença entre efeito de produção ou de consumo ultrapró-comércio e efeito de produção ou de consumo pró-comércio?
3. Como a mudança na FPP decorrente do crescimento do capital difere daquela que resulta do crescimento do trabalho? Por que cada um deles desloca a FPP para fora em ambos os eixos?

FIGURA 6   Os efeitos do crescimento do fator na FPP

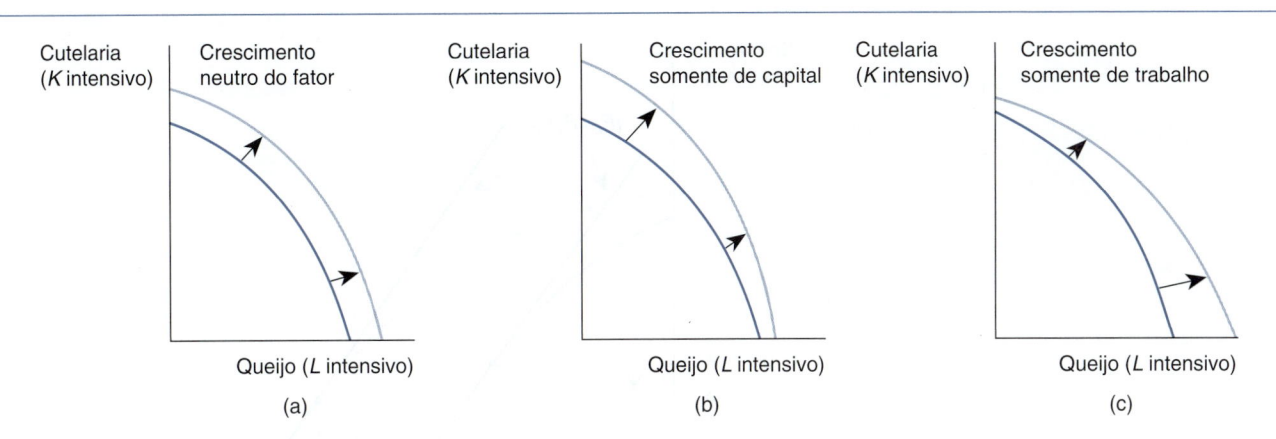

(a) Cutelaria (K intensivo) / Crescimento neutro do fator — Queijo (L intensivo)

(b) Cutelaria (K intensivo) / Crescimento somente de capital — Queijo (L intensivo)

(c) Cutelaria (K intensivo) / Crescimento somente de trabalho — Queijo (L intensivo)

Se ambos os fatores crescerem na mesma taxa, a FPP se deslocará para fora de maneira proporcional, como mostrado no painel (a). Se somente o capital crescer, a produção de ambos os bens pode potencialmente aumentar, mas o aumento é relativamente maior para o bem de capital intensivo. O impacto do crescimento do capital é mostrado só no painel (b). Se apenas o trabalho crescer, o impacto na produção será relativamente maior no bem de trabalho intensivo, como mostra o painel (c).

CRESCIMENTO DO FATOR, COMÉRCIO E BEM-ESTAR NO CASO DE PAÍS PEQUENO

Um crescimento não neutro dos fatores deslocará a fronteira de possibilidades de produção de maneira assimétrica e alterará a abundância relativa de fator no país. A resposta econômica a essa mudança depende dos preços relativos dos produtos. Continuemos a supor que o país seja pequeno e não possa influenciar os preços mundiais, que permanecem constantes. O que acontece com a produção neste caso quando um fator, trabalho, por exemplo, cresce e o estoque de capital permanece fixo? Já sabemos que a FPP se deslocará relativamente mais para fora ao longo da linha central do produto trabalho-intensivo. Quando isso ocorre, a produção se dá no ponto de tangência entre a nova FPP e o mesmo conjunto de preços relativos (veja a Figura 7). Essa nova tangência ocorre em um nível que representa um aumento da produção do bem de trabalho intensivo e uma diminuição da produção do bem de capital intensivo. Se o bem de trabalho intensivo for o de exportação, o efeito de produção será ultrapró-comércio; se o bem de trabalho intensivo for o de importação, o crescimento no trabalho produzirá um efeito ultra-anticomércio. A conclusão de que o crescimento de um fator leva a uma expansão absoluta do produto que usa esse fator intensivamente e a uma contração absoluta da produção do produto que usa intensivamente o outro fator é denominada **teorema de Rybczynski**, do economista britânico T. M. Rybczynski. O raciocínio econômico que se encontra por trás do teorema de Rybczynski é direto. Como pela suposição de país pequeno, os preços relativos dos produtos não podem mudar, portanto, os preços relativos dos fatores também não podem mudar porque a tecnologia é constante. Se os preços relativos dos fatores permanecem inalterados no novo equilíbrio, as razões K/L nas duas indústrias, no novo equilíbrio, são semelhantes ao momento anterior do crescimento. A única maneira disso acontecer, dado o aumento da quantidade de trabalho, é se o setor de capital intensivo liberar algum de seu capital para ser usado com o novo trabalho no setor de trabalho intensivo. Quando a transferência de capital ocorre, a produção dos bens de capital intensivo cai e a produção dos bens de trabalho intensivo se expande.

Que efeito o crescimento do fator tem sobre o comércio no exemplo do país pequeno? O impacto na produção do crescimento do fator sobre o comércio depende de o fator que cresce (trabalho, no nosso exemplo) ser o fator abundante ou o fator escasso. Se for o abundante, haverá um efeito de produção ultrapró-comercial, considerando que o país exporta a mercadoria intensiva

FIGURA 7   Crescimento de fator e produção: o exemplo do país pequeno

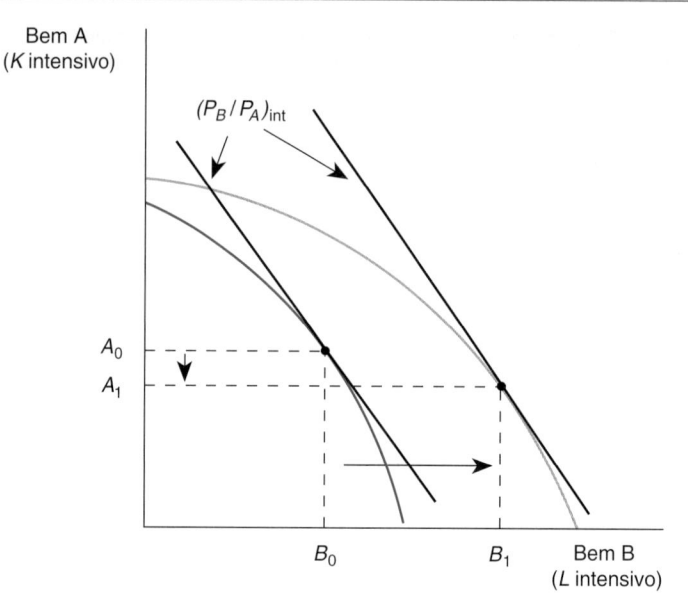

Com um aumento somente do trabalho, a FPP desloca-se para fora proporcionalmente mais para o bem B de trabalho intensivo do que para o bem A de capital intensivo. Como isso não afeta os preços mundiais relativos no exemplo do país pequeno, a maior disponibilidade de trabalho leva a uma expansão da produção do bem de trabalho intensivo. Visto que algum capital é requerido para gerar uma produção adicional de B e este somente pode ser adquirido atraindo-se capital do bem de capital intensivo, a produção de A deve declinar enquanto a produção de B aumenta. Ambos os pontos de produção representam tangências entre $(P_B/P_A)_{int}$ e a antiga FPP e a nova FPP, respectivamente.

no fator abundante, tal qual em Heckscher-Ohlin. Se for o fator escasso, há um efeito de produção ultra-anticomércio. Consequentemente, tudo o mais constante, o impacto expansionista sobre o comércio é maior com o crescimento do fator abundante do que com o do fator escasso. Entretanto, o efeito total sobre o comércio depende de ambos os efeitos – produção e consumo. Como regra geral, se o efeito consumo for pró-comércio, o país passará a participar mais fortemente do comércio se o fator abundante crescer. Se o fator escasso crescer, o efeito total pode reduzir a participação no comércio. Uma avaliação completa dos impactos do crescimento do fator na participação do país no comércio requer a estimação tanto dos efeitos de oferta como de demanda.

Considere o efeito do crescimento sobre o bem-estar. Se o capital crescer ou houver uma mudança tecnológica, haverá um aumento no bem-estar, pois qualquer uma daquelas mudanças aumentará a renda real per capita e permitirá ao país alcançar uma curva de indiferença da comunidade mais elevada. Supõe-se que os benefícios sociais que resultam do aumento da produção não sejam neutralizados por efeitos negativos na distribuição de renda. Entretanto, se houver um crescimento da força de trabalho, as implicações do crescimento sobre o bem-estar serão menos diretas. O mapa de curvas de indiferença da comunidade que existia antes do crescimento já não é mais relevante, porque os novos membros da força de trabalho podem ter gostos diferentes daqueles dos membros originais. Consequentemente, não é possível usar os dois mapas de curvas de indiferença para fazer comparações de bem-estar. Na prática, os economistas usam níveis de renda per capita para ter uma ideia das mudanças no bem-estar do país. Embora essa medida tenha deficiências, parece correlacionar-se bem com muitas outras variáveis indicativas de bem-estar. Entretanto, ela não leva explicitamente em consideração as mudanças na distribuição de renda.

QUADRO CONCEITUAL 1
CRESCIMENTO DA FORÇA DE TRABALHO E A RENDA PER CAPITA

Sob a suposição de retornos constantes de escala, um crescimento de 20% da força de trabalho leva a uma taxa de crescimento de 20% da produção de um produto particular somente se todos os insumos restantes crescerem também em 20%. Se todos os insumos crescerem a uma porcentagem fixa, a FPP MN se deslocará para fora, para a FPP $M'N'$, de maneira equidistante, por uma mesma porcentagem, como mostra a Figura 8. Entretanto, se somente o trabalho crescer, a FPP se deslocará para fora relativamente mais para o bem de trabalho intensivo do que para o bem de capital intensivo, como indica a FPP tracejada $M''N''$. Contudo, como apenas o trabalho cresce, o deslocamento para fora, de MN para $M''N''$, deve ser menor para todas as combinações dos dois bens finais do que quando todos os insumos e produção aumentaram por uma mesma porcentagem. Segue que, qualquer que seja a combinação dos dois produtos do país, o aumento da renda, representado por $M''N''$, é sempre menor do que aquele representado por $M'N'$, com tudo o mais igual. Assim, um aumento de 20% da força de trabalho leva a um aumento da renda menor que 20% e, consequentemente, a renda per capita cai.

FIGURA 8 Mudanças na FPP sob suposições diferentes do crescimento do fator

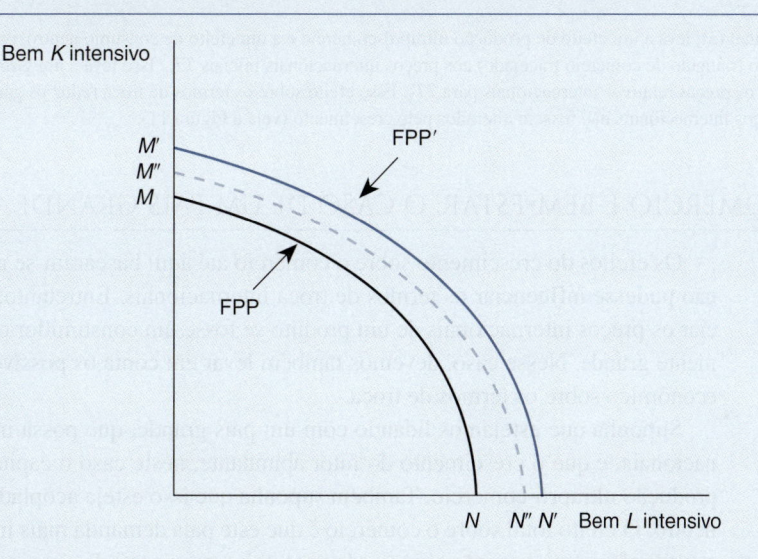

Se todos os fatores crescerem na mesma porcentagem, a FPP se deslocará para fora de forma equidistante, como está indicado por $M'N'$. Se somente o trabalho crescer, a FPP mudará da maneira indicada pela FPP tracejada, $M''N''$. Como $M''N''$ se encontra necessariamente para dentro da $M'N'$, para um dado nível de crescimento da força de trabalho, o aumento percentual da renda associada apenas ao crescimento da força de trabalho é necessariamente menor que o aumento percentual da força de trabalho. Assim, a renda per capita cai somente se a força de trabalho crescer.

Se adotarmos a renda per capita como medida do bem-estar no exemplo do crescimento da força de trabalho, o que se pode concluir sobre o impacto de tal crescimento no bem-estar? Suposemos que nossa produção caracteriza-se por usar dois insumos e que há retornos constantes de escala. A definição de retornos constantes de escala indica que se todos os insumos aumentarem a uma mesma porcentagem, a produção aumentará na mesma porcentagem. Se, entretanto, apenas um insumo crescer, a produção se expandirá a uma porcentagem menor do que a do aumento do único fator. (Veja o Quadro conceitual 1 para discussão adicional desse ponto.) Se usarmos a renda per capita como medida do bem-estar, concluiremos que um aumento da população (trabalho) conduzirá a uma queda da renda per capita e, consequentemente, do bem-estar do país, tudo o mais permanecendo constante.

FIGURA 9   O crescimento em país grande e os efeitos sobre os termos de troca

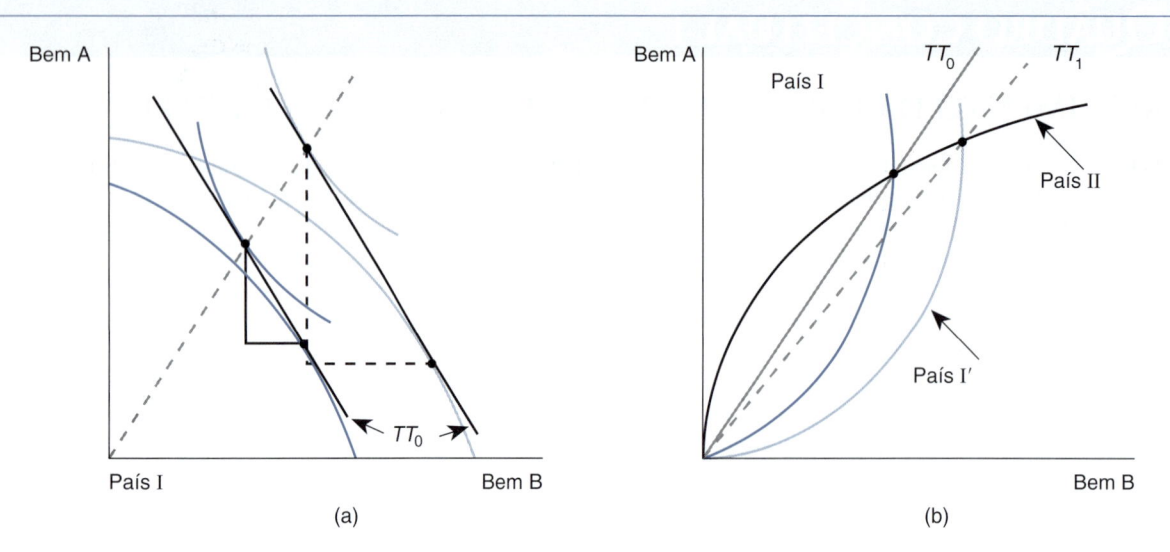

(a)   (b)

O crescimento no país I [painel (a)] leva a um efeito de produção ultrapró-comércio e a um efeito de consumo neutro, os quais ampliam a quantidade desejada de comércio do país I (o triângulo de comércio tracejado) aos preços internacionais iniciais TT_0. Isso leva a um giro da curva de oferta do país I para fora [painel (b)], reduzindo os preços relativos internacionais para TT_1. Esse efeito sobre os termos de troca reduz os ganhos do crescimento comparado com o que aconteceria se os preços internacionais não fossem alterados pelo crescimento (veja a Figura 11).

Crescimento, comércio e bem-estar: o caso de um país grande

Os efeitos do crescimento sobre o comércio até aqui basearam-se na suposição de que o país não pudesse influenciar os termos de troca internacionais. Entretanto, um país poderia influenciar os preços internacionais de um produto se fosse um consumidor ou um produtor suficientemente grande. Nesse caso, devemos também levar em conta os possíveis efeitos do crescimento econômico sobre os termos de troca.

Suponha que estejamos lidando com um país grande, que possa influenciar os preços internacionais, e que o crescimento do fator abundante, neste caso o capital, provoque um efeito de produção ultrapró-comércio. Também suponha que isso esteja acoplado a um efeito de consumo neutro. O efeito total sobre o comércio é que este país demanda mais importações e oferece mais exportações para o atual conjunto de preços internacionais [veja o painel (a) da Figura 9]. Em consequência do crescimento, ele altera sua "oferta" para aquele particular conjunto de preços no mercado internacional. A maior oferta de bens de exportação (bem B) e a maior demanda de importação de bens (bem A) reduzem os termos de troca internacionais [veja o painel (b) da Figura 9]. (Para uma discussão de como os diferentes tipos de crescimento afetam a curva de oferta de um país em crescimento, veja o Quadro conceitual 2.) O aumento no preço relativo das importações efetivamente reduz os possíveis ganhos do crescimento e do comércio, pois o país recebe agora poucas importações por unidade de exportação (veja a Figura 11). Graficamente, a linha de termos de troca internacionais TT_1 é menos inclinada agora do que antes do crescimento (TT_0), e ela é tangente a uma curva de indiferença mais baixa (IC_2) do que seria o caso se os preços não fossem afetados (IC_1). Assim, alguns dos ganhos do crescimento são efetivamente reduzidos pela deterioração dos termos de troca. Para o crescimento ser benéfico para grandes países comerciais, os efeitos sobre os termos de troca negativos não devem eliminar completamente os efeitos positivos do crescimento.

O crescimento pode resultar em redução do bem-estar de dois modos, no caso de um país grande. Primeiro, se o trabalho for o insumo abundante e tiver sua oferta aumentada, a perda de bem-estar associada ao decorrente declínio da renda per capita será ampliada ainda mais pela deterioração dos termos de troca internacionais (aumento do preço relativo das importações). O

Quadro conceitual 2

Crescimento econômico e a curva da oferta

Quando a economia de um país cresce, sua curva da oferta se desloca. Entretanto, a dimensão e mesmo o sentido do deslocamento dependem do tipo de crescimento que ocorre. (Veja Meier 1968, p, 18.) Na Figura 10, a curva da oferta anterior ao crescimento do país I é OC_I. Se o efeito líquido dos efeitos de produção e de consumo do país I for de crescimento ultrapró-comércio, sua curva da oferta se deslocará para a direita, para OC_{UP}, com um consequente aumento do volume de comércio e uma deterioração dos termos de troca com o país II, seu parceiro comercial. Se o efeito líquido for crescimento pró-comércio, a curva da oferta do país I se deslocará para OC_P, com um aumento menor do volume de comércio e uma deterioração menor dos termos de troca do que em OC_{UP}. Mas, talvez surpreendentemente, mesmo com crescimento neutro, a curva da oferta do país I ainda se desloca para a direita (para OC_N). Isso ocorre porque, mesmo que a relação entre o comércio e a renda nacional do país I tenha permanecido constante (uma vez que a elasticidade-renda de demanda por importações, YEM, é igual a 1,0), o desejo absoluto de comercializar aumenta. Também é verdade que o volume absoluto de comércio aumenta mesmo com crescimento com viés anticomércio (curva da oferta OC_A), apesar do fato de que o comércio cai em relação à renda nacional ($0 < YEM < 1$). Por fim, um efeito líquido de crescimento com viés ultra-anticomércio desloca a curva de oferta do país I para a esquerda, para OC_{UA}. Somente nesse caso, tudo o mais constante, o volume de comércio diminuirá e os termos de troca melhorarão.

FIGURA 10   Deslocamentos da curva da oferta com os diferentes tipos de crescimento

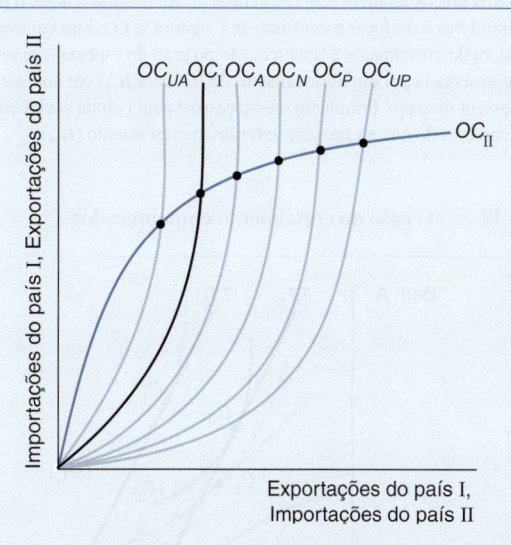

Começando com a curva da oferta anterior ao crescimento OC_I para o país I, os quatro tipos de crescimento, ultrapró-comércio, pró-comércio, neutro e anticomércio, aumentam a intenção do país I em comercializar mais. Sua curva de oferta se desloca para a direita, nestes casos para OC_{UP}, OC_P, OC_N e OC_A, respectivamente; o volume de comércio com o país II aumenta e os termos de troca do país I se deterioram. Somente com o crescimento com viés ultra-anticomércio a curva de oferta do país I se deslocará para a esquerda (para OC_{UA}) e levará a menos comércio e a uma melhoria dos termos de troca do país I.

---

resultado será essencialmente o mesmo do caso do país pequeno, exceto que ele é intensificado pelo efeito negativo dos termos de troca. Segundo, mesmo que o capital fosse o fator abundante e em crescimento (ou que houvesse uma mudança tecnológica na mercadoria de exportação) e que os efeitos negativos dos termos de troca fossem suficientemente fortes, o país ainda poderia ficar pior após o crescimento (veja a Figura 12). Nesse caso, a deterioração dos termos de troca seria tão grande que a nova linha de termos de troca internacionais (TT_1), menos inclinada, seria

FIGURA 11   O crescimento de país grande, efeitos de termos de troca e bem-estar

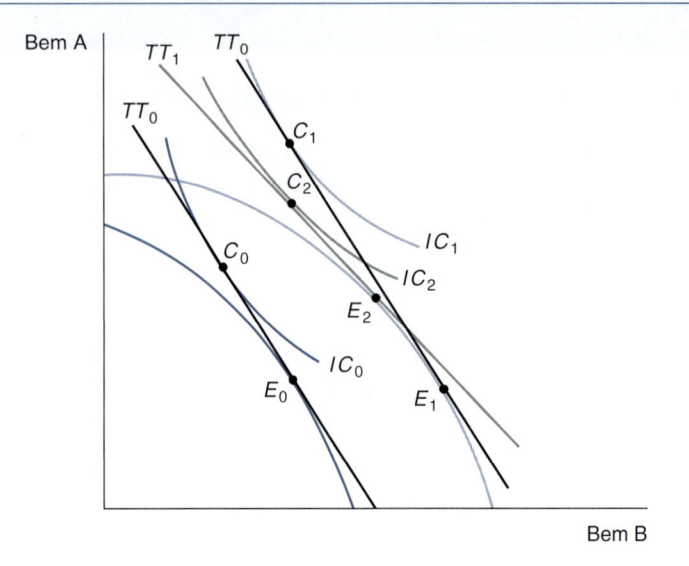

O declínio dos termos de troca para o país I de TT_0 para TT_1 depois do crescimento leva o país I a produzir menos do bem de exportação B e mais do bem de importação A (o movimento de E_1 para E_2), comparado com o que aconteceria se os preços relativos não se alterassem. Ao mesmo tempo, o preço relativamente mais elevado do bem A leva os consumidores a deslocar o consumo de C_1 para C_2. O efeito combinado dessas respostas à mudança dos termos de troca indutora do crescimento é uma redução no grau de especialização e do comércio, levando a uma queda no bem-estar (representada por um deslocamento de IC_1 para IC_2) em comparação com o que ocorreria se os termos de troca não tivessem mudado. Entretanto, nesse caso, o país I ainda estará em melhor situação, com o crescimento e as mudanças de preços, do que na situação anterior ao crescimento (IC_0).

FIGURA 12   O caso do crescimento empobrecedor

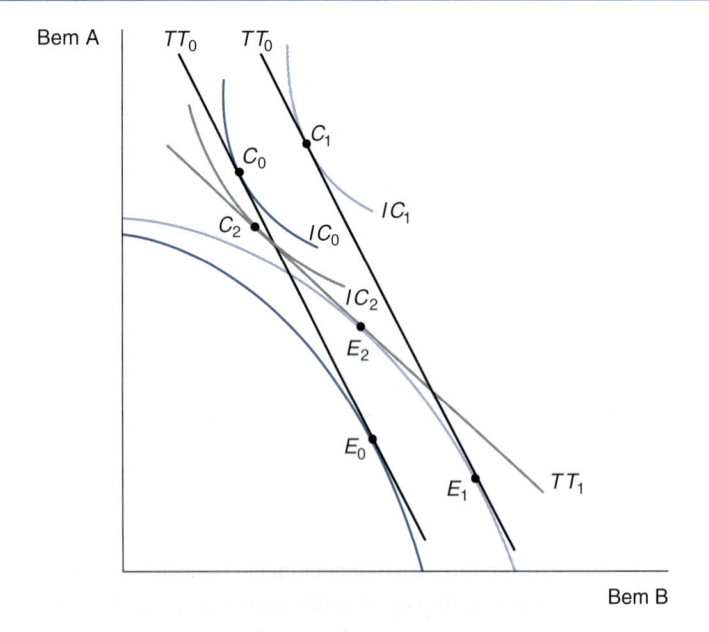

É possível que a mudança nos termos de troca associada ao crescimento do país grande possa ser suficientemente grande para deixar o país em situação menos favorável em comparação às condições anteriores ao crescimento. Os TT_1 pós-crescimento são tão menores que os TT_0 pré-crescimento que, depois que os produtores e os consumidores respondem ao novo conjunto de preços relativos (E_2 e C_2), o país I se encontra em situação menos favorável do que anteriormente ao crescimento. Os consumidores alcançam agora uma curva de indiferença mais baixa se comparada com a situação anterior ao crescimento ($IC_2 < IC_0$). O efeito do crescimento do país grande é denominado *crescimento empobrecedor*.

CAPÍTULO 11   CRESCIMENTO ECONÔMICO E COMÉRCIO INTERNACIONAL   219

FIGURA 13   Crescimento do fator escasso no caso do país grande

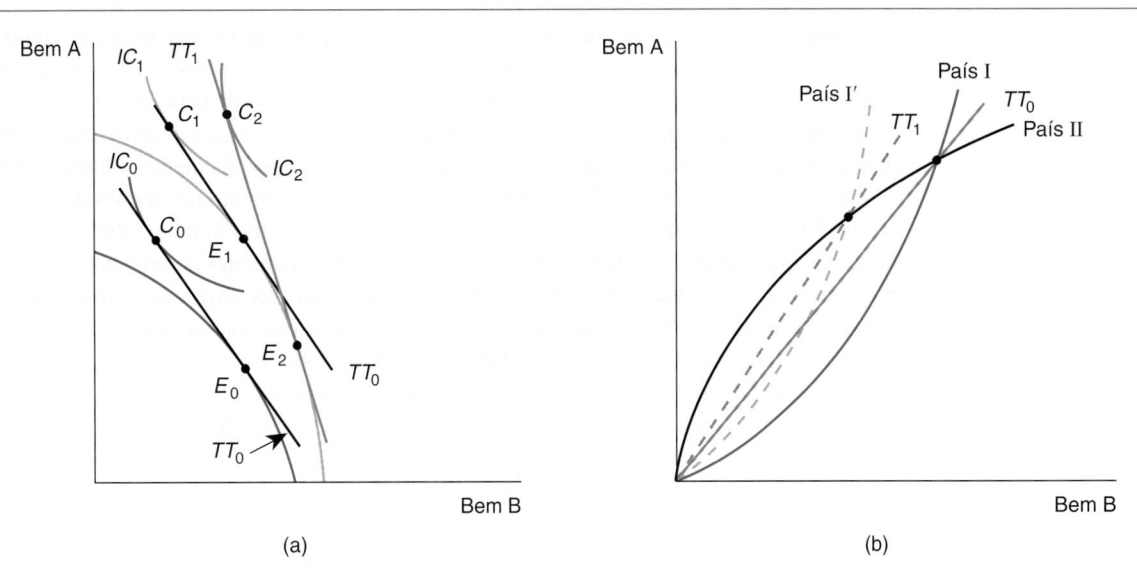

(a)

(b)

Segundo o teorema de Rybczynski, o crescimento do fator escasso leva a uma expansão da produção do bem de importação (bem A) e a uma contração da produção do bem de exportação (bem B). Se o efeito de produção ultra-anticomércio não for compensado por um efeito consumo muito forte para mais comércio, o nível desejado de comércio ao nível inicial de preços, TT_0, cairá. Se isso acontecer, a curva de oferta do país I se deslocará para dentro, demonstrando o menor desejo de comercializar após o crescimento. Isso leva a uma melhoria nos termos de troca para o país I ($TT_1 > TT_0$) e a ajustes da produção e do consumo. A produção, pós-crescimento, desloca-se de E_1 para E_2, o consumo de C_1 para C_2, e o nível de bem-estar de IC_1 para IC_2. Assim, a mudança nos termos de troca leva a maior especialização e comércio e a ganhos adicionais provenientes do crescimento, comparado com o que ocorreria se prevalecessem os termos de troca originais.

tangente a uma curva de indiferença da comunidade mais baixa (IC_2 no ponto C_2) do que ocorria antes do crescimento (IC_0 no ponto C_0). Quando os efeitos negativos dos termos de troca superam os efeitos positivos do crescimento, gera-se uma situação denominada **crescimento empobrecedor**, citado pela primeira vez por Jagdish N. Bhagwati (1958).

Precisamos discutir resumidamente os efeitos do crescimento do fator escasso para um país grande. De acordo com o teorema de Rybczynski, o crescimento do fator escasso leva a um aumento da produção do bem que compete com o bem importado e a uma diminuição da produção do bem de exportação. Ignorando-se quaisquer compensações de efeitos consumo, para o país grande isso leva a uma redução na "oferta" de exportações em favor das importações pelo país em expansão, já que o crescimento tem viés ultra-anticomércio [veja o painel (b) da Figura 13]. O fenômeno do crescimento leva a uma melhoria nos termos de troca desse país, conforme a redução do volume de exportações pressiona para cima o preço do bem de exportação e a redução da demanda de importações produz uma pressão descendente no preço do bem de importação. Os efeitos positivos do crescimento são realçados pelos efeitos de termos de troca, fazendo com que o país alcance uma curva de indiferença ainda mais elevada. Isso é mostrado no painel (a) da Figura 13, à medida que o bem-estar do consumidor se eleva de IC_0 antes do crescimento para IC_1 só com o crescimento e para IC_2 após se considerarem os efeitos de termos de troca. Por fim, se o trabalho for o fator escasso em crescimento, os efeitos termos de troca positivos podem compensar, pelo menos em parte, alguma perda de bem-estar devido ao declínio da renda per capita.

REVISÃO DE CONCEITO

1. Como o crescimento afeta a produção de acordo com o teorema de Rybczynski? O tamanho do país ("pequeno" ou "grande" no comércio) é importante para esse resultado?
2. Como o crescimento pode levar a uma deterioração dos termos de troca para o país grande? O crescimento pode sempre melhorar os termos de troca de um país? Se sim, quando?
3. Explique como a mudança nos termos de troca que acompanham o crescimento pode levar um país a uma situação pior após o crescimento em comparação com seu estado de bem-estar anterior ao crescimento.

Crescimento e os termos de troca: a perspectiva dos países em desenvolvimento

A análise anterior do crescimento, do comércio e do bem-estar fornece uma útil referência para examinar a interação entre crescimento, comércio e desenvolvimento econômico. É clara a importância da mudança tecnológica e da acumulação de capital na melhoria do bem-estar do país. Nos países onde a população e, portanto, o trabalho está crescendo a uma taxa relativamente elevada, algum estímulo à produção além do trabalho deve ocorrer para a renda per capita melhorar constantemente.

É também importante considerar o possível efeito do crescimento nos termos de troca internacionais. Embora a maioria dos países em desenvolvimento não seja grande, sobretudo em um sentido econômico, muitos são fornecedores suficientemente importantes de produtos primários específicos capazes de influenciar os preços internacionais. Diversas observações importantes devem ser feitas. Primeiro, o crescimento econômico que se baseia na expansão da produção desses bens pode levar a movimentos adversos dos termos de troca. Embora o crescimento empobrecedor não pareça ser comum no mundo real, movimentos adversos dos termos de troca reduzem claramente os benefícios do crescimento e do comércio para os países em desenvolvimento. Essa observação proporciona forte sustentação para considerar a diversificação de produtos na estratégia de desenvolvimento a fim de reduzir a probabilidade de o crescimento gerar movimentos adversos dos termos de troca e a dependência sobre os ganhos de apenas um único produto de exportação. O principal fornecedor mundial de um bem de exportação como café, cacau ou amendoim que se baseia fortemente em um único produto para sua exportação poderia se encontrar em dificuldades econômicas e apuros financeiros se uma colheita abundante levasse para baixo os preços mundiais.

Segundo, lembre-se de que o crescimento pode levar a mudanças na demanda relativa de produtos finais. Admitimos essa possibilidade na discussão dos efeitos comerciais que acompanham o crescimento. Em geral, várias classes de produtos tendem a se comportar de modo previsível quando a renda cresce, e os diferentes padrões de comportamento podem ser descritos com o uso da elasticidade-renda da demanda (elasticidade-renda da demanda em geral, não apenas a elasticidade-renda de demanda de importações). Por exemplo, bens primários como minerais e produtos alimentícios tendem a ter elasticidade-renda inferior a 1,0, enquanto os manufaturados tendem a ser caracterizados por uma elasticidade-renda superior a 1,0. Na medida em que os países em desenvolvimento exportam bens primários intensivos em trabalho – e terra – e importam bens manufaturados, o crescimento das indústrias de exportação tradicionais tende a gerar efeitos de consumo pró-comércio ou ultrapró-comércio que podem gerar déficit de balança comercial em economias com taxa de câmbio fixa ou uma depreciação da moeda doméstica se a taxa de câmbio for flexível.

Por fim, sob uma perspectiva mais ampla, países que contam com produtos primários para obter ganhos com exportação podem achar que os preços internacionais desses bens não se elevam tão rapidamente como os preços dos bens manufaturados que eles importam, em parte devido às diferenças em suas elasticidades-renda. Essa deterioração dos termos de troca certamente reduz os ganhos do crescimento no curto prazo e reduz a taxa futura de crescimento, diminuindo a capacidade de importar os bens de capital necessários. Economistas como Raul Prebisch (1959), Hans Singer (1950) e Gunnar Myrdal (1956) argumentaram que os termos de troca dos países em desenvolvimento declinaram por um longo período de tempo, principalmente para seu prejuízo. Tais argumentos baseiam-se não apenas nas diferentes características da demanda das duas categorias de produtos, mas também nos efeitos da mudança tecnológica sobre o preço. Supõe-se que os avanços tecnológicos nos países em desenvolvimento levam a diminuições dos preços dos produtos dos países em desenvolvimento, ao passo que nos países industrializados os avanços tecnológicos levam a pagamentos maiores aos fatores de produção (em vez de reduzir o preço para os produtos manufaturados). Embora não seja claro que um declínio no longo prazo nos termos de troca internacionais dos países em desenvolvimento tenha ocorrido, está razoavelmente claro que houve períodos de forte deterioração e melhoria de curto prazo, frequentemente em resposta a efeitos não antecipados da oferta. Uma vez que os bens primários tendem a ser menos elásticos que as manufaturas com respeito tanto ao preço como à renda, a instabilidade dos preços relativos é potencialmente um problema muito mais sério para os países em desenvolvimento do que para os países industrializados. Por essa razão, propostas de estabilização de preços como acordos sobre produtos com estoques reguladores e controles de exportação foram relativamente comuns para países em desenvolvimento (veja o Capítulo 18).

No mundo real:

Termos de troca do Brasil, Jordânia, Quênia e Tailândia, 1980-2005

O comportamento dos termos de troca de quatro países em desenvolvimento – Brasil, Jordânia, Quênia e Tailândia – durante as décadas recentes é apresentado na Figura 14. O gráfico indica que a maior deterioração dos termos de troca nesse período ocorreu na Tailândia. Houve um movimento constantemente descendente do valor inicial de 1980, de 130 (1995 = 100), para um valor 75 em 2005. O crescimento do produto interno bruto (PIB) da Tailândia foi de 7,6% ao ano de 1980 a 1990, de 4,2% ao ano de 1990 a 2000, de 5,4% de 2000 a 2004 e de 4,5% em 2005. Como é sugerido neste capítulo, um país que cresce rapidamente (como a Tailândia, em maior extensão de 1980 a 1990 e em menor de 1990 a 2005) pode muito bem experimentar uma deterioração em seus termos de troca.

Para a Jordânia, houve alguma melhoria dos termos de troca de 1980 a 1995, porém, após este período houve deterioração. O PIB da Jordânia cresceu 2,5% de 1980 a 1990, 5,0% de 1990 a 2000, 5,5% de 2000 a 2004 e 7,5% em 2005. Em geral, houve uma tendência para alguma melhora dos termos de troca da Jordânia durante os anos de crescimento mais lento e uma queda durante os anos de crescimento mais rápido.

Para o Brasil, os termos de troca tiveram uma ascensão cíclica de 1980 a 1988 e, depois, um declínio no padrão cíclico até 1995. Houve então um ciclo sem nenhuma tendência real até 2005. A taxa média de crescimento anual do PIB foi de 2,7% de 1980 a 1990 e de 2,9% para 1990 a 2000, de 2,0% de 2000 a 2004 e de 2,5% em 2005. Nenhuma relação clara entre termos de troca e crescimento parece evidente para o Brasil.

Finalmente, o Quênia enfrentou deterioração dos termos de troca de 1980 a 1990 e uma ligeira ascensão cíclica após aquele período. (Dados confiáveis de preço para o Quênia não estão disponíveis após 2000.) A taxa de crescimento do PIB foi em média de 4,2% para 1980 a 1990 e de 2,2% para 1990 a 2000. Mais uma vez, o período de crescimento mais rápido tendeu a ter um comportamento menos favorável dos termos de troca e o período de crescimento mais lento, um comportamento mais favorável dos termos de troca.

Em resumo, nessas décadas de globalização ampliada, há uma certa tendência geral na amostra dos países (à exceção do Brasil) para que um crescimento mais rápido (menos rápido) esteja associado a alguma melhoria (alguma deterioração) dos termos de troca de um país. Entretanto, uma investigação mais detalhada e sistemática é necessária a fim de permitir derivar conclusões mais consistentes.

Fontes: International Monetary Fund (IMF), *International Financial Statistics Yearbook 2002*, Washington, DC: IMF, 2002, p. 138-141; IMF, *International Financial Statistics Yearbook 2003*, Washington, DC: IMF, 2003, p. 87-88; IMF, *International Financial Statistics*, fev. 2007, p. 86-87; World Bank, *World Development Indicators 2002*, Washington, DC: World Bank, 2002, p. 204-207; World Bank, *World Development Indicators 2006*, Washington, DC: World Bank, 2006, p. 192-196.

FIGURA 14   Termos de troca do Brasil, da Jordânia, do Quênia e da Tailândia, 1980-2005

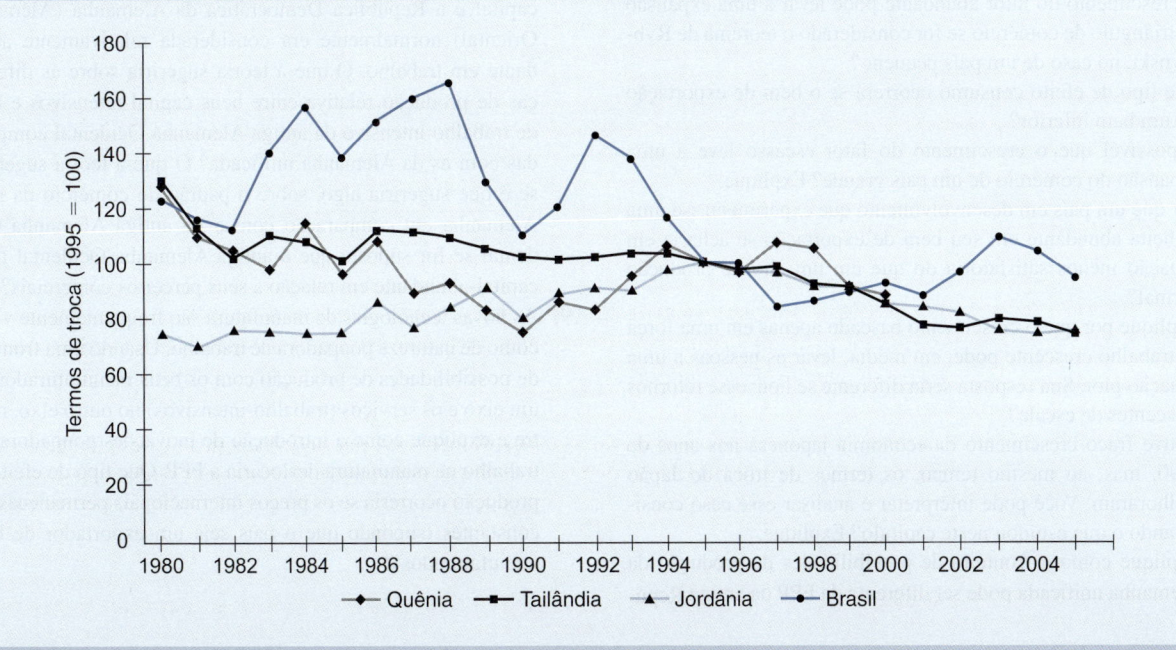

Resumo

Este capítulo concentrou-se em apresentar como o crescimento da renda real de um país influencia seu comércio internacional. O crescimento da produção tem um efeito sobre o comércio de um país por meio tanto do efeito consumo como do efeito produção, os quais não funcionam necessariamente na mesma direção. O capítulo se concentrou nas mudanças tecnológicas e no crescimento do fator como as bases subjacentes para o crescimento, e explicou as diferenças entre os dois em termos de seu impacto sobre a fronteira de possibilidades de produção. O efeito provocado pelo crescimento de um único fator é uma expansão da produção da mercadoria que usa esse fator de forma relativamente intensa e uma contração da produção do segundo bem. Os efeitos sobre o bem-estar do crescimento do fator e da mudança tecnológica foram positivos em todos os casos de país pequeno, com exceção do crescimento da população. Nesse caso, o crescimento da população levou a uma queda da renda per capita. O caso do país grande foi apresentado para evidenciar as implicações do crescimento sobre as mudanças nos termos de troca internacionais. O crescimento da produção do bem de exportação gera efeitos de termos de troca negativos, que reduzem alguns dos ganhos do crescimento. No caso extremo, o bem-estar de um país pode declinar se as mudanças dos efeitos negativos dos termos de troca mais do que compensarem os ganhos do crescimento. O crescimento da produção do bem que compete com as importações pode produzir efeitos de termos de troca que potencializam os efeitos normais do crescimento. Por fim, essa estrutura teórica foi usada para discutir algumas implicações do crescimento para o comércio e para o desenvolvimento de projeções para países em desenvolvimento.

Termos-chave

crescimento empobrecedor
efeito de consumo anticomércio
efeito de consumo neutro
efeito de consumo pró-comércio
efeito de consumo ultra-anticomércio
efeito de consumo ultrapró-comércio
efeito de crescimento fator neutro
efeito de produção anticomércio
efeito de produção neutro
efeito de produção pró-comércio
efeito de produção ultra-anticomércio
efeito de produção ultrapró-comércio
elasticidade-renda da demanda de importações (YEM)
modelos de crescimento endógeno
mudança tecnológica neutra para mercadorias
mudança tecnológica poupadora de capital
mudança tecnológica poupadora de trabalho
mudança tecnológica fator neutra
teorema de Rybczynski

Questões e problemas

1. Em um país pequeno, por que o crescimento de apenas um fator leva a um efeito de produção ultrapró-comércio ou a um efeito de produção ultra-anticomércio?
2. O crescimento do fator abundante pode levar a uma expansão do triângulo de comércio se for considerado o teorema de Rybczynski, no caso de um país pequeno?
3. Que tipo de efeito consumo ocorrerá se o bem de exportação for um bem inferior?
4. É possível que o crescimento do fator escasso leve a uma expansão do comércio de um país grande? Explique.
5. Por que um país em desenvolvimento que experimentasse uma colheita abundante em seu bem de exportação se acharia em situação menos satisfatória do que em um ano de produção normal?
6. Explique por que o crescimento baseado apenas em uma força de trabalho crescente pode, em média, levar as pessoas a uma situação pior. Sua resposta seria diferente se houvesse retornos crescentes de escala?
7. Houve fraco crescimento da economia japonesa nos anos de 1990, mas, ao mesmo tempo, os termos de troca do Japão melhoraram. Você pode interpretar e analisar esse caso considerando o que estudou neste capítulo? Explique.
8. Explique como a fronteira de possibilidades de produção da Alemanha unificada pode ser diferente da FPP da antiga República Federal da Alemanha (Alemanha Ocidental), lembrando-se de que a Alemanha Ocidental, no contexto de dois fatores, normalmente era considerada relativamente abundante em capital e a República Democrática da Alemanha (Alemanha Oriental) normalmente era considerada relativamente abundante em trabalho. O que a teoria sugeriria sobre as diferenças de produção relativa entre bens capital-intensivos e bens de trabalho intensivo da antiga Alemanha Ocidental comparadas com as da Alemanha unificada? O que a teoria sugeriria, se é que sugeriria algo, sobre o padrão de comércio da nova Alemanha em comparação com o da antiga Alemanha Ocidental se for suposto que a antiga Alemanha Ocidental fosse capital-abundante em relação a seus parceiros comerciais?
9. As novas tecnologias de manufatura são frequentemente vistas como de natureza poupadora de trabalho. Usando uma fronteira de possibilidades de produção com os bens manufaturados em um eixo e os serviços (trabalho-intensivos) no outro eixo, mostre e explique como a introdução de inovações poupadoras de trabalho na manufatura deslocaria a FPP. Que tipo de efeito de produção ocorreria se os preços internacionais permanecessem constantes (supondo que o país seja um exportador de bens manufaturados)?

10. Em um mundo de dois bens (bens X e Y), considere a seguinte informação para o país (pequeno) I, que comercializa:

	1995	*2000*	*2005*
Produção do bem X	100 unidades	120 unidades	140 unidades
Produção do bem Y	60 unidades	66 unidades	86 unidades
Consumo do bem X	80 unidades	92 unidades	110 unidades
Consumo do bem Y	70 unidades	80 unidades	101 unidades

(a) Qual é o volume e o padrão de comércio para o país I em 1995? Em 2000? Em 2005?

(b) Que tipo de efeito de produção ocorre entre 1995 e 2000? Entre 2000 e 2005? Explique.

(c) Que tipo de efeito consumo ocorre entre 1995 e 2000? Entre 2000 e 2005? Explique.

(d) Qual é o "efeito líquido" sobre o comércio de um crescimento deste país entre 1995 e 2000? Entre 2000 e 2005? Explique.

11. Se um país pequeno não pode influenciar seus termos de troca, por que um país em desenvolvimento pode ter um declínio em seus termos de troca ao longo do tempo?

CAPÍTULO 12

Movimentos internacionais de fator

Objetivos de aprendizado

- Aprender sobre os diferentes tipos de investimento estrangeiro e os efeitos dos movimentos de capitais sobre o bem-estar.

- Compreender os determinantes do investimento estrangeiro direto e os custos e benefícios associados.

- Entender os motivos para a migração de trabalho e seus efeitos nos países participantes.

- Avaliar o tamanho e a importância das remessas internacionais.

Introdução

Neste capítulo, nos afastamos do comércio internacional de bens e serviços para examinar os movimentos internacionais dos fatores de produção – capital e trabalho. A literatura teórica há muito considera que os fatores de produção são móveis dentro dos países, mas tradicionalmente também considera que os fatores de produção não se movem entre os países. Essa segunda suposição é claramente falsa no mundo atual, pois constantemente somos informados de movimentos de investimento e trabalho de um país para outro. Basta notar, por exemplo, que a alegada ameaça da dominação da economia canadense por empresas norte-americanas que operam dentro do Canadá foi questão presente nas eleições parlamentares canadenses, ou que continuam as controvérsias sobre o efeito dos fluxos de capitais dos Estados Unidos para o México sobre os trabalhadores norte-americanos após a implementação, em 1994, do Tratado Norte-Americano de Livre-Comércio (NAFTA). Além disso, a constante preocupação nos Estados Unidos sobre imigrantes mexicanos ilegais reflete o impacto antecipado da mobilidade de trabalho em grande escala. Além do mais, os países em desenvolvimento estão procurando maneiras de conter a saída de trabalho qualificado (o "dreno de cérebro"). Este capítulo procura fornecer uma visão econômica geral das causas e das consequências dos fluxos de capital e de trabalho. Primeiro descrevemos a natureza atual dos movimentos internacionais de capitais, discutimos os principais fatores que influenciam as decisões internacionais de investimento e analisamos os vários efeitos de tal investimento. Isso é seguido por uma discussão das causas e dos impactos da migração de trabalho entre os países.

Movimentos internacionais de capitais por meio de investimento estrangeiro e das corporações multinacionais

Investidores estrangeiros na China: "bom" ou "mau" na perspectiva chinesa?[1]

Poucos países (talvez nenhum) já tiveram o tipo de crescimento econômico rápido que a China alcançou do fim dos anos de 1970 até os tempos atuais. Os dados do Banco Mundial indicam que a taxa média de crescimento anual do produto interno bruto foi de 10,6% de 1990 a 2000 e de 9,4% de 2000 a 2004. Essas são taxas de crescimento que fazem o PIB dobrar a cada sete ou oito anos! Embora os níveis de renda per capita da China de $1.740 em 2005 sejam ainda muito baixos comparados com os dos países de renda elevada (por exemplo, em 2005 a renda per capita dos Estados Unidos era de $43.740), a taxa de crescimento foi extraordinariamente impressionante. Quando se faz um ajuste para o real poder de compra do yuan chinês em termos de bens e serviços e se converte em dólares, a renda per capita da China em 2005 foi de $6.600 em vez de $1.740, e o PIB *total* do país em 2005 foi de $8,6 trilhões. Esse PIB foi o segundo maior do mundo, após os Estados Unidos. (Nota: Os dados se referem à China continental, excluindo Taiwan e também a região administrativa, de alta renda, de Hong Kong.)

Embora existam muitas causas desse rápido crescimento, a ênfase geral dos economistas centrou-se na liberalização da economia, que se iniciou em 1978 e caracterizou-se por uma contínua introdução de reformas orientadas para o mercado, incluindo uma participação maior no comércio internacional. Também foi incluída na liberalização a permissão da entrada de mais investidores estrangeiros na manufatura; tal investimento estrangeiro direto aumentou dramaticamente. O investimento estrangeiro foi especialmente importante na necessidade de um forte setor exportador – a China tornou-se um dos cinco maiores países exportadores de mercadorias do mundo nos últimos anos –, pois cerca de metade das exportações chinesas vem de empresas

---

[1]Esta discussão foi extraída das seguintes fontes: Lee G. Branstetter e Robert C. Feenstra, "Trade and foreign direct investment in China: a political economy approach", *Journal of International Economics*, v. 58, n. 2, dez. 2002, p. 335-338; "Out of puff: a survey of China", *The Economist,* 15 jun. 2002, p. 13 (veja a pesquisa na p. 54); "The real leap forward", *The Economist,* p. 25-26, 28, 20 nov. 1999; "Troubles ahead for the new leaders", *The Economist,* 16 nov. 2002, p. 35-36; Banco Mundial, *World Development Indicators 2006,* Washington, DC: World Bank, 2006, p. 194; Banco Mundial, *World Development Report 2007,* Washington, DC: World Bank, 2006, p. 288.

nas quais os investidores estrangeiros têm pelo menos alguma participação na propriedade. A China deveria ter permitido a vinda para o país de um volume tão grande de investimento estrangeiro? Neste capítulo analisamos as causas e as consequências econômicas gerais dos fluxos de capital e de trabalho através das fronteiras do país, mas o caso chinês apresenta um traço incomum que ilustra que a decisão de permitir o investimento estrangeiro pode não ser inteiramente econômica. Em um artigo intitulado "Comércio e investimento estrangeiro na China: uma abordagem de Economia Política", do *Journal of International Economics*, de dezembro de 2002, os economistas Lee Branstetter e Robert Feenstra examinaram os determinantes do investimento estrangeiro direto (IED) na China durante os anos de 1984-1995. As políticas exerceram papel crítico na atração dos IEDs, e variaram entre as províncias (a China tem 30). Em 1979, as províncias de Guangdong e de Fujian, na costa do sudeste, transformaram-se em locais de "zonas econômicas especiais", dando um tratamento administrativo e fiscal favorável às empresas estrangeiras (tratamento mais favorável do que para as empresas domésticas). Tal postura seduziu investidores estrangeiros, mas, como as autoridades não quiseram pôr em perigo a indústria pesada chinesa, essas zonas não se situaram em áreas industriais desenvolvidas da China naquele momento. Em 1984, outras áreas ao longo da costa foram autorizadas a oferecer tratamento especial aos investidores estrangeiros. Em 1986, novas regras permitindo tratamento fiscal especial foram adotadas em toda a China, embora certas regiões ainda tivessem poderes regulatórios específicos.

Branstetter e Feenstra se interessaram em verificar os fatores que influenciaram as decisões dos chineses, por província, quanto a permitir um investimento estrangeiro maior. Em particular, os planejadores chineses supuseram estar fazendo uma troca entre os benefícios derivados do aumento do investimento estrangeiro direto (bem como o aumento do comércio internacional) e as perdas em que as empresas de propriedade do Estado (estatais) estariam incorrendo se o investimento estrangeiro entrasse e, pela concorrência com as estatais, tornasse essas últimas não viáveis. Para testar os determinantes relevantes do IED neste contexto, Branstetter e Feenstra examinaram os níveis de consumo provinciais dos produtos fornecidos por empresas multinacionais que tinham tido IED. Eles relacionaram os níveis de consumo desses produtos de IED com os níveis de consumo dos bens similares produzidos por estatais, assim como com os níveis dos bens fornecidos como importações. O determinante adicional em sua equação de teste foi um termo que incorporava o prêmio de salário pago pelos investidores estrangeiros – considerando a hipótese de que se os investidores estrangeiros pagam salários mais elevados do que as empresas domésticas, isto seria um atrativo para as autoridades permitirem mais IED, pois os trabalhadores chineses estariam em melhor situação. Houve também um termo de receita tarifária, a qual seria dada pelas tarifas (que eram e ainda são elevadas) multiplicadas pelo valor das importações – se a receita tarifária fosse alta, significaria que os investidores estrangeiros potenciais estariam suprindo o mercado chinês por meio de importações em vez de estar produzindo na China.

Quais eram as relações entre esses vários termos e a produção dos investidores estrangeiros? Os resultados gerais foram que menos gastos com produção das empresas estatais chinesas estiveram associados a maiores gastos com produção de investidores estrangeiros (houve uma troca entre os dois tipos de produção), da mesma forma que um prêmio mais elevado de salário. Uma coleta de receita tarifária mais elevada, como esperado, esteve associada a menos produção de investidor estrangeiro (pois os investidores estrangeiros, com tudo o mais constante, estariam ofertando de fora em vez de dentro do país). Assim, houve uma clara ameaça imposta pelo IED à produção das empresas estatais, e o IED foi "ruim" nesse sentido. Além disso, o fato de ocorrerem importações mais elevadas e, consequentemente, de receitas tarifárias estarem associadas a IED mais baixo significou que o governo tomou as receitas ("bom" do ponto de vista do Estado), mas a presença de elevadas tarifas foi "ruim" para o bem-estar do consumidor. Os salários mais elevados pagos pelas empresas estrangeiras constituíram "bons" resultados do ponto de vista do bem-estar do trabalhador/consumidor.

Branstetter e Feenstra tentaram, de maneira complicada, integrar esses resultados em uma função matemática que expressaria os desejos relativos do governo em fornecer serviço público ao consumidor (elevando os níveis de consumo e promovendo salários mais elevados), em coletar receitas de empresas multinacionais (por meio de impostos e de várias taxas), em obter lucros provenientes da produção de empresas estatais e em coletar receitas tarifárias para os cofres do governo. A descoberta mais significativa foi que, embora as autoridades desejassem promover a produção das empresas estatais e o bem-estar do consumidor, elas pareceram colocar quatro a sete vezes mais peso sobre a produção das estatais, por exemplo, do que ao promoverem serviço público ao consumidor. Houve certamente uma troca entre benefícios oriundos do investimento estrangeiro e a ameaça de perda da viabilidade das unidades de produção de propriedade do Estado. A política comunista claramente teve importância neste resultado; o povo ganhou tanto no papel de consumidor como de trabalhador com a presença de investimento estrangeiro, mas o governo ficou muito preocupado que as empresas estatais sofressem um golpe com a presença dos concorrentes estrangeiros. Assim, no período 1980-1995, a China desejava investidores estrangeiros, mas houve fortes forças políticas restritivas.

Definições

Ao falar do movimento internacional do "capital", é necessário distinguir dois tipos: **investimento estrangeiro direto** e **investimento estrangeiro de portfólio**. Este capítulo aborda o investimento estrangeiro direto; o investimento estrangeiro de portfólio é examinado pela economia monetária internacional. O investimento estrangeiro direto (IED) se refere a um movimento de capital que envolve propriedade e controle, como no exemplo chinês anterior, no qual havia a propriedade estrangeira dos meios de produção. Por exemplo, quando os cidadãos norte-americanos compram ações ordinárias de uma empresa estrangeira, digamos, da França, os cidadãos norte-americanos se transformam em proprietários e têm um elemento de controle, pois acionistas ordinários têm direito de voto. Para propósito de classificação, esse tipo de compra é registrado como IED se a ação envolver mais de 10% do total de ações ordinárias da empresa francesa. Se uma companhia norte-americana compra mais de 50% das ações disponíveis, ela tem interesse em controle, e a empresa "francesa" transforma-se em uma **subsidiária estrangeira**. A construção de uma planta na Suécia por uma companhia norte-americana também é IED, porque há claramente propriedade e controle da nova fábrica – uma **planta filial** – pela companhia norte-americana. O investimento estrangeiro direto é discutido geralmente no contexto da **corporação multinacional (CMN)**, às vezes sendo referida como **empresa multinacional (EMN)**, **corporação transnacional (CTN)** ou **empresa transnacional (ETN)**. Esses termos se referem ao mesmo fenômeno – produção que ocorre em plantas situadas em dois ou mais países, mas sob a supervisão e a direção geral das matrizes localizadas em um país.

O investimento estrangeiro em portfólio não envolve propriedade nem controle, mas o fluxo do que os economistas chamam de "capital financeiro" em vez de "capital real". Exemplos de investimento estrangeiro de portfólio são os depósitos de fundos em um banco norte-americano por uma companhia britânica ou a compra de um título (um certificado de dívida, não um certificado de propriedade) de uma companhia suíça ou do governo suíço por um cidadão ou uma companhia na Itália. Esses fluxos de capital financeiro têm seus efeitos imediatos nos balanços de pagamentos ou nas taxas de câmbio, em vez de na geração de produção ou de renda.

Alguns dados sobre investimento estrangeiro direto e corporações multinacionais

Uma estimativa recente pela Conferência das Nações Unidas sobre Comércio e Desenvolvimento (no seu *World Investment Report*, p. 9, de 2006, disponível em www.unctad.org) indica que o estoque mundial do fluxo acumulado de IED para os países era de $10.130 bilhões até 2005. Esse estoque de $10,1 trilhões refletia crescimento muito rápido; o estoque cresceu a uma taxa anual média de 16,8% de 1986 a 1990, de 9,3% de 1991 a 1995, de 17,3% de 1996 a 2000, de 20,6% em 2003 e de 16,1% em 2004. Tais taxas excederam as taxas de crescimento do comércio internacional em períodos correspondentes.

Para uma imagem geral do tamanho do investimento estrangeiro direto em relação aos Estados Unidos, apresentamos dados sobre a quantidade de investimento estrangeiro direto dos

TABELA 1   Posição do investimento direto dos Estados Unidos no exterior, 31 de dezembro de 2005 (base custo histórico)

	Valor (US$ bilhões)	Participação (%)
(a) Por indústria		
Manufatureira (produtos químicos $109,4; computadores e produtos eletrônicos $58,8; equipamento de transporte $48,9; alimentos $31,5; maquinaria $29,2; metais primários e transformados $21,7; equipamento elétrico, dispositivos e componentes $13,1)	$451,4	21,8%
Finanças (exceto instituições de depósitos) e seguro	393,7	19,0
Comércio atacadista	143,0	6,9
Mineração	114,4	5,5
Instituições de depósitos	70,3	3,4
Informação	55,5	2,7
Serviços profissionais, científicos e técnicos	49,2	2,4
Holdings (não bancárias)	623,1	30,1
Outras indústrias	169,4	8,2
Total	$2.070,0	100,0%
(b) Por região ou país		
Europa (Reino Unido $323,8; Países Baixos $181,4; Alemanha $86,3; Suíça $83,4; Luxemburgo $61,6; Irlanda $61,6; França $60,9)	$1.059,4	51,2%
Ásia e Pacífico (Austrália $113,4; Japão $75,4; Cingapura $48,1; Hong Kong $37,9)	376,8	18,2
América Latina e outros do Hemisfério Ocidental (Bermudas $90,4; Ilhas do Reino Unido no Caribe $85,3; México $71,4; Brasil $32,4)	353,0	17,1
Canadá	234,8	11,3
África	24,3	1,2
Oriente Médio	21,6	1,0
Total	$2.070,0	100,0%

Nota: As somas dos componentes podem não ser iguais aos totais em virtude de arredondamento.
Fonte: Jeffrey H. Lowe, "U.S. Direct Investment Abroad: Detail for Historical-Cost Position and Related Capital and Income Flows, 2003-2005", U.S. Department of Commerce, Bureau of Economic Analysis, *Survey of Current Business*, set. 2006, p. 106, disponível em www.bea.gov.

Estados Unidos em outros países, na Tabela 1, e sobre o tamanho do investimento estrangeiro direto nos Estados Unidos, na Tabela 2. Estes dados representam o valor contábil total de IED acumulado no fim de 2005; são dados de *estoque* e não de *fluxo* de investimento novo ocorrido somente em 2005. O *valor contábil* significa que os números são basicamente dados de balanço registrados quando os investimentos foram feitos. Assim, os investimentos mais antigos estão reduzidos substancialmente em relação ao valor corrente em virtude da inflação desde a época da compra.

Os dados indicam que a maior parcela dos investimentos diretos norte-americanos no exterior está no setor manufatureiro (21,8%) e em finanças e seguro (19,0%). Geograficamente, os países europeus são os **países anfitriões** (isto é, receptores) de mais da metade do IED norte-americano. Na sua totalidade, os três maiores recebedores do investimento direto dos Estados Unidos no mundo são Reino Unido (15,6%), Canadá (11,3%) e Países Baixos (8,8%).

Para os investimentos estrangeiros nos Estados Unidos da Tabela 2, note que aqueles feitos por cidadãos ou por instituições estrangeiras nos Estados Unidos ($1.635,3 bilhão) são $434,7 bilhões inferiores aos investimentos feitos no exterior por cidadãos e instituições norte-ameri-

TABELA 2   Posição do investimento estrangeiro direto nos Estados Unidos, 31 de dezembro de 2005 (base custo histórico)

	Valor (US$ bilhões)	Participação (%)
(a) Por indústria		
Manufatureira (produtos químicos $151,6; equipamentos de transporte $76,0; maquinaria $48,7; computadores e produtos eletrônicos $47,0; metais primários e transformados $28,7; alimentos $19,8; equipamento elétrico, dispositivos e componentes $14,2)	$ 538,1	32,9%
Comércio atacadista	230,1	14,1
Finanças (exceto instituições de depósitos) e seguro	207,6	12,7
Informação	142,6	8,7
Instituições de depósitos	130,9	8,0
Serviços profissionais, científicos e técnicos	41,9	2,6
Imobiliário, aluguel e arrendamento	41,0	2,5
Comércio varejista	29,7	1,8
Outras indústrias	273,4	16,7
Total	$1.635,3	100,0%
(b) Por região ou país		
Europa (Reino Unido $282,5; Alemanha $184,2; Países Baixos $170,8; França $143,4; Suíça $122,4; Luxemburgo $116,7)	$1.143,6	69,9%
Ásia e Pacífico (Japão $190,3)	252,6	15,4
Canadá	144,0	8,8
América Latina e outros do Hemisfério Ocidental	82,5	5,0
Oriente Médio	10,0	0,6
África	2,6	0,2
Total	$1.635,3	100,0%

Nota: As somas dos componentes podem não ser iguais aos totais em virtude de arredondamento.

Fonte: Jeffrey H. Lowe, "U.S. Direct Investment Abroad: Detail for Historical-Cost Position and Related Capital and Income Flows, 2003-2005", U.S. Department of Commerce, Bureau of Economic Analysis, *Survey of Current Business*, set. 2006, p. 106, disponível em www.bea.gov.

canas na Tabela 1 ($2.070,0 bilhões). O setor manufatureiro representa de longe a maior parcela do IED nos Estados Unidos. Cerca de 70% dos investimentos foram feitos por europeus. Por país, o Reino Unido é a maior fonte do IED (17,3%), seguido por Japão (11,6%), Alemanha (11,3%) e Países Baixos (10,4%).

A Tabela 3 lista as dez maiores corporações do mundo (medidas pelo valor das receitas em dólar em 2005). A Tabela 4 lista os dez maiores bancos do mundo (medidos pelo ativo total em 2006), um tipo de corporação de grande interesse para nosso estudo, em virtude do envolvimento dos bancos no financiamento do comércio internacional e nos pagamentos. O país-sede ou a "nacionalidade" de cada empresa são dados em ambas as tabelas depois do nome da empresa.

As empresas norte-americanas representam seis das dez maiores companhias. Se a tabela fosse mais extensa, os Estados Unidos contariam com 18 das 50 maiores empresas, o Japão com seis das 50, e Alemanha e França com cinco cada entre as 50. Algumas grandes companhias multinacionais agora têm "filiação" em países em desenvolvimento – a China tem três empresas entre as 50 maiores, a Coreia do Sul, o México e a Venezuela cada um tem uma empresa entre as 50 maiores. Claramente os Estados Unidos não são um país dominante nas operações bancárias, pois somente o Citigroup e o Bank of America estão entre os dez maiores. Três bancos britânicos, dois bancos japoneses e dois bancos franceses estão na lista.

TABELA 3   As maiores corporações do mundo por receita, 2005 (bilhões de dólares)

Companhia	País-sede	Receitas ($ bilhões)
1. Exxon Mobil	Estados Unidos	$339,9
2. Lojas Wal-Mart	Estados Unidos	315,7
3. Royal Dutch Shell	Países Baixos	306,7
4. British Petroleum	Reino Unido	267,6
5. General Motors	Estados Unidos	192,6
6. Chevron	Estados Unidos	189,5
7. DaimlerChrysler	Alemanha	186,1
8. Toyota Motor	Japão	185,8
9. Ford Motor	Estados Unidos	177,2
10. Conoco Phillips	Estados Unidos	166,7

Fonte: "Global 500: World's Largest Corporations", *Fortune*, 24 jul. 2006, p. 113.

TABELA 4   Os maiores bancos do mundo por ativos totais, 2006 (bilhões de dólares)

Banco	País-sede	Valor dos ativos ($ bilhões)
1. Barclays Bank	Reino Unidos	$1.591,5
2. UBS	Suíça	1.567,6
3. Mitsubishi UFJ Financial Group	Japão	1.508,5
4. HSBC Holdings	Reino Unido	1.502,0
5. Citigroup	Estados Unidos	1.494,0
6. BNP Paribas	França	1.484,1
7. Crédit Agricole Groupe	França	1.380,6
8. Royal Bank of Scotland	Reino Unido	1.337,5
9. Bank of America Corporation	Estados Unidos	1.291,8
10. Mizuho Financial Group	Japão	1.226,6

Fonte: "The Top 1000 World Banks 2006", *The Banker*, 3 jul. 2006, disponível em www.thebanker.com.

Razões para o movimento internacional de capital

Deve estar claro que na economia mundial atual há uma considerável mobilidade de capital entre as fronteiras dos países. Não podemos fazer um exame completo das razões dessa mobilidade, mas podemos fazer uma breve menção das possíveis causas. Acima de tudo, os economistas veem o movimento de capital entre países como fundamentalmente diferente do movimento entre as regiões de um país (ou entre indústrias), porque o capital se move *em resposta à expectativa de uma taxa de retorno mais elevada* na nova localização do que a obtida na localização anterior. Os agentes econômicos buscam maximizar seu bem-estar. Embora possam ser sugeridas muitas outras razões para os movimentos de capitais, todas implicam procurar uma taxa de retorno mais elevada sobre o capital ao longo do tempo. Listamos e comentamos rapidamente diversas hipóteses, muitas das quais encontraram sustentação empírica.

1. As empresas investirão no exterior em resposta ao grande e rápido crescimento do *mercado* para seus produtos. Estudos empíricos tentaram dar suporte a esta hipótese geral no nível agregado, procurando uma correlação positiva entre o produto interno bruto (e a taxa de crescimento) de um país recebedor e a quantidade de investimento estrangeiro direto que flui para esse país.

2. De maneira similar, como a produção manufatureira e de serviços nos países desenvolvidos está adaptada cada vez mais aos gostos e desejos de renda elevada (lembre-se da teoria do ciclo do produto do Capítulo 10), pode-se supor que as empresas dos países desenvolvidos investirão no exterior se o país recebedor tiver uma *renda per capita elevada*. Essa ideia nos leva a esperar que haveria pouco investimento em manufaturas fluindo dos países desenvolvidos para os países em desenvolvimento. Entretanto, a renda per capita deve ser distinguida da renda total (PIB), pois as empresas de países desenvolvidos estão ávidas por se mudarem para a China em virtude do tamanho de seu mercado, apesar de sua renda per capita relativamente baixa.

3. Uma outra razão para o investimento direto em um país é que a empresa estrangeira pode assegurar o acesso a *depósitos de mineral ou de matérias-primas* lá localizados e, depois, processar essas matérias-primas e vendê-las de forma mais acabada. Os exemplos seriam IED em petróleo e em cobre.

4. *Tarifas e barreiras não tarifárias* no país anfitrião também podem induzir a um influxo de investimento estrangeiro direto. Se restrições ao comércio dificultam à empresa estrangeira vender no mercado de determinado país, uma estratégia alternativa para essa empresa é "se proteger atrás do muro tarifário" e produzir no próprio país anfitrião. Argumentou-se que as companhias norte-americanas construíram tais **fábricas de tarifa** na Europa, nos anos 1960, pouco depois que a Comunidade Econômica Europeia (mercado comum) foi formada, com sua tarifa externa comum sobre importações do resto do mundo. Tais investimentos norte-americanos continuaram nos anos 1990, à medida que a Europa pressionava por uma integração econômica ainda mais uniforme, adotando uma moeda corrente comum para 11 países em 1999.

5. Uma empresa estrangeira pode ter interesse em investir em um país se houver *salários relativos baixos* nesse país, embora os estudos indiquem que os salários baixos em si não sejam tão sedutores para o IED como previsto pelo público em geral. Evidentemente, a existência de salários baixos devido à abundância relativa de trabalho no país é um fator de atração quando o processo de produção for de trabalho intensivo. De fato, o processo de produção muitas vezes pode ser rompido de forma que a produção de componentes de capital intensivo ou de tecnologia intensiva ocorre em países desenvolvidos, enquanto as operações de trabalho intensivo que usam os componentes ocorrem em países em desenvolvimento. Essa divisão de trabalho é facilitada por provisões externas nas programações de tarifa de países desenvolvidos (veja o Capítulo 13, "Os instrumentos da política comercial").

6. As empresas também argumentam que precisam investir no exterior por *razões defensivas para proteger a participação de mercado*. A empresa A, por exemplo, pensa que é necessário começar a produzir no mercado estrangeiro a fim de preservar sua posição competitiva porque seus concorrentes estão estabelecendo plantas no mercado estrangeiro servido atualmente por exportações de A, ou porque as empresas no país receptor do investimento estão produzindo volume maior e competindo com os bens de A.

7. Também foi sugerido que as empresas podem querer investir no exterior como um meio de *diversificação de risco*. Assim como os investidores preferem ter um portfólio financeiro diversificado em vez de manter seus ativos em ações de uma única companhia, também as empresas podem desejar distribuir seus recursos de investimento real entre indústrias ou países. Se uma recessão ou uma crise ocorrerem em um mercado ou indústria, será melhor que uma empresa não coloque todos seus ovos na mesma cesta. Alguns dos investimentos da empresa em outras indústrias ou países podem não sentir a crise, ou ao menos não senti-la tão gravemente.

8. Por fim, as empresas estrangeiras podem achar que o investimento em um outro país seja rentável em virtude de algum conhecimento ou ativo específico da empresa que lhe

permite superar as empresas domésticas do país anfitrião (veja Graham e Krugman 1995, Cap. 2, e Markusen 1995). Capacidades gerenciais superiores ou uma importante patente podem estar envolvidas. De qualquer forma, a oportunidade para gerar lucro explorando esta vantagem incita a empresa estrangeira a fazer o investimento.

É necessária uma quantidade considerável de pesquisa empírica adicional para determinar as mais importantes causas da mobilidade internacional do capital, e diferentes razões vão se aplicar a diversas indústrias, a vários períodos e a diferentes investidores.

Efeitos analíticos dos movimentos internacionais capitais

A existência de substancial mobilidade internacional de capital no mundo real tem várias implicações para a produção dos países envolvidos, para a produção mundial e para as taxas de retorno do capital e de outros fatores da produção. O economista emprega um aparato micro-econômico para investigar esses efeitos, e esta seção apresenta esta abordagem analítica.

No mundo real:
Determinantes do investimento estrangeiro direto

Numerosos estudos econométricos tentaram verificar os fatores que causam os fluxos de investimento estrangeiro direto entre países. Reinhilde Veugelers (1991) examinou dados para 1980 sobre IED de países desenvolvidos a outros países desenvolvidos para determinar por que as escolhas recaíram sobre alguns países e não sobre outros. A variável dependente na análise de regressão de Veugelers foi o número de filiais estrangeiras (plantas no exterior com pelo menos algum controle da empresa matriz) do país i localizadas no país receptor j como porcentagem do total de filiais estrangeiras do país i. Com respeito às variáveis independentes, foi encontrada uma relação positiva estatisticamente significativa com o PIB do país receptor, ponderada pelo grau de abertura desse país. Esse resultado reflete a importância do tamanho de mercado e de possíveis economias de escala. A ponderação pela abertura foi incluída em reconhecimento do vínculo das filiais estrangeiras com a exportação e de que um maior grau de abertura ao comércio do país receptor permitiria exportações maiores de qualquer filial. Veugelers encontrou também uma relação positiva para IED quando os países envolvidos compartilharam uma mesma língua ou fronteiras comuns. Entretanto, uma relação negativa foi encontrada para a proporção do investimento fixo sobre o PIB do país receptor; isso surpreendeu porque Veugelers esperava que uma elevada proporção de investimento fixo significasse uma quantidade relativamente grande de infraestrutura e, assim, uma atração para investidores estrangeiros. Por fim, a produtividade do trabalho no país receptor, a distância entre os países envolvidos, e as tarifas em ambos os países tiveram impactos insignificantes.

Em um outro estudo, Franklin Root e Ahmed Ahmed (1979) examinaram as possíveis influências sobre o fluxo de IED no setor manufatureiro em uma amostra de 58 países em desenvolvimento. Seis variáveis pareceram ser as mais importantes. Sob condição *caeteris paribus,* a quantidade de IED foi maior:

a. Quanto mais elevado o PIB per capita do país receptor. PIB per capita mais elevado indica obviamente uma maior capacidade dos consumidores de comprar bens manufaturados.

b. Quanto maior a taxa de crescimento do PIB total do país receptor. Um crescimento maior do PIB indica maior potencial de expansão futura do mercado para a produção da empresa investidora estrangeira.

c. Quanto maior o grau de participação do país receptor em projetos de integração econômica como uniões aduaneiras, áreas de livre-comércio e assim por diante. A participação sugere um tamanho de mercado potencial maior e incentiva fábricas tarifárias.

d. Quanto maior a disponibilidade de infraestrutura (por exemplo, redes de transporte e de comunicações) no país receptor. Esses aparatos auxiliam as empresas a atender aos mercados e a obter insumos e informação.

e. Quanto maior a extensão da urbanização do país receptor. Essa variável reflete a concentração dos mercados em localizações centrais.

f. Quanto maior o grau de estabilidade política do país receptor. A estabilidade política foi medida pelo número de mudanças de governo durante o período, com um

NO MUNDO REAL:
DETERMINANTES DO INVESTIMENTO ESTRANGEIRO DIRETO

número menor de mudanças indicando maior estabilidade. A estabilidade fornece maior garantia à empresa de que as regras do jogo em relação aos investidores estrangeiros não serão alteradas.

Um estudo posterior de Ray Barrell e de Nigel Pain (1996) examinou os possíveis determinantes do investimento direto norte-americano no exterior durante os anos de 1970 e 1980. Em seu trabalho econométrico, constataram que o tamanho do mercado mundial (medido pelo PIB combinado dos sete maiores países industrializados) era um estímulo ao IED norte-americano, com um aumento de 1% do PIB combinado levando a um aumento de 0,83% no estoque de investimentos norte-americanos no exterior. Além disso, encontraram uma relação positiva entre o IED dos Estados Unidos e o nível de custo do trabalho no país em relação aos custos do trabalho no Canadá, no Japão, na Alemanha, na França e no Reino Unido. A estimativa estatística foi de que um aumento de 1% no custo relativo do trabalho dos Estados Unidos elevou o IED norte-americano em 0,49%. Uma associação positiva também se mostrou evidente entre o IED dos Estados Unidos e seus custos relativos de capital. Além disso, houve certa relação positiva entre o IED norte-americano e os lucros domésticos nos Estados Unidos – sugerindo uma causa por "disponibilidade de fundos". Além dessas constatações a respeito do papel do tamanho do mercado, dos custos relativos do trabalho e do capital, e dos lucros, eles encontraram um resultado interessante quanto à taxa de câmbio. Uma elevação prevista no valor do dólar quanto a outras moedas levou a um adiamento provisório do investimento estrangeiro direto dos Estados Unidos, sugerindo que os pagamentos ao exterior associados ao investimento são atrasados em antecipação do poder maior de moedas estrangeiras sobre o dólar quando a apreciação tiver ocorrido.

Por fim, um artigo de Romita Biswas (2002) examinou econometricamente os determinantes do investimento estrangeiro direto norte-americano em 44 países, de 1983 a 1990. Em particular, Biswas se concentrou na influência da compensação paga por funcionário, na infraestrutura do país receptor (com a infraestrutura sendo medida pela capacidade instalada per capita das plantas de geração elétrica e pelo número de linhas de telefone per capita), e no PIB total. Além disso, variáveis políticas como tipo de regime (autoritário ou democrático), duração do regime, legislação, direitos de propriedade (como a proteção contra expropriação pelo governo), e a quantidade de corrupção no governo também foram incluídas na análise empírica. (Obviamente, algumas dessas variáveis seriam difíceis de medir!) Em geral, foi encontrada uma contribuição positiva e significativa da infraestrutura para a recepção de IED, salários mais elevados significavam menos IED (embora não em todos os testes), e as democracias eram mais atraentes para o IED do que as autocracias. Uma proteção maior aos direitos de propriedade também impulsionou o IED. Curiosamente, uma duração mais longa de um regime reduziu significativamente o IED. Biswas sugere que esse resultado pode ter ocorrido porque quanto mais longo for um regime, maior a possibilidade de que se formem grupos de interesse – grupos que diminuem a flexibilidade e a eficiência do governo.

Em resumo, há claramente muitas influências diferentes possíveis que levam ao investimento estrangeiro direto. Importante atenção está sendo dada, e com razão, às variáveis políticas além das variáveis econômicas tradicionais.

Retornaremos a esse assunto em nossa discussão sobre o movimento internacional do trabalho mais adiante no capítulo.

A Figura 1 mostra a linha do produto físico marginal do capital ($PFMg_K$) dos países I e II. A análise supõe que estes sejam os únicos dois países no mundo, que haja somente dois fatores de produção – capital e trabalho – e que ambos os países produzam um único bem homogêneo, que representa o agregado de todos os bens produzidos nos países. Na teoria microeconômica, a linha do produto físico marginal do capital apresenta as adições à produção que resultam da adição de uma unidade de capital à produção, mantidas constantes as quantidades de todos os demais insumos. Com preços constantes, essa linha constitui a demanda de capital derivada da demanda do produto. A linha AB mostra o $PFMg_K$ do país I ($PFMg_{KI}$) para vários níveis de estoque de capital medido linearmente a partir da origem 0. Analogamente, a linha $A'B'$ indica o $PFMg_K$ do país II ($PFMg_{KII}$), com os níveis de estoque de capital medidos *para a esquerda* da origem $0'$.

FIGURA 1 Equilíbrio do mercado de capital – o caso de dois países

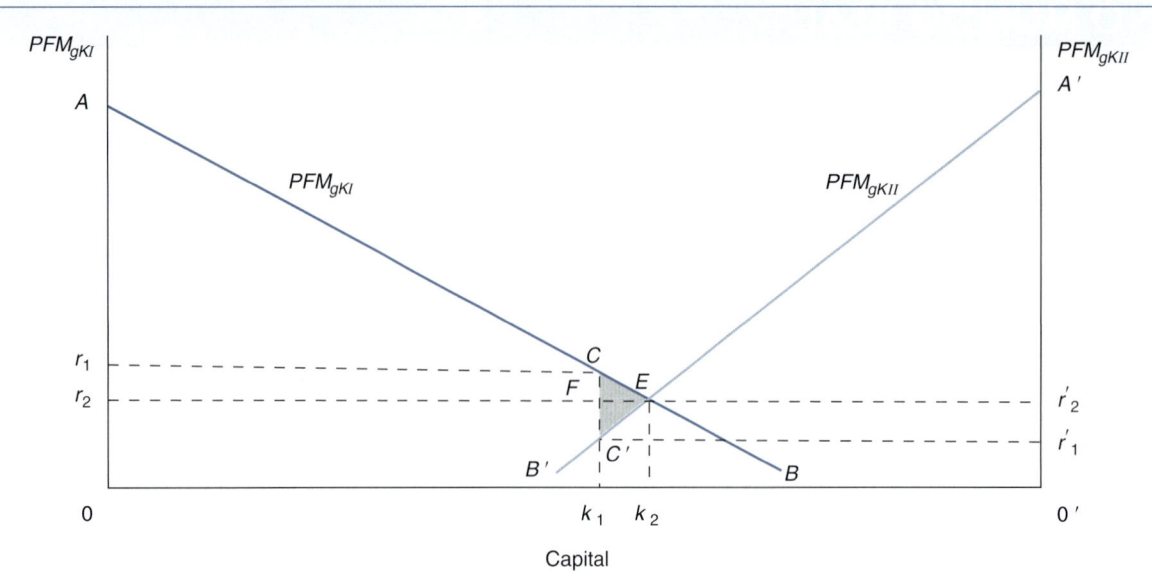

A demanda ($PFMg_{KI}$) de capital do país I é traçada da esquerda, e a demanda de capital do país II ($PFMg_{KII}$) é traçada da direita. A oferta total de capital disponível nos dois países é dada pelo comprimento da linha horizontal de 0 a 0′. Se os mercados estiverem trabalhando perfeitamente, a produtividade do capital (e assim o retorno) deve ser igual nos dois países. Se não, haverá um incentivo para deslocar capital de usos menos produtivos para os mais produtivos. A condição de igualdade ocorre onde as duas curvas de demanda se cruzam (ponto E). Se E é alcançado, o retorno do capital será o mesmo em ambos os países ($0r_2 = 0′r′_2$), e $0k_2$ capital é empregado no país I e $0′k_2$ capital é empregado no país II, esgotando a oferta total de capital disponível em conjunto.

Suponha na situação inicial (pré-fluxo internacional de capital) que o estoque de capital do país I seja medido pela distância $0k_1$ e o capital do país II seja medido (em direção à esquerda) pela distância $0′k_1$. O estoque total de capital do mundo é fixo e igual à distância $00′$, ou à soma de $0k_1$ e $0′k_1$. Com o pressuposto padrão de concorrência perfeita, o capital do país I será remunerado à taxa igual ao seu produto marginal ($0r_1$), o que é associado ao ponto C na linha AB. De maneira similar, o capital do país II será remunerado à taxa igual ao seu produto marginal ($0′r′_1$), o que é associado ao ponto $C′$ na linha $A′B′$. Lembrando que o produto total é igual à área sob a curva do produto marginal para o tamanho relevante do estoque de capital, a produção total (ou PIB) no país I é igual à área $0ACk_1$, e a produção total (PIB) do país II é igual à área $0′A′C′k_1$. A produção mundial naturalmente é igual à soma dessas duas áreas. A produção total do país I é dividida entre os dois fatores de forma que o retângulo $0r_1Ck_1$ representa o retorno total (ou o lucro) do capital (isto é, a taxa de retorno $0r_1$ multiplicada pela quantidade de capital $0k_1$), e os trabalhadores recebem a produção (ou renda) restante, representada pelo triângulo r_1AC. No país II, por raciocínio similar, o capital recebe o retorno total (ou lucro) da área $0′r′_1C′k_1$, e o trabalho recebe a área do triângulo $r′_1A′C′$.

Essa situação mudará se for possível o movimento entre os países, pois a taxa de retorno do capital no país I ($0r_1$) excede a do país II ($0′r′_1$). Se existir mobilidade de capital entre os dois países, o capital se moverá *do* país II *para o* país I enquanto o retorno do capital for maior no país I do que no país II. (Estamos supondo que o mesmo grau de risco esteja associado aos investimentos em cada país ou que as taxas de retorno estejam ajustadas pelo risco. Também estamos supondo que não haja nenhum movimento internacional do trabalho.) Na Figura 1, a quantidade de capital k_2k_1 do país II move-se para o país I para aproveitar a vantagem da taxa

No mundo real:

Determinantes dos fluxos de entrada de investimento estrangeiro direto

A Conferência das Nações Unidas sobre Comércio e Desenvolvimento (UNCTAD), no seu *World Investment Report 1998*, classificou tipos de IED e características gerais dos países receptores levados em consideração pelos investidores para decidirem se empreendem um projeto em um dado país. Esses fatores também foram trabalhados em um contexto de países em desenvolvimento, em um artigo de 1999 sobre *Finanças e Desenvolvimento* (Mallampally e Sauvant, 1999).

Os determinantes econômicos específicos do IED, de acordo com a UNCTAD, dependem de o projeto de IED se ajustar a uma de três categorias: (1) *IED em busca de mercado (market-seeking)*, isto é, empresas que tentam encontrar espaço perto dos grandes mercados para seus bens e serviços; (2) *IED em busca de recursos e ativos (resource-seeking e asset-seeking)*, isto é, empresas que estão à procura de recursos naturais específicos (por exemplo, cobre no Chile) ou de habilidades humanas particulares (por exemplo, conhecimento e habilidades computacionais em Bangalore, uma cidade no sul da Índia frequentemente referida como o "Segundo Vale do Silício"); e (3) *IED em busca de eficiência (efficiency-seeking)*, isto é, empresas que podem vender seus produtos em todo o mundo e estão em busca de locais onde os custos de produção são os menores. Esses determinantes econômicos gerais são listados na coluna da esquerda da Tabela 5.

Além dos fatores econômicos, as empresas estrangeiras avaliam se os investimentos em um dado país também serão influenciados por diversas políticas e atitudes do governo do país receptor. Além disso, características mais gerais do ambiente de negócio (chamadas de *business facilitation* pela UNCTAD) serão consideradas na decisão do investimento. As considerações políticas e do ambiente de negócio, como apresentadas pela UNCTAD, estão listadas na coluna da direita da Tabela 5. Em geral, a tabela nos dá uma estrutura para visualizar a tomada de decisão de IED em qualquer caso dado. Naturalmente, os pesos a serem aplicados a cada fator diferirão para cada país receptor, e diferentes pesos também serão aplicados pelas diferentes empresas estrangeiras.

Fonte: Padma Mallampally e Karl P. Sauvant, "Foreign direct investment in developing countries", *Finance and Development,* v. 36, n. 1, mar. 1999, p. 36. Publicado originalmente em Unctad, *World Investment Report 1998: Trends and Determinants,* Genebra: UNCTAD, 1998, p. 91.

TABELA 5 Determinantes do investimento estrangeiro direto no país receptor

Determinantes econômicos	Estrutura da política
IED em busca de mercado:	Estabilidade econômica, política e social
Tamanho do mercado e renda per capita	Regras a respeito da entrada e das operações
Crescimento do mercado	Padrões do tratamento de filiais estrangeiras
Acesso a mercados regionais e globais	Políticas sobre funcionamento e estrutura dos mercados (por exemplo, em relação a concorrência, a fusões)
Preferências do consumidor específicas do país	
Estrutura dos mercados	Acordos internacionais sobre IED
IED em busca de recursos ou ativos:	Política de privatização
Matérias-primas	Políticas de comércio e coerência entre IED e as políticas de comércio
Trabalho não qualificado de baixo custo	Política de impostos
Disponibilidade de trabalho qualificado	**Facilitação de negócios**
Tecnologia, inovações e outros ativos criados (por exemplo, nomes de marcas)	Promoção de investimento (incluindo a construção da imagem e atividades de geração de investimento e serviços de auxílio ao investimento)
Infraestrutura física	
IED em busca de eficiência:	Incentivos a investimentos
Custos de recursos e ativos além de físicos e humanos (incluindo um ajuste por produtividade)	"Custos incômodos" (relacionado a corrupção e eficiência administrativa) Qualidades sociais (por exemplo, escolas bilíngues, qualidade de vida)
Outros custos de insumos (por exemplo, bens intermediários e custos de transporte)	Serviços de pós-investimento
Membro de um acordo de integração regional, o que pode levar à formação de redes corporativas regionais.	

de retorno mais elevada. Esse investimento estrangeiro direto feito pelo país II no país I reduz a taxa de retorno do país I para $0r_2$. Por outro lado, como o capital está saindo do país II, a taxa de retorno do país II eleva-se de $0'r'_1$ para $0'r'_2$. Em equilíbrio, o $PFMg_K$ nos dois países é igual, e isto é representado pelo ponto E, onde as linhas dos dois produtos físicos marginais do capital se cruzam. Nesse equilíbrio, a taxa de retorno do capital é igual nos países ($0r_2 = 0'r'_2$), e não há nenhum incentivo a mais para que o capital se mova entre eles.

Qual foi o efeito do fluxo de capital k_2k_1 do país II para o país I sobre a produção nos dois países e sobre a produção total do mundo? Como esperado, a produção total elevou-se no país I, porque o capital adicional a ser usado no processo de produção veio para o país. Antes do fluxo de capital, a produção no país I correspondia à área $0ACk_1$, mas agora a produção aumentou para a área $0AEk_2$. A produção do país I foi ampliada pela área k_1CEk_2. No país II, houve um declínio da produção. A produção anterior ao fluxo de capital de $0'A'C'k_1$ foi reduzida após o fluxo de capital para $0'A'Ek_2$, uma redução pela quantidade $k_1C'Ek_2$. Entretanto, *a produção mundial e, em consequência, a eficiência do uso de recurso mundial, aumentou* em virtude da livre mobilidade de capital. A produção mundial cresceu, pois o aumento da produção do país I (área k_1CEk_2) é maior do que a diminuição da produção do país II (área $k_1C'Ek_2$). A extensão em que a produção mundial aumentou é indicada pela área sombreada triangular $C'CE$. Assim, da mesma forma que o *livre-comércio* internacional de bens e serviços aumenta a eficiência do uso do recurso na economia mundial, assim o faz a livre mobilidade de capital – e de fatores de produção em geral. Além disso, a livre mobilidade dos fatores pode igualar os retornos dos fatores nos dois países, assim como o comércio internacional livre no modelo Heckscher-Ohlin podia levar à equalização de preço de fator entre os países. Em virtude dessas implicações paralelas da mobilidade do comércio e do fator para a eficiência do uso do recurso e de retornos dos fatores, os economistas frequentemente enfatizam que o livre-comércio e a livre mobilidade de fator são substitutos entre si.

Alguns comentários também podem ser feitos sobre o retorno total a cada um dos fatores de produção nos dois países. O retorno total para os proprietários do capital do país I era $0r_1Ck_1$ antes do movimento de capital, mas agora ele caiu para a quantidade $0r_2Fk_1$ (um declínio no montante r_2r_1CF). O retorno para os proprietários do capital do país II aumentou de $0'r'_1C'k_1$ para $0'r'_2Fk_1$, um aumento no montante $r'_1r'_2FC'$. Embora saibamos que os proprietários do capital no país I foram prejudicados e que aqueles do país II ganharam com o fluxo de capital, não podemos afirmar nada sobre a soma dos dois retornos (e dos lucros do mundo), a menos que tenhamos mais informações disponíveis sobre as inclinações da $PFMg_K$ e sobre o tamanho do fluxo de capital. Entretanto, como a produção mundial aumentou, é teoricamente possível redistribuir a renda de modo que os dois conjuntos de proprietários de capitais *possam* estar em melhor situação do que estavam antes da movimentação de capital. Uma conclusão similar se aplica ao trabalho. Os trabalhadores do país I receberam um aumento em seus salários totais, porque os salários anteriores ao fluxo de capital eram representados pela área r_1AC, enquanto os salários após o fluxo de capital são indicados pela área r_2AE (um aumento nos salários no montante r_2r_1CE). No país II, os salários caíram porque os trabalhadores têm agora menos capital para trabalhar. A conta de salário no país II antes do fluxo de capital era a área $r'_1A'C'$, e diminuiu para $r'_2A'E$ após o fluxo de capital (uma diminuição no montante $r'_1r'_2CE'$). Outra vez, nenhuma afirmação *a priori* pode ser feita sobre o impacto do fluxo de capital sobre os salários totais do mundo sem mais informações, mas o aumento da produção mundial (e da renda) sugere que todos os trabalhadores *poderiam* estar em melhores condições com políticas de redistribuição de renda.

Por fim, podemos fazer afirmações inequívocas sobre o impacto do fluxo de capital na renda nacional [ou no produto nacional bruto (PNB) – o produto dos cidadãos de um país] em ambos os países. A renda dos cidadãos do país I consiste em salários totais mais lucros totais. Vimos que o fluxo de capital aumentou os salários totais na proporção da área r_2r_1CE e diminuiu os retornos dos proprietários de capital na área r_2r_1CF. A comparação dessas duas áreas indica que a renda dos trabalhadores aumenta *mais* do que a queda da renda dos proprietários dos capitais no país I; concluímos que a renda nacional ou o PNB – a renda dos fatores de produção – do país I aumenta por causa da entrada de capital (área triangular FCE). (O PIB – o produto total produzido dentro de um país – do país I aumentou em k_1CEk_2. Entretanto, a área $k_1\,FEk_2$ dessa quantidade é acumulada pelos investidores do país II.) Analogamente, a saída de capital do país II provoca uma queda dos salários totais equivalente à área $r'_1r'_2CE'$ e um aumento dos retornos totais dos proprietários do capital equivalente à área $r'_1r'_2FC'$. A renda nacional (PNB) do país II aumenta no montante $C'FE$. Assim, o país II tem uma renda (PNB) mais elevada apesar de que o produto realizado em II (seu PIB) tenha caído da área $O'A'C'k_1$ para a área $O'A'Ek_2$. Ambos os países ganham com a mobilidade internacional do capital. Restrições sobre o fluxo de investimento estrangeiro direto têm um custo econômico de perda de eficiência na economia mundial e perda de renda em cada um dos países.

Benefícios e custos potenciais do investimento estrangeiro direto para um país receptor

Nesta seção, apresentaremos alguns dos alegados benefícios e custos de uma entrada de capital direto em um país. (Para uma discussão mais ampla de muitos destes pontos, veja Meier 1968, 1995.) Embora também haja benefícios e custos para o país-sede que enviou capital, concentramo-nos apenas sobre os efeitos no país receptor. Enfocar os impactos no país receptor particularmente nos permite discutir os países em desenvolvimento de modo mais proeminente.

Benefícios potenciais do investimento estrangeiro direto

Uma ampla variedade de benefícios pode resultar de uma entrada de investimento estrangeiro direto. Esses ganhos não ocorrem em todos os casos, nem no mesmo valor. Diversos dos ganhos potenciais são listados a seguir.

Aumento da produção. Este impacto foi discutido anteriormente. Aumentar a disponibilidade de capital para o trabalho e para outros recursos pode aumentar a produção total (assim como a produção por unidade de insumo) que flui dos fatores da produção.

Aumento dos salários. Isto também foi discutido anteriormente. Note que parte do aumento dos salários surge como uma redistribuição dos lucros do capital doméstico.

Aumento do emprego. Este impacto é particularmente importante se o país receptor for um país em desenvolvimento com excesso de oferta de trabalho causado por pressão populacional.

Aumento das exportações. Se o capital estrangeiro produzir bens com potencial de exportação, o país receptor estará em posição de obter divisas estrangeiras escassas. Em um contexto de desenvolvimento, a moeda estrangeira adicional pode ser usada para importar bens de capital ou insumos necessários para ajudar a alcançar os planos de desenvolvimento do país, ou as divisas estrangeiras podem ser usadas para pagar juros ou amortizar algum principal da dívida externa do país.

Aumento de receitas tributárias. Se o país receptor estiver em posição para executar medidas tributárias eficazes, os lucros e outras rendas ampliadas que fluem dos projetos de investimento estrangeiro podem proporcionar uma nova fonte de receitas tributárias a ser usada para projetos de desenvolvimento. Entretanto, o país deve gastar tal rendimento com cautela e evitar impor uma taxa muito elevada de imposto à empresa estrangeira, já que esta alta taxação pode levar a empresa a sair do país.

Realização de economias de escala. A empresa estrangeira pode participar de uma indústria na qual economias de escala podem ser realizadas em virtude do tamanho de mercado da indústria e das características tecnológicas. As empresas domésticas podem não conseguir gerar o capital necessário para obter as reduções de custos associadas à produção em grande escala. Se as atividades do investidor estrangeiro gerarem economias de escala, os preços ao consumidor podem ser reduzidos.

Proporcionar habilidades técnicas e administrativas e nova tecnologia. Muitos economistas julgam que essas habilidades estão entre os recursos mais escassos dos países em desenvolvimento. Se for assim, um gargalo fundamental é eliminado quando o capital estrangeiro traz habilidades críticas de capital humano na forma de gerentes e técnicos. Além disso, a tecnologia nova pode claramente incrementar as possibilidades de produção do país receptor.

Enfraquecimento do poder do monopólio doméstico. Esta situação poderia acontecer se, antes da entrada do capital estrangeiro, uma empresa doméstica ou um pequeno número de empresas dominassem uma indústria no país receptor. Com a entrada do investimento direto, surge um novo concorrente, resultando em possível aumento da produção e na queda dos preços da indústria. A mobilidade internacional do capital pode operar como uma forma de política antitruste. Um exemplo recente deste potencial é o esforço de empresas de telecomunicações norte-americanas para ter maior acesso ao mercado japonês. Além disso, um acordo multilateral de telecomunicações, patrocinado pela Organização Mundial de Comércio no início de 1997, abriu o caminho para o enfraquecimento dos monopólios domésticos e para a redução de preços ao consumidor neste importante setor.

Custos potenciais do investimento estrangeiro direto

Algumas desvantagens da entrada de capital estrangeiro atribuídas ao país receptor são listadas e discutidas rapidamente a seguir.

Impacto adverso nos termos de troca do país receptor. Como você recordará, os termos de troca de um país são definidos como o preço das exportações de um país dividido pelo preço de suas importações. No contexto do IED, alega-se às vezes que os termos de troca se deteriorarão em virtude da entrada de capital estrangeiro. Isso poderia ocorrer se o investimento se direcionasse à produção de bens de exportação e se o país fosse um país grande no mercado de suas exportações. A maior exportação reduz o preço das exportações em relação ao preço das importações.

Transferência de preço é um outro mecanismo pelo qual os termos de troca do país receptor poderiam se deteriorar. O termo *transferência de preços* se refere aos preços registrados no comércio internacional *intra*empresarial. Se uma subsidiária ou filial de uma companhia multinacional vende insumos a uma outra subsidiária ou filial da mesma empresa em um outro país, não existe preço de mercado; a empresa registra arbitrariamente um preço para a transação nos livros das duas subsidiárias, deixando espaço para a manipulação dos preços. Se uma subsidiária em um país em desenvolvimento for impedida de enviar lucros para a matriz ou ficar sujeita a elevados impostos sobre seus lucros, a subsidiária pode reduzir seu lucro *registrado* no país em desenvolvimento reduzindo o valor de suas exportações para as outras subsidiárias, em outros países, e exagerando o valor de suas importações de outras subsidiárias. O que acontece é que os termos de troca do país registrados são piores do que seriam se um preço verdadeiro de mercado fosse usado para essas transações.

Redução da poupança doméstica. A alegação, no contexto de um país em desenvolvimento, é que a entrada de capital estrangeiro pode fazer o governo relaxar seus esforços em gerar uma poupança doméstica maior. Se for difícil colocar em prática os mecanismos tributários, o governo local pode decidir que não há necessidade de coletar mais impostos de uma população de baixa renda para o financiamento de projetos de investimento se uma empresa estrangeira estiver fornecendo o investimento de capital. As receitas de impostos não recolhidas podem ser usadas para o consumo em vez de poupança. Esse é somente um de diversos mecanismos possíveis para obter o mesmo resultado.

Redução do investimento doméstico. Frequentemente a empresa estrangeira pode em parte financiar o investimento direto tomando recursos no mercado de capitais do país receptor. Esta ação pode aumentar as taxas de juros no país receptor e levar a um declínio do investimento *doméstico* pelo efeito "*crowding-out*". Em um argumento relacionado, os ofertantes de fundos do país em desenvolvimento podem fornecer capital financeiro para a empresa multinacional em vez da empresa local por causa do risco percebido mais baixo. Esse deslocamento dos fundos pode desviar o capital de usos que poderiam ser mais valiosos para os países em desenvolvimento.

Instabilidade no balanço de pagamentos e na taxa de câmbio. Quando o investimento estrangeiro direto entra no país, em geral proporciona divisas estrangeiras, melhorando o balanço de pagamentos ou aumentando o valor da moeda do país receptor no mercado de câmbio. Entretanto, quando se importam insumos necessários ou quando os lucros são enviados ao país de origem do investimento, surge uma pressão sobre o balanço de pagamentos do país receptor e a moeda doméstica poderá ter seu valor depreciado. Existirá certo grau de instabilidade que torna difícil considerar um planejamento econômico de longo prazo.

Perda de controle sobre a política doméstica. Este é provavelmente o mais sensível dos vários custos atribuídos ao investimento estrangeiro direto. O argumento é que um grande investimento estrangeiro pode exercer poder suficiente de tantos modos que o país receptor já não fique totalmente soberano. Por exemplo, essa acusação foi lançada vigorosamente contra o investimento direto norte-americano na Europa Ocidental nos anos de 1960, e ela frequentemente é usada contra o IED norte-americano nos países em desenvolvimento.

Desemprego crescente. Este argumento é usado geralmente no contexto de países em desenvolvimento. A empresa estrangeira pode trazer suas próprias técnicas de capital intensivo para o país receptor; entretanto, elas podem ser impróprias para um país abundante em trabalho. O resultado é que a empresa estrangeira emprega relativamente poucos trabalhadores e desemprega muitos outros, porque o investimento elimina empresas locais do negócio.

Estabelecimento de monopólio local. Este é o inverso do "benefício" presumido de que o IED quebraria o monopólio local. Do lado do "custo", uma empresa estrangeira grande pode enfraquecer uma indústria competitiva local em decorrência de alguma vantagem particular (como a tecnologia) e eliminar empresas domésticas da indústria. A empresa estrangeira existirá como um monopolista, com todas as desvantagens que acompanham um monopólio.

Atenção inadequada ao desenvolvimento da educação e das habilidades locais. Primeiro proposto por Stephen Hymer (1972), este argumento baseia-se em que a empresa multinacional reserva os trabalhos que requerem perícia e habilidades empresariais para a matriz no país-sede. Os trabalhos nas operações subsidiárias no país receptor são de níveis mais baixos de habilidade (por exemplo, operações rotineiras da gerência em vez de tomada de decisão criativa). A força de trabalho e os gerentes do país receptor não adquirem habilidades novas.

Resumo dos benefícios e dos custos do investimento estrangeiro direto

Nenhuma avaliação geral pode ser feita a respeito de se os benefícios compensam os custos. A situação de cada país e o investimento de cada empresa devem ser examinados à luz dessas várias considerações, e um julgamento sobre a vantagem do investimento pode ser claramente positivo em alguns exemplos e negativo em outro. Essas considerações nos levam além do modelo analítico simples discutido anteriormente neste capítulo, no qual o fluxo de capital era sempre benéfico em seu impacto.

Países desenvolvidos e em desenvolvimento tentam frequentemente instituir políticas que melhorarão a razão custo-benefício associada à entrada de capital estrangeiro. Assim, com frequência **exigências de desempenho** são colocadas à empresa estrangeira, como estipular um percentual mínimo de funcionários locais, um lucro percentual máximo dos lucros que podem ser repatriados ao país-sede, e um percentual mínimo da produção que deve ser exportado para receber as divisas estrangeiras escassas. Além disso, o produto da empresa pode ser sujeito a exigências de conteúdo de insumos domésticos, ou empresas estrangeiras podem ser proibidas completamente em determinadas indústrias-chave. Algum progresso no sentido de eliminar tais exigências de desempenho distorcidas foi feito na Rodada Uruguai de negociações de comércio nos anos de 1990.

Por fim, breve menção pode ser feita ao fato de que claramente há impactos do IED sobre o país emissor ou sede do investimento, assim como sobre o país receptor. Como mostra a Figura 1, o país emissor (país II) tem uma redução em seu PIB (embora tenha um aumento em sua renda nacional ou produto *nacional* bruto), uma redução dos salários totais e um aumento no retorno total para seus investidores. O país poderia também sofrer efeitos tais como perda da receita de impostos das empresas investidoras (dependendo dos arranjos de tratamento do imposto entre o país emissor e o receptor do IED) e perda de empregos. O comércio internacional também poderia ser afetado – por exemplo, exportações do país emissor do IED poderiam subir se as novas plantas no exterior obtivessem insumos do país-sede. Alternativamente, as exportações do país emissor poderiam cair se as novas plantas fossem construídas no exterior para suprir o mercado estrangeiro a partir do próprio país estrangeiro, e não por meio da exportação do país-sede (como na teoria do ciclo do produto do Capítulo 10). Do lado da importação, as do país-sede poderiam aumentar se a nova planta montasse ou produzisse produtos de trabalho intensivo em um país receptor relativamente abundante em trabalho e o país-sede fosse um país abundante em capital. Na prática, outros efeitos, naturalmente, dependem do projeto de investimento particular que está sendo considerado.

Revisão de conceito

1. Qual é a diferença entre o investimento estrangeiro direto e o investimento estrangeiro de portfólio?
2. Suponha que haja um aumento na produtividade do capital no país II. O que acontece com a alocação do capital entre o país I e o país II?
3. Quais são os principais custos e benefícios do investimento estrangeiro direto para o país receptor? Quais podem ser os principais custos e benefícios do investimento estrangeiro direto para o país investidor?

Movimentos de trabalho entre países

Trabalhadores sazonais na Alemanha[2]

O grupo agrícola Winkelmann, dirigido por dois irmãos, cresceu, nos últimos dez a 15 anos, de uma fazenda local de aspargos na Alemanha para uma posição em que é um dos dez maiores fornecedores de aspargos brancos do país. A empresa conta pesadamente com trabalhadores imigrantes temporários para sua colheita – partindo de uma condição de 2,5 acres e dois trabalhadores migrantes em 1989, os Winkelmann se expandiram no que era a República Democrática da Alemanha (Alemanha Oriental) após a reunificação alemã em 1990 e, em 2002, possuíam 2.500 acres de terra e empregavam quase 4 mil trabalhadores migrantes. Esses trabalhadores, dos quais 80% são poloneses, são contratados depois de um completo processo de recrutamento, que inclui a extensiva verificação de conhecimento e treinamento no país de origem. Eles são empregados por três meses por ano, e depois enviados para casa, com transporte pago pelos Winkelmann. (Os Winkelmann somente contratam trabalhadores que tenham vínculo trabalhista no país de origem para o qual possam retornar após o emprego de três meses na Alemanha.). Enquanto estão na Alemanha, os imigrantes temporários recebem moradia e seguro dos Winkelmann; os trabalhadores poloneses podem ganhar, nos três meses, salários equivalentes a 150% do pagamento de um ano na Polônia.

Esse sistema provisório de migração é de valor considerável para os Winkelmann e para outras fazendas como a deles, mas também parece beneficiar a Alemanha em sua produção agrícola. A Alemanha ganha porque tem sido difícil recrutar alemães para colher os aspargos, aparentemente porque o trabalho exige muito esforço físico e paga salários relativamente baixos (baixos para os alemães, mas não para os poloneses).

Migração permanente: um grego na Alemanha

Hasan Touzlatzi é um muçulmano em torno do 50 anos da Trácia Ocidental, Grécia, que vive agora em Espelkamp, uma pequena cidade da Alemanha. Cresceu em uma família pobre na Grécia, e deixou a Trácia Ocidental com 20 anos de idade, em 1970, para ir para a Alemanha para o trabalho temporário. Hasan viajou para a Alemanha com outros "trabalhadores convidados" temporários, e a viagem foi organizada pelo governo alemão. Ofereceram-lhe um trabalho temporário em uma empresa em Espelkamp,

---

[2]Esta discussão, assim como a próxima, *Migração permanente: um grego na Alemanha*, foram retiradas do Capítulo 4 de Scott Reid, "Germany and the Gastarbeiterfrage: a study of migration's legacy in Germany, 1815-2003", tese sênior, Centro de Estudos Interdisciplinares, Davidson College, abr. 2003. Agradecemos a Scott Reid pela permissão para utilizar seu material.

mas, por ter começado a aprender a língua alemã assim que chegou ao país, ele avançou rapidamente na organização. Quando a empresa mais tarde encerrou suas atividades, Hasan decidiu permanecer em seu novo país. Sua esposa se juntou a ele e, depois que seus filhos nasceram, os Touzlatzis tornaram-se residentes permanentes, de modo que suas crianças puderam se beneficiar do sistema de instrução alemão.

Hasan Touzlatzi transformou-se em um membro respeitado e proeminente da comunidade de Espelkamp, onde já vive há mais de 30 anos. Possui uma floricultura, é associado a um clube local de imigrantes da Trácia Ocidental, e participa regularmente da sala de oração e da mesquita muçulmana de Espelkamp. Ele, sua família e outros amigos migrantes são partes sólidas da comunidade e da economia alemã, embora continuem tendo laços com sua terra de origem. (Por exemplo, dois dos filhos de Hasan foram para a Grécia servir no Exército grego, e Hasan manteve sua cidadania grega.) Os Touzlatzi são imigrantes permanentes que se integraram ao país que os recebeu, embora mantenham identificação com a sua terra de origem.

Essas duas histórias apresentam exemplos de migração provisória e de migração permanente entre países. Assim como o capital se move em grande volume entre os países, o mesmo ocorre com o trabalho. Em 1999, por exemplo, 24,6% da força de trabalho da Austrália eram de pessoas nascidas fora do país; para o Canadá a cifra era de 19,2%, e o trabalhador nascido no estrangeiro constituía 11,7% da força de trabalho dos Estados Unidos.[3] Adicionalmente, a revista *The Economist* estimou que, entre 1989 e 1998, aproximadamente 1 milhão de pessoas entraram por ano nos Estados Unidos legalmente e 500 mil por ano ilegalmente; para a União Europeia, os dados eram de 1,2 milhão por ano legalmente e talvez 500 mil ilegalmente.[4] De fato, a revista indicou que "tanto na América como na Europa, a imigração foi o principal gerador do crescimento da população".[5] Realmente, em 2004, nos Estados Unidos, o número de pessoas nascidas de pais estrangeiros era de mais de 30 milhões, com os imigrantes mexicanos totalizando 10,5 milhões (Hanson 2006, p. 869). Embora haja muitas razões diferentes para tal migração em grande escala, incluindo econômicas, políticas e familiares, neste capítulo nos concentraremos principalmente nas causas e nas consequências econômicas.

Tecnicamente, o desejo de migrar por parte de um indivíduo depende dos custos e dos benefícios esperados da mudança. Diferenças de renda esperada entre a velha e a nova localização, custos da mudança, diferenças de custo de vida entre as duas localizações, e outros benefícios líquidos não pecuniários na nova localização, como serviços de saúde, oportunidades educacionais, ou maior liberdade política ou religiosa figuram na decisão de migrar. Mesmo nesta abordagem mais geral, as diferenças esperadas de salário ou de renda são fatores importantes. Ao mesmo tempo, a mobilidade do trabalho pode influenciar o salário médio nas regiões antiga e nova. Para ambos os países, a mobilidade do trabalho tem assim implicações sobre o bem-estar similares aos movimentos de capitais e do comércio de bens e de serviços.

Efeitos econômicos dos movimentos do trabalho

As implicações econômicas da mobilidade do trabalho entre países podem ser observadas mais prontamente usando-se um dado similar ao utilizado para o capital. Supondo que o trabalho seja homogêneo nos dois países e móvel, o trabalho deve se mover das áreas de abundância e de salários mais baixos para áreas de escassez e de salários mais elevados. Essa mobilidade do trabalho faz a taxa de salário subir na área de emigração e cair na área de imigração. Na ausência de custo de mudança, o trabalho continua a se mover até que a taxa de salário seja igualada entre as duas regiões (veja a Figura 2). A força de trabalho de ambos os países é representada pelo comprimento do eixo horizontal. A demanda (o produto físico marginal) de trabalho

---

[3] "The longest journey: a survey of migration", *The Economist,* p. 4, 2 nov. 2002. (A fonte original dos dados foi a Organização para a Cooperação e o Desenvolvimento Econômicos – OCDE.)

[4] Ibid., p. 5.

[5] Ibid.

FIGURA 2   Equilíbrio do mercado de trabalho – o caso de dois países

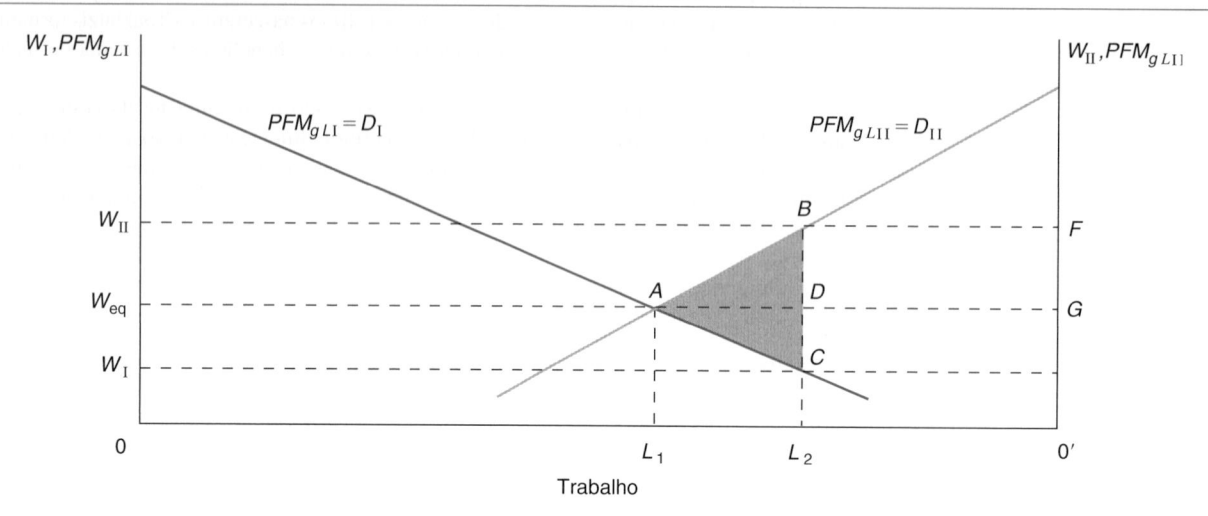

A demanda por trabalho no país I ($PFMg_{LI} = D_I$) é representada graficamente a partir da esquerda, e a demanda por trabalho no país II ($PFMg_{LII} = D_{II}$) é representada graficamente a partir da direita. A oferta total de trabalho disponível em ambos os países é indicada pelo comprimento do eixo horizontal $00'$. Se os mercados de trabalho estiverem trabalhando em concorrência perfeita e não houver nenhuma barreira aos movimentos do trabalho, o trabalho se moverá entre os países até a $PFMg$ do trabalho (e portanto o salário) ser igual em toda parte. Isso ocorre no ponto A com o salário de equilíbrio resultante, $0W_{eq}$; $0L_1$ trabalho será empregado no país I, e L_10' trabalho será empregado no país II.

em cada um dos países é representada pelas curvas de demanda D_I e D_{II}. Se os mercados forem de concorrência perfeita e o trabalho for móvel, o salário em ambos os países deve se estabelecer em $0W_{eq}$, e o trabalho $0L_1$ será empregado no país I e L_10' no país II. Suponha que os mercados não se ajustem conjuntamente e que o salário no país I permaneça abaixo do salário do país II. Este seria o resultado se existisse $0L_2$ no país I e o país II tivesse somente L_20' de trabalho. Se o trabalho responder agora à diferença de salário, ele deve se mover do país I para o país II. À medida que isso acontece, o salário no país I deve subir enquanto o do país II dever cair até que $0W_{eq}$ ocorra em ambos os países. Em decorrência desses ajustes, a produção cai no país I e cresce no país II. Os trabalhadores restantes do país I estão em melhor situação tanto absolutamente (devido ao salário mais elevado) como relativamente, porque a produtividade dos outros fatores cai com a redução da oferta de trabalho. No país II, ocorre o oposto. Com a queda da taxa de salário no país II, o trabalho está em pior situação do que antes. A produtividade dos outros fatores, entretanto, eleva-se com o aumento do uso de trabalho, assim os proprietários desses fatores estão em melhores condições. Os outros fatores no país II ganham a área $ABFGD$, enquanto o trabalho do país II perde a área $DBFG$. A quantidade de renda ganha pelos novos imigrantes é L_1ADL_2.

O que pode ser dito sobre a mudança no bem-estar total no país I, no país II e no mundo como resultado da mobilidade do trabalho? Dada a existência de produtividade marginal decrescente do trabalho na produção, e tudo o mais constante, a produção (PIB) no país I cai a uma taxa mais lenta do que a diminuição da força de trabalho, levando a um aumento da produção per capita. No país II, a produção, (PIB) cresce mais lentamente do que o aumento da força de trabalho, levando a uma diminuição na produção per capita. Por fim, o mundo como um todo ganha com essa migração desde que a queda na produção total do país I (área L_1ACL_2) seja mais do que compensada pelo aumento da produção do país II (área L_1ABL_2) dado pela área sombreada ABC.

Um exemplo ainda mais claro de ganhos do mundo com a migração ocorre se for suposto que imperfeições de mercado no país I levem a uma oferta inicial excessiva de trabalho. Agora não somente os salários diferem entre o país I e o país II, mas alguns trabalhadores permanecem desem-

FIGURA 3 O efeito da migração no caso de trabalho excedente

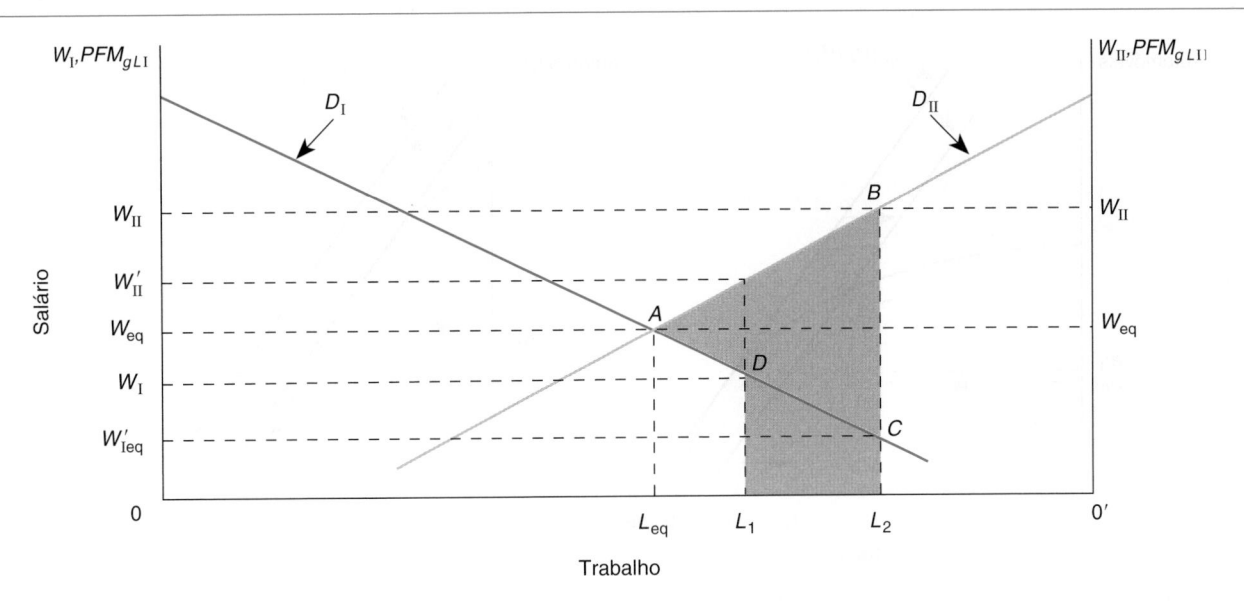

Com uma taxa de salário de $0'W_{II}$ no país II e de $0W_I$ no país I, existe um estado inicial de desequilíbrio. A diferença de salário é acompanhada por desemprego de L_1L_2 trabalhadores no país I (a força de trabalho inicial de I é $0L_2$). A mudança desses trabalhadores desempregados para o país II faz a produção aumentar no país II e o salário no país II declinar para $0W'_{II}$. Como esses trabalhadores não estavam empregados no país I antes de migrar, a produção do país I permanece inalterada, e a renda per capita aumenta. O ajuste completo do mercado (equalização da produtividade do trabalho e dos salários) requer que $L_{eq}L_1$ trabalhadores adicionais migrem do país I para o país II. Essa transferência faz o salário no país II cair ainda mais (para $0W_{eq}$) e, ao mesmo tempo, faz o salário no país I aumentar para $0W_{eq}$.

pregados no país I à taxa de salário institucional (tradicional). O salário do equilíbrio poderia ser resultado de leis de salário mínimo e de sindicatos de trabalhadores – que teriam induzido a rigidez para baixo do salário na indústria – ou da existência de um setor agrícola em que as famílias simplesmente distribuem a produção da fazenda entre todos os membros (os trabalhadores recebem assim seu produto médio, não seu produto marginal). Essa oferta excessiva é chamada frequentemente de **trabalho excedente** na literatura de desenvolvimento econômico. A Figura 3 mostra a distância L_20' como a quantidade de trabalho disponível no país II, e a distância $0L_2$ como a quantidade de trabalho no país I. O trabalho no país II é empregado ao salário de equilíbrio doméstico de $0'W_{II}$, enquanto no país I prevalece a taxa de salário de $0W_I$ (em vez do salário de equilíbrio de mercado mais baixo, $0W'_{Ieq}$), levando a somente $0L_1$ pessoas empregadas. L_1L_2 pessoas estão assim atualmente desempregadas à taxa de salário prevalecente. A migração de trabalhadores desempregados L_1L_2 do país I para o país II nesse caso leva a uma expansão da produção do país II sem nenhuma redução da produção do país I. A completa equalização dos salários requer que a quantidade adicional $L_{eq}L_1$ de trabalhadores se mude do país I para o país II de modo que $L_{eq}0'$ trabalhadores sejam empregados no país II. Se essa migração adicional ocorrer, a produção do país I declina porque o trabalho previamente empregado, $L_{eq}L_1$, deixa o país. O efeito da migração resultante do trabalho excedente, embora similar em direção ao exemplo anterior de pleno emprego, produz resultados com magnitudes diferentes. O ganho de produção per capita do país I causado pela migração é claramente maior, porque a perda de trabalhadores desempregados, L_1L_2, não afeta a produção total do país I. O aumento da produção total e o declínio da produção per capita do país II é igual ao anterior (veja a Figura 2), e o ganho mundial líquido (área ABC mais a área L_1DCL_2 – área sombreada) é maior em L_1DCL_2, isto é, o valor da produção renunciada no país I em consequência do desemprego. Esse exemplo indica que quanto maior o número de imperfeições de mercado – neste caso, uma distorção doméstica

FIGURA 4 — Os efeitos sobre o crescimento do ajuste do mercado de trabalho e da migração

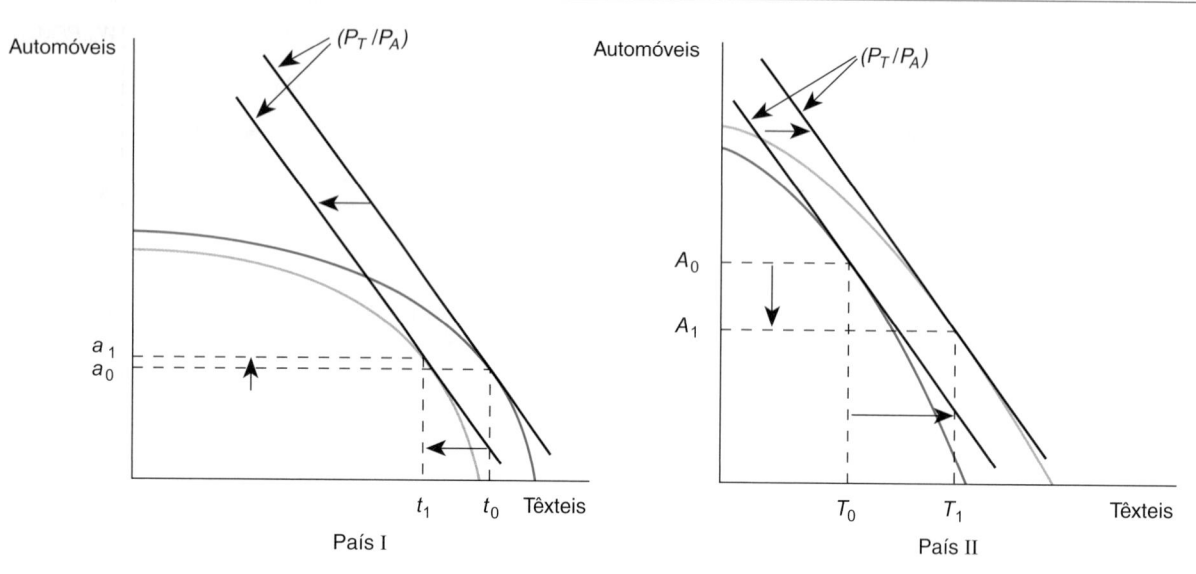

A transferência de trabalho do país I para o país II é indicada pelo deslocamento para fora da FPP do país II, e pelo deslocamento para dentro da FPP do país I. Suponha que o país I seja o país trabalho-abundante que exporta o bem trabalho-intensivo (têxteis) e importa o bem capital-intensivo (automóveis) antes da migração do trabalho, e que os dois países em questão sejam países pequenos. O teorema de Rybczynski indica que essa mudança nas ofertas relativas de trabalho levará o país I a contrair a produção de têxteis (o bem trabalho-intensivo) de t_0 para t_1 e a expandir a produção de automóveis de a_0 para a_1. O país II, por outro lado, expandirá a produção de têxteis de T_0 para T_1, com o trabalho recentemente adquirido, e reduzirá a produção de automóveis de A_0 para A_1. Ambos os ajustes da produção são de natureza ultra-anticomércio, uma vez que os fluxos de fator de fato substituíram os fluxos de comércio.

de mercado (insucesso do mercado de trabalho doméstico do país I em compensar) e uma distorção internacional (taxas de salário diferentes entre os países) –, maiores os ganhos potenciais provenientes da remoção dessas distorções.

A migração de trabalho (ou de capital) afeta também a composição da produção e a estrutura de comércio dos países envolvidos. O ingresso de trabalho no país II é similar ao crescimento da força de trabalho discutido no Capítulo 11 (veja a Figura 4). Dado o pleno emprego, a preços internacionais constantes, o aumento da força de trabalho no país II leva, de acordo com o teorema de Rybczynski, a uma expansão da produção do bem de trabalho intensivo (têxteis) e a uma contração da produção do bem de capital intensivo (automóveis). Supondo que o país I seja o país abundante em trabalho, que o país II seja o país abundante em capital e que o comércio entre os dois siga o padrão Heckscher-Ohlin, o efeito da transferência de trabalho entre os dois poderá ser examinado. A produção do bem de exportação do país II declina e a produção do bem de importação aumenta. Assim, o efeito de produção sobre o comércio é um *efeito ultra-anticomércio*.

De um modo semelhante, a redução do trabalho no país I faz a produção do bem de trabalho intensivo cair e a produção do bem de capital intensivo subir. Os efeitos produção em ambos os países são simétricos e de natureza ultra-anticomércio. O efeito total da transferência de trabalho sobre o volume e a estrutura do comércio no fim dependerá não apenas dos efeitos de produção, mas também dos efeitos do consumo, que refletem as mudanças da renda e a elasticidade-renda da demanda para os dois produtos em ambos os países. Por fim, esta análise assume a ausência de quaisquer distorções de preço nos dois países e supõe que os preços internacionais não mudem em consequência dos movimentos do fator. As distorções de preço e as mudanças dos preços internacionais poderiam alterar essas conclusões. A análise dos movimentos do fator com distorções de preço e as mudanças do preço mundial vão além do objetivo deste texto.

Considerações adicionais relativas à migração internacional

Os modelos anteriores nos ajudam a compreender algumas das fontes básicas que afetam a política de migração de trabalho. Não é de surpreender que o trabalho do país II deseje restrições à imigração, pois os novos trabalhadores fizeram os valores do salário abaixarem. Por outro lado, os proprietários dos outros recursos, como o capital, são favoráveis à imigração, pois ela aumenta seus retornos. Ao mesmo tempo, o trabalho no país I é favorável à emigração, enquanto os proprietários de capitais tendem a desencorajar a mobilidade do trabalho. Embora os modelos simples sejam úteis para proporcionar uma compreensão das relações econômicas básicas envolvidas, é importante discutir brevemente diversas extensões desta análise.

Primeiro, o novo imigrante pode transferir alguma renda para seu país de origem. Quando isso acontece, a redução na renda (da produção doméstica) no país I é alterada ao menos parcialmente pela quantidade transferida, embora o aumento na renda resultante do maior emprego no país II seja reduzido pelo volume transferido. Supondo que haja transferência de trabalho nos dois países, a renda do trabalho no país I é ampliada e a renda total (e a renda per capita) disponível para a força trabalho do país II é ainda mais reduzida. De fato, um estudo das remessas efetuadas pelos emigrantes gregos indicou que os benefícios renda, emprego e formação de capital para a Grécia dessas remessas eram substanciais, enquanto os custos da emigração eram limitados para a Grécia (veja Glytsos 1993). Em outros exemplos, no ano de 2000 a Índia recebeu $9,0 bilhões em remessas de seus cidadãos no exterior, o Marrocos $2,2 bilhões, e Bangladesh $2,0 bilhões.[6] Estimativas mais recentes do Banco Interamericano de Desenvolvimento e da USAID sugerem que em 2001 mais de $23 bilhões de remessas fluíram dos Estados Unidos para a América Latina e Caribe ($9,2 bilhões para o México). Além disso, em julho de 2004, a revista *The Economist* citou um estudo do Banco Mundial indicando que as remessas aos países em desenvolvimento atingiram $93 bilhões no ano de 2003. Em geral, essas remessas mais do que excediam o volume de ajuda estrangeira recebida por esses países. Mais especificamente, esses pagamentos eram equivalentes a mais do que um quarto do PIB para diversos países e a mais do que 5% para muitos outros.[7]

Uma segunda questão a natureza da imigração. Suponhamos que a imigração seja permanente, não provisória. Um trabalhador temporário, como o polonês que trabalha com aspargos na Alemanha da ilustração anterior, é chamado frequentemente de **trabalhador convidado**. Na análise anterior, assumiu-se que todos os trabalhadores eram idênticos e que o novo imigrante receberia assim o mesmo pacote de salário e benefícios que o trabalhador doméstico. Esta não é uma suposição irrealista, pois muitos países não permitem aos empregadores a discriminação contra os imigrantes permanentes. Uma estrutura de dois níveis de salário não é portanto possível. Entretanto, essas limitações normalmente não são asseguradas para trabalhadores convidados ou migrantes sazonais.

Se o trabalho migrante não for percebido como homogêneo com o trabalho doméstico, é possível para os proprietários do capital no país receptor ganhar sem reduzir a renda do trabalho doméstico (veja a Figura 5). Se os empregadores puderem discriminar o trabalhador migrante, eles empregarão $L_1 L_2$ trabalhadores convidados de curto prazo ao novo salário de equilíbrio de mercado, $0W_2$, subsidiarão o nível inicial dos trabalhadores domésticos pela diferença até o salário total, $W_2 W_1 AB$, e ganharão a área ABC. Neste exemplo, o país II se beneficia claramente, já que a força de trabalho doméstica permanente não está em pior situação e os proprietários do capital estão claramente em melhor situação. Não surpreende que haja menos oposição à imigração temporária do que à imigração permanente, e pareceu não haver nenhuma no exemplo

---

[6] "The longest journey: a survey of migration", *The Economist,* 2 nov. 2002, p. 11.

[7] Veja Kasey Q. Maggard, "The role of social capital in remittance decisions of Mexican migrants", tese de láurea em Economia, Departamento de Economia, University of North Carolina-Chapel Hill, 2004; "Monetary lifeline", *The Economist,* 31 jul. 2004, p. 66.

No mundo real:

Remessas de imigrantes

Uma característica econômica negligenciada no debate sobre imigração (tanto em relação à imigração legal como à ilegal) é o fluxo de fundos que ocorre dos imigrantes para seus parentes em seus países de origem. Esses fluxos podem ter efeitos significativos sobre os países de origem dos imigrantes.

Um recente conjunto de estimativas oferecidas por Dilip Ratha do Banco Mundial sugere a magnitude e o impacto desses fluxos. As remessas dos imigrantes foram projetadas em mais de $232 bilhões somente no ano de 2005, com $167 bilhões deste valor indo para os países em desenvolvimento. Entretanto, estes foram somente os fluxos registrados. Na verdade, imagina-se que os fluxos não registrados sejam pelo menos 50% maiores do que os fluxos registrados, o que implica um fluxo anual total acima de meio *trilhão* de dólares [$232 bilhões + (1,50) ($232 bilhões) = $580 bilhões]. Na verdade, mesmo usando-se apenas os fluxos registrados, as remessas eram o segundo maior item dos fundos externos recebidos pelos países em desenvolvimento (atrás do investimento estrangeiro direto). Os fundos foram o dobro do volume de ajuda estrangeira recebida dos países desenvolvidos. Tendo como exemplo países específicos, a revista *The Economist* indicou que em 2000, Bangladesh recebeu $2,0 bilhões de remessas e $1,2 bilhão de ajuda, o Brasil recebeu $1,1 bilhão de remessas e $322 milhões de ajuda, e a República Dominicana recebeu $1,7 bilhão de remessa e somente $62 milhões de ajuda. Também estimou que as remessas para o México dos imigrantes nos Estados Unidos foram equivalentes a 2,2% do PIB mexicano em 2004. (É interessante notar que os imigrantes mexicanos ilegais nos Estados Unidos pareceram estar mais dispostos a enviar fundos para suas famílias do que os imigrantes mexicanos legais nos Estados Unidos.)

As remessas desse tamanho podem claramente beneficiar os países que as recebem. Uma estimativa do Banco Mundial é que elas reduziram a taxa da pobreza em quase 11 pontos porcentuais em Uganda, 6 pontos porcentuais em Bangladesh e 5 pontos porcentuais em Gana. Tais fundos ajudam os receptores a comprar bens de consumo, moradia, educação e cuidados de saúde. O efeito também parece ser contracíclico – quando os países que recebem os fundos entram em recessão, por exemplo, o ingresso de remessas parece aumentar (em contraste com os fluxos regulares de capitais privados, que diminuiriam nesse exemplo). Além disso, quando volume substancial de trabalho migra para o exterior, esta emigração pode reduzir algum trabalho excedente no país de origem e exercer pressão ascendente sobre as taxas de salário.

Um nível considerável de remessas, entretanto, não implica necessariamente que a saída de emigrantes dos países de origem seja algo positivo para esses países. Quando os emigrantes saem, eles frequentemente levam consigo substancial capital humano, pois os emigrantes podem ser trabalhadores altamente qualificados. A base tributária nos países que enviam trabalho também é corroída quando os trabalhadores saem – estima-se que, em 2001, os imigrantes indianos nos Estados Unidos eram equivalentes a 0,1% da população da Índia, mas equivalentes a 10% da renda nacional da Índia. Esse fato significou que as perdas de receita tributária da Índia eram, talvez, iguais a 0,5% do seu PIB. Além disso, grandes remessas em um país podem conduzir a um aumento do valor da moeda desse país e a uma redução na capacidade do país de exportar. De mais a mais, o ingresso dos fundos pode ter um impacto adverso no esforço de trabalho dos membros da família que recebem os fundos e, assim, reduzir o crescimento econômico.

Em resumo, o tamanho das remessas dos imigrantes ocorrendo atualmente é substancial. Há efeitos positivos e negativos associados aos fluxos migratórios e às remessas, e os impactos líquidos sobre os países de origem, que recebem os fundos, variarão de caso para caso. Em todas as situações, no mundo atual, esses fluxos e seus impactos necessitam claramente ser incluídos em toda análise de migração de trabalho.

Fontes: Dilip Ratha, "Remittances: a lifeline for development", *Finance and Development*, v. 42, n. 4, dez. 2005, p. 42-43; "Sending money home: trends in migrant remittances", *Finance and Development*, v. 42, n. 4, dez. 2005, p. 44-45; "The longest journey: a Survey of migration", *The Economist*, n. 2, nov. 2002, p. 11-12; Gordon H. Hanson, "Illegal migration from Mexico to the United States", *Journal of Economic Literature*, v. 44, n. 4, dez. 2006, p. 872.

---

anterior do aspargo. Também não surpreende ver o trabalho doméstico desencorajar mesmo o trabalho imigrante sazonal, se perceber que a imigração de curto prazo mantém as taxas médias de salário inalteradas na presença de aumento de produção e de preços dos produtos.

Precisamos tecer algumas observações finais sobre a natureza do imigrante e as implicações das características do imigrante em ambos os países. A suposição de que os trabalhadores são homogêneos certamente não é verdadeira no mundo real, e as implicações para o bem-estar

FIGURA 5   Os efeitos da discriminação do salário do imigrante

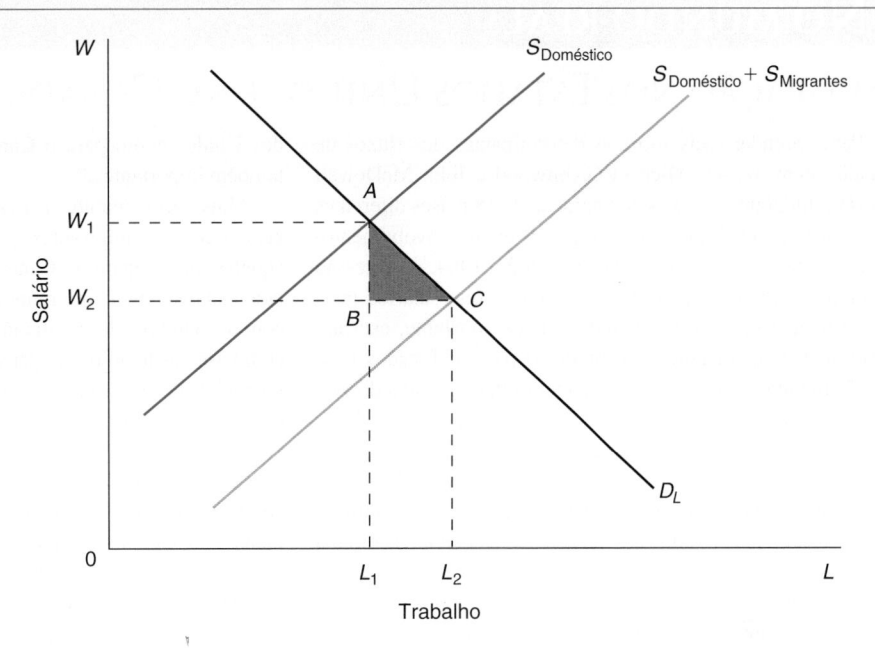

A migração de trabalho leva a um deslocamento na curva de oferta de trabalho para a direita, gerando um novo salário de equilíbrio, $0W_2$. Pagando a todo o trabalhador o salário de mercado $0W_2$ e então subsidiando cada um dos $0L_1$ trabalhadores domésticos iniciais em um montante W_1W_2, o trabalhador doméstico não fica em pior situação e o produtor ganha um excedente líquido (área ABC). Esse ganho ocorrerá somente se o produtor puder efetivamente fazer uma discriminação entre os trabalhadores domésticos e os convidados.

que acompanham a imigração podem variar. A força de trabalho em cada país possui um leque de habilidades de trabalho que variam do não treinado ou não qualificado ao altamente treinado ou qualificado. Para essa discussão, vamos supor que cada país tenha apenas dois tipos de trabalho, qualificado e não qualificado. As implicações para o país de saída da imigração variam de acordo com o nível de qualificação dos imigrantes.

O migrante tradicional respondendo a forças econômicas tende a ser o trabalhador de baixa qualificação que é desempregado ou subempregado no país de origem e procura emprego no país de trabalho escasso com um salário mais alto. O motivo para a migração é não somente o salário mais elevado no país de destino, mas também a maior possibilidade de obter trabalho em tempo integral, junto com outras considerações. A mudança dos trabalhadores de baixa qualificação baseada em diferenciais esperados na renda tem efeitos sobre os dois países que são consistentes com a nossa análise anterior. A produção total do mundo eleva-se, mas no país de origem a produção cai e a renda média do trabalhador de baixa qualificação cresce absoluta e relativamente, e no país receptor a produção cresce e a renda média de trabalho de baixa qualificação cai também absoluta e relativamente. É importante notar que o retorno do trabalho qualificado no país receptor, como o capital, provavelmente aumentará.

O país receptor também pode ter aumento dos custos sociais por meio de maiores despesas com programas de rede de segurança (transferências de desemprego, subsídios à educação, habitação e saúde etc.) conforme o número de trabalhadores não qualificados aumenta relativa e absolutamente. Como o trabalhador não qualificado tende a enfrentar uma instabilidade maior do emprego, um aumento do número relativo de trabalhadores não qualificados está em geral ligado a custos sociais de manutenção mais elevados. O aumento nesses custos indiretos resulta em impostos mais elevados, reduzindo consequentemente o ganho líquido para os proprietários

No mundo real:

Imigração nos Estados Unidos e no Canadá

Para aprender mais sobre as determinantes dos fluxos de trabalho entre países, Michael Greenwood e John McDowell (1991) estudaram os fluxos de migração de 18 países diferentes (14 países desenvolvidos e quatro países em desenvolvimento) para os Estados Unidos e Canadá de 1962 a 1984. A regressão resultante para os Estados Unidos indicou que salários mais elevados no país de origem, tudo o mais constante, estavam relacionados negativamente à migração para os Estados Unidos. Entretanto, uma taxa de crescimento mais elevada do PIB no país de origem *não* pareceu reduzir a migração para os Estados Unidos. Além disso, a imigração estava associada negativamente à distância entre o país de origem e os Estados Unidos, e associada positivamente com a fluência em inglês e com níveis da instrução mais elevados dos imigrantes. Houve também uma associação positiva da imigração com o grau de urbanização do país de origem e com a proporção de trabalhadores atuante no setor manufatureiro, presumivelmente refletindo alguma similaridade entre a estrutura industrial e a qualificação com os Estados Unidos. Houve uma associação negativa entre o grau "de direitos políticos" no país de origem e o volume de migração para os Estados Unidos; isto é, menos liberdade política foi associada a uma maior propensão a emigrar. Por fim, a participação do país de origem em uma crise internacional ou o confronto com um outro país gerava uma maior possibilidade de migração para os Estados Unidos.

Os resultados para a imigração para o Canadá foram geralmente os mesmos que os para os Estados Unidos, exceto que níveis mais elevados de instrução não tinham qualquer importância na imigração canadense, e que "os direitos políticos" e o grau de urbanização no país de origem não foram significativos. Entretanto, o envolvimento do país de origem em uma crise ou em um confronto internacional pareceu ser mais importante na imigração canadense do que na norte-americana. Em resumo, no artigo de Greenwood e McDowell, os fatores econômicos têm importante papel na decisão de migrar tanto para os Estados Unidos como para o Canadá, mas outras influências são também importantes.*

Mais recentemente, a evidência sugere uma outra divergência entre os imigrantes que chegam aos Estados Unidos e aqueles que chegam ao Canadá. Os Estados Unidos têm aceitado cada vez mais imigrantes com base na existência de laços com os membros da família já no país, e assim cada vez menos com base nas habilidades particulares de trabalho do imigrante potencial. Por sua vez, o Canadá sempre teve muito interesse em aceitar imigrantes com qualificações específicas que coincidiam com aquelas necessitadas no país. A consequência desse tratamento distinto é que muitos cidadãos estrangeiros que procuram migrar para a América do Norte agora não estão seriamente considerando os Estados Unidos, mas preferindo entrar no Canadá. Certamente, o Canadá tem incentivado a imigração de trabalhadores, e em 2000 aumentou sua meta de 200 mil imigrantes permanentes por ano (a qual o país na verdade estava falhando em alcançar) para 300 mil por ano. O número de processos de solicitações de imigrações oficiais aumentou, e recrutadores foram enviados para exposições na Europa e na América Latina. O Ministro da Imigração expressou também o desejo de usar mais incisivamente critérios da reunificação de famílias nas decisões a respeito de licenças de imigração como uma maneira de aumentar o ingresso de trabalhadores.

*Em seus vários testes, Greenwood e McDowell fizeram concessões em relação às mudanças nas leis norte-americanas de imigração, no período de 1962-1984.

Fontes: Michael J. Greenwood and John M. McDowell, "Differential economic opportunity, transferability of skills, and immigration to the United States and Canada", *Review of Economics and Statistics*, nov. 1991, p. 612-623; Barry Newman, "In Canada, the point of immigration is mostly unsentimental", *The Wall Street Journal*, 9 dez. 1999, p. A1, A12; Julian Beltrane, "Canada's yawning need for immigrants grows", *The Wall Street Journal*, 10 jul. 2000, p. A24.

---

de outros fatores, como o capital. A redução do salário médio de baixa qualificação, incluindo o aumento concomitante dos impostos, é assim maior que o sugerido somente pela queda no salário de mercado. Não surpreende que a maioria dos países tente controlar a imigração de trabalhadores de baixa qualificação. Em uma tentativa de evitar alguns dos custos sociais indiretos dessa imigração, diversos países europeus, como a Suíça, adotaram no passado políticas para trabalhadores convidados que permitiam imigração de trabalhadores de baixa qualificação por curto período de tempo, mas os trabalhadores não se qualificam para a cidadania e podem ser solicitados a sair do país a pedido do governo.

A transferência de trabalho qualificado, em especial entre países em desenvolvimento e industrializados, é um fenômeno relativamente recente. Entretanto, um número crescente de povos altamente instruídos (economistas [?], médicos, cientistas pesquisadores, professores de universidade, e outros profissionais qualificados) estão deixando os países em desenvolvimento para ir para os Estados Unidos, Canadá e Europa Ocidental – um movimento frequentemente referido como **dreno de cérebros**. Salários mais elevados, impostos mais baixos, maior liberdade profissional e pessoal, melhores condições de laboratório, acesso a tecnologias mais novas, colegas profissionais e serviços e bens materiais encontrados nestes países explicam o movimento do trabalho. Em muitos casos, a pessoa recebeu treinamento formal no país industrializado e encontrou dificuldade em se ajustar, ao menos profissionalmente, à vida no país de origem.

Do ponto de vista econômico, se os mercados estiverem trabalhando e a remuneração estiver sendo feita por seu produto marginal em ambos os países, a análise de movimentos de trabalhadores qualificados é similar àquela de trabalhadores não qualificados, exceto pelas diferenças na magnitude associada à diferença dos produtos marginais. É possível, entretanto, que o trabalho qualificado tenha oferta tão pequena no país de origem que a perda desses trabalhadores leve a uma queda na renda per capita, e não a um aumento. O custo de oportunidade para o país de origem pode ser mesmo maior do que o indicado pelo salário de mercado se o trabalhador qualificado gerar outros benefícios (externalidades) para o país de origem, como uma melhoria geral no nível tecnológico. Além disso, na medida em que o país de origem subsidiou a instrução dessas pessoas (isto é, investiu na acumulação de capital humano deles), a emigração representa uma perda de capital escasso para o qual se esperava uma taxa de retorno social razoável. Por fim, o custo para o país de origem é ainda maior se os mercados estiverem distorcidos por regulamentos do governo, de modo que o indivíduo recebe menos do que o salário de livre mercado. Nesse caso, o salário recebido anteriormente pelo trabalhador seria inferior ao verdadeiro valor de mercado do trabalhador.

O oposto é verdadeiro no país receptor. A produtividade do trabalhador imigrante qualificado é relativamente mais elevada, a possibilidade de externalidades positivas é maior e os custos sociais indiretos esperados são menores do que para o imigrante de baixa qualificação. Além disso, o ingresso de profissionais qualificados reduz o preço doméstico dos serviços não comercializáveis, como cuidado médico. Nesse caso, a pressão contra a imigração virá de grupos de trabalhos profissionais, não da força de trabalho como um todo. Em geral, entretanto, a maioria dos países industrializados pouco fez para restringir a imigração de trabalhadores qualificados e, em alguns casos, tornou mais fácil para os trabalhadores qualificados obterem vistos de trabalho do que para os trabalhadores não qualificados.

Os países em desenvolvimento encontram-se em um dilema. Com frequência, a migração de trabalho qualificado representa para eles um custo estático e dinâmico substancial. Devido à combinação das externalidades, das distorções de salário do mercado e do custo de oportunidade do investimento em capital humano frequentemente exceder a renda paga ao trabalhador qualificado, em geral os países tendem a restringir a saída desse trabalho. Até pouco tempo, por exemplo, limitações desse tipo eram comuns na Europa Oriental. Entretanto, a perda de liberdade pessoal associada às limitações de mobilidade do trabalho torna tais restrições sem atrativo. A limitação das liberdades pessoais também pode levar a uma menor produtividade e a uma perda de liderança e de empreendedorismo profissional, fundamental para esses países se submeterem a reformas econômicas. Diversas políticas podem ser dirigidas para remover as imperfeições de mercado: (1) pagar ao trabalhador qualificado seu produto marginal, (2) subsidiar os profissionais de modo que sua renda reflita seu verdadeiro valor social incluindo externalidades, (3) tributar a saída de migrantes ou exigir deles remessas para cobrir pelo menos parte do investimento em capital humano, (4) garantir emprego e trabalhos de alta qualidade àqueles que retornam para casa após o treinamento no exterior, e (5) apelar ao nacionalismo do trabalhador qualificado. Essas políticas podem ser mais atrativas do que a restrição à livre mobilidade entre países.

Embora o deslocamento de trabalho qualificado dos países em desenvolvimento para os países industrializados possa levar a um aumento da eficiência e da produção mundial em sentido estático, haverá um aumento da disparidade de renda entre os países de baixa renda e de renda elevada. Além disso, a perda desse recurso muito escasso altera as dinâmicas das mudanças nos países em desenvolvimento. A resposta correta da política não é clara. A resposta à

No mundo real:

Há um viés contrário à revalidação de diploma de médicos formados no exterior?

A partir de 1990, aproximadamente 130 mil médicos nos Estados Unidos tinham recebido seu treinamento profissional no exterior. Esse número representava cerca de 21% dos profissionais e incluia aproximadamente 20 mil americanos que receberam seu treinamento médico em uma escola estrangeira. Cerca da metade desses médicos atuava em cinco Estados – Nova York, Nova Jersey, Califórnia, Flórida e Illinois – e muitos tinham um importante papel no cuidado das populações de baixa renda, em cidades importantes como Nova York e Chicago.

Um artigo do *Wall Street Journal* de 1990 informava que, cada vez mais, os membros desse grupo profissional afirmam estar sendo discriminados pelas agências de credenciamento. Como os serviços médicos, o treinamento e a tecnologia médica variam consideravelmente no mundo, a maioria de agências de credenciamento médico exige testes de certificação de procedimentos para assegurar que os praticantes de medicina tenham um nível básico de conhecimento e de perícia. Muitos procedimentos são criticados porque são usados para discriminar os médicos treinados no exterior, de modo que os empregos são reservados para médicos treinados nos Estados Unidos. De acordo com um profissional treinado no exterior, "Discriminação contra graduados nas áreas de trabalhos, promoções, privilégio hospitalar, licenças, reciprocidade e outros procedimentos são comuns... Sob a falsa pretensão de atendimento de qualidade ao paciente, as autoridades estão eliminando clandestinamente os médicos formados no exterior". Embora as agências de credenciamento negassem terminantemente essas acusações, a Associação Internacional de Médicos Americanos pressionou o Congresso a passar um projeto de lei para impedir que os conselhos estaduais discriminem os médicos que estudaram no exterior. Esses esforços foram contestados pela Associação Médica Americana, preocupada com o aumento do controle federal sobre a prática da Medicina e a qualidade do sistema de saúde em geral.

Os médicos treinados no exterior devem passar por testes que demonstrem a proficiência em inglês e em medicina, concluir de um a três anos um programa de residência, e ser aprovado em um exame de âmbito nacional antes de ser autorizado a praticar por um Conselho de Estado. Apesar de ser necessário fazer isso para assegurar que os médicos treinados no exterior estejam qualificados a praticar a medicina nos Estados Unidos, é fácil ver como este sistema de teste poderia ser usado por profissionais domésticos para controlar a oferta de médicos no país. Não surpreendentemente, as pressões parecem vir de profissionais da área e não da população em geral que está sendo atendida, incluindo aquelas das cidades do interior e das áreas rurais, cujo acesso ao cuidado médico profissional seria mais restrito sem esses médicos.

As restrições à entrada estendem-se além da área médica: outros profissionais estrangeiros frequentemente também enfrentam obstáculos. Por exemplo, em 1995 o governo norte-americano publicou novas regras para, entre outras coisas, dificultar às empresas norte-americanas o pagamento de salários mais baixos aos trabalhadores da categoria "H-1B" de imigrantes, setor no qual determinados trabalhadores especiais estrangeiros têm vistos para emprego de mais de seis anos garantidos nos Estados Unidos. Grupos de trabalhadores domésticos alegavam que, antes dessas novas regras, os profissionais H-1B (como terapeutas e engenheiros) eram empregados por salários mais baixos do que os prevalecentes nos Estados Unidos, às custas dos trabalhadores domésticos. Certamente, os empregadores norte-americanos se opuseram a essas regras. Além disso, eventos como o 11 de setembro de 2001 tornaram ainda mais difícil obter vistos de trabalho nos Estados Unidos.

Fontes: Kenneth H. Bacon, "Foreign medical graduates claim licensing bias", *The Wall Street Journal*, p. B1, B4, 18 set. 1990; G. Pascal Zachary, "Curbs on foreign professionals assailed", *The Wall Street Journal*, 13 jan. 1995, p. A2.

---

pergunta "O que é maior, o custo social refletido na perda das liberdades pessoais causada por limitações à emigração ou o custo social associado à livre mobilidade externa de trabalho?" deve ser procurada além dos paradigmas econômicos. No fim, a liberdade individual de movimento pode superar quaisquer considerações econômicas.

Imigração e os Estados Unidos – perspectivas recentes

Não podemos deixar esta análise sobre mobilidade internacional de trabalho sem uma breve discussão a respeito do grande volume de pesquisa relacionada ao impacto econômico da imigração nos países receptores em geral e nos Estados Unidos em particular.[8] Visto que a pesquisa é dirigida a um exame do desempenho do imigrante, do impacto sobre o mercado de trabalho do país

---

[8] Muito desta pesquisa é resumido em Borjas (1994).

No mundo real:

A imigração nos Estados Unidos e o dreno de cérebros de países em desenvolvimento

Entre 2 e 3 milhões de pessoas no mundo emigram de suas pátrias a cada ano, e a maioria delas vai para quatro países – Austrália, Canadá, Alemanha e Estados Unidos.* Diversos estudos recentes lançaram luz sobre o tipo de trabalhador que decide imigrar para os Estados Unidos e o impacto dos imigrantes sobre a economia norte-americana. Embora haja um considerável debate a respeito da afirmação de Borjas de que os atuais imigrantes norte-americanos são relativamente menos qualificados do que seus conterrâneos anteriores (e que esses imigrantes atuais provavelmente têm menos chance de gerar um impacto positivo na economia do que seus predecessores),[†] parece claro que a típica pessoa que emigrou da maioria dos países em desenvolvimento no passado é relativamente qualificada.

Em 1999, William J. Carrington e Enrica Detragiache apresentaram os resultados, usando os dados do censo de 1990, de um exame da base educacional do *estoque* de emigrantes dos países em desenvolvimento (não do *fluxo* de migrantes, examinado por Borjas) acima de 25 anos de idade e que reside agora nos Estados Unidos.[‡] O primeiro resultado impressionante do estudo mostrou que indivíduos com não mais do que uma instrução primária (zero a oito anos de escolaridade) representavam somente cerca de 7% do total de imigrantes (isto é, aproximadamente 500 mil do total de 7 milhões de imigrantes). Cerca de 53% (3,7 milhões dos 7 milhões) eram pessoas de outros países da América do Norte (que na definição de Carrington e de Detragiache incluía países da América Central e Caribe) que tinham na maioria instrução secundária. Grande parte desses indivíduos provinha do México. Quase 1,5 milhão de imigrantes (21%) vinham da Ásia e de países do Pacífico e eram indivíduos altamente escolarizados, com nível de educação superior (mais de 12 anos). (Nota: Essa medida "altamente escolarizado" não incluía estudantes internacionais nos Estados Unidos, que foram excluídos da definição de "imigrante".) Além disso, embora pequenos em número (128 mil), 75% dos imigrantes dos Estados Unidos originários da África consistiam em indivíduos altamente escolarizados. Mais de 60% dos imigrantes provenientes do Egito, de Gana e da África do Sul tinham instrução universitária, assim como 75% dos imigrantes vindos da Índia. Os imigrantes da China e de países da América do Sul dividiam-se igualmente entre os níveis de instrução secundária e universitária. O México e os países da América Central pareciam assim ser uma exceção, na medida em que a maioria dos imigrantes vindos destes países tinham apenas instrução de nível secundário.

Um ponto importante a ser destacado é que, em geral, os indivíduos que imigram para os Estados Unidos tendem a ter uma escolaridade maior do que o indivíduo médio de seus países de origem. De mais a mais, os emigrantes frequentemente representam uma parcela considerável da força de trabalho com qualificação similar em seus próprios países. Carrington e Detragiache apresentam algumas estatísticas verdadeiramente impressionantes a esse respeito. Eles calcularam o estoque de imigrantes nos Estados Unidos provenientes de qualquer país, com um nível dado de instrução, e dividiram então esse número pelo tamanho da população com o mesmo nível de instrução que permaneceu no país de origem. Por exemplo, para o nível de escolaridade universitária, o número de imigrantes jamaicanos nos Estados Unidos dividido pelo tamanho da população jamaicana com instrução universitária gerou um dado de 70%. Embora o número de imigrantes jamaicanos seja relativamente pequeno em termos absolutos e a porcentagem da população jamaicana com instrução universitária seja igualmente pequena, esse dado dá significado concreto à noção de dreno de cérebros de países em desenvolvimento. Outros (pequenos) países em desenvolvimento também apresentaram números elevados no que diz respeito ao nível de instrução universitária – Guiana (de 70% a 80%), Gâmbia (60%) e Trinidad e Tobago (de 50% a 60%). El Salvador, Fiji e Serra Leoa tiveram razões maiores que 20%. Para muitos países da América Latina, as maiores razões foram aquelas relativas à instrução secundária em vez da instrução universitária [por exemplo, México (20%), Nicarágua (30%)], mas, mesmo assim, seu valor indica um saída substancial da qualificação.

Assim, independentemente das características do fluxo de migrantes para os Estados Unidos atualmente em comparação com os fluxos de períodos anteriores, parece óbvio que os imigrantes norte-americanos originários de países em desenvolvimento representam uma perda relativamente grande para o mundo em desenvolvimento em termos de capital humano escasso. Essa perda de indivíduos com instrução universitária (e secundária) não pode deixar de impedir o progresso econômico e social dos países de origem espalhados pelo mundo.

*Banco Mundial, *World Development Report 1999/2000,* Oxford: Oxford University Press, 2000, p. 37-38.

[†] Ver George Borjas, *Heaven's door,* Princeton, NJ: Princeton University Press, 1999; Jagdish Bhagwati, "Bookshelf: a close look at the newest newcomers", *The Wall Street Journal,* 28 set. 1999, p. A24; Spencer Abraham, "Immigrants bring prosperity", *The Wall Street Journal,* 11 nov. 1997, p. A18; "Immigrants to U.S. may add $10 billion annually to economy", *The Wall Street Journal,* 19 mai. 1997, p. A5; "The longest journey: a survey of migration", *The Economist,* 2 nov. 2002, p. 13 (em que se apresenta uma estimativa de que a primeira geração de migrantes para os Estados Unidos impôs uma perda fiscal líquida de $3 mil por pessoa, enquanto a segunda geração gerou um ganho fiscal líquido de $80 mil por pessoa).

[‡] William J. Carrington e Enrica Detragiache, "How extensive is the brain drain?". *Finance and Development,* v. 36, n. 2, jun. 1999, p. 46-49.

receptor e ao provável impacto do política de imigração, uma breve apresentação de algumas descobertas-chave é uma maneira apropriada de concluir nossa discussão sobre as implicações econômicas dos movimentos internacionais do trabalho. O que emerge muito claramente no exemplo dos Estados Unidos é que as características econômicas da imigração têm mudado nos anos recentes tanto em relação ao desempenho do ganho inicial do imigrante quanto em sentido mais amplo, às implicações no longo prazo para a economia em geral. Por volta dos anos de 1970, com base em fatos estilizados a respeito da imigração da primeira metade do século, aceitou-se amplamente que embora os imigrantes como um grupo estivessem inicialmente em uma posição economicamente desvantajosa, seus ganhos alcançaram rapidamente os ganhos dos trabalhadores domésticos com situação socioeconômica similar e *finalmente os superaram*. O interessante é que esse ajuste ocorreu em um período de tempo relativamente curto, entre 10 e 20 anos em média, e pareceu ter quase nenhum impacto adverso no mercado de trabalho doméstico.

A pesquisa de George Borjas (1992; 1994, p. 1.686), entretanto, indica que a origem dos imigrantes norte-americanos mudou significativamente esse padrão, com um marcado aumento na proporção proveniente dos países em desenvolvimento. Concomitante a essa mudança do país de origem, houve também um declínio dos níveis de qualificação dos imigrantes após o período do pós-guerra. Entretanto, Borjas conclui que não é provável que a mais recente onda de imigrantes continue a obter salários iguais aos de trabalhadores domésticos com a mesma referência socioeconômica.[9] Isso sugere não apenas que provavelmente eles terão uma participação maior nos programas de bem-estar norte-americanos, mas também que esse diferencial se transferirá para as diferenças de salário e de qualificação da segunda geração, o que refletirá em um aumento das diferenças étnicas de renda em todo o mercado de trabalho.[10] Há também uma evidência fraca de que os números crescentes e os níveis de qualificação declinantes dos imigrantes possam ter contribuído para o declínio relativo do salário doméstico não qualificado nos anos de 1980. Por exemplo, Borjas, Richard Freeman e Lawrence Katz (1992) concluem que talvez um terço do declínio de 10% no salário relativo dos trabalhadores com ensino médio incompleto, de 1980 a 1988, poderia ser explicado por fluxos de imigração. Se de fato essas forem as tendências e continuarem no século XXI, haverá provavelmente efeitos de longo alcance e longa duração sobre a força de trabalho, sobre os custos líquidos de bem-estar e sobre a distribuição de renda nos Estados Unidos. Os países efetivamente capazes de controlar as características de qualificação dos novos imigrantes serão capazes de evitar alguns dos efeitos negativos mencionados. Assim, não surpreende que a política de imigração seja um "tópico quente" nos círculos governamentais em Washington, DC. Adiciona-se à discussão a visão emergente de que, sem a contínua imigração, os Estados Unidos podem logo ver uma forte redução do crescimento de sua força de trabalho, à medida que sua população se torne mais velha. Essa redução provavelmente teria implicações negativas para a taxa de crescimento econômico dos Estados Unidos no futuro.[11]

REVISÃO DE CONCEITO

1. A mobilidade de trabalho entre países sempre tem um efeito pró-comércio? Se sim, sob que circunstâncias?
2. Como os movimentos de migração provisória podem ser incentivados por produtores e não ser combatidos pelos trabalhadores domésticos?
3. Do ponto de vista da renda per capita do país, faz diferença se uma pessoa altamente qualificada ou de baixa qualificação migra? Por quê?

---

[9] Resultados similares para o Canadá foram observados por Wright e Maxim (1993).

[10] Veja Borjas (1993) para a análise de características intergeracionais dos imigrantes.

[11] Veja Robert Dunn, "The economic need for immigration", *Financial Times,* 31 jul. 2000, p. 14.

CAPÍTULO 12 MOVIMENTOS INTERNACIONAIS DE FATOR

RESUMO

Este capítulo discutiu vários aspectos dos movimentos internacionais de fatores entre países. As causas e as consequências da mobilidade internacional do capital e do trabalho foram examinadas, e atenção particular foi dada a algumas implicações para o comércio internacional e os preços relativos do fator. Os movimentos dos fatores de produção receberam relativamente pouca atenção na literatura de economia internacional em comparação aos movimentos de bens e serviços, e uma incorporação de uma estrutura sistemática e detalhada desses movimentos ainda precisa ser feita. Além disso, os julgamentos das implicações sobre o bem-estar e o desenvolvimento dos fluxos de fatores diferem de acordo com quem faz a avaliação e os pesos colocados nos vários objetivos. À medida que a mobilidade do capital e do trabalho torne-se, no futuro, mais proeminente na economia mundial, será cada vez mais necessário investigar as causas, consequências e implicações da política dos movimentos internacionais dos fatores de produção.

TERMOS-CHAVE

corporação multinacional (CMN) [ou empresa multinacional (EMN), corporação transnacional (CTN), empresa transnacional (ETN)]
dreno de cérebros
exigência de desempenho
fábricas de tarifa
investimento estrangeiro de portfólio
investimento estrangeiro direto
países anfitriões
planta filial
subsidiária estrangeira
trabalhador convidado
trabalho excedente
transferência de preço

QUESTÕES E PROBLEMAS

1. Descreva a posição atual do investimento direto líquido dos Estados Unidos. Em que países os investimentos norte-americanos são maiores? Em que indústrias? Quais são os cinco maiores países investidores nos Estados Unidos? Em que indústrias o investimento estrangeiro está concentrado?
2. Compare e contraste a propriedade por país das maiores corporações industriais com a das maiores empresas do setor bancário.
3. Quais são as principais razões frequentemente citadas para o investimento estrangeiro direto?
4. Explique como o investimento de capital real em um país em desenvolvimento afeta o comércio, usando o modelo Heckscher-Ohlin e o teorema de Rybczynski.
5. O que acontece à produção e aos tamanhos relativos do estoque de capital se os controles sobre a propriedade estrangeira impedirem a produtividade marginal do capital de se igualar entre os dois países?
6. A migração de trabalho altamente qualificado de um país em desenvolvimento para os Estados Unidos teria o mesmo impacto sobre o comércio que a migração de trabalhadores menos qualificados para a produção? Por quê?
7. Por que os eleitores podem ter uma visão econômica muito diferente sobre a imigração de trabalho qualificado, como médicos, comparada à perspectiva de grupos profissionais como a Associação Médica Americana? Qual deveria ser o papel do Congresso nessa disputa?
8. Admitindo-se que dois países formem um mercado comum (nenhuma barreira ao comércio ou barreira aos movimentos de fator), por que é difícil predizer no longo prazo a natureza e o nível do comércio entre eles?
9. Durante as acaloradas discussões nos Estados Unidos sobre o Tratado Norte-Americano de Livre-Comércio (NAFTA), muitos observadores indicaram que a adoção do acordo levaria a uma explosão do investimento dos Estados Unidos no México em virtude de salários muito mais baixos no México. Sob o ponto de vista da eliminação de tarifas, como o NAFTA pode *reduzir* o volume de investimento norte-americano no México?
10. Explique rapidamente por que há um crescente interesse na política de imigração nos Estados Unidos nos anos recentes. Que efeitos a redução do ingresso de imigrantes, tanto legais como ilegais, pode ter na economia?

parte 4

POLÍTICA DE COMÉRCIO

> Perdendo em apelo político apenas para o argumento de que tarifas aumentam empregos, existe a noção popular de que o padrão de vida do trabalhador norte-americano deve ser protegido contra competições de mão de obra estrangeira barata. Igualmente prevalente no estrangeiro existe a contrapartida de que a indústria europeia não pode competir com o sistema de produção norte-americano, tecnicamente superior.
>
> Wolfgang F. Stolper e Paul A. Samuelson, 1941

> A livre-iniciativa fez este país. O livre-comércio o arruinará. Por cinco anos venho defendendo uma tarifa de 20% para todas as importações. Ou fazemos isso, ou nossa base industrial se esfacelará a ponto de não podermos mais produzir para nos defendermos mesmo em caso de guerra. Nosso povo andará pelas ruas porque estamos exportando empregos e importando bens de consumo.
>
> June M. Collier, presidente da National Industries Inc., 1985

A despeito do fato de argumentos teóricos persuasivos apontarem a rede de bens ganhos como resultado de uma troca internacional desobstruída, indivíduos e organizações continuam a pressionar as políticas públicas governamentais para restringir importações ou maximizar artificialmente o tamanho das exportações de um país. Pelo fato de a expansão ou contração do comércio internacional terem implicações na distribuição de renda interna, é importante entender quem são os "vencedores" e "perdedores" quanto a interferências de trocas para saber qual é a melhor alternativa em políticas de comércio. Como o impacto das restrições varia com o instrumento de troca empregado, a política econômica de comércio pode se tornar muito complexa. Isso é particularmente verdade quando os efeitos dinâmicos de políticas de comércio são levados em conta, juntamente com o comportamento estratégico por parte dos governos.

A Parte 4 apresenta um cenário geral para o entendimento de questões ligadas a políticas de comércio. O Capítulo 13 oferece um exame dos vários instrumentos de política comercial disponíveis para *as políticas públicas* do governo, seguido no Capítulo 14 de uma discussão sobre as implicações dos bens de consumo. Uma análise de potenciais justificativas frequentemente empregadas para a interferência no livre-comércio é apresentada no Capítulo 15. O Capítulo 16 cobre as políticas de comércio dos Estados Unidos e as rodadas de liberalização de trocas do Acordo Geral de Tarifas e Comércio (General Agreement on Tariffs and Trade, GATT) e da Organização Mundial do Comércio (OMC). O Capítulo 17 examina problemas relativos a coalizões econômicas entre países e examina brevemente os desenvolvimentos recentes na Europa e na América do Norte. Por fim, o Capítulo 18 realiza uma pesquisa acerca de comércio e políticas comerciais entre países em desenvolvimento. ●

> O livre-comércio pode mostrar-se benéfico ao universo como um todo, mas nunca conseguiu mostrar ser a melhor política para um único país.
>
> Tibor de Scitovsky, 1942

> Comércio internacional parece ser um campo onde o conselho de economistas é rotineiramente ignorado. Economistas são quase unânimes em sua oposição ao protecionismo... (O) aumento do protecionismo nos Estados Unidos nos anos recentes... demonstra que falta aos economistas influência política na política de comércio.
>
> Robert E. Baldwin, 1989

CAPÍTULO

13

OS INSTRUMENTOS DA POLÍTICA COMERCIAL

OBJETIVOS DE APRENDIZADO

- Aprender sobre os diferentes instrumentos de taxa utilizados para influenciar as importações.
- Familiarizar-se com as políticas usadas para afetar as exportações.
- Compreender os problemas encontrados ao se mensurar a presença do protecionismo.
- Entender as diferentes políticas não tarifadas usadas para restringir trocas.

Introdução

De que maneira posso interferir no comércio?

Trechos de vários artigos recentes...

Em abril de 2001, o Japão restringiu importações de diversos bens de agricultura da China; dois meses depois, a China devolveu o "favor" impondo tarifas de 100% sobre automóveis, aparelhos de celular e aparelhos de ar-condicionado japoneses. O Japão então considerou limitar a importação de toalhas chinesas.[1]

Em maio de 2000 os Estados Unidos reclamaram que o Japão, ao auxiliar países em desenvolvimento, estabeleceu os termos de ajuda de forma que a maioria das aquisições e contratos consultivos associados à ajuda fosse para companhias japonesas. Além disso, os Estados Unidos afirmaram que, mesmo com acordos antissubsidiários antigos, empresas exportadoras canadenses e alemãs obtinham empréstimos a preços comerciais com apoio governamental, recebendo, dessa forma, subsídios de exportação injustos.[2]

Em novembro de 2003, a União Europeia ameaçou impor tarifas retaliatórias a exportações norte-americanas em um valor superior a $2 bilhões por causa das tarifas que os Estados Unidos haviam imposto às importações de aço em 2002. Além disso, a União Europeia ameaçou impor sanções a importações dos Estados Unidos em um valor superior a $4 bilhões pelo fato de os Estados Unidos concederem isenção de impostos a companhias norte-americanas que exportavam bens sob um arranjo especial conhecido como Foreign Sales Croporations, ainda que tal isenção tivesse sido declarada ilegal pelo corpo supervisor de regras de comércio da Organização Mundial do Comércio.[3]

No fim da década de 1990 e nos primeiros anos do século XXI, os criadores de peixes-gato do delta do Mississipi sofreram uma considerável competição em virtude de grandes quantidades desses peixes terem sido importados do Vietnã. Para surpresa geral, mesmo os congelados servidos no Mississipi, o Estado que é o coração da indústria de peixes-gato dos Estados Unidos, eram provenientes do Vietnã. Em 2002, o Congresso aprovou uma emenda para uma lei de apropriação que estipulava que, dos 2 mil tipos de peixes-gato existentes, apenas a família dos que nasciam nos Estados Unidos seriam chamados "peixe-gato" – os vietnamitas poderiam vender seus peixes-gatos nos Estados Unidos apenas sob os nomes de "basa" e "tra".[4]

Claramente, países podem utilizar diferentes medidas para fazer com que o comércio divirja do padrão de vantagem comparativa. Uma leitura rápida em qualquer jornal diário deixa claro que os governos não aderem ao livre-comércio, ainda que haja grande eficiência e ganho de bens do comércio, assunto desenvolvido nos capítulos anteriores. As políticas públicas mostraram-se muito eficientes em gerar diferentes aparatos para restringir o livre fluxo de bens e serviços. Neste capítulo, descreveremos algumas das mais importantes formas de interferência no comércio.

A primeira seção discute tarifas de importação e suas mensurações. Diversos dos instrumentos de política mais comuns usados para influenciar exportações são apresentados na próxima seção, seguidos de um exame de várias barreiras não tarifadas comumente usadas para reduzir importações. O material neste capítulo serve como base para a análise da política de comércio induzida e efeitos de bens de consumo que seguem em capítulos subsequentes.

Tarifas de importação

Tarifas específicas

Tarifa específica é uma taxa de importação que representa uma taxa monetária fixa (dólar), por unidade física do bem importado. Segue-se daí que uma tarifa específica pode ser de $25 por tonelada importada ou de dois centavos por libra. O valor total da taxa de importação é fixado

---

[1] Peter Wonacott, "Trade row between China, Japan is likely to spread", *The Wall Street Journal*, 25 jun. 2001, p. A14; Masayoshi Kanabayashi, "China's punitive tariffs hit home in Japan", *The Wall Street Journal*, 29 jun. 2001, p. A9.

[2] Michael M. Phillips, "U.S. is out to curb export subsidies by other countries", *The Wall Street Journal*, 17 mai. 2000, p. A10.

[3] Neil King Jr. e Michael Schroeder, "EU trade chief warns of Sanctions", *The Wall Street Journal*, 5 nov. 2003, p. A2, A15.

[4] "The great catfish war", *The New York Times*, 22 jul. 2003, disponível em www.nytimes.com.

de acordo com o número de unidades recebidas pelo país importador, e não em virtude do preço ou valor dos produtos. Autoridades fiscais podem coletar tarifas específicas com facilidade, porque precisam saber somente a quantidade física das importações que chegam ao país, e não seu valor monetário. Não obstante, a tarifa específica apresenta uma desvantagem fundamental como instrumento de proteção para produtores domésticos, pois seu valor produtivo varia inversamente ao preço do produto importado. Se o preço da importação para o produtor estrangeiro é de $5 e a tarifa é de $1 por unidade, isso equivale a uma tarifa de 20%. No entanto, se há inflação e o preço da importação sobe para $10, a tarifa específica agora é de só 10% do valor do produto importado. Produtores domésticos poderiam sentir que essa tarifa não realizar sua função de proteção (após a inflação) que costumava realizar. A inflação que ocorreu durante e após a Segunda Guerra Mundial, e novamente de forma drástica no fim dos anos de 1970 e começo dos anos de 1980, levou países a virar as costas às tarifas específicas, mas elas ainda existem em muitos bens.

Tarifas *ad valorem*

As **tarifas *ad valorem*** possibilitam que produtores domésticos superem a perda de valor protegido a que a tarifa específica havia sido sujeita durante a inflação. As tarifas *ad valorem* são fixadas como um percentual constante do valor monetário de uma unidade do bem importado. Assim, se o valor da tarifa *ad valorem* é de 10%, uma importação com um preço mundial de $10 terá uma taxa de $1 adicionada como imposto de importação; se o preço sobe para $20 devido à inflação, a arrecadação de importação sobe para $2.

Embora a tarifa *ad valorem* preserve o valor protetivo da interferência comercial por parte dos produtores internos à medida que os preços sobem, existem dificuldades com esse instrumento tarifário, pois inspetores alfandegários devem julgar o valor monetário do bem importado. Sabendo-se disso, o vendedor do produto é tentado a desvalorizar o preço do produto em faturas e contas de frete para reduzir a taxa obrigatória. Por sua vez, oficiais alfandegários podem deliberadamente supervalorizar um bem para contrabalançar a desvalorização ou para aumentar o nível de proteção e de renda da tarifa. (Obviamente o importador pode desvalorizar o bem ainda mais com o intuito de contrabalançar a supervalorização que contrabalança a desvalorização, e por aí vai – entendeu o raciocínio?) Não obstante, as tarifas *ad valorem* são largamente usadas.

Por fim, **subsídios de importação** também existem em alguns países. O subsídio de importação é um pagamento por unidade ou como uma porcentagem de valor pela importação de um bem (isto é, uma tarifa de importação negativa).

Outros aspectos de planos tarifários

Outros aspectos da legislação tarifária também merecem atenção. Esta seção aborda brevemente alguns aspectos comuns e conceitos pertinentes aos instrumentos e à política tarifária.

Impostos preferenciais

Impostos preferenciais são tarifas aplicadas a uma importação de acordo com sua origem geográfica; um país que recebe tratamento preferencial paga uma tarifa mais baixa. Um exemplo histórico deste fenômeno foi a Commonwealth ou preferência imperial, na qual a Grã-Bretanha arrecadava uma taxa menor se o bem que lá entrasse viesse de um país-membro da Commonwelath Britânica, como Austrália, Canadá ou Índia. Atualmente, impostos preferenciais na União Europeia (UE) permitem que um bem que entra em um país-membro da UE (como a França), vindo de outro país-membro da UE (como Itália), não pague tarifas. O mesmo bem em geral pagaria uma tarifa positiva se viesse de um país fora da UE, a não ser que algum outro arranjo especial estivesse em vigência. Uma situação análoga pode ser aplicada ao Tratado Norte-Americano de Livre-Comércio (NAFTA), firmado por Canadá, Estados Unidos e México. (Uniões econômicas serão discutidas no Capítulo 17.) Outro exemplo é o **Sistema Geral de Preferências (GSP)**, que ocorre atualmente em lugares nos quais um grande número de países desenvolvidos permite a entrada de impostos reduzidos ou de isenção de impostos para uma lista de itens selecionados se esses produtos forem importados por determinados países em desenvolvimento. Essa liberação de impostos existe mesmo na possibilidade de uma tarifa positiva ser arrecadada se esses produtos vierem de países desenvolvidos ou de países em desenvolvimento mais ricos. O ponto importante sobre os impostos preferenciais é que eles são discriminantes geograficamente – sendo o termo *discriminante* não necessariamente um tratamento indesejável, mas um tratamento diferenciado.

Tratamento da nação mais favorecida

Outro aspecto da legislação tarifária muito usado é o **tratamento da nação mais favorecida (MFN)** ou, como é agora chamado na legislação americana, **relações comerciais normais (NTR)**. O termo *MFN* pode ser mal-interpretado, pois implica que um país esteja recebendo tratamento especial e favorecedor em detrimento de todos os outros países. Entretanto, significa o oposto – representa um elemento *não* discriminante na política tarifária. O novo termo *relações comerciais normais* reflete o conceito mais satisfatoriamente.

Suponha que os Estados Unidos e a Índia firmem uma negociação tarifária bilateral na qual a Índia reduza suas tarifas sobre os computadores norte-americanos e os Estados Unidos reduzam as tarifas impostas sobre tecidos indianos. O tratamento da nação mais favorecida, ou relações comerciais normais, afirma que qualquer terceiro país com o qual os Estados Unidos tenham um acordo MFN/NTR (como o Quênia) terá direito à mesma redução tarifária que a Índia recebeu em relação aos tecidos nos Estados Unidos. Além disso, o Quênia terá, se tiver um acordo MFN/NTR com a Índia, a mesma redução tarifária na Índia em computadores (se o Quênia exportar computadores para a Índia) que os Estados Unidos receberam. Essas reduções ocorrem mesmo se o Quênia não participar das negociações tarifárias bilaterais. Efetivamente, elas fazem as tarifas norte-americanas em tecidos e as tarifas da Índia em computadores não discriminantes por país de origem. Na prática, o tratamento MFN/NTR foi uma marca registrada das negociações tarifárias multilaterais pós-Segunda Guerra Mundial, sob os auspícios do Acordo Geral de Tarifas e Comércio [a organização patrocinadora internacional conhecida como GATT, sucedida pela Organização Mundial do Comércio (OMC) em 1995].

Provisões de recepção offshore

Este aspecto da legislação tarifária existe em diversos países desenvolvidos, incluindo os Estados Unidos. Pela Comissão de Comércio Internacional dos Estados Unidos, sob **provisões de recepção offshore (OAP)**, agora chamadas de **arranjos de divisão de produção**, a tarifa utilizada em um bem é mais baixa que as tarifas listadas em tabelas tarifárias. Suponha que os Estados Unidos importem celulares de Taiwan a $80 por aparelho. Se a tarifa nos telefones for de 15%, uma taxa de $12 deve ser paga para cada telefone trazido ao país (presumindo o caso de um país pequeno), e o preço para o consumidor norte-americano será de $92. Entretanto, suponha que os componentes dos Estados Unidos usados na produção de um bem taiwanês tenha um valor de $52. Sob as OAP, a tarifa norte-americana de 15% é aplicada ao valor do produto final *menos* o valor dos componentes dos Estados Unidos usados na manufatura final do produto, isto é, ao valor adicionado no país estrangeiro. Dessa forma, quando um celular chega aos portos norte-americanos, o "valor tributável" para propósitos tarifários é de $80 menos $52, ou $28, e o imposto é de 15% de $28, apenas $4,20. O preço para o consumidor norte-americano após a imposição da tarifa é de $84,20. Para o consumidor, é melhor que sejam aplicadas as OAP, pois a tarifa como porcentagem do preço da importação é de apenas 5,25% ($4,20/$80,00 = 5,25%), em vez dos 15% da tarifa tabelada.

A despeito dos benefícios do consumidor, a legislação das OAP é controversa. Trabalhadores de indústrias protegidas nos Estados Unidos (telefones) vão discordar, pois funções de linha de montagem, que poderiam ter permanecido nos Estados Unidos, foram transferidas para trabalhadores taiwaneses. Por sua vez, trabalhadores de indústrias de *componentes* nos Estados Unidos são a favor da legislação, pois empresas estrangeiras terão incentivos para utilizar componentes norte-americanos, tornando-se mais competitivas para vender seus produtos nos Estados Unidos.

No mundo real:
Tarifas de importação para itens selecionados praticados pelos Estados Unidos em 2007.

A Tabela 1 lista as tarifas para bens selecionados importados pelos Estados Unidos em 2007. A coluna intitulada "MFN/NTR" mostra tarifas aplicáveis a bens vindos principalmente de parceiros comercias dos Estados Unidos. Essas taxas aplicam-se a países com os quais o país mantém relações comerciais normais (NTR), anteriormente chamadas de tratamento da nação mais favorecida (MFN) – veja a discussão na página 260. [Existem, é claro, exceções a essas taxas em situações como o Tratado Norte-Americano de Livre-Comércio (NAFTA) e os tratados de livre-comércio dos Estados Unidos com países individuais]. A coluna "Não MFN/NTR" refere-se às tarifas mais altas aplicadas aos parceiros remanescentes. Em 2007, os dois países com as taxas mais altas eram Cuba e Coreia do Norte.

A tabela de tarifas dos Estados Unidos mantém uma divisão muito tênue de produtos e contém vários graus de restrições para diferentes bens. Note que algumas taxas são específicas (por exemplo, a toranja), algumas são *ad valorem* (por exemplo, sintetizadores musicais), e algumas são combinações de tarifas específicas e de tarifas *ad valorem* (por exemplo, relógios de pulso).

TABELA 1   Tarifas selecionadas nos Estados Unidos, 2007

	MFN/NTR	*Não MFN/NTR*
Caprinos	68¢/cabeça	$3,00/cabeça
Queijo roquefort, ralado ou em pó	8%	35%
Espinafre:		
Fresco ou gelado	20%	50%
Congelado	14%	35%
Toranja:		
Se recebida entre 1º de agosto e 30 de setembro	1,9¢/kg	3,3¢/kg
Se recebida durante outubro	1,5¢/kg	3,3¢/kg
Se recebida em qualquer outra época	2,5¢/kg	3,3¢/kg
Goma de mascar	4%	20%
Uísques escoceses e irlandeses	Isento	$1,99/litro
Clorometano (metilcloro)	5,5%	125%
Fio dental	Isento	88¢/kg + 75%
Pneus de borracha novos:		
Do tipo usado em automóveis, ônibus ou caminhões, radial	4%	10%
Do tipo usado em automóveis, ônibus ou caminhões, não radial	3,4%	10%
Do tipo usado em aviões	Isento	30%
Do tipo usado em motocicletas	Isento	10%
Coleiras caninas	2,4%	35%
Bolsas de mão:		
Com revestimento exterior de couro de réptil	5,3%	35%
Com revestimento exterior de outro couro, couro sintético ou couro patenteado:		
Estimado em valor abaixo de $20 cada	10%	35%
Estimado em valor acima de $20 cada	9%	35%
Tecidos sintéticos de algodão, contendo 85% ou mais por peso de algodão, pesando mais de 200 g/m^2, fiado em diferentes cores	8,4%	20,9%
Arame redondo de aço inoxidável	Isento	34%
Tábuas de madeira, não de madeira tropical, cada tábua não excedendo 6 mm de espessura, com pelo menos uma camada exterior de madeira não conífera, não revestida ou revestida com um material claro ou transparente que não obscurece o grão, textura ou marcas na face da tábua:		
Com uma camada de bétula	Isento	50%
Com uma camada de cedro espanhol ou castanheira	5,1%	40%
Com outra camada	8%	40%

(continua)

No MUNDO REAL: (continuação)

	MFN/NTR	Não MFN/NTR
Jaquetas ou blazers masculinos infantis ou adultos de tricô ou crochê:		
De lã ou algum pelo de animal	38,6¢/kg	77,2¢/kg + 54,5%
De algodão	13,5%	90%
Jaquetas ou blazers masculinos infantis ou adultos, nem de tricô nem de crochê:		
De algodão contendo 36% ou mais por peso de fibra de linho	2,8%	35%
De outros tipos de algodão	9,4%	90%
Vestidos femininos adultos ou infantis, nem de tricô nem de crochê, mas de lã ou outro pelo de animal:		
De algodão contendo 36% ou mais por peso de fibra de linho	2,8%	35%
De outros tipos de algodão	9,4%	90%
Camisas e blusas femininas, infantis ou adultas, de tricô ou crochê: algodão	19,7%	45%
Camisetas, coletes, tops e adereços similares, de tricô ou crochê, feitos de algodão	16,5%	90%
Óculos escuros	2%	40%
Lixas e raspadeiras:		
Abaixo de 11 cm de comprimento	Isento	47,5¢/dúzia
Acima de 11 cm, mas abaixo de 17 cm de comprimento	Isento	62,5¢/dúzia
Acima de 17 cm de comprimento	Isento	77,5¢/dúzia
Máquinas de lavar domésticas ou profissionais, com capacidade não excedendo os 10 kg de roupa seca, totalmente automática	1,4%	35%
Caixas registradoras	Isento	35%
Calculadoras eletrônicas	Isento	35%
Amplificadores de som elétricos	4,9%	35%
Caixas bancárias automáticos	Grátis	35%
Reatores nucleares	3,3%	45%
Rifles militares	4,7% do valor do rifle mais 20% do valor da mira telescópica se houver	65%
Secretárias eletrônicas	Isento	35%
Automóveis especificamente desenhados para o transporte de pessoas (nove pessoas ou menos, incluindo o motorista)	2,5%	10%
Automóveis para transporte de mercadorias, exceto lixeiras, com injeção a vela e combustão interna	25%	25%
Relógios de pulso com caixa de metal precioso ou metal revestido de metal precioso: operado eletricamente, incorporando ou não um cronômetro, com display mecânico apenas, não possuindo jóias ou apenas uma jóia nos ponteiros	51¢ cada + 6,25% da caixa e da pulseira + 5,3% da bateria	$2,25 cada + 45% da caixa + 80% da pulseira + 35% da bateria
Sintetizadores musicais	5,4%	40%
Baralhos	Isento	10¢/ pacote + 20%
Refis para caneta	0,4¢ cada + 2,7%	6¢ cada + 40%
Esquis de inverno:		
Cross-country	Isento	33,3%
Outros	2,6%	33,3%
Paint rollers	7,5%	50%

Fonte: Comissão Internacional do Comércio dos Estados Unidos, *Harmonized Tariff Schedule of the United States (2007)*, acesso em 3 fev. 2007, Washington DC: US Governement Printing Office, 2007, disponível em www.usitc.gov.

No mundo real:
O sistema geral de preferências dos Estados Unidos

Os Estados Unidos hoje dão tratamento GSP a 113 países em desenvolvimento. Em geral, importações GSP desses países integram uma lista de bens específicos aos quais são dadas isenções de impostos até certo limite para cada país. Os países em desenvolvimento afirmam que a lista de bens que se qualificam é muito restrita; por exemplo, têxteis e roupas são inqualificáveis para o GSP. Além disso, alguns países em desenvolvimento sentem que países que se qualificam para o GSP podem mudar arbitrariamente. Por exemplo, os Estados Unidos decidiram algum tempo atrás que Malásia, Taiwan, Coreia do Sul e Hong Kong deveriam deixar a lista dos países que necessitam dessa assistência comercial especial.

A Tabela 2 lista os 113 países que atualmente recebem o GSP. Além desses na lista existem 19 países e territórios não independentes (como Anguilla, Gibraltar e as Ilhas Malvinas) que também recebem tratamento GSP.

Além disso, 42 dos países na lista do GSP são designados "menos desenvolvidos" e recebem benefícios adicionais (veja a Tabela 3). Produtos desses países que se qualificam para o GSP não possuem um limite de quantidade para entrada isenta de impostos.

TABELA 2   Países que recebem tratamento GSP dos Estados Unidos, 2007

Afeganistão	Djibuti	Macedônia	São Vicente e Granadinas
África do Sul	Dominica	Madagáscar	Senegal
Albânia	Egito	Maláui	Serra Leoa
Algéria	Equador	Mali	Sérvia e Montenegro
Angola	Eritreia	Mauritânia	Seychelles
Argentina	Etiópia	Moçambique	Somália
Armênia	Fiji	Moldávia	Sri Lanka
Bangladesh	Filipinas	Mongólia	Suazilândia
Belize	Gabão	Namíbia	Suriname
Benin	Gâmbia	Nepal	Tailândia
Bolívia	Gana	Níger	Tanzânia
Bósnia-Herzegóvina	Geórgia	Nigéria	Timor Leste
Botsuana	Granada	Omã	Togo
Brasil	Guiana	Panamá	Tonga
Burkina Fasso	Guiné	Papua Nova-Guiné	Trinidad e Tobago
Burundi	Guiné Equatorial	Paquistão	Tunísia
Butão	Guiné-Bissau	Paraguai	Turquia
Cabo Verde	Haiti	Peru	Ucrânia
Camarões	Iêmen	Quênia	Uganda
Cambodja	Ilhas Maurício	Quirguistão	Uruguai
Cazaquistão	Ilhas Salomão	Quiribati	Uzbequistão
Chade	Índia	República Central Africana	Vanuatu
Colômbia	Indonésia	República Dominicana	Venezuela
Comores	Iraque	Ruanda	Zâmbia
Congo (Brazzaville)	Jamaica	Rússia	Zimbábue
Congo (Kinshasa)	Jordânia	Samoa	
Costa do Marfim	Lesoto	Santa Lucia	
Costa Rica	Líbano	São Cristóvão e Neves	
Croácia	Libéria	São Tomé e Príncipe	

Fonte: Comissão Internacional do Comércio dos Estados Unidos, *Harmonized Tariff Schedule of the United States (2007)*, acesso em 3 fev. 2007, Washington DC: US Governement Printing Office, 2007, disponível em www.usitc.gov.

(continua)

> ## NO MUNDO REAL: *(continuação)*
>
> TABELA 3   Países que recebem o status de "menos desenvolvidos" pelos Estados Unidos – GSP, 2007
>
> | | | |
> |---|---|---|
> | Afeganistão | Guiné Equatorial | Nepal |
> | Angola | Etiópia | Niger |
> | Bangladesh | Gâmbia | Ruanda |
> | Benin | Guiné | Samoa |
> | Butão | Guiné-Bissau | São Tomé e Príncipe |
> | Burkina Fasso | Haiti | Serra Leoa |
> | Burundi | Kiribati | Somália |
> | Camboja | Lesoto | Tanzânia |
> | Cabo Verde | Libéria | Togo |
> | República Centro-Africana | Madagáscar | Tuvalu |
> | Chade | Malawai | Uganda |
> | Comores | Mali | Vanuatu |
> | Congo (Kinshasa) | Mauritânia | Iêmen |
> | Djibuti | Moçambique | Zâmbia |
>
> Fonte: Comissão Internacional do Comércio dos Estados Unidos, *Harmonized Tariff Schedule of the United States (2007)*, acesso em 3 fev. 2007, Washington DC: US Governement Printing Office, 2007, disponível em www.usitc.gov.

Medição de tarifas

O "nível" das tarifas

Um assunto importante na discussão sobre tarifas diz respeito ao nível médio da tarifa de um país ou, em outras palavras, quanto a interferência dos preços se faz presente na tabela tarifária de um país. O problema surge porque todos os países possuem um grande número de diferentes tarifas sobre bens importados. Como podemos determinar a média tarifária dessa grande variedade?

Uma das medidas da média tarifária de um país é a **tarifa média não ponderada**. Suponhamos que temos apenas três importações com as seguintes tarifas: bem A, 10%; bem B, 15%; e bem C, 20%. A taxa não ponderada dessas taxas é:

$$\frac{10\% + 15\% + 20\%}{3} = 15\%$$

O problema dessa técnica é que ela não leva em conta a importância relativa das importações: se um país importa principalmente o bem A, essa média não ponderada tenderia a exagerar o nível da tarifa média do país.

A técnica alternativa é calcular a **tarifa média ponderada**. A tarifa de cada bem é ponderada pela importância do bem no pacote total de importações. Usando-se a tarifa do caso não ponderado, suponhamos que o país importe o bem A a uma quantia equivalente a $500 mil, o bem B a uma quantia equivalente a $200 mil e o bem C a uma quantia equivalente a $100 mil. A média tarifária ponderada será de:

$$= \frac{(10\%)(\$500.000) + (15\%)(\$200.000) + (20\%)(\$100.000)}{\$500.000 + \$200.000 + \$100.000}$$

$$= \frac{\$50.000 + \$30.000 + \$20.000}{\$800.000}$$

$$= \frac{\$100.000}{\$800.000}$$

$$= 0{,}125, \text{ ou } 12{,}5\%$$

A taxa ponderada de 12,5% é mais baixa que a taxa não ponderada de 15%, indicando que relativamente mais importações de baixa tarifa do que importações de alta tarifa chegam ao país. Todavia, a tarifa de média ponderada possui uma desvantagem relacionada à lei de demanda. Considerando que a elasticidade das demandas são similares entre todos os bens, a compra de bens com tarifas relativamente altas tende a baixar pela imposição da tarifa, enquanto aquela de bens com tarifas relativamente baixas tende a baixar a um grau menor. Assim, as tarifas mudam o pacote de importações, concedendo maior peso aos bens com baixas tarifas. A tarifa média ponderada é, assim, inclinada para baixo.

O problema de ponderância pode ser ilustrado de forma extrema com tarifas proibitivas. Uma **tarifa proibitiva** possui uma taxa tão alta que impede as importações de chegarem ao país. No exemplo anterior, uma tarifa proibitiva existiria se um bem D possuísse uma tarifa de 200%, mas não há importações de D por causa dessa taxa. A tarifa média ponderada de um país seria ainda de 12,5%, pois a tarifa de 200% possui peso zero. De maneira extrema, um país que importa alguns bens com tarifas zero, mas aplica tarifas proibitivas a todas as outras potenciais importações, terá uma tarifa média ponderada de 0% e o país pareceria um país de livre-comércio!

Na prática, a tarifa média não ponderada pode ser tão útil quanto a taxa média ponderada. Uma maneira de evitar algumas das inclinações da taxa média ponderada é calculá-la usando as ponderações dos bens no comércio mundial, e não do comércio do país em particular. Esse procedimento reduz a inclinação associada ao uso das ponderações próprias do país importador, pois as ponderações mundiais são menos influenciadas pela tabela tarifária do país.

Tarifas "efetivas" versus "nominais"

Outra questão colocada nas décadas recentes diz respeito à escolha da tarifa apropriada quando se avalia o impacto das tarifas. Essa questão é importante quando países negociam reduções de tarifas, pois a negociação requer o foco em alguma taxa apropriada. O problema envolve a distinção entre a **tarifa nominal** sobre um bem e a **tarifa efetiva**, mais comumente conhecida como **taxa efetiva de proteção (ERP)**. A taxa nominal é simplesmente o imposto listado na tabela tarifária de um país (como foi discutido anteriormente), seja ela uma tarifa *ad valorem* ou uma tarifa específica que pode ser convertida em uma tarifa *ad valorem* equivalente, dividindo-se a quantidade de tarifa específica por unidade pelo preço de um bem. A ERP pode ser mais bem ilustrada por exemplo numérico.

Economistas que empregam a taxa nominal preocupam-se com a extensão em que o preço do bem é aumentado pela existência de tarifas para consumidores domésticos. Entretanto, ao utilizarem a ERP, eles se preocupam com a extensão em que o "valor agregado" a uma importação doméstica é alterado pela existência de toda a estrutura tarifária (isto é, a tarifa não só sobre o bem final, mas também sobre os bens intermediários que entram em conta na produção do bem final). De fato, a ERP é definida como a variação da porcentagem no valor adicionado a uma importação industrial doméstica em virtude da imposição de uma estrutura tarifária pelo país, em vez de pela existência do livre-comércio. Considere a situação em que o bem F seja o produto final e os bens A e B sejam os insumos intermediários usados para a produção de F. Suponha que A e B sejam os únicos insumos intermediários e que uma unidade de A e B seja usada na produção final de uma unidade do bem final F. Os bens A e B podem ser bens importados *ou* bens domésticos que competem com importações, assim, têm seus preços influenciados pelas tarifas das importações com as quais competem. Suponha que, em livre--comércio, o preço do bem final (P_F) seja $1.000 e os preços dos insumos sejam $P_A = \$500$ e $P_B = \$200$. Nessa situação de livre-comércio, o valor agregado é $1.000 − ($500 + $200) = $1.000 − $700 = $300.

Considere agora uma situação na qual exista uma tarifa protetora; uma linha próxima a um preço (P') indica um preço com tarifa protetora. Suponha que a tarifa (t_F) sobre o bem final seja de 10% e que a tarifa sobre o insumo A (t_A) seja de 5% e sobre o insumo B (t_B) seja de 8%. Se considerarmos um país pequeno – lembre-se, ele aceita os preços mundiais como dados e estes não podem ser influenciados –, os preços dos bens domésticos com as tarifas serão:

$$P'_F = \$1.000 + 0{,}10(\$1.000) = \$1.000 + \$100 = \$1.100$$
$$P'_A = \$500 + 0{,}05(\$500) = \$500 + \$25 = \$525$$
$$P'_B = \$200 + 0{,}08(\$200) = \$200 + \$16 = \$216$$

O valor agregado em F sob proteção é $\$1.100 - (\$525 + \$216) = \$1.100 - \$741 = \$359$. O produto sofreu um acréscimo em seu valor agregado em virtude das tarifas e, dessa forma, os fatores de produção (terra, trabalho e capital) envolvidos no produto F são capazes de receber maiores retornos do que receberiam sob livre-comércio. Existe um incentivo econômico para os fatores de produção em outras indústrias se moverem ao produto F. Pelo fato de a taxa efetiva de proteção ser a mudança percentual no valor agregado na mudança de livre-comércio para o protecionismo, a ERP neste exemplo é

$$\frac{\text{Valor agregado sob proteção} - \text{valor agregado com livre-comércio}}{\text{Valor agregado com livre-comércio}}$$

$$= \frac{VA' - VA}{VA} = \frac{\$359 - \$300}{\$300} = 0{,}197, \text{ ou } 19{,}7\%$$

Assim, os fatores de produção do produto F foram beneficiados pelas tarifas, ainda que os consumidores saiam perdendo. Uma fórmula mais comum para calcular a ERP para qualquer produto j utilizando-se um insumo designado i é:

$$ERP_j = \frac{t_j - \Sigma_i a_{ij} t_i}{1 - \Sigma_i a_{ij}}$$

onde a_{ij} representa o valor de livre-comércio do insumo i como uma porcentagem do valor de livre-comércio do bem final j, t_j e t_i representam a tarifa sobre o bem final e sobre qualquer insumo i, respectivamente, e Σ_i significa que estamos somando todos os insumos. No exemplo, a_{ij} para o insumo A é de $\$500/\$1.000$ ou 0,50, e o valor de a_{ij} para o insumo B é de $\$200/\$1.000$ ou 0,20. A ERP neste exemplo é a mesma do cálculo anterior:

$$ERP_F = \frac{0{,}10 - [(0{,}50)(0{,}05) + (0{,}20)(0{,}08)]}{1 - (0{,}50 + 0{,}20)}$$
$$= \frac{0{,}10 - (0{,}025 + 0{,}016)}{1 - 0{,}70}$$
$$= \frac{0{,}10 - 0{,}041}{0{,}30} = \frac{0{,}059}{0{,}30} = 0{,}197, \text{ ou } 19{,}7\%$$

Esse segundo método de calcular a ERP possui a vantagem de ilustrar três regras gerais sobre a relação entre taxas nominais e taxas efetivas de proteção. Essas regras são: (1) se a tarifa nominal sobre o bem final for maior do que a tarifa nominal ponderada média sobre os insumos, a ERP será maior que a taxa nominal sobre o bem final; (2) se a tarifa nominal sobre o bem final for mais baixa que a tarifa nominal ponderada média sobre os insumos, a ERP será mais baixa que a taxa nominal sobre o bem final; (3) se a tarifa nominal sobre o bem final for igual à tarifa nominal ponderada média sobre os insumos, a ERP será igual à taxa nominal do bem final.

CAPÍTULO 13   OS INSTRUMENTOS DA POLÍTICA COMERCIAL

NO MUNDO REAL:
TARIFAS NOMINAL E EFETIVA NOS ESTADOS UNIDOS E NO JAPÃO

Estimativas de tarifas nominais e efetivas foram calculadas para os Estados Unidos e Japão por Alan Deardoff e Robert Stern (1986), que agregaram todos os bens industriais trocados nos países em 22 categorias e calcularam as taxas médias agregadas pelas indústrias e as taxas médias ponderadas para cada país. A Tabela 4 oferece os resultados para as dez primeiras indústrias por grau de restrição nos Estados Unidos e no Japão. Os números não refletem os cortes estabelecidos na Rodada Uruguai (veja o Capítulo 16). Mesmo sendo mais baixos os níveis de várias tarifas do que aqueles mostrados aqui, o fato de as taxas efetivas estarem acima das nominais permanece válido.

Em cada país, as dez indústrias com as taxas nominais mais altas foram também as dez indústrias com as taxas efetivas mais altas. Sete dessas indústrias com maior proteção nos Estados Unidos aparecem na lista das "10 mais" do Japão. Os rankings de acordo com a proteção nominal e ERPs foram similares, porém não idênticos em cada país, e algumas diferenças também existem no ranking comparativo das indústrias dos países.

Note que as ERPs são aproximadamente 50% mais altas que as taxas nominais, tanto dentro de uma indústria quanto para cada país como um todo, o que significa a existência de um aumento substancial. Além disso, o Japão foi cerca de 50% mais protetor do que os Estados Unidos (8,4% contra 5,2% em taxas nominais, 13,2% contra 8,1% em ERPs). Entretanto, uma avaliação completa do grau de proteção em ambos os países deve também considerar barreiras não tarifárias ao comércio, como será feito posteriormente neste capítulo.

TABELA 4   As dez indústrias com as mais altas tarifas efetiva e nominal, nos Estados Unidos e no Japão

	Taxa nominal (%)		*Taxa efetiva (%)*
Estados Unidos			
1. Roupas	27,8%	1. Roupas	50,6%
2. Têxteis	14,4	2. Têxteis	28,3
3. Vidro e produtos de vidro	10,7	3. Vidro e produtos de vidro	16,9
4. Produtos minerais não metálicos	9,1	4. Produtos minerais não metálicos	15,9
5. Calçados	8,8	5. Comidas, bebidas e tabaco	13,4
6. Instalações e mobílias	8,1	6. Calçados	13,1
7. Manufaturas mistas	7,8	7. Produtos de metal	12,7
8. Produtos de metal	7,5	8. Instalações e mobílias	12,3
9. Maquinaria elétrica	6,6	9. Manufaturas mistas	11,1
10. Comidas, bebidas e tabaco	6,3	10. Maquinaria elétrica	9,4
média de 22 indústrias	5,2	média de 22 indústrias	8,1
Japão			
1. Comidas, bebidas e tabaco	25,4%	1. Comidas, bebidas e tabaco	51,1%
2. Agricultura, silvicultura e pesca	18,4	2. Calçados	33,6
3. Calçados	16,4	3. Agricultura, silvicultura e pesca	27,7
4. Roupas	13,8	4. Roupas	27,1
5. Maquinaria não elétrica	9,1	5. Instalações e mobílias	15,1
6. Instalações e mobílias	7,8	6. Maquinaria não elétrica	13,8
7. Vidro e produtos de vidro	7,5	7. Produtos de metal	12,0
8. Maquinaria elétrica	7,4	8. Vidro e produtos de vidro	11,5
9. Produtos de metal	6,9	9. Maquinaria elétrica	11,0
10. Químicos	6,2	10. Químicos	9,8
média de 22 indústrias	8,4	média de 22 indústrias	13,2

Fonte: Alan V. Deardoff e Robert M. Stern, *The Michigan model of world production and trade: theory and applications,* Cambridge: MIT Press, 1986, p. 90, 94.

No mundo real:

Tarifas efetivas em Bangladesh

O nível verdadeiro de taxas efetivas de proteção (ERPs) no mundo real pode ser um tanto quanto alto, e isso é particularmente verdade nas estruturas tarifárias de países em desenvolvimento. Entretanto, a liberalização comercial nos anos recentes tem ocorrido também em países em desenvolvimento. A Tabela 5 indica os cálculos da Organização Mundial do Comércio (OMC) da média das ERPs em 40 setores durante o período de 1992-1993 a 1999-2000 em Bangladesh. Como é evidente, o nível de proteção efetiva caiu em dois terços durante esses anos, de 75,5% para 24,5%.

TABELA 5 Proteção efetiva em Bangladesh, 1992-2000

Ano	ERP setorial média
1992/1993	75,7%
1993/1994	56,7
1994/1995	40,6
1995/1996	33,0
1996/1997	32,4
1997/1998	28,6
1999/2000*	24,5

* Estimativa provisória.

Fonte: Organização Mundial do Comércio (OMC), Trade Policy Review, *Bangladesh*, apresentada em David Greenway e Chris Milner, "Effective protection, policy appraisal and trade policy reform", *The World Economy*, v. 26, n. 4, abr. 2003, p. 448.

A regra (1) incorpora uma **estrutura escalar tarifária** e reflete a situação na maioria dos países. Significa que tarifas nominais em importações de bens manufaturados são mais altas que tarifas nominais em insumos intermediários e matérias-primas. Essa situação tem importância particular no comércio entre países desenvolvidos e em desenvolvimento. Pelo fato de países desenvolvidos possuírem estruturas escalares tarifárias com proteção correspondentemente mais alta para indústrias de produtos manufaturados do que para indústrias de bens intermediários e matérias-primas, países em desenvolvimento julgam tal situação uma discriminação contra suas tentativas de desenvolver manufaturas e que isso confina aos países em desenvolvimento à exportação de produtos em estágio inicial de fabricação. Os países em desenvolvimento são forçados a ser fornecedores de matéria-prima e importadores de bens manufaturados dos países desenvolvidos, quando gostariam de fornecer bens manufaturados. Os países em desenvolvimento reivindicam que o *padrão* de proteção existente deve ser alterado e que deve ocorrer um decréscimo no nível de proteção nos países desenvolvidos. Algum progresso foi feito quanto à mudança do padrão e do nível de proteção tarifária em países desenvolvidos perante os países em desenvolvimento por meio do Sistema Geral de Preferências (SGP).

Como uma nota final sobre a distinção tarifária entre "nominais" e "efetivas", lembremos que uma indústria nem sempre possui uma ERP maior que sua taxa nominal. Uma ERP pode ser *negativa*, significando que as tarifas sobre os insumos são consideravelmente mais altas que a tarifa sobre o bem final. A estrutura tarifária nessa última situação opera no sentido de dirigir fatores de produção para fora da indústria, em vez de atrair recursos para dentro.

CAPÍTULO 13   OS INSTRUMENTOS DA POLÍTICA COMERCIAL

De maneira geral, a tarifa nominal é útil para a identificação do impacto dos preços das tarifas sobre os consumidores. Para os consumidores, no entanto, a taxa efetiva é mais útil porque os fatores tendem a fluir em direção às indústrias com maiores ERPs. O conceito de taxa nominal é usado no Capítulo 14, "O impacto das políticas comerciais", porque o foco é sobre o bem-estar do consumidor; não obstante, o conceito de taxa efetiva deve também se ter em mente ao se avaliar o impacto total da proteção. Na determinação das perspectivas de desenvolvimento e planejamento econômico nos países em desenvolvimento, ERPs podem ser muito relevantes como ferramentas analíticas, até mais do que taxas nominais de proteção.

REVISÃO DE CONCEITO	1. Por que consumidores de um bem importado preferem uma tarifa específica a uma tarifa *ad valorem* sobre o bem? 2. Suponha que um amigo lhe diga que os Estados Unidos não devem dar tratamento de nação mais favorecida à França, porque os franceses não merecem ser melhor tratados que todos os outros parceiros comerciais. De que forma seu amigo está mal-interpretando o conceito de MFN?	3. Por que e como a existência de tarifas proibitivas distorce a tarifa média ponderada de um país? 4. Explique de que modo o valor agregado em uma indústria doméstica é realçado se a tarifa nominal sobre as importações dos produtos finais da indústria for aumentada, enquanto a tarifa nominal sobre os insumos da indústria se mantém inalterada.

TAXAS DE EXPORTAÇÃO E SUBSÍDIOS

Além de interferir no lado das importações por meio de tarifas de importação, os países também interferem no livre fluxo de exportações. Uma **taxa de exportação** é imposta apenas sobre bens produzidos internamente, destinados para exportação e não para consumo interno. A taxa pode ser especificada ou *ad valorem*. Como uma taxa de importação ou tarifa, a taxa de exportação reduz o âmbito do comércio internacional. Um **subsídio de exportação**, que é, na verdade, uma taxa de exportação negativa ou um pagamento do governo a empresas quando uma unidade do bem é exportada, tem por objetivo aumentar o fluxo comercial de um país. Todavia, ele distorce o padrão comercial do padrão de vantagem comparativa e, assim como as taxas, interfere no fluxo de bens e serviços no livre-mercado e reduz o bem-estar mundial.

O subsídio de exportação foi objeto de grandes discussões ao longo dos anos. Por exemplo, os Estados Unidos e a Comunidade Europeia, após acalorada discussão e ameaças de ações tarifárias de retaliação, em novembro de 1992 concordaram em reduzir seus subsídios de exportações agrícolas em 36%, por um período de seis anos (veja *Economic Report of the President*, p. 19-20, jan. 1993). Além disso, produtores norte-americanos têm frequentemente sustentado que subsídios de exportação a países parceiros representam um elemento importante de "troca injusta" na economia mundial. De fato, até 15 de fevereiro de 2007, produtores norte-americanos tiveram sucesso em pôr 35 "taxas de defesa" em ação para impedir que bens estrangeiros sob subsídios de exportação entrassem nos Estados Unidos. Os impostos foram aplicados a bens provenientes de 15 países.[5]

BARREIRAS NÃO TARIFÁRIAS AO LIVRE-COMÉRCIO

Além do uso de tarifas e subsídios para distorcer a alocação de recursos de livre-comércio, as políticas públicas governamentais tornaram-se muito adeptas do uso de outras formas de barreiras comerciais, menos visíveis. Essas são normalmente chamadas de **barreiras não tarifárias (NTBs)** ao comércio, e tornaram-se mais proeminentes em anos recentes. Economistas observaram

---
[5] Comissão de Comércio Internacional dos Estados Unidos, "Anti*dumping* and Countervailing Duty Orders in Place as of February 15, 2007, by Country", disponível em www.usict.gov.

que, à medida que as tarifas vêm sendo reduzidas por meio de negociações tarifárias multilaterais durante os últimos 40 anos, o impacto dessa redução pode ter sido compensado de forma importante pela proliferação de NTBs. Nossa proposta agora é descrever algumas dessas NTBs.

Cotas de importação

A **cota de importação** difere de uma tarifa de importação no fato de que a interferência nos preços cobrados para um bem importado no mercado interno é *indireta*, não direta. É indireta porque a cota em si opera diretamente na quantidade da importação, e não no preço. A cota de importação especifica que apenas certa quantia física do bem será permitida no país durante um período de tempo, em geral um ano. Isso é um contraste à tarifa, que especifica uma quantia ou porcentagem de taxa, mas permite que o mercado determine a quantidade a ser importada com a tarifa em existência. Entretanto, a cota pode ser especificada de forma "equivalente à tarifa". Por exemplo, a Comissão Internacional do Comércio dos Estados Unidos estima que, enquanto a taxa média da tarifa norte-americana sobre roupas provenientes de países sujeitos a cotas de importação de roupas por parte dos Estados Unidos em 2002 era de 11,3%, as cotas, ao restringir a oferta, atuaram como uma tarifa *adicional* de 9,5%. Em produtos lácteos, a tarifa média percentual existente de 10% foi suplementada por uma tarifa percentual equivalente de 27,8% em virtude das cotas.[6]

Restrições de exportação "voluntárias" (VERs)

Uma alternativa à cota de importação são as **restrições de exportação "voluntárias" (VERs)**. Elas se originam primariamente de considerações políticas. Um país importador que prega as virtudes do livre-comércio pode não querer impor de um só golpe cotas de importação, pois isso implica um passo legislativo para longe do livre-comércio. Em vez disso, o país pode escolher negociar um acordo administrativo com um fornecedor no qual este último concorde "voluntariamente" em reter a exportação de alguns bens ao país importador. A persuasão para que o exportador "concorde" pode ser a ameaça de imposição de alguma cota de importação se a VER não for adotada pelo exportador. Há também alguns benefícios diretos possíveis para o exportador pela VER (veja o Capítulo 14).

Além de cotas e VERs, existem outros tipos de NTBs. Discutimos várias delas a seguir, com o propósito de reforçar o ponto de que governos empregam diferentes tipos de dispositivos que impedem uma alocação de recursos de livre-comércio.

Provisões de procurações governamentais

Um objeto de discussão nos anos recentes, bem como objeto de um código internacional de comportamento na Rodada de Negociações Internacionais de Tóquio em 1979, é a legislação conhecida como **provisões de procurações governamentais**. Em geral, elas restringem a compra de produtos estrangeiros por agências governamentais internas. Por exemplo, o Ato "Buy American" estipulou que agências do governo federal norte-americano devem comprar produtos de empresas norte-americanas, a menos que o produto da empresa seja mais que 6% acima do preço do fornecedor externo. Esse valor foi de 12% para algumas compras do Departamento de Defesa e, por um tempo, de 50%. (Veja Balassa, 1967 e Cooper, 1968.) Muitos governos estaduais nos Estados Unidos também possuem restrições. Como outro exemplo, a Comunidade Europeia anunciou em 1992 que as empresas de utilidade pública da CE seriam solicitadas a comprar insumos de fornecedores da CE com uma preferência de 3% no preço – o que deu origem a ameaças de retaliação por parte dos Estados Unidos e uma solução de compromisso. Tais preferências são claramente similares a uma tarifa *ad valorem* na qual é dada ao produtor interno certa proteção de "porcentagem de preço". Um acordo promovido pela Organização Mundial do Comércio

---

[6]Comissão Internacional de Comércio dos Estados Unidos, *The economics effects of significant U.S import restraints: forth update 2004*, USITC Publication 3701, Washington D.C: USITC, jun. 2004, p. xvii, disponível em www.usitc.gov.

sobre obtenção governamental, projetar para colocar compras internas e externas em situação de igualdade, entrou em vigor em 1º de janeiro de 1996, mas nem todas as compras e nem todos os membros da OMC estão incluídos. Além disso, a obtenção de provisões de governo está se expandindo para incluir considerações *nonprice*. Essa é uma tendência crescente na União Europeia e na Europa em geral. Por exemplo, agências governamentais dinamarquesas devem aplicar critérios ambientais e energéticos em adição a considerações normais de mercado a suas compras. Na prática, isso significa que as agências governamentais poderão comprar apenas aqueles produtos ecologicamente seguros (trazendo uma etiqueta ecológica ou produzidos por uma empresa com uma auditoria ecológica satisfatória). Dessa forma, empresas em países sem essas práticas podem ser impedidas de vender a agências governamentais dinamarquesas.

Provisões de conteúdo doméstico

As **provisões de conteúdo doméstico** buscam reservar parte do valor agregado e alguma parte das vendas dos componentes dos produtos aos fornecedores domésticos. Por exemplo, esse tipo de política estipularia que uma dada porcentagem do valor de um bem vendido nos Estados Unidos deve consistir em componentes ou trabalho norte-americanos. Uma política restritiva desse tipo apareceu em leis comerciais (não aprovadas) perante o Congresso norte-americano. Essas provisões podem também aparecer em países em desenvolvimento. Por exemplo, a tentativa de produzir automóveis no Chile, durante a fase de desenvolvimento de "industrialização de substituição de importações" na década de 1960, continha provisões domésticas de contenção cada vez maiores (veja Leland Johnson, 1967). Mais recentemente, sob o Tratado Norte-Americano de Livre-Comércio (NAFTA), os membros não permitiam a entrada de automóveis *duty-free* de outros membros, a menos que 62,5% do valor do automóvel se originassem dos países-membros do NAFTA, Canadá, México e Estados Unidos. Essas provisões obviamente interferem na divisão de trabalho internacional de acordo com vantagens comparativas, pois fontes domésticas ou do NAFTA de peças e de trabalho podem não ser fontes de oferta de baixo custo.

Taxas europeias de fronteira

Uma NTB controversa sob o ponto de vista dos Estados Unidos diz respeito ao sistema de taxas europeu. A taxa de valor agregado (VAT), comum na Europa Ocidental, é o que os economistas chamam de taxa "indireta". Os Estados Unidos depositam mais confiança em taxas diretas, como o imposto de renda pessoal e o imposto de renda incorporada. Taxas diretas são impostas à própria renda, enquanto as indiretas são impostas com outra base que não a renda.

Implicações comerciais internacionais surgem de diferentes sistemas de taxas, pois a OMC permite tratamentos diferentes para taxas indiretas e para as diretas. Com a taxa de valor agregado, qualquer empresa que trabalhe com componentes em qualquer estágio do processo de produção, que lhes adicione algum valor e os venda em uma forma mais finalizada deve pagar uma taxa sobre o valor agregado. Por fim, o preço final para o consumidor incorpora o acúmulo de valor agregado das taxas pagas ao longo do processo de produção. Sob as regras da OMC, qualquer importação que entre no país deve pagar a taxa equivalente, porque é destinada também ao consumo, e ambos os bens estarão em situação de igualdade. Para empresas norte-americanas que tentam vender na Europa, essa taxa de fronteira que se equipara à taxa de valor agregado se parece muito com obter uma tarifa, mesmo que não seja chamada assim.

Entretanto, exportadores europeus terão pago o acúmulo da VAT ao longo dos estágios de produção iniciais. Mas pelo fato de o bem não ser destinado ao uso final dentro de seu país de manufatura, o exportador pode obter um *abatimento* pela VAT paga acumulada. Para os competidores dos Estados Unidos, isso parece tão suspeito quanto um subsídio de exportação injusto. Toda a controvérsia acerca de taxas diretas ou indiretas surge porque tais taxas e abatimentos de fronteira não são permitidos para taxas diretas. A justificativa vem da literatura em finanças públicas sobre a possibilidade de cada tipo ser "passado" aos consumidores. Essa é a origem da controvérsia sobre o tratamento de taxas nos Estados Unidos das Foreign Sales Corporations separadamente estabelecidas a que nos referimos no início deste capítulo. A OMC considera o tratamento favorável de taxas como semelhante ao abatimento de uma taxa *direta*, ou seja, o imposto de renda corporativo. Esse procedimento não é permitido, uma vez que uma taxa direta não é o mesmo que uma taxa indireta, como a taxa de valor agregado. Outro ponto a ser considerado é que a taxa de câmbio de países europeus contra o dólar pode anular os efeitos de taxas e subsídios de fronteira. Por exemplo, se a taxa reduz importações dos Estados Unidos, reduzindo assim a demanda europeia pelo dólar, o dólar cairá. Essa queda reduz os preços de bens norte-americanos para consumidores europeus. Não precisamos entrar nessas questões, mas é claro que uma distorção potencial dos padrões de livre-comércio existe.

Classificação administrativa

O ponto aqui é simples. Pelo fato de tarifas sobre bens que entram em um país diferirem por tipo de bens, a taxa real cobrada pode variar de acordo com a categoria na qual o bem é classificado. Existe uma certa margem de manobra para oficiais alfandegários, como o exemplo seguinte explicita: em agosto de 1980, o Serviço Alfandegário dos Estados Unidos aumentou a tarifa sobre caminhões leves importados simplesmente mudando as categorias. Antes disso, caminhões desmontados ("peças" de caminhões) eram enviados para a Costa Oeste e montados nos Estados Unidos. A tarifa era de 4%. No entanto, o Serviço Alfandegário impôs que as importações não eram "peças", mas o veículo em si. O imposto aplicável ao veículo era de 25%. Classificações arbitrárias podem obviamente influenciar o tamanho do comércio.

Restrições sobre serviços comerciais

Esta é uma área muito discutida no momento, e a trataremos em maior extensão no Capítulo 16. Em resumo, muitos regulamentos não tarifários restringem serviços comerciais. Por exemplo, companhias de seguro estrangeiras podem ser restringidas nos tipos de política que empregam nas vendas em seu país; navios estrangeiros podem ser proibidos de transportar cargas entre portos internos (como é o caso nos Estados Unidos); direitos de aterrissagem para aeronaves estrangeiras podem ser limitados; e países em desenvolvimento podem reservar serviços de processamento de dados para suas próprias empresas. Como exemplos adicionais, o Canadá, visando a proteger a "cultura canadense", exige que 50% dos programas do horário nobre (*prime-time*) da televisão sejam canadenses; além disso, o país permite que editoras de revistas norte-americanas vendam edições canadenses, mas apenas se uma certa porcentagem do espaço de propaganda for reservado para empresas canadenses. Esses tipos de restrições são menos visíveis ou transparentes que muitas outras restrições sobre bens. No entanto, pelo fato de os serviços estarem crescendo no comércio mundial, restrições sobre eles estão se tornando mais sérias como ponto de partida de vantagens comparativas.

Medidas de investimento relativas ao comércio

Medidas de investimento relativas ao comércio (TRIMs) consistem em vários passos políticos de natureza comercial associados às atividades de investimento estrangeiro em um país. Exemplos seriam "requisitos de performance", nos quais o investidor estrangeiro deve exportar uma certa porcentagem de insumos (assim atraindo divisas estrangeiras para o país anfitrião), e requisitos ordenando que uma porcentagem específica de insumos ao produto final do investidor estrangeiro seja de origem doméstica. Essas medidas ocorrem frequentemente em países em desenvolvimento e distorcem o comércio pelo padrão de vantagem comparativa.

Restrições adicionais

Países em desenvolvimento que enfrentam uma necessidade conservativa de divisas estrangeiras escassas podem recorrer a controles de câmbio generalizados. No extremo, exportadores em países em desenvolvimento precisam vender seus ganhos em moeda estrangeira ao Banco Central, que por sua vez distribui a moeda estrangeira a importadores com base da "essencialidade" das compras de importação. Assim, livre importação não pode ocorrer porque a moeda estrangeira é racionada. Essa forma de restrição pode resultar em uma severa distorção das importações pelo padrão de livre-comércio. Além disso, **requisitos de depósito antecipado** são algumas vezes usados por países em desenvolvimento. Nessa situação, uma licença para importar é ganha somente se as empresas importadoras depositarem fundos com o governo iguais a uma porcentagem especificada do valor da futura importação. O depósito é restituído quando as importações são trazidas ao país, mas, enquanto isso, a empresa perdeu o custo de oportunidade dos fundos.

CAPÍTULO 13   OS INSTRUMENTOS DA POLÍTICA COMERCIAL

NO MUNDO REAL:

É UM CARRO? É UM CAMINHÃO?

No começo de 1989, o Serviço Alfandegário dos Estados Unidos propôs que algumas minivans importadas e veículos utilitários esportivos (como o Suzuki Samurai e o Isuzu Trooper) fossem reclassificados de "carros" para "caminhonetes". Essa medida administrativa teria aumentado a tarifa *ad valorem* dez vezes mais que seu valor anterior, pois a tarifa norte-americana sobre automóveis é de 2,5%, mas sobre caminhonetes é de 25%. O então o presidente da Chrysler (agora DaimlerChrysler) Lee Iacocca declarou ser a reclassificação desejável, pois traria mais retornos tributários – $500 milhões por ano, o que ajudaria a reduzir o déficit orçamentário do Governo Federal norte-americano. (Não seria de bom-tom se ele elogiasse a medida por dar à Chrysler um nível maior de proteção)

A reação à proposta de reclassificação foi uma onda de protestos por parte de negociantes de carros importados e consumidores interessados. Em resposta, o Serviço Alfandegário reconsiderou a medida e empregou regras pelas quais os veículos seriam classificados como carros e caminhonetes. Por exemplo, se certo veículo utilitários esportivo tivesse quatro portas, seria um carro; tendo duas portas, uma caminhonete. Se uma minivan tivesse janelas nos lados e atrás, portas laterais e traseiras, e assentos para duas ou mais pessoas atrás do assento dianteiro, seria um carro; se faltassem quaisquer desses atributos, seria uma caminhonete.

Estranhamente, a reclassificação proposta ocorreu em parte por pressão da Suzuki Motors. A Suzuki possuía uma pequena parte da VER japonesa de 2,3 milhões de automóveis anuais e acreditava que a reclassificação ajudaria as vendas nos Estados Unidos, pois caminhonetes não eram sujeitas a VER. Apesar da taxa mais alta de tarifas, a Suzuki julgou que poderia ser bem-sucedida no mercado norte-americano se não se limitasse à sua pequena parte da VER. Outro ponto é que a tarifa de 25% sobre caminhonetes tinha se originado por retaliação dos Estados Unidos em 1963 contra impostos de importação instituídos pela Comunidade Europeia sobre exportações de aves domésticas (a infame "Guerra da Galinha").

A classificação controversa reapareceu em 1993, quando a indústria automotiva norte-americana forçou (sem sucesso) a entrada de algumas minivans na categoria de caminhonetes. A Chrysler prometeu limitar seus próprios aumentos nos preços das minivans se a reclassificação fosse empreendida. A defesa dos altos impostos sobre as minivans por parte da Chrysler ocorreu a despeito de que a participação da empresa no mercado de minivans tenha crescido substancialmente de 1992 a 1993.

Fontes: "A bad trade rule begets another", *The New York Times*, 24 jan. 1989, p. A20; Eduardo Lachica, "Imports ruling for vehicles is eased by the US.", *The Wall Street Journal*, 17 fev. 1989, p. A3, A9; idem, "Suzuki Samurai, others to be treated as truck imports with higher tariffs", *The Wall Street Journal*, 5 jan. 1989, p. C9; Eduardo Lachica e Walter S. Mossberg, "Treasury rethinks increased tarifs on vehicle imports", *The Wall Street Journal*, 13 jan. 1989, p. 85; Neal Templin e Asra Q. Nomani, "Chrysler to curb minivan price rises if Japanese vehicle get a 25% tariff", *The Wall Street Journal*, 25 mar. 1993, p. A3.

Políticas domésticas adicionais que afetam o comércio

Diversos tipos de políticas dirigidas ao mercado interno também têm implicações diretas para os fluxos comerciais. Padrões de saúde, ambiente e segurança são aplicados por governos tanto para produtos domésticos quanto para estrangeiros. Certamente, consumidores domésticos de bens estrangeiros devem ser protegidos de impurezas e fontes de doenças, mas alguns economistas afirmam que as restrições são excessivas em algumas instâncias e contêm um elemento de protecionismo. Um exemplo é a controversa restrição da Europa aos produtos geneticamente produzidos pelos Estados Unidos. Essa restrição foi considerada ilegal pela OMC, mas permanece em vigência até a data em esse texto é escrito. De maneira similar, governos podem requerer que todos os produtos, estrangeiros e domésticos, preencham certos requisitos de embalagem e etiquetagem. Além disso, tratamento inconsistente de direitos de propriedade intelectual (por meio de patentes, copyrights etc.) por meio de países pode distorcer fluxos de comércio internacional. Na Rodada Uruguai de negociações comerciais, completada em 1994, foi alcançado consenso quanto à harmonização de tais práticas, comumente conhecidas como direitos de propriedade intelectual relacionados ao comércio (TRIPs); veja o Capítulo 16.

Subsídios a empresas domésticas também têm implicações diretas para o comércio. Embora um subsídio particular não tenha a intenção de afetar o comércio, um que reduza o custo de uma empresa pode estimular exportações. Por exemplo, produtores de lenha dos Estados Unidos têm sentido durante muito tempo que os governos provinciais do Canadá vendem direitos sobre

No mundo real:

Exemplos de controle sobre o comércio

Os países possuem diferentes graus de interferência sobre o livre-comércio. Como exemplos, resumimos a seguir algumas regularizações impostas por Austrália, Paquistão e El Salvador. O material foi retirado do *Annual Report on Exchange Arrangements and Exchange Restrictions 2006* do Fundo Monetário Internacional. As regulamentações para Austrália e Paquistão datam de 31 de dezembro de 2005; as de El Salvador datam de 31 de janeiro de 2006.

Austrália

Na Austrália existe uma cota tarifária (na qual a tarifa muda após a chegada de uma quantidade específica de importações a um país) sobre certos queijos e coalhadas. Para alguns bens, são necessárias autorizações escritas por autoridades relevantes antes que importações sejam permitidas – são produtos como narcóticos, armas de fogo, alguns químicos e determinados produtos de cerâmica vitrificados. Grande parte dos bens agrícolas importados não enfrenta quaisquer tarifas. Há uma tarifa geral de 5% na maioria dos bens manufaturados, mas a tarifa sobre os automóveis é de 10% (está programada para baixar para 5% por volta de 2010). Têxteis, roupas e calçados possuem tarifas variando de 0% a 17,5%; os limites serão reduzidos de 5% a 10% até 2010 e a 5% até 2015. A Austrália possui acordos de livre-comércio com a Nova Zelândia, Cingapura, Tailândia e os Estados Unidos; com a Tailândia e os Estados Unidos, os acordos foram planejados para um período de dez anos, tendo começado em 2005. Todos os bens que chegam de países menos desenvolvidos são importados livres de impostos e cotas.

No lado da exportação, existem controles de exportações em produtos como urânio e materiais nucleares; controles também existem sobre algumas exportações de alimento e produtos agrícolas. Licenças são necessárias para exportar madeiras não processadas, incluindo lascas de madeira. Há também proibições sobre a exportação de ovelhas merino para qualquer país, exceto para Nova Zelândia, e existem controles sobre a exportação de carneiros (exceto para Nova Zelândia).

Paquistão

Há uma "lista negativa" de produtos importados banidos por motivos de religião e de saúde; importações de Israel são proibidas. Há também uma "lista positiva" explicitando quais bens provenientes da Índia podem ser importados. Pagamentos adiantados (isto é, pagamentos a fornecedores estrangeiros antes que os bens tenham de fato chegado) de mais de 50% do valor das importações são permitidos para alguns bens capitais. Importações deparam-se em geral com cinco possíveis tarifas – 5%, 10%, 15%, 20% e 25% –, ainda que taxas maiores apliquem-se a bebidas, veículos automotivos e vinagres. Remessas em moeda estrangeira para custos de ensino de alunos no exterior são permitidas sem aprovação prévia. O envio de lucros para fora do país por subdivisões de empresas estrangeiras (exceto para bancos, agências de seguro e transporte e linhas aéreas) é permitido.

Licenças de exportação não são requeridas. Existe uma "sobretaxa de desenvolvimento de exportação" de 0,25% sobre quase todas as exportações. Várias alíquotas de imposto de renda são aplicadas aos ganhos de exportações (0,75%, 1%, 1,25% e 1,5%). Exportadores devem vender suas rendas de exportação no mercado de câmbio dos bancos paquistaneses até três dias após o recebimento, ainda que mais de 10% do rendimento possam ser retidos para propósitos específicos.

El Salvador

Licenças são requeridas para a importação de álcool etílico, cana-de-açúcar refinada ou não, milho, farinha de trigo e arroz. Há proibições sobre a importação de "materiais ou ensinamentos subversivos, contrários à ordem política, social ou econômica", veículos automotores leves com mais de oito anos, veículos automotores pesados com mais de 15 anos e alguns outros itens. O açúcar importado deve ser enriquecido com vitamina A. A tabela das tarifas varia de 0% sobre bens capitais a 25% e 30% sobre automóveis, cigarros, têxteis, roupas, sapatos e algumas outras categorias, a 40% sobre carne, arroz e açúcar, e a 45% sobre bebidas alcoólicas. Praticamente todos os bens provenientes de outros países da América Central são livres de impostos. A maioria dos produtos vindos do Chile, da República Dominicana, do México e dos Estados Unidos também não tem nenhuma tarifa aplicada.

Todas as exportações devem ser registradas. Autorização especial é requerida para a exportação de carne, café, maquinaria, óleo diesel e flores e plantas selvagens, entre outros bens. Não há taxas de exportações, e alguns produtores que exportam para mercados fora da América Central recebem reembolso pelas tarifas pagas por matérias-primas importadas. Um aspecto interessante da situação de El Salvador é que "moeda estrangeira", o dólar americano, é moeda legal, e o dólar circula dentro do país junto com os colones locais (com uma taxa fixa de 8,75 colones = $1).

Fonte: Fundo Monetário Internacional, *Annual Report on Exchange Arrangements and Exchange Restrictions 2006*, Washington, DC: IMF, 2006, p. 95, 97-99, 406-409, 890, 893-895.

No mundo real:

O efeito dos instrumentos de proteção sobre preços domésticos

Em uma tentativa de apurar os efeitos das tarifas, provisões de procurações governamentais, cotas de importação, VERs e outras restrições comerciais, o economista Scott Bradford em 2003 calculou algumas estimativas reveladoras. Sua hipótese básica era de que tais barreiras causarão diferenças entre o preço mundial (preços de importação fixados) de um bem e seu preço doméstico no país importador. Economicamente, isso faz sentido – uma tarifa obviamente gerará diferença entre os dois preços, com o preço doméstico sendo mais alto, e barreiras não tarifárias farão o mesmo.

Bradford utilizou-se dos dados do preço para o consumidor da Organização para Cooperação e Desenvolvimento Econômico em 124 categorias básicas de bens (103 para bens de consumo familiar e 21 para bens de capital), entre o período de 1991-1993. Ele ajustou os dados para que se tornassem dados de preços dos produtores em vez de preços de varejo, pois margens de comércio no atacado e no varejo e custos de transporte diferem entre países. Em seu ponto de vista, preços no nível do produtor são mais relevantes para o exame dos impactos de restrições comerciais do que os preços para consumidores.

O resultado final do trabalho de Bradford foi uma série de estimativas de proteção que mostram a razão do preço doméstico em relação ao preço mundial para oito diferentes países e 29 indústrias agregadas. A extensão na qual a razão excede 1,000 é uma medida da proteção dada à indústria. Apresentamos uma amostra dos resultados das indústrias na Tabela 6, bem como uma medida das médias dos países. Como é evidente, os Estados Unidos possuem o menor nível de proteção, em 11,8% (a razão dos preços domésticos para os preços mundiais é de 1,118), enquanto o Japão possui o maior nível de proteção, em 56,7% (razão de 1,567). A Bélgica (1,555), Holanda (1,541), Alemanha (1,539) e Reino Unido (1,480) estão próximos do nível do Japão, enquanto o Canadá (1,270) e a Austrália (1,266) estão mais próximos do nível dos Estados Unidos do que de outros países. Examinando a tabela como um todo, a proteção varia por indústria e por país, com algumas taxas notoriamente altas, como 194,4% sobre couros e produtos na Austrália, 234,9% para drogas e medicamentos na Holanda, 210,5% para drogas e medicamentos nos Estados Unidos, e 128,9% para calçado no Japão. É claro que essas estimativas de proteção de Bradford são um pouco mais altas do que a proteção que seria sugerida considerando-se as taxas nominais existentes (como as da Tabela 1 deste capítulo) e as taxas efetivas (como as da Tabela 4).

Fonte: Scott Bradford, "Paying the price: final goods protection in OECD countries", *Review of Economics and Statistics*, v. 85, n. 1, fev. 2003, p. 24-37.

TABELA 6   Razões de preços domésticos para preços mundiais

	Austrália	*Bélgica*	*Canadá*	*Alemanha*	*Japão*	*Holanda*	*Reino Unido*	*Estados Unidos*
Agricultura, piscicultura e silvicultura	1,067	1,157	1,112	1,529	1,584	1,080	1,648	1,158
Têxteis	1,111	1,218	1,163	1,101	1,478	1,140	1,237	1,051
Roupas	1,264	1,569	1,175	1,457	1,384	1,280	1,074	1,158
Couros e produtos	2,944	1,777	1,236	1,437	1,329	1,658	1,168	1,143
Calçados	1,657	1,823	1,415	1,328	2,289	2,239	1,027	1,111
Drogas e medicamentos	1,001	1,692	2,680	2,643	1,217	3,349	1,845	3,105
Produtos químicos	1,092	1,137	1,064	1,107	1,555	1,075	1,064	1,037
Produtos de metal	1,430	1,622	1,328	1,770	1,977	1,837	1,602	1,165
Maquinaria de escritório e computação	1,008	1,513	1,234	1,446	1,000	2,101	1,666	1,015
Veículos automotivos	1,224	1,351	1,197	1,315	1,000	1,648	1,680	1,106
Recursos do país	**1,266**	**1,555**	**1,270**	**1,539**	**1,567**	**1,541**	**1,480**	**1,118**

Fonte: Scott Bradford, "Paying the price: final goods protection in OECD countries", *Review of Economics and Statistics,* v. 85, n. 1, fev. 2003, p. 31.

madeiras (taxas de derrubada) para organizações canadenses com preços injustamente baixos e com subsídios, colocando as empresas americanas em desvantagem competitiva, e taxas de defesa foram impostas. A controvérsia continua, entretanto. No caso de uma empresa competidora de exportação, a baixa dos custos da própria organização por meio de subsídios governamentais pode trazer à empresa doméstica mais custo competitivo, levando a uma expansão de produção e empregos e a uma redução de importações. Um empréstimo a juros baixos do governo dos Estados Unidos à Chrysler Corporation durante a administração Carter pode também ser visto como um programa de subsídio governamental que possuía claras implicações comerciais. De maneira similar, assistência administrativa providenciada pelo governo, programas de contenções, financiamento de P&D, créditos de taxas de investimento ou benefícios de taxas especiais para empresas domésticas que produzem bens comerciais podem exercer um impacto direto no custo relativo da competitividade e no comércio internacional.

Além disso, efeitos colaterais de gastos com defesa feitos pelo governo, espaço e gastos não militares podem influenciar a competitividade internacional de empresas afetadas pelo seu impacto em custos relativos ou características dos produtos. O efeito de tais programas ou políticas governamentais sobre fluxos comerciais serão ainda maiores quando permitirem às empresas ter economias de escala e tornarem-se ainda mais competitivas.

Em geral, vemos a presença de muitas formas de controle que afetam o comércio internacional. Mencionamos apenas os instrumentos mais discutidos; informação sobre um país particular pode ser obtida apenas estudando-se esse país. Entretanto, é claro que *livre*-comércio no sentido puro não existe no mundo real, e as várias interferências podem distorcer severamente os preços e as alocações de recursos.

REVISÃO DE CONCEITO

1. De que forma provisões de procurações governamentais podem atuar como tarifas?
2. O uso de provisões de conteúdo doméstico lembra qual instrumento, uma tarifa ou uma cota de importação? Por quê?

RESUMO

Os vários instrumentos de políticas comerciais foram discutidos para se mostrar que há diferentes mecanismos que alteram o comércio de seu padrão de vantagens comparativas. Atenção especial foi dada a tarifas específicas, tarifas *ad valorem*, taxas e subsídios de exportação, cotas de importação e restrições "voluntárias" de exportação. Além disso, um grande número de barreiras não tarifárias à alocação de recursos de livre-comércio foi rapidamente explicados.

Desvios do livre-comércio são comuns por haver muitos instrumentos de distorções comerciais em ação. Mas quais são os efeitos positivos dessas distorções? Essas políticas podem ser realmente boas para o mundo como um todo, para um país, ou para grupos particulares dentro de um país, dadas as nossas conclusões sobre as virtudes do comércio irrestrito? Os próximos capítulos tentam responder a essas importantes questões em detalhes.

TERMOS-CHAVE

barreiras não tarifárias (NTBs)
cota de importação
estrutura escalar tarifária
impostos preferenciais
provisões de conteúdo doméstico
provisões de procurações
  governamentais
provisões de recepção offshore (OAP)
  [ou arranjos de divisão de produção]

requisitos de depósito antecipado
restrição de exportação "voluntária"
  (VER)
Sistema Geral de Preferências (GSP)
subsídio de exportação
subsídios de importação
tarifa específica
tarifa proibitiva
tarifas *ad valorem*

taxa de exportação
tarifa efetiva [ou taxa efetiva
  de proteção (ERP)]
tarifa média não ponderada
tarifa média ponderada
tarifa nominal
tratamento da nação mais favorecida
  (MFN) [ou relações comerciais
  normais (NTR)]

Questões e problemas

1. Explique por que o uso de impostos preferenciais por um país é inconsistente com o tratamento MFN a parceiros comerciais por esse país.
2. Por que você acredita que houve tamanha proliferação de diferentes instrumentos de proteção?
3. Suponha que, em um país pequeno, sob livre-comércio, um bem final F tenha preço de $1.000, que os preços dos dois *únicos* insumos do bem F, bens A e B, sejam $P_A = \$300$ e $P_B = \$500$, e que uma unidade de A e B seja usada para produzir uma unidade do bem F. Suponha também que uma tarifa *ad valorem* de 20% seja colocada sobre o bem F, enquanto os bens importados A e B tenham tarifas *ad valorem* de 20% e 30%, respectivamente. Calcule a ERP para a indústria doméstica que produz o bem F e interprete o significado dessa ERP calculada.
4. Você acredita ser possível obter uma boa indicação do grau preciso de proteção dado por um país para suas indústrias de substituição de importações? Por que, ou por que não? (Lembre-se de que, além das tarifas, proteção é dada também por várias barreiras não tarifárias).
5. Suponha que um país anuncie que esteja se dirigindo para o livre-comércio reduzindo suas tarifas em insumos intermediários enquanto mantém as tarifas sobre os bens finais. Qual é a sua avaliação sobre o anunciado direcionamento ao "livre-comércio" da política do país?
6. A tarifa nominal das dez importações do país fictício Tarheelia, bem como o valor total da importação de cada bem, está listada a seguir:

	Taxa Nominal	Valor		Taxa Nominal	Valor
Bem A	10%	$400	Bem F	2,5%	$400
Bem B	5%	$600	Bem G	15%	$100
Bem C	Isento	$500	Bem H	$0,50/unidade	$400 (100 unidades)
Bem D	30%	$300	Bem I	40%	$200
Bem E	2%	$200	Bem J	$2,50/por unidade	$100 (10 unidades)

   (a) Calcule a tarifa nominal média não ponderada de Tarheelia.
   (b) Calcule a tarifa nominal média ponderada de Tarheelia.
7. Suponha que uma recente inflação tenha resultado em um acréscimo dos preços mundiais e que todos os valores das importações da Questão 6 tenham aumentado em 25% (isto é, $400 torna-se $500, $600 torna-se $750 e assim por diante). Dados esses novos valores e supondo que as quantidades de cada importação não mudem:

   (a) Calcule a tarifa nominal média não ponderada de Tarheelia.
   (b) Calcule a tarifa nominal média ponderada de Tarheelia.
8. Por que pode-se argumentar que a diferença entre o preço de produtores domésticos sobre um bem competidor importado e o preço mundial do bem seja um indicador razoável de interferência doméstica quanto ao livre-comércio sobre o bem?
9. Nos estágios iniciais da Rodada Kennedy de negociações comerciais multilaterais nos anos 1960, autoridades norte-americanas afirmaram que a Comunidade Europeia Econômica (EEC) possuía tarifas médias maiores do que os Estados Unidos; e autoridades da EEC afirmaram que os Estados Unidos possuíam tarifas médias maiores do que a EEC. Ambas as afirmações estavam corretas. Como isso é possível?

CAPÍTULO

14

O IMPACTO DAS POLÍTICAS COMERCIAIS

OBJETIVOS DE APRENDIZADO

- Compreender de que forma tarifas, cotas e subsídios afetam os mercados domésticos.

- Identificar os vencedores, os perdedores e os efeitos líquidos da proteção de bem-estar nos países.

- Explicar de que maneira os efeitos da proteção diferem entre países grandes e pequenos.

- Apreender de que modo a proteção em um mercado pode afetar outros mercados na economia.

CAPÍTULO 14   O IMPACTO DAS POLÍTICAS COMERCIAIS

Introdução

Ganhadores e perdedores com tarifas sobre o aço[1]

Em março de 2002, o presidente George W. Bush, seguindo uma recomendação da Comissão de Comércio Internacional dos Estados Unidos, uma agência federal independente que investiga assuntos comerciais, impôs uma gama de tarifas sobre importações de aço nos Estados Unidos. Tarifas *ad valorem* foram impostas por três anos, algumas delas obedecendo a uma escala regressiva durante anos, e a tarifa máxima era de 30%. A intenção das tarifas era fornecer à indústria do aço norte-americana um "espaço para respirar" para que pudesse atualizar seus equipamentos e reduzir os custos do trabalho visando a tornar-se mais competitiva. Obviamente, a competitividade vinha caindo. Os produtos de aço importado vinham ganhando espaço no mercado americano, subindo de 18% do consumo total dos Estados Unidos em 1990 e 1991, para 31,4% em 1998, 27,7% em 1999, 28,7% em 2000 e 25,5% em 2001. A indústria do aço aplaudiu a decisão, mas alguns políticos achavam que as restrições às importações não haviam ido longe o bastante. Por exemplo, o senador Richard Durbin (D-IL) igualou a ação à ideia de jogar uma corda de 30 pés a alguém que está "afogando-se a 40 pés da praia". Países exportadores contestaram a ação. O primeiro-ministro britânico, Tony Blair, disse serem as restrições às importações "inaceitáveis e errôneas", e a Alemanha e a China manifestaram fortes objeções. Além disso, os consumidores de aço dos Estados Unidos enfrentaram preços em rápida ascensão por causa das tarifas e reagiram contratando relações públicas e organizando protestos. Uma empresa em Illinois viu seus insumos de aço aumentarem mais de 50% e cortou a produção em 15%. As objeções por parte dos consumidores são compreensíveis em vista da estimativa de Gary C. Hufbauer, do Peterson Institute for International Economics, de que nos últimos 30 anos várias proteções de importações dos Estados Unidos haviam custado aos consumidores de aço $120 bilhões. As objeções tornaram-se tão acaloradas que a administração Bush logo implementou um número de exceções às imposições tarifárias, revogando as tarifas mais tarde.

Assim como em todas as tarifas, o caso do aço aqui discutido indica que há ganhadores e perdedores nas ações que restringem o comércio internacional. A proposta deste capítulo é explorar os efeitos das ferramentas das políticas comerciais discutidas no Capítulo 13 nas nações que se utilizam dessas ferramentas. Examinamos os vencedores e os perdedores quando medidas que distorcem o comércio são empreendidas, bem como os efeitos na rede do país.

O impacto inicial ou direto de uma restrição comercial acontece no mercado da commodity que é foco do instrumento específico. Quando a análise do efeito de uma política é confinada a apenas um mercado e os efeitos secundários ou subsequentes em mercados relacionados são ignorados, uma **análise de equilíbrio parcial** está sendo feita. Ainda que os efeitos mais imediatos e, muito provavelmente, mais fortes sejam sentidos no mercado específico para o qual o instrumento foi projetado, é importante lembrar os efeitos secundários. Porque esses efeitos secundários, ou indiretos, são muitas vezes importantes, os economistas tentam examinar os efeitos da política econômica em um **modelo de equilíbrio geral**. Nessa estrutura, os mercados para todos os bens são analisados simultaneamente, e os efeitos diretos e indiretos totais de uma política particular são determinados. Pelo fato de ambos os impactos, gerais e parciais, serem úteis para a análise política, usaremos ambas as abordagens para analisar os efeitos dos instrumentos de política comercial. As primeiras duas seções são voltadas à análise de restrições comerciais em um contexto de equilíbrio parcial, e a terceira seção é voltada à análise em estrutura de equilíbrio geral. O ponto central deste capítulo é que há geralmente um custo social líquido ao país que emprega restrições comerciais, independentemente do tipo de instrumento utilizado ou estrutura de análise.

---

[1] Este resumo da situação da tarifa do aço provém das seguintes fontes: Robert Guy Matthews e Neil King Jr., "Imposing steel tariffs, Bush buys some time for troubled industry", *The Wall Street Journal*, 6 mar. 2002, p. A1, A8; Neil King Jr. e Geoff Winestock, "Bush's steel tariff plan could spark trade battle", *The Wall Street Journal*, 7 mar. 2002, p. A3, A8,; "Free trade over a barrel", *The Wall Street Journal*, A18, 9 jul. 2002; Neil King Jr. e Robert Guy Matthews, "So far, steel tariffs do little of what president envisioned", *The Wall Street Journal*, set. 2002, p. A1, A12, 13; "Steel consumption and imports", disponível em www.steelnet.org, website da Steel Manufacturers Association.

Restrições comerciais em um cenário de equilíbrio parcial: o caso dos países pequenos

O impacto de uma tarifa de importação

Primeiro, examinemos o mercado no qual um país economicamente pequeno (tomador de preços) importa um produto pelo preço internacional por ele ser menor que o preço do equilíbrio doméstico em autarquia (veja a Figura 1).[2] Pelo fato de o país poder importar tudo o que quiser a preço internacional (P_{int}), o preço doméstico (P_0) equivale ao preço internacional. Se o país pequeno impõe uma tarifa de importação, o preço doméstico do bem estrangeiro aumenta no montante da tarifa. Com uma tarifa *ad valorem*, o preço doméstico agora equivale a $P_{int}(1 + t) = P_1$, onde P_{int} é o preço internacional e t é a tarifa *ad valorem*. (Com uma tarifa específica, o preço doméstico equivale a $P_{int} + t_{específica}$.) Com o acréscimo do preço doméstico de P_0 para P_1, a quantidade doméstica fornecida aumenta de Q_{S0} para Q_{S1}, a quantidade doméstica demandada cai de Q_{D0} para Q_{D1} e as importações declinam de $(Q_{D0} - Q_{S0})$ para $(Q_{D1} - Q_{S1})$. Quais são os impactos dessas mudanças de rede? Porque a adoção dessa política envolve tanto vencedores quanto perdedores, precisamos voltar-nos a um mecanismo que nos permita avaliar os custos e benefícios que atingem todos os afetados.

Para medirmos o efeito de uma tarifa, empregamos os conceitos de excedentes de consumidores e produtores. O conceito de **excedente do consumidor** se refere à área limitada pela curva de demanda no alto e pelo preço de mercado abaixo. Esse conceito reflete o fato de que todos os compradores pagam o mesmo preço de mercado independentemente do que estejam dispostos a pagar. Consequentemente, todos os consumidores que pagam menos (o preço de mercado) do que estavam dispostos a pagar (como representado pela alta da curva de demanda) recebem um excedente [veja a Figura 2, painel (a)]. À medida que o preço de mercado aumenta, esse excedente do consumidor abaixa; à medida que o preço abaixa, o excedente do consumidor aumenta.

FIGURA 1   O efeito de mercado único de uma tarifa em um país pequeno

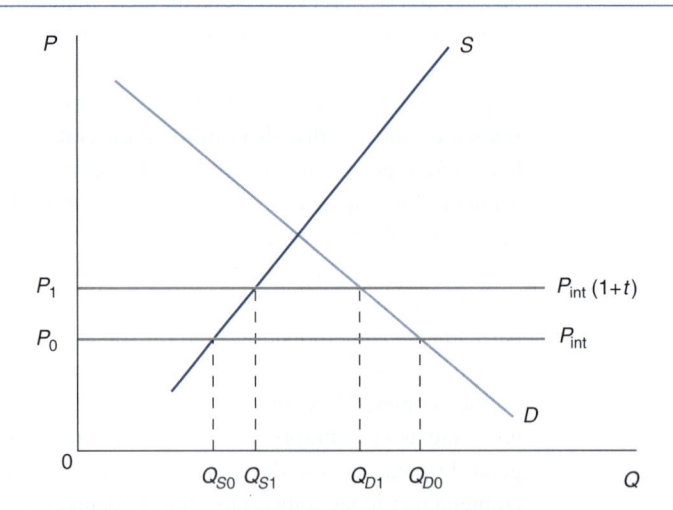

No país pequeno, a imposição da tarifa t causa um aumento do preço doméstico pela quantia tP_0; isto é, o novo preço é igual a $P_{int}(1 + t)$. O acréscimo no preço de P_0 para P_1 faz a quantia demandada cair de Q_{D0} para Q_{D1}, a quantidade doméstica fornecida aumentar de Q_{S0} para Q_{S1} e as importações declinarem de $(Q_{D0} - Q_{S0})$ para $(Q_{D1} - Q_{S1})$.

---

[2] Este capítulo lida com o caso no qual o bem doméstico e o bem importado são homogêneos ou idênticos. Para um tratamento da situação mais complexa na qual os bens são substitutos próximos, mas não idênticos, veja o Apêndice A deste capítulo.

FIGURA 2   Os conceitos de excedentes de consumidor e do produtor

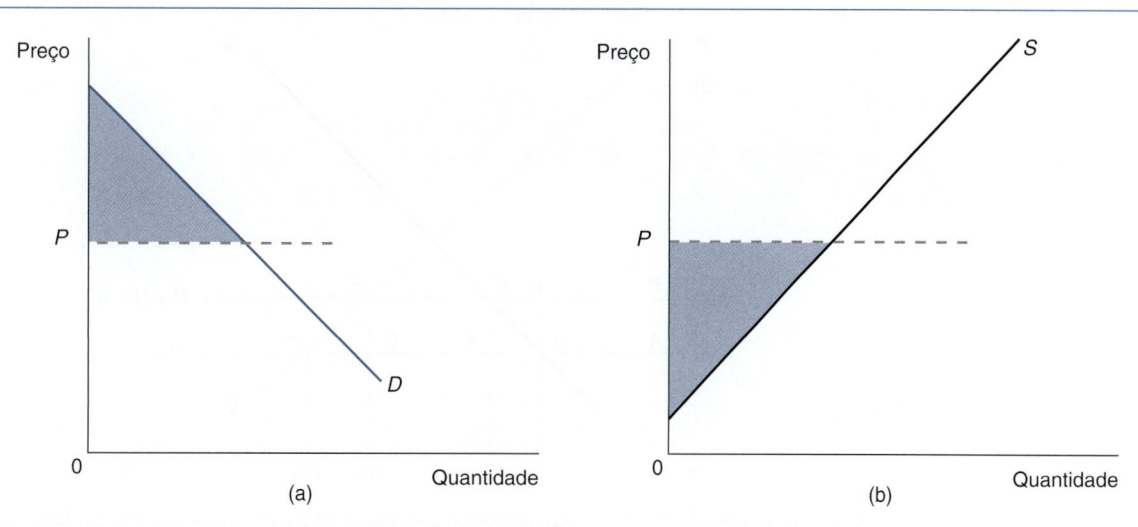

A quantia de excedente do consumidor em um mercado é definida como a área limitada no alto pela curva de demanda e abaixo pelo preço de mercado, indicado pela área sombreada no painel (a). O excedente do produtor é mostrado como a área sombreada pelo painel (b). Ele é equivalente à área limitada no alto pelo preço de mercado e abaixo pela curva de oferta.

Numa veia similar, o conceito de **excedente do produtor** se refere à área limitada no alto pelo preço de mercado e abaixo pela curva de oferta. Pelo fato de todos os produtores receberem o mesmo preço de mercado, um excedente ocorre para todas as unidades cujo custo de produção marginal (representado pela curva de oferta) é menor que o preço de mercado recebido [veja o painel (b) da Figura 2]. Consequentemente, enquanto o preço sobe, o excedente do produtor aumenta, e enquanto o preço de mercado cai, o excedente do produtor decresce. Uma mudança no preço de mercado leva, assim, a uma transferência de excedentes entre consumidor e produtor. Para nossos fins, as *mudanças* nos excedentes do produtor e do consumidor que resultam da indução da mudança de preços das tarifas são de interesse.

Isolemos agora os efeitos de uma tarifa em um mercado e estimemos conceitualmente os vários efeitos aos vencedores e aos perdedores. Os dois atores que ganham pela imposição de uma tarifa são os produtores e o governo. Na Figura 3, uma tarifa *ad valorem* de 20% imposta ao mercado causa o aumento do preço doméstico de $5 para $6, elevando o excedente do produtor pela área trapezoide *ABCJ*. Ao mesmo tempo, o governo coleta a tarifa ($1) sobre cada unidade do novo nível de importações; os recebimentos totais são representados pela área retangular *KCFG*. Os perdedores dessa política são os consumidores que devem pagar um preço maior e, consequentemente, reduzir sua quantia de demanda. Isso leva a uma perda no excedente do consumidor que equivale à área trapezoide *ABFH*. Qual é o efeito rede dessa tarifa? Parte da perda no excedente do consumidor é transferida ao governo (área *KCFG*) e parte aos produtores (área *ABCJ*). Isso nos deixa com duas áreas triangulares, *JCK* e *GFH*, que refletem as perdas nos excedentes do consumidor que não são transferidas a ninguém. Essas áreas são as **perdas com peso morto** da tarifa e representam o custo líquido à sociedade do preço de mercado de livre-comércio doméstico distorcido. Isso pode ser visto como perdas de eficiência resultantes do custo mais alto da produção doméstica marginal (área *JCK*) e da perda do excedente do consumidor que acompanha a tarifa (área *GFH*) sobre as unidades que os consumidores não querem mais comprar. Por causa do preço de produto mais alto resultante da tarifa, os consumidores mudam para bens alternativos que trazem menor satisfação marginal por dólar.

FIGURA 3 Os efeitos de uma tarifa ao bem-estar em um país pequeno

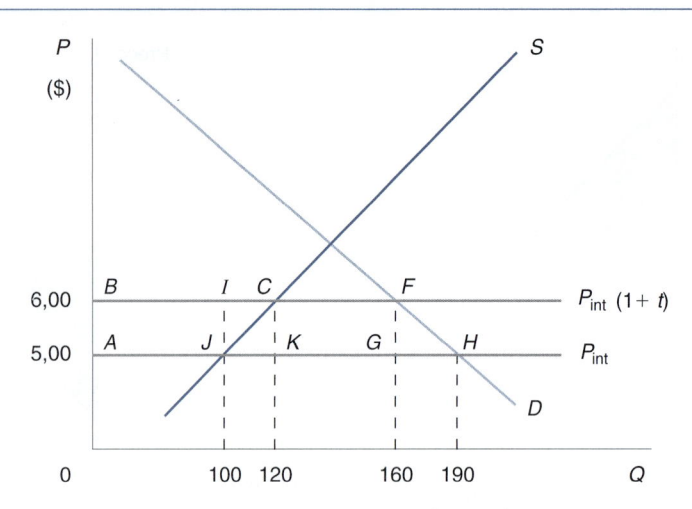

A tarifa *ad valorem* de 20% faz o preço doméstico aumentar de $5 para $6. Isso causa uma perda no excedente do consumidor equivalente à área *ABFH*. Devido ao aumento do preço, os produtores ganham um excedente equivalente à área *ABCJ*. O governo coleta uma renda equivalente à área *KCFG*, que é o produto da tarifa ($1,00) multiplicado pela nova quantidade de importações (40) existentes sob a nova tarifa. A perda de excedente do consumidor que não é transferida nem aos produtores, nem ao governo é igual à soma das áreas dos triângulos *JCK* e *GFH*. Elas são chamadas de perdas de eficiência com peso morto da tarifa e refletem o efeito de bem-estar líquido no país de imposição da tarifa.

Essas mudanças nos excedentes do consumidor e do produtor permitem-nos atribuir um valor ao impacto da tarifa. Por exemplo, a área *ABFH* (as perdas dos excedentes do consumidor com a tarifa) é igual à área do retângulo *ABFG* mais a área do triângulo *GFH*. De maneira similar, o valor do ganho no excedente do produtor é igual à área do retângulo *ABIJ* mais a área do triângulo *JIC* (a qual, devido ao fato de as linhas serem retas, equivale à área do triângulo *JCK*). O valor da receita do governo recebida é igual à área do retângulo *KCFG*. Usando as quantidades e preços da Figura 3, os vários efeitos são:

Mudanças nos excedentes do consumidor (−) = ($1)(160) + (1/2)($1)(190 − 160)
$\qquad\qquad\qquad\qquad\qquad\qquad\qquad\qquad$ = (−) $175

Mudanças nos excedentes do produtor (+) = ($1)(100) + (1/2)($1)(120 − 100)
$\qquad\qquad\qquad\qquad\qquad\qquad\qquad\qquad$ = (+) $110

Mudanças nas rendas governamentais (+) = ($1)(160 − 120)
$\qquad\qquad\qquad\qquad\qquad\qquad\qquad\qquad$ = (+) $40

Perdas com peso morto = (1/2)($1)(120 − 100) + (1/2)($1)(190 − 160)
$\qquad\qquad\qquad\qquad\qquad\qquad$ = $25

Existe, assim, um custo líquido à sociedade de $25 por causa da tarifa (−$175 + $110 + $40). Deve-se tomar cuidado, no entanto, com a interpretação desses valores precisos em um contexto de bem-estar. Uma vez que um dólar de renda pode trazer utilidade diferente para indivíduos diferentes, é difícil determinar o tamanho preciso das implicações no bem-estar quando a renda real é transferida entre duas partes, nesse caso, de consumidores a produtores. Além disso, uma parcela da perda em excedentes do consumidor pode ser compensada pelo uso da receita pelo governo, o que afeta os consumidores de maneira positiva. Não obstante, é claro que existe um custo de eficiência líquido à sociedade sempre que os preços

CAPÍTULO 14 O IMPACTO DAS POLÍTICAS COMERCIAIS

são distorcidos com uma política como uma tarifa. Pelo Capítulo 6, sabemos que o livre-comércio beneficia a sociedade porque os perdedores podem receber compensações e alguma renda pode ainda "sobrar". Inversamente, o distanciamento do livre-comércio reduziu o bem-estar do país.

O impacto de uma cota de importação e de um subsídio para a produção de competição com a importação

A cota de importação

A análise anterior sugere que uma tarifa produz perda na eficiência líquida (bem-estar) e, dessa forma, surge a pergunta: quais são os efeitos de políticas comerciais alternativas como cotas ou subsídios de produtores? Elas podem ser melhores que as tarifas em termos de eficiência econômica e bem-estar?

Conforme foi explicado no Capítulo 13, uma cota opera limitando o montante físico do bem ou do serviço importado. Isso reduz a quantidade disponível aos consumidores, o que causa um aumento do preço doméstico, que continua a aumentar até que a quantidade fornecida domesticamente em um preço mais alto mais a quantia da importação permitida sob a cota equivalha exatamente à quantia demandada reduzida. A cota, assim, restringe a quantidade fornecida, causando reajuste do *preço*, em contraste com a tarifa, que induz o ajuste da quantidade fixando um preço doméstico mais alto. Os efeitos de mercado em ambos os casos são exatamente iguais. Retornemos à Figura 3. A imposição de uma tarifa de 20% causou o aumento do preço doméstico para $6 e a queda das importações de 90 para 40 unidades, à medida que a quantidade doméstica ofertada aumentou e a quantidade doméstica demandada baixou. A imposição de uma cota de 40 unidades teria produzido o mesmo resultado! Com as importações restringidas a 40 unidades, o preço doméstico aumentará e continuará subindo até que a combinação da quantidade doméstica ofertada e as importações restringidas pela cota equivalham à quantia demandada. Toda cota possui uma **tarifa equivalente** que produz o mesmo resultado de mercado, assim como toda tarifa possui uma **cota equivalente**.[3]

Enquanto os efeitos das tarifas e das cotas no mercado são idênticos, as implicações sobre o bem-estar não o são. Uma vez que os ajustes de preço e quantidade são os mesmos sob ambos os instrumentos, as mudanças nos excedentes do produtor, do consumidor e as consequentes perdas de eficiência com peso morto também são as mesmas. A receita governamental é, entretanto, diferente. Com uma tarifa, o governo recebe uma receita equivalente ao montante da tarifa por unidade multiplicado pela quantidade de importações. Nenhuma taxa é coletada com a cota. Na prática, a diferença entre o preço internacional e o preço doméstico do bem importado é uma **renda da cota** econômico, que pode ir para o importador/varejista doméstico, o governo estrangeiro, o fornecedor estrangeiro, o governo doméstico ou pode ser distribuído entre todos eles. Importadores/varejistas domésticos receberão o arrendamento se fornecedores estrangeiros não se organizarem para aumentar o preço da exportação ou se o governo doméstico não requerer que todos aqueles que compram importações obtenham uma licença do governo para fazê-lo. Fornecedores estrangeiros receberão a cota se se comportarem de maneira não competitiva e monopolística e forçarem o preço que cobram aos compradores do país importador. Entretanto, também é possível que o governo estrangeiro possa planejar e adotar um esquema para alocar o suprimento de exportações através do qual receba a renda da cota; por exemplo, o governo estrangeiro vende licenças de exportação a um preço igual à diferença entre o preço internacional e o preço doméstico no país que impõe a cota. Se o país fornecedor estrangeiro ou o governo estrangeiro capturar o arrendamento, a perda de bem-estar ao país local será maior do que com uma tarifa equivalente à do país local, uma vez que a receita das tarifas precedente agora vai para o país estrangeiro.

O mistério sobre o que acontece com a renda da cota pode ser resolvido em benefício do governo que impõe a cota se ele vender licenças àqueles que desejam importar um bem a um

---

[3]Isso não é verdade ao longo do tempo após qualquer equivalência inicial. Por exemplo, se a demanda do consumidor doméstico aumenta, nenhuma quantidade maior de importações poderá chegar ao país com a cota (considerando nenhuma mudança no tamanho da cota), mas uma tarifa permite mais importações à medida que a curva de demanda se alterna. Além disso, qualquer aumento de preço causado por um acréscimo na demanda é maior sob a cota fixa do que sob a tarifa.

preço igual à diferença entre o preço internacional e o preço doméstico maior (distorcido pela cota). Isso gera receita governamental equivalente à atingida com a tarifa equivalente. Para que tal processo seja bem-sucedido pode-se fazer um leilão público de licenças de importação. Importadores em potencial devem estar dispostos a pagar a diferença entre o preço internacional e o preço doméstico esperado para que tenham o direito de importar. Entretanto, esse tipo de sistema, em geral chamado de **sistema de leilão de cotas**, incorrerá em custos administrativos que absorvem os recursos produtivos e tornam-se perdas de peso morto adicionais. Novamente, o custo de bem-estar do país da cota provavelmente excederá o custo de bem-estar da tarifa equivalente, pois os custos administrativos serão provavelmente maiores do que os da tarifa.

Subsídios a uma indústria de competição com a importação

O impacto estático de uma tarifa e de uma cota tanto em um mercado quanto no bem-estar é essencialmente o mesmo, exceto para a distribuição da renda da cota. Essa conclusão não se verifica para subsídios governamentais pagos ao fornecedor doméstico de importações competitivas. Se a intenção da tarifa ou da cota é fornecer um incentivo para aumentar a produção e as vendas domésticas no mercado doméstico, um resultado equivalente sobre a produção doméstica poderia ser atingido pagando-se um subsídio por unidade suficiente a produtores domésticos, que são então induzidos a fornecer a mesma quantia a preços internacionais que eles estão dispostos a prover ao preço doméstico incluindo tarifa (veja a Figura 4). Na realidade, o subsídio altera a curva de oferta doméstica verticalmente para baixo (de modo paralelo), até que intercepte a linha de preço internacional na mesma quantidade que ocorreria se a tarifa (ou cota equivalente) estivesse em vigor.

Com um **subsídio equivalente**, os produtores também estão na mesma situação de quando a tarifa estava em vigor. O subsídio não só os provê com um acréscimo no excedente igual àquele

FIGURA 4   O efeito de mercado único de um subsídio para produtores domésticos

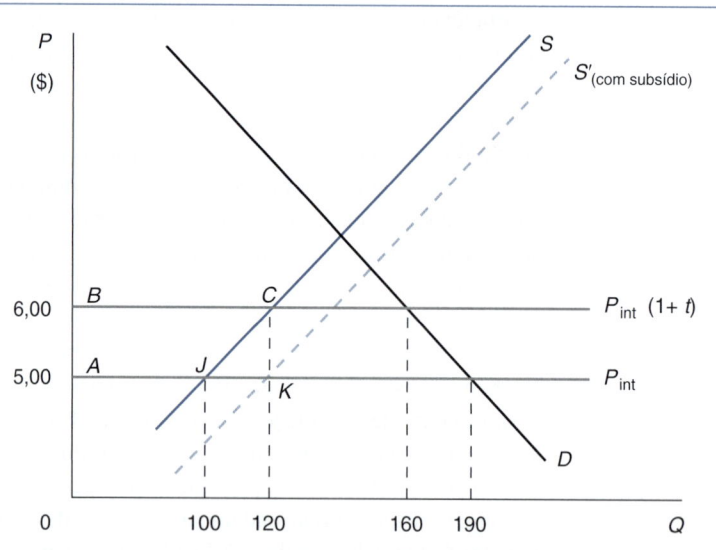

Um subsídio governamental de $1 para cada unidade produzida tem o efeito de alterar a curva de oferta S para baixo, verticalmente, em $1 para cada quantidade para S'. Os produtores agora produzirão 120 unidades em vez de 100, ao preço internacional de $5. A combinação do preço internacional de $5 e do subsídio de $1 deixa os produtores em uma posição igual à da imposição de uma tarifa de 20%. Os efeitos de bem-estar, no entanto, são diferentes. Pelo fato de os consumidores continuarem a pagar o preço internacional, não há perda no excedente do consumidor nesse mercado. Produtores recebem uma transferência de área $ABCK$ do governo, da qual $ABCJ$ representa um ganho no excedente de produção e JCK representa uma perda de eficiência com peso morto. O custo do contribuinte do subsídio é igual à quantia da transferência de subsídio, isto é, $ABCK$.

sob a tarifa ou cota, como também os compensa pelo maior custo de produção na produção adicional. O custo para o governo (área *ABCK*) é igual à quantidade produzida domesticamente (120 unidades) multiplicada pelo montante do subsídio ($1), ou $120. Note, entretanto, que não há mudança no preço do mercado doméstico; ele permanece igual ao preço internacional no caso de um subsídio de produtor doméstico. Não há perda no excedente de consumo nem perda com peso morto para os consumidores. A produção doméstica elevada a um custo de recurso que exceda o preço internacional marginal leva, no entanto, a uma perda na eficiência produtiva. Essa é igual à área *JCK* e é o montante pelo qual o custo do subsídio (*ABCK*) excede o acréscimo no excedente do produtor (*ABCJ*). Isso pode ser visto como o custo de ir de um fornecimento estrangeiro de custo mais baixo para um fornecimento doméstico marginal de custo mais alto.

Sob o ponto de vista do bem-estar, o subsídio de produção com certeza é mais atraente do que uma tarifa ou cota. Se os consumidores também são contribuintes, o custo do subsídio ($120) é menor que a perda no excedente de consumo ($175) que resulta tanto de uma tarifa quanto de uma cota. Na medida em que os consumidores do produto específico não são os únicos contribuintes, um subsídio é mais equitativo. Sob a perspectiva custo-benefício, o custo de produção de uma indústria doméstica deve ser pago por aqueles que recebem os benefícios de sua produção maior. Se a proteção da indústria é considerada desejável pelo público em geral (por exemplo, pelo fato de a indústria ser considerada importante para a segurança nacional), o ônus da política deve ser assumido pelo público em geral e não pelo subgrupo do público que consome o produto.

Independentemente dessas últimas considerações, o subsídio a produtores domésticos de competição de importações tem um custo de bem-estar menor ao país como um todo do que tem uma tarifa de importação. Em nosso exemplo numérico, a perda líquido para a sociedade pelo uso do subsídio é de apenas $10 (triângulo *JCK*) em vez dos $25 associados à tarifa (triângulo *JCK* mais o triângulo *GFH* na Figura 3). Ela é de $10 porque o acréscimo no excedente de produção de $110 (área *ABCJ* na Figura 4) é $10 menor que o custo do subsídio de $120 (área *ABCK* na Figura 4). Assim, no exemplo do aço com o qual iniciamos este capítulo, os Estados Unidos teriam imposto para si um custo de bem-estar menor se a indústria de aço doméstica fosse mais subsidiada (e, de fato, já o foi por meio de uma combinação de políticas federais, estaduais e locais),[4] em vez de ser protegida por tarifas de importação.

Em termos práticos, os efeitos de bem-estar das tarifas e de outras restrições de importação podem ser substanciais. Dois economistas do Peterson Institute for International Economics, um "grupo de cérebros" de Washington DC, estimaram (em 1990) o impacto a consumidores norte-americanos de tarifas e restrições de cotas sobre vários produtos.[5] Os resultados selecionados para a perda anual do excedente de consumo dos Estados Unidos são apresentados a seguir: químicos benzenoides, $309 milhões; suco de laranja concentrado congelado, $281 milhões; lenha, $459 milhões; produtos lácteos, $1,2 bilhão; açúcar, $1,4 bilhão; roupas, $21,2 bilhões; e têxteis, $3,3 bilhões. Levando em conta excedentes de produção compensantes e ganhos por receitas tarifárias, as perdas de bem-estar em "rede" pelas restrições comerciais foram mais baixas – "apenas" $10 bilhões em químicos benzenoides, $35 milhões em suco de laranja concentrado congelado, $12 milhões em lenha, $104 milhões em produtos lácteos, $581 milhões em açúcar, $7,7 bilhões em roupas e $894 milhões em têxteis. Não obstante, ganhos de bem-estar poderiam claramente ter sido obtidos reduzindo-se as barreiras de importação, e estas obviamente possuem transferências distributivas substanciais de consumidores para produtores domésticos. Outro conjunto de conclusões foi obtido em 1999 por Howard Wall do Federal Reserve Bank de Saint Louis.[6]

---

[4]Veja Robert Guy Matthews, "U.S. steel industry itself gets billions in public subsidies, study concludes", *The Wall Street Journal*, 29 nov. 1999, p. B12.

[5]Gary Clide Hufbauer e Kimberly Ann Elliott, *Measuring the costs of protection in the United States*, Washington, DC: Institute for International Economics, 1994, p. 8-9.

[6]Howard J. Wall, "Using gravity model to estimate the costs of protection", Federal Reserve Bank de St. Louis *Review*, jan./fev. 1999, p. 33-40.

FIGURA 5 O efeito de uma taxa de exportação

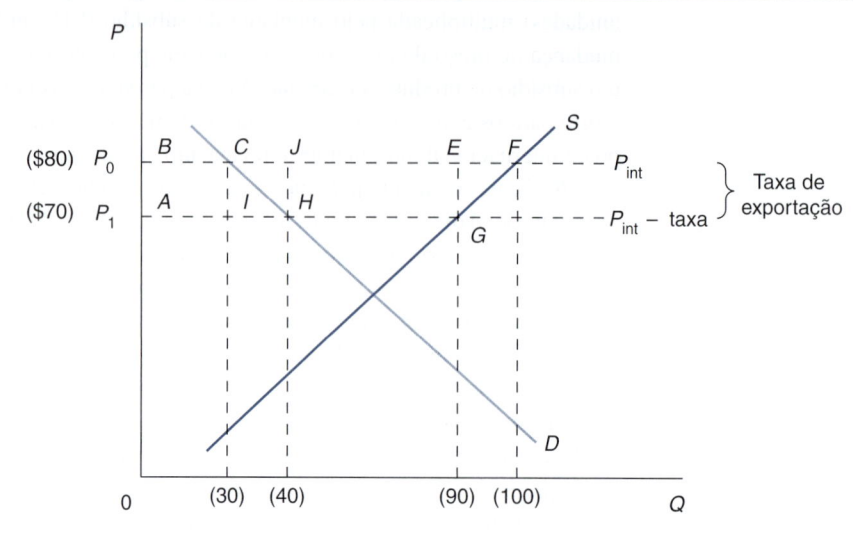

A imposição de uma taxa de exportação (uma taxa de 10% por unidade neste exemplo) reduz o preço recebido para cada unidade de exportação pelo montante da taxa. Isso faz o preço doméstico baixar de P_0 para P_1, à medida que produtores domésticos expandem as vendas no mercado doméstico para evitar o pagamento do imposto de exportação. A queda no preço doméstico leva a uma perda no excedente de produção igual à área *ABFG*, a um aumento no excedente de consumo de *ABCH*, a um aumento na receita governamental de *HJEG* e a uma perda com peso morto ao país de *CJH* e *GEF*.

Ele estimou que as importações dos Estados Unidos não por parte dos países do Tratado Norte-Americano de Livre-Comércio (NAFTA), isto é, de outros países que não Canadá e México, eram 15,4% menores do que teriam sido por causa das tarifas e de outras restrições de importação norte-americanas. A restrição teve uma perda de bem-estar líquido para os Estados Unidos de 1,43% do PIB do país. Além disso, exportações norte-americanas para países não pertencentes ao NAFTA foram 26,2% menores do que seriam sem as restrições de importações estrangeiras sobre bens americanos (ele não foi capaz de estimar o impacto sobre o bem-estar dessas restrições). Dessa forma, restrições comerciais existentes definitivamente possuem impactos significativos.

REVISÃO DE CONCEITO

1. De que forma uma tarifa afeta o excedente de consumo? E o excedente de produção?
2. Quem ganha com uma tarifa? Quem perde? Quais são os efeitos líquidos para uma sociedade?
3. Como os efeitos de uma tarifa diferem daqueles da cota? E de um subsídio de produção?

O impacto de políticas de exportação

O impacto de uma taxa de exportação

Aqui examinamos o impacto de três tipos de políticas de exportação – taxa de exportação, cota de exportação e subsídio de exportação – sobre o bem-estar do país exportador. A imposição de uma taxa de exportação, as arrecadações sobre bens exportados, levam a um *decréscimo* no preço doméstico, uma vez os que produtores buscam expandir as vendas domésticas para evitar o pagamento do imposto sobre as exportações. O preço doméstico (P_0) cai até que se iguale ao preço internacional (P_{int}) menos o montante da taxa (veja a Figura 5). (Note que na situação de exportação o preço internacional dado está *acima* da intersecção da demanda doméstica e da curva de oferta.) Quando isso ocorre, ganhos e perdas podem novamente ser mensurados usando-se os excedentes de consumo e produção. À medida que o preço doméstico cai e as quantidades fornecidas se contraem, há uma redução no excedente de produção igual à área do trapezoide *ABFG*. Parte dessa perda é transferida para os consumidores domésticos pelo preço mais baixo, produzindo um aumento no excedente de consumo igual à área *ABCH*. Além disso, o governo adquire receitas de taxa iguais à área *HJEG*. Por fim, as áreas *CJH* e *GEF* refletem as perdas de eficiência com peso morto que resultam da distorção de preço. Essas perdas representam perdas no excedente de produção não transferidas a ninguém na economia.

Após somarem-se os efeitos da política de taxa de exportação sobre vencedores e perdedores, o efeito líquido na economia é negativo. Deve ser enfatizado que oferta doméstica e respostas de demanda levam a um nível de exportação menor (distância *HG*) depois da taxa do que antes da taxa (distância *CF*). Governos irão, assim, superestimar a receita da taxa de exportação que será recebida se eles formarem sua expectativa de receita sem levar em conta a redução na quantidade de exportação. Quanto menos elásticos forem a oferta e a demanda doméstica, menor o impacto da taxa sobre a quantidade de exportações e maiores as receitas ganhas pelo governo. Quanto menos elásticas forem as respostas dos produtores e consumidores, menor a perda de eficiência com peso morto. Com os números indicados nos parênteses no gráfico, o excedente de produção cairá em [($80 − $70)(90 − 0) + (1/2)($80 − $70)(100 − 90)] = $900 + $50 = $950; o excedente de consumo subiria em [($80 − $70)(30 − 0) + (1/2)($80 − $70)(40 − 30)] = $300 + $50 = $350; a receita de taxa subiria em [($80 − $70)(90 − 40) = $500; e o resultado líquido será (−) $950 + $350 + $500 = (−) $100. Essa perda de $100 é igual ao triângulo *CJH* ($50) mais o triângulo *GEF* ($50).

O impacto de uma cota de exportação

Se em vez de uma taxa de exportação for aplicada uma cota de exportação, os efeitos serão similares. Entretanto, o impacto de bem-estar dos dois instrumentos pode diferir, pois, como ocorre com a cota de importação, nenhuma receita governamental é necessariamente obtida. O beneficiário da renda da cota não é claro. O governo no país exportador pode adquirir a receita leiloando cotas de exportação. Em um mercado competitivo, os exportadores devem estar dispostos a pagar até a diferença nos preços nos países importador e exportador pelo privilégio de exportar (considerando nenhum custo de transição). Se isso ocorrer, a receita do sistema de cota de leilão será equivalente à receita para uma taxa de exportação. Se isso não ocorrer, os exportadores podem se organizar e agir como um único vendedor para adquirir a renda da cota cobrando do país importador o preço de mercado. Se as empresas de exportação estrangeiras forem organizadas, elas terão o potencial de adquirir a renda da cota comprando o produto ao preço de mercado ao país exportador e vendendo a um preço de mercado mais alto dentro de casa. Em nosso exemplo numérico na Figura 5, a área *HJEG* ($500) seria uma perda adicional ao país exportador.

Os efeitos de um subsídio de exportação

O último instrumento considerado é o subsídio de exportação. Seu uso e o interesse que despertou tornam importante o exame de seus efeitos. No Capítulo 13, observamos que um subsídio de exportação é, na realidade, uma taxa de exportação negativa. Consequentemente, os efeitos desse instrumento podem ser analisados de maneira similar à usada com a taxa de exportação.

Em um país pequeno, a imposição do subsídio aumenta diretamente com o preço recebido pelo produtor por unidade do produto exportado. Para cada unidade exportada, o produtor recebe o preço internacional *mais* o subsídio. Assim, é dado aos produtores o incentivo para alterar as vendas do mercado doméstico para o estrangeiro, a fim de receberem o subsídio do governo. Os resultados finais são que o subsídio de exportação reduz a quantidade vendida no mercado doméstico, aumenta o preço no mercado doméstico para o ponto em que se iguala preço internacional mais o subsídio, e aumenta a quantidade fornecida pelos produtores à medida que respondem a um preço mais alto, levando a um número maior de exportações.

FIGURA 6   Os efeitos de um subsídio de exportação

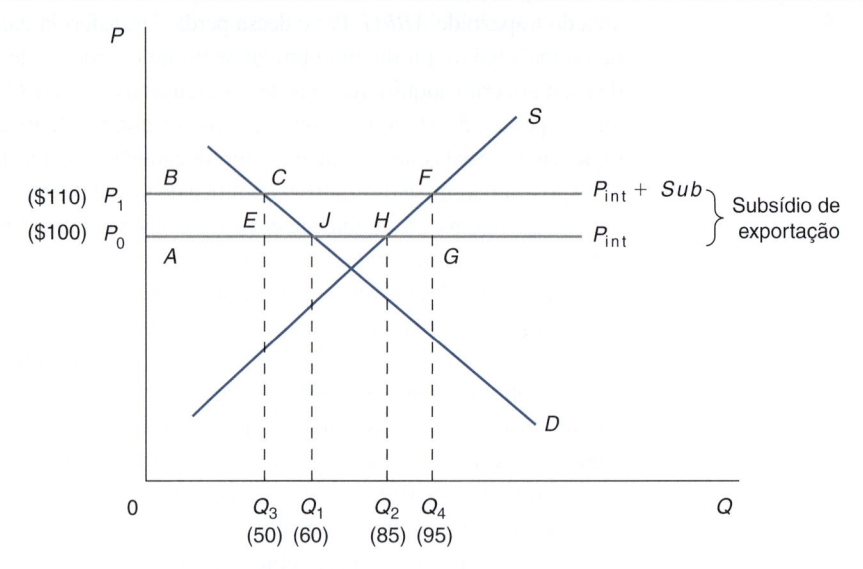

A disponibilidade do subsídio de exportação leva a um aumento no preço doméstico de P_0 para P_1. Com o aumento no preço doméstico, há uma perda no excedente de consumo de $ABCJ$, um ganho no excedente de produção de $ABFH$ e uma perda com peso morto à sociedade de ECJ e HFG. O custo ao contribuinte do programa de subsídio é $ECFG$. O subsídio expande a produção de Q_2 para Q_4 e aumenta as exportações da distância Q_1Q_2 para a distância Q_3Q_4.

Essas respostas de demanda e oferta são evidentes na análise de equilíbrio parcial para um país pequeno (veja a Figura 6). A imposição do subsídio de exportação aumenta o preço doméstico que era igual a $P_0 = P_{int}$ (100), sem o subsídio, para $P_1 = P_{int} + Sub$ ($100 + $10 = 110). O aumento no preço causa a queda da quantidade de demanda doméstica de Q_1 (60 unidades) para Q_3 (50 unidades), o aumento da quantidade fornecida de Q_2 (85 unidades) para Q_4 (95 unidades), e o aumento da quantidade de exportações da distância Q_1Q_2 (25 unidades) para a distância Q_3Q_4 (45 unidades). Esses ajustes de mercado ao subsídio de exportação levam a uma queda no excedente de consumo doméstico igual à área $ABCJ$ e a um aumento no excedente de produção doméstico igual à área $ABFH$. Considerando que as taxas pagam o programa de subsídios, o custo do programa de subsídio ao contribuinte equivale ao montante do subsídio por unidade multiplicado pela nova quantidade das exportações, área $ECFG$. Por fim, o custo social do subsídio de exportação líquido é igual aos dois triângulos de peso morto, ECJ e HFG. A área ECJ representa parte da transferência aos produtores, que é paga duas vezes – uma vez por uma perda no excedente de consumo e outra pelo custo do subsídio – e recapturada apenas uma vez (pelos produtores domésticos). Isso pode ser entendido como uma perda do consumidor/contribuinte com peso morto. O triângulo HFG é a perda de produção/eficiência usual que resulta da produção doméstica menos eficiente mostrada pelo movimento Q_2 para Q_4.[7] Usando os números entre parênteses na Figura 6, o excedente de consumo cai em [($110 - 100)($50 - 0$) + (1/2)($110 - 100)($60 - 50$)] = $500 + $50 = 550; o excedente da produção sobe em [($110 - 100)($85 - 0$) + (1/2)($110 - 100)($95 - 85$)] = $850 + $50 = 900; o custo do subsídio é ($110 - 100)($95 - 50$) = 450; e o custo social líquido é $-$550 + $900 - $450 = -$100$. Essa perda é igual à soma dos triângulos ECJ (50) e HFG (50).

---

[7]É importante notar que essa análise considera que os consumidores domésticos não podem se dirigir ao mercado mundial para importar o bem em $P_0 = P_{int}$. Se pudessem, o preço doméstico não subiria acima de P_0 e a única perda para o país seria a de peso morto da área HFG.

| REVISÃO DE CONCEITO | 1. No caso de uma cota de exportação, por que a disposição da renda da cota é importante para a análise do bem-estar? | 2. De que maneira uma taxa de exportação difere de um subsídio de exportação? Qual política os consumidores domésticos prefeririam? Por quê? |

RESTRIÇÕES COMERCIAIS EM UM CONTEXTO DE EQUILÍBRIO PARCIAL: O CASO DO PAÍS GRANDE

Estrutura de análise

Até este ponto, usamos as já familiares curvas de demanda e oferta para um bem em um país pequeno cujas políticas comerciais não têm impacto no preço mundial. Agora nos voltamos a um exame dos efeitos de políticas comerciais em contextos de países grandes, onde um impacto no preço mundial ocorre.

Para facilitar a discussão, precisamos introduzir uma curva de demanda especial e uma curva de oferta especial: (*a*) a **tabela de demanda para importação**, distinta da curva do total demandado para um bem; e (*b*) a **tabela de oferta para exportação**, distinta da curva de oferta total de um bem. A tabela de demanda para importação aplica-se a um segmento particular do mercado inteiro para um bem que é produzido e consumido internamente e importado, e a tabela de oferta para exportação aplica-se a um segmento particular do mercado inteiro para um bem que é produzido e consumido internamente e exportado. O impacto da política comercial atinge diretamente esses segmentos particulares do mercado, que, por sua vez, têm um impacto no mercado inteiro.

Escala de demanda de importações

O painel (a) da Figura 7 mostra a demanda e a oferta para um bem homogêneo em determinado país. O bem pode ser camisas e o país pode ser os Estados Unidos. A curva de demanda D_h mostra a quantidade de camisas (sejam elas feitas no país local ou em outro país) que os consumidores internos estão dispostos a comprar a determinado preço, durante um período

FIGURA 7 A derivação da demanda no plano de importações de um país para um bem

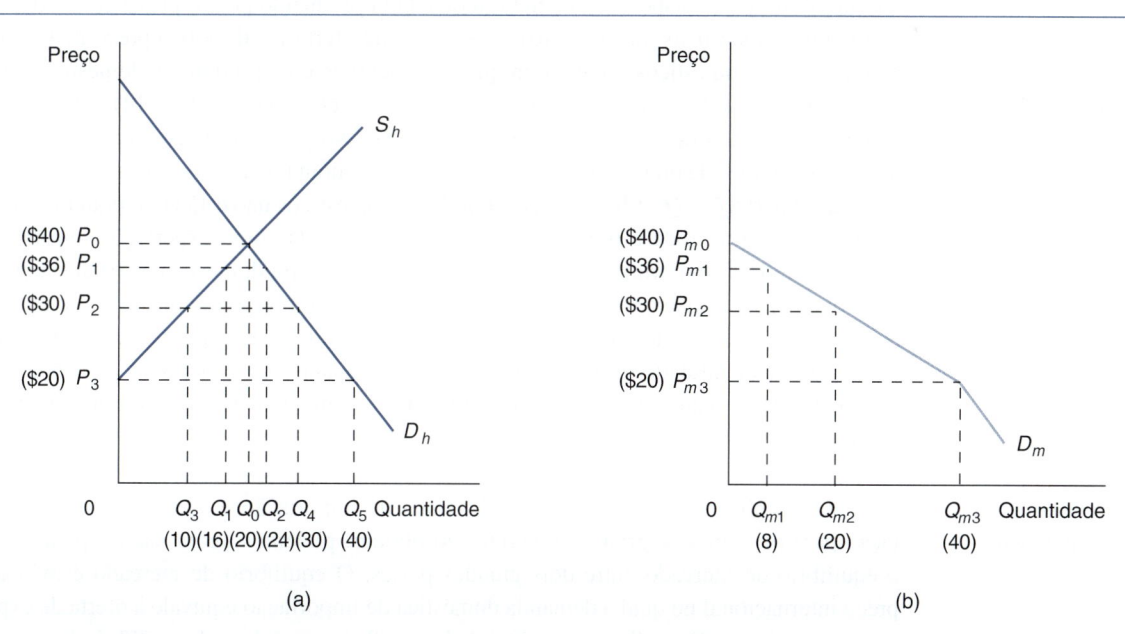

(a)   (b)

O painel (a) mostra a demanda de um bem para consumidores domésticos (D_h) e a oferta do bem por produtores domésticos (S_h). A preço P_0, a quantidade demandada (Q_0) pelos consumidores equivale à quantidade ofertada por produtores domésticos. Assim, a quantidade de importações demandada [mostrada no painel (b)] a P_{m0} (= P_0) é zero. A um preço mais baixo, P_2, os consumidores domésticos demandam Q_4 unidades e os produtores domésticos fornecem apenas Q_3 unidades, então a quantidade demandada de importações (excesso de demanda) é ($Q_4 - Q_3$). Essa quantia é mostrada como Q_{m2} no painel (b) ao preço P_{m2} (= P_2). Mapeando-se o excesso de D_h sobre S_h em todos os outros preços mais baixos que P_0, a tabela de demanda de importações do país, D_m, é gerada.

de tempo. A curva de fornecimento S_h mostra as várias quantidades que produtores *domésticos* estão dispostos a entregar ao mercado durante esse período, a vários preços possíveis. Lembre-se de que importações são simplesmente demanda doméstica menos oferta doméstica. Se o preço das camisas é P_0 ($40), os consumidores e produtores domésticos estão satisfeitos com a quantidade Q_0 (20 unidades), assim não há nenhuma necessidade de importações. Derivando-se a tabela de demanda de importações no painel (b), a quantidade de importações demandadas a preço P_0 ($= P_{m0}$) é zero. Entretanto, suponha que o preço nos Estados Unidos seja P_1 ($36). Nesse valor, consumidores domésticos desejam comprar a quantidade Q_2 (24) no painel (a), mas os produtores domésticos estão dispostos a fornecer apenas a quantidade Q_1 (16) nesse preço menor e menos rentável. Assim, há demanda em excesso de ($Q_2 - Q_1$) sobre a oferta doméstica, o que gera uma demanda de importações de Q_{m1} ($= Q_2 - Q1 = 24 - 16 = 8$), como mapeado no painel (b) ao preço P_{m1} ($= P_1 = \$36$). De maneira similar, a preço P_2 ($30), há excesso de demanda doméstica de ($Q_4 - Q_3 = 30 - 10$), o que se reflete em uma demanda por importações de Q_{m2} ($20), a preço P_{m2} ($30). Note que ao preço P_3 ($20), no painel (a), toda a produção doméstica cessa. A quantidade demandada de Q_5 (40) é toda excesso de demanda, e Q_5 equivale a Q_{m3} no painel (b). Note que o quadro resultante D_m é mais plano que o quadro D_h. Isso significa que a tabela de demanda de importações geralmente será mais elástica que a demanda pelo bem, ainda que se deva ter em mente que inclinação e elasticidade não são termos idênticos. Elasticidade maior reflete a resposta tanto da oferta doméstica quanto da demanda doméstica à mudança no preço. Por fim, observe que D_m é idêntico a D_h tanto no nível do preço quanto abaixo do preço no qual a produção doméstica cessa.

Plano de fornecimento de exportações

A regra simples que se deve ter em mente ao se mapear o plano de oferta de exportações para um país é que exportações são iguais à produção doméstica *menos* o consumo doméstico. A técnica para se obter o plano de oferta doméstica de exportações para qualquer bem é análoga à do plano de demanda para importações. Assim, o plano S_h na Figura 8, painel (a), mostra a quantidade do bem fornecido pelos produtores domésticos a vários preços de mercado, enquanto o plano D_h mostra as quantidades do bem que consumidores domésticos estão dispostos a comprar sob aqueles preços. Em P_0 ($= P_{x0} = \$40$), não há oferta de exportações, uma vez que os consumidores estão dispostos a comprar todo o bem produzido por empresas domésticas. Entretanto, a um preço mais alto P_1 ($46), há excesso de oferta local, pois o preço mais alto fez os consumidores domésticos comprarem quantias menores e os produtores domésticos ofertarem mais no mercado. O excesso de oferta ao preço P_1 é ($Q_2 - Q_1 = 26 - 14$), que se traduz, no painel (b), na quantidade Q_{x1} (12) a preço P_{x1} ($46). No próximo preço mais alto, P_2 ($52), há um excesso maior de oferta ($Q_4 - Q_3 = 32 - 8$); esse montante é fornecido ao mercado mundial como as exportações Q_{x2} (24), pois consumidores domésticos não estão comprando esse excesso de oferta. Por fim, toda a produção doméstica é fornecida como exportações em P_3 ($60). O plano de oferta de exportação S_x é idêntico ao plano de oferta doméstica S_h igual e acima de P_3. Note que S_x é mais plano ou mais elástico que S_h quando o preço é acima de P_{x3} (o que equivale ao preço P_3), pois um acréscimo ao preço afeta a quantidade de exportações tanto por meio de acréscimo de quantidade fornecida domesticamente quanto por quantidade demandada decrescida. Com esses planos agora em mãos, podemos examinar os vários instrumentos de política comercial.

O impacto de uma tarifa de importação

Tendo explicado como a curva de demanda de importação e a curva de oferta de exportação para parceiros de grande comércio são obtidas, podemos agora usá-las para demonstrar o equilíbrio de mercado entre dois grandes países. O equilíbrio de mercado é indicado pelo preço internacional no qual a demanda doméstica de importação equivale à oferta de exportação estrangeira, isto é, $D_m = S_{fx}$ no painel (a) da Figura 9. A quantidade de equilíbrio (exportações = importações) é medida no eixo horizontal. Dado esse equilíbrio de país grande, examinemos de que forma uma tarifa de importação afeta o mercado.

No Capítulo 13, você aprendeu que tarifas podem ser específicas ou *ad valorem* em natureza. A imposição de um imposto específico é ilustrada na Figura 9(b), e a tarifa *ad valorem*, na Figura 9(c).

CAPÍTULO 14 O IMPACTO DAS POLÍTICAS COMERCIAIS   **291**

FIGURA 8   O mapeamento do plano de oferta de exportações de um país para um bem

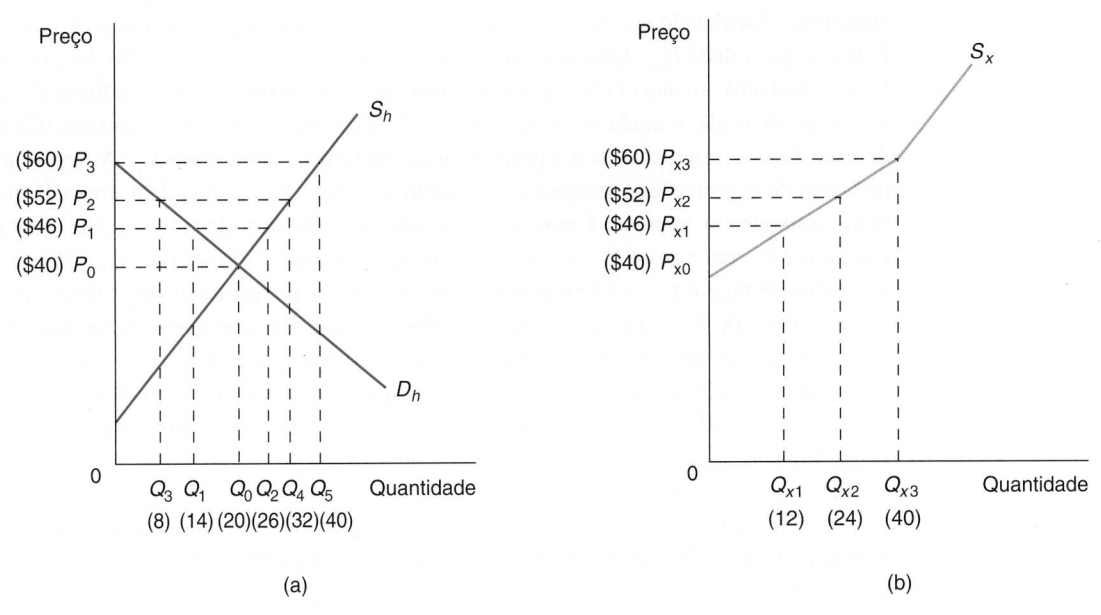

(a)

(b)

O painel (a) mostra a demanda de um bem para consumidores domésticos (D_h) e a oferta do bem por produtores domésticos (S_h). Em preço P_0, a quantidade ofertada por produtores domésticos (Q_0) equivale à quantidade demandada por consumidores domésticos, assim, a quantidade de exportações ofertada [mostrada no painel (b)], a preço P_{x0} (= P_0), é zero. A um preço mais alto, P_2, por exemplo, produtores domésticos fornecem Q_4 unidades, mas consumidores domésticos demandam apenas Q_3 unidades, então a quantidade ofertada de exportações (excesso de preços) é ($Q_4 - Q_3$). Esse montante é mostrado como Q_{x2} no painel (b) a preço P_{x2} (= P_2). Mapeando-se o excesso de S_h sobre D_h em todos os outros acima de P_0, o plano de oferta de exportações do país, S_x, é gerado.

FIGURA 9   Equilíbrio de mercado de um país grande e a imposição de uma tarifa específica e de uma tarifa *ad valorem*

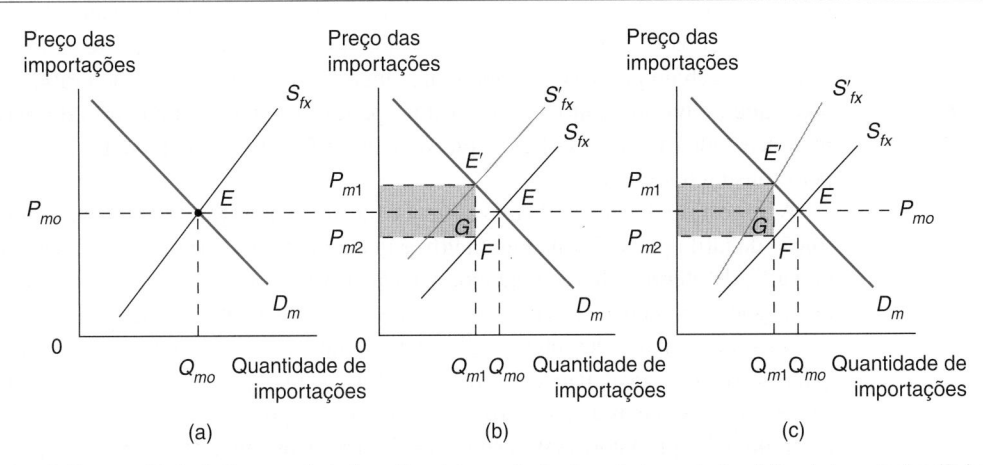

(a)   (b)   (c)

Em todos os três painéis, o equilíbrio de livre-comércio é em E – a intersecção do plano de demanda doméstica de importações (D_m) e o plano de oferta de exportações estrangeiras (S_{fx}). Com a imposição de uma tarifa específica no painel (b), S_{fx} muda verticalmente pelo montante da tarifa específica por unidade do bem importado. S'_{fx} está assim acima e paralelo a S_{fx}. A imposição da tarifa *ad valorem* no painel (c) também faz com que S_{fx} mude para S'_{fx}. Entretanto, S'_{fx} não é paralelo a S_{fx} no painel (c), uma vez que, para cada quantidade dada, o preço das importações em S_{fx} é aumentado por uma porcentagem constante desse preço em vez de por uma quantia constante de dólar. Assim, S'_{fx} "se afasta" de S_{fx} a quantias e preços maiores. O novo equilíbrio é em E' em ambos os painéis (b) e (c). Os consumidores pagam um preço maior P_{m1} por unidade em vez de P_{m0}, e fornecedores estrangeiros recebem um preço menor P_{m2} por unidade em vez de P_{m0}. O rendimento da tarifa coletado é indicado pelas áreas sombreadas.

A curva D_m em cada painel é a demanda por planos de importações para esse bem e o plano S_{fx} é o plano de ofertas de exportações estrangeiras ao país. Antes da imposição da tarifa, o preço de equilíbrio é localizado na intersecção dessas curvas, no preço P_{m0}, e a quantia de equilíbrio vendida é a quantidade Q_{m0}. Quando a tarifa específica é imposta (por exemplo, \$1 por unidade do bem importado), no painel (b), a curva de oferta de exportações relevante se torna S'_{fx} em vez de S_{fx}, enquanto o plano muda verticalmente a cada quantidade por \$1 por unidade. (Cada quantia de exportações fornecida tem um preço \$1 mais alto em S'_{fx} do que em S_{fx}.) Assim, o novo plano de oferta de exportações estrangeiras é paralelo ao antigo, mas acima dele, em cada quantidade, pelo montante do imposto. Como uma consequência da taxa de importação, o equilíbrio de mercado é E', em vez de E. Os consumidores agora pagam o preço mais alto, P_{m1}, e compram a quantidade menor Q_{m1}. O fornecedor estrangeiro do bem recebe um preço menor por unidade – P_{m2} em vez de P_{m0}. O preço menor é recebido pela empresa estrangeira porque, com a taxa em vigor, há uma menor quantidade comprada pela empresa estrangeira e o preço é levado para baixo neste cenário de um país grande, no qual o país importador pode afetar os preços mundiais ao impor uma tarifa. Por fim, a diferença entre o preço pago pelos consumidores, P_{m1}, e o preço recebido pelos produtores estrangeiros, P_{m2} – ou a distância ($P_{m1} - P_{m2}$) – representa a tarifa por unidade dos bens importados.

Neste exemplo, a receita total da tarifa coletada pelo governo do país importador é representada pela área sombreada $P_{m2}P_{m1}E'F$. Parte dessa receita tarifária é paga economicamente por consumidores domésticos, área $P_{m0}P_{m1}E'G$, na qual um preço mais alto é pago sobre o preço de livre-comércio para cada unidade do bem importado. A outra parte da receita tarifária é paga economicamente pelo exportador estrangeiro, área $P_{m2}P_{m0}GF$, na qual o exportador recebe um preço mais baixo do que sob livre-comércio para cada unidade exportada. A extensão na qual a tarifa é paga por uma parte ou por outra, a **incidência da tarifa**, depende majoritariamente da inclinação do plano S_{fx}. Se esse plano de oferta de exportações fosse mais achatado ou mais elástico, mais do ônus tributário seria pago pelos consumidores domésticos e menos pelo produtor estrangeiro. No caso extremo em que o país (importador) doméstico é um país pequeno, S_{fx} seria representado por uma linha *horizontal* refletindo o preço mundial dado. S'_{fx} seria paralelo e estaria acima de S_{fx} pelo montante vertical da tarifa por unidade da importação. Nesse caso, a carga tarifária será paga inteiramente pelos consumidores domésticos, uma vez que o preço mundial (o preço recebido pelos exportadores) não mudará com a imposição da tarifa. Também se pode notar que a divisão da tarifa entre as duas partes depende da inclinação do plano D_m. Quanto mais achatado (ou mais elástico) o plano, mais tarifa é paga pelo produtor estrangeiro em vez de pelo consumidor doméstico.

A imposição de uma tarifa *ad valorem* é mostrada na Figura 9(c). A única diferença na construção da tarifa específica na Figura 9(b) é que a nova curva de oferta, S'_{fx}, não é mais paralela à curva S_{fx} de oferta de livre-comércio. A nova curva "se afasta" da antiga curva nos preços mais altos, pois a porcentagem constante de um preço mais alto é uma quantia absoluta maior e, assim, a nova curva é desenhada a distâncias maiores acima da antiga curva à medida que avançamos no eixo vertical. Para todos os outros fins, os impactos qualitativos na Figura 9, painel (c), são os mesmos que os do painel (b) – o novo preço pago pelos consumidores é P_{m1}, o novo preço recebido pelos produtores estrangeiros é P_{m2}, a nova quantidade comprada em equilíbrio é Q_{m1} e a receita da tarifa coletada é a área $P_{m2}P_{m1}E'F$.

No país pequeno, todo o impacto de bem-estar negativo da tarifa é direcionado aos consumidores no mercado do país que impõe a tarifa. No país grande, entretanto, o impacto da tarifa pode ser potencialmente transferido, ao menos em parte, ao país exportador por meio de uma redução no preço internacional. A redução no preço internacional significa, é claro, que o preço doméstico, incluindo a tarifa, no país (grande) seria menor se o preço internacional tivesse permanecido o mesmo, se a perda do excedente de consumo fosse menor, e se o custo de proteção líquido fosse menor que aquele de um país pequeno.

CAPÍTULO 14   O IMPACTO DAS POLÍTICAS COMERCIAIS   **293**

FIGURA 10   Os efeitos de uma tarifa em um mercado singular no cenário de um país grande

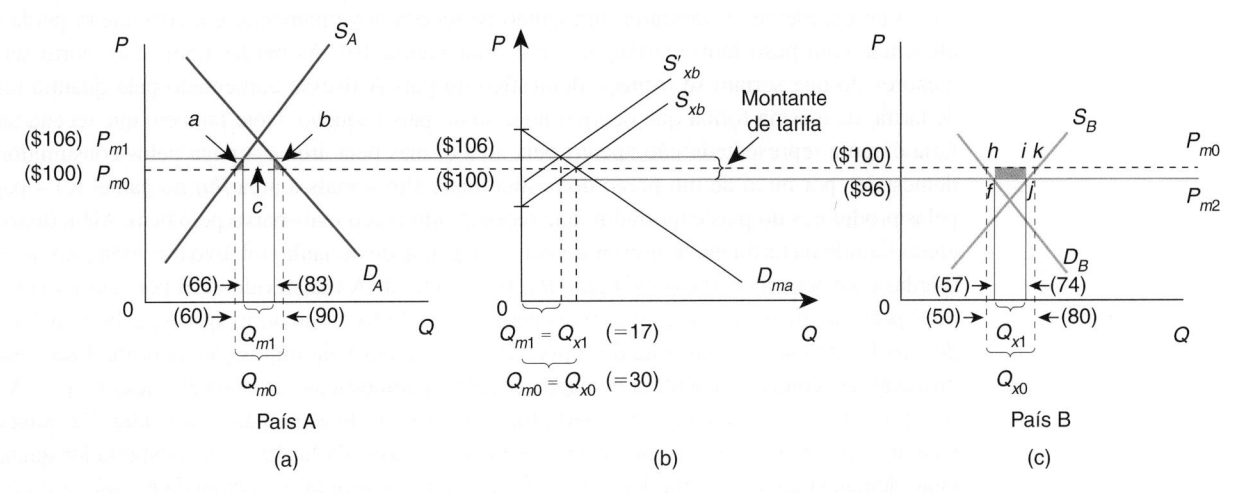

[Figura: três painéis — País A (a), mercado internacional (b), País B (c)]

País A (a): P_{m1} (\$106), P_{m0} (\$100); pontos a, b, c; quantidades (60), (66), (83), (90); Q_{m1}, Q_{m0}; curvas S_A, D_A.

Painel (b): S'_{xb}, S_{xb}, D_{ma}; \$106, \$100; Montante de tarifa; $Q_{m1} = Q_{x1}$ (=17), $Q_{m0} = Q_{x0}$ (=30).

País B (c): P_{m0} (\$100), P_{m2} (\$96); pontos h, i, k, f, j; quantidades (50), (57), (74), (80); Q_{x1}, Q_{x0}; curvas S_B, D_B.

O preço de equilíbrio internacional inicial é determinado pela demanda por importações e pela oferta de exportações em P_{m0} [painel (b)]. A imposição de uma tarifa específica pelo país importador A muda a curva de oferta de exportação de S_{xb} para a curva paralela S'_{xb}. A tarifa reduz as compras de A do bem importado, levando a uma redução na demanda mundial no preço de exportação do país B. O preço mundial cai até que o montante de exportações fornecidas pelo país B ao novo preço equivalha à quantia de importações demandada pelo país A ao preço internacional *mais* a tarifa, P_{m1}. A redução no preço mundial significa que o preço no país A não provém da quantia total da tarifa. Como resultado, as perdas com peso morto no país A, áreas *a* e *b*, são menores do que seriam em um país pequeno onde o preço mundial permanece constante quando uma tarifa é imposta. Mais adiante, a queda no preço mundial em virtude da imposição da tarifa significa que o país exportador está pagando parte a tarifa, mostrada na área *fhij* no país B. O país A pode lucrar pela imposição da tarifa se a área *fhij* for maior que a soma das perdas com peso morto (*a* + *b*).

Para vermos por que o custo de bem-estar é menor, voltemos a uma estrutura de dois países similar àquela usada com os custos de transporte no cenário de um país grande no Capítulo 8 (página 142). A Figura 10 ilustra a situação na qual dois países grandes estão envolvidos em comércio. Pelo fato de o país A [painel (a)] ser o produtor de custo maior dessa mercadoria em autarquia, recebe um incentivo para importar o produto, resultando na curva de demanda de importação D_{ma} no painel (b). O país B [painel (c)] é o produtor de menor custo e recebe um incentivo para exportar o produto, resultando na curva de oferta de exportações S_{xb} no painel (b). Ao comercializarem, os países A e B chegam a um preço internacional de equilíbrio, P_{m0} (= \$100 em nosso exemplo numérico), o que faz a quantidade desejada de importações ao país A ser igual à quantia de exportações desejadas pelo país B ($Q_{m0} + Q_{x0} = 30$ unidades).

Se o país A impõe uma tarifa específica de \$10 sobre esse produto [uma mudança de S_{xb} a S'_{xb} no painel (b)], o efeito será um aumento no preço do bem acima de P_{m0} pelo montante da tarifa. Quando isso acontecer, haverá um acréscimo à quantidade fornecida domesticamente pelos produtores de A, um decréscimo na quantidade demandada no país A e um decréscimo nas importações desejadas. À medida que a quantidade de importações desejadas pelo país A começa a cair, o país B se encontra com um excesso de oferta em P_{m0} e começa a diminuir seu preço doméstico. O novo preço em B leva a um acréscimo na quantidade doméstica demandada, um decréscimo na quantidade fornecida e um decréscimo nas exportações disponíveis. A redução no preço de exportação do país B significa que o preço doméstico incluindo a tarifa do país A começa a declinar, estimulando maiores compras de importações. Por fim, o preço se ajustará concomitantemente em ambos os países até que a quantidade desejada de importações, Q_{m1} (17 unidades), no país A ao preço incluindo a tarifa, P_{m1} (\$106), seja igual ao nível desejado de exportações do país B, Q_{x1} (17 unidades), ao seu preço (não incluindo o tarifário) de exportação, P_{m2} (\$96). Os preços nos dois mercados sempre diferirão pelo montante da tarifa (assumindo-se nenhum custo de transporte).

Podemos agora analisar as implicações de bem-estar da tarifa.[8] À medida que o preço doméstico aumenta no país A, que impõe a tarifa, há uma perda no excedente do consumidor, um ganho no excedente do produtor, um ganho na receita governamental e a costumeira perda de eficiência com peso morto (triângulos *a* e *b* na Figura 10). As perdas com peso morto serão menores do que seriam se o preço doméstico no país A tivesse aumentado pela quantia total de tarifa, da mesma forma que ocorreu no caso do país pequeno. Note também que receita tarifária é agora representada não apenas pela área *c*, mas pela área *c* – paga pelos consumidores domésticos por meio de um preço doméstico mais alto – mais a área *fhij* no painel (c) – paga pelos produtores do país exportador, que recebem um preço mais baixo pelo bem. Além disso, o efeito líquido da tarifa no bem-estar do país A depende do tamanho relativo dos triângulos $a + b$ (perdas com peso morto) e o retângulo *fhij* (um ganho de A transferido de B por causa do preço de exportação menor). Entretanto, se as perdas ($a + b$) forem maiores que o ganho transferido do país B (área *fhij*), o país grande A *pode de fato ganhar* pela imposição da tarifa. Isso é mais provável de acontecer quando a demanda e a oferta domésticas são mais elásticas no país A (o país importador) e a demanda e a oferta forem menos elásticas no país exportador. De maneira similar, um país grande é menos capaz de mudar o custo da tarifa ao país exportador quando tanto demanda quanto oferta domésticas forem menos elásticas e a demanda e a oferta do país exportador forem mais elásticas.

Em nosso exemplo numérico na Figura 10, a área *a* de perda com peso morto tem um valor de 0,5 ($106 − $100)(66 − 60) = (1/2)($6)(6) = $18, e a área de perda com peso morto *b* tem um valor de 0,5 ($106 − $100)(90 − 83) = (1/2)($6)(7) = $21. A perda com peso morto total é, então, $18 + $21 = $39. Entretanto, a área *fhij* da receita tarifária (a receita tarifária total equivale à área *c* mais a área *fhij*) é adquirida como uma transferência do país exportador B. Essa área *fhij* tem um valor de (U$100 − U$96)(74 − 57) = ($4)(17) = $68. Assim, a imposição da tarifa pelo país grande A, com esses números particulares, levou a um *ganho* líquido no bem-estar para A na quantia de $68 (a transferência pelo país B) − $39 (perda com peso morto) = $29. Outra forma de chegar a esse resultado é por meio da observação das mudanças, no país A, do excedente do consumidor, do excedente do produtor e da receita tarifária. A mudança no excedente de consumo em A pela imposição da tarifa é − [($106 − $100)(83 − 0) + (1/2)($106 − $100)(90 − 83)] = − [$498 + $21] = − $519. O ganho no excedente do produtor no país A é [($106 − $100)(60 − 0) + (1/2)($106 − $100)(66 − 60)] = $360 + $18 = $378. Por fim, a receita tarifária total é a área *c* [= ($106 − $100)(83 − 66)] mais a área *fhij* [= ($100 − $96)(74 − 57)], ou [$102 + $68] = $170 (isto é, a tarifa específica de $10 por unidade multiplicada pelas 17 unidades importadas). Assim, a soma da mudança no excedente do consumidor, a mudança no excedente do produtor e a receita tarifária é de − $519 + $378 + $170 = + $29 (um ganho). Tenha em mente, no entanto, que esse ganho é alcançado às custas do país B, que é parceiro comercial, e subsequentemente pode muito bem haver tarifa retaliatória imposta por B aos produtos vindos para B do país A. Além disso, os números poderiam facilmente ter sido ajustados de maneira que houvesse *perda* para o país A em vez de ganho – um ganho não é de forma alguma certo.

REVISÃO DE CONCEITO

1. Por que a curva de demanda de importações de um bem em um país é mais elástica (ou mais plana) que a curva de demanda total do consumidor desse mesmo bem?

2. Por que a curva de oferta de exportações de um bem em um país é mais elástica (ou mais plana) que a curva de oferta dos produtores domésticos para o mesmo bem?

3. É possível que um país grande tenha um ganho de bem-estar líquido pela imposição de uma tarifa? Explique.

4. Tudo o mais permanecendo constante, por que uma maior elasticidade na oferta de exportações estrangeiras de um bem significa que os consumidores do país importador têm mais chances de receber o peso de uma tarifa de importação do que os fornecedores estrangeiros?

---

[8]Para uma análise dos efeitos de bem-estar da tarifa e outros instrumentos políticos que se utiliza apenas das curvas de demanda de importação e oferta de exportação, veja o Apêndice B deste capítulo.

O impacto de uma cota de importação

Assim como na situação de um país pequeno, uma cota de importação em um país grande leva ao ajuste de preços devido à quantidade reduzida de importações compradas pelo país importador. Entretanto, visto que o país importador é grande, tem um efeito notável sobre a demanda mundial pelo produto, assim, reduz o preço mundial. O impacto da cota tanto sobre o país grande importador quanto sobre o país grande exportador (ou sobre o resto do mundo) é ilustrado na Figura 11. Graficamente, o impacto da cota se parece com o impacto da tarifa discutido na seção anterior. A imposição da cota redutora de importação leva a um acréscimo no preço no país importador de P_{m0} a P_{m1} e a um decréscimo no preço no país exportador de P_{m0} para P_{m2}. Esses são os preços nos quais o nível desejado de exportações do país B é igual à cota de importação no país A. O impacto de uma cota "equivalente" no preço e o nível de troca é semelhante ao impacto da tarifa discutido previamente.

Quanto ao efeito de bem-estar, há uma grande diferença entre a tarifa e a cota, pois nenhuma receita tarifária é coletada com a cota. A questão sobre o que acontece com a "renda da cota" deve ser tratada antes que uma análise do bem-estar possa ser completada. Igual ao caso do país pequeno, a renda da cota pode ser capturada (1) pelo governo doméstico por meio de leilão de licenças de importação; (2) por importadores/revendedores domésticos que compram pelo novo preço internacional P_{m2} e vendem pelo preço doméstico P_{m1}; (3) por produtores estrangeiros organizados que vendem pelo novo preço no país importador, P_{m1}; (4) pelos governos dos países exportadores que leiloam licenças de exportação para suas próprias empresas; ou (5) por qualquer combinação dos primeiros quatro. Em uma situação na qual toda a renda da cota acaba indo para o país importador (os dois primeiros casos listados), o impacto de bem-estar é exatamente o mesmo do que sob a tarifa de importação. O país importador incorrem em perdas com peso morto dos triângulos a e b e numa transferência positiva do estrangeiro do retângulo *fhij* devida ao reduzido preço mundial das importações. O efeito líquido da cota é, assim, a soma

FIGURA 11 Os efeitos de uma cota de importação em um mercado singular, no contexto de um país grande

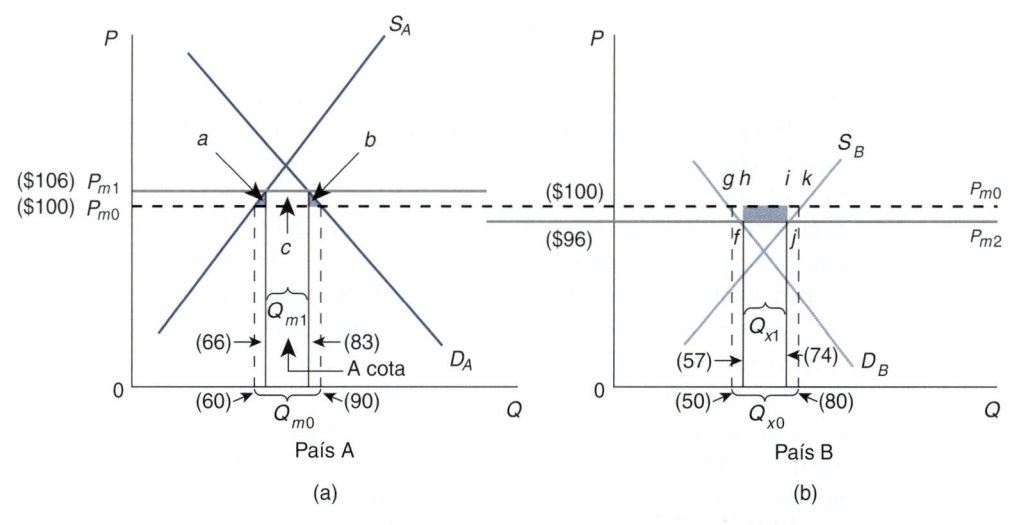

A imposição de uma cota de importação, Q_{m1} (17 unidades), pelo país grande A reduz suas compras do bem importado. Isso leva a uma queda na demanda mundial para o bem e a uma queda no preço de exportação no país B. O preço mundial declina até que o montante de exportações fornecidas de B, Q_{x1}, seja igual ao montante da cota, Q_{m1}. Se o país A é capaz de manter a taxa da cota, seu bem-estar melhora se a área *fhij* for maior que a soma das áreas a e b; se o país A é incapaz de obter qualquer parte da renda da cota, seu bem-estar declina pelas áreas a, b e c. O país exportador B tem uma perda com peso morto da cota de A de área *ghf* e *ijk*; o país B também perderá área *fhij* se o país A obtiver a renda da cota. Se o país B for capaz de obter a nova renda de cota, o efeito de bem-estar líquido da cota em B é positivo se a área c for maior que a soma das áreas *ghf* e *ikj*.

desses dois efeitos, e pode ser positivo ou negativo dependendo de seus tamanhos relativos, isto é, o país importador pode lucrar pela imposição da cota por causa da capacidade de influenciar o preço mundial. No caso em que toda a cota é direcionada ao estrangeiro (os terceiro e quarto casos listados), o país importador não só incorre na perda com peso morto a e b, mas também na perda do retângulo c, que é efetivamente mandada ao estrangeiro por meio de preços domésticos de importação mais altos (P_{m1} em vez de P_{m0}). O impacto da cota no país importador é claramente negativo e igual à soma das três áreas. Usando-se os números da Figura 11 (os mesmos da Figura 10), a perda para o país A será a área a ($18), mais a área b ($21), mais a área c ($102), uma perda total de $18 + $21 + $102 = $141.

O impacto de uma cota de importação no país *exportador* pode também ser identificado. Nos casos em que toda a renda da cota vai para o país importador, o país exportador incorre em perdas com peso morto dos triângulos *ghf* e *ikj*, assim como o retângulo de transferência *fhij*. O efeito de bem-estar líquido nesse caso é claramente negativo. Nos casos em que o país exportador captura toda a renda de cota, as perdas com peso morto são compensadas, ao menos em parte, pela transferência do país importador de retângulo c. Assim, caso o país exportador seja capaz de capturar a renda da cota, os efeitos de bem-estar líquido serão positivos sempre que o retângulo c for maior que a soma dos triângulos *ghf* e *ikj*.

Possíveis resultados para o país exportador B podem ser ilustrados usando-se os números na Figura 11. Se a renda da cota inteira vai para o país importador A, o país B perde com o peso morto de triângulos *ghf* e *ikj*, assim como do retângulo *fhij*. A área *fhij* foi antes calculada na Figura 10 como $68. A área *ghf* tem um valor de $(1/2)(\$100 - \$96)(57 - 50) = (1/2)(\$4)(7) = \$14$. A área *ikj* tem um valor de $(1/2)(\$100 - \$96)(80 - 74) = (1/2)(\$4)(6) = U\$12$. Dessa forma, se o país importador captura a renda da cota, o país exportador perde bem-estar da quantia ($68 + $14 + $12) = U$94. Como alternativa, essa perda pode ser vista, para o país exportador, como a quantia pela qual a perda do excedente do produtor no país B (pelo preço menor e pela menor quantidade vendida) contrabalança o ganho do país B em excedente do consumidor (pelo preço doméstico mais baixo e maior quantidade doméstica consumida). A perda do excedente do produtor no painel (c), da Figura 10, é $[(\$100 - \$96)(74 - 0) + (1/2)(\$100 - \$96)(80 - 74)] = \$296 + \$12 = \$308$. O ganho em excedente de consumo no país exportador B é $[(\$100 - \$96)(50 - 0) + (1/2)(\$100 - \$96)(57 - 50)] = \$200 + \$14 = \$214$. A perda no excedente de produção no valor de $308 excede o ganho no excedente de consumo de valor $214 por $94, a perda líquido para o país B. Entretanto, se o país exportador B fosse capaz de capturar a renda da cota, ele *não* perderia a área *fhij* e ganharia a área c do país A. Os triângulos *ghf* ($14) e *ikj* ($12) ainda são perdidos, mas a área c é um ganho a ser contraposto àquelas perdas. Com os números da Figura 11, a área $c = (\$106 - \$100)(83 - 66) = (\$6)(17) = \$102$, assim, se B captura a renda da cota, o país *ganha* $102 (área c) − $14 (área *ghf*) − $12 (área *ikj*) = $76.

Para minimizar qualquer efeito de bem-estar adverso de proteção de importação estrangeira em suas economias, países exportadores têm empregado *restrições de exportações voluntárias* (VERs) para evitar a utilização ativa de tarifas ou cotas por parte dos países importadores a fim de reduzir importações. (VERs são em geral adotadas a pedido do país importador sob a ameaça de uma cota de importação se a restrição não for utilizada. Isso pode ocorrer se o país importador não quiser dar a impressão de que está abertamente restringindo o comércio por meio de imposição de cota de importação – a VER parece menos ser "culpa" do país importador.) O efeito de uma VER equivalente é graficamente semelhante ao da cota de importação descrito na Figura 11. A única diferença é que ela definitivamente permite que o país exportador capture a renda da cota associada ao comércio reduzido. Isso resulta em uma inequívoca perda de bem-estar para o país importador e um possível ganho de bem-estar para o país exportador, se o efeito de transferência positiva do país importador mais que compensar as perdas com peso morto no país exportador, como aconteceu no nosso exemplo numérico anterior.

FIGURA 12   Os efeitos de uma taxa de exportação em um mercado singular, no contexto de um país grande

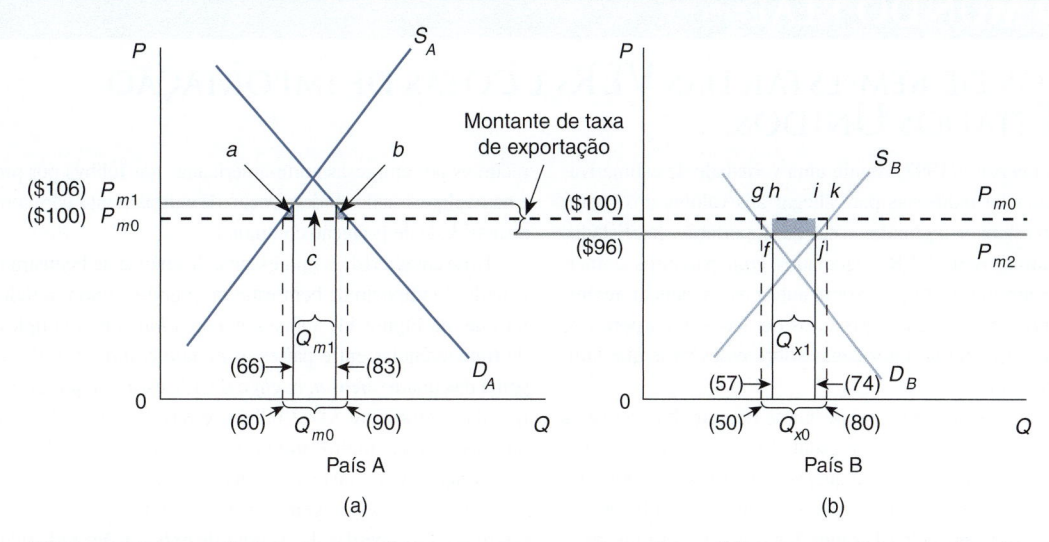

Com a imposição da taxa de exportação, empresas no país B tentam evitar o pagamento da taxa ($10, neste exemplo) vendendo mais em casa. Para tanto, baixam o preço até que o preço em B, P_{m2}, junto com a taxa de exportação, seja igual ao preço internacional. A redução resultante nas exportações reduz a oferta mundial e leva a um acréscimo ao preço internacional até, P_{m1}. Nesse ponto, a quantia desejada de importações pelo país A é reduzida ao valor em que se iguala à quantia desejada de exportações do país B, e a diferença entre P_{m1} e P_{m2} é igual à quantia da taxa de exportação. Em virtude do acréscimo ao preço internacional, parte da taxa de exportação é passada aos consumidores do país A, e o preço doméstico no país B cai em menos do que o valor de toda a taxa. O país B pode, de fato, lucrar com a taxa se a soma dos dois triângulos de perdas com peso morto, *ghf* e *ikj*, for menor que a taxa paga pelos consumidores no país A (retângulo *c*). O bem-estar no país A claramente declina, à medida que ele incorre não só em perdas com peso morto dos triângulos *a* e *b*, mas também na transferência do retângulo *c* ao país B.

O impacto de uma taxa de exportação

O impacto de uma taxa imposta por um país exportador é demonstrado para dois países grandes na Figura 12. Graficamente, parece igual ao impacto de uma tarifa e/ou cota, discutido nas duas seções anteriores, e usaremos os mesmos números das Figuras 10 e 11. O mecanismo pelo qual a taxa de exportação opera (uma taxa de $10 por unidade, no nosso exemplo) e os efeitos de bem-estar nos dois países são, no entanto, bem diferentes.

Com a imposição da taxa de exportação, os produtores no país exportador B são induzidos, assim como no caso do país pequeno, a baixar seus preços domésticos e vender mais em casa para evitar o pagamento da taxa. Isso ocorrerá até que a diferença entre o preço do bem no país B e o preço mundial seja igual à taxa de exportação. Como um resultado da taxa, as exportações declinam devido tanto ao consumo local aumentado quanto à reduzida quantidade do bem exportado fornecido. Pelo fato de este ser o contexto de um país grande, a reduzida oferta de exportações no mercado mundial resulta em um acréscimo no preço internacional. O preço de importação para o país A aumenta do preço não distorcido inicial de P_{m0} ($100) para P_{m1} ($106), e o preço do bem no país exportador B cai de P_{m0} para P_{m2} ($96). Exportações desejadas Q_{x1} (17 unidades) são portanto iguais às importações desejadas Q_{m1}, e a diferença entre P_{m1} e P_{m2} é igual à taxa de exportação ($10). A oferta governamental recebida pelo país *exportador* é igual ao montante da taxa ($P_{m1} - P_{m2}$) multiplicado pela quantidade de exportações (Q_{x1}), e isso é representado pela soma dos retângulos *c* e *fhij* na Figura 12.

Sob o ponto de vista do bem-estar, a taxa de exportação resulta em perdas com peso morto do triângulo *ghf* mais o triângulo *ikj* no país exportador, e em uma transferência interior do retângulo *c* do país importador, em virtude do preço mundial mais alto. Nesse caso, o país importador efetivamente "paga" parte da taxa de exportação por meio do preço de importação mais alto, e o país exportador pode lucrar se a transferência interna do país importador compensar as perdas

No mundo real:
Custos de bem-estar das VERs e cotas de importação dos Estados Unidos

Robert Feenstra (1992) reuniu uma variedade de estimativas e informações de indústrias para chegar aos valores dos custos de proteção relativos a grandes cotas de importação dos Estados Unidos e arranjos de VER negociados com parceiros comerciais. Ele examinou restrições sobre automóveis, açúcar, têxteis e roupas, produtos lácteos e produtos de aço, e incorporou os efeitos das tarifas norte-americanas sobre esses bens que também estavam em vigor.

A estrutura da análise de bem-estar de Feenstra baseou-se na situação de um país grande representado na Figura 11. Como regra geral, as rendas da cota naqueles produtos são capturadas por exportadores estrangeiros, pois as cotas são administradas no estrangeiro e não pelos Estados Unidos. Discutimos neste livro o custo de bem-estar de tais restrições. Feenstra (p. 163) estimou um espectro de custo de bem-estar (para 1985) de $7,9 bilhões a $12,3 bilhões para os Estados Unidos para as áreas *a* e *b* da Figura 11. Ele estimou um espectro de perda para os Estados Unidos de $7,3 a $17,3 bilhões na área *c* da Figura 11. O custo total de bem-estar das restrições dos Estados Unidos foi de $15,2 bilhões ($7,9 + $7,3 bilhões) a $29,6 bilhões ($12,3 + $17,3 bilhões). Outros custos associados às cotas e VERs não estavam contidos nas estimativas. Esses incluiriam o gasto de recursos por empresas norte-americanas nos lobbys por proteção e na negligência de modernização de equipamento para mostrar a necessidade de proteção continuada.

Uma característica interessante da análise de Feenstra foi seu cálculo do impacto de bem-estar no mundo como um todo. Pelo fato de, na Figura 11, a área *c* e a área *fhij* serem simples áreas de transferências entre países, o mundo como um todo perde a soma das quatro áreas *a*, *b*, *ghf* e *ikj*. Ele estimou que essa "perda mundial" está entre $12,2 bilhões e $31,1 bilhões. Pelo fato de tal espectro ser muito próximo da perda dos Estados Unidos, as restrições em consideração não ajudaram nem prejudicaram os fornecedores estrangeiros, pois os rendimentos de cota eram quase iguais às perdas das vendas de exportações reduzidas.

Deve ser notado que as VERs sobre automóveis e as cotas de importação sobre têxteis e roupas não existem mais. Uma estimativa (2007, p. xxi) da Comissão de Comércio Internacional dos Estados Unidos (USITC) indica que a liberalização de restrições significativas dos Estados Unidos levará a um ganho de bem-estar para o país de $3,7 bilhões, quantia bem abaixo das estimativas de Feenstra. Assim, relativamente, as VERs e as cotas de importação mais antigas parecem ter imposto grandes perdas de bem-estar à economia norte-americana.

---

com peso morto resultantes da taxa (isto é, se a área *c* for maior que a soma dos triângulos *ghf* e *ikj*). Para o país *importador*, a imposição da taxa de exportação leva não só às perdas com peso morto *a* e *b*, mas também à transferência ao estrangeiro do retângulo *c*. Os potenciais ganhos (perdas) para o país exportador (importador) são maiores quanto mais inelásticas forem oferta e demanda no país importador e quanto mais elásticas forem oferta e demanda no país exportador. Com nosso exemplo numérico e os cálculos anteriores, vemos que o país exportador ganha no exemplo da taxa de exportação, ainda que esse não deva ser o caso conceitualmente. A área retangular *c* ($102) excede a soma dos triângulos *ghf* ($14) e *ikj* ($12) por $76. O país importador perde as áreas *a* ($18) + *b* ($21) + *c* ($102) = $141.

Se o país exportador pode perder com a taxa de exportação, por que, no entanto, ele desejará impor a taxa?[9] Podemos indicar brevemente algumas razões, observando que taxas de exportação são comuns em países em desenvolvimento. Uma razão muito importante para o uso de taxas de exportação por países em desenvolvimento é para gerar receita governamental, pois é mais difícil implementar outras formas de taxação, como em salários ou taxas de propriedade. Outra razão para a imposição de taxas de exportação está no combate de pressões domésticas inflacionárias. Pelo fato de o preço do bem no mercado doméstico cair, isso pode abafar o aumento no nível do preço doméstico. (Entretanto, a taxa de exportação provavelmente não será um

---

[9] Nos Estados Unidos, o uso de taxas de exportação é proibido pela Constituição.

CAPÍTULO 14   O IMPACTO DAS POLÍTICAS COMERCIAIS   **299**

FIGURA 13   Os efeitos de um subsídio de exportação em um mercado singular, no contexto de um país grande

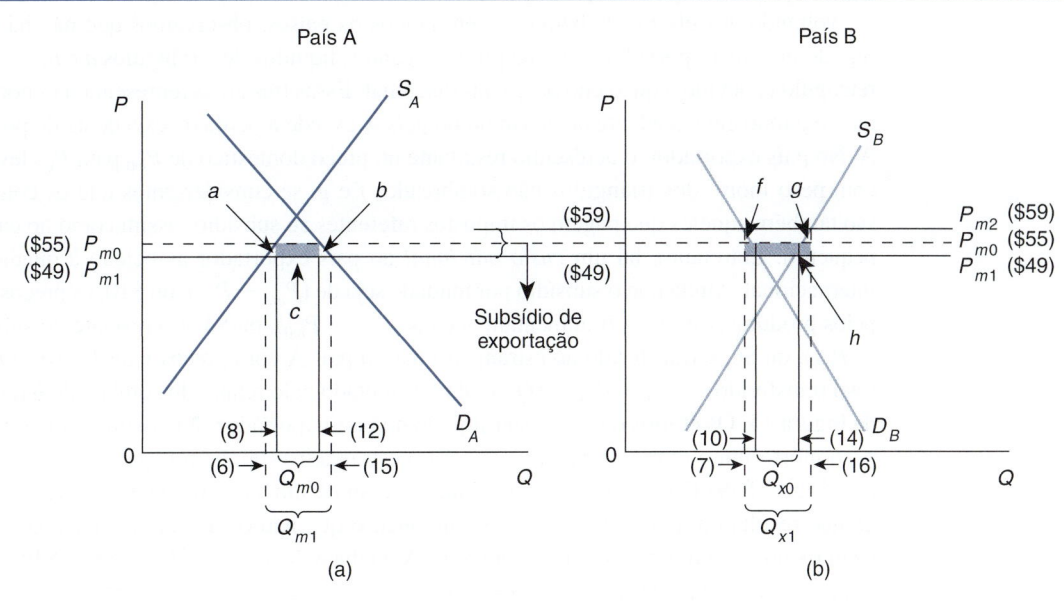

Na presença de um subsídio de exportação ($10 neste exemplo), empresas exportadoras no país B têm um claro incentivo para exportar em razão da alta receita recebida por unidade. Considerando-se que não haja possibilidade de importar o bem a preço internacional, isso levará a um acréscimo no preço, no país B, o qual é igual ao preço internacional mais o subsídio. Entretanto, ao mesmo tempo, o acréscimo resultante tanto na quantidade doméstica fornecida quanto nas exportações por B leva a uma queda no preço internacional. Essa movimentação de valores continua até que a diferença entre o preço doméstico no país B e o preço de importação no país A, $(P_{m2} - P_{m1})$, seja igual ao subsídio de exportação, e as exportações desejadas por B (Q_{x1}) sejam iguais às importações desejadas por A (Q_{m1}). O preço mais baixo das importações resulta em ganhos de bem-estar para o país A dos triângulos de peso morto a e b e do retângulo c. Por sua vez, o país B tem perdas de bem-estar dos triângulos com peso morto f e g, assim como as transferências ao estrangeiro do retângulo h por meio do preço mundial mais baixo.

dispositivo anti-inflacionário de sucesso, a menos que uma política doméstica macroeconômica contrativa seja também empregada.) Além disso, taxas de exportação podem ser usadas para redistribuir salário doméstico. Se o bem exportado é um produto agrícola cultivado por grandes e prósperos donos de terras e consumido por habitantes urbanos com baixos salários, a baixa nos preços domésticos por meio da taxa de exportação pode alterar a distribuição salarial em caminho a uma igualdade maior. (Veja Leff, 1969.) Além disso, se uma taxa de exportação é imposta e os preços de *importação* não mudam, os termos de comércio do país melhorarão.

O impacto de um subsídio de exportação

Agora trataremos da última política a ser examinada no contexto de um país grande: o caso de um subsídio de exportação. Esse caso é apresentado na Figura 13. Começando com um preço ilustrativo sem subsídio de $55, suponha que empresas recebam um pagamento de $10 por unidade quando exportam o bem. Os fornecedores domésticos venderão ao seu próprio mercado apenas se receberem um preço igual à oferta por unidade (preço mais subsídio) recebido ao exportarem. Considerando que nenhuma importação é permitida, o preço doméstico no país exportador B aumenta, levando a uma redução no consumo de B, a um acréscimo na produção de C e a um acréscimo nas exportações de B. Pelo fato de o país B ser grande, o acréscimo em exportações levará a uma queda no preço mundial. Os movimentos de valor continuarão até que um preço de importação $(P_{m1} = \$49)$ no país A seja atingido, no qual a quantidade de importações desejadas Q_{m1} (= 15 − 6 = 9 unidades) é igual à quantidade de exportações desejadas Q_{x1} do país B. A diferença entre P_{m2} ($59) e P_{m1} (U$49) é o montante de subsídio de exportação por unidade, e o custo do subsídio do governo do país B é $(P_{m2} - P_{m1}) \times (Q_{x1})$. Em nosso exemplo, esse custo é ($59 − $49)(16 − 7) = $90. Note que a presença do subsídio de exportação leva a uma queda no preço internacional (de P_{m0} para P_{m1}) e a um acréscimo nas importações (de Q_{m0} para Q_{m1}) no país A, enquanto a produção do bem em A declina e o consumo do bem aumenta.

Voltando aos efeitos de bem-estar em ambos os países, observamos que não há um ganho líquido no país importador A, o que propicia ganhos líquidos dos triângulos *a* e *b*, assim como o retângulo *c*, devido à queda no preço internacional. Essas três áreas representam o montante pelo qual o ganho em excedente de consumo no país A excede a perda de excedente de produção em A. No país exportador, o acréscimo resultante no preço doméstico de P_{m0} para P_{m2} leva a perdas com peso morto dos triângulos não sombreados *f* e *g*, se considerarmos que os consumidores são também aqueles que pagam os impostos referentes ao subsídio (assim como no caso do país pequeno). Entretanto, há um *custo adicional* ao país exportador associado à queda do preço internacional. Ainda que o subsídio por unidade seja de ($P_{m2} - P_{m1}$), ou \$10, os preços recebidos pelos produtores do país B aumentam apenas ($P_{m2} - P_{m0}$), ou \$4, e o restante do subsídio ($P_{m0} - P_{m1}$), ou \$6, é transferido ao estrangeiro para o país A com preços mais baixos. O montante total transferido é $(P_{m0} - P_{m1}) \times (Q_{x1})$ e é representado pelo retângulo sombreado *h* no painel (b) da Figura 13. Os efeitos de bem-estar líquido no país exportador são, assim, as duas perdas com peso morto junto com a transferência para o estrangeiro (também negativa), ou áreas *f*, *g* e *h* [= (\$55 − \$49) (9) = \$54]. Dessa forma, no caso de um subsídio de exportação, ser um país grande resulta em perda de bem-estar adicional, o que não ocorreria se o país fosse pequeno. Com os nossos números, o país importador A ganha a área *a* [= (1/2) (\$55 − \$49) (8 − 6) = \$6] mais a área *b* [= (1/2) (\$55 − \$49) (15 − 12) = \$9] e a área *c* [= (\$55 − \$49) (12 − 8) = \$24], ou um total de \$39. O país exportador B perde a área *f* [= (1/2) (\$59 − \$55) (10 − 7) = \$6] mais a área *g* [= (1/2) (\$59 − \$55) (16 − 14) = \$4] e a área *h* [= (\$55 − \$49) (16 − 7) = \$54], ou uma perda total de \$64.

REVISÃO DE CONCEITO

1. É possível para um país grande ganhar pela imposição de uma cota de importação? Se afirmativo, em qual situação?

2. De que maneira os impactos de um subsídio de exportação no caso de um país grande diferem daqueles de um país pequeno?

RESTRIÇÕES COMERCIAIS EM UM CONTEXTO DE EQUILÍBRIO GERAL

A discussão do efeito de restrições comerciais tem se concentrado, até este ponto, largamente no mercado do bem particular que é o alvo da restrição em questão. Enquanto esse é um exercício útil, lembre-se de que, à medida que o mercado se ajusta à política, outras partes da economia também são afetadas. Elevar a proteção leva produtores a realocar recursos à indústria protegida e consumidores a encontrar substitutos para o bem agora mais caro. Essas reverberações econômicas devem ser levadas em conta se se quiser calcular totalmente o impacto da restrição comercial sobre o bem-estar.

Proteção no caso de um país pequeno

Para demonstrar a utilidade de uma análise mais abrangente de restrições comerciais, vamos voltar ao plano de trabalho de equilíbrio geral a fim de analisar os ganhos comerciais. Esse plano de fundo foi discutido no Capítulo 6, "Ganhos provenientes do comércio na teoria neoclássica". Considere um país pequeno envolvido no livre-comércio (veja a Figura 14). Inicialmente, pessoas estão consumindo no ponto C_0, produtores estão produzindo no ponto B_0, o país está exportando X_0 de bens agrícolas, e as importações de têxteis são iguais a M_0. Devido a um lobby de sucesso pela indústria têxtil, uma tarifa de importação *ad valorem* é agora imposta.

No mundo real:

O programa de incremento de exportação dos Estados Unidos para o trigo

Sob a liderança do senador Robert Dole (R–KS) e com forte apoio dos democratas no Agricultural Comittee (senador Edward Zorinsky, D–NE) e do diretor de financiamento David Stockman, o Programa de Incremento de Exportação (EEP) para o Trigo foi declarado em dezembro de 1985, tendo sido codificado no Ato de Segurança Alimentar. Ele consistia em passar a legislação que definia não só o que o Poder Executivo "era obrigado a fazer", mas também o que "tinha autoridade discricionária para fazer". O ato "requeria que a Secretaria de Agricultura fornecesse mercadorias do tipo Commodity Credit Corporation (CCC), sem nenhum custo 'a exportadores norte-americanos, usuários e processadores e compradores estrangeiros', e requeria que um total de $2 bilhões em mercadorias CCC fossem usadas para esse propósito, durante os três anos fiscais terminando em 30 de setembro de 1988. Os propósitos aos quais as exportações subsidiadas deveriam servir são largamente declarados: além de combater subsídios de outros países e o alto valor do dólar, subsídios de exportação podem ser usados para contrabalançar 'os efeitos adversos dos níveis de suporte do preço de agricultura dos Estados Unidos, que são temporariamente mais altos que os de exportação oferecidos por competidores estrangeiros em mercados exportadores'" (Gardner, 1996 p. 62-63; as citações inseridas no texto de Gardner são de "The Food Security Act of 1985", *US Statutes at Large* 19, p. 1.483). As diretrizes para esse programa foram lançadas pelo Economic Policy Council da Casa Branca e incluíam quatro critérios: (1) as exportações subsidiadas devem resultar em um acréscimo nas exportações e não apenas em uma substituição de exportações existentes – um conceito geralmente referido como "adicionalidade"; (2) as exportações devem ser direcionadas para deslocar os exportadores estrangeiros competidores subsidiados pelos próprios governos; (3) os subsídios devem resultar em um ganho líquido para a economia norte-americana; e (4) os subsídios devem ser "neutros" quanto a seu impacto no orçamento.

Além de subsidiar os produtores de trigo diretamente, o ato também autorizou o uso de ações de trigo para subsídios cruzados, isto é, ações de trigo podiam ser usadas para subsidiar outros produtores de exportação, como produtores de ovo e de carne de porco. Os moleiros norte-americanos também lucravam por receber subsídios de trigo no caso de exportações de farinha. Os perdedores eram, é claro, compradores domésticos de trigo e produtores estrangeiros, enquanto que fazendeiros de trigo ganhavam por meio de preços domésticos mais altos e o governo ganhava por meio de uma redução no custo do programa de suporte do preço do trigo, uma vez que os preços de fazendas subiam concomitantemente ao acréscimo nas exportações. Os valores seguintes resumem os custos e benefícios anuais estimados da EEP, considerando-se que o acréscimo (adicionável) resultante nas exportações de trigo estava entre um mínimo de 2 milhões de toneladas métricas e um máximo de 6 milhões de toneladas métricas:

Custos e benefícios	Quantidade (milhões de $)
Custo direto dos subsídios da EEP	$1.000(−)
Redução no custo de suporte de preços	$350 a $1.050(+)
Ganho de fazendeiros de trigo domésticos	$120 a $300(+)
Perdas de criadores de gado	$40 a $100(−)
Perdas para consumidores domésticos	$200 a $500(−)
Efeitos de bem-estar líquido estimados	(−)$250 a (−)$770

Mesmo que alguns dos custos dos subsídios da EEP foram contrabalançados por uma redução no custo do programa de suporte de preço, o programa parece ter gerado uma perda líquido à economia norte-americana e fracassado em acatar a terceira diretriz inicial. Também é questionável o fato de o programa ter sido orçamentariamente neutro (isto é, a redução nos custos de suportes de preço provavelmente não contrabalançou o custo direto dos subsídios da EEP). A despeito desses resultados, o programa mostrou ser um sucesso político na medida em que sua implementação não estimulou qualquer oposição de grupos perdedores no país. Além disso, uma projeção feita pelo Food and Agricultural Policy Institute (Meyers, 1997) indicou que as exportações com a EEP foram de 10% a 15% maiores (a adicionalidade) do que teriam sido sem a EEP. E os preços médios de trigo no mercado mundial podem ter sido de $0,05 a $0,15 *bushel* mais baixos em virtude do programa.

Fonte: Baseado em texto de Bruce Gardner (1996).

No caso de um país pequeno, isso aumenta o preço doméstico de têxteis em $t\%$, e o preço doméstico dos têxteis torna-se $P_{têx}(1 + t)$. Os preços domésticos relativos agora se tornam $P_{ag}/[P_{têx}(1 + t)]$, que são menos que $P_{ag}/P_{têx}$, que é o preço relativo internacional. Os produtores veem o aumento no preço relativo de têxteis como um sinal para produzir mais têxteis (e consequentemente menos bens de agricultura) e ajustam a produção até que $MC_{ag}/MC_{têx}$ iguale $P_{ag}/[P_{têx}(1 + t)]$. Isso ocorre quando a linha de preço doméstico mais plana tangencia a

FIGURA 14 Os efeitos no equilíbrio geral de uma tarifa em um país pequeno

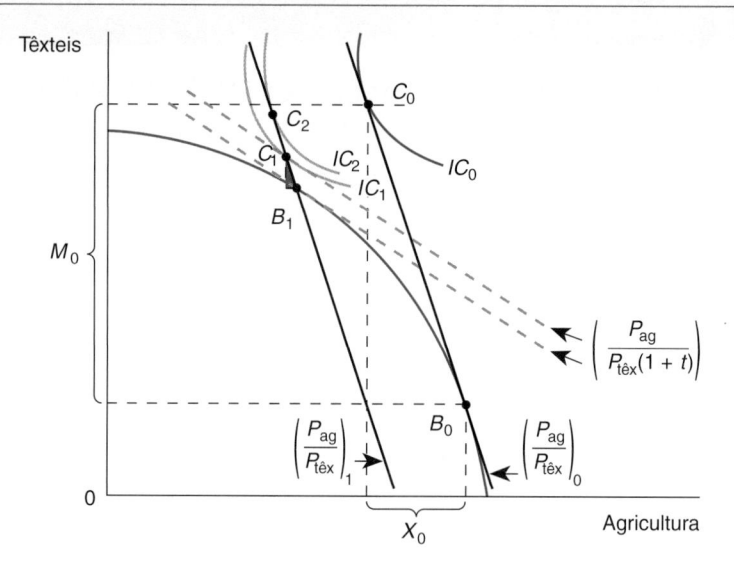

Sob livre-comércio, o país produz a B_0, consome a C_0, importa M_0 unidades e exporta X_0 unidades. Com uma tarifa de importação *ad valorem* (t), o preço doméstico dos têxteis sobe para $P_{têx}(1+t)$, tornando a razão do preço doméstico relativo $[P_{ag}/P_{têx}(1+t)]$ menor do que os termos internacionais de comércio $P_{ag}/P_{têx}$. Os produtores agora veem um incentivo maior para produzir têxteis, e a produção doméstica muda para B_1, onde a linha do preço doméstico relativo tangencia a PPF. O novo nível de receita real medido em preços internacionais (ou a fronteira de possibilidade de consumo) é agora representado por $(P_{ag}/P_{têx})_1$, que passa pelo novo ponto de produção B_1. Os consumidores, diante do mesmo contexto de preços domésticos relativos que os produtores, vão para C_1, onde a inclinação da curva de indiferença da comunidade IC_1 é apenas tangente à mais distante das linhas $[P_{ag}/P_{têx}(1+t)]$, e estão claramente menos favorecidos do que estariam com livre-comércio. Por fim, se um subsídio equivalente for usado para alcançar B_1, os consumidores ainda depararriam com preços internacionais e escolheriam C_2 em vez de C_1. O subsídio equivalente os deixaria estritamente melhor do que com a tarifa, mas em situação pior do que com livre-comércio.

fronteira de possibilidades de produção no ponto B_1. Esse ajuste por produtores representa um movimento para longe da especialização e reduz as possibilidades de consumo disponíveis ao país da linha $(P_{ag}/P_{têx})_0$ à linha paralela $(P_{ag}/P_{têx})_1$. O ajuste na produção leva a uma *redução na renda real* e a uma consequente perda do bem-estar, à medida que consumidores são forçados a escolher entre menores possibilidades de consumo ao longo de $(P_{ag}/P_{têx})_1$ em vez de $(P_{ag}/P_{têx})_0$, e assim devem estar em uma curva de indiferença menor.

Os consumidores devem fazer uma nova escolha de consumo em razão de seu baixo nível de renda real. Que ponto na nova fronteira de possibilidades de consumo, $(P_{ag}/P_{têx})_1$, maximizará seu bem-estar neste mundo distorcido por tarifa? Pelo fato de enfrentarem os mesmos preços distorcidos por tarifas que os produtores, eles tentarão achar um ponto na nova linha de possibilidades de consumo que represente uma escolha de consumo ótima, em razão dos preços domésticos relativos. Isso ocorrerá em uma combinação de bens agrícolas e têxteis que se situa em $(P_{ag}/P_{têx})_1$ e resulta em $MU_{ag}/MU_{têx} = P_{ag}/[P_{têx}(1+t)]$. Essa escolha é indicada pelo ponto C_1 na Figura 14. Em C_1 a menor inclinação de indiferença, curva IC_1, é igual à razão do preço doméstico que contém a tarifa em têxteis, $P_{ag}/[P_{têx}(1+t)]$. Isso é indicado pela tangência de IC_1 à linha destacada no ponto C_1. A tarifa, assim, possui um impacto de bem-estar negativo no país, representado pela mudança do ponto C_0 na curva de indiferença IC_0 ao ponto C_1 na curva de indiferença da comunidade IC_1.[10]

---

[10] Essa análise ignora as complicações ligadas ao uso da receita da tarifa. Considera-se que a receita da tarifa seja simplesmente distribuída aos indivíduos no país. De fato, ela é igual à distância vertical entre as duas linhas de razão dos preços domésticos distorcidos em unidades têxteis. Note também que se a tarifa fosse alta o bastante para ser uma tarifa proibitiva, os consumidores estacionariam em B_1 e não haveria receita tarifária para se redistribuir.

Os efeitos de equilíbrio geral de uma cota (não mostrados na Figura 14) são similares àqueles da tarifa enquanto a renda da cota permanecer no país. Esse seria o caso se o governo leiloasse as cotas ou se importadores recebessem a renda da cota. Como cada tarifa tem uma cota equivalente que produz a mesma mudança em preços domésticos relativos, a imposição de uma cota leva aos mesmos ajustes de produção e consumo. A única diferença estática nos dois instrumentos é que as cotas fixam quantidades e deixam que os preços se ajustem para limpar o mercado, enquanto as tarifas alteram os preços e deixam que as quantidades se ajustem. Se, no entanto, o país exportador recebe a renda da cota, por exemplo, por meio dos esforços de exportadores organizados ou pela imposição de uma restrição de exportação voluntária (VER), o resultado é diferente. A imposição de uma VER tem como impacto aumentar o preço do bem restrito ao país importador, complicando, assim, os termos de comércio do país importador e levando a uma posição em uma curva de indiferença ainda mais baixa do que com a tarifa.

É útil neste momento comparar o efeito da tarifa com aquele de um subsídio de produção da indústria importadora competidora. Você se lembra de que para cada tarifa há um subsídio de produção equivalente que faz com que a produção doméstica seja a mesma que aquela sob a tarifa (veja a Figura 4 neste capítulo). O subsídio leva à mesma redução nos ganhos por especialização e à mesma perda de renda real. O que é diferente, entretanto, é que os consumidores continuam consumindo a preços internacionais. A perda em renda real significa que os consumidores devem reduzir o consumo para que consumam na nova curva de possibilidades de consumo na Figura 14 $(P_{ag}/P_{têx})_1$. Entretanto, pelo fato de continuarem a enfrentar preços internacionais, eles tentam achar o ponto de consumo onde uma curva de indiferença tangencia a fronteira das novas possibilidades de consumo. Essa tangência é indicada pelo ponto C_2, que está em uma curva de indiferença maior do que C_1. Mais uma vez, se o governo deseja encorajar a produção no setor importador competidor, é preferível fazê-lo subsidiando-se diretamente os produtores do que por meio de mecanismos de distorção de preço como tarifas. Quanto menores os efeitos negativos da intervenção governamental, menor o número de atores econômicos afetados. Com o subsídio, a distorção afeta diretamente os produtores e o principal custo social do subsídio é a perda na renda real resultante da especialização diminuída ao longo das linhas de vantagens comparativas.

A proteção no caso de um país grande

No caso do país grande, o impacto de bem-estar da proteção é menos claro e conciso. Como o país grande pode influenciar os preços internacionais por suas próprias ações, o impacto de uma tarifa é sentido não só domesticamente, mas também internacionalmente. Com a tarifa, o país que a impõe reduz tanto sua demanda de importação quanto sua oferta de exportação; isto é, está menos disposto ao comércio. Consequentemente, tanto a demanda internacional do bem importado quanto a oferta mundial do bem exportado são reduzidas. Ambos os efeitos causam a mudança dos termos de comércio internacionais, aumentando o preço do bem exportado em relação ao bem importado e melhorando os termos de comércio do país que impôs a tarifa. A redução geral do bem-estar no país que impôs a tarifa resultante de menor comércio é assim contrabalançada, ao menos em parte, por termos de comércio melhorados. É possível que os efeitos dos termos comerciais possam mais que contrabalançar o efeito da redução no comércio e deixar em melhor situação o país que impõe a tarifa, assumindo-se, é claro, que seus parceiros comerciais não retaliem. (Veja a discussão posterior sobre a "tarifa ótima", nas páginas 321-323, no Capítulo 15.)

Os efeitos de equilíbrio geral das restrições comerciais em um país grande podem ser utilmente analisados pelo uso das curvas de oferta. O conceito de curva de oferta foi introduzido no Capítulo 7. Para ilustrar o impacto de uma tarifa em tal estrutura, considere primeiro a maneira na qual a curva muda quando a tarifa é imposta. A Figura 15 ilustra a curva de oferta para o país I, que está exportando o bem B e importando o bem A. Lembre-se de que a curva foi derivada ao se projetar a disposição do país em comercializar em termos de troca alternativas. A curva O_1 mostra que o país I está disposto a exportar a quantidade OB_1 do bem B e a importar a quantidade $0A_1$ do

FIGURA 15 A imposição de uma tarifa no diagrama da curva de oferta

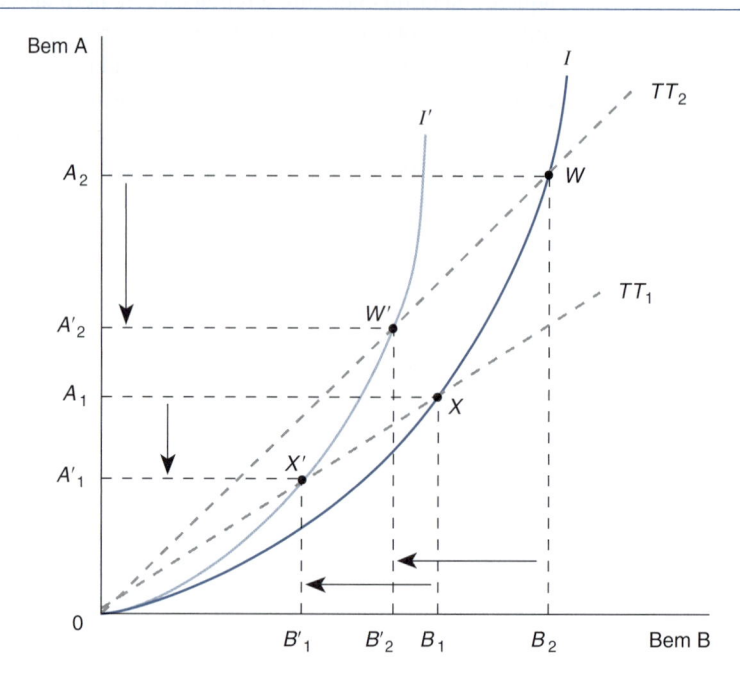

A curva de oferta de livre-comércio OI mostra a disposição do país I em comercializar a vários termos (por exemplo, ele exportará a quantidade OB_1 do bem B em troca de OA_1 do bem A em TT_1). Quando o país I impõe uma tarifa de importação, ele está menos disposto a comercializar em cada um dos termos do comércio. Assim, o país exportará apenas OB'_1 do bem B em troca de OA'_1 do bem A em TT_1. A curva de oferta OI muda em direção interior para OI'.

bem A em TT_1. De maneira similar, em TT_2, o país está disposto a exportar OB_2 e importar OA_2. Quando a tarifa é imposta, o país está menos disposto a comercializar em ambos os termos de troca. Em TT_1 na nova curva de oferta OI', o país está disposto a exportar apenas a quantia OB'_1 e a importar apenas OA'_1. A disposição para comercializar em TT_2 é indicada de forma correspondente. A curva de oferta "se curva para dentro" com a imposição de uma tarifa. A mesma mudança pode também representar tanto uma taxa de exportação quanto uma tarifa de importação, pois ambos os instrumentos indicam menos disposição para comercializar sob quaisquer termos de troca.

Considere os impactos comparativos de tarifas e cotas. A Figura 16 retrata a imposição de uma tarifa de importação na curva de oferta estrangeira. (Ambos, I e II, são países grandes nesses diagramas.) Antes da tarifa, o equilíbrio de livre-comércio está no ponto E com a quantidade OB_1 do bem B exportada do país I (e importada pelo país II), e a quantidade OA_1 importada pelo país I (e exportada pelo país II). Com a imposição da tarifa, a curva de oferta OI', em vez de OI, torna-se a curva relevante. A quantidade de exportações do país I cai para OB_2, e essa quantidade é trocada por OA_2 de importações. Note também que os termos de troca melhoram para o país que impõe a tarifa, uma vez que TT_2 é mais íngreme que TT_1.

A análise da curva de oferta de cotas de importação e VERs é apresentada na Figura 17. No painel (a), a curva de oferta do país I com uma cota de importação é idêntica à curva de oferta de livre-comércio OI até que a quantia de cota OA_2 seja atingida (igual a OA_2 na Figura 16). A curva de oferta deixa de aumentar porque nenhuma quantidade de importação será permitida, e a curva em sua totalidade torna-se ORI' (linha horizontal RA_2 depois do ponto R). Assim como a tarifa de importação, a quantidade importada do bem A é OA_2 no novo equilíbrio E', a quantidade exportada do bem B é OB_2, e os termos de troca são TT_2.

FIGURA 16 O impacto de uma tarifa

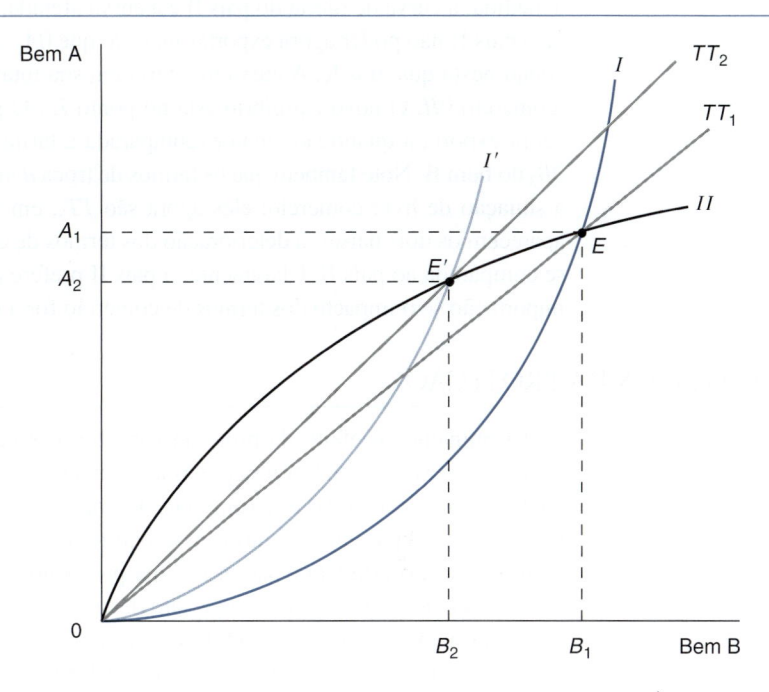

Com a imposição da tarifa, a curva de oferta $0I$ do país I muda em direção interna para $0I'$. A quantidade de equilíbrio de exportações cai de $0B_1$ para $0B_2$, e a quantidade de importações cai de $0A_1$ para $0A_2$. Os termos de comércio do país I melhoram de TT_1 para TT_2. Uma taxa de exportação pelo país I seria representada da mesma maneira.

FIGURA 17 Uma cota de importação e uma VER

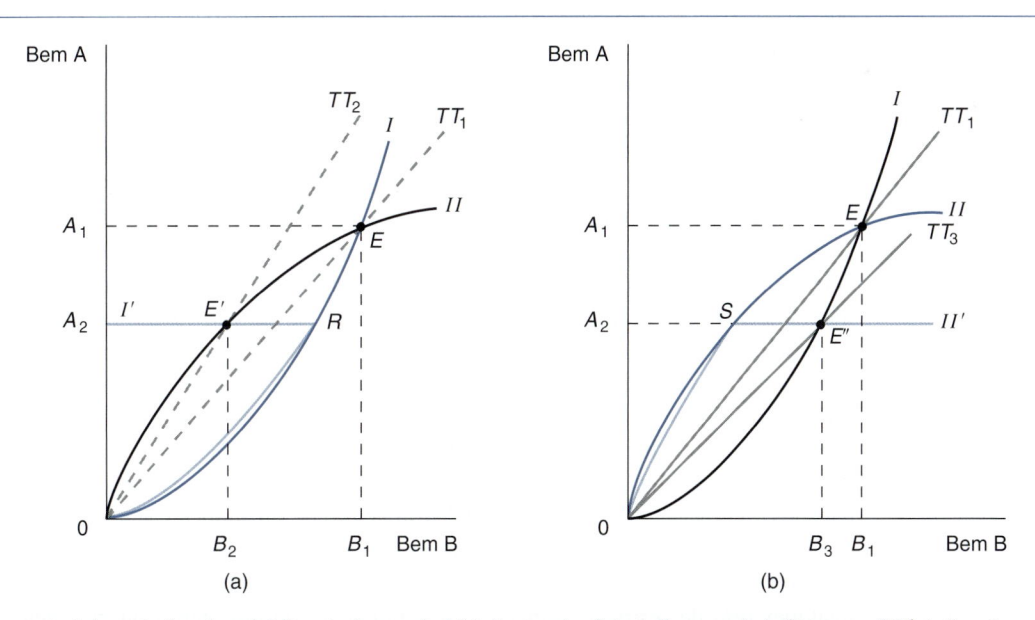

(a)

(b)

O uso de uma cota de importação pelo país I é mostrado no painel (a). A curva de oferta de livre-comércio $0I$ torna-se $0RI'$, indicando que o país I está disposto a importar até a quantidade $0A_2$ do bem A, mas não mais que essa quantidade. A posição de equilíbrio move-se do ponto E para o ponto E', e os termos de troca do país I melhoram de TT_1 para TT_2.

O painel (b) ilustra o uso de uma restrição de exportação voluntária (VER) pelo país II para limitar as exportações ao país I à quantidade $0A_2$. A curva de oferta do país II muda de $0II$ para $0SII'$, indicando que ele enviará $0A_2$ do bem A ao país I. Com a mudança na posição de equilíbrio de E para E'', os termos de troca do país I deterioram-se de TT_1 para TT_2.

A VER é apresentada na Figura 17, painel (b). Como é o país estrangeiro que está tomando a medida, a curva de oferta do país II é a curva afetada, não a curva de oferta do país I. Pelo fato de o país II não poder agora exportar mais do que $0A_2$, a curva de oferta do país II torna-se horizontal nesta quantidade. A curva de oferta em sua totalidade é $0SII'$, em vez da curva de livre-comércio $0II$. O novo equilíbrio está no ponto E''. O país I ainda importa $0A_2$ do bem A, mas agora exporta a quantidade maior (comparada à tarifa de importação e à cota de importação), $0B_3$ do bem B. Note também que os termos de troca *deterioraram-se* para o país I se comparados à situação de livre-comércio: eles agora são TT_3, em vez do TT_1 original. No gráfico em que aparecem os dois países, a deterioração dos termos de comércio do país I constitui uma melhora se comparada ao país II. Claramente, o país II prefere a VER à cota de importação e à tarifa de importação se o impacto dos termos de comércio for a única consideração.

Outros efeitos da proteção

Examinamos o efeito da proteção sob uma perspectiva estática direta usando análises de equilíbrio geral e parcial. Agora precisamos mencionar outros possíveis efeitos da proteção. Primeiro, vamos reenfatizar que restrições de importações podem levar a uma redução nas exportações do país que impõe a tarifa. Isso ocorre assim que os recursos domésticos são retirados da produção exportadora e são usados na produção de substitutos de importações domésticas, ao no preço doméstico relativo mais alto desses bens. Além disso, é possível que haja retaliação tarifária e não tarifária por parte do país estrangeiro contra as exportações do país que impõe a tarifa. A proteção não só baixa a renda real no país que a impõe, mas também a redistribui de indústrias de exportação para indústrias de competição com a importação. Essas mudanças ocorrem no curto prazo e reduzem o incentivo para investir nas indústrias de exportação afetadas, contribuindo para a capacidade reduzida de exportar no futuro. A desaceleração subsequente da mudança tecnológica nas indústrias de vantagens comparativas pode ser crítica para a eficiência e bem-estar em nosso mundo cada vez mais interdependente.

Em segundo lugar, você deve se lembrar que restrições comerciais têm um impacto na distribuição da renda entre os fatores de produção. Com a imposição de uma tarifa no modelo Heckscher-Ohlin, o fator escasso ganha e o fator abundante perde. Ou, no modelo de fatores específicos, o fator fixo na indústria que compete com a importação (indústria de exportação) ganha (perde), enquanto que o impacto no fator variável depende dos padrões de consumo. Os efeitos da distribuição de renda são discutidos no Capítulo 15, "Justificativas para políticas comerciais intervencionistas".

Em terceiro lugar, o efeito da proteção sobre o total de importações em certas indústrias pode ser menor se a mudança nas importações de bens protegidos for examinada. Esse seria o caso se o aumento na produção doméstica de produtos que competem com a importação exigissem insumos intermediários que devem ser importados. Enquanto a proteção reduz a importação de produtos almejados, a produção doméstica alta leva à importação elevada dos produtos intermediários requeridos. Esse é um aspecto frequentemente ignorado da proteção que se tornou crítico para uma série de países em desenvolvimento que buscavam uma política de substituição de importações para reduzi-las produzindo em seu próprio solo os produtos antes importados. Ignorar o requisito de importação indireto do setor competidor com a importação em expansão contribuiu para sérios enganos quanto à efetividade potencial de estratégias de substituição de importações.

Também é importante não ignorar os possíveis efeitos da proteção sobre a oferta estrangeira. A história demonstra que fornecedores estrangeiros tentarão encontrar meios para contornar qualquer tipo de restrição comercial, seja por meio de uma tarifa ou por meio de uma bar-

No mundo real:

Efeitos domésticos do sistema de cota do açúcar

A indústria açucareira norte-americana recebeu proteção desde 1934. De 1934 a 1974, os cultivadores de cana-de-açúcar e beterraba para açúcar foram protegidos por meio de cotas de importação, programas de subsídios e restrições territoriais. Desde 1976, tarifas de importação, impostos de importação e cotas têm sido usados extensivamente. O efeito dessas restrições na indústria foi substancial, levando o preço doméstico a ficar consideravelmente acima do preço mundial. Por exemplo, em 1988 o preço doméstico médio era de $0,2212/libra e o preço mundial era de $0,1178/libra, isto é, havia uma tarifa equivalente a 88%. Em 1989, o preço mundial era de $0,1445/libra e o preço médio nos Estados Unidos era de $0,2281/libra, uma taxa equivalente a 58%. Essa proteção custou aos consumidores estimados $1,2 bilhão em 1988, $1,1 bilhão em 1989 e $1,4 bilhão em 1990. As perdas sociais líquidas relativas do programa nesses anos foram estimadas em $242 milhões, $150 milhões e $185 milhões, respectivamente. Essas estimativas não incluem quaisquer dos efeitos "downstream" nas indústrias que usam açúcar como um insumo e cujos custos de produção foram consequentemente mais altos como um resultado da proteção do açúcar. Um estudo de 2003 (Begin et al.) indica que, em 1998, os plantadores de cana ganharam $307 milhões, os plantadores de beterraba ganharam $650 milhões e os processadores ganharam $89 milhões por causa do programa. Além disso, usuários de açúcar perderam $1,9 bilhão, e a perda com peso morto associada ao programa foi de $532 milhões. Mais recentemente, a USITC estimou, em 2007, o custo de bem-estar líquido do programa do açúcar em $811 milhões.*

O impacto da proteção, entretanto, vai além dos efeitos de eficiência e distribuição refletidos nas estimativas acima. Um artigo de 1990 do *Wall Street Journal* (veja Fontes) abordou os efeitos estaduais e locais do programa do açúcar em uma região de cultivo de beterraba em Minnesotta. O preço mais alto do açúcar deu aos fazendeiros um incentivo para utilizar a terra na produção de beterraba, onde eles ganhariam até quatro vezes mais do que plantando milho ou trigo. Não obstante, a administração do programa do açúcar não deu a todos a oportunidade de plantar beterraba. Aos refinadores de açúcar foi garantido um preço-alvo contanto que pagassem aos plantadores o preço de suporte.

Como não há outras restrições, a quantidade de beterrabas que podem ser cultivadas depende da capacidade de processamento da usina local e do acesso dos agricultores à usina. No sudeste de Minnesota, os plantadores ganharam acesso a refinarias comprando ações da Southern Minnesotta Beet Sugar Cooperative, fundada em 1974. Sem participação na cooperativa, os plantadores não tinham onde vender beterrabas. Consequentemente, os benefícios do programa foram apenas aqueles poucos fazendeiros membros da cooperativa, e o programa gerou impactos de tamanho importante na distribuição de renda local, no uso da terra e em toda a rede social da comunidade. Tensões surgiam todos os dias na medida em que os "beterrabeiros" procuravam adquirir mais terras de plantadores não de beterrabas, e a evidência de seus ganhos econômicos tornou-se ainda mais visível. (Foi estimado que grandes fazendeiros colheram de $100 mil a $200 mil em benefícios anuais do programa do açúcar.)

Comunidades rurais foram arrasadas. Famílias brigaram por causa do assunto, igrejas e organizações comunitárias se dividiram e o vandalismo contra os apoiadores e não apoiadores do programa cresceu. Os custos sociais não econômicos das distorções de preço como aquelas introduzidas pelo programa do açúcar são frequentemente ignorados na análise política. Eles são, entretanto, muito reais em comunidades como Maynard, Minnesotta.

A remoção de tais distorções de preço eventualmente levariam a um retorno ao uso de terra consistente com considerações de demanda e oferta irrestritas e removeriam a fonte da distorção de distribuição e o estresse da comunidade. É claro, novos estresses seriam introduzidos com mudanças na distribuição. Os custos não econômicos comunitários e pessoais que já tivessem ocorrido não poderiam, entretanto, ser recuperados. Não obstante, o programa continua a receber forte apoio no Congresso, ainda que a administração Bush tenha proposto reduções no programa, ao perceber o alto custo aos consumidores.

*Pode ser notado que, em abril de 2007, o preço doméstico nos Estados Unidos era cerca de duas vezes o preço mundial. Isso implica uma tarifa de cerca de 100%.

Fontes: Comissão de Comércio Internacional dos Estados Unidos, *The economic effects of significant US import restraints, Phase II: agricultural products and natural resources*, USITC Publication 2.314, Washington, DC: US Government Printing Office, set. 1990, cap. 2, *Fourth Update, 2004*, USITC Publication 3701, Washington DC: jun. 2004, p. xvii, e *Fifth Update, 2007*, USITC Publication 3.906, Washignton DC: fev. 2007, p. xxi, disponível em www.usitc.gov; Bruce Ingersoll, "Small Minnesotta town is divided by rancor over sugar policies", *The Wall Street Journal*, 26 jun. 1990, p. A1, A12; Gary C. Hufbauer e Kimberly A. Elliott, *Measuring the costs of protection in the United States*, Washington DC: Institute for International Economics, 1994, p. 79-81; John Begin, Barbara El Osta, Jay R. Cherlow e Samarendu Mohanty, "The cost of the U.S sugar program revisited", *Contemporary Economic Policy*, v. 21, n. 1, 2003, p. 106, disponível em www.econpapers.recep.org; Bruce Odessey, "Bush advisers view sugar program as hurting U.S. consumers", disponível em www.udinfo.state.gov.

reira não tarifária. Diante da barreira de importação, empresas estrangeiras podem dedicar mais tempo e recursos para reduzir custos de produção, visando a competir com produtores domésticos. A ironia ocorre quando parte das rendas de cota é transferida ao produtor estrangeiro (direta ou indiretamente pelo seu governo), que então usa-a para inovações tecnológicas e se torna um competidor ainda mais forte. Isso ocorreu na indústria têxtil e de roupas dos Estados Unidos e na indústria automotiva. Em geral, a proteção parece enfraquecer a busca de inovações redutoras de custo no país que impõe a proteção, enquanto aumenta os incentivos redutores de custo no país exportador. Infelizmente, esse cenário leva, ao longo do tempo, a pedidos por proteção cada vez maior na indústria já protegida. Os níveis de proteção aumentados trazem perdas de bem-estar líquido cada vez maiores ao país que restringe o comércio.

REVISÃO DE CONCEITO

1. De que forma a proteção de um bem importado afeta a produção de um bem exportado na estrutura de equilíbrio geral?

2. Como podem as tarifas sobre o bem importado levar a um declínio no consumo tanto do bem importado quanto do bem exportado?

RESUMO

Este capítulo examinou a maneira como políticas de restrição comercial afetam um país. Tanto as abordagens de equilíbrio gerais quanto de equilíbrio parcial indicam que, no caso de um país pequeno, restrições comerciais deixam o país menos próspero. No caso de um país grande, restrições comerciais podem, sob certas condições, levar a uma melhoria no bem-estar para o país que impõe as restrições, contanto que o parceiro do país não retalie. Retaliação e resultante guerra comercial deixam todos em situação pior. Sob a perspectiva tanto da política de custo quanto da política internacional, subsídios domésticos mostram-se uma alternativa mais desejável se o país pretende dar assistência às indústrias de importação competidoras. Os subsídios também produzem uma distorção na produção doméstica, porém, como afetam apenas os produtores, eles são menos custosos para os consumidores financiadores de subsídios e apresentam um impacto menor que tarifas ou cotas no nível de importações que chegam ao país.

TERMOS-CHAVE

análise de equilíbrio parcial
renda da cota
cota equivalente
excedente do consumidor
excedente do produtor
incidência da tarifa
modelo de equilíbrio geral
perdas com peso morto
sistema de vendas de cotas
subsídio equivalente
tabela de demanda para importação
tabela de oferta para exportação
tarifa equivalente

QUESTÕES E PROBLEMAS

1. Suponha que o preço de um bem em livre-comércio seja de $12 e uma tarifa *ad valorem* de 10% seja colocada em vigor. Como resultado, a produção doméstica em um país pequeno aumenta de 2 mil unidades para 2.300 unidades e as importações caem de 600 para 200 unidades. Quem são os perdedores e os vencedores? Qual é o tamanho de suas perdas e ganhos? Qual é o efeito líquido na sociedade?

2. Com o exemplo da Questão 1, de que forma um subsídio equivalente ao produtor competidor de importação afeta o mercado? Qual é o custo desse subsídio ao governo? Que política os consumidores preferirão: uma tarifa ou um subsídio?

3. Como uma cota de importação difere de uma tarifa? Pode o governo capturar a renda da cota? Se afirmativo, de que modo?

4. Se você fosse um produtor competidor de importação em um mercado em crescimento, que instrumento comercial preferiria – uma tarifa, uma cota de importação ou um subsídio? Por quê?

5. Qual a diferença entre uma taxa de exportação e um subsídio de exportação? Qual instrumento os consumidores domésticos vão preferir? Por quê?

6. Por que um país grande como os Estados Unidos pode ter um incentivo maior que um país pequeno para usar restrições comerciais?

7. Usando uma abordagem de equilíbrio geral, aponte a perda na renda real de uma tarifa para um país. Qual é a perda no bem-estar do consumidor? Por que os consumidores podem preferir um subsídio de produção em vez de uma tarifa?

8. Explique por que um subsídio de exportação é mais custoso no caso de um país grande do que em um país pequeno, sendo os outros fatores iguais.
9. Foi dito que consumidores/contribuintes dos Estados Unidos acabaram pagando "duas vezes" pelo programa de subsídio do trigo. Há alguma base para essa afirmação?
10. Suponha que um país (pequeno) seja importador do bem X, pelo qual o atual preço mundial é $8. Em um preço com livre-comércio, produtores domésticos estão fornecendo 500 unidades do bem X e o país está importando 300 unidades. Há agora um rumor de que um imposto obrigatório de 10% será colocado em vigor sobre o bem X. Estime os impactos de bem-estar que ocorreriam com tal tarifa, dado que a elasticidade da demanda pelos consumidores para o bem X é $-2,0$ e que a elasticidade da oferta doméstica é 1,6.

APÊNDICE A O IMPACTO DA PROTEÇÃO EM UM MERCADO COM BENS NÃO HOMOGÊNEOS

A análise, até este ponto, examinou o impacto do comércio de distorções de preço induzidas politicamente no bem-estar, considerando que o produto no qual a tarifa é inserida é um bem homogêneo que pode ser representado com uma única curva de demanda e preço. Entretanto, se existe uma substituição imperfeita entre o bem estrangeiro e o produzido domesticamente, os preços pré-tarifa dos dois produtos podem ser diferentes e a abordagem do mercado único é inapropriada. Com bens não homogêneos, o aumento no preço da exportação estrangeira resultante da tarifa faz os consumidores aumentarem suas demandas por substitutos domésticos. Esse aumento na demanda leva, por sua vez, a um aumento no preço do bem doméstico e a uma subsequente perda no excedente de consumo, ainda que a tarifa não se aplique a ele diretamente. Uma análise do impacto de uma tarifa deve levar em conta os efeitos indiretos da tarifa tanto sobre bens relativos quanto sobre ao bem o qual ela é imposta. Essa ideia é desenvolvida neste apêndice. (Para elaboração, veja U.S. International Trade Comission 1989, Capítulo 2.)

No caso de substitutos próximos, mas não perfeitos, precisamos analisar o impacto da tarifa em dois mercados, não só em um. Veja a Figura 18, na qual o painel (a) descreve a situação no mercado para o bem doméstico e o painel (b) descreve o mercado para o bem importado no caso de país pequeno. Visto que os dois bens são considerados substitutos próximos, a demanda para cada um é ligada positivamente (a elasticidade de preço cruzado é positiva) ao preço da outra. Consequentemente, quando o preço doméstico de um bem muda, leva a uma alteração na demanda para o outro bem na mesma direção.

Na Figura 18, painel (b), a imposição de uma tarifa ao bem estrangeiro aumenta seu preço no mercado doméstico de P'_0 para $P'_1 = P_{int}(1 + t)$, simultaneamente reduzindo a quantidade demandada do bem estrangeiro e fazendo a demanda pelo bem produzido domesticamente [painel (a)] aumentar (uma mudança para a direita da curva de demanda D_{dom} para D'_{dom}). Com uma curva de oferta doméstica de inclinação ascendente normal, o preço do substituto doméstico aumenta, acionando uma elevação na demanda pelo bem estrangeiro (uma mudança em direção à direita na curva de demanda para o produto estrangeiro). A imposição da tarifa inicial aciona mudanças à medida que o mercado se ajusta às distorções dos preços. Quando as repercussões da tarifa tiverem agido nas duas curvas de demanda, ambas terão mudado para a direita e o país importará uma quantia tal como Q_4 no painel (b), e haverá um preço maior do bem doméstico, P_1, como mostra o painel (a). Visto que o preço aumentou em ambos os mercados, dois grupos de consumidores descobrirão que seu excedente de consumo declinou, e não um só, como no caso dos bens homogêneos.

Já que ambas as curvas de demanda mudaram no processo de ajuste, calcular os efeitos da distorção da tarifa não é tão linear como com os bens homogêneos. A medida da perda no excedente do consumidor difere de acordo com o uso das curvas de demanda pré-tarifa ou das curvas de demanda pós-tarifa. Em virtude dos ajustes dos conjuntos do mercado, medir a perda no excedente do consumidor do bem importado ao longo da curva D_f de demanda pré-tarifa ignora o custo aos consumidores que decidem mudar para o bem importado por causa do custo mais alto do substituto doméstico. Similarmente, medir a perda no excedente do consumidor ao longo da curva D'_f de demanda livre da tarifa exagera a perda no excedente do consumidor, pois inclui indivíduos que decidem não consumir o bem importado – ou consumir menos dele – ao preço de

FIGURA 18 Efeitos tarifários em bens não homogêneos

(a) O mercado para o bem doméstico

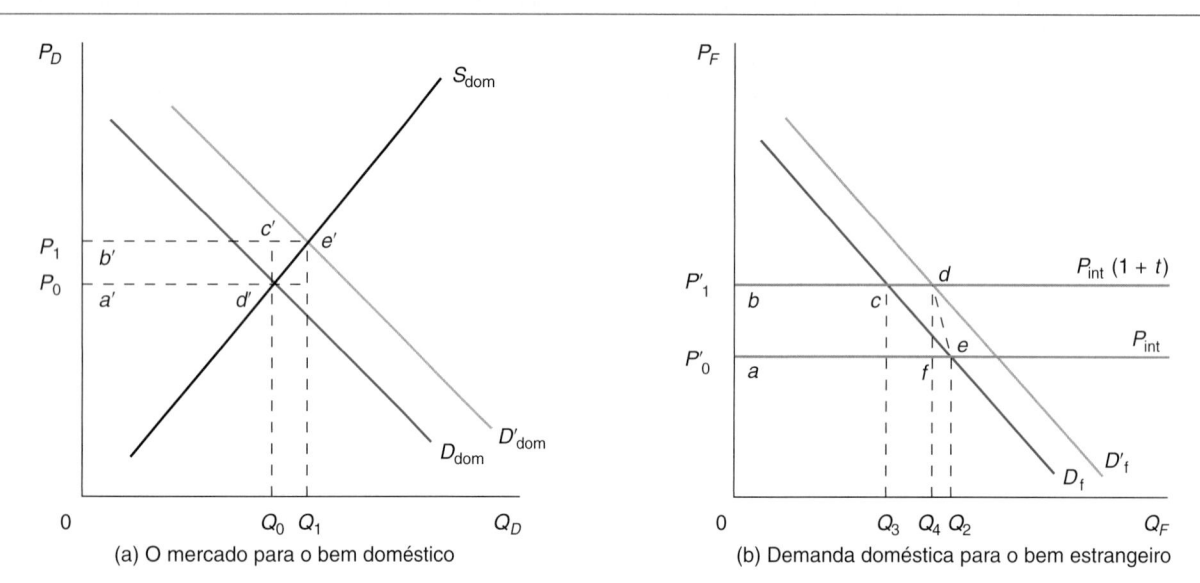

(b) Demanda doméstica para o bem estrangeiro

A tarifa aumenta o preço doméstico do bem importado de P'_0 para $P'_1 = P_{int}(1 + t)$, como indicado no painel (b). Ao mesmo tempo, o aumento no preço do bem estrangeiro leva a um acréscimo na demanda pelo produto substituto doméstico e a um preço maior. O acréscimo no preço do substituto doméstico leva a uma subsequente mudança para fora na demanda pelo bem estrangeiro. Esses ajustes simultâneos se dão até que os mercados estejam novamente equilibrados. A mudança para fora da curva de demanda por bem doméstico [painel (a)], de D_{dom} para D'_{dom}, leva a um preço doméstico maior (P_0 para P_1) e a uma quantidade fornecida maior (Q_0 para Q_1). A perda média do excedente do consumidor no mercado doméstico é $a'b'e'd'$, o que é transferido para produtores domésticos. Os ajustes de demanda fazem a redução nas importações no mercado importador ser menor que a redução inicial, isto é, de Q_2 para Q_4 em vez de Q_3. Há uma redução média do excedente do consumidor igual à área $abde$ neste mercado, onde $abdf$ representa a receita de tarifa recebida pelo governo, e a área fde, a perda com peso morto do consumidor. A perda total do consumidor pela tarifa é a soma das perdas tanto no mercado substituto doméstico quanto no mercado importador.

livre-comércio, mas que o fariam agora. É prática comum usar uma média das estimativas sob cada curva de demanda – isto é, a área $abde$ no painel (b) – quando se mede a perda no excedente do consumidor no mercado importador. Um argumento similar no mercado doméstico leva ao uso da área $a'b'e'd'$ como a estimativa da perda no excedente do consumidor devido à tarifa sobre o substituto estrangeiro. (Pode ser demonstrado teoricamente que essas são as medidas apropriadas da perda no excedente do consumidor, considerando que as curvas de demanda sejam lineares e que não haja efeitos de renda, ou seja, que as curvas de demanda sejam "compensadas".)

Os efeitos da tarifa são um ganho na receita governamental de $abdf$ e uma perda com peso morto para o consumidor de fde no mercado do bem importado. No mercado doméstico, a perda no excedente do consumidor $a'b'e'd'$ é exatamente igual ao ganho no excedente do produtor.

Um exemplo desse tipo de cálculo com bens não homogêneos foi realizado pelo economista William R. Cline em 1990. Para a indústria têxtil norte-americana em 1986, usando a técnica deste apêndice, ele calculou que a perda de bem-estar do consumidor no mercado importador em virtude de restrições de importações foi de $1.275 milhão (ou $1,3 bilhão). Além disso, a perda de bem-estar do consumidor no mercado para bens produzidos domesticamente por causa das mesmas restrições de importações foi de $1.513 milhão (ou $1,5 bilhão). No mercado de bens domésticos, entretanto, a transferência para produtores foi, é claro, de também $1.513 milhão, portanto, não houve nenhum efeito social líquido no mercado de bens domésticos. No mercado de importação, houve um ganho de receita tarifária no valor de $488 milhões e, assim, o efeito líquido de bem-estar no mercado importador (e, portanto, o efeito líquido de bem-estar para os Estados Unidos como um todo) foi uma perda de $787 milhões (= $1.275 milhão − $488 milhões).

CAPÍTULO 14   O IMPACTO DAS POLÍTICAS COMERCIAIS

APÊNDICE B O IMPACTO DE UMA POLÍTICA COMERCIAL NO CONTEXTO DE UM PAÍS GRANDE USANDO CURVAS DE OFERTA DE EXPORTAÇÃO E DEMANDA DE IMPORTAÇÃO

Este apêndice demonstra o preço, a quantidade e os efeitos de bem-estar de políticas comerciais usando apenas o diagrama de demanda para importação/oferta de exportação desenvolvido neste capítulo. As curvas de demanda e oferta de cada país não são mostradas, ainda que sejam as bases para as curvas de oferta de exportação e demanda de importação. Examinamos a seguir os quatro instrumentos básicos da política comercial – uma tarifa de importação, uma cota de importação, uma taxa de exportação e um subsídio de exportação.

O IMPACTO DE UMA TARIFA DE IMPORTAÇÃO

A Figura 19 reproduz o painel (b) da Figura 10 deste capítulo com os números relevantes. Lembre-se de que a imposição dessa tarifa específica faz o preço de livre-comércio P_{m0} ($100) subir para P_{m1}($106) no país importador, e faz também a quantidade importada cair de Q_{m0} (30 unidades) para Q_{m1} (17 unidades). O governo do país importador coleta oferta tarifária representada pelo retângulo $P_{m2}P_{m1}E'F$ [= ($106 − $96)(17) = $170], e o fornecedor estrangeiro agora recebe o preço P_{m2} ($96).

Considere os efeitos de bem-estar no país que impõe a tarifa. A soma das áreas a e b na Figura 10 conceitualmente se iguala à área do triângulo $GE'E$ da Figura 19, pois a base do triângulo $GE'E$ (Q_{m0} − Q_{m1} = 30 − 17 = 13) se iguala à soma das bases dos triângulos a e b na Figura 10; isto é, a mudança nas importações é a soma da redução no consumo doméstico (base do triângulo b = 7) e o aumento na produção doméstica (base do triângulo a = 6). A altura do triângulo $GE'E$ na Figura 19 ($P_{m1} − P_{m0}$ = $106 − $100 = $6) é a altura dos triângulos a e b na Figura 10. Além disso, a parte da receita tarifária paga pelos consumidores domésticos (área c na Figura 10) equivale à área $P_{m0}P_{m1}E'G$ na Figura 19 [ambas são iguais a ($106 − $100)(17) = $102], enquanto a parte da tarifa paga pelo país exportador (área $fhij$ na Figura 10) equivale à área $P_{m2}P_{m0}GF$ na Figura 19 [ambas são iguais a ($100 − $96)(17) = $68]. Assim, o efeito líquido para o país importador na Figura 19 é negativo se o triângulo $GE'E$ da perda com peso morto for maior que o retângulo $P_{m2}P_{m0}GF$, e o efeito de bem-estar líquido é positivo se a área $GE'E$ for menor que a área $P_{m2}P_{m0}GF$. Em nosso exemplo numérico, pelo fato da área $GE'E$ ser = [(1/2)($106 − $100)(30 − 17)] = [(1/2)($6)(13)] = $39, e da área $P_{m2}P_{m0}GF$ ser = [($100 − $96)(17)] = [($4)(17)] = $68, há ganho de ($68 − $39) = $29 ao país que impôs a tarifa, exatamente como ocorreu na Figura 10.

FIGURA 19   A imposição de uma tarifa de importação específica

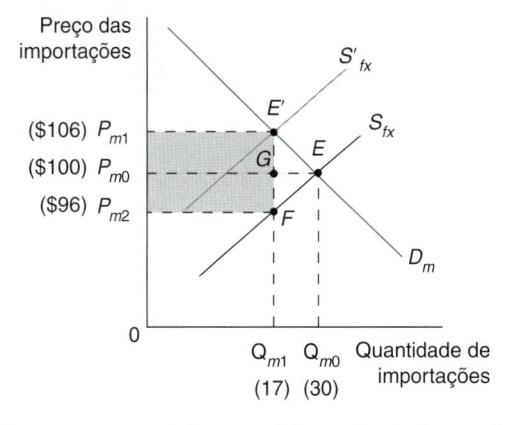

A imposição de uma tarifa aumenta o preço do bem no país importador de P_{m0} para P_{m1} e reduz a quantidade importada de Q_{m0} para Q_{m1}. A receita tarifária da área $P_{m2}P_{m1}E'F$ é gerada. O bem-estar do país aumenta se a área $P_{m2}P_{m0}GF$ for maior que a área $GE'E$.

O impacto de uma cota de importação

Para ilustrar a imposição de uma cota de importação no diagrama da demanda por importações (D_m)/oferta de exportações (S_{fx}), considere a Figura 20. No equilíbrio de livre-comércio, a quantidade Q_{m0} (30 unidades) é importada ao preço P_{m0} ($100). Agora o governo, sob pressão dos fornecedores domésticos de competição com a importação, especifica que apenas a quantidade Q_{m1} (17) do bem pode ser importada para o país. O efeito da cota é que, na quantidade Q_{m1}, uma linha vertical é erigida (linha $Q_{m1}FS'_{fx}$). A tabela de oferta de exportações torna-se RFS'_{fx}, que é a tabela de oferta de exportações normal de R para F (com o ponto F ocorrendo na quantidade Q_{m1} da cota) seguida pelo trecho vertical indicando que nenhuma importação pode entrar além da quantidade Q_{m1}. A posição de equilíbrio no mercado com a cota vigente é o ponto E' no preço de equilíbrio P_{m1} ($106). Assim como ocorre com a tarifa, o preço doméstico foi elevado e a quantidade, diminuída, se comparados ao equilíbrio sob livre-comércio. O consumidor doméstico paga um preço mais alto do que sob livre-comércio – o aumento no preço é representado pela distância ($P_{m1} - P_{m0} = \$6$) – e o fornecedor estrangeiro recebe um preço menor do que sob livre-comércio; o decréscimo é representado pela distância ($P_{m0} - P_{m2} = \$4$). Como há uma divergência de preço entre o que o consumidor paga e o que o produtor recebe para cada unidade da importação, o retângulo (renda da cota) $P_{m2}P_{m1}E'F$ na Figura 20 está disponível para alguém (como foi discutido neste capítulo).

Quais são os efeitos de bem-estar da cota de importação? Na Figura 20 (assim como na Figura 19) o triângulo $GE'E$ representa a soma das perdas com peso morto relacionadas ao baixo consumo doméstico e ao aumento da produção caseira ineficiente. Entretanto, se o governo captura a renda da cota de área $P_{m2}P_{m1}E'F$ como receita, vendendo licenças de importação, ou se as empresas domésticas importadoras a capturam quando o governo não vende licenças, a área $P_{m2}P_{m0}GF$ torna-se uma transferência dos exportadores estrangeiros ao país doméstico. Se essa área é maior (menor) do que $GE'E$, o país ganhará (perderá) com a cota de importação. (Lembre-se de que estamos considerando que os países parceiros comerciais

FIGURA 20 A imposição de uma cota de importação

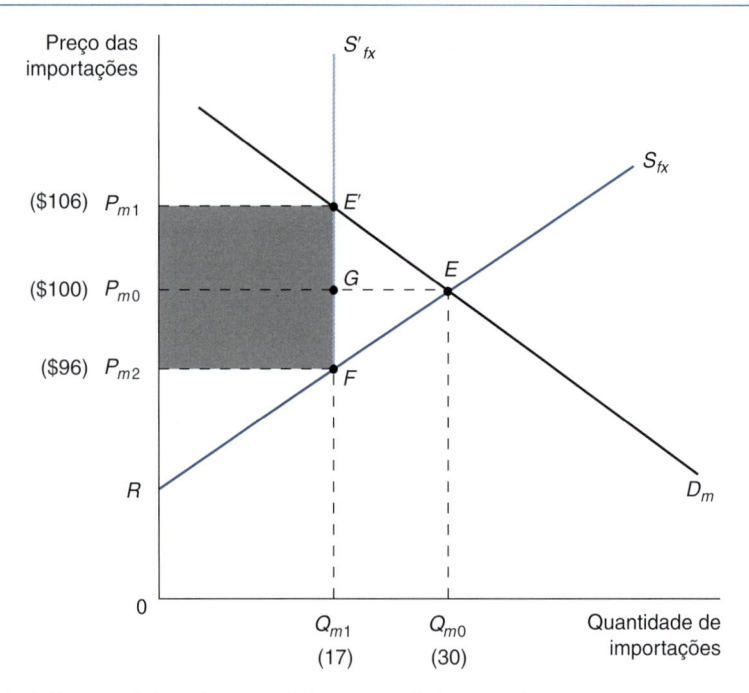

O equilíbrio de livre-comércio está no ponto E, intersecção de RS_{fx} e D_m. Se uma cota de importação de tamanho Q_{m1} é imposta, a tabela de oferta de exportações aumenta de P_{m0} para P_{m1}, em virtude da escassez artificial, enquanto o preço no mercado mundial cai para P_{m2}. A área sombreada representa o lucro ou a renda da cota.
O impacto de bem-estar da cota depende muito de quem recebe essa renda.

não retaliarão.) Em nosso exemplo numérico, a área $GE'E = \$39$ e a área $P_{m2}P_{m0}GF = \$68$. Mas se toda a área de renda da cota $P_{m2}P_{m1}E'F$ for apreendida por fornecedores estrangeiros ou governos estrangeiros com um aumento no preço do bem, a renda será apreendida pelo país exportador. O efeito de bem-estar líquido da cota seria então com certeza pior do que aquele da tarifa para o país doméstico (importador). O efeito de bem-estar líquido da *tarifa* é a área de ganho $P_{m2}P_{m0}GF$ ($\$68$) menos a área de perda $GE'E$ ($\$39$); o efeito de bem-estar líquido da *cota* será uma perda se o país estrangeiro apreender a renda da cota de *ambas* as áreas $GE'E$ ($\$39$) e $P_{m0}P_{m1}E'G$ [($\$106 - \$100 \times 17) = \$102$]. (Note que a área $P_{m2}P_{m0}GF$ não é uma perda da quebra de livre-comércio em virtude da área direcionada ao país estrangeiro sob livre--comércio como parte de recebimentos de exportação.)

Uma VER é ilustrada como a cota de importação da Figura 20, pois o impacto no preço doméstico e a quantidade de importação são os mesmos. Entretanto, a diferença importante entre os dois instrumentos é que a área de renda da cota é agora com quase toda a certeza apreendida pelo fornecedor ou governo estrangeiros. Com a quantidade restrita em vigor e sob controle do país exportador, esse país pode aumentar o preço até P_{m1}. O efeito de bem-estar para o país importador pela VER é, assim, uma perda igual à da cota de importação quando os exportadores estrangeiros apreenderam a renda da cota. Se fornecedores estrangeiros não apreendem a renda da cota de importação, a perda ao país importador pela VER excede a perda pela cota de importação, que, por sua vez, não pode ser menor do que aquela com uma tarifa.

Impacto de uma taxa de exportação

O impacto de uma taxa de exportação pelo país estrangeiro pode ser analisado de maneira paralela a uma tarifa de importação. (Espera-se que essa discussão não esteja ficando muito cansativa!) Novamente, a taxa pode ser de natureza específica ou *ad valorem*, mas os princípios básicos são os mesmos. A Figura 21 ilustra a imposição de uma taxa de exportação específica. A tabela de oferta de exportações, S_{fx}, inclina-se ascendentemente, e a tabela de demanda para importações, D_m,

FIGURA 21 A imposição de uma taxa de exportação

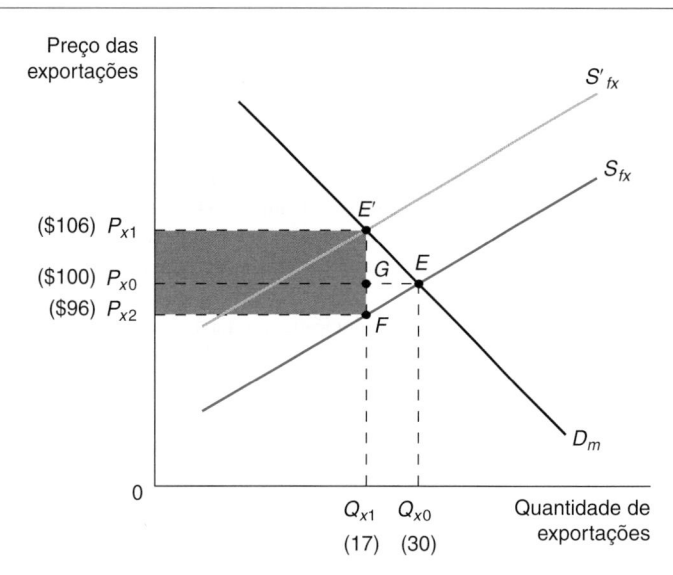

A posição de livre-comércio está em E, o ponto de intersecção da tabela de oferta de exportações (S_{fx}) e a tabela de demanda para importações (D_m). Com uma taxa de exportação específica, S_{fx} muda para S'_{fx}. Com a taxa em vigor, os compradores do país importador pagam o preço mais alto P_{x1} por unidade em vez do preço de livre-comércio P_{x0}, e os fornecedores da exportação recebem a menor quantia P_{x2} por unidade (em vez de P_{x0}). A quantidade de exportações cai de Q_{x0} para Q_{x1} em virtude da imposição da taxa. A receita da taxa de exportação está indicada pela área sombreada. O país que impôs a taxa melhora seu bem-estar se a área $P_{x0}P_{x1}E'G$ for maior que a área FGE.

inclina-se descendentemente da maneira usual. Antes da imposição da taxa, o equilíbrio de mercado está no ponto E com o preço P_{x0} e a quantidade Q_{x0}. Quando a taxa é imposta, a tabela de oferta de exportações muda ascendentemente (um decréscimo na oferta), tornando-se S'_{fx}. Com a taxa em vigor, o preço da exportação no mercado *mundial* é P_{x1} ($106), e a quantidade vendida é Q_{x1} (17), no novo ponto de equilíbrio E'. O país grande exportador foi, assim, capaz de forçar o preço mundial até um certo ponto em virtude do decréscimo na oferta. Entretanto, o preço que os exportadores recebem após pagarem a taxa cai para P_{x2} ($96), pois, com menor quantidade do bem exportado, vende-se mais em seu mercado doméstico, diminuindo o preço doméstico. O governo do país exportador coleta receita da área sombreada $P_{x2}P_{x1}E'F$ [($106 − $96)(17) = $170] da taxa. Um pouco da receita é economicamente paga pelo comprador do país importador (área $P_{x0}P_{x1}E'G$ [($106 − $100)(17) = $102]), e o restante é pago pelo produtor (área $P_{x2}P_{x0}GF$), por meio de recebimento de receitas mais baixas. A taxa de exportação prejudica os produtores do país exportador, mas seus consumidores ganham por meio de um preço doméstico reduzido. Isso é oposto ao caso de uma tarifa de importação por um país, em que os produtores do país importador ganham por meio do preço doméstico mais alto e seus consumidores saem prejudicados.

Examinemos agora os efeitos do bem-estar desta taxa no país que a impõe. Na Figura 21, o preço de exportação do país exportador aumenta de P_{x0} para P_{x1}. Se os preços de importação permanecem os mesmos, os termos de comércio ($P_{\text{exportações}}/P_{\text{importações}}$) aumentarão em virtude da taxa. Devido à melhora nos termos de comércio, o efeito no bem-estar pode ser positivo para o país exportador. Na Figura 21, o triângulo FGE representa a perda com peso morto associada à taxa de exportação; ela corresponde conceitualmente aos triângulos ghf e ikj da Figura 12 neste capítulo. Ela corresponde porque a base combinada dos dois triângulos na Figura 12 representa a queda nas exportações, assim como ($Q_{x0} − Q_{x1}$ = 13) na Figura 21, e a redução no preço era o antigo preço pré-taxa menos o novo preço pós-taxa doméstico ($P_{x0} − P_{x2}$ = $100 − $96), o que equivale a ($P_{m0} − P_{m2}$) na Figura 12. A área retangular $P_{x0}P_{x1}E'G$ indica a transferência de bem-estar como receita da taxa para o governo a partir dos compradores do bem exportado no país importador e potencialmente contrabalança as perdas com peso morto da taxa de exportação na Figura 21. O país grande ganhará (perderá) com a taxa de exportação se a área $P_{x0}P_{x1}E'G$ for maior (menor) que a área FGE. Em nosso exemplo, a área $P_{x0}P_{x1}E'G$ = ($106 − $100)(17) = $102 e a área FGE = [(1/2)($100 − $96)(30 − 17) = $26], então o país exportador ganha ($102 − $26) = $76.

O IMPACTO DE UM SUBSÍDIO DE EXPORTAÇÃO

Um subsídio de exportação é, na verdade, uma taxa de exportação negativa, e a analítica dos dois aparatos são similares. Na Figura 22, o equilíbrio no gráfico entre demanda de importação e oferta de exportação está inicialmente no ponto E, com preço a P_{x0} ($55) e quantidade exportada Q_{x0}. Quando o governo do país exportador fornece um subsídio de exportação, digamos, de $10 por unidade, a tabela S_{fx} muda da forma vertical *descendente* (um aumento na oferta) para S'_{fx} mostrado como uma mudança paralela, uma vez que consideramos que um subsídio de quantidade monetária fixa por unidade exportada é pago. O novo preço no qual o exportador pode vender o bem é P_{x2} ($49), e o novo equilíbrio está no ponto E' com a quantidade Q_{x1} (9). Como há agora incentivo relativamente maior para o produtor do bem exportar, em vez de vender em seu mercado doméstico, a quantia reduzida do bem no país exportador faz o preço aumentar até P_{x1}. (Com o preço P_{x1}, a empresa recebe a mesma quantia por unidade de vendas em cada mercado, porque o preço P_{x1} equivale ao preço de exportação P_{x2} mais o subsídio por unidade recebido por exportar o bem.) Assim, os consumidores domésticos são prejudicados quando seus produtores recebem um subsídio de exportação. Uma possível fonte adicional de prejuízo ao país exportador é que o subsídio de exportação (diferentemente da taxa de exportação ou da tarifa de importação) não traz receita ao governo. Ao contrário, o subsídio requer despesa governamental. O montante de subsídio requerido para a quantidade de exportação Q_{x1} (nove unidades) na Figura 22 é representado pela área sombreada $P_{x2}P_{x1}FE'$, que é a quantidade do subsídio por unidade de exportações [distância vertical $E'F$ – igual à distância ($P_{x1} − P_{x2}$)] multiplicada pelo número de unidades da exportação (a distância horizontal da origem à quantidade de exportação Q_{x1}). O custo total do subsídio é ($59 − $49)(9) = $90.

Por fim, no que diz respeito ao bem-estar em um país grande, no caso de um subsídio de exportação para o país que emprega o subsídio, o triângulo EFG representa as perdas com peso morto. Essa área é conceitualmente equivalente aos triângulos f e g na Figura 13, na qual a soma das bases dos dois triângulos foi exportações acrescidas devido ao subsídio de exportação, assim como é a extensão EG ou ($Q_{x1} − Q_{x0}$ = 5) na Figura 22. De maneira similar, a altura dos triângulos f e g na Figura 13 indicava a diferença entre o preço de mercado no país exportador com o subsídio de exportação e o preço de mercado internacional sem

FIGURA 22   Um subsídio de exportação

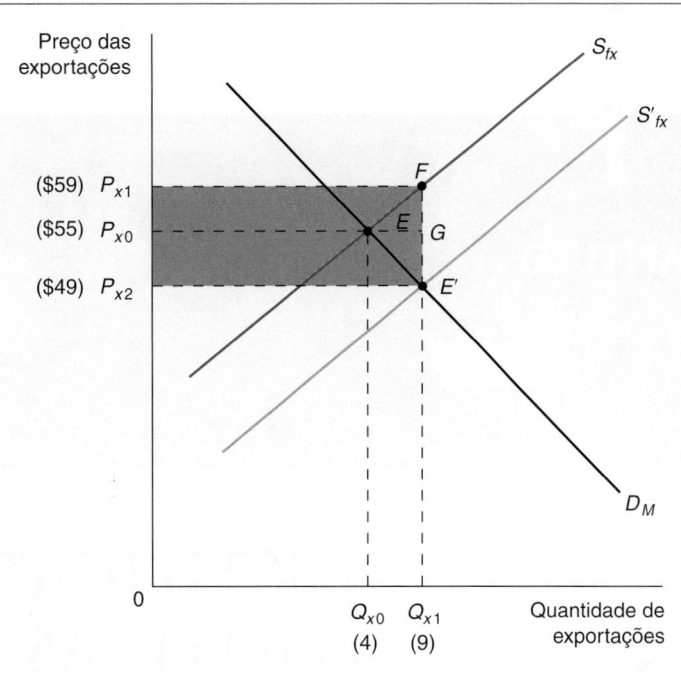

A posição de equilíbrio de livre-comércio está no ponto E. Com um subsídio de exportação, a tabela S_{fx} de oferta de exportações muda verticalmente para baixo (para S'_{fx}), pela quantia do subsídio por unidades da exportação. Como o produtor pode agora vender o bem pelo preço menor P_{x2} no mercado mundial (em vez de P_{x0}), a quantidade exportada aumenta de Q_{x0} para Q_{x1}. O preço para compradores domésticos aumenta de P_{x0} para P_{x1}, porque uma menor quantidade do bem está disponível para consumo no país exportador. A área sombreada representa a despesa total do governo na forma de subsídio às empresas exportadoras. O bem-estar declina inequivocamente no país exportador.

o subsídio – assim como a extensão FG ou $(P_{x1} - P_{x0})$ na Figura 22. Para fins de bem-estar, o país *também* perde a área $P_{x2}P_{x0}GE'$, o montante da redução de preço aos compradores (por causa do subsídio de exportação) multiplicado pela quantidade de exportações. O subsídio de exportação tem *uma perda* para o país grande que o utiliza, o que não ocorreu no caso do país pequeno. Neste exemplo, a perda total é da área EFG [$^1/_2(\$59 - \$55)(9 - 4) = \$10$] mais a área $P_{x2}P_{x0}GE'$[$(\$55 - \$49)(9) = \$54$], ou uma perda total de $64.

CAPÍTULO

15

JUSTIFICATIVAS PARA POLÍTICAS COMERCIAIS INTERVENCIONISTAS

OBJETIVOS DE APRENDIZADO

- Entender por que os instrumentos de política comercial frequentemente compõem uma política social mais ampla, e por que outros instrumentos de política poderiam ser menos dispendiosos.

- Avaliar a eficácia da política comercial diante das imperfeições do mercado.

- Reconhecer as justificativas econômicas inválidas para proteção.

- Entender o papel da política comercial na promoção de setores estratégicos e vantagem comparativa dinâmica.

CAPÍTULO 15 JUSTIFICATIVAS PARA POLÍTICAS COMERCIAIS INTERVENCIONISTAS

Introdução

Quase diariamente são publicados artigos em jornais em que uma pessoa ou um determinado grupo justifica a imposição de proteção às importações de bens e serviços. Muitas dessas justificativas são fruto de uma longa história, de maneira surpreendente, continuam a influenciar elaboradores de políticas públicas e o público em geral. As declarações a seguir apresentam exemplos do tipo de justificativas que ainda é encontrado:

Cobrar um imposto de 15% sobre todos os produtos e bens importados para tornar os produtos feitos nos Estados Unidos competitivos seria uma forma adequada de declarar nossa independência econômica. (Patrick J. Buchanan, 1998)

Eu não sei muito sobre impostos, mas sei que quando compramos os produtos nacionais recebemos tanto o produto quanto o dinheiro, mas quando os importamos recebemos apenas o produto e o dinheiro vai para o país exportador. (Declaração normalmente atribuída a Abraham Lincoln)

Nós devemos subsidiar a indústria pesada e criar impostos para proteger nossos fabricantes da concorrência estrangeira. (Eamonn Fingleton, *In Praise of Hard Industries*)

Precisamos estabelecer políticas de impostos e cotas a fim de proteger nossos fabricantes da mão de obra estrangeira barata.

É importante restringir as importações a fim de interromper a perda de postos de trabalho e as exportações dos empregos dos Estados Unidos para o resto do mundo.

Quais dessas justificativas têm mérito econômico? Quais não têm? É óbvio que o povo norte-americano e seus representantes eleitos têm propensão a serem influenciados no que diz respeito a esse assunto, pois vários grupos gastam milhões de dólares todos os anos numa tentativa de influenciar as políticas públicas para que criem novas leis a fim de restringir o comércio internacional. Considerando que, em princípio, a maioria dos economistas pelo menos concorda que o comércio aumenta o bem-estar geral de um país, é surpreendente notar o quanto muitos interesses individuais estão dispostos a gastar a fim de reduzir o comércio internacional. Neste capítulo, apresentamos uma série de justificativas para proteção e, em seguida, avaliamos a validade de cada perspectiva econômica. No final de cada caso, questionamos se um instrumento de política alternativa cumpriria melhor o papel de atingir o objetivo de política de comércio restritiva. Pelo fato de os economistas pensarem em termos de alternativas e benefícios no que diz respeito a custos, perguntamos: "Dado o objetivo, quais são os benefícios e os custos de uma política de comércio restritiva comparados com aqueles de uma outra política?".

Finalmente, deve-se levar em conta (como bem colocado por Ingram, 1986, p. 341) que a perspectiva sob a qual uma justificativa para proteção é ditada é importante. Por essa razão, decidimos organizar a apresentação dessas justificativas em termos da natureza da questão da política que está sendo tratada. A apresentação começa examinando o número de justificativas que tendem a ser propostas sob uma perspectiva nacional, em que os instrumentos de política comercial fazem parte de uma política social mais ampla que afeta a nação como um todo. Depois, examinaremos propostas de proteção que são sugeridas como forma de compensar vários tipos de imperfeições do mercado, tais como aquelas decorrentes de concorrência imperfeita e exterioridades de tipos variados. A terceira parte examina justificativas para proteção elaboradas em resposta a distorções de política resultantes de ações dos parceiros comerciais. Na sequência, é apresentado um breve resumo de justificativas variadas que reaparecem outras vezes ao longo do texto, mas têm pouca ou nenhuma base econômica. Finalmente, a última parte da apresentação contém algumas das principais justificativas que enfocam o comércio temporariamente restrito como estratégia para reforçar as vantagens comparativas através do tempo, particularmente no que diz respeito à fabricação. O capítulo é encerrado com um breve resumo e conclusões.

Política comercial como parte de objetivos mais amplos de política social de uma nação

A política comercial é frequentemente conduzida como um componente de pacote de políticas que é dirigido para melhorar o bem-estar de diferentes grupos da sociedade ou alcançar determinados objetivos nacionais e internacionais. Desta perspectiva, as restrições comerciais são promovidas para o povo em geral em termos de, por exemplo, influenciar a distribuição de renda, fortalecer a defesa nacional, manter o poder global e aprimorar a equidade internacional. Nesta seção, revisamos as justificativas mais comuns para proteção que entram em cena como parte de um pacote de política conduzido a fim de atingir objetivos mais amplos de política social.

Impostos comerciais como fonte de receita governamental

Para muitos países, os impostos sobre o consumo são importante fonte de receita governamental. Isto é particularmente verdadeiro naqueles casos em que é difícil para os governos usar efetivamente impostos sobre a renda e propriedade para gerar a receita necessária para financiar gastos públicos. Neste exemplo, os governantes normalmente aplicam impostos comerciais juntamente com outros impostos sobre as vendas locais a fim de gerar a receita necessária. A decisão de se aplicar impostos comerciais em vez de estabelecer outras formas de tributação para custear os gastos do governo neste contexto social mais amplo traz aspectos de eficiência e equidade de impostos. No caso de alguns grandes países, é possível também que eles sejam capazes de transferir alguma incidência de imposto para os parceiros comerciais. Este caso demonstra claramente como a política social mais ampla de arrecadação de impostos comerciais prevalece e poderia resultar na imposição de taxas comerciais como parte de um conjunto de políticas governamentais amplas. No longo prazo, entretanto, as mudanças no cenário institucional permitirão que sejam incluídas bases mais amplas de impostos (inclusive propriedade e renda) que provavelmente mostrarão ser mais benéficas para o país. No caso dos Estados Unidos, os impostos comerciais proporcionam uma parcela extremamente pequena da receita atual dos países, ao passo que há um século o comércio e os impostos sobre o consumo eram a principal fonte de receita e renda do governo norte-americano, e os impostos sobre a propriedade eram consideravelmente menos importantes. Vale a pena notar, entretanto, que os tributos comerciais continuam a ser uma importante fonte de receita governamental para muitos países no mundo. Não causa surpresa o fato de que a maioria desses países está no mundo em desenvolvimento.

Justificativa de defesa nacional para uma tarifa

A **justificativa de defesa nacional** para uma tarifa pressupõe que um determinado setor é vital para a segurança de um país porque seu produto ou as habilidades para desenvolvê-lo são inestimáveis para o país em tempos de guerra ou de emergência nacional. Se o livre-comércio do produto em questão em tempos de paz for permitido, as importações podem abocanhar a maior parcela do mercado, e ou expulsar os produtores locais do setor ou reduzir o tamanho do setor. Entretanto, em tempos de emergência nacional ou de conflito mundial, os padrões comerciais normais podem ser rompidos e o fornecimento de importações, cortado. Se ocorrer um rompimento, o país sofrerá com o fornecimento inadequado do produto e a segurança nacional ficará ameaçada. Para impedir que esta ameaça se torne realidade no futuro, o setor deve ser protegido no momento atual. A proteção tarifária promove o desenvolvimento do setor, e a segurança nacional não será afetada se houver conflito ou rompimento.

Que atitude tomar diante desta justificativa? Deve-se reconhecer que não é fácil identificar quais setores são vitais para a defesa nacional. De fato, em pedidos por proteção, quase todos os setores defendem sua importância para a segurança do país. Por exemplo, o setor de relógios de pulso dos Estados Unidos obteve, com sucesso, proteção usando esta justificativa, e (veja Ingram e Dunn, 1993, p. 154) mesmo os setores de alho e prendedores de roupas pediram proteção usando a justificativa de defesa nacional. A determinação de quais setores são verdadeiramente vitais é extremamente difícil e, em última instância, deve ser feita por meio de um processo político.

Uma vez que um setor tenha sido considerado vital para a segurança nacional, a tarefa do economista é assinalar quais políticas, além da tarifária, podem ter um custo de bem-estar mais baixo para o país. Por exemplo, a mercadoria pode ser estocada – como o petróleo dos Estados Unidos com a Strategic Petroleum Reserve – e, assim, ter disponibilidade quando os fornecimentos estrangeiros são interrompidos. Ou, no caso do setor de semicondutores dos Estados Unidos, uma empresa de pesquisa e desenvolvimento (Semantech) em conjunto com o governo foi criada para assessorar o setor. Foi possível oferecer um subsídio de produção para manter as empresas locais

NO MUNDO REAL:
A IMPORTÂNCIA RELATIVA DOS IMPOSTOS COMERCIAIS COMO FONTE DE RECEITA DO GOVERNO

Os tributos comerciais continuam a figurar como parte importante das finanças do governo em muitos países. Este é especialmente o caso dos países que não têm tradição institucional de financiar despesas do governo com tributos sobre renda, riqueza e propriedade. Portanto, eles confiam em tributos sobre transação, mais frequentemente de natureza de consumo, para financiar programas de governo. Vários países se fiam em tributos comerciais, porque eles são mais facilmente recebidos após importação ou exportação. No caso de países ricos, podem ser repassados em parte a países que estão importando a mercadoria. Isto é particularmente verdadeiro para os países que exportam mercadorias cuja demanda estrangeira é relativamente inelástica. Na Tabela 1, a importância relativa de tributos de comércio é indicada para países selecionados. (Seguimos a classificação de países do Banco Mundial.) Não surpreende o fato de os tributos comerciais serem geralmente de importância relativa para os países de renda elevada, mas extremamente importantes para países de média e baixa renda.

TABELA 1 Tributos como porcentagem da receita do governo central

País	Ano	Porcentagem	País	Ano	Porcentagem
Países de renda elevada					
Bahrain	2005	8,98%	Suíça	2002	1,22%
Rep. da Coreia	2005	3,35	Estados Unidos	2005	1,11
Austrália	2005	2,22	Islândia	2002	0,96
Kuwait	2005	1,89	Holanda	2005	0,81
Canadá	2005	1,27	Noruega	2005	0,19
Países de renda média					
Suazilândia	2003	47,66%	Peru	2005	5,69%
Lesoto	2004	45,16	Geórgia	2005	5,61
Rússia	2005	24,19	Moldávia	2005	5,50
Ilhas Maurício	2005	19,86	Costa Rica	2005	5,07
Guatemala	2005	15,00	Cazaquistão	2005	3,63
Argélia	2002	12,94	Indonésia	2004	3,02
Jordânia	2005	11,46	Colômbia	2005	3,01
Tailândia	2005	7,48	Estônia	2004	0,22
El Salvador	2005	6,56	Eslováquia	2005	0,11
Irã	2005	5,93			
Países de baixa renda					
Bangladesh	2004	32,56%	Nepal	2005	19,04%
Gana	2004	28,51	Índia	2002	14,85
Rep. Dem. do Congo	2002	27,40	Quênia	2004	11,17
Serra Leoa	2004	26,96	Burkina Fasso	2005	10,83

Nota: Alguns dados de 2005 não são definitivos.
Fonte: International Monetary Fund, *Government Finance Statistics Yearbook 2006* (Washington, DC: International Monetary Fund, 2006), várias páginas.

em atividade; conforme foi observado no Capítulo 14, um subsídio tem uma perda mais baixa de peso morto do que uma tarifa. Além disso, a carga de proteção do setor seria suportada por todos os contribuintes (que se beneficiam da "defesa") e não simplesmente pelos consumidores do produto específico. Todos os anos, o Congresso norte-americano, por exemplo, revê o mérito de se manter um subsídio, portanto há oportunidade de reavaliar o valor da proteção. Por outro lado, uma tarifa tende a permanecer na estrutura tarifária, porque não é exigida uma revisão regular da política. Os economistas, então, podem sugerir outros instrumentos superiores à tarifa.

Tarifa melhora a balança comercial

A justificativa de que uma **tarifa melhora a balança comercial** diz que a imposição da tarifa reduza as importações. Pressupondo-se que as exportações não sejam afetadas, o resultado óbvio é que a balança comercial melhore, porque ela (o valor das exportações menos o valor das importações) se torna menos negativa (isto é, o déficit comercial é reduzido) ou um déficit se transforma em excedente.

O economista responde a esta justificativa dizendo que ele deixa de reconhecer as repercussões econômicas e políticas dessa ação mercantilista, e o resultado final quando essas repercussões são levadas em conta pode ser a não melhoria na balança comercial e uma redução no bem-estar do país (e do mundo).[1] Entre essas repercussões, incluem-se os seguintes exemplos:

1. Retaliação pelos parceiros comerciais.

2. Redução na renda nacional no exterior e capacidade reduzida dos países estrangeiros no que diz respeito à compra dos produtos do país local.

3. Redução nas exportações do país local se as importações agora excluídas fossem insumos no processo de produção das exportações do país local.

4. Redução nas exportações e um aumento nas importações do país local por causa de um aumento no valor da moeda do país local.

5. Redução nas exportações e um aumento nas importações do país local, por causa de pressões inflacionárias no país local. Como a aplicação de uma tarifa resulta em fazer com que a demanda por produtos do país local curve-se para dentro, essa nova demanda pode gerar pressões no preço para cima se o país local estiver próximo ao emprego total. Se surgirem tendências inflacionárias, as empresas do país local se tornam menos competitivas nos mercados mundiais e no mercado local em relação às mercadorias de outros países.

Portanto, a aplicação de uma tarifa não é garantia de que a balança comercial melhorará. Além disso, várias discussões realizadas nos últimos anos tiveram o foco no déficit comercial como sendo essencialmente um fenômeno macroeconômico, e, quanto à tarifa em si, como não tendo ela praticamente efeito sobre a balança comercial porque não trata de variáveis macroeconômicas relevantes. A questão sobre a **interpretação macroeconômica de um déficit comercial** pode ser simplesmente elaborada. No equilíbrio macroeconômico em um modelo simples de renda nacional,

$$Y = C + I + G + (X - M)$$

Em que: Y = renda nacional
C = consumo
I = investimento
G = gasto do governo em bens e serviços
X = exportações
M = importações

---

[1] A visão míope da justificativa de balança comercial foi soberbamente ridicularizada por Henry George (1911, originalmente 1886, p. 117), quando ele disse que "segundo a mesma teoria, quanto mais navios afundavam no mar, melhor era para o mundo comercial. Ter todos os navios afundados antes que conseguissem chegar a qualquer outro país, sob princípios protecionistas, seria a maneira mais rápida de enriquecer o mundo todo, uma vez que os países aproveitariam o máximo de exportações com o mínimo de importações".

Se reformularmos esta expressão, obteremos:

$$Y - (C + I + G) = (X - M)$$

Pelo fato de $(C + I + G)$ indicar gasto local (por consumidores, negócios e governo), a conclusão é que se existe um déficit comercial (isto é, se $X < M$), isto ocorre porque $Y < (C + I + G)$ ou a renda é menor do que o gasto local. Em outras palavras, o país está gastando além das suas possibilidades. A única maneira de reduzir o déficit é aumentar Y, reduzir o gasto, ou efetuar alguma combinação dos dois. Se o déficit é um problema macroeconômico, uma tarifa provavelmente não terá muita serventia, especialmente se a economia estiver próxima do emprego total e a renda, como resultado, não puder ser aumentada de modo significativo.

Mesmo ignorando-se a interpretação macroeconômica do déficit, uma outra política, além de uma tarifa, poderia eliminar ou reduzir um déficit comercial. O país perderia menos no que diz respeito ao bem-estar se adotasse uma economia que opera sobre a balança comercial em sua totalidade, ou seja, uma desvalorização ou depreciação da moeda (pressupondo-se que algum valor fixo de moeda estivesse inicialmente em vigor). A questão a ser considerada aqui é que políticas exceto do estabelecimento de uma tarifa podem realizar o objetivo específico.

A justificativa de termos comerciais para proteção

A **justificativa de termos comerciais** para proteção sustenta que o bem-estar nacional pode ser aprimorado por meio de um instrumento restritivo de política comercial. Ela reconhece que a atenção para o bem-estar mundial será reduzida com o desvio do livre-comércio, porque os ganhos sociais do país local são mais do que compensados pelas perdas que ocorrem em outros países. Ao ganhar às custas dos países estrangeiros, a justificativa de termos comerciais assemelha-se a muitas outras justificativas para proteção na medida em que a política protecionista é, por conseguinte, uma **política de empobrecer o vizinho**.

A justificativa de termos comerciais estabelece que a política comercial restritiva pode aumentar o coeficiente de $P_{exportações}/P_{importações}$ (P_X/P_M) e, por conseguinte, melhorar o bem-estar de um país. No que diz respeito à economia, a aplicação de uma tarifa estabelecida pelo país local reduz a demanda pela mercadoria estrangeira no mercado mundial. Consequentemente, o preço mundial da mercadoria importada cairá e P_X/P_M aumentará. A aplicação de uma tarifa, portanto, pode levar a um aumento do bem-estar local, apesar de o bem-estar estrangeiro diminuir à medida que os termos comerciais de mercadorias de países estrangeiros declinam. Enfatizamos que somente um grande país pode empregar a justificativa de termos comerciais com algum sucesso, porque o país que impõe a tarifa precisa ter a possibilidade de influenciar seus termos comerciais.

A justificativa de termos comerciais é melhor entendida com um diagrama de curva da oferta. Na Figura 1, OC_I representa a curva de oferta do país local (país I), ao passo que OC_{II} é a curva da oferta do país estrangeiro (país II). No livre-comércio, os termos comerciais são TT_1. Se o país I aplicar uma tarifa, sua curva da oferta muda para OC'_I, estabelecendo o novo equilíbrio em E'. Enquanto as exportações do país I são reduzidas de $0x_1$ para $0x_2$ e suas importações, de $0y_1$ para $0y_2$, os termos comerciais melhoraram de TT_1 para TT_2. Portanto, há possibilidade de aumentar o bem-estar para o país I, porque ele está recebendo mais importações para cada unidade de suas exportações. Alternativamente, ele está abrindo mão de menos exportações para cada unidade obtida de importações. No que diz respeito ao bem-estar, isto significa que o país está potencialmente "melhor colocado".

Entretanto, a justificativa de termos comerciais ainda não está completa. O que não foi levado em conta em relação ao bem-estar é que a quantidade de importações caiu com a imposição da tarifa. Uma vez que ocorre a redução na quantidade e os outros fatores permanecem iguais, o nível do bem-estar do país I é reduzido, pois o consumo das importações de baixo custo do país, em relação às quais a produção local está em desvantagem comparativa, foi reduzido. Na soma, o país I ganha por causa de um preço mundial baixo da mercadoria importada, mas perde por causa de uma quantidade menor dessa mercadoria. Esta consideração adicional sobre quantidades diminuídas é colocada na análise por meio do conceito de tarifa ótima. A **tarifa ótima** é aquela que maximiza o bem-estar do país. Conceitualmente, é a tarifa cuja diferença positiva entre o ganho proveniente de melhores preços e a perda proveniente de quantidade

FIGURA 1   Uma tarifa melhora os termos comerciais

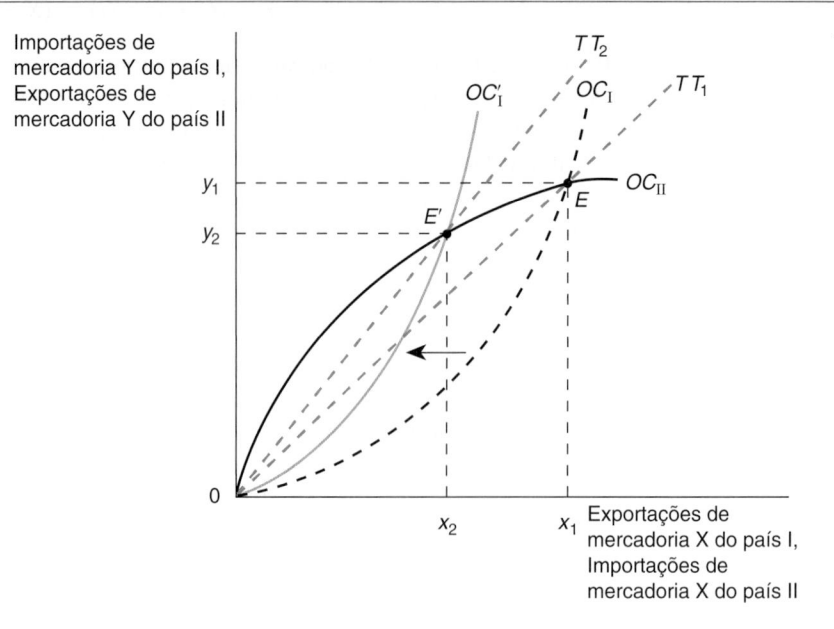

[Figura: Eixo vertical — Importações de mercadoria Y do país I, Exportações de mercadoria Y do país II. Eixo horizontal — Exportações de mercadoria X do país I, Importações de mercadoria X do país II. Curvas OC_I, OC'_I, OC_{II}; raios TT_1, TT_2. Pontos de equilíbrio E em (x_1, y_1) e E' em (x_2, y_2).]

O equilíbrio inicial de livre-comércio está no ponto E, a intersecção da curva de oferta de livre-comércio do país I em OC_I e a curva de oferta de livre-comércio do país II em OC_{II}. A imposição de uma tarifa do país I muda sua curva de oferta de OC_I para OC'_I, pois o país não está disposto a negociar com base nas taxas anteriores, TT_1. Por causa da tarifa, o novo equilíbrio está no ponto E'. As exportações da mercadoria X do país I caem de $0x_1$ para $0x_2$, e suas importações da mercadoria Y caem de $0y_1$ para $0y_2$. Entretanto, os termos comerciais para o país I melhoram de TT_1 para TT_2, e cada unidade das exportações do país I agora exige uma quantidade maior de importações.

reduzida de importações está em um máximo. Se a tarifa é mais elevada do que esta taxa ótima, o bem-estar está abaixo do máximo, porque o ganho adicional de melhores termos comerciais é mais do que compensado pela perda adicional proveniente da quantidade reduzida de importações. De maneira similar, em uma tarifa abaixo da ótima, os ganhos não explorados provenientes da melhoria de termos comerciais excedem as perdas provenientes da redução adicional na quantidade de importações.

O que caracteriza a tarifa ótima de um país? Em primeiro lugar, a tarifa ótima para o país I envolve a intersecção da curva de oferta do país I com a curva de oferta do país II na parcela *elástica* da curva do país II. Se a curva de oferta do país I com uma tarifa interseccionasse na parcela inelástica da curva de oferta estrangeira, a tarifa não poderia ser "ótima" para o país I, porque uma tarifa ainda mais alta melhoraria os termos comerciais do país I *e* aumentaria sua quantidade de importações. (Lembre-se de que a parcela inelástica da curva de oferta tem inclinação descendente). Se a curva de oferta do país I com uma tarifa interseccionasse na parcela de elasticidade unitária da curva do país II, a tarifa também não poderia ser "ótima", porque uma tarifa ainda mais elevada melhoraria os termos comerciais do país I e ainda renderia a mesma quantidade de importações do país I. (Lembre-se de que uma parcela de elasticidade unitária da curva de oferta do país II seria horizontal.) Não estenderemos o assunto sobre tarifa ótima aqui, e na verdade tal taxa é extremamente difícil de se calcular. A questão mais importante a ser lembrada é que a melhoria dos termos comerciais não significa necessariamente que o bem-estar no país que impõe a tarifa será melhorado.

Até que ponto é válida a justificativa de termos comerciais como guia para uma política? Os economistas concordam que a justificativa logicamente leva à conclusão de que a imposição da tarifa, uma vez que as outras coisas permaneçam iguais, poderia melhorar o bem-estar do país que impõe a tarifa. Se o objetivo de um país é unicamente melhorar seus termos comerciais, nenhum instrumento local de política, tal como subsídio para produção de concorrência de importação, é superior à tarifa para fazer isto. Entretanto, o argumento de termos comerciais é um argumento de empobrecer o vizinho porque o bem-estar do país parceiro cai. Como o parceiro comercial é prejudicado pela tarifa, provavelmente ele retaliará com uma tarifa própria. Nesse caso, ambos os países acabarão com o bem-estar reduzido se comparado com suas situações sob livre-comércio. Se ocorrer retaliação contínua, o comércio se reduz drasticamente no diagrama da curva de oferta, e nenhum dos países acabará com termos comerciais melhores do que durante o livre-comércio inicial. A retaliação potencial e outras consequências (tais como prejuízos para outros países) podem explicar em parte por que grandes países como Estados Unidos e Japão não têm frequentes disputas de tarifa de grande escala. (Veja, por exemplo, Petri 1984, cap. 7.)

Tarifa reduz o desemprego agregado

A justificativa de que a **tarifa para reduzir o desemprego agregado** é como se segue: se um país tem desemprego em tempos de inatividade, a imposição de uma tarifa resultará em uma mudança de demanda pelos consumidores locais de mercadorias estrangeiras para mercadorias produzidas localmente. Por causa desse aumento na procura, os setores locais vão expandir sua produção e, nisso, vão contratar mais mão de obra e, consequentemente, contribuir para a redução de desemprego no país. A nova mão de obra contratada também ganhará renda a ser gasta e, pelo conhecido processo multiplicador keynesiano, outros setores da indústria se vão expandir e criar novos empregos. Portanto, a tarifa cumpriu seu objetivo.

Ao avaliar esta justificativa, o economista levanta várias questões, a maioria focada na possibilidade de que muito poucos novos empregos serão criados pela tarifa. O país local pode perder empregos em setores de *exportação* até um ponto em que o efeito líquido sobre emprego seja insignificante ou até negativo. A perda de empregos nos setores de exportação locais pode ocorrer pelas seguintes razões:

1. O aumento de emprego nos setores que substituem importação no país local ocorre da maneira "empobrecer o vizinho", porque são perdidos empregos em países estrangeiros. Quando o país local reduz suas importações por causa da tarifa, há uma perda equivalente de exportações e consequentes perdas de emprego em outros países. Para que isto não ocorra, esses países podem impor tarifas retaliatórias que reduzem os empregos de *exportação* do país local.

2. Mesmo que não haja qualquer retaliação, as exportações do país local podem diminuir porque a redução nas importações dos países estrangeiros diminuiu sua renda nacional. Isto causa um corte nos gastos nas mercadorias de exportação do país local e reduz o emprego nos setores de exportação deste.

3. Se o país local tem uma taxa de câmbio livre para variação, então as moedas estrangeiras depreciarão quando este impuser a tarifa e comprar menos mercadorias estrangeiras. A compra de menos mercadorias estrangeiras implica que haja menor demanda para a moeda estrangeira para comprar essas mercadorias. A depreciação, ou queda no valor, de moedas estrangeiras é equivalente a um aumento no valor da moeda local, o que ajuda a reduzir as exportações locais (porque são necessárias mais unidades da moeda estrangeira para adquirir as mercadorias locais) e aumentar as importações do país local (que são agora relativamente mais baratas para os residentes locais). O efeito líquido do aumento no valor da moeda local é reduzir empregos nas exportações locais e nos setores de substituição de importação.

Podemos citar outras repercussões da imposição da tarifa, mas a questão principal deve ficar clara: não se tem certeza de que a tarifa alcançará o objetivo. Além disso, os economistas salientam que se a meta é aumentar o emprego, por que usar a tarifa quando outras políticas poderiam alcançar a meta mais diretamente e com mais certeza? As outras políticas – os instrumentos macroeconômicos de política monetária e fiscal – podem ser aplicadas de maneira expansionista a fim de aumentar o emprego. O emprego em países estrangeiros poderia também aumentar à medida que o país local usasse sua renda ampliada para adquirir mais importações e transmitir um pouco da sua expansão a outros países. Por conseguinte, o bem-estar em qualquer parte aumenta em vez diminuir, como aconteceria com uma tarifa. Se existe um problema tal como desemprego agregado, as políticas adequadas a serem aplicadas são aquelas que visam especificamente lidar com esse problema. Esta noção é conhecida como **princípio de especificidade**, e empregaremos esse princípio em algumas outras justificativas para proteção.

Tarifa aumenta o emprego em um setor específico

O argumento que diz que **tarifa aumenta o emprego em um setor específico** adota uma visão microeconômica da questão da emprego argumentando que se for dada proteção a um determinado setor, a demanda mudará da importação para o produto local, porque o preço da mercadoria importada aumenta em relação ao preço da mercadoria local. Esta mudança nas compras aumenta o preço do produto local, induzindo os produtores locais a fornecer uma quantidade maior. A produção dessas unidades adicionais resulta na contratação de mais mão de obra local, aumentando assim o emprego no setor local. Entretanto, novos empregos no setor protegido podem ser preenchidos às custas do emprego em outros setores. Assim, pode não haver um aumento de emprego total no país, mas este não é o objetivo da tarifa. Pelo contrário, a meta é aumentar o emprego no setor específico, e a tarifa conseguiu atingir esse objetivo.

Os economistas não discutem o fato de que a tarifa pode aumentar o emprego nesse setor. Entretanto, seu interesse na eficiência os leva a questionar se a tarifa é o melhor método de aumentar o emprego. Se a meta de acrescentar emprego nesse setor é aceita – mesmo que o emprego seja reduzido em algum outro lugar – um subsídio à produção ou emprego é uma maneira superior em bem-estar de atingir a meta em comparação com a aplicação de uma tarifa. (O Capítulo 14 mencionou a superioridade de um subsídio em relação a uma tarifa.) Por conseguinte, apesar desta justificativa para proteção poder ser teoricamente válida de sua perspectiva específica, esta validade não significa que a proteção de tarifa deva ser concedida. Um instrumento alternativo para prover empregos em um setor – um subsídio oferecido pelo governo local – pode cumprir a tarefa com um custo de bem-estar menor.

Tarifa beneficia um fator de produção escasso

O argumento que diz que **tarifa beneficia um fator de produção escasso** é uma justificativa mais sofisticada e rigorosa do que muitas outras justificativas para proteção. Ele não diz que o país como um todo se beneficia da proteção; em vez disso, ele é uma justificativa para proteção da perspectiva de um fator individual de produção. Apesar de o país como um todo sofrer com a redução do bem-estar da política comercial, o fator de escassez do país ganha. Esta análise foi desenvolvida no Capítulo 8 e não será repetida aqui.

Entretanto, duas questões devem ser enfatizadas na avaliação da justificativa. Primeiro, o país como um todo perde bem-estar pela imposição de uma tarifa; uma decisão política para redistribuir a renda em relação à mão de obra (ou o fator de escassez) por uma tarifa reduz o bem-estar nacional. Se os políticos desejarem fazer esta redistribuição, os economistas responderão que uma maneira mais eficiente de alcançar o objetivo é efetuar (se o processo político permitir) uma transferência direta tributando o capital (ou o fator de abundância) e concedendo a receita de impostos à mão de obra. Este processo direto não leva à perda de bem-estar associada à redução da participação do país no comércio internacional.

Segundo, pode ser que os países não tenham a mobilidade de fator completa implícita na justificativa; reveja o modelo de fatores específicos (veja o Capítulo 8). Se as pressuposições do modelo de fatores específicos forem mais relevantes do que aquelas do modelo Heckscher-Ohlin, a conclusão do fator de escassez não se mantém. Se for adotada a proteção, o retorno sobre o capital no setor de concorrência de importação aumentará, o retorno sobre o capital no setor de exportação diminuirá, e o salário aumentará. Entretanto, o impacto sobre os salários dos trabalhadores depende dos seus padrões de consumo. Se o padrão de consumo de um trabalhador pender em direção ao consumo da mercadoria de exportação, ocorrerá um ganho, porém, o trabalhador sofrerá redução no salário real se o padrão de consumo pender em retorno sobre a mercadoria de importação. Não se pode fazer um julgamento *a priori* quanto ao impacto sobre o fator de escassez. Ademais, se economias de escala e maior variedade de produto forem rele-

No mundo real:

Custos de proteção ao emprego no setor

As tarifas podem ter um impacto sobre o emprego e em setores específicos porque a imposição de uma tarifa estimula a produção de setores substitutos de importação à medida que os consumidores se desviam das importações de custo mais elevado em relação às mercadorias locais. Entretanto, os custos aos consumidores e ao país como um todo podem ser vultosos, e uma pergunta apropriada é se os altos custos são justificados diante da quantidade de emprego criada pela tarifa.

Os economistas Gary C. Hufbauer e Kimberly A. Elliott (1994) tentaram quantificar os custos de proteção de emprego.

A Tabela 2 apresenta uma amostra dos efeitos em 12 setores de restrições de importação variadas nos Estados Unidos. Os números são referentes ao ano de 1990. Estimativas deste tipo exigem muitas pressuposições e estão sujeitas a uma grande margem de erro; porém, alguns dos custos são desconcertantes!

Fica claro, de acordo com a tabela, que para se proteger o emprego de um trabalhador, o custo ao consumidor dessa atitude excede consideravelmente os salários dos trabalhadores nos setores listados. Seria mais barato fazer uma transferência monetária direta do salário anual dos consumidores para os trabalhadores (se isto fosse politicamente possível!).

TABELA 2 Custos ao consumidor por emprego poupado e custos de bem-estar para os Estados Unidos da proteção de vários setores, 1990

Setor com restrição à importação	Empregos poupados	Custo ao consumidor por emprego poupado	Custo anual de bem-estar para os Estados Unidos
Rolamentos	146	$ 438.356	$ 1.000.000
Químicos bezenoides	216	> 1.000.000	10.000.000
Bijuteria	1.067	96.532	5.000.000
Lacticínios	2.378	497.897	104.000.000
Suco de laranja concentrado congelado	609	461.412	35.000.00
Artigos de vidro	1.477	180.095	9.000.000
Malas	226	933.628	26.000.000
Máquinas-ferramentas	1.556	348.329	35.000.000
Resinas de polietileno	298	590.604	20.000.000
Calçados de borracha	1.701	122.281	12.000.000
Madeira resinosa	605	758.678	12.000.000
Calçados femininos, exceto esportivos	3.702	101.567	11.000.000

Fonte: Gary Clyde Hufbauer e Kimberly Ann Elliott, *Measuring the Costs of Protection in the United States* (Washington, DC: Institute for International Economics Internacional, 1994), p. 12-13, apêndices I e II.

vantes (conforme foi mencionado no Capítulo 10), todos os residentes de um país comerciante poderão ganhar independentemente do estado do fator de escassez.

Fortalecendo o "orgulho nacional" em setores-chave

Orgulhar-se de seu país pode ser claramente considerado como um objetivo social legítimo. Os países frequentemente se orgulham de serem capazes de produzir produtos específicos na medida em que tal produção serve como uma indicação de que eles são tão "modernos", capazes ou criativos quanto os outros países aos quais pode estar se comparando. Isto pode, em um determinado sentido, ser visto como uma externalidade social que não é captada no preço do produto fabricado localmente. Se é a produção física que cria este orgulho, então ela pode requerer uma intervenção de política. Entretanto, como frequentemente é o caso, um subsídio à produção será uma maneira mais custo-efetiva de se atingir este fim. Somente quando é necessário manter todos os produtos estrangeiros longe para atingir o objetivo desejado é que o bloqueamento de todas as importações através do uso de uma tarifa proibitiva ou pelo embargo do produto seria uma escolha lógica de política.

Proteção diferencial como componente de política estrangeira/ pacote de auxílio

Normalmente os países têm conjuntos complexos de metas ou objetivos que envolvem muitos instrumentos diferentes de política. Isto é especialmente verdadeiro na área de objetivos globais. Portanto, não é incomum ver um país adotando posições de políticas que podem diferir entre seus parceiros comerciais. Por exemplo, um país pode ser geralmente a favor da redução de barreiras para comercializar e ainda, ao mesmo tempo, impor um embargo comercial a um ou mais países por razões ligadas a outros objetivos sociais ou hegemônicos. Devemos sempre ter cuidado em reconhecer os custos sociais de se incorporar restrições comerciais para atingir os objetivos. Tal tratamento diferenciado de política pode também trabalhar de um modo positivo. Podemos tomar como exemplo os vários países industriais que adotaram o Sistema Generalizado de Preferências (GSP) ao lidar com algumas mercadorias específicas que provêm das nações mais pobres do mundo. Esta política substancialmente reduz as barreiras comerciais no que diz respeito a mercadorias que vêm de determinados países em desenvolvimento. Isto pode, na essência, ser considerado parte de um pacote de auxílio estrangeiro mais amplo que pode envolver ajuda bilateral e multilateral. Apesar de remover a proteção sobre todas as importações seria preferível, este tratamento inconsistente de política poderia ser visto como uma concessão de vantagem de curto prazo ao país pobre para que este pudesse se tornar competitivo. É importante que a provisão de GSP seja aplicada a produtos para os quais o país recebedor tenha uma vantagem potencial comparativa. Caso contrário, simplesmente incentivará a má alocação de recursos escassos no país em desenvolvimento.

REVISÃO DE CONCEITO

1. Por que é difícil avaliar a importância da justificativa de defesa nacional para qualquer setor específico?
2. Por que uma tarifa pode não afetar a balança comercial de um país?
3. As condições comerciais para um grande país melhoram com cada aumento sucessivo na tarifa, assim, por que a tarifa ótima para o país não é infinita, mesmo pressupondo que não exista retaliação de um parceiro comercial?
4. Por que um aumento induzido por tarifa no emprego em um determinado setor não necessariamente aumenta o emprego agregado em um país?

PROTEÇÃO JUSTIFICA AS IMPERFEIÇÕES DO MERCADO

A presença de externalidades como uma justificativa para proteção

A justificativa de externalidade é baseada na noção de que os custos ou benefícios sociais de um determinado processo de produção ou consumo diferem dos custos ou benefícios privados desse processo. Conforme mencionado nas disciplinas introdutórias, em tal situação há uma *falha de mercado* em que mesmo um mercado perfeitamente competitivo não maximizará o bem-estar social.[2] Por exemplo, se um processo de produção gera poluição do ar, ou uma "externalidade negativa", a própria empresa produtora não pode arcar com o "custo" integral de sua produção, porque os poluentes (em vez de serem limpos pela empresa) podem ser simplesmente deixados para que a sociedade se preocupe com eles. Portanto, o custo particular para a empresa do processo de produção é menor do que o custo social do processo de produção (que equivaleria ao custo particular mais o custo da poluição). Pelo fato de o custo pago pela empresa ser menor que o custo "verdadeiro", o preço pago pelo consumidor (com base no custo particular) é mais baixo do que seria se todos os custos fossem incluídos; sendo assim, mais mercadorias seriam produzidas.

---

[2]Para uma excelente crítica sobre a presença de falhas no mercado como uma justificativa para proteção, veja Jagdish Bhagwati, *Free Trade Today* (Princeton, NJ: Princeton University Press, 2002), p. 11-33.

Pelo fato de o preço (um reflexo do benefício recebido pelo consumidor por pagar mais uma unidade) ser menor do que o custo verdadeiro para se produzir essa unidade, o bem-estar piora por causa da produção dessa última unidade. Uma "solução" para o problema é taxar o processo de produção na medida da diferença entre custo particular e custo social. Com esta taxação em vigor, o preço aumentará, menos unidades da mercadoria serão produzidas por causa da redução da quantidade demandada, e o bem-estar aumentará, uma vez que as unidades da mercadoria cujo custo social excede os benefícios não serão mais produzidas.

Considere agora de que modo tais situações de externalidade podem formar a base de uma justificativa para proteção em relação a importações. Também mencionaremos dois tipos diferentes de externalidade a partir daquele previamente mencionado – uma situação de *externalidade negativa no consumo* e uma situação de *externalidade positiva na produção*. Seguindo esta discussão, será feita uma avaliação do caso para proteção.

Uma externalidade negativa no consumo envolve uma situação em que processo de consumir uma mercadoria pode gerar efeitos adversos de externalidade. Por exemplo, se uma pessoa consumir uísque, ela poderá prejudicar a sociedade se na sequência ferir outras pessoas ou danificar uma propriedade por dirigir embriagado. No que diz respeito ao consumo desse produto, o economista diria que o benefício particular de o indivíduo consumir a última unidade do produto é maior do que o benefício social de ele consumir essa última unidade, porque o benefício social é igual ao benefício particular menos a utilidade perdida por causa do prejuízo à pessoa ou à propriedade. Além disso, pelo fato de o preço pago pela mercadoria (que se pressupõe refletir o custo de produção e, no equilíbrio de mercado, também refletir o benefício marginal de consumo para o indivíduo particular) ser maior do que o benefício marginal para a sociedade do consumo da última unidade, o bem-estar foi reduzido para a sociedade como um todo por meio do consumo dessa unidade. Portanto, em termos de proteção, a justificativa é que se uma mercadoria importada tem essa característica de externalidade negativa de consumo, uma maneira de aumentar o bem-estar social é impor uma tarifa sobre a mercadoria importada. Isto reduziria o consumo da mercadoria, e as unidades não mais consumidas são aquelas que teriam reduzido o bem-estar social. Então, a sociedade teve um aumento em seu bem-estar social por causa da imposição da tarifa.

Uma segunda situação que envolve externalidades e proteção inclui uma externalidade positiva na produção. Suponhamos, por exemplo, que uma empresa, ao empregar trabalhadores, ofereça-lhes habilidades que podem ser úteis também fora do estabelecimento dessa empresa específica, a qual, naturalmente, não pode impedir que alguns desses trabalhadores mudem de emprego no futuro. Se um empregado deixa a empresa e vai trabalhar em outra, levará com ele as habilidades adquiridas na primeira empresa, sendo assim, a segunda empresa não terá de absorver os custos de treinamento desse trabalhador. Por isso, os custos na segunda empresa serão mais baixos do que deveriam ser – a primeira empresa está reduzindo custos de produção em algum ponto da economia. Isto significa que os custos particulares incorridos pela primeira empresa são na verdade maiores do que os custos sociais totais que deveriam ser alocados por ela (porque alguns desses custos devem ser absorvidos pela segunda empresa e também por outras). Assim, no mercado, onde o preço do produto da primeira empresa cobre seus custos particulares, o preço (ou benefícios marginais aos consumidores) excede o custo verdadeiro para a sociedade da produção dessa empresa específica. A produção da primeira empresa deve, portanto, ser expandida, e a consequente expansão para unidades de produção onde os benefícios excedem o custo social agregaria ao bem-estar da sociedade. No contexto deste capítulo, uma maneira de encorajar a expansão seria aplicando uma tarifa sobre mercadorias importadas que competem com o produto da primeira empresa. Com essa tarifa em vigor, a empresa aumentaria sua produção e, portanto, agregaria ao bem-estar.

O que devemos pensar sobre esses argumentos a favor da proteção? Em geral, os economistas responderiam com duas questões principais. Primeiro, mesmo se for admitido que um argumento lógico pode ser construído a favor desses dois cenários, continuaria existindo a dificuldade de estimar o tamanho das externalidades e decidir a tarifa adequada a ser aplicada. É muito improvável que os conceitos envolvidos permitam qualquer estimativa precisa da taxa a ser aplicada. Segundo, e mais importante, devemos perguntar por que as *importações* estão sendo apontadas como a meta para a política. No exemplo do uísque importado, um mesmo argumento pode ser elaborado considerando que todos os tipos e marcas de uísques (ou todas as bebidas alcoólicas) têm as mesmas externalidades negativas, *sejam eles importados ou produzidos localmente*. A política adequada, portanto, seria taxar o consumo de todos esses produtos, sejam eles produzidos no exterior ou localmente. Não há por que discriminar no que diz respeito à base do local de produção. No caso de externalidade positiva em produção, a solução adequada para a externalidade e sua distorção é oferecer um subsídio geral para a produção do bem pela primeira empresa. O uso da tarifa de importação não seria o dispositivo de maximização do bem-estar, porque distorce o consumo (com consequentes perdas no bem--estar) ao mesmo tempo em que estimula a produção local. É necessário o estímulo à produção local (somente), *sem* qualquer redução no lucro excedente do consumidor por causa de uma tarifa (o que pode ser conseguido pelo subsídio à produção para a empresa local). Resumindo, aqui, bem como em vários outros casos de externalidade, as políticas necessárias são aquelas ditadas pelo princípio de especificidade mencionado anteriormente. Escolha a política que se adapta ao problema, o que no primeiro caso mencionado seria um imposto sobre o consumo da mercadoria (e não simplesmente sobre o consumo da variedade importada da mercadoria) e, no segundo, seria um subsídio à produção da mercadoria local.

Tarifa extrai lucro do monopólio estrangeiro

A análise do argumento que diz que **tarifa extrai lucro do monopólio estrangeiro**[3] foi criada por James Brander e Barbara Spencer (1981). Em sua estrutura, o país local se defronta com um fornecedor de monopólio estrangeiro de uma mercadoria. É feita a pressuposição restritiva de que a empresa estrangeira é a *única* fornecedora desse produto no mercado mundial e, consequentemente, não há produção local – o país local é inteiramente dependente da empresa do monopólio estrangeiro para o produto.

A Figura 2 ilustra a análise básica. A curva da demanda representa a demanda do país local para o produto da empresa de monopólio estrangeiro. Como a empresa enfrenta uma curva da demanda com inclinação descendente (diferentemente do caso da concorrência perfeita, em que a curva da demanda com que se defronta uma empresa particular é horizontal), a receita marginal é menor do que o preço. Pressupõe-se, para efeitos de simplicidade, que o custo marginal seja constante (isto é, que cada unidade adicional de saída é produzida ao mesmo custo que as unidades anteriores) e que não haja custos fixos e nenhum gasto com transporte; por causa disto, a curva do custo marginal (MC) é horizontal e igual à curva do custo médio (AC). Com livre--comércio, a empresa estabelecerá MR igual a MC para maximizar o lucro, e a quantidade despachada para o país local será $0q_1$. O preço cobrado será $0p_1$ e o lucro (econômico) da empresa será o retângulo, c_1p_1RF. Como a empresa que produz é monopolista, nenhuma pressão competitiva força o preço a se tornar igual a MC (ou AC).

Agora, vamos supor que o país local deseja obter algum lucro do monopólio estrangeiro. Isto implicaria um aumento no bem-estar do país local às custas do monopolista estrangeiro. Se for imposta uma tarifa que ela precisa ser paga sobre cada unidade pela empresa estrangeira antes que tenha permissão para vender a mercadoria no país local, a curva do custo marginal mudará verticalmente para $MC + t$, em que t é o valor da taxa por unidade. Para a empresa estrangeira, esta taxa é simplesmente um outro "custo" associado à venda de cada unidade adicional de produto no país local, de modo que a maximização do lucro agora equaciona a receita marginal com o "novo" custo marginal $MC + t$. A quantidade produzida para o país local cai para $0q_2$, e o preço cobrado por unidade é $0p_2$.

---

[3]Esta teoria é geralmente chamada de *tarifa extrai a renda do monopólio estrangeiro*, porque o lucro econômico do monopolista é também uma renda (isto é, um retorno acima do custo da oportunidade devido ao fornecimento restrito). Usamos a terminologia *lucro* porque pode ser mais familiar aos estudantes que só tiveram disciplinas introdutórias.

CAPÍTULO 15   JUSTIFICATIVAS PARA POLÍTICAS COMERCIAIS INTERVENCIONISTAS

FIGURA 2   Tarifa extrai lucro do monopólio estrangeiro

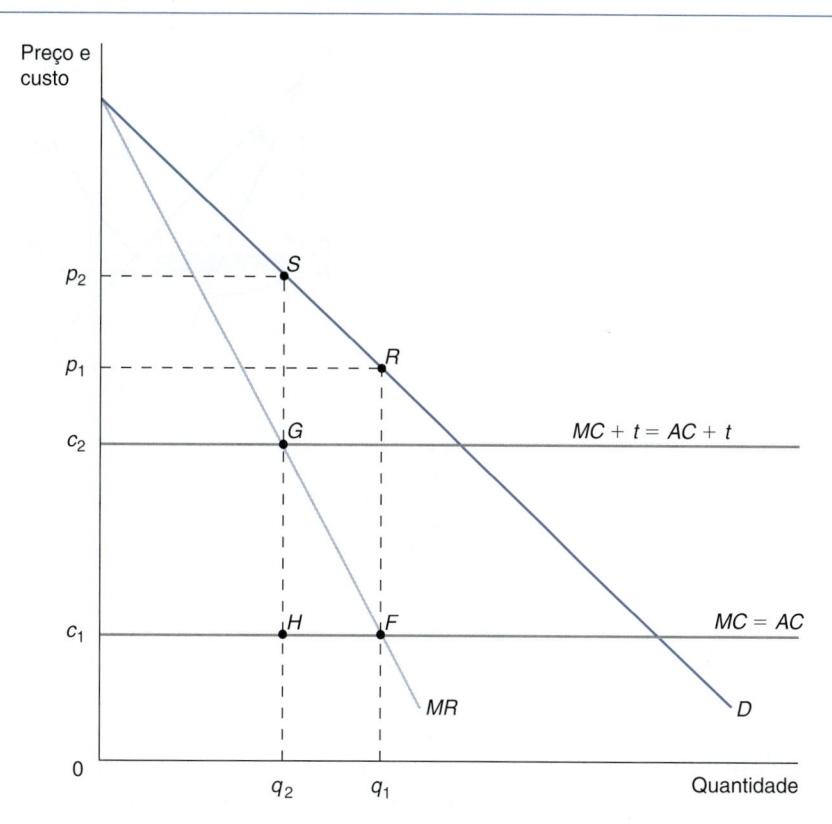

Sem a tarifa do país local, a empresa do monopólio estrangeiro vende a quantidade $0q_1$ para o mercado local ao preço de $0p_1$, determinado pela intersecção de MR e MC. Com a tarifa em vigor, o custo marginal do monopolista estrangeiro de vender no mercado local é $MC + t$, em que t é o valor da tarifa por unidade. A nova quantidade de maximização do lucro é $0q_2$ (em que $MR = MC + t$). Os consumidores no país local agora pagam $0p_2$ e têm seu lucro excedente de consumidor reduzido pelo trapezoide p_1p_2SR. Entretanto, o país local ganha receita de tarifa do valor c_1c_2GH, que era anteriormente parte do lucro econômico do monopolista estrangeiro.

Para considerar a mudança de bem-estar do país que impõe a tarifa, examine o lucro da empresa de monopólio. O lucro depois da imposição da tarifa é a área retangular c_2p_2SG. E quanto à área c_1c_2GH? Esta área representa a receita de tarifa e também *o lucro anterior do monopolista que foi transferido para o país local*. Este ganho para o país local deve ser contraposto ao excedente do consumidor perdido do país local no valor do trapezoide p_1p_2SR. Porém, se a área c_1c_2GH for maior do que a área p_1p_2SR, então o país local conseguiu aprimorar seu bem-estar às custas do produtor estrangeiro. Claramente, esta intervenção pode ser interessante para o país local.

Apesar de um pouco de lucro econômico ter sido transferido para o país local, o economista não necessariamente conclui que a ação protecionista foi benéfica, mesmo se a transferência de lucro ultrapassou a perda no excedente do consumidor. Em virtude da tarifa, a eficiência e o bem-estar mundiais são reduzidos, porque, em uma situação de monopólio, a eficiência e o bem-estar são aprimorados se ações fizerem com que o monopolista reduza o preço e aumente a produção – e a situação contrária ocorreu com a imposição desta tarifa sobre o produto do monopolista! Consequentemente, um ganho no bem-estar do país local pode ocorrer enquanto o mundo como um todo perde (uma situação de "empobrecer o vizinho"). Uma análise completa quanto a empreender ou não a ação também exige examinar assuntos tais como perspectivas de retaliação que o país estrangeiro pode adotar sobre as mercadorias procedentes do país local.

FIGURA 3   O efeito de uma taxa de exportação sobre um monopolista local

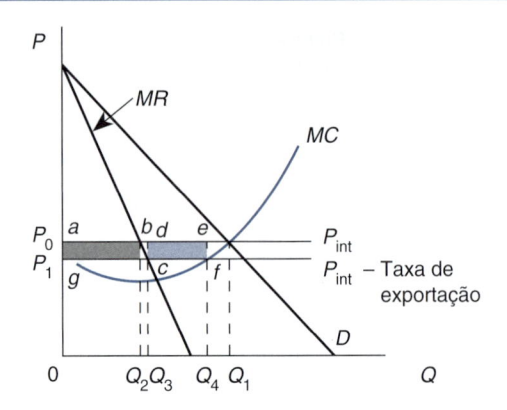

O monopolista inicialmente maximiza os lucros onde MC é igual a MR, isto é, P_{int}, produzindo assim Q_1, vendendo Q_2 no mercado local e exportando $Q_1 - Q_2$. Com a imposição de uma taxa de exportação, o monopolista diminui o preço local para (P_{int} − taxa de exportação) e aumenta as vendas locais para Q_3. Com a receita marginal mais baixa depois do imposto (P_{int} − taxa de exportação), a empresa reduz a produção para Q_4, e o novo nível de exportações se torna $Q_4 - Q_3$. No processo, os consumidores ganham *abcg* de renda excedente do consumidor e o governo recebe *cdef* de receita do imposto.

O uso de uma taxa de exportação para redistribuir o lucro de um monopolista local

Para a situação em que um monopolista local tanto vende no mercado local quanto exporta ao preço internacional (como um tomador de preço), é claramente possível para o país transferir o bem-estar de um monopolista local para os consumidores e o governo impondo uma taxa de exportação. Note que, neste caso, estamos considerando uma restrição de política sobre as exportações em vez de importações. A Figura 3 mostra como a presença de uma alternativa estrangeira essencialmente força o monopolista a se tornar um tomador de preço. Nesse exemplo, a empresa produz em Q_1, em que P_{int} é igual ao MC da empresa. A empresa vende Q_2 no mercado local (em que $P_{int} = P_0$ cruza a curva da receita marginal) e exporta o restante, $Q_1 - Q_2$. A imposição de uma taxa de exportação diminui o preço de exportação depois do imposto para a empresa, levando-a a reduzir a quantidade fornecida e as exportações, e aumenta a quantidade vendida no mercado local. Como resultado, há uma transferência do monopólio para os consumidores e o governo, conforme se observa no aumento do excedente do consumidor com preço mais baixo e aumento de vendas no mercado local (*abcg*) e na receita de imposto (*cdef*) captada pelo governo. A presença da taxa de exportação compensa um pouco da alavancagem do monopólio da empresa, pois pressiona o preço local para baixo próximo de MC, expandindo o consumo local e gerando receita para o governo. Entretanto, o país como um todo ainda tem perdas com peso morto.

PROTEÇÃO COMO RESPOSTA A DISTORÇÕES NA POLÍTICA INTERNACIONAL

Inúmeros países têm provisões em vigor que lhes dão a oportunidade de responder rapidamente a ações de governos e/ou empresas estrangeiros que distorcem o comércio em sua natureza e são muito custosas para as empresas locais. Estas são distorções que reduzem o bem-estar do país no curto e médio prazos, mas também o bem-estar mundial, na medida em que fomentam uma produção menos eficiente do ponto de vista da perspectiva mundial. São denominadas mecanismos e "disparadores de preços" que, quando da concretização da distorção, oferecem uma resposta de tarifa para compensar a distorção inicial. Nesta seção, justificativas para proteção são oferecidas para distorções relacionadas a *dumping* estrangeiro, subsídios estrangeiros e barreiras comerciais não tarifárias aparentes.

Tarifa compensa o *dumping* estrangeiro

Esta justificativa, normalmente conhecida como **justificativa antidumping**, foi usada predominantemente nos Estados Unidos nos últimos anos. Em primeiro lugar, é necessário definir *dumping*. Para os economistas, o ***dumping*** ocorre quando uma empresa vende o seu produto a um preço mais baixo no mercado de exportação do que no mercado local. Esta definição não diz nada a respeito de "vender abaixo do custo" – o significado popular de *dumping*. Pelo contrário, para o economista, é simplesmente uma forma de discriminação de preço. Recordando, a discriminação de preço ocorre quando uma empresa vende o mesmo produto em vários mercados e com preços diferentes.

A justificativa para proteção é que o *dumping* de empresas estrangeiras para o país local é de alguma forma injusto e constitui uma ameaça para produtores locais por causa do baixo preço de importação. Portanto, uma tarifa pode compensar a vantagem injusta no preço da empresa estrangeira. A justificativa foi sustentada pela Lei de Comércio norte-americana de 1974, que acrescentou uma segunda definição de *dumping* bastante diferente daquela utilizada pelos economistas. Além de reconhecer a definição tradicional, a lei também prevê como *dumping* uma situação na qual a empresa estrangeira está "vendendo abaixo do custo" ou do "preço justo". Considerando esta definição, a justificativa assume a implicação de que este comportamento "injusto" deve ser impedido por meio da imposição de uma tarifa, isto é, uma **tarifa antidumping**.

Como devemos avaliar a validade desta justificativa para proteção? Em qualquer avaliação, os economistas geralmente distinguem três tipos de *dumping*: no ***dumping*** **persistente**, a mercadoria é continuamente vendida a um preço mais baixo no país que importa do que no país local. Nesta situação, a mercadoria de importação é simplesmente vendida em diversos mercados por preços diferentes e sob condições de maximização de lucro. Este é o fenômeno de discriminação de preço comentado no final do Capítulo 8. Qualquer barreira comercial resultaria em um preço mais elevado para os consumidores no país que importa, e os efeitos do bem-estar comentados no Capítulo 14 se aplicam. (Este comportamento não deve persistir no longo prazo sob a definição de venda abaixo do custo, por causa de perdas do produtor, a menos que o governo ofereça um subsídio.)

Entretanto, o *dumping* pode não ser persistente, mas intermitente. Há dois tipos de *dumping* intermitente: o **predatório** e o **esporádico**. No *dumping* predatório, uma empresa estrangeira vende a preço baixo até que os produtores locais saiam do mercado. Então o preço é aumentado porque foi estabelecida uma posição de monopólio. As empresas locais podem ser atraídas de volta para o mercado apenas para ter o preço reduzido novamente a um nível baixo. Há uma justificativa válida para proteção com *dumping* predatório tendo em vista os movimentos associados de desperdício do recurso. Como os fatores de produção movem-se para dentro e para fora do setor por causa dos preços de importação flutuantes, são gerados custos reais e desperdício para a sociedade.

O *dumping* esporádico ocorre quando um produtor estrangeiro (ou o governo), com lucro excedente temporário de uma mercadoria, exporta o excesso por qualquer preço. Este tipo pode ter efeitos temporários adversos para os fornecedores domésticos que competem (como na agricultura), agregando a incerteza de operar no setor. Esta incerteza, bem como as perdas no bem-estar provenientes de possíveis movimentos temporários de recurso, pode ser evitada pela imposição de proteção, apesar de que outros efeitos de bem-estar (também aplicáveis no *dumping* predatório) devem ser incluídos na análise ao se considerar as restrições comerciais. Entretanto, o *dumping* esporádico parece não ter justificativa quando é no curto prazo.

A dificuldade, na prática, é determinar se está ocorrendo *dumping* persistente, predatório ou esporádico. Nenhuma política pública foi capaz ainda de identificar a motivação imediata por trás do *dumping*. O procedimento geral adotado nos Estados Unidos em resposta ao *dumping* alegado é comentado no quadro que se segue.

No mundo real:
Ações antidumping nos Estados Unidos

A primeira lei antidumping dos Estados Unidos foi sancionada em 1916 e substituída pela de 1921, que tinha mais condições de ser cumprida. A lei de 1921 serviu como base para investigações antidumping realizadas pelo Departamento de Tesouro até 1979, quando estas foram transferidas do Departamento de Tesouro para o Departamento de Comércio. Desde 1979, a lei antidumping norte-americana vem sendo alterada para torná-la mais consistente com os acordos GATT e WTO. A especificação subjacente de ação ilegal incorporada à legislação norte-americana é de que as importações estão sendo "dumped" ou vendidas por um "valor menor do que seria justo" quando um produtor estrangeiro vende uma mercadoria no mercado norte-americano a um preço mais baixo do que o preço no mercado local do produtor estrangeiro, ou a um preço considerado abaixo do custo de produção. A comparação com o preço no mercado local do exportador é substituída por uma comparação em um "terceiro país", se não houver muitas vendas no mercado local do produtor; se nem o mercado do "terceiro país" tiver vendas suficientes, constrói-se um valor que é baseado num enfoque custo-mais-lucro. A investigação sobre a existência ou não de *dumping* pode ocorrer somente quando é feita uma petição assinada pelas empresas ou trabalhadores que representam, pelo menos, 25% da produção local do setor que compete com a importação, entre outros critérios. Conforme mencionado no texto, se o Departamento de Comércio determinar que houve *dumping* e se houve prejuízo ou ameaça de prejuízo ao setor industrial norte-americano que compete, segundo a U.S. International Trade Comission – Comissão Internacional de Negócios dos Estados Unidos (USITC), é cobrado um imposto antidumping igual à diferença entre o preço dos Estados Unidos e o preço estrangeiro ou "construído".

A pedido das empresas norte-americanas que substituem as importações, as autoridades daquele país frequentemente têm realizado investigações antidumping; de fato, diz-se que os impostos antidumping são o recente "instrumento de preferência" dos protecionistas. De 1980 até 2003 (anos fiscais) 1.058 ações antidumping deram entrada no Departamento de Comércio/USITC. De todos esses casos, um laudo positivo foi dado tanto pelo Departamento de Comércio quanto pela USITC (ou seja, determinou-se que havia prejuízo ou ameaça de prejuízo como consequência) em 441 casos, ou 41,7% dos casos [(441/1.058) = 41,7%]. Um laudo negativo foi indicado pela USITC (ou seja, não foi determinado prejuízo ou ameaça de prejuízo mesmo que tenha havido *dumping*) em 410 casos, ou 38,8% do total de casos [(410/1.058) = 38.8%]. Finalmente, dos 207 casos restantes (19,6% do total), o Departamento de Comércio encerrou ou suspendeu as investigações ou determinou que não tinha ocorrido *dumping* (veja a Figura 4). O cancelamento ou a suspensão pode ocorrer antes da conclusão da investigação em qualquer caso se os exportadores da mercadoria para os Estados Unidos concordarem em eliminar o *dumping*, interromper a exportação da mercadoria para os Estados Unidos, aumentar o preço para eliminar o *dumping* ou formular algum tipo de acordo (tal como VER) que reduzirá a quantidade de importações. De fato, a mera ameaça de uma investigação antidumping pode fazer as empresas estrangeiras aumentarem seus preços de exportação e cessarem qualquer *dumping* que estavam praticando. O cancelamento também pode ser feito pelo Departamento de Comércio (como ele fez a respeito de uma petição contra petróleo importado em 1999) se a maioria das empresas norte-americanas locais no setor que compete com a importação não manifestarem concordância com a petição antidumping. Em um acordo cancelado, a investigação pode ser restabelecida se o *dumping* recomeçar.

Para se ter uma noção sobre a frequência com a qual os laudos antidumping foram positivos, note que, de acordo com a USITC, havia, em 15 de fevereiro de 2007, 248 pedidos de antidumping sobre mercadorias provenientes de 41 diferentes países. Estes totais refletiam o número cumulativo de laudos positivos ainda em efeito desde sua implementação anterior. Alguns dos pedidos datam dos anos 1970. No que diz respeito a países, a China tinha o maior número de pedidos antidumping em efeito sobre seus produtos (61), abrangendo mercadorias tais como cloreto de bário, machados, chapa de aço-carbono e mel. O Japão ficou em segundo lugar, com 21 pedidos feitos sobre suas mercadorias – produtos tais como rolamentos, álcool polivinílico, cimento e borracha policloropreno. Outros países que tiveram números consideráveis de pedidos de antidumping foram a Coreia do Sul (16), Taiwan (15), Índia (14), Itália (12) e Brasil (11).

Um outro aspecto do cenário recente do antidumping foi a controvérsia sobre uma ação do Congresso dos Estados Unidos no ano 2000, a emenda Bird, que permitiu que os fundos recebidos de impostos antidumping (bem como impostos compensatórios) fossem canalizados para as empresas norte-americanas que reclamam de perda proveniente de *dumping*. Portanto, *dumping* continua sendo um assunto político polêmico.

Fontes: U.S. International Trade Commission, Antidumping *and Countervailing Duty Handbook,* USITC Publication 3750 (Washington, DC: USITC, jan. 2005); *The Year in Trade 2005,* USITC Publication 3875 (Washington, DC: USITC, ago. 2006), "Antidumping and Countervailing Duty Orders in Place as of February 15, 2007, by Country"; "Trade Remedy Investigations: Byrd Amendment," todas obtidas do site www.usitc.gov; e "Commerce Department Rejects Oil--Dumping Inquiry", *The Wall Street Journal,* 10 ago. 1999, p. A2, A6.

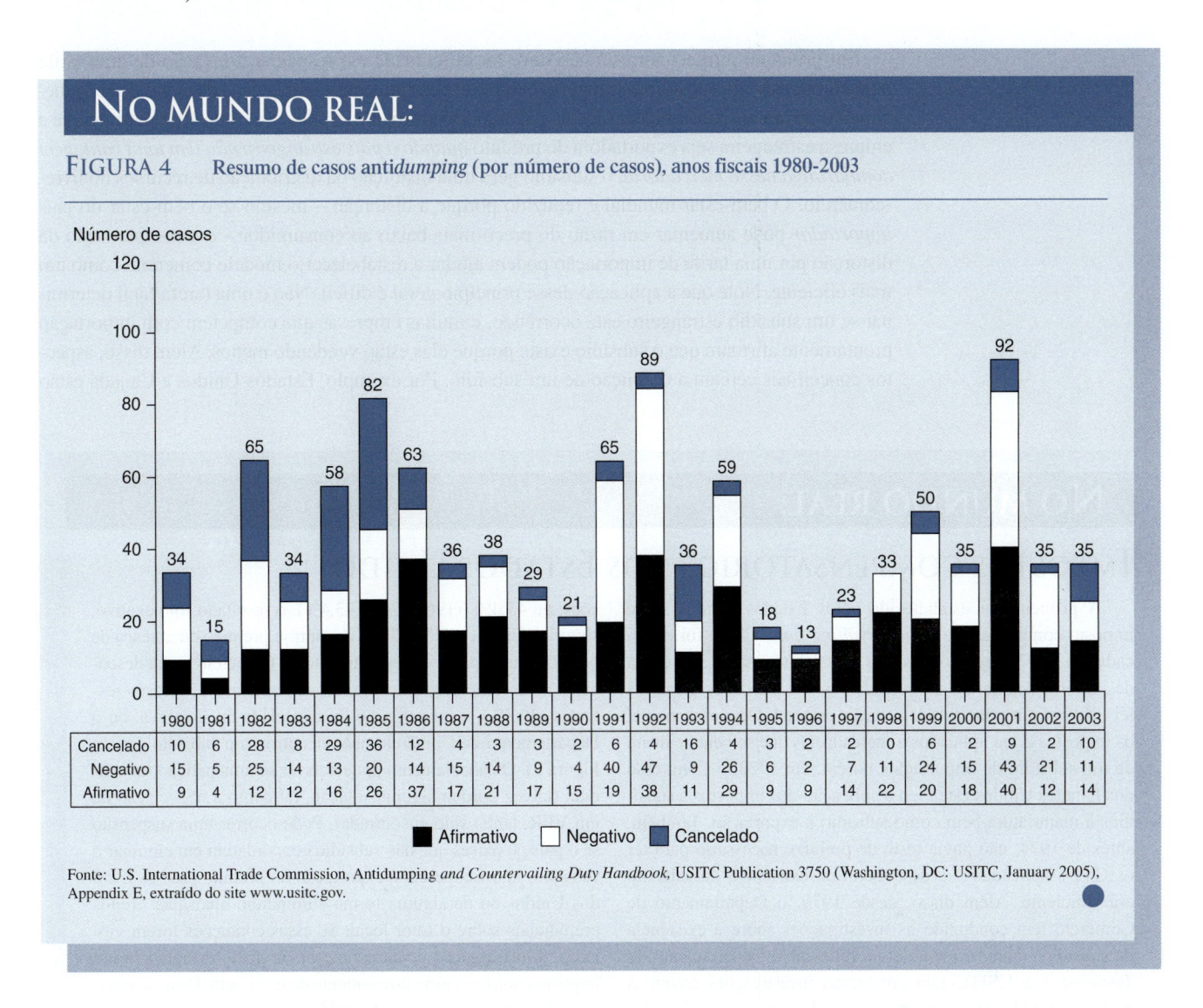

CAPÍTULO 15   JUSTIFICATIVAS PARA POLÍTICAS COMERCIAIS INTERVENCIONISTAS   **333**

NO MUNDO REAL:

FIGURA 4   Resumo de casos anti*dumping* (por número de casos), anos fiscais 1980-2003

Número de casos	1980	1981	1982	1983	1984	1985	1986	1987	1988	1989	1990	1991	1992	1993	1994	1995	1996	1997	1998	1999	2000	2001	2002	2003
Total	34	15	65	34	58	82	63	36	38	29	21	65	89	36	59	18	13	23	33	50	35	92	35	35
Cancelado	10	6	28	8	29	36	12	4	3	3	2	6	4	16	4	3	2	2	0	6	2	9	2	10
Negativo	15	5	25	14	13	20	14	15	14	9	4	40	47	9	26	6	2	7	11	24	15	43	21	11
Afirmativo	9	4	12	12	16	26	37	17	21	17	15	19	38	11	29	9	9	14	22	20	18	40	12	14

■ Afirmativo   □ Negativo   ■ Cancelado

Fonte: U.S. International Trade Commission, Antidumping *and Countervailing Duty Handbook*, USITC Publication 3750 (Washington, DC: USITC, January 2005), Appendix E, extraído do site www.usitc.gov.

1. Após recebimento de petição de uma empresa ou setor local que compete em importação, o Departamento de Comércio norte-americano determina, com base em preço e dados de custo (que podem ser difíceis de ser obtidos), se está havendo *dumping*. Se for o caso, então:

2. O U.S. International Trade Commission (USITC), um órgão federal norte-americano independente, determina com base em um estudo da história recente do setor se esse *dumping* foi uma fonte importante de prejuízo ao setor. Se for o caso, então:

3. Impostos antidumping são taxados sobre a mercadoria importada. O valor dos impostos é destinado a compensar a extensão do *dumping*.

Procedimentos semelhantes existem em outros países que fazem parte da World Trade Organization (WTO) – Organização Mundial do Comércio.

Tarifa compensa um subsídio estrangeiro

O ponto básico da justificativa de que uma **tarifa compensa um subsídio estrangeiro** é que um subsídio de governo estrangeiro concedido a um fornecedor estrangeiro de importação constitui comércio injusto com o país local, e que o valor do subsídio estrangeiro deve ser igualado por uma tarifa local para restabelecer igualdade ao setor local e estrangeiro.

Em princípio, um economista não deve ter dificuldade em respaldar a taxação de uma tarifa para compensar um subsídio estrangeiro dentro de determinadas condições, a despeito do reconhecimento de que os consumidores locais pagarão preços mais elevados. Se o subsídio permite que a empresa estrangeira seja exportadora do produto *quando o país estrangeiro não tem uma vantagem comparativa nessa mercadoria,* o subsídio gera uma distorção da distribuição de recursos no livre-comércio. O bem-estar mundial é reduzido porque a distorção – mesmo se o bem-estar do país *importador* pode aumentar em razão do preço mais baixo ao consumidor – e a compensação da distorção por uma tarifa de importação podem ajudar a restabelecer o modelo comercial como um mais eficiente. Note que a aplicação desse princípio geral é difícil. Não é uma tarefa fácil determinar se um subsídio estrangeiro está ocorrendo, e muitas empresas que competem com importação prontamente afirmam que o subsídio existe porque elas estão vendendo menos. Além disso, aspectos conceituais cercam a definição de um subsídio. Por exemplo, Estados Unidos e Canadá estão

No mundo real:

Impostos compensatórios nos Estados Unidos

A primeira lei estabelecida pelos Estados Unidos sobre imposto compensatório (*countervailing-duty,* CVD) foi publicada em 1897, quando impostos foram autorizados por causa de importações de açúcar subsidiadas. As provisões atuais da lei diferem um pouco da legislação original. Originariamente, os impostos eram aplicados a mercadorias que se beneficiavam de um subsídio de importação, porém, em 1922, o Congresso dos Estados Unidos estendeu a aplicação dos impostos a subsídios à manufatura bem como subsídio à exportação. Também, antes de 1974, não havia teste de prejuízo necessário para ter os CVDs aplicados – a descoberta da existência do subsídio era suficiente. Além disso, desde 1979, o Departamento de Comércio tem conduzido as investigações sobre a existência de subsídios (anteriormente eram feitas pelo Departamento do Tesouro), e a USITC tem conduzido investigações quanto a prejuízos (análogas às investigações sobre prejuízos referentes a *dumping*). Essas investigações quanto a prejuízo geralmente não são exigidas como condição para se aplicar um imposto compensatório se o país que causou o prejuízo não for um membro da Organização Mundial de Comércio (que tem 150 membros no momento).

Assim como ocorreu com as investigações antidumping comentadas anteriormente, houve um grande número de petições dos setores, que precisam atender a determinados critérios para serem aceitas, e de investigações subsequentes nos anos recentes. De 1980 a 2003, houve 452 petições, entre as quais 117 casos, ou 25,9% [(117/452) = 25,9%] foram decididos positivamente. Em cada um desses 117 casos, o Departamento de Comércio decidiu que um subsídio tinha sido dado pelo governo do país exportador e a USITC determinou que havia ocorrido dano material ou ameaça de dano material. Em 196 das petições, ou 43,4% [(196/452) = 43,4%], o resultado foi negativo, significando que a USITC não encontrou prejuízo ou ameaça de prejuízo mesmo que o Departamento de Comércio tenha descoberto a ocorrência de subsídio. Finalmente, nos 139 casos restantes (30,8%), a investigação foi cancelada ou suspensa, ou o Departamento de Comércio não encontrou um subsídio (veja a Figura 5). O cancelamento pode ocorrer se uma petição for retirada (talvez porque alguma solução, tal como a negociação de um VER, tenha sido encontrada). Pode ocorrer uma suspensão se o país ou países que dão subsídio concordarem em eliminar o subsídio, interromperem a exportação do produto para os Estados Unidos ou de alguma forma eliminarem quaisquer efeitos prejudiciais sobre o setor local. Se essas condições forem violadas, a investigação pode recomeçar ou pode ser aplicado um imposto compensatório previamente determinado. Deve-se notar também que, tanto no caso de antidumping como no do imposto compensatório, o exportador estrangeiro precisa aplicar fundos de valor igual ao valor potencial do imposto antes de o caso ser finalmente decidido. Se a decisão em última instância é de não aplicar impostos antidumping ou compensatórios, esses fundos deverão ser reembolsados (mas naturalmente a empresa estrangeira perdeu a aplicação desses fundos nesse meio tempo).

Da maneira como ocorre com os impostos antidumping, o número de pedidos CVD em andamento (o acúmulo através dos anos que estão operantes) dá a medida da importância desse instrumento de política comercial. Em 15 de fevereiro de 2007, havia 35 CVDs em vigor contra 15 países. Embora não seja tão alto quanto os 248 pedidos de antidumping em vigor naquela época, o número de CVBs indica uso substancial do mecanismo antissubsídio. Os países que tiveram o maior número de CVDs foram Índia (7) e Coreia do Sul (5). Houve alguma diversidade

envolvidos numa discussão de mais de dez anos para saber se as exportações feitas pelo Canadá de madeira resinosa para os Estados Unidos são subsidiadas. Os Estados Unidos afirmam que as taxas do direito de derrubar árvores de corte pagas pela empresas canadenses para cortar toras em terras do governo são "muito baixas" e constituem um subsídio e concorrência injusta para as empresas norte-americanas que cortam toras em terra particular dos Estados Unidos. Os canadenses negam que suas empresas sejam subsidiadas.

A despeito dessas incertezas, os Estados Unidos têm um procedimento bem-definido, semelhante ao procedimento antidumping, para implementar uma tarifa a fim de compensar um subsídio estrangeiro. Após o recebimento de uma petição da empresa ou setor norte-americano, o Departa-

NO MUNDO REAL: (continuação)

referente ao tipo de produto (por exemplo, mel, macarrão, madeira para construção), mas havia uma grande concentração de produtos de ferro e aço (mais da metade do total).

Fontes: U.S. International Trade Commission, Antidumping and Countervailing Duty Handbook, USITC Publication 3750 (Washington, DC: USITC, jan. 2005); *The Year in Trade 2005*, USITC Publication 3875 (Washington, DC: USITC, ago. 2006); e "Antidumping and Countervailing Duty Orders in Place as of February 15, 2007, by Country", todas extraídas do site www.usitc.gov; e U.S. Trade Representative, *2007 Trade Policy Agenda e 2006 Annual Report of the President of the United States on the Trade Agreements Program* (Washington, DC: Office of the U.S. Trade Representative, 2007), extraídas do site www.ustr.gov.

FIGURA 5   Resumo de um caso de taxa compensatória (por número de casos), anos fiscais 1980-2003

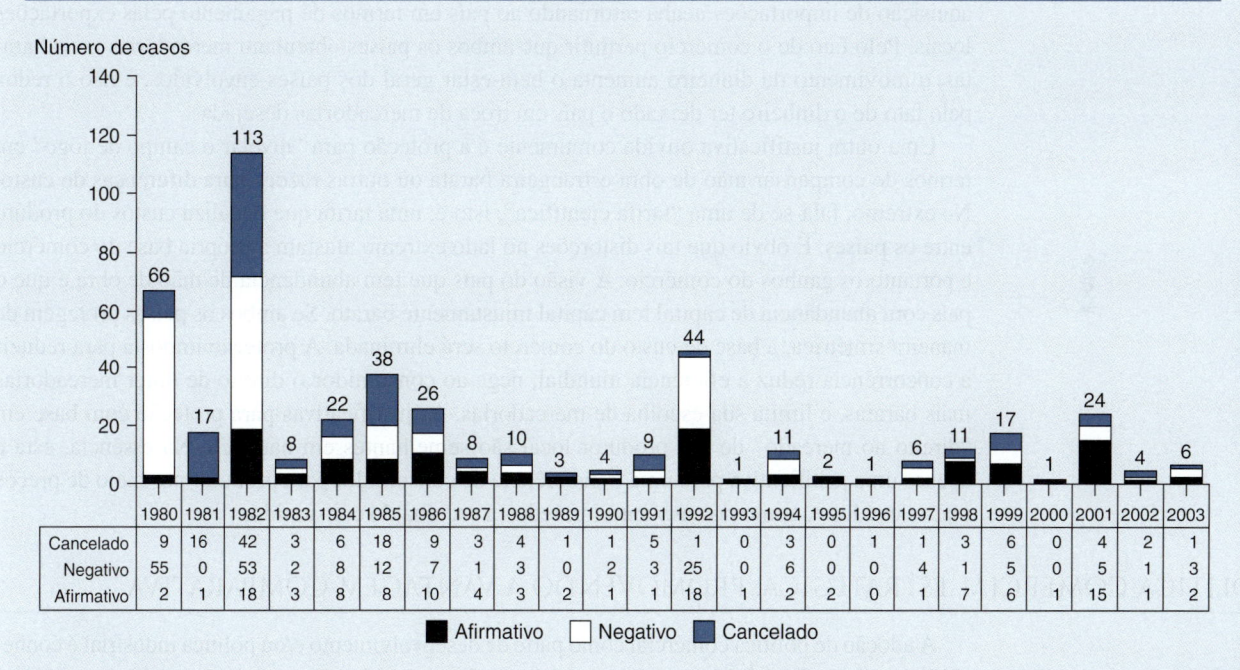

	1980	1981	1982	1983	1984	1985	1986	1987	1988	1989	1990	1991	1992	1993	1994	1995	1996	1997	1998	1999	2000	2001	2002	2003
Cancelado	9	16	42	3	6	18	9	3	4	1	1	5	1	0	3	0	1	1	3	6	0	4	2	1
Negativo	55	0	53	2	8	12	7	1	3	0	2	3	25	0	6	0	0	4	1	5	0	5	1	3
Afirmativo	2	1	18	3	8	8	10	4	3	2	1	1	18	1	2	2	0	1	7	6	1	15	1	2

Totais por ano: 66, 17, 113, 8, 22, 38, 26, 8, 10, 3, 4, 9, 44, 1, 11, 2, 1, 6, 11, 17, 1, 24, 4, 6.

■ Afirmativo   □ Negativo   ■ Cancelado

Fonte: U.S. International Trade Commission, Antidumping and Countervailing Duty Handbook, USITC Publication 3750 (Washington, DC: USITC, January 2005), Appendix E, extraídas do site www.usitc.gov.

mento de Comércio determina se o fornecedor estrangeiro recebeu um subsídio. Se a resposta for positiva, a USITC aplica o "teste de prejuízo". Se ocorre um prejuízo, então um **imposto compensatório (CVD)** é aplicada para compensar o impacto sobre o preço do subsídio estrangeiro.

REVISÃO DE CONCEITO	1. Uma tarifa destinada a capturar lucro do monopólio estrangeiro necessariamente aumenta o bem-estar local no país importador? 2. Por que os mercados precisam ser mantidos separados por barreiras naturais ou artificiais para que ocorra um *dumping*?	3. Como pode um subsídio de exportação aplicado por um país na verdade reduzir o bem-estar mundial?

Diversas justificativas inválidas

Diversas justificativas continuamente encontradas podem parecer lógicas à primeira vista, mas após um exame mais profundo fazem pouco sentido. Alguns exemplos dessas justificativas são comentados aqui brevemente. Uma muito comum é que um país deve usar proteção para reduzir as importações e "manter o dinheiro em casa". Em primeiro lugar, essa é uma justificativa puramente mercantilista, que aparentemente enfatiza os valores mobiliários como centrais para a decisão em oposição a produtividade, eficiência econômica e bem-estar mais elevado para o consumidor. Pelo fato de o dinheiro ter valor somente no que diz respeito à sua capacidade de ser usado como pagamento de mercadorias e serviços desejados, o dinheiro que sai de um país para aquisição de importações acaba retornando ao país em termos de pagamento pelas exportações locais. Pelo fato de o comércio permitir que ambos os países obtenham mercadorias mais baratas, o movimento de dinheiro aumenta o bem-estar geral dos países envolvidos, e não o reduz pelo fato de o dinheiro ter deixado o país em troca de mercadorias desejadas.

Uma outra justificativa ouvida comumente é a proteção para "nivelar o campo de jogo" em termos de compensar mão de obra estrangeira barata ou outras razões para diferenças de custo. No extremo, fala-se de uma "tarifa científica", isto é, uma tarifa que equaliza custos do produto entre os países. É óbvio que tais distorções no lado extremo afastam a própria base do comércio e portanto os ganhos do comércio. A visão do país que tem abundância de mão de obra é que o país com abundância de capital tem capital injustamente barato. Se ambos os países protegem de maneira simétrica, a base de custo do comércio será eliminada. A proteção imposta para reduzir a concorrência reduz a eficiência mundial, nega ao consumidor o direito de obter mercadorias mais baratas, e limita sua escolha de mercadorias. As justificativas para proteção com base em "direito ao mercado" de um produtor local são semelhantes em natureza. Na essência, esta é apenas uma justificativa para uma transferência de consumidor para produtor por meio de preços mais elevados e, como no caso anterior, reduz a escolha do consumidor.

Política comercial estratégica: promovendo a vantagem comparativa

A adoção de política comercial como parte de desenvolvimento e/ou política industrial é conhecida há muito tempo. Subjacente a estas ideias está a crença de que os governos podem promover o desenvolvimento de vantagens comparativas de custo fornecendo às empresas acesso ao mercado local por um período de tempo razoavelmente curto, proporcionando a oportunidade de desenvolver uma vantagem fundamental de custo comparativo por meio de economia de escala e melhoria de eficiência na produção. Uma das abordagens mais recentes, que perdurou durante anos, é a hoje famosa justificativa do setor nascente introduzido por Alexander Hamilton e Frederick List, no fim do século XVIII. Apesar de ser uma estratégia pouco utilizada anteriormente, acabou tornando-se mais popular durante o século XX, particularmente na América Latina. Esta seção começa com uma discussão sobre esta justificativa que ainda vigora e então passa para algumas teorias mais novas de proteção, frequentemente mencionadas como teorias de **políticas estratégicas comerciais**, e demonstram como um país pode se beneficiar do uso ativo de instrumentos de política comercial, geralmente às expensas de parceiros comerciais. Um aspecto diferenciado do enfoque nestas teorias mais recentes é que existe **concorrência imperfeita** nos setores que estão sendo discutidos – um desvio dos setores competitivos comumente empregados em análise comercial tradicional. Outros elementos fundamentais deste enfoque incluem a independência reconhecida de empresas em dado setor e a presença de **economias de escala**. Desta estrutura pode ser demonstrado que as políticas que procuram expandir as exportações ou reduzir importações podem potencialmente conduzir à realização de vantagem de custo dinâmica no longo prazo. Na última parte desta seção, apresentamos um resumo destas novas teorias para oferecer uma idéia de como a política comercial, de fato, poderia ser utilizada para fomentar vantagens comparativas dinâmicas.

A justificativa para proteção do setor nascente

Os economistas concordam que esta duradoura justificativa para proteção é válida do ponto de vista de aprimoramento do bem-estar do mundo como um todo. A **justificativa do setor nascente** tem como base a noção de que um setor específico de um país pode ter, por várias razões, uma vantagem comparativa no longo prazo, mesmo no caso de o país ser um importador da mercadoria atualmente. Suponhamos que o crescimento de um setor é inibido por causa das importações de baixo custo de um país estrangeiro. A produção no país estrangeiro pode ocorrer por causa de acidente histórico e, por sua vez, o setor do país local pode estar tendo um "início tardio". Se fosse possível oferecer uma proteção temporária ao setor no país local, a justificativa seria que as empresas nesse setor terão condições de conquistar uma redução nos custos unitários por meio de economias de escala ou de aprendizado. As economias de escala podem ser internas às empresas que agora estão produzindo um volume maior de produto; isto é, os produtores no país local levarão para baixo suas curvas de custo médio de longo prazo que estão caindo vertiginosamente. Ou o conhecimento adquirido ao se produzir uma mercadoria poderia fazer os trabalhadores e gerentes procurarem métodos de custo mais eficientes, o que alteraria as curvas de custo para baixo. Ou as economias poderiam ser externas às empresas, mas internas ao setor, e a maior saída do *setor* reduziria os custos para a empresa particular, a fim de, por exemplo, atrair um grupo de mão de obra especializada para uma área. Em qualquer caso, os custos por unidade acabam caindo até o ponto em que o setor no país local se torna um exportador da mercadoria. Neste momento, a proteção pode ser removida, pois não é mais necessária. O setor local tem uma vantagem comparativa que ela não consegue concretizar no curto prazo, mas pode fazê-lo no longo prazo se for imposta uma proteção temporária. É solicitado aos consumidores do país local que financiem a expansão do setor no longo prazo. Mas eles serão muito bem "recompensados" quando o setor "crescer". De fato, com um novo produtor que tem vantagem comparativa no mercado mundial, o mundo como um todo se beneficia.

Na prática, a justificativa do setor nascente é mais frequentemente considerada nos países em desenvolvimento do que nos desenvolvidos. Países em desenvolvimento frequentemente propõem a justificativa no contexto de um programa de substituição de importação, por meio do qual a dependência de uma mercadoria no mercado mundial é substituída pela produção local, prevendo-se ou não potencial de exportação. Esta aplicação da justificativa do setor nascente é uma variação da versão tradicional, mas pode ser avaliada em bases semelhantes.

O que devemos pensar da justificativa do setor nascente? Mesmo que os economistas geralmente concordem com o fato de que ela é teoricamente válida, nem todo setor que afirma ser nascente deve receber proteção automaticamente. A dificuldade em tornar esta justificativa operacional está centrada na identificação dos setores que provavelmente se tornarão produtores de baixo custo. Se um setor protegido por esta justificativa não for verdadeiramente nascente, então o país (e o mundo) pode ser onerado com proteção permanente de um setor de alto custo e uso menos eficiente de recursos. Isto foi observado há muito tempo pelo economista norte-americano Henry George, que disse (1911, p. 97, originalmente 1886): "Nada poderia mostrar melhor a futilidade de tentar fazer os setores ser autossustentáveis por tarifa do que a incapacidade confessa dos setores que durante muito tempo encorajamos a se manter sozinhos".

No mundo real:
Motos dos Estados Unidos – um setor nascente bem-sucedido?

Uma variante moderna da justificativa do setor nascente é encontrada na produção de motos dos Estados Unidos. O setor em si dificilmente pode ser considerado um setor nascente, pois a primeira moto foi fabricada comercialmente nos Estados Unidos em 1901, e houve cerca de 150 fabricantes norte-americanos desde então. Por volta de 1978, entretanto, sobretudo por causa de importações, a Harley-Davidson era o *único* fabricante norte-americano que restava.

Até o início dos anos de 1980, a Harley-Davidson havia fabricado principalmente motos pesadas de mil cilindradas. As importações eram de menos cilindradas e, como consequência, aumentaram rapidamente sua participação no mercado. A Harley-Davidson enviou uma petição à USITC para a liberação da importação em 1982. Uma investigação da USITC descobriu que as importações eram causa substancial de prejuízo à Harley-Davidson, e, em 1983, tarifas mais altas foram impostas por um período de cinco anos sobre importações acima dos níveis das cotas já existentes. Um motivo pelo qual a USITC concedeu aumento de proteção foi que a Harley-Davidson planejava melhorar sua eficiência e introduzir uma nova linha de motos menores (800 a mil cilindradas); a USITC quis dar à empresa uma oportunidade de implementar esses planos. No contexto de uma nova linha de produção (as motos menores), o caso da Harley-Davidson tem características de setor nascente.

Depois que as novas tarifas foram impostas, a cota de importação da moto norte-americana caiu de 60% a 70%, no início dos anos de 1980, para 31% em 1984. Em resposta, as companhias japonesas Kawasaki e Honda aumentaram sua produção nos Estados Unidos. A própria Harley-Davidson mudou a estratégia gerencial, reduziu custos e melhorou a qualidade. A produção local aumentou, mas o custo estimado para os consumidores norte-americanos (Hufbauer, Berliner e Elliott 1986, p. 268) era de $400 a $600 por moto e, em 1984, $150.000 por emprego poupado no setor de motos. Entretanto, o emprego e o produto aumentaram em meados de 1980, e a cota local do mercado da Harley-Davidson também aumentou.* O valor de remessas feitas por empresas sediadas nos Estados Unidos foi estimado com um aumento de 75% em termos reais de 1987 a 1993, porcentagem importante por causa da alta popularidade da moto com mais de 760 cilindradas e da maior segurança percebida das motos. Além disso, as exportações dos Estados Unidos aumentaram a uma taxa anual de 37%, de 1987 a 1991, apesar de este aumento ter sofrido uma queda dali em diante. Parte do aumento das exportações foi atribuído também à queda do dólar, especialmente em relação ao iene. As exportações de motos e peças cresceram a uma taxa anual de cerca de 12%, de 2000 a 2005. A Harley-Davidson continuou a ser lucrativa nos anos 1990 e no novo século. Como exemplo, uma ação ordinária da companhia comprada em março de 1997 por $35 dólares foi desdobrada duas vezes e valia mais do que $240 em março de 2007.

De que maneira o setor de motos se enquadra na justificativa de indústria nascente? Uma empresa local buscou proteção temporária com a esperança de ganhar tempo para trabalhar com um novo produto. A proteção temporária foi concedida, a empresa expandiu a produção e se tornou uma exportadora. Entretanto o custo ao consumidor foi alto, e uma parte do desempenho na exportação talvez tenha ocorrido em razão de outros fatores (a taxa de câmbio e segurança percebida melhorada).

*De fato, em 1987, a Harley-Davidson chegou à conclusão de que já era capaz de concorrer com a moto japonesa e pediu a retirada de tarifas mais elevadas com um ano de antecedência.

Fontes: "Harley Asks ITC to End Tariffs Firm Sought in '83", *The Wall Street Journal*, 18 mar. 1987, p. 46; Gary Clyde Hufbauer, Diane T. Berliner, e Kimberly Ann Elliott, *Trade Protection in the United States: 31 Case Studies* (Washington, DC: Institute for International Economics, 1986), p. 263-69; "Reagan Rebuffs Trade Bill in Motorcycle-Plant Tour", *The Wall Street Journal*, 7 mai. 1987, p. 6; U.S. Department of Commerce, *U.S. Industrial Outlook 1990*, p. 40-10 e 40-11; U.S. Department of Commerce, *U.S. Industrial Outlook 1993*, p. 37-7 e 37-8; U.S. Department of Commerce, *U.S. Industrial Outlook 1994*, p. 37-9; International Trade Administration of the U.S. Department of Commerce, "Top 20 U.S. Export Destinations for Motorcycles and Parts", extraídas do site www.ita.doc.gov.

Um século mais tarde, Gerald Meier (1987) fez uma revisão da evidência empírica da justificativa de setor nascente nos países em desenvolvimento. Ele observou (p. 830) que Krueger e Tuncer (1982) concluíram que os setores protegidos da Turquia não tiveram custos decrescentes mais do que os setores menos protegidos. Além disso, os setores protegidos poderiam ter crescido sem a proteção. Martin Bell, Bruce Ross-Larson e Larry Westphal (1984, p. 114) observaram que poucas empresas protegidas nos diversos países em desenvolvimento aumentaram a produtividade de maneira suficiente para alcançar a competitividade internacional. Meier também menciona a observação feita por Westphal (1981, p. 12) de que os custos iniciais em termos de recursos locais para proteção ao setor nascente em países em desenvolvimento poderia ser o dobro do valor da moeda estrangeira que foi poupada ou ganha pela proteção.

Além do problema quanto à identificação, o economista também deve questionar se a tarifa ou uma outra forma de proteção é a política adequada a ser adotada – mesmo que o setor seja uma empresa nascente qualificada. Por exemplo, pode-se argumentar – para que se atinja tanto economias internas quanto externas e o "aprender fazendo" seja estimulado – que o subsídio dado ao setor pelo governo do país local é superior à tarifa. Conforme foi observado no Capítulo 14, o subsídio tem um custo de bem-estar mais baixo para o país do que uma tarifa. Um subsídio também é reavaliado todo ano quando a autorização de despesas do governo, de modo que seus benefícios e custos são analisados mais frequentemente do que com uma tarifa, que já consta dos planos e não necessita ser revisada anualmente.

Entretanto, o economista pode questionar por que o setor no país determinado não tem condições de prosseguir por conta própria e por que necessita de proteção. Se economias internas de escala e/ou "aprender fazendo" podem ser concretizadas com expansão, os empreendedores de uma economia de mercado possivelmente sabem disto e farão a expansão por conta própria. Eles tomariam emprestados recursos de instituições financeiras, investiriam na expansão da fábrica e usariam os lucros provenientes da predominância no mercado para pagar os empréstimos. (Entretanto, esta expansão empreendedora não necessariamente ocorreria no caso de economias externas de escala.) Se esse processo não caminhar por conta própria, os mercados de capital provavelmente estão operando de maneira ineficaz na distribuição de recursos, portanto, um foco adequado de política deve ser o de adotar medidas para melhorar a operação de mercados de capital, talvez por meio de desregulamentação ou garantias governamentais para os empréstimos. Focar o mercado de capital como vilão é especialmente pertinente no caso de países em desenvolvimento, porque suas instituições financeiras são frequentemente citadas como tendentes a fazer empréstimos no curto prazo em vez de no longo prazo. Uma causa importante para que essa tendência ocorra em países em desenvolvimento pode ser a incerteza que cerca o pagamento de empréstimos no longo prazo.

Economias de escala numa estrutura de duopólio

Uma importante contribuição à literatura sobre política comercial estratégica foi dada pelo economista Paul Krugman (1984). Em seu modelo, ele pressupõe que haja duas empresas em um setor, um **duopólio** (uma empresa nacional e uma estrangeira), que concorrem entre si em mercados no mundo todo (inclusive no mercado do outro). A intenção de Krugman é demonstrar como a proteção da importação feita por uma empresa leva ao aumento das *exportações* da empresa protegida em qualquer mercado estrangeiro onde a empresa opera. Duas pressuposições são particularmente importantes: (1) o custo marginal declina quando a produção aumenta, isto é, economias de escala estão relacionadas à saída de produção; e (2) cada empresa leva em conta as ações da outra empresa ao calcular seu próprio preço e, a partir daí, toma as decisões sobre o produto. O último ponto significa, por exemplo, que a empresa local percebe que sua receita depende positivamente da sua própria produção, mas negativamente da produção da empresa estrangeira. Esta **interdependência reconhecida** não existe no modelo perfeitamente competitivo.

Com a interdependência reconhecida, consideramos as **funções de reação** para cada empresa em cada mercado (veja a Figura 6). O símbolo X_i no eixo horizontal se refere às vendas da empresa local em qualquer mercado i, enquanto X_i^* no eixo vertical se refere às vendas da empresa estrangeira no mesmo mercado. HH é a função de reação para a empresa local. A

FIGURA 6   Vendas das empresas local e estrangeira em um mercado de terceiro país

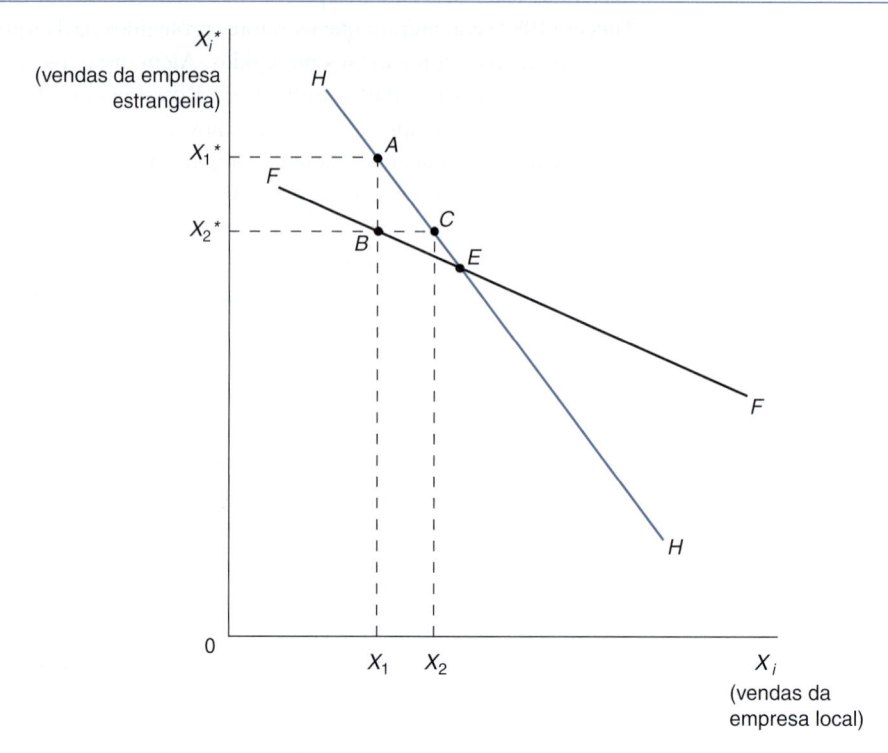

A função de reação HH indica o nível de vendas de maximização de lucro no mercado de um terceiro país para a empresa local, dados os vários níveis de vendas da empresa estrangeira naquele mercado. HH sofre queda porque o aumento de vendas estrangeiras achatará o preço e o lucro para a empresa estrangeira, assim aquela empresa contrairá as vendas. A função de reação FF mostra o nível de vendas de maximização de lucro da empresa estrangeira, dados os vários níveis de venda da empresa local, e tem inclinação descendente por razões análogas. Em pontos como A, B, e C, os níveis de vendas são alterados até que o equilíbrio no ponto E seja atingido.

justificativa no que diz respeito a esta função é que se a empresa estrangeira aumenta as vendas no mercado (um aumento em X_i^*), a demanda para o produto da empresa local cairá e o preço de sua mercadoria será achatado. Portanto, as oportunidades de lucro para a empresa local serão diminuídas, o que fará que o valor vendido pela empresa local (X_i) seja diminuído. A função de reação para a empresa local é de inclinação descendente, e um raciocínio semelhante produz uma função de reação de inclinação descendente, FF, para a empresa estrangeira. Estas funções de reação mostram o nível mais lucrativo de vendas no mercado i para cada empresa, dados os vários níveis de vendas da outra empresa. Observe que essas funções são desenhadas para um *dado* custo marginal, significando que o produto total de cada empresa é constante, porém as vendas em qualquer mercado podem variar. Finalmente, a posição de equilíbrio está no ponto E, onde cada empresa está vendendo sua quantidade de maximização de lucro, dado o comportamento da outra empresa.

Para saber por que o ponto E é atingido, considere o ponto A. Se as duas empresas estão produzindo para este mercado em A, então a empresa local está satisfeita com as suas vendas de $0X_1$, mas a empresa estrangeira não está satisfeita com as suas vendas de $0X_1^*$. Para maximizar o lucro, a empresa estrangeira corta a produção para $0X_2^*$ porque ela estava produzindo "demasiadamente" em A para obter lucro máximo. Com a mudança nas vendas estrangeiras, o ponto B é alcançado. Entretanto, B não é um ponto de maximização de lucro para a empresa local, e ela expande a produção para $0X_2$, de modo que atinja o ponto C. Este processo continuará até que o ponto E seja alcançado. Este movimento para E ocorre porque desenhamos HH de maneira mais íngreme do que FF. Se FF fosse a mais íngreme das duas linhas, o ponto de equilíbrio seria instável e as forças conduziriam as empresas mais distante de E se elas não estivessem em E. Visto que movimentos contínuos para longe de um equilíbrio envolvendo mudanças radicais na parcela de mercado não são usualmente observados em mercado de oligopólio, Krugman considera as inclinações mostradas na Figura 6 mais relevantes do que o caso inverso.

Agora, vamos examinar o nível total de produto de cada empresa e não o nível de vendas em cada mercado que a empresa atende. Lembre-se da pressuposição de que o custo marginal diminui à medida que o produto aumenta. Lembre-se também de que uma mudança para baixo ou uma diminuição na programação do custo marginal leva a um aumento no produto, dadas a demanda e as curvas de receita marginal. Dessas relações, considere a Figura 7(a). O eixo horizontal mede o produto total da empresa local, que é a soma das vendas em todos os mercados atendidos por ela. O eixo vertical representa o custo marginal da empresa local. A curva MM reflete a pressuposição de que um aumento no produto (ao longo do eixo horizontal) faz o custo marginal diminuir; a curva QQ reflete a relação inversa, isto é, que uma diminuição no custo marginal (ao longo do eixo vertical) provoca um aumento no produto.[4] O equilíbrio da empresa está no ponto T, em que não há incentivo para a empresa mudar seu nível de produto. Naturalmente, um gráfico semelhante (não apresentado) poderia retratar a empresa estrangeira, com o produto total da empresa ocorrendo onde uma curva M^*M^* (análoga à MM) cruza ou corta uma curva Q^*Q^* (análoga à QQ).

FIGURA 7   Proteção ao país local e vendas da empresa local por meio de economias de escala

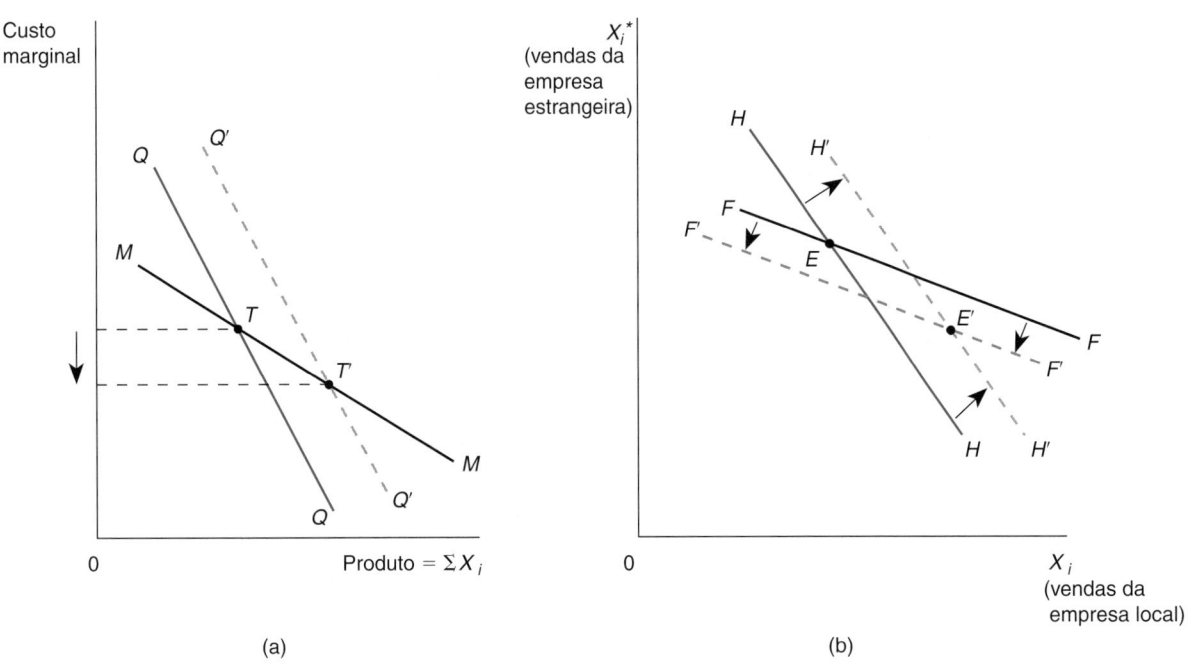

No painel (a), a curva QQ indica que uma queda no custo marginal levará a um produto total maior para a empresa local, em que o produto total é a soma das vendas da empresa em todos os mercados i. A curva MM indica a presença de economias de escala, porque níveis maiores de produto levam a custo marginal mais baixo. O equilíbrio para a empresa ocorre no ponto T, em que ela não tem incentivo para mudar seu nível de produto. Uma tarifa de importação do governo do país local muda a programação de QQ da empresa local para $Q'Q'$, porque ela pode vender mais produtos no mercado local em cada nível de custo marginal. Com $Q'Q'$, efetivamente, o custo marginal da empresa local cai. A consequência desta queda no custo marginal é que, no painel (b), a função de reação da empresa local em qualquer mercado de exportação i muda para fora de HH para $H'H'$. Além disso, pelo fato de a proteção do país local ter reduzido as vendas junto da empresa estrangeira no mercado local, o custo marginal da empresa estrangeira aumenta e sua função de reação no painel (b) muda para dentro de FF para $F'F'$. Portanto, o equilíbrio muda de E para E', e a empresa local consegue ganhar vendas em cada mercado às expensas da empresa estrangeira.

---

[4]Por razões de estabilidade de equilíbrio, Krugman desenha a curva QQ mais inclinada do que a curva MM. O respaldo para esta pressuposição é empírico – as empresas não sentem queda ou elevação do custo marginal e dos níveis de produto continuamente envolvidos quando MM é mais inclinada que QQ.

Considerando esta estrutura, considere o impacto de proteção. Suponha que o governo do país local imponha uma tarifa ou cota de importação sobre as importações da mercadoria da empresa estrangeira, o que tem o efeito de reservar parte do mercado do país local para a empresa local. O impacto inicial desta proteção ocorre sobre o produto da empresa local [Figura 7, painel (a)]. Pelo fato de o produto da empresa local ter aumentado para qualquer dado nível de custo marginal, a curva QQ muda para a *direita* para $Q'Q'$, fazendo a posição de equilíbrio da empresa mover-se para T', onde incorre num custo marginal *mais baixo*. No gráfico análogo para a empresa estrangeira (não apresentado), a curva Q^*Q^* da empresa estrangeira mudaria para a *esquerda*. Menos produto é associado a cada nível de custo marginal, porque parte do mercado do país local está sendo negado à empresa estrangeira. O resultado seria um *aumento* no custo marginal para a empresa estrangeira.

Pelo fato de os custos marginais mudarem para cada empresa, haverá uma reação nas funções de reação, pois elas foram desenhadas com um dado custo marginal. Na Figura 7, painel (b), a queda no custo marginal para a empresa local faz suas vendas aumentarem para cada nível de vendas da empresa estrangeira em cada mercado de exportação; isto é, HH muda para a direita, para $H'H'$. De maneira semelhante, o aumento no custo marginal para a empresa estrangeira faz que FF mude para baixo verticalmente para $F'F'$, porque a empresa estrangeira venderá um valor menor da mercadoria para cada nível de vendas da empresa local. Por conseguinte, o equilíbrio na situação de duopólio em cada mercado está agora no ponto E' e não em E, e a empresa local conseguiu vendas em todos os mercados às expensas da empresa estrangeira. Esta teoria de proteção pode ser chamada de **tarifa promove exportações por meio de economias de escala** porque estas novas vendas em todos os mercados i são exportações do país local.

Krugman propôs a análise das economias de escala não como uma recomendação para proteção *per se*, porém como uma explicação para fenômenos como a emergência do Japão nos anos 1970 e 1980, sendo um exportador importante de vários produtos cujos fabricantes locais tinham sido inicialmente protegidos (por exemplo, automóveis). Se pensarmos dessa forma, faz sentido. Entretanto, quando a consideramos como base para recomendar proteção, o país estrangeiro provavelmente retaliaria impondo sua própria tarifa. Note que o resultado final seria participações de mercado que relativamente não são afetadas, mas um volume comercial que é grandemente reduzido. Além disso, assim como em muitas dessas justificativas "neoprotecionistas", os recursos utilizados para expandir o setor protegido querem dizer que produção, em outros setores, é diminuída e estes custos de oportunidades definitivamente devem ser considerados. (Veja Krugman, "Is Free Trade Passé?" 1987.)

Pesquisa e desenvolvimento de vendas de uma empresa local

Esta abordagem sobre a proteção também foi desenvolvida por Paul Krugman (1984). Há algumas semelhanças com a abordagem de economias de escala, porém essa enfatiza um caminho diferente pelo qual a proteção gera um aumento nas exportações feitas por uma empresa estrangeira. Considerando-se que a **tarifa promove exportações por meio de pesquisa e desenvolvimento**, suponha novamente que exista uma estrutura de mercado de duopólio de uma empresa local e de uma estrangeira, e que as empresas estejam concorrendo em muitos mercados. Entretanto, admita que os custos marginais para cada companhia sejam constantes no que diz respeito a produto (isto é, as curvas de custo marginal são horizontais), mas para cada nível de produto o custo marginal depende do investimento em pesquisa e desenvolvimento (P&D). A relação é negativa, significando que um maior valor de gasto de P&D (com novas características do produto, novos processos de produção, e assim por diante) levará a uma redução no custo marginal. Por sua vez, o valor do gasto de P&D é uma função positiva do nível de produto, pois um maior produto gera maiores lucros que podem ser usados para financiar P&D adicional.

As relações-chave neste modelo de P&D são demonstradas na Figura 8. O valor do gasto de P&D pela empresa local é medido sobre o eixo vertical, enquanto seu produto é medido sobre o eixo horizontal como a soma das vendas da empresa em todos os mercados i. A linha ascendente MM indica que, à medida que o produto aumenta, o valor do gasto de P&D aumenta por causa de lucros maiores. A linha ascendente QQ indica a dependência do produto

FIGURA 8   Proteção do país local e produto e gastos de P&D da empresa local

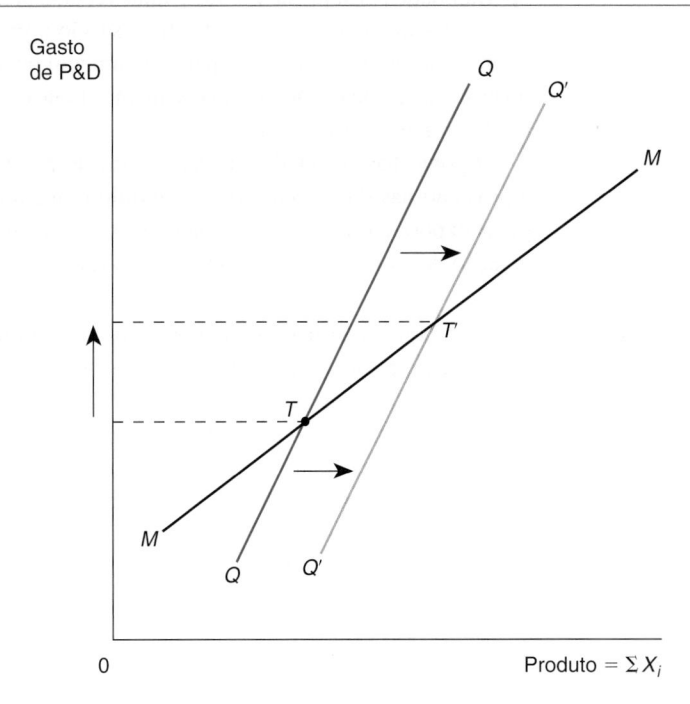

A linha *MM* indica que, com o aumento no produto total da empresa local, o gasto de P&D aumenta por causa do maior lucro. A linha *QQ* reflete o fato de que, a partir do momento que o gasto de P&D aumenta, o custo marginal da empresa cai e mais produtos são produzidos. O ponto de equilíbrio inicial para a empresa está no ponto *T*. Com a imposição de uma tarifa feita pelo governo do país local, a empresa local pode produzir mais bens para o mercado local em cada nível de P&D; isto é, *QQ* muda para a direita para *Q'Q'*. Este aumento no número de produtos permite um maior gasto de P&D à medida que o equilíbrio se movimenta para *T'*, e uma maior P&D gera maiores vendas para a empresa em todos os mercados *i*.

em relação à P&D: à medida que P&D aumenta, o custo marginal cai, o que, por sua vez, possibilita que a empresa venda uma maior quantidade de produto. A consistência mútua das duas relações ocorre quando a companhia está localizada no ponto de equilíbrio T.[5] Situação análoga a este gráfico seria um gráfico semelhante para a companhia estrangeira (não apresentado), com uma linha M^*M^* traçada em relação a uma linha Q^*Q^* e com localização da empresa em T^* análoga a T na Figura 8.

As consequências de proteção neste modelo são semelhantes àquelas do modelo de economias de escala. Suponha que o governo do país local imponha uma tarifa para reservar parte do mercado local para a empresa local. O efeito desta proteção é que a linha *QQ* na Figura 8 muda para a direita, para *Q'Q'*. Esta mudança indica que um valor maior de produto está agora ligado a cada valor de gasto de P&D. Porém, note que a nova posição de equilíbrio rende um valor maior de gasto de P&D, o que trará um valor menor de custo marginal, de modo que a empresa seja capaz de apoderar-se de vendas da empresa estrangeira em *todos* os mercados. O ganho nas vendas às expensas da empresa estrangeira é fortalecido quando nos lembramos de que o processo oposto ocorre para a empresa estrangeira. Nessa empresa, tem havido uma queda no produto associado a cada nível de P&D. O resultado final é uma queda no gasto de P&D e um *aumento* relativo no custo marginal para a empresa estrangeira – levando a uma queda em vendas dessa empresa em cada mercado atendido pelo duopólio.

---

[5] Pressupõe-se que a linha *QQ* é mais íngreme do que a linha *MM* por razões de estabilidade.

Ao avaliar esta justificativa, devemos apontar para as possibilidades de retaliação e custos de oportunidade perdidos de produzir mais recursos no setor orientado P&D. Além disso, a justificativa presume que as vendas da empresa são a principal determinante de P&D, porém, outros fatores, tais como proteção de patente, também podem ser importantes. Além disso, muita P&D pode ser direcionada ao desenvolvimento de novos produtos em vez de à redução do custo de produzir mercadorias existentes.

O ponto básico relativo às economias de escala e pesquisa e desenvolvimento em relação à proteção nas duas seções deste capítulo é que a proteção à importação pode potencialmente gerar exportações, não importando se o mecanismo opera por meio de economias de escala, geração de gasto de P&D ou outros possíveis caminhos.

Subsídio à exportação no duopólio

O enfoque no **subsídio à exportação no duopólio** para a intervenção do governo foi originalmente proposto por Barbara Spencer e James Brander (1983) e é apresentado de uma maneira menos técnica e mais acessível por Gene Grossman e David Richardson (1985). A análise novamente pressupõe um contexto de duopólio de uma empresa local e de uma empresa estrangeira. As empresas estão concorrendo para conseguir vendas no mercado de um terceiro país, isto é, em um mercado que não é o mercado local de qualquer dos dois duopolistas; e presume-se que eles não vendam nenhum produto em seus próprios mercados locais. O diagrama básico está apresentado na Figura 9, que reproduz as funções de reação da Figura 6 deste capítulo.

FIGURA 9   O efeito de um subsídio à importação de um país local em um mercado de terceiro país

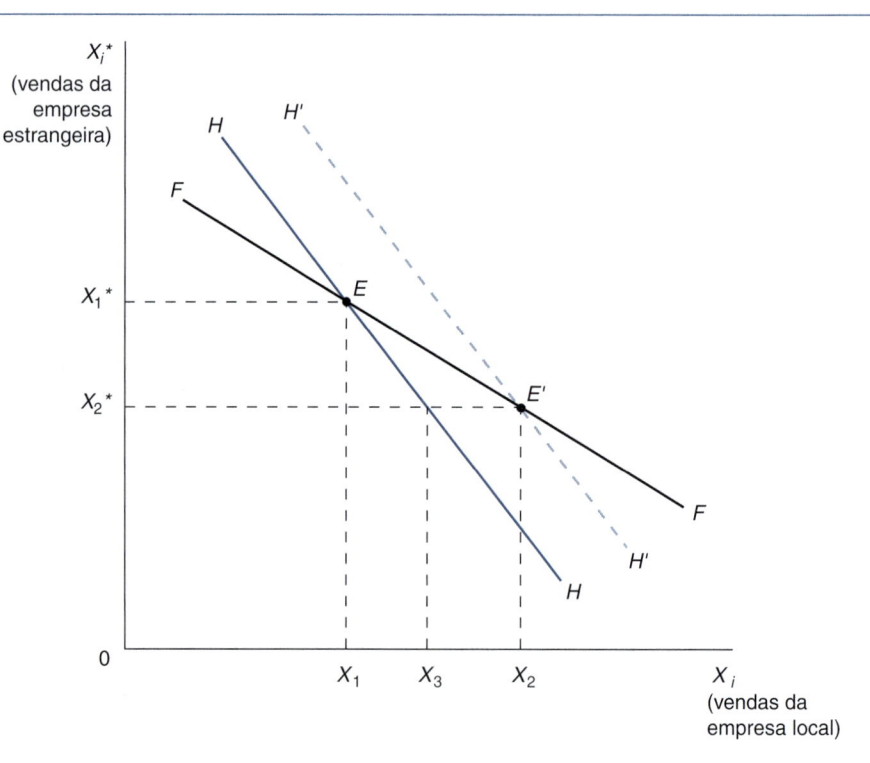

Sem o subsídio à exportação, as empresas locais e estrangeiras se fixam no ponto E, em que a empresa local vende quantidade $0X_1$ e a estrangeira vende quantidade $0X_1^*$. Se o governo do país local dá um subsídio à exportação para a empresa local, a função de reação da empresa local muda de HH para $H'H'$ porque os custos de produção pagos pela própria empresa diminuíram e é obtida mais produção. O novo equilíbrio está no ponto E'; as vendas da empresa local sobem para $0X_2$, enquanto as da empresa estrangeira caem para $0X_2^*$.

Considerando esta estrutura de duopólio e a posição de equilíbrio no ponto E, suponha que a empresa local queira aumentar sua participação no mercado e os lucros movam-se para o ponto E'. (Ignore a linha interrompida $H'H'$, por enquanto.) Assim, a empresa local ameaça expandir as vendas para $0X_2$ do nível atual de $0X_1$. Se esta expansão ocorresse, a empresa estrangeira reduziria suas vendas ao longo de sua função de reação FF de $0X_1^*$ para $0X_2^*$, uma contração de vendas estrangeiras que de fato abre mão de a participação no mercado para a empresa local. Entretanto, considerando que as empresas têm conhecimento das operações de cada uma delas, a estrangeira *não* contrairia vendas em resposta à ameaça da empresa local de se mover para E'. A razão para esta falta de resposta é que a empresa estrangeira sabe que não deve acreditar na ameaça, porque a local sempre escolherá operar na linha HH para maximizar lucros. A estrangeira sabe que se continuasse a produzir $0X_1^*$, a local teria maior lucro produzindo o X_1 unidades em vez de $0X_2$ unidades.

Nesta situação, Spencer e Brander indicam que há uma função potencial para um *subsídio à exportação* para a empresa local pelo governo local. Se este subsídio for concedido e anunciado antecipadamente (uma pré-obrigação do governo local), a empresa local desejará realizar a expansão de vendas para cada nível de vendas da empresa estrangeira. A linha HH muda para a direita, para a linha $H'H'$, por causa do subsídio. O movimento na função de reação da empresa local faz a ameaça de aumentar as vendas de exportação para $0X_2$ tornar-se crível. A empresa estrangeira agora entende que deve reduzir suas próprias vendas para o nível $0X_2^*$, porque quer permanecer na sua função de reação. O resultado final do uso do subsídio à exportação é que a posição de equilíbrio passa a ser o ponto E'. O aumento de vendas e a lucratividade da empresa local incrementam o lucro excedente de produtor do país local, e o país local pode, consequentemente, permanecendo os demais fatores iguais, obter bem-estar se o aumento no lucro excedente do produtor ultrapassar o custo do subsídio. (No modelo, não há gasto excedente de consumo reduzido para o país local, porque a mercadoria não foi consumida localmente. Se fosse, a análise seria mais complicada, mas poderia ainda ocorrer um ganho.) Naturalmente, o aumento no bem-estar do país local se dá às custas do país estrangeiro, que tem lucro excedente de produtor menor por causa da queda em vendas.

Observe que o governo do país estrangeiro poderia responder ao subsídio à exportação do país local implementando seu próprio subsídio à exportação para a empresa estrangeira. Isto mudaria FF para cima e para a direita na Figura 9, e a empresa estrangeira reaveria participação no mercado. David Collie (1991) levantou a hipótese de uma resposta diferente ao subsídio, embora seu modelo seja diferente pelo fato de que ele tem as empresas vendendo nos mercados uma da outra. Em seu modelo, o país estrangeiro responde ao subsídio à exportação do país local impondo um imposto compensatório em vez de implementando seu próprio subsídio à exportação. Isto possibilita ao país estrangeiro reaver como receita de tarifa parte do lucro da empresa estrangeira – um lucro que foi transferido para a empresa local através do subsídio original à exportação. No caso de um país grande, o imposto compensatório piora as condições de negócio do país local e ele perde bem-estar com seu subsídio à exportação. Collie concluiu que o uso potencial do imposto compensatório pelo país estrangeiro provavelmente dissuadirá o país local de subsidiar as exportações da empresa local. Numa continuação posterior do trabalho de Collie, Slotkin (1995, cap. 3) considerou, entre outras coisas, o fato de que algumas empresas locais podem ser pelo menos parcialmente adquiridas pelos investidores do país estrangeiro. Nesta estrutura, alguns dos benefícios originais (sem imposto compensatório para o país estrangeiro) para o país local do subsídio à exportação do país local agora não para o país estrangeiro e a seus investidores e, por conseguinte, o subsídio ótimo à exportação é menor do que poderia ser.

O uso de um subsídio para incrementar as exportações pode ser ilustrado de modo mais concreto por meio de um exemplo numérico de um tipo que se tornou padrão na literatura. Suponha que a empresa local H e a estrangeira F considerem a produção para o mercado mundial de uma mercadoria com economias de escalas substanciais. A Figura 10 mostra uma "matriz de pagamento" para as quatro possíveis situações. A parte superior esquerda da matriz indica que, se ambas

FIGURA 10 — Matriz de pagamento hipotética para as empresas local e estrangeira

		Empresa F — Produz	Empresa F — Não produz
Empresa H	Produz	−$20 / −$20	$0 / $200
	Não produz	$200 / $0	$0 / $0

Presume-se que existam economias de escalas substanciais na produção da mercadoria. Se ambas as empresas produzem a mercadoria, cada uma perde $20 milhões; se nenhuma delas produz a mercadoria, não há perdas (e não se recebem lucros). Se uma das empresas produz e a outra não, a que produz recebe $200 milhões enquanto a outra não tem lucro. Não há resultado certo para este "jogo".

FIGURA 11 — Matriz de pagamento hipotética para as empresas local e estrangeira com um subsídio de $50 milhões para a empresa local

		Empresa F — Produz	Empresa F — Não produz
Empresa H	Produz	−$20 / $30	$0 / $250
	Não produz	$200 / $0	$0 / $0

Com o subsídio do governo local, a empresa local sempre decidirá produzir a mercadoria porque um lucro está garantido. A empresa estrangeira perderá $20 milhões se também produzir a mercadoria, assim ela decidirá não produzir. Por conseguinte, o resultado deste jogo é determinado.

produzirem a mercadoria, cada uma ganhará $20 milhões, visto que o mercado não é grande o suficiente para que ambas produzam a mercadoria de modo econômico. A parte superior direita do diagrama indica que a produção da empresa H e *nenhuma* produção da empresa F renderia um lucro de $200 milhões para a empresa local, enquanto a estrangeira não teria lucro. A parte inferior esquerda da matriz é oposta à parte superior direita, sendo que a empresa F, que produz, obtém um lucro de $200 milhões, e a empresa H, que não produz, não teria lucro. Finalmente, se nenhuma das empresas produz a mercadoria, o lucro é zero para cada uma, conforme mostra a parte inferior da matriz.

Na Figura 10, o resultado do "jogo" é incerto. Entretanto, suponha que o governo do país local anuncie que concederá um subsídio de $50 milhões à empresa H se ela produzir para o mercado mundial. Com esta obrigação, a matriz de pagamento agora aparece conforme é apresentado na Figura 11. As partes superiores esquerda e direita da matriz refletem o subsídio de $50 milhões para a empresa local; esta produzirá a mercadoria, não importa o que a empresa estrangeira faça, porque a empresa local tem um lucro garantido. O subsídio garante que a empresa H dominará o mercado; a empresa F não produzirá, porque nunca tem lucro quando a empresa local

FIGURA 12   Um jogo de tarifa dos governos

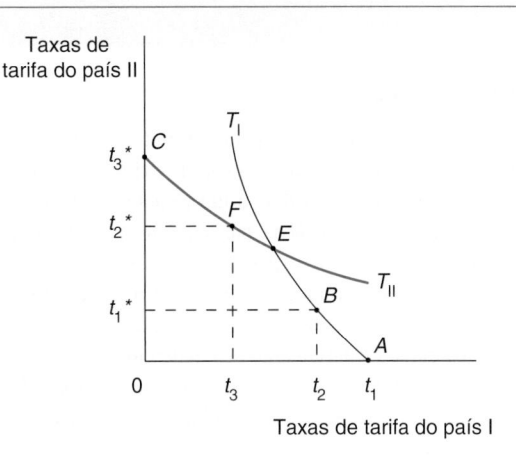

A curva T_I mostra as várias tarifas do país I que maximizam seu bem-estar, dadas as várias tarifas do país II. A curva T_{II} mostra o oposto – as várias tarifas do país II que maximizam seu bem-estar, considerando várias tarifas do país I. O ponto E é a posição de equilíbrio; em E, cada país maximiza seu próprio bem-estar considerando a tarifa do outro país. Entretanto, o ponto de livre-comércio universal na origem dos eixos é o ponto do bem-estar mundial máximo, e não pode ser atingido sem negociações entre os países.

produz. Note também que o subsídio do governo de $50 gera um lucro de $250 para o produtor local, o que pode aumentar o bem-estar do país local. Naturalmente, não há garantia de que o governo estrangeiro não retaliará com seu próprio subsídio. Além disso, se existe consumo local, um subsídio à exportação por um governo local aumenta os preços para os consumidores locais e, assim, diminui o bem-estar do consumidor. As chances de um país melhorar seu bem-estar global por meio do subsídio são, portanto, reduzidas.

Interação governamental estratégica do governo e bem-estar mundial

Agora, nos desviamos da política comercial governamental destinada a obter participação no mercado, rendas ou lucro para empresas específicas, para um modelo mais geral de comportamento governamental no que diz respeito à política comercial. Um importante resultado dessa próxima análise é que cada governo de um país pode maximizar o bem-estar do seu próprio país, considerando o comportamento dos outros governos, e ainda assim o bem-estar mundial como um todo definitivamente *não* está sendo maximizado.

Considere em primeiro lugar uma análise com base nos termos de troca ou tarifa ótima do Capítulo 14.[6] Suponha que haja dois *grandes* países – país I e país II. Na Figura 12, construímos uma **função de reação de tarifa** para cada país. O eixo horizontal indica possíveis taxas de tarifas a serem adotadas pelo governo do país I, e o eixo vertical indica o mesmo para o governo do país II. Suponha que o país II tenha uma tarifa zero; isto é, o país II está praticando o livre-comércio. Pelo fato de o país I ser um país grande, ele pode influenciar seus termos comerciais e, com o objetivo de maximizar seu próprio bem-estar, ele aplicará a tarifa t_1 (ponto A). Lembre-se de que, no Capítulo 14, dissemos que a tarifa ótima é a que resulta em bem-estar aprimorado proveniente da melhoria dos termos de troca que mais do que compensa a perda no bem-estar proveniente da redução da quantidade de importações pelo valor máximo. A seguir, suponha que o país II não tenha praticado o livre-comércio, mas, em vez disso, tinha uma tarifa t_1^* em vigor. *Considerando esta tarifa*, o país I escolheria uma tarifa que maximizaria seu bem-estar

---

[6] Veja Grossman e Richardson (1985, p. 24-26); para o artigo original, veja Johnson (1953-1954, especialmente p. 146-50).

No mundo real:

Airbus Industrie

Um exemplo de subsídio governamental para estimular a competitividade internacional é a empresa europeia de aviões Airbus Industrie. Criada em 1970, a Airbus é um projeto de consórcio de empresas da França (38% de participação), Alemanha (38%), Grã-Bretanha (20%) e Espanha (4%). Os governos desses quatro países forneceram recursos para o projeto de consórcio; apesar de não haver uma maneira precisa de mensurar a extensão do subsídio, o Departamento de Comércio dos Estados Unidos estimou em 1993 que o valor recebido pela Airbus naquela época foi de cerca de $26 bilhões (citado em Coleman 1993). Em 1996, houve um fortalecimento da Airbus, a partir do momento em que as companhias associadas concordaram em transformar a empresa de um consórcio desagregado em uma companhia integrada e centralizada a fim de ter melhor controle dos custos e permitir que ela buscasse recursos de investidores externos para financiar um novo e maior Jumbo. Como resultado destas medidas, a participação no mercado da Airbus Industrie alcançou 45% em 1997, um ganho significativo em relação à participação de 30% alcançada no início dos anos 1990. Por volta de 2003, a Airbus e sua concorrente norte-americana Boeing tinham cada uma metade da fatia de mercado de passageiros, e a Airbus tinha mais pedidos pendentes do que a Boeing. Entretanto, a empresa começou a ter problemas quando destinou grandes recursos para construir e lançar no mercado um grande Jumbo, o A380, que foi considerado o avião civil mais espaçoso da história, porém não vendeu bem. Além disso, ocorreram escândalos e executivos seniores perderam seus empregos. Nesse meio tempo, a Boeing ficou mais competitiva terceirizando algum trabalho para a China e o Japão dinamizando sua fábrica de montagem em Seattle. A Airbus já havia se tornado uma empresa com 80% de propriedade por parte de uma companhia holandesa, a European Aeronautic Defense and Space Company (EADS), em 2000. A EADS é uma empresa privada e incluiu a DaimlerChrysler entre seus acionistas.

A Boeing e outras indústrias norte-americanas queixam-se dos subsídios recebidos pela Airbus Industrie, porém estima-se que a Boeing, a General Dynamics e a McDonnell Douglas receberam, até 1993, $41 bilhões de dólares em "subsídios indiretos", por meio de contratos militares e aéreos do governo dos Estados Unidos. Em uma tentativa de controlar subsídios, os Estados Unidos e a Comunidade Europeia assinaram um acordo em 1992 limitando os subsídios para 33% do custos de desenvolvimento de aviões. Entretanto, por volta de 1997, a insatisfação era evidente na Europa, pois os representantes comerciais da União Europeia sentiram que as restrições de 1993 impostas sobre os subsídios diretos da Europa foram mais onerosos do que as restrições sobre os subsídios indiretos nos Estados Unidos. As tensões continuaram e, em uma reunião realizada em janeiro de 2005 entre os Estados Unidos e a Europa, tentou-se resolver as diferenças. No início de 2007, a Organização Mundial do Comércio foi envolvida.

Finalmente, Richard Baldwin (citado em "A Survey of World Trade", 1990, p. 20-21) considerou que, por causa dos subsídios dados à Airbus, tanto a Europa quanto os Estados Unidos provavelmente perderam bem-estar porque os lucros da Boeing foram reduzidos em mais do que aquilo que os usuários ganharam no que diz respeito à redução de preço. Os únicos favorecidos, ao que parece, foram outros países, onde as companhias aéreas e seus passageiros ganharam com os preços mais baixos das passagens. Talvez a "política estratégica comercial" beneficie somente os países que não participam dela!

Fontes: "Airbus Pins Itself Down", *The Economist*, 30 jan. 1988, p. 50-51; Jeff Cole e Helene Cooper, "U.S., EU Open Aircraft-Subsidy Talks as Europe Weighs Status of Boeing Deal", *The Wall Street Journal*, 28 abr. 1997, p. A20; Jeff Cole e Charles Goldsmith, "Rivalry between Boeing, Airbus Takes New Direction", *The Wall Street Journal*, 30 abr. 1997, p. B4; Brian Coleman, "Airbus Subsidies Are Invisible to Radar", *The Wall Street Journal*, 4 mar. 1993, p. A10; Bob Davis, "U.S. Presses EC to Renegotiate Aircraft Accord", *The Wall Street Journal*, 26 fev. 1993, p. A2, A4; Charles Goldsmith, "Airbus Consortium Plans to Centralize to Compete Better", *The Wall Street Journal*, 9 jul. 1996, p. A8; "A Survey of World Trade", *The Economist*, 22 set. 1990, seguinte à p. 60; U.S. Department of Commerce, *U.S. Industrial Outlook 1994* (Washington, DC: U.S. Department of Commerce, January 1994), p. 20-6; Charles Goldsmith, "After Trailing for Years, Airbus Aims for 50% of the Market", *The Wall Street Journal*, 16 mar. 1998, p. A1; Jeff Cole, "Airbus Prepares to 'Bet the Company' as It Builds a Huge New Jet", *The Wall Street Journal*, 3 nov. 1999, p. A1; Daniel Michaels and Jeff Cole, "Airbus Beats Boeing in Jet Orders for First Time", *The Wall Street Journal*, 13 jan. 2000, p. A17; Daniel Michaels, "Airbus Partners Meet Boeing Head-On", *The Wall Street Journal*, 26 jun. 2000, p. A28; J. Lynn Lunsford, "With Airbus on Its Tail, Boeing Is Rethinking How It Builds Planes", *The Wall Street Journal*, 5 set. 5, 2001, p. A1, A16; J. Lynn Lunsford, "Boeing, Losing Ground to Airbus, Faces Key Choice", *The Wall Street Journal*, 21 abr. 2003, p. A1, A8; "How Airbus Lost Its Bearings", *The Wall Street Journal*, 24 mai. 2006, p. A15; "The Airbus Debacle", *The Wall Street Journal*, 20 jun. 2006, p. A20; "Airbus Problems Lead to Ouster of Key Executives", *The Wall Street Journal*, 3 jul. 2006, p. A1, A2; "Hard Landing", *The Economist*, 17 fev. 2007, p. 68; www.eads.net; www.ustr.gov; www.airbus.com.

nesta nova situação. Pelo fato de o comércio já ter sido restrito até um determinado ponto pela tarifa do país II, o país I descobrirá que sua nova tarifa ótima será um tanto mais baixa do que a original t_1, pois a quantidade de importação já foi um tanto reduzida se comparada com aquela do livre-comércio por causa da pouca disposição do país II de negociar. Portanto, supomos que a tarifa t^2 seja uma tarifa ótima para o país I quando o país II tem a tarifa t_1^* em vigor (ponto B). Seguindo o mesmo raciocínio, podemos fazer um traçado da planilha T_1, planilha de reação da tarifa do país I que apresenta os vários níveis de sua tarifa que maximizariam o bem-estar do país I, dadas várias tarifas do país II.

Considere agora o país II. Por um procedimento idêntico àquele usado anteriormente para o país I, podemos determinar que a tarifa ótima t_3^* será selecionada quando o país I tiver livre--comércio (ponto C), t_2^* será selecionada quando o país tiver t_3 em vigor (ponto F), e assim por diante. Assim, delineamos a planilha resultante T_{II} como uma função de reação da tarifa do país II – ela mostra as várias tarifas que maximizam o bem-estar do país II, dados vários níveis de tarifa do país I.

Claramente, o ponto E é o local em que os dois países se fixam. De maneira semelhante ao que mencionamos na Figura 6, porém, mas apresentado em termos de bem-estar do país e não de lucros das empresas, ocorrerá movimento para E proveniente de qualquer outra posição no diagrama. Entretanto, o importante é que E *não* é o ponto de maximização do bem-estar, mesmo que cada país maximize seu próprio bem-estar considerando o comportamento do outro país. O ponto E foi atingido por mudanças para dentro das curvas de oferta, e o comércio, de maneira correspondente, foi reduzido do nível de livre-comércio. Ambos os países perderam bem-estar se compararmos com a situação de livre-comércio, e sabemos da teoria comercial que o livre--comércio maximiza o bem-estar mundial. De fato, o ponto mais desejável no gráfico no que diz respeito ao bem-estar mundial está na *origem* do diagrama, onde cada país tem tarifa zero. Infelizmente, nenhum dos países tem um incentivo para tomar atitude unilateral objetivando movimentar-se para a origem. Se qualquer dos países saísse de E, estaria saindo da sua maximização de bem-estar, *dada* a tarifa do outro país.

O mesmo ponto geral pode ser considerado com a matriz de pagamento da teoria do jogo, como mostra a Figura 13. Nesta matriz, simplesmente apresentamos para o governo de cada país a escolha do livre-comércio *versus* proteção sem permitir graus variados de proteção (graus variados como os disponíveis na Figura 12). Não obstante, a mesma conclusão geral sobre bem--estar mundial emergirá como a que emergiu na Figura 12.

FIGURA 13 Matriz de pagamento da política comercial de dois países

		País II	
		Livre--comércio	Proteção
País I	Livre--comércio	$100 / $100	$120 / $50
	Proteção	$50 / $120	$60 / $60

Se o país I se envolve no livre-comércio, ele realizará bem-estar de $100, se o país II também se envolver no livre-comércio, mas somente $50 de bem-estar se o país II praticar a proteção. Da mesma forma, se o país II se envolver no livre-comércio, ele atingirá o bem-estar de $100 se o país I também se envolver em livre-comércio, mas somente $50 de bem-estar se o país I praticar a proteção. Cada país tem uma estratégica dominante de proteção, assim, o resultado do jogo está na célula superior à direita da matriz de pagamento. Essa localização é inferior ao livre-comércio universal, conforme está representado pela parte superior esquerda da matriz.

Observe, na matriz da Figura 13, que se o país I busca o livre-comércio enquanto o país II também o faz, eles acabam na parte superior esquerda, em que o bem-estar do país I é $100 (medido de alguma forma) e o bem-estar do país II é também $100. Se o país I se envolve no livre-comércio, mas o país II adota a proteção, o país I tem um bem-estar de $50 enquanto o país II tem bem-estar de $120. Esses resultados na parte superior direita diferem daqueles na parte superior esquerda, porque o país II aplicou sua tarifa ótima, o que levou a um ganho às expensas do país I. De maneira alternativa, na parte inferior esquerda, o país I adotou a tarifa ótima (gerando $120 de bem-estar), enquanto o país II adota o livre-comércio (e $150 de bem-estar). Finalmente, na parte inferior direita ambos os países têm suas tarifas ótimas em vigor (análogo ao ponto E na Figura 12), e ambos têm bem-estar de $60.

Onde os dois governos participantes do jogo vão parar? Note que o país I tem o que é chamado de **estratégia dominante**. Esta ocorre quando, ao seguir uma das duas possíveis estratégias, sempre se produz um resultado superior do que seguir a outra possível estratégia. Já o país I, se ele buscar a proteção, ele obterá $120 de bem-estar se o país II buscar o livre-comércio e $60 se ele buscar a proteção. Esses resultados são superiores aos resultados comparativos respectivos de $1.500 e $50 para o país I se ele sempre buscar o livre-comércio. Portanto, a proteção é a estratégia dominante para o país I. Pelo fato de a matriz ter sido construída com números idênticos para os dois países, o país II também terá uma estratégia dominante – a estratégia de proteção e não de livre-comércio. Claramente, com ambos os países buscando a proteção, o jogo termina na parte inferior direita, com $60 de bem-estar sendo alcançados por país.

Tanto na Figura 12 quanto na Figura 13, portanto, encontramos os dois países, quando cada um está buscando seu próprio interesse, chegando a um resultado final previsível (ponto E na Figura 12 e a parte inferior direita na Figura 13). Mas, em ambas as situações, há um resultado que seria superior para ambos, bem como para o mundo como um todo (a origem da Figura 12 e a parte superior esquerda na Figura 13). O jogo estratégico não levará os países até essas melhores posições. A única maneira de atingir essas posições é ter *negociações de tarifa* entre os países, e negociações bem-sucedidas poderiam baixar o nível de tarifa de cada país a zero e assim maximizar o bem-estar. Tratamos dessas negociações na prática no próximo capítulo.

Observações finais sobre política comercial estratégica

O aumento na globalização tanto na área comercial quanto na financeira nos anos recentes foi acompanhado por intensos diálogos a respeito da competitividade dos países e o papel da política governamental em promover sucesso em um mundo econômico cada vez menor. Entre os países industrializados, o aumento da importância das transações internacionais foi acompanhado por mudanças relativas na estrutura econômica, pois o setor de serviços se expandiu em um ritmo muito rápido. O crescimento relativo em serviços, acompanhado por um declínio na força de trabalho da indústria, gerou uma considerável preocupação no que diz respeito à desindustrialização que está ocorrendo e aos bons empregos na fabricação que estão sendo enviados ao exterior por meio de importações crescentes de produtos manufaturados. Fortalecidas por textos escritos por pessoas influentes, como o então reitor da MIT School of Management, Lester Thurow, o conselheiro em política da Casa Branca, Ira Magaziner, e o professor da Harvard e depois secretário do Trabalho Robert Reich, as discussões sobre política frequentemente estavam centradas nas maneiras pelas quais os governos poderiam mitigar esta tendência ao promulgar políticas industriais que promoveriam setores de altos salários, agregação ao valor de mão de obra qualificada ou tecnologia de ponta. Foi argumentado que, se bem-sucedidas, essas políticas resultariam no desenvolvimento de novos produtos com vantagem comparativa que tornariam o país competitivo no mercado global emergente.

Não surpreende o fato de que alguns economistas, incluindo Paul Krugman (1993, 1996), criticam esse tipo de política. Observou-se rapidamente que ainda que a competitividade seja relevante para as empresas privadas, a vantagem comparativa e não a concorrência é o que é relevante para os países. Além disso, é extremamente difícil determinar quais produtos poderiam ter uma vantagem potencial comparativa e ser o foco de tal política comercial estratégica.

Focar setores de alto salário ou agregar valor ao trabalho qualificado certamente não oferece uma diretriz útil, pois esses setores tendem a ser muito intensivos em capital e sua expansão pode não ser um uso eficiente de recursos. Ademais, não fica claro por que as políticas públicas governamentais terão melhor insight do que o mercado no que diz respeito a quais produtos devem ser fomentados e desenvolvidos. O argumento da intervenção governamental na forma de política industrial estratégica parece ser o mais forte quando falhas de mercado resultam na presença de externalidades sociais positivas que resultam em investimento privado e desenvolvimento de produto insuficientes. Enquanto esse pode ser o caso em termos de determinados produtos de alta tecnologia, o problema persiste com relação à identificação dessas mercadorias. Deve-se tomar cuidado com o uso ativo de política comercial estratégica, como se vê no alto custo social da Airbus Industrie e o fracasso da política dos Estados Unidos em transformar a tecnologia da tela plana em uma mercadoria com vantagem comparativa. No geral, ao passo que pode haver certamente casos em que a política comercial estratégica pode ser útil em estimular a vantagem comparativa dinâmica e/ou em oferecer um ambiente no qual uma empresa local pode ter uma probabilidade maior de ser bem-sucedida em um mundo competitivo de empresas sempre crescentes, parece extremamente difícil identificar possíveis candidatos para apoio. Há, entretanto, ampla evidência do alto custo social associado a suposições erradas e ao respaldo de mercadorias quando não há vantagem comparativa.

REVISÃO DE CONCEITO

1. No modelo de pesquisa e desenvolvimento de Krugman, que papel desempenha a dependência positiva de gasto de P&D no nível do produto total da empresa local na argumentação a favor da proteção?
2. Na Figura 9, por que a ameaça da empresa local de vender no nível $0X_2$ sem subsídio governamental não é crível para a empresa estrangeira?
3. Na matriz de pagamento da Figura 10, o subsídio para a empresa local (presumindo-se que não haja retaliação) é benéfico para o país local se tanto a empresa local quanto a estrangeira puderem ter lucro positivo, quando não houver intervenção governamental, por exemplo, se os números na parte superior esquerda fossem +\$20 e +\$20? Explique.
4. Explique o que quer dizer função de reação da tarifa de um país.
5. Por que as funções de reação na Figura 6 caem?

RESUMO

Este capítulo apresentou e examinou muitas das justificativas mais comuns para proteção. Na primeira parte do capítulo, as justificativas tradicionais foram agrupadas em várias categorias-chave organizadas em torno dos objetivos da ação em questão. Notou-se que poderia haver proteção como parte de um pacote de objetivos sociais mais amplos, uma maneira de tratar das imperfeições do mercado, e em resposta às ações de política dos parceiros comerciais de um país. Enfocamos a possibilidade de se usar alternativas superiores de bem-estar para atingir objetivos específicos, o caráter de "empobrecer" o vizinho de algumas das justificativas e a dificuldade de aplicar as justificativas na prática. Na última parte do capítulo, examinamos algumas das justificativas que enfocam os benefícios dinâmicos de proteção. Essas teorias se baseiam na natureza da concorrência em muitos setores e salientam que a ação unilateral pode trazer ganhos potenciais como a transferência de lucro de monopólio estrangeiro e a realização de economias de escala que levarão a maiores exportações. Um aumento em gasto de pesquisa e desenvolvimento, com subsequentes exportações intensificadas, pode ser atingido por meio de proteção ao mercado local. Além disso, os subsídios à exportação podem ser usados para intensificar a participação de empresas locais nos mercados estrangeiros, melhorando dessa forma o bem-estar local, em algumas circunstâncias. Entretanto, a proteção fundamentada nessas análises não garante necessariamente uma melhoria no bem-estar local porque, entre outras coisas, a retaliação estrangeira é ignorada. Além disso, os formuladores das teorias não estão necessariamente recomendando proteção, mas tentando mostrar possíveis implicações de se desviar da pressuposição de concorrência perfeita da teoria comercial tradicional. Ademais, uma bem-sucedida implementação de política comercial estratégica não é uma coisa fácil ou direta. As tentativas feitas pelos parceiros comerciais de implementar essa política podem facilmente deixar todos os países menos ricos se uma "estratégia" comercial não cooperativa subjugar a cooperação e as negociações comerciais. Além disso, a experiência tem mostrado que a identificação de candidatos potenciais para intervenção governamental está longe de ser fácil e que "apostar no cavalo errado" pode ser uma aposta custosa para as políticas públicas do governo.

Termos-chave

- concorrência imperfeita
- dumping
- dumping esporádico
- dumping persistente
- dumping predatório
- duopólio
- economias de escala
- estratégia dominante
- função de reação de tarifa
- funções de reação
- imposto antidumping
- imposto compensatório (CVD)
- interdependência reconhecida
- interpretação macroeconômica de um déficit comercial
- justificativa antidumping
- justificativa de defesa nacional
- justificativa do setor nascente
- justificativa de termos comerciais
- política estratégica comercial
- política de empobrecer o vizinho
- princípio de especificidade
- subsídio à exportação no duopólio
- tarifa antidumping
- tarifa aumenta o emprego em um setor específico
- tarifa beneficia um fator de produção escasso
- tarifa compensa um subsídio estrangeiro
- tarifa extrai lucro do monopólio estrangeiro
- tarifa melhora a balança comercial
- tarifa promove exportações por meio de economias de escala
- tarifa promove exportações por meio de pesquisa e desenvolvimento
- tarifa reduz o desemprego agregado
- tarifa ótima

Questões e problemas

1. Você está analisando uma tarifa para extrair lucro de monopólio estrangeiro. A transferência de lucro se tornará maior ou menor, para um dado valor de tarifa, quando a curva de demanda com que se defronta o monopolista estrangeiro ficar mais elástica? A perda na renda excedente do consumidor local será maior ou menor, para um dado valor de tarifa, quando a curva da demanda se tornar mais elástica? O que pode ser concluído, se for o caso, sobre a relação entre a elasticidade da demanda e os ganhos líquidos de bem-estar para o país local provenientes da tarifa? Explique.

2. Suponha que a empresa que obtém proteção na estrutura do tipo de Krugman tenha custos marginais que *aumentam* em vez de diminuírem com a maior produção. Os resultados de Krugman se dariam se isto fosse verdadeiro? Por que, ou por que não?

3. Suponha que a tecnologia de produção de um autoproclamado "setor nascente" permita economias de escala. Suponha também que a mesma tecnologia está disponível aos produtores estrangeiros. Existe uma justificativa válida para proteção nesta situação partindo da perspectiva do mundo como um todo? Por que, ou por que não?

4. Por que o uso de uma tarifa para diminuir o desemprego agregado num país poderia subsequentemente gerar um *aumento* no desemprego agregado naquele país?

5. Você aprendeu que é preferível um subsídio a uma tarifa se o objetivo for gerar um dado valor de emprego num setor privado. Explique esta questão em linguagem compreensível para alguém que não é treinado em assuntos econômicos.

6. O *dumping* persistente no país local significa que necessariamente um governo estrangeiro está subsidiando a empresa exportadora estrangeira? Por que, ou por que não?

7. Avalie esta declaração: se uma tarifa é imposta para reduzir importações, a balança comercial certamente melhorará, já que é seguro pressupor que as exportações não serão afetadas pela tarifa.

8. Na Figura 6, suponha que a função de reação da empresa local é mais achatada que aquela da empresa estrangeira. Use um diagrama para explicar por que um ponto distante do equilíbrio fará as empresas se distanciarem da posição de equilíbrio.

9. Suponha que uma matriz de pagamento análoga à da Figura 10 seja como segue:

		Empresa estrangeira	
		Produz	Não produz
Empresa local	Produz	$20 / −$30	$0 / $100
	Não produz	$140 / $0	$0 / $0

A empresa estrangeira produzirá a mercadoria? Por que, ou por que não? Presumindo-se que não haja subsídio, a empresa local produzirá a mercadoria? Por que, ou por que não?

10. Ainda quanto à Questão 9, suponha que um subsídio de $50 é dado à empresa local. (Não é dado subsídio à empresa estrangeira.) Este subsídio mudará o modelo de produção em relação àquele da Questão 9? Se a resposta for positiva, explique por quê. Se for negativa, explique por que não. O subsídio é benéfico para o país local? Explique.

11. O gráfico seguinte mostra a curva de demanda (D) de um país local que enfrenta o fornecedor do monopólio estrangeiro de uma mercadoria para o país local, a curva de receita marginal associada (MR), a curva do custo marginal horizontal da empresa estrangeira quando não há tarifa imposta pelo país local (MC), e a curva de custo marginal da empresa estrangeira

mais o custo da tarifa quando uma tarifa específica é imposta pelo país local ($MC + t$):

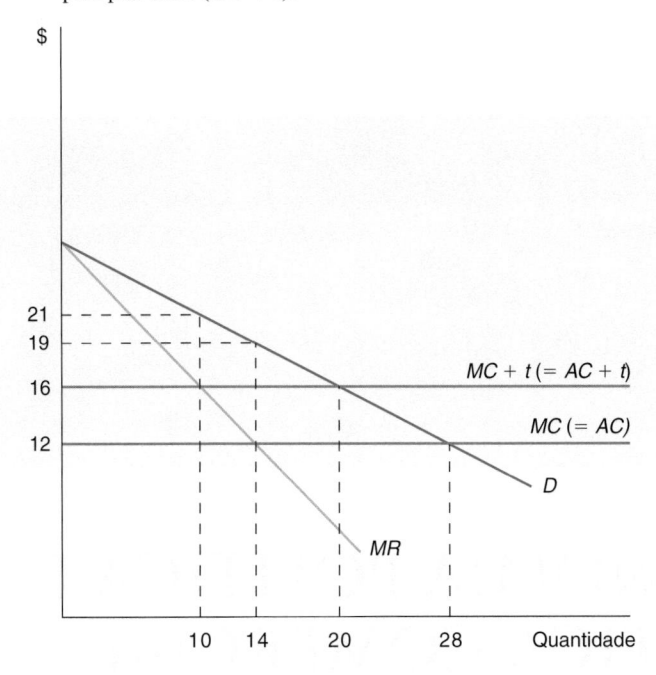

Supondo que o custo médio (AC) seja igual ao custo marginal:
(a) Indique o preço cobrado dos consumidores do país local pelo fornecedor do monopólio estrangeiro quando não há tarifa do país local.
(b) Indique o preço cobrado dos consumidores do país local pelo fornecedor do monopólio estrangeiro quando a tarifa do país local está em vigor.
(c) Calcule a perda no lucro excedente do consumidor do país local por causa da imposição da tarifa.
(d) Calcule o valor do lucro anterior do monopólio estrangeiro que é transferido como receita de tarifa para o país local quando este impõe a tarifa.
(e) O país local ganha ou perde por causa da imposição da tarifa? Qual é o valor em dólar do ganho ou perda?

12. Com base na Figura 12, suponha que os países estejam localizados no ponto F. Explique por que ocorrerá movimento para o ponto E.

CAPÍTULO

16

ECONOMIA POLÍTICA E POLÍTICA COMERCIAL DOS ESTADOS UNIDOS

OBJETIVOS DE APRENDIZADO

- Compreender vários conceitos básicos de economia política.

- Entender desenvolvimentos cruciais na história das negociações comerciais multilaterais.

- Familiarizar-se com aspectos recentes da política comercial.

- Aumentar o conhecimento dos desenvolvimentos atuais da política comercial norte-americana.

Introdução

Comentários contrastantes sobre política comercial

Em janeiro de 2004, o representante comercial dos Estados Unidos Robert Zoellick propôs que todos os subsídios de exportação de produtos agrícolas fossem eliminados e que todas as tarifas sobre alimentos e outras importações fossem cortadas drasticamente. Estas e outras propostas foram feitas em uma carta aos 148 países-membros da Organização Mundial do Comércio. A intenção da carta e das medidas propostas era dar vida nova às negociações comerciais multilaterais a fim de reduzir as barreiras comerciais em todo o mundo....[1]

Em novembro de 2003, o chefe comercial da União Europeia (UE) Pascal Lamy ameaçou que a União Europeia imporia tarifas profundas a $6 bilhões de exportações dos Estados Unidos para a União Europeia, a menos que os Estados Unidos alterassem duas de suas políticas comerciais. Primeiro, a Organização Mundial do Comércio (WTO) tinha estabelecido que as tarifas dos Estados Unidos impostas em março de 2002 sobre aço importado eram ilegais. Segundo, a WTO tinha também estabelecido que um tratamento de taxa favorável dos Estados Unidos a divisões especiais de companhias norte-americanas formado para promover exportações era ilegal, uma vez que o tratamento constituía um subsídio à exportação não permitido pelas regras internacionais de comércio. Lamy declarou que a União Europeia estava buscando o "cumprimento" de regras acertadas e que a União Europeia pretendia levar adiante sua ameaça se não fossem feitas mudanças no Estados Unidos....[2]

Esses comentários contrastantes indicam que um país, neste caso os Estados Unidos, pode forçar um comércio mais livre como no primeiro trecho, porém, ao mesmo tempo, estar como no segundo trecho, empregando políticas que se desviam do livre-comércio de acordo com vantagem comparativa. A política comercial pode envolver forças econômicas e políticas conflitantes e complexas, e os resultados não são tão bem definidos como a teoria comercial tradicional poderia sugerir. Este capítulo trata, em primeiro lugar, da questão de como o estabelecimento da política comercial é influenciado por instituições e pelo processo político, e resume os desenvolvimentos da política comercial norte-americana durante as últimas décadas. Começamos mencionando de maneira breve algumas análises comuns da interação entre os cidadãos e seus representantes eleitos no processo de formulação de políticas públicas e as preocupações refletidas na postura comercial de um país. Como poderá ser observado, uma minoria da população é frequentemente bem-sucedida na busca por políticas que a beneficiem às expensas do bem-estar social e geral. A seguir, apresentamos um histórico da política comercial norte-americana desde os anos de 1930. Uma importante questão apresentada é o fato de que os últimos 70 anos presenciaram uma liberalização drástica do comércio nos Estados Unidos e outros países industrializados.

A economia política da política comercial

Como foi frequentemente salientado, o aspecto no qual os economistas concordam de maneira unânime são os ganhos sociais obtidos por meio de especialização e comercialização com base da vantagem comparativa e, de maneira correspondente na oposição ao protecionismo. A despeito desta visão, o mundo continua a sofrer pressões para restringir movimentos de mercadorias, serviços e fatores entre países. De fato, os países demonstram continuar a encontrar novas e inusitadas maneiras de restringir estas atividades econômicas. Frequentemente, à medida que um instrumento de restrição comercial perde apoio, é reduzido ou eliminado, novas provisões de restrição ao comércio surgem. Daí, surge a pergunta: "Se o livre-comércio é tão benéfico a um país, por que inúmeros grupos ou indivíduos estão tentando reduzir o comércio?". Por que, como bem salientou Robert Baldwin (1989, p. 119), "o comércio internacional parece ser um assunto em que o aconselhamento de economistas é rotineiramente desconsiderado"?

A resposta está naquilo que é chamado de "a economia política da política comercial". Na realidade, a política comercial ocorre em um meio político-social e é influenciada por indivíduos

---

[1] Neil King, Jr. e Scott Miller, "U.S. Trade Chief Moves to Revive Global Parleys", *The Wall Street Journal*, 13 jan. 2004, p. A2.

[2] Neil King, Jr. e Michael Schroeder, "EU Trade Chief Warns of Sanctions", *The Wall Street Journal*, 5 nov. 2003, p. A2, A15. Note que os Estados Unidos não retiraram as tarifas sobre o aço de março de 2002.

e grupos que acreditam que se sairão melhor com comércio restrito, mesmo que haja a possibilidade de o país como um todo se sair mal. Como salientamos em capítulos anteriores, reduzir as barreiras ao comércio pode deixar o país em melhores condições, mas à medida que os ajustes estruturais correspondentes são feitos, alguns indivíduos ganharão e outros perderão. Consequentemente, os políticos se veem diante de um vasto rol de grupos que tentam influenciar a política comercial e, portanto, muitas vezes ignoram o aconselhamento de economistas ao estabelecer o regime comercial do país. Nas três últimas décadas, uma área de pesquisa que enfoca a análise dos determinantes reais da política comercial no ambiente político dentro do qual é desenvolvida emergiu. Agora, passamos a uma breve explanação sobre alguns dos elementos mais importantes de pesquisa nesse assunto.

A abordagem de interesse próprio à política comercial

O estudo dos fatores políticos que influenciam a política comercial se deu ao longo de duas frentes importantes. A primeira, e talvez a mais presente, enfoca o interesse próprio econômico dos participantes políticos.[3] Muito desta literatura está encaixada na **economia de escolha pública**, que essencialmente utiliza modelos econômicos para analisar o comportamento de tomada de decisão governamental. Nesta abordagem, os tomadores de decisão governamentais são essencialmente maximizadores de utilidade cujo nível de satisfação depende de suas reeleições e que agem de forma a aumentar a probabilidade de que isso se torne realidade.[4] Uma implicação imediata desta abordagem é que a maior parte do público será atendida pelos formuladores de decisão públicos que sancionam leis para maximizar suas chances de permanecer no cargo. Este é o foco do **modelo de eleitor mediano**, segundo o qual o tomador de decisão que vota de maneira a satisfazer ao eleitor mediano maximizará suas possibilidades de reeleição. Nesta abordagem, cada eleitor recebe uma posição em um espectro com base nos custos ou benefícios esperados de uma política específica. O eleitor mediano está no centro deste espectro, ou seja, o eleitor médio. Se a maioria espera se beneficiar de uma política específica, o eleitor mediano favorecerá a política e apoiará um candidato político que a favoreça. Este é um modelo natural para se usar na política comercial internacional porque, como observamos nos capítulos anteriores, a política comercial inevitavelmente resulta em efeitos diferentes de bem-estar para diversos grupos na economia.

Na estrutura do eleitor mediano, se um número maior de eleitores tem mais esperança de se beneficiar de uma política comercial específica do que de incorrer em prejuízo, o eleitor mediano seria a favor da legislação proposta e o formulador de política presumivelmente votaria a favor da medida de política. Se os formuladores de políticas públicas não apoiassem a legislação neste caso, o eleitor mediano provavelmente votaria contra o legislador na próxima eleição. Esta abordagem, por conseguinte, asseguraria que a vontade da maioria seria atendida. Entretanto, infelizmente, há vários problemas práticos que podem surgir e frustrar as preferências do eleitor mediano, resultando em políticas que não são consistentes com os benefícios da maioria. O modelo de eleitor mediano baseia-se na pressuposição de que os eleitores tenham ampla informação referente a quaisquer ganhos ou perdas resultantes de uma política específica e que eles de fato votarão de maneira consistente com suas preferências. Visto que nenhuma dessas duas pressuposições sempre se sustenta no mundo real, é obviamente possível que as preferências do eleitor mediano não vençam. Por exemplo, uma tarifa que beneficia somente um grupo de indivíduos pode acabar sendo apoiada pela maioria dos eleitores.

---

[3] A primeira literatura sobre esta abordagem foi bem revisada por Hillman (1989).

[4] Ao passo que inúmeros itens como ideologia política, lugar na história, ganho pessoal etc. sem dúvida influenciam o formulador da política, permanecer no cargo é vital para que o político espera realizar.

Há inúmeras situações que podem produzir esses resultados aparentemente contraditórios. No caso de haver custos de coleta de informações bem como custos de oportunidade associados ao voto real, alguns eleitores potenciais podem simplesmente decidir não participar, especialmente se os lucros esperados forem pequenos e os benefícios líquidos esperados, negativos. Além disso, se o eleitor percebe que um voto não influenciará ou "influirá" verdadeiramente o resultado, ele poderá simplesmente aceitar o resultado sem chegar a se envolver no processo político. Neste caso, os eleitores estarão agindo como "caronas", isto é, aceitando o resultado sem despender nenhum esforço ou custo. Ainda que isso não seria um problema se cada eleitor tivesse uma probabilidade igual de não participar, na realidade as diferenças no valor dos benefícios e custos esperados (ganhos e perdas assimétricos) sugerem que os indivíduos terão diferentes graus de incentivo e que grupos de interesse se formarão. Uma ação de política específica, tal como cotas de açúcar, pode ter somente um pequeno impacto individual ou per capita sobre um grande grupo na sociedade (por exemplo, consumidores), mas um impacto maior per capita sobre uma minoria (por exemplo, produtores de açúcar).

Grupos de interesse podem influenciar os resultados políticos de variadas maneiras. Pelo fato de os custos (benefícios) de uma política serem relativamente grandes para esses grupos, eles têm um incentivo para influenciar a ação política e mais provavelmente superarão o problema de caronas do seu número relativamente pequeno de membros. Um pequeno grupo de indivíduos que vai ganhar muito de uma intervenção da política no mercado obtém a solidariedade de um determinado grupo, participam no processo político e votam no candidato que respalda sua posição quanto à proteção. Ao mesmo tempo, entretanto, o grupo maior de consumidores diversificados que vão perder com o protecionismo esperam ganhar pouco *individualmente* fazendo um esforço para adquirir informação e/ou voto; consequentemente, eles não participam. Como resultado, há uma pequena afluência de eleitores, e o candidato que defende o ponto de vista do sólido bloco de minoria ganha. Este fenômeno pode conduzir a uma tendência de manutenção do ***quo bias*** contra a liberalização de política comercial, por meio de níveis menores de proteção, mesmo que isso prometa melhorar o bem-estar agregado. Para um grande número de pessoas, os ganhos pessoais líquidos são tão pequenos (talvez até mesmo negativos) ou incertos que elas decidem não participar ativamente no processo político, e o grupo de interesse minoritário é satisfeito. Não há dúvida de que grupos como estes exercem muita influência na conduta da formação de política comercial. Como Vousden (1990, p. 198) salienta, os grupos de interesse ou pressão tendem a ser mais bem-sucedidos se são grandes o suficiente para se tornarem visíveis, mas pequenos o suficiente para controlar a carona de seus membros, se há uma comunhão de interesses e se os custos de coleta de informação e organizacionais per capita são relativamente baixos.

Uma segunda maneira pela qual grupos de interesses especiais podem influenciar resultados políticos é o financiamento de campanhas políticas. Os recursos de campanha não somente contribuem para a visibilidade de um candidato, mas também podem ser uma maneira relativamente menos custosa de oferecer informações centradas em grupos de interesse a potenciais eleitores a fim de motivá-los a participar do processo político. De modo semelhante, reter fundos de campanha ou fazer ameaças para financiar um candidato da oposição são também eficazes em conseguir a atenção e o apoio de um político para uma posição de política específica. Diz-se que os grupos que tentam influenciar a política a seu favor por meio de contribuições de campanha conduzem **atividade de busca de renda**, porque o grupo aplica recursos para a busca de benefícios provenientes da proteção. Note que o grupo não despenderia racionalmente recursos além dos benefícios esperados que receberia da política em questão. Atividade de busca de renda pode, naturalmente, se estender além de simples contribuições de campanha para o uso de práticas corruptas como suborno de formuladores de decisão política para influenciar seus votos. Visto que os recursos utilizados neste tipo de atividade não estão produzindo qualquer mercadoria ou serviço, mas meramente influenciando a distribuição de renda, essas ações são frequentemente chamadas de **atividade diretamente improdutiva**.

A atividade de busca de renda pode ser mais complicada quando um grupo de interesse tacitamente concorda em respaldar proteção contínua em outros setores, mesmo que isto

No mundo real:

Política espreme as importações de tomates

Ações levadas a efeito pela administração Clinton nos anos de 1990 para negociar um preço mínimo para as importações de tomate do México constituem um excelente exemplo de como o processo político pode resultar numa medida protecionista que envolve o princípio do eleitor mediano e recompensa uma minoria com voz forte (um número pequeno de grandes plantadores da Flórida) às expensas da grande massa de consumidores de tomate não organizados de carona. Conduzidos pelo produtor Paul J. DiMare, os produtores de tomate da Flórida, que são controlados por um grupo de plantadores ricos, reivindicaram durante anos a proteção contra importações estrangeiras baratas por estarem "levando os fazendeiros da Flórida à falência".

Entretanto, é interessante que o setor de tomate da Flórida não tenha entrado em colapso mesmo que furacões, ondas de frio e outros desastres da natureza tenham retardado a produção. O aumento das importações no México trouxe preocupações para os plantadores, pois eles temiam que elas se tornariam ainda maiores à medida que o Tratado Norte-Americano de Livre-Comércio (NAFTA, discutido no Capítulo 17) entrasse em vigor. Mesmo que a tarifa sobre os tomates mexicanos fosse baixa (1,4 centavos/libra) antes do NAFTA, DiMare e outros justificaram que o aumento resultante nas importações de tomate colocavam em perigo dezenas de empregos nos Estados Unidos. E que, sem auxílio, o setor de tomate da Flórida estava "indo pelo cano". Os plantadores da Flórida receberam pouca solidariedade de seus colegas na Califórnia, cuja colheita de verão compete diretamente com a colheita do México. De acordo com Ken Moonie, vice-presidente das operações de tomate da Calgene Inc., sediada na Califórnia, "tudo isso diz respeito à proteção a quatro pessoas importantes... não é como milho ou qualquer outra mercadoria da agricultura em que milhões de plantadores estão envolvidos".

As importações de tomates do México aumentaram nos últimos anos, reduzindo a participação da Flórida no mercado de inverno. Uma parte dessa penetração no mercado reflete o simples fato de que o sabor dos tomates mexicanos maduros apanhados à mão é superior ao dos tomates da Flórida, que são apanhados verdes e amadurecidos artificialmente antes do embarque. DiMare não achava que a preferência do consumidor pela fruta mais suculenta e saborosa tivesse alguma coisa a ver com o aumento nas importações, dizendo que "realmente não importa" qual é o sabor dos tomates, pois eles são usados como tempero e raramente comidos sozinhos.

No acordo realizado em outubro de 1996, os agricultores mexicanos concordaram em não vender tomates aos Estados Unidos abaixo de um determinado preço. O Departamento de Comércio declarou que esse preço seria o menor preço médio durante um período recente em que houve clara ausência de qualquer "refreamento de preço" por parte dos produtores mexicanos. Esse acordo foi negociado pelo secretário de Comércio Mickey Kantor e pela administração Clinton porque a Flórida era considerada essencial nas eleições de novembro de 1996. De acordo com um estrategista de Clinton, "não é que tenhamos medo de que os agricultores não votarão em nós – não há tantos agricultores de tomate lá. O receio é de que eles nos atingirão com uma campanha de propaganda negativa". O resultado da preocupação da administração no que se refere a fundos de campanha e possível campanha negativa foi que o eleitor/consumidor mediano acabou ficando com um tomate mais caro e menos saboroso e os exportadores americanos, tais como os produtores de porco no Meio-Oeste, temeram que o ajuste de tomate negociado poderia levar a uma retaliação do México contra seus produtos.

Fontes: Helene Cooper e Bruce Ingersoll. "Playing Catch-Up: With Little Evidence, Florida Growers Blame Tomato Woes on NAFTA". *The Wall Street Journal,* 3 abr. 1996, p. A1; Robert S. Greenberger. "Mexico Agrees to Temporary Floor on Price of Tomatoes Sold in U.S.", *The Wall Street Journal,* 14 out. 1996, p. B3; George Anthan, "Politics Put Squeeze on Tomato Imports; U.S. Growers Prevail", *The Des Moines Register*, 29 out. 1996, p. 3A.

---

signifique uma perda no bem-estar para seus próprios membros em troca de apoio para proteção. A ideia aqui é que o suporte contínuo de vários grupos de proteção oferece uma massa crítica política crucial para fazer com que os candidatos protecionistas sejam eleitos e as restrições comerciais, mantidas. Por exemplo, os trabalhadores da indústria têxtil e de acessórios (juntamente com os donos de capital do setor específico da indústria têxtil e de acessórios) poderiam muitos bem apoiar o *status quo* de proteção ao açúcar e aço em troca de apoio desses setores à proteção aos setores têxtil e de acessórios. Neste exemplo, a perda dos seus associados por causa dos preços elevados para o açúcar e para os produtos feitos de aço seria menor comparada com os ganhos obtidos por meio da proteção contínua de têxteis e acessórios. Este é um outro exemplo, normalmente chamado de "assistência mútua", de manutenção *status quo* na qual um grupo (ou vários grupos) se beneficia às expensas da sociedade como um todo. O eleitor mediano novamente foi suplantado em termos da ação de política realizada por causa de uma grande maioria de carona não envolvida e os esforços de um grupo de pressão centrado no interesse.

Antes de deixar essa discussão, é importante observar que, apesar da abordagem de interesse próprio ter se mostrado bastante útil para um melhor entendimento da questão da política comercial, ela ignora o fato de que as pessoas realizam coisas que parece não condizer com seus próprios interesses puramente econômicos. Ninguém contestaria o fato de que, apesar de ser relativamente pequena, os indivíduos frequentemente demonstram a disposição de sacrificar parte da sua renda real para melhorar o bem-estar global, seja em suas comunidades, seu país, ou mesmo no mundo. É por esta razão que passamos para outras abordagens para a economia política.

A abordagem dos objetivos sociais

Desta perspectiva, a política comercial é conduzida levando-se em conta o bem-estar de diferentes grupos da sociedade juntamente com os vários objetivos nacionais e internacionais. Neste ambiente, a política comercial é promovida ao público em geral em termos de metas sociais mais amplas, tais como distribuição de renda, aumento de produtividade, crescimento econômico, defesa nacional, poder e liderança globais, e equidade internacional. Com referência à distribuição de renda local, Corden (1974, p. 107) sugere que a política comercial parece ter uma predisposição conservadora na medida em que os governos frequentemente parecem dar mais valor a evitar perdas reais na renda em um segmento específico da economia e menos valor ao aumento da renda real de um grupo específico. Outros objetivos sociais que foram tratados na literatura envolvem a minimização da perda do consumidor, melhorar a renda real dos grupos de renda mais baixa, minimizar ou retardar os custos de ajustes para setores específicos e proteger o nível relativo de renda de grupos socioeconômicos específicos.[5]

Uma macroabordagem dessas, entretanto, cria problemas. Se um país "fala em livre-comércio" e depois *não* "faz o livre-comércio" ao proteger determinados setores que competem com informações por razões tais como aquelas dadas anteriormente, rapidamente ele perde credibilidade com os eleitores. Uma vez que os grupos de pressão ficam sabendo que o governo está preocupado quanto à distribuição de renda, o comprometimento verbalizado com o livre-comércio e o ajuste estrutural fica comprometido, e o ajuste estrutural, tanto pela mão de obra quanto pelo capital, diminui. A expectativa do alívio da política comercial, por conseguinte, reduz o movimento para fora de fatores de qualquer setor em declínio, as condições econômicas no setor continuam a piorar, e cada vez mais pressão é imposta sobre o governo para intervir a fim de manter níveis relativos de renda e de *status quo*. A expectativa e provável realização do apoio do governo ao setor ameaçado resulta, portanto, na diminuição da necessidade de mudança estrutural, em uma perda na eficiência econômica global, e pouca ou nenhuma mudança na igualdade. A incapacidade de se comprometer com uma política de livre-comércio força o país cuja política comercial é influenciada pelas preocupações com relação à distribuição de renda a manter proteção. Frequentemente argumenta-se que este tipo de análise é útil para explicar o alto nível de proteção oferecido ao setor de têxteis e acessórios ao longo do tempo. Deardorff (1987) também entende que tais preocupações ajudam a explicar por que os governos preferem VERs a tarifas. Finalmente, Baldwin (1989, p. 129) argumenta que a distribuição de renda também pode ajudar a explicar por que os governos usam proteção em vez de subsídios locais para ajudar as empresas que competem em importação. Com uma tarifa, cota ou VER, os consumidores que usam o produto essencialmente suportam o ônus da política por meio de preços mais elevados. Visto que eles fazem parte do grupo que inicialmente se beneficiou de preços mais baixos induzidos pela importação, um aumento no preço local que os leva a preços iniciais mais elevados deixam-nos em pior situação do que eles estavam anteriormente – mesmo que a receita de tarifa não lhes seja devolvida. Se um subsídio à produção fosse usado para respaldar o setor afetado, o ônus do imposto (para pagar o subsídio) provavelmente recairia sobre todos os

---

[5] Veja Baldwin (1989, p. 126-30) para ter uma excelente visão geral desses estudos.

contribuintes, reduzindo, portanto, a renda relativa daqueles que não consomem o produto e não foram afetados pelo preço mais baixo.

A política comercial estrangeira também foi usada como parte do pacote total de política estrangeira. Como tal, preocupações quanto à política estrangeira foram utilizadas para respaldar tanto o aumento de proteção quanto de liberalização do comércio. Desde a Segunda Guerra Mundial, os Estados Unidos têm sido o maior poder hegemônico do mundo. Durante boa parte desse tempo, a política estrangeira norte-americana foi orientada a limitar a expansão do comunismo e fortalecer economicamente o mundo não comunista. A política comercial e de ajuda dos Estados Unidos foi claramente influenciada por essas preocupações e elas talvez expliquem por que decidiram não usar o seu poder hegemônico para melhorar seus termos internacionais de comércio. Além das preocupações hegemônicas, há também evidências de que vários países têm preocupações com relação à distribuição internacional de renda que vão além de seu próprio interesse. Entre os exemplos desse tipo estão o valor de auxílio estrangeiro não vinculado (isto é, o auxílio que pode ser gasto em mercadorias de qualquer país, não simplesmente do país doador) que foi dado aos países em desenvolvimento, bem como as restrições comerciais reduzidas concedidas tanto unilateral quanto multilateralmente por meio de programas como o Sistema Geral de Preferências (GSP). Análise desse tipo foi relativamente comum entre os cientistas políticos nos anos recentes. Portanto, vamos rapidamente explorar aquela linha de pesquisa a respeito da política comercial.

Um panorama da ciência política sobre a política comercial[6]

Cientistas políticos adotaram várias abordagens ao examinar a questão da política comercial. Uma dessas abordagens, similar à abordagem econômica de interesse próprio, considera a política comercial como resultado de um processo político envolvendo a concorrência entre vários grupos de interesse nacional. Uma segunda abordagem enfoca-a como resultado da distribuição de poder econômico e político entre parceiros comerciais. Com base nesse enfoque, outros entendem que o tamanho e/ou grau de poder hegemônico influencia grandemente a natureza da política comercial. Mais especificamente, autores têm argumentado que quanto maiores os interesses financeiros e comerciais internacionais da hegemonia, mais ela esperará ganhar por meio do comércio mais livre e mais atuará para liberalizar as transações internacionais. Esta proposição foi fortemente contestada por outros cientistas políticos, especialmente quando se trata de situações nas quais poucos países grandes tendem a dominar as transações mundiais. Outros questionaram a lógica de tal conclusão, considerando que um país grande pode potencialmente ganhar com a imposição de restrições comerciais por causa de sua capacidade de transferir parte dos custos locais por meio de mudanças nos preços internacionais (seus termos de comércio).

Do ponto de vista das relações internacionais, foi tentador para os cientistas políticos focar o papel do chefe executivo de um país em influenciar não somente a política internacional relacionada à segurança nacional, mas também a política relacionada ao comércio. Entretanto, esta abordagem de "protagonista unitário" foi criticada por ignorar as microbases da formulação de política que fundamentam o processo pelo qual vários grupos de pressão influenciam o estabelecimento da política. Uma abordagem talvez mais satisfatória, também centrada no Estado, focaliza as estruturas institucionais e ideológicas em um país que levam ao estabelecimento da política do governo, incluindo a política comercial. Novamente, entretanto, as microbases frequentemente não são suficientemente desenvolvidas.

Estrutura integrada de Baldwin para analisar a política comercial

Todas as abordagens anteriormente mencionadas reforçaram nossa compreensão sobre vários aspectos do fenômeno do estabelecimento da política. Ao mesmo tempo, todas têm determinadas deficiências. Como o economista Robert Baldwin (1996, p. 156) propôs, é necessária uma estrutura geral que explique não somente como as políticas são fixadas e alteradas na presença de "choques" no sistema, mas também "como as instituições, os valores e as ideologias, e a distribuição de poder internacional econômico e político que dão forma à resposta de um país a

---
[6]Esta subseção faz referência a Baldwin (1996).

esses choques são determinados". Baldwin elaborou uma estrutura geral que trataria do assunto em questão. Ela é construída em torno de quatro conjuntos principais de protagonistas: cidadãos isolados, grupos de interesse comum, governo local e organizações estrangeiras governamentais/internacionais. O governo local seria o protagonista principal porque, em última instância, ele fixa a política. Sem entrar em mais detalhes a respeito da abordagem de Baldwin neste momento, fica claro que esta estrutura mais ampla incorporaria fatores diversos como o papel do chefe executivo, as preocupações sociais dos cidadãos, o impacto local da política em questão e o papel do poder hegemônico relativo do país em questão. Apesar de estarmos ainda longe da especificação e aplicação formais de tal modelo, ele oferece uma estrutura organizacional que pode ser útil para dirigir e coordenar trabalho adicional nesta área, tanto por economistas quanto por cientistas políticos.

Com este histórico geral de como o comportamento dos grupos de interesse e as preocupações sociais influenciam a preparação da política comercial, agora passemos a um resumo da política comercial norte-americana tanto histórica quanto recente.

REVISÃO DE CONCEITO	1. Explique por que o princípio de eleitor mediano resultaria na vontade da maioria sendo revelada nas decisões da política. 2. Quais são as pressuposições cruciais que fundamentam o modelo de eleitor mediano?	3. Qual é a base subjacente do fundamento das políticas sociais para decisões de política pública?

UMA REVISÃO DA POLÍTICA COMERCIAL DOS ESTADOS UNIDOS

A liberalização do comércio pode ser dividida em vários estágios que se iniciaram depois da **Lei Tarifária de 1930**, geralmente chamada de **tarifa Smoot-Hawley**, estabelecendo proteção extremamente elevada nos Estados Unidos (um nível médio de tarifa de cerca de 50%). Outros países retaliaram com suas próprias tarifas rígidas, e o comércio mundial diminuiu drasticamente. Uma estimativa feita por Jakob Madsen (2001, p. 865) é de que 41% do declínio no comércio mundial eram devidos à imposição de novas barreiras comerciais e 59% eram devidos à queda de rendas que resultou em menor poder aquisitivo para importar. Reconhecendo que há imprecisão em tais estimativas e que tarifas e receita são inter-relacionadas (tarifas mais altas podem reduzir a renda nacional, e a queda na renda nacional pode aumentar dos apelos por mais proteção de importações), Madsen concluiu (p. 867) que "a contribuição da imposição das barreiras comerciais discricionárias foi tão importante quanto o declínio em produção para explicar a contração no comércio mundial". De qualquer maneira, os economistas e os formuladores de política geralmente concordam que essa tarifa piorou a Grande Depressão dos anos de 1930. O que ocorreu com a legislação de tarifa desde aquela época tem a ver grandemente com a resposta a este impacto sobre a Grande Depressão e com o aumento da interdependência econômica de países. Apresentamos agora uma breve visão global dos acordos comerciais de 1934 a 1960, seguida pelo exame da Rodada Kennedy (anos 1960) e a Rodada Tóquio (anos 1970) de negociações comerciais. Então discutimos a rodada mais recente que foi completada (1994), a Rodada Uruguai. Encerramos o capítulo com um exame em relação às perspectivas da Rodada atual de negociações comerciais, a Agenda de Desenvolvimento de Doha, e com uma revisão de várias políticas comerciais recentes.

Acordos comerciais recíprocos e rodadas GATT iniciais

O longo processo de redução de tarifa começou com a votação da **Lei de Acordos Comerciais Recíprocos de 1934** no Congresso.[7] Esta lei autorizou o setor executivo a se envolver em **negociações bilaterais** com parceiros comerciais individuais sobre reduções de tarifa. A legislação foi renovada de três em três anos até o fim da Segunda Guerra Mundial. Um aspecto

---
[7] Para uma boa crítica sobre a política de tarifa de 1934 até os anos 1960, veja "Some Aspects of United States Foreign Trade and the Kennedy Round". Federal Reserve Bank of Cleveland, *Economic Review*, set. 1967, p. 179-82.

específico do processo de negociação foi o emprego de uma **abordagem item por item**, significando que as reduções na taxa sobre mercadorias foram barganhadas individualmente e não uniformemente ajustadas para uma grande variedade de categorias. Apesar de reduções importantes terem sido feitas em inúmeras mercadorias e no nível global da tarifa norte-americana, a abordagem item por item não permite negociação tranquila e rápida quando muitas mercadorias são abrangidas pelos trâmites.

No final da Segunda Guerra Mundial, a barganha de tarifa tomou a forma de **negociações multilaterais**, significando que inúmeros países tomavam parte simultaneamente. O **Acordo Geral sobre Tarifas e Comércio (General Agreement on Tariffs and Trade – GATT)** entrou em vigor em 1947. De acordo com esse acordo, os países se comprometeram a efetuar uma barganha multilateral com o objetivo de facilitar as restrições comerciais em todos os países participantes. O GATT se tornou uma organização permanente que fomentava negociações regulares deste tipo. De 1947 a 1962, foram realizadas cinco **rodadas de negociações comerciais do GATT** nas quais os países participantes arrancavam reduções mútuas aceitáveis de várias barreiras. A primeira rodada, realizada em Genebra em 1947, foi razoavelmente bem-sucedida. Entretanto, os economistas não acharam que as próximas quatro rodadas, em 1949, 1951, 1956 e 1962, tiveram muito sucesso. Entretanto, foram conseguidas algumas reduções multilaterais de tarifa, e todas essas rodadas iniciais incorporaram o princípio de nação mais favorecida (MFN) (comentado no Capítulo 13), assim como as outras que se seguiram.

A Rodada Kennedy de negociações comerciais

Para dar vida nova ao processo de negociação comercial e evitar serem excluídos pela recém-formada Comunidade Econômica Europeia, os Estados Unidos tomou a frente em direção a uma nova rodada de negociações de 1962 a 1967. O estímulo principal para a rodada foi a **Lei de Expansão Comercial de 1962**. Esta lei autorizou o presidente a negociar reduções de tarifa de até 50%, e essas reduções podiam ser negociadas por meio de uma **abordagem além-fronteiras**, e não por uma abordagem item por item. Extensas categorias de mercadorias puderam ser tratadas de uma só vez, e podia-se aplicar uma redução de determinada tarifa para todo o grupo – uma abordagem mais dinâmica. A Lei de Expansão Comercial também introduziu uma característica de política comercial conhecida como **assistência ao ajuste comercial** (trade adjustment assistance – **TAA**), segundo a qual se uma redução de tarifa prejudica trabalhadores ou setores da indústria causando uma afluência de importações, os trabalhadores demitidos podem, por exemplo, dar entrada em uma petição para conseguir remuneração adicional de desemprego ou auxílio objetivando fazer um novo treinamento para poder voltar ao mercado de trabalho em outros tipos de empregos. Para a maioria dos economistas, esse foi um marcado passo à frente para a política pública, porque, anteriormente, a única alternativa considerada era reaplicar a tarifa ("a cláusula de escape"). Portanto, a TAA, em um sentido amplo, tenta promover ajuste interno mudando as condições internacionais e reduzindo a proteção. É uma tentativa de facilitar o movimento da economia ao longo da fronteira das possibilidades de produção. Sem esta assistência, o ponto de produção de um país poderia inicialmente mover-se para dentro da FPP e voltar para a fronteira somente depois que tivesse decorrido um tempo considerável. Recentemente, a Lei de Reforma de Assistência ao Ajuste Comercial de 2002 criou um programa adicional para um crédito tributário para o seguro-saúde, e acrescentou um novo benefício para os trabalhadores mais velhos. Os trabalhadores que perderam seus empregos porque suas companhias alteraram a produção no exterior para países que faziam parte de um acordo comercial livre com os Estados Unidos, ou para alguns países da África e do Hemisfério Ocidental, também tiveram direito à TAA.[8]

Com a promulgação da Lei de Expansão Comercial, os Estados Unidos se movimentaram em direção a negociações multilaterais em Genebra, naquilo que ficou conhecido como a **Rodada Kennedy de negociações comerciais**. Setenta países participaram, e as tarifas sobre produtos manufaturados foram reduzidas em uma média de 35%, com pelo menos alguma redução ocorrendo em 64% dos produtos manufaturados com tarifas. (Veja Ellsworth e Leith, 1984, p. 230.)

---

[8]"Labor Department Certifies Pillowtex Workers for Trade Adjustment Assistance", www.dol.gov; "Trade Adjustment Assistance Reform Act of 2002: Free Trade Agreement and Trade Beneficiary Countries", www.doleta.gov.

Note que este sucesso foi alcançado em termos de cortes sobre mercadorias manufaturadas; a Rodada Kennedy obteve pouco progresso na redução de barreiras sobre produtos agrícolas. Além disso, a Rodada Kennedy fez pouco para abrandar as barreiras não tarifárias.

A Rodada Tóquio de negociações comerciais

Com a conclusão da Rodada Kennedy de redução de tarifas em 1967, nenhum outro passo foi dado até 1973, quando movimentos preliminares foram iniciadas numa reunião multilateral em Tóquio visando a iniciar uma outra rodada de negociações. O principal impulso para a nova rodada foi que, enquanto as tarifas tinham-se movimentado para baixo, as NTBs tinham subido e compensado alguns dos benefícios das reduções de tarifa.

A **Lei Comercial de 1974** possibilitou que os Estados Unidos participassem desta nova rodada, a **Rodada Tóquio de negociações comerciais**. Esta lei do Congresso norte-americano autorizou o presidente a entrar em negociações a fim de reduzir as barreiras tarifárias e não tarifárias. Foram autorizadas reduções de até 60% nas taxas existentes acima de 5%, e podiam ser totalmente eliminadas tarifas sobre mercadorias cujas taxas existentes eram abaixo de 5%. Além disso, foi concedida autorização para entrar em negociação por setor para trabalhar pela liberalização de NTBs. Outro aspecto de interesse neste projeto de lei foram as provisões para a introdução do Sistema Generalizado de Preferências (GSP) para os produtos dos países em desenvolvimento (veja o Capítulo 13) e para tratamento mais generoso de solicitações de assistência ao ajuste comercial.

Finalmente, a Lei de 1974 tentou sistematizar procedimentos sobre solicitações de alívio de importação feitas pelas empresas que competem em importação. Dispositivos importantes da lei nesse sentido (alguns dos quais são de antes de 1974) são como se segue:

1. *Seção 201:* Esta parte da lei norte-americana permitiu que as empresas que competem em importação entrassem com uma petição para alívio das importações que cresciam rapidamente (ou "surtos" em importações). A Comissão Internacional de Comércio dos Estados Unidos (USITC) então investiga se os rápidos aumentos em importações estão causando "prejuízo substancial" à indústria norte-americana e, se for o caso, faz uma recomendação ao presidente para proteção. O presidente pode ou não aceitar a recomendação.

2. *Seção 232:* O presidente é autorizado a restringir qualquer mercadoria que "está sendo importada para os Estados Unidos em quantidades ou circunstâncias tais que possam ameaçar ou prejudicar a segurança nacional". Este dispositivo raramente foi usado (principalmente com o petróleo nos anos iniciais). Em 1986 foi usado para limitar importações de máquina-ferramenta, o que resultou em restrições voluntárias de exportação (VERs) com o Japão e Taiwan.[9]

3. *Seção 301:* Esta parte de comércio injusto da lei norte-americana permite que o presidente adote ação retaliadora em resposta a restrições injustificáveis, não razoáveis ou discriminatórias sobre exportações norte-americanas feitas por países estrangeiros. *Injustificáveis* refere-se a qualquer ação que viola os direitos legais internacionais dos Estados Unidos; *não razoáveis* refere-se a práticas injustas e iníquas, embora estas sejam obviamente difíceis de definir; e *discriminatórias* significa ações que negam tratamento nacional ou MFN aos Estados Unidos.[10] A extensão de possíveis ações dos Estados Unidos é ampla e inclui (entre outras) suspender concessões de acordo comercial, impor taxas ou outras restrições sobre a importação, e assinar acordo com outro país para eliminar o comportamento ou oferecer compensação aos Estados Unidos.

Além desta provisão da Seção 301, há um dispositivo *Especial 301* da lei comercial norte-americana por meio da qual o representante comercial dos Estados Unidos (U.S. Trade Representative

---

[9]William J. Long, "National Security *versus* National Welfare in American Foreign Economic Policy". *Journal of Policy History* 4, n. 3 (1992), p. 288-91.

[10]*Economic Report of the President*, fev. 1988 (Washington, DC: U.S. Government Printing Office, 1988), p. 156.

No mundo real:

Os determinantes da assistência ao ajuste comercial

Um artigo escrito por Christopher Magee (2001) investigou empiricamente os determinantes das chances de que um dado trabalhador seja registrado pelo Departamento de Trabalho norte-americano para receber assistência ao ajuste comercial (TAA). O procedimento estatutário real para buscar a TAA é que um grupo de três ou mais trabalhadores de uma empresa primeiro dê entrada em uma petição no Departamento de Trabalho. Em seguida, este certifica-se de que uma porcentagem importante dos trabalhadores na empresa peticionária foi parcial ou completamente desligada da empresa ou está sob ameaça de ser desligada, se as vendas ou a produção (ou ambas) declinaram em termos absolutos, e se os aumentos nas importações do produto da empresa peticionária contribuíram de maneira importante para o desligamento ou a ameaça de desligamento. Se a petição for aprovada, os trabalhadores receberão uma remuneração por desemprego durante 12 meses (e não por seis meses, como em situações normais de desemprego) ou 18 meses, se forem inscritos em um programa de retreinamento. Entre 1975 e 1994, a porcentagem de solicitantes que foram registrados anualmente variou de mais de 70% a 10%, dependendo do ano.

Os testes empíricos Magee verificou as variáveis reais no período de 1975 a 1992 que pareciam representar uma boa chance de os trabalhadores serem registrados para receber TAA. O primeiro resultado apontado foi que um nível mais elevado de proteção tarifária para o setor da indústria pela qual trabalhadores foram contratados representa uma chance maior de aprovação de petições. Seu argumento para esta descoberta é que os setores da indústria com tarifas mais elevadas estão causando mais distorção na produção do que os setores com tarifas baixas. Apesar da maior proteção e distorção, entretanto, há um incentivo para que os agentes considerem mais favoravelmente oferecer TAA, porque essa poderia facilitar a eliminação da distorção. Essa é uma justificativa do tipo de eficiência para a TAA. Uma outra maneira de Magee enunciar esta justificativa é que mais TAA deve ser dada a fim de se obter reduções de tarifa nos setores com tarifas elevadas; isto é, "setores com tarifas mais altas requerem um pagamento maior a fim de reduzir a proteção" (p. 119).

Empiricamente, e conforme esperado, houve uma relação negativa entre o registro de TAA e a mudança na tarifa em um setor da indústria. Em outras palavras, uma redução maior na tarifa (uma mudança mais negativa na tarifa) foi associada a uma chance positiva maior de receber TAA. Isto é senso comum, porque a maior mudança na tarifa levará, se não houver mudança, à dispensa de mais trabalhadores.

Quatro resultados adicionais podem ser mencionados: (1) a fração de petições registradas aumenta com a taxa de desemprego de um setor da indústria – há mais preocupação social pelos trabalhadores dispensados neste setor. (2) Os trabalhadores de setores de alta remuneração terão menos chances de receber TAA ou, alternativamente, os trabalhadores de setores de salários baixos terão mais chances de receber TAA – sugerindo algumas preocupações de equidade nas decisões para registrar trabalhadores. (3) Um trabalhador teria mais chances de receber TAA se ele fosse membro de um sindicato, pois os sindicatos podem exercer poder político. (4) A parcela do mercado local suprida por importações foi positivamente relacionada ao registro. Portanto, uma grande parcela de importação do mercado nele e dele mesmo pareceu indicar uma ameaça e, consequentemente, conduzir à certificação. Magee manifesta surpresa com o fato de que *mudanças* nas importações, no emprego na indústria e nos embarques locais não parecem estar relacionados à certificação para se obter TAA, pois mudanças em tais variáveis são os principais critérios estabelecidos no estatuto da TAA.

No todo, este artigo indicou que os trabalhadores desligados com chances de receber assistência de ajuste comercial provêm de setores de tarifas elevadas, de setores cujas reduções tarifárias foram grandes, e de setores com altas taxas de desemprego. Além disso, os trabalhadores provavelmente receberão certificação se estiverem associados a um sindicato, se forem dispensados de um setor de baixo salário e se o mercado do setor tiver um grande componente de importação.

Fonte: Christopher Magee, "Administered Protection for Workers: An Analysis of the Trade Adjustment Assistance Program". *Journal of International Economics* 53, n. 1 (fev. 2001), p. 105-25.

– USTR), um funcionário de alto escalão do Poder Executivo, identifica países que estão negando direitos de propriedade intelectual adequados ou eficazes a setores ou pessoas dos Estados Unidos. Tal identificação leva a designar os países ofensores como "Países Estrangeiros Prioritários" e pode ser acompanhada pela instauração por parte do USTR da ação da Seção 301.[11]

---

[11] United States Trade Representative, *2007 Trade Policy Agenda and 2006 Annual Report* (Washington, DC: USTR, 2007), p. 215, extraído de www.ustr.gov.

4. *Seção 701:* Esta seção aborda os subsídios às exportações feitos por países estrangeiros. As empresas que competem em importação fazem uma petição ao Departamento de Comércio para certificar-se da existência do subsídio; se confirmado, o USITC determina se está havendo ou não prejuízo.

5. *Seção 731:* Esta parte da lei comercial consiste de provisões antidumping resumidas no Capítulo 15, páginas 331-33.

Com esta legislação possibilitadora à disposição, os negociadores norte-americanos participaram das negociações multilaterais em Genebra, entre 1974 e 1979, que resultaram em um acordo (veja Allen 1979) de que (1) as tarifas sobre mercadorias manufaturadas deveriam ser reduzidas em média cerca de um terço, em um processo gradual ao longo de oito anos e (2) se deveria aderir a novos códigos de comportamento referentes a algumas NTBs no que diz respeito a, por exemplo, procedimentos de aquisição governamental, subsídios e taxas compensatórias, e avaliação de mercadorias para fins de impostos alfandegários. Além disso, foi feito um acordo no sentido de que preferências tarifárias deveriam ser dadas por países desenvolvidos a várias exportações de manufaturados dos países em desenvolvimento e que o **princípio de não reciprocidade** deveria ser aplicado a países em desenvolvimento. Esse princípio considera que, mesmo que países desenvolvidos possam reduzir as barreiras sobre as exportações dos países em desenvolvimento, não se exige um comportamento correspondente dos países em desenvolvimento quanto às exportações de países desenvolvidos feitas para eles. Ao adotar preferências tarifárias e não reciprocidade, a comunidade mundial basicamente ratificou o julgamento de valor de que a situação difícil dos países em desenvolvimento na economia internacional e os níveis relativamente baixos de sua renda per capita exigiam medidas discriminatórias especiais em favor desses países.

Depois da implementação dos cortes de tarifa pela Rodada Tóquio, estimou-se que o nível médio de tarifa nos Estados Unidos sobre produtos manufaturados fora reduzido para 4,3%. Outros países pareciam ter níveis médios de tarifa relativamente semelhantes: Canadá 5,2%, França 6,0%, Japão 2,9%, Reino Unido 5,2% e Alemanha Ocidental 6,3%.[12] Com exceção do Japão, todas essas taxas eram ligeiramente mais altas do que a dos Estados Unidos, mas as diferenças eram pequenas. A baixa taxa japonesa mostra uma dificuldade em relação a esses cálculos, porque eles não incluem adequadamente barreiras não tarifárias. Não obstante, o elevado nível de tarifas era substancialmente mais baixo do que os níveis existentes na época de Smoot-Hawley.

A Rodada Uruguai de negociações comerciais

Os primeiros quatro anos, 1986-1990

A despeito da presença de tarifas relativamente baixas no mundo industrializado, uma nova rodada de negociações comerciais começou em setembro de 1986 e deveria ser finalizada em dezembro de 1990. Essas conversações se iniciaram em Punta del Este, Uruguai, e ficaram conhecidas como a **Rodada Uruguai de negociações comerciais**. Entre os principais objetivos desta nova rodada estava incluída uma continuação da tentativa de reduzir NTBs, uma ampliação das negociações para abranger comércio em serviços além da ênfase tradicional em mercadorias, e uma determinação para se lidar com restrições no comércio agrícola.

A Rodada Uruguai propôs uma agenda ambiciosa. Os membros estabeleceram 15 grupos para trabalhar na redução de restrições nas seguintes áreas: (1) tarifas, (2) NTBs, (3) produtos tropicais, (4) produtos naturais com base em recursos, (5) têxteis e vestuário, (6) agricultura, (7) salvaguarda (contra "surtos" repentinos nas importações), (8) subsídios e taxas compensatórias, (9) restrições à propriedade intelectual relacionada ao comércio, (10) restrições a investimento relacionado ao comércio e (11) serviços, bem como quatro outras áreas que lidam com o próprio GATT (por exemplo, procedimentos de conciliação de disputa e implementação dos códigos NTB da Rodada Tóquio, especialmente sobre *dumping*).[13] As maiores controvérsias nas negociações incluíram serviços, propriedade intelectual e agricultura.

---

[12] Alan V. Deardorff e Robert M. Stern (1986), p. 49. Note que as taxas nominais para o Japão e os Estados Unidos diferem daquelas constantes do Capítulo 13, página 267, o que reflete diferentes pesos e procedimentos.

[13] "GATT Negotiations Essential to Maintain Strong Multilateral Trading System". *IMF Survey,* 12 dez. 1988, p. 386-389.

A controvérsia mais acalorada, sem termo de comparação, dizia respeito à agricultura. A maioria dos países faz uso de uma grande variedade de políticas para auxiliar o setor agrícola: respaldo a preços, subsídios à produção direta, subsídios à exportação, cotas sobre importações, restrições à extensão de terras para aumentar os preços de mercadorias e outros. Estas intervenções se distanciam da distribuição de recursos no livre-mercado e no livre-comércio, pois introduzem distorções no preço. Os Estados Unidos inicialmente propuseram retirada gradual ao longo de dez anos de todos os subsídios que afetam o comércio agrícola e de todas as barreiras sobre a importação de produtos agrícolas. A proposta foi semelhante à feita pelo Grupo Cairns, uma reunião de 14 países em desenvolvimento e desenvolvidos com interesses agrícolas (por exemplo, Argentina, Austrália, Brasil, Canadá, Nova Zelândia). A Comunidade Europeia (CE) quis ir mais vagarosamente e moderar a extensão da redução no respaldo à agricultura.[14] Em 1990, a grande disparidade nas propostas subsequentes obscureceu todos os outros aspectos das negociações, e o esforço de quatro anos aparentemente terminou sem nenhuma assinatura de acordo sobre a liberalização de comércio.

Continuação das negociações leva ao sucesso, 1993

A despeito do fracasso das conversações da Rodada Uruguai para cumprir o prazo originalmente programado para dezembro de 1990, as negociações continuaram. O presidente Bush solicitou ao Congresso norte-americano em 1991 e dele recebeu uma prorrogação de dois anos para continuar as conversações sobre o **procedimento de trajeto rápido** (fast-track), também conhecido como **Autoridade de Promoção do Comércio**. Sob esse procedimento, que caracterizou negociações comerciais passadas, o Congresso norte-americano deveria simplesmente votar sim ou não quanto a um acordo negociado. Não podem ser feitas emendas. O debate sobre o trajeto rápido foi acalorado porque a autorização também se aplicava às negociações para o Tratado Norte-Americano de Livre-Comércio (NAFTA), que será comentado no Capítulo 17.

A esperança de sucesso para a Rodada Uruguai começou a ressurgir no final de 1992, por causa de uma ameaça de política comercial. Os Estados Unidos se incomodaram com um programa de suporte à agricultura da Comunidade Europeia que prejudicava as exportações norte-americanas de sementes oleaginosas (por exemplo, soja) e recebeu por duas vezes o suporte do GATT indicando que o programa da Comunidade Europeia deveria ser modificado. Em retaliação ao subsídio da Comunidade Europeia, os Estados Unidos ameaçaram tarifar em 200% as exportações da Comunidade Europeia para aquele país, avaliadas em $300 milhões; se a Comunidade Europeia, por sua vez, retaliasse em relação a essa tarifa, os Estados Unidos estariam prontos para impor uma segunda rodada de tarifas sobre $700 milhões de exportações de manufaturados da Comunidade Europeia para os Estados Unidos.[15] Com esse estímulo para negociações renovadas no setor da agricultura, finalmente foi feito um acordo por meio do qual os subsídios às exportações de sementes oleaginosas deveriam ser reduzidos em 36% no valor e 21% na quantidade por um período de seis anos. Este desenvolvimento positivo deslanchou a atividade para trabalhar novamente em muitos outros aspectos da Rodada Uruguai. Finalmente, depois de intensas discussões, os 117 países participantes da Rodada Uruguai chegaram a um acordo em 15 de dezembro de 1993 (o prazo final), e a assinatura ocorreu em 15 de abril de 1994 em Marrakesh, Marrocos. Depois de ratificado pelos países participantes, o acordo entrou em vigor em 1º de janeiro de 1995.

Dispositivos do acordo da Rodada Uruguai

Vamos abordar apenas rapidamente as características deste amplo acordo.[16] Primeiro, as tarifas, em média, foram reduzidas em 34% (39% por países desenvolvidos) e caíram completamente nos países desenvolvidos em produtos variados, como produtos farmacêuticos, equipamento para construção e agrícola, móveis, papel e instrumentos científicos. Segundo, o valor dos subsídios

---

[14]"GATT Negotiations on Agriculture". *IMF Survey,* 12 dez. 1988, p. 388; "The General Disagreement". *The Economist,* 26 nov. 1988, p. 81.

[15]Bob Davis. "Tough Trade Issues Remain as EC, U.S. Agree on Agriculture". *The Wall Street Journal,* 23 nov. 1992, p. A6.

[16]Para um exame mais completo, veja Bob Davis e Lawrence Ingrassia. "After Years of Talks, GATT Is at Last Ready to Sign Off on a Pact." *The Wall Street Journal,* 15 dez. 1993, p. A1, A7; idem, "Trade Pact Is Set by 117 Nations, Slashing Tariffs, Subsidies Globally". *The Wall Street Journal,* 16 dez. 1993, p. A3, A11; "Trade Agreement Mandates Broad Changes". *IMF Survey,* 10 jan. 1994, p. 2-4. Veja também Deardorff (1994), p. 10-11.

No mundo real:

Efeitos de bem-estar das distorções de preços em países selecionados

Duas medidas analíticas usadas para avaliar o impacto da política e as distorções de preço em agricultura são o **equivalente do subsídio ao produtor PSE)** e o **equivalente do subsídio ao consumidor (CSE)**. Para uma dada mercadoria, o PSE (CSE) indica o benefício monetário aos produtores (consumidores) por causa de transferências por meio de despesas do governo e distorções de preço na economia, declarados como uma porcentagem do valor de produção (consumo) se essas transferências não ocorressem. Por conseguinte, se um consumidor tivesse recebido $100.000 de uma colheita sem transferências, mas na realidade recebeu $120.000 por causa de um programa de suporte ao preço e insumos subsidiados (por exemplo, água), então o PSE do agricultor seria 20% [= ($120.000 − $100.000)/$100.000]. De maneira análoga, se os consumidores teriam pago $200 por uma mercadoria sem intervenção do governo, mas pagassem $250 por causa de programas de suporte ao preço e taxas mais elevadas para financiar subsídios à agricultura, o CSE seria *menos* 25% [= ($200 − $250)/$200]. O CSE é negativo neste caso porque é definido como o "benefício" decorrente da intervenção, e o benefício (a transferência) é negativo. Se fossem oferecidos subsídios ao consumidor (por exemplo, para alimento em áreas urbanas em alguns países em desenvolvimento), o CSE seria positivo.

A presença de distorções, conforme refletido em PSEs e CSEs não zero, pode ter implicações importantes para os efeitos de bem-estar das mudanças na política. Por exemplo, se há um PSE positivo para um certo produto em um dado país, a produção é distorcida no sentido de que está ocorrendo muita proteção da mercadoria em comparação com a distribuição eficiente e competitiva de recursos. Se alguma mudança da política na economia conduzir a uma expansão da produção dessa mercadoria, o bem-estar está prejudicado porque se está dando mais importância à distorção na economia do que anteriormente; se a produção tivesse, em vez disso, contraído, isso levaria a um "ganho" porque estaria sendo dada menos importância à distorção na economia.

James Anderson (1998) aprofundou mais este assunto dos efeitos das mudanças de política nas economias com distorções de CSE e PSE no contexto dos efeitos de política comercial. Especificamente, ele examinou estimativas das mudanças de preço nos produtos agrícolas que, como estava previsto, ocorreriam por causa das medidas da Rodada Uruguai em relação à liberalização mundial de comércio agrícola. Considerando as mudanças de preços esperadas (aumentos para algumas mercadorias, tais como alimentos básicos, diminuições para outras, tais como algodão), ele calculou um efeito de termos de comércio da liberalização em cada um de nove países em desenvolvimento. Assim, utilizando um modelo de equilíbrio geral calculável para cada país – modelo que tenta captar estatisticamente a estrutura e os inúmeros relacionamentos que ocorrem em uma economia – ele calculou os efeitos de produção e consumo das mudanças de termos comerciais, incluindo o fato de que esses efeitos estavam ocorrendo em um ambiente distorcido de CSE e PSE.

Os resultados obtidos por Anderson são importantes para enfatizar os efeitos nocivos das distorções sobre o bem-estar de uma economia. Para seus nove países, o efeito de termos comerciais em si só indicou pequenas melhorias no bem-estar de quatro países, e ligeiros declínios em outros cinco. Entretanto, por causa das distorções existentes de PSE e CSE, as mudanças na produção e no consumo frequentemente ocorreram de forma a ir contra os benefícios ou aumentar as perdas de termos comerciais. Para a Tailândia e a Tunísia, ganhos de bem-estar provenientes de melhoria de termos comerciais foram parcialmente compensados pelas novas perdas no bem-estar provenientes de mudanças na produção e no consumo associadas a distorções em CSE e PSE; para a Índia e a Turquia, os ganhos de termos de troca foram *mais do que compensados* pelas perdas adicionais na distorção de CSE e PSE; para a Colômbia, a Indonésia e (especialmente) o Paquistão, as perdas no bem-estar provenientes das mudanças nos termos comerciais foram complementadas pelas perdas provenientes das distorções locais agrícolas. Somente para Bangladesh e Marrocos, as distorções de PSE e CSE diminuíram em seu rigor por causa das mudanças na produção e no consumo associadas às mudanças políticas no comércio agrícola da Rodada Uruguai.

A questão importante dessa discussão não é que a Rodada Uruguai pode prejudicar o bem-estar de alguns países (e tal conclusão não seria autorizada porque a discussão precedente diz respeito somente à agricultura, e os países em desenvolvimento provavelmente se beneficiarão das mudanças na Rodada Uruguai feitas em relação a produtos manufaturados). Preferivelmente, o ponto é que as distorções *locais* tais como as indicadas por PSEs e CSEs podem frequentemente tornar os efeitos do bem-estar de políticas *comerciais* menos benéficos do que seria o caso. Visto que as partes locais e comerciais de economia são inter-relacionadas, reformas de políticas deveriam ser buscadas tanto interna quanto internacionalmente.

Fonte: James E. Anderson, "The Uruguay Round and Welfare in Some Distorted Agricultural Economies". *Journal of Development Economics* 56, n. 2 (ago. 1998), p. 393-410.

às exportações agrícolas foi reduzido em 36% e a maioria dos utensílios locais para agricultura, em 20%, e a média de tarifas agrícolas de países desenvolvidos deveria ser reduzida em 36% ao longo de um período de seis anos. Terceiro, o comércio de têxteis e acessórios deveria ser mudado da estrutura de cota existente do Acordo de Multifibra para a estrutura de GATT, com tarifas a serem gradualmente retiradas ao longo de dez anos. De fato, as cotas acabaram em 1º de janeiro de 2005, mas as tarifas permanecem. Além disso, o Japão e a Coreia do Sul prometeram abrir seus mercados até certo ponto para importações de arroz. Foram adotadas também regras revisadas referentes a *dumping* e subsídios à exportação, e restrições voluntárias à exportação (VERs) foram eliminadas. Ademais, ações de direitos de propriedade intelectual relacionados ao comércio (TRIPs) estabeleceram padrões para marcas registradas, patentes e direitos autorais. (Por exemplo, as patentes estão agora em vigor por 20 anos. Nos Estados Unidos, a duração anterior era de 17 anos.) Algumas medidas de investimento relacionadas a comércio (TRIMs), tais como exigências de conteúdo local para investidores estrangeiros, deveriam ser eliminadas dentro de dois anos pelos países desenvolvidos, cinco anos pelos países em desenvolvimento e sete anos pelos países "menos desenvolvidos".

Um atrito considerável impediu que se atingissem algumas das metas para serviços. Uma controvérsia importante envolveu a recusa da França em permitir a importação de filmes norte-americanos na escala em que os Estados Unidos queriam. Não obstante, um acordo geral sobre comércio em serviços (GATS) prevê "tratamento nacional" em serviços, o que significa que qualquer país deve tratar os prestadores de serviços estrangeiros do mesmo modo que os prestadores de serviços locais, bem como tratamento MFN para serviços. Foram adotados novos procedimentos para o conciliamento de disputas. Finalmente, o próprio GATT foi substituído por uma nova organização, a **Organização Mundial do Comércio** (World Trade Organization – **WTO**), que supervisionou a implementação do acordo da Rodada Uruguai e está tratando dos desacordos comerciais.

Aspectos da política comercial após a Rodada Uruguai

Com o fechamento bem-sucedido da Rodada Uruguai, nos anos seguintes os governos concentraram esforços na implementação das medidas que tinham sido adotadas. Além disso, novos acordos setoriais foram buscados (tais como acordos finalizados em telecomunicações e serviços financeiros) que estabeleceriam detalhes da ampla estrutura geral que fora proposta na Rodada Uruguai para certos setores. Entretanto, no final dos anos de 1990, surgiu um desejo por inúmeros países de começar uma nova rodada de deliberações comerciais multilaterais. Vários países queriam obter maior relaxamento de medidas comerciais restritivas nos setores da agricultura e de serviços, para reduzir ainda mais as tarifas restantes e considerar outros assuntos que diziam respeito a áreas como procedimentos antidumping, procedimentos dentro da WTO, e direitos de propriedade intelectual. Houve, ainda, um desejo dos países desenvolvidos – mas decididamente *não* dos países em desenvolvimento – de discutir a ampla área geral conhecida como "padrões de trabalho". Além disso, e, mais uma vez, principalmente pelos países desenvolvidos, houve pressão para incluir o exame do impacto ambiental de comércio e mudanças internacionais impostas pelas empresas no local de produção.

A questão dos padrões de trabalho provocou intenso debate nos últimos anos. Os mais importantes são: o trabalho infantil, a saúde e segurança do local de trabalho, horas de trabalho por dia e dias de trabalho por semana. Por exemplo, grupos universitários nos países industrializados se manifestaram contra o trabalho infantil (muitas vezes crianças com menos de 10 anos ou até mais novas) em fábricas de montagem nos países em desenvolvimento. Fora a preocupação humanitária, esses grupos exigem que suas universidades e faculdades não negociem com companhias que empregam esse tipo de mão de obra. Protestos semelhantes são feitos, inclusive por grupos sindicalizados e seus empregadores, em países industrializados no que diz respeito aos ambientes perigosos de trabalho nos países em desenvolvimento, onde pouca atenção é dada a procedimentos de segurança, operação adequada de equipamento e condições sanitárias nas fábricas. Os trabalhadores e os empregadores nos setores de mão de obra intensiva de países desenvolvidos, naturalmente, reclamam que é "injusto" que eles tenham de concorrer com mercadorias feitas em condições de "exploração". A visão é que, se as empresas de países em desenvolvimento

No mundo real:
Reduções de tarifas resultantes da Rodada Uruguai

Considerando as amplas diretrizes da Rodada Uruguai a respeito de reduções de tarifa, vale a pena examinar as diferenças reais das tarifas pré e pós-Rodada Uruguai, tanto no âmbito de país/região quanto no grupo de mercadorias. As estimativas da WTO dos níveis ponderados de tarifa pré e pós-Rodada do Uruguai são mostradas na Tabela 1. Note que os países em desenvolvimento têm proteção substancialmente mais elevada (tanto pré quanto pós-Rodada Uruguai) que os países desenvolvidos e que, entre os produtos, os têxteis e vestuário têm as mais altas tarifas ponderadas.

TABELA 1 — Tarifas médias sobre produtos industriais

	Pré-Rodada Uruguai	Pós-Rodada Uruguai
(a) Por país/região		
Importações de países desenvolvidos provenientes de		
Mundo	6,2%	3,7%
América do Norte	5,1	2,8
América Latina	4,9	3,3
Europa Ocidental	6,4	3,5
Europa Central e Oriental	4,0	2,4
África	2,7	2,0
Ásia	7,7	4,9
Importações provenientes de países em desenvolvimento		
Mundo	20,5%	14,4%
América do Norte	23,2	15,7
América Latina	27,6	18,5
Europa Ocidental	25,8	18,3
Europa Central/Oriental	18,4	15,1
África	12,3	8,0
Ásia	17,8	12,7
(b) Por produto		
Todos os produtos industriais*	6,3%	3,8%
Peixe e produtos derivados	6,1	4,5
Madeira, polpa, papel e móveis	3,5	1,1
Têxteis e vestuário	15,5	12,1
Couro, borracha e calçados	8,9	7,3
Metais	3,7	1,4
Suprimentos químicos e fotográficos	6,7	3,7
Equipamentos de transporte	7,5	5,8
Maquinário não elétrico	4,8	1,9
Maquinário elétrico	6,6	3,5
Produtos minerais e pedras preciosas	2,3	1,1
Artigos manufaturados, não especificados	5,5	2,4
Produtos tropicais industriais	4,2	2,0
Produtos baseados em recursos naturais*	3,2	2,1

*Excluindo produtos derivados do petróleo.
Fonte: Relatório sobre "A Rodada Uruguai", extraído do site da WTO, www.wto.org.

fossem forçadas (com ameaça de sanções contra suas mercadorias por países desenvolvidos) a oferecer um ambiente saudável e seguro e aderir à extensão do dia e semana de trabalho das empresas dos países desenvolvidos, isso representaria comércio "justo", pois todas as empresas estariam concorrendo em igualdade de condições.

De um modo geral, os economistas são muito céticos quanto a esta linha de pensamento. Como um exemplo de destaque, Alan Greenspan, presidente do Federal Reserve (Banco Central norte-americano), disse ao Congresso, em março de 2004, que ligar padrões de trabalho a acordos comerciais prejudicaria os Estados Unidos, e que as preocupações em relação a perdas de emprego seriam melhor tratadas com a melhoria na educação.[17] Frequentemente esses são argumentos utilizados pela mão de obra dos países desenvolvidos sob o manto de preocupações humanitárias quando, de fato, a motivação real para a "preocupação" é proteção. Os modelos de Heckscher-Ohlin e Stolper-Samuelson, apresentados no Capítulo 8, nos levariam a esperar que o fator de escassez de produção nos Estados Unidos e em outros países desenvolvidos (trabalho e, mais especificamente, mão de obra relativamente não qualificada ou de baixa tecnologia) seria prejudicado pela expansão do comércio e ganharia pela proteção. Ademais, o modelo de fatores específicos constante do Capítulo 8 também indicou que os donos do capital em setores da indústria que competem com importações em países de capital abundante perdem com o comércio também, o que pode explicar o desejo de empresas de países desenvolvidos em setores assediados pela importação de buscar essas justificativas novas e potencialmente convincentes para proteção. A respeito do trabalho infantil *per se,* pode-se considerar o caso de que, sem o trabalho das crianças nos países em desenvolvimento, uma família típica poderia se encontrar em dificuldade consideravelmente maior num cenário de país em desenvolvimento, visto que a produção é executada pela unidade familiar como um todo, tais como no entrelaçamento de tapete em partes da Índia.[18] Finalmente, há um certo desconforto sobre o fato de os países desenvolvidos especificarem quais deveriam ser as condições de trabalho em países em desenvolvimento e como deve ser a organização de produção. A imposição de regras externas não é um comportamento que os países em desenvolvimento, muitos dos quais têm uma história infeliz de colonialismo, vão aceitar com os braços abertos.

Juntamente com o aspecto de padrões de trabalho, foi manifestada preocupação no que se refere ao papel dos padrões ambientais. As ressalvas manifestadas aqui são de que um comércio mais livre em investimento significa que as companhias, e portanto a produção, foram estimuladas a se localizar onde a preocupação ambiental é mais branda. O desfecho é que, como os padrões ambientais mais brandos significam que equipamentos de controle de poluição e afins não precisam ser instalados, as empresas nos países de padrão deficiente (geralmente países em desenvolvimento) terão condições de vender por preço inferior (geralmente em países desenvolvidos) ao de empresas que precisam pagar tais custos. Por causa dos padrões ambientais diferentes, as companhias nos países desenvolvidos são, portanto, confrontadas com concorrência "injusta", porque seus governos têm padrões ambientais mais rígidos em vigor. Ademais, os problemas de poluição mundial pioram onde a proteção ambiental é mais frágil. Além disso, por causa da desvantagem comercial para as empresas nos países menos poluídos, há uma tendência de estas pressionarem seus governos para relaxamento dos padrões. A justificativa conclui que há uma "corrida morro abaixo" em termos de proteção ambiental. Uma alternativa, naturalmente, é que os governos dos países desenvolvidos pressionem os dos países em desenvolvimento para que eles tenham padrões mais rígidos ou que simplesmente imponham proteção sobre os produtos provenientes dos países em desenvolvimento.

Obviamente, preocupações ambientais são dignas de atenção. Porém, uma resposta dos economistas a esses pontos de vista é que o problema é essencialmente de proteção ambiental *per se*, e não uma questão de comércio. O princípio de especificidade do Capítulo 15 se aplica neste contexto – a solução para os problemas de poluição está em adotar medidas que reduzam a polui-

---

[17]Greg Ip. "Greenspan Warns Trade Standards Will Harm U.S.", *The Wall Street Journal,* 12 mar. 2004, p. A2.

[18]Como uma alternativa potencialmente útil ao trabalho infantil, os países em desenvolvimento ou organizações internacionais poderiam oferecer bolsas de educação para compensar as perdas na renda, bem como aprimorar os níveis de qualificação dos membros mais jovens da força de trabalho (tal como foi feito no Brasil).

ção, e não em medidas que restrinjam o comércio. Além disso, especialmente se multinacionais exportam de países em desenvolvimento, as companhias exportadoras frequentemente aderem a padrões ambientais mais elevados do que as empresas locais nos países em desenvolvimento. Se a proteção nos países desenvolvidos restringir as exportações de países em desenvolvimento, os fatores de produção serão forçados a mudar para as empresas locais, em que menos atenção é dada ao ambiente. Finalmente, conforme observado no *The Economist* (9 de outubro de 1999, p. 17), se o comércio de fato deixa os países em melhor situação, estes vão querer um ambiente mais limpo à medida que ficarem mais ricos, e eles terão condições de destinar mais recursos a esse objetivo do que anteriormente (um ponto que foi respaldado por estudos empíricos). Em outras palavras, pode acontecer a expansão do comércio, em vez de restrição.

Além desses debates sobre padrões de trabalho e proteção ambiental, outros assuntos foram propostos para serem incluídos numa nova rodada de negociações comerciais.[19] Numa sequência de reuniões, muitos países manifestaram o desejo de ampliar e aprofundar as regras comerciais referentes a acesso ao mercado para serviços, bem como o desejo de considerar regras de investimento estrangeiro com mais detalhes. A União Europeia e o Japão enfatizaram a necessidade de incluir política antitruste e de concorrência nas negociações, pois essas diferenças entre os países podem produzir diferente precificação e comportamento das empresas. Houve também preocupação de alguns países em desenvolvimento a respeito do cronograma de retirada gradual do antigo Acordo de Multifibra em têxteis e vestuário, e alguns países em desenvolvimento, bem como países desenvolvidos, exigiram integração total de produtos agrícolas na estrutura da WTO na mesma extensão das mercadorias manufaturadas. Outras questões estavam relacionadas ao tratamento de comércio eletrônico e progresso na eliminação de abusos de direito de propriedade intelectual.

No final de novembro e início de dezembro de 1999, ministros do Comércio de 134 países-membros da WTO se reuniram em Seattle, Washington, para discutir e aprovar a agenda de uma nova rodada de negociações comerciais multilaterais. Fora amplamente previsto que as sessões seriam contenciosas, porém, o que não estava previsto era a controvérsia de vários grupos de pessoas não filiadas à WTO que se opunham a mais relaxamento de barreiras comerciais em todo o mundo. A semana da conferência ministerial foi marcada por fortes e barulhentas manifestações e também por alguma violência. Aqueles que manifestavam contra a WTO faziam parte de um grupo variado – sindicalistas preocupados com a ameaça a seus empregos e salários por causa de maiores importações de mercadorias de mão de obra intensiva de países em desenvolvimento, ambientalistas preocupados com o estrago ambiental associado à expansão comercial, os contrários ao trabalho infantil, entre outros. Também se destacaram pessoas e grupos que (incorretamente) viam a WTO como uma agência de grande poder, na verdade como uma agência de status supranacional que podia ditar toda a sorte de regras para as nações-membros.

O resultado final dos desacordos em relação à agenda, juntamente com demonstrações violentas, foi que a conferência terminou sem acordo para uma nova rodada de negociações. Além de tudo, o fracasso foi facilitado pelo presidente Clinton que, apesar de querer uma nova rodada de negociações, tinha falado em Seattle sobre o desejo de incorporar padrões de trabalho à WTO, um ponto de vista que enfureceu os países em desenvolvimento.[20]

A Agenda de Desenvolvimento de Doha

Depois do fracasso da reunião ministerial em Seattle, muitos observadores se tornaram pessimistas quanto às chances de uma nova rodada de negociações comerciais, e os assuntos de comércio multilateral permaneceram em suspenso durante algum tempo (apesar de a atividade continuar em acordos bilaterais e regionais, veja o Capítulo 17). Entretanto, o desânimo geral

---

[19] Para análise de alguns desses aspectos, veja Edward Wilson. "Preparation for Future WTO Trade Negotiations". USITC *International Economic Review,* mai./jun. 1999, p. 15-21.

[20] De fato, um economista de Dartmouth, Douglas Irwin, emitiu um parecer no *The Wall Street Journal.* "How Clinton Botched the Seattle Summit", 6 dez. 1999, p. A34.

No mundo real:

Soberania nacional e a Organização Mundial do Comércio

Muito da recente publicidade em torno da Organização Mundial do Comércio (WTO) transmite a ideia de que a WTO tem soberania sobre seus países-membros. Nada está mais distante da verdade. A WTO é uma instituição internacional cujo objetivo é facilitar os acordos entre seus países-membros a fim de reduzir as barreiras para negociar e mediar quaisquer desacordos entre países que possam surgir na condução dos acordos em questão. Todas as regras, princípios e acordos são elaborados por membros da WTO ou entre eles, e não pela própria organização. Se há qualquer perda de soberania em um dado acordo, é essencialmente uma permuta no sentido de que o acesso ao mercado local é trocado por acesso igualmente valioso ao mercado estrangeiro. Ademais, qualquer país é livre para abandonar um acordo a qualquer momento. Entretanto, provavelmente ele perderá seu direito ao acesso estrangeiro no processo, porque é improvável que outros membros mantenham sua parte no acordo se um dos participantes renuncia a ele. Um dos objetivos da WTO é oferecer um mecanismo de mediação de modo que os acordos sejam aplicados de maneira não discriminatória, e os desafios aos acordos comerciais não levem a disputas comerciais e desfazimento do sistema comercial mundial, como ocorreu nos anos 1930.

Os economistas da Organização para Cooperação e Desenvolvimento Econômico (OECD) em Paris convenientemente esclareceram o que as regras de associação à WTO *não* exigem:*

- As regras da WTO não impedem os países-membro de estabelecerem seus próprios objetivos de política ou aplicarem medidas regulatórias exigidas para atingir esses objetivos.
- As regras da WTO não exigem que os países-membro eliminem todas as barreiras às importações.
- As regras da WTO não exigem que os países-membro adotem um conjunto uniforme de regulamentações comerciais ou procedimentos comerciais, mas exigem somente que as regulamentações ou procedimentos sejam aplicados de maneira não discriminatória (MFN). Entretanto, mesmo aqui, são permitidas exceções para acordos comerciais regionais, bem como para medidas que possam estar relacionadas a um objetivo legítimo de política pública nacional ou internacional.
- As regras da WTO não exigem que os países-membro reduzam tarifas ou barreiras a serviços estrangeiros. Entretanto, elas oferecem um mecanismo para vincular os participantes a um acordo, a fim de oferecer previsibilidade e acesso ao mercado quando há um acordo livremente negociado.
- As regras da WTO não impedem que os países-membro ofereçam recursos públicos para respaldar políticas locais e objetivos regulatórios.
- As regras da WTO não exigem que os países-membro aceitem padrões de qualidade de produto, de serviço ou de segurança uns dos outros, mas a WTO adotou regras relativas à preparação, adoção e aplicação de tais padrões na medida em que se relacionam a objetivos sociais legítimos do país. A WTO também estimula, mas não obriga, cooperação regulatória no sentido de harmonizar padrões ou desenvolver acordos de reconhecimento mútuo relacionados aos padrões de cada país-membro.

Em suma, a WTO não é uma autoridade soberana, mas uma instituição composta e controlada por nações com o objetivo de facilitar o fluxo de mercadorias e serviços entre seus membros. É um mecanismo institucional que assessora os países para que façam acordos mutuamente aceitáveis a fim de facilitar transações internacionais, conduzam-nas de maneira não discriminatória e atenham-se às barganhas com as quais concordaram.

*Organization for Economic Cooperation and Development, *Open Markets Matter: The Benefits of Trade and Investment Liberalisation* (Paris: OECD, 1998), p. 125-27.

---

foi dissipado depois de dois anos. Os ministros do Comércio se reuniram em Doha, Catar, em novembro de 2001, sob os auspícios da WTO, numa tentativa de fazer vigorar uma nova rodada de negociações comerciais multilaterais. (Alguns cínicos sustentaram que a distante Doha foi escolhida para a reunião da WTO para que o número de protestantes pudesse ser reduzido ao mínimo.) E de fato, em 14 de novembro de 2001, os 142 membros da WTO anunciaram que uma nova rodada começaria,[21] e seria chamada de **Agenda de Desenvolvimento de Doha**.

---

[21]Uma grande parte do restante deste parágrafo é extraída de "Seeds Sown for Future Growth". *The Economist*, 17 nov. 2001, p. 65-66.

Foram feitas promessas para reduzir barreiras comerciais mais ainda, incluindo aquelas do setor agrícola. Um enfoque específico de liberalização comercial era o de tornar mais claras e mais estritas as regras para impor taxas antidumping (um enfoque ao qual muitos membros do Congresso norte-americano se opuseram). Alguns dos planos para a rodada eram de benefício potencial considerável para os países em desenvolvimento, tais como a intenção de dar a esses países acesso mais barato a produtos farmacêuticos (por exemplo, para combater HIV/AIDS na África). Nas palavras do *The Economist,* "num sinal de seu aumento de influência, os países pobres tiveram uma clara vitória sobre os fabricantes de remédios".[22] Outros possíveis benefícios para os países em desenvolvimento podem vir de algumas preferências comerciais especiais e da prometida melhoria nas exportações agrícolas aos mercados dos países em desenvolvimento, e também do fato de que *não* houve compromissos a respeito de padrões de trabalho e comércio, o que também foi considerado uma vitória para os países em desenvolvimento.

No geral, os planos para liberalização eram ambiciosos, pois eles poderiam, por exemplo, levar a uma futura eliminação de subsídios à exportação de produtos agrícolas, bem como a uma redução em programas de suporte a produtos agrícolas locais. Em mercadorias não agrícolas, nenhum setor ou produto devia ser excluído das negociações. Além disso, amplas declarações foram feitas referentes a compromissos de promover desenvolvimento sustentável, eliminar medidas de política comercial danosas ao meio ambiente e tornar procedimentos de fronteira mais transparentes e eficientes. Uma declaração para se empenhar em conseguir maior disciplina no aprovisionamento governamental foi feita com a intenção de lutar contra a corrupção, e um grupo de trabalho foi formado para examinar as relações entre comércio, dívida e finanças. Ademais, os ministros concordaram em tornar os procedimentos de conciliação de disputa da WTO mais transparentes e tentar identificar os princípios essenciais referentes à política dentro dos países em relação a práticas anticompetitivas e à concorrência.[23]

Os resultados finais de uma rodada bem-sucedida de negociação comercial sobre esses aspectos podiam ser importantes. Foi feita uma previsão de que o PIB mundial seria $355 bilhões maior no ano 2015 do que de outra forma se a rodada fosse bem-sucedida. Uma outra previsão foi de que o PIB aumentaria em $144 bilhões por ano a mais do que de outra forma (ou $2.000 dólares adicionais para uma família norte-americana de quatro pessoas).[24]

Depois de início ambicioso, entretanto, houve muitos desapontamentos. Vários grupos de negociação se reuniram em 2002 e 2003 para discutir áreas de disputa, mas não houve muito progresso. Os grupos deviam estabelecer "modalidades de negociação", o que quer dizer que se deveria chegar a um acordo sobre os termos e a estrutura das negociações isoladas específicas. As modalidades foram formuladas em 31 de março de 2003, no setor da agricultura, e em 31 de maio de 2003, no acesso ao mercado de produtos não agrícolas, porém não houve acordo. O grupo da área de serviços concordou, em março de 2003, com parte da agenda de negociações, porém, as negociações que lidavam com tratamento especial para países em desenvolvimento chegaram a um impasse depois de várias extensões dos prazos finais. Não foram resolvidos em 2002 e 2003 os desentendimentos sobre incluir ou não áreas como política de competição, investimento e aprovisionamento governamental na rodada de negociação comercial.[25]

Um ponto auspicioso na frente de negociação, conforme citado anteriormente, foi o acordo feito sobre provisão de produtos farmacêuticos a países em desenvolvimento. Em 30 de agosto de 2003 os membros da WTO concordaram que os países em desenvolvimento podiam importar medicamentos genéricos usados contra doenças de ameaça considerável (por exemplo, AIDS e malária) e que os medicamentos também fossem produzidos em países em desenvolvimento

---

[22]Ibid., p. 65.

[23]United States Trade Representative, "USTR Fact Sheet Summarizing Results from WTO Doha Meeting", 14 nov. 2001, extraído do site www.ustr.org.

[24]*Economic Report of the President*, fev. 2004 (Washington, DC: U.S. Government Printing Office, 2004), p. 236.

[25]Edward Wilson. "WTO Trade Negotiations after Cancun". U.S. International Trade Commission, *International Economic Review,* jan./fev. 2004, p. 9-10.

com capacidade para fazê-lo, contanto que fossem exclusivamente exportados para países em desenvolvimento que deles necessitassem. Houve várias medidas procedimentais específicas e detalhadas a serem seguidas antes que os embarques dos medicamentos pudessem ocorrer, mas este acordo constituiu um progresso substancial.[26]

Seguindo esses vários desenvolvimentos e *não* desenvolvimentos, os ministros do Comércio se reuniram de 10 a 14 de setembro de 2003 em Cancún, no México. Entretanto, essa reunião demonstrou ser um revés considerável para o progresso em relação à liberalização multilateral de comércio. Os desentendimentos foram consideráveis em agricultura e, especialmente, em subsídios à exportação de países desenvolvidos (notadamente em exportações de algodão). Os países em desenvolvimento pressionaram para que os países desenvolvidos retirassem esses subsídios, porque eles reduziriam a produção e as exportações dos países em desenvolvimento. Foram também registradas queixas contra as medidas de suporte a produtos agrícolas locais nos países desenvolvidos. Houve também disputas no acesso ao mercado de produtos não agrícolas e sobre o fato de incluir ou não assuntos como investimento e política de competição nas negociações. Finalmente, não houve entendimento e a conferência terminou sem muito progresso.[27] Houve um desapontamento considerável, e Pascal Lamy, negociador-chefe da União Europeia, disse: "Podíamos todos termos ganho e agora todos perdemos".[28] A linguagem diplomática da declaração ministerial de conclusão encobriu os desencorajamentos e ressentimentos presentes.[29]

> Todos os participantes trabalharam arduamente e de maneira construtiva para obter progresso, conforme exigido pelas determinações de Doha. De fato, fizemos progresso considerável. Entretanto, muito trabalho ainda necessita ser feito em algumas áreas-chave para prosseguir em direção à conclusão das negociações a fim de cumprir os compromissos que assumimos em Doha.

Depois do fracasso da Reunião Ministerial de Cancún, os chefes da WTO tentaram conseguir um acordo para os assuntos principais por meio de consultas a vários membros da organização. Entretanto, permaneceram desacordos substanciais, e Edward Wilson, da Comissão de Comércio Internacional dos Estados Unidos (USITC), escreveu, na edição de janeiro/fevereiro de 2004 da *International Economic Review,* da USITC, que "apesar de os membros terem concordado em princípio em retomar as negociações, parece não haver muita pressa entre os participantes em alterar a atitude de negociação que poderia resolver os impasses atuais sobre como reiniciar as negociações".[30] Um método para resolver o impasse que está sendo considerado é uma "cláusula para optar pela saída". Neste acerto, a WTO poderia concluir um acordo mesmo que alguns países se recusassem a assiná-lo (buscou-se unanimidade anteriormente). Um país poderia se recusar a aceitar uma redução específica de tarifa, por exemplo, porém ele não receberia reduções de tarifa de outros países sobre suas exportações. Outras propostas feitas foram limitar o escopo das conversações de modo que assuntos contenciosos, tais como aprovisionamento governamental e política de concorrência, não fossem incluídos.[31]

Outro desenvolvimento promissor, que foi e ainda está sendo considerado por alguns economistas, pelo Banco Mundial, pelo Fundo Monetário Internacional (FMI) e pela WTO, é o conceito de **Ajuda para o Comércio**. Esta é a noção de que os países em desenvolvimento

---

[26]Scott Miller. "WTO Drug Pact Lifts Trade Talks". *The Wall Street Journal,* 2 set. 2003, p. A2; ibid., p. 10-11.

[27]Neil King, Jr. e Scott Miller. "U.S. Races to Break WTO Impasse", *The Wall Street Journal,* 12 set. 2003; Wilson. "WTO Trade Negotiations after Cancun", p. 11-12.

[28]Elizabeth Becker. "Delegates from Poorer Nations Walk Out of World Trade Talks", *The New York Times,* 15 set. 2003, p. A1.

[29]WTO. "Day 5: Conference Ends without Consensus", extraído do site www.wto.org.

[30]Wilson. "WTO Trade Negotiations after Cancun", p. 14.

[31]Scott Miller, "After Cancun, WTO Panel Seeks an End to Gridlock", *The Wall Street Journal,* 29 set. 2003, p. A16.

podem não ser capazes de ganhar com o comércio quando eles não têm infraestrutura (portos, estradas, energia etc.) para exportar, assim, medidas de liberalização do comércio podem precisar ser acompanhadas de assistência dos países desenvolvidos a fim de aumentar sua capacidade de comercializar. Portanto, os países em desenvolvimento poderiam se interessar mais em se envolver em negociações multilaterais no caso de reduções na barreira comercial serem combinadas com assistência de países desenvolvidos, o que poderia ajudar a gerar mais exportações.[32] Entretanto, em julho de 2006, a WTO concordou com a suspensão das negociações de Doha[33], e a situação não tinha mudado até a preparação deste trabalho. Os esforços continuaram para se restabelecer as conversações, porém, Pascal Lamy, atual diretor-geral da WTO, disse que haveria grandes problemas mesmo se os assuntos da política de agricultura fossem de alguma forma resolvidos.[34]

Ações recentes dos Estados Unidos

Nesta subseção, resumimos vários assuntos importantes na recente política comercial norte-americana. Primeiro, em 1993, a União Europeia pôs em vigor regras comerciais que davam preferência às antigas colônias da Europa Ocidental no Caribe e na África a respeito da compra de bananas. Os Estados Unidos se opuseram a esta política, porque constituía discriminação explícita contra a venda de bananas à União Europeia pela América Central e América do Sul por duas empresas dos Estados Unidos, Chiquita Brands e Dole Foods. O país recorreu contra as regras da União Europeia à WTO que, incluindo seu antecessor, GATT, decidiu contra a política da União Europeia cinco vezes em seis anos. As tentativas de solução de compromisso não foram bem-sucedidas. No fim, em abril de 1999, os Estados Unidos impuseram tarifas retaliatórias de *100%* contra 15 produtos da União Europeia, incluindo velas, carne de porco especial, suéteres e pulôvers de cashmere, máquinas de café ou chá eletrotérmicas, feta e outros queijos de leite de ovelha. A ação referente à tarifa recebeu o apoio da WTO. Uma consequência irônica foi que algumas das tarifas retornaram para prejudicar as empresas norte-americanas, tais como uma companhia de Rhode Island que tinha uma fábrica de processamento de cashmere na Mongólia que, por sua vez, fornecia pelo caprino aos fabricantes de suéter de cashmere da União Europeia. Finalmente, em abril de 2001, os Estados Unidos e a União Europeia chegaram a um entendimento quando esta última concordou em oferecer maior acesso no mercado às exportações das empresas de banana dos Estados Unidos por meio de um novo sistema de licença de importação e um sistema revisado de cota/tarifa. Os Estados Unidos, então eliminaram as taxas de 100% *ad valorem* que tinham sido impostas em 1999.[35]

Uma outra área de disputa na política comercial dos Estados Unidos também colocou o país contra a União Europeia. Especificamente, desde 1989, a UE tem mantido em vigor uma proibição sobre a importação de carne de vaca tratada com hormônio dos Estados Unidos. Este exemplo específico de engenharia genética oferece na cabeça de muitos europeus, riscos inaceitáveis à saúde no que diz respeito ao aumento da probabilidade de desenvolver câncer. No exemplo da carne, assim como no caso das bananas, a WTO impôs regras contra a política da União Europeia várias vezes. Para respaldar a posição da WTO e dos Estados Unidos está o fato de que inúmeros cientistas deram parecer de que a carne tratada com hormônio é segura para consumo. Entretanto, a UE não retirou sua proibição até o momento da preparação deste material, em 2007, e, da mesma forma que ocorreu na disputa da banana, os

---

[32] Veja, por exemplo, "Aid for Trade", South Centre *T.R.A.D.E. Policy Brief*, nov. 2005, disponível em www.uneca.org, e vários materiais disponíveis no website do www.centad.org.

[33] "Doha Doldrums Carry a High Price Tag", *IMF Survey*, 21 ago. 2006, p. 254.

[34] Greg Hitt e Deborah Solomon. "White House Tussles on Doha", *The Wall Street Journal*, 5 mar. 2007, p. A8.

[35] Veja James Cox, "Punitive Actions by U.S. Felt Worldwide", *USA Today,* 11 mar. 1999, p. 3B; idem, "U.S. Importers Decry Duties", *USA Today,* 5 mar. 1999, p. 3B; Michael M. Phillips, "WTO Supports U.S. in Dispute over Bananas", *The Wall Street Journal,* 7 abr. 1997, 1999, p. A3, A8; *Federal Register,* 6 jul. 2001, p. 35689.

Estados Unidos adotaram uma ação de política comercial retaliatória. Em julho de 1999, tarifas de 100% foram impostas sobre vários produtos da União Europeia, incluindo mostarda francesa, queijo roquefort e trufas.[36]

Um política adotada pelos Estados Unidos também tem sido causa de desentendimentos. Durante alguns anos, o país tentou dar uma compensação de impostos a empresas norte-americanas envolvidas em exportações para aumentar a lucratividade e, portanto, a quantidade dessas exportações. Entretanto, repetidamente, o tratamento de taxas favorável foi considerado ilegal porque constitui um subsídio "injusto" à exportação. Sob o mais recente pacote de taxas, as empresas norte-americanas poderiam exportar mercadorias por meio de subsidiárias e receber isenção parcial de taxas sobre os lucros recebidos de exportações se estas contivessem componentes norte-americanos substanciais. Esta compensação de taxas ajudou consideravelmente algumas companhias – por exemplo, a Boeing e a General Electric receberam benefícios desta "exclusão de renda extraterritorial" de mais de $1 bilhão cada durante o período de 1997 a 2002. A WTO determinou que tal tratamento é ilegal, e o Congresso dos Estados Unidos tem tentado, sem sucesso, apresentar uma alternativa.[37]

Uma outra ação controversa da política dos Estados Unidos foi a imposição de tarifas exorbitantes sobre importações de aço em março de 2002. A WTO impôs regras contra essas tarifas, e a União Europeia ameaçou retaliar. As tarifas foram então canceladas em dezembro de 2003.

No final de 2003, a administração Bush adotou uma outra política unilateral. Cotas de importação temporárias foram estabelecidas em vários itens têxteis importados da China – sutiãs, roupões de banho e roupas de tricô (cuja importação tinha totalizado recentemente $645 milhões).[38] Tem-se manifestado um crescente ressentimento nos Estados Unidos contra os produtos importados chineses, sobretudo têxteis, por causa do grande número de empregos perdidos na área de manufatura em geral e em têxteis que se afirma ser atribuído às importações da China. Dizemos "que se afirma" porque inúmeros economistas acreditam que, pelo menos no caso da manufatura como um todo, aumentos consideráveis de produtividade foram mais responsáveis em levar o setor a perdas de emprego do que as importações. A administração Bush assinalou que as cotas eram usadas para proteger o país contra "surtos" nas importações, e a China tinha concordado que tais surtos podiam ser protegidos quando ela ingressou na WTO em 2001. No geral, houve forte sensação nos Estados Unidos de que a China tinha sido "injusta" em seu comércio com os Estados Unidos, tal como com a pirataria de software e com a manutenção do valor da moeda chinesa "muito baixo" a fim de estimular as exportações.[39]

As relações entre os Estados Unidos e a China foram ainda agravadas quando o Acordo Multifibras de longa data, no setor de têxteis e vestuário, que controlava tais importações para os países desenvolvidos provenientes dos países em desenvolvimento, expirou em 1º de janeiro de 2005. As exportações chinesas para os Estados Unidos então aumentaram em um ritmo muito rápido. A China, depois de pressionada, impôs taxas à exportação de tais mercadorias para os Estados Unidos, porém mais tarde anulou-as depois que ocorreu uma ação restritiva de "salvaguarda" dos Estados Unidos. Estes então estipularam cotas para 34 produtos de vestuário chineses, em um acordo que deveria vigorar de 1º de janeiro de 2006 a 31 de dezembro de 2008. Além disso, a China concordou em permitir mais importações de carne de vaca e

---

[36]Veja Helene Cooper, "U.S. Imposes 100% Tariffs on Slew of Gourmet Imports in War over Beef", *The Wall Street Journal*, 20 jul. 1999, p. A6; United States Trade Representative, "Snapshot of WTO Cases Involving the United States, 9 mar. 2004", extraído do site www.ustr.gov.

[37]Veja Geoff Winestock. "WTO Rules Against U.S. on Tax Break", *The Wall Street Journal*, 27 jul. 1999, p. A19; Shailagh Murray, "Congress Stalls on Lifting Illegal Export Tax", *The Wall Street Journal*, 13 fev. 2004, p. A4.

[38]Neil King, Jr. e Dan Morse. "Bush Sets Quotas on Some Imports of Chinese Goods", *The Wall Street Journal*, 19 nov. 2003, p. A1, A4.

[39]"Bush Sets Quotas on Some Imports of Chinese Goods", p. A1, A4.

No mundo real:

Restrições sobre as importações de aço dos Estados Unidos

Em 1984 a administração Reagan concedeu proteção ao setor de aço dos Estados Unidos na forma de acordos de restrição voluntários (VRAs)* "temporários" negociados com os principais exportadores de aço para os Estados Unidos. Esses VRAs eram destinados a manter as importações globais de aço em cerca de 20% do mercado nacional. Os 18 acordos com países separados foram considerados uma resposta, em ano de eleição, a exigências para restrição de importação pelo setor da indústria nacional e à recomendação para restrições feita pelo candidato presidencial democrata de 1984, Walter Mondale. Entendeu-se que, se os VRAs fossem adotados, o setor nacional tomaria medidas para melhorar sua produtividade e competitividade.

Depois que os VRAs de 1984 começaram a vigorar, o total das importações foi reduzido de 24% do mercado dos Estados Unidos em 1983 para 20,8% em 1988, e as importações dos 29 países abrangidos até 1989 representaram 14,7% do mercado. A produtividade aumentou rapidamente no setor de indústria nacional, as práticas de trabalho foram dinamizadas, as minifábricas de aço especial expandiram-se, e o setor aumentou seus lucros. Os exportadores estrangeiros de aço também se beneficiaram conseguindo uma participação garantida do mercado e obtendo lucros mais elevados. Entretanto, os consumidores de aço enfrentaram preços mais elevados por causa das restrições. Além disso, oponentes dos VRAs assinalaram que mais de 5 milhões de trabalhadores estavam empregados nos setores que *utilizam* o aço – 30 vezes maior do que o número empregado na própria produção de aço – e esses trabalhadores são prejudicados quando os preços do aço aumentam.

Os acordos de cinco anos, a partir de 1984, deveriam expirar em setembro de 1989, e na sequência houve um debate sobre se deveriam ser renovados. O debate se complicou por causa da promessa de George H. W. Bush, na eleição de 1988, de continuar a proteção na produção de aço da Pensilvânia. O setor de indústria norte-americana queria uma prorrogação de cinco anos, enquanto os usuários do aço desejavam que o programa fosse finalizado. O resultado foi um compromisso – uma prorrogação de dois anos e meio. Quando essa prorrogação expirou em março de 1992, as empresas de aço americanas deram entrada em petições antidumping contra 19 países e petições de taxa compensatória para combater subsídios estrangeiros contra 12 outros. Em resposta, foram adotadas tarifas em junho de 1993 que representavam, na média, 36,5% (com taxas variando até 109% nos casos de *dumping* e até 73% nos casos de subsídios).

No final dos anos 1990, continuou a pressão para se ter proteção por causa do aumento praticamente contínuo nas importações de aço. Uma importante estratégia do setor de indústria nacional foi a constante entrada de petições antidumping e taxas compensatórias contra as alegadas importações subsidiadas. (Nota: O próprio setor de indústria de aço dos Estados Unidos importa aço, apesar de afirmar que esse aço não faz parte do comércio "injusto".) Algumas taxas foram impostas e países como Rússia e Brasil assinaram acordos a fim de limitar suas exportações de aço para os Estados Unidos para evitar taxas punitivas. Em 1999, os esforços protecionistas resultaram em um projeto de lei de cota que passou na Câmara dos Deputados nos Estados Unidos, mas não passou no Senado.

Nos anos seguintes, um grande movimento foi feito para oferecer maior proteção do setor de aço dos Estados Unidos. O presidente George W. Bush (o segundo presidente Bush) impôs tarifas em março de 2002 por causa de surtos nas importações de aço que variaram até 35% (veja o Capítulo 14). Entretanto, em novembro de 2003, a WTO determinou que essas tarifas eram ilegais, em resposta a um apelo feito pelos Estados Unidos sobre uma decisão similar do órgão em março de 2003. A União Europeia então reiterou sua ameaça anterior de impor tarifas elevadas a várias exportações dos Estados Unidos (tais como suco de laranja, barcos a motor, óculos de sol, vestuário) e essas tarifas eram especialmente destinadas a prejudicar estados dos Estados Unidos que tinham apoiado George W. Bush na eleição presidencial em 2000. A administração Bush respondeu que tinha imposto as tarifas para dar ao setor de aço nacional uma oportunidade de se reestruturar e se tornar mais forte. Entretanto, em dezembro de 2003, a administração eliminou as tarifas de aço que havia imposto. A União Europeia então cancelou seus planos de retaliação contra os Estados Unidos. Portanto, este último episódio na saga do aço indica que houve novamente, depois de um longo período, e pelo menos durante algum tempo no futuro, esperança de um comércio mais livre no setor do aço para os Estados Unidos. Essa esperança foi reforçada pelo fato de que, no final de 2006, a Comissão Internacional de Comércio dos Estados Unidos decidiu não renovar as taxas antidumping em algumas importações de aço da Austrália, do Canadá, da França e do Japão.

*Não está totalmente claro por que as restrições à exportação foram chamadas VERs para automóveis e VRAs para aço!

Fontes: Chris Adams. "Steelmakers Complain about Foreign Steel; They Also Import It", *The Wall Street Journal,* 22 mar. 1999, p. A1; American Iron and Steel Institute, *AISI Newsletter,* dez. 1999, obtidos de www.steel.org; Stuart Auerbach, "Bush Signs Steel Quota Extension", *Washington Post,* 26 jul. 1989, p. D1, D3; "Big Cartel", *The Wall Street Journal,* 22 mar. 1989, p. A14; James Bovard, "Steel Rulings Dump on America", *The Wall Street Journal,* 23 jun. 1993, p. A14; "Brazil to Reduce Exports of Steel, in Pact with U.S.", *The Wall Street Journal,* 8 jul. 1999, p. A10; Helene Cooper, "Russia Agrees to Limit Steel Shipments, Avoiding Antidumping Duties by U.S.", *The Wall Street Journal,* 23 fev. 1999, p. A4; idem, "Senate Thwarts Bill to Curb Steel Imports", *The Wall Street Journal,* 23 jun. 1999, p. A2; Asra Q. Nomani e Dana Milbank, "U.S. Increases Tariffs on Steel by Large Margin", *The Wall Street Journal,* 23 jun. 1993, p. A3, A5; Art Pine, "U.S. Seeks Reduced Exports of Steel by Three Countries", *The Wall Street Journal,* 5 set. 1986, p. 40; Peter Truell, "U.S. Agrees to Quotas on Steel Imports with EC and 16 Other Major Suppliers", *The Wall Street Journal,* 13 dez. 1989, p. A2; Neil King, Jr., e Carlos Tejada, "Bush Abandons Steel Tariff Plan", *The Wall Street Journal,* 5 dez. 2003, p. A3; Neil King, Jr., Scott Miller, e Carlos Tejada, "U.S. Steel Tariffs Ruled Illegal, Sparking Potential Trade War", *The Wall Street Journal,* 11 nov. 2003, p. A1; Don Evans, "Victory", *The Wall Street Journal,* 5 dez. 2003, p. A12; Greg Hitt, Paul Glader e Mike Spector, "Trade Ruling on Steel May Boost Auto Industry", *The Wall Street Journal*, 15 dez. 2006, p. A3.

equipamento médico norte-americano e maior concorrência de empresas dos Estados Unidos em relação a contratos do governo chinês, entre outras ações.[40] Além disso, em março de 2007, o Departamento de Comércio dos Estados Unidos alterou sua política referente ao uso de impostos compensatórios (para compensar subsídios estrangeiros) com respeito à China. Anteriormente, taxas antidumping podiam ser impostas contra importações de economias controladas pelo Estado, porém, taxas compensatórias não eram atribuídas em virtude da dificuldade na identificação dos subsídios. O Departamento de Comércio decidiu que os impostos compensatórios poderiam agora ser impostos, e estabeleceu taxas preliminares em vários produtos de papel da China.[41] Parece claro que os desentendimentos comerciais e as tensões entre a China e os Estados Unidos persistirão por algum tempo.

Em resumo, duas outras recentes tentativas de acordo dignas de nota podem ser mencionadas. Primeiro, houve um acordo em 2006 relacionado a uma longa disputa entre os Estados Unidos e o Canadá a respeito de importações feitas pelos Estados Unidos de madeira resinosa do Canadá. Conforme mencionado no Capítulo 15 (p. 335), a controvérsia foi centrada na alegação, pelos Estados Unidos, de subsídios dados pelo Canadá a essas exportações. As taxas dos Estados Unidos tinham sido de 27% em 2002, mas diminuíram para uma média de 11% em 2006 por causa de várias revisões e regulamentações. Pelo novo acordo, o Canadá imporá taxas em suas exportações se o preço da madeira cair abaixo de um determinado nível. Em contrapartida, as tarifas e cotas norte-americanas serão eliminadas e reembolsos de algumas receitas provenientes de tarifas de penalidades recebidas anteriormente pelos Estados Unidos seriam dados aos produtores canadenses.[42]

Segundo, em 2006, o Congresso norte-americano revogou a Emenda Bird. Esta emenda (veja o Capítulo 15, p. 332), oficialmente denominada Lei de Compensação de Subsídio e Dumping Continuado, de 2002, tinha autorizado a distribuição das receitas provenientes de taxas antidumping e compensatórias aos produtores que competem em importação dos Estados Unidos e que estavam sendo protegidos pelas taxas. A emenda fora questionada na WTO e, em 2004, a organização autorizou a retaliação contra ela pelos parceiros comerciais dos Estados Unidos. Quatro unidades econômicas (Canadá, União Europeia, Japão e México) tinham feito isso até 2006. A revogação da emenda significou que, depois de 1º de outubro de 2007, as taxas recebidas voltariam para o Tesouro dos Estados Unidos.[43]

De modo resumido, podemos mencionar um aspecto adicional importante da política comercial norte-americana: os Estados Unidos, em anos recentes, têm negociado acordos comerciais bilaterais e regionais. Voltando a 1985, um acordo de livre-comércio Estados Unidos/Israel entrou em vigor, e foi seguido pelo Tratado Norte-Americano de Livre-Comércio (NAFTA), que se iniciou em 1994 e será tratado no próximo capítulo. Além disso, acordos de livre-comércio com dez países entraram em vigor de 2001 a 2007, e havia conversações em andamento com mais outros.[44] Este recente avanço na atividade de negociação comercial bilateral/regional é parcialmente atribuído ao fato de que o trajeto rápido (Autoridade de Promoção do Comércio) foi devolvido ao presidente em 2002 (com margem de um voto na Câmara dos Deputados) e parcialmente atribuído ao andamento vagaroso nas negociações multilaterais da Rodada de Doha. A ausência de progresso multilateral sugere aos representantes do governo que um comércio mais livre pode ser conseguido mais rapidamente de modo seletivo. Entretanto, a Autoridade

---

[40]Charles Hutzler. "Beijing Rescinds Textile Duties, Slams U.S., EU on Import Limits", *The Wall Street Journal,* 31 mai. 2005 p. A3, A6; Office of the United States Trade Representative, "Facts on Textiles: Benefits from Establishing Quotas on Certain Chinese Apparel Exports to the United States", extraídos do site www.ustr.gov; Greg Hitt e Andrew Batson. "U.S., China Set Some Trade Deals, But Thorny Piracy Issues Persist", *The Wall Street Journal,* 12 abr. 2006, p. A4.

[41]Mark Drajem, "Commerce Department Applies New Duties against China (Update 7)", 30 mar. 2007, obtidos de www.bloomberg.com.

[42]"U.S., Canada Sign Lumber Agreement", *The Wall Street Journal,* 3 jul. 2006, p. A7.

[43]Office of the United States Trade Representative, "Congress Takes Important Action: Byrd Repeal Brings U.S. into Compliance with WTO Ruling", 1º fev. 2006, extraído de www.ustr.gov.

[44]*Economic Report of the President,* fev. 2004, p. 236; Office of the United States Trade Representative, "Trade Promotion Authority Delivers Jobs, Growth Prosperity and Security at Home", 31 jan. 2007, extraído de www.ustr.gov.

de Promoção do Comércio devia expirar em meados de 2007, e havia dúvida se seria renovada, especialmente pelo fato de o Congresso estar sendo controlado pelos democratas.

Finalmente, um fenômeno que chamou a atenção do povo norte-americano nos últimos anos é o de **terceirização** (ou *offshoring*). A terceirização foi comentada no Capítulo 9, no contexto de empresas norte-americanas que adquirirem insumos de materiais do exterior. A "nova" terceirização se refere às compras feitas por empresas norte-americanas de serviços no exterior, que seriam de outra forma oferecidos nos Estados Unidos. O exemplo clássico mencionado é o uso de pessoal da Índia em centros telefônicos, por meio do qual um serviço de chamada dos Estados Unidos, via um número de telefone gratuito, é respondido ou tratado por alguém numa cidade da Índia, tal como Bangalore ou Bombaim (Mumbai). (Estes serviços utilizam insumos de capital bem como de trabalho estrangeiro – insumos de capital que são frequentemente empregados por empresas norte-americanas que operam no exterior.) Esses serviços são geralmente empregos de colarinho-branco, e não de chão de fábrica, e, portanto, o grupo nacional que está sendo prejudicado não é a mão de obra relativamente menos qualificada dos setores de manufatura que compete em importação, *à la* uma aplicação de Heckscher-Ohlin para os Estados Unidos. A terceirização parece ter "decolado" nos anos de 1990, quando a economia norte-americana estava deslanchando e as empresas estavam buscando reduzir custos em um mercado de trabalho que estava próximo de ou em emprego total. A terceirização cresceu tanto que uma previsão feita em 2003 era de que 3,3 milhões de trabalhos de cargos de colarinho branco e $136 bilhões em salários iriam para o exterior nos 15 anos seguintes a 2003. Em 2007, Alan Blinder, um economista de Princeton e antigo vice-presidente do conselho de diretores do Federal Reserve (Banco Central norte-americano), acreditava que até 40 milhões de empregos dos Estados Unidos poderiam estar em situação de risco nos próximos dez a 20 anos.[45] O clamor público fez com que alguns estados tentassem implementar legislação explícita contra a terceirização, e houve também pressão no Governo Federal para fazer o mesmo.

Entretanto, economistas em geral não consideram a terceirização ou *offshoring* um motivo para alarme. Não há nenhuma dúvida de que existem demissões severas no curto prazo por causa da terceirização. Os trabalhadores perdem sua fonte de renda, e um novo treinamento ou mudança física para um novo emprego leva tempo. No longo prazo, entretanto, a economia se beneficia deste livre-comércio em trabalhos de colarinho-branco, mas o longo prazo pode levar um bom tempo para chegar. Porém, as pessoas podem ser céticas quanto a esperar pelo longo prazo – houve consternação considerável na administração Bush, e algumas exigências do Congresso para a renúncia quando N. Gregory Mankiw, presidente do Conselho de Consultores Econômicos do presidente, disse, no início de 2004, que a terceirização "é provavelmente uma vantagem positiva para a economia no longo prazo".[46]

Outra questão importante é o fato de haver menção cada vez maior ao fato de que a terceirização pode também levar a *mais* empregos nos Estados Unidos. Por exemplo, um estudo (patrocinado pelo setor de indústria norte-americano) indicou que o uso de mão de obra no exterior reduz os custos de mão de obra nos Estados Unidos, leva ao aumento de produtividade nas empresas norte-americanas e, portanto, gera maiores lucros que podem levar à expansão das companhias tanto locais quanto no exterior. A previsão foi de que 90 mil empregos foram criados nos Estados Unidos em 2003 por causa deste cenário.[47] Como exemplo, um outro artigo do *Wall Street Journal* destacou uma empresa em New Jersey que tinha enviado trabalho para o exterior, para Bombaim, reduzindo custos de tal modo que ela obteve um número considerável de novos clientes e expandiu suas operações nos Estados Unidos.[48] Além disso, um outro benefício para o país que envia empregos *offshore* é que ele pode ter um aumento na renda real por causa dos

---

[45] Clare Ansberry, "Outsourcing Abroad Draws Debate at Home", *The Wall Street Journal*, 14 jul. 2003, p. A2; David Wessel e Bob Davis, "Pain from Free Trade Spurs Second Thoughts", *The Wall Street Journal*, 28 mar. 2007, p. A1.

[46] Bob Davis, "Some Democratic Economists Echo Mankiw on Outsourcing", *The Wall Street Journal*, 12 fev. 2004, p. A4.

[47] Michael Schroeder, "Outsourcing May Create U.S. Jobs", *The Wall Street Journal*, 30 mar. 2004, p. A2.

[48] Craig Karmin, "'Offshoring' Can Generate Jobs in the U.S.", *The Wall Street Journal*, 16 mar. 2004, p. B1, B7.

preços mais baixos do produto final que envolve os serviços terceirizados, bem como, indiretamente, um aumento nos lucros e dividendos da corporação para as companhias que fazem a terceirização. Uma previsão é de que talvez 70% a 80% nos ganhos de renda provenientes do fenômeno de *offshoring*/terceirização vão para o país que faz a terceirização, e os restantes 20% a 30% para o país que executa os serviços terceirizados.[49] Finalmente, o redator de economia Robert Samuelson salientou que a maioria das estimativas de perda anual de empregos dos Estados Unidos por causa da terceirização são de cerca de 300 mil a 500 mil, e que esta é uma porcentagem muito pequena dos 138 milhões de empregos nos Estados Unidos.[50]

Como é evidente nos exemplos apresentados sobre política e debate quanto à terceirização, a política de comércio internacional continua sendo controversa nos Estados Unidos. Como já foi dito inúmeras vezes neste livro, há ganhadores e perdedores quando se adota uma política de mudar para o comércio mais livre e, apesar de um país ganhar no aspecto global, compensação geralmente não é paga às pessoas que perdem. Portanto, a distribuição de renda será afetada pelo comércio e sempre haverá controvérsia com relação a políticas nesta área.

Observações finais sobre a política comercial

As negociações internacionais, tanto multilaterais quanto bilaterais, reduziram claramente o nível de restrições comerciais de longo prazo nos países industrializados. Qualquer continuação do avanço ao longo dessas linhas requer que os países permaneçam à mesa de negociação com o objetivo de negociar políticas comerciais de interesse mútuo. O Capítulo 15 mostrou várias justificativas para proteção indicando que, algumas vezes, um país isolado pode ganhar pela imposição de uma restrição comercial, mesmo que o bem-estar do mundo seja reduzido. Porém, um ganho nessas circunstâncias depende precariamente da ausência de retaliação pelos parceiros comerciais afetados de maneira adversa. As negociações internacionais atendem à finalidade crucial de evitar que os países imponham novas barreiras unilateralmente. Historicamente, essas negociações demonstraram que é do interesse de um país reduzir barreiras e não aumentá-las. A cooperação, e não a ação unilateral, desempenha um papel importante no aprimoramento tanto do bem-estar mundial quanto dos interesses dos países isolados.

A conduta da política comercial

Os desentendimentos quanto à política comercial revelam um amplo conflito fundamental sobre o quanto a conduta da política comercial deve se basear em regras ou em resultados. Uma **política comercial com base em regras** é aquela que adere às diretrizes internacionais comumente aceitas e aos códigos de comportamento no comércio, tais como aqueles incorporados na Organização Mundial do Comércio. Este tipo de política abrange o tratamento MFN, a preferência por tarifas como instrumento de escolha e não cotas de importação e VERs (que são mais distorcidas para distribuição de recursos do que as tarifas, e também discriminatórias por país), procedimentos comuns sobre antidumping e impostos compensatórios, negociações multilaterais sobre reduções de barreiras comerciais, e assim por diante.

Por outro lado, uma **política comercial com base em resultados** salienta que a política deve buscar, por meio de ação ou ameaça de ação agressiva e unilateral, atingir objetivos especificados cuidadosamente, tais como a penetração de um mercado estrangeiro específico para uma mercadoria específica por $x\%$, a limitação de importações de uma mercadoria específica a $y\%$ do mercado nacional, proteção especial e incentivos a indústrias específicas, e obtenção de comércio equilibrado com parceiros comerciais especificados. Ou, a política poderia proporcionar que um país local tratasse cada parceiro comercial isoladamente exatamente como aquele parceiro

---

[49]David Smith, "Offshoring: Political Myths and Economic Reality", *The World Economy* 29, n. 3 (mar. 2006), p. 251-52.

[50]Robert Samuelson, "Threat of Outsourcing Overstated", *The Charlotte Observer,* 17 jan. 2004, p. 13A.

trata o país local com respeito ao comércio – algumas vezes chamada de **nova abordagem de reciprocidade à política comercial** (veja Cline, 1983). Esta abordagem mais direta, com base em resultados, ao direcionamento de distribuição de recursos é também algumas vezes conhecida como uma forma de **política industrial** ou **comércio gerenciado**.

Inúmeros observadores de modelos comerciais norte-americanos recentes acreditam que, uma vez que outros países são mais intervencionistas em comércio do que os Estados Unidos, estes deveriam responder conferindo um papel mais forte ao governo. Esses observadores defendem a abordagem com base em resultados. Por sua vez, outros observadores (incluindo a maioria dos economistas) assinalam que a distribuição de recursos pelo governo será inferior à distribuição de recursos feita pelo mercado. A distribuição superior ao mercado é melhor conseguida em um ambiente de um conjunto estabelecido de "regras".

Trabalho empírico sobre economia política

Uma observação final deve ser feita. Vários estudos empíricos focalizaram o papel dos fatores de política econômica mencionados no início deste capítulo visando a influenciar a política comercial norte-americana. Nesse trabalho, por exemplo, é feita uma tentativa de verificar as características das indústrias ou setores específicos que os fazem mais ou menos protecionistas e verificar como membros eleitos do governo são influenciados em sua votação sobre legislação comercial. Descobriu-se (Cheh, 1974) que os setores da indústria dos Estados Unidos nos quais grandes custos de ajuste da mão de obra podem ser incorridos, por meio da redução de tarifa, provavelmente receberão níveis relativamente elevados de proteção (ou reduções relativamente menores de proteção) em negociações de tarifa. Além disso, na votação do Congresso sobre a Lei Comercial de 1974, a porcentagem de trabalhadores de um distrito representativo empregados em indústrias de substituição de importação era associada a um voto negativo sobre esse projeto de lei comercial, da mesma forma que era associado o tamanho das contribuições para campanhas isoladas do Congresso por sindicatos trabalhistas (Baldwin, 1981). No geral, uma pesquisa com vários testes empíricos dos Estados Unidos (Baldwin, 1984) indicou que uma relação positiva estatisticamente importante existe entre o grau de proteção à indústria, por exemplo, (*a*) o número de trabalhadores em um setor da indústria; (*b*) o índice de mão de obra/produto da indústria [tanto (*a*) quanto (*b*) refletem intensidade de trabalho, mas também força de votação que os políticos querem conquistar]; (*c*) a porcentagem de trabalhadores não especializados em um setor da indústria refletindo preocupação social, bem como a relativa escassez de mão de obra não especializada dos Estados Unidos (lembre-se do teorema de Stolper-Samuelson do Capítulo 8); e (*d*) em que medida o produto é uma mercadoria de consumo e não uma mercadoria intermediária (refletindo o fato de que preços mais baixos de mercadorias intermediárias são desejados pelas empresas nacionais). Ligações negativas foram descobertas entre o grau de proteção à indústria e, por exemplo, (*a*) o número de empresas em um setor, refletindo menos capacidade de se organizar para proteção, e (*b*) o salário médio em uma indústria, novamente refletindo capacitação menor. Mais recentemente, Magee (2001, p. 115) descobriu que um índice de concentração mais elevado em um setor da indústria, um índice mais baixo de capital/trabalho, e uma fração mais elevada da força de trabalho de um setor de indústria que consiste em cientistas e engenheiros, eram todos associados a uma tarifa mais elevada. Os dois resultados apresentados são o esperado, mas o terceiro não. Em um documento preparado por Scott Bradford (2003), um resultado importante é que o valor da proteção dada a um setor da indústria é uma função positiva forte do número de trabalhadores no setor. Além disso, a presença de um grande número de empresas em um setor da indústria parecia estar positivamente associada a esforço de lobby, o qual era positivamente associado à proteção. Finalmente, um resultado interessante foi que "os políticos colocam cerca de 15% a mais de peso em um dólar de contribuição de campanha do que em um dólar de excedente de consumidor" (Bradford, 2003, p. 35).

Devemos observar, nesta discussão o papel dos fatores de distribuição de renda na política comercial, o que é claramente o que esperaríamos de nossa apresentação anterior da teoria comercial. Apesar de os países e o mundo como um todo ganharem com a participação no comércio internacional, nem todos os cidadãos de todos os países têm esses ganhos. Lembre-se de que o pacote de consumo depois do comércio é suficientemente grande de modo que os "perdedores" do comércio podem ser totalmente compensados pelos "ganhadores", mas isso não significa que a compensação ocorra necessariamente na prática. Os debates sobre política comercial, portanto, ficam centrados em desentendimentos sobre a distribuição da renda.[51]

A literatura sobre economia política desenvolveu hipóteses específicas sobre os determinantes do nível geral de proteção em diferentes períodos. Por exemplo, Magee e Young (1987) examinaram o nível médio de proteção nos Estados Unidos durante 16 administrações presidenciais, de 1905 a 1980, enfocando influências macroeconômicas. Eles encontraram uma associação forte e positiva entre a tarifa média e a taxa de desemprego. Claramente, em tempos de inatividade, há uma maior pressão política para tarifas mais elevadas, por causa da crença dos trabalhadores de que tarifas mais elevadas oferecem maior segurança de trabalho e de remuneração. Esta pressão é mais forte do que o sentimento antiprotecionista dos consumidores, que são geralmente passivos em política comercial. Magee e Young também descobriram uma associação positiva importante entre o nível médio de tarifa e o índice dos preços de exportações de mercadorias manufaturadas nos Estados Unidos em relação aos preços das importações. Com a pressuposição de que os Estados Unidos importam mercadorias manufaturadas por intensiva em trabalho (especialmente mão de obra não especializada), um declínio nos preços relativos dessas mercadorias levará a maiores demandas para proteção por parte da mão de obra. Finalmente, eles encontraram uma relação *negativa* entre a taxa de inflação nos Estados Unidos e o nível médio das tarifas. Enquanto se poderia pensar que as importações maiores induzidas pela inflação estimulariam um aumento líquido na pressão protecionista por causa do lobby feito pelos grupos do setor da indústria que competem em importação, Magee e Young formularam a hipótese de que os consumidores são de fato estimulados pela alta inflação e são mais eficazes em manter baixas as barreiras de importação durante períodos inflacionários, permitindo a pressão para baixo sobre o nível de preço que as importações exercem. Além disso, a possível depreciação do dólar durante períodos inflacionários aumenta o preço nacional de mercadorias importadas e reduz a pressão por proteção pelas empresas nacionais que competem em importação.

Um estudo empírico do National Bureau of Economic Research (Krueger, 1996) de sete diferentes setores da indústria americana levantou várias questões interessantes quanto à economia política da política comercial dos Estados Unidos. As conclusões gerais[52] foram as seguintes: primeiro, não há evidência convincente de que a proteção foi, no geral, importante em transformar um setor da indústria economicamente. Segundo, o impacto negativo ou os custos de proteção são frequentemente subestimados por causa da falha em considerar efeitos secundários fora do setor da indústria afetado. Terceiro, a proteção será provavelmente concedida quando houver unanimidade dentro do setor da indústria quanto ao desejo de tê-la e quando houver um grupo de interesse especial bem-organizado e eficaz para promovê-la. Finalmente, é evidente que a existência de proteção atual aumenta a facilidade com que a proteção pode ser mantida em um dado setor da indústria.

Um ponto geral que veio à tona na literatura sobre economia política é que, enquanto os economistas tradicionalmente investigam de que maneira a proteção afeta as importações, a sequência inversa também deve ser levada em conta – isto é, o nível de importações afeta o grau de proteção. Por conseguinte, se as tarifas e as NTBs forem reduzidas, a intensidade do lobby feito para proteção pelos setores de indústria afetados que competem em importação aumentará. Se este lobby for bem-sucedido e levar a novos dispositivos protecionistas que sejam postos em vigor, as importações poderão não aumentar muito o balanço. Este cenário sugere que os

---

[51]Deve-se notar também que a literatura encontrou geralmente uma relação negativa entre proteção para um setor de indústria e o valor de comércio intraindustrial nesse setor. Isso pode ser parcialmente explicado pela influência dos exportadores dos produtos que fazem lobby contra as barreiras comerciais em geral, por terem medo de retaliação. Mas também pode ser parcialmente explicado pelo fato de que, conforme já observado no Capítulo 10, o comércio intraindustrial, fundamentado em economias de escala, pode não ter os impactos de distribuição de renda potencialmente grandes que tem a interindustria. Isto é, realização de economias de escala significa que qualquer um pode potencialmente ganhar com o comércio. Veja Rodrik, 1995, p. 1481-83.

[52]Anne O. Krueger, "Implications of the Results of Individual Studies", em Krueger (1996), p. 99-103.

esforços de liberalização do comércio enfrentam maiores obstáculos em realmente conseguir comércio mais livre na economia mundial do que seria de outro modo. Trabalhando nesta linha de pensamento, Daniel Trefler (1993) previu que o impacto de *feedback* da penetração da importação tinha, no caso de barreiras não tarifárias nos Estados Unidos, reduzido as importações em quase $50 bilhões (em 1983) em relação à situação sem o *feedback*.

A área de pesquisa da política econômica obviamente tem potencial para ampliar o escopo das discussões sobre política comercial. Os estudantes interessados em saber mais sobre política comercial considerarão este tópico muito útil para estudo.[53]

---

[53]Para uma interessante análise descritiva e quantitativa da história das políticas comerciais em seis nações nos últimos dois séculos, veja Michael J. Hiscox, *International Trade and Political Conflict* (Princeton, NJ: Princeton University Press, 2002).

Resumo

Este capítulo examinou as influências políticas sobre a economia, tais como grupo de interesse e preocupação social, na política comercial, e considerou o trabalho empírico relacionado no contexto dos Estados Unidos. Isto foi acompanhado por uma revisão da política comercial dos Estados Unidos ressaltando a tendência de longo prazo de liberalização do comércio, primeiro por meio de negociações bilaterais e, em seguida, por meio de multilaterais. Depois dos efeitos desastrosos da tarifa Smoot-Hawley de 1930, os Estados Unidos iniciaram um longo processo de redução de barreiras tarifárias. A Lei de Acordos Comerciais Recíprocos de 1934 iniciou uma série de negociações bilaterais, item por item, que obtiveram algum sucesso. Estes procedimentos foram substituídos pela criação do GATT no final da Segunda Guerra Mundial, o qual promoveu oito rodadas de negociações multilaterais que fizeram as tarifas sobre mercadorias manufaturadas caírem a níveis relativamente baixos. Apesar de os anos recentes terem testemunhado o aumento de inúmeras barreiras não tarifárias e dificuldades na Rodada Uruguai no que diz respeito a serviços e agricultura, esta foi concluída com sucesso. As tentativas de continuar o caminho da liberalização no longo prazo são obviamente desejáveis do ponto de vista do aumento do bem-estar mundial, mas a falta de progresso importante nas negociações da Agenda de Desenvolvimento de Doha sugere que uma liberalização adicional multilateral importante provavelmente não ocorrerá no futuro próximo. Entretanto, houve progresso substancial nas negociações bilaterais e regionais, conforme será mostrado no próximo capítulo.

Termos-chave

abordagem além-fronteiras
abordagem item por item
Acordo Geral sobre Tarifas e Comércio (GATT)
Agenda de Desenvolvimento de Doha
Ajuda para o Comércio
assistência ao ajuste comercial (TAA)
atividade de busca de renda
atividade diretamente improdutiva
comércio gerenciado
economia de escolha pública
equivalente do subsídio ao consumidor (CSE)
equivalente do subsídio ao produtor (PSE)

Lei Comercial de 1974
Lei de Acordos Comerciais Recíprocos de 1934
Lei de Expansão Comercial de 1962
manutenção do *status quo*
modelo de eleitor mediano
negociações bilaterais
negociações multilaterais
nova abordagem de reciprocidade à política comercial
Organização Mundial do Comércio (WTO)
política comercial com base em regras
política comercial com base em resultados

política industrial
princípio de não reciprocidade
procedimento de trajeto rápido (ou Autoridade de Promoção do Comércio)
Rodada Kennedy de negociações comerciais
Rodada Tóquio de negociações comerciais
Rodada Uruguai de negociações comerciais
rodadas de negociações comerciais do GATT
tarifa Smoot-Hawley (Lei Tarifária de 1930)
terceirização (ou *offshoring*)

Questões e problemas

1. Explique duas razões pelas quais uma minoria em um modelo de eleitor mediano é capaz de obter benefícios líquidos por meio de uma política comercial restritiva que claramente prejudica o grupo majoritário e o país como um todo.

2. Em que aspectos as negociações comerciais bilaterais podem ser superiores às multilaterais? Em que aspectos as negociações comerciais multilaterais podem ser superiores às bilaterais?

3. O número de consumidores dos Estados Unidos excede em muito o número de trabalhadores nos setores têxteis e de acessórios, por exemplo, então por que vemos restrições à importação de têxteis e acessórios, apesar de ocorreram perdas óbvias para os consumidores?
4. Explique por que um comprometimento do governo quanto a aspectos de distribuição de renda pode tornar a política protecionista. Essa política é inevitável no caso de a distribuição de renda ser um alvo-chave?
5. (*a*) Por que um economista veria mérito no conceito de assistência ao ajuste comercial (TAA)? Quais dificuldades poderiam ser encontradas na prática na implementação de TAA?

   (*b*) Alguns economistas acreditam que a TAA é discriminatória porque é dada assistência especial a trabalhadores demitidos por causa das importações, ao passo que os trabalhadores demitidos por competição nacional não recebem favores especiais. Você acha que esta observação exclui a TAA como uma política desejável? Por que, ou por que não?
6. Por que as reduções de tarifa têm sido substanciais ao longo dos anos, enquanto as reduções nas barreiras não tarifárias foram mínimas?
7. (*a*) Desenvolva um argumento em favor do uso do princípio de não reciprocidade para países em desenvolvimento.

   (*b*) Desenvolva um argumento contra o uso do princípio de não reciprocidade para países em desenvolvimento.
8. Se todas as intervenções na agricultura fossem eliminadas, o que aconteceria com os preços dos alimentos? Com as rendas dos agricultores? Com o bem-estar mundial? Sua resposta poderia ser diferente para alguns países em desenvolvimento e para os países desenvolvidos?
9. Alguns observadores notaram que, ao adotar VERs (ou VRAs) em vez de tarifas nos anos recentes, os Estados Unidos se prejudicaram "duas vezes" e não somente "uma". O que isto significa?
10. Quais fatores explicam a variação considerável no grau de restrições comerciais nas indústrias dos Estados Unidos?

CAPÍTULO

17

INTEGRAÇÃO ECONÔMICA

OBJETIVOS DE APRENDIZADO

- Entender as diferenças entre os quatro níveis básicos da integração econômica.
- Identificar os efeitos estáticos e dinâmicos da integração econômica.
- Perceber o impacto no mundo real da integração econômica sobre países da União Europeia e do Tratado Norte-Americano de Livre-Comércio.
- Aumentar o conhecimento dos esforços de integração econômica atuais no mundo.

Introdução

União Europeia: dois novos membros, mais crescimento econômico?

Terça-feira, 2 de janeiro de 2007 (*The Guardian*) Os fogos de artifício pareciam estourar com mais intensidade na Romênia e na Bulgária do que em qualquer outro lugar à meia-noite de domingo, quando os vizinhos do mar Morto celebravam 2007 e sua histórica entrada na União Europeia. A entrada desses dois antigos países comunistas forma um clube de 27 estados que compreendem 490 milhões de pessoas. É um feito extraordinário a ser pensado agora e novamente em março, o 50º aniversário da assinatura do Tratado de Roma, que criou a Comunidade Europeia original formada por seis membros. O alvoroço em Bucareste e Sofia faz lembrar que os cidadãos cansados dos velhos membros da União Europeia há muito perderam seu entusiasmo pela integração, apesar de a prosperidade e a estabilidade terem acompanhado cada sucessiva ampliação. Grécia, Espanha e Portugal foram ajudados no que diz respeito a consolidar a democracia depois de décadas de ditadura. A Irlanda fez significativos avanços graças ao crescimento e à confiança gerados pela Europa. A Eslovênia, uma das 10 "ruidosas" estreantes de maio de 2004, adotou o euro na segunda-feira.

Em nossas menções anteriores sobre a política comercial, geralmente conduzimos a análise em uma estrutura por meio da qual um país aumentava ou diminuía as barreiras comerciais contra todos os parceiros simultânea e uniformemente. De maneira crescente, entretanto, conforme sugerido no recorte de jornal da União Europeia, está havendo muito comércio internacional num contexto de que os países concedem tratamento diferenciado aos seus parceiros comerciais. Esse tratamento geralmente ocorre por meio de integração econômica, em que os países se reúnem para criar uma unidade econômica maior com relacionamentos especiais entre os membros. O que é precisamente integração econômica? Quais são os benefícios que fazem com que todas essas nações queiram ingressar numa união econômica? Há custos envolvidos? Neste capítulo, tratamos de vários e diferentes tipos de integração econômica, apresentamos uma estrutura para analisar os impactos sobre o bem-estar desses relacionamentos especiais e examinamos os esforços recentes de integração na economia mundial.

Tipos de integração econômica

Quando os países formam coalizões econômicas, seus esforços representam um movimento parcial rumo ao livre-comércio e uma tentativa de cada país participante de obter alguns dos benefícios de uma economia mais aberta sem sacrificar o controle sobre mercadorias e serviços que atravessam suas fronteiras e, consequentemente, sobre sua estrutura de produção e consumo. Os países que entram em acordos comerciais especiais logo percebem que, quanto mais eles eliminam restrições sobre a circulação de mercadorias e serviços entre membros do grupo, mais perdem o controle nacional da economia. Consequentemente, as ações tomadas para integrar economias muitas vezes ocorrem em fases, e o primeiro acordo preferencial ameaça muito menos a perda de controle do que os estágios posteriores. Quatro tipos básicos de acordos econômicos regionais e formais são geralmente reconhecidos.

Área de livre-comércio

O esquema de integração mais comum é chamado de **área de livre-comércio** (*free-trade area* – **FTA**). Características: todos os membros do grupo eliminam tarifas dos produtos de cada um deles, ao mesmo tempo que cada membro mantém sua independência em estabelecer políticas comerciais com os não membros. Em outras palavras, os membros de uma FTA podem manter tarifas isoladas e outras barreiras comerciais sobre o "mundo externo". Supõe-se que esse esquema geralmente se aplica a todos os produtos dos países-membros, mas claramente envolve uma mistura de livre-comércio para alguns produtos e tratamento preferencial mas ainda protegido para outros. Possíveis questões: quando cada país-membro estabelece sua própria tarifa externa, os países não membros podem achar lucrativo exportar um produto ao país-membro com o nível mais baixo de proteção externa e então por meio dele, a outros países-membros cujos níveis de proteção contra o mundo externo são mais elevados. Sem **regras de origem** dos membros referentes ao país fonte de um produto, não há nada que impeça os países não membros de usar essa estratégia de **transbordo** para escapar das restrições comerciais nos países-membros mais altamente protegidos. A área de livre-comércio mais importante atualmente é, naturalmente, aquela que foi formada em 1994 pelo Canadá, pelo México e pelos Estados Unidos sob o **Tratado Norte-Americano de Livre-Comércio** (North American Free Trade Agreement – **NAFTA**) comentado mais adiante neste capítulo.

União aduaneira

O segundo nível de integração econômica é uma **união aduaneira**. Características: todas as tarifas são eliminadas entre os membros, e o grupo adota uma política comercial externa e comum para os não membros. Além disso, o grupo age como um só organismo na negociação de todos os acordos comerciais com os não membros. A existência da **tarifa externa comum** elimina a possibilidade de transbordo dos não membros. A união aduaneira está, portanto, mais adiantada no que diz respeito à integração econômica do que a FTA. Possíveis questões: os países-membros abrem mão da independência no estabelecimento de tarifas. Um exemplo de união aduaneira é o da Bélgica, da Holanda e de Luxemburgo (Benelux), que foi formado em 1947 e absorvido pela Comunidade Europeia em 1958.

Mercado comum

O terceiro nível de integração econômica é conhecido como **mercado comum**. Características: todas as tarifas podem ser eliminadas entre os membros *e* todas as barreiras aos movimentos de fatores entre os países-membros são eliminadas. A livre circulação de mão de obra e capital entre membros representa um nível mais alto de integração econômica e, ao mesmo tempo, uma redução adicional no controle nacional da economia isolada. Possíveis questões: os membros desistem da soberania na imigração e nos fluxos de capital. Além disso, a integração de fator demonstrou ser muito difícil. Os Tratados de Roma de 1957 estabeleceram um mercado comum dentro da **Comunidade Europeia (CE)**, que oficialmente começou em 1º de janeiro de 1958 e que se tornou a **União Europeia (UE)** em 1º de novembro de 1993. (A UE é mencionada mais adiante neste capítulo.)

União econômica

A mais completa das quatro formas é uma **união econômica**. Características: inclui todas as características de um mercado comum, mas também implica a unificação de instituições econômicas e coordenação de política econômica em todos os países-membros. Apesar de ainda existirem entidades políticas separadas, uma união econômica geralmente estabelece várias instituições supranacionais cujas decisões vinculam todos os membros. Quando uma união econômica adota uma moeda comum, ela se torna também uma **união monetária**. Possíveis questões: apesar de frequentemente se aspirar a esse nível de integração econômica, os países-membros sentem ser extremamente difícil desistir da soberania nacional que esse esquema requer. Desistir da autonomia em política monetária também é uma questão.

Portanto, há diversas e diferentes formas de integração econômica. As unidades de integração existentes apresentam uma grande variedade de características diferenciadas.

Os efeitos estáticos e dinâmicos da integração econômica

Efeitos estáticos da integração econômica

Integração econômica implica um tratamento diferenciado para os países-membros em oposição a países não membros. Como esse tipo de integração pode levar a mudanças no modelo de comércio entre membros e não membros, o impacto líquido sobre um país participante é, em geral, ambíguo e deve ser julgado com base em cada país isolado. A integração tanto representa um movimento dos países-membros para o livre mercado quanto pode levar ao desvio de comércio de uma fonte de não membros de mais baixo custo (que ainda enfrentam as tarifas externas do grupo) para uma fonte de país-membro (que não enfrenta mais quaisquer tarifas). Esses dois **efeitos estáticos da integração econômica**, o que significa que ocorrem diretamente sobre a formação do projeto de integração, são chamados **criação de comércio** e **desvio de comércio**. Esses termos

FIGURA 1   Criação de comércio e bem-estar

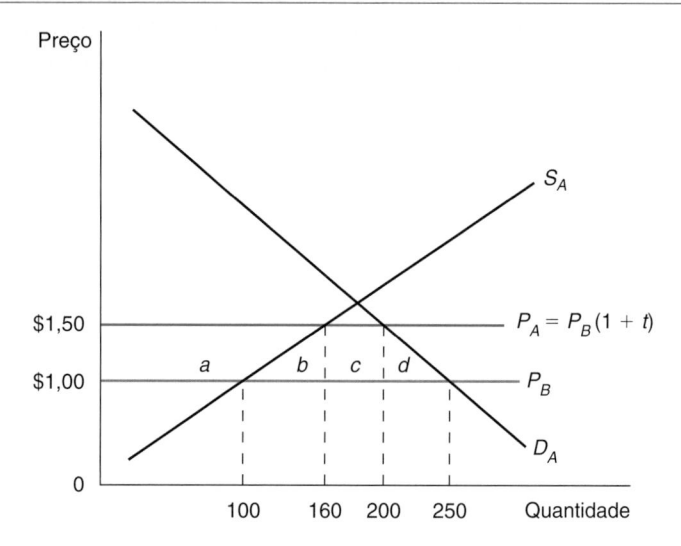

Antes da integração econômica, o preço da mercadoria no país A é $1,50 (= ao preço de $1,00 no país B mais a tarifa de 50%). Com a integração entre A e B, a tarifa é eliminada, e agora A importa 150 unidades (250 unidades − 100 unidades) e não 40 unidades (200 unidades menos 160 unidades) de B. Sessenta unidades (160 − 100) do aumento nas importações elimina a produção local anterior, e 50 unidades (250 − 200) refletem o maior consumo ao novo preço de $1,00 que os consumidores do país A deparam. O impacto líquido sobre o bem-estar é a soma das áreas b e d, ou $(1/2)(60)(\$0,50) + (1/2)(50)(\$0,50) = \$27,50$.

foram cunhados por Jacob Viner (1950), que definiu criação de comércio como ocorrendo sempre que a integração econômica leva a uma mudança na origem do produto de um produtor nacional, cujos custos de recursos são mais elevados, para um produtor membro cujos custos de recursos são mais baixos. Essa mudança representa um movimento na distribuição de recursos do livre-comércio e, portanto, é presumivelmente benéfica para o bem-estar. O desvio de comércio ocorre sempre que há uma mudança na origem de um produto de um produtor não membro cujos custos de recursos são mais baixos para um produtor de país-membro que tem seus custos de recursos mais elevados. Essa mudança representa um desvio da distribuição de recursos do livre-comércio e pode reduzir o bem-estar. Visto que tanto a criação de comércio quanto o desvio de comércio são claramente possíveis com a integração econômica, nós nos encontramos no mundo do **segundo melhor** porque a integração econômica representa somente um movimento parcial rumo ao livre-comércio. Se produz ou não um benefício líquido aos países participantes, esta é uma questão empírica.

Examinemos este problema de segundo melhor ("primeiro melhor" sendo o livre-comércio completo) e examinemos o impacto da integração econômica em um mercado para uma só mercadoria em um dos países-membros, o país A. Na Figura 1, D_A é a curva da demanda dos consumidores do país A para a mercadoria, e S_A é a curva de oferta dos produtores locais do país A. Vamos supor que o país A esteja importando a mercadoria do país B bem como produzindo-a internamente antes da formação da unidade de integração econômica (por exemplo, uma união aduaneira). Se o país A é um tomador de preço no mercado mundial a $1,00 por unidade do país B, e há uma tarifa de 50% sobre a mercadoria, o preço interno em A é $1,50,[1] a quantidade consumida é de 200 unidades e a quantidade fornecida internamente é de 160 unidades. A quantidade importada por A de B é 40 unidades. Quando a tarifa é eliminada

---

[1] Em toda a análise deste capítulo, pressupomos que não haja custo de transporte entre os parceiros comerciais.

No mundo real:

Unidades de integração econômica

A Tabela 1 relaciona alguns dos grupos econômicos regionais no mundo atualmente. As unidades diferem na extensão da integração desejada e no grau em que elas realmente realizaram a integração pretendida. Como você pode observar, um grande número das mais de 200 nações no mundo realizou projetos de integração econômica, e o impacto sobre o comércio pode ser importante. Por exemplo, a União Europeia compreende cerca de 40% do comércio mundial.

TABELA 1 — Unidades de integração econômica na economia mundial

Comunidade Andina de Nações (CAN)
- Bolívia
- Colômbia
- Equador
- Peru
- Venezuela

Conselho de Cooperação Árabe (ACC)
- Egito
- Iraque
- Jordânia
- Iêmen

União do Magrebe Árabe (AMU)
- Argélia
- Líbia
- Mauritânia
- Marrocos
- Tunísia

Associação de Nações do Sudeste Asiático (ASEAN)
- Brunei
- Camboja
- Indonésia
- Laos
- Malásia
- Mianmar (Burma)
- Filipinas
- Cingapura
- Tailândia
- Vietnã

União Econômica de Benelux (Benelux)
- Bélgica
- Luxemburgo
- Holanda

Comunidade do Caribe (CARICOM)
- Antígua e Barbuda
- Bahamas
- Barbados
- Belize
- Dominica
- Granada
- Guiana
- Haiti
- Jamaica
- Montserrat
- São Cristóvão e Neves
- Sta. Lúcia
- São Vincente e Granadinas
- Suriname
- Trinidad e Tobago

Mercado Comum da América Central (CACM)
- Costa Rica
- El Salvador
- Guatemala
- Honduras
- Nicarágua

Mercado Comum da África Oriental e Meridional (COMESA)
- Angola
- Burundi
- Comores
- República Democrática do Congo
- Djibouti
- Egito
- Eritreia
- Etiópia
- Quênia
- Líbia
- Madagáscar
- Maláui
- Ilhas Maurício
- Ruanda
- Seichelles
- Sudão
- Suazilândia
- Uganda
- Zâmbia
- Zimbábue

Comunidade Econômica dos Países da Região dos Grandes Lagos (CEPGL)
- Burundi
- Congo, República Democrática de Ruanda

Comunidade Econômica dos Estados da África Ocidental (ECOWAS)
- Benin
- Burquina-Fasso
- Cabo Verde
- Costa do Marfim
- Gâmbia
- Gana
- Guiné
- Guiné-Bissau
- Libéria
- Mali
- Mauritânia
- Níger
- Nigéria
- Senegal
- Serra Leoa
- Togo

Associação Europeia de Livre-Comércio (EFTA)
- Islândia
- Liechtenstein
- Noruega
- Suíça

União Europeia (UE)
- Áustria
- Bélgica
- Bulgária
- Chipre
- República Tcheca
- Dinamarca
- Estônia
- Finlândia
- França
- Alemanha
- Grécia
- Hungria
- Irlanda
- Itália
- Letônia
- Lituânia
- Luxemburgo
- Malta
- Holanda
- Polônia
- Portugal
- Romênia
- Eslováquia
- Eslovênia
- Espanha
- Suécia
- Reino Unido

Associação de Integração Latino-Americana (LAIA)
- Argentina
- Bolívia
- Brasil
- Chile
- Colômbia
- Cuba
- Equador

(continua)

NO MUNDO REAL: (continuação)

México
Paraguai
Peru
Uruguai
Venezuela

Comunidade Econômica e Monetária da África Central (CEMAC)
Camarões
República Central Africana
Chade
República do Congo
Guiné Equatorial
Gabão

Tratado Norte-Americano de Livre-Comércio (NAFTA)
Canadá
México
Estados Unidos

Associação Sul-Asiática para Cooperação Regional (SAARC)
Bangladesh
Butão
Índia
Ilhas Maldivas
Nepal

Paquistão
Sri Lanka

União Aduaneira da África Setentrional (SACU)
Botswana
Lesoto
Namíbia
África do Sul
Suazilândia

Mercado Comum do Cone Sul (MERCOSUL)
Argentina
Brasil

Paraguai
Uruguai
Venezuela

União Econômica e Monetária da África Ocidental (WAEMU)
Benin
Burquina-Fasso
Costa do Marfim
Guiné-Bissau
Mali
Níger
Senegal
Togo

Fonte: Central Intelligence Agency, *The World Factbook 2007* (Washington, DC: CIA, 2007), extraído de www.odci.gov.

NO MUNDO REAL:

CRIAÇÃO DE COMÉRCIO E DESVIO DE COMÉRCIO NAS PRIMEIRAS ETAPAS DA INTEGRAÇÃO ECONÔMICA EUROPEIA

Houve inúmeras tentativas de avaliar a criação de comércio e o desvio de comércio no mundo real. Muitas delas trataram da Comunidade Europeia (CE) ou do "Mercado Comum Europeu" como foi tradicionalmente chamado. É difícil fazer estimativas porque os pesquisadores estão comparando os fluxos de comércio reais com fluxos de comércio que hipoteticamente teriam existido sem a integração.

Bela Balassa era um pioneiro em fazer estimativas de criação-desvio. Sua abordagem (Balassa 1974) utiliza o conceito de **elasticidade-renda de demanda de importação** *ex post* **(YEM)** – a mudança de porcentagem média anual em importações observadas, dividida pela mudança de porcentagem média anual no PNB observado, sendo ambas as mudanças avaliadas a preços constantes (isto é, ajustados pela inflação). Para Balassa, depois que ocorre a integração, (*a*) um *aumento* no YEM para importações *de países-membros* (importações intra-área) é denotar como criação de comércio bruto, ou aumento de importações dos parceiros quer este novo comércio represente ou não o deslocamento de produtos nacionais ou deslocamento da produção do mundo externo; (*b*) desvio de comércio é indicado por uma *queda* no YEM para importações *do mundo externo* (importações extra-área); e (*c*) desvio de comércio é indicado por um *aumento* no YEM para importações *de todas as fontes* (parceiros e mundo externo). Um aumento no último YEM sugere que a formação da unidade de integração tornou a Comunidade Europeia mais receptiva a importações no total, significando que houve um relativo afastamento da produção nacional. A fim de fundamentar o uso de todos os YEMs, existe a importante pressuposição de que todos os YEMs teriam permanecido constantes se a formação da unidade de integração econômica não tivesse ocorrido.

A Tabela 2 apresenta os resultados de Balassa, comparando os YEMs antes que a Comunidade Europeia entrasse em vigor (1953-1959) com aqueles aproximadamente da primeira década da Comunidade Europeia (1959-1970). É claro que houve substancial criação de comércio bruto global, uma vez que o YEM para as importações intra-área aumentou de 2,4 para 2,7. Isso significa que, antes da integração, cada aumento de 1% no PNB rendia um aumento de 2,4% em importações intra-área, mas depois da integração cada 1% de aumento no PNB produziu um aumento de 2,7% nessas importações. Aumentos acentuados neste YEM ocorreram em combustíveis (de 1,1 a 1,6, um aumento de quase 50%), produtos químicos, maquinário e equipamentos de transporte (todos com aumento acima de 20%). Não houve desvio de comércio global porque o total de YEM para importações extra-área permaneceu em 1,6. Entretanto, o desvio ocorreu nos

No mundo real:

alimentos não tropicais, bebidas não alcoólicas e fumo; produtos químicos; e outras mercadorias manufaturadas. A queda no alimento não tropical, bebidas não alcoólicas e fumo refletiu a adoção de restrições de importação no mundo externo com relação à política comum de agricultura da Comunidade Europeia. Finalmente, a criação de comércio global propriamente dita de cerca de 10% ocorreu por causa de um aumento no YEM para as importações totais de 1,8 a 2,0. Os principais aumentos ocorreram nos combustíveis, maquinário e equipamentos de transporte.

Deve-se salientar que essas estimativas envolvem mais do que os efeitos estáticos comentados no texto. As medidas nesta tabela podem se movimentar em direções inesperadas (tais como um aumento no YEM para importações extra-área e uma queda no YEM para importações intra-área) por causa de efeitos dinâmicos como o aumento no crescimento econômico e mudanças nos gostos, ou por não se admitir uma mudança nos YEMs que teria ocorrido mesmo sem integração. Finalmente, essas estimativas não se ocupam diretamente de impactos sobre o bem-estar da formação da Comunidade Europeia. Entretanto, elas sugerem fortemente que o bem-estar cresceu na Comunidade Europeia com a integração econômica.

TABELA 2 — Elasticidades-renda da demanda de importação *Ex Post* (YEMs), Comunidade Europeia, 1953-1959 e 1959-1970

	YEMs, 1953-1959	YEMs, 1959-1970
Importações intra-área (criação de comércio bruta):		
Produtos químicos	3,0	3,7
Combustíveis	1,1	1,6
Maquinário	2,1	2,8
Alimentos não tropicais, bebidas não alcoólicas e fumo	2,5	2,5
Matérias-primas	1,9	1,8
Equipamento de transporte	2,9	3,5
Outras mercadorias manufaturadas	2,8	2,7
Total das categorias acima	2,4	2,7
Importações extra-área (desvio de comércio):		
Produtos químicos	3,0	2,6
Combustíveis	1,8	2,1
Maquinário	0,9	2,4
Alimentos não tropicais, bebidas não alcoólicas e fumo	1,4	1,0
Matérias-primas	1,0	1,0
Equipamento de transporte	2,2	2,5
Outras mercadorias manufaturadas	2,5	2,1
Total das mercadorias acima	1,6	1,6
Total de importações (criação de comércio propriamente dita):		
Produtos químicos	3,0	3,2
Combustíveis	1,6	2,0
Maquinário	1,5	2,6
Alimentos não tropicais, bebidas não alcoólicas e fumo	1,7	1,5
Matérias-primas	1,1	1,1
Equipamento de transporte	2,6	3,2
Outras mercadorias manufaturadas	2,6	2,5
Total das categorias acima	1,8	2,0

Fonte: Bela Balassa, "Trade Creation and Trade Diversion in the European Common Market: An Appraisal of the Evidence," *The Manchester School of Economic and Social Studies* 42, n. 2 (jun. 1974), p. 97.

sobre a mercadoria do país B por causa do acordo, o preço da mercadoria em A cai para $1,00, a quantidade consumida aumenta para 250, a quantidade produzida localmente cai para 100 e a quantidade importada aumenta para 150 (= 250 − 100).

Esta é uma união de criação de comércio na percepção de Viner porque 60 unidades (160 − 100) foram trocadas da produção nacional do país A para a produção de custo mais baixo em B. Além da troca na fonte de produção, os consumidores ganham por causa da maior quantidade consumida. (Viner desconsiderou o efeito no consumo.) O impacto de bem-estar sobre o país A é claramente positivo. Os consumidores receberam excedente do consumidor adicional de áreas $a + b + c + d$. Deste montante, a é uma transferência do excedente do produtor proveniente dos fornecedores do país A, enquanto c anteriormente era receita de tarifa e agora agrega aos consumidores de A. Portanto, o ganho líquido de bem-estar para o país consiste nas áreas $b + d$. Em termos do exemplo, $b = (1/2)(60 \text{ unidades})(\$0,50/\text{unidade}) = \$15,00$, enquanto $d = (1/2)(50 \text{ unidades})(\$0,50/\text{unidade}) = \$12,50$. O país A como um todo aumentou seu bem-estar em $\$15,00 + \$12,50 = \$27,50$. O efeito é inequívoco porque essa criação de comércio representa um movimento em direção à vantagem comparativa.

A ambiguidade no que diz respeito ao efeito de bem-estar da integração econômica aumenta quando ocorre desvio de comércio. Essa possibilidade é demonstrada na análise do equilíbrio parcial na Figura 2. Vamos supor que estejamos examinando três países – A, B, e C. Consideremos A o país doméstico, B o parceiro potencial da união, e C o país não membro. O custo de produção em C é $1,00 e o custo em B é $1,20, porém o preço do produto no país doméstico A é $1,50 porque A tem uma tarifa de 50% em vigor. Neste exemplo, o país A comprará do país C uma vez que o preço de C, incluindo a tarifa, é mais baixo do que o preço incluindo a tarifa do país B, que é igual a $1,20 + 50\% (\$1,20)$, ou $1,80 (não mostrado na Figura 2). Suponhamos agora que o país A forme uma união aduaneira com o país B e retire sua proteção contra a mercadoria de B como parte do acordo de integração, enquanto mantém sua proteção em relação ao país C.

FIGURA 2   Desvio de comércio e bem-estar

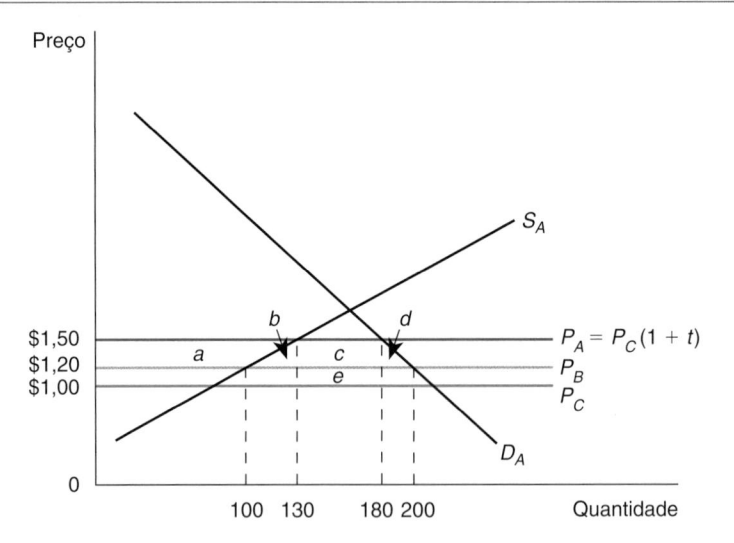

Antes da união com o país B, o país A tem uma tarifa de 50% sobre importações da mercadoria. Portanto, o preço incluindo tarifa do país C no mercado de A é $1,50, e o preço incluindo tarifa de B é $1,80 (não mostrado). Antes da união, A importa 50 unidades (180 unidades − 130 unidades) de C. Quando a união é formada com B, o país A importa 100 unidades (200 − 100), todas originadas do parceiro B, que não mais enfrenta uma tarifa. A mudança de bem-estar líquida para A é a diferença entre as áreas $b + d$ (um efeito positivo por causa do preço mais baixo em A) e a área e (um efeito negativo por causa da receita de tarifa perdida por A que não é capturada pelos consumidores de A). Nesse exemplo, o bem-estar é reduzido, uma vez que $b + d = (1/2)(30)(\$0,30) + (1/2)(20)(\$0,30) = \$4,50 + \$3,00 = \$7,50$, enquanto $e = (50)(\$0,20) = \$10,00$.

O país A pode agora comprar o produto por $1,20 do país B, em comparação com o preço incluindo a tarifa de $1,50 de C. Mesmo que C seja ainda o fornecedor de baixo custo em termos de custos de recursos reais, C não é mais competitivo no mercado de A por causa do tratamento preferencial de A em relação ao país B. Consequentemente, o país A troca de C para B como fonte desse produto. O impacto em A é reduzir o preço nacional de $1,50 para $1,20, uma mudança que produz um ganho no bem-estar igual aos dois triângulos de peso morto b e d.

Entretanto, o ganho de bem-estar nas áreas b e d não é o efeito total do bem-estar. Visto que o país A agora importa do país B e não cobra tarifa, o governo em A não mais recebe qualquer receita. A receita que era anteriormente cobrada era igual à diferença entre o preço do fornecimento de baixo custo ($1,00) no país C e o preço nacional anterior ($1,50) para cada unidade importada. O valor dessa receita é igual à área dos retângulos c e e. O retângulo c reflete aquela parte da receita do governo perdida depois da integração, que é transferida para os consumidores nacionais por meio da redução no preço nacional. O retângulo e representa a diferença no custo entre a fonte não membro e a nova fonte membro de custo mais elevado, e como tal é o custo do movimento para o produtor menos eficiente em termos de receita perdida do governo. O efeito líquido da integração econômica entre o país A e o país B neste caso depende da soma ($b + d - e$). Não se tem certeza de que a soma de $b + d$ será maior do que a área e.

Nos termos de Viner, a área e representa a diferença no custo por unidade entre o país B e o país C ($1,20 - $1,00 = $0,20) vezes o valor de comércio desviado – as 50 unidades originais (180 unidades − 130 unidades). O desvio de comércio tem um valor de ($0,20)(50) = $10,00. As áreas b e d novamente representam o ganho de excedente do consumidor que não é uma transferência proveniente dos produtores nacionais e do governo. A área b é realmente um efeito de criação de comércio (melhora de eficiência) porque 30 unidades da mercadoria (130 unidades − 100 unidades) são agora produzidas a um custo mais baixo no país B do que eram no país A. Este efeito tem um valor de (1/2)(30)($0,30) = $4,50. A área d representa o ganho restante do excedente do consumidor proveniente do preço mais baixo aos consumidores do país A, e é igual a (1/2)(20 = 200 − 180)($0,30) = $3,00. Consequentemente, o efeito líquido de integração entre A e B neste mercado é uma perda de $2,50 ($4,50 + $3,00 − $10,00). Se a união aduaneira envolve algum desvio de comércio, certamente é possível que o bem-estar possa ser reduzido para o país A. Essa conclusão também pode ser derivada num contexto de equilíbrio geral com a FPP e as curvas de indiferença da comunidade. (Veja o Quadro Conceitual 1.)

Conclusões gerais sobre criação/desvio de comércio

Podemos chegar a quatro conclusões gerais no que diz respeito a criação/desvio de comércio: (1) quanto mais próximo o preço do país do parceiro se aproxima do preço mundial a baixo custo, mais provavelmente o efeito de integração sobre o mercado em questão será positivo. (2) O efeito da integração será mais provavelmente positivo quanto maior a tarifa inicial, pois as áreas b e d serão maiores. (No caso extremo, se a tarifa fosse inicialmente proibitiva de modo que as importações do país A fossem zero, não haveria nenhuma perda no bem-estar proveniente do desvio de comércio.) (3) Quanto mais elásticas as curvas de oferta e demanda, maior a resposta de quantidade tanto dos consumidores quanto dos produtores; portanto, maiores serão b e d. (4) A integração é provavelmente mais benéfica quando há um maior número de países participantes, porque há um menor grupo de países dos quais o comércio pode ser desviado. (O caso extremo ocorre quando todos os países no mundo adotam a integração, porque não pode haver desvio de comércio.)

Além dos efeitos de criação/desvio, há outros efeitos estáticos e mais institucionais de integração econômica que podem acompanhar a formação de uma união. Primeiro, a integração econômica pode levar a economias administrativas pela eliminação da necessidade de os membros do governo monitorarem as mercadorias e os serviços de parceiros que atravessam as fronteiras. Fazer vigilância o tempo todo em todos os pontos de passagem pode ter um custo alto. Segundo, o tamanho econômico da união pode possibilitar que ela melhore seus termos de comércio coletivo *vis-à-vis* do resto do mundo se comparados com os termos médios anteriormente obtidos pelos

QUADRO CONCEITUAL 1
DESVIO DE COMÉRCIO NO EQUILÍBRIO GERAL

O impacto do desvio de comércio da integração na abordagem gráfica de equilíbrio geral de dois tipos de mercadorias é apresentado na Figura 3. Começamos com o país já protegendo sua mercadoria de importação e consumindo na curva de indiferença IC_t no ponto b. [Preços no livre-comércio $(P_w/P_a)_{ft}$ são mostrados com o objetivo de oferecer um ponto básico de referência; o consumo com o livre-comércio estaria no ponto a sobre a curva de indiferença IC_{ft}.] Se esse país agora forma uma união aduaneira com um país que não pode produzir automóveis tão barato quanto refletido em $(P_w/P_a)_{ft}$, a integração econômica levará a termos de comércio na união que são maiores do que os preços nacionais distorcidos pela tarifa $(P_w/P_a)_d$, porém menores do que $(P_w/P_a)_{ft}$. Se os preços no novo país parceiro, $(P_w/P_a)_{u1}$, por exemplo, são suficientemente próximos dos preços mundiais, a formação da união gera uma fronteira de possibilidades de consumo que permite que os consumidores atinjam o ponto c numa curva de indiferença maior, tal como IC_{u1}. Se os preços no novo país parceiro não envolvem preços suficientemente baixos de automóveis, por exemplo, $(P_w/P_a)_{u2}$, os consumidores podem ficar restritos a uma nova linha de possibilidades de consumo que os deixa em pior situação (tal como no ponto FIC_{u2}). Consequentemente, outra vez vemos que o efeito de bem-estar estático da integração econômica que envolve o desvio de comércio é ambíguo. Somente examinando um país específico e determinando a extensão na qual os efeitos de desvio de comércio compensam os ganhos provenientes do movimento parcial rumo ao livre-comércio é que pode-se chegar a uma conclusão sobre o efeito da integração.

FIGURA 3 Desvio de comércio no equilíbrio geral

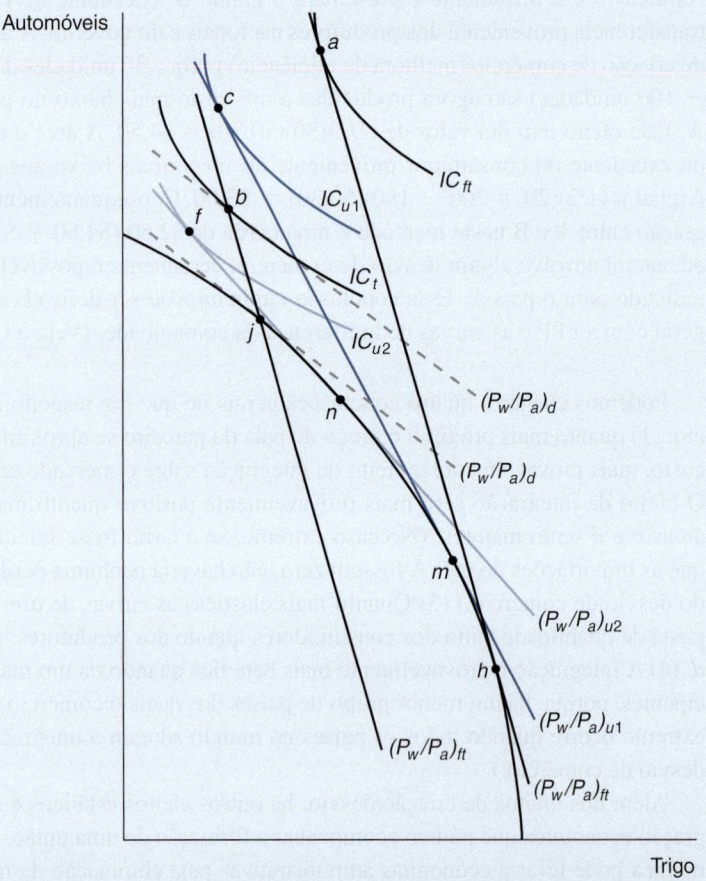

Com o livre-comércio, o país produz no ponto h e consome no ponto a na curva de indiferença IC_{ft}. Com uma tarifa em vigor sobre todas as importações de automóveis, a produção está no ponto j e o consumo está no ponto b em IC_t. Se uma união de desvio de comércio é formada de modo que os preços do parceiro da união sejam $(P_w/P_a)_{u1}$, a produção ocorre no ponto m e o consumo ocorre no ponto c sobre a curva de indiferença IC_{u1}. Visto que IC_{u1} representa um nível mais elevado de bem-estar do que IC_t, o país ganhou. Entretanto, se os preços do parceiro da união são $(P_w/P_a)_{u2}$ em vez de $(P_w/P_a)_{u1}$, a produção ocorre no ponto n e o consumo ocorre no ponto f sobre a curva de indiferença IC_{u2}. Visto que IC_{u2} representa um nível mais baixo de consumo do que IC_t, o bem-estar cai com a formação da união.

países-membros isolados. Por fim, os países-membros terão maior poder de barganha nas negociações comerciais com o resto do mundo do que teriam se negociassem por conta própria.

REVISÃO DE CONCEITO	1. Por que a formação de um projeto de integração econômica é considerada como uma situação de segunda qualidade? 2. Na Figura 2, qual seria o impacto sobre o bem-estar da união no país A se o parceiro fosse o país C em vez do país B? Explique.	3. Por que há um incentivo para transbordo numa área de livre-comércio, mas não numa união aduaneira ou mercado comum?

Efeitos dinâmicos da integração econômica

Além dos efeitos estáticos da integração econômica, é provável que a estrutura econômica e o desempenho dos países participantes possam evoluir diferentemente do que no caso de eles não terem se integrado economicamente. Os fatores que fazem com que isso ocorra são os **efeitos dinâmicos da integração econômica**. Por exemplo, a redução nas barreiras comerciais conduz a um ambiente mais competitivo e possivelmente reduz o grau de poder de monopólio que havia antes da integração. Além disso, o acesso aos mercados maiores da união pode fazer com que economias de escala sejam realizadas com determinadas mercadorias de exportação. Essas economias de escala podem trazer resultados internos para a empresa exportadora em um país participante à medida que se torne maior, ou podem resultar em uma diminuição de custos de produtos devido às mudanças econômicas externas à empresa. Em qualquer um dos casos, elas são iniciadas rapidamente por causa da expansão do mercado ocasionada pelo ingresso na união. A realização de economias de escala pode também envolver especialização em determinados tipos de uma mercadoria e, consequentemente (como foi observado na Comunidade Europeia), o comércio pode, cada vez mais se tornar um comércio intraindustrial e não interindustrial. (Veja o Capítulo 10 para um comentário sobre comércio intraindustrial).

É também possível que a integração estimule maior investimento nos países-membros tanto de fontes internas quanto de estrangeiras. Por exemplo, ocorreu investimento maciço dos Estados Unidos na Comunidade Europeia nos anos 1960. O investimento pode resultar de mudanças estruturais, economias internas e externas e aumentos esperados na renda e na demanda. Argumenta-se ainda que a integração estimula o investimento pela redução do risco e da incerteza por causa do grande mercado econômico e geográfico agora aberto aos produtores. Além disso, os estrangeiros podem querer investir em capacidade produtiva em um país-membro a fim de evitar serem excluídos da união por causa de restrições comerciais e aumento da tarifa externa comum.

Por fim, a integração econômica no âmbito do mercado comum pode levar a benefícios dinâmicos provenientes do aumento da mobilidade de fator. Se tanto o capital quanto a mão de obra tiverem aumento de capacidade para se movimentar de áreas de excedente para áreas de escassez, o resultado será um aumento da eficiência econômica e as rendas de fator correspondente mais elevadas na área integrada.

Resumo da integração econômica

Vamos resumir de maneira breve as condições sob as quais *a integração econômica mais provavelmente terá efeitos benéficos globais*. Quanto maior o nível de tarifas antes da união e menor a tarifa externa comum, mais probabilidade haverá de os efeitos líquidos serem positivos. Seguindo essa mesma linha, quanto mais elásticos forem a oferta e a demanda nos países-membros, maior probabilidade haverá de os resultados líquidos serem positivos. Os efeitos líquidos positivos provavelmente serão maiores quanto maior for o número de países participantes e maior o tamanho econômico do grupo. Além disso, quanto maior a facilidade de trocar de uma fonte nacional de custo mais elevado para uma fonte de membro de custo mais baixo, maiores as diferenças de custo por unidade antes da união entre as duas fontes, e quanto maior o escopo de se ter economias de escala e atrair investimento estrangeiro, maiores os ganhos potenciais provenientes da integração. Por fim, se forem considerados os custos de transporte, quanto mais próximos geograficamente estiverem os países-membros, mais provavelmente haverá ganhos estáticos e dinâmicos provenientes da integração.

Com todas as possíveis maneiras de ganhar pela integração, parece lógico perguntar por que a integração econômica muitas vezes falhou. Nos concentramos nas consequências econômicas da integração num país representativo e ignoraremos dois importantes aspectos. *O primeiro está relacionado à distribuição de benefícios entre os países-membros, e o segundo ao aspecto de soberania nacional.* Nossa análise estática assinalou os efeitos da distribuição interna sobre os consumidores e produtores, mas nada foi dito sobre a distribuição de benefícios entre os países-membros. Esse aspecto foi um empecilho ao se colocar esquemas de integração em vigor, pois a integração econômica frequentemente foi vista como um jogo de soma zero pelos membros potenciais. Cada país quer ter acesso aos mercados dos outros países, mas frequentemente não quer dar acesso ao seu próprio país. O problema de distribuição foi acentuado pela relutância dos países isolados de desistir do controle de suas economias, como é exigido no ingresso em um plano de integração econômica.

Não é surpresa o fato de que os esquemas de integração econômica tiveram um histórico irregular no que diz respeito a uma estratégia de política econômica. Isso é particularmente verdadeiro historicamente nos países em desenvolvimento onde os experimentos de integração, tais como o Mercado Comum Africano Oriental, falharam. Nos casos dos países em desenvolvimento, não encontramos apenas problemas de distribuição por país e de soberania, mas os ganhos potenciais nem sempre são óbvios porque os países-membros potenciais frequentemente comercializam pouco uns com os outros e não são muito grandes economicamente. Suas respectivas economias algumas vezes produzem mercadorias diferentes (não similares) destinadas aos mercados de países industrializados. Finalmente, suas curvas de demanda e oferta internas parecem ser menos elásticas do que aquelas em mercados similares nos países industrializados. Consequentemente, os ganhos estáticos não parecem grandes e o sucesso do esquema de integração econômica repousa na realização de ganhos dinâmicos resultantes do aumento de investimento e dos novos setores criados para atender ao mercado de um grupo maior. Isso, naturalmente, conduz a controvérsias sobre localização de novos setores e distribuição dos benefícios de mudança estrutural entre os países-membros. Consequentemente, ainda que a integração econômica ofereça vantagens de mercados maiores e possíveis economias de escala a países em desenvolvimento, a capacidade de tirar vantagem desses efeitos de desenvolvimento dinâmico depende da disposição dos países em abrir mão de algum controle econômico nacional e resolver o problema básico de como distribuir os benefícios entre os países-membros.

União Europeia

História e estrutura

Com esse histórico conceitual, agora nos voltamos para a unidade de integração mais ambiciosa e mais bem-conhecida na economia mundial – a Comunidade Europeia (CE), que, desde novembro de 1993, é oficialmente chamada de União Europeia. A formação dessa unidade[2] começou formalmente em 1951, quando o Tratado de Paris foi assinado pela Bélgica, França, Alemanha Ocidental, Itália, Luxemburgo e Holanda. Esse tratado estabeleceu a Comunidade Europeia do Carvão e do Aço para a coordenação da produção, distribuição e outros assuntos referentes a esses dois setores da indústria nos seis países, que então avançaram muito mais na cooperação assinando dois Tratados de Roma em 1957; um tratado estabeleceu a Comunidade Econômica Europeia (CEE) e o outro formou a Comissão de Energia Atômica Europeia (Euratom) para pesquisa, cooperação e gerenciamento conjunto nesse campo. Os dois tratados entraram em vigor em 1º de janeiro de 1958, e, com o Tratado de Paris anterior, tornaram-se a constituição da Comunidade Europeia.

---

[2] Veja Gary Clyde Hufbauer, "An Overview," *in* Hufbauer (1990), p. 1-64.

No mundo real:
A Comunidade Africana Oriental

Em 1967, países africanos orientais como Quênia, Tanzânia e Uganda estabeleceram a Comunidade Africana Oriental (East African Community – EAC). A EAC representou um passo à frente em direção a uma considerável integração. O acordo possibilitador, o Tratado para Cooperação Africana Ocidental, criou o Mercado Comum Africano Oriental (East African Common Market – EACM) com uma tarifa externa comum, livre-comércio entre os membros, harmonização de políticas fiscais e monetárias, taxas fixas de câmbio e coordenação de esforços de planejamento e desenvolvimento. Entretanto, a EACM não permitiu a livre circulação de mão de obra e capital e não estendeu os dispositivos de livre-comércio a produtos agrícolas. Além disso, uma taxa de transferência foi implementada em determinados comércios entre membros para proteger os menos industrializados Tanzânia e Uganda do mais industrializado Quênia.

O tratado também estabeleceu o Banco de Desenvolvimento Africano Oriental (com contribuições iguais de cada um dos três membros) para distribuir recursos de investimento entre os países. Além disso, organizações de serviço comum operavam ferrovias, portos, telecomunicações e rotas aéreas. A fiscalização de todas as atividades era da Autoridade Africana Oriental, um conselho formado pelos presidentes dos três países – Kenyatta do Quênia, Nyerere da Tanzânia e Obote de Uganda – sendo que era exigida a unanimidade nas decisões.

Os três países cooperavam entre si desde o tempo em que eram governados como colônias britânicas. Quênia e Uganda formaram uma união aduaneira em 1917 e Tanganica (como Tanzânia era conhecida antes da inclusão de Zanzibar) ingressou em 1923. Havia um imposto de renda comum e o fornecimento conjunto de alguns serviços, e uma moeda comum (o shilling africano oriental) vigorou de 1936 até meados de 1960. Pensou-se que, com a obtenção da independência no início dos anos de 1960, a nova Comunidade Africana Oriental de estados soberanos seria uma grande promessa.

Entretanto, a radiante promessa da EAC logo enfraqueceu. Tornou-se evidente que os ganhos provenientes da integração eram distribuídos desigualmente. Quênia cresceu mais rapidamente do que os outros dois parceiros. Seu crescimento médio do PIB real anual foi de 7,5% de 1967 a 1977, enquanto o da Tanzânia foi de 6,3% e o de Uganda 2,0% (Eken 1979, p. 39). Além disso, novas empresas se estabeleceram no Quênia por causa de suas bases industriais melhores. Os fundos do Banco de Desenvolvimento Africano Oriental foram também distribuídos desproporcionalmente ao Quênia se comparado com a distribuição que estava planejada. Além disso, o desvio do comércio no que diz respeito aos produtos do Quênia representou que Tanzânia e Uganda estavam perdendo muito com a união, porque um valor considerável de receita de tarifa (uma importante fonte de financiamento do governo) foi abandonado. Sugeriu-se (Eken 1979, p. 39) que a união não poderia realmente "criar" comércio entre Tanzânia e Uganda porque as tarifas anteriores não eram um fator que inibia o comércio entre eles. Ambos os países se especializaram nos mesmos produtos primários que eram altamente dependentes do comércio com países desenvolvidos; as exportações para os países desenvolvidos compreendiam 90% das exportações totais tanto da Tanzânia quanto de Uganda. Finalmente, Tanzânia e Uganda tinham cada um grandes déficits comerciais intraunião com o Quênia por causa de sua vultosa importação de produtos manufaturados.

Fatores políticos e ideológicos também causaram dificuldade. A Autoridade Africana Oriental nunca se reuniu depois de 1971 porque Julius Nyerere se recusou a negociar com o novo presidente de Uganda, General Idi Amin, que tomou o poder de Milton Obote. Amin também estava descontente com o fato de a Tanzânia ter oferecido um porto seguro a Obote. Ideologicamente, a Tanzânia estava tentando criar um estado socialista e lamentou a forte tendência do Quênia ao capitalismo. A ênfase do Quênia sobre o mercado também contribuiu para que o país recebesse a maior parte do investimento do mundo externo, o que exacerbou o problema de distribuição de benefícios.

Com todas essas dificuldades políticas, ideológicas e econômicas, a Comunidade Africana Oriental entrou em colapso em 1977, depois de vários anos de acontecimentos desagregadores (por exemplo, a expulsão de cidadãos dos outros países-membros, imposição de câmbio e controles de importação). O experimento de integração, que tinha sido tão promissor, foi encerrado depois de 10 anos de operação. Mais tarde, na década de 1990 e ainda atualmente, os países são novamente membros de grupos comerciais, tanto entre eles mesmos quanto com outros países, mas os acordos coincidentes nem sempre foram consistentes uns com os outros, e pouco sucesso foi alcançado.

Fontes: "Combustious Community". *The Economist,* 20 set. 1975, p. 64, 66; Sena Eken, "Breakup of the East African Community," *Finance and Development* 16, n. 4 (dez. 1979), p. 36-40; Arthur Hazlewood. "The End of the East African Community: What Are the Lessons for Regional Integration Schemes?" *Journal of Common Market Studies* 18, n. 1 (set. 1979), p. 40-58; Joseph Kakoza, "The Common External Tariff and Development in the East African Community," *Finance and Development* 9, n. 1 (mar. 1972), p. 22-29; "Three Fall Out," *The Economist,* 4 jan. 1975, p. 38-39; Robert Sharer, "Trade: An Engine of Growth for Africa," *Finance and Development* 36, n. 4 (dez. 1999), p. 26-29.

Em última instância, o objetivo era a formação "de um mercado integrado para a livre circulação de mercadorias, serviços, capital e pessoas. Estes são conhecidos como as 'quatro liberdades'... ".[3] A Comunidade Europeia subsequentemente se expandiu de 6 para 15 países com a inclusão de Dinamarca, Irlanda e Reino Unido em 1973, Grécia em 1981, Portugal e Espanha em 1986, e Áustria, Finlândia e Suécia em 1995. Em sufrágio de 19 de abril de 2003, o Parlamento Europeu votou pela aceitação de tratados de adesão de Chipre, República Tcheca, Estônia, Hungria, Letônia, Lituânia, Malta, Polônia, Eslováquia e Eslovênia, em 2004. Em 1º de janeiro de 2007, a Bulgária e a Romênia ingressaram na Comunidade Europeia, totalizando 27 nações.

Para facilitar a obtenção do objetivo maior e obter maior coesão política, várias instituições supranacionais foram estabelecidas. A Comissão Europeia, a organização executiva, tem a seu cargo a implementação dos tratados e da liderança geral. O Conselho de Ministros é a unidade de tomada de decisão em assuntos da comunidade. O Conselho Europeu, composto de líderes políticos de cada país-membro, estabelece diretrizes de política. O Parlamento Europeu é eleito por votantes nos países-membros (com um número determinado de cadeiras distribuídas para cada país) e faz propostas à Comissão. Por fim, a Corte de Justiça interpreta a constituição e resolve desentendimentos.

Crescimento e desapontamentos

A recém-formada Comunidade Europeia eliminou tarifas no comércio intra-CE e adotou a tarifa externa comum em julho de 1968. O comércio entre os estados-membros cresceu rapidamente em 1960, da mesma maneira que o comércio mundial em geral. Além disso, a taxa média de crescimento anual do PNB real para a comunidade como um todo, de 1961 a 1970, foi de 4,8%, e a taxa de crescimento do PNB per capita foi de 4,0%. Isso comparado com uma taxa de crescimento dos Estados Unidos de 3,8% para o PNB e 2,5% para o PNB per capita.[4] Muitos atribuíram esse desempenho expressivo de crescimento inicial ao estabelecimento da própria CE, apesar de alguns terem dúvida quanto a se esta era a causa. O crescimento expressivo também foi associado, durante o fim dos anos de 1960 e início dos anos de 1970, aos cortes de tarifa de 35% sob a Rodada Kennedy. De fato, a origem da Rodada Kennedy pode ser ligada à formação da CE. Membros do governo dos Estados Unidos visualizaram uma nova rodada de redução de tarifa como uma maneira de compensar uma parte da discriminação contra mercadorias dos Estados Unidos causada pela eliminação de tarifas dentro da CE e a consolidação da tarifa externa comum. A barganha EUA-CE dentro da rodada foi crucial para o sucesso das negociações.[5]

A experiência bem-sucedida do crescimento da CE nos anos de 1960 deu lugar a desapontamentos nos anos 1960 e 1980. As crises do petróleo de 1973 a 1974 e de 1979 a 1980, acompanhadas de períodos de recessão e inflação simultâneas, conduziram a um crescimento vagaroso e aumento de desemprego na Europa. O crescimento real do PNB anual da CE caiu para 1,4% durante o período de 1981 a 1985; em contraste, a taxa de crescimento real do PIB nos Estados Unidos de 1981 a 1985 foi de 2,3%, e o Japão cresceu a uma taxa de 3,7%.[6] Por causa dessas taxas de crescimento relativa e absolutamente baixas na CE e das taxas elevadas de desemprego europeias (algumas vezes acima de 10%), o termo **"euroesclerose"** foi cunhado.[7]

---

[3]Ibid., p. 1.

[4]Central Intelligence Agency, Directorate of Intelligence, *Handbook of Economic Statistics, 1990: A Reference Aid* (Washington, DC: CIA, 1990), p. 39-40.

[5]Veja Bela Belassa, *Trade Liberalization among Industrial Countries: Objectives and Alternatives* (Nova York: McGraw-Hill, 1967), p. 13; e Hufbauer, "An Overview", p. 3-4.

[6]Central Intelligence Agency, Directorate of Intelligence, *Handbook of International Economic Statistics 1992* (Washington, DC: CIA, 1992), p. 26-27.

[7]Hufbauer, "An Overview," p. 6. A criação do termo é tida como sendo de Herbert Giersch do Instituto Kiel da Alemanha.

CAPÍTULO 17   INTEGRAÇÃO ECONÔMICA

Completando o mercado interno

Desapontamentos econômicos e a percepção de uma Europa "perdendo terreno" para os Estados Unidos e Japão tornou-se uma preocupação para os membros da Comunidade. Alguns acreditavam que a contínua existência de barreiras internas para uma integração econômica mais completa dentro da própria Comunidade foi um importante atraso para um melhor desempenho europeu. Apesar de as tarifas terem sido eliminadas em 1968 no comércio intra-CE, vários obstáculos não tarifários ao livre-comércio permaneceram. Portanto, em 1985, a Comissão Europeia emitiu um documento de política, *Completing the Internal Market: White Paper from the Commission to the European Council,* para eliminar esses vários obstáculos e restrições. Essas barreiras internas consistiam essencialmente em:

(*i*) diferenças em regulamentos técnicos entre países, que impõem custos extras sobre o comércio intra-CE;

(*ii*) demoras nas fronteiras para fins de alfândega, e ônus administrativos relacionados para companhias e administrações públicas, que impõem custos adicionais sobre o comércio;

(*iii*) restrições sobre a competição para compras públicas por meio de licitações excludentes de outros fornecedores da Comunidade, que frequentemente resultam em custos exclusivamente altos de compra;

(*iv*) restrições sobre a liberdade de se envolver em determinadas transações de serviço ou se estabelecer em determinadas atividades de serviço em outros países da Comunidade. Isso diz respeito especialmente a serviços financeiros e de transporte, em que os custos de barreiras de entrada no mercado também parecem ser substanciais. (Emerson et al. 1988, p. 1.)

Os membros da Comunidade Europeia foram receptivos a esse apelo para completar a eliminação das barreiras internas, e, em fevereiro de 1986, o Conselho de Ministros adotou a **Lei Europeia Única** com o objetivo de implementar as várias recomendações. A data estabelecida para a eliminação de todas as restrições ao mercado interno foi 31 de dezembro de 1992 – o termo **EC92** foi criado para indicar o alvo para a integração completa da Comunidade. Havia 282 diretrizes diferentes para implementação,[8] e muitas (porém nem todas) foram executadas próximo ou logo em seguida do prazo final.

Perspectivas

Quais eram as consequências esperadas do aumento na integração econômica na União Europeia? A Comissão Europeia calculou que o PIB no médio prazo seria de 3,2 a 5,7% maior do que teria sido sem o aumento na integração econômica, sendo que muito do aumento vinha da liberalização de serviços financeiros e de efeitos do lado da demanda. Esses efeitos refletem fenômenos como realização de economia de escala, maiores eficiências ocasionadas pela elevada concorrência entre os produtores, e a redução de custos diretos devido a barreiras técnicas anteriores, tais como a falta de padronização de insumos do produto. Esperava-se que os preços ao consumidor seriam de 4,5 a 7,7% mais baixos do que de outra forma, e que o emprego subisse de 1,3 milhão a 2,3 milhões de cargos (Emerson et al. 1988, p. 208.). Entretanto, a situação imediata na CE no início dos anos de 1990 não era otimista. A recessão mundial de 1990 a 1991 atingiu duramente a CE, e o desempenho econômico foi fraco. O crescimento real do PIB na Comunidade Europeia foi de 1,7% em 1991, 1,2% em 1992, e 0,4% *negativo* em 1993. O crescimento então foi retomado e ficou em uma média de 1,7% a 3,0% ao ano até 1999. Em 2000, o PIB real da UE aumentou 3,9%, porém o crescimento caiu para 2,1% em 2001, 1,4% em 2002, 1,5% em 2003, 2,6% em 2004 e 1,9% em 2005. Entretanto, a taxa de desemprego ficou em média 10,8% de 1995 a 1997 antes de cair de maneira regular para 7,4% em 2001 e aumentar para 7,7% em 2002 e 8,2% em 2003. O número (somente na área do euro) foi 8,8% em 2004 e 8,6% em 2005. O desempenho da inflação da UE foi bom, com aumento do deflator do PIB caindo de maneira regular de 5,4% em 1991 a 1,94 em 1999, antes de aumentar para 1,5% em 2000, 2,4% em 2001, 2,6% em 2002, 2,3% em 2003, e 1,9% (na área do euro) tanto em 2004 quanto em 2005. (IMF, *World Economic Outlook*, várias edições.)

---

[8]Tony Horwitz, "Europe's Borders Fade, and People and Goods Can Move More Freely," *The Wall Street Journal*, 18 mai. 1993, p. A10.

Um passo muito importante dado no processo de integração europeu foi fazer os ajustes necessários para se movimentar em direção à meta da união monetária total em 1º de janeiro de 1999. Uma sequência de critérios macroeconômicos envolvendo assuntos como índice máximo de dívida pública sobre PIB e taxas de inflação, de câmbio e de juro toleráveis foi estabelecida para que as nações se habilitassem a participar. (Tratamos dos aspectos monetários da integração europeia em nossos capítulos sobre economia monetária internacional.) Em maio de 1998, o Conselho Europeu confirmou que 11 nações tinham preenchido os critérios necessários para adotar o euro em 1º de janeiro de 1999, que era também a data em que as taxas de câmbio das moedas participantes foram irrevogavelmente fixadas. A Grécia foi uma candidata tardia (junho de 2000) e foi incluída em 1º de janeiro de 2002, quando as novas notas e moedas em euro foram introduzidas como moeda comum europeia. Os 12 membros participantes eram Bélgica, Alemanha, Grécia, Espanha, França, Irlanda, Itália, Luxemburgo, Holanda, Áustria, Portugal e Finlândia. Dinamarca, Suécia e o Reino Unido são membros da União Europeia, mas não participam, até a data deste trabalho, da moeda única.[9]

Dez países europeus, a maioria da Europa Central e Oriental, ingressaram na UE em maio de 2004. Conforme assinalado anteriormente, os tratados de adesão foram aceitos pelo Parlamento Europeu em abril de 2003. Os parlamentos nacionais de todos os 15 estados-membros da UE aprovaram a expansão; além disso, cada país candidato votou pela associação à UE em um referendo. Todos os novos membros devem ser beneficiários líquidos dos fundos de ajuste estrutural da União Europeia e dos subsídios da Política Comum de Agricultura. As rendas menores per capita dos países que aderiram poderiam torná-los elegíveis ao nível mais alto de subsídios, e isso é bastante controverso porque pode resultar em redistribuição substancial de subsídios retirados dos atuais membros.[10] O custo do negócio para os estados atuais da União Europeia entre 2004 e 2006 gira em torno de 40,8 bilhões de euros, 15 bilhões dos quais ela receberá de volta como contribuições de orçamento dos novos membros.[11] A resistência à ampliação da UE foi anunciada em alguns dos países-membros atuais. O foco do debate tem sido há tempos centrado no fato de se a organização deveria se tornar "mais profunda" por meio de integração mais estreita dos seus membros existentes ou se deveria se tornar "mais ampla", aceitando novos membros. Em 1º de janeiro de 2007, a ampliação continuou. Bulgária e Romênia tornaram-se o 26º e o 27º membros da UE. No mesmo dia, a Eslovênia tornou-se a primeira nação da Europa Central e Oriental a se habilitar como participante do euro. A adesão desses novos membros cria uma "amplidão" sem precedentes em direção ao leste e transformará a UE em uma instituição totalmente diferente.

De um modo geral, a integração da Europa prosseguiu rapidamente em termos históricos desde sua formação pelos Tratados de Roma em 1957, e há muitos desafios a enfrentar no futuro. Ao observar o processo e as perspectivas futuras, é importante compreender que o aumento da integração da Europa envolve mais do que aspectos econômicos. Há implicações políticas em se estabelecer instituições supranacionais e sacrificar alguma autonomia e soberania dos estados-membros. Há também dimensões culturais e sociais associadas ao aumento de mobilidade de mão de obra e capital e as "quatro liberdades" declaradas na formação da CE. "Integração econômica" é realmente muito mais do que simplesmente "econômica", e a escala da integração já atingida nesse sentido mais amplo na Europa é expressiva.

---

[9]European Central Bank, *Background to the Euro,* www.euro.ecb.

[10]Rajendra K. Jain, "Eastward Enlargement of the European Union: Issues, Problems, and Challenges," apresentado em *The European Union in a Changing World,* set. 2001, Jawaharlal Nehru University, Nova Delhi, Índia.

[11]Radio Free Europe/Radio Liberty, *EU: Enlargement Approved for 2004,* www.rterl.org, 16 dez. 2002.

Desintegração econômica e transição na Europa Central e Oriental e na antiga União Soviética

Dois acontecimentos dramáticos recentes com implicações importantes para a economia mundial foram (1) o movimento difuso que começou no início de 1990 na Europa Central e Oriental para longe do socialismo e do planejamento central e em direção ao capitalismo e ao mercado, e (2) a dissolução das repúblicas socialistas da União das Repúblicas Socialistas Soviéticas (União Soviética) em 15 repúblicas independentes no final de 1991, acompanhada por um distanciamento do planejamento central e distribuição de recursos do governo em direção a economias de mercado descentralizadas. As causas precisas dessas mudanças serão discutidas durante anos e claramente envolvem dimensões políticas, sociológicas, psicológicas e religiosas, bem como aspectos econômicos. De qualquer modo, as taxas baixas de crescimento, taxas lentas de modernização e mudanças tecnológicas, e desempenho econômico geralmente fraco sob a velha ordem foram fatores importantes.

Conselho para Assistência Econômica Mútua

No comércio exterior, os países da Europa Central e Oriental e a União Soviética (com Cuba, Mongólia e Vietnã) tinham sido integrados por meio do Conselho para Assistência Econômica Mútua (Council for Mutual Economic Assistance – CMEA, frequentemente chamado Comecon). Esta era uma forma de integração econômica acentuadamente diferente dos outros tipos de unidades que estudamos neste capítulo.[12] O CMEA teve início em 1949 com o objetivo de promover cooperação econômica entre os países-membros como uma contraparte soviética do Plano Marshall. Na história do CMEA, a maioria do comércio entre seus membros era com outros membros. A Tabela 3 mostra que isso é verdadeiro na época das drásticas mudanças políticas e econômicas. Com exceção da Romênia, a porcentagem do comércio total dos países da Europa Central e Oriental com outros membros do CMEA em 1989 era elevada. Em 1990, a porcentagem de comércio total das 15 novas repúblicas independentes da antiga União Soviética umas com as outras indicou uma interdependência marcante entre elas. Além disso, visto que cerca de metade do comércio total da União Soviética unificada era com os países da Europa Central e Oriental no final do CAEM em 1991, os países do CAEM eram de fato um tanto independentes ou isolados do resto da economia mundial.

O comércio sob o CMEA, no qual a USSR fornecia principalmente matérias-primas à Europa Central e Oriental em troca de mercadorias manufaturadas, não era do tipo geral "livre-comércio entre parceiros" nas unidades típicas de integração econômica. Mais exatamente, o CMEA estabelecia regras para empreender acordos comerciais *bilaterais*. Além disso, em um acordo entre dois países, buscava-se o comércio equilibrado *dentro de* agrupamentos de categoria, bem como comércio balanceado como um todo entre os países. Uma moeda comum responsável pelos fluxos de comércio – o "rublo transferível" – era usada. Os preços das mercadorias eram determinados por uma fórmula na qual a média do mercado mundial para um período de cinco anos era empregada e então convertida em rublos (unidade de moeda soviética) como uma taxa de câmbio oficial do CMEA. Entretanto, parece que a intervenção de barganha e burocrática também desempenhava um papel. Historicamente, os países do CMEA consideraram o comércio simplesmente como um veículo para obter mercadorias que não estavam disponíveis localmente, e isso fez com que os países permanecessem relativamente fechados. Considera-se também que as agências de planejamento nos países davam pouca atenção a qualquer aspecto de custo-benefício do comércio, portanto, os ganhos de um comércio aberto usando vantagem comparativa não eram auferidos.

Movendo-se em direção a uma economia de mercado

O impacto da efervescência do mercado sobre os fluxos de comércio na Europa Central e Oriental e nas repúblicas da antiga União Soviética é difícil de avaliar. Tem havido alguma "desintegração" nos antigos países do CMEA e maior integração com o resto do mundo. Essa

---

[12]Para detalhes, veja Paul R. Gregory e Robert C. Stuart, *Soviet Economic Structure and Performance,* 4 ed. (Nova York: Harper & Row, 1990), p. 329-32; Martin Schrenk, "Whither Comecon?" *Finance and Development* 27, n. 3 (set. 1990), p. 28-31.

TABELA 3   Participações de comércio interno no comércio total dos países da Europa Central e Oriental e das repúblicas da antiga União Soviética

Países da Europa Central e Oriental (1989)	Comércio com os países do CMEA como porcentagem do comércio total
Bulgária	53,4%
Checoslováquia*	47,2
Hungria	40,3
Polônia	43,1
Romênia	21,0
Repúblicas da antiga União Soviética (1990)	**Comércio com outras repúblicas da antiga União Soviética como porcentagem do comércio total**
Armênia	90,1%
Azerbaijão	87,7
Bielo-Rússia	86,8
Estônia	91,6
Geórgia	85,9
Cazaquistão	88,7
República do Quirguistão	85,7
Letônia	88,6
Lituânia	89,7
Moldávia	87,7
Rússia	60,6
Tadjiquistão	86,5
Turcomenistão	92,5
Ucrânia	82,1
Uzbequistão	89,4

*Tornou-se a República Tcheca e a República Eslovaca (Eslováquia) em 1993.

Fonte: Constantine Michalopoulos e David Tarr, "Energizing Trade of the States of the Former USSR," *Finance and Development* 30, n. 1 (mar. 1993), p. 23.

integração com o resto do mundo pode não somente ajudar os antigos membros do CMEA, mas também ser benéfica ao bem-estar mundial caso melhore a distribuição mundial de recursos.

Os desafios dessas **economias em transição** de mudar para o sistema comercial mundial começam com a necessidade de uma moeda geralmente aceita e conversível. O aspecto de qualidade de produto é também uma preocupação importante. A concorrência dentro do CMEA era de fraca para não existente, mas a abertura dos mercados à concorrência internacional está forçando os produtores nacionais a melhorar a qualidade de seu produto. Além disso, os exportadores precisam fabricar o produto com uma combinação de preço e qualidade que seja competitivas com os produtos dos Estados Unidos e da Europa Ocidental. Os saldos comerciais caíram rapidamente em déficit em muitas economias em transição à medida que as demandas por importações e capital do Ocidente excederam a demanda de exportação. Finalmente, uma mudança no sistema não abre mercados de exportação automaticamente. Décadas de tensão precisam ser superadas, os clientes devem ser educados quanto à existência e qualidade de novos produtos, e rotas comerciais precisam ser reabertas.

O processo de mudança de uma economia de planejamento central para uma economia de mercado demonstrou ser difícil e custoso. A experiência de transição mostrou que muitos dos custos da transição são sentidos imediatamente, enquanto os benefícios vêm muito mais tarde. Três problemas imediatos com que se deve lidar são: inflação, desemprego e déficits de orçamento. No que

No mundo real:

Impactos sobre o comércio da cooperação econômica regional do Mar Negro

A zona de Cooperação Econômica do Mar Negro (Black Sea Economic Cooperation – BSEC) foi formada em julho de 1992. O BSEC foi uma das primeiras iniciativas formais que buscaram desenvolver cooperação econômica entre países que já tinham estado em alianças adversárias (OTAN e o Pacto de Varsóvia). Os 11 países incluem Albânia, Armênia, Azerbaijão, Bulgária, Geórgia, Grécia, Moldávia, Romênia, Rússia, Turquia e Ucrânia.

A incomum parceria foi estabelecida antes da área de livre-comércio que era necessária para superar algumas das barreiras criadas por décadas de autossuficiência intrabloco e comércio de permuta que tinham sido encorajados pelo CMEA. Em 1992, somente a Grécia e a Turquia tinham economias de mercado, e os outros nove estavam nas fases iniciais de sua transição. A meta do BSEC era facilitar o crescimento do comércio "natural" (em oposição a desviado) entre as nações-membros. Em vez de se focar na redução de tarifas e cotas, o BSEC visava relaxar constrangimentos estruturais e ideológicos que impediam grandes volumes de comércio entre membros.

O Professor Sayan, da Universidade Bilkent na Turquia, conduziu uma análise empírica do BSEC utilizando um "modelo de gravidade" (mostrado no Capítulo 10). A análise foi baseada na justificativa de que fluxos de comércio entre dois países devem ser positivamente relacionados às suas "massas" econômicas representadas pelo PIB e inversamente relacionados à distância entre eles. Problemas de dados forçaram Sayan a limitar suas análises a Grécia, Romênia e Turquia no período de 1992 a 1994. Não houve liberalização de política comercial entre membros e/ou harmonização de políticas em relação a terceiros durante esse período.

Os resultados empíricos revelam que o valor real total de comércio desses membros do BSEC com não membros na amostra excedeu os valores normalmente esperados no período de 1993 a 1994. Isso sugere que a formação do BSEC levou a um novo comércio com o mundo externo. Todos os três países tiveram valores mais elevados de exportações para/importações de outros membros do BSEC tanto em 1993 quanto em 1994 (veja a Tabela 4).

Apesar de serem necessários estudos adicionais, o BSEC parece ter encorajado a cooperação e melhorado o acesso ao mercado. Ajudou seus membros a melhorar sua capacidade de se ligar à economia global e a criar ganhos de bem-estar com o aumento do comércio de seus membros.

Tabela 4 — Estimativas de criação de comércio (milhões de dólares norte-americanos)

	Novo comércio com o mundo externo	
	Exportações	Importações
Turquia	$317,9	$60,2
Romênia	462,8	930,1
Grécia	29,8	1.402,6

	Criação bruta de comércio	
	Exportações adicionais	Importações adicionais
Turquia	$389,1	$760,0
Romênia	317,2	438,8
Grécia	374,5	256,1

Fonte: Este material foi extraído do trabalho de S. Sayan, "Could Regional Economic Cooperation Generate Trade Creation and Trade Diversion Effects without Altering Trade Policies of Members? Preliminary Results from a Gravity Application to BSEC," Dissertação n. 98-10, Bilkent University Department of Economics, Ankara, Turkey, 1998.

---

diz respeito ao planejamento central, os preços de inúmeros artigos de necessidade foram mantidos intencionalmente baixos, e as faltas deles resultaram em longas filas e prateleiras vazias e não em aumentos de preços. A garantia de emprego e distribuição centralizada de recursos resultaram

TABELA 5   Experiência de inflação em economias em transição, 1995-2005 (mudança da porcentagem anual nos preços ao consumidor)

Membros da União Europeia

	1995	1996	1997	1998	1999	2000	2001	2002	2003	2004	2005
Bulgária	62,1	123,0	1.061,2	18,8	2,6	10,4	7,5	5,8	2,3	6,1	5,0
República Tcheca	9,1	8,8	8,5	10,6	2,1	3,9	4,8	1,8	0,1	2,8	1,8
Estônia	29,0	23,1	11,2	8,2	3,3	4,0	5,8	3,6	1,3	3,0	4,1
Hungria	28,3	23,5	18,3	14,3	10,0	9,8	9,2	5,3	4,7	6,8	3,6
Letônia	25,2	17,6	8,4	4,6	2,4	2,6	2,5	1,9	2,9	6,2	6,8
Lituânia	39,5	24,7	8,8	5,1	0,8	1,0	1,3	0,3	−1,2	1,2	2,7
Polônia	27,9	27,9	19,9	14,9	11,8	7,3	10,1	5,5	1,9	0,8	2,1
Romênia	32,3	38,8	154,8	59,1	45,8	45,7	34,5	22,5	15,3	11,9	9,0
República Eslovaca	9,9	5,8	6,1	6,7	10,7	12,0	7,3	3,3	8,5	7,5	2,7
Eslovênia	13,5	9,9	8,4	7,9	6,2	8,9	8,4	7,5	5,6	3,6	2,5

Países restantes em transição

	1995	1996	1997	1998	1999	2000	2001	2002	2003	2004	2005
Albânia	7,8	12,7	32,1	20,9	0,4	—	3,1	5,2	2,3	2,9	2,4
Armênia	176,7	18,7	14,0	8,6	0,6	−0,8	3,1	1,1	4,8	7,0	0,6
Azerbaijão	411,8	19,8	3,7	−0,8	−8,5	1,8	1,5	2,8	2,2	6,7	9,7
Bielo-Rússia	709,3	52,7	63,8	73,0	293,7	168,6	61,1	42,6	28,4	18,1	10,3
Bósnia/Herzegovina	3,8	−11,5	5,6	−0,4	2,9	5,0	3,2	0,3	0,1	0,3	1,9
Croácia	2,0	3,5	3,6	5,7	4,1	6,2	4,9	2,3	1,5	2,1	3,3
Geórgia	162,7	39,3	7,0	3,6	19,1	4,0	4,7	5,6	4,8	5,7	8,3
Cazaquistão	176,3	39,1	17,4	7,3	8,4	13,3	8,3	5,9	6,4	6,9	7,6
Rep. do Quirguistão	43,5	32,0	23,4	10,5	35,9	18,7	6,9	2,1	2,7	4,1	4,3
Macedônia	15,8	2,3	2,6	−0,1	−0,7	5,8	5,3	2,4	1,2	0,1	0,5
Moldávia	30,2	23,5	11,8	7,7	39,7	31,3	9,8	5,3	11,7	12,5	11,9
Mongólia	56,8	46,8	36,6	9,4	7,6	11,6	6,3	0,9	5,0	7,9	12,5
Rússia	198,0	47,9	14,7	27,8	85,7	20,8	21,6	15,8	13,7	10,9	12,8
Tadjiquistão	610,0	418,2	88,0	43,2	27,5	32,9	38,6	12,2	16,4	7,1	7,1
Turcomenistão	1.005,2	992,4	83,7	16,8	23,5	8,0	11,6	—	—	5,9	10,7
Ucrânia	376,4	80,2	15,9	10,6	22,7	28,2	12,0	0,8	5,2	9,0	13,5
Uzbequistão	304,6	54,0	70,9	16,7	44,6	49,5	47,5	44,3	14,8	8,8	21,0

— = não disponíveis
Fonte: International Monetary Fund (IMF), *World Economic Outlook*, database 1995-2006 (Washington, DC: FMI, 2007).

em empresas com excesso de mão de obra. Os governos federais que eram dependentes da taxa de rotatividade[13] foram forçados a desenvolver novos sistemas de impostos de receita e consumo.

Nas etapas iniciais da transição, ocorreram alguns acontecimentos notáveis. Por exemplo, a liberação de preços do controle governamental resultou em séria inflação. Conforme visto na Tabela 5, muitas das nações em transição tiveram taxas anuais de inflação de mais de 100%. Além disso, a pressão para cobrir custos de produção e serem lucrativas, que vêm com a mudança para um sistema de mercado, forçou as empresas a dispensar seus trabalhadores não necessários. Isso resultou em taxa de desemprego acima de 20% em nações que não tinham histórico de lidar com desemprego. A necessidade de oferecer uma rede de segurança a trabalhadores recém-desempregados e pensionistas; cobrir as perdas de empresas governamentais improdutivas; e atender às contínuas obrigações do Estado por causa da retração das bases de imposto resulta em

---

[13]Em uma economia de planejamento central com um banco nacional, uma porcentagem de cada transação é destinada ao governo. Esta ficou conhecida como taxa de rotatividade.

TABELA 6 Experiência do PIB real em economias em transição 1995-2005 (mudança da porcentagem anual no PIB real)

	1995	1996	1997	1998	1999	2000	2001	2002	2003	2004	2005
Membros da UE											
Bulgária	−1,8	−8,0	−5,6	4,0	2,3	5,4	4,1	4,8	4,3	5,0	5,2
República Tcheca	5,9	4,3	−0,8	−1,0	0,5	3,3	3,1	2,0	2,9	3,0	3,4
Estônia	4,3	3,9	9,8	4,6	−0,6	7,3	6,5	6,0	4,7	5,5	5,0
Hungria	1,5	1,3	4,6	4,9	4,2	5,2	3,8	3,5	2,9	3,2	3,4
Letônia	−0,8	3,7	8,4	4,8	2,8	6,8	7,9	6,1	6,7	6,0	6,0
Lituânia	3,3	4,7	7,0	7,3	−1,7	3,9	6,4	6,8	9,0	6,7	6,3
Polônia	6,8	6,0	6,8	4,8	4,1	4,0	1,0	1,4	3,7	4,7	4,0
Romênia	7,3	3,9	−6,1	−4,8	−1,2	2,1	5,7	5,0	4,9	5,0	5,0
Eslováquia	6,5	6,1	4,6	4,2	1,5	2,0	3,8	4,4	4,2	3,9	4,9
Eslovênia	4,9	3,8	4,4	3,7	5,9	4,1	2,9	2,9	2,3	3,5	4,1
Países restantes em transição											
Albânia	8,9	9,1	−10,2	12,7	10,1	7,3	7,6	4,7	6,0	6,0	6,0
Armênia	6,9	5,9	3,3	7,3	3,3	6,0	9,6	12,9	12,0	7,0	6,0
Azerbaijão	−11,8	1,3	5,8	10,0	7,4	11,1	9,9	10,6	11,2	8,1	13,2
Bielo-Rússia	−10,4	2,8	11,4	8,4	3,4	5,8	4,7	5,0	6,8	4,8	3,5
Bósnia/Herzegovina	6,4	61,9	30,0	15,8	9,6	5,5	4,4	5,5	5,5	3,0	4,0
Croácia	6,8	5,9	6,8	2,5	−0,9	2,9	3,8	5,2	4,4	3,4	3,8
Geórgia	2,6	10,5	10,6	2,9	3,0	1,9	4,7	5,5	3,5	6,0	5,0
Cazaquistão	−8,3	0,5	1,6	−1,9	2,7	9,8	13,5	9,5	9,5	8,0	7,5
Rep. do Quirguistão	−5,8	7,1	9,9	2,1	3,7	5,4	5,3	−0,5	3,2	4,1	4,5
Macedônia	−1,1	1,2	1,4	3,4	4,3	4,5	−4,5	0,9	3,	4,0	4,5
Moldávia	−1,4	−5,9	1,6	−6,5	−3,4	2,1	6,1	7,8	6,3	5,0	4,0
Mongólia	6,3	2,4	4,0	3,5	3,2	1,1	1,0	3,9	5,0	5,3	5,5
Rússia	−4,2	−3,6	1,4	−5,3	6,3	10,0	5,1	4,7	7,3	6,0	5,3
Tadjiquistão	−12,5	−4,4	1,7	5,3	3,7	8,3	10,2	9,1	10,2	8,0	4,0
Turcomenistão	−7,2	−6,7	−11,3	7,0	16,5	18,0	20,5	—	—	3,0	3,0
Ucrânia	−12,2	−10,0	−3,0	−1,9	−0,2	5,9	9,2	5,2	9,3	6,0	4,0
Uzbequistão	−0,9	1,6	2,5	2,1	3,4	3,2	4,1	3,2	0,3	2,0	2,0

— = não disponíveis
Fontes: International Monetary Fund (IMF), *World Economic Outlook*, mar. 2007 (Washington, DC: FMI, 2007).

déficits no orçamento. Além disso, grandes problemas surgiram à medida que as empresas estatais foram privatizadas para venda a cidadãos em um ambiente que tem falta de mercados de capital bem-desenvolvidos e de um sistema bancário moderno.[14]

Um exame detalhado das duas importantes variáveis macroeconômicas, a taxa de crescimento do PIB real e a taxa de inflação de preços ao consumidor, é apresentado nas Tabelas 5 e 6. A Tabela 5 mostra o efeito da descentralização de preço. Em muitas nações, a inflação inicial era composta de crescimento excessivo do dinheiro (os aspectos monetários serão tratados mais adiante nos capítulos sobre economia monetária internacional). A maioria das nações começou a ter controle da inflação em meados e fim da década de 1990. A Tabela 6 mostra que as quedas no nível do PIB real que estavam associadas às etapas iniciais da transição tinham cessado nos países que aderiram à União Europeia por volta de 1995, e eles começaram a ter crescimento positivo. As economias em transição restantes, especialmente Rússia e Ásia Central, demoraram

---

[14]Para um importante comentário sobre os problemas iniciais, veja "Rediscovering the Wheel," *The Economist*, 14 abr. 1990, p. 19-21.

TABELA 7   PIB per capita nas economias em transição, 2005 (dólares norte-americanos, PPC)

País	PIB	País	PNB
Eslovênia	$22.160	Bielo-Rússia	$7.890
República Tcheca	20.140	Cazaquistão	7.730
Hungria	16.940	Macedônia	7.080
República Eslovaca	15.760	Ucrânia	6.720
Estônia	15.420	Albânia	5.420
Lituânia	14.220	Armênia	5.060
Polônia	13.490	Azerbaijão	4.890
Letônia	13.480	Geórgia	3.270
Croácia	12.750	Mongólia	2.190
Federação Russa	10.640	Moldávia	2.150
Romênia	8.940	Uzbequistão	2.020
Bulgária	8.630	Rep. do Quirguistão	1.870
Turcomenistão*	8.098	Tadjiquistão	1.260

*2004; extraído de www.imf.org
Fonte: World Bank, *World Development Indicators 2007* (Washington, DC: Banco Mundial, 2005, p. 14-16.)

mais para retornar ao crescimento positivo. Uma questão importante é muitas vezes esquecida quando se examinam as mudanças no PIB real das nações em transição: as quedas no PIB real associadas às etapas iniciais da transição envolveram a privatização (e, em muitos casos, fechamento) das antigas empresas estatais. Quando as economias retornaram ao crescimento positivo e subsequentemente atingiram seus níveis de PIB real de 1988 a 1989, o produto tinha qualidade mais elevada, e era produzido de maneira mais eficiente.

Claramente, houve importantes melhorias no desempenho macroeconômico desde o início dos anos de 1990, quando as economias em transição iniciaram a adoção de instituições e práticas de economia de mercado. A Tabela 7 relaciona o PIB per capita para economias em transição em 2005. (Nota: Os números na Tabela 7 são dados em dólares de *paridade de poder de compra*, significando que as diferenças do custo de vida entre os países foram ajustadas e os resultados foram expressos em dólares norte-americanos. A paridade do poder de compra é discutida em capítulos posteriores, que abrangem a economia monetária internacional.)

Por fim, ao examinar os desempenhos comparativos das economias em transição, o Banco Mundial (1996, p. 142-45) apresentou algumas conclusões gerais. Essas conclusões enfatizaram que o sucesso é mais provável (1) quando políticas consistentes referentes à liberalização de mercados, comércio, e entrada de novos negócios são seguidas; (2) quando os direitos de propriedade privada são claramente definidos; e (3) quando ocorre a reforma da política social no que diz respeito aos programas contra pobreza, educação e planos de saúde. Entretanto, enfatizamos que o processo não é fácil e que há muitas dificuldades no curto prazo. As garantias prometidas pelos economistas de que haverá benefícios a longo prazo a despeito de custo no curto prazo parecem vazias no caso de o desempenho econômico continuar fraco, e "o curto prazo" parece nunca terminar. Numa visão geral, as transições em andamento nas economias da Europa Central e Oriental e da antiga União Soviética constituem um acontecimento tumultuado na economia mundial que continuará por anos. Essas transições a economias de mercado têm implicações para o comércio mundial, o bem-estar e a estabilidade, porém o tempo e a natureza precisa dessas implicações são incertos atualmente.

Integração econômica norte-americana

Maior integração

Um movimento amplamente aclamado em direção à integração econômica ocorreu quando o **Acordo de Livre-Comércio Canadá-EUA** entrou em vigor em 1º de janeiro de 1989. O acordo previa a eliminação de todas as tarifas bilaterais entre os dois países, imediatamente ou em cinco ou dez passos iguais anuais. O impulso em direção a um maior livre-comércio regional continuou logo depois do acordo Canadá-EUA. Os Poderes Executivos do Canadá, do México e dos Estados Unidos assinaram o Tratado Norte-Americano de Livre-Comércio (NAFTA) em agosto de 1992, concordando em criar uma área de livre-comércio com um PIB combinado comparável àquele da União Europeia e EFTA combinados, que, na época, tinham um PIB de $7,5 trilhões e uma população de 372 milhões.[15] Esse acordo entrou em vigor em 1º de janeiro de 1994 e estabeleceu o livre-comércio entre os Estados Unidos e seus primeiro e terceiro maiores parceiros comerciais.[16] O NAFTA elimina tarifas entre os três países-membros por um período de 15 anos e, ao mesmo tempo, reduz substancialmente barreiras não tarifárias. Como os Estados Unidos e o Canadá já tinham estabelecido uma área de livre-comércio, esta discussão enfocará os passos da política Estados Unidos-México. Alguns dos mais importantes acordos de setor envolveram automóveis, têxteis e acessórios, agricultura, energia/petroquímicos e serviços financeiros (Kehoe e Kehoe 1994, p. 21). No caso dos automóveis, as tarifas do México foram imediatamente reduzidas de 20% para 10% e estavam programadas para baixar até zero durante os próximos 10 anos. Além disso, as tarifas das peças de automóveis deviam ser reduzidas a zero, e as regras de origem especificavam que, para se habilitar a esse tratamento tarifário preferencial, os veículos deveriam conter 62,5% de componentes norte-americanos. Além disso, a exigência de que os automóveis fornecidos para o mercado mexicano fossem produzidos no México devia ser gradativamente eliminada em um período de 10 anos. Houve também afrouxamento das restrições à exportação sobre os veículos produzidos no México e sobre importações, feitas pelo México, de ônibus e caminhões produzidos nos Estados Unidos ou no Canadá.

No setor de indústria têxtil e de acessórios, barreiras comerciais foram eliminadas em 20% do comércio Estados Unidos-México, e barreiras sobre 60% adicionais foram eliminadas durante um período de seis anos. Além disso, as regras de origem exigiam que, para receber preferências tarifárias do NAFTA, o vestuário deveria ser fabricado na América do Norte da etapa de fiação em diante. Na agricultura, tarifas foram imediatamente reduzidas de níveis iniciais de 10% a 20% para zero em metade das exportações dos Estados Unidos para o México, com o entendimento de que as tarifas nos produtos agrícolas remanescentes serão reduzidas a zero no período de ajuste de 15 anos. As exigências de licenciamento do México para grãos, laticínios e aves domésticas foram imediatamente eliminadas. De maneira semelhante, as restrições ao comércio e investimento foram imediatamente eliminadas sobre a maioria dos petroquímicos.

Quanto a investimento estrangeiro e serviços financeiros em geral, todas as barreiras para a movimentação de capital também caíram, bem como as barreiras de banco comercial, seguros, negociação de títulos e outros produtos financeiros. Agora, as empresas financeiras dos Estados Unidos e do Canadá têm permissão para estabelecer subsidiárias com 100% de capital no México e operá-las da mesma maneira que as empresas mexicanas. De igual modo, o Canadá, o México e os Estados Unidos devem estender "tratamento nacional" em serviços uns aos outros – ou seja, que empresas de serviço de capital 100% estrangeiro devem ser tratadas exatamente como as empresas nacionais – e garantir tratamento MFN em serviços. A agricultura

---

[15] *Facts on File*, 13 jan. 1994, p. 12.

[16] Canadá era e é o maior parceiro comercial dos Estados Unidos. México era o terceiro atrás do Japão no início do NAFTA; agora está em terceiro atrás da China.

No mundo real:

Polônia e Rússia em transição: um estudo em contrastes

Tanto a Polônia quanto a Rússia estiveram envolvidas em uma transição de uma economia de planejamento central para um sistema econômico mais voltado para o mercado por mais ou menos 15 anos. Na Polônia, a primeira reforma importante, conhecida como o Plano Balcerowicz, foi iniciada em janeiro de 1990. Este foi um importante movimento em direção à economia voltada para o mercado que aboliu os controles de preço, removeu as restrições sobre câmbio externo, desvalorizou o zloty polonês e o estabilizou em relação ao dólar norte-americano, legalizou propriedade privada de negócios e ativos, reduziu subsídios e taxou empresas em que os salários cresceram mais de 30% acima da inflação.* No processo, a inflação elevou-se às alturas, o PIB baixou, o desemprego aumentou, e a taxa de câmbio depreciou em 1990. O desemprego continuou a aumentar até 1994 para 16%, e depois começou a cair. Outras variáveis econômicas começaram a melhorar em um ou dois anos, e as condições econômicas continuaram a melhorar durante os anos de 1990. Se considerar a recuperação sustentável ou o crescimento em produto como um indicador de sucesso em transição econômica, a Polônia se saiu relativamente bem. Conforme mostrado na Tabela 8, o PIB cresceu a uma taxa média anual de 4,5% no período crucial de 1990 a 1998, o investimento nacional bruto em 10,6%, e as exportações em 12,3%. O forte crescimento na exportação resultou em parte da depreciação do zloty de 9.500 zloty por dólar americano em 1990 para 34.754 zloty por dólar americano em 1998. Apesar de a taxa média do crescimento da inflação anual (27%) parecer elevada, deve ser enfatizado o fato de que a taxa de inflação mais elevada ocorreu em 1990 (586%) e que depois daquela época a taxa de inflação baixou de maneira regular para somente 13% em 1997. Novas reformas econômicas, destinadas a completar o processo que se iniciou em 1990, foram anunciadas em 2002. O pacote era destinado a preparar a economia polonesa para entrar na União Europeia a fim de melhorar o clima de investimento. O governo também está tentando melhorar as finanças públicas como preparação para a adoção do euro em 2009.

Não foi o que aconteceu com a Rússia. Os russos iniciaram um programa de "terapia de choque" em janeiro de 1992 sob a direção do Ministro de Finanças Yegor Gaidar. Os preços de quase todas as mercadorias estavam descontrolados, os subsídios estatais e os gastos militares foram cortados para reduzir o déficit do orçamento do governo, um programa de privatização foi implementado, e o rublo tornou-se parcialmente conversível. O resultado foi difícil, no melhor dos casos, para a Rússia. O PIB *baixou* a uma taxa média anual de 7% durante o período comparável de 1990 a 1998, quando a Polônia estava crescendo à média de 4,5% ao ano. A taxa anual de inflação no período de 1990 a 1998 era de 235,3%, e o investimento nacional bruto baixou a uma taxa média anual de 14,8%. Somente as exportações demonstraram uma taxa positiva de crescimento naquele período, devido, em grande parte, à depreciação do rublo de 1,7 rublos por dólar norte-americano em 1990 para 20.650 rublos por dólar norte-americano em 1998.

De maneira não surpreendente, os observadores questionaram por que a transição de um sistema econômico de planejamento central para um sistema voltado para o mercado fez disparar tais respostas iniciais diferentes nesses dois países. Economicamente, as políticas financeiras repressivas na Rússia (nas antigas economias soviéticas em geral) foram consideradas culpadas em muitos dos problemas de transição. Entretanto, grande parte da resposta pareceu estar nas características institucionais dos dois países durante essa época de mudança. Como sugeriu Yeager, "a Polônia conseguiu criar um ambiente onde as regras do jogo são adequadamente escritas, onde a maioria das pessoas seguem as regras, de modo que a incerteza é gerenciável, e onde os custos da transação são razoavelmente baixos. A Rússia tem uma economia afligida por crimes, corrupção e elevados custos de transação".† Na Rússia, parece que as pessoas sentiam que as *regras operacionais* eram injustas e, consequentemente, tentavam fraudar o sistema. A economia russa começou a se recuperar em 1999. De 1999 a 2005, o PIB russo cresceu em uma média de 6,7% (veja a Tabela 6), assistido por preços mais elevados no petróleo e um rublo mais fraco. Por volta de 2004, a economia russa tinha-se tornado a nona maior no mundo e a quinta na Europa. A Rússia parece ter superado muitos dos obstáculos anteriores para a transição.

TABELA 8   Taxas-chave médias de crescimento anual para a Polônia e a Rússia no período de transição de 1990 a 1998

	PIB real	Deflator PIB	Taxa de câmbio	Exportações	Investimento nacional bruto
Polônia	4,5%	27,0%	16,2%	12,3%	10,6%
Rússia	−7,0	235,3	117,6	2,0	−14,8

*Timothy J. Yeager, *Institutions, Transition Economies, and Economic Development* (Boulder, CO: Westview Press, 1999), p. 88.
†Ibid., p. 105.

Fontes: Timothy J. Yeager, *Institutions, Transitional Economies, and Economic Development* (Boulder, CO: Westview Press, 1999); Yegor Gaidar, "Lessons of the Russian Crisis for Transition Economies," *Finance and Development* 36, n. 2 (jun. 1999), p. 6-9; International Monetary Fund, *International Financial Statistics*, jan. 2000, p. 616, 634; The World Bank, *World Development Report 1999/2000* (Oxford: Oxford University Press, 2000), p. 231, 251; International Monetary Fund, *World Economic Outlook: may 2000* (Washington, DC: IMF, 2000), p. 213; Patrick Conway, "Financial Repression in Transition: Output Reduction and Hyperinflation in the Former Soviet Economies," tese não publicada, Universidade da Carolina do Norte, em Chapel Hill, 2000.

é também uma parte importante do acordo (veja Aguilar 1993, p. 14-15.) O NAFTA foi o primeiro acordo regional entre países com níveis de renda diversos, e um importante aspecto do acordo era o fortalecimento previsto que ele daria ao crescimento que o México atingira na época da formação do NAFTA desde que adotou reformas estruturais e voltadas para o mercado em meados da década de 1980.

Preocupações em relação ao NAFTA

O impacto do NAFTA nas três economias participantes foi debatido acaloradamente, e houve estimativas amplamente variadas dos possíveis efeitos. Um estudo feito pela Comissão Internacional do Comércio dos Estados Unidos (U.S. International Trade Commission – USITC) concluiu que o NAFTA faria com que o PIB real do México aumentasse em qualquer ponto de 0,1 a 11,4% (uma ampla variação!), enquanto os PIBs reais do Canadá e dos Estados Unidos cresceriam cada um em menos de 0,5%.[17] Drusilla Brown (1992, p. 47) examinou as estimativas de vários modelos que tinham aumentos de retornos para escala incorporados nas estimativas. O NAFTA aumentaria o PIB do Canadá numa variação de 0,7% a 6,75%, o PIB do México de 1,6% a 5,0%, e o PIB dos Estados Unidos de 0,5 a 2,55%.

As estimativas dos efeitos no emprego também variaram. Um estudo feito por Gary Clyde Hufbauer e Jeffrey J. Schott (1992, p. 58) previu que o NAFTA criaria 609 mil empregos no México e 130 mil nos Estados Unidos, e Mickey Kantor, representante comercial da administração Clinton na época, previu que os Estados Unidos ganhariam 200 mil empregos industriais por volta de 1995.[18] Entretanto, mesmo que as previsões mais pessimistas para os Estados Unidos fossem de uma perda de 500 mil empregos, o candidato presidencial Ross Perot criou um alvoroço em 1993 dizendo que quase seis milhões de empregos dos Estados Unidos seriam colocados em risco.[19] Uma razão para previsões de empregos amplamente diferentes é que os efeitos do NAFTA sobre os fluxos de investimento estrangeiro dos Estados Unidos para o México são muito incertos. As empresas norte-americanas investiram amplamente no México no passado no que diz respeito ao **programa maquiladora**, e muitos acreditam que o NAFTA deu estímulo a investimentos adicionais por causa dos salários mais baixos no México. Além disso, o acordo ofereceu vários outros incentivos para que empresas norte-americanas investissem no México. Entretanto, lembre-se dos Capítulos 8 e 12 que os movimentos de mercadoria e de coeficiente podem ser substitutos uns para os outros; se for o caso, com o comércio mais livre, os fluxos de investimento dos Estados Unidos, em condições normais, poderiam teoricamente *diminuir*.

O tamanho preciso de outros impactos do NAFTA é também questionável. Ocorreram impactos setoriais no comércio México-Estados Unidos e mudanças no emprego regional dos Estados Unidos. Enquanto a Comissão Internacional de Comércio dos Estados Unidos previu um impacto positivo nos salários em todos os três países (0,7% a 16,2% para o México, 0,5% ou menos no Canadá, 0,3% ou menos nos Estados Unidos)[20] houve preocupação considerável de que o resultado fossem salários mais baixos nos Estados Unidos. Sem efeitos dinâmicos, tais como crescimento econômico mais rápido e mudança tecnológica, naturalmente o teorema de equalização do fator preço (veja o Capítulo 8) nos levaria a esperar algum estreitamento geral dos diferenciais de salário (queda nos salários do país e escassez de mão de obra, aumento no país de mão de obra abundante). Entretanto, o processo pode ser mais complicado quando três países, e não dois, estão envolvidos. Agora, apesar de o NAFTA estar em vigor, é muito cedo para avaliar os efeitos de longo prazo. Entretanto, sem dúvida o NAFTA levou a uma trasferência de trabalhos não especializados dos Estados Unidos para o México. No período de baixo emprego no final dos anos de 1990 e novamente em anos mais recentes (menos do que 5%

---

[17]Citado no artigo de Asra Q. Nomani, "Mexico Is Viewed as the Clear Winner from Free Trade Pact in Study by ITC," *The Wall Street Journal*, 3 fev. 1993, p. A2.

[18]"Kantor Predicts Jobs Gain from Mexico Trade Pact," *The Wall Street Journal*, 7 mai. 1993, p. A11.

[19]Ross Perot (com Pat Choate), *Save Your Job, Save Our Country: Why NAFTA Must Be Stopped Now!* (Nova York: Hyperion, 1993), p. 56.

[20]Nomani, "Mexico Is Viewed as the Clear Winner," p. A2.

No mundo real:

As *maquiladoras* mexicanas

Em 1965, o México lançou a ideia de parques industriais *(maquiladoras)* na fronteira Estados Unidos – México com permissão para implantar fábricas *(maquilas)* com capital parcial ou totalmente estrangeiro. (Propriedade estrangeira de indústria no México, que não fossem as *maquiladoras*, era rigorosamente proibida naquela época.) Muitas dessas fábricas serviram inicialmente como operações de montagem para empresas norte-americanas, permitindo que elas tirassem vantagem da mão de obra mexicana de custo mais baixo. Os componentes que vinham para essas fábricas provenientes dos Estados Unidos entravam no México livres de imposto, e as mercadorias acabadas que eram reexportadas para os Estados Unidos enfrentavam somente uma taxa aduaneira sobre o valor agregado no México, caindo no dispositivo de montagem *offshore*. Originalmente, toda a produção tinha de ser localizada na fronteira e todas as mercadorias tinham de se exportadas do México. Porém, essas exigências foram relaxadas. A remoção de barreiras ao comércio pelo NAFTA também reduziu a necessidade de depender de dispositivos de montagem *offshore* para movimentação de mercadorias mais livremente entre os Estados Unidos e o México. Consequentemente, espera-se que haja aumento de movimento para longe das áreas da fronteira para que a localização seja mais para dentro do México. Isso já começou a acontecer, e áreas tais como Aguascalientes, a noroeste da cidade do México, e Hermosillo estão tendo rápida expansão de investimento estrangeiro e fabricação de automóveis e peças de automóveis, semicondutores, produtos eletrônicos e acessórios.

Inicialmente focando em operações de montagem básica, as *maquilas* agora montam produtos acabados complexos, e os trabalhadores na produção representam alguns dos mais especializados no México. As *maquilas* agora pertencem a empresas médias e pequenas, bem como grandes empresas como Ford, General Motors, Chrysler, Sony, GE e Hitachi; a maioria das *maquilas* são de origem norte-americana, mas há algumas empresas canadenses, japonesas e europeias. Desde 1994, dezenas de fabricantes asiáticos também iniciaram um investimento direto de $2 bilhões de dólares em enormes fábricas de montagem ao longo da fronteira de 700 milhas Estados Unidos – México entre Tijuana e Ciudad Juarez. As fontes desses fundos incluem China, República da Coreia e Taiwan, e os investimentos refletem não só os benefícios percebidos de acesso aos mercados dos Estados Unidos e do Canadá oferecidos no NAFTA como também as vantagens associadas à localização conveniente de montagem/mercado e custos de mão de obra mais baratos. Além disso, os investidores da União Europeia demonstraram interesse no México desde a conclusão de um acordo de livre-comércio Estados Unidos–México em 1999.

As *maquiladoras* constroem e mantêm as instalações físicas, recrutam, treinam e pagam a mão de obra mexicana, e lidam com todos os relacionamentos entre as *maquilas* e os governos estaduais e locais. O proprietário estrangeiro se encarrega dos aspectos de produção negócios da operação. A *maquiladora* facilita a operação da produção no México, principalmente para empresas de pequeno a médio porte que, de outra forma, achariam difícil operar em um ambiente cultural diferente. Como resultado desses parques industriais, o México obteve um valor muito maior de investimento estrangeiro e considerável emprego nacional. As empresas dos Estados Unidos que poderiam ter falido têm condições de se manter competitivas por causa dos custos mais baixos de montagem da *maquila*, por conseguinte mantendo ou aumentando a demanda para componentes dos Estados Unidos e a mão de obra especializada e semiespecializada que os produz. Por exemplo, mais de $1 bilhão dos jeans que companhias norte-americanas, tais como Levi Strauss e VF Corporation, comercializam em um ano serão confeccionados no México, em Torreon ou Puebla, usando brim tecido na Carolina do Norte ou Geórgia e algodão cultivado nos Estados Unidos. Calculou-se que, no início de 1999, as manufaturas representaram 90% de exportações mexicanas, e mais da metade foi produzida em fábricas de montagem de propriedade estrangeira. Esses empreendimentos foram tão bem-sucedidos que calculou-se que as *maquiladoras* estavam tendo um lucro excedente de $1 bilhão por mês apenas com os Estados Unidos. Isso ajuda a explicar em parte por que as exportações do México para os Estados Unidos mais que dobraram de 1994 a 1998. Globalmente, o emprego nas *maquiladoras* também representou mais do que o dobro de 1993 a 2000, apesar de os salários nas fábricas praticamente não terem tido aumento.

A recessão de 2001 nos Estados Unidos teve um sério impacto no setor de indústria de *maquiladora* do México. De um ponto elevado em 2000, a retração do setor de indústria incluiu uma perda de quase 260 mil empregos. Apesar das reduções na demanda dos Estados Unidos e os aumentos no custo de fazer negócios (devido ao salário e às flutuações da taxa de câmbio) explicarem uma parcela considerável dessa baixa, outros fatores agiram. Os baixos salários e os incentivos de impostos, que eram vantagens de operar no México, agora são oferecidos em vários países em desenvolvimento. Além disso, uma nova regulamentação do NAFTA entrou em vigor em 2001, o que tornou as operações das *maquiladoras* mais difíceis, custosas e incertas no México. O Artigo 303 do NAFTA anulou os abatimentos na tarifa para importações de países não membros do NAFTA. Para aquelas empresas que importavam da Ásia para montagem no México e exportação subsequente para os Estados Unidos, o Artigo 303 tornou as operações mexicanas mais caras da noite para o dia. Os incentivos resultantes para aceitar empregos em outro lugar parecem ter sido mais fortes nos setores de produtos eletrônicos e têxteis.

NO MUNDO REAL:

Em geral, o sucesso do programa de *maquiladoras* levantou alguns novos aspectos. Ao mesmo tempo em que entendeu a importância das *maquiladoras* como um veículo para estímulo ao investimento estrangeiro, emprego e exportações, o México sentiu a pressão em sua infraestrutura nacional do rápido crescimento desses empreendimentos de manufatura. Esforços excessivos são também sentidos em educação, segurança pública, tratamento de água e outros componentes da infraestrutura social nas áreas da fronteira e outras áreas urbanas em que as novas fábricas de montagem e indústrias-satélite estão despontando.

Fontes: Linda M. Aguilar, "NAFTA: A Review of the Issues," Federal Reserve Bank of Chicago, *Economic Perspectives* (jan./fev. 1993), p. 16; Peter F. Drucker, "Mexico's Ugly Duckling – the Maquiladora," *The Wall Street Journal*, 4 out. 1990, p. A20; Joel Millman, "Asian Investment Floods into Mexican Border Region," *The Wall Street Journal*, 6 set. 1996, p. A10; Matt Moffett, "Along Its U.S. Border, Mexico Experiences North's Economic Ills," *The Wall Street Journal*, 14 jan. 1991, p. A1, A9; Julien Beltrame e Joel Millman, "U.S. Trade Gap's New Culprits: Canada, Mexico," *The Wall Street Journal*, 20 jul. 1999, p. A16; Joel Millman, "Mexico, U.S. Near Tax Deal on Foreign Plants," *The Wall Street Journal*, 29 out. 1999, p. A15; "EU and Mexico Reach Free-Trade Pact," *The Wall Street Journal*, 26 nov. 1999, p. A9; Joel Millman, "Mexico Replaces Investments Lost to U.S. Slowdown," *The Wall Street Journal*, 2 mar. 2001, p. A9; Joel Millman, "Mexican Workers Along U.S. Border Grow Restive with Low Wages," *The Wall Street Journal*, 13 jun. 2001, p. A17; Roberto Coronado, Jesus Canas, e Robert W. Gilmer, "Maquiladora Downturn: Structural Change or Cyclical Factors?" *International Business and Economics Journal*, ago. 2004; William C. Gruben, "Beyond the Border Have Mexico's Maquiladoras Bottomed Out?" *Southwest Economy* (jan./fev. 2004) (Federal Reserve Bank of Dallas).

em 2007), entretanto, havia empregos disponíveis para muitos (apesar de não para todos) dos trabalhadores deslocados. Além disso, notou-se que não só as companhias norte-americanas se beneficiaram da mudança de seu trabalho não especializado para fora do país com consequentes custos de mão de obra mais baratos, mas também tal mudança liberou fundos para nova tecnologia, bem como liberou a mão de obra dos Estados Unidos para aceitar trabalho mais especializado.[21] Apesar de ser necessário mais tempo para avaliar muitos dos efeitos do NAFTA, algumas tentativas foram feitas para determinar o impacto da implementação do acordo nos fluxos comerciais entre os países parceiros. Depois de dez anos de implementação do acordo, Russell L. Frisbie, do Departamento de Estado dos Estados Unidos, tem o seguinte ponto de vista sobre o impacto do NAFTA:

> Os resultados são expressivos no que diz respeito ao comércio, investimento, criação de empregos e melhoria de padrões de vida. O comércio entre as nações do NAFTA se expandiu rapidamente, mais que dobrando entre 1993 e 2002. No final do ano passado, o comércio de duas mãos dos Estados Unidos (exportações de mercadorias mais importações) com seus parceiros do NAFTA atingiu mais de $600 bilhões, ou cerca de $1,6 bilhão por dia. O crescimento do comércio foi especialmente forte entre os Estados Unidos e o México, quase triplicando de $81 bilhões em 1993 para $232 bilhões em 2002... O Canadá e o México juntos representam 37% de todas as exportações mundiais dos Estados Unidos e fornecem 30% de todas as importações dos Estados Unidos.[22]

Uma importante objeção ao NAFTA é que ele não dá a atenção necessária ao prejuízo ambiental que pode ocorrer à medida que a produção no México aumenta, já que seus padrões ambientais e cumprimento da lei têm níveis mais baixos do que os dos Estados Unidos ou do Canadá. Entretanto, não há consenso neste ponto; vários estudos sugerem que os impactos ambientais negativos poderiam ser menores sob o NAFTA do que sob uma continuação dos entendimentos comerciais antes do NAFTA. Outras objeções surgiram por causa dos padrões mais baixos de

---

[21]See Joel Millman, "Job Shift to Mexico Lets U.S. Firms Upgrade," *The Wall Street Journal*, 15 nov. 1999, p. A28.
[22]Russell L. Frisbie, "The Impact of NAFTA-A U.S. Perspective," discurso feito em 12 de março de 2003 e extraído de www.usembassy.at/en/embassy/photo/nafta_frisbie.htm.

No mundo real:
Os efeitos do NAFTA no comércio norte-americano

Apesar de não ter passado muito tempo desde a formação do NAFTA no início de 1994 e as reduções tarifárias não terem ainda sido completamente implementadas, uma pergunta persistente entre os observadores tem sido "quais foram os efeitos econômicos do NAFTA?". Em resposta, tentativas têm sido feitas para avaliar os impactos, tentativas que utilizam os dados limitados sobre os acontecimentos reais desde a formação do NAFTA ou efeitos de previsão com base nas informações antes do NAFTA. Neste estudo de caso, nós enfocamos dois documentos em que se tentou determinar o impacto sobre os fluxos comerciais desse tratado de livre-comércio; somente quando os efeitos sobre os fluxos de comércio são claros é que os economistas podem começar a tratar das questões maiores dos impactos em variáveis tais como produção, emprego, distribuição de renda e bem-estar.

David M. Gould (1998), do Federal Reserve Bank of Dallas, tentou oferecer números quantitativos sobre os efeitos reais do NAFTA sobre o comércio durante os três primeiros anos de operação do acordo. Ele desenvolveu equações para explicar exportações e importações entre os três países. Por exemplo, as importações de um dos países de cada um dos outros dois tornaram-se uma função de níveis de preço de país, PIBs reais e a taxa de câmbio relevante. Termos adicionais foram então introduzidos nas equações para representar o início do NAFTA. (Nota: As equações de Gould eram do tipo de modelo de gravidade comentado no final do Capítulo 10.) A intenção da formulação específica das equações foi determinar se as taxas de crescimento dos seis fluxos de comércio foram alteradas durante os três primeiros anos do NAFTA em comparação com as taxas em anos antes do NAFTA. (Os seis fluxos de comércio são importações feitas pelos Estados Unidos do Canadá, pelos Estados Unidos do México, pelo Canadá dos Estados Unidos, pelo Canadá do México, pelo México dos Estados Unidos e pelo México do Canadá.) As equações estatísticas de estimativa de Gould abrangeram os anos de 1980 a 1996, sendo os três últimos anos o período do NAFTA.

Em seu trabalho estatístico, Gould estimou que, em média, as exportações dos Estados Unidos para o México cresceram 16,3% mais rápido por ano com o NAFTA em vigor em comparação com o que teria ocorrido sem o NAFTA. Importações feitas pelos Estados Unidos do México tinham o número de 16,2% de crescimento mais rápido por ano. Além disso, Gould observou a alta significância estatística associada a esses números. Com relação ao comércio Estados Unidos – Canadá, ele calculou que as exportações dos Estados Unidos para o Canadá cresceram 8,6% mais rápido com o NAFTA do que teria sido sem o NAFTA, e as importações feitas pelos Estados Unidos do Canadá cresceram 3,9% mais rápido. Entretanto, em suas estimativas, esses resultados não eram significativos estatisticamente, ou seja, não havia efeito demonstrado do NAFTA sobre o comércio Estados Unidos – Canadá. Isso não é de surpreender, porque os Estados Unidos e o Canadá tinham feito um acordo de livre-comércio um com o outro em vigor desde o início de 1989. Finalmente, não havia efeito perceptível do NAFTA sobre o comércio entre Canadá e México, provavelmente porque o comércio entre os dois países é uma parcela pequena de seu comércio total. Gould até sugere que o efeito do NAFTA poderia ter sido negativo, ou seja, que o acordo pode ter feito com que algumas importações pelo Canadá do México fossem agora compradas dos Estados Unidos.

Outro estudo, feito por David Karemera e Kalu Ojah (1998), conduziu uma investigação adicional sobre os efeitos comerciais, olhando especificamente para a possível criação de comércio e desvio de comércio. Diferentemente da abordagem de Gould, entretanto, esse estudo foi antecipatório – indicando, com base em informação passada, o que *poderia* acontecer com o NAFTA e não o que já tinha acontecido em sua breve história. O estudo de Karemera e Ojah foi conduzido no âmbito de indústria microeconômico. Eles calcularam primeiramente a criação de comércio em qualquer dado setor de indústria utilizando os valores de comércio antes do NAFTA, as elasticidades de demanda de importação (que eles calcularam a partir das equações de demanda de importação que construíram) e o tamanho das reduções de tarifas do NAFTA no setor de indústria específico que está sendo examinado. As equações de desvio de comércio em geral utilizaram dados sobre importações de qualquer dado produto de países não integrantes do NAFTA, produção local concorrendo com importação, elasticidades de demanda de importação e as reduções na tarifas com o NAFTA. Esses cálculos de criação e desvio foram feitos para vários setores de indústria nos seis fluxos de comércio do NAFTA, sendo usadas mercadorias específicas dependendo de qual fluxo de comércio estava sendo examinado. Os produtos selecionados representaram (de 1920 a 1992) 20% das importações feitas pelos Estados Unidos do Canadá, 23% das importações feitas pelos Estados Unidos do México, 6% das importações feitas pelo Canadá dos Estados Unidos, 24% das importações feitas pelo Canadá do México, 7% das importações feitas pelo México dos Estados Unidos e 12% das importações feitas pelo México do Canadá.

A Tabela 9 apresenta os resultados das estimativas de Karemera e Ojah do que poderia se esperar do NAFTA. A coluna "Expansão do comércio" é o impacto total esperado sobre o comércio dos produtos selecionados. Isso, por sua vez, como já foi visto quanto à teoria de união aduaneira, pode ser dividido em "criação de comércio" e "desvio de comércio". Por exemplo, na tabela, o fluxo de importações feitas pelos Estados Unidos

No mundo real:

do Canadá deve se expandir em $1,074 bilhão, com $690 milhões dessa expansão de comércio representando criação de comércio, e $384 milhões representando desvio de comércio – importações que anteriormente entravam nos Estados Unidos vindas de outros países, mas que agora virão do Canadá. As importações feitas pelos Estados Unidos do México devem aumentar em $335 milhões, e novamente a criação de comércio é maior do que o desvio de comércio. Além disso, as importações feitas pelo Canadá dos Estados Unidos de mercadorias selecionadas também sofrerão maior criação do que desvio, da mesma maneira que as importações feitas pelo México dos Estados Unidos. Note-se, entretanto, que o NAFTA deve ter um excesso *substancial* de desvio de comércio em relação à criação de comércio nos casos de importações feitas pelos Estados Unidos do México e pelo México do Canadá. Claramente, se tais estimativas estão em algumas medidas próximas da marca, os fornecedores do mundo externo das mercadorias envolvidas (por exemplo, papel e papelão, equipamento automático de processamento de dados, motores de combustão interna de pistão) não estarão felizes com os efeitos do NAFTA.

TABELA 9 — Efeitos estimados do NAFTA sobre os fluxos de comércio (milhares de dólares norte-americanos)

Fluxo de comércio	Expansão do comércio	Criação de comércio	Desvio de comércio
Importações feitas pelos EUA do Canadá	$1.074.186	$689.997	$384.189
Importações feitas pelos EUA do México	334.912	284.774	50.138
Importações feitas pelo Canadá dos EUA	63.656	38.444	25.212
Importações feitas pelo Canadá do México	167.264	3.321	163.943
Importações feitas pelo México dos EUA	77.687	50.036	27.651
Importações feitas pelo México do Canadá	28.001	902	27.099

Fonte: David Karemera e Kalu Ojah, "An Industrial Analysis of Trade Creation and Diversion Effects of NAFTA," *Journal of Economic Integration* 13, n. 3 (set. 1998), p. 419-20.

Fontes: David M. Gould, "Has NAFTA Changed North American Trade?" Federal Reserve Bank of Dallas *Economic Review*, First Quarter 1998, p. 12-23; David Karemera e Kalu Ojah, "An Industrial Analysis of Trade Creation and Diversion Effects of NAFTA," *Journal of Economic Integration* 13, n. 3 (set. 1998), p. 400-25.

mão de obra no México (por exemplo, menos leis de segurança restritivas no local de trabalho) e das possibilidades de grandes "surtos de importação" à medida que o acordo fosse implementado. Por causa dessas objeções ambientais e de padrões de trabalho, dois acordos secundários acompanharam o NAFTA. O Acordo Norte-Americano sobre Cooperação Trabalhista criou uma atmosfera de cooperação entre os membros do NAFTA sobre aspectos de trabalho, e ofereceu supervisão e aplicação das leis trabalhistas. Violações das leis trabalhistas, como em dois casos cujas empresas mexicanas não permitiram que os sindicatos do México votassem por meio de cédula secreta, agora são trazidas a público, permitindo, portanto, correção. Além disso, na década de 1990, o México aumentou seu financiamento para aplicação das leis trabalhistas. Quanto à proteção ambiental, o acordo secundário ambiental facilitou a certificação e o financiamento de projetos de infraestrutura que melhorarão o meio ambiente ao longo da fronteira de duas mil milhas México – Estados Unidos. Além disso, a Comissão de Cooperação Ambiental do NAFTA levou a uma maior cooperação em vários aspectos, tais como o comércio ilegal descampados perigosos, caça a animais selvagens ameaçados de extinção, e eliminação de pesticidas e outros produtos químicos tóxicos.[23]

---

[23] U.S. Trade Representative, "Executive Summary" of *Study on the Operation and Effect of the North American Free Trade Agreement* (Washington, DC: U.S. Government Printing Office, 1997), extraído de www.ustr.gov.

Outros esforços importantes de integração econômica

MERCOSUL

Em 1991, Argentina, Brasil, Paraguai e Uruguai formaram o Mercado Comum do Cone Sul **(MERCOSUL),** que é uma união aduaneira que elimina as tarifas sobre mercadorias e serviços entre países-membros e estabelece uma tarifa externa comum. Além disso, os países do MERCOSUL estabeleceram um acordo separado de promoção e proteção de investimento recíproco (o Protocolo Colônia de 1994), "que garante tratamento não discriminatório, proíbe critérios de desempenho como exportações mínimas ou insumos locais, bane restrições de interdição sobre repatriação de capital e remessas de lucros, e proíbe também expropriação" (UITC, *International Economic Review,* Outubro/Novembro de 1996, p. 23). Além disso, um protocolo de agosto de 1995 provê termos limitados de referência sobre direitos de propriedade intelectual, e todos os países-membros aceitaram as regras de propriedade intelectual negociadas como parte da Rodada Uruguai. Entretanto, não há dispositivo para aprovisionamentos governamentais porque essa atividade é regulada no Brasil pela sua Constituição. A Venezuela assinou um acordo de associação em 17 de junho de 2006 e tornou-se membro efetivo em 4 de julho. A inclusão da Venezuela dá ao MERCOSUL uma população total de mais de 260 milhões de pessoas e um PIB combinado de mais de $1,4 trilhões. Os quatro membros originais adotaram um conjunto comum de tarifas aduaneiras e livre trânsito de mercadorias e serviços, e, quando da preparação deste trabalho, está sendo aguardado que a Venezuela apresente sua programação para atender às exigências de ingresso. Bolívia, Chile, Colômbia, Equador e Peru atualmente têm status de membros associados.[24] Os representantes do MERCOSUL também tiveram entendimentos com representantes de outros países andinos e do México referentes a possíveis entendimentos FTA.

CAFTA-DR

O **Acordo de Livre-Comércio América Central–República Dominicana–EUA** (CAFTA-DR), assinado em 5 de agosto de 2004, é um acordo histórico que cria a segunda maior zona de livre-comércio na América Latina para exportações dos Estados Unidos. Sob este acordo, a República Dominicana ingressa no Acordo de Livre-Comércio América-Central assinado anteriormente em 2004 com Costa Rica, El Salvador, Guatemala, Honduras e Nicarágua.[25] Os Estados Unidos exportam mais de $15 bilhões anualmente para a região, fazendo com que ela fique em segundo lugar atrás do México, na América Latina, e seja o décimo maior mercado exportador da América. O CAFTA-DR é um mercado de exportação dos EUA maior que a Rússia, Índia e Indonésia juntos. Depois que entrar em vigor, o acordo CAFTA-DR eliminará 80% das tarifas imediatamente, e as tarifas remanescentes estão programadas para ser eliminadas em 10 anos.[26]

A lei que implementou o CAFTA-DR foi assinada pelos Estados Unidos em agosto de 2005. O acordo entrou em vigor para El Salvador em 1º de março de 2006; para Honduras e Nicarágua em 1º de abril de 2006; e para Guatemala em 1º de julho de 2006. O acordo foi ratificado na República Dominicana em 1º de março de 2007, fazendo com que a Costa Rica fosse o único membro que ainda necessitava ratificar o acordo.[27]

FTAA

Em junho de 1995, foi iniciado um trabalho em uma reunião de 34 ministros do Comércio do hemisfério ocidental (Cuba não participou) para criar a **Área de Livre-Comércio para as Américas (ALCA).** A finalidade dessa reunião era dar os passos iniciais rumo ao estabelecimento de um acordo de livre-comércio hemisférico que se basearia na evolução contínua dos vários acordos comerciais subregionais da região, tais como NAFTA e MERCOSUL. Sete

---

[24]Joanna Klonsky, "Mercosul: South America's Fractious Trade Bloc," Council on Foreign Relations, extraído de www.cfr.org.

[25]U.S. Department of State: International Information Programs, "Central American Free Trade Agreement – Dominican Republic" atualizado em 4 de abril de 2007, extraído de http://usinfo.state.gov.

[26]Office of the U.S. Trade Representative, "CAFTA Policy Brief – fevereiro de 2005," extraído de www.ustr.gov.

[27]Office of the U.S. Trade Representative, "Statement of U.S. Trade Representative Susan C. Schwab Regarding Entry Into Force of the CAFTA-DR for the Dominican Republic," 1º de março de 2007, obtido de www.ustr.gov.

grupos de trabalho foram estabelecidos (sobre acesso ao mercado, procedimentos aduaneiros e regras de origem, investimento, padrões e barreiras técnicas ao comércio, medidas sanitárias e fitossanitárias, subsídios, e economias menores) na declaração conjunta e no plano de trabalho resultantes, e foram criados dispositivos para incluir quatro grupos adicionais nas áreas de aprovisionamentos governamentais, de direitos de propriedade intelectual, de serviços, e de política de concorrência. Este é o plano mais ambicioso proposto até hoje para cooperação econômica hemisférica, e sem dúvida terá sérios obstáculos que precisam ser superados antes de sua implementação. (Veja USITC, *International Economic Review,* 1995, p. 11-12.) Os ministros dos 34 países que participaram das negociações da ALCA se encontraram em Quito, Equador, em 1º de novembro de 2002, para rever o progresso do estabelecimento das diretrizes para a próxima fase das negociações. (Veja Free Trade Area of the Americas em www.ftaa-alca.org.) Entretanto, tensões políticas crescentes entre a Venezuela e os Estados Unidos em 2006 e 2007 impediram o progresso em relação à finalização da ALCA.

Acordos Comerciais do Chile

No início dos anos de 1990, sucessivos governos chilenos buscaram ativamente acordos de liberalização de comércio. O Chile assinou FTAs com Canadá, México e América Central. O Chile também concluiu acordos de comércio preferencial com Venezuela, Colômbia e Equador. Um acordo de associação com o MERCOSUL – Argentina, Brasil, Paraguai, Uruguai e Venezuela – entrou em vigor em outubro de 1996. Como parte de uma estratégia de desenvolvimento voltada para a exportação, o Chile concluiu acordos de livre-comércio históricos em 2002 com a União Europeia e a Coreia do Sul e um acordo com os Estados Unidos em 2004, que levará a comércio completamente livre de taxas dentro de 12 anos. O Chile, como membro da cooperação econômica Ásia-Pacífico, está buscando fomentar laços comerciais com mercados asiáticos. Com esse objetivo, assinou acordos comerciais em anos recentes com Nova Zelândia, Cingapura, Brunei, Índia, China, e, mais recentemente, Japão. Em 2007, o Chile planejou iniciar negociações com Tailândia, Malásia e Austrália. (Veja U.S. Department of State, em Secretary for Public Diplomacy and Public Affairs, Background Notes: Chile, April 2007, www.state.gov)

Enquanto muitos desses acordos estão tendo impacto positivo sobre o comércio, o Chile e o México podem ter os relacionamentos comerciais de crescimento rápido na América Latina. Com o auxílio do acordo de livre-comércio, o comércio entre Chile e México se expandiu em quase 2.000% desde 1990.[28] Além dos acordos de livre-comércio, o Chile adotou uma tarifa uniforme de 10% sobre mercadorias provenientes de países sem acordos especiais de comércio em 1999 e reduziu aquela taxa em 1% a cada ano até que atingisse 6% em 2003. Além disso, o Chile assinalou que pretende continuar a buscar acordos adicionais de livre-comércio bilaterais, o que certamente resultará em uma tarifa média mais baixa do que 6%.[29]

APEC

O fórum da **Cooperação Econômica Ásia-Pacífico (APEC)**, foi iniciado em novembro de 1989 em uma reunião ministerial realizada em Camberra, Austrália, com representantes de 12 países. A associação agora tem 21 membros (Austrália, Brunei, Canadá, Chile, China, Hong-Kong, Indonésia, Japão, República da Coreia, Malásia, México, Nova Zelândia, Papua-Nova Guiné, Peru, Filipinas, Rússia, Cingapura, Taiwan, Tailândia, Estados Unidos e Vietnã), muitos dos quais participam em outras organizações subregionais de liberalização de comércio. Os esforços de liberalização de comércio são focados no desenvolvimento e na adoção de medidas concretas para atingir o livre-comércio e investimento na área Ásia-Pacífico por volta do ano 2020. Esse trabalho é promovido por meio de fóruns de reuniões ministeriais anuais, sendo o anfitrião da reunião anual o presidente da organização durante todo o ano. Visto que a região Ásia-Pacífico

---

[28]Diego Cevallos, "Chile-Mexico: Nothing Like Free Trade," *Inter Press Service News Agency*, 7 abr. 2007.

[29]Mary Anastasia O'Grady, "Chileans Opt for Free Trade While the U.S. Dawdles," *The Wall Street Journal,* 8 out. 1999, p. A19.

é a maior do mundo e atualmente a mais dinâmica em termos de PIB combinado, a APEC tem potencial para se tornar uma influência importante na maneira pela qual o comércio internacional e o investimento serão conduzidos nos próximos 30 anos.[30]

---

[30] A edição de junho/julho/agosto de 1996 *International Economic Review* da USITC oferece uma excelente visão geral da APEC. Nossa discussão foi extraída dessa fonte e da Agência Central de Inteligência, *The World Factbook 1999* (Washington, DC: CIA, 1999), apêndice C, extraído de www.odci.gov.

Resumo

Este capítulo examinou a teoria por trás da formação de vários tipos de projetos de integração econômica. Quando um regime de política comercial discriminatório deste tipo é introduzido, o comércio é criado por meio de substituição de produtores nacionais por fornecedores parceiros de custo mais baixo. A criação de comércio pode aprimorar o bem-estar. Entretanto, o desvio de comércio por meio de substituição de fontes de suprimento de baixo custo do mundo externo pode também ocorrer, e isso pode reduzir o bem-estar. Quaisquer conclusões quanto a se o bem-estar aumentará ou cairá devem ser baseadas em uma análise de cada formação específica de coalizão. Quando efeitos dinâmicos como a realização de economias de escala e aumento de investimento e fluxos de tecnologia são considerados, a pressuposição é de que mais provavelmente os sócios se beneficiarão da união, e o mundo externo também pode ganhar. O capítulo também considerou a União Europeia – um projeto de mercado único que causou alvoroço tanto dentro quanto fora da Europa e tem tido consequências importantes para o comércio internacional. Um outro projeto, o CMEA, se desintegrou. Entretanto, esta desintegração pode trazer melhora no bem-estar à medida que ocorrem reformas de mercado e integração mais estreita da Europa Central e Oriental e das antigas repúblicas da União Soviética com outros países. Finalmente, uma importante integração econômica está ocorrendo no hemisfério ocidental com a implementação do Tratado Norte-Americano de Livre-Comércio (NAFTA), MERCOSUL e a potencial Área de Livre-Comércio para as Américas.

Uma nota de cautela deve ser feita: há uma sensação considerável entre os economistas de que as coalizões econômicas entre grupos regionais de países podem não ser tão economicamente desejáveis quanto uma alternativa – quedas *não* discriminatórias nas barreiras comerciais em todo o mundo. Em outras palavras, o mundo pode estar se movimentando em direção a blocos de países e para longe da integração *global*. Tensões e atritos políticos também podem resultar das ações atuais de política discriminatória. Uma questão importante neste debate é se o segundo melhor caminho de reduções de barreiras comerciais discriminatórias é mais viável do que o melhor, reduções *não* discriminatórias. O intenso desacordo durante a Rodada Uruguai de negociações comerciais dá crédito a essa visão pessimista, apesar de que algum sucesso foi de fato obtido na Rodada Uruguai. Mais recentemente, a paralisação da Agenda de Desenvolvimento de Doha dá respaldo a essa visão.

No mundo real:
Integração econômica na África – demais?

Os acordos regionais de comércio são geralmente tidos como potencialmente benéficos tanto no sentido estático quanto no dinâmico. No curto prazo, os países-membros se beneficiam desde que o desvio de comércio não ultrapasse os efeitos da criação de comércio. Ganhos no longo prazo ou dinâmicos ocorrem por meio dos canais conhecidos de aumento de eficiência com base em especialização, economias de escala, aumento de comércio e investimentos. Várias tentativas de integração têm sido realizadas na África. A pesquisa focada nesses acordos levantou algumas questões interessantes. No lado estático, a partir do momento em que esses países negociam pouco uns com os outros (menos de 10% do comércio da África é dentro da África), as perdas estáticas por meio de desvio de comércio são vistas como insignificantes.

No aspecto dinâmico, entretanto, um estudo feito por Robert Sharer, do FMI, sugeriu que as iniciativas africanas de integração estão criando dificuldades dinâmicas por causa da natureza coincidente e inconsistente de alguns desses empreendimentos regionais. A complexidade e a natureza coincidente dos muitos acordos são demonstradas na Figura 4. As várias organizações têm quadros de associados coincidentes com inconsistências internas, regulamentos e normas conflitantes, e diferentes estratégias e objetivos que trabalham para impedir a expansão dos mercados nacionais e desencorajar tanto o investimento nacional quanto o estrangeiro. Esses aspectos de integração podem também tender para a intensificação de problemas e aspectos políticos na área. Consequentemente, muitos esforços de integração simultâneos podem ser "demais".

CAPÍTULO 17   INTEGRAÇÃO ECONÔMICA

NO MUNDO REAL:

FIGURA 4   Entendimentos comerciais coincidentes na África Oriental e Meridional

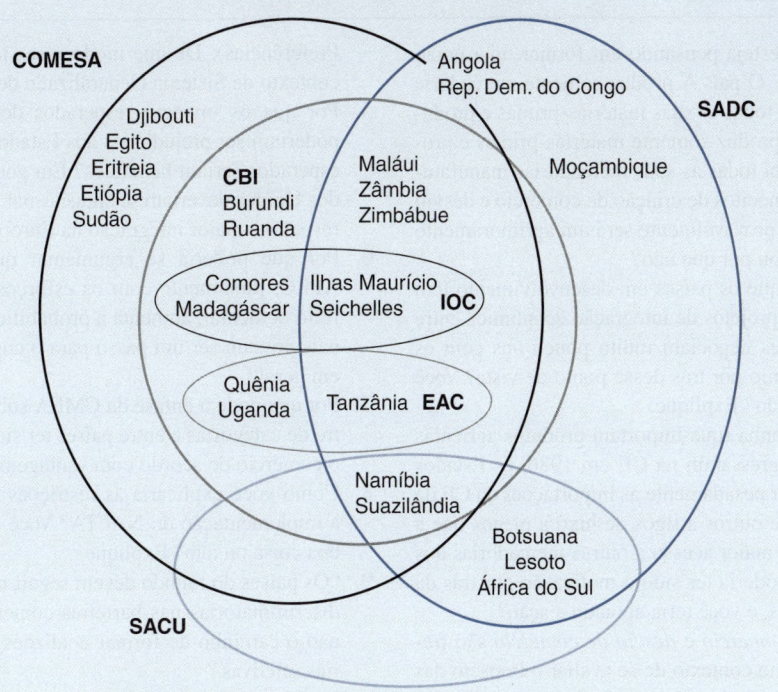

Acordos regionais de comércio que coincidem na África oriental e meridional

COMESA
- Djibouti
- Egito
- Eritreia
- Etiópia
- Sudão

CBI
- Burundi
- Ruanda

- Maláui
- Zâmbia
- Zimbábue

SADC
- Angola
- Rep. Dem. do Congo
- Moçambique

- Comores
- Madagáscar

IOC
- Ilhas Maurício
- Seichelles

EAC
- Quênia
- Uganda
- Tanzânia

- Namíbia
- Suazilândia

SACU
- Botsuana
- Lesoto
- África do Sul

Nota:
- CBI — Iniciativa Transfronteiriça
- COMESA — Mercado Comum da África Oriental e Austral
- EAC — Comunidade da África Oriental
- IOC — Comissão do Oceano Índico
- SADC — Comunidade para o Desenvolvimento da África Austral
- SACU — União Aduaneira da África Austral

Muitos países africanos fazem parte de variados grupos regionais. Nessa figura, note que dos 25 países somente seis (Djibuti, Egito, Eritreia, Etiópia, Moçambique e Sudão) participam apenas um acordo comercial. O problema dos grupos múltiplos é que as regulamentações podem conflitar, as estratégias podem diferir e muitas dificuldades políticas podem surgir.

Fonte: Robert Sharer, "Trade: An Engine of Growth for Africa," *Finance and Development* 36, n. 4 (dez. 1999), p. 26-29. Usado com permissão.

TERMOS-CHAVE

- Acordo de Livre-Comércio América Central-República Dominicana–EUA
- Acordo de Livre-Comércio Canadá–EUA
- área de livre-comércio (FTA)
- Área de Livre-Comércio para as Américas (ALCA)
- EC92
- Comunidade Europeia (CE)
- criação de comércio
- desvio de comércio
- economias em transição
- efeitos dinâmicos da integração econômica
- efeitos estáticos da integração econômica
- elasticidade-renda de demanda de importação *ex post* (YEM)
- "euroesclerose"
- Cooperação Econômica Ásia-Pacífico (APEC)

Lei Europeia Única
mercado comum
MERCOSUL
programa *maquiladora*
regras de origem

segundo melhor
tarifa externa comum
transbordo
Tratado Norte-Americano de
　Livre-Comércio (NAFTA)

união aduaneira
união econômica
União Europeia (UE)
união monetária

Questões e problemas

1. Suponha que o país A esteja pensando em formar uma união aduaneira com o país B. O país A produz somente mercadoria manufaturada e importa todas as suas matérias-primas e produtos agrícolas. O país B produz somente matérias-primas e produtos agrícolas e importa todas as suas mercadorias manufaturadas. Lembrando os conceitos de criação de comércio e desvio de comércio, esta união provavelmente será um aprimoramento do bem-estar? Por que, ou por que não?

2. Diz-se frequentemente que os países em desenvolvimento têm pouco a ganhar com os projetos de integração econômica entre eles mesmos porque eles negociam muito pouco uns com os outros. Qual é o raciocínio por trás desse ponto de vista? Você concorda com a conclusão? Explique.

3. Quando Portugal e Espanha (que importam produtos agrícolas dos Estados Unidos) ingressaram na CE em 1986, os Estados Unidos ameaçaram taxar pesadamente as importações da CE de vinhos, uísque escocês e outros artigos de luxo a menos que a Comunidade permitisse maior acesso a outras mercadorias dos Estados Unidos. Qual poderia ter sido a motivação por trás da ação dos Estados Unidos, e você teria apoiado a ação?

4. Os termos *criação de comércio* e *desvio de comércio* são frequentemente aplicados no contexto de se avaliar o impacto das preferências tarifárias dos países desenvolvidos para os produtos de países em desenvolvimento (Sistema Generalizado de Preferências). De que modo esses termos podem ser úteis no contexto de Sistema Generalizado de Preferências?

5. Por que os impactos esperados de maior integração na UE poderiam ser prejudiciais aos Estados Unidos? Quais impactos esperados seriam benéficos? Em geral, você acha que os Estados Unidos deveriam se entusiasmar ou se preocupar no que diz respeito à maior integração na Europa? Por quê?

6. Por que poderia se argumentar que o desenvolvimento da APEC, juntamente com os esforços de integração no hemisfério ocidental, aumenta a probabilidade de que acordos regionais possam ser um passo para o comércio mundial mais livre em geral?

7. Por que pode a ênfase da CMEA sobre saldos "bilaterais" dentro de categorias e entre países ter sido um prejuízo para atingir o comércio de acordo com vantagem comparativa?

8. Como você explicaria as restrições nos Estados Unidos sobre a implementação do NAFTA? Você acha que o NAFTA é uma boa coisa ou não? Explique.

9. "Os países do mundo devem seguir o caminho de reduções não discriminatórias nas barreiras comerciais em todo o mundo e não o caminho de formar coalizões econômicas discriminatórias seletivas."
   (*a*) Desenvolva um argumento a favor dessa declaração.
   (*b*) Desenvolva um argumento contra essa declaração.

CAPÍTULO 18

O COMÉRCIO INTERNACIONAL E OS PAÍSES EM DESENVOLVIMENTO

OBJETIVOS DE APRENDIZADO

- Familiarizar-se com as variadas características dos países em desenvolvimento.

- Aprender como uma maior abertura ao comércio pode contribuir potencialmente para um crescimento econômico mais rápido.

- Compreender os problemas da instabilidade das exportações e da deterioração dos termos de troca enfrentados pelos países em desenvolvimento.

- Compreender a natureza e as soluções potenciais para os problemas de dívida externa dos países em desenvolvimento.

Introdução

Banco Mundial, 5 de Abril de 2007 Após dez anos da crise financeira do Leste Asiático de 1997, a região está mais rica, tem um menor número de pessoas pobres e desempenha um papel global mais amplo do que antes. A renda das pessoas está muito superior àquela antes da crise e, em alguns países como China, Vietnã, Camboa e Laos, cresce em níveis excepcionais. Mais de 100 milhões de pessoas em todo o Leste Asiático deixaram a classificação de extrema pobreza desde 2000, e a pobreza continua diminuindo.

Tendo lutado com a crise e superado muitas das vulnerabilidades que levaram a ela, o Leste Asiático está se tornando rapidamente uma região de renda média. Na realidade, quando o Vietnã se tornar um país mais de renda média do que baixa – provavelmente isso acontecerá já no início de 2010 – mais do que 95% da população do Leste Asiático estará vivendo em países de renda média. Com a taxa de crescimento corrente, menos do que 25 milhões de um total de 2 bilhões de habitantes do Leste Asiático estarão vivendo abaixo da linha de pobreza em 2020.[1]

De que maneira essas mudanças de condições econômicas devem ser relacionadas com o comércio e as finanças internacionais? O propósito deste capítulo é explorar essas relações. Nós começamos com um resumo das várias características dos países em desenvolvimento.

Um panorama dos países em desenvolvimento

Ao apresentar as características econômicas dos países em desenvolvimento, ou dos países menos desenvolvidos (*less developed countries* – LDCs), deve-se ter em mente que eles não são um grupo homogêneo; há muitas diferenças nos níveis de renda, tipos de estruturas industriais, grau de participação no comércio internacional e tipos de problemas enfrentados na economia mundial. A despeito desse cuidado que se deve ter no que diz respeito à diversidade entre os LDCs, uma análise das características desses países pode ser útil para enfatizar que os países em desenvolvimento são muito diferentes dos países desenvolvidos ou dos países industrializados. A Tabela 1 apresenta dados sobre características econômicas e não econômicas agrupadas em uma estrutura utilizada pelo Banco Mundial em seus *World Development Indicators 2006*. As economias de *baixa renda* nessa tabela são LDCs com renda anual per capita de $875 ou menos em 2005, enquanto as economias com *renda média baixa* são LDCs com renda per capita de $876 a $3.465. A categoria economia com *renda média alta* abrange países em desenvolvimento com renda anual per capita de $3.466 a $10.725. Por fim, há uma quarta categoria, das economias com *alta renda*, que abrange economias com renda per capita acima de $10.725. Os dados abrangem 208 economias.

A tabela claramente indica diferenças entre os países em desenvolvimento. Em geral, contudo, os LDCs podem ser caracterizados como tendo rendas per capita menores. Além disso, a taxa de crescimento populacional, a participação da agricultura no PIB e a mortalidade infantil são maiores, e a expectativa de vida é mais curta do que nos países de alta renda. Entretanto, recentemente, o crescimento do total do PIB tem sido maior nos países em desenvolvimento de baixa renda e menor nos países de renda média do que em outros países. As exportações como porcentagem do PIB aumentaram profundamente para todos os grupos de países em desenvolvimento. Finalmente, a participação das exportações de manufaturados no total das exportações tende a ser menor nos países em desenvolvimento do que nos países de renda alta; isso seria muito mais perceptível se a China e a Índia fossem excluídas do total de países de renda baixa, mas o número preciso não está disponível.

---

[1]"East Asia 10 Years After the Financial Crisis," World BankNews; extraído de www.worldbank.org.

TABELA 1 Características econômicas e não econômicas dos países em desenvolvimento e países de alta renda

	Baixa Renda*	Renda Média Baixa†	Renda Média Alta‡	Alta Renda§
População, 2005 (em milhões)	2.353	2.474	599	1.011
Renda per capita, 2005 (em dólares)	580	1.918	5.625	35.131
Taxa de crescimento anual do PIB, 2005	7,5%	6,9%	5,5%	2,8%
Taxa de crescimento anual da população, 2005	1,8%	1,0%	0,4%	0,7%
Valor adicionado da agricultura como percentual do PIB, 2005	21,6%	12,5%	6,5%	1,8%
Valor adicionado da indústria como percentual do PIB, 2005	28,1%	41,3%	31,8%	28,1%
Exportações de bens e serviços como percentual do PIB,				
1990	17%	17%	28%	19%
2004	24%	32,5%	37,6%	23,7%
Bens manufaturados como percentual do total de exportações, 2002	58%	60%	60%	82%
Exportações de alta tecnologia como percentual das exportações de manufaturados, 2002	9%	17%	21%	23%
Taxa de mortalidade infantil (por 1.000 nascimentos), 2004	79,5	32,7	23,2	6,1
Anos de expectativa de vida no nascimento, 2004	58,8	70,2	69,2	78,7

NA = não disponível ou não aplicável

Nota: Em algumas situações, um número usado é de um ano diferente daquele indicado.

*__Economias de baixa renda (54)__: Afeganistão, Bangladesh, Benin, Butão, Burkina Fasso, Burundi, Camboja, República Centro-Africana, Chade, Comores, República Democrática do Congo, Costa do Marfim, Eritreia, Etiópia, Gâmbia, Gana, Guiné, Guiné-Bissau, Haiti, Índia, Quênia, República Democrática Popular da Coreia, República do Quirguistão, Laos, Libéria, Madagáscar, Maláui, Mali, Mauritânia, Mongólia, Moçambique, Mianmar, Nepal, Níger, Nigéria, Paquistão, Papua-Nova Guiné, Ruanda, São Tomé e Príncipe, Senegal, Serra Leoa, Ilhas Salomão, Somália, Sudão, Tadjiquistão, Tanzânia, Timor Leste, Togo, Uganda, Uzbequistão, Vietnã, Iêmen, Zâmbia e Zimbábue.

†__Economias de renda média baixa (58)__: Albânia, Algéria, Angola, Armênia, Azerbaijão, Bielo-Rússia, Bolívia, Bósnia-Herzegovina, Brasil, Bulgária, Camarões, Cabo Verde, China, Colômbia, República do Congo, Cuba, Djibuti, República Dominicana, Equador, Egito, El Salvador, Fiji, Geórgia, Guatemala, Guiana, Honduras, Indonésia, Irã, Iraque, Jamaica, Jordânia, Cazaquistão, Kiribati, Lesoto, Ex-República da Iugoslávia da Macedônia, Maldivas, Ilhas Marshall, Federação dos Estados da Micronésia, Moldova, Marrocos, Namíbia, Nicarágua, Paraguai, Peru, Filipinas, Samoa, Sérvia e Montenegro, Sri Lanka, Suriname, Suazilândia, Síria, Tailândia, Tonga, Tunísia, Turcomenistão, Ucrânia, Vanuatu, Banco Oeste e Gaza.

‡__Economias de renda média alta (40)__: Samoa Americana, Argentina, Barbados, Belize, Botsuana, Chile, Costa Rica, Croácia, República Tcheca, Dominica, Guiné Equatorial, Estônia, Gabão, Granada, Hungria, Letônia, Líbano, Líbia, Lituânia, Malásia, Maurício, Mayotte, México, Ilhas Marianas do Norte, Omã, Palau, Panamá, Polônia, Romênia, Federação Russa, Seichelles, República Eslovaca, África do Sul, São Cristóvão e Nevis, Santa Lúcia, São Vicente e Granadinas, Trinidad e Tobago, Turquia, Uruguai e Venezuela.

§__Economia de alta renda (56)__: Andorra, Antígua e Barbuda, Aruba, Austrália, Áustria, Bahamas, Bahrein, Bélgica, Bermudas, Brunei, Canadá, Ilhas Cayman, Ilhas do Canal, Chipre, Dinamarca, Ilhas Faroë, Finlândia, França, Polinésia Francesa, Alemanha, Grécia, Groenlândia, Guam, Hong Kong (China), Islândia, Irlanda, Ilha de Man, Israel, Itália, Japão, República da Coreia, Kuait, Liechtenstein, Luxemburgo, Macau (China), Malta, Mônaco, Holanda, Antilhas Holandesas, Nova Caledônia, Nova Zelândia, Noruega, Portugal, Porto Rico, Catar, San Marino, Arábia Saudita, Cingapura, Eslovênia, Espanha, Suécia, Suíça, Emirados Árabes Unidos, Reino Unido, Estados Unidos e Ilhas Virgens Norte-Americanas.

Fonte: World Bank, *World Development Indicators 2006* (Washington, DC: World Bank, 2006), extraído de www.devdata.worldbank.org.

Uma visão mais aprofundada dos países menos desenvolvidos

A Conferência das Nações Unidas para o Comércio e o Desenvolvimento (United Nations Conference on Trade and Development – UNCTAD) elaborou um relatório em 2002 sobre o status dos países menos desenvolvidos no mundo. O relatório focou a pobreza nos 49 países menos desenvolvidos do mundo das 104 nações em desenvolvimento.[2] Um capítulo do relatório focou os padrões de integração comercial e pobreza. Particularmente, o relatório desafiou a noção convencional segundo a qual a pobreza persistente nesses países é devida a seu baixo nível de integração comercial e insuficiente liberalização do comércio.

---

[2] As 49 nações designadas pela UNCTAD como Nações Menos Desenvolvidas incluem Afeganistão, Angola, Bangladesh, Benin, Butão, Burkina Fasso, Burundi, Camboja, Cabo Verde, República Centro-Africana, Chade, Comores, República Democrática do Congo, Djibuti, Guiné Equatorial, Eritreia, Etiópia, Gâmbia, Guiné, Guiné-Bissau, Haiti, Kiribati, Laos, Lesoto, Libéria, Madagáscar, Maláui, Maldivas, Mali, Mauritânia, Moçambique, Mianmar, Nepal, Níger, Ruanda, Samoa, São Tomé e Príncipe, Senegal, Serra Leoa, Ilhas Salomão, Somália, Sudão, Tanzânia, Togo, Tuvalu, Uganda, Vanuatu, Iêmen e Zâmbia. Veja "Escaping the Poverty Trap," *The Least Developed Countries Report 2002*, United Nations Conference on Trade and Development, Genebra, p. 103-117.

Kirchbach (2001) identificou quatro fatos estilizados sobre as relações comerciais internacionais dos países menos desenvolvidos que não necessariamente refletem a realidade corrente:

1. As razões comércio/PIB são menores nos países menos desenvolvidos.
2. Todos os países menos desenvolvidos exportam mercadorias primárias.
3. Todos os países menos desenvolvidos sofrem marginalização nos fluxos de comércio global, e sua tendência é inexoravelmente aumentar.
4. Todos os países menos desenvolvidos têm regimes de comércio fechados.[3]

A utilização da informação referente aos anos de 1980 e 1990 que faz parte do relatório de 2002 da UNCTAD pode lançar luz sobre a validade desses fatos estilizados. (Informação para comparação de anos mais recentes não está ainda disponível.)

A razão do comércio e o PIB

O comércio internacional é um importante componente do PIB nas economias menos desenvolvidas. De acordo com os dados de 1997-1998, as exportações e importações de bens e serviços constituíram uma média de 43% de seu PIB. Esse nível médio de integração comercial dos países menos desenvolvidos esteve em torno da mesma média mundial e na verdade acima daquela dos países de alta renda da Organização para Cooperação Econômica e Desenvolvimento (Organization for Economic Cooperation and Development – OECD).

Medidas de acordo com os preços correntes, as exportações e importações de bens e serviços como participação do PIB dos países menos desenvolvidos como um grupo cresceram 25% entre 1987-1989 e 1997-1998. Esse aumento esteve acima da média mundial, *mas* foi menor do que em outros países em desenvolvimento e muito menor do que em "países em desenvolvimento mais globalizados" (isto é, aqueles com uma maior razão entre comércio e renda nacional, tais como México e China). Além disso, a característica de exportação das economias menos desenvolvidas foi geralmente mais baixa do que a dependência das importações. As importações de bens e serviços foram equivalentes a 26% do PIB em média nos países menos desenvolvidos, enquanto as exportações de bens e serviços constituíram 17% do PIB (com 17 países menos desenvolvidos tendo exportações menores do que 10% do PIB). A integração comercial está aumentando para esse grupo de países, mas não a taxas tão rápidas quanto as dos países de renda baixa e média.

Exportações de mercadorias primárias

Para os países menos desenvolvidos como um grupo, as mercadorias primárias não processadas constituem 62% do total de exportações transacionadas, e as mercadorias primárias processadas totalizaram mais 8% das exportações transacionadas. Este é um caso onde as médias do grupo mascaram consideráveis diferenças entre os países menos desenvolvidos na composição das exportações. Desse grupo de 49 países, 18 países predominantemente exportaram manufaturas ou serviços (ou alguma combinação de ambos) e 4 dos exportadores de mercadorias primárias eram exportadores de petróleo. A Tabela 2 mostra a extensão da mudança pelos países menos desenvolvidos para os quatro subgrupos.

Uma análise dos subgrupos mostra a crescente especialização que ocorreu como resultado da maior exposição ao comércio internacional entre 1981-1983 e 1997-1999. Os países movimentaram mais recursos na produção de seus bens com vantagens comparativas, e a decomposição mostrou que países diferentes tinham vantagens comparativas em diferentes áreas. A crença tradicional de que todos os países menos desenvolvidos tinham vantagens comparativas em matérias-primas naturais não processadas não é adequada para muitas dessas nações. Para os exportadores de mercadorias não petrolíferas, as mercadorias primárias não processadas cresceram de 65% das exportações transacionadas para mais de 73%. Os exportadores de petróleo

---

[3]F. von Kirchbach, "An Assessment of the Least Developed Countries Export Performance from a Business and Product Perspective," artigo apresentado à Rodada de Negócios do ITC, Terceira Conferência das Nações sobre os Países Menos Desenvolvidos, Bruxelas, 16 mai. 2001.

TABELA 2 Composição do mercado de exportações dos subgrupos de países menos desenvolvidos, 1981-1983, 1997-1999
(percentual do total do mercado de exportações)

	Exportadores de mercadorias não petrolíferas		Exportadores de petróleo		Exportadores de manufaturas e/ou serviços		Exportadores de manufaturas	
	1981-1983	*1997-1999*	*1981-1983*	*1997-1999*	*1981-1983*	*1997-1999*	*1981-1983*	*1997-1999*
Mercadorias primárias								
Não processadas	64,6%	73,6%	91,0%	96,0%	47,3%	23,5%	47,3%	20,3%
Processadas	25,7	12,2	7,8	2,8	23,2	6,0	15,1	2,5
Total	90,3	85,8	98,8	98,8	70,5	29,6	62,4	22,8
Manufaturas								
Baixa capacitação	8,6	11,2	0,7	0,7	25,5	65,6	33,8	74,6
Alta capacitação	1,1	3,0	0,5	0,5	4,0	4,9	3,8	2,6
Total	9,7	14,2	1,2	1,2	29,5	70,4	37,6	77,2
Total geral	**100,0**	**100,0**	**100,0**	**100,0**	**100,0**	**100,0**	**100,0**	**100,0**

Fonte: Secretariado UNCTAD estimativas baseadas nos dados de U.N. COMTRADE.

mostraram um aumento de 91% para 96%. Os exportadores de manufaturas tiveram uma aumento na participação de manufaturas nas exportações transacionadas de 38% para mais de 77%. Apesar da dependência das exportações de mercadorias primárias descrever um número substancial de nações no grupo, isto está longe de uma descrição adequada dos países menos desenvolvidos como um grupo.

Marginalização dos fluxos de comércio global

Apesar da importância do comércio nos países menos desenvolvidos, o tamanho das economias e seus fluxos de comércio dão a impressão de que essas economias estão se tornando insignificantes (ou marginalizadas) no comércio global. O conceito de marginalização é baseado no receio de que a globalização resulte em uma concentração maior do comércio internacional e dos fluxos de investimento e que os benefícios atinjam somente um pequeno número de países. As exportações transacionadas dos países menos desenvolvidos são somente 0,5% das exportações transacionadas no mundo. Sobretudo, a participação deles nas exportações e importações mundiais tem declinado. Esse é o resultado das exportações e importações dos países menos desenvolvidos crescendo de maneira mais lenta do que as exportações e importações mundiais.

Essa aparente marginalização esconde as mudanças que ocorrem num nível mais individual. O declínio da participação das exportações dos países menos desenvolvidos chegou ao fundo no início dos anos de 1990. Depois de 1992, sua participação no comércio global parou de cair. A marginalização é mais perceptível para exportadores de mercadorias primárias não petrolíferas. A participação dos exportadores de petróleo dos países menos desenvolvidos cresceu no período de 1980, e sua participação nas exportações de manufaturas mundiais cresceu significativamente – dobrando de 0,1% em 1988 para 0,2% em 1999. Uma análise dos dados desagregados indica que o processo de marginalização foi limitado a exportadores de produtos primários não petrolíferos. Os exportadores de petróleo e serviços não tiveram a mesma perda de participação de mercado. As tendências positivas nessas áreas foram encobertas pela porção extremamente pequena do comércio mundial por parte dos países menos desenvolvidos.

Regimes de comércio fechados

Os regimes de comércio nos países menos desenvolvidos estavam muito mais abertos no fim dos anos de 1990 do que eram no fim dos anos de 1980. Há evidências que sugerem que os países menos desenvolvidos foram além no desmantelamento das barreiras de comércio do que outros países em desenvolvimento. Ao passo que a designação de regimes fechados era adequada nos anos de 1980, essa generalização não se aplica mais à maioria dos países menos desenvolvidos.

Liberalização do comércio, crescimento e pobreza

O relatório da UNCTAD oferece um sério desafio à assertiva comum segundo a qual a pobreza nos países menos desenvolvidos é devida a seu baixo nível de integração. A falta da liberalização do comércio também tem sido colocada em questão. Primeiro, muitos dos países menos desenvolvidos alcançaram um progresso substancial na direção da abertura de suas economias sem ter significativa redução da pobreza. De fato, a evidência sugere que, se os países forem divididos em quatro regimes de comércio (mais fechados, moderadamente fechados, moderadamente abertos e mais abertos), as economias que adotaram os regimes mais abertos e mais fechados realmente tiveram aumentos na pobreza. O declínio na pobreza ocorreu nos países que assumiram uma abordagem mais moderada à liberalização. Essa evidência leva à posição de que os efeitos positivos da liberalização do comércio sobre a pobreza são obtidos a longo prazo, e o ganho de curto prazo depende da implementação de "medidas complementares" para compensar alguns custos de ajuste associados à abertura de uma economia.

Uma análise do papel potencial do comércio internacional no processo de desenvolvimento econômico e alguns dos problemas experimentados estão a seguir. Essa análise é seguida por uma visão mais aprofundada da evidência empírica do efeito do comércio sobre o crescimento econômico em nações em desenvolvimento. O capítulo conclui com uma análise das políticas de comércio que têm sido utilizadas nas nações em desenvolvimento e a situação da dívida externa dos países em desenvolvimento.

O papel do comércio na estimulação do desenvolvimento econômico

Partindo das características gerais vistas, nós agora examinamos algumas das relações entre comércio internacional e discutimos uma série de problemas normalmente associados ao setor internacional dos LDCs. Nós também consideramos estratégias e políticas particulares que podem ser utilizadas para superar os problemas e focamos brevemente a maneira pela qual o comércio internacional pode influenciar mudanças em uma economia em desenvolvimento. Como as relações entre crescimento e comércio já foram discutidas no Capítulo 11, nossa preocupação aqui é não é restrita às mudanças na eficiência e capacidade do sistema, mas abordar amplamente o conjunto de efeitos que se relacionam com a capacidade da economia de satisfazer as necessidades e desejos de seus cidadãos ao longo do tempo. Nós nos preocupamos aqui com os efeitos estáticos e dinâmicos sobre o sistema econômico que surgem com as trocas de bens e serviços de um país com outros países, assim como a maneira pela qual estes efeitos relacionados ao comércio podem ser influenciados pela política econômica.

Os efeitos estáticos do comércio sobre o desenvolvimento econômico

Os efeitos estáticos do comércio foram desenvolvidos nos capítulos iniciais. Falando de modo simples, se há uma diferença entre os preços relativos em autarquia e aqueles que podem ser obtidos internacionalmente, então um país pode incrementar seu bem-estar pela especialização e exportação dos bens domésticos relativamente menos caros e através da importação de bens que são relativamente mais caros. Do ponto de vista do desenvolvimento, a mudança nas estruturas econômica e de distribuição de renda que é assumida para acompanhar este ajustamento é de clara importância. Como os sistemas econômicos dos países em desenvolvimento tendem a ser um pouco não responsivos a mudanças nos incentivos de preços, pelo menos a curto prazo, os fatores de produção podem não se mover facilmente dos setores contratantes de altos custos para a expansão dos setores de baixos custos. Nesse caso, o processo de ajuste assume as características do modelo de fatores específicos (Capítulo 8) e os ganhos da especialização são reduzidos no curto prazo. Como dissemos no Capítulo 6, entretanto, mesmo que a produção de um país não mude nada, ainda há ganhos da troca. Além disso, as características do bem de importação – tanto em termos de qualidade para os consumidores quanto da produtividade no caso de insumos de capital e bens intermediários – podem incrementar a capacidade que a economia tem de satisfazer os desejos de consumo. As importações também podem ajudar aliviando os gargalos domésticos, permitindo à economia operar mais próxima de sua fronteira de possibilidades de produção – que é o mesmo que dizer mais eficientemente – numa base consistente.

O impacto estático do comércio sobre a estrutura de produção da economia que ocorre quando a especialização segue as vantagens comparativas resultará numa expansão relativa do(s) setor(es) que utilizam de maneira relativamente intensa o fator abundante. Para a maioria dos países em desenvolvimento, isso resulta em incentivos à expansão da produção intensiva em trabalho em vez da mais moderna produção de capital intensivo, o que significa expandir a agricultura tradicional, os bens primários e as manufaturas intensivas em trabalho. O comércio internacional estimula então o emprego e coloca pressão sobre os salários, como sugerido pela explanação de Heckscher-Ohlin da base para o comércio. Entretanto, na medida em que os países em desenvolvimento são caracterizados como de alto desenvolvimento, o impacto da demanda incrementada pelo trabalho sobre o nível de salário é normalmente limitado. Além disso, dadas as características dos muitos bens primários e manufaturas intensivas em trabalho, alguns observadores questionam a desejabilidade de um crescimento relativo na produção desses bens tradicionais, particularmente se esse crescimento se dá às expensas da produção moderna. Por causa da menor renda e das elasticidades de preço para esses produtos e da instabilidade da oferta de produção agrícola e primária devido a fatores como as condições climáticas, uma especialização maior nesses bens pode resultar em uma instabilidade maior de renda, mesmo no sentido estático. A instabilidade de renda é também objeto de preocupação no sentido dinâmico, e será tratada novamente na seção seguinte.

Além disso, na medida que o país em desenvolvimento é um país grande em termos de exportações de bens, a expansão da oferta de exportação pode bem levar a efeitos indesejados em termos de troca que reduzirão significativamente os ganhos estáticos esperados do comércio e levar a uma distribuição dos ganhos do comércio que favoreça os parceiros de comércio mais desenvolvidos. Por fim, a expansão da produção dos produtos básicos intensivos em trabalho e a dependência dos países desenvolvidos de produtos tecnológicos e intensivos em conhecimentos e de bens de capital podem levar a uma dependência econômica crítica e também a relações inextricáveis entre a saúde dos países em desenvolvimento e a dos países industrializados.

Nos capítulos anteriores, nós discutimos o impacto teórico do comércio sobre a produção presumindo que havia pleno emprego. Contudo, pleno emprego é um caso raro em muitos países em desenvolvimento. A situação sugere um outro ganho potencial do comércio internacional que foi elaborado por Hla Myint (1958) e pode ajudar a explicar o rápido crescimento da produção e saída dos produtos primários e da agricultura tradicional nos países em desenvolvimento no século XIX.[4] Myint sugere que o desemprego representa uma oferta de produção potencial que excede a demanda doméstica nos países em desenvolvimento. Nesse sentido, o comércio internacional pode oferecer uma **saída para o superávit**, isto é, um mercado mais amplo que permitirá ao país incrementar sua saída e o emprego (conceitualmente, se mover de um ponto fixo de sua fronteira de possibilidades de produção para um ponto mais próximo ou talvez sobre a FPP). Myint argumenta que a saída para o superávit é a mais convincente explicação de *por que* os países começam o comércio, enquanto as vantagens comparativas nos ajudam a compreender os *tipos* de mercadorias que os países acabam comercializando. De um ponto de vista de desenvolvimento, os ganhos na renda, emprego e as necessárias ou desejadas importações de bens podem influenciar o processo de desenvolvimento de uma maneira positiva.

Resumindo, os ganhos estáticos do comércio dos países em desenvolvimento se originam dos ganhos tradicionais de comércio e especialização, assim como, talvez, de uma saída para o superávit. Entretanto, por causa das inflexibilidades nas economias tradicionais e da natureza das exportações intensivas em trabalho tradicionais, os ganhos estáticos relativos do comércio podem ser menores do que aqueles para a economia industrial mais flexível e também podem ser reduzidos pelos efeitos indesejados do incremento da instabilidade econômica e do comportamento dos termos de troca.

---

[4]Essa ideia é geralmente atribuída a Adam Smith, A Riqueza das Nações, de 1776.

Os efeitos dinâmicos do comércio sobre o desenvolvimento

Como na integração econômica (Capítulo 17), o maior efeito potencial do comércio sobre o desenvolvimento reside provavelmente nos efeitos dinâmicos. Do lado positivo, a expansão da saída trazida pelo acesso aos ampliados mercados internacionais permite que os LDCs aproveitem economias de escala que não seriam possíveis com o limitado mercado doméstico. Assim, as indústrias que não são competitivas internacionalmente em um mercado isolado podem bem ser competitivas por meio do comércio internacional se houver potenciais economias de escala. Além disso, como as vantagens comparativas mudam ao longo do tempo e, também, com o desenvolvimento econômico, o comércio internacional pode estimular o desenvolvimento internacionalmente mais competitivo dos setores nascentes ao proporcionar tamanho de mercado e exposição de produtos e processos que não aconteceriam com a sua ausência. Isso, naturalmente, é uma das razões citadas para o uso dos instrumentos da política de comércio (Capítulo 15) para restringir importações ou promover exportações, embora haja problemas com o uso das políticas na prática. Outras influências dinâmicas do comércio sobre o desenvolvimento econômico nascem dos efeitos antitruste positivos do comércio, investimentos aumentados resultando de mudanças no ambiente econômico, a maior disseminação de tecnologia nos países em desenvolvimento (isto é, o ciclo do produto), a exposição a novos e diferentes produtos, e mudanças nas instituições que acompanham a maior exposição a diferentes países, culturas e produtos.

Poucos discordariam que o comércio pode ter efeitos positivos sobre o desenvolvimento econômico. O que está muito menos claro são os tipos de mercadorias nas quais um país deveria se especializar de forma que, com o passar do tempo, o comércio internacional de bens e serviços continue a estimular o crescimento e o desenvolvimento, e não o interrompa. Como as condições nos países em desenvolvimento se diferenciam drasticamente do mundo teórico da concorrência perfeita e do pleno emprego utilizado em muitos modelos teóricos, a aplicação estática das vantagens comparativas pode não ser de muita ajuda para fornecer guias para o comércio e a especialização num conjunto dinâmico de LDC. Muitas vezes se discute que a participação no livre-comércio baseada nas diretrizes vantagem comparativa simples pode trabalhar contra o desenvolvimento econômico nos países em desenvolvimento simples. É importante examinar brevemente uma série das mais importantes desvantagens de comércio irrestrito dos países em desenvolvimento, particularmente porque essas questões podem ter importantes implicações para a política de comércio.

Os possíveis efeitos negativos do comércio sobre o desenvolvimento se originam de fatores econômicos que são ignorados quando se focalizam as vantagens comparativas estáticas a fim de delinear exportações e importações. Por exemplo, as imperfeições de mercado nos países em desenvolvimento geralmente resultam em custo-benefício privado diferentes do custo-benefício social, particularmente na presença de externalidades. Depender dos preços privados (mercado) nesse ambiente pode levar a um padrão de comércio que não é consistente com os custos sociais ou com os objetivos de desenvolvimento de longo prazo do país (por exemplo, no caso de o crescimento de uma indústria causar prejuízos ambientais extensivos). Em um contexto dinâmico amplo, deve-se reconhecer que, como as relações da produção mundial variam entre diferentes mercadorias ou setores, os efeitos do crescimento das exportações sobre o crescimento e o desenvolvimento de toda a economia provavelmente variam de mercadoria para mercadoria. Algumas mercadorias agem então como "polos de crescimento" para a economia inteira, enquanto outras, como a produção primária, têm pequenos efeitos fora de seu próprio setor.[5] Uma complicação a mais surge da variação nos retornos de escala característicos entre mercadorias. Assim, um país pode não parecer ter uma vantagem de custo relativa em um produto

---

[5] Isso é particularmente verdade num enclave externo que produz um produto ou produtos essencialmente para exportações e importa praticamente todos os insumos intermediários que requerem capital e trabalho especializado. Neste caso, os LDCs têm pouco mais do que um pequeno aumento no emprego de trabalhadores produtivos e mais vendas de qualquer insumo primário, como minerais ou terra, usado no processo de produção. O efeito sobre o desenvolvimento da economia neste caso pode ser irrisório.

particular no nível de produção necessário para preencher o mercado doméstico, mas pode muito bem haver uma vantagem comparativa naquele produto em um nível maior de produção. De um modo semelhante, um produto que aparenta uma vantagem no custo corrente, mas é caracterizado por um retorno baixo em escala, pode ter possibilidades de exportação muito limitadas. Por fim, de uma perspectiva interna, lembremo-nos de que a oferta doméstica e as condições de demanda que estão subjacentes às vantagens comparativas correntes e futuras foram e ainda continuarão a ser influenciadas pela natureza imperfeita dos mercados e pela política governamental.

Outra fonte potencial de problemas de desenvolvimento que podem surgir do comércio internacional é o fato de as operações dos mercados e as características dos bens transacionados normalmente se diferenciarem entre os países em desenvolvimento e os países industrializados. Muitos discutem que essas diferenças resultam em maior participação dos benefícios relacionados ao comércio para os países industrializados e podem contribuir para a manutenção do subdesenvolvimento nos LDCs. Duas questões relacionadas a essas diferenças, instabilidade das exportações e mudanças de longo prazo nos termos de troca, receberam considerável atenção. Nós agora veremos essas questões com mais detalhes.

Instabilidade de exportação

A **instabilidade de exportação** refere-se ao fato de os rendimentos de exportações tenderem a flutuar anualmente em maior extensão nos países em desenvolvimento do que em países industrializados. Frequentemente, o foco não são os rendimentos de exportações (preços de exportações vezes as quantidades de exportações), mas sobre os preços das exportações e suas flutuações. Estando o foco sobre os preços ou sobre os rendimentos, contudo, a variabilidade é vista como um problema porque, com o **alto grau de abertura** de muitos países em desenvolvimento (isto é, uma grande razão entre comércio externo e produto interno bruto, PIB), a variabilidade no setor de exportação é normalmente associada a variabilidade do PIB e o nível de preços domésticos. A instabilidade interna é considerada indesejável por causa das incertezas geradas para os produtores e consumidores. Isso também pode tensionar os instrumentos de política macroeconômica um tanto inefetivos dos países em desenvolvimento. Além disso, o planejamento para o desenvolvimento é mais difícil. Quando os rendimentos de exportação são altos nos "bons" anos, os projetos de desenvolvimento podem começar com o uso de equipamento importado, mas quando os rendimentos de exportação subsequentemente declinam, moeda estrangeira não está disponível para completar e operar os projetos, resulta em desperdício e descontinuidade do projeto de planejamento.

Causas potenciais da instabilidade da exportação

Para explicar a instabilidade de preços e rendimentos dos LDCs, os economistas usualmente listam três principais razões, todas elas associadas ao fato de que muitos países em desenvolvimento estão relativamente mais envolvidos na exportação de produtos primários do que de bens manufaturados. As primeiras duas razões estão relacionadas à variabilidade dos preços, enquanto a terceira razão está focada na variação dos rendimentos de exportação.

A primeira explicação para a instabilidade dos preços nas exportações dos países em desenvolvimento combina mudanças na curva de demanda para suas exportações com uma oferta inelástica de exportações. A situação está ilustrada na Figura 1, painel (a). A curva de demanda D_1 indica a demanda por bens de exportação dos países em desenvolvimento no período de tempo 1, enquanto a curva D_2 indica a demanda no período de tempo 2. Assume-se que a curva de oferta S se aplica a ambos os períodos. Note que a curva de oferta tende a uma direção vertical, refletindo a inelasticidade que caracteriza os produtos primários. (Por exemplo, no final do período de colheita, um fazendeiro tem pouca escolha a não ser vender a maior parte dos produtos no mercado, independentemente do preço.) Quando a curva de demanda se desloca de D_1 para D_2, os preços crescem de P_1 para P_2. Se num terceiro período a demanda então se desloca de volta à posição D_1, o preço cairá de volta para P_1. Obviamente, há uma considerável instabilidade de preços potencial nesse cenário. Uma possível maneira de reduzir a instabilidade dos preços seria estabilizar as condições econômicas dos países compradores (os países industrializados). Portanto, melhores medidas macroeconômicas nos países industrializados ou países desenvolvidos podem reduzir a instabilidade nos países menos desenvolvidos.

FIGURA 1   Mudanças na demanda-oferta e instabilidade de preços

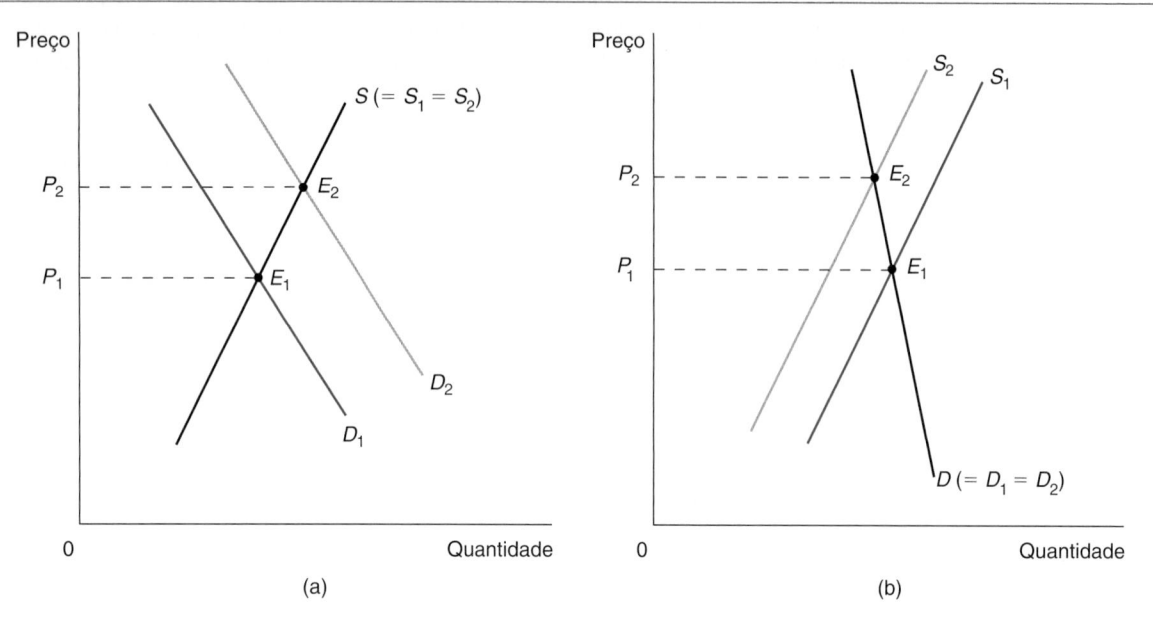

No painel (a), um deslocamento da curva de demanda de exportação no período 1 (D_1) para a curva de demanda de exportação no período 2 (D_2), associado a uma dada curva de oferta inelástica nos dois períodos, produz um aumento relativamente grande de preços. Um deslocamento de volta na demanda para D_1 num período subsequente geraria uma declínio substancial dos preços. No painel (b), com uma curva de demanda inelástica D para os produtos primários nos dois períodos, um deslocamento na curva de oferta no primeiro período (S_1) para a curva de oferta S_2 no segundo período certamente causaria uma mudança relativamente grande nos preços. Um deslocamento de volta na oferta para S_1 no próximo período geraria uma instabilidade de preços substancial para os dois períodos como um todo.

Uma segunda explicação para a instabilidade de preços [painel (b) da Figura 1] é oposta à da primeira. Suponhamos que a demanda pela exportação de bens seja inelástica; este é normalmente o caso dos produtos primários porque ou a demanda é a demanda derivada para uso em bens finais, ou o produto é um produto alimentar que caracteristicamente enfrenta elasticidades de preços baixas. Os deslocamentos na curva de oferta por causa de fatores como as condições variáveis de tempo nos países produtores podem causar substancial instabilidade de preços. No painel (b), uma curva de demanda constante está plotada contra uma oferta no primeiro período (S_1) e o segundo período (S_2). Se as condições climáticas (como uma falha das monções na Índia) no segundo período reduzem a produção, a mudança de preço é grande, de P_1 para P_2. Com a restauração das condições favoráveis no próximo período, S_2 se desloca de novo, e o preço novamente varia. Nesse caso, o LDC pode desejar buscar alternativas de exportação cuja produção não seja dependente de fatores aleatórios.

Uma terceira explicação oferecida para a instabilidade é o alto grau de **concentração de mercadoria** no pacote de exportação, embora essa explicação seja debatida na literatura. (Veja Love 1986, 1990; Massell 1970, 1990.) Em alguns LDCs, um ou dois bens constituem a maioria dos rendimentos de exportação. Essa falta de diversificação implica que drásticos aumentos de preços (ou declínios) em um ou dois bens causará um drástico crescimento dos rendimentos de exportação totais (ou queda). Se o pacote de bens fosse mais diversificado ou menos concentrado, então o aumento de preço em alguns bens poderia ser compensado pelos declínios dos preços em outros bens, produzindo maior estabilidade no valor total do pacote de exportação. Exemplos de países com graus relativamente altos de concentração de mercadorias são Arábia Saudita, onde o petróleo bruto e refinado responde por mais de 88% do total de exportações; Uganda, onde o café constitui em torno de 20% das exportações; Zâmbia, onde o cobre compreende 43% das exportações; Costa do Marfim, onde o cacau responde por algo em torno de 42% das exportações; e Maurício, onde a cana-de-açúcar responde por 18% das exportações.[6] É óbvio que poderia haver alguns benefícios para tais países em desenvolvimento na incorporação de políticas para aumentar o número de diferentes tipos de bens exportados, especialmente bens manufaturados intensivos de trabalho.

Deterioração a longo prazo dos termos de troca

O problema da **deterioração a longo prazo dos termos de troca** refere-se à alegação de que, ao longo de várias décadas, tem havido uma persistente tendência de os termos de troca das mercadorias (preços das exportações/preços das importações) caírem para os países em desenvolvimento. Se o mundo for visto como composto de dois grupos de países – os LDCs e os ICs (países industrializados – *industrialized countries*) – então, a implicação é que os termos de troca das mercadorias têm sido mantidos pelos ICs, porque as exportações dos LDCs (ICs) são importações de ICs (LDCs). Em outras palavras, a economia internacional está transferindo renda real dos LDCs para os ICs, a transferência oposta daquela que muitas pessoas acreditam ser desejável. No limite, o comportamento dos termos de troca pode gerar crescimento empobrecedor (veja o Capítulo 11).

A hipótese do declínio secular dos termos de troca (TT) para os LDCs é normalmente denominada **hipótese Prebisch-Singer** por causa de sua popularização por dois antigos economistas das Nações Unidas, Raul Prebisch e Hans W. Singer. A hipótese emergiu em resposta a estudos estatísticos mostrando que, particularmente para a Grã-Bretanha, o TT havia crescido dramaticamente no período de 50 a 100 anos terminando com a Segunda Guerra Mundial. A inferência foi produzida porque se o TT dos ICs aumentou, o TT dos LDCs deve ter se deteriorado.

Um grande número de economistas afirmou que tal inferência era inválida. (Veja Baldwin 1955; Ellsworth 1956; Meier 1968, cap. 3; Morgan 1959, 1963.) Uma razão diz respeito à maneira como os dados do comércio internacional são registrados. As exportações são usualmente registradas em fob (*free on board*), o que significa que os custos de seguros e transportes não estão incluídos; contudo, as importações são usualmente registradas em cif (*cost, insurance, and freight* – custo, seguro e frete). Assim, os $P_{exportação}/P_{importação}$ para os ICs poderiam ter crescido porque, como tem sido o caso no longo prazo, os custos de transporte têm caído (o que reduziria o denominador da expressão TT). Então, o uso da recíproca do TT dos países industrializados como uma indicação do TT dos países em desenvolvimento é inválido porque os procedimentos de registro poderiam ser consistentes com o aumento do TT para *ambos*, LDCs e ICs, devido ao declínio dos custos de transporte.

Outra razão para objeção aos estudos de longo prazo do comportamento do TT diz respeito à qualidade das mudanças nos produtos. É muito difícil incorporar as mudanças de qualidade aos índices de preços, e um crescimento no preço para um produto pode não indicar um verdadeiro aumento se a qualidade do produto comprado foi também aumentada. As melhorias de qualidade têm sido maiores nos bens manufaturados do que nos produtos primários no longo prazo. Assim, como a participação dos produtos primários (bens manufaturados) nas exportações dos LDCs é maior (menor) do que nas importações dos LDCs, mesmo se $P_{exportação}/P_{importação}$ estiver caindo para os LDCs, isso pode não ser uma verdadeira "deterioração" nos termos de troca. Enquanto os países em desenvolvimento podem estar pagando relativamente mais por suas importações, eles também podem estar recebendo produtos relativamente melhores.

Outros economistas usaram dados diretos para uma série de países em desenvolvimento para comprovar se houve uma deterioração a longo prazo nos termos de troca. (Para uma bibliografia de tais estudos, veja Diakosavvas e Scandizzo 1991.) Como deveria se esperar da pesquisa econômica, tanto tendências de crescimento quanto de queda no TT dos LDCs foram encontradas. Muitos pesquisadores escolheram não examinar o TT dos países em desenvolvimento, mas sim o comportamento de longo prazo dos preços dos produtos primários *versus* os preços dos bens manufaturados. A pesquisa encontrou um declínio relativo no longo prazo nos preços dos

---

[6]United Nations, *2004 International Trade Statistics Yearbook*, Vol. I (New York: United Nations, 2006), p. 299, 729, 980, 1168, and 1250-51.

Titãs da economia internacional:
Raul Prebisch (1901-1986) e Hans Wolfgang Singer (1910-2006)

Raul Prebisch nasceu em 17 de Abril de 1901, em Tucumán, Argentina. Quando ele se graduou em Economia em 1923 na Universidade de Buenos Aires, já tinha escrito nove artigos em periódicos profissionais, o primeiro aparecendo quando ele tinha 17 anos. Ele foi professor de economia política em sua *alma mater* de 1925 a 1948, também trabalhando simultaneamente como diretor de pesquisa econômica no Banco Nacional da Argentina (1927-1930) e como subsecretário de finanças da Argentina (1930-1932), entre outros postos. Ele então embarcou numa carreira nas Nações Unidas, trabalhando como secretário executivo da Comissão Econômica para a América Latina (Commission for Latin America – CEPAL) de 1948 a 1962 e como secretário-geral da Conferência das Nações Unidas para o Comércio e o Desenvolvimento (United Nations Conference on Trade and Development – UNCTAD, uma organização baseada em Genebra) de 1964 a 1969. Em seguida, ele se tornou diretor-geral do Instituto Latino-Americano para o Planejamento Econômico e Social da ONU.

Dr. Prebisch escreveu uma série de estudos influentes, destacando-se particularmente os "Commercial Policy in the Underdeveloped Countries" (*American Economic Review*, mai. 1959), *The Economic Development of Latin America and Its Principal Problems* (1949), e *Towards a New Trade Policy for Development. Report of the Secretary-General of the United Nations Conference on Trade and Development* (1964). Sua tese sobre a deterioração secular dos termos de troca dos LDCs é sua contribuição mais citada, mas ele esteve preocupado com os problemas de industrialização dos LDCs ao longo de sua carreira. Ele parece ter sido o primeiro a cristalizar a noção de um "centro-periferia" na economia mundial, segundo o qual forças sistemáticas emanadas do centro (os DCs, países desenvolvidos) causam grandes dificuldades para a periferia (os LDCs). Sua habilidade na articulação de suas visões no nível de agência internacional assegura que elas tiveram e terão uma longa duração.

Raul Prebisch foi premiado com uma série de títulos honorários, incluindo títulos da Columbia University e da Universidad de los Andes (Colômbia). Ele também recebeu o Jawaharlal Nehru Award for International Understanding em 1974, o Dag Hammarskjold Honorary em 1977 e o Third World Prize da Third World Foundation em 1981.

Hans W. Singer nasceu em Elberfeld (agora Wuppertal) em 1910, Renânia, Alemanha. Ele recebeu seu diploma em Ciências Políticas da Universidade de Bonn em 1931. Ele recebeu seu Ph.D. em Economia da Universidade de Cambridge em 1936, fazendo seu trabalho durante os anos de formação da economia keynesiana em Cambridge. Ele trabalhou como conferencista assistente em Economia na Universidade de Manchester de 1938 a 1945, como chefe de pesquisa em economia no Ministério de Planejamento Municipal e Rural do Reino Unido em 1945-1946, e como conferencista em economia política na Glasgow University em 1946-1947. Ele então iniciou carreira na ONU, estruturando e trabalhando no Departamento Econômico do Secretariado da ONU. Ele se tornou professor de Economia na University of Sussex e de seu Instituto de Desenvolvimento de Estudos em 1969, e permaneceu na equipe de pesquisa do instituto muito depois de sua aposentadoria "oficial".

A preocupação inicial do Professor Singer era com o desemprego, e ele publicou *Unemployment and the Unemployed*, em 1940. Ele então trabalhou sobre os problemas de planejamento em tempos de guerra. Em seguida, ele voltou para a área de desenvolvimento econômico e fez várias contribuições, incluindo *Economic Development of Under-Developed Countries* (1950), *International Development, Growth and Change* (1964), e *Technologies for Basic Needs* (1977). Outro trabalho elaborado para os cursos superiores foi seu texto *Rich and Poor Countries* (com Javed A. Ansari, 4. ed., 1988). Seu mais famoso artigo é "The Distribution of Gains between Investing and Borrowing Countries" (*American Economic Review*, mai. 1950).

O trabalho do Professor Singer é de ampla abrangência, indo da questão dos termos de troca até a estrutura da economia mundial, necessidades básicas, ajuda alimentar e transferência de tecnologia. Ele assumiu a liderança na difusão mundial do conhecimento dos problemas do Terceiro Mundo. Suas ideias e esforços contribuíram para a noção de que não há "soluções rápidas" para os problemas dos LDCs e que o desenvolvimento deveria ser abordado da perspectiva das ações possíveis nos DCs e nos LDCs. Em novembro de 2004, Singer foi premiado com o primeiro Lifetime Achievement Award da Development Studies Association.

Fontes: Mark Blaug, ed., *Who's Who in Economics: A Biographical Dictionary of Major Economists 1700-1986*, 2. ed. (Cambridge, MA: MIT Press, 1986), p. 696-97, 788-89; Luis E. Di Marco, ed., *International Economics and Development: Essays in Honor of Raul Prebisch* (Nova York: Academic Press, 1972), p. xvii-xix; Gerald M. Meier e Dudley Seers, eds., *Pioneers in Development* (Nova York: Oxford University Press for the World Bank, 1984), p. 173, 273-74; J. G. Palma, "Raul Prebisch," *in* John Eatwell, Murray Milgate, e Peter Newman, eds., *The New Palgrave: A Dictionary of Economics*, v. 3 (Londres: Macmillan, 1987), p. 934-36; *Who's Who in the World*, 1. ed., 1971-1972 (Chicago: Marquis Who's Who, 1970), p. 746; *Who's Who in the World*, 10. ed., 1991-1992 (Wilmette, IL: Marquis Who's Who, 1990), p. 1004; www.ids.ac.uk/ids.

produtos primários. (Veja Diakosavvas e Scandizzo 1991, e Spraos 1983, cap. 3.) Como esses autores observam, isso não é idêntico a deterioração secular nos termos de troca dos LDCs, uma vez que os ICs também exportam produtos primários e os LDCs também exportam bens manufaturados. Alguns trabalhos recentes focalizam um contexto bilateral. (Veja Appleyard 2006 para comportamento do TT para Índia – Reino Unido.)

Diferenciando elasticidades-renda da demanda

Uma série de razões foi dada para o declínio a longo prazo do TT dos países em desenvolvimento. (Veja os vários estudos citados nesta seção e Singer 1987.) Uma razão convincente para a crença no declínio a longo prazo do TT se foca na **diferencia das elasticidades-renda da demanda para produtos primários e bens manufaturados**. Evidências empíricas indicam que a elasticidade-renda da demanda é maior para produtos manufaturados do que para produtos primários. Ela é usualmente maior do que 1,0 para os primeiros e menor do que 1,0 para os últimos. Consequentemente, à medida que os LDCs e os ICs crescem, eles devotam uma maior (menor) porcentagem de suas rendas para a compra de bens manufaturados (produtos primários). Como muitos LDCs são exportadores líquidos de produtos primários e importadores líquidos de manufaturados, os preços de suas importações crescerão mais rapidamente do que os preços de suas exportações, em condições normais.

Poder de mercado desigual

Uma outra explicação para a deterioração potencial do TT é expressa em termos de **poder de mercado desigual nos mercados de produto e fator** nos ICs e LDCs. A questão geral é que os produtos primários são vendidos em mercados competitivos mundiais, enquanto os bens manufaturados são normalmente vendidos em um mercado imperfeitamente competitivo estabelecido onde os preços podem ser maiores do que seriam no caso de competição perfeita. Além disso, os mercados de trabalho nos ICs podem conter elementos imperfeitamente competitivos se os sindicatos são fortes, e então os salários são relativamente maiores, enquanto o trabalho no setor de produtos primários nos países em desenvolvimento não é organizado e não pode exercer pressão para cima sobre os salários e os preços. O resultado é que os preços para os produtos primários não têm a mesma pressão para cima que têm os preços dos bens manufaturados; portanto, o TT dos LDCs sofre. Pode haver também uma assimetria no comportamento dos preços; os preços dos produtos primários podem subir lentamente nos ciclos de alta dos negócios, mas cair na retração, enquanto os preços dos bens manufaturados sobem nos ciclos de alta e caem vagarosamente nos de baixa. No longo prazo, o TT dos países em desenvolvimento declina.

Mudança técnica

Uma terceira explicação para um possível declínio a longo prazo no TT dos países em desenvolvimento é que a natureza da mudança técnica trabalhou para reduzir a taxa de crescimento da demanda por produtos primários. Essa redução no crescimento da demanda resultou, portanto, em condições normais, em menos pressão para cima nos preços dos produtos primários. Um fator importante que reduziu o crescimento relativo da demanda (Singer 1987) é o crescimento dos produtos sintéticos, que deslocou os produtos naturais. Exemplos são a borracha e as fibras sintéticas. Também sugere-se que os novos processos de produção nas indústrias manufatureiras nos países industrializados economizaram no uso de materiais não trabalhados. Nos anos de 1970 e 1980, esse processo foi demonstrado no caso do petróleo pelo desenvolvimento de tecnologia poupadora de energia e a busca por fontes de energia alternativas economicamente realizáveis como energia solar ou nuclear segura. Além disso, com a recente atenção nos ICs para a reciclagem e a conservação, espera-se reduzir ainda mais o crescimento da demanda por produtos primários.

Corporações multinacionais e transferência de preços

Por fim, o comportamento das corporações multinacionais (MNCs) pelo mecanismo de transferência de preços pode piorar o TT dos LDCs. Suponhamos que uma MNC opere uma subsidiária em um país em desenvolvimento que está enviando insumos para outra subsidiária em um país industrializado e, ao mesmo tempo, a subsidiária no IC está enviando insumos para a subsidiária do LDC. Como ambas as subsidiárias são parte da mesma empresa, tal troca é chamada de **comércio intrafirma**, no qual os preços não são necessariamente verdadeiros preços de mercado porque os bens não passam pelos mercados organizados, e os preços registrados são meramente entradas de livros de registro para a firma. (Veja o Capítulo 12, página 238.)

Nesse contexto, suponhamos que o país em desenvolvimento tenha altas taxas sobre lucros e severas restrições sobre a **repatriação das receitas**, isto é, sobre a transferência de lucros de volta ao IC. Por outro lado, há menores taxas sobre lucros no IC e não há problema para a repatriação de lucros. Em tal situação, a MNC tem um interesse econômico em aumentar os lucros registrados no balanço da subsidiária do país industrializado e em reduzir os lucros no balanço da subsidiária do LDC. Uma estratégia para fazer isso é registrar as vendas da subsidiária do LDC para a subsidiária do IC a preços menores do que os de mercado e registrar as vendas da fábrica do IC para a fábrica do LDC a preços maiores do que os de mercado. Se essa estratégia for seguida, os lucros registrados serão menores no LDC de taxas altas e repatriação difícil, e maiores no IC de taxas baixas e fácil repatriação. O total de lucros da MNC após as taxas crescerá por causa desse comportamento.

Do ponto de vista dos termos de troca dos LDCs (ICs), esse comportamento significa que $P_{exportação}/P_{importação}$ será menor (maior) do que seria se os bens fossem comercializados pelos mercados organizados regulares. Assim, essa ação institucional das MNCs pode contribuir para piorar o TT para os LDCs. Contudo, deve-se dizer que esse comportamento tornou-se cada vez mais prevalecente com o passar do tempo devido ao argumento que explica uma *tendência* de longo prazo do TT. O trabalho empírico sobre a importância da transferência de preço das MNCs é difícil de conduzir por causa da privacidade dos dados da firma individual, e não se sabe de maneira precisa que preços teriam sido estabelecidos se o comércio ocorresse em mercados organizados. Os LDCs têm pressionado para que haja medidas que regulem esse tipo de comportamento intrafirma, mas eles têm alcançado pouco sucesso nesse sentido.

REVISÃO DE CONCEITO

1. Quais são as três razões para que os ganhos estáticos do comércio internacional sejam menores para os países em desenvolvimento do que para os países industrializados?
2. Como o comércio internacional pode estimular a mudança no sistema econômico no sentido dinâmico? Que fatores podem inibir a influência positiva do comércio no processo de desenvolvimento?
3. Por que os países em desenvolvimento têm maiores problemas com a instabilidade das exportações que os países industrializados?
4. Quais são os dois fatores que contribuem para uma possível pressão para baixo sobre os termos de troca dos países em desenvolvimento?

COMÉRCIO, CRESCIMENTO ECONÔMICO E DESENVOLVIMENTO: AS EVIDÊNCIAS EMPÍRICAS

A seção anterior focalizou as maneiras como o comércio internacional infuencia o crescimento e o desenvolvimento. O fato de que existem alguns possíveis efeitos negativos do comércio sobre o processo de crescimento e desenvolvimento estimulou numerosos estudos examinando a possível ligação entre exportações, em particular, e o crescimento econômico.[7] Os estudos iniciais ligando as várias medidas de crescimento de exportações e crescimento da renda sugeriram que elas estavam positivamente correlacionadas e que as exportações pareciam ser o "motor do crescimento" de que se falava no tempo de Smith e Ricardo. Estudos mais recentes, contudo, sugerem uma conclusão menos clara, e cresce o número de questões sobre o efeito do comércio sobre o crescimento econômico. Estudos econométricos dos países individuais ao longo do tempo (estudos de séries temporais) e grupos de países em um determinado ponto do tempo (estudos transversais) indicaram uma relação estatisticamente significativa entre crescimento em exportações e importações e crescimento da renda. Em um grande número de casos, particularmente nos países de renda média, parece haver uma forte relação positiva entre comércio e crescimento pelos efeitos diretos dos rendimentos de exportação sobre o PIB e os efeitos indiretos (efeitos de balanço de pagamentos) associados à crescente capacidade de importar o necessário capital e entradas intermediárias. Entretanto, é possível que a maior renda leve a maiores importações

---

[7]Um útil resumo dessas análises empíricas está contido em Edwards (1993).

e a maior eficiência leve a mais exportações; então, a causalidade pode ir do crescimento para o comércio mais do que do comércio para o crescimento.

Um outro grupo de estudos sugeriu que o crescimento das importações tem efeito positivo sobre o crescimento e o desenvolvimento porque isso estimula maior poupança e investimento. Esses efeitos sobre a poupança agregada resultam da maior propensão a poupar no setor exportador ou dos efeitos sobre a poupança total de quaisquer mudanças na distribuição da renda ligadas ao crescimento no setor exportador. Contudo, os resultados empíricos não são conclusivos.

Em resumo, apesar de que análises empíricas normalmente defendem a ideia de uma conexão positiva entre a expansão do comércio internacional e o crescimento da renda, uma certa ambiguidade permanece. A maneira e o grau pelos quais o comércio influencia o crescimento e o desenvolvimento são complexos e normalmente são específicos de cada país. A natureza dos efeitos parece variar com o grau de desenvolvimento, a natureza do sistema econômico e as condições do mercado mundial, sem levar em conta a influência do país individual. Os ciclos dos negócios mundiais em particular parecem ter um importante papel, e a relação entre comércio e crescimento parece ser mais simultânea do que unicamente causal. Apesar de que análises empíricas não oferecem ainda uma resposta conclusiva para as ligações entre comércio e crescimento, alguns dos modelos de crescimento por mudança tecnológica endógena que incorporam os vários efeitos do comércio internacional podem ter maior sucesso.[8]

Um outro porém que emergiu recentemente na literatura é a ideia de que instituições como as do direito de propriedade, contratos, ferramentas de estabilização macroeconômica e agências reguladoras para transporte e finanças são extremamente importantes para o crescimento. De fato, alguns estudos descobriram que, uma vez que o efeito das instituições é admitido, pouco ou nenhum poder de explicação adicional com relação ao crescimento é oferecido pelo comércio crescente de um país e a integração na economia mundial.[9] Assim, em geral, apesar de existirem muitas análises que enfatizam a ideia de que o comércio é um motor do crescimento, permanece alguma dúvida por parte de um grande número de observadores.

Política de comércio e países em desenvolvimento

Nós agora nos voltamos para um breve exame da maneira pela qual a política de comércio pode ser usada para influenciar o crescimento e o desenvolvimento nos países em desenvolvimento. Nossa análise está restrita a três áreas: instabilidade das exportações, comportamento dos termos de troca e visões interna e externa das estratégias de desenvolvimento.

Políticas de estabilização de preços ou rendimentos de exportação

Várias políticas que conceitualmente podem estabilizar os preços ou rendimentos de exportação foram usadas em várias épocas. Nós consideramos umas poucas políticas gerais, mas nenhuma delas foi considerada de muito sucesso na prática.

Acordo regulador de estoque

Uma política que tem continuado a receber ampla atenção e é favorecida por muitos LDCs é um **acordo regulador de estoque**. (O mais conhecido desses tipos de acordos é o Acordo Internacional do Estanho, que está atualmente inativo.) De fato, propostas foram adotadas numa sessão especial da Assembleia Geral das Nações Unidas, em 1974, convocada para uma expansão do número de tais acordos com a intenção de gerar maiores benefícios para os LDCs na economia mundial. No acordo regulador de estoque, as nações produtoras (normalmente junto com as nações consumidoras) estabelecem uma agência internacional dotada com fundos e uma quantidade de mercadoria. Se o preço mundial dos bens cai abaixo do piso, a agência irá vendê-lo para trazer o preço de volta ao piso. Por sua vez, se o preço cresce acima do teto, a agência venderá o bem para trazer o preço para o teto. Se a agência tem sucesso, então os países produtores (e consumidores) alcançaram maior estabilidade do que aconteceria se não fosse o caso.

---

[8]Para exemplos desses modelos, veja especialmente Romer (1986) e Grossman e Helpman (1991).

[9]Dani Rodrik e Arvind Subramanian, "The Primacy of Institutions (and What This Does and Does Not Mean)," *Finance and Development* 40, n. 2 (junho de 2003), p. 32.

Acordo internacional de cota de exportação

Um outro mecanismo para introduzir maior estabilidade nas exportações dos LDCs é um **acordo internacional de cota de exportação**, um tipo de acordo exemplificado historicamente pelo Acordo Internacional do Café e, menos rigidamente, pela Associação dos Países Produtores de Café, que operou de 1993 a 2002. Num acordo de cota de exportação, os países produtores escolhem uma meta de preços para o bem (por exemplo, $2,50 por libra de café) e fazem um prognóstico da demanda mundial para os próximos anos. Então eles determinam a quantidade de oferta que irá, em conjunto com a demanda mundial estimada, produzir a meta de preço. Suponhamos que a oferta estimada necessária seja de 400 milhões de libras de café. O acordo divide os 400 milhões de libras entre os países ofertantes e estipula que nenhum país pode exportar mais do que a divisão designada. Se o prognóstico da demanda for correto e os países ofertantes aderirem a suas cotas, então o preço no próximo ano estará no nível da meta.

O acordo de cota de exportação contém um mecanismo para manter os preços estáveis. Se o preço mundial cai por causa de uma demanda decrescente, as cotas de exportação dos países ofertantes serão diminuídas e o preço retornará a $2,50. Analogamente, se o preço mundial cresce, as cotas serão relaxadas e o preço cairá de volta para $2,50. Assim, maior estabilidade é oferecida com o acordo do que se não fosse esse o caso.

Financiamento compensatório

Um outro mecanismo para lidar com a instabilidade das exportações tem como foco a amenização das consequências da instabilidade para os países em desenvolvimento. Esse mecanismo é conhecido como **financiamento compensatório**. Uma agência internacional é provida de fundos e prevê a tendência de crescimento para os rendimentos de exportação de cada LDC participante. (O Fundo Monetário Internacional tem um financiamento compensatório desde 1963.) Suponhamos que os rendimentos de exportação em 2007 para os países em desenvolvimento caiam abaixo do nível previsto. A agência responde com um empréstimo estendido de curto prazo para o LDC, e o fluxo contínuo de câmbio externo para o LDC para a compra de importações para o desenvolvimento é então sustentado. Se, em 2010, o ciclo volta para o sentido contrário e as exportações dos países em desenvolvimento crescem acima da tendência, o empréstimo pode ser pago. Defensores dessa ideia enfatizam que isso é superior aos acordos de commodity internacional (*international commodity agreements* – ICAs), porque o financiamento compensatório não interfere na função alocativa dos preços.

Problemas com os acordos de commodity internacional

Dado o interesse da maior parte dos países em desenvolvimento em acordos de commodity internacional, é importante falar sobre as dificuldades potenciais de tais acordos. Do ponto de vista da exequibilidade, os elementos cruciais para o sucesso em um acordo regulador de estoque são os níveis nos quais os tetos de preços e os pisos de preços estão definidos. Se a faixa de preços designada *não contiver o equilíbrio dos preços mundiais de longo prazo no mercado livre,* então o acordo pode não ser sustentável. Suponhamos que a faixa de preços designada seja de $3,75 a $4,00 por libra de estanho e o preço mundial de longo prazo no mercado livre seja de $3,60 por libra. O resultado do acordo será que a agência estará continuamente comprando o bem e exaurirá sua dotação de fundos. Acumulará também quantidades do bem que só poderão ser escoadas com perda. Além disso, o preço não terá sido estabilizado e a agência não terá fundos para continuar suas operações. Se, ao contrário, o preço de equilíbrio de longo prazo for $4,20 em vez de $3,60, então a agência exaurirá sua dotação inicial do bem. Apesar de que ela terá acumulado fundos para definir um novo acordo a uma faixa de preços mais alta, o regulador de estoque não exerceu sua função de estabilização. (Veja Johnson 1967, cap. V.)

Há também dificuldades de previsão nos acordos de cota de exportação. Se a demanda de longo prazo for mais fraca que a estimada, então a oferta dos países produtores no mercado mundial depreciará o preço abaixo do desejado. Para que o preço cresça, os países devem conter suas exportações e se depararão com o problema de uma acumulação de estoques do bem. Se a demanda de longo prazo for mais forte que a estimada, os estoques dos países individuais serão esvaziados e os países não poderão mais estabilizar o preço. Apesar da incapacidade de estabilizar, essa última situação beneficia os LDCs porque os rendimentos de exportação serão maiores do que os antecipados.

CAPÍTULO 18   O COMÉRCIO INTERNACIONAL E OS PAÍSES EM DESENVOLVIMENTO

Uma dificuldade mais fundamental do acordo de cota de exportação é o fato de que, mesmo que a demanda e portanto o preço sejam corretamente estimados, o acordo deve incluir *todos* os exportadores indiscriminadamente. Se houver n países exportadores, mas só $n-1$ deles participarem, então o país n não será limitado em suas exportações. Se ele vende grandes quantidades, o preço mundial cairá abaixo da meta de preço. Além disso, os países exportadores em qualquer acordo de cota de exportação deve honrar suas cotas. Se eles secretamente vendem mais do que os montantes definidos, pressão para baixo no preço do bem ocorre. Por exemplo, embora a Organização dos Países Exportadores de Petróleo (OPEC) seja mais uma organização de aumento de preços do que uma organização de estabilização de preços, ela às vezes se viu em dificuldades para manter a meta de preços do petróleo bruto, porque os membros individuais cortam preços a fim de vender maiores volumes do que os acordados.

Na mesma linha, os países consumidores são normalmente trazidos para acordos de cota de exportação e, portanto, é necessário que o conjunto inteiro das nações consumidoras seja incluído no acordo. Se esse não for o caso, os países exportadores encontrarão espaços adicionais de venda nos países compradores não participantes e pressão para baixo será exercida sobre o preço. Em resumo, sem uma total participação e adequados procedimentos de cumprimento e fiscalização, os acordos de cota de exportação não preencherão suas funções de estabilização.

Políticas sugeridas para combater a deterioração de longo prazo nos termos de troca

Uma série de medidas políticas foi sugerida para aliviar a alegada deterioração secular do TT dos LDCs. Nós discutiremos essas medidas brevemente, a partir da página 437.

NO MUNDO REAL:

A EXTENSÃO DOS CHOQUES DE PREÇOS DA MERCADORIA

Um artigo de Paul Cashin e Hong Liang do Fundo Monetário Internacional e C. John McDermott do Reserve Bank da Nova Zelândia (1999) visou determinar a probabilidade de sucesso de esquemas de estabilização de preços para mercadorias primárias. Como a história de tais acordos sugere, há uma razão para o pessimismo em relação à sua viabilidade.

A abordagem de Cashin, Liang e McDermott foi a primeira a indicar que cerca de 25% do comércio mundial transacionado é contabilizado por produtos primários. Além disso, em média, cerca de metade dos rendimentos de exportação dos países em desenvolvimento são derivadas de mercadorias primárias. De fato, um único produto pode muitas vezes compreender uma porção substancial dos rendimentos de exportação de um país. (Veja a Tabela 3, assim como a discussão anterior neste capítulo.) Então, Cashin, Liang e McDermott investigaram a questão de por quanto tempo uma intervenção por um esquema de estabilização de preço teria de ocorrer para que oferecesse estabilidade ao longo do tempo em qualquer dado preço de mercadoria, uma vez que "choques" de preço ocorrem frequentemente.

Reunindo os dados de preços mensais para 1957-1998 de 44 mercadorias, Cashin, Liang e McDermott calcularam a extensão de um desvio típico de tendência de qualquer choque de preço ou distúrbio. Mais precisamente, eles calcularam a extensão de tempo, depois de um distúrbio inicial nos preços (para cima ou para baixo), que levou para o montante do distúrbio inicial se dissipar pela metade (isto é, a meia-vida do choque). As meias-vidas foram quantificadas em meses, e os resultados estão dados na Tabela 4. Claramente, o tempo requerido para que ocorra a baixa de alguns preços é muito longo. Esses longos períodos de reação querem dizer que o esquema de estabilização para qualquer dado produto provavelmente não alcançaria sucesso sem fundos substanciais para a continuidade do programa por uma série de anos. Isso pode responder de forma importante pelo fracasso do Acordo Internacional do Açúcar em 1984, o Acordo Internacional do Estanho em 1985, o Acordo Internacional do Cacau em 1988 e o Acordo Internacional do Café em 1989. (Note que todas estas quatro mercadorias têm meias-vidas longas.) Entretanto, a alternativa para os esquemas de estabilização de preços, o financiamento compensatório, pode envolver um longo comprometimento de fundos para que compense a escassez de rendimentos pela duração dos efeitos advindos de um distúrbio de queda nos preços.

(continua)

NO MUNDO REAL: (*continuação*)

TABELA 3 Dependência de exportações de um país de uma única mercadoria primária (média anual do valor em dólar das exportações, 1992-1997)

Mercadoria	50 % ou mais de rendimentos de exportações	20-49% de rendimentos de exportações
Alumínio		Tadjiquistão
Bananas		Honduras, São Vicente e Granadinas
Cacau	São Tomé e Príncipe	Costa do Marfim, Gana
Café	Burundi, Etiópia, Uganda	Ruanda
Cobre	Zâmbia	Chile, Mongólia
Óleo de coco	Kiribati	
Algodão		Benin, Chade, Mali, Paquistão, Sudão, Uzbequistão
Ouro		Gana, Papua-Nova Guiné, África do Sul
Ferro	Mauritânia	
Gás natural	Turcomenistão	Algéria
Petróleo	Angola, Bahrein, República do Congo, Gabão, Irã, Iraque, Kuait, Líbia, Nigéria, Omã, Catar, Arábia Saudita, Venezuela, Iêmen	Azerbaijão, Brunei, Camarões, Equador, Guiné Equatorial, Noruega, Papua-Nova Guiné, Rússia, Síria, Trinidad e Tobago, Emirados Árabes Unidos
Açúcar		Guiana, Maurício, São Cristóvão e Névis
Madeira		Guiné Equatorial, Laos, Ilhas Salomão
Tabaco	Maláui	Zimbábue

Fonte: Paul Cashin, Hong Liang e C. John McDermott, "Do Commodity Price Shocks Last Too Long for Stabilization Schemes to Work?" *Finance and Development* 36, n. 3 (set. 1999), p. 41.

TABELA 4 Duração dos choques de preços de mercadorias, janeiro de 1957-dezembro de 1998

Menos de 1 Ano	1 Ano-4 Anos	4 Anos-8 Anos	Mais de 8 Anos
Bananas	Alumínio	Carne bovina	Grão de cacau
Óleo para aquecimento	Pescado	Óleo de coco	Café (robusta)
Couros	Gasolina	Cobre	Café (outras misturas)
Madeira resinosa (toras)	Ferro	Óleo de oleaginosas	Algodão
Madeira resinosa (serrada)	Carne ovina	Chumbo	Ouro
Açúcar (União Europeia)	Borracha	Milho	Madeira folhosa (toras)
Chá	Soja comestível	Óleo de palma	Maderia folhosa (serrada)
	Grãos de soja	Pedra de fosfato	Gás natural
	Açúcar (Estados Unidos)	Óleo de soja	Níquel
	Trigo	Lã (bruta)	Petróleo
		Lã (fina)	Arroz
		Zinco	Açúcar (mercado livre)
			Estanho
			Tabaco
			Superfosfato triplo

Fonte: Paul Cashin, Hong Liang e C. John McDermott, "Do Commodity Price Shocks Last Too Long for Stabilization Schemes to Work?" *Finance and Development* 36, n. 3 (set. 1999), p. 40-43.

CAPÍTULO 18   O COMÉRCIO INTERNACIONAL E OS PAÍSES EM DESENVOLVIMENTO   **437**

Diversificação de exportações

Uma estratégia é a maior **diversificação de exportações em bens manufaturados** pelos LDCs. Se o pacote de exportações cada vez mais contivesse relativamente mais bens manufaturados, isso evitaria em parte as dificuldades experimentadas pelos LDCs tanto no que diz respeito às diferentes elasticidades-renda da demanda quanto aos efeitos de mudança tecnológica. Os bens manufaturados seriam presumivelmente bens intensivos em trabalho de acordo com a abundante oferta de trabalho dos LDCs e o modelo de Heckscher-Ohlin. Tal estratégia é mais fácil de recomendar do que de implementar, e medidas de longo prazo, como elevação da educação, são necessárias. Todavia, muitos países em desenvolvimento aumentaram a participação dos bens manufaturados em suas exportações nas últimas duas ou três décadas.

Cartéis de exportação

Uma outra possível medida é a formação de uma **cartel de exportação** pelos países em desenvolvimento. Uma importante causa para o sucesso da OPEC nos anos de 1970 foi que, apesar do enorme aumento dos preços do petróleo ter causado dificuldades para os LDCs importadores de petróleo, os países em desenvolvimento em geral viram o sucesso da OPEC de maneira positiva, porque ele demonstrou que alguns países em desenvolvimento poderiam se organizar para obter uma participação maior nos ganhos de comércio na economia mundial. (Veja Bhagwati 1977, p. 6-7.) Contudo, ficou claro com a OPEC que a redistribuição via rota de cartel de exportação pode não ser uma solução de longo prazo para as dificuldades dos exportadores de produtos primários. Para obter sucesso, todos os países exportadores devem fazer parte do processo; não deve haver fortes possibilidades de substituição para os bens em questão; e os membros do acordo não devem trair o acordo. Essas condições são mais provavelmente encontradas quando poucos países dominam o mercado mundial e quando a demanda é inelástica tanto no curto quanto no longo prazo. Essas condições não têm muitas chances de serem preenchidas para muitos produtos primários exportados pelos países em desenvolvimento.

Restrições de importação e exportação

Uma terceira opção política é o uso de restrições de importação ou exportação dos países em desenvolvimento para incrementar os termos de troca. Como discutido no Capítulo 15, um país com a capacidade de influenciar os preços mundiais pode ganhar bem-estar pela imposição de sua tarifa ótima (assumindo-se não retaliação). Entretanto, os economistas são geralmente céticos quanto ao valor para os países em desenvolvimento da adoção de tais restrições de comércio. Para influenciar os termos de troca, um país deve ser grande no sentido econômico em uma ou mais de suas exportações de mercadorias, e esse pode não ser o caso para muitos LDCs. Enquanto a demanda dos países industrializados por produtos primários tende a ter um preço inelástico – e portanto há espaço para os LDCs incrementarem seus TTs pelas restrições – a inelasticidade se aplica aos produtos primários como um todo, e não aos produtos primários de qualquer ofertante individual. As curvas de demanda para qualquer país individual são mais elásticas do que aquelas para os ofertantes como um todo. Além disso, as dificuldades de organizar muitos LDCs para agirem em concordância foram mencionadas acima. Por fim, qualquer redução no volume de comércio por causa da aplicação de restrições privará os LDCs da necessária importação de desenvolvimento (por exemplo, maquinaria, equipamento de transporte, peças) dos ICs e introduzirá distorções de preços na economia que podem ser desvantagens para o desenvolvimento.

Projetos de integração econômica

Uma opção política que vem recebendo cada vez mais atenção é a elaboração de projetos de integração econômica entre os países em desenvolvimento. Esses projetos podem ser, por exemplo, áreas de livre-comércio ou mercados comuns. A ideia por trás dos projetos de integração do ponto de vista do problema dos termos de troca é que os países-membros dos LDCs podem evitar a potencial deterioração do TT em seu comércio com os países industrializados pelo aumento do comércio entre si. Além disso, mais poder de mercado nos mercados mundiais pode ser possível ao agirem como uma frente unida. Ainda, o tamanho ampliado do mercado da região pode estimular investimento, a emergência da produção de manufaturados, e a diversificação requerida para evitar a instabilidade das exportações e a deterioração do TT. Entretanto, como apontado no Capítulo 17, tais uniões incorrem em dificuldades no que concerne ao sacrifício da soberania nacional e à distribuição dos benefícios entre os países parceiros.

> # No mundo real:
> ## Estratégia de preços no comércio externo do Comecon
>
> O Conselho de Assistência Econômica Mútua (Council for Mutual Economic Assistance – CMEA ou Comecon) começou de um acordo comunicado em 1949 entre a União Soviética, Bulgária, Tchecoslováquia, Hungria, Polônia e Romênia. O propósito afirmado pela organização era estimular os estados-membros a "trocar experiências econômicas, estender ajuda técnica uns aos outros e promover assistência mútua no que diz respeito a matéria bruta, alimentos, máquinas, equipamentos etc.". Contudo, o desejo de Joseph Stalin de reforçar a dominação soviética nos pequenos Estados da Europa do Leste e apaziguar alguns estados que haviam expressado interesse no Plano Marshall foram também fatores primários em sua formação.
>
> ### MEMBROS
>
> A Albânia se reuniu aos seis membros originais em fevereiro de 1949, e a Alemanha Oriental entrou em 1950. A Mongólia se tornou membro em 1962, e nos anos de 1970 o Comecon expandiu seus membros para incluir Cuba (1972) e Vietnã (1978). Fatores políticos e ideológicos mais do que geográficos uniram os membros do Comecon. Depois de 1978, o Comecon consistia em 450 milhões de pessoas em 10 países de três continentes.
>
> ### RELAÇÕES DE MERCADO E PREÇOS
>
> Não é surpresa, dado o enorme tamanho da economia soviética no período, que o comércio intra-Comecon fosse dominado pelas trocas entre a União Soviética e os outros membros. Trocas de combustível soviético e materiais naturais por bens de capital e manufaturas de consumo caracterizaram o comércio, particularmente entre os membros originais. O comércio entre os membros era negociado em bases anuais e em detalhes consideráveis no nível governamental. Os esforços iniciais para facilitar o comércio entre os membros se concentraram em uniformidade de padrões técnicos, legais e estatísticos e no encorajamento de acordos de comércio de longo prazo.
>
> Em 1971, o Programa Abrangente para a Integração Econômica Socialista visou aumentar o comércio livre de cota. Além disso, conclamou o incremento do controle administrativo dos preços usados no comércio intra-Comecon, que não refletiam custos ou escassez relativa de entradas e saídas. Em 1971, é estabelecido um sistema de preços desenvolvido para governar as trocas entre os membros sob o qual os preços acordados numa negociação eram fixados por períodos de cinco anos. Os preços de contrato eram baseados nas médias dos preços do mercado mundial ajustados dos cinco anos precedentes. Sob esse sistema, os preços intra-Comecon poderiam, e o fizeram, desviar-se dos preços relativos nos mercados mundiais. Relativamente aos preços mundiais reais, os preços intra-Comecon no início dos anos de 1970 penalizaram os exportadores de materiais naturais e beneficiaram os exportadores de manufaturas. Depois da explosão do preço do petróleo de 1973, os preços do comércio externo do Comecon oscilaram além dos preços mundiais, levando desvantagem aos ofertantes de materiais naturais do Comecon, em particular a União Soviética. Por volta de 1975, a diferença entre os preços do Comecon e os preços mundiais não poderia mais ser ignorada.
>
> Uma substancial modificação, conhecida como a "fórmula Bucareste", foi adotada em 1975. Partindo dessa modificação, os preços eram fixados a cada ano e eram baseados numa média móvel dos preços mundiais dos cinco anos precedentes. Nos anos de 1970, os preços do Comecon cresceram com os preços mundiais, mas com um atraso. Esse sistema beneficiou os membros não soviéticos até o início dos anos de 1980 porque o petróleo soviético era consideravelmente mais barato do que o petróleo da OPEC. Em 1983-1984, o sistema se virou a favor dos soviéticos, porque o preço mundial do petróleo começou a cair, sendo que o preço do petróleo soviético continuou a crescer baseado na fórmula atrasada dos cinco anos.
>
> Enquanto esse é um caso extremo, o Comecon é um exemplo de unidade de integração que foi projetada para incrementar o comércio entre membros da unidade de integração. Mais do que da vantagem comparativa e dos preços de mercado, o Comecon dependeu de um sistema de controle administrativo de preços para evitar grandes ajustes em termos de comércio entre os membros.
>
> Fonte: Glenn E. Curtis, ed., *Czechoslovakia: A Country Study* (Washington, DC: Federal Research Division of the Library of Congress, 1992).

Em anos recentes, tem ressurgido interesse e participação na integração econômica por parte de muitos países em desenvolvimento. A crescente lista de participantes inclui México (NAFTA, APEC), os países do MERCOSUL, Chile (numa série de FTAs), os países asiáticos na APEC, os membros do Mercado Comum da América Central, os membros do Pacto Andino e os participantes do Mercado Comum Caribenho (CARICOM). (Veja o Capítulo 17 para uma discussão mais aprofundada dos grupos envolvidos com a integração econômica.) O que se deve notar

CAPÍTULO 18 O COMÉRCIO INTERNACIONAL E OS PAÍSES EM DESENVOLVIMENTO

particularmente é que esses vários esquemas de integração cada vez mais envolvem grupos de países tanto em desenvolvimento quanto industrializados. Esses arranjos, portanto, normalmente facilitam o fluxo de novas tecnologias e promovem desenvolvimento nos países em desenvolvimento que levam melhor vantagem em suas vantagens comparativas. Dadas as experiências de um grande número de países em desenvolvimento e semi-industrializados, está claro que os arranjos de integração não fixarão automaticamente os países em desenvolvimento na produção de produtos primários.

REVISÃO DE CONCEITO	1. Como a instabilidade de preços de um produto pode ser relacionada às elasticidades de demanda e oferta do produto? 2. Por que os economistas são mais a favor do uso de financiamento compensatório do que de acordos de commodity internacionais para estimular a alocação eficiente de recursos dos LDCs? 3. Por que a diversificação das exportações dos LDCs para bens manufaturados ajuda a aliviar	qualquer possível deterioração de seus termos de troca? 4. Por que a mera ocorrência de transferência de preços pelas corporações multinacionais de maneira desfavorável para os LDCs não implica automaticamente que a transferência de preços causa uma deterioração nos termos de troca dos LDCs a longo prazo?

Visão interna versus visão externa das estratégias de comércio

Tendo em vista a discussão precedente, o que é uma estratégia apropriada de comércio para os LDCs? Os economistas e os estrategistas econômicos têm debatido duas estratégias concorrentes relativas ao setor de comércio. Uma **estratégia de visão interna** é uma tentativa de se retirar, pelo menos a curto prazo, de uma completa participação na economia mundial. Essa estratégia enfatiza a **substitutição de importações**, isto é, a produção doméstica de bens que seriam importados. Isso pode economizar a moeda estrangeira escassa e, em última análise, gerar novas exportações de manufaturados sem as dificuldades de exportação dos produtos primários se a economia de escala for importante na indústria substitutiva de importações e se for aplicado o argumento do setor nascente (veja o Capítulo 15). A estratégia usa tarifas, cotas de importação, subsídios para as indústrias substitutivas de importação e outras medidas desse tipo. Em contraste, uma **estratégia de visão externa** enfatiza a participação no comércio internacional através do encorajamento da alocação de recursos sem distorção de preços. Ela não usa medidas políticas para mudar a produção de forma arbitrária entre servir o mercado doméstico e o mercado externo. Em outras palavras, ela é uma aplicação da produção de acordo com as vantagens comparativas; a expressão corrente é que os LDCs deveriam **ter preços corretos**. Alguns analistas vão além e focalizam particularmente a **promoção de exportações**, cujos passos políticos, tais como subsídios às exportações, estímulo da acumulação de qualificação na força de trabalho e ao uso de tecnologia mais avançada, e cortes de taxas, são usados para gerar mais exportações, particularmente exportações de manufaturas intensivas em trabalho de acordo com o modelo de Heckscher-Ohlin.

Estratégia de comércio e desempenho econômico

A escolha de qual estratégia empregar influencia no desempenho da economia do país em desenvolvimento? O *World Development Report 1987* (Cap. 5) do Banco Mundial examinou a experiência de 41 LDCs na tentativa de responder essa questão. Ele classificou os países em torno de quatro categorias de estratégia de comércio. Um país era classificado como uma **economia fortemente orientada para fora** (*strongly-outward-oriented economy* – SO) se ele tivesse poucos controles de comércio e se sua moeda não estivesse nem sobre nem subvalorizada relativamente a outras moedas, e, portanto, não discriminasse exportações e produção para o mercado doméstico na provisão de incentivos. Um país era classificado como uma **economia moderadamente orientada para fora** (*moderately-outward-oriented economy* – MO) se os incentivos se inclinassem levemente para a produção na direção de servir ao mercado interno mais do que às exportações, as taxas efetivas de proteção fossem relativamente baixas e as taxas de câmbio fossem apenas suavemente viesadas contra as exportações (isto é, a moeda doméstica suavemente sobrevalorizada). Uma **economia moderadamente orientada para dentro** (*moderately--inward-oriented economy* – MI) claramente favorece a produção para o mercado doméstico mais do que para as exportações, por causa da proteção relativamente alta pelos controles de importação, e as exportações são definitivamente desencorajadas pela taxa de câmbio. Finalmente, uma **economia fortemente orientada para dentro** (*strongly-inward-oriented economy* – SI) exibe amplos incentivos a favor da substituição de importações e contra as exportações por medidas mais severas do que na MI.

Os 41 países foram classificados por sua estratégia de comércio para dois períodos, 1963-1973 e 1973-1985. Só três economia foram classificadas como SO em cada período: Hong Kong, Coreia do Sul e Cingapura. Dez países estiveram na categoria MO no primeiro período, e oito no segundo; Brasil, Israel, Malásia e Tailândia foram assim classificados em ambos. A categoria de MI continha 12 países em 1963-1973 e 16 em 1973-1985. Os países que apareceram nessa categoria em ambos os períodos foram El Salvador, Honduras, Quênia, México, Nicarágua, Filipinas, Senegal e Iugoslávia. Finalmente, a categoria SI continha 16 economias no primeiro período e 14 no segundo período, com Argentina, Bangladesh, Burundi, República Dominicana, Etiópia, Gana, Índia, Peru, Sudão, Tanzânia e Zâmbia sendo assim classificados em ambos os períodos. Note a predominância dos países africanos e latino-americanos nas categorias da visão para dentro.

A respeito do desempenho comparativo dos países operando sob diferentes estratégias de comércio, as conclusões da equipe do Banco Mundial foram fortemente enunciadas: "Os números sugerem que o desempenho econômico das economias orientadas para fora foi amplamente superior ao das economias orientadas para dentro em quase todos os aspectos" (World Bank 1987, p. 85). Vários critérios de desempenho econômico foram examinados para que se chegasse a essa conclusão. Em termos de taxas de crescimento médio do PIB, uma classificação para 1963-1973 mostrou que, em termos das quatro designações, SO > MO > MI > SI; para 1973-1985, a taxa de crescimento médio dos países MI excedeu levemente aquela dos países MO, mas de resto a classificação permaneceu intacta. O mesmo padrão geral foi verdadeiro para as taxas de crescimento do PIB per capita, com uma taxa de crescimento médio de 6,9% nos países SO e 1,6% nos países SI para 1963-1973. A taxa de PIB per capita média foi de 5,9% nos países SO e *menos* 0,1% nos países SI para 1973-1985. Além disso, a poupança como uma porcentagem do PIB foi maior para as duas categorias para fora no segundo período, embora isso não seja verdadeiro para o primeiro período. As taxas de crescimento de exportações de manufaturados entre os países orientados para fora excedeu substancialmente aquelas dos países orientados para dentro em ambos os períodos. Finalmente, o capital foi usado mais eficientemente (como expresso por menores quantidades de capital requeridas para conseguir unidades adicionais de saída) nas economias orientadas para fora do que nas economias orientadas para dentro.

Uma medida que não mostrou desempenho superior nos países com uma orientação para fora foi a taxa de inflação. Essa taxa foi próxima à dos outros em todas as quatro categorias em 1963-1973, mas as economias MO tiveram taxas maiores em 1973-1985, e a taxa média para os países SO e MO excedeu a dos países MI e SI naqueles anos. O Banco Mundial explicou esse fenômeno indicando que uma estratégia para fora amarra a taxa de inflação de um país à da economia mundial em maior extensão do que a estratégia para dentro, e a inflação mundial foi alta no período de 1973-1985.

Além dos achados gerais sobre o desempenho econômico sob uma estratégia voltada para fora, o Banco Mundial sugere que a orientação para fora, mais do que a orientação para dentro, leva a uma distribuição mais igualitária da renda (World Bank 1987, p. 85). Uma razão para esse resultado é que a expansão das exportações intensivas em trabalho gera oportunidades de emprego, enquanto as políticas de substituição de importações normalmente resultam em produção intensiva em capital que dispensa o trabalho. Um outro benefício da estratégia da visão para fora é que as escassezes de moeda estrangeira são menos comuns. Com a substituição de importações, uma poupança inicial de moeda estrangeira é normalmente temporária porque a substituição de importação de bens finais pela produção doméstica requer a importação de bens primários, equipamentos de capital e componentes. O resultado final pode ser mais elevar do que diminuir a dependência das importações. (Veja Krueger 1983, p. 7-8.)

Os achados do Banco Mundial (veja também World Bank 1991) e aqueles dos que defendem a vantagem comparativa recomendam que os LDCs adotem mais políticas orientadas para fora. De fato, a economia mundial no final dos anos de 1980 e nos anos de 1990 viu uma forte emergência de suporte ao mercado – testemunham as reformas econômicas na Europa Central e Oriental e as ex-repúblicas da União Soviética, e também muitos outros LDCs. Acima de tudo, a ausência de um foco para fora é evidente num grande número de países de crescimento lento. Por exemplo, o desempenho do comércio da África vem ficando atrás de outros países. Suas exportações e importações cresceram a três quartos da taxa média desde 1970, com o resultado de que sua participação no comércio mundial caiu de 4% para algo em torno de 2% hoje. Além disso, a razão comércio-PIB da África cresceu mais vagarosamente do que qualquer outra região de países em desenvolvimento, e ela parece ser a região menos aberta ao comércio. Não surpreende o fato de que sua taxa de crescimento não chega aos 7% requeridos para alcançar as Metas de Desenvolvimento do Milênio de redução da pobreza para 2015.[10]

Apesar da aparente vantagem das políticas com visão para fora, alguns economistas e estrategistas econômicos são relutantes em adotar a estratégia totalmente. Primeiro, a expansão das exportações de manufaturados, tais como as apresentadas por Hong Kong, Coreia do Sul, Cingapura, Taiwan e, recentemente, China, podem encontrar barreiras protecionistas em países industrializados. Como as exportações de manufaturas intensivas em trabalho podem ameaçar indústrias de longa existência nos ICs (por exemplo, têxteis e calçados), restrições tais como o Acordo de Multifibras em têxteis e roupas podem ter sufocado essa rota para o desenvolvimento para muitos LDCs. Além disso, o caminho das exportações pode requerer capacidades na força de trabalho que não são ainda totalmente desenvolvidas e irão requerer um maior compromisso de recursos para que se possa realizar isso (embora a substituição de importações também incorra no mesmo problema). Ainda, Paul Streeten (1982, p. 165-66) apontou que há uma "falácia de composição" na estratégia da visão para fora porque, enquanto qualquer país pode enfrentar elevadas elasticidades de preços de demanda nas exportações de bens manufaturados, a demanda enfrentada por todos os países em desenvolvimento é menos elástica do que a enfrentada por qualquer país individual. Declínios substanciais de preços podem ocorrer se todos os LDCs seguirem o mesmo caminho. Além disso, alguns estudos empíricos põem em dúvida qualquer relacionamento positivo entre exportações e industrialização (veja Chow 1987) ou sugerem que uma ligação positiva ocorre somente acima de algum nível de renda inicial (veja Tyler 1981). Todavia, olhando para a experiência de comércio/crescimento dos países em desenvolvimento nas décadas e anos recentes, o *The Economist*, em 2001, depois de considerar a industrialização de substituição de importações (*import substitution industrialization* – ISI) e as várias objeções para maiores aberturas, concluiu: "No geral, a ISI falhou; em quase todo lugar, o comércio foi bom para o crescimento".[11]

Deve ser notado que alguma mistura ou sequência de duas estratégias pode ser apropriada em alguns casos. Por exemplo, a Coreia do Sul se envolveu em substituição de importação antes de seguir pelo caminho de crescimento por exportações (veja Singer e Ansari 1988, p. 261-63). Nos casos dos setores nascentes ou onde os argumentos da proteção tipo Krugman se aplicam (veja o Capítulo 15), isso pode ser uma boa estratégia. Além disso, alguns sugeriram (veja Todaro e Smith 2003, cap. 13) que a integração econômica entre países em desenvolvimento pode oferecer benefícios porque é a combinação de uma estratégia para fora (pela liberação do comércio com outros LDCs parceiros) com a estratégia de visão para dentro na qual a união como um todo está dando as costas ao resto da economia mundial. De qualquer modo, a extensão precisa de quanto um país deveria se voltar para fora ou para dentro depende das características internas e externas daquele país. As políticas a serem recomendadas podem ser decididas somente numa base caso a caso.

---

[10]Sanjeev Gupta e Yongzheng Yang, "Unblocking Trade," *Finance and Development* 43, n. 4 (dez. 2006), p. 22-25.
[11]"Globalisation and Its Critics," *The Economist,* set. 29, 2001, p. 12.

No mundo real:

O terrorismo e seus efeitos sobre os países em desenvolvimento

O risco e a prevalência crescente do terrorismo global surge como a maior ameaça ao comércio internacional e ao desenvolvimento econômico. Em um estudo feito em mais de 200 países de 1968 a 1979, Nitsch e Schumacher (2002) descobriram que o grande número de incidentes terroristas fez decrescer em torno de 6% o comércio bilateral entre as economias visadas. O medo de futuros atos terroristas cria incerteza que aumenta o risco percebido. A incerteza pode afetar o investimento e o crescimento econômico de variadas maneiras.

O risco crescente mina a confiança do investidor e reduz o seu desejo de assumir novos projetos. Ao longo do tempo, maiores prêmios de risco aumentam as taxas de retorno requeridas sobre o investimento e o empurram para longe de investimentos mais arriscados e de retorno potencialmente maior em direção a investimentos menos arriscados, com menor retorno e de prazo mais curto. Os riscos crescentes do terrorismo também tendem a reduzir o desejo dos consumidores de gastar, particularmente em itens discricionários e nos principais bens duráveis de consumo. Serviços de aviação, viagens, turismo, hotelaria, restaurantes, postais e de seguros são particularmente suscetíveis ao risco do terrorismo. Nas economias que são percebidas contendo o risco do terrorismo, as moedas podem sofrer volatilidade na taxa de câmbio.

Enquanto os custos do terrorismo afetam todas as economias, o efeito sobre as economias em desenvolvimento pode ser desproporcionalmente alto. Muitas economias em desenvolvimento dependem do comércio em uma porcentagem relativamente alta do seu PIB. Qualquer descontinuidade nos fluxos de comércio pode ter sério impacto em seus crescimentos econômicos. Além disso, muitas economias em desenvolvimento se apoiam em fortes influxos de investimento estrangeiro direto (*foreign direct investment* – FDI). O aumento na atividade terrorista pode fazer crescer os prêmios de risco e reduzir os fluxos de FDI para as economias consideradas em risco. Por fim, os prêmios de seguros podem ser maiores nas cargas e embarques para e das economias em desenvolvimento por causa da incerteza das seguradoras quanto à adequação dos procedimentos de segurança local.

A implementação de novas medidas de segurança requererá investimentos imediatos em nova infraestrutura, mas esses custos deveriam ser vistos como um investimento que (pela redução da ameaça de terrorismo) pagará futuros dividendos por reduzidos prêmios de risco e até maiores eficiências do comércio. Sistemas de manifesto eletrônicos padronizados nos portos poupam tempo e reduzem custos pelo processamento rápido da carga. Esses sistemas estão se tornando necessários com a rápida expansão do comércio internacional, portanto, gastos nesses novos sistemas representam investimentos que aumentam a eficiência e ajudam o antiterrorismo. A ameaça de terrorismo afeta regiões inteiras, portanto, faz sentido empreender esforços coordenados para conter tais ameaças. As economias que falham na cooperação em medidas multilaterais de antiterrorismo correm o risco de se marginalizarem nas transações internacionais.

Fontes: "The Costs of Terrorism and the Benefits of Cooperating to Combat Terrorism", trabalho apresentado pelo Dr. Geoff Raby, Deputy Secretary, Department of Foreign Affairs and Trade aos APEC Senior Officials em Chiang Rai, Tailândia, 21 fev. 2003; V. Nitsche e D. Schumacher, "Terrorism and Trade" trabalho apresentado no workshop, The Economic Consequences of Global Terrorism, DIW/German Institute for Economic Research, Berlin, jun. 2002.

Por fim, um excelente panorama da história e do estado mais recente do pensamento sobre política de comércio e desenvolvimento econômico pode ser econtrado em um trabalho de Anne O. Krueger (1997). Depois de revisar o trabalho teórico, político e empírico que focalizou a questão nos últimos 50 anos, ela aponta uma série de lições que foram aprendidas a respeito do estado corrente do conhecimento nessa área. Não é de surpreender que a primeira lição que ela cita é que a pesquisa empírica que testa a presença e a importância relativa de certos fatos estilizados é importante para a aplicação da teoria e a seleção política. Em nenhum lugar isso é mais evidente do que na política de comércio, em que as decisões políticas iniciais são baseadas em fatos que são frequentemente um pouco menos do que a mistura de "impressões turísticas, meias verdades e inferências políticas mal aplicadas" (Krueger 1997, p. 3). O que aconteceu é uma demonstração de que os países em desenvolvimento podem expandir rendimentos de exportação baseados em, entre outras coisas, crescente exportação de manufaturas. Além disso, também há uma clara evidência de que os produtores nesses países de fato respondem a incentivos econômicos. A experiência dos países do Leste Asiático foi particularmente efetiva na demonstração da viabilidade de políticas de comércio que promoveram a industrialização através da dependência de mercados externos (em oposição aos mercados domésticos) e que foram baseada em ideias de vantagem comparativa que iam além da dependência de mercadorias primárias. Krueger sugere que a experiência do Leste Asiático demonstrou que o pessimismo inicial nas exportações que está por trás das ideias de substituição de importações talvez era mais um indicador de comércio e regimes de pagamentos orientados para dentro do que um foco para fora baseado na dinâmica das vantagens comparativas. No mínimo, a experiência do Leste Asiático aposenta a ideia de que os países em desenvolvimento com um foco para fora se trancariam permanentemente em seus padrões de especialização na produção primária.

Além da contribuição de importante pesquisa analítica e o desenvolvimento de melhores técnicas de medidas, Krueger também aponta para a importância crítica da teoria na demonstração de por que a simples interpretação do desempenho econômico baseada em fatos estilizados comumente utilizada era normalmente errada. Assim, para que os resultados da teoria sejam úteis aos formuladores de política, é importante que as ideias críticas possam ser relacionadas a fenômenos específicos que são observáveis, quantificáveis e reconhecíveis pelos formuladores de política. Apesar de haver sempre o perigo de as teorias serem mal-interpretadas ou usadas incorretamente, elas são cruciais para a análise dos problemas, políticas e resultados. Entretanto, ela conclui: "Não importa quão cuidadosos sejam os economistas, interesses especiais sempre tomarão seus resultados de pesquisas no apoio de seus próprios objetivos. E, não importa quão sofisticados e cuidadosos os achados de pesquisa sejam, haverá sempre políticos formulando e não economistas administrando políticas" (Krueger 1997, p. 17-19). Há pouca dúvida quanto ao fato de que a clara compreensão das vantagens comparativas e a importância de fortalecer a presença dos preços relativos corretos dos produtos e fatores seja central para controlar o papel potencial do comércio internacional na promoção do desenvolvimento da industrialização dos países. Quando as nações decidem buscar as vantagens do crescente envolvimento na economia global, há sempre novos desafios a serem procurados.

O PROBLEMA DA DÍVIDA EXTERNA DOS PAÍSES EM DESENVOLVIMENTO

Uma questão final a respeito do setor internacional e o desenvolvimento é o problema da dívida externa dos LDCs. Esse problema está intimamente ligado à questão do acesso às finanças na economia mundial. Se os bancos dos países industrializados que têm empréstimos pendentes com os países em desenvolvimento passam por dificuldades por causa dessa dívida, as instituições de suporte no sistema monetário internacional são postas em risco. A Tabela 5 oferece uma visão do tamanho da dívida externa dos LDCs, com dados sobre o débito e sua relação com uma série de variáveis-chave econômicas no final de 2005.

TABELA 5   Dívida externa e razões de dívida de países em desenvolvimento, 2005

	Dívida externa ($ bilhões)	*Dívida como percentual do PIB*	*Dívida como percentual das exportações de bens e serviços*	*Razão do serviço da dívida*
Mercados emergentes e países em desenvolvimento (145)	$3.012,3	28,9%	76,9%	15,3%
África (48)	289,4	35,9	92,4	10,9
Europa Central e Oriental (15)	604,7	49,6	110,0	22,1
Comunidade de Estados Independentes e Mongólia (13)	334,0	33,6	85,8	27,3
Ásia em desenvolvimento (23)	808,3	20,3	53,3	7,1
Oriente Médio (13)	221,8	22,4	38,6	4,9
Hemisfério Oeste (33)	754,1	31,0	131,6	35,0

Nota: O número de países no grupo está entre parênteses.
Fonte: International Monetary Fund, *World Economic Outlook,* set. 2006 (Washington, DC: IMF, 2006), extraído de www.imf.org.

A coluna (1) mostra que os países em desenvolvimento da Ásia, América Latina e o Caribe (Hemisfério Ocidental) e a Europa Central e Oriental têm a maior dívida externa em dólares. Contudo, por uma série de razões, incluindo políticas de ajustamento rápido para o problema da dívida e perspectivas favoráveis de exportações, os países asiáticos não têm um problema de dívida tão sério como os países da Europa Central e Oriental, os países latino-americanos e caribenhos e a África. A coluna (2) é uma medida da capacidade dos LDCs de suportar a dívida em relação à capacidade produtiva anual, isto é, o fluxo de saídas anual que conceitualmente poderia estar disponível para o pagamento da dívida: a seriedade do problema possivelmente para todos, exceto para a Ásia em desenvolvimento e o Oriente Médio, é evidente.

A coluna (3) enfatiza a questão de que embora um país possa produzir bens e serviços com os quais pague a dívida, ele ainda deve converter esses recursos em moeda estrangeira (isto é, moedas fortes e conversíveis). A menos que novos fundos externos estejam próximos, essa geração de câmbio externo tem de ocorrer devido a exportações favoráveis; isto é, de maneira a efetivamente transferir o poder de compra de volta aos emprestadores como pagamento, as exportações dos países em desenvolvimento devem ser estimuladas e as importações reduzidas de forma que moeda estrangeira suficiente esteja disponível. Esse **problema de transferência** de recursos livres para cumprir o pagamento pode ser de fato difícil. Os países do Hemisfério Ocidental e a Europa Central e Oriental têm as maiores razões dívida/exportação.

Por fim, a coluna (4) apresenta a razão do serviço da dívida, uma medida que muitos economistas julgam o melhor indicador do problema da dívida enfrentado pelos LDCs. A **razão do serviço da dívida** é a porcentagem dos rendimentos de exportação anual que deve ser separada para o pagamento dos juros sobre a dívida e o pagamento escalonado da dívida em si. Quando as razões do serviço da dívida são como as de 35,0% do Hemisfério Ocidental e de 27,3% das economias em transição da antiga União Soviética e Mongólia, os países devem devotar amplas porções de seus rendimentos em moeda estrangeira para o serviço da dívida. Essas amplas frações de rendimentos em moeda estrangeira não estão portanto disponíveis para a compra de importações necessárias, e as importações devem ser muito reduzidas se o país pretende evitar o desabamento de seu estoque de reservas internacionais ou incorrer em mais dívida. (Nos anos de 1980, muitos países latino-americanos diminuíram suas importações em que os padrões de vida caíram de forma drástica.)

Causas do problema da dívida dos países em desenvolvimento

Muitos fatores foram apontados como tendo atuado de maneira causal no problema da dívida dos LDCs. Contudo, a importância relativa de fatores varia de país para país, e é difícil fazer generalizações.

1. Um elemento proeminente nas discussões do problema da dívida consiste nos *aumentos de preços do petróleo de 1973-1974 e 1979-1981*. Os dois "choques do petróleo" resultaram em um enorme aumento das contas de importação de petróleo de muitos países em desenvolvimento, e tomadas de empréstimos foram necessárias para financiar os gastos adicionais de importação. Muitos dos empréstimos eram de bancos comerciais de países industrializados, que estavam reciclando dólares neles depositados por membros da OPEC (petrodólares).

2. Relacionadas com os aumentos dos preços do petróleo estavam as *recessões nos países industrializados* nos anos de 1970 e do início para meados dos anos de 1980. As recessões resultavam em parte dos choques do petróleo, mas também das políticas macroeconômicas anti-inflacionárias adotadas nos países industrializados. Do ponto de vista dos LDCs, as recessões nos ICs significam que as compras de exportações dos LDCs crescem lentamente ou declinam. Com um crescimento de exportações mais lento ou negativo, os LDCs devem tomar mais empréstimos para manter seu fluxo de importações.

3. *O comportamento das taxas de juros reais* foi também importante na geração e perpetuação da crise da dívida. A taxa de juros real é igual à taxa de juros nominal cobrada pelos emprestadores menos a taxa esperada de inflação. Nos anos de 1970, essa taxa real era baixa e muitas vezes negativa devido às expectativas de inflação elevada, e os tomadores de empréstimo

(os LDCs) eram então encorajados a tomar novos empréstimos. Entretanto, a rápida queda da inflação nos anos de 1980 nos Estados Unidos em particular – associada à política monetária estrita – causou um crescimento na taxa real. Isso significa que qualquer tomada de empréstimo adicional por um LDC para financiar o pagamento da dívida existente impunha um ônus extra sobre os países em desenvolvimento.

4. Além disso, os *preços dos produtos primários caíram drasticamente nos anos de 1980*. Como os produtos primários constituem uma ampla fração das exportações dos países em desenvolvimento, esse declínio necessitou de empréstimos adicionais para financiar as importações necessárias para o desenvolvimento. Muitos desse preços cresceram no início dos anos de 1990, mas depois caíram novamente.

5. *As políticas domésticas nos países em desenvolvimento* também influenciaram na geração do problema da dívida. Se os empréstimos forem usados mais para o consumo do que para o investimento produtivo, ou se os LDCs inflacionam seu nível de preços rapidamente pelo excessivo crescimento monetário associado a déficits orçamentários governamentais, então as perspectivas de pagamento são pobres e novos empréstimos devem ser tomados. Ainda, o descontrole das instituições financeiras domésticas pode exacerbar o problema. A capacidade de financiar o desenvolvimento sem recorrer a empréstimo externo é também prejudicada se os controles de preços domésticos inibem uma alocação de recursos eficiente ou se a moeda do LDC é fixada a uma taxa supervalorizada. Essa supervalorização faz com que as exportações sejam "muito caras" para os importadores estrangeiros e as importações "muito baratas" para os compradores domésticos, levando a um déficit de comércio.

6. Um outro fator associado ao crescente endividamento foi a *fuga de capitais dos países em desenvovimento*. Este fenômeno é mais difícil de documentar precisamente do que as razões anteriores, mas que o fenômeno existe é inquestionável. Com inflações muito rápidas ocorrendo nos países da América Latina e os baixos retornos de juros reais, muitos cidadãos domésticos enviaram fundos para bancos dos ICs. Com esses fundos não disponíveis para uso doméstico, os LDCs tinham de tomar emprestado mais capital nos mercados internacionais.

7. Finalmente, emergiu a hipótese de que uma porção considerável do endividamento dos LDCs foi devida a *"empréstimos empurrados" pelos bancos nos países em desenvolvimento* (Darity e Horn 1988). Essa visão enfatiza que os bancos dos ICs estavam inundados de fundos (fundamentalmente de reciclagem de petrodólares) e, acompanhados pela desregulamentação das instituições financeiras nos Estados Unidos, estavam ansiosos para expandir suas carteiras de empréstimos. Então frequentemente foram feitos empréstimos que não necessariamente estavam associados a uma boa análise econômica e não levavam adequadamente em conta os fatores de risco. Em muitos casos, a carga de dívida crescente foi efetivamente ignorada pelos bancos no que os LDCs foram convencidos a assumirem mais dívida do que seus países poderiam absorver. De fato, em meados de 1982, "o nono maior banco dos EUA tinha emprestado para os países em desenvolvimento e a Europa Oriental aproximadamente 280% de seu capital, e a maioria tinha mais de 100% do capital em empréstimos só para o Brasil e o México".[12] Este amplo e concentrado montante de empréstimos externos também levou ao medo do colapso do sistema financeiro nos países industrializados se houvesse inadimplência.

Possíveis soluções para o problema da dívida

Na busca de soluções para o problema da dívida dos países em desenvolvimento, é importante distinguir entre o problema da liquidez e o problema da solvência. O *problema da liquidez* neste contexto refere-se ao fato de que embora um país devedor no fim conseguirá pagar suas dívidas, há um problema de financiamento do serviço da dívida a curto prazo porque os recursos do país não são imediatamente conversíveis numa forma aceitável para os credores. Então, as políticas deveriam prover as finanças temporárias até que ajustes de maior prazo ocorram. O *problema da solvência* refere-se ao fato de que o país está em uma condição tão pobre e tem uma

---

[12] William R. Cline, "International Debt: From Crisis to Recovery," *American Economic Review* 75, n. 2 (mai. 1985), p. 185.

perspectiva econômica tão desanimadora que nunca conseguirá gerar os recursos necessários para pagar suas dívidas. Se o problema é insolvência, então alguma forma de perdão da dívida deve ser instituída ou o país terá de declarar moratória de suas obrigações. Até 1982, o problema da dívida dos LDCs era geralmente visto como de liquidez, mas o anúncio do México (o segundo maior devedor, depois do Brasil) de que não conseguiria manter suas obrigações do serviço da dívida deve ter instaurado naquele momento a preocupação de que o problema em muitos LDCs era realmente de insolvência.

Mudança nas políticas domésticas

Em geral, há várias categorias de soluções que podem ser sugeridas para lidar com o problema da dívida. Primeiro, *os LDCs podem mudar suas políticas domésticas de forma a aumentar sua capacidade de servir a dívida.* Essa estratégia é de longo prazo e vê o problema como uma questão de falta de liquidez temporária. A ênfase do Fundo Monetário Internacional e do Banco Mundial sobre as **políticas de ajuste estrutural** recai nessa categoria. Quando o FMI negocia com um país devedor quanto a novos empréstimos, ele normalmente aprovará os empréstimos apenas no caso de o LDC adotar várias medidas para reforçar suas perspectivas de pagamento de longo prazo. As medidas de condicionalidades usualmente incluem redução dos déficits orçamentários de governo e da oferta de moeda (para reduzir a inflação e os déficits paralelos do balanço de pagamentos) e a adoção de uma taxa de câmbio realista – significando uma desvalorização da moeda doméstica.[13] Esses passos são normalmente chamados de "políticas de austeridade". A desvalorização adotada com a contração das políticas monetária e fiscal podem incrementar a balança de comércio e colocar o devedor em melhor posição para o serviço da dívida com uma moeda estrangeira forte. Outras políticas recomendadas usualmente incluem a eliminação dos subsídios do governo à produção e/ou consumo e de controles de preços distorcidos. Essas medidas permitem que o mercado aloque recursos em vez da política de governo, o que o FMI sustenta que incrementará a eficiência. A adição de tais condições a novos empréstimos pelo FMI tem gerado considerável ressentimento entre os LDCs.

Reescalonando a dívida

Uma outra abordagem ao problema da dívida envolve o **reescalonamento da dívida**. Essa abordagem também trata o problema da dívida como sendo basicamente de liquidez em vez de um problema de solvência. Nas operações de reescalonamento, as taxas de juros sobre a dívida são frequentemente diminuídas, o período de tempo do empréstimo é estendido, ou o período de carência antes do pagamento começar é mais longo. Tem ocorrido um grande número de reescalonamentos, particularmente pelo "Clube de Paris", um consórcio de governos de ICs criado para lidar com o reescalonamento de empréstimos do governo (em vez de bancos comerciais). Esses reescalonamentos têm sido particularmente relevantes para a África, onde a dívida é devida principalmente a governos em vez de a bancos privados. (As dívidas da América Latina com bancos é maior do que com governos.)

Alívio da dívida

Recentemente, tem sido dispensada atenção ao **alívio da dívida** ou à **redução da dívida** mais do que ao reescalonamento. Uma conhecida iniciativa nessa linha foi o **plano Brady**, proposto pelo Secretário do Tesouro dos Estados Unidos, Nicholas Brady, no começo de 1989. Os detalhes variaram de país para país, mas nessa estratégia geral, um *pool* de moeda dos Estados Unidos ou do Banco Mundial e o FMI foi usado para garantir novos títulos emitidos por governos de países em desenvolvimento. Esses novos títulos eram oferecidos para os emprestadores existentes de tal modo que o montante da dívida existente era reduzido. Por exemplo, $10 bilhões de novas dívidas podiam ser emitidas para substituir $20 bilhões de dívida antiga. A vantagem para o LDC é que sua dívida é diminuída, tanto quanto seus pagamentos de juros. Para o banco emprestador, $20 bilhões

---

[13]Um estudo de 24 LDCs indicou que a falha na determinação de uma taxa apropriada de câmbio teve implicações fortemente negativas para desempenhos característicos como taxa de crescimento da renda per capita, taxa de crescimento das exportações e taxa de investimento líquido. Veja Cottani, Cavallo e Khan (1990).

de direitos sobre o país em desenvolvimento foram trocados por apenas $10 bilhões de direitos, mas o montante menor é agora garantido. Um procedimento alternativo pode envolver não só uma redução do principal da dívida, mas uma menor taxa de juros sobre a nova dívida do que sobre a dívida antiga. Estava previsto também que o país em desenvolvimento assumiria reformas orientadas para o mercado e o crescimento, tais como o relaxamento dos controles de preços, a eliminação das distorções, e políticas para estimular a poupança e o investimento doméstico.

Em 1996, o Fundo Monetário Internacional e o Banco Mundial projetaram juntos um programa de cooperação com os países credores para prover o alívio da dívida para os países em desenvolvimento que estivessem tendo dificuldades particulares com o serviço da dívida e o pagamento de obrigações. A **Iniciativa para os Países Pobres Fortemente Endividados** (Heavily Indebted Poor Countries – **HIPC**) é destinada a assistir os países que o FMI e o Banco Mundial veem como tendo uma "carga de dívida insustentável".[14] Sob o programa HIPC, os países elegíveis adotam programas de ajustes e reformas que são regularmente avaliados pelo FMI e o Banco Mundial, e um procedimento de revisão e assistência financeira é posto em prática. As duas instituições multilaterais coordenam o alívio da dívida com os recursos de um país doador individual, e os fluxos de fundos saem diretamente do FMI e do Banco Mundial. Um importante aspecto do programa é que, com a carga da dívida reduzida, os HIPCs podem gastar mais em itens de desenvolvimento e qualidade de vida tais como saúde e educação. No final de 2005, estimava-se que, para 40 países identificados como HIPCs, o custo da provisão de assistência para redução da dívida a níveis sustentáveis estava em torno de $40 bilhões líquidos em termos de valor presente (isto é, levando-se em conta o fluxo futuro de fundos e obrigações da dívida ao longo do tempo). Cerca de metade do montante foi provido por países doadores individuais, e metade pelas duas instituições multilaterais. Um substancial progresso foi feito e o serviço da dívida caiu dramaticamente (em torno de 2% do PIB) para 30 países que operaram sob pacotes aprovados de alívio da dívida. Por causa desse incremento, os países puderam incrementar a participação dos gastos em serviços sociais, uma vez que o serviço da dívida era menos oneroso.

Uma hipótese interessante que emergiu no contexto do alívio da dívida é que a redução na dívida pode na verdade *estimular* o pagamento da dívida de tal forma que o perdão da dívida pelos bancos emprestadores deve realmente ajudar os bancos. (Veja Krugman 1989 e Kenen 1990.) A primeira parte da hipótese é que uma redução na dívida aumenta a chance de o pagamento da dívida avançar. Suponhamos que um governo de um país em desenvolvimento tenha uma grande dívida com bancos ou governos estrangeiros e, portanto, tenha incorrido em grandes obrigações com o serviço da dívida futuro. Nessa situação, o investidor doméstico nas empresas do LDC pode vir a esperar aumentos nas taxas futuras do governo do LDC para pagar os juros futuros e amortização. Essa expectativa de maiores taxas futuras poderia frustrar o investimento corrente na geração de crescimento porque a esperada taxa de retorno posterior para o investidor é menor devido ao aumento antecipado das taxas. Ou suponhamos que é geral a opinião de que o nível da dívida corrente do LDC é tão alto que nunca poderá ser pago. Nesse caso, o calote pelo LDC pode ser provável, e esse calote confirmaria, para qualquer investidor privado estrangeiro que considera entrar no país, que o país está com problemas e não é um bom lugar para investir. Daí, poderia haver uma parada de qualquer potencial influxo de investimento estrangeiro gerador de crescimento por, no mínimo, algum tempo no futuro. Por meio de cenários como esses, um alto nível de dívida do LDC pode *per se* interferir no desempenho econômico corrente do país em desenvolvimento. A implicação do cenário é que a redução da dívida pode estimular o investimento doméstico (por causa da antecipação do *menor* ônus das taxas futuras), assim como o investimento estrangeiro privado (por causa da menor probabilidade de calote e pela perspectiva mais otimista das perspectivas do país por parte dos investidores estrangeiros).

Essa linha de pensamento sobre a redução da dívida com a intenção de estimular o crescimento do LDC levou a um constructo gráfico útil, o qual também nos estimula a ver a segunda parte da hipótese da redução da dívida – isto é, pode ser do interesse dos bancos emprestadores

---

[14]Para mais detalhes, veja "Debt Relief under the Heavily Indebted Poor Countries (HIPC) Initiative," Fact Sheet: extraído de www.imf.org.

FIGURA 2 A curva de Laffer do alívio da dívida

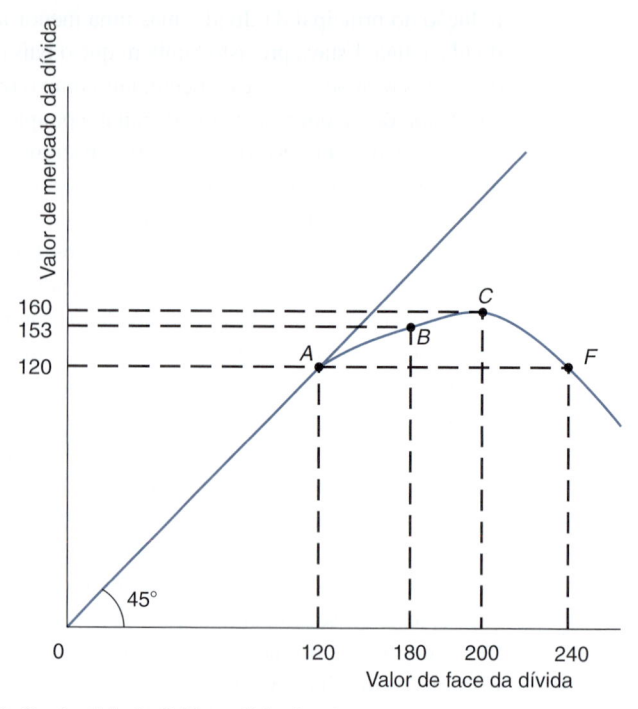

No diagrama de Laffer do alívio da dívida, na linha da origem para o ponto A, espera-se que a dívida de um país menos desenvolvido seja totalmente paga. O valor dos títulos do LDC no mercado secundário é consequentemente igual a 100% do valor de face dos títulos. Do ponto A para o ponto C, o valor de mercado da dívida aumenta com o valor de face, mas a uma taxa declinante, sendo, por exemplo, 85% no ponto B (= $153 milhões ÷ $180 milhões) e 80% no ponto C (= $160 milhões ÷ $200 milhões). Além do ponto C, uma maior dívida do LDC está associada a um menor valor de mercado. Isso reflete crescimento e perspectiva de pagamento da dívida pelo país à medida que mais dívida se cria, por exemplo, as firmas domésticas podem fazer menos investimento real porque espera-se que as taxas cresçam de maneira a servir a maior dívida.

estrangeiros "perdoar" um pouco da dívida do LDC. Esse constructo gráfico é a **curva de Laffer do alívio da dívida**, celebrizado por Paul Krugman (1989).[15] Para entender esse constructo, consideremos os conceitos do valor de face da dívida e do valor de mercado da dívida. O *valor de face da dívida* é simplesmente o valor monetário nominal dos títulos ou instrumentos da dívida, digamos, uns $100 milhões de títulos mantidos por bancos dos países industrializados representando $100 milhões que os bancos emprestaram para o país em desenvolvimento. O valor de face da dívida do LDC é o que está representado pelos números em dólar na Tabela 5. O *valor de mercado da dívida* refere-se ao preço de troca real dos títulos ou instrumentos da dívida. Os instrumentos da dívida do LDC (e naturalmente a maioria dos tipos de instrumentos de dívida) são vendidos (e comprados) em um **mercado secundário da dívida** após a emissão inicial se um possuidor quer trocar os títulos por outros recursos (ou algum outro quer trocar outros recursos por esses títulos). Os preços nesse mercado secundário são então o reflexo do valor "verdadeiro" das obrigações, e para dívida de LDC os preços algumas vezes estiveram abaixo de 20% do valor de face.

A curva de Laffer do alívio da dívida é mostrada na Figura 2.[16] O valor de face da dívida é medido no eixo horizontal, e o valor de mercado da dívida (o valor no mercado secundário) é plotado no eixo vertical. Se os emprestadores esperam que a dívida seja totalmente paga

---

[15]A analogia é para a *curva de Laffer* (em referência a Arthur B. Laffer) usada ao se considerar a política fiscal, por meio da qual uma redução na tarifa de imposto marginal aumenta a receita de impostos.

[16]Para uma excelente explicação sobre a curva Laffer de alívio da dívida, veja "Sisters in the Wood: A Survey of the IMF and the World Bank," *The Economist,* out. 12, 1991, p. 24, 29-30, 33.

(incluindo os juros), o valor de mercado é igual ao valor de face, e a relação é representada por uma linha de 45 graus da origem. Esse é o caso da origem ao ponto A (onde $120 milhões de dívida têm um valor de mercado de $120 milhões). Contudo, após o ponto A, os emprestadores não esperam que a dívida seja totalmente paga, e os títulos do LDC são vendidos com um desconto no mercado secundário. Assim, no ponto B, $180 milhões da dívida são vendidos por $153 milhões, pois o valor de mercado é só 85% do valor de face ($153 milhões ÷ $180 milhões = 0,85), um desconto de 15%. No ponto C, $200 milhões da dívida seriam vendidos por $160 milhões no mercado secundário, ou com 20% de desconto. Finalmente, após o ponto C, nós temos a situação em que a dívida adicional além de $200 milhões na verdade *reduz* o valor de mercado; por exemplo, no ponto F, $240 milhões de dívida têm um valor de mercado de apenas $120 milhões. Esse deslocamento para baixo da linha após o ponto C representa a situação de nossa discussão inicial em que o nível da dívida reduz o investimento doméstico e estrangeiro, tornando as perspectivas de crescimento do país e de pagamento da dívida muito pobres. Nessa linha, uma redução da dívida do país em desenvolvimento de $240 milhões para $200 milhões na verdade *aumentaria* o valor de mercado da dívida de $120 milhões para $160 milhões. Assim, se o LDC está localizado além do ponto C, há uma clara vantagem na redução voluntária da dívida ou em dar baixa pelo banco credor. Tal ação aumentaria as perspectivas do país e a capacidade de pagar a dívida, e também ajudaria os bancos pelo crescimento do valor de face de seus portfólios.

Na linha entre os ponto A e C, a situação é um pouco diferente, mas há ainda algum incentivo para a redução da dívida para o LDC e os emprestadores. Começando no ponto C e indo para o ponto A, os bancos de empréstimo poderiam perdoar $80 milhões da dívida (= $200 milhões − $120 milhões) e o custo de dar baixa em $80 milhões seria só de $40 milhões (a redução do valor de mercado de $160 milhões para $120 milhões). Alternativamente, se o país em desenvolvimento pudesse obter $40 milhões de recursos de alguma outra fonte tal como o FMI ou o Banco Mundial ou por seus próprios esforços, ele poderia "comprar de volta" ou cancelar $80 milhões de sua dívida para os bancos, dando aos bancos esses $40 milhões. Em qualquer uma das duas situações, ou em alguma combinação de recompra e perdão, o LDC se beneficia por ter menos dívida e menores juros futuros e pagamentos de amortização, e reduziu sua dívida a um custo de 50 centavos para cada dólar de redução de dívida. Os bancos terão reduzidos seus riscos da dívida do LDC em $80 milhões, mas a um custo máximo de apenas $40 milhões. Os bancos também aumentaram a qualidade da dívida do LDC que ainda mantêm, uma vez que seu valor de mercado ($120 milhões) é agora de 100% de seu valor de face.

Dada a análise da curva de Laffer do alívio da dívida, por que nós não vemos mais redução de dívida na prática? A razão é que, para que se deem ações de perdão da dívida ou de recompra tais como aquelas na linha de A para C da curva, as negociações devem ser concluídas com sucesso pelos países em desenvolvimento com *todos* os bancos emprestadores como um *grupo*. Se isso não for feito, nenhum emprestador *individual* terá um incentivo para fazer a redução da dívida por si próprio. Suponhamos que haja apenas quatro bancos – bancos I, II, III e IV – e que cada um dos quatro bancos possua um valor de face igual da dívida do LDC de $50 milhões no ponto C. Suponhamos agora que o banco I perdoe $20 milhões dos $50 milhões da dívida a ele devida, reduzindo a dívida total do LDC de $200 milhões para $180 milhões e movendo o LDC do ponto C para o ponto B. Dada a forma da curva de Laffer do alívio da dívida, esse perdão dos banco I reduziu o valor de face do mercado da dívida total do LDC de $160 milhões para $153 milhões. O que aconteceu? O banco I antes tinha títulos de $50 milhões de valor de face do LDC com um valor de mercado de $40 milhões (porque o valor de mercado no ponto C era de 80% do valor de face). Ele agora tem $30 milhões de títulos (seus $50 milhões originais menos $20 milhões perdoados) com um valor de mercado de $25,5 milhões. (Os $25,5 milhões resultam porque, no ponto B, o valor de mercado é de 85% do valor de face e $30 milhões × 0,85 = $25,5 milhões.) Portanto, esse banco perdoou $20 milhões da dívida, mas fez isso a um custo de $14,5 milhões. (O valor de mercado original dos títulos do banco I era de $40 milhões, que agora foram reduzidos para $25,5 milhões.) Se cada um dos quatro bancos tivesse simultaneamente perdoado $20 milhões, nós teríamos nos movido do ponto C para o ponto A sobre a curva, e o custo para o banco I teria sido de apenas $10 milhões para seus $20 milhões de redução da dívida. Assim, a negociação individual tem um custo para o banco I de $4,5 milhões (=$14,5 milhões − $10 milhões) a mais do que se todos os bancos tivessem negociado reduções simultaneamente. (Alternativamente, no caso de uma recompra pelo LDC do banco I, o LDC teria tido de pagar ao banco I $14,5 milhões pelos $20 milhões de redução da dívida em uma só negociação, e só $10 milhões na negociação múltipla.)

Mas as coisas são ainda piores para o banco I quando ele perdoa sozinho os $20 milhões de dívida. Por causa de sua redução da dívida unilateral, seus competidores, os banco II, III e IV, na verdade tiveram um *ganho*. Com o perdão da dívida do LDC pelo banco I e o consequente movimento do ponto C para o ponto B, a razão do valor de mercado para o valor de face cresceu de 80% ($160 milhões ÷ $200 milhões) para 85% ($153 milhões ÷ $180 milhões). Os $50 milhões de valor de face dos títulos que cada um desses outros bancos ainda tem, antes tinham um valor de mercado de $40 milhões (= $50 milhões × 0,80), mas agora têm um valor de mercado de $ 42,5 milhões (= $50 milhões × 0,85). A ação do banco I beneficiou cada um dos outros bancos em $2,5 milhões (= $ 42,5 milhões − $40 milhões); cada um dos bancos está pegando uma "carona" enquanto o banco I impõe um custo a si mesmo de $14,5 milhões. Portanto, nenhum banco deveria aliviar a dívida por si próprio. Nessa estrutura, então, sem negociações conjuntas entre todos os emprestadores, nenhuma ação pode ser esperada por qualquer banco para reduzir a dívida do país em desenvolvimento.

Trocas de dívida por participação acionárias

Um amplo tipo final de estratégia para lidar com a dívida dos LDCs envolve as trocas de dívida por participação acionária. Nesses arranjos, o possuidor de uma obrigação de dívida num país em desenvolvimento troca a obrigação por moeda local do LDC, que é então usada para adquirir participações nas empresas produtivas no LDC. Assim, o LDC reduz sua dívida e suas obrigações de juros. Em troca, o credor não fica mais com um título cujo pagamento é incerto por muito tempo, mas em vez disso tem participação em uma companhia que vai bem no país em desenvolvimento. Se isso é vantajoso para o credor, depende do desempenho futuro da companhia envolvida.

Nós não exploramos outros planos neste livro, mas existe um grande número de planos para a redução do ônus da dívida dos LDCs. Que o ônus foi grande está refletido no fato de que, durante muito dos anos de 1980, os padrões de vida caíram nos países devedores (particularmente na América Latina), assim como as importações foram comprimidas e programas de austeridade foram adotados. Excedentes de comércio foram gerados por tais medidas, e houve de fato uma grande *saída* líquida de capital da América Latina quando os pagamentos de dívida e os juros excederam as novas entradas. Na realidade, um ex-economista-chefe do Banco Mundial, Stanley Fischer, em conjunto com Ishrat Husain, excreveu que os ajustes dos LDCs "foram feitos a um alto preço. Os níveis de investimento e saídas caíram, o consumo doméstico e os salários foram compactados... Como resultado, a maioria dos países da América Latina e África agora tiveram quase uma década de crescimento perdido" (Fischer e Husain 1990, p. 24).

Além das medidas específicas precedentes, os países industrializados podem adotar uma série de medidas gerais para diminuir a gravidade do problema da dívida dos países em desenvolvimento. Essas medidas podem também ser benéficas para os ICs. Por exemplo, uma redução nos níveis de proteção tarifária e não tarifária contra as exportações de bens dos LDCs aumentaria os rendimentos em moeda estrangeira dos LDCs e assim sua capacidade de pagar dívidas, assim como melhoria o bem-estar nos ICs via os argumentos usuais a favor do livre-comércio. Além disso, o crescimento mais rápido nos países industrializados aumentaria o bem-estar nos ICs, mas estimularia as exportações dos LDCs, os rendimentos em moeda estrangeira e a renda nacional. Ainda, um aumentos no montante de ajuda externa dada aos países em desenvolvimento não seria útil só para eles, pois se tal ajuda, estimulasse o crescimento dos LDCs, também beneficiaria os países industrializados pelo aumento de suas exportações para os LDCs. Há certamente espaço para tal aumento na ajuda, como os Estados Unidos, por exemplo, que nos anos recentes alocou dois décimos de 1% ou menos de seu PIB em ajuda externa. Essa ajuda pode ser dada indiretamente se o FMI emitir novos Direitos Especiais de Saque (DESs)[17] e alocar proporcionalmente mais deles a países em desenvolvimento. Tal alocação de DESs poderia assistir os LDCs na manutenção de um fluxo de importações para o desenvolvimento, mesmo com uma ampla fração de rendimentos em moeda estrangeira estiver sendo usada para o serviço da dívida.

---

[17] O DES (Direitos Especiais de Saque, Special Drawing Rights – SDR) é uma reserva internacional de ativos criada pelo Fundo Monetário Internacional em 1969 para complementar as reservas públicas oficiais dos países-membros. O DES será discutido em mais detalhes no Capítulo 29.

REVISÃO DE CONCEITO

1. Por que os países em desenvolvimento se opõem às condicionalidades do FMI?
2. Explique o conceito da curva de Laffer do alívio da dívida.
3. Explique a utilidade do conceito da razão do serviço da dívida.

RESUMO

Os países menos desenvolvidos na economia mundial são caracterizados por níveis relativamente baixos de renda per capita, uma grande concentração de exportações em produtos primários e instabilidade de exportações; eles podem também enfrentar forças de longo prazo que causam uma deterioração nos termos de troca de suas mercadorias. O problema da instabilidade de exportações no comércio e suas implicações adversas potenciais para os LDCs é considerado por muitos como resultante da orientação para produtos primários de seu pacote de exportações, e eles focalizaram os acordos internacionais de mercadorias como um meio de aliviar esse problema. Esses acordos podem, entretanto, reduzir os rendimentos de exportações e bem-estar dos LDCs em certas circunstâncias. A alegada deterioração dos termos de troca a longo prazo tem várias causas potenciais, uma série das quais poderia ser resolvida com a diversificação das exportações dos LDCs. Os países enfrentam uma escolha básica da extensão na qual eles desejam se tornar participantes ativos na economia mundial por políticas orientadas para fora ou se voltar para dentro através de políticas de substituição de importações. Alguma evidência empírica sugere que a abordagem voltada para fora pode reforçar o desempenho econômico em comparação com a abordagem para dentro, mas a estratégia para fora não se dá sem dificuldades. Em geral, contudo, os economistas pensam que a abordagem para fora pode ajudar os países em desenvolvimento a obter desenvolvimento estático e dinâmico positivo como efeitos do comércio. Finalmente, com esses problemas de comércio, muitos países em desenvolvimento enfrentam problemas com o serviço e o pagamento da dívida externa. Passos recentes começaram a enfatizar alguns elementos de perdão da dívida para a redução de ônus potencial de dívida sobre o processo de crescimento.

TERMOS-CHAVE

abertura para superávits
acordo internacional de cota de exportação
acordo regulador de estoque
alívio da dívida
alto grau de abertura
cartel de exportação
comércio intrafirma
concentração de mercadoria
curva de Laffer do alívio da dívida
deterioração a longo prazo dos termos de troca
diferença das elasticidades-renda de demanda para produtos primários e bens manufaturados
diversificação de exportações em bens manufaturados

economia fortemente orientada para dentro
economia fortemente orientada para fora
economia moderadamente orientada para dentro
economia moderadamente orientada para fora
estratégia de visão externa
estratégia de visão interna
financiamento compensatório
hipótese Prebisch-Singer
Iniciativa para os Países Pobres Fortemente Endividados (HIPC)
instabilidade de exportação
mercado secundário da dívida
plano Brady

poder de mercado desigual nos mercados de produto e fator
políticas de ajuste estrutural
problema de transferência
promoção de exportações
razão do serviço da dívida
redução da dívida
reescalonamento da dívida
repatriação das receitas
saída para o superávit
substituição de importações
ter preços corretos
trocas de dívida por participação acionária

Questões e problemas

1. Por que os ganhos do comércio para os países em desenvolvimento podem ser diferentes daqueles tidos pelos países industrializados?
2. Como o comércio internacional pode influenciar o desenvolvimento econômico positivamente ao longo do tempo?
3. A análise neste livro até agora indicou que todos os participantes do comércio internacional ganham. Se for assim, por que alguns observadores discutem se o comércio pode realmente contribuir para o subdesenvolvimento nos LDCs?
4. Por que a instabilidade do preço de exportação é julgada um problema pelos LDCs? Por que isso parece mais provável de ocorrer para os LDCs do que para os ICs?
5. Por que deveríamos nos preocupar com a deterioração dos termos de troca de mercadoria a longo prazo dos LDCs? Como a deterioração pode ser relacionada ao conceito de crescimento empobrecedor discutido no Capítulo 11?
6. Este capítulo indicou que a diversificação do pacote de exportações dos LDCs para conter relativamente mais bens manufaturados poderia potencialmente aliviar os problemas da instabilidade e dos termos de troca. Por quê? Em sua visão, tal diversificação necessariamente ajudaria os países em desenvolvimento? Explique.
7. No contexto dos problemas do setor externo, que argumento você pode elaborar a favor da formação de mercados comuns entre os LDCs? Considerando o Capítulo 17 e este capítulo juntos, você recomendaria que tais coalizões internacionais fossem formadas? Por que, ou por que não?
8. Elabore um argumento a favor do perdão da dívida externa dos países em desenvolvimento.
9. Elabore um argumento contra o perdão da dívida externa dos países em desenvolvimento.

parte 5

Fundamentos de Economia Monetária Internacional

> Tanto barbarismo, contudo, ainda permanece nas transações das mais civilizadas nações que quase todos os países independentes escolhem afirmar sua nacionalidade tendo, para sua própria inconveniência e dos seus vizinhos, uma moeda particular.
>
> John Stuart Mill, 1848

O estudo da economia internacional abrange não só questões relacionadas à troca de bens e serviços entre países, mas também questões macro relacionadas à interação das transações internacionais com variáveis agregadas tais como renda, moeda e preços. Para avaliar as implicações macro mais amplas do comércio internacional, é necessário compreender os conceitos básicos da economia monetária internacional e a forma como o comércio internacional e os fluxos financeiros afetam e são afetados por toda a economia.

É comum as pessoas sentirem algo de misterioso em todo o processo pelo qual as taxas de câmbio são estabelecidas, as moedas fluem pelos países, e as atividades cotidianas que cambistas, banqueiros internacionais e investidores realizam. Até viajantes internacionais experientes continuam a se maravilhar com o fato de as taxas de câmbio serem as mesmas em Londres, Paris e Nova York, e que realmente é fácil comprar, vender, viajar ou investir internacionalmente, embora diferentes países e moedas estejam envolvidos. Na realidade, muitos dos aspectos macromonetários fundamentais não são difíceis de compreender e envolvem meramente transações de rotina, exceto pelo fato de se realizarem entre países. Todavia, essas transações internacionais influenciam a moeda, os preços e a renda nacional, e podem afetar a política econômica.

A Parte 5 traz alguns princípios básicos de economia monetária internacional para prover um estofo necessário para o exame das dimensões políticas desta atividade. O Capítulo 19, "As contas do balanço de pagamentos", terá foco em como a atividade internacional de um país é registrada e explicará como essa informação pode ser interpretada. O Capítulo 20, "O mercado de câmbio externo", oferece uma introdução aos mercados de câmbio externo e explica como eles funcionam diariamente para facilitar o comércio de bens, serviços e investimentos. O mercado de câmbio externo tem se modificado nos anos recentes pela introdução de muitos instrumentos financeiros novos. Uma amostra desse tipo de instrumento é dada no Capítulo 21, "Mercados financeiros internacionais e instrumentos: uma introdução". A análise é estendida numa estrutura mais geral no Capítulo 22, "Os approaches de balanço monetário e de portfólio para o balanço externo", que cobre as abordagens para a determinação do balanço de pagamentos e taxas de câmbio. Os últimos dois capítulos nesta parte estão focados em como o balanço de pagamentos direciona e é influenciado pelos ajustes de preços e renda em um país.

> O estudo das elasticidades de oferta e demanda é, portanto, o núcleo da teoria das taxas de câmbio externas.
>
> Fritz Machlup, 1939

CAPÍTULO

19

As contas do balanço de pagamentos

Objetivos de aprendizado

- Compreender o significado da declaração do balanço de pagamentos de um país e como ela é construída.

- Entender a diferença entre as alternativas de contas de balanços dentro do balanço de pagamentos.

- Conhecer as recentes experiências de balanço de pagamentos dos Estados Unidos.

- Saber o que significa uma posição de investimento internacional de um país.

Introdução

Superávits e déficits do comércio da China[1]

Nos Estados Unidos, praticamente qualquer consumidor está ciente do enorme volume de importados vindos da China. De fato, há tanta preocupação com essa "inundação" de importados que continuamente se fala sobre a imposição de novas restrições ao comércio com a China e sobre persuadir os chineses a aumentar o valor de sua moeda de maneira a tornar seus bens mais caros para os compradores dos Estados Unidos. Uma consequência do enorme volume de importados é o fato de os Estados Unidos virem tendo um grande déficit de comércio de mercadorias com a China em anos recentes — $83 bilhões em 2001; $103 bilhões em 2002; $124 bilhões em 2003; $162 bilhões em 2004 e $201 bilhões em 2005. Declarações e prognósticos sombrios sobre a perda de empregos norte-americanos e prejuízos para o setor manufatureiro e a economia dos Estados Unidos têm acompanhado esses déficits de comércio.

É útil apontar, contudo, que a situação da balança de comércio da China com os Estados Unidos não é representativa das relações de comércio chinês como um todo. Os superávits do comércio de mercadorias da China com todos os seus parceiros eram mais modestos – $34 bilhões em 2001; $44 bilhões em 2002; $45 bilhões em 2003; $59 bilhões em 2004; e $134 bilhões em 2005. Esses números significam que, tirando seu comércio com os Estados Unidos, a China tinha déficits gerais de comércio de mercadorias com seus outros parceiros de trocas nesses anos porque os superávits com os Estados Unidos superaram os superávits vistos anteriormente. Como exemplo de países, em 2005, a China tinha um déficit de comércio de mercadorias com a Coreia do Sul ($41 bilhões); Japão ($16,4 bilhões); Malásia ($9,5 bilhões); e Filipinas ($8,2 bilhões).

Além disso, a China tinha um contínuo déficit em serviços, importando mais serviços do que os exportando. Sua balança de comércio, ao combinar bens e serviços juntos, apresenta então um superávit que é menor que o superávit de bens (mercadorias) dado antes para cada ano recente. Entretanto, utilizando outro conceito, a balança de transações de reservas oficiais da China tem apresentado superávits em alguns anos que são maiores que os superávits combinados de bens e serviços. Esse conceito e uma série de outros, tais como medidas de balanço de pagamentos, são explorados neste capítulo.

Para sustentar as muitas transações envolvidas no comércio internacional, dinheiro é obviamente necessário, mas as transações internacionais também são complicadas pelo fato de diferentes países usarem diferentes moedas. Uma transação puramente doméstica, tal como a compra de uma cadeira produzida na Carolina do Norte por um residente norte-americano da Carolina do Sul, não envolve a necessidade de converter uma moeda em outra. O dólar do comprador da Carolina do Sul é idêntico ao dólar da Carolina do Norte desejado pelo produtor da cadeira – eles são a mesma unidade de moeda, o dólar norte-americano. Mas a transação é complicada quando os produtores de móveis da Carolina do Norte vendem a cadeira para um cidadão francês. O vendedor deseja receber dólar dos Estados Unidos porque essa é a unidade de moeda com a qual os trabalhadores, fornecedores e acionistas são pagos, enquanto o consumidor francês deseja completar a transação em euros. Como cada país participante do comércio *internacional* geralmente possui sua própria unidade de moeda *nacional*, um mercado de câmbio externo é necessário para converter uma moeda em outra. Em um sentido amplo, o mercado de câmbio externo é então o mecanismo que une compradores e vendedores de diferentes moedas. A natureza e as operações de mercado de câmbio externo e a determinação da taxa de câmbio de equilíbrio serão estabelecidas nos três capítulos seguintes.

Este capítulo está focado em como as transações econômicas externas são registradas para qualquer país específico. As transações internacionais de um país correspondem a pagamentos externos do país por suas importações, doações e investimentos no exterior, e pagamentos internos por exportações, doações e investimentos de estrangeiros. Ao registrar essas transações, um país

---

[1] Os dados em discussão da China vêm do Fundo Monetário Internacional (FMI), *Balance of Payments Statistics Yearbook 2006, parte 1: Country Tables*. Washington, DC: IMF, 2006, p. 199; IMF. *Direction of Trade Statistics Quarterly*, dez. 2006, p. 96-97; SAUERS, Renee M.; ARGESINGER, Mathew J. "U.S. International Transactions: First Quarter 2006", U.S. Department of Commerce, *Survey of Current Business*, jul. 2006, p. 80.

está fazendo suas **contas de balanço de pagamentos**. Essas contas tentam manter um registro sistemático de todas as transações econômicas entre o país e o resto do mundo em um período específico de tempo, usualmente um ano. Você aprenderá o lançamento de vários tipos de transações nas contas, como interpretar uma declaração de contas de balanço de pagamentos e o significado de diferentes balanças nas contas, tais como a "balança de comércio" e a "balança de conta corrente" que são frequentemente relatadas na mídia. Além disso, discutiremos o significado de um termo relacionado, a *posição de investimento internacional líquido* de um país. Então se terá o cenário para o entendimento do mercado de câmbio externo e a determinação da taxa de câmbio nos outros últimos capítulos. No entanto, como uma introdução, primeiro examinaremos brevemente o crescimento recente do comércio internacional e a atividade de pagamentos.

Crescimento recente do comércio e movimentos de capital

As transações internacionais registradas na declaração do balanço de pagamentos de um país refletem sumariamente o volume das atividades daquele país com o resto do mundo assumidas em um dado ano. Uma importante parte dessa atividade é o comércio de bens e serviços; dados extensivos sobre fluxos de comércio são oferecidos no Capítulo 1, mas a Tabela 1 dá uma visão geral do rápido crescimento do comércio de bens desde 1973. (Dados sobre serviços são menos confiáveis e disponíveis para esse período de anos.) Esse crescimento de valor das exportações mundiais (conceitualmente iguais às importações mundiais) foi, em termos monetários, de uma taxa média anual de 9,5% durante esse período de 33 anos. Houve uma redução de comércio entre 1980 e 1985 por conta da recessão mundial e porque o comércio é medido em dólares (o maior crescimento de valor do dólar entre 1980 e 1985 significou que a grande medida de comércio em outras moedas traduziu-se em menos dólares), mas a forte subida do comércio de 1973 a 2006 é clara.

No entanto, as transações internacionais têm envolvido de modo crescente mais do que somente comércio de bens e serviços. Indivíduos, corporações, instituições financeiras e governos agora possuem ativos internacionais em um grau consideravelmente maior do que antes. Esses ativos variam de depósitos bancários mantidos no exterior por cidadãos domésticos e corporações a títulos estrangeiros, ações e instalações físicas no exterior (por exemplo, instalações fabris em outros países).

TABELA 1 Exportações mundiais, anos selecionados: 1973-2006

Ano	Valor das exportações mundiais (em $ bilhões)
1973	$582
1980	2.036
1985	1.947
1990	3.485
1995	4.890
2000	6.186
2006	11.762

Fontes: 1973-General Agreement on Tariffs and Trade (GATT), *International Trade 88-99*, vol. 2. Geneva: GATT, 1989, tabela A3; 1980, 1985, 1990_GATT, *International Trade 90-91*, vol. 2. Geneva: GATT, 1992, p. 77; 1995-World Trade Organization (WTO), *Annual Report 1996*, vol. II. Geneva: WTO, 1996, p. 1; 2000-WTO, *International Trade Statistics, 2001*. Geneva: WTO, 2001, p. 20; 2006-WTO, World Trade 2006, Prospects for 2007, Press Release 472, 12 abr. 2007. Disponível em: www.wto.org.

A Tabela 2 apresenta alguns indicadores da crescente interdependência de ativos entre países em anos recentes. A linha (1) retrata o crescimento do estoque de ativos externos mantidos por bancos que se reportam ao Banco de Pagamentos Internacionais (um multilateral "banco de banqueiros" na Suíça que coleta dados do mundo dos bancos comerciais). Esses ativos são direitos dos bancos com indivíduos, corporações, bancos e governos estrangeiros. A taxa anual média de 13,5% de crescimento desses ativos de um valor de $602 bilhões em 1977 para $21,1 trilhões em 2005 reflete como as atividades dos bancos estão rapidamente assumindo escopo internacional. A linha (2) da Tabela 2 ilustra o crescimento geral do volume anual das transações com ações e títulos através das linhas de fronteira (entradas e saídas) de uma série de países industriais, expresso como uma porcentagem do produto interno bruto (PIB). Por exemplo, o valor dessas transações para os Estados Unidos em 1975 era de 4% em relação ao PIB (ou em torno de $65 bilhões, sendo que o PIB era de $1.638 trilhão), mas cresceu para 179% em 1999 (ou em torno de $16,6 trilhões, sendo que o PIB era de $9,3 trilhões). (A relação era ainda maior – 223% – em 1998.) A taxa anual média de crescimento no valor de dólar de tais transações de 1975 a 1999 foi de algo em torno de 26%. A linha (3) da Tabela 2 indica outra dimensão de crescimento do estoque financeiro em uma base internacional – o montante de reservas mantido pelos bancos centrais (primariamente moeda estrangeira) de maneira a estarem prontos para lidar com potenciais problemas de balanço de pagamentos. O volume dessas reservas cresceu de $228 bilhões em 1975 para quase $4,3 trilhões em 2005, uma taxa anual média de crescimento de 10,3%. Finalmente, a linha (4) da Tabela 2 oferece dados de saídas para investimento estrangeiro direto (IED) de países. Como visto no Capítulo 12, o IED inclui atividades tais como compra por uma empresa doméstica do controle de uma empresa estrangeira e o

TABELA 2 Indicadores da crescente interdependência financeira

	1975	1980	1985	1990	1995	2000	2005
(1)Total de empréstimos bancários internacionais (estoques no final do ano) ($ bilhões)	$602 (1977)	$1.181	$2.580	$6.298	$8.073	$10.779	$21.125
(2) Transações entre fronteiras de ações e contratos como porcentagem do PIB							
Canadá	3%	9%	27%	65%	187%	331% (1998)	ND
França	ND	5	21	54	187	415 (1998)	ND
Alemanha	5	7	33	57	167	334 (1999)	ND
Itália	1	1	4	27	253	640 (1998)	ND
Japão	2	8	62	119	65	85 (1999)	ND
Estados Unidos	4	9	35	89	33	179 (1999)	ND
(3) Reservas internacionais dos bancos centrais no final do ano ($ bilhões)	$228	$452	$481	$979	$1.521	$2.066	$4.288
(4) Total das saídas de investimento estrangeiro direto (médias anuais) ($ bilhões)	1976-1980	1981-1985	1986-1990	1991-1996	1994-1999	2000	2005
	$40	$43	$168	$281	$553	$1.245	$779

Notas: (a) ND = não disponível; (b) linha (2) informações não disponíveis para os anos posteriores a 1998 ou 1999.

Fontes: Bank for International Settlements (BIS), *69th Annual Report*. Basle: BIS, 7 jun. 1999, p. 118; BIS, *70th Annual Report*. Basle: BIS, 5 jun. 2000, p. 90; vários números do *BIS Quarterly Review*; International Monetary Fund (IMF), *International Financial Statistics Yearbook 2002*. Washington DC: IMF, 2002, p. 6-7, 72-73; IMF, *International Financial Statistics Yearbook* 2006. Washington DC: IMF, 2006, p. 2, 42; IMF, *International Financial Statistics*, mar. 2007, p. 2, 39; e United Nations Conference on Trade and Development (UNCTAD), *World Investment Report 1999*. Geneva: UNCTAD, 1999, p. 10; UNCTAD, W*orld Investment Report 2003*. Geneva: UNCTAD, 2003, p. 253; UNCTAD, *World Investment Report 2006*. Geneva: UNCTAD, 2006, p. 2. Disponível em: www.unctad.org.

estabelecimento de uma nova planta no exterior. Essa atividade cresceu de uma média anual de $40 bilhões de 1976 a 1980 para $1,245 bilhão em 2000, com um crescimento particularmente rápido nos anos de 1990. O número de 2000 foi 30 vezes maior do que a média de 1976 a 1980. Uma queda do IED ocorreu após 2000 como resposta a eventos mundiais e incertezas.

Em uma visão geral, a economia mundial tem visto um rápido crescimento nas transações internacionais tanto reais quanto monetárias, sobretudo nas últimas duas ou três décadas. O restante deste capítulo está focado em como essas transações são registradas na conta do balanço de pagamentos e na declaração de investimento internacional de um país.

Créditos e débitos na conta do balanço de pagamentos

Para controlar um ano de transações internacionais em um país, a contabilidade do balanço de pagamentos emprega uma variedade de procedimentos. Não precisamos nos preocupar com detalhes porque estamos buscando só um conhecimento instrumental das contas com o propósito de interpretar e compreender as tendências econômicas, eventos e políticas mais amplamente. Todavia, é essencial compreender o sistema de classificação de créditos e débitos. Como uma regra geral de trabalho, os **itens de crédito na conta do balanço de pagamentos** refletem transações que geram pagamentos dentro do país. Os itens mais importantes são exportações, entradas de investimentos externos para o país, e recebimentos de juros e dividendos pelo país de investimentos externos anteriores. Por convenção, itens de crédito (os quais geram entradas de pagamentos) são registrados com um sinal de *adição* (+). **Itens de débito na conta do balanço de pagamentos** refletem transações que geram pagamentos externos para o país. Os itens mais importantes são importações, investimentos feitos em países estrangeiros por nacionais e recebimentos de juros e dividendos pelo país por investimentos ali feitos anteriormente por investidores estrangeiros. Por convenção, os itens de débito (os quais levam a saídas de pagamentos) são registrados com um sinal de *subtração* (−).

Nossa apresentação dos itens de crédito e débito geralmente usa a estrutura analítica seguida pelo Fundo Monetário Internacional em sua reunião anual de estatísticas de balanço de pagamentos dos seus 185 países-membros e certa terminologia empregada pelo Departamento de Comércio em sua apresentação de informações sobre os Estados Unidos. Os itens são agrupados em quatro categorias fundamentais discutidas a seguir.[2]

Categoria I: Conta corrente. Itens de crédito (sinal +) consistem em bens e serviços, renda (tal como juros e dividendos) recebida de investimentos externos, além também de outros fatores de renda (por exemplo, salários) recebidos do exterior, e um item de "transferências unilaterais" – doações recebidas de fora. Itens de débito (sinal −) são importações de bens e serviços, renda paga a residentes de outros países oriunda de investimentos e serviços de fatores externos no país, e transferências unilaterais representando doações enviadas para o exterior.

Categoria II: Investimento direto e outros fluxos financeiros de longo prazo. Esta categoria e a próxima constituem a *conta financeira* no balanço de pagamentos de um país.[3] A categoria II

---

[2] Para uma abordagem similar, veja INGRAM, James C. *International Economies*, 2. ed. Nova York: Wiley, 1986, cap. 3.

[3] O termo tradicional para os itens nas categorias II, III e IV já foi *conta de capital*. Contudo, o Fundo Monetário Internacional e o Departamento de Comércio dos Estados Unidos agora denominam os itens "conta de capital e financeira", com a expressiva maioria das transações se colocando na conta financeira. O termo *conta de capital* agora se refere a tipos muito limitados e específicos de transações, tais como redução do déficit governamental internacional ou transferência de capital migrante, que mudam as posições dos recursos, mas não como resposta a qualquer busca normal de lucro ou motivação econômica. Por simplicidade e porque as transações da conta de capital são muito pouco importantes, nós nos referiremos geralmente à conta de capital e financeira como "conta financeira".

lida com mudanças nas manutenções de ativos físicos reais de longo prazo e ativos financeiros, em que *longo prazo* refere-se a ativos com prazo de vencimento de um ano ou mais. Se há um aumento nos ativos de longo prazo do país mantidos por cidadãos, corporações e governos estrangeiros (entradas financeiras para o país), uma entrada de crédito (sinal +) é produzida; se a venda desses recursos por estrangeiros causa um decréscimo, uma entrada de débito (sinal −) é produzida (saídas financeiras do país). Alternativamente, se cidadãos, corporações e governos nacionais aumentam suas propriedades de ativos de longo prazo de fora, uma entrada de débito é produzida (saídas financeiras do país); se uma venda desses ativos diminui a propriedade estrangeira pelo país, uma entrada de crédito é produzida (entradas financeiras para o país com o produto das vendas trazido para casa). Uma maneira fácil de lembrar desse tratamento é anotar que créditos representam *um aumento líquido na propriedade de ativos de um país por países estrangeiros* e débitos representam *um aumento líquido na propriedade de ativos em países estrangeiros por um país*.

Categoria III: Fluxos financeiros não oficiais de curto prazo. Esta categoria registra transações de recursos de curto prazo (prazo de vencimento de menos de um ano). As transações são basicamente privadas; elas são sustentadas por outras partes que não os bancos centrais ou autoridades monetárias. Como na categoria II, um acréscimo na propriedade desses ativos no país por estrangeiros é um item de crédito, e o decréscimo é um item de débito. Alternativamente, se o setor privado de um país aumenta a propriedade desses ativos em países estrangeiros, a entrada é um débito; uma diminuição é um crédito.

Categoria IV: Mudanças nos ativos de reservas das autoridades monetárias oficiais (bancos centrais). Se bancos centrais estrangeiros adquirem ativos (por exemplo, contas bancárias) no país, isso é um item de crédito; uma diminuição é um item de débito. Por outro lado, se um banco central de um país adquire ativos de reserva internacionais de outros países (por exemplo, depósitos de bancos estrangeiros), isso é tratado como um item de débito na conta de balanço de pagamentos; uma venda ou diminuição em tais ativos é um crédito.

Exemplos de entradas na conta do balanço de pagamentos

Para obter uma melhor compreensão da conta do balanço de pagamentos (CBP) é útil usar transações hipotéticas. Neste exemplo e em toda a discussão do balanço de pagamentos é crucial reconhecer que o princípio das **partidas dobradas** é empregado. Isso significa que qualquer transação envolve dois lados para a transação, então o montante monetário é registrado *duas vezes* – uma vez como um débito e uma vez como um crédito. Segue-se que a soma de todos os débitos deve ser igual à *soma* de todos os créditos, isto é, a declaração da conta *total* do CBP deve estar sempre em equilíbrio. (Lembre-se de que os débitos são registrados com o sinal de subtração e os créditos com o sinal de adição. A "igualdade" da soma significa na verdade igualdade dos valores absolutos de débitos e créditos.)

Voltemos para nosso exemplo hipotético. Designamos um país como país A (por exemplo, Estados Unidos) e tratamos todos os países estrangeiros como um país – país B (por exemplo, Grã-Bretanha). Descreveremos sete diferentes transações e indicaremos passo a passo a maneira pela qual a transação é registrada.

Transação 1. Exportadores do país A enviam $6 mil em bens para o país B, recebendo em troca um depósito bancário (por exemplo, depósito em conta corrente de $6 mil no país B. Nessa transação, a conta do balanço de pagamentos registra os dois lados da transação como segue:

Crédito: Categoria I, Exportações de bens, +$6 mil

Débito: Categoria III, Aumento de ativos externos privados de curto prazo, −$6 mil

A entrada de crédito é óbvia. Essa entrada de débito particular ocorre porque os exportadores do país A agora dispõem de depósitos em conta corrente no país B. Esses depósitos são classificados como ativos de curto prazo.

Transação 2. Suponha que os consumidores do país A comprem $12 mil de bens das empresas do país B e que o pagamento seja feito pelos cidadãos do país A transferindo $12 mil para contas de bancos das empresas do país B no país A (por exemplo, em Nova York). Para essa transação, as entradas produzidas para a conta do balanço de pagamentos são:

Débito: Categoria I, Importações de bens, −$12 mil

Crédito: Categoria III, Acréscimo de ativos externos privados de curto prazo no país A, +$12 mil

Listamos primeiro a entrada do débito, usando nesses exemplos a prática de primeiro registro da parte inicial da transação ou a entrada inicial, seguida pela parte "financeira" da transação. Nesse caso, as importações aumentaram, mas lembre-se de que as importações constituem item de débito; então, um sinal de subtração é anexado à entrada. No pagamento por essas importações, os cidadãos nacionais fizeram crescer as contas bancárias das empresas do país B no país A; essa entrada para o financiamento das importações tem um sinal positivo porque é um acréscimo na propriedade de ativos por estrangeiros no país A.

Transação 3. Residentes do país A enviam $1 mil de bens para os cidadãos do país B como uma doação. Este é um tipo especial de entrada na conta do balanço de pagamentos e difere de nossas entradas prévias porque compras ou vendas não estão envolvidas. Todavia, houve interação econômica entre estrangeiros, portanto, isso deve ser registrado em algum lugar. Nesse caso, como bens foram enviados de um país, o crédito entra como "exportações". Contudo, porque partidas dobradas estão envolvidas, uma entrada de débito é exigida, muito embora "pagamento" algum tenha acontecido. A contabilidade do balanço de pagamentos "cria" uma entrada de débito; nesse caso, uma entrada do tipo "fundo do comércio" ou "contribuições" em um balanço de uma empresa individual quando não há entrada de pagamento, pois uma doação foi feita. As entradas para a "transação" 3 são:

Crédito: Categoria I, Exportações de bens, +$1 mil

Débito: Categoria I, Transferências unilaterais, −$1 mil

Transação 4. Empresas do país A fornecem $2 mil de serviço de transportes para as empresas do país B. Empresas do país B pagam por esses serviços por meio de transferências de suas contas correntes nos bancos do país A para as contas bancárias das empresas de transportes do país A nos bancos do país A. As transações registradas são:

Crédito: Categoria I, Exportações de serviços, +$2 mil

Débito: Categoria III, Redução dos ativos privados de curto prazo em poder de estrangeiros no país A, −$2 mil

A entrada do débito é explicada pelo fato de as empresas estrangeiras terem reduzido suas contas bancárias nos bancos do país doméstico e, portanto, deterem menos ativos no país A.

Transação 5. Uma empresa do país B envia $2,5 mil de dividendos para seus acionistas do país A. O pagamento é feito pela empresa do país B com cheques de suas contas bancárias de um banco do país A. A transação é registrada como segue:

Crédito: Categoria I, Recebimentos de rendas de investimento (ou fator) externos, +$2,5 mil

Débito: Categoria III, Redução em ativos externos privados de curto prazo no país A, −$2,5 mil

A entrada de débito ocorre porque a empresa estrangeira agora reduziu ativos em seu país de origem.

Transação 6. Um cidadão do país A compra $5 mil em títulos corporativos de longo prazo emitidos por uma companhia do país B. O pagamento é feito pelo cidadão do país A pela dedução do montante de sua conta de um banco do país A e pela transferência desses fundos para uma conta bancária no país A da companhia do país B. Esta transação é uma troca de ativos e não envolve bens. As entradas contábeis reconhecem que um ativo financeiro de longo prazo (o título) foi adquirido pelo cidadão nacional em troca de ativos de curto prazo o depósito bancário.

Débito: Categoria II, Aumento de ativos externos de longo prazo, $-$$5 mil

Crédito: Categoria III, Aumento dos ativos externos privados de curto prazo no país A, $+$$5 mil

Transação 7. Esta transação antecipa as operações de um mercado de câmbio externo quando um banco central participa desse mercado. Suponhamos que os bancos comerciais (considerados "cidadãos privados") no país B desejem diminuir seu balanço da moeda A (por exemplo, dólares norte-americanos) nos bancos do país A, convertendo parte disso em sua própria moeda nacional (por exemplo, libras inglesas). Esse desejo de câmbio de dólares pode refletir, por exemplo, a antecipação pelos bancos comerciais de uma futura variação negativa do valor do dólar. Um método para reduzir a propriedade de dólares é vendê-los por libras para o Banco da Inglaterra, e o Banco da Inglaterra está disposto a comprar dólares se estiver comprometido, como em um sistema de taxas de câmbio fixas, a impedir que o valor do dólar caia diante de outras moedas. A transação 7 consiste em *uma venda de $800 para o banco central do país B pelos bancos comerciais do país B. A conta em dólares do banco central do país estrangeiro nos bancos do país A é aumentada, e os bancos comerciais estrangeiros reduzem seus volumes de dólares nos bancos no país A.* Essa mudança na propriedade de contas em dólares nos bancos do país A pode e deve acontecer se o país A são os Estados Unidos, porque os bancos comerciais estrangeiros – assim como os bancos centrais – mantêm reservas nos bancos de Nova York. A conta do balanço de pagamentos pelo país A registra essa mudança na propriedade de ativos em dólares no país A como segue:

Débito: Categoria III, Redução nos ativos estrangeiros privados de curto prazo no país A, $-$$800

Crédito: Categoria IV, Aumento nos ativos oficiais estrangeiros de curto prazo no país A, $+$$800

Não há mudança no total da propriedade por estrangeiros de ativos em dólares, mas a distribuição dessa propriedade foi alterada entre os setores público e privado estrangeiros.

Montando uma declaração sumária do balanço de pagamentos

Agora podemos voltar nossa atenção para a construção de uma declaração do balanço de pagamentos (*BP*) do país A. No mundo real, há milhares de transações em qualquer ano dado por um país como os Estados Unidos. Mas suponha que as sete transações nas quais trabalhamos constituam o conjunto das transações internacionais de um dado ano, e a partir disso é que construiremos a declaração do *BP*.

Primeiros listamos na forma de conta T na Tabela 3 os itens de débito e crédito enumerados na seção anterior. Os números entre parênteses na coluna esquerda indicam o número das transações. Com essas entradas, agora montamos a declaração sumária do *BP* na Tabela 4 e esmiuçamos essa declaração.

Olhando primeiro para as exportações e importações de bens, o país A importou $5 mil a mais de bens do que exportou ($7 mil de exportações, $12 mil de importações). Somadas as $(+)$ exportações de bens e $(-)$ importações de bens (ou a subtração das importações de bens das exportações de bens), produzimos a **balança de comércio**. Quando essa balança é positiva, o resultado é chamado de comércio *superavitário*; quando negativa, o resultado é um comércio *deficitário*. Por convenção, um superávit normalmente se denomina "favorável" e um déficit

TABELA 3   Transações internacionais, país A

Débitos (−)		Créditos (+)	
(1) Aumentos de ativos estrangeiros privados de curto prazo	−$6 mil	Exportações de bens	+$6 mil
(2) Importações de bens	−12 mil	Aumentos dos ativos estrangeiros privados de curto prazo no país A	+12 mil
(3) Transferências unilaterais	−1 mil	Exportações de bens	+1 mil
(4) Redução dos ativos estrangeiros privados de curto prazo no país A	−2 mil	Exportações de serviços	+2 mil
(5) Redução dos ativos de investimento exterior de curto prazo no país A	−2,5 mil	Recebimentos de rendas de investimentos estrangeiros	+2,5 mil
(6) Aumento dos ativos de longo prazo no exterior	−5 mil	Aumento de ativos estrangeiros privados de curto prazo no país A	+5 mil
(7) Redução dos ativos estrangeiros privados de curto prazo no país A	−800	Aumento de ativos oficiais estrangeiros de curto prazo no país A	+800
	−$29,3 mil		+$29,3 mil

TABELA 4   Declaração sumária do balanço de pagamentos, país A

Categoria		
I.	Exportações de bens (+$6 mil + $1 mil)	+$7 mil
	Importações de bens	−12 mil
	Balança de comércio	−$5 mil
	Exportações de serviços	+2 mil
	Importações de serviços	−0
	Balança de bens e serviços	−$3 mil
	Recebimentos de renda de fatores externos	+2,5 mil
	Pagamentos de renda de fatores externos	−0
	Balança de bens, serviços e rendas de investimento	−$500
	Transferências unilaterais recebidas	+0
	Transferências unilaterais realizadas	−1 mil
	Balança em conta corrente (balança de conta corrente)	−$1,5 mil
II.	Aumento líquido (+) de ativos estrangeiros de longo prazo no país A	+0
	Aumento líquido (+) de ativos de longo prazo no exterior	−5 mil
	Balança de conta corrente e ativos de longo prazo (balança básica)	−$6,5 mil
III.	Aumento líquido (+) de ativos estrangeiros privados de curto prazo no país A (+12 mil + 5 mil − 2 mil − 2,5 mil − 800)	+11,7 mil
	Aumento líquido (−) de ativos privados de curto prazo no exterior	−6 mil
	Balança de transações de ativos oficiais (balança geral)	−$800
IV.	Aumento líquido (+) de ativos oficiais estrangeiros de curto prazo no país A	+800
	Aumento líquido (−) de ativos de reserva oficial ou recursos oficiais externos	−0
		$0

se denomina "desfavorável" – termos trazidos do período do mercantilismo (discutido anteriormente no Capítulo 2). A balança comercial é usualmente veiculada em jornais e em televisão em rede nacional, além de noticiários em rádios, e é apresentada mensalmente. Contudo, note que a balança comercial é uma medida bastante incompleta do balanço de pagamentos porque omite muitos itens.

A balança comercial é uma das séries de balanças que podem ser identificadas na declaração do balanço de pagamentos. Para conhecer outras balanças e uma imagem mais ampla das transações internacionais de um país, devemos acrescentar outros itens aos já vistos nas transações da Tabela 3. O próximo passo é acrescentar serviços à balança comercial. Como o país A exportou $2 mil de serviços e não importou nada, a conta de serviços tem um superávit de $2 mil que é confrontado com o déficit da balança comercial de $5 mil. A resultante **balança de bens e serviços** (normalmente denominada pela imprensa como "balança de trocas") de −$3 mil dá o fluxo líquido dos pagamentos associados às transações de bens e serviços com outros países durante o período de tempo. Tendo início em janeiro de 1994, essa balança tem sido publicada mensalmente nos Estados Unidos, embora outras balanças a seguir estejam disponíveis somente em uma base trimestral.

Continuando com os itens da categoria I, agora entramos com os recebimentos de rendas e pagamentos (renda de investimentos, pagamentos e salários). Quando nosso recebimento de renda de investimento de +$2,5 mil é lançado (não há pagamentos de renda de fatores para outros países em nosso exemplo), chegamos a uma outra balança – a **balança de bens, serviços e renda de fatores** (ou somente **balança de bens, serviços e renda**) de −$500.

O próximo item a ser incluído em nosso balanço de pagamentos sumário consiste das transferências unilaterais. Quando transferências de −$1 mil são incluídas na balança de bens, serviços e renda de investimentos, chegamos à **balança de conta corrente** ou **balança de transações correntes** de −$1,5 mil.

A balança de conta corrente é importante porque ela essencialmente reflete fontes e usos da renda nacional. Exportações de bens e serviços geram renda quando são produzidas; doações e renda de fatores recebidas do exterior também são uma fonte de renda no período de tempo corrente. Por outro lado, governos e cidadãos nacionais de um país usam renda corrente para importação de bens e serviços, além de fazer doações e pagamentos de renda de fatores ao exterior.

Uma outra forma de ver a balança de conta corrente é relacioná-la à renda e despesa agregadas. Lembre-se da identidade macroeconômica básica:

$$Y = C + I + G + (X - M) \qquad [1]$$

onde

Y = renda agregada
C = gastos consumo
I = gastos de investimento em plantas, equipamentos e outros
G = gastos do governo com bens e serviços
X = exportações
M = importações

Na realidade, X consiste de todos os itens de crédito na conta corrente, não só exportações, porque todas elas geram renda. Além disso, M consiste de todos os itens de débito da conta corrente, que são usos de renda corrente, não só importações. Agora, rearranjando a identidade:

$$Y - (C + I + G) = (X - M) \qquad [2]$$

Esse rearranjo indica que a balança de conta corrente é simplesmente a diferença entre a renda do país e $(C + I + G)$, e $(C + I + G)$ constitui gastos pelos residentes do país durante o período de tempo. Se um país tiver um déficit de conta corrente [$(X - M)$ é negativo], isso significa que $(C + I + G)$ é maior que Y e o país está gastando mais que a renda e vivendo além de suas possibilidades. Esse tem sido o caso dos Estados Unidos desde 1982.

É claro que se um país tiver um superávit na conta corrente [$(X - M)$ é positivo], o país está gastando menos que sua renda; esse tem sido o caso do Japão desde 1981.

Essa relação da balança de conta corrente com a macroeconomia pode ir além. Paralelamente, a expressão [1] também pode ser escrita como:

$$Y = C + S + T \qquad [3]$$

significando que a renda pode ser usada unicamente para fins de consumo (incluindo importações e transferências para o exterior), poupança e pagamentos de taxas. Se então utilizarmos as expressões [1] e [3], lembrando que ambas mostram igualdades de variáveis com Y, obteremos:

$$C + I + G + (X - M) = C + S + T$$

ou

$$(X - M) = S + (T - G) - I \qquad [4]$$

Se S é poupança privada e $(T - G)$ é poupança governamental (que pode ser negativa), então a balança de conta corrente é também a diferença entre a poupança de um país e o investimento desse país. Portanto, um déficit de conta corrente [$(X - M)$ é negativo] significa que o país está *poupando menos do que investindo* (o que significa que o país não está "poupando o suficiente"). Essa é outra implicação do déficit da conta corrente dos Estados Unidos desde 1982. É claro que um superávit da conta corrente [$(X - M)$ é positivo] indica que o país está poupando mais do que investindo.

Podemos nos voltar agora para as categorias II, III e IV na declaração do *BP* da Tabela 4. Um ponto principal que deve ser notado é que, se os itens da conta corrente somaram $-\$1,5$ mil, a soma desses itens da conta financeira por si mesmos *deve* ser $+\$1,5$ mil. Por quê? Porque a soma dos créditos totais (com um sinal $+$) e dos débitos totais (com um sinal $-$) de todos os itens do balanço de pagamentos deve ser *zero* pela natureza da contabilidade de partidas dobradas. Daí, quando alguém fala de um "déficit do balanço de pagamentos", a pessoa não pode estar falando de *todos* os itens do balanço de pagamentos porque todos os itens devem somar zero. O termo "déficit do balanço de pagamentos" equivocadamente usado refere-se, portanto, somente a uma *parte* da declaração do balanço de pagamentos, não a toda a declaração. Essa parte pode ser somente a balança de comércio, ou a balança de bens e serviços, ou a balança de conta corrente, por exemplo. O termo "déficit do balanço de pagamentos" é deficiente porque há uma ausência de precisão na indicação de quais itens da conta estão sendo discutidos, e o termo é claramente sem sentido caso se refira a todos os itens do balanço de pagamentos.

Agora retornemos ao nosso exemplo de entradas acrescentando a categoria II, a conta de ativos de longo prazo. Uma vez que houve uma saída financeira de longo prazo de $\$5$ mil e nenhuma entrada financeira de longo prazo, o valor da categoria II em si é de $-\$5$ mil. Quando isso é somado aos dados da conta corrente de $-\$1,5$ mil, temos uma nova balança (de $-\$6,5$ mil), a **balança de conta corrente e de recursos de longo prazo**. Esse termo desajeitado é muitas vezes resumido para o termo **balança básica**, para enfatizar o ponto de que as duas primeiras categorias da declaração do balanço de pagamentos refletem as forças básicas de longo prazo na economia de um país. A balança de conta corrente reflete influências no balanço de pagamentos como renda nacional e seu crescimento, hábitos de gastos e competitividade internacional; além disso, o fluxo de recursos de longo prazo reflete os julgamentos dos investidores de longo prazo sobre a lucratividade relativa do investimento externo em vez de no país de origem. Essas decisões presumivelmente adotam uma visão de longo prazo sobre o futuro econômico de indústrias particulares e países. O relacionamento de longo prazo influenciando o balanço de pagamentos deve ser distinguido das forças de curto prazo, como a rápida mudança nas taxas de juros ou movimentos antecipados das taxas de câmbio. As forças de curto prazo são mais provavelmente refletidas por movimentos de capital financeiro de curto prazo na categoria III.

No mundo real:
Déficit da conta corrente*

Como indicado no texto, um déficit na conta corrente para um país significa que ele está gastando mais do que sua renda ou, alternativamente, está poupando muito pouco em relação ao seu investimento. Todavia, não se deveria assumir que um déficit na conta corrente é necessariamente uma "coisa má" e que um país deveria focar sua atenção na adoção de políticas para obter superávit na balança ou na conta corrente. Na realidade, há períodos em que o déficit na conta corrente pode ser visto de uma maneira positiva. Por exemplo, o déficit na conta corrente poderia refletir o desenvolvimento positivo de um país se recuperando de uma recessão mais rapidamente do que os seus parceiros de comércio. Com a rápida recuperação, as rendas mais elevadas estão levando a compras de mais importados, enquanto as exportações não estão sendo estimuladas por nenhum crescimento significativo de renda no exterior. Ou o país pode ser uma atrativa fonte de investimento externo porque grandes retornos são esperados pelas condições favoráveis de negócios, mudanças tecnológicas ou crescimento da produtividade. A entrada de investimentos produz um superávit da conta financeira que, como vimos, deve ser associado ao déficit da conta corrente. Ainda, uma outra fonte de superávit da conta financeira pode ser dada pela liquidação de instalações de produção estrangeira e a transferência subsequente de capital financeiro para a produção doméstica. Finalmente, entradas líquidas de capital financeiro associadas ao déficit na conta corrente tendem a colocar pressão para baixo nas taxas de juros domésticas, estimulando investimentos, crescimento e emprego.

De uma perspectiva de longo prazo, países em desenvolvimento podem exigir uma entrada líquida de investimento (e, portanto, um déficit na conta corrente) para apoiá-los em seus esforços iniciais de industrialização. Mesmo quando seu crescimento se eleva e eles se tornam menos dependentes dos fundos estrangeiros, os pagamentos de juros e dividendos sobre o estoque de capital estrangeiro acumulado podem resultar em um déficit na conta corrente. Contudo, se um pagamento sobre parte ou todo o investimento estrangeiro inicial é necessário, o país em desenvolvimento terá um superávit na conta corrente e um déficit na conta financeira. Essa transição de uma nação devedora (entrada da conta financeira) para uma nação credora (saída da conta financeira) tem sido vista por alguns economistas como parte de uma sequência natural do processo de desenvolvimento.

Não é preciso dizer, entretanto, que contínuos déficits em conta corrente não podem ser ignorados pelas políticas públicas (tanto em países em desenvolvimento quanto desenvolvidos). A preocupação aqui não é com o déficit em conta corrente anual *per se*, mas o crescimento potencial dos pagamentos de renda de serviço de fatores para investidores estrangeiros que acompanham o crescimento da propriedade de ativos do país por entidades estrangeiras. O rápido crescimento dos pagamentos de retornos de investimento estrangeiro não só piora a balança de conta corrente, mas pode até rapidamente levar a uma emergência de uma "armadilha de débito", em que ambos – a posição de débito líquido do país e o déficit da conta corrente – crescem rapidamente. Em 2001, o déficit da conta corrente dos Estados Unidos era de apenas 3,8% do PIB, e a posição dos débitos líquidos estrangeiros, 19,0% do PIB. Em 2003, a situação foi, respectivamente, 4,8% do PIB e 19,4% do PIB; em 2005 eles foram 6,4% e 21,6%, respectivamente. As porcentagens cresceram claramente nos anos recentes, e estão se tornando fonte de preocupação. Se os investidores estrangeiros se tornarem menos dispostos a realizar investimentos nos Estados Unidos (isto é, financiar o déficit da conta corrente), uma "aterrissagem dura" da economia pode ocorrer com uma diminuição do crescimento dos Estados Unidos e um aumento do desemprego com o ajuste da economia, tendo de produzir mais do que usa, de forma a fazer frente aos pagamentos necessários para os emprestadores estrangeiros.

*Para uma útil discussão de muitos desses pontos, veja: "Schools Brief: In Defense of Déficits," *The Economist*, dez. 16, 1995, p. 68-69, e Wynne Godley, "Interim Report: Notes on the U.S. Trade and Balance of Payments Deficits", Jerome Levy Economics Institute of Bard College, Annandale-on-Hudson, Nova York, 2000.

Agora vamos voltar nossa atenção para a categoria III, que cobre os fluxos de ativos privados de curto prazo. Essa categoria tem uma grande proporção de lançamentos no mundo real porque seus itens refletem itens "financeiros" para transações nas categorias I e II e transações de capital financeiro de curto prazo sozinhas. Há um aumento líquido de recursos privados de curto prazo (item de crédito) no país A de \$11,7 mil (= \$12 mil + \$5 mil − \$2 mil − \$2,5 mil − \$800) e um item de débito de um crescimento dos ativos privados externos de curto prazo de −\$6 mil. Então, a categoria III por si só tem um valor de + \$5,7 mil (= \$11,7 mil − \$6 mil).

Finalmente, o balanço cumulativo, após considerar as categorias I a III (a conta corrente, fluxos de ativos de longo prazo e fluxos de ativos privados de curto prazo), é de −\$800. Esse balanço é aquele geralmente considerado quando os economistas usam o termo *déficit* (ou *supe-*

rávit) *do balanço de pagamentos*. Uma definição mais precisa é "balanço após consideração dos bens, serviços, renda de investimentos, transferências unilaterais, fluxos de ativos de longo prazo e fluxos de ativos privados de curto prazo". Para simplificação, no entanto, o balanço é chamado de **balança de transações de reservas oficiais**, que reflete os efeitos líquidos de todas as transações com outros países durante o período de tempo considerado, mas exclui as transações financeiras governamentais de curto prazo ("transações de reservas oficiais"). Como as categorias I a III têm uma soma de −$800, a categoria IV deve ter um valor de +$800; a atividade de governo foi necessária para cobrir ou "pagar" a balança líquida das transações anteriores. (A balança também já foi chamada de **balança de pagamentos oficiais**.) Esses $800 são essencialmente uma medida do montante de participação ou intervenção pelas autoridades monetárias oficiais no mercado de câmbio externo, a compra pelo banco central de B de dólares em nosso exemplo (veja a página 462). Nesse contexto, economistas às vezes usam os termos *itens autônomos do balanço de pagamentos* e *itens de acomodação do balanço de pagamentos*. O termo **itens autônomos do balanço de pagamentos** refere-se a transações econômicas internacionais que se dão na busca de objetivos econômicos ordinários, tais como maximização de lucros pelas empresas e maximização da utilidade pelos indivíduos. Essas transações são feitas independentemente do estado do balanço de pagamentos do país e são refletidas nas categorias I a III na declaração do *BP*. O termo **itens de acomodação do balanço de pagamentos** refere-se a transações que ocorrem por causa de outras atividades no balanço de pagamentos, isto é, os itens de governo na categoria IV.

Agora usamos todas as entradas nas transações de exemplo no balanço de pagamentos do país A, e não deveria nos surpreender que o resultado líquido de todas as entradas seja um balanço de $0. As categorias I a IV como um todo devem somar zero, porque cada transação em cada categoria foi registrada duas vezes – uma vez como uma entrada de crédito e uma vez como uma entrada de débito. Mais ainda, a balança de conta corrente (categoria I) *deve* ser igual, mas oposta em sinal, ao balanço das três contas financeiras (categorias II, III, IV). Isso também é obviamente um resultado da contabilidade de partidas dobradas. Então, nossa balança de conta corrente no exemplo (−$1,5 mil) se iguala à soma das categorias II a IV:

Categoria II	−$5 mil
Categoria III	+5,7 mil
Categoria IV	+800
Balança de conta financeira	+$1,5 mil

Essa **balança de conta financeira** constitui uma medida adicional de "balanço" no balanço de pagamentos que recebe substancial atenção nos Estados Unidos.

Montando a declaração do balanço de pagamentos, identificamos sete diferentes medidas de balanço. Essas balanças têm diferentes valores monetários, e é imperativo que, ao ouvir ou ler sobre o "balanço de pagamentos" de um país, você compreenda qual delas está sendo discutida. As balanças em nosso exemplo numérico foram:

Balança de comércio	−$5 mil
Balança de bens e serviços	−3 mil
Balança de bens, serviços e renda de fatores	−500
Balança de conta corrente	−1,5 mil
Balança de conta corrente e de ativos de longo prazo (balanço básico)	−6,5 mil
Balança de transações de reserva oficial	−800
Balança de conta financeira	+1,5 mil

Na prática, a decisão de qual balança enfatizar reflete os itens particulares que o analista tem em mente por razões políticas ou de interesse acadêmico. Não há uma única medida verdadeira do balanço de um país; as diferentes balanças refletem concentração em diferentes itens do balanço de pagamentos. Por exemplo, a balança de trocas pode estar focada no estudo da competitividade internacional só em bens. A balança de conta corrente pode estar focada no exame das relações gasto–renda nacional de um país. Também, a balança de transações de reservas oficiais pode ser o foco se o interesse estiver sobre o montante da intervenção governamental nos mercados de câmbio externo. Independentemente do foco, a montagem da declaração completa do *BP* é necessária se quisermos analisar e interpretar as transações econômicas internacionais de um país com o resto do mundo durante qualquer período de tempo em particular.

REVISÃO DE CONCEITO

1. O que uma declaração de balanço de pagamentos retrata? Por que o *BP* está sempre em balanço?
2. Qual é a diferença entre a balança de conta corrente e a balança de trocas?
3. Que regra os contadores seguem no registro das transações no balanço de pagamentos? De que maneira seria registrada uma exportação de trigo? E a compra de uma ação estrangeira?

DECLARAÇÃO SUMÁRIA DO BALANÇO DE PAGAMENTOS DOS ESTADOS UNIDOS

Tendo trabalhado extensivamente o registro dos exemplos de transações e o processo de montagem da declaração sumária do balanço de pagamentos de um país hipotético, apresentamos agora a declaração do balanço de pagamentos dos EUA de 2005 (Tabela 5).

TABELA 5 Transações internacionais dos Estados Unidos, 2005 (bilhões de dólares)

Conta corrente:	
Exportações de bens	+$894,6
Importações de bens	−1.677,4
Balança de trocas comerciais	−$782,7
Exportações de serviços	+380,6
Importações de serviços	−314,6
Balança de bens e serviços	−$716,7
Recebimentos de rendas do exterior	+474,6
Pagamentos de rendas a estrangeiros	−463,4
Balança de bens, serviços e renda	−$705,4
Transferências unilaterais, líquidas	−86,1
(Governamentais −$37,7)	
(Privadas −$48,4)	
Balança de conta corrente	−$791,5
Conta de capital e financeira:	
Transações da conta de capital, líquidas	−$4,4
Ativos de reservas oficiais dos Estados Unidos, líquidos (aumento, −)	+$14,1
Ativos externos governamentais dos Estados Unidos, que não ativos de reserva oficial, líquidos (aumento, −)	+$5,5
Ativos externos privados dos Estados Unidos, líquidos (aumento, −)	−$446,4
Ativos oficiais estrangeiros nos Estados Unidos, líquidos (aumento, +)	+$199,5
Outros ativos estrangeiros nos Estados Unidos, líquidos (aumento, +)	+$1.012,8
Discrepância estatística	+$10,4

Nota: Os componentes podem não igualar-se aos totais devido ao arredondamento.
Fontes: Matthew J. Argersinger e Erin M. Whitaker, "U.S. International Transactions: Third Quarter 2006," U.S. Department of Commerce, *Survey of Current Business*, jan. 2007, p. 19.

CAPÍTULO 19   AS CONTAS DO BALANÇO DE PAGAMENTOS   **469**

O primeiro ponto a notar nesta tabela é que ela não se ajusta exatamente à apresentação discutida antes. Nos últimos 30 anos, aproximadamente, os Estados Unidos não apresentaram os itens da conta financeira nos formatos da categoria II (conta de ativos de longo prazo) e da categoria III (conta de ativos privados de curto prazo). A categoria IV (conta de ativos oficiais de curto prazo) também não está listada *per se,* mas pode ser derivada.[4] Essa mudança na apresentação

---

[4]As razões para essas mudanças na apresentação oficial envolve o movimento de taxas de câmbio relativamente fixas para taxas de câmbio flutuantes em 1973, e não devemos nos preocupar nesse ponto.

No mundo real:
Déficits de comércio dos Estados Unidos com o Japão, China, OPEC e Canadá

Conforme indicado no texto, os Estados Unidos têm tido um déficit comercial desde 1971 (exceto em 1973 e 1975). Um importante ponto a destacar com respeito a esses déficits é que eles têm se concentrado com relativamente poucos países. Na Figura 1 são plotadas para o período 1980-2005 as balanças de comércio dos Estados Unidos com o Japão, China, os membros da Organização dos Países Exportadores de Petróleo (OPEC) e o Canadá.

O maior déficit da balança comercial foi com o Japão. O Japão é o terceiro maior comprador das exportações dos EUA (depois de Canadá e México) e o quarto maior fornecedor de importações dos EUA (depois do Canadá, China e México). Contudo, o comércio é muito desbalanceado, como podemos ver na figura. No período entre 1980-2005 como um todo, o déficit *acumulado* dos EUA com o Japão foi de $1.385 bilhão ($1,4 trilhão) e compreendeu 23% do déficit total acumulado dos EUA de $6.003 bilhões ($6,0 trilhões). A média de déficits com o Japão foi de mais de $53 bilhões anualmente durante o período de 26 anos, com o maior déficit sendo de $85 bilhões em 2005.

O comércio dos EUA com a China na realidade apresentou alguns pequenos superávits antes de 1986. Todavia, desde aquele tempo, tem havido contínuos déficits que se transformaram em déficits maiores do que com o Japão no período de 2000-2005. A China é o segundo maior fornecedor de importações dos EUA (muitas das quais, à moda de Heckscher-Ohlin, bens intensivos em trabalho) e o quarto maior comprador de exportações dos EUA. O déficit acumulado de comércio com a China no período de 1980-2005 foi de $1.100 bilhão, ou $1,1 trilhão (uma média de $43 bilhões por ano). Isso representa algo em torno de 18,5% do déficit acumulado total dos EUA de 1980-2005; então, Japão e China juntos são responsáveis por mais de 40% do total do déficit acumulado dos EUA, e, em um ano (1991), os dois países foram responsáveis por 78% do déficit dos EUA.

O comércio dos EUA com a Organização dos Países Exportadores de Petróleo (OPEC – os membros atuais são Argélia, Angola, Indonésia, Irã, Iraque, Kuwait, Líbia, Nigéria, Catar, Arábia Saudita, Emirados Árabes Unidos e Venezuela) tem apresentado menores déficits do que o comércio com o Japão e a China. Entretanto, no período de 1980-2005, o déficit cumulativo foi de $685 bilhões (mais do que 11% do déficit acumulado total). A faixa para a situação anual foi de $9 bilhões a $93 bilhões, com os $93 bilhões de déficit ocorrendo em 2005.

Um outro país com o qual os EUA tiveram um contínuo déficit no período de 1980-2005 foi o Canadá. O déficit acumulado por mais de 12 anos foi de $634 bilhões, e a situação anual de 2000 a 2005 foi de mais de $50 bilhões. Como indicado, o Canadá é o maior fornecedor de importações dos EUA e o maior comprador de exportações dos EUA.

Finalmente, deve-se notar que, apesar dos elevados déficits com Japão, China, OPEC e Canadá e dos pequenos déficits com outros países, há países com os quais os EUA têm tido superávits comerciais. Por exemplo, superávits ocorreram em 2005 com Cingapura, Bélgica-Luxemburgo, Holanda e Austrália. Com Bélgica-Luxemburgo e a Holanda houve superávits em todo o período 1980-2005.

Em uma visão geral, a despeito dos déficits e superávits com determinados países, a mais importante cifra da perspectiva das políticas públicas é o déficit total anual, e não a balança comercial com países individualmente. Contudo, quando os déficits são tão grandes quanto os com Japão e China, eles atraem a atenção do público, e as autoridades podem ser pressionadas a alterar radicalmente a política de comércio com aqueles países.

Fontes: Douglas B. Weinberg, "U.S. International Transactions, First Quarter 1994", U.S. Department of Commerce, *Survey of Current Business*, jun. 1994, p. 104; Renee M. Sauers and Matthew J. Argersinger, "U.S. International Transactions: First Quarter 2006", U.S. Department of Commerce, *Survey of Current Business*, jul. 2006, p. 80.

(continua)

NO MUNDO REAL: (*continuação*)

FIGURA 1   Balança de comércio dos EUA com Japão, China, OPEC e Canadá, 1980-2005

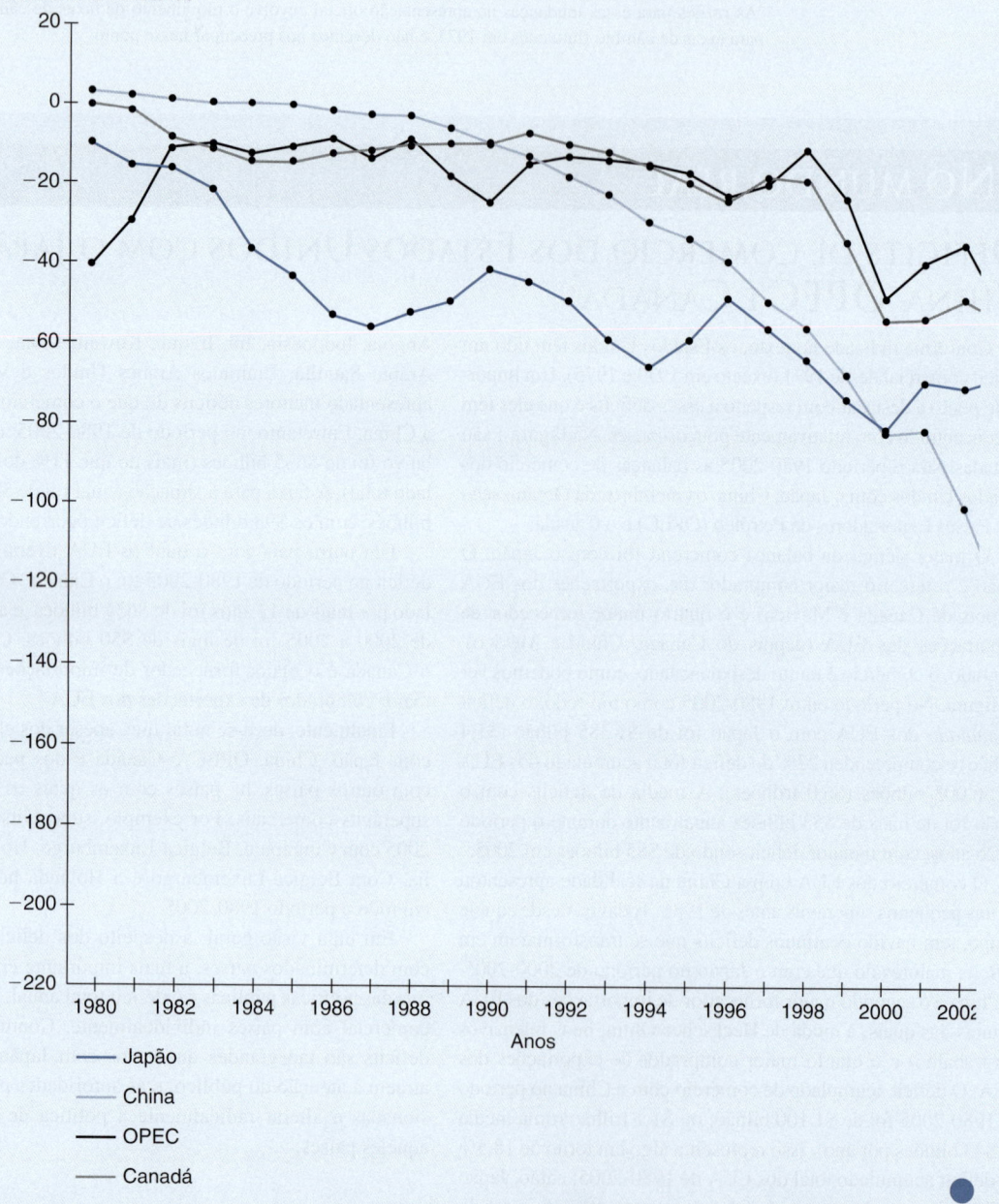

Bilhões de dólares norte-americanos

— Japão
— China
— OPEC
— Canadá

significa que, das várias balanças anteriores, só a balança de comércio; a balança de bens e serviços; a balança de bens, serviços e rendas de investimento; e a balança de conta corrente estão prontamente disponíveis nas publicações governamentais. Antes da mudança, medidas oficiais da balança básica e a balança de transações de reservas oficiais também eram dadas. (A balança de contas financeiras nunca foi oficialmente listada.) A balança de transações de reservas oficiais e a balança de contas financeiras ainda podem ser derivadas dos números, mas a balança básica não. A despeito da falta de conformidade dos dados oficiais dos EUA com a nossa apresentação conceitual, ainda podemos discuti-los em razoável concordância com aquela estrutura.

No alto da Tabela 5, note ainda que os EUA tinham um grande déficit de comércio de $894,6 bilhões em 2005. Exceto em 1973 e 1975, os EUA teve déficits em todos os anos desde 1975, quando o tradicional superávit comercial que os EUA vinham obtendo desde o fim da Segunda Guerra Mundial cessou.

O déficit de comércio foi de alguma forma compensado por um superávit no comércio de serviços em 2005. O superávit nos serviços foi de $66 bilhões (exportações de serviços de $380,6 bilhões menos importações de $314,6 bilhões). Importantes itens em serviços são despesas e recebimentos de turistas, taxas de licenciamento e *royalties*, cobranças de telecomunicações, bancos, seguros e outros. Recebimentos de rendas do exterior ($474,6 bilhões) e pagamentos de renda de fatores (principalmente renda de investimento) para estrangeiros ($463,4 bilhões) resultaram em $11,2 bilhões positivos. A balança de bens e serviços (−$716,7 bilhões) e a balança de bens, serviços e renda (−$705,4 bilhões) mostraram déficits menores do que a balança de comércio em 2005.

Indo para transferências unilaterais na Tabela 5, o resultado líquido em 2005 foi um débito (ou saída líquida) de $86,1 bilhões. Quando esse déficit é unido ao déficit em bens, serviços e renda de investimentos, o resultado é um déficit de conta corrente dos EUA de $791,5 bilhões, o maior na história.

Como é economicamente possível uma balança de conta corrente ser negativa? A resposta naturalmente é que a conta do balanço de pagamentos deve ter um superávit igual e compensatório na balança financeira e de capital, isto é, entradas líquidas de fundos do exterior. Vamos olhar a conta de capital dos EUA em 2005 para examinar essa entrada líquida de capitais financeiros.

Embora a conta oficial do balanço de pagamentos dos EUA não liste sistematicamente os itens de fluxos de capital financeiro na estrutura de nossas categorias II, III e IV, podemos ainda recolher úteis informações financeiras da apresentação atual dos EUA (que segue a apresentação do Fundo Monetário Internacional, FMI). Primeiro, como referido na nota de rodapé 3 deste capítulo (veja a página 459), um pequeno item de conta de capital (oficialmente intitulado "transações de conta de capital, líquidas") agora aparece na conta. Esse item especial reflete transações especiais singulares, tais como operações de débito governamental internacional ou transferências internacionais de recursos por migrantes, e não consiste de transações financeiras típicas. Os itens da conta financeira remanescentes representam nossas categorias II, III e IV, mas os itens nas categorias II e III são combinados e não listados separadamente. Considere os dois títulos "ativos externos governamentais dos EUA, que não ativos de reserva oficial" e "ativos privados do exterior dos EUA". As transações de ativos governamentais são aquelas que não envolvem os ativos líquidos a curto prazo de nossa categoria IV. A categoria ativos privados dos EUA contém compras e vendas de ativos de curto e longo prazos, inclusive investimentos diretos de longo prazo, transações em títulos estrangeiros de vários vencimentos dos EUA, e direitos de curto prazo sobre estrangeiros de bancos e empresas não bancárias dos EUA. Os dois títulos representam essencialmente o montante de débito de "aumento dos ativos externos nos EUA" (saídas), longo prazo e curto prazo conjuntamente, do tipo não oficial das categorias II e III. O resultado em 2005 foi um montante líquido de débito de +$5,5 −$446,4 = −$440,9 bilhões.

Consideremos agora "outros ativos externos nos EUA", o qual indica a mudança nos ativos nos EUA mantidos por estrangeiros e também a consolidação de prazos de longo prazo, assim como de curto prazo. Houve um enorme montante líquido de crédito de $1.012,8 bilhões em 2005.

Finalmente, vamos olhar os dois itens remanescentes da conta financeira: "ativos da reserva oficial dos EUA" e "ativos oficiais estrangeiros nos EUA". Esses itens correspondem à nossa categoria IV (conta de ativos oficiais de curto prazo). A entrada de "ativos da reserva oficial dos EUA" tem um sinal de *subtração* se houver crescimento líquido nos ativos da reserva (já que o aumento seja um item de débito) e um sinal de *adição* se houver um decréscimo líquido. Em 2005 houve um decréscimo de $14,1 bilhões. O item "ativos oficiais estrangeiros nos Estados Unidos" indica a mudança na propriedade de ativos nos Estados Unidos por bancos centrais estrangeiros (+ se um acréscimo, − se um decréscimo). O lançamento de crédito para 2005 indica que as autoridades monetárias estrangeiras aumentaram sua propriedade de ativos dos EUA em $199,5 bilhões, um aumento historicamente elevado. Quando a categoria IV é então considerada como um todo, obtemos a cifra de +$213,6 bilhões = + $14,1 bilhões + $199,5 bilhões. Portanto, em razão da contabilidade de partidas dobradas, *a soma das categorias I a III para os Estados Unidos deve ter sido −$213,6 bilhões: então, a balança de transações de reserva oficial dos Estados Unidos em 2005 apresentou um déficit de $213,6 bilhões.*[5]

Olhando novamente a Tabela 5 como um todo, lembremos que a balança de conta corrente foi de − $791,5 bilhões (um déficit de $791,5 bilhões em conta corrente). Como contabilidade de partidas dobradas significa que a conta financeira e de capital deveria somar $791,5 bilhões, vamos checar esse resultado. Os itens da conta financeira e seus valores líquidos de débito ou crédito identificados são os seguintes:

Conta de transações de capital, bruta	−$4,4
Ativos externos governamentais dos EUA, que não ativos da reserva oficial, líquidos	+5,5
Ativos externos privados dos EUA, líquidos	−446,4
Outros ativos estrangeiros nos EUA, líquidos	+1.012,8
Ativos da reserva oficial dos EUA, líquidos	+14,1
Ativos oficiais estrangeiros nos EUA, líquidos	+199,5
	+$781,1

O que está errado aqui? Por que os itens da conta financeira somam $781,1 bilhões e não $791,5 bilhões? A razão é que as autoridades dos EUA usam dados incompletos na compilação da declaração do balanço de pagamentos. Os contadores não conseguem levantar informação suficiente para produzir todas as entradas duplas na estrutura de partidas dobradas. Os dados sobre comércio são coletados da informação alfandegária de entrada e saída de bens dos Estados Unidos, mas os dados financeiros sobre comércio e sobre os fluxos financeiros são colhidos independentemente de bancos comerciais e outras instituições. Algumas transações escapam ao registro e à estrutura contábil; isso certamente se aplica a contrabando e lavagem de dinheiro, mas também se aplica a transações legais. Mais ainda, a distribuição no tempo dos itens da conta corrente e fluxos relacionados na conta financeira nem sempre coincide exatamente com o mesmo calendário do ano. Então, os contadores criam uma categoria especial, **discrepância estatística** ou **erros e omissões líquidos**, para lidar com o fato de que a soma dos débitos e créditos realmente registrados não é zero na prática. Na Tabela 5 você notará que a entrada de discrepância estatística tem um valor de +$10,4 bilhões. (Esse item é normalmente pensado como consistindo primariamente de fluxos de capital financeiro de curto prazo não registrado, mas exportações não registradas também podem estar envolvidas – ver Ott 1988.) Quando os +$10,4 bilhões são combinados com a cifra da conta financeira de +$781,1 bilhões, nós chegamos a +$791,5 bilhões, uma cifra que se iguala à balança de conta corrente de −$791,5 bilhões.

---

[5]Estamos ignorando um pequeno procedimento detalhado que faz o déficit levemente menor.

CAPÍTULO 19   AS CONTAS DO BALANÇO DE PAGAMENTOS   **473**

Isso completa nossa discussão sobre a contabilidade do balanço de pagamentos, talvez muito detalhada para seu gosto (!). (Para um dos autores, a contabilidade do *BP* é sua segunda coisa favorita – a primeira é tratamento de canal.) Contudo, pensamos que a compreensão de conceitos fundamentais das várias balanças e classificações é importante para que você compreenda os pagamentos internacionais, o mercado de câmbio externo e as decisões de política macroeconômica. Enquanto os dados reais apresentados para o *BP* se aplicam aos EUA, os conceitos e as classificações se aplicam a todos os países.

Posição do investimento internacional dos Estados Unidos

Concluímos este capítulo observando outro tipo de declaração que retrata o relacionamento econômico internacional de um país, usando os Estados Unidos como exemplo. Essa declaração indica a **posição do investimento internacional de um país** ou, se apresentada com o sinal oposto, a **posição do endividamento internacional de um país**.

A posição do investimento internacional de um país está relacionada à conta financeira e de capital na declaração do balanço de pagamentos, mas difere em um sentido importante. A conta financeira e de capital na declaração do balanço de pagamentos mostra o *fluxo* financeiro de capital durante o ano que está sendo examinado. Na terminologia dos economistas, o balanço de pagamentos é um *conceito de fluxo*, significando que ele retrata alguns tipos de atividades durante um período de tempo definido. O conceito de fluxo é o tipo mais frequentemente encontrado nas análises econômicas, e um exemplo familiar é a renda nacional durante um ano, as despesas de investimento das empresas durante um ano, ou as vendas de um bem durante um mês em particular. Por outro lado, a posição do investimento internacional é um conceito de estoque mais do que um conceito de fluxo. Um *conceito de estoque* examina o valor de uma variável econômica particular em um ponto do tempo. Assim, o estoque de capital físico de um país no final de um ano, o número de automóveis no final de um dado mês e o tamanho do suprimento de dinheiro no fim de ano são conceitos de estoque. Enquanto a conta financeira e de capital no balanço de pagamentos mostram o tamanho dos fluxos durante um ano, a posição do investimento internacional mostra o tamanho *acumulado* dos ativos e obrigações estrangeiros de um país em um dado ponto no tempo (usualmente definido como o fim de um ano em particular). Os fluxos de fundos durante o ano mudarão o tamanho dos estoques acumulados, e a posição do investimento internacional no fim de ano reflete esse fluxo e os fluxos anteriores. A declaração da posição de investimento internacional de fim de ano permite ao observador comparar o tamanho dos ativos estrangeiros de um país com o tamanho das obrigações estrangeiras (isto é, o total de ativos de países estrangeiros nesse país). Se os ativos excedem as obrigações, o país é um **país credor**; se as obrigações excedem os ativos, o país é dito um **país devedor**.

Dada essa base, a Tabela 6 mostra a declaração da posição do investimento internacional dos EUA no final de 2005. A Parte A, "propriedade de recursos externos dos EUA", indica os ativos dos cidadãos e do governo dos EUA sobre estrangeiros. (Alguns dos ativos, tais como certificados de ações, podem ser fisicamente mantidos nos Estados Unidos.) O primeiro item, "Ativos da reserva oficial dos EUA", representa o estoque de ativos de reservas internacionais mantido pelo governo dos EUA, contrastando com os fluxos desses ativos durante um dado ano, indicados na declaração do *BP* dos EUA. O segundo item, "ativos externos governamentais dos EUA, que não ativos da reserva oficial", inclui principalmente empréstimos governamentais para outros países e fundos pagos pelos Estados Unidos como contribuição como membros de organizações internacionais como o Fundo Monetário Internacional e o Banco Mundial. A categoria "ativos privados externos dos EUA" abrange uma variedade de itens, com o maior item sendo investimento estrangeiro direto dos EUA, propriedade de ações estrangeiras pelos EUA, e direitos dos EUA por bancos e outras empresas dos EUA. (O item direitos bancários, por exemplo, reflete depósitos feitos em instituições financeiras estrangeiras por bancos e depositantes individuais dos EUA.) O item de mais rápido crescimento na categoria de ativos privados nas décadas

TABELA 6   Posição do investimento internacional dos Estados Unidos, 31 de dezembro, 2005 (bilhões de dólares)

A. Propriedade de ativos externos dos EUA	
Ativos da reserva oficial dos EUA	$188,0
Ativos externos governamentais dos EUA, que não ativos da reserva oficial	77,5
Ativos privados externos dos EUA	9.743,1
Investimento externo direto*	$2.453,9
Títulos externos	987,5
Ações corporativas externas	3.086,5
Direitos dos EUA sobre estrangeiros por bancos e outras empresas dos EUA, não reportados em outros lugares	3.215,2
Total de ativos externos dos EUA	$10.008,7
B. Propriedade de ativos por estrangeiros nos EUA	
Ativos oficiais de estrangeiros nos EUA	$2.216,1
Outros ativos de estrangeiros nos EUA	10.486,4
Investimento estrangeiro direto*	$1.874,3
Títulos do Tesouro dos EUA	704,9
Moeda dos EUA	352,2
Títulos corporativos e outros	2.275,2
Ações corporativas	2.115,5
Obrigações dos EUA para estrangeiros reportadas por bancos e outras empresas dos EUA, não reportadas em outros lugares	3.164,4
Total de ativos de estrangeiros nos EUA	$12.702,5
Posição líquida de investimento internacional dos Estados Unidos = total da propriedade de ativos externos menos total de ativos de estrangeiros nos Estados Unidos = $10.008,7 menos $12.702,5	−$2.693,8

*O investimento direto é avaliado ao custo atual.

Notas: (*a*) Os dados são preliminares. (*b*) Os componentes podem não ser iguais ao total devido ao arrendondamento.

Fontes: Elena L. Nguyen, "The International Investment Position of the United States at Yearend 2005", U.S. Department of Commerce, *Survey of Current Business*, jul. 2005, p. 17.

recentes em termos de porcentagem foi propriedade de ações de corporações estrangeiras pelos EUA (de $9,5 bilhões em 1976 para $3.086,5 bilhões em 2005, uma taxa média anual de crescimento maior que 22%). O valor total de ativos estrangeiros de propriedade de, cidadãos e governo dos EUA no fim de 2005 foi de $10.008,7 bilhões, ou $10,0 trilhões.

A Parte B da Tabela 6 reflete a propriedade por estrangeiros de ativos nos Estados Unidos. A entrada dos "ativos oficiais de estrangeiros nos EUA" indica o acúmulo de propriedade por bancos centrais estrangeiros (principalmente China e Japão) de instrumentos financeiros como os títulos do Tesouro dos EUA e depósitos de bancos comerciais. Houve um crescimento total de 2.023% na propriedade desses ativos oficiais estrangeiros nas décadas recentes (de $104,4 bilhões, em 1976, para $2.216,1 bilhões, em 2005). Houve também um enorme crescimento na propriedade privada de ativos dos EUA, refletido na categoria "outros ativos estrangeiros nos EUA". A cifra para essa categoria foi $187,7 bilhões em 1976, e seu crescimento para $10.486,4 bilhões no final de 2005 representou um crescimento total de 5.487% de 1976 a 2005(!). Como os Estados Unidos vêm tendo grandes déficits de conta corrente, a contraparte tem sido essa entrada de fundos estrangeiros como forma de financiar esses déficits. O montante acumulado de investimentos estrangeiros diretos (a custo atual) nos Estados Unidos, por exemplo, esteve em $47,5 bilhões em 1976, mas aumentou para $1.874,3 bilhões no final de 2005. A propriedade privada estrangeira de títulos do Tesouro dos EUA durante o período de 1976-2005 cresceu de $7,0 bilhões para $704,9 bilhões; a propriedade privada estrangeira de títulos corporativos e outros títulos dos EUA aumentou de $12,0 bilhões para $2.275,2 bilhões; a propriedade estrangeira privada de ações corporativas dos EUA cresceu de $42,9 bilhões para $2.115,5 bilhões; e a propriedade de moeda dos EUA por estrangeiros cresceu de $11,8 bilhões para $352,2 bilhões. No final de 2005, a propriedade estrangeira total (privada mais governamental) de ativos dos EUA era de $12.702,5 bilhões, ou $12,7 trilhões.

A cifra comumente citada para a posição de investimento internacional líquido de um país é simplesmente a diferença entre os ativos externos de um país e os ativos estrangeiros no país. Essa situação para os Estados Unidos em 2005 é indicada no final da Tabela 6, *menos* $2.693,8 bilhões. Nenhum país no mundo tem uma posição de investimento internacional líquido negativo tão grande (o que significa posição de endividamento internacional líquido).

Há certamente desvantagens nessa posição dos Estados Unidos. Por exemplo, juros e dividendos terão de ser pagos para credores e acionistas estrangeiros no futuro (talvez, o principal da dívida), o que acaba envolvendo uma transferência de renda real e de bens para o exterior. (Há também preocupação com o fato de que um montante "muito grande" de ativos em mãos de indivíduos, empresas e governos estrangeiros possa implicar perda de soberania nacional.) Contudo, as entradas financeiras acumuladas, se usadas produtivamente, terão gerado a renda com a qual será possível fazer os futuros pagamentos. Ainda, alguns economistas pensam que a entrada de fundos estrangeiros pode ter mantido as taxas de juros dos EUA mais baixas do que elas estariam de outra maneira. Além da consideração da posição deficitária líquida por si mesma, um ponto muito importante é que os enormes $10 trilhões de

No mundo real:

Tendências na posição de investimento internacional nos EUA

A posição de investimento internacional dos Estados Unidos tem se deteriorado marcadamente nos anos recentes. Do nível de 1980 de +$360,8 bilhões, a cifra tornou-se negativa em 1986, e então alcançou os −$2.693,8 bilhões da Tabela 6 no final de 2005. A posição ao longo do período de 1976-2005 é mostrada graficamente na Figura 2. Lembrando que a posição de investimento internacional mostra o estoque total de ativos externos dos EUA menos o estoque total de ativos de estrangeiros nos EUA, uma redução na posição reflete um fluxo financeiro bruto para dentro dos Estados Unidos (um superávit da conta financeira/déficit de conta corrente). O drástico declínio da posição nos EUA pode ser visto como um reflexo do déficit da conta corrente dos EUA. Por outro lado, uma vez que o déficit em conta corrente refletiu maior gasto do que renda pelos Estados Unidos (ou poupança inadequada ao financiamento do investimento), uma outra maneira de ver a deterioração na posição de investimento internacional dos EUA é que os cidadãos, as instituições e o governo financiaram o excesso de gastos com uma entrada de fundos para os Estados Unidos.

Um desvio notável do padrão da posição de investimento internacional líquido total é o comportamento da posição do investimento *direto* líquido. Essa categoria envolve a aquisição e o começo de operação de novos fatores e equipamentos de produção real. Em todo o período de 1976-2005, o estoque de ativos externos de investimento direto de propriedade dos EUA foi maior do que o estoque de propriedade estrangeira de ativos de investimento direto de propriedades nos Estados Unidos. O estoque de investimentos diretos estrangeiros nos Estados Unidos cresceu dramaticamente de 1976 a 2005 (elevando-se de $47,5 bilhões para $1.874,3 bilhão), mas o investimento direto dos EUA no exterior cresceu de $223 bilhões para $2.453,9 bilhões, mantendo assim uma posição *líquida* positiva, que é mostrada na Figura 2.

Finalmente, a posição do investimento internacional líquido, quando negativa, implica que um país é um *devedor líquido*, como referido no texto. Contudo, não confunda a posição de devedor líquido dos EUA com o termo popular *dívida nacional* ($9 trilhões). Este termo é enganoso porque se refere só ao débito do governo federal, e a maior parte desses títulos (em torno de 75%) é por cidadãos, agências e instituições dos EUA (não estrangeiros). Quando mede a participação dos EUA *versus* a participação de outros países nos EUA, a posição de investimento internacional líquido é uma medida muito mais apropriada que a dívida do governo federal.

Fontes: Elena L. Nguyen, "The International Investment Position of the United States at Yearend 2005", U.S Department of Commerce, *Survey of Current Business*, jul. 2006, p. 18-19.

No mundo real:

FIGURA 2 Posição dos investimentos direto e internacional líquidos dos Estados Unidos, 1976-2005

Bilhões de dólares norte-americanos

— Posição do investimento direto líquido
— Posição do investimento internacional líquido

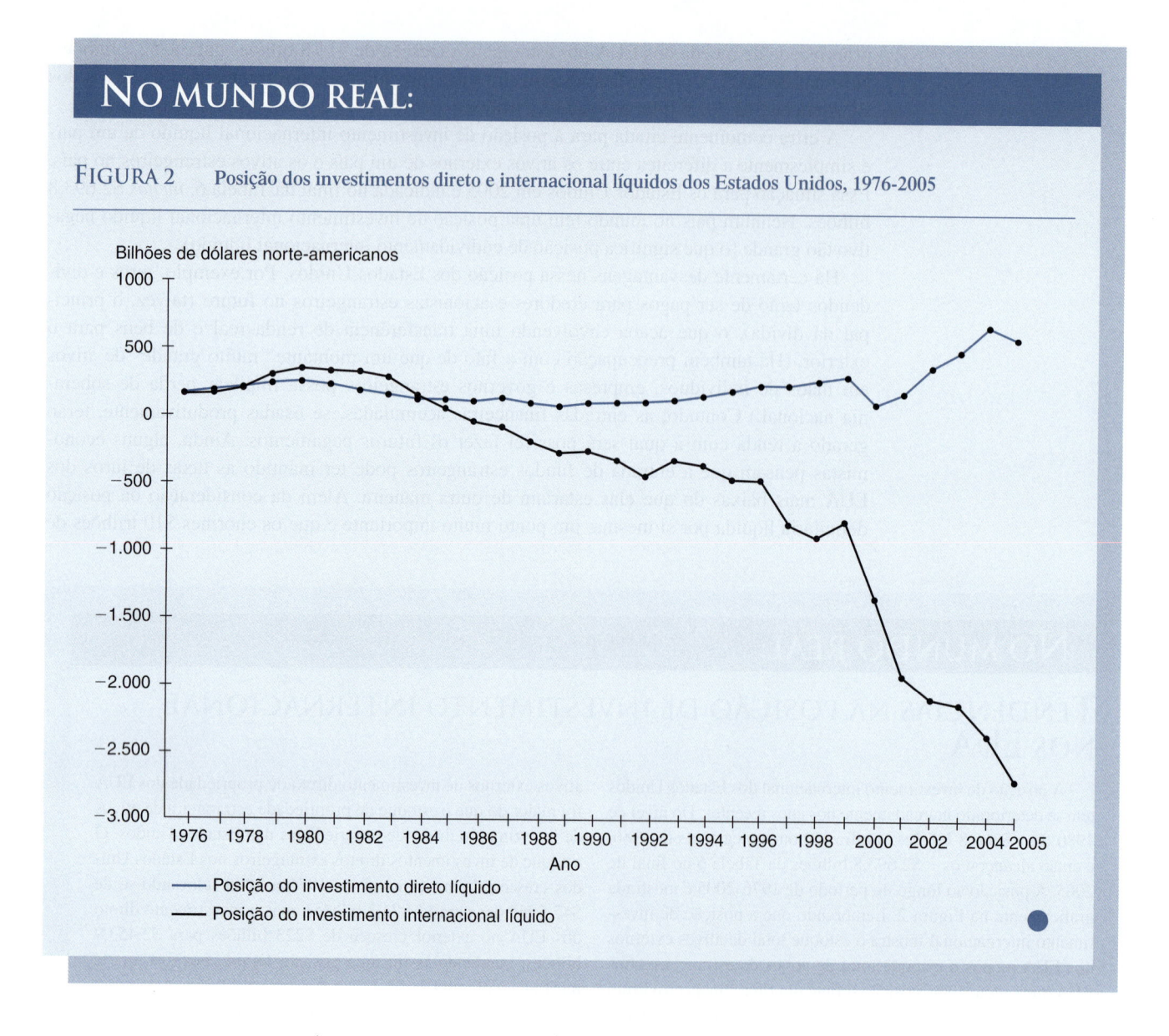

ativos externos e os enormes $12,7 trilhões de propriedade de ativos por estrangeiros nos Estados Unidos são uma forte indicação do crescimento da mobilidade do capital e do crescimento da interdependência entre os países no mundo moderno.

Revisão de conceito

1. Como você caracterizaria a situação atual do balanço de pagamentos dos EUA? Como isso se relaciona com a afirmação de que os EUA vêm participando do comércio como se possuíssem um cartão de crédito internacional?

2. Por que a balança de conta corrente não equivale exatamente à balança da conta financeira na prática? Que registros equilibra o *BP*?

3. O que significa dizer que os Estados Unidos são um país devedor líquido? Há quanto tempo isto é verdade?

CAPÍTULO 19   AS CONTAS DO BALANÇO DE PAGAMENTOS

Resumo

Uma declaração do balanço de pagamentos resume as transações econômicas de um país com todos os outros países durante um período particular de tempo, usualmente um ano. De acordo com as várias convenções contábeis, a declaração indica créditos e débitos em bens e serviços e fluxos de renda de investimento, transferências unilaterais, fluxos de capital financeiro de longo prazo, fluxos de capital financeiro privado de curto prazo e fluxos de recursos de curto prazo associados com a atividade das autoridades monetárias pelo país. A declaração é dividida em conta corrente e conta financeira. O balanço da conta corrente deve ser compensado (com o sinal oposto) pelo balanço da conta financeira; por exemplo, os grandes déficits da conta corrente dos Estados Unidos nos anos recentes foram compensados por um grande superávit da conta financeira. As balanças mais citadas na declaração do balanço de pagamentos são a balança comercial e a balança de conta corrente. Essas e outras balanças (especialmente a balança de transações de reservas oficiais quando o banco central participa do mercado de câmbio externo) são úteis na interpretação dos eventos econômicos e para guiar as decisões das políticas públicas. Finalmente, uma declaração da posição de investimento internacional líquido de um país retrata o total de ativos do país no exterior e o total de ativos estrangeiros no país. Essa declaração indica quando um pais é um devedor líquido ou um credor líquido *vis-à-vis* com países estrangeiros em um dado ponto do tempo.

Termos-chave

balança de conta corrente (ou balança de transações correntes)
balança de bens e serviços
balança de bens, serviços e renda de fatores (ou balança de bens, serviços e renda)
balança de comércio
balança de conta corrente e de recursos de longo prazo (balança básica)
balança de conta financeira
balança de transações de reservas oficias (ou balança de pagamentos oficiais)
contas de balanço de pagamentos
contabilidade de partidas dobradas
discrepâncias estatísticas (ou erros e omissões líquidos)
itens autônomos do balanço de pagamentos
itens de acomodação do balanço de pagamentos
itens de crédito na conta do balanço de pagamentos
itens de débito na conta do balanço de pagamentos
país credor
país devedor
partidas dobradas
posição do investimento internacional de um país (ou posição do endividamento internacional de um país)

Questões e problemas

1. Explique como os seguintes itens seriam integrados ao balanço de pagamentos dos EUA (a entrada inicial):

    Um carregamento de trigo para auxiliar um desastre em Bangladesh
    Importações de máquinas têxteis
    Abertura de uma conta bancária de $500 em Zurique
    Uma compra japonesa de $1 mil em títulos do governo dos EUA
    Despesas de hotel em Genebra
    A compra de um automóvel BMW
    Juros ganhos de uma conta bancária em Londres
    A compra pela Union Carbide de uma planta fabril química da França
    Vendas de tábuas para o Japão
    O envio de Fords para os Estados Unidos de uma fábrica de produção do México; e os lucros da mesma planta

2. Qual é a diferença entre a conta financeira e a conta corrente?
3. O que significa a "posição de investimento internacional líquido dos EUA"? O que deveria acontecer com essa posição líquida se os EUA tivessem um superávit na conta corrente? Por quê?
4. Embora o Japão tenha tido superávits muito grandes nos anos recentes, ele teve superávits nas transações de reservas oficiais muito menores que os superávits de comércio. (Houve até um déficit de transações de reservas oficiais.) O que essa diferença implica?
5. Se a balança da conta financeira deve equivaler exatamente à balança de conta corrente, por que os contadores governamentais se dão o trabalho de registrar a conta financeira?
6. Explique por que um déficit na conta corrente indica que um país está usando mais bens e serviços do que está produzindo.
7. "Investimento estrangeiro direto afeta tanto a conta financeira quanto a conta corrente a longo tempo." Concorda? Discorda? Explique.
8. Suponha que estes dois eventos ocorram simultaneamente: (i) uma empresa do país A exporta $1 mil de bens para o país B e recebe em troca $1 mil em depósitos bancários no país B; e (ii) um imigrante no país A doa $500 a um parente no país B na forma de um depósito na conta do parente no país A.

    Qual é o impacto desses dois eventos na (*a*) balança de comércio, (*b*) na balança de conta corrente, e (*c*) na balança de transações de reservas oficiais do país A?
9. Antes de o governo dos EUA começar a ter seus recentes superávits orçamentários, as autoridades do Japão afirmavam que um passo-chave para a redução do déficit da conta corrente dos EUA *não* era que os mercados estrangeiros deviam se tornar mais abertos às exportações dos EUA, mas sim que o governo dos EUA devia reduzir seus déficits orçamentários. Há validade nesse argumento? Se há, por quê? Se não, por que não?

CAPÍTULO

20

O MERCADO DE CÂMBIO EXTERNO

OBJETIVOS DE APRENDIZADO

- Apreender as questões fundamentais do mercado de câmbio externo.
- Conhecer as distinções entre as várias medidas da taxa de câmbio.
- Compreender os papéis de hedging, arbitragem e especulação no mercado de câmbio externo.
- Compreender as ligações entre a taxa *spot* atual e os contratos de compra ou de venda de câmbio futuro.

CAPÍTULO 20 O MERCADO DE CÂMBIO EXTERNO

INTRODUÇÃO

O caso do caprichoso dólar norte-americano

O valor do euro contra o dólar norte-americano caiu fortemente de sua introdução em 1999, a $1,16/€ até 2001, quando atingiu uma baixa de $0,8952/€. Naquele ponto, vários economistas afirmavam que o dólar estava sobrevalorizado. Então, no meio de um período economicamente mais turbulento, a tendência reverteu-se, com o euro constantemente se fortalecendo, alcançando aproximadamente $1,30/€ em janeiro de 2004 antes de o dólar começar a se recuperar. No fim de março de 2004, o preço do euro havia caído para $1,21, e encontrava-se nesse nível em agosto de 2004. Ao mesmo tempo, o dólar também mostrou sinais de renovada força contra o iene japonês, o franco suíço e a libra esterlina britânica. Esses movimentos recentes do valor do dólar têm promovido consideráveis análises e conjecturas, tanto em termos do efeito dessas mudanças sobre a balança de comércio dos Estados Unidos como sobre as forças sobre as quais se apoia a força do dólar. Os analistas são rápidos em apontar que a força contínua do dólar é incomum em vista da recente crise do mercado de ações e do vagaroso declínio da taxa de desemprego dos EUA. Criton M. Zoakos apontou para o fato interessante de os fluxos líquidos de portfólio de capital nos Estados Unidos terem alcançado o recorde de todos os tempos em 2002 e continuado assim em 2003, apesar das condições econômicas e do movimento monetário nos Estados Unidos.[1] Zoakos sugere que isso seja o resultado de a Europa, Japão e China estarem presos a políticas macro movidas a exportação dependentes do grande mercado dos EUA, e portanto, eles dependem de moeda relativamente barata para promover exportação e crescimento. Os Estados Unidos, por sua vez, estão contando com crescimento tecnológico e empresarial que gerem maiores taxas de retorno que o resto do mundo e atraem investimento externo. Nesse ponto do tempo, taxas relativas de juros e retornos reais de capital aparecem como centrais para a força do dólar e os movimentos relativos de outras moedas. Desse modo, muitos analistas sugerem que o dólar permanecerá forte e manterá sua posição como a reserva monetária mundial.

O movimento de recursos financeiros e bens e serviços apresentados no balanço de pagamentos se dá entre muitos países diferentes, cada qual com sua própria moeda. A interação econômica só pode ocorrer nesse sentido se houver uma ligação específica entre as moedas, de tal forma que o valor de uma dada transação possa ser determinado por ambas as partes em suas respectivas moedas próprias. Essa importante ligação é a taxa de câmbio externa. Este capítulo examinará como essa ligação é estabelecida no mercado de câmbio externo e enfatizará os fatores econômicos que o influenciam, tais como aqueles mencionados relativos no típico relatório do parágrafo precedente. Os principais componentes do mercado serão analisados e várias medidas da taxa de câmbio serão discutidas. Finalmente, veremos como o mercado de câmbio externo e os mercados financeiros estão interligados e o relacionamento formal que existe entre a taxa de câmbio externa e a taxa de juros.

A TAXA DE CÂMBIO EXTERNA E O MERCADO DE CÂMBIO EXTERNO

A **taxa de câmbio externa** é simplesmente o preço de uma moeda em termos de outra (por exemplo, US$/RU£, ou, alternativamente, RU£/US$). O preço pode ser visto como resultado da interação entre oferta e demanda para a moeda externa em um período de tempo determinado.

---

[1] Criton M. Zoakos, "Why the Dollar Is Different", *The International Economy,* out. 2003, p. 28-33. Veja também Jamie McGeever, "Dollar May Gain More Against Euro on ECB Outlook", *The Wall Street Journal,* 29 mar. 2004, p. C5; Timothy Aeppel, "Dollar's Decline is Mixed Blessing for Goods", *The Wall Street Journal,* 19 dez. 2003, p. A2; and "Will the Fallen U.S. Dollar Set the Stage for a Global Economic Boom a Year or Two From Now? (A Symposium of Views)", *The International Economy,* verão 2003, p. 30-44.

Embora esse preço seja fixado sob alguns arranjos de sistema monetário, se um país quiser evitar contínuos déficits ou superávits do balanço de pagamentos (*BP*), a taxa de câmbio fixada deve ser aproximadamente aquela que resultaria da determinação do mercado da taxa de câmbio. Portanto, procederemos ao exame da taxa de câmbio externa assumindo que ela é o resultado da interação normal de mercado de oferta e demanda. Esse mercado simultaneamente determina centenas de taxas diárias de câmbio diferentes e facilita as centenas de milhares de transações internacionais que ocorrem. A totalidade da estrutura de mercados e instituições que lidam com o câmbio de moedas externas é conhecida como **mercado de câmbio externo**. Dentro do mercado de câmbio externo, transações atuais para entrega imediata são executadas no mercado *spot*, e contratos para compra ou venda de moedas para entrega futura são executados em mercados a termo ou futuros. A natureza desses mercados específicos e a maneira como funcionam serão discutidas com mais detalhes no decorrer do capítulo.

O lado da demanda

Os indivíduos participam do mercado de câmbio externo por um grande número de razões. Pelo lado da demanda, uma das principais razões pelas quais as pessoas desejam moeda externa é para comprar bens e serviços de um outro país ou para enviar uma doação ou pagamento de renda de investimento para fora. Por exemplo, o desejo de comprar um automóvel estrangeiro ou de viajar para o exterior produz uma demanda pela moeda do país no qual esses bens ou serviços são produzidos. Uma segunda importante razão para adquirir moeda estrangeira é comprar ativos financeiros em um determinado país. Os desejos de abrir uma conta bancária no exterior, comprar ações ou títulos financeiros ou, ainda, adquirir propriedade direta de capital real recaem todos sobre essa categoria. Uma terceira razão por que indivíduos demandam câmbio externo é evitar perdas ou realizar lucros que poderiam ocorrer com mudanças na taxa de câmbio externa. Os indivíduos que acreditam que a moeda externa se valorizará no futuro podem desejar adquirir tal moeda hoje a um baixo preço na esperança de vendê-la amanhã a um alto preço e assim obter um lucro rápido. Tal atividade de risco é denominada **especulação** em moeda estrangeira. Outros indivíduos que têm de pagar por um item importado no futuro poderiam desejar adquirir hoje a moeda estrangeira necessária por não querer arriscar a possibilidade de a moeda externa se tornar mais valorizada no futuro, aumentando o custo do item em moeda local. A atividade empreendida para evitar o risco associado às mudanças na taxa de câmbio é denominada **hedging**. A demanda total por moeda estrangeira num ponto do tempo reflete então essas três bases da demanda: demanda por bens e serviços (e tranferências e pagamentos de renda de investimentos para fora), a demanda por investimento estrangeiro e a demanda baseada no risco assumido ou no risco evitado. Deve ficar claro que as demandas por parte dos cidadãos de um país correspondem a itens de débito na estrutura da contabilidade do balanço de pagamentos discutida no Capítulo 19.

O lado da oferta

Os participantes do lado da oferta operam por razões similares (refletindo itens de crédito do balanço de pagamentos). A oferta de moeda estrangeira para um país resulta primeiramente da compra doméstica de exportações estrangeiras de bens e serviços ou da transferência unilateral de pagamentos de renda de investimento para esse país. Por exemplo, exportações dos EUA de trigo e grãos de soja são uma fonte de oferta de câmbio externo. Uma segunda fonte surge do investimento estrangeiro no país. A compra estrangeira de títulos governamentais dos EUA, as compras europeias de ações dos EUA e os depósitos bancários nos Estados Unidos, e as joint ventures japonesas em plantas de automóveis ou eletrônicos nos EUA são todos exemplos de atividades financeiras que proveem uma oferta de câmbio externo para os Estados Unidos. Finalmente, atividades estrangeiras de especulação e hedging podem prover uma terceira fonte de ofertas. A oferta total de câmbio externo em qualquer período consiste dessas três fontes.

O mercado

Antes de nos voltarmos para aspectos mais técnicos do mercado de câmbio externo, vamos discutir de maneira geral como ele opera (veja a Figura 1). O mercado de câmbio externo aqui é apresentado da perspectiva dos EUA e, como qualquer mercado normal, contém uma curva de demanda descendente e uma curva de oferta ascendente. O preço no eixo vertical é definido em termos de preço de moeda doméstica da moeda estrangeira, por exemplo, US$/franco suíço, e o eixo horizontal mede as unidades de francos suíços ofertados e demandados a vários preços (taxas de câmbio). A interseção das curvas de oferta e demanda determina simultaneamente a taxa e_{eq} de equilíbrio de câmbio e a quantidade de equilíbrio (Q_{eq}) de francos suíços ofertados e demandados durante um período de tempo dado. Um aumento na demanda por francos suíços da parte dos Estados Unidos causará uma mudança da curva de demanda para D'_{frs} e o crescimento da taxa de câmbio para e'. Note que o crescimento da taxa de câmbio significa que são necessárias *mais moedas dos EUA para comprar cada franco suíço*. Quando isso ocorre, diz-se que o dólar norte-americano está *depreciado* contra o franco suíço. De maneira similar, um aumento da oferta de francos suíços (para S'_{frs}) causa um deslocamento da curva de oferta para a direita e uma queda da taxa de câmbio para e''. Nesse caso, o custo do franco suíço em dólar está decrescendo e diz-se que o dólar está sendo *apreciado*. É importante fixar essa terminologia em sua mente. **Depreciação da moeda doméstica** ou **apreciação da moeda estrangeira** se dá quando há um aumento no preço da moeda doméstica em relação à moeda estrangeira (ou, alternativamente, uma redução no preço da moeda estrangeira em relação à moeda doméstica). A moeda doméstica está então se tornando relativamente menos valorizada. A **apreciação da moeda doméstica** ou a **depreciação da moeda estrangeira** acontece quando há uma redução no preço da moeda doméstica em relação à moeda estrangeira (ou um aumento no preço da

FIGURA 1 O mercado básico de câmbio externo

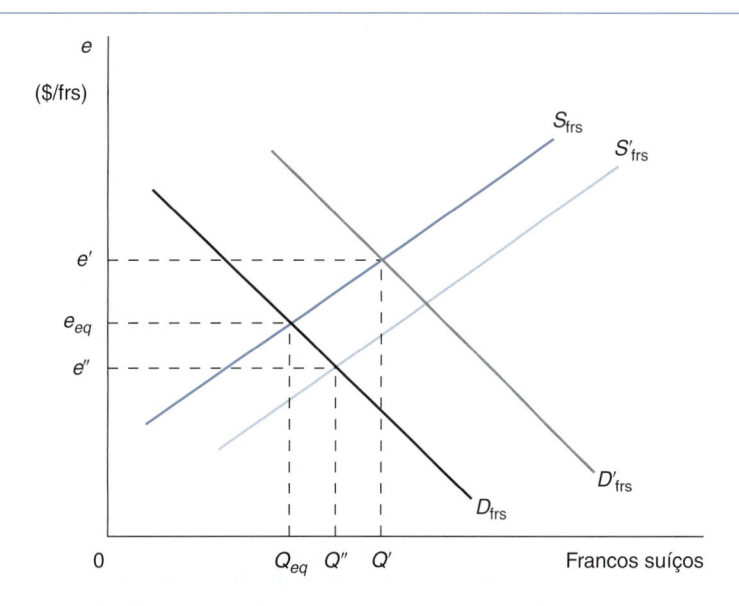

A taxa de câmbio de equilíbrio é determinada pela interação da oferta e da demanda por uma determinada moeda estrangeira (nesse caso, o franco suíço). Um crescimento da demanda doméstica por moeda estrangeira é representado por um deslocamento à direita na curva de demanda para D'_{frs}, o que causa um aumento da taxa de câmbio de equilíbrio para e'. Como agora mais unidades de moeda doméstica são necessárias para comprar uma unidade de moeda estrangeira, a moeda doméstica (o dólar) se depreciou. De maneira similar, um aumento da oferta de moeda estrangeira para S'_{frs} leva a uma apreciação do dólar, ou seja, a uma taxa de câmbio de equilíbrio mais baixa e''.

moeda estrangeira em relação à moeda doméstica). Nesse caso, a moeda doméstica está se tornando relativamente mais valorizada. Mudanças na taxa de câmbio se dão como resposta a mudanças na oferta e demanda por câmbio externo em um ponto dado no tempo.

A ligação entre o balanço de pagamentos e o mercado de câmbio externo pode ser claramente mostrada pelo uso da oferta e demanda. Para os fins desta discussão, considere que a oferta e demanda por câmbio externo consistam de dois componentes: um relacionado a transações da conta corrente e o outro relacionado a fluxos financeiros, incluindo as atividades especulativas e de hedging (transações da conta financeira). Na Figura 2, a demanda e a oferta de câmbio externo são decompostas em termos desses dois componentes. Ignorando-se transferências unilaterais, $D_{G\&S}$ e $S_{G\&S}$ retratam a demanda e a oferta de câmbio externo associadas às demandas externas e domésticas por bens e serviços domésticos, respectivamente. A demanda e a oferta de câmbio externo associadas às transações financeiras são então adicionadas a cada uma das curvas, criando uma demanda total e uma oferta total de câmbio externo. Caso seja assumido que o desejo financeiro por câmbio externo se dá primariamente por razões tais como lucros esperados, taxas de retorno esperado e outros (isto é, por razões independentes da taxa de câmbio), as curvas totais são desenhadas a uma distância fixa das curvas $D_{G\&S}$ e $S_{G\&S}$. Se a taxa de câmbio influenciar esses fluxos financeiros, então a relação entre as curvas de bens e serviços e as curvas totais é mais complexa. Para facilitar a discussão, entretanto, prosseguimos com as curvas desenhadas na Figura 2.

FIGURA 2   O mercado de câmbio externo e o balanço de pagamentos

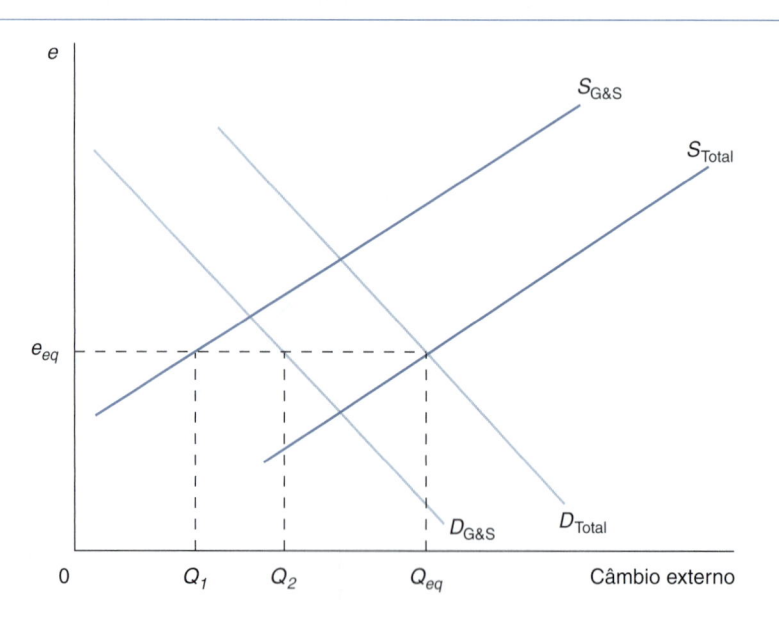

A demanda e a oferta de câmbio externo são decompostas nas transações relacionadas aos fluxos de bens e serviços (ignorando-se transferências unilaterais), isto é, a conta corrente ($D_{G\&S}$, $S_{G\&S}$), e as transações relacionadas com as transações financeiras. Como as duas devem somar D_{Total} e S_{Total}, as transações financeiras desejadas são a diferença entre as curvas "Total" e as curvas "G&S". A taxa de câmbio de equilíbrio e_{eq} será determinada pela interação entre D_{Total} e S_{Total}. Nesse caso, e_{eq} está abaixo ao que igualaria a demanda e a oferta na conta corrente, $D_{G\&S}$ e $S_{G\&S}$, levando a um déficit de conta corrente ($Q_2 - Q_1$). Contudo, em e_{eq}, a oferta de câmbio externo resultante de transações financeiras, ($Q_{eq} - Q_1$), é maior que a demanda por transações financeiras ($Q_{eq} - Q_2$) no montante ($Q_2 - Q_1$). O superávit na conta financeira então compensa exatamente o déficit na conta corrente à taxa de equilíbrio do câmbio.

CAPÍTULO 20   O MERCADO DE CÂMBIO EXTERNO **483**

A taxa de câmbio de equilíbrio é vista agora como determinada pela interseção das curvas D_{Total} e a curva S_{Total}. Essa não é necessariamente a mesma taxa de câmbio que equilibraria $D_{G\&S}$ e $S_{G\&S}$. Isso só aconteceria se a conta corrente estivesse exatamente balanceada na taxa de equilíbrio, e_{eq}. Na Figura 2, a taxa de equilíbrio está abaixo do que estaria no balanceamento da conta corrente. Consequentemente, em e_{eq} há um excesso de demanda $(Q_2 - Q_1)$ por moeda estrangeira para comércio de bens e serviços (a conta corrente) e um excesso compensatório de oferta $(Q_2 - Q_1)$ em câmbio externo na conta financeira. A oferta de câmbio externo surgindo de transações financeiras $(Q_{eq} - Q_1)$ excede a demanda por câmbio externo para transações financeiras $(Q_{eq} - Q_2)$ em $(Q_2 - Q_1)$, o montante do déficit de conta corrente. Assim, novamente vemos que um déficit de conta corrente será exatamente compensado por um equivalente superávit na conta financeira à taxa de câmbio de ajuste de mercado. De modo similar, qualquer superávit na conta corrente será exatamente compensado por um déficit equivalente na conta financeira à taxa de câmbio de equilíbrio.

O MERCADO *SPOT*

Tendo discutido a natureza geral do mercado de câmbio externo, agora voltaremos a atenção para um exame mais rigoroso desse mercado. Começaremos observando a operação do mercado atual ou diário, denominado **mercado spot**, e então examinaremos o mercado de câmbio externo para entrega futura (o mercado futuro).

Atores principais

Como indicado na sessão anterior, as motivações para demanda ou venda de câmbio externo estão baseadas nas transações relacionadas às contas financeira e corrente. Essas ações envolvem indivíduos e instituições de todo tipo no nível do varejo, além do sistema bancário no nível do atacado. Os principais participantes do mercado de câmbio externo são os grandes bancos comerciais, embora corporações multinacionais cujas operações envolvam diferentes moedas, grandes instituições financeiras não bancárias como as companhias de seguro, e várias agências governamentais, incluindo bancos centrais como o Federal Reserve e o Banco Central Europeu, também tenham importante papel. Não surpreendentemente, os grandes bancos comerciais assumem o papel central, uma vez que a compra e a venda de moedas muito frequentemente envolvem debitar e creditar várias contas bancárias domésticas ou externas. De fato, a maioria das transações de moeda estrangeira se dá no debitar e creditar contas bancárias sem transferências físicas de moeda através das fronteiras de países. Consequentemente, o volume das transações de moedas acontece no mercado atacado em que esses bancos negociam uns com os outros: o **mercado interbancário**. Nesse mercado, uma grande porcentagem dessas transações interbancárias é feita por corretores de câmbio externo que recebem uma pequena comissão para organizar trocas entre vendedores e compradores. A compra e a venda de câmbio externo por bancos comerciais no mercado interbancário que não é realizada por corretores de câmbio externo, mas diretamente com outros bancos, é denominada *negócio interbancário*. Enquanto as transações bancárias de moeda são realizadas para satisfazer as necessidades de seus vários clientes do varejo (indivíduos e corporações), os bancos entram no mercado de câmbio externo para alterar seus próprios portfólios de ativos monetários.

O papel da arbitragem

Como indicado anteriormente, o mercado de câmbio externo consiste em mercados e instituições muito diferentes. Ainda, em qualquer ponto dado no tempo, todos os mercados tendem a gerar a mesma taxa de câmbio para uma moeda dada indiferentemente de sua localização geográfica. A singularidade da indiferença da localização geográfica para a taxa de câmbio externo ocorre por causa da **arbitragem**. Como você se lembra, arbitragem refere-se ao processo pelo qual um indivíduo compra um produto (nesse caso, câmbio externo) em um mercado de preço baixo para revenda em um mercado de preço alto com o propósito de realizar um lucro. No processo, o preço é aumentado no mercado de preço baixo e diminuído em um mercado de preço alto. Essa atividade continuará até que os preços nos dois mercados estejam equalizados, ou até que eles se diferenciem apenas pelos custos de transação envolvidos. Como a moeda está sendo comprada e vendida simultaneamente, não há risco nessa atividade, e daí haver sempre muita arbitragem potencial no mercado. Acrescentando, a velocidade das comunicações e a eficiência das transações em câmbio externo fazem com que as cotações do mercado *spot* para uma dada moeda sejam notavelmente similares em todo o mundo, e qualquer margem de lucro sobre uma moeda dada é rapidamente arbitrada.

Em um mundo de muitas moedas diferentes, há também uma possibilidade para a arbitragem se as taxas de câmbio não forem consistentes entre as moedas. Esse ponto pode ser mais facilmente visto em um exemplo com três moedas. Suponha que a taxa do dólar/libra seja $1.40/£ e a taxa do dólar/franco suíço seja $0,70/frs. Nesse caso, para as três taxas serem consistentes e daí não serem base para arbitragem, a taxa franco/libra deve ser 2 frs/£ [($1,40/£)/($0,70/frs) = 2 frs/£]. Suponha que a taxa dólar/libra aumente para $1,60/£. Essa taxa é inconsistente com a taxa de 0,70$/frs e 2 frs/£, e há um claro lucro a ser realizado pela compra e venda simultânea de todas as três moedas. Por exemplo, poderia-se pagar $1,40 e adquirir 2 francos, usar os 2 francos para a compra de 1 libra esterlina, e imediatamente trocar £1 por $1,60, fazendo dessa maneira um rápido lucro de $0,20. Essa é uma situação de arbitragem multimonetária, nesse caso chamada **arbitragem triangular** uma vez que envolve uma inconsistência entre três diferentes moedas. A arbitragem triangular produz uma **taxa cruzada de igualdade**, significando que todas as três taxas de câmbio são internamente consistentes. Os arbitradores estão constantemente procurando inconsistências no mercado de câmbio externo, e eles imediatamente compram e vendem câmbio externo para tirar vantagem de tais situações. No exemplo anterior, o processo de arbitragem deveria tender a elevar o preço do dólar-franco, elevar o preço do franco-libra, e reduzir o preço do dólar-libra. Esses ajustes ocorreriam até um novo equilíbrio consistente emergir, por exemplo, $1,54/£, $0,74/frs, e 2,08 frs/£. (Você deveria verificar que não há possibilidade de uma arbitragem lucrativa a esses novos preços.) O processo de arbitragem serve então não só para manter o valor de uma moeda individual similar em diferentes mercados de câmbio externo, mas também para se certificar de que todas as taxas cruzadas entre as moedas sejam consistentes.

Diferentes medidas da taxa *spot*

A discussão do mercado de câmbio externo até agora focou-se em alguns dos mais importantes fatores conceituais que fundamentam o câmbio corrente ou "on the *spot*" de moedas entre dois países. Embora essa taxa *spot* seja certamente útil, não fornece informação sobre o que ela deveria ser, dada a natureza e a estrutura dos dois países; ela não fornece nenhuma informação sobre mudanças na força da moeda doméstica em relação a todos os parceiros de comércio do país; e não dá qualquer indicação do real custo de aquisição de bens e serviços externos em um mundo de preços mutáveis. Para obter informação sobre os dois últimos fatores, devemos nos voltar para medidas alternativas, medidas que são frequentemente citadas nas seções internacionais das principais publicações jornalísticas.

Olhemos primeiramente para o problema da determinação da força ou fraqueza relativa de uma moeda quando um país tem numerosos parceiros comerciais, cada qual com sua própria taxa de câmbio. Uma vez que diferentes taxas de câmbio são similares para diferentes mercadorias, não podemos simplesmente somá-las e tirar uma média. Assim como ao se determinar mudanças de preços na economia, construímos, portanto, um índice em que cada commodity (moeda) pode ser apropriadamente pesada por sua importância no comércio internacional de um dado país. Para evitar o problema de agregação associado à adição de diferentes moedas, cada taxa de câmbio está indexada a um dado ano-base. O ano-base é designada pelo valor 1, e todas as outras observações para um dado ano são valoradas em relação à base. Por exemplo, suponha que você queira considerar a força média do dólar norte-americano em termos de outras moedas.

TABELA 1   Cálculo das taxas de câmbio nominais efetivas (comércio dos EUA em bilhões de dólares)

País	Taxa de câmbio		Índice 2005	Comércio dos EUA, 2005	
	1999	2005		Exportação e Importação	w_i
(1)	(2)	(3)	(4)	(5)	(6)
UME	€1,0653/$	€0,8476/$	0,7957	504,3	0,262
Suíça	frs1,5045/$	frs1,2452/$	0,8276	24,3	0,013
Suécia	skr8,2740/$	skr7,4731/$	0,9032	17,2	0,009
Reino Unido	£0,6172/$	£0,5493/$	0,8900	84,9	0,044
Canadá	C$1,4852/$	C$1,2118/$	0,8159	503,3	0,261
Japão	¥113,700/$	¥110,220/$	0,9694	197,4	0,102
México	Peso9,467/$	Peso10,8790/$	1,1491	292,5	0,152
China	Yuan8,281/$	Yuan8,1943/$	0,9895	301,6	0,157
Total				1.925,5	1,000

NEER = (0,796)(0,262) + (0,828)(0,013) + (0,903)(0,009) + (0,890)(0,044) + (0,816)(0,261) + (0,969)(0,102)
    + (1,149)(0,152) + (0,990)(0,157)
    = 0,908

Fontes: Os dados de taxas de câmbio vêm do Fundo Monetário Internacional, *International Financial Statistics Yearbook 2006* (Washington, DC: IMF, 2006); informações disponíveis no site da International Trade Commission, www.usitc.gov.

O dólar poderia, no ano-base, ser equivalente a 0,6 libra britânica e 120 ienes japoneses. Então, em algum ano posterior, a taxa de câmbio ou o preço do dólar poderia ser de 0,75 libra britânica e 90 ienes japoneses. Claramente, nesse exemplo, o dólar se valorizou em termos de libras (de 0,6 libra para 0,75 libra) e se depreciou em termos de ienes (de 120 ienes para 90 ienes). O índice para o valor do dólar no último ano seria então de 1,25 em termos de libras (0,75/0,6 = 1,25) e 0,75 em termos de ienes (90/120 = 0,75). Para achar a mudança no valor do dólar em média do ano-base ao ano posterior, o procedimento é então pesar o valor do dólar em termos de uma moeda de um determinado país pela porcentagem do comércio do país que é realizado com aquele país em particular. Assim, nos exemplos do Reino Unido e Japão, se 20% do comércio dos Estados Unidos foi com o Reino Unido, o peso acordado para o preço da libra em dólares seria de 0,2; se o Japão respondesse por 15% do comércio dos EUA, o preço do iene em dólares teria um peso de 0,15. Quando isso é feito para todas as moedas envolvidas na amostra ou em todo o comércio de um país, os pesos somam 1,0. O resultado final desse processo, um índice ponderado pelo comércio do valor médio de uma moeda de um país, é chamado de **taxa de câmbio nominal efetiva** (**NEER**) da moeda[2].

Para saber como a NEER é calculada, considere a informação na Tabela 1 para os Estados Unidos e selecione os principais parceiros comerciais para 1999 e 2005. As taxas de câmbio são expressas em termos de unidades de câmbio externo por dólar norte-americano. Os níveis de comércio (exportações mais importações) são indicados na coluna (5); o peso do comércio associado, na coluna (6); a taxa de câmbio média, nas colunas (2) e (3); e os índices associados do preço do dólar para 2005, na coluna (4) (baseado em 1999 = 1,0). A NEER para 2005 pode ser calculada usando-se as informações [colunas (4) e (6)], como mostrado na Tabela 1. O fato de a NEER ter um valor de 0,908 indica que, em média, no período de 1999-2005, com seu conjunto de parceiros comerciais, o dólar se depreciou em 9,2%. Esse resultado ocorre porque,

---

[2]Duas taxas de câmbio nominais efetivas aparecem diariamente no *The Wall Street Journal* na Seção C, "Money and Investing".

em anos recentes, o dólar se depreciou contra todas as moedas, exceto o peso mexicano. Esse exemplo ilustra a maneira pela qual as taxas de câmbio nominal efetivas são calculadas. [Nota: Para praticar a técnica usando as taxas de câmbio dadas, retire o a UME da amostra e recalcule a NEER. Você deve chegar a uma taxa de depreciação menor para o dólar (5,2%), indicando como a NEER é sensível à escolha dos países incluídos na amostra.]

Uma outra questão está relacionada ao problema de interpretação de mudanças na taxa de câmbio contra qualquer moeda quando os preços não são constantes. Quando os preços de bens e serviços estão mudando no país ou no país parceiro (ou em ambos), não sabemos a mudança no preço *relativo* dos bens e serviços externos simplesmente olhando as mudanças na taxa de câmbio *spot* e não levando em conta os novos níveis de preço em ambos os países. Por exemplo, se o dólar está apreciado contra o iene em 10%, seria esperado que, mantendo as outras coisas iguais, os bens dos EUA fossem 10% menos competitivos que os bens japoneses nos mercados mundiais do que eram previamente. Contudo, suponha que, ao mesmo tempo que o dólar se apreciou, os preços dos bens dos EUA cresceram mais rapidamente que os preços dos bens japoneses. Nessa situação, o declínio da competitividade dos EUA contra os bens japoneses seria maior do que 10%, e a taxa de câmbio nominal de 10% estaria equivocada. Por essa razão, a **taxa de câmbio real (RER)** é normalmente calculada, com a RER incorporando com as mudanças nos preços dos dois países calculados.

Para ilustrar a taxa de câmbio média, o iene japonês/dólar em 1995 era ¥94,06/$1, e, em 2005, essa taxa de câmbio nominal era ¥110,22/$1. Isso era uma apreciação de 17,2% do dólar contra o iene [(110,22 − 94,06)/94,06 = 0,172], levando a uma expectativa de competitividade substancialmente menor da parte dos bens dos EUA contra os bens japoneses. Para calcular a taxa de câmbio real, devemos também olhar os preços. Com 1995 = 100, os preços para os consumidores dos EUA tinham crescido para um nível de 128,14 em 2005; com 1995 = 100, os preços para os consumidores japoneses tinham caído para um nível de 2005 de 98,17. O real iene por dólar deveria então ser calculado como a seguir:

$$RER_{2005} = e_{¥/\$, 2005} \times \left(\frac{\text{índice de preço norte-americano}_{2005}}{\text{índice de preço japonês}_{2005}} \right)$$

Então, em nosso exemplo,

$$RER = 110{,}22 \times \left(\frac{128{,}14}{98{,}17} \right) = 143{,}87$$

Nesse exemplo, então, o cálculo da taxa de câmbio real indica que, em termos de competitividade no mercado internacional, os bens dos EUA estão em *maior* desvantagem do que a taxa nominal sugeriria. Esse resultado ocorreu porque, embora o dólar tenha se apreciado em termos nominais, os preços dos EUA cresceram *mais* rapidamente que os preços japoneses (que na verdade caíram). Em termos reais, o dólar se apreciou não em 17,2% (como na taxa nominal), mas em 53% [(143,87 − 94,06)/94,06 = 0,5296].

Um outro conceito de taxa de câmbio, a **taxa de câmbio real efetiva (REER)**, calcula uma taxa de câmbio de peso comercial efetivo baseada em taxas de câmbio reais em vez de se basear nas taxas nominais. Nesse caso, os índices das taxas de câmbio (tais como aqueles da Tabela 1) são calculados usando-se taxas de câmbio reais, e não taxas de câmbio nominais. Os índices resultantes são então ponderados, como normalmente, pela importância do comércio dos respectivos países.

Uma outra medida da taxa *spot* trata de identificar a taxa de equilíbrio verdadeira que levaria à conta corrente (e portanto à conta de capital) em balanço. Uma aproximação comumente usada para a taxa de equilíbrio real subjacente é uma aproximação pela **paridade do poder de compra (PPP)**, que existe em duas versões, uma versão PPP absoluta e uma versão PPP relativa.

A PPP repousa sobre o postulado segundo o qual qualquer dada commodity tende a ter o mesmo preço em todo o lugar quando medida na mesma moeda. Isso é algumas vezes chamado de **lei do preço único**, que muitos acreditam operar se os mercados estiverem funcionando bem tanto nacional quanto internacionalmente. Sob essas condições, a arbitragem apagará rapidamente qualquer diferença de preços entre diferentes locais geográficos. Na presença de custos de transporte e manuseio, a arbitragem não fará os preços se equalizarem entre diferentes locais geográficos, mas os proponentes da lei do preço único não acham que isso distorcerá o conceito geral de preço único. Se, de fato, bens e serviços parecem seguir a lei do preço único, é alegado que o nível absoluto da taxa de câmbio deveria ser o nível que faz os bens e serviços comercializados terem o mesmo preço em todos os países quando medidos na mesma moeda. Isso é chamado de **paridade do poder de compra absoluta**. Por exemplo, se um alqueire de trigo custa $4,50 nos Estados Unidos e £3 no Reino Unido, então a taxa de câmbio deveria ser igual a $4,50 por alqueire divididos por £3 por alqueire, ou $1,50/£. Se generalizarmos para muitos bens, a PPP estimada da taxa de câmbio de equilíbrio seria:

$$PPP_{absoluta} = \text{nível de preço}_{EUA} / \text{nível de preço}_{RU}$$

quando os níveis de preços estão expressos em dólares e libras, respectivamente.

Não surpreendentemente, a versão absoluta da PPP não parece ser válida empiricamente. Fatores tais como custos de transportes e barreiras de comércio, que impedem que os preços se equalizem entre os diferentes mercados, combinados com a diferença na composição e na importância relativa de vários bens, explicam em parte porque a versão absoluta não parece se verificar. Em resumo, a medida do nível de preços de cada país reflete um conjunto de bens e serviços de um país não diretamente comparável aos bens e serviços de outros países. Por essa razão, uma versão mais fraca da PPP é frequentemente usada, relacionando a *mudança* na taxa de câmbio a *mudanças* no nível de preços em dois países. Isso é chamado de **paridade do poder de compra relativa** (PPP_{rel}).

Na versão PPP_{rel}, se os preços de um país estão crescendo mais rapidamente que os preços de um país parceiro, a moeda doméstica se depreciará. Se os preços nesse país estão crescendo mais vagarosamente do que os preços de um país parceiro, a moeda doméstica se apreciará. Dado um período base inicial da taxa de câmbio, a taxa de equilíbrio (taxa PPP_{rel}) em alguma data posterior refletirá as taxas relativas das mudanças de preços nos dois países. Mais especificamente, a taxa PPP_{rel} (fixada em termos de unidades de moeda doméstica por unidade de moeda estrangeira) deveria ser igual à taxa de câmbio do período inicial multiplicada pela razão entre o índice de preços do país e o índice de preços do país parceiro. Como um exemplo, no final dos anos 1990, a PPP_{rel} entre Estados Unidos–Reino Unido para 1998, com 1995 como ano-base, seria calculada como:

$$1998\ PPP_{rel}^{\$/£} = [e_{1995}^{\$/£}] \times [PI_{1998}^{EUA}/PI_{1998}^{EUA}].$$

Portanto, se $e_{1995}^{\$/£} = \$1{,}58/£$, $PI_{1998}^{EUA} = 107{,}0$, e $PI_{1998}^{RU} = 109{,}3$,

$$PPP_{rel}^{\$/£} = (\$1{,}58/£) \times (107{,}0/109{,}3)$$
$$= \$1{,}55/£$$

Uma vez que a taxa de câmbio real em 1998 era 1,66/£, a PPP_{rel} sugere que o dólar era na verdade subvalorizado em relação à libra esterlina em 1998 (a libra era sobrevalorizada relativamente ao dólar), com base no crescimento das taxas de preço dos dois países ao longo do período de 1995 a 1998. Essa conclusão, naturalmente, repousa na proposição segundo a qual a taxa de câmbio em 1995 estava em uma taxa de equilíbrio de mercado e que os índices dos dois preços usados refletiam precisamente as mudanças nos preços dos bens *comercializados*. Mudanças em

NO MUNDO REAL:

TAXAS DE CÂMBIO REAL E NOMINAL DO DÓLAR NORTE-AMERICANO

Como exemplos das taxas nominal e real do dólar, considere as Figuras 3 e 4. A Figura 3 ilustra o comportamento da taxa nominal de câmbio (NER, ou nosso usual e) do dólar norte-americano em termos de iene japonês ao longo das últimas duas décadas, aproximadamente, assim como o movimento da taxa de câmbio real (RER) do dólar em termos de iene em todo o mesmo período. O gráfico mostra que a taxa nominal esteve acima da taxa real em todo o período anual anterior a 1995 e abaixo da taxa real nos anos depois de 1995. Tecnicamente, esse padrão de diferenças nos *níveis* de NER e RER reflete o fato de que 1995 era o ano-base (quando os preços para o consumidor usados na construção da RER eram iguais a 100 em ambos os países) e de que o Japão teve menos inflação do que os Estados Unidos durante esse período. Essa diferença técnica nos níveis não é de grande importância, contudo. O que é importante para a interpretação do gráfico é que entre 1985 e 1995 a NER caiu mais do que a RER. Isso indica que, embora o dólar estivesse caindo consideravelmente em termos nominais durante esse período, ele estava caindo em grau menor em termos reais do que em termos nominais porque os preços dos Estados Unidos não

FIGURA 3   Taxa de câmbio nominal e real iene/dólar, 1979-2005

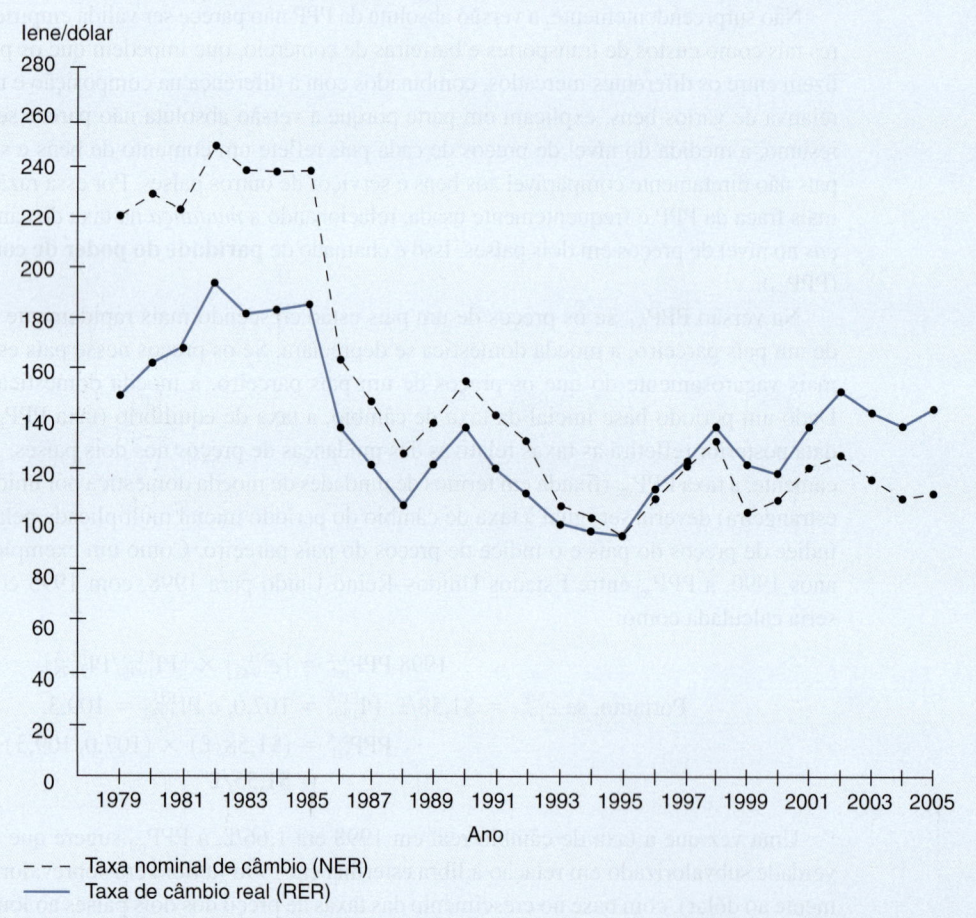

Nota: Os índices de preços são 1995 = 100.
Fonte: Calculado de dados do Fundo Monetário Internacional, *International Financial Statistics Yearbook 1999* (Washington, DC: IMF, 1999); *International Financial Statistics Yearbook 2006* (Washington, DC: IMF, 2006).

CAPÍTULO 20   O MERCADO DE CÂMBIO EXTERNO   **489**

NO MUNDO REAL:

FIGURA 4   Taxas efetivas nominais e reais dos EUA, 1983-2006

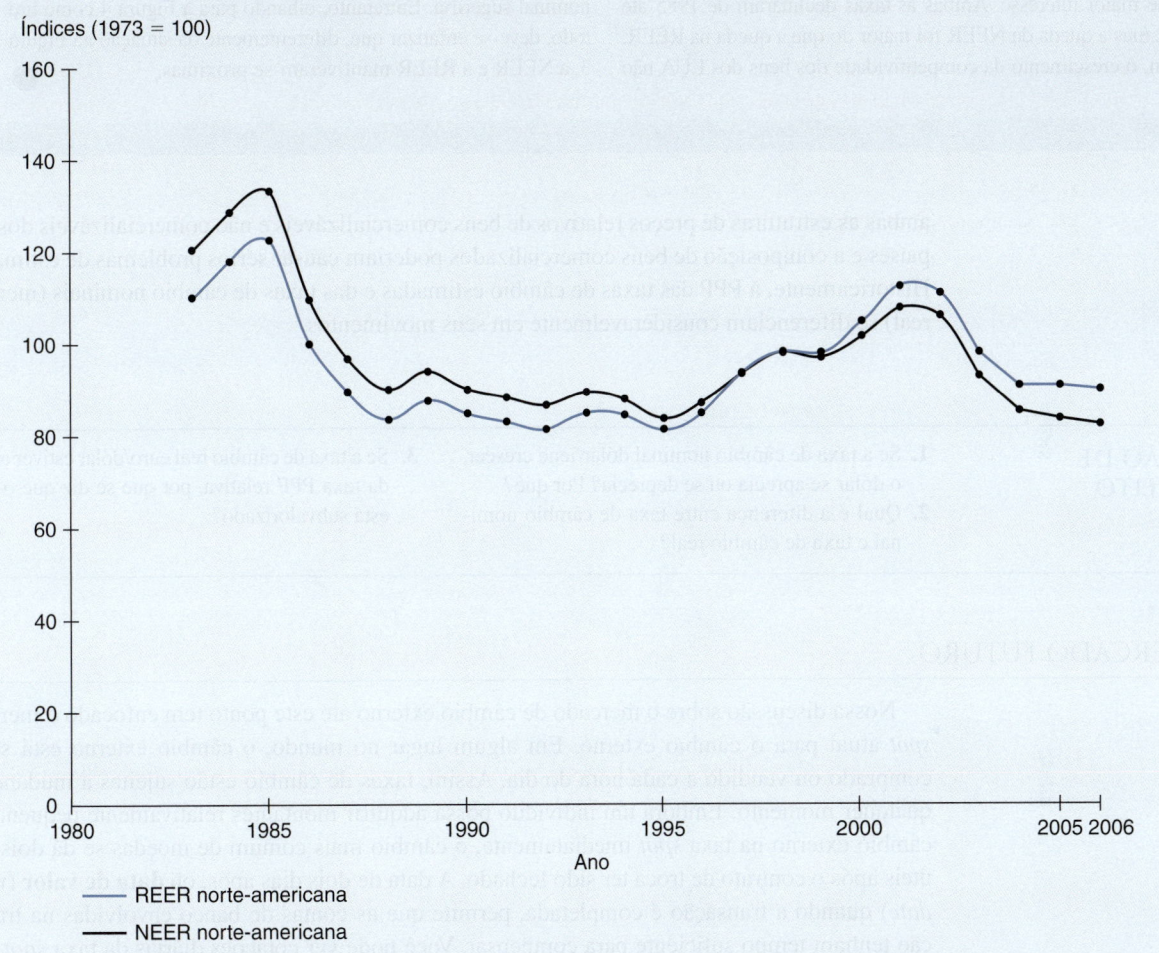

Índices (1973 = 100)

— REER norte-americana
— NEER norte-americana

Fonte: Dados contidos no *Economic Report of the President*, fev. 2007 (Washington, DC: U.S. Government Printing Office, 2007), p. 356.

eram tão estáveis quanto os preços do Japão. Portanto, a depreciação do dólar contra o iene teve uma porcentagem menor em termos reais do que em termos nominais, significando que os bens dos Estados Unidos não estavam sendo competitivamente tão "estimulados" como a depreciação nominal sugeriria, pois a inflação nos Estados Unidos maior que no Japão estava compensando a depreciação nominal do dólar. Depois de 1995, a taxa real cresceu um pouco mais que a taxa nominal, e esse comportamento comparativo indica que o dólar estava se valorizando em termos reais de maneira a crescer mais do que em termos nominais. Novamente, a situação é que a inflação dos EUA relativamente maior que a do Japão está prejudicando a competitividade dos EUA mais do que o crescimento que a taxa nominal sugeriria.

A Figura 4 retrata o comportamento da taxa de câmbio nominal efetiva (NEER) do dólar durante 1983-2006 contra as moedas de um grupo de parceiros externos dos EUA (ponderadas pela importância relativa do comércio com os EUA). Nessas taxas,

> **NO MUNDO REAL:**
>
> o ano de 1973 é o ano-base, onde ambos, a NEER e a REER, são iguais a 100. O modelo na Figura 4 é similar ao da Figura 3. A taxa nominal está acima da taxa real até meados dos anos de 1990, e então abaixo disso. Novamente, contudo, as mudanças relativas são de maior interesse. Ambas as taxas declinaram de 1985 até 1995, mas a queda da NEER foi maior do que a queda na REER. Assim, o crescimento da competitividade dos bens dos EUA não foi tão grande nesse período como seria esperado olhando-se para a taxa nominal sozinha. Depois de 1997, a taxa real se moveu acima da taxa nominal, significando que a competitividade dos EUA estava sendo prejudicada ligeiramente mais do que a taxa nominal sugeriria. Entretanto, olhando para a Figura 4 como um todo, deve-se enfatizar que, diferentemente da situação na Figura 3, a NEER e a REER mantiveram-se próximas.

ambas as estruturas de preços relativos de bens comercializáveis e não comercializáveis dos dois países e a composição de bens comercializados poderiam causar sérios problemas de estimativa. Historicamente, a PPP das taxas de câmbio estimadas e das taxas de câmbio nominais (mercado real) se diferenciam consideravelmente em seus movimentos.

REVISÃO DE CONCEITO

1. Se a taxa de câmbio nominal dólar/iene crescer, o dólar se aprecia ou se deprecia? Por quê?
2. Qual é a diferença entre taxa de câmbio nominal e taxa de câmbio real?
3. Se a taxa de câmbio real euro/dólar estiver abaixo da taxa PPP relativa, por que se diz que o dólar está subvalorizado?

O MERCADO FUTURO

Nossa discussão sobre o mercado de câmbio externo até este ponto tem enfocado o mercado *spot* atual para o câmbio externo. Em algum lugar no mundo, o câmbio externo está sendo comprado ou vendido a cada hora do dia. Assim, taxas de câmbio estão sujeitas a mudanças a qualquer momento. Embora um indivíduo possa adquirir montantes relativamente pequenos de câmbio externo na taxa *spot* imediatamente, o câmbio mais comum de moedas se dá dois dias úteis após o contrato de troca ter sido fechado. A data de dois dias após, ou **data de valor** (*value date*) quando a transação é completada, permite que as contas de banco envolvidas na transação tenham tempo suficiente para compensar. Você pode ver cotações diárias da taxa *spot* para moedas de muitos países nas principais publicações de notícias e pode conseguir informação atual contatando muitos bancos e centros financeiros de câmbio. Note que as cotações são para um período específico do dia anterior e que se referem a taxas interbancárias ou do atacado para transações de $1 milhão ou mais. Clientes do varejo pagam uma taxa maior por câmbio externo; a diferença entre as duas taxas é a taxa bancária para a prestação desse serviço. Finalmente, os bancos comerciais também ganham dinheiro nos mercados de câmbio externo comprando câmbio externo a um preço menor do que aquele pelo qual o vendem. Por exemplo, caso esteja viajando pela Inglaterra, ao comprar libras, você pode pagar $1,60/£ e receber só $1,58/£ ao vender qualquer libra não usada, embora a taxa de câmbio não tenha mudado. A diferença entre

No mundo real:

O índice Big Mac

Por mais de uma década, a revista norte-americana *The Economist* anualmente avalia a posição relativa das principais moedas do mundo usando o agora conhecido Índice Big Mac (BMI – não confundir com BMW!). O BMI não é mais do que uma medida PPP absoluta do "valor de equilíbrio verdadeiro" de uma determinada moeda baseada em *uma* commodity, o sanduíche Big Mac, do McDonald's. A ideia básica aqui é que uma commodity em particular deveria custar o mesmo em uma dada moeda onde quer que fosse encontrada no mundo – se a taxa de câmbio prevalecente for a taxa subjacente verdadeira. Assim a estimativa da taxa de câmbio PPP (unidades de moeda externa/dólar norte-americano) para uma dada moeda é simplesmente o valor da razão entre o preço do Big Mac em uma moeda local dividido pelo preço do dólar norte-americano. A moeda é então subvalorizada ou sobrevalorizada, dependendo se a razão de preço do Big Mac é maior do que a taxa *spot* atual (subvalorizada) ou menor que a taxa *spot* atual (sobrevalorizada). Por exemplo, o preço recente de um Big Mac no México era de 29,0 pesos, enquanto o preço nos EUA era de $3,22. A taxa de câmbio PPP implícita (peso/$) era, então, 9,01 pesos/$ (29,0 pesos sobre $3,22). Como a taxa de câmbio *spot* real no período era de 10,9 pesos/$, o BMI sugere que o peso mexicano era subvalorizado em 17% [=(9,0 − 10,9)/10,9]. Alguns exemplos mais recentes sobre o BMI são dados na Tabela 2 para você digerir.

TABELA 2 Exemplos de índices Big Mac

	O padrão do hambúrguer			
	Preços do Big Mac, moeda local	*PPP implícita*	*Taxa Spot Real, 31/01/07*	*Sobrevalorização (+) ou subvalorização (−) da moeda local*
Estados Unidos	3,22	–	–	–
Brasil	6,4	1,99	2,13	−6%
China	11,0	3,42	7,77	−56
União Monetária Europeia	2,94	1,10	1,30	+19
Japão	280,0	87,0	121,0	−28
México	29,0	9,01	10,9	−17
Suíça	6,30	1,96	1,25	+57

O BMI tem se mostrado surpreendentemente consistente com outras medidas de PPP mais sofisticadas ao longo dos anos, a despeito de suas limitações. Por exemplo, o BMI de 1966 tornou-se um útil preditor para os movimentos da taxa de câmbio de oito de doze moedas de grandes economias industriais. Além disso, as direções de movimento de seis de sete moedas cujo valor mudou em mais de 10% foram corretamente indicadas pelo BMI. Mais, o BMI indicou que o euro estava sobrevalorizado quando introduzido em 1999, e o erro de fato caiu rapidamente após sua introdução. Entretanto, o euro se recuperou no fim de 2003 e começo de 2004 e continuou a se fortalecer nos anos recentes, de forma que o BMI agora indica que ele está sobrevalorizado. Esses sucessos se deram a despeito do fato de que o BMI assume não haverem barreiras ao comércio, inclusive custos de transporte. Além disso, não são previstas diferentes estruturas de taxas, custos relativos de entrada de não comercializáveis ou diferentes estruturas de mercado e margem de lucros.

Embora tenha sido originalmente desenvolvido de brincadeira, o BMI propiciou não só interesse e diversão anual, mas também uma série de sérios trabalhos acadêmicos. Parece que agora muitos dos que inicialmente torceram seus narizes para o BMI e perguntaram: "E daí?" estão hoje intrigados com a possibilidade de que ele seja algo realmente substancioso.

Fonte: "Big MacCurrencies", *The Economist*, 12 abr. 1997, p. 71; *The Economist*, "The Big Mac Index", 1 fev. 2007, disponíveis no site www.economist.com.

No mundo real:

Taxas de câmbio *spot* e PPP, 1973-2005/2006

A Figura 5 ilustra o movimento anual de 1973 a 1998 da taxa PPP relativa (com 1995 = 100 para preços ao consumidor) e a taxa *spot* para dólares em termos de marcos alemães. Como o marco foi substituído pelo euro no início de 1999, uma taxa de euro PPP relativa foi construída para o período 1998-2006, usando 1999 como ano-base. De acordo com a PPP estimada na Figura 5, o dólar esteve sobrevalorizado em termos de marcos em quase todos os anos. Isso foi especialmente verdadeiro no período 1982-1986. Uma possível explicação para essa experiência de meados de 1980 é que as taxas de juros dos EUA estavam muito altas naquele período, e isso atraiu fundos de curto prazo do exterior e elevou o valor do dólar substancialmente. Esse tipo

FIGURA 5 Taxas de marcos alemães/dólar *spot* e PPP, 1973-1998, e taxas de euro/dólar *spot* e PPP, 1999-2006

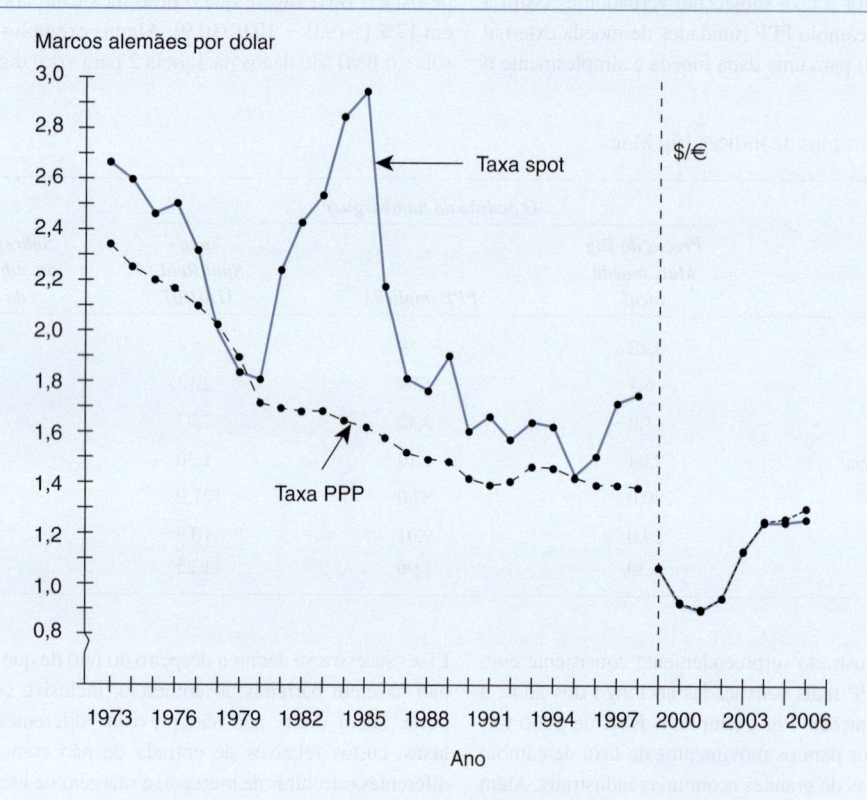

Fontes: Dados contidos em Fundo Monetário Internacional, *International Financial Statistics Yearbook 1999* (Washington, DC: IMF, 1999); *International Financial Statistics Yearbook 2006* (Washington, DC: IMF, 2006).

o preço de compra e de venda é dada pela **taxa de varejo** ou **margem de troca de varejo**. Essas margens também existem no nível do atacado.

Entretanto, as transações contratadas em um ponto do tempo não são completadas até uma data posterior. Por exemplo, suponha que um importador de automóveis dos EUA contrate a compra de 10 automóveis Rolls-Royce a um custo de £100 mil por automóvel, o que à taxa de câmbio *spot* de $1,50/£ custaria $150 mil por automóvel, com um custo total do contrato de de influência sobre a taxa de câmbio não é capturada pela estimativa da PPP. É interessante notar que as taxas de euro nominal e PPP permaneceram notavelmente próximas de 1999 a 2006.

Na Figura 6, a libra está subvalorizada (o dólar está sobrevalorizado) em alguns períodos, especialmente em meados de 1980, 2000 e 2001, e ligeiramente sobrevalorizada em outros. Note também que, em ambos os gráficos, há um constante mergulho das taxas PPP (embora o movimento tenha se estabilizado no período 2000-2002). Essa tendência de queda reflete a inflação relativamente maior nos EUA do que na Alemanha área do euro e a inflação relativamente maior no Reino Unido do que nos EUA durante esse período. Recentemente, ambas as taxas PPP e nominal mostram um desenho semelhante para cima.

FIGURA 6   Taxas *spot* e PPP, 1973-2005

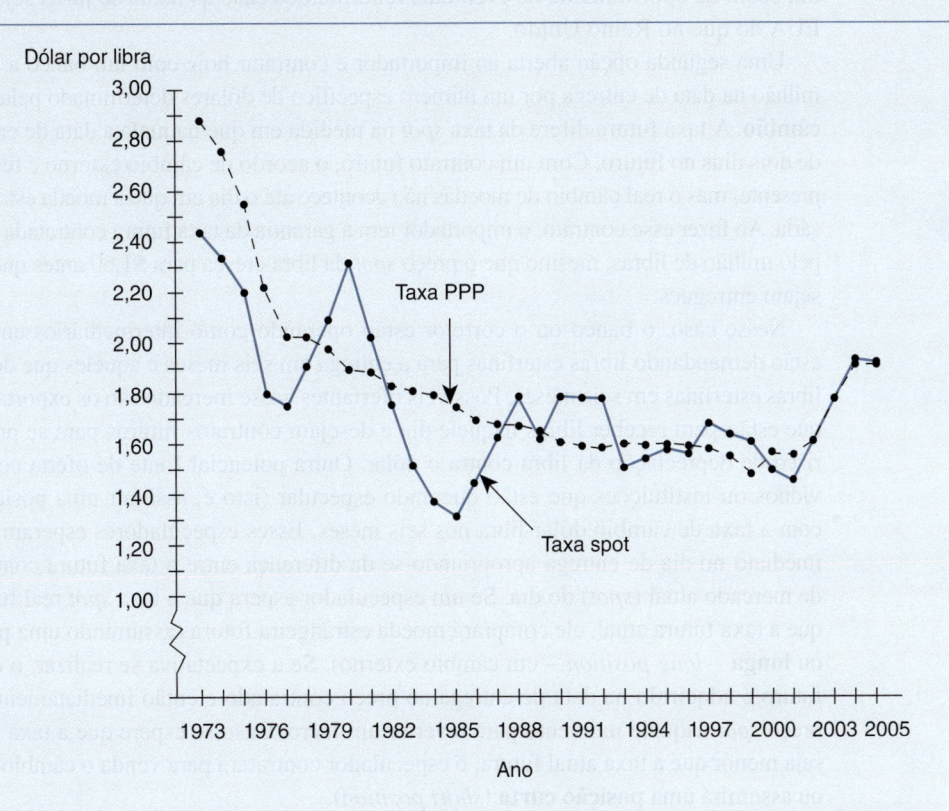

Fontes: Dados contidos no *International Financial Statistics Yearbook 1999* (Washington, DC: IMF, 1999); *International Financial Statistics Yearbook 2006* (Washington, DC: IMF, 2006).

$1,5 milhão. A data de entrega e pagamento dos 10 automóveis é de seis meses a partir da data do contrato assinado. Como o contrato é definido em libras esterlinas, o importador se depara com a possibilidade de a taxa de câmbio se modificar nesse período de seis meses. Por exemplo, a taxa de câmbio pode cair para $1,40/£, causando uma queda do custo dos 10 carros em dólar de $1,5 milhão para $1,4 milhão. Por outro lado, a taxa de câmbio poderia aumentar para, por exemplo, $1,60/£. Em ambos os casos, o custo dos automóveis muda para $100 mil. A passagem do tempo entre o momento em que um contrato é assinado e o negócio é finalizado introduz um elemento de risco sobre um ponto futuro do tempo. Se o contrato anterior tivesse sido definido em dólares em vez de em libras esterlinas, o elemento de risco teria recaído sobre o exportador do Reino Unido e não sobre o importador dos EUA.

Como o contrato nesse caso é definido em libras esterlinas, o risco recai sobre o importador. Se o comprador dos EUA não faz nada e espera até o dia da entrega para comprar £1 milhão, ele ou ela estará assumindo uma **posição** que é chamada **descoberta**, ou **aberta**. Suponha que o importador tivesse uma aversão a risco e desejasse proteger-se de uma mudança desfavorável na taxa de câmbio. O que, caso qualquer coisa possa ser realizada, é possível fazer para reduzir o risco da apreciação da libra contra o dólar nos próximos seis meses? Uma alternativa aberta para o importador é adquirir libras esterlinas hoje à taxa de \$1,50/£, investi-las na Inglaterra no ínterim dos seis meses e então proceder com o cumprimento do contrato de pagamento. Isso naturalmente poderia envolver custos de transação, assim como um custo de oportunidade de eventuais rendimentos caso as taxas de juros sejam maiores nos EUA do que no Reino Unido.

Uma segunda opção aberta ao importador é contratar hoje com um banco a aquisição de £1 milhão na data de entrega por um número específico de dólares determinado pela **taxa futura de câmbio**. A taxa futura difere da taxa *spot* na medida em que naquela a data de entrega é de mais de dois dias no futuro. Com um contrato futuro, o acordo de câmbio externo é feito no momento presente, mas o real câmbio de moedas não acontece até o dia em que a moeda estrangeira é necessária. Ao fazer esse contrato, o importador tem a garantia da taxa futura contratada (isto é, \$1,51/£) pelo milhão de libras, mesmo que o preço *spot* da libra cresça para \$1,60 antes que os automóveis sejam entregues.

Nesse caso, o banco ou o corretor estão operando como intermediários entre aqueles que estão demandando libras esterlinas para a entrega em seis meses e aqueles que desejam oferecer libras esterlinas em seis meses. Possíveis ofertantes nesse mercado são os exportadores dos EUA que estão para receber libras naquele dia e desejam contratos futuros para se proteger contra o risco de depreciação da libra contra o dólar. Outra potencial fonte de oferta consiste em indivíduos ou instituições que estão querendo especular (isto é, assumir uma posição descoberta) com a taxa de câmbio dólar-libra nos seis meses. Esses especuladores esperam fazer um lucro imediato no dia de entrega apropriando-se da diferença entre a taxa futura contratada e a taxa de mercado atual (*spot*) do dia. Se um especulador espera que a taxa *spot* real futura seja maior que a taxa futura atual, ele comprará moeda estrangeira futura (assumindo uma **posição extensa** ou **longa** – *long position* – em câmbio externo). Se a expectativa se realizar, o câmbio externo futuro é adquirido na data de entrega ao preço contratado e então imediatamente revendido ao preço *spot* daquele momento para reverter um lucro. Caso se espere que a taxa *spot* futura real seja menor que a taxa atual futura, o especulador contratará para venda o câmbio externo futuro, ou assumirá uma **posição curta** (*short position*).

O mercado futuro então consiste de partes demandantes ou ofertantes de uma dada moeda em algum tempo no futuro com o propósito de minimizar riscos de perda devido a mudanças adversas na taxa de câmbio (fazer hedging) ou obter um lucro (especular). Obviamente, as expectativas têm um importante papel nesse mercado, particularmente da parte daqueles que assumem uma posição descoberta. O custo de oportunidade do hedging nesse mercado consiste da diferença entre a taxa de câmbio contratada e a taxa real do dia de entrega contratado. Como uma regra geral, quanto maior a volatilidade do mercado em questão, maior o risco e provavelmente a diferença entre a taxa real e a contratada. Comparado com a primeira opção de hedging envolvendo a aquisição de moeda estrangeira à taxa de hoje e o investimento de curto prazo de fundos no país estrangeiro, contudo, o hedging pelo mercado futuro é conveniente e atrativo para aqueles não familiarizados com as oportunidades de investimento de curto prazo no país estrangeiro em questão. A informação sobre o mercado futuro está claramente disponível para *hedger*s e especuladores. As cotações diárias de taxas futuras no dia anterior também podem ser encontradas nas principais publicações (veja a Tabela 3).

CAPÍTULO 20 O MERCADO DE CÂMBIO EXTERNO

TABELA 3 Taxas *spot* e câmbio externo

Moedas 8 de maio de 2007
Taxas de câmbio externo do dólar US$ na troca recente de Nova York

País/Moeda	Terça em US$	Terça por US$	US$ versus mudança YTD (%)	País/Moeda	Terça em US$	Terça por US$	US$ versus mudança YTD (%)
Américas				**Europa**			
Peso da **Argentina***	0,3248	3,0788	0,6	Coroa da **Rep. Tcheca****	0,04789	20,881	0,2
Real do **Brasil**	0,4942	2,0235	−5,3	Coroa da **Dinamarca**	0,1817	5,5036	−2,6
Dólar do **Canadá**	0,9052	1,1047	−5,3	Euro da **área do Euro**	1,3543	0,7384	−2,5
1 mês a termo	0,9060	1,1038	−5,3	Forint da **Hungria**	0,005499	181,85	−4,5
3 meses a termo	0,9076	1,1018	−5,3	Lira de **Malta**	3,1645	0,3160	−2,8
6 meses a termo	0,9097	1,0993	−5,2	Coroa da **Noruega**	0,1665	6,0060	−3,7
Peso do **Chile**	0,001923	520,02	−2,3	Zloty da **Polônia**	0,3605	2,7739	−4,5
Peso da **Colômbia**	0,0004849	2062,28	−7,9	Rublo da **Rússia**‡	0,03876	25,800	−2,0
Dólar US$ do **Equador**	1	1	igual	Coroa da **Rep. Eslovaca**	0,04036	24,777	−5,1
Peso do **México***	0,0922	10,8460	0,4	Coroa da **Suécia**	0,1473	6,7889	−0,8
Novo sol do **Peru**	0,3159	3,166	−0,9	Franco da **Suíça**	0,8210	1,2180	−0,1
Peso do **Uruguai**†	0,04190	23,87	−2,1	1 mês a termo	0,8232	1,2148	−0,1
Bolívar da **Venezuela**	0,000466	2145,92	igual	3 meses a termo	0,8271	1,2090	igual
				6 meses a termo	0,8329	1,2006	igual
Ásia-Pacífico				Lira da **Turquia****	0,7485	1,3360	−5,6
Dólar **australiano**	0,8285	1,2070	−4,7	Libra do **RU**	1,9894	0,5027	−1,6
Yuan da **China**	0,1299	7,6960	−1,4	1 mês a termo	1,9889	0,5028	−1,5
Dólar de **Hong Kong**	0,1279	7,8187	0,5	3 meses a termo	1,9877	0,5031	−1,5
Rúpia da **Índia**	0,02460	40,650	−7,8	6 meses a termo	1,9849	0,5038	−1,4
Rúpia da **Indonésia**	0,0001125	8889	−1,2				
Iene do **Japão**	0,008338	119,93	0,8	**Oriente Médio /África**			
1 mês a termo	0,008372	119,45	0,8	Dólar do **Bahrein**	2,6524	0,3770	igual
3 meses a termo	0,008437	118,53	0,8	Libra do **Egito***	0,1757	5,6905	−0,4
6 meses a termo	0,008536	117,15	0,8	Shekel de **Israel**	0,2513	3,9793	−5,6
Ringgits da **Malásia**§	0,2935	3,4072	−3,5	Dinar da **Jordânia**	1,4104	0,7090	igual
Dólar da **Nova Zelândia**	0,7372	1,3565	−4,4	Dinar do **Kuwait**	3,4583	0,2892	igual
Rúpia do **Paquistão**	0,01645	60,790	igual	Libra do **Líbano**	0,0006616	1511,49	igual
Peso das **Filipinas**	0,0212	47,081	−4,0	Riyal da **Arábia Saudita**	0,2666	3,7509	igual
Dólar de **Cingapura**	0,6591	1,5172	−1,0	Rand da **África do Sul**	0,1449	6,9013	−1,3
Won da **Coreia do Sul**	0,0010835	922,93	−0,8	Dirham da **UEA**	0,2723	3,6724	igual
Dólar de **Taiwan**	0,03007	33,256	2,1				
Baht da **Tailândia**	0,03056	32,723	−7,7	**SDR**††	1,5212	,6574	−1,1

*Taxa flutuante †Financeira §Taxa governamental ‡Taxa do Banco Central Russo **Rebaseado em 1° jan. 2005 ††Direitos Especiais de Saque (SDR); do Fundo Monetário Internacional; baseado nas taxas de câmbio pelas moedas norte-americana, britânica e japonesa.
Nota: Baseado nas trocas de $1 milhão ou mais entre bancos, conforme cotação às 16h pela Reuters.
Fonte: *The Wall Street Journal*, 9 mai. 2007, p. C14.

Além do mercado futuro, há duas possibilidades adicionais para a compra e a venda de câmbio externo no futuro. Essas duas alternativas incluem a compra ou venda de câmbio externo (só as principais moedas) no mercado futuro de moeda estrangeira ou a compra de uma opção no mercado futuro. Basicamente, um **contrato futuro** é similar a um contrato a termo; é um contrato para a compra ou venda de uma quantidade específica de uma moeda estrangeira para entrega em um ponto futuro do tempo a uma taxa de câmbio dada. Isso se refere, a contratos futuros fechados no Chicago Mercantile Exchange (CME). Embora eles sejam notavelmente similares, os contratos futuros se diferenciam dos contratos a termo de várias maneiras. Nos mercados futuros, o contratante é representado por um corretor de câmbio externo que negocia um contrato para um montante padrão de câmbio externo a uma melhor taxa possível. Uma vez assinado, o CME assume o contrato futuro e garante que a moeda será entregue e paga dentro do previsto. Ainda, uma margem de depósito é requerida – geralmente uma porcentagem fixada do valor do contrato. O contrato futuro é, entretanto, revendível até o vencimento, ao passo que o contrato a termo não. Uma diferença final é o fato de que o contrato futuro está disponível só para quatro vencimentos específicos (a terceira quarta-feira de março, junho, setembro e dezembro); em contrapartida, as transações a termo são acordos privados para qualquer tipo de contrato entre duas partes (usualmente um, três ou seis meses) a partir de qualquer data inicial. Embora os mercados futuros operem com atividades similares às do mercado a termo, argumenta-se que é um elemento útil nos mercados de câmbio externo, adicionando um elemento de competição. E mais, como os mercados futuros tendem a ser mais fortemente centralizados e padronizados, eles interessam mais aos pequenos clientes e especuladores do que o mercado a termo. O custo de uso do mercado futuro, contudo, parece ser maior que o custo de uso do mercado a termo.[3] Para um exemplo de cotações futuras de moedas e como interpretá-las, veja o Quadro Conceitual 1.

Uma outra forma de participar do mercado a termo é participar das opções de moeda estrangeira.[4] Uma **opção de moeda estrangeira** é um contrato que dá ao portador o direito de comprar ou vender uma moeda estrangeira a uma taxa de câmbio específica de um ponto futuro. Tanto no contrato a termo como no futuro, o portador não é obrigado a exercer a opção se ele ou ela escolhe não fazê-lo. Para participar desse mercado, deve-se comprar ou vender um contrato de opção.[5] O comprador de opção (*holder*) adquire o direito ao câmbio de moeda estrangeira do vendedor de opção (*writer*) por uma taxa ou ágio. Essa taxa representa a perda máxima que o comprador teria caso a opção não fosse exercida. O complemento do contrato de opção envolve o câmbio real das moedas.

Há basicamente dois tipos de contrato de opção, *puts* e *calls*. O contrato de opção *call* dá ao portador o direito de adquirir câmbio externo por dólares à taxa de câmbio contratada, enquanto o contrato de opção *put* dá ao portador o direito de adquirir dólares por câmbio externo à taxa contratada. Como as opções são negociáveis, há quatro possíveis maneiras de participar desse mercado. Podemos comprar uma opção *call* (adquirindo o direito de comprar câmbio externo), vender uma opção *call* (transferindo o direito de adquirir câmbio externo), comprar uma opção *put* (adquirindo o direito de comprar dólares), ou vender uma opção *put* (transferindo o direito de comprar dólares). Cada uma dessas ações tem diferentes riscos e incertezas. Entretanto, o máximo que o comprador de opções pode perder é o ágio, enquanto os ganhos potenciais flutuam com a diferença entre a taxa de câmbio contrato e a taxa de mercado. Simetricamente, o que

---

[3]Este parágrafo foi escrito com base em dados de Norman S. Fieleke, "The Rise of the Foreign Currency Futures Market", Federal Reserve Bank of Boston, *New England Economic Review,* mar./abr. 1985, p. 38-47. Este artigo é uma excelente avaliação do papel dos mercados futuros. De particular interesse é a observação (p. 47) segundo a qual a padronização nos mercados futuros é facilitada pelo fato de que os preços futuros e os preços *spot* de uma moeda convergem com os contratos futuros próximos do vencimento, provendo uma ligação entre os dois preços que permite a realização do hedging com relativamente poucas datas de vencimento para contratos futuros.

[4]Essa discussão está baseada em Brian Gendreau, "New Markets in Foreign Exchange", Federal Reserve Bank of Philadelphia, *Business Review,* jul./ago. 1984, p. 3-12.

[5]Uma "opção europeia" é aquela que pode ser exercida só na data de expiração, enquanto uma "opção norte-americana" é um contrato que pode ser exercido a qualquer hora até a data de expiração.

QUADRO CONCEITUAL 1
COTAÇÕES DE MOEDAS FUTURAS

A informação sobre as atividades de mercado no dia anterior das moedas futuras pode ser encontrada na seção financeira dos principais jornais. A informação na Tabela 4, do *The Wall Street Journal* de 9 de maio de 2007, é típica de tal apresentação. A tabela descreve a atividade de mercado de terça-feira, 8 de maio de 2007, e os termos e números têm significados precisos. "CME" se refere ao fato de que esse dado se originou no Chicago Mercantile Exchange. Para demonstrar a natureza da informação encontrada nessas cotações, examinaremos o dado relativo ao euro, que descreve a atividade de contrato no futuro em moeda euro no dia útil anterior. Como indicado na primeira linha, euros futuros são trocados em lotes fixos de 125 mil euros. Focalizando agora contratos de entrega de euros de junho, a tabela indica que o mercado abriu a um preço de $1,3620/€, o maior lance durante o dia foi de $1,3643/€, e o menor lance foi de $1,3537/€. O mercado "fechou" a um preço de $1,3565/€, e houve 231.170 contratos abertos (interesse aberto) no final do dia para entrega em junho. Esse preço "fechado" representou um decréscimo de $0,0060/€ em relação ao preço fechado do dia útil anterior de troca, e, no preço fechado, o valor de contrato de um lote foi de $169.562,50 (= 125.000€ × $1,3565/€). A perda de $0,0060/€ no dia significa que qualquer parte que tenha comprador futuro de junho sobre a margem de um corretor ou vendedor (isto é, o comprador põe só uma fração – às vezes tão baixa quanto 5% – do valor do contrato e empresta o resto do corretor ou vendedor) pagará uma margem de pagamento ao corretor ou vendedor, refletindo o montante do decréscimo de preço. Nesse caso, um movimento de $750 (= $0,006/€ × 125.000€) é produzido. Esse movimento é chamado de *fechamento diário.**

*Veja Robert W. Kolb, *Understanding Futures Markets,* 3 ed. Miami: Kolb Publishing, 1991, p. 10-13.

TABELA 4 Moedas futuras

	Abertura	Alta	Baixa	Fechamento	Movimento	Interesse Aberto
Iene japonês (CME)-¥12.500.000; $ por 100¥						
Junho	0,8373	0,8414	,8369	**,8381**	,0008	265.120
Setembro	0,8470	0,8508	,8470	**,8479**	,0008	9.090
Dólar canadense (CME)-CAD 100.000; $ por CAD						
Junho	0,9084	0,9097	,9053	**,9065**	−,0021	140.286
Setembro	0,9111	0,9118	,9077	**,9087**	−,0021	2.781
Libra esterlina (CME)-£62.500; $ por £						
Junho	1,9925	1,9959	1,9870	**1,9885**	−0,0040	136.750
Setembro	1,9897	1,9930	1,9856	**1,9865**	−0,0040	707
Franco suíço (CME)-CHF 125.000; $ por CHF						
Junho	0,8281	0,8291	0,8226	**0,8243**	−0,0039	79.605
Setembro	0,8340	0,8347	0,8288	**0,8301**	−0,0039	313
Dólar australiano (CME)-AUD 100.000; $ por AUD						
Junho	0,8240	0,8301	0,8234	**0,8273**	0,0030	111.264
Setembro	0,8230	0,8277	0,8230	**0,8252**	0,0030	899
Peso mexicano (CME)-MXN 500.000; $ por 10MXN						
Maio	…	…	…	**0,92225**	…	0
Junho	0,92275	0,92550▲	0,91850	**0,92050**	…	93.600
Euro (CME)-€125.000; $ por €						
Junho	1,3620	1,3643	1,3537	**1,3565**	−0,0060	231.170
Setembro	1,3679	1,3682	1,3577	**1,3605**	−0,0060	2.510

Fonte: *The Wall Street Journal*, 9 mai. 2007, p. C10.

o vendedor pode ganhar é o ágio, enquanto a perda potencial flutuará com a diferença entre a taxa de contrato e a taxa de mercado no momento em que a opção é exercida. O comprador está então pagando o vendedor para assumir o risco associado aos movimentos da taxa de câmbio. O ágio é o montante necessário ao vendedor da opção para assumir o risco associado à mudança da taxa de câmbio. Contratos de opção estão disponíveis desde 1982. Opções de moeda estrangeira dão um meio adicional de gerenciar o risco dos movimentos de câmbio externo, e elas têm um valor particular para aqueles que desejam realizar *hedge* contra transações futuras que podem ou não ocorrer. Para um exemplo de cotações de opções futuras de moeda e como interpretá-las, veja o Quadro Conceitual 2.

A LIGAÇÃO ENTRE OS MERCADOS DE CÂMBIO EXTERNO E OS MERCADOS FINANCEIROS

O mercado de câmbio externo consiste no mercado *spot*, mercado a termo e mercado de opções/futuro. Embora nossa discussão trate esses mercados individualmente, na prática as taxas de câmbio nesses diferentes mercados são determinadas simultaneamente em conjunção com as taxas de juros em vários países. Para compreender por que isso é assim, é necessário primeiro examinar as razões pelas quais bancos comerciais, indivíduos e companhias podem escolher comprar ou vender ativos estrangeiros, isto é, ativos denominados em outras moedas que não a moeda doméstica. Enquanto o comércio em mercadorias e serviços por muitos anos recebeu maior atenção na análise do mercado de câmbio externo, o recente crescimento no volume de transações em ativos de moedas estrangeiras é tal, que essas transações claramente dominam o mercado hoje.

A base dos fluxos financeiros internacionais

Os fluxos financeiros internacionais incluem uma grande variedade de transações. As várias categorias incluem, por exemplo, os seguintes itens: empréstimos bancários de moeda estrangeira, empréstimos bancários de moeda doméstica para estrangeiros, títulos estrangeiros, títulos domésticos, ações estrangeiras e domésticas, investimento estrangeiro direto, serviços financeiros, como bancários e de seguros, e várias transações de moeda futura e *spot*. Essas várias transações podem ser ainda subdivididas com base em vencimento de longo prazo ou ativos de capital (vencimento de um ano ou mais) e curto prazo ou ativos de mercado monetário (vencimento de menos de um ano). Ativos do mercado monetário incluem títulos governamentais de curto prazo, certificados de depósito (CDs) e dívida corporativa de curto prazo, para citar só alguns. Eles são trocados em mercados fortemente competitivos, tendem a envolver uma taxa de juro fixa e são fortemente líquidos (facilmente conversíveis em dinheiro). Mercados de capital, por sua vez, incluem não só CDs de longo prazo e títulos, mas também ações, investimento real e outras formas de investimento acionário para as quais existem taxas de retorno menos certas. (Veja o próximo capítulo para maior discussão dos instrumentos financeiros internacionais.)

A decisão para o investimento internacional reside sobre a taxa esperada de retorno do ativo internacional comparada com alternativas domésticas. Se a taxa esperada de retorno for maior fora do que dentro, deve-se esperar que os residentes domésticos invistam fora. Se a taxa esperada de retorno sobre os ativos domésticos for maior do que a dos ativos externos, espera-se que os estrangeiros invistam dentro do país. Se não houver barreiras aos fluxos de investimento, os fundos deveriam se mover das áreas de baixo retorno para as áreas de alto retorno até que os retornos esperados fossem similares. Entretanto, isso não é tão simples assim porque existe uma grande diferença entre o investimento doméstico e a alternativa externa. O retorno total de um recurso externo para um potencial investidor doméstico inclui não só o retorno específico do ativo em questão, mas também qualquer retorno associado à apreciação da moeda estrangeira contra a moeda doméstica durante o período do investimento (ou perda se a moeda estrangeira se depreciar em relação à moeda doméstica). Assim, um investimento no Reino Unido feito por um residente dos EUA que rendeu 8% ao ano na verdade daria um retorno de 10% se o valor da libra inglesa aumentasse de $1,50 para $1,53 (uma apreciação de 2% da libra) no ano entre a data do investimento inicial e o período de reconversão para dólares. Já se o valor da libra tivesse

Quadro Conceitual 2

Cotações de opções de moedas futuras

No caso de moedas futuras, a informação sobre a atividade de mercado do dia útil anterior em opções de moedas futuras pode ser encontrada nos jornais de maior circulação. A informação na Tabela 5, do *The Wall Street Journal* on-line, em 3 de maio de 2007, é típica desse tipo de informação. Os dados resumem o comportamento do dia anterior, terça-feira, 2 de maio. Considere os vários dados do euro (€). Como com moedas futuras, "CME" em opções refere-se ao fato de que esses dados refletem a atividade de mercado no Chicago Mercantile Exchange. A tabela indica que as opções futuras em euros são comercializadas em lotes de 125 mil euros. Os vários preços de exercício são definidos por pontos-base (1 ponto base é igual a 1/100 de um centavo); então, por exemplo, um preço de 13.300 reflete um preço de \$1,33/€ (ou 0,752€/\$1). Se você deseja adquirir contratos de opção para comprar 250 mil euros (dois contratos) para junho (um "*call*") ao preço de 13.600 (\$1,36/€), um contrato custaria a você 107 pontos-base, ou \$0,0107/€, resultando em um custo por contrato de \$1.337,50 (= €125.000 × \$0,0107/€) e um custo total de \$2.675 para os dois contratos necessários à obtenção dos desejados 250 mil euros. O valor de cada contrato seria de \$170 mil (= €125.000 × \$1,36/€), dando um total de \$340 mil pelos dois contratos.

Se, ao contrário, você desejasse vender 250 mil euros em junho, você adquiriria um "*put*" que custaria a você 85 pontos-base, ou \$0,0085/€. O custo dessas duas opções seria \$2.125 (= €125.000 × \$0,0085/€ × 2), e o valor dos dois contratos seria de novo \$340.000. Em contraste, um *put* de entrega em maio ao preço de 13.600 custaria \$0,0023, ou \$575 por dois contratos (= €125.000 × \$0,0023/€ × 2), e um contrato *put* de entrega de setembro ao preço de 13.600 custaria \$0,015/€, ou \$3.750 por dois contratos (= €125.000 × \$0,015/€ × 2).

Na data de entrega, o portador do contrato tem a opção de exercer o contrato ou comprar (vender) no mercado aberto. Retornando ao nosso primeiro exemplo de uma opção *call* em junho, se o preço de mercado em junho fosse menor que \$1,36/€ e você desejasse adquirir euros, você escolheria comprá-los no mercado aberto e não exercer o contrato de opção, perdendo então só o custo inicial de compra do contrato. Nesse sentido, o contrato de opção é uma política de seguros que remove o risco de ter de pagar mais que \$1,36/€ no dia de entrega em questão. Por outro lado, se você desejasse vender euros na data de entrega de junho em questão (o próprio contrato *put*), você exerceria a opção em qualquer hora que o preço de mercado caísse abaixo de \$1,36/€. Nesse caso, o contrato de opção remove o risco de receber menos que o preço de \$1,36/€ na data de entrega.

Finalmente, na tabela, o volume de troca na quarta-feira, 2 de maio de 2007, era de 3.969 *calls* e 4.371 *puts* transacionados e 74.717 *calls* e 87.098 *puts* foram deixadas abertas ("interesse aberto") no final das trocas do dia.

Tabela 5 Moedas futuras – Preços de opções

Euro (CME)
125 mil euros, centavos por euro

Preço de exercício	Calls			Puts		
	Maio	Jun.	Set.	Maio	Jun.	Set.
13200	4,220	4,260	4,920	0,010	0,060	0,360
13250	3,720	3,780	4,500	0,010	0,060	0,440
13300	3,220	3,320	4,110	0,005	0,110	0,540
13350	2,720	2,880	3,720	0,020	0,170	0,650
13400	2,220	2,450	3,360	0,005	0,240	0,780
13460	1,730	2,050	3,020	0,010	0,340	0,930
13600	1,240	1,690	2,690	0,020	0,480	1,100
13550	0,790	1,360	2,390	0,070	0,640	1,290
13600	0,450	1,070	2,110	0,230	0,850	1,500
13650	0,190	0,840	1,860	0,470	1,120	1,740
13700	0,080	0,650	1,630	0,860	1,430	2,000
13750	0,030	0,480	1,420	1,310	1,750	2,290
13800	0,015	0,360	1,230	1,790	2.130	–
Volume		Calls		3.969	Puts	4.371
Interesse aberto		Calls		74.717	Puts	87.098

caído para $1,47, o investidor dos EUA teria realizado só um retorno de 6% sobre o investimento no Reino Unido. A depreciação da moeda em que o investimento está denominado pode então compensar – ou mais do que compensar – qualquer vantagem aparente da taxa de retorno do instrumento externo.

Os investidores consideram três elementos quando decidem sobre o investimento no país doméstico ou em um país estrangeiro: (1) a taxa de juros ou a taxa esperada de retorno doméstica, (2) a taxa de juros ou a taxa esperada de retorno externa, e (3) qualquer mudança esperada nas taxas de câmbio. Nessa situação, o equilíbrio nos mercados financeiros não leva necessariamente à equalização das taxas de juros ou das taxas esperadas de rendimento de ativos dos dois países. Para ver por que, examinemos a situação na qual o investidor seria indiferente entre investir no país doméstico ou investir no país estrangeiro, deixando de lado no momento qualquer consideração sobre diferenças em riscos entre os dois investimentos. (Nós retornaremos a essa questão de risco da taxa de câmbio e uso dos mercados a termos para segurança brevemente.) Muito simplesmente, o investidor seria indiferente entre um investimento doméstico e estrangeiro quando ele ou ela esperasse receber o mesmo retorno em ambos depois de levar em conta qualquer mudança da taxa *spot* antes da data de vencimento. Usando os EUA e o Reino Unido como um exemplo, essa condição de paridade para um investimento de 90 dias ou 3 meses de $1 seria determinada como segue:

$$\$1(1 + i_{NY}) = [(\$1)/(e)] \times (1 + i_{Londres})[E(e)] \qquad [1]$$
$$(1 + i_{NY})/(1 + i_{Londres}) = E(e)/e$$

onde a taxa de juros é para 90 dias, e é a taxa *spot* em $/£, e Ee) é a **taxa spot esperada** em 90 dias. Sob essa condição, um dolar investido em Nova York por 90 dias será equivalente ao mesmo montante que um dólar investido em Londres por 90 dias (após converter o dólar em libras esterlinas à taxa *spot* atual e reconverter o principal mais juros em dólares na data de vencimento), dada a taxa de juros em cada uma das duas localidades e a expectativa para a taxa *spot* de 90 dias. Então, suponha que a taxa anual de juros em Nova York é 8% (= taxa de juros de 90 dias de 2%). Investir $1 mil em Nova York produziria um montante (principal mais juros) de $1.020 em 90 dias. Suponha que a taxa *spot* atual seja $1,60/£ e que a taxa anual de juros em Londres seja de 12% (= taxa de juros de 90 dias de 3%). Investir $1 mil em Londres forneceria [$1.000/($1,60/£)] ou £625 mais (£625)(0,03) ou £643,75 em 90 dias. Uma taxa *spot* esperada de 90 dias de $1,5845 produziria dois investimentos equivalentes [($1,5845/£) × £643,75 = $1.020].

Retornando à equação [1], essa condição de equilíbrio é normalmente determinada de uma maneira mais geral. A parte direita da equação, $E(e)/e$, é igual a (1 + **porcentagem esperada de apreciação da moeda estrangeira** no período dos 90 dias). Isso porque, por exemplo, se $E(e) = \$1,76/£$ e $e = \$1,60/£$, então $E(e)/e = \$1,76/\$1,60 = 1,10$, ou 1 mais a apreciação esperada da libra de 10%. Designando-se a porcentagem esperada de apreciação da moeda estrangeira como xa, $E(e)/e$ é igual a $(1 + xa)$ e a equação [1] agora se torna

$$(1 + i_{NY})/(1 + i_{Londres}) = (1 + xa), \text{ o que equivale a}$$
$$(1 + i_{NY})/(1 + i_{Londres}) - 1 = xa \text{ o que pode ser escrito como}$$
$$(1 + i_{NY})/(1 + i_{Londres}) - (1 + i_{Londres})/(1 + i_{Londres}) = xa$$
$$(i_{NY} - i_{Londres})/(1 + i_{Londres}) = xa \qquad [2]$$

Essa condição afirma que o equilíbrio nos mercados financeiros internacionais ocorre quando a apreciação esperada (depreciação) da moeda estrangeira é aproximadamente igual à diferença entre o maior (menor) retorno doméstico e o menor (maior) retorno estrangeiro. A condição de equilíbrio precisa [2] é usualmente aproximada por

$$(i_{NY} - i_{Londres}) \cong xa \qquad [3]$$

porque (1 + $i_{Londres}$) não diferirá muito de 1. Como o investidor assume todos os riscos de mudanças na taxa de câmbio, essa condição de equilíbrio é chamada de **paridade de juros descoberta (UIP)**. Não sendo mantidas essas condições, por exemplo, ($i_{NY} - i_{Londres}$) > xa, os investimentos nos EUA são mais atrativos do que no Reino Unido e os fundos de investimento fluiriam para os EUA. Se ($i_{NY} - i_{Londres}$) < xa, os fundos de investimento estariam fluindo para o Reino Unido.

É importante notar que uma mudança nas expectativas sobre a taxa *spot* futura levará a fluxos de investimento atuais, os quais forçam uma mudança na taxa *spot* até que a taxa de apreciação (depreciação) esperada seja novamente consistente com a diferença entre as duas taxas de juros. Dito de maneira simples, a taxa esperada e a taxa *spot* devem mover-se em conjugação enquanto o diferencial entre as taxas de juros permanecer o mesmo. Por que isso acontece? Assuma que os mercados financeiros estejam em equilíbrio e que haja uma repentina mudança nas expectativas sobre a taxa dólar/libra; por exemplo, suponha que a taxa de juros dos EUA seja 3% e a taxa de juros do Reino Unido seja 2%, e que a apreciação esperada da libra suba de 1% para 2%. Isso significa que o retorno esperado sobre o investimento no Reino Unido é agora maior (4%) que o retorno esperado equivalente nos investimentos domésticos nos EUA (3%), e os investidores começariam a investir no Reino Unido. Essa atividade aumenta a demanda por libras no mercado *spot*, causando um aumento do preço da libra (o dólar se deprecia contra a libra). Os investimentos no Reino Unido, com a consequente pressão para cima sobre a taxa de câmbio dólar/libra, continuam até que a taxa esperada de apreciação da libra seja de novo igual à diferença entre as taxas de juros nos dois países. O que aconteceu no processo é que o aumento na apreciação esperada da libra (ou a depreciação esperada do dólar), o crescimento em $E(e)$, levou a uma apreciação da libra no mercado *spot*, um crescimento em e, até xa, que é igual a [$E(e)/e - 1$], é de novo 1%. Expectativas têm assim um importante papel nos movimentos da taxas de câmbio.

Naturalmente, as pessoas não têm previsão perfeita. Consequentemente, o retorno real do investimento externo em 90 dias pode não alcançar o que era esperado quando a decisão do investimento foi tomada. Por exemplo, retornos externos podem ser menos certos por causa de inesperadas mudanças na taxa de câmbio, possíveis limitações às transferências dos rendimentos, ou outros. O investidor que assumir os riscos de mudanças na taxa de câmbio externo e outros possíveis fatores deve então exigir um pagamento adicional por assumir o risco vinculado a esses desenvolvimentos não antecipados. Esse fator financeiro adicional é normalmente chamado **ágio de risco** (RP) e, expresso como uma porcentagem, leva a uma reenunciação da condição de equilíbrio anterior:

$$(i_{NY} - i_{Londres}) \cong xa - RP \qquad [4]$$

Assim, se o ágio de risco é 2% e i_{NY} é 6%, então ($i_{Londres} + xa$) deve ser igual a, no mínimo, 8%, porque um adicional de 2% de ágio de risco é exigido pelo investidor de Nova York para colocar seus fundos em Londres. Se os pagamentos para assumir riscos externos forem um fator importante, então não só mudanças na taxa de câmbio esperada, mas também mudanças no ágio de risco podem contribuir para repentinos fluxos de investimentos e para mudanças na taxa *spot* – mesmo quando as taxas de juros permanecem inalteradas.

Paridade de juros coberta e equilíbrio do mercado financeiro

Até agora, nossa análise assumiu que o risco de mudanças na taxa de câmbio é do investidor. Qualquer risco associado a mudanças na taxa de câmbio pode naturalmente ser objeto de hedging no mercado a termo se o investidor não quiser estar descoberto. Então, a posição de investimento coberto inclui o juro recebido no investimento externo mais o custo do hedging no mercado a termo.

A ligação entre a taxa *spot* e a taxa a termo é normalmente discutida em termos de ágio ou deságio. Quando a taxa de câmbio é expressa em termos de unidades de moeda doméstica por unidades de moeda estrangeira, a moeda estrangeira está com **ágio** sempre que a taxa avançada for maior que a taxa *spot*. Se a taxa avançada for menor que a taxa *spot*, a moeda estrangeira está com **deságio**. É comum definir a ligaçao entre as taxas *spot* e a termo da seguinte maneira:

$$p = [e_{fwd}/e] - 1$$

onde e_{fwd} = a taxa a termo do período relevante e onde p, a porcentagem de ágio, é positiva quando a moeda estrangeira estiver com ágio e negativa quando a moeda estrangeira estiver com deságio. Para ilustrar, suponha que o preço real da libra seja \$1,608/£ no mercado a termo para 90 dias e \$1,600/£ no mercado *spot*. A libra a termo de 90 dias está então a um ágio de 0,5% [(1,608/1,600) − 1 = 0,5%].

A ligação entre o mercado de câmbio externo e os mercados financeiros pode facilmente ser vista pelo exame de dois tipos de transações que envolvem a taxa *spot*, a taxa a termo e a taxa de juros. Como você se lembra, uma diferença de uma série de meses entre a assinatura de um contrato de importação-exportação de bens e serviços e o exercício desse contrato introjeta um elemento de risco na transação porque a taxa de câmbio pode mudar durante esse período de tempo. Se o contrato estiver escrito na moeda do país exportador, o risco recai sobre o importador, que tem a escolha de ficar descoberto (e absorver o risco) ou fazer o *hedge* do risco. O *hedge* do risco pode ser feito pela compra de moeda estrangeira no mercado *spot* agora e pelo investimento do produto no exterior até a data da entrega, ou pelo uso de um dos mercados a termo. Presumivelmente, o importador escolherá o método menos caro. Isso envolverá a comparação da diferença no custo do contrato à taxa a termo *versus* a taxa *spot* atual com o custo de oportunidade associado à aquisição de moeda estrangeira agora e seu investimento no exterior a uma taxa de juros diferente da que o dinheiro está tendo em casa. De maneira similar, a taxa a termo será considerada por um investidor financeiro de curto prazo, enviando fundos externos para proteger-se contra um declínio no valor da moeda externa no momento em que os fundos de investimento retornam para casa.

Se os mercados financeiros estiverem funcionando bem, em equilíbrio, o importador avesso a riscos deveria ser indiferente entre o *hedge* pelo uso do investimento estrangeiro de curto prazo e o *hedge* pelo uso do mercado a termo, e o investidor de curto prazo avesso a riscos deveria ser indiferente entre os investimentos domésticos e externos. A ligação entre mercado *spot*, mercados a termo e os mercados monetários que gera essas condições de igualdade é alcançado pela **arbitragem de juros coberta**.

Considere agora um investidor decidindo se coloca fundos em casa (Nova York) ou além-mar (Londres). Se o investidor escolher se proteger contra o risco da flutuação da taxa *spot*, isto é, se cobrir, o mercado a termo será usado. Nesse caso, a condição de equilíbrio é

$$\$1(1 + i_{NY}) = (\$1)(1/e)(1 + i_{Londres})(e_{fwd}) \quad [5]$$
$$(1 + i_{NY})/(1 + i_{Londres}) = (e_{fwd})/(e) = p + 1$$
$$[(1 + i_{NY})/(1 + i_{Londres})] - 1 = p$$
$$[(1 + i_{NY})/(1 + i_{Londres})] - [(1 + i_{Londres})/(1 + i_{Londres})] = p$$
$$(i_{NY} - i_{Londres})/(1 + i_{Londres}) = p \quad [6]$$

onde e é a taxa *spot* \$/£, e_{fwd} é a taxa \$/£ de moeda avançada em 90 dias, e p é o ágio real de libras a termo para 90 dias.

Essa condição também pode ser aproximada, seguindo-se o procedimento com a paridade de juros descoberta, conforme a seguir:

$$i_{NY} - i_{Londres} \cong p \quad [7]$$

Em equilíbrio, qualquer diferença nas taxas de juros entre os dois mercados financeiros deveria ser aproximadamente compensada pelo ágio do câmbio externo. Por exemplo, se o i_{NY-90} =

2,5% e o $i_{\text{Londres} - 90} = 2\%$, os mercados financeiros de câmbio estarão em equilíbrio se a libra a termo for contratada a um preço que esteja 0,5% acima da taxa *spot*.[6] Nesse caso a pessoa que investe em Londres estará recebendo 2% no investimento de curto prazo mais 0,5% de retorno pelo ágio a termo. A soma desses dois retornos é igual a 2,5%; isto é, o retorno que seria recebido em um investimento de curto prazo em Nova York. É claro que as taxas de juros não necessariamente se equalizarão entre os países mesmo que os mercados estejam funcionando eficientemente. De fato, não se poderia esperar delas que elas fossem iguais enquanto as taxas a termo sejam diferentes das taxas *spot*.

Dada a condição de arbitragem de juros coberta, podemos agora prever um movimento do investimento financeiro entre países, levando em consideração ambas as taxas de juros nos dois países e os mercados de câmbio externo. Quando o diferencial da taxa de juros ($i_{\text{doméstico}} - i_{\text{estrangeiro}}$) for maior que o ágio (da perspectiva do país doméstico), os fundos fluirão para o país doméstico. Quando o diferencial da taxa de juros for menor que o ágio a termo, fundos de investimento fluirão para fora do país doméstico. Em equilíbrio, não esperaríamos nenhum movimento financeiro de curto prazo líquido baseado em considerações de taxas de juros.

A condição de equilíbrio é apresentada na Figura 7. O diferencial da taxa de juros entre Nova York e Londres está plotado no eixo vertical, e o ágio a termo sobre a libra, no eixo horizontal. Com os eixos em escala similar, os pontos de equilíbrio entre o diferencial da taxa de juros e o ágio estão sobre a linha de 45° que passa pela origem. Essa linha é chamada de linha de **paridade de juros coberta (CIP)**. Os pontos alocados acima da linha CIP indicam condições de desequilíbrio que produzirão influxos de investimentos financeiros externos em Nova York, enquanto aqueles pontos abaixo da linha indicam condições em que os fundos deveriam fluir de Nova York para Londres.

A discussão até esse ponto seguiu assumindo que não há custos de transação envolvidos na atividade de arbitragem de juros. Na verdade, tais transações financeiras têm custos. Como se incorreu nesses custos, não esperaríamos CIP a obter. A condição de equilíbrio, nesse caso, necessita incorporar os custos de transação, assim, a condição de equilíbrio aproximada se torna:

$$i_{\text{NY}} - i_{\text{Londres}} \cong p \pm \text{custos de transação}$$

Na Figura 7, a linha CIP é margeada em cada lado por duas linhas pontilhadas. Essas linhas estão desenhadas equidistantemente em cada lado da linha CIP a uma taxa de 0,25%, uma regra prática comumente usada para custos de transação. Isto é, no máximo, uma diretriz geral, porque os custos variam consideravelmente de transação para transação em resposta a muitos fatores, inclusive o tamanho da transação. É importante lembrar que isso incorre em custos de transação *tanto* em transações financeiras quanto em aquisição e venda de moeda estrangeira. Então, não é uma consideração desimportante. Robert Z. Aliber, um proeminente especialista monetário internacional, indicou que custos de transação são de 0,1% a 1% do valor da transação envolvida.[7]

Também é importante notar que fatores adicionais podem contribuir para a diferença entre taxas de juros em dois países. Imperfeições do mercado de capital, custos diferenciais na coleta de informações sobre investimentos alternativos, e a incomparabilidade de ativos específicos

---

[6] É importante que a taxa de juros e o ágio sejam calculados sobre o mesmo período. No caso de taxa a termo de 90 dias, por exemplo, a taxa de juros apropriada poderia ser aproximadamente de $i_{\text{anual}}/4$; no caso de ágio a termo de 180 dias, $i_{\text{anual}}/2$; e assim por diante.

[7] Citado em Francisco Rivera-Batiz e Luis Rivera-Batiz (1994), p. 112. Frank McCormick (1979, p. 416), também citado em Rivera-Batiz e Rivera-Batiz, p. 112, estima que de 20% a 30% de diferença entre a taxa de juros sobre títulos do Tesouro nos EUA e do Reino Unido podem ser explicadas pelos custos de transação.

FIGURA 7   A linha e a paridade de juros coberta

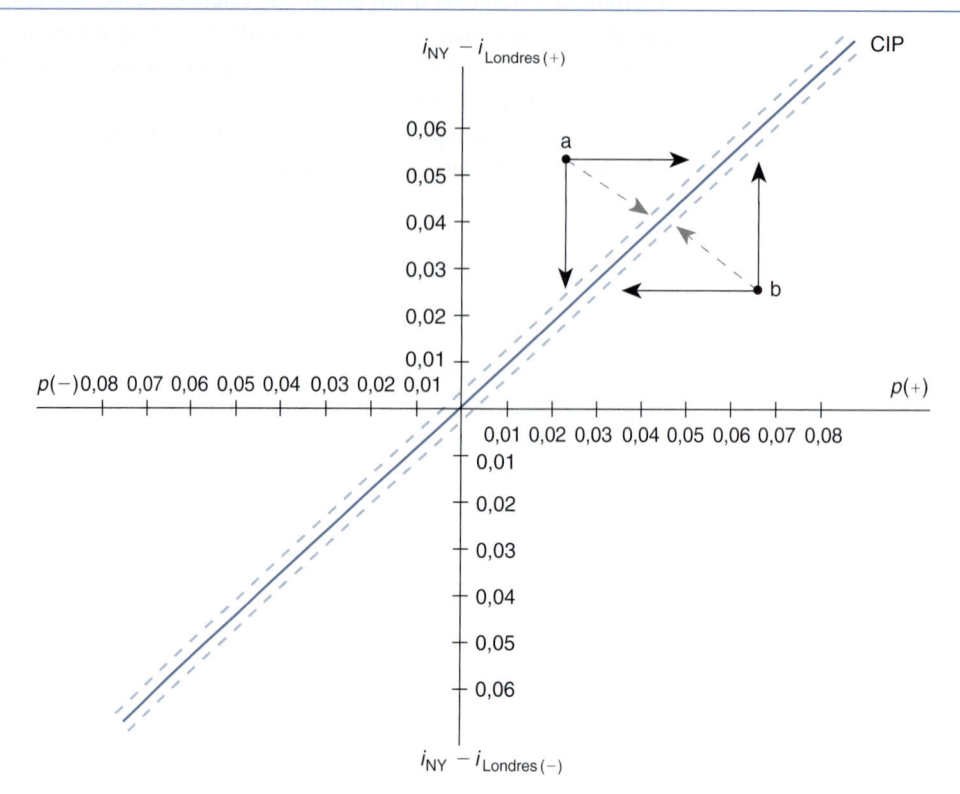

Os mercados financeiros internacionais estão em equilíbrio quando qualquer diferença entre as taxas de juros (por exemplo, $i_{NY} - i_{Londres}$) entre dois países for virtualmente igual ao ágio do câmbio externo p quando as transações financeiras não têm custos. Os pontos de equilíbrio possíveis são então encontrados na linha reta CIP, que passa pela origem e se divide em ângulos de 90° (assumindo que a escala dos eixos vertical e horizontal é a mesma). Contudo, como as transações financeiras têm custos, a diferença entre as taxas de juros e o ágio a termo podem se diferenciar em equilíbrio pelo montante do custo de transação. O equilíbrio de mercado então estará sobre a linha vizinha da CIP definida pelo par de linhas pontilhadas, cuja distância da linha CIP reflete uma média do custo de transação.

podem contribuir para a existência de diferenciais de taxas de juros entre países além daquela explicada pela arbitragem de juros coberta. Há também a possibilidade de que o risco político associado ao investimento em um país estrangeiro seja outro fator. Risco político, como observado anteriormente, reflete o fato de que um governo estrangeiro pode intervir nos mercados financeiros e/ou expropriar ou congelar os ativos de capital de estrangeiros. Os retornos para os ativos podem claramente ser afetados pela imposição de controle de câmbios e mudanças nas regulações governamentais.

Outro ponto a ser destacado nessa altura é que um diagrama muito similar ao da Figura 7 pode ser empregado para ilustrar o conceito de paridade de juros descoberta (discutida na seção anterior). O necessário para que isso seja feito é renomear o eixo horizontal de ágio por câmbio externo, p, para apreciação esperada da moeda estrangeira, $\{xa$ ou $[E(e) - e]/e$ ou $[E(e)/e] - 1\}$. A linha CIP de 45° se torna então uma linha UIP (paridade de juros descoberta) de 45°. Então, se os investidores estiverem localizados em um ponto tal como o ponto b na Figura 7, a apreciação esperada da moeda estrangeira excede o diferencial da taxa de juros. Isto é, $xa > i_{NY} - i_{Londres}$ ou $i_{Londres} + xa > i_{NY}$. Há um incentivo para o envio de fundos para Londres, que necessita de uma compra *spot* de libras. O e aumenta e $[E(e)/e] - 1$ cai. Além disso, com os fundos deixando Nova York, i_{NY} pode crescer e $i_{Londres}$ pode cair com o influxo em Londres. Como você pode ver da expressão

($i_{Londres} + xa > i_{NY}$), isso significa que os dois lados da desigualdade estão convergindo. Com a UIP completa, o processo pararia na linha de 45°. Na prática, contudo, a linha UIP não será alcançada por causa dos custos de transação.[8]

Em vista da Figura 7 e sua modificação conceitual para comportar UIP, um ponto muito importante emerge. Se a CIP se mantém, isso significa que o ágio sobre a moeda estrangeira é igual à diferença nas taxas de juros entre os dois centros financeiros. Contudo, se a UIP se mantiver, a taxa esperada de apreciação da moeda estrangeira *também* será igual à diferença nas taxas de juros entre os centros financeiros. Assim, se CIP e UIP se mantiverem, o resultado é que o ágio no mercado a termo será *igual* à taxa esperada de apreciação da moeda estrangeira. Essa é uma situação de **eficiência de mercado de câmbio estrangeiro**, na qual a taxa a termo é a medida da taxa de câmbio esperada e onde não há mais oportunidades inexploradas para a realização de lucro. Retornaremos ao conceito de eficiência de mercado nos próximos capítulos.

Ajustamentos simultâneos dos mercados de câmbio externos e os mercados financeiros

Embora tenhamos mostrado as condições sob as quais fluxos financeiros ocorrerão e a direção de seus movimentos, pouco foi dito sobre como os mercados envolvidos respondem e de que maneira os fluxos em si geram um movimento na direção do equilíbrio no sentido usado nessa discussão. Retornaremos, assim, à arbitragem de lucros coberta e analisaremos o processo de ajustamento continuando com o nosso exemplo EUA-RU, e examinaremos quatro mercados: (1) o mercado monetário de Londres; (2) o mercado monetário de Nova York; (3) o mercado *spot* dólar/libra; e (4) o mercado a termo dólar/libra para o tempo *t*. Esses quatro mercados são apresentados na Figura 8. Começaremos assumindo que o diferencial das taxas de juros é maior que o ágio a termo e que o investimento de curto prazo então tem um incentivo para fluir para Nova York de Londres. Um investidor inglês retira fundos do mercado monetário de Londres para investir em Nova York, a oferta de fundos emprestáveis em Londres declina [muda para o painel esquerdo (a)], exercendo pressão para cima sobre $i_{Londres}$. Esses fundos são então trazidos para o mercado *spot* de câmbio externo para serem trocados por dólares norte-americanos, o que é mostrado como um deslocamento para a direita na curva de suprimento de libras esterlinas [painel (c)]. Esse influxo de libras tem o efeito de colocar uma pressão para baixo sobre a taxa de câmbio *spot* dólar/libra (apreciando o dólar). Como esses investidores são avessos ao risco e desejam realizar *hedge* contra mudanças na taxa de câmbio externa, eles comprarão ao mesmo tempo libras esterlinas a termo. Esse crescimento da demanda por libras (mudança de demanda por libras para a direita) no mercado a termo [painel (d)] coloca uma pressão para cima sobre a taxa a termo. Finalmente, como os investidores britânicos fazem seus investimentos desejados em Nova York, haverá um crescimento no suprimento de fundos do mercado monetário de Nova York [um deslocamento para a direita da curva de oferta no painel (b)] e uma pressão para baixo sobre i_{NY}. Retornando à nossa condição de equilíbrio, notamos a natureza das pressões de ajustamento com as flechas:

$$(i_{NY}\downarrow - i_{Londres}\uparrow)\downarrow \quad \text{e} \quad (e_{fwd}\uparrow/e\downarrow)\uparrow - 1 \rightarrow p\uparrow$$

Note que o movimento das taxas de juros claramente faz com que o diferencial das taxas de juros diminua. Ao mesmo tempo, o movimento nas taxas de câmbio claramente faz o ágio a termo aumentar.[9] O investimento continuará a fluir de Londres para Nova York até que as taxas de juros e as taxas de câmbio estabeleçam um novo equilíbrio.

---

[8]Note que *xa* diferiria também do ágio a termo se houvesse um ágio de risco associado à arbitragem descoberta. Com o ágio de risco (e sem custos de transação), $i_{NY} - i_{Londres} \cong xa - RP = p$ em equilíbrio e, portanto, $xa \cong p + RP$.

[9]Note também que, com um mercado de câmbio externo eficiente, um maior ágio a termo também seria alcançado por uma maior *xa* ou uma apreciação esperada da libra na situação de arbitragem de juros descoberta.

FIGURA 8   Ajustes financeiros internacionais e taxas de câmbio

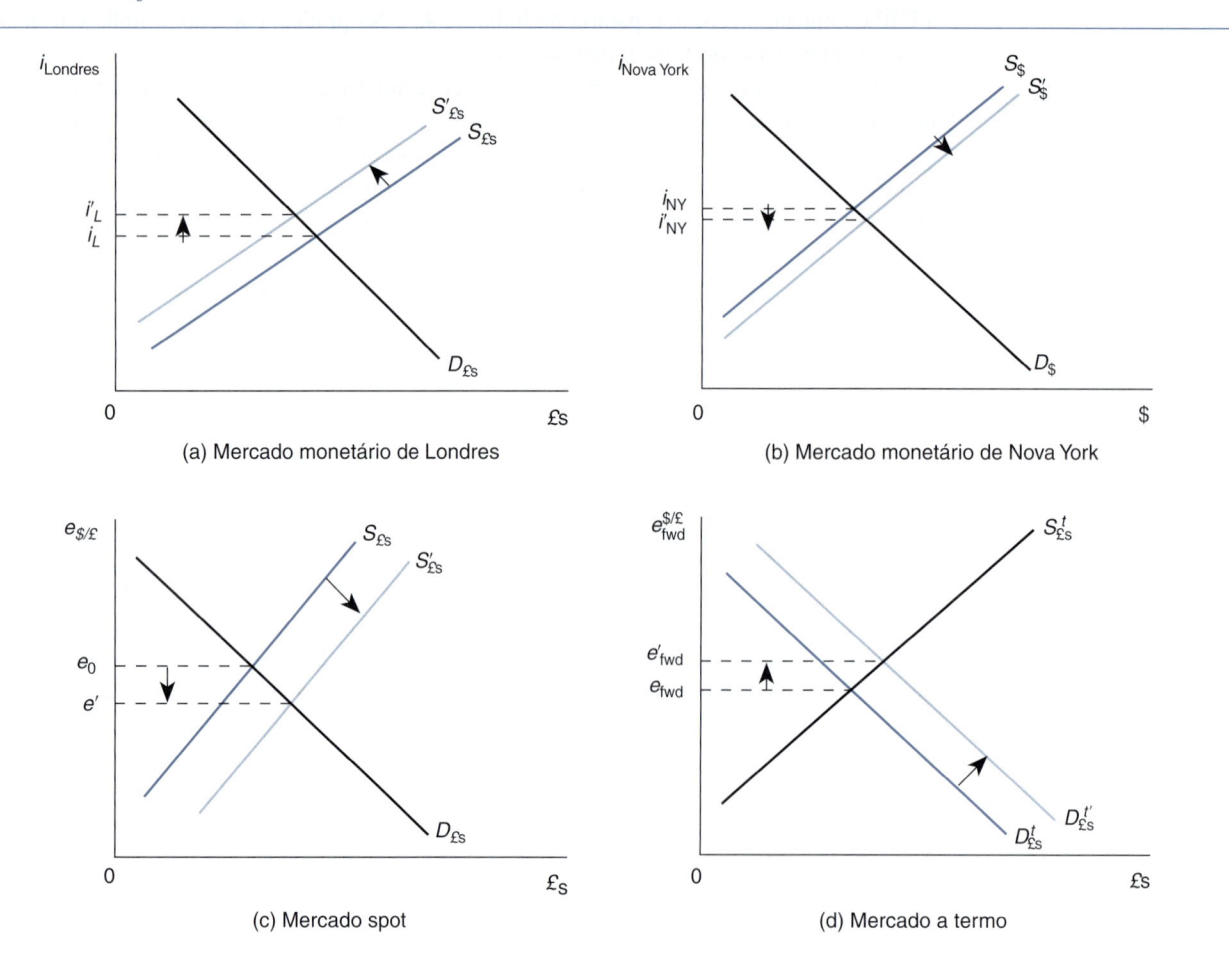

(a) Mercado monetário de Londres

(b) Mercado monetário de Nova York

(c) Mercado spot

(d) Mercado a termo

Assumindo-se que $i_{NY} - i_{Londres} > p \pm$ custos de transação, os fundos se moveriam de Londres para Nova York. Quando isso acontece, a oferta de fundos emprestáveis declina de $S_{£s}$ para $S'_{£s}$, colocando pressão para cima na taxa de juros de Londres (painel a). A conversão de libras em dólares no mercado *spot* (painel c) aumenta a oferta de libras, colocando pressão para baixo na taxa *spot* (apreciando o dólar). Os investidores, cobrindo-se contra mudanças na taxa de câmbio, compram então libras a termo, aumentando a demanda nesse mercado e colocando pressão para cima na taxa a termo (painel d). Finalmente, quando os fundos são investidos em Nova York, a oferta de fundos emprestáveis aumenta (painel b), colocando pressão para baixo sobre i_{NY}. Todos esses movimentos de preços – o aumento em $i_{Londres}$, a redução na taxa *spot*, o aumento na taxa a termo e o declínio em i_{NY} – trabalham para reduzir a desigualdade inicial. O equilíbrio de mercado é alcançado em Londres e Nova York quando o diferencial de juros se alinha com o ágio a termo e os custos de transação.

A natureza do processo de ajustamento foi mostrada na Figura 7 pelas flechas no ponto *a* e no ponto *b*. Os ajustamentos do desequilíbrio podem ocorrer por meio de mercados de câmbio externos (ajustamento horizontal), mercados monetários (ajustamento vertical), ou alguma combinação dos dois. Se as taxas de juros são mecanismos de ajustamento, então os movimentos nas taxas de juros de *equilíbrio* deveriam ser altamente correlacionados entre os países com maiores mercados financeiros; em outras palavras, aumentos (reduções) nas taxas de juros de um país estarão associados a aumentos (reduções) nas taxas de juros de outros países. Se as taxas de juros estiverem fazendo o ajuste, então é esperada pequena ou nenhuma correlação entre mudanças das taxas de juros nos países industriais líderes. Um estudo de Kasman e Pigott (1988) indicou que, para os Estados Unidos, mudanças na taxa de juros de curto prazo estão grandemente correlacionadas com mudanças nas taxas de juros de curto prazo no Canadá, mas estão pouco correlacionadas com mudanças das taxas de juros de outros parceiros de comércio. Exceto pelo resultado do Canadá, esses achados sugerem que muito do ajustamento de equilíbrio se dá pelos mercados de câmbio externo.

Antes de deixar essa discussão, é importante apontar uma série de fatores adicionais que dificultam a observação do processo de ajustamento e que podem fazer com que a simples condição de equilíbrio não seja alcaçada. A existência de uma variedade de custos de transação mencionada anteriormente é um desses fatores. Um segundo fator que ofusca a questão é a dificuldade da escolha de uma taxa de juros representativa que seja suficientemente comparável em dois países. Contribuindo a esse problema, tem-se o fato de que a variação da distribuição de retornos de investimentos alternativos entre os países pode ser diferente devido a coisas como: liquidez, riscos de crédito e tratamentos diferentes de taxas, para o que de outra forma pareceria ser tipos similares de investimentos. Finalmente, a operação do processo de equilíbrio no mercado de câmbio externo e monetário pode ser obstruída por políticas governamentais ou outras imperfeições institucionais que impedem o processo de ajustamento. Se os governos tentarem manter as taxas de juros constantes por política monetária, então o rápido ajustamento do mercado financeiro internacional recairá mais fortemente sobre os mercados de câmbio externo.

REVISÃO DE CONCEITO

1. Qual é a diferença entre o mercado a termo, os mercados futuros e o mercado de opções?
2. Tem sentido fazer um investimento no exterior a uma taxa de juros mais baixa do que a taxa de juros doméstica? Se sim, quando? Por quê?
3. O que é a linha de paridade de juros coberta?
4. O que é uma linha de paridade de juros descoberta?

RESUMO

Este capítulo focalizou as taxas de câmbio externas e as operações no mercado de câmbio externo. A atenção foi dirigida aos principais componentes desse mercado e como eles influenciam a taxa de câmbio externa. As ligações entre o mercado *spot*, o mercado a termo e as taxas de juros foram desenvolvidas, e a condição de equilíbrio de mercado entre os mercados monetários e os mercados de câmbio externo foi estabelecida sob cenários cobertos e descobertos. O teste da presença da paridade descoberta é difícil na prática porque há o problema da verificação das expectativas sobre as taxas de câmbio. Embora a condição de juros cobertos tenda a se mostrar válida empiricamente em alguma medida, ela pode ser afetada por, por exemplo, políticas governamentais dos países participantes, custos de transação e distribuição de retorno de ativos diferentes entre países. Alguma evidência parece sugerir que o ajustamento financeiro internacional se dá principalmente nos mercados de câmbio externo e não nos mercados monetários domésticos, contribuindo para a volatilidade das taxas de câmbio sob taxas flexíveis de câmbio.

TERMOS-CHAVE

ágio
ágio de risco (RP)
apreciação da moeda doméstica (ou depreciação da moeda estrangeira)
arbitragem
arbitragem de juros coberta
arbitragem triangular
contrato futuro
data de valor
depreciação da moeda doméstica (ou apreciação da moeda estrangeira)
deságio
eficiência de mercado de câmbio estrangeiro

especulação
hedging
lei do preço único
mercado de câmbio externo
mercado interbancário
mercado *spot*
opção de moeda estrangeira
paridade do poder de compra absoluta (PPP)
paridade de juros coberta (CIP)
paridade de juros descoberta (UIP)
paridade do poder de compra (PPP)
paridade do poder de compra relativa

porcentagem esperada de apreciação da moeda estrangeira
posição curta
posição descoberta (ou aberta)
posição extensa ou longa
taxa cruzada de igualdade
taxa de câmbio externa
taxa de câmbio nominal efetiva (NEER)
taxa de câmbio real (RER)
taxa de câmbio real efetiva (REER)
taxa de varejo (ou margem de troca de varejo)
taxa futura de câmbio
taxa *spot* esperada

Questões e problemas

1. Os Estados Unidos têm atualmente um déficit em conta corrente com o Japão. O que aconteceria com a taxa de câmbio *spot* dólar/iene e com o déficit em conta corrente se houvesse um decréscimo do investimento japonês nos EUA? Incorpore o mercado de câmbio externo em sua resposta.

2. Suponha que você observe as seguintes taxas de câmbio: $2/£; $0,0075/¥; e £0,005/¥. Há igualdade da taxa cruzada? Se sim, por quê? Se não, o que você esperaria que acontecesse?

3. Uma apreciação do dólar contra o franco suíço não é garantia de que o dólar "avançará além" do que fazia anteriormente na aquisição de bens suíços. Você concorda? Explique.

4. Explique a diferença entre a taxa de câmbio real e a taxa de câmbio PPP. Qual é o propósito de cada uma delas?

5. Suponha que o preço em marco alemão do dólar fosse de 1,8175 DM/$, em 1980, e 1,7981 DM/$, em 1987. Com 1980 = 100, se o índice de preços da Alemanha fosse 121,11 em 1987, e o dos EUA fosse 137,86 em 1987, o dólar estaria sobrevalorizado ou subvalorizado em 1987 de acordo com a PPP? Explique.

6. Suponha que $i_{NY} = 2\%$, $i_{Londres} = 6\%$, xa (apreciação esperada da libra) = *menos* 1% (isto é, espera-se uma depreciação de 1% da libra), e RP (ágio de risco pelo investimento em Londres) é 2%. Assumindo que esses números se aplicam ao mesmo período, explique por que isso é uma situação de desequilíbrio e como a paridade de juros descoberta é alcançada.

7. Você observa que a taxa de juros anual do Reino Unido é de 2,5%, a taxa de juros anual dos EUA é de 3,8%, a taxa a termo para 3 meses é de $1,8180/£, e a taxa *spot* é de $1,8034/£. Assumindo que os custos de transação são de 0,2%, os mercados financeiros estão em equilíbrio?

8. Usando a informação da Questão 7, assuma que a taxa de juros no Reino Unido aumente para 3,5%. Quais ajustamentos financeiros você esperaria ver?

9. Em 8 de maio de 2007, *The Wall Street Journal* relatou o seguinte (para 7 de maio):

    Taxas de juros prime: EUA 8,25%;
                                      Suíça 4,04%;
                                      Japão 1,875%
    Taxas *spot*: $0,8257 = 1 franco suíço;
                    120,06 ienes japoneses = $1
    Taxas a termo para 3 meses: $0,8319 = 1 franco suíço;
                    118,65 ienes japoneses = $1

    (*a*) Em termos de dólares, o franco suíço estava a um deságio a termo ou a um ágio a termo? Por qual porcentagem? Olhando as taxas prime dos EUA e da Suíça, o seu cálculo da porcentagem de deságio/ágio está razoavelmente consistente com a paridade de juros coberta? Por que, ou por que não?

    (*b*) Em termos de iene japonês, o dólar dos EUA estava a um deságio a termo ou a um ágio a termo? Por qual porcentagem? Olhando as taxas prime do Japão e dos EUA, o seu cálculo da porcentagem de deságio/ágio está razoavelmente consistente com a paridade de juros coberta? Por que, ou por que não?

10. Se você observa que a coroa sueca em termos de dólar está a um ágio a termo de 1,2% para 3 meses, sob quais condições você poderia portanto dizer que é esperado um aumento da coroa de 1,2% relativamente ao dólar em 3 meses? Explique.

CAPÍTULO 21

INTRODUÇÃO A MERCADOS FINANCEIROS INTERNACIONAIS E INSTRUMENTOS

OBJETIVOS DE APRENDIZADO

- Conhecer os componentes fundamentais dos mercados financeiros internacionais.
- Compreender como os mercados monetários globais, as taxas de juros e os mercados de câmbio externo são interdependentes.
- Aprender sobre os tipos e papéis da moeda internacional e derivativos monetários.

Introdução

Globalização financeira: um fenômeno recente?

A despeito das muitas diferentes questões e desacordos em torno da globalização, o fenômeno é percebido como presente em quase todos os aspectos da vida econômica e, em geral, é objeto de concordância. Além disso, é visto como um fenômeno relativamente recente, particularmente na área de fluxos de capital e finanças internacionais. Em um artigo, Alan M. Taylor oferece uma visão histórica da globalização das finanças e aponta alguns fatos interessantes.[1] Os fluxos de capital, de fato, aumentaram em volume nas poucas décadas passadas tanto nos países em desenvolvimento quanto nos países desenvolvidos, naturalmente criando difíceis desafios para os elaboradores de políticas públicas. Surpreendentemente, um fenômeno similar se deu no período inicial da globalização entre 1870 e 1914. Os fortes paralelos entre os dois períodos, distantes cerca de 100 anos, fizeram nascer algumas interessantes questões, particularmente à luz do colapso do fenômeno inicial da globalização começando em 1914 e continuando pelos anos de 1940 e 1950. Apesar de que duas guerras mundiais e uma depressão mundial certamente contribuíram para as mudanças radicais nas finanças globais, parece prudente voltar atrás e examinar o fenômeno do capital global atual em termos de nossas experiências anteriores.

Mesmo que o mercado de capitais tenha começado a crescer nos anos de 1960, ele não alcançou os altos níveis do período inicial até bem dentro dos anos de 1980. Enquanto que os dois períodos de crescimento são muito semelhantes em termos de mudanças nas comunicações e transportes que acompanharam os surtos de crescimento, eles se diferenciam quanto ao tipo de regime de câmbio externo vigente e os desafios às políticas públicas. O período inicial foi operado sob um padrão ouro, enquanto o sistema atual contém uma variedade de sistemas ancorados em arranjos de taxa de câmbio flexível entre as principais moedas mundiais. Taylor, contudo, aponta uma diferença adicional interessante entre os dois períodos. No período inicial, o volume de fluxos de capital para regiões em desenvolvimento era aproximadamente igual àqueles que fluíam para os países mais ricos. Hoje, relativamente pouco capital está fluindo para os países em desenvolvimento, e o grosso dos fluxos de capital está entre os países ricos e procura reduzir o risco pela diversificação de títulos e a sintonia fina dos portfólios.

No mundo rapidamente globalizado de hoje, onde o valor das transações de câmbio externo envolvendo títulos internacionais excede de longe o valor das transações de câmbio externo envolvendo bens e serviços, é importante examinar mais de perto a natureza dessas transações modernas. Os atores no sistema financeiro internacional desenvolveram uma enorme e desorientadora variedade de diferentes tipos de ativos comercializados, cada um projetado para satisfazer uma liquidez particular, risco, e demandas de retorno de investidores financeiros e proprietários de ativos. Neste capítulo pesquisamos diferentes tipos gerais de ativos negociados internacionalmente e fornecemos informações sobre seu tamanho, características e mercados. Começamos examinando o empréstimo bancário internacional e, então, os títulos e ações (*equities*). Consideramos com algum detalhe uma variedade de instrumentos financeiros específicos que pertencem à categoria "derivativos financeiros". Nosso propósito aqui é familiarizar você de uma forma geral com a linha de instrumentos disponíveis para a transferência de riqueza através das fronteiras dos países e indicar as muitas possibilidades que existem internacionalmente para satisfazer as preferências particulares dos investidores financeiros.

Empréstimo bancário internacional

Durante a abordagem do tema moeda e empréstimo em sua disciplina introdutória de economia, considerou-se implicitamente quando da análise dos balanços bancários, que os empréstimos e os depósitos eram de natureza inteiramente doméstica. Em outras palavras, os depósitos (ativos

---

[1] Alan M. Taylor, "Global finance: past and present", *Finance and Development*, mar. 2004, p. 28-31. O artigo foi baseado no livro *Global capital markets: integration, crisis, and growth,* Cambridge, MA: Cambridge University Press, 2004, tendo Taylor como coautor de Maurice Obstfeld.

dos depositantes e passivos dos bancos) feitos nos bancos (e outras instituições de depósito) presumivelmente vinham de cidadãos domésticos. Esses depósitos produziam contas bancárias com as quais os depositantes podiam realizar suas transações, e contas-poupança e contas de depósito a prazo das quais podiam receber juros e proporcionar consumo futuro. Os depósitos proporcionam fundos por meio dos quais os bancos, após satisfazerem os requisitos de reserva legais, fazem empréstimos domésticos (ativos dos bancos e passivos dos tomadores de empréstimos). Entretanto, esse tratamento simples e direto tornou-se cada vez menos realista ao longo das últimas décadas, uma vez que os depositantes agora buscam alternativas internacionais para suas poupanças e os bancos buscam tomadores de empréstimos internacionais para seus fundos. Além disso, os bancos domésticos agora normalmente têm muitas filiais em países estrangeiros.

A Tabela 1 mostra por que o foco exclusivo doméstico não é mais apropriado. Ela apresenta dados sobre o **empréstimo bancário internacional**. Tal empréstimo ou financiamento, que constitui um empréstimo através das fronteiras dos países, pode ocorrer por muitas razões. Por exemplo, os bancos domésticos podem emprestar fundos para empresas privadas estrangeiras que desejam implementar projetos de investimento real e que procuram os termos de empréstimos de bancos domésticos por serem mais favoráveis que os termos de empréstimos para firmas de seus próprios países. Ou os bancos domésticos podem comprar instrumentos financeiros estrangeiros (como os certificados de depósitos oferecidos pelos bancos estrangeiros) com o excesso de reservas para receber um maior retorno que o domesticamente disponível sobre instrumentos comparáveis. Ou os bancos estrangeiros podem tomar emprestados os fundos de bancos domésticos para obter balanços de giro em moeda doméstica para satisfazer as várias necessidades de seus clientes (dos bancos estrangeiros).

A tabela apresenta uma visão resumida do estoque cumulativo de exigíveis que resultou dos empréstimos bancários internacionais em setembro de 2006. A primeira linha dá uma estimativa pelo Banco de Pagamentos Internacionais (BIS) dos "exigíveis bancários através das fronteiras".[2] Esse valor se refere aos exigíveis de bancos em um conjunto total de 40 países, incluindo os principais. Esses exigíveis são empréstimos feitos pelos bancos para tomadores em outros países, e eles são obviamente parte do empréstimo internacional. A linha (2), "exigíveis locais em moeda estrangeira", indica empréstimos por bancos a tomadores domésticos, mas estes empréstimos foram feitos em moeda *estrangeira*. Como a moeda estrangeira foi obtida de fontes externas em algum momento no passado, isso também reflete um empréstimo internacional. A soma desses dois itens, linha (3), representa o estoque de **empréstimo bancário internacional bruto** – $27.710,1 bilhões, ou $27,7 *trilhões*, em setembro de 2006 (quando valorado em dólares usando conversões de taxa de câmbio para componentes de moeda que não dólar).

TABELA 1   Empréstimo bancário internacional bruto e líquido, setembro de 2006 (bilhões de dólares)

Parte A	
(1) Total de exigíveis bancários através das fronteiras	$24.545,0
(2) Exigíveis locais em moeda estrangeira	3.165,1
(3) *Empréstimo bancário internacional bruto*	27.710,1
(4) *Menos:* Depósitos interbancários	16.945,4
(5) *Empréstimo bancário internacional líquido*	10.764,7

Nota: Os componentes podem não somar o total por causa de arredondamentos.
Fonte: Bank for International Settlements, *BIS Quarterly Review*, mar. 2007, p. A7.

---

[2] O BIS é uma instituição localizada em Genebra, Suíça, que promove conferências dos bancos centrais sobre a cooperação monetária internacional, age como uma câmara de compensação para os pagamentos dos bancos centrais e lida com várias outras questões da atividade bancária internacional.

Contudo, um ajuste do valor do empréstimo bruto é necessário se desejarmos determinar o estoque *líquido* de empréstimo que ocorreu no tempo. Se um banco dos Estados Unidos empresta $3 milhões para (isto é, deposita $3 milhões em) um banco alemão e um banco alemão empresta o equivalente a $2 milhões para (isto é, deposita o equivalente a $2 milhões em) um banco dos Estados Unidos, o fluxo internacional líquido de fundos é de apenas $1 milhão de saída dos Estados Unidos (ainda que o fluxo bruto seja de $5 milhões). A linha (4) faz esse tipo de ajuste pela subtração dos "depósitos interbancários". Como é evidente, é uma cifra grande – $16.945,4 bilhões. Esses depósitos interbancários ocorrem, por exemplo, porque os bancos domésticos (estrangeiros) podem manter depósitos em bancos estrangeiros (domésticos) com o propósito de facilitar as transações com parceiros econômicos no país estrangeiro (doméstico), de receber taxas de retorno favoráveis sobre certos certificados de depósito no país estrangeiro (doméstico), ou de gerar diversificação de portfólio. No caso de diversificação de portfólio, o risco é reduzido pela manutenção de uma grande variedade de ativos (ao "não colocar todos os ovos em uma mesma cesta"), incluindo ativos estrangeiros. Quando esses depósitos interbancários são excluídos, o estoque de **empréstimo bancário internacional líquido** [linha (5)] em setembro de 2006 era de $10.764,7 bilhões.

É útil examinar o empréstimo bancário internacional bruto em maior detalhe. Este empréstimo consiste essencialmente em três componentes:

1. Empréstimos bancários em moeda doméstica para não residentes. Este componente seria exemplificado por um banco na França emprestando euros para uma empresa dos Estados Unidos para a compra de exportações da França pela empresa.

2. Empréstimos bancários em moeda estrangeira para não residentes. Um exemplo deste tipo de atividade seria o empréstimo de dólares por um banco na França para uma empresa dos Estados Unidos para que essa empresa pudesse cobrir a compra de fornecimento de óleo de um exportador da Arábia Saudita que desejasse ser pago em dólares (os preços do óleo são, de fato, cotados em dólares).

3. Empréstimos bancários domésticos em moeda *estrangeira* para residentes. Esta situação seria representada por um banco na França emprestando dólares para um cidadão francês para a compra de títulos do Tesouro dos Estados Unidos.

Na literatura, o componente 1 (empréstimos em moeda doméstica para não residentes) é em geral chamado **empréstimo bancário estrangeiro tradicional**.[3] Este tipo de atividade tem uma longa história: os bancos estão fornecendo moeda doméstica a cidadãos estrangeiros e empresas para o financiamento de comércio internacional. Contudo, os componentes 2 e 3 do empréstimo bruto (empréstimo em moeda estrangeira para não residentes e empréstimos em moeda estrangeira para residentes) tornaram-se maiores apenas nos anos de 1960. Essas duas situações refletem o uso de uma moeda fora do país que emite a moeda, e elas foram tachadas de atividades representativas do **mercado de euromoeda**. De fato, um *depósito de euromoeda* é definido como um depósito em uma instituição financeira utilizando uma moeda que não a do país no qual a instituição financeira está localizada. Originalmente, esse mercado era chamado de **mercado de eurodólar** porque os principais depósitos envolvidos eram os depósitos localizados fora dos Estados Unidos, principalmente na Europa. Com o crescimento da importância de outras moedas nesse mercado, o "eurodólar" é normalmente ampliado para "euromoeda" para incluir essas outras moedas. Naturalmente, mesmo o termo *euromoeda* é inadequado porque tais depósitos são agora também localizados em centros financeiros fora da Europa (particularmente Cingapura e Hong Kong).

Agora examinemos com mais detalhe a origem e as implicações dos mercados de eurodólar e euromoeda. Focalizamos em particular os eurodólares, porque os dólares constituem uma maior

---

[3] Ver Johnston (1982, p. 1-2). Entretanto, Johnston refere-se ao empréstimo bancário internacional como o conjunto dos componentes 1 e 3 em vez dos componentes 1, 2 e 3.

fração dos depósitos em euromoeda que qualquer outra moeda, e porque a emergência dos eurodólares foi catalisador para o uso de outras moedas nesses mercados.

Há inúmeros meios pelos quais um depósito de eurodólar ou euromoeda pode crescer. O caso típico[4] seria a situação em que um exportador dos Estados Unidos vende bens a um comprador do Reino Unido e recebe pagamento em dólar. (Considere que a transação no mercado de câmbio para conseguir dólares foi realizada pelo importador britânico.) Entretanto, o exportador dos Estados Unidos pode desejar deixar os dólares fora, em um banco de Londres (Londres é, de fato, o maior centro de eurodólares na Europa), de maneira que estejam convenientemente disponíveis para uso, digamos, para compras de insumos estrangeiros de empresas britânicas (ou outras empresas europeias). O banco de Londres manterá esse depósito como um depósito em *dólar*, e este terá correspondência em um exigível pelo banco de Londres sobre o banco dos Estados Unidos no qual os exportadores norte-americanos têm conta (e com o qual o banco de Londres tem uma relação de sua disciplina introdutória "correspondente"). Como qualquer depósito bancário, o de Londres pode agora ser emprestado pelo banco britânico para clientes que requisitam dólares. Na realidade, o montante de depósitos de eurodólar pode crescer de múltiplas maneiras, pois o banco britânico pode iniciar o processo de expansão de depósitos múltiplos associado à reserva fracionária bancária. Se o depósito original pelo exportador dos Estados Unidos é de $1 milhão e o banco quer emprestar 90% desse valor, o empréstimo de $900 mil (digamos, para uma companhia importadora de Londres para a compra de bens de uma empresa da França que deseja ter dólares) poderia ser redepositado na Europa e formaria a base para outro empréstimo de $810 mil (se 90% dos $900 mil for novamente emprestado). Como você deve se lembrar da discussão da expansão dos depósitos bancários a relação de sua disciplina introdutória, essa série de empréstimos (se 90% são sempre "reemprestados") pode levar a um total acumulado de $10 milhões em depósitos em eurodólar ($10 milhões = 1/0,10 × o depósito inicial de $1 milhão).[5] Nesse processo de expansão de eurodólar, os empréstimos envolvidos são usualmente de seis meses ou menos, e os bancos responsáveis por eles são chamados **eurobanks**, embora as instituições possam estar localizadas fora da Europa (como em Cingapura). Além disso, a taxa de juros sobre os empréstimos normalmente consiste em um *markup*, cujo tamanho depende do risco e condições de mercado, acima da **London Interbank Offered Rate (Libor)**, a taxa à qual os eurobanks emprestam entre si.[6]

Historicamente, o mercado de eurodólar começou a ser significativo em 1950. (Ver Kaufman 1992, p. 317-318, e Gibson 1989, p. 10-15.) Naquele tempo, devido a considerações da Guerra Fria, a União Soviética retirou depósitos em dólar dos Estados Unidos e colocou-os nos bancos de Londres. Ademais, os depósitos em dólar em Londres foram aumentados quando a Grã-Bretanha, preocupada com seus déficits de balanço de pagamentos e consequentemente com sua capacidade de manter o valor da libra às taxas de câmbio fixas do período, impôs alguns controles sobre o uso da libra para importação e transações de saídas de capital. A consequência dessa ação do governo britânico foi que os bancos britânicos, desejando continuar financiando estas transações, conduziram-nas cada vez mais dólares. Além disso, os dólares se tornaram consideravelmente mais abundantes na Inglaterra e Europa em virtude dos grandes (para a época) déficits de transações de reserva oficial no balanço de pagamentos dos Estados Unidos. Um outro fator atuante, especialmente no fim dos anos de 1960, foi a existência de tetos legais (Regulamento Q do Federal Reserve) sobre as taxas de juros que poderiam ser pagas pelos bancos dos Estados Unidos em seus depósitos a prazo e poupanças. Com uma maior taxa de juros disponível na Europa, os depositantes dos Estados Unidos escolheram colocar seus dólares lá, e os eurobanks

---

[4] Para maior discussão, ver Kaufman (1992, p. 311-325).

[5] Entretanto, deveria ser notado que, no processo de expansão múltipla, se um depósito de eurodólar for, em algum momento, tomado por empréstimo por um banco dos *Estados Unidos*, o processo parará porque o depósito não é mais um depósito de eurodólar (ou seja, os fundos estarão localizados nos Estados Unidos).Ver Kvasnicka (1986, p. 175-1760).

[6] Mais precisamente, Libor é a média das taxas interbancárias oferecidas por depósitos em dólar em Londres, baseada nas cotas dos cinco bancos principais. Esses bancos discutem as cotas às 11 horas de cada dia útil. A Libor é listada todo dia no *The Wall Street Journal* e em outras publicações financeiras.

estavam bastante dispostos a recebê-los. Uma importante razão para a capacidade dos eurobanks de oferecer maiores taxas era que os eurodólares não estavam sujeitos a qualquer requisito de reserva legal, ao contrário dos depósitos bancários nos Estados Unidos. Como os eurobanks podiam emprestar uma maior fração de qualquer depósito que os bancos norte-americanos, eles podiam receber maiores retornos de seus depósitos e oferecer taxas de juros maiores para depositantes a fim de atrair fundos.

Dois outros fatores responsáveis pelo crescimento do mercado de eurodólar (euromoeda) poderiam ser mencionados – um do lado da demanda e outro do lado da oferta. Quanto à demanda, havia um aperto monetário geral nos Estados Unidos com relação ao fim dos anos 1960 por conta das pressões inflacionárias associadas ao comportamento da Guerra do Vietnã. Devido a esse aperto, os tomadores de empréstimos buscando dólares acharam-nos mais caros em Nova York e em outros centros financeiros americanos. A dificuldade crescente de obtenção de dólares nas instituições financeiras norte-americanas pesou particularmente para tomadores estrangeiros em virtude de dois elementos adicionais. Medidas de política restritiva foram tomadas nos Estados Unidos em meados dos anos de 1960 para reduzir o problema no balanço de pagamentos através de limitação de saída de capital. Essas medidas foram a introdução pelo Federal Reserve de "diretrizes" de empréstimos estrangeiros voluntários para bancos (dando reduções porcentuais recomendadas para empréstimos para áreas geográficas particulares) e a imposição da (não voluntária!) Taxa de Equalização de Juros sobre empréstimos tomados por estrangeiros de instituições e mercados dos Estados Unidos. Essas taxas desencorajaram tomadores estrangeiros por criarem uma carga extra acima da carga de juros regular sobre os empréstimos. Devido a essas duas medidas e ao aperto monetário geral, empréstimos de dólares dos Estados Unidos estavam mais difíceis de se obter e surgiu pressão para o incremento das contas de dólar no exterior; mais do que converter os dólares no exterior em suas próprias moedas, os proprietários estrangeiros acharam lucrativo manter os depósitos sob a forma de dólar no estrangeiro. Além disso, um pouco da maior demanda por eurodólares veio dos próprios bancos dos Estados Unidos. Como o dinheiro estava difícil nos Estados Unidos, os bancos norte-americanos visaram tomar fundos de dólares de suas filiais no exterior e de bancos estrangeiros. A demanda por eurodólares era facilitada pelo fato de que as taxas de *empréstimos* na Europa tendiam a ser menores que aquelas nos Estados Unidos, mesmo sendo as taxas de *depósito* mais altas na Europa. Essa estrutura de taxa existia porque os eurobanks estavam aptos a operar com margens menores entre taxas de empréstimos e depósito, em parte porque havia a ausência de requisitos de reserva legal sobre eurodólares que havia nos bancos dos Estados Unidos. Outros fatores que examinaremos mais adiante neste capítulo estiveram também envolvidos.

No lado da oferta, os novos depósitos em dólar no exterior cresceram por uma série de razões. Um fator muito importante nesse crescimento foi o primeiro "choque do petróleo" em 1973-1974, quando a Organização dos Países Exportadores de Petróleo (OPEC), após manter um embargo parcial de exportações, surpreendeu o mundo com uma virtual quadruplicação dos preços do petróleo. Com os preços e as transações sendo cotadas em dólares, houve um vasto influxo de dólares (conhecido como "petrodólares") para os países da OPEC, e muitos desses dólares foram depositados em bancos em Londres e em outras cidades europeias. Na realidade, a despeito da drástica queda nos preços do petróleo durante os anos de 1980, os depósitos de petrodólares continuaram em níveis elevados desde então. Por exemplo, Herbert Kaufman (1992, p. 318) observou que, após a invasão do Kuwait pelo Iraque em 1990, o governo kuwaitiano ainda estava apto a fazer uma contribuição para financiar a Operação Tempestade do Deserto, uma vez que a família no controle do país tinha talvez $10 bilhões investidos fora do Kuwait, com um montante apreciável em eurobanks.

Com essa base sobre a natureza dos mercados de eurodólar e euromoeda, agora consideraremos brevemente o significado desses mercados. A principal consequência de seu crescimento é que a mobilidade de capital financeiro através das fronteiras dos países aumentou grandemente. Isso significa que as taxas de juros (e as condições gerais de crédito) estão crescentemente ligadas através dos países. Devido a fatores como riscos diferentes, custos de transação e outros a serem discutidos posteriormente, as taxas de juros não estão equalizadas. Apesar disso, como a maioria dos depósitos em euromercados são interbancários – depósitos de um banco em outro banco – e como os bancos são muito sensíveis aos movimentos das taxas de juros, a conexão é realmente forte a despeito do fato de a igualdade da taxa de juros não ser alcançada.

Para elaboração, considere um hipotético grande banco dos Estados Unidos. Este banco está interessado em atrair depósitos e em receber juros de um subsequente empréstimo daquele depósito, e está ciente das condições dos mercados monetários doméstico e estrangeiro.[7] Ele compara o custo de obtenção de um depósito doméstico adicional com o retorno da colocação desse depósito no mercado de eurodólar (tanto com um banco diferente quanto com uma filial estrangeira de seu próprio banco). O custo de aquisição do novo depósito envolve a taxa de juros a ser paga ao depositante, como também o custo de oportunidade perdido pela manutenção das reservas requeridas contra os depósitos.[8] Contudo, nas décadas recentes nos Estados Unidos, o requisito de reserva sobre depósitos a prazo não pessoais (*corporate*) tem sido eliminado; o custo sobre esses depósitos é basicamente só de juros. Se o custo de juros é menor do que o retorno no mercado de eurodólar *e* se o retorno naquele mercado é maior que o retorno sobre ativos domésticos comparáveis, colocar os fundos no mercado de eurodólar pode ser lucrativo. A saída de fundos dos Estados Unidos desse modo poderia desempenhar uma função de arbitragem porque a retirada dos fundos do mercado de moeda dos Estados Unidos colocaria pressão para cima sobre as taxas de juros norte-americanos, e o influxo de fundos para o mercado de eurodólar colocaria pressão sobre as taxas de juros de eurodólar. As pressões reversas são postas em operação quando as taxas de eurodólar são menores que as domésticas, então o banco dos Estados Unidos tomaria emprestados fundos dos euromercados e os emprestaria nos Estados Unidos.

Assim, os mercados de eurodólar e euromoeda têm contribuído para mover as taxas de juros através dos países na direção umas das outras, e esses mercados têm consequentemente assumido um papel importante no aumento da integração financeira através das fronteiras internacionais. Além disso, precisamente pelo fato de os mercados terem sido uma força para a integração internacional, a consequência é que a política monetária de qualquer país no que diz respeito à taxa de juros é menos independente do que seria de outra maneira. Uma tentativa de aumentar as taxas de juros em um país levará a um influxo de fundos que inibirá o crescimento no país com aperto monetário inicial e colocará pressão para cima sobre as taxas de juros em outros países. Por conseguinte, não é possível (pelo menos nos países desenvolvidos) conduzir uma política monetária completamente independente. A crescente integração dos mercados financeiros poderia ter sido alcançada sem o crescimento dos euromercados *per se*, porque o relaxamento geral das barreiras aos fluxos de capital nas décadas recentes teria provavelmente alcançado o mesmo resultado. Apesar disso, o crescimento dos mercados de eurodólar e euromoeda apressaram o processo.

Por fim, é importante notar que muitos observadores se preocupam com o fato de os surtos no empréstimo bancário internacional em geral e na atividade de euromercado em particular *terem causado potencial instabilidade econômica*. Como o banco central de um país não tem jurisdição sobre depósitos no exterior, não há efetivo controle sobre o montante de dinheiro denominado na moeda do país. Eurodólares, por exemplo, podem ser tomados pelos bancos norte-americanos para uso *nos Estados Unidos,* resultando em uma maior dificuldade de o Federal Reserve implementar uma política monetária restritiva. Ou uma subsidiária estrangeira de uma empresa multinacional norte-americana pode tomar dólares de bancos da Alemanha ou do Reino Unido e usá-los para aumentar os gastos com bens dos Estados Unidos ao mesmo tempo que o Federal Reserve está tentando reduzir os empréstimos bancários dos norte-americanos como parte de uma medida anti-inflacionária. Além disso, os depósitos denominados em dólares,

---

[7] Ver Kreicher (1982, p. 11-13).

[8] Custos adicionais nos Estados Unidos são (1) qualquer ágio que necessite ser pago pelo seguro de depósito associado ao depósito, e (2) qualquer imposto local ou estadual aplicável, por enquanto, desconsideramos esses itens em nossas discussões.

digamos, na França, também não estão sob efetivo controle do banco central francês. O crescimento não controlado associado àqueles depósitos poderia potencialmente levar a consequências indesejáveis para a *França*, também, se o país quisesse adotar uma política anti-inflacionária.

REVISÃO DE CONCEITO

1. O que é um depósito em eurodólar? Um depósito em dólar de uma companhia francesa em um banco em Nova York é um depósito em eurodólar? Por que sim ou por que não?

2. Qual a distinção entre empréstimo bancário internacional bruto e empréstimo bancário internacional líquido?

O mercado internacional de títulos (títulos de dívida)

Além do empréstimo bancário internacional, uma atividade cada vez maior tem ocorrido nas últimas décadas no **mercado de títulos internacional**. A negociação de títulos por governos e corporações representa tomada de empréstimos pelas entidades emitentes, e o período de tempo de empréstimo é em geral maior que um ano. Na categoria geral de títulos, uma distinção é normalmente feita entre *notas,* que têm um vencimento menor que 10 anos, e *títulos*, que têm um vencimento de 10 ou mais anos. Na maioria das vezes, usaremos o termo *títulos* para ambos os tipos de instrumentos de dívida.

Os títulos têm um *valor de face* ou *valor de vencimento* (por exemplo, $1.000) que indica o montante a ser pago ao emprestador ao fim da vida do título e os pagamentos de juros (ou os *pagamentos de cupom*) são usualmente feitos a cada ano [por exemplo, $60 por ano ou uma *taxa de cupom* de 6% (=$60/$1.000)].[9] A negociação de títulos normalmente envolve **subscritores de títulos**, ou seja, bancos e outras instituições financeiras que conduzem a venda dos títulos (por uma taxa) para a entidade emitente. Os subscritores compram os títulos das empresas ou governos e assumem o risco de que os títulos podem não ser vendidos. Nos mercados de títulos internacionais, os bancos normalmente se juntam como um *sindicato de empréstimos* para comercializar os títulos.

Considerando o mercado de títulos internacional, uma distinção é feita entre duas situações (ver Mendelson, 1983, seção 5.1.3, e Magraw, 1983, seções 5.3.3-5.3.4):

1. O tomador em um país negocia títulos no mercado de um outro país (o país hospedeiro) através de um sindicato no país hospedeiro. A venda é principalmente para residentes do país hospedeiro, e os títulos são denominados em moeda do país hospedeiro. Essas transações acontecem nos **mercados de títulos estrangeiros**.

2. O tomador em um país negocia títulos nos mercados de muitos países com a ajuda de um sindicato de empréstimo *multinacional,* para residentes de muitos países. Os títulos podem ser denominados em qualquer de uma série de moedas diferentes (inclusive a moeda do país

---

[9] O preço de mercado de um título não tem de ser igual ao valor de vencimento. Em um exemplo simples e extremo, suponha que o emitente de um título esteja tentando vender o título de valor de face de $1.000 com um pagamento de cupom anual de $60. Se as taxas de juros sobre ativos competidores são de 10%, o emitente não conseguirá vender o título por $1.000 porque o retorno de juros para o comprador é de só 6%. Para induzir o comprador à compra do título, o preço teria de ser baixado para $600. Isso porque a um preço de $600 a taxa de juros real ou o rendimento (= $60 de pagamento de cupom/preço de $600) sobre esse título será igual a 10%, o rendimento obtido em outros ativos no mercado. Da mesma forma, se as taxas de juros de mercado são de 4%, o valor de face de $1.000 do título com um cupom de pagamento de $60 poderia ser vendido por $1.500 porque seu rendimento seria também de 4% (= $60/$1.500). O emitente não estaria disposto a vender por nenhum outro montante menor que $1.500, já que isso significaria que o emitente estaria pagando uma taxa de juros maior que a necessária para a obtenção de fundos. Assim, um importante aspecto do mercado de títulos é que *as taxas de juros e os preços de títulos se movem de maneira inversa entre si*. Na prática, os movimentos nos preços de títulos quando as taxas de juros de mercado mudam não são tão amplos como no exemplo, por razões que não vêm ao caso aqui, mas a relação inversa se mantém intacta.

do emitente, mas também outras moedas não necessariamente são dos países nos quais os títulos são vendidos). Essas transações acontecem nos **mercados de eurotítulos**.

Os dois tipos de mercados – mercados de títulos estrangeiros e mercados de eurotítulos – constituem juntos o mercado de títulos internacional agregado. Na prática, a distinção entre títulos estrangeiros e eurotítulos é um pouco confusa (por exemplo, um banco pode subscrever uma oferta por si mesmo e não usar nem um sindicato doméstico, nem um sindicato multinacional). Tanto no mercado de títulos estrangeiro, quanto no de eurotítulos, os títulos emitidos por si mesmos podem pagar uma taxa de juros fixa ou uma taxa variável (flutuante) de juros (usualmente atrelada à Libor). Além disso, alguns títulos são vendidos a um substancial deságio abaixo do valor de face e emitidos como títulos de "cupom zero". Nesse caso, não há pagamentos de juros regulares, e o total de juros é recebido quando o título vence ao seu valor de face.

A Tabela 2 apresenta dados sobre o tamanho do estoque de títulos internacionais (títulos estrangeiros e eurotítulos) e notas no fim de 2006. Alguns títulos de dívida de curto prazo, chamados *instrumentos do mercado monetário,* são listados. Como pode ser visto na Parte A da tabela, o estoque geral de títulos de dívida internacionais era de $18,4 trilhões no fim de

TABELA 2   Estoque de títulos de dívida débito internacionais, 31 de dezembro de 2006 (bilhões de dólares)

Parte A: Tipo de instrumento		
Instrumentos do mercado monetário		$873,4
Títulos e notas		17.561,6
		$18.435,0
Parte B: Localização de emissores de instrumentos		
Países desenvolvidos		$15.827,0
Estados Unidos	$4.040,5	
Reino Unido	2.500,2	
Alemanha	1.861,3	
Centros offshore		1.195,6
Outros países		825,0
Instituições internacionais		587,4
		$18.435,0
Parte C: Denominação de moeda dos instrumentos		
Euro		$8.658,1
Dólar americano		6.686,7
Libra britânica		1.595,5
Iene japonês		500,6
Outras moedas		994,1
		$18.435,0
Parte D: Tipo de emissor dos instrumentos		
Bancos comerciais e outras instituições financeiras		$14.334,5
Corporações		1.887,1
Governos		1.626,0
Outros emissores		587,4
		$18.435,0

Fonte: Bank for International Settlements, *BIS Quarterly Review,* mar. 2007, p. A85, A87-A91.

2006. As localizações geográficas dos emitentes de títulos estão listadas na Parte B – mais do que 82% são emitidos por tomadores de países desenvolvidos. Os títulos também são emitidos em *centros offshore,* como as Ilhas Cayman, Bahamas e as Antilhas Holandesas. Esses centros são locais intermediários ou de "passagem" para os fundos internacionais:[10] em virtude de vantagens tributárias ou regulatórias, uma filial de um banco dos Estados Unidos nas Ilhas Cayman, por exemplo, toma emprestado de sua matriz norte-americana para fazer empréstimos para tomadores não americanos. Os emitentes de títulos restantes na Tabela 2 estão em países em desenvolvimento ou são instituições multilaterais, como o Banco Mundial e o Fundo Monetário Internacional. Como também é evidente pela Tabela 2 (Parte C), o euro, o dólar, a libra britânica e o iene japonês são as principais moedas de denominação de títulos de dívida; outras moedas são usadas só em 5% dos emitentes. Por fim, na Parte D, vemos a importância dos bancos comerciais e outras instituições financeiras na subscrição e emissão de títulos. Significativo nesse item têm sido os bancos que tomam empréstimo para incorporação financeira e aquisições globais, à medida que prossegue a globalização dos mercados de ativos, a mudança relativa da composição dos balanços no sentido de passivos internacionais e longe de passivos domésticos.

O crescimento dos mercados de títulos internacionais começou de forma muito semelhante ao mercado de eurodólar. A imposição da taxa de equalização de juros, ou IET (ver a discussão inicial neste capítulo sobre a origem dos eurodólares), em meados de 1963, é vista como um fator principal. (Ver Mendelsohn 1980, p. 32-36.) Essa taxa foi aplicada à renda de novos ou existentes títulos estrangeiros (principalmente europeus) mantidos por cidadãos dos Estados Unidos, e a consequência de sua introdução foi que os preços de tais títulos caíram nos Estados Unidos para que os americanos os comprassem. (Maiores retornos de juros sobre os títulos foram necessários para cobrir as taxas e para fazer os retornos após as taxas comparáveis aos retornos sobre os títulos domésticos. Lembre-se de que maiores taxas de juros sobre os títulos significam menores preços sobre os títulos.) Quando essa restrição de taxa foi seguida em meados dos anos de 1960 pelas restrições aos emprestadores "voluntários" sobre os empréstimos externos do banco dos Estados Unidos e pelas orientações do governo para investimento direto estrangeiro pelas empresas norte-americanas que visavam a reduzir aquele investimento, o resultado foi a saída dos tomadores estrangeiros do mercado de empréstimo dos Estados Unidos; eles começaram a negociar títulos na Europa. Subsidiárias estrangeiras de empresas norte-americanas (que poderiam ter anteriormente emitido títulos dos Estados Unidos) também negociaram títulos fora. Consequentemente, um estímulo foi dado ao crescimento dos mercados de títulos fora dos Estados Unidos. Com o relaxamento dos controles de capital na Europa que tinha sido alcançado no fim dos anos de 1950 e com a integração econômia em geral crescente ocorrendo na Comunidade Europeia, os novos negócios com títulos no exterior eram denominados em uma variedade de diferentes moedas. Pelos meados de 1970, quando as restrições ao empréstimo dos Estados Unidos e a IET foram removidas, os mercados europeus haviam se tornado grande e o crescimento era irreversível.

As implicações econômicas dos mercados dos eurotítulos são muito semelhantes àquelas dos mercados de euromoedas. O capital financeiro está cada vez mais apto a fluir através das fronteiras e a intensificar a tendência de as taxas de juros para ativos semelhantes se equalizarem. De uma perspectiva econômica, o crescimento desses mercados, portanto, resulta em uma maior eficiência na alocação do capital financeiro. Contudo, como também era verdade para os mercados de euromoeda, as taxas de juros não se tornarão exatamente iguais mesmo para dois ativos idênticos (um título doméstico e um eurotítulo) – e não só por causa dos custos de transação e outros fatores já mencionados. Um fator adicional que impede a igualdade é o risco da taxa de câmbio.

---

[10] Ver Eng e Lees (1983, seção 3.6.3).

Se o proprietário alemão de um título americano denominado em dólar (que pode, na verdade, ter sido emitido por uma firma suíça) julga que o dólar cairá durante a vida do título (ou durante o período em que o proprietário possuir o título, o que pode não ser toda a sua vida), o proprietário necessitará receber um maior rendimento do que receberia se o título fosse definido em euros e se houver qualquer risco que não possa ser coberto ou objeto de *hedge*. Em um contexto de títulos, há provavelmente mais risco descoberto do que em mercados de ativos de mais curto prazo, porque os instrumentos de *hedge* não estão disponíveis para os ativos de títulos de mais longo prazo. A disponibilidade e a frequência de uso das técnicas de *hedge* caem à medida que o período de tempo dos títulos aumenta, levando à necessidade de uma grande compensação pelo risco.

Uma outra implicação do mercado de títulos internacional é, naturalmente, que os mercados de câmbio externo serão mais ativos do que se esses mercados não existissem. Proprietários de títulos podem escolher comprar títulos com uma denominação de moeda particular porque vislumbram que as taxas de juros diferem mais do que o justificado pelas expectativas da taxa de câmbio, e uma transação no mercado de câmbio pode então ser necessária para a obtenção daquela moeda particular para que a compra aconteça. Semelhantemente, na data de vencimento do título, uma transação no mercado de câmbio pode ser solicitada se o vendedor do título não tiver uma necessidade especial da moeda no momento. O emitente original do título pode também necessitar fazer uma transação no mercado de câmbio para pagar o título no vencimento. Consequentemente, os mercados de câmbio estarão sujeitos a uma maior oscilação do que estariam de outra maneira.

No mundo real:

Taxas de juros entre países

Como sugerido no texto, a mobilidade crescente de capital financeiro deveria ter em ação forças para estreitar o diferencial das taxas de juros entre os países. Na teoria, e mantendo-se tudo o mais igual, esperaríamos então que as taxas de juros sobre ativos semelhantes fossem aproximadamente idênticas. Entretanto, como observado no texto e como será também discutido mais tarde neste capítulo, as taxas podem não se igualar na prática por causa dos ágios da taxa de câmbio, dos elementos de risco nos mercados e outras razões.

Apesar disso, com a elevada integração dos mercados financeiros nos anos recentes, não esperaríamos que as taxas de juros divergissem profundamente umas das outras. Considerando essa conjectura com respeito aos mercados de títulos, a Tabela 3 apresenta dados sobre os rendimentos de títulos do governo (rendimentos médios no vencimento em taxas porcentuais anuais) para 13 países desenvolvidos e 11 países em desenvolvimento em 2006. A coluna (1) lista as taxas de juros nominais (de mercado) para esses ativos; contudo, essa coluna não é particularmente significativa porque nenhuma compensação foi feita pata as taxas de inflação. Como você deve se lembrar, a *taxa de juros real* é mais útil para as tomadas de decisão econômicas. A taxa de juros real aproximada pode ser encontrada pela subtração da taxa de inflação da taxa de juros nominal. Tal ajuste é necessário, por exemplo, porque um investidor recebendo um retorno nominal de 10% sobre um título de um ano está, na verdade, recebendo só 2% em termos reais de poder de compra se a taxa de inflação é de 8%. A coluna (2) da Tabela 3 indica a taxa de inflação de 2006 para os 24 países e a coluna (3) lista as taxas de juros reais resultantes sobre os títulos.

A coluna (3) sugere que, para os países desenvolvidos, há considerável similaridade nas taxas de juros reais, mas elas são obviamente não idênticas. Além dos fatores de risco, as diferenças podem ser também parcialmente explicadas pelos diferentes vencimentos dos títulos nos vários mercados. Além disso, como mudanças nos níveis de preços, são usadas para converter os rendimentos nominais em rendimentos reais, estas mudanças de nível de preço teriam de necessariamente se mover de acordo com a paridade relativa do poder de compra (PPP) para equalizar os rendimentos. Apesar disso, os rendimentos reais dos títulos na Tabela 3 diferem por 1 ponto percentual ou menos da média de todos menos um (Espanha) dos países desenvolvidos.

Por fim, as taxas reais dos países em desenvolvimento mostram maior dispersão que a dos países desenvolvidos, uma vez que os países em desenvolvimento não estão tão bem-integrados ao sistema financeiro mundial. Apesar disso, as diferenças não parecem tão grandes quanto muitos anos atrás, sugerindo que a integração pode estar aumentando.

No mundo real:

TABELA 3 Rendimentos de títulos governamentais em países desenvolvidos e em desenvolvimento, 2006 (rendimentos médios até o vencimento em % por ano)

	(1) Rendimento nominal	*(2) Taxa de inflação de 2006**	*(3) Rendimento real*
Países desenvolvidos:			
Austrália	5,62%	3,54%	2,08%
Bélgica	3,84	1,79	2,05
Canadá	4,30	2,01	2,29
Dinamarca	3,60	1,89	1,71
França	3,86	1,71	2,15
Alemanha	3,73	1,71	2,02
Itália	4,05	2,09	1,96
Japão	1,73	0,24	1,49
Holanda	3,78	1,14	2,64
Espanha	3,67	3,52	0,15
Suíça	2,49	1,06	1,43
Reino Unido	4,27	3,19	1,08
Estados Unidos	4,79	3,23	1,56
13 países desenvolvidos	3,83%	2,09%	1,74%
Países em desenvolvimento:			
Botsuana	11,60%	11,56%	0,04%
República Tcheca	3,32	2,54	0,78
Gana	16,42	10,92	5,50
República da Coreia	5,07	2,24	2,83
Malásia	4,01	3,61	0,40
México	8,39	3,63	4,76
Antilhas Holandesas	6,75	3,07	3,68
Filipinas	7,38	6,24	1,14
África do Sul	7,94	4,64	3,30
Tailândia	5,48	4,64	0,84
Venezuela	12,93	15,95	−3,02

*Taxas de inflação são mudanças porcentuais nos índices de preços ao consumidor.
Fonte: International Monetary Fund, *International Financial Statistics*, abr. 2007, p. 56, 59-61.

Por fim, a existência dos mercados de títulos internacionais (como nos mercados de euromoedas) pode reduzir a independência que existe para a autoridade monetária de qualquer país. Se o Banco do Canadá desejar levar para baixo as taxas de juros de longo prazo para estimular o investimento real, essa tentativa será frustrada se os proprietários de títulos canadenses interromperem a compra de títulos estrangeiros nos quais os rendimentos estão agora relativamente maiores (e os preços dos títulos estão, portanto, relativamente menores). Isso poderia resultar em uma saída monetária do Canadá, possivelmente ocasionando uma piora na posição do balanço de pagamentos (sob taxas de câmbio fixas) e uma depreciação do dólar canadense (sob taxas de câmbio flexíveis).

Mercados internacionais de ações

Outros ativos mais amplamente comercializados através das fronteiras internacionais nos anos recentes são as ações comuns (participação acionária) de corporações. Esse tipo de ativo difere dos títulos na medida em que a propriedade de ações por indivíduos e instituições (por exemplo, companhias de seguro, fundos de pensão) traz consigo propriedade da companhia cuja ação é mantida. Consequentemente, na teoria, há um elemento de controle envolvido nas ações ausente nos títulos. Na prática, contudo, o investidor em geral mantém uma quantidade relativa tão pequena das ações de uma dada corporação que o efetivo controle pelo investidor é excluído. Apesar disso, os atributos financeiros das ações diferem de uma maneira que a decisão de compra é mais complicada do que no caso dos títulos e outros instrumentos de dívida. Um investidor considerando a aquisição de ações de uma companhia se defronta com a elaboração de uma projeção incerta dos futuros rendimentos da empresa, a variabilidade desses rendimentos, os fatores reais subjacentes à demanda e à oferta dos produtos da companhia que podem influenciar os cursos de ação futuros da empresa, a razão do preço das ações para os rendimentos da companhia por ação, e muitos outros indicadores de performance. No contexto internacional, expectativas do comportamento futuro da taxa de câmbio da moeda estrangeira em que as ações são cotadas relativamente à moeda doméstica do investidor também são importantes, bem como a antecipação do comportamento macroeconômico do país no qual as ações estão sendo vendidas. Um investidor individual nos anos recentes, cada vez mais vem podendo tranferir a análise da seleção de ações para fundos mútuos que reúnem os recursos financeiros de muitos compradores e que se especializam em ações internacionais, mas os gerentes dos fundos obviamente ainda necessitam levar em conta todas essas influências.

Infelizmente, a informação sobre o volume das compras de ações feitas através das fronteiras é difícil de obter. Um consenso geral entre os observadores e participantes do mercado é que o volume de tais transações acionárias tem crescido com a expansão das companhias multinacionais, com o aumento da mobilidade de capital em geral e com a emergência e maturação das trocas de ações em muitos países desenvolvidos. Como as transações de ações do tipo transfronteiriço têm avançado rapidamente, é possível que os movimentos de ações através dos países tendam a se tornar crescentemente similares entre si. Esse comovimento pode se dar em virtude do que acontece quando os mercados tornam-se menos separados ou segmentados e a arbitragem ocorre entre eles. Entretanto, os mercados de ações podem se diferenciar nesse comovimento em relação aos mercados usuais por causa do papel central das expectativas nos mercados de ações e a volatilidade potencial resultante que pode emergir de mudanças repentinas nessas expectativas. Se os preços das ações em um mercado A subirem enquanto em um mercado B se estagnarem, os investidores podem mudar de B para A e aumentar os preços em A e diminui-los em B, pois as expectativas são de que A continuará a crescer e B continuará estagnado. Por outro lado, a subida dos preços no mercado A deveria fazer com que os investidores esperassem sua queda e então mudassem a composição de seus portfólios em direção das ações no mercado B. Nesse caso, os preços nos dois mercados poderiam convergir e, com tal comportamento regular, podem nunca ter chegado a divergir em grande extensão – qualquer aumento em um mercado causaria uma mudança para o outro mercado, ocasionando um aumento neste último.

Além disso, uma força que deve gerar um movimento comum dos índices de preços de ações através dos países é o fenômeno da **diversificação de portfólio internacional** para reduzir o risco nos portfólios dos investidores. (Ver Mayo, 1997, p. 803-811.) Se a mudança de preço não está altamente correlacionada com os preços entre os países, há uma vantagem em manter ações em uma série de países porque o aumento (queda) em um mercado não estará conjugado com o aumento (queda) em outros mercados. Como muitos investidores são avessos a risco, a compra de ações em uma série de mercados reduzirá a probabilidade de grandes mudanças no valor total do portfólio. Na verdade, os fundos mútuos com escopo global fazem precisamente esse tipo de investimento diversificado. Mas se os portfólios tornam-se diversificados através dos mercados

No mundo real:

Performance do mercado de ações em países em transição/desenvolvimento

Os mercados de ações em países em desenvolvimento e países em transição têm crescido drasticamente nos últimos anos em relação a seu tamanho e participação de investidores (incluindo investidores estrangeiros). Muito desse aumento de atividade está associado à liberalização geral das várias economias que tem produzido, *inter alia,* reduções de barreiras tarifárias e não tarifárias, relaxamento dos controles internos de governos sobre a produção e a venda de bens e a privatização de empresas estatais. Com a "liberalização" das economias, contudo, a instabilidade de mercado tem crescido e a agitação também tem emergido em virtude da remoção do suporte pelo governo da provisão de emprego e renda. Os prognósticos para a crescente desigualdade de renda têm sido valorizados com a chegada de um ambiente diferente e de maior risco.

A Tabela 4 fornece uma indicação dos ganhos e perdas potenciais para os investidores financeiros diante da instabilidade e ainda a promessa dos novos regimes de mercado orientado. A tabela lista as mudanças porcentuais nos índices de preços do mercado de ações durante o ano-base de 2006 em 25 "economias de mercado emergentes". (A informação do índice de preço das ações para esses mercados está disponível, a cada semana, na última página do *The Economist.*) Muitos dos mercados de ações desses países registraram ganhos impressionantes. Isso foi especialmente verdade para China e Venezuela. Observa-se, contudo, que perdas ocorreram na Arábia Saudita, Turquia e Tailândia.

TABELA 4 Performance dos índices de preço de ações, países em desenvolvimento, 30 de dezembro de 2005 – 10 de janeiro de 2007

	Percentual de mudança			Percentual de mudança	
País	Moeda Local	Dólar Prazos	País	Moeda Local	Dólar Prazos
Argentina	32,4%	30,0%	Malásia	23,7%	33,0%
Brasil	26,5	37,2	México	45,4	40,3
Chile	34,3	26,8	Paquistão	8,6	6,4
China	143,4	151,7	Polônia	38,4	50,2
Colômbia	11,0	12,9	Rússia	45,3	57,3
República Tcheca	6,3	22,3	Arábia Saudita	−54,8	−54,8
Egito	10,9	11,7	Cingapura	26,1	36,3
Hong Kong (China)	31,5	30,8	África do Sul	35,6	17,3
Hungria	11,7	20,8	Taiwan	17,6	18,0
Índia	42,2	43,6	Tailândia	−12,8	−0,8
Indonésia	47,1	59,4	Turquia	−7,9	−14,0
Israel	10,9	20,0	Venezuela	161,6	72,9
República da Coreia	−1,7	5,9			

Fonte: *The Economist*, 13 jan. 2007, p. 90.

internacionais e se algum equilíbrio entre as ações dos vários mercados é mantido ao longo do tempo à medida que os portfólios crescem, os mercados podem muito bem se mover de maneira paralela.

Antes de concluir esta abordagem dos mercados de ações internacional, observemos a emergência de um novo veículo de investimento para fazer essas transações através das fronteiras. Conforme indicado anteriormente, os **fundos mútuos** têm se tornado crescentemente importantes para tais compras. (Os fundos mútuos internacionais também têm se tornado proeminentes em títulos, mas nos concentraremos aqui em fundos de ações.) Esses fundos coletam as poupanças de pequenos investidores individuais, assim como de grandes investidores institucionais, e colocam o pool das poupanças em portfólios de ativos financeiros, incluindo ações de companhias localizadas em países diferentes. Para os investidores dos Estados Unidos, há quatro tipos principais de fundos mútuos focados internacionalmente (Mayo, 1997, p. 810-811):

1. **Fundos globais** compram pacotes de ações que contêm ações de corporações nos Estados Unidos e em outros países.

2. **Fundos internacionais** não detêm títulos, mas compram exclusivamente ações de companhias localizadas em outros países.

3. **Fundos de mercados emergentes** mantêm um portfólio de ações de companhias em países em desenvolvimento – por exemplo, na Argentina, na República Tcheca, na Indonésia e na Malásia.

4. **Fundos regionais** focalizam títulos de companhias em uma área geográfica ou países particulares – por exemplo, na Ásia, na América Latina, na China, na Alemanha e no Japão.

Para participar desses fundos, e há centenas deles agora, ações podem ser compradas em alguns casos em bolsas de valores organizadas e em outros casos (mais proeminentes) diretamente das companhias de fundo mútuo. Além dos diferentes países em que os vários fundos investem, há outras características diferenciadas entre eles: fundos *no-load* não exigem taxa explícita para compra ou venda; fundos *low-load* e *load* impõem uma taxa para entrar no portfólio; fundos *redemption-charge* impõem uma taxa sobre a saída; e fundos *closed-end* são comercializados em bolsas de valores e, portanto, envolvem uma taxa de corretagem na entrada e a saída. Com os fundos mútuos, o conjunto de escolhas pelos investidores é realmente grande.

Por fim, com respeito aos mercados de ações, encerramos enfatizando novamente que, com os títulos internacionais e o empréstimo bancário internacional, a crescente integração desses mercados serve para facilitar o fluxo de capital para seu melhor uso. Quando os investidores financeiros respondem às oportunidades percebidas de lucros além de suas próprias fronteiras, eles estão transferindo capital para destinos onde podem receber um maior retorno. Quando o capital financeiro flui para a compra de ações de uma companhia estrangeira que é produtiva e lucrativa, isso aumenta o valor contábil da companhia e encoraja sua expansão, porque assim tem um balanço mais favorável.[11] Encorajar empresas lucrativas e produtivas e desencorajar as companhias mal gerenciadas e improdutivas serve para incrementar a alocação de recursos mundiais. No contexto amplo da economia monetária internacional, contudo, o uso de transações de ações internacionais para incrementar a alocação de capital potencialmente tem um preço. Esse preço, especialmente se as transações de ações envolvem comportamento especulativo devido a rumores infundados e efeitos "de contágio", é a crescente volatilidade nos mercados financeiros mundiais (e particularmente nos mercados de câmbio externo) que pode ocorrer.

Até aqui, examinamos neste capítulo os depósitos e empréstimos bancários internacionais, os mercados de títulos internacionais e a atividade de mercado de ações em um contexto internacional. Em panorama, esses vários mercados de ativos têm crescido drasticamente em tamanho e escopo nos últimos anos. Investidores internacionais têm agora abertas a eles oportunidades financeiras anteriormente indisponíveis, e a atividade nesses mercados crescentemente integrados tem significado que os países estão se tornando cada vez mais conectados economicamente. Os efeitos dos desenvolvimentos financeiros em um país respingam nos outros países, e o novo ambiente apresenta tanto desafios quanto oportunidades para os atores econômicos.

---

[11] Como a maioria das compras de ações é anteriormente emitida e não de ações recém emitidas, os fundos dirigindo-se à compra de ações geralmente não estão fluindo para a companhia *per se*. Contudo, o valor líquido da companhia ou o valor de capital em seu balanço aumenta uma vez que as ações aumentam em preço, e a empresa está em melhor posição para, entre outras coisas, obter empréstimos ou emitir novas ações para financiar sua expansão.

Revisão de Conceito

1. Distinga a participação de um investidor nos mercados de títulos estrangeiros da participação de um investidor nos mercados de eurotítulos.
2. Por que os preços dos títulos e os rendimentos dos títulos se movem em sentido inverso?
3. Por que um investidor financeiro desejaria buscar diversificação de portfólio internacional?

Ligações Financeiras e Derivativos de Euromoedas

Com essa visão geral de *banking* internacional, títulos internacionais e compra internacional de ações como base, podemos agora nos voltar para um exame mais detalhado dos instrumentos financeiros particulares e estratégias financeiras empregadas nos mercados de ativos internacionais e de câmbio externo. Como deveria estar claro, as finanças internacionais do mundo estão se tornando cada vez mais complicadas; ao mesmo tempo, estão cada vez mais fascinantes.

Ligações financeiras internacionais básicas: uma revisão

No capítulo anterior discutimos as ligações formais entre os mercados de câmbio externo e os mercados financeiros. Foi visto que a decisão de investir em casa ou no exterior depende da taxa de retorno esperada das alternativas externas e domésticas em consideração. Se a taxa de retorno esperada sobre os ativos domésticos é maior, o indivíduo investirá em casa. Ao contrário, se a taxa de retorno esperada é maior sobre os ativos estrangeiros, se espera que o indivíduo invista no exterior. Se não há barreiras aos fluxos de investimento financeiro, os fundos deveriam se mover das áreas de menores taxas de retorno para as de maiores taxas de retorno até que os retornos esperados fossem similares, diferenciando-se apenas pelos custos de transação envolvidos na movimentação entre os dois mercados.

É importante, como visto anteriormente, lembrar que as taxas de retorno sobre os investimentos estrangeiros resultam do retorno do ativo financeiro em questão e das mudanças na taxa de câmbio no período de investimento. O investidor doméstico deve levar em conta (1) a taxa de retorno esperada sobre o ativo financeiro doméstico, (2) a taxa de retorno esperada sobre o ativo estrangeiro, e (3) qualquer mudança esperada na taxa de câmbio. O investidor é indiferente entre um ativo estrangeiro e um ativo doméstico somente quando espera receber o mesmo retorno sobre cada possibilidade após levar em conta qualquer ganho ou perda associada às mudanças na taxa de câmbio. Essa condição de "paridade" foi enunciada mais formalmente no capítulo anterior da seguinte maneira:

$$(1 + i_{casa})/(1 + i_{estrangeiro}) = E(e)/e$$

onde:
i_{casa} = taxa de juros doméstica
$i_{estrangeira}$ = taxa de juros estrangeira
e = taxa *spot* de câmbio em unidades de moeda doméstica por unidade de moeda estrangeira
$E(e)$ = taxa de câmbio esperada ao final do período de investimento

Isso é mais comumente expresso em termos de porcentagem esperada de apreciação da moeda estrangeira. Se xa é usado para representar a porcentagem esperada de apreciação da moeda estrangeira, então $E(e)/e$ é igual a $(1 + xa)$ e a equação anterior se simplifica para

$$(i_{casa} - i_{estrangeiro})/(1 + i_{estrangeiro}) = xa$$

o que é normalmente aproximado por

$$(i_{casa} - i_{estrangeiro}) \cong xa$$

Essa condição afirma que o equilíbrio ocorre no mercado financeiro sempre que qualquer diferença nas taxas de juros nos dois países seja aproximadamente compensada pela mudança esperada na taxa de câmbio. (Ignore quaisquer custos de transação.) Como há ausência de uma perfeita previsão, o retorno real sobre o investimento estrangeiro pode não ser igual àquele esperado em virtude de mudanças não antecipadas na taxa de câmbio. Tais mudanças não antecipadas podem levar à inclusão de um ágio de risco se os atores são avessos a risco, e se o ágio é expresso como uma porcentagem, RP, a precedente condição de equilíbrio é modificada, tornando-se

$$(i_{casa} - i_{estrangeiro}) \cong xa - RP$$

Deste exercício básico fica claro que a decisão de investimento no tempo envolve agora duas fontes de risco. A primeira é o mencionado risco associado às mudanças na taxa de câmbio que afetam a taxa de retorno sobre o investimento. A segunda fonte de risco é o *risco da taxa de juros* que surge se a transação financeira não for feita e completa em um período de tempo.

Como discutimos no capítulo anterior, o risco de câmbio externo pode ser removido (por *hedge*) pelo uso do mercado a termo. Nesse caso, a condição de equilíbrio básica no mercado financeiro pode ser expressa da seguinte maneira:

$$(i_{casa} - i_{estrangreiro}) \cong p$$

onde p é o ágio real sobre a taxa de câmbio a termo, isto é, $p = (e_{fwd}/e) - 1$. Assim, em equilíbrio, qualquer diferença em uma das duas taxas de juros deve ser aproximadamente igual ao ágio do câmbio externo contratado no mercado a termo. Esse contrato pode ser comprador no mercado a termo formal, no mercado futuro ou no mercado de opções. Portanto, como apontamos em nossa discussão do mercado de câmbio externo, na ausência de controles de capital ou outras barreiras, todos os mercados de crédito (estrangeiros e domésticos) estão ligados uns aos outros pela arbitragem e pelas expectativas de moeda.

As atividades financeiras dos participantes dos mercados financeiros, incluindo a tomada de empréstimo e as designações de risco pelas ações de *hedge*, asseguram que a diferença entre as taxas de juros nos dois países iguala não só o ágio a termo (via contratos a termo) como também a mudança da taxa de câmbio esperada da parte daqueles que tomam o risco de mudanças na taxa de câmbio externa. Como demonstrado no fim do capítulo anterior, se os mercados são eficientes, o seguinte deveria mostrar-se válido:

$$i_{casa} - i_{estrangeiro} \cong p = xa$$

Contudo, em determinado ponto há um risco associado ao câmbio externo que não pode ser evitado pela combinação de propriedades em câmbio externo com outros ativos (isto é, um risco de câmbio externo que não pode ser diversificado): um ágio de risco adicional, como observado inicialmente, seria requerido por aqueles que ficarão descobertos; isto é,

$$i_{casa} - i_{estrangeiro} \cong p = xa - RP$$

A existência ou não desse ágio de risco ainda é um assunto de considerável discussão entre os pesquisadores financeiros.

As ligações financeiras internacionais e o mercado de eurodólar

Como o eurodólar entra nessas considerações financeiras? A presença do mercado de eurodólar em essência cria a possibilidade de uma segunda possibilidade de taxa de juros em cada moeda. O investimento financeiro agora inclui as seguintes *seis* variáveis, usando Estados Unidos (casa) e Reino Unido (país estrangeiro) como os dois países de exemplo:

Taxa de juros: taxa de juros dos Estados Unidos
taxas de juros do Reino Unido
taxa de juros do euro*dólar* (fundos de dólares mantidos no estrangeiro)
taxa de juros de euro*esterlina* (libras britânicas mantidas no estrangeiro)

Taxas de câmbio: taxa *spot* (dólares/libras)
taxa de câmbio a termo (dólares/libras)

Os emprestadores e os tomadores agora têm as alternativas de dois diferentes mercados em que operar, um em casa e um no exterior. A relação entre as taxas nesses mercados poderia parecer ser muito direta. Se todas as coisas fossem iguais, os eurobanks deveriam pagar não menos que a taxa de depósito nos Estados Unidos. Se eles pagam menos, por que os depositantes colocam seus fundos no exterior em vez de em casa? De maneira similar, os eurobanks não podem emprestar eurodólares a uma taxa maior de empréstimo que as praticadas nos Estados Unidos; e mais, por que um eurobank estaria desejando emprestar dólares a uma taxa menor do que aquela praticada nos Estados Unidos? Então, *a priori*, parece que as taxas de tomada e de empréstimo nos Estados Unidos deveriam ser similares às do mercado de eurodólar.

Entretanto, em virtude dos diferentes cenários institucionais, pode-se argumentar se as taxas de juros dos Estados Unidos irão provavelmente se aproximar das taxas de eurodólar, isto é, a taxa de empréstimo doméstico fica acima da taxa de empréstimo de euromoeda, e a taxa de depósito doméstico cai abaixo da taxa de depósito de euromoeda. Isso historicamente parece ter sido o caso, como indicado anteriormente neste capítulo. Dados disponíveis sobre as taxas de depósito recentes são consistentes com esta observação. A taxa de empréstimo de euromoeda relativamente menor e a taxa de depósito relativamente maior podem ser explicadas do ponto de vista de um risco estrangeiro diferencial e um custo institucional diferencial. Voltando-se primeiro à dimensão do risco, se os potenciais emprestadores percebem uma diferença relativa no risco associado ao depósito ou empréstimo estrangeiro, eles exigirão um ágio de risco na forma de taxa de empréstimo menor ou taxa de depósito maior. Quando os tomadores ou os investidores dos Estados Unidos contratam um banco estrangeiro, eles se envolvem em uma jurisdição estrangeira. O risco dos depósitos ou empréstimos estrangeiros é um pouco maior que aquele sobre uma transação similar nos Estados Unidos. Os dois mercados de dólares são então separados por possíveis ações governamentais estrangeiras ou restrições que aumentam o risco de fazer negócios no exterior em vez de em casa. Restrições legais ou ações políticas potenciais que podem interferir no movimento de fundos entre, por exemplo, um banco de Londres e os Estados Unidos, podem distanciar as taxas domésticas dos Estados Unidos e as taxas de eurodólar no Reino Unido. Políticas de governo podem afetar, diretamente, por restrições às saídas de capital e controles de câmbio externo alterando a conversibilidade dos dólares mantidos no exterior por parte de não residentes. Além disso, há sempre a possibilidade não desprezível de que os ativos ou passivos dos eurobanks possam ser confiscados pelas autoridades em que operam. E as diferenças em liquidez ou estrutura institucional relacionada a coisas como o número e o volume de agentes financeiros e a acessibilidade de informação financeira adequada podem também influenciar o ambiente de risco.

Da perspectiva do custo, os bancos enfrentam custos adicionais quando utilizam depósitos domésticos comparados aos depósitos em euromoeda. Esses custos adicionais surgem sempre que bancos não estão sujeitos aos requisitos de reserva ou imposições de seguros de depósito sobre depósitos em euromoedas que podem ser requeridos de depósitos domésticos. É óbvio que o banco poderia receber mais por estar apto a emprestar um depósito pleno do que por ter de reter certa porcentagem como um requisito de reserva, portanto, um banco dos Estados Unidos pagaria uma taxa menor sobre depósitos domésticos do que poderia ter recebido sobre depósitos em eurodólar no exterior. Generalizando, as taxas de depósitos sobre euromoeda deveriam exceder as taxas de depósito doméstico da mesma moeda por um montante igual ao custo relativo da regulação do banco central.[12]

---

[12]Uma estimativa da maior taxa sobre depósitos em euromoeda levando em conta qualquer requisito de reserva e qualquer taxa incidente de seguro de depósito aplicável sobre os depósitos domésticos é portanto

Taxa de depósito em euromoeda = custo efetivo do depósito doméstico

$= (i_{\text{depósito doméstico}} + \text{taxa incidente de seguro de depósito})/(1 - \text{requisito de reserva})$

Consequentemente, se o requisito de reserva é de 5%, $i_{\text{depósito doméstico}}$ é de 8%, e a taxa de seguro de depósito é 0,083 (=1/12)%, então

Taxa de depósito em euromoeda = $(0,08 + 0,00083)/(1 - 0,05) = 0,08509$ ou 8,51%

Isso ignora qualquer tratamento diferencial de taxa ou qualquer diferença nas práticas regulatórias nos bancos no que se refere aos dois tipos de depósitos.

No mundo real:

Taxas de depósito e empréstimo domésticas e em eurodólar dos Estados Unidos, 1989-2005

A Figura 1(a) ilustra a média anual da taxa de depósito bancário nos Estados Unidos e a a taxa de um ano da Libor sobre depósitos em dólar conforme relatório do Fundo Monetário Internacional para o período 1989-2005. A Figura 1(b) faz o mesmo para as taxas médias de empréstimo. Uma estimativa simples foi feita da taxa para empréstimo de um ano da Libor, uma vez que o FMI não relata essa informação. (Assumiu-se que a diferença de um ponto de porcentagem entre a taxa de depósito Libor e a taxa de depósito dos Estados Unidos também se aplicava, na direção inversa, para a taxa de empréstimo Libor e a taxa de empréstimo dos Estados Unidos.) Como pode ser visto da Figura 1(a), as taxas de depósito doméstico e em eurodólar dos Estados Unidos estiveram bastante próximas durante o período, embora as taxas de depósitos em eurodólar tenham sido maiores. De maneira interessante, a diferença estreitou-se profundamente em 1998. Considerando que as taxas de empréstimo em eurodólar se comportaram da maneira descrita, elas também acompanhariam as taxas de empréstimo dos Estados Unidos, mas estariam abaixo delas, como mostra a Figura 1(b).

FIGURA 1(a)   Taxas de depósitos Libor e dos Estados Unidos

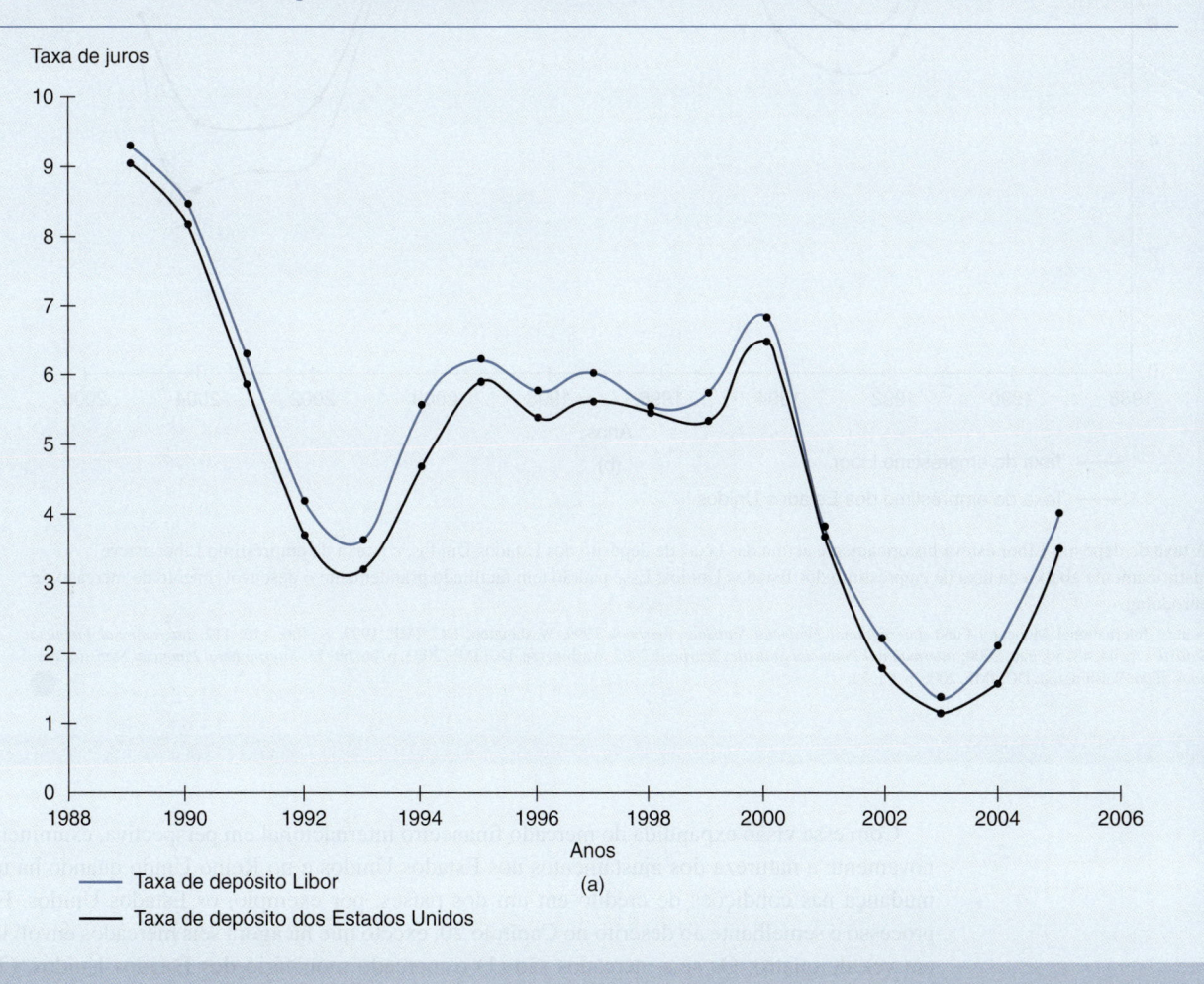

No mundo real:

FIGURA 1(b)   Taxas de empréstimo Libor e dos Estados Unidos

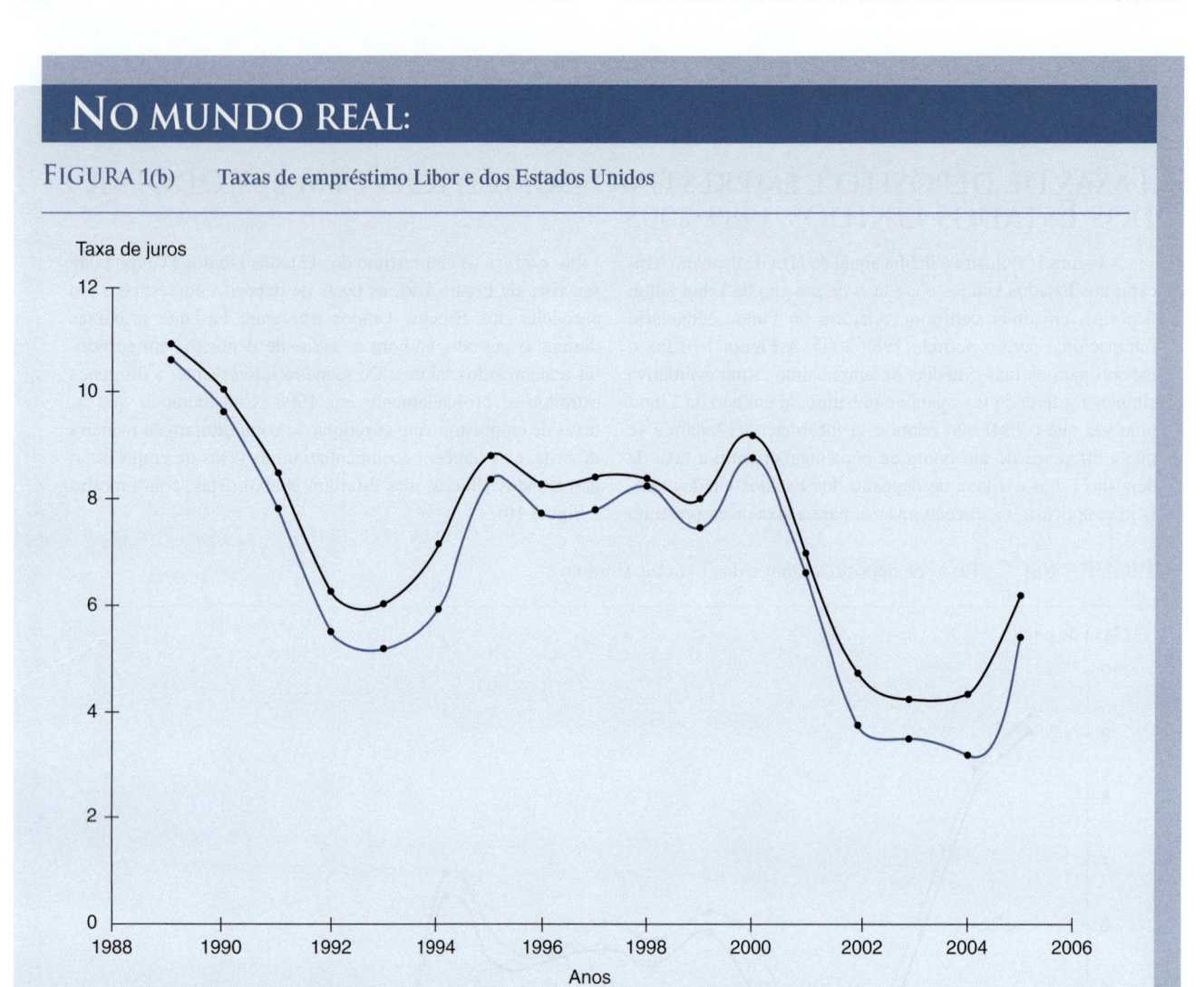

A taxa de depósito Libor esteve historicamente acima das taxas de depósito dos Estados Unidos, e a taxa de empréstimo Libor esteve historicamente abaixo da taxa de empréstimo dos Estados Unidos. Esse padrão tem facilitado grandemente o desenvolvimento do mercado de eurodólar.

Fontes: International Monetary Fund, *International Financial Statistics Yearbook 1999*, Washington, DC: IMF, 1999, p. 106, 110, 112; *International Financial Statistics*, p. 44, 48, 50, mar. 2000; *International Financial Statistics Yearbook 2003*. Washington, DC: IMF, 2003, p. 66, 69, 73; *International Financial Statistics Yearbook 2006*, Washington, DC: IMF, 2006, p. 65, 72.

Com essa visão expandida do mercado financeiro internacional em perspectiva, examinemos novamente a natureza dos ajustamentos nos Estados Unidos e no Reino Unido quando há uma mudança nas condições de crédito em um dos países, por exemplo, os Estados Unidos. Esse processo é semelhante ao descrito no Capítulo 20, exceto que há agora seis mercados envolvidos em vez de quatro. Os seis mercados são (1) o mercado monetário dos Estados Unidos, (2) o mercado monetário do Reino Unido, (3) o mercado de eurodólar, (4) o mercado de euroesterlina, (5) o mercado *spot*, e (6) o mercado a termo. Suponha que os mercados comecem em equilíbrio e vigorem as seguintes taxas de equilíbrio de paridade das taxas de juros:

Empréstimo i_{NY}	= 7%	Empréstimo $i_{Londres}$	= 8%
Empréstimo $i_{Eurodólar\ Londres}$	= 6,5%	Empréstimo $i_{Euroesterlina\ NY}$	= 7,5%
Depósito i_{NY}	= 5%	Depósito $i_{Londres}$	= 6%
Depósito $i_{Eurodólar\ Londres}$	= 5,5%	Depósito $i_{Euroesterlina\ NY}$	= 6,5%
Spot $e_{\$/£}$	= \$1,6912/£	3 meses a termo $e_{\$/£}$	= \$1,6869/£

Pode ser facilmente demonstrado que a condição de paridade de arbitragem de juros coberta é válida em todos os pares de taxas, após a divisão da diferença da taxa de juros anual por 4 para que ela se aproxime do período a termo de três meses. Por exemplo,

$$i_{NY} - i_{Londres} \cong p$$
$$(0{,}07 - 0{,}08)/4 \cong (\$1{,}6869 - \$1{,}6912)/\$1{,}6912$$
$$-0{,}0025 \cong -0{,}0025$$

Suponha que o Federal Reserve eleve as taxas de juros domésticos dos Estados Unidos por meio ponto de percentual. Isso imediatamente fará os investimentos em Nova York mais atrativos para os investidores, e os mercados começarão a se ajustar a uma nova posição de equilíbrio levando em conta as novas taxas de juros nos Estados Unidos. Com toda a probabilidade, o primeiro ajuste para as mudanças da taxa em Nova York se dará na taxa do eurodólar no exterior. Para que os bancos de Londres mantenham seus depósitos em dólar, a taxa de depósito em eurodólar aumentará para 6% e a taxa de empréstimo em eurodólar subirá para 7%, mantendo então a mesma diferença de *spread* como a que existia anteriormente ao aumento nas taxas dos Estados Unidos. Ao mesmo tempo, com os investidores do Reino Unido tentando tomar vantagem das maiores taxas dos Estados Unidos, eles irão aumentar sua demanda por dólares (oferta de libras britânicas), causando a apreciação da taxa de dólar *spot*. Simultaneamente, os investidores que desejam assegurar-se contra mudanças imprevistas na taxa de câmbio comprarão libras a termo (aumento da oferta de dólares a termo), levando a uma depreciação do dólar no mercado a termo, como foi o caso no processo de ajuste discutido no capítulo anterior. Se as taxas de juros do Reino Unido permanecem inalteradas, todos os ajustes para o equilíbrio de mercado se darão no mercado de câmbio externo. Entretanto, pressão para cima virá influenciar as taxas de juros do Reino Unido e a taxa de euroesterlina. Aumentos nessas taxas reduzirão o grau de mudança das taxas de câmbio, trazendo os mercados a uma nova posição de equilíbrio. Com as novas taxas de juros dos Estados Unidos e as taxas do Reino Unido/taxas de euroesterlina mantendo-se inalteradas, o equilíbrio de mercado se daria novamente se, por exemplo, a taxa a termo de três meses fosse para cima (o dólar depreciasse) para \$1,688/£ e a taxa *spot* fosse para baixo (o dólar apreciasse) para \$1,690/£. É claro, se as taxas de juros no Reino Unido (e as taxas de euroesterlinas) começassem a aumentar, esperaríamos até que as taxas a termo começassem a declinar e as taxas *spot*, a aumentar.

Esses ajustes financeiros estão nos seis gráficos da Figura 2. O mercado monetário mais apertado nos Estados Unidos causa o crescimento das taxas de juros [gráfico (a)]. Isso imediatamente leva a um aumento da demanda por eurodólares, o que direciona as taxas de eurodólar para cima até que de novo se diferenciem das taxas domésticas dos Estados Unidos pelo custo do risco diferencial [gráfico (b)]. As taxas de juros maiores nos Estados Unidos levam a um aumento na demanda por dólares no Reino Unido (oferta de libras) para investimento financeiro nos Estados Unidos em virtude do maior retorno [gráfico (c)]. Ao mesmo tempo, esses investidores estarão vendendo dólares a termo para retornar libras ao final do período de investimento [gráfico (f)]. Os outros mercados que podem eventualmente estar envolvidos no processo de ajuste financeiro são o mercado monetário do Reino Unido [gráfico (e)] e o mercado de euroesterlinas [gráfico (d)]. À medida que os fundos se movem do Reino Unido para os Estados Unidos, pressão para cima sobre as taxas de juros domésticas e de euroesterlinas do Reino Unido acontecerá. Digamos que o Banco da Inglaterra decida não intervir para manter as taxas de juros constantes e que consequentemente cresçam as taxas do Reino Unido; haverá, então, mais ajustes nos seis mercados até que o equilíbrio seja de novo alcançado.

FIGURA 2   Ajustes financeiros internacionais nos mercados monetários, mercados de câmbio externo e mercados de euromoeda

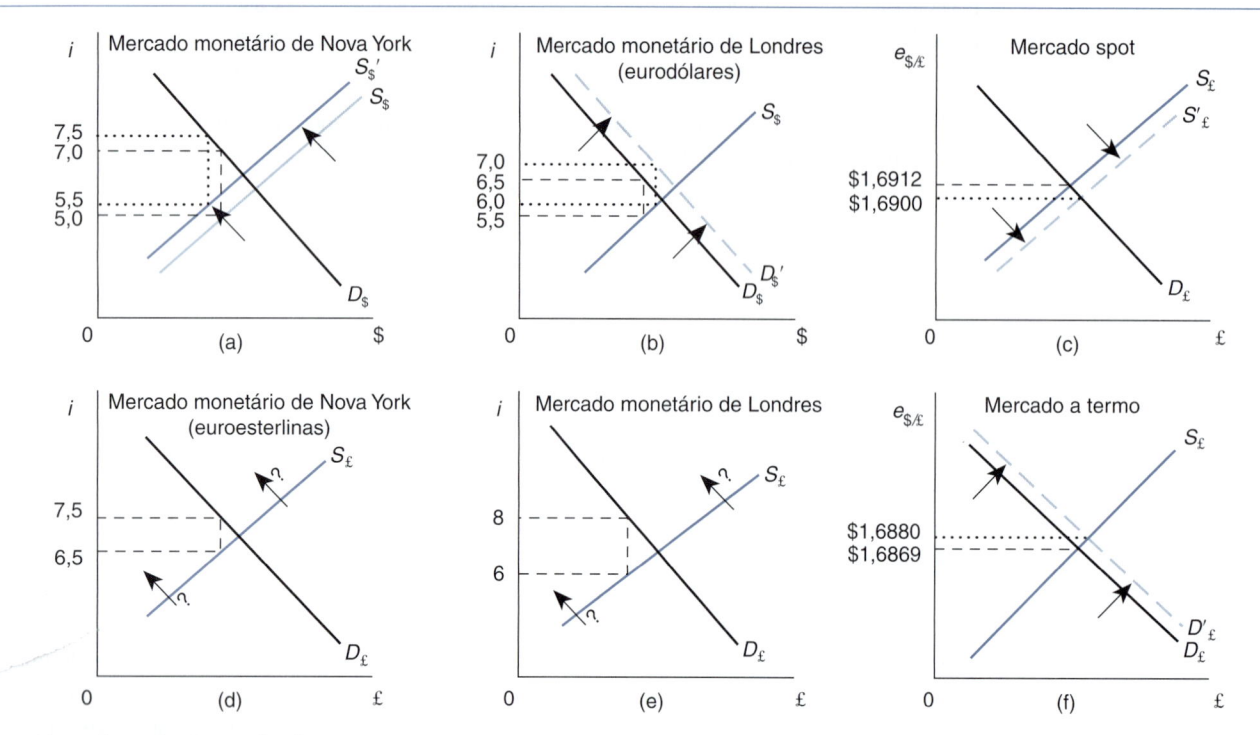

Ajustes financeiros internacionais na presença de mercados de euromoeda estão demonstrados nesses gráficos. Um mercado monetário apertado nos Estados Unidos [deslocamento à esquerda na curva de oferta no gráfico (a)] causa o crescimento das taxas de juros domésticas. Isso leva a uma demanda elevada por eurodólares [mudança para a direita na curva de demanda em (b)], que direciona para cima as taxas de eurodólar até que de novo se diferenciem das taxas dos Estados Unidos pelo diferencial de custo de risco. A maior taxa de juros dos Estados Unidos leva a um aumento da oferta de libras *spot* do Reino Unido [mudança para a direita de $S_£$ para $S'_£$ em (c)], que são objeto de *hedge* no mercado avançado [mudança para a direita de $D_£$ para $D'_£$ em (f)]. Mais ajustes podem ocorrer no mercado monetário do Reino Unido e no mercado de euroesterlina que levariam a maiores taxas de juros nesses mercados [gráficos (d) e (e)], embora o resultado seja incerto porque o Banco da Inglaterra pode intervir para compensar essa pressão para cima sobre as taxas de juros no mercado monetário de Londres. [Nota: Nos gráficos (a), (b), (d), e (e), as taxas em cima refletem as taxas de empréstimo, e as taxas de baixo indicam taxas de depósito. As taxas de empréstimo e depósito formam uma chave em torno do que seria a taxa de equilíbrio comum se as taxas de empréstimo e de tomada fossem iguais.]

Tendo observado como os mercados de moeda estrangeira, os mercados de moeda doméstica e os mercados de eurodólar interagem, retornemos à discussão sobre como o risco da taxa de juros pode ser reduzido ou eliminado nos mercados financeiros internacionais.

O *hedge* do risco da taxa de juros do eurodólar

Vários novos mercados financeiros internacionais têm emergido nos últimos anos para fornecer instrumentos alternativos para diluir os riscos relacionados ao câmbio externo e às taxas de juros futuras. Tendo discutido no capítulo anterior como os mercados de câmbio externo a termo, futuro e de opções fornecem um meio de reduzir ou evitar o risco do câmbio externo, agora introduzimos uma série de importantes instrumentos ou ferramentas disponíveis nos mercados financeiros internacionais para fazer o *hedge* do risco da taxa de juros. Esses instrumentos financeiros pertencem à categoria de ferramentas financeiras chamada **derivativos**. Derivativos são simplesmente contratos financeiros cujo valor está vinculado ou é derivado de um ativos subjacente. Exemplos de ativos subjacentes incluem ações, títulos, *commodities*, empréstimos, certificados de depósito (CDs) e câmbio externo. Para muitas instituições financeiras, o gerenciamento de risco da taxa de juros é fundamental para suas operações, visto que elas podem frequentemente antecipar ações de empréstimos futuros e tomadas futuras, em casa e no exterior, e prefeririam reduzir o risco de possíveis mudanças na taxa de juros de mercado antes que a tomada ou o empréstimo previstos ocorra. Alguns dos instrumentos financeiros ou ferramentas mais comumente usadas das quais o gerente pode escolher para fazer o *hedge* contra mudanças imprevistas da taxa de juros incluem (1) vencimentos descasados, (2) acordos de taxas futuras, (3) *swaps* de taxas de juros em eurodólar, (4) *swaps* de taxa de juros de moeda cruzada em eurodólar, (5) taxas futuras de juros em eurodólar, (6) opções de taxas de juros em eurodólar, (7) opções sobre *swaps*, e (8) derivativos financeiros de ações. Examinaremos cada um e concluiremos com uma pequena discussão sobre o volume e importância dessas transações na arena financeira internacional.[13]

Vencimentos descasados

Vencimentos descasados é um dos mais fáceis e simples meios para as instituições financeiras removerem o risco de mudanças na taxa de juros entre o momento presente e algum tempo futuro. É realizada pela aquisição de dois ou mais contratos cujos vencimentos se sobrepõem. Por exemplo, suponha que um gerente de fundos saiba que sua companhia receberá $100 mil em três meses e necessite manter aqueles fundos para pagamento em dólar de uma obrigação financeira daqui a seis meses. Preocupado com o fato de a taxa de juros cair antes do recebimento dos fundos, o gerente procura um meio de fixar a taxa de depósito atual pelo período de três meses durante o qual o superávit de caixa de $100 mil será mantido. Ele realizará isso pela tomada de $100 mil por três meses e pelo investimento disso em um instrumento de taxa fixa por seis meses, que vencerá exatamente quando será necessário para o pagamento esperado no futuro. Quando os $100 mil são recebidos ao final dos três meses, são então usados para pagar os três meses iniciais de empréstimo devido, enquanto os fundos investidos continuam a receber quantidade conhecida fixa de juros até que sejam necessários dali a seis meses. O custo da fixação da taxa de juros agora é a diferença entre a taxa de depósito e a taxa de empréstimo para os primeiros três meses, isto é, os três meses de sobreposição. De modo similar, se desejarmos fixar uma taxa de empréstimo por seis meses, começando daqui a dois meses, isso pode ser realizado pela compra dos fundos necessários hoje por um período de oito meses, colocando-se os fundos em um depósito de curto prazo com taxa fixa por dois meses, e ao final dos dois meses usando-se os fundos para pagar o compromisso financeiro antecipado. Novamente, pela sobreposição dos vencimentos dos dois instrumentos financeiros, a taxa futura de empréstimo é assegurada a uma taxa de juros conhecida, e o custo do *hedge* é a diferença entre a taxa de depósito de dois meses e a taxa de empréstimo de oito meses para os dois meses de sobreposição.

Acordos de taxas futuras

Um **acordo de taxa futura** (FRA) é essencialmente um contrato entre duas partes para fixar uma determinada taxa de juros iniciando em determinada data no futuro durante determinado período de tempo. Este instrumento originado no começo dos anos de 1970 é normalmente referido como *forward-forward*. (É também muitas vezes chamado de *contrato de taxa a termo*.) O procedimento foi modificado em meados de 1980 pelo desenvolvimento de um processo de compensação de caixa em que compensação é paga por desvios da taxa de juros de mercado da taxa contratada, em vez de pela tomada de empréstimo ou por empréstimo de fundos entre os dois participantes do contrato. O processo funciona como se segue: as duas partes contratantes acordam sobre determinada taxa de tomada ou de empréstimo a uma data futura para um montante específico e um período de empréstimo. Por exemplo, o sr. Pacheco deseja segurar a taxa de juros sobre um empréstimo de $10 mil em três meses por um período de nove meses. Depois de negociar a taxa futura por meio de um corretor, um contrato é assinado entre Pacheco e o vendedor (sr. Macedo) em que uma taxa de empréstimo de 7,5% é fechada pelo período de tempo considerado. Esse contrato garante a taxa de juros para ambas as

---

[13]Para aprofundar as discussões sobre os instrumentos derivativos em eurodólar introduzidos aqui, veja as excelentes apresentações em Bryan e Farrell (1996), Burghardt, Belton, Lane, Luce e McVey (1991), e Dufey e Giddy (1994). O livro de Burghardt et al. também fornece uma grande cobertura dos aspectos legais desses instrumentos.

partes, mas não envolve qualquer compromisso quando ao próprio empréstimo. Em três meses, quando o sr. Pacheco necessita dos fundos, ele obtém um empréstimo de nove meses à taxa corrente de juros. Se a taxa de mercado no momento do empréstimo é de 7,8%, a outra parte no FRA (Macedo) paga-lhe a diferença entre a taxa de mercado e a taxa no FRA, isto é, 0,3% ou 30 **pontos-base**,[14] pelo empréstimo especificado de $10 mil por nove meses.[15] Tivesse a taxa de mercado caído para 7,25%, o sr. Pacheco reembolsaria ao sr. Macedo a diferença, isto é, 0,25% pelo empréstimo especificado de nove meses. Pacheco faz então o *hedge* contra qualquer aumento na taxa de empréstimo entre o momento presente e o tempo em que o empréstimo está realmente descoberto. Ele está, entretanto, excluído de receber quaisquer benefícios associados à queda na taxa de empréstimo. É claro, se a taxa de mercado é a mesma que a taxa do contrato, nenhum pagamento compensatório é feito por nenhuma das partes e o contrato se encerra. Em essência, Pacheco acordou com Macedo substituir uma taxa flutuante ou uma taxa incerta por uma taxa fixa ao longo de um período específico de tempo. Na verdade, um FRA é normalmente definido como um *contrato a termo no qual as duas partes concordam em trocar uma taxa flutuante por uma taxa fixa por algum período futuro de tempo*. A Libor é comumente usada como a taxa flutuante nesses acordos.

Swaps de taxas de juros em eurodólar

Uma ***swap* de taxa de juros em eurodólar** é similar a um FRA, mas envolve uma série de períodos futuros. Neste caso as partes acordam substituir taxas de juros de dois tipos diferentes por uma série de períodos no futuro, cada um usualmente de três ou seis meses. Novamente, uma das taxas é em geral a taxa Libor apropriada, e o contrato envolve o câmbio de uma taxa fixa por uma taxa flutuante, como no caso do FRA de um período. Contudo, uma swap da taxa de juros pode também envolver um câmbio de duas taxas de juros flutuantes em que uma é a Libor e a segunda é outra taxa de juros ou um índice de um pacote de taxas, como o índice das taxas de papéis eurocomerciais. O caso no qual ambos os lados estão contratando uma taxa flutuante é chamado de *basis swap* ou *floating-floating swap*. Uma swap de taxa de juros funciona como se segue: suponha que o sr. Conrado tenha feito um empréstimo baseado em eurodólar de três anos a 8% e deseje que fosse uma dívida de taxa variável (talvez porque espere que as taxas de juros caiam no futuro) e o sr. Macedo tenha feito um empréstimo em eurodólar sobre o qual esteja pagando a Libor de seis meses mais 30 pontos-base (0,3%) e deseje ter uma dívida com taxa fixa. Em um arranjo swap acordado, Conrado concorda em pagar a Macedo a Libor de seis meses mais 0,3% a cada seis meses, e Macedo, por sua vez, concorda em pagar a Conrado os 8% (talvez mais algum montante adicional, por exemplo, 50 pontos-base por ano). Conrado converteu seu compromisso em taxa fixa para taxa variável, e Macedo converteu sua taxa variável para taxa fixa. Se as taxas de juros declinam, Conrado se beneficiará pela obtenção de um empréstimo mais barato. Macedo sentirá alívio por ter obtido uma taxa fixa mais barata do que obteria com um refinanciamento formal e um empréstimo a uma nova taxa fixa, e ele efetivamente reduziu sua exposição à taxa de juros. Se as taxas de juros tivessem caído durante o contrato swap e ameaçado subir novamente, Conrado poderia telefonar a um agente de *swaps* e entrar com um segundo arranjo swap para fixar novamente o compromisso da taxa de juros, mas desta vez a um nível novo e mais baixo.

Swaps de taxa de juros de moeda cruzada em eurodólar

A ***swap* de taxa de juros de moeda cruzada em eurodólar** é um derivativo financeiro que permite ao detentor de um investimento com taxa de juros flutuante ou dívida denominada em uma moeda transformá-lo em um instrumento com taxa fixa em uma segunda moeda. É claro, também

---

[14] Um ponto-base é definido como um centésimo de 1%; isto é, 1 ponto percentual contém 100 pontos-base.

[15] O montante real pago por Macedo (o vendedor) no momento do empréstimo é

$$\text{Pagamento} = (0,0078 - 0,075)(270/360)(\$10.000)/[1 + (0,078)(270/360)]$$
$$= \$22,50/1,0585 = \$21,26$$

A taxa de juro diferencial (0,003) é ajustada para refletir o período de nove meses (270/360) em oposição a um ano. O montante inteiro é descontado pelo período de nove meses porque Macedo realizará o pagamento do contrato no início do período de empréstimo, e não no final quando os juros são devidos. O pagamento é reduzido pelos juros que o pagamento do contrato receberá durante o período de nove meses do empréstimo.

pode permitir que o detentor de uma dívida em taxa fixa em uma moeda converta-a em uma dívida em taxa flutuante em uma segunda moeda. Isso então liga uma série de segmentos dos mercados de capital internacional. Este instrumento tem as características de uma swap de taxa de juros normal, exceto que é uma combinação entre swap de taxa de juros e o *hedge* de uma moeda.

REVISÃO DE CONCEITO

1. Como podem os vencimentos descasados remover o risco associado à mudança da taxa de juros futura?
2. Por que um tomador de empréstimo desejaria usar um contrato de taxa futura? Que oportunidade está sendo perdida ao se fazer isso?
3. Qual é o risco evitado pelo uso de uma swap de taxa de juros? Que risco adicional é evitado com uma swap de taxa de juros de moeda cruzada?

Taxas futuras de juros em eurodólar

Da mesma maneira que no mercado de câmbio externo, há **taxas futuras de juros em eurodólar** além das taxas a termo de juros. De maneira similar às moedas futuras, as taxas futuras de juros são contratos de entrega de certo montante de depósitos bancários em alguma data futura a uma taxa de juros ou preço específicos. Eles podem assumir a forma de depósitos a prazo em eurodólar ou CDs em eurodólar de um banco importante. Eles têm a taxa de juros fechada, acordada quando o contrato foi assinado, e o ganho (perda) do contrato dependerá se a taxa de juros do dia em que o contrato vence é menor (maior) do que a taxa contratada, multiplicada pelo montante do contrato.

Estes contratos diferem de uma transação de mercado a termo de várias maneiras: são transacionados ou comercializados em bolsas organizadas, como o Chicago Mercantile Exchange. Contratos de juros futuros de três meses são vendidos em unidades de $1 milhão e comercializados em março, junho, setembro e dezembro. Diferentemente do caso do mercado a termo, em que os ganhos ou perdas a termo são liquidados na data de vencimento, ganhos e perdas são liquidados diariamente no mercado de futuros. Os participantes são solicitados a manter uma conta "marginal", e os ganhos ou perdas diárias são somados ou subtraídos dessa conta dependendo se a taxa diária corrente está abaixo ou acima da taxa de contrato. Para cada declínio (aumento) de 1 ponto-base na taxa de juros corrente comparada com a taxa de liquidação final no dia anterior, $25 são somados (subtraídos) à conta "marginal" do detentor para cada contrato de juros a termo.[16] As liquidações de caixa diárias baseiam-se no preço de liquidação final da Libor de três meses obtida de 12 bancos randomicamente selecionados durante os últimos 90 minutos de negócios (Dufey e Giddy, 1994, p. 189). Para um exemplo de taxa futura de juros e como interpretá-la, consulte o Quadro conceitual 1, na página 534.

O mercado de futuros é útil para emprestadores/depositantes que desejam fechar a uma taxa futura específica em euromoedas. Se você sabe que terá fundos para investir no futuro por um período de tempo específico, o mercado de futuros oferece-lhe a oportunidade de evitar uma queda na taxa de juros pela fixação da taxa no momento da compra de contrato para entrega em eurodólar a um tempo futuro determinado. Na data futura específica, o contrato é completado e os fundos de ajuste marginal de contrato mais os fundos de investimento antecipados são aplicados à taxa de mercado corrente de juros. Se as taxas de juros tiverem caído no momento em que o investimento é feito e o contrato futuro vence, o detentor do contrato de futuros liquidará os pagamentos marginais devidos no contrato e os investirá junto com os novos fundos à taxa de juros então corrente. Ao final do período de investimento, ele receberá aproximadamente o mesmo montante que o da taxa inicial de contrato de futuro embora tenha havido um real declínio da taxa de juros. O ganho no contrato de futuros, que será investido ao longo do tempo com os novos fundos adquiridos, resultará em uma taxa de retorno similar à taxa inicial no contrato de futuros, ainda que o montante inteiro esteja recebendo uma taxa menor de juros de mercado. Essa atividade é conhecida como *long hedge*.

---

[16]Isso ocorre porque cada contrato refere-se a $1 milhão por três meses. Cada mudança de 1 ponto-base leva a um pagamento igual a ($1.000.000) (0,0001)/4 = $25. A flutuação mínima no preço é de 1 ponto-base.

Quadro Conceitual 1

Cotações do mercado de futuros de taxas de juros de eurodólar

As cotações na Tabela 5 dizem respeito ao Chicago Mercantile Exchange (CME), e o valor de face de cada contrato de três meses é de $1 milhão. Cada mudança de ponto-base (0,01%) no contrato é avaliada em $25 [=($1.000.000) (0,0001)/4]. O "rendimento" do eurodólar futuro é calculado sobre 360 dias-base. O preço é igual a (100 − rendimento), ou o rendimento é igual a (100 − o preço cotado). Com um preço "fechado" de 94,680 (linha 3 na tabela), o rendimento é de 5,320% (=100 − 94,680). Os preços listados são os vários preços de exercício (de contrato) para contratos que expiram nos meses indicados. Na real data de expiração, a terceira quarta-feira do mês de expiração, os rendimentos futuros convergem para o rendimento em moeda corrente de mercado, isto é, a Libor. O preço de "abertura" é o preço do contrato inicial do dia; o "alto" e o "baixo" indicam a faixa de flutuação durante o dia, e o preço "fechado" ou o preço de fechamento é o preço de referência usado para fazer o ajuste diário das contas marginais. No caso do CME, o preço combinado é igual a (100 − Libor *spot*), obtido fazendo-se duas consultas aos bancos de Londres (uma no fechamento e uma 90 minutos antes). "Chg." refere-se a mudanças no dia útil anterior. No caso dos contratos de julho (linha 3 da tabela), não houve mudança no preço em relação dia útil anterior, e consequentemente não houve pagamento marginal requerido. Os "juros de abertura" referem-se ao número de contratos pendentes. Na segunda-feira da tabela, contratos futuros foram vendidos por 11 anos (até dezembro de 2015), mas o número de contratos declinou, bem como a extensão de tempo para a data de expiração aumentou. O rendimento requerido pelo vendedor aumentou fortemente, à medida que o período de contrato se moveu cada vez mais para o futuro.

TABELA 4   Cotas para segunda-feira, 7 de maio de 2007

	Abertura	Alto	Baixo	Combinado	Chg.	Juros de abertura
Eurodólar (CME) – $1 milhão; pontos de 100%						
Maio	94,643	94,650	94,625	94,648	—	40.690
Jun.	94,660	94,665	94,655	94,660	0,005	1.637.698
Jul.	94,680	94,680	94,680	94,680	—	15.427
Set.	94,755	94,765	94,750	94,750	—	1.657.455
Mar. 08	95,110	95,110	95,080	95,085	0,005	1.492.034
Mar. 09	95,305	95,315	95,295	95,295	0,015	478.125
Mar. 11	95,030	95,035	95,010	95,010	0,010	94.665
Mar. 15	94,510	94,495	94,490	94,490	0,005	1.145
Dec. 15	94,420	94,405	94,405	94,405	0,010	685

Fonte: Chicago Mercantile Exchange, disponível em: www.data.tradingcharts.com/futures/quotes/ED.html.

Da mesma forma, os potenciais tomadores de empréstimos no futuro podem se resguardar contra um crescimento na taxa de tomada de empréstimo pela venda de um contrato futuro pelo período durante o qual estarão precisando tomar fundos emprestados (isto é, um contrato para adquirir fundos a uma taxa de empréstimo específica). Essa atividade é referida como *short hedge*. Se as taxas de juros tiverem crescido quando o empréstimo é solicitado, o vendedor recebe os fundos associados ao ajuste marginal diário, que pode ser usado para reduzir o montante do empréstimo necessário. O resultado é que o tomador tem os fundos necessários no período necessário a uma taxa aproximada da taxa contratada, pois o menor montante da tomada necessário compensa a maior taxa de juros de mercado. O ganho do contrato futuro compensa os elevados custos de empréstimos de caixa. De fato, o tomador acaba pagando uma taxa levemente menor do feito se o mesmo *hedge* tivesse sido feito usando-se o mercado a termo.[17] Vale enfatizar que o contrato em eurodólar dificilmente proporciona um *hedge* perfeito, pois é improvável que haja um ajuste perfeito entre o instrumento de *hedge* e o instrumento financeiro objeto de *hedge*. A ausência de um *hedge* perfeito é normalmente denominada de *basis risk*.

Quando é desejado fazer o *hedge* contra mudanças na taxa de juros por períodos maiores do que três meses, é possível fazê-lo com a aquisição de uma série de sucessivos contratos futuros. Por exemplo, se alguém desejasse fixar seu retorno por um período por um ano começando em setembro, simplesmente compraria um contrato futuro de dezembro, um contrato futuro de junho e um contrato futuro de setembro. Quando o contrato de dezembro terminasse, ele seria substituído pelo de março, e esse seria substituído pelo de junho e esse pelo contrato de setembro. Então ele estaria protegido contra todas as mudanças nos níveis das taxas de juros. Essa série de contratos futuros de curto prazo de três meses para fazer *hedge* das mudanças nas taxas de juros por um período mais longo é denominada de **eurodollar strip**. Os futuros de eurodólar podem ser usados para um *hedge* de até sete anos (Dufey e Giddy, 1994, p. 165). Outro meio de fazer o *hedge* para um futuro mais distante disponível diretamente nos mercados futuros é adquirir um contrato futuro de menor prazo ou *strip* e substituí-lo por novos contratos mais próximos do período de tempo desejado com ganhos em liquidez em cada contrato mais curto. Por exemplo, você pode adquirir o *strip* recém discutido, mantê-lo pelo primeiro período de três meses e substituí-lo por um novo *strip* de 12 meses, e continuar fazendo isso até que o período desejado seja alcançado, digamos, três anos a partir de agora. Tal operação de *hedge* com contrato futuro de curto prazo que é subsequentemente substituído com outros contratos é chamado de *stack*.

Por fim, se tornou comum combinar o *hedge* da taxa de juros com *hedge*s de moedas para obter proteção da taxa de juros em uma moeda particular. Por exemplo, um *eurobanker* na França pode se encontrar adiante da necessidade de garantir a um cliente francês uma taxa de juros para um empréstimo futuro de três meses em francos suíços. Para tanto, o banqueiro fecharia na taxa de juros de eurodólar futuro com um contrato futuro em eurodólar, e então combinaria isso com um contrato a termo para comprar francos suíços no momento em que o empréstimo fosse feito e um contrato para vender os francos suíços três meses depois, quando o empréstimo fosse restituído.

Opções de taxa de juros em eurodólar

Todos os contratos de *hedge* discutidos até este ponto essencialmente obrigam as duas partes a trocar algo no futuro. A **opção de taxa de juros em eurodólar**, por sua vez, dá a uma parte o direito, mas não a obrigação, de comprar ou vender um ativo financeiro sob um conjunto de condições prescritas, incluindo a taxa de juros relevante. Como é o caso com as opções de moedas, há dois tipos de transações, *puts* e *calls*. O comprador de uma **opção call de eurodólar** obtém o direito de comprar um depósito a prazo fixo de eurodólar com uma certa taxa de juros (por exemplo, 8%) em uma data específica. Essa opção custará ao comprador um preço *up-front* chamado de *ágio de opção*. Se a taxa de juros de mercado está acima de 8% e o proprietário da opção *call* pode escolher não exercê-la, colocar seus fundos em uma conta pagando a maior taxa de juros e simplesmente perder o ágio *up-front*. Se a taxa de mercado estivesse abaixo de 8%, o comprador da *call* exerceria sua opção e adquiriria um instrumento financeiro com uma taxa de juros maior. O comprador da *call* está então segurado contra uma queda na taxa de juros (sem desistir da opção de depositar a uma taxa maior depois) e o ágio *up-front* é o custo da apólice de seguros. Quanto maior a probabilidade das taxas de juros caírem, maior a probabilidade de que as opções sejam exercidas e maior o ágio *up-front*.

---

[17] Intuitivamente, isso ocorre porque os pagamentos de ajuste de taxa são feitos durante todo o período principal antes que o contrato se complete com o contrato futuro, enquanto que o pagamento refletindo o ajuste da taxa de juros em um contrato futuro é estabelecido ao término, quando o contrato é efetivado. Nesse caso, "tempo é dinheiro", e o custo relativamente baixo do *hedge* com os contratos futuros reflete esse fato.

Quadro conceitual 2
Cotações de opções de juros em eurodólar

As cotações na Tabela 6 refletem as opções sobre depósitos de $1 milhão de eurodólar na CME para sexta-feira, 4 de maio de 2007. O "preço de exercício" é o semelhante ao futuro, cotado como (100 − rendimento). Os preços de exercício (em pontos-base) são cotados em intervalos de 0,25%. Se você estivesse interessado em investir $4 milhões em eurodólares em junho (adquirir depósitos de eurodólar) e desejasse pagar para garantir que receberia uma taxa percentual anual de 5,25%, você compraria quatro contratos de opções *call* de abril ao preço de exercício de 94,75, pelo qual pagaria 50 pontos-base. Bem como nos futuros, cada ponto-base vale $25, então o custo do contrato de opção seria 50 × $25, ou $1.250 para cada um dos quatro contratos. Você está agora "*long*" por quatro contratos *call* e o subscritor de opções está é "*short*" por quatro contratos de opção. Na expiração, se a taxa de mercado está acima de 5,25%, você simplesmente escolhe não exercer as opções e perde só o custo dos contratos. Do mesmo modo, se você desejasse garantir que pudesse tomar emprestado, digamos, 2 milhões de eurodólares em junho a 5,25 %, compraria dois contratos de opção *put* de junho que lhe custariam 50 pontos-base, ou $1.250 por contrato. De novo, se estivesse a taxa de mercado abaixo de 5,25 % na data de expiração, você escolheria não exercer a opção, adquiriria um empréstimo à menor taxa de juros de mercado e perderia somente o custo de $1.250 de cada contrato de opção. O volume estimado de *puts* e *calls* comercializados e o número de contratos de opção abertos ao final do dia de negócio (juros de abertura) são dados no fim da tabela.

TABELA 6   Opções de juros futuros de eurodólar, sexta-feira, 4 de maio de 2007

Preço de exercício	Calls – Fechamento			Puts – Fechamento		
	Maio	Junho	Julho	Maio	Junho	Julho
Contratos de eurodólar (CME) – $1 milhão; pontos de 100%						
9450	—	16,50	25,25	0,25	0,25	0,50
9475	4,00	4,00	13,50	0,25	0,50	1,25
9500	0,25	0,50	3,25	33,50	33,50	28,00
9525	0,25	0,50	1,25	—	58,50	50,75
9550	—	0,25	0,50	—	83,50	75,00
9575	—	0,25	—	—	108,50	—

— nenhuma opção oferecida

Volume na sexta-feira de 230.150 *calls*; 130.050 *puts*
Juros de abertura na sexta-feira – 2.584.419 *calls*; 2.130.735 *puts*

Fonte: *The Wall Street Journal*, 7 mai. 2007, Market Data Center, WSJ.com.

O investidor que compra uma **opção *put* de eurodólar** adquire o direito de vender um depósito a prazo de eurodólar (adquirir eurodólares) para o subscritor do contrato de opção por uma taxa de juros específica, em uma data futura. Novamente, estivesse a taxa *spot* na data em questão acima da taxa contratada, a opção seria exercida e o recebedor de fundos de eurodólar teria estado protegido contra um crescimento no custo de tomada de empréstimo. Por sua vez, se a taxa de empréstimo fosse menor do que a taxa do contrato na data do contrato, o comprador do contrato *put* simplesmente escolheria não exercer o contrato e obteria os fundos necessários à menor taxa de mercado. O ágio sobre a opção *put* é então o custo de assegurar que o tomador não termine pagando a maior taxa de tomada. Para um exemplo de cotações de opções de juros e sua interpretação, veja o Quadro conceitual 2.

Em ambos os caso, *put* e *call*, a opção da taxa de juros de eurodólar contém um perfil de risco assimétrico em que o comprador pode sempre escolher não exercê-la se ela não lhe trouxer vantagem. O subscritor do contrato de opção então assume todo o risco de uma mudança da taxa de juros e cobra um ágio de opção para compensar o risco. Nos arranjos a termo, de futuro e swap discutidos previamente, o subscritor e o comprador do contrato podem potencialmente perder, dependendo da natureza da mudança da taxa de juros (perfil de risco simétrico). O resultado dessa diferença de risco implica que as opções de taxa de juros de eurodólar são mais apropriadas quando as expectativas das mudanças da taxa de juros sobre um dado instrumento são não simétricas. Por exemplo, se um investidor em títulos com taxa flutuante quer se proteger contra uma provável queda na taxa de mercado, comprar uma opção *call* de eurodólar coloca efetivamente um piso sob a taxa de juros. Similarmente, se uma análise financeira sugere que as taxas de juros podem crescer, o tomador desejando proteger-se contra um crescimento na taxa de empréstimo pode fazer o *hedge* pela compra de opções *put* de eurodólar. Da mesma maneira, um emprestador financeiro com uma hipoteca de teto fixo pode proteger-se contra um crescimento na taxa de mercado acima da taxa de juros de teto pela compra de contratos *put* de eurodólares. Emprestadores detendo notas de taxa flutuante garantindo nunca pagarem menos que certa taxa de piso podem proteger-se contra quedas de taxas pela compra de opções *call* de taxa de juros de eurodólar.

Tetos, pisos e colares. Os derivativos de taxa de juros de opções padrão recém-discutidos são similares aos futuros na medida em que são comercializados nos mesmos centros financeiros, em contratos padronizados de três meses, em unidades de valor de face de $1 milhão, com datas de expiração em março, junho, setembro e dezembro. Contratos de opção por mais longos períodos podem ser construídos pela combinação de uma série de contratos de opção individuais, como foi feito com os contratos futuros. O *hedge* de multiperíodo ao longo de uma série de períodos de taxa de juros é essencialmente um *strip* de opções *put* ou *call* que fornece um teto ou um piso, isto é, limites a uma taxa de juros flutuante. Mais especificamente, um teto é um contrato em que o vendedor concorda em compensar o comprador quando a taxa de juros em questão excede a "taxa teto" contratada por meio de uma transação financeira de médio ou longo prazo. Como é o caso com os contratos futuros, o comprador do teto paga um ágio (geralmente *up-front*) para o vendedor pelo seguro contra ter de pagar mais do que a taxa contratada ao longo do período de empréstimo. Se, por outro lado, as taxas de juros caírem abaixo da taxa contratada, nada acontecerá, porque esse é um outro exemplo de contrato de risco assimétrico. Tome, por exemplo, o caso hipotético de Small and Company. Small resolveu tomar emprestado $10 milhões por dois anos e meio a uma Libor de seis meses de 7%. Para garantir que a companhia não terá de pagar mais do que 7% em cada um dos quatro subsequentes períodos de seis meses, o executivo financeiro compra um teto, contratado a uma taxa de teto de 7%, pela qual ele paga um ágio, digamos, de 0,3% (30 pontos-base) dos $10 milhões sendo financiados *up-front*. Se a Libor crescer acima de 7% em qualquer dos períodos de empréstimos subsequentes, o vendedor do teto pagará para a Small and Company a diferença entre o custo do empréstimo de seis meses à Libor corrente e os 7% de taxa de teto. Caindo a taxa de juros para 6,8%, nada acontece entre as partes contratantes porque esse contrato cobre somente quando a taxa de juros cresce acima dos 7%. Não é incomum ver um contrato de empréstimo com taxa flutuante inicial ter uma provisão de taxa de juros na qual as partes contratantes concordam que a taxa de empréstimo nunca excederá certo nível, o que quer que aconteça com a Libor. Um contrato com taxa flutuante com um teto de juros embutido é chamado de *cap-floater*.

Assim, como um *strip* de opções *call* de eurodólar, um *piso* é um contrato que estabelece uma taxa de juros abaixo da qual a taxa financeiramente contratada não pode cair por uma série de períodos futuros. Por exemplo, o sr. Pacheco acabou de contratar um empréstimo de $5 milhões para a Thompson Company por quatro anos a uma Libor de seis meses, que à época do empréstimo está em 7,5%. Para se proteger de um rendimento menor do que os 7,5% caso a Libor futura decline, Pacheco compra um contrato de piso, por um ágio de 0,4% (40 pontos-base) do montante de empréstimo inicial, que fixa o piso em 7,5%. Caso a Libor caia abaixo de 7,5% em qualquer dos sete períodos de empréstimos futuros, a diferença entre a Libor de mercado e a taxa contratada de 7,5% será paga pelo vendedor do piso. Pacheco está então protegido contra receber qualquer coisa menor do que 7,5%. Em ambos os casos um instrumento de taxa flutuante foi transformado em um instrumento de taxa fixa pelo uso de um contrato de teto ou de piso. Por fim, a compra simultânea de um teto e um piso cria um *colar*. Nesse caso a taxa do tomador não pode crescer acima de certa taxa, mas também não pode cair abaixo de certo nível da taxa de juros. Tetos, pisos e colares são similares a combinações de uma série de opções *put* e *call* de curto prazo e podem, portanto, ser trocados como outros ativos financeiros.

Opções sobre swaps

Seguindo o sucesso dos tetos, os mercados financeiros logo desenvolveram os derivativos de **opções sobre *swaps***. Estes instrumentos oferecem uma enorme flexibilidade em transações financeiras corporativas. Bem como você esperaria, estes contratos financeiros dão ao comprador a opção de entrar em uma swap futura ou o direito de cancelar uma swap futura. No primeiro caso (algumas vezes denominado "*swaption*"), comprar uma opção *call* dá ao comprador o direito de receber uma taxa fixa em uma swap e pagar em uma taxa flutuante. Comprar uma opção *put* dá ao comprador o direito de pagar uma taxa fixa na swap e receber uma taxa flutuante. Contratando-se uma opção para cancelar a swap, comprar uma opção *call* dá ao lado que paga uma taxa fixa e ao que recebe uma taxa flutuante o direito de cancelá-la. Na compra de uma opção *put* para cancelar uma swap, o comprador que paga a taxa flutuante e recebe uma taxa fixa tem o direito de cancelá-la.

Derivativo financeiro de ações

Enquanto as opções de futuros de commodity existem há muito tempo e os mercados de derivativos em moeda e instrumento com juros explodiram nas últimas duas décadas, os derivativos de ações internacionais começaram a ser utilizados há relativamente pouco tempo. Em muitos países, como os Estados Unidos, a opção de ações existe há muitos anos, mas só recentemente as opções internacionais e as *swaps* se espalharam pelo mundo. Com a swap de ações, um investidor pode trocar os retornos sobre uma ação mantida correntemente com um outro investidor por determinado preço. Como os mercados financeiros se globalizaram, é muito comum encontrar investidores em um país estabelecendo contratos com *insider* de mercado ou agentes em um outro país para a compra e a detenção de ações e a passagem para os investidores estrangeiros de ganhos ou perdas associados ao pacote de ações em troca uma taxa de agência. Este derivativo permite que os investidores internacionais participem em um mercado de ações estrangeiro sem ter de pagar taxas de execução de mercado local ou se preocuparem com o risco de não conhecerem práticas locais de troca. Isso também protege a identidade do investidor estrangeiro. Assim, como em outros mercados derivativos, os derivativos de ações servem para auxiliar os investidores globais no gerenciamento do risco.

REVISÃO DE CONCEITO

1. Por que um potencial tomador de empréstimo estaria interessado em um contrato futuro de taxa de juros? Essa pessoa venderia ou compraria um contrato futuro? Explique brevemente.
2. Suponha que o preço combinado de um contrato futuro de taxa de juros no Chicago Mercantile Exchange seja de 93,62. Qual é o rendimento deste contrato?
3. Suponha que em março você disponha de uma opção *call* para maio sobre depósito a prazo em eurodólar a 6%. Se a taxa de juros em maio é de 5%, você exerceria sua opção? Por que, ou por que não?

O MERCADO ATUAL DE DERIVATIVOS GLOBAIS

Os futuros são comercializados em uma ampla variedade de mercadorias de metais e agrícolas desde a metade do século XIX nos Estados Unidos (e desde séculos antes em outras partes do mundo). Contudo, nos últimos 25 anos tem havido um monumental crescimento no uso global de derivativos de moeda estrangeira, taxa de juros e ações. Por que esse desenvolvimento aconteceu? Muito simplesmente, os participantes dos mercados financeiros internacionais descobriram que o uso de derivativos financeiros poderiam incrementar seus retornos e/ou diminuir seu risco de exposição. Eles podem literalmente desmontar e alterar sua exposição ao risco do câmbio externo, risco da taxa de juros e risco de preço embutido nos ativos e passivos. Os investidores internacionais podem agora negociar os riscos com os quais não estão confortáveis com uma troca por uma exposição de risco mais aceitável para seus gostos e finanças pessoais. Como diferentes pessoas estão expostas a diferentes tipos de riscos, têm diferentes meios de lidar com o risco, diferentes capacidades de absorver risco e diferentes preferências de risco, a evolução desses derivativos têm trabalhado para fazer o mercado financeiro global mais eficiente.

A Tabela 7 e a Figura 3 apresentam a evidência do rápido crescimento de 1987 a 2006 de uma variedade de instrumentos financeiros derivativos disponíveis nos mercados mundiais. Os dados foram gerados pelo BIS, e o valor em dólar se refere a *valores nocionais,* ou montantes de referência baseados nos valores brutos de contratos. A Parte A da Tabela 7, "Instrumentos negociados em bolsa", indica que o estoque de futuros de taxa de juros cresceu de $488 bilhões em 1987 para $24.473 bilhões em 2006, o que dá uma taxa de crescimento médio anual de 23,6%. Da mesma forma, as opções de taxa de juros cresceram rapidamente de $123 bilhões em 1987 para $38.170 bilhões em 2006, uma taxa de crescimento médio anual de 36,4%. Os outros componentes da Parte A são menores em tamanho, mas os índices de futuros e opções do mercado de ações tiveram rápidas taxas médias anuais de crescimento (24,6% para o índice de futuros do mercado de ações e 60,8% para o índice de opções do mercado de ações). Note, contudo, que o valor nocional das opções de moeda mostrou uma pequena mudança no período. A Parte B da Tabela 7 apresenta dados sobre os *instrumentos de balcão,* significando instrumentos cujos contratos são negociados através de corretores e instituições financeiras

TABELA 7 Valores de instrumentos derivativos globais selecionados, finais de vários anos, 1987-2006 (bilhões de dólares)

	1987	1990	1994	1998	2002	2005	2006 (junho)
A. Instrumentos negociados em bolsa	$730	$2.291	$8.863	$13.932	$23.810	$57.816	$70.512
Taxas futuras de juros	488	1.455	5.778	8.020	9.951	20.709	24.473
Opções de taxa de juros	123	600	2.624	4.624	11.760	31.588	38.170
Moedas futuras	15	17	40	32	47	108	178
Opções de moeda	60	57	56	49	27	66	79
Índice de futuro do mercado de ações	18	69	128	291	326	803	1.049
Índice de opções do mercado de ações	28	94	238	917	1.700	4.543	6.563
B. Instrumentos de balcão	866	3.450	11.303	50.015	141.679	297.670	369.906
Swaps de taxa de juros	683	2.312	8.816	36.362	79.120	169.106	207.323
Swaps de moeda	183	578	915	2.253	4.503	8.504	9.669
Opções de taxa de juros	0	561	1.573	7.997	13.746	28.596	36.856

Nota: Os componentes podem não somar o total em virtude de arredondamentos.
Fontes: Bank for International Settlements, *69th Annual Report,* Basle, Switzerland, 7 jun. 1999, p. 132; International Monetary Fund, "International capital markets: developments, prospects, and key policy issues", set. 1999, tabelas 2.6 e 2.7; Bank for International Settlements, *BIS Quarterly Review,* 83, mar. 2001, p. 81; *BIS Quarterly Review,* mar. 2004, p. A99, A104; *BIS Quarterly Review,* mar. 2007, p. A103, A108.

FIGURA 3 Valores de derivativos globais, 1987-2006

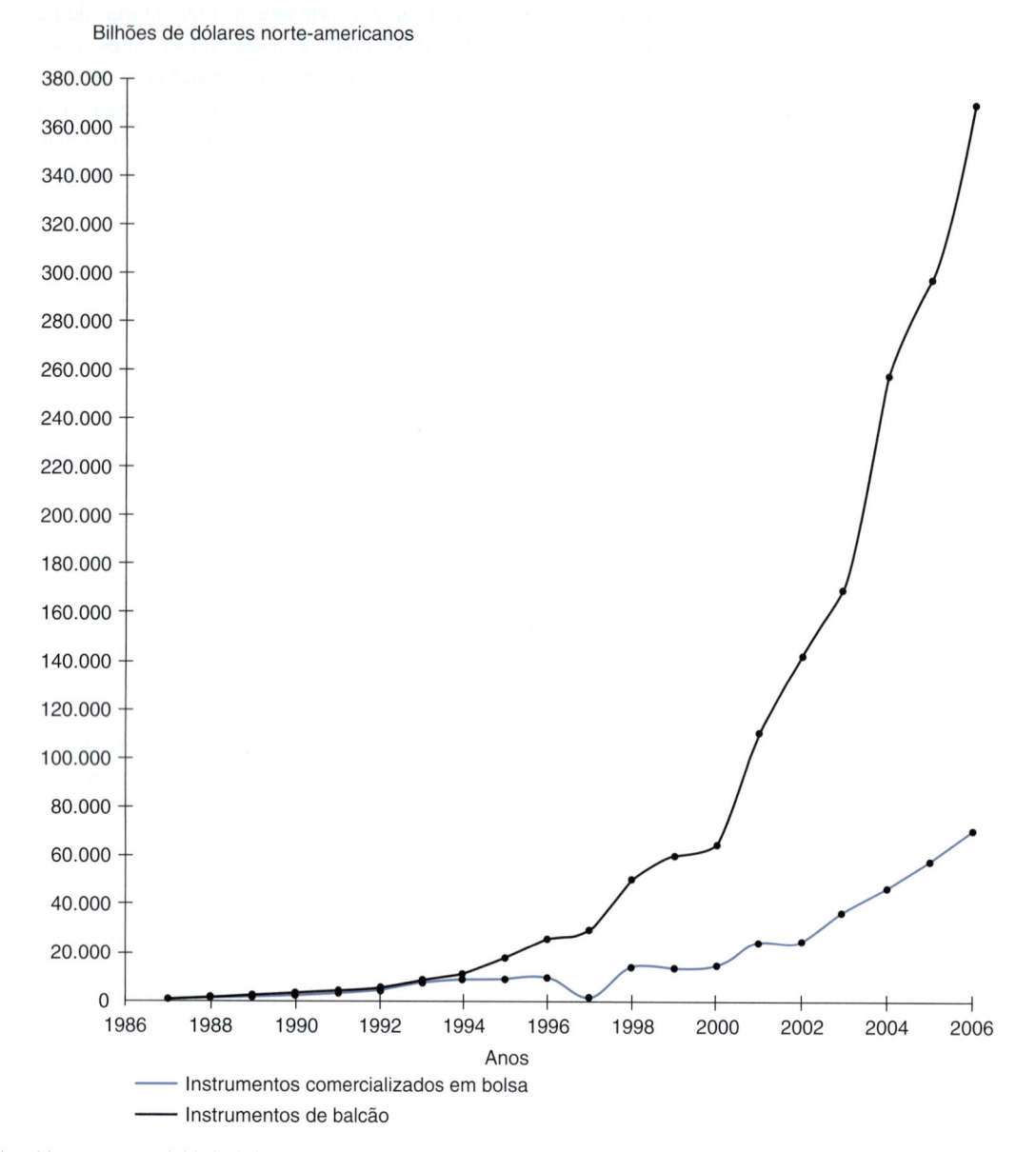

Bilhões de dólares norte-americanos

— Instrumentos comercializados em bolsa
— Instrumentos de balcão

Como discutido no texto, a atividade de instrumento derivativo tem crescido muito rapidamente desde o fim dos anos de 1980. Tal crescimento reflete uma crescente interdependência dos mercados financeiros em todo o mundo e também a emergência de novos instrumentos financeiros.

Fontes: Bank for International Settlements, *69th Annual Report,* Basle, Switzerland, 7 jun. 1999, p. 132; International Monetary Fund, "International capital markets: developments, prospects, and key policy issues", set. 1999, tabelas 2.6 e 2.7; Bank for International Settlements, *BIS Quarterly Review,* mar. 2001, p. 81, 83; *BIS Quarterly Review,* mar. 2004, p. A99, A104; *BIS Quarterly Review,* mar. 2007, p. A103, A108.

individuais em vez de em bolsas organizadas. Da base de $866 bilhões em 1987, esses instrumentos cresceram até um valor nocional de quase $370 *trilhões* em 2006 – essa é uma taxa de crescimento médio anual de quase 39%. A Figura 3 traça as cifras anuais de 1987 a 2006 para instrumentos comercializados em bolsa e derivativos de balcão.

Um pouco do recente crescimento nas finanças globais pode ser atribuído aos novos desenvolvimentos nos aspectos institucionais de empréstimo. Empréstimos de bancos individuais para clientes individuais, a norma bancária por anos, têm sido complementados recentemente pela subscrição e sindicalização de créditos financeiros e a subsequente troca desses créditos nos mercados financeiros, em geral entre bancos. A sindicalização do processo de empréstimo ocorre quando um grupo altamente estruturado de bancos bem-capitalizados concorda em fornecer um empréstimo particular e então vende participações dos créditos a uma ampla faixa de bancos menores e menos bem-informados. Nos mercados de eurodólar, o empréstimo pode portanto se originar em um país, enquanto os emprestadores ou proprietários finais dos créditos do empréstimo residem em outros países. Administrativamente, é típico o sindicato apontar um gerente ou agente que interaja com os tomadores de empréstimo, retendo então, em parte, o relacionamento bancário de agente de empréstimo principal. O acordo de empréstimo de sindicalização formal pode assumir a forma de um **sindicato de empréstimo direto** ou de um **sindicato de participação de empréstimo**. No primeiro caso, os bancos participantes assinam um acordo de empréstimo comum que serve como instrumento de empréstimo. Os bancos participantes essencialmente são coemprestadores nessa forma de sindicalização. No segundo caso, um banco usualmente executa o instrumento de empréstimo com o tomador e então sindicaliza o empréstimo pela entrada em acordos de participação com outros bancos. Nesse caso, os bancos participantes não são coemprestadores formais. Arranjos de empréstimos sindicalizados protegem o tomador de influência indevida de qualquer dos bancos e, ao mesmo tempo, protege qualquer banco de estar excessivamente exposto ao risco de crédito associado a determinado tomador. Esta última característica é de particular valor para os emprestadores internacionais que desejam diversificar o risco como aquele associado ao empréstimo a tomadores soberanos. Talvez ainda de maior importância, no mundo das finanças globais em rápida expansão, é que as ligações financeiras tradicionais estão se tornando menos e menos importantes. A sindicalização permite ao gerente ou agente bancário obter fundos para um tomador particular mais rapidamente, em maiores quantidades, e provavelmente a menor custo do que a abordagem tradicional em apenas um banco. De fato, a sindicalização é o mais disseminado meio de empréstimo em mercados estrangeiros quando os montantes de tomada são grandes e o período de empréstimo excede 12 meses (Dufey e Giddy, 1994, p. 250). O crescimento nos mercados financeiros internacionais tem sido estimulado não só pelo desenvolvimento de novos instrumentos financeiros derivativos, mas também por mudanças nas formas de empréstimo institucional que aumentam a eficiência das finanças internacionais.

Resumo

Este capítulo ofereceu um perfil geral dos mercados e instrumentos que atualmente existem para facilitar os fluxos de capital financeiro entre os países. As transações de empréstimo bancário internacional em títulos e ações são agora de enorme tamanho e ocorrem nos centros financeiros de todo o mundo. Nesses mercados, uma ampla variedade de instrumentos específicos, incluindo muitos diferentes tipos de derivativos, emergiram. Esses instrumentos habilitam os investidores internacionais, particularmente em mercados de euromoeda, a dissociar os vários aspectos de risco associado aos instrumentos para melhor distribuir e fazer o *hedge* dos riscos. Um aspecto-chave da tecnologia de empréstimo moderna é a capacidade de separar a moeda de denominação de um instrumento financeiro particular de sua respectiva jurisdição. Assim, as características de um instrumento de euromoeda podem ser separadas ou dissociadas e reempacotadas de maneira que seja mais lucrativo e/ou contenha um perfil de risco mais aceitável para o investidor individual. A ampla gama de instrumentos para lidar com o risco associado às taxas de câmbio, taxas de juros e preços de ações claramente parece estar desempenhando um importante papel em melhorar a eficiência dos mercados financeiros rapidamente globalizados.

Termos-chave

acordo de taxa futura
derivativos
diversificação de portfólio internacional
empréstimo bancário estrangeiro tradicional
empréstimo bancário internacional

empréstimo bancário internacional bruto
empréstimo bancário internacional líquido
eurobanks
eurodollar *strip*
fundos de mercados emergentes

fundos globais
fundos internacionais
fundos mútuos
fundos regionais
London Interbank Offered Rate (Libor)
mercado de títulos estrangeiros

mercado de títulos internacional
mercado de eurodólar
mercado de euromoeda
mercados de eurotítulos
opção call de eurodólar
opção put de eurodólar

opções de taxas de juros em eurodólar
opções sobre *swaps*
pontos-base
sindicato de empréstimo direto
sindicato de participação de
  empréstimo

subscritores de títulos
swap de taxa de juros de moeda
  cruzada em eurodólar
swap de taxa de juros em eurodólar
taxas futuras de juros de eurodólar
vencimentos descasados

Questões e problemas

1. Que fatores foram primariamente responsáveis pelo crescimento do mercado de eurodólar? Deveria o crescimento dos eurodólares ser do interesse do Banco Central dos Estados Unidos? Por que, ou por que não?

2. Você leu no *The Wall Street Journal* que a taxa de juros no mercado monetário dos Estados Unidos é de 7,5% e a taxa de juros em Londres é de 9%. Você esperaria que a libra estaria com ágio ou deságio? Por quê?

3. Além da informação da taxa de juros na Questão 2, você também leu que a taxa de depósito nos Estados Unidos é de 6,5% e a taxa de empréstimo é de 8,5%. Em que patamar você esperaria estar as taxas de depósito e empréstimo em eurodólar? Por quê? O que você esperaria que acontecesse com qualquer diferença entre os pares mencionados da taxa de juros se as taxas locais dos Estados Unidos sobre a atividade financeira internacional fossem reduzidas? Por quê?

4. Qual você estimaria ser a taxa de depósito em eurodólar se a taxa de depósito em dólar dos Estados Unidos fosse de 6,5%, o requisito de reserva sobre depósitos a prazo fosse de 2% e o custo combinado de seguros de taxas e depósitos fosse de 10 pontos-base (0,1%)?

5. Explique para um não-economista por que, por exemplo, quando a taxa de juros cresce profundamente, os jornais publicam manchetes do tipo: "Os Preços dos Títulos Mergulham na na Bolsa".

6. Por que uma taxa de juros *nominal* de um país nunca pode ser negativa? Por que uma taxa de juros *real* de um país pode ser de fato negativa? Se um país tem uma taxa real negativa, você acha que isso sugere que ele não esteja bem-integrado aos mercados financeiros mundiais? Explique.

7. Uma vez que os contratos futuros são de curto prazo, de três meses por um valor fixo, como pode ser usado o mercado de futuros para a realização de um *hedge* contra o risco de longo prazo para maiores montantes de eurodólares?

8. As instituições financeiras têm tido problemas de liquidez de curto prazo em virtude da superexposição nos mercados futuros. Explique como isso pode acontecer se você tomou uma "*long position*" em uma moeda estrangeira ou um "*long hedge*" em um depósito em eurodólar ou CD.

9. Explique rapidamente os benefícios que se originam para cada uma das partes contratantes em uma swap de taxa de juros em eurodólar. Qual é a diferença entre uma swap normal e uma swap base? Se o contrato swap for assinado e uma das partes deseja retornar à sua posição inicial de mercado (por exemplo uma taxa flutuante) o que pode ser feito?

10. Por que os contratos de futuros são definidos como simétricos, enquanto opções, tetos e pisos são descritos como contratos assimétricos? De que maneira se lida com a assimetria nos últimos tipos de contratos?

11. Explique como a sindicalização de empréstimo tem estimulado o crescimento financeiro internacional, particularmente no que se refere a empréstimos para governos (empréstimos soberanos). Qual é a diferença entre um sindicato de participação e um sindicato de empréstimo direto?

12. Você deseja adquirir uma opção de taxa de juros em eurodólar por $6 milhões em março e quer fechar a uma taxa de juros de depósito de 7,5%. Você procura no mercado de opções cotações para março e encontra a seguinte informação:

Preço de exercício	Calls – Fechamento	Puts – Fechamento
9200	0,50	0,05
9225	0,41	0,30
9250	0,54	0,15
9275	0,26	0,18

Qual seria o custo do uso do mercado de opções para fazer o *hedge* do risco da taxa de juros?

CAPÍTULO

22

AS ABORDAGENS DE BALANÇO MONETÁRIO E DE PORTFÓLIO AO BALANÇO EXTERNO

OBJETIVOS DE APRENDIZADO

- Saber como a oferta e a demanda por moeda afetam o balanço de pagamentos e a taxa de câmbio de um país.

- Compreender como outros ativos financeiros além da moeda podem influenciar as taxas de câmbio e as posições de pagamentos internacionais.

- Compreender como uma taxa de câmbio em mudança pode "provocar o *overshooting*" do seu novo valor de equilíbrio.

Introdução

O novo capital globalizado

Desde que as companhias multinacionais existem – e alguns historiadores as remontam à atividade bancária dos Cavaleiros Templários em 1135 –, foram desprezadas por seus críticos como bestas gananciosas do mundo rico. Se havia qualquer verdade nessa acusação, isso está rapidamente desaparecendo. Ao mesmo tempo que a globalização tem aberto novos mercados para as companhias do mundo rico, tem também dado origem a uma matilha de novas multinacionais rápidas e vorazes que estão emergindo do mundo pobre.

As empresas indianas e chinesas estão agora começando a dar trabalho ao mundo rico. Somente neste ano, as indianas, lideradas por Hindalco e Tata Steel, compraram em torno de 34 companhias por $10,7 bilhões. As companhias indianas de serviços de TI, como a Tata Consultancy Services e Wipro, estão pondo medo na velha guarda, incluindo Accenture e até mesmo a IBM. A Big Blue vendeu seu negócio de computador pessoal para uma multinacional chinesa, Lenovo, que está agora começando a se organizar. PetroChina tornou-se uma força na África, incluindo, controvertidamente, o Sudão. Multinacionais brasileiras e russas também começaram a impor suas marcas. As russas sobrepujaram as indianas este ano, lançando $11,4 bilhões no exterior e estão agora na corrida para comprar a Alitalia, a companhia aérea estatal da Itália.[1]

Trabalhando sobre o material anterior de taxa de juros e moeda internacional dos Capítulos 20 e 21, os dois próximos capítulos apresentarão ao leitor estruturas adicionais e terminologia para a compreensão da determinação das taxas de câmbio. Crescentemente importantes nessa determinação são os ajustes monetários e financeiros associados à globalização dos fluxos de capital. Essas estruturas também oferecem os meios para o exame do efeito das mudanças de política e outras mudanças exógenas sobre os mercados financeiros domésticos e externos. Neste capítulo, examinaremos duas amplas abordagens agregadas para a determinação de uma posição do balanço de pagamentos (*BP*) de um país e da taxa de câmbio. Essas abordagens enfatizam o papel da moeda e dos câmbios de ativos internacionais como as forças primárias atuando nos mercados de câmbio externo, refletindo nos anos recentes a importância muito maior das transações financeiras em relação aos fluxos de comércio na atividade do mercado de câmbio. Mais especificamente, estudamos a abordagem monetária ao balanço de pagamentos e a taxa de câmbio, que focaliza como o déficit ou o superávit do balanço de pagamentos ou uma mudança na taxa de câmbio *spot* reflete um desbalanceamento entre a demanda e a oferta de moeda em um país. A segunda abordagem, chamada abordagem do balanço de portfólio (ou abordagem do mercado de ativos), vai além só do dinheiro e postula que mudanças na posição do balanço de pagamentos em um país ou na taxa de câmbio refletem mudanças nas demandas e ofertas relativas de ativos financeiros domésticos e estrangeiros. O capítulo termina com a consideração do fenômeno de "*overshooting*" nos mercados de câmbio e como esse fenômeno contribui para a instabilidade da taxa de câmbio. Em resumo, um importante resultado do estudo das abordagens do balanço de portfólio e monetária é que você pode ganhar *insights* sobre como os movimentos de ativos influenciam as taxas de câmbio e por que as taxas de câmbio podem demonstrar considerável volatilidade no mundo real. Uma breve discussão a respeito do trabalho empírico sobre essas duas abordagens é encontrada no apêndice deste capítulo.

A abordagem monetária ao balanço de pagamento

A **abordagem monetária ao balanço de pagamentos** enfatiza que o balanço de pagamento de um país, refletindo fatores reais como renda, gostos ou a produtividade dos fatores, é essencialmente um fenômeno monetário. Isso significa que o balanço de pagamentos deveria ser analisado em termos de oferta e demanda de moeda de um país. No contexto dos pagamentos

---

[1] "Globalization's offspring: how the new multinationals are remaking the old", *The Economist*, p. 11, 7 abr. 2007.

CAPÍTULO 22 — OS ABORDAGENS DE BALANÇO MONETÁRIO E DE PORTFÓLIO PARA O BALANÇO EXTERNO

internacionais, a atenção é focalizada principalmente na categoria IV da estrutura de contas do balanço de pagamentos, a "conta de capital de curto prazo oficial". Se um país tem um déficit de *BP* (isto é, um déficit nas transações com reservas oficiais), há uma saída de ativos de reserva internacionais. Como veremos, uma saída de reservas internacionais implica que a oferta de moeda do país excede sua demanda por moeda. De maneira similar, um superávit nas transações com reservas oficiais implica que a oferta de moeda do país é menor do que sua demanda. Se estamos preocupados com as forças causadoras de déficits ou superávits de *BP*, devemos nos concentrar na oferta e na demanda de moeda.

A oferta de moeda

A oferta de moeda de um país pode ser vista pela seguinte expressão básica:

$$M_s = a(BR + C) = a(DR + IR) \qquad [1]$$

onde: M_s = oferta de moeda
 BR = reservas de bancos comerciais (instituições depositárias) ⎤ passivos do
 C = moeda mantida por público não bancário ⎦ banco central
 a = o multiplicador da moeda
 DR = reservas domésticas ⎤ ativos do
 IR = reservas internationais ⎦ banco central

A oferta de moeda tem várias definições, mas a abordagem monetária usualmente lida com M1 ou M2. *M1* é tradicionalmente definido como moeda mantida por público não bancário (isto é, mantido fora das instituições financeiras), traveler's checks e todos os depósitos à vista nas instituições financeiras. *M2* inclui os componentes do M1, mas principalmente agrega poupanças e depósitos a prazo (exceto depósitos por períodos muito longos – de $100 mil ou mais nos Estados Unidos) e uns outros poucos itens. (Essa distinção entre M1 e M2 *per se* não é importante para nosso desenvolvimento da abordagem monetária básica.) O montante de depósitos, por sua vez, é uma função do montante de reservas dos bancos comerciais (e outras instituições depositárias como associações de poupança e empréstimo e uniões de crédito) e o **multiplicador da moeda**.

O multiplicador da moeda reflete o processo de expansão múltipla dos depósitos bancários usualmente discutido nas disciplinas introdutórias. Por exemplo, se a razão de reserva requerida contra os depósitos é de 10%, um depósito inicial de $1.000 em um banco cria $900 de excesso de reservas porque só 10% (ou $100) é requerido para manutenção no banco comercial. Os $900 de excesso de reserva podem ser emprestados; após serem gastos pelo recebedor do empréstimo, serão redepositados em um outro (ou no mesmo) banco e gerarão 0,90 vezes $900 de novos excessos de reservas (ou $810) no segundo banco. Esses $810 podem então ser emprestados, o que mantém o processo em movimento. No fim, os $1.000 originais são "multiplicados" pelo multiplicador de moeda de $1/r$, onde r é a razão de reserva requerida. Neste exemplo, com r de 10%, os $1.000 originais de depósito podem levar a $1.000 \times (1/r) = 1.000 \times [1/0,10] = 10.000$ de "dinheiro". O multiplicador de moeda no exemplo é então $(1/r)$ ou 10. Entretanto, essa simples expressão é irreal, uma vez que o multiplicador de moeda deve ser ajustado por fatores como vazamentos de depósitos em moeda, diferentes razões de reservas requeridas sobre poupanças e depósitos a prazo em relação a depósitos à vista, e a manutenção de excesso de reservas pelos bancos. (Veja qualquer texto-padrão monetário e bancário para um melhor entendimento.) Contudo, não estamos interessados nos mecanismos, mas no fato de que o termo a na expressão [1] reflete um processo geral multiplicador de moeda.

A soma das reservas mantidas pelos bancos mais a moeda fora dos bancos ($BR + C$) é usualmente chamada de **base monetária**. Esta é originada no lado dos passivos do balanço do banco central, (o Federal Reserve nos Estados Unidos). Moeda é emitida pelo banco central, e parte das reservas dos bancos é mantida pelo banco central (a outra parte é mantida como caixa pelos bancos comerciais). Qualquer aumento nos ativos mantidos pelo banco central permite um aumento nesses passivos e, por conseguinte, permite um aumento na oferta de moeda. Pelo lado dos ativos do banco central, os mais importantes ativos para nossos propósitos são (1) empréstimos e títulos mantidos pelo banco central, os chamados créditos domésticos emitidos pelo banco central ou **reservas domésticas**, e (2) **reservas internacionais** mantidas pelo banco central, que consistem na propriedade de câmbio externo e propriedade de qualquer outro título internacionalmente aceitável.

É importante compreender a relação entre esses ativos (reservas domésticas e internacionais) e a oferta de moeda. Suponha que o banco central compre títulos do governo (aumentando os ativos domésticos ou estendendo crédito doméstico) em operações de mercado aberto. Isso aumentará as reservas dos bancos comerciais, levando a novos empréstimos e, por conseguinte, ao aumento da oferta de moeda em uma quantidade multiplicada. Além disso, suponha que o banco central compre câmbio externo de um exportador; essa aquisição de reservas internacionais também aumenta a oferta de moeda porque o exportador depositará um cheque do banco central em um banco comercial ou outra instituição depositária e colocará em movimento o processo de expansão de depósito múltiplo. O aumento das reservas no banco central permite uma expansão multiplicada da oferta de moeda, e, analogamente, a diminuição nessas reservas levará a um decréscimo multiplicado na oferta de moeda.

A demanda por moeda

Considere agora a demanda por moeda. Lembre que o termo **demanda por moeda** não significa demanda por "renda" ou "riqueza". Melhor, refere-se ao desejo de manter riqueza na forma de balanços de moeda (basicamente moeda corrente ou conta corrente em bancos, usando a definição de moeda M1) mais do que em forma de ações, títulos e outros instrumentos financeiros como certificados de depósito. A demanda por moeda (L) pode ser especificada na seguinte forma geral:

$$L = f[Y, P, i, W, E(p), O] \qquad [2]$$

onde: Y = nível de renda *real* na economia
            P = nível de preço
            i = taxa de juros
           W = nível de riqueza real
       $E(p)$ = mudança percentual esperada no nível de preço
           O = todas as outras variáveis que podem influenciar o montante de balanços de moeda que os cidadãos de um país desejam manter

Quais são as relações previstas entre Y, P, i, W e $E(p)$ (as variáveis independentes) e L?

Renda real

Começamos com a influência do nível de renda. Espera-se que a relação entre Y e L seja positiva, refletindo a **demanda de moeda para transações**. Como sua renda aumenta, você desejará gastar mais em consumo. Então, mais moeda é necessária para que as transações adicionais sejam mantidas.

Nível de preço

Uma relação positiva também é esperada entre P e L, porque um maior nível de preço significa que mais moeda, isto é, um maior balanço de caixa é requerido para comprar um dado montante de bens e serviços.

Taxa de juros

A influência da taxa de juros sobre a demanda de moeda é negativa. Se a taxa de juros cresce, uma proporção menor de riqueza é mantida na forma de balanços de moeda (moeda corrente e conta corrente em instituições financeiras) e maior na forma de outros ativos, que são agora mais atrativos. (Moeda corrente, naturalmente, não paga juros. Muitas contas bancárias também não pagam juros; aquelas que pagam juros pagam taxas menores do que os certificados de depósitos ou títulos.) Assim, uma queda na taxa de juros induzirá as pessoas a manter mais de sua

CAPÍTULO 22 OS ABORDAGENS DE BALANÇO MONETÁRIO E DE PORTFÓLIO PARA O BALANÇO EXTERNO   **547**

NO MUNDO REAL:

RELAÇÕES ENTRE CONCEITOS MONETÁRIOS NOS ESTADOS UNIDOS

Os vários conceitos monetários discutidos no texto podem ser ilustrados por um exemplo. Ao examinarmos as reservas e depósitos bancários, as reservas médias de todas as instituições depositárias nos Estados Unidos em abril de 2007 eram de $40,9 bilhões.* O montante de moeda mantida pelo público não bancário era de $774,1 bilhões. Consequentemente, a base monetária obtida pela soma desses dois componentes era de $815,0 bilhões. As razões de reserva requerida contra depósitos à vista eram de 3% pelos primeiros $45,8 milhões de depósitos em um banco e de 10% pelos depósitos acima desse nível. A oferta de moeda (M1) era de $1.368,3 bilhão. O multiplicador de moeda era então $1.368,3 bilhão dividido pela base monetária de $815,0, ou 1,68.

Voltando para o banco central, o balanço do Federal Reserve no fim de março de 2007 é mostrado de maneira resumida na Tabela 1. Pelo lado dos passivos do balanço, vemos que os bancos e outras instituições depositárias mantinham $35,0 bilhões sobre os depósitos no Federal Reserve. O item "notas do Federal Reserve" representa moeda emitida pelo Fed. Com respeito aos ativos, a soma dos empréstimos e títulos de $825,2 representa o crédito doméstico emitido pelo Fed ou as reservas domésticas. O ouro e as contas SDR representam propriedade desses ativos internacionais. (Esses ativos são discutidos no último capítulo deste livro.) Por fim, os outros ativos incluem propriedade de moeda estrangeira, um outro componente das reservas internacionais mantidas pelo Fed. (Nota: Nos Estados Unidos, nem todas as reservas internacionais são mantidas pelo Federal Reserve – algumas são mantidas pelo Exchange Stabilization Fund do U.S. Treasury.)

*Todos os valores neste caso tem por base o Board of Governors do Federal Reserve System, disponível em: www.federalreserve.gov/releases, acessado em: 26 abr. 2007.

TABELA 1   Balanço, Federal Reserve, 25 abr. 2007 (bilhões de dólares)

Ativos		*Passivos e Contas de Capital*	
Ouro e contas de certificados SDR	$14,3	Notas do Federal Reserve	$805,5
Empréstimos e títulos	825,2	Depósitos de instituições depositárias	35,0
Outros ativos (incluindo ativos denominados em moedas estrangeiras)	44,8	Outros depósitos e passivos	11,1
		Contas de capital	32,7
Total de títulos	$884,3	Total de passivos e contas de capital	$884,3

Fontes: Board of Governors of the Federal Reserve System, *Federal Reserve Statistical Release* H 3, *Aggregate Reserves of Depository Institutions and the Monetary Base* and H 4.1, *Factors Affecting Reserve Balances*, 26 abr. 2007.

riqueza na forma de moeda corrente, porque o custo de oportunidade de manter balanços de moeda caiu.[2] A relação da taxa de juros com a demanda por moeda é normalmente chamada de demanda de moeda para "ativos". Isso reflete não só o fenômeno do custo de oportunidade discutido, mas o fato de que, para assumir risco, os proprietários de riqueza devem ser compensados. Quando a taxa de juros cresce, as pessoas saem dos balanços de moeda e vão para ativos de maior risco porque a compensação para tal aumentou.

Uma razão adicional hipotética para os economistas para a influência negativa da taxa de juros sobre a demanda de moeda envolve a relação entre taxas de juros e preços de títulos. (Para mais detalhes, consultar textos sobre moeda e bancos ou textos intermediários de macroeconomia como Froyen, 2005, caps. 7 e 22.) Como observado no capítulo anterior, as taxas de juros e os preços

---

[2] Quando falamos de "taxa de juros", estamos nos referindo ao nível médio geral de taxas de juros na economia.

dos títulos estão inversamente relacionados entre si. Uma vez que um título usualmente paga um montante fixo de moeda para o seu portador, digamos, $60 por ano, o preço do título nos mercados de títulos determina o "rendimento" ou a taxa de juros que o proprietário está recebendo. Essa taxa de juros estará em linha com outras taxas de juros na economia (em virtude da competição no mercado de ativos). Para simplificar, se o preço de mercado do título que você possui é de $600, seu recebimento de $60 por ano de juros é um retorno de 10% (=$60/$600). Contudo, se o preço do título cresce para $800, sua *taxa* de juros realizada caiu para 7,5% (=$60/$800). Assim, se o preço do título cai para $500, a taxa de juros é de 12% (=$60/$500).

No contexto da demanda por moeda, suponha que os investidores financeiros tenham alguma concepção de taxa "normal" de juros e que a taxa de juros corrente esteja naquele nível. (Naturalmente, diferentes investidores devem ter diferentes visões do que é a taxa "normal".) Se a taxa de juros agora cresce acima daquele nível, os investidores esperarão que ela acabe caindo para aquele nível. Como o crescimento na taxa de juros significa que houve uma queda nos preços dos títulos, os indivíduos estão esperando que os preços dos títulos cresçam quando a taxa de juros cair na direção da taxa "normal". Com o crescimento esperado nos preços dos títulos, eles são agora um ativo atrativo de se possuir em comparação com a moeda, não só por causa da maior taxa de juros, mas também em virtude do ganho de capital esperado dos maiores preços dos títulos. Consequentemente, menores balanços de moeda serão desejados. Por outro lado, uma queda na taxa de juros abaixo do nível normal leva a uma expectativa de que a taxa volte ao normal. Em outras palavras, há uma expectativa de que os preços dos títulos caiam. Nessa situação, os investidores preferem moeda a títulos se a perda de capital esperada da queda dos preços dos títulos for maior que o retorno de juros. Consequentemente, a relação taxa de juros-preço de títulos nos dá uma outra razão para uma relação inversa entre o montante de moeda demandada e a taxa de juros.

Riqueza real

O nível de renda, o nível de preço e a taxa de juros são considerados as maiores influências sobre demanda de moeda, mas as variáveis independentes restantes também podem ter um impacto. Com respeito a *W*, riqueza real, espera-se que a influência sobre a demanda por moeda seja positiva porque, à medida que sua riqueza cresce, a pessoa quer manter mais de todos os ativos, incluindo moeda.

Taxa de inflação esperada

Com respeito à taxa de inflação esperada, $E(p)$, a relação hipotética é negativa. Se você espera que os preços cresçam, imagina que esta inflação significará um declínio no valor real de um montante *nominal* constante de balanços de moeda. Em tal situação, há um incentivo para a substituição da manutenção de moeda por manutenção de ativos não monetários cujos preços devem crescer com a inflação.

Outras variáveis

Por fim, o termo O é incluído para incorporar outras influências sobre a demanda por moeda. O termo O representa atributos institucionais da economia tais como a frequência com que as pessoas recebem seus contracheques. Se você é pago semanalmente, seus balanços de moeda médios serão menores do que se recebesse mensalmente. Um outro atributo institucional seria a importância dos cartões de crédito nas redes de transações na economia. Quanto maior a importância relativa das transações com cartão de crédito, menos moeda você precisa em suas mãos em um dia qualquer. Os atributos institucionais não são vistos como tendo grande variação, especialmente durante períodos de tempo relativamente curtos.

Uma formulação frequentemente usada e simples da demanda por moeda considera por hipótese que a equação funcional geral em [2] pode ser dada na forma específica de

$$L = kPY \qquad [3]$$

onde P e Y são definidos como acima e k é um termo constante incorporando todas as outras variáveis. Esta simples formulação será usada algumas vezes posteriormente em nossa discussão.

O equilíbrio monetário e o balanço de pagamentos

O mercado monetário está em equilíbrio quando o montante de moeda em circulação (a oferta de moeda) é igual ao montante de balanços de caixa que o público deseja manter (demanda de moeda). No caso mais geral, isso significa que o equilíbrio é determinado pelo uso da expressão [1], a expressão de oferta de moeda, e a expressão [2], a expressão de demanda por moeda:

$$M_s = L \qquad [4]$$

ou

$$\overbrace{a(DR + IR) = a(BR + C)}^{M_s} = \overbrace{f[Y, P, i, W, E(p), O]}^{L} \qquad [5]$$

Como alternativa, podemos escrever uma equação mais simples para o equilíbrio monetário pelo uso da expressão [3] para a demanda de moeda:

$$M_s = kPY \qquad [6]$$

Essa expressão é muitas vezes usada e explicitamente especifica que a demanda de moeda depende principalmente do nível de preço e do nível de renda real.

Com essa base, agora discutiremos a maneira pela qual a abordagem monetária ao balanço de pagamentos usa a relação entre a oferta e a demanda por moeda na explicação dos déficits e superávits do *BP*. *Suponha que a taxa de câmbio seja fixa.* Considere a situação em que, de um equilíbrio inicial entre a oferta de moeda e a demanda de moeda, as autoridades monetárias aumentem a oferta de moeda pela compra de títulos de governo no mercado aberto (isto é, um aumento em *DR*). Porque o mercado monetário estava originalmente em equilíbrio, esta **política monetária expansionista** leva, em virtude do subsequente aumento em *BR* e/ou *C*, a um **excesso de oferta de moeda**. (Na outra direção, uma diminuição na oferta de moeda, mantendo-se tudo o mais igual, causaria um **excesso de demanda por moeda** e seria uma **política monetária contracionista**.) Quando M_s é maior que L, os balanços de caixa que os correntistas têm em mãos e em contas bancárias excedem seus balanços de caixa desejados. Quando isso acontece, as pessoas tentam reduzir seus balanços de caixa, ação com uma série de efeitos importantes sobre o *BP*.

Conta corrente

Primeiro, a presença de excesso de balanços de caixa significa que os indivíduos gastarão mais moeda em bens e serviços. Isso aumentará os preços dos bens e serviços (ou seja, aumentará *P*). Além disso, se a economia não está em pleno emprego em virtude da rigidez dos salários monetários ou outra razão, o nível de renda real (*Y*) cresce. Se parte da nova renda real é poupada, o nível de riqueza real (*W*) na economia aumenta. Qual é a consequência desses impactos potenciais, mantido tudo o mais igual, sobre *P*, *Y*, e *W* na conta corrente do balanço de pagamentos? Um crescimento em *P* levará a mais importações, uma vez que os bens domésticos estão agora relativamente mais caros comparados aos bens estrangeiros; o crescimento em *P* também fará com que seja mais difícil exportar para outros países. Além disso, o aumento em *Y* induz mais gastos e parte desses gastos, se dá em importações. Por fim, com o aumento da riqueza, os indivíduos são estimulados a comprar mais de todos os bens, alguns dos quais importados e outros bens que poderiam de outra maneira ser exportados. Consequentemente, o excesso de oferta de moeda gera pressões, levando ao déficit em conta corrente.

Conta de capital privado

A presença de excesso de balanços de caixa também tem um impacto sobre a conta de capital privado no *BP*. Como uma alternativa para a manutenção dos balanços de caixa é manter outros ativos financeiros, algo do excesso dos balanços de caixa será usado para adquirir tais ativos. A compra de ativos financeiros aumenta seus preços e leva para baixo a taxa de juros. Ao mesmo tempo, a compra de ativos financeiros incluirá a aquisição de alguns ativos estrangeiros, já que os investidores financeiros desejam manter um portfólio diversificado. Haverá uma saída de capital para outros países, com o resultado final sendo uma tendência de ocorrência de um déficit na conta de capital privado.

Déficit do balanço de pagamentos

Dados esses efeitos na conta corrente e na conta de capital privado, é óbvio que um país com um excesso de oferta de moeda tem uma tendência a incorrer em déficit no balanço de pagamentos (balança de transações com reservas oficiais). O efeito total sobre as contas corrente e de capital privado é uma posição de dívida líquida, de forma que a conta de capital de curto prazo (categoria IV) no balanço de pagamentos deve estar em posição de crédito líquido para financiar o déficit das transações com reservas oficiais (uma diminuição em *IR*). Uma forma de resumir as várias reações ao excesso de oferta de moeda é afirmar que o excesso de oferta causa nos indivíduos a mudança para outros ativos que não a moeda, incluindo ativos físicos (bens), além de ativos financeiros, e que alguns desses ativos são bens estrangeiros e ativos financeiros estrangeiros. Por sua vez, a aquisição de bens estrangeiros e ativos financeiros resulta em um déficit no balanço de pagamentos. Claramente, a prescrição política para o término dos déficits do *BP* emerge desta discussão: eliminar o excesso de oferta de moeda pela parada da expansão monetária.

Na abordagem monetária ao balanço de pagamentos, contudo, a ação política pode não ser necessária para eliminar o excesso de oferta monetária. Considere as mudanças que especificamos: (1) *Y* está crescendo; (2) *P* está crescendo; (3) *i* está caindo; e (4) *W* está crescendo. O que esses quatro desenvolvimentos têm em comum? Todos *aumentaram a demanda por moeda*. Esse ponto é importante porque significa que, mesmo sem a ação política, o excesso de oferta inicial tende a ser anulado porque a demanda por moeda estará crescendo. Além disso, a oferta de moeda em si mesma estará diminuindo. Tal diminuição ocorre porque o déficit do balanço de pagamentos reduz as reservas internacionais do país devido ao excesso de demanda por câmbio externo (para comprar importados e ativos estrangeiros) a uma taxa de câmbio fixa. A redução nas reservas leva a uma diminuição na oferta de moeda. O banco central pode temporariamente compensar a diminuição da oferta de moeda (a chamada "esterilização" da oferta de moeda do déficit do *BP*) com operações expansionistas de mercado aberto, mas isso colocaria todo o processo em movimento de novo e o banco central por fim ficaria sem reservas internacionais. Então, a conclusão da abordagem monetária é que um excesso de oferta de moeda colocará em ação forças que automaticamente eliminarão o excesso de oferta. Quando o excesso desaparecer, o balanço de pagamento estará novamente em equilíbrio.

Taxa de inflação esperada

Um fator complicador não abordado em nossa discussão do processo de ajustamento para o excesso de oferta de moeda é o papel da taxa de inflação esperada, $E(p)$. Se a expansão monetária pelas autoridades gera expectativas de que os preços aumentarão, isso *reduzirá* a demanda por moeda. Tal redução na demanda de moeda, amplia o excesso de oferta de moeda, em contraste com os outros quatro determinantes da demanda por moeda. Consequentemente, mantendo-se tudo o mais igual, a presença de expectativas inflacionárias aumentará o déficit do *BP* e significará que o trabalho a ser desempenhado por *Y, P, i,* e *W* é maior. Quando estes outros determinantes começarem a trabalhar, contudo, as expectativas inflacionárias devem arrefecer a não ser que as autoridades monetárias continuem a injetar mais nova moeda na economia.

Outros comentários

Concentramo-nos até este ponto na ampla formulação da demanda por moeda, e especificamos cinco determinantes particulares dessa demanda. As formulações mais tradicionais nos livros sobre a abordagem monetária é a simples equação de demanda por moeda da expressão [3]. Naquele contexto simples, se há sempre pleno emprego (e *Y* é, portanto, fixo), a introdução de moeda pelas autoridades monetárias só tem impacto se se considerar que *k* é constante: o nível de preços (*P*) crescerá. (Os economistas chamam essa abordagem de "a teoria quantitativa crua da moeda".) O resultado é um déficit do *BP* em virtude do efeito da inflação na conta corrente, e o déficit do *BP* continuará até que o excesso de oferta de moeda seja dissipado e os preços tenham se estabilizado de novo. Esse modelo é instrutivo por enfatizar a relação entre a oferta de moeda, a demanda de moeda, o nível de preço e o balanço de pagamentos, mas obviamente deixa de fora outros fatores que influenciam a demanda por moeda.

Deveria estar evidente que o processo de ajuste geral para um excesso de oferta de moeda na abordagem monetária funciona ao inverso quando há um excesso de demanda por moeda. Se, sob uma posição de equilíbrio, as autoridades monetárias contraírem a oferta monetária, um excesso de demanda inicial por moeda ocorrerá. Os indivíduos mantêm balanços de caixa menores do que desejam. Eles restauram seus balanços de caixa pela redução dos gastos em bens e serviços, o que implica que a demanda por importados cai. A renda também cai devido à redução dos gastos, e o mesmo acontece com o nível de preço (considerando que os preços são um pouco flexíveis para baixo). Quando os preços caem, as exportações aumentam e as importações diminuem. A conta corrente se move para um superávit. Além disso, os balanços de caixa podem ser aumentados pela venda de ativos financeiros, incluindo algumas vendas para cidadãos estrangeiros. Essas vendas levam a um superávit na conta de capital privado no balanço de pagamentos. Com a balança de transações com reservas oficiais em superávit, as reservas internacionais estarão fluindo para o país e expandindo a oferta de moeda. O excesso de demanda por moeda e o superávit do *BP* acabarão sendo eliminados.

Em um contexto da abordagem monetária ao balanço de pagamentos sob taxas de câmbio fixas, vemos que ela contém um mecanismo automático de ajustamento para qualquer distúrbio no equilíbrio monetário. Se o processo pode prosseguir seu curso, o desequilíbrio no mercado monetário e os déficits e superávits do *BP* não exisitirão *no longo prazo*. Qualquer desequilíbrio no balanço de pagamentos reflete um desequilíbrio entre a oferta e a demanda de moeda, e esses desequilíbrios podem ser interpretados como parte de um processo de ajuste a uma discrepância entre o estoque de moeda desejado e o estoque de moeda real.

REVISÃO DE CONCEITO

1. O que acontece com o tamanho do multiplicador de moeda se a razão de reserva requerida aumenta? Por quê?
2. Por que, mantido tudo o mais igual, o aumento na renda real, na riqueza real e no nível de preço aumentam a demanda por moeda, enquanto o aumento da taxa de juros e na taxa de inflação esperada diminuem a demanda por moeda?
3. Explique por que um excesso de oferta de moeda em um regime de taxa de câmbio fixa levará a um déficit no balanço de pagamentos.

A ABORDAGEM MONETÁRIA À TAXA DE CÂMBIO

Até o momento consideramos que a abordagem monetária tem a taxa de câmbio fixa. Desse modo, a atenção esteve voltada para a possibilidade de um déficit ou superávit no balanço de pagamentos. Concentremo-nos agora na **abordagem monetária à taxa de câmbio** quando a taxa de câmbio é livre para variar. Com uma taxa de câmbio flexível, os déficits e superávits do *BP* serão eliminados pelas mudanças nas taxas, mas precisamos examinar as mudanças das taxas de câmbio no contexto da oferta e da demanda de moeda.

Suponha que comecemos de uma posição de equilíbrio onde M_s é igual a L. Agora imagine que as autoridades monetárias aumentem a oferta de moeda e, com isso criem um excesso de oferta de moeda. Lembre-se de que, com um excesso de oferta de moeda, os balanços de caixa dos indivíduos excedem os balanços de caixa desejados em relação aos preços em vigor, a renda real, a riqueza e as expectativas de preços. O resultado desse aumento da oferta de moeda é que ocorrem maiores gastos com bens e serviços e com ativos financeiros para diminuir o excesso de oferta monetária. Com o aumento nos gastos, há uma elevação da importação, uma possível redução das exportações, uma vez que alguns bens são agora comprados por cidadãos nacionais, e um aumento nas compras de ativos financeiros de cidadãos estrangeiros. Sob uma taxa de câmbio flexível, todos esses fatores contribuem para uma *depreciação da moeda doméstica*. Consequentemente, uma vez que o aumento da oferta de moeda sob uma taxa de câmbio fixa leva a um déficit do *BP*, o aumento da oferta de moeda a uma taxa flexível leva a um **déficit do BP incipiente** (isto é, haveria um déficit do *BP* se a taxa de câmbio não mudasse) e, portanto, a uma queda no valor da moeda doméstica relativamente a outras moedas. Essa depreciação indica que há um excesso de oferta de moeda na economia.

Como com a taxa de câmbio fixa, o excesso de oferta de moeda é só temporário se mais aumentos de oferta de moeda pelas autoridades monetárias não forem introduzidos. Isso porque a depreciação por si mesma causa o crescimento de Y (se a economia está abaixo do pleno emprego) e P (porque a demanda externa por exportações e a demanda interna por bens de substituição de importação está crescendo). O nível de riqueza também crescerá quando a poupança aumentar a partir de qualquer nova renda real. Além disso, a taxa de juros cairá devido ao aumento de compras de ativos financeiros. Essas mudanças geram um aumento na demanda por moeda e, por fim, o excesso de oferta de moeda é absorvido pela crescente demanda de moeda. (Se consideramos a visão da teoria quantitativa crua de moeda, a única variável doméstica que estará mudando no processo de ajustamento será P, mas esta mudança também acabará restaurando o equilíbrio entre a oferta e a demanda de moeda.)

Como na análise da taxa fixa, um fator de distúrbio potencial é a existência de mudanças de expectativas de inflação, $E(p)$. Se a inflação resultante da depreciação gerasse um crescimento em $E(p)$, isso diminuiria a demanda por moeda e, mantendo-se tudo o mais igual, *acrescentaria* ao excesso de oferta de moeda. Portanto, o aumento em L gerado pelas mudanças em Y, P, W e i precisa ser maior do que seria se essas expectativas de inflação elevada estivessem ausentes.

Deveria estar claro que um excesso de demanda por moeda gerará justamente as reações opostas. Com um excesso de demanda (devido a, digamos, uma contração da oferta de moeda), os indivíduos descobrem que seus balanços de caixa estão abaixo do desejado. Assim, o gasto em bens e serviços é reduzido, e ativos financeiros são vendidos para adquirir maiores balanços de caixa. Há então um **superávit do BP incipiente** (isto é, haveria um superávit do *BP* se a taxa de câmbio não mudasse) e o resultado é uma *apreciação da moeda doméstica*. Essa apreciação também acabará parando em virtude do processo de ajustamento. A abordagem monetária sob uma taxa flexível é paralela ao caso da taxa fixa, exceto pelo fato de que o *déficit do balanço de pagamentos* é substituído pela *depreciação da moeda doméstica*, e o *superávit do balanço de pagamentos* é substituído pela *apreciação da moeda doméstica*.

Uma estrutura de dois países

É instrutivo estender a abordagem monetária com uma taxa de câmbio flexível para uma estrutura de dois países. Um meio direto para fazer isto é retornar à fórmula simples de demanda de moeda – oferta de moeda na expressão [6]. Considerando que o período de tempo é longo o suficiente para um completo ajustamento de preço e que o poder de paridade de compra absoluto vigora (veja o Capítulo 20), e definindo-se a taxa de câmbio e como número de unidades de moeda doméstica por unidade de moeda estrangeira,

$$P_A = eP_B \text{ ou } e = P_A/P_B \qquad [7]$$

onde P_A é o nível de preço no país A (o país doméstico), P_B é o nível de preço no país B (o país estrangeiro) e e é a taxa de câmbio expressa em termos de número de unidades de moeda de A por uma unidade de moeda de B.

No mundo real:

Crescimento da moeda e taxas de câmbio na transição russa

A transição de um sistema de comando de planejamento extensivo na Rússia e nas ex-repúblicas da União Soviética, bem como nos países da Europa Central e do Leste, para um sistema mais orientado ao mercado foi discutida nos Capítulos 17 e 18. A remoção dos controles de preço tipicamente resultou em inflação. Os trabalhadores pressionaram por mais salários para fazer frente aos preços crescentes, e as autoridades normalmente financiaram esses aumentos com o aumento na oferta de moeda.

A abordagem monetária à taxa de câmbio sugere os seguintes resultados. O aumento na oferta de moeda cria um excesso de oferta de moeda. Os indivíduos têm excesso de caixa e aumentam seus gastos em bens e serviços e ativos financeiros. Com uma taxa flexível de câmbio, esses fatores resultam em uma depreciação na moeda doméstica.

No caso da Rússia, a taxa de crescimento da oferta de moeda foi de mais de 100% por ano de 1992 a 1995. O resultado foram não só taxas de inflação acima de 100%, mas também uma significativa depreciação no valor do rublo relativamente ao dólar norte-americano (veja a Tabela 2). Vale destacar que, nos últimos anos, uma menor e mais estável taxa de crescimento da oferta de moeda foi acompanhada de uma taxa de inflação menor do que no começo dos anos de 1990 e de uma taxa de câmbio muito mais estável.

TABELA 2   Crescimento da moeda, inflação e taxas de câmbio na Rússia, 1992-1996

	1992	1993	1994	1995	1996
Taxa de crescimento da moeda (mudança percentual anual)	779,9	317,6	200,7	102,8	33,6
Taxa de inflação (mudança percentual anual)	—	841,6	202,7	131,4	21,5
Taxa de câmbio (rublos por dólares americanos)	100	—	3.500	—	5.000

— = não disponível.
Fontes: As taxas de crescimento da moeda baseiam-se em "Monetary and Financial Sector Policies in Transition Countries", *International Monetary Fund Reports 1997*.
As taxas de inflação baseiam-se em "Inflation in Transition Economies: How Much? And Why?", IMF Working Paper, International Monetary Fund, 1997.
As taxas de câmbio estavam disponíveis em: www.gwu.edu/slavic/golosa/ruble.htm.

Agora utilize a expressão [6]. Para o país A, podemos escrever

$$M_{sA} = k_A P_A Y_A \qquad [8]$$

onde: M_{sA} = oferta de moeda no país A
P_A = nível de preços no país A
Y_A = renda real no país A
k_A = um termo constante incorporando todas as outras influências sobre a demanda de moeda no país A além de P_A e Y_A

Uma expressão similar pode ser escrita para o país B, onde todas a letras se referem aos mesmos itens como em [8], mas o subscrito B é empregado:

$$M_{sB} = k_B P_B Y_B \qquad [9]$$

Agora divida cada lado da igualdade em [8] pelo lado correspondente da igualdade em [9]:

$$\frac{M_{sA}}{M_{sB}} = \frac{k_A P_A Y_A}{k_B P_B Y_B} \qquad [10]$$

Porque $(P_A/P_B) = e$ por [7], obtemos

$$\frac{M_{sA}}{M_{sB}} = \frac{k_A Y_A}{k_B Y_B} \times e \qquad [11]$$

Um rearranjo final leva a

$$e = \frac{k_B Y_B M_{sA}}{k_A Y_A M_{sB}} \qquad [12]$$

Essa última expressão é instrutiva porque mostra o impacto das mudanças em ambas as economias sobre a taxa de câmbio.[3] Por exemplo, se a oferta de moeda no país A (M_{sA}) aumentar e tudo o mais for mantido constante, então e crescerá na mesma porcentagem que a oferta de moeda. Isso é uma interpretação estrita da abordagem monetária onde, por exemplo, um crescimento de 10% na oferta de moeda doméstica levará a uma depreciação de 10% da moeda doméstica. (Lembre que um crescimento em e é uma queda no valor relativo da moeda doméstica.) Também podemos ver de [12] que um crescimento em M_{sB} levará a uma queda proporcional em e (uma apreciação da moeda doméstica). Assim, a abordagem monetária põe uma importância crucial nas mudanças nas ofertas relativas de moeda como determinantes das mudanças na taxa de câmbio. Se um país está "imprimindo dinheiro" mais rapidamente que os seus parceiros de comércio, sua moeda se depreciará; se um país é mais restritivo no que diz respeito ao seu crescimento monetário do que seus parceiros comerciais, sua moeda se apreciará.

A expressão [12] também pode ser usada para indicar os efeitos das mudanças de renda nas economias. Suponha que a renda nacional no país A (Y_A) aumente. Que efeito isso terá sobre e? Como deveria estar claro, e cairá quando Y_A crescer (o que aumenta a demanda por moeda de A), significando que a moeda doméstica se aprecia. De maneira similar, um crescimento em Y_B causará uma depreciação da moeda de A. Assim, a implicação na abordagem monetária é que o país de crescimento mais rápido terá sua moeda apreciada.

REVISÃO DE CONCEITO

1. Considerando uma taxa de câmbio flexível, explique o impacto de uma redução exógena em uma oferta de moeda de um país sobre o valor da moeda do país.

2. Na abordagem monetária, mantendo tudo o mais igual, o que acontecerá com a taxa de câmbio entre as moedas dos países A e B se houver um maior crescimento da renda no país B do que no país A? Explique.

A ABORDAGEM DO BALANÇO DE PORTFÓLIO AO BALANÇO DE PAGAMENTOS E À TAXA CÂMBIO

A **abordagem do balanço de portfólio** ou **mercado de ativos** ao balanço de pagamentos e à taxa de câmbio estende a abordagem monetária para incluir outros ativos financeiros além da moeda. Esta literatura primordialmente se desenvolveu desde meados de 1970, e há um número bastante amplo de modelos de abordagem de ativos. Forneceremos só uma discussão geral desses modelos, todos enfatizando umas poucas características determinantes:

1. Os mercados financeiros através dos países estão extremamente bem integrados. Assim, indivíduos detêm uma variedade de ativos financeiros, tanto domésticos como estrangeiros.

---

[3] A relação em [12] pode ser examinada pelas taxas de crescimento. Designando uma mudança percentual por um ponto (.) sobre uma variável, a expressão [12] em termos de taxa de crescimento é

$$\dot{e} = (\dot{Y}_B - \dot{Y}_A) + (\dot{M}_{sA} - \dot{M}_{sB}) \qquad [12']$$

Não há termos k em [12'] porque assumimos que k_A e k_B são constantes.

2. Embora detendo ativos financeiros domésticos e estrangeiros, os indivíduos veem esses ativos como *substitutos imperfeitos*. Em particular, o risco adicional é em geral associado à propriedade de ativos financeiros estrangeiros. Assim, há um prêmio de risco positivo anexado aos ativos estrangeiros. Esse ágio foi discutido nos dois capítulos anteriores.[4]

3. Proprietários de ativos, com o objetivo de maximizar o retorno sobre seu portfólio, estão prontos para mudar de um tipo de ativo para outro quando ocorrem eventos que alteram os retornos esperados sobre os vários ativos. Esses ajustamentos nos portfólios têm implicações para o balanço de pagamentos (sob certa rigidez na taxa de câmbio) e para a taxa de câmbio (quando a taxa de câmbio tem certa variabilidade).

4. Além disso, a literatura reconhece a importância das expectativas dos investidores quanto aos preços futuros dos ativos (incluindo o preço de câmbio externo, que pode ser livre para variar). O procedimento mais comum para a formação de expectativas é o das **expectativas racionais**, em que, investidores que olham para o futuro e maximizam a utilidade, utilizam toda a informação relevante disponível e um conhecimento de como a economia e os mercados de câmbio funcionam para formar previsões.

Demandas de ativo

Da mesma maneira como ocorre com a abordagem monetária, a abordagem de balanço de portfólio especifica os fatores que influenciam a demanda por moeda, mas também especifica os fatores que influenciam a demanda por outros ativos financeiros. A estrutura geral da abordagem é que há dois países (um país doméstico e um país estrangeiro), duas moedas (moeda doméstica e moeda estrangeira) e rende não monetários, usualmente classificados como títulos de dívida (um título doméstico e um título estrangeiro). O título doméstico rende um retorno de juros i_d, enquanto o título estrangeiro rende um retorno de juros i_f. Nessa estrutura, consideramos a seguir as funções de demanda para os vários ativos pelos cidadãos domésticos. Designamos a demanda por moeda doméstica como L, a demanda pelo título doméstico como B_d, e a demanda pelo título estrangeiro como B_f. Considera-se que o indivíduo doméstico está apto a possuir qualquer desses três ativos.[5]

Antes de prosseguirmos com as funções de demanda, é útil discutirmos a relação especificada nos modelos de balanço de portfólio no que se refere à taxa de juros nos dois países. Uma vez que os modelos assumem um capital móvel entre países, considera-se que a relação de paridade de juros descoberta, apresentada em capítulo anterior, se mantém. Com uma substituição imperfeita entre os ativos domésticos e estrangeiros, um termo ágio de risco (RP) é também incluído. Portanto,

$$i_d = i_f + xa - \text{RP} \qquad [13]$$

onde xa é a mudança percentual esperada no valor da moeda estrangeira. Um xa positivo é uma apreciação esperada da moeda estrangeira, e um xa negativo é uma depreciação esperada da moeda estrangeira. (Como alternativa, um xa positivo é uma depreciação esperada da moeda doméstica, e xa negativo é uma apreciação esperada da moeda doméstica.) Uma definição específica mais formal de xa é

$$xa = \frac{E(e) - e}{e} = \frac{E(e)}{e} - 1 \qquad [14]$$

onde $E(e)$ é a taxa de câmbio *spot* futura esperada (preço em moeda doméstica futura esperada da moeda estrangeira). O ágio de risco RP, expresso como um percentual positivo, é a

---

[4] É possível que o ágio de risco seja negativo se os ativos estrangeiros forem considerados de menor risco que os ativos domésticos. Ignoramos essa possibilidade em nossa discussão.

[5] Seguimos a maior parte da literatura ao considerarmos que os cidadãos domésticos de um país *não* detêm moeda estrangeira. Isso é uma simplificação, mas facilita a análise.

compensação percentual extra necessária para induzir o investidor doméstico a manter o ativo estrangeiro. Com RP positivo, (i_f + xa) será maior que i_d no equilíbrio.

Especifiquemos as funções de demanda de um típico indivíduo doméstico para os três ativos de moeda doméstica, título doméstico e título estrangeiro (uma combinação paralela de funções de demanda ocorre com os indivíduos estrangeiros). Começando com a demanda do indivíduo doméstico por moeda doméstica, considere a forma funcional geral na expressão [15]. (Nota: A estrutura geral descrita aqui é uma adaptação daquela apresentada em artigo de William Branson e Dale Henderson, 1985.)

$$L = f(\overset{-}{i_d}, \overset{-}{i_f}, \overset{-}{xa}, \overset{+}{Y_d}, \overset{+}{P_d}, \overset{+}{W_d}) \qquad [15]$$

onde, além dos já identificados i_d, i_f e xa,

Y_d = renda real no país doméstico
P_d = nível de preço no país doméstico
W_d = riqueza real no país doméstico

Note que o RP não está incluído separadamente em [15] porque, com $i_d = i_f + xa -$ RP de [13], RP é um residual e sua influência já está incorporada nos termos i_d, i_f e xa. Nessa expressão, o sinal de adição ou de subtração de cada variável independente indica o sinal esperado da relação entre a variável independente e a demanda por moeda doméstica.

Como explicamos os sinais previstos da expressão [15]? Primeiro, o sinal negativo do i_d é claro por meio das discussões anteriores neste capítulo. Por razões similares, um crescimento em i_f induzirá o cidadão doméstico a parar de manter esse tanto de moeda doméstica e a aumentar a manutenção de títulos estrangeiros. A influência de xa funciona da mesma maneira como i_f, pois um crescimento em xa indica que o retorno esperado da manutenção do título estrangeiro (que está denominado em moeda estrangeira) cresceu. Os sinais da renda real, nível de preço doméstico e riqueza doméstica são como discutidos anteriormente na abordagem monetária.

Considere agora a demanda por títulos ou títulos de dívida domésticos pelos indivíduos domésticos (B_d). Escrevemos a demanda pelo ativo como uma função das mesmas variáveis independentes:

$$B_d = h(\overset{+}{i_d}, \overset{-}{i_f}, \overset{-}{xa}, \overset{-}{Y_d}, \overset{-}{P_d}, \overset{+}{W_d}) \qquad [16]$$

Esses sinais são consistentes com as motivações dos investidores, como discutido anteriormente. Um crescimento em i_d fará os títulos domésticos mais atraentes em virtude de seu maior retorno. Um crescimento em i_f causa ao indivíduo o desejo de manter os títulos estrangeiros, agora com maior rendimento, em vez de títulos domésticos, então i_f tem um sinal negativo. Um crescimento em xa age do mesmo modo. A variável riqueza se comporta como previamente indicado pela demanda de moeda, mas os sinais sobre Y_d e P_d são *negativos* no caso da demanda de títulos domésticos. Por quê? A razão está nas transações de demanda por moeda. *Caeteris paribus,* um crescimento na renda causa um acréscimo na demanda de moeda para transações; se considerar que o total de riqueza não muda devido à suposição *caeteris paribus,* o investidor terá de abrir mão de alguns de seus títulos domésticos para adquirir moeda. Razões similares produzem um sinal negativo para o nível de preço doméstico.

A função demanda para o terceiro e último ativo, o título estrangeiro (B_f), é expressa em moeda doméstica pela multiplicação de B_f por e e é dada como

$$eB_f = j(\overset{-}{i_d}, \overset{+}{i_f}, \overset{+}{xa}, \overset{-}{Y_d}, \overset{-}{P_d}, \overset{+}{W_d}) \qquad [17]$$

Na função demanda, os sinais para Y_d, P_d e W_d podem ser explicados de modo semelhante como para a demanda de título doméstico. Os sinais sobre as taxas de juros são o reverso daqueles da situação do título doméstico – um crescimento em i_d faz o investidor mudar dos títulos estrangeiros para os títulos domésticos; um crescimento em i_f (e em *xa*) faz os proprietários de títulos dar preferência ao título estrangeiro em detrimento do título doméstico.

Uma vez que essas várias funções demanda estejam especificadas no modelo de balanço de portfólio, um atributo-chave de tal modelo é evidente: todos os três ativos são substitutos entre si e, portanto, qualquer mudança em qualquer variável colocará em ação um grande número de ajustes da parte dos investidores. Deve-se notar novamente que discutimos apenas metade das funções demanda, porque os cidadãos estrangeiros também terão funções de demanda para os dois títulos e para moeda estrangeira. Claramente, um modelo complicado pode surgir.

Balanço de portfólio

Dadas as várias demandas por ativos conforme indicado, o modelo de ativos especifica a função oferta para cada ativo. Como uma simplificação, consideramos que a oferta de moeda em cada país estava sob o controle das respectivas autoridades monetárias. Sendo assim, as ofertas de moedas são exógenas ao modelo, significando que são determinadas por fatores externos.[6] As ofertas dos dois títulos são usualmente tratadas como exógenas também. Se os títulos são títulos governamentais, a política fiscal pode claramente afetar o volume de tais títulos em circulação. Se os títulos são títulos privados, as decisões sobre suas emissões também podem ser vistas como estando fora do modelo *per se*. Essas ofertas de títulos, junto com a oferta de moeda (veja MacDonald e Taylor, 1992, p. 9), definem a riqueza do país doméstico (W_d) em termos de sua própria moeda como

$$W_d = M_s + B_h + eB_o \qquad [18]$$

onde M_s é a oferta de moeda do país doméstico, B_h é o estoque de títulos domésticos (governamentais e privados) realmente mantidos por residentes domésticos e B_o é o estoque de títulos estrangeiros mantidos por residentes domésticos. O estoque de títulos estrangeiros é multiplicado pela taxa de câmbio *e* para dar o valor daqueles ativos em termos de moeda doméstica.

Quando as demandas de ativos são colocadas juntas com as ofertas de ativos, o equilíbrio financeiro é atingido. É importante notar que o equilíbrio no setor financeiro implica que *todos* os mercados de ativos individuais estejam em equilíbrio simultaneamente. No balanço de portfólio em equilíbrio, o montante de cada título que se queira manter é igual ao montante realmente mantido – a demanda doméstica de moeda (L) é igual à oferta de moeda (M_s), a demanda doméstica de títulos (B_d) é igual aos títulos domésticos realmente mantidos pelos residentes domésticos (B_h), e a demanda doméstica por títulos estrangeiros (eB_f) é igual ao estoque de títulos estrangeiros realmente mantidos por residentes domésticos (eB_o). A obtenção desse equilíbrio resulta na determinação do preço de equilíbrio de cada título, da taxa de juros de equilíbrio em cada país e da *taxa de câmbio de equilíbrio*. A taxa de câmbio emerge do modelo porque, no movimento para o equilíbrio, quaisquer mudanças de (para) títulos e moeda domésticos para (de) títulos estrangeiros envolvem novas demandas por (ofertas de) câmbio externo.

Ajustes de portfólio

Dado que os investidores alcançaram equilíbrio, agora consideramos uma série de ações exógenas na economia que colocarão em ação vários ajustes no setor financeiro. A visão geral desses ajustes é que um distúrbio autônomo causa nos proprietários de ativos um rearranjo de seus portfólios. O portfólio de equilíbrio anterior para cada investidor não é mais um portfólio de equilíbrio; em resposta, o investidor compra e vende vários ativos para manter seu novo portfólio desejado, após o que os investidores imediatamente alcançam uma nova posição de equilíbrio.

---

[6] Entretanto, um modelo mais complexo admite uma oferta de moeda endógena. Isso significa que o modelo por si mesmo gerará mudanças na oferta de moeda de um país; por exemplo, sob taxas fixas de câmbio, um déficit do balanço de pagamentos resulta em uma redução no déficit da oferta de moeda do país à medida que a manutenção de reservas internacionais por seu banco central declina.

1. Consideremos primeiro a ação política autônoma de uma *venda de títulos governamentais no mercado aberto pelas autoridades monetárias do país doméstico* (isto é, uma contração da oferta de moeda doméstica e um incremento na oferta de títulos domésticos). O efeito imediato desta ação é uma elevação na taxa de juros no país doméstico (i_d). Como reagem os proprietários de ativos? Uma resposta é que o crescimento em i_d leva os cidadãos domésticos a reduzir sua demanda por moeda doméstica. (Veja a expressão [15].) Além disso, a demanda por títulos estrangeiros cairá (veja a expressão [17]) em virtude da relação negativa entre i_d e eB_f. Essa demanda decrescida por títulos estrangeiros ocorre da parte não só dos proprietários de ativos domésticos, mas também dos proprietários de ativos de países estrangeiros (cuja função demanda não foi mostrada anteriormente). Ainda, como indicado pela expressão [16], a quantidade de títulos domésticos demandados crescerá devido a seu maior rendimento. Por fim, os investidores de países estrangeiros também mudarão da manutenção de sua própria moeda para a manutenção de títulos do país doméstico. (Não mostramos a função demanda de estrangeiros por sua própria moeda, mas ela seria paralela a [15].) Assim, ajustes ocorrem nos mercados para todos os quatro ativos – as moedas doméstica e estrangeira e os títulos doméstico e estrangeiro.

Esses ajustes continuam até que um novo equilíbrio do portfólio seja alcançado por todos os investidores. São de interesse algumas das implicações do processo de ajuste. Por exemplo, o que provavelmente acontece com a taxa de juros estrangeira em virtude do crescimento na taxa de juros doméstica? Deveria estar claro que i_f crescerá. Isso acontecerá porque a demanda reduzida por títulos estrangeiros levará para baixo o preço dos títulos estrangeiros e, portanto, aumentará i_f.

Além do impacto sobre i_f, naturalmente, e mudará se variabilidade na taxa de câmbio for permitida. Em termos da expressão [14],

$$xa = \frac{E(e) - e}{e} = \frac{E(e)}{e} - 1$$

Consequentemente, e cairá (a moeda estrangeira se deprecia) porque há poucas compras de câmbio externo com o objetivo de adquirir títulos estrangeiros e porque há maiores compras de moeda doméstica por cidadãos estrangeiros com o objetivo de adquirir títulos domésticos.[7] Portanto, mantendo-se a taxa de câmbio futura $E(e)$ constante, *xa cresce* porque e caiu. Além disso, a paridade de juros descoberta (UIP) anterior de $i_d = i_f + xa -$ RP foi distorcida pelo crescimento em i_d devido à contração da oferta de moeda doméstica. Com i_d agora maior que $(i_f + xa -$ RP), os ajustes de portfólio levam a um novo equilíbrio pelo crescimento em i_f e um crescimento em *xa*, isto é, por um crescimento na taxa de juros estrangeira como também um crescimento na apreciação futura esperada da moeda estrangeira.[8]

Não levaremos o caso de uma ação de política monetária muito longe, mas note que outros efeitos de "segunda rodada" surgirão após os ajustamentos já discutidos. (Por exemplo, o crescimento em i_d pode reduzir a renda real no país doméstico.) Ainda assim, o que dissemos indica a complexidade e ainda a potencial utilidade da visão abrangente dos mercados financeiros oferecida pela abordagem do balanço de portfólios. O ponto-chave a ser enfatizado é que uma contração da

---

[7]Note que, no modelo do balanço de portfólio, um crescimento em i_d causa uma apreciação da moeda doméstica. (Se a taxa de câmbio fosse fixa, o resultado seria um superávit do balanço de pagamentos.) Na outra direção, uma queda em i_d causaria uma depreciação da moeda doméstica (e um déficit do *BP* com taxas fixas). O efeito da taxa de juros sobre a taxa de câmbio (ou o *BP*) é oposto ao efeito na abordagem monetária.

[8]Consideramos também que o ágio de risco (RP) permanece inalterado. Deveria ser enfatizado que se a depreciação da moeda estrangeira (a queda em e) leva a uma revisão da taxa de câmbio futura esperada $E(e)$ em si mesma na direção de uma maior depreciação da moeda estrangeira [uma queda em $E(e)$], então, na expressão [14], $E(e)$ e e estarão caindo e o crescimento em *xa* será menos pronunciado ou poderia ainda ser negativo. Nesse caso, o trabalho de equilíbrio a ser feito para restaurar a paridade de juros descoberta por um crescimento em i_f em resposta ao crescimento em i_d será ainda maior.

oferta de moeda doméstica eleva a taxa de juros doméstica, a taxa de juros do exterior e a depreciação esperada (talvez) da moeda doméstica, assim como causa uma apreciação da moeda doméstica *spot*.

2. Como um segundo exemplo de ajuste de portfólio, consideremos uma situação em que, por qualquer razão, os cidadãos do país doméstico decidem que a maior inflação doméstica está provavelmente no futuro. Em outras palavras, os indivíduos no país doméstico têm agora uma *expectativa inflacionária maior*. Com uma taxa de câmbio flexível e alguma noção de PPP que está normalmente embutida nesses modelos, a expectativa de um crescimento dos preços futuros em casa implica que se espera uma depreciação da moeda doméstica. Em termos de funções demanda, xa cresce. Qual é o resultado do ponto de vista do processo de ajuste de portfólio?

Primeiro consideremos a demanda por moeda doméstica. Como a expressão [15] indica, a demanda de moeda doméstica decairá (o sinal de xa é negativo). Além disso, a expressão [16] nos mostra que a demanda por títulos domésticos também decrese. Ambas as demandas são reduzidas porque os investidores estão demandando mais títulos estrangeiros (veja a expressão [17]) na antecipação da elevação do rendimento quando convertido em moeda doméstica em data posterior. Os ajuste nos portfólios geram uma depreciação da moeda doméstica porque há um excesso de oferta de moeda em casa e uma saída de fundos para compra de títulos estrangeiros. Claramente, a expectativa de depreciação pode causar depreciação. Uma variedade de efeitos adicionais pode ser considerada, mas o resultado importante é que as maiores expectativas inflacionárias geraram depreciação da moeda doméstica. (Sob uma taxa de câmbio fixa, o resultado seria um déficit do *BP*.)

3. Consideremos *um aumento na renda real no país doméstico*. Examinando os sinais da variável Y_d em [15], [16] e [17], vemos os efeitos principais imediatamente. Com uma elevação na renda doméstica, os investidores querem manter mais moeda doméstica por causa de uma elevada demanda de moeda para transações. Esse ponto é familiar da abordagem monetária. Entretanto, o abordagem do balanço de portfólio nos possibilita ver mais explicitamente o comportamento envolvido. Com a renda incrementada, os indivíduos tentam incrementar suas propriedades de moeda pela venda de títulos domésticos e estrangeiros. (A renda real tem sinal negativo em [16] e [17].) A venda de títulos estrangeiros "melhora" o balanço de pagamentos sob um sistema de taxa de câmbio fixa e leva a uma *apreciação da moeda doméstica* sob um sistema de taxa flexível. Isso é um resultado consistente com a visão da abordagem monetária sob a qual um aumento na renda leva a um superávit do *BP* sob taxas fixas e a uma apreciação da moeda sob taxas flexíveis. No modelo de ajuste de portfólio, contudo, o processo é mais evidente.

4. Agora consideremos um aumento na oferta de títulos domésticos, por exemplo, por meio da emissão de novos títulos corporativos para financiar a compra de ativos físicos. Esse crescimento dos títulos/ativos físicos aumenta a riqueza do país doméstico (W_d). Qual é a implicação para a taxa de câmbio? Com a diversificação de portfólios, as expressões [15], [16] e [17] nos dizem que os investidores domésticos manterão mais moeda doméstica, mais títulos domésticos *e* mais títulos estrangeiros. Se a oferta de moeda doméstica está inalterada, a oferta de títulos domésticos aumentada levará a uma queda nos preços dos títulos domésticos e a um crescimento em i_d. Mantido tudo o mais igual, o crescimento em i_d induzirá um influxo de capital no país doméstico, e, com uma taxa de câmbio flexível, o influxo de capital levará a uma apreciação da moeda doméstica. Contudo, a elevada demanda por títulos estrangeiros, associada ao aumento da riqueza doméstica sozinha elevada, *caeteris paribus,* leva a uma depreciação da moeda doméstica. Consequentemente, sem mais informação sobre a força relativa desses efeitos opostos, a direção do impacto sobre a taxa de câmbio do aumento da oferta de títulos domésticos é indeterminada. Todavia, se os títulos domésticos e os títulos estrangeiros são bons substitutos

entre si, o influxo de capital do crescimento relativo em i_d provavelmente produz substancial aumento na compra de títulos domésticos relativamente aos títulos estrangeiros, compensando qualquer efeito puro de riqueza sobre a demanda por títulos estrangeiros, e a moeda doméstica líquida se apreciará. Esse resultado parece *prima facie* mais provável na prática.

5. Agora consideremos uma outra mudança: um aumento na riqueza no país doméstico em virtude do superávit da conta corrente do país doméstico. Primeiro, por que o superávit da conta corrente aumenta a riqueza do país com o superávit? Porque, na contabilidade do balanço de pagamentos, um país que tem um superávit de conta corrente *deve* ter um déficit da conta de capital; isto é, com o superávit da conta corrente, o país doméstico adquire ativos estrangeiros devido ao influxo líquido de câmbio externo na conta corrente. Esse aumento na riqueza (W_d) aumentará a demanda do país doméstico por moeda (pela expressão [15]), sua demanda por títulos domésticos (pela expressão [16]) e sua demanda por títulos estrangeiros (pela expressão [17]). A elevação da demanda por moeda atuará para aumentar i_d; enquanto a elevada demanda por títulos domésticos diminuirá i_d; por conseguinte, o impacto líquido sobre i_d é indeterminado sem mais informação. No país estrangeiro (o país com o déficit de conta corrente), há uma redução na riqueza e consequentemente na demanda daquele país por moeda e seus próprios títulos. O efeito sobre i_f é também indeterminado. Com incerteza em relação aos efeitos sobre as taxas de juros, portanto, nenhuma predição firme pode ser feita com relação à taxa de câmbio. Se os efeitos do mercado de títulos sobre as taxas de juros dominam os efeitos dos mercados de moeda sobre as taxas de juros, então i_d cairia em relação a i_f e a transferência de riqueza levaria a uma depreciação da moeda doméstica em relação à moeda estrangeira.

6. Agora consideremos uma mudança final: um aumento na oferta de títulos estrangeiros devido a déficit orçamentário governamental estrangeiro (para mais detalhes, veja Rivera-Batiz e Rivera-Batiz, 1994, p. 566-567). Com um aumento na oferta de títulos estrangeiros com risco, o ágio de risco na expressão UIP [13] crescerá (e o lado direito da expressão então cairá). Mantido tudo o mais igual, isto serviria para *apreciar a moeda doméstica* (depreciar a moeda estrangeira). Além disso, se o déficit do orçamento do governo estrangeiro está associado à expectativa de que os preços estrangeiros crescerão, isso também poderia causar uma depreciação (do tipo paridade de poder de compra) da moeda estrangeira (uma apreciação da moeda doméstica). Um outro meio útil de pensar a situação é que o aumento na oferta de títulos denominados em moeda estrangeira requer uma redução em seus preços para vender alguns dos novos títulos para os investidores do país doméstico. A redução de preços para investidores domésticos pode ser realizada pela redução de e, uma vez que e multiplicado pelo preço em moeda estrangeira dos títulos dá o preço desses títulos para os investidores do país doméstico. Não importa como o mecanismo seja visto, o modelo do balanço de portfólio sugere que um déficit do orçamento de um governo financiado pela emissão de novos títulos depreciará a moeda do país com déficit no orçamento governamental.

Por fim, deveria ser observado que, nos seis exemplos anteriores e no modelo de balanço de portfólio em geral, a existência de um superávit ou déficit de um *BP*, ou de uma apreciação ou depreciação da moeda doméstica, é apenas temporária. Isso ocorre só enquanto o processo de ajuste ao novo equilíbrio dos portfólios está ocorrendo. Uma vez que os novos portfólios desejados tenham se estabelecido, não há nenhum fluxo líquido para fora de ou para dentro dos títulos estrangeiros da ou para a moeda ou títulos doméstico, e o desequilíbrio do balanço de pagamentos ou da taxa de câmbio cessa. Um déficit ou superávit do *BP* (e uma depreciação ou apreciação) não existirão uma vez que o **equilíbrio dos estoques de ativos** (isto é, um equilíbrio simultâneo das demandas e oferta de todos os ativos financeiros) tenha sido alcançado. Portanto, a presença de um desequilíbrio continuado do *BP* ou uma contínua mudança da taxa de câmbio deve significar que o equilíbrio nas manutenções de portfólios não foi estabelecido. O persistente desequilíbrio se origina ou de um lento processo de ajustamento, ou de mudanças exógenas contínuas.

OVERSHOOTING DA TAXA DE CÂMBIO

Existem muitos modelos de mercados de ativos diferentes na literatura, e nós mal arranhamos a superfície na discussão de suas características. Contudo, um atributo adicional de um amplo número desses modelos é que (dentro de uma estrutura de taxa de câmbio flexível) eles normalmente envolvem **overshooting da taxa de câmbio**. O "*overshooting*" ocorre quando, ao mover-se de um equilíbrio para outro, a taxa de câmbio vai além do novo equilíbrio e então retorna. Apresentamos a seguir dois tratamentos desse fenômeno.

A primeira explicação sobre o *overshooting* se baseia no trabalho de Rudiger Dornbusch (1976). Entretanto, adotamos algumas simplificações para manter a discussão consistente com o material deste capítulo. Essas simplificações significam que este não é o verdadeiro modelo de Dornbusch em alguns aspectos. Todavia, as conclusões gerais são aquelas de Dornbusch, de muita influência na literatura e em interpretações dos eventos do mundo real. Como será visto, Dornbusch focalizou dois fenômenos-chave – o comportamento do mercado de ativos de curto prazo e o comportamento PPP de longo prazo.

Voltando-se primeiro para o mercado de ativos, Dornbusch assume que o país doméstico é um "pequeno país", que neste contexto significa que o país não tem efeito sobre as taxas de juros mundiais. Além disso, a perfeita mobilidade de capital é considerada, significando que os ativos financeiros domésticos e estrangeiros são substitutos perfeitos (e que não há ágio de risco). Tais suposições indicam que uma equação similar à nossa expressão da paridade de juros anterior [13] (sem o ágio de risco) se aplica. Consequentemente:

$$i_d = i_f + xa \qquad [19]$$

onde i_d e xa têm o mesmo significado que em [13]. O termo i_f nessa expressão refere-se a uma determinada taxa de juros *mundial*. Dornbusch assume que, porque a perfeita mobilidade de capital existe, há um ajuste extremamente rápido no mercado de ativos. Consequentemente, a relação de equilíbrio do mercado de ativos na expressão [19] rapidamente se restabelece por si mesma caso perturbada.

Comecemos pela revisão do equilíbrio de mercado de moeda/ativo. Consideremos como os preços dos bens e o comportamento da taxa de câmbio são representados na equação [19] e como o equilíbrio é restaurado após um distúrbio. Suponhamos que o nível de preço cresça. Um maior nível de preço levará a um aumento na demanda por moeda para transações e, com uma oferta de moeda fixa assumida, i_d crescerá. Portanto, por enquanto, i_d é maior que $(i_f + xa)$. Como i_f é determinado pelas condições do mundo externo, todo o ajuste do mercado de ativos em [19] deve vir por xa. Agora relembremos de nossa discussão que um aumento na demanda por moeda para transações levará a uma apreciação da taxa de câmbio. Essa apreciação ocupa um papel crucial na restauração do equilíbrio do mercado de ativos. A moeda doméstica deve se apreciar o suficiente para que os investidores comecem a *esperar* que ela se *deprecie* na direção de seu nível original. Mais precisamente, em virtude da inflação, a moeda doméstica deve se apreciar até que sua taxa esperada de depreciação, xa, seja mais alta o suficiente para fazer com que o lado direito de [19] se iguale ao agora mais alto lado da esquerda. Então, se i_d era originalmente 8% e i_f era também 8%, não havia depreciação esperada da moeda doméstica (ou apreciação esperada na moeda estrangeira). Contudo, se os preços crescem e a resultante demanda elevada por moeda faz i_d crescer para 10%, xa deve aumentar para 2% para o equilíbrio ser restaurado.

TITÃS DA ECONOMIA INTERNACIONAL:

RUDIGER DORNBUSCH (1942-2002)

Rudiger Dornbusch nasceu em 8 de junho de1942, em Krefeld, Alemanha. Ele fez sua graduação em Genebra antes de vir para os Estados Unidos em 1966, onde logo se incorporou à Universidade de Chicago e recebeu seu Ph.D. em 1971. Ele foi professor assistente em Chicago em 1971 e na Universidade de Rochester em 1972-1973, e professor adjunto no Massachusetts Institute of Technology de 1975 a 1977. Rudiger foi rapidamente promovido a professor catedrático no MIT em 1977 e depois indicado como Ford International Professor of Economics. Ele também deteve posições na Fundação Getúlio Vargas no Rio de Janeiro e na Universidad del Pacífico, em Lima, Peru.

O professor Dornbusch era um reconhecido especialista em macroeconomia em contexto de economia aberta. Seu trabalho mais conhecido na área intitula-se "Expectations and exchange rate dynamics" (*Journal of Political Economy,* dez. 1976). Esse ensaio é uma peça pioneira clássica sobre *"overshooting"* de taxas de câmbio além de seu nível de equilíbrio: ele é citado em praticamente todas as ocasiões em que o tema é discutido, e foi a fonte de uma infinidade de questões de defesa de tese. Também bem conhecido é seu artigo "Devaluation, money and non-traded goods" (*American Economic Review,* dez. 1973). É um marco por sua incorporação do setor não comercial na análise das mudanças da taxa de câmbio – uma incorporação necessária, uma vez que tais mudanças afetam todos os preços relativos na economia, não só os preços de bens comercializados. Além disso, ele publicou um livro de nível intermediário amplamente respeitado, *Open economy macroeconomics.*

Dornbusch também deixou sua marca em outras áreas da economia, realização rara nesta era de especialização acadêmica. Seu ensaio (com Stanley Fischer e Paul A. Samuelson) "Comparative advantage, trade, and payments in a Ricardian model with a continuum of goods" (*American Economic Review,* dez. 1977) é visto como o trabalho clássico sobre a extensão do modelo ricardiano de comércio internacional para um mundo multicommodity. Mais recentemente, o professor Dornbusch escreveu sobre dívida externa de países em desenvolvimento e liberalização, o que resultou em uma grande demanda por seus serviços de consultoria e assessoria. Em 1994 foi coautor de um trabalho (com Alejandro Werner) que predisse a crise do peso do México que logo ocorreria.

Além de suas contribuições acadêmicas diretas e sua assessoria política, Dornbusch serviu como coeditor do *Journal of International Economics,* editor associado do *Quarterly Journal of Economics* e do *Journal of Finance,* e consultor para o Institute for International Economics em Washington, DC. Ele foi honrado como Guggenheim Fellow e como Fellow of the American Academy of Arts and Sciences. Foi também vice-presidente da American Economic Association em 1990. Dornbusch faleceu em 25 de julho de 2002.

Fontes: Mark Blaug (Ed.), *Who's who in economics: a biographical dictionary of major economists 1700-1986,* 2. ed. Cambridge: MA: MIT Press, 1986, p. 227-228; Rudiger Dornbusch, John H. Makin, and David Zlowe (Ed.), *Alternative solutions to developing-country debt problems,* Washington, DC: American Enterprise Institute for Public Policy Research, 1989), p. xi; *Who's who in America,* 47 ed, 1992-1993, New Providence, NJ: Marquis Who's Who, 1992, p. 896, v. 1; Stanley Fischer, "Globalization and its challenges", *American Economic Review* 93, n. 2, p. 1-30, mai. 2003.

O cronograma do equilíbrio do mercado de ativos é apresentado na Figura 1 como linha *AA*. O nível de preço é representado no eixo vertical e a taxa de câmbio, no eixo horizontal. O parágrafo anterior essencialmente explicou a inclinação negativa dessa curva. Suponhamos que uma posição de equilíbrio inicial seja o ponto *B,* com o nível de preço P_1 e a taxa de câmbio e_1. Se há um crescimento no nível de preço para P_2, um movimento vertical para o ponto *C* ocorre. Contudo, os preços maiores e o consequente aumento na demanda por moeda põe em movimento uma apreciação da moeda doméstica (uma redução em *e*). Essa apreciação continua até que o ponto *F* seja alcançado, com a taxa de câmbio e_2. Embora a Figura 1 não mostre *xa* diretamente, a depreciação esperada associada a e_2 é tal que o mercado de ativos está de novo em equilíbrio. A linha *AA* mostra então todas as combinações de *P* e *e* que produzem o equilíbrio no mercado de ativos.

Voltemos ao produto PPP do modelo Dornbusch e consideremos como *P* e *e* estão relacionados entre si no mercado de bens. No *curto prazo* no mercado de bens, não há uma relação clara

FIGURA 1   Equilíbrio de mercado de títulos no modelo Dornbusch

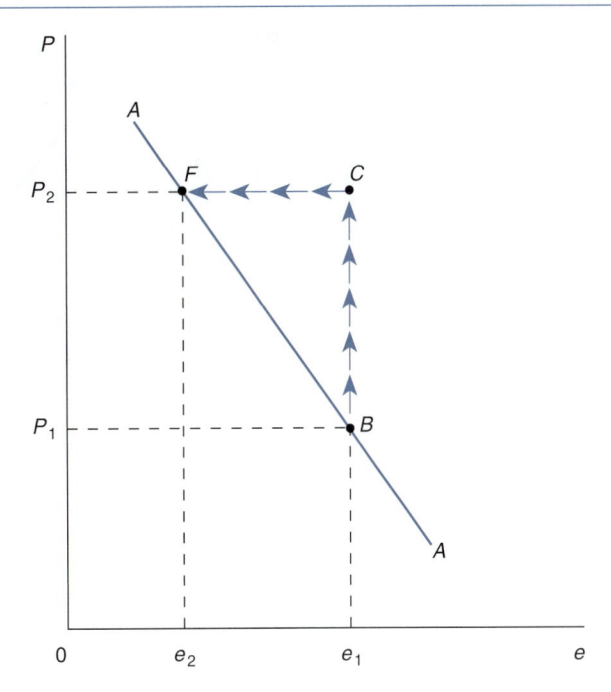

O cronograma *AA* mostra as várias combinações de nível de preço *P* e taxa de câmbio *e* que satisfazem a condição de equilíbrio do mercado de ativos em que $i_d = i_f + xa$. Se, de uma posição inicial de equilíbrio como o ponto *B*, o nível de preço cresce de P_1 para P_2, um movimento ocorre para o ponto *C*. Esse crescimento nos preços aumenta a demanda por moeda para transação, o que, com uma oferta de moeda fixa, aumenta a taxa de juros doméstica i_d. O aumento na demanda de moeda causa a apreciação da moeda doméstica, indicada pela queda em *e* de e_1 para e_2. No novo ponto de equilíbrio *F*, a condição de equilíbrio $i_d = i_f + xa$ é novamente satisfeita. Como i_d aumentou, mas a taxa de juros mundial i_f é fixa, o equilíbrio requer que *xa* aumente pelo montante pelo qual i_d excede i_f. Em outras palavras, *e* deve se apreciar suficientemente para gerar expectativas de uma depreciação futura pela diferença entre a taxa de juros doméstica e a taxa de juros mundial.

especificada porque os preços dos bens são considerados "viscosos"; isto é, eles se ajustam vagarosamente às condições de mudança. (Em vista disso, o modelo Dornbusch é normalmente chamado de modelo monetário de "preço fixo", distinto de um modelo monetário de "preço flexível" como o usado no início deste capítulo.) Isso em contraste com o mercado de ativos, em que há um ajuste muito rápido de um equilíbrio para outro. Contudo, no *longo prazo*, os preços dos bens se ajustam plenamente às condições de mudança na economia. Na versão simples do modelo Dornbusch aqui considerado, supõe-se que a economia esteja em pleno emprego e a renda real não mude. (Em uma versão mais complicada de Dornbusch, esta hipótese é abandonada.) Nessa situação, uma depreciação da moeda do país doméstico, *quando os preços por fim se ajustarem*, causará uma mudança proporcional no nível de preço doméstico. A relação de PPP é representada pela linha reta partindo da origem, 0*L*, na Figura 2. (Ignoremos os outros atributos do gráfico por ora.) A linha tem inclinação ascendente porque a depreciação da moeda doméstica cria um excesso de demanda por bens domésticos. O excesso de demanda surge porque as exportações estão agora mais baratas para os compradores estrangeiros e porque os substitutos de importação produzidos em casa estão agora relativamente menos caros para os consumidores domésticos. O excesso de demanda acabará elevando os preços de modo proporcional.

Dadas essas relações entre *P* e *e* nos mercados de ativos e de bens, voltemos para o fenômeno de *overshooting*. Na Figura 2, o cronograma do mercado de ativos *AA* da Figura 1 e o cronograma do

FIGURA 2   Ajuste para um aumento na oferta de moeda no modelo Dornbusch

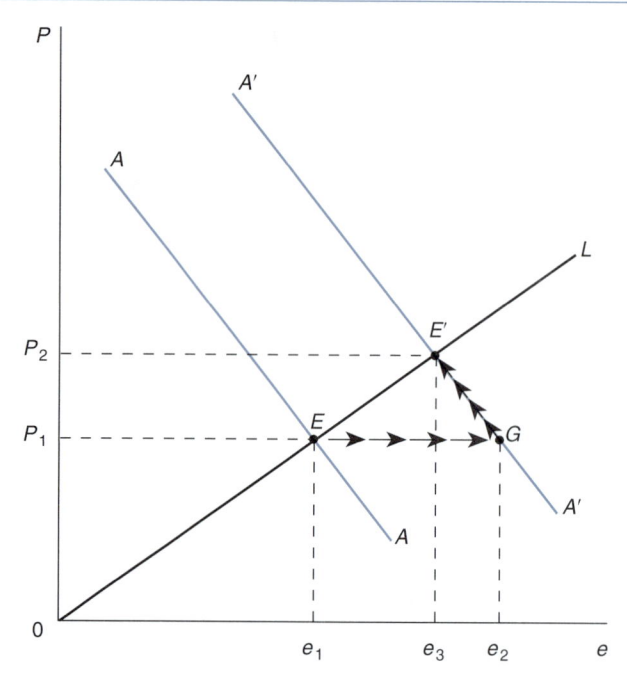

O raio $0L$ partindo da origem indica a relação proporcional entre as mudanças em e e as mudanças em P no longo prazo quando os preços dos bens se ajustam. A linha AA é o cronograma do equilíbrio do mercado de ativos da Figura 1. Começando do ponto de equilíbrio de longo prazo E, um aumento na oferta de moeda muda AA para $A'A'$. Com preços dos bens viscosos, a taxa de câmbio move-se de e_1 para e_2. Essa depreciação da moeda doméstica ocorre até que (o novo, mais baixo) i_d novamente iguale $i_f + xa$ no ponto G. O termo xa deve se tornar negativo para restaurar o equilíbrio no mercado de ativos, significando que a moeda doméstica deve se depreciar até que sua esperada apreciação se iguale à diferença os i_f e i_d fixos. Quando os preços dos bens por fim começam a crescer, um movimento ocorre ao longo de $A'A'$ até que uma nova posição de equilíbrio de longo prazo E' seja alcançada. O *overshooting* da taxa de câmbio ocorreu porque a mudança da taxa de câmbio de e_1 para e_2 excede a mudança da taxa de equilíbrio de longo prazo de e_1 para e_3.

mercado de bens $0L$ são colocados juntos. A posição inicial de equilíbrio está em E, onde ambos os mercados estão em equilíbrio. A taxa de câmbio de equilíbrio é e_1, e os preços estão em equilíbrio em P_1. Essa é uma posição de equilíbrio de longo prazo; portanto, espera-se que e_1 persista. Se e_1 persistir, $xa = 0$.

Partindo dessa posição de equilíbrio E, suponha que as autoridades monetárias agora incrementem a oferta de moeda. O primeiro efeito dessa ação é uma mudança para a direita o cronograma AA, para $A'A'$. Essa mudança ocorre porque há agora um excesso de oferta de moeda no velho equilíbrio P e e. Uma eliminação desse excesso de oferta requer um aumento em e e/ou um aumento em P, ambos aumentando a demanda por moeda para transações e servindo para absorver o excesso de oferta. Mas, como os preços dos bens são viscosos e há um ajuste muito rápido no mercado de ativos, o ajuste ocorre pela taxa de câmbio, e o próximo passo é um movimento horizontal de E para o ponto G. Esse movimento indica uma depreciação da moeda doméstica (de e_1 para e_2). A depreciação ocorre porque a elevada oferta de moeda diminuiu as taxas de juros domésticas e os proprietários de ativos mudarão seus portfólios de títulos domésticos para títulos estrangeiros para receber um maior retorno de juros. Mais importante, os proprietários de ativos esperam uma depreciação futura da moeda doméstica porque a oferta de moeda aumenta, e isso também faz com que ativos domésticos sejam vendidos e ativos estrangeiros comprados. A saída de capital resultante dessas motivações depreciará a moeda doméstica.

Esses ajustes se dão rapidamente. A nova posição de equilíbrio *no mercado de ativos* é encontrada no novo cronograma de equilíbrio de ativos $A'A'$ no ponto G. Como o equilíbrio do mercado de ativos requer que $i_d = i_f + xa$, xa deve ser *negativo* no ponto G porque i_d caiu enquanto i_f está fixo. Em outras palavras, na nova posição de equilíbrio de ativos, a moeda doméstica se depreciou tanto que *se espera agora que ela se aprecie*. (Lembre que um xa é uma esperada depreciação da moeda estrangeira ou uma esperada apreciação da moeda doméstica.) Esse resultado ocorre em e_2.

O que acontece depois que o ponto G é estabelecido? Relembrando que os mercados de ativos se mantêm em equilíbrio, um movimento para cima ocorre ao longo do cronograma $A'A'$ até que E' seja alcançado. Esse movimento ocorre porque os preços dos bens finalmente começam a crescer por causa do excesso de demanda por bens associado ao valor depreciado da moeda doméstica. À medida que os preços dos bens crescem, o consequente aumento da demanda por moeda para transações eleva a taxa de juros doméstica, o que resulta em uma apreciação da moeda doméstica até que E' seja estabelecido. Sob uma posição de equilíbrio de longo prazo E', os mercados de bens e de ativos estão novamente em equilíbrio. Em comparação com o equilíbrio original E, a política monetária expansionista aumentou os preços (de P_1 para P_2) e aumentou a taxa de câmbio (depreciou a moeda doméstica) de e_1 para e_3.

Há dois pontos a serem enfatizados. O mais importante é que a taxa de câmbio de fato fez o *overshooting* de seu nível de equilíbrio de longo prazo. De e_1 ela cresceu para e_2 (depreciação da moeda doméstica) e caiu para e_3 (apreciação da moeda doméstica). Segundo, note que, no ajuste do ponto G para o ponto E', a moeda doméstica está se apreciando ao mesmo tempo que os preços domésticos estão crescendo! Isso dificilmente é um resultado que a teoria convencional nos levaria a esperar. O modelo Dornbusch, de maneira geral, ofereceu um mecanismo, na opinião de muitos economistas, de valor na interpretação das experiências no período do pós-1973, quando os países mais industrializados tiveram taxas de câmbio flutuantes.

Saindo do modelo Dornbusch, com sua incorporação da paridade de juros descoberta, o *overshooting* pode também ocorrer em uma estrutura que enfatiza a paridade de juros coberta e consequentemente o mercado a termo (veja Michael Melvin, 2000, p. 178-81.) Para começarmos, relembremos dos capítulos anteriores que a condição de paridade de juros coberta entre mercados de moedas é

$$i_d = i_f + (e_{fwd} - e)/e \quad [20]$$

onde i_d é a taxa de juros doméstica, i_f é a taxa de juros estrangeira (não necessariamente uma taxa mundial fixa), e_{fwd} é a taxa a termo para a moeda estrangeira e e é a taxa *spot* para a moeda estrangeira. Em outras palavras, a paridade de juros coberta ocorre quando a taxa de juros doméstica é igual à taxa de juros externa mais o ágio a termo na moeda estrangeira. Se i_f é maior que i_d, a moeda estrangeira estará a um deságio a termo [isto é, um ágio a termo negativo porque $(e_{fwd} - e)/e$ será negativo]. Se i_d excede i_f, a arbitragem dos juros produzirá um ágio a termo positivo.

Como [20] se relaciona com [13] sem o ágio de risco (ou à expressão [19])? A literatura moderna sobre taxas de câmbio utiliza o conceito de "eficiência" nos mercados de câmbio. A eficiência neste contexto existe quando a *taxa a termo corrente é igual* à taxa *spot* futura esperada. A chave para essa igualdade pode ser vista como se segue: suponhamos que o preço esperado de um franco suíço em três meses [a taxa *spot* futura esperada, $E(e)$] seja de $0,75 por franco suíço e a taxa a termo corrente sobre francos suíços, e_{fwd}, seja de $0,73 por franco suíço. Nessa situação, um especulador comprará francos suíços no mercado a termo a $0,73 por franco suíço no tempo presente porque o especulador antecipa que, em três meses, o franco suíço pode ser vendido por $0,75 por franco suíço. Claramente isso colocará pressão sobre a taxa a termo do franco suíço até que seja alcançado um equilíbrio no qual $E(e)$ iguale e_{fwd} (ignorando os custos de transação). Assim, se a taxa *spot* futura esperada é menor do que a taxa a termo corrente, os especuladores venderão os francos suíços a termo porque eles antecipam que eles possam ser comprados no futuro (para cobrir a obrigação de venda a termo) por menos que o preço a termo a ser recebido. Essa venda de francos suíços a termo direciona e_{fwd} para baixo até que por fim seja igual a $E(e)$. A atividade especulativa, portanto, assegura que $E(e) = e_{fwd}$. Se $E(e)$ é igual a e_{fwd} na prática – uma hipótese extremamente difícil de provar por causa do problema empírico de determinar expectativas –, se diz que o mercado é um **mercado de câmbio eficiente**. Esses termos significam que não há oportunidades de lucro inexploradas.

As implicações desta discussão para a expressão [20] são diretas. A expressão era

$$i_d = i_f + (e_{fwd} - e)/e$$

que pode agora ser reescrita pela substituição de $E(e)$ por e_{fwd} (porque os dois termos são iguais entre si) como

$$i_d = i_f + [E(e) - e]/e$$

Mas $[E(e) - e]/e$ é simplesmente a mudança percentual esperada na e corrente. Consequentemente, $[E(e) - e]/e = xa$. Pela substituição, obtemos

$$i_d = i_f + xa$$

que é a expressão [19] ou a expressão [13] (sem o ágio de risco), ou a paridade de juros descoberta. Com um mercado eficiente, a paridade coberta e descoberta se mantêm, ou, alternativamente, a apreciação esperada da moeda estrangeira é igual ao ágio a termo sobre a moeda estrangeira. Espera-se que uma moeda com o preço a termo acima do seu preço *spot* aumente em valor, e espera-se que uma moeda com preço a termo abaixo de seu preço *spot* tenha um declínio em seu valor.

Retornemos agora ao *overshooting*, usando [20]. Suponhamos, que começando na posição de equilíbrio [20], as autoridades monetárias agora aumentem a oferta de moeda doméstica. Considerando pouca folga na economia, o aumento da oferta de moeda faz com que os indivíduos esperem que o nível de preços doméstico cresça. Como os maiores preços produzirão expectativas de um déficit do *BP* incipiente, isso significa que os participantes do mercado esperam que e cresça com o nível de preços. Mas a nova taxa *spot* esperada, $E(e)$, gerará (como já vimos) uma taxa a termo igual a ela, porque $E(e)$ deve ser o mesmo que e_{fwd}. O resultado é que, em [20], o termo $[e_{fwd} - e]/e$ aumentará.

Mas espere um minuto! Na expressão [20], i_d é igual a $i_f + (e_{fwd} - e)/e$, mas nós aumentamos o lado direito ao mesmo tempo em que *diminuímos* o lado esquerdo. O lado esquerdo (i_d) diminuiu porque o aumento da oferta de moeda doméstica baixou a taxa de juros doméstica. De que maneira a paridade de juros coberta pode ser mantida? A resposta é que os dois lados da equação são igualados novamente por um crescimento em e, a taxa de câmbio corrente. Na verdade, e deve crescer *mais* que e_{fwd} para manter o equilíbrio da arbitragem de juros. Se o ajuste em e não ocorrer, $i_f + (e_{fwd} - e)/e$ seria maior que i_d e os arbitradores de juros teriam um incentivo para enviar fundos para fora pela compra de câmbio estrangeiro *spot* e simultaneamente pela venda de câmbio estrangeiro a termo. Assim, depois do aumento na oferta de moeda, os arbitradores de juros elevam e suficientemente para que o equilíbrio em [20] seja restabelecido.

Nesta análise, Melvin, como Dornbusch, tem como hipótese que os preços dos bens se ajustam vagarosamente em relação à velocidade de ajuste nos mercados de câmbio. Quando o nível de preços finalmente começa a crescer depois do restabelecimento do equilíbrio na expressão

[20], há um excesso de demanda por moeda no país doméstico (devido ao maior nível de preços) e i_d portanto começa a crescer. Quando i_d cresce, há uma entrada de fundos, e a moeda doméstica começa a se apreciar. Quando os preços por fim se ajustarem ao seu novo nível de equilíbrio, o sistema se acomodará. A moeda doméstica se depreciou de seu nível original (isto é, e cresceu) devido ao aumento da oferta de moeda, mas perceba que o ajuste da taxa de câmbio (uma depreciação) foi atingido por uma depreciação inicial mais ampla, seguida de uma apreciação. Consequentemente, a taxa de câmbio fez *overshooting* de sua nova posição de equilíbrio de longo prazo, e então retornou àquela posição.

Isso conclui (ainda bem?) nossa discussão do fenômeno do *overshooting*. Muitos modelos foram desenvolvidos para explicar o fenômeno, e eles surgiram em resposta ao comportamento da taxa de câmbio entre os países industrializados desde 1973. Além das posições e ajuste de equilíbrio de estoque e diferentes velocidades de ajustes em diferentes mercados, e expectativas, essa literatura incorporou outras influências, como as "bolhas especulativas", o papel das "notícias" surpreendentes, e as "funções reativas" da parte das autoridades monetárias. Apesar de não irmos mais longe em nossa discussão sobre o *overshooting*, deve estar claro que a complexidade do mundo real significa que as taxas de câmbio no mundo nem sempre se movem regularmente e diretamente de uma posição de equilíbrio de longo prazo para outra.

REVISÃO DE CONCEITO

1. Por que a existência de um ágio de risco significa que $(i_f + xa)$ pode exceder i_d no equilíbrio?
2. No modelo de balanço de portfólio, por que um crescimento na riqueza doméstica leva a uma apreciação da moeda doméstica?
3. O que acontecerá ao valor de uma moeda doméstica nos mercados de câmbio externo se os cidadãos do país repentinamente corrigirem para cima, ou seja, elevarem suas expectativas da taxa de inflação doméstica? Por quê?
4. No modelo de *overshooting* de Dornbusch, como é possível que a moeda de um país seja apreciada ao mesmo tempo que seu nível de preços esteja crescendo em relação ao nível de preços em outros países?

RESUMO

A abordagem monetária ao balanço de pagamentos interpreta os déficits ou superávits de *BP* de um país (com taxas de câmbio fixas) e as depreciações ou apreciações da moeda (com taxas de câmbio flexíveis) como resultados de um desequilíbrio entre a oferta e a demanda por moeda de um país. Se há um excesso de oferta de moeda, o déficit do *BP* (ou a depreciação da moeda doméstica) ocorrerá durante o processo de movimento para o equilíbrio. Similarmente, um excesso de demanda por moeda gera um superávit do *BP* (ou apreciação da moeda doméstica). A abordagem permite ao analista fazer predições quanto ao efeito sobre o setor externo das mudanças em variáveis econômicas como níveis de preços, níveis de renda real e taxas de juros.

A abordagem do balanço de portfólio vai além da abordagem monetária ao incorporar expectativas, outros ativos além da moeda, e um ágio de risco porque os ativos financeiros domésticos e estrangeiros são substitutos imperfeitos. Os investidores mantêm um portfólio de equilíbrio dos vários ativos, e mudanças nas variáveis e condições econômicas afetam a composição e o tamanho dos portfólios desejados. Reconhecendo que os mercados de ativos através dos países industrializados são bem (embora não perfeitamente) integrados, a conclusão é que mudanças nas demandas e ofertas absolutas e relativas dos ativos terão impactos sobre as taxas de juros e as taxas de câmbio. Um produto particular que atraiu ampla atenção é a conclusão de que o *overshooting* da taxa de câmbio pode ocorrer.

Em resumo, as abordagens monetárias e do balanço de portfólio têm como objetivo explicar o comportamento do setor externo em um ambiente onde os países estão proximamente relacionados e onde as taxas de câmbio mudam frequente e consideravelmente (como entre os grandes países industrializados desde 1973). Elas concentram-se não na conta corrente, mas nos câmbios de ativos (financeiros/de capital) que fortemente influenciam as taxas de câmbio hoje (especialmente no curto prazo). Com essas abordagens em mente, podemos nos voltar para outros produtos do mercado de câmbio, incluindo considerações da conta corrente.

Termos-chave

- abordagem do balanço de portfólio (mercado de ativos)
- abordagem monetária à taxa de câmbio
- abordagem monetária ao balanço de pagamentos
- base monetária
- déficit do *BP* incipiente
- demanda de moeda para transações
- demanda por moeda
- equilíbrio do estoque de ativos
- excesso de demanda por moeda
- excesso de oferta de moeda
- expectativas racionais
- mercado de câmbio eficiente
- multiplicador da moeda
- *overshooting* da taxa de câmbio
- política monetária contracionista
- política monetária expansionista
- reservas domésticas
- reservas internacionais
- superávit do *BP* incipiente

Questões e problemas

1. Suponha que haja um aumento na renda nacional em um país. Sob um sistema de taxa fixa de câmbio, de acordo com a abordagem monetária, o balanço de pagamentos do país (balanço de transações de reservas oficiais) se moverá no sentido de um superávit ou de um déficit? Por quê? Como você modificaria sua explicação (embora não sua conclusão) se estivesse usando a abordagem do balanço de portfólio em um contexto de taxa de câmbio fixa?

2. "Um maior nível de preços aumentará a demanda por moeda, mas as expectativas de um crescimento no nível de preços reduzirá a demanda por moeda." Esta afirmação é verdadeira ou falsa de acordo com a abordagem monetária? Por quê?

3. Na estrutura simples onde $M_s = kPY$, suponha que k aumente por causa de uma mudança nas instituições de pagamento (por exemplo, pessoas são pagas em maiores montantes com menos frequência). Que efeito terá essa mudança institucional sobre a taxa de câmbio do país em um sistema de taxa de câmbio flexível? Explique.

4. Por que é mais provável a paridade do poder de compra relativo (PPP) verificar-se em um período hiperinflacionário do que em um período "normal" de comportamento de preços?

5. Você acha que a abordagem monetária é uma explicação satisfatória da taxa de câmbio de um país? Por que, ou por que não?

6. No modelo do balanço de portfólio, que efeito, mantido tudo o mais igual, terá um déficit orçamentário de um governo estrangeiro financiado por emissões de títulos sobre o valor da moeda doméstica, e por quê? (Considere uma taxa de câmbio flexível.)

7. No modelo do balanço de portfólio, que efeito terá um crescimento em i_d sobre o valor da moeda doméstica com uma taxa de câmbio flexível? Por quê? Por que esse *não* seria o resultado na abordagem monetária?

8. "Um aumento na oferta de moeda de um país pode resultar em uma depreciação da moeda do país que faz o *overshooting* de seu nível de equilíbrio de longo prazo." Defenda essa afirmação.

9. Que razões você pode sugerir para apoiar a consideração padrão de que os mercados de ativos se ajustam mais rapidamente a uma situação de desequilíbrio do que os mercados de bens?

10. Por que $i_f + xa$ é igual a $i_f + (e_{fwd} - e)/e$ em um mercado de câmbio eficiente (sem ágio de risco)?

11. Em sua visão, quais são as forças da abordagem do balanço de portfólio ou do mercado de ativos como uma explicação da determinação da taxa de câmbio? Quais são as fragilidades da abordagem?

Apêndice: Uma rápida visão do trabalho empírico sobre as abordagens de balanços monetários e de portfólio

Testes empíricos da abordagem monetária

Há um considerável número de testes empíricos de relações no modelo da abordagem monetária. Apresentamos nesta seção uma rápida discussão de alguns desses testes.

Primeiro examinamos testes da abordagem monetária sob taxas fixas de câmbio, focalizando brevemente um teste representativo antigo. Junichi Ujiie (1978) trabalhou sobre o Japão no período de taxa fixa de 1959-1972. Sua equação de teste geral era[9]

$$BP = a + b\,\Delta D + c\,\Delta i^* + f\,\Delta Y \qquad [21]$$

---

[9] Com o objetivo de simplificarmos, não listaremos todas as variáveis independentes de Ujiie.

A variável dependente é a posição do balanço de pagamentos.[10] Se o *BP* é positivo, há um superávit das transações com reservas oficias (ou uma entrada de reservas internacionais), enquanto um número negativo constitui um déficit (ou uma saída de reservas internacionais). Por sua vez, *a* é um termo constante, ΔD representa a mudança no crédito doméstico (que influencia a base monetária), Δi^* indica a mudança nas taxas de juros *estrangeiras* e ΔY indica a mudança na renda real japonesa.[11] Ujiie utilizou a hipótese de que um crescimento exógeno no crédito doméstico iria piorar o *BP* (um *b* negativo), um crescimento exógeno nas taxas de juros estrangeiras reduziria a demanda estrangeira por moeda, e, portanto, levaria a um superávit do *BP* para o Japão (*c* positivo), e um aumento exógeno na renda do Japão aumentaria a demanda por moeda, levando a um efeito positivo sobre o *BP* (*f* positivo).

Após vários testes, a conclusão geral de Ujiie foi que a variável crédito doméstico claramente se apresentou como esperado (*b* foi sempre negativo em um sentido estatisticamente significativo). Por sua vez, ele não pôde fazer nenhuma afirmação quanto aos sinais de *c* e *f*. Consequentemente, este teste é robusto no que diz respeito à influência das mudanças no crédito doméstico e, por conseguinte, na oferta de moeda, mas existe uma incerteza quanto às relações das taxas de juros estrangeiras e da renda doméstica com o balanço de pagamentos. Parece justo dizer que, considerando o trabalho de Ujiie e outros com respeito a um sistema de taxa fixa, a oferta de moeda parece mesmo ter sua relação predita com a posição do *BP*. Entretanto, há um desacordo quanto à influência de outras variáveis.

Examinemos agora breves resumos de dois estudos empíricos da abordagem monetária sob um regime de taxa de câmbio flexível. O primeiro estudo foi feito por Jacob Frenkel (1978), ex-conselheiro econômico do Fundo Monetário Internacional e ex-diretor do Banco de Israel. O período examinado é um favorito no estudo da abordagem monetária – a hiperinflação alemã após a I Guerra Mundial.[12] Frenkel empregou os logaritmos naturais das variáveis, uma abordagem que resulta nos coeficientes estimados das variáveis independentes sendo *elasticidades*. Assim, um coeficiente de 2,0 sobre uma variável independente significa que 1% de crescimento no valor da variável independente estaria associado a 2% de crescimento no valor da variável dependente.

A equação de teste de Frenkel para o comportamento da taxa de câmbio alemã de fevereiro de 1921 até agosto de 1923 era

$$\log e = a + b \log M_s + c \log E(\dot{p}) \qquad [22]$$

onde: e = taxa de câmbio (unidades de marcos alemães por um dólar americano)
a = um termo constante
M_s = oferta de moeda alemã
$E(\dot{p})$ = uma medida das expectativas inflacionárias na Alemanha[13]

Se a abordagem monetária tem validade, *b* seria positivo. De fato, se a taxa de câmbio move-se proporcionalmente à oferta de moeda, podemos fazer uma afirmação mais forte – que *b* deveria ser 1,0. O termo *c* também tem a expectativa de ser positivo, porque maiores crescimentos de preços esperados levam os indivíduos a reduzir sua demanda por moeda. Isso geraria um excesso de oferta de moeda e sua depreciação. O termo *a* não tem um sinal esperado *a priori* e é desprezível para nossos propósitos.

Para o período de hiperinflação alemão, Frenkel descobriu ser *b* altamente significativo estatisticamente, com um valor de +0,975. Assim, a taxa de câmbio se depreciou virtualmente de maneira proporcional à oferta de moeda. Além disso, o termo *c* foi um +0,591 altamente significante. Esse resultado também é

---

[10]A variável *dependente* em uma equação de teste é a variável do lado esquerdo, a variável "explicada". As variáveis *independentes*, no lado direito da equação, são variáveis que têm influência causal sobre a variável dependente. Os termos *b, c* e *f* mostram a extensão da influência e são chamados *coeficientes* das variáveis independentes.

[11]Em seus testes, Ujiie na verdade empregou o conceito de "renda permanente" mais do que renda corrente, mas isso não importa para nossos propósitos.

[12]Hiperinflação é uma situação em que os preços estão crescendo de forma extremamente rápida, como mais de 1.000% ao ano. Na Alemanha, durante os anos 1920-1923, o índice de preços no atacado (1913 = 1,0) era 14,40 em dezembro de 1920 e 1.200.400.000.000 em dezembro de 1923. Ver Graham (1930, p. 105-106).

[13]Não entraremos em detalhes sobre a medida das expectativas inflacionárias. Os economistas desenvolveram uma série de medidas e se desentendem continuamente por causa delas.

consistente com a abordagem monetária. O teste de Frenkel (entre outros) dá suporte substancial da abordagem monetária à taxa de câmbio. Na posição crítica, o ponto que frequentemente tem surgido é que, em condições de hiperinflação, os preços dominam todas as outras influências e a oferta de moeda domina os preços na exclusão de todos os outros fatores. (Frenkel também encontrou uma virtual identidade dos movimentos dos índices de preços alemães com as mudanças na oferta de moeda.) Assim, um forte suporte à abordagem monetária é quase inevitável. Se condições mais normais que a hiperinflação fossem selecionadas, os críticos da abordagem monetária duvidam de que esses resultados poderosos pudessem ser encontrados.

Um teste para um período não hiperinflacionário foi feito por Rudiger Dornbusch (1980). Dornbusch considerou o período de 1973-1979, durante o qual houve uma considerável inflação pelos padrões dos países desenvolvidos, mas de maneira nenhuma uma experiência similar a que houve na Alemanha dos anos de 1920. Além disso, houve uma substancial flexibilidade nas taxas de câmbio dos maiores países industrializados.

Dornbusch estimou a seguinte equação:

$$e = a + b(m_s - m_s^*) + c(y - y^*) + d(i - i^*)_S + f(i - i^*)_L \qquad [23]$$

Essa equação foi estimada para cinco países industrializados (Canadá, França, Japão, Reino Unido e Estados Unidos) como um grupo contra a Alemanha Ocidental, com os cinco países sendo tratados como países "domésticos" e a Alemanha Ocidental como o país "estrangeiro". Nessa equação, e refere-se ao logaritmo natural da taxa de câmbio do dólar por marco.[14] O termo a é novamente um termo constante com nenhuma expectativa *a priori* de sinal. O termo m_s é o logaritmo da oferta de moeda do grupo, enquanto m^*_s é o logaritmo da oferta de moeda da Alemanha Ocidental. De maneira similar, y é o logaritmo da renda real no grupo, enquanto y^* é o logaritmo da renda da Alemanha Ocidental. Os termos i e i^* referem-se às taxas de juros nos cinco países e na Alemanha Ocidental, respectivamente. O subscrito S refere-se às taxas de juros de curto prazo, e o subscrito L refere-se às taxas de juros de longo prazo.

De forma consistente com a abordagem monetária, esperamos que b, d e f sejam positivos. Uma rápida taxa de crescimento da moeda em outros países em relação à Alemanha [como refletido em um aumento no termo $(m_s - m^*_s)$] deveria resultar em apreciação do marco (isto é, e deveria crescer). De mesmo modo, um aumento exógeno nas taxas de juros em outros países em relação à Alemanha [como refletido no aumento dos termos $(i - i^*)$] deveria causar uma apreciação do marco.[15] Por outro lado, um rápido crescimento na renda real nos outros países em relação à Alemanha [um aumento em $(y - y^*)$] deveria aumentar a demanda relativa por moeda em outros países (de acordo com a abordagem monetária). Isso levará a uma apreciação das outras moedas e a uma depreciação do marco. Consequentemente, se espera que c seja negativo.

Os resultados de Dornbusch foram desencorajadores quanto à aplicabilidade da abordagem monetária para a explicação dos movimentos da taxa de câmbio. Só os coeficientes sobre as taxas de juros tiveram o sinal esperado e também foram estatisticamente significantes. Dornbusch concluiu que há "pouca dúvida de que a abordagem monetária... é uma teoria insatisfatória da determinação da taxa de câmbio" (Dornbusch 1980, p. 151).

Dadas as conclusões profundamente contrastantes de Dornbusch e Frenkel com respeito à abordagem monetária para taxa de câmbio, houve controvérsia sobre a validade dessa abordagem. Em uma pesquisa da literatura relevante para o período do pós-1973, quando as taxas de câmbio dos maiores países industrializados estiveram flutuando, MacDonald e Taylor (1992, p. 11) ofereceram a afirmação sumária de que a "abordagem monetária parece razoavelmente bem suportada para o período após 1978", mas isso não é verdade para estudos que usam amostras de anos após esse período (onde localizam o estudo de Dornbusch acima). Em particular, Mark Taylor (1995, p. 29) notou que as equações estimativas posteriores para as taxas de câmbio frequentemente continham sinais incorretos. Por exemplo, estimativas para a taxa de câmbio dólar/marco produziram resultados que implicam que um aumento na oferta de moeda alemã causaria uma *apreciação* no marco alemão. Houve controvérsia sobre essa relação, já que alguns economistas pensam que o inesperado sinal é o resultado de más especificações nas equações, especialmente com respeito aos efeitos de riqueza. Nesse sentido, se a riqueza está aumentando (talvez devido a um aumento

---

[14]Mais precisamente, é o logaritmo do valor médio ponderado das moedas dos cinco países expresso em termos de dólares por marco.

[15]Lembre que, na abordagem monetária, um crescimento na taxa de juros doméstica reduz a demanda por moeda, levando a um excesso de oferta de moeda. O excesso de oferta de moeda gera depreciação. Nesse teste, um aumento em i levará a uma depreciação das moedas dos cinco países, isto é, a uma apreciação do marco.

na oferta de moeda por si só), os indivíduos podem desejar manter mais ativos denominados em marco. Isso poderia fazer crescer o valor do marco e mais do que compensar a depreciação esperada sob a abordagem monetária quando a oferta de moeda alemã crescesse.

Dois fatores contribuíram para o reavivamento da pesquisa aplicada sobre a economia das taxas de câmbio. A aplicação de novos métodos de séries de tempo (conhecidos como métodos não estacionários) para a análise da taxa de câmbio é o primeiro. Frankel e Rose (1995) descobriram que os modelos monetários foram os que mais receberam atenção, mas, a despeito dos novos métodos, eles não têm se saído particularmente bem desde os anos de 1970. Rogoff (1999) também tem uma visão pessimista dos modelos monetários. Por outro lado, MacDonald e Taylor (1993, 1994), Chinn e Meese (1995) e MacDonald e Marsh (1997) tiveram sucesso com o modelo monetário. Esses resultados levam MacDonald (1999) a ter uma visão mais otimista dos modelos monetários das taxas de câmbio.

Um segundo fator contribuinte foi a oportunidade de examinar as tendências da taxa de câmbio nos países em transição, particularmente aqueles que se transformaram em membros da UE. Crespo-Cuaresma, Fidrmuc e MacDonald (2005) usaram a abordagem monetária em suas análises das taxas de câmbio na República Tcheca, Hungria, Polônia, Romênia, Eslováquia e Eslovênia. Seus resultados indicam que o modelo monetário proporciona uma explicação relativamente boa do comportamento das taxas de câmbio nominais em um painel de seis países centrais e do Leste Europeu em transição. Pela computação das taxas de câmbio de equilíbrio baseadas no desenvolvimento real e monetário nas nações, os resultados sugerem que as taxas de câmbio nominais contra o euro podem estar sobrevalorizadas particularmente na República Tcheca e na Eslovênia.

Teste do modelo de portfólio

Examinaremos de maneira breve agora os estudos empíricos visando à abordagem de balanço de portfólio ou de mercado de ativos. Relativamente poucos trabalhos têm sido feito no teste o modelo do balanço de portfólio ou de mercado de ativos em virtude das dificuldades encontradas na relação entre os modelos teóricos e os dados mundiais reais. Em particular, como observado em Taylor (1995, p. 30), surgem questões em relação a quais ativos não monetários incluir e como obter dados uniformes através dos países. Além disso, existe incerteza quanto a como quantificar o ágio de risco que reflete a substituição imperfeita dos ativos domésticos e estrangeiros.

O primeiro teste que examinamos é o de Jeffrey Frankel (1984). Enquanto todos os estudos enfrentam o problema de que há dados inadequados sobre a composição dos portfólios, Frankel empregou várias pressuposições para obter estimativas para o período 1973-1979 e testou as relações de hipótese. A variável dependente na equação de teste era a taxa de câmbio da moeda doméstica/dólar. (O "país doméstico" em sua análise consiste em cinco países desenvolvidos – Canadá, França, Alemanha Ocidental, Japão e Reino Unido; o "país estrangeiro" são os Estados Unidos.) As variáveis independentes eram (1) riqueza no país doméstico, W_h; (2) riqueza no país estrangeiro (os Estados Unidos), W_{US}; (3) oferta de ativos denominados em moeda doméstica no mercado mundial, B_h; e (4) a oferta de ativos denominados em moeda estrangeira (dólar) no mercado mundial, B_{US}. (Nota: Os termos B tem um significado levemente diferente daquele em nossa discussão anterior porque se aplicam a todo o mercado mundial, não só aos ativos mantidos por cidadãos domésticos.)

Em termos de modelo de balanço de portfólio, se esperava que W_h tivesse um sinal negativo porque a riqueza elevada no país doméstico (por exemplo, Alemanha Ocidental) apreciou a moeda doméstica (veja o exemplo 4 na página 559 e considere que o efeito substituição entre títulos domésticos e estrangeiros domina o efeito de riqueza puro) e assim a taxa marco/dólar cairá. Um aumento na riqueza real dos Estados Unidos por razões análogas causa o crescimento da taxa marco/dólar e produz um sinal positivo de W_{US}. Um aumento na oferta de títulos denominados em marco B_h (tal como por um déficit orçamentário do governo alemão) aumentaria a taxa de câmbio marco/dólar – gerando um sinal positivo. (Isso segue da discussão no exemplo 6 na página 560.) Finalmente, por razões análogas, um crescimento na oferta de ativos em moeda estrangeira (Estados Unidos) geraria um sinal negativo de B_{US}. Mais da metade dos sinais obtidos por Frankel para o período 1973-1979 não era o esperado. Mesmo que nem todos esses sinais fossem estatisticamente significantes em seu teste, está claro que os resultados não são muito satisfatórios do ponto de vista do modelo do balanço de portfólio. O "sinal errado" ocorreu em dois países em W_h e B_h (Alemanha e Reino Unido) e em três países em B_{US} (França, Alemanha e Reino Unido); e só o Canadá teve o sinal correto em W_{US}.

Voltando-nos para outra literatura, a atenção se focaliza (a despeito das dificuldades) no isolamento do ágio de risco na equação de equilíbrio da paridade de juros descoberto $i_d = i_f + xa - RP$. Um estudo de Kathryn Dominguez e Jeffrey Frankel (1993) tentou medir o ágio de risco por meio de dados de pesquisa sobre as expectativas da taxa de câmbio. O ágio de risco foi então testado em sua relação com as variações da taxa de câmbio (taxas do dólar/marco e dólar/franco suíço) e a composição da riqueza entre ativos domésticos e estrangeiros. De importância para este capítulo, parece haver uma associação entre o tamanho relativo dos ativos domésticos e estrangeiros nos portfólios e o ágio de risco que é consistente com a suposição do modelo do balanço de portfólio segundo a qual os ativos domésticos e estrangeiros são substitutos imperfeitos. (Veja também Taylor, 1995, p. 30-31.)

Entre outros estudos, alguns interessantes trabalhos foram feitos por Richard Meese (1990) e por Meese e Kenneth Rogoff (1983). Eles tentaram verificar em que os modelos de mercados de ativos padrão podem ser de valor na previsão da taxa de câmbio. O procedimento foi primeiro no sentido de obter, a partir de dados de uma série de anos, uma equação com a taxa de câmbio como uma variável dependente, usando variáveis independentes sugeridas pelos modelos monetário e de balanço de portfólio. Meese e Rogoff usaram essa equação para prever a taxa de câmbio para períodos posteriores e compararam a previsão com a taxa de câmbio real para aqueles períodos. O sucesso preditivo da previsão da equação teórica das taxas *spot* posteriores foi depois comparado com o sucesso na predição das taxas *spot* posteriores (1) pelo uso somente da taxa a termo de período corrente para predição da taxa *spot* do próximo período e (2) pela predição da taxa *spot* do próximo período como diferindo da taxa desse período só por um número randômico (significando que a taxa de câmbio é uma "evolução aleatória").

Infelizmente para a equação teórica, ela não desempenhou tão bem quanto a evolução aleatória e a taxa a termo. Isso leva Meese a concluir (1990, p. 132): "Os economistas ainda não compreendem os determinantes dos movimentos de curto para médio prazo nas taxas de câmbio". Outros economistas discordam dessa visão, e a questão continua a gerar investigação teórica e empírica. Consequentemente, embora os modelos do balanço de portfólio (e monetário) sugiram influências particulares sobre a taxa de câmbio, trabalhos consideráveis precisam ser feitos para documentar essas influências de maneira mais convincente. Em vista do enorme volume e rápido crescimento dos ativos internacionais, como discutido no capítulo anterior, este trabalho é muito importante e necessário.

CAPÍTULO

23

AJUSTAMENTOS DE PREÇOS E DESEQUILÍBRIO DO BALANÇO DE PAGAMENTOS

OBJETIVOS DE APRENDIZADO

- Compreender como as mudanças nas taxas de câmbio afetam os movimentos de bens e serviços e a balança comercial dos países.

- Aprender como a elasticidade-preço da demanda se relaciona com a estabilidade dos mercados de câmbio externo.

- Compreender como o mecanismo de ajustamento de preço funciona sob um sistema de taxas fixas de câmbio.

Introdução

Ajustamento de preço: a questão da taxa de câmbio

Em seu Relatório Semestral de Política Monetária ao Congresso, de 11 de fevereiro de 2004, o diretor do Federal Reserve, Alan Greenspan, fez o seguinte comentário sobre a depreciação do dólar:

> A recente performance da inflação foi especialmente notável tendo em vista a substancial depreciação do dólar em 2003. Contra uma ampla cesta de moedas de nossos parceiros comerciais, o valor do câmbio externo do dólar declinou cerca de 13% de seu pico no início de 2002. Ordinariamente, a depreciação da moeda é acompanhada de um crescimento dos preços em dólar dos bens e serviços importados porque os exportadores estrangeiros procuram evitar o declínio dos preços em sua própria moeda que, de outra maneira, resultaria da queda do valor do câmbio externo do dólar. Refletindo a variação da valorização do dólar para a desvalorização do dólar, os preços de bens e serviços importados em dólares começaram a crescer após o declínio da balança por uma série de anos; mas a recuperação tem sido suave. Aparentemente, os exportadores estrangeiros estiveram dispostos a absorver parte do declínio dos preços medidos em suas próprias moedas e o consequente aperto sobre as margens de lucro por ele provocado.[1]

Este capítulo examina como os ajustes de preços – por exemplo, as mudanças nas taxas de câmbio citadas por Alan Greenspan – afetam o setor externo e a economia como um todo. Mudanças de preços em geral ocorrendo num sistema de taxas flexíveis de câmbio ou num sistema de taxas fixas de câmbio têm implicações para as políticas, e elas serão examinadas nos últimos capítulos. Nesse capítulo, nós primeiro analisamos a natureza das reações dos bens e serviços comercializados no que diz respeito às mudanças no preço do câmbio externo sob um sistema de taxas flexíveis de câmbio, e o efeito que essas reações têm sobre a balança de conta corrente. Atenção particular será dada à descrição das condições de mercado que são necessárias para que os desequilíbrios da conta corrente sejam corrigidos pelas mudanças nas taxas de câmbio. Em anos recentes, a depreciação da moeda de um país nem sempre tem sido imediatamente acompanhada pela redução dos déficits de conta corrente, deixando a impressão de que o mercado de câmbio externo pode não se comportar como a teoria sugere. Portanto, examinamos a questão sob uma perspectiva de curto e longo prazo sob taxas de câmbio flexíveis. A discussão do ajuste da taxa flexível é seguida de uma análise do processo de ajuste de preço quando a taxa de câmbio é fixa ou não se permite que ela se mova além de certos limites.

Esse capítulo oferecerá a você uma melhor compreensão sobre como mudanças no setor externo causam ajustes de preço de curto e médio prazo. Ajudará você a compreender as dificuldades de gerenciar a política econômica na economia aberta quando mudanças na taxa de câmbio e preços devem ser levadas em consideração. A política econômica por si mesma será enfocada em capítulos posteriores.

O processo de ajustamento de preço e a conta corrente sob um sistema de taxa flexível

Nesta seção, nós examinamos a maneira como se dão as mudanças no movimento de bens e serviços entre países, isto é, a natureza da conta corrente. No Capítulo 20, o mercado foi apresentado em termos de componentes descrevendo a conta corrente e a conta financeira/de capital. A demanda por câmbio externo necessária para a compra de bens e serviços com respeito a diferentes taxas de câmbio apareceu no gráfico de maneira descendentemente inclinada "normal", e a oferta de câmbio externo recebido das exportações de bens e serviços a várias taxas de câmbio refletiam a relação positiva associada à curva "normal" de oferta. Nessa configuração normal de

---

[1] Testemunho do diretor Alan Greenspan perante o Committee on Financial Services, U.S. House of Representatives, 11 fev. 2004, disponível em www.federalreserve.gov/boarddocs/hb/2004/february/testimony.htm.

mercado, mudanças na taxa de câmbio fizeram com que ocorressem mudanças nas despesas entre bens domésticos e estrangeiros consistentes com o conhecido padrão de ajustamento de mercado. Por exemplo, assumindo um déficit em conta corrente, um aumento na taxa de câmbio (depreciação da moeda doméstica) torna os bens estrangeiros mais caros, levando os consumidores a reduzir o consumo de importados e aumentar o consumo das alternativas domésticas. Ao mesmo tempo, as exportações domésticas tornam-se relativamente mais baratas para os compradores externos, causando então uma troca das despesas de seus próprios produtos pelos importados mais baratos. A **troca das despesas** refletida em ambas as respostas contribuiu para uma redução do déficit em conta corrente. Como fundamento desse ajuste, assume-se que os consumidores e produtores respondem rapidamente a mudanças na taxa de câmbio e que os preços de oferta de bens comercializados não muda com as mudanças nas despesas em cada país (oferta infinitamente elástica). Ainda, qualquer possível efeito sobre a renda, a taxa de juros, a taxa de lucro esperada ou outros fatores também são ignorados. O ajustamento às mudanças de preços trazido pelas alterações na taxa de câmbio é chamado **abordagem de elasticidade** ao ajustamento do mercado de câmbio externo, ou o **mecanismo de ajustamento de preço** que se segue a mudanças na taxa de câmbio. Contudo, como os ajustes da conta corrente nem sempre parecem se dar da maneira que é descrita, é importante observar de perto esse componente do mercado de câmbio externo e seus ajustamentos.

A demanda por bens e serviços e o mercado de câmbio externo

Se desejarmos antecipar os efeitos das mudanças na taxa de câmbio externo sobre a balança de conta corrente mais acuradamente, é muito importante que nós compreendamos as forças básicas subjacentes a esse mercado. Para tanto, nós voltamos às fontes de demanda e oferta por uma moeda na conta corrente e os fatores que as influenciam. Como você viu nos Capítulos 19 e 20, a demanda por moeda estrangeira baseada na conta corrente resulta do desejo de comprar bens e serviços de um outro país e fazer transferências unilaterais. De certo modo, a demanda por moeda estrangeira é uma demanda secundária ou derivada porque a moeda estrangeira é um meio para adquirir algo.

Ignorando-se as transferências unilaterais, a demanda por moeda estrangeira na conta corrente é então determinada por fatores que se direcionam à demanda real por bens e serviços. A demanda por importações reais é influenciada principalmente pelo preço doméstico de qualquer bem ou serviço, a presença de qualquer tarifa ou subsídio, o preço dos substitutos domésticos e/ou complementos, o nível da renda doméstica e os gostos e preferências. O preço doméstico do bem ou serviço estrangeiro, é claro, é o produto do preço expresso em moeda estrangeira vezes a taxa de câmbio apropriada (isto é, $P_{US\$} = P_{UK£} \times e_{\$/£}$). Como a demanda por moeda estrangeira pode ser vista como a oferta de moeda doméstica de moeda para o país estrangeiro, se nós soubermos a demanda por câmbio externo em cada um dos dois países, a oferta de câmbio externo para cada país também é conhecida.

Para uma melhor percepção da natureza dessa relação única entre a demanda doméstica por moeda estrangeira (sua consequente oferta de moeda doméstica para o mercado de câmbio), considere a seguinte demanda hipotética por câmbio externo em dois países, os EUA e o Reino Unido (veja a Tabela 1). Assume-se que a demanda por câmbio externo para a aquisição de bens e serviços responde a mudanças na taxa de câmbio por causa de seus efeitos sobre o preço doméstico de bens estrangeiros. Os dados da tabela foram construídos presumindo-se que os preços de oferta de bens comercializados são invariáveis em relação à quantidade demandada [veja coluna (3)]. Neste exemplo, a variação no preço doméstico do(s) bem(ns) estrangeiro(s) é trazida pela alteração na taxa de câmbio de \$1,50/£ para \$1,00/£ [coluna (1)]. Quando a libra do Reino Unido se torna relativamente mais barata (se deprecia), o preço em dólar dos bens do Reino Unido cai como mostrado na parte (a) da Tabela 1. Quando isso acontece, a quantidade demandada do bem do Reino Unido cresce devido à renda normal e ao efeito substituição [coluna (5)].

TABELA 1 A demanda por bens e serviços importados e o mercado de câmbio externo

(1)	(2)	(3)	(4)	(5)	(6)	(7)
(a) Estados Unidos						
$e_{\$/£}$	$(e'_{£/\$})$	P_{UK}	(P_{US})	Q_{D-US}	$Q_{D£/-US}$	$Q_{S\$/-US}$
\$1,50/£	(£0,67/\$)	£10	(\$15,00)	100 unidades	£1.000	1.500
\$1,25/£	(£0,80/\$)	£10	(\$12,50)	140 unidades	£1.400	1.750
\$1,00/£	(£1,00/\$)	£10	(\$10,00)	180 unidades	£1.800	1.800
(b) Reino Unido						
$(e'_{\$/£})$	$e_{£/\$}$	P_{US}	(P_{UK})	Q_{D-UK}	$Q_{D\$-UK}$	$Q_{S£-UK}$
(\$1,50/£)	£0,67/\$	\$20	(£13,33)	100 unidades	\$2.000	£1.333
(\$1,25/£)	£0,80/\$	\$20	(£16,00)	80 unidades	\$1.600	£1.280
(\$1,00/£)	£1,00/\$	\$20	(£20,00)	60 unidades	\$1.200	£1.200

Dado o preço britânico constante do bem importado, a elevação na quantidade demandada nos EUA de bem do Reino Unido leva a uma elevação na quantidade demandada de libras [coluna (6) da parte (a)]. Além disso, a quantidade demandada de libras varia inversamente com o preço da libra e resulta numa curva descendentemente inclinada normal de demanda. Mudanças na taxa de câmbio então produzem um movimento na curva de demanda por câmbio externo e uma correspondente mudança na quantidade demandada. A posição da curva de demanda, entretanto, é determinada por fatores outros além da taxa de câmbio, e qualquer mudança nessas variáveis causará a mudança da curva de demanda. Por exemplo, um aumento na renda, um aumento autônomo nos preços domésticos relativamente aos preços externos, e uma mudança nos gostos e preferências na direção dos bens importados devem todos causar uma mudança na curva de demanda por câmbio externo associada aos bens e serviços.

A parte (b) da Tabela 1 procede similarmente com a demanda do Reino Unido por bens dos EUA. A depreciação da libra de \$1,50/£ para \$1,00/£ (isto é, a apreciação do dólar de £0,67/\$ para £1,00/\$) causa a redução pelo Reino Unido de sua quantidade demandada de bens dos EUA [coluna (5)]. A menor quantidade demandada de bens dos EUA a uma menor taxa de câmbio \$/£ resulta numa menor quantidade demandada de dólares [coluna (6)]. Essa demanda de dólares é então convertida em uma oferta de libras na coluna (7) da parte (b).

Com essa informação, nós podemos agora desenhar o gráfico do mercado de câmbio externo para o dólar dos EUA e a libra do Reino Unido. Isso será feito da perspectiva dos EUA [Figura 1(a)] e da perspectiva do Reino Unido [Figura 1(b)]. A curva de demanda por libras nos EUA é encontrada traçando-se a quantidade de libras demandada às várias taxas de câmbio da parte (a) da Tabela 1. A oferta de libras disponível para os EUA do Reino Unido às várias taxas de câmbio é encontrada traçando-se a primeira e a última coluna da parte (b) por bens dos EUA. A interseção das duas curvas indica a taxa de câmbio que equilibra a conta corrente. Nesse caso, a taxa de equilíbrio fica em algo entre \$1,25 e \$1,50 por libra.

Um procedimento similar é seguido na apresentação do mercado de câmbio externo da perspectiva do Reino Unido. A demanda por dólares [coluna (6) da Tabela 1, parte (b)] está traçada à taxa de câmbio apropriada [coluna (2) da parte (b)] para gerar a curva descendentemente inclinada esperada. É importante notar que o preço no eixo vertical é o inverso da taxa de câmbio no caso inicial, isto é, £/\$ em vez de \$/£. Para a oferta de dólares, nos voltamos para a informa-

CAPÍTULO 23 AJUSTAMENTOS DE PREÇOS E DESEQUILÍBRIO DO BALANÇO DE PAGAMENTOS

FIGURA 1   A demanda e a oferta de câmbio externo resultante do comércio de bens e serviços

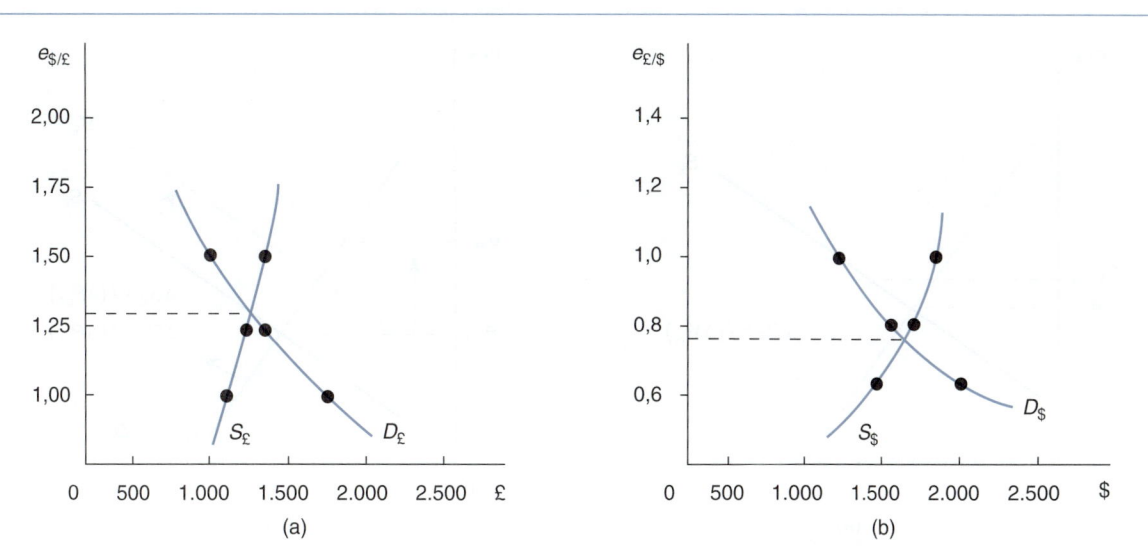

O mercado de câmbio externo que resulta da demanda por bens comercializados mostrado na Tabela 1 está demonstrado nos dois gráficos. No painel (a), o mercado é apresentado do ponto de vista da vantagem dos EUA. Ele mostra a demanda e a oferta de libras que resulta das demandas de cada país pelos bens do outro país a um preço alternativo da libra em dólar. No painel (b), as mesmas demandas são expressas em termos de demanda e oferta de dólares a um preço alternativo do dólar em libras. O equilíbrio do mercado resultante é o mesmo, já que o preço $/£ é o inverso da taxa de câmbio £/$.

ção sobre a demanda dos EUA por produtos do Reino Unido a diferentes taxas de câmbio. A quantidade de dólares ofertados dos EUA [coluna (7) da Tabela 1, parte (a)] às várias taxas de câmbio é então traçada, e a interseção das curvas de oferta e demanda novamente provê a taxa de câmbio de equilíbrio. Nesse caso, ela fica em algo entre £0,67/$ e £0,80/$. (Se soubéssemos as equações das curvas de demanda e oferta, poderíamos resolver o exato preço de equilíbrio.) É importante notar aqui que a taxa de câmbio de equilíbrio é a mesma em ambos os casos porque as figuras mostram duas maneiras de ver o mesmo mercado. Um preço é recíproco ao outro. Se, por exemplo, a taxa de câmbio de equilíbrio é $1,38/£ da perspectiva dos EUA, será 1/($1,38/£) ou £0,72/$ da perspectiva do Reino Unido. Então, não faz diferença se o mercado de câmbio externo é apresentado em libras ou dólares, desde que resulte na mesma taxa de câmbio de equilíbrio.

O mercado apresentado na Figura 1 é estável no que diz respeito a desvios do equilíbrio da taxa de câmbio. A análise estática comparativa também sugere que mudanças na demanda e oferta levarão a um novo equilíbrio apropriado à mudança nas condições de mercado. Por exemplo, um aumento na renda dos EUA elevaria a demanda por bens estrangeiros e, portanto, a demanda por câmbio externo. Isso causaria o deslocamento da curva de demanda por câmbio externo para a direita, criando um déficit de conta corrente e requerendo uma elevação no preço das libras (uma depreciação do dólar) na balança de conta corrente [veja a Figura 2(a)]. Um efeito similar resultaria de um aumento no nível de preço dos Estados Unidos relativamente ao nível de preço do Reino Unido. Entretanto, nesse caso, ambas as curvas irão mudar. A demanda dos EUA por libras crescerá, uma vez que os consumidores mudam seu consumo dos altos preços dos produtos dos EUA para bens e serviços do Reino Unido. Ao mesmo tempo, a demanda britânica por bens e serviços dos EUA (portanto a oferta de libras) cairá, uma vez que os consumidores

FIGURA 2 — Ajustamento no mercado de câmbio externo

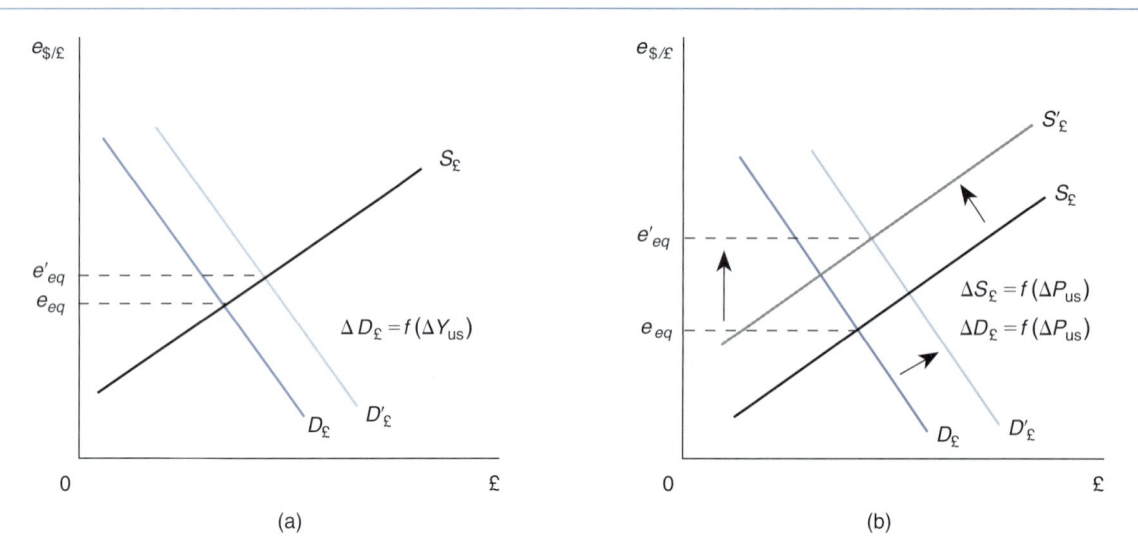

(a)

(b)

Um aumento na renda dos EUA aumenta a demanda por bens do Reino Unido e consequentemente por libras, como mostrado no deslocamento para a direita da curva de demanda no painel (a). Isso, naturalmente, leva a um déficit em conta corrente em e_{eq}. O balanço na conta corrente será obtido só pela depreciação do dólar (isto é, uma taxa de câmbio maior). Um aumento nos preços dos EUA, por sua vez, leva a uma mudança tanto da curva de demanda quanto de oferta de libras, uma vez que os consumidores dos EUA demandam mais importados mais baratos do Reino Unido, e os consumidores do Reino Unido reduzem sua demanda por bens e serviços dos EUA. O resultado combinado da redução da oferta de libras e da elevação da demanda por libras é um maior déficit de conta corrente e consequentemente uma depreciação maior do dólar para novamente se alcançar um balanço na conta corrente, conforme indicado no painel (b).

britânicos mudarão seu consumo dos bens e serviços mais caros dos EUA para os produtos domésticos relativamente mais baratos. O resultado de novo é o aumento do preço das libras em dólares [veja a Figura 2(b)] que é necessário para trazer equilíbrio à conta corrente. Mudanças de expectativas sobre preços futuros e taxas de câmbio, assim como mudanças nos gostos e preferências, mudariam também as curvas de oferta e demanda de câmbio externo.

É importante reiterar aqui que a conta corrente pode ser balanceada nesse exemplo de mercado "normal" se o dólar se depreciar quando a demanda por libras excede a oferta por libras, e se o dólar se valorizar quando a oferta de libras exceder a demanda por libras.

Estabilidade de mercado e mecanismo de ajuste de preço

Até esse ponto, nós assumimos que o mercado de câmbio externo é caracterizado pela curva descendente normal demanda e pela curva ascendente normal de oferta. Essa condição era importante porque gerava um equilíbrio de mercado, que pode ser caracterizado como sendo estável no que diz respeito ao preço (taxa de câmbio). A **estabilidade de mercado** ocorre quando as características de oferta e demanda são tais que qualquer desvio do preço do equilíbrio estimula forças conjugadas que levam o mercado de volta para o equilíbrio. Com as curvas descendente da demanda e ascendente da oferta, um preço que é muito baixo cria um excesso de demanda, causando um aumento de preço até que a oferta se iguale à demanda novamente e o excesso de demanda seja removido. Semelhante, um preço que seja muito alto cria um excesso de oferta, fazendo com que os produtores comecem a reduzir o preço até que a oferta se iguale à demanda novamente. Portanto, o mercado é estável no que diz respeito a desvios de preço do equilíbrio. Estabilidade assegura então que os aumentos de preço (depreciação da moeda) removerão um excesso de demanda por câmbio externo (déficit de conta corrente) e a queda do preço (valorização da moeda) removerá um excesso da oferta de câmbio externo (superávit de conta corrente).

FIGURA 3 Estabilidade de mercado

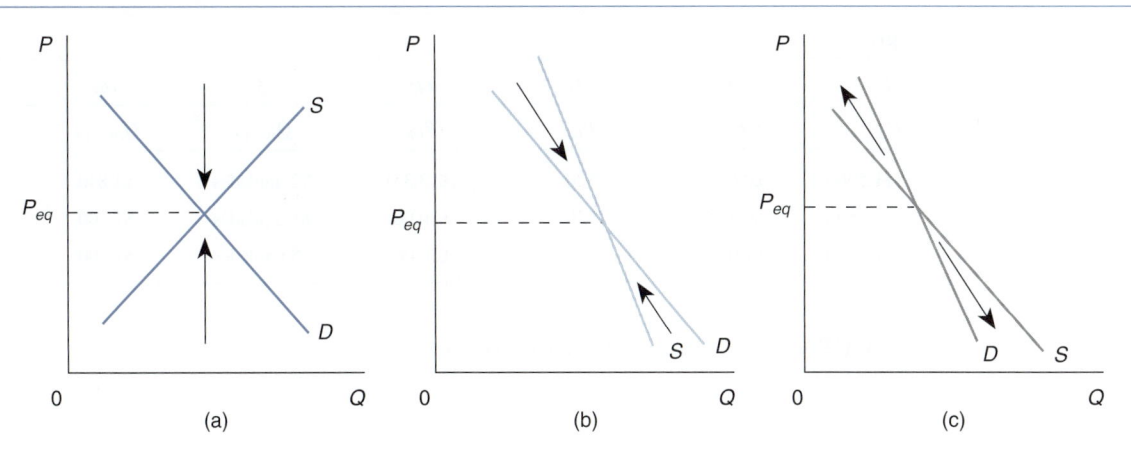

O painel (a) retrata um mercado normal com uma curva descendente de demanda e uma curva ascendente de oferta. Se os preços se distanciam de P_{eq}, as forças da oferta e da demanda são automaticamente conjugadas no sentido de trazer o preço de volta para P_{eq}. O painel (b) demonstra um mercado que também é estável no que diz respeito ao preço, embora tenha uma curva de oferta descendente. O fato de que um preço muito baixo (alto) ainda crie um excesso de demanda (oferta) significa que as forças de mercado são automaticamente conjugadas no sentido de fazer o mercado retornar ao equilíbrio em P_{eq}. O painel (c), contudo, retrata um mercado instável. Se os preços estão muito baixos (altos), ocorre um excesso de oferta (demanda) que leva a um movimento adicional de P_{eq}, e não a um movimento de retorno ao equilíbrio.

Para o mecanismo de ajuste de preço funcionar, é necessário que as curvas de demanda e oferta tenham uma configuração adequada. Na Figura 3, três diferentes configurações de mercado são mostradas (para qualquer bem ou serviço, não só para câmbio externo). No painel (a), as curvas de oferta e demanda produzem um excesso de demanda quando o preço é muito baixo e um excesso de oferta quando o preço é muito alto. O mercado é então estável da forma discutida anteriormente. No painel (b), a curva de demanda tem o declínio negativo usual, mas a curva de oferta é descendente. Contudo, a curva de oferta é mais íngreme que a curva de demanda, resultando que ainda há um excesso de demanda quando o preço está abaixo do preço de equilíbrio, e um excesso de oferta quando o preço está acima do equilíbrio. Então, o mercado também é estável no que diz respeito ao preço. Finalmente, no painel (c) há uma terceira configuração de mercado que é similar a (b), exceto pelo fato de que a curva descendente de oferta é mais suave que a curva de demanda. Nesse exemplo, um preço abaixo do preço de equilíbrio leva a um excesso de oferta, e um preço acima do preço de equilíbrio leva a um excesso de demanda. Como um excesso de demanda leva a um aumento no preço e um excesso de oferta leva a uma redução no preço, qualquer movimento para fora do equilíbrio conjuga forças que levam a movimentos para pontos mais distantes do equilíbrio, não a movimento de volta ao equilíbrio. Assim, este é um exemplo de um mercado que é instável no que diz respeito ao preço.

Voltando ao mercado de câmbio externo, podemos esperar que o mercado seja "normal" quando a demanda por bens e serviços é inversamente relacionada ao preço (isto é, há uma curva de demanda descendente)? Para responder a essa questão, considere a escala de demanda no Reino Unido por bens dos EUA na Tabela 2. Note novamente que o preço dos importados do Reino Unido cresce [coluna (4)] para os britânicos quando a libra se deprecia [colunas (1) e (2)] e que os consumidores do Reino Unido se comportam de maneira "normal", demandando uma quantidade menor de bens dos EUA e consequentemente menos dólares [coluna (6)]. Entretanto, embora a quantidade demandada caia, os consumidores britânicos acabam ofertando *mais* libras esterlinas por importados que eles estariam dispostos a comprar [coluna (7)]. Se nós reconstruirmos agora essa porção do mercado de câmbio externo da perspectiva dos EUA usando esse novo exemplo (veja a Figura 4), descobriremos que temos um mercado caracterizado por uma

TABELA 2   Uma demanda alternativa do Reino Unido por bens dos EUA

RU'

(1) $e'_{\$/£}$	(2) $e_{£/\$}$	(3) P_{US}	(4) (P_{UK})	(5) Q_{D-UK}	(6) $Q_{D\$-UK}$	(7) $Q_{S£-UK}$
(\$1,50/£)	£0,67/\$	\$20	(£13,33)	92 unidades	\$1.840	£1.227
(\$1,25/£)	£0,80/\$	\$20	(£16,00)	85 unidades	\$1.700	£1.360
(\$1,00/£)	£1,00/\$	\$20	(£20,00)	75 unidades	\$1.500	£1.500

FIGURA 4   O mercado de câmbio externo

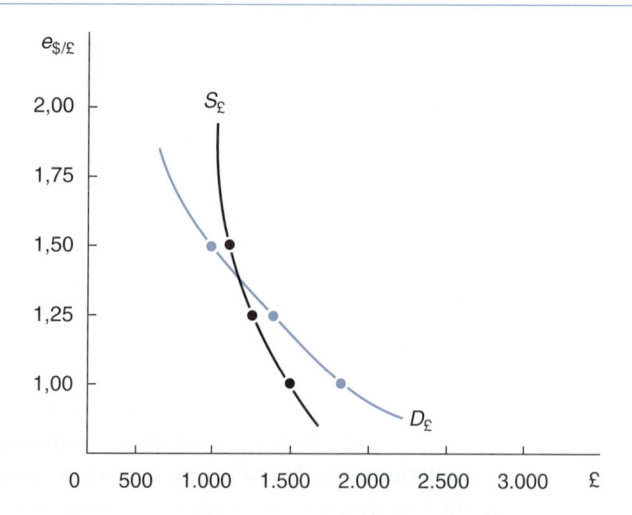

A demanda alternativa do Reino Unido por importação de bens e serviços dos EUA (veja a Tabela 2) produz uma curva de oferta de libras que é declinante (ou descendente), não ascendente. Entretanto, como a curva de demanda é ainda mais suave que a curva de oferta, o equilíbrio permanece estável no que diz respeito a mudanças no preço (taxa de câmbio externo).

curva de oferta declinante de câmbio externo (libras). Contudo, como a curva de oferta é mais íngreme que a curva de demanda, o mercado ainda é estável no que diz respeito a desvios no preço. Esse exemplo indica que uma curva declinante de oferta de câmbio externo pode ocorrer mesmo se a demanda externa por importados for normal. A situação de mercado estável ou instável depende da forma das curvas de oferta e demanda por câmbio externo. Veremos mais sobre isso adiante.

Explicando a curva descendente de oferta de câmbio externo

Examinemos as circunstâncias que produzem a curva descendente de oferta de câmbio externo. Se nós retornarmos aos exemplos numéricos nas Tabelas 1 e 2 para o Reino Unido, note que a mudança na taxa de câmbio produziu dois efeitos. Primeiro, como o dólar se tornou mais caro, mais libras esterlinas eram necessárias para comprar cada dada unidade de importados dos EUA; ao mesmo tempo, entretanto, o número de unidades caiu por causa do aumento de preço em termos de libras. O aumento ou diminuição da quantidade total de libras ofertadas com a mudança da taxa de câmbio dependeu do tamanho relativo desses dois efeitos.

A natureza desta relação pode ser medida pelo uso do conceito familiar da elasticidade-preço da demanda. Essa elasticidade é simplesmente a razão da porcentagem de mudança na quantidade demandada pela porcentagem de mudança no preço. Como estamos examinando as mudanças bastante extensas no preço e na quantidade, e não pequenas mudanças marginais na proximidade de um dado preço e quantidade, é apropriado usar uma medida de elasticidade-arco em vez de uma estimativa de elasticidade-ponto. Isso é feito considerando-se os dois pontos de quantidade e preço sobre os quais a mudança na quantidade de preço está sendo examinada. A elasticidade-arco é então definida como se segue:

$$\eta_{arc} = \frac{\Delta Q/[(Q_1 + Q_2)/2]}{\Delta P/[(P_1 + P_2)/2]}$$

No primeiro exemplo numérico na parte (b) da Tabela 1, como o preço do Reino Unido subiu de £13,33/unidade para £16/unidade [coluna (4)], a quantidade demandada caiu de 100 unidades para 80 unidades [coluna (5)]. A elasticidade-arco da demanda para essa mudança no preço é igual a (80 − 100)/[(100 + 80)/2] dividido por (16,00 − 13,33)/[(13,33 + 16,00)/2], que é igual a (−)0,222/0,182 = (−)1,22. Como o valor (absoluto) da elasticidade é maior do que 1,0, diz-se que a demanda é elástica. Se um cálculo semelhante for realizado para uma segunda mudança na taxa de câmbio na Tabela 1 (o aumento do preço de £16/unidade para £20/unidade), a elasticidade-arco será de 1,29, que também é maior do que 1,0 e, portanto, elástica. O resultado confirma o que nós sabemos sobre a demanda elástica. Um aumento no preço leva a um declínio no total de despesas porque a porcentagem de mudança na quantidade demandada é maior que a porcentagem de mudança no preço. Assim, quando a elasticidade da demanda por produtos domésticos de um país parceiro de comércio é elástica, a curva de oferta de câmbio externo será ascendente.

O que aconteceu no caso da Tabela 2 para produzir uma curva de oferta de câmbio externo descendente? Um rápido cálculo da elasticidade da demanda por importações lança alguma luz sobre esta questão. Como o preço cresceu de £13,33 para £16/unidade, a quantidade demandada caiu de 92 unidades para 85 unidades. A elasticidade-arco sobre essa faixa é igual a (−)0,079/0,182 ou (−)0,434, que é menos em valor absoluto do que 1,0. Consequentemente, a demanda por importações é inelástica nessa faixa. Depois que o preço aumentou de £16 para £20/unidade, a quantidade demandada caiu de 85 unidades para 75 unidades. Isso indica uma elasticidade da demanda de (−)0,125/0,222 = (−)0,563, que novamente é menor em valor absoluto do que 1,0, e é inelástica. A demanda inelástica significa que, ao maior preço do importado em libras, os consumidores do Reino Unido estão desejando ofertar mais libras (veja a última coluna da Tabela 2). O mistério da curva descendente da oferta de câmbio externo está agora resolvido. Se a demanda externa por bens domésticos é inelástica, a curva de oferta de câmbio externo é descendente (isto é, negativamente inclinada). Se a demanda é elástica, a oferta de câmbio externo será ascendente. Para essa relação no caso especial de uma demanda linear, veja o Quadro Conceitual 1.

Estabilidade do mercado de câmbio e a condição Marshall-Lerner

Como uma oferta declinante de câmbio externo irá resultar sempre que a demanda por importações do parceiro for inelástica, sob quais condições resultará um mercado de câmbio externo instável? Em outras palavras, uma depreciação da moeda doméstica levará a um decréscimo no excesso de demanda por câmbio externo? Se sim (se não), o mercado de câmbio é estável (instável). Ignorando as transferências unilaterais e os fluxos de capital, o problema é avaliar a balança de conta corrente que resulta quando há uma mudança na taxa de câmbio.[2] Para uma demonstração básica do problema, considere os ajustamentos de preço e quantidade na

---

[2]Como a instabilidade ocorre quando a curva de demanda é mais íngreme que a (declinante) curva de oferta, a condição para a estabilidade deve necessariamente levar em conta as características de ambas as curvas. Para uma derivação simples da condição de estabilidade, veja Dennis R. Appleyard and Alfred J. Field, Jr. (1986).

QUADRO CONCEITUAL 1
ELASTICIDADE DA DEMANDA DE IMPORTAÇÕES E A CURVA DE OFERTA DE CÂMBIO EXTERNO QUANDO A DEMANDA É LINEAR

Lembre-se de que, com uma curva linear de demanda, a elasticidade varia à medida que movemos dos preços altos para os preços baixos. Mais especificamente, para os preços acima do ponto médio da curva de demanda, a demanda é elástica; para os preços abaixo do ponto médio, a demanda é inelástica; e para o ponto médio, a demanda é de elasticidade unitária. Como o preço dos EUA dos bens importados do Reino Unido está se mantendo constante, a mudança no preço em nossos cálculos é inteiramente devida a mudanças na taxa de câmbio. Nesse caso, a demanda por dólares relativamente a mudanças na taxa de câmbio tem o mesmo valor de elasticidade que a demanda por importações do Reino Unido relativamente aos preços domésticos de importações do Reino Unido no mesmo trecho. Considere a curva de demanda do Reino Unido por dólares na Figura 5(a). Correspondendo a cada linha está um segmento da curva de oferta de libras esterlinas para os Estados Unidos [Figura 5(b)]. A porção elástica da curva de demanda do Reino Unido por dólares corresponde à porção ascendente da curva de oferta de libras. Como o preço do câmbio externo da perspectiva dos EUA é o inverso do preço da perspectiva do Reino Unido ($/£ versus £/$), a linha a de altos preços no Reino Unido corresponde a preços baixos de câmbio externo dos Estados Unidos. Consequentemente, quando a taxa de câmbio externo cai em termos de £/$, ela está subindo em termos de $/£. Assim, como a taxa de câmbio em £/$ está caindo na direção de b, o ponto de elasticidade unitária está crescendo na direção de b em $/£. Nos pontos abaixo de b, a demanda por dólares é inelástica e, consequentemente, a oferta de libras esterlinas está decrescendo (linha c). Enquanto essas porções são válidas especificamente para curvas de demanda lineares, a relação geral entre a elasticidade de demanda de importações e a oferta de câmbio externo é válida. A demanda de importações inelástica produz uma curva de oferta de câmbio externo declinante para o país parceiro, e a demanda elástica produz uma curva de oferta normal ascendente.

FIGURA 5   Demanda de importações e a curva de oferta de câmbio externo

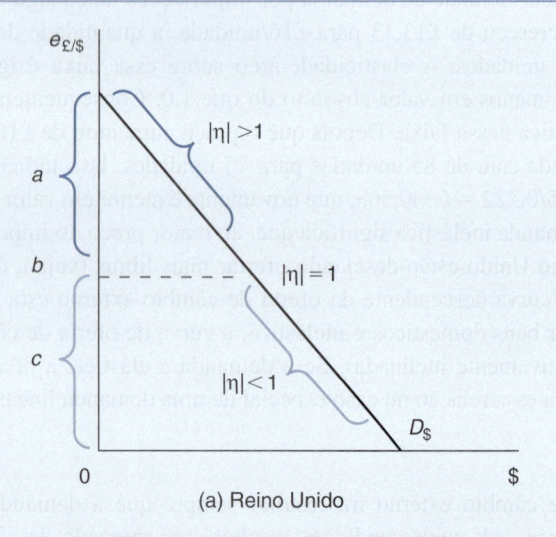

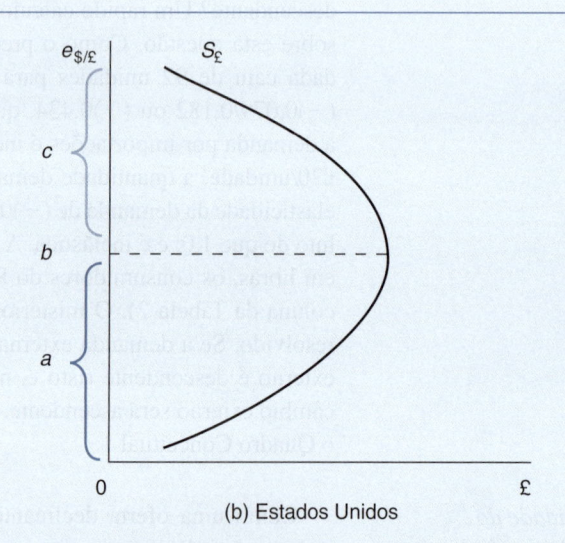

(a) Reino Unido

(b) Estados Unidos

A porção elástica da demanda dos estrangeiros (Reino Unido) por bens e serviços dos Estados Unidos no painel (a) gera uma curva de oferta por libras crescente no painel (b). Dessa forma, o segmento inelástico da curva de demanda do Reino Unido por bens e serviços dos EUA gera uma curva de oferta de libras declinante para os Estados Unidos. Assim, um país com uma demanda estrangeira inelástica por suas exportações terá uma curva de oferta de câmbio externo declinante. Uma demanda elástica, por sua vez, produz uma curva de oferta de câmbio externo normal ascendente.

CAPÍTULO 23   AJUSTAMENTOS DE PREÇOS E DESEQUILÍBRIO DO BALANÇO DE PAGAMENTOS   **583**

FIGURA 6   Efeitos de mercado de uma mudança na taxa de câmbio externo

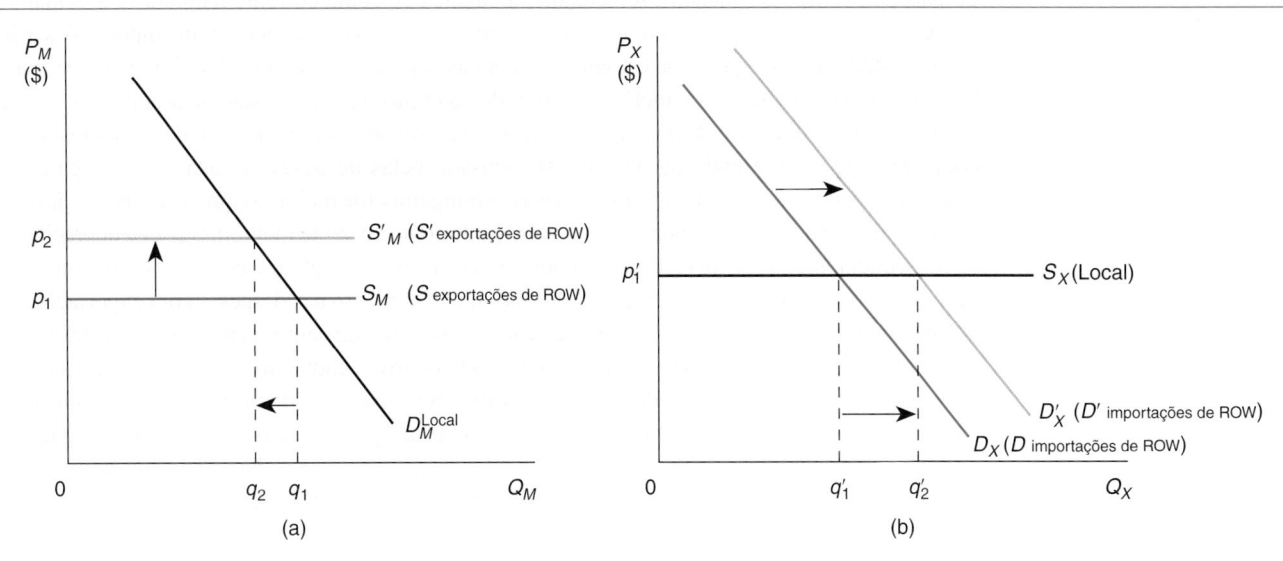

Considerando que a oferta de exportações é infinitamente elástica em ambos os países (isto é, a curva de oferta de importações e a curva de oferta de exportações no país original são horizontais), uma depreciação da moeda doméstica leva a (1) uma mudança para cima na curva de oferta de importações de S_M para S'_M (devido ao maior preço doméstico das importações na moeda doméstica) e (2) um deslocamento para a direita da demanda por exportações de D_X para D'_X (porque o preço da moeda estrangeira das exportações do país original caiu relativamente). O efeito da depreciação sobre o valor das importações depende da elasticidade da demanda por importações. Dado que os gastos de importação antes da depreciação são $p_1 q_1$ e após a depreciação são $p_2 q_2$, a depreciação reduzirá os desembolsos de importação apenas se a demanda por importações for elástica. Se a demanda for inelástica, o valor dos desembolsos de importação em termos de dólar na verdade aumentará. O valor dos recebimentos de exportação aumenta inequivocamente porque uma maior quantidade q'_2 que a original q'_1 é comprada a um dólar de preço constante. O impacto da depreciação sobre a balança de conta corrente depende então da soma desses dois efeitos e pode ser positivo ou negativo dependendo da elasticidade da demanda em cada país pelos bens e serviços do outro país.

Figura 6 (por conveniência de exposição, as curvas de demanda foram desenhadas como retas). O painel (a) mostra os cronogramas de demanda e oferta por importações do país, assumindo que o preço dos bens e serviços do parceiro [ou do resto do mundo (ROW)] é constante. O painel (b) mostra os cronogramas de demanda e oferta por exportações do país (importações do país parceiro ou do ROW) assumindo novamente um preço constante dos bens e serviços. Os preços em ambos os casos são expressos em moeda doméstica ($). Os preços iniciais são p_1 e p'_1, com quantidades correspondentes q_1 e q'_1. Considere que haja uma depreciação do dólar (a moeda doméstica). Quando isso acontece, S_M (ou a oferta de exportações para este país do resto do mundo) muda verticalmente para cima para S'_M no painel (a), e D_X muda para D'_X (ou a demanda por importações deste país pelo resto do mundo) no painel (b). Como o preço doméstico das importações subiu, o país demanda uma menor quantidade. No país parceiro, o preço *doméstico* de suas importações desceu mesmo tendo o preço das exportações daquele país se mantido constante (porque a moeda do país parceiro se valorizou), o que causa o deslocamento para a direita de sua curva de demanda. Essa mudança reflete o fato de que os estrangeiros estão preparados para comprar mais bens e serviços nacionais para cada dólar de preço.

O último efeito sobre a balança de conta corrente depende das mudanças nos gastos associadas às mudanças na taxa de câmbio. Se a demanda do país doméstico é elástica, então a balança de conta corrente invariavelmente melhora com a depreciação porque o aumento nos preços domésticos das importações leva a uma redução no total de despesas com importações, e a redução do preço das exportações leva a um aumento das despesas dos estrangeiros com exportações do país doméstico. De maneira semelhante, a balança de conta corrente melhora se a demanda do país doméstico é de elasticidade unitária porque as despesas totais com importações não serão mudadas e as despesas de estrangeiros com as exportações do país doméstico aumentarão. Se a demanda doméstica for inelástica, contudo, o efeito da depreciação será ambíguo. Nesse caso, o aumento do preço de bens e serviços estrangeiros leva a um aumento das despesas totais com importações que pode ou não ser compensado pelas despesas elevadas do país parceiro com exportações. Se o aumento nas despesas estrangeiras for maior do que a compensação das despesas domésticas com importações, a balança de conta corrente melhorará com a depreciação e, consequentemente, o mercado de câmbio externo será estável. Se, contudo, o aumento nas despesas domésticas com importações for maior que o aumento nas despesas com exportações, a balança corrente estará pior com a depreciação e o mercado de câmbio externo será instável.

Conforme se demonstra, o resultado instável não ocorrerá enquanto a soma dos valores absolutos da elasticidade-preço da demanda por importações do país doméstico, η_{Dm}, e a elasticidade-preço da demanda por exportações (importações do país parceiro), η_{Dx}, for maior que 1,0 no caso de um comércio inicial balanceado, isto é, $|\eta_{Dm}| + |\eta_{Dx}| > 1$. No caso de comércio desbalanceado (expresso em unidades de moeda doméstica), a condição se torna

$$\frac{X}{M}|\eta_{Dx}| + |\eta_{Dm}| > 1$$

onde X e M se referem ao total de despesas com exportações e importações, respectivamente. Essa condição geral para estabilidade do mercado de câmbio é chamada de **condição Marshall-Lerner**.[3]

Na situação recém discutida, as curvas de oferta de importações e exportações são horizontais, ou "infinitamente elásticas". Se nós examinarmos o efeito da mudança da taxa de câmbio sobre a balança de conta corrente quando as curvas de oferta tomam sua forma normal, a análise é mais complicada que no caso anterior. Na Figura 7, a depreciação do dólar muda a curva de oferta S_M verticalmente para cima pela porcentagem da depreciação para S'_M. Então, por exemplo, o preço p_3 associado ao ponto F será 10% maior que o preço p_1 (associado ao ponto E) se a depreciação do dólar for de 10%. Essa mudança vertical de 10% ocorre ao longo de toda a S_M. O preço p_3 teria sido, de fato, o novo preço de equilíbrio se a escala de S_M tivesse sido horizontal, como na Figura 6(a). Entretanto, na Figura 7, o preço final p_2 é mais baixo que p_3. A mudança final nos desembolsos de importações devida à depreciação então envolve observar não só a elasticidade de D_M, mas também a elasticidade de S'_M. Essas elasticidades, por sua vez, refletem as elasticidades envolvidas nas condições subjacentes de consumo e produção em ambos os países. Não examinamos essas condições de elasticidade subjacentes neste capítulo, mas claramente as coisas se tornam mais complexas.

Uma análise similar se aplicaria no lado das exportações. Em um diagrama para o caso das exportações (não mostrado), uma depreciação da moeda doméstica mudaria D_X para a direita ao longo da *curva ascendente S_X*, e o preço das exportações de bens e serviços cresceria [o que não acontece na Figura 6(b)]. Para a estabilidade de mercado em casos de curvas S_M e S_X ascendentes a condição Marshall-Lerner se torna mais complicada. Uma extensão para esses casos está, contudo, além do escopo deste texto.[4]

---

[3]Para uma derivação matemática deste resultado, veja o apêndice no fim deste capítulo. Nós estamos discutindo a balança em termos de moeda doméstica porque as contas do BOP são feitas em moeda doméstica. O resultado do comércio balanceado é o mesmo em termos de moeda estrangeira, mas a condição não balanceada é então

$$|\eta_{Dx}| + \frac{M}{X}|\eta_{Dm}| > 1$$

[4]No caso de curvas de oferta ascendentes, pode ser mostrado por tratamentos mais avançados (e pode ser também demonstrado por meio de gráficos) que a simples condição Marshall-Lerner é uma condição suficiente, mas não mais necessária para a depreciação melhorar a balança de conta corrente. Em outras palavras, as elasticidades absolutas da demanda podem ter soma < 1 e a balança ainda pode melhorar.

FIGURA 7   A resposta do mercado de importações às mudanças na taxa de câmbio externo quando a oferta estrangeira não é infinitamente elástica

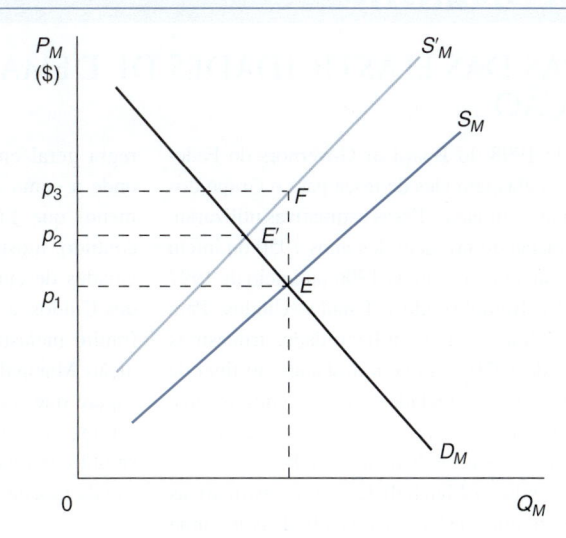

Se a oferta estrangeira de bens comercializados não é infinitamente elástica, a curva de oferta se desloca para cima à direita. A depreciação da moeda doméstica levará então a uma mudança para cima da curva igual à porcentagem de mudança na taxa de câmbio. S'_M então fica acima de S_M por uma porcentagem constante do preço e não por um montante fixo (isto é, S'_M divergirá de S_M). A mudança resultante no preço de mercado das importações refletirá tanto a elasticidade da demanda quanto a elasticidade da oferta dos bens comercializados, e será menos do que a porcentagem de mudança na taxa de câmbio. Isso é demonstrado aqui, onde o novo preço de equilíbrio p_2 reflete um menor aumento no preço doméstico (relativo a p_1) comparado com o efeito da depreciação da moeda EF.

Estimar as elasticidades reais no comércio internacional é um trabalho difícil, dada a natureza complexa e mutante do comércio. Uma controvérsia considerável tem se desenvolvido sobre a estimativa das elasticidades, particularmente no que diz respeito à econometria empregada. Embora alguns resultados estatísticos sugiram que as elasticidades sejam muito baixas, o consenso geral de vários estudos parece ser de que as respostas de mercado às mudanças de preços são suficientemente amplas para gerar um mercado de câmbio externo estável. Como as elasticidades de longo prazo são maiores (em valores absolutos) que as elasticidades de curto prazo, a estrutura de tempo pode ser importante. A natureza de curto prazo *versus* longo prazo das elasticidades será discutida na próxima seção.

REVISÃO DE CONCEITO

1. Qual é a diferença entre equilíbrio de mercado estável e equilíbrio instável? Uma curva de oferta descendente sempre produz instabilidade de mercado? Por que, ou por que não?
2. Que condição é requerida para a estabilidade no mercado de câmbio externo se as ofertas doméstica e estrangeira de bens comercializados são infinitamente elásticas?
3. Como os analistas relacionam a estabilidade do mercado de câmbio externo com o impacto da depreciação da balança de conta corrente?

O processo de ajustamento de preço: curto prazo *versus* longo prazo

Na última seção, nós estabelecemos que a depreciação da moeda reduziria os déficits de conta corrente e a apreciação da moeda reduziria os superávits de conta corrente quando a soma dos valores absolutos das elasticidades das demandas estrangeira e doméstica por importações fosse maior que 1,0 (a condição para estabilidade de mercado de Marshall-Lerner). Nessa situação, as mudanças na taxa de câmbio causam mudanças apropriadas nas despesas entre bens domésticos e estrangeiros. Assumindo um déficit em conta corrente, um aumento na taxa de câmbio (depreciação da moeda doméstica) faz com que os bens estrangeiros fiquem mais caros, levando

No mundo real:

Estimativas das elasticidades de demanda de importação e exportação

Em um estudo de 1998 do Board of Governors do Federal Reserve System, as elasticidades de troca para o Grupo dos Sete (G-7) países foram estimadas. Essas estimativas utilizaram dados trimestrais começando no meio dos anos 1950 ou início dos anos de 1960 e acabando no fim de 1996 ou início de 1997 para o Canadá, Japão, Reino Unido e Estados Unidos. Para Alemanha, França e Itália, o estudo utilizou dados trimestrais começando por volta de 1970 e também acabando no final de 1996 ou início de 1997. As elasticidades-preço de curto prazo e longo prazo para importações totais e exportações totais foram calculadas. Essas estimativas estão listadas na Tabela 3.

No contexto da condição Marshall-Lerner, as estimativas de longo prazo sugerem que a estabilidade é obtida como uma regra geral em todos os países exceto França e Alemanha, onde a soma dos valores absolutos das duas elasticidades é menos que 1,0. As elasticidades de longo prazo estimadas, contudo, mostram muito maior responsividade que as elasticidades de curto prazo. Em todos os casos, exceto os Estados Unidos, as estimativas de curto prazo são muito pequenas (muito inelásticas) e não chegam perto de satisfazer a condição Marshall-Lerner para a estabilidade de mercado. Isso sugere que o comportamento da conta corrente pode parecer ser instável imediatamente após uma mudança na taxa de câmbio, por exemplo, piorando na presença de uma depreciação da moeda.

TABELA 3   Estimativas de elasticidades-preço da demanda por importações e exportações

País	Elasticidade-preço de importação de curto prazo	Elasticidade-preço de exportação de curto prazo	Elasticidade-preço de importação de longo prazo	Elasticidade-preço de exportação de longo prazo
Canadá	−0,1	−0,5	−0,9	−0,9
França	−0,1	−0,1	−0,4	−0,2
Alemanha	−0,2	−0,1	−0,06	−0,3
Itália	0,0	−0,3	−0,4	−0,9
Japão	−0,1	−0,5	−0,3	−1,0
Reino Unido	0,0	−0,2	−0,6	−1,6
Estados Unidos	−0,6	−0,5	−0,3	−1,5

Fontes: Peter Hooper, Karen Johnson e Jaime Marquez, "Trade Elasticities for G-7 Countries", Board of Governors of the Federal Reserve System, International Finance Discussion Papers n. 609, abr. 1998, p. 5-8; *Trade Elasticities for the G-7 Countries*, Princeton Studies in International Economics n. 87 (ago. 2000), p. 8-9.

---

os consumidores a reduzir o consumo de importados e aumentar o consumo das alternativas domésticas. Ao mesmo tempo, as exportações do país doméstico se tornam relativamente mais baratas para os compradores estrangeiros, causando uma mudança de despesas de seus próprios produtos para importados mais baratos. Geralmente se considera nesta análise que os consumidores e produtores respondem rapidamente e que o preço de oferta não muda com a mudança das despesas em cada país (oferta infinitamente elástica). Qualquer possível efeito sobre a renda, a taxa de juros, a taxa de lucro esperado ou outras variáveis também são ignoradas. Além disso, considerou-se que uma mudança na taxa de câmbio se traduziu totalmente numa mudança nos preços dos bens para os consumidores do país comprador. Consequentemente, por exemplo, uma depreciação de 10% da moeda doméstica resulta em uma redução de 10% nos preços dos bens domésticos para os consumidores estrangeiros e um crescimento de 10% nos preços dos bens estrangeiros para os consumidores domésticos. Tal situação é denominada **pass-through completo taxa de câmbio**. Dadas essas considerações, a condição Marshall-Lerner é suficiente para causar a desejada mudança nas despesas.

Como indicado inicialmente, elasticidades de curto prazo de oferta e demanda tendem a ser menores (em valores absolutos) que elasticidades de longo prazo. No lado da demanda, os consu-

No mundo real:

A passagem da taxa de câmbio das exportações pelos Estados Unidos

Jiawen Yang (1997) da George Washington University confirmou que a passagem completa das mudanças nas taxas de câmbio não ocorre no caso de exportações estrangeiras para os Estados Unidos. Yang usou uma amostra de importações em 87 indústrias de manufaturados dos EUA para calcular a **elasticidade da passagem da taxa de câmbio** durante o período de dezembro de 1980 a dezembro de 1991. Essa elasticidade em uma base industrial é a porcentagem de mudança no índice de preços de importações de um bem (em dólares) dividida pela porcentagem de mudança na taxa de câmbio (nominal efetiva). Se há uma passagem completa de uma mudança na taxa de câmbio para os preços de importações, a elasticidade seria igual a 1,0, significando que uma mudança na taxa de câmbio é totalmente refletida no preço em dólar do bem para os consumidores dos EUA. Se não há passagem, seria igual a zero, indicando que, a despeito da mudança da taxa de câmbio, o preço em dólar para os consumidores dos EUA não muda. Se a elasticidade está entre 0 e 1, há uma **passagem parcial da taxa de câmbio**. Em sua estimativa de passagem de curto prazo ("curto prazo" significando o impacto de uma mudança da taxa de câmbio durante um trimestre sobre o preço das importações no trimestre subsequente), a estimativa de Yang era de que, em 77 das 87 indústrias, a elasticidade de passagem era positiva, mas menos do que 1,0. Essa passagem parcial era refletida numa média de elasticidade de 0,3185, com elasticidades em 77 indústrias variando de 0,025 em chapas de madeira bruta e de manejo a 0,757 em maquinaria de impressão. Em geral, ele descobriu que maquinaria não elétrica e indústrias de instrumentos tinham maior passagem que outras indústrias. Suas estimativas para elasticidades de longo prazo (usando uma amostra um pouco menor) eram maiores, com algumas das indústrias de maquinaria não elétrica aproximando-se de 1,0.

De particular interesse no estudo de Yang foi sua tentativa de investigar os determinantes do grau relativo de passagem pelas indústrias. Primeiro, por exemplo, ele postulou que a elasticidade de passagem seria mais alta com uma diferenciação maior de produto em uma indústria, e sua hipótese foi geralmente confirmada empiricamente. Segundo, Yang esperava que a passagem fosse menor quanto maior a elasticidade do custo marginal de produção no que diz respeito à saída nas empresas ofertantes da indústria, e esse resultado também foi encontrado em seus testes empíricos. Terceiro, Yang especificou que o grau de passagem poderia ser afetado pela participação de mercado das empresas estrangeiras no mercado doméstico – sua hipótese era de que o grau de passagem seria inversamente relacionado à participação de mercado das empresas estrangeiras nos Estados Unidos. Entretanto, Yang não conseguiu encontrar nenhum relacionamento empiricamente significativo entre o grau de passagem e a divisão de mercado das empresas estrangeiras.

Um estudo posterior de Giovanni Olivei (2002) do Federal Reserve Bank de Boston também apresentou cálculos das elasticidades de passagem da taxa de câmbio para os Estados Unidos. Olivei trabalhou com dados de 34 indústrias, cujas importações representavam 75% das importações não energéticas dentro dos Estados Unidos. Usando dados do período 1981-1999, ele obteve elasticidades de passagem das taxas sobre preços de importação tão baixas quanto 0,06 (calçados), 0,07 (manufaturas de borracha, não especificadas) e 0,09 (receptores de rádio). Por outro lado, algumas das elasticidades de longo prazo foram tão altas quanto 0,92 (metais não ferrosos), 0,89 (alumínio) e 0,87 (equipamento de circuito elétrico). Para ver se alguma mudança havia acontecido durante o período, ele fez estimativas separadas para as décadas de 1980 e 1990. Para a década de 1980, a média da elasticidade de passagem de longo prazo das indústrias foi de 0,50 (passagem de 50%), mas caiu para 0,22 na década de 1990 (22% de passagem). Consequentemente, uma dada mudança da taxa de câmbio teve menos do que metade do impacto sobre os preços de importação na década de 1990 do que teve na década de 1980. Olivei concluiu então que seu estudo fornece evidência de que, consistentemente com as hipóteses de Yang, a participação de mercado das empresas estrangeiras era inversamente relacionada à extensão da passagem; isto é, na década de 1990, a maior penetração do mercado dos EUA pelos produtos das empresas estrangeiras estava causalmente relacionada ao declínio da elasticidade de passagem da taxa de câmbio.

midores normalmente não se ajustam imediatamente a mudanças nos preços relativos. Pelo fato de levar tempo para os consumidores alterarem seus planos de consumo ou o comprometimento com os produtos, eles podem ser vagarosos na reação a mudanças na taxa de câmbio. Em muitos casos, já podem ter sido assinados contratos que obrigam os importadores a um certo volume de importação à taxa de câmbio anterior. Sob certos cenários, o volume de importações pode até aumentar se os importadores virem a mudança inicial na taxa de câmbio como o primeiro de uma série de aumentos e comprarem mais agora, evitando um aumento ainda maior do preço doméstico no futuro. Não é surpreendente, então, ver a quantidade de importação demandada e, consequentemente (sendo o resto igual), o montante de câmbio externo necessário permanecerem relativamente constantes no curto prazo, embora a moeda doméstica esteja se depreciando (isto é, a demanda de curto prazo por moeda estrangeira é vertical). Com a passagem do tempo, a curva de demanda por câmbio externo se aproximará mais da curva de demanda de longo prazo à medida que mais respostas de quantidade normal ocorrerem.

Pelo lado da oferta de câmbio externo, a oferta de exportações pode não aumentar imediatamente como resposta à depreciação simplesmente porque atrasos no processo de tomada de decisão acontecem. Esses atrasos incluem (a) um atraso no reconhecimento quanto à mudança na taxa de câmbio, (b) um atraso na própria decisão, (c) um atraso na reposição do inventário de produção e (d) um atraso na entrega. A oferta de exportações também pode não crescer se os produtores escolherem aumentar os preços domésticos como resposta ao aumento da demanda estrangeira e ao aumento das margens de lucro de curto prazo às expensas do aumento das vendas (isto é, passagem incompleta). Além disso, podem já ter sido assinados contratos concordando em prover certas quantidades à taxa de câmbio antiga. Se a quantidade de exportações não cresce no curto prazo com a depreciação da moeda, então a curva de oferta de curto prazo de câmbio externo será declinante enquanto os preços domésticos permanecerem constantes ou não aumentarem tão rápido quanto a taxa de câmbio. Entretanto, com a passagem do tempo, a curva de oferta tenderá a assumir as características da resposta de longo prazo.

Se as respostas de curto prazo dos produtores e consumidores são semelhantes àquelas descritas anteriormente, elas podem teoricamente criar certos problemas no que diz respeito ao meca-

NO MUNDO REAL:

PREÇO DE EXPORTAÇÃO JAPONÊS E PASSAGEM NOS ANOS DE 1990

O conceito de passagem completa da taxa de câmbio, como observado anteriormente, envolve uma mudança nos preços dos bens para compradores estrangeiros na mesma medida relativa que a mudança nos valores relativos das moedas. Thomas Klitgaard (1999) do Federal Reserve Bank de New York buscou determinar se era esse o caso em algumas particulares exportações do Japão para os Estados Unidos a década de 1990. Naquele tempo, o iene se apreciou fortemente em relação ao dólar de 1991 a 1995 e se depreciou fortemente de 1995 a 1998. Ele achou que, para bens particulares e em ambas as direções de movimento do iene, os preços de exportação do Japão não se moveram no mesmo grau que a taxa de câmbio. Em outras palavras, quando o iene se apreciou, por exemplo, os exportadores japoneses reduziram suas margens de lucro em alguma extensão para evitar um aumento de preços dos bens proporcionalmente ao aumento do preço do iene. (O resultado análogo ocorreu quando o iene se depreciou.) Em geral, Klitgaard concluiu que uma mudança de 10% no preço do iene levaria cerca de 4% de mudança compensatória na taxa de lucro (relativamente à margem de lucro sobre bens vendidos no Japão). Esse achado sugere uma compensação em torno de 40% (4%/10% = 0,4) e, portanto, uma passagem em torno de 60%.

Utilizando dados de taxa de câmbio e preço, e também outras informações relevantes pertinentes a custos e preços, Klitgaard construiu equações para estimação do comportamento de preços em quatro proeminentes indústrias de exportação japonesas – maquinaria industrial, equipamento de transporte, maquinaria elétrica e equipamento de precisão. Ele pôde então usar equações estimativas para simular uma linha de tempo de mudanças de preço dos bens que se seguiriam a uma mudança no valor do iene. Essas linhas de tempo são retratadas na Figura 8, painéis (a) e (b). Embora haja irregularidades ocasionais, as mudanças no preço das exportações de três dos produtos agregados (maquinaria industrial, equipamento de transporte e maquinaria elétrica) convergem em algo em torno de 4% de mudança em 18 meses, enquanto os preços de produtos de equipamento de precisão convergem em algo em torno de 2% de mudança no período de 18 meses. Assim, a passagem é bastante substancial, embora não completa.

Fonte: Thomas Klitgaard, "Exchange Rates and Profit Margins: The Case of Japanese Exporters," Federal Reserve Bank of New York, *Economic Policy Review*, abr. 1999, p. 41-54.

No mundo real:

FIGURA 8 Resposta de curto prazo de preços de exportação a uma apreciação de 10% do iene

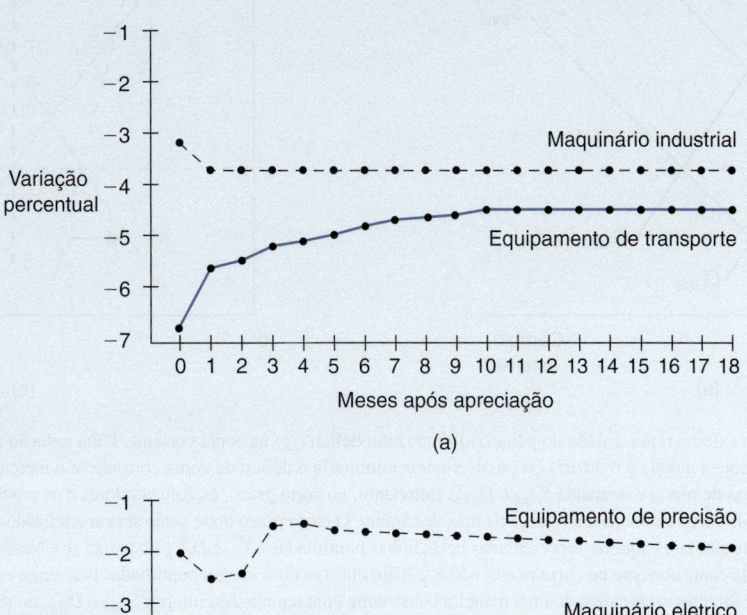

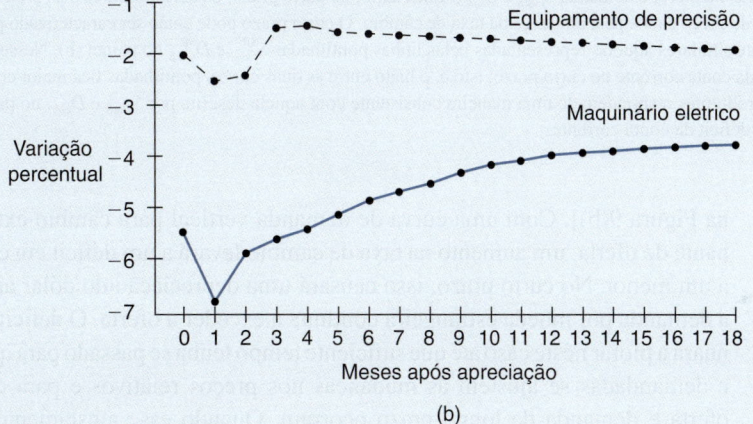

(a)

(b)

Os padrões de preço simulados nas quatro indústrias retratadas sugerem que os preços de exportação japoneses caem para compensar um pouco da apreciação simulada do iene. A passagem é algo em torno de 60% para maquinaria industrial, equipamento de transporte e maquinaria elétrica, e algo em torno de 80% para equipamento de precisão.

Fonte: Thomas Klitgaard, "Exchange Rates and Profit Margins: The Case of Japanese Exporters", Federal Reserve Bank of New York, *Economic Policy Review*, abr. 1999, p. 48. Usado com permissão.

---

nismo de ajuste de preço. Na Figura 9, painel (a), a oferta e demanda normais de longo prazo de câmbio externo são mostradas com uma taxa de câmbio de equilíbrio que produz um déficit de conta corrente, embora haja equilíbrio no balanço de pagamentos à taxa e_{eq}. Suponha que haja agora uma redução na oferta de câmbio externo, devido, por exemplo, a menos investimento estrangeiro nos Estados Unidos. Isso imediatamente colocaria pressão para cima na taxa de câmbio, presumivelmente levando a uma redução do déficit de conta corrente.

Contudo, suponha que as curvas de oferta e demanda de curto prazo para câmbio externo por bens e serviços tenham a forma descrita anteriormente [como indicado pelas linhas pontilhadas

FIGURA 9   O tempo de ajustamento e o mercado de câmbio externo

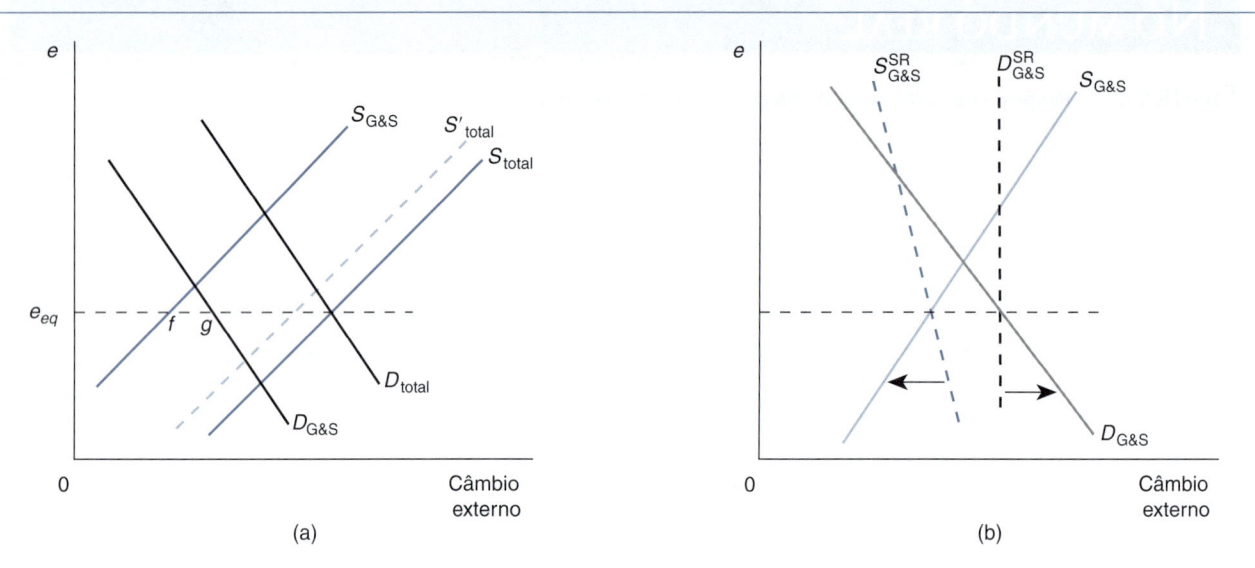

O equilíbrio da taxa de câmbio externo representado no painel (a) produz um déficit (*fg*) na conta corrente. Uma redução na oferta de câmbio externo (para S'_{total}) depreciaria imediatamente a moeda e reduziria ou possivelmente eliminaria o déficit da conta corrente se o mercado respondesse no curto prazo da maneira demonstrada pelas curvas de oferta e demanda $S_{G\&S}$ e $D_{G\&S}$. Entretanto, no curto prazo, os consumidores e os produtores podem estar não poder ou não querer responder aos sinais do preço dados pela mudança da taxa de câmbio. O curto prazo pode então ser caracterizado por curvas de oferta e demanda de câmbio externo na conta corrente similares àquelas representadas pelas linhas pontilhadas $S^{SR}_{G\&S}$ e $D^{SR}_{G\&S}$ no painel (b). Nesse exemplo, a depreciação da moeda leva a uma piora do déficit da conta corrente no curto prazo; isto é, o hiato entre as duas curvas pontilhadas fica maior com a depreciação. Dado tempo suficiente, os consumidores e os produtores respondem de uma maneira consistente com aquela descrita por $S_{G\&S}$ e $D_{G\&S}$ no painel (a), e a depreciação leva, como esperado, a uma redução no déficit da conta corrente.

na Figura 9(b)]. Com uma curva de demanda vertical para câmbio externo e uma curva declinante de oferta, um aumento na taxa de câmbio levará a um déficit em conta corrente maior, não a um menor. No curto prazo, isso causará uma depreciação do dólar ainda maior, uma vez que a demanda por moeda estrangeira continua a exceder a oferta. O déficit de conta corrente continuará a piorar neste caso até que suficiente tempo tenha se passado para que quantidades ofertadas e demandadas se ajustem às mudanças nos preços relativos e para que as configurações de oferta e demanda de longo prazo ocorram. Quando esse ajustamento acontecer, o déficit da conta corrente começará a declinar e o mercado buscará um novo equilíbrio de longo prazo consistente com a mudança nas condições de mercado. Esse ajustamento da conta corrente às mudanças na taxa de câmbio é normalmente plotado contra o tempo, produzindo um gráfico como o mostrado na Figura 10. Devido à forma da curva de resposta, é normalmente chamado de **curva J**. Com a conta corrente em déficit, uma depreciação da moeda levaria presumivelmente à remoção do déficit. Contudo, se os consumidores e produtores não respondem no curto prazo, a depreciação leva realmente a uma piora no curto prazo da conta corrente antes que finalmente melhore. Quanto mais tempo os grupos ficam sem resposta a essa mudança na taxa de câmbio, mais profunda é a resposta da curva J. Essa resposta de ajustamento é objeto de preocupação dos elaboradores de políticas porque aumenta a incerteza já presente no mercado, embora alguma evidência pareça sugerir que há um atraso entre as mudanças nas taxas de câmbio e o ajustamento do comércio. Se as condições de curto prazo de mercado não satisfazem a condição Marshall-Lerner para a estabilidade, ocorre overshoot na taxa de câmbio sobre a nova taxa de equilíbrio de longo prazo e então se ajusta para abaixo quando a resposta de longo prazo tornar-se evidente.

Assim, considerando a curva J, mudança na taxa de câmbio externo por fim leva aos efeitos preditos na conta corrente. Além disso, outros efeitos econômicos gerais indiretos de uma mudança da taxa de câmbio podem ter efeitos sobre a natureza do ajustamento no setor externo. Por exemplo, a depreciação da moeda pode estimular a renda e o emprego desde que os

FIGURA 10 A Curva J

```
       X − M
        (+)
         |
         |                    Ponto de
         |                    depreciação
         |                    ┊
         |                    ┊      (X − M) = f (e, tempo)
         |                    ┊    ↗
─────────┼──────────────\____/┊──────────────────── Tempo
         |              \_/   ┊
        (−)                   ┊
```

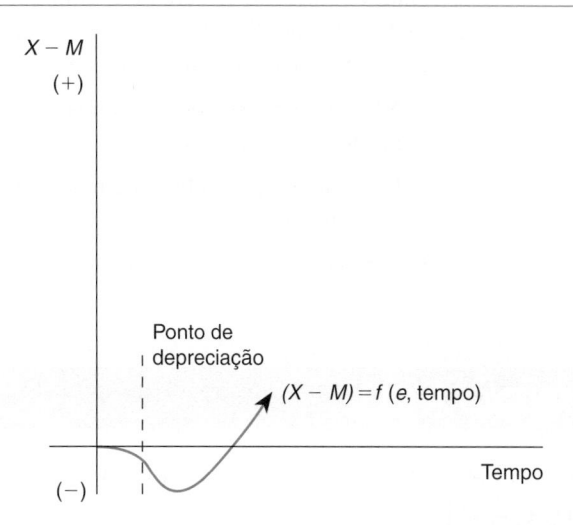

Se os consumidores e os produtores não respondem imediatamente às mudanças nos preços dos bens e serviços comercializados resultantes da mudança na taxa de câmbio, a depreciação da moeda pode na verdade levar a uma piora da balança de conta corrente no curto prazo. Se com a passagem do tempo, contudo, os efeitos do preço tiverem um impacto nos consumidores e nos produtores, o déficit começará a se estreitar. A resposta atrasada da balança de conta corrente à depreciação da moeda traça uma curva que lembra a letra J. Consequentemente, ela é chamada de curva J.

setores que competem com importação e exportação de bens e seus fornecedores de seus bens intermediários estejam abaixo do pleno emprego. Entretanto, a depreciação numa economia com pouco ou nenhum excesso de capacidade pode fazer nada mais do que estimular o aumento dos preços domésticos, que compensam os efeitos iniciais da depreciação e levam a pouca ou nenhuma mudança na conta corrente. A depreciação também pode estimular os investimentos nas indústrias que competem com importação e exportação e tirá-los de outros usos domésticos. Se essas mudanças estruturais não são consistentes com as vantagens comparativas de longo prazo no país, elas podem realmente diminuir o crescimento da produção, renda e emprego. De uma maneira similar, a apreciação estimulará a contração nas exportações e nas importações de bens. Assim, tenderá um efeito deflacionário sobre a economia. Na medida em que o efeito deflacionário reduz o crescimento da renda e consequentemente as importações, os efeitos indiretos compensarão novamente os efeitos diretos da apreciação. Em casos onde os efeitos indiretos são mais influenciados por efeitos monetários ou de taxa de juros sobre o investimento, o efeito de curto prazo das mudanças na taxa de câmbio via mecanismo de ajuste de preço se torna ainda menos claro. Em conclusão, ainda que o mecanismo de ajuste de preço pareça funcionar com certa regularidade nas situações de longo prazo, os efeitos de curto prazo são relativamente mais voláteis e menos certos.

O MECANISMO DE AJUSTE DE PREÇO NUM SISTEMA DE TAXA DE CÂMBIO FIXA

Padrão ouro

Em vez de deixar o mercado de câmbio externo determinar o valor da taxa de câmbio, os países normalmente fixam o valor da moeda doméstica. No caso de um **padrão ouro** (como operado com sucesso na economia mundial de 1880 a 1914), as moedas têm seu valor definido em ouro, e todas as moedas que são fixadas em ouro estão, portanto, automaticamente ligadas umas às outras. O preço é mantido porque o governo está pronto para comprar e vender ouro a todos os clientes a um valor fixado. Por exemplo, se o dólar está fixado em $50 por onça de ouro e a libra esterlina está fixada em £25 por onça de ouro, então a taxa de câmbio do **par** dólar/libra é $2/£. Se essa taxa ou qualquer outra das taxas cruzadas relacionadas saísse da linha, a arbitragem rapidamente a poria de volta na linha.

Como não é permitida a mudança da taxa de câmbio nesse sistema, algum outro tipo de ajustamento é necessário para fazer com que a demanda por câmbio externo seja igual à oferta de câmbio externo. Para assegurar o ajustamento apropriado, as seguintes **regras do jogo** são assumidas para se manter um padrão ouro:

1. Não há restrições sobre a compra e venda de ouro entre países, e o ouro se move livremente entre os países.

2. É permitido que a oferta de moeda mude em resposta à mudança na disponibilidade de ouro em um país.

3. Assume-se que preços e salários são flexíveis para cima e para baixo.

No mundo real:

A resposta atrasada de exportações líquidas a uma mudança da taxa de câmbio

Uma análise pelo Council of Economic Advisers das mudanças nas exportações líquidas (exportações menos importações) e a taxa de câmbio efetiva nos Estados Unidos sugere que o atraso na resposta do produtor e do consumidor nas décadas de 1970 e 1980 estava em torno de seis trimestres (um ano e meio). Essa análise foi estendida pelos autores para além de 1987 na Figura 11. (Contudo, as séries das taxas de câmbio utilizadas, que mediam o valor do dólar contra 10 moedas, foram descontinuadas após 1998 por causa da introdução do euro.) A figura indica que se o movimento das exportações correntes líquidas é comparado com o movimento da taxa de câmbio efetiva seis trimestres antes, os movimentos são muito similares em natureza (altamente correlacionados). Por exemplo, um crescimento na linha da taxa de câmbio (uma depreciação do dólar, dado os arranjos da escala esquerda) está associado a um crescimento das exportações líquidas reais (escala direita), como esperaríamos. As duas linhas em termos de níveis se tornam mais díspares depois de 1987, mas a direção da mudança em cada período de tempo ainda é similar até 1992. (A assertiva de que a divergência pós-1992 representa uma mudança estrutural fundamental não pode ser facilmente comprovada.) Essa evidência geralmente suporta a ideia de atrasos de tempo no ajustamento a mudanças na taxa de câmbio, e consequentemente elasticidades diferentes de curto e longo prazos no mercado de câmbio externo.

Figura 11   Taxa de câmbio dos EUA e mudanças nas exportações líquidas, 1969-1998

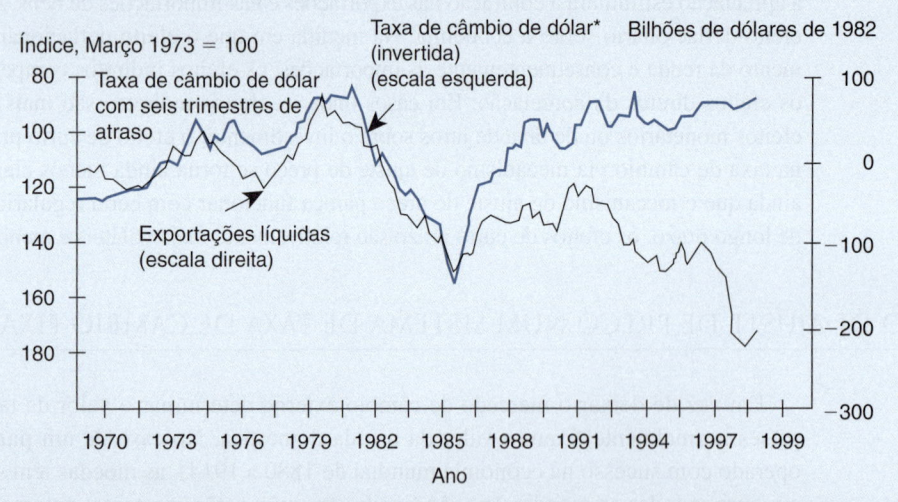

A figura indica que mudanças reais nas exportações líquidas atrasadas em seis trimestres acompanham bem as mudanças da taxa de câmbio até mais ou menos 1992.

*Valor nominal multilateral ponderado pelo comércio do dólar contra as moedas de 10 países industrializados.

Fontes: *Economic Report of the President*, feb. 1988 (Washington, DC: U.S. Government Printing Office, 1988), p. 27; dados pós-1987 de vários anos compilados pelo autor a partir do *Economic Report of the President*.

A operação de um padrão ouro é direta. Considere o mercado de câmbio externo na Figura 12(a) descrevendo a taxa de câmbio dólar/libra em um contexto de padrão ouro. Assuma que o mercado está inicialmente em equilíbrio à taxa fixada em \$2/£. Agora assuma que a demanda por libras esterlinas cresça devido a um aumento na renda nos Estados Unidos (mostrado por $D'_£$). Com o aumento na demanda por libras, há agora um excesso de demanda à taxa fixada. O excesso de demanda por libras produzirá pressão para cima na taxa de câmbio para remover o desequilíbrio de mercado. O fato de que o governo se prontifica a comprar e vender moeda à taxa fixada significa que há automaticamente limites máximo e mínimo em torno dos quais o montante da taxa de câmbio pode mudar. Compradores e vendedores de câmbio externo sabem que podem sempre comprar ou vender a moeda estrangeira ao par usando ouro como meio de troca. Para comprar ouro domesticamente e então enviá-lo ao país parceiro, a taxa ao par de câmbio pode ser obtida. De fato, se os custos de transação e os custos de envio associados ao movimento de ouro fosse zero, as taxas de câmbio nunca variariam do valor do par porque qualquer diferença no valor de mercado em relação ao valor do par seria rapidamente arbitrada. Contudo, como os custos de transação/transporte associados ao uso do ouro não são zero, a taxa de câmbio pode variar ligeiramente desde que seu movimento em relação ao valor do par não exceda o montante de custos associados ao câmbio de ouro.

Para ilustração, assuma que o custo de aquisição de ouro, o envio dele ao país parceiro e então o seu câmbio por moeda estrangeira seja 2% do valor do par. Em nosso exemplo, isso significaria que o custo seria de \$0,04 em qualquer lado do valor do par de \$2,00/£. Como a taxa de câmbio sobe devido ao aumento da demanda por libras, os demandantes pagarão \$2,04/£, mas não mais, porque eles podem adquirir todas as libras que desejam à taxa de \$2,04/£ usando o ouro como um meio de câmbio. A oferta de libras esterlinas é perfeitamente elástica nesse preço de "break-even" porque se assume que um montante ilimitado de libras pode ser adquirido a esse

FIGURA 12 O mercado de câmbio externo sob um padrão ouro

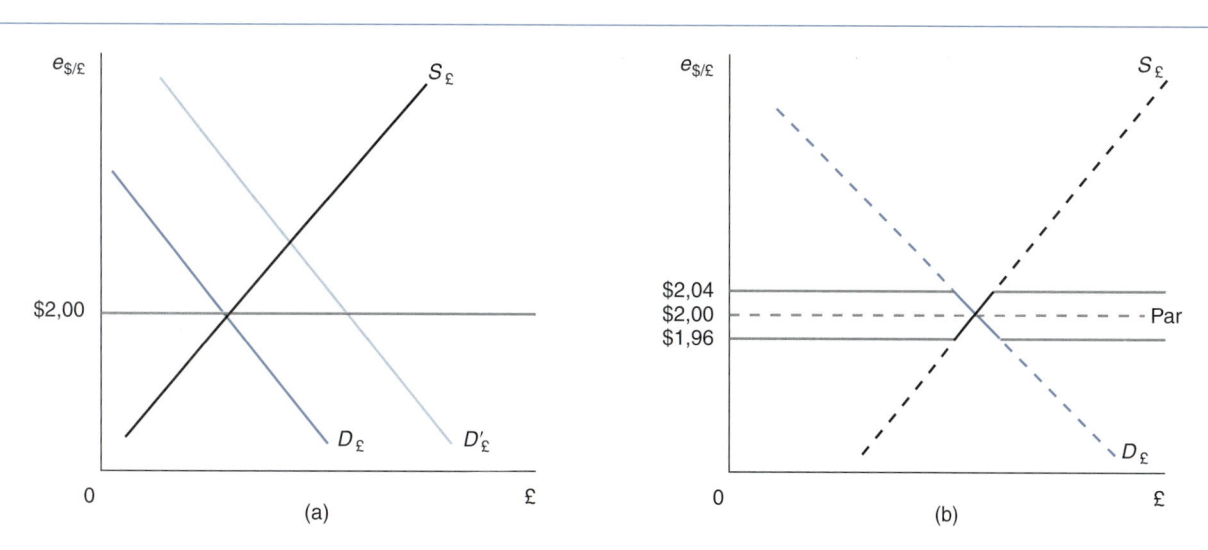

Sob um sistema de taxa de câmbio fixa, um aumento na demanda por câmbio externo para $D'_£$ no painel (a) colocará pressão para cima sobre a taxa de câmbio, e a moeda doméstica (o dólar) começará a se depreciar. Entretanto, assumindo que o custo de transação/transporte para a aquisição e uso de ouro para adquirir libras seja de 2%, um residente dos EUA nunca necessita pagar mais do que \$2,04/£ [como indicado pelas linhas sólidas superiores no painel (b)]. Consequentemente, quando e se aproxima desse ponto, o ouro será comprado e usado para adquirir o câmbio externo necessitado; isto é, exportação do ouro dos Estados Unidos ocorrerá. De maneira similar, o britânico nunca terá que pagar mais do que \$1,96/£ [as linhas sólidas mais baixas no painel (b); \$2,00 menos os 2% de custo de transação/transporte]. A esse preço, eles podem adquirir todos os dólares que desejam primeiro comprando ouro e então trocando o ouro por dólares, isto é, o ouro fluiria para os Estados Unidos. A aquisição irrestrita e o uso de ouro como um intermediário entre duas moedas manteria então a taxa de câmbio de mercado dentro da fixa em torno do valor do par determinada pelos custos de transação/transporte.

preço ($2,04/£) pela compra e exportação de ouro para a Inglaterra ao valor fixado. De maneira similar, uma mudança na curva de oferta para a esquerda, o que faria crescer a taxa de câmbio acima dos $2,04/£, faria os residentes domésticos que desejam libras usarem o mecanismo do ouro para adquiri-las a $2,04/£ em vez de usar o mais custoso mercado de câmbio externo. Assim, a curva de demanda por câmbio externo se torna horizontal aos $2,04/£ também. O preço de break-even ao qual a oferta e demanda por libras se tornam perfeitamente elásticas é normalmente denominado o **ponto de exportação de ouro**.

Da perspectiva inglesa, um ponto similar existe ao preço de $1,96/£. Um inglês nunca necessita pagar um preço maior por dólares ou receber um preço menor por libras que $1,96/£ (£0,51/$) porque esse é o custo associado à aquisição de ouro na Inglaterra, envio aos Estados Unidos e câmbio por dólares à taxa fixada. Então, se a taxa de câmbio começar a cair abaixo de $2/£, nunca irá além de $1,96/£, porque nesse ponto o ouro começará a entrar nos Estados Unidos para ser trocado por dólares. Do ponto de vista dos EUA, a demanda por libras esterlinas também se torna perfeitamente elástica porque, se a taxa de câmbio cai abaixo desse nível, seria imediatamente mais lucrativo adquirir libras esterlinas com dólares, comprar ouro com libras esterlinas, enviar para os Estados Unidos, converter isso em dólares e fazer um lucro. Esse piso sob a taxa de câmbio imposto pelos custos de transação/transporte é chamado de **ponto de importação de ouro**, porque qualquer excesso de oferta de libras a esse preço será convertido em ouro e enviado para os Estados Unidos para ser trocado por dólares. Assim, a taxa de câmbio real no mercado de câmbio externo é automaticamente mantida nessa pequena faixa pelo movimento irrestrito de ouro entre países comerciantes, dependendo de nada mais que a arbitragem do mercado livre e o compromisso do governo de garantir sua moeda ao valor fixado. O mercado de câmbio externo sob um padrão ouro assume então a configuração descrita na Figura 12(b), com um teto e um piso para a taxa imposto pelos pontos de importação e exportação de ouro.

Se a taxa de câmbio permanece fixada nesses limites estreitos, isso significa que não há mecanismo de ajuste de preço para corrigir qualquer desbalanceamento estrutural levando a fluxos de ouro? Enquanto que a mudança do preço relativo via mudanças da taxa de câmbio não pode ocorrer, um ajustamento de preço agregado ocorre quando a oferta de dinheiro responde ao fluxo de ouro. Assumindo-se uma ligação entre dinheiro e preços por meio de uma relação de teoria quantitativa da moeda ($M_s = kPY$ do capítulo precedente), quando o ouro deixa um país a oferta de dinheiro cai, levando a uma queda nos preços. Assumindo-se também que a demanda por bens comercializáveis é elástica, a queda dos preços no país em "déficit" tende a reduzir os desembolsos com importações e aumentar os recebimentos de exportações. Esse efeito é fortalecido pelo fato de que a oferta de dinheiro e os preços estão crescendo no país superavitário, recebendo os carregamentos de ouro. Assim, o "mecanismo de ajuste de preço" que opera pelo padrão ouro é um efeito de preço agregado operando através das mudanças na oferta de dinheiro resultante do movimento de ouro. Contudo, a flexibilidade nos salários e preços é obviamente um requisito para esse mecanismo funcionar. Rigidez de preço-salário na prática será então um obstáculo para o ajustamento efetivo.

A mudança na oferta de dinheiro também pode levar a efeitos de taxa de juros e renda. De fato, para muitos economistas, o principal efeito das mudanças na oferta de dinheiro é sobre o nível das taxas de juros, e então indiretamente sobre a renda e os preços. Dessa perspectiva, uma queda na oferta de moeda levará a um aumento das taxas de juros, o que reduzirá o investimento, a renda e, consequentemente, a demanda agregada na economia. A queda na demanda levará a um excesso de estoques e queda dos preços e salários. Com a queda nos preços vem um ajustamento no mercado de câmbio externo similar àquele discutido anteriormente. Além disso, o aumento na taxa de juros atrairá capital de curto prazo do exterior (como parece ter sido importante no período real do padrão ouro). Um influxo de ouro produz os efeitos opostos.

Novamente, qualquer efeito de preço é um fenômeno agregado, não um ajustamento direto ocorrendo só no setor externo.

Consequentemente, o mecanismo de ajuste de preço no padrão ouro funciona como uma forte força disciplinadora contra a inflação em um país porque a inflação causa um "déficit" e põe o mecanismo de ajuste em ação. Deveria-se notar, contudo, e à medida que desenvolvermos isso no Capítulo 29, que países com inflação substancial no mundo moderno são relutantes em se submeter à disciplina do padrão ouro e adotam vários outros arranjos de taxa de câmbio.

O mecanismo de ajustamento de preço e o sistema de taxa fixa

Taxas de câmbio podem, é claro, ser fixadas sem qualquer referência direta ao ouro. Sob um **sistema de taxa fixa**, os governos fixam o preço de sua moeda e se prontificam a sustentar o preço fixado no mercado de câmbio externo (intervenção governamental). Se um aumento na demanda por moeda externa ameaça levar a taxa de câmbio além de um limite definido, o governo deve estar pronto para ofertar um montante suficiente de câmbio externo para manter a taxa de câmbio dentro dos limites ou faixa que ele acordou. Assim, qualquer aumento na oferta de câmbio externo que levará a uma taxa de câmbio abaixo do limite inferior deve ser compensado por suficientes compras governamentais de moeda estrangeira. O banco central então se prontifica a intervir pela compra de moeda estrangeira quando a moeda doméstica é forte e pela venda quando a moeda doméstica é fraca, de forma a manter o valor fixado.

Esse tipo de sistema difere de um padrão ouro na medida em que a iniciativa vem da compra e venda de moedas estrangeiras pelos bancos centrais no processo de intervenção em vez da compra e venda de ouro pelos indivíduos. Isso requer que os governos que fixam suas moedas devem ter uma oferta suficiente de moeda estrangeira em suas reservas para defender o valor de sua moeda. Os efeitos do ajustamento sob um sistema fixo são similares àqueles do padrão ouro.

NO MUNDO REAL:
REGIMES DE TAXA DE CÂMBIO EM ECONOMIAS EM TRANSIÇÃO

As taxas de inflação extremamente altas nas economias em transição do Centro/Leste da Europa, das ex-repúblicas da União Soviética e da Mongólia foram discutidas nos capítulos anteriores (veja a Tabela 5 no Capítulo 17). Esses países escolheram uma variedade de diferentes tipos de regimes de taxa de câmbio em suas tentativas de assistir aos formuladores de políticas públicas em seus esforços para alcançar estabilidade macroeconômica. Depois dos anos de transição iniciais turbulentos do início para meados dos 1990, a maioria dessas nações tinha, em 1997, selecionado um regime de taxa de câmbio e focalizado uma política de taxa de câmbio. Das 27 nações representadas na Tabela 4, 8 selecionaram uma taxa de câmbio flutuante, 7 selecionaram uma taxa com flutuação gerenciada, e as 12 nações restantes escolheram o *currency board* ou uma meta de taxa de câmbio com uma fixação explícita ou uma banda estreita. A abordagem mais próxima do padrão ouro discutido neste capítulo consiste no arranjo *currency board* (discutido no Capítulo 28), em que a oferta de moeda se ajusta em resposta à manutenção da moeda estrangeira especificada. A política da taxa de câmbio então não cai na categoria "tamanho único" para países em transição. Os tipos de arranjos de taxa de câmbio são discutidos mais adiante no Capítulo 29.

Em 2006, contudo, um número de países tinha mudado seu regime de taxa de câmbio. As quatro nações que estavam usando o arranjo *currency board* em 1997 estavam ainda usando em 2006, mas duas delas mudaram sua natureza porque se inseriram na União Europeia. O número de países usando um programa de meta de taxa de câmbio com uma fixação explícita ou uma fixação com uma banda estreita aumentou de 8 para 9. O mais amplo crescimento ocorreu na flutuação gerenciada, que cresceu de 7 países para 12 países. A maior redução veio na categoria de taxa flutuante, onde houve um declínio de 8 países para 2.

No mundo real:

TABELA 4 Regimes de taxa de câmbio em países em transição, 1997 e 2006

Regimes de Taxa de Câmbio	Regime em 1997	Regime em 2006
Currency board	Bósnia-Herzegovina	Bósnia-Herzegovina
	Bulgária	Bulgária
	Estônia	Estônia*
	Lituânia	Lituânia*
Meta de taxa de câmbio	Croácia	Azerbaijão
	Hungria	Bielo-Rússia
	Letônia	Hungria
	Macedônia	Letônia
	Polônia	Macedônia
	Rússia	República Eslovaca*
	República Eslovaca	Eslovênia*
	Ucrânia	Turcomenistão
		Ucrânia
Taxa de câmbio gerenciada	Bielo-Rússia	Armênia
	República Tcheca	Croácia
	Geórgia	República Tcheca
	República do Quirguistão	Geórgia
	Eslovênia	Cazaquistão
	Turcomenistão	República do Kirguistão
	Uzbequistão	Moldávia
		Mongólia
		Romênia
		Rússia
		Tajiquistão
		Uzbequistão
Taxa flutuante	Albânia	Albânia
	Armênia	Polônia
	Azerbaijão	
	Cazaquistão	
	Moldávia	
	Mongólia	
	Romênia	
	Tajiquistão	

*A natureza do arranjo mudou porque o país se inseriu na União Europeia.
Fontes: "Monetary and Financial Sector Policies in Transition Countries", *International Monetary Fund Reports*, 1997; "De Facto Classification of Exchange Rate Regimes and Monetary Policy Framework", *International Monetary Fund Reports*, 2006, disponível em: www.imf.org.

Pressão para cima sobre a taxa de câmbio causado por um aumento da demanda por câmbio externo fará o banco central suprir o mercado com câmbio externo (venda de câmbio externo por moeda doméstica). A compra de moeda doméstica pelo banco central levará a uma redução na

CAPÍTULO 23   AJUSTAMENTOS DE PREÇOS E DESEQUILÍBRIO DO BALANÇO DE PAGAMENTOS   **597**

oferta de dinheiro e ao ajustamento macroeconômico nas taxas de juros, renda e preços. Simetricamente, um crescimento de mercado na oferta de câmbio externo levará à compra de moeda estrangeira pelo banco central com moeda doméstica, o que aumentará a oferta de dinheiro e estimulará os efeitos expansionistas macro sobre as taxas de juros, renda e preços.

Para que qualquer desses efeitos de ajuste automático ocorra sob um sistema de taxa fixa, com padrão ouro formal ou com sistema fixado, o banco central deve permitir que as ações sendo tomadas no mercado de câmbio externo exerçam sua influência na oferta de moeda doméstica. Assim, não só o banco central perde o controle da oferta de moeda como uma ferramenta política para outros propósitos, mas os choques no setor externo resultam num ajuste macro direto pelas mudanças nas taxas de juros, renda e preços. O desequilíbrio estrutural no setor externo pode então tornar-se o um problema desproporcional, porque o problema pode ser resolvido apenas por um ajustamento econômico geral sob um sistema de taxa fixa. Isso será discutido com mais detalhes nos capítulos seguintes.

REVISÃO DE CONCEITO

1. Explique por que produtores e consumidores respondem diferentemente à mudança de preço (taxa de câmbio) no curto prazo em relação ao longo prazo.
2. Que efeito pode ter a resposta atrasada às mudanças da taxa de câmbio pelo consumidor-produtor sobre a balança de conta corrente? E sobre o ajuste de preço do mercado de câmbio externo?
3. Como um decréscimo na demanda por câmbio externo afetaria a oferta doméstica de ouro sob um padrão ouro? Por quê?

RESUMO

Este capítulo focalizou as questões relacionadas aos ajustes de preços e o desequilíbrio do balanço de pagamentos. As condições subjacentes à demanda e à oferta de câmbio externo foram examinadas e as condições de estabilidade de mercado foram analisadas no que diz respeito aos ajustes de preços. A ligação entre a demanda por bens e serviços comercializáveis e as elasticidades que caracterizam a conta corrente foi desenvolvida, e a condição Marshall-Lerner para a estabilidade de mercado foi considerada. Assumindo a estabilidade de mercado, o mecanismo de ajuste de preço sob taxas flexíveis de câmbio causa mudança de despesas entre bens e serviços estrangeiros e domésticos à medida que os preços relativos mudam com as mudanças na taxa de câmbio. Essa mudança de gastos ocorre na extensão em que as mudanças da taxa de câmbio influenciam os preços dos bens (isto é, na extensão em que ocorre a "passagem"). No processo de ajustamento sob o sistema de taxa fixa, qualquer ajuste de preço se dá no nível macro ou agregado em resposta às mudanças na oferta de dinheiro, acompanhando os movimentos de ouro ou câmbio externo que são requeridos para a manutenção da taxa fixada. Esse processo de ajuste macro funciona melhor quando "as regras do jogo" são seguidas.

TERMOS-CHAVE

abordagem de elasticidade
condição Marshall-Lerner
curva J
elasticidade da passagem da taxa de câmbio
estabilidade de mercado

mecanismo de ajustamento de preço
mudanças de gastos
padrão ouro
par
pass-through completa da taxa de câmbio

passagem parcial da taxa de câmbio
ponto de exportação de ouro
ponto de importação de ouro
regras do jogo
sistema de taxa fixa
troca das despesas

QUESTÕES E PROBLEMAS

1. "A existência de uma curva de oferta decrescente (ou declinante) de câmbio externo é uma condição *suficiente* para a geração de uma posição de equilíbrio instável no mercado de câmbio externo." Discuta a validade dessa afirmação.
2. "A existência de uma curva de oferta decrescente (ou declinante) de câmbio externo é uma condição *necessária* para a geração de uma posição de equilíbrio instável no mercado de câmbio externo." Discuta a validade dessa afirmação.
3. Suponha que tanto a curva de oferta de importações para um país A quanto a curva de oferta de exportações de um país A sejam horizontais (como na Figura 6). Assuma que, a uma pré-depreciação do valor da moeda de A, o país A vende 975

unidades de exportações e compra 810 unidades de importados. (Você não precisa saber os preços reais de importações e exportações, mas assuma que o comércio é inicialmente balanceado.) Suponha agora que há uma depreciação de 10% da moeda de A contra moedas estrangeiras e que, por causa da depreciação, as exportações cresçam para 1.025 unidade e as importações caiam para 790 unidades. A simples condição Marshall-Lerner sugeriria que a balança de conta corrente do país A aumentou ou se deteriorou por causa da depreciação de sua moeda? Explique cuidadosamente.

4. O dólar dos EUA foi depreciado marcadamente contra o iene no início dos anos 1990 e ainda assim as importações líquidas do Japão continuaram a crescer no curto prazo. Como esse comportamento contraintuitivo pode ser explicado?

5. Você, como consumidor, pensa que há muito atraso entre a ocorrência de uma mudança de preço de um bem importado em sua cesta de mercado e sua reação a essa mudança de preço? Se sim, por quê? Se não, por que não? Se seu tempo de reação é compartilhando por todos os consumidores de importados, que implicação haveria para o impacto de uma mudança nos valores da moeda na balança de conta corrente no curto prazo? Explique.

6. Algumas vezes se acusa um país (por exemplo, China) de estar arbitrariamente valorizando seu superávit em conta corrente ao manter sua moeda com um valor "muito baixo", isto é, que uma intervenção no mercado de câmbio externo pelo banco central mantém a moeda do país depreciada abaixo do valor de equilíbrio do livre mercado. Como tal comportamento influenciaria as exportações e importações do país? Que suposição está sendo feita em relação às elasticidades da demanda ao se fazer a acusação de valorização arbitrária do superávit? Explique.

7. Suponha que, sob um padrão ouro, o par de 1 onça de ouro seja $40 nos Estados Unidos, £20 no Reino Unido e 60 pesos no México. Assuma que o custo de transporte de ouro entre qualquer par de países seja $1 (ou o equivalente em £ ou pesos) por onça.
   (a) Calcule (em $/£) o ponto de exportação de ouro dos Estados Unidos para o Reino Unido e o ponto de importação de ouro para os Estados Unidos do Reino Unido.
   (b) Calcule (em peso/£) o ponto de exportação de ouro do México para o Reino Unido e o ponto de importação de ouro para o México do Reino Unido.
   (c) Calcule (em peso/$) o ponto de exportação de ouro do México para os Estados Unidos e o ponto de importação de ouro para o México dos Estados Unidos.

8. Foi discutido que a apreciação do iene contra o dólar no início dos anos 1990 não teve o efeito antecipado sobre as importações americanas do Japão em parte porque a extensão da passagem foi reduzida pelos exportadores japoneses durante esse período. Explique brevemente o que se quer dizer com "passagem" e como os exportadores japoneses teriam se comportado se a alegação da sentença anterior fosse verdadeira.

Apêndice

Derivação da condição Marshall-Lerner

Os requisitos para a estabilidade no mercado de câmbio externo foram discutidos no capítulo, acompanhados por uma breve explanação intuitiva. Um derivação mais formal dessa importante condição segue.

Dadas as seguintes definições:

P_x, P_m = preços domésticos de exportações e importações, respectivamente

Q_x, Q_m = quantidades de exportações e importações, respectivamente

V_x, V_m = valor das exportações e importações, respectivamente

a balança de comércio doméstica, B, é definida como

$$B = V_x - V_m = Q_x P_x - Q_m P_m \quad [1]$$

e a mudança na balança de comércio, dB, é definida como

$$dB = P_x dQ_x + Q_x dP_x - P_m dQ_m - Q_m dP_m \quad [2]$$

Assumindo que os preços de oferta de bens e serviços comercializáveis não mudem, isto é, as curvas de oferta são perfeitamente elásticas na faixa de mudança de quantidade, então a mudança nos preços de bens e serviços é atribuível somente a mudanças na taxa de câmbio. Porque nós estamos vendo a balança de comércio em termos de moeda doméstica neste exemplo, dP_x é portanto igual a 0, sendo que P_m muda pela porcentagem de aumento na taxa de câmbio, k. Portanto, dP_m é igual a kP_m. [Se a taxa de câmbio aumenta (a moeda doméstica se deprecia) em 10%, o preço doméstico de importados cresce em 10%.] Nós utilizamos as seguintes definições de elasticidade de demanda por exportações e importações:

$$\eta_x = (dQ_x/Q_x)/[d(P_x/e)/(P_x/e)] \quad [3]$$

$$\eta_m = (dQ_m/Q_m)/(dP_m/P_m) \quad [4]$$

onde P_x/e é o preço das exportações domésticas em moeda estrangeira. Voltando à equação [3], a definição de elasticidade é retrabalhada para se obter uma expressão para dQ_x em termos de η_x:

$$\eta_x = (dQ_x/Q_x)/\{[(edP_x - P_x de)/e^2]/(P_x/e)\}$$
$$= [(dQ_x/Q_x)(P_x/e)]/[(edP_x - P_x de)/e^2]$$
$$= (dQ_x/Q_x)/[(dP_x/P_x) - de/e]$$

Porque se assume que dP_x/P_x é 0, então

$$\eta_x = (dQ_x/Q_x)/(-de/e)$$

assim,

$$\eta_x = (dQ_x/Q_x)/(-k)$$

e

$$\eta_x(-k)Q_x = dQ_x \qquad [5]$$

Usando a equação [4], nós podemos reescrever dQ_m em termos de elasticidades de demanda de importações η_m, isto é,

$$(\eta_m Q_m dP_m)/P_m = \eta_m Q_m k = dQ_m \qquad [6]$$

Para uma depreciação incrementar a balança de comércio, o aumento no valor das exportações deve exceder qualquer aumento no valor das importações. Se a demanda por importações é elástica, não há problema, porque o valor do total de importações cai com o aumento no preço de bens e serviços estrangeiros. Se, contudo, a demanda por importações é inelástica, então a depreciação da moeda leva a um aumento dos gastos com importações. Nós agora retornamos à equação [2] e a reescrevemos em termos das duas elasticidades de demanda usando [5] e [6], observando que para a depreciação incrementar a balança, $dB > 0$:

$$dB = P_x \eta_x (-k) Q_x - P_m \eta_m k Q_m - Q_m k P_m > 0$$

ou

$$P_x \eta_x k Q_x + P_m \eta_m k Q_m + Q_m k P_m < 0$$

então,

$$P_x \eta_x Q_x + P_m \eta_m Q_m < -Q_m P_m$$

e

$$\eta_x (P_x Q_x / P_m Q_m) + \eta_m < -1 \qquad [7]$$

ou, definindo as elasticidades em termos de valores absolutos,

$$|\eta_x|(P_x Q_x / P_m Q_m) + |\eta_m| > 1 \qquad [8]$$

A expressão em [7] e [8] constitui a condição Marshall-Lerner. No caso do comércio balanceado, $P_x Q_x / P_m Q_m = 1$, e, portanto, a soma dos valores absolutos das duas elasticidades deve ser maior que 1 para a depreciação incrementar a balança. Esta é a condição básica Marshall-Lerner. Quando o comércio não é balanceado, a condição é modificada como indicado em [7] e [8] quando o valor do comércio é medido em moeda doméstica.

CAPÍTULO

24

RENDA NACIONAL E CONTA CORRENTE

OBJETIVOS DE APRENDIZADO

- Compreender como a incorporação de um setor externo de comércio em um modelo de renda keynesiano altera a relação doméstica de economia/investimento e modifica o multiplicador.

- Reconhecer que o equilíbrio da renda nacional pode não ser consistente com o equilíbrio da conta corrente.

- Aprender por que os níveis de renda dos países são interdependentes.

Introdução

Como o crescimento do PIB gera déficits de comércio?

Em março de 2000, a economista Catherine Mann do Instituto de Economia Internacional, um criadouro de ideias de Washington, DC, escreveu o seguinte:[1]

Os Estados Unidos estão tendo um *boom* econômico que está abastecendo o crescimento de seu déficit comercial. As taxas correntes de câmbio, a força da economia dos EUA, combinada com o lento crescimento na demanda em muitas outras partes do mundo, levarão à ampliação do déficit comercial dos EUA... Uma mudança no valor do dólar sozinha estreitaria a lacuna comercial inicialmente, mas o déficit logo começaria a aumentar novamente. Para colocar a conta corrente dos EUA e os déficits comerciais de volta em um caminho sustentável serão requeridas reformas estruturais nos Estados Unidos e nos seus parceiros comerciais que encorajem o crescimento global mais acelerado, impulsionem as taxas econômicas domésticas, preparem melhor os trabalhadores norte-americanos para mudanças tecnológicas na economia global e abram mercados para as exportações dos EUA.

Este capítulo é dedicado a proporcionar a estrutura analítica para facilmente interpretar uma afirmação tal como essa de Catherine Mann. Examinamos a maneira pela qual a macroeconomia influencia e é influenciada por mudanças nas exportações e importações. Dessa forma, vamos de relações de preço ligando os setores internos e externos da economia para as inter-relações entre os dois setores que envolvem a renda nacional real. Para cumprir essa tarefa, desenvolvemos a macroeconomia de uma economia aberta – uma economia com comércio estrangeiro – no contexto de uma análise keynesiana de renda. As bases da análise keynesiana de renda, assim chamada por causa do economista britânico John Maynard Keynes, foram provavelmente apresentadas nas suas disciplinas introdutórias. O foco tradicional de um único país é suplementado aqui pelo exame da resposta da renda real a fatores exógenos quando os países são ligados pelo comércio internacional. A última seção do capítulo é uma síntese dos efeitos de preço e renda.

A conta corrente e a renda nacional

O modelo keynesiano de renda

Em um **modelo keynesiano de renda**, o foco está no gasto agregado de toda economia. O gasto agregado consiste no consumo desejado de produtos econômicos e serviços. Considerando-se que os preços são constantes, então o foco é nos movimentos da renda real e não nas mudanças de preço. Além disso, considerações monetárias tais como a taxa de juros são presumidas como constantes. Também é genericamente presumido que a economia não tem emprego total, usualmente por causa da rigidez monetária descendente da remuneração. Por exemplo, por causa de características institucionais como os sindicatos ou desejos dos empregadores de evitar que os melhores empregados se demitam por causa da diminuição da remuneração em tempos difíceis, a taxa de remuneração não cai para limpar o mercado de trabalho durante tais períodos.

No modelo keynesiano simples de economia aberta, o **consumo agregado desejado** (E) durante um período de tempo consiste no gasto de consumo pela economia interna em produtos e serviços (C), gasto com investimentos das empresas (I), gastos governamentais em produtos e serviços (G), e gastos com exportação dos cidadãos estrangeiros com os produtos do país (X). Além disso, porque há alguns gastos domésticos em importações (M), esses devem ser subtraídos para se obter a demanda para produtos e serviços internos. Dessa forma, despesas desejadas ou demanda agregada podem ser escritas como

$$E = C + I + G + X - M \qquad [1]$$

O que determina a quantia de C? Keynes criou uma hipótese de que o determinante mais importante dos gastos com consumo correntes de um país é a quantia de renda corrente (Y) na

---

[1] Catherine L. Mann, "Is the U.S. Current Account Deficit Sustainable?" *Finance and Development* 37, n. 1 (mar. 2000), p. 42-43.

TITÃS DA ECONOMIA INTERNACIONAL:

JOHN MAYNARD KEYNES (1883-1946)

John Maynard Keynes nasceu em Cambridge, Inglaterra, em 5 de junho de 1883. Filho de um economista (John Neville Keynes), estudou em Eton e no King's College, Cambridge, onde colou grau em matemática em 1905. Ele então estudou com o economista neoclássico Alfred Marshall, que insistiu para que ele se tornasse um economista. Keynes ingressou no Serviço Civil Britânico no Gabinete da Índia, e seu primeiro livro, *Indian Currency and Finance* (1913), avaliou o sistema cambial da Índia como um exemplo de sistema de taxa de câmbio de ouro/fixado. Ele obteve fama generalizada em 1919 quando escreveu *The Economic Consequences of the Peace*. O livro, assim como os famosos artigos de jornal escritos posteriormente, condenaram o Tratado de Versalhes pelos pesados encargos aplicados à Alemanha ligados a pagamentos de reparações após a Primeira Guerra Mundial. A visão de Keynes foi de que os ajustes de preço que a Alemanha teria que obter para reunir o câmbio estrangeiro para fazer os pagamentos (isto é, as mudanças de preço necessárias para aumentar as exportações e diminuir as importações, de modo suficiente para que o superávit da conta corrente igualasse o fluxo de saída de capital requerido associado aos pagamentos) seriam excessivos. Eles deteriorariam consideravelmente os termos de troca e o bem-estar da Alemanha, e os pagamentos poderiam nunca ser cumpridos por causa de sua dureza.

Keynes então publicou o influente *A Treatise on Probability* em 1921. No entanto, suas contribuições acadêmicas mais importantes ocorreram nos anos 1930 – *A Treatise on Money* (1930) e, especialmente, *The General Theory of Employment, Interest and Money* (1936). *The General Theory* foi um ataque maciço ao aparato da economia clássica, com sua visão de que a economia se estabilizaria automaticamente num nível de renda de pleno emprego. (A visão clássica foi difícil de se empurrar para qualquer um durante a Grande Depressão!) Ele enfatizou o papel da demanda agregada e a possibilidade de se alcançar o equilíbrio da renda nacional abaixo do pleno emprego. A demanda por dinheiro e sua relação com a taxa de juros também recebeu tratamento revolucionário e desempenhou um papel principal em sua formulação de demanda agregada. A análise keynesiana atribuiu um papel proeminente à política fiscal afetando a renda e o emprego nacional – o que era negado no modelo clássico. Keynes também conheceu Franklin D. Roosevelt, que mais tarde usou despesas públicas com obras como uma medida para tentar sair da Depressão. Apesar de se saber que Keynes não se impressionou com o conhecimento econômico de FDR, FDR escreveu em uma carta a Felix Frankfurter (mais tarde um duradouro integrante da Suprema Corte de Justiça): "Tive uma grande conversa com K e gostei muitíssimo dele" (citado em Harrod 1951, p. 448).

A vida de Keynes foi um turbilhão de atividades. Além de seus papéis de consultor político do governo britânico e professor da Universidade de Cambridge, ele foi um patrono das artes, colecionador de livros raros, editor do *The Economic Journal*, primeiro tesoureiro do King's College, e presidente do conselho da Companhia de Seguro Nacional Mutual Life. Ele também acumulou uma fortuna pessoal através de astutos investimentos financeiros. Somando-se a isso, Keynes foi membro do círculo Bloomsbury, um grupo de artistas, intelectuais e escritores que incluiu Lytton Strachey e Virginia Woolf. Mais tarde, o mais impressionante de tudo para alguns, ele se casou com uma exímia bailarina russa em 1925, dando origem ao dito: "Nunca houve tal união de beleza e inteligência como quando Lydia Lopokova casou-se com John Maynard Keynes".

Keynes passou seus últimos anos negociando com sucesso um grande empréstimo dos Estados Unidos para os britânicos durante a Segunda Guerra Mundial e insistindo no acordo de Bretton Woods para a formação de um Fundo Monetário Internacional. Com seus poderes persuasivos de costume, charme pessoal e magnetismo, ele apresentou e lutou vigorosamente por suas propostas para o sistema monetário internacional pós-guerra. No final, o novo sistema de Bretton Woods (veja o último capítulo deste livro) assemelhou-se mais ao plano norte-americano do que ao plano britânico, mas ele foi uma figura dominante na extensa conferência. John Maynard Keynes morreu no domingo de Páscoa, em 1946.

Fontes: R. F. Harrod, *The Life of John Maynard Keynes* (Nova York: Harcourt, Brace, 1951); Robert L. Heilbroner, *The Worldly Philosophers: The Lives, Times, and Ideas of the Great Economic Thinkers*, 3 ed. (Nova York: Simon and Schuster, 1967), cap. 9; Don Patinkin, "John Maynard Keynes", em John Eatwell, Murray Milgate, e Peter Newman, eds. *The New Palgrave: A Dictionary of Economics*, v. 3 (Londres: Macmillan, 1987), p. 19-41.

---

economia. Em termos gerais, então, o consumo depende, ou é uma função, da renda disponível dos lares; isto é,

$$C = f(Y_d) \qquad [2]$$

onde a renda disponível (Y_d) é a renda na economia (Y) menos impostos (T); isto é,

$$Y_d = Y - T \qquad [3]$$

A expressão geral [2] é escrita normalmente de um modo mais preciso:

$$C = a + bY_d \qquad [4]$$

Essa equação é uma **função consumo** keynesiana padrão. Para pôr conteúdo numérico na mesma, suponha que especifiquemos

$$C = 100 + 0{,}80Y_d$$

Essa equação indica que a renda disponível é de $600 (em bilhões, por exemplo), então o gasto de consumo é igual a $100 mais (0,80 × $600), ou $100 mais $480, ou $580. Se a renda disponível sobe para $700, então os gastos com consumo são iguais a $100 mais (0,80 × $700) = $100 + $560 = $660.

Nessa função de consumo, o termo a (ou $100 no exemplo) é designado como **gasto de consumo autônomo**, significando que esta quantia de gasto de consumo é determinada por *outras coisas além da renda*. Essas "outras coisas" podem consistir no nível das taxas de juros, no tamanho da população, nas atitudes em direção à parcimônia, no nível de riqueza acumulada, expectativas de renda futura, e assim por diante. A parte de consumo que não depende da renda corrente é rotulada por bY_d, ou $0{,}80Y_d$, e é conhecida como **gasto de consumo induzido**. Dentro do componente de consumo induzido bY_d, uma figura-chave é o termo b, ou 0,80 em nosso exemplo. O b é conhecido como **propensão marginal ao consumo**, ou **PMC**. A PMC é definida como a mudança no consumo dividida pela mudança na renda disponível, isto é, a fração de Y_d adicional gasto em bens de consumo. Dessa forma, designando-se "mudança em" por Δ,

$$\text{PMC} = \Delta C / \Delta Y_d \qquad [5]$$

Associada a essa tendência de consumo, a **propensão marginal a poupar**, ou **PMS**, é definida como a mudança na poupança (S) dividida pela renda disponível, isto é, a fração de qualquer Y_d adicional alocada à poupança:

$$\text{PMS} = \Delta S / \Delta Y_d \qquad [6]$$

Porque qualquer mudança na renda pode ser alocada somente ao consumo e à poupança, o que se segue é

$$\text{PMC} + \text{PMS} = 1{,}0 \qquad [7]$$

Na nossa amostra de função consumo, onde PMC = 0,80, a PMS deve ser igual a 0,20.

Finalmente, a função de consumo $C = a + bY_d$ nos diz imediatamente a natureza da **função poupança** para domicílios na economia. Lembrando que, por definição, renda disponível pode ser alocada somente em consumo e poupança, a função de poupança pode ser facilmente obtida:

$$\begin{aligned} Y_d &= C + S \\ &= a + bY_d + S \\ S &= Y_d - (a + bY_d) \\ &= -a + (1 - b)Y_d \end{aligned}$$

ou

$$S = -a + sY_d \qquad [8]$$

onde $s\ (= 1 - b)$ é a propensão marginal a poupar.

As funções consumo e poupança são ilustradas na Figura 1. O painel (a) retrata a função consumo para $C = 100 + 0{,}80Y_d$ e o painel (b) mostra a função poupança associada $S = -100 + 0{,}20Y_d$. Relacionando a Figura 1(a) à equação da função consumo, o termo a (ou 100) é a altura do intercepto no eixo vertical, enquanto a inclinação do cronograma de consumo é b,

FIGURA 1 Funções consumo e poupança

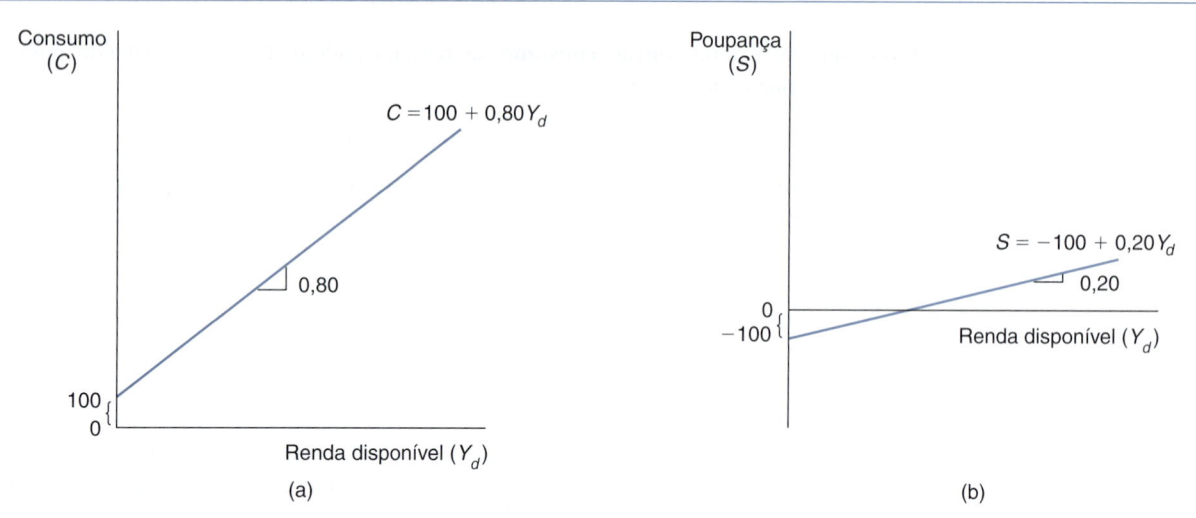

(a) Consumo (C): $C = 100 + 0{,}80Y_d$, inclinação 0,80, intercepto 100.

(b) Poupança (S): $S = -100 + 0{,}20Y_d$, inclinação 0,20, intercepto −100.

O painel (a) mostra a função consumo keynesiana típica. O componente autônomo (100) é o consumo que é independente da renda disponível. O componente induzido de consumo é 0,80 vezes a renda disponível, com 0,80 sendo a propensão marginal ao consumo (PMC). Pelo fato de a PMC ser constante nesse exemplo a 0,80, a função consumo é uma linha reta. O painel (b) mostra a função poupança associada aos domicílios. Como $Y_d = C + S$, portanto, $S = Y_d - C = Y_d - (100 + 0{,}80Y_d) = -100 + 0{,}20Y_d$. Essa função é uma linha reta com inclinação de 0,20, que é a propensão marginal a poupar (PMS).

isto é, a PMC (ou 0,80). Como a PMC é constante, a inclinação é constante, significando que a função consumo é uma linha reta. De maneira similar, o intercepto na Figura 1(b) é *menos a* (ou −100), e a inclinação é *s*, a PMS (ou 0,20).

Agora voltamo-nos para o gasto com investimento. Lembre-se de que decisões de investimento (no sentido de gasto *real* de investimento em instalações e equipamentos, construção residencial e mudanças em inventários, não no sentido de investimento financeiro em ações, títulos etc.) são tomadas por empresas de negócios, e não pelos domicílios. Por isso, não há necessariamente de ligação direta entre gasto de consumo e gasto de investimento. Nesse modelo simples de renda, presume-se geralmente que o investimento seja autônomo ou independente da renda nacional corrente na economia, significando que o gasto com investimento é determinado por fatores outros que a renda (por exemplo, as taxas de juros e as expectativas das empresas quanto ao futuro). Quando se presume que o investimento é independente da renda corrente, a equação de investimento é escrita como

$$I = \overline{I} \qquad [9]$$

onde a barra significa que o investimento é fixado em uma dada quantia para níveis de renda. Portanto, a equação $I = 180$ indicaria que o gasto com investimento por empresas é de \$180, não importa o nível de renda na economia. A presunção de que I é independente da renda é claramente irreal em um sentido estrito. No entanto, pode muito bem ser o caso de que as taxas de juros, taxas de remuneração, mudança tecnológica, e assim por diante, são mais importantes para a decisão de investimento do que o nível da renda nacional corrente. A representação gráfica da função autônoma de investimento é dada como a linha $I = 180$ na Figura 2.

Os gastos governamentais em produtos e serviços no modelo keynesiano simples de economia aberta (G) também se presumem ser independente da renda corrente. Isso significa que G é tratado como sendo dependente de prioridades governamentais com respeito a itens tais como

CAPÍTULO 24 RENDA NACIONAL E CONTA CORRENTE

FIGURA 2 Investimento autônomo, gastos governamentais, imposto e cronogramas de exportação

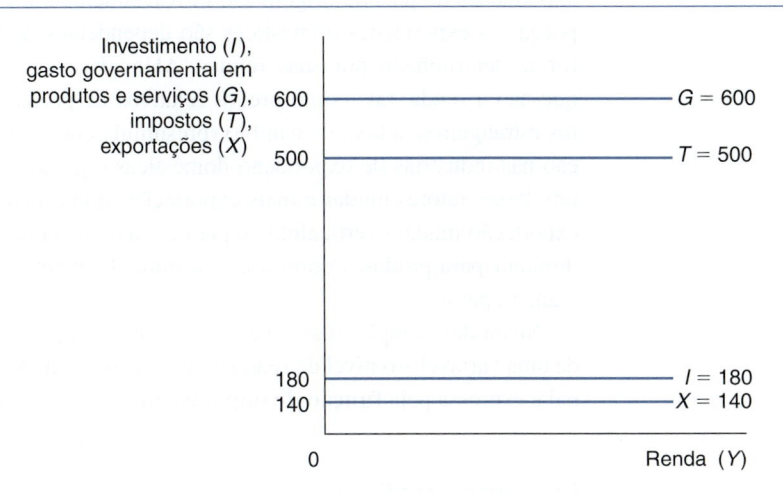

Investimento, gasto governamental em produtos e serviços, impostos e exportações são todos presumidos como sendo autônomos ou independentes da renda corrente no modelo keynesiano simples (isto é, eles dependem de fatores outros que não da renda). Dessa forma, em nosso exemplo numérico, $I = 180$, $G = 600$, $T = 500$, e $X = 140$, não importando qual é o nível da renda nacional.

defesa nacional, rodovias e educação, e de medidas políticas, e não do nível de renda nacional. Isso também é uma simplificação:

$$G = \overline{G} \quad [10]$$

Nos termos de nosso exemplo numérico, presume-se que $G = 600$. Esse gasto governamental autônomo em produtos e serviços é representado por $G = 600$ na Figura 2.

Junto com o gasto governamental, é claro, devemos introduzir também impostos. No caso simples de imposto, presumimos que os impostos são independentes da renda; isto é,

$$T = \overline{T} \quad [11]$$

Nessa formulação, os impostos são autônomos e são, por exemplo, aplicados sobre outras coisas que não renda corrente, tais como riqueza e propriedade. Claramente, é irreal assumir que os impostos não são uma função da renda na economia. Contudo, no corpo deste capítulo, utilizaremos ambas as presunções porque tornam a análise mais simples e porque o foco do capítulo está nas interações dos setores estrangeiros com a renda nacional, e não nas interações do setor governamental com a renda nacional. (Um modelo keynesiano em que os impostos dependem da renda é apresentado no Apêndice A.) Para continuação de nosso exemplo numérico, podemos dessa forma presumir que $T = 500$, e essa quantia fixa de impostos é indicada na Figura 2. (Note na figura que o gasto de governo não tem que igualar que as taxas em nenhum ano, e isso é obviamente realista!)

Finalmente, voltando ao setor externo do modelo keynesiano de renda na economia aberta, exportações também são especificadas como autônomas ou independentes do nível de renda corrente nacional do país. A equação da exportação é, desta forma,

$$X = \overline{X} \quad [12]$$

onde $\overline{X}$ indica as exportações autônomas. Para continar nosso exemplo numérico, digamos que

$$X = 140$$

Exportações são constantes em $140. Isso também está representado graficamente na Figura 2. As exportações do país de origem são provavelmente mais dependentes da renda de outros países, porque as exportações domésticas são dependentes do poder de compra de outros países conforme determinado por suas rendas. Além disso, exportações internas dependem de fatores que não a renda, tais como preços relativos de produtos domésticos comparados com produtos estrangeiros, a taxa de câmbio (presumida como sendo fixa no modelo keynesiano), inovação nas indústrias de exportação domésticas e gostos e preferências estrangeiros. Se qualquer um desses fatores mudar e mais exportações domésticas forem demandadas, então a função de exportação mudará verticalmente para cima de maneira paralela; se a demanda de outros países diminuir para produtos domésticos, a linha de exportação mudará verticalmente para baixo de maneira paralela.

No modelo simples macro keynesiano, importações (M) são geralmente dependentes somente de uma variável – o nível de renda do país de origem. A relação entre importações e renda nacional é expressa pela **função de importação**. Sua forma geral é

$$M = f(Y) \qquad [13]$$

Uma forma específica é

$$M = \overline{M} + mY \qquad [14]$$

Aqui, $\overline{M}$ representa **importações autônomas**, a quantia de gastos em importações que é independente da renda. Esses gastos em importações dependem de fatores como gostos e preferências por produtos estrangeiros em oposição a produtos nacionais. O termo mY refere-se a **importações induzidas**, o gasto com produtos estrangeiros que depende do nível de renda. Conforme a renda de um país sobe, mais gastos ocorrem com produtos e serviços, e um pouco desse gasto adicional se dá em produtos e serviços importados. Se as importações consistissem apenas em bens e serviços de consumo, a renda disponível (Y_d) apareceria na expressão [14] em vez da renda nacional (Y). No entanto, presumimos aqui (e é verdade na prática) que importações contêm não apenas bens e serviços de consumo, mas também insumos do processo doméstico de produção (que depende da renda total). Dessa forma, usamos Y na equação de importação em vez de Y_d. Continuando com nosso exemplo numérico, suponha

$$M = 20 + 0{,}10Y$$

Essa equação estabelece o valor de importações autônomas a $20 e o valor de importações induzidas como 0,10 vezes o nível de renda. O número 0,10 (ou a letra m na expressão [14]) é a **propensão marginal a importar**, ou **PMI**. Esse conceito é definido como a mudança nas importações dividida pela mudança na renda:

$$\text{PMI} = \Delta M / \Delta Y \qquad [15]$$

Se a renda subir em $100 e a PMI for 0,10, um adicional de $10 será gasto em importações. A PMI deve ser distinguida da **propensão média a importar (APM)**, que é o gasto total em importações dividido pela renda total:

$$\text{APM} = M/Y \qquad [16]$$

Outro termo emerge desta análise: a **elasticidade-renda da demanda por importações** ou **YEM**, que é o percentual de mudança na demanda por importações dividido pelo percentual de mudança na renda, que também foi observado no Capítulo 11. O termo tem aplicações úteis porque indica o crescimento percentual no tempo. Pode ser mostrado que a YEM é relacionada de maneira simples à APM e à PMI:

FIGURA 3   Uma função keynesiana de importação

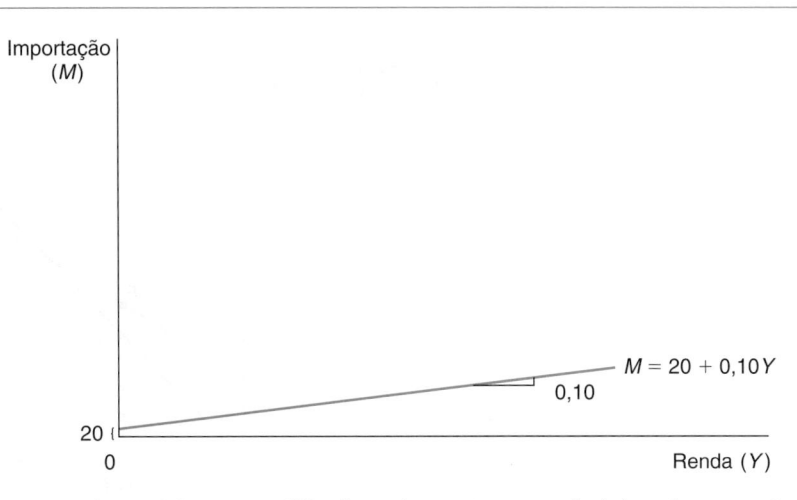

O componente autônomo de importações (20) reflete as importações compradas independentemente de renda. O componente induzido de importações é 0,10 vezes o nível da renda, com 0,10 indicando a propensão marginal a importar (PMI). Com PMI constante, a função de importação é uma linha reta.

$$\begin{aligned}\text{YEM} &= (\%\,\Delta M)/(\%\,\Delta Y) \\ &= (\Delta M/M)/(\Delta Y/Y) \\ &= (\Delta M/\Delta Y)/(M/Y) \\ &= \text{PMI}/\text{APM}\end{aligned} \qquad [17]$$

Dessa forma, em um país cuja PMI exceda sua APM, as importações relativas à renda subirão conforme o país cresce (YEM é elástica). Se a PMI é menor do que a APM, a YEM é inelástica e as importações cairão como uma fração de renda quando a renda subir. Finalmente, se a PMI for igual à APM, a YEM terá elasticidade unitária, e as importações como uma fração da renda nacional se manterão as mesmas conforme a renda aumentar. Nas últimas décadas, o comércio como uma fração da renda nacional nos Estados Unidos foi maior do que a APM.

A função de importação é mostrada na Figura 3, traçando a função específica dada anteriormente, a saber, $M = 20 + 0{,}10Y$. O intercepto da função de importação é localizado no valor das importações autônomas, $\overline{M}$. A inclinação da função (linha reta) de importação é a PMI, ou 0,10 em nosso exemplo.

Determinando o nível de equilíbrio da renda nacional

O próximo passo na análise envolve a determinação do **nível de equilíbrio da renda nacional** nesse tipo de modelo. O nível de equilíbrio da renda é o nível no qual não há tendência para que o nível de renda suba ou caia (isto é, a economia está "em repouso"). Esse nível de renda ocorre quando os gastos desejados correspondem exatamente ao nível de produção da economia. Se este é o caso, então não há tendência para a atividade econômica mudar. No entanto, se os gastos excedem a produção (que equivale à renda), então as empresas não terão produzido saída suficiente para satisfazer a demanda e seus inventários de bens cairão. A saída subirá, consequentemente, de forma a evitar esse esgotamento indesejado de inventários. Por outro lado, se a produção exceder os gastos, haverá acúmulo indesejado de inventários. Esse acúmulo será um sinal aos produtores para reduzir sua saída, e a produção cairá até que seja igual ao nível da demanda. Sendo assim, em níveis de renda tanto acima quanto abaixo do nível de equilíbrio, forças atuam para fazer retornar a economia ao nível de equilíbrio da renda.

FIGURA 4   O nível de equilíbrio da renda

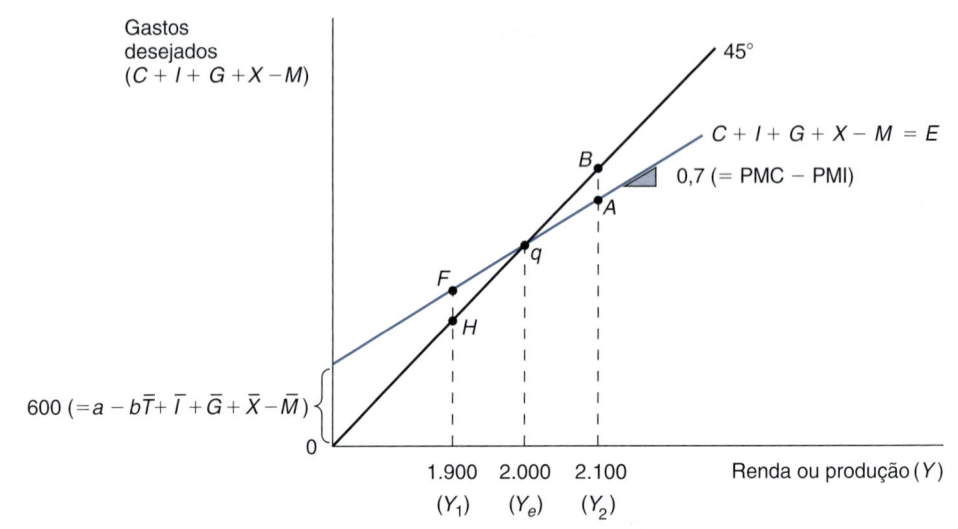

Gastos desejados $(C + I + G + X - M)$

$C + I + G + X - M = E$

$0,7\ (= PMC - PMI)$

45°

$600\ (= a - b\overline{T} + \overline{I} + \overline{G} + \overline{X} - \overline{M})$

1.900 2.000 2.100   Renda ou produção (Y)
(Y_1) (Y_e) (Y_2)

Os gastos totais desejados em produtos domésticos em relação à renda são indicados pela linha $C + I + G + X - M$, com uma inclinação de [PMC − PMI]. O nível de equilíbrio da renda $0Y_e$ (ou 2.000 em nosso exemplo) ocorre onde os gastos desejados se igualam à produção. No nível de renda mais baixo $0Y_1$ (ou 1.900), os gastos $(=Y_1F)$ são maiores que a produção $(=0Y_1 = Y_1H)$, então os inventários estão sendo esgotados e a produção se expande para $0Y_e$. Em nível de renda $0Y_2$ (ou 2.100) acima de $0Y_e$, os gastos $(=Y_2A)$ são menores que a produção $(=0Y_2 = Y_2B)$, então os inventários estão acumulando e a produção contrai para $0Y_e$ (2.000).

A determinação do nível de equilíbrio da renda é mostrada graficamente na Figura 4, utilizando nosso exemplo numérico. Lembrando que, em nosso exemplo,

$$C = 100 + 0,8Y_d \qquad G = 600$$
$$Y_d = Y - T \qquad X = 140$$
$$T = 500 \qquad M = 20 + 0,1Y$$
$$I = 180$$

NO MUNDO REAL:

PROPENSÕES MÉDIAS A IMPORTAR, PAÍSES SELECIONADOS

A Tabela 1 apresenta as propensões médias a importar para os cinco maiores países industrializados de 1973 até 2006. Como pode ser visto, houve um grande aumento na abertura para os Estados Unidos. Além disso, parece ter havido algum aumento na APM para o Canadá (especialmente nos últimos anos) e algum aumento para a França. Para o Reino Unido, a inspeção dos dados sugere pouca mudança para a maior parte do período. A propensão média do Japão a exportar declinou e depois subiu, com pouca mudança no geral. Ela provavelmente, seguiu o preço do óleo importado (muito importante para a economia japonesa) em termos gerais. Os resultados para o Canadá, Japão e Estados Unidos foram largamente consistentes em termos gerais com estimativas cuidadosas para a elasticidade-renda de demanda a longo prazo feitas por Peter Hooper, Karen Johnson e Jaime Marquez*, que estimaram a YEM como 1,4 para o Canadá, 0,9 para o Japão, e 1,8 para os Estados Unidos. No entanto, os economistas estimaram a YEM como 1,6 para a França, o que é um pouco maior do que pode ser deduzido da Tabela 1, e a YEM do Reino Unido como 2.2, que não é sugerido pela estabilidade relativa da APM do Reino Unido dada na Tabela 1. Claramente, o exame de APMs como na Tabela 1 pode oferecer sugestões experimentais, mas um trabalho mais detalhado é necessário para se obter conclusões precisas concernentes às tendências na abertura de um país.

*Peter Hooper, Karen Johnson e Jaime Marquez, *Trade Elasticities for the G-7 Countries*. Princeton Studies in International Economics n. 87, ago. 2008, p. 8.

NO MUNDO REAL:

TABELA 1 Propensões médias a importar, países selecionados, 1973-2006

Ano	Canadá	França	Japão	Reino Unido	Estados Unidos
1973	0,220	0,167	0,100	0,254	0,066
1974	0,246	0,217	0,143	0,322	0,085
1975	0,241	0,179	0,128	0,271	0,075
1976	0,229	0,203	0,128	0,291	0,083
1977	0,235	0,204	0,115	0,290	0,090
1978	0,249	0,191	0,094	0,269	0,092
1979	0,265	0,206	0,125	0,274	0,098
1980	0,264	0,228	0,144	0,249	0,105
1981	0,261	0,238	0,138	0,238	0,101
1982	0,221	0,240	0,136	0,244	0,093
1983	0,221	0,228	0,120	0,256	0,093
1984	0,249	0,239	0,121	0,286	0,103
1985	0,258	0,239	0,108	0,278	0,099
1986	0,264	0,206	0,073	0,265	0,102
1987	0,255	0,207	0,072	0,266	0,107
1988	0,258	0,212	0,077	0,266	0,108
1989	0,255	0,226	0,088	0,278	0,107
1990	0,256	0,223	0,094	0,266	0,108
1991	0,256	0,219	0,083	0,242	0,104
1992	0,274	0,209	0,077	0,248	0,105
1993	0,301	0,192	0,069	0,265	0,108
1994	0,328	0,210	0,071	0,272	0,115
1995	0,341	0,216	0,078	0,288	0,122
1996	0,344	0,217	0,094	0,298	0,123
1997	0,375	0,228	0,098	0,286	0,127
1998	0,394	0,237	0,091	0,278	0,128
1999	0,393	0,241	0,087	0,282	0,135
2000	0,399	0,277	0,096	0,301	0,150
2001	0,378	0,270	0,099	0,301	0,138
2002	0,367	0,254	0,101	0,293	0,137
2003	0,338	0,246	0,104	0,284	0,141
2004	0,340	0,255	0,114	0,284	0,153
2005	0,339	0,271	0,129	0,301	0,162
2006	0,339	0,289	ND	0,328	0,168
Média para o período	0,293	0,226	0,103	0,277	0,113

ND = não disponível.
Nota: Os números são importações de produtos e serviços nas contas PIB divididas pelo PIB.
Fontes: Calculadas a partir de dados do Fundo Monetário Internacional (FMI), *International Financial Statistics Yearbook 2002* (Washington, DC: IMF, 2002), p. 334-35, 482-83, 608-09, 1032-33, 1040-41; FMI, *International Financial Statistics Yearbook 2006* (Washington, DC: IMF, 2006), p. 211, 301, 368, 607, 611; FMI, *International Financial Statistics,* abr. 2007, p. 248, 420, 552, 1028, 1036.

Então o E (linha de gastos e despesas desejadas) é

$$\begin{aligned}
E &= C + I + G + X - M \\
&= 100 + 0{,}8Y_d + 180 + 600 + 140 - (20 + 0{,}1Y) \\
&= 100 + 0{,}8(Y - 500) + 180 + 600 + 140 - (20 + 0{,}1Y) \\
&= 1.000 + 0{,}8Y - 400 - 0{,}1Y \\
&= 600 + 0{,}7Y
\end{aligned}$$

Esta equação indica que o intercepto da linha das despesas ou gastos na Figura 4 é 600 [=a soma de todos os autônomos = $(a - b\overline{T} + \overline{I} + \overline{G} + \overline{X} - \overline{M})$] e a inclinação é 0,7 [=a propensão marginal a consumo menos a propensão marginal para importar = $(0,8 - 0,1) = 0,7 = (b - m)$]. Outra linha importante no diagrama é a linha de 45 graus. Como uma linha de 45 graus tem a propriedade de cada ponto ser equidistante do eixo vertical (gastos) e do eixo horizontal (produção), é claro que, para que a economia esteja em equilíbrio, a economia deve estar localizada em algum lugar nesta linha. O ponto de equilíbrio q ocorre onde o $C + I + G + X - M$, ou linha de gastos, intercepta a linha de 45 graus, e o nível de equilíbrio da renda associado com o ponto q é o nível de renda $0Y_e$. Como $C + I + G + X - M$ mostra os gastos desejados e a linha de 45 graus ilustra pontos que são equidistantes de ambos os eixos, a interseção da linha E com a linha de 45 graus nos dá o único ponto onde a produção é igual aos gastos.

Nos termos de nosso exemplo numérico, o equilíbrio onde $E = Y$ ou gastos = produção é encontrado de modo simples. Determinamos anteriormente que $E = 600 + 0,7Y$, então, para o equilíbrio,

$$E = Y$$
$$600 + 0,7Y = Y$$
$$600 = Y - 0,7Y$$
$$600 = 0,3Y$$
$$Y = 600/0,3 = 2.000$$

Para ver que 2.000 é, de fato, o nível de equilíbrio, vamos checar a soma dos itens de gastos para determinar se eles somam 2.000. Primeiramente, olhe o consumo. Com um nível de renda de 2.000 e impostos de 500, significa que a renda disponível é de 1.500 (= 2.000 − 500). Porque a função de consumo é $C = 100 + 0,8Y_d$, isto significa que o consumo é $100 + (0,8)(1.500) = 100 + 1.200 = 1.300$. O investimento é constante em 180, os gastos governamentais são constantes em 600, e as exportações são constantes em 140. Finalmente, as importações, que devem ser subtraídas, são iguais a $20 + 0,1Y = 20 + (0,1)(2.000) = 20 + 200 = 220$. Dessa maneira, no nível nacional de renda a 2.000, gastos = $C + I + G + X - M = 1.300 + 180 + 600 + 140 - 220 = 2.000$. Portanto, no nível de renda de equilíbrio, os gastos desejáveis se igualam à produção e não há mudança não intencional nos inventários das empresas.

Vamos considerar brevemente o que acontece se a renda nacional não está no nível de equilíbrio $0Y_e$ ou 2.000. Na Figura 4, considere o nível de renda mais baixo $0Y_1$ ou 1.900. Em $0Y_1$, os gastos são indicados pela altura da linha E (distância Y_1F) e a produção é $0Y_1$, o que, por causa da natureza da linha de 45 graus, que é igual à distância Y_1H. Em números, gastos (E ou distância Y_1F) é $600 + (0,7)(1.900) = 600 + 1.330 = 1.930$, e a produção ($Y$ or Y_1H) é 1.900. Como os gastos de 1.930 são desta forma maiores que a produção de 1.900 no nível de renda $0Y_1$ por 30 (ou distância HF), os inventários das empresas baixarão; conforme as empresas aumentam sua produção para eliminar a queda de inventários, a renda na economia subirá até que $0Y_e$ seja alcançado e os gastos se igualem à produção. Uma análise similar se aplica ao nível de renda $0Y_2$ (ou 2.100), que está acima do nível de equilíbrio da renda. A $0Y_2$, domicílios e empresas querem gastar a quantia de Y_2A, que em números é igual a $600 + (0,7)(2.100) = 600 + 1.470 = 2.070$. Contudo, a produção equivale à distância Y_2B ($= 0Y_2$ pela construção da linha de 45 graus) ou 2.100. Sendo assim, a produção excede os gastos (por AB ou 30), e o acúmulo não desejável de inventários levará a reduções na produção. As reduções continuarão até que o nível de renda alcance $0Y_e$ ou 2.000.

Vazamentos e injeções

Um método alternativo de determinação do nível de equilíbrio da renda é representá-lo como o nível iguala as poupanças, importações e taxas com investimentos desejados, gastos governamentais e exportações. Nessa abordagem, poupança, importações e impostos são vistos como

CAPÍTULO 24 RENDA NACIONAL E CONTA CORRENTE

FIGURA 5 Representações alternativas do nível de equilíbrio da renda

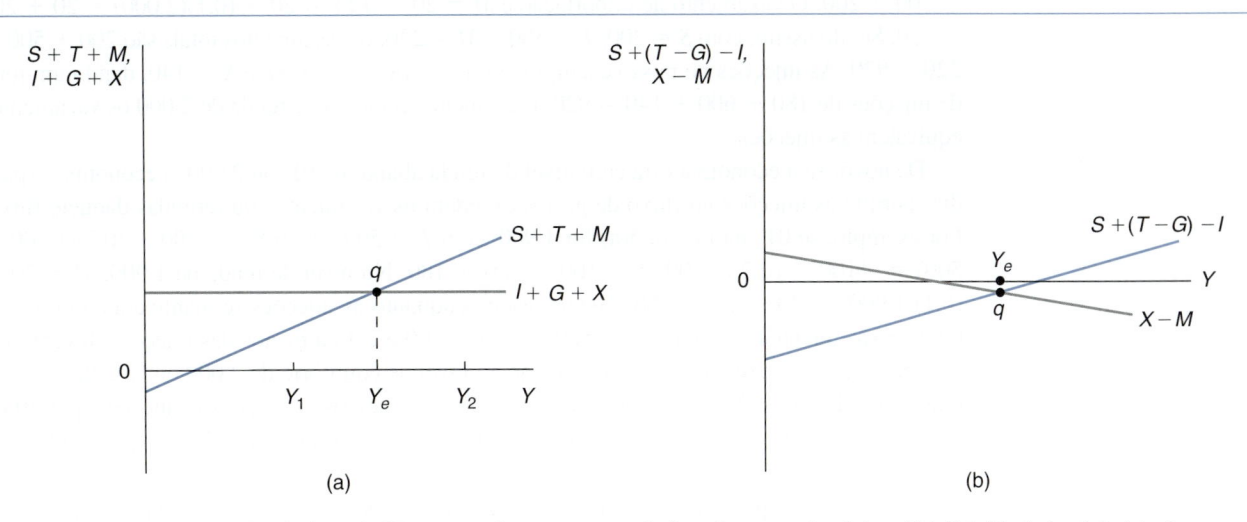

No painel (a), o nível de equilíbrio da renda $0Y_e$ ocorre onde os vazamentos do fluxo dos gastos domésticos ($S + T + M$) são iguais às injeções no fluxo de gastos ($I + G + X$). Em níveis de renda abaixo (acima) $0Y_e$ as injeções são maiores (menos) do que os vazamentos, então há pressão para expandir (contrair) renda. O painel (b) mostra uma representação alternativa usando a relação que, já que $S + T + M = I + G + X$, então $S + (T - G) - I = X - M$. Nesse gráfico, o nível de equilíbrio da renda $0Y_e$ ocorre simultaneamente com um déficit de conta corrente (que é $X - M < 0$).

vazamentos do fluxo de gastos, na medida em que representam ações que reduzem os gastos em produtos domésticos. Investimento, gastos governamentais e exportações são **injeções** no fluxo de gastos e, dessa forma, levam a produção interna. Se os vazamentos excedem as injeções, há uma pressão para baixo nos gastos e, portanto, na renda. Se as injeções excedem os vazamentos, há uma pressão para expansão na economia.

Essa abordagem é ilustrada na Figura 5, painel (a), que mostra as funções de poupança, impostos e importação combinadas em uma função $S + T + M$ e os cronogramas de investimento autônomo, gastos de governo e exportação combinados em um cronograma $I + G + X$. O nível de equilíbrio da renda está situado imediatamente abaixo do ponto q onde os dois cronogramas se interceptam, no nível de renda $0Y_e$. Este $0Y_e$ é o mesmo $0Y_e$ da Figura 4 porque as duas figuras empregam a mesma informação básica, mas de forma diferente[2]. Se a economia está em um nível de renda abaixo de $0Y_e$, tal como $0Y_1$, $(I + G + X)$ excede $(S + T + M)$. Esse nível de equilíbrio é o mesmo que o anterior nos termos do nosso exemplo numérico e pode ser mostrado calculando-se os vazamentos no nível de renda de 2.000 e então comparando-se sua soma com as injeções. Como o consumo no nosso exemplo era $100 + 0,8Y_d$, e porque poupança = renda dispensável menos o consumo, a poupança é igual a $= Y_d - (100 + 0,8Y_d) = -100 + (1 - 0,8)Y_d = -100 + 0,2Y_d$.

---

[2]Na expressão de equilíbrio $Y = C + I + G + X - M$, o lado direito consiste nas despesas que geram renda, ou pode ser pensado como fontes de renda. Agora, considere a expressão $Y = C + S + T$. O lado direito desta equação indica os usos da renda gerada na economia (para consumo, poupança e impostos). Como os usos da renda devem equivaler às fontes de renda,

$$C + S + T = C + I + G + X - M$$
$$S + T = I + G + X - M$$
$$S + T + M = I + G + X \qquad [18]$$

A expressão [18] é outro modo de escrever a condição de equilíbrio, e a interseção dos dois cronogramas no painel (a) da Figura 5, portanto também resulta no nível de equilíbrio de renda.

Com renda de 2.000 e impostos de 500, $Y_d = 1.500$ e poupança = $-100 + (0,2)(1.500) = -100 + 300 = 200$. O vazamento de importação é $M = 20 + 0,1Y = 20 + (0,1)(2.000) = 20 + 200 = 220$. Sendo assim, com $S = 200$, $T = 500$, e $M = 220$, os vazamentos totais são $200 + 500 + 220 = 920$. As injeções no nosso exemplo eram $I = 180$, $G = 600$, e $X = 140$, dando um total de injeções de $180 + 600 + 140 = 920$. Claramente, no nível de renda de 2.000 os vazamentos equivalem às injeções.

De novo, se a economia está com nível de renda abaixo de $0Y_e$ ou 2.000, a economia expandirá porque as injeções no fluxo de gastos excedem os vazamentos ou retiradas daquele fluxo. Por exemplo, se $0Y_1$ na Figura 5(a) for 1.900, com $T = 500$, então $S = -100 + (0,2)(1.900 - 500) = -100 + (0,2)(1.400) = -100 + 280 = 180$. No nível de renda de 1.900, $M = 20 + (0,1)(1.900) = 20 + 190 = 210$. Sendo assim, enquanto as injeções se mantiveram em 920, o total de vazamentos é agora $180 + 500 + 210 = 890$ e é 30 a menos das injeções. Inventários declinam em 30 e a renda cresce em direção ao nível de equilíbrio de 2.000 ou $0Y_e$. No nível de renda $0Y_2$ (digamos, 2.100), o oposto é o caso. Os vazamentos excederão as injeções (por 30 no nosso exemplo), inventários se acumularão (em 30), e a produção será reduzida (para 2.000).

Equilíbrio de renda e balanço de conta corrente

Uma segunda apresentação alternativa de equilíbrio foca a balança da conta corrente para a economia. (Em nosso modelo, $X - M$ compreende exportações e importações de todos os produtos e serviços; como não temos transferências unilaterais no modelo, $X - M$ é portanto a balança da conta corrente.) Nesta abordagem, tomamos a condição de equilíbrio de

$$S + T + M = I + G + X$$

e a reajustamos para obter

$$S + (T - G) - I = X - M \qquad [19]$$

Na expressão [19], S são as poupanças privadas e $(T - G)$ são as poupanças governamentais (que podem ser negativas). Dessa forma, a expressão faz a importante afirmação de que, em uma economia aberta, a diferença entre as poupanças totais de um país (privadas e governamentais) e o investimento corrente equivale à balança de conta corrente. Se $X < M$, o país está no total poupando domesticamente menos do que investido; o desnível está sendo formado por um influxo líquido de poupança estrangeira. Esse tem sido o caso dos Estados Unidos na maior parte dos últimos 25 anos. Se $X > M$, o país está poupando mais do que investindo domesticamente (e, sendo assim, está investindo no exterior via saída de capital, com a saída da conta financeira de capital sendo igual ao superávit da conta corrente). A expressão também nos ajuda a entender a afirmação de Catherine Mann no começo deste capítulo de que um aumento nas taxas de poupanças domésticas dos EUA poderia reduzir os déficits das contas corrente e comercial.

Utilizando a expressão [19], podemos delinear dois novos cronogramas como na Figura 5, painel (b). A linha ascendente $S + (T - G) - I$ subtrai a quantia autônoma *fixa* de investimento e a quantia autônoma *fixa* dos gastos governamentais das poupanças privadas e impostos. Como S depende positivamente de Y, a linha está claramente em um aclive. A linha $X - M$ é descendente porque, em níveis mais altos de Y, quantias crescentes de importações estão sendo subtraídas de uma quantia *fixa* autônoma de exportações. Como parece evidente, a interseção dessas duas linhas (em q) também produzirá o nível de equilíbrio da renda $0Y_e$.

A virtude dessa abordagem é que o estado da balança da conta corrente que existe no nível de equilíbrio da renda pode ser observado. (Em nosso exemplo numérico, $X = 140$ e $M = 220$ em equilíbrio, então a conta corrente está em déficit de 80.) Além disso, um ponto importante que emerge desta discussão é que, mesmo que a economia esteja em nível de equilíbrio de renda, não é necessário que a balança de conta corrente seja igual a zero. Na Figura 5(b), a existência do déficit de conta corrente quando a economia está em equilíbrio de renda é refletida no fato

CAPÍTULO 24 RENDA NACIONAL E CONTA CORRENTE 613

de que a posição de equilíbrio *q* está abaixo do eixo horizontal. Se *q* ocorrer em um ponto acima do eixo horizontal, haverá um superávit da conta corrente; se *q* ficar no eixo horizontal, $X = M$, indicará balanço na conta corrente.

REVISÃO DE CONCEITO

1. Explique por que um nível de renda abaixo do nível equilíbrio não pode persistir.
2. Suponha que as importações sejam inteiramente reduzidas, isto é, a função de importação é $M = mY$ (com *m* sendo a propensão marginal a importar). Qual é a APM neste caso? Qual é o valor da YEM?
3. Se a economia está em seu nível de renda de equilíbrio e tem déficit de conta corrente, o que deve ser verdadeiro quanto à quantia total de poupanças (privadas mais governamentais) na economia relativamente à quantia de investimento? Como o excesso de investimento sobre as poupanças está sendo financiado?

O multiplicador de gastos autônomos

Um conceito familiar contido nos modelos de renda keynesianos é o **multiplicador de gastos autônomos**. O multiplicador de gastos autônomos é usado para responder a seguinte questão: se os gastos autônomos em *C, I, G,* ou *X* são mudados, em que quantidade a renda de equilíbrio será modificada? Graficamente, como na Figura 4 anterior, essa questão é simplesmente: se $(C + I + G + X - M)$ muda de modo paralelo, qual será o ΔY quando a economia responder à mudança nos gastos autônomos?

Mudanças no consumo, investimento, gastos governamentais e exportações autônomos

Para responder a essa questão, suponha que o investimento autônomo em nosso exemplo numérico suba para 210 do nível original de 180. (Poderia ser de $180 bilhões para $210 bilhões, por exemplo.) O melhor jeito de pensar no conceito do multiplicador é em termos de **rodadas de gastos no processo multiplicador**. O aumento autônomo de 30 no investimento (considerando que são gastos em produtos domésticos) gera produção (e renda) de 30 conforme as empresas produzem os novos maquinários, por exemplo, que estão agora em demanda. Os operários das empresas produzindo o maquinário receberão 30 em renda. Como os impostos não dependem da renda neste modelo simplificado em que estamos trabalhando, os 30 de renda nova se traduzirão em 30 de renda disponível nova[3]. Mas o que acontece com esses 30 de renda disponível nova? *Uma porção* será gasta como indicado pela PMC. Então, uma segunda rodada de gastos ocorrerá; em nosso exemplo com PMC = 0,8, 24 serão [= (0,8)(30)]. No entanto, parte desses novos gastos serão em importação e não levarão ao aumento da produção doméstica. Além disso, lembre-se de que, em nosso modelo, as importações são uma função da renda total e não apenas da renda disponível porque, além de bens que consumo, algumas importações também são insumo para a nova produção sendo gerada nessa rodada. Com nosso PMI de 0,1, as importações sobem pelo PMI vezes a mudança na renda total, ou 3 [= (0,1)(30)]. Esta quantia 3 deve ser subtraída dos 24 da segunda rodada de gastos porque os 3 não geram produção doméstica e renda, resultando em um efeito líquido de 21 (= 24 − 3) nesta segunda rodada do processo de multiplicação. Na soma, os 30 de produção na primeira rodada levam a 21 nos novos gastos domésticos e renda na segunda rodada; 70% são "regastos".

O processo continua em uma terceira rodada. Os 21 de gastos da segunda rodada leva a 21 de nova renda para os trabalhadores e empresas produzindo os bens adquiridos naquela segunda rodada. Dos 21 de nova renda (e nova renda disponível) gerados dessa forma, com o PMC de 0,8, 16,8 [= (0,8)(21)] serão gastos. Contudo, gastos em importações aumentarão pelo PMI vezes a mudança de 21 na renda total, e estes 2,1 de importações [= (0,1)(21)], quando subtraídos dos 16,8 de gastos, levam a um aumento líquido nos gastos em produtos domésticos

---

[3] Para um modelo que tem impostos que dependem da renda, veja o Apêndice A deste capítulo.

na terceira rodada de 14,7. Desse modo, 70% da quantia da segunda rodada de 21 foram gastos na terceira rodada. Estes 14,7 de gastos levam a nova renda, e uma quarta rodada é iniciada. Teoricamente, esse processo continua por um número infinito de rodadas, apesar da quantia de nova renda gerada em cada ciclo rapidamente ficar menor.

Qual é a mudança final na renda que ocorre por causa dos 30 originais de novo investimento? A mudança total na renda depois de todas as rodadas terem sido completadas equivale à soma das seguintes séries geométricas:

$$\Delta Y = 30 + 21 + 14,7 + \cdots$$
$$= 30 + (0,7)(30) + (0,7)^2(30) + \cdots$$

o que, matematicamente, pode ser demonstrado como sendo

$$\Delta Y = [1/(1 - \text{fração gasta em cada rodada})](\Delta I \text{ inicial})$$
$$= [1/(1 - 0,7)](30)$$
$$= (1/0,3)(30) = (3\ 1/3)(30) = 100$$

O 0,7 no termo denominador $(1 - 0,7)$ deriva dos 70% regastos em cada rodada; em símbolos, estes 70% são [PMC − PMI] ou $(0,8 - 0,1) = 0,7$. Assim, o aumento inicial no gasto do investimento autônomo de 30 levou a uma mudança total na renda de 100. Uma mudança inicial nos gastos de consumo autônomos ou em gastos autônomos governamentais[4] ou de exportação de 30 teria tido o mesmo impacto de 100 na renda que a mudança de 30 no investimento autônomo. O "multiplicador" é simplesmente a mudança total da renda dividida pela mudança inicial de gastos autônomos, ou $100/$30 = 3⅓. A fórmula para calcular o multiplicador dos gastos autônomos na economia aberta (k_o) é

$$k_o = \frac{1}{1 - (\text{PMC} - \text{PMI})}$$

ou

$$k_o = \frac{1}{1 - (\text{PMC} - \text{PMI})} = \frac{1}{\text{PMS} + \text{PMI}} \quad [20]$$

ou, no nosso exemplo,

$$k_o = \frac{1}{1 - 0,8 + 0,1} = \frac{1}{0,2 + 0,1} = 3\tfrac{1}{3}$$

A expressão [20] é o **multiplicador de economia aberta** básico. Se a economia fosse uma economia fechada, não haveria importações (ou exportações). Sendo assim, o PMI seria zero e o multiplicador da economia fechada seria $1/(1 - \text{PMC})$. Este multiplicador seria maior do que o multiplicador de economia aberta (para qualquer PMC dado) porque não há vazamento de gastos saindo da economia doméstica para as importações.

Mudanças nas importações autônomas

Existe mais um multiplicador na economia aberta. Lidamos anteriormente com aumentos autônomos no consumo, investimento, gastos governamentais em produtos e serviços, e exportações. Mas as importações autônomas $\overline{M}$ constituem outro tipo de gastos autônomos na economia aberta. O que acontece se $\overline{M}$ aumenta? Esta é capciosa. Se a demanda por importações aumenta de maneira autônoma, isso é equivalente a uma *diminuição* autônoma na demanda por produtos domésticos. Daí em diante, nos modelos de renda nacional, um aumento autônomo

---

[4]Presume-se em todos os casos que a primeira rodada de gastos é inteiramente em produtos domésticos.

NO MUNDO REAL:
ESTIMATIVAS DE MULTIPLICADOR PARA A ÍNDIA

Já houve muitas, mas muitas estimativas para multiplicadores de economia aberta para diferentes países em diferentes períodos, normalmente para países com renda alta ou em desenvolvimento. No entanto, tentativas também foram feitas de estimar o multiplicador para alguns países em desenvolvimento, especialmente à medida que dados mais abrangentes e confiáveis se tornavam disponíveis. Por exemplo, em 1994, D. P. Bhatia publicou cálculos de vários multiplicadores para a economia indiana.* Ele abordou as estimativas de duas perspectivas – no nível agregado diretamente (como temos feito neste capítulo) e no nível setorial, onde multiplicadores foram estimados para cada setor da economia e então agregados para ter uma cifra de toda a economia. As estimativas do nível agregado direto são mais relevantes para este capítulo, e ele obteve os seguintes resultados com esse procedimento (dados em sua página 46):[†]

1973-1974: propensão marginal a poupar = 0,30967
propensão marginal a importar = 0,05449
multiplicador = 1/(0,30967 + 0,05449) = 1/(0,36416)
= 2.74605

1978-1979: propensão marginal a poupar = 0,42487
propensão marginal a importar = 0,06206
multiplicador = 1/(0,42487 + 0,06206) = 1/(0,48693)
= 2,05368

1983-1984: propensão marginal a poupar = 0,18092
propensão marginal a importar = 0,14323
multiplicador = 1/(0,18092 + 0,14323) = 1/(0,32415)
= 3,08499

Sendo assim, durante o período de 1973-1974 a 1983-1984, o multiplicador caiu e depois subiu. Bhatia observa (e isso é evidente a partir dos números dados) que tanto a propensão marginal a poupar (PMS) quanto a propensão marginal a importar (PMI) aumentaram entre 1973-1974 e 1978-1979. Claramente, esses aumentos causariam uma queda no valor do multiplicador à medida que os vazamentos do fluxo de gastos aumentassem, e o multiplicador caiu de seu valor de 2,75 em 1973-1974 para 2,05 em 1978-1979. Entre 1978-1979 e 1983-1984, a PMS caiu dramaticamente, o que aumentaria o tamanho do multiplicador, e a PMI subiu bastante (em parte refletindo maiores gastos em importações devido a aumentos nos preços do petróleo), o que diminuiria o multiplicador. No balanço, o multiplicador subiu para 3,08 em 1983-1984.

Com quaisquer estimativas desse tipo, porém, é útil ter em mente que problemas de dados existem e que há numerosas técnicas diferentes de estimativas. (As estimativas de Bhatia a partir de seu procedimento setorial produziu multiplicadores mais altos do que os dados aqui, apesar do padrão de decréscimo de 1973-1974 a 1978-1979 e, então, um aumento para 1983-1984 ter se mantido intacto.) Além disso, devemos sempre nos perguntar se há explicações econômicas que são consistentes com os resultados estatísticos (tais como o grande aumento no PMS indiano de 1973-1974 a 1978-1979). O trabalho de Bhatia não se busca essas explicações.

*D. P. Bhatia, "Estimates of Income Multipliers in the Indian Economy," *Indian Economic Journal* 42, n. 1 (jul./set. 1994), p. 39-56.

[†] O ano fiscal indiano termina em março; sendo assim, 1973-1974, por exemplo, corre de abril de 1973 até março de 1974.

---

nas importações levará a uma *diminuição* do nível de renda. O aumento autônomo de importações reflete uma diminuição nos gastos em produtos domésticos, o que leva a uma renda mais baixa. Como o processo multiplicador para aumento autônomo de importações opera em uma direção *descendente*, o multiplicador para uma mudança nas importações autônomas é igual a *menos* k_o; isto é,

$$\Delta Y/\Delta M = -k_o$$
$$= -\frac{1}{1 - \text{PMC} + \text{PMI}} \qquad [21]$$

Não há conflito entre esse efeito negativo de aumento nas importações em modelos macro e o efeito positivo das importações no bem-estar nacional na teoria de comércio internacional. A teoria do comércio presume que o país está sempre em pleno emprego na sua fronteira de possibilidades, tanto antes e quanto depois da mudança nas importações. Nos modelos macro, não fazemos tal presunção de que a economia está sempre em sua produtividade máxima.

Com esse importante multiplicador em mente, o que acontecerá se as exportações e importações aumentarem de maneira autônoma na mesma quantia? O efeito líquido de uma mudança balanceada autônoma no tamanho do setor de comércio exterior (isto é, uma mudança autônoma igual nas exportações e importações) será *zero*. Isso ocorre porque a mudança na exportação tem um multiplicador de k_o enquanto a mudança autônoma na importação tem um multiplicador de menos k_o. Uma cancela a outra no que diz respeito a seu impacto na renda nacional.

A conta corrente e o multiplicador

Tendo examinado o multiplicador no modelo de renda keynesiano, veremos agora as relações entre renda nacional, balança de conta corrente e o multiplicador. Em primeiro lugar, lembre-se da afirmação anterior de que o equilíbrio da renda nacional pode coexistir com um déficit de conta corrente. Suponha que, como um objetivo de política, desejemos eliminar o déficit da conta corrente reduzindo as importações, com a redução nas importações a ser atingida se reduz a renda nacional (por meio de uma política macroeconômica de contração). *Em quanto a renda nacional deveria ser reduzida para eliminar o déficit de conta corrente?* A resposta é fácil de ser obtida. Em nosso exemplo numérico anterior, houve um déficit de 80 (X era 140, M era 220); devemos contrair a renda o suficiente para que as importações caiam em 80. Lembrando da PMI, isso significa que a renda deve cair o suficiente para que a mudança na renda multiplicada pela PMI seja igual a −80. Dessa forma, se a meta ΔM é −80,

$$\Delta M = \text{PMI} \times \Delta Y$$
$$-80 = 0{,}10 \times \Delta Y$$
$$\Delta Y = -800$$

O nível de renda deve cair em 800 para reduzir as importações em uma quantia que restaurará o balanço na conta corrente. Se a economia está com menos do que o emprego total, isso pode ser uma grande contração na renda que não será bem-vinda. Há um conflito entre a meta "interna" para a economia, tal como o emprego total, e a meta "externa", tal como o balanço na conta corrente.

Segundo, suponha que queiramos tomar medidas políticas para expandir as *exportações* (isto é, depreciando o valor de nossa moeda e assumindo a validade da condição Marshall-Lerner) como forma de eliminar o déficit da conta corrente. Se as exportações aumentarem em 80, isso eliminará o déficit de conta corrente? A resposta é não. Se as exportações aumentarem em 80, então o multiplicador de economia aberta de 3⅓ será aplicado a este aumento autônomo nas exportações. O nível de Y subirá em (80)(3⅓), ou 266,67, para 2.266,67 a partir dos 2.000 originais. Mas pelo fato de Y ter subido para 266,67, haverá importações induzidas de PMI (=0,10) vezes 266,67, ou 26,67. A expansão das exportações (de 80) diminuiu o déficit em 53,33 (= 80 − 26,67), mas não o eliminou. Também pode ser observado que esse resultado analítico do aumento da exportação, levando a uma redução no déficit, é o que está por trás da indicação de Catherine Mann na afirmação no início deste capítulo – a de que um crescimento global mais rápido reduziria os déficits da conta corrente e comercial dos EUA. As reduções ocorreriam porque o rápido crescimento da renda em outros países levaria a um aumento das exportações dos EUA, uma vez que os outros países têm uma propensão marginal positiva a importar dos EUA.

Essa relação entre o aumento nas exportações e o aumento resultante nas importações, ainda que exista um aumento menor na importação do que o aumento inicial nas exportações, é importante. É importante porque mostra que, dado um distúrbio no setor externo da economia como o aumento nas exportações (poderia ser também uma queda nas exportações ou um aumento ou queda autônomos nas importações), há um mecanismo posto em ação para aliviar o distúrbio na balança de conta corrente. Dessa maneira, em nosso exemplo, quando as exportações sobem em 80, a balança de conta corrente não melhorou pelos 80 totais porque as importações aumentaram em 26,67. A balança de conta corrente *melhorou*, mas menos do que o distúrbio inicial. Como a exportação inicial foi em parte compensada pelas importações induzidas, houve ao menos *algum* ajuste ao distúrbio inicial, mas não houve ajuste total porque as importações não subiram em 80 e não eliminaram o efeito do aumento da exportação na balança de conta corrente. Esse fenômeno de distúrbio de conta corrente não levando a uma compensação total do distúrbio é chamado de **ajuste parcial de conta corrente** a qualquer distúrbio inicial.

Repercussões estrangeiras e processo multiplicador

Uma questão final a considerar em nosso tratamento do modelo de renda keynesiano é a das **repercussões estrangeiras**. No mundo real, quando os gastos e a renda mudam em um país, as mudanças são transmitidas a outros países por meio das mudanças nas importações do país de origem das mudanças. Conforme as reações às mudanças no comércio ocorrem em outros países, haverá *feedback* para o país original. Apesar de modelos econométricos de escala completa da economia mundial com centenas de equações terem sido usados para traçar as repercussões estrangeiras, somos menos ambiciosos neste capítulo. Damos um exemplo limitado de como tais repercussões podem ser levadas em conta em modelos macroeconômicos relativamente simples. Este exemplo diz respeito ao processo multiplicador.

No processo multiplicador tradicional (sem repercussões) da economia aberta, um aumento autônomo do investimento nos Estados Unidos, por exemplo, causará um aumento na renda dos EUA pela mudança no investimento vezes o multiplicador padrão da economia aberta. Esta mudança multiplicada da renda gerará aumento nas importações (pela PMI vezes a mudança na renda). Dessa forma, no seguinte diagrama esquemático:

$$\uparrow I_{US} \longrightarrow \uparrow Y_{US} \longrightarrow \uparrow M_{US}$$

O processo é interrompido aqui no modelo que temos usado até agora. Contudo, quando as repercussões estrangeiras são admitidas no modelo, o processo continua. O aumento das importações nos Estados Unidos constitui um aumento nas exportações do resto do mundo (ROW). Quando as exportações ROW aumentam, isso inicia um processo multiplicador no ROW e um aumento na renda do ROW. Esse aumento na renda faz com que o ROW importe mais produtos baseado na sua propensão marginal a importar. Finalmente, ao menos algumas das importações aumentadas no ROW serão exportações dos Estados Unidos! Essas exportações aumentadas então provocarão gastos adicionais e geração de renda nos Estados Unidos. Depois, essa renda adicional dos EUA causará mais importações dos EUA, e assim por diante. O processo continua em quantias cada vez menores. O mecanismo multiplicador quando as repercussões estrangeiras existem pode ser representado pelo seguinte diagrama de fluxo:

$$\uparrow I_{US} \to \uparrow Y_{US} \to \uparrow M_{US} = \uparrow X_{ROW} \to \uparrow Y_{ROW} \to \uparrow M_{ROW} \to \uparrow X_{US}$$
$$\uparrow \qquad\qquad\qquad\qquad\qquad\qquad\qquad\qquad\qquad\qquad\qquad\qquad \downarrow$$
$$\leftarrow \leftarrow \leftarrow \leftarrow \leftarrow \leftarrow \leftarrow \leftarrow \leftarrow \leftarrow \leftarrow \leftarrow \leftarrow \leftarrow \leftarrow$$

Como você pode ver, continuamos no circuito até que as mudanças marginais na renda cheguem a zero.

Quando todas essas repercussões tiverem ocorrido, a mudança total na renda dos Estados Unidos que resultam do aumento inicial em investimento será *maior* do que foi o caso quando as repercussões não eram consideradas por causa do *feedback* adicional na renda dos EUA do resto do mundo. A expressão para estas repercussões multiplicadoras, o **multiplicador de economia aberta com repercussões estrangeiras**, é explorada com mais profundidade no Apêndice B deste capítulo.

O "processo de repercussões estrangeiras" enfatiza que os países do mundo são interdependentes no que diz respeito à atividade macroeconômica. Quando um boom (ou uma recessão) ocorre em um país, será transmitido aos outros países e então retornará ao país de origem. Podemos, portanto, colocar graficamente o nível de renda de um país como sendo positivamente relacionado aos níveis de renda de outros países, e da mesma forma podemos colocar níveis de renda

FIGURA 6   Interdependência de renda entre os países

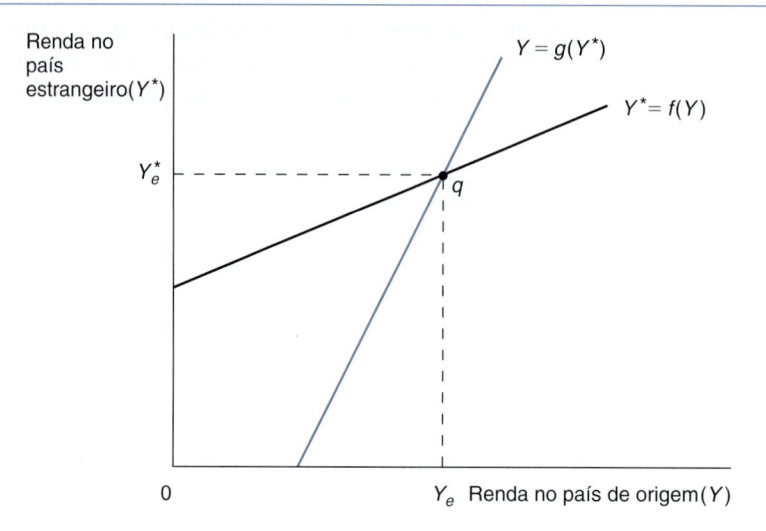

Como as importações de um país são as exportações de outro país, um aumento na renda em um país estimulará as exportações e, desta maneira, a renda no outro país. Por isso, a renda no país estrangeiro (Y^*) é dependente da renda do país de origem (Y), e vice-versa. Há um equilíbrio simultâneo da renda nacional nos dois países onde se dá a interseção das duas linhas (isto é, em Y_e e Y^*_e).

de outros países como sendo positivamente relacionados com o nível de renda do primeiro país, como na Figura 6. Esse gráfico demonstra a determinação simultânea do equilíbrio de renda nos dois países. Consequentemente, ambos os níveis de renda são alterados quando os gastos autônomos em qualquer país mudam (o que seria uma mudança em uma das linhas de renda) e variáveis macroeconômicas podem se mover juntas através dos países.

REVISÃO DE CONCEITO

1. O que acontece com o tamanho do multiplicador de economia aberta (sem as repercussões estrangeiras) se, em condições normais, a propensão marginal a importar aumenta? Explique em termos econômicos, não apenas em termos algébricos.

2. Explique por que o aumento autônomo de gastos com investimentos em um país levará a um aumento maior na renda nacional se as repercussões estrangeiras são importantes do que se as repercussões estrangeiras não são importantes.

UMA VISÃO GERAL DOS AJUSTES DE PREÇO E RENDA E BALANÇO EXTERNO E INTERNO SIMULTÂNEA

Este e o capítulo anterior trataram de como a taxa de câmbio e o estado da balança de pagamentos levam a efeitos na conta corrente e no setor interno da economia. No capítulo anterior, examinamos a maneira pela qual uma mudança nas taxas de câmbio afeta desembolsos de importação e recebimentos de exportações e a balança de conta corrente pela alteração nos preços relativos dos produtos internos e estrangeiros. Em um contexto de taxas de câmbio fixas, discutimos como um desequilíbrio na balança de pagamentos (um déficit ou superávit) põe em ação mudanças na oferta de dinheiro e mudanças de preços internos de forma a melhorar (deteriorar) a conta corrente no caso de um déficit de *BP* (superávit). Neste capítulo, observamos que um distúrbio na conta corrente (tal como um aumento autônomo nas exportações) leva a mudanças na renda nacional, que por sua vez, parcialmente (mas não completamente) compensam o distúrbio da conta corrente inicial através de mudanças induzidas nas importações.

No mundo real:
Correlações de variáveis macroeconômicas através dos países

Como é evidente da discussão de repercussões estrangeiras no texto, a atividade macroeconômica em um país "respinga" em outros países por meio do processo multiplicador. Sendo assim, um movimento para cima (para baixo) em uma economia pode levar a um movimento para cima (para baixo) em outra economia. É claro que cada país no mundo também está sujeito aos seus choques independentes e idiossincrasias econômicas, então as economias dos países não se manterão perfeitamente em linha umas com as outras. Não obstante, a teoria macroeconômica nos leva a esperar que deveria haver alguma relação positiva através dos países no que diz respeito às variáveis econômicas agregadas.

A Tabela 2 apresenta informação (obtida de uma amostra indo de 1970 a 1990) sobre a correlação ou comovimento de diversas variáveis macroeconômicas em nove países industriais com variáveis comparáveis nos Estados Unidos. Para interpretar a tabela, considere o coeficiente de correlação no canto esquerdo superior da tabela. O coeficiente 0,60 para a produtividade australiana (PIB real) com a produção dos EUA indica uma relação razoavelmente forte entre as duas produções com o passar do tempo. (Duas variáveis que são perfeitamente correlacionadas uma com a outra, significando que seus movimentos são idênticos, teriam coeficiente de correlação de 1,0; se não há absolutamente nenhuma relação entre as variáveis, o coeficiente de correlação seria 0,0; e se as variáveis são opostas e perfeitamente correlacionadas, o coeficiente seria −1,0.) Na tabela, os movimentos do PIB em todos os nove países estão bastante bem correlacionados com o movimento real do PIB dos Estados Unidos, com as relações mais fortes sendo entre a Alemanha e os Estados Unidos (0,85) e entre o Canadá e os Estados Unidos (0,81). Os movimentos no consumo também estão correlacionados de maneira razoavelmente forte (exceto para a Austrália e Itália) com os movimentos de consumo dos EUA, assim como os movimentos no emprego (de novo, exceto para Austrália e Itália). Movimentos de investimento agregado não estão particularmente ligados para Austrália e França e de nenhuma forma para o Canadá. As correlações negativas para as exportações líquidas reflete o fato de que as exportações líquidas negativas dos EUA implicam exportações líquidas positivas para parceiros comerciais dos Estados Unidos. No geral, os agregados macro destes outros países industriais tendem a se mover com os agregados dos EUA, indicando que a atividade econômica é transmitida através das fronteiras dos países.

TABELA 2 Correlações das variáveis macroeconômicas em vários países industriais com as variáveis dos EUA

	Produção (PIB real)	*Consumo*	*Investimento*	*Emprego*	*Exportações líquidas*
Austrália	0,60	−0,13	0,21	−0,17	0,03
Áustria	0,54	0,45	0,57	0,58	0,29
Canadá	0,81	0,46	0,00	0,50	−0,10
França	0,46	0,42	0,22	0,36	−0,25
Alemanha	0,85	0,64	0,66	0,60	−0,23
Itália	0,49	0,04	0,39	0,11	−0,28
Japão	0,66	0,49	0,59	0,48	−0,59
Suíça	0,48	0,48	0,38	0,43	−0,10
Reino Unido	0,64	0,42	0,46	0,68	−0,11

Fonte: Marianne Baxter, "International Trade and Business Cycles", in Gene M. Grossman e Kenneth Rogoff, eds. *Handbook of International Economics*, v. III (Amsterdã : Elsevier-Science, 1995), p. 1806.

Uma característica importante das inter-relações entre a conta corrente e a economia internacional, e que será examinada mais detalhadamente em capítulos subsequentes, é o possível conflito entre as metas macroeconômicas do "balanço externo" e do "balanço interno". O **balanço externo** neste contexto refere-se ao balanço na conta corrente ($X = M$), enquanto o **balanço interno** se refere ao estado desejável da economia onde há um nível baixo de desemprego junto com razoável estabilidade de preço. Há claramente quatro possíveis combinações de desvios dos balanços externo e interno:

Caso I:	Déficit da conta corrente; desemprego inaceitavelmente alto.
Caso II:	Déficit da conta corrente; inflação inaceitavelmente rápida.
Caso III:	Superávit da conta corrente; inflação inaceitavelmente rápida.
Caso IV:	Superávit da conta corrente; desemprego inaceitavelmente alto.[5]

Se os formuladores de políticas são confrontados com qualquer uma dessas quatro combinações em uma situação de taxas de câmbio fixas, qual deveria ser a postura política macroeconômica? Primeiro discutimos os simples, Casos II e IV e então nos voltamos aos Casos I e III, mais complicados.

Caso II: Déficit de conta corrente e inflação

Neste caso, uma política mometária e fiscal agregada orienta pela demanda restritiva ou contracionista (isto é, uma redução na oferta de dinheiro, uma diminuição dos gastos governamentais, um aumento dos impostos) se faz necessária. Com a adoção de tais políticas, o nível do preço e o nível da renda nacional cairão. Com os preços caindo – ou pelo menos aumentando menos rapidamente do que os preços em outros países – as exportações se expandirão e reduzirão as importações, e a queda na renda também reduzirá as importações por meio da PMI. Desta forma, as políticas restritivas melhorarão a conta corrente e levarão a economia rumo ao balanço externo, assim como aliviarão a inflação e levarão a economia rumo ao balança interna. No entanto, o grau de restrição necessário para atingir o balanço interno pode diferir do grau de restrição necessário para atingir o balanço interno, e por isto os formuladores de políticas podem não ser capazes de alcançar ambos os alvos simultaneamente. Não obstante, a direção da política estará correta.

Caso IV: Superávit de conta corrente e desemprego

Neste caso, é claro, a política está se movendo na direção oposta do caso II. Política monetária e fiscal expansionista – um aumento da oferta de dinheiro, um aumento de gastos governamentais, uma redução dos impostos – estimulará a renda nacional e também reduzirá as importações. Além disso, quaisquer pressões nos preços geradas pela expansão reduzirão as exportações e aumentarão as importações. Desta forma, a direção das políticas age para reduzir o superávit da conta corrente e para reduzir o desemprego, apesar de que, é claro, o grau necessário de expansão pode variar com relação ao preenchimento de cada meta em particular.

Caso I: Déficit de conta corrente e desemprego

Neste caso, mesmo a *direção* da postura política apropriada é obscura. Para diminuir o desemprego, a política fiscal e monetária expansionista piorará a conta corrente através de importações induzidas pela PMI vezes o aumento da renda. Além disso, se o nível de preços subir devido à política expansionista, as exportações cairão e as importações subirão, piorando desta maneira o déficit de conta corrente já existente. Por outro lado, a política contracionista para reduzir o déficit de conta corrente levará a renda nacional para baixo e piorará a situação do desemprego.

Caso III: Superávit de conta corrente e inflação

Neste caso, a política expansionista reduzirá o superávit de conta corrente, mas piorará a inflação. Contudo, a política contracionista para aliviar a inflação aumentará o superávit de conta corrente.

---

[5]É claro, como indicou particularmente a experiência dos anos 1970, que também é possível haver desemprego inaceitavelmente alto e inflação inaceitavelmente rápida ao mesmo tempo. Lidamos aqui somente com as análises macroeconômicas que tratam a economia como tendo um desses problemas internos, mas não os outros simultaneamente. A situação de "estagflação", de alto desemprego e rápida inflação ao mesmo tempo, será discutida mais detalhadamente no Capítulo 27.

Sendo assim, o alcance de um "balanço" em qualquer um desses dois últimos casos piorará a situação com relação ao outro "balanço". Há, dessa forma, um conflito entre a obtenção do balanço externo e do balanço interno nesses dois casos. Os formuladores de políticas podem ter que decidir qual meta é mais importante.

Nos casos conflitantes, no entanto, assim como nos Casos II e IV, onde o grau de restrição ou expansão de política necessária estava em dúvida, *é* possível fazer com que os efeitos de preços relativos e de renda trabalhem juntos para atingir ambas as metas simultaneamente. Isso pode ser alcançado usando-se uma *mudança na taxa de câmbio* como instrumento político. Essa mudança na taxa de câmbio pode ser interpretada como uma mudança na taxa de paridade oficial em um sistema fixo mas ajustável de taxa (por exemplo, o sistema Bretton Woods de 1947 a 1971, discutido no último capítulo do livro) ou como uma intervenção governamental para influenciar a taxa de câmbio em um sistema mais flexível de taxa de câmbio, como existe correntemente para muitos países. Sendo assim, em um modelo tal como o de Swan (1963), um país com desemprego e um déficit de conta corrente poderia desvalorizar (depreciar) sua moeda de forma a aliviar o problema da conta corrente, assim como prover estímulos econômicos de exportações ampliadas e importações reduzidas. Na situação do outro conflito anterior de inflação e superávit de conta corrente, uma revalorização para cima (apreciação) da moeda do país atuaria, através de uma diminuição nas exportações e aumento das importações, para remover o superávit, assim como para aliviar a inflação.

Resumo

Este capítulo considerou as inter-relações entre a conta corrente e a renda nacional no contexto de um modelo keynesiano de economia aberta. O nível de equilíbrio da renda ocorre quando os gastos agregados desejados equivalem à produção ou, alternativamente quando o $S + T + M$ desejado se iguala ao $I + G + X$ desejado ou $S + (T - G) - I$ se iguala à balança de conta corrente. Neste modelo, aumentos de gastos autônomos em consumo, investimento, gastos governamentais ou exportações levam a aumentos múltiplos na renda nacional através do multiplicador de $1/(1 - PMC - PMI)$ ou $1/(PMS + PMI)$. A presença de "repercussões estrangeiras" introduz fatores adicionais no processo multiplicador, com estas repercussões incorporando o papel de interdependência entre economias na determinação da renda nacional. No modelos keynesianos de renda em geral, se a conta corrente está equilibrada, um distúrbio desse equilíbrio colocará em movimento forças no sentido de restaurar a balança de conta corrente. Contudo, somente um ajuste apenas parcial ocorrerá, e não uma total restauração da balança de conta corrente.

Um ponto importante que emerge do modelo de renda keynesiano é que, com uma taxa fixa de câmbio, equilíbrio na renda nacional não precisa ocorrer com equilíbrio simultâneo na conta corrente. Os formuladores de políticas confrontam objetivos de ambos os balanços externo e interno, e pode ser difícil atingir ambos os objetivos, mesmo se mudanças explícitas da taxa de câmbio sejam permitidas. Considerações políticas passam a ser exploradas nos próximos três capítulos.

Termos-chave

ajuste parcial de conta corrente
balanço externo
balanço interno
consumo agregado desejado
elasticidade-renda da demanda por importações (YEM)
função consumo
função de importação
função poupança
gasto de consumo autônomo

gasto de consumo induzido
importações autônomas
importações induzidas
injeções
modelo keynesiano de renda
multiplicador da economia aberta
multiplicador de gastos autônomos
multiplicador na economia aberta com repercussões estrangeiras
nível de equilíbrio da renda nacional

propensão marginal a poupar (PMS)
propensão marginal a importar (PMI)
propensão marginal ao consumo (PMC)
propensão média a importar (APM)
repercussões estrangeiras
rodadas de gastos no processo multiplicador
vazamentos

Questões e problemas

1. Usando o modelo keynesiano, explique o efeito na renda nacional de um aumento autônomo de poupança.
2. Dado o seguinte modelo keynesiano simples:

   $E = C + I + G + X - M$ $I = 150$
   $C = 50 + 0{,}85Y_d$ $G = 300$
   $Y_d = Y - T$ $X = 80$
   $T = 400$ $M = 10 + 0{,}05Y$
   $Y = E$ em equilíbrio

   (a) Determine o nível de equilíbrio da renda.
   (b) Quando o nível de equilíbrio da renda é atingido, há um superávit ou um déficit na conta corrente? De quanto?
   (c) Qual é o tamanho do multiplicador de gastos autônomos?

3. No modelo da Questão 2, quanto teria que mudar a renda para fazer $X = M$ (sem mudança em X)? Quanta mudança no investimento autônomo seria necessária para gerar esta mudança na renda?
4. Explique por que um país com superávit de conta corrente (como a China) pode ser considerado como poupando mais do que investindo.
5. A Alemanha buscou consistentemente um plano doméstico anti-inflacionário que resultou em um desemprego grande e uma taxa mais baixa de crescimento econômico do que teria havido se outro tivesse sido o caso. Por que os parceiros comerciais da Alemanha reagiram de maneira adversa a essa postura de política da Alemanha?
6. Nas negociações comerciais com os japoneses sobre o grande déficit de comércio dos EUA com o Japão, a administração Clinton instou o governo japonês a adotar um programa fiscal mais expansionista. Se o governo japonês tivesse feito isso, como o déficit comercial dos EUA com o Japão poderia ser reduzido? As importações do Japão pelos EUA subiriam por causa do programa expansionista? Explique.
7. A você é dado o seguinte modelo keynesiano de quatro setores:

   $E = C + I + G + (X - M)$ $I = 230$
   $C = 120 + 0{,}75Y_d$ $G = 560$
   $Y_d = Y - T$ $X = 350$
   $T = 40 + 0{,}20Y$ $M = 30 + 0{,}10Y$
   $Y = E$ em equilíbrio

   (a) Calcule o nível de equilíbrio da renda (Y_e).
   (b) Calcule a quantia de impostos coletados quando a economia está em Y_e. Então indique se o governo tem déficit ou superávit em Y_e e calcule o valor do déficit ou do superávit.
   (c) Calcule o valor líquido das exportações quando a economia está em Y_e.
   (Nota: Para responder a essa questão, você precisa ler o Apêndice A deste capítulo).

8. Suponha que haja dois países na economia mundial, países I e II. Os países possuem as seguintes propensões marginais: $PMC_I = 0{,}7$; $PMI_I = 0{,}1$; $PMC_{II} = 0{,}8$; $PMI_{II} = 0{,}2$. Não há setor governamental. Usando a fórmula para o multiplicador de economia aberta com repercussões estrangeiras, calcule o efeito na renda do país I de um aumento no investimento autônomo no país I de $35 bilhões. (Nota: Para responder a essa questão, você precisa ler o Apêndice B deste capítulo.)

Apêndice A   O multiplicador quando os impostos dependem da renda

O multiplicador de economia aberta quando os impostos dependem da renda é menor do que o multiplicador de economia aberta quando os impostos são inteiramente autônomos (como era o caso no corpo deste capítulo). Para ilustrar, elaborando o exemplo numérico neste capítulo, suponha que, como antes,

$C = 100 + 0{,}8Y_d$ $G = 600$
$Y_d = Y - T$ $X = 140$
$I = 180$ $M = 20 + 0{,}1Y$

Contudo, suponha que a função de imposto, em vez de $I = 500$, seja agora

$$T = 40 + 0{,}25Y$$

Esta expressão indica que, além de um componente autônomo ou quantia paga de uma só vez de impostos (40), há também um componente que depende da renda (0,25 Y). Os 0,25 neste exemplo são a *taxa marginal de imposto*, ou t de modo geral. A taxa marginal de imposto é a fração de uma unidade adicional (dólar) de renda que deve ser paga em impostos — 25% neste exemplo. Com esta função de imposto, a equação para renda disponível se torna

$$Y_d = Y - (40 + 0{,}25Y)$$
$$= -40 + 0{,}75Y$$

Para examinar o efeito desta mudança na estrutura de impostos no multiplicador e as rodadas de gastos no processo multiplicador, vamos agora supor que, como no corpo deste capítulo, o investimento aumente em 30. Na primeira rodada do processo multiplicador, os produtores dos novos bens de capital aumentam sua produção em 30. (De novo presumimos que a primeira rodada de gastos se dá inteiramente em produtos domésticos.) Esse aumento de produtividade de 30 aumenta a renda dos trabalhadores nas indústrias de bens de capital em 30. Quanto gasto ocorrerá na segunda rodada do processo multiplicador? Os gastos da segunda rodada serão menores do que o PMC (0,8) vezes a mudança na renda (30) porque os impostos agora devem ser pagos antes que quaisquer outros gastos ocorram. Com taxa marginal de imposto de 25%, os recebedores dos 30 em renda devem pagar $(0,25)(30) = 7,5$ em impostos. Sendo assim, apesar de a renda ter aumentado em 30, a renda *disponível* aumentou em apenas 22,5 ($= 30 - 7,5$). Aplicando o PMC de 0,8 ao aumento de 22,5 de renda disponível, os lares, portanto, gastarão na segunda rodada 18 [$= (0,8)(22,5)$] a mais em produtos e serviços. No entanto, lembre-se de que um pouco do novo gasto na economia é em importações e, no nosso exemplo, isto é 0,1 da nova renda *total* (não da nova renda disponível). Portanto, com um aumento da renda total de 30, as importações aumentarão em 3 [$= (0,1)(30)$]. Dessa forma, nesta segunda rodada, a quantia de gastos em produtos domésticos é de 15 ($= 18 - 3$). O resultado desta "segunda rodada" é de 50% dos gastos da primeira rodada (diferentemente do nosso exemplo anterior onde foi 70% dos gastos da primeira rodada).

Vamos traçar o processo multiplicador através de mais uma rodada. Dos 15 gerados na segunda rodada da nova produção doméstica e renda, 25% devem ser pagos em impostos – uma quantia de $(0,25)(15) = 3,75$. Dessa forma, a renda disponível aumenta em 11,25 ($= 15 - 3,75$). Aos 11,25, aplica-se o PMC de 0,8, e o consumo aumenta em 9 [$= (0,8)(11,25)$]. Com as importações aumentando em 1,5 ($= 10\%$ dos 15 da nova renda total vinda da segunda rodada), gastos em produtos domésticos, portanto, sobem em 7,5 ($= 9 - 1,5$) ou 50% do número da segunda rodada de 15.

Para ir ao principal, as muitas rodadas de gastos resultam numa série de mudanças de renda.

$$\Delta Y = 30 + 15 + 7,5 + \cdots$$

Como observado anteriormente no capítulo, essa série soma

$$\Delta Y = [1/(1 - \text{fração regasta em cada rodada})] (\Delta I \text{ inicial})$$

ou, neste caso, por causa dos 50% regastos em cada rodada,

$$\Delta Y = [1/(1 - 0,5)](30)$$
$$= (1/0,5)(30) = 60$$

O multiplicador é, dessa forma, 2,0 ($= 60/30$ or $1/0,5$). Foi reduzido dos $3\frac{1}{3}$ do exemplo anterior no capítulo porque os impostos são agora um vazamento adicional em cada rodada do processo de gastos depois da primeira rodada.

Em termos conceituais, o multiplicador de economia aberta quando os impostos dependem da renda (k^*_o) é dado pela expressão

$$k^*_o = \frac{1}{1 - \text{PMC}(1 - t) + \text{PMI}} \qquad [22]$$

ou, alternativamente,

$$= \frac{1}{1 - \text{PMC} + \text{PMC} \times t + \text{PMI}} \qquad [22']$$

Se $t = 0$, voltamos ao multiplicador original. Com os números correntes neste apêndice, você pode ajuntar PMC = 0,8, $t = 0,25$, e PMI = 0,1 para verificar que o multiplicador = 2,0.

Uma nota final: Se, diferentemente de nossas análises neste capítulo e neste apêndice, as importações devem depender da renda *disponível* em vez da renda total, o multiplicador da economia aberta se torna

$$k^{**}_o = \frac{1}{1 - \text{PMC}(1 - t) + \text{PMI}(1 - t)} \qquad [23]$$

que é levemente menor do que o multiplicador nas expressões [22] e [22'].

Apêndice B — Derivação do multiplicador com repercussões estrangeiras

Este apêndice deriva o multiplicador de gastos autônomos quando repercussões estrangeiras são levadas em conta. Para simplificar um pouco a extensa e complicada álgebra, presumimos que não haja setor governamental (em nenhum país), e, sendo assim, $G = 0$ e $t = 0$. Note que o padrão do multiplicador de economia aberta neste caso é $1/(1 - \text{PMC} + \text{PMI})$ ou $1/(\text{PMS} + \text{PMI})$.

Na derivação, designamos as variáveis dos países estrangeiros com um *; variáveis sem asterisco se referem ao país doméstico. O consumo contém os usuais componente autônomo e o componente induzido em ambos os países, assim como a função de importação. Investimento e exportações são autônomos. Portanto as equações para as duas economias são

$$E = C + I + X - M \qquad E^* = C^* + I^* + X^* - M^*$$
$$C = a + bY \qquad C^* = a^* + b^*Y^*$$
$$I = \overline{I} \qquad I^* = \overline{I}^*$$
$$X = \overline{X} \qquad X^* = \overline{X}^*$$
$$M = \overline{M} + mY \qquad M^* = \overline{M}^* + m^*Y^*$$
$$Y = E \text{ e } Y^* = E^* \text{ em equilíbrio}$$

O nível de renda de equilíbrio para o país doméstico é encontrado pela substituição na expressão de equilíbrio $Y = C + I + X - M$:

$$Y = a + bY + \overline{I} + \overline{X} - (\overline{M} + mY)$$
$$Y - bY + mY = a + \overline{I} + \overline{X} - \overline{M}$$
$$Y = \frac{a + \overline{I} + \overline{X} - \overline{M}}{(1 - b + m)} \qquad [24]$$

Contudo, neste modelo de dois países, as exportações do país doméstico são iguais às importações do país estrangeiro, então [24] por ser escrito

$$Y = \frac{a + \overline{I} + \overline{M}^* + m^*Y^* - \overline{M}}{(1 - b + m)}$$

Para simplificação, substituímos s (a propensão marginal a poupar no país doméstico) no lugar de $(1 - b)$, porque b é a propensão marginal a consumir do país doméstico:

$$Y = \frac{a + \overline{I} + \overline{M}^* + m^*Y^* - \overline{M}}{s + m} \qquad [25]$$

Um procedimento similar para obter o equilíbrio de renda no país estrangeiro produz equação para Y^* como

$$Y^* = \frac{a^* + \overline{I}^* + \overline{M} + mY - \overline{M}^*}{s^* + m^*} \qquad [26]$$

onde s^* é a propensão marginal a poupar do país estrangeiro.

Para obter multiplicadores para o país de origem, a expressão [26] é substituída na expressão [25]:

$$Y = \frac{a + \overline{I} + \overline{M}^* - \overline{M} + m^*\left(\dfrac{a^* + \overline{I}^* + \overline{M} + mY - \overline{M}^*}{s^* + m^*}\right)}{s + m}$$

$$Y = \frac{(s^* + m^*)(a + \overline{I} + \overline{M}^* - \overline{M}) + m^*(a^* + \overline{I}^* + \overline{M} + mY - \overline{M}^*)}{(s^* + m^*)(s + m)}$$

$$(s + m)Y = \left(\frac{(s^* + m^*)(a + \overline{I} + \overline{M}^* - \overline{M}) + m^*(a^* + \overline{I}^* + \overline{M} - \overline{M}^*)}{s^* + m^*}\right) + \frac{m^*mY}{s^* + m^*}$$

$$(s^* + m^*)(s + m)Y - m^*mY = (s^* + m^*)(a + \overline{I} + \overline{M}^* - \overline{M}) + m^*(a^* + \overline{I}^* + \overline{M} - \overline{M}^*)$$

Dessa forma, o equilíbrio de renda Y pode ser expresso como

$$Y = \left(\frac{s^* + m^*}{ss^* + ms^* + sm^*}\right)(a + \overline{I} + \overline{M}^* - \overline{M}) +$$

$$\left(\frac{m^*}{ss^* + ms^* + sm^*}\right)(a^* + \overline{I}^* + \overline{M} - \overline{M}^*) \quad [27]$$

A expressão [27] pode ser usada para obter uma variedade de multiplicadores. O multiplicador de investimento autônomo no país de origem envolve simplesmente a observação do ΔY associado a ΔI:

$$\frac{\Delta Y}{\Delta I} = \frac{s^* + m^*}{ss^* + ms^* + sm^*}$$

ou

$$= \frac{1 + \dfrac{m^*}{s^*}}{s + m + m^*(s/s^*)} \quad [28]$$

A inspeção deste multiplicador indica que ele é maior do que seria se não houvesse repercussões estrangeiras. O multiplicador padrão sem repercussões na economia aberta (isto é, expressão [20] no capítulo) é

$$\frac{1}{1 - \text{PMC} + \text{PMI}} = \frac{1}{\text{PMS} + \text{PMI}}$$

ou, nos símbolos deste apêndice, $1/(s + m)$. A expressão [28] é maior do que este multiplicador porque a porcentagem de aumento no numerador em [28] em relação ao [20] é maior do que a porcentagem de aumento no denominador.

O multiplicador de investimento em [28] aplica-se também à mudança no consumo autônomo (isto é, a uma mudança em "a"). No entanto, note que, diferentemente do caso em que as repercussões estrangeiras eram ausentes, o multiplicador de repercussões estrangeiras para uma mudança autônoma nas exportações do país doméstico diferirá do multiplicador de repercussões estrangeiras para uma mudança no investimento autônomo (ou consumo). Vendo a expressão [27], uma mudança autônoma nas exportações para o país de origem é uma mudança nas *importações* autônomas $(\overline{M}^*)$ para o país estrangeiro. Desta maneira,

$$\frac{\Delta Y}{\Delta X} = \frac{\Delta Y}{\Delta M^*} = \frac{s^* + m^*}{ss^* + ms^* + sm^*} - \frac{m^*}{ss^* + ms^* + sm^*}$$

$$= \frac{s^*}{ss^* + ms^* + sm^*}$$

$$= \frac{1}{s + m + m^*(s/s^*)} \quad [29]$$

O multiplicador em [29] é menor do que o multiplicador em [28] por causa da ausência do termo m^*/s^* no numerador de [29]. A expressão [29] também é *menor do que* o multiplicador $[1/(s + m)]$ *quando não há repercussões estrangeiras*. A razão econômica é que um aumento autônomo nas exportações locais, apesar de estimular a produção interna e gerar uma expansão da renda interna, é também um aumento autônomo nas importações do país estrangeiro. O aumento nas importações autônomas exteriores ocorre por conta do consumo estrangeiro de produtos produzidos no país estrangeiro, e dessa forma inicia um movimento para baixo da renda externa. A diminuição na renda estrangeira, por sua vez, induz uma diminuição das compras das exportações do país doméstico por meio da operação da propensão marginal a importar no *país estrangeiro*, e gera um movimento para baixo na renda do *país doméstico* que compensa parcialmente os efeitos da subida de renda do aumento da exportação autônoma original no país doméstico.

Outro multiplicador de interesse é o efeito de uma mudança no investimento autônomo no *país estrangeiro* sobre a renda do *país doméstico*. Se I^* é modificado na expressão [27], o efeito sobre Y é

$$\frac{\Delta Y}{\Delta I^*} = \frac{m^*}{ss^* + ms^* + sm^*}$$

$$= \frac{\frac{m^*}{s^*}}{s + m + m^*(s/s^*)} \quad [30]$$

Obviamente, a introdução de repercussões estrangeiras torna a análise do multiplicador mais complexa!

parte 6

POLÍTICA MACROECONÔMICA EM ECONOMIA ABERTA

> Os objetivos centrais da política monetária e fiscal são o crescimento econômico e o aumento dos padrões de vida, e *não* a estabilidade da taxa de câmbio ou o balanço de conta corrente em si. Apesar de tudo, taxas de câmbio razoavelmente estáveis e balanços externos sustentáveis são aspectos importantes de uma economia saudável. Particularmente quando essas variáveis começam a se distanciar do nível desejável, elas devem ser consideradas pelos formuladores de políticas.
>
> Conselho de Consultores Econômicos, 1990

Na Parte 5, examinamos como as transações internacionais afetam a economia como um todo e como o mercado de moeda estrangeira funcionava. Discutimos ainda como o efeito de transações internacionais poderia ser incorporado à teoria macroeconômica com a finalidade de análise de políticas. É óbvio que a busca de objetivos domésticos, como estabilidade de preço, emprego elevado e crescimento econômico com o uso da política monetária e fiscal, é mais complexa na economia aberta do que na economia fechada. Isso se deve em parte ao fato de que, como observado rapidamente no capítulo anterior, a política macro agora tem que se ocupar tanto de objetivos externos como de internos. O fato de as transações internacionais não somente afetarem o impacto da política macro mas também serem afetadas por ela significa que os efeitos das políticas vão além das fronteiras de um país, complicando assim o problema.

Nesta parte, expandiremos nossa análise dos problemas associados à busca de metas internas e externas usando a política monetária e fiscal em economia aberta. A natureza do problema de políticas varia com o tipo de regime de taxa de câmbio adotado e também com a facilidade com que o capital financeiro se move entre países. Portanto, abordaremos o problema examinando em detalhe os efeitos das políticas sob diferentes ajustes institucionais. O Capítulo 25 analisa os efeitos das políticas macro em situações em que um sistema de taxa fixa de câmbio está sendo usado, observando como o grau dos movimentos de capital entre os países influencia os resultados. No Capítulo 26, essa discussão é seguida por uma análise dos efeitos das políticas sob um sistema de taxa flexível de câmbio, concentrando-se outra vez basicamente na influência dos diferentes graus de mobilidade do capital. O Capítulo 27 trata os efeitos das políticas macroeconômicas em economia aberta quando os preços são flexíveis, e examina também os efeitos de choques internacionais. •

> Em alguns casos, não colocando as questões de política em uma perspectiva internacional, damos aos estudantes as respostas "erradas".
>
> Joseph E. Stiglitz, 1993

CAPÍTULO 25

POLÍTICA ECONÔMICA NA ECONOMIA ABERTA SOB TAXAS FIXAS DE CÂMBIO

OBJETIVOS DE APRENDIZADO

- Compreender o equilíbrio geral na macroeconomia usando o Modelo *IS/LM/BP*.

- Entender o impacto de mudanças na política fiscal sobre a renda, comércio e taxas de juros sob taxas fixas de câmbio.

- Entender o impacto de mudanças na política monetária sobre a renda, comércio e taxas de juros sob taxas fixas de câmbio.

- Perceber como a variação dos graus de mobilidade do capital altera a eficácia da política fiscal e monetária sob um sistema de taxas fixas de câmbio.

Introdução

O caso do renminbi yuan chinês

O yuan (RMB) essencialmente se manteve fixado ao dólar americano desde 1994. Como os superávits comerciais da China tanto com os Estados Unidos como globalmente cresceram, muitos argumentaram que o sucesso da exportação chinesa foi resultado de um yuan desvalorizado. Ao mesmo tempo, houve um fluxo crescente de investimento estrangeiro para a China, além da tremenda capacidade produtiva do país. Muitos temem que esse aumento da capacidade produtiva seja deflacionário em nível mundial, afetando seriamente o sistema econômico em todo o mundo. Em um artigo de *The International Economy*,[1] 30 peritos internacionais de diferentes qualificações profissionais expressaram suas opiniões sobre o grau de desvalorização do yuan e o efeito, se ele existir, que a desvalorização teve sobre o comércio e a finança mundial. Não surpreendentemente, houve uma grande variedade de opiniões, indo de "a China deve flutuar o renminbi e permitir sua valorização nos mercados de moeda" até "não há evidência de que a moeda esteja subvalorizada".

Como avaliamos opiniões tão diferentes? O que a natureza do sistema da taxa de câmbio tem a ver com os fluxos de investimento estrangeiro, acumulação de moeda e com o efeito sobre a oferta doméstica de moeda? Como podemos levar em consideração os muitos aspectos desta dificuldade doméstica e internacional? Neste capítulo desenvolvemos uma estrutura para a análise de questões e políticas macroeconômicas que fornecerão uma base para análise dessas importantes questões. Mais especificamente, nos concentramos em qualquer situação em que um país tenha escolhido fixar a taxa de câmbio e não deixá-la flutuar regularmente. De particular interesse é a maneira pela qual a política econômica discricionária influencia a macroeconomia sob taxas fixas de câmbio. Como os efeitos da política discricionária são diferentes sob um sistema de taxa de câmbio flexível comparado com um sistema de taxa de câmbio fixo, consideraremos a política econômica sob taxa de câmbio flexível no próximo capítulo. Embora os principais países industriais tendam hoje a ter sistemas de taxa flexível, muitos ainda fixam suas moedas e têm de enfrentar os efeitos das taxas fixas ao realizarem a política macroeconômica. Isso é verdadeiro para os 13 países europeus que adotaram uma moeda comum, embora o euro seja flexível em relação à maioria das outras moedas do mundo.

Antes dos arranjos monetários atuais (discutidos em detalhe no último capítulo do livro), o sistema monetário internacional caracterizava-se por taxas fixas de câmbio, e há contínua pressão por parte de muitos indivíduos para retornar para algum tipo de padrão fixo. Em nossa abordagem da política econômica sob taxas fixas, examinamos primeiro um modelo de taxa fixa que separa a política monetária da política fiscal e que fornece alguma orientação na seleção de instrumentos apropriados de política. Introduzimos uma estrutura macroeconômica que incorpora especificamente os mercados monetários, o setor real e o setor estrangeiro (o modelo *IS/LM/BP*), que usamos para examinar os efeitos de ações de política sob taxas fixas de câmbio (neste capítulo) e sob taxas flexíveis de câmbio (no capítulo seguinte). Entender este material deve ajudá-lo a compreender tanto o impacto de várias ações de política em uma estrutura macroeconômica ampla e rigorosa como os efeitos do sistema de taxa de câmbio sobre as ações de política macroeconômica. Considerações de possíveis efeitos sobre o preço que acompanham essas ações de política serão apresentadas no Capítulo 27.

Objetivos, instrumentos e política econômica em um modelo com dois instrumentos e dois objetivos

Como uma introdução à análise de política em economia aberta, começamos desenvolvendo uma estrutura básica que nos permitirá examinar a interação entre as políticas direcionadas a alcançar o equilíbrio externo e aquelas dirigidas a outros objetivos domésticos, como o pleno

---

[1] "Is the Chinese currency, the renminbi, dangerously undervalued and a threat to the global economy? (A symposium of views)", *The International Economy*, v. 17, n. 2, 2003, p. 25-39.

No mundo real:

Regimes de taxa de câmbio

Acredita-se em geral que a maioria dos países adotou taxas flexíveis de câmbio. É interessante notar que grande parte deles não deixa sua moeda flutuar livremente e adotou algum tipo de sistema não flexível de taxa de câmbio. Na verdade, menos de 15% dos membros do Fundo Monetário Internacional (FMI) flutuam livremente suas moedas. A Tabela 1 oferece uma visão geral dos vários tipos de regimes em uso no mundo. O número de países que utilizam os vários sistemas em 31 de julho de 2006 (os últimos dados disponíveis) e a importância relativa de cada sistema estão indicados. Os países em cada categoria são dados no Capítulo 29.

TABELA 1 — Regimes atuais de taxa de câmbio no mundo*

Regimes de taxa de câmbio	Número	Porcentagem
1. *Regimes de câmbio sem nenhuma moeda legal separada:* A moeda de um outro país circula como a única moeda legal ou o país é membro de uma união monetária na qual a mesma moeda legal é compartilhada pelos membros da união.	41	21,9%
2. *Regime de currency board:* Um regime monetário baseado em um comprometimento legislativo explícito de trocar a moeda doméstica por uma moeda estrangeira específica a uma taxa de câmbio fixa, combinada com limitações da autoridade de emissão para assegurar o cumprimento de suas obrigações legais.	7	3,7
3. *Outros arranjos convencionais de taxa fixa:* O país atrela sua moeda (formalmente ou de fato) a uma taxa fixa a uma moeda principal ou a uma cesta de moedas em que a taxa de câmbio flutua dentro de uma margem estreita de menos de $\pm 1\%$ em torno de uma taxa central.	52	27,8
4. *Taxas de câmbio que flutuam dentro de bandas horizontais:* O valor da moeda corrente é mantido dentro de margens de flutuação em torno de uma taxa fixada, formalmente ou de fato, que são mais largas do que $\pm 1\%$ em torno de uma taxa central.	6	3,2
5. *Bandas cambiais:* A moeda é ajustada periodicamente em pequenos valores a uma taxa fixa, previamente anunciada, ou em resposta a mudanças de indicadores quantitativos selecionados.	5	2,7
6. *Flutuação administrada sem anúncio prévio do trajeto da taxa de câmbio:* A autoridade monetária influencia os movimentos da taxa de câmbio por meio de intervenção ativa no mercado de moeda estrangeira sem especificar ou se comprometer previamente com um trajeto para a taxa de câmbio.	51	27,3
7. *Flutuação independente:* A taxa de câmbio é determinada pelo mercado, com toda intervenção sobre o câmbio direcionada para a moderação da variação da taxa e para evitar flutuações indevidas da taxa de câmbio, em vez de estabelecer um nível para ela.	25	13,4
	187	100,0%

*Em 31 de julho de 2006.
Fonte: Fundo Monetário Internacional, *De Facto Classification of Exchange Rate Regimes and Monetary Policy Framework, 31 de julho de 2006,* Washington, DC: FMI, 2006, p. 4-7, disponível em: www.imf.org.

emprego e a estabilidade de preço. Um dos primeiros modelos que diferenciaram os efeitos das políticas monetária e fiscal em economia aberta foi desenvolvido por Robert Mundell (1962). A separação da política monetária e fiscal foi realizada estendendo a análise de conta corrente da época para incluir também fluxos de capital. O "balanço externo" ou o "equilíbrio do balanço de pagamentos" foram, portanto definidos por Mundell para indicar um balanço zero na balança de transações com reservas oficiais.[2] A realização do objetivo de equilíbrio externo é

---

[2] Note que esta definição de *balanço externo* difere da apresentada no fim do Capítulo 24, no qual o termo se referia ao balanço na conta corrente.

TITÃS DA ECONOMIA INTERNACIONAL:

ROBERT A. MUNDELL (1932)

Robert A. Mundell nasceu em 24 de outubro de 1932, em Kingston, Ontário, Canadá. Recebeu seu título de bacharel da University of British Columbia em 1953, fez pós-graduação na University of Washington e na London School of Economics and Political Science, e recebeu seu título de doutor (muito rapidamente!) do Massachusetts Institute of Technology em 1956. Ensinou na University of British Columbia, na Stanford University, no Johns Hopkins University Center em Bolonha, na Itália, na McGill University, na University of Waterloo e na University of Chicago. Atualmente é professor na Columbia University. Foi também um ativo consultor e conselheiro, trabalhando com o Departamento do Tesouro Norte-Americano, com o Banco Interamericano de Desenvolvimento, com o Banco Mundial, e com a Comunidade Econômica Europeia. Também é bastante invejado, pois, a despeito de seus compromissos profissionais, encontra tempo para estar com sua família em seu *palazzo* perto de Siena, Itália.

O trabalho do professor Mundell foi diversa e extremamente influente. Publicou artigos em muitas revistas de economia, assim como livros importantes como *O sistema monetário internacional – conflitos e reforma* (1965), *Economia internacional* (1968) e *Teoria monetária – juros, inflação e crescimento na economia mundial* (1971). Contribuiu de maneira seminal à teoria das áreas monetárias ótimas (discutidas no Capítulo 28). Seu trabalho sobre política monetária e fiscal sob taxas fixas e flexíveis de câmbio (discutidas neste e no próximo capítulo) foi usado extensamente e teve influência sobre a política real. Além disso, realizou um estudo inovador sobre a mobilidade de fator no contexto da teoria de comércio internacional (discutida no Capítulo 8), e demonstrou como os movimentos dos fatores de produção podem ser substitutos para movimentos de bens em termos de impactos sobre os preços relativos dos fatores. Além disso, é considerado um dos fundadores da abordagem monetária do balanço de pagamentos (discutida no Capítulo 22) e como um dos pais (se não *o* pai) da *supply-side economics* (economia do lado da oferta). Sem dúvida, o trabalho de Mundell sobre o assunto foi de tal importância que o companheiro *supply-sider* Arthur Laffer escreveu (1999, p. A16) que "o sr. Mundell foi tão influente quanto John Maynard Keynes, a diferença que é Mundell estava certo". Ainda que, nem todos os economistas compartilhem dessa visão, o consenso é que este brilhante homem fez contribuições permanentes no campo da economia.

O professor Mundell teve um importante papel em estimular macroeconomistas, em particular, a "pensar internacionalmente", e a economia internacional seria muito diferente se Mundell não tivesse devotado suas energias à área. O ápice de sua carreira (pelo menos até o momento!) foi receber o Ágio Nobel de Ciências Econômicas em 1999.

Fontes: Arthur B. Laffer, "Economist of the century", *Wall Street Journal*, p. A16, 15 out. 1999; "Man of the hour", *The Economist*, p. 82, 16 out. 1999; David Warsh, *Economic principals: masters and mavericks of modern economics*, Nova York: The Free Press, 1993, p. 192-196; *Who's who in the world: 2000 millennium edition*, New Providence, NJ: Marquis Who's Who, 1999, p. 1.514.

---

influenciada tanto pela política monetária como pela política fiscal. Por exemplo, um aumento da oferta monetária diminuirá as taxas de juros, conduzindo a uma redução da entrada de capitais financeiros de curto prazo ou a um aumento da saída de capitais financeiros de curto prazo e a um déficit de *BP*. A expansão dos gastos do governo levará a um aumento de renda e das importações e também a um déficit do *BP*.[3] Como se supõe que a política monetária e a política fiscal expansionistas afetem o balanço de pagamentos em um modo similar, podemos concluir que a manutenção do equilíbrio do balanço de pagamentos para determinada taxa de câmbio requer um uso oposto da política monetária e fiscal neste modelo; isto é, a política fiscal expansionista deve ser acompanhada por política monetária contracionista e vice-versa.

Há um relacionamento semelhante de política com respeito ao objetivo de equilíbrio interno. Aumentos da oferta de moeda tendem a baixar a taxa de juros e a estimular o investimento real. Para que não seja expansionista e/ou inflacionário, o aumento do investimento deve ser

---

[3] Neste modelo de Mundell, supõe-se que a política fiscal expansionista piore o balanço de pagamentos. Como veremos mais tarde, a política fiscal expansionista pode melhorar o balanço de pagamentos sob determinadas circunstâncias.

compensado por uma diminuição dos gastos do governo ou por um aumento nos impostos que reduzirão os gastos de consumo. De maneira similar, a manutenção de um dado objetivo de equilíbrio interno indica que todo aumento nos gastos do governo (ou todo aumento dos gastos de consumo devido a uma diminuição nos impostos) deve ser compensado por alguma diminuição do investimento doméstico por meio de ações de política monetária se pressões inflacionárias não forem desejadas.

O problema de política neste exemplo é demonstrado graficamente na Figura 1 usando-se um **diagrama de Mundell-Fleming**. Os efeitos da política monetária são apresentados pelo uso de diferentes taxas de juros no eixo vertical. A política fiscal é representada pelos níveis de gastos líquidos do governo ($G - T$) no eixo horizontal. A relação inversa entre os dois instrumentos de política é mostrada por curvas positivamente inclinadas, pois taxas de juros mais elevadas refletem, *caeteris paribus,* uma oferta de moeda menor. O balanço interno é representado pela curva *IB* e o balanço externo, pela curva *EB*. Neste caso, cada curva mostra combinações de política monetária e fiscal [i e ($G - T$)] que resultam em balanço interno e externo, respectivamente.

Embora ambas as curvas se inclinem positivamente pelas razões dadas anteriormente, a curva *EB* é mais horizontal do que a *IB*, pois supõe-se que mudanças da oferta de moeda (e, portanto, da taxa de juros) têm um efeito relativo maior sobre o balanço externo do que sobre o balanço interno. Em geral, pensa-se que esse é o caso, porque as mudanças da taxa de juros afetam o balanço de pagamentos por meio tanto do balanço de capital como do balanço de conta correntes. Uma elevação da taxa de juros provoca não apenas um aumento na entrada líquida de capitais no curto prazo como também uma redução da renda e do investimento real doméstico, o que age para reduzir as importações. As mudanças na taxa de juros exercem efeito direto e

FIGURA 1   Balanço interno, balanço externo e classificação dos instrumentos de política em um diagrama de Mundell-Fleming

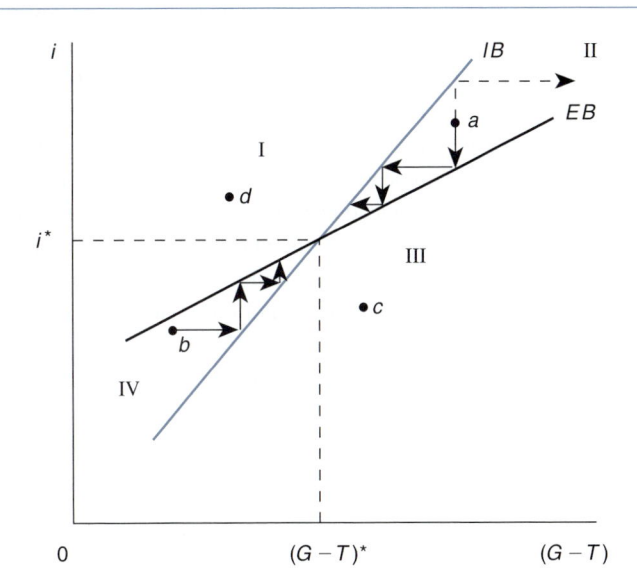

A curva *IB* reflete todas as combinações de taxas de juros *i* (política monetária) e gastos líquidos do governo ($G - T$) que conduzem à realização dos objetivos domésticos, isto é, do balanço interno. De mesmo modo, a curva menos inclinada *EB* reflete todas as combinações de *i* e ($G - T$) que geram equilíbrio do balanço de pagamentos para determinada taxa de câmbio. Pontos acima da curva *IB* refletem desemprego inaceitavelmente alto, e os pontos abaixo refletem níveis de inflação inaceitáveis. Pontos acima da curva *EB* representam superávit de balanço de pagamentos, e pontos abaixo representam um déficit. É claro que o balanço interno e externo são obtidos simultaneamente apenas para i^* e $(G - T)^*$. Por fim, se a economia não estiver em i^* e $(G - T)^*$, deve ser adotada uma política monetária para alcançar o balanço externo e a política fiscal, para alcançar o interno.

indireto sobre o balanço de pagamentos, enquanto que afetam o objetivo de balanço interno somente pelo efeito direto sobre o investimento real. Essa suposição nos permite chegar a uma conclusão sobre a atribuição apropriada dos instrumentos de política em relação aos objetivos de *IB* e *EB* (isto é, classificação eficaz da política).

Na Figura 1 está claro que somente uma combinação de política monetária e de política fiscal permitirá a realização simultânea dos dois objetivos, que são i^* e $(G - T)^*$. Qualquer outra combinação levará ao fato de um ou dos dois objetivos não serem alcançados. Todos os pontos à esquerda ou acima da curva *IB* refletem combinações dos dois instrumentos em que a taxa de juros é excessivamente elevada dada a posição da política fiscal, tendo por resultado baixo investimento, baixa renda e desemprego. Todos os pontos à direita ou abaixo da curva *IB* conduzem a níveis de investimento real que são elevados demais, contribuindo para a inflação. Pontos à esquerda ou acima da curva *EB* refletem taxas de juros mais elevadas do que as necessárias para o equilíbrio do balanço de pagamentos em relação à taxa de câmbio dada e, portanto, geram superávit de balanço de pagamentos devido a entradas de capitais. Pontos à direita ou abaixo da curva *EB* refletem déficit do balanço de pagamentos porque a taxa de juros baixa leva a saída de capitais financeiros. O gráfico pode assim ser dividido em quatro quadrantes, cada um refletindo uma combinação diferente de objetivos perdidos:

I. Desemprego inaceitavelmente elevado; superávit de balanço de pagamentos

II. Inflação inaceitavelmente elevada; superávit de balanço de pagamentos

III. Inflação inaceitavelmente elevada; déficit de balanço de pagamentos

IV. Desemprego inaceitavelmente elevado; déficit de balanço de pagamentos

Mais uma vez vemos que a obtenção simultânea dos dois objetivos só pode ocorrer pela escolha cuidadosa dos dois instrumentos envolvidos. Por exemplo, se a economia estiver no ponto *a*, alterar um instrumento permitirá a obtenção de um objetivo, mas não de ambos. Para alcançar o equilíbrio, os dois instrumentos devem ser utilizados.

Outro ponto importante em relação à atribuição dos instrumentos para os objetivos precisa ser esclarecido. Dada a natureza das funções *IB* e *EB*, será mais eficiente usar instrumentos de política monetária para buscar os objetivos de *EB* e instrumentos de política fiscal para buscar os objetivos de *IB*. Isso se torna óbvio quando consideramos a possível sequência de decisões de política que poderiam ocorrer no ponto *a*. Se a política monetária for dirigida para o objetivo de *IB*, é necessária uma diminuição na oferta de moeda (um aumento na taxa de juros). Se a política fiscal for dirigida para o objetivo de *EB*, é necessária uma ação fiscal expansionista. Tais etapas (indicadas pela seta tracejada na região II da Figura 1) moveriam a economia para ainda mais longe de i^* e $(G - T)^*$, e não para mais perto. Por outro lado, usar a política monetária para o objetivo de *EB* e a política fiscal para o objetivo de *IB*[4] leva a uma sequência de etapas que dirige a economia para mais perto dos níveis desejados de i^* e de $(G - T)^*$ (indicado pelas setas contínuas na região II). Uma conclusão similar seria alcançada para os pontos *b*, *c* ou *d*. Este modelo sugere que a classificação eficaz dos instrumentos de política e dos objetivos é um elemento importante na administração bem-sucedida da política econômica em economia aberta sob taxas fixas de câmbio.

REVISÃO DE CONCEITO

1. Qual é a diferença entre balanço interno e balanço externo?
2. Se a economia estiver operando em *c* na Figura 1, que ações devem ser realizadas para alcançar o objetivo de balanço interno? Por quê?
3. Que instrumento deve ser usado para alcançar o balanço externo no modelo de Mundell-Fleming? Por quê?

---

[4]O leitor deve se lembrar de que a política fiscal tem efeito sobre as taxas de juros, pois uma política expansionista, por exemplo, elevará a renda, a demanda por moeda e, consequentemente, aumentará as taxas de juros (dada uma oferta de moeda fixa). No modelo de Mundell, considera-se que as autoridades monetárias reconhecem esse efeito ao executarem a política para encontrar chegar a taxa de juros alvo.

Equilíbrio geral em economia aberta: o modelo *IS/LM/BP*

Trabalhando na apresentação para execução de política em economia aberta proporcionada pelo modelo de Mundell-Fleming, nos concentraremos agora em um construto geral mais amplo de equilíbrio que incorpora especificamente as relações do mercado de moeda desenvolvidas no Capítulo 22 e os efeitos de setor e de renda reais discutidos no Capítulo 24. Além disso, o modelo incorpora especificamente os efeitos dos fluxos de capital e de comércio internacionais sobre o equilíbrio no modelo de economia aberta.

Equilíbrio geral no mercado de moeda: a curva *LM*

O equilíbrio no mercado monetário ocorre quando a oferta de moeda é igual à demanda de moeda. No Capítulo 22 examinamos a oferta e a demanda de moeda com bastante detalhes e apresentamos o conceito de equilíbrio de mercado monetário, conceitual e algebricamente, da seguinte forma:[5]

$$M_s = L$$

ou

$$a(DR + IR) = a(BR + C) = f[\overset{+}{Y}, \overset{-}{i}, \overset{+}{P}, \overset{+}{W}, \overset{-}{E(p)}, \overset{?}{O}]$$

onde: M_s = oferta de moeda
 L = demanda de moeda
 a = multiplicador monetário
 DR = reservas domésticas em poder do banco central
 IR = reservas internacionais em poder do banco central
 BR = reservas dos bancos comerciais e outras instituições depositárias
 C = moeda em poder do público não bancário
 Y = nível de renda real da economia
 i = taxa de juros doméstica
 P = nível de preços
 W = nível de riqueza real
 $E(p)$ = variação percentual esperada do nível de preço (taxa de inflação esperada)
 O = todas as outras variáveis que possam influenciar a quantidade de moeda que os cidadãos de um país podem desejar reter (por exemplo, a taxa de juros externa, as mudanças esperadas na taxa de câmbio se a taxa de câmbio não for fixa, o ágio de risco por reter ativos estrangeiros)

A natureza do efeito das mudanças das principais variáveis independentes sobre a demanda de moeda é indicada acima de cada variável da equação de demanda [1]. Como se supõe que o nível de renda e a taxa de juros são as duas principais influências sobre a demanda de moeda, concentramos nossa atenção nessas duas variáveis quanto ao equilíbrio do mercado de moeda. Mantendo constantes as variáveis, à exceção de Y e i, haverá uma demanda de moeda para transações fixadas por um nível de renda, e uma demanda de moeda para especulação determinada pela taxa de juros doméstica (de acordo com a taxa de juros estrangeira, o ágio de risco estrangeiro e outros aspectos financeiros). Além do mais, para qualquer nível de renda, um gráfico da demanda de moeda pode ser representado por uma curva descendentemente inclinada *L* na Figura 2. Este gráfico nos permite focar a relação inversa entre a taxa de juros e a demanda de moeda, mantendo-se tudo o mais constante. Você deve se lembrar de várias explicações para a relação inversa; por exemplo, uma taxa de juros mais elevada indica um aumento no custo de oportunidade de reter

---

[5]Veja as expressões [1], [2] e [5] do Capítulo 22.

FIGURA 2 Equilíbrio no mercado de moeda

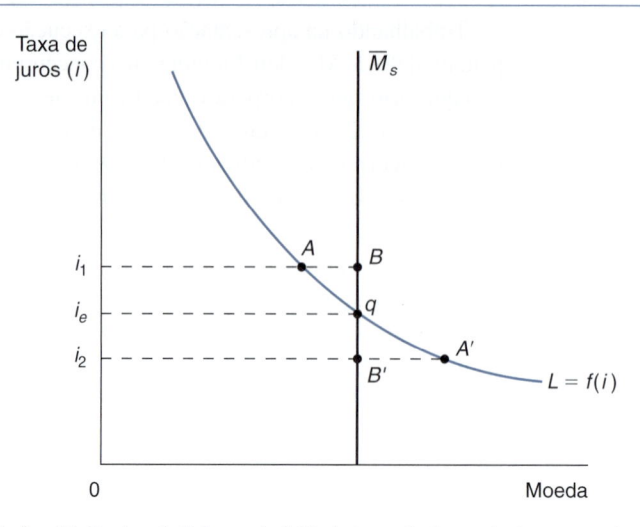

A oferta de moeda fixa é indicada pela linha vertical M_s. A demanda de moeda é representada pela curva L, e a taxa de juros de equilíbrio, por i_e. Acima de i_e para a taxa de juros i_1, a demanda de moeda é igual à distância horizontal i_1A, a qual é menor do que a oferta de moeda i_1B. Com um superávit de oferta de moeda, as pessoas compram títulos, o que eleva os preços dos títulos e reduz a taxa de juros – processo que continua até i_e ser atingido. Abaixo de i_e, há um superávit de demanda de moeda. As pessoas vendem títulos para obter moeda, os preços dos títulos caem e a taxa de juros se eleva até i_e ser alcançado.

ativos monetários não remunerados por juros e reduz a quantidade de moeda que as pessoas desejam reter. Se qualquer uma das "outras coisas" além da taxa de juros mudar, a curva L se deslocará (por exemplo, um aumento da renda desloca a curva L para a direita porque existiria uma maior demanda de moeda para transações para cada taxa de juros).

Após examinarmos a demanda de moeda, vejamos agora a oferta de moeda. Por enquanto, consideramos que a oferta de moeda em qualquer época seja *fixa*. Supõe-se que a oferta de moeda esteja sob controle das autoridades monetárias (como a Comissão dos Reguladores do Federal Reserve System dos Estados Unidos). A especificação de uma oferta de moeda fixa (denominada quantidade $\overline{M}_s$) é representada pela linha vertical da Figura 2. Aumentos (diminuições) da oferta de moeda deslocam essa linha para a direita (esquerda). A demanda e a oferta de moeda determinam conjuntamente à **taxa de juros de equilíbrio**, a taxa i_e.

Taxa de juros i_e é a taxa de equilíbrio porque, para qualquer outra taxa, há um superávit de oferta ou um superávit de demanda de moeda. Por exemplo, para a taxa de juros i_1, a quantidade de moeda demandada (representada pela distância horizontal i_1A) é menor do que a oferta de moeda (representada pela distância i_1B). O superávit de oferta de moeda AB indica que as pessoas têm uma parcela maior de sua riqueza sob a forma de moeda (distância i_1B) do que desejariam ter (distância i_1A) para esta taxa de juros relativamente elevada. Em resposta, os detentores de moeda comprarão outros ativos, como títulos, com seu superávit de liquidez. As compras de ativos pressionam para cima o preço dos títulos e para baixo a taxa de juros. (Lembre-se do relacionamento inverso entre preços de títulos e taxas de juros.) Esse processo continua até que a taxa de juros caia ao nível em que a oferta de moeda existente é de bom grado (a taxa de juros i_e). Na situação oposta, para a taxa de juros baixa i_2, há um superávit de demanda de moeda $B'A'$. As pessoas vendem títulos e outros ativos para incrementar seus balanços monetários, e tal ação pressiona os preços dos títulos e de outros ativos para baixo, e leva para cima a taxa de juros até a taxa de equilíbrio ser alcançada.

À luz da Figura 2, considere o que acontecerá quando houver mudanças na demanda e na oferta de moeda. Se as autoridades monetárias aumentarem a oferta de moeda, a linha $\overline{M}_s$ se deslocará para a direita (não mostrado). O superávit de oferta de moeda resultante à antiga taxa de juros de equilíbrio i_e fará com que a taxa de juros caia ao nível correspondente à interseção da curva de demanda L com a nova linha de oferta de moeda. Indo na outra direção de $\overline{M}_s$, uma diminuição na oferta de moeda deslocará $\overline{M}_s$ para a esquerda. O superávit de demanda de moeda à antiga taxa de juros i_e fará com que a taxa de juros se eleve a um novo nível de equilíbrio. Considerando deslocamentos da curva de demanda, um aumento (diminuição) da demanda de moeda deslocaria a curva L para a direita (esquerda) e geraria um superávit de demanda (oferta) de moeda, dada a oferta de moeda $\overline{M}_s$; a taxa de juros subiria (cairia).

Até este ponto, nos concentramos na taxa de juros e no equilíbrio entre a demanda e a oferta de moeda. Mas essa é somente uma análise parcial, porque outro importante determinante da demanda de moeda foi negligenciado – o nível de renda da economia. Introduzimos agora o papel da renda no equilíbrio de mercado de moeda.

Quando obtivemos a taxa de juros de equilíbrio na Figura 2, ela era a única determinante explícita da demanda de moeda. Suponha que isso não seja assim e que o nível de Y na economia suba. Recordando a expressão [1], o nível de renda é associado positivamente à demanda de moeda. Considere o painel (a) da Figura 3. A curva L é a única que estivemos usando, e indicamos pela expressão entre parênteses que a curva L está associada ao nível de renda Y_0. Se a renda se elevar para Y_1, *geraremos uma nova curva L* indicada por L' e por Y_1 entre parênteses. Mais moeda é demandada a esse maior nível de renda, e a taxa de juros de equilíbrio eleva-se de i_0 para i_1. Do mesmo modo, uma queda na renda de Y_0 para Y_2 leva a uma queda na curva de demanda de moeda para L'', com nível de renda mais baixo Y_2 indicado entre parênteses. A diminuição do nível de renda levou assim a uma taxa de juros de equilíbrio mais baixa (i_2).

FIGURA 3   A renda e a taxa de juros: a curva *LM*

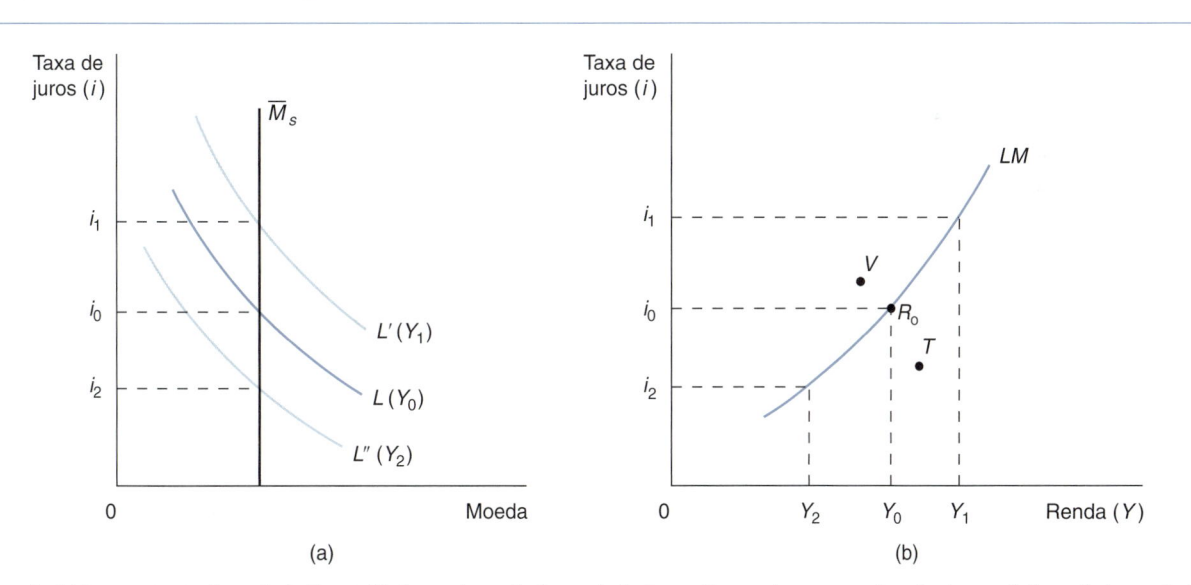

No painel (a), um aumento da renda de Y_0 para Y_1 eleva a demanda de moeda de L para L' e resulta em uma elevação da taxa de juros de i_0 para i_1. Uma diminuição da renda de Y_0 para Y_2 reduz a demanda de moeda de L para L'' e leva a uma queda da taxa de juros de i_0 para i_2. Essa relação positiva entre Y e i é representada pela curva *LM* no painel (b), que mostra as várias combinações de renda e de taxa de juros que geram o equilíbrio no mercado de moeda. À direita da curva *LM*, como no ponto T, há um superávit de demanda de moeda; à esquerda da curva *LM*, como no ponto V, há um superávit de oferta de moeda. Nos dois casos ocorrerá um deslocamento da curva *LM*.

A discussão sobre a relação entre o nível de renda, a taxa de juros e o equilíbrio do mercado de moeda nos leva a um construto gráfico, a curva *LM*. A **curva *LM*** mostra as várias combinações de renda e de taxa de juros que produzem o equilíbrio no mercado de moeda.[6] Tal curva é ilustrada no painel (b) da Figura 3. Em cada ponto sobre a curva, para um nível particular de renda sobre o eixo horizontal, a taxa de juros associada no eixo vertical é a responsável pela demanda de moeda ser igual à oferta *fixa* de moeda. Assim, no ponto R_0, o nível de renda Y_0 e a taxa de juros i_0 juntos fornecem o equilíbrio no mercado de moeda quando a oferta de moeda é $\overline{M_s}$.

Por que a curva *LM* tem inclinação positiva? Suponha que o nível de renda suba de Y_0 para Y_1. Como indicado, o aumento da renda elevará a demanda de moeda, e, na Figura 3(a), L se desloca para L'; a taxa de juros sobe de i_0 para i_1. Uma vez que a taxa de juros subiu para i_1, o superávit de demanda de moeda foi eliminado e o mercado monetário está outra vez em equilíbrio. De modo semelhante, se a renda cair de Y_0 para Y_2, a diminuição da demanda de moeda para L'' baixará a taxa de juros de equilíbrio para i_2. Com base no que foi apresentado, podemos ver que qualquer ponto à direita da curva *LM*, como o ponto *T*, é associado a um superávit de demanda de moeda. No ponto *T*, a taxa de juros é demasiada baixa para o nível de renda; o equilíbrio no mercado monetário requer uma *i* mais elevada. (Ou, como alternativa, o nível de renda é demasiado elevado para a taxa de juros dada; o equilíbrio requer uma renda mais baixa e uma demanda de moeda mais baixa a fim de estar a taxa de juros associada a *T*.) Do mesmo modo, qualquer ponto à esquerda da curva *LM*, como o ponto *V*, envolve um superávit de oferta de moeda. Para o nível de renda associada a *V*, a taxa de juros precisa ser mais baixa a fim de permitir o equilíbrio no mercado de moeda (ou o nível de renda precisa ser mais elevado para a taxa de juros associada a *V*).

Uma última observação a ser feita a esse respeito é que aumentos da demanda de moeda (devido a outros fatores além de uma elevação de renda) ou diminuições da oferta de moeda deslocarão a curva *LM* para a *esquerda*. Em qualquer um dos casos, a taxa de juros sobe para qualquer nível de renda dado, o que é semelhante a dizer que o nível de renda deve cair para manter a mesma taxa de juros. Cada taxa de juros é traçada contra um nível de renda mais baixo, anterior ao aumento da demanda de moeda ou da diminuição da oferta de moeda. De maneira inversa, reduções da demanda de moeda (devido a outros fatores além de uma queda da renda) e aumentos da oferta de moeda deslocarão a curva *LM* para a *direita*. Tanto com a diminuição da demanda de moeda como com o aumento da oferta de moeda, a taxa de juros é mais baixa para cada nível de renda, ou um nível mais baixo de renda é associado a cada taxa de juros dada.

REVISÃO DE CONCEITO

1. Que efeito um aumento da renda terá sobre a demanda de moeda? E sobre a curva *LM*? Por quê?
2. Explique por que a curva *LM* é positivamente inclinada.
3. Se as reservas dos bancos aumentarem, o que acontecerá com a oferta de moeda? E a curva *LM*? Por quê?

Equilíbrio geral no setor real: a curva *IS*

No capítulo anterior examinamos os mercados de bens e serviços, ou o setor real da economia. Demonstramos que, para renda de equilíbrio, os "vazamentos" de poupança, de importações e de impostos eram iguais a "injeções" de investimento, de exportações e de gastos do governo em bens e serviços. Entretanto, uma característica-chave era que o setor monetário era

---

[6] Note que todas as variáveis (especialmente o nível de preço) que influenciam a demanda de moeda, à exceção da taxa de juros e da renda, são mantidas constantes ao longo da curva *LM* dada. A relação do nível de preço com a curva *LM* é desenvolvida em detalhes no Capítulo 27.

FIGURA 4 A renda e a taxa de juros: a curva IS

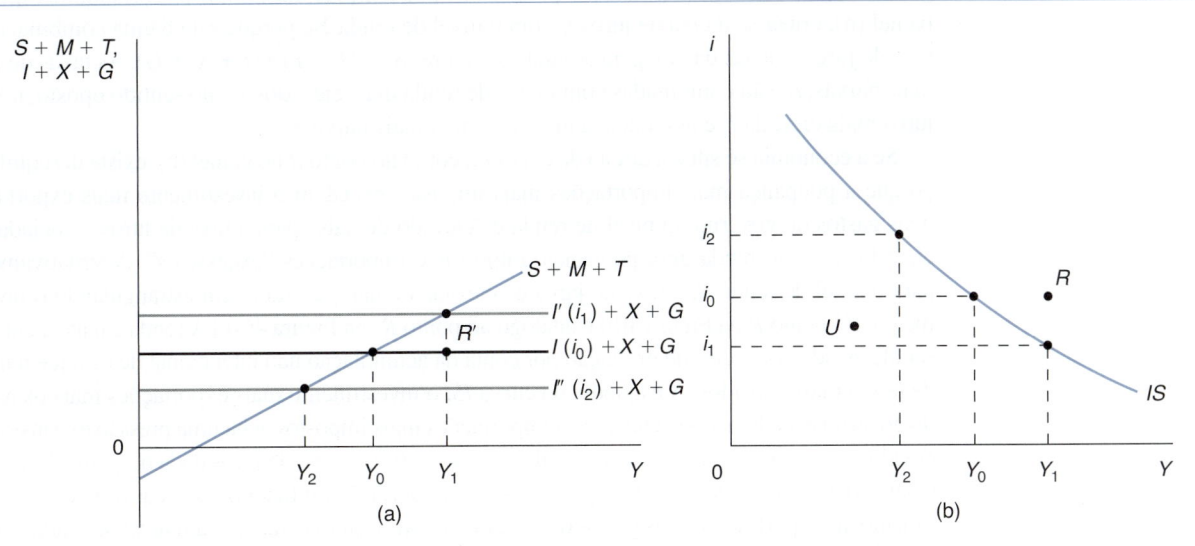

No painel (a), com a taxa de juros i_0, a renda de equilíbrio está no nível Y_0 porque os vazamentos se igualam às injeções nesse nível de renda. Entretanto, uma taxa de juros mais baixa i_1 aumentará o gasto com investimento e deslocará a linha $I(i_0) + X + G$ para $I'(i_1) + X + G$; a renda aumentará de Y_0 para Y_1. De modo semelhante, uma taxa de juros mais elevada i_2 provocará o deslocamento para baixo de $I(i_0) + X + G$ para $I''(i_2) + X + G$, resultando em um nível de renda mais baixo Y_2. A relação inversa entre a taxa de juros e a renda é demonstrada na curva IS no painel (b), que mostra as várias combinações i e Y que produzem equilíbrio no setor real. À direita da curva IS, como o ponto R, $(S + M + T) > (I + X + G)$, e há uma pressão para redução do nível de renda. À esquerda da curva IS, como o ponto U, $(I + X + G) > (S + M + T)$, e há uma pressão para aumento do nível de renda. Pontos fora da curva IS, portanto, geram movimentos da curva IS.

negligenciado na análise do setor real, significando que supúnhamos que *a taxa de juros era constante*. Já é hora de deixarmos de lado essa suposição! Na Figura 4(a), o i_0 entre parênteses indica que a taxa de juros é mantida constante a um nível i_0 quando consideramos a linha $I(i_0) + X + G$. Com essa taxa de juros, o nível da renda de equilíbrio é Y_0. E se reduzirmos a taxa de juros de i_0 para i_1? Os investidores desejarão empreender maiores volumes de investimento, pois os custos dos empréstimos foram reduzidos e alguns projetos de investimento, anteriormente não lucrativos porque seu retorno era inferior aos custos dos empréstimos, agora são lucrativos. (Lembre-se de que *investimento* no setor real se refere a gastos das empresas com plantas e equipamentos, construção residencial e mudanças nos estoques, *não* a compra de ativos financeiros.) Estudos empíricos mostraram que o gasto com construção residencial é particularmente sensível à taxa de juros, mas plantas e equipamentos também respondem à taxa de juros (se bem que em um menor grau).[7]

Em virtude da maneira como o investimento responde à taxa de juros, a mais baixa taxa de juros i_1 associa-se a uma linha de investimento (e, portanto, a uma linha $I + X + G$) mais elevada. A linha $I(i_0) + X + G$ se desloca para cima para $I'(i_1) + X + G$, e o resultado é uma interseção com a linha $S + M + T$ a um nível de renda de equilíbrio *mais alto* Y_1. De modo similar, uma elevação da taxa de juros de i_0 para i_2 faz a linha $I(i_0) + X + G$ se deslocar verticalmente para baixo para $I''(i_2) + X + G$. Assim, i_2 é associada a um nível de renda mais baixo Y_2.

A relação entre a taxa de juros (que reflete a importância de variáveis monetárias), o investimento e o nível de renda de equilíbrio resultante nos dão a informação necessária para gerar a curva IS. A **curva IS** mostra as várias combinações de renda e de taxa de juros que produzem o *equilíbrio no setor real da economia*. Em nosso modelo, isso é equivalente a dizer que a curva IS

---

[7]Também é possível que as exportações possam aumentar com uma taxa de juros mais baixa se o financiamento for, portanto, facilitado.

mostra as combinações de renda e taxa de juros que fazem o investimento mais exportações mais gastos do governo serem igual à poupança mais importações mais impostos. Assim, na Figura 4, painel (b), cruza-se a taxa de juros i_0 com o nível de renda Y_0, porque esta é uma combinação de taxa de juros e de renda que gera a igualdade entre $(S + M + T)$ e $(I + X + G)$. As taxas de juros mais baixas, i_1, são combinadas com níveis de renda mais elevados Y_1; no sentido oposto, taxa de juros mais elevada i_2 é associada a nível de renda mais baixo Y_2.

Se a economia se situa à direita da curva IS, como no ponto R no painel (b), existe desequilíbrio porque a poupança mais importações mais impostos excedem o investimento mais exportações mais gastos do governo. O nível de renda é "elevado demais" para a taxa de juros associada, e o elevado nível de renda gera poupança, impostos e importações "excessivos". Alternativamente, para o nível de renda R, a taxa de juros é "elevada demais" e está assim estrangulando o investimento. [O ponto R na Figura 4(b) é análogo ao ponto R' na Figura 4(a).] A renda cai até a curva IS ser alcançada por cortes de produção por conta da acumulação não intencional de estoque a níveis de renda mais elevados. À esquerda da curva IS, o investimento mais exportações mais os gastos do governo excedem a poupança mais importações mais impostos, e há uma pressão expansionista devido ao esvaziamento não intencional do estoque. Para a taxa de juros dada no ponto U, a renda é baixa demais para gerar poupança, impostos e importações suficientes que equivalham ao investimento, às exportações e aos gastos do governo. [Como alternativa, para um nível de renda dado, a taxa de juros "baixa demais" faz a $(I + X + G)$ desejada exceder a $(S + M + T)$ desejada.]

O que causa deslocamentos da curva IS? Claramente, qualquer mudança do investimento autônomo, das exportações, dos gastos do governo, da poupança, dos impostos ou das importações fará isso. Um aumento do investimento autônomo (devido a algo além de uma queda da taxa de juros), das exportações autônomas e dos gastos do governo ou uma *diminuição* autônoma da poupança, dos impostos e das importações deslocarão a curva IS para a direita. Logo, por exemplo, uma diminuição autônoma da poupança na Figura 4 (a) poderia deslocar a linha $(S + M + T)$ para a direita e em direção ao ponto R', e isso deslocaria a curva IS na Figura 4(b) para a direita e em direção ao ponto R. Por outro lado, uma diminuição autônoma de I, X ou G ou um aumento autônomo de S, M e T deslocarão a curva IS para a esquerda.

Equilíbrio simultâneo nos setores monetário e real

A determinação simultânea da renda e da taxa de juros quando ambos os setores da economia são considerados envolve traçar as curva IS e LM no mesmo diagrama, como na Figura 5. O equilíbrio ocorre onde as duas curvas se cruzam, no ponto q, gerando o nível de renda Y_e e a taxa de juros i_e. Essa é a única combinação de renda e de taxa de juros que gera simultaneamente o equilíbrio em ambos os setores da economia.

Se a economia não se situar em Y_e e i_e, forças são postas em movimento para se mover para esta posição de equilíbrio. Por exemplo, suponha que a economia esteja no ponto F. Como estamos à direita da curva IS, $(S + M + T)$ é maior que $(I + X + G)$, assim há uma pressão contracionista sobre o nível de renda. Mas, como estamos também à direita da curva LM, a demanda de moeda excede a oferta de moeda, e consequentemente a taxa de juros se eleva. Essas forças movem por fim a economia para o ponto q. Entretanto, várias *trajetórias* de ajuste poderiam realmente ser tomadas, dependendo da velocidade de ajuste em cada setor. Por exemplo, a partir do ponto F, a economia poderia primeiro se mover verticalmente para uma posição na curva LM; o setor monetário estaria em equilíbrio, mas o setor real não. Poderia então se mover horizontalmente para a curva IS atingindo o equilíbrio no setor real, mas a economia estaria à esquerda da curva LM e haveria um superávit de oferta de moeda. Isso direcionaria a taxa de juros para baixo e ocorreria um movimento vertical para a curva LM. Entretanto, estaria agora abaixo da curva IS. O processo do ajuste continuaria.

Equilíbrio do balanço de pagamentos: a curva BP

Precisamos introduzir um construto adicional para descrever o balanço de pagamentos de uma economia aberta. Este dispositivo analítico, a **curva BP**, *mostra as várias combinações de renda e de taxa de juros que produzem o equilíbrio no balanço de pagamentos*. Nesse contexto, estamos

FIGURA 5   Equilíbrio simultâneo nos setores real e monetário

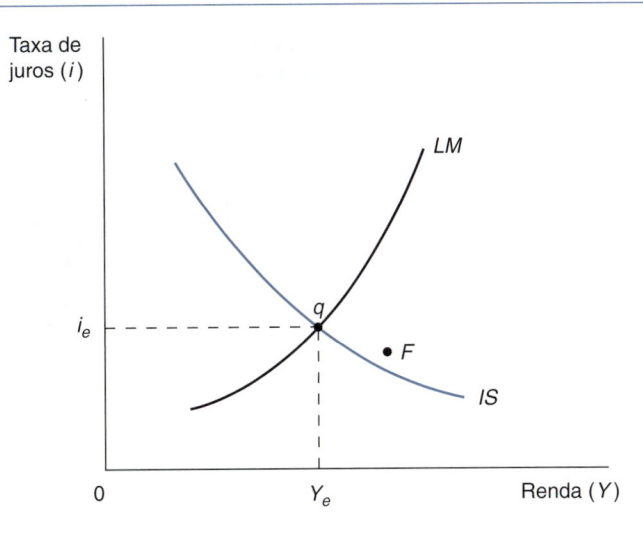

Somente no ponto q há equilíbrio tanto no setor real como no monetário da economia. Se a economia se situar longe de q no ponto F, a poupança mais importações mais impostos excederão o investimento mais exportações mais os gastos do governo; além disso, há um superávit de demanda de moeda. Ocorre movimento (por qualquer um dos inúmeros trajetos diferentes) em direção a q. Qualquer outro ponto distante do ponto q também coloca em movimento forças para mover a economia para o ponto q.

incluindo no balanço de pagamentos tanto os fluxos de conta corrente como os fluxos de capital financeiro internacional. Em termos das categorias contábeis do balanço de pagamentos, não somente a categoria I (conta corrente), mas também a categoria II (fluxos de capital de longo prazo) e a categoria III (fluxos de capital privado de curto prazo) são consideradas (veja o Capítulo 19). *Não* estamos considerando a categoria IV (fluxos de capital de curto prazo da reserva oficial). O foco está sobre todos os itens do balanço de pagamentos, exceto mudanças dos ativos e passivos da reserva oficial. O equilíbrio do balanço de pagamentos neste sentido significa um balanço zero no balanço de transações de reservas oficiais.

Com a finalidade de obtermos a curva *BP*, devemos considerar como o nível de renda e as taxas de juros afetam o balanço de pagamentos de um país. É importante notar que uma curva *BP* dada é construída sob a suposição de taxa de câmbio *fixa*. Além disso, muitas outras variáveis tais como a taxa de juros estrangeira, o nível de preço internacional, a taxa de câmbio prevista e a riqueza estrangeira são consideradas constantes. Nesta análise, presume-se que a renda influencia inicialmente a conta corrente por meio do efeito da renda sobre as importações. Tudo o mais constante, uma elevação da renda induz a mais importação (pela propensão marginal a importar vezes a mudança na renda). Como as exportações independem da renda, a elevação das importações indica que a balança de conta corrente tende a se deteriorar (gerar déficit). Essas mudanças seriam invertidas para uma redução da renda. Por sua vez, supõe-se que a taxa de juros influencie inicialmente a balança de capital, particularmente na categoria III (fluxos de capital financeiro privado de curto prazo). Se a taxa de juros se eleva, o capital financeiro líquido de curto prazo do exterior vem ao país para render taxa de juros mais elevada, e o capital doméstico de curto prazo "permanecerá no país" em vez de ser enviado ao exterior. A entrada de capital estrangeiro de curto prazo e a menor saída de capital doméstico leva a um superávit na conta de capital. Se a taxa de juros declinar, os resultados serão opostos.

Com base nessas relações, examine a curva *BP* da Figura 6. Como a curva mostra as várias combinações de renda e de taxa de juros que produzem o equilíbrio do balanço de pagamentos

FIGURA 6   A renda e a taxa de juros: a curva BP

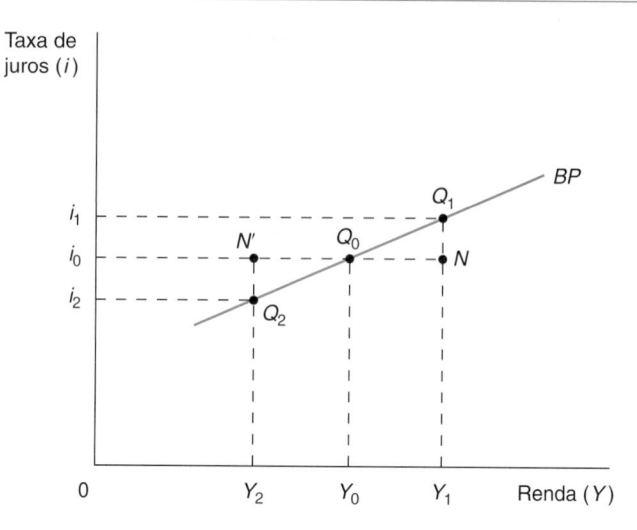

A curva BP mostra as várias combinações de renda e taxa de juros que geram o equilíbrio no balanço de pagamentos. A curva é ascendentemente inclinada porque um nível de renda mais elevado induz a mais importações e piora a conta corrente; uma elevação da taxa de juros é então necessária para aumentar as entradas de capitais de curto prazo (e para reduzir as saídas de capitais de curto prazo), que por sua vez melhoram a conta de capital e compensam a piora da conta corrente. Um movimento do ponto Q_0 para o ponto N piora a conta corrente e deve ser acompanhado por uma elevação da taxa de juros de i_0 a i_1, para melhorar suficientemente a conta de capital; assim a economia volta ao equilíbrio de BP. Pontos à direita da curva BP são associados a déficits de BP; pontos à esquerda da curva são associados a superávits de BP.

(BP), o ponto Q_0 é um desses pontos. O nível de renda associado a este ponto é Y_0, e a taxa de juros é i_0. Por que a inclinação da curva BP é ascendente? Considere o ponto inicial Q_0 e introduza um aumento na renda. Esse aumento da renda (sem alteração da taxa de juros) levará a um deslocamento horizontal para a direita de Q_0, por exemplo, para o ponto N. O balanço de pagamentos gera déficit porque o nível de renda mais elevado aumentará as importações. Se a taxa de juros aumentar de i_0 para i_1, o déficit do BP será eliminado. Por quê? Porque a elevação da taxa de juros gerará entrada líquida de capitais de curto prazo que terá efeito positivo sobre o BP e compensará completamente o efeito negativo sobre a conta corrente ao alcançarmos o ponto Q_1. A deterioração da conta corrente é compensada pela melhoria da conta de capital (privado), pois, por definição, Q_1 representa um BP equilibrado (nem déficit nem superávit). Assim, o ponto Q_1 ilustra que o nível de renda Y_1 e a taxa de juros i_1 também se combinam para produzir equilíbrio no BP.

Está claro que o ponto Q_2, com um nível de renda (Y_2) mais baixo do que Y_0 e uma taxa de juros i_2 inferior a i_0, mostra outra combinação de Y e i que gera equilíbrio do BP. Se a renda cair de Y_0 para Y_2, isso significa menores importações, um movimento para o ponto N', uma melhoria na conta corrente e um superávit do BP. Entretanto, uma redução da taxa de juros de i_0 para i_2 fará com que a conta de capital privado de curto prazo se deteriore o suficiente para compensar a melhoria na conta corrente. A conta de capital se deteriora porque os capitais de curto prazo que procuram uma taxa de juros mais elevada saem agora do país, e poucos capitais estrangeiros chegam ao país. Com tal redução da taxa de juros, ocorre um deslocamento do ponto N' para o ponto Q_2, um outro ponto de equilíbrio de BP.

Se a economia estiver situada à direita da curva BP, há um *déficit* de balanço de pagamentos, pois, para qualquer taxa de juros dada, o nível de renda leva a um "superávit" de importações, e a taxa de juros é "baixa demais" para atrair um fluxo de capital suficiente que equivalha ao déficit da conta corrente. O resultado é que o balanço de pagamentos (balanço de transações das reservas oficiais) está em déficit. Pelas razões inversas, se a economia se situar à esquerda da curva BP, haverá um *superávit* de BP. Mais adiante neste capítulo discutimos o processo pelo qual uma economia que não esteja situada sobre sua curva *BP* se ajusta a fim de alcançar o equilíbrio do balanço de pagamentos.

Um ponto adicional sobre o *BP* é que o valor preciso da inclinação ascendente da curva *BP* depende muito do grau de resposta da conta de capital privado de curto prazo às mudanças da taxa de juros. Para melhor entender, considere o movimento horizontal do ponto Q_0 para o ponto *N* na Figura 6: ele gerou um déficit de conta corrente, e um retorno ao equilíbrio do *BP* requer uma elevação da taxa de juros. Tudo o mais constante, se os fluxos de capitais de curto prazo forem muito sensíveis às mudanças de *i*, uma elevação pequena de i_0 para i_1 gerará a entrada de capital requerida. Entretanto, se os fluxos de capitais *não* forem muito sensíveis às mudanças da taxa de juros, será necessária uma elevação muito maior de i_0 para a economia retornar ao equilíbrio do *BP*. A conclusão é que quanto menos (mais) sensíveis os fluxos de capitais de curto prazo forem à taxa de juros, *mais (menos) inclinada* será a curva *BP*.[8]

Embora até agora se tenha considerado que o equilíbrio no setor externo é descrito por uma curva *BP* ascendentemente inclinada, este nem sempre é o caso. A relação positiva entre *i* e *Y* em economia aberta ocorre sempre que há restrições ao fluxo de capital de curto prazo entre países (ou quando o país é financeiramente "um país grande", capaz de influenciar o nível internacional de taxas de juros; isto é, o país não é um tomador de preço em relação à taxa de juros). Assim, o caso em que a inclinação da curva *BP* é positiva denomina-se **mobilidade imperfeita de capital**. Considera-se que o capital de curto prazo não é totalmente impedido de se mover entre os países diante de mudanças da taxa de juros, mas o movimento do capital de curto prazo não é tão pleno a ponto de remover todas as diferenças entre a taxa de juros doméstica e a internacional [veja a Figura 7, painel (a)]. Esse resultado ocorre também no contexto do modelo de equilíbrio

FIGURA 7 A curva *BP* sob diferentes suposições de mobilidade de capital

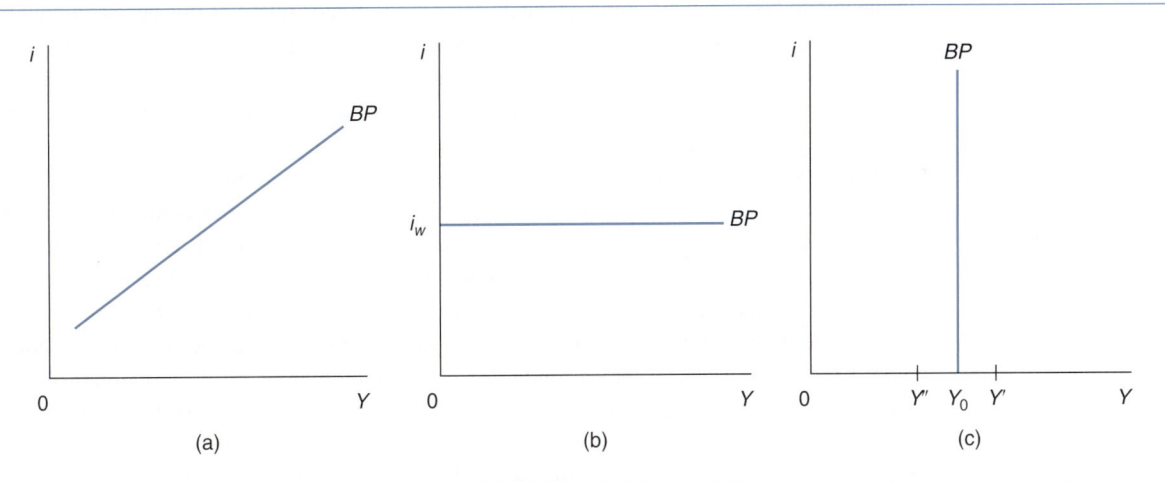

No painel (a), a inclinação ascendente da curva *BP* indica mobilidade imperfeita do capital. Neste caso, o capital move-se entre os países em resposta a mudanças das taxas de juros relativas, mas não tão facilmente que as taxas de juros domésticas se tornam idênticas às do resto do mundo. No painel (b), a curva *BP* horizontal reflete a mobilidade perfeita do capital em que a taxa de juros doméstica é sempre igual à do resto do mundo. Qualquer pequena mudança da taxa de juros doméstica levará a movimentos suficientemente grandes do capital de curto prazo de modo que a taxa doméstica se torne outra vez igual à do resto do mundo. No painel (c), a curva *BP* é vertical, indicando que as barreiras às movimentações dos capitais são tais que não há nenhuma resposta do capital de curto prazo às mudanças na taxa de juros doméstica; isto é, há uma imobilidade perfeita do capital. Nesse caso, há somente um nível de renda (e de importações) consistente com o nível das exportações e das entradas líquidas controladas de capitais.

---

[8] A inclinação da curva *BP* também depende da intensidade com que as mudanças da taxa de juros afetam o investimento real (planta e equipamento, construção residencial, mudanças nos estoques) e, por sua vez, da intensidade com que tais respostas do investimento real afetam a renda e as importações. Entretanto, a resposta dos fluxos de capital internacional de curto prazo é a mais relevante na prática.

de portfólio, mesmo com paridade descoberta de juros. Como você deve se lembrar, a substitutabilidade imperfeita entre os ativos estrangeiros e domésticos indica que há um ágio de risco associado à retenção de ativos diferentes daqueles do próprio país de um investidor. Nesse caso, a taxa de juros doméstica será maior que a estrangeira porque a entrada líquida de capital significa que o ágio de risco dos investidores estrangeiros aumentou, uma vez que agora estão retendo relativamente mais ativos de seu país.

A inclinação positiva da curva *BP* pode ser contrastada com o exemplo de **mobilidade perfeita do capital**, em que a curva *BP* é fixada horizontalmente ao nível da taxa de juros do resto do mundo, i_w [painel (b) da Figura 7]. Nesse caso, qualquer pequeno desvio da taxa de juros doméstica para longe da taxa internacional leva a um movimento do capital de curto prazo suficiente para retornar a taxa doméstica ao nível da taxa internacional. Por exemplo, suponha que um aumento da oferta de moeda doméstica leve a uma redução na taxa de juros doméstica. Tal ação faz com que os investidores financeiros desloquem imediatamente seu capital de curto prazo para fora do país quando ajustam seus portfólios para incluir mais ativos estrangeiros. Esse voo do capital para o exterior e o déficit do *BP* resultante reduzirão a propriedade de reservas internacionais (tais reservas são usadas para comprar a moeda corrente doméstica para manter a taxa de câmbio fixa) e, portanto, a oferta de moeda. Isso continuará até que a taxa de juros doméstica esteja outra vez no nível internacional. O aumento na taxa de juros doméstica acima do nível internacional provocaria uma entrada de capital de curto prazo e um superávit do *BP*, que aumentaria as reservas internacionais do país e a oferta de moeda. Isso ocorreria até que a taxa doméstica estivesse outra vez ao nível da taxa internacional. Nessa situação, há uma substitutabilidade perfeita entre ativos financeiros estrangeiros e domésticos, e todas as diferenças de taxa de juros são removidas instantaneamente pelos fluxos de capitais internacionais.

Como a taxa de juros não se altera com a mobilidade perfeita do capital, que efeito as mudanças em outras variáveis econômicas têm sobre o setor externo? Lembre-se de que o *BP* é influenciado por variáveis como a taxa de câmbio, os preços relativos dos bens comercializados, os preços esperados e a taxa prevista de lucro em ambos os países, assim como pelo nível de *Y* e *i*. Suponha que haja um aumento da taxa doméstica de lucro prevista que estimule a entrada de investimento real de longo prazo (melhoria na conta de capital), a qual por sua vez estimula a renda. Para manter a taxa de câmbio fixa *e,* o banco central comprará a divisa estrangeira com moeda doméstica, aumentando desse modo a oferta de moeda doméstica e facilitando a expansão da renda. O aumento da renda doméstica estimulará um aumento das importações, causando deterioração na conta corrente que compensa exatamente a melhoria da conta de capitais.

Assim, mudanças em fatores econômicos exógenos estimulam mudanças na oferta de moeda doméstica até que a economia esteja outra vez em equilíbrio. Quando o ajuste ocorre, ele pode levar a diferentes composições do balanço de pagamentos. Mais especificamente, mantendo-se tudo o mais constante, exceto a renda doméstica, movimentos da esquerda para a direita ao longo da curva *BP* refletem uma transição na composição do balanço de pagamentos de um superávit de conta corrente (à esquerda) para um déficit de conta corrente (à direita). De forma semelhante, a conta de capital move-se de déficit (à esquerda) para uma posição de superávit (à direita) para mesma faixa de renda. Deve-se enfatizar que quando há mobilidade perfeita nos mercados de capitais em economia aberta, a curva *BP* horizontal permanece fixa ao nível da taxa de juros internacional. As mudanças dos fatores exógenos simplesmente levam a movimentos de equilíbrio doméstico ao longo da curva *BP* concomitantes com mudanças apropriadas na composição do balanço de pagamentos. O país que deseja alcançar equilíbrio de *conta corrente* é forçado a aceitar o nível de renda que é consistente com essa composição particular de balanço de pagamentos.

Não é incomum encontrar países com uma taxa de câmbio fixa controlando estritamente o setor externo tanto no mercado de *commodity* como no de capitais. Isso não é incomum em países

No mundo real:

A presença de controles de câmbio no sistema financeiro atual

Embora poucos países exerçam o completo controle do câmbio, existe no mundo um surpreendente número de limitações ao acesso à moeda estrangeira e às suas aplicações. A Tabela 2 resume o grau dos vários controles sobre a moeda estrangeira impostos pelos membros do Fundo Monetário Internacional. Um rápido exame parece sugerir que o capital é até certo ponto, se não perfeitamente, imóvel para muitos países do mundo. Condições de capital relativamente móveis provavelmente só existem para os principais países comerciantes do mundo, cujos mercados financeiros se tornaram cada vez mais integrados nos últimos anos. Entretanto, mesmo nesses casos, muitas circunstâncias diferentes fazem com que o capital não seja perfeitamente móvel.

TABELA 2   Restrições à moeda estrangeira nos 187 países membros do FMI, 2005*

Tipo de restrição	Número de países	Porcentagem de países
Estrutura da taxa de câmbio:		
Duas taxas de câmbio	6	3,2%
Múltiplas taxas de câmbio	5	2,7
Controle sobre pagamentos de transações invisíveis e transferências correntes	89	47,6
Rendimentos de exportações e/ou de transações invisíveis		
Exigências de repatriamento	92	49,2
Exigências de devolução	69	36,9
Transações de capitais:		
Controles sobre:		
Títulos do mercado de capitais	135	72,2
Instrumentos do mercado monetário	116	62,0
Títulos de investimento coletivo	112	59,9
Derivativos e outros instrumentos	95	50,8
Créditos comerciais	101	54,0
Créditos financeiros	121	64,7
Garantias, fianças e instrumentos de garantia financeira	87	46,5
Investimento direto	150	80,2
Amortização de investimento direto	50	26,7
Transações de propriedade imobiliária	142	75,9
Transações de capitais pessoais	96	51,3
Provisões específicas para:		
Bancos comerciais e outras instituições de crédito	161	86,1
Investidores institucionais	104	55,6

*Restrições em vigor em 31 de dezembro de 2005.
Nota: Há 184 países membros do FMI, mas Aruba, Hong Kong e as Antilhas Holandesas (países não separados) têm seus próprios arranjos e são listados separadamente pelo FMI. Eles estão incluídos nesta lista.
Fonte: Fundo Monetário Internacional, *Annual Report on Exchange Arrangements and Exchange Restrictions 2006,* Washington, DC: FMI, 2006, p. 32, 38.

em desenvolvimento e pode ser resultado de uma taxa de câmbio sobrevalorizada, a qual os governos mantêm basicamente pelo controle estrito da divisa estrangeira. Nesse caso, a relação *BP* é caracterizada por **imobilidade perfeita de capital** [Figura 7(c) da página 643]. Quando os fluxos de capitais de curto prazo são estritamente controlados e não podem responder a mudanças da taxa de juros, a curva *BP* é *vertical* no nível de renda que é consistente com o uso controlado da moeda estrangeira buscado pelos elaboradores de políticas do governo. Dado o controle da balança de capital, apenas um nível de renda (e, portanto, de importações) é consistente com a taxa de câmbio. Se a renda cresce, por exemplo, de Y_0 para Y', o nível das importações induzidas pela renda mais alta é elevado demais e ocorre um déficit do *BP*, exercendo uma pressão ascendente sobre a taxa de câmbio (pressão para a desvalorização da moeda doméstica). Para manter o valor da moeda doméstica, o governo tem de comprá-la no mercado de câmbio com reservas de divisas estrangeiras. Fazendo isso, a oferta de moeda doméstica declina, elevando a taxa de juros doméstica e reduzindo o investimento e a renda domésticos até que a economia doméstica volte para o equilíbrio sobre a curva *BP*. Do mesmo modo, uma queda na renda de Y_0 para Y'' levaria a redução da demanda de moeda estrangeira, a compras governamentais de moeda estrangeira para manter a taxa de câmbio, e, portanto, a uma expansão da oferta de moeda até que a economia estivesse outra vez em equilíbrio sobre a *BP*. As mudanças requeridas na oferta de moeda manterão automaticamente a economia sobre a curva *BP*.

Em suma, a inclinação da curva *BP* reflete a natureza da mobilidade do capital no país sob análise. Quanto mais os fluxos de capitais são restritos e não se permite que os movimentos de capitais de curto prazo respondam às mudanças da taxa de juros doméstica, mais inclinada é a curva *BP*. De modo similar, quanto menos restritos são os movimentos de capital e menor for o país financeiramente, a curva *BP* será mais horizontal.

Por fim, lembre-se de que a curva *BP* é desenhada para uma *taxa de câmbio específica*. Se, por exemplo, o país doméstico forem os Estados Unidos e se a taxa de câmbio entre o dólar e outras moedas mudar, existirá uma curva *BP* diferente. A regra é simples: uma desvalorização da moeda doméstica em relação às moedas estrangeiras desloca a curva *BP* para a direita, e uma valorização da moeda em relação às moedas estrangeiras desloca a curva *BP* para a esquerda. Para entender a regra, considere uma curva *BP* como a da Figura 6. Se a moeda desvalorizar, então o balanço de conta corrente do país melhorará, supondo-se que a condição de Marshall-Lerner seja satisfeita. Para qualquer taxa de juros dada para a curva *BP* "velha", há agora um superávit de balanço de pagamentos. Logo, é necessário um nível maior de *Y* para cada *i* para ter o equilíbrio do *BP*, porque *Y* maior induzirá mais importações e eliminará o superávit do *BP*. Cada taxa de juros deve agora ser traçada graficamente com um nível de renda mais elevado para mostrar as combinações de taxa de juros e de nível de renda que produzem o equilíbrio do *BP*. Isso significa que a "nova" curva *BP* (não apresentada) estará à direita da curva *BP* "velha".[9]

Além disso, as mudanças em muitas outras variáveis deslocarão também a curva *BP*. Como elas podem influenciar o equilíbrio em economia aberta, é útil mencioná-las antes de prosseguirmos. Por exemplo, o aumento autônomo das exportações levará a curva *BP* a se deslocar para a direita ou para baixo, pois uma taxa de juros mais baixa será agora suficiente para manter o equilíbrio do *BP* com um balanço de conta corrente mais forte. Esse seria também o caso de uma diminuição autônoma das importações do país. Esse deslocamento descendente poderia também resultar de mudanças em variáveis monetárias, como uma queda na taxa de juros estrangeira. Também, mudanças nas expectativas podem influenciar o equilíbrio no setor externo e, portanto, a curva *BP*. Uma discussão adicional desses e de outros fatores e seu efeito sobre a curva *BP* é apresentada no próximo capítulo.

---

[9] No exemplo de mobilidade perfeita do capital, as mudanças na taxa de câmbio levam a movimentos ao longo da curva *BP*, pois a altura da curva *BP* horizontal é determinada pela taxa de juros internacional.

FIGURA 8   Equilíbrio simultâneo nos setores real e monetário e no balanço de pagamentos

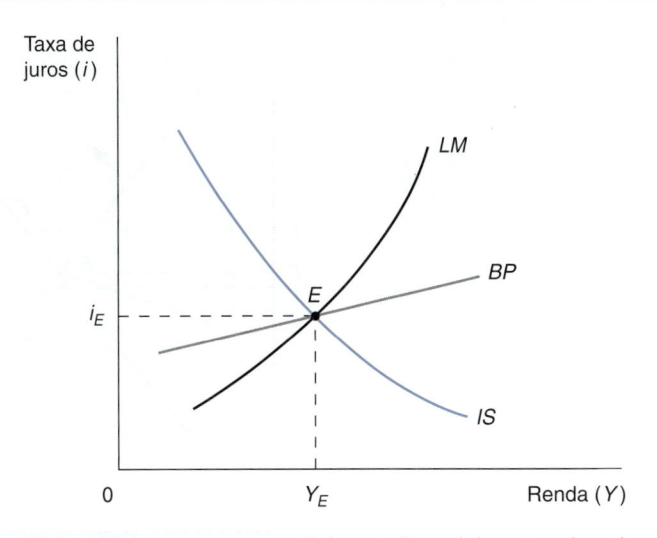

Somente no ponto E há equilíbrio entre poupança mais importações mais impostos e investimento mais exportações mais gastos do governo; entre a demanda e a oferta de moeda; e no balanço de pagamentos. Com as curvas como desenhadas, Y_E e i_E são, portanto, os níveis de equilíbrio econômicos da renda e da taxa de juros. Qualquer outra combinação de Y e i está associada ao desequilíbrio pelo menos de uma parte da economia.

Equilíbrio em economia aberta: o uso simultâneo das curvas LM, IS e BP

Como etapa final para nos preparar para a discussão da política econômica em economia aberta, juntamos as curvas *LM, IS* e *BP* na Figura 8. No ponto E há equilíbrio simultâneo no mercado de moeda, no setor real e no balanço de pagamentos, onde todos os três esquemas se cruzam. O nível de renda associado a esse triplo equilíbrio é Y_E, e a taxa de juros é i_E. Entretanto, essa posição de equilíbrio pode não ser ótima em termos dos objetivos econômicos de um país. Em tais casos, há um papel para a política macroeconômica a fim de alcançar os objetivos.

Estabelecido o equilíbrio geral no esquema *IS/LM/BP*, voltemo-nos agora para uma discussão da natureza desse equilíbrio e dos processos de ajuste que movem o sistema para esse ponto.[10] Para começar nossa análise, examinemos o mecanismo automático de ajuste do *BP* sob um sistema de taxa fixa de câmbio. Para tanto, iniciemos com a economia em equilíbrio no ponto E (Y^*, i^*) na Figura 9 e examinemos o que acontece quando ocorre um choque no sistema. Por exemplo, suponha que haja aumento da renda do resto do mundo, o qual aumenta o nível das exportações da economia em análise. Essa mudança exógena das exportações desloca a curva *BP* para a direita de *BP'* porque qualquer nível de taxa de juros pode agora ser associado a um nível mais elevado de renda e ainda manter o equilíbrio do *BP*. Ocorrerá agora um superávit das transações da reserva oficial (ou TRO) se a economia permanecer no ponto E inicial de equilíbrio.[11]

---

[10] Lembre-se de que o esquema básico *IS/LM/BP* pressupõe que o nível de preço permaneça fixo. Essa suposição será abandonada no Capítulo 27.

[11] É comum se referir ao superávit de transações das reservas oficiais (TRO) como um superávit do balanço de pagamentos, e a um déficit de transações das reservas oficiais como um déficit do balanço de pagamentos. Lembre-se de que, conforme o Capítulo 19, o superávit do balanço de pagamentos e o déficit do balanço de pagamentos não são estritamente termos corretos, pois, se todos os itens das contas do *BP* forem incluídos, o "saldo" será zero. O conceito que interessa neste e nos próximos capítulos, a menos que indicado de outra maneira, é o resultado líquido de todas as transações exceto a intervenção oficial do governo no mercado de moeda estrangeira – este é o balanço de transações das reservas oficiais (chamado às vezes de balanço geral).

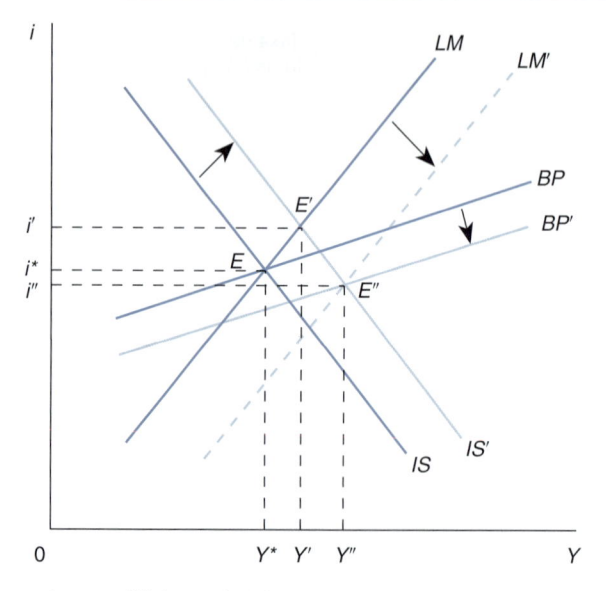

FIGURA 9 Ajuste automático sob taxas fixas de câmbio

Iniciando com a economia em equilíbrio em i^* e Y^*, um aumento na renda estrangeira leva a um aumento autônomo das exportações, provocando um deslocamento da curva IS para a direita e da curva BP também para a direita. Agora ocorre entrada de reservas estrangeiras devido ao aumento das exportações (o que melhora a conta corrente) e à taxa de juros doméstica mais elevada i' (que melhora a balança de capital). Supondo que o governo não intervenha para esterilizar os efeitos sobre a oferta de moeda, esse superávit de transações de reservas oficiais (TRO) leva a uma expansão da oferta de moeda, provocando deslocamento da curva LM para a direita. O superávit e a expansão da oferta de moeda continuam (a curva LM continua a se deslocar para a direita) até que um novo equilíbrio seja alcançado em Y''' e i''.

Entretanto, o equilíbrio interno não mais permanecerá em Y^* e i^*, pois a expansão das exportações faz a curva IS se deslocar para fora em direção a IS', elevando o nível de renda e a taxa de juros para $E'(Y', i')$.

Dadas as *transações de reservas oficiais* (TRO) ou o superávit de balanço de pagamentos que ocorrerá em E', a economia não permanecerá nesse ponto. Como o país está operando sob um sistema fixo de taxa de câmbio, ele se comprometeu a manter constante o valor de sua moeda. Sob tal sistema, o banco central deve estar pronto para comprar o excesso de moeda estrangeira no mercado de câmbio para impedir a valorização da sua própria moeda. Como a divisa estrangeira é comprada pelo banco central com moeda doméstica, há uma expansão da oferta de moeda doméstica. Em nossa análise $IS/LM/BP$, essa expansão tem o efeito de deslocar a curva LM para a direita. Esse **ajuste monetário automático** continuará até que não haja mais entrada de reservas de divisa estrangeira. Isso ocorrerá quando as curvas IS, LM e BP se cruzarem novamente em um ponto comum $E''(Y''', i'')$ consistente com o novo nível mais elevado das exportações.

Um déficit de transações de reservas oficiais produziria reações automáticas opostas às descritas para um superávit. O déficit faria com que o banco central vendesse a divisa estrangeira em troca da moeda doméstica para evitar valorização das moedas estrangeiras (isto é, comprar a moeda doméstica com divisa estrangeira para evitar que aquela desvalorize), o que reduziria a oferta de moeda doméstica em poder do público. Isso deslocaria a curva LM para a esquerda. Nesse caso, o contrário do superávit da Figura 9, o déficit significa que as curvas IS e BP estariam se cruzando à esquerda da curva LM. A redução da oferta de moeda e o deslocamento para a esquerda da curva LM continuariam a ocorrer até que a curva LM tivesse se movido o suficiente para a esquerda para gerar outra interseção de triplo equilíbrio das curvas *IS*, *LM* e *BP*.

Sob taxa de câmbio fixa, o mecanismo automático de ajuste é a mudança na oferta doméstica de moeda provocada por um superávit ou por um déficit subjacente no balanço de pagamentos à taxa de câmbio fixada. Como a taxa de câmbio não pode ser alterada sob um sistema de taxa fixa, combinações de equilíbrio de *i* e *Y* (onde *IS* e *LM* se cruzam) devem necessariamente se encontrar sobre a curva *BP* ditada pelas considerações econômicas internacionais subjacentes. Na medida em que a taxa de câmbio permanecer fixa, a política econômica interna deve decidir entre alcançar uma taxa-alvo de juros (por exemplo, para alcançar um específico objetivo de crescimento) e atingir um nível-alvo de renda (e, portanto, de emprego). Deve-se enfatizar, entretanto, que a economia se ajustará automaticamente aos novos níveis de equilíbrio contanto que o banco central não faça nada para interferir no processo de ajuste por meio de **esterilização**, ou a compensação dos efeitos de se manter o valor fixo da moeda no mercado de moeda estrangeira. Na Figura 9, a esterilização seria realizada por vendas de títulos governamentais pelo banco central no mercado aberto, provocando um deslocamento de *LM'* de volta para *LM*. Tal esterilização, entretanto, perpetua o desequilíbrio do balanço de pagamentos. De mais a mais, dado o enorme volume de fluxos de capital pelas fronteiras dos países no mundo de hoje, surge a questão a respeito de os bancos centrais estrangeiros terem reservas internacionais suficientes para permitir a aquisição contínua delas pelo banco central doméstico por qualquer período de tempo e de tamanho suficiente de compensar a intensa pressão sobre a taxa de câmbio.

Por fim, deve-se notar que nada ainda foi dito sobre mudanças nos preços. O processo de ajuste automático apresentado repousa unicamente sobre os efeitos monetários e de renda. A incorporação dos efeitos de preço que podem acompanhar esse tipo de ajuste é apresentada no Capítulo 27.

REVISÃO DE CONCEITO

1. Ignorando a curva *LM*, suponha que a economia se localize em um ponto à esquerda (direita) da curva *IS*. Por que há uma pressão para que a economia se expanda (se contraia)?
2. Na Figura 5, suponha que a economia se situe à esquerda da curva *IS* e também à esquerda da curva *LM*. $(S + M + T)$ é maior ou menor que $(I + X + G)$? Há um excesso de demanda ou um excesso de oferta de moeda? O que acontecerá com a renda e por quê?
3. Explique a curva *BP* com inclinação positiva.
4. Explique como o grau de mobilidade do capital afeta o grau de inclinação da curva *BP*.

Os efeitos da política fiscal sob taxas de câmbio fixas

O efeito da política fiscal expansionista sob várias suposições de mobilidade internacional de capital é apresentado na Figura 10. Primeiro, considere o efeito da política fiscal sob circunstâncias de perfeita imobilidade do capital, como mostra o painel (a). Começando em Y_0 e i_0, um aumento no gasto do governo ou uma diminuição dos impostos desloca a curva *IS* para a direita, aplicando uma pressão ascendente sobre a renda doméstica e sobre as taxas de juros. Quando a economia começa a expandir, há um aumento das importações e um aumento na demanda de divisas estrangeiras. Para manter a taxa de câmbio, o banco central vende a moeda estrangeira recebendo moeda doméstica, reduzindo assim a oferta de moeda. Isso leva a um deslocamento para a esquerda da curva *LM*, o que continua até que a taxa de juros doméstica suba o suficiente para reduzir o investimento doméstico, compensando exatamente o aumento do gasto do governo. O único efeito do aumento do gasto do governo sob a condição de perfeita imobilidade do capital é que ele substitui (***crowding out***) uma quantidade equivalente de investimento

FIGURA 10 Política fiscal com taxas fixas sob a suposição de diferentes mobilidades de capital

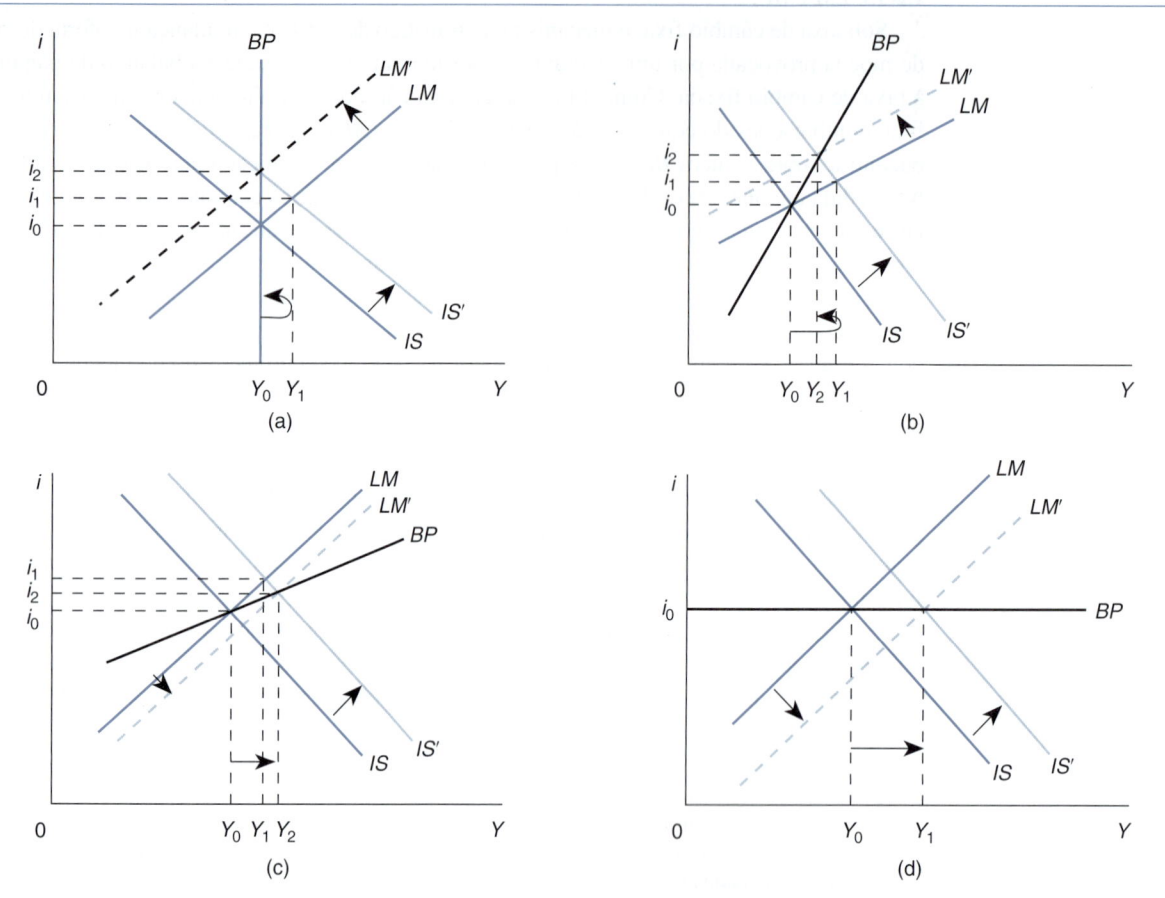

Com perfeita imobilidade de capital [painel (a)], um aumento do gasto do governo (ou uma diminuição dos impostos autônomos) desloca a curva IS para a direita, levando à elevação da renda e das importações. Como não há nenhum movimento de capital de curto prazo, ocorre um déficit de transações das reservas oficiais. Isso leva a uma queda na oferta de moeda doméstica, deslocando a curva LM para a esquerda e aumentando i até que haja outra vez um equilíbrio em Y_0. O aumento em G leva à substituição (*crowding out*) equivalente do investimento doméstico. Um resultado similar ocorre no painel (b), com imobilidade relativa do capital, embora a presença de alguma sensibilidade do capital de curto prazo às mudanças na taxa de juros signifique que a substituição do investimento não é completa e há uma ligeira expansão da renda. Com mobilidade relativa de capital [painel (c)], a política fiscal expansionista e o consequente aumento das taxas de juros domésticas levam a um superávit e a uma expansão da oferta de moeda, fazendo com que a renda se eleve ainda mais para Y_2, pois a substituição do investimento doméstico é reduzido consideravelmente. Por fim, com perfeita mobilidade de capital, não há nenhuma mudança na taxa de juros com a política expansionista, porque há uma entrada suficiente de capital de curto prazo (e aumento da oferta de moeda doméstica) para financiar o aumento do G líquido sem reduzir o investimento doméstico.

doméstico; isto é, o aumento de G elevou i e diminuiu I na mesma quantidade do aumento de G. A renda e o emprego permanecem em seus níveis iniciais de equilíbrio. A política fiscal é, portanto, ineficaz para estimular a renda e o emprego no caso de perfeita imobilidade do capital.

O painel (b) da Figura 10 reflete uma situação com algum grau de mobilidade de capital, mas onde os fluxos internacionais de capitais são bastante insensíveis as mudanças na taxa de juros, de modo que a curva BP é mais inclinada do que a LM. Denominamos essa situação de **imobilidade relativa do capital**. Partindo de Y_0 e i_0, um aumento no gasto líquido do governo leva a um novo equilíbrio doméstico em Y_1 e i_1. Entretanto, como o novo equilíbrio está abaixo da curva BP, há um déficit de transações das reservas oficiais. Com a taxa de câmbio fixada, o governo deve fornecer a divisa estrangeira necessária para compensar o déficit e para manter o valor da moeda doméstica. Quando isso acontece, a oferta de moeda se reduz e a curva *LM* desloca-se para a esquerda até que sejam alcançados níveis de renda e de taxa de juros que sejam consistentes com o equilíbrio do *BP*. O novo equilíbrio é representado por Y_2 e i_2. Vemos que nesse caso a política fiscal tem alguma eficácia ao expandir a renda e o emprego, embora parte do efeito expansionista seja acompanhada por substituição do investimento doméstico em virtude da nova taxa de juros de equilíbrio mais elevada. Claramente, quanto menos móvel for o capital (e, portanto, mais inclinada a curva *BP*), menos eficaz será a política fiscal para alterar o nível de renda.

O painel (c) da Figura 10 demonstra um caso em que o capital apresenta algum grau de imobilidade, pois a curva *BP* tem inclinação positiva, mas o balanço de pagamentos é mais sensível às mudanças da taxa de juros do que é o mercado doméstico de moeda (a curva *LM*). Essa é uma situação de **mobilidade relativa de capital**. A partir de Y_0 e i_0, uma política fiscal expansionista faz com que a economia doméstica procure um novo equilíbrio em Y_1 e i_1, o que produz um superávit no balanço de pagamentos. Isso ocorre porque o aumento no ingresso de capital de curto prazo mais do que compensa o aumento das importações aos níveis mais elevados de *Y* e *i*. Com um superávit do *BP*, o banco central é forçado a comprar o excesso de moeda estrangeira para manter a taxa de câmbio, o que faz com que a oferta de moeda se expanda e a curva *LM* se desloque para a direita. A expansão da oferta de moeda provoca uma outra expansão da economia para Y_2 e i_2.[12] Nesse caso, a política fiscal é complementada pelos efeitos monetários associados aos ajustes automáticos sob um sistema da taxa de câmbio fixa.

Vamos agora para o caso final, da perfeita mobilidade de capital, ilustrado no painel (d) da Figura 10. Tal situação é similar ao caso anterior, exceto pelo fato de que não há nenhuma substituição do investimento doméstico, pois a taxa de juros é mantida fixa ao nível internacional. Isso resulta de os movimentos dos capitais de curto prazo responderem instantaneamente em grande escala ao mais ligeiro movimento da taxa de juros em qualquer lado da taxa internacional, pois os ativos financeiros domésticos e estrangeiros são substitutos perfeitos. Com um aumento do gasto líquido do governo, há uma pressão ascendente imediata sobre a taxa de juros doméstica, que estimula o ingresso de capital de curto prazo e o superávit em todas as transações à exceção da intervenção governamental. Para manter a moeda doméstica na taxa de câmbio fixa, o banco central compra o excesso de moeda estrangeira com moeda doméstica. Isso expande a oferta de moeda, e a expansão continua até que os efeitos da taxa de juros em virtude do aumento do gasto do governo sejam compensados pelo ingresso de capital de curto prazo e do concomitante aumento da oferta de moeda doméstica. Tal ajuste é indicado pelo deslocamento à direita da curva *LM* até que ela cruze a nova *IS'* em um ponto sobre a curva *BP* horizontal. A política fiscal expansionista é assim totalmente eficaz no caso de perfeita mobilidade de capital, em que a economia não sofre nenhum efeito de compensação por substituição (*crowding-out*) com os aumentos da taxa de juros. Com capital perfeitamente móvel, a completa expansão da renda é facilitada pelo ingresso de capital de curto prazo.

Essa análise da política fiscal sob taxas fixas leva à conclusão de que, em graus variados, a política fiscal é eficaz ao influenciar a renda sob taxas fixas de câmbio a não ser quando o capital é perfeitamente imóvel. Quanto maior a mobilidade do capital, maior a eficácia da política fiscal. Embora nossa discussão se concentre apenas na política expansionista, os argumentos são de natureza simétrica; assim, uma redução do gasto do governo ou um aumento dos impostos moverá a curva *IS* para a esquerda e gerará os efeitos opostos em termos de mudanças finais da oferta de moeda em resposta aos fluxos de capitais resultantes das pressões sobre a taxa de juros.

---

[12]Considerações sobre o balanço de portfólio sugeririam que este pode não ser o equilíbrio final. Se o ingresso de capital fosse parte de um deslocamento de ajuste do estoque de portfólio, os fluxos de capitais cairiam após a conclusão do ajuste de estoque. Isso deslocaria a curva *BP* para a esquerda, provocando mudanças adicionais. Ver Willett e Forte (1969, p. 242-262).

Os efeitos da política monetária sob taxas fixas de câmbio

Os efeitos da política monetária expansionista sob diferentes suposições de mobilidade do capital são apresentados na Figura 11. Começando com o sistema em equilíbrio em Y_0 e i_0, examinamos os efeitos de deslocamentos para a direita da curva LM causados por aumentos na oferta de moeda. O painel (a) da Figura 11 descreve a situação de perfeita imobilidade de capital, com cada gráfico sucessivo demonstrando casos de mobilidade internacional de capital cada vez maior.

Um aumento na oferta de moeda desloca a curva LM para a direita. Em cada exemplo, há uma nova interseção das curvas IS e LM para uma combinação de i e Y que se encontra abaixo

FIGURA 11 Política monetária com taxas fixas sob diferentes suposições de mobilidade do capital

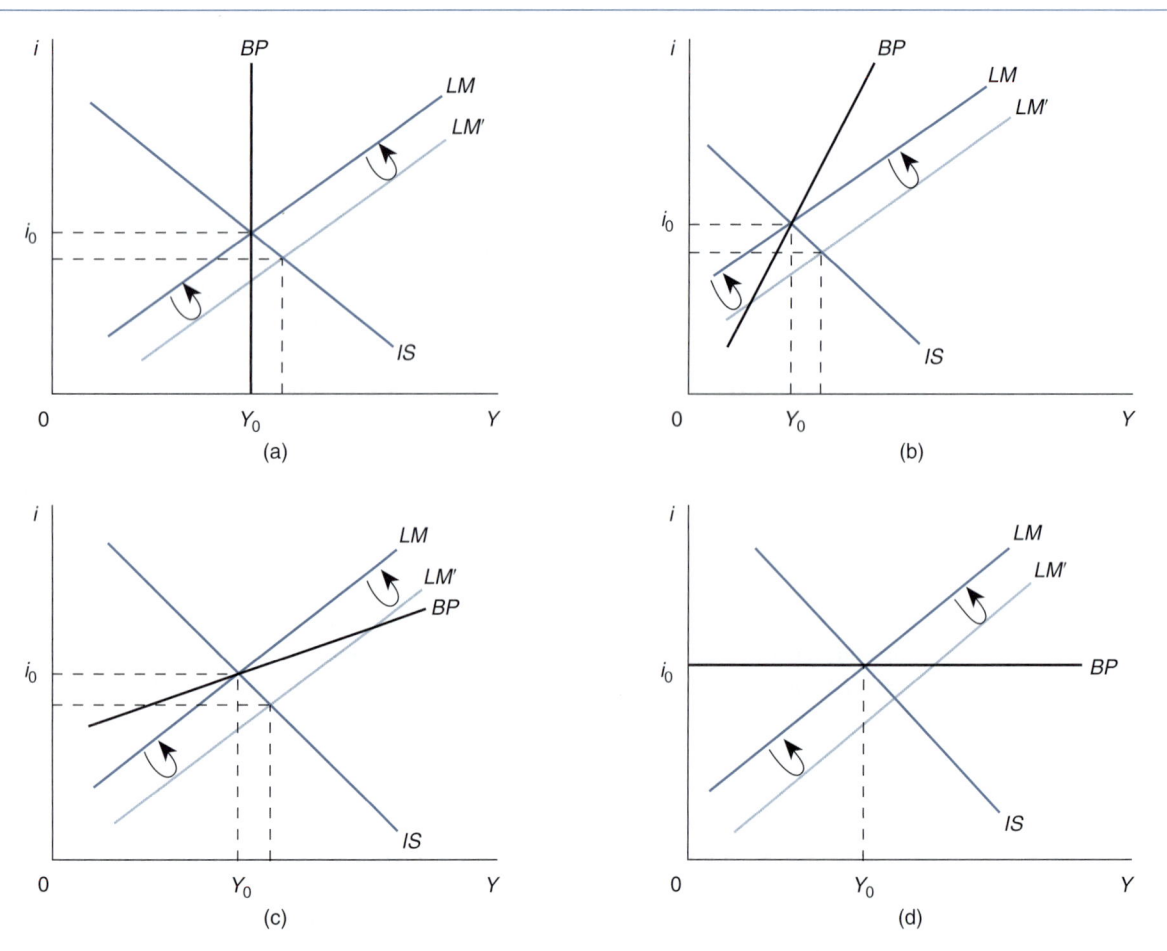

Começando com a economia no equilíbrio em Y_0 e i_0, a política monetária expansionista leva a um deslocamento da curva LM para a direita, reduzindo as taxas de juros domésticas e estimulando a renda. Quando o capital é perfeitamente imóvel [painel (a)], o aumento da renda estimula importações e cria um déficit de transações das reservas oficiais. Quando o banco central vende a moeda estrangeira para manter a taxa fixa, a oferta de moeda declina, provocando um deslocamento da curva LM para a esquerda até que o ponto inicial de equilíbrio seja outra vez alcançado. Quando o capital for imperfeitamente móvel [painéis (b) e (c)], o aumento na oferta de moeda leva a um déficit à medida que as importações aumentam e os ingressos líquidos de capitais de curto prazo declinam ou tornam-se negativos. Tal como anteriormente, a tentativa do banco central em manter a taxa de câmbio fixa leva a um declínio na oferta de moeda, trazendo a economia outra vez para Y_0 e i_0. Por fim, no caso de capital perfeitamente móvel [painel (d)], a mais leve queda da taxa de juros doméstica i leva instantaneamente a uma saída em grande escala do capital de curto prazo. Outra vez, como o banco central deve fornecer divisa estrangeira para manter a taxa de câmbio, a oferta de moeda declina. O processo continua até que não haja mais pressão descendente sobre i, isto é, em Y_0.

ou à direita da curva *BP* e é, portanto, associada a um déficit e a uma pressão descendente sobre o valor da moeda doméstica ou potencial valorização da moeda estrangeira. O resultado é, naturalmente, uma perda de reservas internacionais, pois o banco central intervém para fornecer a moeda estrangeira necessária para impedir a valorização da divisa estrangeira. No processo de vender divisa estrangeira, a moeda doméstica é adquirida pelo banco central e a oferta de moeda cai. O efeito é exatamente análogo àquele de vender títulos do governo de curto prazo em operações de mercado aberto. A redução da oferta de moeda tem o efeito de deslocar a curva *LM* de volta para a esquerda. Como isso continuará até que as curvas *IS* e *LM* se cruzem outra vez sobre a curva *BP*, podemos imediatamente perceber que a política monetária é completamente ineficaz para influenciar a renda sob um sistema de taxas fixas de câmbio, independentemente do grau de mobilidade do capital. A Figura 11 demonstra o processo pelo par de setas em cada informação, que indicam que a curva *LM* primeiro se desloca para a direita e, então, se desloca de volta à posição original devido ao mecanismo automático do ajuste sob taxas fixas. Deve-se notar que o deslocamento de volta à posição original pode ser atrasado se as autoridades monetárias fizerem compras no mercado aberto de títulos domésticos, isto é, operações de esterilização para manter a oferta de moeda doméstica. Entretanto, esse adiamento não pode ser sustentado indefinidamente, porque o país pode logo diminuir seu estoque de reservas de moeda estrangeira abaixo de um nível-alvo. Assim, no fim, sob um sistema de taxa fixa, um país perde o uso da política monetária discricionária para buscar objetivos econômicos. Por outro lado, pode enfraquecer seu comprometimento com o sistema de taxa fixa.

Os efeitos de mudanças oficiais na taxa de câmbio

Embora mudar a taxa de câmbio não possa ser uma ferramenta ativa de política discricionária sob um sistema de taxa fixa, é útil examinarmos momentaneamente os efeitos macroeconômicos de uma decisão oficial de mudar o valor fixado da moeda doméstica sob os vários cenários de mobilidade de capital. Como as mudanças estruturais podem às vezes requerer desvalorização/ revalorização de uma moeda, é importante compreender como tais mudanças afetariam a economia. Procedemos da mesma maneira que anteriormente. As quatro diferentes condições de mercado são descritas na Figura 12.

As mudanças na taxa de câmbio levam à troca de despesas entre bens estrangeiros e bens domésticos e, portanto, afetam tanto a curva *IS* como a curva *BP*. Por exemplo, à medida que a moeda é desvalorizada ou depreciada,[13] as importações tornam-se mais caras para os residentes e as exportações tornam-se mais baratas para os parceiros comerciais. Consequentemente, a depreciação gerará uma expansão das exportações e uma contração das importações, levando a um deslocamento para a direita da curva *IS*.[14] Uma valorização da moeda faria o oposto. O efeito de mudar a taxa de câmbio na curva *BP* dependerá da natureza da mobilidade internacional do capital.

Considere o caso de capital perfeitamente imóvel no painel (a) da Figura 12. Começando em Y_0 e i_0, a desvalorização da moeda desloca a curva *BP* para a direita (*BP'*). As exportações crescem e as importações diminuem em virtude da depreciação, provocando o deslocamento da curva *IS* para a direita (*IS'*). Uma vez que as mudanças reais das despesas tenham ocorrido, qualquer ajuste adicional requerido ocorrerá por meio de mudanças automáticas na oferta de moeda (na ausência da esterilização). Por exemplo, se o deslocamento da *IS* move a economia

---

[13] As mudanças oficiais em uma taxa de câmbio fixa são chamadas *desvalorizações* (para um aumento de *e*) ou *revalorizações* (para uma redução de *e*). Os termos *depreciação* e *apreciação* representam os movimentos reais da taxa de mercado do valor da moeda.

[14] Outra vez estamos supondo que a condição de Marshall-Lerner seja satisfeita.

FIGURA 12 Permutação das despesas com mudança da taxa de câmbio fixa sob diferentes suposições de mobilidade do capital

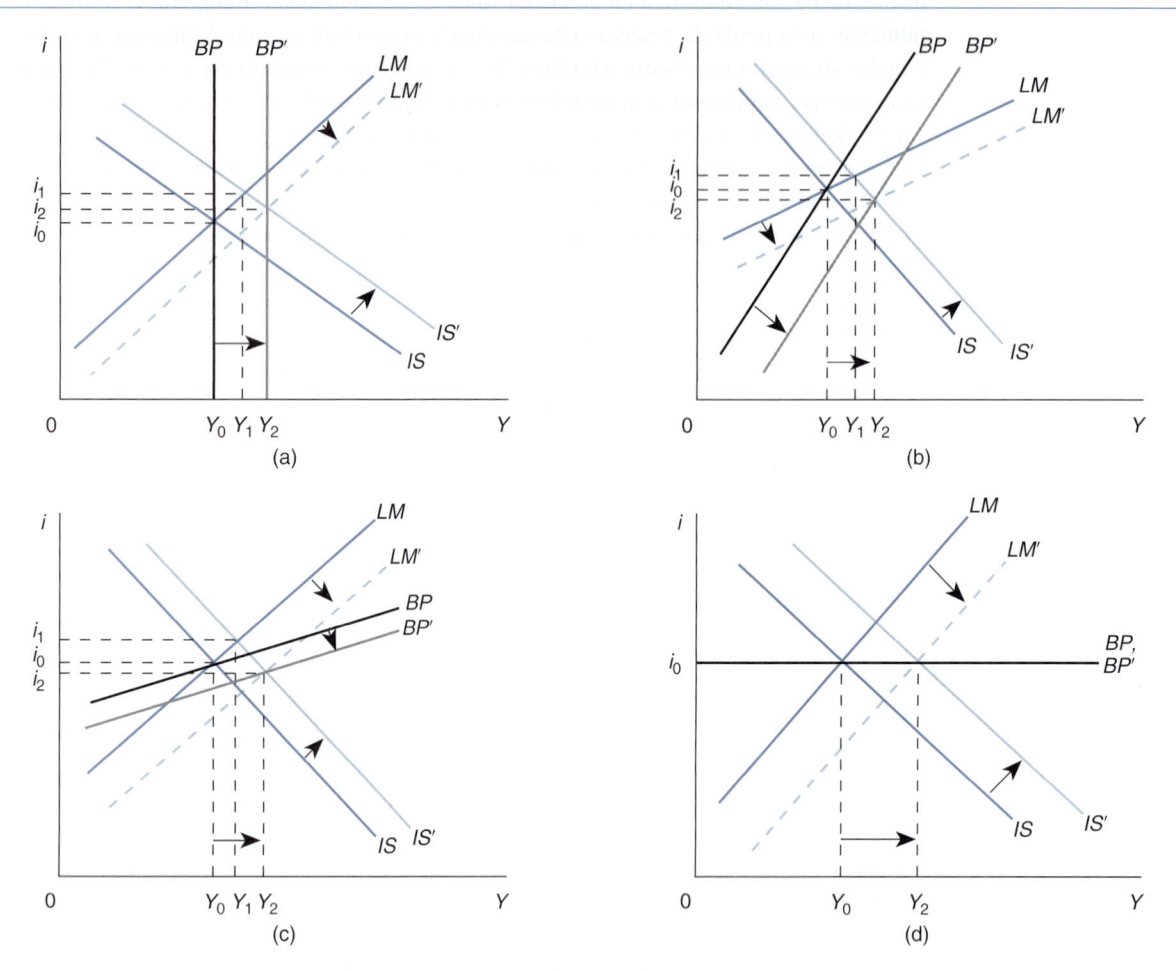

Começando com equilíbrio em Y_0 e i_0, uma desvalorização (depreciação) da moeda leva a aumento das exportações e a uma redução das importações, deslocando tanto a curva IS como a curva BP para a direita e aumentando o nível de renda e a taxa de juros. Com mobilidade imperfeita do capital [painéis (b) e (c)], a melhoria no balanço de conta corrente associada a uma taxa de juros doméstica relativamente mais elevada produz um superávit no balanço de pagamentos. Há então uma expansão da oferta de moeda (deslocamento para a direita da curva LM) conforme o banco central compra divisa estrangeira para manter a taxa de câmbio fixa, e um novo aumento da renda para Y_2. Expansão similar, mas menos forte, da renda ocorre no painel (a) quando o capital é perfeitamente imóvel, pois não há nenhum movimento de capital de curto prazo ocorrendo à medida que a taxa de juros doméstica se eleva. Entretanto, sob mobilidade perfeita de capital [painel (d)], a pressão ascendente sobre a taxa de juros gera ingressos muito grandes de capital de curto prazo. Quando o banco central compra divisa estrangeira para manter a nova taxa de câmbio, a oferta de moeda se expande até que já não haja qualquer pressão para cima sobre a taxa de juros (em Y_2).

doméstica para Y_1 e i_1, o equilíbrio doméstico (a interseção da LM e da IS') se dá para a esquerda da curva BP', indicando um superávit de transações de reservas oficiais (TRO). Esse superávit fará com que o banco central compre divisa estrangeira para manter o novo valor da moeda e, no processo, aumente a oferta de moeda. O aumento na oferta de moeda irá se mostrar como um deslocamento para a direita da curva LM e continuará até que as curvas LM' e IS' se cruzem em um ponto na nova curva BP' em Y_2. Sob perfeita imobilidade do capital, a permutação das despesas tem efeito sobre a renda (e nos preços).

Sob mobilidade imperfeita de capital [painéis (b) e (c)], a desvalorização leva outra vez a um deslocamento para a direita das curvas BP e IS. Os efeitos expansionistas associados à permutação das despesas levam a níveis de renda e de taxa de juros mais elevados e outra vez a um superávit do *BP*. A intervenção do banco central para fixar o novo valor da moeda leva a uma expansão das reservas internacionais em poder do banco e, consequentemente, a uma expansão da oferta de moeda. O aumento da oferta de moeda leva a um deslocamento da curva *LM* para a direita, o qual continua até que a economia esteja outra vez em equilíbrio no nível de Y_2 e i_2 onde as três novas curvas se cruzam. A desvalorização alterou o local dos pontos que produzem o equilíbrio no balanço de pagamentos, e a economia encontrou níveis de renda e de taxa de juros compatíveis com a nova taxa de câmbio. Sob uma perspectiva de política econômica, vemos outra vez que a desvalorização teve um efeito expansionista na economia. Uma revalorização da moeda doméstica teria o efeito oposto porque estimularia importações e reduziria exportações, levando a um nível de renda mais baixo.

O caso final [painel (d)], de perfeita mobilidade do capital, é ligeiramente diferente, na medida em que a alteração do valor da moeda não muda a posição da curva *BP*. Com capital perfeitamente móvel, *BP* permanece fixa no nível da taxa de juros internacional. O que ocorre, como indicado anteriormente neste capítulo, é que a alteração do valor da moeda leva a um movimento ao longo da curva *BP*. Por exemplo, uma desvalorização (depreciação) da moeda produz outra vez um deslocamento da curva *IS* para a direita devido à expansão das exportações e à contração das

No mundo real:

Ascensão e queda de um *currency board* – o caso da Argentina

Como notado no texto, a política monetária de um país perde eficácia em influenciar a renda nacional sob um sistema de taxas fixas de câmbio. Um exemplo de taxas fixas de câmbio na prática, usado atualmente por sete países, é o conceito de ***currency board***. Neste arranjo, uma taxa fixa é estabelecida entre a moeda do país e alguma moeda internacionalmente aceita e mais estável. Além disso, a oferta de moeda do país é atrelada à quantidade de moedas internacionalmente aceitas detida pelo país. Assim, a oferta de moeda só pode aumentar se houver um ingresso da moeda internacional (digamos, o dólar) em virtude de um superávit de transações de reservas oficiais (TRO), o qual por sua vez deveu-se a um superávit de exportação, a um ingresso de capital privado, ou a ambos. Analogamente, com déficit de TRO, as reservas de dólar do país fluem para fora e a oferta de moeda é contraída. Logo, se houver inflação, por exemplo, o mecanismo automático de ajuste característico de regimes de taxa de câmbio fixa é ativado e a inflação é enfraquecida severamente por causa do atrelamento do *currency board* do valor da moeda aos ativos internacionais.

A Argentina é um exemplo proeminente de país que decretou uma taxa fixa de câmbio por meio de um *currency board*. Nos anos 1980, o país teve uma inflação substancial. Por exemplo, o índice de preços ao consumidor de junho de 1989 (IPC) era de *1.471%* acima do nível do IPC do ano anterior. Além do mais, em março de 1990, o IPC subira *20.266%* acima do valor de março de 1989. O PIB real caiu 23% em relação à década de 1980 como um todo.

Dado esse desempenho econômico desastroso, a Argentina instituiu uma variedade de reformas, incluindo a liberalização do comércio, uma política fiscal mais restritiva e privatização. Entretanto, a mais importante foi a Lei de Conversibilidade de 1991, que objetivava afastar a criação de moeda da arena política fixando uma taxa de câmbio de um para um entre o peso da Argentina e o dólar dos Estados Unidos. Subsequentemente, em 1998 a taxa de inflação tinha caído para 1%, e a produção real por pessoa cresceu a uma taxa média anual de 4,6% de 1992 a 1998. O sucesso econômico veio ao custo de renunciar a um papel independente da política monetária, mas claramente isso pode não ter sido algo ruim. Entretanto, um arranjo de *currency board* em geral significa que, se ocorrer um choque inesperado, como uma pequena queda da exportação, a economia encolherá porque a oferta de moeda se contrai e não há nenhuma possibilidade de compensar a contração em uma estrutura desse tipo. Além disso, o arranjo de *currency board* não pode ser completamente isolado dos ataques especulativos sobre a moeda se existirem dúvidas sobre a viabilidade permanente do arranjo. De fato, as taxas de juros às vezes experimentadas pela Argentina estavam acima das taxas de juros em dólar, já que os investidores demandavam um ágio de risco para evitar que o capital saísse do país.

No mundo real:

Infelizmente para a Argentina, surgiram diversos dos entraves anteriormente mencionados, causando a queda do arranjo do *currency board*. As dificuldades começaram a surgir em 1998, quando o governo teve de reduzir seu déficit orçamentário em virtude do aumento do serviço da dívida de 29% do PIB em 1993 para 41% em 1998. Uma crise financeira concomitante no Brasil e a consequente desvalorização da moeda contribuíram ainda mais para os problemas da Argentina, e, por conseguinte, houve uma recessão no final de 1998 e em 1999 que resultou em queda das receitas tributárias e em um aumento do déficit do governo. Isso levantou dúvidas adicionais sobre a capacidade do governo de honrar suas dívidas, que deprimiu os mercados financeiros e aprofundou ainda mais a recessão. Uma série de aumentos de impostos ocorreu em 2000, que se esperava que se reduzisse o déficit, baixasse as taxas de juros e puxasse o país para fora da recessão. Entretanto, as coisas começaram a piorar à medida que o aumento das críticas à manutenção da paridade ao dólar e ao seu papel em gerar a recessão estimulou a suposição de que uma desvalorização do peso era iminente. Várias tentativas foram feitas para se obter entrada de dólares no país, indo desde buscar mais empréstimos bancários internacionais até novos empréstimos do FMI e arranjo de troca de dívida proposto por Cavallo, ministro das Finanças. Quando os arranjos fracassaram no final de 2001, seguiu-se uma piora da economia, à medida que o aumento dos saques de conta corrente dos bancos provocou o temor de uma corrida bancária potencial, levando a um congelamento dos depósitos bancários, rapidamente seguido por uma moratória da dívida externa. Durante esse período turbulento houve grande instabilidade política: o presidente, Rodríguez Saá, o ministro da Economia, Cavallo, e todos os outros ministros renunciaram. Em 30 de dezembro de 2001, a Assembleia Legislativa escolheu Eduardo Duhalde como novo presidente, e, em 2 de janeiro de 2002, ele assumiu o poder e terminou oficialmente o *currency board* e flutuou o peso.

Os economistas indicam diversas lições a serem aprendidas sobre a adoção de uma fixação rígida da moeda e o uso de *currency board*. Primeiro, a Argentina não conseguiu preencher muitos dos requisitos chaves do sucesso – ela está sujeita a choques muito diferentes dos enfrentados pelos Estados Unidos, os mercados de capitais e de produtos não são muito flexíveis, sua estrutura do comércio exterior é muito diferente da dos Estados Unidos, e é relativamente fechada. Assim, quando o dólar americano se fortaleceu nos anos de 1990, os bens argentinos enfrentaram pressão crescente de preço no mundo, e um resultante balanço de conta corrente mais fraco somou-se às forças da recessão. Em retrospectiva, parece que a maior flexibilidade dos mercados domésticos acoplada a uma maior abertura para negociar seria útil. Sugere-se também que a crise de Argentina indica a necessidade de regulamentos prudentes do sistema bancário e de controle dos empréstimos tanto para particulares quanto para as empresas. Em consequência, discute-se que muito da crise poderia possivelmente ter sido evitado usando-se o dólar como uma moeda de circulação (dolarização) ou flutuando-se o peso em 1999. Entretanto, os arranjos de *currency board* com frequência tendem a carecer de regras claras de transição e de saída garantidas pelas mudanças no ambiente econômico. Também, tais movimentos em geral não são politicamente viáveis.

Fontes: David E. Altig e Owen F. Humpage, "Dollarization and monetary sovereignty: the case of Argentina", Federal Reserve Bank of Cleveland, *Economic Commentary*, 15 set. 1999; Andrew Berg e Eduardo Borensztein, "The dollarization debate", *Finance and Development*, p. 38-41, mar. 2000; Steve H. Hanke, "How to make the dollar Argentina's currency", *The Wall Street Journal*, p. A19, 19 fev. 1999; "No more peso?", *The Economist*, p. 69, 23 jan. 1999; Augosto de la Torre, Eduardo Levy Yeyati e Sergio L. Schmukler, *Living and dying with hard pegs: the rise and fall of Argentina's currency board*, Banco Mundial, mar. 2003; Guillermo Perry e Luis Serven, *The anatomy of a multiple crisis: why was Argentina special and what can we learn from it?* Banco Mundial, jun. 2003; Paul Blustein, "Argentina didn't fall on its own", *The Washington Post*, p. A01,3 ago. 2003; Mary Anastasia O'Grady, "Take Argentina off life support", *The Wall Street Journal*, p. A9, 15 ago. 2003.

---

importações que a acompanharão. À medida que a economia se expande em resposta ao aumento da demanda por bens domésticos, a elevação da taxa de juros doméstica precipita um ingresso de capital de curto prazo, aplicando uma pressão ascendente sobre a moeda doméstica. Enquanto o Banco Central compra o excesso de divisa estrangeira (à nova taxa fixa), a oferta de moeda aumenta, deslocando *LM* para a direita. A posição líquida de capital de curto prazo continuará a melhorar (e a oferta de moeda a expandir) até que as curvas *IS* e *LM* se cruzem outra vez sobre a linha *BP*. Esse novo equilíbrio irá se dar necessariamente em um nível de renda mais elevado.[15] Concluímos que mudar a taxa de câmbio sob um regime de taxa fixa influenciará o nível de

---

[15] Lembre-se de que os preços são mantidos constantes nesta análise e que a renda não está necessariamente no nível do pleno emprego. Supomos também que os países estrangeiros não ajustam a desvalorização inicial à desvalorização de suas próprias moedas.

atividade econômica, independentemente da mobilidade do capital. Tal como com a política fiscal, o efeito será o maior sob a condição de perfeita mobilidade de capital em que não há nenhum efeito de substituição (*crowding-out*) para compensar a expansão da demanda por bens e serviços domésticos provocada pela mudança no valor da moeda.

REVISÃO DE CONCEITO

1. Como será a situação do balanço de pagamentos se a interseção da *IS-LM* estiver abaixo da curva *BP*? O que ocorre na economia sob taxas fixas de câmbio? Por quê?

2. A política monetária ou a fiscal é mais eficaz sob taxas fixas? Por quê?

RESUMO

Este capítulo examinou a política macroeconômica sob um sistema de taxas fixas de câmbio. Com preços e taxas de câmbio fixas, tornou-se evidente muito cedo que não havia nenhuma garantia de que os objetivos de balanço interno e os objetivos de balanço externo seriam necessariamente alcançados simultaneamente. Introduzimos um modelo que incorpora o setor monetário, o setor real e o balanço de pagamentos (modelo *IS/LM/BP*). A eficácia da política monetária e fiscal doméstica sob taxas fixas de câmbio foi analisada sob diferentes suposições de mobilidade internacional de capital. A política monetária mostrou-se em geral ineficaz em influenciar a renda, enquanto que a política fiscal teve graus variados de eficácia dependendo do nível de mobilidade do capital. Quando o capital foi perfeitamente imóvel, a política fiscal foi totalmente ineficaz em estimular a produção e o emprego. As mudanças oficiais na taxa de câmbio (na extensão permitida) foram também eficazes em estimular a atividade econômica. Entretanto, como a mudança da taxa de câmbio é com frequência difícil sob um sistema de taxa fixa, os países podem se ver com uma taxa de câmbio incorretamente avaliada e, por conseguinte, incapazes de se compatibilizar com seus objetivos de balanço interno e externo.

TERMOS-CHAVE

ajuste monetário automático
crowding out
currency board
curva *BP*
curva *IS*

curva *LM*
diagrama de Mundell-Fleming
esterilização
imobilidade perfeita de capital
imobilidade relativa do capital

mobilidade imperfeita de capital
mobilidade perfeita do capital
mobilidade relativa de capital
taxa de juros de equilíbrio

QUESTÕES E PROBLEMAS

1. Explique com cuidado por que um país estará em equilíbrio na interseção das curvas *IS*, *LM* e *BP*.
2. Por que a política monetária doméstica é ineficaz em uma economia aberta sob um regime de taxa de câmbio fixa?
3. O que acontecerá com os ativos estrangeiros e domésticos detidos pelo país se houver um aumento na oferta de moeda e o capital for perfeitamente móvel? Por quê?
4. Explique por que um país em desenvolvimento com uma taxa de câmbio fixa e com controles sobre a divisa estrangeira (capital perfeitamente imóvel) pode se ver dependente do crescimento das exportações, do investimento estrangeiro, ou da ajuda estrangeira para alcançar o crescimento econômico.
5. Sob que condição de fluxo de capital a política fiscal é a menos eficaz em um regime de taxa fixa? E a mais eficaz? Por quê?
6. Por que a desvalorização da moeda doméstica tem um efeito expansionista na economia? Esse efeito expansionista ocorre se o capital for perfeitamente imóvel? Por quê?
7. Suponha que você foi instruído a construir a curva *BP* de um estado dos Estados Unidos com outro, como, por exemplo, a curva do *BP* de Nova York com Illinois. Que inclinação geral você esperaria para essa curva, e por quê?
8. Por que os países, especialmente aqueles que tendem a déficits de transações de resevas oficiais (TRO), devem manter grandes reservas de divisa estrangeira em um sistema de taxa de câmbio fixa?
9. O Japão incorreu em enormes superávits de conta corrente na última década. Em virtude do interesse sobre esse superávit (e sobre o déficit de conta corrente norte-americano com o Japão), autoridades do governo norte-americano por diversos anos incitaram o governo japonês a adotar uma postura mais expansionista da política fiscal. Usando o gráfico *IS/LM/BP* (que supõe que a curva *BP* seja mais horizontal que a curva *LM*) e partindo de uma posição de equilíbrio, explique como a adoção de tal política expansionista afetaria a renda nacional, conta corrente, conta capital e a oferta de moeda do Japão. Suas conclusões seriam diferentes se a curva *BP* fosse mais inclinada do que a curva *LM*? Por quê, ou por que não? (Nota: Suponha em sua resposta que o Japão não permita que o valor do iene mude.)
10. Se o capital financeiro é relativamente móvel entre países, que dificuldades surgiriam se vários países tivessem diferentes objetivos para a taxa de juros para atingir objetivos de inflação e/ou crescimento de domésticos? (Suponha taxas fixas de câmbio.)

CAPÍTULO

26

POLÍTICA ECONÔMICA EM ECONOMIA ABERTA SOB TAXAS DE CÂMBIO FLEXÍVEIS

OBJETIVOS DE APRENDIZADO

- Captar o impacto da política fiscal sobre a renda, sobre o comércio e sobre as taxas de câmbio sob taxas de câmbio flexíveis.

- Captar o impacto da política monetária sobre a renda, sobre o comércio e sobre as taxas de câmbio sob taxas de câmbio flexíveis.

- Compreender como os choques econômicos externos afetam a economia doméstica sob taxas de câmbio flexíveis.

Introdução

Há vantagem nas taxas flexíveis?

Em anos recentes, muitas das economias em desenvolvimento em todo o mundo – da América Latina ao Sudeste Asiático ao Norte da África – que tinham taxas de câmbio fixas experimentaram crises financeiras. Cada vez mais, recomenda-se que sejam abandonados os sistemas de taxas de câmbio fixas ou de taxas fixas intermediárias menos rígidas, e que taxas de câmbio flexíveis sejam adotadas. Geralmente é aconselhado que adotem um regime de taxa flexível e dediquem sua política monetária a outros objetivos domésticos, tais como a inflação. Nos últimos 10 anos, muitos países latino-americanos abandonaram uma variedade de regimes de taxa fixa e adotaram tanto taxas flexíveis como taxa fixa rígida via *currency board* ou dolarização. Brasil, Chile, México e Venezuela são exemplos de países que adotaram taxas flexíveis, enquanto a Argentina escolheu usar um *currency board* e Equador e El Salvador adotaram o dólar dos Estados Unidos como moeda legal (dolarização). Como mostrado no capítulo anterior, a Argentina foi forçada recentemente a abandonar o *currency board* e a adotar um arranjo mais flexível. Os defensores do regime de taxa de câmbio flexível argumentam que as taxas de câmbio flexíveis tendem a ajudar as economias em desenvolvimento a lidar melhor com os choques externos e a aprimorar a estabilidade financeira, além de reduzir o risco de uma crise de operação bancária. Qual é a base para esse ponto de vista? Quais são os benefícios e os custos da adoção de um sistema de taxa de câmbio flexível? É mais provável que ele aprimore a capacidade dos países que estão globalmente integrados tanto econômica como financeiramente de colher os benefícios da maior integração econômica, ou que torne esses países mais vulneráveis aos ventos destrutivos das flutuações econômicas globais e das políticas do mundo mais industrializado?

Se a taxa de câmbio se ajustar continuamente para manter o equilíbrio no mercado de moeda estrangeira, não há necessidade de os bancos centrais intervirem para remover qualquer excesso de oferta ou de demanda de moeda estrangeira. Consequentemente, as autoridades monetárias têm o controle da oferta de dinheiro e podem usá-lo para buscar objetivos internos. Assim, um sistema de taxas flexíveis afeta significativamente o ambiente e os efeitos das ações políticas. Neste capítulo, examinaremos os efeitos da política monetária e da política fiscal sob um regime de taxa flexível, comparando e contrastando os efeitos de ações de política sob diferentes suposições de mobilidade do capital. Também avaliaremos de que maneira um regime de taxa flexível responde aos choques econômicos externos. No fim do capítulo, você terá aprendido por que a política monetária e a política fiscal diferem marcadamente em sua capacidade de influenciar a renda nacional sob taxas de câmbio flexíveis e por que os efeitos de cada uma são diferentes quando comparados a um sistema de taxa fixa.

Os efeitos da política fiscal e monetária sob taxas de câmbio flexíveis com diferentes suposições de mobilidade do capital

Nesta seção, examinaremos os efeitos da política econômica sob taxas flexíveis usando o modelo *IS/LM/BP* empregado no último capítulo. A característica distintiva da análise deste capítulo é que as respostas domésticas às combinações de renda e de taxas de juros que se encontram fora da curva *BP* produzirão situações de desequilíbrio no mercado de moeda estrangeira, as quais levarão um ajuste na taxa de câmbio que traz o mercado de moeda estrangeira de volta para o equilíbrio. Conforme isso acontecer, a curva *BP* irá se deslocar, refletindo a nova taxa de câmbio de equilíbrio. Considere, por exemplo, as curvas *BP* na Figura 1. Como a taxa de câmbio agora está sujeita a mudança, denotamos um equilíbrio de *BP* específico por um subscrito de taxa de câmbio, por exemplo, BP_0 para a taxa de câmbio inicial e_0. Suponha que a economia doméstica se mova para um ponto abaixo da curva BP_0. Nesse ponto, a taxa de juros interna é baixa demais para alcançar o equilíbrio do balanço de pagamentos para qualquer nível de renda em questão, e a economia começa a ter um déficit de balanço de pagamentos (déficit de transações da reserva oficial) sob a taxa de câmbio e_0. Entretanto, como temos um sistema de taxa flexível, conforme a economia começa a sofrer a pressão do déficit, a moeda doméstica deprecia. Consequentemente, o país nunca tem déficit, mas, em vez disso, observa uma depreciação da moeda.

O desequilíbrio inicial do setor externo no ponto *a*, causado pelo novo nível da renda e da taxa de juros, é frequentemente referido como um **déficit incipiente do *BP***, pois não é visto como um déficit propriamente dito, mas provoca uma depreciação da moeda e um deslocamento da

FIGURA 1 Os efeitos de mudanças na taxa de câmbio sobre a curva *BP*

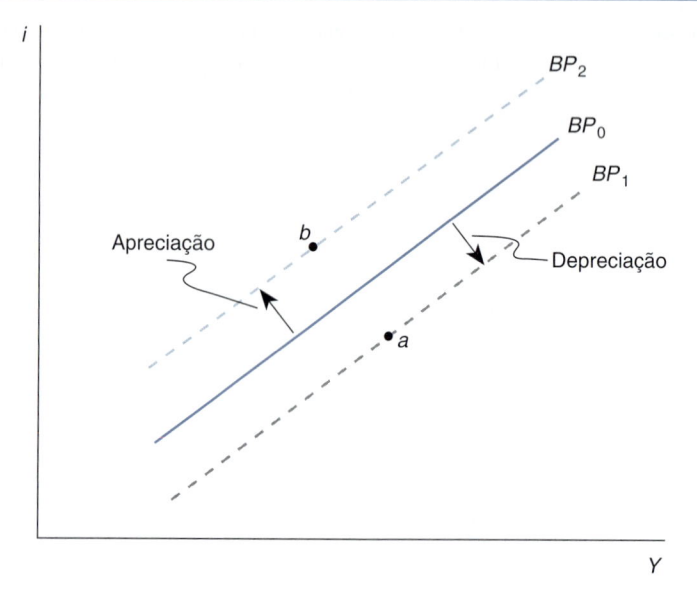

O equilíbrio inicial do balanço de pagamentos à taxa de câmbio e_0 é descrito pela curva BP_0. Uma depreciação da moeda leva a uma expansão das exportações e a uma contração das importações. Assim, para qualquer nível de renda dado, uma quantidade maior de saídas líquidas de capital e uma taxa de juros mais baixa são requeridas para equilibrar o balanço de pagamentos. Com a depreciação da moeda, a curva *BP* se desloca para baixo (à direita) para BP_1. De forma análoga, uma apreciação da moeda leva a importações maiores e a exportações menores, requerendo, assim, uma quantidade menor de saídas líquidas de capital (ou de maiores ingressos líquidos de capital) para obter o equilíbrio externo. Portanto, exige-se uma taxa de juros mais elevada para quaisquer níveis de renda, provocando um deslocamento para cima (ou para a esquerda) da curva *BP* para BP_2.

curva *BP* para BP_1. A curva *BP* mais baixa reflete o fato de que, ao novo valor depreciado da moeda local, qualquer nível de renda dado (com sua posição agora mais favorável de conta corrente devido às exportações ampliadas e às importações reduzidas por causa da depreciação) é associado a uma taxa de juros mais baixa (que piora a conta de capital financeiro com saídas líquidas de capital adicionais que compensam exatamente a conta corrente mais favorável). Alternativamente, qualquer taxa de juros é, no equilíbrio do *BP* com a moeda local agora depreciada, consistente com um nível de renda mais elevado em BP_1 do que na BP_0 original. Analogamente, uma combinação de renda interna e taxa de juros no ponto *b*, o qual se encontra acima da curva *BP* inicial, provocará **superávit incipiente do *BP***, que leva a taxa de câmbio a apreciar e a um deslocamento da curva *BP* para BP_2. É importante enfatizar a diferença entre os mecanismos de ajuste sob taxas flexíveis e fixas. Sob taxas flexíveis, qualquer desequilíbrio leva a uma mudança na taxa de câmbio e a um deslocamento da curva *BP*. Sob taxas fixas, um desequilíbrio no setor externo leva a uma mudança na oferta de dinheiro e a um deslocamento da curva *LM*.

Finalmente, deve-se notar que muitos fatores diferentes influenciam a posição da curva *BP* além da taxa de câmbio. Supõe-se que esses fatores permanecem inalterados em nossa análise, mas eles podem mudar e frequentemente o fazem. Mudanças em qualquer um desses fatores podem levar a um deslocamento da curva *BP*, provocando uma resposta macroeconômica. Para uma visão geral de diversos fatores importantes e da maneira pela qual eles afetam a curva *BP*, veja o Quadro Conceitual 1.

Os efeitos da política fiscal sob diferentes suposições de mobilidade do capital

Agora podemos voltar à consideração dos efeitos da política fiscal sob as várias suposições de mobilidade internacional de capitais financeiros. A política fiscal expansionista é representada por um deslocamento da curva *IS* para a direita, e seus impactos são mostrados na Figura 2. Cada um dos quatro gráficos reflete outra vez uma diferente suposição sobre a mobilidade do

Quadro conceitual 1

Fatores reais e financeiros que influenciam a curva BP

Diversos fatores influenciam a natureza da conta corrente e da conta de capitais financeiros no balanço de pagamentos além do nível da renda interna, da taxa de juros interna e da taxa de câmbio (*spot*). O nível das exportações é influenciado pelos níveis de preços domésticos e estrangeiros, pelo nível de renda do resto do mundo e pelos gostos e preferências estrangeiros. As importações do país local também são influenciadas pelos níveis de preços estrangeiros e domésticos, assim como pelos gostos e preferências. Os fluxos de capital dependem da taxa de juros externa, das taxas esperadas de lucro tanto no país como no estrangeiro, das taxas de câmbio futuras esperadas e do risco percebido associado às alternativas de investimento.

Todas essas considerações adicionais estão sendo mantidas constantes para uma curva específica de balanço externo (*BP*). Se alguns dos fatores mudarem, a curva *BP* se deslocará para compensar os efeitos da mudança e assim continuar a refletir o equilíbrio externo. Por exemplo, um aumento na renda externa aumentará as exportações do país, permitindo desse modo um nível mais elevado de renda interna para obter o equilíbrio do balanço de pagamentos para cada taxa de juros. A curva *BP* irá se deslocar consequentemente para a direita. Uma diminuição no nível de preço estrangeiro teria o efeito oposto, levando a um aumento das importações do país, a uma taxa de juros necessariamente mais elevada para equilibrar o balanço de pagamentos, e, portanto, a um deslocamento da curva *BP* para a esquerda.

As mudanças nas variáveis financeiras também deslocarão a curva *BP*. Por exemplo, um aumento da taxa de juros externa estimulará um aumento nas saídas de capitais financeiros de curto prazo do país. Uma taxa de juros interna mais elevada consequentemente será necessária para equilibrar o balanço de pagamentos para cada nível de renda dado, e a curva *BP* irá se deslocar para a esquerda. Um ajuste similar ocorreria para um aumento na taxa prevista de lucro no exterior ou uma diminuição na taxa prevista do lucro interna. Finalmente, se as expectativas dos investidores a respeito do valor futuro da taxa de câmbio mudar – por exemplo, há um aumento na apreciação prevista da moeda local –, isso levaria a um deslocamento da curva *BP*. Um aumento na apreciação prevista da moeda local leva a um ingresso de capital de curto prazo e, portanto, a um deslocamento da curva *BP* para a direita, porque agora há uma taxa de juros mais baixa para cada nível de renda para manter o equilíbrio externo. Esses efeitos são resumidos na Tabela 1.

Tabela 1 Fatores exógenos e deslocamentos da curva *BP*

Aumento da renda externa	A curva *BP* se desloca para a direita (para baixo)
Aumento dos preços externos	A curva *BP* se desloca para a direita
Aumento dos preços domésticos	A curva *BP* se desloca para a esquerda (para cima)
Aumento da taxa prevista de lucro:	
Externa	A curva *BP* se desloca para a esquerda
Doméstica	A curva *BP* se desloca para a direita
Aumento da taxa de juros externa	A curva *BP* se desloca para a esquerda
Aumento da apreciação prevista da moeda local (depreciação)	A curva *BP* se desloca para a direita (esquerda)

capital. Em cada caso, começamos com a economia em equilíbrio em Y_0 e i_0 e, então, examinamos o efeito de um aumento dos gastos do governo (ou de uma diminuição dos impostos), que é capturado por um deslocamento da curva *IS* para *IS'*.

Começando com o painel (a), um aumento nos gastos do governo aumenta a demanda doméstica por bens e serviços (*IS'*), levando a uma renda de equilíbrio mais elevada e a uma taxa de juros mais elevada. Como o capital é perfeitamente imóvel, o aumento da renda cria um déficit incipiente e faz com que a moeda deprecie. Com a depreciação da moeda, BP_0 se desloca para a direita para BP_1. Ao mesmo tempo, a depreciação da moeda faz com que as exportações aumentem e as importações diminuam, tendo por resultado um deslocamento posterior para a direita da curva *IS* para *IS"*. Esses ajustes vão parar quando as curvas *IS*, *LM* e *BP* se cruzarem

FIGURA 2 Política fiscal em economia aberta com taxas de câmbio flexíveis sob suposições alternativas de mobilidade do capital

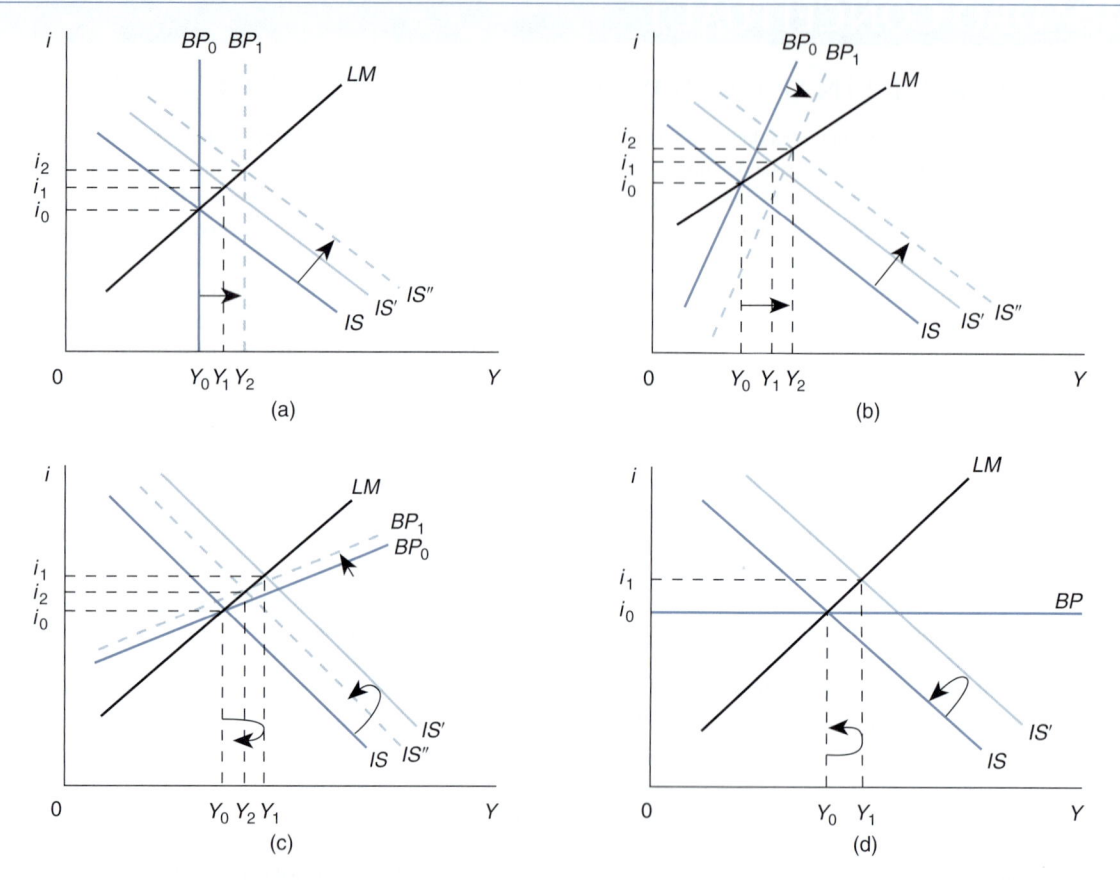

(a)

(b)

(c)

(d)

Começando no equilíbrio Y_0 e i_0, uma política fiscal expansionista desloca a curva IS para a direita (IS'). Isso faz com que a renda e as importações aumentem, gerando um déficit incipiente quando o capital é perfeitamente imóvel [painel (a)] ou relativamente imóvel [painel (b)], e uma depreciação da moeda local. A depreciação da moeda desloca a curva BP para a direita (BP_1), aumenta as exportações e diminui as importações, o que gera um deslocamento adicional da curva IS (IS''). Um novo equilíbrio, mais elevado, Y_2 e i_2, resulta. Entretanto, quando o capital for relativamente móvel [painel (c)], a eficácia da política fiscal é reduzida. Nesse caso, uma política fiscal expansionista (IS') produz um superávit incipiente e uma apreciação da moeda. A curva BP se desloca assim para cima e a curva IS se desloca para a esquerda, pois as importações aumentam e as exportações diminuem. O ajuste comercial compensa um pouco o efeito expansionista da política fiscal, e o efeito expansionista sobre a renda é reduzido, e não aumentado como ocorria quando o capital era imóvel ou relativamente imóvel. Finalmente, note que, com o capital perfeitamente móvel [painel (d)], a expansão fiscal coloca em movimento uma apreciação da moeda que continua até o efeito sobre a conta corrente ($-\Delta X, +\Delta M$) compensar completamente a política fiscal inicial, deixando a renda em Y_0.

outra vez em um ponto comum (Y_2, i_2). No caso de capital perfeitamente imóvel, o ajuste no setor externo produz um impulso expansionista secundário com o aumento das exportações líquidas. Note que, como o ajuste no setor externo está ocorrendo através da taxa de câmbio, não há nenhuma mudança na oferta de dinheiro e, portanto, nenhuma mudança da curva LM.

O painel (b) da Figura 2 ilustra a situação de imobilidade relativa do capital, em que os movimentos internacionais de capitais de curto prazo são menos sensíveis às mudanças da taxa de juros do que os mercados financeiros domésticos. Nesse caso, a curva BP é mais íngreme do que a curva LM. Os aumentos dos gastos do governo têm outra vez um efeito expansionista na economia, levando a um déficit incipiente no balanço de pagamentos. A pressão do déficit é menor do que era quando o capital era imóvel, pois há algum grau de sensibilidade do capital de curto prazo às mudanças da taxa de juros interna. Um déficit incipiente surge porque as importações induzidas pela Y mais elevada compensam o aumento do ingresso líquido de capital, e a depreciação resultante da moeda leva a um deslocamento para a direita da curva BP

para BP_1. Um deslocamento adicional para a direita da curva IS para IS" ocorre quando as exportações líquidas aumentam com a depreciação da moeda. Enquanto os efeitos forem menores do que aqueles sob imobilidade perfeita do capital, a política fiscal ainda é eficaz em expandir a renda nacional, e o ajuste do setor externo complementa o efeito inicial do aumento dos gastos do governo.

No painel (c), temos o caso de mobilidade internacional relativa do capital financeiro de curto prazo, em que a curva BP é menos inclinada que a curva LM. Embora ainda haja uma mobilidade imperfeita do capital nesse exemplo, o setor externo parece mais sensível às mudanças da taxa de juros do que os mercados monetários domésticos. Um aumento dos gastos do governo leva a um *superávit* incipiente do balanço de pagamentos porque os ingressos líquidos de capital mais do que compensam o déficit de conta corrente e, portanto, a apreciação da moeda. Com a apreciação da moeda, a curva BP move-se para a esquerda. A deterioração do balanço de conta corrente também tem impacto sobre a demanda agregada, deslocando a curva IS para a esquerda. Consequentemente, o sistema permanece no nível de renda Y_2 em vez de Y_1. Isso ocorre porque parte do efeito expansionista do aumento dos gastos do governo é compensada pela deterioração da conta corrente que acompanha a apreciação da moeda. Nesse caso, o ajuste externo do setor *amortece* o efeito expansionista inicial do aumento dos gastos do governo.

No cenário final, no painel (d), da mobilidade perfeita do capital, vemos que o deslocamento da curva IS para IS', devido ao aumento dos gastos do governo, novamente provoca um superávit incipiente do balanço de pagamentos (Y_1, i_1). Isso provoca uma apreciação da moeda local (devido aos ingressos de capital em grande escala), que continua até que o balanço de conta corrente se deteriore de modo suficiente para compensar exatamente o aumento inicial dos gastos do governo. A curva IS irá se estabelecer na mesma posição que antes do aumento em G. Assim, o principal resultado real do aumento de G é que ele leva a uma redução das exportações e a um aumento das importações, isto é, a uma mudança na composição do Produto Interno Bruto (PIB) e do balanço de pagamentos. Como a renda não expandiu, o aumento dos gastos do governo foi possível essencialmente por um aumento das importações e por uma diminuição das exportações. Assim, as exportações são inibidas (*crowded out*) e os bens importados estimulados (*crowded in*) pelo maior gasto do governo. Note, entretanto, que não houve nenhum deslocamento do investimento real, pois, com capital perfeitamente móvel, a taxa de juros permanece fixa à taxa internacional.

Como você deve ter percebido, em uma situação em que o capital não é nem perfeitamente móvel nem perfeitamente imóvel, o efeito da política fiscal expansionista sobre a taxa de câmbio é indeterminado caso não se conheçam as inclinações relativas das curvas BP e LM. Se a curva BP for mais inclinada do que a curva LM (imobilidade relativa do capital), a moeda local deprecia; se a curva BP for menos inclinada do que a LM (mobilidade relativa do capital), a moeda local aprecia. Do mesmo modo, da perspectiva do balanço de portfólio, há indeterminação a respeito do efeito da política fiscal expansionista sobre a taxa de câmbio. Por exemplo, se a política expansionista envolver um déficit do orçamento do governo e houver emissão subsequente de novos títulos do governo, então os títulos do país podem se tornar mais arriscados para os proprietários estrangeiros de portfólio, pois há agora uma oferta maior de títulos desse país. Então ocorreria uma depreciação da moeda doméstica para induzir os tomadores estrangeiros de títulos a comprar os novos títulos. Esse aumento do risco é equivalente a tornar a curva BP mais inclinada, aproximando-se ou tornando-se mais inclinada que a curva LM (isto é, transformando-se no caso de imobilidade relativa do capital). Por outro lado, se a política fiscal expansionista não envolvesse a emissão de novos títulos (isto é, não há nenhum déficit no orçamento do governo), a moeda local se valorizaria por causa da sensibilidade do ingresso de capital de curto prazo à taxa de juros interna mais elevada. Finalmente, se o gasto deficitário ocorresse, mas o déficit fosse financiado pela emissão monetária em vez de títulos do governo, o aumento da oferta de dinheiro faria com que a moeda local depreciasse. (Como veremos na seção a seguir, aumentar a oferta de dinheiro leva à depreciação.) Logo, considerações de balanço de portfólio geram também incerteza a respeito do impacto da política fiscal expansionista sobre a taxa de câmbio.

Uma visão geral dos efeitos da política fiscal sob taxas flexíveis indica que a eficácia da política fiscal depende fortemente do grau de mobilidade internacional do capital. Quando o capital é completa ou relativamente imóvel, a política fiscal é eficaz em direcionar a economia para objetivos de renda e de emprego, ainda mais do que sob taxas de câmbio fixa por causa do estímulo extra sobre a renda proporcionado pela depreciação da moeda. Por outro lado, conforme o capital se torna cada vez mais móvel, a política fiscal se torna cada vez menos eficaz. No caso em que o capital é relativamente móvel (*LM* mais inclinada do que a *BP*), a política fiscal é menos eficaz sob taxas flexíveis do que sob taxas fixas por causa do efeito de renda negativo da apreciação da moeda. Para o caso extremo de mobilidade perfeita do capital, a política fiscal é totalmente ineficaz. Conforme o capital financeiro se torna cada vez mais móvel em nosso mundo cada vez menor, a política fiscal irá se tornar cada vez menos eficaz em influenciar o nível de renda e de emprego. Embora um sistema de taxa flexível enfraqueça severamente o instrumento fiscal em um mundo de capital móvel (porque os ajustes nos mercados de moeda estrangeira podem compensar severamente os efeitos da política fiscal discricionária), ele libera os instrumentos da política monetária, como será visto na próxima seção.

Os efeitos da política monetária sob diferentes suposições de mobilidade do capital

A resposta econômica aos aumentos da oferta monetária é direta e consistente entre os diferentes cenários de mobilidade do capital (veja a Figura 3). Aumentos da oferta de moeda deslocam a curva *LM* para a direita e, em todos os quatro casos, expandem a renda doméstica do nível inicial Y_0, aplicam uma pressão descendente sobre a taxa de juros interna em relação à taxa inicial i_0, e produzem um déficit incipiente no balanço de pagamentos. Sob um sistema de taxas flexíveis, a política monetária expansionista leva a uma depreciação da moeda doméstica, acompanhada por um aumento das exportações e por uma diminuição das importações. Com a depreciação, tanto a curva *BP* como a curva *IS* deslocam-se para a direita. O resultado final é um aumento na renda de equilíbrio e um fortalecimento da balança comercial.

Olhando cada caso mais de perto, na situação de capital perfeitamente imóvel [painel (a)], o déficit incipiente é causado pelo aumento das importações que acompanha o nível mais elevado da renda doméstica. Como os fluxos de capital são completamente insensíveis às mudanças na taxa de juros, não há nenhuma resposta do fluxo de capital à ação da política monetária. Consequentemente, a moeda precisa depreciar apenas o suficiente para compensar o efeito renda sobre as importações. Com a depreciação da moeda, a curva *BP* desloca-se para a direita, de BP_0 para BP_1, e o aumento das exportações líquidas também desloca para a direita a curva *IS* para *IS'*. No fim, o sistema chegará a um novo equilíbrio com um nível de renda mais elevado Y_2, uma moeda depreciada e uma taxa de juros mais baixa.[1] Note que os efeitos dos gastos associados à depreciação reforçam ainda mais os efeitos iniciais da expansão monetária.

---

[1] A taxa de juros sem dúvida cai porque a curva *BP* se desloca para a direita mais do que a curva *IS* para qualquer taxa de juros dada. Recordando o multiplicador dos gastos autônomos do Capítulo 24, a mudança na renda para cada taxa de juros é a melhoria induzida pela depreciação na balança comercial (a adição líquida de gasto na economia para cada taxa de juros) vezes o multiplicador. Essa mudança da renda é igual ao tamanho do deslocamento horizontal da curva *IS*; isto é,

$$\Delta Y_{IS} = \Delta (X - M) \times (1/[1 - \text{PMC}(1 - t) + \text{PMI}]) \qquad [1]$$

Por outro lado, a curva *BP* se desloca para a direita para qualquer taxa de juros dada pelo aumento na renda necessária para gerar importações suficientes para restaurar o equilíbrio do comércio após a depreciação da moeda, ou seja, as importações devem se elevar pela quantidade necessária para equivaler à melhoria inicial da balança comercial; isto é, as importações devem mudar em PMI $\times \Delta Y$. Portanto,

$$\Delta M = \text{PMI} \times \Delta Y \qquad [2]$$

ou o deslocamento necessário para a direita da curva *BP* para cada taxa de juros dada é

$$\Delta Y_{BP} = \Delta M/\text{PMI} \qquad [3]$$

Como o equilíbrio do comércio é restaurado após o deslocamento da curva *BP*, isso significa que ΔM associado ao deslocamento da curva *BP* é igual a $\Delta(X - M)$ associado ao deslocamento da *IS*. Tomando $\Delta M = \Delta(X - M) = a$ das expressões [3] e [1], vemos que $\Delta Y_{BP} = a/\text{PMI}$ e $\Delta Y_{IS} = a/[1 - \text{PMC}(1 - t) + \text{PMI}]$. Como $[1 - \text{PMC}(1 - t)]$ é um número positivo, o denominador da expressão ΔY_{IS} é maior do que o denominador da expressão ΔY_{BP}, e, portanto, com um numerador idêntico, ΔY_{BP} é maior do que ΔY_{IS}. Ou seja, a curva *BP* se desloca mais para a direita do que a curva *IS* para qualquer taxa de juros dada.

CAPÍTULO 26 — Política econômica em economia aberta sob taxas de câmbio flexíveis

FIGURA 3 Política monetária em economia aberta com taxas de câmbio flexíveis sob suposições alternativas de mobilidade do capital

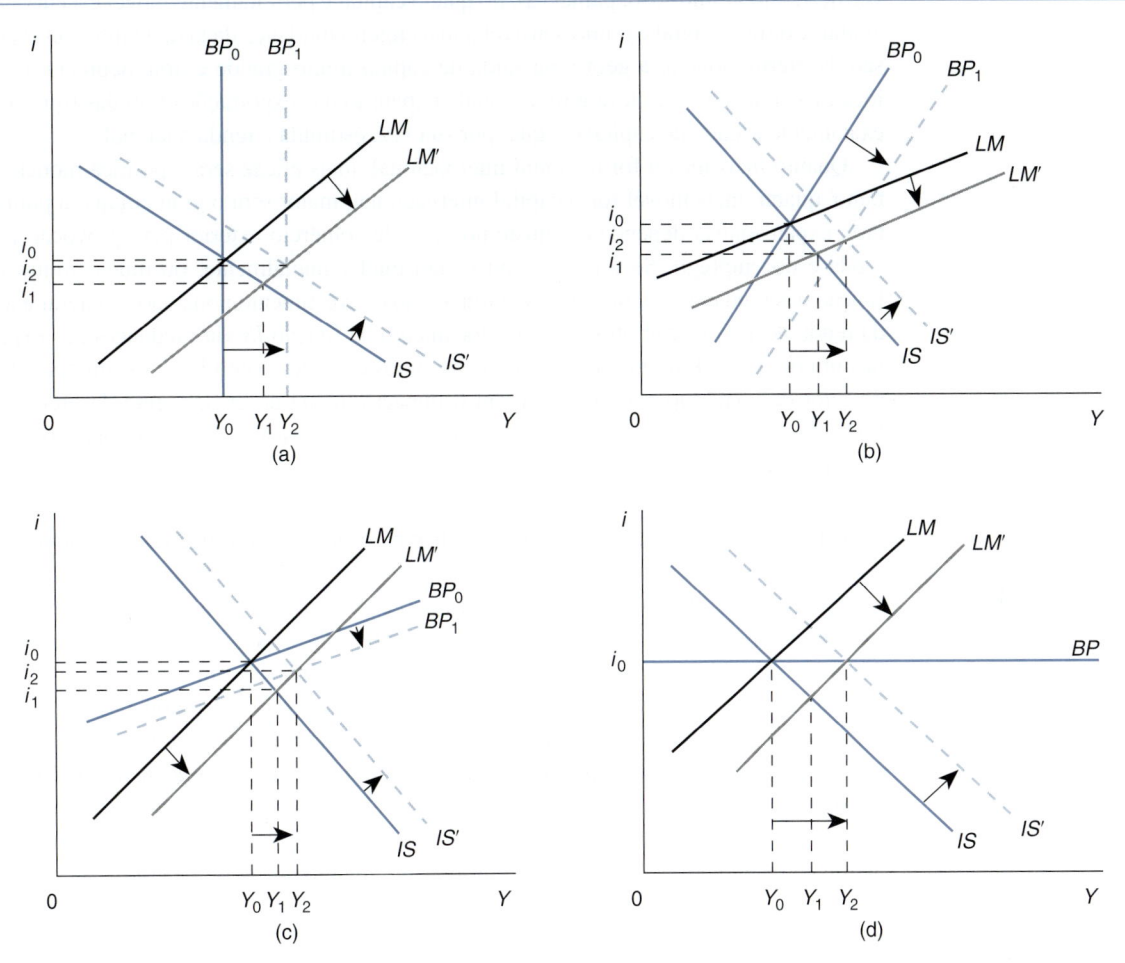

Começando com equilíbrio em Y_0 e i_0, a política monetária expansionista desloca a curva LM para a direita (LM'), baixando a taxa de juros e aumentando a renda (Y_1, i_1). A taxa de juros mais baixa reduz o ingresso líquido de capital ou piora a saída líquida de capital [exceto no caso (a)], e o maior nível de renda aumenta as importações. Consequentemente, há um déficit incipiente no balanço de pagamentos, tendo por resultado uma depreciação da moeda local e um deslocamento da curva BP para a direita (BP_1). Entretanto, a depreciação aumenta as exportações e diminui as importações, causando um deslocamento da curva IS para a direita (IS'). A depreciação (deslocamento para a direita da curva BP) e a melhora da balança comercial (deslocamento para a direita da curva IS) continuam até que todas as três curvas se cruzem outra vez em um ponto comum e o equilíbrio seja obtido (Y_2 e i_2). No exemplo de mobilidade perfeita do capital [painel (d)], todos os ajustes ocorrem ao longo da curva BP, porque ela permanece horizontal à taxa de juros mundial. Com taxas de câmbio flexível, a política monetária expansionista é eficaz em influenciar a renda independentemente do grau de mobilidade do capital, e os efeitos sobre a conta corrente complementam a política monetária em todos os casos.

A expansão da oferta monetária sob mobilidade imperfeita do capital [painéis (b) e (c)] leva a uma queda na taxa de juros interna e estimula por sua vez uma saída de capital de curto prazo, piorando a conta capital de curto prazo. Assim, tanto os movimentos de capitais de curto prazo como os aumentos da renda doméstica exerceram uma pressão descendente sobre o valor da moeda local. Quanto mais sensíveis os fluxos internacionais de capital forem às mudanças na taxa de juros interna (curva BP menos inclinada), maior será a pressão adicional. Consequentemente, quanto maior for a elasticidade de juros da curva BP, maior será a depreciação que ocorrerá para manter o equilíbrio no balanço de pagamentos. Como a expansão nas exportações líquidas é maior com uma depreciação maior, os efeitos expansionistas totais da política monetária serão maiores quanto maior for a mobilidade internacional do capital. Isso é verificado no último caso, painel (d), no qual o capital é perfeitamente móvel e a curva *BP* é horizontal. Como o capital é muito sensível à mais ligeira mudança da taxa de juros interna, a expansão da oferta monetária gera uma saída de capital muito grande e uma depreciação da moeda local. Essa depreciação leva a uma grande expansão das exportações líquidas (que compensam exatamente a saída de capital), o que, por sua vez, estimula a renda nacional.

Quanto mais móvel for o capital internacional, mais eficaz será a política monetária. Entretanto, quanto mais móvel for o capital internacional, maior será o grau em que a política monetária expansionista depende do ajuste no setor de comércio exterior para provocar aumento da renda e do emprego. Se a taxa de juros não mudar inicialmente, ou mudar muito pouco em função das mudanças da oferta monetária, então o investimento pode não se alterar e a expansão da renda deverá ocorrer através de deslocamento da função *IS* via mudanças nas exportações e nas importações. Entretanto, com todas as suposições de mobilidade, os ajustes subsequentes no setor de comércio exterior reforçam o impacto inicial do crescimento da oferta monetária. Pode-se concluir consequentemente que, em geral, a política monetária é mais eficaz sob taxas de câmbio flexíveis do que sob taxas de câmbio fixo.

Coordenação de política sob taxas de câmbio flexível

Uma conclusão geral alcançada na análise precedente da política fiscal e monetária é que a política monetária é consistentemente eficaz em influenciar a renda nacional sob taxas flexíveis e que será mais forte quanto mais móvel for o capital internacional de curto prazo. A política fiscal é menos eficaz sob taxas flexíveis do que sob taxas fixas quando o capital é relativa ou perfeitamente móvel. Isso resulta do fato de que os efeitos de substituição de gastos podem trabalhar contra a política fiscal, enquanto que complementam a política monetária. Não surpreende, então, que aqueles que fazem políticas públicas podem achar desejável usar os dois instrumentos de forma coordenada para alcançar objetivos internos. A **coordenação das políticas fiscal e monetária** permitirá a eles aspirar a outros alvos além da renda, tais como uma meta para a taxa de juros, estabilidade da taxa de câmbio, ou uma meta para combinação de gasto do governo, produção para exportação/emprego, e produção/emprego no setor que compete com as importações. O uso comum de políticas monetárias e fiscais permitirá algum controle sobre a natureza do ajuste estrutural e sobre a distribuição dos efeitos econômicos das políticas adotadas.

Esse ponto pode ser visto na Figura 4. Vamos começar inicialmente com a economia em equilíbrio em Y_0 e i_0. Suponha que se estabeleça uma meta de Y^* e i^*, o que permitiria a expansão da economia sem afetar a taxa de câmbio e, portanto, os preços relativos. Voltando-nos primeiramente para o painel (b), vamos examinar como as tentativas para alcançar aquele ponto usando somente a política monetária vão acabar. A expansão apenas da oferta monetária (LM') leva à depreciação da moeda local (deslocamento de *BP* para a direita) e a uma expansão líquida do comércio exterior (deslocamento da *IS* para a direita). Como o novo equilíbrio deve se encontrar sobre LM' com a moeda depreciada (uma *BP* mais baixa), a taxa de juros de equilíbrio será menor do que i^*. Tal taxa de juros de equilíbrio é ilustrada por i', ocorrendo na interseção da IS' com a LM' e a BP_1. Nesse exemplo, as duas metas não seriam atingidas, pois Y' é menor do que Y^* e i' é menor do que i^*. Além disso, os exportadores e os concorrentes da importação seriam recompensados e o setor de não comerciáveis seria prejudicado pela mudança nos preços relativos provocada pela mudança na taxa de câmbio.

Se, por outro lado, o governo tentasse alcançar Y^* usando somente a política fiscal e ele fosse bem-sucedido, as taxas de juros se dirigiriam para i_{y*}, como demonstrado no painel (a), claramente não atingindo a meta i^*. Com toda a probabilidade, seria difícil alcançar Y^* apenas com a política fiscal, porque a política fiscal expansionista (isto é, um deslocamento para a direita da curva *IS* para IS_{FP}) criará um superávit incipiente, fazendo com que a moeda valorize (um deslocamento da curva *BP* para a esquerda). Com a valorização da moeda, as exportações diminuem e as importações

FIGURA 4 Coordenação das políticas monetária e fiscal sob taxas de câmbio flexíveis

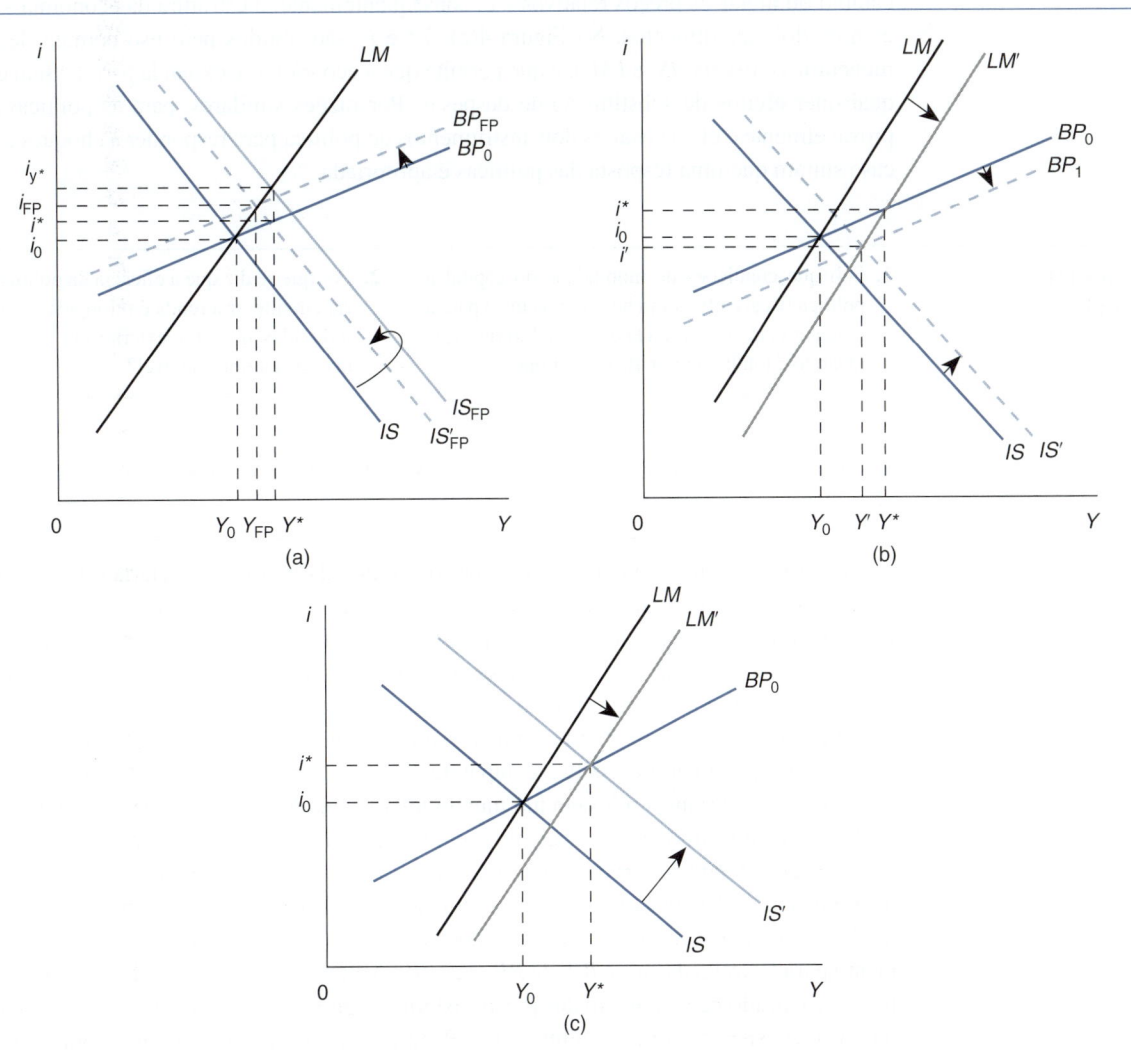

Com a economia em equilíbrio em Y_0 e i_0, os elaboradores de políticas públicas decidem que seria desejável estar em Y^* e i^*. Entretanto, é possível alcançar essa combinação somente pelo uso coordenado de políticas monetárias e fiscais, como mostrado no painel (c). Voltando-nos ao painel (a), tentativas de usar apenas a política fiscal (deslocamento para a direita da curva IS para IS_{FP}) levarão a um superávit incipiente e a uma valorização da moeda local. Consequentemente, a curva BP começa a se deslocar para a esquerda, e, ao mesmo tempo, as exportações diminuem e as importações aumentam, levando a curva IS a se deslocar para a esquerda. O novo equilíbrio que deve estar sobre a curva LM ou não alcançará a meta da taxa de juros em Y^* (isto é, ocorrerá i_{y^*} em vez de i^*) ou não alcançará ambas as metas, como em Y_{FP} e i_{FP} (IS'_{FP}, BP_{FP}, LM). Tentativas de usar somente a política monetária (deslocamento para a direita da curva LM para LM'), como demonstrado no painel (b), levarão a um déficit incipiente e a uma depreciação da moeda. Consequentemente, a curva BP começará a se deslocar para a direita (para BP_1) e, com o aumento das exportações e a redução das importações, a curva IS começará também a se deslocar para a direita. O novo equilíbrio ocorrerá sobre LM', mas com uma moeda desvalorizada e, portanto, com as curvas IS' e BP_1. Em consequência, tentativas de alcançar Y^* levarão a uma taxa de juros menor do que i^*, ou a um novo equilíbrio em i' e Y', que não são as metas desejadas. Portanto, como mostrado no painel (c), a única maneira de alcançar as duas metas simultaneamente é com o uso coordenado dos dois instrumentos.

aumentam, e a curva IS se desloca de volta para a esquerda, para IS'_{FP}. Assim, o sistema se move para um novo equilíbrio sobre a curva LM, por exemplo, na interseção da IS'_{FP} e da BP_{FP}, que não atinge nenhuma das metas. O uso somente da política fiscal levará a uma taxa de juros elevada demais e provavelmente a um nível de renda abaixo de Y^*. As tentativas de alcançar Y^* por gastos adicionais do governo simplesmente levarão a taxa de juros a um nível mais alto. De mais a mais, nesse processo, os exportadores e os produtores de substitutos de importações seriam prejudicados, e o setor de não comercializáveis ganharia.

A única maneira de alcançar as duas metas em questão sem provocar alteração da taxa de câmbio ou afetar os preços relativos – e, consequentemente, a estrutura da economia – é contar com os dois instrumentos. Na Figura 4(c), Y^* e i^* são obtidos pelo uso comum de políticas monetárias e fiscais (IS' e LM'), o que permite que a economia se expanda para Y^* sem estimular quaisquer efeitos de substituição de despesas. Por razões similares, para as políticas públicas provavelmente é eficaz usar os dois instrumentos de política para responder a choques exógenos, caso sintam que uma resposta das políticas é apropriada.

REVISÃO DE CONCEITO	1. Sob que condições de mobilidade do capital a política fiscal é eficaz em buscar uma meta para a renda em um sistema da taxa de câmbio flexível? Quando é totalmente ineficaz? Por quê?	2. Por que se diz que a eficácia da política monetária em alterar a renda é reforçada por mudanças induzidas no setor externo em um sistema da taxa de câmbio flexível?

Os efeitos dos choques exógenos no modelo $IS/LM/BP$ com mobilidade imperfeita do capital

Até aqui, a análise se concentrou sobre os efeitos da política monetária e fiscal, mantendo muitas variáveis importantes constantes. Isto inclui variáveis como o nível de preços interno, o nível dos preços no exterior e a taxa de juros no exterior, assim como as taxas previstas de lucro internas e no exterior, as taxas de câmbio previstas, e as políticas comerciais e as instituições econômicas internas e no exterior. Como essas variáveis podem mudar abrupta ou inesperadamente, e com frequência o fazem, é útil examinar rapidamente os efeitos das mudanças sobre variáveis selecionadas por meio da estática comparativa para se ter alguma ideia de como os "choques econômicos" são transmitidos em um mundo interdependente sob taxas de câmbio flexíveis.

Suponha, por um lado, que haja um aumento repentino no nível de preços externos, isto é, um **choque externo de preço** (veja a Figura 5).[2] Haverá um efeito expansionista (um deslocamento da curva IS para a direita) na economia local, com aumento das exportações e diminuição das importações em resposta à mudança dos preços em questão. Além disso, haverá um deslocamento para a direita da curva BP (de BP_0 para BP'_0), uma vez que o efeito de substituição de despesas provocado pelo aumento dos preços externos significa que um nível mais elevado da renda interna é consistente com o equilíbrio do BP para cada taxa de juros interna. Com o aumento do gasto (IS') com produtos do país, a renda e a taxa de juros começam a se elevar. A elevação da taxa de juros interna gera uma pressão ascendente sobre o valor da moeda local (valorização) por causa dos ingressos de capitais de curto prazo, assim como a melhoria na conta corrente faz, e a curva BP começará a se deslocar de volta. Enquanto a moeda continua a valorizar, as exportações caem e as importações crescem, deslocando a curva IS para trás, para sua posição inicial. O resultado final é um retorno à posição de equilíbrio original, Y_0, i_0. Assim, vemos que sob taxas (completamente) flexíveis, a economia está protegida dos choques de preço que se originam fora do país. Essa argumentação é relevante para o período após 1972, quando a maioria dos grupos de produtos passou a apresentar considerável variabilidade de preço.

Suponha, por outro lado, que haja um aumento repentino dos preços domésticos, isto é, um **choque doméstico de preço** (veja a Figura 7). Nesse caso, o equilíbrio em quaisquer dos três setores será afetado. Um aumento dos preços domésticos reduzirá a oferta monetária real, deslocando a curva LM para a esquerda. Ao mesmo tempo, os preços domésticos mais elevados reduzirão a competitividade das exportações e tornarão as importações

---

[2] Para simplificar, estamos ignorando qualquer efeito sobre os preços domésticos da mudança do preço externo. Tais efeitos não mudariam a conclusão central da análise.

FIGURA 5 Choques externos de preço e ajuste macroeconômico na economia aberta

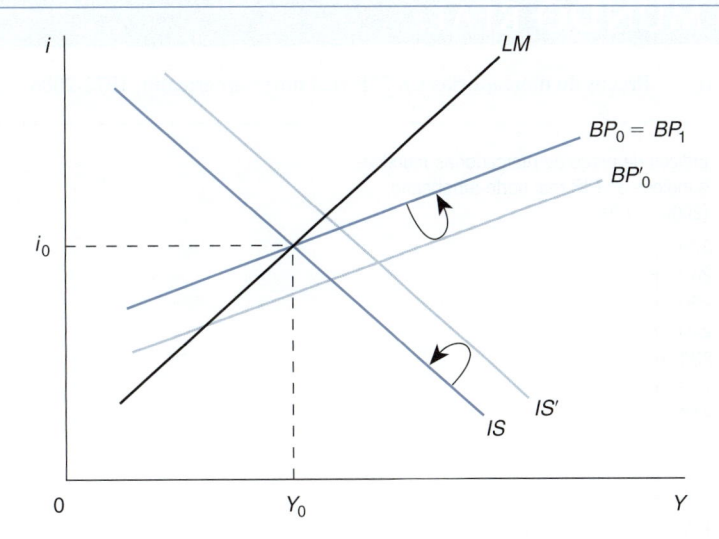

Um aumento nos preços externos desloca a curva BP para fora, para BP'_0, as exportações crescem e as importações caem. A melhoria da conta corrente desloca IS para a direita, para IS', exercendo pressão ascendente sobre a renda e sobre a taxa de juros. A melhoria da conta corrente e a taxa de juros doméstica mais elevada produzem um superávit incipiente do balanço de pagamentos, e a moeda local começa a se valorizar. Com a apreciação de moeda, a curva BP move-se para cima e a curva IS move-se para a esquerda. O equilíbrio é alcançado outra vez em Y_0 e i_0, conforme a valorização da moeda compensa o choque externo de preço.

NO MUNDO REAL:

PREÇOS DE MERCADORIAS E O PIB REAL DOS ESTADOS UNIDOS, 1972-2006

Os choques de preço podem se originar de muitas maneiras, por exemplo, por aumentos da oferta monetária, pela expansão fiscal, pela expansão simultânea de diversos países industriais chave, por aumentos repentinos dos salários e por mudanças em preços reais de mercadorias. A Figura 6 foca as mudanças de preço de mercadorias e retrata o movimento dos preços por atacado mundiais de alimentos, de matérias-primas agrícolas, de metais e do petróleo no período entre 1972-2006. Os preços do petróleo quase quadruplicaram de 1973 a 1974, e então quase triplicaram de 1978 a 1980, antes de caírem aproximadamente 60% de 1980 a 1986. Entretanto, os preços do petróleo subiram nos anos recentes, atingindo de $75 a $80/barril em julho de 2007 (não mostrado no gráfico). Houve, também, claramente uma considerável variabilidade de preço durante esse período nas outras categorias de produtos. É interessante notar que todos esses preços de mercadorias também subiram nos anos recentes, particularmente dos metais.

Entretanto, apesar desses grandes choques de preços, o PIB real dos Estados Unidos demonstrou crescimento relativamente constante em todos esses anos. Como as taxas de câmbio da maioria dos países se tornaram mais flexíveis em 1973, essa relativa estabilidade do PIB é consistente com a noção de que taxas flexíveis tendem a proteger uma economia dos choques externos de preço. Apesar disso, não desejamos minimizar o impacto dos choques, pois o desemprego e a inflação em países industriais foram afetados particularmente pelos aumentos de preço pela Organização dos Países Exportadores de Petróleo (OPEC) em 1973-1974. A proteção contra forças exógenas que se esperava que acompanhasse as taxas flexíveis de câmbio não foi completa (embora as taxas de câmbio não fossem e ainda não sejam completamente flexíveis).

Fontes: Fundo Monetário Internacional (FMI), *International Financial Statistics Yearbook 2002* (Washington, DC: IMF, 2002), p. 186-89; FMI, *International Financial Statistics Yearbook 2006* (Washington, DC: IMF, 2006), p. 122-23, FMI, *International Financial Statistics*, mai. 2007, p. 72-73; U.S. Department of Commerce, *Survey of Current Business,* mai. 2007, p. D-47.

No mundo real:

FIGURA 6   Preços de mercadorias e o PIB real norte-americano, 1972-2006

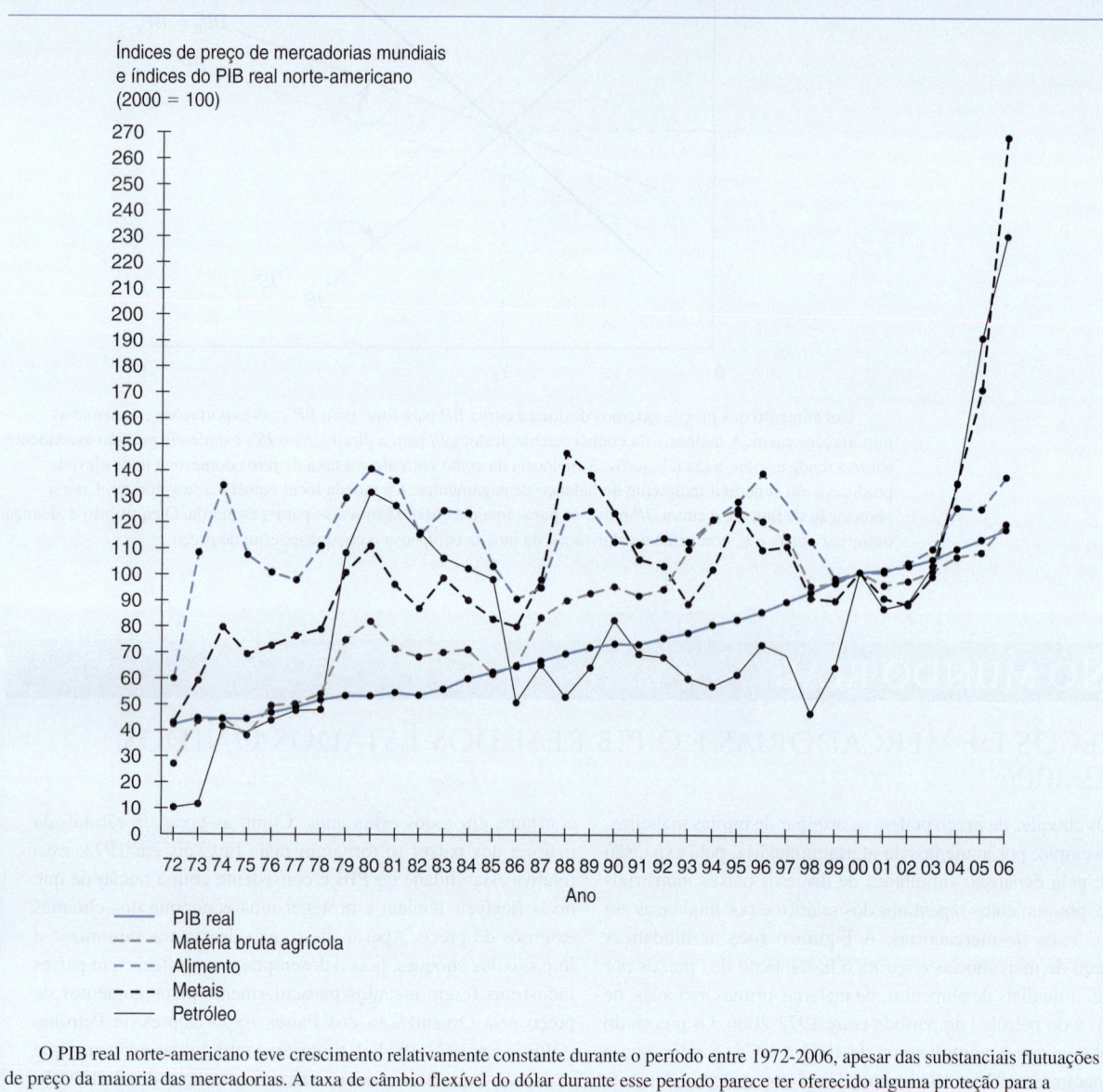

Índices de preço de mercadorias mundiais
e índices do PIB real norte-americano
(2000 = 100)

— PIB real
--- Matéria bruta agrícola
--- Alimento
--- Metais
— Petróleo

O PIB real norte-americano teve crescimento relativamente constante durante o período entre 1972-2006, apesar das substanciais flutuações de preço da maioria das mercadorias. A taxa de câmbio flexível do dólar durante esse período parece ter oferecido alguma proteção para a economia contra os choques externos.

mais atrativas para os consumidores locais. Consequentemente, a curva IS se deslocará para a esquerda. Por fim, esses mesmos efeitos sobre o comércio levarão a um deslocamento ascendente da curva BP, porque agora haverá uma taxa de juros mais elevada para atrair capital de curto prazo suficiente para gerar o equilíbrio do balanço de pagamentos para quaisquer níveis de renda. Esses ajustes são mostrados na Figura 7 por LM', IS' e BP_1.

FIGURA 7   Ajuste de uma economia aberta aos choques domésticos de preço em um regime de taxa flexível

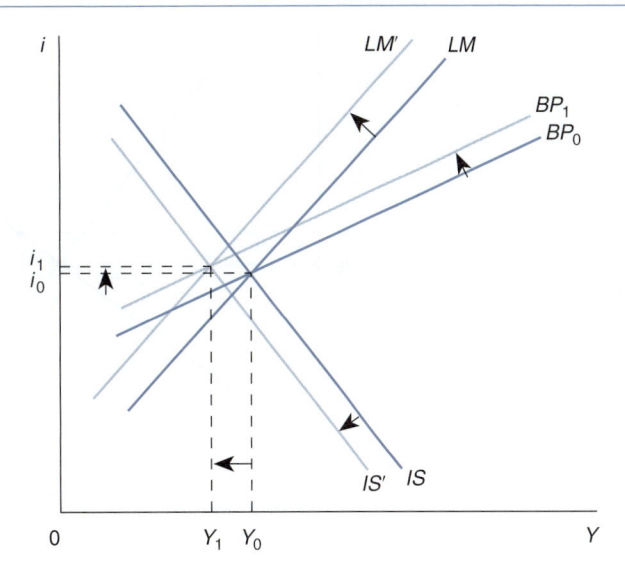

Suponha que a economia esteja em equilíbrio em Y_0 e i_0. Um aumento do nível de preço doméstico afetará o equilíbrio em quaisquer dos três setores. A curva LM se deslocará para a esquerda para LM conforme a oferta real de moeda cair. A curva IS se deslocará para a esquerda conforme as exportações caírem e as importações subirem. Finalmente, a curva BP se deslocará para cima conforme a deterioração da balança comercial requeira uma taxa de juros mais elevada para cada nível de renda para equilibrar o balanço de pagamentos. O equilíbrio ocorrerá sobre LM', com um nível de renda mais baixo (Y_1) e uma nova taxa de juros (i_1).

O novo equilíbrio irá se localizar ao longo da LM' a uma taxa de juros mais elevada (i_1) e a um nível de renda mais baixo (Y_1) do que no equilíbrio inicial (i_0,Y_0), embora i_1 possa ser menor do que i_0. Se os deslocamentos iniciais das curvas IS e BP não levarem a um ponto de equilíbrio simultâneo com LM', ocorrerá uma mudança na taxa de câmbio, porque um ponto de equilíbrio da IS/LM que não se encontrar sobre a curva BP provocará o ajuste exigido da taxa de câmbio.

A seguir, partindo de uma condição inicial i_0,Y_0, suponha que haja um aumento da taxa de juros externa, isto é, um **choque externo de taxa de juros** (veja a Figura 8). Como isso tornará os investimentos de curto prazo mais atraentes e provocará ajustes de portfólio, esperaríamos uma maior saída (ou redução da entrada) de capital de curto prazo. Com a nova e mais alta taxa de juros externa e a mesma taxa de câmbio, uma taxa de juros interna mais elevada é necessária agora para equilibrar o balanço de pagamentos para quaisquer níveis de renda. Consequentemente, há um deslocamento ascendente da curva BP de BP_0, i_{f0} para BP_0, i_{f1}. Com a nova curva BP, o nível anterior de juros de equilíbrio (i_0) é baixo demais para se alcançar o equilíbrio interno do balanço de pagamentos, e surge um déficit incipiente. A moeda local se desvaloriza (deslocando BP_0, i_{f1} para BP_1, i_{f1}), e essa desvalorização estimula as exportações e contrai as importações. Esse efeito de conta corrente (dirigido pelos desenvolvimentos da conta de capital/financeira) leva a um deslocamento para a direita da curva IS para IS'. Por fim, um novo equilíbrio é atingido sobre a curva LM com as novas curvas BP e IS. Ambos, tanto a taxa de juros (i_1) como o nível de renda (Y_1), aumentaram. Assim, a elevação inicial na taxa de juros externa levou a um aumento na taxa de juros interna, assim como a uma depreciação da moeda local.

Uma consideração adicional relaciona-se a ajustes de portfólio. Como a taxa de juros externa se elevou, os detentores de ativos do país local reduzirão sua demanda da *moeda* local conforme rearranjam seus portfólios para aproveitar a taxa de juros externa mais elevada. Com a diminuição da demanda da moeda local, a curva LM da Figura 8 se deslocará para a direita. O déficit incipiente inicial do BP será maior do que aquele discutido no parágrafo anterior, e a

FIGURA 8 Os choques da taxa de juros externa e o ajuste macroeconômico em um regime de taxa flexível

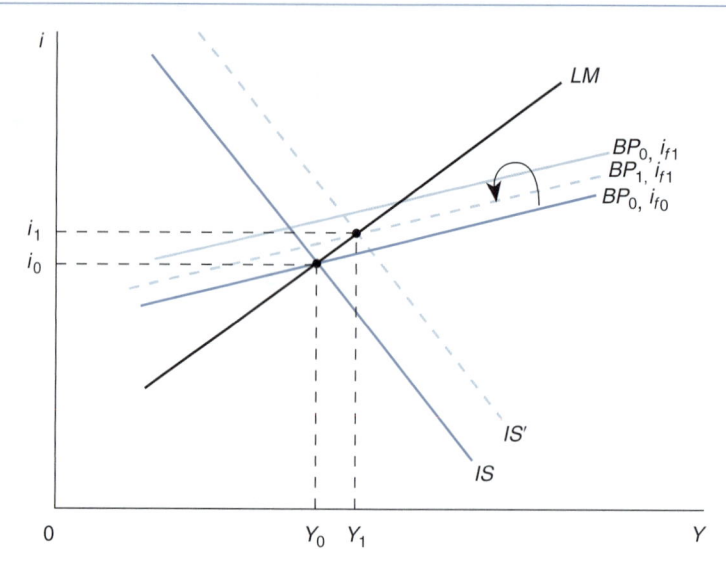

Começando do ponto Y_0 e i_0, o aumento na taxa de juros externa torna os investimentos estrangeiros curto prazo mais atraentes. Isso, consequentemente, leva a uma taxa de juros interna mais elevada para manter o equilíbrio externo para quaisquer níveis de renda, e a curva BP se desloca até BP_0, i_{f1}. Quando os investidores domésticos aumentam seus investimentos financeiros de curto prazo no exterior, há um déficit incipiente e a moeda local se desvaloriza (movimentos da curva BP para baixo). A depreciação estimula exportações e desencoraja importações, fazendo a curva IS se deslocar para a direita. Ocorre um novo equilíbrio a um nível de renda (Y_1) e taxa de juros (i_1) mais elevados na interseção de LM, IS' e BP_1, i_{f1}. Além disso, se a taxa de juros externa mais elevada reduzir ainda mais a demanda de moeda local, a LM se deslocará ainda mais para a direita e a renda aumentará ainda mais.

depreciação da moeda local será ainda maior. A interseção simultânea das curvas finais BP, LM, e IS, tal como antes, se dará em um nível de renda mais elevado do que Y_1. Enquanto não houver nenhuma maneira *a priori* de discernir se o ajuste interno aos choques da taxa de juros externa ocorre preferencialmente mais via taxa de câmbio do que por meio da taxa de juros interna, evidências empíricas sugerem que a taxa de câmbio na prática faz o grosso do ajuste entre os Estados Unidos e seus principais parceiros comerciais, com a possível exceção do Canadá (veja a página 506 no Capítulo 20).

Como um último exemplo de choque, considere um **choque de taxa de câmbio esperada**. Suponha que, por causa de algum evento de fora (tal como a eleição de um governo estrangeiro do qual se espera que consiga estabilizar economicamente seu país), haja agora uma valorização maior que a prevista da moeda estrangeira (ou, alternativamente, uma desvalorização maior que a prevista da moeda local). Lembre-se da expressão paridade de juros descoberta (PDJ) dos capítulos anteriores (e ignore qualquer ágio de risco):

$$i_d = i_f + xa$$

onde i_d = a taxa de juros interna, i_f = a taxa de juros externa, e xa = a valorização percentual prevista da moeda estrangeira. De um equilíbrio inicial de PDJ, o aumento de xa fará agora o termo ($i_f + xa$) maior do que i_d e haverá, portanto, uma saída de capital de curto prazo do país local para o país estrangeiro. Essa mudança da taxa de câmbio prevista tem os mesmos efeitos sobre o diagrama *IS/LM/BP* que o choque da taxa de juros externa considerado anteriormente, e a Figura 8 também pode ser usada para interpretar esse caso. Nos termos da figura, a elevação de *xa* desloca a curva *BP* para cima (à esquerda) porque uma taxa de juros interna mais elevada é agora necessária para o equilíbrio do *BP* do país local para cada nível de renda. Há um déficit incipiente no nível antigo de renda de equilíbrio Y_0, e depreciação da moeda doméstica, portanto, ocorre, movendo a curva *IS* para a direita e também fazendo a curva *BP* se mover para trás e para a direita. O resultado final (como em Y_1 e i_1) é um nível de renda mais elevado e, como a expressão PDJ também sugere, uma taxa de juros interna mais elevada.

Em uma visão geral dos choques externos, é importante notar que, quanto maior a interdependência econômica entre países, maior a probabilidade de que os choques externos (tudo o mais constante) tenham efeito sobre as taxas de juros domésticas e/ou sobre a taxa de câmbio. Os elaboradores de política domésticos são forçados a tomar decisões que levem em conta tanto as variáveis domésticas como as variáveis econômicas externas, tornando assim mais difícil a elaboração de políticas.

Por exemplo, no caso do choque de taxa de juros externa, uma elevação da taxa externa levou a um aumento da taxa de juros interna. Entretanto, a economia local pode ficar em tal estado que as autoridades domésticas não queiram ter uma taxa de juros interna mais elevada. Para compensar a elevação da taxa interna, suponha que as autoridades monetárias aumentem a oferta de moeda (para esterilizar os efeitos da taxa de juros). Partindo de i_1, Y_1 na Figura 8, isso desloca a *LM* para a direita (não mostrado) e gera um déficit incipiente. A curva *BP* se desloca para a direita, assim como a curva *IS* devido à depreciação da moeda. O nível de renda eleva-se acima

No mundo real:

Atritos políticos em um mundo interdependente

O efeito da interdependência econômica internacional em decisões de política encontra-se em evidência porque os Estados Unidos, a Europa e o Japão nos anos recentes enfrentaram problemas econômicos em circunstâncias bastante diferentes. Depois que a União Europeia adotou uma moeda nova, o euro (discutida no Capítulo 29), seu valor declinou 25% nos primeiros 16 meses após seu lançamento, em janeiro de 1999. Com o desemprego relativamente elevado e a inflação baixa na Europa, o Banco Central Europeu e os bancos centrais nacionais hesitaram em elevar as taxas de juros para parar a espiral descendente do euro. Ao mesmo tempo, os Estados Unidos enfrentaram pressões inflacionárias que a Federal Reserve tentou manter debaixo dos panos por meio de uma sucessão de aumentos da taxa de juros, acoplada a déficits crescentes de conta corrente. As taxas de juros mais elevadas dos Estados Unidos exerceram pressão adicional sobre o euro, na medida em que o capital financeiro de curto prazo foi atraído para os Estados Unidos. Entrementes, o Japão encontrava-se em recessão econômica, junto com um crescente superávit de conta corrente. O Japão teve assim pouco incentivo para elevar as taxas de juros domésticas. Como as taxas de juros norte-americanas aumentaram, os diferenciais de taxa dos juros com o Japão e a Europa tornaram-se maiores, levando a fluxos contínuos de investimento financeiro para os Estados Unidos e a uma pressão adicional sobre o euro, sobre o iene e sobre as taxas de juros fora dos Estados Unidos. O dólar forte contribuiu também para contínuos e crescentes déficits de conta corrente norte-americanos. Entretanto, a situação começou a mudar em 2001, quando os Estados Unidos começaram a entrar em recessão. Isso levou a uma sucessão de reduções da taxa dos juros pelo Federal Reserve, o que, em 2003, resultou nas mais baixas taxas de juros em muitos anos. Não surpreendentemente, o dólar começou a depreciar no final de 2002 e em 2003, especialmente em relação ao euro. De 2003 em diante, o euro continuou a se fortalecer em relação ao dólar norte-americano e alcançou o valor de $1,37 em julho de 2007. Essa ascensão ocorreu conforme aumentavam as taxas de crescimento europeias e cresciam as dúvidas a respeito dos enormes déficits do governo federal norte-americano e dos déficits de conta corrente. O grande e crescente déficit comercial norte-americano com a China, que muitos pensavam ser resultado da subvalorização deliberada do renminbi yuan, gerou discussão no Congresso norte-americano e levou a tensões políticas entre os dois países. No momento em que este livro era escrito, as tensões que cercam a controvérsia da taxa de câmbio criavam incertezas sobre a direção futura da política de comércio dos Estados Unidos.*

*Para discussão da necessidade de coordenação política entre os Estados Unidos, a Europa e o Japão no contexto de um apelo por maior estabilidade da taxa de câmbio, veja George Melloan, "U.S. Inflation Will Complicate the Euro-Quandary", *The Wall Street Journal*, mai. 2, 2000, p. A27; "Will the Fallen Dollar Set the Stage for a Global Economic Boom a Year or Two from Now?", *The International Economy*, verão 2003, p. 30-44.

de Y_1 e a taxa de juros cai abaixo de i_1, talvez até i_0. O país anulou assim pelo menos um pouco dos efeitos originais do aumento da taxa de juros externa, mas gerou também uma depreciação da moeda local. O país estrangeiro, por sua vez, experimentou agora uma apreciação de sua moeda maior do que esperava originalmente. Como consequência, seu nível de renda pode cair, e ele deve considerar as pôr em prática ações apropriadas de política para conter esses efeitos. Note que, naturalmente, mudanças na taxa de câmbio são atores importantes nesse cenário.

Para reduzir o grau de instabilidade das taxas de câmbio e das variáveis domésticas provocado por esse tipo de sequência de reações de política, pode-se argumentar que deve haver maior **coordenação internacional da política macroeconômica** em um regime de taxas de câmbio flexíveis. Tal coordenação da política macroeconômica está sendo promovida atualmente. Os exemplos mais óbvios de tais consultas conjuntas na prática compõem-se das cúpulas econômicas anuais organizadas todo verão pelos líderes do Grupo dos Sete ou **países do G-7** (Alemanha, Canadá, Estados Unidos, França, Itália, Japão e Reino Unido).

REVISÃO DE CONCEITO

1. Explique o efeito que uma diminuição de preços externos tem em uma economia aberta sob um sistema de taxa de câmbio flexível.

2. Usando o esquema *IS/LM/BP*, explique como um aumento na taxa de juros externa influencia a taxa de juros do país local na economia aberta sob taxas de câmbio flexíveis.

NO MUNDO REAL:

COORDENAÇÃO DA POLÍTICA MACROECONÔMICA, O FMI E O G-7

De acordo com um relatório de 1991 da força-tarefa do Fundo Monetário Internacional (FMI), "melhorar a coordenação internacional das políticas econômicas nacionais deve ser um dos principais objetivos dos países industriais".[a] O diretor da força tarefa, Robert Solomon, salientou que, como o mundo se tornou cada vez mais integrado tanto com respeito ao comércio quanto à mobilidade do capital, os elaboradores de políticas devem levar em conta que suas ações políticas afetam outros países:

O fracasso em coordenar políticas pode ser "dramático", argumenta Solomon. Ele sugeriu que a coordenação da política econômica entre os principais países industriais poderia ter evitado pelo menos um pouco a rápida corrida inflacionária que se seguiu à adoção de políticas fiscais e monetárias expansionistas em 1972-73. De maneira similar, ele observou, a crise de 1981-82 poderia ter sido menos severa.

A coordenação entre países industriais, sustentou Solomon, deve objetivar harmonizar metas. Os países industriais também devem procurar manter a consistência entre os objetivos e as metas que buscam e os instrumentos que utilizam. Geralmente o Grupo dos Sete objetiva níveis elevados de emprego e de crescimento e uma estabilidade relativa dos preços. Seus instrumentos são basicamente de política monetária e fiscal.[b]

Por causa da crescente interdependência, a força-tarefa instou os governos a se tornarem mais flexíveis em sua política fiscal e a política fiscal a se concentrar mais em alvos de médio prazo em vez de exercícios de sintonia fina de curto prazo.

Ao manter o foco principal na coordenação internacional, os países do G-7 divulgaram a seguinte declaração típica após sua reunião de janeiro de 1991 em Nova York:

Os ministros das finanças e os dirigentes dos bancos centrais da Alemanha, do Canadá, dos Estados Unidos, da França, da Itália, do Japão e do Reino Unido encontraram-se em 20 e 21 de janeiro de 1991, na cidade de Nova York, para uma troca de visões sobre questões econômicas e financeiras internacionais atuais. O diretor-gerente do FMI [Michel Camdessus] participou das discussões multilaterais de vigilância.

Os ministros e os dirigentes reviram suas políticas e perspectivas econômicas e reafirmaram seu apoio à coordenação da política econômica nesses tempos críticos....

A execução das políticas fiscais corretas, combinadas com políticas monetárias voltadas para a estabilidade, deve criar as condições favoráveis para abaixar as taxas de juros globais e obter uma economia mundial mais forte. Eles também enfatizaram a importância de uma conclusão oportuna e bem-sucedida da rodada Uruguai.

No mundo real:

...Eles concordaram em fortalecer a cooperação e monitorar os desenvolvimentos nos mercados de câmbio.

Os ministros e os dirigentes estão preparados para responder de modo apropriado para manter a estabilidade nos mercados financeiros internacionais.[c]

Essa ênfase sobre a coordenação das políticas transformou-se em uma característica permanente do ambiente de elaboração de políticas no mundo. Por exemplo, em julho de 1992, os líderes do G-7 prometeram continuar a promover as políticas monetárias e fiscais que sustentariam a recuperação econômica sem reacender a inflação e que permitiriam taxas de juros mais baixas, reduzindo os déficits de orçamento e o gasto do governo dos países-membros.[d] Em julho de 1993, o G-7 também demonstrou interesse em políticas específicas nacionais, encorajando o Japão a implantar políticas macroeconômicas que reduziriam o superávit comercial do Japão e elogiando o presidente Bill Clinton por seus esforços para reduzir o déficit orçamentário do governo federal. Cada vez mais, outras ações econômicas também se tornaram objeto de acordo pelo G-7, tal como o comprometimento de 1993 de $3 bilhões de investimentos estrangeiros diretos (IED) para a Rússia, a fim de auxiliar na privatização de empresas do governo.[e] De mais a mais, em junho de 1995, os países do G-7 introduziram medidas para reduzir a probabilidade de futuras crises similares àquela do México em fins de 1994 e início de 1995,[f] quando quantidades enormes de capital estrangeiro saíram do país e deixaram cair vertiginosamente o valor do peso nos mercados de moeda. Em maio de 1998, os líderes (cujos países são conhecidos agora cada vez mais como o G-8, desde que a Rússia começou a participar) assumiram uma visão mais global e divulgaram uma declaração geral de que cooperação multilateral era necessária para assegurar que todos os países, especialmente os países de baixa renda, se beneficiassem da crescente globalização.[g]

Em anos mais recentes, o G-8, por exemplo, concordou com passos de política a respeito do perdão de parte da dívida externa dos países em desenvolvimento. Uma visão geral útil e recente da evolução do G-7 foi fornecida pelo anterior vice-ministro de finanças do Japão, Tomomitsu Oba.[h] Ele notou que o caráter do grupo mudou significativamente à medida a Rússia e recentemente a China foram convidadas para as reuniões. Além disso, Brasil, Índia, África do Sul e México assistiram também à reunião de fevereiro de 2007.

[a]"Task Force Backs Macroeconomic Policy Coordination", *IMF Survey*, fev. 4, 1991, p. 33.
[b]Ibid., p. 41.
[c]Ibid.
[d]"G-7 Leaders Urge Strong IMF-Supported Policies in States of Former U.S.S.R.," *IMF Survey*, July 20, 1992, p. 226.
[e]David Wessel and Jeffrey Birnbaum, "U.S. Lines Up Aid for Russia at G-7 Meeting," *The Wall Street Journal*, 9 jul. 1993, p. A3-A4.
[f]See "G-7 Offers Proposals to Strengthen Bretton Woods Institutions", *IMF Survey*, 3 jul. 1995, p. 201-05.
[g]"Group of Eight Leaders Focus on Asian Crisis, Monetary Cooperation, Debt Relief Issues", *IMF Survey*, 25 mai. 1998, p. 157-58.
[h]Tomomitsu Oba, "G7 Reflections", *The International Economy*, primavera 2007, p. 62.

Resumo

Este capítulo examinou o processo de ajuste automático sob taxas de câmbio flexíveis e os efeitos da política econômica discricionária sob suposições de diferentes mobilidades do capital. Mostrou-se que a política monetária é eficaz em influenciar a renda sob taxas de câmbio flexíveis, ao passo que era ineficaz sob taxas fixas. De mais a mais, o grau de eficácia sob taxas flexíveis aumenta com o grau de mobilidade do capital. A política fiscal, por outro lado, mostrou-se muito menos eficaz sob taxas flexíveis do que sob taxas fixas conforme o capital se torna internacionalmente muito móvel, já que os efeitos de substituição de despesas amortecem os efeitos iniciais. Os efeitos da política fiscal sobre a renda nacional são mais fortes quando o capital é imóvel. O sistema de taxa flexível, entretanto, dá ao país mais opções de política do que um sistema de taxa fixa porque o setor externo está sempre em equilíbrio. Se um país deseja alcançar diversas metas internas, o uso coordenado de políticas monetárias e fiscais pode ser útil. O capítulo concluiu com uma discussão sobre o ajuste automático aos choques exógenos sob um sistema de taxa flexível. A percepção de que muitos desses choques estão frequentemente ocorrendo ao mesmo tempo torna as pessoas muito mais cientes das dificuldades que cercam a elaboração de políticas eficazes em um sistema de taxas flexíveis.

Termos-chave

- coordenação das políticas fiscal e monetária
- coordenação internacional da política macroeconômica
- choque de taxa de câmbio esperada
- choque doméstico de preço
- choque externo de taxa de juros
- choque externo de preço
- déficit incipiente do *BP*
- países do G-7
- superávit incipiente do *BP*

Questões e problemas

1. O que acontecerá, sob taxas flexíveis, se a interseção das curvas *IS* e *LM* estiver abaixo (ou à direita) da curva *BP*? Por quê?
2. Que fatores reais e financeiros exógenos influenciam a posição da curva *BP*?
3. Sob que condições de mobilidade do capital a política fiscal é totalmente ineficaz em influenciar a renda? Explique por que esse resultado ocorre.
4. Um argumento forte para um sistema de taxa de câmbio flexível é que ele libera a política monetária para ser usada para buscar metas internas. Explique por que isso é verdade.
5. Por que a política monetária toma impulso do setor externo sob um sistema de taxa flexível?
6. Suponha que as políticas públicas decidam expandir a economia aumentando a oferta monetária. Baseado nos efeitos sobre o comércio, quem você espera que tal política favoreça? Quem provavelmente será contrário a essa política? Por quê?
7. Se o capital internacional de curto prazo não for nem perfeitamente imóvel nem perfeitamente móbil, por que o impacto previsto da política fiscal expansionista sobre a taxa de câmbio é ambíguo?
8. Explique, usando o modelo *IS/LM/BP*, como um aumento da valorização esperada da moeda estrangeira pode levar a um aumento das taxas de juros domésticas.
9. Por que é possível argumentar que as mudanças recentes dos preços internacionais do alimento e da energia tiveram um impacto menor na economia dos Estados Unidos do que seria o caso sob o sistema de taxa fixa pré-1973?
10. "Um aumento repentino das taxas de juros na União Europeia levaria provavelmente tanto a uma depreciação do dólar norte-americano como a uma pressão ascendente nas taxas de juros dos Estados Unidos." Você concorda? Discorda? Por quê?

CAPÍTULO

27

PREÇOS E PRODUÇÃO EM ECONOMIA ABERTA

Oferta e demanda agregadas

OBJETIVOS DE APRENDIZADO

- Compreender as ligações básicas entre as transações internacionais e a oferta agregada e a demanda agregada.

- Captar como os choques e as políticas econômicas afetam os preços e a produção.

- Entender as diferenças entre o ajuste macroeconômico sob taxas de câmbio fixas e sob taxas de câmbio flexíveis.

- Avaliar a diferença entre os efeitos de curto e de longo prazo das políticas macro sobre a produção e os preços.

Introdução

Crise na Argentina

A economia da Argentina passou por uma grave crise econômica de 2001 a 2002. Uma pesquisa realizada por Murphy, Artana e Navajas[1] indica que a pobreza se alastrou para um em cada três domicílios nos subúrbios de Buenos Aires. Além disso, a combinação de um rompimento traumático da conversibilidade do peso em dólar, uma crise financeira, a moratória da dívida pública minou a confiança de investidores locais e estrangeiros. Murphy, Artana e Navajas acreditam que a crise deveu-se à existência de quatro causas principais:

1. Política fiscal inadequada.
2. Rigidez de salário e de preço inconsistentes com uma taxa de câmbio fixa.
3. Um considerável choque externo adverso.
4. Turbulência política.

Este capítulo se concentra na estrutura necessária para analisar o efeito das ações de política e dos choques externos (como aqueles na Argentina) sobre os preços e a produção em sistemas tanto com taxa de câmbio fixa como flexível. A análise da economia aberta até este ponto procedeu sob a suposição de que a expansão e a contração macroeconômica ocorreriam sem afetar o nível de preços. Embora a estática comparativa de uma mudança nos preços tenha sido analisada em termos do ajuste macroeconômico que acompanharia um choque exógeno como o mencionado no capítulo anterior, não foi feita nenhuma tentativa de incorporar endogenamente a análise as mudanças de preço. Como as mudanças nos preços consistiam no aspecto capital da atividade econômica em economia aberta, é imperativo considerar a interação entre o setor externo e o nível de preço doméstico em macroeconomia aberta. Nós seguiremos essa linha de análise usando uma estrutura de demanda e oferta agregadas que incorpore os efeitos dos fluxos financeiros e de comércio. A apresentação começa revendo os conceitos de demanda e de oferta agregadas na economia fechada, levando em consideração as diferenças entre os efeitos de curto prazo e de longo prazo. Abrimos então a economia e examinamos os efeitos das transações internacionais sobre as curva de demanda e de oferta agregadas sob taxas de câmbio fixas e taxas de câmbio flexíveis. O capítulo conclui com uma discussão sobre a política monetária e fiscal na estrutura de demanda e de oferta em economia aberta e sobre a resposta da economia a vários choques. Considerações sobre o nível de preço complicam as questões de política e, consequentemente, a elaboração de uma política macroeconômica eficaz. A longo prazo, medidas que aumentem a oferta agregada são capitais para aumentar a renda nacional.

Demanda e oferta agregadas em economia fechada

Demanda agregada em economia fechada

Nós começamos por uma revisão da ligação entre a demanda agregada e os preços em macroeconomia fechada. No Capítulo 25, o equilíbrio da taxa de juros e a renda foram descritos pelo uso das curvas *IS* e *LM* para retratar o equilíbrio no setor real e no mercado monetário, supondo que os preços eram constantes. Da perspectiva da demanda, o equilíbrio macroeconômico ocorre no nível de renda e da taxa de juros determinados pela interseção das curvas *IS* e *LM*. O que acontece ao equilíbrio neste modelo quando os preços mudam? Como o equilíbrio no setor de bens é medido em termos reais, a mudança de preço não afeta diretamente

---

[1] Esta discussão foi extraída de Ricardo Lopez Murphy, Daniel Artana e Fernando Navajas, "The Argentine Economic Crisis", *Cato Journal* 23, n. 1 (primavera/verão 2003), p. 23-28.

FIGURA 1   Derivação da curva de demanda agregada em economia fechada

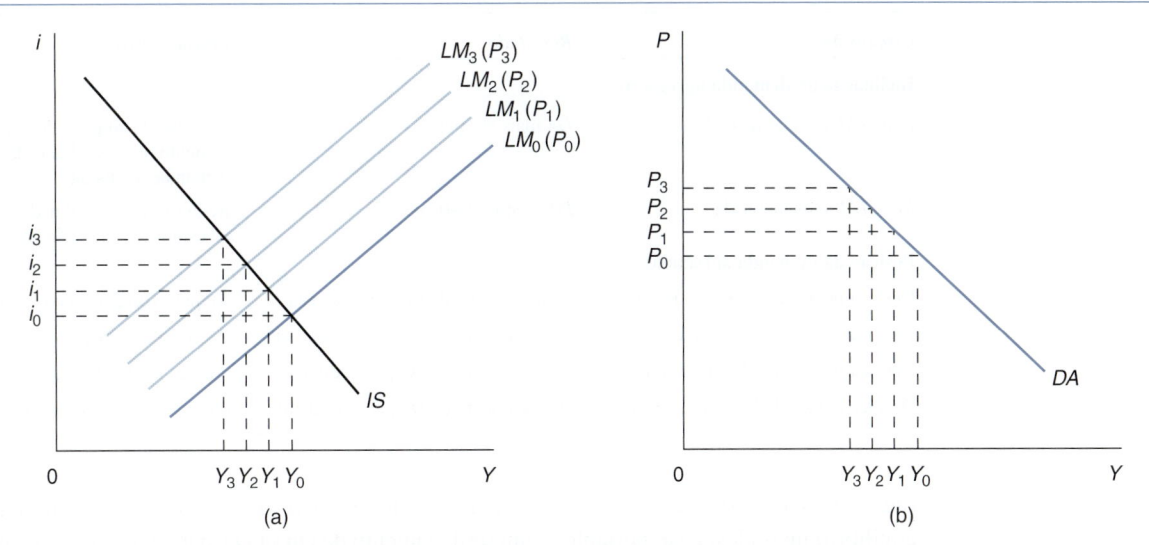

(a)

(b)

Começando com Y_0 e i_0 no painel (a), aumentos no nível de preço reduzem a oferta real de moeda, deslocando a curva LM para a esquerda. Consequentemente, uma curva LM em particular está associada a cada nível de preço mais elevado (por exemplo, LM_1 para P_1, LM_2 para P_2). A cada novo nível de preço mais elevado, P_i há um novo nível de renda de equilíbrio mais baixo Y_i determinado pela interseção das curvas LM_i e a curva IS (por exemplo, para P_0, Y_0; para P_2, Y_2 etc.). Esses pares de níveis de preço e níveis de renda de equilíbrio são traçados em um gráfico diferente no painel (b), com os níveis de preço medidos no eixo vertical e os níveis de renda real representados no eixo horizontal. Como níveis de renda de equilíbrio sucessivamente mais baixos estão associados a níveis de preço sucessivamente mais elevados, resulta uma curva de demanda agregada normal com inclinação descendente.

a curva IS. As mudanças no preço, entretanto, afetam o tamanho da oferta real de moeda, M_s/P. Enquanto o nível de preço se eleva, a oferta real de moeda declina; um declínio na oferta real de moeda terá o efeito de deslocar a curva LM para a esquerda. Tal deslocamento é mostrado na Figura 1(a) pelas quatro curvas LM (LM_0, LM_1, LM_2 e LM_3) associadas a quatro diferentes níveis de preço, em que $P_0 < P_1 < P_2 < P_3$. Associado a cada nível de preço existe um nível de renda de equilíbrio, Y_0, Y_1, Y_2 e Y_3. Quanto mais alto o nível de preço, mais baixo o nível de renda de equilíbrio.

O nível dos preços e o nível de renda de equilíbrio correspondente podem ser usados para gerar uma curva de demanda agregada no painel (b). Note que o eixo vertical mede o nível de preço e não a taxa de juros, enquanto o nível de renda real é medido ainda no eixo horizontal. Quando as coordenadas de nível de preço e de renda de equilíbrio são traçadas, elas produzem uma **curva de demanda agregada** (DA) normal com inclinação descendente, que mostra o nível de produção real exigido para cada nível de preço. A inclinação da curva DA é determinada conjuntamente pelas inclinações das curvas IS e LM. Quanto mais elásticas forem essas curvas, mais elástica será a curva DA. Qualquer mudança na inclinação tanto da curva IS como da LM levará a uma mudança similar na inclinação da curva DA.

Do mesmo modo, a posição da curva DA é determinada pelas posições das curvas IS e LM. Se a curva IS se deslocar para a direita, levará a níveis de renda de equilíbrio mais elevados para cada respectivo nível de preço. Consequentemente, o deslocamento da curva IS para a direita (esquerda) gerará um deslocamento da curva DA para a direita (esquerda). Por exemplo, um aumento do gasto do governo ou do investimento doméstico levará a um deslocamento para a direita da curva IS e, portanto, da curva DA. Um aumento da *alíquota* de imposto tornaria a curva IS mais inclinada e, portanto, a curva DA mais inclinada. Como são mudanças na oferta nominal de moeda (para níveis de preço dados) que deslocam a curva LM, um aumento da

TABELA 1   Fatores que afetam a demanda agregada

Circunstância	Resultado	Causa possível
Inclinação da demanda agregada:		
IS ou LM mais horizontal	DA mais elástica	Redução da alíquota de imposto, aumento da elasticidade da demanda de moeda
IS ou LM mais inclinada	DA menos elástica	Redução da sensibilidade do investimento à taxa de juros
Posição da demanda agregada:		
Deslocamentos da IS para a direita	Deslocamento da DA para a direita	Aumento do gasto do governo
Deslocamentos da IS para a esquerda	Deslocamento da DA para a esquerda	Redução do investimento autônomo
Deslocamentos da LM para a direita	Deslocamento da DA para a direita	Política monetária expansionista
Deslocamentos da LM para a esquerda	Deslocamento da DA para a esquerda	Política monetária contracionista

oferta monetária desloca a curva LM para a direita e, *caeteris paribus,* leva a uma renda de equilíbrio mais elevada e, portanto, a um deslocamento da curva DA para a direita. Uma política monetária contracionista, por sua vez, levaria a um deslocamento da curva DA para a esquerda. Estes resultados estão resumidos na Tabela 1. Finalmente, qualquer mudança na demanda de moeda para transações ou na demanda de moeda para ativos levaria a uma mudança na inclinação e/ou na posição da curva LM e, consequentemente, a uma mudança na inclinação e/ou na posição da curva DA, cujos detalhes não são críticos para este capítulo.

Oferta agregada em economia fechada

A oferta doméstica agregada é determinada pelo nível da tecnologia, pela quantidade relativa de recursos disponíveis, pelo nível de emprego destes recursos e pela eficiência com que são usados. No curto prazo, fatores tais como o nível de capital, de recursos naturais e a tecnologia são considerados fixos. Isso deixa o trabalho como o principal insumo variável que a empresa emprega para maximizar os lucros esperados. Nesta situação, a empresa representativa maximiza os lucros quando o custo marginal se iguala à receita marginal. No caso do trabalho, isso significa empregar trabalho até o ponto em que o custo marginal do fator (o qual é igual ao salário nominal com mercado de trabalho concorrencial) é igual (com mercado de produto concorrencial) ao produto marginal do trabalho vezes o preço do produto (receita marginal do produto). O valor nominal de um trabalhador adicional é determinado pela produtividade do trabalho e pelo nível de preço.

A relação entre o trabalho e a produção pode ser representada por uma **função de produção agregada** como a do painel (a) da Figura 2. A produção real varia positivamente com o trabalho empregado, fixados o nível da tecnologia e a disponibilidade de outros insumos tais como o nível de estoque de capital. A forma da curva indica que a produtividade marginal do trabalho declina com emprego adicional do insumo de trabalho, porque cada unidade sucessiva de trabalho contribui menos para a produção do que a unidade que a precede. A inclinação da função de produção é a produtividade física marginal do trabalho ($PFMg_N$), que é traçada no painel (b). A diminuição da produtividade do trabalho faz com que a $PFMg_N$ tenha uma inclinação descendente. A multiplicação da $PFMg_N$ por diferentes níveis de preços produz diferentes curvas de receita do produto marginal do trabalho ($RPMg_{N0}$, $RPMg_{N1}$, $RPMg_{N2}$). Na medida em que essas curvas de $RPMg_N$ mostram o valor do trabalho para os produtores nos diferentes níveis de emprego e preços, elas podem ser vistas como uma **curva de demanda agregada de trabalho**.

Dado um salário qualquer, pode-se ver imediatamente o nível de emprego que levará à maximização de lucros, *caeteris paribus*. Por exemplo, se o salário for W_0 e o nível de preço P_0, o nível de emprego desejado será N_0. Também é claro que se houver mudanças do nível de preço, a

CAPÍTULO 27 PREÇOS E PRODUÇÃO EM ECONOMIA ABERTA

FIGURA 2 Produção agregada e demanda de trabalho

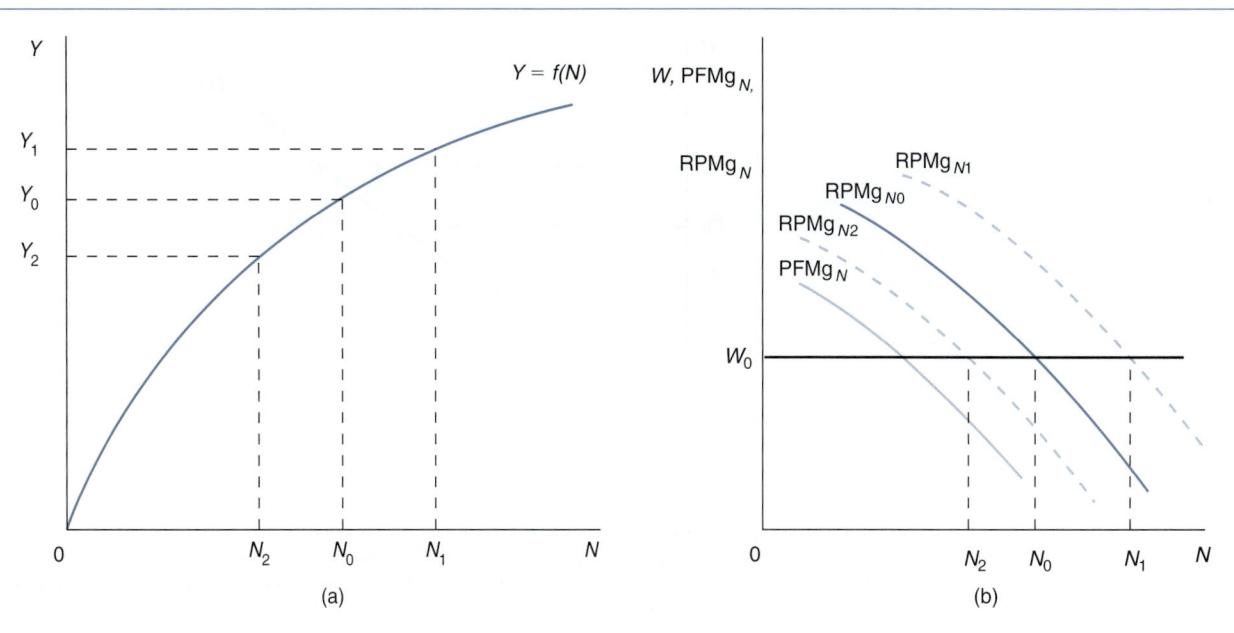

A função de produção agregada está representada no painel (a). Dado o nível da tecnologia e uma quantidade fixa dos outros insumos, o produto agregado é determinado pelo nível de emprego do trabalho, N. A inclinação decrescente da função de produção indica que o produto marginal de cada trabalhador sucessivo vai se reduzindo. O produto físico marginal do trabalho ($PFMg_N$) é traçado então contra o nível de emprego N no painel (b). Se o $PFMg_N$ for multiplicado pelo nível de preço P, a receita produto marginal resultante ($RPMg_N$) indica o valor de uso desta unidade particular de trabalho na produção e é, consequentemente, a curva da demanda derivada de trabalho. Para maximizar lucros, os produtores devem empregar o trabalho até N_0, onde o salário W_0 é igual à $RPMg_{N0}$ quando os preços forem P_0, N_1 quando os preços forem P_1, etc. Note que um aumento no nível de preço para P_1 (diminuição para P_2) leva a uma $RPMg$ do trabalho mais elevada (mais baixa) e, portanto, a um maior (menor) emprego e produção.

curva de $RPMg_N$ mudará. Um aumento dos preços causará o deslocamento da $RPMg_N$ para a direita, e uma diminuição dos preços fará com que ela se desloque para a esquerda. Assim, para um salário fixo, W_0, um aumento do nível de preço leva a um deslocamento da curva $RPMg_N$ para a direita e, portanto, a um nível de emprego e de produção mais elevado. Uma redução do nível de preço leva a um deslocamento da curva $RPMg_N$ para a esquerda e a uma redução do nível ótimo de emprego e produção. Se nós traçarmos agora estas combinações de diferentes níveis de preço e de produção de equilíbrio para o salário W_0, nós obtemos a **curva de oferta agregada de curto prazo** com inclinação positiva (veja a Figura 3). É preciso perceber que a receita do produto marginal também pode ser alterada por mudanças nos fatores tidos normalmente como constantes, por exemplo, mudanças na tecnologia, mudanças no nível do estoque de capital, ou mudanças na eficiência gerencial. Essas mudanças são vistas geralmente como mudanças de longo prazo, ao contrário da mudança de curto prazo causada pela mudança do nível de preço.

A curva de oferta agregada na Figura 3 foi derivada supondo-se que as empresas poderiam empregar todo o trabalho que desejassem, até o pleno emprego, ao salário fixo W_0. Entretanto, a teoria microeconômica e a experiência prática indicam ainda que enquanto essa suposição possa ser válida em economias com excesso de mão de obra, em economias industrializadas com níveis de emprego relativamente elevados, um aumento na quantidade ofertada de trabalho poderá ser obtido no curto prazo apenas aumentando-se o salário. Esta linha de pensamento vê a curva de oferta de trabalho como uma curva com inclinação positiva, e não como uma linha horizontal como em W_0 na Figura 2(b). Sua inclinação e posição são influenciadas por fatores como o valor do lazer, por fatores institucionais, pelas características da força de trabalho e pelas expectativas em relação aos preços.

FIGURA 3   A curva de oferta agregada com salário fixo

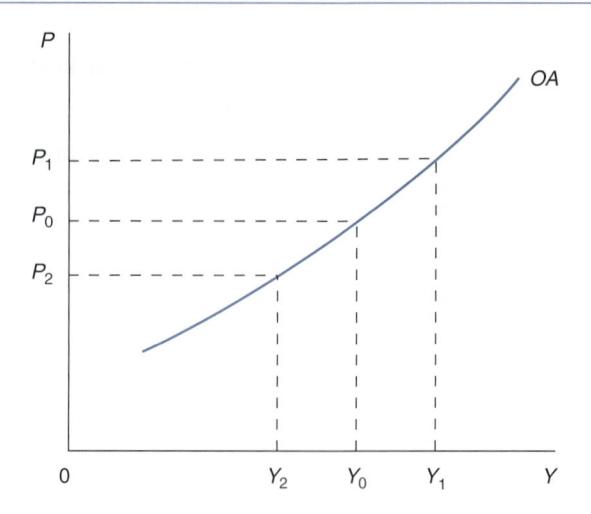

No painel (b) da Figura 2, níveis de preços mais elevados levam a maior demanda de trabalho conforme os produtores empregam trabalho para maximizar os lucros para um salário dado W_0. Níveis de emprego mais elevados, como N_1, levam a um nível mais elevado de produção Y_1 [Figura 2(a)]. Se agora nós desenharmos o nível de preços contra o nível de renda resultante para o nível de emprego que maximiza os lucros (por exemplo, Y_1,P_1; Y_0,P_0), resultará uma curva de oferta agregada positivamente inclinada.

O equilíbrio do mercado de trabalho com uma curva de oferta agregada de trabalho positivamente inclinada é mostrado na Figura 4(a), com um equilíbrio inicial em W_0 e N_0. Se aumentarmos outra vez o nível de preço, a produção aumenta, mas não tanto quanto quando a curva de oferta de trabalho era horizontal. Assim, nós temos outra vez uma curva de oferta agregada do produto com inclinação positiva [painel (b)], mas agora mais inclinada do que era com a curva horizontal de oferta de trabalho. Em geral, quanto maior o aumento de salário necessário para atrair trabalho adicional, mais inclinada será a curva de oferta agregada de trabalho de curto prazo na Figura 4(a).

Geralmente se aceita na literatura macroeconômica e de economia do trabalho que a quantidade de trabalho ofertada depende em última instância de salário real recebido, e não do salário nominal. Como a curva de oferta agregada de trabalho é extraída para um dado nível de expectativas de preço, mudanças no nível de preço que afetam as expectativas sobre os preços farão a curva de oferta de trabalho se deslocar – quando os trabalhadores *perceberem* que os preços mudaram. Perceber que os preços estão mais altos que o esperado levará a mão de obra a exigir um salário nominal mais elevado, de modo que a mesma quantidade de trabalho esteja sendo fornecida ao mesmo salário *real*. Em outras palavras, os aumentos nominais de salário acabam compensando o aumento dos preços quando os trabalhadores ajustam seus salários ao novo nível de preços esperados.

O ajuste do trabalhador aos preços mais elevados é mostrado na Figura 5. Um aumento de preço leva a uma nova RPMg$'_N$ e a um nível de emprego e renda mais elevado. Entretanto, uma vez que os trabalhadores percebem que os preços estão mais elevados do que o esperado, eles aumentam suas exigências de salário, deslocando a curva de oferta de trabalho de curto prazo para a esquerda (S'_N) até ela cruzar a RPMg$'_N$ no nível original de emprego de equilíbrio. Assim, se for dado tempo suficiente para a mão de obra reagir, um aumento do nível de preço levará simplesmente a um aumento compensador dos salários nominais e não terá nenhum efeito real sobre o emprego e sobre a produção. Quanto mais tempo a mão de obra demorar para ajustar o salário exigido (quanto mais viscosos forem os salários), maiores serão os efeitos a curto prazo das mudanças dos preços sobre a produção e o emprego. Entretanto, se os salários mudarem tão rapidamente quanto os preços (o que ocorre sob a suposição de expectativas racionais, em que

CAPÍTULO 27   Preços e produção em economia aberta   **683**

FIGURA 4   Salários variáveis e a curva de oferta agregada

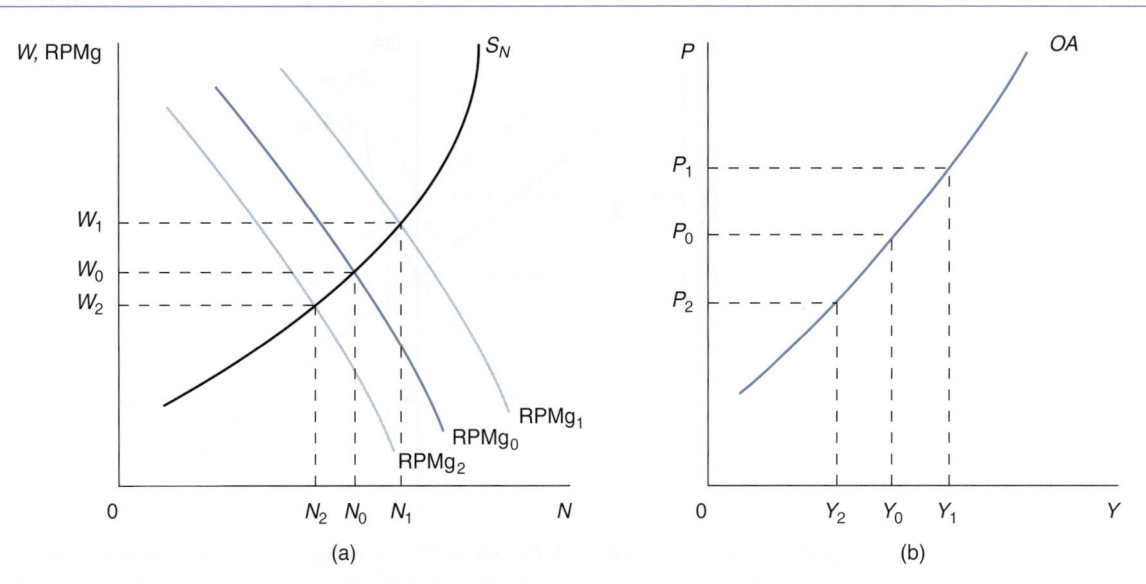

No painel (a), o mercado de trabalho é caracterizado por uma curva de oferta de trabalho específica com inclinação positiva, em vez da curva de oferta infinitamente elástica usada na Figura 2(b). Em consequência, os aumentos da RPMg$_N$ provocados por aumentos do nível de preço levam a aumentos menores da produção comparado com o caso precedente. Portanto, a curva de oferta agregada (OA) apresentada no painel (b) acima será mais inclinada do que a curva OA na Figura 3. Quanto maior o aumento de salário necessário para aumentar a quantidade ofertada de trabalho, mais inclinada a curva OA.

FIGURA 5   Ajuste do mercado de trabalho a aumentos de preços

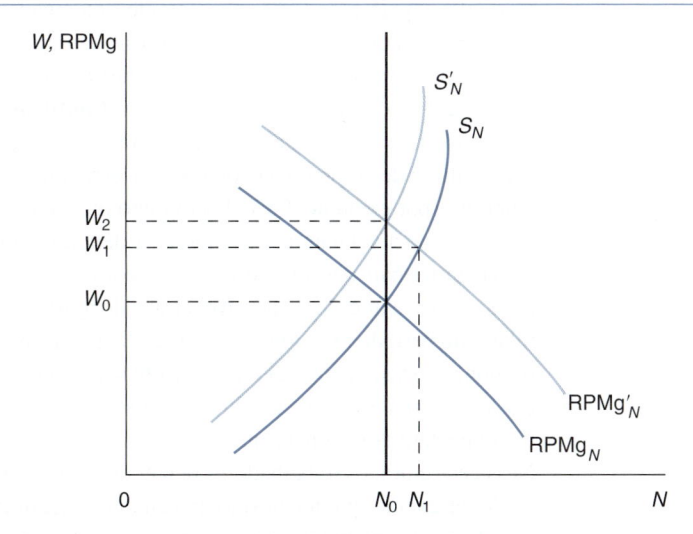

Um aumento inicial de preços aumenta a RPMg do trabalho para RPMg′$_N$, estimulando um aumento a curto prazo do emprego (de N_0 para N_1), renda e salários (de W_0 para W_1). Entretanto, como a oferta de trabalho é determinada pelo salário real e não pelo salário nominal, uma vez que os trabalhadores percebam que os preços se elevaram, eles alteram suas exigências de salário (deslocamento da curva de oferta de trabalho verticalmente para cima) até que outra vez estejam ofertando a mesma quantidade de trabalho ao mesmo salário real que anteriormente, isto é, N_0 para W_2 dado o novo nível de preço. Depois que tenha passado tempo suficiente para que o trabalhador se ajuste ao novo nível de preço, o mercado de trabalho estará outra vez em equilíbrio ao nível de emprego inicial N_0.

FIGURA 6   Equilíbrio em economia fechada

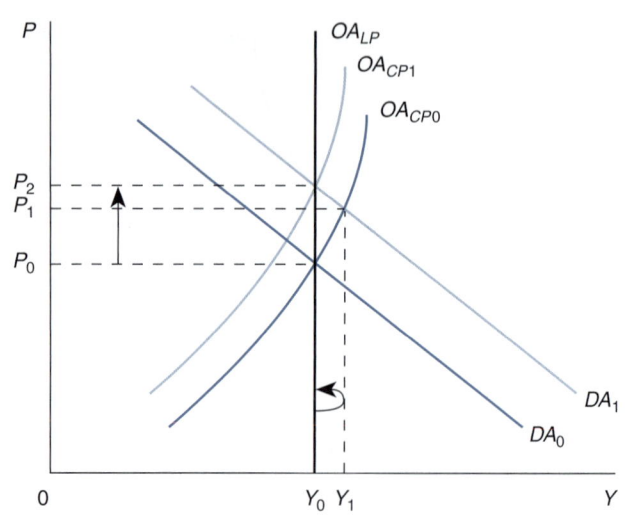

O equilíbrio inicial ocorre no ponto onde DA_0, OA_{LP} e OA_{CP0} se cruzam em Y_0, P_0. As forças expansionistas da economia deslocam para a direita a curva DA para DA_1, aumentando os preços para P_1 e a renda para Y_1 (supondo-se que os aumentos de salário se atrasem em relação aos aumentos dos preços). Quando os trabalhadores percebem que o nível de preço subiu, alterando suas expectativas de preços, os salários começam a se elevar enquanto a curva de oferta agregada de curto prazo se desloca para cima. Isso continuará até que o nível de preço vigente iguale outra vez o nível de preço esperado, o qual ocorre agora em P_2, Y_0 (a interseção entre OA_{LP}, OA_{CP1} e DA_1). A única maneira de aumentar a renda no longo prazo é deslocar a OA_{LP} para a direita por meio de acumulação de capital, de mudanças tecnológicas e assim por diante.

as mudanças de preço são inteiramente antecipadas), então um aumento de preço não produz nenhuma mudança no produto real ou no emprego. O emprego de mão de obra é constante, e a curva de oferta agregada é vertical tanto no curto prazo como no longo prazo ao nível inicial de equilíbrio – às vezes denominado **nível natural de emprego** (isto é, o nível de emprego em que o nível de preço vigente iguala o nível de preço esperado pelos trabalhadores). Note que o nível natural de emprego não precisa corresponder a qualquer nível socialmente definido de pleno emprego (por exemplo, 95% de emprego ou 5% de desemprego). O nível de renda de equilíbrio associado ao nível natural de emprego é denominado **nível natural de renda**.

Há um debate considerável entre os teóricos da macroeconomia se os salários são de fato viscosos e sobre a extensão do possível atraso do ajuste nos mercados de trabalho. Os keynesianos postulam um período mais longo de ajuste, devido a várias rigidezes e a imperfeições de mercado, que os monetaristas, e consequentemente um papel maior da política discricionária. Os escritores novos clássicos, uma escola de escritores que surgiu nos anos de 1970, adotam geralmente a suposição das expectativas racionais, que leva os salários nominais a subir tão rapidamente quanto os preços. Nessa estrutura, os trabalhadores percebem instantaneamente o impacto sobre os salários reais de qualquer evento que tenha sido antecipado e agem imediatamente para manter o mesmo salário real. Consequentemente, tem-se uma curva de oferta agregada de curto prazo e de longo prazo vertical. Portanto, embora a maioria concorde que a **curva de oferta agregada de longo prazo** do produto é vertical ao nível natural de renda, há uma diferença de opinião sobre a existência de uma curva de oferta agregada de curto prazo não vertical e sobre o tempo de resposta de curto prazo da produção aos preços. Finalmente, os aumentos do nível natural de emprego e da produção são estimulados por mudanças tecnológicas, por aumentos da quantidade de capital, por maior eficiência gerencial e por crescimento da oferta e da qualidade da força de trabalho.

Equilíbrio na economia fechada

Dadas as curvas de demanda agregada e de oferta agregada de curto prazo e longo prazo, pode-se agora analisar o equilíbrio na economia fechada. O **equilíbrio entre a oferta agregada e a demanda agregada** ocorre onde todas as três curvas (OA_{LP}, OA_{CP0}, DA_0) se cruzam, por exemplo, em P_0 e Y_0 na Figura 6. Suponha que partindo desta posição haja um aumento da demanda

No mundo real:

Renda e desemprego reais e naturais dos Estados Unidos

A Tabela 2 contém dados de 1965-2004 do PIB real norte-americano vigente, estimativas dos níveis naturais do PIB e as taxas reais e naturais de desemprego. Os níveis de renda reais estiveram acima dos níveis naturais no final dos anos 1960. Entretanto, os níveis reais tenderam a estar abaixo dos níveis naturais de 1970 até o fim dos anos de 1980 e subiram acima dos níveis naturais entre 1987 e 1990 e de 1997 a 2001. Os níveis reais caíram abaixo dos níveis naturais de 2002 até 2004. Uma análise das taxas de desemprego reais e naturais demonstra mais volatilidade. As taxas de desemprego reais estiveram abaixo das taxas naturais de 1965 a 1974. As taxas reais excederam as taxas naturais de 1975 a 1977 e de 1980 a 1986, com um breve período entre 1978 e 1979 quando a real caiu abaixo da taxa natural. Quando o PIB subiu acima da taxa natural de 1987 até 1990, ele puxou a taxa de desemprego para baixo da taxa natural. Quando o PIB caiu abaixo do PIB natural entre 1991 e 1995, a taxa de desemprego elevou-se acima da taxa natural. A força da expansão no final dos anos 1990 puxou as taxas de desemprego de volta para abaixo da taxa natural de 1997 até 2001. O desemprego elevou-se então acima do nível natural de 2002-2004, seguindo a recessão que começou em 2001.

TABELA 2 — Renda e desemprego reais e naturais nos Estados Unidos, 1965-2004

Ano	PIB real* Real	PIB real* Natural	Taxas de desemprego Real	Taxas de desemprego Natural	Ano	PIB real* Real	PIB real* Natural	Taxas de desemprego Real	Taxas de desemprego Natural
1965	3.190,3	3.105,6	4,5	6,0	1985	6.037,4	6.092,4	7,2	6,4
1966	3.400,8	3.236,8	3,8	6,2	1986	6.260,5	6.286,7	7,0	6,4
1967	3.484,2	3.368,2	3,9	6,3	1987	6.476,4	6.469,7	6,2	6,4
1968	3.650,8	3.504,3	3,6	6,4	1988	6.745,3	6.651,8	5,5	6,3
1969	3.763,7	3.645,0	3,5	6,3	1989	6.979,2	6.835,5	5,3	6,3
1970	3.772,4	3.787,9	5,0	6,3	1990	7.104,4	7.027,1	5,6	6,2
1971	3.898,1	3.932,5	6,0	6,2	1991	7.079,1	7.229,5	6,9	6,1
1972	4.110,2	4.076,8	5,6	6,2	1992	7.317,0	7.451,7	7,5	5,9
1973	4.341,9	4.203,1	4,9	6,2	1993	7.531,3	7.678,9	6,9	5,7
1974	4.315,8	4.349,2	5,6	6,2	1994	7.836,8	7.892,5	6,1	5,6
1975	4.304,2	4.504,1	8,5	6,1	1995	8.044,6	8.113,6	5,6	5,4
1976	4.551,1	4.666,8	7,7	6,2	1996	8.318,5	8.383,9	5,4	5,4
1977	4.751,6	4.810,6	7,1	6,2	1997	8.698,1	8.683,7	5,0	5,3
1978	5.012,5	4.963,3	6,1	6,3	1998	9.076,2	8.970,6	4,5	5,2
1979	5.174,6	5.092,2	5,8	6,3	1999	9.437,3	9.260,3	4,2	5,1
1980	5.161,6	5.229,8	7,2	6,3	2000	9.863,3	9.607,7	4,0	5,0
1981	5.288,2	5.391,6	7,6	6,2	2001	9.933,9	9.931,9	4,7	5,0
1982	5.184,5	5.561,7	9,7	6,3	2002	10.074,8	10.270,3	5,8	5,0
1983	5.414,0	5.737,3	9,6	6,3	2003	10.381,3	10.690,7	6,0	5,0
1984	5.817,9	5.923,1	7,5	6,3	2004	10.841,9	11.064,8	5,5	5,0

*Bilhões de dólares de 2000.

Fonte: Robert J. Gordon, *Macroeconomics*, 10 ed. Boston, MA: Pearson Addison-Wesley, 2006, p. A2, A3.

agregada devido a um aumento do gasto do governo ou a um aumento da oferta monetária. Isto fará com que a curva de demanda agregada se desloque para a direita. Com isso, haverá um aumento do nível de preços e um aumento de curto prazo da renda com o movimento da economia para o novo equilíbrio de curto prazo P_1, Y_1. Isso, é claro pressupõe que não é exigido pela mão de obra um ajuste imediato do salário nominal. Uma vez que ela altera sua expectativa sobre o nível de preços, os salários começam a se elevar enquanto a curva de oferta de curto prazo se desloca verticalmente para cima. Isso continuará até a nova curva de demanda agregada (DA_1), a curva de oferta de longo prazo (OA_{LP}) e a nova curva de oferta de curto prazo (OA_{CP1}) se cruzem em um ponto comum (P_2, Y_0). Com esse nível de preço, os preços reais são iguais aos preços esperados, nos quais a curva de oferta de curto prazo é baseada. Embora este novo equilíbrio entre oferta agregada e demanda agregada esteja no mesmo nível natural da produção Y_0 (e emprego), o aumento na demanda irá gerar um nível de preços P_2 mais elevado, somente com efeito provisório sobre a produção agregada. O ajuste da produção de Y_0 para Y_1 e de volta para Y_0 é indicado por uma seta na Figura 6. A única maneira de ocorrer uma mudança permanente na taxa natural da produção e do emprego é se houver uma mudança nas variáveis básicas subjacentes, tais como a tecnologia ou o nível de estoque de capital. Para que a política econômica expansionista tenha efeito permanente sobre a renda e sobre a produção, em vez de apenas aumentar os preços, ela deve alterar uma ou mais dessas variáveis subjacentes.

REVISÃO DE CONCEITO

1. Por que um aumento do nível de preço leva a uma renda de equilíbrio mais baixa no esquema *IS-LM*? O que determina a inclinação da curva de demanda agregada resultante?
2. Por que um aumento no nível de preço leva tanto a um aumento da demanda de trabalho quanto a uma diminuição (deslocamento verticalmente para cima) da curva de oferta de trabalho? Esses deslocamentos ocorrem simultaneamente?
3. Qual é o significado de nível natural de renda e de emprego?

Demanda e oferta agregadas na economia aberta

A abertura da economia claramente afeta a curva de demanda agregada. Embora os fluxos de investimentos internacionais, as inovações tecnológicas e a melhoria das técnicas de gerenciamento possam provocar possíveis efeitos de longo prazo sobre a oferta, do ponto de vista da política, a abertura da economia tem implicações consideravelmente maiores para a demanda agregada de curto prazo e de médio prazo. Consequentemente, nos concentraremos na natureza da demanda agregada na economia aberta sob taxas de câmbio fixas e flexíveis.[2] Neste exercício, será adotado que o capital internacional é relativamente móvel (mas não perfeitamente móvel) para o país em questão; isto é, a curva *BP* tem inclinação ascendente e mais horizontal que a curva *LM*.

A demanda agregada na economia aberta sob taxas fixas

Quando a economia é aberta, a discussão sobre a demanda agregada deve considerar não somente o equilíbrio doméstico no mercado de bens (curva *IS*) e no mercado monetário (curva *LM*), mas também o equilíbrio no setor externo (curva *BP*). Um equilíbrio inicial assim (i_0, Y_0) é mostrado na Figura 7(a). Para obter a curva de demanda agregada doméstica sob taxas de câmbio fixas [painel (b)], suponha um aumento de preços. O aumento reduz a oferta monetária real e faz a curva *LM* se deslocar para a esquerda. Além disso, entretanto, o aumento do nível de preços domésticos altera os preços relativos em relação aos parceiros comerciais à medida que as exportações se tornam mais caras e as importações se tornam relativamente mais baratas.

---

[2] Quando um país importa insumos intermediários, a curva de oferta agregada da economia aberta depende também da taxa de câmbio. Uma depreciação da moeda local deslocaria as curvas de oferta agregada para a esquerda devido aos preços domésticos mais elevados dos insumos intermediários importados, e uma apreciação as deslocaria para a direita pela razão oposta.

FIGURA 7   A demanda agregada em economia aberta sob taxas fixas

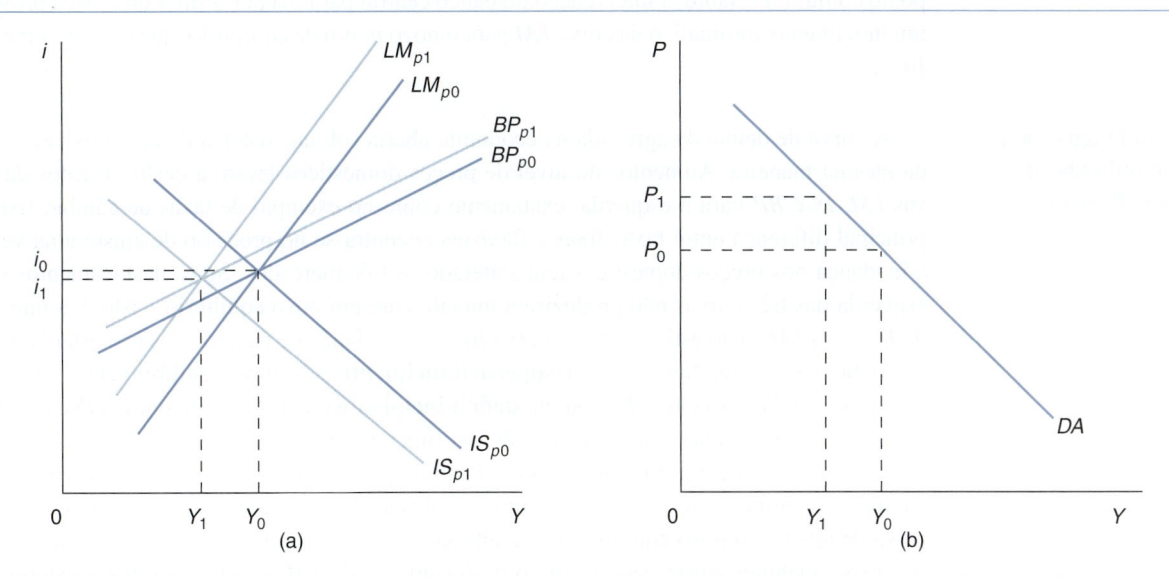

Com o nível de preço inicial P_0, o equilíbrio ocorre em i_0 e Y_0. Um aumento do nível de preço para P_1 provoca (1) o deslocamento da curva LM para LM_{p1} devido ao declínio da oferta monetária real; (2) da curva BP para BP_{p1}, conforme os bens estrangeiros tornem-se relativamente mais baratos e as exportações domésticas tornem-se relativamente mais caras; e (3) da curva IS para a esquerda para IS_{p1}, conforme a conta corrente se deteriora. O novo equilíbrio ocorrerá na interseção entre IS_{p1}, LM_{p1} e BP_{p1} em Y_1 e i_1. Se a interseção da IS_{p1} e da LM_{p1} estiver inicialmente acima ou abaixo da BP_{p1}, o balanço de pagamentos não estará em equilíbrio e ocorre pressão sobre a taxa de câmbio. Conforme o banco central age para manter a taxa de câmbio, a oferta monetária doméstica muda, deslocando a curva LM para o equilíbrio em i_1 e Y_1. Quando os dois níveis de preço P_0 e P_1 são traçados contra os dois níveis de renda de equilíbrio Y_0 e Y_1 no painel (b), obtém-se uma curva de demanda agregada DA negativamente inclinada.

O aumento do nível de preços domésticos leva assim a uma expansão das importações e a uma contração das exportações. A mudança dos preços relativos leva a curva BP a se deslocar para a esquerda, porque agora será preciso um nível mais elevado de taxa de juros para gerar o ingresso líquido de capital de curto prazo necessário para compensar a deterioração da balança comercial. A deterioração da balança comercial – isto é, a expansão das importações e a contração das exportações – também provocará o deslocamento da curva IS para a esquerda. Em suma, o aumento do nível de preços provoca um deslocamento da curva LM para a esquerda (LM_{p1}), da curva BP para a esquerda (BP_{p1}) e da curva IS para a esquerda (IS_{p1}). O aumento dos preços leva assim não somente a uma diminuição da oferta monetária real, mas também a mudanças dos preços relativos e, portanto, da demanda de produção doméstica real.

Com todos os três mercados se ajustando à mudança do nível de preços, o que garantirá a ocorrência de um novo equilíbrio? Como podemos estar certos de que as três curvas se cruzarão outra vez em um ponto comum? A mudança dos preços relativos levará a novas curvas IS e BP, consistentes com o novo nível de preços. Se a interseção entre a IS_{p1} e a LM_{p1} não estiver sobre a curva BP_{p1}, então haverá desequilíbrio do balanço de pagamentos (balanço de transações das reservas oficiais). Se elas se cruzarem acima da curva BP_{p1}, então haverá um superávit do balanço de pagamentos. Sob taxas fixas, um superávit levará a uma expansão da oferta monetária (não supondo-se qualquer esterilização) conforme o banco central compra a moeda estrangeira com moeda doméstica para manter a taxa de câmbio fixa. Consequentemente, a curva LM se deslocará para a direita até que não haja mais superávit no balanço de pagamentos e a economia estiver outra vez em equilíbrio. Da mesma forma, se a IS_{p1} e a LM_{p1} cruzarem em um ponto abaixo da curva BP_{p1}, ocorrerá um déficit do balanço de pagamentos. Enquanto o banco central procurar manter o valor fixo da moeda vendendo a moeda estrangeira e adquirindo moeda doméstica, a oferta monetária declinará (sem qualquer esterilização), deslocando a curva LM

ainda mais para a esquerda. Isso continuará até que as curvas IS_{p1}, LM_{p1} e BP_{p1} se cruzem em um ponto comum. Portanto, a intervenção do banco central para manter o valor da moeda provocará um movimento automático da curva LM para o novo ponto de equilíbrio, que deve ocorrer sobre BP_{p1}.

A demanda agregada na economia aberta sob taxas flexíveis

A curva de demanda agregada na economia aberta sob um sistema da taxa flexível é obtida da mesma maneira. Aumentos do nível de preços domésticos levam a deslocamentos das curvas LM, IS e BP para a esquerda, exatamente como no exemplo de taxas de câmbio fixas.[3] A principal diferença entre taxas fixas e flexíveis encontra-se no processo de ajuste uma vez que a mudança nos preços domésticos tenha afetado os três mercados. Se os deslocamentos para a esquerda das três curvas não produzirem inicialmente um novo equilíbrio – isto é, a interseção da IS_{p1} e da LM_{p1} não estiver sobre a curva BP_{p1} –, o balanço de pagamentos não estará em equilíbrio. Se isto ocorrer, haverá ou um **superávit incipiente** (se o novo equilíbrio entre a IS e a LM estiver acima da nova curva BP) ou um **déficit incipiente** (se o equilíbrio entre a IS e a LM estiver abaixo da nova curva BP). No caso de um superávit incipiente, a taxa de câmbio apreciará, deslocando tanto a curva BP como a curva IS ainda mais para a esquerda. Este ajuste continuará até que o equilíbrio simultâneo seja outra vez alcançado em todos os três mercados. Este processo de ajuste e o novo equilíbrio resultante são mostrados na Figura 8(a). Note que sob taxas flexíveis, qualquer ajuste necessário ao deslocamento da LM ocorre nos setores externo e do mercado de bens. Se, ao invés, o aumento do preço produzisse um déficit incipiente, então a moeda depreciaria, levando a deslocamentos para a direita das curvas IS e BP até o equilíbrio ser alcançado outra vez.

Não obstante o processo de ajuste, um aumento dos preços conduz a um declínio da renda de equilíbrio, produzindo a curva de demanda agregada normal negativamente inclinada [painel (b) da Figura 8]. Por causa da natureza do deslocamento adicional da BP e de suas repercussões sobre a IS após os deslocamentos iniciais dessas curvas sob taxa de câmbio flexível (em contraste com os deslocamentos da LM sob taxas fixas), a curva de demanda agregada na economia aberta, sob taxa de câmbio flexível, pode muito bem ter um grau de inclinação negativa diferente daquele sob um sistema de taxa fixa.

A NATUREZA DO AJUSTE ECONÔMICO E DA POLÍTICA MACROECONÔMICA NA ESTRUTURA DE OFERTA E DEMANDA AGREGADA NA ECONOMIA ABERTA

O efeito dos choques exógenos na curva de demanda agregada sob taxas fixas e flexíveis

Em economia aberta, qualquer fator que afete as curvas IS, LM, ou a curva BP pode, potencialmente, influenciar a curva de demanda agregada. A maneira pela qual ele influencia a curva DA depende, entretanto, se há taxas fixas ou flexíveis. Por exemplo, um aumento do nível de preço externo estimulará as exportações domésticas e reduzirá as importações domésticas. Isto tem o efeito de estimular a renda conforme as curvas BP e IS se deslocam para a direita devido à melhoria na conta corrente. Com um sistema de taxa fixa, seria produzido um superávit de balanço de pagamentos, o que conduziria a uma expansão da oferta monetária e a uma expansão adicional da economia. O resultado final, então, seria um deslocamento para a direita da curva DA. Sob taxas flexíveis, entretanto, o superávit incipiente que acompanha a melhoria dos preços relativos levará a uma apreciação da moeda doméstica. Esta mudança na taxa de câmbio neutraliza o aumento inicial dos preços externos. Conforme a apreciação ocorre, as curvas BP e IS se deslocam de volta para o equilíbrio inicial. Assim, não há nenhum efeito durável da mudança inicial sobre os preços relativos sob um sistema de taxa flexível e nenhuma mudança permanente na curva DA. Com este exemplo, nós podemos fazer uma

---

[3] A determinação do efeito preciso da variação do nível de preço sobre a curva LM é consideravelmente mais complicada com taxas flexíveis do que com taxas fixas. A razão é que, conforme a taxa de câmbio muda, esta alterará os preços domésticos dos bens importados, e esses preços fazem parte do nível de preço doméstico. Assim, as mudanças na própria taxa de câmbio podem afetar a posição da curva LM. Entretanto, este fator não altera o sentido normal do deslocamento da LM em resposta às mudanças do nível de preço.

FIGURA 8   Demanda agregada em economia aberta sob taxas flexíveis

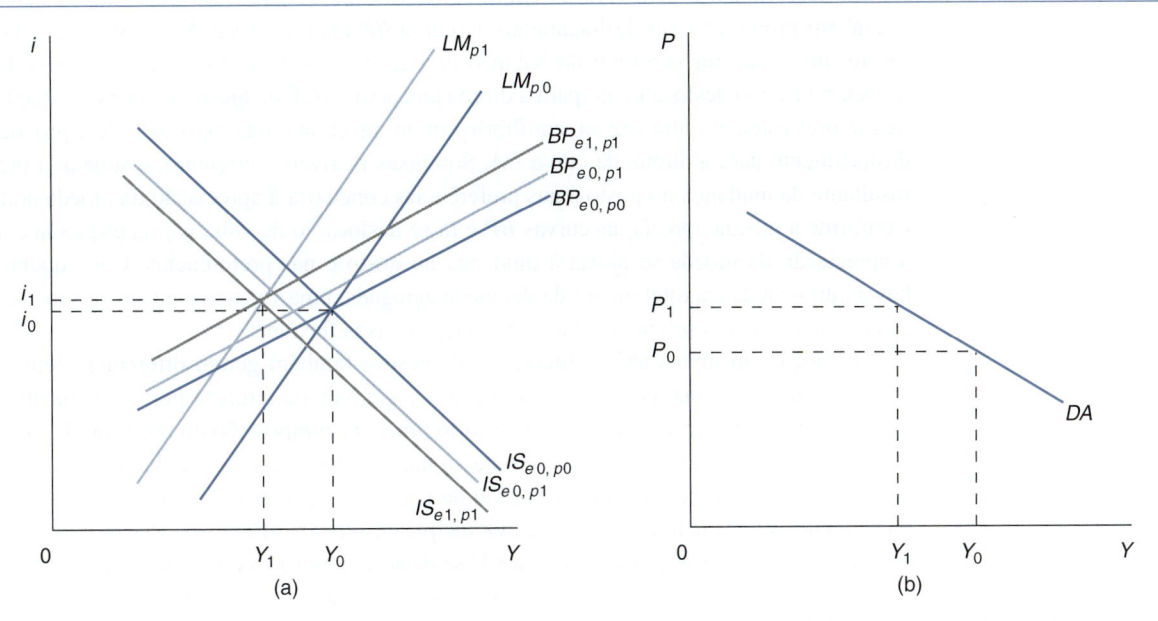

Partindo do equilíbrio em Y_0 e i_0 no painel (a), um aumento do nível de preços de P_0 para P_1 reduz a oferta monetária real, deslocando a curva LM para LM_{p1}. Ele também aumenta o preço relativo dos produtos domésticos, levando a um deslocamento ascendente da curva $BP_{e0,p0}$ para $BP_{e0,p1}$ e a um deslocamento para a esquerda da curva $IS_{e0,p0}$ para $IS_{e0,p1}$ conforme a conta corrente se deteriora. Se as novas curvas IS e LM não se cruzarem sobre $BP_{e0,p1}$, haverá ou um superávit incipiente ou um déficit incipiente e a taxa de câmbio ajustar-se-á (provocando um ajuste adicional das curvas IS e BP) até o sistema estar em equilíbrio em Y_1 e i_1 (no exemplo, em $IS_{e1,p1}$, LM_{p1} e $BP_{e1,p1}$). Quando os níveis anteriores e novos de renda de equilíbrio que correspondem aos dois níveis de preço forem desenhados [painel (b)] contra os dois níveis de preço, obter-se-á a curva de demanda agregada DA negativamente inclinada.

generalização e ver que qualquer choque que se origina no setor de comércio externo ou na conta corrente terá um efeito sobre a curva DA sob taxas fixas, mas não sob taxas completamente flexíveis.

Um choque originário no setor financeiro externo ou na conta de capital tem um efeito diferente neste modelo. Suponha que haja um aumento da taxa de juros externa. Esse aumento estimulará uma saída de capital de curto prazo do país local, produzindo um déficit sob taxas fixas ou um déficit incipiente sob taxas flexíveis. No caso de taxa fixa, o choque financeiro causará o deslocamento da curva BP para a esquerda e da curva LM para a esquerda conforme o banco central responda à nova pressão do déficit. Portanto, a curva DA se deslocará para a esquerda. No caso de taxas flexíveis, o deslocamento da curva BP produzirá um déficit incipiente, que faz com que a moeda doméstica se deprecie. Conforme a depreciação ocorre, ela estimulará as exportações e reduzirá as importações, conduzindo a um deslocamento para a direita tanto da curva IS como da curva BP ao longo da curva LM fixa. Em consequência, a curva DA se deslocará para a direita. A curva DA se desloca sob os dois sistemas, mas em direções opostas devido à natureza diferente do ajuste em cada caso. Naturalmente, lembrando das condições de equilíbrio de portfólio, o aumento da taxa de juros externa reduziria também a demanda doméstica de moeda, fazendo a curva LM se deslocar para a direita. Isto conduziria a um deslocamento maior para a direita da curva DA sob taxas flexíveis e a um deslocamento maior para a esquerda da curva DA sob taxas fixas (pois o déficit do BP a ser ajustado seria ainda maior).

Considere o efeito de choques domésticos que se originam no setor real. Uma mudança em uma variável que afeta o setor real e a conta corrente provoca uma mudança da demanda agregada sob taxas fixas, mas terá pouco efeito sob taxas flexíveis. Por exemplo, suponha que haja uma mudança nos gostos e nas preferências contra os automóveis estrangeiros e em favor dos automóveis produzidos domesticamente. Essa mudança no "estado de natureza" provocaria um deslocamento para fora da curva IS (devido ao declínio das importações autônomas) e também provocaria um deslocamento da curva BP para a direita. Sob taxas fixas, esse deslocamento criará um superávit do balanço de pagamentos, levando a uma expansão da oferta monetária e a um deslocamento para a direita da curva LM. Este ajuste ocorrerá até que todos os três setores estejam outra vez em equilíbrio em um nível de renda mais elevado e provocará um deslocamento para a direita da curva DA. Sob taxas flexíveis, entretanto, o superávit incipiente resultante da mudança no gosto e nas preferências conduzirá à apreciação da moeda doméstica. Conforme a moeda aprecia, as curvas BP e IS se deslocarão de volta para a esquerda conforme a apreciação da moeda se ajusta à mudança no gosto e nas preferências. Consequentemente, haverá uma mudança total menor da demanda agregada, uma vez que o ajuste de substituição de gasto tenha ocorrido sob taxas fixas, em relação a taxas flexíveis.

Mudanças em uma variável financeira doméstica também geram diferentes efeitos sob os dois sistemas. Suponha que haja um aumento exógeno da preferência por investimento doméstico de curto prazo em vez do externo de curto prazo na composição do portfólio desejada pelos cidadãos domésticos. O efeito imediato dessa mudança será um deslocamento para a direita da curva BP, devido à menor saída de capital de curto prazo, criando um superávit no balanço de pagamentos sob taxas fixas e um superávit incipiente sob taxas flexíveis. Isso se mostrará expansionista sob taxas fixas, porque a curva LM se desloca para fora conforme o banco central reage ao superávit do balanço de pagamentos. Sob taxas flexíveis, entretanto, ocorre uma apreciação da moeda, levando a uma piora da conta corrente e a um deslocamento para a esquerda da curva IS e da nova curva BP. O resultado final é uma queda da renda e, portanto, da demanda agregada.

O efeito da política monetária e fiscal na curva de demanda agregada sob taxas fixas e flexíveis

Como descobrimos nos capítulos anteriores, a política monetária e a política fiscal têm efeitos diferentes sob os dois diferentes regimes de taxa de câmbio. Considerando primeiramente o caso de taxas de câmbio fixas, observou-se que a política monetária é ineficaz em influenciar a renda em um sistema de taxa de câmbio fixa sob as várias suposições de mobilidade. Por sua vez, viu-se que a política fiscal é eficaz em todos os casos a não ser quando o capital é perfeitamente imóvel em todo o mundo. Se continuarmos a restringir nossa análise ao caso de capital relativamente móvel (curva BP mais horizontal que a curva LM) para facilitar a discussão, nós podemos generalizar e dizer que a política fiscal expansionista deslocará a curva DA para a direita e a política fiscal contracionista irá deslocá-la para a esquerda. Em contraste, alterar a oferta monetária não terá nenhum efeito sobre a curva DA em um sistema de taxa fixa a menos que o banco central esterilize continuamente o efeito do balanço de pagamentos sobre a oferta monetária (isto é, substitua a alteração das reservas de moeda estrangeira por compras no mercado aberto ou por vendas de títulos domésticos).

Sob um sistema de taxa flexível, a política monetária sempre se mostrou eficaz independentemente da suposição da mobilidade. Quanto maior a mobilidade do capital, mais eficaz é a política monetária discricionária em influenciar a renda. A política fiscal, entretanto, mostrou-se menos eficaz sob taxas flexíveis que sob taxas fixas quando a curva BP era mais horizontal que a curva LM, e mais eficaz quando a curva BP era mais inclinada que a curva LM. Quanto mais móvel for o capital, menos eficaz é a política fiscal, na medida em que os fluxos de capitais de curto prazo compensam muitos dos efeitos da política discricionária. No caso extremo, quando o capital é perfeitamente móvel, a política fiscal é totalmente ineficaz. Consequentemente, a política fiscal terá um efeito fraco sobre a curva DA sob a suposição de capital relativamente móvel que adotamos para esta discussão. Assim, geralmente a política fiscal sob taxas flexíveis será relativamente ineficaz em deslocar a curva DA comparada com taxas fixas, visto que a política monetária expansionista (contracionista) deslocará a curva DA para a direita (esquerda) sob um sistema de taxas de câmbio flexíveis e a política monetária não tem qualquer efeito sobre a DA sob taxas fixas (sem esterilização).

TABELA 3   Influências sobre a demanda agregada sob taxa de câmbio fixa e flexível

	Taxas fixas	*Taxas flexíveis*
Mudança em variável no país parceiro comercial que aumenta as exportações do país local	Deslocamento à direita da *DA*	Nenhum efeito sobre a *DA*
Mudança em variável no país parceiro comercial que altera os fluxos de capitais de curto prazo em favor do país parceiro	Deslocamento à esquerda da *DA*	Deslocamento à direita da *DA*
Mudança em variável no país local que reduz as exportações do país local	Deslocamento à esquerda da *DA*	Nenhum efeito sobre a *DA*
Mudança em variável no país local que estimula o ingresso de capital de curto prazo	Deslocamento à direita da *DA*	Deslocamento à esquerda da *DA*
Política monetária expansionista	Nenhum efeito sobre a *DA*	Deslocamento à direita da *DA* (sem esterilização)
Política fiscal expansionista	Deslocamento à direita da *DA*	Pouco efeito sobre a *DA* (ligeiro deslocamento à direita)

Resumo

Antes de passarmos para um exame de como as políticas domésticas e externas e outras variáveis econômicas selecionadas afetam os preços e a produção na economia aberta, vamos resumir como a curva *DA* é afetada por mudanças em variáveis sob taxas fixas e flexíveis. Nós continuamos a supor que a mobilidade do capital é tal que a curva *BP* tem inclinação positiva e é mais horizontal que a curva *LM*. Estes resultados são resumidos na Tabela 3. Como os efeitos sobre a curva *DA* das mudanças nestas variáveis são simétricos, os resultados na Tabela 3 foram limitados a um exemplo por tipo de influência. Teste sua compreensão do processo de ajuste sob taxas fixas e flexíveis examinando tanto mudanças positivas como negativas de uma importante variável econômica para verificar a simetria do ajuste da *DA*.

POLÍTICA MONETÁRIA E FISCAL NA ECONOMIA ABERTA COM PREÇOS FLEXÍVEIS

Tendo olhado para a natureza da oferta agregada e da demanda agregada e os fatores que as influenciam, estamos agora prontos para examinar o efeito da política econômica discricionária na economia aberta quando os preços não são fixos. Como a distinção entre o curto e o longo prazo é importante no que diz respeito à reação da oferta, prestamos especial atenção ao tempo de ajuste considerado ao discutir os prováveis efeitos econômicos de uma ação de política.

Política monetária

Como você agora está bem ciente, o efeito da política monetária sobre a economia doméstica depende do tipo de sistema de câmbio considerado. Como a política monetária tem um efeito limitado sobre a demanda agregada sob um sistema de taxa de câmbio fixa, podemos ignorar esse caso. Entretanto, descobrimos que a política monetária constitui-se em um instrumento de política eficaz sob taxas flexíveis. Nesse caso, a política monetária expansionista tinha o efeito de deslocar a curva *DA* para a direita. As implicações econômicas dessa política são examinadas na Figura 9. Nós começamos com a economia em equilíbrio em Y_0 e P_0 (ponto *E*), a interseção da curva de oferta de longo prazo (OA_{LP}), da curva de oferta de curto prazo (OA_{CP0}) e da curva de demanda agregada (DA_{M0}). *Lembre-se, nesse ponto, os preços vigentes são iguais aos preços esperados.* A expansão da oferta monetária leva a um deslocamento para a direita da curva *DA* para DA_{M1}, criando uma situação de desequilíbrio. Supondo que haja um atraso entre a mudança do nível de preço e a demanda dos trabalhadores por salários mais elevados, a economia reagirá ao aumento na demanda. Conforme a produção aumenta, os preços começam a aumentar e a economia se move para um novo equilíbrio de curto prazo em *F*.

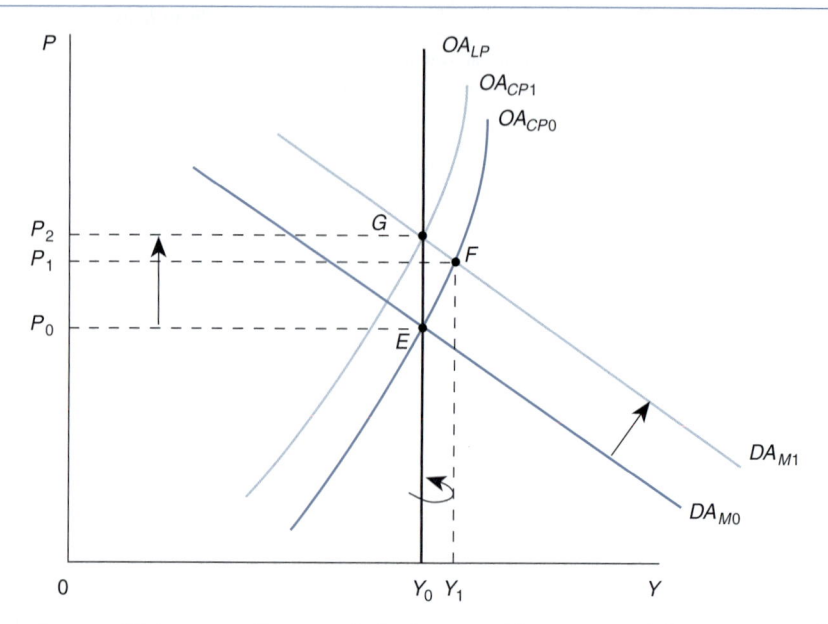

FIGURA 9 O efeito da política monetária no esquema oferta e demanda agregada sob taxas flexíveis

Começando em equilíbrio no ponto E, a expansão da oferta monetária provoca um deslocamento para a direita da curva DA para DA_{M1}, pressionando para cima a renda e os preços no curto prazo. Um novo equilíbrio de curto prazo é estabelecido em F sobre a curva de oferta de curto prazo OA_{CP0} em (Y_1, P_1). Entretanto, uma vez que os trabalhadores percebam que os preços se elevaram e que seus salários reais caíram, exigirão salários mais elevados, de modo que o mesmo trabalho será oferecido com o mesmo salário real inicial. O aumento dos salários nominais faz com que a curva de oferta de curto prazo se desloque para cima ao longo da DA_{M1}, conduzindo a um aumento adicional dos preços. Um novo equilíbrio é alcançado em G, onde OA_{LP}, OA_{CP1} e DA_{M1} se cruzam. Neste ponto, o nível de preço vigente P_2 é igual ao nível de preço esperado, e a economia está outra vez em equilíbrio. O efeito expansionista de curto prazo sobre a renda é compensado pelo aumento final do salário, deixando a economia outra vez em Y_0 mas a um nível de preço P_2 mais elevado.

Entretanto, uma vez que a mão de obra perceba que o nível de preço vigente é mais elevado que o nível de preço esperado e tenha tempo para reagir, os trabalhadores elevarão suas demandas de salário proporcionalmente ao aumento dos preços, de modo que a mesma quantidade de trabalho esteja sendo ofertada ao mesmo salário real. Isto fará com que a curva de oferta agregada de curto prazo se desloque para a esquerda até que o nível de preço esperado seja outra vez igual ao nível de preço vigente, devido à nova oferta monetária maior. Este equilíbrio está no ponto G, onde OA_{CP1}, OA_{LP} e DA_{M1} se cruzam em (Y_0, P_2). Após todos os ajustes ocorrerem, a economia estará outra vez no nível natural de renda Y_0, mas a um nível de preço P_2 mais elevado. A política monetária expansionista pode produzir um aumento de curto prazo da renda e do emprego, mas durará somente até que os trabalhadores ajustem suas demandas de salário ao novo nível de preços mais elevado.[4]

Com a mudança no nível de preço ou na taxa de inflação em consequência da expansão da oferta monetária, será que se pode dizer alguma coisa sobre mudanças decorrentes em outras variáveis monetárias chave, especificamente a taxa de juros nominal e a taxa de câmbio? Se adotarmos a perspectiva da abordagem monetária desenvolvida no Capítulo 22, poderemos chegar a diversas conclusões claras. Seguindo a visão da paridade relativa de poder de compra,

---

[4] Um outro fator envolvido é que, na medida em que há importações de bens intermediários, a depreciação da moeda local a partir da política monetária expansionista elevará os custos de produção das empresas domésticas. Isto também deslocará a curva de oferta agregada de curto prazo (assim como a curva de oferta agregada de longo prazo) para a esquerda. Geralmente nós ignoraremos esta repercussão, mas nos referiremos a ela em casos ocasionais mais tarde neste capítulo.

no longo prazo a taxa de câmbio subirá (a moeda local se depreciará) proporcionalmente ao aumento do nível de preço do país local em relação ao dos parceiros comerciais.

Além disso, geralmente se concorda que a taxa de juros real é o que interessa aos investidores (isto é, a taxa pela qual o poder de compra aumenta no período de investimento por causa do sacrifício do consumo atual). Desta perspectiva, a taxa de juros nominal (o que chamamos de "taxa de juros" sob a suposição anterior de preço fixo) consiste em dois componentes: a taxa de juros real ou taxa de preferência temporal, e um pagamento pela inflação esperada. Consequentemente, $i = i_r + E(\dot{p})$, [ou $i_r = i - E(\dot{p})$], onde i é a taxa de juros nominal, i_r é a taxa de juros real, e $E(\dot{p})$ é a taxa de inflação esperada. Se as taxas de juros reais forem igualadas (ou diferirem por uma quantidade mais ou menos constante devido a mobilidade imperfeita do capital) em qualquer um dos dois países por meio de arbitragem dos juros, então qualquer diferença nas taxas de juros nominais deve ser atribuída a diferentes taxas de inflação esperada nos dois países.[5] Consequentemente, um aumento na taxa de inflação doméstica (com a expectativa de que continuaria), *caeteris paribus,* deve levar a um aumento relativo equivalente na taxa de juros nominal doméstica. Por exemplo, se a taxa de inflação dos Estados Unidos subisse de 4% para 6%, e a taxa de inflação e a taxa de juros do Reino Unido permanecessem constantes, as taxas de juros nominais dos Estados Unidos deveriam elevar-se em 2 pontos porcentuais. Finalmente, como a alteração dos preços relativos está provocando uma mudança na taxa de câmbio nominal e na taxa de juros nominal, a variação percentual da taxa de juros nominal relativa entre os dois países deve ser igual à variação percentual esperada da taxa de câmbio. Esta é, naturalmente, uma outra maneira de indicar a condição de paridade descoberta dos juros discutida em capítulos anteriores.[6] Basicamente, isto pode ser visto como uma extensão da aplicação da lei do preço único para os mercados financeiros (os investidores estão recebendo a mesma taxa real de retorno esperada em ambos os países quando as taxas são expressas em uma única moeda). Em suma, após os ajustes de longo prazo ao aumento da oferta monetária doméstica terem terminado, não haverá, no país local, qualquer mudança da renda, um aumento do nível de preço, um aumento da taxa de juros nominal e um aumento na taxa de câmbio (depreciação da moeda local).

Em seguida, porém, suponha que nós começamos com a economia em desequilíbrio, em um nível de renda Y_0 que é menor do que o nível natural de renda, Y_N (isto é, o ponto H na Figura 10). Há talvez uma justificativa mais forte para usar a política monetária expansionista neste caso? A expansão da oferta monetária provocará um deslocamento da curva DA para cima até um novo equilíbrio de longo prazo, em P_1 e Y_N (ponto K). A renda doméstica aumentará, mas outra vez às custas de um aumento do nível de preço. Por sua vez, como P_1 é consistente com o nível esperado de preços em OA_{CP0}, não haverá nenhuma pressão por parte da mão de obra para aumentar mais os salários (e, portanto, os preços).

Em vez disso, suponha que não tenha havido nenhuma reação da política à recessão refletida por Y_0 e P_0. Se os salários e os preços forem flexíveis para baixo, uma vez que se reconheça que

---

[5] No exemplo Estados Unidos – Reino Unido, $i_{EUA} - i_{RU} = E(\dot{p})_{EUA} - E(\dot{p})_{RU}$, onde i se refere à taxa de juros nominal e $E(\dot{p})$ à taxa de inflação esperada em cada país como indicado pelo subscrito. Esta relação geral entre taxas de juros nominais relativas e taxas de inflação relativas é denominada *efeito Fisher* (em homenagem ao economista americano Irving Fisher do princípio do século XX).

[6] Recorde que a condição de paridade descoberta de juros era, no caso do exemplo dos Estados Unidos e do Reino Unido,

$$i_{EUA} = i_{RU} + xa \quad \text{ou} \quad i_{EUA} - i_{RU} = xa$$

onde xa era a taxa esperada de apreciação da libra contra o dólar, ignorando-se qualquer ágio de risco. O termo xa é por sua vez igual a $[E(e) - e]/e$, onde $E(e)$ é a taxa de câmbio futura esperada e e é a taxa *spot* atual (ambas em US$/£).

FIGURA 10 O papel da política monetária expansionista quando a economia aberta está em recessão

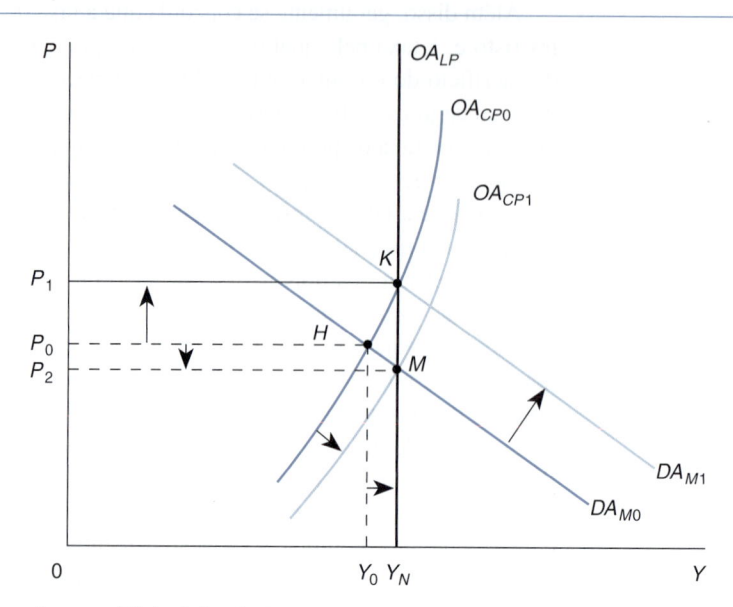

Com a economia em equilíbrio abaixo de Y_N, em H, expandir a oferta monetária faz com que a curva de demanda agregada se desloque para a direita para DA_{M1}, e então cruze a OA_{LP} e a OA_{CP0} em K. Nesse ponto, os preços esperados são iguais aos preços vigentes e a demanda agregada se iguala tanto à oferta agregada de curto como de longo prazo, dessa forma não haverá mais nenhum ajuste adicional. A economia está agora no nível natural de renda, mas a um nível de preço mais elevado, P_1. Se os formuladores de políticas não fizerem nada em H, e os salários e os preços forem flexíveis para baixo, a mão de obra acabará percebendo que o nível vigente de preços, P_0, é menor que o nível esperado, P_1, e o salário cairá para aumentar o nível de emprego. Isto fará com que a curva de oferta agregada de curto prazo comece a se mover para baixo (junto com os preços) até que a oferta agregada de longo prazo e de curto prazo e a demanda agregada estejam em equilíbrio em M e o nível real de preços se iguale ao nível esperado de preços, P_2.

o nível real de preços, P_0, é menor que o nível esperado, P_1, a recessão e o desemprego devem produzir uma queda nos preços esperados e consequentemente na taxa de salário nominal. À medida que os preços esperados declinam, a curva de oferta agregada de curto prazo inicia o deslocamento para baixo de OA_{CP1} para OA_{CP0}. À medida que os preços vigentes começam a cair, ocorre movimento ao longo da DA_{M0}, as exportações aumentam e as importações diminuem. Estes ajustes continuam até que a economia esteja outra vez em equilíbrio em Y_N, mas agora ao nível de preço P_2 (ponto M).

Na situação em que Y_0 é menor que Y_N, há assim dois processos de ajuste que levam ao equilíbrio de longo prazo em Y_N. Um processo repousa sobre política monetária discricionária e o outro sobre o mecanismo natural de mercado, supondo que os salários e os preços são flexíveis tanto no sentido ascendente como no descendente. Os críticos da política apontam para as pressões inflacionárias provocadas pela expansão da oferta monetária, argumentando que essas pressões contribuirão para expectativas adicionais a respeito da política discricionária do governo e para aumentos adicionais de preço. Os economistas favoráveis à política argumentam que, na realidade, os salários não são muito flexíveis no sentido descendente e que ajustes de mercado exigem um tempo muito longo. Contudo, nesta visão, enquanto o ajuste automático pode funcionar em algum grau, o custo do ajuste da recessão no que diz respeito à produção perdida, ao desemprego e aos programas sociais é alto demais para deixar para as forças incertas de mercado.

Em resumo, a política monetária sob taxas flexíveis pode provocar aumentos de curto prazo na renda acima do nível natural de renda contanto que os ajustes do salário se atrasem em relação aos aumentos de preço. Às vezes, entretanto, os ganhos de renda serão perdidos conforme a mão de obra ajusta suas demandas de salário ao novo nível mais elevado de preços. O aumento da produção e do emprego é provisório e leva, no fim, apenas a preços e salários mais elevados. A política monetária pode ser eficaz em estimular a economia quando ela estiver abaixo da taxa natural de emprego, mas outra vez às custas de preços mais elevados. Entretanto, depender do mecanismo de mercado e não da política monetária pode implicar um longo período de ajuste e pode ser ineficaz se os salários forem rígidos para baixo.

Ajustes da moeda sob taxas fixas

Com o auxílio das Figuras 9 e 10, também podemos discutir brevemente uma outra política que está na alçada das autoridades monetárias. Suponha que a economia esteja operando sob taxa de câmbio *fixa*, mas que agora se empreenda uma desvalorização oficial de sua moeda. No contexto do diagrama *IS/LM/BP*, tal política desloca a *BP* para a direita e também desloca a *IS* para a direita por meio do estímulo líquido da exportação. Haverá um superávit de *BP* e uma expansão da oferta monetária, pois a nova taxa de câmbio é fixa. O resultado é um deslocamento da *DA* para a direita como na Figura 9 (mas pela razão de que *BP*, *IS* e *LM* todas se deslocaram para a direita). Há uma expansão provisória da renda como na Figura 9 até que os trabalhadores ajustem seu salário nominal, mas o resultado final é somente inflação. Ainda pior, entretanto, se as importações de produtos intermediários forem importantes como em muitos países em desenvolvimento, OA_{CP1} e OA_{LP} deslocar-se-ão para a esquerda por causa da desvalorização, levando ao que foi chamado **desvalorização contracionista**, porque a produção caiu. Esta questão tem sido debatida para países em desenvolvimento, mas para esses países é possível que o ponto *H* na Figura 10 seja mais provavelmente um ponto de partida, e a OA_{CP0} também pode ser mais horizontal. Nesse caso, nenhuma contração da produção (e alguma expansão) e somente uma inflação suave pode acompanhar a desvalorização.

Política fiscal

Como registrado no capítulo anterior, a política fiscal é relativamente ineficaz em aumentar o nível de renda nacional sob taxas flexíveis se o capital de curto prazo for relativamente móvel (curva *BP* mais horizontal que a *LM*) ou perfeitamente móvel (curva *BP* horizontal). Na medida em que haja qualquer efeito sobre a *DA*, os efeitos de preço e produção são qualitativamente semelhantes à política monetária, exceto que a moeda local *apreciará* devido à taxa de juros doméstica relativamente mais elevada.[7] Se o capital for relativamente imóvel (curva *BP* mais inclinada que a curva *LM*) ou perfeitamente imóvel (curva *BP* vertical), os efeitos de preço e produção são maiores conforme os deslocamentos da curva *DA* forem maiores. Nestas situações, a moeda local se deprecia. No caso de taxa fixa, a política fiscal expansionista deslocará a *DA* para a direita, exatamente como a política monetária expansionista fez sob taxas flexíveis (veja a Figura 11). Supondo que haja um atraso entre os aumentos de preço e os ajustes de salário, a economia expandirá no curto prazo de Y_0 e P_0 (ponto *E*) para Y_1 e P_1 (ponto *F*). Nesse ponto, o nível vigente de preços (P_1) será mais elevado que o nível esperado inicial (P_0). Uma vez que o salário nominal do trabalho comece a se ajustar ao crescente nível de preço, a curva de oferta de curto prazo deslocar-se-á para cima. Esse ajuste continuará até OA_{CP1}, OA_{LP} e DA_{G1} se cruzarem em um ponto comum (Y_0, P_2). A política fiscal expansionista pode assim estimular a renda e o emprego no curto prazo sob taxas fixas, mas somente temporariamente. Uma vez que a mão de obra ajuste suas demandas de salário, a economia retorna ao nível natural de renda e de emprego. Caso isso ocorra muito rapidamente, a política fiscal gerará apenas inflação, mesmo no curto prazo.

As implicações da situação de recessão para a política fiscal sob taxas fixas são análogas àquelas da política monetária sob taxas flexíveis. Lembre que com a economia em recessão, como na Figura 10, há um desemprego maior que quando a taxa natural é alcançada. O movimento de volta para o nível natural de renda pode ocorrer por meio de estímulo fiscal ou da dependência do ajuste dos salários e dos preços pelo mercado. O uso de instrumento fiscal levará a

---

[7] Se as importações de bens intermediários forem significativas, as curvas de oferta agregada de curto prazo e de longo prazo se deslocarão também para a direita por causa da apreciação.

FIGURA 11   O efeito da política fiscal na estrutura de oferta e demanda agregada sob taxa de câmbio fixa

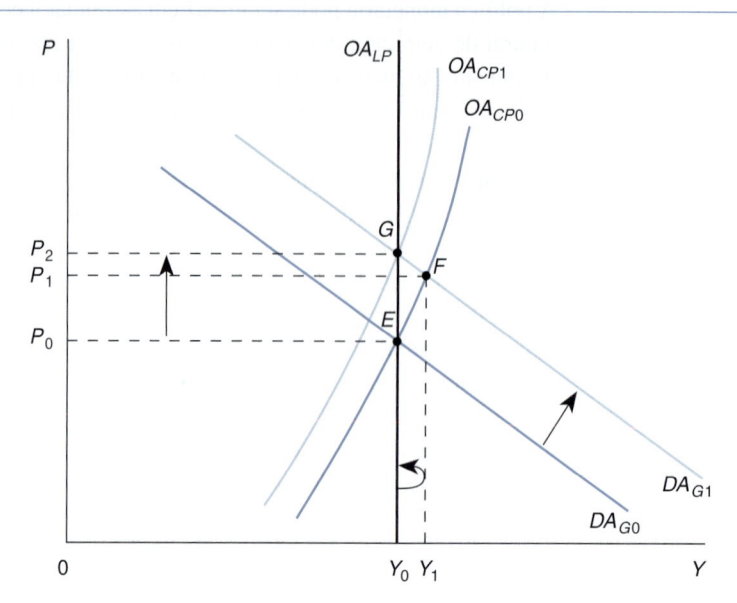

Com a economia em equilíbrio em Y_0 e P_0, a política fiscal expansionista desloca a curva de demanda agregada para a direita, de DA_{G0} para DA_{G1}. A expansão da demanda faz com que o nível de preço suba para P_1 e a produção se expanda para Y_1, assumindo-que haja um atraso no ajuste do salário em relação ao aumento dos preços. Uma vez que os trabalhadores percebam que o nível de preço vigente está acima do nível esperado de preço P_0, eles irão exigir salários mais elevados, deslocando a curva de oferta agregada de curto prazo para a esquerda. Esse ajuste resulta em declínio do emprego e da renda que continuará até que a economia esteja de volta ao equilíbrio, isto é, onde OA_{CP1}, OA_{LP} e DA_{G1} se cruzam em um ponto comum. Esse equilíbrio ocorre em P_2 e Y_0. Como a oferta é igual à demanda e os preços vigentes P_2 são iguais aos esperados P_2, nenhum ajuste adicional ocorrerá.

um aumento do nível de preço, enquanto que o ajuste do mercado levará a salários e preços mais baixos. As questões que surgem outra vez são: o grau em que os preços e os salários são flexíveis para baixo e a extensão de tempo do processo de ajuste do mercado. Os keynesianos tendem a se inclinar mais para a intervenção de política, enquanto que os monetaristas e os novos clássicos colocam a ênfase principal na solução de mercado.

Considerações sobre política econômica e oferta

Até agora, a análise se concentrou inteiramente no efeito da política monetária e fiscal sobre a demanda agregada. Neste momento, é importante indicar que a política econômica também pode ter efeito sobre a oferta agregada. Para que a política econômica discricionária tenha qualquer efeito durável além do aumento de preços, ela deve contribuir para aumentar a capacidade de produção, isto é, um deslocamento na curva de oferta agregada de longo prazo para a direita. As políticas monetária e fiscal que incentivam melhorias da tecnologia (tanto direta como indiretamente por meio de programas tais como um programa espacial), melhoram a qualidade e a mobilidade da força de trabalho, estimulam a acumulação de capital privado ou proporcionam infraestrutura social necessária podem ter efeito durável sobre a renda e sobre o emprego. O efeito de tais políticas é demonstrado na Figura 12. A política discricionária expansionista (por exemplo, um corte de impostos) provoca outra vez um deslocamento para a direita da curva DA para DA', produzindo ganhos de renda e de emprego no curto prazo junto com aumento de preços. Suponha, entretanto, que ela também leve a um deslocamento para a direita da curva de oferta de longo prazo para OA'_{LP}. (Esse deslocamento poderia ocorrer se o corte de imposto incentivasse a poupança, o investimento e/ou o esforço de trabalho, conforme enfatizado por

FIGURA 12   Política econômica e deslocamentos da curva de oferta agregada de longo prazo

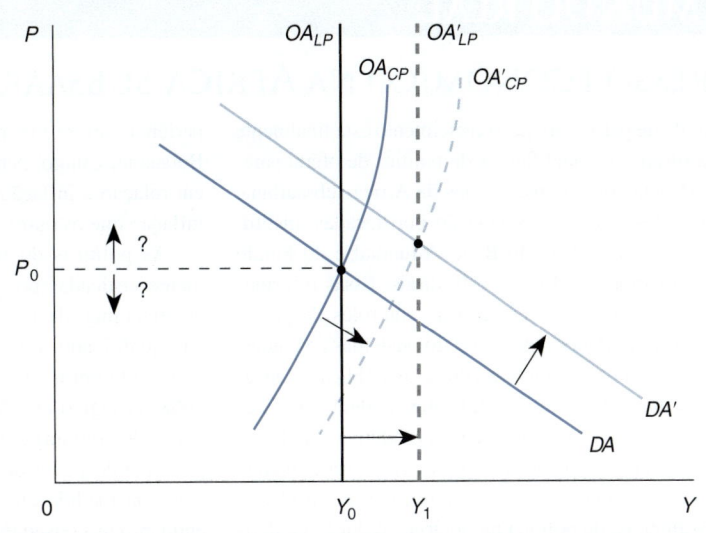

Começando com a economia em equilíbrio em Y_0 e P_0, suponha que a política monetária e/ou fiscal discricionária empreendida tenha um efeito sobre as condições domésticas da oferta de longo prazo. O efeito expansionista provoca aumentos da renda e dos preços no curto prazo, mas acaba deslocando as curvas de oferta de longo prazo e de curto prazo para a direita. Isto resultará em um novo equilíbrio em Y_1, onde OA'_{LP}, OA'_{CP} e DA' se cruzam. Como o novo nível de preço dependerá dos movimentos relativos das curvas, a posição exata do novo equilíbrio é incerta.

economistas do lado da oferta. Depois que todos os ajustes ocorram, a economia se encontra agora em um nível de emprego e de renda (Y_1) natural mais elevado, e ocorreu crescimento econômico. O novo nível de preço poderia ser mais elevado, mais baixo ou mais ou menos o mesmo do nível de preço de equilíbrio anterior ao empreendimento da política, dependendo dos deslocamentos relativos de todas as três curvas. Se a política tributária estimular uma grande reação da oferta e uma pequena reação da DA sob taxas flexíveis, o resultado final pode ser renda e emprego mais elevados, um nível de preço mais baixo e uma moeda apreciada. O que é crítico aqui é que o efeito final sobre o nível de renda e de emprego depende do grau em que há uma reação da demanda e uma reação da oferta de longo prazo. Para ser eficaz, a política governamental deve estar ciente das implicações de suas ações de política sobre as condições de oferta de longo prazo.

Este efeito sobre a renda e sobre o emprego é particularmente importante se recordarmos o que vimos anteriormente neste capítulo, que existe algum desemprego (o nível natural) no nível natural de renda Y_0. Conforme mencionado no parágrafo anterior, as ações de política que deslocam a DA para a direita, assim como o deslocamento da OA_{LP} para a direita, são consideravelmente mais prováveis de resultar em uma redução do desemprego que as ações que afetam somente a DA.

REVISÃO DE CONCEITO

1. Por que a curva DA na economia aberta poderia ter um grau diferente de inclinação negativa daquele da curva DA na economia fechada?
2. Sob que circunstâncias a política expansionista aumentará a renda no curto prazo? E no longo prazo?
3. Que efeito um aumento nas exportações terá sobre a economia sob taxas flexíveis? E sob taxas fixas?

CHOQUES EXTERNOS E A ECONOMIA ABERTA

Para concluir este capítulo sobre a economia aberta com preços flexíveis, vamos nos concentrar mais especificamente nos efeitos de alguns choques externos sobre a economia. Suponha que haja um aumento do preço mundial de um importante insumo importado para o qual a

No mundo real:

Progresso econômico na África subsaariana

Um conjunto de países em que o crescimento está finalmente começando a surgir e no qual fatores de política de oferta parecem ter importância consiste nas nações da África subsaariana. Muitos desses países, após a estagnação por décadas, instituíram, a pedido e com auxílio do Banco Mundial e do Fundo Monetário Internacional, reformas estruturais. Essas reformas incorporam medidas como a remoção de controles de preço, liberalização das importações, melhoria dos sistemas de comercialização agrícola, privatização de empresas públicas e sistemas tributários mais eficientes. As reformas podem ser vistas como tendo aumentado as potencialidades produtivas mudando as instituições, e elas deslocam as curvas de oferta agregada para a direita. Ao mesmo tempo, medidas como a introdução de novos instrumentos de política monetária e redução de déficits orçamentários do governo como uma porcentagem do PIB conduziram a aumentos mais lentos da demanda agregada (deslocamentos menores da curva DA para a direita). Em geral, o resultado foi uma melhoria da taxa de crescimento do PIB real, assim como uma diminuição nas taxas de inflação no fim dos anos 1990 e 2000. A experiência é representada na Tabela 4. A primeira linha para cada indicador inclui a Nigéria e a África do Sul, que juntas respondem por aproximadamente 50% da atividade da região; a segunda linha as exclui porque sua experiência difere ligeiramente dos demais países (por exemplo, Botsuana, Congo, Namíbia, Sudão e Tanzânia), especialmente em relação à inflação. Nigéria e África do Sul tiveram menos inflação que os outros países.

As políticas do Banco Mundial e do FMI foram severamente criticadas porque elas podem levar a uma distribuição de renda mais desigual e a aumento do desemprego de trabalho não qualificado. De mais a mais, a pobreza ainda é completa e absoluta em toda a África subsaariana. O PIB per capita de 1998 da região era de somente $510 ($1.440 de paridade do poder de compra) e em 2005 elevou-se para $746 ($2.004 de paridade do poder de compra). O progresso recente é encorajador na medida em que a oferta agregada está aumentando enquanto as consequências inflacionárias de deslocamentos da demanda agregada estão sendo reduzidas.

Fontes: Alassane D. Outtara, "Africa: An Agenda for the 21st Century", *Finance and Development,* mar. 1999, p. 2-5; Evangelos A. Calamitsis, "Adjustment and Growth in Sub-Saharan Africa: The Unfinished Agenda", *Finance and Development,* mar. 1999, p. 6-9; Ernesto Hernández-Catá, "Sub-Saharan Africa: Economic Policy and Outlook for Growth", *Finance and Development,* mar. 1999, p. 10-12; World Bank, *World Development Indicators 2000* (Washington, DC: World Bank, 2000), p. 12; *World Development Indicators 2007* (Washington, DC: World Bank, 2007), p. 16.

TABELA 4   Inflação e crescimento real do PIB da África subsaariana, 1989-2006

	1989-1998	1999	2000	2001	2002	2003	2004	2005	2006
Crescimento real do PIB	2,1%	2,7%	3,4%	4,5%	3,7%	4,2%	6,0%	6,0%	5,7%
Excluindo a Nigéria e a África do Sul	2,3	3,2	2,4	5,9	4,0	3,7	6,7	6,5	6,3
Mudança percentual do índice de preço ao consumidor	33,5	14,9	17,4	15,5	12,0	13,2	9,5	10,5	11,5
Excluindo a Nigéria e a África do Sul	52,9	23,7	28,8	22,2	13,7	18,4	14,1	14,0	16,8

Fonte: Fundo Monetário Internacional, *World Economic Outlook,* abr. 2007 (Washington, DC: IMF, 2007), p. 217, 225, disponível em: www.imf.org.

demanda doméstica é relativamente inelástica. Com um sistema de taxa flexível, isto provoca a depreciação da moeda local e uma expansão da demanda agregada doméstica em resposta aos efeitos de substituição de gastos da depreciação. Ao mesmo tempo, o preço mundial mais elevado dos bens intermediários críticos leva na Figura 13 a um deslocamento para a esquerda tanto da curva de oferta de curto prazo (de OA_{CP0} para OA_{CP1}) como da curva de oferta de longo prazo (de OA_{LP0} a OA_{LP1}).

FIGURA 13   O efeito de um choque de preço sobre um insumo importado em economia aberta

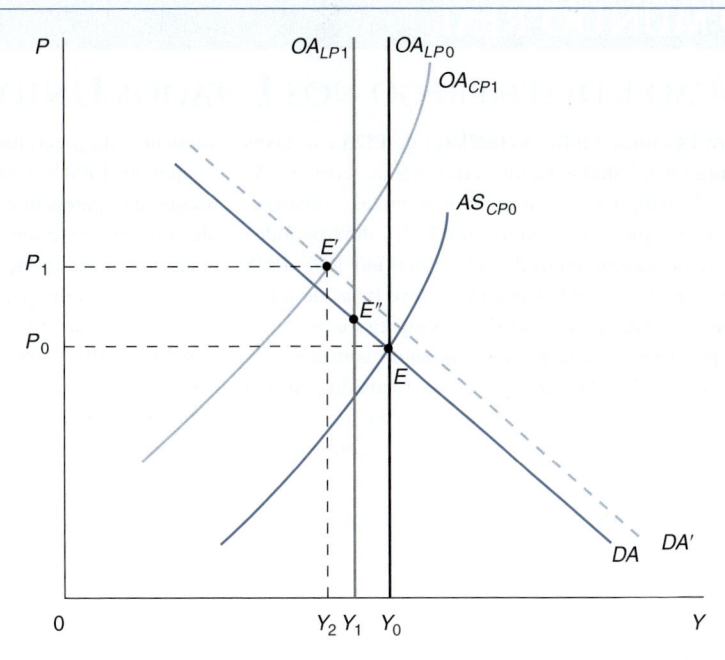

Com a economia em equilíbrio em E, um aumento repentino no preço de um importante bem intermediário importado para o qual a demanda é inelástica leva à depreciação da moeda e a um deslocamento para a direita da curva de demanda agregada para DA'. Ao mesmo tempo, provoca um deslocamento das curvas de oferta agregada de curto e de longo prazo para a esquerda conforme os custos de fabricação sobem. A economia se contrai para E', com um nível de preço mais elevado P_1 e uma nova renda de equilíbrio de curto prazo Y_2 (isto é, a economia está em estagflação). Tentativas da parte da mão de obra para aumentar os salários nominais levariam a mais inflação e desemprego (não mostrados). Tentativas de usar a política monetária expansionista para aumentar a renda neste caso também levariam a aumentos de preço ainda maiores (não mostrados). Se os salários fossem flexíveis para baixo, uma queda no salário nominal poderia mover a economia para o equilíbrio em E'' e Y_1 (mas não Y_0).

Como você pode ver na figura, ambos os efeitos aplicam pressão ascendente sobre o nível de preço. Se o choque de preço fosse suficientemente grande, poderia alterar as condições da oferta doméstica a tal ponto que a nova renda de equilíbrio estivesse em Y_2 (isto é, menor que Y_1). O declínio da renda junto com o aumento da inflação é frequentemente denominado de **estagflação**. Os Estados Unidos de fato experimentaram dois períodos de estagflação nas últimas décadas, ambos associados a aumentos agudos dos preços do petróleo. Tentativas de curto prazo para abrandar a estagflação no ponto E' pela política monetária expansionista levarão a preços ainda mais elevados. As tentativas da mão de obra de elevar o salário nominal para compensar o choque inicial de preço deslocariam a curva de oferta agregada de curto prazo ainda mais para a esquerda, piorando ainda mais a estagflação. Entretanto, se os salários forem flexíveis para baixo em E', uma queda do salário nominal deslocaria a curva de oferta agregada de curto prazo para a direita, aumentando a renda e o emprego até que E'' e Y_1 fossem alcançados (não, entretanto, E e Y_0). Portanto, os choques externos que afetam tanto as condições de oferta como as de demanda criam problemas especiais para a política macro, porque pouco pode ser feito no curto prazo (ausência de políticas tributárias eficazes e rápidas do lado da oferta) para proporcionar o ajuste estrutural necessário sem gerar inflação adicional.

Considere como um segundo choque externo um choque financeiro externo que provoque um ingresso de capital de curto prazo no país local. Sob taxas flexíveis isto levará a curva DA a se deslocar para a esquerda conforme a moeda local se aprecia. Como indicado na Figura 15 na página 701, isto levará a renda e preços mais baixos no curto prazo conforme os efeitos

NO MUNDO REAL:

INFLAÇÃO E DESEMPREGO NOS ESTADOS UNIDOS, 1970-2005

A Figura 14 indica a inflação (deflator do PIB) e as taxas de desemprego nos Estados Unidos em décadas recentes. As duas séries de tempo parecem se mover juntas consistentemente na maior parte do tempo. Entretanto, dois períodos claramente se destacam. Tanto durante o período 1973-1975 como no período 1979-1981, a economia teve taxas de inflação elevadas e crescentes e taxas de desemprego crescentes. Ambos os períodos se deram após aumentos consideráveis dos preços do petróleo. Os aumentos dos preços do petróleo deslocaram as curvas de oferta agregada para a esquerda, elevando a taxa de desemprego vigente. Em contraste, os aumentos do preço do óleo devido à invasão do Kuwait pelo Iraque em 1990 e o embargo subsequente do comércio com o Iraque não parecem estar associados com o aumento da taxa de inflação norte-americana. De mais a mais, o movimento mais típico da inflação e do desemprego associado com o ciclo de negócio aparece no período 1986-1989, no período 1990-1992 e de 2003 a 2005. Finalmente, no início dos anos 1980 e de 1993-1998, as taxas de desemprego e de inflação caíram simultaneamente. Esses dados nos mostram que houve um importante movimento das curvas de oferta agregada para a direita naqueles anos.

FIGURA 14   Taxas de inflação e de desemprego dos Estados Unidos, 1970-2005

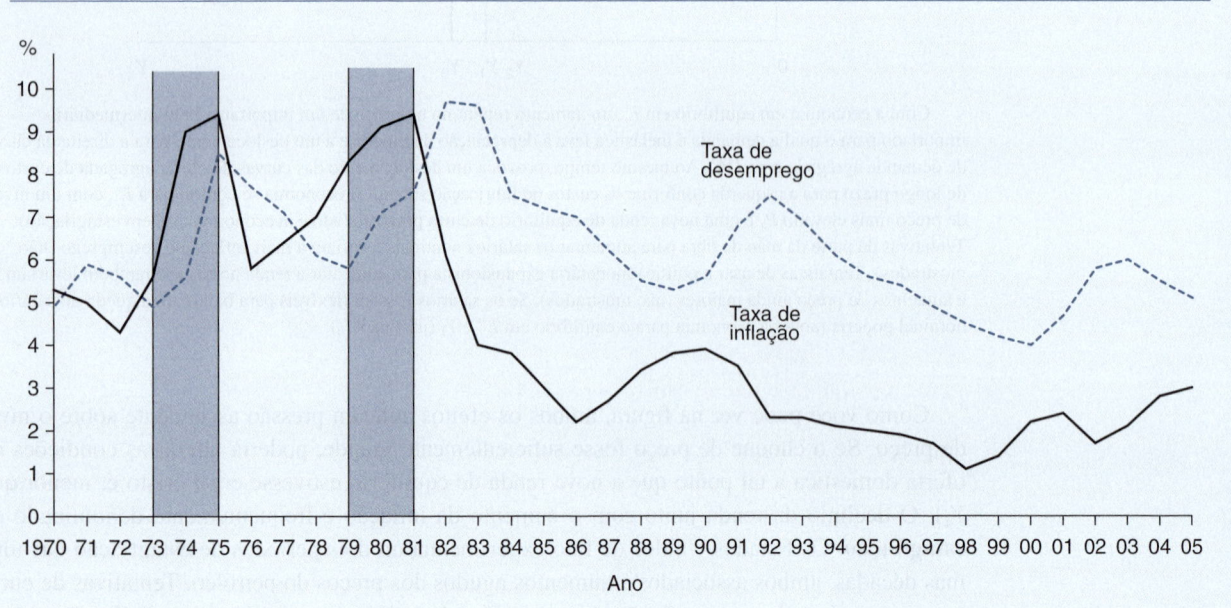

Fonte: *Economic Report of the President*, fev. 2007 (Washington, DC: U.S. Government Printing Office, 2007), p. 232, 272.

de substituição de gasto ocorrem (um movimento de E para E'). Neste caso, a política monetária expansionista poderia ser usada para compensar o ingresso inicial de capital de curto prazo, movendo a economia de volta para o nível natural de renda e para os preços iniciais. Isto, naturalmente, levaria então a um declínio do valor da moeda local no curto prazo conforme a taxa de juros caísse em resposta à política monetária. O movimento de volta ao equilíbrio macro também poderia ocorrer com um deslocamento para baixo ou para a direita da curva de oferta de curto prazo (não mostrado), uma vez que a mão de obra ajusta suas expectativas de preço ao novo nível de preço, mais baixo. Em ambos os casos, o processo de ajuste não é complicado por

FIGURA 15 Um choque financeiro externo e o ajuste em economia aberta

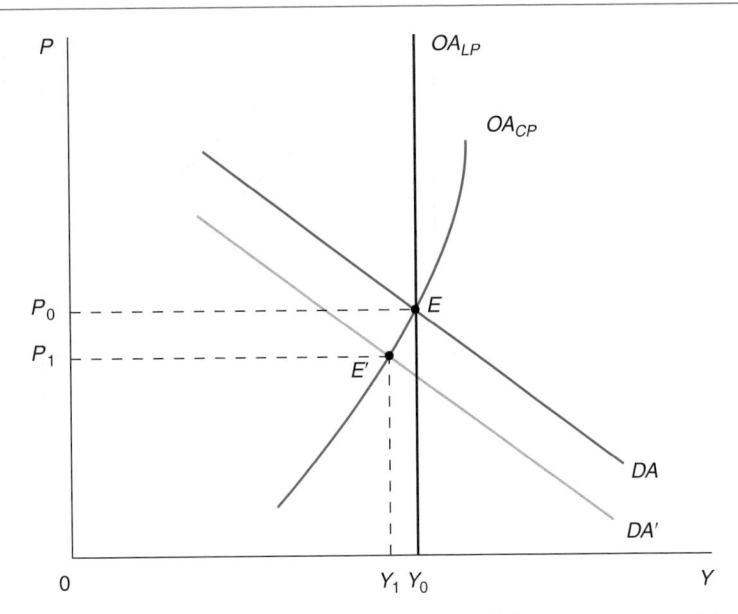

Neste caso, um choque financeiro externo provoca um ingresso de capital de curto prazo no país local, apreciando a moeda e reduzindo a demanda agregada para DA'. Em consequência, a economia mover-se-á para E', obtendo um nível de renda, emprego e preços mais baixos no curto prazo. Neste exemplo, a política monetária expansionista poderia aumentar a demanda agregada e mover a economia de volta para Y_0. O movimento para Y_0 também poderia ocorrer por uma redução do salário nominal à medida que a mão de obra percebe que o nível de preço vigente está abaixo do nível de preço esperado P_0. Isto levaria a OA_{CP} a se deslocar para a direita até que o equilíbrio (não mostrado) seja outra vez alcançado em Y_0.

um efeito inicial sobre a oferta como ocorria no exemplo precedente. Os ajustes que seguem esse choque ocorreriam também se o evento inicial fosse uma mudança nas expectativas a respeito da taxa de câmbio em que se espera que a moeda local aumente seu valor.

Como um exemplo final (você aguenta mais um exemplo?!), vamos examinar o efeito de uma melhoria na produtividade agregada, como parece ter ocorrido em anos recentes com a nova tecnologia de informação. Para ver como o crescimento da produtividade afeta a economia aberta, considere uma melhoria na tecnologia que desloque as curvas de oferta OA_{LP0} e OA_{CP0} para a direita (veja a Figura 16). Se a demanda agregada não se altera de DA_{M0}, o novo nível de equilíbrio da renda encontrar-se-á à esquerda (no ponto E_1) da nova curva de oferta de longo prazo (OA_{LP1}). Para que a economia tenha maior vantagem dos novos ganhos de produtividade, deve haver um aumento da demanda agregada ou um deslocamento ainda mais para baixo da curva de oferta de curto prazo (pelo processo de ajuste do mercado de trabalho). O crescimento apropriado da oferta monetária levaria ao crescimento da demanda agregada que faz a economia se mover para o novo nível mais elevado de renda tornado possível pela mudança da produtividade sem qualquer impacto maior sobre os preços do nível de preço original (ponto E_2).

Por outro lado, o nível mais baixo de preços em Y_1 poderia acabar estimulando uma queda do nível esperado de preços por parte da mão de obra, com consequente queda dos salários de W_0 para W_1, e um deslocamento para a direita da curva de oferta de curto prazo. Esse ajuste continua a ocorrer até que as três curvas se cruzem no novo nível de renda que reflete o novo nível, mais elevado, da tecnologia (ponto E_3).

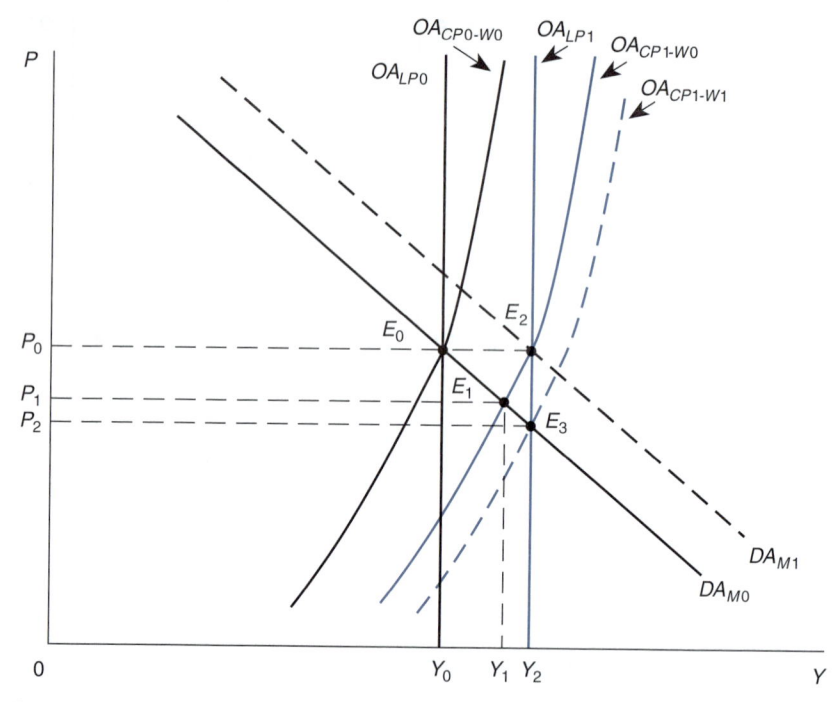

FIGURA 16 Mudança tecnológica e ajuste na economia aberta

A melhoria na tecnologia desloca as curvas de oferta agregada para a direita de OA_{LP0} para OA_{LP1}, e de OA_{CP0-W0} para OA_{CP1-W0}. Sem mudança da demanda agregada, o equilíbrio se move para E_1 a um nível de renda mais elevado Y_1 e um nível mais baixo de preços P_1. Como $Y_1 < Y_2$, a economia está operando abaixo do nível natural de renda e de emprego. Neste exemplo, a economia pode se mover para Y_2 (o nível natural) por meio do uso da política monetária expansionista, que deslocaria a curva de demanda agregada para a direita (DA_{M1} em E_2), ou esperar por uma queda dos salários nominais, que deslocariam a curva de oferta agregada de curto prazo para a direita até alcançar Y_2 em E_3. A política expansionista levaria o nível de preço a se mover de volta a partir de P_1, visto que a redução do salário nominal levaria a uma deflação adicional para P_2.

Este último processo de ajuste do salário repousa sobre a suposição de que os preços e os salários são flexíveis para baixo. Por outro lado, a primeira situação de confiança na política monetária requer que as autoridades monetárias calibrem corretamente o aumento da oferta monetária necessária para se mover para o novo nível natural de renda, e não além. A superestimação do crescimento da renda naturalmente levaria a uma superexpansão da oferta monetária e assim da demanda agregada, uma reação que provocaria um aumento do nível de preço e dos preços esperados e levaria a uma inflação contínua.

Finalmente, com o aumento da produtividade, se o nível de preço cair para um valor como P_2 na Figura 16, isto pode ter efeito sobre a taxa de juros nominal e sobre a taxa de câmbio esperada. Se o nível de preço mais baixo reduzir as expectativas inflacionárias, então a taxa de juros nominal do país cairá. Com a redução das expectativas inflacionárias, também pode ocorrer uma depreciação percentual esperada mais baixa (ou uma apreciação esperada) da moeda local.

Resumo

Este capítulo se concentrou na economia aberta quando os preços são flexíveis. Isto foi realizado derivando-se uma curva de demanda agregada para a economia aberta e combinando-a com as curvas de oferta agregada. Uma curva de oferta agregada de curto prazo e outra de longo prazo foram empregadas na análise. O esquema de oferta e demanda agregada foi usado para avaliar os efeitos das mudanças em instrumentos de política e em variáveis exógenas. Isto foi feito para um sistema de taxa flexível e um sistema de taxa fixa. A análise demonstrou o mecanismo de ajuste automático quando os preços e os salários são flexíveis. Além disso, indicou a diferença do mecanismo de ajuste sob taxas fixas comparado com o de taxas flexíveis. As tentativas de aumentar a renda e o emprego além do nível natural aumentando-se a demanda agregada no fim só levam a aumentos de preços sob qualquer um dos regimes de taxa de câmbio. No caso em que a economia estava operando em um nível abaixo do nível natural de emprego, viu-se que a política discricionária foi eficaz em mover a economia de volta para o nível natural, mas somente com aumento de preços. Dado tempo suficiente, com o emprego vigente abaixo do nível natural, a economia automaticamente se moveria de volta para o nível natural através de uma queda dos preços. A incerteza que cerca a flexibilidade para baixo dos preços e dos salários e o tempo requerido para tal ajuste sustentam a visão de muitos de que o mecanismo preferível de ajuste é a política monetária discricionária sob regimes de taxa flexível e política fiscal discricionária sob regimes de taxa fixa. O capítulo conclui com uma discussão sobre o efeito de diversos choques exógenos sobre a economia aberta que opera sob um sistema de taxa flexível.

Termos-chave

curva de demanda agregada
curva de demanda agregada de trabalho
curva de oferta agregada de curto prazo
curva de oferta agregada de longo prazo
déficit incipiente
desvalorização contracionista
equilíbrio entre a oferta agregada e a demanda agregada
estagflação
função de produção agregada
nível natural de emprego
nível natural de renda
superávit incipiente

Questões e problemas

1. Qual é o significado de nível natural de renda e de emprego? Por que a curva de oferta agregada de longo prazo é vertical no nível natural?
2. Qual é a diferença entre a curva de oferta agregada de curto prazo e a curva de oferta agregada de longo prazo? São em alguma situação iguais?
3. É possível que o aumento das transações econômicas internacionais possa afetar as curvas de oferta agregada? Explique.
4. Nos anos 1990 a Alemanha tentou controlar a inflação por meio de uma política monetária restritiva e taxas de juros elevadas. Explique como isso pode ter influenciado a renda e os preços dos Estados Unidos.
5. Explique como a apreciação da moeda de um país poderia afetar suas curvas de oferta agregada quando os insumos intermediários importados são consideráveis.
6. O que precisa ocorrer para que a política econômica discricionária tenha mais que um efeito de curto prazo sobre a renda e sobre o emprego?
7. Se um país se encontrar em estagflação sob um sistema de taxa flexível, por que a política monetária expansionista é uma cura improvável para o problema? Por que as melhorias tecnológicas ou as melhorias gerais de produtividade são tão importantes nesta situação?
8. Suponha que se espere que a moeda do país local se deprecie em um sistema de taxa flexível. Investigue os efeitos sobre a *DA*, *OA*, preços e renda (produção) do país local.
9. Suponha que a economia esteja operando abaixo de seu nível natural de renda (por exemplo, no ponto *H* na Figura 10). Você recomendaria o uso de política expansionista neste exemplo? Explique.

parte 7

Questões em arranjos monetários mundiais

> Taxas de câmbio flexíveis são uma maneira de combinar interdependência entre países por meio do comércio com o máximo de independência monetária interna; elas são uma maneira de permitir a cada país buscar estabilidade monetária de acordo com seus próprios interesses, sem impor seus erros aos vizinhos ou ter os erros destes impostos a si.
>
> Milton Friedman, 1953

> Sob taxas de câmbio flutuantes, a economia norte-americana sofreu uma instabilidade financeira sem precedentes por aproximadamente 20 anos.
>
> Lewis E. Lehrman, 1990

Nos últimos 40 anos, o mundo viu considerável mudança na atividade econômica e na natureza da economia mundial. As nações estão se tornando mais próximas por meio do comércio e das finanças internacionais. O sistema monetário internacional mudou; um país que anteriormente era um grande credor, os Estados Unidos, emergiu como a nação com a maior dívida do mundo; e muitos dos países em desenvolvimento se encontram com problemas de desenvolvimento contínuos e grandes montantes de dívida externa. Além disso, o sistema de taxa de câmbio relativamente fixa, estabelecido no final da Segunda Guerra Mundial entrou em colapso no início dos anos 1970. Desde então, países têm adotado, individualmente e em grupo, uma variedade de diferentes arranjos de taxa de câmbio, e essa maior variabilidade se tornou uma característica proeminente da economia internacional. De fato, alguns observadores consideram que o grau de flexibilidade da taxa de câmbio tem sido excessivo, e anseiam por um sistema mais estável que possa oferecer maior estabilidade econômica mundialmente.

Esta parte do livro se refere a debates com relação à natureza desejável dos arranjos monetários internacionais. O Capítulo 28 examina questões na escolha de taxas de câmbio fixas *versus* flutuantes, bem como arranjos cambiais que apresentam desde taxas de câmbio completamente flexíveis até completamente fixas. O Capítulo 29 concentra-se no sistema monetário internacional atual, traçando suas origens recentes e avaliando sua efetividade. Conclui-se com uma discussão das alternativas possíveis ao sistema atual. ●

> Alguns têm concluído que o mercado de moedas estrangeiras não está funcionando bem. A conclusão é alimentada, por um lado, pelos recentes desenvolvimentos nos mercados financeiros internacionais e, por outro, por um número de descobertas acadêmicas....
>
> ...Ao analisar as diversas propostas para uma reforma radical, o indivíduo se pergunta se seus inconvenientes não são maiores que os do atual sistema de flutuação (gerenciada), imperfeito como ele é.
>
> Jeffrey A. Frankel, 1996

CAPÍTULO 28

TAXAS DE CÂMBIO FIXAS OU VARIÁVEIS?

OBJETIVOS DE APRENDIZADO

- Conhecer os diferentes impactos de taxas de câmbio fixas e flexíveis sobre o comércio internacional, investimento internacional e alocação de recursos.

- Compreender como as respostas macroeconômicas a choques estrangeiros e domésticos são influenciadas pelo sistema de taxa de câmbio adotado.

- Reconhecer as vantagens e desvantagens de um *currency board*.

- Entender as forças e fraquezas de sistemas de taxas de câmbio que combinam elementos de taxas de câmbios fixas com flexíveis.

Introdução

A adesão da Eslovênia ao euro – um claro sucesso

A introdução do euro na Eslovênia aconteceu sem percalços e, embora os preços de alguns bens e serviços tenham aumentado, a inflação geral permaneceu amplamente estável. Para os outros países na expectativa da adoção do euro, a experiência demonstra que a abordagem do "Big Bang" – isto é, irrevogavelmente travar a taxa de câmbio e simultaneamente introduzir as notas e moedas de euro – funciona, e que um período de duas semanas de circulação dupla é suficiente, dado que a mudança seja sincronizada e bem-preparada. Em alguns aspectos, por exemplo, o retorno do dinheiro legado, a Eslovênia se saiu melhor do que quando o euro foi introduzido em 2002, com isso minimizando os custos e ônus sobre as empresas.

"A adoção do euro pela Eslovênia foi algo rápido e fácil. Isso novamente enfatiza a importância de preparações antecipadas e cuidadosas e das informações e comunicações sincronizadas quanto ao euro", disse o Comissário para Questões Monetárias e Econômicas Europeias, Joaquin Alumnia. A Eslovênia tornou-se o 13º membro da zona do euro quando o adotou em 1º de janeiro de 2007. Ao contrário do primeiro grupo de países que iniciaram fixando de maneira irrevogável a taxa de conversão de sua moeda ao euro em 1999 (2001 para a Grécia) e assumiram o euro apenas três anos depois (um ano depois para a Grécia), a Eslovênia selecionou um cenário Big Bang, em que duas medidas foram adotadas simultaneamente. Todos os países da União Europeia que ainda têm de adotar o euro e que projetaram um chamado Plano Nacional de Adesão também se preparam para um cenário Big Bang. Isso faz sentido, uma vez que o euro está em circulação há cinco anos.[1]

A transição eslovena foi o contrário da abordagem de taxa de câmbio adotada pela Eslováquia (República Eslovaca). A Eslováquia primeiro fixou sua taxa de câmbio ao euro e, então, procedeu à adoção da nova moeda, de maneira flutuante.

Uma questão proeminente em qualquer consideração da efetividade do uso de política econômica em economia aberta, bem como em discussões da natureza desejável do sistema monetário internacional, é o grau de flexibilidade da taxa de câmbio que deve ser permitido. Lidamos com essa questão nos capítulos anteriores, e no próximo capítulo lidaremos novamente no contexto histórico recente. No entanto, é útil, neste ponto, apresentar uma variedade de argumentos relevantes. A primeira seção deste capítulo faz isso ao examinar os argumentos em favor de taxas de câmbio fixas ou flexíveis no contexto de questões substantivas principais. Nessa discussão, o termo *taxas de câmbio fixas* refere-se a um sistema que permite apenas uma pequena variação, se tanto, da taxa cambial declarada oficialmente. Com *taxas de câmbio flexíveis* nos referimos a taxas *completamente* livres para variar ou flutuar; isto é, o mercado de moeda estrangeira é caracterizado o tempo todo por mudanças na taxa de câmbio não devidas a compra ou venda de moeda pelas autoridades monetárias. Examinamos então a controvérsia no contexto mais amplo da teoria das áreas monetárias ótimas. Por fim, analisamos casos de flexibilidade de taxa de câmbio localizados entre os dois extremos. O objetivo geral do capítulo é inteirá-lo das várias implicações econômicas da escolha relativa ao regime de taxa de câmbio por um país. A escolha não é fácil, e soluções "de meio-termo" são possíveis, bem como as duas situações extremas de taxas de câmbio fixas e taxas de câmbio completamente flexíveis.

Questões centrais no debate de taxas de câmbio fixas/variáveis

Taxas de câmbio fixas ou variáveis oferecem maior "disciplina" por parte dos formuladores de políticas públicas?

Um argumento posto em favor das taxas de câmbio fixas é que tal sistema oferece a "disciplina" necessária em política econômica para evitar a continuidade da inflação. Isto é, em um sistema de câmbio fixo, não deve existir tendência para inflação mais elevada no país do que no mundo como um todo. Considere um país com um déficit no balanço de pagamentos (*BP*). Se a causa do déficit é uma inflação mais acelerada do que nos parceiros comerciais, as autoridades do país necessitarão aplicar políticas anti-inflacionárias para proteger as posições de reservas

---

[1] Comissão Europeia: "Slovenia's changeover to the euro – a clear success", comunicado à imprensa, 10 maio 2007.

internacionais do país. O sistema de taxa de câmbio fixa praticamente força esse tipo de política, uma vez que uma falha em fazê-lo acabará levando a uma eliminação das reservas internacionais do país se os mecanismos de ajuste automático tomarem tempo considerável.

Qual é a situação do país com superávit no balanço de pagamentos? Dado o objetivo de uma taxa de câmbio fixa, as forças trabalhando na direção oposta àquela de um país deficitário são colocadas em ação. A acumulação de reservas internacionais (as quais podem ser difíceis de esterilizar) expandirá a oferta de moeda. Esse aumento na oferta de moeda levará a taxa de juros para baixo, aumentando a demanda agregada e os preços, o que aumenta a compra privada de bens e ativos financeiros internacionais e, portanto, elimina o superávit.

Observe que o resultado na discussão anterior é uma tendência de *deflação* em um país deficitário e *inflação* em um país superavitário. Portanto, se os preços são flexíveis em ambas as direções, é provável que permaneçam relativamente estáveis no mundo todo. Na prática, o mundo pode ter alguma inflação se os preços forem menos flexíveis para baixo do que para cima. No entanto, a inflação provavelmente não será tão acelerada como seria se a disciplina das taxas fixas não existisse.

Além da ênfase sobre a disciplina das taxas de câmbio fixas, os proponentes de tal sistema consideram que taxas *flexíveis* podem na verdade agravar tendências inflacionárias em um país. Se argumenta que, sob taxas flexíveis, a inflação em um país torna-se autossustentável; esse argumento é algumas vezes chamado de **hipótese do ciclo vicioso**. Suponha que um país esteja se deparando com uma inflação acelerada em função de um excesso de oferta de dinheiro e excesso de demanda na economia. A inflação causará a depreciação da moeda do país nos mercados cambiais, o que gerará maior demanda agregada na economia e pressões inflacionárias ainda maiores. O aumento nos preços levará a salários monetários correspondentes mais elevados, o que também induz a mais inflação (veja o capítulo anterior). Então, a inflação causará depreciação que, por si mesma, causará ainda mais inflação. Essa sequência de eventos continua até que as autoridades monetárias deem um fim à expansão monetária.

Duas importantes réplicas podem ser feitas a esses argumentos. Primeiro, com relação à hipótese do ciclo vicioso, os argumentos favoráveis à taxa de câmbio flexível consideram que a depreciação, que era uma resposta à inflação e que se alega causar ainda mais inflação, pode na verdade ser um claro sinal para as autoridades de que restrições monetárias são necessárias. Esse sinal pode levar à instigação rápida de políticas anti-inflacionárias. Sob essa perspectiva, os danos da inflação não são maiores sob arranjos flexíveis do que taxas fixas.

Em resposta à alegada disciplina oferecida pelo sistema de câmbio fixo, pode ser questionado se tal disciplina é necessariamente sempre desejável. Países possuem também outros objetivos domésticos além da manutenção de taxas de câmbio fixas e de estabilidade de preços, como a geração de elevados níveis de emprego e de crescimento econômico razoavelmente rápido. Um déficit no *BP* implica que, não importando se o ajuste é acompanhado da redução automática da oferta monetária ou de políticas macroeconômicas discricionárias, o alcance desses outros objetivos domésticos pode precisar ser sacrificado, ou ao menos buscado de maneira menos determinada. Se o país deficitário já está em uma situação de elevado desemprego e baixo crescimento econômico, as tendências contracionistas servirão para piorar a situação interna. Os Estados Unidos se depararam com esse dilema em alguns anos ao longo da década de 1960.

Por outro lado, se um país possui superávit no *BP*, há pressões de elevação nos níveis de preço em função da expansão na oferta monetária. Ainda que isso possa, potencialmente, ser útil do ponto de vista do emprego e crescimento, agravará o desempenho interno com relação aos objetivos de estabilidade de preços. Por exemplo, a Alemanha frequentemente possuiu um superávit no balanço de pagamentos, mas ao mesmo tempo não queria que sua taxa de inflação se elevasse. Independente de um país possuir déficit ou superávit no balanço de pagamentos, o alcance de alguns objetivos internos será frustrado em função do sistema de taxa de câmbio fixa.

A solução da questão da disciplina e, portanto, da estabilidade de preços, ser mais prevalecente com taxas de câmbio fixas do que com taxas de câmbio flexíveis requer pesquisa empírica extensiva. Pode ser notado que a inflação mundial era mais acelerada no período de taxas de câmbio flutuantes da década de 1970 do que no período da década de 1960, mas eventos que ocorreram independentemente do sistema de taxa de câmbio – tal como o comportamento da OPEC – sem dúvida desenvolveram um papel importante na geração dessa diferença na inflação mundial.

Taxas de câmbio fixas ou flexíveis podem proporcionar maior crescimento no comércio e investimento internacionais?

Um argumento frequentemente apresentado pelos proponentes de taxas fixas é que as taxas flexíveis são menos propícias à expansão do comércio mundial e dos investimentos estrangeiros diretos. Em particular, um sistema de taxa de câmbio flexível é tido como responsável por um montante considerável de risco e incerteza. Suponha que um exportador norte-americano esteja considerando a venda de bens para um comprador da Estônia, para entrega futura em 30 dias, e que o exportador exija um preço de $1.000 por unidade para realizar a venda. Se o comprador da Estônia estiver disposto a pagar 6.000 coroas estonianas por unidade *e* se a taxa de câmbio esperada em 30 dias for 6 coroas estonianas = $1, então existe uma base para um contrato e a venda será realizada. No entanto, se a taxa de câmbio mudar para 6,5 coroas estonianas = $1 no final dos 30 dias, a firma norte-americana terá tomado uma decisão não inteligente, porque apenas $923,08 (= 6.000 coroas estonianas ÷ 6,5 coroas estonianas /$) em vez de $1.000 serão recebidos.

No contexto desse exemplo, o argumento em favor da taxa de câmbio fixa é que as decisões correntes podem ser mais efetivas com relação aos seus resultados futuros uma vez que o risco de uma mudança no valor da moeda estrangeira (uma depreciação, neste caso) é relativamente pequeno. Com uma taxa de câmbio flexível em vez de uma taxa fixa e com a característica natural de aversão a risco da maioria das organizações, a empresa exportadora exigirá algum seguro contra a mudança na taxa de câmbio. Esse seguro pode tomar a forma de um preço esperado mais elevado do que os $1.000 ou de *hedging* nos mercados de futuros (o que incorre em custos de transação do *hedging*), embora mercados de futuros ativos existam apenas para as principais moedas. Além disso, pode ser notado que a rápida elevação nos derivativos financeiros internacionais (discutidos no Capítulo 21) oferece agora uma maior variedade de instrumentos para proteção dos riscos associados às transações financeiras internacionais. Em qualquer caso há um custo, o que significa que, tudo o mais constante, um menor volume de comércio ocorrerá sob taxas flexíveis do que sob taxas fixas. Com um volume reduzido de comércio internacional, existe menos especialização internacional e menor bem-estar mundial.

Além do foco sobre a redução potencial no volume de comércio, os proponentes das taxas fixas também julgam que o montante de investimento direto estrangeiro de longo prazo será menor sob taxas flexíveis do que sob taxas fixas. Qualquer companhia contemplando a construção de uma planta em outro continente, por exemplo, se preocupará com relação ao tamanho do fluxo de retorno dos lucros repatriados no futuro. Se a taxa de câmbio varia, o valor real dos fluxos de retorno, quando convertidos na moeda doméstica, podem ser menores do que os esperados quando o investimento original foi realizado (caso os preços nos dois países não tenham se movido proporcionalmente à taxa de câmbio). Em função dessa perspectiva, as organizações serão mais tímidas com relação a investir em outros continentes e, consequentemente, o capital pode não fluir para áreas em que a "verdadeira" taxa de retorno seja mais elevada. A alocação de recursos mundial irá então ser menos eficiente sob taxas flexíveis, e um sistema de taxa fixa pode evitar tal situação. O argumento de risco e incerteza é o mais forte no caso dos investimentos de longo prazo do que no caso do comércio internacional, porque os contratos de moeda a termo de longo prazo e outros instrumentos de *hedging* são mais difíceis de adquirir e mais custosos do que contratos de curto prazo para a cobertura de riscos de comércio.

No entanto, com relação ao efeito adverso alegado das taxas flexíveis sobre os investimentos estrangeiros, um argumento diretamente oposto pode ser feito. (Veja McCulloch, 1982, p. 9-10.) Dada a volatilidade nos lucros e preços em outros países em termos da moeda doméstica em virtude da taxa de câmbio flutuante, as firmas podem decidir reduzir o risco e a incerteza produzindo no país estrangeiro. O mercado estrangeiro será, então, abastecido pela planta estrangeira. Nessa interpretação, a existência das taxas flutuantes nas décadas recentes pode na verdade ter *aumentado* o montante de investimento estrangeiro direto. De fato, o investimento estrangeiro direto, especialmente nos Estados Unidos, aumentou durante o período de taxas flutuantes, mas, é claro, não sabemos o que teria sido dos investimentos sob taxas fixas.

Como outra resposta aos argumentos relativos ao volume de comércio e investimento, os proponentes das taxas flexíveis observam que os governos sob taxas *fixas* frequentemente têm se recusado a realizar os ajustes macroeconômicos internos necessários para lidar com os déficits em seus *BP*s. A situação de déficit acaba exigindo contração da renda nacional, mas um país com desemprego e baixo crescimento econômico pode procurar postergar tal ajuste de renda ao utilizar políticas expansionistas para esterilizar o efeito do déficit no balanço de pagamentos sobre a oferta monetária doméstica. No entanto, à medida que as reservas continuam a diminuir, os países têm recorrido a impor restrições e controle sobre saídas de capital como medidas para reduzir os déficits no balanço de pagamentos. É discutível se tais restrições de comércio e investimento foram bem-sucedidas em atingir os objetivos de *BP*, mas elas claramente interferem na alocação eficiente de recursos e redução de bem-estar.

Em vista desse comportamento sob taxas de câmbio fixas, o argumento é que as restrições sobre comércio e movimento de capitais para fins de *BP* são desnecessárias em um sistema de taxa flexível. Movimentos nas taxas de câmbio eliminarão o déficit do *BP*, o que mina a justificativa das restrições. O comércio pode então se dar de acordo com as vantagens comparativas e o capital pode fluir para lugares em que sua produtividade marginal seja mais elevada. No entanto, se a justificativa para restrições sob taxas fixas for o protecionismo e os objetivos de *BP* só estiverem sendo utilizados como uma fachada para este raciocínio, a adoção de taxas flutuantes pode não levar à remoção das restrições.

A questão quanto às taxas flexíveis reduzirem ou não o volume de comércio e o investimento internacional, comparativamente ao sistema de taxa fixa, é difícil de responder, pois os economistas não podem colocar um país em um laboratório e fazer um teste com todas as outras condições mantidas constantes. Todavia, a literatura tem tentado avaliar o argumento, especialmente com relação ao volume de comércio.

No mundo real:

Risco cambial e comércio internacional

Os economistas discordam com relação às flutuações nas taxas de câmbio e seus riscos associados reduzirem ou não o montante de comércio internacional, comparativamente ao que poderia ser em outro contexto. O artigo de Peter Hooper e Steven Kohlhagen (1978), frequentemente citado, indica que a variabilidade na taxa de câmbio não possui efeito significativo sobre o comércio. Um trabalho mais recente no final da década de 1980 contestou essa conclusão.

Um trabalho de Jerry Thursby e Marie Thursby (1987) sugeriu que o comércio é inibido pela volatilidade na taxa de câmbio. Esse ensaio possui um escopo mais amplo, concentrando-se nas determinantes do comércio, incluindo o papel do risco de taxa de câmbio de 17 países industrializados ao longo do período 1974-1982. O modelo testado era de comércio bilateral, em que equações foram desenvolvidas para o comércio de cada país com cada um dos outros 16 países. A renda (total e per capita), a distância entre os parceiros de comércio, preços de importação e exportação, e preços de consumo domésticos estavam entre as variáveis independentes incluídas. Para consideração do risco cambial, a variabilidade da taxa *spot* em torno de uma tendência prevista era a variável independente, e a variabilidade, tanto na taxa de câmbio nominal quanto real, foi examinada.

De interesse para este capítulo, os Thursby encontraram que 15 dos 17 países possuíam relações negativas entre tamanho do comércio e variabilidade da taxa nominal, com resultados de 10 dos 15 países sendo estatisticamente significantes. Os resultados utilizando a taxa de câmbio real foram virtualmente idênticos àqueles utilizando a taxa nominal. Os autores concluíram que existia "forte suporte para hipótese de que os riscos cambiais afetam o valor do comércio bilateral" (p. 494).

Outro teste do efeito do risco cambial sobre o comércio foi feito por David Cushman (1988). Ele examinou as exportações

No mundo real:

e importações bilaterais dos Estados Unidos com seis parceiros comerciais (Canadá, França, República Federal da Alemanha, Japão, Holanda e Reino Unido) de 1974 a 1983. Cinco diferentes medidas de risco envolvendo a taxa de câmbio real foram utilizadas, cada uma incorporando diferentes pressuposições a respeito das expectativas dos parceiros de comércio (por exemplo, expectativas baseadas na variabilidade recente de taxa *spot*, comportamento da taxa futura em relação à taxa *spot*) e horizontes temporais. Considerou-se a influência sobre o comércio de outros fatores como renda real, utilização da capacidade e custos unitários do trabalho. Dos 12 fluxos bilaterais dos Estados Unidos, 10 mostraram efeitos negativos do risco da taxa de câmbio sobre o comércio, com 7 dos 10 tendo significância estatística. Cushman concluiu (p. 328) que "na ausência de risco, as importações dos Estados Unidos poderiam ter sido cerca de 9% mais altas, e as exportações cerca de 3% mais altas do que a média durante o período".

Apesar disso, o debate continuou. Por exemplo, Joseph Gagnon (1993) argumentou, com base em um modelo teórico com análises numéricas, que a variabilidade nas taxas de câmbio dos países industrializados poderia não ter tido efeito significativo sobre o volume de comércio. No entanto, um estudo de 1996 do FMI (Ito, Isard, Symanski e Bayoumi, 1996) examinou a variabilidade na taxa de câmbio e comércio entre 10 dos 18 países-membros do Fórum de Cooperação Econômica da Ásia-Pacífico (APEC) e concluiu que não havia evidência forte de que a volatilidade da taxa de câmbio de médio prazo afetasse o comércio e pudesse definitivamente causar complicações para as economias dos países. Além disso, a volatilidade pode afetar o padrão do investimento direto estrangeiro ao fazer com que as empresas diversifiquem tais investimentos em uma base geográfica, para reduzir sua exposição ao risco.

Não convencidos, no entanto, Udo Broll e Bernhard Eckwert (1999) construíram um caso teórico em que uma maior volatilidade na taxa de câmbio, sob algumas circunstâncias, pode efetivamente *aumentar* o volume de comércio. A análise deles considera uma firma doméstica que pode vender em mercados competitivos domésticos e/ou internacionais. Quando a moeda doméstica se deprecia, aumenta o preço em moeda doméstica do bem exportado, e a empresa obtém maior margem de lucro das exportações do que tinha antes da depreciação. A firma responde vendendo maiores quantidades nos mercados de exportação. Quando a moeda doméstica mais tarde se valoriza, de maneira análoga, as margens de lucro dos exportadores cairão. No entanto, a organização pode evitar as margens de lucro de exportação declinantes ao vender seus produtos no mercado doméstico – exportar é apenas uma opção, não uma exigência. Se a taxa de câmbio varia significativamente, o lucro da exportação na situação favorável será maior do que com uma volatilidade de taxa de câmbio mais suave, uma vez que existe a chance de um maior payoff com a depreciação da moeda doméstica. No meio tempo, perdas decorrentes da apreciação podem ser evitadas pela venda doméstica. No geral, a companhia pode ser mais lucrativa com maior volatilidade na taxa de câmbio do que com menor volatilidade, e Broll e Eckwert demonstram que o montante médio de exportação pode, também, ser maior com maior volatilidade (embora o resultado dependa de certas pressuposições com relação à aversão ao risco).

Claramente o assunto se tornou uma questão empírica. Enquanto que a expectativa convencional de que a incerteza na taxa de câmbio amortecerá o comércio devido à aversão a risco ainda existe, a literatura empírica não produziu uma resposta clara. Wang e Barrett (2002) sugerem que uma parte da controvérsia é relativa a dados muito agregados e apontam a necessidade de corrigir uma variedade de questões econométricas que permeiam essa literatura. Utilizando dados mensais específicos de setores e mercados sobre o comércio entre Taiwan e Estados Unidos (1989-1998), Wang e Barrett examinam o impacto do risco da taxa de câmbio esperado sobre as exportações taiwanesas. Em sete dos oitos setores examinados, a volatilidade da taxa de câmbio se revela estatisticamente insignificante. A única exceção é a agricultura, que parece responder negativa e significativamente à volatilidade esperada da taxa de câmbio. Seus resultados mostram que o fracasso em resolver questões de não normalidade nos resíduos da regressão resultam em um substancial exagero do efeito negativo do risco cambial sobre os fluxos de comércio.

Taxas de câmbio fixas ou flexíveis podem proporcionar maior eficiência na alocação de recursos?

Outro argumento a favor das taxas de câmbio fixas é que os movimentos de desperdício de recursos associados às taxas flexíveis são evitados. Esse argumento diz que, com um sistema em que as taxas de câmbio podem variar substancialmente, podem existir mudanças frequentes nos incentivos para os setores de bens comercializáveis. Se a moeda do país se deprecia nos mercados de câmbio, os fatores de produção serão induzidos a mover-se para os setores de bens comercializáveis e para longe dos setores de bens não comercializáveis, uma vez que a produção de exportações e substitutos de importações é agora mais lucrativa. No entanto, se a moeda tem apreciação, os incentivos são revertidos e os recursos movem-se dos comercializáveis para os não comercializáveis. Portanto, se a flutuação na taxa de câmbio ocorrer, existirá um movimento constante dos fatores entre os setores, e este movimento envolverá desperdícios econômicos, pois os fatores estarão temporariamente não alocados, o trabalho pode necessitar ser reciclado e assim por diante. Além disso, se os recursos não estiverem disponíveis para submeterem-se a um movimento contínuo, há uma má alocação mais permanente e ineficiente. Essas várias reduções na eficiência e no bem-estar poderiam ser evitadas se não fossem permitidas variações na taxa de câmbio.

No entanto, em resposta, os proponentes das taxas flexíveis atacam o sistema de câmbio fixo por ele, como principal característica, fixar o preço mais importante em uma economia, a taxa de câmbio. O principal ponto é que, com base na teoria microeconômica, a fixação de qualquer preço interfere na alocação eficiente de recursos, pois o uso ótimo de recursos é obtido quando os preços são livres para refletir os verdadeiros valores escassos. A ausência de um preço flexível para a moeda estrangeira em um sistema de câmbio fixo gera distorção generalizada de preços e dá sinais errôneos e, portanto, inibe uma alocação de recursos eficiente. (Tal situação é comum em países em desenvolvimento, em que as taxas de câmbio fixas têm frequentemente sido escolhidas em detrimento de taxas flexíveis.) A interferência na eficiência pode ser melhor vista na situação em que a moeda de um país está sobrevalorizada, mas o sistema de câmbio fixo não permite uma desvalorização. Nessa situação, indústrias exportadoras são penalizadas em função do nível arbitrário da taxa de câmbio, e ainda assim a teoria da vantagem comparativa nos diz que o setor exportador contém as indústrias relativamente mais eficientes na economia. Esse argumento ganha mais força quando se percebe que a questão da vantagem comparativa não é um fenômeno estático. Em vez disso, as indústrias com vantagem comparativa de qualquer país mudam ao longo do tempo à medida que novos recursos, nova tecnologia e novas habilidades emergem. Tais mudanças dinâmicas são causadas por variações nos preços relativos. Se a taxa de câmbio é fixa, o papel de alocação de recursos das mudanças relativas de preços é impedido de gerar os benefícios máximos.

Uma segunda objeção de eficiência a uma gestão de taxa de câmbio fixa é que recursos necessitam ser fixados na forma de reservas internacionais. O sucesso da operação de um sistema de taxa de câmbio fixa requer que os países mantenham balanços de trabalho e reservas para financiar déficits no balanço de pagamento. Mesmo que um déficit seja temporário (talvez devido a fatores sazonais no padrão de comércio) e vá reverter-se, ativos de reserva são necessários para atender ao excesso de demanda temporária pela moeda estrangeira para manter a taxa de câmbio adotada. Além desse balanço de giro, que reflete a **demanda de reservas internacionais para transações**, os países podem também desejar manter reservas extras para se resguardarem contra quaisquer desenvolvimentos negativos não esperados no balanço de pagamentos. Assim, existem também uma **demanda de reservas internacionais para precaução**.

Nesse contexto, o comportamento econômico do governo dita que os cálculos sejam feitos dos custos *versus* benefícios de manter reservas (os benefícios sendo os ajustes macroeconômicos, como uma redução na renda nacional, não percisam ser feitos, pois a esterilização temporária pode ser realizada). Os custos são os *custos de oportunidade* de manter parte da riqueza do país na forma de reservas em vez de capital produtivo. O capital produtivo abdicado teria rendido a produtividade marginal do capital no país, e esse produto perdido é uma medida do custo de manter as reservas internacionais para defender uma taxa de câmbio adotada. Medidas quantitativas podem ser realizadas a respeito desses benefícios e custos, e o país estará mantendo suas **reservas internacionais de tamanho ótimo** quando o benefício marginal for igual ao custo marginal. O custo marginal não será zero, no entanto, o sistema de taxa de câmbio fixa implica um ônus em termos de produção não realizada.

Nesse esquema, o argumento em favor das taxas flexíveis é que tal sistema elimina a necessidade de os bancos centrais manterem reservas internacionais. Se a taxa de câmbio segue o mercado, os recursos são livres para serem usados de maneira mais produtiva em qualquer ambiente na economia. O estoque de capital abdicado e a produção abdicada que esse capital teria produzido não terão de ser sacrificados.

A política macroeconômica é mais eficiente em influenciar a renda nacional sob taxas de câmbio fixas ou flexíveis?

Outro argumento em favor das taxas fixas é que a política fiscal é mais efetiva em influenciar o nível de renda nacional sob taxas fixas do que sob taxas flexíveis. O ponto básico é que a política fiscal expansionista, por exemplo, desloca a curva *IS* para a direita no diagrama *IS/LM/BP*. Com mobilidade relativa de capital internacional (a curva *BP* é menos inclinada do que a curva *LM*), a política gera um superávit no *BP* sob taxas fixas por causa da elevação nas taxas de juros e a subsequente entrada líquida de capital de curto prazo, a qual expande a oferta monetária e auxilia no esforço para expandir a renda nacional. Com uma taxa de câmbio flexível, a apreciação causada pelo fluxo de capital agiria para retornar a renda nacional ao seu nível original. Se o capital internacional é relativamente imóvel, um déficit no *BP* ocorre sob taxas fixas, enfraquecendo o efeito sobre a renda da política fiscal expansionista; com taxas flexíveis, uma depreciação da moeda doméstica dá estímulos à renda. No fim, é claro, o resultado depende do grau de mobilidade do capital de curto prazo. Ao menos entre os países industrializados, tal capital é bastante móvel, de forma que a efetividade superior da política fiscal sob taxas fixas parece ser um argumento válido.

No entanto, qualquer que seja o grau de mobilidade internacional do capital, a política monetária é mais efetiva em influenciar o nível de renda nacional em um sistema de câmbio flexível do que em um sistema de câmbio fixo. Esse ponto foi examinado extensivamente nos dois capítulos anteriores. Uma expansão da oferta monetária para aumentar a renda nacional gera uma depreciação na moeda doméstica, e isso agirá de forma que reforce o impacto de elevação na renda da expansão monetária. Um mecanismo de reforço similar se aplica ao caso da política monetária contracionista.

Portanto, de maneira importante, a efetividade comparativa das macropolíticas é uma questão discutível somente se a política fiscal é preferível à política monetária como instrumento de escolha. A decisão entre política fiscal e política monetária envolve várias outras considerações com relação à influência direta *versus* indireta do governo sobre a economia e do próprio papel do governo. A preferência variará de país a país.

Outro argumento a favor das taxas flexíveis é que tal sistema permite às políticas fiscal e monetária serem direcionadas somente em relação ao alcance dos objetivos econômicos internos. Sob taxas fixas, as autoridades políticas podem ter de sacrificar o alcance dos objetivos internos (por exemplo, pleno emprego) para satisfazer o objetivo externo de equilíbrio no *BP*. Por outro lado, se a taxa de câmbio for flexível, a taxa de câmbio por si só cuidará de quaisquer problemas no balanço de pagamentos: uma situação deficitária (superavitária) estabelecerá uma depreciação (apreciação) da moeda doméstica, e essa depreciação (apreciação) removerá o déficit (superávit). Assim, não há necessidade de utilizar políticas fiscais e monetárias para lidar com desequilíbrios no *BP*, e esses instrumentos podem ser diretamente utilizados para lidar com problemas internos (isto é, "as restrições dos balanços de pagamentos" sobre a política foram removidas).

Os proponentes desse argumento apontam para o fato de que a tomada de decisão política efetiva requer que o número de instrumentos se iguale ao número de objetivos (veja o Capítulo 25). A virtude do sistema de taxa flutuante é que um instrumento adicional (automático) – a taxa de câmbio – foi adicionado. Se os três objetivos são equilíbrio do *BP*, pleno emprego e estabilidade de preço, os três instrumentos são a taxa de câmbio, a política fiscal e a política monetária. Uma vez que a taxa de câmbio está agora cuidando dos problemas do *BP*, a política fiscal pode ser direcionada para aumentar o nível de emprego e a política monetária pode ser direcionada ao alcance da estabilidade de preços. Assim, aumenta o arsenal de instrumentos sob um sistema de câmbio flutuante.

Ao analisar esses argumentos, observe que não necessariamente surgirá um conflito entre as políticas necessárias para atingir o equilíbrio do *BP* e aquelas para atingir os objetivos internos. Por exemplo, um país com um déficit no *BP e* inflação acelerada requererá uma política contracionista com o objetivo de atingir tanto o objetivo externo quanto o interno da estabilidade de preços, embora o grau de contração necessário para atingir cada objetivo específico possa diferir. De maneira similar, um país com superávit no *BP* e desemprego excessivo achará que as políticas expansionistas trabalharão para remover o superávit, bem como o desemprego, embora, novamente, a extensão da ação política possa diferir para cada objetivo. Em outros casos – déficit no *BP* junto com desemprego e superávit no *BP* junto de inflação –, o sistema de câmbio fixo impõe uma restrição sobre a condução da política para o alcance do objetivo interno. Dispositivos criativos, como uso da política monetária para atingir o objetivo externo e da política fiscal para atingir o objetivo interno (a prescrição de Mundell no Capítulo 25), podem ser tentados nessas situações conflitivas, mas eles também podem não obter muito sucesso.

REVISÃO DE CONCEITO

1. O que se quer dizer com "disciplina" em economia, e como as taxas de câmbio fixas agem para promover tal disciplina?
2. Por que um sistema de câmbio fixo pode, potencialmente, aumentar o comércio internacional e o investimento na economia mundial?
3. Como a existência das demandas transacional e de precaução por reservas internacionais reduzem a produção mundial com relação ao que seria em outra situação?
4. Explique por que pode ser incerto se a política fiscal é mais efetiva em influenciar a renda nacional sob taxas de câmbio fixas do que sob taxas de câmbio flexíveis.

A especulação desestabilizadora nos mercados de câmbio será maior sob taxas de câmbio fixas ou flexíveis?

Uma grande preocupação expressa por alguns economistas é que um sistema de taxas de câmbio flexíveis será caracterizado pela **especulação desestabilizadora**. Esse argumento estabelece que as flutuações normais que ocorrem com as taxas flexíveis são aumentadas pelo comportamento de especuladores buscando realizar lucros com base em suas antecipações das taxas de câmbio futuras. Se uma moeda se deprecia (aprecia), os especuladores projetarão no futuro a depreciação (apreciação) e concluirão que sua estratégia ótima é vender (comprar) a moeda. Essas vendas (compras) irão piorar a depreciação (apreciação). O resultado de tal comporta-

---

NO MUNDO REAL:

MANUTENÇÃO DE RESERVAS SOB TAXAS DE CÂMBIO FIXAS E FLEXÍVEIS

Como observado no texto, a eliminação da necessidade de manter reservas internacionais e, portanto, dos custos de oportunidades de manter reservas é uma vantagem de um sistema de taxa de câmbio flexível em relação ao sistema de taxa de câmbio fixa. É, assim, instrutivo examinar o tamanho comparativo das reservas internacionais em um regime de taxas de câmbio fixas e em um regime em que as taxas podem variar consideravelmente. A Tabela 1, coluna (2), lista as reservas internacionais mantidas por bancos centrais durante os anos de 1970-1972 no sistema de taxa de câmbio fixa de Bretton Woods na economia mundial (veja o próximo capítulo) e desde 1973, quando as moedas começaram a flutuar de maneira após o colapso de Bretton Woods. Para fins de comparação, as compras mundiais de importados são também dadas na coluna (3), assim como as taxas de reservas em relação a importações na coluna (4). A taxa reserva/importação é frequentemente utilizada como um indicador da capacidade dos países de financiar os déficits em *BP* sob um sistema de taxa fixa.

Com o advento das taxas flexíveis em 1973, você poderia esperar que as taxas de reservas tivessem declinado drasticamente, uma vez que um sistema de taxa flexível, em teoria, não requer reservas. No entanto, a tabela indica que, em tamanho absoluto, as reservas aumentaram drasticamente no período 1973-2006, aumentando de $184,2 bilhões no final de 1973 para $5.134,3 bilhões no final de 2006. No entanto, as reservas mantidas em relação aos importados foram algumas vezes inferiores no período de flutuação cambial (33,3% para o período como um todo) do que no período 1960-1972 de taxa fixa (37,6%). A queda na taxa reserva/importados sugere que o custo de oportunidade *relativo* de manter reservas declinou. É claro, uma vez que os países ainda intervêm para influenciar as taxas de câmbio (isto é, o sistema não é um sistema de taxa completamente flexível, especialmente com relação aos países em desenvolvimentos), não se poderia esperar que as reservas mantidas fossem desaparecer.

No mundo real:

TABELA 1 Reservas absolutas e relativas de bancos centrais, 1960-2006

(1) Ano	(2) Reservas mundiais*	(3) Importações mundiais†	(4) Taxa	(1) Ano	(2) Reservas mundiais*	(3) Importações mundiais†	(4) Taxa
1960	$60,0	$125,9	47,7%	1973	$184,2	$562,9	32,7%
1961	62,0	130,6	47,5	1974	220,1	827,7	26,6
1962	62,9	137,4	45,8	1975	227,6	875,2	26,0
1963	66,8	149,4	44,7	1976	258,1	981,9	26,3
1964	69,1	167,0	41,4	1977	321,3	1.124,3	28,6
1965	71,2	181,7	39,2	1978	367,2	1.297,0	28,3
1966	72,8	203,8	35,7	1979	403,1	1.638,3	24,6
1967	74,6	213,1	35,0	1980	452,4	2.014,7	22,5
1968	77,8	236,3	32,9	1981	422,6	1.996,2	21,2
1969	78,7	268,6	29,3	1982	398,4	1.878,9	21,2
1970	93,2	313,5	29,7	1983	414,2	1.817,1	22,8
1971	134,2	344,8	38,9	1984	431,6	1.937,9	22,3
1972	159,2	407,9	39,0	1985	481,3	1.964,6	24,5
				1986	552,8	2.143,5	25,8
				1987	767,1	2.512,3	30,5
				1988	775,1	2.877,4	26,9
				1989	820,1	3.113,9	26,3
				1990	979,2	3.530,7	27,7
				1991	1.038,5	3.651,0	28,4
				1992	1.036,1	3.880,2	26,7
				1993	1.141,6	3.830,6	29,8
				1994	1.302,7	4.228,1	30,8
				1995	1.520,8	5.046,5	30,1
				1996	1.693,0	5.299,2	31,9
				1997	1.749,3	5.644,7	31,0
				1998	1.805,6	5.575,9	32,4
				1999	1.928,3	5.797,2	33,3
				2000	2.065,5	6.573,3	31,4
				2001	2.186,4	6.332,7	34,5
				2002	2.567,3	6.570,7	39,1
				2003	3.201,4	7.671,6	41,7
				2004	3.915,5	9.370,1	41,8
				2005	4.288,1	10.631,2	40,3
				2006	5.134,3	12.223,3	42,0
Média, 1960-1972	$83,3	$221,5	37,6%	Média, 1973-2006	$1.325,0	$3.983,0	33,3%

*Em bilhões de dólares. As reservas consistem em ouro, propriedade de moedas estrangeiras, posição de reserva no Fundo Monetário Internacional (FMI) e propriedade de direitos especiais de saque (DES). A avaliação das reservas é ao final de cada ano em DES, convertidos em dólares à taxa $/DES em vigor. O ouro é valorizado a 35 DES = 1 onça de ouro. Os componentes das reservas são explicados mais detalhadamente no próximo capítulo.
†Em bilhões de dólares, valorizados c.i.f.

Fontes: Publicações do Fundo Monetário Internacional: *International Financial Statistics Yearbook 1988,* Washington, DC: IMF, 1988, p. 68, 124, 716-717; *International Financial Statistics Yearbook 2002,* Washington, DC: IMF, 2002, p. 72-73, 132-133, 1.034-1.035; *International Financial Statistics Yearbook 2006*, Washington, DC: IMF, 2006, p. 2, 42, 83; *International Financial Statistics,* mai. 2007, p. 2, 39, 65.

mento especulativo é que as flutuações cíclicas nas taxas de câmbio terão maior amplitude do que teriam de outro modo.

Esse argumento é ilustrado na Figura 1. A linha R mostra as flutuações regulares (não especulativas) em torno do valor de equilíbrio de longo prazo da taxa de câmbio $\bar{e}$. Suponha que, do ponto inicial A, a moeda doméstica comece a se depreciar em direção ao ponto B. Com a especulação desestabilizadora, os especuladores julgam que, em um ponto como B, a moeda continuará a se depreciar. Eles vendem a moeda antecipadamente com o objetivo de comprá-la depois a um preço menor, levando e além do pico normal (ponto C). Após a moeda começar a se apreciar, no ponto F os especuladores esperarão uma apreciação continuada e comprarão a moeda doméstica em antecipação a uma venda futura a um preço mais elevado da moeda doméstica. Essa ação colocará a taxa de câmbio abaixo do vale normal de e no ponto G. O ciclo com especulação desestabilizadora é representado por R' (o qual não necessita ter picos e vales ao mesmo tempo que R, ou a mesma duração dos ciclos). Tal comportamento da taxa de câmbio, mesmo sem especulação desestabilizadora, é também característico do fenômeno de *overshooting*, discutido no Capítulo 22.

De qualquer forma, um argumento contrário pode também ser feito em relação à **especulação estabilizadora**. Suponha que, após o movimento de A para B, os especuladores considerem que a moeda tenha "depreciado o suficiente" em vista dos fundamentos da economia e que agora é hora de *comprá-la*. As compras especulativas da moeda doméstica em B causarão um movimento de diminuição na variação cíclica. A venda da moeda na redução do movimento cíclico no ponto F irá também amortecer o ciclo naquela direção. Com a especulação

FIGURA 1   Especulação desestabilizadora e estabilizadora

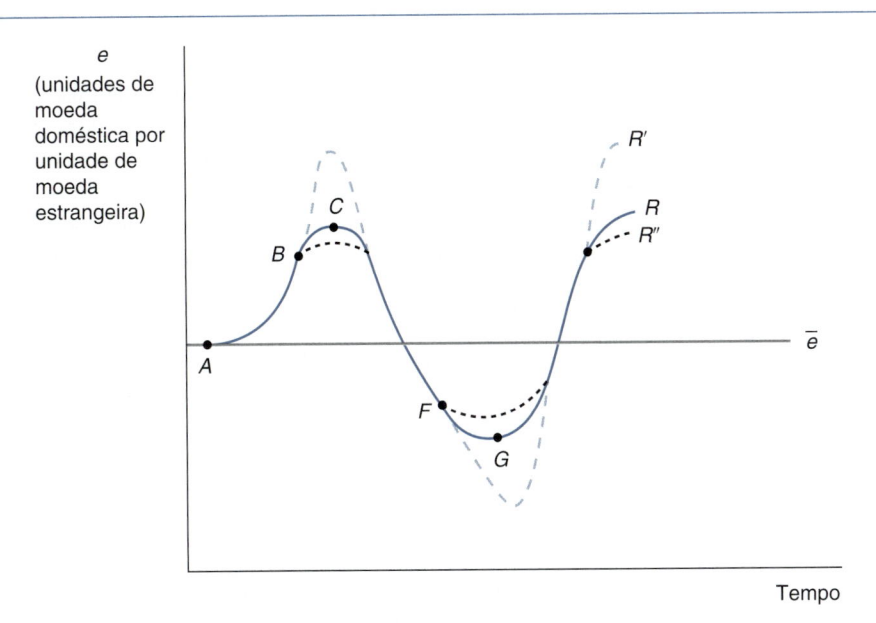

Flutuações normais na taxa de câmbio ao redor do seu valor de equilíbrio $\bar{e}$ são mostradas pela linha R. Com especulação desestabilizadora, quando ocorre uma depreciação da moeda doméstica entre os pontos A e B, os especuladores projetam uma depreciação ainda maior e vendem a moeda doméstica. Isso causa uma depreciação da moeda doméstica para um nível além daquele associado ao seu valor baixo tido como "normal" no ponto C. Na redução de e, os especuladores projetam no futuro a apreciação da moeda doméstica e a compram em F. Essas compras levam a moeda doméstica a um valor maior do que seu valor alto "normal" no ponto G. A linha resultante R' tem maior amplitude do que R. Se a especulação fosse estabilizadora, os especuladores poderiam comprar a moeda doméstica em B e vendê-la em F, gerando a linha R'' com uma amplitude menor que R.

estabilizadora, todo o ciclo é representado pela linha tracejada R'', e existe maior estabilidade do que no ciclo normal R.

O debate sobre a natureza da especulação tem durado vários anos, e não existe unanimidade nas visões. Milton Friedman, um antigo proponente das taxas flexíveis, defendeu que a especulação desestabilizadora não pode persistir indefinidamente. Tal especulação implicaria que os especuladores estão vendendo a moeda doméstica quando o preço é baixo (no ponto B da Figura 1) e comprando a moeda doméstica quando o preço é alto (no ponto F). Certamente essa não é a forma de realizar lucro! A especulação estabilizadora, por sua vez, envolve a atividade lucrativa de comprar a moeda a um preço baixo e vendê-la a um preço alto. Em função da continuidade da especulação no mundo real, a prática deve ser lucrativa e, portanto, estabilizadora. A conclusão sobre a lucratividade da especulação e sua implicação no que se refere à estabilidade tem sido discutida em análises mais complexas. A questão é a natureza das expectativas. Se a mudança em uma variável leva a uma expectativa de que a variável retornará (irá para longe) a algum nível "normal", a especulação será do tipo estabilizadora (desestabilizadora). Não sabemos que circunstâncias gerarão um ou outro tipo de expectativa.

Estudos recentes têm explorado a questão das expectativas em relação às ações políticas. Se especuladores podem imaginar como a autoridade monetária irá reagir a uma mudança na taxa de câmbio, então esse conhecimento pode ser lucrativo. Por exemplo, se uma depreciação do dólar faz com que o Federal Reserve compre dólares, e se os especuladores antecipam tal ação, os especuladores comprarão dólares antes do Federal Reserve para ganhar com a elevação futura no preço do dólar. O resultado é consistente com a "estabilidade". Outras questões, como o grau de confiança que os especuladores conferem ao Federal Reserve, também estão envolvidas. Por fim, muitos trabalhos têm sido escritos sobre como as expectativas são formadas. As expectativas são "adaptativas" (baseadas no comportamento passado recente) ou elas são "racionais" e olham para o futuro (baseadas em todas as informações disponíveis sobre como a economia funciona e como as políticas públicas reagem)?

Uma vez que a especulação pode ser desestabilizadora em um sistema de taxa de câmbio flexível, podemos daí concluir que ela é estabilizadora em um sistema de câmbio fixo? Alguns economistas pensam que as taxas fixas de fato criam ambiente para especulação estabilizadora, uma vez que o piso e o teto para uma taxa sugerem que ela nunca ultrapassará esses limites. Quando uma moeda cai ao seu valor de piso, os especuladores sabem que ela não cairá ainda mais, de forma que a comprarão. Isso fará com que o valor da moeda se eleve. O contrário dessa situação iria ocorrer no caso do teto.

No entanto, esse argumento se baseia na consideração de que os bancos centrais podem, de fato, estabelecer os pisos e tetos de preço. Mas pode não ser o caso. Suponha que, como no sistema de Bretton Woods, seja permitido que as moedas variem ± 1% de seu valor de paridade. Se o valor de paridade da libra esterlina é $2,00 = £ 1, então o piso da libra é $1,98 e o teto é $2,02. Suponha ainda que, devido à maior inflação na Inglaterra do que nos Estados Unidos, a libra comece a perder valor, partindo da paridade, em direção ao piso e que acabe atingindo o seu valor de piso. Nesse ponto, as autoridades britânicas utilizarão parte de suas reservas internacionais para comprar libras e evitar que a libra caia mais. No entanto, se os britânicos não fizerem nada para diminuir a taxa de inflação, os especuladores venderão um grande volume de libras nos mercados de câmbio, pois essencialmente essa será a *melhor alternativa*. A venda massiva de libras pelos especuladores irá então garantir que a previsão de queda no valor da libra seja uma profecia autorrealizável, uma vez que as vendas contínuas irão exaurir as reservas britânicas à medida que o Banco da Inglaterra tente, de maneira inútil, comprar libras suficientes. Os especuladores terão vendido libras a $1,98 e poderão comprá-las depois a um preço mais baixo.

Esse comportamento especulativo em relação a moedas fracas dificulta a manutenção taxas de câmbio fixas intactas. O sistema de Bretton Woods de fato teve um grande número de situações de

TITÃS DA ECONOMIA INTERNACIONAL:
MILTON FRIEDMAN (1912-2006)

Milton Friedman nasceu no Brooklyn, Nova York, em 31 de julho de 1912, filho de uma pobre família imigrante. Obteve sua graduação em Rutgers em 1932, o mestrado na Universidade de Chicago em 1933, e o Ph.D. na Universidade da Columbia em 1946. Entre o mestrado e o Ph.D., trabalhou no Comitê de Recursos Nacionais em Washington, no National Bureau of Economic Research em Nova York, no Departamento do Tesouro dos Estados Unidos e na Divisão de Pesquisa de Guerra da Universidade da Columbia, bem como ministrou cursos de curta duração nas universidades de Wisconsin e Minnesota. Após terminar o Ph.D., Friedman lecionou na Universidade de Chicago de 1948 a 1982 e foi Professor Renomado de Economia da cátedra Paul Russell Snowden, de 1962 a 1982. Ele se tornou *senior research fellow* na Hoover Institution, da Universidade Stanford, em 1977 e permaneceu ativo até sua morte em 16 de novembro de 2006.

As contribuições de Milton Friedman para a economia são lendárias e de escopo extremamente grande. Seu primeiro trabalho concentrou-se em métodos estatísticos, mas então ele se aventurou em outras áreas. Seu livro de 1953, *Uma teoria da função consumo*, em que desenvolveu a hipótese de que as despesas de consumo das famílias não dependem da renda corrente, mas da noção da renda permanente de longo prazo, uma expectativa dos fluxos de renda ao longo de muitos anos, é ainda largamente discutido. À luz dessa teoria, as mudanças transitórias de curto prazo nos fluxos de renda deveriam ter praticamente nenhum impacto sobre o consumo corrente. Ainda mais conhecido é o trabalho de Friedman sobre dinheiro e atividade econômica, considerado como uma das forças direcionadoras do monetarismo e sua ênfase sobre política monetária em detrimento da fiscal na influência da macroeconomia. Seu trabalho foi tanto histórico [por exemplo, Friedman e Anna J. Schwartz, *A monetary history of the United States, 1867-1960* (1963)] quanto teórico (por exemplo, "The role of monetary policy", *American Economic Review*, mar. 1968). Ele levou a doutrinas familiares, como a moderna teoria quantitativa da moeda e a "regra" automática do crescimento monetário. Friedman é também considerado o pai do conceito de taxa "natural" de desemprego, um ataque ao conceito de inclinação negativa da curva de Phillips refletindo um *trade-off* entre inflação e desemprego. Além disso, foi um dos principais proponentes das taxas de câmbio flexíveis.

Ao longo da carreira de professor, Friedman preocupou-se, essencialmente, com que a economia fosse "prática". Sua visão era de que a teoria não poderia ser julgada por suas suposições, mas sim, poderia ser satisfatoriamente previsora do comportamento econômico no mundo real. Ele enfatizou continuamente o papel dos indivíduos, do mercado, do *laissez-faire*, chegando mesmo a sugerir, no seu popular livro de 1962, *Capitalismo e liberdade*, que as licenças aos praticantes de medicina deveriam ser abolidas em função de serem uma barreira de entrada e, portanto, da alocação eficiente de recursos. Friedman frequentemente duvidava da intervenção e regulação governamentais, e sua série de televisão, *Free to Choose*, tornou sua visão conhecida ao redor do mundo. Ele é também reconhecido pela absoluta clareza de expressão que ajudou a popularizar suas ideias. No contexto deste capítulo, por exemplo, vale ressaltar sua consideração sobre a analogia da adoção das taxas de câmbio flexíveis com a adoção do horário de verão. Em vez de passar pela confusão e ineficiência de fazer com que todos adiantem suas atividades uma hora a cada verão, por que não apenas mudar o relógio?

Por suas várias contribuições, Milton Friedman foi eleito presidente da Associação Americana de Economia em 1967 e agraciado com o Ágio Nobel de Economia em 1976. Recebeu ainda doutorados honorários de muitas faculdades e universidades. Suas premiações foram inúmeras, e algumas delas raramente são dadas a acadêmicos comuns – observamos em particular tais honras como "Chicagoan of the Year" e "Statesman of the Year". Em uma nota de impressa após a morte de Friedman, John L. Hennessy, presidente da Universidade de Stanford, afirmou: "Hoje Stanford perdeu um grande acadêmico e o nosso país perdeu um dos seus economistas líderes. A habilidade do dr. Friedman em explicar as complicadas teorias econômicas teve um profundo impacto sobre a universidade. Sentiremos falta de sua sinceridade e inteligência, mas estamos certos de que suas ideias viverão por gerações".

Fontes: Mark Blaug, (ed.), *Who's who in economics: a biographical dictionary of major economists 1700-1986*, 2 ed., Cambridge: MIT Press, 1986, p. 291-293; John Burton, "Positively Milton Friedman", in: J. R. Shackleton e Gareth Locksley, (eds.), *Twelve contemporary economists*, Londres: Macmillan, 1981, p. 53-71; Alan Walters, "Milton Friedman", in: John Eatwell, Murray Milgate e Peter Newman, (Eds.), *The New Palgrave: a dictionary of economics*, Londres: Macmillan, 1987, p. 422-27, v. 2; *Who's who in America*, 46 ed. 1990-1991, vol. 1, Wilmette, IL: Marquis Who's Who, 1990, p. 1.119; *Who's who 1997*, Nova York: St. Martin's Press, 1997, p. 692; Hoover Institution, "Milton Friedman, Noted Economist, Nobel Laureate, and Hoover Senior Research Fellow, Dies at 94", comunicado à imprensa, 16 nov. 2006.

ataques especulativos sobre moedas e mudanças nos valores de paridades. Além disso, a especulação claramente desempenhou um papel na mudança das taxas fixadas entre alguns dos membros da Comunidade Europeia em 1993. Na prática, a aplicabilidade desse argumento contra a *viabilidade* de um sistema de taxa fixa depende, em grande parte, do grau de confiança que os especuladores depositam nos governos. Se os formadores de políticas governamentais conseguem implementar medidas efetivas para lidar com desequilíbrios no balanço de pagamentos, os especuladores podem comportar-se de maneira estabilizadora. Finalmente, a força do argumento também depende do tamanho do fluxo de capital especulativo com relação ao tamanho das reservas internacionais do país. A maior parte dos observadores sente que o volume de capital especulativo potencial é hoje grande o suficiente para causar dificuldades para qualquer banco central.

De qualquer forma, se a especulação desestabilizadora sob taxas de câmbio fixas é um fenômeno importante, de certa forma ela torna todos os argumentos do debate fixo-flexível apresentados anteriormente inúteis, uma vez que o sistema de taxa fixa pode na verdade não ser viável com a atual existência do grande volume de capital especulativo. De fato, muitos economistas consideram que as diferenças estruturais e políticas entre países fazem com que seja altamente improvável que um sistema de câmbio fixo possa ser operado com sucesso. Uma ênfase nessa linha de raciocínio é que as combinações desemprego-inflação diferem entre países. Em alguns países (por exemplo, a Suécia), as autoridades políticas buscam baixos níveis de desemprego em vez de evitar a inflação. Em outros países (por exemplo, a Alemanha), as preferências podem ser inversas. Uma economia fisicamente pequena com mobilidade de trabalho (por exemplo, a Suíça) pode estar apta a atingir uma menor taxa de desemprego sem incorrer em rápida inflação do que um país fisicamente grande com substancial desemprego estrutural (por exemplo, os Estados Unidos). Por essas e outras razões (como as características dos sistemas de taxas ineficientes de muitos países em desenvolvimento), alguns países tendem a ter mais inflação crônica do que outros. Os países com inflações mais elevadas se encontrarão frequentemente com déficit no balanço de pagamentos, e países com maior estabilidade de preço se depararão com maiores superávits no *BP*. Com reservas internacionais limitadas, baixo ajuste e especulação desestabilizadora, países deficitários por fim terão de desvalorizar a moeda, e o sistema de taxa fixa entrará em colapso.

Os países estarão mais bem protegidos contra choques externos sob um sistema de taxa de câmbio fixa ou flexível?

Um argumento importante contra um sistema de taxa de câmbio fixa é que, em tal sistema, os ciclos dos negócios serão transmitidos de um país para outros, significando que nenhum país estará apto a se isolar dos choques reais externos. Se um país estrangeiro entra em recessão, comprará menos das exportações do país doméstico. Como resultado, a renda nacional cairá no país doméstico. Se as repercussões estrangeiras forem importantes, a queda na renda no país doméstico irá, então, reduzir as compras domésticas dos países estrangeiros, o que tornará ainda pior a recessão em âmbito internacional e eventualmente contra o país doméstico. O mesmo cenário em uma direção ascendente também ocorre, resultando na transmissão da inflação de um país para outro.

O sistema de taxa fixa contribui para a transmissão dos ciclos dos negócios porque a taxa de câmbio é uma parte passiva do processo. Em uma situação de taxa *flexível*, a taxa de câmbio pode tomar parte ativa na mitigação da transmissão. Por exemplo, no caso da recessão apresentada anteriormente, o declínio inicial nas exportações do país doméstico (um deslocamento para a esquerda de suas curvas *IS* e *BP*) poderia causar uma depreciação da moeda doméstica e estimular a produção de exportáveis e substitutos de importações pelo país. Isso compensaria o impulso negativo sobre a renda à medida que as curvas se deslocassem de volta à sua posição original. Uma compensação similar iria ocorrer se um crescimento em outros países tivesse iniciado o processo. A taxa de câmbio flexível serve para isolar a economia de choques do setor real externo.

Observe, no entanto, que discutimos os choques do setor *real* externo apenas rapidamente nesta seção. Suponha que esse choque no setor externo seja no setor financeiro, como uma elevação nas taxas de juros externas. Como observado no Capítulo 26, isso faz com que a curva *BP* do país doméstico se desloque para a esquerda, levando a um déficit incipiente no balanço de pagamentos à medida que os fundos de curto prazo do país doméstico vão para o estrangeiro. A moeda doméstica irá então depreciar, deslocando a curva *IS* para a direita e a curva *BP* em direção à direita, de volta a sua posição original. Com a curva *LM* inalterada, o resultado é um nível mais elevado de renda doméstica. Por outro lado, se a taxa de câmbio fosse fixa, o deslocamento inicial à esquerda na curva *BP* e o déficit no balanço de pagamentos resultante teria desenvolvido uma contração monetária e uma diminuição na renda doméstica. Não existe "isolamento" em nenhum sistema de taxa de câmbio, mas a renda nacional doméstica move-se em direções opostas dependendo do sistema em uso. O resultado mais desejável dependerá da situação da economia doméstica na época do choque financeiro estrangeiro.

Por fim, embora esta seção tenha se ocupado de choques externos, pode ser observado que, sob taxas flexíveis, os choques *internos* na economia podem ser mais *desestabilizadores* à renda nacional do que sob taxas fixas. Um choque monetário ou financeiro doméstico (um deslocamento na curva *LM*) produz uma maior resposta na renda sob taxas flexíveis do que sob taxas fixas. A mesma conclusão sobre a resposta da renda aplica-se a um choque em um setor real interno se a curva *BP* for mais inclinada do que a curva *LM* (imobilidade relativa do capital). No entanto, o choque no setor real leva a menor resposta na renda sob taxas flexíveis do que sob taxas fixas se a curva *BP* for menos inclinada do que a curva *LM* (mobilidade relativa do capital). Assim, para indicar se taxas flexíveis ou fixas geram maior instabilidade com relação a choques internos em setores reais na prática, alguma determinação deve ser feita com relação à responsividade internacional do capital de curto prazo a mudanças nas taxas de juros.

Isso conclui nossa discussão neste capítulo sobre as principais questões no debate de taxa de câmbio fixa *versus* flexível. Na prática, o mundo mudou de um sistema de taxas relativamente fixas nos anos de 1950 e 1960 para um sistema de grande flexibilidade nas taxas de câmbio desde 1973. Como veremos na última seção deste capítulo, no entanto, não é necessário pensar apenas em termos de taxas fixas *versus* taxas de câmbio completamente flexíveis. Alguns sistemas híbridos são possíveis, e estes também têm sido, na prática, importantes nos anos recentes.

No mundo real:

"Isolamento" com taxas flexíveis – o caso do Japão

Um estudo para determinar se uma economia é mais isolada de choques externos sob taxas flexíveis do que sob taxas de câmbio fixas foi realizado por Michael Hutchison e Carl E. Walsh (1992). Em resposta a uma literatura dos anos 1980 que questionava se as taxas flexíveis realmente "isolavam" uma economia (por exemplo, Dornbusch, 1983; Baxter e Stockman, 1989), Hutchison e Walsh concentraram-se especificamente no Japão. Para o regime de taxa fixa, examinaram o período do quarto trimestre de 1957 até o quarto trimestre de 1972; para o período de taxa flexível, analisaram o período do quarto trimestre de 1974 até o quarto trimestre de 1986. Apesar de seu trabalho indicar que a proporção de variação no PIB real devido a choques estrangeiros era consideravelmente maior no período de taxa flexível do que no período de taxa fixa, essa variação pode ter ocorrido em função de existirem mais choques externos severos no período de taxa flexível (como os do petróleo e a recessão nos países industrializados nos anos 1970 e início dos 1980). Portanto, Hutchison e Walsh ocuparam-se dos efeitos dos choques após o controle em relação à proporção deles. Seu trabalho estatístico estimou os impactos, no Japão, ao longo do tempo, de um choque unitário no preço do petróleo (em termos reais), um choque unitário no crescimento do PIB real dos Estados Unidos, e um choque unitário na oferta monetária nominal dos Estados Unidos (M1).

A que conclusões ele chegaram? Primeiro, Hutchison e Walsh indicaram que, após diversos trimestres, uma elevação no preço real do petróleo (por ele mesmo) causou um marcado declínio no nível do PIB real japonês. No entanto, o declínio sob taxas fixas foi significativamente maior do que sob taxas flexíveis. Similarmente, uma mudança unitária no PIB dos Estados Unidos teve efeitos duradouros no Japão em ambos os sistemas de taxas de câmbio, mas o efeito foi maior sob taxas fixas. No caso de um choque na oferta monetária dos Estados Unidos, o efeito sobre o Japão foi o mesmo para ambos os sistemas de taxas de câmbio.

A conclusão geral de Hutchison e Walsh foi que, no caso do Japão, as taxas flexíveis em geral ofereceram maior "isolamento" de choques externos do que as taxas fixas. Outro resultado interessante de seu modelo foi que um choque inicial unitário no PIB real japonês (um choque *interno*) também teve menos efeito total sobre o Japão, por si próprio, sob taxas flexíveis do que sob taxas fixas. Esse resultado logicamente se verifica se a curva *BP* do Japão for menos inclinada do que a curva *LM*.

CURRENCY BOARDS

Nas decisões relativas ao tipo de sistema de taxa de câmbio a empregar, um arranjo relativamente novo, que tem natureza de uma taxa de câmbio fixa, tem sido escolhido em diversos países. Esse arranjo é um *currency board*. O **currency board** é uma autoridade monetária com o poder de emitir moeda doméstica que pode ser trocada por moeda estrangeira (reserva ou âncora) a uma taxa de câmbio fixada. Ao seguir as regras de oferta de moeda estritamente, o *currency board* restringe, de maneira severa, a autoridade de política monetária do governo. O *currency board* não pode conduzir a política monetária mudando a base monetária (as reservas bancárias mais a moeda em circulação) com as ferramentas tradicionais da política monetária, como operações de mercado aberto. A base monetária aumenta apenas quando o setor privado vende moeda estrangeira para o *currency board* à taxa fixa para atender à demanda no setor privado por moeda nacional. Comprar moeda estrangeira do *currency board* para financiar um déficit no balanço de pagamentos reduz a base monetária. Sob um sistema de *currency board*, o governo não pode monetizar déficits orçamentários.[2]

Em um arranjo de *currency board*, o compromisso de trocar a moeda local pela moeda reserva (ou âncora), a uma taxa de câmbio fixada, normalmente não inclui qualquer limite quantitativo. Esse compromisso significa que a autoridade monetária deve ter reservas estrangeiras suficientes para atender à demanda. Países que adotam o *currency board* têm procurado manter uma reserva de no mínimo 100% da base monetária. A reserva de 100% da base monetária em moeda estrangeira significa que a oferta monetária está, na prática, completamente além das influências das decisões dos oficiais do governo e das autoridades monetárias.[3]

Um *currency board* combina três elementos. O primeiro é uma taxa de câmbio fixa entre a moeda doméstica e a moeda "âncora". A segunda é a conversibilidade automática da moeda. A terceira é um comprometimento de longo prazo ao sistema, em muitos casos feito explicitamente por legislação do banco central. A principal razão pela qual um país adota um *currency board* é demonstrar que está buscando uma política anti-inflacionária.[4]

Vantagens de um *currency board*

Quatro principais vantagens são usualmente citadas quando comparamos um arranjo de *currency boards* com um banco central com controle discricionário da oferta monetária.

1. Um *currency boards assegura conversibilidade*. A manutenção de um sistema de reserva de 100% torna certo que ativos estarão disponíveis para cobrir uma demanda por conversão pela moeda estrangeira.

2. Um *currency boards impõe disciplina macroeconômica*. Uma vez que ao *currency board* é proibido comprar ativos domésticos, não pode financiar um déficit fiscal. O governo é forçado a emprestar do público doméstico ou externo, ou manter um orçamento equilibrado. Em outras palavras, o governo não pode simplesmente "imprimir dinheiro" para financiar déficit orçamentário, porque a oferta de moeda é estritamente ligada à quantidade de reserva estrangeira mantida pelo *currency boards*. Também é argumentado que um *currency boards* irá assegurar disciplina com relação à inflação. O processo de atrelar a moeda local a uma moeda reserva (e presumivelmente baixa inflação), sob uma taxa de câmbio fixa, aumenta a estabilidade de preços.

3. Um *mecanismo de ajuste de pagamento garantido é oferecido*. O mecanismo de ajuste é simplesmente o mecanismo de ajuste de padrão ouro, que é na verdade uma versão do meca-

---

[2] N. B. Gultekin e K. Yilmaz, disponível em: http://home.ku.edu.tr/ kyilmaz/papers/parakurf.pdf.
[3] Iikka Korhonen, "*Currency boards* in the Baltic countries: what have we learned?", Bank of Finland Institute for Economies in Transition Discussion, Papers n. 6, 1999.
[4] Anne-Marie Gulde, 1999, p. 37.

No mundo real:

Currency boards na Estônia e Lituânia

A Estônia foi o primeiro país báltico a adotar sua própria moeda (a coroa estoniana) após o colapso da União Soviética e o primeiro a adotar um sistema de *currency boards*. O *currency boards* foi visto como uma forma rápida de obter confiança na moeda. Esse era um fator-chave em um país recentemente independente com uma situação econômica e política frágil.

O *currency boards* estoniano foi definido e seus procedimentos de operação foram estabelecidos em maio de 1992. O parlamento estoniano aprovou a lei da moeda, a lei das reservas da coroa estoniana e a lei da moeda estrangeira. O *currency board* estoniano não foi elaborado em sua versão estrita. O Banco da Estônia manteve alguma autoridade sobre quantas entradas de capital podem aumentar as bases monetárias, e um requisito mínimo de reserva foi mantido para os bancos comerciais. Em qualquer caso, foi requerido ao *currency boards* manter reservas estrangeiras suficientes para cobrir o dinheiro em circulação (110% das reservas na prática), e os exportadores devem converter suas receitas de exportação em moedas domésticas dentro de dois meses. A coroa estoniana estava atrelada ao marco alemão a uma taxa de 1 marco = 8 coroas estonianas no seu lançamento em de junho de 1992.

O acordo de taxa de câmbio teve sucesso em tornar as taxas de inflação baixas, especialmente comparadas com as de outros antigos Estados soviéticos. Evidência adicional do sucesso do *currency boards* é encontrada em dados do movimento de capitais. Na última metade de 1992, os ativos estrangeiros do Banco da Estônia aumentaram em $135 milhões. Uma parcela substancial desse incremento foi a restauração das reservas em ouro da Estônia anteriores à guerra e não pode ser diretamente atribuída ao *currency boards*. Em 1993, os ativos estrangeiros do Banco da Estônia aumentaram em outros $133 milhões (6% do PIB). Grande parte desse fluxo estava relacionado às vendas de muitas companhias estatais para investidores estrangeiros, mas a estabilidade macroeconômica era um fator crítico em suas decisões de investimentos.

A experiência pioneira estoniana sugere que a inflação pode, de fato, ser controlada em tal sistema. A taxa de inflação diminuiu para "apenas" 90% em 1993, e caiu para 48% em 1994, 29% em 1995, 23% em 1996, 11% em 1997. As taxas de inflação permaneceram sob controle com uma inflação de 4% em 2000 e 1,3% em 2003. A inflação ficou em 4,4% em 2006. Nem todas as notícias econômicas eram, no entanto, positivas, dado que a Estônia seguiu as outras economias em transição e teve um substancial declínio no PIB real no início da década de 1990. O PIB real caiu 26% em 1992, 8,5% em 1993, e 2,7% em 1994. Em 1995, o PIB real obteve crescimento de 2,9% e continuou com crescimentos médios anuais de 5,3% no período de 1996 a 2000 e 8,7% de 2000 a 2005. O crescimento em 2006 foi de impressionantes 11,4%.

A Estônia continuou a utilizar o *currency boards* para assegurar a estabilidade de preços e, portanto, permitir o ajuste do nível de preços e estrutura com o dos outros membros da União Europeia. A coroa estoniana é agora fixada com o euro, a 1 EUR = 15,6466 EEK, em vez de com o marco alemão. Além disso, a Estônia começou o processo de tornar-se um membro pleno da União Monetária Europeia por meio da participação no Mecanismo de Taxa de Câmbio (ERM) II. A taxa de câmbio em relação ao euro permanece inalterada como parte do ERM II, de forma que a Estônia está mantendo o arranjo de *currency boards* até a adoção do euro.

A Lituânia adotou uma abordagem mais gradual da reforma monetária. Desarranjos políticos não permitiram a introdução de uma nova moeda até junho de 1993. Antes dessa introdução, a Lituânia tinha um sistema de taxa de câmbio duplo com rublos russos permanecendo em circulação junto de uma moeda interina chamada talonas (cupons). Os rublos começaram a ser tirados de circulação, e no início de outubro de 1992 seu uso foi proibido. Utilizaram-se as talonas até junho de 1993, quando as autoridades anunciaram a introdução da nova moeda, a lita lituana. Após julho de 1993, o uso das talonas e de moeda estrangeira foi banido.

Esses dois anos de incerteza monetária também resultaram em uma política monetária mais frouxa. No primeiro trimestre de 1994, a oferta monetária (M_1) se elevou 134%, e a inflação na Lituânia foi consideravelmente mais alta do que na Estônia. A alta inflação foi naturalmente refletida no valor externo da moeda lituana: a talona depreciou-se fortemente em relação ao dólar. A volatilidade da taxa de câmbio e a baixa credibilidade da política monetária levaram a um debate sobre o regime de taxa de câmbio apropriado. Em março de 1994, a Lituânia seguiu a Estônia e adotou um *currency boards*. O novo arranjo tornou-se efetivo em abril de 1994 e vinculou as litas ao dólar americano a uma taxa de $1 = 4 litas.

Mesmo após o estabelecimento do *currency boards*, a Lituânia continuou a ter inflação mais alta do que a Estônia até 1996. Em 2000, a taxa de inflação caiu para 1,1% e, em 2003, os preços na verdade caíram. Em 2006, no entanto, a taxa de inflação era de 3,8%. A entrada de capitais na Lituânia após a introdução do *currency boards* foi tão alta quanto na Estônia. Os ativos estrangeiros do Banco da Lituânia aumentaram $180 milhões em 1994, representando praticamente 7% do PIB. As entradas de capitais foram positivamente correlacionadas com a confiança do investidor nas políticas econômicas

No mundo real:

de um país em particular, e o novo arranjo de *currency board* na Lituânia pareceu estar associado ao aumento de confiança. O PIB real da Lituânia teve comportamento similar ao da Estônia. Após cair no início dos anos de 1990, o PIB real cresceu 7% em 1997 e manteve crescimento de 6,6% em 2001, 10,3% em 2003, e 7,5% em 2006.

Em 2 de fevereiro de 2002, a lita lituana foi atrelada ao euro e, em abril de 2004, o sistema de *currency board*s celebrou seu 10º aniversário. Em 2005, o enfoque voltou-se ao desenvolvimento de um plano de mudança nacional para a adoção do euro. A primeira versão foi aprovada em setembro de 2005, e um plano nacional de mudança renovado foi adotado em abril de 2006, junto com a Informação Pública sobre a Adoção do Euro e Comunicação Estratégica da Lituânia. De acordo com as estimativas correntes, o objetivo mais favorável para a Lituânia aderir à zona do euro é em 2010.

De maneira geral, o desempenho econômico na Lituânia e na Estônia parece ter sido positivamente afetado pelo estabelecimento de *currency board*s. Os *currency board*s estiveram associados à estabilização de preços em ambos os países. Além disso, a proibição do banco central financiar a dívida pública provavelmente foi creditada a déficits relativamente baixos tanto na Lituânia quanto na Estônia. Ainda que ambas as economias tenham visto sérios declínios na produção durante os estágios iniciais da transição, essas duas economias estiveram entre os primeiros membros da antiga União Soviética a obter crescimento no PIB. O crescimento da produção não foi suficiente para evitar aumento no desemprego em ambas as nações. É certo que essas nações bálticas gerenciaram suas transições econômicas com mais sucesso do que outros países que participavam da União Soviética. Apesar da implementação dos *currency board* ser apenas parte do processo de estabilização macroeconômica, nesses casos eles contribuíram para obter credibilidade para as novas moedas. Os conselhos ajudaram ambos os países a se tornar membros da União Europeia e tem facilitado sua futura entrada na zona do euro.

Fontes: Iikka Korhonen, "*Currency board*s in the Baltic countries: what have we learned?", Bank of Finland Institute for Economies in Transition, Papers n. 6, 1999; Fundo Monetário Internacional, *World economic outlook*, set. 2004, p. 213, 215; Eesti Pank, Banco da Estônia, "Estonian monetary system", disponível em: http://www.eesti-pank.info/pub/en, acesso em: 2006; Lithuanian Free Market Institute, "The *currency board* – Lithuania's weightiest reform – marks the 10th anniversary", disponível em: http://www.freema.org/index.php/ menu/newsroom/press_release, acesso em: 4 ago. 2004; Banco da Lituânia, "The new national changeover plan and the public information on the euro adoption and communication strategy of Lithuania have been approved", disponível em: http://www.euro.lt/en/news/introduction-of-the-euro-in-lithuania, acesso em: 27 abr. 2007; Fundo Monetário Internacional FMI, *World Economic Outlook*, p. 197, 205, set. 2006; IMF, *World Economic Outlook*, p. 219, 227, abr. 2007, disponível em: www.imf.org.

---

nismo de fluxo-preço-espécie de David Hume (discutido no Capítulo 2). Essas três vantagens se combinam para criar maior confiança no sistema.

4. A confiança aumentada leva à *promoção de maiores taxas de comércio, investimento e crescimento*.

Desvantagens de um *currency board*s

Quando comparamos um *currency board*s com um banco central, oito potenciais desvantagens são citadas:

1. *O problema da senhoriagem*. Dado que o *currency board*s ganha juros sobre as reservas em moeda estrangeira, o custo do arranjo de *currency board*s é a diferença entre o juro obtido na moeda estrangeira e a rentabilidade dos investimentos adicionais que poderiam ter sido realizados internamente se os ativos domésticos tivessem substituído os ativos estrangeiros no portifólio da autoridade monetária. Devido às opções de investimento limitadas disponíveis aos bancos centrais em muitos países, a diferença em rentabilidade pode ser pequena ou não existente.

2. *O problema de inicialização*. Refere-se à dificuldade associada à obtenção de moedas reservas suficiente para garantir 100% das reservas necessárias para fazer frente à base monetária. A exequibilidade financeira de iniciar um *currency board*s deve ser examinada caso a caso.

3. *O problema de transição*. Refere-se ao perigo de que, com a taxa de câmbio fixa estabelecida, a moeda local possa rapidamente se tornar sobrevalorizada quando instituída em uma economia com alta inflação. Existe pouca dúvida de que a taxa de câmbio fixa, quando aderida

por tempo suficiente, fará com que a inflação fique sob controle. A questão é quão grande a sobrevalorização inicial será e por quanto tempo o período de transição irá perdurar.

4. *O problema de ajuste.* Refere-se ao custo aumentado de assegurar os ajustes no balanço de pagamentos quando a taxa de câmbio não pode ser mudada. A existência de um *currency board*s impede o uso da taxa de câmbio para ajudar a corrigir uma sobrevalorização.

5. *O problema de gerenciamento.* É a incapacidade de utilizar as ferramentas normais de política monetária, como operações de mercado aberto, para conduzir uma política monetária ativa. Este quinto problema pode não ser efetivamente um entrave em países que tenham um histórico de política monetária abusiva. Tirar a capacidade de aumentar a oferta monetária das mãos das autoridades monetárias pode ser a principal razão para adotar um *currency board*s.

6. *O problema da crise.* O *currency board*s pode apenas emitir moeda doméstica na troca por moeda estrangeira. A incapacidade de emitir moeda doméstica em relação aos ativos domésticos impede o *currency board*s de servir como um emprestador de última instância. Isso cria um problema se um banco for solvente, mas ilíquido, porque a autoridade monetária não oferece a liquidez necessária para evitar uma crise. Por outro lado, isso pode efetivamente forçar o sistema financeiro a ser mais prudente.

7. *O problema político.* As duas desvantagens finais são de natureza política. O problema político está relacionado à questão de se a política fiscal irá efetivamente ser disciplinada pelo estabelecimento de um *currency board*s. Se o país não estabeleceu um comprometimento com um orçamento equilibrado, o *currency board*s não impede o financiamento de um déficit por meio de empréstimos domésticos ou mesmo externos. O *currency board*s parece ser um bom dispositivo para reforçar um comprometimento com a disciplina fiscal, mas não pode impor disciplina onde ela não existe.

8. *O problema de soberania monetária.* As regras de um *currency board*s tiram o controle da oferta monetária das mãos da autoridade monetária doméstica e aumentam a influência da economia "âncora".[5]

ÁREAS MONETÁRIAS ÓTIMAS

Um conceito que está sob a superfície da discussão anterior concernente a taxas de câmbio fixas *versus* flexíveis é o da **área monetária ótima**. Uma área monetária ótima é aquela que, por razões de ajustes ótimos do balanço de pagamentos, bem como por razões de efetividade da política macroeconômica, possui taxas de câmbio fixas com países na área, mas taxas de câmbio flexíveis com parceiros comerciais fora da área. Em outras palavras, pode ser melhor para os 50 estados dos Estados Unidos terem taxas fixas entre si (o que eles efetivamente fazem, dado que uma moeda comum é empregada), mas taxas flexíveis em relação a outros países. De maneira similar, os 11 membros da União Europeia possuíam taxas de câmbio completamente fixas entre suas próprias moedas quando adotaram a nova unidade de moeda, o **euro**, em 1º de janeiro de 1999. O que determina o domínio (ou tamanho) de uma área monetária ótima? Uma resposta a essa questão pode ser útil para responder ao debate sobre taxa fixa-flexível.

Existem duas principais análises das características necessárias para uma área monetária ótima. Robert Mundell (1961) concentrou-se no grau de mobilidade dos fatores entre países e entre estruturas econômicas. Suponha que os dois únicos países no mundo sejam Estados Unidos e Canadá, que uma taxa de câmbio flexível exista entre eles, e que variações na taxa de

---

[5]John Williamson, "What role for *currency board*s?", Institute for International Economics, *Policy Analyses in International Economics*, n. 40, set. 1995.

câmbio facilmente resolvam quaisquer problemas no *BP*. Suponha também, no entanto, que a região leste de cada um dos países se especialize na manufatura de bens (por exemplo, automóveis), enquanto a região oeste de cada país se especialize em produtos com recursos naturais (por exemplo, produtos de madeira). Além disso, considere que os fatores de produção não se movam facilmente entre o leste e oeste em cada país e entre os dois tipos de indústrias. Suponha agora, que exista uma mudança na composição da demanda pelos consumidores de automóveis para produtos de madeira. O efeito dessa mudança na demanda pode gerar pressões inflacionárias na região oeste de cada país e causar desemprego na parte leste. Nessa situação, o Federal Reserve pode expandir a oferta monetária dos Estados Unidos para aliviar o desemprego na região leste, mas isso pode agravar a inflação no oeste dos Estados Unidos. Ou o Federal Reserve pode contrair a oferta monetária para aliviar a inflação no oeste, mas isso pode agravar o desemprego no leste. O mesmo dilema pode existir para o Banco do Canadá com relação ao leste e oeste canadenses. Nesse contexto, um mecanismo de ajuste estável (a taxa de câmbio flexível) existe entre os *países*, mas não entre as *regiões* em cada país.

Qual é a solução do dilema? Na visão de Mundell, o problema é que a taxa de câmbio flexível diz respeito às unidades *políticas* nacionais (os Estados Unidos e o Canadá), enquanto existem taxas fixas (dentro dos países) entre regiões que são economicamente diferentes e possuem pouca mobilidade de fatores entre si. A situação poderia ser bastante melhorada se as unidades *econômicas* do leste dos Estados Unidos e leste do Canadá adotassem uma taxa de câmbio fixa entre si, assim como as regiões oeste dos Estados Unidos e Canadá. Além disso, a taxa de câmbio entre o leste (compreendendo as regiões leste de ambos os países) e oeste (compreendendo as regiões oeste de ambos os países) deve ser flexível. Com o deslocamento da demanda de automóveis para produto de madeira, a moeda do oeste iria apreciar-se em relação à moeda do leste. As autoridades monetárias em ambos os países poderiam utilizar políticas contracionistas no oeste e expansionistas no leste. Os problemas de desemprego e inflação poderiam ambos ser evitados.

O ponto dessa discussão é que existe um papel a desempenhar tanto para taxas fixas quanto flexíveis. Países que são similares em estrutura econômica e têm mobilidade de fatores entre si deveriam ter taxas de câmbio fixas entre si, compondo uma área monetária ótima. Eles deveriam também adotar taxas de câmbio flexíveis com relação ao resto do mundo. Desnecessário dizer, uma área de moeda ótima na qual as taxas são fixas não é necessariamente um país individual.

Em trabalhos posteriores expandindo suas ideias sobre áreas monetárias ótimas, Mundell (1997) estabeleceu uma distinção entre uma "verdadeira" área monetária e uma "pseudo" área monetária. Na primeira, a área monetária adota um sistema monetário, como o padrão ouro, que contém um mecanismo de ajuste automático. Esse mecanismo, aliado a um comprometimento de estabilidade, é quase absoluto. Uma pseudoárea monetária, por outro lado, não permite ao mecanismo de ajuste automático funcionar, e certo grau de autonomia do país existe com relação a mudanças nas paridades. Consequentemente, as taxas de juros podem divergir em resposta às mudanças esperadas nas taxas de câmbio, e a especulação desestabilizadora pode ocorrer. Uma vez que Mundell julga que as áreas monetárias modernas tendem a ser pseudo em natureza, ele acredita que o funcionamento de sucesso desses acordos requer que os países envolvidos tenham políticas e/ou interesses econômicos similares e uma disposição para se adaptar quando a situação assim demandar. Na ausência de tal comprometimento político, sob a perspectiva de Mundell, os países-membros não estarão aptos a atingir os benefícios antecipados de pertencer à área monetária.

Outra contribuição notável com relação às características de uma área monetária ótima é a de Ronald McKinnon (1963). McKinnon estava preocupado com a escolha de uma taxa de câmbio flexível *versus* uma taxa de câmbio fixa no contexto de ajustes do *BP* e da manutenção de estabilidade de preços. Sua análise envolveu a distinção entre uma economia relativamente aberta e uma economia relativamente fechada. Uma economia relativamente aberta (fechada) possui uma alta (baixa) taxa de produção de bens comercializáveis com relação à produção de bens não comercializáveis. Considere a economia aberta. Se ela possui uma taxa de câmbio flexível, uma depreciação na sua moeda aumentará o preço doméstico dos importados e, como consequência, o preço dos bens domésticos que concorrem com esses importados. Assim, a depreciação aumenta o preço doméstico dos bens exportáveis, pois a demanda estrangeira pelas exportações domésticas aumenta com a depreciação. Uma vez que o preço desses bens comercializáveis seja aumentado, dado que os bens exportáveis comprometem a maior parte da produção do país, a depreciação resulta em inflação doméstica, a qual é aproximadamente da mesma porcentagem que a porcentagem pela qual a moeda foi depreciada. Para a economia aberta, no entanto, a depreciação associada à taxa de câmbio flexível terá pouca influência sobre a melhoria no déficit no *BP* e muito com relação a contribuir para a inflação doméstica. Esse país estaria em melhor situação se mantivesse uma taxa de câmbio fixa.

Em contraste, uma economia relativamente fechada perceberá que uma depreciação associada a uma taxa de câmbio flexível terá menor efeito sobre o nível de preço doméstico. Embora uma depreciação cause elevação nos preços dos bens comercializáveis, o preço desses comercializáveis não é um componente muito importante do nível de preços da economia como um todo. Mas o aumento no preço dos comercializáveis relativamente aos não comercializáveis induzirá a uma maior produção de comercializáveis, e o balanço de pagamentos será facilmente melhorado pela depreciação. Portanto, para economias relativamente fechadas, uma taxa de câmbio flexível pode ser bastante útil porque facilitará os ajustes no *BP* sem ter efeitos substanciais sobre a inflação doméstica.

No contexto do debate de taxa fixa-taxa flexível, a análise de McKinnon sugere que países relativamente abertos devem considerar taxas fixas, enquanto economias relativamente fechadas devem adotar taxas flutuantes com o resto do mundo. Essa configuração de ideias pode ser casada com a análise de Mundell ao sugerir que economias abertas com mobilidade dos fatores entre si podem, dado comprometimento político suficiente, juntar-se para formar uma área monetária, enquanto países relativamente fechados podem "caminhar por si mesmos". Em qualquer situação, essas várias considerações indicam que a área monetária ótima *não* é o mundo como um todo. Implicações óbvias para o debate com relação às taxas fixas *versus* taxas flexíveis são (*a*) formar blocos de países similares, com taxas de câmbio fixas entre os membros de cada bloco (como talvez dentro da União Europeia ou entre o leste da Ásia) e (*b*) possuir flexibilidade de taxa de câmbio entre os diversos blocos.

REVISÃO DE CONCEITO

1. A adoção de um sistema de taxa de câmbio fixa é uma garantia de que não ocorrerá especulação desestabilizadora? Por que, sim ou por que não?
2. Explique como um aumento repentino no nível de preços em países estrangeiros pode ser menos inflacionário para o país doméstico em um sistema de taxas de câmbio flexíveis do que em um sistema de taxas de câmbio fixas.
3. Explique o argumento de Mundell de que um país pode não ser uma área monetária ótima.

SISTEMAS HÍBRIDOS COMBINANDO TAXAS DE CÂMBIO FIXAS E FLEXÍVEIS

Em meio aos debates contínuos entre os proponentes de taxas fixas e os proponentes de taxas flexíveis, diversos compromissos ou propostas híbridas têm emergido. Estas buscam incorporar as características atrativas enquanto minimizam as características não atrativas de cada sistema extremo. Consideramos três sistemas assim neste capítulo; maior discussão no contexto do sistema monetário internacional atual é oferecida no próximo capítulo.

Bandas horizontais

Esta proposta toma como ponto de comparação o sistema de Bretton Woods, em que se permitiu que as taxas de câmbio variassem em 1% para acima ou para baixo dos valores de paridade. A proposta de **bandas horizontais** estabelece que as variações permitidas ao redor da paridade devem ser estabelecidas com algum valor largo, como 10% ao redor da paridade.

Uma vez que um montante substancial de variação é permitido nas bandas horizontais, a taxa de câmbio pode realizar ajustes no balanço de pagamentos. Por exemplo, se um país possui um déficit no *BP*, a moeda doméstica pode depreciar até 10% do seu valor de paridade, e essa maior depreciação pode ter sucesso em alterar as exportações e importações na direção desejada. Uma vez que a taxa de câmbio é responsável por grande parte do ajuste do *BP*, há menor necessidade de políticas monetárias e fiscais divergentes em seus objetivos econômicos internos. Além disso, dado que a variação da paridade é limitada a 10%, o sistema de bandas horizontais ainda preserva alguma disciplina do sistema de taxa do câmbio fixo e também significa que o problema da interferência do risco no comércio e investimento é diminuído, da mesma forma que o problema dos movimentos de recursos desperdiçador em virtude de movimentos grandes e reversíveis na taxa de câmbio.

Todavia, uma vez que a proposta de bandas horizontais mantém algumas limitações sobre a variabilidade da taxa de câmbio, ela não lida com algumas das objeções às taxas fixas. Por exemplo, se os países consistentemente têm taxas de inflação diferentes, o sistema pode quebrar, como faria um sistema de taxa fixa. Se a inflação na Suécia for mais acelerada do que na Suíça em função de diferentes preferências inflação-desemprego, mais cedo ou mais tarde a taxa da coroa sueca/franco suíço atingirá o teto. Se nenhum passo corretivo ou alteração nas preferências relativas pelas políticas públicas ocorrer, uma mudança no valor de paridade entre a coroa sueca/franco suíço será requerida porque a Suécia irá esgotar suas reservas internacionais. Além disso, quando a taxa atingir o teto, os especuladores terão uma chance unilateral em relação à coroa e, portanto, pressões especulativas contra a coroa podem assegurar que uma desvalorização da coroa ocorrerá.

Por fim, outras objeções para a proposta de bandas horizontais podem ser demonstradas. Uma vez que uma mudança total de 20% no valor de uma moeda é permitida (10% para cada lado da paridade), ainda existem alguns riscos adicionais introduzidos para o comércio e investimentos internacionais, bem como alguma possibilidade de movimentos desperdiçador dos recursos em função das taxas de câmbio. As reservas internacionais – com seus custos de oportunidades associados – ainda necessitam ser mantidas, e os ciclos dos negócios ainda serão transmitidos para além dos limites do país. Uma extensão sofisticada da proposta de bandas horizontais, conhecida como *proposta de zona-alvo*, trata de algumas das objeções feitas a bandas horizontais e é discutida no próximo capítulo.

Paridade deslizante

No sistema conhecido como **paridade deslizante**, um país especifica um valor de paridade para sua moeda e permite uma pequena variação em torno da paridade (como ± 1% da paridade). No entanto, a taxa de paridade é ajustada regularmente em pequenos montantes ditados pelo comportamento de algumas variáveis, como a posição de reserva internacional do país e mudanças recentes na oferta de moeda ou preços. (O ajuste pode ser executado seguindo-se uma fórmula estrita ou por meio do julgamento dos formuladores de política.) Quando essas variáveis indicam pressões potenciais para o país (como quando as reservas internacionais declinam fortemente), o valor da paridade da moeda é oficialmente desvalorizado em uma pequena porcentagem. É claro, quando o valor da paridade é assim mudado, a banda de 1% agora se aplica à *nova* paridade.

Um exemplo estilizado de um sistema paridade deslizante é oferecido na Figura 2. As linhas contínuas indicam o teto e o piso associados com o atrelamento, enquanto as linhas pontilhadas indicam o comportamento da taxa de câmbio efetiva. Observe que a taxa de câmbio real ou efetiva está entre o teto e o piso até que o ponto *A* seja atingido. A taxa de teto após *A* pode ser mantida apenas pelo uso de reservas internacionais; mas o uso contínuo das reservas acabará levando a uma mudança no valor de paridade, como refletido na banda mais alta (refletindo desvalorização da moeda doméstica) após o ponto *B*. (Por simplicidade, não mostramos uma linha de valor da paridade.) Uma continuação desse processo ocorre nos pontos *C* e *D*. Se a moeda reverte e atinge o piso no ponto *F*, um aumento nas reservas por fim estabelecerá um aumento no valor de paridade no ponto *G*, de forma que o intervalo se desloque para baixo.

FIGURA 2   Paridade deslizante

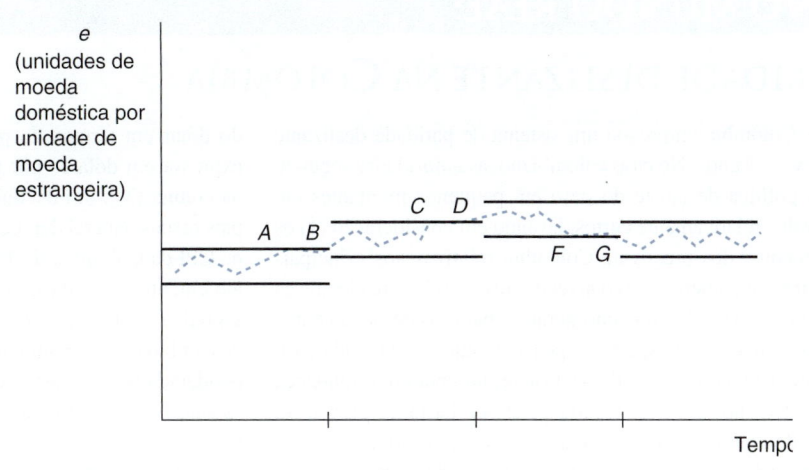

e
(unidades de moeda doméstica por unidade de moeda estrangeira)

[Gráfico mostrando bandas de paridade deslizante com pontos A, B, C, D, F, G ao longo do eixo Tempo]

Neste exemplo de paridade deslizante, a taxa de câmbio flutua dentro de sua banda estreita até que o ponto *A* seja atingido. A perda de reservas de *A* para *B* e quaisquer outros indicadores da fragilidade da moeda causam uma pequena desvalorização no valor de paridade. Quando dificuldades novamente ocorrem do ponto *C* ao ponto *D*, outra pequena desvalorização oficial é realizada. O novo valor de paridade continua até que ocorra um crescimento nas reservas, do ponto *F* ao ponto *G*, após o que o valor de paridade da moeda doméstica é aumentado.

Defensores do conceito de paridade deslizante estabelecem que, ao menos em teoria, a existência do teto e do piso podem oferecer alguma disciplina por parte das autoridades monetárias. Além disso, o fato de que a taxa é periodicamente alterada significa que um papel para a taxa de câmbio no ajuste do *BP* é mantido. Uma vez que cada mudança é pequena, existe menos dano de especulação de larga escala contra a moeda.

Um argumento contra a paridade deslizante é que uma mudança maior na posição de balanço de pagamentos do país devido a um choque interno ou externo pode requerer uma mudança considerável na taxa de câmbio para restabelecer o equilíbrio no *BP*. Se a opção por uma paridade deslizante estrita ocorrer, um sacrifício em relação à busca dos objetivos internos pode ser requerido se uma mudança maior na taxa de câmbio não for possível. Além disso, se as pequenas mudanças na paridade são frequentes (e imprevisíveis), há ainda alguns riscos adicionais associados ao comércio e investimento internacionais. Segundo a experiência, paridades deslizantes conduzidas em contextos de condições econômicas internas instáveis (como uma inflação extremamente rápida) podem converter-se praticamente num sistema de taxa de câmbio flexível. Enquanto este livro era escrito, Bolívia, Botsuana, Costa Rica, Irã e Nicarágua possuíam arranjos de taxa de câmbio com paridade deslizante.

Flutuação administrada

O arranjo híbrido final de taxas de câmbio fixas e flexíveis que consideramos neste capítulo é designado pelo amplo termo **flutuação administrada**, termo geralmente aplicado ao sistema monetário internacional corrente (veja o próximo capítulo). Em geral, um regime de flutuação administrada é caracterizado por *alguma* interferência sobre os movimentos da taxa de câmbio, mas a intervenção é discricionária por parte das autoridades monetárias. Em outras palavras, não há diretrizes ou regras anunciadas de intervenção, nem paridade de taxas de câmbio ou taxas predefinidas anunciadas, e não existem limites anunciados para variações na taxa de câmbio. Além disso, um país pode intervir quando julgar ser importante fazê-lo. Por exemplo, intervenção para apreciar a moeda doméstica (ou para evitar sua depreciação acelerada) pode ser desejável para combater pressões inflacionárias domésticas, ou intervenção para evitar uma apreciação pode ser desejável para auxiliar no alcance de um nível de emprego desejável.

No mundo real:

Paridade deslizante na Colômbia

A Colômbia empregou um sistema de paridade deslizante por diversos anos. No caso colombiano, as autoridades seguiam "uma política de ajuste do peso em pequenos montantes em intervalos relativamente curtos, levando em consideração (1) os movimentos dos preços na Colômbia relativos aos principais parceiros de comércio; (2) o nível das reservas internacionais da Colômbia; (3) o desempenho geral de balanço de pagamentos da Colômbia".* A despeito de pequenos ajustes em cada caso em um sistema de paridade deslizante, no entanto, a mudança cumulativa no valor da moeda pode ser bastante grande ao longo de alguns anos. A Tabela 2 apresenta informações relevantes da Colômbia para o período 1980-1990. Após essa experiência, em meados de 1991 a Colômbia instituiu um sistema de taxa de câmbio mais diretamente orientado ao mercado. (É importante observar que outros países que anteriormente adotaram a paridade deslizante também a abandonaram.)

Como pode ser visto na coluna (2) da Tabela, a taxa de câmbio peso/dólar da Colômbia de 47,28 em 1980 aumentou para 502,26 em 1990. Essa elevação foi de 962% no preço do dólar em termos do peso ou, quando a taxa de câmbio é expressa em dólares por pesos [e colocada em índices, como na coluna (3)], um declínio no peso de 90%. Uma das principais razões para tal depreciação do peso foi o aumento de 736% na CPI da Colômbia de 1980 a 1990 (não mostrada na tabela). No entanto, a queda no preço relativo ao dólar não foi representativa do tamanho do declínio geral em seu valor. A taxa de câmbio efetiva nominal [coluna (4)] do peso contra a média ponderada pelo comércio de todos os parceiros comerciais caiu "apenas" de 148,7 para 52 de 1980 a 1990 – um declínio de 65%. Quando ajustado para preços internos relativos através da taxa de câmbio real efetiva na coluna (5), o peso caiu de um índice de 107,0 para 54,5 – uma queda de "apenas" 49%. Portanto, a experiência colombiana sugere que uma paridade deslizante pode de fato deslizar rapidamente!

*Fundo Monetário Internacional, *Exchange Arrangements and Exchange Restrictions: Annual Report 1990,* Washington, DC: FMI, 1990, p. 105.

Tabela 2 — Comportamento da taxa de câmbio na Colômbia, 1980-1990

(1)	(2)	(3)	(4)	(5)
		Índices do valor do peso (1985=100)		
Ano	Pesos por US$	Versus $	Taxa nominal efetiva	Taxa real efetiva
1980	47,28	300,9	148,7	107,0
1981	54,49	261,0	145,8	118,1
1982	64,08	222,0	141,6	125,9
1983	78,85	180,4	134,2	125,3
1984	100,82	141,1	122,8	114,7
1985	142,31	100,0	100,0	100,0
1986	194,26	73,3	70,2	74,5
1987	242,61	58,6	58,2	66,4
1988	299,17	47,5	54,0	64,1
1989	382,57	37,1	53,8	61,7
1990	502,26	28,3	52,0	54,5

Fonte: Fundo Monetário Internacional, *International Financial Statistics Yearbook 1993,* Washington, DC: FMI, 1993, p. 282-283. Coluna (3) calculada pelos autores.

Algumas vezes a intervenção por um país particular toma a forma de **intervenção coordenada** com outros países, como quando diversos países industrializados (os países industrializados do G-7) acordaram em dirigir a desvalorização do dólar americano em 1985, e quando concordaram, em 1987, que o dólar havia caído o suficiente. Em geral, um país tende a intervir para diminuir a intensidade de um movimento de queda na taxa de câmbio em uma direção particular, um tipo de intervenção chamada **inclinada contra o vento**. Se a intervenção é projetada para intensificar o movimento da moeda na direção na qual ela já está indo, a intervenção é chamada **inclinada com o vento**.

Uma vantagem citada com relação à flutuação administrada é que o país não está preso a um curso pré-arranjado de ação por regras formais e anunciadas. Essa maior liberdade para ajustar a política a situações circunstanciais é tida como superior para aderir a um conjunto de regras formuladas em algum período anterior que não seja mais relevante. Em contraste com uma taxa de câmbio fixa, a taxa de câmbio sob flutuação administrada pode desempenhar algum papel nos ajustes do setor externo. Além disso, a política interna não é constrangida da forma como é em um sistema de taxa de câmbio fixa. Em comparação com um sistema de taxa puramente flexível, o país pode moderar grandes mudanças na taxa de câmbio que podem ter implicações adversas com relação ao risco de nível de preços e à movimentação de recursos. A especulação também é mais difícil, uma vez que os especuladores não sabem quando ocorrerá a intervenção, o tamanho potencial da intervenção, ou mesmo a direção da intervenção.

Contra o conceito de flutuação administrada está a possibilidade de que, sem uma série de regras e guias para cada país, várias nações podem trabalhar com propósitos cruzados. Por exemplo, o Japão pode desejar moderar uma elevação no valor do iene em termos de dólares ao mesmo tempo em que os Estados Unidos querem levar o dólar para baixo em termos de ienes. Uma forma de guerra econômica pode então surgir. Como as taxas de câmbio podem variar substancialmente com uma flutuação administrada, há ainda uma possibilidade de que os comerciantes possam ter receio de uma plena participação no comércio internacional em função dos riscos de variação nas taxas de câmbio.

Existe um perigo de abuso em relação à alocação de recursos de livre mercado, de acordo com a vantagem comparativa, se os países usam intervenção para exercer o que é conhecido como **proteção da taxa de câmbio**. Uma vantagem comparativa discutível pode ser obtida por meio de tal proteção, e recursos mundiais podem não ser utilizados da maneira mais eficiente. Por exemplo, muitos observadores pensaram que o Japão estava intervindo no início dos anos 1980 para manter o valor do iene baixo nos mercados de câmbio. A vantagem dessa subvalorização do iene para o Japão seria que as maiores exportações e as menores importações iriam prover um crescimento no seu PIB. Quando os países tendem a manipular sua flutuação administrada para buscar objetivos particulares às custas de outros países, o comportamento é dito **flutuação suja**.

Por fim, alguns economistas têm questionado a habilidade de um único país influenciar significativamente sua taxa de câmbio em qualquer situação. (Veja Taylor, 1995, p. 34-37.) O tamanho das reservas em moeda estrangeira de um país é muito pequeno em relação ao tamanho das atividades do mercado de câmbio estrangeiro total. A habilidade em convencer os participantes do mercado de câmbio estrangeiro de que o governo está tanto disposto quanto apto a influenciar a taxa de câmbio é crítica para uma intervenção de sucesso.

REVISÃO DE CONCEITO

1. Que desvantagens alegadas de um sistema de taxa fixa ainda estão presentes na proposta de bandas horizontais ao redor da paridade?

2. Por que a desestabilização especuladora é considerada conceitualmente improvável em um sistema de paridade deslizante?

RESUMO

Este capítulo investigou questões sobre o debate com relação às taxas de câmbio fixas *versus* flexíveis. Aqueles que preferem taxas fixas às flexíveis consideram a disciplina econômica oferecida pelo sistema de taxa fixa e o ambiente propício oferecido pelo crescimento no comércio e investimento internacionais – características consideradas ausentes no sistema de taxa flexível. Além disso, taxas flexíveis são vistas como geradoras de várias ineficiências na alocação de recursos e especulação desestabilizadora. Taxas flexíveis podem também agravar os impactos de choques internos sobre a economia. Por sua vez, os proponentes das taxas flexíveis apontam as restrições ao alcance de objetivos internos inerentes a um sistema de câmbio fixo, o papel benéfico de um mercado livre da moeda estrangeira, e a elevada efetividade da política monetária em influenciar a renda nacional. Além disso, países com taxas de câmbio flexíveis são considerados isolados de choques externos.

Examinamos os sistemas híbridos, especialmente a proposta de bandas horizontais de variações permitidas na taxa de câmbio, a paridade deslizante e a flutuação administrada. Essas propostas satisfazem, em alguma extensão, os proponentes das taxas fixas e flexíveis, mas não satisfazem ambos os lados do debate em função de outras implicações.

No próximo capítulo iniciamos uma discussão de arranjos de taxas de câmbio e desenvolvimento do sistema monetário internacional desde o final da Segunda Guerra Mundial. Serão examinadas ainda propostas de "reforma" do sistema.

Termos-chave

área monetária ótima
bandas horizontais
currency board
demanda de reservas internacionais para precaução
demanda de reservas internacionais para transações
especulação desestabilizadora
especulação estabilizadora
euro
flutuação administrada
flutuação suja
hipótese do ciclo vicioso
inclinada com o vento
inclinada contra o vento
intervenção coordenada
paridade deslizante
proteção da taxa de câmbio
reservas internacionais de tamanho ótimo

Questões e problemas

1. Por que a presença de preferências diferentes entre países com relação aos *trade-offs* possíveis entre inflação e desemprego é um problema para um sistema de taxa de câmbio fixa?
2. Que argumento pode ser elaborado dizendo que as taxas de câmbio flexíveis reduzem o fluxo de longo prazo de investimento estrangeiro direto? Que argumento pode ser elaborado dizendo que as taxas flexíveis podem na verdade levar a *mais* investimento estrangeiro direto?
3. De que maneira a suscetibilidade de um país a choques externos em vez de a choques internos pode condicionar a encolha entre uma taxa de câmbio fixa e flexível. Explique.
4. "Se você acredita que os mercados livres maximizam bem-estar, deve também acreditar que uma taxa de câmbio livre é uma parte integrante da maximização do bem-estar." Discuta.
5. A adoção de uma taxa de câmbio flexível deve significar que a taxa irá efetivamente variar consideravelmente ao longo do tempo? Por que, ou por que não?
6. Muita discussão com relação às taxas flutuantes considera os riscos ao comércio e investimento envolvidos em tal sistema. O risco é necessariamente algo ruim? Por que, ou por que não?
7. Um *currency board*s pode ser um arranjo útil e prático para um país? Que fatores parecem ser críticos para o sucesso de um *currency board*s?
8. Sob que condições o mundo pode ser uma área monetária ótima? Você acredita que os países industrializados podem ser uma área monetária ótima e os países em desenvolvimento, outra? Explique.
9. "Os sistemas híbridos combinando taxas de câmbio fixas e flexíveis são meramente formas de evitar ter de fazer uma escolha entre uma taxa fixa e uma taxa flexível. Esses sistemas invariavelmente envolvem o 'pior dos dois mundos'." Discuta.
10. No início da década de 1990, as reservas estrangeiras do Chile aumentaram drasticamente à medida que fluxos de investimentos no país aumentaram substancialmente devido ao clima de investimento favorável e ao impressionante crescimento econômico. Ao mesmo tempo, o Chile começou a intervir nos mercados de moeda estrangeira para estabilizar o valor cambial do seu peso. Como esses dois eventos podem estar relacionados?
11. Explique a distinção de Mundell entre uma "verdadeira" área monetária e uma "pseudo" área monetária. Por que essa distinção é importante?

CAPÍTULO 29

O SISTEMA MONETÁRIO INTERNACIONAL

Passado, presente e futuro

OBJETIVOS DE APRENDIZADO

- Familiarizar-se com as principais características de um sistema monetário internacional eficiente.

- Examinar a evolução histórica do sistema monetário internacional de Bretton Woods até o tempo presente.

- Compreender o objetivo do FMI e entender suas forças e fraquezas.

- Familiarizar-se com arranjos monetários alternativos existentes.

- Tornar-se ciente das diversas propostas de reforma do sistema monetário internacional atual.

Introdução

O FMI busca estabilidade

Os problemas financeiros em uma nação frequentemente geram contaminação em outros países. Os problemas em um sistema financeiro de um país podem reduzir a efetividade da política monetária, criar a necessidade de auxílio a instituições financeiras em crise, aprofundar recessões e levar à fuga do capital. O Fundo Monetário Internacional (FMI) está ativamente envolvido na promoção da estabilidade no sistema financeiro de seus países-membros.

Estabilidade econômica significa evitar grandes variações na atividade econômica, alta inflação e volatilidade excessiva nas taxas de câmbio e nos mercados financeiros. O FMI tem tido um papel cada vez mais importante na promoção da estabilidade econômica global, com uma combinação de vigilância, assistência técnica e empréstimos. Todos os membros do FMI concordam em sujeitar suas políticas econômicas e financeiras ao exame da comunidade internacional. Este inclui consultas anuais com a assessoria do FMI. Além disso, o FMI e o Banco Mundial colaboram para conduzir uma profunda avaliação do setor financeiro dos países sob o programa de avaliação do setor financeiro (FSAP).

O FMI tem trabalhado para avaliar os países quanto às vulnerabilidades a crises e oferecer assistência técnica para projetar e implementar políticas econômicas de efeito. Mesmo as melhores políticas podem não remover toda a instabilidade, de forma que o FMI também possui um programa para oferecer assistência financeira. Os programas de empréstimos são projetados para limitar rupturas nas economias domésticas e globais e auxiliar no restabelecimento de confiança, estabilidade e crescimento.[1]

Como as palavras do Fundo Monetário Internacional informam, para os países participarem efetivamente na troca de bens, serviços e ativos, um sistema monetário internacional é necessário para facilitar transações econômicas. Se a capacidade de importar bens é limitada em função da escassez de reservas estrangeiras, por exemplo, então os países serão tentados a impor tarifas, cotas e outros dispositivos de restrição do comércio para conservar suas divisas estrangeiras. Controles sobre o movimento de fundos privados para o exterior a partir de um país com escassez de reservas podem ser impostos, ou limitações sobre a capacidade dos cidadãos do país viajarem ao exterior podem ser instituídas.

Para ser efetivo na facilitação do movimento de bens, serviços e ativos, um sistema monetário deve precisar de um eficiente **mecanismo de ajuste do balanço de pagamentos**, de maneira que déficits e superávits não sejam prolongados, mas eliminados com relativa facilidade em um período de tempo curto. Além disso, a menos que o sistema seja caracterizado por taxas de câmbio completamente flexíveis, (a) deve existir uma oferta adequada de **liquidez internacional**, isto é, o sistema deve oferecer reservas adequadas de forma que o pagamento possa ser feito por países com déficits no *BP* para países com superávit, e (b) a oferta de liquidez internacional deve consistir em **ativos de reservas aceitos internacionalmente**, que se espera mantenham os seus valores.

Historicamente, sistemas monetários internacionais têm características largamente distintas, como, por exemplo, diferenças no grau de flexibilidade da taxa de câmbio. Cerca de cem anos atrás, o sistema monetário internacional prevalecente era o padrão ouro internacional (1880-1914). Naquele sistema (veja o Capítulo 23), o ouro constituía o ativo de reserva internacional e o valor do ouro era fixado pelo valor de paridade declarado que o país especificava. Essa concordância em dar lastro às moedas com um ativo de reserva internacionalmente aceito (ouro) ajudou a contribuir para os pagamentos e o comércio relativamente livre. Ao mesmo tempo, os ajustes no balanço de pagamentos são vistos como tendo sido relativamente estáveis durante o período de 1880-1914. Pouco ouro aparentemente havia fluído de um país para outro, uma vez que os bancos centrais estavam dispostos a alterar suas taxas de juros (aumentando-as no caso de um país com déficit, diminuindo-as no caso de um país com superávit) em resposta à

---

[1] Estes parágrafos são baseados em "How the IMF promotes global economic stability: a factsheet", IMF External Relations Department, abr. 2004.

posição de pagamentos externos. Essas mudanças nas condições de mercado do dinheiro significavam que os ajustes nas posições de balanço de pagamentos eram grandemente facilitados pelos fluxos internacionais de capital de curto prazo. (Para uma melhor compreensão, ver Bloomfield, 1959, 1963; e Triffin, 1964.)

O padrão ouro internacional caiu com o advento da Primeira Guerra Mundial. Na década de 1920, os países permitiram bastante flexibilidade de taxa de câmbio, e existiram controvérsias sobre a extensão na qual este sistema monetário internacional era, de fato, eficiente. No entanto, as flutuações extensivas nas taxas de câmbio mantiveram uma relação razoavelmente próxima com as previsões de paridade de poder de compra. Na metade da década, no entanto, a Grã-Bretanha (então o centro financeiro do mundo) buscou restabelecer o padrão ouro, adotando a paridade de valor da libra anterior ao período da guerra. A paridade de valor sobrevalorizou grandemente a libra e causou dificuldades de pagamentos à Grã-Bretanha. Com o tremendo declínio da atividade econômica na década de 1930, dificuldades de pagamentos emergiram para muitos países. Extensivas tentativas de restabelecer alguma fixidez nas taxas de câmbio dos países rapidamente deram lugar a uma série de depreciações competitivas das moedas. Embora a depreciação em um único país possa estimular emprego e produção naquele país, quando mui-

NO MUNDO REAL:

TAXAS DE CÂMBIO FLEXÍVEIS NA EUROPA PÓS-PRIMEIRA GUERRA MUNDIAL: REINO UNIDO, FRANÇA E NORUEGA

Um forte argumento contra o sistema de taxa de câmbio flexível é que ele resulta em considerável instabilidade da taxa de câmbio, e a taxa, em consequência, desvia-se significativamente da taxa de equilíbrio como mensurada, por exemplo, pela paridade do poder de compra (PPC). Em um estudo interessante no final da década de 1950, S. C. Tsiang (1959) examinou a experiência de taxa de câmbio flexível do Reino Unido, da França e da Noruega durante o período seguinte à Primeira Guerra Mundial. Todos os três países adotaram taxas flexíveis em 1919 e estiveram flutuando suas moedas até o final da década de 1920. Os movimentos da taxa de câmbio por dólar de cada país, a taxa relativa de PPC e o nível de preços são indicados na Figura 1.

Os três gráficos indicam que existia considerável volatilidade das taxas de câmbio durante a fase inicial do sistema, de 1919 a 1921. Isso, no entanto, não é surpresa, dada a natureza turbulenta dos anos imediatamente após a guerra, durante os quais houve períodos de escassez, inflação e recessão. No entanto, com o retorno da relativa estabilidade mundial em 1921, as taxas de câmbio flutuantes dos três países aparentemente seguiram as taxas de câmbio de PPC de maneira muito próxima. O ponto crítico não é que existia divergência entre a taxa de câmbio efetiva e as taxas de PPC, mas que o grau de divergência não se tornou, cada vez maior ou mais esporádico.

A característica intrigante desse período é que as taxas *spot* tenderam a mover-se de maneira correlacionada com as taxas de PPC em todos os três países, mesmo que as políticas monetárias e de preços domésticos fossem diferentes. O Reino Unido deliberadamente adotou políticas monetárias contracionistas para reduzir os preços relativos e aumentar o valor de sua moeda, enquanto a Noruega inicialmente adotou uma política mais expansionista, a qual aumentou os preços relativos, e então moveu-se para um período contracionista com a queda nos preços. A França, por sua vez, escolheu uma política monetária relativamente fácil com maiores incrementos nos preços ao longo de meados da década de 1920.

A pesquisa de Tsiang sugere que a política induziu um ambiente inflacionário na França e contribuiu para maiores divergências entre a taxa *spot* e as taxas de PPC comparadas com as do Reino Unido e da Noruega. Isso também aumentou as pressões especulativas sobre a taxa de câmbio, adicionando maior volatilidade. No entanto, não existe evidência de que o franco tenha caído em um ciclo vicioso de apreciação e depreciação inibindo a atividade econômica e afetando seriamente as reservas estrangeiras da França. Os resultados em geral sugerem que a instabilidade da moeda estrangeira nesse período parece ter resultado de fatores externos e ações políticas internas, e não da instabilidade inerente das taxas flexíveis. Tal conclusão não é inconsistente com as experiências nas décadas de 1970 e 1980, quando fatores externos como os choques no preço do petróleo e a natureza descoordenada da política monetária e fiscal no mundo certamente contribuíram para a instabilidade do dólar.

No mundo real:

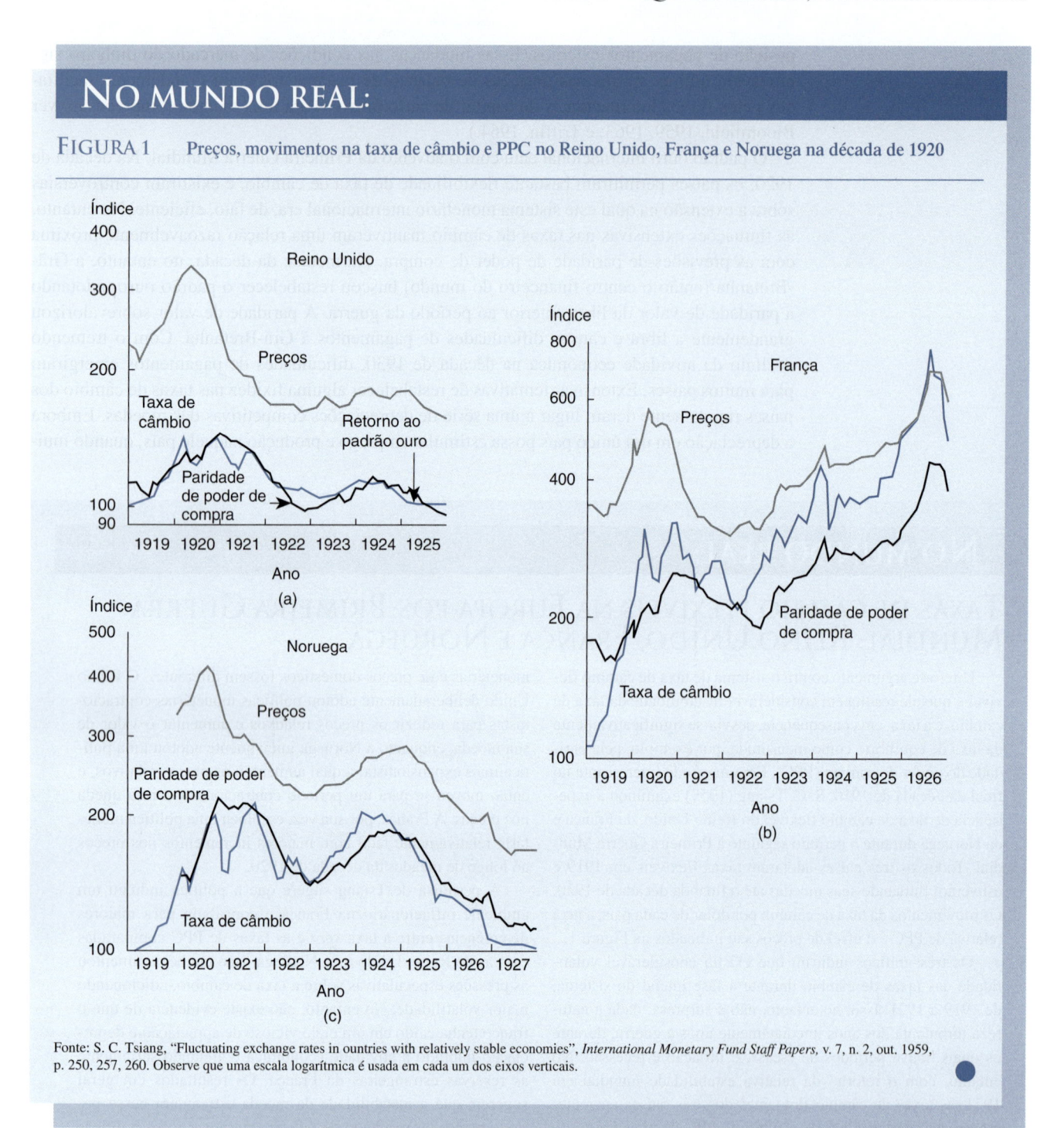

FIGURA 1   Preços, movimentos na taxa de câmbio e PPC no Reino Unido, França e Noruega na década de 1920

Fonte: S. C. Tsiang, "Fluctuating exchange rates in ountries with relatively stable economies", *International Monetary Fund Staff Papers*, v. 7, n. 2, out. 1959, p. 250, 257, 260. Observe que uma escala logarítmica é usada em cada um dos eixos verticais.

tas nações depreciam suas moedas de maneira retaliatória os benefícios resultantes esperados são breves ou acabam não acontecendo. Políticas de comércio restritivas como a infame Lei Tarifária de 1930 (Smoot-Hawley) nos Estados Unidos também foram instituídas. Essas várias ações levaram a grandes reduções no volume e no valor do comércio internacional. As medidas também agravaram a Grande Depressão, e o baixo nível de atividade econômica continuou ao longo da maior parte da década de 1930. A atividade econômica ascendeu com a Segunda

Guerra Mundial, mas o envolvimento na guerra impediu a consideração abrangente e adoção de um novo sistema de pagamentos internacional.

Neste capítulo, começamos no final da Segunda Guerra Mundial e descrevemos o sistema monetário internacional estabelecido naquela época. Discutimos então as mudanças que ocorreram e examinamos o sistema atual e questões relativas ao tipo de sistema necessário para a economia mundial em evolução. Com o material deste capítulo, você estará em uma melhor situação para avaliar as questões políticas pertinentes às questões monetárias internacionais.

O SISTEMA DE BRETTON WOODS

À medida que a Segunda Guerra Mundial se encaminhava para o fim, a histórica Conferência Monetária e Financeira das Nações Unidas foi estabelecida em Bretton Woods, New Hampshire, em 1944. Dessa conferência emergiram duas instituições internacionais ainda extremamente proeminentes na economia mundial – o Fundo Monetário Internacional e o Banco Internacional para a Reconstrução e o Desenvolvimento (Bird), agora uma instituição maior normalmente conhecida como Banco Mundial. O foco inicial do Banco Mundial era fornecer empréstimos de longo prazo para a reconstrução da Europa da devastação da Segunda Guerra Mundial, mas desde a década de 1950 tem se preocupado em dar empréstimos de longo prazo para projetos e programas em países em desenvolvimento. Essa instituição é mais adequadamente considerada em disciplinas de desenvolvimento econômico, de forma que nos concentraremos no FMI na nossa discussão a seguir.

Os objetivos do FMI

O **Fundo Monetário Internacional (FMI)** foi a principal instituição em funcionamento no sistema financeiro internacional pós-Segunda Guerra Mundial conhecido como **sistema de Bretton Woods**. Nesse contexto, o FMI possuía diversos objetivos.

Em termos amplos, um importante objetivo do FMI era *buscar estabilidade nas taxas de câmbio*. Quando a instituição foi estabelecida, e pelas três décadas subsequentes, o estatuto do FMI propunha um sistema de **taxas de câmbio atreladas, mas ajustáveis**. Como "peça-chave" do sistema de Bretton Woods, o dólar foi definido pelos Estados Unidos contendo um valor de $1/35$ de onça de ouro. Outros países então definiram seus valores de moeda em termos do dólar. Os valores de paridade eram estabelecidos por acordos, mas variações de 1% acima e abaixo da paridade eram permitidas. Tais limites deveriam ser mantidos pelos bancos centrais, os quais poderiam comprar dólares se o preço do dólar caísse para -1% do piso ou poderiam vender dólares se o preço do dólar subisse para $+1\%$ do teto. A palavra *ajustáveis* na expressão "atreladas, mas ajustáveis" refere-se ao fato de que, se um país obtivesse déficits ou superávits prolongados no *BP* com a taxa de câmbio atrelada, uma desvalorização ou valorização do valor de paridade da moeda aprovada pelo FMI poderia ser adotada. Na realidade, à medida que o FMI se desenvolveu, houve poucas mudanças no valor de paridade. O desejo de taxas estáveis relativamente fixas era uma reação às grandes flutuações, às depreciações competitivas, ao encolhimento no comércio e à instabilidade da economia mundial no período entre guerras de 1920 e 1930.

Outro objetivo do FMI era (e continua sendo) a *conciliação dos ajustes dos países a desbalanceamento nos pagamentos com autonomia nacional em política macroeconômica*. Como você deve se lembrar, o mecanismo de ajuste do padrão ouro conceitual envolvia, para países deficitários, uma queda nos salários e preços à medida que o ouro ia para o exterior. Esse mecanismo, ou o mecanismo alternativo de um aumento nas taxas de juros para atrair capital estrangeiro de curto prazo, tinha o empecilho de que a contração resultante da atividade econômica podia causar uma elevação no desemprego e uma queda na renda real. Em contraste, um país superavitário se defrontava com pressões crescentes nos salários e preços, ajustes negativos em suas taxas de juros e resultante ameaça de inflação. Mas, se as regras do jogo estivessem sendo seguidas, os objetivos internos deveriam ser sacrificados em prol do objetivo de atingir o equilíbrio no balaço de pagamentos. Após a Grande Depressão da década de 1930, os governos não estavam dispostos a utilizar instrumentos de política fiscal e monetária unicamente para fins de balanço externo. Conflitos surgiram entre os objetivos externos e o internos de política macroeconômica. O FMI buscou reduzir esse conflito.

Esforços, por meio de empréstimos do FMI para países deficitários, foram realizados para aliviar o conflito. A justificativa para empréstimos de curto prazo (três a cinco anos) baseava-se no fato de que o déficit do *BP* em um país poderia ser temporário devido ao estágio do ciclo dos negócios em que o país se localizava. Se um empréstimo pudesse oferecer recursos a um tomador até que a balança de pagamentos fosse revertida, então poderia não haver necessidade de alteração das políticas macroeconômicas da nação deficitária em direção do sacrifício de objetivos internos. Além disso, um empréstimo do FMI poderia reduzir a probabilidade de que o país deficitário pudesse impor tarifas e outros instrumentos restritivos sobre importações para conservar suas reservas estrangeiras. Na mesma linha, menos controles de câmbio sobre os movimentos de capital poderiam ser introduzidos. A disponibilidade dos empréstimos do FMI não apenas poderia servir ao propósito de oferecer maior autonomia aos instrumentos de política macroeconômica domésticas, como também contribuir para um terceiro objetivo: *ajudar a preservar o comércio e os pagamentos relativamente livres na economia mundial.*

Quais eram as fontes de fundos para os empréstimos de *BP*? Quando um país se afilia ao FMI (existem agora 185 nações-membros do FMI, um aumento de uma em 2007, quando a Sérvia e Montenegro separou-se em dois países), recebe uma **cota do FMI**. A cota desse país é uma soma do dinheiro a ser pago ao FMI com base em fatores como renda nacional do país e tamanho de seu setor de comércio internacional. Assim, por exemplo, o Quênia possui uma cota de $413,7 milhões, enquanto os Estados Unidos possuem uma cota de $56,6 bilhões. (Veja a Tabela 1

TABELA 1   Cotas do FMI de países selecionados, 30 de abril de 2007

	DES* (milhões)	*Dólares dos Estados Unidos (milhões) (1,524180/DES)*	*Porcentagem*
Todos os países	**216.747,8**	**330.362,7**	**100,00**
Países industrializados	**130.566,6**	**199.007,0**	**60,24**
Austrália	3.236,4	4.932,9	1,49
Canadá	6.369,2	9.707,8	2,94
França	10.738,5	16.367,4	4,95
Alemanha	13.008,2	19.826,8	6,00
Itália	7.055,5	10.753,9	3,26
Japão	13.312,8	20.291,1	6,14
Suécia	2.395,5	3.651,2	1,11
Reino Unido	10.738,5	16.367,4	4,95
Estados Unidos	37.149,3	56.622,2	17,14
Países em desenvolvimento	**86.181,2**	**131.355,7**	**39,76**
África	**11.498,1**	**17.525,2**	**5,30**
Argélia	1.254,7	1.912,4	0,58
Costa do Marfim	325,2	495.7	0,15
Quênia	271,4	413,7	0,13
Nigéria	1.753,2	2.672,2	0,81
África do Sul	1.868,5	2.847,9	0,86
Zâmbia	489,1	745,5	0,23
Ásia	**25.061,4**	**38.198,1**	**11,56**
China	8.090,1	12.330,8	3,73
Fiji	70,3	107,1	0,03

TABELA 1 Cotas do FMI de países selecionados, 30 de abril de 2007

Índia	4.158,2	6.337,8	1,92
Indonésia	2.079,3	3.169,2	0,96
Paquistão	1.033,7	1.575,5	0,48
Filipinas	879,9	1.341,1	0,41
Cingapura	862,5	1.314,6	0,40
Tailândia	1.081,9	1.649,0	0,50
Europa	**17.524,9**	**26.711,1**	**8,09**
Bulgária	640,2	975,8	0,30
Croácia	365,1	556,5	0,17
Cazaquistão	365,7	557,4	0,17
Polônia	1.369,0	2.086,6	0,63
Federação Russa	5.945,4	9.061,9	2,74
Turquia	1.191,3	1.815,8	0,55
Ucrânia	1.372,0	2.091,2	0,63
Oriente Médio	**16.162,9**	**24.635,2**	**7,46**
Egito	943,7	1.438,4	0,44
Irã	1.497,2	2.282,0	0,69
Iraque	1.188,4	1.811,3	0,55
Israel	928,2	1.414,7	0,43
Kuwait	1.381,1	2.105,0	0,64
Arábia Saudita	6.985,5	10.647,2	3,22
Hemisfério Ocidental	**15.933,9**	**24.286,1**	**7,34**
Argentina	2.117,1	3.226,8	0,98
Brasil	3.036,1	4.627,6	1,40
Chile	856,1	1.304,9	0,39
Colômbia	774,0	1.179,7	0,36
República Dominicana	8,2	12,5	0,00
México	2.585,8	3.941,2	1,19
Peru	638,4	973,0	0,29
Venezuela	2.659,1	4.052,9	1,23

*DES (direitos especiais de saque) são um ativo de reserva internacional introduzido em 1970 e discutido posteriormente neste capítulo, e o FMI utiliza o DES como sua unidade de conta.
Fonte: Fundo Monetário Internacional, *International Financial Statistics*, disponível em: www.imf.org, acesso em: abr. 2007.

para uma ideia do tamanho das cotas atuais do FMI para países selecionados.) Sob as regras originais do FMI, a cota de cada país deve ser paga 25% em ouro e 75% na moeda do próprio país.[2] Quando todos os países subscrevem suas cotas, o FMI torna-se mantenedor do ouro e de uma série de moedas dos países-membros.

Como essas cotas se ligam aos empréstimos para balanço de pagamentos dos países-membros? Suponha que o Quênia tenha um déficit no *BP* e que necessite, em função de uma carência de moeda estrangeira, obter libras esterlinas para pagar algumas de suas importações. O Quênia pode "tomar emprestado" ou "sacar" libras do FMI, uma vez que o FMI tem uma quantidade de libras em mãos da cota do Reino Unido. De acordo com as regras do FMI, um país pode potencialmente obter empréstimos na proporção de até 125% de sua cota. Esses 125% são divididos em cinco segmentos (ou *tranches*, como são oficialmente chamados), com os primeiros 25%

---

[2] Os 25% são agora pagos em moedas "fortes" internacionalmente aceitas em vez de ouro.

chamados de **tranche de ouro** ou **tranches de reserva**, os próximos 25% chamados de primeira **tranche de crédito**, os próximos 25% de segunda tranche de crédito, e assim sucessivamente. O pedido dos primeiros 25% é automaticamente aprovado pelo FMI, mas, à medida que um país recorre a mais e mais tranches de crédito, o FMI irá impor condições restritivas cada vez maiores antes de aprovar os empréstimos adicionais. Tais condições são estabelecidas para assegurar que o país tomador esteja adotando medidas para reduzir o seu déficit em *BP*. Por exemplo, o FMI pode prescrever que o país adote certas políticas monetárias e fiscais, ou pode recomendar uma mudança no valor da moeda do país tomador. Essas interferências potenciais por uma agência internacional sobre as políticas nacionais dos membros têm gerado considerável rancor, uma vez que o emprestador pode ser visto como intruso em uma nação soberana. Casualmente, o FMI impõe uma pequena taxa de serviço sobre esses empréstimos para *BP*; não há taxa de juros sobre os empréstimos de tranche de reserva, mas o juro é cobrado sobre as tranches de crédito.

O sistema de Bretton Woods em retrospectiva

Muitos economistas julgam que o sistema de Bretton Woods desempenhou bem seu papel desde sua implementação, no final da Segunda Guerra Mundial, até a metade da década de 1960. O comércio mundial cresceu relativamente rápido durante esse período e os principais países europeus removeram a maioria de suas restrições de comércio pós-guerra. Além disso, a Europa e o Japão restabeleceram-se da devastação da Segunda Guerra Mundial, e o crescimento na economia mundial ocorreu sem maiores recessões.

A despeito desse aparente sucesso, alguns problemas importantes emergiram no sistema de Bretton Woods. Os economistas veem esses problemas como se encaixando largamente em três áreas principais, e estas correspondem às importantes funções de um sistema monetário internacional com as quais iniciamos o capítulo.[3]

O sistema monetário internacional de Bretton Woods foi criado para lidar com um **problema de adequação de reservas** ou **problema de liquidez**. Em termos gerais, esse problema pode ser formulado como se segue: quando o comércio mundial está crescendo rapidamente, o tamanho dos desequilíbrios de pagamentos provavelmente crescerá em termos absolutos. Assim, existe a necessidade crescente de reservas para financiar déficits no *BP*. Os planejadores do acordo de Bretton Woods previram que o ouro seria o principal ativo de reserva internacional, mas a oferta de ouro na economia mundial estava crescendo a uma taxa de apenas 1% a 1,5% por ano, enquanto o comércio, na década de 1960, crescia a uma taxa próxima a 7% ao ano. O receio era de que as reservas na forma de ouro não crescessem suficientemente rápido para fazer frente a grandes déficits em *BP*. Se as reservas não crescem *pari passu* com os déficits *BP*, há o risco de que os países utilizem restrições de comércio e pagamentos para reduzir seus déficits, e essas políticas podem reduzir os ganhos do comércio e a taxa de crescimento econômico mundial.

O segundo problema, o **problema de confiança**, estava relacionado ao problema de liquidez. Uma vez que a oferta de ouro mantida pelos bancos centrais estava crescendo relativamente devagar, as reservas internacionais crescentes consistiam basicamente em moedas nacionais que eram internacionalmente aceitas e, eram portanto, mantidas pelos bancos centrais. As duas moedas nacionais mantidas em maior volume eram o dólar americano e a libra esterlina. Mas, particularmente com o dólar, esse fato criou um risco para os bancos centrais. O dólar era a peça-chave do sistema, uma vez que o ouro garantia que os Estados Unidos prontamente comprassem e vendessem o ouro a $35 por onça. No entanto, os dólares mantidos pelos bancos centrais que não o norte-americano começaram a exceder em uma margem substancial o tamanho do estoque de ouro oficial dos Estados Unidos. Esse estoque de ouro em si estava sendo também esgotado pelos déficits em *BP* dos Estados Unidos. Se todos os bancos centrais estrangeiros buscassem converter seus dólares em ouro, os Estados Unidos não teriam ouro suficiente

---

[3]Veja, para uma discussão mais completa, Fritz Machlup (1964); Machlup e Burton G. Malkiel (1964); Robert Triffin (1960).

para atender a todas as demandas. Além disso, havia ainda grandes montantes de dólares depositados fora dos Estados Unidos em mãos privadas estrangeiras (depósitos em eurodólares). Estes poderiam também ser exigidos sobre o estoque de ouro dos Estados Unidos. Houve uma perda de confiança no dólar, isto é, perda de confiança naquilo que havia se tornado o principal ativo de reserva do sistema monetário. Se os Estados Unidos buscassem aumentar sua capacidade de atender à conversão de dólares em ouro através de desvalorização do dólar em relação ao ouro (por exemplo, mudando o preço de $35 para $70 por onça), os bancos centrais que mantivessem dólares iriam sofrer uma redução nos valores de suas reservas em termos de ouro. Tal desvalorização certamente teria iniciado uma "corrida" massiva por ouro e teria, então levado o sistema de Bretton Woods a um fim rápido.

O terceiro problema percebido no sistema de Bretton Woods foi o **problema de ajuste**. Ele se refere ao fato de que, nas operações efetivas do sistema de Bretton Woods, os países individualmente haviam prolongado seus déficits ou superávits em *BP*. Isso foi particularmente verdadeiro para os Estados Unidos (déficits) e Alemanha Ocidental (superávit). Não parecia haver um efetivo mecanismo de ajuste, dado que forças automáticas não estavam removendo os desequilíbrios. As políticas fiscais e monetárias dos países eram direcionadas a objetivos internos em vez de objetivos externos, de forma que a contração (expansão) na oferta monetária esperada de um déficit (superávit) de um país não ocorria (a esterilização estava ocorrendo). Isso foi especialmente verdadeiro com relação ao déficit no balanço de pagamento dos Estados Unidos, em função da preocupação do país a respeito do baixo crescimento econômico e alto desemprego. (De fato, os Estados Unidos poderiam esterilizar sem se preocuparem excessivamente a respeito de perdas de reservas, uma vez que sua moeda estava sendo utilizada como reserva.) De maneira similar, a preocupação alemã a respeito da inflação a impediu de ajustar um superávit no *BP* expandindo sua oferta monetária.

Evolução gradual de um novo sistema monetário internacional

Qualquer tentativa de relatar os eventos associados à desintegração gradual do sistema de Bretton Woods é obrigada a ser arbitrária na sua seleção de eventos. Com isso em mente, resumimos a seguir os desenvolvimentos que consideramos significantes para a evolução do atual sistema monetário internacional.

Primeiras rupturas

Em 1967, a libra esterlina foi oficialmente desvalorizada da sua taxa de paridade de câmbio de \$2,80/£1 para \$2,40/£1 (uma desvalorização de 14%). Essa desvalorização foi uma consequência do declínio das reservas estrangeiras do Reino Unido, em grande parte devido a fluxos de capitais especulativos de curto prazo. A desvalorização foi significante porque a libra e o dólar eram **moedas-chave**, isto é, as duas moedas nacionais mais proeminentemente mantidas pelos bancos centrais como reservas internacionais oficiais. O fato de que o valor de um ativo de reserva internacional tivesse mudado sugeriu que a taxa de câmbio atrelada de Bretton Woods não poderia ser sustentável.

Um segundo evento importante foi a decisão da maioria dos bancos centrais, em 1968, de que eles não mais deveriam fazer transações com ouro com indivíduos e firmas. Essa decisão significou que, dali em diante, os bancos centrais não mais iriam comprar e vender ouro no mercado privado, mas poderiam continuar a fazer isso entre eles. Transações em ouro entre bancos centrais seriam feitas ao preço oficial do ouro de $35 por onça, mas os agentes privados poderiam comprar e vender entre si a qualquer preço estabelecido pelo mercado privado (que chegou a exceder $800 por onça). Essa nova estrutura para o ouro foi chamada de "mercado de ouro de duas ordens".

Algumas informações adicionais são necessárias para entender a significância desse evento. Antes de 1968, dado que os bancos centrais estavam dispostos a comprar e vender ouro com agentes privados (embora o governo dos Estados Unidos não estivesse disposto a fazer isso com seus próprios cidadãos), havia apenas um preço para o ouro. Os bancos centrais compravam e vendiam ao preço de $35 e, se o preço nos mercados privados tendesse a aumentar (cair) de $35, compradores (vendedores) não satisfeitos poderiam obter (vender) ouro para (de) os bancos centrais ao preço de $35. No entanto, devido às incertezas associadas ao problema de confiança na década de 1960, os especuladores privados anteciparam que o dólar poderia ser desvalorizado em termos de ouro. Eles, portanto ficaram ávidos para comprar ouro a $35 por onça para revender ao preço esperado mais elevado. Essa demanda privada por ouro colocou pressões de elevação sobre o seu preço, pressões que poderiam ser aliviadas apenas por meio de venda de ouro pelos bancos centrais, reduzindo as reservas oficiais. Para estancar esse fluxo de ouro para os compradores privados, o mercado de duas ordens foi instituído.

A recusa dos bancos centrais em negociar ouro com indivíduos e empresas foi julgada simbolicamente importante porque representou o primeiro passo em direção a reduzir a importância relativa do ouro no sistema monetário internacional. Uma vez que os bancos centrais não estavam mais negociando ouro com cidadãos, a propriedade de ouro foi congelada em tamanho nos portfólios de reservas internacionais dos bancos centrais. À medida que as reservas internacionais posteriormente cresceram através da acumulação de mais dólares em particular, o ouro constituiu uma fração cada vez menor das reservas totais.

Direitos Especiais de Saque (DES)

Um importante desenvolvimento no sistema monetário internacional ocorreu em 1970, quando um novo ativo internacional apareceu. Esse desenvolvimento foi a introdução dos **direitos especiais de saque (DES)** pelo FMI.[4] Diferentemente do ouro e de outros ativos de reservas internacionais, os DES são um ativo em papel (algumas vezes chamado "papel ouro") criado pelo FMI. Em 1º de janeiro de 1970, o FMI simplesmente registrou nos livros de todos os membros participantes um total de $3,5 bilhões em DES. Os DES eram definidos no valor de $\frac{1}{35}$ de uma onça de ouro e, portanto, eram iguais em valor a um dólar americano. O total de $3,5 bilhões foi dividido entre os países-membros em proporção à sua participação no total de cotas do FMI de cada país-membro. DES adicionais foram criados em diversas ocasiões desde 1970.

Os DES que um país-membro recebe em uma alocação são adicionados às reservas internacionais e podem ser utilizados para amenizar um déficit em *BP* de maneira similar a qualquer outro tipo de ativo de reserva internacional. Por exemplo, se a Índia necessita de ienes japoneses para financiar um déficit, isso pode ser feito trocando-se DES por ienes mantidos por algum outro país (por exemplo, França) que o FMI designa. Assim, os DES podem ajudar a aliviar o problema de liquidez discutido anteriormente. Além disso, dado que não são uma moeda nacional, e porque podem eventualmente substituir moedas nacionais, tal como o dólar, nos portfólios de reserva, o novo instrumento pode potencialmente aliviar o problema de confiança.

No exemplo anterior da Índia, em que DES foram trocados por ienes, um cético pode questionar por que a França estaria disposta a repartir alguns de seus ienes em troca de um ativo em papel simplesmente registrado em um livro. Essa questão está no âmago de uma questão mais básica: "Por que alguns ativos funcionam como dinheiro, enquanto outros não?". A resposta mais simples é que um ativo funciona como dinheiro se ele for *geralmente aceito em trocas*; uma parte em uma transação irá aceitar o ativo se esta parte souber que poderá utilizá-lo para adquirir outros ativos. Os DES se tornaram "dinheiro internacional" porque os receptores de DES sabem que podem utilizá-los para adquirir outras moedas de outros países posteriormente. Além disso, no esquema dos DES, cada participante concordou em aceitar DES na extensão de duas vezes a sua alocação de DES.

Outra característica deste tipo de ativo é que se um país é um receptor líquido de DES, significando que mantém mais do que tem alocado pelo FMI, ele recebe juros sobre seu montante em excesso. De mesmo modo, se um país mantém menos do que a sua alocação de DES, ele paga juros sobre essa diferença. Essa regra ajuda a encorajar o cuidado no uso de DES.

---

[4] Para uma discussão mais detalhada sobre o conceito e o acordo do DES, veja Machlup (1968).

CAPÍTULO 29   O SISTEMA MONETÁRIO INTERNACIONAL

Um aspecto final dos DES diz respeito ao seu valor. Na alocação inicial deste novo ativo, ele se igualava a um dólar americano. Com as desvalorizações posteriores do dólar (discutidas a seguir) e o advento de maior flexibilidade nas taxas de câmbio durante a década de 1970, a igualdade dos DES e do dólar foi desfeita. Os DES são agora valorizados como a média ponderada dos valores de quatro moedas: 44% do dólar americano; 34% do euro, 11% do iene japonês e 11% da libra esterlina. A última revisão dos pesos se deu em 1º de janeiro de 2006.

A quebra da ligação ouro-dólar e o Acordo Smithsoniano

Cronologicamente, o próximo evento de maior significância ocorreu em 15 de agosto de 1971. Naquela época, em função dos contínuos déficits no *BP* dos Estados Unidos, inflação crescente e crescimento econômico defasado, a administração Nixon adotou diversos passos drásticos. Mais importante, *os Estados Unidos anunciaram que não mais comprariam e venderiam ouro de bancos centrais estrangeiros*. Essa determinação levou ao abandono do sistema de Bretton Woods, uma vez que a disposição dos Estados Unidos de comprar e vender ouro a $35 por onça era tida como a peça-chave daquele sistema. A administração temporariamente congelou salários e preços (para ajudar no esforço anti-inflacionário), impôs uma tarifa temporária de 10% sobre todos os produtos importados (para ajudar a reduzir o déficit no *BP*), e instituiu um crédito tributário para novos investimentos produtivos (para estimular o crescimento econômico), entre outras ações. Sob a perspectiva do sistema de taxa de câmbio, o cessar da compra e venda de ouro foi a principal mudança política, dado que alterou a natureza do sistema existente. Sem "garantia de ouro", não existia âncora para o valor do dólar. Bancos centrais estrangeiros se depararam com a decisão de continuar comprando e vendendo dólares ou não aos valores de paridade previamente estabelecidos.

Após essa ação, houve considerável turbulência no sistema monetário internacional. Para amenizar a especulação e a incerteza, as autoridades monetárias chefes das principais nações industriais se reuniram em Washington, no Instituto Smithsoniano, em dezembro de 1971, para estabelecer uma nova configuração de arranjos de taxa de câmbio. Essa reunião levou ao **Acordo Smithsoniano**, que estabeleceu um novo valor de paridades (chamado *taxas centrais*). O marco alemão e o iene japonês foram valorizados em 13% e em 17%, respectivamente. Os países acordaram em permitir variações de 2,25% em ambos os lados das taxas centrais, assim introduzindo uma maior flexibilidade na taxa de câmbio do que era permitido sob a variação percentual de ± 1% do sistema de Bretton Woods. Além disso, os Estados Unidos mudaram o preço oficial do ouro de $35 para $38 por onça. Essa desvalorização do dólar em relação ao ouro foi importante, mais simbolicamente do que na prática, pois os Estados Unidos não mais estavam comprando e vendendo ouro. O simbolismo era que os Estados Unidos, ao desvalorizarem sua moeda, estavam politicamente admitindo que eram em parte responsáveis pelos problemas no sistema monetário internacional (através dos contínuos déficits no balanço de pagamentos dos Estados Unidos). O Acordo Smithsoniano gerou otimismo em relação ao futuro entre os governos participantes, e o presidente Nixon o chamou de "o acordo monetário mais significativo na história do mundo" (citado em Ellsworth e Leith, 1984, p. 508-509).

Esse julgamento relativo ao Acordo Smithsoniano foi prematuro, dado que a especulação continuada contra o dólar resultou em mudanças posteriores. A Grã-Bretanha iniciou a flutuação da libra em junho de 1972. No início de 1972, os seis países da Comunidade Europeia também iniciaram uma flutuação conjunta de suas moedas, o que significou que estes países (Bélgica, França, Itália, Luxemburgo, Holanda e Alemanha Ocidental) mantiveram suas moedas proximamente ligadas (± 2,25% dos valores especificados), mas as moedas podiam variar em grandes montantes em relação a outras moedas (embora os 2,25% de variação também tivessem sido mantidos em relação ao dólar). Em fevereiro de 1973, o dólar norte-americano foi novamente desvalorizado em relação ao ouro (para $42,22 por onça). Outras moedas tornaram-se flutuantes, de maneira livre ou controlada, em 1973.

O Acordo da Jamaica

O próximo desenvolvimento significante ocorreu com o **Acordo da Jamaica** em janeiro de 1976. Após consultas com autoridades dos países líderes, o FMI fez uma série de mudanças que foram incorporadas nos artigos do acordo do FMI.[5] As mais importantes apresentamos a seguir:

1. Cada país-membro era livre para adotar seu arranjo de taxa de câmbio preferido. Por exemplo, um país pode atrelar o valor de sua moeda a alguma moeda em particular, ou pode levar sua moeda a flutuar livremente em relação a todas as outras, ou pode atrelar o valor da sua moeda a alguma "cesta" de moedas de países com os quais esteja mais fortemente envolvido em comércio.

2. O papel do ouro foi diminuído no sistema monetário internacional. Para este fim, o preço oficial do ouro acabou sendo abolido e o próprio FMI vendeu $\frac{1}{3}$ de seus estoques de ouro. Alguns dos recursos foram utilizados para beneficiar países em desenvolvimento.

3. O papel dos DES foi aumentado. Antecipou-se que poderiam tornar-se bastante importantes nos portfólios de ativos de reservas dos bancos centrais, embora esse objetivo não tenha sido atingido.

4. O FMI deveria manter **vigilância** sobre o comportamento da taxa de câmbio. Em termos gerais, isso significava que o FMI pretendia que seus membros buscassem "evitar a manipulação das taxas de câmbio... para evitar ajustes efetivos no balanço de pagamentos" e encorajaria a "obediência a condições econômicas e financeiras e um sistema monetário que não tenda a produzir rupturas erráticas".[6] Esses objetivos gerais essencialmente significavam que o FMI aconselhava seus membros, por meio de consultas regulares, quanto a suas ações de taxa de câmbio, de forma que o sistema monetário internacional não se tornasse sujeito a considerável incerteza e instabilidade.

O sistema monetário europeu

Um desenvolvimento significativo nos arranjos monetários internacionais iniciou em março de 1979 com a inauguração do **sistema monetário europeu (EMS)**.[7] Esse sistema era resultado da flutuação conjunta (algumas vezes chamada de "Cobra Europeia" em função dos movimentos, semelhantes a ondas, das seis moedas como uma unidade em relação a outras moedas) que iniciara em 1972. A primeira característica-chave do EMS dos membros da Comunidade Europeia era a criação de uma nova unidade monetária, a **unidade monetária europeia** ou **ECU**, em termos da qual as taxas centrais para as moedas dos países eram definidas. O valor do ECU era uma média ponderada das moedas membros do EMS, e o ECU foi utilizado como uma unidade de medida para registro de transações entre bancos centrais do EMS.

Uma segunda característica principal do EMS original era que cada moeda devia ser em geral mantida dentro de 2,25% das taxas centrais em relação às outras moedas participantes, e um mecanismo foi instaurado que exigia ações do banco central à medida que as taxas de câmbio se aproximassem dos limites de divergência permitidos com base nas taxas centrais. Também houve provisões para realinhamentos periódicos das taxas centrais. Terceiro, as moedas participantes do EMS deviam se mover como uma unidade de forma flutuante em relação a outras moedas, incluindo o dólar norte-americano. Essa característica de taxa de câmbio era conhecida como o **mecanismo de taxa de câmbio (ERM)** do EMS. Por fim, o **Fundo de Cooperação Monetária Europeia (EMCF)**, um "banco dos bancos" similar ao FMI, foi estabelecido para receber depósitos de reservas dos membros do EMS e realizar empréstimos aos membros com dificuldades no *BP*.

---

[5] As mudanças entraram oficialmente em vigor em 1º de abril de 1978. Veja *IMF Survey*, p. 97-107, 3 abr. 1978.
[6] *IMF Survey*, p. 98, 3 abr. 1978.
[7] Para uma discussão mais completa, veja Commission of the European Communities, (1986) e *The ECU*, (1987).

O sistema monetário europeu foi concebido para promover maior estabilidade na taxa de câmbio dentro da Europa e, em função dessa estabilidade e exatidão, para gerar um crescimento econômico baseado em maior estabilidade. Uma vez que maior estabilidade nas taxas de câmbio requer algum grau de harmonização em políticas macroeconômicas, o EMS também promoveu convergência de políticas e taxas de inflação.

O Tratado de Maastricht

Em dezembro de 1991, os membros da Comunidade Europeia (CE) estenderam o EMS e tomaram um grande passo em direção à futura união monetária. O **Tratado de Maastricht** instaurou um plano para o estabelecimento de uma moeda comum e um banco central europeu em, no mais tardar, 1º de janeiro de 1999. Junto à implementação de várias outras mudanças para estabelecer um comércio mais próximo e uma maior integração do mercado de capitais, os países participantes europeus teriam, àquela época, uma plena **União Monetária e Econômica (EMU)**. A transição para a EMU deveria ser feita em estágios.[8] No estágio I, os países que ainda não participavam da ERM poderiam fazê-lo. Os membros da CE também deviam tomar passos em direção à convergência em seu desempenho econômico, como mensurada por diferenciais de inflação, estabilidade da taxa de câmbio, diferenças nas taxas de juros, déficit fiscal e dívida governamental. No estágio II (que iniciou em 1º de janeiro de 1994), a CE deveria intensificar o exame quanto aos vários critérios para convergência do desempenho econômico que estavam sendo atendidos, e era esperado que os países removessem praticamente todas as restrições remanescentes sobre o fluxo de capitais entre si. Adicionalmente, o EMF poderia ser substituído pelo Instituto Monetário Europeu (EMI), constituído pelos dirigentes dos bancos centrais nacionais e um presidente, o qual deveria fortalecer a cooperação monetária. Quando o estágio III começasse, os membros deveriam fixar irrevogavelmente suas taxas de câmbio e formar a união monetária com uma moeda comum, o **euro**. O EMI iria então ser substituído pelo **Sistema Europeu de Bancos Centrais (ESCB)**, uma instituição comunitária consistindo nos bancos centrais nacionais trabalhando com um componente multinacional conhecido como **Banco Central Europeu (ECB)**. O ESCB seria a *autoridade monetária supranacional, com controle sobre política monetária e política de taxa de câmbio em toda a Comunidade Europeia.*[9]

Para surpresa dos céticos, o EMU efetivamente começou a operar em 1º de janeiro de 1999. Dos 15 países da União Europeia, 11 – Áustria, Bélgica, Finlândia, França, Alemanha, Irlanda, Itália, Luxemburgo, Holanda, Portugal e Espanha – fixaram suas taxas de câmbio ao definir suas moedas em termos de euro, definindo irrevogavelmente as moedas, umas em relação às outras. Por exemplo, com 6,55957 francos franceses definidos como iguais a 1 euro e 1,95583 marcos alemães iguais a 1 euro, o resultado é que 3,35385 francos franceses se igualavam a 1 marco alemão (6,55957/1,95583 = 3,35385). O euro por sua vez flutuava em relação a outras moedas que não da EMU, e tinha um valor de aproximadamente $1,16 quando introduzido. As contas bancárias na área do euro ou "eurolândia" (os 11 membros da EMU) e muitas transações financeiras imediatamente começaram a ser denominadas em euros. As moedas dos países individuais permaneceram em circulação até o início de 2002, quando então deixaram de ser moeda oficial e, portanto, foram tiradas de circulação. As notas de euro e as moedas foram lançadas em 1º de janeiro de 2002.

O estabelecimento da EMU foi um marco na história monetária mundial. É particularmente importante observar que não se pode simplesmente anunciar taxas de câmbio fixas e uma nova moeda e então supor que tudo correrá bem no futuro. Macropolíticas para tornar as variáveis econômicas consistentes entre os países são necessárias para a sobrevivência de uma união monetária e de taxas fixas. Para esse fim, o Tratado de Maastricht especificara

---

[8] Veja *A single currency for Europe: monetary and real impacts*, 1992, p. xi, 3.
[9] "European leaders agree to treaty on monetary union", *IMF Survey,* p. 2-3, 6 jan. 1992.

critérios de convergência. Para ser permitido a um país juntar-se à EMU, (1) a taxa de inflação do país, mensurada com base nos preços aos consumidores, não poderia ser maior do que 1,5% acima da média dos três países da União Europeia (UE) com menor taxa de inflação; (2) a taxa de juros sobre a dívida de longo prazo do governo não poderia ser maior do que 2% acima da taxa de juros média nos três países com menor inflação; (3) o déficit orçamentário do governo do país entrante não poderia exceder 3% do PIB; e (4) a taxa da dívida total do governo sobre o PIB do país deveria ser 60% ou menor.[10]

Por que esses critérios são necessários? Primeiro, com relação ao critério da taxa de inflação, se um país tem inflação mais acelerada do que seus principais parceiros comerciais, é provável que incorra em um déficit comercial à medida que suas exportações caiam (em função de elas serem agora menos competitivas) e as importações aumentem (uma vez que agora são relativamente mais baratas comparadas aos bens domésticos). Essa situação de déficit pode colocar pressão sobre a moeda do país, movendo-a em direção à depreciação. Segundo, se as taxas de juros de um país são maiores do que aquelas em outros países, haveria pressão para elevação sobre a moeda do país. Essa pressão poderia vir de duas fontes: (1) as taxas de juros mais elevadas atraem capital móvel de outros países e (2) as taxas de juros mais elevadas diminuem a atividade econômica no país e levam a uma redução nas importações. Ambos os desenvolvimentos tenderiam a gerar um superávit incipiente no balanço de pagamentos e potencial apreciação da moeda doméstica.

Voltando-nos ao critério fiscal, uma taxa excessiva de déficit/PIB poderia implicar problemas nas moedas porque essas políticas expansionistas, poderiam estabelecer pressão sobre a moeda do país se empréstimos do governo aumentassem as taxas de juros, e atraíssem capital de portfólio de curto prazo. (Na terminologia do Capítulo 24, isso indica que a curva *BP* é menos inclinada do que a curva *LM*, o que é seguramente o caso dos países na EMU.) Por fim, se a taxa da dívida do governo em relação ao PIB excede 60%, o alto nível de dívida (60% *per se* é claramente um número arbitrário) pode ser um problema para o país. Em particular, os investidores podem perder confiança quanto à capacidade do governo no serviço e pagamento da dívida, e isso significa que os títulos do governo devem ser totalmente vendidos. Esse movimento de venda de títulos, se realizado por investidores estrangeiros, pode estabelecer pressões de desvalorização sobre o valor da moeda do país.

Quando o Tratado de Maastricht foi originalmente assinado, existiam substanciais divergências entre países com respeito a taxas de juros, taxas de inflação e variáveis fiscais. No entanto, esforços conjuntos (e algumas vezes contabilidades criativas, como no caso do governo francês, quando registrou a venda de uma privatização como receita regular para os propósitos de redução da taxa de déficit/PIB) criaram uma memorável convergência nos indicadores previamente mencionados. No final, a Grécia era o único membro da União Europeia buscando admissão à EMU que teve sua admissão negada, pelo fato de não ter atingido todos os quatro critérios. A entrada da Grécia seria concedida com um atraso. As taxas de dívida do governo/PIB da Bélgica e da Itália estavam ambas acima do critério de 60%, mas essas divergências foram ignoradas. Três países-membros da União Europeia – Dinamarca, Suécia e Reino Unido – escolheram não juntar-se à EMU.

Uma razão importante pela qual um país pode não querer se juntar à EMU é que, como mencionado nos capítulos anteriores, a independência da política monetária para o banco central de um país é completamente perdida com taxas de câmbio absolutamente fixas e, é claro, com uma moeda comum. A autoridade monetária, no caso da EMU, é, como observado anteriormente, delegada ao Sistema Europeu de Bancos Centrais, composto pelo Banco Central Europeu supranacional e pelos bancos centrais nacionais. O corpo executivo do ECB efetivamente conduz a

---

[10]Outro critério especificado era que, nos dois anos anteriores ao ingresso, o valor da moeda do país não deveria ter sido alterado dentro do Sistema Monetário Europeu. Na realidade, o valor de algumas moedas flutuou consideravelmente no período antecedente à EMU, e os outros quatro critérios citados no texto foram os principais considerados.

política monetária de acordo com instruções gerais do conselho de governo, o qual contém representantes de todos os países da área do euro.[11] O ESCB estabeleceu desde cedo qual seria sua maior prioridade: "manter a estabilidade de preços" (artigo 2 do Estatuto ESCB, citado em Issing, 1999, p. 19). Esse objetivo (frequentemente pensado como inflação de não mais que 2%) é consistente com a noção de que as políticas monetárias rígidas do Banco Central alemão, o qual era bastante anti-inflacionário, foram trazidas para a EMU. O objetivo pode também significar que, se de fato existe um *trade-off* entre inflação e desemprego e se o ESCB aderir firmemente à meta, a taxa de desemprego de dois dígitos em diversos países da UE na década de 1990 pode persistir por um longo período.

Com uma política monetária conduzida no nível da EMU, em vez de no nível do país individualmente, a única macropolítica disponível aos governos dos países é a política fiscal. Com aderência aos critérios de convergência relevantes, bem como à assinatura do pacto de estabilidade e crescimento de 1997, os membros da EMU se comprometeram a manter os orçamentos governamentais próximos do equilíbrio.[12] No entanto, em função do déficit poder ser de 3% do PIB, não existe estímulo fiscal se as políticas monetárias limitadas do ESCB forem muito restritivas. Um país poderia, por exemplo, estabelecer seu "déficit estrutural", o déficit que existiria mesmo que o país tivesse um alto nível de emprego (a "taxa natural" do Capítulo 27), em 1% a 1,5% do PIB para oferecer algum estímulo líquido à economia, a partir das despesas excessivas do governo em relação às receitas de impostos. Mesmo se ocorresse recessão e as receitas dos impostos caíssem, o governo poderia ainda estar oferecendo estímulo e situar-se dentro do limite dos 3% do PIB. Portanto, existe algum papel possível para a política fiscal no nível do país individual, mas o Pacto de Crescimento e Estabilidade especificou as sanções financeiras que podem ser aplicadas a um país se a taxa de déficit/PIB de 3%for excedida.

Embora ainda seja muito cedo para chegar a uma conclusão definitiva a respeito do desempenho da EMU e do euro, há alguns sinais positivos. O vice-presidente do Banco Central Europeu (ECB) discutiu os seguintes fatores de sucesso em um discurso em fevereiro de 2002:

1. A mudança das moedas individuais para o euro ocorreu suavemente e foi vista com entusiasmo pelos cidadãos europeus.

2. A eliminação dos riscos de taxa de câmbio e os menores custos de transação dentro da área do euro criaram novas oportunidades para negócios e promoveram eficiência e competitividade.

3. O euro foi um catalisador no processo de integração financeira.

4. O euro se tornou a segunda moeda mais amplamente utilizada e desempenha um papel nos regimes de taxas de câmbio de mais de 50 países fora da área do euro.[13]

Os dois anos após o discurso do vice-presidente do ECB testemunharam uma rápida elevação no valor do euro em relação ao dólar americano. De um valor inicial de $1,16, o euro caíra para um nível consistentemente abaixo de $0,90. Em maio de 2002, o valor do euro subiu acima de $0,90 e continuou a apreciar-se até atingir $1,28 em fevereiro de 2004. Em julho de 2007, o euro tinha subido acima de $1,37.

---

[11] Para discussão a respeito dos procedimentos de política monetária na EMU, veja Otmar Issing, "The monetary policy of the eurosystem," *Finance and Development,* p. 18-21, mar. 1999.

[12] Para discussão a respeito da política na EMU, incluindo considerável atenção à política fiscal, veja Fundo Monetário Internacional, *World Economic Outlook,* out. 1998, Washington, DC: IMF, 1998, cap. 5.

[13] "Success factors of the euro and the ECB", discurso de Christian Noyer, vice-presidente do Banco Central Europeu, no simpósio *World Economic Climate after the Introduction of the Euro,* organizado por Japan Center for International Finance and Sumitomo-Life Research Institute, Tóquio, 13 fev. 2002.

O crescimento da UE de 2004 a 2007 incluiu medidas (o Tratado de Maastricht) pelas quais todos os novos membros são elegíveis a juntar-se à moeda única europeia, o euro. As diferenças nos desempenhos econômicos estão levando a muitos planos de mudança diferentes nesses países. Na preparação para a adoção do euro, é requerido que os países atinjam condições de entrada relativas à inflação, déficits orçamentários, estabilidade da taxa de câmbio e compatibilidade legal. Além disso, como era o caso dos membros originais da zona do euro, os países devem também fixar a taxa de câmbio entre sua moeda local e o euro para apoiar a integração contínua com a área econômica europeia, como parte do mecanismo de taxa de câmbio conhecido como ERM II.[14]

O primeiro de dois novos entrantes a adotar o euro foi a Eslovênia. O movimento para o euro se deu em 1º de janeiro de 2007. A Eslovênia seguiu a abordagem do Big Bang na qual a fixação irrevogável da taxa de câmbio e a introdução das notas de euro em moeda ocorreram simultaneamente. O período de circulação dupla durou apenas duas semanas. A mudança eslovena foi um deslocamento suave que aparentemente deve ser o modelo para futuras adoções.[15]

Variações na taxa de câmbio

Concluímos o levantamento da evolução do sistema monetário internacional observando que, em geral, as variações nas taxas de câmbio entre as principais moedas têm sido bastante amplas desde a queda de Bretton Woods. Flutuações nas taxas de câmbio nominais também têm sido acompanhadas por amplas mudanças nas taxas de câmbio *reais*. Têm havido substanciais variações na competitividade internacional, bem como deslocamentos nos setores exportadores e importadores dos países competidores. Além disso, as variações mais importantes nos valores relativos de moeda ocorreram com relação ao dólar americano, o qual aumentou drasticamente de 1980 a 1985 e então caiu drasticamente após 1985 (em especial de 1985 a 1987). Como uma consequência, em setembro de 1985 o Acordo do Plaza foi assinado em Nova York pelos bancos centrais da França, Japão, Estados Unidos, Reino Unido e Alemanha Ocidental. Nesse acordo, os cinco países estabeleceram que o dólar necessitava ter seu valor diminuído, e que seus bancos centrais estariam prontos para intervir para alcançar o objetivo. O dólar de fato caiu nos meses subsequentes, e o Acordo do Louvre foi então anunciado em fevereiro de 1987. Neste, os países do G-7 declararam que o dólar havia caído o suficiente (40% desde 1985). O dólar foi daí em diante estabilizado em um intervalo relativamente estreito (mas não especificado quanto ao intervalo exato) pela ação cooperativa do banco central.

Flutuações de curto prazo na década de 1990

Mudanças no valor do dólar (bem como no valor de outras moedas) continuaram ao longo da década de 1990. Por exemplo, de setembro de 1992 a setembro de 1993, o dólar aumentou 14% em termos do marco alemão, 18% em termos da libra esterlina, 31% em termos da peseta espanhola, e 50% em termos da coroa sueca. Maiores mudanças ocorreram contra as moedas de alguns países em desenvolvimento – por exemplo, uma elevação de 95% em termos do cruzeiro real brasileiro. No entanto, apesar da elevação em relação à maioria das moedas, o dólar *caiu* em termos do iene japonês em 12,5%. (De fato, o valor nominal ponderado pelo comércio do iene – a taxa de câmbio efetiva – aumentou em 25% ao longo desse período.)[16] Em 1994 o dólar caiu em mais de 10% em relação tanto ao marco alemão quanto ao iene, e no início de 1995 ele caiu aos níveis mais baixos pós-Bretton Woods em relação àquelas

---

[14]"Enlargement and the euro", EurActiv.com, disponível em: www.euractiv.com/en/enlargement/enlargement-euro/, acesso em: 29 jan. 2007.

[15]The European Commission, "Slovenia's changeover to the euro – a clear success," informação para a imprensa, 10 mai. 2007.

[16]*The Economist,* p. 112, 2 out. 1993.

No mundo real:

Adotando o euro em novos Estados-membros

A expansão da União Europeia entre 2004 e 2007 incluiu uma expectativa de que os novos membros iriam adotar a moeda comum. Antes da adoção, um país deve atingir os critérios de Maastricht e tornar-se um membro do ERM II por, pelo menos, dois anos. Sete dos dez novos Estados-membros já aderiram ao ERM II (Chipre, Estônia, Letônia, Lituânia, Malta, Eslováquia e Eslovênia). A obediência aos critérios de Maastricht é avaliada pelo Conselho dos Ministros de Finanças da UE com base nos relatórios da comissão e do Banco Central Europeu.

Um resumo do progresso dos novos Estados-membros foi exposto no UE News and Policy Position Forum, EurActive.com. Os principais elementos de tal resumo são apresentados aqui para oferecer um guia sobre os progressos dos países individuais. Dados relevantes relativos ao desempenho de cada país quanto ao alcance do critério de Maastricht são oferecidos na Tabela 2.

De acordo com as estimativas do Comissário Europeu para Assuntos Monetários e Financeiros Joaquim Almunia, os novos Estados-membros são um "grupo bastante heterogêneo", porém "algumas características e desafios políticos comuns podem ser identificados":

- Ainda que os níveis de renda variem amplamente entre os novos Estados-membros, seu PIB per capita agregado é ainda apenas cerca da metade da média da área do euro. A distância é gradualmente menor à medida que taxas de crescimento efetivo e potencial são em geral maiores do que na área do euro, mas fomentar a convergência real irá permanecer um tema de política chave por muitos anos.
- A maioria dos novos Estados-membros também passou por uma transição momentânea da economia planejada para economia de mercado ao longo dos últimos 15 anos. Apesar do processo de transição ter encontrado seu término "oficial" com a ascensão à UE, algumas características pós-transição ainda estabelecem o ambiente político em alguns países. Isso inclui a necessidade de completar o processo de liberalização de preços e a necessidade de melhorar um estoque de capital obsoleto. A mudança estrutural, por exemplo, no setor financeiro ainda está em curso e necessita ser gerenciada de maneira efetiva.
- À medida que eles buscam aumentar seu capital produtivo escasso através de investimentos públicos e privados elevados, a maioria dos novos Estados-membros também apresenta substanciais déficits orçamentários, já que o processo não é plenamente correspondido pelas poupanças domésticas.

- A sustentabilidade de conta corrente não é uma grande preocupação, dado o alto grau de estabilidade macroeconômica, a significante fatia do FDI no financiamento orçamentário atual, e a integração com a economia da UE. Ainda assim, vigilância é necessária para assegurar que esses desequilíbrios não se tornem insustentáveis ou façam com que as economias se tornem vulneráveis a choques.
- Um maior comprometimento dos novos Estados-membros tem ocorrido quanto à busca de sucesso da desinflação. Sistemas de política monetária têm sido testados, e bancos centrais têm credibilidade nas suas ações em busca de estabilidade de preços.

A *Estônia*, a *Lituânia* e a *Eslovênia* juntaram-se ao mecanismo de taxa de câmbio (ERM II) em junho de 2004. Taxas de câmbio centrais para as três moedas (a coroa estoniana, a lita lituana e o tolar esloveno) em relação ao euro e bandas de flutuações dentro do ERM II foram estabelecidas em 27 de junho de 2004. As taxas foram fixadas a 1 euro em relação a 15,6466 coroas estonianas, 3,45280 litas lituanas e 239,640 tolares eslovenos. Sob o ERM II, as moedas dos três países não devem desviar em mais de 15% acima ou abaixo a partir das taxas acordadas em relação ao euro. A Eslovênia iniciou o uso das notas e moedas de euro em 1º de janeiro de 2007. A Estônia e a Lituânia adotaram planos de mudança para 2009.

Um alto déficit e dívida pública excedendo ao Pacto de Estabilidade e Crescimento forçou o *Chipre* a postergar a sua adesão ao ERM II no verão de 2004. O Chipre aderiu ao ERM II em abril de 2005. A data prevista para adesão do país à zona do euro é 1º de janeiro de 2008.

Na *Polônia*, o governo até agora se recusou a tomar decisões relativas à adoção do euro. Consequentemente, não há uma data estabelecida.

Malta também é um novo Estado-membro com um excessivo déficit orçamentário. O país acordou em atingir os critérios do Pacto de Estabilidade. Ele aderiu ao ERM II em 2 de maio de 2005. A data mais próxima possível para introdução do euro é 1º de janeiro de 2008.

A *Letônia* aderiu ao ERM II em maio de 2005. A data provável para a introdução do euro é 2008 à luz da alta inflação e do pesado déficit em conta corrente do governo.

A *Eslováquia* aderiu ao ERM II no final de novembro de 2005. O país espera adotar o euro em janeiro de 2009.

No mundo real:

A *Hungria* excedeu as metas de déficit fiscal e ainda não aderiu ao ERM II. Devido ao ritmo lento da redução do déficit, a primeira data prevista do país era 2010 para adoção do euro; é bem provável que se altere em 2012 ou após.

O governo da *República Tcheca* declarou seu comprometimento em adotar o euro em 2010. No entanto, a elevada dívida nacional pode atrasar a aderência à zona do euro.

TABELA 2   Progresso em direção ao critério de Maastricht por novos Estados-membros da UE (dados de 2004/2005)

País	Taxa de inflação (junho 2004– junho 2005)	Déficit do governo (% do PIB)	Dívida do governo (% do PIB)	Critérios de Maastricht atingidos
Valor de referência de Maastricht	**2,3**	**−3,0**	**60,0**	
Chipre	2,5	−4,1	71,9	0
República Tcheca	2,1	−3,0	37,4	4
Estônia	4,1	+1,8	4,9	3
Hungria	5,0	−5,4	60,4	0
Letônia	7,0	−0,7	14,3	3
Lituânia	2,7	−2,5	19,7	3
Malta	2,4	−5,2	75,0	1
Polônia	3,8	−6,8	47,7	1
Eslováquia	4,5	−3,3	43,6	2
Eslovênia	3,0	−1,9	29,4	3

Fontes: "The euro and the new member states", um discurso do Comissário Europeu para Questões Financeiras e Monetárias Joaquin Almunia para o Kangaroo Group Lunch Debate, 13 set. 2005; "Adopting the Euro in the new member states", EurActiv.com, disponível em: www.euractiv.com/en/enlargement/, acesso em: 3 fev. 2006.

duas moedas. Para colocar essas mudanças em perspectiva, em 1973, no início do período da taxa flutuante, 2,7 marcos alemães eram trocados por 1 dólar; em março de 1995, o valor era 1,38 marco por dólar. Para o Japão, a taxa de câmbio era 280 ienes por dólar em 1973, e havia caído para 85 ienes por dólar em junho de 1995. No entanto, o dólar se recuperou rapidamente em relação à maioria das moedas em 1996, e ganhou um impulso ainda mais rápido no início de 1997, mostrando ganhos fortes especialmente em relação ao marco e ao iene. A força do dólar contra o iene se deu à medida que a taxa de deságio mais baixa japonesa e o aumento de confiança na economia dos EUA reviveram os fluxos de capitais japoneses para os Estados Unidos. Em junho de 1998, o dólar estava mais de 40% acima do seu valor no final de 1994, em termos de ienes. Com relação a outras moedas, o valor real ponderado da libra esterlina aumentou 30% de 1995 a 1999, enquanto o valor real ponderado do iene caiu para cerca de 25%, de 1995 a 1998, e então subiu novamente, praticamente ao nível de 1995, no final de 1999. Ao considerarem tal volatilidade das taxas reais de câmbio, Taylor e Sarno (1998) concluíram, em um teste sobre os movimentos do iene, do marco, do franco francês, da libra e do dólar americano, que, a longo prazo, as taxas de câmbio se aproximavam dos níveis de paridade do poder de compra; no entanto, existe pouca evidência do movimento em relação à PPC no curto prazo. No novo século, os movimentos de taxa de câmbio (algumas vezes de tamanho considerável) têm continuado. Por exemplo, de janeiro de 2003 a janeiro de 2005, o valor ponderado pelo comércio do dólar norte-americano caiu em 12,8%. Durante o período de janeiro de 2005 a janeiro de 2006, o valor do dólar aumentou em 0,9%, mas caiu 1,8% em janeiro de 2007. O dólar não está sozinho nas flutuações das taxas de câmbio. O valor ponderado pelo comércio do iene japonês caiu 32% entre 2000 e 2007 e atingiu seu nível mais baixo desde 1970 em janeiro de 2007.[17] De maio de 2006 a maio de 2007, o dólar apreciou 10% em relação ao iene, mas declinou 5,1% em relação ao euro.

REVISÃO DE CONCEITO

1. Quais eram os elementos-chave do sistema monetário internacional desenvolvido em Bretton Woods?
2. O que levou à falência do sistema de Bretton Woods?
3. Quais são os critérios de convergência para a EMU? Por que eles são necessários?

ARRANJOS ATUAIS DE TAXA DE CÂMBIO

Desde a falência do sistema de Bretton Woods, de acordo com a emenda dos Artigos de Acordo do FMI de 1978, os países têm escolhido uma variedade de arranjos de taxas de câmbio. Não há mais um sistema uniforme, e os arranjos atuais são frequentemente chamados de "não sistema". O FMI classifica os arranjos escolhidos pelos seus membros em oito categorias, como mostra a Tabela 3.

A primeira categoria relativa aos arranjos de taxa de câmbio é obviamente caracterizada com uma completa ausência de flexibilidade de taxa. Na verdade, na categoria de "arranjos de taxas sem moeda de curso legal separada", os países em geral não possuem uma moeda própria independente. Por exemplo, as Ilhas Marshall, a Micronésia e o Panamá utilizam o dólar americano como suas moedas, embora o Panamá também possua sua própria moeda, o balboa, em circulação a uma taxa de câmbio de $1,00 = 1$ balboa.[18]

A segunda categoria, "arranjos de *currency board*", também envolve nenhuma capacidade de mudar a taxa de câmbio. Os *currency boards* estão se tornando mais comuns e, possivelmente, veremos mais deles nos próximos anos. Como observado no Capítulo 28 sobre este arranjo, a moeda de um país é fixada em valor em termos de alguma moeda forte em particular, e a quantidade de moeda doméstica só pode mudar quando as reservas na moeda forte se alterarem. Então, se as reservas se elevam, a oferta doméstica de dinheiro pode ser expandida; se as reservas diminuem, a autoridade monetária doméstica deve diminuir a oferta de dinheiro doméstico, reduzindo o déficit em balanço de pagamentos e, por consequência, a saída de reservas.

As categorias 3 e 4 na Tabela 3 indicam situações em que variações bastante mínimas na taxa de câmbio são permitidas. Nessas categorias, a maior variação permitida é $\pm 1\%$ em torno do valor de paridade especificado. Na categoria 3, a âncora é feita com uma única moeda, por exemplo, o dólar das Bahamas com o dólar americano ou a rúpia nepalesa com a rúpia indiana. Na categoria 4, a âncora é com uma "cesta" de moedas dos principais parceiros comerciais do país ou com relação aos DES.

As categorias 1 a 4 compreendem 98 membros do FMI, 52% do número total e, portanto, não podemos dizer que o mundo adotou plenamente as taxas de câmbio flutuantes. Observe que

---

[17] "Carry on living dangerously", *The Economist*, 8 fev. 2007, e Conselho de Governadores do Federal Reserve System.

[18] Para discussão dos prós e contras do uso do dólar como moeda circulante nos países, veja Thomas Jennings, "Dollarization: a primer", USITC *International Economic Review*, p. 8-10, abr./mai. 2000. Curiosamente, Jennings observa que devem existir $300 bilhões em moeda norte-americana mantida por estrangeiros.

TABELA 3   Arranjos de taxa de câmbio em 30 de abril de 2007

Categoria	Países	Número de países
1. Arranjos de câmbio sem moeda com curso legal separada	*Outra moeda com curso legal:* Equador, El Salvador, Kiribati, Ilhas Marshall, Estados Federados da Micronésia, Palau, Panamá, São Marino, Timor Leste	42
	União Monetária do Caribe Oriental (ECCU): Antigua e Barbuda, Dominica, Granada, São Cristóvão e Nevis, Santa Lúcia, São Vicente e Granadinas	
	União Monetária e Econômica da África Ocidental (WAEMU): Benin, Burkina Faso, Costa do Marfim, Guiné-Bissau, Mali, Nigéria, Senegal, Togo	
	Comunidade Econômica e Monetária da África Central (CEMAC): Camarões, República Centro-Africana, Chade, República do Congo, Guiné Equatorial, Gabão	
	Área do Euro: Áustria, Bélgica, Finlândia, França, Alemanha, Grécia, Irlanda, Itália, Luxemburgo, Holanda, Portugal, Eslovênia, Espanha	
2. Arranjos de currency board	Bósnia e Herzegovina, Brunei, Bulgária, Djibuti, Estônia, Hong Kong (China), Lituânia	7
3. Indexação fixa em relação a uma única moeda	Aruba, Azerbaijão, Bahamas, Bahrain, Barbados, Bielo-Rússia, Belize, Butão, Cabo Verde, China, Comores, Egito, Eritréia, Guiana, Honduras, Iraque, Jordânia, Kuwait, Letônia, Líbano, Lesoto, Macedônia, Maldivas, Malta, Mauritânia, Namíbia, Nepal, Antilhas Holandesas, Omã, Paquistão, Catar, Arábia Saudita, Seychelles, Ilhas Salomão, Suriname, Suazilândia, Síria, Trinidad e Tobago, Turcomenistão, Ucrânia, Emirados Árabes Unidos, Venezuela, Vietnã, Zimbábue	44
4. Indexação fixa em relação a uma "cesta" de moedas	Fiji, Líbia, Marrocos, Samoa, Vanuatu	5
5. Taxas de câmbio indexadas dentro de bandas horizontais	Chipre, Dinamarca, Hungria, República Eslovaca, Tonga	5
6. Paridades deslizantes	Bolívia, Botsuana, Costa Rica, Irã, Nicarágua	5
7. Flutuação administrada sem comportamento pré-anunciado para a taxa de câmbio	Afeganistão, Argélia, Angola, Argentina, Bangladesh, Burundi, Camboja, Colômbia, Croácia, República Tcheca, República Dominicana, Etiópia, Gâmbia, Geórgia, Gana, Guatemala, Guiné, Haiti, Índia, Indonésia, Jamaica, Cazaquistão, Quênia, República do Quirguistão, Laos, Libéria, Madagascar, Maláui, Malásia, Maurícia, Moldávia, Mongólia, Moçambique, Mianmar, Nigéria, Papua-Nova Guiné, Paraguai, Peru, Romênia, Rússia, Ruanda, São Tomé e Príncipe, Sérvia e Montenegro, Cingapura, Sri Lanka, Sudão, Tajiquistão, Tailândia, Tunísia, Uruguai, Uzbequistão, Iêmen, Zâmbia	53
8. Independentemente flutuante	Albânia, Armênia, Austrália, Brasil, Canadá, Chile, República Democrática do Congo, Islândia, Israel, Japão, República da Coreia, México, Nova Zelândia, Noruega, Filipinas, Polônia, Serra Leoa, Somália, África do Sul, Suécia, Suíça, Tanzânia, Turquia, Uganda, Reino Unido, Estados Unidos	26

Fonte: Fundo Monetário Internacional, *Annual Report of the Executive Board for the Financial Year Ended April n. 30, 2007*, Washington, DC: IMF, 2007, disponível em: www.imf.org.

muitos dos países envolvidos nessa fixidez completa ou quase completa da taxa de câmbio são pequenos países em desenvolvimento. Nestes, é vantajoso atrelar ou adotar uma moeda de um grande parceiro comercial; uma taxa flutuante ou flexível com os principais parceiros de comércio poderia gerar instabilidade no comércio do país em desenvolvimento. Se o país pequeno possui dívida denominada pagamentos e PIB em dólares americanos (como muitos países possuem), vale a pena atrelar-se ao dólar americano. Senão, por exemplo, se o dólar das Bahamas depreciar-se contra o dólar americano, o pagamento de juros e o pagamento do principal pode requerer uma maior geração de dólar das Bahamas e uma maior sobrecarga sobre as Bahamas do que poderia ser em outra situação.

As categorias 5 e 6 na Tabela 3 incluem países que permitem maior mudança nas taxas de câmbio do que aqueles nas primeiras quatro categorias, mas os arranjos de maneira nenhuma são flutuações. A categoria 5, "taxas de câmbio indexadas dentro de bandas horizontais", refere-se a uma situação em que é permitida uma variação em ±1% ao redor da paridade. A categoria 6, o "paridades deslizantes" (veja o Capítulo 28), é uma situação em que o valor da moeda é alterado periodicamente em uma pequena porcentagem seja de maneira pré-anunciada, seja em resposta a uma combinação de indicadores (por exemplo, mudança na posição das reservas internacionais do país). Bolívia, Botsuana, Costa Rica, Irã e Nicarágua atualmente adotam esse arranjo, e a Colômbia e outros países o utilizaram no passado. No total, somando-se as categorias 1 a 6, 108 dos países (58%) se enquadram nestas categorias de taxas fixa ou relativamente fixa.

As categorias 7 a 8 combinam-se para formar os outros 42% dos arranjos de taxa de câmbio. A categoria 7, "flutuação administrada", significa que intervenções do banco central ocorrem para influenciar a taxa de câmbio, mas a intervenção é feita de maneira não regular e sem pré-anúncios mesmo em termos de direção. Por fim, na "flutuação independente", a taxa é basicamente determinada pelo mercado. A intervenção ocasionalmente ocorre, mas de maneira rara, e é em geral realizada para moderar, mas não reverter uma tendência. Essa situação, como indicado no Capítulo 28, é conhecida como inclinada contra o vento.

As vantagens e desvantagens das taxas de câmbios fixas e variáveis foram examinadas no capítulo anterior. É claro que existem muitas forças que atuam, bem como muitas variáveis a serem consideradas pelas autoridades de um país quando selecionam o grau de flexibilidade da taxa de câmbio permitida. O melhor tipo de arranjo de taxa de câmbio para um país pode não ser o melhor para outro país com diferentes características e instituições, e o melhor arranjo para um país em um momento pode não ser o melhor em outro momento. Por exemplo, a liberalização em muitos países em desenvolvimento na década de 1990 levou a uma *relativa* maior adoção de arranjos de taxa de câmbio mais flexíveis do que anteriormente.

EXPERIÊNCIA SOB O SISTEMA MONETÁRIO INTERNACIONAL CORRENTE

O registro histórico do sistema monetário internacional pós-Bretton Woods tem sido amplamente discutido e debatido. Um consenso geral de economistas com relação às operações neste sistema, frequentemente caracterizado pelo termo geral *flutuação administrada* (em especial para países industrializados), é apresentado nesta seção. No entanto, em função da experiência ser recente e dado que o sistema ainda está em desenvolvimento, não é certo que as perspectivas expressadas resistirão ao teste do tempo.

1. O sistema monetário internacional pós-Bretton Woods tem sido caracterizado por substancial variabilidade nas taxas de câmbio na maior parte dos países industriais. Essa afirmação aplica-se a taxas de câmbio nominais e taxas de câmbio reais e é contrária às expectativas de muitos proponentes das taxas flutuantes de que as taxas iriam mover-se para um nível de equilíbrio e então iriam mostrar razoável estabilidade naquele nível. Mesmo para países com taxas de câmbio nominais fixas, têm existido desvalorizações oficiais periódicas, e as taxas de câmbio reais têm variado na presença de taxas nominais fixas.

2. Outra característica do sistema monetário internacional associada à variabilidade nas taxas de câmbio é que tem havido o *overshooting* das taxas de câmbio. O *overshooting* foi discutido no Capítulo 22.

3. Uma terceira característica do sistema monetário pós-Bretton Woods é que a variabilidade nas taxas de câmbio tem tido *efeitos econômicos reais*. Esta característica tem ocorrido em função de as variações nas taxas de câmbio nominais não terem se igualado à paridade do poder de compra (PPC) e, portanto, as taxas reais de câmbio têm variado. Se a moeda de um país sofre depreciação real, o setor de bens comercializáveis daquele país atrairá recursos, devido a tais setores serem agora relativamente mais lucrativos do que os de bens não comercializáveis. Se a taxa de câmbio se valorizar, os incentivos serão deslocados em direção oposta, e os recursos se moverão do setor de bens comercializáveis para o setor de bens não comercializáveis. No entanto, tal movimentação de recursos não é livre de custos. Fatores de produção podem ter de se mover fisicamente, pode-se precisar retreinar trabalhadores, levando à ocorrência de desemprego durante o período de transição. A variabilidade nas taxas de câmbio pode desincentivar fluxos de investimentos diretos entre países, pois isso pode gerar perdas arbitrárias. Por exemplo, uma firma que realiza investimento em um país estrangeiro a uma taxa de câmbio pode querer repatriar os lucros em uma data posterior, mas pode achar a moeda estrangeira mais altamente apreciada e, então, obter menos unidades da moeda doméstica do que originalmente esperado. A empresa pode, portanto, estar menos inclinada a realizar tais investimentos no futuro. Por vários mecanismos, os movimentos nas taxas de câmbio podem levar a uma produção reduzida na economia mundial.

4. Outra característica amplamente observada no sistema monetário internacional atual é que o sistema não tem países isolados de distúrbios econômicos estrangeiros na extensão esperada. Lembre-se dos capítulos anteriores que uma das vantagens alegadas de um sistema de taxa de câmbio flutuante é que o isolamento pode ocorrer e, então, haverá pouca transmissão dos ciclos dos negócios de um país para outro. No entanto, a conclusão da maioria dos observadores é que os ciclos dos negócios têm sido transmitidos entre países no período de taxa flutuante para os países industrializados, e que estes países têm, de fato, tido de se preocupar com choques externos reais.

Por que os observadores julgam que o sistema atual não oferece isolamento? A mais importante razão é que os bancos centrais da maior parte dos países industrializados não têm estado dispostos a permitir uma completa flexibilidade nas suas taxas de câmbio. A intervenção oficial consequente nos mercados de câmbio reflete o fato de que os bancos centrais podem bem ter taxas de câmbio ideais em mente, bem como níveis ideais para renda nacional. Por exemplo, as autoridades podem desejar evitar uma depreciação porque isso causa deslocamentos nos setores de bens não comercializáveis e eleva a inflação doméstica. Elas podem também desejar limitar o grau de apreciação, pois a apreciação pode causar problemas para o setor de bens comercializáveis e levar a uma oposição política. O resultado final é que as taxas de câmbio não têm sido tão flexíveis como na teoria de taxa flexível e, portanto, o isolamento de choques reais externos não tem ocorrido na extensão esperada pelos proponentes das taxas de câmbio flexíveis.

5. Dado que as taxas de câmbio não têm sido plenamente flexíveis, outra expectativa dos proponentes das taxas flexíveis não tem sido atingida: foi antecipado que, com taxas flutuantes, os países não precisariam manter um grande volume de reservas internacionais como nas taxas fixas, uma vez que os movimentos nas reservas não seriam necessários para financiar déficits no *BP*. No entanto, nos anos pós-Bretton Woods, os países têm aumentado suas reservas internacionais. A demanda por reservas internacionais não tem diminuído absolutamente com as taxas flutuantes, embora as reservas, em relação às importações, tenham caído.

Temos ao menos uma explicação parcial para o comportamento dos bancos centrais no item 4, em que observamos que as intervenções continuam a existir. Pelo fato de os Estados Unidos terem tido déficits no *BP* ao longo de grande parte do período, mais dólares foram ofertados nos mercados de câmbio do que teriam sido em outra situação. Quando os bancos centrais estrangeiros compraram esses dólares para mitigar a queda no valor do dólar, os dólares foram adicionados

TABELA 4   Reservas internacionais dos bancos centrais em 30 de abril de 2007*

Ativo de reserva[†]	Valor ($, bilhões)	Porcentagem das reservas totais
1. Ouro	$45,9	0,89%
2. DES	51,0	0,98
3. Posições de reserva no FMI	26,4	0,51
4. Moeda estrangeira	5.055,5	97,62
Reservas totais	$5.178,8	100%

*Os valores dizem respeito apenas aos membros do FMI.
[†]Valor do ouro fixado em 35 DES por 1 onça de ouro; os valores dos DES foram convertidos em dólares a uma taxa vigente de: 1 DES = $1,51.
Fonte: Fundo Monetário Internacional, *International Financial Statistics,* disponível em: www.imf.org, acesso em: abr. 2007.

às reservas internacionais dos bancos centrais estrangeiros. Ao mesmo tempo, dado que os dólares não são contados como parte das reservas dos Estados Unidos, não houve declínio no valor das reservas dos Estados Unidos. O resultado foi um aumento nas reservas mundiais totais.

Para explorar o aumento nas reservas internacionais, a Tabela 4 apresenta informações recentes. Como pode ser visto, as reservas dos bancos centrais são compostas de quatro itens:

Ouro. Os estoques de ouro dos bancos centrais constituem 0,9% de suas reservas internacionais. No entanto, o FMI valoriza o ouro ao preço oficial anterior de 35 DES = 1 onça de ouro. Na época da informação colocada na tabela, os DES valiam $1,51, de forma que isso valoriza o ouro ao preço de praticamente $53 por onça. Este certamente não é um preço realista, pois o mercado privado de ouro o tem vendido a cerca de $300 por onça ao longo de um grande número de anos. Se as reservas oficiais de ouro fossem valorizadas ao preço de mercado, as reservas internacionais deveriam ser muito maiores, bem como a fatia de ouro nessas reservas.

DES. Dado que os DES representam apenas 1% das reservas internacionais, é claro que o objetivo do FMI de desenvolvê-los como principal ativo internacional ainda não foi atingido.

Posições de reserva no FMI. Este elemento das reservas internacionais refere-se aproximadamente aos primeiros 25% das cotas do FMI dos países. Um país pode automaticamente obter um empréstimo do tamanho de sua participação no FMI quando em dificuldades no *BP.* Este item é também uma pequena fração das reservas mundiais (0,5%).

Moeda estrangeira. Ela atualmente representa 97,6% das reservas dos bancos centrais e é claramente o principal ativo de reserva internacional que eles têm à sua disposição para amenizar déficits no *BP.* O dólar norte-americano constitui o principal componente dessas reservas em moeda estrangeira, mas euros e ienes japoneses têm se tornado cada vez mais importantes.

O ponto dessa discussão a respeito das reservas internacionais é que os bancos centrais continuam a manter um considerável volume delas. (De fato, as reservas aumentaram de $159,2 bilhões no final de 1972 – imediatamente antes do advento da flutuação – para $5.178,8 bilhões em abril de 2007.) Tal montante de reservas não seria necessário em um sistema de taxa de câmbio realmente flexível.

6. Uma outra conclusão relativa ao sistema monetário internacional atual que obtém bastante concordância é que não tem havido um aumento na inflação em escala mundial, em função da presença de uma maior flexibilidade das taxas de câmbio. Lembre que o medo relativo à adoção das taxas flexíveis era que um "ciclo vicioso" de inflação poderia se desenvolver. Enquanto o período de 1973-1974 até o início da década de 1980 foi de fato caracterizado historicamente por altas taxas de inflação, não é em geral pensado que essa inflação fosse diretamente atribuída às

taxas de câmbio flexíveis. Particularmente, o comportamento da Organização dos Países Exportadores de Petróleo (OPEC), das políticas públicas macroeconômicas e das expectativas de preços desempenhou papéis mais cruciais. De fato, alguns observadores duvidam que o sistema de Bretton Woods por si só pudesse ter sobrevivido ao episódio inflacionário. O sistema de taxa flutuante permitiu um ajuste mais fácil aos distúrbios desse período do que as taxas fixas poderiam ter feito. Interessante notar que, recentemente, tem existido alguma preocupação a respeito de possível *deflação* na economia mundial, embora a preocupação não esteja particularmente associada às taxas flutuantes em si.

7. Muitos observadores também pensam que o medo de que o volume de comércio mundial diminuiria diante do risco associado a taxas flexíveis não se verificou. O comércio mundial cresceu mais rapidamente do que a produção mundial durante a década de 1970. No início da década de 1980, o crescimento do comércio diminuiu com a estagflação da segunda crise do óleo e a política monetária apertada dos Estados Unidos, mas o comércio continuou a crescer mais rapidamente do que a produção mundial. Desde aquela época, as taxas de crescimento na produção e no comércio aumentaram no final da década de 1980, diminuíram com a recessão de 1990-1991, e então voltariam à situação anterior. Na década de 1990 até 2005, o comércio continuou a crescer mais rapidamente do que a produção mundial (com exceção de 2001, quando ambos caíram sensivelmente), embora isso pudesse ter ocorrido também sob taxas fixas.

Por fim, uma série de eventos ocorreu em 1997-1998 que fizeram com que muitos observadores considerassem uma reforma de toda "arquitetura financeira internacional". Esse conjunto de eventos é considerado na subseção seguinte.

A crise da Ásia: o milagre revelado[19]

Durante a década de 1980 e início da década de 1990, os milagres econômicos do sudeste da Ásia foram tidos como reluzentes exemplos do crescimento de sucesso e do desenvolvimento baseado em estratégias de "visão direcionadas ao exterior". Em vez de adotar políticas tradicionais de economias fechadas na presença de distorções domésticas de preço contínuas, esses países adotaram estratégias orientadas à exportação que envolveram a liberalização de mercados financeiros e de mercadorias, bem como abertura ao comércio e investimento estrangeiro. Os efeitos foram extremamente positivos, o que fez com que, no início da década de 1990, países como Coreia do Sul, Tailândia e Indonésia continuassem a demonstrar um forte crescimento na presença de superávits fiscais, déficit razoavelmente baixo em conta corrente e moderadas taxas de inflação. Apenas a Tailândia sugeriu alguma tensão financeira, já que seu déficit em conta corrente permaneceu na casa de 5% do PIB, um sinal inicial comum de potenciais problemas financeiros. Apesar de tudo, eles continuaram a receber fortes *ratings* de crédito para suas organizações públicas e privadas.

No entanto, as sementes da crise financeira vindoura estavam sendo plantadas de diversas formas. O ambiente econômico positivo resultou em substancial investimento real, tanto por investidores estrangeiros quanto por domésticos, o que levou a um sobreinvestimento em diversos setores e a uma consequente erosão das taxas de retorno sobre o novo capital como, por exemplo, na indústria eletrônica. Uma bolha especulativa emergiu instigada por empréstimos ruins (deficitários) de instituições financeiras, o que refletiu uma gestão fraca, baixo controle de riscos, falta de regras prudenciais fortes, supervisão inadequada e a continuação das práticas direcionadas a empréstimos por parte do governo. Essas atividades levaram a um

---

[19] Grande parte desta seção baseia-se nas seguintes fontes: Fundo Monetário Internacional (FMI), *International Financial Statistics,* p. 396, 448, 754, mar. 2000; FMI, *World Economic Outlook,* mai. 1998, Washington, DC: FMI, 1998, cap. 1; FMI, *World Economic Outlook,* mai. 1999, Washington, DC: FMI, 1999, cap. 1; FMI, *World Economic Outlook,* out. 1999, Washington, DC: FMI, 1999, cap. 1; Bank for International Settlements, *68th Annual Report,* Basle: BIS, 8 jun. 1998, cap. 7; Joseph P. Joyce, "The lessons of Asia: IMF policies and financial crises", Working Paper 99-02, Departamento de Economia, Wellesley College, mai. 1999.

superaquecimento financeiro que resultou em preços de mercado de ações e propriedade inflacionados. Uma complicação importante adicional ao lidar com a situação quando ela começou a se autocorrigir foi a dificuldade cada vez maior em manter políticas de taxa de câmbio que permanecessem próximas à âncora do dólar americano. As taxas de câmbio fixas não apenas estimularam os empréstimos estrangeiros e/ou investimentos estrangeiros, mas também complicaram as respostas das autoridades monetárias quando as ondas iniciais da crise se estabeleceram. A situação estava ainda mais crítica em função das incertezas políticas que, cada vez mais, diminuíram a confiança dos investidores e aumentaram a relutância dos credores estrangeiros a estender dívidas de curto prazo quando a crise começou.

A crise asiática é interessante sob o aspecto de que ela foi estimulada por déficits rapidamente crescentes nas contas de capital, mais do que déficits nas contas correntes, o que tinha sido o padrão anterior em muitos países em desenvolvimento. O primeiro sinal de um problema apareceu em 1997, quando a conta de capital da Tailândia alterou-se de um superávit de $2,4 bilhões no primeiro trimestre para um déficit de $3,9 bilhões no segundo trimestre devido a fuga de capital e perda de confiança. O banco central tailandês interveio para suportar o baht e, então, tornou flutuante a moeda em 2 de julho de 1997. A despeito da flutuação da moeda, uma massiva saída de fundos ainda se deu e o baht depreciou-se em mais de 50% em janeiro de 1998. Com a flutuação do baht tailandês, o contágio começou a se espalhar por outros países na região. Em uma tentativa de diminuí-lo, em 11 de julho, tanto a Indonésia quanto as Filipinas aumentaram as bandas em torno de suas moedas e, em 14 de agosto, a rúpia indonésia tornou-se flutuante. Durante julho, o ringgit malaio caiu 4,8%, e os preços das ações em Hong Kong e Taiwan chegaram ao máximo em agosto. Os efeitos continuaram a se espalhar à medida que uma pressão contra o dólar de Hong Kong e o dólar taiwanês, bem como pressões sobre os mercados de capitais, também se intensificaram. No final de outubro, os efeitos se fizeram sentir tanto nos mercados de capitais da Rússia quanto da América Latina. No início de novembro a Coreia do Sul foi forçada a ampliar suas bandas de taxa de câmbio; em 16 de dezembro, tornou o won flutuante. À medida que a crise na Ásia se aprofundou, as economias sofreram. Por exemplo, de 1997 a 1998, o PIB real *caiu* 6% na Coreia do Sul, 11% na Tailândia e 13,5% na Indonésia. Um medo justificado era que os efeitos reais e monetários pudessem ser passados para outros países através da apreciação das principais moedas, tal como dólar, e por meio dos elevados déficits em conta corrente (ou superávits reduzidos) nos países industrializados. Em outras palavras, as depreciações das moedas asiáticas reduziram as exportações e aumentaram as importações de outros países, estabelecendo o medo de uma recessão mundial. O colapso do rublo russo e o não pagamento, por parte da Rússia, de algumas dívidas no outono de 1998 foram atribuídos ao contágio da Ásia, assim como ameaças à estabilidade da moeda brasileira. Embora alguns observadores pensassem que os Estados Unidos poderiam ser fortemente atingidos, esse resultado não ocorreu.

Em retrospectiva, é claro que a crise foi alimentada por uma combinação de fatores relacionados a superinvestimentos especulativos, desenvolvimento institucional inadequado e a facilidade de movimento dos capitais de curto prazo rapidamente de um país a outro em meio à perspectiva de piora nas condições econômicas. Nesse aspecto, a crise asiática foi diferente das crises geradas financeiramente, como as ocorridas no México em 1994, tanto em termos de tamanho quanto em termos de velocidade. No entanto, a confiança dos investidores tornou-se positiva em 1998 e foi um fator importante para reverter a situação como um todo, já que o restabelecimento subsequentemente se iniciou mais cedo e progrediu mais rapidamente do que se imaginava. Conforme o FMI deixou de recomendar políticas tradicionais de aperto fiscal e monetário (o que de fato não necessariamente era garantido) em direção a uma reforma institucional, estabilização financeira, taxas de câmbio reforçadas e políticas monetárias relaxadas, os países asiáticos começaram a reagir. Para a região como um todo, os preços das mercadorias começaram a se recuperar, as entradas de capitais retornaram, um crescimento na indústria eletrônica se iniciou, e a inflação declinou. Existia claramente uma necessidade de reformas estruturais e institucionais, no entanto, havia o medo de que uma recuperação muito rápida iria retardar as mudanças necessárias nos setores corporativo, financeiro e público. No fim, havia sinais positivos de recuperação na Coreia, Malásia, Tailândia, Indonésia, Filipinas, Hong Kong, Cingapura e China. Todos esses países, com exceção de Cingapura, retornaram a um crescimento positivo da produção no primeiro ano do novo século.

A globalização das finanças mundiais e a abertura dos mercados financeiros estão criando um novo ambiente mundial em que os aumentos em eficiência no capital financeiro mundial geram a necessidade de uma mudança institucional, de diferentes políticas do FMI, e talvez de novas instituições de empréstimos. Numerosas propostas têm sido feitas quanto a novos arranjos institucionais que podem estar mais bem-equipados para lidar com crises financeiras incipientes. Claramente, "fugir do risco" permanece uma possibilidade real ao redor do mundo, quer se esteja na Europa Oriental, Rússia, América Latina, África ou Ásia.

Revisão de Conceito

1. Como você poderia descrever o sistema monetário internacional atual em termos da natureza dos arranjos de taxa de câmbio?
2. Por que países com um principal parceiro de comércio poderia tentar optar por uma taxa de câmbio fixa com o parceiro em vez de uma taxa de câmbio flexível?
3. Quais são os dois dos mais sérios problemas que têm surgido no sistema atual?

Sugestões para reforma do sistema monetário internacional

Tendo em vista as várias características de desempenho do sistema monetário internacional atual, muitos observadores têm proposto mudanças para fazê-lo funcionar melhor. A principal objeção aos arranjos presentes diz respeito à considerável volatilidade na taxa de câmbio nas moedas dos principais países industrializados (especialmente Estados Unidos, Reino Unido e Japão) e seus potenciais efeitos adversos. Uma vez que esses países são muito importantes na economia mundial, e dado que muito do comércio e pagamento mundial são denominados em suas moedas, pensa-se que algumas formas devem ser encontradas para reduzir a variabilidade na taxa de câmbio. Nesta seção vemos brevemente propostas que têm sido discutidas.

Um retorno ao padrão ouro

Proponentes do retorno ao padrão ouro enfatizam a necessidade de uma âncora para os níveis de preços entre os países. O argumento em favor de um padrão ouro é que se as moedas são definidas em termos de ouro e as *ofertas monetárias nacionais são atreladas ao tamanho dos estoques de ouro do país*, os déficits de longo prazo no *BP* e superávits não existiriam devido a ajustes automáticos, e o mundo teriam menos inflação, uma vez que as ofertas monetárias não poderiam crescer mais rápido do que o estoque de ouro mundial. Também podem ser reduzidos os riscos associados à manutenção de moedas como reservas internacionais em função das taxas de câmbio serem fixadas. Além disso, porque o ouro seria o principal ativo de reserva nos portfólios de reservas oficiais, a estabilidade seria introduzida em função das moedas estrangeiras serem uma pequena porção das reservas internacionais. Por fim, se os países de fato se aterem às suas paridades com o ouro, o sistema elimina a volatilidade substancial nas taxas de câmbio, o que tem sido fonte de muita preocupação recente.

A principal desvantagem dessa proposta é que ela coloca o objetivo de balanço externo (por exemplo, equilíbrio no *BP*) acima dos objetivos internos de pleno emprego e crescimento econômico. Suponha que um país esteja obtendo déficit no *BP*; é então esperado que ocorra uma redução no seu estoque de ouro e uma contração na sua oferta de dinheiro. No entanto, se o déficit no *BP* coincide com recessão e baixo crescimento interno, a contração da oferta monetária reduzirá a atividade econômica ainda mais. Em função de os preços e salários na economia moderna tenderem a ser flexíveis na direção da diminuição, o resultado da contração monetária será uma redução na produção e um aumento no desemprego. O aumento nas taxas de juros esperadas de um país em déficit pode também deter o investimento de longo prazo, o qual é necessário para sustentar o crescimento econômico. Esse sacrifício dos objetivos internos no interesse do equilíbrio no *BP* não é um sacrifício que muitos países estão politicamente preparados para fazer. Além disso, um país superavitário encontrará pressões inflacionárias por parte do fluxo de entradas de ouro e reservas internacionais, e um país superavitário com grande aversão à inflação (por exemplo, a Alemanha, historicamente) não estará disposto a sacrificar seus objetivos internos de estabilidade de preços. Outra desvantagem do padrão ouro é que mudanças nas taxas de câmbio não estão disponíveis para a realocação de recursos como mudanças nas vantagens comparativas, e os preços internos viscosos podem não realizar a realocação facilmente.

Uma proposta que tem algumas similaridades com o padrão ouro foi feita por Ronald McKinnon (1984, 1988); de fato, ela foi apelidada de "padrão ouro sem ouro". McKinnon faria que os bancos centrais dos Estados Unidos, do Japão e da Alemanha (os quais agora seriam os bancos da União Europeia) anunciassem juntamente objetivos de taxas de câmbio nominais fixas entre suas moedas (com pouco desvio efetivo permitido). As taxas seriam estabelecidas de acordo com a PPC quando do seu anúncio, e um nível de preço constante para os bens comercializáveis seria buscado. A política monetária seria direcionada à preservação dessas taxas e do nível de preços constantes. Com taxas de câmbio e políticas assim "ancoradas", os fluxos de capitais de curto prazo desestabilizadores se tornariam estabilizadores. No entanto, o sacrifício da autonomia nacional e a indisponibilidade das mudanças nas taxas de câmbio para realizar a realocação de recursos estão presentes neste sistema, e a intervenção não esterilizadora seria utilizada quando necessário.

Um banco central mundial

Esta proposta foi colocada de muitas diferentes formas ao longo de diversas décadas [por exemplo, John Maynard Keynes no início da década de 1940, Robert Triffin (1960), Richard Cooper (1986), e mais recentemente Robert Mundell (2000)]. Os planos propõem diferentes graus de controle a serem exercidos por uma nova instituição monetária centralizada, mas todos têm os mesmos elementos comuns. Para estabelecer a instituição, ao menos parte das reservas internacionais dos países participantes deve ser depositada nesta nova instituição. Esse novo banco então teria sob seu comando bilhões de dólares de ativos com os quais poderia gerenciar a oferta monetária mundial. Se um crescimento monetário mais rápido (ou mais lento) for necessário, a autoridade pode variar sua compra de títulos do governo nos mercados financeiros mundiais (da forma como o Federal Reserve nos Estados Unidos conduz suas operações de mercado aberto) para atingir seu objetivo. Ela pode também realizar empréstimos para países com dificuldades no *BP*, e variações na taxa de juros iriam influenciar o montante de empréstimos (como o Federal Reserve nos Estados Unidos faz com sua taxa de deságio), o que afetaria o tamanho da oferta monetária mundial.

Em uma forma extrema da proposta, o novo banco central mundial iria emitir uma moeda mundial como meio de controlar a oferta monetária mundial. Nessa versão, bem como nas versões menos extremas, como a de Mundell, os países têm taxas de câmbio absolutamente fixadas. (Veja o Quadro Conceitual 1.) Se as moedas estão ligadas permanentemente por meio de taxas fixas, um próximo passo em direção a uma moeda comum é facilitado, como tem sido feito em uma forma regional com o euro. O resultado final é o movimento em direção a uma área monetária mundial, e a instabilidade associada a taxas de câmbio flutuantes é eliminada.

O ímpeto principal por trás de uma oferta monetária mundial controlada é a visão de que hoje as flutuações nas taxas de câmbio são decorrentes de políticas macroeconômicas (em especial políticas monetárias) diferentes e descoordenadas da maioria dos países industrializados. No sistema atual, se o país A expande a oferta monetária em relação àquela do país B, a

Quadro Conceitual 1

Um banco central mundial dentro de uma união monetária com três moedas

O laureado com o Nobel Robert Mundell reintroduziu a ideia de uma área monetária mundial ótima com um banco central mundial de uma forma bastante interessante. Citando a existência de grandes variações nas taxas de câmbio que não são baseadas nos fundamentos econômicos como o maior perigo para a prosperidade mundial, ele argumenta que os bancos centrais devem se comprometer a intervir de maneira ativa e consistente nos mercados de câmbio estrangeiro, para reduzir a volatilidade da taxa de câmbio e manter a prosperidade e estimular o crescimento e o desenvolvimento mundial. Em função de recentes eventos que levaram a uma notável convergência das taxas de inflação no Japão, Europa e Estados Unidos, ele estabelece que este é o momento lógico para um esforço coordenado para estabilizar as taxas de câmbio. No entanto, para tornar isso possível, os "três grandes" (a União Europeia, os Estados Unidos e o Japão) devem concordar em participar em tal intervenção, em esterilizar seus efeitos, e em intervir tanto nos mercados *spot* quanto futuros. O público deve acreditar que os governos irão ativamente apoiar tais intervenções na taxa de câmbio com políticas monetárias apropriadas.

Essa abordagem da estabilidade da taxa de câmbio se daria logicamente em uma união monetária mundial com uma única moeda. No entanto, Mundell reconhece que tal união monetária não é politicamente factível neste momento. As três áreas geográficas são suficientemente grandes para oferecer uma base para a integração monetária mundial – os Estados Unidos representam aproximadamente 30% da produção mundial, a "Eurolândia" cerca de 20%, e o Japão 15%. Como mencionado no Capítulo 26, a globalização tem feito da coordenação de políticas uma condição necessária para a realização dos objetivos domésticos entre esses importantes grupos comerciais, e a volatilidade na taxa de câmbio é claramente contraprodutiva com relação a esses objetivos. Nessas circunstâncias complicadas, Mundell argumenta que um compromisso razoável seria criar um banco central mundial produzindo seu próprio ativo internacional, o qual poderia ser lastreado com reservas em dólares, ienes, euros e ouro. Isso pode ter a vantagem de envolver o compartilhamento do poder e um maior conjunto de opções às quais os países menores poderiam atrelar as suas moedas. De muitas formas, é similar à ideia proposta em Bretton Woods por John Maynard Keynes, mas talvez mais politicamente palpável e em um momento mais lógico na historia. É possível que tenha chegado a hora de um banco central mundial e uma moeda internacional construída sobre a força da moeda dessas três regiões, a qual seria propriedade de todas as nações do mundo?

Fonte: Robert Mundell, "Threat to prosperity", *The Wall Street Journal*, p. A30, 30 mar. 2000.

---

taxa de juros relativamente menor no país A causará uma saída de capital de curto prazo de A para B. Essa saída de recursos depreciará o valor da moeda do país A em relação ao país B. Além disso, a depreciação da moeda de A e a apreciação da moeda de B gerará maior inflação em A em relação a B, o que pode causar uma maior depreciação da moeda de A. No coração do problema das mudanças na taxa de câmbio estão as diferentes posturas monetárias, as quais podem refletir diferenças nos *trade-offs* desejados de inflação-desemprego nos dois países. Ao se centralizar a política monetária em uma nova instituição mundial, essas diferenças desestabilizadoras no crescimento monetário entre os países podem ser evitadas.

Esse plano em geral pode agir para reduzir o montante de instabilidade das taxas de câmbio e os efeitos das divergentes políticas monetárias nos maiores países industrializados. Mas a principal crítica das propostas para um banco central mundial é que não é realista pensar que todos os países iriam abrir mão completamente de sua autonomia com relação às suas políticas monetárias individuais. A soberania nacional sobre a política econômica é uma tradição firmemente enraizada e apreciada. Proponentes de tais planos iriam argumentar que tal autonomia é amplamente perdida no sistema atual em função da alta mobilidade de capitais de curto prazo entre países. No entanto, a autonomia perdida não é tão verdadeira para os grandes países como para as pequenas nações, e os dirigentes do país *pensam* ter considerável controle monetário e, portanto, se oporão a tal plano.

CAPÍTULO 29 O SISTEMA MONETÁRIO INTERNACIONAL

A proposta de uma zona-alvo

O principal proponente da **proposta de zona-alvo** é John Williamson (1985, 1987, 1988). Este plano busca reduzir o elemento de conflito entre os objetivos internos e o objetivo externo de equilíbrio no *BP*. Os principais países industrializados iriam, primeiro, negociar um conjunto de objetivos mutuamente consistentes para suas taxas de câmbio *reais efetivas*. A fixidez absoluta dessas taxas não é contemplada, mas cada país iria permitir à sua taxa de câmbio real efetiva variar, por exemplo, numa zona de 10% em ambas as direções a partir da taxa-alvo. A taxa-alvo para cada país seria escolhida como uma taxa de câmbio que seria estimada para conciliar os balanços internos e externos ao longo de um período de tempo de *médio prazo*. Se a taxa de câmbio chegasse próximo ao teto ou ao piso da zona, isso seria indicação de que passos políticos deveriam ser tomados para moderar ou reverter um movimento, mas não existe requisito absoluto de que as taxas sejam mantidas entre o piso e o teto. Em vez disso, os limites da zona podem ser vistos como margens flexíveis em vez de limites rígidos.

Ações políticas no sistema de zona-alvo

Quais seriam as ações políticas necessárias no sistema de zona-alvo? A ferramenta mais importante seria a política monetária em detrimento da política fiscal. A política fiscal pode desempenhar um papel-chave para atingir o objetivo interno (por exemplo, razoável pleno emprego com razoável estabilidade de preço), mas a política monetária é crucial porque pode agir para atingir o objetivo interno, bem como o externo. No sistema de Williamson, o objetivo externo imediato não é o equilíbrio no balanço de pagamentos em si, mas, mais importante, a existência de estabilidade razoável na taxa de câmbio real efetiva em torno da taxa-alvo. Se a taxa de câmbio real efetiva começa a se mover em direção ao preço teto para a moeda estrangeira (uma depreciação real da moeda doméstica), isso pode indicar que a inflação é muito alta em relação àquela nos parceiros de comércio internacional. Um aumento nas taxas de juros pode agir para moderar a inflação, mas também pode induzir uma entrada de capital de curto prazo e, então, moderar a depreciação da moeda doméstica. De mesmo modo, um movimento de declínio da taxa de câmbio real efetiva (uma apreciação real da moeda doméstica) pode indicar que a política macroeconômica do país é muito restritiva em relação àquelas de outros países, de forma que uma política monetária mais facilitadora é requerida para atingir os alvos internos e externos. A política monetária deve ser mantida principalmente direcionada aos objetivos internos, mas, devido à mobilidade de capital, tem o benefício colateral de auxiliar na estabilização da taxa de câmbio. No entanto, é claro que o sucesso de tal plano seria dependente tanto do uso de intervenção coordenada nos mercados de câmbio pelos bancos centrais quanto de um mecanismo transparente para realizar mudanças graduais nas zonas, se for claro que as mudanças fundamentais nas economias participantes estiverem tornando as zonas previamente estabelecidas inconsistentes ou obsoletas.

A proposta de zona-alvo de Williamson possui características desejáveis no que se refere à manutenção dos objetivos internos em primeiro lugar, enquanto também cuida da instabilidade na taxa de câmbio. Além disso, o foco do plano é sobre as taxas de câmbio reais, em não as taxas de câmbio nominais, e a primeira possui maior influência sobre a atividade econômica do que a última. No entanto, as taxas de câmbio reais são mais difíceis de gerenciar do que as nominais, o que torna crucial que a taxa-alvo seja escolhida de maneira razoavelmente acurada. Se a estimativa da taxa-alvo for incorreta, a operação da proposta perpetua um desalinhamento das taxas de câmbio, o que pode interferir na eficiente alocação dos recursos na economia mundial. Além disso, se uma situação de "estagflação" ocorrer, na qual o desemprego e a inflação aumentam ao mesmo tempo, não é claro que o plano de zona-alvo possa ser útil sem a suplementação por instrumentos políticos adicionais.

A versão de zona-alvo de Krugman

Outra versão da proposta de zona-alvo foi colocada por Paul Krugman (1991). (Veja também Svensson, 1992, p. 121-125.) Diferentemente de Williamson, Krugman defende limites mais altos e mais baixos à taxa de câmbio *nominal* efetiva em vez da taxa real, e os limites seriam *permanentes* em vez de "flexíveis". Para construir o argumento em favor da zona, Krugman desenvolve um modelo de mercado monetário/de ativos simples para a determinação da taxa de câmbio. A taxa de câmbio *e* (preço em moeda doméstica de uma unidade do câmbio estrangeiro *spot*) depende apenas da oferta monetária doméstica, mudanças ou choques na velocidade da moeda, e taxa esperada de depreciação da moeda doméstica. Nessa equação, um aumento na oferta monetária doméstica depreciará a moeda doméstica, e seu coeficiente será portanto positivo. Um aumento na velocidade da moeda (taxa de uso do dinheiro) age como um aumento na oferta monetária e, portanto, iria também depreciar a moeda. (Krugman postula que mudanças na velocidade são aleatórias.) Por fim, Krugman emprega a paridade da taxa de juros descoberta (UIP) nos mercados de ativos, de forma que um aumento na taxa esperada de depreciação da moeda doméstica (um aumento em *xa* na termologia dos capítulos anteriores) deprecia a moeda doméstica (um coeficiente positivo).

No modelo de zona-alvo de Krugman, as autoridades monetárias estão prontas para diminuir a oferta monetária se *e* atingir o limite superior especificado (uma depreciação da moeda doméstica para o seu limite inferior). De maneira similar, as autoridades irão aumentar a oferta monetária se *e* cair ao piso (uma apreciação da moeda doméstica até seu limite superior). Uma diferença da proposta de Krugman da de Williamson a esse respeito é que as autoridades monetárias basicamente agem apenas *se* a taxa de câmbio atingir os limites – não há mudança no comportamento à medida que a taxa meramente se aproxima dos limites. Além disso, Krugman postula que o teto e o piso podem nunca ser atingidos, de maneira que as autoridades monetárias podem não ter de agir. Esse resultado ocorreria se os participantes do mercado possuíssem plena confiança na capacidade das autoridades monetárias de manter os limites.

A proposta de zona-alvo de Krugman resulta em estabilidade das taxas de câmbio e oferece uma forma de reduzir a volatilidade das taxas de câmbio no mundo financeiro de hoje em dia, crescentemente integrado. As principais críticas ao plano dizem respeito à suposição de credibilidade perfeita dos limites especificados, e à confiança postulada e a efetividade das autoridades monetárias. Testes empíricos da relação entre a taxa esperada de mudança na taxa de câmbio e a taxa de câmbio em si nem sempre resultaram relação de Krugman, e a existência efetiva da UIP também foi questionada. Além disso, outros fatores influenciam a taxa de câmbio além da oferta monetária, da velocidade, e da mudança esperada na taxa de câmbio.[20] Pouco também é dito a respeito dos objetivos "de balanço interno". Ainda assim, dado o desejo de muitos observadores de verem mais estabilidade nas taxas de câmbio, esta proposta e a de Williamson continuarão a ser debatidas e podem sugerir modificações futuras no sistema monetário internacional.

Controles sobre fluxos de capital

Esta abordagem ao problema da estabilidade na taxa de câmbio nas moedas dos principais países estabelece que a principal causa óbvia da instabilidade é o fato de que o capital de curto prazo move-se muito livremente entre países, visão que ganhou corpo com a crise asiática de 1997-1998. Muitos desses fluxos de capital não têm nada a ver com "fundamentos econômicos" como taxas de inflação, produtividade dos fatores, e condições econômicas gerais. Em vez disso, refletem a reação a rumores, eventos políticos e "efeitos de manada", em que a especulação contra uma moeda, por si só, gera maior especulação contra a moeda. Fluxos voláteis de capital de curto prazo causam considerável instabilidade nas taxas de câmbio, e esta instabilidade é exacerbada pelo *overshooting*. Assim, como esta abordagem especifica, um remédio é impor limites sobre as entradas e saídas de fundos dos principais países que está respondendo a tais motivações "não econômicas".

---

[20]Svensson (1992, p. 125-139) discutiu esta e outras objeções à proposta de Krugman, bem como os casos de credibilidade imperfeita. Krugman refere-se à proposta de zona-alvo como menos estabilizadora quando existe credibilidade imperfeita, mas ainda assim ela é estabilizadora (veja Krugman, 1991, p. 680).

Os fluxos de capital entre países podem ser restringidos por várias formas. Uma principal proposta que tem atraído atenção há algum tempo é a de James Tobin (1978), que sugeriu a imposição de um imposto interno sobre as transações *spot* envolvendo a conversão de uma moeda em outra nos mercados de capitais. Tal imposto iria, presumivelmente, desencorajar a especulação, ao tornar as trocas de moedas mais dispendiosas, reduzindo o volume de fluxos de capital desestabilizadores de curto prazo. [Tobin (1995) também estabeleceu a hipótese de que, ao gerar maiores diferenciais de taxas de juros entre países, o imposto – digamos, de 0,5% sobre o volume da transação – pode criar espaço para as políticas monetárias individuais do país serem mais efetivas na estabilização macroeconômica.] Enquanto que o imposto tem as vantagens de reduzir parte das transações especulativas baseadas marginalmente, ou o "ruído" de mercado, e estimular a cooperação internacional sobre políticas de impostos, há uma série de problemas com transações deste tipo.

Spahn (1996, p. 24) demonstrou que existem quatro principais problemas com o imposto de Tobin que podem inibir sua eficácia. Primeiro, para limitar as distorções de mercado resultantes de tal imposto, a base do imposto teria de ser tão ampla quanto possível, e teria de abarcar todos os participantes de mercado. No entanto, um forte argumento pode ser apresentado de que os intermediários financeiros ou "formadores de mercado", que incrementam a liquidez de mercado, não deveriam ser taxados. Infelizmente, o imposto de Tobin não pode distinguir entre o comércio institucional normal que assegura liquidez e eficiência ao mercado e a atividade financeira desestabilizadora. Segundo, existe a questão de que tipo de transação taxar. Se o imposto é aplicado apenas sobre as transações *spot*, ele pode facilmente ser evitado ao se agir nos mercados derivativos. Taxar o valor contratual inicial (ou valor nocional) dos derivativos, no entanto, poderia severamente prejudicar os mercados de derivativos. A imposição de uma alíquota de imposto diferente para derivativos e outros instrumentos é uma possibilidade, mas um sistema de imposto seletivo poderia ser arbitrário e extremamente difícil de administrar. Terceiro, pode-se argumentar que um imposto deveria ser aplicado apenas quando os mercados estão claramente em desequilíbrio. Então, a taxa de imposto pode ser zero durante condições de estabilidade e equilíbrio e aumentar de acordo com o desvio do equilíbrio. Isso, no entanto, iria novamente contradizer a ideia de Tobin de um sistema de imposto único e também seria incrivelmente complexo de administrar. Por fim, há a questão da distribuição da receita. Se a distribuição de receitas de impostos é uma questão política controversa dentro dos países, o que dizer entre os países! Custos significantes podem ser incorridos simplesmente ao se tentar chegar a um consenso internacional sobre o assunto.

Em resposta a esses problemas, Spahn (p. 26-27) sugeriu um imposto de Tobin de duas ordens, que iria consistir em imposto sobre transações com taxa mínima, e sobretaxa sobre a taxa de câmbio que seria aplicada apenas durante períodos de grande turbulência nos mercados cambiais. Embora isso certamente não fosse deter especulação súbita baseada no medo de um evento como o não pagamento de dívida, o imposto de duas ordens pode ser útil enquanto ferramenta de estabilização monetária de curto prazo, que pode aliviar os ajustes de mercado. Ele não deve, no entanto, ser visto como uma forma de lidar com problemas estruturais subjacentes. Em resposta a essa ideia, Stotsky (1996) argumentou fortemente contra o emprego de tal imposto. Assim como o imposto de Tobin, pode não funcionar simplesmente por existir pouca evidência de que a volatilidade de mercado é reduzida por estes tipos de impostos. (Para uma perspectiva diferente, veja Frankel, 1996, p. 156.) Além disso, os custos de transação aumentados atrapalham as operações e a eficiência de mercado. O uso de alíquotas de impostos variáveis pode criar incerteza com relação aos preços de mercado e pode, administrativamente, ser incômodo. Stotsky questionou a conveniência mesclar em políticas monetárias e políticas de impostos, dadas as diferenças políticas e administrativas da forma como são estabelecidas. Portanto, enquanto a discussão continua com relação à viabilidade e/ou desejabilidade de utilizar um imposto tipo Tobin para reduzir a instabilidade da taxa de câmbio, a falta de qualquer consenso sobre esses efeitos gerais sugere que é pouco provável que ele seja adotado no futuro próximo.

Outra abordagem ao controle de fluxos de capital que tem sido utilizada por um grande número de países envolve a adoção de um sistema de **taxas de câmbio duplas** ou **taxas de câmbio múltiplas**. Nessa situação, uma taxa de câmbio diferente é empregada dependendo da natureza da transação estrangeira. Se as libras esterlinas estão sendo compradas para transações comerciais normais ou para investimentos de longo prazo, a taxa de câmbio pode ser especificada a \$1,80/£1; no entanto, se a transação envolver fluxo de capital de curto prazo, uma taxa de câmbio de \$2,70/£1 pode ser utilizada. O preço mais elevado em 50% para a transação de capital de curto prazo iria, presumivelmente, desencorajar tais transações. Ou o banco central do país poderia também restringir os fluxos de capitais exercitando uma persuasão moral contra as saídas de capital, como os Estados Unidos fizeram no final da década de 1960, por meio das restrições "voluntárias" sobre os empréstimos bancários estrangeiros. (As "instruções" foram publicadas pelo Federal Reserve.) Medidas mais fortes, como proibições, podem ser também adotadas.

Os movimentos de capital entre países que são de interesse da eficiência econômica são eminentemente desejáveis. Se o capital se move de um país em que o produto marginal do capital é baixo para um país em que o produto marginal é elevado, há um aumento na produção mundial e maior eficiência na alocação de recursos do fluxo de capital. No entanto, os proponentes dos controles de capitais defendem que uma grande fração dos fluxos de capital no período de taxa flutuante não tem sido desse tipo. Em vez disso, os movimentos diários de fundos especulativos entrando e saindo dos mercados financeiros dos principais países podem estar atrapalhando a eficiente alocação de recursos uma vez que os traders e os investidores de longo prazo estão recebendo sinais incertos e divergentes. Além disso, as flutuações nas taxas de câmbio reais que podem resultar desses fluxos podem estar causando uma dissipação nos movimentos dos recursos.

Em geral, os economistas não gostam de controles de capital. O perigo é que os controles impeçam o fluxo de capitais que estão se movendo em resposta a uma diferença verdadeira na produtividade marginal. Não há uma forma efetiva de distinguir quais movimentos de capitais são "bons" e quais são "ruins"; é fácil escapar dos controles de capitais. Por exemplo, com taxas de câmbio duplas, uma empresa comprando componentes de uma subsidiária estrangeira pode escapar dos controles de capitais por apenas elevar o preço dos bens importados. O capital está saindo do país para a subsidiária estrangeira. Todavia, aparentemente não houve tempo no período pós-guerra, em que ao menos alguns países não tenham adotado controles de capitais (tanto países industrializados quanto em desenvolvimento). É possível que tais controles possam ser mais utilizados no futuro se os países não encontrarem outra solução para os problemas atuais com a instabilidade da taxa de câmbio.

Por fim, na sequência da crise asiática resultando das saídas de capital repentinas, numerosos planos foram sugeridos para alterar a arquitetura do sistema monetário internacional e de suas instituições. Propostas para reforma feitas por Canadá, França, Reino Unido e Estados Unidos, bem como pelo FMI e pelo Grupo dos Sete. Propostas foram feitas por várias partes individuais, incluindo investidores como George Soros e Henry Kaufman, e economistas conhecidos como Allan Meltzer, Robert Litan, Sebastian Edwards, C. Fred Bergsten, Willem Buiter e Anne Sibert. Grande parte da discussão concentra-se no papel e na natureza do FMI e sua capacidade de agir efetivamente em situações de crise relativas a fluxos de capitais de curto prazo; sugestões foram feitas para tais mudanças, como introdução de comitês de supervisão adicionais, serviços de seguro público, mecanismos financeiros de contingências e tribunais de falência. Na medida em que o ambiente econômico tem mudado e a missão, bem como arquitetura, do FMI necessita ser alterada, uma discussão rigorosa dessas questões, planos alternativos e procedimentos operacionais é saudável (e também está além do escopo deste livro!). De maneira não surpreendente, no entanto, muito das ideias apresentadas tende a ser politicamente impraticável, tecnicamente inoperável, ou ter pouca chance de operar qualquer melhoria geral significativa no sistema monetário atual. Existe, no entanto, pouca dúvida de que elementos de algumas dessas propostas se tornarão considerações sérias à medida que a arquitetura do sistema for alterada durante os próximos anos.[21]

Maior estabilidade e coordenação de políticas macroeconômicas entre países

Os proponentes desta proposta atribuem a estabilidade na taxa de câmbio entre os maiores países industrializados principalmente a dois fatores: (a) as macropolíticas de qualquer país tendem a ser estáveis; e (b) as macropolíticas entre países estão frequentemente agindo em direções opostas. Com relação a (a), evidência é fornecida pelos proponentes da estabilidade e coordenação de que política monetária branda por exemplo, é seguido por uma abrupta mudança para política monetária rígida. Nesse ambiente, o capital de curto prazo pode deixar o país devido às baixas taxas de juros no primeiro período, mas retornam no período seguinte quando as taxas de juros são mais altas. Também existirá uma contínua reavaliação das expectativas relativas à postura futura das autoridades monetárias, e essas mudanças nas expectativas por si só podem induzir a fluxos de capitais. Com relação a (b), se um país está buscando uma política monetária expansionista enquanto outro está adotando uma política contracionista, o capital irá fluir em direção ao país com política contracionista; quando ambos os países revertem suas políticas devido a mudanças nas circunstâncias internas, o capital irá fluir na outra direção. O resultado das mudanças nos fluxos de fundos de curto prazo é uma parcela considerável da variabilidade da taxa de câmbio.

Uma visão geral entre economistas é que taxas de câmbio flutuantes seriam mais estáveis se o setor privado possuísse expectativas mais firmes e menos voláteis com relação à taxa de câmbio futura. Se o país adota macropolíticas mais estáveis, elas não apenas iriam contribuir para o alcance dos objetivos econômicos domésticos, como iriam estabilizar as expectativas com relação às taxas de câmbio. Se previsões confiantes podem ser feitas devido a políticas coordenadas e estáveis, então choques e rumores menores não terão impactos significativos sobre as taxas de câmbio, e as taxas serão em geral estáveis. A propulsão básica da proposta de coordenação política é para maior estabilidade e uniformidade nas macropolíticas, a ser atingida por conferências periódicas e comunicações constantes entre as autoridades políticas nos maiores países industrializados. Por exemplo, as reuniões semianuais realizadas pelos membros do FMI e do Banco Mundial têm enfatizado a coordenação política para o alcance de vários objetivos.

Um fórum importante para a discussão da coordenação política, e que recebe grande cobertura pela imprensa, consiste nos encontros anuais mantidos pelos líderes do Grupo dos Sete (veja discussão nas páginas 674-675 do Capítulo 26). No entanto, a efetividade real do G-7 (ou G-8, se a Rússia for incluída) na coordenação e liderança da resposta mundial aos problemas internacionais tem sido assunto de discussão. Bergsten e Henning (1996) dizem que o G-7 atingiu um sucesso notável no final da década de 1970 e na década de 1980. No entanto, eles argumentam que a liderança e a efetividade do grupo caíram na década de 1990 e que caiu a confiança na capacidade do grupo de adotar estratégias coletivas de sucesso, mesmo quando possa assim desejar, devido à grande mudança nas condições econômicas globais. Mais especificamente, o grande volume de fluxos internacionais de capital privado atual quase certamente impede o G-7 de efetivamente estar apto a influenciar os mercados monetários. Além disso, a presença de déficits orçamentários governamentais interfere no escopo e flexibilidade da política fiscal. Por fim, com a primazia da política monetária no sistema financeiro

---

[21]Para uma ótima visão e avaliação de muitos desses planos, veja Barry Eichengreen, *Toward a new international financial architecture*, Washington, DC: Institute for International Economics, 1999. Para uma descrição do plano Buiter-Sibert, veja "Calming the waters", *The Economist*, p. 74, 1º mai. 1999.

internacional atual, os principais bancos centrais têm se tornado jogadores mais importantes na economia mundial, defendendo suas independências institucionais de outras autoridades governamentais nos principais países, como os Estados Unidos e as nações da União Europeia.

Bergsten e Henning ofereceram uma série de recomendações relativas ao G-7. Eles enfatizam a necessidade de iniciativas de suporte e modificação para criar um sistema de alerta para evitar crises financeiras e para ter disponibilidade dos recursos necessários para lidar com tais crises quando elas surgirem. O G-7 deve concentrar-se na gestão das taxas flexíveis, talvez com um sistema de zona-alvo das taxas, e não se preocupar com a coordenação das políticas macroeconômicas domésticas diretamente entre os membros do grupo. O G-7 deve também realizar reformas institucionais envolvendo um papel participativo maior dos bancos centrais, consistente com a gestão das taxas de câmbio e a estabilidade dos mercados financeiros internacionais em expansão rápida. Por fim, o G-7 deve contemplar uma mudança em sua própria composição, talvez incluindo países poderosos em economias emergentes para aumentar sua própria legitimidade e revitalizar a liderança do grupo. (Como observado no Capítulo 26, Rússia, Brasil, China, Índia, México e África do Sul estavam presentes na reunião de fevereiro de 2007.)

Operacionalizar qualquer plano para maior estabilidade e coordenação em políticas implica muitas dificuldades. Em adição às dificuldades institucionais como aquelas do G-7, a implementação de macropolíticas coordenadas encontra defasagens de tempo variáveis e às vezes grandes em reconhecer a situação corrente, desenvolve e implementa as respostas políticas apropriadas, e espera pelo efeito dessas políticas. Choques externos, como a crise do petróleo e mudanças nas expectativas, têm aumentado a dificuldade de projeção. Um principal problema na coordenação política é também sua exequibilidade. Se os ciclos dos negócios não atingirem todos os principais países ao mesmo tempo (os países estão "fora da fase" uns com os outros), será difícil fazer com que as autoridades políticas concordem com relação à postura macroeconômica adequada. A formulação de políticas coordenadas envolve algum sacrifício de autonomia nacional, e os países tendem a resistir a tal infração de sua soberania.

REVISÃO DE CONCEITO

1. Com que obstáculos o G-7 se depara na implementação de macropolíticas coordenadas?
2. Como um sistema de zona-alvo difere de um sistema de banco central mundial?
3. Por que os economistas, em geral, não gostam do intenso uso de controles de capitais?
4. Como o imposto de Tobin pode reduzir a volatilidade na taxa de câmbio?

O SISTEMA MONETÁRIO INTERNACIONAL E OS PAÍSES EM DESENVOLVIMENTO

Um tópico adicional com relação ao sistema monetário internacional diz respeito ao tipo de arranjo monetário internacional que parece ser mais adequado para os países em desenvolvimento, também chamados países menos desenvolvidos (LDCs). Anteriormente discutimos as razões de por que muitos países em desenvolvimento preferem taxas de câmbio fixas a taxas flexíveis, e países em desenvolvimento em geral querem evitar a volatilidade nas taxas de câmbio que têm ocorrido nos últimos anos. No entanto, um esquema de taxa relativamente fixa também implica que os países participantes devam manter ativos de reserva internacionais adequados. Mas os países em desenvolvimento não têm estado aptos a construir, ou mesmo manter, seus estoques de reserva em função de suas necessidades de importar bens de capital, bem como dos fluxos de capital dos LDCs em direção aos países industrializados (ICs), em que a taxa real de retorno do capital pode ser mais elevada e mais estável. Os LDCs concluem que qualquer reforma no sistema monetário internacional deve incluir provisões adequadas para a criação de novas reservas internacionais e liquidez.

Outra questão quanto aos LDCs que diz respeito ao sistema monetário internacional atual é a da **condicionalidade do FMI**.[22] Esse termo se refere ao fato de que, quando um país em desenvolvimento busca recursos ou empréstimos do FMI, o uso incremental das tranches de crédito e/ou outras fontes de fundo pode conter "vínculos". Os vínculos podem incluir itens como a insistência do FMI em estabelecer os passos a serem dados para evitar inflação, alteração em políticas fiscais, remover controles de preços, adotar políticas mais orientadas ao mercado, permitir à moeda flutuar um pouco e assim por diante.[23] No entanto, os LDCs podem não julgar tais passos políticos como partes necessárias em suas estratégias de desenvolvimento. O FMI é tido como impositor de uma estratégia específica aos países em desenvolvimento e que interfere na soberania nacional. A posição do FMI é que, como em qualquer banco, seus empréstimos devem ser pagos, e qualquer emprestador pode impor condições que o ajudarão a assegurar o pagamento. Embora a condicionalidade seja uma característica de qualquer empréstimo do FMI, o tipo e tamanho do empréstimo disponível do FMI é agora muito maior do que o empréstimo de balanço de pagamento original através de tranches de reservas e tranches de créditos padrão, que podiam prover até 125% das cotas do país. Uma variedade de "facilidades" existe agora, além do mecanismo de empréstimo original, como uma extensão da facilidade de fundos (para empréstimo de longo prazo), um financiamento compensatório (para cobrir quedas nas exportações dos LDCs, excessivo gasto em importação de cereais e outras ocorrências especiais), uma redução da pobreza e facilitação do crescimento (também empréstimo de longo prazo), um empréstimo para suplementação de reservas (para oferecer assistência no caso de pressões na conta de capital devido a uma perda de confiança na moeda do país), e linhas de crédito contingenciais (para proteger os países da disseminação de crises financeiras). No total, um país pode conceitualmente tomar emprestado mais de 500% de sua cota. Embora a condicionalidade imponha restrições não desejadas sobre os países em desenvolvimento, e discussões devem se formar em torno dessa questão, o conjunto de recurso disponível do FMI é potencialmente significativo. Portanto, a condicionalidade é uma questão bastante controversa, e o tópico se estende além da economia, com suas implicações para a soberania nacional e o poder político.

Há também uma visão dos países em desenvolvimento de que o sistema monetário internacional deve gerar maior estabilidade na economia mundial. Se ciclos dos negócios ocorrem frequentemente nos países industrializados, essas variações na atividade econômica irão respingar nos países em desenvolvimento, porque as compras de suas exportações pelos países industrializados serão instáveis. Então, as flutuações econômicas nos países industrializados serão transmitidas aos países em desenvolvimento. Sob essa perspectiva, o alcance de maior estabilidade e coordenação das macropolíticas nos países industrializados pode ser bastante desejável. Além da redução da instabilidade nas taxas de câmbio nos países desenvolvidos, pode oferecer maior macroestabilidade para os países em desenvolvimento se houver sucesso na estabilização de condições nos países industrializados. O mesmo tipo de estabilidade elevada pode também vir da adoção de um sistema de zona-alvo. No entanto, esses benefícios de estabilidade provavelmente não virão de um retorno ao padrão ouro. A atividade econômica dentro dos países industrializados pode tornar-se mais variável sob os requisitos de ajuste no *BP* de tal sistema (mesmo que as taxas de câmbio sejam fixas).

Finalmente, os países em desenvolvimento têm argumentado em favor do aumento na abertura e transparência das decisões tomadas nas organizações internacionais principais, como o FMI e o Banco Mundial, e por uma maior voz no processo como um todo. Sem uma voz mais forte, os países em desenvolvimento sentem que a forma de tomada de decisão atual pode tender a beneficiar os ricos e a prejudicar os pobres.

---

[22] Para maior elaboração, veja Peera (1988, p. 303-311).

[23] A questão também diz respeito aos empréstimos do Banco Mundial.

Resumo

A escolha por um sistema monetário internacional envolve consideração da adequação do volume de ativos de reserva internacionais, da confiança que os países colocam em tais ativos, da extensão na qual os ajustes efetivos no balanço de pagamentos ocorrem, do montante de autonomia nacional na política econômica que é desejável, e do grau em que as variações nas taxas de câmbio causam instabilidade no desempenho macroeconômico. O sistema de Bretton Woods envolveu taxas de câmbio atreladas mais ajustáveis, construídas em torno de taxas de paridade definidas em termos de dólar americano, que, por sua vez, foi definido em termos de ouro. Esse sistema permitiu substancial crescimento do comércio e investimento durante sua operação, mas entrou em colapso no início da década de 1970, sob as pressões do comércio crescente e a incerteza relativa ao valor do dólar. Desde o colapso de Bretton Woods, os países têm adotado uma grande variedade de arranjos de taxas de câmbio, e o sistema monetário internacional atual é com frequência chamado de "não sistema". A experiência recente tem sido caracterizada por considerável volatilidade nas taxas de câmbio real e nominal dos principais países industrializados e por uma transmissão continuada das flutuações econômicas de país a país, dado que o volume de comércio e pagamentos tem crescido substancialmente. Em particular, com a interdependência financeira crescente ao redor do globo, a fuga de capital repentina, como a dos países asiáticos em 1997, pode levar a uma ruptura potencial mundial.

Um grande número de propostas tem sido feito para mudanças nos arranjos atuais, incluindo um retorno ao padrão ouro, o estabelecimento de um banco central mundial e a implementação de zonas-alvo para taxas de câmbio. Para reduzirem a instabilidade nas taxas de câmbio e na economia mundial, os principais países industrializados têm buscado maior coordenação de suas políticas macroeconômicas, mas outras possibilidades incluem a cobrança de um imposto sobre transações nos mercados de câmbio e a adoção de restrições adicionais e a supervisão dos fluxos de capitais de curto prazo. Por fim, os países em desenvolvimento preferem um sistema monetário internacional com maior estabilidade das taxas de câmbio e em que eles tenham maior voz participativa.

Termos-chave

Acordo da Jamaica
Acordo Smithsoniano
ativos de reservas aceitos internacionalmente
Banco Central Europeu (ECB)
condicionalidade do FMI
cota do FMI
critério de convergência
direitos especiais de saque (DES)
euro
Fundo de Cooperação Monetária Europeia (EMCF)
Fundo Monetário Internacional (FMI)
liquidez internacional
mecanismo de ajuste do balanço de pagamentos
mecanismo de taxa de câmbio (ERM)
moedas-chave
problema de adequação de reservas (ou problema de liquidez)
problema de ajuste
problema de confiança
proposta de zona-alvo
Sistema Europeu de Bancos Centrais (ESCB)
sistema de Bretton Woods
sistema monetário europeu (EMS)
taxas de câmbio atreladas, mas ajustáveis
taxas de câmbio duplas (ou taxas de câmbio múltiplas)
tranche de crédito
tranche de ouro (ou tranche de reserva)
Tratado de Maastricht
União Monetária e Econômica (EMU)
unidade monetária europeia (ECU)
vigilância

Questões e problemas

1. Quais são as principais características de um sistema monetário internacional eficiente? O sistema atual atende a essas requisições?
2. Quais são os principais problemas no sistema de Bretton Woods? Tais problemas estão presentes no sistema corrente?
3. Por que os DES são frequentemente citados como "papel ouro"? Que papel eles desempenham no sistema corrente?
4. Qual é a similaridade, se existir, entre o padrão ouro e o banco central mundial? Qual é a diferença?
5. Quais são os propósitos originais do FMI? Eles mudaram desde Bretton Woods? Qual é a justificativa para a vigilância do FMI?
6. Por que pode ser dito que um sistema de zona-alvo contém tanto o melhor quanto o pior dos sistemas de taxas de câmbio flexíveis e fixas?
7. "Um sistema de zona-alvo funcionará apenas se existir coordenação entre as políticas econômicas entre os países participantes. Por outro lado, se essa coordenação efetiva das políticas monetária e fiscal existe entre os membros, não há necessidade de um sistema de zona-alvo!" Qual é a lógica por trás dessa afirmação?
8. Sob a perspectiva de qualquer país-membro da União Europeia, quais são as vantagens potenciais de se juntar à União Monetária e Econômica? Quais são as desvantagens potenciais?

Leituras recomendadas

Capítulo 2

Coats, A. W. "Adam Smith and the mercantile system". Skinner, A. S.; Wilson T. (eds.). In: *Essays on Adam Smith*. Oxford: Clarendon Press, 1975, p. 218-36.

Ellsworth, Paul T. *The international economy*. 4ª ed. Londres: Macmillan, 1969, cap. 2-3.

Heckscher, Eli F. *Mercantilism*. Londres: Allen & Unwin, 1935, v. I, II.

Hume, David. "Of the balance of trade". Rotwein E. (ed.). In: *David Hume: writings on economics*. Madison: University of Wisconsin Press, 1955, p. 60-77.

Smith, Adam. *An inquiry into the nature and causes of the wealth of nations*, reimpressão. Londres: J. M. Dent and Sons, 1977, v. IV

Viner, Jacob. *Studies in the theory of international trade*. Nova York: Harper and Brothers, 1937, cap. I-IV.

Capítulo 3

Allen, William R. (ed.). *International trade theory:* Hume to Ohlin. Nova York: Random House, 1965, cap. 3.

Chacholiades, Miltiades. *International trade theory and policy*. Nova York: McGraw-Hill, 1978, cap. 2-3.

Chipman, John S. "A survey of the theory of international trade, Part 1: The classical theory". *Econometrica*, v. 33, n. 3, p. 477-519, jul. 1965.

Haberler, Gottfried. *The theory of international trade*. Londres: William Hodge, 1936, cap. X-XI.

Irwin, Douglas A. *Against the tide:* an intellectual history of free trade. Princeton, NJ: Princeton University Press, 1996, cap. 6.

Mill, John Stuart. *Principles of political economy*, 1848, reimpressão. Londres: Longmans, Green, 1920, v. III, cap. XVII-XVIII.

Ricardo, David. *The principles of political economy and taxation*. 1817, reimpressão. Londres: J. M. Dent and Sons, 1948, cap. I, VII, XXII.

Samuelson, Paul A. "Where Ricardo and Mill Rebut and confirm arguments of mainstream economists supporting globalization". *Journal of Economic Perspectives*, v. 18, n. 3, p. 135-146, 2004.

Viner, Jacob. *Studies in the theory of international trade*. Nova York: Harper and Brothers, 1937, cap. VIII-IX.

Capítulo 4

Appleyard, D. R.; P. J. Conway; A. J. Field, Jr. "The effects of customs unions on the pattern and terms of trade in a Ricardian model with a continuum of goods". *Journal of International Economics*, v. 27, n. 1-2, p. 147-164, ago. 1989.

Balassa, Bela. "An empirical demonstration of classical comparative cost theory". *Review of Economics and Statistics*, v. 45, n. 3, p. 231-238, ago. 1963.

Carlin, Wendy; Andrew Glyn e John Van Reenen. "Export market performance of OECD countries: an empirical examination of the role of cost competitiveness". *Economic Journal*, v. 111, n. 468, p. 128-162, jan. 2001.

Dornbusch, Rudiger; Stanley Fischer; Paul A. Samuelson. "Comparative advantage, trade, and payments in a Ricardian model with a continuum of goods". *American Economic Review*, v. 67, n. 5, p. 823-839, dez. 1977.

Golub, Stephen S. "America-firsters have it backward". *The Wall Street Journal*, p. A14, 16 jan. 1996.

Haberler, Gottfried. *The theory of international trade*. Londres: William Hodge, 1936, cap. X-XI.

MacDougall, G. D. A. "British and American exports: a study suggested by the theory of comparative costs, Part I". *Economic Journal*, v. 61, n. 244, p. 697-724, dez. 1951.

Mill, John Stuart. *Principles of political economy*, 1848. Reimpressão. Londres: Longmans, Green, 1920, v. III, cap. XVII-XXII, XXV.

"Not so absolutely fabulous". *The Economist*, p. 86, 4 nov. 1995.

Stern, Robert M. "British and American productivity and comparative costs in international trade". *Oxford Economic Papers*, v. 14, n. 3, p. 275-296, out. 1962.

Capítulo 5

Haberler, Gottfried. *The theory of international trade*. Londres: William Hodge, 1936, cap. XII.

Heller, H. Robert. *International trade: theory and empirical evidence*. 2ª ed. Englewood Cliffs, NJ: Prentice-Hall, 1973, cap. 5 e apêndice.

Katz, Michael L.; Harvey S. Rosen. *Microeconomics*. 3ª ed. Boston: Irwin/McGraw-Hill, 1998, cap. 2, 8-9, 12.

Samuelson, Paul A. "International factor-price equalisation once again". *Economic Journal*, v. 59, n. 234, p. 181-197, jun. 1949.

Savosnik, K. M. "The box diagram and the production possibility curve". *Economisk Tidskrift*, v. 60, n. 3, p. 183-197, set. 1958.

Scitovsky, T. de. "A reconsideration of the theory of tariffs". *Review of Economic Studies*, v. 9, n. 2, p. 89-110, 1942.

Capítulo 6

Bhagwati, Jagdish N.; Arvind Panagariya e T. N. Srinivasan. *Lectures on international trade*. 2ª ed. Cambridge, MA: MIT Press, 1998, cap. 19.

Chacholiades, Miltiades. *International trade theory and policy*. Nova York: McGraw-Hill, 1978, cap. 5 e 16.

Haberler, Gottfried. "Some problems in the pure theory of international trade". *Economic Journal,* v. 60, n. 238, p. 223-240, jun. 1950.

Heller, H. Robert. *International trade: theory and empirical evidence.* 2ª ed. Englewood Cliffs, NJ: Prentice-Hall, 1973, cap. 5.

Hickok, Susan. "The consumer cost of U.S. trade restraints". Federal Reserve Bank of New York. *Quarterly Review,* v. 10, n. 2, p. 1-12, 1985.

Leontief, Wassily W. "The use of indifference curves in the analysis of foreign trade". *Quarterly Journal of Economics,* v. 47, n. 3, p. 493-503, mai. 1933.

Poole, William. "Free trade: why are economists and noneconomists so far apart?". *Federal Reserve Bank of St. Louis Review,* p. 1-6, set./out. 2004.

Samuelson, Paul A. "The gains from international trade once again". *Economic Journal,* v.72, n. 288, p. 820-829, dez. 1962.

Spilimbergo, Antonio; Juan Luis Londoño Miguel Székely. "Income distribution, factor endowments, and trade openness". *Journal of Development Economics,* v. 59, n. 1, p. 77-101, jun. 1999.

Tower, Edward. "The geometry of community indifference curves". *Weltwirtschaftliches Archiv,* v. 115, n. 4, p. 680-699, 1979.

Wall, Howard J. "Using the gravity model to estimate the costs of protection". *Federal Reserve Bank of St. Louis Review,* v. 81, n. 1, p. 33-40, jan./fev. 1999.

Capítulo 7

Bhagwati, Jagdish N.; Arvind Panagariya; T. N. Srinivasan. *Lectures on international trade.* 2ª ed. Cambridge, MA: MIT Press, 1998, p. 20-26, 72-76 e apêndices A e C.

Cashion, Paul Catherine Pattillo. "The duration of terms of trade shocks in Sub-Saharan Africa". *Finance and Development,* v. 37, n. 2, p. 26-29, jun. 2000.

Chacholiades, Miltiades. *International trade theory and policy.* Nova York: McGraw-Hill, 1978, cap. 6.

Haberler, Gottfried. *The theory of international trade.* Londres: William Hodge, 1936, cap. XI.

Marshall, Alfred. *Money, credit and commerce.* Londres: Macmillan, 1929, v. 3, cap. 6-8 e apêndice J.

Meade, James E. *A geometry of international trade.* Londres: George Allen and Unwin, 1952, cap. II-III.

Meier, Gerald M. *The international economics of development: theory and policy.* Nova York: Harper and Row, 1968, cap. 2-3.

Mill, John Stuart. *Principles of political economy,* 1848. Reimpressão. Londres: Longmans, Green, 1920, v. III, cap. XVII-XVIII.

Capítulo 8

Bhagwati, Jagdish N.; Arvind Panagariya; T. N. Srinivasan. *Lectures on international trade,* 2ª ed. Cambridge, MA: MIT Press, 1998, cap. 5-7.

Busse, Matthias. "Do labor standards affect comparative advantage in developing countries?". *World Development,* v. 30, n. 11, p. 1921-1932, nov. 2002.

Chacholiades, Miltiades. *International trade theory and policy.* Nova York: McGraw-Hill, 1978, cap. 8-10.

Heckscher, Eli F. "The effect of foreign Trade on the distribution of income". In: Ellis, H. S.; Metzler, L. A. (ed.). American Economic Association, *Readings in the theory of international trade.* Philadelphia: Blakiston, 1950, cap. 13.

Jones, Ronald W. "A three-factor model in theory, trade and history". In: J. N. Bhagwati et al. (ed.). *Trade, balance of payments and growth:* essays in honor of C. P. Kindleberger. Amsterdã: North-Holland, 1971, p. 3-20.

Jones, Ronald W.; J. Peter Neary. "The positive theory of international trade". In: Jones, Ronald W.; Kenen, Peter B. (ed.). *Handbook of international economics.* Por Amsterdã: North-Holland, 1984, v. 1, cap. 1.

Mundell, Robert A. "International trade and factor mobility". *American Economic Review,* v. 47, n. 3, p. 321-335, jun. 1957.

Neary, J. Peter. "Short-run capital specificity and the pure theory of international trade". *Economic Journal,* n. 88, p. 488-510, set. 1978.

Ohlin, Bertil. *Interregional and international trade.* Cambridge, MA: Harvard University Press, 1933.

Samuelson, Paul A. "International factor-price equalisation once again". *Economic Journal,* v. 59, n. 234, p. 181-197, jun. 1949.

Stolper, Wolfgang F.; Paul A. Samuelson. "Protection and real wages". *Review of Economic Studies* n. 9, p. 58-73, nov. 1941.

Capítulo 9

Baldwin, Robert E. "Determinants of the commodity structure of U.S. trade". *American Economic Review,* v. 61, n. 1, p. 126-146, mar. 1971.

Baldwin, Robert E.; Glen G. Cain. "Shifts in relative U.S. wages: the role of trade, technology, and factor endowments". *Review of Economics and Statistics,* v. 82, n. 4, p. 580-595, nov. 2000.

Ball, David S. "Factor-intensity reversals in international comparison of factor costs and factor use". *Journal of Political Economy,* v. 74, n. 1, p. 77-80, fev. 1966.

Bhagwati, Jagdish N. "The pure theory of international trade: a survey". *Economic Journal,* v. 74, n. 293, p. 1-78, mar. 1964. Veja especialmente p. 21-26.

Bharadwaj, R. "Factor proportions and the structure of Indo-U.S. Trade". *Indian Economic Journal,* v. 10, p. 105-116, out. 1962.

Borjas, George J.; Richard B. Freeman; Lawrence F. Katz. "On the labor market effects of immigration and trade". In: Borjas, G. J.; Freeman, R. B. (ed.). *Immigration and the work force: economic consequences for the United States and source areas.* Chicago: University of Chicago Press, 1992, p. 213-244.

Bowen, Harry P.; Edward E. Leamer; Leo Sveikauskas. "Multicountry, multifactor tests of the factor abundance theory". *American Economic Review,* v. 77, n. 5, p. 791-809, dez. 1987.

Burtless, Gary. "International trade and the rise in earnings inequality". *Journal of Economic Literature,* v. 33, n. 2, p. 800-816, jun. 1995.

Conway, Patrick J. "The case of the missing trade and other mysteries: comment". *American Economic Review,* v. 92, n. 1, p. 394-404, mar. 2002.

Davis, Donald R.; David E. Weinstein. "Empirical tests of the factor abundance theory: what do they tell us?" *Eastern Economic Review,* v. 22, n. 4, p. 433-440, 1996.

Davis, Donald R.; David E. Weinstein; Scott C. Bradford; Kazushige Shimpo. "Using international and Japanese regional data to determine when the factor abundance theory of trade works". *American Economic Review*, v. 87, n. 3, p. 421-446, jun. 1997.

Deardorff, Alan V. "Testing trade theories and predicting trade flows". In: Jones, R. W.; Kenen, P. B. (ed). *Handbook of international economics*, vol. I. Amsterdã: North-Holland, 1984, v. I, cap. 10. Veja especialmente p. 478-493.

Federal Reserve Bank of NewYork. *Economic Policy Review* 1, n. 1, jan. 1995. Todo o documento é dedicado a discussões sobre o aumento do número de salários baixos dos Estados Unidos.

Feenstra, Robert C. "Integration of trade and disintegration of production in the global economy". *Journal of Economic Perspectives*, v. 12, n. 4, p. 31-50, 1998.

Feenstra, Robert C.; Gordon H. Hanson. "Aggregation bias in the factor content of trade: evidence from U.S. manufacturing". *American Economic Review*, v. 90, n. 2, p. 155-160, mai. 2000.

———. "Globalization, outsourcing, and wage inequality". *American Economic Review*, v. 86, n. 2, p. 240-245, mai. 1996.

———. "Global production sharing and rising inequality: a survey of trade and wages". In: Kwan, E. C.; Harrigan, J. (ed.). *Handbook of international trade*. Malden, MA: Blackwell Publishers, 2003, p. 146-187.

Fortin, Nicole M.; Thomas Lemieux. "Institutional change and rising wage inequality: is there a linkage?". *Journal of Economic Perspectives*, v. 11, n. 2, p. 75-96, 1997.

Freeman, Richard B. "Are your wages set in Beijing?". *Journal of Economic Perspectives*, v. 9, n. 3, p. 15-32, 1995.

Gottschalk, Peter. "Inequality, income growth, and mobility: the basic facts". *Journal of Economic Perspectives*, v. 11, n. 2, p. 21-40, 1997.

Harkness, Jon; John F. Kyle. "Factors influencing United States comparative advantage". *Journal of International Economics*, v. 5, n. 2, p. 153-165, mai. 1975.

Hartigan, James C. "The U.S. tariff and comparative advantage: a survey of method". *Weltwirtschaftliches Archiv*, v. 117, n. 1, p. 61-109, 1981.

Helpman, Elhanan. "The structure of foreign trade". *Journal of Economic Perspectives*, v. 13, n. 2, p. 121-144, 1999.

Hufbauer, G. C. *Synthetic materials and the theory of international trade*. Cambridge, MA: Harvard University Press, 1966, apêndice B.

Hummels, David; Dana Rapoport; Kei-Mu Yi. "Vertical specialization and the changing nature of world trade". Federal Reserve Bank of New York, *Economic Policy Review*, v. 4, n. 2, p. 79-99, jun. 1998.

Johnson, George E. "Changes in earnings inequality: the role of demand shifts". *Journal of Economic Perspectives*, v. 11, n. 2, p. 41-54, 1997.

Keesing, Donald B. "Labor skills and comparative advantage". *American Economic Review*, v. 56, n. 2, p. 249-258, mai. 1966.

Leamer, Edward E.; James Levinsohn. "International trade theory: the evidence". In: Grossman, G. M.; Rogoff, K. (ed.). *Handbook of international economics*. Amsterdã: Elsevier, 1995, v. III, cap. 26.

Lemieux, Thomas. "Increasing residual wage inequality: composition effects, noisy data, or rising demand for skill?". *American Economic Review*, v. 96, n. 3, p. 461-498, jun 2006.

Leontief, Wassily W. "Domestic production and foreign trade: the American capital position re-examined". In: Bhagwati, J. (ed.). *International trade*: selected readings. Middlesex, England: Penguin Books, 1969. p. 93-139. Documento original em *Proceedings of the American Philosophical Society*, n. 97, p. 332-349, set. 1953.

———. "Factor proportions and the structure of American trade: further theoretical and empirical analysis". *Review of Economics and Statistics*, 38, n. 4, p. 386-407, nov. 1956.

Maskus, Keith E. "A test of the Heckscher-Ohlin-Vanek theorem: the Leontief commonplace". *Journal of International Economics*, v. 19, n. 3-4, p. 201-212, nov. 1985.

Minhas, B. S. "The homohypallagic production function, factor-intensity reversals and the Heckscher-Ohlin theorem". *Journal of Political Economy*, v. 70, n. 2, p. 138-156, abr. 1962.

Mishel, Lawrence; Jared Bernstein; Sylvia Allegretto. *The state of working America 2006/2007*. Ithaca, NY: Economic Policy Institute and Cornell University Press, 2007.

Reeve, T. A. *Essays in international trade*. Dissertação de Ph.D. Harvard University, 1998.

Richardson, J. David. "Income inequality and trade: how to think, what to conclude". *Journal of Economic Perspectives*, v. 9, n. 3, p. 33-55, 1995.

Rosefielde, Steven. "Factor proportions and economic rationality in Soviet international trade 1955-1968". *American Economic Review*, v. 64, n. 4, p. 670-681, set. 1974.

Sachs, Jeffrey D.; Howard J. Shatz. "U.S. trade with developing countries and wage inequality". *American Economic Review*, v. 86, n. 2, p. 234-239, mai. 1996.

Schott, Peter K. "One size fits all? Heckscher-Ohlin specialization in global production". *American Economic Review*, v. 93, n. 3, p. 686-708, jun. 2003.

Slaughter, Matthew S. "Globalisation and wages: a tale of two perspectives". *The World Economy*, v. 22, n. 5, p. 609-629, jun. 1999.

Staiger, Robert W.; Alan Deardorff; Robert M. Stern. "The effects of protection on the factor content of Japanese and American foreign trade". *Review of Economics and Statistics*, v. 70, n. 3, p. 475-483, ago. 1988.

Stern, Robert M.; Keith E. Maskus. "Determinants of the structure of U.S. foreign trade, 1958-1976". *Journal of International Economics*, v. 11, n. 2, p. 207-224, mai. 1981.

Stolper, Wolfgang F.; Karl W. Roskamp. "Input-output table for East Germany with applications to foreign trade". *Bulletin of the Oxford University Institute of Statistics*, n. 23, p. 379-392, nov. 1961.

Svaleryd, Helena; Jonas Vlachos. "Financial markets, the pattern of industrial specialization and comparative advantage: evidence from OECD countries". *European Economic Review*, v. 49, n. 1, p. 133-144, jan. 2005.

Tatemoto, Masahiro; Shinichi Ichimura. "Factor proportions and foreign trade: the case of Japan". *Review of Economics and Statistics*, v. 41, n. 4, p. 442-446, nov. 1959.

Topel, Robert H. "Factor proportions and relative wages: the supply-side determinants of wage inequality". *Journal of Economic Perspectives*, v. 11, n. 2, p. 55-74, 1997.

Trefler, Daniel. "The case of the missing trade and other mysteries". *American Economic Review*, v. 85, n. 5, p. 1029-1046, dez. 1995.

Trefler, Daniel; Susan Chun Zhu. "Beyond the algebra of explanation: HOV for the technology age". *American Economic Review*, v. 90, n. 2, p. 145-149, mai. 2000.

Vanek, Jaroslav. *The natural resource content of United States foreign trade 1870-1955.* Cambridge, MA: MIT Press, 1963.

Wahl, Donald F. "Capital and labour requirements for Canada's foreign trade". *Canadian Journal of Economics and Political Science,* n. 27, p. 349-358, ago. 1961.

Wood, Adrian. "The factor content of North-South trade in manufactures reconsidered". *Weltwirtschaftliches Archiv,* v. 127, n. 4, p. 719-743, 1991.

———. *North-south trade, employment, and inequality:* changing fortunes in a skill-driven world. Oxford: Clarendon Press, 1994.

———. "How trade hurt unskilled workers". *Journal of Economic Perspectives,* v. 9, n. 3, p. 57-80, 1995.

Capítulo 10

Balassa, Bela. "Intra-industry specialization: a cross-country analysis". *European Economic Review,* v. 30, n. 1, p. 27-42, fev. 1986.

Bergstrand, Jeffrey H. "The Heckscher-Ohlin-Samuelson model, the Linder hypothesis and the determinants of bilateral intra-industry trade". *Economic Journal,* v. 100, n. 403, p. 1216-1229, dez. 1990.

Bhagwati, Jagdish N.; Arvind Panagariya; T. N. Srinivasan. *Lectures on international trade.* 2ª ed. Cambridge, MA: MIT Press, 1998, cap. 11.

Bhagwati, Jagdish; T. N. Srinivasan. *Lectures on international trade.* Cambridge, MA: MIT Press, 1983, cap. 8 e 26.

Brander, James A. "Intra-industry trade in identical commodities". *Journal of International Economics,* v. 11, n. 1, p. 1-14, fev. 1981.

Brander, James; Paul Krugman. "A 'reciprocal dumping' model of international trade". *Journal of International Economics,* v. 15, n. 3-4, p. 313-321, nov. 1983.

Broda, Christian; David E. Weinstein. "Variety growth and world welfare". *American Economic Review,* v. 94, n. 2, p. 139-144, mai. 2004.

Deardorff, Alan V. "Testing trade theories and predicting trade flows". In: Jones, R. W.; Kenen, P. B. (ed.). *Handbook of international economics.* Amsterdã: North-Holland, 1984. v. I, cap. 10. Veja especialmente p. 493-513.

Dinopoulos, Elias; James F. Oehmke; Paul S. Segerstrom. "High-technology-industry trade and investment: the role of factor endowments". *Journal of International Economics,* v. 34, n. 1-2, p. 49-71, fev. 1993.

Dollar, David. "Technological innovation, capital mobility, and the product cycle in north-south trade". *American Economic Review,* v. 76, n. 1, p. 177-190, mar. 1986.

Falvey, Rodney E. "Commercial policy and intra-industry trade". *Journal of International Economics,* v. 11, n. 4, p. 495-511, nov. 1981.

Falvey, Rodney E.; Henryk Kierzkowski. "Product quality, intra-industry trade and (im)perfect competition". In: Kierzkowski, H. (ed.). *Protection and competition in international trade:* essays in honor of W. M. Corden. Oxford: Basil Blackwell, 1987. p. 143-161.

Feenstra, Robert C.; James R. Markusen; Andrew K. Rose. "Using the gravity equation to differentiate among alternative theories of trade". *Canadian Journal of Economics,* v. 34, n. 2, p. 430-47, mai. 2001.

Flam, Harry; Elhanan Helpman. "Vertical product differentiation and north-south trade". *American Economic Review,* v. 77, n. 5, p. 810-822, dez. 1987.

Greytak, David; Richard McHugh. "Linder's trade thesis: an empirical examination". *Southern Economic Journal,* v. 43, n. 3, p. 1386-1389, jan. 1977.

Greytak, David; Ukrist Tuchinda. "The composition of consumption and trade intensities: an alternative test of the Linder hypothesis". *Weltwirtschaftliches Archiv,* v. 126, n. 1, p. 50-58, 1990.

Grubel, Herbert G. "The theory of intra-industry trade". In: McDougall, I. A.; Snape, R. H. (ed.). *Studies in international economics.* Amsterdã: North-Holland, 1970. p. 35-51.

Grubel, Herbert G.; P. J. Lloyd. *Intra-industry trade:* the theory and measurement of international trade in differentiated products. Nova York: John Wiley and Sons, 1975.

Gruber, William; Dileep Mehta; Raymond Vernon. "The R&D factor in international trade and investment of United States industries". *Journal of Political Economy,* v. 75, n. 1, p. 20-37, fev. 1967.

Hanink, Dean M. "An extended Linder model of international trade". *Economic Geography,* v. 64, n. 4, p. 322-334, out. 1988.

———. "Linder, again". *Weltwirtschaftliches Archiv,* v. 126, n. 2, p. 257-267, 1990.

Helpman, Elhanan. "The structure of foreign trade". *Journal of Economic Perspectives,* v. 13, n. 2, p. 121-144, 1999.

Hoftyzer, John. "Empirical verification of Linder's trade thesis: comment". *Southern Economic Journal,* v. 41, n. 4, p. 694-698, abr. 1975.

———. "A further analysis of the Linder trade thesis". *Quarterly Review of Economics and Business,* v. 24, n. 2, p. 57-70, 1984.

Hufbauer, G. C. *Synthetic materials and the theory of international trade.* Cambridge, MA: Harvard University Press, 1966.

Hummels, David; Dana Rapoport; Kei-Mu Yi. "Vertical specialization and the changing nature of world trade". Federal Reserve Bank of New York, *Economic Policy Review,* v. 4, n. 2, p. 79-99, jun. 1998.

Jones, Ronald W.; Hamid Beladi; Sugata Marjit. "The three faces of factor intensities". *Journal of International Economics,* v. 48, n. 2, p. 413-420, ago. 1999.

Jones, Ronald W.; J. Peter Neary. "The positive theory of international trade". In: Jones, R. W.; Kenen, P. B. (ed.). *Handbook of international economics.* Amsterdã: North-Holland, 1984, v. I, cap. 1.

Keesing, Donald B. "The impact of research and development on United States trade". *Journal of Political Economy,* v. 75, n. 1, p. 38-48, fev. 1967.

Kemp, Murray C. *The pure theory of international trade.* Englewood Cliffs, NJ: Prentice-Hall, 1964, cap. 8.

Kennedy, Thomas E.; Richard McHugh. "An intertemporal test and rejection of the Linder hypothesis". *Southern Economic Journal,* v. 46, n. 3, p. 898-903, jan. 1980.

———. "Taste similarity and trade intensity: a test of the Linder hypothesis for United States exports". *Weltwirtschaftliches Archiv,* v. 119, n. 1, p. 84-96, 1983.

Kravis, Irving B.; Robert E. Lipsey. "Sources of competitiveness of the United States and of its multinational firms". *Review of Economics and Statistics,* v. 74, n. 2, p. 193-201, mai. 1992.

Krugman, Paul R. *Geography and trade.* Leuven, Bélgica: Leuven University Press, and Cambridge, MA: MIT Press, 1991.

———. "Increasing returns, imperfect competition and the positive theory of international trade". In: Grossman, G. M.; Rogoff, K. (ed.). *Handbook of international economics.* Amsterdã: Elsevier, 1995, v. III, cap. 24.

———. "Increasing returns, monopolistic competition, and international trade". *Journal of International Economics,* v. 9, n. 4, p. 469-470, nov. 1979.

———. "A model of innovation, technology transfer, and the world distribution of income". *Journal of Political Economy,* v. 87, n. 2, p. 253-266, abr. 1979.

———. "New theories of trade among industrial countries". *American Economic Review,* v. 73, n. 2, p. 343-347, mai. 1983.

Krugman, Paul; Raul Livas Elizondo. "Trade policy and the third world metropolis". *Journal of Development Economics,* v. 49, n. 1, p. 137-150, abr. 1996.

Leamer, Edward E.; James Levinsohn. "International trade theory: the evidence". In: Gene M. Grossman, G. M.; Rogoff, K. (ed.). *Handbook of international economics.* Amsterdã: Elsevier, 1995, v. III, cap. 26.

Linder, Staffan Burenstam. *An essay on trade and transformation.* Nova York: John Wiley and Sons, 1961.

Linnemann, Hans. *An econometric study of international trade flows.* Amsterdã: North-Holland, 1966.

Markusen, James R.; James R. Melvin; William H. Kaempfer; Keith E. Maskus. *International trade: theory and evidence.* Nova York: McGraw-Hill, 1995, cap. 11-13.

McPherson, M. A.; M. R. Redfearn; M. A. Tieslau. "A re-examination of the Linder hypothesis: a random-effects tobit approach". *International Economic Journal,* v. 14, n. 3, p. 123-136, 2000.

Morrall, John F., III. *Human capital, technology, and the role of the United States in international trade.* Monografia n. 46 de Ciências Sociais da Universidade da Flórida. Gainesville: University of Florida Press, 1972.

Pöyhönen, Pentti. "A tentative model for the volume of trade between countries". *Weltwirtschaftliches Archiv,* v. 90, n. 1, p. 93-99, 1963.

Posner, Michael V. "International trade and technical change". *Oxford Economic Papers,* New Series 13, n. 3, p. 323-341, out. 1961.

Qureshi, Usman A.; Gary L. French; Joel W. Sailors. "Linder's trade thesis: a further examination". *Southern Economic Journal,* v. 46, n. 3, p. 933-936, jan. 1980.

Ruffin, Roy J. "The nature and significance of intra-industry trade". Federal Reserve Bank of Dallas, *Economic and Financial Review,* p. 2-9, 1999.

Sailors, Joel W.; Usman A. Qureshi; Edward M. Cross. "Empirical verification of Linder's trade thesis". *Southern Economic Journal,* v. 40, n. 2, p. 262-268, out. 1973.

Thursby, Jerry G.; Marie C. Thursby. "Bilateral trade flows, the Linder hypothesis, and exchange risk". *Review of Economics and Statistics,* v. 69, n. 3, p. 488-495, ago. 1987.

Tinbergen, Jan. *Shaping the world economy:* suggestions for an international economic policy. Nova York: The Twentieth Century Fund, 1962, apêndice VI.

Vernon, Raymond. "International investment and international trade in the product cycle". *Quarterly Journal of Economics,* v. 80, n. 2, p. 190-207, mai. 1966.

———. "The product cycle hypothesis in a new international environment". *Oxford Bulletin of Economics and Statistics,* v. 41, n. 4, p. 255-267, nov. 1979.

Wells, Louis T., Jr. "Test of a product cycle model of international trade: U.S. exports of consumer durables". *Quarterly Journal of Economics,* v. 83, n. 1, p. 152-162, fev. 1969.

Capítulo 11

Arora, Vivek; Athanasios Vamvakidis. "Economic spillovers". *Finance and Development,* v. 42, n. 3, p. 48-50, set. 2005.

Bhagwati, Jagdish N. "Immiserizing growth: a geometrical note". *Review of Economic Studies,* n. 25, p. 201-205, jun. 1958.

Grossman, Gene M.; Elhanan Helpman. *Innovation and growth in the global economy.* Cambridge, MA: MIT Press, 1991.

———. "Endogenous innovation in the theory of growth". *Journal of Economic Perspectives,* v. 8, n. 1, p. 23-44, 1994.

Hicks, John R. *Essays in world economics.* Oxford: Clarendon Press, 1959, cap. 4.

Johnson, Harry G. "Economic development and international trade". In: Johnson, H. G. *Money, trade and economic growth.* Cambridge, MA: Harvard University Press, 1962, cap. 4.

Kuznets, Simon. *Modern economic growth:* rate, structure, and spread. New Haven: Yale University Press, 1966, cap. 6.

Meier, Gerald M. *The international economics of development.* Nova York: Harper and Row, 1968, cap. 2-3.

Myrdal, Gunnar. *An international economy.* Nova York: Harper and Row, 1956.

Pack, Howard. "Endogenous growth theory: intellectual appeal and empirical shortcomings". *Journal of Economic Perspectives,* v. 8, n. 1, p. 55-72, 1994.

Prebisch, Raul. "Commercial policy in the underdeveloped countries". *American Economic Review,* v. 49, n. 2, p. 251-273, mai. 1959.

Romer, Paul M. "Capital accumulation in the theory of long-run growth". In: Barro, R. J. Barro. (ed.). *Modern business cycle theory.* Cambridge, MA: Harvard University Press, 1989. p. 51-127.

———. "The origins of endogenous growth". *Journal of Economic Perspectives,* v. 8, n. 1, p. 3-22, 1994.

Rybczynski, T. M. "Factor endowment and relative commodity prices". *Economica,* v. 22, n. 84, p. 336-341, nov. 1955.

Singer, Hans W. "The distribution of gains between investing and borrowing countries". *American Economic Review,* v. 40, n. 2, p. 473-485, mai. 1950.

Solow, Robert M. "Perspectives on growth theory". *Journal of Economic Perspectives,* v. 8, n. 1, p. 45-54, 1994.

Capítulo 12

Barrell, Ray; Nigel Pain. "An econometric analysis of U.S. foreign direct investment". *Review of Economics and Statistics,* v. 78, n. 2, p. 200-207, mai. 1996.

Biswas, Romita. "Determinants of foreign direct investment". *Review of Development Economics,* v. 6, n. 3, p. 492-504, out. 2002.

Borjas, George J. "The economics of immigration". *Journal of Economic Literature*, v. 32, n. 4, p. 1667-1718, dez. 1994.
———. *Heaven's door*. Princeton, NJ: Princeton University Press, 1999.
———. "The intergenerational mobility of immigrants". *Journal of Labor Economics*, v. 11, n. 1, p. 113-135, jan. 1993.
———. "National origin and the skills of immigrants in the postwar period". In: George J. Borjas, G. J.; Freeman, R. B. (ed.). *Immigration and the workforce:* economic consequences for the United States and source areas. Chicago: University of Chicago Press, 1992, p. 17-47.
Borjas, George J.; Richard B. Freeman; Lawrence F. Katz. "On the labor market effects of immigration and trade". In: George J. Borjas, Freeman, R. B. *immigration and the workforce:* economic consequences for the United States and source areas. Chicago: University of Chicago Press, 1992, p. 213-244.
Branstetter, Lee G.; Robert C. Feenstra. "Trade and foreign direct investment in China: a political economy approach". *Journal of International Economics*, v. 58, n. 2, p. 335-358, dez. 2002.
Carrington, William J.; Enrica Detragiache. "How extensive is the brain drain?". *Finance and Development*, v. 36, n. 2, p. 46-49, jun. 1999.
di Giovanni, Julian. "What drives capital flows? The case of cross-border M&A activity and financial deepening". *Journal of International Economics*, v. 65, n. 1, p. 127-149, jan. 2005.
Freeman, Richard B. "People flows in globalization". *Journal of Economic Perspectives*, v. 20, n. 2, p. 145-170, 2006.
"Globalisation with a third-world face". *The Economist*, p. 66, 9 abr. 2005.
Glytsos, Nicholas P. "Measuring the income effects of migrant remittances: a methodological approach applied to Greece". *Economic Development and Cultural Change*, v. 42, n. 1, p. 131-168, out. 1993.
Graham, Edward M.; Paul R. Krugman. *Foreign direct investment in the United States*. 3ª ed. Washington, DC: Institute for International Economics, 1995.
Greenwood, Michael J.; John M. McDowell. "Differential economic opportunity, transferability of skills, and immigration to the United States and Canada". *Review of Economics and Statistics*, v. 73, n. 4, p. 612-623, nov. 1991.
Hanson, Gordon H. "Illegal migration from Mexico to the United States". *Journal of Economic Literature*, v. 44, n. 4, p. 869-924, dez. 2006.
Hymer, Stephen. "The multinational corporation and the law of uneven development". In: Bhagwati, J. N. (ed.). *Economics and the world order:* from the 1970's to the 1990's. Nova York: Free Press, 1972, p. 113-140.
"The longest journey: a survey of migration". *The Economist*, p. 50, 2 nov. 2002.
MacDougall, G. D. A. "The benefits and costs of private investment from abroad: a theoretical approach". *Economic Record*, n. 36, p. 13-35, mar. 1960.
Mallampally, Padma; Karl P. Sauvant. "Foreign direct investment in developing countries". *Finance and Development*, v. 36, n. 1, p. 34-37, mar. 1999.
Markusen, James R. "The boundaries of multinational enterprises and the theory of international trade". *Journal of Economic Perspectives*, v. 9, n. 2, p. 181-196, 1995.

Meier, Gerald M. "Benefits and costs of private foreign investment – note". In: Meier, G. M. *Leading issues in economic development*, 6ª ed. Nova York: Oxford University Press, 1995, p. 247-55.
———. *The international economics of development*. Nova York: Harper and Row, 1968, cap. 6.
Ratha, Dilip. "Remittances: a lifeline for evelopment". *Finance and Development*, v. 42, n. 4, p. 42-43, dez. 2005.
Root, Franklin R.; Ahmed A. Ahmed. "Empirical determinants of manufacturing direct foreign investment in developing countries". *Economic Development and Cultural Change*, v. 27, n. 4, p. 751-767, jul. 1979.
———. "Sending money home: trends in migrant remittances". *Finance and Development*, v. 42, n. 4, p. 44-45, dez. 2005.
Simon, Julian L. *The economic consequences of immigration*. Oxford and Cambridge, MA: Blackwell em associação com o Cato Institute, 1989.
U.N. Conference on Trade and Development. *World investment report 1998:* trends and determinants (overview). Nova York e Genebra: United Nations, 1998.
Veugelers, Reinhilde. "Locational determinants and ranking of host countries: an empirical assessment". *Kyklos*, v. 44, n. 3, p. 363-382, 1991.
Wright, Robert E.; Paul S. Maxim. "Immigration policy and immigrant quality: empirical evidence from Canada". *Journal of Population Economics*, v. 6, n. 4, p. 337-352, nov. 1993.

Capítulo 13

Alexandraki, Katerina. "Preference erosion: cause for alarm?". *Finance and Development*, v. 42, n. 1, p. 26-29, mar. 2005.
Appleyard, Dennis R.; Alfred J. Field, Jr. "The effects of offshore assembly provisions on the U.S. tariff structure". *Journal of Economic Studies*, v. 9, n. 1, p. 3-18, 1982.
Balassa, Bela. "Tariff protection in industrial countries: an evaluation". *Journal of Political Economy*, v. 73, n. 6, p. 573-594, dez. 1965.
———. *Trade liberalization among industrial countries:* objectives and alternatives. Nova York: McGraw-Hill, 1967, cap. 3.
Bradford, Scott. "Paying the price: final goods protection in OECD countries". *Review of Economics and Statistics*, v. 85, n. 1, p. 24-37, fev. 2003.
Cooper, Richard N. *The economics of interdependence:* economic policy in the Atlantic community. Nova York: Columbia University Press, 1968, cap. 7 e 9.
Corden, W. Max. "The structure of a tariff system and the effective protective rate". *Journal of Political Economy*, v. 74, n. 3, p. 221-237, jun. 1966.
Deardorff, Alan V.; Robert M. Stern. *The Michigan model of world production and trade: theory and applications*. Cambridge, MA: MIT Press, 1986.
Finger, J. Michael. "Trade and domestic effects of the offshore assembly provision in the U.S. tariff". *American Economic Review*, v. 66, n. 4, p. 598-611, set. 1976.
Finger, J. Michael; Andrzej Olechowski. (ed.). *The Uruguay round:* a handbook on the multilateral trade negotiations. Washington, DC: World Bank, 1987.
Greenaway, David; Chris Milner. "Effective protection, policy appraisal and trade policy reform". *The World Economy*, v. 26, n. 4, p. 441-456, abr. 2003.

Grossman, Gene M.; Alan O. Sykes. "A preference for development: the law and economics of GSP". *World Trade Review*, v. 4, n. 1, p. 41-67, mar. 2005.

Haberler, Gottfried. *The theory of international trade*. Londres: William Hodge, 1936, cap. XV, XIX e XX.

Irwin, Douglas A. "Changes in U.S. tariffs: the role of import prices and commercial policies". *American Economic Review*, v. 88, n. 4, p. 1015-1126, set. 1998.

Johnson, Leland. "Problems of import substitution: the chilean automobile industry". *Economic Development and Cultural Change*, v. 15, n. 2, parte 1, p. 202-216, jan. 1967.

Capítulo 14

Baldwin, Robert E. "Trade policies in developed countries". In: Jones, R. W.; Kenen, P. B. (ed.). *Handbook of international economics*. Amsterdã: North-Holland, 1984, v. I, cap. 12.

Beghin, John C.; Barbara El Osta; Jay R. Cherlow; Samarendu Mohanty. "The cost of the U.S. sugar program revisited". *Contemporary Economic Policy*, v. 21, n. 1, p. 106-116, jan. 2003.

Cline, William R. *The future of world trade in textiles and apparel*. Rev. ed. Washington, DC: Institute for International Economics, 1990.

Feenstra, Robert C. "How costly is protectionism?". *Journal of Economic Perspectives*, v. 6, n. 3, p. 159-178, 1992.

Field, Alfred J.; Umaporn Wongwatanasian. "Tax policies' impact on output, trade and income in Thailand", *Journal of Policy Modeling*, v. 29, n. 3, p. 361-380, mai./jun. 2007.

Gardner, Bruce L. "The political economy of the export enhancement program for wheat". In: Krueger, A. O. (ed.). *The political economy of trade protection*. Chicago e Londres: University of Chicago Press, 1996 p. 61-70.

Hickok, Susan. "The consumer cost of U.S. trade restraints". Federal Reserve Bank of New York *Quarterly Review*, v. 10, n. 2, p. 1-12, 1985.

Hufbauer, Gary Clyde; Kimberly Ann Elliott. *Measuring the costs of protection in the United States*. Washington, DC: Institute for International Economics, 1994.

Leff, Nathaniel H. "The 'exportable surplus' approach to foreign trade in underdeveloped countries". *Economic Development and Cultural Change*, v. 17, n. 3, p. 346-355, abr. 1969.

Meyers, William H. et al. "The impact of EEP removal on U.S. wheat". Food and Agricultural Research Institute, paper, mar. 1997. Disponível em: www.card.iastate.edu.

Tsakok, Isabelle. *Agricultural price policy*: a practitioner's guide to partial-equilibrium analysis. Ítaca, NY: Cornell University Press, 1990.

U.S. International Trade Commission. *The economic effects of significant U.S. import restraints, phase I*: manufacturing. USITC Publication 2222. Washington, DC: USITC, out. 1989.

———. *The economic effects of significant U.S. import restraints*: fifth update 2007. USITC Publication 3906. Washington, DC: fev. 2007.

Wall, Howard J. "Using the gravity model to estimate the costs of protection". Federal Reserve Bank of St. Louis, *Review*, v. 81, n. 1, p. 33-40, jan./fev. 1999.

Capítulo 15

Baldwin, Robert E. "The case against infant industry protection". *Journal of Political Economy*, v. 77, n. 3, p. 295-305, mai./jun. 1969.

Bell, Martin; Bruce Ross-Larson; Larry E. Westphal. "Assessing the performance of infant industries". *Journal of Development Economics*, v. 16, n. 1-2, p. 101-128, set./out. 1984.

Bhagwati, Jagdish N.; Arvind Panagariya; T. N. Srinivasan. *Lectures on international trade*. 2ª ed. Cambridge, MA MIT Press, 1998, cap. 16-24, 30.

Brander, James A.; Barbara J. Spencer. "Tariff protection and imperfect competition". In: Kierzkowski, H. (ed.). *Monopolistic competition in international trade*. Oxford: Oxford University Press, 1984, p. 194-206.

———. "Tariffs and the extraction of foreign monopoly rents under potential entry". *Canadian Journal of Economics*, v. 14, n. 3, p. 371-389, ago. 1981.

Coleman, Brian. "Airbus subsidies are invisible to radar". *The Wall Street Journal*, p. A10, 4 mar. 1993.

Collie, David. "Export subsidies and countervailing tariffs". *Journal of International Economics*, v. 31, n. 3-4, p. 309-324, nov. 1991.

Corden, W. M. "The normative theory of international trade". In: Jones, R. W.; Kenen, P. B. (ed.). *Handbook of international economics*. Amsterdã: North-Holland, 1984, v. I, cap. 2.

Eaton, Jonathan; Gene M. Grossman. "Optimal trade and industrial policy under oligopoly". *Quarterly Journal of Economics*, v. 101, n. 2, p. 383-406, mai. 1986.

George, Henry. *Protection or free trade*: an examination of the tariff question, with especial regard to the interests of labor, 1886, reimpressão. Garden City, NY: Doubleday Page, 1911. Alguns dos pronunciamentos de George provêm de C. Lowell Harriss, "Guidance from an economics classic: the centennial of Henry George's 'protection or free trade'", *American Journal of Economics and Sociology*, v. 48, n. 3, p. 351-356, jul. 1989, e "A banana into a cage of monkeys", *The Wall Street Journal*, p. A18, 5 set. 1989.

Grossman, Gene M. (ed.). *Imperfect competition and international trade*. Cambridge, MA: MIT Press, 1992.

Grossman, Gene M.; J. David Richardson. *Strategic trade policy*: a survey of issues and early analysis. Special Papers in International Economics n. 15. Princeton, NJ: International Finance Section, Princeton University, abr. 1985. Reimpresso em formato reduzido. In: Baldwin, R. E.; Richardson, J. D. (ed.). *International trade and finance*: readings. 3ª ed. Boston: Little, Brown, 1986, p. 95-114.

Helpman, Elhanan; Paul R. Krugman. *Trade policy and market structure*. Cambridge, MA: MIT Press, 1989.

Hufbauer, Gary Clyde; Diane T. Berliner; Kimberly Ann Elliott. *Trade protection in the United States*: 31 case studies. Washington, DC: Institute for International Economics, 1986.

Hufbauer, Gary Clyde; Kimberly Ann Elliott. *Measuring the costs of protection in the United States*. Washington, DC: Institute for International Economics, 1994.

Ingram, James C. *International economics*. 2ª ed. Nova York: John Wiley, 1986, cap. 16.

Ingram, James C.; Robert M. Dunn, Jr. *International economics*. 3ª ed. Nova York: John Wiley, 1993, cap.7.

Irwin, Douglas A.; Nina Pavcnik. "Airbus *versus* Boeing revisited: international competition in the aircraft market". *Journal of International Economics,* v. 64, n. 2, p. 223-245, dez. 2004.

Johnson, Harry G. "Optimum tariffs and retaliation". *Review of Economic Studies,* n. 21, p. 142-153, 1953-1954.

Krueger, Anne O.; Baran Tuncer. "An empirical test of the infant industry argument." *American Economic Review,* v. 72, n. 5, p. 1142-1152, dez. 1982.

Krugman, Paul R. "Import protection as export promotion: international competition in the presence of oligopoly and economies of scale". In: Kierzkowski, H. *Monopolistic competition in international trade.* Oxford: Oxford University Press, 1984, p. 180-193.

———. "Is free trade passé?". *Journal of Economic Perspectives,* v. 1, n. 2, p. 131-144, 1987.

———. *Pop internationalism.* Cambridge, MA: MIT Press, 1996.

———. "What do undergrads need to know about trade?". *American Economic Review,* v. 83, n. 2, p. 23-26, mai. 1993.

Meier, Gerald M. "Infant industry". In: Eatwell, J.; Milgate, M.; Peter Newman, P. *The new palgrave:* a dictionary of economics. Londres: Macmillan, 1987, v. 2, p. 828-830.

Palmeter, David. "A note on the ethics of free trade". *World Trade Review,* v. 4, n. 3, p. 449-467, nov. 2005.

Petri, Peter A. *Modeling Japanese-American trade:* a study of asymmetric interdependence. Cambridge, MA: Harvard University Press, 1984.

Robinson, Joan. "Beggar-my-neighbour remedies for unemployment". In: Robinson, J. *Essays on the theory of employment.*
2ª ed. Oxford: Basil Blackwell, 1947, parte III, cap. 2.

Slotkin, Michael H. *Essays in strategic trade policy.* Dissertação de Ph.D. University of North Carolina at Chapel Hill, 1995.

Spencer, Barbara J.; James A. Brander. "International R&D rivalry and industrial strategy". *Review of Economic Studies,* v. 50, n. 163, p. 707-722, out. 1983.

"A survey of world trade". *The Economist,* p. 60, 22 set. 1990.

Westphal, Larry E. "Empirical justification for infant industry protection". World Bank Staff Working Paper n. 445, mar. 1981, Washington, DC.

Capítulo 16

Allen, Mark. "Complex conclusions of Tokyo round add up to framework for future trade". *IMF Survey,* p. 133-137, 7 mai. 1979.

Amiti, Mary; Shang-Jin Wei. "Demystifying outsourcing". *Finance and Development,* v. 41, n. 4, p. 36-39, dez. 2004.

Anderson, James E. "The Uruguay round and welfare in some distorted agricultural economies". *Journal of Development Economics,* v. 56, n. 2, p. 393-410, ago. 1998.

Baicker, Katherine; M. Marit Rehavi. "Policy watch: trade adjustment assistance". *Journal of Economic Perspectives,* v. 18, n. 2, p. 239-255, 2004.

Baldwin, Robert E. "An economic evaluation of the Uruguay Round agreement". *The World Economy,* 1995, Supplement on Global Trade Policy, p. 153-72.

———. "The political economy of postwar United States trade policy". In: Baldwin, R. E.; Richardson, J. D. (ed.). *International trade and finance:* readings, 2ª ed. Boston: Little, Brown, 1981, p. 64-77.

———. "The political economy of trade policy". *Journal of Economic Perspectives,* v. 3, n. 4, p. 119-137, 1989.

———. "The political economy of trade policy: integrating the perspectives of economists and political scientists". In: Feenstra, R. C; Grossman, G. M.; Irwin, D. A. (ed.). *The political economy of trade policy:* papers in honor of Jagdish Bhagwati. Cambridge, MA e Londres: MIT Press, 1996, p. 147-173.

———. "Trade policies in developed countries". In: Jones, R. W.; Kenen, P. B. (ed.). *Handbook of international economics.* Amsterdã: North-Holland, 1984, v. I, cap. 12.

Bhagwati, Jagdish. *In defense of globalization.* Nova York: Oxford University Press, 2004.

Blonigen, Bruce A.; David N. Figlio. "Voting for protection: does direct foreign investment influence legislator behavior?". *American Economic Review,* v. 88, n. 4, p. 1002-1014, set. 1998.

Bradford, Scott. "Paying the price: final goods protection in OECD countries". *Review of Economics and Statistics,* v. 85, n. 1, p. 24-37, fev. 2003.

Cheh, John H. "United States concessions in the Kennedy round and short-run labor adjustment costs." *Journal of International Economics,* v. 4, n. 4, p. 323-240, nov. 1974.

Cline, William R. "'Reciprocity': a new approach to world trade policy". In: Cline, W. R. (ed.). *Trade policy in the 1980s.* Washington, DC: Institute for International Economics, 1983, p. 121-158.

Corden, W. M. *Trade policy and economic welfare.* Oxford: Clarendon Press, 1974.

Deardorff, Alan V. "Economic effects of quota and tariff reductions". In: Collins, S. M.; Bosworth, B. P. *The new GATT:* implications for the United States. Washington, DC: Brookings Institution, 1994, p. 7-39.

———. "Safeguards policy and the conservative social welfare function". In: Kierzkowski, H. (ed.). *Protection and competition in international trade:* essays in honor of W. M. Corden. Oxford: Basil Blackwell, 1987, p. 22-40.

Deardorff, Alan V.; Robert M. Stern. *The Michigan model of world production and trade:* theory and applications. Cambridge, MA: MIT Press, 1986, cap. 4.

Destler, I. M. *American trade politics,* 3ª ed. Washington, DC: Institute for International Economics, 1995.

Ellsworth, P. T.; J. Clark Leith. *The international economy.* 6ª ed. Nova York: Macmillan, 1984, cap. 13.

Estimates of producer and consumer subsidy equivalents: government intervention in agriculture. In: Webb, A. J.; Lopez, M.; Penn, R. (ed.). Agriculture and Trade Analysis Division. Economic Research Service. U.S. Department of Agriculture. *Statistical Bulletin,* n. 803, abr. 1990.

Finger, J. Michael; Merlinda D. Ingco; Ulrich Reincke. *The Uruguay round:* statistics on tariff concessions given and received. Washington, DC: World Bank, 1996.

Gawande, Kishore; Usree Bandyopadhyay. "Is protection for sale? Evidence on the Grossman-Helpman theory of endogenous protection". *Review of Economics and Statistics,* v. 82, n. 1, p. 139-152, fev. 2000.

"Globalisation and its critics: a survey of globalisation". *The Economist,* p. 52, 29 set. 2001.

Hillman, Arye L. *The political economy of protection.* Chur, Switzerland: Harwood Academic Publishers, 1989.

"In the twilight of Doha", *The Economist,* p. 63-64, 29 jul. 2006.

Irwin, Douglas A. "The GATT in historical perspective". *American Economic Review*, v. 85, n. 2, p. 323-228, mai. 1995.

Krueger, Anne O. (ed.). *The political economy of trade protection.* National Bureau of Economic Research Project Report. Chicago: University of Chicago Press, 1996.

Krugman, Paul. "What should trade negotiators negotiate about?". *Journal of Economic Literature*, v. 35, n. 1, p. 113-120, mar. 1997.

Madsen, Jakob B. "Trade barriers and the collapse of world trade during the great depression," *Southern Economic Journal*, v. 67, n. 4, p. 848-868, abr. 2001.

Magee, Christopher. "Administered protection for workers: an analysis of the trade adjustment assistance program." *Journal of International Economics*, v. 53, n. 1, p. 105-125, fev. 2001

Magee, Stephen P.; Leslie Young. "Endogenous protection in the United States, 1900-1984." In: Robert M. Stern, R. M. (ed.). *U.S. trade policies in a changing world economy.* Cambridge, MA: MIT Press, 1987, p. 145-95.

Maggi, Giovanni; Andres Rodriguez-Clare. "Import penetration and the politics of trade protection." *Journal of International Economics*, v. 51, n. 2, p. 287-304, ago. 2000.

Mastel, Greg. "Why we should expand trade adjustment assistance." *Challenge: The Magazine of Economic Affairs*, v. 49, n. 4, p. 42-57, jul./ago. 2006.

"Mini-symposium on the political economy of international market access." *The World Economy*, v. 15, n. 6, p. 679-753, nov. 1992.

Rodrik, Dani. "Political economy of trade policy". In: Grossman, G. M.; Rogoff, K. (ed.). *Handbook of international economics.* Amsterdã: Elsevier, 1995, v. III, cap. 28.

Smith, David. "Offshoring: political myths and economic reality". *The World Economy*, v. 29, n. 3, p. 249-256, mar. 2006.

Stiglitz, Joseph E. *Globalization and its discontents.* Nova York: W. W. Norton & Company, 2002.

Trefler, Daniel. "Trade liberalization and the theory of endogenous protection: an econometric study of U.S. import policy". *Journal of Political Economy*, v. 101, n. 1, p. 138-160, fev. 1993.

Vousden, Neil. *The economics of trade protection.* Cambridge, Inglaterra, e Nova York: Cambridge University Press, 1990.

Capítulo 17

Aguilar, Linda M. "Nafta: a review of the issues". Federal Reserve Bank of Chicago, *Economic Perspectives*, v. 7, n. 1, p. 12-20, jan./fev. 1993.

Balassa, Bela. "Trade creation and trade diversion in the European Common Market: an appraisal of the evidence". *Manchester School of Economic and Social Studies*, v. 42, n. 2, p. 93-135, jun. 1974.

Brown, Drusilla K. "The impact of a North American free trade area: applied general equilibrium models". Comentários de Timothy J. Kehoe e Robert Z. Lawrence. In: Lustig, N.; Bosworth, B. P.; Lawrence, R. Z. (ed.). *North American free trade:* assessing the impact. Washington, DC: Brookings Institution, 1992. p. 26-68.

"Central and Eastern Europe: assessing the early benefits of EU membership". *IMF Survey*, p. 331-342, nov. 2006.

Eken, Sena. "Breakup of the East African community". *Finance and Development*, v. 16, n. 4, p. 36-40, dez. 1979.

Emerson, Michael et al. *The economics of 1992:* the E.C. commission's assessment of the economic effects of completing the internal market. Oxford: Oxford University Press, 1988.

Gould, David M. "Has Nafta changed North American trade?". Federal Reserve Bank of Dallas, *Economic Review*, p. 12-23, primeiro quadrimestre de 1998.

Hufbauer, Gary Clyde (ed.). *Europe 1992:* an American perspective. Washington, DC: Brookings Institution, 1990.

Hufbauer, Gary Clyde; Jeffrey J. Schott. *North American free trade:* issues and recommendations. Washington, DC: Institute for International Economics, 1992.

Karemera, David; Kalu Ojah. "An industrial analysis of trade creation and diversion effects of Nafta". *Journal of Economic Integration*, v. 13, n. 3, p. 400-425, set. 1998.

Kehoe, Patrick J.; Timothy J. Kehoe. "Capturing Nafta's impact with applied general equilibrium models". Federal Reserve Bank of Minneapolis, *Quarterly Review*, p. 17-34, 1994.

Limão, Nuno. "Preferential vs. multilateral trade liberalization: evidence and open questions". *World Trade Review*, v. 5, n. 2, p. 155-176, jul. 2006.

Lipsey, Richard G. "The theory of customs unions: a general survey". *Economic Journal*, v. 70, n. 279, p. 496-513, set. 1960.

Meade, James E. *The theory of customs unions.* Amsterdã: North-Holland, 1955.

Polak, Jacques J. "Is Apec a natural regional trading bloc? A critique of the 'gravity model' of international trade". *The World Economy*, v. 19, n. 5, p. 533-543, set. 1996.

Schipke, Alfred. "Building on Cafta: how the free trade pact can help foster central America's economic integration". *Finance and Development*, v. 42, n. 4, p. 30-33, dez. 2005.

Sharer, Robert. "Trade: an engine of growth for Africa". *Finance and Development*, v. 36, n. 4, p. 26-29, dez. 1999.

U.S. International Trade Commission. *International Economic Review*, p. 11-14, nov. 1995.

———. *International Economic Review*, p. 22-26, out./nov. 1996.

Viner, Jacob. *The customs union issue.* Nova York: Carnegie Endowment for International Peace, 1950.

World Bank. *World development report 1996.* Oxford: Oxford University Press, 1996.

Yeager, Timothy J. *Institutions, transition economies, and economic development.* Boulder, CO: Westview Press, 1999.

Capítulo 18

Appleyard, Dennis R. "The terms of trade between the United Kingdom and British India, 1858-1947". *Economic Development and Cultural Change*, v. 54, n. 3, p. 635-54, abr. 2006.

Baldwin, Robert E. "Secular movements in the terms of trade". *American Economic Review*, v. 45, n. 2, p. 259-269, mai. 1955.

Bhagwati, Jagdish N. (ed.). *The new international economic order:* the north-south debate. Cambridge, MA: MIT Press, 1977.

Burton, David; Wanda Tseng; Kenneth Kang. "Asia's winds of change". *Finance and Development*, v. 43, n. 2, p. 8-13, jun. 2006.

Cashin, Paul; Hong Liang; C. John McDermott. "Do commodity price shocks last too long for stabilization schemes to work?". *Finance and Development*, v. 36, n. 3, p. 40-43, set. 1999.

Chenery, Hollis B.; T. N. Srinivasan (ed.). *Handbook of development economics.* Nova York: North-Holland, 1989. Veja especialmente caps. 23, 24 e 31, v. II.

Chow, Peter C. Y. "Causality between export growth and industrial development: empirical evidence for the NICs". *Journal of Development Economics,* v. 26, n. 1, p. 55-63, jun. 1987.

Cottani, Joaquin A.; Domingo F. Cavallo; M. Shahbaz Khan. "Real exchange rate behavior and economic performance in LDCs". *Economic Development and Cultural Change,* v. 39, n. 1, p. 61-76, out. 1990.

Darity, William A.; Bobbie L. Horn. *The loan pushers:* the role of commercial banks in the international debt crisis. Cambridge, MA: Ballinger, 1988.

Diakosavvas, Dimitris; Pasquale L. Scandizzo. "Trends in the terms of trade of primary commodities, 1900-1982: the controversy and its origins". *Economic Development and Cultural Change,* v. 39, n. 2, p. 231-264, jan. 1991.

Eichengreen, Barry. "Restructuring sovereign debt". *Journal of Economic Perspectives,* v. 17, n. 4, p. 75-98, 2003.

"Escaping the poverty trap". In: *The least developed countries report, 2002.* United Nations Conference on Trade and Development. Genebra: UNCTAD, 2002, p. 103-117.

Edwards, Sebastian. "Openness, trade liberalization, and growth in developing countries". *Journal of Economic Literature,* v. 31, n. 3, p. 1358-1393, set. 1993.

Ellsworth, P. T. "The terms of trade between primary producing and industrial countries". *Inter-American Economic Affairs,* v. 10, n. 1, p. 47-65, 1956.

Fischer, Stanley; Ishrat Husain. "Managing the debt crisis in the 1990s". *Finance and Development,* v. 27, n. 2, p. 24-27, jun. 1990.

Frankel, Jeffrey A.; David Romer. "Does trade cause growth?". *American Economic Review,* v. 89, n. 3, p. 379-99, jun. 1999.

Grossman, Gene; Elhanan Helpman. *Innovation and growth in the global economy.* Cambridge, MA: MIT Press, 1991.

Hess, Peter; Clark Ross. *Economic development:* theories, evidence, and policies. Fort Worth, TX: Dryden Press, 1997, cap. 11 e 14.

Johnson, Harry G. *Economic policies toward less developed countries.* Nova York: Frederick A. Praeger, 1967.

Kenen, Peter B. "Organizing debt relief: the need for a new institution". *Journal of Economic Perspectives,* v. 4, n. 1, p. 7-18, 1990.

Kirchbach, F. von. "An assessment of the LDC export performance from a business and product perspective". Documento apresentado na ITC Business Round Table. Terceira Conferência das Nações Unidas dos Países Menos Desenvolvidos. Bruxelas, 16 mai. 2001.

Krueger, Anne O. "The effects of trade strategies on growth". *Finance and Development,* v. 20, n. 2, p. 6-8, jun. 1983.

———. "Trade policy and economic development: how we learn". *American Economic Review,* v. 87, n. 1, p. 1-22, mar. 1997.

Krugman, Paul R. "Market-based debt reduction schemes". In: Frenkel, J. A.; Dooley, M. P.; Wickham, P. (ed.). *Analytical issues in debt.* Washington, DC: International Monetary Fund, 1989, p. 258-288.

Love, James. "Commodity concentration and export earnings instability: a shift from cross-section to time-series analysis". *Journal of Development Economics,* v. 24, n. 2, p. 239-248, dez. 1986.

———. "Concentration and instability: again". *Journal of Development Economics,* v. 33, n. 1, p. 149-151, jul. 1990.

MacBean, Alasdair I. *Export instability and economic development.* Cambridge, MA: Harvard University Press, 1966.

Massell, Benton F. "Concentration and instability revisited". *Journal of Development Economics,* v. 33, n. 1, p. 145-147, jul. 1990.

———. "Export instability and economic structure". *American Economic Review,* v. 60, n. 4, p. 618-630, set. 1970.

Meier, Gerald M. *The international economics of development: theory and policy.* Nova York: Harper and Row, 1968.

Morgan, Theodore. "The long-run terms of trade between agriculture and manufacturing". *Economic Development and Cultural Change,* v. 8, n° 1, p. 1-23, out. 1959.

———. "Trends in terms of trade, and their repercussions on primary producers". In: Harrod, R. F.; Hague, D. (ed.). *International trade theory in a developing world.* Londres: Macmillan, 1963, p. 52-95.

Myint, H. "The 'classical theory' of international trade and the underdeveloped countries". *Economic Journal,* v. 68, n. 270, p. 317-337, jun. 1958.

"Point of view: why should small developing countries engage in the global trading system?". *Finance and Development,* v. 42, n. 1, p. 10-13, mar. 2005.

Rodrik, Dani; Arvind Subramanian. "The primacy of institutions (and what this does and does not mean)". *Finance and Development,* v. 40, n. 2, p. 31-34, jun. 2003.

Romer, Paul M. "Increasing returns and long-run growth". *Journal of Political Economy,* v. 94, n. 5, p. 1002-137, out. 1986.

Santos-Paulino, Amelia; A. P. Thirlwall. "Trade liberalisation and economic performance in developing countries – introduction". *Economic Journal,* v. 114, n. 493, p. F1-F3, fev. 2004.

Singer, Hans W. "Terms of trade and economic development". In: John Eatwell, J.; Milgate, M.; Newman, P. (ed.). *The new palgrave:* a dictionary of economics. Londres: Macmillan, 1987, v. 4, p. 626-628.

Singer, Hans W.; Javed A. Ansari. *Rich and poor countries:* consequences of international economic disorder. 4ª ed. Londres: Unwin Hyman, 1988.

Spraos, John. *Inequalising trade:* a study of traditional north/south specialisation in the context of terms of trade concepts. Oxford: Clarendon Press, 1983.

Streeten, Paul. "A cool look at 'outward-looking' strategies for development". *The World Economy,* v. 5, n. 2, p. 159-169, set. 1982.

Todaro, Michael P.; Stephen C. Smith. *Economic development,* 8ª ed. Boston: Addison-Wesley, 2003, cap. 13.

Tyler, William G. "Growth and export expansion in developing countries: some empirical evidence". *Journal of Development Economics,* v. 9, n. 1, p. 121-130, ago. 1981.

United Nations. Department of Economic Affairs. *Relative prices of exports and imports of underdeveloped countries.* Lake Success, NY: United Nations, 1949.

———. Economic Commission for Latin America. *The economic development of Latin America and its principal problems.* Lake Success, NY: United Nations, 1949. Escrito por Raul Prebisch.

World Bank. *World development report 1987.* Nova York: Oxford University Press, 1987. Veja especialmente o cap. 5.

———. *World development report 1991.* Nova York: Oxford University Press, 1991. Veja especialmente o cap. 5.

Capítulo 19

International Monetary Fund. *Balance of payments manual*, 4ª ed. Washington, DC: IMF, 1977.

——. *Balance of payments statistics yearbook*. Washington, DC: IMF, Anual.

Mann, Catherine L. "Is the U.S. current account deficit sustainable?". *Finance and Development*, v. 37, n. 1, p. 42-45, mar. 2000.

Nawaz, Shuja. "Why the world current account does not balance". *Finance and Development*, v. 24, n. 3, p. 43-45, set. 1987.

Ott, Mack. "Have U.S. exports been larger than reported?". Federal Reserve Bank of St. Louis, *Review*, v. 70, n. 5, p. 3-23, set./out. 1988.

U.S. Department of Commerce, Bureau of Economic Analysis. *Survey of current business*. Tópicos anuais, jan./abr./jul./set.

Walter, Bruce C. "Quality issues affecting the compilation of the U.S. merchandise trade statistics". In: Hooper, P.; Richardson, J. D. (ed.). *International economic transactions:* issues in measurement and empirical research. Chicago e Londres: University of Chicago Press, 1991, p. 89-103.

Capítulo 20

Chalupa, Karel V. "Foreign currency futures: reducing foreign exchange risk". Federal Reserve Bank of Chicago, *Economic Perspectives*, v. 6, n. 3, p. 3-11, 1982.

Chrystal, K. Alec. "A guide to foreign exchange markets". Federal Reserve Bank of St. Louis, *Review*, v. 66, n. 3, p. 5-18, mar. 1984.

Fieleke, Norman S. "The rise of the foreign currency futures market". Federal Reserve Bank of Boston, *New England Economic Review*, p. 38-47, mar./abr. 1985.

Gendreau, Brian. "New markets in foreign exchange". Federal Reserve Bank of Philadelphia, *Business Review*, p. 3-12, jul./ago. 1984.

Jorion, Philippe. "Does real interest parity hold at longer maturities?". *Journal of International Economics* 40, n. 1-2, fev. 1996, p. 105-26.

Kasman, Bruce; Charles Pigott. "Interest rate vergences among the major industrial nations". Federal Reserve Bank of New York, *Quarterly Review*, v. 13, n. 3, p. 28-44, 1988.

Kubarych, Robert M. *Foreign exchange markets in the United States*. Nova York: Federal Reserve Bank of New York, 1978.

Machlup, Fritz. "The theory of foreign exchanges". *Economica*, v. 6, p. 375-397, New Series, nov. 1939 e v. 7, p. 23-49, fev. 1940. Reimpressão de American Economic Association. In: Ellis, H. S; Metzler, L. A. (ed.). *Readings in the theory of international trade*. Filadélfia: Blakiston, 1950, p. 104-158.

McCormick, Frank. "Covered interest arbitrage: unexploited profits? Comment". *Journal of Political Economy*, v. 87, n. 2, p. 411-417, abr. 1979.

McPartland, John W. "Foreign exchange trading and settlement: past and present". *Chicago Fed Letter*, p. 1-4, fev. 2006.

Rivera-Batiz, Francisco L.; Luis A. Rivera-Batiz. *International finance and open economy macroeconomics*, 2ª ed. Nova York: Macmillan, 1994, cap. 1, 4-6.

Taylor, Mark P. "The economics of exchange rates". *Journal of Economic Literature*, v. 33, n. 1, p. 13-47, mar. 1995. (Páginas 14-21 são particularmente relevantes para este capítulo.)

Capítulo 21

Aggarwal, Raj; Andrea L. DeMaskey. "Cross-hedging currency risks in Asian emerging markets using derivatives in major currencies". *Journal of Portfolio Management*, v. 23, n. 3, p. 88-95, 1997.

Bank for International Settlements. *Annual reports*. Basle, Suíça.

Bryan, Lowell e Diana Farrell. *Market unbound:* unleashing global capitalism. Nova York: John Wiley and Sons, 1996.

Burghardt, Galen; Terry Belton; Morton Lane; Geoffrey Luce; Rick McVey. *Eurodollar futures and options:* controlling money market risk. Chicago: Probus, 1991.

Dufey, Gunter; Ian H. Giddy. *The international money market*. 2ª ed. Englewood Cliffs, NJ: Prentice-Hall, 1994.

Eng, Maximo; Francis A. Lees. "Eurocurrency centers". In:George, A. M.; Giddy, I. H. (ed.). *International finance handbook*. Nova York: John Wiley and Sons, 1983, v. 1, seção 3.6.

Gibson, Heather D. *The eurocurrency markets, domestic financial policy and international instability*. Nova York: St. Martin's Press, 1989.

Jochum, Christian; Laura Kodres. "Does the introduction of futures on emerging market currencies destabilize the underlying currencies?" *International Monetary Fund Staff Papers*, v. 45, n. 3, p. 486-521, set. 1998.

Johnston, R. B. *The economics of the euro-market:* history, theory and policy. Nova York: St. Martin's Press, 1982.

Kaufman, Herbert M. *Money and banking*. Lexington, MA: D.C. Heath, 1992.

Kreicher, Lawrence L. "Eurodollar arbitrage". Federal Reserve Bank of New York, *Quarterly Review*, v. 7, n. 2, p. 10-22, 1982.

Kvasnicka, Joseph G. "Eurodollars – an important source of funds for American banks". In: Kvasnicka, J. G. (ed.). *Readings in international finance*. 3ª ed. Chicago: Federal Reserve Bank of Chicago, 1986. p. 165-76.

Magraw, Daniel. "Legal aspects of international bonds". In: George, A. M.; Giddy, I. H. (ed.). *International finance handbook*. Nova York: John Wiley and Sons, 1983, v. 1, seção 5.3.

Mayo, Herbert B. *Investments:* an introduction, 5ª ed. Fort Worth, TX: Dryden Press, 1997.

Mendelsohn, M. S. *Money on the move:* the modern international capital market. Nova York: McGraw-Hill, 1980.

Mendelson, Morris. "The eurobond and foreign bond markets". In: George, A. M.; Giddy, I. H. (ed.). *International finance handbook*. Nova York: John Wiley and Sons, 1983, v. 1, seção 5.1.

Shepherd, William F. *International financial integration:* history, theory and applications in OECD countries. Aldershot, Inglaterra: Averbury, 1994, cap. 3-4.

Taylor, Alan M. "Global finance: past and present". *Finance and Development*, v. 41, n. 1, p. 28-31, mar. 2004.

Capítulo 22

Black, Stanley W.; Michael K. Salemi. "FIML estimation of the dollar-deutschemark risk premium in a portfolio model". *Journal of International Economics*, v. 25, n. 3-4, p. 205-224, nov. 1988.

Branson, William H.; Dale W. Henderson. "The specification and influence of asset markets". In: Jones, R. W.; Kenen, P. K.

(ed.). *Handbook of international economics*. Amsterdã: North-Holland, 1985, v. II, cap. 15.

Chinn, Menzie D.; Richard A. Meese. "Banking on currency forecasts: how predictable is change in money?". *Journal of International Economics*, v. 38, n. 1-2, p. 161-178, fev. 1995.

Crespo-Cuaresmo, Jesús; Jarko Fidrmuc; Ronald MacDonald. "The monetary approach to exchange rates in the CEECs". *The Economics of Transition*, v. 13, n. 2, p. 395-416, abr. 2005.

Dominguez, Kathryn M.; Jeffrey A. Frankel. "Does foreign exchange intervention matter? The portfolio effect". *American Economic Review*, v. 83, n. 4, p. 1356-1359, dez. 1993.

Dornbusch, Rudiger. "Exchange rate economics: where do we stand?". *Brookings Papers on Economic Activity*, n. 1, p. 143-185, 1980.

———. "Expectations and exchange rate dynamics". *Journal of Political Economy*, v. 84, n. 6, p. 1161-1176, dez. 1976.

Frankel, Jeffrey A. "Monetary and portfolio-balance models of the determination of exchange rates". In: Frankel, J. A. *On exchange rates*. Cambridge, MA: MIT Press, 1993, p. 95-115.

———. "Tests of monetary and portfolio balance models of exchange rate determination". In: John Bilson, J. F. O.; Marston, R. C. (ed.). *Exchange rate theory and practice*. Chicago: University of Chicago Press, 1984, cap. 7.

Frankel, Jeffrey A.; Andrew K. Rose. "Empirical research on nominal exchange rates". In: Grossman, G. M.; Rogoff, K. (ed.). *Handbook of international economics*. Amsterdã: Elsevier, 1995, v. III, cap. 33.

Frenkel, Jacob A. "A monetary approach to the exchange rate: doctrinal aspects and empirical evidence". In: Frenkel, J. A.; Johnson, H. G. (ed.). *The Economics of exchange rates*. Reading, MA: Addison-Wesley, 1978. cap. 1.

Frenkel, Jacob A.; Michael L. Mussa. "Asset markets, exchange rates and the balance of payments". In: Jones, R. W.; Kenen, P. B. (ed.). *Handbook of international economics*. Amsterdã: North-Holland, 1985, v. II, cap. 14.

Friedman, Milton (ed.). *Studies in the quantity theory of money*. Chicago: University of Chicago Press, 1956.

Froyen, Richard T. *Macroeconomics*: theories and policies. 8ª ed. Upper Saddle River, NJ: Pearson/Prentice Hall, 2005, cap. 7 e 22.

Graham, Frank D. *Exchange, prices and production in hyper-inflation*: Germany, 1920-1923. Princeton, NJ: Princeton University Press, 1930.

Isard, Peter. *Exchange rate economics:* surveys of economic literature. Cambridge, Inglaterra: Cambridge University Press, 1995.

Levich, Richard H. "Empirical studies of exchange rates: price behavior, rate determination and market efficiency". In: Jones, R. W.; B. Kenen, P. B. (ed.). *Handbook of international economics*. Amsterdã: North-Holland, 1985, v. II, cap. 19.

MacDonald, Ronald. "Exchange rate behaviour: are fundamentals important?". *Economic Journal*, v. 109, n. 459, p. F673-F691, nov. 1999.

MacDonald, Ronald; Ian W. Marsh. "On fundamentals and exchange rates: a Casselian perspective". *Review of Economics and Statistics*, v. 79, n. 4, p. 655-664, nov. 1997.

MacDonald, Ronald; Mark P. Taylor. "Exchange rate economics: a survey". *International Monetary Fund Staff Papers*, v. 39, n. 1, p. 1-57, mar. 1992.

———. "The monetary approach to the exchange rate: rational expectations, long-run equilibrium, and forecasting". *International Monetary Fund Staff Papers*, v. 40, n. 1, p. 89-107, mar. 1993.

———. "The monetary model of the exchange rate: long-run relationships, short-run dynamics and how to beat a random walk". *Journal of International Money and Finance*, v. 13, n. 3, p. 276-290, jun. 1994.

Meese, Richard. "Currency fluctuations in the post-Bretton Woods era". *Journal of Economic Perspectives*, v. 4, n. 1, p. 117-134, 1990.

Meese, Richard A.; Kenneth Rogoff. "Empirical exchange rate models of the seventies: do they fit out of sample?". *Journal of International Economics*, v. 14, n. 1-2, p. 3-24, fev. 1983.

Melvin, Michael. *International money and finance*, 5ª ed. Nova York: HarperCollins, 2000.

Mussa, Michael. "The monetary approach to the balance of payments". In: Baldwin, R. E.; Richardson, J. D. (ed.). *International trade and finance:* readings, 2ª ed. Boston: Little, Brown, 1981, p. 368-373.

Rivera-Batiz, Francisco L.; Luis A. Rivera-Batiz. *International finance and open economy macroeconomics*. 2ª ed. Nova York: Macmillan, 1994, cap. 19-20.

Rogoff, Kenneth. "Monetary models of dollar/yen/euro nominal exchange rates: dead or undead?". *Economic Journal*, v. 109, n. 459, p. F655-F659, nov. 1999.

———. "The purchasing power parity puzzle". *Journal of Economic Literature*, v. 34, n. 2, p. 647-668, jun. 1996.

Taylor, Mark. "The economics of exchange rates". *Journal of Economic Literature*, v. 33, n. 1, p. 13-47, mar. 1995.

Ujiie, Junichi. "A stock adjustment approach to monetary policy and the balance of payments". In: Frenkel, J. A.; Johnson, H. G. (ed.). *The economics of exchange rates*. Reading, MA: Addison-Wesley, 1978, cap. 10.

Capítulo 23

Alexander, Sidney S. "Effects of a devaluation: a simplified synthesis of elasticities and absorption approaches". *American Economic Review*, v. 49, n. 1, p. 22-42, mar. 1959.

———. "Effects of a devaluation on a trade balance". *International Monetary Fund Staff Papers*, v. 3, n. 1, p. 263-278, abr. 1952.

Appleyard, Dennis R.; Alfred J. Field, Jr. "A note on teaching the Marshall-Lerner condition". *Journal of Economic Education*, v. 17, n. 1, p. 52-57, 1986.

Backus, David K.; Patrick J. Kehoe; Finn E. Kydland. "Dynamics of the trade balance and the terms of trade: the J-curve?". *American Economic Review*, v. 84, n. 1, p. 84-103, mar. 1994.

Bloomfield, Arthur I. *Monetary policy under the international gold standard:* 1880-1914. Nova York: Federal Reserve Bank of New York, 1959.

Catão, Luis A.; Solomos N. Solomu. "Effective exchange rates and the classical gold standard adjustment". *American Economic Review*, v. 95, n. 4, p. 1259-1275, set. 2005.

Cook, David; Michael B. Devereux. "External currency pricing and the East Asian crisis". *Journal of International Economics*, v. 69, n. 1, p. 37-63, jun. 2006.

Devereux, Michael B.; Charles Engel. "Monetary policy in the open economy revisited: price setting and exchange-rate flexibility". *Review of Economic Studies*, v. 70, n. 245, p. 765-783, out. 2003.

Feenstra, Robert C.; Joseph E. Gagnon; Michael M. Knetter. "Market share and exchange rate pass-through in world automobile trade". *Journal of International Economics*, v. 40, n. 1-2, p. 187-207, fev. 1996.

Goldstein, Morris; Mohsin S. Khan. "Income and price effects in foreign trade". In: Jones, R. W.; Kenen, P. B. (ed.). *Handbook of international economics*. Amsterdã: North-Holland, 1985, v. II, cap. 20.

Gron, Anne; Deborah L. Swenson. "Incomplete exchange-rate pass-through and imperfect competition: the effect of local production". *American Economic Review*, v. 86, n. 2, p. 71-76, mai. 1996.

Houthakker, Hendrik S.; Stephen P. Magee. "Income and price elasticities in world trade". *Review of Economics and Statistics*, v. 51, n. 2, p. 111-125, mai. 1969.

Klitgaard, Thomas. "Exchange rates and profit margins: the case of Japanese exporters". Federal Reserve Bank of New York, *Economic Policy Review*, v. 5, n. 1, p. 41-54, abr. 1999.

Machlup, Fritz. "The theory of foreign exchanges". *Economica*, v. 6, p. 375-397, New Series, nov. 1939, e v. 7, p. 23-49, fev. 1940. Reimpressão de American Economic Association. In: Ellis, H. S.: Metzler, L. A. (ed.). *Readings in the theory of international trade*. Philadelphia: Blakiston, 1950, p. 104-58.

Marquez, Jaime. "Bilateral trade elasticities". *Review of Economics and Statistics*, v. 72, n. 1, p. 70-77, fev. 1990.

Olivei, Govanni P. "Exchange rates and the prices of manufacturing products imported into the United States". Federal Reserve Bank of Boston, *New England Economic Review*, p. 3-18, primeiro quadrimestre de 2002.

Orcutt, Guy H. "Measurement of price elasticities in international trade". *Review of Economics and Statistics*, v. 32, n. 2, p. 117-132, mai. 1950.

Robinson, Joan. "The foreign exchanges". In: Robinson, J. *Essays in the theory of employment*. 2ª ed. Oxford: Basil Blackwell, 1947, p. 134-155.

Stern, Robert M.; Jonathan Francis; Bruce Schumacher. *Price elasticities in international trade:* an annotated bibliography. Londres: Macmillan, 1975.

Yang, Jiawen. "Exchange rate pass-through in U.S. manufacturing industries". *Review of Economics and Statistics*, v. 79, n. 1, p. 95-104, fev. 1997.

Capítulo 24

Baxter, Marianne. "International trade and business cycles". In: Grossman, G. M.; Rogoff, K. (ed.). *Handbook of international economics*. Amsterdã: Elsevier, 1995, v. III, cap. 35.

Bruce, Neil; Douglas D. Purvis. "The specification and influence of goods and factor markets in open-economy macroeconomic models". In: Jones, R. W.; Kenen, P. B. (ed.). *Handbook of international economics*. Amsterdã: North-Holland, 1985, v. II, cap. 16.

Canova, Fabio; Gianni de Nicolo. "On the sources of business cycles in the G-7". *Journal of International Economics*, v. 59, n. 1, p. 77-100, jan. 2003.

Dornbusch, Rudiger. *Open economy macroeconomics*. Nova York: Basic Books, 1980.

Froyen, Richard T. *Macroeconomics:* theories and policies. 8ª ed. Upper Saddle River, NJ: Pearson/Prentice Hall, 2005, cap. 6.

Helliwell, John F.; Tim Padmore. "Empirical studies of macroeconomic interdependence". In: Jones, R. W.; Kenen, P. B. (ed.). *Handbook of international economics*. Amsterdã: North-Holland, 1985, v. II, cap. 21.

Kenen, Peter B. "Macroeconomic theory and policy: how the closed economy was opened". In: Jones, R. W.; Kenen, P. B. *Handbook of international economics*. Amsterdã: North-Holland, 1985, v. II, cap. 13.

Keynes, John Maynard. *The general theory of employment, interest and money*. Nova York: Harcourt, Brace, 1936.

Kim, Yoonbai. "Income effects on the trade balance". *Review of Economics and Statistics*, v. 78, n. 3, p. 464-469, ago. 1996.

Kose, M. Ayhan; Eswar S. Prasad; Marco E. Terrones. "How does globalization affect the synchronization of business cycles?". *American Economic Review*, v. 93, n. 2, p. 57-62, mai. 2003.

Machlup, Fritz. *International trade and the national income multiplier*. Filadélfia: Blakiston, 1943.

Meade, James E. *The theory of international economic policy*, v. I. *The Balance of Payments*. Londres: Oxford University Press, 1951, parte III.

Norton, Stefan C.; Don E. Schlagenhauf. "The role of international factors in the business cycle: a multi-country study". *Journal of International Economics*, v. 40, n. 1-2, p. 85-104, fev. 1996.

Swan, T. W. "Longer-run problems of the balance of payments". In: Arndt, H. W.; Corden, W. M. (ed.). *The Australian economy:* a volume of readings. Melbourne: F. W. Cheshire Press, 1963, p. 384-95.

Tinbergen, Jan. *Economic policy:* principles and design, 4ª reimpressão. Amsterdã: North-Holland, 1967.

Capítulo 25

Bonser-Neal, Catherine. "Does Central Bank intervention stabilize foreign exchange rates?". Federal Reserve Bank of Kansas City, *Economic Review*, v. 81, n. 1, p. 43-57, primeiro quadrimestre de 1996.

Enoch, Charles; Anne-Marie Gulde. "Are *currency boards* a cure for all monetary problems?". *Finance and Development*, v. 35, n. 4, p. 40-43, dez. 1998.

Fleming, J. Marcus. "Domestic financial policies under fixed and under floating exchange rates". *International Monetary Fund Staff Papers*, v. 9, n. 3, p. 369-379, nov. 1962.

Frenkel, Jacob A.; Michael L. Mussa. "Asset markets, exchange rates, and the balance of payments". In: Jones, R. W.; Kenen, P. B. (ed.). *Handbook of international economics*. Amsterdã: North-Holland, 1985, v. II, cap. 14.

Frenkel, Jacob A.; Assaf Razin. "The Mundell-Fleming model a quarter century later". *International Monetary Fund Staff Papers*, v. 34, n. 4, p. 567-620, dez. 1987.

Froyen, Richard T. *Macroeconomics:* theories and policies, 8ª ed. Upper Saddle River, NJ: Pearson/Prentice Hall, 2005, cap. 7, 8 e 16.

Kenen, Peter B. "Macroeconomic theory and policy: how the closed economy was opened". In: Jones, R. W.; Kenen, P. B.

(ed.). *Handbook of international economics*. Amsterdã: North-Holland, 1985, v. II, cap. 13.

Mundell, Robert. "The appropriate use of monetary and fiscal policy for internal and external stability". *International Monetary Fund Staff Papers*, v. 9, n. 1, p. 70-77, mar. 1962.

———. "Capital mobility and stabilization policy under fixed and flexible exchange rates". *Canadian Journal of Economics and Political Science*, v. 29, n. 4, p. 475-485, nov. 1963.

———. *International economics*. Nova York: Macmillan, 1968.

Mussa, Michael. "Macroeconomic interdependence and the exchange rate regime". In: Dornbusch, R.; Jacob Frenkel, J. A. (ed.). *International economic policy:* theory and evidence. Baltimore: Johns Hopkins University Press, 1979, p. 160-204.

Taylor, Alan M. "Global finance: past and present". *Finance and Development*, v. 41, n. 1, p. 28-31, mar. 2004.

Tinbergen, Jan. *Economic policy:* principles and design, 4ª reimpressão. Amsterdã: North-Holland, 1967.

Willett, Thomas D.; Francisco Forte. "Interest rate policy and external balance". *Quarterly Journal of Economics*, v. 83, n. 2, p. 242-262, mai. 1969.

Capítulo 26

Bergsten, C. Fred; C. Randall Henning. *Global economic leadership and the group of seven*. Washington, DC: Institute for International Economics, 1996.

Coeuré, Benoît; Jean Pisani-Ferry. "The case against benign neglect of exchange rate stability". *Finance and Development*, v. 36, n. 3, p. 5-8, set. 1999.

Cooper, Richard N. "Economic interdependence and coordination of economic policies". In: Jones, R. W.; Kenen, P. B. (ed.). *Handbook of international economics*. Amsterdã: North-Holland, 1985, v. II, cap. 23.

Dunn, Robert M., Jr. *The many disappointments of flexible exchange rates*. Essays in International Finance, n. 154. Princeton, NJ: International Finance Section, Princeton University, dez. 1983.

Fleming, J. Marcus. "Domestic financial policies under fixed and under floating exchange rates". *International Monetary Fund Staff Papers*, v. 9, n. 3, p. 369-379, nov. 1962.

Friedman, Milton. "The case for flexible exchange rates". In: Friedman, M. *Essays in positive economics*. Chicago: University of Chicago Press, 1953, p. 157-203.

Kenen, Peter B. "Macroeconomic theory and policy: how the closed economy was opened". In: Jones, R. W.; Kenen, P. B. (ed.) *Handbook of international economics*. Amsterdã: North-Holland, 1985, v. II, cap. 13.

Marston, Richard C. "Stabilization policies in open economies". In: Jones, R. W.; Kenen, P. B. (ed.). *Handbook of international economics*. Amsterdã: North-Holland, 1985, v. II, cap. 17.

McCulloch, Rachel. "Macroeconomic policy and trade performance: international implications of U.S. budget deficits". In: Baldwin, R. E.; Hamilton, C. B.; Sapir, A. (ed.). *Issues in U.S.-EC trade relations*. Chicago: University of Chicago Press, 1988, p. 349-368.

Mundell, Robert A. *International economics*. Nova York: Macmillan, 1968, cap. 17-18.

Rogers, John H. "Monetary shocks and real exchange rates". *Journal of International Economics*, v. 49, n. 2, p. 269-288, dez. 1999.

Rivera-Batiz, Francisco L.; Luis A. Rivera-Batiz. *International finance and open economy macroeconomics*, 2ª ed. Nova York: Macmillan, 1994, cap. 17.

Taylor, John B. "The role of the exchange rate in monetary-policy rules". *American Economic Review*, v. 91, n. 2, p. 263-267, mai. 2001.

Capítulo 27

Akerlof, George; Janet Yellin. "Rational models of irrational behavior". *American Economic Review*, v. 77, n. 2, p. 137-142, mai. 1987.

Ball, Laurence; N. Gregory Mankiw. "The Nairu in theory and practice". *Journal of Economic Perspectives*, v. 16, n. 4, p. 115-136, 2002.

Blanchard, Olivier; Justin Wolfers. "The role of shocks and institutions in the rise of European unemployment: the aggregate evidence". *Economic Journal*, v. 110, n. 462, p. C1-C33, mar. 2000.

Bruce, Neil; Douglas D. Purvis. "The specification and influence of goods and factor markets in open-economy macroeconomic models". In: Jones, R. W.; Kenen, P. B. (ed.). *Handbook of international economics*. Amsterdã: North-Holland, 1985, v. II, cap. 16.

Darity, William, Jr.; Arthur H. Goldsmith. "Social psychology, unemployment and macroeconomics". *Journal of Economic Perspectives*, v. 10, n. 1, p. 121-140, 1996.

Froyen, Richard T. *Macroeconomics:* theories and policies, 8ª ed. Upper Saddle River, NJ: Pearson/Prentice Hall, 2005, cap. 9-14.

Gordon, Robert J. *Macroeconomics*, 10ª ed. Boston: Pearson/Addison Wesley, 2006, cap. 7-9, 13-14, 17.

Maddock, Rodney; Michael Carter. "A child's guide to rational expectations". *Journal of Economic Literature*, v. 20, n. 1, p. 39-51, mar. 1982.

Mankiw, N. Gregory. "A quick refresher course in macroeconomics". *Journal of Economic Literature*, v. 28, n. 4, p. 1645-1660, dez. 1990.

Marston, Richard C. "Stabilization policies in open economies". In: Jones, R. W.; Kenen, P. B. (ed.). *Handbook of international economics*. Amsterdã: North-Holland, 1985, v. II, cap. 17.

Stiglitz, Joseph. "Reflections on the natural rate hypothesis". *Journal of Economic Perspectives*, v. 11, n. 1, p. 3-10, 1997.

Weiner, Stuart E. "Challenges to the natural rate framework". Federal Reserve Bank of Kansas City, *Economic Review*, v. 80, n. 2, p. 19-25, segundo trimestre de 1995.

Capítulo 28

Baxter, Marianne; Alan C. Stockman. "Business cycles and the exchange-rate regime: some international evidence". *Journal of Monetary Economics*, v. 23, n. 3, p. 377-400, mai. 1989.

Broda, Christian. "Terms of trade and exchange rate regimes in developing countries". *Journal of International Economics*, v. 63, n. 1, p. 31-58, mai. 2004.

Broll, Udo; Bernhard Eckwert. "Exchange rate volatility and international trade". *Southern Economic Journal*, v. 66, n. 1, p. 178-185, jul. 1999.

Calvo, Guillermo A.; Frederic S. Mishkin. "The mirage of exchange rate regimes for emerging market countries". *Journal of Economic Perspectives*, v. 17, n. 4, p. 99-118, 2003.

Cooper, Richard N. *Currency devaluation in developing countries.* Essays in International Finance n. 86. Princeton, NJ: International Finance Section, Princeton University, jun. 1971.

Cushman, David O. "U.S. bilateral trade flows and exchange risk during the floating period". *Journal of International Economics,* v. 24, n. 3-4, p. 317-330, mai. 1988.

Dornbusch, Rudiger. "Flexible exchange rates and interdependence". *International Monetary Fund Staff Papers,* v. 30, n. 1, p. 3-30, mar. 1983.

Flood, Robert P.; Nancy P. Marion. "Self-fulfilling risk predictions: an application to speculative attacks". *Journal of International Economics,* v. 50, n. 1, p. 245-268, fev. 2000.

Friedman, Milton. "The case for flexible exchange rates". In: Friedman, M. *Essays in positive economics.* Chicago: University of Chicago Press, 1953, p. 157-203.

Gagnon, Joseph E. "Exchange rate variability and the level of international trade". *Journal of International Economics,* v. 34, n. 3-4, mai. 1993, p. 269-287.

Garber, Peter M.; Lars E. O. Svensson. "The operation and collapse of fixed exchange rate regimes". In: Grossman, G. M.; Rogoff, K. (ed.). *Handbook of international economics.* Amsterdã: Elsevier, 1995, v. III, cap. 36.

Gulde, Anne-Marie. "The role of the *currency board* in Bulgaria's stabilization". *Finance and Development,* v. 36, n. 3, p. 36-39, set. 1999.

Gültekin, Bülent; Kamîl Yilmaz. "The *currency board* experience and the alternatives for Turkey". Documento não publicado. Koç University. Istambul.

Heller, H. Robert. "Optimal international reserves". *Economic Journal,* v. 76, n. 302, p. 296-311, jun. 1966.

Hooper, Peter; Steven W. Kohlhagen. "The effect of exchange rate uncertainty on the prices and volume of international trade". *Journal of International Economics,* v. 8, n. 4, p. 483-511, nov. 1978.

Hutchison, Michael; Carl E. Walsh. "Empirical evidence on the insulation properties of fixed and flexible exchange rates: the Japanese experience". *Journal of International Economics,* v. 32, n. 3-4, p. 241-263, mai. 1992.

Ito, Takatoshi; Peter Isard; Steven Symanski; Tamim Bayoumi. *Exchange rate movements and their impact on trade and investment in the APEC region.* IMF Occasional Paper 145. Washington, DC: IMF, 1996. Resumido na obra "Study examines exchange rate changes and impact on APEC trade and investment", *IMF Survey,* p. 37-38, 10 fev. 1997.

Korhonen, Iikka. "*Currency boards* in the Baltic countries: what have we learned?". Institute for Economies in Transition Papers, n. 6, Bank of Finland, 1999.

Levy-Yeyati, Eduardo; Federico Sturzenegger. "To float or to fix: evidence on the impact of exchange rate regimes on growth". *American Economic Review,* v. 93, n. 4, p. 1173-1193, set. 2003.

McCulloch, Rachel. *Unexpected real consequences of floating exchange rates.* Essays in International Finance n. 153. Princeton, NJ: International Finance Section, Princeton University, ago. 1983.

McKinnon, Ronald I. "Optimum currency areas". *American Economic Review,* v. 53, n. 4, p. 717-725, set. 1963.

Mundell, Robert A. "Currency areas, common currencies, and EMU". *American Economic Review,* v. 87, n. 2, p. 214-216, mai. 1997.

———. "A theory of optimum currency areas". *American Economic Review,* v. 51, n. 4, p. 657-665, set. 1961.

Taylor, Mark P. "The economics of exchange rates". *Journal of Economic Literature,* v. 33, n. 1, p. 13-47, mar. 1995.

Thursby, Jerry G.; Marie C. Thursby. "Bilateral trade flows, the Linder hypothesis, and exchange risk". *Review of Economics and Statistics,* v. 69, n. 3, p. 488-495, ago. 1987.

Tower, Edward; Thomas D. Willett. *The theory of optimum currency areas and exchange-rate flexibility.* Special Papers in International Economics, n. 11. Princeton, NJ: International Finance Section, Princeton University, 1976.

Wang, Kai-li; Christopher B. Barrett. "A new look at the trade volume effects of real exchange rate risk". Working Paper 2002-41. Department of Applied Economics and Management, Cornell University, nov. 2002.

Williamson, John. *What role for currency boards?* Policy Analyses in International Economics, n. 40. Washington, DC: Institute for International Economics, set. 1995.

Capítulo 29

Ahmed, Masood; Timothy Lane; Marianne Schulze-Ghattas. "Refocusing IMF conditionality". *Finance and Development,* v. 38, n. 4, p. 40-43, dez. 2001.

Bergsten, C. Fred; C. Randall Henning. *Global economic leadership and the group of seven.* Washington, DC: Institute for International Economics, 1996.

Black, Stanley W. "International money and international monetary arrangements". In: Jones, R. W.; Kenen, P. B. (ed.). *Handbook of international economics.* Amsterdã: North-Holland, 1985, v. II, cap. 22.

Bloomfield, Arthur I. *Monetary policy under the international gold standard:* 1880-1914. Nova York: Federal Reserve Bank of Nova York, 1959.

———. *Short-term capital movements under the pre-1914 gold standard.* Princeton Studies in International Finance, n. 11. Princeton, NJ: International Finance Section, Princeton University, 1963.

Calvo, Guillermo A.; Enrique G. Mendoza. "Petty crime and cruel punishment: lessons from the Mexican debacle". *American Economic Review,* v. 86, n. 2, p. 170-175, mai. 1996.

Commission of the European Communities. *The European monetary system.* European File, n. 15-86. Luxemburgo: Office for Official Publications of the European Communities, 1986.

Cooper, Richard N. "Economic interdependence and coordination of economic policies". In: Jones, R. W.; Kenen, P. B. (ed.). *Handbook of international economics.* Amsterdã: North-Holland, 1985, v. II, cap. 23.

———. "Is there a need for reform?". In: Baldwin, E. R.; Richardson, J. D. (ed.). *International trade and finance:* readings. 3ª ed. Boston: Little, Brown, 1986, p. 337-55.

Dunn, Robert M., Jr. *The many disappointments of flexible exchange rates.* Essays in International Finance, n. 154. Princeton, NJ: International Finance Section, Princeton University, dez. 1983.

Economic Report of the President, February 1999. Washington, DC: U.S. Government Printing Office, 1999, cap. 7.

The ECU, 2ª ed., periódico 5/1987. Luxemburgo: Office for Official Publications of the European Communities, 1987.

Eichengreen, Barry. "European monetary unification". *Journal of Economic Literature,* v. 31, n. 3, p. 1321-1357, set. 1993.

———."A review of Peter Isard's *globalization and the international financial system: what's wrong and what can be done?*". *Journal of Economic Literature,* v. 44, n. 2, p. 415-419, jun. 2006.

———. *Toward a new international financial architecture*: a practical post-Asia agenda. Washington, DC: Institute for International Economics, 1999.

Ellsworth, P. T.; J. Clark Leith. *The international economy,* 6ª ed. Nova York: Macmillan, 1984.

Frankel, Jeffrey A. "Recent exchange-rate experience and proposals for feform". *American Economic Review,* v. 86, n. 2, p. 153-158, mai. 1996.

Garber, Peter M.; Lars E. O. Svensson. "The operation and collapse of fixed exchange rate regimes". In: Grossman, G. M.; Rogoff, K. (ed.). *Handbook of international economics.* Amsterdã: Elsevier, 1995, v. III, cap. 36.

Goldstein, Morris. "Whither the exchange rate system?". *Finance and Development,* v. 21, n. 2, p. 2-6, jun. 1984.

IMF External Relations Department. "How the IMF promotes global economic stability: a factsheet". Washington, DC, ago. 2006.

IMF Staff. "The Asian crisis: causes and cures". *Finance and Development,* v. 35, n. 2, p. 18-21, jun. 1998.

Issing, Otmar. "The monetary policy of the eurosystem". *Finance and Development,* v. 36, n. 1, p. 18-21, mar. 1999.

James, Harold. "From grandmotherliness to governance: the evolution of IMF conditionality". *Finance and Development,* v. 35, n. 4, p. 44-47, dez. 1998.

Jennings, Thomas. "Dollarization: a primer". U.S. International Trade Commission *International Economic Review,* p. 8-10, abr./mai. 2000.

Joyce, Joseph P. "The Asian crisis and the IMF: new problems, old solutions?" *The Journal of the Korean Economy,* v. 1, n. 1, p. 109-124, 2000.

———. "The IMF and global financial crises". *Challenge: The Magazine of Economic Affairs,* v. 43, n. 4, p. 88-107, jul./ago. 2000.

Kenen, Peter B. *Ways to reform exchange-rate arrangements.* Reimpressão de International Finance n. 28. Princeton, NJ: International Finance Section, Princeton University, nov. 1994.

Krugman, Paul R. "Target zones and exchange rate dynamics". *Quarterly Journal of Economics,* v. 106, n. 3, p. 669-682, ago. 1991.

Machlup, Fritz. *Plans for reform of the international monetary system.* Special Papers in International Economics, n. 3. Revisado. Princeton, NJ: International Finance Section, Princeton University, 1964.

———. *Remaking the international monetary system:* the Rio agreement and beyond. Baltimore: Johns Hopkins University Press, 1968.

Machlup, Fritz; Burton G. Malkiel (eds.). *International monetary arrangements:* the problem of choice. Report of the Deliberations of an International Study Group of 32 Economists. Princeton, NJ: International Finance Section, Princeton University, 1964.

McCulloch, Rachel. *Unexpected real consequences of floating exchange rates.* Essays in International Finance, n. 153. Princeton, NJ: International Finance Section, Princeton University, ago. 1983.

McKinnon, Ronald I. *An international standard for monetary stabilization.* Washington, DC: Institute for International Economics, 1984.

———. "Monetary and exchange rate policies for international financial stability: a proposal". *Journal of Economic Perspectives,* v. 2, n. 1, p. 83-103, 1988.

Mundell, Robert. "Threat to prosperity". *The Wall Street Journal,* p. A30, 30 mar. 2000.

Peera, Nural. "The international monetary system and the less developed countries". In: Zis, G. et al. *International economics.* Londres: Longman, 1988. p. 263-319.

Reinhart, Carmen M. "The mirage of floating exchange rates". *American Economic Review,* v. 90, n. 2, p. 65-70, mai. 2000.

A single currency for Europe: monetary and real impacts. Documento de uma conferência organizada pelo Banco de Portugal e pelo Centro de Pesquisas e Políticas Econômicas em Estoril em 16-18 jan. 1992. Londres: Centre for Economic Policy Research, 1992.

Spahn, Paul Bernd. "The tobin tax and exchange rate stability". *Finance and Development,* v. 33, n. 2, p. 24-27, jun. 1996.

Stotsky, Janet G. "Why a two-tier tobin tax won't work". *Finance and Development,* v. 33, n. 2, p. 28-29, jun. 1996.

Summers, Lawrence H. "International financial crises: causes, prevention, and cures". *American Economic Review,* v. 90, n. 2, p. 1-16, mai. 2000.

Svensson, Lars E. O. "An interpretation of recent research on exchange rate target zones". *Journal of Economic Perspectives,* v. 6, n. 4, p. 119-144, 1992.

Swoboda, Alexander. "Reforming the international financial architecture". *Finance and Development,* v. 36, n. 3, p. 2-4, set. 1999.

Taylor, Mark P; Lucio Sarno. "The behavior of real exchange rates during the post-Bretton Woods period". *Journal of International Economics,* v. 46, n. 2, p. 281-312, dez. 1998.

Tobin, James. "A Currency transactions tax. Why and how". Documento apresentado na Conferência dos Mercados Globalizados, Cidei Universita "La Sapienza", Roma, 27-28 out. 1994. Edição revisada, jan. 1995.

———. "A proposal for international monetary reform". *The Eastern Economic Journal,* v. 4, n. 3-4, p. 153-159, jul./out. 1978.

Triffin, Robert. *The evolution of the international monetary system:* historical reappraisal and future perspectives. Princeton Studies in International Finance, n. 12. Princeton, NJ: International Finance Section, Princeton University, 1964.

———. *Gold and the dollar crisis:* the future of convertibility. New Haven, CT: Yale University Press, 1960.

Tsiang, S. C. "Fluctuating exchange rates in countries with relatively stable economies". *International Monetary Fund Staff Papers,* v. 7, n. 2, p. 244-273, out. 1959.

Williamson, John. "The case for roughly stabilizing the real value of the dollar". *American Economic Review,* v. 79, n. 2, p. 41-45, mai. 1989.

———. "Comment on McKinnon's monetary rule". *Journal of Economic Perspectives,* v. 2, n. 1, p. 113-119, 1988.

———. "Exchange rate management: the role of target zones". *American Economic Review,* v. 77, n. 2, p. 200-2004, mai. 1987.

———. *The exchange rate system,* 2ª ed. Washington, DC: Institute for International Economics, 1985.

Créditos das fotos

Parte 1
Página 15 © Brand X Pictures/PunchStock/DAL

Parte 2
Página 63 RF/Corbis/DAL

Parte 3
Página 171 PhotoLink/Getty Images/DAL

Parte 4
Página 255 © Comstock/PunchStock/DAL

Parte 5
Página 453 (superior esquerda) Ryan McVay/Getty Images/DAL

Página 453 (superior direita) Ryan McVay/Getty Images/DAL

Página 453 (inferior direita) RF/Corbis/DAL

Página 453 (inferior esquerda) PhotoLink/Getty Images/DAL

Parte 6
Página 627 © Bran X Pictures/PunchStock/DAL

Parte 7
Página 705 The Studio Dog/Getty Images/DAL

ÍNDICE

Páginas seguidas da letra n são informações encontradas em nota de rodapé ou em notas de fonte.

A

A Treatise on money (Keynes), 602
A. L. Bowley, 67
Abertura para economia, 425
Abordagem além fronteiras às negociações, 362
Abordagem das dotações de fator. *Consulte* Modelo de Heckscher-Ohlin
Abordagem de interesse próprio, à política comercial, 356-359
Abordagem do balanço de portfólio
 à taxa de câmbio, 554-561
 ao balanço de pagamentos, 554-561, 571-572
Abordagem monetária. *Consulte também* Sistema monetário internacional; Política monetária do balanço de pagamentos, 544-551, 568-571
 taxa de câmbio, 551-554
Abordagem do mercado de ativos. *Consulte* Abordagem do balanço de portfólio
Abordagem item por item, 361-362
Abraham, Spencer, 251n
Acordo da Jamaica, 744
Acordo de ação de contenção internacional, 433-434
Acordo de Livre-Comércio América Central-República Dominicana-EUA (CAFTA-DR), 414
Acordo de Livre-Comércio Canadá-EUA, 407
Acordo de Multifibra, 368-371
Acordo de taxa futura (FRA), 531-532
Acordo Geral de Tarifas e Comércio (GATT), 21, 255. *Consulte também* Organização Mundial do Comércio (OMC)
Acordo Geral sobre Comércio em Serviços (GATS), 368
Acordo Internacional de cota de exportação, 434
Acordo Internacional do Açúcar, 435
Acordo Internacional do Cacau, 435
Acordo Internacional do Café, 434-435
Acordo Internacional do Estanho, 433, 435
Acordo Norte-Americano sobre Cooperação Trabalhista, 413
Acordo Smithsoniano, 743
Acordos de *commodities* internacionais (ICAs), 434-435
Acordos de restrições voluntárias (VRAs), 377
Adam Smith, 16-18, 22, 24-26, 29-31, 39, 432
Adams, Chris, 377n
Adrian Kendry, 134n
Aeppel, Timothy, 479n
África. *Consulte também* países africanos, integração econômica 389-390, 396-397, 416-417
 processo econômico na África Subsaariana, 698
Agenda de Desenvolvimento Doha, 371-373
Ágio, 501-502
Ágio de opção, 535
Agregação de produtos, no comércio intraindustrial, 193
Aguilar, Linda M., 411n
Ahmed, Ahmed A., 232
"Aid for Trade", 374-375
Airbus Industrie, 348
Ajuste monetário automático, 648-649
Ajuste parcial de conta corrente, 617

Ajustes monetários
 em taxas de câmbio fixas, 695
Alemanha
 abordagem de balanço monetário, 568-571
 correlações de variáveis macroeconômicas através dos países, 619
 elasticidade-preço da demanda por importações e exportações, 586
 migração de trabalho para, 245-249
 política comercial da, 259
 trabalho e capital necessários por unidade de produto, 209
Aliber, Robert Z., 503
Alívio da dívida, 446-450
Allegretto, Sylvia, 164, 166n
Allen, Mark, 365
Almunia, Joaquin, 708, 749
Altig, David, 656n
Alto grau de abertura, 427
Amin, Idi, 397
Análise de equilíbrio parcial
 explicação sobre, 279
 no caso de país grande, 297-300, 314-315
 o caso de país pequeno, 280-288
 restrições comerciais na, 280-300
Análise *IS/LM/BP*
 da demanda agregada, 686-691
 taxas de câmbio fixas, 714-715, 720-721
 taxas de câmbio flexíveis, 714-715, 720-721
Anastasia, Mary, 415n
Anderson, James E., 367, 367n
Ansari, Javed A., 430, 441
Ansberry, Clare, 379n
Anthan, George, 358n
Appleyard, Dennis R., 49n, 431, 581n
Apreciação da moeda doméstica, 481-483, 560
Apreciação da moeda estrangeira, 481
Apreciação percentual esperada da moeda estrangeira, 500-501
Arbitragem
 explicação sobre, 483
 juros coberto, 502-503
 mercado de ações, 521
 mercado *spot*, 483-484
 triangular, 483
Área de Livre-Comércio para as Américas (ALCA), 414-416
Áreas de Livre-Comércio (FTA), 386-387
Áreas monetárias ótimas, 725-727
Argentina
 crise econômica na, 678
 currency boards, 655-656
 no Mercado Comum do Cone Sul (Mercosul), 390, 414
Argersinger, Matthew J., 7n, 9n, 456n, 468n, 469n
Armadilha de débito, 466
Arranjos de divisão de produção (OAP), 260
Associação das Nações do Sudeste Asiático (ASEAN), 389
Associação de Integração Latino-Americana (LAIA), 389
Associação de Livre-Comércio Europeia (EFTA), 389

Associação Médica Americana (AMA), 250
Associação Sul-Asiática para Cooperação Regional (SAARC), 390
Atividade de busca de renda, 357
Atividade diretamente improdutiva, 357
Ativos de reserva internacionalmente aceitos, 734
Ato de Segurança Alimentar de 1985, 301
Atos de Navegação Britânicos, 20
Atraso da demanda, na hipótese da imitação atrasada, 174
Atraso líquido, na hipótese da imitação atrasada, 174-175
Auerbach, Stuart, 377n
Austrália
 correlações de variáveis macroeconômicas através dos países, 619
 impostos preferenciais e, 259
 interferência sobre o livre-comércio, 274
 migração para, 241
Áustria, correlação de variáveis macroeconômicas entre os países, 619
Automóveis
 classificação administrativa dos, 272-273
Autoridade de Promoção de Comércio, 366, 378-379

B

B. S. Minhas, 154-156
Bacon, Kenneth H., 250n
Bahamas, 518
Balança de comércio, 462-464
Balança comercial, 19
Balança comercial positiva. *Consulte* Balança de comércio favorável
Balança de bens, serviços e renda, 464
Balança de comércio. *Consulte também* Déficits comerciais
 desfavorável, 19
 favorável, 19
 tarifa para melhorar, 320-321
Balança de comércio negativa. *Consulte* Balança de comércio desfavorável
Balança de conta corrente, 457, 464-465, 466. *Consulte também* Mecanismo de ajuste de preço
 abordagem monetária ao balanço de pagamentos, 549
 ajuste preço e renda, 618-621
 equilíbrio de renda e, 612-613
Balança de conta financeira, 467-468
Balança de pagamentos oficiais, 467
Balança interna
 ajuste de preço e, 618-621
 explicação sobre, 619-620
Balanço básico, 467
Balanço da conta corrente, 477
Balanço de conta corrente e de recursos de longo prazo, 465
Balanço externo
 ajuste de preço e, 618-621
 explicação sobre, 619-620
Balassa, Bela, 53, 194-195, 270, 390-391, 391n, 398n

Balcerowicz Plan, 408
Baldwin, Richard, 348
Baldwin, Robert E., 157-158, 165n, 256, 355, 359-361, 381, 429
Ball, David S., 154
Banco Central de Nova York, 166
Banco Central Europeu (ECB), 745-747
Banco Central Mundial, 759-760
Banco de Desenvolvimento Africano Oriental, 397
Banco de Pagamentos Internacionais (BIS), 458, 511
Banco Interamericano de Desenvolvimento, 245
Banco Internacional para a Reconstrução e o Desenvolvimento (BIRD). *Consulte* Banco Mundial
Banco Mundial, 225, 245, 440-441
   "Aid for Trade" e, 374-375
   ajuda para países em desenvolvimento, 446
   alívio da dívida para países em desenvolvimento e, 446-450
   contas do balanço de pagamentos e, 473
   desempenhos comparativos das economias em transição, 406
   metas do, 734
   origem do, 719
   remessas de imigrantes e, 246
Bancos, 443-459
   empréstimo bancário internacional e, 510-516
   empréstimos empurrados, 445
   sindicato de participação de empréstimo, 541
Bancos centrais
   banco central mundial proposto, 759-760
   mudanças nas reserva de recursos, 460
   reservas absolutas e relativas dos, 715-716, 735-737
   reservas em ouro, 755
Bandas horizontais, 727-728
Bangladesh, tarifas efetivas, 268
Bank of America Corporation, 230
Barclays Bank, 230
Barreiras não tarifárias (NTBs), 268-276
   impacto das, 232
   investimento estrangeiro direto, 231
   tipos de, 270-276
Barrell, Ray, 233
Barrett, Christopher B., 712
Base monetária, 545-546
Baxter, Marianne, 619n, 721
Bayoumi, Tamim, 712
Becker, Elizabeth, 374n
Beghin, John C., 307, 307n
Beladi, Hamid, 194
Bell, Martin, 339
Belton, Terry, 531n
Beltrane, Julian, 248n, 411n
Benjamin Franklin, 25
Bens inferiores, 118n
Bens não homogêneos, impacto da política comercial sobre, 309-310
Berg, Andrew, 656n
Bergsten, C. Fred, 764-765
Bergstrand, Jeffrey H., 181
Berliner, Diane T., 338, 338n
Bernstein, Jared, 164, 166n
Bertil Ohlin, 64, 127
Bhagwati, Jagdish N., 196, 219, 251n, 326n, 437
Bharadwaj, R., 158
Bhatia, D. P., 615, 615n
Bill Richardson, 21
Birnbaum, Jeffrey, 675n
Biswas, Romita, 233
Black, S. W., 56n
Blair, Tony, 279

Blaug, Mark, 430n, 562n, 719n
Blinder, Alan, 379
Bloomfield, Arthur I., 735
Blustein, Paul, 656n
BNP Paribas, 230
Boeing Corporation, 191
Boeing, empresa, 348
Borensztein, Eduardo, 656n
Borjas, George J., 165, 251, 251n, 252, 252n
Bovard, James, 377n
Bowen, Harry P., 159, 160n, 212n
Bradford, Scott C., 162, 275, 275n, 381
Brady, Nicholas, 446
Brander, James A., 188-189, 328, 344-345
Branson, William H., 556
Branstetter, Lee G., 225n, 226-227
Brasil
   no Mercado Comum do Cone Sul (Mercosul), 390, 414
   termos de troca no, 221
British Petroleum, 230
Broll, Udo, 712
Brown, Drusilla, 409
Bryan, Lowell, 531n
Buchanan, Patrick J., 21, 317
Buiter, Willem, 764
Bulgária, na União Europeia (UE), 386, 400
Burghardt, Galen, 531n
Burtless, Gary, 164-166
Burton, John, 719n
Bush, George H. W., 366, 377
Bush, George W., 279, 376-377
Busse, Matthias, 126, 126n
"Buy American", ato, 270
Byrd Amendment, 378n

C
Cain, Glen G., 165n
Calamitsis, Evangelos A., 698n
Camdessus, Michael, 674
Caminho randômico, 572
Canadá. *Consulte também* Tratado Norte-Americano de Livre-Comércio (NAFTA)
   correlação de taxa de juros com os Estados Unidos, 506-507
   déficits de comércio dos Estados Unidos com, 469-470
   disputas por madeira clara com os Estados Unidos, 378
   elasticidades-preço da demanda por exportações e importações, 586
   impostos preferenciais e, 259
   migração, 241
   paradoxo de Leontief, 159-160
   política comercial do, 258
   propensão média a importar, 606
   restrições sobre serviços comerciais, 272
   taxas antidumping, 378
   trabalho e capital necessários por unidade de produto, 209
   variáveis macroeconômicas através dos países, 619
Canas, Jesus, 411n
Capital. *Consulte também* Investimento estrangeiro direto
   controles sobre fluxos de capital, 762-765
   determinantes do investimento direto estrangeiro, 233-237
   mobilidade/imobilidade do, 147-148, 225-240, 643-646, 649-652, 659-668
   movimentos internacionais, 225-240
   papel dos recursos naturais, 157-158
   razão capital/trabalho e, 153-157

Capitalismo e Liberdade (Friedman), 719
Carlin Wendy, 55-57
Carrington, William J., 251, 251n
Cartéis
   efeitos dos internacionais, 146
   exportação, 437
Cashion, Paul, 104, 104n, 435-436, 436n
Cavallo, Domingo F., 446n
Centros offshore, 518
Cevallos, Diego, 415n
Cheh, John H., 381
Cherlow, Jay R., 307n
Chevron, 230
Chicago Mercantile Exchange (CME), 497-499, 533-534
Chilean Trades Agreements, 415
China
   contas de balanço de pagamentos da, 457
   cotas de importação na, 376
   crescimento econômico na, 203
   déficits de comércio dos Estados Unidos com, 469-470
   investimento estrangeiro, 225-227
   pedidos antidumping, 332
   política comercial do Japão, 258
   Yuan Renminb, 630
Chinn, Menzie D., 571
Chiquita Brands, 375
Choate, Pat, 409n
Choque da taxa de juros externa, 671-672
Choques da taxa de câmbio esperada, 672-673
Choques de preço
   domésticos, 668
   estrangeiros, 668
   na estrutura integrada para a política comercial, 360-361
   taxa de juros externa, 671-672
Choques do petróleo, 115-116, 146, 444, 669-670
Choques econômicos
   macroeconomia de economia aberta, 688-690, 697-702
   petróleo, 115-116, 146, 444, 514, 669-670
   preço doméstico, 671
   preço no exterior, 668
   taxa de câmbio, 672-673
   taxas de câmbio fixas e flexíveis e, 720-721
   termos de troca, 104, 435-436
Choques exógenos, 668
Chow, Peter C. Y., 441
Chrysler Corporation, 276, 348, 410
Ciclo tecnológico, na teoria do ciclo do produto (TCP), 178-179
Citigroup, 229-230
Classificação administrativa, 272
Cline, William R., 310, 445n
Clinton, Bill, 358, 371, 409, 675
Clube de Paris, 446
Cobertura
   no câmbio externo, 480
   risco da taxa de juros em eurodólar, 530-538
Colares, opção, 537
Cole, Jeff, 348n
Coleman, Brian, 348, 348n
Collie, David, 345
Collier, June M., 256
Colômbia, sistema de paridade deslizante, 730
Comércio baseado na especialização vertical, 190
Comércio bilateral
   equação de gravidade e, 200
   negociações bilaterais, 361-362
Comércio de mercadorias, 2-9
   barreira não tarifária ao, 267
   composição de mercadorias, 4

ÍNDICE

composição geográfica do, 3-4
crescimento do, 3
Estados Unidos, 6-9, 468-473
interdependência no, 11-12
principais exportadores e importadores, 5
Comércio de serviços, 9-10
acordo geral sobre comércio em serviços (GATS), 368
composição geográfica, 3
interdependência no, 11-12
principais exportadores e importadores, 10
restrições sobre, 272
terceirização no, 379-380
Comércio desaparecido, 163
Comércio gerenciado, 381
Comércio internacional, introdução à teoria neoclássica do comércio, 90-95
Comércio intrafirma, 431-432
Comércio intraindustrial, 191-193
explicação sobre, 182, 191-192
mensuração do, 200-201
nível de, 194-195
razões para o, 192-194
Comissão de Comércio Internacional dos Estados Unidos (USITC), 298, 307, 332-336, 338, 363, 374, 409, 415-416
Comissão de Energia Atômica Europeia (CEAE), 396
Comissão de Tarifas dos Estados Unidos, 146
Comissão Europeia, 398-399
Commodity Credit Corporation (CCC), 301
Companhia das Índias Orientais Holandesa, 19
Composição geográfica do comércio
exportações na, 3, 5, 10
importações na, 3, 5, 10
mercadoria, 2-4
serviços, 10
Comunidade Africana Oriental (EAC), 397
Comunidade Caribenha e Mercado Comum (CARICOM), 389
Comunidade das Nações Andinas (CAN), 389
Comunidade Econômica dos Estados da África Ocidental (ECOWAS), 389
Comunidade Econômica dos Países dos Grandes Lagos (CEPGL), 389
Comunidade Econômica Europeia (EEC), 396
Comunidade Europeia (CE), 387, 390-391, 396.
 Consulte também União Europeia (UE)
provisões do governo, 270-271
Tratado de Maastricht e, 745-749
Comunidade Europeia de Carvão e Aço, 396
Comunidade Monetária Econômica da África Central (CEMAC), 390
Concentração de mercadorias, 428-429
Concorrência imperfeita
Heckscher-Ohlin, 143-145
política comercial estratégica e, 336-337
Concorrência monopolística
explicação sobre, 185
no modelo de Krugman, 198-200
Condição de exportação
explicação sobre, 44
teoria clássica do comércio, 44-45
Condição de Marshall-Lerner
derivação da, 598-599
natureza da, 581-585
Condicionalidade do FMI, 767
Conferência das Nações Unidas sobre o Comércio e o Desenvolvimento (UNCTAD), 51, 227-230, 235, 421-422, 424
Conoco Phillips, 230
Conselho de Cooperação Árabe (ACC), 389
Conselho Europeu, 398, 400

Conselho para Assistência Econômica Mútua (CMEA), 401-402, 416
Currency board, 722-724
desvantagens do, 724-725
explicação sobre, 655, 722
na Argentina, 655-656
na Estônia e Lituânia, 723-724
vantagens do, 722-724
Consumo, externalidade negativa, 327-328
Conta corrente
multiplicador de economia aberta e, 616-617
renda nacional e, 601-618
Conta de capital privado, abordagem monetária de pagamento, 549-550
Contabilidade de partidas dobradas
em conta do balanço de pagamento, 460-462
explicação sobre, 460
Contas de balanço de pagamentos, 455-477.
 Consulte também Mecanismo de ajuste de preço
abordagem de portfólio ao balanço de pagamentos, 554, 558-559, 567-568
abordagem monetária ao balanço de pagamento, 544-551, 568-570
créditos e débitos na, 459-460
crescimento recente do comércio e movimentos de capital, 457-459
declaração sumária, 462-473
déficit. *Consulte* Déficit do balanço de pagamentos
Estados Unidos, 468-473
excedente. *Consulte* Excedente do balanço de pagamentos
exemplo de entradas na 460-462
investimento estrangeiro direto, 238-239, 458
posição do investimento internacional nas, 473-476
Contratos futuros, 494-496
moeda estrangeira, 496, 498
taxa de juros em eurodólar, 532-535
Conway, Patrick J., 49n, 161, 163, 163n, 408n
Cooper, Helene, 348n, 358n, 376n, 377n
Cooper, Richard N., 270, 759
Coordenação da política macroeconômica internacional, 674
Coordenação das políticas monetária e fiscal, 666-668, 674, 765-766
Corden, W. M., 359
Coreia do Sul, vantagem comparativa dinâmica, 176
Coronado, Roberto, 411n
Corporações multinacionais (MNCs)
capital globalizado, 544
explicação sobre, 227
investimento estrangeiro direto (IED) e, 227-230
teoria do ciclo do produto (TCP) e, 175-178
transferência de preço, 431-432
vantagem comparativa dinâmica, 176
Cota do FMI, explicação sobre, 738-739
Cota equivalente, 283
Cotas de exportação
acordo internacional de cota de exportação, 434
economias de escala e, 342
efeitos no caso de país pequeno, 287-288
ponto de exportação de ouro, 594
tarifas de importação e, 342-344
Cotas de importação, 270
bens não homogêneos, 309-310
impacto no caso de país pequeno, 283-286
impacto no caso de países grandes, 297-300
Cotas de açúcar, 357
Cottani, Joaquin A., 446n
Council of Economic Advisers, 592
Cox, James, 375n
Crédit Agricole Groupe, 230
Creedy, John, 67, 67n

Crescimento da produção
efeito da produção pró-comércio, 205-207
efeito da produção ultra-anticomércio, 205
efeitos sobre o comércio, 204-205
ganho de produção (ganhos da especialização), 92-93
Crescimento de fator. *Consulte também* Crescimento econômico; Fatores de produção
efeitos do, 211-212
em países grande, 216-219
no caso de país pequeno, 213-216
teorema de Rybczynski e, 213, 219
Crescimento do consumo
efeito do consumo ultra-anticomércio, 206-207
efeito do consumo ultrapró-comércio, 206-207
efeitos do crescimento, 205-207
Crescimento econômico, 202-222. *Consulte também* Países em desenvolvimento; Crescimento de fator
curva de oferta e, 217
e fronteira de possibilidades de produção (FPP), 207-212
efeitos do crescimento, 204-205, 426
fontes de, 207-212
melhoria tecnológica e, 61-62
no caso de país grande, 213-219
taxas de câmbio fixas ou flexíveis e, 710-712
teorema de Rybczynski e, 213, 219
Crescimento empobrecedor, 218-219
Crespo-Cuaresmo, Jesús, 571
Criação de comércio
conclusões gerais da, 393-395
na Comunidade Europeia (CE), 390-391
Crise asiática (1997-1998), 420, 442-443, 745, 756-758, 762
Critérios de convergência, 745-746
Cronograma de oferta de exportações, 289-290
Cross, Edward M., 180
Crowding-out, 651
Currency and Finance (Keynes), 602
Curtis, Glenn E., 438n
Curva BP, 640-643. *Consulte também* Análise *IS/LM/BP*
equilíbrio em economia aberta, 647-649
explicação sobre, 640
fatores de influência reais e financeiros, 661
Curva da oferta (curva de demanda recíproca)
abordagem tabular para derivar, 107-108
crescimento econômico e, 217
elasticidade, 114-118, 122-124
equilíbrio da, 122-124
equilíbrio internacional e, 108-109
impacto das política comerciais, 303-306
mudanças na, 110
na teoria neoclássica do comércio, 104-114
termos de troca alternativos e, 106
Curva de demanda agregada, 679-680
Curva de demanda agregada de trabalho, 681
Curva de demanda recíproca. *Consulte* Curva da oferta (curva de demanda recíproca)
Curva de indiferença da comunidade (curva de indiferença do país), 68-70, 99-100, 102
Curva de Laffer, 448-449
Curva de Laffer do alívio da dívida, 448-449
Curva *IS*, 638-640
equilíbrio em economia aberta, 647-649
explicação sobre, 639-640
Curva J, 590-591
Curva *LM*, 635-638
equilíbrio em economia aberta, 647-649
explicação sobre, 638
Curvas de indiferença do consumidor, 66-70
características das, 68-70
equilíbrio do consumidor, 72-73

origem, 68
padrões de gastos do consumidor americano, 74
restrição orçamentária e, 71-72
Cushman, David, 711-712
Custo unitário de trabalho, 57
Custos de oportunidade crescentes, 81
Custos de transporte
   fator de frete e seguro (FFS), 51
   no comércio intraindustrial, 193
   no modelo de Heckscher-Ohlin, 142-143
   teoria clássica do comércio, 50-51

D

DaimlerChrysler, 230, 273, 348
Darity, William A., 445
Data de valor, 490
David Hume, 16, 22-25, 723-724
David Hummels, 143, 143n, 167, 190
David Ricardo, 16-18, 26, 28-47, 66, 432
Davis, Bob, 21n, 366n, 379n
Day, Phillip, 203n
De Vivo G., 30
Deardorff, Alan V., 157, 189, 267, 267n, 359, 365n, 366n
Defesa nacional, justificativa de tarifas, 318-320
Déficit de conta corrente
   débito e, 466
   desemprego e, 620
   inflação e, 620
Déficit do balanço de pagamentos, 465-466
   abordagem monetária à taxa de câmbio, 553
   abordagem monetária ao balanço de pagamento, 550
   incipiente, 552, 659-660
   padrão ouro e, 758-759
Déficit incipiente, 552, 688
Déficit incipiente do *BP*, 659-660
Déficits comerciais
   crescimento do PIB e, 601
   Estados Unidos, 469-470
   interpretação macroeconômica dos, 320-321
   no balanço de pagamentos, 462-464
Definição de preço, abundância de fator, 128-129
Definição física, abundância de fator, 128-129
Demanda
   abordagem de balanço de portfólio, 555-557
   comércio entre países com condições de demanda idênticas, 97-98
   elasticidade-preço da, 23, 198-200, 586
   inelástica 23, 114-118
   por moeda, 546-548
   sobreposta, na teoria de Linder, 179
Demanda por importações, 289-290
Demanda agregada, 690-695
   fatores que afetam, 680
   na economia aberta
     sob taxas de câmbio fixas, 686-691
     sob taxas de câmbio flexíveis, 688
   na economia fechada, 678-680, 684-686
Demanda por dinheiro, no mercado de câmbio externo, 480
Demanda por reservas internacionais, 754
Departamento de Comércio dos Estados Unidos, 332-335, 348, 358, 378, 459n
Departamento de Trabalho norte-americano, 364
Depreciação da moeda doméstica, 481-483, 552
Depreciação da moeda estrangeira, 481
Derivativos, 524-538
   acionários, financeiros, 538
   euromoeda, 524-538
   explicação sobre, 530
   instrumentos de balcão, 539-540
   instrumentos negociados em bolsa, 539

mercado global, 539-541
natureza dos, 528
Deságio, 501-502
Desemprego. *Consulte também* Trabalho
   assistência ao ajuste comercial, 98-99
   déficit de conta corrente, 620
   estagflação, 699
   impacto do investimento estrangeiro direto, 239
   inflação, 700
   migração de trabalho e, 245-249
   renda e Estados Unidos, 685
   superávit de conta corrente, 620
   tarifas para reduzir o desemprego agregado, 323-324
Desvalorização contracionista, 695
Desvio de comércio
   conclusões gerais da, 393-395
   no Comunidade Europeia (CE), 390-391
   no equilíbrio geral, 394
Deterioração de longo prazo, nos termos de troca, 435-439
Detragiache, Enrica, 251, 251n
Di Marco, Luis E., 430n
Diagrama da caixa de Edgeworth-Bowley. *Consulte* Edgeworth, diagrama da caixa
Diagrama de Mundell-Fleming, 633-634
Diakosavvas, Dimitris, 429-431
Diferenciação de produtos
   explicação sobre, 181-182
   modelo de Krugman, 185
   no comércio intraindústrial, 193
   nos automóveis, 183-184
Diferentes dotações de fatores relativos
   abordagem de conteúdo de fator, com muitos fatores, 159-160
   caixa de Edgeworth e, 131-132
   comparações entre abundâncias calculada e real, 160-161
   modelo de Heckscher-Ohlin, 128-132, 157, 159-166, 211-212
   nível de qualificação, 157, 247, 252
   no comércio intraindústrial, 194
   países selecionados, 129
Diferentes elasticidades de renda da demanda, para produtos primários e bens manufaturados, 429-431
Diferentes intensidades de fator
   modelo de Heckscher-Ohlin, 127-142
   reversão das, 140-142, 154
DiMare, Paul J., 358
Dinopoulos, Elias, 178
Direitos de propriedade intelectual relacionados ao comércio (TRIPs), 273, 368
Direitos de propriedade intelectual, 273, 368
Direitos especiais de saque (DES), 451
   cota do FMI, 738
   desenvolvimento, 742-743
   reservas dos bancos centrais, 755
Discrepâncias estatísticas, 472
Discriminação contra a concessão de licenças médicas, para médicos formados no exterior, 250
Discriminação monopolista de preço, 144
Discursos Políticos (Hume), 22-24
Disposição Super 301, Omnibus Trade and Competitiveness Act de 1988, 21
Distribuição de renda
   impacto da política comercial sobre a, 289
   impacto sobre, 100
   modelo de Heckscher-Ohlin, 138-139, 163-168
   no comércio intraindustrial, 193-194
   política comercial, 381-382
Diversificação de exportações em bens manufaturados, 437
Diversificação de portfólio internacional, 521-524

Diversificação de risco, investimento estrangeiro direto, 231
Dívida
   causas do problema da dívida, 444
   déficit da conta corrente, 466
   dívida externa, 443-451
   empréstimos bancários, 511-513
   posição do endividamento internacional, 473-476
   títulos, 516-520
Dólar americano. *Consulte também* Estados Unidos; Política comercial dos Estados Unidos
   cota do FMI, 738
   flutuações de curto prazo na década de 1990, 748-751
   Índice Big Mac (BMI) e, 491
   quebra da ligação ouro-dólar, 743-744
   taxa de câmbio nominal e real do, 488-490
   tendências na posição de investimento, 475-476
Dolarização, 656
Dole Foods, 375
Dole, Robert, 301
Dollar, David, 176n
Dominguez, Kathryn M., 572
Donald R. Davis, 152, 152n
Dornbusch, Rudiger, 49-50, 59, 561-565, 571
Drajem, Mark, 378n
Dreno de cérebro, 249, 251
Drucker, Peter F., 411n
Dufey, Gunter, 531n, 533, 535, 541
Duhalde, Eduardo, 656
Dumping
   explicação sobre, 188, 331
   modelo *dumping* recíproco, 188-189
   tarifas de importação para compensar, 331-333
Dumping esporádico, 331
Dumping persistente, 331
Dumping predatório, 331
Dunn, Robert M., Jr., 252n, 318
Duopólio
   economias de escala e, 339-342
   explicação sobre, 188, 339
   subsídio de exportação, 344-348
Durbin, Richard, 279

E

Eastman Kodak, 191
Eatwell, John, 30n, 67n, 134n, 430n, 602n
EC92, 399
Eckwert, Bernhard, 712
Economia (Samuelson), 134
Economia de escala, no comércio intraindústrial, 190-195
Economia de escolha pública, 356
Economia internacional, 1-14
   interdependência econômica e, 11-12
   introdução, 1-2
   lista geral de referências, 12-14
   mercadorias. *Consulte* Comércio de mercadorias
   serviços. *Consulte* Comércio de serviços
Economia moderadamente orientada para dentro, 440
Economia moderadamente orientada para fora, 439
Economia política
   comercial, 355-361
   trabalho empírico sobre, 381-383
Economias de alta renda, 420
Economias de renda média-alta, 421
Economias de escala, 182-85
   dinâmicas, 193
   geografia e comércio, 191
   investimento estrangeiro direto, 237
   modelo de, 196-198
   na estrutura de duopólio, 339-342
   política comercial estratégica e, 337, 339-347

ÍNDICE

Economias de baixa renda, 420
Economias de renda média, 420
Economias em transição, 402-406
   comparação com a Polônia e Rússia, 408
   crescimento da moeda e da taxa de câmbio, 553
   explicação sobre, 402
   mudança para o euro, 708, 749-750
   regimes de taxa de câmbio, 595-596
Economias fortemente orientada para dentro, 440
Economias fortemente orientada para fora, 439
Economic Policy Concil of the White House, 301
Edgeworth, diagrama da caixa de, 67
   crescimento de fator e, 211
   diferentes dotações relativas de fatores, 131-132
   exemplo, 80
   fronteira de possibilidades de produção, 83-85, 147-149
   imobilidade do capital e, 147-148
   modelo de Heckscher-Ohlin e, 131-132, 147-149
   origem do, 68
Edgeworth, F. Y., 66, 67, 67n
Educação
   discriminação contra a concessão de licenças médicas e médicos formados no exterior, 250
   níveis de qualificação 247, 252
Edwards, Sebastian, 432n, 764
Efeito de consumo anticomércio, 206
Efeito de consumo ultra-anticomércio, 206-207
Efeito de consumo ultrapró-comércio, 205-206
Efeito de ampliação, 138
Efeito de produção pró-comércio, 205
Efeito de consumo neutro, 206, 216
Efeito de crescimento fator neutro, 211-212
Efeito de produção neutro, 204-205
Efeito de consumo pró-comércio, 206
Efeito de produção, 118
Efeito de produção anticomércio, 205
Efeito de produção ultra-anticomércio, 205
Efeito de produção ultrapró-comércio, 205-207
Efeito de renda, 118
Efeito de substituição, 118
   trabalho e capital por unidade de produto, 208-209
Efeito de termos de troca, 118
Efeitos dinâmicos
   da integração econômica, 395
   do comércio sobre o desenvolvimento, 426-427
Efeitos do comércio, 433
   efeito de termos de troca, 118
   no crescimento da produção, 204-205
   no crescimento do consumo, 205-207
Efeitos estáticos
   comércio no desenvolvimento econômico, 424-425
   integração econômica, 387-393
Efeitos no bem-estar
   cota de importação em país grande, 295-296, 298
   crescimento econômico, 216, 220
   curvas de indiferença da comunidade e, 99-100
   distorções de preço em países selecionados, 367
   integração econômica, 392-393
   interação estratégica do governo, 347-350
   modelo *dumping* recíproco e, 188-189
   subsídio à exportação em países grandes, 314-315
   subsídio à importação em país pequeno, 285-286
   taxa de exportação em país grande, 297-299
   taxa de importação em país pequeno, 281, 302
   taxa ótima, 321-323
Eficiência de Pareto, 81
Eichengreen, B., 56n
Ekelund, Jr., Robert B., 30n
Eken, Sena, 397, 397n
El Osta, Barbara, 307n
El Salvador, interferência no livre-comércio, 274

Elasticidade da demanda. *Consulte também* Elasticidade-renda da demanda
   curva de oferta e, 114-118, 122-124
   importações e, 114-118, 122, 582, 606-607
   inelástica, 23, 115-118
   preço, 23, 198-200, 586
Elasticidade de preço da demanda
   conceito da, 23
   modelo de Krugman, 198-200
Elasticidade unitária, 114-118
Elasticidade-renda da demanda
   impacto da diferenciação, 429
   importações, 207, 606-607
Elasticidade-renda de demanda de importação *ex post* (YEM), 390-391
Elizonde, Raul Livas, 191
Elliott, Kimberly Ann, 285n, 307n, 325, 325n, 338, 338n
Ellsworth, P. T., 362, 429, 743
Emerson, Michael, 399
Emprego. *Consulte também* Mão de obra
   custos de proteção no setor, 325
   investimento estrangeiro direto, 237
   tarifa para aumentar o emprego em um setor específico, 324
   tarifa para reduzir o desemprego agregado, 323-324
Empresa multinacional (EMN). *Consulte* Corporação multinacional (CMN)
Empresas estatais, 226
Empresas transnacionais. *Consulte* Corporações multinacionais (MNCs)
Empréstimo bancário estrangeiro tradicional, 512
Empréstimo bancário internacional, 510-516
Empréstimo bancário internacional bruto, 511-512
Empréstimos empurrados, 445
Empréstimos sindicalizados, 541
Eng, Maximo, 518n
Equalização do preço dos fatores, 135-138
Equilíbrio. *Consulte também* Modelo de equilíbrio geral; Análise de equilíbrio parcial
   abordagens de balanço de portfólio, 557-561
   abordagens de balanço monetário, 549-551
   autarquia, 88-90, 196-198
   consumidor, 72-73
   curva da oferta, 122-124
   da taxa de câmbio externa, 480
   economia fechada, 684-686
   mercado de trabalho, 242-244
   mercado financeiro, 501-505
   nível de renda nacional, 605
   produtor, 78-79
   taxa de juros, 635-638
   termos de troca, 32, 108-109
Equilíbrio da taxa de juros, 635-638
Equilíbrio de mercado de moeda/ativos, 561-567
Equilíbrio do consumidor, 72-73
Equilíbrio do produtor, 78
Equilíbrio dos estoques de ativos, 560-561
Equilíbrio dos preços mundiais de longo prazo no mercado livre, 434
Equilíbrio em autarquia, 88-90, 196-198
Equilíbrio entre oferta agregada e demanda agregada, 684-686
Equivalente do subsídio ao consumidor (CSE), 367
Equivalente do subsídio ao produtor (PSE), 367
ERM II, 748-749
Erro de previsão, 163
Erros e omissões, 472
Eslovênia, adoção do euro, 708
Especialização
   comércio baseado na especialização vertical, 190
   completa, 35-36, 38

   ganhos provenientes da, 92-93
   grau de concentração de exportação, 33
Especulação, 480, 715-720
   bolhas especulativas, 567
   câmbio, 480, 715-720
   crise asiática, 757
   desestabilizadora, 715-717
   estabilizadora, 717-718
   explicação sobre, 480
Estabilidade do mercado
   mecanismo de ajuste de preço, 578-585
Estados Unidos. *Consulte também* Dólar americano; Política comercial dos Estados Unidos
   abordagens de balanço monetário, 547
   ações comerciais estrangeiras recentes, 375-380
   atritos políticos em um mundo interdependente, 673
   banco central mundial, 759
   classificação administrativa pelos, 272-273
   comércio de mercadorias, 6-9, 456
   comércio internacional dos, 6-9
   correlação da taxa de juros com o Canadá, 506-507
   cotas de importação sobre a China, 376
   declaração sumária do balanço de pagamentos, 468-473
   déficits comerciais dos, 469-470
   desigualdade de salário nos, 165-168
   diferenciação de produto nos automóveis, 183-184
   disputas por madeira clara com o Canadá, 378
   distribuição de renda, 165
   dreno de cérebro de países em desenvolvimento e, 249-251
   elasticidades-preço da demanda de importação e exportação, 586
   estagflação nos, 620
   fracassos em ajustar-se ao modelo de Heckscher-Ohlin, 175
   impostos preferenciais e, 261-262
   inflação e desemprego, 700
   investimento estrangeiro direto, 227-228, 231-239, 473-477
   migração de trabalho para, 245-249
   mudanças na distribuição de renda com a ampliação do comércio, 100
   padrões de gastos do consumidor e, 74
   paradoxo de Leontief e, 159-160
   posição do investimento internacional dos, 473-476
   previsões de Heckscher-Ohlin para os, 153, 154
   propensão média a importar, 606
   razão capital/trabalho, 153-157
   renda e desemprego, 685
   tarifária, 156-157, 260-262, 279
   tarifas nominal e efetiva, 267
   taxa de câmbio *pass-through*, 586
   teoria do ciclo do produto (TCP) e, 175-178
   terceirização nos, 167-168
   termos de troca, 113
   trabalho e capital necessários por unidade de produto, 208
   vantagem comparativa dinâmica e, 176
Estagflação, 699
Estágio de amadurecimento do produto, na teoria do ciclo do produto (TCP), 175-178
Estatística de Leontief, 153, 158-159
Esterilização, 550, 649
Estônia, *currency boards* na, 723-724
Estratégia da política comercial, 336-351
   bem-estar mundial e, 347-350
   concorrência imperfeita e, 336-337
   economias de escala na estrutura de duopólio, 339-342
   justificativa para proteção de setor nascente, 337-339

natureza da, 336
observações de conclusão sobre, 350-351
pesquisa e desenvolvimento e venda de uma empresa local, 342-344
subsídio à exportação no duopólio, 344-348
Estratégia de transbordo, 386-387
Estratégia de visão interna, 439-443
Estratégia dominante, 350
Estratégias de comércio de visão externa, 439-443
Estrutura escalar tarifária, 268
Euro
explicação sobre, 725
mudança para, 708, 721, 724, 736, 728, 750
nos novos estados membros 749-750
Eurobanks, 513
Eurodólar *strip*, 535-538
"Euroesclerose", 398
Europa Central e Oriental, 400-406
cotas de comércio interno no, 402
experiência de inflação em economias em transição, 404-406
movendo-se em direção à uma economia de mercado, 401-406
PIB per capita nas economias em transição, 406
regimes de taxa de câmbio em economias em transição, 595-596
Zona de Cooperação Econômica do Mar Negro (BSEC), 403
Europa Oriental. *Consulte* Europa Central/Oriental
Evans, Catherine, 191
Evans, Don, 377n
Excedente do balanço de pagamento
abordagem monetária à taxa de câmbio, 553
incipiente, 552, 659-660
Excedente do consumidor, o caso de países pequenos, 280-283
Excesso de demanda por moeda, 549
Exigências de desempenho, do investimento estrangeiro direto, 239
Expectativas racionais, 555
Exportação(ões)
composição de mercadorias da, 4
custos de transporte, 50-51
desempenho relativo dos Estados Unidos e do Reino Unido, 53-54
distribuição por região, 3-5, 10
elasticidade-preço da demanda, 586
grau de concentração, 33
impacto de políticas de exportação, 286
interdependência internacional na, 11
investimento estrangeiro direto, 237
paradoxo de Leontief e, 152-158
políticas de estabilização de preços, 433-434
principais mercados de serviços, 10
principais mercados exportadores, 5
razão capital/trabalho e, 153-157
restrições à, 437
Externalidades
como justificativa para proteção, 326-328
externalidades negativas no consumo, 327-328
externalidades positivas na produção, 327-328
Exxon Mobil, 230

F

Falácia da composição, 441
Falvey, Rodney E., 194
Farrell, Diana, 531n
Fator de frete e seguro (*FFS*), 51
Fatores de produção. *Consulte também* Capital; crescimento de fator; Mão de obra
movimentos do trabalho, 240-242
movimentos internacionais de capitais por meio de investimento estrangeiro, 225-240

tarifas para beneficiar um fator de escassez, 324-325
taxas de câmbio fixas ou flexíveis, 712-713
Feenstra, Robert C., 161-162, 167-168, 200, 225n, 226-227, 298
Feldstein, M., 56n
Fidruc, Javko, 571
Field, Alfred J., Jr., 49n, 581n
Fieleke, Norman S., 496n
Financiamento compensatório, 434
Fingleton, Eamonn, 317
Fiscalização, FMI, 744
Flam, Harry, 176n
Floating-floating swap, 532
Flutuação gerenciada, 595
Flutuação suja, 731
Fluxos financeiros internacionais, 498
Fluxos financeiros não oficiais de curto prazo, no balanço de pagamentos, 460
Ford Motor, 230
Foreign Sales Corporations, 258
Forte, Francisco, 651n
Fórum da Asia-Pacific Economic Cooperation (APEC), 415-418
França
correlação de variáveis macroeconômicas através dos países, 619
elasticidade-preço da demanda por importações e exportações, 586
propensão média a importar, 606
taxas de câmbio flexíveis na, 735-736
trabalho e capital por unidade de produto, 209
François Quesnay, 25
Frankel, Jeffrey A., 571, 572, 706, 763
Frankfurter, Felix, 602
French, Gary L., 180
Frenkel, Jacob A., 569-570
Friedman, Milton, 706, 718, 719
Frisbie, Russell L., 411n
Fronteira de possibilidade de produção (FPP), 81-85
caixa de Edgeworth, 83-85
comércio entre países com idênticas, 95-97
comércio internacional, 90-95
custos de oportunidades crescentes, 81-85
economias de escala e, 196-197
equilíbrio de autarquia e, 196-198
exemplo de, 36-38
fatores de produção, 99
fontes de crescimento e, 207-212
fronteira de possibilidades de consumo (FPC) e, 36-38, 92
ganhos máximos do comércio, 38
mobilidade de fator sem custo e, 98-99
modelo de Heckscher-Ohlin e, 130-135, 148-150, 211
teoria clássica do comércio, 36-38
teoria neoclássica do comércio, 73-78
Fronteira de possibilidades de consumo (FPC), 36-38, 92
Fuga de capitais, 445
Função consumo, no modelo de renda keynesiano, 603-604
Função de produção agregada, 680
Função de produção tradicional de Cobb-Douglas, 210
Função poupança, no modelo de renda keynesiano, 603-604
Funções de reação
explicação sobre, 339
tarifa, 347-350
Fundo de Cooperação Monetária Europeia (EMCF), 744

Fundo Monetário Internacional (FMI), 459n, 631
Acordo da Jamaica, 744
"Aid for Trade" e, 374-375
ajuda para países pobres, 446-447
alívio da dívida para países em desenvolvimento e, 446-450
choques de termos de troca e, 104
condicionalidade do FMI, 767
controles sobre troca, 274
coordenação da política macroeconômica, 674-675
estatísticas de balanço de pagamentos e, 459
formação, 602
índices de termos de troca e, 115-116
mensuração dos termos de troca, 113
os fluxos de capitais, 745
taxas de câmbios, 753
Fundos de mercados emergentes, 523
Fundos globais, 523
Fundos internacionais, 523
Fundos mútuos, 521-523
Fundos regionais, 523
Futuros, 497

G

G. D. A. MacDougall, 53, 54n
Gagnon, Joseph, 712
Gaidar, Yegor, 408
Ganho de consumo (ganhos da troca), 92-93
Ganhos provenientes do comércio, 34, 93
Gardner, Bruce, 301
Gasto de consumo autônomo, 603
Gasto de consumo, 603
Gastos agregados desejados, 601
Gastos com investimentos. *Consulte também* Investimento estrangeiro direto; Investimento estrangeiro de portfólio
modelo de renda keynesiano, 616
Gendreau, Brian, 496n
General Dynamics, 348
General Electric, 410
General Motors, 230, 410
Geografia e Comércio (Krugman), 191
George E. Johnson, 166n
George, Henry, 320n, 338
Gephardt, Richard, 21
Gibson, Heather D., 513
Giddy, Ian H., 531n, 533, 535, 541
Gilmer, Robert W., 411n
Glader, Paul, 377n
Glyn, 55-57
Glytsos, Nicholas P., 245
Godley, Wynne, 466n
Goldsmith, Charles, 348n
Golub, Stephen S., 53-56
Goodrich, Ben, 56n
Gordon Hanson, 167-168, 241, 246n
Gordon, Robert J., 685n
Gosto dos consumidores, teoria de Linder e, 179
Gould, David M., 412, 413n
Gouldner, L. H., 56n
Governo
gastos, no modelo de renda keynesiano, 604-605
impostos como fonte de receitas, 318-319
mercantilismo, 19-20
obtenções de provisões do, 270-271
Grã-Bretanha. *Consulte* Reino Unido
Graham, Edward M., 232
Graham, Frank D., 569n
Grande Depressão, 361, 602, 737-738
Greenaway, David, 268n
Greenberger, Robert S., 358n
Greenspan, Alan, 370, 574

ÍNDICE

Greenwood, Michael J., 248, 248n
Gregory, Paul R., 401n
Greytak, David, 180-181
Grossman, Gene M., 211, 211n, 344, 347n
Grubel, Herbert G., 192-194
Gruber, William C., 177, 411n
Grupo Cairns, 366
Grupo dos Sete (G-7) países
   controles propostos sobre fluxos de capitais, 745
   coordenação da política macroeconômica, 674-675
   estimativas das elasticidades da demanda de importação e exportação, 586
   explicação sobre, 674
Grupo LG, 203
Grupos de interesse especiais, impacto sobre a economia política, 356-359, 381
Gulde, Anne-Marie, 722n
Gultekin, N. B., 722n
Gupta, Sanjeev, 441n

H

Haberler, Gottfried, 82, 107
Hamilton, Alexander, 336-337
Hanink, Dean M., 181
Hanke, Steve H., 656n
Harkness, Jon, 158
Harley-Davidson, 338
Harrod, R. F., 602n
Hartigan, James C., 158
Hazlewood, Arthur, 397n
Hebert, Robert F., 30n
Heckscher, Eli., 127
Heilbroner, Robert L., 25n, 30n, 602n
Helpman, Elhanan, 162, 176n, 189-190, 211, 211n
Henderson, Dale W., 556
Henning, C. Randall, 765
Hernández-Catá, Ernesto, 698n
Hillman, Arye L., 356n
Hindalco, 544
Hiperinflação, 568-571
Hipótese da imitação atrasada, 174-175
Hipótese do ciclo vicioso, 709
Hipótese Prebisch-Singer, 429
Hitachi, 410
Hitt, Greg, 375n, 377n
Hoftyzer, John, 180-181
Honda, 338
Hooper, Peter, 586n, 608n, 608-609, 711
Horn, Bobbie L., 445
Horwitz, Tony, 399n
HSBC Holdings, 230
Hudson Bay Company, 19
Hufbauer, Gary Clyde, 56n, 154, 177, 279, 285n, 307n, 325, 325n, 338, 338n, 396n, 409
Humpage, Owen F., 656n
Husain, Ishrat, 450
Hutchison, Michael, 721
Hutzler, Charles, 378n
Hymer, Stephen, 239

I

Iacocca, Lee, 273
Ilhas Cayman, 518
Imitação atrasada, 174
Imobilidade perfeita do capital, 646
Imobilidade relativa do capital, 650
Importação(ões)
   autônoma, 606, 614-616
      elasticidade da demanda e, 114-118, 122, 582
      elasticidade-renda de demanda e, 207
      elasticidade-preço da demanda por, 586
      escala de demanda de importações, 289-290

impacto das políticas comerciais, 280-315
induzida, 606
líderes em mercadoria, 5
líderes em serviço, 10
ponto de importação de ouro, 594
propensão média a importar (APM), 606
razão capital/trabalho e, 153-157
restrições sobre a, 437
Importações autônomas
   explicação sobre, 606
   mudanças nas, 614-616
Importações induzidas, 606
Impostos. *Consulte também* Imposto de exportação
   centros *offshore*, 518
   como fonte de receita governamental, 318-319
   entrada do investimento estrangeiro direto, 237
   multiplicador de economia aberta e, 621-622
   taxa de equalização de juros (IET), 518
   taxa de valor agregado (VAT), 271-272
Impostos compensatórios, 332
Impostos preferenciais, 259-262
Incidência da tarifa, 292
Inclinada a favor do vento, 731
Inclinada contra o vento, 731
Índia
   impostos preferenciais e, 259
   multiplicador de economia aberta para, 615
   terceirização e, 379-380
Índice Big Mac (BMI), 490
Índice de preço, 113
   Razão de preços em autarquia, 31, 34, 52, 127
Indústria de motos, proteção para a, 338
Indústria do aço
   produtividade laboral e penetração da importação na, 55-56
   restrições dos Estados Unidos, 377
   tarifas de importação nos Estados Unidos e, 279
Indústria têxtil
   Acordo Multifibras, 376
   bens não homogêneos, 310
Industrialização pela substituição de importações (ISI), 441
Inflação
   abordagem monetária ao balanço de pagamentos, 549-551
   barreiras de importação, 382
   déficit de conta corrente, 620
   desemprego e, 700
   estagflação e, 699
   hipótese do ciclo vicioso e, 709
   nas economias em transição, 404-406
   superávit de conta corrente e, 620-621
Ingersoll, Bruce, 307n, 358n
Inglaterra. *Consulte* Reino Unido
Ingram, James C., 317-318, 459n
Ingrassia, Lawrence, 366n
Iniciativa para os Países Pobres Fortemente Endividados (HIPC), 447
Injeções, 610-612
Instabilidade das exportações
   causas potenciais, 427-429
   explicação sobre, 427
Instituto Monetário Europeu (EMI), 745
Integração econômica, 385-417. *Consulte também* União Europeia (UE); Tratado Norte-Americano de Livre-Comércio (NAFTA)
   conclusões gerais sobre criação/desvio de comércio, 393-395
   determinantes do investimento estrangeiro direto, 232
   efeitos dinâmicos da, 395
   efeitos estáticos da, 387-395
   esforços de integração, 414-417

na antiga União Soviética, 401-406
na Europa Central e Oriental, 400-406
política comercial e, 360-361
projetos de, 437-439
resumo da, 395-396
tipos de, 386
unidades de integração econômica, 389-390
Interdependência econômica, mudanças na, 11-12
Interdependência reconhecida, 339
Interpretação macroeconômica de um déficit comercial, 320-321
Intervenção coordenada, 729-730
Investimento direto estrangeiro (FDI), 225-240
   categorias, 235
   determinantes da, 232-233
   determinantes dos fluxos de investimento estrangeiro direto, 235
   dos Estados Unidos, 227-228, 233, 473-476
   efeitos analíticos dos movimentos internacionais capitais, 232-237
   explicação sobre, 227
   motivos para, 230-232
   na China, 225-227
   no balanço de pagamentos, 238-239, 459-460
   nos Estados Unidos, 228-229
   política doméstica, 239
Investimento doméstico, impacto do investimento estrangeiro direto, 239
Investimento estrangeiro de portfólio, 227
Investimento estrangeiro direto e, 231
Investimento estrangeiro, 231
Ip, Greg, 370n
Irwin, Douglas, 371n
Isard, Peter, 712
Isoquantas, 73-76
Issing, Otmar, 747n
Itália
   correlações de variáveis macroeconômicas através dos países, 619
   elasticidade-preço da demanda, 586
Itens autônomos no balanço de pagamentos, 467
Itens de acomodação no balanço de pagamentos, 466
Itens de crédito, na conta do balanço de pagamento, 459-460
Itens de débito na conta do balanço de pagamento, 459-460
Ito, Takatoshi, 712

J

Jain, Rajendra K., 400n
Japão
   abordagens de balanços monetários, 568-571
   atritos políticos em um mundo interdependente, 673
   banco central mundial, 759
   correlações de variáveis macroeconômicas através dos países, 619
   déficits de comércio dos Estados Unidos com, 469-470
   economias de escala e, 342
   elasticidades-preço da demanda por exportações e importações, 586
   estrutura tarifária do, 265-268
   pedidos antidumping, 332
   política comercial com a China, 258
   política comercial do, 258, 371
   preço de exportação e taxa de câmbio *pass-through* do, 586
   propensão média a importar, 606
   tarifas nominal e efetiva, 267
   taxas de câmbio flexíveis, 721
   trabalho e capital por unidade de produto, 208
   vantagem comparativa dinâmica, 176

793

Jennings, Thomas, 751n
Jogo de soma positiva
    explicação sobre, 26
    no modelo ricardiano, 29
Jogo de soma zero
    explicação sobre, 18-19
    mercantilismo, 18-19, 31-32
John Stuart Mill, 34, 39, 49, 454
Johnson, Karen, 586n, 608n, 608-609
Johnson, Leland, 271
Johnson, Samuel, 25
Johnston, R. B., 512n
Jones, Ronald W., 194
Jordânia, termos de troca na, 221
Joyce, Joseph P., 756n
Justificativa antidumping, de política de comércio, 331-333
Justificativa para proteção de setor nascente, 337-339

K
Kaempfer, William H., 178
Kakoza, Joseph, 397n
Kanabayashi, Masayoshi, 258n
Kantor, Mickey, 358, 409
Karemera, David, 412, 413n
Karmin, Craig, 379n
Kasman, Bruce, 506
Katz, Lawrence F., 165, 252
Kaufman, Henry, 764
Kaufman, Herbert M., 513, 513n, 514
Kawasaki, 338
Keesing, Donald B., 157, 177
Kehoe, Patrick J., 407
Kehoe, Timothy J., 407
Kemp, Murray C., 196
Kenen, Peter B., 447
Kennedy, Thomas E., 180-181
Kenyatta, 397
Keynes, John Maynard, 67, 67n, 601-602, 632, 759, 760
Khan, M. Shahbaz, 446n
Kierzkowski, Henryk, 194
King, Neil, Jr., 258n, 279n, 355n, 374n, 376n, 377n
Kirchbach, F. von, 422, 422n
Klitgaard, Thomas, 588, 588n, 589n
Klonsky, Joanna, 414n
Kohlhagen, Steven, 711
Kolb, Robert W., 497n
Korhonen, Iikka, 722n, 724n
Kramer, Roland L., 146n
Kravis, Irving B., 177
Kreicher, Lawrence L., 515n
Kreuger, Anne O., 56, 339, 382, 382n, 440-443
Krugman, Paul R., 172, 176n, 185-191, 232, 339-342, 350-351, 447-448, 761-762
Krupp, 146
Kuwait, 514
Kvasnicka, Joseph G., 513n
Kyle, John F., 158

L
Lachica, Edward, 273n
Laffer, Arthur B., 448n, 632, 632n
Laissez-faire
    explicação sobre, 24
    Lamy, Pascal, 355, 374-375
    mercantilismo, 24-26
Lane, Morton, 531n
Leamer, Edward E., 152, 152n, 159, 160n, 162, 189, 212n
Lees, Frances A., 518n
Leff, Nathaniel H., 299

Lehrman, Lewis E., 706
Lei Antidumping de 1916, 332
Lei Antidumping de 1921, 332
Lei Comercial de 1974, 363, 381, 383
Lei da Utilidade Marginal Decrescente, 68
Lei de Acordos de Comerciais Recíprocos de 1934, 361-362
Lei de Expansão Comercial de 1962, 362
Lei de Reforma do Comércio e da Política Econômica Internacional de 1987, 21
Lei do preço único, 487
Lei Europeia Única, 399
Lei Tarifária de 1930, 361, 383
Leis do Milho, 30
Leith, J. Clark, 362, 743
Lemieux, Thomas, 166n
Leontief, Wassily W., 64, 152-156, 158
Letuânia, *currency board* na, 723-724
Levi Strauss, 410
Levinsohn, James, 152n, 162, 189
Liang, Hong, 435-436, 436n
Libor (London Interbank Offered Rate), 513, 517, 527-528
Limites da taxa de câmbio
    explicação sobre, 45
    modelo ricardiano monetizado, 43
Limites da taxa de remuneração
    explicação sobre, 45
    modelo ricardiano monetizado, 46
Lincoln, Abraham, 317
Linder, Staffan Burenstam, 179-182
Linha de paridade de juros coberta (CIP), 503
Linha de preço de fator, 77
Linhas de isocusto, 76
Linnemann, Hans, 189
Lipsey, Robert E., 177
Liquidez
    internacional, 734
    problema de liquidez, 445-446, 740
Liquidez internacional, 734
List, Frederick, 336-337
Litan, Robert, 764
Lite-On Technology, 203
Lloyd, P. J., 192
Locksley, Gareth, 134n, 719n
Lócus de eficiência de produção, 79, 83-85
Lojas Wal-Mart, 230
London Interbank Offered Rate (Libor), 513, 517, 527-528
Londoño, Juan Luis, 100
Long hedge, 533
Long position, 494
Long, William J., 363n
Lopokova, Lydia, 602
Love, James, 428
Lowe, Jeffrey H., 228n, 229n
Luce, Geoffrey, 531n
Lunsford, J. Lynn, 348n

M
MacDonald, Ronald, 570-571
Machlup, Fritz, 454, 740n
Macroeconomia em economia aberta, 627-703
    ajustes da moeda, 695
    análise *IS/LM/BP*, 648
    choques externos e, 678, 697-699
    coordenação de política, 666-668, 760, 765
    demanda agregada, 686-691
    demanda e oferta agregada na, 686-688
    efeito da mudança da taxa de câmbio, 49-50
    efeitos da política fiscal, 664
    efeitos da política monetária, 664-668
    equilíbrio, 684-686
    macroeconomia na economia fechada, 678-686
    modelo com dois instrumentos e dois objetivos, 630-634
    multiplicador com repercussões estrangeiras, 624-626
    no contexto da economia fechada, 678-686
    oferta agregada, 696-697
    política fiscal, 660-664
    taxa de câmbio fixa, 714-715
    taxas de câmbio fixas e, 629-657
    taxas de câmbio flexíveis e, 658-675, 708-721
Madsen, Jakob B., 361
Magaziner, Ira, 350
Magee, Christopher, 364, 364n, 381
Magee, Stephen P., 382
Maggard, Kasey Q., 245n
Magraw, Daniel, 516
Makin, John H., 562n
Malkiel, Burton G., 740n
Mallampally, Padma, 235, 235n
Mankiw, N. Gregory, 379
Mann, Catherine, 601, 601n, 612, 616
Margem de troca de varejo, 492
Marginalização, dos países menos desenvolvidos, do comércio global, 423
Marjit, Sugata, 194
Markusen, James R., 178, 200, 232
Marquez, Jaime, 586n, 608n, 608-609
Marsh, Ian W., 571
Marshall, Alfred, 191
Maskus, Keith E., 158-159, 161, 178
Massell, Benton F., 428
Mathematical Psychics (Edgeworth), 67
Matthews, Robert Guy, 51, 279n, 285n
Maurice Y. d'Arlin, 146n
Maxim, Paul S., 252n
Mayo, Herbert B., 521, 523
McCormick, Frank, 503n
McCulloch, Rachel, 710
McDermott, C. John, 435-436, 436n
McDonald's, 491
McDonnell, Douglas, 348
McDowell, John M., 248, 248n
McHugh, Richard, 180-181
McKinnon, Ronald, 726-727, 759
McPherson, M. A., 181
McVey, Rick, 531n
Mecanismo de ajuste de preço, 578-597
    curto prazo *versus* longo prazo, 585-591
    demanda por bens e serviços no, 575-578
    estabilidade de mercado e, 578-585
    mecanismo de taxas de câmbio fixas, 591-597
    sistema de taxas flexíveis, 574
Mecanismo de ajuste do balanço de pagamentos, 734
Mecanismo de fluxo-preço-espécie ou mecanismo fluxo-preço-espécie, 22-24, 49-50
Mecanismo de taxa de câmbio (ERM), 744, 748-749
Medidas de investimento relacionadas a comércio (TRIMs), 272, 368
Meese, Richard A., 571-572
Mehta, Dileep, 177
Meier, Gerald M., 217, 237, 339, 429, 430n
Melloan, George, 673n
Meltzer, Allan, 764
Melvin, James R., 178
Melvin, Michael, 565-567
Mendelsohn, M. S., 518
Mendelson, Morris, 516
Mercado comum, 387
Mercado Comum Africano Oriental (EACM), 396-397
Mercado Comum da América Central (CACM), 389

ÍNDICE

Mercado Comum do Cone Sul (Mercosul), 390, 414
Mercado Comum para a África Oriental e Setentrional (COMESA), 389
Mercado de títulos internacional, 516-520
Mercado de câmbio externo eficiente, 505, 566
Mercado de câmbio externo, 478-507, 751-758.
Consulte também Taxa de câmbio externa; dólar americano
Mercado de câmbio externo
   abordagem de portfólio, 554-561, 571-572
   abordagem monetária, 551-554
   ajustamento de preço, 573-597
   base dos fluxos financeiros internacionais, 498-501
   condição Marshall-Lerner e, 581-585, 598-599
   currency boards, 723-725
   curva de oferta declinante do, 580-582
   demanda por bens e serviços no, 575-578
   efeito das mudanças no, 49-50
   eficiente, 505, 566
   equilíbrio do mercado financeiro e, 501-505
   equilíbrio, 481-483
   especulação, 478-480, 715-720
   estabilidade de mercado e, 578-585
   explicação sobre, 478-480
   investimento estrangeiro direto, 237-239
   lado da demanda e, 480
   lado da oferta, 480
   ligação entre os mercados financeiros, 498-507, 524-538
   mecanismo de taxa de câmbio (ERM), 744
   mercado de euromoeda, 512
   mercado futuro, 490-496
   mercado *spot*, 483-490
   overshooting, 561-567
   paridade de juros coberta e, 501-505, 565-567
   proteção, 731
   regimes baseados no, 595-596
   risco cambial, 711-712
   taxa de câmbio externa e, 479-483
   taxa de câmbio real efetiva (REER), 486
   taxa de juros, 513-526
   taxa *spot*, 484-490
   variações no, 748
Mercado de eurodólar. *Consulte* Mercado de euromoeda
Mercado de euromoeda. *Consulte também* Mercado de câmbio externo
   derivativos de, 524-538
   ligações financeiras internacionais, 525-538
   natureza do, 513
Mercado futuro, 490-498
   acordos de taxa futura (FRAs) e, 531-532
   futuros, 497
   paridade de juros coberta e, 565-567
   taxa *spot* e, 492-493
Mercado interbancário, 483
Mercado secundário da dívida, 448
Mercado *spot*, 483-490
   atores principais, 483
   diferentes medidas da taxa *spot* e, 484-490
   papel da arbitragem, 484
   paridade de poder de compra (PPC) das taxas de câmbio e, 492-493
   taxa futura de câmbio, 494
   taxa *spot* esperada, 500
Mercadorias
   acordos de *commodities* internacional (ICAs), 434-435
   composição de mercadorias do comércio, 4-9
   intensidade de fator, 130
   múltiplas, na teoria clássica do comércio, 47-50
   primárias, 422-423, 445

Mercados de ações, internacionais, 521-523
Mercados de eurotítulos, 517
Mercados de títulos estrangeiros, 516
Mercados financeiros internacionais, 509-541
   ações, 521-523
   derivativos nos, 524-538
   empréstimo bancário nos, 510-516
   globalização entre, 510
   relação entre mercado de câmbio externo e, 498-507, 525-538
   títulos, 516-520
Mercados internacionais de ações, 521-523
Mercantilismo, 18-26
   desafio para, 22-26
   exemplos de, 21
   explicação sobre, 18
   papel do governo, 19-20
   política comercial e, 321, 336
   política econômica doméstica, 21
   sistema econômico, 18-19
   tarifas para melhorar a balança comercial e, 320
Metais preciosos, no mercantilismo, 18-20
Metalismo, (bulionismo)19
México. *Consulte também* Tratado Norte-Americano de Livre-Comércio (NAFTA)
   importadores de tomates, 358
   programa *maquiladora* do, 409-411
   taxas antidumping, 378
Michael O. Moore, 56n
Michaels, Daniel, 348n
Migração de trabalho, 245-249
   permanente, 240-241
   possíveis benefícios e custos do país receptor, 250-251
   temporário, 240
   trabalho excedente, 243-244
Milbank, Dana, 377n
Milgate, Murray, 30n, 67n, 134n, 430n, 602n, 719n
Miller, Scott, 355n, 374n, 377n
Millman, Joel, 411n
Milner, Chris, 268n
Mishel, Lawrence, 164, 166n
Mitsubishi UFJ Financial Group, 230
Mizuho Financial Group, 230
Mobilidade imperfeita do capital
   explicação sobre, 643-644
   taxas de câmbio flexíveis, 668-675
Mobilidade perfeita do capital, 644
Mobilidade relativa de capital, 650
Modelo de Brander-Krugman, 188-189
Modelo de *dumping* recíproco de comércio, 188-189
Modelo de eleitor mediano, 356-357
Modelo de equilíbrio geral
   desvio de comércio, 394
   em economia aberta, 635-649
   explicação sobre, 279
   no caso de país grande, 303-306
   no caso de país pequeno, 300-303
   restrições comerciais na, 300-306
Modelo de fatores específicos (modelo FE), 145, 148, 150
Modelo de gravidade de comércio, 189-200
Modelo de Heckscher-Ohlin, 64, 127-169
   ajuste de Trefler-Conway com relação ao, 161-163
   concorrência imperfeita e, 143-145
   crescimento de fator e, 211
   custos de transporte e, 142-143
   desigualdade de renda e, 163-168
   diferentes dotações relativas de fatores e, 128-132, 160-163, 211-212
   diferentes intensidades de fatores e, 127, 130, 131, 140-142
   diferentes preços relativos de fatores e, 134

   distribuição de renda e, 138-139, 165
   migração de trabalho e, 244
   modelo de fatores específicos e, 145-149, 324
   modelo de Heckscher-Ohlin, 133-135
   outros testes do, 158-163
   papel do trabalho empírico e, 152
   paradoxo de Leontief, 152-158
   qualificações teóricas do, 149
   reversão da demanda, 153-154
   reversão da intensidade de fator, 140-142, 154
   suposições sobre, 127-128
   teorema de equalização do preço dos fatores e, 135-138
   teorema de Stolper-Samuelson e, 138-139, 156-157, 165, 370, 381
   teoria do ciclo do produto (TCP), 175-178
   teorias-pós Heckscher-Ohlin, 174-191
   terceirização, 379
Modelo de Heckscher-Ohlin-Samuelson. *Consulte* Modelo de Heckscher-Ohlin
Modelo de Heckscher-Ohlin-Vanek (H-O-V), 159-160, 162-163
Modelo de Krugman
   características do, 185-186
   concorrência monopolística, 198-200
Modelo de monopólio
   impacto do investimento estrangeiro direto, 238-239
   mercantilismo, 19-20
   modelo de Heckscher-Ohlin, 143-145
   tarifa para extrair lucro do monopólio estrangeiro, 328-329
   taxa de exportação para redistribuir o lucro de um monopolista local, 330
Modelo de renda keynesiano, 601-618
   função consumo no, 603-604
   função importação no, 606-607
   função poupança no, 603-604
   gastos com investimentos no, 602
   gastos governamentais no, 604-605
   multiplicador dos gastos autônomos e, 614
   nível de equilíbrio da renda nacional no, 607
Modelo DFS (Dornbusch, Fischer, Samuelson), 58-61
Modelo ricardiano, 29-40
   fronteiras de possibilidades de produção (FPPs) no, 36-38
   ganhos totais do comércio e, 34-35
   monetizado, 43-45
   suposições sobre, 29-30
   vantagem comparativa no, 29-40
Modelos de crescimento endógeno, 210-211
Moedas-chave, 741
Moffett, Matt, 411n
Mohanty, Samarendu, 307n
Mondale, Walter, 377
Monetary History of the United States, A (Friedman e Schwartz), 719
Moonie, Ken, 358
Morgan, Theodore, 429
Morrall, John F., III, 177-178
Morse, Dan, 376n
Mossberg, Walter S., 273n
Mudança nos gastos, 586
Mudança tecnológica neutra, 208-210
Mudança tecnológica neutra para mercadorias, 209
Mudança tecnológica poupadora de capital, 207-208
Mudanças tecnológicas poupadora de trabalho, 207-208
Multiplicador
   de gastos autônomos, 613-616
   economia aberta, 614-618, 621-626
   moeda, 545

Multiplicador avançado na economia aberta, 614
  conta corrente e, 616-617
  explicação sobre, 614
  para a Índia, 615
  quando os impostos dependem da renda, 622-623
  repercussões estrangeiras, 617-618, 624-626
Mun, Thomas, 16
Mundell, Robert, 137-138, 631-632, 725-726, 759-760, 760n
Murray, Shailagh, 376n
Myrdal, Gunnar, 220

N

NAFTA. *Consulte* Tratado Norte-Americano de Livre-Comércio (NAFTA)
National Bureau of Economic Reserch (NBER), 382
Navajas, Fernando, 678n
Necessidades totais de fatores, paradoxo de Leontief e, 152-153, 155-156
Negociações multilaterais, 362
Newman, Barry, 248n
Newman, Peter, 30n, 67n, 134n, 430n, 602n
Nguyen, Elena L., 474n, 475n
Nicole M Fortin, 166n
Nitsch, V., 442, 442n
Nível natural de emprego, 684
Nível natural de renda, 684
Nixon, Richard, 743
Nomani, Asra Q., 273n, 377n, 409n
Noruega, taxas de câmbio flexíveis na, 735-736
Nova abordagem de reciprocidade à política comercial, 380-381
Novos produtos
  estágio de produto novo na teoria do ciclo do produto (TCP), 175
  hipótese da imitação atrasada e, 174-175
  teoria do ciclo do produto (TCP) e, 175-178
Noyer, Christian, 747, 747n
Nyerere, Julius, 397

O

O'Grady, Mary Anastasia, 656n
Oba, Tomomitsu, 675, 675n
Obote, Milton, 397
Odessey, Bruce, 307n
Oehmke, James F., 178
Oferta agregada
  na economia aberta sob taxas de câmbio flexíveis, 690
  na economia aberta, 680-684
Oferta agregada de curto prazo, 681
Oferta de moeda
  abordagens de balanço monetário, 545-551
  mercado de câmbio externo, 480
Ojah, Kalu, 412, 413n
Olivei, Giovanni P., 587
Omnibus Trade and Competitiveness Act de 1988, 21
Opção europeia, 496n
Opções de compra, eurodólar, 535
Opções de moeda estrangeira, 496-498
Opções de taxa de juros em eurodólar, 535-538
Opções de venda em eurodólar, 536-538
Opções futuras, 499
Opções *put*, eurodólar, 537-538
Opções sobre *swaps*, 538
Open Economy Macroeconomics (Dornbusch), 562
Oráculo de Delfos, 18
Organização dos Países Exportadores de Petróleo (OPEC), 514, 756
  choques do preço do petróleo, 115-116, 146, 514, 669-670
  déficits de comércio dos Estados Unidos com, 469-470
  função da, 434

Organização Internacional do Trabalho (OIT), 126
Organização Mundial do Comércio (OMC), 256, 268
  ações recentes dos Estados Unidos, 375-380
  Agenda de Desenvolvimento Doha, 371-372
  "Aid for Trade" e, 374-375
  origem da, 260
  pedidos antidumping, 332
  provisões do governo, 270-271
  soberania nacional e, 372
  taxa de valor agregado (VAT), 271-272
Organização para a Cooperação e o Desenvolvimento Econômico (OCDE), 181, 275, 372, 422
Orgulho nacional, política comercial para fomentar o, 325-326
Ouro
  nas reservas dos bancos centrais, 755
Outtara, Alassane D., 698n
Overshooting da taxa de câmbio, 561-567

P

Pack, Howard, 211n
Padrão ouro, 591-595
  mercantilismo, 23-24
  natureza do, 735-736
  sugestões para reforma 758-759
Padrões ambientais, após as negociações comerciais da Rodada Uruguai (GATT), 370-371
Padrões de trabalho
  após Rodada Uruguai de negociações comerciais (GATT), 368-371
  vantagem comparativa e, 126-127
Pain, Nigel, 233
País credor, 473
País devedor, 473
País pequeno
  cotas de importação, 304
  crescimento de fator nos, 211-216
  equilíbrio geral, 300-303
  explicação sobre, 112
  impacto das políticas comerciais nos, 280-315
  mudanças na curva da oferta, 112-114
  overshooting da taxa de câmbio, 561-567
  tarifas de importação, 285, 307
  taxa de exportação e, 286-287
Países anfitriões
  benefícios potenciais do investimento estrangeiro direto, 237-240
  determinantes dos influxos de investimentos, 235
  explicação sobre, 228
  migração de trabalho, 249-250
Países em desenvolvimento, 419-451. *Consulte também* Crescimento econômico
  ajuda do FMI para países pobres, 446-447
  características econômicas e não econômicas, 421
  classificação de, 420
  comércio e desigualdade da renda em, 166
  crescimento e os termos de troca nos, 220-221
  crescimento econômico nos, 203-207, 424, 432
  dreno de cérebros, 249, 251
  liberalização do comércio e, 424
  migração de trabalho dos, 245-249
  países menos desenvolvidos, 421-422
  papel no crescimento dos, 203-207, 424-432
  performance do mercado de ações em, 522
  política de comércio, 432-443
  problema da dívida externa nos, 443-451
  rendimento dos títulos, 519-520
  setor nascente, 337-339
  Sistema Geral de Preferências (GSP) e, 259-260, 263-264, 268, 276, 360
  sistema monetário internacional e, 766-767
  teorias pós-Heckscher-Ohlin e, 188-189

  terrorismo global e, 442
  visão geral dos, 420-424
Países grandes
  cota de importação, 295-298, 303-308, 311-313
  crescimento de fator, 213
  efeitos de equilíbrio geral, 303-306
  explicação sobre, 112
  impacto das políticas comerciais, 289-315
  mudanças na curva da oferta, 112-114
  taxas de exportação e, 298-299
Palma, J. G., 430n
Panagariya, Arvind, 196
Paquistão, interferência no livre-comércio, 274
Par, 591-593
Paradoxo das dotações, 163
Paradoxo de Leontief, 152-158
  explicação, 154,156
  razão capital/trabalho e, 153-157
Paraguai, no Mercado Comum do Cone Sul (Mercosul), 390, 414
Parceiros comerciais, 95
Paridade de juros coberta (CIP), 501-505, 565-566
Paridade de juros descoberta, 501, 672-673, 762
Paridade de poder de compra, 406, 735-736
  absoluto, 487
  mercado *spot*, 483, 498
  relativo, 487
Paridade deslizante, 728-730
Passagem completa da taxa de câmbio, 588
  de exportações pelos Estados Unidos, 587
  preços de exportação do Japão e, 588-589
Pass-through, 586
Patinkin, Don, 602n
Pattillo, Catherine, 104, 104n
Peera, Nural, 767n
Perda(s) com peso-morto, 281-282, 294, 296
Perot, Ross, 21, 409, 409n
Perry, Guillermo, 656n
Pesquisa e desenvolvimento (P&D)
  tarifas para promover exportações por meio de, 341-344
  teoria do ciclo do produto (TCP) e, 176-178
Peter Gottschalk, 166n
Petri, Peter A., 323
Phillips, Michael M., 258n, 375n
Pigott, Charles, 506
Pisos, opção, 537-538
Plano Brady, 446-450
Planta filial, 227
Poder de mercado desigual nos mercados de produtos e fator, 431
Política comercial, 257-451. *Consulte também* Integração econômica; Política comercial dos Estados Unidos
  abordagem de interesse próprio, 356, 359-360
  acordos de commodity internacionais, 434-435
  automóveis, 271-273
  barreiras não tarifárias, 231, 269-276
  deterioração nos termos de troca a longo prazo, 429-451
  distorções na política internacional, 330-336
  diversas justificativas inválidas, 336
  economia política da, 355-361
  estabilização de preços, 433-434
  estratégica, 336-351
  estrutura integrada de Baldwin, 360-361
  exportações, 286-288, 297-300
  impacto das, 278-315
  importações, 280-286, 289-296, 303-307
  instrumentos da, 257-276
  justificativas para, intervencionistas, 316-351
  objetivos da política social, 318-326, 358
  outros efeitos, 306-308

ÍNDICE

país grande, 289-300, 303-307
país pequeno, 280-303
países em desenvolvimento, 432-443
para justificar imperfeições do mercado, 326-330
proteção diferencial como componente de, 326
tarifas de importação na, 258, 269
taxas de exportação e subsídios, 269
vantagem comparativa, 336-351
visão para dentro *versus* para fora, 440-441
Política comercial baseada em regras, 380
Política comercial baseada em resultados, 380
Política comercial dos Estados Unidos, 354-383.
Consulte também Tratado Norte-Americano de Livre-Comércio (NAFTA); Estados Unidos; dólar americano
  ações antidumping, 332-334
  desempenho das exportações em relação ao Reino Unido, 53-54
  efeitos de restrições sobre o comércio, 88
  impostos compensatórios na, 332
  provisões de conteúdo doméstico da, 271
  risco cambial, 711-712
  subsídios de exportação, 269, 301
Política comum de agricultura, 400
Política de economia doméstica
  dívida dos países em desenvolvimento e, 445-447
  em mudança, 446
  investimento estrangeiro direto, 239
  no mercantilismo, 20
Política de empobrecer o vizinho, 321-323
Política fiscal
  coordenação de política monetária, 666-668
  economia aberta, 660-676
  proposta de zona-alvo, 761-762
  sob taxas de câmbio fixas ou flexíveis, 659-652, 690-691, 706
Política industrial, 381
Política macroeconômica. *Consulte* Macroeconomia na economia fechada; Política fiscal; Política monetária; Macroeconomia de economia aberta
Política monetária
  contracionista, 620-621
  coordenação da política fiscal, 666-668, 674, 765-766
  demanda agregada, 690-695
  expansionista, 620-621
  taxas de câmbio fixas, 652-653, 690
  taxas de câmbio flexíveis, 664-668
Política monetária contraditória, 549
Política monetária expansionista, 549
Política social, política comercial, 317-326, 359-360
Políticas de ajuste estrutural, 446
Políticas de austeridade, 446
Polônia, comparação com a antiga União Soviética, 408
Ponto base, 532, 532n
Ponto de exportação de ouro, 594
Ponto de importação de ouro, 594
Posição aberta, 494
Posição curta (*short position*), 494
Posição descoberta, 494
Posição do endividamento internacional de um país, 473-476
Posição do investimento internacional de um país, 473-476
Posner, Michael V., 174-175
Poupança, impacto do investimento estrangeiro direto sobre, 238
Pöyhönen, Pentti, 189
Prebisch, Raul, 220, 429-430
Preço(s)
  abordagem monetária ao balanço de pagamentos, 545

choques de preço, 668
diferentes preços relativos, 135,138
efeitos de bem-estar das distorções, 367
equalização do preço dos fatores, 135-138
impacto das cotas de importação sobre, 275
linha de preço de fator, 77
políticas de estabilização de preços de exportação, 433-434
transferência de preço, 238, 431-432
Preço de exercício, 536
Prêmio de risco, 501, 555
Princípio da compensação,102
Princípio da especificidade, 324
Princípio da não reciprocidade, 365
Problema da crise, de *currency boards*, 724
Problema da dívida externa
  causas do, 444-445
  dos países em desenvolvimento, 443-451
  possíveis soluções para, 445-451
Problema de senhoriagem, dos *currency boards*, 724
Problema da solvência, 445
Problema de adequação de reservas, 711-739
Problema de ajuste, 741
Problema de gerenciamento, dos *currency boards*, 725
Problema de inicialização dos *currency board*, 724
Problema do segundo melhor, 388
Problema de transferência, 444
Problema de transição, dos *currency boards*, 723-724
Problema político, dos *currency boards*, 724-725
Problemas importantes, do sistema de Bretton Woods, 740-741
Procedimento de trajeto rápido (*fast-track*), 366
Produção
  externalidade positiva na, 327-328
  função de produção agregada, 680
  função de produção de Cobb-Douglas, 210n
Produto físico marginal do capital (MPP), 75-76, 233
Produto físico marginal do trabalho (MPP), 75-76, 138-139, 149
Produto interno bruto (PIB)
  déficits comerciais e crescimento do, 601
  desemprego e Estados Unidos, 685
  investimento estrangeiro direto, 231-234
  nas economias em transição, 406
  razão do comércio e o, 422
Produto nacional bruto (PNB), 236-237
Produtos não comercializáveis, 50
Programa de assistência ao ajuste comercial (TAA), 98-99, 362, 364
Programa de avaliação do setor financeiro (FSAP), 734
Programa *maquiladora*, 409-411
Promoção de exportações, 439
Propensão marginal a importar (PMI), 606
Propensão marginal a poupar (PMS), 603
Propensão marginal ao consumo (PMC), 603
Propensão média a importar (APM), 606, 608-609
Proposta de zona-alvo, 761-762
  ações políticas na, 761
  versão de Krugman, 761-762
Proteção da taxa de câmbio, 731
Provimento antidumping, 365
Provisões de conteúdo doméstico, 271

Q

Quênia
  no Mercado Comum Africano Oriental (EACM), 397
  relações comerciais normais (NTR) e, 260
  termos de troca, 221
Qureshi, Usman A., 180

R

Raby, Geoff, 442n
Rapoport, Dana, 167, 190
Ratha, Dilip, 246, 246n
Razão de preços em autarquia (antes do comércio), 24, 31-32, 34, 40, 52, 127, 134
Reagan, Ronald, 377
Receita marginal, na concorrência monopolística, 199-200
Receita total, na concorrência monopolística, 199
Recursos naturais
  investimento estrangeiro direto, 231
  no modelo de Heckscher-Ohlin, 157-158
Redfearn, M. R., 181
Reescalonamento da dívida, 446
Reeve, T. A., 162
Regimes de comércio fechados, 423
Regimes de taxa de câmbio, 595-596, 631
Regras de origem, 386
Regras do jogo, 592
Reich, Robert, 350
Reid, Scott, 240n
Reino Unido
  Commonwealth ou preferência imperial, 259
  controles propostos sobre fluxos de capital, 745
  correlações de variáveis macroeconômicas, 619
  desempenho das exportações em relação aos Estados Unidos, 53-54
  elasticidades-preço de demanda, 586
  impostos preferenciais da Commonwealth Britânica, 259
  propensão média a importar, 606
  taxas de câmbio flexíveis, 735-736
  trabalho e capital por unidade de produto, 209
Relações comerciais normais (NTR), 260-262. *Consulte também* Tratamento da nação mais favorecida (MFN)
Renda nacional
  ajustes de preço e, 618-621
  ajustes de renda e, 618-621
  conta corrente e, 601-618
  desemprego e Estados Unidos, 685
Renda per capita
  crescimento da força de trabalho e, 215
  investimento estrangeiro direto, 231-232
Renda real, na abordagem de balanço monetário, 547
Repatriação das receitas, 432
Repercussões estrangeiras
  explicação sobre, 617
  multiplicador de economia aberta, 622
Representante Comercial dos Estados Unidos, 363-364
Requisitos de depósito adiantados, 272
Reservas
  adequação de reservas, 740
  balanço de pagamentos, 460
  bancos centrais, 460, 715-716, 735-737, 755
  domésticas, 546
  internacionais, 546, 713, 734, 755
  sob taxas de câmbio fixas e flexíveis, 715-716
  transações de reservas oficiais, 467, 648
Restrição orçamentária (linha de orçamento), 71-72
Restrições de exportações voluntárias (VERs), 270, 275, 296, 298, 304, 359, 368
Retornos constantes de escala, 76
Retornos decrescentes de escala, 76
Reversão da intensidade de fator
  no modelo de Heckscher-Ohlin, 140-142, 154
  paradoxo de Leontief e, 154
Reversão de demanda
  no modelo de Heckscher-Ohlin, 139-140, 153-154
  paradoxo de Leontief e, 153-154

Ricardo Lopez Murphy, 678n
Richard Freeman, 164-165, 165n, 252
Richardson, J. David, 344, 347n
Riqueza das Nações (Smith), 24-25, 30
Riqueza
    mercantilismo, 20
    na abordagem monetária ao balanço e
        pagamentos, 632
Risco da taxa de juros, 525, 530-539
Rivera-Batiz, Francisco L., 503n, 560
Rivera-Batiz, Luis A., 503n, 560
Robert Graves, 67
Rodada Tóquio de Negociações Comerciais
    (GATT), 260, 361, 363-365
Rodada Kennedy de Negociações Comerciais
    (GATT), 361-363, 398
Rodada Uruguai de Negociações Comerciais
    (GATT), 267, 361, 365-369
    1986-1990, 365-366
    aspectos da política comercial após, 368-371
    de 1993, 366
    reduções de tarifas resultantes, 369
Rodadas de gastos no processo multiplicador,
    613-614
Rodadas GATT iniciais, 361-371
    Rodada Kennedy, 361-363
    Rodada Tóquio, 361, 363-365
    Rodada Uruguai, 10, 365, 368, 414
Rodrik, Dani, 382n, 433n
Rogoff, Kenneth, 571-572
Romênia, na União Europeia (UE), 386, 400
Romer, Paul M., 210n, 211n, 433n
Roosevelt, Franklin D., 602
Root, Franklin R., 146n, 232
Rose, Andrew K., 200, 571
Rosefielde, Steven, 158
Roskamp, Karl W., 158
Ross-Larson, Bruce, 339
Royal Bank of Scotland, 230
Royal Dutch Shell, 230
Ruffin, Roy J., 174, 174n
Rússia. *Consulte também* Europa Central/Oriental;
    União Soviética, antiga
Rybczynski, T. M., 213

S

Sailors, Joel W., 180
Samuelson, Paul A., 49-50, 59-60, 82, 102, 134-135,
    138-139, 256, 562
Samuelson, Robert, 380, 380n
Sauers, Renee M., 7n, 9n, 456n, 469n
Sauvant, Karl P., 235, 235n
Sayan, S., 403, 403n
Scandizzo, Pasquale L., 429-431
Schmukler, Sergio L., 656n
Schott, Jeffrey J., 409
Schott, Peter K., 162
Schrenk, Martin, 401n
Schroeder, Michael, 258n, 355n, 379n
Schumacher, D., 442, 442n
Schwab, Susan C., 414n
Schwartz, Anna, 719
Scitovsky, T. de, 256
Seers, Dudley, 430n
Segerstrom, Paul S., 178
Serven, Luis, 656n
Serviço Alfandegário dos Estados Unidos, 272- 273
Shackleton, J. R., 134n, 719n
Sharer, Robert, 397n, 416, 417n
Shimpo, Kazushige, 162
Shinichi Ichimura, 158
Short hedge, 534-535
Sibert, Anne, 764

Sindicatos de participação de empréstimo, 541
Singer, Hans W., 220, 429-431, 441
Sistema de Bretton Woods, 737-741
    abandono, 743
    Fundo Monetário Internacional (FMI) no, 737-740
    origens do, 737
    problema de adequação de reservas, 740
    problema de confiança, 740-741
Sistema de leilão de cotas, 284
Sistema de taxa fixa, 595-597, 688
    como categoria do FMI, 734
    paridade deslizante, 728-730
    taxa de câmbio fixa atrelada, 737-740
Sistema Europeu de Bancos Centrais (ESCB), 745
Sistema Geral de Preferências (GSP), 326, 360, 363
    assistência de ajuste comercial na, 364
    cotas de importação na, 298, 307
    estrutura tarifária da, 156-157, 265, 268
    fluxos de capitais, 745
    importações de tomates na, 358
    indústria de motos na, 338
    indústria do aço, 55-56
    mercantilista, 21
    restrições sobre serviços comerciais, 272
Sistema Monetário Europeu (EMS), 744-746
Sistema monetário internacional, 733-768
    Sistema de Bretton Woods, 737-741
    arranjos atuais de taxa de câmbio, 751-758
        crise asiática e, 756-758
        categorias, 751-753
        experiência, 735-736
    países em desenvolvimento e, 766-767
    evolução do novo
        primeiras rupturas, 741-742
        Sistema Monetário Europeu (EMS), 744-748
        variações na taxa de câmbio, 748
        Acordo da Jamaica, 744
        Flutuações de curto prazo na década de 1990,
            748-751
        Acordo Smithsoniano, 743
        Direitos Especiais de Saque (DES), 742-743
Sistema Monetário Internacional, (Mundell), 632
Slaughter, Matthew S., 164n
Slotkin, Michael H., 345
Smith, David, 380n
Smith, Stephen C., 441
Solomon, Deborah, 375n
Solomon, Robert, 674
Solow, Robert M., 211n
Sony, 410
Soros, George, 764
Southern Minnesota Beet Sugar Cooperative, 307
Spahn, Paul Bernd, 763
Spector, Mike, 377n
Spencer, Barbara J., 328, 344-345
Spilimbergo, Antonio, 100
Spraos, John, 431
Srinivasan, T. N., 196
Staiger, Robert W., 157
Stalin, Joseph, 438
Stanley Fischer, 49-50, 59-62, 134n, 450, 562, 562n
Stern, Robert M., 157-159, 267, 267n, 365n
Stiglitz, Joseph, 628
Stockman, Alan C., 721
Stockman, David, 301
Stolper, Wolfgang F., 138-139, 158, 256
Strachey, Lytton, 602
Streeten, Paul, 441
Strip de eurodólar, 535, 537-538
Stuart, Robert C., 401n
Subramanian, Arvind, 433n
Subscritores de títulos, 516
Subsidiárias estrangeiras, 227

Subsídio equivalente, 284-286
Subsídios de exportação, 269
    efeitos no caso de país pequeno, 287-288
    impacto no caso de país grande, 297-300, 314-315
    no duopólio, 344-348
Subsídios de importação, 259
    impacto no caso de país pequeno, 282
    tarifas para compensar um subsídio estrangeiro,
        333-336
Substituição de importações, 440-443
Sugestões para reforma do, 758-766
    banco central mundial, 759-760
    controles sobre fluxos de capital, 762-765
    estabilidade e coordenação de políticas
        macroeconômicas, 765-766
    proposta de zona-alvo, 761-762
    retorno do padrão ouro, 736, 758-759
Suíça, correlação de variáveis macroeconômicas
    através dos países, 619
Superávit de conta corrente
    desemprego e, 620
    inflação e, 620
Superávit incipiente do *BP*, 660-668
Superávit incipiente, 552, 688
Susan Hickok, 100
Suzuki Motors, 273
Svaleryd, Helena, 160
Sveikauskas, Leo, 159, 160n, 212n
Svensson, Lars E. O., 761-762, 762n
Swan, T. W., 621
Swaps
    de equidade de dívida, 450-451
    equidade, 538
    moeda cruzada em eurodólar, 532-533
    opções, 538
    taxa de juros em eurodólar, 532
Symanski, Steven, 712
Székely, Miguel, 100

T

T. E. Lawrence, 67
Tabela de insumo-produto, Paradoxo de Leontief
    e, 152
Tailândia, termos de troca na, 221
Tamanho ótimo das reservas internacionais, 713
Tanzânia, no Mercado Comum Africano Oriental
    (EACM), 397
Tarifa antidumping, 331
Tarifa efetiva, 255-256, 276
Tarifa equivalente, 283
Tarifa média não ponderada, 264
Tarifa ótima, 321-323, 347-350
Tarifa proibitiva, 265
Tarifa Smoot-Hawley de 1930, 361
Tarifas *ad valorem*, 259, 261-263, 276-279
    no caso de país pequeno, 280-282
    no caso de países grandes, 293
Tarifas de importação, 258, 269
    dos Estados Unidos, 156-157, 261, 263, 279
    impacto no caso de país grande, 297-300
    impacto no caso de país pequeno, 280-286
    incidência da tarifa, 292
    justificativa da defesa nacional para, 318-320
    medição das, 264-269
    no Japão, 267
    para aumentar emprego em um setor específico,
        324
    para beneficiar o fator de escassez de produção,
        324-325
    para compensar *dumping* estrangeiro, 331-333
    para compensar um subsídio estrangeiro, 333-336
    para extrair lucro do monopólio estrangeiro,
        328-329

Índice

para fortalecer o orgulho nacional, 325-326
para melhorar a balança comercial, 320-321
para promover exportações por meio de economias de escala, 342
para promover exportações por meio de pesquisa e desenvolvimento, 342-344
para reduzir o desemprego agregado, 323-324
paradoxo de Leontief e, 156-157
termos comerciais a favor das, 321-323, 347-350
tipos de, 258-259
Tarifas específicas, 258-259, 261-262
Tarifas externas, 387
Tata Steel, 544
Tatemoto, Masahiro, 158
Taxa cruzada de igualdade, 484
Taxa de câmbio. *Consulte* Taxa de câmbio externa
Taxa de câmbio dupla, 764
Taxa de câmbio externa, 479-480. *Consulte também* Taxas de câmbio fixas; Taxas de câmbio flexíveis;
Taxa de câmbio fixa, 591-597
ajustes da moeda, 695
análise *IS/LM/BP*, 648
áreas monetárias ótimas e, 725-726
choques externos, 678-690
como categoria do FMI, 752
crescimento econômico e, 711
demanda agregada, 686-691
efeitos de política fiscal, 649-652, 690-691
efeitos de política monetária, 652-653, 690-691
efeitos de mudanças na taxa de câmbio, 49-50, 653-657
equilíbrio geral, 635-647
macroeconomia de economia aberta e, 629-657
modelo com dois instrumentos e dois objetivos, 630-634
padrão ouro e, 591-595
sistema de taxa fixa, 595-597, 728, 731
sistemas híbridos combinando taxas de câmbio, 727-731
taxa de câmbio flexíveis no, 735-736
taxas de câmbio fixas ou flexíveis, 708-715
Taxa de câmbio flutuante. *Consulte* Taxas de câmbio flexíveis
Taxa de câmbio nominal efetiva (NEER), 485-486
dólar norte-americano, 488-490
explicação sobre, 485
Taxa de câmbio *pass-through*, 586
Taxa de câmbio real (RER), 486-490
Taxa de câmbio real efetiva (REER)
dólar norte-americano, 488-490
explicação sobre, 486
Taxa de equalização de juros (IET), 518
Taxa de exportação, 269
efeitos no caso de país pequeno, 287-288
impacto no caso de países grandes, 297-300, 314-315
para redistribuir lucros do monopólio local, 330
principal fonte de receita do governo, 318-319
Taxa de juros
abordagem monetária ao balanço de pagamentos, 546-548
Canadá, 506-507
choques da taxa de juros externa, 671-672
dívida dos países em desenvolvimento e, 445
entre os países, 519-520
equilíbrio, 635-638
taxa de câmbio, 513-526
taxas futuras em eurodólar, 533-535
Taxa de remunerações
desigualdade nos Estados Unidos, 167-168
efeito das mudanças, 48-49
investimento estrangeiro direto, 231, 237
migração de trabalho, 245-249

Taxa de valor agregado (VAT), 271-272
Taxa de varejo, 492
Taxa efetiva de proteção (ERP), 265-269
Taxa futura de câmbio, 494
Taxa futura de juros em eurodólar, 533-535
Taxa marginal de substituição (TMS), 68-70
decrescente, 68
explicação sobre, 68
Taxa marginal de substituição técnica (TMST), 76
Taxa marginal de transformação (TMT), 81-82
Taxa média ponderada, 265
Taxa nominal, 265-269
Taxa *spot*, 500
Taxas de câmbio flexíveis, 574-591
ajuste de preço: curto prazo *versus* longo prazo, 585-591
áreas monetárias ótimas e, 725-727
condição Marshall-Lerner e, 581-585, 598-599
coordenação política, 673, 765-766
crescimento econômico e, 711
demanda agregada, 688
demanda por bens e serviços, 575-578
efeitos de política fiscal, 660-664, 690-691, 695-696
efeitos de política monetária, 664-668, 690-691
estabilidade de mercado e, 578-585
flutuação administrada e, 729-732
IS/LM/BP, 668-676, 688, 695-696, 714
macroeconômica em economia aberta, 658-675
mobilidade imperfeita do capital, 668-675
oferta agregada, 696-697
pós-Segunda Guerra Mundial, 735-736
sistema híbridos combinando taxas de câmbio, 727-731
taxa de câmbio fixa, 709-721
Taxas de câmbio múltipla, 764
Taylor, Alan M., 510, 510n
Taylor, Mark P., 570-571
Tecnologia
hipótese da imitação atrasada e, 174-175
impacto do investimento estrangeiro direto, 237
mudança tecnológica, 207-211
taxa marginal de substituição técnica (TMST), 76
teoria do ciclo do produto (TCP) e, 175-178
Tejada, Carlos, 377n
Templin, Neal, 273n
Tendência ao *status quo*, 357
Teorema de Rybczynski, 213, 219
Teorema de Stolper-Samuelson, 138-139, 156-157, 165, 381
Teoria clássica do comércio, 15-62
Adam Smith e, 24-26
avaliando, 53-57
complexidades no mundo real, 43
condição de exportação na, 44-45
custos de transporte e, 50-51
David Hume e, 22-25
David Ricardo e, 29-41
desafio para o mercantilismo, 22-26
em termos de dinheiro, 43-44
fronteiras de possibilidades de produção (FPPs) na, 36-38
ganhos do comércio e, 34-35, 38
limites da taxa de remuneração e, 44-45
mercadorias múltiplas, 47-50
mercantilismo, 18-26
modelo DFS, 49-50, 59-62
modelo keynesiano, 601
mudanças nas taxas de câmbio e, 45-47
oráculo, 18
vantagem comparativa na, 29-40
vários países, 52-53

Teoria da Função Consumo (Friedman), 719
Teoria da produção, 73-78
equilíbrio do produtor, 78
isoquanta, 73-76
linhas de isocusto na, 76-77
Teoria da quantidade de dinheiro, 23
Teoria de Linder, 179-182, 187
Teoria do ciclo do produto (TCP), 175-178
Teoria dos jogos, 188
Teoria valor-trabalho, 19, 24-26
Teoria Monetária (Mundell), 632
Teoria neoclássica do comércio, 61-169. *Consulte também* Modelo de Heckscher-Ohlin
condições mínimas para comércio e, 95-98
curvas de oferta e, 103-114
diagrama da caixa de Edgeworth, 67, 78-81
equilíbrio de autarquia e, 88-90
fronteiras de possibilidades de produção (FPPs) e, 81-85
ganhos do comércio e, 87-102
introdução ao comércio internacional, 90-95
suposições na análise da, 98-101
teoria da produção na, 73-78
teoria do comportamento do consumidor na, 66-73
termos de troca de equilíbrio do comércio, 108-109
termos de troca na, 103-124
Teoria quantitativa crua da moeda, 550
Ter preços corretos, 439
Terceirização, 167-168, 379-380
Terceirização nos Estados Unidos, 167-168, 379-380
Termos de troca
alternativos, 106
choques de, 104, 435-436
com dois fatores, 120-121
com fator único, 119
deterioração de longo prazo dos, 435
dos principais grupos de países (1972-2002), 115-116
equilíbrio, 32, 108-109
explicação sobre, 31
função de reação da tarifa, 347-350
impacto do crescimento, 213-221
índice de, 115-116
justificativa de termos comerciais para proteção, 321-323
linha de comércio e, 92, 105-107
mensuração dos, 113
mercadorias (termos de troca), 113, 119, 238
modelo de Heckscher-Ohlin, 130-135
mudanças nos, 104, 110
na teoria neoclássica do comércio, 103-124
renda, 119-120
Terrorismo, países em desenvolvimento e, 442
The Economic Consequences of the Peace (Keynes), 602
The General Theory of Employment, Interest and Money (Keynes), 602
The Principles of Political Economy and Taxation (Ricardo), 29-30
Thurow, Lester, 350
Thursby, Jerry G., 181, 711
Thursby, Marie C., 181, 711
Tieslau, M. A., 181
Tinbergen, Jan, 189
Títulos, mercado de títulos internacionais, 516-520
Tobin, James, 763
Todaro, Michael P., 441
Topel, Robert H., 166n
Torre, Augusto de la, 656n
Touzlatzi, Hasan, 240-241

Tower, Edward, 99
Toyota Motor, 230
Trabalhadores convidados (imigrantes), 245
Trabalhadores sazonais, 240
Trabalho. *Consulte também* Emprego; Desemprego
  assistência de ajuste ao comércio, 98-99, 362, 364
  crescimento da força de trabalho e renda per capita, 215
  custos de proteção do setor, 325
  custos de unidade laboral, 54-55
  diferentes níveis de habilidade, 157
  dreno de cérebros, 249, 251
  impacto do investimento estrangeiro direto sobre o, 233-239
  mercantilismo, 20
  migração permanente, 240-241
  movimentos internacionais do, 241-251
  no modelo de Heckscher-Ohlin, 155-159
  produtividade física marginal, 75-76, 149
  razão capital/trabalho e, 153-157
  terceirização e, 167-168, 379-380
  trabalhadores sazonais, 240
Trabalho excedente, 243-244
Trabalho infantil, 370
Trade Adjustment Assistance Reform Act of 2002, 362
Tranche, 739-740
Tranche de reserva, 740
Tranches de ouro (ou de reserva), 740
Transações com reservas oficiais, 551
Transferência de preço, 238, 431-432
Transitividade, 67
Tratado de Maastricht, 745,748
Tratado de Paris de 1951, 396
Tratado Norte-Americano de Livre-Comércio (NAFTA), 21, 366, 387, 390, 407-413
  impacto do, 225, 265, 270, 280-287, 289, 412
  implementação do, 225
  impostos preferenciais e, 260
  origem do, 407-409
  preocupações em relação ao, 409-413
  taxas antidumping, 378-379
Tratados de Roma, 400
Tratamento da nação mais favorecida (MFN), 260-363
Trefler, Daniel, 161-163, 163n, 382-383
Triângulo de comércio, 105-107
Triffin, Robert, 735, 759
Trigo, subsídios de exportação entrando nos Estados Unidos, 301
Truell, Peter, 377n
Tsiang, S. C., 735, 736n
Tuchinda, Ukrist, 181
Tuncer, Baran, 339
Tyler, William G., 441

U

UBS, 230
Uganda, no Mercado Comum Africano Oriental (EACM), 397
Ujiie, Junichi, 568-569, 569n
União Aduaneira da África Setentrional (UAAS), 390
União aduaneira, 387
União Árabe Magrebiana (AMU), 389
União econômica, 387
União Econômica de Benelux (Benelux), 389
União Econômica e Monetária da África Ocidental (WAEMU), 390
União Europeia (UE), 396-400, 749-750
  atritos políticos em um mundo interdependente, 673
  banco central mundial e, 759
  completando o mercado interno na, 399
  crescimento e desapontamentos, 398
  criação de comércio e desvio de comércio na Integração Econômica Europeia, 390-391
  história e estrutura da, 396-398
  impostos preferenciais na, 259
  migração de trabalho, 244-245
  Organização Mundial do Comércio e, 357, 372, 380
  perspectivas, 399-400
  política comercial, 258, 371
  provisões do governo, 270-271
  subsídios de exportação, 269
  taxa de valor agregado (VAT), 271-272
  taxas antidumping, 378
  unidades de, 389
União Monetária e Econômica (EMU), 745-746
União Soviética, antiga, 401
  comparação com a Polônia, 408
  currency board na, 723-724
  crescimento da moeda e taxas de câmbio, 553
  experiência de inflação em economias em transição, 404-406
  experiência do PNB real em economias em transição, 405
  PNB per capita nas economias em transição, 406
  regimes de taxa de câmbio em economias em transição, 595-596
  zona de Cooperação Econômica do Mar Negro (BSEC), 403
Unidade Monetária Europeia (ECU), 744
Uruguai, no Mercado Comum do Cone Sul (Mercosul), 390, 414
USAID, 245
Uso da terra, impacto da política comercial sobre, 307
Uso padronizado do produto, na teoria do ciclo do produto (TCP), 176
Utilidade
  cardinal, 66-67
  ordinal, 66-67

V

Valor contábil, 228
Valores nacionais, 539
Van Reenen, John, 55-57
Vanek, Jaroslav, 159n
Vantagem absoluta, 24-26, 30-31
Vantagem comparativa, 29-40
  comércio intraindustrial e, 192-194
  dinâmica, 176
  especialização completa, 35-38
  exemplo de, 36-38
  explicação sobre, 31
  fronteiras de possibilidades de produção (FPPs) e, 36-38
  ganhos totais do comércio e, 34-35
  introdução ao comércio internacional e, 90-95
  limites de recurso, 34
  modelo de Heckscher-Ohlin, 64
  modelo ricardiano monetizado, 43-44, 46
  observações conclusivas, 39
  padrões de trabalho e, 126-127
  política comercial estratégica, 336-351
  razão de preços em autarquia, 31, 34, 52, 127
Vantagem comparativa dinâmica, 176
Vazamentos, 610-612
Vencimento descasado, 531
Vernon, Raymond, 175-178
Veugeler, Reinhilde, 232
VF Corporation, 410
Vilfredo Pareto, 81
Viner, Jacob, 393
Vlachos, Jonas, 160
Vousden, Neil, 357

W

Wahl, Donald F., 158
Wall, Howard J., 88, 88n, 285, 285n
Walsh, Carl E., 721
Walters, Alan, 719n
Wang, Kai-li, 712
Warsh, David, 632n
Weinberg, Douglas, 469n
Weinstein, David E., 152, 152n, 162-163
Wells, Louis T., Jr., 177
Werner, Alejandro, 562
Wessel, David, 379n, 675n
Westphal, Larry E., 339
Whitaker, Erin M., 468n
Willett, Thomas D., 651n
Williams, John H., 172, 725n, 761-762
Wilson, Edward, 373n, 374
Winestock, Geoff, 279n, 376n
Wonacott, Peter, 258n
Wood, Adrian, 166-167
Woolf, Virginia, 602
Wright, Robert E., 252n

Y

Yang, Jiawen, 587
Yang, Yongzheng, 441n
Yeager, Timothy J., 408n
Yeyati, Eduardo Levy, 656n
Yi, Kei-Mu, 167, 190
Yilmaz, K., 722n
Young, Leslie, 382

Z

Zachary, Pascal, 250n
Zhu, Susan Chun, 162
Zlowe, David, 562n
Zoakos, Criton M., 479, 479n
Zoellick, Robert, 355
Zona de Cooperação Econômica do Mar Negro (BSEC), 403
Zorinsky, Edward, 301